ENCYCLOPÉDIE

MÉTHODIQUE,

OU

PAR ORDRE DE MATIÈRES;

PAR UNE SOCIÉTÉ DE GENS DE LETTRE:
DE SAVANS ET D'ARTISTES;

Précédée d'un Vocabulaire universel, *servant de Table pour to. l'Ouvrage, ornée des Portraits de MM.* DIDEROT *&* D'ALEMBER: *premiers Éditeurs de l'*Encyclopédie.

BÉARN, (*Droit public.*) province de France située aux pieds des Monts-Pyrénées; elle a pour capitale Pau, ville qui a donné naissance à un de nos rois les plus chéris.

Cette province qui est un pays d'états, faisoit anciennement partie du duché de Gascogne : elle fut cédée par inféodation, avec le titre de vicomté, à l'un des fils du duc de Gascogne, sous le règne de Louis-le-Débonnaire.

En 1286, Marguerite de *Béarn* épousa Roger-Bernard, comte de Foix, & lui apporta pour dot la vicomté de *Béarn*. Cette princesse devoit encore avoir pour héritage le comté de Bigorre; mais comme plusieurs le lui disputèrent, un arrêt rendu au parlement de la Toussaints, en 1292, ordonna que le roi de France le tiendroit en sequestre.

Ce comté de Bigorre fut long-temps répété par les comtes de Foix, successeurs de Marguerite de *Béarn*; mais ils ne l'obtinrent qu'en 1423, que Charles VII le rendit à Jean, comte de Foix & de Bigorre, & vicomte de *Béarn*, à la charge que s'il venoit à décéder sans enfans, ce comté retourneroit à la couronne de France.

Les successeurs de Jean rendirent hommage au roi, pour ce comté, qui passa en 1482 à Catherine de Foix, héritière des états de François Phœbus, son frère, roi de Navarre, comte de Foix & de Bigorre, & vicomte de *Béarn*. Cette princesse mourut en 1517, après avoir épousé, en 1484, Jean, sire d'Albret.

De ce mariage naquit Henri d'Albret, père de Jeanne d'Albret, qui réunit sur sa tête la couronne de Navarre, les comtés de Foix & de Bigorre, & la vicomté de *Béarn*. Cette princesse avoit épousé Antoine de Bourbon, duc de Vendôme, & devint mère de Henri IV, qui, étant monté sur le trône en 1589, réunit à la couronne de France les domaines que ses parens lui avoient transmis. Divers édits, tant de ce prince que de son successeur, ont confirmé cette réunion.

Le *Béarn* fait partie du gouvernement de la basse-Navarre, son ancien conseil souverain a été érigé, depuis la réunion du pays à la couronne, en un parlement, qui siège à Pau.

Il n'y a dans cette province, ni couvent, ni abbaye, ni chapitre, ce qu'on doit attribuer à la réformation des sectaires du seizième siècle, que les habitans embrassèrent, à l'exemple de leurs souverains. Mais l'exercice de la religion catholique y a été rétabli, & il y est le seul public & dominant, depuis la révocation de l'édit de Nantes.

On paie dans le *Béarn*, sur toutes les marchandises qui y entrent, ou qui en sortent, un droit de deux pour cent, qu'on appelle *droit de foraine*. Il est domanial, son établissement remonte à l'année 1552; il avoit été modéré en 1563, mais il a été rétabli à son taux originaire, par des lettres-patentes du 11 février 1630. Les bestiaux & les denrées qui entrent dans le *Béarn*, pour la consommation des habitans, ont été exemptés du droit de foraine, par un arrêt du conseil du 29 avril 1688, à la charge, par les habitans, de faire leur déclaration au premier bureau, & de prendre des commis une *billette* ou *passe-avant*, pour laquelle ils sont tenus de payer six deniers par chaque déclaration.

Comme ce droit de *foraine* est domanial, il ne fait pas partie des droits d'entrée & de sortie, qui sont partie de la ferme des aides, & en conséquence il a toujours été excepté dans les exemptions des droits d'entrée & de sortie, accordées par les lettres-patentes de 1717 & de 1733.

Le droit de *gabelle*, établi dans le Bigorre, est de la même nature, que celui de *foraine* dans le *Béarn*; il se perçoit sur chaque quintal de marchandises, à raison de vingt-huit sols huit deniers, non compris les sols pour livre. Il n'a souffert jusqu'à présent aucune altération où réduction. Ces deux droits se perçoivent sur les marchandises qui traversent les deux provinces, parce qu'elles ont formé chacune une souveraineté particulière.

Les habitans du *Béarn* se sont pendant long-temps maintenus dans l'exemption des droits d'amortissement & de nouvel acquêt; mais les communautés laïques de cette province y ont été assujetties par arrêts du conseil des 15 juillet 1749 & 29 mai 1753.

Les officiers de la chambre des comptes de Pau & les employés du domaine ont eu beaucoup de difficulté à contraindre les habitans au paiement des droits de lods & ventes. Ils se paient aujourd'hui sur toutes les ventes volontaires ou forcées, à moins qu'on ne jouisse d'une exemption fondée sur un titre précis & particulier. On nomme, dans le style du pays, *ventes amoureuses*, les ventes volontaires; & *rigoureuses*, celles qui se font par décret forcé. Le droit de lods & ventes se nomme *capsos*.

Il y a dans le *Béarn* certains officiers, qu'on appelle *jurats*, qui exercent la magistrature du pays. Ils font quelquefois la fonction de notaires; mais lorsqu'ils reçoivent les actes qu'ils ont droit de recevoir, ils sont obligés, à peine de nullité, de les rapporter aux notaires, sans qu'il leur soit permis de rien exiger pour ce rapport. Les actes que ces jurats reçoivent sont sujets au contrôle, dans la quinzaine à leur diligence, suivant que l'a décidé un arrêt du conseil du 29 avril 1721; il n'y a que les actes de dépôt chez les notaires qui soient dispensés du contrôle, & cela seulement lorsque ces actes ne contiennent aucune disposition différente de celles des pièces déposées.

Les fonctions des jurats s'étendent même aux actes qui sembleroient ne devoir appartenir qu'aux huissiers, puisque l'arrêt dont il s'agit contient une espèce de réglement pour le contrôle des protêts, des sommations & des autres actes de cette nature, qu'ils peuvent faire en leur qualité de *jurats*.

Ce sont aussi ces jurats qui reçoivent les baux des biens, & des octrois des villes & des communautés de la province. Il y a certains actes, dans le pays, qui demandent un enregistrement particulier qu'on appelle *insinuation*; ce sont encore les jurats qui procèdent à cette insinuation, laquelle n'a rien de commun avec l'insinuation laïque, dont on n'est pas plus dispensé dans le *Béarn*, que dans les autres provinces du royaume. L'insinuation qui est de la compétence des jurats, porte avec elle le caractère d'un jugement; c'est ce qui fait que les expéditions de ces sortes de jugemens d'insinuation doivent être scellées avant qu'on les délivre.

Les habitans du *Béarn* s'étoient crus dispensés du contrôle des exploits; mais, par un arrêt du conseil du 18 octobre 1672, rendu entre les députés des états de *Béarn* & le fermier du contrôle, il fut ordonné qu'ils feroient contrôler le premier exploit fait à leur requête, dans quelque instance que ce fût; & que ce contrôle auroit lieu pour toutes sortes d'exploits, quand même le demandeur se désisteroit de son action.

BEAU-FILS *ou* BELLE-FILLE, (*Jurisprudence.*) nom d'affinité, qui se dit du fils ou de la fille de quelqu'un qui se remarie en secondes noces, par rapport à celui ou celle qui épouse le veuf ou la veuve.

Beau-fils ou *belle-fille* se disent quelquefois du gendre & de la bru. *Voyez* GENDRE, BRU.

BEAU-FRÈRE *ou* BELLE-SŒUR, autre nom d'affinité, dont on se sert pour exprimer l'alliance de l'un des conjoints avec le frère ou la sœur de l'autre.

BEAUJOLOIS, province de France, dont Villefranche est la capitale, dans la généralité de Lyon.

C'est une des plus anciennes siries ou baronnies de France, que tenoit anciennement en fief le connétable de Bourbon, & qui après sa mort fut réunie à la couronne. Elle appartient aujourd'hui patrimonialement à la maison d'Orléans, comme lui étant venue de la succession de mademoiselle de Montpensier.

Il y eut en 1560 une transaction, passée entre Charles IX & Louis, duc de Bourbon, homologuée au parlement le 25 juin 1561, par laquelle il fut réglé que le duc jouiroit de tous les droits de justice dans le *Beaujolois*; mais que les amendes & confiscations, prononcées pour crime de lèze-majesté, appartiendroient au roi, & que la justice seroit administrée au nom de sa majesté, par des officiers qu'elle auroit pourvus, d'après la nomination du duc. M. le duc d'Orléans jouit, dans cette province, des droits d'insinuation & de centième denier.

A l'égard des droits de franc-fief, ils ont souvent été disputés, sous prétexte d'anciens priviléges, consignés dans des lettres-patentes du mois d'août 1490, données par Charles VIII; mais ce sera toujours inutilement. Il est de principe certain que le droit de franc-fief est dû au roi, à cause de sa couronne, &, par conséquent, qu'il est inaliénable; d'où il suit que les anciennes exemptions de franc-fief sont toujours révocables. Aussi, par arrêt du conseil, du 10 octobre 1758, plusieurs habitans de *Beaujolois* ont été condamnés au paiement de ce droit.

BEAU-PÈRE *ou* BELLE-MÈRE, sont les termes qui correspondent à ceux de *beau-fils* ou de *belle-fille*, dans les sens exprimés ci-dessus au mot BEAU-FILS.

BEAU-REGARD, s. m. (*terme de la Coutume de Lille, art. 157.*) elle l'emploie pour désigner un lieu apparent & éminent, où doivent être apposées les affiches ou tableaux qui indiquent le décret volontaire d'un héritage.

BEDATS, adj. *terme particulier de la Coutume d'Acqs*, qu'elle emploie indifféremment avec celui de *vetés*, pour signifier *défensable*. Ce terme s'applique aux bois, dans lesquels il n'est pas permis de mener paître les bestiaux, tant qu'ils sont défensables, soit à cause de leur âge, soit par quelque autre raison.

BEDEAU, s. m. (*Droit civil & ecclésiastique.*) c'étoit autrefois un sergent dans une jurisdiction subalterne. Ce mot dérive du latin *bidellus*, qui lui-même a été employé pour signifier la verge dont ces sergens se servoient, en touchant ceux qu'ils citoient devant le juge.

On entend aujourd'hui par *bedeaux*, ces bas-officiers servans qu'on emploie dans les universités, dans les chapitres, dans les paroisses, dans les confrairies, pour écarter la foule & pour conduire certaines personnes aux offrandes, aux processions, *&c.*

Dans les universités, on appelle *huissiers porte-masse*, les principaux *bedeaux* qui marchent devant le recteur & les facultés, parce que ces *bedeaux* portent une masse, au lieu de verge devant le recteur, & autres principaux d'une université. Ils reçoivent leur admission du recteur : c'est à lui aussi qu'il appartient de les destituer lorsqu'ils ne font pas leur devoir. Ils sont dans le cas de jouir des privilèges de l'université auprès de laquelle ils sont attachés. Un édit de Louis XIV, du mois de septembre 1661, portant confirmation d'exemption de taille, d'aides, de subsides, d'imposition, de collecte, de logement de gens de guerre, de tutèle, curatelle & autres charges publiques, en faveur de l'université de Paris & de ses suppôts, y comprend ses officiers & *serviteurs*, & leur attribue droit de committimus, tant en demandant qu'en défendant, devant le prévôt de Paris ou son lieutenant, conservateur des privilèges de l'université.

Les *bedeaux*, qui avoient les capacités requises

pour posséder des bénéfices, étoient autrefois compris dans les rôles des expectans, que les universités envoyoient au pape; mais aujourd'hui que la plupart de ces *bedeaux* sont des gens de métier ou des gens mariés, on ne songe plus à les mettre au rang des bénéficiers.

Dans les chapitres, où l'on a coutume d'employer des *bedeaux* pour le service divin, on agitoit autrefois la question de savoir si ces *bedeaux* pouvoient se défaire de leur office sans simonie à prix d'argent. La raison de douter étoit que leur place étoit une espèce de bénéfice; mais comme on a depuis reconnu que ces *bedeaux* n'avoient rien de spirituel dans leurs fonctions, on tient aujourd'hui pour maxime que leurs places peuvent se céder ou se donner à prix d'argent. L'auteur du *Dictionnaire des cas de conscience* le décide de même.

C'est aussi, parce qu'il n'y a rien de spirituel d'attaché aux fonctions des *bedeaux*, que les contestations qui peuvent naître au sujet de leur institution ou de leur destitution, ne sont point de la compétence de l'official. C'est ce qui a été jugé au parlement de Paris, par un arrêt du 18 juillet 1736, pour la paroisse d'Auneau, diocèse de Chartres.

Les *bedeaux* peuvent être renvoyés ou congédiés par les marguilliers en charge, ou par l'assemblée ordinaire du bureau. Leurs gages sont saisissables, & s'ils commettoient quelque délit dans les lieux où ils exercent leurs fonctions, ils seroient dans le cas d'être punis, avec toute la rigueur dont on use envers les domestiques infidèles.

Leurs fonctions, dans les paroisses, sont de précéder le clergé dans les cérémonies, de veiller au bon ordre & à la décence qui doit régner dans le lieu saint, d'exécuter les ordres & les messages du curé & des marguilliers, de recevoir les distributions de la fabrique & du casuel des baptêmes, mariages, enterremens, messes, *&c.*

BÉES & OUVERTURES DE CHEMINÉES, (*Coutume d'Orléans, art. 242.*) ces deux termes sont synonymes. Les *bées* & *ouvertures de cheminées*, pratiquées dans le mur de séparation de deux maisons, n'annoncent pas que le mur soit entièrement commun, il l'est seulement pour la partie sur laquelle la cheminée est appuyée.

BEFFROI, s. m. (*Jurisprud.*) c'est ainsi qu'on appelle la charpente particulière qui est destinée dans un clocher à soutenir ou suspendre les cloches.

Quoique les seigneurs décimateurs soient tenus de la réparation du clocher, lorsqu'il est construit sur le chœur de l'église paroissiale, ils sont néanmoins dispensés de réparer la charpente uniquement destinée à porter les cloches, parce que les cloches étant spécialement pour l'usage des habitans & à leur charge, on juge que le *beffroi* qui les supporte & sans lequel il ne seroit pas possible de les faire sonner, doit pareillement concerner ces mêmes habitans.

BEFFROI. La coutume d'Amiens donne ce nom à une grosse cloche, que l'on sonne dans le cas d'alarme, d'incendie, ou autres événemens qui intéressent le public. Ce mot est aussi employé dans plusieurs provinces pour signifier le son des cloches dans les mêmes cas.

BÉGUER *ou* BEGUÉE, nom d'un officier subalterne de la justice dans le Béarn.

BÉGUINES, s. f. (*Droit ecclésiastique.*) c'étoit anciennement une société de filles dévotes qui portoient un habit particulier, sans faire les vœux de religion. Quelques auteurs attribuent l'établissement de ces filles à sainte Begue, & c'est delà qu'on prétend que vient leur dénomination de *béguines;* leur institution a commencé en Flandres, sur la fin du douzième siècle.

Parmi ces filles dévotes, il y en eut une qui, en 1274, passa pour avoir le don de prophétie. On l'appelloit la *béguine de Nivelle.* Le roi Philippe-le-Hardi l'envoya consulter au sujet de la reine Marie de Brabant, qu'il avoit épousée en secondes noces, & qu'il soupçonnoit d'avoir empoisonné son fils aîné qu'il avoit eu d'une première femme. On ne tarda pas à reconnoître que cette fille n'avoit d'autre don que celui d'en imposer. Ses compagnes, dans la suite, furent accusées de plusieurs erreurs sur les mystères de la religion & sur les sacremens; le pape Clément V les proscrivit. Mais Jean XXII, crut devoir rétablir quelques-unes de ces sociétés, sous le même nom, par une constitution qui se trouve insérée dans le corps du droit canon. Saint Louis fit bâtir une maison à Paris, où il fonda des places pour un grand nombre de ces filles. Philippe III leur fit des legs considérables; mais Philippe-le-Bel ne voulut plus qu'il y en eût en France. De sorte qu'on n'en voit guère actuellement que dans la Flandres, où elles sont encore tolérées.

On appelle aussi improprement *béguines*, certaines filles dévotes qui vivent en communauté, sous l'habit de religieuses, sans faire des vœux solemnels. Le nombre en est assez répandu en France. Ces filles sont ordinairement consacrées, ou au soulagement des malades, ou à l'instruction des jeunes personnes du sexe. On leur donne différens noms: on appelle les unes, *sœurs de la charité;* les autres, *sœurs grises;* quelques autres, *sœurs de l'instruction chrétienne.* Toutes ces filles rendent plusieurs services, & elles sont protégées par le gouvernement. Comme elles ne font point des vœux solemnels, rien n'empêche qu'elles ne changent d'état, & qu'elles ne soient toujours capables des effets civils.

BELFROI *ou* BEDFROI, s. m. (*Jurisprudence.*) on donne ce nom à la charpente d'un moulin à eau, & au bâtiment dans lequel il est contenu. Le *belfroi*, suivant la coutume d'Artois, est réputé immeuble.

BELLAGINES *ou* BILAGINES, s. f. plur. (*Jurisprudence.*) c'est le recueil des loix municipales des Goths, ainsi appellé par Diancus, des mots saxons *by*, qui signifie *habitation*, *bourg*, *ville*; & *lagen*, loi.

BELLE-FILLE, f. f. (*Droit civil & naturel.*) terme relatif. Il défigne celle qui n'eft fille que d'alliance par mariage.

Ainfi la fille d'une femme qui prend un fecond mari, ou d'un homme qui prend une feconde femme, devient la *belle-fille* de ce fecond mari, ou de cette feconde femme. On appelle encore *belle-fille* la femme d'un homme, à l'égard des père & mère de fon mari. On lui donne auffi le nom de *bru*.

BELLE-MÈRE, f. f. (*Droit civil & naturel.*) ce mot fe dit d'une femme, par rapport aux enfans que fon mari a eus d'un mariage précédent.

En plufieurs endroits on l'appelle *marâtre*. C'eft le terme propre, & on ne fe fert de celui de *belle-mère*, que parce qu'il eft plus doux, & qu'il annonce moins les défagrémens trop ordinaires, qu'éprouvent les enfans d'un premier lit, de la part d'une *marâtre*, que Virgile défigne, avec raifon, par le terme d'*injufta noverca*.

BELLE-SŒUR, f. f. (*Droit civil & naturel.*) terme relatif & d'affinité qui exprime l'alliance de l'un des conjoints avec le frère ou la fœur de l'autre.

BÉNÉDICTIN, f. m. (*Droit eccléfiaftique.*) c'eft un religieux de l'ordre de faint Benoît.

Origine de l'ordre des bénédictins. Il y avoit près de deux cens ans que la vie monaftique étoit introduite dans la partie orientale de la chrétienté par S. Antoine, par S. Pacôme, par S. Bafile & par S. Auguftin, lorfque S. Benoît, après avoir long-temps vécu dans la folitude, écrivit fa règle pour le monaftère qu'il avoit fondé au Mont-Caffin entre Rome & Naples. Cette règle fut approuvée en 595 par S. Grégoire le Grand dans un concile tenu à Rome; & comme elle étoit moins auftère que celles qui jufqu'alors avoient paru dans les pays orientaux, elle fut trouvée fage dans l'occident: elle fut particuliérement adoptée en Angleterre. On la reçut auffi en France, & elle y a fervi de bafe aux règles particulières de la plupart des ordres religieux qui fe font formés depuis dans cette partie du monde chétien.

Le travail des mains & l'édification par la pratique des bonnes œuvres, furent particuliérement recommandés par S. Benoît à fes religieux. Ceux-ci, fidèles obfervateurs de fes leçons, ne tardèrent pas à devenir poffeffeurs de plufieurs propriétés d'une vafte étendue, au moyen des défrichemens auxquels ils s'employèrent. L'hommage que l'on rendoit à leurs vertus acheva de les enrichir par les dons qu'ils recevoient de toute part des fidèles. Mais les guerres qui affligèrent la France fur la fin de la première race, causèrent un grand relâchement dans la difcipline de ces religieux. Cependant fous Charlemagne, la France ayant été un peu rétablie, la règle fe rétablit auffi par les foins de S. Benoît d'Aniane, à qui Louis-le-Débonnaire donna enfuite une autorité générale fur tous les monaftères du royaume.

Ce faint abbé chercha à mettre une concordance entre la règle de S. Benoît & toutes les autres règles monaftiques qui exiftoient pour lors. Ce fut lui qui donna les inftructions fur lefquelles on dreffa vers l'an 817, le grand réglement d'Aix-la-Chapelle inféré dans les capitulaires de nos rois, & il fut dit qu'on l'obferveroit auffi exactement que la règle de S. Benoît.

Mais l'ordre fe fentit toujours de fon premier relâchement: le travail des mains fut méprifé fous prétexte d'étude & d'oraifon; les abbés ne fongèrent plus qu'à profiter des biens des monaftères pour fe produire avec éclat dans le monde; ils affectèrent de fe mettre au rang des évêques; leur crédit même alla jufqu'à fe faire admettre avec eux dans les parlemens; enfuite les courfes des Normands achevèrent de tout ruiner, & la difcipline touchoit à fon dernier degré d'anéantiffement, lorfque parut S. Odon, homme recommandable par fon zèle & fes vertus. Ses premiers foins furent de relever la difcipline monaftique dans la maifon de Cluni, abbaye de la province de Bourgogne, fondée, en 910 par Guillaume-le-Pieux, duc d'Aquitaine & comte d'Auvergne. Ce fage réformateur ranima la règle de S. Benoît, y ajouta quelques modifications & prit l'habit noir. Sa réforme fut embraffée par un grand nombre de religieux pour lefquels on fonda de nouveaux monaftères. On fit choix de quelques-uns d'entre eux pour porter la réforme dans d'autres anciens monaftères, ce qui s'effectua en les mettant fous la dépendance de l'abbé de Cluni: le fameux monaftère de Luxeuil dans la Franche-Comté fut de ce nombre.

La maifon de Cluni fut mife, par le titre de fa fondation, fous la protection fpéciale de S. Pierre & du pape, avec défenfes à toutes les puiffances féculières & eccléfiaftiques de troubler les moines dans la poffeffion de leurs biens, ni de les gêner dans l'élection de leur abbé. On voulût de plus, que cet abbé fût appellé l'*abbé des abbés*, même fans égard pour celui du Mont-Caffin à qui ce titre fembloit convenir plus légitimement. Les abbés de Cluni fe prétendirent donc exempts de la jurifdiction des évêques; ils cherchèrent même à étendre ce privilège aux monaftères de leur dépendance. Ainfi la première congrégation de plufieurs maifons unies fous un chef immédiatement foumis au pape, pour ne faire qu'un corps, ou comme nous difons aujourd'hui, un ordre religieux, fut celle de Cluni.

La difcipline rétablie dans cette congrégation auroit dû fe foutenir, & vraifemblablement elle s'y fût maintenue, fi l'on n'avoit trop fongé à s'agrandir: il fut queftion de nouveaux établiffemens: il fallut envoyer les fujets les plus zélés pour les former, & ces établiffemens fe multiplièrent au point que l'ordre, fous le gouvernement de Maurice de Montboiffier, connu fous le nom de *Pierre-le-Vénérable*, mort en 1157, comptoit près de deux mille maifons fous fa dépendance, foit en Allemagne, en Pologne & en Efpagne, foit en Angleterre & en Italie, foit en France & dans les pays orientaux. Il n'en fallut pas davantage, & au bout de moins de deux siècles, la discipline se trouva encore fort relâchée. S. Odon n'existoit plus; mais S. Robert, abbé de Molême, qui avoit fondé la maison de Cîteaux en 1098, existoit encore. Tous ses soins se portèrent à donner un nouveau lustre à la vie monastique.

Division des moines de S. Benoît en deux ordres différens. Le saint abbé Robert fit reprendre dans la maison de Cîteaux la règle de S. Benoît à la lettre, sans aucune modification. On se remit au travail des mains, le silence le plus exact devint une loi, & il fut défendu de s'écarter du monastère. On renonça même à toutes sortes de privilèges & de dispenses, de crainte que l'envie de les soutenir ne fût une nouvelle occasion de se relâcher. S. Robert prit l'habit blanc, & le nom de *moines blancs* fut spécialement donné à ceux de Cîteaux, comme celui de *moines noirs* avoit été donné à ceux de Cluni. Il voulut que toutes les fondations, les dixmes, les revenus qui avoient été usurpés sur les curés leur fussent rendus; que ceux qui seroient nommés supérieurs fussent dépouillés des habits pontificaux, de la crosse, de la mître, de l'anneau & de tous les ornemens que le luxe & la vanité avoient introduits dans les cloîtres.

Jusques-là Cîteaux étoit la seule maison où se pratiquât la réforme. Le nombre des religieux s'y étant accrû au point que cette maison ne pouvoit plus les contenir, S. Etienne, pour lors troisième abbé, fut obligé de les envoyer former de nouveaux monastères. C'est de cette migration que se formèrent, en 1114, les abbayes de la Ferté, diocèse de Châlons-sur-Saône, & de Pontigny diocèse d'Auxerre. Celles de Clairvaux & de Morimond se formèrent l'année d'après; & ce sont ces quatre abbayes qu'on appelle *les quatre filles de Cîteaux*.

Les monastères qui avoient embrassé la réforme de Cîteaux se réunirent & formèrent cet ordre particulier qu'on appelle *de Cîteaux*. Ils firent entre eux, en 1119, un statut d'union qui fut nommé *la carte de charité*. Il fut rédigé par S. Etienne & par les quatre nouveaux abbés: c'est pour cela que Clément IV les appella *les architectes de l'ordre de Cîteaux*.

L'ordre de Cîteaux s'accrut considérablement en peu de temps par l'admiration des vertus qui s'y pratiquoient; il s'étendit par toute l'Europe: en moins de 57 ans il eut cinq cens maisons particulières. Mais comme la réforme de Cîteaux ne se fit que par de nouveaux sujets dont les anciens moines de S. Benoît & de Cluni ne voulurent pas suivre l'exemple, l'ordre de Cîteaux fait aujourd'hui une classe entièrement à part: & comme l'illustre S. Bernard, abbé de Clairvaux, est celui qui s'est le plus distingué dans l'ordre de Cîteaux, les religieux de ce même ordre portent le nom de *Bernardins*.

Vers le quatorzième siècle, les moines étant presque tous tombés dans le relâchement, ceux de Cîteaux ne furent pas plus s'en préserver que les autres. Les abbés voulurent vivre en seigneurs comme des prélats; leur exemple fut bientôt imité dans les monastères par les officiers; & c'est de-là que sont venus la plupart de ces offices qu'on appelle *claustraux* ou *bénéfices réguliers*.

Réforme de S. Maur. L'ordre de Cluni & l'ordre de Cîteaux étoient donc à-peu-près dans le même degré de relâchement, lorsque le concile de Trente fit des réglemens pour la réformation des moines. L'ordre de Cluni s'empressa de les exécuter, & la fameuse réforme de S. Maur fut l'heureux fruit de ces sages réglemens. C'est cette pieuse & savante congrégation que Grégoire XV confirma en 1621 sous le nom de *S. Maur*. Elle s'étoit formée en 1613 par les soins de Jean Renaud, abbé de Saint-Augustin de Limoges, & des moines de la congrégation de Saint-Vannes, laquelle avoit commencé dans la Lorraine en 1597. Le principal auteur de la réforme fut dom Darbouze: ce religieux succéda au cardinal de Guise; ses talens & ses vertus lui valurent d'être élu abbé régulier de Cluni.

Comme tous les religieux de cet ordre ne jugèrent pas à propos d'adopter la réforme, le corps fut divisé en deux branches, dont l'une est connue sous le nom d'*ancienne observance*, & l'autre sous celui d'*observance réformée*. Il y a une grande différence entre le régime de l'une & de l'autre, même pour les habits: cependant ces deux observances n'ont qu'un même chef qui est l'abbé de Cluni, lequel prend le titre d'*abbé supérieur général & administrateur perpétuel de tout l'ordre de Cluni*: l'abbé de Cluni, en cette qualité, est conseiller né au parlement de Paris. Mais depuis qu'un ecclésiastique séculier a pu posséder en commende l'abbaye de Cluni, les religieux réformés ont cherché à se gouverner séparément de ceux de l'ancienne observance. Ils n'ont point voulu qu'un abbé étranger eût sur eux la même autorité qu'avoit auparavant un abbé régulier. Pour représenter parmi eux cet abbé régulier, ils se nomment un supérieur, & cette nomination se fait par les définiteurs de leur observance. Ce supérieur a la même autorité qu'un abbé; autorité d'autant plus légitime, qu'il la tient du chapitre général qui se convoque tous les trois ans à ce sujet le troisième dimanche après pâques. Au moyen de quoi l'abbé commendataire de Cluni, quoique chef de tout l'ordre des *bénédictins*, n'est regardé par les réformés que comme un chef honoraire. Cet abbé ne laisse pourtant pas d'avoir sur eux bien des prérogatives: car si, dans l'intervalle d'un chapite à l'autre, leur supérieur vient à décéder, ils sont obligés de recourir à lui pour avoir permission de s'assembler à l'effet d'en nommer un autre pour le temps intermédiaire; & ce supérieur nommé ne peut entrer en exercice de sa place qu'après avoir obtenu de l'abbé des lettres d'approbation ou d'attache, qu'on appelle *lettres de vicariat*. Sur quoi il est bon de remarquer que toutes les fois qu'on s'adresse à lui ou pour une convocation ou pour des lettres d'attache, il ne peut point refuser ce qu'on lui demande, suivant qu'il a été jugé par un arrêt du grand-conseil du 30 mars 1705, attendu qu'on ne s'adresse à lui en pareille occasion que par déférence.

A l'égard des religieux de l'ancienne observance, qu'on appelle plus particuliérement *clunistes*, l'abbé commendataire a sur eux la même autorité que s'il étoit abbé régulier. C'est de ces religieux qu'il peut se dire l'*administrateur perpétuel*: ils reconnoissent sa jurisdiction; il est exactement leur chef & leur supérieur général.

Les *bénédictins* réformés cherchèrent dans le siècle passé toutes les occasions d'étendre leur réforme aux monastères de l'ordre de Cluni, afin d'opérer par la suite une pleine & entière union; ils avoient obtenu nombre de bulles qui sembloient leur préparer cette voie, & ceci même faisoit naître des contestations dans les tribunaux. Louis XIV, pour trancher toute difficulté à ce sujet, rendit une déclaration au mois de juin 1671, par laquelle il fut dit que dorénavant les religieux des ordres réformés ne pourroient être établis dans les monastères qui n'avoient point accepté la réforme, & qu'il n'y seroit fait aucune union, sans au préalable avoir obtenu des lettres-patentes de sa majesté, à peine de nullité, &c.

Cinq ans après, en 1676, l'ordre de Cluni obtint des lettres-patentes à l'effet d'un congrès pour cette réunion. L'ordre s'assembla à Paris au collége de Cluni, & il s'y tint un chapitre général en présence des commissaires du roi. Après bien des discussions, on convint d'adopter d'anciens statuts rédigés en 1458 par Jean de Bourbon, pour lors abbé de Cluni. Mais les uns, ceux de l'ancienne observance, ne voulurent les recevoir qu'avec les modifications que le relâchement y avoit introduites: les autres, ceux de l'observance réformée, ne voulurent rien retrancher de l'austérité de ces mêmes statuts; au moyen de quoi les esprits ne purent pas se concilier.

Les deux observances ont le même chapitre, mais des officiers différens. La différence que l'on remarque entre ces deux observances a donc exigé que chacune d'elles traitât de ses affaires séparément. C'est ce qui fait que l'une & l'autre ont leurs définiteurs particuliers qui, lors de la tenue des chapitres généraux, prennent leurs délibérations sans que ceux de l'ancienne communiquent avec ceux de la nouvelle observance. Ce n'est que lorsqu'il s'agit de l'intérêt de l'ordre entier, que les uns & les autres se réunissent dans le même définitoire pour la cause commune.

Comme l'autorité *législative*, s'il est permis de se servir du terme, réside dans les chapitres généraux de l'ordre, l'abbé y est lui-même soumis, ainsi que les religieux. Il y a plus, c'est qu'il peut recevoir des corrections dans ces chapitres, & même y être déposé lorsqu'il est essentiellement en faute; on peut voir à ce sujet les bulles de Grégoire IX & de Nicolas IV, qui le veulent ainsi. C'est ce qui fait que le gouvernement de l'ordre de Cluni participe beaucoup du gouvernement aristocratique.

Les deux observances ont dès-lors cela de commun, qu'elles tiennent dans le même temps leur chapitre sous le même chef, chacune par l'entremise de ses définiteurs qui sont au nombre de quinze. C'est dans ce chapitre que se nomment les supérieurs de chaque maison, supérieurs qui ne sont que pour trois ans en place parmi les religieux réformés, en observant cependant que dans un autre chapitre ils peuvent être continués pour trois autres années; mais après ce temps, il faut que la supériorité passe à un autre religieux, sauf à la rendre, si on le juge à propos, à celui qui l'exerçoit auparavant. Il en est de même du supérieur principal, qu'on appelle *vicaire général*, son autorité n'est que pour trois ans, à moins que dans un nouveau chapitre il n'ait été continué pour trois autres années.

Pour ce qui est des maisons de l'ancienne observance, les supérieurs peuvent y être continués aussi long-temps qu'on le veut; c'est ce qui fait qu'ils y sont presque toujours à perpétuité. Il y a sans doute apparence que les réformés ont regardé cette continuation comme pouvant être la cause d'un relâchement dans la discipline, puisqu'ils se sont fait une loi de ne la point tolérer.

Après la nomination des supérieurs, on procède à celle des visiteurs. Les visiteurs sont des officiers chargés de veiller à l'exécution de ce qui a été arrêté dans le chapitre. Mais avant qu'ils exercent aucune fonction, il faut que les décrets du chapitre aient reçu la sanction du prince par des lettres-patentes enregistrées. Observez, au sujet des visiteurs, qu'il a été décidé dans un chapitre général de l'ordre, tenu en octobre 1693, confirmé par un bref du pape, suivi de lettres-patentes enregistrées au grand-conseil, où l'ordre a ses causes commises, qu'aucun religieux, pas même un prieur de communauté, ne peut intenter de procès sans en avoir obtenu la permission du visiteur de la province.

Lorsqu'il y a des difficultés pour l'exécution de ce qui a été arrêté dans un chapitre, on a recours au syndic de chaque observance; c'est ce syndic qui est chargé de faire toutes les démarches & toutes les poursuites nécessaires pour procurer aux décrets capitulaires leur exécution. Les syndics de ces deux observances sont appellés, à raison de leurs fonctions, *procureurs généraux*: ils sont créés en même temps pour se charger des affaires qui peuvent concerner chaque membre de l'ordre en particulier, dans les cas où ce membre ne peut agir par lui-même. Mais il est bon d'observer qu'il est dû à ces syndics une taxe par forme de rétribution sur les bénéfices simples & même sur les maisons conventuelles de l'ordre. Anciennement on varioit sur le plus ou le moins qu'on devoit leur accorder; les contributions n'étoient pas égales, & ceci occasionnoit des discussions. Pour les faire cesser, il fut arrêté un rôle dans le chapitre général qui se tint en 1738, & l'exécution en fut ordonnée, suivant que le fait remarquer Denisart, par un arrêt contradictoire rendu entre les procureurs généraux des deux observances le 5 février 1744. Malgré que ce rôle fût arrêté, M. de Saint-Albin, archevêque de Cambrai, ne laissa pas de refuser cette taxe qu'on lui demandoit, comme prieur commendataire de Saint-Martin-des-champs; mais il fut condamné à la payer, ajoute le même arrêtiste, par un arrêt du grand-conseil du 22 février 1747.

A l'égard des difficultés qui peuvent survenir relativement au régime d'une maison dans les temps intermédiaires d'un chapitre à l'autre, comme il seroit trop long-temps d'attendre la tenue d'une assemblée générale pour les résoudre, il se tient dans cet intervalle à Cluni un conseil particulier composé des quatre anciens religieux de cette abbaye qu'on appelle les *quatre senieurs*, & de ceux qui y exercent des fonctions en qualité d'officiers; c'est dans ce conseil que se décident provisoirement tous les points sur lesquels on est en contestation dans chaque maison particulière.

Il s'est élevé dans ces derniers temps plusieurs contestations dans la congrégation de S. Maur, qui ont donné lieu à divers réglemens, parmi lesquels on remarque un arrêt du conseil du 6 juillet 1766. Cet arrêt, en ordonnant que des lettres-patentes du 10 septembre 1610, & du mois d'août 1618 seroient exécutées suivant leur forme & teneur, ainsi que la bulle de Grégoire XV du 27 mai 1621, celle d'Urbain VIII du 21 janvier 1627 & les lettres d'attache qui les accompagnent, en date du 15 juin 1631, a ordonné en même temps que par provision les déclarations sur la règle de S. Benoît & les constitutions de la congrégation de S. Maur rédigées & approuvées en 1642 par le chapitre général de cette congrégation, & confirmées au chapitre général de 1645, seroient exécutées aux charges, clauses & conditions portées par cet arrêt qui est en 42 articles.

Des bénéficiers dans la réforme. Comme la réforme de la congrégation de S. Maur auroit souffert bien des difficultés s'il n'avoit pas été permis à cette congrégation de conserver les bénéfices que ses religieux possédoient, Urbain VIII & Louis XIII permirent aux religieux de cette même congrégation de posséder des bénéfices dépendans, non-seulement des monastères où leur réforme seroit introduite, mais encore des autres monastères de l'ordre de S. Benoît, même de la congrégation de Cluni, sans être obligés d'y résider, quelque résidence que ces bénéfices pussent exiger par leur fondation. Mais, suivant la bulle d'Urbain VIII, ces religieux ne peuvent recevoir par eux-mêmes les revenus de ces bénéfices, ils appartiennent à la congrégation; les titulaires sont obligés de donner leur procuration au procureur-général de leur observance, à l'effet de régir & d'administrer leurs prieurés & bénéfices, d'en toucher les revenus & de les employer suivant l'ordre des supérieurs majeurs. Ils ne peuvent même pas se transporter sur les lieux sans la permission expresse & par écrit des supérieurs majeurs, ni solliciter & accepter aucun bénéfice quel qu'il puisse être, sans cette permission. C'est ce qui a été confirmé par un arrêt du grand-conseil rendu le 17 février 1758, entre dom Boudinot, procureur-général, & dom Peru, pourvu du prieuré de Saint-Savinien-du-Port.

Cet arrêt n'a point paru à Denisart une décision puisée dans les bons principes; il est contraire, dit-il, à l'obligation imposée par l'église à tous les bénéficiers sans distinction, de veiller eux-mêmes à l'acquit des charges dont leurs bénéfices peuvent être tenus; & malgré le serment que font sur l'autel les *bénédictins* réformés, de laisser en commun les revenus de leurs bénéfices, il prétend que ce serment ne les dispense pas de remplir ce que les canons prescrivent aux bénéficiers. Mais cet auteur montre ici un peu trop de zèle pour la discipline canonique. Les statuts de l'église ne sont nullement blessés en ce que les religieux qui ont fait vœu de n'avoir rien en propre, abandonnent tout à leurs supérieurs: leur premier devoir est de pratiquer leur règle, & c'est l'observer que d'obéir, & observer en même temps les canons, que de mettre tous les revenus en commun, & de laisser à un homme préposé à cet effet le soin des charges du bénéfice, de crainte que le religieux bénéficier ne soit trop distrait de l'esprit de son état par les soins particuliers auxquels il faudroit qu'il se livrât. D'ailleurs les canons ont bien autant de confiance à une maison entière, pour le gouvernement d'un bénéfice, qu'à un simple religieux.

Des bénéficiers dans l'ancienne observance. Il n'en est pas de même de l'ancienne observance: quoiqu'il soit vrai de dire que des religieux sont obligés, à raison de leur vœu de pauvreté, de rapporter à une masse commune tous les revenus des bénéfices dont ils peuvent être pourvus, & que la chose ait été jugée sur ces principes par un arrêt du grand-conseil du 16 septembre 1682, les religieux non-réformés, autrement dits les *clunistes*, ne s'en sont pas moins maintenus dans l'usage d'administrer personnellement les bénéfices dont ils sont pourvus, & comme les statuts de Jean de Bourbon le leur permettent, les cours qui ne cherchent point à renchérir sur la discipline introduite par un homme aussi respectable, tolèrent cet usage.

Dans la congrégation de S. Maur, non-seulement on ne peut pas, comme nous venons de l'observer, jouir personnellement de son bénéfice, mais on ne pouvoit même pas anciennement se démettre du bénéfice dont on étoit pourvu, sans le consentement des supérieurs majeurs. A la faveur de ces précautions qui perpétuoient les bénéfices parmi eux, les collateurs ordinaires, les indultaires & les gradués n'y avoient pas beaucoup d'espérance. C'est ce qui fit que, par un édit du mois de novembre 1719, il fut permis à ces religieux de résigner leurs bénéfices en faveur de personnes capables, sans le consentement de leurs supérieurs.

Il étoit encore permis aux *bénédictins* de Saint-Maur de recevoir des résignations de bénéfices de l'ancienne observance sous la réserve de pensions égales à la totalité des revenus; mais, par un édit du mois d'avril 1721, il fut réglé qu'aucun religieux de l'*étroite observance* ne pourroit accepter, sous aucun prétexte, des collations ni des provisions de prieurés conventuels, offices claustraux ou autres titres de maison de l'*ancienne observance*, sans avoir obtenu des lettres-patentes & les avoir fait enregistrer dans les cours de parlement, & encore fut-il ajouté qu'elles ne seroient accordées qu'après avoir préalablement pris l'avis de l'abbé de Cluni, chef général de l'ordre.

Précautions prises en faveur des collateurs, indultaires & gradués. Il y avoit un autre inconvénient qui s'opposoit fort au droit des collateurs ordinaires, des indultaires & des gradués; c'étoit la difficulté de connoître le lieu de la résidence des vrais titulaires, & d'empêcher la prévention en cour de Rome. Pour remédier à cet inconvénient, il fut réglé par l'édit du mois de novembre 1719, que les titulaires des bénéfices dans la congrégation de S. Maur pourvus avant l'édit, à quelque titre que ce fût, feroient leur déclaration en personne tant au greffe des officialités des diocèses, qu'à celui des bailliages ou sénéchaussées de la situation des bénéfices, du lieu de leur demeure actuelle, des titres de possession dont ils seroient tenus de fournir copie, du revenu du bénéfice, du nom du fermier & de celui des différentes paroisses où s'étendoient les droits & les biens dépendans du bénéfice. Il fut ajouté que cette déclaration auroit lieu toutes les fois que le religieux bénéficier changeroit de domicile; & afin que les résignations, les permutations & les collations ne fussent pas secretes dans les maisons de *bénédictins*, il fut dit en même temps qu'on n'en pourroit effectuer aucune pour quelque bénéfice que ce fût, soit du même ordre ou d'un ordre différent, qu'elles ne fussent suivies de lettres-patentes duement enregistrées; & que faute de les avoir obtenues dans les trois mois, & d'avoir fait dans le même délai la déclaration ordonnée, les bénéfices seroient impétrables, comme vacans.

Sur quoi il est bon de remarquer que, par une déclaration postérieure du premier février 1720, il fut dit qu'au lieu de ces déclarations en personne dont nous venons de parler, au greffe des officialités & des juges royaux de la situation des bénéfices, les religieux bénéficiers seroient seulement tenus de comparoître devant le juge royal dans le ressort duquel seroit situé le monastère où ils feroient leur résidence, pour, en présence du juge & assistés du prieur du monastère (qui doit attester la signature & la vérité des titres), passer leur procuration spéciale en double minute devant notaire; cette procuration doit être signée de celui qui fait la déclaration & de son prieur, & ensuite légalisée par le juge.

C'est ordinairement au prieur ou à un autre religieux que se donne cette procuration, en conséquence de laquelle il comparoît en personne tant au greffe des officialités des diocèses, que devant le premier officier des bailliages où sont situés les bénéfices. On doit joindre, suivant ce réglement, à la déclaration, la procuration en minute du titulaire, dont le prieur doit pareillement attester la vérité par sa signature, & le tout doit être mis au greffe de la jurisdiction royale d'où dépendent les bénéfices, sans préjudice à l'exécution du surplus de l'édit de 1719, qui a été renouvellé par un arrêt du grand-conseil, rendu en forme de réglement le 15 avril 1752.

Denisart prétend que les *bénédictins* anglois qui possèdent des bénéfices en France ont été affranchis de ces formalités par une déclaration du 22 août 1736; mais il se trompe: la seule différence à cet égard est que si les bénéficiers sont absens hors du royaume, le prieur du monastère où ils faisoient leur résidence est tenu de donner pour eux la procuration qu'ils auroient donnée eux-mêmes, sauf aux bénéficiers à la réitérer trois mois après leur retour.

Pour qu'un *bénédictin* réformé puisse se faire transférer dans une maison de l'ancienne observance, il ne lui faut pas moins qu'un rescrit de la cour de Rome: c'est ce qui est établi par un arrêt du conseil du 22 septembre 1728, revêtu de lettres-patentes enregistrées au grand-conseil. Ce rescrit doit ensuite être présenté au supérieur général pour avoir son consentement par écrit. Si le supérieur le refuse, le religieux doit se pourvoir à la diète, & sur le refus de la diète, au chapitre général prochain. Ce n'est qu'après avoir épuisé ces formalités qu'il peut demander devant le juge d'église la vérification des causes pour lesquelles il requiert sa translation.

Privilège de la maison de Cluni. Anciennement l'abbaye & le territoire de Cluni n'étoient d'aucun diocèse. Urbin II en avoit fixé les limites avec défenses à tout évêque de les violer. Cependant l'évêque de Mâcon jugea à propos de réclamer contre ce privilège en 1737, & par arrêt du conseil du 15 avril 1744, cité dans la collection de jurisprudence, le roi, sans s'arrêter aux demandes de l'abbé de Cluni, a maintenu l'évêque de Mâcon dans le pouvoir exclusif d'exercer la jurisdiction épiscopale dans la ville & dans le territoire de Cluni.

Charges des abbés & prieurs commendataires. Lors de l'introduction de la commende dans l'ordre de Cluni, il y a eu des contestations au sujet des charges concernant les monastères, & dont il étoit juste que les premiers commendataires, ainsi que les premiers prieurs réguliers titulaires, s'acquittassent, à moins qu'ils n'aimassent mieux abandonner le tiers-lot. Il fut réglé dans un chapitre général de l'année 1678, suivi de lettres-patentes du mois d'avril de l'année d'après, que jusqu'à un abandon de ce

tiers-lot

tiers-lot il seroit payé une double mense ou une pension proportionnée aux dépenses extraordinaires qui se présentoient. Cette pension fut refusée par un prieur commendataire qui vouloit se borner à payer six livres par jour pour contribuer à la dépense de celui qui seroit député pour le chapitre général, si mieux on n'aimoit l'en acquitter pour cinquante livres tous les ans. Ceci occasionna une contestation par l'événement de laquelle ce prieur, qui étoit l'abbé Ozanne, prieur commendataire de Lihons dans le Santerre, fut condamné, par un arrêt du grand-conseil du 16 mai 1735, à payer trois cens livres par an au lieu des cinquante qu'il proposoit. L'auteur de la collection de jurisprudence observe qu'il fut rendu, le 6 février 1744, un semblable arrêt au même tribunal contre dom Roger, en faveur de dom Esbrayat, prieur claustral de Saint-Martin-de-Layrac.

Des dixmes. A l'égard des dixmes, l'ordre de Cluni avoit droit aux novales à proportion des anciennes : il y a à ce sujet plusieurs arrêts du grand-conseil & du parlement dont il est inutile de rapporter les espèces, actuellement que les choses sont réglées à cet égard par l'édit du mois de mai 1768 concernant les portions congrues.

Les bénédictins peuvent prendre des grades. Les *bénédictins* de l'une & de l'autre observance peuvent étudier dans les universités, obtenir des degrés, requérir & posséder des bénéfices; mais il faut du moins aux religieux réformés une permission particulière des supérieurs majeurs; il ne suffiroit pas qu'ils eussent celle du supérieur local; c'est ce qui a été jugé, suivant que le fait remarquer Denisart, contre dom Bonnet, par un arrêt du grand-conseil du 19 décembre 1735. Il fut fait défenses à ce religieux de faire aucun usage de ses grades.

Des offices claustraux. Lors de la réforme, les offices claustraux furent supprimés dans la congrégation de S. Maur & réunis aux menses conventuelles. Tous ces offices subsistoient dans le reste de l'ordre de S. Benoît; mais, par une bulle du 15 juillet 1772, demandée au pape Clément XIV par le feu roi, & suivie de lettres-patentes du 14 août de la même année duement enregistrées, ces offices ont été supprimés; en conséquence il a été dit que toutes les chapelles claustrales, places monacales & offices claustraux qui étoient pour lors possédés par des réguliers, demeureroient éteints de plein droit lorsqu'ils viendroient à vaquer par mort, démission ou autrement, sans pouvoir être obtenus & possédés à l'avenir en titre, sous quelque prétexte que ce fût, & que les droits & revenus en dépendans seroient réunis & incorporés à perpétuité aux menses conventuelles, ou à défaut de menses, aux prieurés & autres bénéfices en titre, à la charge par ceux qui profiteroient des réunions, d'acquitter les fondations dont ces offices pouvoient être tenus.

BÉNÉDICTINES, f. f. (*Droit canon.*) ce sont des religieuses qui vivent cloîtrées sous une règle approchante de celle de S. Benoît. Elles regardent sainte Scholastique, sœur de ce patriarche, comme la fondatrice de leur ordre. Leur état en France n'a été bien assuré qu'en 1618. Elles ont ordinairement une abbesse pour supérieure.

BÉNÉDICTION, f. f. (*Droit ecclésiastique.*) ce mot, en matière canonique, signifie une cérémonie ecclésiastique qui se fait pour rendre une chose sacrée ou vénérable. Les livres saints nous ont transmis beaucoup de ces cérémonies qui se pratiquoient sous l'ancienne loi.

Bénédictions réservées aux évêques. Il n'appartient pas à toute sorte d'ecclésiastiques de faire certaines *bénédictions* : celles qui sont accompagnées de quelque onction, & que pour cela on appelle *consécrations*, sont réservées à l'ordre épiscopal. Tels sont le sacre des rois & des reines, celui du calice & de la patène, des églises & des autels fixes ou portatifs. On a encore réservé aux évêques la *bénédiction* des abbés & des abbesses, des chevaliers & des saintes huiles.

Les autres *bénédictions* qui leur appartiennent, mais pour lesquelles ils peuvent commettre des ecclésiastiques, sont la *bénédiction* des corporaux & des nappes-d'autel, des ornemens sacerdotaux, des croix, des images, des cloches, des cimetières. Ils peuvent encore commettre pour la réconciliation des églises profanées.

Les ecclésiastiques réguliers prétendent n'avoir pas besoin de la permission de l'évêque pour consacrer les calices, pour bénir les ornemens d'église, les images & les corporaux; mais par un réglement fait à l'assemblée du clergé, tenue à Paris en 1645, il fut dit par l'article 28, en parlant des religieux qui seroient nouvellement établis, qu'ils ne pourroient, ni eux ni d'autres ecclésiastiques inférieurs aux évêques, consacrer des calices, quelques privilèges qu'ils pussent avoir. Il fut ajouté, par l'article 29, que ceux qui ont un privilège particulier de bénir des ornemens d'église, des images & des corporaux, ne pourroient le faire que chez eux, & pour le service de leurs maisons: qu'à l'égard des oratoires & des cimetières, ils ne pourroient pas plus les bénir, que réconcilier des églises sans la permission par écrit de l'évêque diocésain.

Bénédictions permises aux prêtres. Les *bénédictions* qui sont de la compétence des prêtres, sans le consentement des évêques, sont celles des fiançailles, des mariages, des fruits de la terre, de l'eau mêlée de sel, *&c.*

Le pontifical romain donne des formules de toutes sortes de *bénédictions*, mais chaque ecclésiastique est obligé de suivre les formules qui lui sont indiquées par le rituel du diocèse où il exerce son ministère.

Bénédiction sur le peuple. Les évêques & les prêtres sont aussi dans l'usage de donner des *bénédictions* sur le peuple. Le droit d'en donner la main levée avec le signe de la croix, accompagné de prières, n'appartient qu'aux évêques. Les prêtres n'en peuvent donner de cette manière, qu'en célébrant la messe, en faisant des prières solemnelles, & en administrant les sacremens, & encore doivent-ils observer de ne pas se servir de la formule *sit nomen domini benedictum*, &c. *humiliate vos ad benedictionem.* Cette formule est réservée aux évêques.

Plusieurs abbés, par un privilège émané du saint siège, ont, comme l'évêque, le droit de bénir le peuple d'une manière solemnelle; mais ils ne peuvent faire usage de ce droit que dans leurs propres églises, après les vêpres, la messe & les matines. Ils ne peuvent donner de *bénédictions* en particulier, dans les rues & hors de leurs églises, à l'exemple des évêques : cela leur est défendu par un décret de la sacrée congrégation, du 24 août 1609. Et comme c'est une règle, en matière de *bénédiction*, que celui qui est dans un ordre inférieur ne bénisse point le peuple en présence d'un autre ecclésiastique plus élevé que lui en dignité, les abbés ne peuvent jouir de leur privilège, à cet égard, en présence d'un évêque ou d'un autre prélat supérieur, s'ils n'en ont une permission particulière du pape.

Bénédiction d'un prédicateur. Dans plusieurs églises, & principalement dans les cathédrales, il est d'usage de donner une *bénédiction* au prédicateur avant qu'il commence son sermon; cette *bénédiction* a fait le sujet de plusieurs procès entre les curés primitifs & les vicaires perpétuels; mais il a été jugé que les jours où les curés primitifs peuvent officier, ils sont en droit, à l'exclusion du vicaire perpétuel, de donner cette *bénédiction*. Un arrêt du grand-conseil, du 21 octobre 1675, l'a ainsi jugé en faveur des religieux de l'abbaye de Notre-Dame de Mouzon, ordre de S. Benoît, congrégation de S. Vanne, curés primitifs de S. Martin de la même ville, contre le vicaire perpétuel de cette paroisse. Les religieux ont été maintenus par cet arrêt, dans le droit de donner la *bénédiction* au prédicateur quand ils s'y trouvent. Les abbés commendataires ont aussi le même droit dans leurs églises, suivant un arrêt du premier septembre 1671, rendu en faveur de l'abbé de Saint-Mesmin d'Orléans.

Bénédictions des abbés & abbesses. Quant à la *bénédiction* que l'on donne aux abbés après leur élection & confirmation, cette *bénédiction*, comme nous l'avons annoncé, est de la compétence des évêques diocésains; cependant les abbés de l'ordre de Vallombreuse, suivant Tamburin, peuvent être bénis par quelque prélat que ce soit : le même auteur ajoute, ainsi qu'il a été observé à l'article *abbé*, que Jean, abbé de Cîteaux, obtint du pape le privilège de bénir lui-même les abbés & les abbesses de son ordre. Mais il en est à-peu-près parmi nous de la *bénédiction* des abbés par rapport à celui qui doit la leur donner, comme de leur élection & de leur confirmation : c'est à l'évêque que cette bénédiction appartient de droit commun. Elle lui est notamment réservée par une déclaration de la congrégation des rits, du mois de décembre 1631.

On trouve, dans le pontifical, la forme de la *bénédiction* des abbés. Elle diffère suivant qu'elle doit se faire d'autorité apostolique en vertu d'un rescrit, ou de l'autorité de l'ordinaire. Au reste, cette *bénédiction* n'ajoute rien au caractère de l'abbé. On ne la regarde même pas comme nécessaire, & dans l'usage les abbés commendataires ne sont pas bénis. Il est pourtant vrai de dire que quelques canonistes, tels que Tamburin & Felinus, prétendent que l'abbé doit demander cette *bénédiction* dans l'année, & qu'elle ne peut se donner qu'un jour de fête; mais on ne la regarde comme nécessaire que lorsque l'abbé veut exercer quelques fonctions spirituelles attachées à son caractère, comme celles de conférer des ordres à ses religieux; car, s'il ne s'agissoit que de les bénir, il pourroit le faire sans être béni lui-même. Il peut, à plus forte raison, jouir des revenus attachés à son abbaye sans avoir passé par cette formalité : mais si une fois l'abbé a reçu la *bénédiction*, il peut être promu à une autre abbaye sans qu'il soit nécessaire d'en revenir à cette cérémonie, qui ne se réitère point.

Les abbesses sont, ainsi que les abbés, sujettes à une *bénédiction*, dont la formule se trouve dans le pontifical romain : elles doivent la recevoir de l'évêque diocésain. Les procès-verbaux de *bénédiction* d'abbés ou d'abbesses sont compris dans la première section de l'article premier du tarif du 29 septembre 1722, & dans l'article 4 de l'arrêt du conseil du 30 août 1740, qui en fixent le droit de contrôle à cinq livres.

Le premier capitulaire, fait à Aix-la-Chapelle en 789, défend aux abbesses de donner des *bénédictions* publiques avec l'imposition des mains & le signe de la croix sur la tête des hommes; & de donner le voile à leurs religieuses en se servant de la *bénédiction* sacerdotale.

Bénédiction avec le S. sacrement. Il y a encore dans l'église une autre sorte de *bénédiction* : c'est celle qui se fait en montrant aux fidèles l'eucharistie avec des signes de croix. Les prêtres ont pouvoir de donner cette *bénédiction*; mais ils ne doivent le faire qu'aux jours marqués par l'église. Quand les fidèles la désirent dans d'autres temps, il faut une permission particulière de l'évêque, de crainte de la rendre moins respectable, en la rendant trop fréquente. On doit éviter, sur-tout, d'aller donner cette *bénédiction* sur les bords de la mer pour détourner une tempête ou auprès d'un incendie pour le faire cesser : comme Jesus-Christ, ainsi que l'observe sagement l'auteur des loix ecclésiastiques, n'est pas obligé de faire des miracles chaque fois que les hommes en demandent, il suffiroit souvent que sa présence ne changeât rien à l'ordre des choses, pour que cette circonstance diminuât le respect qu'on lui doit, & fût, pour les hérétiques & les impies, un sujet de dérision.

Bénédiction du pape donnée par écrit. Une *bénédiction* assez familière au saint père, est celle qu'il donne par écrit à tous les fidèles au commencement de ses bulles en ces termes : *salutem & apostolicam benedictionem*, salut & *bénédiction* apostolique. Il omet cette *bénédiction* quand il écrit à ceux qui sont hors du sein de l'église. Quand elle est adressée à quelqu'un qui se trouve dans les liens de l'excommunication, celui-ci est présumé en être aussi-tôt relevé par ces paroles de bienveillance & de charité. Le pape envoie quelquefois cette *bénédiction* apostolique à ceux qui sont à l'article de la mort. Les évêques ne sont pas dans cet usage.

Bénédiction nuptiale. Une *bénédiction* très-remarquable, est la *bénédiction* nuptiale que reçoivent ceux qui se marient. Le concile de Trente exhorte l'époux & l'épouse à ne point habiter ensemble la même maison, avant d'avoir reçu du prêtre la *bénédiction* dans l'église. Il veut que cette *bénédiction* soit donnée par le propre curé, & que nul autre que lui ou l'ordinaire ne puisse accorder à un autre prêtre la permission de la donner, nonobstant tout privilège & toute coutume, même de temps immémorial, que le concile regarde plutôt comme un abus que comme un usage légitime. Ce même concile ajoute que si quelque curé ou autre prêtre, soit régulier ou séculier, étoit assez téméraire pour marier ou bénir des fiancés d'une autre paroisse que la leur, sans la permission du curé de cette paroisse, quand même il allégueroit, à cet égard, un privilège particulier ou une possession de temps immémorial, il demeureroit de droit *suspens* jusqu'à ce qu'il fût absous par l'ordinaire du curé, qui devoit être présent au mariage, ou duquel on devoit recevoir la *bénédiction*.

L'article 3 de l'édit du mois de mars 1697, concernant les formalités qui doivent être observées dans les mariages, veut qu'il soit procédé extraordinairement contre les prêtres ou curés qui s'écartent, à cet égard, des dispositions du concile de Trente, & qu'outre les peines canoniques que les juges d'église peuvent prononcer contre eux, ceux qui seront bénéficiers, soient privés, pour la première fois, de la jouissance de tous les revenus de leurs bénéfices pendant trois ans, à la réserve simplement de ce qui leur sera absolument nécessaire pour leur subsistance, ce que l'édit a fixé (dans ce temps-là) à six cens livres dans les plus grandes villes, & à trois cens livres par-tout ailleurs; & il est dit que le surplus des revenus sera saisi à la requête des procureurs de sa majesté, pour être employé en œuvres pies, suivant qu'elles seront déterminées par le prélat diocésain. Si les prêtres contrevenans ne sont point bénéficiers, ils doivent, pour la première fois, être bannis pour trois ans; & s'ils sont réguliers, ils doivent être envoyés dans un monastère de leur ordre, tel que leur supérieur le leur assignera hors des provinces d'où ils seront bannis, pour y demeurer renfermés pendant le temps déterminé, sans y avoir aucune charge ni fonction, non plus qu'aucune voix active ou passive. En cas de récidive, il est dit que le bannissement sera de neuf ans pour les uns comme pour les autres, sauf à prononcer de plus grandes peines s'ils se sont prêtés à la célébration d'un mariage fait à la suite d'un rapt de violence.

Les curés, ainsi que les ordinaires, peuvent déléguer des prêtres pour la *bénédiction* du mariage. Le vicaire duement institué dans une paroisse, est regardé comme commis de plein droit par le curé; celui-ci néanmoins peut se réserver ce droit, ou le retirer quand il l'a donné. Le vicaire commis par le curé peut aussi commettre un prêtre pour la *bénédiction* nuptiale, à moins que ceci ne lui ait été défendu; mais lorsqu'il commet, la commission ne peut s'exercer que dans la paroisse où il est vicaire, parce que le vicaire n'a la jurisdiction du curé que dans l'étendue de sa paroisse. Au reste, le prêtre commis par le vicaire ne peut pas en commettre un autre; c'est le cas de la règle qu'un délégué ne peut pas en déléguer un autre.

Les curés ont prétendu que l'ordinaire ne pouvoit point commettre de prêtres contre leur gré pour la *bénédiction* des mariages de leurs paroisses; mais le contraire a été décidé dans une assemblée du clergé de France, tenue en 1655 : l'évêque est regardé comme le premier curé de toutes les églises de son diocèse.

Quand les François sont à la suite d'un ambassadeur du roi dans un pays hérétique où il n'y a pas d'église catholique, l'aumônier peut alors légitimement donner la *bénédiction* nuptiale, en observant les mêmes règles que celles qui s'observent en France. C'est sur ces principes qu'un mariage qui avoit été célébré dans la maison d'un ambassadeur, par un jésuite, son aumônier, dans une ville hérétique où les catholiques n'avoient point d'église, a été jugé valable par un arrêt du parlement de Paris, du 29 mars 1672. Le même tribunal refuse néanmoins ce privilège aux aumôniers de vaisseau : il leur a fait défenses, par un arrêt du 16 février 1673, de célébrer aucun mariage sans la permission de l'évêque ou des curés.

C'est sur le même exemple que l'on décide que les mariages des soldats du roi ne peuvent être bénis valablement par l'aumônier du régiment, à moins que le régiment ne soit depuis un temps considérable dans un pays où il n'y a point d'église catholique.

La forme de la *bénédiction* nuptiale est déterminée par le rituel de chaque diocèse. Une grande question qui a beaucoup exercé les docteurs en 1712, est de savoir si cette *bénédiction* nuptiale est de l'essence du sacrement de mariage. Cette question sera particuliérement agitée à l'article MARIAGE, où elle se rapporte naturellement. En attendant nous observerons seulement que cette *bénédiction* peut se donner par-tout ailleurs qu'à la face des autels, lorsque certaines considérations l'exigent. On prétend même que les curés sont maîtres de juger de la convenance, sans recourir à une permission de l'évêque.

BÉNÉFICE, s. m. BÉNÉFICIER, s. m. (*Jurisprudence canonique.*) les canonistes appellent *bénéfice*, le droit attribué à un clerc de jouir durant sa vie des revenus de certains biens consacrés à Dieu à cause de l'office spirituel dont ce clerc est chargé par l'autorité de l'église, & *bénéficier* celui qui possède un office ecclésiastique auquel est joint un certain revenu qui ne peut en être séparé.

Cet article sera divisé en six sections. Nous parlerons dans la première de l'origine des *bénéfices*: dans la seconde, de leur nature & de leurs propriétés: dans la troisième, des divisions sous lesquelles on les range: dans la quatrième, nous donnerons les règles générales sur les *bénéfices*, considérés sous des rapports généraux: dans la cinquième, nous exposerons les manières de les acquérir, & dans la dernière celles d'en perdre la possession.

SECTION PREMIÈRE.

De l'origine des bénéfices.

Durant les sept premiers siècles de l'église, le nom de *bénéfice* ne fut usité dans le sens que nous le prenons, ni par les écrivains ecclésiastiques, ni par les auteurs profanes. Il fut à la vérité employé par les latins; mais c'étoit pour signifier une grace, un bienfait accordé gratuitement.

Des bénéfices sous l'empire romain. L'usage avoit restraint la signification de ce mot à la désignation des fonds ou héritages dont les empereurs romains gratifioient leurs officiers & leurs soldats pour les exciter à défendre, contre les incursions des barbares, les provinces de l'empire; & l'on appella *bénéficiers* ceux qui possédoient des fonds de cette espèce. Tel fut, comme nous l'apprend Sévère Sulpice, le père de S. Martin, qui, pour obéir à la loi du prince, obligea son fils à s'enrôler contre son gré.

Dans l'origine ces *bénéfices* n'étoient qu'à vie, & l'état en conservoit la propriété: mais par la suite il fut permis aux pères de les faire passer à leurs enfans, sous la condition que ceux-ci serviroient l'état comme avoient fait ceux-là. Il y avoit dans chaque province, entre les mains du gouverneur, un livre où s'inscrivoient ces sortes de concessions & les noms des *bénéficiers*. Au reste, il ne faut pas confondre ces *bénéficiers* militaires avec les appariteurs ou satellites des magistrats, qu'on a quelquefois désignés sous ce nom, comme le prouve particuliérement l'édit que Maximien publia vers la fin de sa vie en faveur des chrétiens.

Cet usage des empereurs romains, d'accorder des *bénéfices* aux militaires, étoit devenu fort commun du temps de S. Augustin, qui vivoit au commencement du cinquième siècle. Dans un de ses sermons ce père parle de ces sortes de concessions comme d'une chose très-ordinaire.

Nos rois, même ceux de la première race, imitèrent les empereurs romains: Aimoin, dans son histoire, en rapporte un exemple remarquable à l'égard d'un des principaux officiers de Clovis nommé Aurélien, à qui ce prince donna, pour récompense de services, le château de Melun avec le duché, c'est-à-dire, le gouvernement des environs, à titre de *bénéfice*. Ils donnèrent aussi plusieurs *bénéfices* aux évêques, aux abbés & aux abbesses; & on les appella *bénéfices royaux*, pour les distinguer de ceux qui venoient de la libéralité des particuliers. Charlemagne parle de ces *bénéfices* royaux dans ses capitulaires.

Du temps où le clergé a commencé l'usage des bénéfices ecclésiastiques. Vers le septième & le huitième siècles, l'église, à l'exemple des rois, accorda aux clercs occupés du service des autels, la jouissance de certains fonds pour les faire subsister; & alors s'introduisirent, dans l'ordre ecclésiastique, les termes de *bénéfice* & de *bénéficier* avec la signification qu'ils ont aujourd'hui. Voilà l'étymologie du mot *bénéfice*; il faut maintenant considérer la chose qu'il représente.

Première époque: les ecclésiastiques ne possédoient aucune partie des biens de l'église en propre. Dans les premières années de l'établissement de l'église, non-seulement les ministres de l'évangile, mais encore tous les fidèles ne possédoient rien en propre & tout étoit en commun entre eux, comme nous l'apprend S. Luc au chapitre 4 des actes des apôtres. Les chrétiens prévoyant les persécutions des païens, vendoient leurs héritages & en mettoient le prix entre les mains des apôtres. Il faut néanmoins convenir que cette vie commune ne s'étendit pas au delà des murs de Jérusalem, qui est le véritable lieu de l'origine extérieure de l'église naissante. Elle cessa même aussi-tôt que le grand nombre des fidèles en eut rendu l'usage difficile; mais les fidèles donnoient toujours une partie considérable de leurs biens pour servir à la subsistance des ministres de l'église & des pauvres.

Les apôtres s'employèrent d'abord eux-mêmes à la distribution des aumônes que faisoient les fidèles: mais dans la seconde assemblée, qu'ils tinrent à Jérusalem, ils se déchargèrent de l'embarras que cette distribution leur causoit, & instituèrent, pour prendre ce soin, sept diacres, dont S. Etienne fut le chef.

Cet établissement des diacres s'étendit bientôt dans toutes les provinces où les apôtres fondèrent des églises, & personne n'étoit admis à cette charge ecclésiastique, non plus qu'à celle d'évêque & de prêtre, que par le suffrage commun des fidèles.

On voit qu'avant le règne de Constantin l'église possédoit des fonds, puisqu'en 302, Dioclétien & Maximien ordonnèrent la confiscation de ses immeubles ; ce qui, toutefois, n'eut point d'exécution.

L'empereur Constantin ayant embrassé la religion chrétienne, & mis fin aux persécutions que les fidèles avoient éprouvées, l'église acquit de grandes richesses, non-seulement par les libéralités des princes, mais encore par celles des particuliers.

Le nombre des clercs étoit réglé : il n'y avoit point d'ordination vague, & chacun étoit attaché, par son ordination, à une église particulière, aux biens de laquelle il participoit proportionnément au service qu'il lui rendoit. Mais comme l'opinion commune de ces temps-là, étoit que tout le bien de l'église appartenoit aux pauvres, les clercs qui étoient riches n'en pouvoient rien prendre pour eux, & n'y avoient droit que quand ils avoient abandonné leur patrimoine à l'église & aux pauvres. C'est ainsi, comme le remarque l'auteur de l'histoire ecclésiastique, qu'en usèrent S. Paulin, S. Hilaire d'Arles & S. Germain d'Auxerre.

Les conciles même vouloient que les clercs gagnassent leur subsistance par le travail de leurs mains, plutôt que de la prendre sur un bien consacré à l'usage des pauvres. Il est vrai que ce n'étoit là qu'un conseil & non un précepte.

Seconde époque : établissement des économes, des archidiacres. A l'imitation des apôtres, les évêques d'Occident confièrent, dans les premiers siècles, l'administration des biens temporels de leurs églises, aux premiers diacres, qu'on appella depuis *archidiacres*, & les en firent économes perpétuels, & quelquefois cependant momentanés ; car dans quelques endroits on les changeoit de cinq ans en cinq ans ; c'est pourquoi les actes de quelques conciles, des cinquième & sixième siècles, parlent d'économes distingués des archidiacres.

En Orient, ces économes étoient ordinairement prêtres, & étoient pareillement établis par les évêques, auxquels ils rendoient compte tous les ans.

S. Fulbert, évêque de Chartres, nous apprend, dans sa lettre au clergé de l'église de Paris, que quand un évêque établissoit des économes, ils devoient lui prêter serment de fidélité, c'est-à-dire, lui être soumis.

Tout cela prouve que dans les commencemens, les évêques étoient les maîtres de disposer, suivant leur volonté, des revenus qui provenoient des terres données à l'église. C'est ce qui faisoit dire, en 412, à S. Cyrille, patriarche d'Alexandrie, que l'évêque ne devoit rendre compte qu'à Dieu seul des revenus de l'église & des oblations, & qu'il pouvoit en disposer librement, pourvu qu'il n'aliénât ni les meubles ni les immeubles. Cette autorité absolue n'est pas marquée d'une manière moins sensible par S. Ambroise, qui se contente d'enjoindre aux évêques d'orner avec décence le temple du Seigneur, de donner aux pauvres & aux étrangers de quoi subsister, de n'être ni trop prodigues ni trop serrés dans les distributions qui se font aux clercs, sans déterminer la portion des revenus ecclésiastiques que l'évêque doit employer à des œuvres de piété.

Premier partage des biens ecclésiastiques. La piété & le désintéressement des évêques étant venus à diminuer, l'église se vit obligée de partager ses revenus en un certain nombre de portions, & de destiner chaque portion aux œuvres de piété dont ils étoient chargés avant ce partage.

Quelques écrivains ont prétendu que le premier auteur de la loi qui ordonna ce partage, fut le pape Sylvestre : ils se fondent sur une fausse décrétale de ce pape ; mais tous les savans regardent, avec raison, cette pièce comme supposée, ainsi que toutes celles qui portent le nom des souverains pontifes jusqu'à Sirice : aussi ne trouve-t-on, dans les monumens de l'antiquité ecclésiastique, aucun vestige du partage dont il s'agit, avant le pape Simplicius, qui monta sur le trône pontifical en 467.

Ce pontife ayant appris que Gaudence, évêque d'Aufinio, n'observoit point les règles canoniques dans le partage des revenus ecclésiastiques, ordonna qu'on laisseroit à cet évêque un quart des revenus de l'église d'Aufinio pour son entretien, un autre pour distribuer aux clercs de son diocèse, & que les deux autres quarts seroient remis entre les mains du prêtre Onager, l'un pour l'entretien des églises & des bâtimens, & l'autre pour la subsistance des pauvres. Le pape Gelase, successeur de Simplicius, en confirmant ce partage en quatre portions, tant des revenus fixes que des oblations, laissa aux évêques l'administration des deux parties destinées à l'entretien des bâtimens & aux aumônes ; mais il les avertit en même temps qu'ils commettroient un sacrilège s'ils en employoient quelque chose à leur profit particulier. Ce pape dit ailleurs que l'évêque a lui seul la quatrième partie des revenus de l'église, parce qu'il doit recevoir les étrangers & secourir les prisonniers. Les revenus des biens qui avoient été donnés à l'église depuis peu de temps devoient entrer dans ce partage, comme ceux des anciens domaines : S. Grégoire reprit sévèrement les évêques de Sicile qui avoient introduit un usage contraire. Les conciles d'Agde, d'Orléans, de Tarragone, de Prague, de Tolède, justifient que les revenus ecclésiastiques étoient partagés dans les Gaules & en Espagne, à peu-près de la même manière qu'en Italie. On lit même, dans les actes d'un concile tenu au Mexique vers la fin du pénultième siècle, que cette distribution fut renouvellée par l'autorité du pape & du roi d'Espagne, & qu'elle s'observe encore aujourd'hui dans tous les diocèses de ce nouveau continent. Le réglement fait à ce sujet porte : « que les dixmes » seront partagées en quatre portions, dont la première sera appliquée à la mense de l'archevêque, & la seconde à celle des chanoines & des » autres *bénéficiers* de la cathédrale ; que sur les » deux autres il sera prélevé un neuvième pour le

» roi en reconnoissance de son droit de patronage » & de souveraineté, & que le surplus sera dis- » tribué aux fabriques & aux hôpitaux du diocèse ».

Quant à la répartition de la portion destinée à l'entretien des clercs, l'évêque en assignoit une certaine partie à chaque église, & le premier titulaire la divisoit entre ses coopérateurs relativement au mérite, au rang, à l'assiduité & au travail de chacun. Le concile d'Agde ordonna de retrancher du nombre des clercs ceux qui négligeroient leurs fonctions, & de ne leur donner aucune part dans les distributions. Il prescrivit au contraire de donner une rétribution plus forte à ceux qui s'appliqueroient avec plus de zèle au service de l'église.

Parmi nous, la coutume de diviser les oblations en quatre parts étoit déjà abrogée sous la première race de nos rois : l'évêque prenoit la moitié des oblations faites aux églises de la ville, & le tiers seulement de celles qui se faisoient aux églises de la campagne. Le surplus se partageoit entre les clercs attachés au service de ces églises. Au surplus, cette pratique relative aux oblations n'empêchoit pas que l'évêque ne disposât des dîmes & des revenus de l'église selon les canons. C'est ce que justifie le concile d'Orléans, tenu en 511.

Concession des terres de l'église, faite à des clercs : commencement des bénéfices actuels. Il faut remarquer que cette règle générale ne s'étendoit pas aux biens d'église qui étoient de peu de conséquence. Les évêques laissoient la jouissance de ceux-ci à des clercs, & cette jouissance que ces clercs conservoient pendant toute leur vie, leur tenoit lieu des rétributions auxquelles ils avoient droit de prétendre pour les services qu'ils rendoient à l'église. Le pape Symmaque écrivant, en 513, à S. Césaire, évêque d'Arles, lui disoit qu'un évêque ne pouvoit aliéner aucune partie des biens de l'église ; mais qu'il avoit la liberté d'accorder la jouissance de quelques terres à des clercs, à la charge qu'après leur mort les fonds retourneroient à l'église.

Baronius regarde cette lettre comme le premier monument que l'histoire ecclésiastique nous ait transmis sur les *bénéfices*, tels que nous les voyons aujourd'hui, c'est-à-dire, considérés comme des fonds accordés aux ecclésiastiques, pour en jouir durant leur vie seulement, & à la charge de rendre à l'église les services spécifiés par les canons ou par les fondations.

Après avoir ainsi attribué des terres ou des fonds à des ecclésiastiques, pour en jouir pendant leur vie, on ne tarda pas à introduire l'usage de donner pour toujours à certaines églises divers héritages dont les revenus étoient destinés à servir de rétributions aux clercs attachés à ces églises. Le troisième concile de Tolède fait des défenses expresses de révoquer les donations de ce genre, faites par les évêques aux églises & aux paroisses de leurs diocèses. Sous nos rois de la seconde race, les dixmes appartenoient déjà à l'église de la paroisse où les fruits avoient été produits. Les capitulaires avoient réglé que le curé partageroit ces dixmes en quatre parties, dont l'une devoit être assurée à l'entretien de l'église ; une autre aux prêtres qui la desservoient, y compris le curé ; la troisième aux pauvres & la quatrième à l'évêque, qui devoit l'employer à des œuvres de piété. Les conciles vouloient que les évêques se fissent rendre compte du temporel des églises paroissiales, pour qu'ils fussent informés si les curés ne s'écartoient pas des obligations qui leur étoient imposées.

Partage des biens entre les évêques & leurs chapitres. C'est à-peu-près dans le même temps que se fit le partage des biens destinés à l'évêque & aux chanoines qui faisoient l'office dans son église cathédrale. On distingua la mense épiscopale de celle du chapitre.

Cette division fut d'un mauvais exemple pour tous les chapitres en général. Pendant que les ecclésiastiques vivoient entre eux en commun, il y avoit plus de régularité dans leur conduite & plus d'émulation pour s'instruire dans la partie qui les concernoit. Après la division faite, l'ignorance s'empara d'eux, & occasionna les plus grands désordres. On sentit qu'il n'y avoit que la vie primitive qui pût y remédier. Les évêques & les princes séculiers mirent tout en œuvre pour la rétablir, & l'on y réussit. Elle dura jusques vers la fin du dixième siècle, que la ferveur des chanoines se ralentit de nouveau. On se dégoûta encore une fois de la vie commune, & l'on songea à vivre séparément.

Le partage des biens des chapitres étoit dès-lors comme de droit commun, & il étoit regardé comme tel en France & dans les états voisins, au commencement du treizième siècle. Dans ce partage, cependant tous les chapitres ne suivirent pas la même forme ; les uns firent deux portions de tous leurs revenus, l'une fut destinée à l'entretien de leur église & de leurs bâtimens, & l'autre se subdivisa entre eux par égalité. Dans d'autres chapitres, ce ne furent pas les revenus qu'on divisa, ce furent les fonds dont on assura une portion à chaque canonicat ou prébende : c'est de cette sorte de division qu'est résultée l'inégalité qu'on remarque entre les prébendes de quelques églises cathédrales & celles de plusieurs églises collégiales. Quoi qu'il en soit, on voit par le tableau que nous venons de présenter, l'origine des cures & celle des autres *bénéfices* séculiers, notamment des canonicats : voici actuellement quelle est l'origine des *bénéfices* réguliers.

Origine des bénéfices réguliers. La vie des solitaires & des religieux étoit si édifiante dans les premiers temps de l'église, que chacun se faisoit une sorte de loi d'augmenter leurs revenus par des libéralités particulières. Ceux qui entroient dans un monastère y consacroient leur patrimoine, & ceux qui vivoient dans le monde cherchoient à participer aux prières & aux vertus de ces illustres pénitens, en leur faisant des dons considérables.

L'abbé, c'est-à-dire le chef de chaque monastère, avoit l'administration de tous les biens qui y étoient attachés. Son soin principal étoit de veiller aux besoins des pauvres & de ceux qui imploroient ses secours. Mais les meilleures institutions dégénèrent avec le temps : les abbés, dans la suite, se regardèrent comme les maîtres de tous les biens qui leur étoient confiés ; ils les faisoient souvent servir à entretenir un luxe peu convenable à leur état, en se produisant avec faste dans le monde : ils commencèrent à s'inquiéter peu de la subsistance de leurs religieux. Le désordre alla si loin que ceux-ci en murmurèrent, & demandèrent un partage entre eux & leur abbé. On connoît de ces partages depuis le treizième siècle, la manière de les faire ne fut pas uniforme ; mais ce qu'il y a de plus généralement connu, c'est que les abbés s'approprièrent une moitié des revenus & abandonnèrent l'autre moitié aux moines.

Offices claustraux. Quand les moines virent que leur abbé avoit sa portion distincte, ils songèrent aussi entre eux à s'approprier sous différens titres, ou pour mieux dire, sous différens prétextes, une portion de cette moitié qui étoit faite pour rester en commun. L'un s'appropria des revenus particuliers, en qualité de *trésorier*, l'autre en qualité de *sacristain*, celui-ci comme *cellerier*, celui-là comme *infirmier*, &c. Ceux qui n'avoient pas assez d'intrigue étoient obligés de se borner à des pensions modiques. Ces différens titres formèrent, dans la suite, des offices qu'on nomma *bénéfices claustraux*, parce qu'ils s'exerçoient dans les cloîtres, c'est-à-dire dans l'intérieur des monastères.

Prieurés, prévôtés. Il y eut parmi les moines d'autres *bénéfices* hors du cloître & dont voici l'explication : ceux qui étoient occupés dans l'intérieur des monastères à remplir des offices claustraux, ne pouvoient pas en même temps veiller à l'administration de leurs biens de campagne. Pour obvier à cet inconvénient, on envoyoit dans une ferme un certain nombre de religieux, dont le principal avoit le titre de *prieur* ou de *prévôt*, c'est-à-dire de *préposé*. Ces religieux célébroient l'office divin, dans ces endroits, pour leurs cultivateurs : l'abbé les rappelloit au monastère, quand il le jugeoit à propos, & leur faisoit rendre compte de leur administration.

Cet usage de les rappeller au monastère se perdit insensiblement, par la facilité qu'eurent quelques abbés de leur laisser des obédiences à vie & de les établir gouverneurs perpétuels des biens qui en dépendoient. Le pape Innocent III sentit combien un usage semblable étoit contraire à la régularité de la discipline monastique ; mais le mal étoit invétéré : l'exemple de l'abbé & des officiers claustraux, qui s'étoient emparés des biens dont ils avoient l'administration, fut tel que ceux qui régirent ces obédiences les regardèrent de leur côté comme des *bénéfices* dont on ne devoit pas les dépouiller, dès qu'ils en étoient pourvus.

On fut obligé de tolérer cet abus ; on chercha seulement à le rendre moins irrégulier, en défendant de conférer de ces espèces d'obédiences, qui prirent dans la suite le nom de *prieurés* ou de *prévôtés*, à d'autres clercs qu'à des religieux profès âgés au moins de vingt ans : c'est ce qui fut arrêté l'an 1312, au concile de Vienne. Il fut en même temps enjoint à tous les prieurs, sous peine de privation de leurs *bénéfices*, de se faire ordonner prêtres, après avoir acquis l'âge compétent à cet effet, & de résider dans leurs prieurés, avec défense de s'en absenter sans cause légitime ; mais ce qu'il y a de particulier, c'est qu'il fut ajouté que si les abbés ne conféroient pas ces prieurés & les autres *bénéfices* réguliers dans le temps prescrit aux collateurs par le concile de Latran (de l'an 1179), l'évêque du lieu où le *bénéfice* étoit situé, pourroit en disposer.

Prieurés-Cures. A l'égard des *bénéfices-cures* concernant les ordres réguliers, il faut remarquer que quelques-uns de ces *bénéfices* étoient des paroisses avant qu'ils tombassent entre les mains des moines, & que les autres ne sont devenus cures que depuis que les monastères en ont été les maîtres. Pour ce qui est des *bénéfices* anciens, voici comment ils sont parvenus à des religieux & à des chanoines réguliers. Lorsqu'un évêque étoit embarrassé pour faire desservir une paroisse, soit à défaut d'ecclésiastiques séculiers ou autrement, il abandonnoit cette paroisse, avec tous les revenus qui en dépendoient, à un monastère ; l'abbé y envoyoit un de ses religieux pour y faire les fonctions curiales, ou il commettoit un prêtre séculier, si son monastère étoit sous la règle de S. Benoît, qui défend à ses religieux de se mêler du service de ces sortes de *bénéfices*. Quant aux autres *bénéfices* qui sont devenus cures entre les mains des moines, ils se sont formés dans ces endroits dont nous venons de parler, & qu'on appelloit *ferme* ou *obédience*. Les religieux y célébroient l'office divin ; les domestiques & tous ceux qui demeuroient dans la ferme, à laquelle on donnoit quelquefois le nom de *grange*, terme très-usité dans l'ordre des Prémontrés, y assistoient ; ensuite on permit au prieur de leur administrer les sacremens. Cette permission s'étendit aux personnes qui s'établirent aux environs de la grange, sous prétexte qu'elles en dépendoient comme domestiques en qualité de colons. Peu-à-peu l'habitation devint plus considérable, & par ce moyen, ce qui n'étoit simplement qu'un oratoire dans l'origine, devint une église paroissiale & un titre perpétuel de *bénéfice* : les *prieurés-cures* d'aujourd'hui sont d'anciens *bénéfices* de cette nature. Quoique en général les moines aient trouvé le secret d'ériger en *bénéfice* ce qui auparavant n'étoit confié qu'aux soins d'autant d'administrateurs amovibles, il y a pourtant des monastères où les prieurs n'ont point abusé de cette confiance ; toujours soumis à leurs supérieurs, ils se rendent à leurs ordres, & ne refusent jamais de leur rendre un compte exact de leur administration.

SECTION II.

De la nature & des propriétés des bénéfices ecclésiastiques.

Il suit de la définition que nous avons précédemment donnée d'un *bénéfice* ecclésiastique, qu'il n'en existe point qu'il n'y ait un revenu temporel, & des fonctions spirituelles, qui y soient annexées.

Premier caractère : tout bénéfice est un revenu temporel annexé à un exercice spirituel. Lorsque l'église accorde à un clerc le pouvoir d'exercer les fonctions principales du ministère sacré, si elle n'attache point de revenu à ce pouvoir, ce clerc n'a point de *bénéfice.* Mais quoiqu'il faille des biens temporels pour constituer un *bénéfice*, il ne laisse pas d'être spirituel ou du moins inséparablement annexé à quelque chose de spirituel, tel que le droit de célébrer la messe, d'administrer les sacremens, ce qui fait qu'on ne peut, sans se rendre coupable de simonie, le vendre, l'échanger ou le mettre dans le commerce comme les autres biens. Les canons décident que les biens, soit meubles ou immeubles, qu'on offre à Dieu, acquièrent par là une espèce de consécration qui rend, en quelque manière, sacrilèges ceux qui en abusent. Plusieurs conciles, & même celui de Trente, appellent les *bénéfices le bien de Dieu, le patrimoine de Jesus-Christ.* C'étoit apparemment pour cette raison qu'autrefois on ne souffroit pas que les laïques en eussent l'administration ou les fissent valoir, même en qualité de fermiers.

Second caractère : tout bénéfice est inamovible. La jouissance du *bénéfice* à perpétuité, c'est-à-dire pendant la vie de celui qui en est pourvu, est aussi un caractère essentiel à cette sorte de bien : ainsi les bénéficiers ne sont point amovibles, c'est-à-dire qu'ils ne peuvent pas être destitués au gré & par la seule volonté de ceux qui les ont institués. Telles sont les dispositions des conciles de Sardique, de Carthage, de Plaisance, de Clermont, de Nîmes, de Châlons, de Constance, & en général de tous ceux qui permettent aux clercs vexés par leurs évêques, dans leurs *bénéfices*, de se pourvoir par appel devant le métropolitain; ce qui auroit été inutile, si ceux-ci avoient eu le droit de les dépouiller.

Ces décisions furent opposées aux tentatives que firent quelques particuliers, dans les assemblées du clergé de 1680 & de 1700, pour rendre les curés amovibles, & Louis XIV les adopta dans sa fameuse déclaration de 1686, par laquelle il ordonna que toutes les paroisses dont les cures avoient été unies aux menses des chapitres & autres communautés ecclésiastiques, seroient à l'avenir desservies par des vicaires perpétuels, à la place des amovibles qui les avoient desservies jusqu'alors. Cela est d'autant plus juste, que l'expérience a fait connoître combien l'état fixe & certain d'un bénéficier chargé du soin des ames, étoit utile à l'église, & combien au contraire une amovibilité purement arbitraire lui étoit préjudiciable. C'est d'après ces vues que les cardinaux préposés à l'explication du concile de Trente, décidèrent que, nonobstant toute coutume, même immémoriale, les *bénéfices-cures* ne devoient se donner qu'à perpétuité, parce qu'il se formoit entre le curé & son église un mariage spirituel qui ne devoit pas avoir moins de stabilité que celui qui se contracte entre l'homme & la femme. C'est aussi en conformité de ces principes, que, par arrêt du 8 mars 1660, le parlement de Paris déclara abusive la provision de la cure du Chemin, située à une demi-lieue d'Alençon, que le frère Bernardin Goujon, cordelier, avoit obtenue en cour de Rome, avec la clause qu'il pourroit être révoqué *ad nutum.* Il est vrai que M. l'avocat-général Bignon qui porta la parole dans cette affaire, fit voir que la clause dont on vient de parler n'étoit pas le seul moyen qui rendoit le cordelier incapable de posséder la cure du Chemin; mais il établit en même temps que cette clause étoit abusive & contraire à la jurisprudence des arrêts, suivant laquelle, dit-il, *les titulaires des bénéfices devoient être certains & non destituables.*

Cette opinion, qu'on doit regarder la perpétuité du titre comme le caractère propre des bénéficiers, a été consacrée par un arrêt rendu au parlement d'Aix, le 19 août 1688, lequel a jugé que les clercs du chapitre de Saint-Remi, diocèse d'Avignon, prenoient mal-à-propos la qualité de *bénéficiers*, attendu qu'il étoit porté expressément par le titre de leur fondation, que *s'ils venoient à manquer à leur devoir, le chapitre pourroit disposer de leurs places comme il le jugeroit à propos.*

Navarre étend encore plus loin le principe sur l'inamovibilité des bénéficiers. Il soutient qu'un évêque n'est pas même en droit d'ériger en *bénéfice* une fondation faite à condition que le titulaire sera amovible au gré du collateur & du patron. En effet, le tribunal de la rote l'a ainsi décidé, par une sentence qui se trouve dans la pratique bénéficiale de Pyrrhus Corradus. Cependant il ne faut pas tirer delà la conséquence que les cures régulières ne sont pas de vrais *bénéfices*; car, quoique les sujets qui en sont pourvus puissent être rappellés au cloître par les supérieurs réguliers, elles peuvent être permutées ou résignées comme les cures séculières; la raison en est, que l'amovibilité de ces cures n'est qu'accidentelle & vient de la qualité des sujets qui en sont pourvus, lesquels s'étant engagés par leurs vœux à une obéissance absolue, sont censés résigner leurs *bénéfices* entre les mains de leurs supérieurs, lorsque ceux-ci les rappellent au monastère.

Troisiémement : les bénéfices ne peuvent être conférés qu'à des clercs. Les *bénéfices* ne peuvent être accordés qu'à qu'à des clercs tonsurés, attendu que celui qui n'est pas tonsuré demeure toujours laïque, & n'est pas proprement ministre de l'église. Les ultramontains soutiennent, à la vérité, que le pape peut, par la plénitude de sa puissance, donner des *bénéfices* à des laïques ; mais cette doctrine n'est point admise en France. On y souffre néanmoins qu'il confère des *bénéfices*, même séculiers, à des religieux qui n'ont jamais été tonsurés, tels que les chevaliers de l'ordre de Malte ; mais il ne les confère qu'en commende, & en vertu des privilèges extraordinaires accordés à cet ordre.

Le pape assure aussi quelquefois des *bénéfices* considérables à des enfans qui ne sont pas même en état d'être tonsurés. Il accorde à cet effet des bulles, & nomme un administrateur qui retient une partie des revenus du *bénéfice*, & applique le surplus à l'enfant jusqu'à ce qu'il ait atteint l'âge nécessaire pour être tonsuré & pour obtenir la provision, soit en titre ou en commende. C'est ainsi que cela se pratiqua en 1478 envers dom Alphonse, fils naturel du roi de Castille, auquel les sollicitations du roi d'Aragon obtinrent de Sixte IV, l'archevêché de Sarragosse. On en usa de même sous Paul V, en 1615, lorsque les abbayes de Fécamp, du mont Saint-Michel, *&c.* furent accordées au fils du duc de Guise, qui avoit au plus trois ans. M. de Berulle fut nommé administrateur de ces *bénéfices*, à la charge d'en rendre compte à l'évêque de Paris. Ce fut aussi de cette manière que Clément X accorda l'abbaye de Bonport, en 1670, au comte de la Marche, qui n'avoit que deux ans ; & l'on a vu Clément XII donner au fils cadet du roi d'Angleterre, un bref d'éligibilité pour toutes sortes de *bénéfices*, quoiqu'il ne fût pas encore tonsuré. Au reste, comme ces sortes de dispositions renferment une véritable réserve défendue par les loix du royaume, elles ne peuvent avoir lieu en France qu'en vertu de lettres-patentes du roi, duement enregistrées. *Voyez* ACCÈS.

Des revenus ecclésiastiques qui ne sont pas censés bénéfices. L'objet principal de l'érection des *bénéfices* est le culte divin ; c'est pourquoi on ne les accorde aux clercs qu'à la charge de remplir les fonctions spirituelles que l'église attend d'eux. Ainsi une fondation, quoique faite à perpétuité en faveur d'un ecclésiastique chargé d'enseigner aux autres le chant ou les cérémonies de l'église, n'est pas un véritable *bénéfice*, parce que la fonction d'enseigner ces choses n'est pas au rang des fonctions spirituelles.

Des pensions. La cause principale des pensions ecclésiastiques n'étant pas le service divin, elles ne sont pas non plus réputées *bénéfices*, quoique l'église y ait annexé l'obligation de réciter le petit office de la vierge, & qu'elles n'aient été instituées dans l'origine que pour la subsistance des clercs. Il faut dire la même chose, tant des hôpitaux dont le revenu n'est destiné qu'à l'entretien des pauvres, que des monastères qui n'ont été fondés que pour y faire pénitence, & dont les supérieurs n'ont été long-temps que de simples laïques.

Des places monacales. Quelques auteurs, & particuliérement Fromageau, ont mis au rang des vrais *bénéfices* les places monacales des religieux de plusieurs maisons non réformées, qui ont renoncé à la vie commune, & jouissent chacun en particulier d'une certaine portion des biens du monastère ; mais cette opinion n'est pas fondée : aussi ne permet-on pas en France à ces religieux de disposer de leurs places, soit en les résignant ou en les permutant, comme cela est permis aux titulaires des abbayes ou des prieurés, à qui la qualité de *bénéficiers* ne peut être contestée. Catelan rapporte deux arrêts du parlement de Toulouse, rendus en 1686 & 1687, qui défendent la résignation de ces sortes de places monacales, parce que ceux qui la font, demeurant toujours religieux de la maison où ils ont fait profession, & le nombre des places ou des portions y étant fixé, il faut qu'il y en ait autant que de profès.

Des chanoinesses séculières. La même décision doit s'appliquer aux places de chanoinesses des chapitres de Remiremont, d'Epinal, de Poussay, de Bouxières, de Maubeuge, que des filles possèdent sans qu'elles aient fait aucun vœu ; places que du Hallier met avec raison au rang des simples prestimonies. Les maisons de ces chanoinesses paroissent avoir été originairement des monastères, la plupart de l'ordre de S. Benoît ; du moins, le P. Mabillon prétend en fournir des preuves solides à l'égard du chapitre de Remiremont en Lorraine. Dans la vérité, ces chapitres ne sont aujourd'hui que d'honnêtes retraites de filles, qui n'ont renoncé à aucune portion de leur patrimoine, & qui n'ont retenu de leur ancien institut que le seul office divin, dont elles s'acquittent en commun au chœur.

Des prébendes accordées au roi & à quelques seigneurs. On ne doit pas pareillement mettre au rang des *bénéfices* les prébendes que nos rois & quelques seigneurs possèdent dans certaines églises. La raison en est que les véritables *bénéfices* ne peuvent être possédés que par des clercs, ou du moins par des personnes ecclésiastiques. C'est pourquoi Fagnan observe que les rois & les seigneurs qui possèdent de pareilles prébendes, ne peuvent pas pour cela entrer au chapitre pour nommer à des *bénéfices*, ni pour d'autres actes ecclésiastiques, que les véritables chanoines ont seuls la faculté d'exercer. Le droit de ceux-là se réduit à partager avec ceux-ci les revenus de la mense capitulaire, à occuper une place dans le chœur, à y assister à l'office, *&c.*

Des principalités des colléges. On ne doit pas non plus regarder comme des *bénéfices* les principalités des colléges. En effet, ce ne sont que de simples administrations qui tiennent même plus du temporel que du spirituel. C'est pourquoi on ne permet pas en France de les résigner en faveur de qui que ce soit. Cette jurisprudence est particuliérement établie par l'article 8 de l'ordonnance de

Blois, qui porte que *les supérieurs, séniours, principaux & boursiers ne pourront résigner leursdits états & charges, soit au dedans du temps introduit pour icelles tenir par les statuts & fondations, ni après icelui temps expiré.* Chopin rapporte un arrêt du 21 janvier 1562 qui, d'après ces principes, a décidé qu'on ne pouvoit pas se faire pourvoir d'une principalité de collège en cour de Rome, soit par prévention ou autrement. Il s'agissoit dans cette espèce, de la principalité du collège de Bourgogne.

Par un autre arrêt du 14 septembre 1678, le parlement de Paris confirma cette jurisprudence, en jugeant que le principal du collège de la Marche, qui avoit requis la cure de S. Germain-l'Auxerrois en qualité de gradué, n'étoit pas rempli par sa principalité, attendu qu'elle n'étoit pas un véritable *bénéfice.* Cette affaire souffroit néanmoins plus de difficulté que celle de la première espèce que nous avons rapportée; car l'évêque de Paris qui, en exécution de la fondation, confère de plein droit cette principalité, se sert, dans ses provisions, des termes usités dans les autres provisions de *bénéfice*, & il se trouve obligé de la donner à un prêtre auquel il ne peut plus l'ôter.

Des prestimonies. Les prestimonies sont dans une autre classe. Il en est qu'on doit regarder comme de véritables *bénéfices;* mais en général elles n'ont pas cette qualité. La raison en est qu'elles ne sont, pour la plupart, que de pieuses fondations que les évêques n'ont jamais érigées en titre, & dont les familles des fondateurs disposent à leur gré, en faveur de pauvres étudians ou de quelques prêtres qu'on charge à perpétuité de célébrer un certain nombre de messes par année ou par mois. Quoi qu'il en soit, il est certain 1°. qu'on peut en posséder plusieurs sans dispense, attendu qu'elles ne font naître aucune incompatibilité; 2°. qu'elles ne donnent pas lieu à la simonie, comme l'a jugé le parlement de Toulouse, par arrêt du 18 février 1650, en faveur d'un ecclésiastique, qui en avoit obtenu une par argent, & qui pour cela n'en fut pas dépouillé; 3°. qu'elles ne peuvent point être unies à de véritables *bénéfices*, comme le prouve un arrêt du 6 juillet 1542, par lequel le parlement de Paris cassa l'union qu'on avoit faite à la chapelle Notre-Dame de Compiègne, d'une espèce de prestimonie, dont le titulaire étoit obligé d'acquitter plusieurs messes dans cette chapelle.

Au reste, Navarre prétend que dans le doute, les prestimonies doivent être présumées *bénéfices*, sur-tout quand on les a données sous ce nom & en cette qualité pendant quarante ans. C'est ce que Lotterius dit avoir été décidé par le tribunal de la rote; & le parlement de Paris paroît s'être conformé à cette décision, dans l'arrêt qu'il rendit le 13 juillet 1634, au sujet de deux prestimonies fondées en 1565 par Jean Damanzé, chanoine & camérier de l'église de S. Jean de Lyon.

Des hôpitaux. Ce qui vient d'être dit des prestimonies ne doit pas s'appliquer aux rectoreries ou maîtrises des hôpitaux, dont les titulaires sont tenus de célébrer l'office divin dans ces hôpitaux, ou d'y administrer les sacremens aux pauvres. On ne peut toutefois pas douter que plusieurs de ces rectoreries ne soient de véritables *bénéfices;* mais comme l'établissement de la plupart provient du bien des pauvres, on ne les traite pas favorablement; & si ceux qui sont pourvus de ces rectoreries ne constatent pas clairement par des titres authentiques & primordiaux qu'elles sont de véritables *bénéfices*, on doit les réduire à l'état de commissions amovibles. C'est ce qui résulte de plusieurs arrêts du parlement de Paris, & de la déclaration du 24 août 1693, qui enjoint aux commissaires nommés pour l'exécution des édits concernant les hôpitaux, *de n'avoir aucun égard aux provisions en titre de bénéfice, qui pourroient avoir été obtenues des hôpitaux, maladreries & autres lieux de pareille qualité, nonobstant la multiplication des collations successives, durant un temps immémorial, & toute prescription contraire, si les pourvus ne justifient que le titre du bénéfice a été établi dans le temps des fondations.*

Des commanderies. Quelques canonistes, & particuliérement Garcias, ont mis au rang des véritables *bénéfices*, les commanderies des ordres militaires; mais on pense différemment en France, & le contraire y a été jugé par différens arrêts relativement à l'ordre de Malte. On a fait voir que ces commanderies n'étoient que de pures commissions, que le grand-maître donnoit pour l'administration des biens de l'ordre.

L'église peut donner le caractère de bénéfice à un revenu ecclésiastique. Il faut enfin, pour caractériser un *bénéfice*, qu'il ait été établi par l'église, c'est-à-dire, par ses prélats: c'est à eux seuls qu'appartient le droit d'ériger en titre, & de *spiritualiser*, disent les canonistes, les fondations des fidèles, en y annexant la faculté & l'obligation d'exercer le ministère sacré. C'est pourquoi, Roye a dit, dans ses prolégomènes sur le droit de patronage, que ce droit étant spirituel, il ne pouvoit y avoir de patronage dans une chapelle que l'évêque n'avoit point érigée. Au reste, quand le titre d'érection ne paroît pas, & qu'on ne peut le représenter, on en présume l'existence, si l'on justifie qu'il y a eu trois institutions données consécutivement par l'évêque durant quarante ans, & que la fondation y soit qualifiée de *bénéfice.* Ce principe a été adopté dans l'arrêt rendu par le grand-conseil, le 30 juin 1666, en faveur des religieux de Marmoutiers, au sujet d'un office claustral que l'abbé disoit n'être qu'une pure commission. D'autres arrêts de différens tribunaux ont aussi jugé en conformité du même principe.

Lorsque les charges d'un *bénéfice* ne sont pas connues, & que ni l'usage ni aucun titre ne les indiquent, c'est à l'évêque diocésain à les régler proportionnément au revenu de ce *bénéfice.* Le concile, tenu à Narbonne en 1551, veut que, si ce revenu est modique, le titulaire fasse dire au moins quatre fois par an la messe, soit dans l'église où il est fondé, soit dans celle de la paroisse où il est situé.

Section III.

Division des bénéfices.

Les *bénéfices* se divisent d'abord en séculiers & en réguliers.

Sous cette première division sont comprises toutes les différentes espèces de *bénéfices* qui sont dans l'église. En effet, les *bénéfices* séculiers sont la papauté, l'évêché, les dignités des chapitres, même celle de cardinal & de patriarche, les canonicats, les prieurés-cures, les vicairies perpétuelles, les simples cures, les chapelles, & généralement tous les *bénéfices* à titre perpétuel, possédés par les clercs séculiers.

Les *bénéfices réguliers* sont l'abbaye en titre, les offices claustraux qui ont un revenu affecté, comme le prieuré conventuel en titre, les offices de chambrier, aumônier, hospitalier, sacristain, cellérier & autres semblables.

Les *bénéfices séculiers* sont simples ou doubles; les *bénéfices réguliers* sont aussi simples ou doubles, masculins ou féminins, possédés en titre ou en commende : les uns & les autres sont collatifs ou électifs, incompatibles ou compatibles, libres ou assujettis, dignités ou ordinaires, laïques ou ecclésiastiques, consistoriaux ou non consistoriaux.

Le *bénéfice séculier simple* est celui qui n'est chargé d'aucun gouvernement sur le peuple ni sur le clergé, & qui est exempt de toute administration.

Les canonistes sous-divisent les *bénéfices* simples en *bénéfices vraiment simples* & en *bénéfices simples serviles*. Les premiers ne sont chargés que de quelques prières; les autres imposent un service, comme de dire des messes, d'aider à chanter dans un chœur, & autres choses semblables.

Quand le *bénéfice* demande la prêtrise, on l'appelle *sacerdotal :* quand il exige un service journalier dans une église, on le dit sujet à résidence.

On doit mettre au rang des *bénéfices* simples en général les canonicats ou prébendes qui ne sont pas dignités, les chapelles & tous les bénéfices qui n'ont ni administration, ni jurisdiction, ni même aucun office qu'on appelle *personnat* dans les chapitres.

On appelle *bénéfices doubles*, ceux qui sont chargés de quelque administration. On en distingue de deux sortes; ceux qui donnent avec l'administration quelque droit de jurisdiction; & ceux qui ne donnent absolument que la seule administration de quelque partie des biens de l'église, ou l'exercice de certaines fonctions avec quelques droits honorifiques.

De la première espèce sont les premières dignités de l'église, même des chapitres, & les cures en général. Les personnats, les offices & les dignités, même de certains chapitres, forment la seconde.

Parmi les *bénéfices* qui, outre l'administration, donnent une jurisdiction, on distingue encore ceux dont la jurisdiction n'est que correctionnelle, & ceux qui ont une jurisdiction pénitentielle.

Les premières dignités des chapitres, sous quelque nom qu'elles soient connues, ont ordinairement la première de ces jurisdictions; le pape, les évêques & les curés sont toujours revêtus de l'une & de l'autre.

Les *bénéfices simples réguliers* sont les prieurés que des séculiers tiennent en commende, quand il y a conventualité dans le lieu du prieuré; ou sans commende, quand il n'y a point de conventualité.

Les *bénéfices doubles réguliers* sont l'abbaye en titre & les offices claustraux en exercice, tels que le prieuré conventuel ou claustral.

La distinction des *bénéfices masculins & féminins* ne peut se faire que de ceux qui sont réguliers, & dont l'origine est commune aux ordres religieux des deux sexes.

Un *bénéfice régulier* est possédé *en titre*, quand il est possédé sans commende, par un religieux qui en exerce toutes les fonctions, selon la nature du *bénéfice* ou suivant les règles de l'ordre dont il dépend.

On dit au contraire qu'un *bénéfice régulier* est possédé *en commende*, quand un clerc séculier le possède avec dispense de la régularité. On pourroit faire la même distinction des *bénéfices* séculiers, respectivement aux religieux qui les possèdent quelquefois avec dispense de la sécularisation; mais les exemples en sont plus rares, & même on ne souffre plus en France qu'un religieux possède en commende un *bénéfice* séculier.

On appelle *bénéfices compatibles*, deux ou plusieurs *bénéfices* qu'une seule & même personne peut posséder à la fois; & *bénéfices* incompatibles ceux au contraire qu'une personne ne peut posséder ensemble.

Les *bénéfices collatifs* sont ceux qui sont simplement à la nomination d'un collateur; si le collateur ne confère que sur la présentation d'une autre personne, le *bénéfice* est alors en patronage.

Les *bénéfices électifs* sont ceux qui sont donnés par la voie du suffrage & du choix; si le choix doit être confirmé pour la validité de la collation, le *bénéfice* s'appelle *bénéfice électif-confirmatif ;* & si l'élection n'a pas besoin d'être confirmée, le *bénéfice* est qualifié d'*électif-collatif* ou *mixte*, selon quelques-uns, qui veulent faire entendre par ce terme que la forme des provisions participe, en ce cas, de l'élection & de la collation; ce que d'autres étendent mal-à-propos à l'institution sur présentation.

Les *bénéfices libres ou assujettis* peuvent être considérés sous différens rapports : on peut se représenter la liberté ou la servitude d'un *bénéfice* relativement à la forme des provisions, par rapport aux réserves ou graces expectatives dont il peut être chargé, soit de la part du pape & de ses mandataires, soit de la part des expectans françois.

On peut entendre aussi par *bénéfice libre*, celui qui est exempt de la prévention du pape, d'un patronage, d'une redevance ou pension, *&c.*

On appelle *bénéfices ordinaires*, ceux qui ne sont ni prélatures, ni dignités.

On appelle *bénéfices laïques*, ceux qui sont à la collation du roi ou de quelques particuliers; & *bénéfices ecclésiastiques*, ceux dont le collateur est ecclésiastique.

Les *bénéfices consistoriaux* sont ainsi nommés, parce que le pape n'en accorde les provisions qu'après une délibération faite dans le consistoire des cardinaux. De ce nombre sont tous les grands *bénéfices*, tels que les évêchés, les abbayes & autres dignités.

En France, on appelle en général, *bénéfices consistoriaux*, ceux dont le roi a la nomination, en vertu du concordat fait entre le pape Léon X & François premier.

Section IV.

Règles sur les bénéfices considérés sous des rapports généraux.

Première règle. Les *bénéfices* séculiers se confèrent à des séculiers, les réguliers à des réguliers. *Secularia secularibus; regularia regularibus.*

On a dû remarquer, par tout ce que nous avons dit dans notre première section, que dans l'origine tous les *bénéfices* ecclésiastiques étoient conférés à des clercs séculiers; mais depuis l'introduction des moines dans l'église d'Occident, le pape, les évêques, les rois & les grands seigneurs ont doté richement les monastères, & les ont abondamment pourvu des biens de l'église: de-là sont nées & la distinction des bénéfices, qu'on a divisés naturellement en séculiers & en réguliers, & la jurisprudence constante de n'accorder les uns qu'aux clercs séculiers, & les autres qu'aux religieux profès.

Il est nécessaire d'observer que, dans le doute, un *bénéfice* est toujours présumé séculier, c'est l'usage constant du tribunal de la rote à Rome; & Rebuffe, dans son *Traité de la pratique des bénéfices*, en rapporte plusieurs décisions. Nous suivons, dans notre jurisprudence, la même doctrine, qui se trouve confirmée par plusieurs arrêts du parlement de Paris, & entre autres par un du 5 mai 1708, au sujet d'une cure du diocèse de Châlons, dont un séculier & un régulier s'étoient fait pourvoir en cour de Rome.

Pour tenir un *bénéfice* régulier en titre, il faut avoir fait profession de la règle qu'on observe dans le monastère d'où dépend le bénéfice, & être dans le même ordre: la diversité des congrégations & des généraux n'empêche pas que des religieux ne soient réputés du même ordre. C'est la raison pour laquelle un bénédictin de la congrégation de S. Maur peut tenir un *bénéfice* dépendant d'un monastère de l'ordre de Cluni, soit mitigé, soit réformé.

Les religieux mendians qui ont été transférés dans d'autres ordres religieux, même du consentement du pape, ne peuvent tenir aucun prieuré, *bénéfice* & administration dans l'ordre où ils ont été transférés. Cela a été ainsi réglé pour réprimer les mendians qui se font transférer par des vues d'intérêt ou de vanité. Le pape accorde souvent des dispenses à ces mendians transférés, pour tenir des *bénéfices*. Mais ces dispenses ne sont pas suffisantes pour leur conserver le *bénéfice*, à moins qu'elles ne soit confirmées par des lettres-patentes duement enregistrées.

Il y a des congrégations régulières dont les sujets ne peuvent être pourvus de *bénéfices* de leur congrégation, que du consentement du supérieur général de l'ordre, & d'autres congrégations dont les sujets qui sont capables de posséder des *bénéfices* séculiers, ne peuvent cependant en être pourvus que du consentement des supérieurs de la congrégation. C'est ce qui résulte des dispositions du concile de Vienne de l'an 1312, de l'ordonnance de Charles VII de l'an 1443, & de la déclaration du 25 janvier 1718.

Un religieux mendiant peut être pourvu d'un évêché, qui est un *bénéfice* séculier; & même étant évêque, il peut tenir d'autres *bénéfices* simples séculiers & des *bénéfices* réguliers en commende, parce que l'épiscopat le décharge des observances monastiques, excepté pour le droit de succéder à ses parens.

Il ne faut pas mettre au nombre des réguliers les membres de certaines congrégations, tels que les prêtres de l'oratoire & de la doctrine chrétienne, ces personnes ne sont pas de véritables réguliers, puisqu'elles ne font aucune profession de la vie religieuse, & ne sont liées par aucun vœu: aussi elles ne peuvent posséder de *bénéfice* régulier qu'en commende, ou avec le vœu de se faire religieux, suivant la disposition du concile de Trente, qui permet de conférer les *bénéfices* réguliers aux clercs séculiers qui souhaitent de faire profession dans l'ordre, avec la clause *pro cupiente profiteri*.

Comme ce concile ne réserve point au pape cette espèce singulière de provision, les collateurs ordinaires devroient avoir le droit d'en accorder en France comme ils en donnent en d'autres pays.

Quand on donne des provisions d'un *bénéfice* régulier à un clerc séculier, à condition de se faire religieux dans les six mois, s'il manque à exécuter la condition, le *bénéfice* devient vacant & impétrable, dès que les six mois, à compter du jour de la provision, sont expirés. Il y en a un arrêt du 11 mars 1647, rapporté dans la deuxième centurie de Soefve.

Exception à la règle, secularia secularibus, regularia regularibus. Sous le prétexte de l'avantage & de l'utilité de l'église, même de l'intérêt des maisons religieuses, on confère par la commende un *bénéfice* régulier à un clerc séculier.

Dans la discipline ecclésiastique que nous suivons, le pape est reconnu pour être le seul en droit de conférer des *bénéfices* en commende. Il peut néanmoins accorder cette faculté à d'autres collateurs, en leur octroyant à cet effet un indult spécial & revêtu de lettres-patentes enregistrées. Sur quoi, il est nécessaire d'observer que cette faveur ne s'étend pas au-delà des cas pour lesquels elle est accordée : ainsi, quand il n'est permis de conférer qu'en continuation de commende, on ne peut pas donner à un séculier le *bénéfice* vacant par la mort d'un régulier, parce qu'on ne pourroit pas dire alors que ce fût en continuation de commende, dès que le *bénéfice* n'étoit pas dans ce temps-là en commende.

Il faut distinguer à l'égard du pape, entre commende simple & commende avec clause de retour. Lorsqu'un *bénéfice* a été conféré plusieurs fois par le pape, en commende simple, c'est-à-dire sans la clause de retour, on tient pour maxime constante, dans ce royaume, qu'il est obligé de le conférer, lorsqu'on le lui demande en continuation de commende, & que ce seroit de sa part un abus de son autorité de s'y refuser, par la raison que l'ayant déjà plusieurs fois conféré en commende, c'est en quelque sorte en avoir changé l'état par les provisions qu'il en a accordées. Cependant rien n'empêche qu'au moment où il vient de vaquer, les collateurs ordinaires ne puissent le conférer à un régulier, & alors le *bénéfice* rentrant dans son état, le pape peut refuser la commende.

Lorsque au contraire le pape confère le *bénéfice* avec la clause de retour en règle, à la première vacance du *bénéfice*, cette clause produit cet effet, que si le séculier qui le demande omet de faire mention que la commende cessoit au précédent titulaire, ses provisions sont absolument nulles; & ce qu'il y a de rigoureux en pareil cas, c'est qu'elles ne peuvent point lui servir de titre coloré, ni le mettre à couvert du dévolut, même après une possession paisible de trois années, par la raison que le pape n'est pas censé lui avoir accordé le *bénéfice* autrement qu'il ne devoit l'accorder, & il falloit un renouvellement de commende, dès que la première étoit expirée; c'est ce qui a été jugé au parlement de Paris, par un arrêt du 11 juillet 1674, rapporté au journal du palais. *Voyez* COMMENDE.

Seconde règle. Les *bénéfices* doivent être conférés aux personnes à qui ils sont affectés par les lettres de fondation, ou par les loix ecclésiastiques.

Il suit de-là, 1°. que les *bénéfices* destinés à des personnes nobles, à ceux qui sont constitués dans les ordres sacrés, à des chantres, à des enfans de choeur d'une église, ne peuvent être donnés à ceux qui n'ont pas les qualités requises par la fondation. Le pape même ne peut contrevenir à cette destination, lorsque les statuts ou les titres qui la déterminent sont homologués dans les cours souveraines.

Quelques auteurs exceptent de cette règle les collations de ces *bénéfices*, faites par le pape sur une résignation en faveur, lorsque ce genre de vacance n'a pas été prévu par le titre de fondation. Cette opinion paroît être appuyée sur un arrêt du 18 juillet 1573, rapporté par Chopin, dans son *Traité de la Police sacrée*; mais nous ne croyons pas qu'on doive s'y arrêter. Il nous paroît plus conforme aux principes, de décider que les *bénéfices* affectés à un certain ordre de personnes, ne peuvent jamais être possédés que par ceux qui ont les qualités requises par le titre, outre celles qu'exige le droit commun. La résignation en faveur ne peut priver les personnes appellées à la possession du *bénéfice*, du droit que les titres de fondation leur accordent exclusivement; tous autres ne peuvent ni le requérir, ni le posséder. *Voyez* AFFECTATION, (*Droit canonique*).

2°. Les loix ecclésiastiques ordonnent de ne conférer les dignités des églises cathédrales & les premières des églises collégiales, qu'à des gradués en théologie, ou en droit canonique; mais il ne faut pas en conclure, avec les auteurs du Répertoire, que la nomination à un de ces *bénéfices*, d'un clerc non gradué, soit nulle : il suffit que le pourvu ait acquis dans une université du royaume, le degré nécessaire pour posséder la dignité qui lui a été conférée, dans les six mois qui lui sont accordés pour prendre possession. Il arrive même très-souvent que les ecclésiastiques non gradués qui sont nommés à une dignité, soit dans une église cathédrale, soit dans une collégiale, obtiennent du roi des dispenses de temps d'étude, en vertu desquelles ils se font promouvoir au degré nécessaire, sans observer les interstices prescrits par les réglemens. Ces dispenses s'expédient en la grande chancellerie, & doivent être enregistrées au parlement, dans le ressort duquel est située l'université à laquelle on doit se présenter pour obtenir des degrés.

Troisième règle. Les étrangers ne peuvent posséder en France aucun *bénéfice*, soit séculier, soit régulier, même avec une dispense du pape.

Cette règle est établie sur l'édit de Charles VII, du mois de mars 1431, sur une déclaration du mois de janvier 1681, & sur l'article 39 des libertés de l'église gallicane; elle est fondée sur l'intérêt de l'état, qui ne permet pas de confier à des étrangers l'administration & la possession des biens ecclésiastiques, & des fiefs considérables qui forment souvent la dotation des *bénéfices*; de leur accorder la direction des consciences du peuple, qu'un étranger pourroit détourner de l'attachement qu'il doit au prince & à la patrie. C'est d'ailleurs un moyen sagement ordonné pour éviter les intelligences avec les ennemis de l'état, & le transport de l'argent au dehors.

Le roi peut néanmoins accorder à un étranger des lettres de naturalité, en vertu desquelles il possède paisiblement les *bénéfices* qui lui sont conférés dans le royaume; il suffit même qu'il obtienne ces lettres après avoir été pourvu d'un *bénéfice*, parce que les ordonnances ne déclarent pas nulles les provisions accordées à un étranger, mais défendent seulement de le mettre en possession, de lui accorder la jouissance des fruits, & de le laisser exercer les fonctions attachées au *bénéfice.*

Par une convention entre le roi & l'empereur, du 14 octobre 1775, revêtue de lettres-patentes enregistrées au parlement le 26 janvier 1776, il a été réglé, pour les *bénéfices* réguliers dépendans des abbayes situées respectivement dans les Pays-Bas françois & autrichiens, que les abbés ou autres supérieurs pourront nommer librement aux prévôtés, prieurés & autres *bénéfices* amovibles à leur volonté, tels de leurs religieux profès du chef-lieu, qu'ils jugeront convenir, sans égard s'ils sont nés sujets de la puissance sous la domination de laquelle sont situés les *bénéfices*; que les pourvus de ces *bénéfices* seront seulement tenus, avant de prendre possession, de faire enregistrer leur acte de nomination au tribunal supérieur dans le ressort duquel ils se trouvent, sans être obligés d'obtenir des lettres de naturalité. A l'égard des *bénéfices* qui sont en titre, & dont le titulaire a le droit de jouir pendant sa vie, qu'on ne pourra y nommer que des religieux nés sujets du souverain, sous la domination duquel ils sont situés; & que s'ils sont donnés à un étranger, celui-ci sera tenu de prendre, dans les six mois du jour de sa nomination, des lettres de naturalité, qui lui seront accordées sans difficulté, sur la proposition & requisition des ministres respectifs des hautes parties contractantes.

Quatrième règle. Un bâtard ne peut posséder aucun *bénefice*, sans dispense.

Suivant les loix canoniques reçues dans le royaume, un bâtard est incapable d'être promu aux ordres, & par conséquent de posséder des *bénéfices* ecclésiastiques. Des lettres de légitimation du prince ne suffisent même pas, il faut que ce défaut de la naissance soit couvert par une dispense de l'évêque, pour les *bénéfices* simples, & par une dispense du pape, pour les *bénéfices*-cures, les *bénéfices* sacerdotaux, les canonicats des cathédrales, & autres dignités supérieures.

L'admission d'un bâtard, dans une maison religieuse approuvée par les loix civiles & canoniques, le rend habile à recevoir les ordres; mais la dispense lui est nécessaire pour posséder un *bénéfice* régulier.

Cinquième règle. On ne peut être pourvu d'un *bénéfice*, avant l'âge requis par les canons.

Plusieurs conciles exigent l'âge de trente ans, pour pouvoir posséder un évêché ou un archevêché; mais, en France, celui de vingt-sept suffit. Le pourvu d'une cure, ou autre *bénéfice* sacerdotal, doit être âgé de vingt-cinq ans; vingt-deux suffisent pour posséder une dignité qui n'a pas charge d'ame. Il faut quatorze ans pour une prébende cathédrale; dix pour une collégiale; vingt-trois pour une abbaye en titre ou en commende; sept, suivant la jurisprudence du grand-conseil, pour un prieuré en commende, & quatorze, par la jurisprudence du parlement; sept ans pour une chapelle simple. Le pape a le droit de dispenser d'un ou de deux ans, pour les *bénéfices* qui requièrent plus de sept ans. *Voyez* AGE.

Sixième règle. Il faut être au moins tonsuré, pour être nommé à un *bénéfice*. Cette cérémonie, qui consacre une personne à l'état ecclésiastique, doit avoir été faite par l'évêque diocésain du tonsuré, ou par un autre évêque, en vertu d'un démissoire. Au surplus, il n'est pas nécessaire de représenter le démissoire, lorsque les lettres de tonsure en font mention: c'est ce qui a été jugé au parlement de Paris, par arrêt du 4 septembre 1690, rendu au sujet du prieuré de Sainte-Avoie de Baulieu. *Voyez* TONSURE.

Septième règle. Le fils ne peut être pourvu du *bénéfice* dont son père étoit possesseur immédiat, sans une dispense du pape. Cette loi a été sagement établie pour empêcher les *bénéfices* d'être regardés comme des biens patrimoniaux, & éviter que les familles ne s'en emparent à titre de succession.

Il n'est pas nécessaire que la dispense soit nommément accordée, il suffit que dans la supplique présentée au pape, pour obtenir la collation du *bénéfice* de son père, le fils déclare que son père le tenoit immédiatement avant lui; le pape, en lui conférant le *bénéfice*, est censé avoir accordé la dispense nécessaire pour le posséder.

Un bâtard ne peut même, avec dispense, succéder à son père dans un *bénéfice*, ni même en être pourvu d'un autre dans la même église, afin que la présence du fils ne rappelle pas l'idée de l'incontinence du père: toute dispense, à cet égard, est regardée comme nulle & subreptice, suivant un décret du concile de Trente, que la discipline de l'église a introduit dans tous les états catholiques.

Huitième règle. Le pourvu d'un *bénéfice* doit être exempt de toutes les irrégularités qui le feroient vaquer de droit. Les évêques peuvent dispenser des irrégularités qui naissent d'un délit caché; le pape en accorde pour celles qui proviennent d'un défaut naturel ou moral: nous traiterons de leurs diverses espèces, sous le mot IRRÉGULARITÉ.

Neuvième règle. Il est encore nécessaire d'avoir un titre qui donne lieu au *bénéfice*, & il faut en avoir pris possession.

Le titre consiste dans les lettres de provisions accordées par le pape ou le collateur ordinaire, suivant les usages & les formalités requises par les loix & les canons. *Voyez* PROVISION, COLLATION.

La prise de possession doit être faite en présence de deux notaires apostoliques, ou un notaire & deux témoins, ainsi qu'il est prescrit par l'édit de 1691. Dans les églises cathédrales, collégiales ou conventuelles qui ont un greffier-secrétaire, cet officier peut recevoir l'acte de prise de possession; mais, dans tous les cas, cet acte doit être insinué.

Dans les autres états catholiques, la prise de possession doit se faire en présence de celui à qui l'ordinaire, par ses provisions ou son *visa*, a donné commission d'installer le pourvu. *Voyez* PRISE DE POSSESSION.

Suivant un décret du concile de Basle, adopté par la pragmatique sanction & le concordat, celui qui a joui paisiblement d'un *bénéfice* pendant trois ans, ne peut plus être inquiété, soit au possessoire, soit au pétitoire, lorsque sa possession triennale est appuyée sur un titre au moins coloré, qu'il ne la doit pas à la violence, & qu'il n'est ni intrus, ni simoniaque. *Voyez* PAISIBLE POSSESSION, TITRE, SIMONIE, INTRUS.

SECTION V.

De la manière d'acquérir les bénéfices.

On peut acquérir un *bénéfice* par la nomination du collateur, par indult, par grades, par prévention, sur vacance en cour de Rome, par dévolut, & par résignation ou permutation.

De la nomination des collateurs. De droit commun, le véritable collateur des *bénéfices* dans un diocèse, c'est l'évêque. Il est juste qu'il puisse choisir les ministres qu'il emploie, puisque de ce choix dépendent l'édification de son troupeau & l'honneur de la religion, dont il est spécialement chargé.

L'usage, les titres de fondation, les entreprises des papes, appuyées & reconnues par plusieurs loix civiles & canoniques, ont gêné & modifié ce droit des évêques.

1°. Les abbés se sont mis en possession de conférer, de plein droit, les *bénéfices* simples, qui dépendent de leurs abbayes. Cette collation a paru devoir leur appartenir aussi naturellement que celle des évêques, puisque les *bénéfices* qu'ils confèrent peuvent être regardés comme faisant partie des biens de leur monastère, dont ils avoient anciennement la souveraine administration.

2°. Les chapitres ont aussi, pour la plupart, la collation des *bénéfices* qui dépendent de leur église. Dans quelques-uns, cette collation leur appartient; dans d'autres, ils confèrent conjointement avec l'évêque; dans d'autres, enfin, l'évêque confère seul, après en avoir consulté avec son chapitre, mais sans être astreint à suivre la pluralité des voix: c'est ce qui fait que les provisions sont intitulées du nom de l'évêque & du chapitre, ou de celui de l'évêque sur l'avis du chapitre. Quand ces règles sont établies par l'usage ou par les statuts, il faut s'y conformer, à peine de nullité des provisions.

Ces différentes manières de conférer un *bénéfice*, ont aussi lieu dans les monastères.

3°. Les papes s'étoient approprié la collation de presque tous les *bénéfices*, par les différentes graces expectatives qu'ils accordoient, par le droit de prévention qu'ils avoient établi, par la vacance en cour de Rome, dont nous parlerons plus bas. Leurs prétentions, poussées à l'excès, & tolérés pendant long-temps, ont enfin révolté tous les états catholiques, & le pape ne peut plus conférer, comme collateur ordinaire, que dans certains cas & dans certains mois; ainsi que nous le faisons connoître, sous les mots ALTERNATIVE, CONCORDAT, EXPECTATIVE.

4°. Le roi jouit éminemment du droit de nomination aux évêchés, aux abbayes d'hommes & de filles, aux *bénéfices* de fondation royale, à ceux qui vaquent en régale; lors de son avénement à la couronne, il a le droit de nommer à un *bénéfice* dans les églises cathédrales & collégiales du royaume: ce même droit lui appartient, dans les églises cathédrales, pour le serment de fidélité de chaque évêque. *Voyez* RÉGALE, JOYEUX AVÉNEMENT, SERMENT DE FIDÉLITÉ.

5°. Plusieurs seigneurs laïcs confèrent aussi beaucoup de *bénéfices*, soit simples, soit à charge d'ames: ce droit est ordinairement fondé sur la libre disposition qu'en ont réservée les fondateurs des *bénéfices*. L'église n'a pas pu improuver cet usage, parce qu'il est naturel que celui qui a doté un *bénéfice* ait la liberté d'en disposer. *Voyez* PATRONAGE.

Il est nécessaire de remarquer que les laïcs, n'ayant pas de jurisdiction ecclésiastique, ne peuvent autoriser, dans les fonctions spirituelles, ceux qu'ils nomment à des *bénéfices* à charge d'ames; c'est pourquoi les pourvus, par un collateur laïc, sont obligés de prendre de l'évêque un pouvoir qu'on appelle *mission* ou *institution canonique*: *voyez ces mots*. Le roi même y oblige ceux qu'il pourvoit, pendant la régale, de *bénéfices* à charges d'ames: comme on peut le voir par l'édit du mois de janvier 1682. *Voyez* COLLATION.

De l'indult. C'est, en général, un droit accordé par le pape, de nommer, de conférer, & de recevoir des *bénéfices*.

Le roi, en France, est dans l'usage d'en demander un au pape pour la collation des *bénéfices* consistoriaux, situés dans les provinces acquises, ou réunies à la couronne, depuis le concordat entre François I & Léon X.

Nous connoissons encore dans nos mœurs l'indult des cardinaux, appellé *compact*; & celui qui est accordé au chancelier, au garde des sceaux, aux officiers du parlement, & à quelques autres magistrats. *Voyez* COMPACT, INDULT, *&c.*

Des grades. Les plaintes réitérées des universités, contre l'usage scandaleux où étoient les évêques de donner les *bénéfices* de l'église à toutes sortes de personnes indignes & incapables, engagea le concile de Basle d'affecter aux gradués la troisième partie des *bénéfices* ecclésiastiques, avec défenses aux ordinaires de les conférer à d'autres, sous peine de nullité.

Ce décret fut reçu par l'église gallicane, assemblée à Bourges, qui l'a inséré dans la pragmatique sanction: il a été confirmé par le concordat. *Voyez* CONCORDAT, PRAGMATIQUE, GRADUÉ.

De la prévention. C'est un droit par lequel le pape peut prévenir les collateurs ordinaires ecclésiastiques, en nommant avant eux à un *bénéfice*, dans les six mois qui leur sont accordés. Ce droit est odieux ; &, par cette raison, le moindre acte, fait par le collateur pour conférer le *bénéfice* vacant, annulle les provisions du pape données par prévention. *Voyez* PRÉVENTION.

De la vacance en cour de Rome. C'est un droit conservé au pape, en vertu duquel il nomme aux *bénéfices* non-consistoriaux, dont les titulaires décèdent dans le lieu où le pape tient sa cour, & dans les vingt lieues à la ronde. *Voyez* VACANCE.

De la dévolution. Le concile de Latran, de 1179, sous Alexandre III, pour punir la négligence des collateurs ecclésiastiques & pour réformer le mauvais choix qu'ils faisoient, établit le droit de dévolution en faveur du supérieur immédiat, en remontant jusqu'au pape. *Voyez* DÉVOLUTION.

De la résignation & permutation. La permutation est un échange, que deux titulaires font entre eux de leurs *bénéfices.* La résignation, à laquelle on ajoute ordinairement les mots *en faveur*, se fait, lorsque le titulaire se démet de son *bénéfice*, à condition qu'il sera conféré à la personne qu'il désigne.

Ces deux manières d'acquérir un *bénéfice*, exigent plusieurs formalités pour être valides : nous les exposerons sous les mots PERMUTATION, RÉSIGNATION.

Des coadjutoreries. Anciennement on étoit dans l'usage de ne pas attendre que les *bénéfices* fussent vacans pour en disposer. On avoit imaginé un moyen qui sembloit respecter les canons, qui défendent de nommer à un *bénéfice* dont le titulaire est vivant, mais qui véritablement en contrarioit les dispositions : ce moyen consistoit à donner des coadjuteurs aux bénéficiers, avec espérance de la succession future.

Les papes se sont servis pendant long-temps des prétextes d'utilité & de nécessité, pour conserver cet abus, & se rendre maîtres de la collation des *bénéfices ;* mais depuis le concile de Trente, dont les décrets, à cet égard, ont été confirmés par l'article 3 de l'ordonnance de 1629, le pape ne peut plus donner, sans abus, aucune coadjutorerie, si ce n'est pour des évêchés ou des abbayes : cette jurisprudence est confirmée par plusieurs arrêts des parlemens de Paris, Rennes & Rouen. *Voyez* COADJUTEUR.

SECTION VI.

Comment se perd la possession des bénéfices.

La mort naturelle est le genre le plus ordinaire qui donne ouverture à la vacance des *bénéfices ;* mais elle s'opère encore par la mort civile, l'émission des vœux religieux, la démission, le mariage, la promotion à l'épiscopat, l'acquisition d'un *bénéfice* incompatible, le défaut des qualités requises, l'absence ; enfin, par certains crimes ou délits que commet le bénéficier.

De la mort civile. La condamnation à un bannissement perpétuel hors du royaume, ou aux galères à perpétuité, opère parmi nous la mort civile du condamné, parce qu'elle le retranche de la société & le dépouille de tous les droits de citoyen. Ainsi, tout bénéficier, condamné aux galères perpétuelles ou banni à perpétuité, est, par la sentence même, dépouillé de plein droit de son *bénéfice*, & il devient vacant & impétrable.

Plusieurs canonistes pensent même que le bannissement perpétuel du lieu où le *bénéfice* est situé & où il doit être desservi, en opère également la vacance. Nous regardons cette opinion comme justement fondée en raison, sur-tout si le *bénéfice* est à charge d'ames ou qu'il exige résidence.

Le bannissement à temps ne fait pas vaquer le *bénéfice*, parce qu'alors il n'opère pas la mort civile. Cependant si ce même *bénéfice* étoit à charge d'ames, s'il exige les fonctions publiques du pourvu, on peut l'obliger de le permuter avec un *bénéfice* simple, ou de le résigner à la charge d'une pension ; par la raison que, la condamnation lui imprimant une note d'infamie, il ne peut plus faire de fruits dans sa paroisse, ni édifier le public, soit dans l'administration des sacremens, soit dans la célébration des saints mystères.

Il en doit être de même d'un bénéficier condamné aux galères à temps, & même à une amende honorable.

Des vœux religieux. L'émission des vœux solemnels, dans un ordre religieux, opère une espèce de mort civile, & fait vaquer, de plein droit, les *bénéfices* du jour de la profession. La simple prise d'habit, pour le noviciat, ne suffit pas ; l'évêque, pendant ce temps de probation, commet un desservant au *bénéfice*, lorsqu'il est à charge d'ames.

Si celui qui entre en religion étoit pourvu en commende de quelque *bénéfice* régulier, ce *bénéfice* vaqueroit pareillement de plein droit, parce que le titre fondé sur la commende, ne s'accorderoit plus avec la régularité ; mais on pourroit lui donner de nouvelles provisions pour le conserver.

Un bénéficier, dont le *bénéfice* auroit été déclaré vacant par l'émission des vœux solemnels de religion, qui, dans la suite, viendroit à faire déclarer nulle sa profession, rentreroit dans le *bénéfice* dont il a été dépouillé, quand même, suivant quelques canonistes, celui qui le possède auroit, pour lui, le temps d'une possession paisible ; la raison en est que, n'ayant pu agir que du jour de la nullité de sa profession prononcée, on ne pourroit point lui opposer de négligence. Mais, pour ce qui est des *bénéfices* réguliers qu'il auroit obtenus dans le temps qu'on le croyoit religieux, il est tout simple qu'il ne seroit point autorisé à les conserver.

De la démission. La démission est un autre moyen de faire vaquer un *bénéfice*, lorsqu'elle a été faite volontairement, par une personne ayant l'usage de sa raison, entre les mains du collateur ordinaire, du pape ou du légat, & qu'elle a été acceptée. Il suffit que celles qu'on fait entre les mains de l'évêque soient reçues par ses secrétaires. On

regarde

regarde ces secrétaires comme des officiers publics, pour les actes qu'ils sont en possession de recevoir. C'est ce qu'a jugé le parlement de Paris, au mois d'avril 1710, à l'occasion de la cure de Meulan, dans le Vexin françois, diocèse de Rouen.

Du mariage. Le mariage fait aussi vaquer, de plein droit, un *bénéfice*, parce que c'est alors, de la part du titulaire qui n'est point engagé dans les ordres sacrés, un renoncement tacite à l'état ecclésiastique. Ce qu'on appelle simplement *concubinage* ne produit pas le même effet; mais le juge ecclésiastique peut punir un désordre semblable, par la privation du *bénéfice*.

Comme le mariage, que contracteroit un clerc constitué dans les ordres sacrés, seroit déclaré non-valablement contracté, on demande s'il seroit alors privé de ses *bénéfices* de plein droit? Plusieurs canonistes adoptent la négative; mais nous préférons l'opinion contraire, parce qu'un mariage contracté contre les règles de l'église, ne doit pas avoir plus de faveur qu'un mariage légitime, qui fait vaquer toutes sortes de *bénéfices*.

De la promotion à l'épiscopat. Le sacre d'un évêque opérant une espèce de mariage spirituel avec son église, tous les *bénéfices* qu'il possède pour lors deviennent vacans. Il y a plus; c'est que, si dans les trois mois qu'il a obtenu ses bulles pour l'épiscopat, il avoit négligé de se faire sacrer, cette vacance auroit lieu également. Telles sont les dispositions du concile de Latran de l'année 1179, & de l'ordonnance de Blois.

Mais un évêque, après sa consécration, peut être pourvu légitimement d'un autre *bénéfice* simple. Augeard, dans ses arrêts notables, rapporte qu'il a été jugé au grand-conseil, le 5 février 1698, qu'il y avoit abus dans le refus fait à Rome, de donner des provisions en commende, pour un prieuré qui avoit été résigné à M. l'évêque du Belley, auparavant religieux de Cluny.

Le possesseur d'un *bénéfice* simple, qui est nommé à un évêché, peut néanmoins le conserver, en demandant, en cour de Rome, une dispense pour le retenir; dispense qui n'est pas nécessaire pour ceux dont on le pourvoit, depuis sa promotion à l'épiscopat.

Des bénéfices incompatibles. L'incompatibilité donne pareillement ouverture à la vacance des *bénéfices*. Elle n'a lieu, en France, qu'entre deux ou plusieurs *bénéfices* à charge d'ames, ou qui requièrent résidence: tels sont, par exemple, deux évêchés, deux cures, deux canonicats, ou même une cure & un canonicat, lorsque ces *bénéfices* ne sont pas unis ensemble.

Suivant cette règle, tout bénéficier, pourvu en même temps de deux cures, de deux canonicats, est obligé de se démettre d'un de ces *bénéfices*, dans l'année de la possession paisible de celui dont il a été pourvu en dernier lieu; & s'il ne s'en démet pas, le premier *bénéfice* vaque de plein droit: c'est ce qui résulte des dispositions du concile de Trente, & des déclarations des 7 janvier 1681 & 13 janvier 1742. L'esprit de ces loix n'accorde au titulaire, pendant l'année que dure son option, que les fruits du *bénéfice* où il fait le service en personne; les fruits de l'autre *bénéfice* sont au profit de l'église dont il dépend: c'est ce que porte la déclaration du 7 janvier 1681. Lorsqu'il y a procès, on n'est obligé d'opter qu'après qu'il est terminé.

Ce seroit en vain qu'on obtiendroit une dispense de la cour de Rome, pour posséder une cure avec un canonicat: on a vu tenter cette voie dans quelques chapitres; mais les cours de parlement n'ont point égard à ces sortes de dispenses, qui sont toujours regardées comme abusives. Cependant, lorsqu'une dignité, dans un chapitre, est chargée, de temps immémorial ou par sa fondation, de la cure des ames, celui qui est pourvu de cette dignité, peut être en même temps chanoine; tout comme un simple chanoine peut être également curé, lorsque la cure est unie à son canonicat. L'usage, en France, est que les cures, qui sont attachées à des chapitres, soient desservies par un membre de ce même chapitre. On voit, par un arrêt du parlement de Paris, du premier août 1673, rapporté au premier volume du journal du palais, que la chose a été ainsi jugée, en faveur d'un chanoine de la collégiale de Saint-Paul de Lyon, à l'occasion d'une cure qui est unie dans ce chapitre à la place de sacristain. Mais pour ce qui est de la possession de deux canonicats à la fois, elle ne peut avoir lieu. Il y a, à ce sujet, divers arrêts de réglement des 16 février 1611, 15 mars 1663 & 10 février 1667.

Comme les dispenses, pour les *bénéfices* incompatibles, ne sont ouvertement abusives que quand elles sont accordées pour plusieurs évêchés ou pour plusieurs cures, on a jugé au parlement de Paris, le 22 juillet 1688, en faveur de M. l'évêque de Rieux, qu'il n'y avoit point d'abus dans celle qu'il avoit obtenue du pape, pour posséder avec son évêché, la première dignité, après l'épiscopat, dans son église cathédrale.

A l'égard des abbés qui sont pourvus en commende, comme ces abbés ne sont point chargés de la conduite du monastère, on tient qu'ils peuvent posséder, avec leur abbaye, des cures ou des canonicats.

Quoiqu'on ne puisse point être titulaire de deux *bénéfices* dans la même église, suivant la défense qui en est portée par l'article 73 des libertés de l'église gallicane, on ne laisse pas de tolérer, dans un grand nombre d'églises cathédrales, qu'on puisse posséder en même temps une prébende & une dignité, lorsque l'usage, à cet égard, est fort ancien. Il y a même plusieurs de ces églises où l'on ne peut posséder une dignité, si l'on n'est pas déjà chanoine.

Quoiqu'il n'y ait point ordinairement d'incompatibilité pour posséder plusieurs *bénéfices* simples, de la nature de ceux qui n'exigent aucune résidence, un religieux ne peut néanmoins, sans une dispense du pape, en posséder plusieurs de cette qualité : c'est ce qui fait que, lorsque cette dispense lui est refusée, on insère, dans la signature des provisions du nouveau *bénéfice* qu'il obtient, la clause de se démettre de l'ancien ; mais, dans l'usage, cette démission n'a lieu que lorsqu'il est paisible possesseur du dernier, parce qu'on suppose que le pape, qui a voulu gratifier un religieux, n'a pas eu dessein de l'exposer à n'avoir aucun *bénéfice*. Augeard, dans son recueil d'arrêts notables, nous apprend que la chose a été ainsi jugée au grand-conseil le 22 septembre 1706, & que pareille décision a eu lieu au parlement de Paris, en faveur d'un religieux appellé *Dom-Melchior Simon*.

Du défaut des qualités requises pour certains bénéfices. Lorsque ceux qui sont pourvus ne se conforment pas à ce qu'exige la nature de leurs *bénéfices*, ces mêmes *bénéfices* peuvent être déclarés vacans. Un évêque, comme nous l'avons observé, est obligé de se faire sacrer dans les trois mois de l'obtention de ses bulles ; & trois mois après, si sa négligence continue, il peut, par un jugement, être privé de son évêché, sans aucune sommation préliminaire ; mais cette privation n'a pas lieu de plein droit. Telles sont les dispositions de l'article 8 de l'ordonnance de Blois.

Il en est de même des autres *bénéfices*, pour lesquels on est obligé de se faire promouvoir à la prêtrise, dans l'année d'une paisible possession : la négligence n'emporte point la privation de plein droit ; mais elle peut avoir lieu par un jugement, après des monitions canoniques.

Pour ce qui est des *bénéfices-cures*, comme, depuis la déclaration du 15 janvier 1742, on ne peut plus être pourvu de *bénéfice* à charge d'ames qu'on ne soit prêtre & âgé de vingt-cinq ans lors des provisions ; si l'on en obtenoit avant cet âge ou qu'on ne fût pas encore prêtre, elles seroient nulles, & la cure vaqueroit de plein droit.

Quand les abbés & les prieurs conventuels ont atteint l'âge déterminé par les canons, pour recevoir la prêtrise, ils sont obligés de s'y faire promouvoir un an après leurs provisions obtenues ; & si après deux années ils négligent de se faire promouvoir aux ordres sacrés, leurs *bénéfices* sont déclarés vacans & impétrables : c'est ce qu'annonce l'article 9 de l'ordonnance de Blois. Mais, pour prévenir cette vacance, ils obtiennent en cour de Rome une dispense, qu'on y appelle *de non promovendo*, & cette dispense s'accorde pour un temps déterminé ou pour toujours. On a même jugé au parlement de Paris le 12 août 1685, en faveur d'un clerc pourvu en commende d'un prieuré conventuel, qu'une dispense semblable peut se renouveller, sans que le *bénéfice* soit vacant & impétrable : l'arrêt est au quatrième volume du journal des audiences.

De l'absence. Lorsque le *bénéfice* exige résidence, comme une cure, un canonicat, *&c.* l'absence du titulaire peut le rendre vacant ; mais il faut qu'auparavant ce titulaire ait été averti, de la part du supérieur ecclésiastique, de reprendre le soin de son *bénéfice*, parce que, suivant le style de la cour de Rome, on insère dans les provisions accordées sur cette espèce de vacance, *ex eo quòd, spretis ordinarii loci monitionibus, ab anno & ultrà residere negligit.*

Si le bénéficier a disparu sans qu'on sache ce qu'il est devenu, celui qui est pourvu de son *bénéfice* après l'année, comme vacant par désertion, doit être préféré à celui qui l'a obtenu comme vacant par mort ; parce que ce dernier genre de vacance n'est pas aussi certain que le premier, attendu que l'homme est naturellement présumé vivre cent ans : c'est ce qui a été jugé au parlement de Paris, le 14 juillet 1699.

Observez qu'il ne faut pas de sommation au sujet de la désertion : un fait pareil vaut une espèce de délaissement du *bénéfice*. Cependant comme le retour du titulaire est toujours favorable, on l'admet à reprendre son *bénéfice* lorsqu'il reparoît.

De la profession des armes. L'engagement dans la profession des armes ne fait point vaquer les *bénéfices* de plein droit, quand même on auroit tué ou mutilé dans l'exercice de cette profession. Il peut même arriver des circonstances dans lesquelles un ecclésiastique soit contraint de prendre les armes, pour le service du prince & la défense de la patrie. Cette raison a été le motif d'un arrêt du parlement de Provence, du 11 mars 1675, qui a jugé qu'un officier, servant en qualité de lieutenant dans un régiment, demeureroit pourvu d'une prébende qu'il avoit obtenue dans la cathédrale de Nismes.

Lorsqu'un ecclésiastique a tué ou mutilé dans la profession des armes, il encourt bien l'irrégularité ; mais il peut s'en faire relever par une dispense. Néanmoins comme la profession des armes suppose un défaut de douceur dans le caractère, incompatible avec l'humanité recommandée aux ministres de l'église, elle peut bien donner lieu à des monitions canoniques, & après la troisième, le *bénéfice* peut être déclaré impétrable. C'est ce qu'a jugé le parlement de Paris, le 22 juin 1672, par un arrêt qui se trouve au premier volume du journal des audiences.

Des crimes & délits qui donnent lieu à la vacance des bénéfices. Les crimes & les délits peuvent encore faire vaquer les *bénéfices* ; mais parmi les différens genres de crimes dont on peut se rendre coupable, il n'y en a que quelques-uns qui opèrent cette vacance de plein droit, les autres ne font vaquer qu'après un jugement de condamnation aux peines qui emportent la privation d'un *bénéfice*.

On met au nombre des crimes qui font vaquer un *bénéfice*, 1°. la falsification des expéditions de cour de Rome, des provisions de l'ordinaire, ou d'autres titres concernant les *bénéfices*. Ceux qui s'en rendent coupables sont privés, par le seul fait, suivant l'article 16 de l'édit du mois de juin 1550, de tout le droit qu'ils pouvoient avoir sur le *bénéfice*.

2°. L'assassinat, quand même il n'auroit pas été suivi de la mort de celui qui a été attaqué. Il suffit d'une entreprise extérieure, suivant que s'en explique un canon du concile célébré à Lyon, sous Innocent IV. La privation de plein droit est encore, en ce cas, pour ceux qui ont commandé ou conseillé l'assassinat, & même pour ceux qui recèlent ou qui défendent les assassins.

3°. La privation des *bénéfices* a pareillement lieu de plein droit, contre ceux qui ont frappé un évêque d'une manière injurieuse, qui l'ont banni ou fait bannir de sa ville épiscopale; contre ceux qui par violence se sont fait faire à eux-mêmes, ou qui ont fait faire à d'autres personnes des résignations de *bénéfices*; contre ceux qui se sont rendus coupables ou complices du crime de lèze-majesté; contre les confesseurs qui ont abusé de leurs pénitentes; contre ceux encore qui sont convaincus de sodomie ou de bestialité: il est vrai que la vacance, par le seul fait de ces deux dernières espèces de crimes, n'est prononcée que par une bulle de Pie V, qui n'a point été homologuée en France; mais elle y seroit sans doute suivie si le cas se présentoit, à cause de l'atrocité du crime.

A l'égard de l'adultère, on ne le met pas au nombre des crimes qui font vaquer un *bénéfice* de plein droit: c'est ce qu'a jugé le parlement de Rennes, à l'occasion d'un curé convaincu de ce fait & condamné aux galères par arrêt du 8 mai 1621, rapporté par Frain au chapitre 76 de son recueil. Sur quoi nous avons observé qu'Hevin, dans son annotation sur ce chapitre, rapporte un autre arrêt rendu au même parlement, qui juge que le fratricide n'emporte point de privation de plein droit; mais il y a apparence que ce crime avoit été commis dans une dispute, ou autrement que par la voie de l'assassinat.

Dès que la privation a lieu de plein droit, il semble que le coupable ne devroit plus avoir la faculté de résigner; cependant il y a des arrêts qui autorisent les résignations en pareil cas, lorsqu'elles sont faites avant que le dévolutaire ait fait donner son assignation, & cela est fondé sur ce qu'il suffit pour l'église d'être délivrée d'un possesseur indigne, & sur ce que le résignataire ne tient point son droit du résignant, mais du collateur: c'est ainsi qu'on pense au parlement de Paris, suivant un arrêt du 17 juillet 1694, rapporté au cinquième volume du journal des audiences. Mais au parlement de Toulouse, on juge au contraire que le droit est acquis au dévolutaire du jour de ses provisions, & qu'on ne peut plus résigner à son préjudice: c'est ce que fait remarquer Catelan, par trois arrêts qu'il rapporte.

Observez qu'à l'égard des autres crimes, pour lesquels la vacance de plein droit n'est point établie, on ne doit point donner d'extension à cette peine, parce que les loix pénales ne s'appliquent point d'un cas à un autre. De sorte que si le crime dont un ecclésiastique est prévenu, n'emporte pas de plein droit la vacance de son *bénéfice*, il peut le résigner, même pendant que dure l'appel de la sentence qui l'en déclare privé, & la résignation demeure valable dans le cas même où la sentence, qui a dépouillé le titulaire, vient à être confirmée.

Lorsqu'un *bénéfice* est vacant, par l'un des genres de vacance que nous venons d'expliquer, le collateur ordinaire est alors en droit d'en disposer. On peut même s'adresser au pape, &, en exprimant le genre de vacance, obtenir des provisions en cour de Rome. Quand la vacance a duré si long-temps, que le droit de conférer a passé du collateur ordinaire à ses supérieurs & même au pape, suivant les degrés de la dévolution, on peut l'exposer dans la supplique; & dès-lors, sur cette espèce de vacance, qu'on appelle *certo modo*, on insère, dans les signatures, la clause que le *bénéfice* a vaqué si long-temps, que la disposition en est peut-être dévolue au saint-siège. Cette clause a fait donner le nom de *dévolut*, non-seulement aux provisions émanées de la cour de Rome, soit que la dévolution fût acquise ou non, mais encore à celles qui sont données par l'ordinaire, sur ce genre de vacance.

BÉNÉFICE, (*Droit civil.*) ce mot a une acception bien différente, en droit civil, de celle que nous venons de traiter en droit canonique. On donne, en général, le nom de *bénéfice* à une exception favorable accordée par la loi ou par le prince, qui rend l'impétrant habile à une fonction, & qui lui donne une qualité dont il étoit incapable à la rigueur.

Le mot *bénéfice* se prend aussi quelquefois pour un simple privilège ou droit favorable: c'est en ce sens que l'on dit que le *bénéfice* du vendeur sert à l'acheteur.

Nous connoissons, dans notre jurisprudence, cinq espèces de *bénéfices*; celui d'âge, de cession, de discussion, de division & d'inventaire. Nous parlerons seulement ici du *bénéfice d'âge* & du *bénéfice d'inventaire*; pour les trois autres, nous renvoyons aux mots CESSION, DISCUSSION, DIVISION.

BÉNÉFICE D'AGE. On appelle *lettres de bénéfice d'âge*, des lettres par lesquelles le prince, par grace & faveur, accorde à un mineur, âgé de quatorze ans, l'administration de ses biens; & le répute majeur en ce qui ne concerne pas l'aliénation de ses immeubles, qui lui est toujours interdite.

Cette faveur s'accorde par des lettres de chancellerie, qui s'expédient également en la grande chancellerie, ou dans les chancelleries établies près les parlemens.

Elles sont sujettes au droit d'insinuation, qui se règle sur la qualité du père des impétrans; & il est dû autant de droits qu'il y a d'impétrans, quoiqu'ils obtiennent la même faveur par une seule & même lettre.

Elles doivent être enregistrées par le juge auquel elles sont adressées, qui doit, par la même sentence, nommer aux mineurs un curateur, d'après un avis de parens. Cette sentence est également sujette au droit d'insinuation.

Il n'est dû par la sentence qu'un droit d'insinuation par chaque impétrant, & on n'a aucun égard au nombre des successions échues, parce que l'émancipation est personnelle à l'émancipé, qu'elle rend capable de jouir de tous les biens échus & à échoir.

On ne peut faire aucun usage des lettres de *bénéfice* d'âge, avant qu'elles aient été insinuées. L'édit du mois d'octobre 1705 défend de les enregistrer avant l'acquit des droits, à peine de nullité des enregistremens & entérinemens, ainsi que des procédures faites pour y parvenir, & de trois cens livres d'amende. C'est ce qui a été confirmé par plusieurs arrêts du conseil. *Voyez* EMANCIPATION.

Un mineur qui veut se faire recevoir dans un office avant l'âge de vingt-cinq ans, postule, à cet effet, en la grande chancellerie, des lettres de *bénéfice* d'âge. *Voyez* AGE, (*Dispense d'*).

BÉNÉFICE D'INVENTAIRE. C'est un privilège que les loix accordent à un héritier, & qui consiste à l'admettre à la succession du défunt, sans l'obliger aux charges au-delà de la valeur des biens dont cette succession est composée, pourvu qu'il en ait fait l'inventaire dans le temps déterminé par la loi.

Le *bénéfice d'inventaire* fut d'abord introduit par l'empereur Gordien, en faveur des soldats qui se trouvoient engagés dans un hérédité onéreuse, auxquels il accorda le privilège que leurs propres biens ne seroient pas sujets aux charges de l'hérédité.

Ce privilège fut ensuite étendu à tous les héritiers testamentaires & *ab intestat*, par l'empereur Justinien, en la loi *scimus*, au code de *jure deliberandi*. Nous l'avons admis dans notre droit coutumier.

Pour en jouir, il faut que l'héritier fasse bon & fidèle inventaire; qu'il fasse vendre les meubles; qu'il obtienne en chancellerie des lettres de *bénéfice* d'inventaire, & qu'il les fasse entériner par le juge du lieu où la succession est ouverte : il faut encore qu'avant le jugement d'entérinement, les lettres aient été insinuées, soit dans le bureau de la situation des biens, soit dans celui de la justice où doit se faire l'entérinement, à peine de nullité de l'entérinement, & de trois cens livres d'amende. *Voyez l'édit de 1703, & les déclarations de 1704 & de 1708.*

Dans le pays de droit écrit, il n'est pas besoin d'obtenir des lettres du prince pour jouir du *bénéfice* d'inventaire.

Quelques édits bursaux ont pourtant ordonné que l'on y prendroit aussi des lettres pour se porter héritier bénéficiaire : mais ces édits n'ont pas eu leur pleine exécution; aussi par d'autres réglemens rendus pour ces pays, on oblige de faire insinuer les inventaires par extrait, ensemble les actes d'acceptation & les jugemens qui permettent de se porter héritier bénéficiaire, & l'on fait payer pour cette insinuation le même droit que pour les lettres de *bénéfice* d'inventaire.

Il y a aussi des coutumes où l'on est dispensé de prendre des lettres de *bénéfice* d'inventaire : telles sont celles de Bourgogne & de Berry. Il suffit dans ces provinces de faire faire bon & loyal inventaire des biens de la succession, & de déclarer à la fin qu'on accepte la succession par *bénéfice* d'inventaire. Cette acceptation doit être insinuée, & le prix de l'insinuation est égal à celui des lettres de *bénéfice* d'inventaire.

En Bretagne, suivant l'article 593 de la coutume, il ne falloit pas non plus de lettres pour jouir du bénéfice d'inventaire; mais, par un arrêt du conseil du 15 juin 1705, cette province a été assujettie à la formalité des lettres. C'est ce qu'attestent trois actes de notoriété rapportés par Devolant à la suite de ses arrêts. Rafficod fait aussi mention de ce changement dans ses notes sur le traité des fiefs de Dumoulin. Il en étoit de même en Lorraine avant l'édit de 1770, dont l'article 21 ordonne que tout héritier bénéficiaire sera tenu de prendre des lettres de *bénéfice d'inventaire* en la chancellerie du parlement de Nancy.

Lorsqu'il y a plusieurs héritiers qui prennent des lettres de *bénéfice* d'inventaire, il est dû autant de droits d'insinuation que d'impétrans; mais il n'est pas dû un double droit, lorsqu'on prend des lettres pour plusieurs successions ouvertes en même temps. *Arrêts du conseil du 25 janvier 1707, & du 23 novembre 1752.*

Si l'héritier ne satisfait pas aux règles prescrites pour être admis au *bénéfice* d'inventaire, il est réputé héritier pur & simple.

Ceux qui, sans être héritiers désignés par la loi, succèdent à titre universel, tels que des légataires universels, des héritiers institués, des seigneurs à qui une succession est dévolue par droit de deshérence ou de confiscation, ne sont pas obligés de prendre des lettres de *bénéfice* d'inventaire pour être dispensés de payer les dettes qui peuvent excéder la valeur de cette succession; il suffit qu'ils fassent faire bon & loyal inventaire, & qu'ils rendent compte aux parties intéressées. Cette doctrine est fondée sur ce qu'ils succèdent moins à la personne qu'aux biens.

Observez toutefois que si l'on venoit à prouver, contre de tels successeurs, qu'ils ont soustrait des effets de la succession, on les obligeroit à payer indistinctement toutes les dettes du défunt, comme s'ils en étoient les héritiers purs & simples.

La loi *scimus* veut que l'inventaire soit commencé dans les trente jours après le décès de celui de la succession duquel il s'agit, & parachevé soixante jours après.

Suivant l'article 1 du titre 7 de l'ordonnance de 1667, l'héritier doit avoir trois mois depuis l'ouverture de la succession pour faire inventaire, & quarante jours pour délibérer. Et s'il justifie que l'inventaire n'a pu être fait dans les trois mois, soit parce qu'il a ignoré la mort du défunt, soit à cause des oppositions ou contestations qui sont survenues, ou autrement, le juge doit lui accorder un délai convenable pour faire l'inventaire, & quarante jours pour délibérer. Ce délai doit être accordé à l'audience, & sans que la cause puisse être appointée. Telles sont les dispositions de l'article 4 du même titre.

Au parlement de Provence, l'héritier, après avoir été admis au *bénéfice* d'inventaire, a trente ans pour faire inventaire, quand il n'a pas fait acte d'héritier, à moins qu'il n'y ait un jugement de décheance. C'est ce qui résulte de l'acte de notoriété du parquet du parlement d'Aix, du 14 février 1705, & d'un arrêt du conseil du 9 septembre 1669.

Au parlement de Bordeaux, un héritier est reçu à renoncer à la succession pendant trente ans, en rapportant un inventaire régulièrement fait & fidèle, & en se purgeant par serment qu'il n'a rien détourné, sauf aux créanciers à coter les erreurs & les recelés, s'ils prétendent qu'il y en a. Cela a été ainsi jugé par arrêt du parlement de Bordeaux du 19 février 1672, rapporté par la Peirère.

La loi veut que ceux qui ont intérêt à l'inventaire, tels que les créanciers, les légataires, les fidéicommissaires, y soient appellés.

Ces formalités sont exactement observées dans la plupart des pays de droit écrit : on appelle les créanciers & les légataires connus à leur domicile, & les autres par affiches publiques.

Catelan fait mention d'un arrêt du parlement de Toulouse du mois de janvier 1667, qui a jugé qu'un inventaire étoit nul, parce qu'on n'y avoit point appellé les légataires : mais il dit qu'il n'est pas nécessaire d'appeller les créanciers.

La jurisprudence du parlement de Grenoble est que les créanciers soient appellés. Chorier, sur Guypape, rapporte à ce sujet un arrêt de réglement du 22 août 1676.

Le parlement de Paris se dispense de ces formalités, même dans les provinces de son ressort où l'on suit le droit écrit. Cependant ces formalités sont très-sages : trois grands magistrats les ont même jugées nécessaires ; savoir, M. Lizet, premier président au parlement de Paris, qui en a inséré un article exprès dans la coutume de Berry, au chapitre des successions *ab intestat* ; M. de Marillac, garde des sceaux, dans l'ordonnance de 1629 ; & M. le premier président de Lamoignon dans ses arrêtés, au titre des successions.

Par un arrêt de réglement du 8 juin 1693, il fut défendu de lever le scellé & de commencer l'inventaire avant qu'il ne se fût écoulé vingt-quatre heures depuis l'enterrement du défunt ; présentement, il faut qu'il y ait au moins trois jours d'intervalle, suivant un arrêt de réglement du 18 juillet 1733.

Pour être admis au *bénéfice* d'inventaire dans la coutume de Paris, l'héritier est obligé de donner une caution : au surplus il suffit, selon l'usage du châtelet, que cette caution soit en état de répondre du mobilier de la succession : la raison en est que l'héritier bénéficiaire ne pouvant empêcher l'effet des hypothèques sur les immeubles de la succession, les intérêts des créanciers ne sauroient être compromis, lorsqu'ils ont une caution solvable pour faire représenter la valeur du mobilier.

Le privilège du *bénéfice* d'inventaire ne peut avoir lieu contre le roi, si ce n'est en faveur des mineurs. C'est ce qui résulte de l'article 16 de l'ordonnance de Roussillon, donnée par Charles IX au mois de janvier 1563. En conséquence il a été jugé, par arrêt de la cour des aides de Paris, du 16 mars 1735, que la demoiselle Renault ne pouvoit profiter des lettres de *bénéfice* d'inventaire par elle obtenues pour la succession de son frère, receveur des fermes au pont de Joigny ; & que si, dans quinzaine, elle ne renonçoit à la succession, elle seroit contrainte au paiement du débet du compte de ce frère, comme héritière pure & simple.

A compter du jour de l'obtention des lettres de *bénéfice* d'inventaire, les créanciers de la succession ont hypothèque sur les biens de l'héritier bénéficiaire, pour la gestion dont il est comptable envers eux, & par conséquent pour obtenir l'indemnité du préjudice que cette gestion a pu leur faire.

Justinien, dans la loi *scimus*, permet à l'héritier bénéficiaire de payer les créanciers du défunt à mesure qu'ils se présentent, sans être obligé d'examiner s'ils sont les plus anciens, & sans que les créanciers antérieurs puissent avoir aucune action contre lui, sauf leur recours contre les créanciers postérieurs qui ont touché, pour raison de quoi Justinien accorde une action aux créanciers plus anciens ou privilégiés.

La disposition de cette loi est suivie dans les pays de droit écrit, excepté dans ceux du ressort du parlement de Paris. Dans ceux-ci, l'héritier bénéficiaire n'a pas la liberté de payer les créanciers postérieurs avant les antérieurs ; il doit attendre que l'ordre soit fait, suivant un arrêt prononcé le 2 avril 1577, & rapporté par Charondas dans ses réponses. C'est aussi la doctrine de d'Argentré sur la coutume de Bretagne, & de Lebrun dans son traité des successions.

Au parlement de Paris, & dans les autres pays où les meubles n'ont point suite par hypothèque, les créanciers postérieurs qui ont touché de l'héritier bénéficiaire leur paiement sur le prix des meubles, ne peuvent être contraints de rapporter au profit des créanciers antérieurs.

Il n'en est pas de même au parlement de Toulouse ; on y oblige, en ce cas, le créancier postérieur à rapporter, soit qu'il ait reçu son paiement sur le prix des immeubles ou sur celui des meubles.

Mais combien de temps doit durer l'action accordée aux anciens créanciers pour faire rapporter les autres ? Les auteurs sont partagés à cet égard. Catelan la limite à dix ans ; mais Duperrier & Vedel la portent à trente ans : Bretonnier approuve cette dernière opinion.

Un tuteur qui rend compte du *bénéfice* d'inventaire pour ses mineurs, ne peut pas y employer les alimens qu'il leur a fournis, parce que la succession bénéficiaire appartient aux créanciers plutôt qu'aux héritiers. Cela fut ainsi jugé au parlement de Bretagne, en la seance d'août 1612, comme le rapporte Frain.

Cependant, au parlement de Provence, le contraire fut jugé par arrêt du dernier juin 1615, rapporté à la suite de Boniface, & cela par le motif de la bonne foi de l'héritier. L'usage du parlement de Bretagne paroît plus juste, par la raison qui a été dite ci-dessus.

Au parlement de Paris, tous les frais légitimes que fait l'héritier bénéficiaire doivent être supportés par la succession. Mais s'il entreprenoit des procès qui parussent évidemment mal fondés, les frais en pourroient être mis à sa charge par les juges. Il faut toutefois que cela soit ainsi ordonné, pour qu'il ne puisse pas employer ses frais dans son compte.

Quelques auteurs, tels que Lange & Baquet, ont, à la vérité, prétendu qu'il suffisoit qu'un héritier bénéficiaire succombât dans une contestation, pour être tenu personnellement des dépens; mais cette opinion n'est pas admise à Paris : elle a même été rejettée par un arrêt du parlement du 11 avril 1709, qui a jugé qu'un héritier bénéficiaire, qui agit en cette qualité, ne doit les dépens qu'en cette même qualité.

Au parlement de Toulouse, l'héritier bénéficiaire est tenu des dépens en son nom, comme l'attestent Catelan & la Rocheflavin. Il en est de même au parlement de Bordeaux, suivant le témoignage de Lapeirère.

C'est aussi ce qui se pratique au parlement de Bretagne, comme le prouve l'acte de notoriété des avocats de ce parlement, du 12 juillet 1717, rapporté à la suite des arrêts de Devolant.

On suit encore la même jurisprudence au parlement de Normandie. Berault, sur l'article 98 de la coutume de Normandie, dit que l'héritier bénéficiaire est toujours tenu en son nom des dépens auxquels il est condamné, soit en demandant ou en défendant; mais Basnage, sur le même article, distingue s'il n'a fait que suivre le procès commencé par le défunt, ou s'il l'a commencé de son chef. Au premier cas, il estime que l'héritier n'est pas tenu des dépens en son nom; au second cas, il dit qu'il en est tenu.

Au parlement de Grenoble, on distingue : si l'héritier bénéficiaire a intenté de son chef le procès, il est tenu des dépens en son nom; mais il n'en est pas tenu lorsque le procès a été intenté d'après l'avis des créanciers. Cette jurisprudence concilie tous les interêts, & elle devroit avoir lieu par-tout.

Autrefois la jurisprudence du châtelet étoit telle que l'héritier bénéficiaire pouvoit, en tout état de cause & quand il le vouloit, renoncer à la succession, en rendant compte aux créanciers de ce qu'il pouvoit avoir en sa qualité : mais l'ordonnance de janvier 1629 a introduit une nouvelle pratique à cet égard. C'est pourquoi, par arrêt du 2 septembre 1755, la cour, en infirmant une sentence des requêtes du palais, a jugé qu'un héritier par *bénéfice* d'inventaire qui renonce à la succession, peut par la suite prendre la succession en qualité d'héritier pur & simple, sur ce principe que *celui qui est une fois héritier, ne peut plus cesser de l'être*, & que la qualité d'héritier, soit bénéficiaire, soit pur & simple, est une qualité indélébile.

Dans cette affaire, les conseils de la demoiselle de Bouffiers, mineure, lui avoient fait prendre des lettres de rescision contre sa renonciation; mais le parlement l'a admise à recueillir la succession sans qu'il fût besoin de lettres de rescision : ainsi il a jugé que la renonciation au *bénéfice* d'inventaire est inutile, & qu'on ne peut abdiquer une succession bénéficiaire, quand une fois elle a été acceptée par quelqu'un qui a pris la qualité d'héritier par *bénéfice* d'inventaire.

Ces principes ont été confirmés par un autre arrêt du 23 juillet 1756. Dans la contestation dont il s'agissoit, l'héritier bénéficiaire auquel on opposoit l'arrêt du 2 septembre 1755 qu'on vient de citer, disoit qu'on ne pouvoit pas lui opposer le préjugé résultant de cet arrêt; qu'il étoit dans un cas différent, parce qu'il ne s'étoit jamais immiscé dans la succession; qu'il avoit obtenu des lettres qu'il avoit fait entériner; mais que cela s'étoit passé avant la levée des scellés, & qu'au moment de l'inventaire il avoit renoncé; au moyen de quoi sa qualité étoit demeurée sans effet. Malgré ces raisons, le parlement le condamna à payer en qualité d'héritier par *bénéfice* d'inventaire.

Un troisième arrêt rendu le 6 mars 1762, d'après les mêmes principes, a déclaré nulles des renonciations au *bénéfice* d'inventaire faites par des héritiers bénéficiaires, ainsi que la nomination du curateur au *bénéfice* d'inventaire qui avoit eu lieu sur leur requête.

Ces espèces sont rapportées dans la collection de jurisprudence.

Il en est différemment dans les pays de droit écrit : on y juge que la renonciation de l'héritier bénéficiaire détruit entiérement la qualité d'héritier.

En Normandie, l'héritier bénéficiaire peut renoncer pour s'en tenir au tiers coutumier.

L'héritier par *bénéfice* d'inventaire doit rendre compte aux créanciers lorsqu'il en est requis. Il y a en Bretagne un usage singulier à cet égard. Les héritiers bénéficiaires y sont tenus solidairement & par corps, de délivrer aux créanciers le reliquat de leur compte, parce qu'on les y regarde comme des économes, des sequestres & dépositaires de justice, ainsi que l'observe M. de Perchambault sur la coutume de cette province; au lieu qu'à Paris, & presque par-tout ailleurs, ils sont regardés comme de vrais héritiers, & ne sont tenus chacun que de leur part personnelle & par les voies ordinaires.

Il est aussi d'usage en Bretagne, suivant un réglement de 1683, que si l'héritier bénéficiaire ne procure pas dans trois ans le paiement des créanciers, ou ne rend pas compte, le créancier le plus diligent peut obtenir la subrogation.

Suivant l'ordonnance du mois de janvier 1629, l'héritier bénéficiaire devoit rendre compte de l'hérédité, dans le cours de dix années, à compter du jour qu'il avoit obtenu des lettres de *bénéfice* d'inventaire, sinon il devoit être réputé héritier pur & simple, & en cette qualité, répondre des dettes de la succession; mais cette disposition est tombée en désuétude.

Ce seroit en vain que des héritiers majeurs renonceroient, en ligne directe, au *bénéfice* d'inventaire, pour être dispensés de rapporter au partage de la succession ce qu'ils auroient reçu du défunt en avancement d'hoirie. Une telle renonciation ne produiroit aucun effet en leur faveur : c'est ce qu'ont décidé deux arrêts fameux, rendus au parlement de Paris le 20 avril 1682, & le 23 février 1702.

Le fondement de ces arrêts est, comme nous l'avons remarqué plus haut, que l'héritier bénéficiaire est aussi véritablement héritier que l'héritier pur & simple; & cette qualité est indélébile, suivant la règle de droit, *qui semel hæres*, *semper hæres*. Le *bénéfice* d'inventaire met l'héritier à l'abri des poursuites des créanciers du défunt, & empêche que ses propres biens ne soient obligés au paiement de leurs dettes; mais il ne lui ôte pas la qualité d'héritier, & par cette raison ne le décharge pas des obligations qu'il contracte avec ses cohéritiers, par cela même qu'il se présente pour recueillir avec eux une succession commune. De-là il suit que sa qualité seule d'héritier l'obligeant, vis-à-vis de ses cohéritiers, au rapport de tout ce qu'il a reçu en avancement d'hoirie, il n'en peut être dispensé sous prétexte de sa qualité d'héritier bénéficiaire, qui n'a d'effet que vis-à-vis des créanciers de la succession.

Les coutumes de Paris & d'Orléans veulent que celui qui, en ligne collatérale, prend la qualité d'héritier pur & simple, donne l'exclusion à ceux qui ne se rendent héritiers que par *bénéfice* d'inventaire, quand même ils seroient parens plus proches que lui; mais il en est autrement dans les pays de droit écrit, & même en Bretagne, où la coutume a une disposition contraire à celle des coutumes de Paris & d'Orléans. Au surplus, celui qui veut, comme héritier pur & simple, exclure le bénéficiaire, doit se déclarer dans l'année de l'obtention ou présentation des lettres de *bénéfice* d'inventaire.

La coutume de Normandie n'admet l'héritier collatéral à se rendre héritier par *bénéfice* d'inventaire, que quand il a fait des perquisitions par la voie des criées ou publications, pour savoir s'il n'y a pas quelque autre parent collatéral qui veuille se rendre héritier absolu, c'est-à-dire, pur & simple.

Il y a aussi en Bretagne des formalités prescrites par la coutume à ceux qui veulent être héritiers par *bénéfice* d'inventaire : ils doivent sur-tout faire apposer le scellé sur les effets de la succession, & appeller les créanciers.

Les docteurs ont été partagés sur la question de savoir si le testateur peut défendre à son héritier d'accepter sa succession par *bénéfice* d'inventaire. Mais dans tous les tribunaux du royaume on juge que la prohibition n'est pas valable; cependant il y a un tour pour la rendre valable, en ordonnant par le testateur à son héritier *d'accepter sa succession purement & simplement*, *sinon & à faute de ce faire*, *instituer une autre personne;* une semblable disposition a été confirmée par un arrêt du parlement de Paris du 18 août 1693, entre les Jouards du pays de Forez.

Au parlement de Toulouse, on distingue entre les légataires & les héritiers; la prohibition est valable à l'égard des premiers, & non à l'égard des seconds.

Dans presque tous les parlemens, & notamment dans celui de Paris, l'héritier ne peut jouir du *bénéfice* d'inventaire, qu'il n'ait fait un inventaire par justice, quand même il y en auroit eu un fait par le défunt. Mais dans le ressort du parlement de Toulouse, l'héritier bénéficiaire peut se contenter de l'inventaire fait par le défunt, sur-tout lorsqu'il y a joint la prohibition d'en faire un second. Il est néanmoins d'usage que les créanciers de la succession puissent en demander un autre dans la forme ordinaire; il y est aussi d'usage jusqu'à cette demande des créanciers, d'admettre l'héritier à répudier l'hérédité, sous le *bénéfice* de l'inventaire fait par le testateur.

L'héritier par *bénéfice* d'inventaire est véritablement héritier incommutable, & ne diffère de l'héritier pur & simple, qu'en ce qu'il n'est pas tenu au-delà des biens qui composent la succession, & qu'il ne fait point de confusion des droits & actions qu'il peut avoir contre la succession du défunt; ces deux cas exceptés, il est considéré comme l'héritier pur & simple.

Ainsi l'héritier bénéficiaire, en ligne collatérale, est tenu de payer le centième denier des immeubles de la succession, dans le délai fixé & sous les peines prescrites à l'égard des héritiers purs & simples. C'est ce qui résulte de la déclaration du 20 mars 1708. C'est aussi ce qu'ont décidé deux arrêts du conseil, l'un du 2 octobre 1714, rendu contre l'évêque de Metz, héritier bénéficiaire du duc de Coaslin son frère, & l'autre du 5 avril 1732, rendu contre le bailli de Maroles.

Si l'héritier bénéficiaire se fait adjuger les biens en paiement de ses créances, ils ne sont point acquêts en sa personne, & ils conservent leur nature de propres, comme l'a jugé le parlement de Paris par arrêt du 4 septembre 1708, ainsi il n'en peut être dû aucun droit de lods & ventes. Il a de même été jugé au parlement de Paris, par arrêt du 2 août 1730, que si l'on saisit sur l'héritier bénéficiaire en ligne collatérale, & qu'il se rende adjudicataire, il n'est point dû de lods & ventes, parce que le décret a confirmé & continué la propriété de cet héritier. Mais la jurisprudence est contraire en Bretagne, où il est de maxime que les lods & ventes sont dus par l'héritier bénéficiaire, quand il demeure adjudicataire des héritages de la succession, ou quand il exerce le retrait de préférence dans la quinzaine.

BÉNÉFICENCE, s. f. (*Droit naturel.*) c'est une vertu qui consiste à faire gratuitement, en faveur de quelqu'un, quelque chose qui demande ou de la dépense, ou des soins pénibles, afin de lui procurer quelque avantage considérable. Ce mot est à-peu-près synonyme à celui de *bienfaisance*.

Cette vertu est d'autant plus estimable, qu'elle est libre, & que pour l'exercer, il faut se dépouiller d'un bien auquel les hommes sont très-attachés. Mais si elle est libre par rapport au tribunal des hommes, & qu'aucune loi positive ne puisse forcer à la bénéficence, il n'en est pas moins vrai qu'elle nous est expressément recommandée par l'auteur de la nature, qui, pour nous en faire sentir la nécessité, nous a donné un penchant qui nous entraîne vers elle, & que l'intérêt personnel mal entendu, ou le luxe peuvent seuls nous faire méconnoître.

Quoiqu'il n'y ait rien de plus digne de l'homme & de plus conforme à sa nature que la *bénéficence* & la libéralité, la pratique néanmoins exige beaucoup de prudence. Il faut, dit Cicéron, prendre garde d'abord qu'en voulant faire du bien à quelqu'un, on ne cause du préjudice à lui-même ou à d'autres : en second lieu, chacun doit proportionner ses libéralités à ses forces & à ses facultés : enfin on doit avoir égard au mérite des personnes auxquelles on veut faire du bien; car c'est-là le fondement de la justice, à laquelle tout doit être ici rapporté. *Voyez* BIENFAISANCE.

BÉNÉFICIAIRE, adj. pris subst. *terme de Droit*, qui ne se dit qu'en un seul cas, à savoir en parlant de l'héritier qui a pris des lettres de bénéfice d'inventaire.

En pays coutumier, l'héritier pur & simple, en ligne collatérale, exclut le *bénéficiaire ; secùs* en ligne directe : mais en pays de droit écrit, l'héritier pur & simple n'exclut pas le *bénéficiaire*, même en collatérale.

L'héritier *bénéficiaire* a l'administration de tous les biens de la succession, dont il doit un compte aux créanciers & légataires, pour le reliquat duquel, s'il se trouve redevable, ils ont hypothèque sur ses propres biens, du jour qu'il a été déclaré héritier *bénéficiaire*. *Voyez* BÉNÉFICE D'INVENTAIRE.

BÉNÉFICIAL, qui concerne les bénéfices. Cet adjectif ne se trouve employé qu'au féminin, ainsi l'on dit, *des causes*, *des matières bénéficiales ;* mais on ne diroit pas *des codes bénéficiaux*. (*H*)

BÉNÉFICIATURES, s. f. plur. (*terme de Droit ecclésiastiq.*) sortes de bénéfices amovibles, qui ne peuvent se résigner, & peuvent vaquer par l'absence, comme les bénéfices de chantres ou vicaires, choristes, chapelains. Les *bénéficiatures* ne peuvent être appellées qu'improprement *bénéfices ;* on les nomme aussi *bénéfices-serfs :* ce sont plutôt des places destinées à des prêtres, chargés pour ce de rendre un service actuel à l'église, & que le fondateur ou le chapitre peuvent destituer, s'ils y manquent pendant deux mois de suite, sans qu'il soit nécessaire de faire précéder aucune monition canonique ; monitions sans lesquelles, suivant le droit commun, on ne pourroit pas priver de son bénéfice un véritable bénéficier. Il ne faut cependant pas en conclure que les pourvus de ces places puissent en être destitués sans motifs & à la volonté des collateurs. Le possesseur d'une *bénéficiature*, qui a rempli sa place pendant quelques années sans aucun reproche, n'en peut être dépossédé, quand celui qui l'a pourvu, & le corps auquel il se trouve attaché, ont reconnu en lui les qualités suffisantes. Il est nécessaire, pour l'en priver, de prouver qu'il a changé ; qu'il est devenu indigne de continuer ses fonctions, & d'établir les faits qui font connoître son indignité.

BÉNÉVOL, adj. (*terme de Droit ecclésiastique.*) est un acte par lequel un supérieur octroie une place monacale dans sa maison, à un religieux d'un autre ordre, qui est dans le dessein de se faire transférer dans le sien. Il doit avoir ce *bénévol*, pour être en état d'obtenir le bref de translation, de peur qu'il ne se trouve sans cloître & sans demeure fixe. *Voyez* GIROVAGE. (*H*)

BERGER, s. m. (*Droit civil & criminel.*) c'est le nom qu'on donne à celui qui garde les moutons & brebis. Suivant l'article 10 du réglement général des chasses de la capitainerie de Vincennes, du 23 septembre 1762, il est défendu aux *bergers* & à tous autres gardant des bestiaux, notamment à ceux qui gardent les moutons ou autres bestiaux des bouchers de Paris, de laisser entrer ces bestiaux dans les terres emblavées ou couvertes de moissons, d'herbages, de légumes ou d'arbustes, depuis le 15 mars jusqu'à ce que les dernières récoltes soient faites, à peine contre les contrevenans de trois cens livres d'amende, & de confiscation des bestiaux.

Le parlement de Paris avoit établi la même police par arrêt du 4 avril 1669.

Par l'article 11 du réglement cité, il est défendu aux *bergers* & à tous autres de laisser entrer, en aucun temps de l'année, des bestiaux dans les bois, buissons & remises, même dans les vignes, sous les peines portées par l'article 10 du dernier titre de l'ordonnance de 1669.

Suivant l'article 12, les *bergers* & autres gardiens ne doivent laisser paître leurs bestiaux dans les lieux permis, qu'après le lever & jusqu'au coucher du soleil.

On a voulu par-là prévenir les délits de nuit.

Suivant

Suivant l'article 13, les chiens des *bergers* ne peuvent être lâchés qu'au moment où il en est besoin pour la conduite des troupeaux.

Il est libre à tout particulier, ayant droit d'avoir un troupeau de bêtes à laine, de se servir de tel *berger* qu'il juge à propos pour la garde de son troupeau.

Par un arrêt du conseil du 14 septembre 1751, il est défendu aux *bergers* d'avoir des moutons ou brebis en propre, parmi ceux dont ils ont la garde : il leur est pareillement défendu de vendre ou de troquer ceux qui leur sont confiés ; comme aussi de menacer ou de maltraiter quelqu'un, & de s'attrouper ; à peine d'être poursuivis extraordinairement, & d'être condamnés aux galères ou au bannissement.

BERNARDIN, f. m. (*Droit ecclésiastique.*) on désigne par ce nom les religieux de l'ordre de Cîteaux, qu'il ne faut pas confondre avec d'autres religieux qui portent le même nom, & dont nous parlerons sous le mot suivant.

On a donné aux cisterciens le nom de *bernardins*, à cause de S. Bernard, premier abbé de Clairvaux, l'un des plus illustres abbés de cet ordre, dont les vertus & les talens lui ont acquis, ainsi qu'à l'ordre entier, une grande réputation.

Anciennement les bénédictins, dont nous avons parlé, & les *bernardins* d'aujourd'hui, ne faisoient qu'un même ordre de religieux, sous la règle de saint Benoît. Dans la suite, le corps se divisa en deux branches : il fut question d'une réforme que les uns embrassèrent, & que les autres ne voulurent point adopter. Mais pour ne point user de redites sur la filiation de l'ordre de saint Benoît, voyez ce que nous avons dit à l'article BÉNÉDICTINS.

L'ordre de Cîteaux dont il s'agit ici, a pris naissance dans l'abbaye de ce nom, située en Bourgogne, diocèse de Châlons, & fondée, en 1098, par les ducs de Bourgogne. Saint Robert, sorti de l'abbaye de Molême avec quelques religieux, dans le dessein de former un nouvel établissement, fut le premier abbé de Cîteaux.

A saint Robert succéda, en 1100, saint Albéric; sous cet abbé les religieux de Cîteaux arrêtèrent qu'il ne seroit fondé aucune abbaye de leur institut, qu'après que l'évêque diocésain se seroit désisté de toute prétention d'autorité & de jurisdiction sur les monastères à fonder.

Saint Albéric eut pour successeur saint Etienne, en 1107, & c'est ce troisième abbé que l'ordre reconnoît pour son vrai fondateur. C'est sous son administration que furent arrêtés, avec les religieux, les réglemens & les statuts qui devoient régler à perpétuité les monastères, pour lors existans, & ceux qu'on se proposoit de fonder. Ces réglemens & ces statuts portent le nom de *carte de charité* : le pape Calixte y donna son approbation en 1119.

Cette carte de *charité* établit deux sortes de jurisdictions, l'une qui est particulière, & l'autre générale. En vertu de la jurisdiction particulière, l'abbé qui a fondé des maisons, exerce sur elles l'autorité d'un supérieur majeur, avec pouvoir de les visiter, & d'y faire les réglemens qu'il croit convenables : mais sa jurisdiction ne s'étend pas aux autres maisons, qui peuvent dériver de ces fondations, & ce sont ces maisons que dans l'ordre on nomme *arrière-filles*. Celui, au contraire, qui n'a point fait de pareilles fondations n'a de jurisdiction que dans son monastère, qu'il gouverne pour le spirituel comme pour le temporel.

La jurisdiction générale est celle qui renferme le pouvoir suprême, & cette souveraine autorité n'est confiée, par la carte de charité, à aucun supérieur particulier. Elle réside dans l'assemblée générale de tous les abbés, *&c.*

Après la rédaction de ces statuts, saint Etienne fonda, en 1113, l'abbaye de la Ferté, diocèse de Châlons en Bourgogne. Il y établit pour premier abbé un de ses religieux, nommé *Bertrand*. Cette abbaye est regardée comme la première fille de Cîteaux.

L'année d'après, saint Etienne fonda l'abbaye de Pontigni, au diocèse d'Auxerre, & il y mit pour premier abbé un de ses religieux. Cette abbaye est la deuxième fille de Cîteaux.

Le même saint fonda ensuite, en 1115, l'abbaye de Clairvaux, troisième fille de Cîteaux. Il y constitua pour premier abbé l'illustre saint Bernard, si connu par les persécutions qu'il fit essuyer, dit-on, à Abailard, & par ses prédications de la seconde Croisade.

Saint Etienne fonda la même année l'abbaye de Morimond, quatrième fille de Cîteaux, & il y établit Arnauld pour premier abbé.

C'est à raison de ces quatre premières abbayes, instituées depuis la carte de charité, que les abbés de ces mêmes abbayes sont dénommés les quatre premiers *pères* de l'ordre de Cîteaux.

Comme l'abbaye de Cîteaux est l'abbaye *mère* de toutes celles qui ont été fondées depuis, l'abbé de Cîteaux est reconnu chef supérieur général de l'ordre, tant pour la France, que pour les autres pays étrangers. Cet abbé est électif, il ne peut être pris que parmi les religieux de l'ordre, mais il ne peut être élu que par les religieux profès de la maison de Cîteaux. L'élection est collative, c'est-à-dire, qu'elle confère de plein droit à l'abbé élu, toute administration, tant pour le spirituel que pour le temporel, sans attendre aucune confirmation du saint siège.

L'abbé de Cîteaux est conseiller né au parlement de Dijon ; il a droit d'être appellé aux états-généraux du royaume, & aux états particuliers de la province de Bourgogne. Dans les conciles, il siège immédiatement après les évêques, avec les mêmes honneurs & les mêmes prérogatives : il est regardé comme le premier des abbés.

Gouvernement de l'ordre de Cîteaux. La maison de Cîteaux, représentée par l'abbé général, a une inspection sur toutes les autres maisons de l'ordre ; & les abbés particuliers de ces autres maisons qui en ont fondé à leur tour, ont, comme il est dit par la carte de charité, une jurisdiction sur ces maifons de leur filiation ; mais cette jurifdiction demeure toujours foumife à l'autorité générale de l'abbé chef de l'ordre. Les abbés de Clairvaux, de la Ferté, de Pontigni & de Morimond avoient bien difputé cette prééminence à l'abbé général; ils avoient prétendu que celui-ci n'étoit que leur égal, & feulement le premier d'entre eux, & qu'ils avoient avec lui une autorité conjointe. Ils lui difputoient le droit de vifiter les monaftères de leur filiation ; ils fe croyoient fondés, tout comme lui, à bénir les abbés & les abbeffes de l'ordre, mais toutes ces prétentions furent rejettées par un arrêt du confeil d'état, du 19 feptembre 1681, rendu en faveur de l'abbé général.

Voici comment s'eft gouverné l'ordre depuis cet arrêt ; l'adminiftration & la jurifdiction intérieure des maifons n'appartiennent qu'aux fupérieurs de ces mêmes maifons. L'adminiftration temporelle appartient à l'abbé, dont elle dépend, conjointement avec les autres religieux, qu'on appelle les *fénieurs* de la maifon.

Dans les délibérations, les chofes fe règlent à la pluralité des fuffrages, & l'abbé n'a point, en chapitre, de voix prépondérante. A l'égard des novices, l'abbé, comme ayant feul jurifdiction intérieure dans les monaftères de fa filiation, a droit de les bénir & de recevoir l'émiffion de leurs vœux. Il n'appartient qu'à l'abbé de les admettre à la profeffion ; cependant, il eft obligé de confulter le monaftère. L'évêque diocéfain eft néanmoins en droit de les examiner, nonobftant tous les privilèges de l'ordre.

Si l'abbé étoit commendataire, le fort des novices dépendroit des prieurs clauftraux & des autres religieux du monaftère : exception fagement établie, car fans cela il feroit fort indifférent à un abbé commendataire que les novices convinffent ou non à la maifon, où ils fe feroient affilier.

Il y a des noviciats communs pour toutes les maifons de l'ordre, quoique ceux qui doivent faire profeffion foient fpécialement deftinés à une maifon particulière. Les candidats, entrés dans les maifons communes de noviciat, doivent être éprouvés dans les maifons pour lefquelles ils fe deftinent ; & avant d'être admis à la vêture, ils doivent être examinés par le vicaire général de la province, & par le maître des novices. Après leur année de probation, s'ils font admis à la profeffion, il faut qu'ils la faffent entre les mains du vicaire général de la province, ou, en fon abfence, entre celles du fupérieur de la maifon du noviciat, avec cette obfervation que les penfions du noviciat fe paient par les maifons refpectives, à moins qu'il n'y ait compenfation de religieux.

Les profès, au fortir de leur noviciat, doivent être envoyés dans les maifons communes d'étude, établies dans chaque province de l'ordre, pour y demeurer jufqu'à ce qu'ils foient en état d'être renvoyés dans les maifons pour lefquelles ils ont fait vœu de ftabilité.

Tout religieux de Cîteaux prononce le vœu de ftabilité pour un monaftère particulier. Ce vœu forme un lien, un contrat réciproque entre le monaftère qui le reçoit, & le religieux qui a promis cette ftabilité. Par ce contrat le monaftère acquiert des droits fur fon religieux, comme celui-ci en acquiert fur fon monaftère. Les feuls religieux profès pour une maifon en compofent la communauté ; les autres religieux font regardés comme externes : *monachi hofpites*. Ces religieux externes font ceux qu'on a été obligé d'envoyer dans une autre maifon, que celle où ils ont leur réfidence fixe, foit afin qu'ils y expient fans fcandale les fautes dont ils fe font rendus coupables, foit pour d'autres raifons, telles qu'une maladie, ou pour foulager les maifons qui ont éprouvé des défaftres, des ruines, des incendies. Mais, ces circonftances à part, un religieux ne peut être transféré fans la permiffion de l'abbé général ; & en ce cas la maifon de profeffion doit payer la penfion des religieux transférés, excepté de ceux qui l'ont été pour caufe de ruine, d'incendie, *&c.* Obfervez encore que les pères immédiats ne peuvent transférer aucun religieux de leur filiation, que dans le cours de leurs vifites régulières pour fait de réformation ; il faut même làdeffus le confentement des *fénieurs* de la communauté. A l'égard des maifons communes de noviciat & d'études, les vicaires généraux peuvent en faire fortir les religieux dyfcoles, ou ceux avec lefquels il eft difficile de vivre.

Les prieurs clauftraux des abbayes tenues en commende, ne font point fous la tutèle des abbés commendataires : ils ne peuvent être inftitués ni deftitués que par les pères immédiats ; après que ceux-ci ont confulté le vicaire général de la province. Mais l'abbé général, vifitant, foit par lui, foit par fes commiffaires, les maifons de l'ordre, peut deftituer ces prieurs & en inftituer d'autres à leur place, fans préjudice néanmoins de l'autorité du père immédiat pour *autre caufe*. Le vicaire général a auffi le pouvoir de les deftituer pour *démérites*.

Les prieurs clauftraux doivent être pris parmi les religieux profès de la maifon, à moins qu'il ne s'en trouve pas de capables pour cet emploi, ce que le père immédiat doit exprimer dans fes lettres d'inftitution.

Les celleriers, les fyndics, les procureurs & les autres officiers nommés à l'adminiftration du temporel, doivent être inftitués, favoir, dans les abbayes régulières, par l'abbé, du confentement du couvent ; & dans celles qui font tenues en commende par le prieur & les religieux : les officiers doivent être abfolument pris parmi les religieux profès de la maifon, à moins qu'il ne s'en trouve point de capables, & ceux qui font nommés doivent prêter ferment entre les mains de l'abbé & des religieux du monaftère.

L'autorité dans l'adminiftration & dans le commandement n'appartient qu'à la fupériorité locale. L'autorité de l'abbé général, des pères immédiats, & des vicaires généraux eft reftreinte à une jurifdiction de manutention, de correction & de réformation; encore ne peuvent-ils l'exercer que dans le cours d'une visite régulière, parce qu'il n'y a que la visite régulière qui suspende l'autorité de la supériorité locale.

L'administration de chaque monastère est commune & conjointe entre l'abbé & ses religieux, car dans tous les points où le monastère est intéressé, son consentement doit intervenir aux actes qui le concernent.

Il ne peut être fait aucun emprunt, aucune aliénation, aucun échange, aucune coupe de bois de haute-futaie, pas même de bail emphytéotique ni aucun acte important d'administration, qu'il n'en ait été délibéré, par la communauté, à la pluralité des suffrages; il faut même avoir obtenu le consentement du vicaire général & du père immédiat: il faut de plus, la permission & l'approbation de l'abbé de Cîteaux & du chapitre général.

Les procureurs & les vicaires généraux sont institués ou destitués par le chapitre général, & dans les intervalles par l'abbé de Cîteaux, de l'avis & du consentement des quatre premiers pères de l'ordre.

C'est à l'abbé chef qu'appartient la convocation & l'indiction du chapitre général. Il doit se célébrer tous les trois ans; l'abbé général le préside à titre d'autorité & de supériorité. Tous les autres abbés & les prieurs titulaires sont membres essentiels de ce chapitré. C'est dans cette assemblée que réside le pouvoir législatif de l'ordre avec faculté de régler de nouveaux statuts ou d'interpréter les anciens. Le pouvoir exécutif de ce qui est décerné par ce chapitre appartient à l'abbé général; il est en droit & en possession de décerner toutes les ordonnances nécessaires pour le maintien de la discipline régulière, pour le bien du régime & pour l'observation des loix & des statuts de l'ordre.

C'est dans ce chapitre que se jugent en dernier ressort (en matière purement régulière) tous les différends qui s'élèvent entre les membres de l'ordre. S'il arrive que dans ce cas il y ait partage d'opinions, de manière que la majeure partie effective des suffrages ne se trouve pas d'un côté, l'affaire est renvoyée au définitoire pour départager le chapitre. Le définitoire est encore juge des causes que le chapitre lui renvoie à décider, quand il ne veut ou ne peut pas s'en occuper.

Le définitoire est une espèce de tribunal que l'abbé de Cîteaux crée à chaque chapitre général. Ce tribunal ne juge que sur l'autorité & au nom de l'abbé général, duquel tous les membres reçoivent leur institution. Voici comment se compose ce tribunal. L'abbé, en sa qualité de père général, nomme quatre abbés de sa filiation qu'il institue définiteurs. Il institue tels en même temps les quatre premiers abbés de l'ordre. Chacun de ces quatre abbés présente à celui de Cîteaux cinq abbés de sa filiation, parmi lesquels l'abbé de Cîteaux en prend quatre & les institue définiteurs, s'il les trouve capables de cette fonction; & si, dans le définitoire, il y avoit partage d'opinions, ce seroit à l'abbé général de le lever par sa voix, qui deviendroit alors prépondérante: sur quoi il est bon d'observer que dans les causes qui intéressent la personne des abbés, le général est leur juge de droit; ces sortes de causes ne peuvent être renvoyées au définitoire que quand il y a partage dans le chapitre. Observez aussi que le chapitre général peut déposer son chef, dans le cas marqué par la carte de charité.

Dans les affaires, de discipline susceptibles d'appel, les appellations se portent par degrés du vicaire général au père immédiat, de celui-ci à l'abbé général, & de l'abbé général au chapitre général.

Les religieux ne peuvent, en matière purement régulière, appeller hors de l'ordre que dans les cas d'une injure manifeste, ou lorsqu'il y a déni de justice; ils peuvent cependant user de cette voie dans les autres cas où les ordonnances les y autorisent.

Les livres liturgiques, servant à l'usage de l'ordre, ne peuvent être imprimés que par l'autorité du chapitre général ou de ses députés; mais, hors du temps de la tenue des chapitres, l'abbé de Cîteaux est en droit & en possession de donner des mandemens & des privilèges, pour l'impression de ces sortes de livres. Observez qu'aucun religieux de l'ordre ne peut publier l'ouvrage dont il est auteur, sans la permission du chapitre ou de l'abbé général.

Cet abbé, les pères immédiats & les vicaires généraux, ont droit d'exiger une conventualité dans chaque maison, suivant ses revenus, & cette conventualité ne peut être diminuée sans la permission du chapitre général ou de l'abbé de Cîteaux.

Lorsqu'il vient à vaquer une abbaye régulière, l'administration, tant au spirituel qu'au temporel, en appartient au monastère vacant. Ce monastère a même, pendant ce temps, la jurisdiction (pour le spirituel seulement) sur les autres abbayes qui en dépendent.

L'abbé, père immédiat, préside aux élections des abbayes de sa filiation. C'est lui qui indique le jour de l'élection; le prieur de la maison vacante convoque les religieux profès du monastère vacant, seuls en droit de donner leurs suffrages pour l'élection. Si le père immédiat ne pouvoit point présider en personne, il ne pourroit députer des commissaires qu'autant que le vicaire général seroit absent ou justement suspecté, parce que c'est à celui-ci de présider, en l'absence du père immédiat. Mais quoiqu'il appartienne au père immédiat de présider, rien n'empêche que l'abbé général ne puisse le faire aussi, conjointement & concurremment avec les autres abbés pour toutes les maisons de l'ordre.

Lorsque l'abbé est élu, son élection se confirme par le père immédiat: l'abbé général y donne ensuite son approbation. C'est à cet abbé général ou à ses délégués qu'il appartient de bénir les abbés & les abbesses de l'ordre. Ces abbés & ces abbesses, pendant la cérémonie de la bénédiction, sont

E 2

tenus de promettre obéissance à l'abbé général & à leur père immédiat.

L'abbé de Cîteaux, en sa qualité de chef & de supérieur général, est en droit & en possession de visiter, tant par lui que par ses commissaires, toutes les maisons de l'ordre, &, pendant le cours de ses visites, d'y exercer toutes sortes d'actes de jurisdiction.

Les autres abbés, que nous appellons les *pères immédiats*, ont la visite des maisons de leur filiation; mais il faut qu'ils remplissent cette visite en personne, ils ne peuvent députer des commissaires que quand le vicaire général de la province est absent ou légitimement suspecté. Ce vicaire général visite en personne chaque année toutes les maisons de son vicariat.

Les vicaires généraux ne sont soumis qu'à l'abbé de Cîteaux & au chapitre général, quoiqu'ils soient subordonnés aux pères immédiats, en ce qui touche les degrés d'appel.

Les colléges généraux de l'ordre sont administrés par l'autorité du chapitre général; &, dans les intervalles, par l'autorité de l'abbé de Cîteaux: c'est à cet abbé ou au chapitre qu'il appartient d'instituer ou de destituer les proviseurs, les régens & les autres officiers.

Aucun religieux ne peut prendre de degrés dans une université, sans en avoir obtenu la permission du chapitre ou de l'abbé général; & cette permission ne s'accorde que sur les attestations des proviseurs & des régens des colléges. Lorsqu'un religieux desire d'être envoyé dans les colléges, il lui faut un consentement de sa maison de profession, & cette maison est tenue de payer la pension de ce religieux dans le collége où il est envoyé.

Comme il arrivoit souvent qu'il se présentoit des affaires importantes qui ne pouvoient être renvoyées au chapitre général, & que ces affaires demandoient une prompte expédition, il fut dit, par le bref de réformation que donna, en 1666, Alexandre VII, & qui a été revêtu de lettres-patentes enregistrées au grand-conseil, que dans l'intervalle d'un chapitre général à l'autre, il seroit tenu une assemblée intermédiaire au jour & au lieu qui seroient indiqués par l'abbé de Cîteaux. On doit convoquer à cette assemblée les quatre premiers abbés, les autres abbés visiteurs des provinces, les présidens des congrégations & les procureurs généraux de l'ordre. Tous ces abbés y ont voix délibérative & décisive pour y régler provisoirement tout ce qui peut intéresser essentiellement le régime de l'ordre, sauf au chapitre général à réformer définitivement la délibération.

Privilèges de l'ordre de Cîteaux. Cet ordre a ses causes commises au grand-conseil, de sorte que ceux qui peuvent avoir des affaires avec les religieux de cet ordre, soit en demandant ou en défendant, sont obligés de les voir porter dans ce tribunal. Les justiciables du parlement de Douai & de celui de Besançon, sont les seuls qui aient cherché à résister à ce privilège, &, par des lettres-patentes du 30 mars 1726, ceux du parlement de Flandres ont été maintenus dans le privilège de ne pouvoir être distraits de la jurisdiction de leurs juges naturels, suivant que le fait remarquer Denisart: à quoi il est bon d'ajouter, que depuis l'édit du mois de juillet 1775, qui fixe la compétence du grand-conseil, ces religieux ne peuvent user de leur privilège qu'à l'égard de leurs fermiers ou régisseurs, & de leurs héritiers ou de ceux qui les représentent; quoiqu'on puisse bien traduire ces religieux eux-mêmes à ce tribunal, sans qu'ils puissent demander leur renvoi.

L'exemption des dixmes est encore un des privilèges de l'ordre. Cette immunité ne portoit d'abord que sur les fruits des fonds qu'il possédoit en propriété & qu'il faisoit valoir par ses mains; mais, par une bulle de Martin V, donnée en 1423, cette exemption s'est étendue aux fonds que les fermiers de l'ordre cultivent, ou qu'ils font cultiver à prix d'argent. Il ne faut pas toutefois que les baux excèdent neuf années. Nos rois, depuis François premier jusqu'à Louis XV inclusivement, ont cimenté ces privilèges par plusieurs lettres-patentes, enregistrées au grand-conseil. Ce tribunal, conservateur des mêmes privilèges, a jugé le premier mars 1740, que l'exemption de dixme pouvoit être réclamée nonobstant une possession contraire de près de trois siècles: l'arrêt cité, dans la collection de jurisprudence, a été rendu en faveur de l'abbaye de Mortemer, contre le curé de Lions. Mais on prétend que depuis il a été jugé au même tribunal, par un arrêt du 28 mars 1743, qu'on pouvoit prescrire contre cette exemption par une possession de quarante ans. Les religieuses de Bellefond & le curé de Tourni étoient dans une possession, non interrompue, depuis plus de quarante ans, de percevoir des dixmes sur des terres de l'abbaye de Beaubec: les religieux voulurent anéantir cette possession en réclamant leurs privilèges, mais on crut qu'ils n'étoient pas à l'abri de la prescription: jugement qui nous paroît assez conforme aux principes sur cette matière. Il faudroit même conclure de ce préjugé que, lorsque ces religieux rentrent dans des domaines aliénés, ils ne peuvent plus revenir à l'exemption dont ces domaines jouissoient auparavant, comme on croyoit, avant l'arrêt de 1743, qu'ils y pouvoient revenir, & qu'on assure qu'ils y étoient revenus, suivant deux autres arrêts du grand-conseil rendus, l'un le 13 décembre 1707, en faveur des religieux de Rivour, & l'autre le 10 juin 1712, en faveur des religieux de Vaux-de-Cernay.

Sur ces préjugés, on peut encore observer que l'exemption de dixme, n'étant uniquement que pour les religieux, il s'ensuit que, s'il se fait une aliénation des fonds sur lesquels porte cette exemption, l'acquéreur ne jouit point du bénéfice de l'immunité: il est alors obligé de payer la dixme à celui à qui elle revient naturellement. C'est ce qui a été jugé par un arrêt du 8 septembre 1616, qu'on trouve dans le code des curés, en faveur de celui de Fontperon, contre les religieux de l'abbaye de Châteliers. Cet arrêt décide en même temps que les religieux ne peuvent pas convertir l'exemption du droit de dixme qu'ils avoient, en quelque autre droit utile, ni se réserver eux-mêmes la dixme.

Quand il s'agit de dixmes inféodées, possédées même par des corps ecclésiastiques, l'exemption n'a plus lieu en faveur de l'ordre, & il est obligé de les payer. C'est ce que fait encore remarquer l'auteur de la collection de jurisprudence, d'après un arrêt du grand-conseil du 3 mars 1741, qui l'a ainsi formellement jugé en faveur du chapitre de saint Quiriace de Provins, contre l'abbaye de Vauluisant. Le fermier de cette abbaye a été en même temps condamné, par cet arrêt, est-il dit, à payer au curé de Chenestron les dixmes de lainage & de charnage que l'abbaye soutenoit ne pouvoir être exigées de ce fermier.

Anciennement tous les particuliers laïques, qui étoient attachés aux monastères de l'ordre, tels que les domestiques, les fermiers, les emphytéotes ou tenanciers de l'abbaye, étoient sous la jurisdiction spirituelle des supérieurs de cette abbaye. Ces religieux leur conféroient même jusqu'aux sacremens de baptême & de mariage. Cette espèce de privilège leur avoit été confirmé par une bulle de 1257, laquelle depuis avoit été autorisée par des lettres-patentes de 1711 & de 1719. Mais le clergé de France, ayant réclamé contre l'enregistrement de ces lettres-patentes annoncées, comme obreptices & subreptices, il intervint un arrêt du conseil d'état, le 19 mai 1747, par lequel il fut dit que ces mêmes lettres seroient rapportées; & qu'en attendant que la matière fût plus particulièrement examinée, la bulle de 1257 n'auroit d'effet qu'à l'égard des personnes demeurant dans l'enclos des monastères de l'ordre, sans qu'on pût néanmoins leur administrer les sacremens de baptême & de mariage.

Il y a pourtant des lieux où les religieux de Cîteaux sont en possession d'exercer les fonctions de curés, & ces lieux sont regardés comme des paroisses en titre de bénéfice. Le sieur de Roquête s'imagina pouvoir posséder un de ces bénéfices : il se fit pourvoir d'une cure attachée à l'abbaye de la Bussière, sous prétexte qu'il n'y avoit point de titulaire : l'ordre de Cîteaux réclama contre cette démarche, &, par arrêt du grand-conseil du 14 septembre 1722, il fut dit que la cure continueroit d'être desservie par un des religieux de l'abbaye, quoiqu'il ne fût point titulaire. Denisart observe qu'il y a deux autres jugemens dans la même espèce rendus les 9 mars 1714 & 19 mars 1736, l'un en faveur de l'abbaye de Charlieu, contre le curé de Bequelai, & l'autre pour les religieux de Mortemer, contre le curé de Lions.

On a vu à l'article Bénédictin que ces religieux ne pouvoient point posséder de bénéfices de l'ordre de Cîteaux, quoique la règle de saint Benoît soit la base de l'un & de l'autre institut. Par la même raison, les *bernardins* n'en peuvent point posséder de l'ordre de Cluni, ou de la congrégation de saint Maur, qu'il n'y ait auparavant une translation expresse du religieux d'un ordre à l'autre. C'est ce qui a été formellement jugé par un arrêt du 7 février 1735, pour un clunifte, contre un religieux de Cîteaux, à l'occasion du prieuré de Longpont.

Bernardins, ce sont d'autres religieux différens de ceux de l'ordre de Cîteaux, dont nous venons de parler. Leur congrégation est connue sous le nom d'un saint Bernard, qui n'est pas le même que celui qui a illustré l'abbaye de Clairvaux. Ce fut Martin Vasga, moine, à la vérité, de l'ordre de Cîteaux, qui forma, en 1425, cette congrégation au mont Sion, proche de Tolède en Espagne; mais quoique cette congrégation ait embrassé le premier esprit de la règle de Cîteaux, les religieux de cet ordre n'ont rien de commun avec les autres.

BERNARDINES, f. f. (*Droit ecclésiastique.*) ce sont des religieuses instituées par des moines de l'ordre de Cîteaux. Leur chef-lieu est l'abbaye du Tard de la ville de Dijon. Leur régime est à-peu-près le même que celui de l'ordre, auquel elles sont affiliées. Anciennement elles tenoient des chapitres généraux comme les tiennent encore les religieux de Cîteaux; mais plusieurs inconvéniens ont fait cesser ces chapitres. L'abbesse du Tard étoit à l'égard des autres religieuses de l'ordre, ce qu'est l'abbé de Cîteaux, à l'égard des religieux qui dépendent de lui.

Ces religieuses sont sous la jurisdiction spirituelle & temporelle des moines de Cîteaux. Un arrêt du grand-conseil, du 14 août 1750, fait défense aux abbesses & supérieures de cet ordre, de faire aucun emprunt sans délibération préalable de la communauté capitulairement assemblée, & sans l'autorisation des supérieurs majeurs. Elles ont pour confesseurs des religieux de Cîteaux, lesquels n'ont pas besoin de l'approbation de l'évêque diocésain, pour remplir cette commission. Mais pour l'examen des religieuses novices, c'est à l'évêque qu'il appartient : les prélats ont été maintenus dans ce droit, malgré tous les privilèges de l'ordre de Cîteaux.

Les abbesses de cet ordre sont sous l'autorité de l'abbé général de Cîteaux; il a droit de les bénir ou de commettre un autre abbé pour cette bénédiction, lors de laquelle chaque abbesse promet particulièrement l'obéissance à l'abbé chef. Les abbesses ont une autorité particulière dans leur monastère. Un arrêt du grand-conseil, du 10 juillet 1702, a jugé qu'elles ont droit d'instituer & de destituer les officières de l'abbaye; & cet arrêt déclare en même temps abusive une élection faite de ces officières par les religieuses de la communauté. Le même tribunal a jugé, par cet arrêt, que lorsqu'il y auroit des demandes concernant la clôture & l'exécution des autres clauses d'un bref d'Alexandre VII, rendu pour les religieuses de cet ordre, ces demandes seroient portées devant l'abbé général de Cîteaux.

Les *bernardines* jouissent des mêmes privilèges & des même exemptions que les religieux de Cîteaux. Elles ont leurs causes commises au grand-conseil; elles ne paient point de dixmes. Un arrêt de ce tribunal a jugé, le 29 mars 1742, que les religieuses de l'abbaye de Clavas ne devoient pas la dixme du quart qu'elles prenoient dans la récolte de leurs terres, cultivées par des colons partiaires dans la paroisse de Riotort : cet arrêt a été rendu contre les ci-devant jésuites de Tournon & du Puy.

BERRI, f. m. (*Droit public.*) province de France, située au centre du royaume, dont Bourges est la capitale. Elle dépend tout entière, pour le spirituel, de l'archevêque de Bourges; pour les finances, des généralités d'Orléans & de *Berri;* elle ressortit, pour les affaires civiles, au parlement de Paris. Elle forme un grand bailliage, divisé en six bailliages particuliers, où la justice se rend conformément à une coutume particulière, rédigée en 1539.

On y compte, pour le gouvernement militaire, un gouverneur général, qui est aujourd'hui M. le prince de Conti, un lieutenant général pour le roi, & deux lieutenans de roi de la province, l'un pour le haut & l'autre pour le bas *Berri.* Il y a un prévôt général & trois lieutenans de maréchaussée.

Bourges, capitale de la province, est le siège d'un gouverneur particulier, qui est en même temps gouverneur général & grand bailli, d'un archevêché, d'une intendance, d'un bailliage & présidial, d'un bureau des finances, d'une élection, d'un grenier à sel, d'une maîtrise particulière des eaux & forêts, d'un corps de ville.

L'archevêque a pour suffragant les évêques de Clermont, de Saint-Flour, du Puy, de Tulle & de Limoges; il prend la qualité de patriarche & de primat des Aquitaines: cette dernière lui est disputée par l'archevêque de Bordeaux. Au surplus, l'archevêque de Bourges n'exerce réellement les droits de primatie, que sur son diocèse & sur les évêchés de ses suffragans. Il prétend avoir le droit de l'exercer sur la métropole & les suffragans d'Albi, & d'après tous les auteurs, nous l'avons dit, sous le mot ARCHEVÊCHÉ. Mais depuis nous avons appris de D. Turpin, savant bénédictin, qui travaille depuis long-temps à rassembler les matériaux de l'histoire du *Berri*, que cette prétention n'est pas fondée, & qu'il n'y a de véritable primat en France que l'archevêque de Lyon, dont la primatie a été confirmée par arrêt du conseil du 12 mars 1702, sur les métropoles de Paris, Sens & Tours. Les autres prélats du royaume qui jouissent de la qualité de primat, n'y joignent aucun exercice, ou il ne s'étend que sur leurs diocèses. *Voyez* BOURGES.

BESIALLE, adj. (*terme de Coutume.*) celle d'Acqs donne ce nom aux terres & landes, communes à plusieurs particuliers, dont chacun néanmoins possède une portion divisée, mais contigué l'une à l'autre.

Ainsi un *champ besialle* n'est pas possédé indivisément par tous ceux qui y ont droit, mais chaque propriétaire possède sa part distincte & divisée, contiguë aux autres, & sans aucune séparation.

BESONCLE, f. m. BESANTE, f. f. (*Coutume de Bretagne, art. 592.*) ces mots désignent les *grands oncles* & les *grandes tantes.*

BESTIALITÉ, f. f. (*Droit criminel.*) c'est le crime d'un homme ou d'une femme qui a un commerce charnel avec une bête.

Les loix de l'exode & du lévitique ordonnent de faire mourir le coupable avec l'animal. Par notre jurisprudence, ce crime se punit par le feu; on y condamne le coupable & l'animal: on y jette même le procès, afin qu'il ne reste aucun vestige d'un délit abominable aux yeux de la nature & de la religion.

Le seul attentat, quoique le crime n'ait pas été accompli, est puni aussi rigoureusement, comme on le voit par un arrêt du parlement de Bordeaux, du 23 novembre 1528.

BESTIAUX, f. m. (*Jurisprudence.*) terme collectif qui s'emploie pour désigner les animaux domestiques, tels que les bœufs, les vaches, les brebis, les chèvres, *&c.* qui servent au labourage ou à la nourriture de l'homme.

On dit, dans la même acception, *bétail*, au singulier, & *bêtes* au plurier.

Suivant l'article 7 du titre 32 de l'ordonnance de 1667, les gardiens des *bestiaux* saisis ne peuvent les employer pour leur usage particulier, ni les donner à louage, sous peine d'être privés de leurs frais de garde & de nourriture, & d'être condamnés aux dommages & intérêts des parties. Et, suivant l'article 10, si les *bestiaux* saisis produisent d'eux-mêmes quelque profit ou revenu, le gardien doit en tenir compte à la partie sur laquelle ils ont été saisis, ou aux créanciers saisissans.

Ces deux articles ont remédié à un fort grand abus qui avoit lieu auparavant. On voyoit alors communément les gardiens louer les chevaux saisis dont la garde leur étoit commise, prendre les veaux & les agneaux, & en appliquer le produit à leur profit sans même aucune imputation de ce profit illicite sur leurs frais de garde. C'est à quoi l'ordonnance a voulu pourvoir. Les gardiens, en leur qualité de dépositaires, sont comptables à la justice, non-seulement de la chose, mais encore des fruits que cette chose peut produire. C'est pourquoi, ou les choses saisies produisent par elles-mêmes quelque profit ou revenu, ou elles n'en produisent point. Dans le premier cas, comme s'il s'agit de brebis ou de vaches qui rendent journellement du lait, qui produisent des veaux ou des agneaux, le gardien doit en tenir compte, soit aux créanciers saisissans, soit à la partie saisie. Si les choses saisies ne produisent par elles-mêmes aucun profit, si ce n'est en les louant ou en en faisant usage, comme si ce sont des chevaux ou des bœufs ou autres bêtes de somme, on ne peut, sans danger & sans de grands inconvéniens, permettre aux gardiens ou de les louer ou de s'en servir, même en tenant compte du profit. Aussi l'ordonnance a pris le sage parti de faire sur cela les plus expresses défenses aux gardiens; &, en cas de contravention, ils doivent non-seulement être privés de leurs frais de garde, mais encore condamnés aux dépens, ainsi qu'aux dommages & intérêts des parties.

Quoiqu'en général un créancier qui a un titre exécutoire, puisse faire saisir tous les effets de son débiteur pour se procurer son paiement, il y a néanmoins quelques exceptions à cette règle, par rapport aux saisies des *bestiaux* : l'une, inspirée par l'humanité même, consiste en ce que l'ordonnance veut qu'on laisse au débiteur une vache, trois brebis ou deux chèvres pour aider à soutenir sa vie, & un lit, ainsi que l'habit dont il se trouve couvert lors de la saisie-exécution. Cependant si la saisie se trouvoit faite par un créancier pour raison du prix de la vente de ces mêmes *bestiaux*, ou pour argent prêté à l'effet de les acheter, en ce cas, l'exception de la loi céderoit au privilège incontestable du créancier sur ces *bestiaux*, & l'on ne pourroit s'empêcher de les saisir & de les faire vendre pour payer le créancier.

Il y a une autre exception qui dérive de l'intérêt public. La culture des terres étant ce qui contribue le plus à faire fleurir un état, il est intéressant qu'elle ne soit point négligée. Or, rien ne seroit plus propre à la faire languir, que de permettre la saisie & la vente des bêtes & des instrumens qui servent au labourage. C'est pourquoi Charles VIII & les rois ses successeurs ont défendu de saisir ces sortes d'animaux & d'effets; ce qui reçoit toutefois quelques modifications; car ils peuvent être saisis, 1°. pour les deniers royaux, suivant une déclaration postérieure à l'ordonnance de 1667, à laquelle il a été dérogé sur ce point; 2°. pour le paiement des sommes dues, soit au vendeur de ces *bestiaux* ou ustensiles, soit à celui qui a prêté l'argent pour les acquérir; 3°. enfin pour le paiement des fermages dus, si le débiteur saisi n'est que fermier, attendu que tout ce qui garnit la ferme, est le gage du propriétaire, & lui répond spécialement du paiement de ses fermages.

Quoiqu'en général les *bestiaux* soient meubles, il y a quelques provinces où ceux qui sont destinés à l'exploitation & à la culture des terres & des fermes, sont fictivement réputés immeubles; ensorte que, dans le cas d'une saisie-réelle, on les comprend & on les vend avec les héritages. Il seroit à desirer qu'il en fût de même par-tout.

Lorsqu'on substitue une terre ou une ferme, on peut aussi substituer les animaux & ustensiles qui servent à la faire valoir : c'est ce qui résulte de l'article 6 du titre premier de l'ordonnance des substitutions du mois d'août 1747. Par la même loi, le grevé de substitution est dispensé de faire vendre les *bestiaux* & ustensiles substitués, & d'en faire emploi; mais il doit les faire estimer pour en rendre d'autres de pareille valeur après l'extinction du fidéicommis.

Suivant l'article 13 du titre 19 de l'ordonnance des eaux & forêts, il est expressément défendu aux habitans des paroisses & à tous autres ayant droit dans les forêts du roi ou dans celles des ecclésiastiques, communautés ou particuliers, d'y envoyer des chèvres ni des bêtes à laine, même dans les landes, bruyères & places vaines près de ces forêts, à peine de confiscation des bêtes, & de trois livres d'amende pour chacune; de dix livres d'amende contre les pâtres, pour la première fois; du fouet & du bannissement du ressort de la maîtrise, pour la seconde; &, contre les propriétaires ou pères de famille, de répondre des amendes prononcées contre ces pâtres.

Les bêtes qu'on trouve pâturant en délit dans les forêts du roi, doivent être confisquées au profit de sa majesté. Si elles ne peuvent être saisies, les propriétaires doivent être condamnés à vingt livres d'amende pour chaque cheval, bœuf ou vache; à cent sous pour chaque veau, & à trois livres pour chaque mouton ou brebis. Dans le cas de récidive, l'amende doit être du double, & pour la troisième fois, du quadruple, outre que les pâtres doivent être condamnés au bannissement. Telles sont les dispositions de l'article 10 du titre 32 de l'ordonnance des eaux & forêts. *Voyez* AMENDE.

Observez que ces mots, *si elles ne peuvent être saisies*, ne doivent point s'entendre des cas où des particuliers se seroient opposés à force ouverte à la saisie de leurs *bestiaux*; car alors ils n'en seroient pas quittes pour une simple amende, l'usage étant établi, dans toutes les maîtrises, même au conseil, de les traiter comme rebelles au roi & à la justice.

Les *bestiaux* saisis doivent être vendus au premier jour de marché, au plus offrant & dernier enchérisseur, pourvu que ce soit à leur juste valeur; & s'il arrivoit que, par le fait des propriétaires, il ne se trouvât point d'enchérisseurs, les procureurs du roi doivent en faire rapporter procès-verbal, & faire conduire les *bestiaux* aux marchés des villes où ils jugeront à propos pour le plus grand avantage de sa majesté. Telles sont les dispositions de l'article 11 du titre 32 de l'ordonnance des eaux & forêts.

Suivant une ordonnance de la voierie, du 23 août 1743, les pâtres doivent veiller à ce que les *bestiaux* ne broutent point les arbres plantés sur le bord des chemins, à peine de trente livres d'amende dont les propriétaires des *bestiaux* sont responsables.

Conformément aux arrêts du parlement de Paris des 8 mars 1653 & 4 juin 1658, les marchands bouchers peuvent envoyer pâturer leurs *bestiaux* dans les terres jachères après la moisson jusqu'au commencement d'avril. Il leur est pareillement permis de faire paître leur bétail dans les prés fauchés, depuis le mois de juillet jusqu'à la mi-mars, ainsi que dans les grands chemins & terres vagues.

Lorsque les *bestiaux* sont attaqués de quelque maladie contagieuse, le gouvernement prend des mesures pour arrêter les progrès du mal. Elles consistent, suivant les arrêts du conseil des 18 décembre

1774 & premier novembre 1775, à faire faire, dans les bourgs ou villages où l'on soupçonne des maladies contagieuses, la visite de tous les *bestiaux* par des artistes vétérinaires, des maréchaux & autres gens experts : après la clôture de leurs procès-verbaux, les bêtes reconnues malades doivent être tuées & enterrées avec leur cuir; le roi s'oblige, dans ce cas, de payer au propriétaire le tiers de la valeur à laquelle les *bestiaux* auront été estimés. Il est défendu aux propriétaires, à peine de cinq cens livres d'amende, de cacher & de celer leurs bêtes lors des visites; de conduire leurs *bestiaux* d'un lieu dans un autre, ou d'en transporter les peaux & les cuirs, ou autres matières capables de répandre la contagion, avant d'en avoir obtenu la permission par écrit des officiers qui commandent dans la province. *Voyez* ANIMAL, CHEPTEL.

BÉTAIL *lanu*, (*terme de Coutume.*) les coutumes locales de la province d'Auvergne appellent de ce nom les bêtes à laine. Ce mot vient visiblement du latin *lana* : d'où, par une légère addition, nous avons fait le mot *laine.*

BÊTES *à bandon*, *voyez ci-dessus* BANDON.

BÊTES *arans*, (*terme de Coutume.*) on désigne, par cette expression, les *bêtes* propres au labourage. Elle est en usage dans les coutumes locales d'Auvergne, & vient du mot latin *arare*, qui signifie *labourer.*

BÊTES *aumailles.* C'est le nom dont on se sert, dans plusieurs provinces, pour signifier les *bêtes* à corne, telles que les bœufs & les vaches.

BÊTES *emparchées.* La coutume de Bretagne, *art.* 418, se sert de ces mots pour exprimer les *bêtes* prises en dommage & conduites en *parchage*, c'est-à-dire, renfermées dans une maison pour y être gardées, jusqu'à ce que le dommage ait été payé, ou, qu'on ait donné caution de le payer.

BÊTES *enheudées*, (*terme de Coutume.*) cette expression vient du vieux mot *heudes*, qui signifie les fers avec lesquels on gêne les pieds de devant d'un cheval ou autre animal qu'on abandonne dans les pâtures libres, & que nous nommons *entraves.* La coutume de Bretagne se sert de ces mots anciens dans cette signification.

BÊTES *en son danger*, ancienne manière de parler, qu'on trouve dans la coutume de Tours, *art.* 205, pour exprimer les bestiaux qui font dommage dans l'héritage d'autrui.

BÊTES *exigées.* Ces mots signifient des *bêtes* prisées & estimées. La coutume de Bourbonnois, *art.* 553, se sert de cette expression en parlant des cheptels de bestiaux dont on ne confie la garde à un fermier qu'après une estimation ou prisée : elle appelle *bêtes exigées*, celles dont l'estimation a été faite. *Voyez* CHEPTEL.

BÊTES *rouges.* La coutume de Hainaut, *chap.* 104, donne ce nom aux cerfs & aux biches.

BEY *ou* BEG, f. m. (*Droit politique.*) ce mot est en usage dans l'empire turc où il signifie le gouverneur d'un pays ou d'une ville.

Les Turcs écrivent *begh* ou *bek*, mais ils prononcent *bey* qui signifie proprement *seigneur* : & il s'applique en particulier au seigneur d'un étendard ou bannière qui est parmi eux la marque de celui qui commande dans quelque partie considérable d'une province, & qui a sous ses ordres un corps de spahis ou de cavalerie.

Chaque province de Turquie est divisée en sept sangiakis ou bannières, dont chacune qualifie un *bey.* Ces sept *beys* sont subordonnés à un commandant ou gouverneur général qui prend le titre de *beghiler* ou de *beglier-bey*, c'est-à-dire, de *seigneur des beys.*

Le prince ou le roi de Tunis, sur la côte d'Afrique, est nommé *le bey de Tunis*, & ce titre équivaut à celui de *dey*, qu'on donne au souverain d'Alger.

Dans cette dernière contrée, chaque province est gouvernée par un *bey* ou vice-roi que le dey établit & dépose à son gré, mais dont l'autorité est despotique dans son gouvernement. Il est assisté d'un corps de troupes qu'on lui envoie d'Alger, lorsqu'il va, dans la saison, recueillir le tribut des Arabes.

BEZIERS, (*Droit public.*) ville de France dans le bas Languedoc, dépendante de la généralité de Montpellier. Elle est le siège d'un évêché suffragant de Narbonne, d'un présidial, d'une viguerie : elle a le titre de vicomté.

Après la décadence de la maison de Charlemagne, la ville de *Beziers* a eu ses vicomtes particuliers qui possédoient en même temps les comtés de Carcassonne & de Nismes. Cette vicomté étoit dans la mouvance des comtes de Toulouse.

La ville de *Beziers* embrassa les opinions des Albigeois, & fut prise, en 1209, par l'armée des croisés, envoyée pour détruire ces hérétiques : elle passa entre les mains de Simon de Montfort, qui avoit obtenu la confiscation de Raimond, comte de Toulouse, fauteur & protecteur des Albigeois & de tous les seigneurs ou vassaux de son parti.

Amaulry, fils de Simon de Montfort, ainsi que le fils de Raimond Roger, sur lequel *Beziers* avoit été prise, cédèrent leurs droits sur cette ville à Louis VIII & à S. Louis : &, à ce moyen, les comtés de *Beziers*, de Carcassonne, d'Alby & de Nismes ont été entièrement réunis à la couronne en 1247.

B I

BIAHORES, (*terme de Coutume.*) on le trouve dans celle d'Acqs, *chap.* 16, dans le sens de *saisie* & de *main-mise.* La coutume de Béarn contient une disposition pareille à celle d'Acqs, & se sert de ce mot dans la même signification.

Le *biahores*, dans ces provinces, est semblable au *haro* de Normandie. Il se dit proprement du cri par lequel celui qui est volé ou outragé, ou même toute autre personne qui a vu commettre un crime, appellent le peuple ou la commune pour poursuivre & prendre le criminel.

BIAN, s. m. (*terme de Coutume.*) il est en usage dans celles d'Anjou, de Poitou, d'Angoumois & de S. Jean d'Angely, dans lesquelles il signifie un droit de corvée que peut exiger le seigneur de ceux qui possèdent des héritages dans sa directe, ou qui sont domiciliés dans l'étendue de son fief. Le *bian* est à-peu-près la même chose que ce que la coutume de la Marche appelle *ban* & *arban*. *Voyez* BAN, ARBAN, CORVÉE.

BIBLIOTHÈQUE, s. f. (*Jurisprudence.*) lieu où l'on tient un grand nombre de livres rangés sur des tablettes ou dans des armoires.

On appelle aussi *bibliothèque*, la collection même des livres.

Avant l'invention de l'art de l'imprimerie, il n'y avoit guère que des gens puissamment riches qui fussent en état d'avoir des *bibliothèques* formées de plusieurs livres différens. Tout étoit en manuscrits, & ces manuscrits coûtoient cher à ceux qui se les procuroient.

Les livres concernant la religion & la politique n'étoient pas, comme aujourd'hui, entre les mains de tout le monde : les souverains les tenoient en dépôt dans leur *bibliothèque ;* il falloit s'adresser à eux, suivant la remarque du père Thomassin, pour avoir des extraits sur les points qui régloient le dogme ou la morale ; aussi le soin des *bibliothèques* n'étoit-il confié qu'à des gens d'une probité reconnue, de crainte qu'on ne se permît d'altérer les livres.

On connoît à Rome la fameuse *bibliothèque* du Vatican. C'est-là que sont en dépôt les livres sacrés dont l'imprimerie a répandu tant d'éditions. Ces éditions ne sont approuvées qu'autant qu'elles sont conformes aux manuscrits que cette *bibliothèque* renferme.

La *bibliothèque* du roi à Paris est sans contredit une des plus belles de l'Europe. On l'ouvre au public les mardis & les vendredis, depuis huit heures jusqu'à midi. Elle a commencé à se former sous François I. Ce prince, par une déclaration du 8 décembre 1536, donnée pour la restauration des lettres dans ses états, commença par défendre d'envoyer hors du pays *aucun livre ou cahier*, sans en avoir remis un exemplaire entre les mains de son aumônier ordinaire, garde de sa *librairie* au château de Blois.

Un arrêt du parlement du 30 mars 1623 fit défenses de vendre aucun livre imprimé avec privilège, qu'il n'en eût été remis auparavant deux exemplaires à la *bibliothèque* du roi, & le procureur général fut autorisé à faire saisir, dans tous les magasins, les livres dont les deux exemplaires n'auroient pas été remis.

Un arrêt du conseil du 19 mars 1642 fit les mêmes défenses, & exigea un certificat du garde de la *bibliothèque* du roi, à peine de mille livres d'amende.

Comme, en 1695, il s'étoit débité beaucoup de livres sans qu'on eût fourni les exemplaires accoutumés, il fut ordonné, par un arrêt du conseil du 29 mai de la même année, que les exemplaires qui étoient à fournir, seroient remis dans un temps préfix.

Un autre arrêt du conseil du 31 janvier 1685, à-peu-près semblable, ajouta qu'on feroit saisir & vendre, au profit de l'hôpital général des villes, les livres qui se trouveroient exposés en vente, avant que les exemplaires exigés eussent été remis : la contravention emportoit même une amende de quinze cens livres ; & il étoit enjoint aux syndics de la librairie de délivrer les exemplaires des ouvrages qui seroient imprimés dans la suite, à peine d'y être contraints comme pour affaires du roi.

Le 21 mai 1698, il y eut un ordre de M. de Ponchartrain, secrétaire d'état, portant que, quand on visiteroit les livres à la chambre syndicale, on en retiendroit trois exemplaires pour le roi, même des ouvrages imprimés dans les provinces.

Un arrêt du conseil du 11 octobre 1720 ordonna que les auteurs, libraires & graveurs qui avoient obtenu des privilèges ou permissions pour leurs ouvrages, & qui n'avoient pas fourni les exemplaires ordonnés, seroient tenus de les fournir dans un mois.

Tous ces différens réglemens ont été réunis dans un seul article qui est le cent-huitième du réglement du mois de février 1723.

Par l'article 113 du même réglement, il avoit été défendu aux huissiers-priseurs de s'immiscer dans aucune prisée & description de livres : & il avoit été ordonné que ces opérations seroient faites par deux libraires, lorsqu'ils en seroient requis par les parties intéressées, & que l'inventaire, fait par les libraires, seroit annexé par les notaires à l'inventaire du mobilier de toute autre espèce.

Ces défenses avoient été levées par un arrêt du conseil du 14 juillet 1747 ; mais les choses ont été rétablies sur l'ancien pied par les articles 15, 16 & 17 du réglement contenu dans l'arrêt du conseil du 30 août 1777.

L'article 115 du réglement de 1723 défend à tout particulier de faire publiquement, par affiches & en détail, aucune vente volontaire de *bibliothèques* ou cabinets de livres, sous quelque prétexte que ce soit. Il faut qu'avant qu'il en puisse disposer, il y ait eu une visite faite des livres par le syndic & les adjoints des libraires, & une permission du lieutenant civil & du lieutenant de police pour les ventes contentieuses, & simplement du lieutenant de police pour les ventes volontaires : c'est ce qui résulte d'une déclaration du 5 septembre 1711.

Lorsqu'il s'agit de la vente de la *bibliothèque* d'une personne décédée, le syndic & les adjoints de la librairie doivent être appellés, aux termes de l'article 116 du même réglement, pour en faire la visite ; après cette visite, ces officiers donnent leur certificat sur lequel intervient une permission du lieutenant général de police pour faire la vente ; si, lors de la visite, le syndic & les adjoints trouvoient des livres défendus, ou imprimés sans permission, ils seroient obligés d'en faire un état particulier pour le faire passer au lieutenant général de police, & de-là à M. le garde des sceaux. Cependant les livres demeurent toujours entre les mains des parties intéressées qui s'en chargent par le double état qu'on en dresse. Il est défendu à tout libraire de faire l'achat de ces *bibliothèques*, s'il ne lui est justifié du certificat de visite, à peine de cinq cens livres d'amende & d'interdiction pour six mois. L'exécution de cet article doit avoir lieu, même dans les endroits privilégiés de Paris, dans la ville, dans les fauxbourgs & dans le ressort des justices particulières & seigneuriales, sans que, sous aucun prétexte, il puisse être fait de vente de livres par la permission d'autres juges que du lieutenant général de police.

Un arrêt du conseil d'état du 24 novembre 1742 a renouvellé les dispositions de l'article 116 du réglement dont nous venons de parler; l'article 117 ajoute que la visite dont il s'agit, sera faite par deux des syndic & adjoints, & que, pour cette opération, il sera payé six livres à chacun d'eux.

L'article 118 porte que, lorsque des libraires auront acheté en compagnie une *bibliothèque* (après toutefois la visite ordonnée), ils la feront transporter tout de suite dans la chambre de la communauté pour faire entre eux, & en présence du syndic & des adjoints, le partage des livres, & que le temps de ce partage ne pourra excéder l'espace de huit jours, quelque nombreuse que soit la *bibliothèque*, avec défense d'en vendre aucun livre pendant ce temps-là, sous quelque prétexte que ce soit. Et, après le partage fait, les libraires ne peuvent vendre ailleurs que dans leurs maisons, les livres achetés, à peine de confiscation & de quinze cens livres d'amende. Cette dernière disposition est tirée de l'article 119 du même réglement.

Voici, en fait de *bibliothèque*, une anecdote qui peut trouver place ici. Un religieux de l'abbaye de S. Nicolas avoit acquis, par ses épargnes, une *bibliothèque* qui ne laissoit pas d'être considérable. Ce religieux, bien persuadé qu'il étoit le maître d'en disposer, jugea à propos d'en faire un legs par testament à un de ses amis. Lorsqu'il fut question de la délivrance, la communauté où étoit mort ce religieux, ne manqua pas de s'y opposer, sous prétexte que tout ce qui étoit le fruit du pécule d'un homme qui avoit fait des vœux en religion, revenoit nécessairement à la communauté dont il avoit été membre. Ceci donna lieu à une contestation sérieuse au parlement de Paris; mais, par arrêt du 15 mai 1587, il y fut décidé que le légataire obtiendroit la délivrance de la *bibliothèque*. Ce genre de pécule fut considéré comme méritant une attention particulière, & l'on jugea par-là que les ouvrages d'esprit n'avoient rien de commun avec les autres biens temporels.

Lorsqu'un père décède, sa *bibliothèque* appartient à l'aîné de ses enfans mâles, s'il veut payer aux autres enfans ce qui peut leur en revenir pour leur part, suivant une estimation. Entre collatéraux, elle se licite, si l'on ne peut la partager sans lui faire perdre de son prix.

Une question est de savoir si l'on peut faire saisir pour dette la *bibliothèque* d'un homme public, tel qu'un magistrat, un jurisconsulte, un médecin. La négative sembleroit ne devoir souffrir aucune difficulté. Il y a apparence que cette question fut agitée lors de la rédaction de l'ordonnance de 1667. Mais comme, dans ce temps-là, on ne fit d'exception que pour les ecclésiastiques en faveur desquels il fut dit, par l'article 15 du titre 33 de cette ordonnance, qu'on laisseroit des livres à ceux qui seroient constitués dans les ordres sacrés pour la somme de cent cinquante livres, il résulte que le législateur n'ayant point parlé des magistrats, des jurisconsultes & des médecins qui étoient connus dans ces temps-là comme aujourd'hui, ils ne sont point exceptés de la règle générale.

En Lorraine, les gens de lettres jouissent du privilège accordé, en France, aux ecclésiastiques, en vertu de l'ordonnance du duc Léopold, de 1707, *tit. 17, art. 15*.

Pour ce qui est des manuscrits des auteurs, de ces manuscrits qui n'ont point encore été publiés, on ne doit pas les saisir. Ils appartiennent même, dans une succession, au plus ancien des héritiers mâles du nom du défunt. On ne regarde pas des manuscrits comme un bien qui doive suivre la loi ordinaire des successions : ils participent de la nature des droits honorifiques qui se défèrent à celui des héritiers auquel ils sont jugés le plus naturellement convenir.

La *bibliothèque* du roi est régie par des règles particulières dont il est inutile que nous rendions compte; nous nous contenterons aussi d'annoncer que le conseil a donné un réglement, le 24 mars 1775, pour la *bibliothèque* du collège de la Flèche. Cette loi peut servir à régler d'autres établissemens semblables.

BICHE, s. f. (*Eaux & Forêts.*) c'est la femelle du cerf. Les ordonnances de 1600, 1601 & 1669 réservent au roi la chasse du cerf, de la *biche* & du faon : elle est interdite à toute autre personne, à moins d'une permission expresse, à peine de deux cens livres d'amende pour la première fois, & de cinq cens, en cas de récidive. *Voyez* CERF, CHASSE.

BIEF, s. m. (*Eaux & Forêts.*) ce mot est employé pour signifier le canal qui sert à recevoir & à conduire l'eau nécessaire pour faire mouvoir un moulin.

Le propriétaire du moulin est censé propriétaire du canal qui y conduit l'eau : quand même, dans la vente du moulin, il ne seroit point parlé nommément de ce canal, l'acquisition de l'un emporteroit celle de l'autre comme d'une dépendance nécessaire. Cependant, pour avoir un droit de propriété attaché à ce canal, il faut qu'il soit fait de main d'homme; car si ce canal n'est qu'un ruisseau formé naturellement par le cours de l'eau, le propriétaire du moulin n'a que l'usage ordinaire de ce ruisseau sans pouvoir y rien innover au préjudice d'autrui. Il y a encore cette différence entre un canal naturel & un canal fait de main d'homme, que lorsque le canal est naturel, rien n'empêche que les riverains n'y puissent faire de légères ouvertures pour arroser leurs héritages, pourvu qu'il reste suffisamment d'eau pour les moulins & pour les autres héritages inférieurs; car un particulier ne peut pas disposer de l'eau d'un ruisseau comme il disposeroit de celle d'une source qui seroit dans son fonds; il n'a que l'usage de ce ruisseau concurremment avec les autres voisins. Quand le canal est fait de main d'homme, il indique une propriété particulière, & les riverains dès-lors n'y peuvent prendre d'eau sans un titre exprès: la simple possession de prendre de l'eau ne suffit point en pareil cas. C'est ce qui a été jugé, suivant que le fait remarquer Henrys, par deux arrêts, l'un du 13 décembre 1608, & l'autre du 15 juillet 1656.

Si le canal étoit pratiqué de main d'homme dans l'héritage d'autrui, le propriétaire de cet héritage pourroit-il regarder cet aqueduc comme une servitude & demander l'exhibition d'un titre? La négative ne doit pas souffrir de difficulté : le maître du canal seroit censé propriétaire du terrein même où il auroit été construit; & comme toute propriété peut s'acquérir par prescription, il suffiroit au maître de ce canal d'avoir en sa faveur une possession telle qu'elle est requise pour prescrire, pour que cette possession lui valût le titre le plus formel. Observez cependant que nous entendons parler d'un canal découvert, apparent & d'une certaine étendue; en un mot d'un canal tel qu'il soit plus naturel de l'attribuer à un droit de propriété qu'à une simple tolérance. *Voyez les articles* EAU, MOULIN, SERVITUDE.

BIENFAISANCE, f. f. BIENFAIT, f. m. BIENFAITEUR, f. m. (*Droit naturel & civil.*) la *bienfaisance* est une vertu qui nous porte à faire du bien à notre prochain. On appelle *bienfait* le service rendu à quelqu'un, & *bienfaiteur* ou *bienfaitrice*, celui ou celle qui le rendent.

Dieu, la nature & la raison nous invitent à faire du bien : Dieu, par son exemple & son essence, qui est la bonté : la nature, par le sentiment du plaisir qu'elle met dans l'ame de celui qui a obligé : la raison, par l'intérêt que nous devons prendre au sort des malheureux.

La *bienfaisance* ne consiste pas seulement dans les secours effectifs que l'on procure aux indigens, on n'est pas toujours à portée de leur rendre des services importans, les riches seroient seuls dans le cas de pratiquer cette vertu. Le droit naturel étend beaucoup plus loin l'obligation d'être bienfaisant, il l'impose à tous les hommes. Nous sommes tous dans le cas de témoigner de l'amitié aux infortunés, de compatir à leurs malheurs, de les aider par des conseils, d'adoucir par des manières obligeantes la rigueur de leur sort, de leur procurer des soulagemens par nos amis, nos parens, notre crédit. Mais il faut éviter avec soin que l'orgueil & l'ostentation ne corrompent les actes de *bienfaisance*.

Il nous suffit d'avoir indiqué ce que le droit naturel nous prescrit à cet égard, nous laissons aux moralistes le soin de développer les motifs pressans qui doivent engager tous les hommes à la pratique de cette vertu, & de cumuler les exemples de *bienfaisance* que l'histoire nous fournit, afin de persuader ces hommes durs & frivoles, qui passent leur vie dans une suite continuelle d'inaction, d'amusement, d'inutilité, de dépenses de luxe, & qui se croient à l'abri de tout reproche, parce qu'ils n'ont fait de tort à personne. O ames basses & insensibles! avez-vous oublié que la nature & la raison vous rendent coupables, non-seulement du mal que vous avez fait, mais encore de l'omission du bien que vous auriez pu faire!

Si d'un côté la loi naturelle oblige à la *bienfaisance*, cette même loi astreint aussi à la reconnoissance ceux qui ont reçu des services. L'ingratitude doit être regardée par les hommes comme un crime odieux, & elle l'est aussi aux yeux de la raison.

Les loix civiles n'en font pas un devoir, dont l'omission soit punie par une peine proportionnée au délit, néanmoins lorsque l'ingratitude est jointe à l'outrage, elles s'arment de sévérité contre l'ingrat, & elles ordonnent la révocation du *bienfait*.

Ainsi lorsque des enfans sont assez dénaturés pour méconnoître les obligations qu'ils doivent à ceux qui leur ont donné le jour, lorsqu'ils les abandonnent à l'indigence & à la douleur, la justice vient au secours de ceux-ci, en forçant les enfans de faire par devoir ce qu'ils auroient dû faire par sentiment & par affection. *Voyez* ALIMENT.

Elle est plus sévère contre les donataires qui refusent de se prêter aux besoins de ceux dont ils ont reçu des libéralités : elle les oblige, non-seulement de les secourir, mais même elle ordonne la révocation du *bienfait*, lorsque l'ingratitude est accompagnée de mépris, d'injure. *Voyez* DONATION.

C'est pour apprendre aux peuples la reconnoissance, que l'église recommande dans les prières publiques le roi, la reine, la famille royale, le souverain pontife, l'évêque, le patron, le seigneur haut-justicier; & qu'elle invite tous les fidèles à prier pour ceux qui la protègent, qui la gouvernent & qui la comblent de *bienfaits*.

BIENFAITEUR, f. m. BIENFAITRICE, f. f. (*Droit ecclésiastique.*) c'est le nom par lequel on désigne ceux qui ont fondé ou doté une église, soit paroissiale, soit conventuelle. Ces mots sont synonymes à ceux de *patron* & de *fondateur*. Les *bienfaiteurs* des églises, pris dans le sens dont nous parlons, jouissent, dans les églises de leur fondation, de plusieurs droits utiles & honorifiques. *Voyez* DROITS HONORIFIQUES, FONDATEUR, PATRON, PRIÈRES.

BIENS, f. m. (*Jurisprudence.*) le mot *bien*, dans notre droit françois, se dit en général de tout ce qui peut composer les richesses & la fortune des citoyens. Ce terme est relatif au mot latin *res*, *chose*, & il signifie le second objet du droit, dont les règles doivent s'appliquer aux personnes, aux choses & aux actions.

Nous ne prétendons pas expliquer sous ce mot toutes les loix, & déterminer les questions qui peuvent avoir rapport aux différentes espèces de *biens*, encore moins traiter des manières d'acquérir les *biens*. On trouvera les détails nécessaires sous chaque mot particulier, qui indique une espèce de *biens*; nous nous bornerons à donner les divisions ordinaires des *biens*.

Première division générale. Tous les *biens*, de quelque nature qu'on puisse les concevoir, se divisent en meubles & immeubles.

On appelle *biens meubles*, ceux qui peuvent se mouvoir ou être transportés d'un lieu dans un autre. Ainsi les meubles meublans d'une maison, soit de ville, soit de campagne, l'or, l'argent, les animaux domestiques, sont tous réputés meubles.

Les vaisseaux, les navires, les barques, les bateaux, & même les moulins sur bateaux sont des meubles, de quelque grandeur qu'ils soient, car ce n'est pas la grandeur ou la petitesse du volume, mais seulement la mobilité de la chose, qui lui donne la qualité de meuble.

Il est cependant nécessaire d'observer, à l'égard des moulins sur bateaux, qu'ils sont réputés immeubles, lorsqu'ils sont banaux, parce qu'alors ils sont censés faire partie de la seigneurie à laquelle est attaché le droit de banalité.

Il y a encore quelques exceptions au principe général que nous venons d'établir, & par lequel nous donnons le nom de *meubles* à toutes les choses qui peuvent se mouvoir ou se transporter.

La première a lieu par rapport aux meubles meublans d'une maison, que le propriétaire a fait mettre pour perpétuelle demeure, & qu'on ne peut enlever sans détériorer le fonds sur lequel ils sont attachés; ainsi les boiseries d'un appartement, les glaces, les marbres, les tableaux & peintures enchâssés, incrustés, scellés en plâtre, ou attachés avec des ferremens, sont réputés faire partie de la maison, & sont compris dans la classe des immeubles.

2°. Les pressoirs, les cuves, les tonnes, qu'on ne peut transporter sans les mettre en pièces ou sans agrandir les portes, ainsi que tous les ustensiles qui en dépendent, sont censés faire partie des héritages auxquels ils sont attachés, & sont regardés comme immeubles.

3°. L'artillerie d'un château, l'horloge placée dans une tour, les vases sacrés & les ornemens d'une chapelle, font partie de la terre, & participent à la qualité d'immeubles.

Il faut aussi établir une distinction entre les animaux, car tous ne sont pas réputés meubles. Les animaux familiers & domestiques, tels que les bestiaux & la volaille, sont toujours meubles; mais il n'en est pas de même des animaux d'un naturel sauvage, & qu'on laisse vivre dans leur liberté naturelle: ainsi les lapins d'une garenne, les pigeons d'un colombier, les poissons d'un étang sont immeubles de la même manière que le terrein dans lequel ils sont renfermés, mais les poissons pêchés de l'étang & mis dans un réservoir sont meubles: les abeilles, quoique d'un naturel sauvage, sont meubles; car outre leur mobilité naturelle, elles font partie de la ruche qui les contient, & qui elle-même est meuble.

Les nègres des colonies françoises, suivant la déclaration de 1685, sont immeubles lorsqu'ils sont destinés à la culture de la terre, & meubles lorsqu'ils sont destinés au service personnel des maîtres, en qualité de domestiques.

Les fruits des héritages ne sont réputés meubles qu'après qu'ils en ont été séparés par la récolte.

Il est bon d'observer qu'il y a de la différence entre les coutumes, pour la désignation des *biens* meubles ou immeubles; c'est pourquoi dans les questions qui se présentent sur cet objet, il faut consulter la loi territoriale du pays. *Voyez* MEUBLES.

On appelle *biens immeubles*, les fonds & héritages, comme prés, vignes, terres, bois, étangs, édifices & tout ce qui en dépend essentiellement, comme les fruits pendans par les racines, les arbres, les clôtures, *&c.*

Dans le pays coutumier en général, les rentes constituées à prix d'argent, soit perpétuelles, soit viagères, sont réputées immeubles: il y a cependant quelques coutumes qui les regardent comme meubles, telles sont celles de Vitri, Troyes, Rheims, Chauny, Bourgogne, Artois & Lorraine; quelques autres, telles que Senlis & Amiens, les réputent meubles, jusqu'à ce que le contrat en ait été saisi ou ensaisiné: dans les coutumes de Montfort & de Mantes, elles ne sont immeubles que quand elles sont spécialement assignées sur des héritages.

Les offices vénaux, par lesquels on entend ceux de judicature & de finance, ceux des notaires, procureurs & huissiers, les offices domaniaux, tels que les greffes & les privilèges de perruquier, sont mis dans la classe des immeubles.

Seconde division générale des biens. Les *biens*, soit meubles, soit immeubles, se divisent encore en corporels & incorporels. Les corporels sont tous ceux dont nous venons de parler. On appelle *biens incorporels*, les droits qui nous appartiennent. En effet, quoique les droits incorporels ne soient par leur nature ni meubles ni immeubles, puisqu'ils ne peuvent tomber sous les sens, on les rapporte cependant à l'une ou l'autre des deux classes, suivant les divers rapports qu'ils ont avec les meubles ou les immeubles.

Les *biens* meubles incorporels sont les droits que nous avons sur des objets mobiliers en vertu de contrats, de promesses, d'obligations, de billets: les actions auxquelles ces droits donnent lieu sont aussi de la même nature, suivant la maxime, *omnis actio ad consequendum mobile, est mobilis.*

Les immeubles incorporels sont les droits de seigneurie, de justice, de cens, terrage, dixme, banalité, corvée, *&c.* les facultés de rachat, de retrait lignager, *&c.* ainsi que les actions qui en naissent, parce qu'elles tendent à l'acquisition d'un immeuble.

Le règle générale pour distinguer les droits incorporels mobiliers d'avec les immobiliers, consiste à faire attention, non à la cause de la dette, mais à l'objet qui est dû; car c'est ce qui doit résulter de l'action & non la cause même de l'action, qui la rend meuble ou immeuble. Ainsi le droit de réméré est immeuble, parce que son objet est l'acquisition d'un immeuble; au contraire la créance d'un héritage vendu est meuble, malgré l'hypothèque qui l'accompagne, & que le vendeur conserve sur l'héritage vendu, parce que l'hypothèque ne change pas la nature de l'action. *Voyez* CORPOREL & INCORPOREL.

Troisième division générale. On distingue encore les *biens* meubles & immeubles, en fictifs & réels: pour reconnoître les réels d'avec les fictifs, il suffit d'expliquer ce qu'on entend par meuble ou immeuble fictif.

On appelle *meubles fictifs* des *biens* immeubles de leur nature, que la convention des parties fait regarder ensuite comme mobiliers dans les familles. Ces sortes de conventions ne peuvent avoir lieu que dans les contrats de mariage & s'appellent *ameublissement.* Leur effet est de faire entrer en communauté un objet qui, par sa nature, seroit demeuré propre au conjoint qui l'ameublit, & lui donne, quoique immeuble, la qualité & les effets d'un meuble. *Voyez* AMEUBLISSEMENT.

On place ordinairement les rentes & les offices au rang des immeubles fictifs; mais ce nom se donne principalement aux *biens* meubles par leur nature, qu'une fiction contraire à celle dont nous venons de parler, fait participer à la qualité d'immeubles & rend propres de communauté. *Voyez* PROPRES, COMMUNAUTÉ.

Première division des biens immeubles. On distingue les immeubles en *biens* de ville & *biens* de campagne; les *biens* de ville sont les maisons situées dans les villes.

Les *biens* de campagne sont les rentes seigneuriales, les champarts, les dixmes inféodées, les vignes, les terres labourées, les prés, les bois, les plants, *&c. Voyez* MAISON, CHAMPART, RENTE, TERRES LABOURABLES, VIGNES, PRÉS.

Seconde division des immeubles. Ces *biens* sont ou propres ou acquêts.

On appelle *biens propres* ceux qui nous viennent à titre gratuit de quelques-uns de nos parens qui les possédoient avant nous. Mais il faut distinguer ceux qui nous viennent en ligne directe, de ceux qui nous arrivent en ligne collatérale.

Tous les immeubles qui passent des père & mère aux enfans, soit à titre successif, soit à titre de donation, sont dans leur patrimoine *biens propres héréditaires*: à l'égard de ceux qui nous viennent en ligne collatérale, on ne regarde comme *propres* que les immeubles échus à titre successif, les *biens* donnés ne prennent pas cette qualité. *Voyez* PROPRES.

Acquêts se dit de tous les *biens* qui ne sont pas propres, & c'est le nom qu'on donne à tous ceux dont nous ne sommes redevables qu'à nos travaux, à notre industrie, ou à la libéralité d'autrui. *Voyez* ACQUÊTS.

Troisième division des immeubles. On distingue, dans notre droit, les immeubles en nobles & roturiers. On appelle *biens nobles* les fiefs, qui ne pouvoient être anciennement possédés que par des nobles, & qui ne sont chargés envers le seigneur dominant, ou envers le souverain, que d'une prestation de fidélité; qu'on appelle aujourd'hui *foi & hommage. Voyez* FIEF, AINÉ.

Les *biens* roturiers sont ceux qui sont chargés de cens, rentes, droits & devoirs seigneuriaux. Les propriétaires de ces *biens* n'en ont que le domaine utile, le domaine direct en appartient toujours aux seigneurs dont ils dépendent. Ces *biens* sont chargés de conditions plus onéreuses les uns que les autres, suivant la diversité des coutumes où ils sont situés. *Voyez* CENS, SERF, MORTAILLABLE.

Quatrième division générale des biens par rapport aux pays de droit écrit. On y divise les *biens* en adventices & profectices. Les *biens* adventices sont ceux qui procèdent d'ailleurs que de la succession des père & mère, ou autres ascendans: les profectices sont ceux qui viennent d'une succession directe. *Voyez* ADVENTICE & PROFECTICE.

Par rapport aux femmes, on distingue, dans les pays de droit écrit & dans quelques coutumes, leurs *biens* en *dotaux* & *paraphernaux.*

Les *biens* dotaux sont ceux que la femme apporte à son mari lors de son mariage, soit qu'ils lui soient donnés par d'autres, ou qu'elle-même se les constitue en dot. Le mari a la libre administration de ces *biens;* mais ni lui ni sa femme ne peuvent les aliéner. *Voyez* DOT, FEMME, MARI.

Les *biens* paraphernaux sont ceux que la femme n'a pas voulu comprendre dans ses *biens* dotaux, & dont elle s'est réservé l'administration. Ce mot vient du grec & veut dire, *hors de dot, extra dotem.* Les anciens Gaulois connoissoient cette espèce de *biens*, elle formoit le pécule particulier de la femme, & elle étoit maîtresse d'en disposer. *Voyez* PARAPHERNAUX.

Pour ce qui concerne les *biens* du domaine ou de la couronne, *voyez* DOMAINE, DOMANIAL, APANAGE; ceux des communautés d'habitans, *les mots* COMMUNE, HABITANS; & sur les *biens* ecclésiastiques, *les mots* ÉGLISE, BÉNÉFICE, FABRIQUE, ABBÉ.

On appelle *biens de fugitifs*, les *biens* d'un homme qui se sauve pour crime, & qui, après sa fuite duement prouvée & constatée, appartiennent au roi, ou aux seigneurs haut-justiciers. *Voyez* FUGITIF.

Biens vacans, sont ceux qui sont abandonnés, soit parce que les héritiers y renoncent, ou parce que le défunt n'a point d'héritiers. *Voyez* VACANS.

BIENSÉANCE, s. f. (*Droit naturel, politique & civil.*) suivant le droit naturel, on appelle *bienséance* la conformité d'une action avec les temps, les lieux, les personnes & les mœurs. Manquer aux *bienséances* expose toujours au ridicule, & souvent ce défaut décèle un vice. L'attention pour observer les *bienséances* est absolument nécessaire; car il ne suffit pas d'avoir la vertu dans le cœur, il faut encore la rendre visible, & qu'elle répande sur nos actions une lumière suffisante, pour qu'elles ne soient ni équivoques, ni susceptibles d'interprétations sinistres.

Le grand art des *bienséances* consiste dans deux points: le premier de ne faire que ce qui porte avec soi un caractère distinct de droiture & de vertu: le second, de faire ce que la loi naturelle permet ou ordonne, de la manière & avec les réserves qu'elle prescrit. Le premier de ces deux points est la source des bons exemples; l'autre de l'honnêteté publique.

La *bienséance* en droit politique est la même chose que le droit de convenance, & elle consiste dans les arrangemens que les grandes puissances prennent entre elles pour éviter de troubler par la guerre le repos des nations, pour borner les prétentions d'un tiers, ordonner les cessions qu'il doit faire ou recevoir, fixer ses intérêts, & même sa conduite.

Le traité de partage de la monarchie espagnole, fait en 1700, pendant la vie de Charles II, par l'Angleterre & la Hollande avec Louis XIV, & sans la participation de l'empereur, étoit un véritable traité de *bienséance* & de convenance, par lequel l'Angleterre & la Hollande décidoient des prétentions & des titres des prétendans à la succession de Charles II, sans consulter les Espagnols & les parties intéressées, uniquement dans la vue d'empêcher une guerre qui paroissoit inévitable, & pour régler la portion de chaque héritier, non suivant la loi d'Espagne, mais par rapport à l'utilité générale de l'Europe, & à la balance qu'ils croyoient devoir y maintenir.

Le traité de la quadruple alliance de 1718, par lequel la France, l'empereur, l'Angleterre & la Hollande s'unirent pour régler le sort des duchés de Florence, de Parme & de Plaisance, est aussi un véritable traité de *bienséance*.

La czarine a fait un usage bien plus marqué du droit de *bienséance*, lorsqu'en 1733 elle envahit la Pologne, pour la forcer à recevoir un roi de sa main.

Nous pourrions rapporter plusieurs autres exemples du droit de *bienséance*, ou de convenance; mais ce que nous en avons dit suffit pour faire voir que ce droit n'est pas toujours conforme aux règles de la justice & de l'équité.

On appelle, dans quelques coutumes, *bienséance*, le droit qu'on a d'exercer, par préférence à d'autres parens, le retrait de la portion qu'un co-détenteur a vendue ou cédée à prix d'argent à un parent ou à un étranger. Ce retrait est appellé de *bienséance*, parce qu'il paroît naturel & convenable que celui qui a déjà une portion de la chose, puisse, s'il le juge à propos, retenir le surplus, en remboursant à l'acquéreur ce qu'il lui a coûté légitimement: au moyen de cette préférence, le retrayant évite un partage qui pourroit entraîner des discussions. L'article 272 de la coutume de la Marche semble adopter cette espèce de *bienséance*: après avoir parlé du droit de ceux qui exercent un retrait, elle ajoute: *sauf la prérogative des communs en tous biens.*

BIENTENANT, *terme de Palais*, synonyme à *possesseur* ou *détenteur*. *Voyez l'un & l'autre.* (*H*)

BIENVEILLANCE, s. f. (*Droit naturel.*) on peut définir la *bienveillance*, un desir de faire du bien, un sentiment par lequel nous sommes portés à nous vouloir du bien les uns aux autres.

On confond assez souvent, dans le langage ordinaire, le terme de *bienveillance* avec celui de *bienfaisance*; il y a cependant entre eux une très-grande différence: la *bienveillance* n'est proprement que le desir habituel de procurer le bien & l'avantage des autres: la bienfaisance se manifeste au dehors par des services effectivement rendus. La première est l'habitude de la vertu, la seconde en est la pratique.

La *bienveillance*, la bénéficence, la bienfaisance, l'humanité, l'amitié, la reconnoissance, l'amour du bien public sont différentes modifications de cette sympathie tendre par laquelle la nature nous lie les uns aux autres, & de cet intérêt généreux qu'elle nous inspire pour nos semblables.

Le bonheur de l'humanité, l'ordre dans la société, l'union dans les familles, les secours mutuels dans l'amitié, sont les doux fruits de la *bienveillance*, qui procurent également à celui qui pratique cette vertu le bonheur & la satisfaction intérieure.

BIENVENUE, s. f. (*Jurisprudence.*) ce mot s'emploie pour désigner la première fois qu'on arrive dans un endroit, ou qu'on est reçu dans quelque corps: il signifie aussi le droit qu'on est dans l'usage de payer en y entrant. La *bienvenue* se paie ordinairement en repas, en bougies, en jetons, *&c.*

Il y a des sociétés, des confrairies où cette espèce de droit est exigé sans qu'on puisse s'y soustraire; dans d'autres il est expressément défendu. Il est permis dans celles où l'on est entièrement maître d'admettre ou de rejetter les sujets qui se présentent, parce que quand on est maître de l'association, il est libre de ne l'accorder qu'à telles conditions que l'on juge à propos: lorsque ces associations sont autorisées par des lettres-patentes & que le droit exigé est porté par les statuts, ou qu'il est introduit par un usage fort ancien, qui ne renferme rien d'abusif, ceux qui le doivent peuvent être condamnés à le payer.

Dans les corps & communautés où il est de droit public que tous ceux qui ont les talens & les qualités requises pour y entrer, y soient admis, on ne peut exiger, des récipiendaires, autre chose que ce qui est porté par les statuts. Tout ce qu'on prétend au-delà par forme de *bienvenue*, dégénère en concussion; il y a plus, c'est que, quand même le récipiendaire se prêteroit volontairement à payer la *bienvenue*, ce qui lui est défendu, il ne seroit pas permis de recevoir ce qu'il voudroit donner.

Il y a une espèce de *bienvenue*, qu'on appelle *droit d'entrée* ou *de chapelle*, & qu'on fait payer dans quelques églises à l'avénement d'un titulaire à son bénéfice. Justinien, par sa novelle 123, défend de rien exiger à cette occasion. Le pape Urbain IV regarde un droit pareil, comme ayant trait à la simonie : il s'en explique dans l'extravagante commune *de simoniâ* de façon à le faire entiérement rejetter, à moins que ce que l'on donne en pareil cas, ne soit offert volontairement dans un esprit de charité, au profit de l'église.

Anciennement il étoit assez ordinaire qu'un chanoine ne pût entrer dans un chapitre sans donner un festin à ses confrères : Pie V, par une bulle de 1570, abolit cet usage, & défendit de rien donner sous ce prétexte. La congrégation des cardinaux modifia cette bulle en y ajoutant : *si ce n'est pour la fabrique ou autres usages pieux*, ce qui est conforme à l'esprit du concile de Trente.

Il y a quelques siéges épiscopaux où le prélat, lorsqu'il fait son entrée, est obligé de donner un repas aux ecclésiastiques & à la noblesse du diocèse qui lui fait les honneurs accoutumés; ces repas ne peuvent avoir trait à aucune simonie, puisque le bénéfice est déjà acquis au prélat. Les évêques ont cherché quelquefois à se soustraire à ces dépenses qui ne laissent pas de leur coûter beaucoup, sur-tout quand la vaisselle d'argent qu'on y emploie, & même qu'on est obligé d'y employer dans quelques diocèses, doit tourner au profit de ceux qui ont fait les frais des honneurs de la cérémonie de l'entrée; mais il ne leur a pas été possible de réussir : les cours, lorsqu'elles ont eu à statuer sur ces usages, n'y ont rien trouvé d'abusif, & les ont maintenus.

L'archidiacre de Sens prétend avoir droit d'installer les évêques de sa province, & d'exiger un marc d'or pour lui, & un marc d'argent pour chacun des chanoines qui l'accompagnent dans cette cérémonie. Cette prétention a donné lieu à une consultation, sur laquelle M. d'Héricourt se déclare ouvertement contre l'archidiacre sur les deux chefs de cette même prétention. Cependant il n'est pas moins en possession de ce droit, lequel paroît aussi légitime que celui de se faire payer des curés une certaine rétribution qu'on ne lui dispute pas lorsqu'il est en cours de visite. *Voyez* ce qui a été dit à l'article ARCHIDIACRE, & ce que nous ajouterons aux articles CHAPELLE, INTRONISATION.

Un autre droit de *bienvenue* est celui que l'on fait payer aux accusés lorsqu'on les constitue prisonniers; mais c'est un abus sur lequel les juges qui ont la police des prisons, devroient être plus attentifs qu'ils ne le sont ordinairement. L'article 14 du titre 13 de l'ordonnance de 1670, défend « à » tous géoliers, greffiers & guichetiers, & à l'ancien des prisonniers, appellé doyen ou prévôt, » sous prétexte de *bienvenue*, de rien prendre des » prisonniers en argent ou vivres, quand même il » seroit volontairement offert, ni de cacher leurs » hardes, ou les maltraiter & excéder, à peine » de punition exemplaire ». *Voyez* ce qui sera dit aux articles GÉOLE, GÉOLIER, PRISON, *&c.*

BIÈRE, s. f. (*Finance. Police.*) sorte de boisson faite avec des grains & du houblon.

Il doit être fait de temps en temps des visites chez les revendeurs de *bières* & cervoises en détail, pour voir s'il n'y en a point qui soient gâtées & altérées, auquel cas elles doivent être saisies, pour la confiscation en être ordonnée, avec amende.

Les brasseurs & autres qui fabriquent des *bières*, sont tenus, lors de chaque brassin, d'avertir par écrit les commis des aides, du jour & de l'heure qu'ils doivent mettre le feu sous les chaudières, au moins trois heures avant de l'allumer. Il sont pareillement tenus de retirer le double de leur déclaration, lequel doit leur être délivré sans frais, & exprimer l'heure à laquelle la déclaration aura été faite, sans qu'il leur soit permis de mettre le feu à d'autres heures qu'à celles indiquées par la même déclaration. Cela est ainsi prescrit par les ordonnances des aides pour Paris & pour Rouen, & par les arrêts du conseil des 15 octobre 1718, & 20 novembre 1725, revêtus de lettres-patentes.

Il est enjoint aux brasseurs d'entonner la *bière* de jour, savoir, pendant les quartiers d'avril & de juillet, depuis cinq heures du matin jusqu'à sept heures du soir; & dans les autres quartiers, depuis sept heures du matin jusqu'à cinq heures du soir, les commis étant présens ou duement appellés; le tout à peine de confiscation de la *bière*, ainsi que des instrumens servant à la faire, outre cent livres d'amende contre les brasseurs, & cinquante livres contre chacun des compagnons, apprentifs & autres qui auront été employés à la fabrication des mêmes *bières*. On trouve même quelques arrêts du conseil qui ont puni la fraude des brasseurs par des amendes plus considérables.

Il est défendu aux brasseurs de se servir de cuves, chaudières & bacs, que l'épallement, c'est-à-dire, la jauge n'en ait été faite avec le fermier ou ses commis, qui sont autorisés à y appliquer leurs marques dans tous les endroits qu'ils jugent nécessaires, & d'en dresser leur procès-verbal. Dans le cas de contravention de la part des brasseurs, les vaisseaux non marqués doivent être confisqués, ainsi que la *bière* qu'ils contiennent, & les contrevenans condamnés à cent livres d'amende.

Les commis doivent marquer les tonneaux à mesure qu'ils sont remplis, & tenir registre de leur nombre & de leur contenance. Il est défendu aux brasseurs d'en souffrir l'enlévement avant qu'ils aient été démarqués par les commis, à peine de confiscation & de cinq cens livres d'amende.

Ils sont tenus de les enlever dans le jour de la démarque, afin d'éviter la confusion.

Ces opérations de marque & de démarque sont sur-tout nécessaires pour remédier à la fraude que peuvent faire les brasseurs par le moyen des entrepôts cachés. Tous les vaisseaux rencontrés dans le transport, ou trouvés chez les revendeurs sans avoir été marqués & démarqués, proviennent, à coup sûr, de ces entrepôts. La défense de les enlever sans congé ne suffiroit point pour détruire ce genre de fraude, parce que les brasseurs, autant de fois qu'ils ne seroient pas rencontrés dans le transport, pourroient se servir du même congé pour enlever de nouveau de leur entrepôt la quantité portée par ce congé.

Il est au choix du fermier de se faire payer sur le nombre & la contenance des vaisseaux dans lesquels la *bière* aura été entonnée, sans aucune déduction pour les remplages & coulages, ou sur le pied de l'épallement des chaudières à la déduction du quart, à quoi ont été réglés les déchets de la fabrication & les coulages, tant de ces chaudières où il y a des gantes, que de celles où il n'y en a point. Les gantes ne peuvent être que de quatre pouces de haut, & il est défendu aux brasseurs de se servir d'aucun mastic ou autre matière pour les soutenir & augmenter (on appelle *gante* un bord qu'on adapte aux chaudières pour empêcher que la *bière* ne se répande lorsqu'elle bout).

Il est défendu aux brasseurs d'enlever ou laisser enlever les *bières* qu'ils vendent en gros, sans congés ou billets de remuage, & à d'autres heures que depuis cinq heures du matin jusqu'à sept heures du soir dans les quartiers d'avril & de juillet, & depuis sept heures du matin jusqu'à cinq dans les autres quartiers, à peine de confiscation des *bières* & équipages servant à les conduire, outre l'amende de cent livres contre les brasseurs, & de 50 liv. contre les compagnons & autres employés à l'enlévement des *bières*.

Ils sont tenus, sous les mêmes peines, pour l'exécution des dispositions ci-dessus, de souffrir les visites & exercices des commis, même hors le temps & les heures qu'ils ont déclaré devoir brasser, & à toutes sortes d'heures, soit de jour, soit de nuit.

L'injonction de n'entonner leurs *bières* que de jour, & dans les heures marquées, deviendroit illusoire sans la faculté de voir si les brasseurs n'y contreviennent pas.

Toutes ces dispositions sont fondées, tant sur les ordonnances des aides de 1680 & 1681, que sur divers arrêts du conseil & des cours des aides de Paris & de Rouen.

La *bière* est assujettie au paiement de plusieurs espèces de droits. *Nous renvoyons pour cet objet, au Dictionnaire de finance.*

BIFFER, *en terme de Palais*, & même dans le langage ordinaire, est synonyme à *rayer* ou *effacer*. (*H*).

BIGAME, adj. pris subst. (*Droit canonique.*) qui a été marié deux fois, ce mot vient du grec βίγαμος dont la racine est γαμεῖν *se marier*.

Selon la discipline la plus constante de l'église, les *bigames* sont irréguliers & inhabiles à être promus aux ordres sacrés; ils ne peuvent pas même exercer les fonctions des ordres mineurs, selon le concile de Gironne.

On a quelquefois donné le nom de *bigames* à ceux qui ont épousé une veuve, une femme publique ou une femme répudiée; & ils n'étoient pas moins censés irréguliers que ceux qui avoient épousé successivement deux femmes, parce qu'on pensoit qu'une espèce d'incontinence dans une veuve qui convole en secondes noces, ou le deshonneur certain de la femme, rejaillissoit sur le mari. Harmenopule met au nombre des *bigames*, ceux qui après s'être fiancés à une fille, contractent mariage avec une autre, ou épouse la fiancée d'un autre homme. S. Thomas décide que l'évêque peut dispenser de la bigamie pour les ordres mineurs & les bénéfices simples: mais Sixte V & le concile de Trente ont décidé le contraire. Les clercs qui contractent un mariage après avoir reçu les ordres sacrés, sont aussi appellés *bigames* par ressemblance, quoiqu'il n'y ait point de véritable mariage. Le pape Alexandre III permet de rétablir dans les fonctions de leur ordre, ceux qui sont tombés dans cette faute, après la leur avoir fait expier par une longue & rigoureuse pénitence. Thomass. *discipl. de l'égl. part. I. liv. II. ch. viij.* & *part. IV. liv. II. ch. xx.* Le terme *bigame* se prend encore dans un autre sens. *Voyez* BIGAMIE. (*G*)

BIGAMIE, s. f. (*Droit canonique.*) on appelle *bigamie* l'état de celui qui a passé à un second mariage, ou de celui qui a épousé une veuve.

Les canonistes distinguent trois sortes de *bigamie*; la *bigamie* proprement dite, la *bigamie* interprétative, & la *bigamie* exemplaire ou similitudinaire.

La *bigamie* proprement dite, est celle que contracte un homme par deux mariages successifs, quand même il auroit contracté le premier avant d'avoir reçu le baptême.

La *bigamie* interprétative est celle qui se contracte par le mariage avec une veuve ou avec une fille qui a perdu notoirement sa virginité, soit qu'elle ait vécu dans la prostitution, soit que s'étant déjà mariée à un autre, son mariage ait été déclaré nul.

La *bigamie* similitudinaire est celle dont se rend coupable un religieux profès, ou un clerc engagé dans les ordres sacrés, en contractant un mariage, quoique, dans le droit, ce mariage soit nul. Dans ce cas, on ne regarde pas la nullité du sacrement, mais l'intention de la partie contractante, & l'exécution qui l'a suivie.

Plusieurs canonistes prétendent qu'il y a *bigamie*, lorsqu'un lorsqu'un homme a commerce avec sa femme, après qu'elle est tombée en adultère.

La *bigamie* est mise au nombre des irrégularités. Quant à la raison pour laquelle les bigames sont déclarés irréguliers, elle est toute mystique. Voici de quelle manière les pères & les conciles l'expliquent : le mariage des chrétiens est, selon S. Paul, une image de l'union de Jesus-Christ avec l'église. Or, par la *bigamie* proprement dite, ou interprétative, cette conformité est ôtée, parce que Jesus-Christ n'a eu pour épouse que l'église, qui est toujours une & incorruptible. Ainsi, celui qui n'a point gardé le célibat après un premier mariage, ou dont le mariage ne peut représenter l'union de Jesus Christ, ne doit point être mis au nombre des ministres de l'église. D'autres disent qu'on a déclaré les bigames irréguliers, parce que ceux qui ont passé à de secondes noces, paroissent peu propres à exhorter les fidèles à la chasteté. Cependant on ne regarde point comme irréguliers, ceux qui ont eu successivement ou en même temps plusieurs concubines. C'est sur des décisions de cette nature, qu'on peut dire qu'il y a beaucoup de loix très-anciennes, dont il est presque impossible de découvrir la véritable raison : on n'est pas moins obligé de les observer, tant qu'elles sont en vigueur.

Quand un homme épouse une vierge qui avoit été mariée auparavant, mais dont le mariage n'a point été consommé, soit à cause de l'impuissance du premier mari, soit par sa mort arrivée aussi-tôt après la bénédiction nuptiale, cet homme n'est point réputé bigame.

Un clerc qui a eu plusieurs concubines, soit en même temps, soit successivement, avant d'entrer dans le clergé, ou depuis qu'il y a été admis, n'est point irrégulier, quoiqu'il doive être puni pour ce crime, sur-tout s'il l'a commis après avoir reçu les ordres.

Le pape est seul en possession d'accorder dispense de l'irrégularité qui vient de la *bigamie* proprement dite, & de la *bigamie* interprétative. Mais l'évêque peut dispenser de la *bigamie* similitudinaire, pour permettre à celui qui est tombé dans cette espèce d'irrégularité, de faire les fonctions de l'ordre qu'il a reçu, & non pour être élevé aux ordres supérieurs. L'évêque ne pourroit cependant dispenser si la *bigamie* similitudinaire étoit en quelque manière jointe à la *bigamie* proprement dite ou interprétative, comme il arriveroit si celui qui est dans les ordres sacrés épousoit une veuve, ou s'il avoit été déjà marié valablement avant de recevoir les ordres.

Comme il faut que les mariages aient été consommés pour donner lieu à l'irrégularité qui provient de la *bigamie*, celui qui a épousé une veuve, avec laquelle il n'a point eu d'habitude, ou qui, après avoir épousé une fille, passe à de secondes noces qu'il ne consomme pas, peut être ordonné sans dispense.

BIGAMIE, (*Droit criminel.*) c'est le crime de celui qui a deux femmes à la fois, ou de celle qui a pareillement deux maris. La *bigamie* viole le sacrement du mariage, & est un adultère continuel. Ce crime est également condamné par les loix de l'église & de l'état.

Les Romains avoient laissé d'abord à l'arbitrage du juge la punition de ce crime.

Mais ensuite la loi 18, cod. *ad legem juliam de adulteriis*, déclara infames les bigames, sans prononcer d'autres peines contre eux.

Suivant l'authentique *hodie*, cod. *de repudiis*, la femme dont le mari est absent, & qui se marie sans avoir des nouvelles certaines qu'il soit décédé, doit être punie comme adultère. La novelle 117 contient une pareille disposition, & veut que la femme & celui qui l'épouse, soient punis comme adultères, c'est-à-dire, de la peine de mort, conformément à la loi 30, cod. *ad l. jul. de adulteriis.* Mais cette peine a été changée par l'authentique qui suit ce paragraphe.

Nous n'avons en France aucune loi qui établisse une peine déterminée contre les bigames.

Autrefois ce crime étoit puni du dernier supplice. Le nommé *Chambon*, bigame, fut condamné à la potence, par arrêt du parlement de Paris du 17 avril 1565.

Un autre arrêt du parlement de Bretagne du 23 août 1567, condamna un procureur du présidial de Rennes à être pendu pour avoir épousé deux femmes.

Imbert rapporte un autre arrêt du 27 août 1583, par lequel un particulier fut condamné à être pendu pour avoir épousé plusieurs femmes vivantes en même temps, & à deux mille livres de réparation civile envers la femme qu'il avoit trompée.

Jacques Belousseau, baron de Saint-Angel, qui avoit épousé plusieurs femmes vivantes, fut condamné, par arrêt du 12 février 1626, à être pendu à Paris.

Aujourd'hui on ne punit plus de mort la *bigamie.* La peine ordinaire est de condamner le coupable à être exposé au carcan ou au pilori avec autant de quenouilles qu'il a de femmes vivantes, ou si c'est une femme, avec autant de chapeaux qu'elle a de maris vivans. On ajoute ordinairement la peine des galères ou du bannissement à temps, à l'égard des hommes; & à l'égard des femmes, on les condamne aussi au bannissement, ou à être renfermées pendant un certain temps dans une maison de force.

Outre ces peines, les enfans nés du second mariage contracté du vivant du premier mari ou de la première femme, sont bâtards, & ne peuvent hériter ni de leur père ni de leur mère. Cependant si l'un des deux conjoints étoit dans la bonne foi, ses enfans seroient admis à sa succession. Cela a été ainsi jugé par un arrêt du 21 juin 1659, rapporté par Jovet.

Duperray, dans son *Traité des contrats de mariage*, rapporte un arrêt du 28 janvier 1691;

qui a condamné un particulier à la peine des *bigames*, parce qu'il s'étoit remarié sans avoir des preuves légitimes de la mort de sa femme.

Mais quelle doit être la preuve pour être censée légitime?

Les uns, tel que le cardinal de Panorme, pensent qu'elle doit être fondée sur des écrits ou sur la foi des témoins, tantôt de plusieurs, tantôt d'un seul, selon les circonstances qui peuvent augmenter ou diminuer la vraisemblance du décès.

Les autres, tels qu'Antonius de Rosellis, disent que c'est assez qu'on ait une probabilité morale du décès de l'absent : il y en a même qui prétendent qu'on doit ajouter foi à la nouvelle d'un pareil décès, lorsqu'elle est fondée sur le bruit public & sur le certificat d'une personne non suspecte.

Divers arrêts ont jugé conformément à cette opinion; Soefve en rapporte un du 14 mai 1647, par lequel on a jugé qu'une femme qui, sur le bruit de la mort de son mari, s'étoit remariée après l'année de son deuil, pouvoit répéter ses deniers dotaux & ses conventions matrimoniales, sans être obligée de représenter les preuves de cette mort.

Il résulte de tout ce qu'on vient de dire, qu'il n'est pas possible de donner des règles précises sur la matière dont il s'agit, & qu'on doit s'en rapporter à la prudence du juge pour examiner si la femme ou le mari qui veut contracter un second mariage, a des preuves suffisantes de la mort du conjoint absent. *Voyez* ABSENT, (*Matière matrimoniale*).

Lorsqu'une femme, qui s'est mariée une seconde fois, apprend que son premier mari est vivant, elle doit aussi-tôt cesser de vivre avec le second, à peine d'être punie comme adultère ; & si le premier mari revient, elle doit retourner avec lui.

L'action pour *bigamie* doit être poursuivie, tant à la requête de la partie publique du lieu où le bigame demeure, que par la seconde femme qu'il a épousée durant son premier mariage, parce que c'est cette seconde femme qui a reçu la principale injure. C'est ce qui a été jugé par un arrêt du 18 juin 1636, au sujet d'un nommé *Brunet*, qui se trouvoit marié en même temps avec deux femmes. Dans cette espèce, les deux femmes contestoient pour savoir laquelle seroit obligée de poursuivre le procès.

BIJOU, s. m. (*Jurisprudence.*) c'est un de ces ornemens d'or ou d'argent, qui servent à la parure, comme les bagues, les boucles d'oreilles, les girandoles, les bracelets, *&c.* ou à d'autres usages, comme les tabatières, les étuis, les pommes de canne, les flacons, *&c.* On comprend encore sous ce nom, toute sorte d'ouvrages d'or ou d'argent, & même ceux qui servent aux usages d'une cuisine, d'une garderobe, d'un buffet.

Il est défendu à tous Juifs, colporteurs, revendeurs, forains, & à toutes personnes sans qualité, sous quelque dénomination qu'elles soient, de vendre, acheter, troquer, ou autrement débiter de la vaisselle, des bijoux, & d'autres marchandises d'or ou d'argent, soit en chambre, soit en boutique, dans les rues, ou dans les foires, sans y être autorisées par une permission expresse, ou sans être du corps des marchands-jouailliers-bijoutiers, ou de celui des merciers.

Tous les ouvrages en or doivent être au poids de vingt-deux karats un quart de remède, à l'exception des menus ouvrages, sujets à soudure, comme croix, tabatières, étuis, boucles, boutons, boîtes de montre, & autres, dont on n'exige le titre qu'à vingt karats un quart. Les ouvrages d'or & d'argent doivent être marqués de trois poinçons ; celui du maître qui les a fabriqués, celui des gardes de la communauté des orfèvres, qui assure que les ouvrages sont au titre des ordonnances ; & celui du commis du fermier, qui justifie que les droits de contrôle ont été acquittés. *Voyez* ORFÈVRES, VAISSELLE, & le *Dictionnaire des Finances.*

BILAN, s. m. (*Droit civil. Commerce.*) c'est le livre où les banquiers, les marchands & les négocians écrivent tout ce qu'ils doivent & tout ce qui leur est dû.

On appelle aussi *bilan*, l'état détaillé des biens meubles & immeubles, qu'un marchand ou négociant qui fait faillite, est tenu de déposer au greffe du consulat ou de l'hôtel-de-ville, avant de s'accommoder avec ses créanciers. *Voyez* BANQUEROUTE, FAILLITE.

On appelle à Lyon, *l'entrée & l'ouverture du bilan*, le sixième jour de chaque mois des quatre paiemens; parce que c'est depuis cette époque, jusqu'au dernier jour de chaque mois inclusivement, qu'on fait le virement des parties : chaque négociant écrit de son côté sur son *bilan* les parties qui ont été virées; mais si après le mois expiré il se faisoit quelques viremens de parties, ils demeureroient nuls, suivant l'article 4 du réglement de la place du change de Lyon, du 2 juin 1667.

Ceux qui veulent faire des viremens de parties s'adressent à ceux à qui ils doivent quelque somme, & leur proposent d'en faire virement, en leur donnant pour débiteurs une ou plusieurs personnes qui leur doivent une pareille somme : la chose résolue, ils en font mention réciproquement sur leur *bilan*; & dans le moment les parties sont censées virées, & demeurent aux risques de ceux qui les ont acceptées. C'est de cette manière que se font les paiemens ; & à la fin du mois, ceux qui doivent plus qu'il ne leur est dû, s'acquittent en argent comptant.

Si un banquier, marchand ou négociant, qui est dans l'habitude de porter *bilan* sur la place, ne s'y trouvoit pas, ni personne pour lui, dans les temps ordinaires des paiemens, il seroit réputé avoir fait faillite. *Voyez* FOIRE, VIREMENT DE PARTIES.

BILLET, s. m. *en terme de droit*, un *billet* est une promesse ou obligation sous signature privée, par laquelle on s'engage à faire ou à payer quelque chose.

On appelle aussi *billets*, quantité d'autres petits actes faits sous signature privée, sans aucune formalité.

On distingue plusieurs espèces de *billets :* nous allons les parcourir successivement, & indiquer, sur chacune d'elles, les réglemens établis par les ordonnances.

Des billets simples. Les *billets* simples sont ceux qui ne sont ni *billets* de change, ni *billets* à ordre, ni *billets* au porteur, *&c.*

Autrefois on étoit obligé de stipuler dans un *billet*, que la valeur de la somme y énoncée avoit été fournie : mais aujourd'hui la reconnoissance de devoir cette somme suffit pour faire condamner le débiteur à la payer, à moins toutefois qu'il n'y ait lieu de présumer du dol de la part du créancier.

C'est d'après cette jurisprudence, que l'arrêt du 29 mars 1738, rapporté dans la collection de jurisprudence, a été rendu en faveur du sieur de Bruix. Il convenoit de n'avoir pas fourni les dix mille livres portées au *billet* dont il demandoit le paiement : mais il faisoit voir que ce *billet* avoit été fait à son profit pour servir de dot à la femme qu'il avoit épousée, & qu'on n'en avoit point exprimé la cause, parce qu'on vouloit éviter de donner des preuves de l'état qu'elle a depuis réclamé.

Les particuliers qui ne sont ni banquiers, ni marchands, ni artisans, ni fermiers, ni laboureurs, *&c.* & qui font des *billets* causés pour valeur reçue en argent, doivent écrire eux-mêmes le corps du *billet*, ou reconnoître, par une approbation en toutes lettres, les sommes portées au *billet;* autrement les juges ne peuvent pas en ordonner le paiement. Celui qui refuse de payer un pareil *billet*, est néanmoins tenu d'affirmer qu'il n'en a pas reçu la valeur : c'est ce qui résulte de la déclaration du 22 septembre 1733.

D'après cette loi, un arrêt du 22 août 1741, rendu au parlement de Paris, a déclaré nul un *billet* qui n'étoit que signé par celui qu'il désignoit débiteur : il avoit néanmoins écrit de sa main ces deux mots : *j'approuve l'écriture :* mais la cour jugea qu'ils ne pouvoient pas tenir lieu de la reconnoissance que le législateur avoit prescrite pour la validité d'un *billet.* Au reste, dans une affaire de cette nature, les juges doivent se déterminer par les circonstances.

Il ne résulte aucune hypothèque d'un *billet* sous signature privée, tant qu'il n'est pas reconnu en justice ou pardevant notaires; mais l'hypothèque s'acquiert par une telle reconnoissance.

Les *billets* des mineurs émancipés & des femmes séparées sont valables jusqu'à concurrence des revenus dont ils peuvent disposer.

Quoique réguliérement les *billets* & promesses doivent être datées, ils ne sont toutefois pas nuls, lorsque la date est omise, sur-tout lorsqu'il n'y a pas lieu de soupçonner de la fraude.

Les simples *billets* doivent être contrôlés avant qu'on puisse s'en servir : mais le droit de contrôle n'est dû que sur la somme qui reste à payer lorsqu'on les présente : il n'est rien dû pour ce qui est déclaré payé en déduction de cette somme, à moins que le créancier ou le débiteur n'en fissent le fondement d'une demande contre un tiers; car alors le droit de contrôle seroit perçu, ou sur la quotité de la somme contenue au *billet*, ou sur la quotité de celle pour laquelle on voudroit former une demande en restitution ou garantie, soit du total, soit d'une partie contre une caution ou un co-obligé. Ces observations sont confirmées par plusieurs arrêts du conseil.

Les *billets* de marchands à marchands, causés pour fourniture de marchandises de leur commerce réciproque, sont exemptés du contrôle par l'article 97 du tarif du 29 septembre 1722.

Ces termes de *commerce réciproque* ont été insérés dans le tarif, en conformité de l'arrêt du 7 février 1719, qui avoit pour fondement l'article 4 du titre 12 de l'ordonnance du mois de mars 1673, portant que « les juges-consuls connoîtront des différends pour ventes faites par des marchands, artisans & gens de métier, afin de revendre ou de travailler de leur profession; comme, à tailleurs d'habits, pour étoffes, paremens & autres fournitures; boulangers & pâtissiers, pour bled & farine; maçons, pour pierre, moëllons & plâtre, & autres semblables ».

Le mot *réciproque* a quelquefois été pris dans un sens trop rigoureux, en exigeant que le créancier & le débiteur fussent marchands l'un & l'autre, faisant le même commerce; & que le *billet* fût causé pour fourniture de marchandises de ce commerce.

Mais le véritable motif de l'exemption a été de favoriser le commerce; &, en conséquence, de ne pas faire payer le droit de contrôle des *billets* que les marchands & artisans font, lorsqu'ils sont causés pour marchandises de leur commerce ou profession. Ainsi, il suffit que la cause du *billet* soit relative au commerce de celui qui l'a signé, indépendamment de l'état & de la qualité de celui au profit duquel il est fait : tel est le *billet* d'un boulanger à un ecclésiastique, à un gentilhomme ou à un bourgeois, pourvu qu'il soit causé pour fourniture de bled; celui d'un marchand de vin à un particulier, pour du vin, & autres cas semblables où il s'agit de *billets* faits pour raison du commerce du débiteur.

Il n'est donc question que de savoir si celui qui a fait le *billet*, est marchand, & si la cause du *billet* est pour fourniture de marchandises de son commerce, auquel cas il est exempt de contrôle; mais si la cause est pour l'usage particulier du débiteur, ou étrangère à son commerce, il ne s'est alors obligé que comme particulier, & son *billet* est sujet au contrôle.

L'exemption n'a lieu que pour les *billets* des marchands, causés pour fourniture de marchandises de leur commerce, & non pas pour les marchés qui, quoique faits entre marchands, sont sujets au contrôle avant qu'on puisse s'en servir, pour quelque cause qu'ils soient faits.

Des billets de change. Le caractère distinctif d'un *billet* de change est qu'il soit causé pour lettres-de-change, fournies ou à fournir. Tout *billet* qui a un autre objet, n'a pas le privilège d'un *billet* de change.

Ainsi il y a deux espèces de *billets* de change : les uns sont pour lettres-de-change fournies, & les autres pour lettres-de-change à fournir.

Le *billet* pour lettres-de-change fournies est celui par lequel quelqu'un s'oblige envers un autre à lui payer une certaine somme pour le prix des lettres-de-change qu'il lui a fournies.

L'article 28 du titre 5 de l'ordonnance du commerce prescrit une certaine forme pour ces *billets*. Voici ce qu'il porte : *les billets pour les lettres-de-change fournies feront mention de celui sur qui elles auront été tirées, qui en aura payé la valeur, & si le paiement a été fait en deniers, marchandises ou autres effets, à peine de nullité.*

Il résulte de cette loi, que, pour former un *billet* pour lettres-de-change fournies, il faut le concours de quatre conditions : la première consiste dans la déclaration des lettres-de-change fournies, pour le prix desquelles le *billet* est fait; la seconde est d'exprimer dans le *billet* sur qui les lettres ont été tirées; la troisième est de nommer celui qui, par ces lettres, est déclaré en avoir payé la valeur; & la quatrième est d'exprimer si la valeur a été payée en argent ou autrement.

Il faut remarquer que, quoique la peine de nullité soit prononcée par l'ordonnance, si les conditions qu'on vient de rapporter, ne se trouvent pas dans un *billet* de l'espèce dont il s'agit, il ne faut néanmoins pas croire que le législateur ait voulu par là libérer le débiteur, il a seulement voulu dire qu'un tel *billet* ne pourroit pas être réputé *billet* de change, & qu'il ne pourroit valoir que comme un *billet* ordinaire.

Le *billet* pour lettres-de-change à fournir est celui par lequel quelqu'un s'oblige envers un autre à lui fournir des lettres-de-change sur un certain lieu, pour la valeur qu'il lui en a fournie.

L'article 29 du titre cité s'exprime ainsi sur les *billets* de cette espèce : *les billets pour lettres-de-change à fournir feront mention du lieu où elles seront tirées, & si la valeur en a été reçue, & de quelles personnes, aussi à peine de nullité.*

Il faut par conséquent, pour la validité de ces *billets*, que trois choses concourent : l'une, qu'ils fassent mention du lieu où doivent être tirées les lettres-de-change, que ceux qui souscrivent ces *billets*, s'obligent de fournir; la seconde, qu'ils contiennent une déclaration de la valeur reçue; & la troisième, qu'ils indiquent les personnes qui ont délivré cette valeur.

Au surplus, il faut appliquer à la peine de nullité, prononcée par l'article 29, ce que nous avons dit à l'égard de celle qui est prononcée par l'article précédent.

Les *billets* de change sont souvent dits payables, à l'ordre de celui au profit duquel ils sont faits; mais ce n'est pas cela qui en fait le caractère essentiel : un tel *billet* peut être dit payable à la personne qui y est désignée, sans cesser d'être *billet* de change : la raison en est qu'il suffit à cet effet qu'il ait pour cause ou pour objet une lettre-de-change.

Il y a seulement cette différence que, lorsqu'un *billet* de change est payable à ordre, il se négocie ou s'endosse de même qu'une lettre-de-change; & que, s'il n'est pas payable à ordre ou au porteur, il est censé toujours appartenir à la personne au profit de laquelle il est fait.

L'endossement des *billets* de change qui sont à ordre, produit le même effet que celui des lettres-de-change; il transfère, de plein droit & sans aucune signification, la propriété du *billet* de change à la personne au profit de laquelle l'endossement est fait; & l'endosseur s'oblige envers elle à lui faire recevoir ce qui est porté par le *billet*. C'est pourquoi, si le débiteur du *billet* ne paie pas à l'échéance, la personne qui en a la propriété, a une action en recours, tant contre celui qui a endossé le *billet* à son profit, que contre tous les endosseurs précédens : elle est en droit de les faire condamner solidairement à la payer.

On voit par-là que l'action que le propriétaire d'un *billet* de change a contre les endosseurs de ce *billet*, est pareille à celle que peut exercer le propriétaire d'une lettre-de-change contre les endosseurs & le tireur. L'une & l'autre ont les mêmes privilèges, & sont soumises aux mêmes règles, relativement aux fins de non-recevoir.

Suivant l'article 31 du titre cité, le porteur ou propriétaire d'un *billet* pour lettres-de-change fournies ou à fournir, est tenu de *faire ses diligences* contre le débiteur dans dix jours. Ainsi cette loi paroît ordonner, pour les *billets* de change, ce que l'article 4 du même titre ordonne à l'égard des lettres-de-change. Cependant les jurisconsultes d'Orléans ont pensé que l'article 31 n'ordonnant que des *diligences* au lieu du protêt prescrit par l'article 4, il suffisoit, pour se conformer à l'article 31, de faire constater, par une simple sommation faite au débiteur, son refus de remplir ses obligations : mais cette pratique n'est pas en usage, & l'on a coutume de faire protester les *billets* de change, de même que les lettres-de-change.

Il faut néanmoins convenir que, si, au lieu d'employer la voie du protêt contre le débiteur qui est en demeure de payer, le propriétaire du *billet* s'étoit contenté de lui faire une sommation dans les dix jours, il seroit juste de considérer cette sommation comme l'équivalent des diligences ordonnées par l'article 31 : ainsi ce propriétaire ne devroit pas pour cela être privé de son recours de garantie contre les endosseurs du *billet*. La raison en est qu'en fait de formalités, on ne peut être tenu que de celles auxquelles la loi oblige : or, dans le cas particulier, l'ordonnance ne prescrit que des diligences, sans spécifier le protêt; c'est pourquoi le porteur ou propriétaire du *billet* ne doit pas être assujetti au protêt plutôt qu'à toute autre espèce de diligence.

Après avoir fait ses diligences, le porteur ou propriétaire du *billet doit les signifier à celui qui a signé le billet ou l'ordre*, & faire donner l'assignation en garantie dans les mêmes délais que ceux qui sont prescrits pour les lettres-de-change. C'est la disposition de l'article 32.

Si le *billet* n'avoit été endossé au profit du porteur, qu'après les dix jours depuis l'échéance du *billet*, Bornier pense qu'il n'y auroit alors aucun temps fatal dans lequel le porteur pût être obligé de faire des diligences contre le débiteur du *billet*, pour avoir recours contre l'endosseur; mais cette opinion n'est pas suivie, & le porteur est tenu de faire ses diligences dans le temps que le juge détermine pour cet effet.

Le *billet* de change produit contre le débiteur une action qui le soumet à la jurisdiction consulaire & à la contrainte par corps.

Les *billets* de change sont, ainsi que les lettres-de-change, censés acquittés après cinq ans depuis leur échéance, si l'on n'a fait aucune poursuite; ou depuis la dernière poursuite, si l'on a poursuivi. C'est une disposition de l'ordonnance : après ce temps, le créancier est non-recevable à demander le paiement du *billet*, soit au débiteur, soit aux endosseurs : il lui reste seulement le droit de faire affirmer, par le prétendu débiteur, qu'il ne doit plus rien; ou par sa veuve ou ses héritiers, qu'ils estiment la créance acquittée.

Les *billets* pour lettres-de-change fournies ou portant promesse de fournir lettres-de-change, sont sujets au contrôle, comme tous les autres *billets*. Le conseil l'a ainsi décidé, le 7 mai 1729, contre le sieur Rochet; le 8 juillet 1730, contre le sieur Després de Chambli; &, le 22 mai 1734, contre le nommé Guibert, huissier à verge au châtelet de Paris, qui a été condamné à l'amende pour s'être servi d'une promesse de fournir lettre-de-change, avant que cette promesse fût contrôlée.

Par une autre décision du 29 mai 1751, le conseil a jugé sujet au contrôle, un *billet* de change fait par un receveur des fermes.

Des billets payables à domicile. Ces *billets* nouvellement inventés sont aujourd'hui fort usités dans le commerce.

Par cette espèce de *billet*, Pierre s'oblige de me payer, ou à celui qui aura ordre de moi, une certaine somme, dans un certain lieu, par le moyen de son correspondant; à la place de la somme ou de la valeur qu'il a reçue ici de moi, ou qu'il en doit recevoir.

Ainsi ce *billet* renferme le contrat de change, & il est de la nature de la lettre-de-change, de laquelle il diffère néanmoins par la forme. Dans la lettre-de-change, celui sur qui elle est tirée, doit l'accepter, & en devient, par ce moyen, le débiteur; & celui qui l'a fournie, en est seulement le garant; au contraire, lorsque vous me donnez un billet payable à domicile, vous en êtes le seul débiteur; votre correspondant, au domicile duquel vous promettez de payer, n'est qu'une personne que vous me désignez comme celle qui doit vous représenter pour faire le paiement : c'est pour cela que ces *billets* ne se font pas accepter par celui au domicile duquel ils sont payables.

Ces *billets*, entre banquiers, marchands ou négocians, donnent à ceux qui en sont porteurs ou propriétaires, les mêmes droits contre ceux qui les ont fournis, que donnent les lettres-de-change : mais il faut pour cela que les porteurs ou propriétaires fassent les diligences prescrites par l'article 31 du titre 5 de l'ordonnance du commerce.

Des billets à ordre. Le *billet* à ordre est celui par lequel je promets de vous payer une somme, soit à vous, soit *à votre ordre*, c'est-à-dire, à celui à qui vous aurez passé votre ordre au dos du *billet*.

Les *billets* à ordre se négocient de la même manière que les lettres & *billets* de change; mais il y a, entre les *billets* simples & les *billets* à ordre, les différences suivantes.

1°. Vous ne pouvez devenir propriétaire d'un *billet* simple, passé au profit d'une autre personne, si ce n'est par un acte de transport que vous devez faire signifier au débiteur du *billet*. Jusqu'alors, votre cédant demeure propriétaire de la créance, tellement que le débiteur auquel vous n'avez point fait signifier votre transport, peut valablement payer entre les mains de ce cédant; & que, d'un autre côté, les créanciers de celui-ci peuvent faire arrêter à leur profit, entre les mains du débiteur, le montant du *billet*.

S'il s'agit, au contraire, d'un *billet* à ordre, il suffit que le propriétaire ait passé son ordre à votre profit, pour que vous soyez sur le champ le créancier légitime, & que la somme y énoncée ne puisse être payée qu'à vous, ou à celui au profit de qui vous avez passé votre ordre.

2°. Lorsque vous cédez & transportez un *billet* simple, vous n'êtes obligé qu'à garantir que le montant du *billet* est véritablement dû; mais vous ne répondez pas de la solvabilité du débiteur, à moins que, par une clause particulière du transport, vous ne vous soyez soumis à cette garantie.

Au contraire, si vous transportez un *billet* à ordre, l'endossement qui opère le transport, vous rend garant que le montant du *billet* sera payé à celui auquel vous avez passé votre ordre. C'est pourquoi le porteur de ce *billet* a un recours contre vous pour être payé, lorsque le débiteur n'a pas rempli son obligation.

3°. Si vous êtes cessionnaire d'un *billet* simple, & qu'on vous ait garanti la solvabilité du débiteur, il n'y a aucun temps déterminé dans lequel vous soyez obligé de faire des diligences contre le débiteur pour conserver le droit d'exercer votre action de garantie : mais si vous êtes porteur ou propriétaire d'un *billet* à ordre, vous ne conservez le droit de recourir contre les endosseurs, qu'autant que vous avez fait contre le débiteur les diligences nécessaires, dans le temps prescrit par la loi. Ce temps est le même pour les *billets* à ordre, que pour les *billets* de change, c'est-à-dire, de dix jours, à compter du lendemain de l'échéance du *billet*, s'il est causé pour valeur reçue en deniers; &, de trois mois, s'il est pour valeur reçue en marchandises ou autres effets.

Savary pense que, quand le *billet* n'explique pas si la valeur a été fournie en argent ou en marchandises, & qu'il s'agit de savoir si les diligences faites après les dix jours, mais avant l'expiration des trois mois, ont eu lieu dans un temps utile, les juges doivent ordonner qu'il sera vérifié si la valeur a été fournie en argent ou en marchandises, & cette preuve peut se faire par les livres de commerce.

Sur la question de savoir si c'est à l'endosseur ou au porteur du *billet* à faire la preuve dont il s'agit, M. Pothier décide que c'est à l'endosseur. La raison qu'il en donne, est que celui qui oppose une fin de non-recevoir, doit la justifier : or, l'endosseur opposant, contre la demande en garantie du porteur, la fin de non-recevoir, qui résulte de ce que les diligences n'ont pas été faites à temps, il faut en tirer la conséquence que c'est à cet endosseur à prouver que la valeur du *billet* a été fournie en argent, & non en marchandises.

Il faut aussi que le porteur d'un *billet* à ordre, qui veut conserver son action de garantie contre les endosseurs, leur dénonce ses diligences dans le délai fixé pour les lettres-de-change. C'est ce qu'on doit inférer des articles 31 & 32 du titre 5 de l'ordonnance du commerce.

Les *billets* à ordre diffèrent aussi des *billets* de change par plusieurs caractères.

Premiérement, celui qui passe un *billet* de change pour lettres fournies, peut valablement s'obliger à payer pour droit de change, jusqu'à concurrence de ce que les lettres gagnent sur l'argent dans le lieu où elles sont fournies : au contraire, si le débiteur d'un *billet* à ordre s'oblige à payer, au-delà de la somme qu'il a reçue, l'excédent de cette somme est un intérêt usuraire qu'on doit imputer sur le principal.

Observez toutefois que cette doctrine souffre exception relativement à certaines provinces, telles que la Lorraine où les loix permettent au créancier de tirer l'intérêt de l'argent qu'il prête, même sur simple *billet*.

Secondement, lorsque le débiteur d'un *billet* à ordre n'est ni banquier, ni négociant, ni financier par état, on n'a contre lui qu'une action pareille à celle qu'on peut exercer en vertu d'un *billet* simple, c'est-à-dire, que le paiement de l'un & de l'autre ne peut être poursuivi que par les voies ordinaires. Le *billet* de change au contraire entraîne la contrainte par corps contre le débiteur, quel qu'il soit, conformément aux dispositions de l'article 4 du titre 34 de l'ordonnance de 1667, & de l'article 1 du titre 7 de l'ordonnance du commerce.

L'article 97 du tarif du 29 septembre 1722 excepte du contrôle les *billets* à ordre *entre* gens d'affaires, marchands & négocians.

Le mot *entre*, qui ne se trouve inséré dans aucun réglement précédent, & qui a été substitué dans le tarif à celui de *des*, que l'on trouve dans l'article 183 du tarif de 1708, dans l'arrêt du 7 février 1719, & même dans celui du 29 juillet 1732, a donné lieu à des difficultés sans nombre, en exigeant mal-à-propos que le *billet* à ordre fût fait par un homme d'affaires, ou par un marchand, au profit d'un autre du même état; mais cela est sans principes. Le motif de l'exemption du contrôle des *billets* à ordre ou au porteur a été de favoriser le commerce; d'où il résulte que les *billets* étant faits par des gens d'affaires, ou par ceux qui, en qualité de banquiers, marchands, négocians & artisans, font valoir le commerce, chacun suivant son état, ne peuvent être assujettis au contrôle, quels que soient l'état & la qualité de celui au profit duquel le *billet* est fait, d'autant plus que l'argent prêté à un homme d'affaires ou à un négociant par un gentilhomme, un ecclésiastique, un bourgeois ou autre, ne facilite pas moins le commerce & l'exécution des traités de l'emprunteur, que si cet argent lui étoit prêté par un homme de son état. Il ne faut donc considérer que la qualité de celui qui a fait le *billet* à ordre.

Un arrêt du conseil du 27 mars 1736, ayant condamné à une amende les religieuses de Notre-Dame de Pont-le-Roi, & l'huissier qui avoit exploité en vertu d'un *billet* à ordre non contrôlé, fait à ces religieuses par un marchand de bois pour marchandises en bois, l'huissier s'est pourvu en opposition, sur le fondement que le *billet* étoit à ordre, & fait par un marchand pour son commerce : en conséquence, il a été déchargé de l'amende par un autre arrêt du 8 mai 1736. La décision est juste, parce que le *billet*, ayant pour objet le commerce du marchand, étoit exempt de contrôle, comme fait à ordre, quand bien même il n'auroit été causé que pour argent prêté; à plus forte raison, en devoit-il être exempt, puisqu'il étoit causé pour marchandises de son commerce; au moyen de cela, il n'étoit pas même nécessaire qu'il fût à ordre pour être dispensé du contrôle.

Le 27 février 1748, le conseil a décidé qu'un *billet* à ordre, fait pour solde de compte entre marchands, étoit sujet au contrôle, sur le fondement qu'il n'étoit pas pour fourniture, & qu'il valoit quittance au débiteur; mais le débiteur ne peut se donner quittance à lui-même, & le *billet* à ordre pour solde ne mérite pas moins de faveur que les autres; aussi, par une autre décision du 23 novembre 1752, rendue sur le mémoire du sieur Ardant, syndic & marchand de la ville de Limoges, il a été déchargé des droits de contrôle, prétendus pour des lettres, *billets* à ordre & endossemens pour solde de compte, attendu que les termes de *solde de compte* ne constituent pas un compte, quand même ils le supposeroient.

Des billets en blanc. On a appellé *billets en blanc*,

des *billets* par lesquels on s'obligeoit de payer une certaine somme à quelqu'un dont le nom étoit laissé en blanc dans le *billet*; ensorte que le propriétaire ou porteur d'un de ces *billets* pouvoit y insérer tel nom qu'il jugeoit à propos pour représenter le créancier.

Comme ces *billets* servoient souvent à couvrir des usures & des fraudes, le parlement les proscrivit par deux arrêts de réglement des 7 juin 1611, & 26 mars 1624.

Des billets payables au porteur. Aux *billets* en blanc ont succédé les *billets* payables au porteur. On appelle ainsi des *billets* portant promesse de payer une certaine somme au porteur du *billet*, sans aucune désignation de la personne du créancier qui en a fourni la valeur.

Il faut dans ces *billets*, comme dans tous les autres, qu'il soit fait mention si la valeur en a été reçue en argent ou en marchandises.

L'usage des *billets* payables au porteur ayant paru dangereux dans le commerce, ils ont été supprimés pendant un temps; mais on les a ensuite rétablis, parce qu'on les a reconnus utiles à certains égards.

Lorsqu'on donne des *billets* de cette espèce en paiement, on n'y met aucun endossement, parce que celui qui les emploie, en transfère la propriété de la main à la main. Ainsi le propriétaire d'un *billet* au porteur n'a pour débiteur que celui qui l'a souscrit.

Un arrêt rendu au parlement de Paris, le 10 décembre 1717, entre le sieur de Beaufort-la-Roche-Canillac & Jean Cortigier, marchand à Clermont en Auvergne, a jugé qu'un marchand, propriétaire d'un *billet* payable au porteur, n'étoit point obligé de déclarer de qui il tenoit ce *billet*.

Au reste, quand on prend en paiement un *billet* payable au porteur, il est prudent de le faire garantir par celui de qui on le reçoit, & de faire signer cette garantie au dos du *billet*.

Dans le ressort du parlement de Bordeaux, cette garantie a lieu de droit pendant l'espace de trente jours, ainsi qu'il est porté par un arrêt de réglement du 5 septembre 1685.

Il faut appliquer aux *billets* au porteur ce que nous avons dit du contrôle relativement aux *billets* à ordre.

Des billets d'honneur. On appelle *billet d'honneur*, celui par lequel un gentilhomme ou un officier militaire déclare, sur son honneur, qu'il paiera la somme y portée, au terme convenu.

Suivant l'article premier du réglement des maréchaux de France, du 20 février 1748, tout gentilhomme ou officier qui, pour quelque cause que ce soit, fait un *billet* d'honneur à un marchand ou à quelque autre particulier non justiciable du tribunal des maréchaux de France, doit être puni d'un mois de prison ou plus, selon les circonstances, lorsqu'il ne remplit pas son engagement d'honneur, & le créancier doit être renvoyé à se pourvoir devant les juges ordinaires.

Suivant l'article 2 du même réglement, s'il arrive qu'un gentilhomme ou un officier militaire consente qu'un *billet* d'honneur soit fait en sa faveur, en prêtant son nom à un marchand ou à un autre particulier qui est le véritable créancier, il doit être puni de trois mois de prison pour avoir ainsi prêté son nom : & le débiteur qui a passé le *billet*, doit être puni d'un mois de prison : l'un & l'autre peuvent même être punis d'une plus longue prison, selon la qualité du fait & des circonstances.

Les maréchaux de France ont fait un autre réglement le 5 août 1762, par lequel il est ordonné, article premier, que les requêtes, présentées pour raison de *billets* faits par des gentilshommes ou officiers, ne peuvent être répondues de l'ordonnance de communiqué, que quand elles sont signées & datées par le créancier, ou accompagnées d'un pouvoir signé qui contienne la date du *billet*, le lieu de la demeure & les qualités du demandeur.

L'article second veut que les requêtes soient communiquées au débiteur dans le mois, à compter de la date de l'ordonnance de communiqué, quand le débiteur est à Paris ou dans les environs, à la distance de dix lieues, & dans trois mois au plus tard de la même date, quand le débiteur se trouve hors la distance de dix lieues, soit à l'armée, soit dans le reste du royaume, sauf à demander un nouveau délai en justifiant des motifs du retard.

Suivant l'article 3, la réponse au communiqué doit être écrite de la main du débiteur, & signée de lui à la suite de l'ordonnance de communiqué. S'il ne peut écrire & signer, le procès-verbal de communication doit contenir les raisons qui l'en ont empêché.

L'article 4 veut que les requêtes, ainsi revêtues de la réponse du débiteur, soient remises dans le mois, à compter de la date de la réponse, entre les mains du rapporteur.

Suivant l'article 5 qui est le dernier du réglement dont il s'agit, aucun officier ni garde de la compagnie de la connétablie ne peut exécuter définitivement une ordonnance, qu'elle n'ait été précédemment signifiée, à moins qu'il n'en ait été autrement ordonné.

Des billets de gabelle. C'est ainsi qu'on appelle la déclaration faite par un receveur de grenier à sel, qu'il a expédié à un tel, & dans un tel temps, telle quantité de sel, l'endroit où il le porte, & sa destination.

Aucun sel ne peut être voituré sans *billet* de gabelle pour en justifier la qualité, & le grenier où il a été pris.

Voilà la règle générale : cette règle s'applique spécialement aux regrattiers & aux muletiers.

Les regrattiers sont tenus de conserver leurs *billets* de gabelle pour qu'ils puissent faire la preuve des sels qu'ils ont vendus, par les registres ou feuilles des gabelles où ils doivent insérer le nom des différens acheteurs : c'est ce que prescrit un arrêt du conseil du 6 juillet 1666.

Les muletiers ayant la faculté, suivant le même arrêt, d'enlever du sel des greniers, de le vendre & débiter en conformité de l'arrêt de 1666, ils ne peuvent en faire le transport qu'avec les *billets* de gabelle : ce qui leur est prescrit par l'article 28 de l'édit de 1664, qui ordonne à tous gabeleurs, soit vendeurs de sel à petite mesure, & autres, de prendre des *billets* des receveurs & contrôleurs de chaque grenier, de la quantité de sel qui leur sera délivrée, & de le porter aux lieux pour lesquels ils auront pris les *billets*.

On appelle *muletiers*, ceux qui, en Provence & en Dauphiné, prennent du sel aux greniers pour le porter dans les marchés des lieux où il n'y a point de grenier à sel. *Voyez* GABELLES.

Des billets sommaires. Dans le ressort de la cour des aides de Rouen, on appelle *billet sommaire*, une sorte d'acte dans lequel les commis des aides énoncent sommairement la fraude qu'ils ont découverte, en attendant qu'ils dressent à cet égard un procès-verbal plus ample & plus détaillé.

Comme les droits de détail sont considérables dans le ressort de la cour des aides de Rouen, où l'on perçoit le quatrième & la subvention au détail, la perception de ces droits a pu se trouver souvent troublée par les redevables. Lorsque les commis découvroient des fraudes & des contraventions, il leur étoit difficile & quelquefois dangereux, de donner le temps & l'attention nécessaires pour dresser leurs procès-verbaux sur le lieu & à l'instant de la découverte de la fraude : c'est ce qui détermina à les autoriser à faire ces procès-verbaux où ils jugeroient à propos, en laissant toutefois aux prévenus, pour leur sûreté, un *billet* sommaire qui pût fixer sur le champ l'objet & le genre de fraude, sur lequel le procès-verbal devoit être rendu.

Les commis ne sont point obligés de représenter l'original de leur *billet* sommaire, ils en ont été dispensés par arrêt de la cour des aides de Rouen, du 12 juin 1708. La raison en est que ce *billet* n'est fait que pour les prévenus, qu'il ne sert qu'à déterminer la fraude ou contravention où ils sont tombés, & que le double en est inutile au fermier qui a par devers lui le procès-verbal, lequel doit être conforme au *billet* sommaire, & sur lequel il doit faire ses poursuites.

Des billets de marchandises. C'est ainsi qu'on appelle l'exposition des diverses espèces de marchandises, & leur prix, dont le vendeur donne le détail à l'acheteur.

Billets de provisions. C'est la liberté accordée par un bureau de douane à des marchands, pour leur permettre de se munir, sans payer certains droits, des choses de leur commerce, dont ils ne peuvent se passer pour leur usage.

Billets de l'épargne sont d'anciens *billets* dont le paiement avoit été autrefois assigné sur l'épargne du roi. Ces *billets*, mandemens ou rescriptions ont été supprimés au commencement du ministère de M. Colbert : ce qui leur a ôté toute la valeur qu'ils avoient dans le commerce.

Billets lombards. Ce sont des *billets* d'une figure & d'un usage extraordinaires, dont on se sert en Italie & en Flandres, & qui, depuis l'année 1716, se sont aussi établis en France.

Les *billets* lombards d'Italie sont de parchemin coupé en angle aigu de la largeur d'un pouce ou environ par le haut, & finissant en pointe par le bas. Ils servent principalement, lorsque des particuliers veulent prendre intérêt à l'armement d'un vaisseau chargé pour quelque voyage de long cours.

Pour cet effet, celui qui veut s'intéresser à la cargaison du navire, porte son argent à la caisse de l'armateur qui enregistre sur son livre le nom du prêteur, & la somme qu'il prête. Il écrit ensuite sur un morceau de parchemin de la largeur de douze à quinze lignes, & de sept ou huit pouces de longueur, le nom & la somme qu'il a enregistrés. Il coupe le parchemin d'un angle à l'autre en ligne diagonale, en garde une moitié par devers lui, & délivre l'autre au prêteur pour la rapporter à la caisse au retour du vaisseau, & la confronter avec celle qui a été retenue, avant que d'entrer en aucun paiement, soit du prêt, soit des profits.

En Flandres, les *billets* lombards sont employés par ceux qui prêtent sur gages. Ils écrivent sur un pareil morceau de parchemin le nom de l'emprunteur, & la somme qu'il a reçue : ils le coupent en deux, ils en donnent la moitié à l'emprunteur, & cousent la seconde moitié sur les gages, afin de les reconnoître & de les remettre, lorsqu'on leur rend la somme prêtée.

Billets de la banque royale. Il y a peu de différence entre les *billets* lombards dont nous venons de parler, & les *billets* de la banque royale de France. Ces derniers n'étoient que de papier, & se coupoient du haut en bas en deux parties égales; ensorte néanmoins que la coupure en étoit dentelée, précaution sûre contre la friponnerie de ceux qui voudroient les contrefaire. Une moitié de ces *billets* restoient dans les bureaux de la banque où elles étoient reliées dans des régistres : &, au bas de la partie qui étoit délivrée au porteur, on y apposoit l'empreinte d'une espèce de sceau.

Billets de monnoie. Ces *billets* furent occasionnés par la refonte générale des monnoies, ordonnée par Louis XIV au mois de juin 1700. La refonte n'ayant pu se faire assez promptement pour payer toutes les vieilles espèces qu'on portoit aux hôtels des monnoies, les directeurs ou changeurs en donnèrent leurs *billets* particuliers qui devinrent ensuite dettes de l'état. En 1703, on ordonna que ces *billets* porteroient un intérêt de huit pour cent; mais s'étant ensuite trop multipliés par le trafic usuraire & la fraude des agioteurs, ils furent supprimés & convertis en rente sur la ville, ou tirés du commerce par d'autres voies.

Billets de l'état. Ils ont commencé presque en même temps que le règne de Louis XV pour acquitter les dettes

dettes immenses, contractées sous le régne précédent. Ils reçurent ce nom, parce que le roi en fit sa dette, & qu'il promit de les payer sur les revenus de l'état; au lieu que, dans le commencement, ce n'étoit que des *billets* de particuliers, quoique faits pour des sommes fournies pour les besoins de l'état.

La plupart de ces *billets* ont été retirés & acquittés au moyen de plusieurs taxes imposées sur les gens d'affaires; d'autres ont été convertis en action de la compagnie d'Occident, en rentes viagères sur l'hôtel-de-ville de Paris; d'autres enfin ont été acquittés par la voie des loteries qui se tiroient tous les mois.

Nous parlerons des *billets* de loterie sous le mot LOTERIE.

On appelle encore *billets*, des espèces de passeports que l'on prend aux portes des villes & des lieux où il est dû un droit de barrage, lorsque l'on veut faire *passer debout* des vins, des marchandises, des bestiaux.

BILLET *de santé*, (*Histoire moderne & Police.*) c'est une attestation de santé, accordée, dans les temps contagieux, par un conseil qu'on institue alors sous le nom de *conseil de santé*. Ce *billet* contient le lieu d'où le porteur est parti, son nom, sa qualité, sa demeure, la date de son départ, l'état de santé de la ville, du bourg ou village d'où il vient, & la permission de le recevoir où il se présentera avec ce *billet*, au bas duquel il aura pris certificat de tous les lieux où il aura dîné, soupé & couché.

BILLET, (*terme de Coutume.*) celles de Troyes & de Lille s'en servent pour désigner les affiches qu'on met aux portes de l'auditoire ou autres lieux, & qui contiennent la dénomination des biens dont on poursuit le décret, soit forcé, soit volontaire.

Celle de Metz appelle *billet*, le récépissé que donne une partie, des pièces que lui communique sa partie adverse.

BILLETTE, terme des coutumes d'Anjou, de Loudun, de Tours & du Maine pour signifier la marque ou tableau qui indique qu'il est dû un droit de péage.

BILLON, BILLONNAGE, BILLONNEUR, f. m. (*Monnoie.*) *billon* se dit de toute matière d'or ou d'argent, alliée ou mêlée d'une portion de cuivre plus considérable que celle qui est réglée par les ordonnances rendues sur le titre des monnoies. *Billonnage* est l'espèce de délit que commettent ceux qui font un mêlange prohibé de ces sortes de matières, ou qui trafiquent des espèces autres que celles qui ont cours dans le royaume; & *billonneur* est celui qui se rend coupable de ce délit.

On appelle aussi *billon*, toute espèce de monnoie dont le cours est défendu, à quelque titre qu'elle puisse être.

On donne encore le nom de *billon* à la monnoie de cuivre, mêlée d'un peu d'argent, comme celle des pièces de dix-huit deniers & de deux sous. Les liards qui sont purement de cuivre, sont encore compris sous le nom de *billon*. Enfin ce même mot s'entend des lieux où l'on doit porter la monnoie décriée, légère & défectueuse, pour la mettre à la fonte, & en recevoir la juste valeur : ces lieux sont les bureaux de la monnoie & du change.

Le *billonnage*, pris pour un négoce & une substitution de mauvaises à de bonnes pièces, se commet de différentes manières.

1°. Lorsqu'on achète ou qu'on change la monnoie pour une valeur moindre que celle qu'elle a dans le public, afin de la remettre à plus haut prix, soit dans le même lieu, soit dans une autre province.

2°. Quand les collecteurs & les receveurs retiennent les bonnes espèces d'or & d'argent qu'ils ont reçues des contribuables, pour n'envoyer au trésor royal que des espèces de *billon* ou de cuivre, ou qu'ils retiennent les espèces pesantes pour ne payer qu'en espèces légères.

3°. Lorsque les changeurs remettent dans le commerce les espèces défectueuses, étrangères & décriées qu'ils ont changées.

4°. Quand on ne veut recevoir les espèces qu'au prix de l'ordonnance, & ne les exposer qu'au prix qu'elles ont par le surhaussement du peuple.

5°. Lorsqu'on trafique des monnoies étrangères & décriées, & qu'on leur donne cours dans le royaume.

6°. Quand les marchands se transportent sur les ports de mer pour y acheter les espèces à deniers comptans plus qu'elles ne valent, ou qu'ils stipulent que leurs marchandises leur seront payées avec ces sortes d'espèces, afin de les passer ensuite de ville en ville, à la faveur du commerce, jusqu'aux places frontières, ou de les vendre aux orfèvres.

7°. Lorsqu'on choisit les espèces les plus pesantes pour les fondre, ou les vendre aux orfèvres qui les fondent pour leurs ouvrages.

8°. Quand on change les espèces qu'on a reçues, & qu'on en achète d'autres pour faire des paiemens.

9°. Lorsqu'enfin on recherche des espèces d'or ou d'argent dans une province, & qu'on en donne quelque bénéfice afin de les remettre à plus haut prix dans une autre province.

Les ordonnances de 1559, 1574, 1577, 1578, 1629, & plusieurs arrêts de la cour des monnoies, notamment celui du 13 juin 1600, font d'un commerce pareil un crime capital. Une déclaration du 8 février 1716, & un édit du mois de février 1726, font défenses à tous les sujets du roi & aux étrangers qui sont dans le royaume, même à ceux qui jouissent du privilège de régnicoles, de faire aucune négociation d'espèces & de matières d'or & d'argent à plus haut prix que celui qui est porté par les édits, les déclarations & les arrêts de réglemens, ni de faire à ce sujet aucun *billonnage*, à peine, pour la première fois, du carcan, de confiscation des espèces ou matières, & de trois mille livres d'amende, & des galères à perpétuité, en cas de récidive : punition encourue, tant par ceux qui achètent que par ceux qui vendent.

La déclaration de 1716 accorde aux complices qui dénonceront le *billonnage*, l'exemption de la peine, & une portion dans les amende & confiscation.

Ceux qui sont trouvés saisis de rognures & de pièces de *billon* qui en procèdent, encourent la même peine que celles des faux-monnoyeurs, lorsqu'il paroît qu'ils ont été de concert avec eux, c'est ce qui résulte d'une déclaration du 14 janvier 1549.

BILLOTS, f. m. (*Droit coutumier. Domaine.*) en Bretagne, on appelle *impôts & billots*, certains droits qui faisoient partie du domaine des anciens ducs de Bretagne, & qui se perçoivent sur les boissons.

Dans l'origine, ces droits n'étoient pas une imposition générale & perpétuelle ; c'étoit un simple octroi que les communautés des villes & les barons obtenoient sous les ducs de Bretagne, pour lever des deniers sur ce qui se débitoit dans les villes ou dans les territoires des seigneurs, pendant un temps déterminé, à la charge d'en employer le produit à la fortification ou à la réédification des clôtures des villes, ou à d'autres ouvrages publics. Cette destination du produit est justifiée par un édit de Charles VIII, du 14 juillet 1492.

Comme les communautés & les seigneurs particuliers s'approprioient ces droits, au lieu de satisfaire aux conditions sous lesquelles ils avoient été octroyés, nos rois les réunirent au domaine de la couronne, ainsi que les autres droits dont avoient joui les ducs de Bretagne.

En 1554, il fut ordonné une aliénation de dix mille livres de rentes affectées sur les impôts & *billots*; l'aliénation fut même ordonnée des droits d'impôts & *billots*, par édit du mois de juillet 1638, sous la faculté de rachat perpétuel ; mais cet édit fut révoqué par un autre du mois de décembre 1664, qui réunit ces droits au domaine. Les besoins de la guerre déterminèrent Louis XIV à en ordonner l'aliénation à titre de propriété incommutable, par édit du mois de juin 1710 ; mais cette aliénation n'eut pas lieu : les mêmes circonstances ont déterminé Louis XV à en faire l'aliénation aux états de la province de Bretagne, par contrat du 18 février 1759, ratifié par lettres-patentes du mois de mars suivant.

Enfin, par arrêt du conseil du 9 juin 1771, les mêmes droits ont été réunis au domaine du roi, & sa majesté s'est chargée d'acquitter les rentes de l'emprunt fait par les états pour acquérir ces droits.

Les droits d'*impôts & billots* sont fixés, savoir, ceux d'impôts, à vingt-deux sous dix deniers par barique de cent vingt pots de vin, autre que le vin breton, & à pareille somme par barique d'eau-de-vie.

Chaque barique de vin breton, de bière, de cidre ou de poiré paie pour le même droit onze sous cinq deniers.

Le droit de *billots* est de six pots par barique de cent vingt pots : sans aucune déduction pour les lies & coulages.

On perçoit en outre les sous pour livre de ces droits comme des autres droits dépendans des fermes du roi.

Les droits d'impôts & *billots* sont dus sur toutes les boissons vendues en détail, de quelque façon & par quelques personnes que ce soit, & sur celles que l'on consomme dans tous les lieux & assemblées, comme noces, baptêmes & autres où l'on fait courir le plat pour recevoir de l'argent des assistans.

Ils doivent être payés par préférence aux devoirs des états & aux octrois des villes & communautés de la province : c'est ce que porte un arrêt du conseil du 14 novembre 1676.

Suivant l'article 292 de la coutume de Bretagne, l'action du fermier pour les impôts, ainsi que pour octrois, se prescrit par an & jour, s'il n'a cédule ou obligation par écrit.

Il est fait défense à toutes personnes de permettre qu'il soit tiré de leurs caves des boissons pour transporter, en quelque façon que ce soit, chez les cabaretiers, & à ceux-ci, ainsi qu'à tous autres débitans, d'en vendre aucune sans brandon, & d'en acheter par pots ou pintes, à peine de confiscation & de cinq cens livres d'amende.

Il est enjoint à tous les propriétaires & locataires des maisons & lieux où se fait la fraude, de faire cesser le débit aussi-tôt après la dénonciation du fermier, à peine de demeurer responsables, en leur propre & privé nom, des condamnations encourues par les fraudeurs.

Il est défendu aux marchands en gros de fournir à leurs fermiers ou locataires aucune boisson pour être vendue en fraude, & de souffrir qu'il en soit enlevé de leurs caves & celliers, qu'ils n'en aient averti, au bureau du fermier des impôts & *billots*, les commis à la marque, pour qu'il leur en soit donné décharge, à peine d'être responsables du paiement des droits & de l'amende ; il est pareillement défendu aux rouliers & charretiers de conduire des boissons sans avoir déclaré au même bureau leur nom, le nom de ceux chez qui ils les ont chargées, & de ceux pour qui elles sont destinées, à peine de confiscation des équipages servant à conduire ces boissons, & de pareille amende de cinq cens livres, & à tous vagabonds & gens insolvables, de vendre en détail sans le consentement du fermier, à peine du carcan, à défaut du paiement des droits, ainsi que de l'amende, pour la première fois, & sous peine du fouet, en cas de récidive.

Il est permis aux commis du fermier de faire leurs visites & perquisitions dans les maisons soupçonnées de fraude, & il est enjoint aux propriétaires & locataires de ces maisons d'en faire ouverture à la première sommation des mêmes commis pour apposer leur contremarque sur les futailles; &, en cas de refus de la part de ces propriétaires ou locataires, les juges royaux doivent faire faire, aux frais des mêmes propriétaires ou locataires, l'ouverture des caves & lieux soupçonnés. Toutes ces choses sont fondées sur l'arrêt du conseil du 6 décembre 1666, & sur les arrêts du parlement de Bretagne, des 28 février 1663, 15 mars 1667, 6 avril & 15 mai 1669.

Suivant un autre arrêt du conseil du 19 août 1673, les brasseurs ne peuvent vendre leurs bières en gros dans d'autres futailles que des bariques, pipes ou tierçons.

Sur la contestation des commis avec les fraudeurs, & lorsqu'il importe que les preuves de la fraude soient constatées sur le champ, les commis peuvent se faire assister d'un notaire ou greffier des lieux pour recevoir les dires des parties & les déclarations de ceux qui ont connoissance de la fraude.

Enfin il est enjoint aux juges des lieux de tenir la main à ce que ces dispositions soient exécutées, à peine d'en répondre en leur propre & privé nom, & il leur est défendu de réduire au-dessous de cent livres les amendes encourues pour fraude : c'est ce qui résulte des arrêts du parlement de Bretagne, des 15 mai 1669, & 22 janvier 1734.

Comme l'ordonnance des aides du mois de juin 1680 n'est point connue au parlement de Rennes, où elle n'a point été enregistrée, le fermier des impôts & *billots* suit, pour la perception de ces droits, les réglemens particuliers dont on vient de rapporter les dispositions; on voit qu'elles diffèrent, en plusieurs cas, de celles de l'ordonnance de 1680.

Il n'y a point de qualité ni d'état qui exempte des droits d'impôts & *billots*; les ecclésiastiques & les nobles y sont sujets, même sur le vin du crû de leurs bénéfices ou de leur patrimoine; mais il y a des exemptions particulières, tant en faveur des arquebusiers qui ont abattu le papegault, que de plusieurs maisons franches dans différentes villes de la province, & de quantité de seigneuries & communautés. Le nombre de ces privilèges est considérable; le préjudice qu'ils portent à la ferme des impôts & *billots* a donné lieu à la recherche des titres sur lesquels ils sont fondés. Il fut ordonné, par arrêt du 9 septembre 1669, que ces titres seroient rapportés pardevant le sieur Boucherat, qui fut nommé à l'effet de les examiner. Sur son rapport intervint l'arrêt du 27 juillet 1671, lequel a fixé les lieux qui doivent jouir de l'exemption, & la manière dont ils doivent en jouir.

Suivant cet arrêt, celui qui a abattu le papegault, jouit, pendant un an, à commencer du jour qu'il l'a abattu, de l'exemption des impôts & *billots* sur la quantité de vin, fixée suivant les différens lieux. Il lui est libre d'exploiter par lui-même son droit, ou de le céder à un seul autre cabaretier ou habitant, du nombre de ceux qui ont tiré au même papegault, pour vendre sous un même brandon, à la charge, par l'abatteur du papegault ou son cessionnaire, de souffrir les exercices des commis. Dans le cas de cession du droit, elle doit être signifiée au fermier.

Les maisons franches de la province de Bretagne, qui sont exemptes des droits d'impôts & *billots*, sont des auberges anciennement établies dans différentes villes de la province. Quelques-unes étoient nécessaires dans ces villes pour la commodité du commerce & des voyageurs : le prince y a attaché des privilèges pour en favoriser l'établissement : cette exemption, à l'égard de quelques autres, est une récompense que les ducs de Bretagne ont jugé à propos de donner aux propriétaires de ces maisons pour reconnoître leurs services, ou pour d'autres considérations. Enfin il y en a qui ne sont franches qu'à certaines conditions, comme d'entretenir des parties de mur, réparer un chemin, & à d'autres titres onéreux. Ces privilèges, quel qu'en fût le motif, ne s'accordoient que du consentement des états. L'arrêt dont il s'agit, a réglé, dans les différentes villes, les maisons qui doivent jouir de l'exemption.

Les propriétaires ou locataires de ces maisons jouissent de l'exemption des impôts & *billots* pour les vins qu'ils vendent aux gens qui logent actuellement chez eux, sans qu'ils puissent donner à boire & à manger à d'autres, tenir cabaret ni vendre des boissons en pots ni en bouteilles, à peine de déchéance de leur privilège, de cent livres d'amende, & d'être condamnés au paiement des droits, comme les autres débitans, pour les boissons par eux vendues pendant le quartier où ils sont contrevenus à ces défenses. Il leur est enjoint à cet effet de souffrir les visites & exercices des commis. Ces maisons ne peuvent être augmentées par aucune acquisition, donation ou échange, ni l'exemption des droits, transférée, en quelque façon que ce soit, à d'autres maisons, à peine de déchéance : c'est ce qui résulte des arrêts du conseil des 24 mars 1667, 22 janvier & 27 juillet 1671, & 21 août 1677.

Suivant le même arrêt du 27 juillet 1671, les prévôt, officiers & ouvriers de la monnoie de la ville de Nantes, servant actuellement & demeurant dans les six lieues des environs de cette ville, & leurs veuves, tant qu'elles demeurent en viduité, sont exempts des droits d'impôts & *billots* pour le vin de leur crû, qu'ils vendent en détail; à la charge de mettre chaque année au greffe de la sénéchaussée un rôle contenant les noms, surnoms & demeures de ceux qui doivent être compris, & servent actuellement, pour jouir de cette exemption.

Les buvetiers de la chambre des comptes de Nantes jouissent de la même exemption sur quinze tonneaux qui se consomment dans la buvette de cette chambre, sans qu'ils puissent mettre brandon hors le palais.

Il y a, outre ces privilèges, nombre de seigneurs & de communautés qui jouissent de l'exemption des mêmes droits à différens titres. Les uns pendant tout le cours de l'année, les autres pendant un certain nombre de jours seulement; quelques-uns pour toutes les boissons de leur crû, les autres pour une quantité déterminée.

Mais tous ces privilégiés, tant ceux dont l'exemption est à temps & sur une quantité fixée, que ceux qui en jouissent indéfiniment sur toutes les boissons qu'ils peuvent vendre, sont tenus de souffrir les exercices des commis du fermier, comme les autres habitans, à peine de déchéance de leur privilège & de cent livres d'amende.

BINER, terme qu'on trouve dans plusieurs coutumes. Il signifie le second labourage que l'on donne aux vignes, & qui doit être fait dans le cours du mois de mai. On applique aussi le mot de *biner*, à la seconde façon de labour que l'on donne aux jardins.

Les mêmes coutumes appellent *rebiner*, le troisième labourage, qui doit se faire dans les vignes avant que le raisin soit entièrement mûr. La coutume de Nivernois exige qu'on donne cette troisième façon aux vignes immédiatement après les vendanges, si la saison n'a pas permis de la donner auparavant.

BISARME, espèce d'arme offensive dont parle la coutume de Saint-Sever, & qu'elle met dans la même classe que les dards, les épées, les épieus, *&c.*

B L

BLADAGE, s. m. (*Droit féodal & coutumier.*) terme employé dans les environs d'Alby pour signifier le résultat de l'ensemencement qu'ont reçu les terres de ce pays-là.

Ce mot est encore pris pour un droit qui consiste dans une certaine quantité de grains que paie un emphytéote à son seigneur au-delà de sa redevance annuelle pour chaque bête qu'il emploie à la culture du fonds qu'il tient à titre d'inféodation.

Ce droit de *bladage* n'est pas dû par la seule détention des terres inféodées, il faut qu'il soit expressément porté par les titres d'inféodation. Il est de la nature de la plupart de tant d'autres droits seigneuriaux constitués, qui exigent des titres, & qui sont susceptibles de prescription. *Voyez* DROITS SEIGNEURIAUX.

BLAIRIE, (*Droit de*) *Droit féodal.* C'est un droit qui est dû dans quelques coutumes au seigneur haut-justicier, & qui consiste ordinairement dans une redevance en grain, pour la permission qu'il accorde aux habitans de son territoire de faire paître leurs bestiaux sur les chemins publics, les terres à grain, & les prés même de son domaine, après l'entière dépouille, ainsi que dans les bois & les héritages qui ne sont pas clos, & qui ne sont pas défensables en hiver.

Ce droit de *blairie* se nomme aussi quelquefois *droit de vaine pâture.*

Il semble que la vaine pâture soit de droit commun : il y a même des cantons où l'on ne peut mettre ses prairies en regain, & en empêcher la vaine pâture, après l'enlévement de la première herbe, qu'en bâtissant & en habitant sur le terrein de la prairie : mais il y a d'autres cantons où la vaine pâture ou le droit *de blairie* suit la haute-justice, & où les justiciables sont obligés de l'acquérir par une redevance qu'ils paient au seigneur.

Ce droit inconnu hors du pays coutumier, ne doit son existence qu'à un ancien usage, incapable seul d'acquérir aucune propriété à celui qui en jouit sans titre. Il est mis au nombre des droits réels seigneuriaux, c'est ce qui fait que les redevances qui y sont attachées, se perçoivent tant sur les nobles que sur les roturiers.

BLAME, s. m. *en Droit criminel*, est un jugement qui prononce une correction verbale contre l'accusé. Cette correction est infamante, & toujours accompagnée d'amende. Il se prononce en ces termes : N. (le juge nomme le coupable par son nom) *la cour te blâme, & te rend infâme.*

Le *blâme* ne peut être prononcé contre un coupable, qu'après que son procès a été instruit par récolement & confrontation. On est libre d'appeller ou de pas appeller d'une sentence qui prononce le *blâme.* Mais, dans le cas d'appel, on doit procéder à la tournelle criminelle. Dans l'ordre des peines infamantes, le *blâme* suit le bannissement à temps. *Voyez* PEINE.

BLAME, (*Jurisprudence féodale.*) est l'improbation que fait le seigneur de l'aveu & dénombrement que son nouveau vassal lui a fourni. Ce *blâme* consiste en deux points : à marquer ce que le vassal a mis de trop dans son dénombrement; par exemple, s'il y a compris la justice qu'il n'a pas, & qui appartient au seigneur dominant; s'il a mis au nombre des arrière-fiefs des terres qui sont mouvantes en plein fief, c'est-à-dire, immédiatement du seigneur dominant, & autre chose de cette nature : le second point consiste à marquer ce que le vassal a omis dans son dénombrement. *Voyez* AVEU.

Le *blâme* n'est soumis à aucune formalité : il suffit que le seigneur désigne les objets qu'il entend contester.

Au surplus, il est essentiel de remarquer qu'aussitôt que le dénombrement a été présenté au seigneur, celui-ci ne peut plus saisir le fief, quelques motifs de *blâme* qu'il puisse avoir : s'il a saisi avant que le dénombrement lui ait été présenté, il est obligé de donner main-levée de sa saisie, & le vassal jouit librement du fief, pendant le cours de la contestation.

Si le vassal, content de cette jouissance, néglige de faire juger la validité du *blâme*, le seigneur peut le traduire en justice pour cet effet, sans que cette demande lui impose la nécessité de la preuve à laquelle tout demandeur est soumis : parce que dans cette contestation, de même que dans les redditions de compte, le seigneur & le vassal sont tour-à-tour demandeurs & défendeurs.

Le seigneur, par ses *blâmes*, est demandeur; mais il est comme ayant compte, c'est-à-dire, que par ses *blâmes* il débat le compte, le détail du fief du vassal; & alors le vassal, quoique défendeur originaire à la demande en réformation d'aveu, doit justifier, par titres, le détail qu'il a donné de son fief, comme le rendant compte est tenu de justifier les articles débattus de son compte; sauf au seigneur, comme oyant compte, à justifier ses *blâmes*, en fournissant des contredits. Dans ce seul cas-ci, le seigneur doit, pour appuyer ses *blâmes*, produire ses titres pour écarter ceux du vassal.

Cependant, si le vassal se purgeant, par serment, qu'il n'a aucun aveu d'après lequel il ait pu s'instruire, offroit de s'en rapporter aux anciens aveux qui seroient entre les mains du seigneur, Guiot pense qu'il faudroit encore, dans ce cas, obliger le seigneur à justifier ses *blâmes*. La raison en est qu'il ne faut pas réduire le vassal à l'impossibilité; & que si l'on ne doit pas le croire sur son simple aveu, le seigneur ne doit pas être cru non plus sur ses simples *blâmes*, sans communiquer les anciens aveux.

Une maxime importante, en fait de dénombrement, c'est que tous les biens que possède le vassal dans l'étendue de son fief, sont présumés féodaux: telle est l'opinion de tous les jurisconsultes: c'est pourquoi, le seigneur pourroit blâmer l'aveu dans lequel ces mêmes biens ne seroient pas compris, à moins que le vassal n'en prouvât la roture par de bons titres. *Voyez* AVEU, DÉNOMBREMENT, COMMISE.

BLANC, *en terme de Pratique*, se dit en quelques phrases pour l'endroit d'un acte qui est resté non-écrit. C'est en ce sens qu'on dit qu'on a laissé deux, trois ou quatre lignes de *blanc*, qu'on a laissé un nom en *blanc*. (*H*)

BLANC-BOIS, *terme de Coutume*, qui désigne les bois de moindre valeur, & qui, dans la province d'Artois, sont mis dans la classe des *cateux* ou *catels*, c'est-à-dire, des choses qui, par leur nature, sont immeubles, mais que néanmoins la coutume du lieu regarde comme meubles dans le partage des successions. *Voyez* CATELS.

BLANCHES, (*Fermes*) *terme de la coutume de Normandie*, sont celles dont le fermage se paie en argent. *Voyez* FERME. (*H*)

BLANCS, (*livres & sous*) les anciennes coutumes de Mons & de Hainaut, distinguoient les monnoies en livres & sous *blancs*, & en livres & sous noirs. La livre & le sou *blancs* étoient d'une valeur plus considérable que les sous & livres qu'on appelloit *monnoie noire*.

BLANC-SEING, s. m. (*Jurisprudence*.) c'est une signature privée au-dessus de laquelle on laisse plus ou moins de papier blanc, suivant l'acte auquel on veut que la signature corresponde.

Une question est de savoir si des actes intervenus sur des *blancs-seings* sont valables. Les uns prétendent que ces *blancs-seings* sont aussi permis que le sont des procurations où on laisse en blanc le nom de la personne qui en fait usage; & que celui qui a eu la facilité de livrer un *blanc-seing*, ne doit s'en prendre qu'à lui-même, si l'on en abuse. D'autres soutiennent au contraire, & avec plus de fondement, que les actes auxquels se rapportent des signatures de cette espèce, ne sauroient être valables, par la raison qu'il est de l'essence des contrats que chacun connoisse la nature & la force des engagemens qu'il souscrit, & qu'on ne peut pas dire que celui qui a donné sa signature d'avance ait eu cette connoissance lorsqu'on en a fait usage. On ajoute qu'il seroit trop dangereux pour la société de tolérer une faculté pareille, parce qu'au lieu de remplir le *blanc* suivant l'intention de celui qui l'a donné, on pourroit souvent trahir sa confiance & sa bonne-foi. Il est vrai qu'on tolère les procurations en *blanc* pour le nom du procureur constitué, mais ceci n'est pas de la même conséquence. Celui qui donne une procuration dicte lui-même les clauses & les conditions de l'acte qui en font l'objet: il sait que cet acte ne sera obligatoire qu'autant qu'il sera conforme à la procuration que connoît parfaitement celui qui la donne; & comme il est presque toujours indifférent que tel ou tel particulier soit porteur de cette procuration, voilà pourquoi on ne cherche point à réclamer contre les actes qui en ont été la suite, sous ce seul prétexte que la personne chargée du pouvoir de contracter n'a pas été désignée dans la procuration au moment même où elle a été donnée.

Il est quelquefois très-difficile de reconnoître si la signature est antérieure ou postérieure à l'acte: dans ce cas, on doit la supposer postérieure, parce qu'il est naturel de présumer que les choses se sont passées dans les règles. Mais peut-on faire cesser cette présomption en offrant de prouver par témoins que la signature a été donnée avant que l'acte fût écrit? Si aucune circonstance n'indiquoit la vérité de ce fait, nous ne saurions croire que cette preuve fût admissible; sans quoi il n'est pas d'acte sous signature privée contre lequel il ne fût permis de proposer la même objection, ce qui seroit de trop grande conséquence: mais s'il paroissoit par le peu de correspondance de la signature avec les derniers mots de l'acte, que cette signature avoit été apposée avant l'acte même, si la situation des personnes dans ce temps-là étoit notoirement telle qu'il ne fût pas vraisemblable que la partie qui réclame ait été dans le cas de souscrire l'engagement à l'exécution duquel on veut la forcer, ces indices & nombre d'autres qui dépendroient des circonstances, pourroient alors déterminer les juges à admettre une preuve vocale qu'ils pourroient refuser dans toute autre occurrence.

Lorsque la signature a été surmontée d'un billet de commerce payable au porteur, il est bien plus difficile de réclamer contre la surprise, parce que dans le commerce le porteur d'un billet n'a point de garantie contre celui de qui il le tient; il n'a pour débiteur que la personne obligée; & la bonne-foi dans laquelle ce porteur est présumé être, ne permet pas d'écouter aucune exception contre lui, à moins que la forme du billet ne fût telle que la surprise fût évidente. *Voyez* BILLET, SEING & SIGNATURE.

BLANCHIMENT, f. m. (*Droit civil. Commerce.*) c'est l'action par laquelle on donne aux toiles la blancheur dont elles sont susceptibles.

Plusieurs réglemens concernant les toiles qui se fabriquent dans la Bretagne & la Normandie, défendent d'en blanchir qu'elles n'aient été visitées & marquées.

Un arrêt du conseil du 3 mai 1728, défend de blanchir des toiles, batistes & linons avant le 15 mars & passé le dernier septembre. Ces défenses ont été renouvellées aux blanchisseurs des provinces de la Picardie, de l'Artois, de la Flandres, du Hainaut & du Cambresis, ainsi que dans les généralités de Paris & de Soissons, par un autre arrêt du conseil du 18 février 1737; en ajoutant qu'à l'égard des autres espèces de toiles que les batistes, les linons & les demi-hollandes, elles pourroient être blanchies depuis le premier mars jusqu'au dernier novembre. Il est défendu d'en recevoir aucune à blanchir qu'elle n'ait la marque de visite & celle du marchand. On ne peut même pas les rendre qu'elles n'aient été marquées, aux deux bouts de chaque pièce, d'une marque particulière. Les blanchisseurs doivent tenir un registre pour y écrire le nombre des pièces de toiles qui leur sont données à blanchir, le nom de ceux à qui elles appartiennent, le jour qu'ils les ont reçues, & celui auquel ils les ont rendues.

Comme il est intéressant que le *blanchiment* des toiles se fasse sans en altérer la substance, il a été rendu, le 15 juin 1738, un arrêt du conseil qui fait défenses à tous blanchisseurs & autres, de lessiver ni de blanchir aucun fil de lin & de chanvre avec de la chaux ou d'autres ingrédiens corrosifs, & à tous fabriquans, tisserands & ouvriers d'employer dans la fabrication des toiles, de quelque espèce qu'elles puissent être, aucun fil ainsi lessivé & blanchi, sous les peines portées par cet arrêt.

BLANDICES, f. f. (*terme de Palais.*) signifie des *flatteries* ou *cajoleries* artificieuses, par où l'on surprend le consentement de quelqu'un. (*H*)

BLANQUE, f. f. (*Finance.*) On appelle *droit de blanque*, un droit dont jouissent en Languedoc les propriétaires des salines de Pecquais. Voici l'origine de ce droit, & en quoi il consiste.

Lorsque le territoire de Pecquais fut inféodé à différens particuliers pour y construire des salines, c'étoit un lieu marécageux & stérile : quinze salines y furent construites; on les environna d'une chaussée pour les mettre à l'abri des inondations de la mer & du Rhône : de petites chaussées fixèrent l'étendue de chaque saline; enfin rien ne fut oublié de ce qui pouvoit préparer, faciliter, perfectionner & conserver l'ouvrage des sauneries.

Il est facile de sentir que tant de travaux dûrent occasionner des dépenses considérables; mais les propriétaires en furent amplement dedommagés par le gain que leur procuroit la faculté qu'ils avoient pour lors de vendre leurs sels à telles personnes, à tel prix & en tels endroits que bon leur sembloit, même à l'étranger.

L'établissement de la gabelle en Languedoc les priva de cette faculté, & conséquemment des avantages qui en résultoient; ils ne furent plus les maîtres de disposer de leurs sels; on leur imposa la nécessité de ne les vendre qu'aux fermiers du roi, & à un prix très-modéré.

D'un autre côté, leur débit étant partagé avec celui des autres salines qu'on avoit construites dans la même province, il devint moins lucratif; & le temps ayant miné une partie des ouvrages qu'ils avoient élevés, ils se trouvèrent moins en état de les réparer, ensorte que la plupart des salines demeurèrent abandonnées.

On craignit avec raison la cessation générale des sauneries dans le territoire de Pecquais; elle auroit anéanti le produit des droits royaux, & auroit mis dans le cas d'acheter de l'étranger une denrée qu'on pouvoit lui vendre. Le duc d'Anjou, lieutenant-général en Languedoc, pour le roi Charles V son frère, crut qu'il étoit à propos de venir au secours des propriétaires : il ordonna qu'ils prendroient sur le droit de gabelle le quart d'un gros par quintal de sel, composé de deux minots.

En 1388, le duc de Berry, qui commandoit pour le roi Charles VI son neveu, fixa cet octroi à un blanc valant quatre deniers parisis, aussi par quintal; mais au lieu de l'affecter sur les deniers de la gabelle, il le rejetta sur l'acheteur du sel, & il dispensa les propriétaires de rendre compte de son produit, soit à la chambre des comptes, soit ailleurs.

C'est ce nom de *blanc*, propre à la monnoie destinée originairement à payer l'octroi dont il s'agit, qui a donné lieu de le qualifier *droit de blanque*, dénomination qu'il a toujours conservée depuis, & qui s'est communiquée aux augmentations que ce droit a successivement reçues.

En 1412, un officier de la chambre des comptes ayant fait saisir le droit de *blanque*, Charles VI, par des lettres-patentes du mois de décembre de la même année, accorda main-levée de cette saisie, autorisa les propriétaires des salines à percevoir le droit, & ordonna qu'il fût distribué entre eux en la manière accoutumée.

Ils représentèrent, en 1422, que ce droit ne pouvoit suffire à toutes les dépenses qu'ils avoient à faire, & ils obtinrent, de Charles VII, des lettres-patentes par lesquelles il fut augmenté de deux deniers parisis, qui, avec les quatre antérieurement concédés, firent sept deniers obole, relativement à la livre tournois.

Louis XI & Charles VIII le confirmèrent successivement par des lettres-patentes des mois d'octobre 1462, & septembre 1489; ces dernières le déclarèrent *droit ordinaire*.

Par d'autres lettres-patentes de Charles IX, de 1565, il fut porté à dix-sept deniers obole, qui composent ce qu'on appelle l'*ancien droit de blanque*, & qui ont formé les cinq livres cinq sous à quoi il montoit pour chaque gros muid de sel: ce montant suppose une division du gros muid en soixante-douze quintaux, parce que soixante-douze fois dix-sept deniers obole reviennent précisément à la somme de cinq livres cinq sous.

Henri IV ordonna, par des lettres-patentes du 19 octobre 1594, que les propriétaires continueroient d'en jouir sur le même pied, & qu'il leur seroit payé par le fermier des gabelles à mesure que les chargemens de sel se feroient à Pecquais.

Enfin Louis XIII leur accorda de nouvelles lettres-patentes au mois d'août 1616, confirmatives des précédentes.

Depuis cette époque le droit de *blanque* a été successivement augmenté par plusieurs arrêts du conseil jusqu'à la somme de douze livres dix sous par gros muid. Ces différentes variations n'ont rien changé à la nature de ce droit.

La contagion qui desola depuis 1720 jusqu'en 1722, la ville de Marseille & ses environs, avoit interrompu la communication entre les provinces circonvoisines.

Le fermier des gabelles, dans la crainte du défaut de communication avec Pecquais, fut obligé de forcer ses approvisionnemens, afin de prévenir la pénurie dans les greniers.

Ces enlèvemens firent disparoître tous les sels qui se trouvèrent alors sur les salines, & déterminèrent les propriétaires à faire des sauneries générales en 1723 & 1724; à peine étoient-elles achevées, qu'elles devinrent pour eux un nouveau motif de prétentions: ils exposèrent que la disette d'hommes & de vivres causée par la contagion avoit rendu beaucoup plus coûteux les frais de sauneries, & que d'ailleurs les pluies avoient détruit la plus grande partie des sels.

Leur demande en indemnité ne fut point accueillie, 1°. parce qu'en supposant qu'ils eussent supporté quelque perte sur les sauneries de 1723 & 1724, elle étoit plus que compensée par les bénéfices considérables que leur avoit procurés, dans les deux années précédentes, le débit de tout leur sel.

2°. Parce que ces deux sauneries même ne les avoient pas privés d'un bénéfice raisonnable, puisqu'en réunissant le produit du droit de trente livres, fixé pour le prix de leur sel à celui du droit de *blanque*, pour les deux années, & en déduisant sur le total de ce produit la totalité de leur dépense, les déchets pour les grands chargemens, & ce qui revenoit au roi pour son droit de septem, il étoit justifié qu'ils avoient encore retiré un produit net, qui excédoit 70 mille livres.

BLASPHÊME, s. m. (*Droit criminel.*) ce mot, tiré du grec, signifie *atteinte à la réputation*. On l'emploie ordinairement pour marquer les injures qui ont rapport à la divinité. On appelle donc *blasphémateurs* ceux qui profèrent des injures & des exécrations contre l'honneur de Dieu, de la sainte Vierge & des saints, ou qui écrivent & enseignent quelque chose contre l'existence, les suprêmes attributs de Dieu, & le respect qui lui est dû.

C'est blasphémer que d'attribuer à Dieu ce qui ne lui convient pas, ou de lui refuser ce qui lui convient. C'est encore une espèce de *blasphême* que de s'échapper en mauvais propos contre la Vierge & les saints; de renier sa foi, sa religion; de parler avec impiété des mystères & des choses saintes; de prononcer des juremens avec colère & mépris par ce qu'il y a de plus saint & de plus sacré.

Suivant la novelle 77 de Justinien, les blasphémateurs devoient être punis de mort. Les capitulaires ordonnoient le dernier supplice, tant contre les blasphémateurs que contre ceux qui cachoient les *blasphêmes* dont ils avoient connoissance.

Louis XII, par son ordonnance du 9 mars 1510, voulut que ceux qui blasphêmeroient le nom de Dieu ou qui feroient *d'autres vilains sermens contre Dieu, la sainte Vierge & les saints*, fussent condamnés pour la première fois à une amende arbitraire, en doublant toujours jusqu'à la quatrième fois inclusivement; qu'à la cinquième, outre l'amende, ils fussent mis au carcan; qu'à la sixième, ils eussent la lèvre supérieure *coupée d'un fer chaud, & qu'ils fussent menés au pilori*; qu'à la septième, la lèvre inférieure leur fût coupée, & la langue à la huitième.

Les ordonnances postérieures des années 1570, 1572, 1581, 1617 & 1647, ayant beaucoup varié sur les châtimens convenables en pareil cas, Louis XIV rendit une déclaration en date du 7 septembre 1651, confirmative de l'ordonnance de Louis XII, de l'année 1510, avec cette particularité que les deux tiers de l'amende seroient appliqués aux hôpitaux ou aux pauvres du lieu, & l'autre tiers au dénonciateur; en ajoutant que ceux qui, ayant entendu prononcer des *blasphêmes*, manqueroient de les dénoncer, seroient condamnés à une amende de soixante sous. A l'égard des *blasphêmes* énormes, qui, selon la théologie, appartiennent, est-il dit, à *l'infidélité, & qui dérogent à la bonté, à la grandeur de Dieu & à ses autres attributs*, le souverain veut qu'ils soient punis de plus grandes peines, suivant que les juges l'arbitreront.

Cette déclaration a été depuis renouvellée par un arrêt du 30 juillet 1666, qui renferme les mêmes dispositions que cette loi.

Une ordonnance du 20 mai 1681 défend à tous soldats de jurer & de blasphêmer *le saint nom de Dieu, de la sainte Vierge & des saints*, à peine d'avoir la langue percée d'un fer chaud. Cette disposition a été renouvellée par l'article 36 de l'ordonnance du 1 juillet 1727, concernant les délits militaires.

Il nous seroit facile de rapporter une infinité d'exemples de châtimens même très-sévères, prononcés contre des blasphémateurs. Il y en eut un qui, pour avoir blasphémé contre *le saint nom de Dieu, l'eucharistie & la sainte Vierge*, fut condamné en 1748, par arrêt du parlement de Paris, à faire amende honorable, à avoir la langue coupée & ensuite être pendu, ce qui fut exécuté à Orléans.

Nous observerons qu'une punition si sévère dépend beaucoup des circonstances qui accompagnent le *blasphême*. Les juges bien pénétrés qu'il n'appartient point aux hommes de venger la divinité, à laquelle il doit être réservé de punir ou de pardonner, se bornent à considérer les maux qui peuvent résulter pour la société d'une impiété ou d'un scandale, & à punir ces sortes de délits suivant l'offense que les mœurs publiques peuvent en souffrir. Ils ne confondent plus, comme autrefois, une indiscrétion, une ignorance, avec une malice réfléchie. Ils craindroient de punir un emportement de jeunesse, comme on punit des empoisonneurs & des parricides. Ils regarderoient une sentence de mort pour un délit qui mériteroit simplement une correction, comme un assassinat commis avec le glaive de la justice. Ce n'est pas que nous prétendions dire que les magistrats croient devoir être moins attentifs qu'autrefois à poursuivre la réparation des injures faites à la divinité; mais ils savent que la punition ne doit jamais excéder le mal que la société peut en souffrir, & que quelquefois, en prêtant trop facilement l'oreille aux cris d'une populace qui se scandalise aisément, il est dangereux par-là de devenir trop enclin à punir sévèrement des fautes qui mériteroient quelque indulgence.

C'est par cette raison que l'on voit très-peu de condamnations pour raison de cette espèce de crime, quoique les *blasphêmes* & les juremens soient très-ordinaires parmi certaines gens. La mauvaise éducation de ces personnes, la certitude où l'on est que ces *blasphêmes* sont prononcés sans dessein, empêchent qu'on ne s'en apperçoive, & font qu'on les laisse impunis, quoiqu'ils naissent d'une habitude très-criminelle, que les ministres ecclésiastiques doivent essayer de déraciner.

Une autre espèce de *blasphême*, est celui qui attaque la religion. C'est un crime public que de la décrier ouvertement, sur-tout par des livres ou des libelles. Une déclaration du 16 avril 1757, porte que ceux qui seront convaincus d'avoir composé, fait composer ou imprimer des écrits tendant à attaquer la religion, seront punis de mort. Sans doute qu'il faudroit que ces écrits fussent bien violens, bien dangereux & bien réfléchis, & que l'étendard de l'irréligion y fût entièrement déployé, pour que la peine de la loi fût ouverte dans toute sa rigueur.

Les propos impies contre les cérémonies de l'église, dégénèrent aussi quelquefois en *blasphême*: il n'est nullement permis de les tourner en dérision ni de s'en moquer. A l'égard de ces usages, qui peuvent paroître singuliers dans quelques endroits à ceux qui n'y sont pas accoutumés, il faudroit que la dérision fût bien affectée, & qu'elle causât du trouble & du scandale, pour qu'elle méritât l'attention du ministère public.

Comme le *blasphême* donne atteinte à l'ordre public, en donnant atteinte à la religion, les juges séculiers peuvent prendre connoissance des délits de cette espèce; le juge d'un seigneur haut-justicier est même compétent, suivant Bornier, pour en connoître. Mais qu'on fasse bien attention que la punition du *blasphême* n'étant nécessaire à la société que pour l'exemple, & non pour venger la divinité qui est au-dessus des vains outrages des hommes, le *blasphême* ne doit exciter le ministère public qu'autant que l'impiété, comme nous l'avons dit, est grave & scandaleuse.

BLAVIER. La coutume d'Auxerre, *art. 270*, appelle de ce nom le sergent commis à la garde des bleds, comme elle donne le nom de *messier* à celui qui est chargé de la garde des vignes.

BLAYER, s. m. (*terme de Coutume.*) est un seigneur haut-justicier qui a droit de blairie. (*H*)

BLED, s. m. (*Droit civil. Police.*) le *bled* fait, dans presque tout l'ancien continent, la principale nourriture de l'homme; c'en est assez pour faire comprendre combien cette denrée de première nécessité doit fixer l'attention du gouvernement pour en favoriser la culture, en rendre le commerce le moins onéreux qu'il est possible au peuple, & en écarter tout monopole. C'est le fléau le plus funeste qui puisse tourmenter l'humanité, car la famine est le plus insupportable de tous les maux, le plus dangereux dans la société, & l'occasion prochaine des soulevemens & de la sédition.

Nous avons rapporté la jurisprudence actuelle du royaume, par rapport au commerce des *bleds*, *sous les mots* ACCAPAREMENT, APPROVISIONNEMENT, nous renvoyons ce qui nous reste à dire, pour completter cette matière, *aux mots* EXPORTATION, GRAINS.

La nécessité de pourvoir à la conservation du *bled*, pendant le temps de son accroissement & de sa maturité, a engagé le législateur de défendre la chasse dans les terres ensemencées, dès que les *bleds* montent en tuyau. C'est la disposition précise de l'ordonnance de 1669, *tit. 31*, *art. 8. Voyez* CHASSE.

BLESSÉ, adj. pris subst. BLESSURE, s. f. (*Droit criminel.*) *blessé* est celui qui a reçu des coups, des plaies, des contusions; & les *blessures* sont les mauvais traitemens qu'il a soufferts.

L'ordre & la tranquillité qui doivent régner parmi les citoyens, défendent de se livrer à des excès envers qui que ce soit. Anciennement les outrages, l'homicide même se rachetoient à prix d'argent. Il y avoit des tarifs suivant lesquels se payoient les *blessures* de tel ou tel genre: plusieurs de nos coutumes nous ont transmis des restes de cet ancien usage auquel on ne s'arrête plus aujourd'hui. Les *blessures* se punissent arbitrairement, suivant le préjudice

préjudice qu'on voit en résulter pour celui qui les a reçues.

L'article 195 de l'ordonnance de Blois condamne particuliérement les outrages de propos délibéré. Elle ne met presque aucune différence entre les assassins & ceux qui se prêtent à *outrager ou excéder autrui*. Cette loi veut que les instigateurs, & ceux qui se prêtent à leurs mauvais desseins, soient punis de mort sans espoir de pardon.

Les excès seuls excusables, sont ceux qui se commettent dans une rixe, une querelle, une dispute : on présume que dans ces momens la chaleur des sens ne laisse point la liberté de la raison.

A l'égard des *blessures* qui n'ont lieu que par accident, elles ne forment, à proprement parler, qu'un délit matériel auquel on ne sauroit appliquer les peines portées contre les délits volontaires.

Il y a donc trois sortes de *blessures :* les unes de propos délibéré; les autres dans des mouvemens de colère, & les troisièmes par accident. Ce sont ces trois genres de *blessures* que nous allons développer.

Blessures de propos délibéré. Les *blessures* de cette espèce dégénèrent, comme nous venons de le voir en crime public. Lorsque le juge est instruit qu'il se trouve dans un grand chemin, ou quelque autre part que ce soit, un particulier mort, ou expirant, couvert de *blessures*, il doit se transporter sur le champ, avec le greffier du siège, au lieu du délit pour dresser procès-verbal de l'état des choses. Ce procès-verbal doit être fait sans perte de temps & *sans déplacer ;* c'est ce que porte l'article 1 du titre 4 de l'ordonnance de 1670. Il n'est pas nécessaire que le procureur du roi y soit appellé; sauf à lui à prendre communication du procès-verbal, qui doit être déposé au greffe dans les vingt-quatre heures de sa date, en supposant toutefois que la distance des lieux & des circonstances imprévues n'obligent pas de différer plus long-temps ce dépôt.

Comme le procès-verbal du délit sert, pour l'ordinaire, de fondement à l'instruction qui peut s'ensuivre, on ne sauroit trop apporter d'attention à le bien rédiger : il doit être le plus circonstancié qu'il est possible. Si la personne *blessée* est encore en état de répondre, le juge doit lui faire prêter serment de dire vérité, & l'interroger sur toutes les particularités du délit; il peut aussi exiger la déclaration par serment des personnes qui se trouvent encore sur les lieux, & qui ont été présentes à ce délit.

Pour constater la nature & le genre des *blessures*, le juge doit appeller un médecin & un chirurgien, ou du moins deux chirurgiens quand on n'a pas le temps d'appeller un médecin. Ces deux ministres de l'art doivent prêter serment de s'acquitter fidellement de leur commission. Ils doivent avoir attention de bien désigner le lieu, l'état & la position où ils ont trouvé le malade; reconnoître, autant qu'il est possible, si les coups lui ont été portés de guet-à-pens, ou si simplement il a succombé à une attaque; expliquer de quels instrumens offensans on s'est servi contre lui; dire encore, quand cela se peut, si les *blessures* seront mortelles, ou s'il y a espérance de guérison. Si l'on reconnoissoit, ce qui ne seroit pas sans exemple, que le *blessé* se fût donné lui-même les coups qui paroissent, on ne devroit pas oublier d'en faire mention. On doit entrer en même temps dans tous les détails qui peuvent être une suite des *blessures*, comme les fractures, les suffocations, les hémorragies & les douleurs dont le *blessé* peut se plaindre, *&c.*

Ce rapport, ainsi que le procès-verbal du juge, doit être fait sur les lieux & sans interruption, parce que si l'on en usoit autrement, on pourroit oublier bien des choses qui seroient peut-être intéressantes pour le *blessé* ou pour le coupable.

Si le *blessé* étoit mort & qu'il eût déjà été inhumé, le juge pourroit ordonner l'exhumation de son cadavre, en prescrivant aux fossoyeurs de prendre toutes les précautions nécessaires pour n'y faire aucune meurtrissure en l'exhumant. Ceux qui sont chargés de faire la visite des cadavres, doivent bien faire attention si les coups qui paroissent ont été portés avant ou après la mort. Il s'est trouvé des cas où cette observation a été fort intéressante. Sur quoi il est bon d'observer que l'article 12 de la déclaration du 9 avril 1736, porte que ceux qui auront été *trouvés morts avec des indices de mort violente*, ou dans des circonstances capables de le faire soupçonner, ne pourront être inhumés que sur une ordonnance du juge criminel, rendue sur les conclusions du procureur du roi ou des seigneurs hauts-justiciers, & cela encore après avoir fait toutes les procédures, & pris toutes les instructions convenables à ce sujet. Il est ajouté que toutes les circonstances ou observations qui pourront servir à indiquer ou à désigner l'état de ceux qui seront ainsi décédés, & de celui où leurs corps morts auront été trouvés, seront insérées dans les procès-verbaux qui en seront dressés, & que la minute de ces procès-verbaux, ainsi que l'ordonnance dont ils seront suivis pour inhumation du cadavre, sera déposée au greffe. On est même obligé de faire mention de cette ordonnance dans l'acte de sépulture.

On trouve encore dans le recueil des réglemens une déclaration du 5 septembre 1712, où il est dit que lorsqu'il se trouvera dans la ville de Paris & dans les lieux circonvoisins, des cadavres de personnes que l'on soupçonnera n'être pas décédées de mort naturelle, soit dans les maisons, soit dans les rues ou autres lieux publics ou particuliers, & même dans les filets des ponts & vannes de moulins, ainsi que sur les bateaux de la rivière, tous ceux qui auront connoissance de ces cadavres seront tenus d'en donner avis aussi-tôt, savoir dans la ville & les fauxbourgs de Paris, au commissaire du quartier, & dans les lieux circonvoisins, aux juges qui en doivent connoître. Il est enjoint à ces officiers de se transporter avec diligence sur les lieux, de dresser procès-verbal de l'état où le cadavre aura été trouvé; de lui appliquer le sceau de la jurisdiction au front, de le faire visiter par des chirurgiens en leur présence; d'informer & d'entendre sur le champ ceux qui seront en état de déposer de la cause de la mort, du lieu du délit, des mœurs du défunt, & de tout ce qui pourra conduire à la connoissance du fait.

La même déclaration défend d'inhumer ces sortes de cadavres que la visite n'en ait été faite, & que l'inhumation n'en ait été ordonnée, à peine d'amende contre les contrevenans, même de punition corporelle contre eux, comme fauteurs & complices du délit, si l'homicide est constaté.

Une ordonnance de police, du 5 novembre 1716, oblige les chirurgiens de Paris de donner au magistrat une déclaration des personnes qu'ils ont pansées à la suite des *blessures* qu'elles ont reçues, de la qualité de ces personnes & du genre de leurs *blessures*.

Une chose à laquelle les médecins & les chirurgiens doivent faire beaucoup d'attention, c'est de discerner quelles sont les principales *blessures* qui ont pu occasionner la mort. Ceci est important pour les peines & les condamnations qui peuvent intervenir contre les accusés; car celui qui a porté le coup mortel paroît sans contredit bien plus répréhensible que celui dont l'outrage n'auroit point tiré à conséquence, comme on le verra à l'article COMPLICITÉ.

On prétend que lorsque le *blessé* a survécu à ses *blessures* quarante jours, l'accusé ne peut plus être puni comme homicide, sous prétexte que, suivant l'opinion commune des médecins, une personne *blessée* mortellement, ne peut pas vivre plus de 40 jours après l'offense reçue; la chose a même été ainsi jugée, par un arrêt du parlement de Provence, du 19 janvier 1652, rapporté par Boniface: mais il est singulier qu'on ait cherché à établir une règle fixe sur un cas pareil. Lorsqu'un homme maltraité décède après les quarante jours, on peut, ce semble, toujours reconnoître si sa mort a été une suite ou non des coups qu'il a reçus. Dans le doute, il est peut-être bien plus convenable de l'attribuer à une cause étrangère; mais lorsqu'il est évident que la mort n'est qu'une suite directe des coups qu'il a reçus, il est toujours vrai de dire que celui qui les a portés est un homicide, & qu'il doit être poursuivi comme tel.

La seule observation à laquelle on puisse s'arrêter, est de savoir si la *blessure* est devenue mortelle par la faute du *blessé*: qu'un homme de campagne, par exemple, après avoir été frappé à la tête, soit assez imprudent pour aller continuer ses travaux au soleil, il peut fort bien se faire que sa *blessure*, qui n'auroit point tiré à conséquence en se tenant tranquille, devienne mortelle par sa faute; en ce cas, l'auteur de l'outrage peut être excusé d'homicide, soit que l'outragé décède dans les quarante jours ou après. Ainsi, il faut examiner entre les causes directes & les causes indirectes de l'homicide. Sur quoi il est bon d'observer encore que, quoiqu'on ne puisse point être puni d'homicide, lorsqu'on n'est point directement l'auteur de la mort du *blessé*, on ne laisse pas d'être tenu de toutes les réparations civiles que cette mort peut entraîner, si elle est une suite des *blessures* reçues, quand même elle ne surviendroit qu'après les quarante jours. C'est ce qui a été jugé par un arrêt du 18 janvier 1631, rapporté au journal des audiences, par lequel un homme *blessé* fut regardé comme étant mort de sa *blessure*, quoiqu'il eût vécu 45 jours, & il fut adjugé une réparation à sa veuve. C'est pourquoi les parens, dans ce cas, peuvent demander une visite & conclure à des dommages & intérêts.

Au reste, quand les *blessures* ont été faites de dessein prémédité, elles sont toujours criminelles, & le coupable ne peut être à l'abri de toute peine civile qu'après la prescription du délit. Nous observerons pourtant à ce sujet, que quoique un délit de cette espèce soit dans le cas d'être puni d'une peine capitale, par la raison que les loix, comme nous l'avons dit, ne mettent presque aucune différence entre assassiner un homme & l'outrager de propos délibéré, on ne laisse pas néanmoins, dans la pratique, de se décider par les actes extérieurs qui peuvent déceler l'intention de l'accusé. S'il paroît que celui-ci n'en vouloit pas moins qu'à la vie de celui qu'il a maltraité de sang-froid, on ne fait aucune difficulté de le punir comme assassin. Mais si l'on voit au contraire que son intention n'étoit pas de lui ôter la vie, on use d'indulgence, & l'on se contente de le punir plus ou moins sévérement, suivant les circonstances.

Blessures occasionnées par une rixe. Ces *blessures* n'étant pas regardées comme l'effet d'une volonté réfléchie, ceux qui en sont les auteurs n'encourent ordinairement aucun châtiment public; mais ils peuvent être condamnés à des réparations civiles envers les maltraités, ceci dépend des circonstances que nous allons expliquer.

Dans une dispute suivie de voies de fait, on doit s'attacher principalement à reconnoître l'agresseur; il est certain que celui qui s'expose à une insulte, qui provoque un outrage, est le premier & quelquefois le seul coupable. Si je me vois attaqué, & que pour me défendre je blesse mon adversaire ou que je lui occasionne une chûte douloureuse, je ne serai nullement repréhensible, parce que la défense est naturellement permise à tout homme qui se sent attaqué. Il n'en seroit pas de même si, sur un simple propos, si sur des injures verbales, je me livrois à des excès envers lui; la défense ne seroit plus de même genre que l'attaque, ce seroit une vengeance que j'aurois cherché à me procurer, de mon autorité privée, & pour laquelle je deviendrois répréhensible; mais tout ceci s'examine au fond, lors d'un jugement définitif.

Lorsqu'un particulier a été *blessé*, & qu'il a besoin de pansemens, on peut par provision, & sans entrer dans un examen approfondi, s'il a mérité ou non les *blessures* qu'il a reçues, lui adjuger une certaine somme pour subvenir à ces pansemens. Pour cet effet, le *blessé* doit commencer par rendre plainte, exposer le fait, demander permission de faire informer & de se faire visiter. Le juge donne acte de la plainte, permet d'informer, & par provision commet un chirurgien à l'effet de visiter le *blessé*.

Le juge, d'un côté, procède à l'information, &, le chirurgien, de l'autre, se transporte chez le malade pour le visiter: ce chirurgien dresse son rapport suivant les observations que nous avons faites ci-dessus, & l'affirme devant le juge. Le *blessé* donne ensuite une nouvelle requête, par laquelle il expose le besoin qu'il a de pansemens & de médicamens, & conclut à ce qu'il lui soit adjugé à cet effet une certaine somme.

Le juge voit, par la plainte & par l'information, quel est l'auteur des *blessures*; le rapport du chirurgien lui fait connoître l'état du *blessé*, & de quelle étendue doivent être les secours dont il a besoin: il lui adjuge dès-lors une somme proportionnée, qui se paie solidairement par corps, & nonobstant toutes oppositions, lorsque dans les bailliages, sénéchaussées & autres justices qui ressortissent nuement aux cours, cette somme n'excède pas deux cens livres; cent vingt livres dans les autres justices royales, & cent livres dans celles des seigneurs. Il n'est même pas nécessaire que le *blessé* donne de caution, pour recevoir la somme qui lui est adjugée par provision, ce qui est sagement établi, parce que autrement un malheureux qui auroit besoin de secours, ne pourroit presque jamais en recevoir par les difficultés où il seroit de trouver une caution. Le juge pourroit pourtant quelquefois exiger sa caution juratoire pour remettre la somme en définitive, s'il étoit ainsi ordonné; mais on ne voit pas que dans l'usage cette caution juratoire soit jamais exigée, ce qui est sans doute omis pour éviter des frais qui n'aboutiroient à rien.

On est pourtant libre d'interjetter appel des sentences de provision; mais l'article 8 du titre 12 de l'ordonnance de 1670, ne permet d'accorder de défenses que sur le vu des charges & informations & sur le rapport des médecins & chirurgiens, encore faut-il que ces défenses portent expressément sur la provision, sans quoi on ne doit y avoir aucun égard.

S'il paroissoit par l'information que le *blessé* étoit lui-même dans son tort lors de l'offense, & que l'accusé ne s'est pas comporté moins sagement que ne l'auroit fait la personne la plus réfléchie, le juge pourroit très-bien alors se dispenser d'accorder aucune provision; mais il faudroit que la chose fût bien évidente, parce que, dans le doute, il est toujours prudent de subvenir aux besoins d'un maltraité, sauf à lui faire restituer en définitif, ce qui ne lui a été accordé que par provision.

Lorsque deux particuliers se sont mutuellement maltraités, & qu'il y a plainte de part & d'autre de voies de fait, le juge feroit mal de leur accorder à chacun des provisions pour pansemens & médicamens; ceci lui est défendu par l'art. 2 du titre 12 de l'ordonnance de 1670, à peine de suspension de son office, & de tous dépens, dommages & intérêts. Il ne doit en adjuger qu'à celui qui paroît le moins coupable, ce qui dépend de sa prudence; & lorsque chacun des *blessés* a porté sa plainte devant un juge différent, & qu'ils ont obtenu l'un & l'autre une provision, il faut alors se pourvoir devant le juge supérieur pour décider à qui elle demeurera adjugée.

La même ordonnance de 1670 veut que les deniers adjugés par provision, ne puissent être saisis pour frais de justice ni pour autre cause, sous aucun prétexte; elle défend de les consigner, & veut que ceux qui les auroient consignés soient tenus de payer, comme s'il n'y avoit point eu de consignation de leur part.

Il arrive quelquefois que la provision adjugée n'est pas suffisante, soit à cause de la longueur de la maladie, soit à cause des accidens survenus au *blessé*; le plaignant peut alors demander une seconde provision, & le juge l'accorder, pourvu qu'il se soit écoulé au moins quinze jours depuis la première provision obtenue. Mais le juge doit ordonner au préalable une seconde visite, pour savoir si le *blessé* est réellement dans le cas d'avoir besoin de nouveaux secours; & si l'accusé avoit connoissance que le mal n'a augmenté que par la faute du malade ou par des causes étrangères à ses *blessures*, il pourroit être admis à le prouver; tout comme s'il avoit de justes motifs pour soupçonner le rapport du chirurgien, il pourroit demander ce qu'on appelle une *contre-visite* par un nouveau chirurgien: cette visite seroit à la vérité aux frais de l'accusé qui la demanderoit, mais le juge ne devroit point la refuser.

Observez qu'avant d'adjuger une provision, il faut qu'il y ait eu un décret rendu contre l'accusé. Mais la provision ne concernant que l'intérêt particulier du plaignant & de l'accusé, elle peut se décerner sans la participation du ministère public; c'est même ce que porte l'art. 1 du titre 12 de l'ordonnance de 1670.

Lorsque les *blessures* reçues dans une rixe ont été telles que la mort en a été la suite, le ministère public peut alors se déclarer partie & se joindre à l'instruction commencée: il peut demander une visite particulière du cadavre, conclure à ce que la procédure soit continuée, provoquer un nouveau décret, un réglement à l'extraordinaire par récolement & par confrontation, *&c.* Mais s'il paroît que l'homicide a été involontaire, ou qu'il n'a été commis que dans la nécessité d'une légitime défenſe de la vie, l'accuſé eſt dans le cas d'arrêter ces pourſuites en obtenant des lettres de rémiſſion. L'article 2 du titre 26 de l'ordonnance de 1670, ne laiſſe aucune difficulté ſur l'obtention de ces lettres. Elles peuvent même ſe délivrer dans les chancelleries établies près les cours ſupérieures. Les juges, en pareil cas, ne peuvent abſoudre l'accuſé de leur propre autorité. Un homicide commis, quoique involontairement, préſente toujours aux yeux du public un délit grave, & la néceſſité de recourir aux graces du prince peut rendre les citoyens plus ſages & plus réſervés.

Bleſſures faites par accidens. Ce ſont celles auxquelles la volonté n'a eu abſolument aucune part. Ces ſortes de bleſſures donnent quelquefois ouverture à des dommages-intérêts, & quelquefois auſſi elles n'en entraînent aucuns, ceci dépend des circonſtances. Qu'un particulier paſſe ſous mon toit lors d'un temps orageux, & qu'il ſoit *bleſſé* par la chûte d'une tuile, je ne ſerai nullement reſponſable de cet accident, parce que je n'ai pas été obligé de prendre pour lui de plus grandes précautions que mes voiſins n'en ont priſes eux-mêmes pour les autres. Mais ſi faiſant travailler à mon toit j'ai négligé de faire uſage des ſignes ordinaires qu'on emploie pour avertir les paſſans de prendre garde à eux, & que ce particulier, par ma négligence, ait été *bleſſé*, je ſuis dans le cas de ſupporter des dommages-intérêts envers lui.

Ceux qui bleſſent en commettant des fautes dans leur art, ſont pareillement tenus des ſuites qu'elles entraînent. Tels ſont les chirurgiens, les ſages-femmes, *&c.* La bonne-foi peut bien les excuſer en quelque ſorte; mais comme il eſt égal pour celui qui ſouffre qu'il y ait de la bonne-foi ou qu'il n'y en ait pas, il n'en eſt pas moins dans le cas de demander des dommages-intérêts.

L'imprudence groſſière n'empêche pas non plus de réparer le mal que l'on a fait. Ainſi la maladreſſe des cochers & des charretiers, dans la conduite de leurs voitures, ne les rend pas excuſables; le maître même qui ſe trouve dans ſa voiture eſt reſponſable de ſes chevaux & de ſon conducteur. C'eſt par cette raiſon que nous ſommes garans des *bleſſures* que peuvent faire nos animaux. On trouve dans Soëfve un arrêt du 14 janvier 1648, par lequel un particulier fut condamné à mille livres de dommages-intérêts envers un autre particulier, qui avoit été tellement *bleſſé* à la jambe par le cheval du premier, qu'on fut obligé de la lui couper.

Un autre arrêt du 18 juillet 1688, rapporté au *Journal des audiences*, confirme une ſentence du châtelet de Paris, par laquelle le maître d'un dogue, qui avoit mordu au bras une demoiſelle en paſſant de plein jour dans une cour commune pour aller à ſon appartement, fut condamné en cinq cens livres de dommages-intérêts, & en deux cens livres pour les panſemens de la *bleſſure* : cette *bleſſure* avoit été ſi conſidérable, que la demoiſelle en avoit gardé le lit trois mois.

Nous ſommes pareillement reſponſables des délits que peuvent occaſionner ceux que nous prépoſons à quelques-unes de nos fonctions : un braſſeur nommé *Long-Champ* fut condamné, par arrêt du 16 mars 1726, confirmatif d'une ſentence de police du châtelet de Paris, à faire une penſion viagère de cent-vingt livres à un jeune homme qu'avoit eſtropié un garçon qui conduiſoit la voiture de ce braſſeur. *Voyez* ACCIDENT.

Un inſenſé qui feroit des bleſſures à quelqu'un, ne commettroit qu'un délit matériel ; cependant ſes biens répondroient toujours des dommages-intérêts qui pourroient en réſulter. Un marchand de Paris, convaincu d'avoir, de deſſein prémédité coupé le nez à une femme contre laquelle il avoit eu des procès, fut condamné, par une ſentence du châtelet, au fouet, à un banniſſement de neuf ans, à une amende de deux cens livres, & à ſix mille livres de dommages-intérêts. Il y eut appel de cette ſentence; la famille chercha à établir l'imbécillité de l'accuſé. Un premier arrêt ordonna une viſite par médecins & chirurgiens, & une information de vie & de mœurs ; & par l'arrêt définitif, qui intervint le 10 ſeptembre 1683, il fut dit que l'inſenſé ſeroit renfermé à Bicêtre, à la charge par ſa famille d'y payer cent cinquante livres pour ſa penſion. La ſentence du châtelet fut dès-lors infirmée quant aux peines afflictives, mais elle reſta dans ſon entier pour les dommages & intérêts.

Ceux qui ſont nommés pour curateurs à des furieux & à des inſenſés, ſont reſponſables des délits commis par ceux-ci, lorſqu'il a dépendu de ces curateurs de leur ôter la liberté de faire du mal. Les parens eux-mêmes en ſont reſponſables, faute par eux d'avoir donné des curateurs à ces perſonnes-là : c'eſt ce que porte formellement l'article 150 de la coutume de Normandie. « Les parens, y eſt-il dit, doivent avoir ſoin de tenir en » ſûre garde ceux qui ſont troublés d'entendement, » pour qu'ils ne faſſent mal à d'autres, ſinon ils » ſeront tenus civilement des dommages & intérêts » qui en pourront arriver ».

L'article ſuivant ajoute que, « s'il n'y a parens, » les voiſins ſeront tenus de dénoncer l'inſenſé à » juſtice, & cependant qu'ils ſeront tenus de le » garder, ſous les mêmes peines ».

C'eſt en effet un devoir de famille & d'humanité, de prendre ſoin de ceux qui ont eu le malheur de tomber dans une aliénation d'eſprit. Leurs proches parens, habiles à leur ſuccéder, ſe rendent coupables, tant envers la ſociété qu'envers ces malheureux, lorſqu'ils les abandonnent, & qu'il en réſulte des accidens. Ainſi, les diſpoſitions de la coutume de Normandie ne portant rien à cet égard que de juſte & de raiſonnable, on peut en faire l'application aux autres pays.

Par la même raiſon, un père peut être reſponſable des délits de ſes enfans, lorſqu'il dépendoit de lui de les retenir & de les corriger. Un écolier âgé de 16 ans en ayant tué un autre âgé de 13, dans une dispute, le coupable fut condamné avec son père, par un arrêt du 5 mai 1661, rapporté au journal des audiences, à deux cens livres d'aumône envers les prisonniers, à huit cens livres parisis de réparation civile, & aux dépens. Le père, compris dans cette condamnation, n'avoit eu aucune part à la dispute; mais il fut jugé répréhensible de n'avoir pas donné à son fils une meilleure éducation.

C'est ordinairement par la voie civile qu'on doit se pourvoir, pour obtenir la réparation d'une *blessure* faite par accident. On peut demander au juge ordinaire la faculté de se faire visiter par médecins ou chirurgiens, comme on peut le demander au juge criminel, dans le cas où la *blessure* a été la suite d'une voie de fait. La procédure est d'exposer, par une requête, le délit; de conclure à des dommages & intérêts, à une provision, & pour cet effet, de demander une visite. L'affaire peut même être portée devant les juges présidiaux, lorsqu'on se borne pour dommages & intérêts, à une somme qui n'excède pas le taux de leur compétence.

Si nous disons que c'est ordinairement par la voie civile qu'on doit se pourvoir pour des *blessures* de l'espèce de celles dont il s'agit, c'est parce qu'il est bon de remarquer que ces sortes de *blessures* peuvent aussi quelquefois donner ouverture à l'action criminelle. Qu'un cocher, par exemple, ait été averti de prendre garde à ses chevaux, & qu'il n'en ait rien voulu faire; que le maître d'un animal malfaisant ait pareillement refusé de le tenir à l'attache, après l'en avoir averti, & qu'il soit arrivé des accidens, on peut fort bien, en pareil cas, prendre la voie extraordinaire contre ces personnes-là, parce qu'elles sont censées avoir voulu le délit, dès qu'elles ne l'ont pas empêché, le pouvant faire. *Voyez* COMPLICITÉ, CADAVRE, RAPPORT, PROCÈS-VERBAL, VISITE, &c.

BLOC, s. m. pris adj. (*terme de Coutume.*) ce mot veut dire *ensemble*, *sans division:* on le trouve dans la coutume de Bayonne, *tit. 3*, *art. 13*, où il est dit que si un commissionnaire, chargé par plusieurs personnes d'acheter une même espèce de marchandises, a payé *en bloc*, c'est-à-dire, sans spécifier quelle portion il a achetée pour chacun de ses commettans, il doit remettre le tout entre les mains de l'un d'eux, du consentement des autres.

BLOIS, (*Droit public.*) ancienne ville, capitale d'un petit pays appellé *le Blésois:* elle est le siège d'un évêché suffragant de Paris, d'un bailliage & présidial, d'une élection, d'un grenier à sel, d'une maîtrise des eaux & forêts: il y avoit aussi une chambre des comptes, qui a été supprimée en 1775. Le comté de *Blois* après avoir été longtemps dans la famille des comtes de Champagne, fut réuni à la couronne sous François I, qui le possédoit du chef de Claude de France sa femme. Louis XIII le donna en augmentation d'apanage à Gaston d'Orléans son frère; après sa mort, il est rentré dans le domaine de la couronne.

B O

BŒUF, animal domestique très-connu & très-utile, destiné par la nature à aider l'homme dans les travaux de l'agriculture, & à le nourrir. Suivant les ordonnances, il n'est pas permis de saisir les *bœufs* servant au labourage, à moins que ce ne soit à la requête du vendeur, lorsqu'il n'a pas été payé du prix de la vente. *Voyez* ANIMAUX.

BOHADE, *terme de Coutume*, (*Auvergne, chap. 25*, *art. 21.*) c'est un droit dû au seigneur, par lequel il peut obliger ses censitaires à lui charroier ses vendanges, lorsqu'ils ont des *bœufs* de travail. Ce droit porte aussi le nom de *vinade.*

Lorsque, par le titre originaire, on n'a pas désigné le vignoble où le débiteur du droit sera tenu de se transporter avec ses bœufs, pour conduire la vendange du seigneur, la coutume décide que le droit de *bohade* est dû pour le vignoble le plus prochain du censitaire. *Voyez* BOVADE & ARBAN.

BOHÉMIENS, s. m. (*Droit criminel.*) c'est le nom dont on se sert pour désigner les vagabonds qui font profession de dire la bonne aventure, & dont le véritable métier est de chanter, danser, mendier & voler.

Pasquier en fait remonter l'origine jusqu'en 1427: il raconte que douze pénitens, qui se disoient chrétiens de la basse Egypte, chassés de leur pays par les Sarrasins, s'en vinrent à Rome & se confessèrent au pape qui leur enjoignit, pour pénitence, d'errer pendant sept ans; qu'il y avoit parmi eux un duc, un comte & dix hommes de cheval; que leur suite étoit composée de cent-vingt personnes; qu'ils avoient les cheveux noirs & crêpés, & les oreilles garnies de boucles d'argent; que leurs femmes étoient laides, voleuses & diseuses de bonne aventure; que l'évêque de Paris les contraignit de s'éloigner, & excommunia ceux qui les avoient consultés.

Depuis cette époque le royaume a été infecté de cette peste. On a toujours continué de donner le nom de *bohémiens* à tous ceux qui se mêlent de dire la bonne aventure. Mais comme ces vagabonds se mêlent le plus souvent de voler le peuple superstitieux & ignorant, les loix se sont élevées contre eux. Pendant la tenue des états d'Orléans, en 1560, il leur fut enjoint de se retirer du royaume sous peine des galères.

Louis XIV, par une déclaration du 11 juillet 1682, ordonna aux prévôts des maréchaussées, & à tous les officiers préposés pour la sûreté publique, d'arrêter les *bohémiens* ou égyptiens, leurs femmes & leurs enfans; il statua la peine des galères perpétuelles contre les hommes; & contre les femmes & les enfans, celle d'être renfermés dans les hôpitaux: il fit défenses à tous gentilshommes

& seigneurs de leur donner retraite dans leurs maisons ou châteaux, à peine de privation de leurs justices, & de réunion de leurs fiefs au domaine, même d'être poursuivis extraordinairement, si le cas y échéoit.

Le nombre des *bohémiens* est beaucoup diminué, soit parce que la police les a forcés de se retirer ou d'abandonner un métier qui les exposoit à un châtiment inévitable, soit parce que le peuple est devenu, ou moins crédule, ou plus pauvre, & par conséquent plus difficile à tromper.

BOIS, f. m. (*Droit civil, public & privé. Eaux & Forêts.*) c'est un lieu planté d'arbres propres à la construction des édifices, à la charpente, à la menuiserie, au charronnage, au chauffage & à divers autres usages.

Nous examinerons les *bois* dans cet article sous trois rapports généraux. Nous commencerons par dire un mot sur l'attention que les anciens peuples & nos premiers rois ont apportée pour la conservation des forêts. Nous exposerons ensuite la police actuelle des *bois* par rapport aux *bois* du domaine, des gens de main-morte & des particuliers. Nous finirons par donner une notice des différentes qualifications que les ordonnances & les coutumes joignent au mot *bois*.

Section première.

La conservation des bois a toujours été l'objet du soin des souverains.

Dans tous les temps, & chez toutes les nations, les *bois* ont été mis au rang des biens les plus précieux. Aussi voit-on que dans les temps les plus reculés il y avoit déjà des personnes préposées pour veiller à la conservation des *bois*.

Salomon demanda à Hiram, roi de Tyr, la permission de faire couper des cèdres & des sapins du Liban pour bâtir le temple.

On lit aussi dans Esdras, que quand Néhémias eut obtenu du roi Artaxercès, surnommé *Longue-main*, la permission d'aller rétablir Jérusalem, il lui demanda des lettres pour Asaph, garde de ses forêts, afin qu'il lui fît délivrer tout le *bois* nécessaire pour le rétablissement de cette ville.

Aristote, en toute république bien ordonnée, desire des gardiens des forêts, qu'il appelle *sylvarum custodes*.

Ancus-Martius, quatrième roi des Romains, réunit les forêts au domaine public, ainsi que le remarque Suétone.

Entre les loix que les décemvirs apportèrent de Grèce, il y en avoit qui traitoient *de glande, arboribus & pecorum pastu*.

Ils établirent même des magistrats pour la garde & conservation des forêts, & cette commission étoit le plus souvent donnée aux consuls nouvellement créés, comme il se pratiqua à l'égard de Bibulus & de Jule-César, lesquels étant consuls, eurent le gouvernement général des forêts; ce que l'on désignoit par les termes de *provinciam ad sylvam & colles* : c'est ce qui a fait dire à Virgile : *si canimus sylvas, sylvæ sint consule dignæ.*

Les Romains établirent dans la suite des gouverneurs particuliers dans chaque province pour la conservation des *bois*, & firent plusieurs loix à ce sujet. Ils avoient des forestiers ou receveurs établis pour le revenu & profit que la république percevoit sur les *bois* & forêts, & des préposés à la conservation des *bois* & forêts nécessaires au public.

Lorsque les Francs firent la conquête des Gaules, ce pays étoit, pour la plus grande partie, couvert de vastes forêts; ce que nos rois regardèrent, avec raison, comme un bien inestimable.

Les *bois* & les forêts dépendans du domaine ne furent d'abord administrés que relativement à la conservation du gibier : les premiers officiers dont il est fait mention dans les ordonnances, quant à cette partie, sont les forestiers, dont la première institution, ainsi que les fonctions qui leur étoient attribuées, avoient pour objet les chasses : on voit cependant, par une ordonnance de Philippe-le-Hardi, de 1280, qu'ils étoient chargés de délivrer aux usagers les *bois* nécessaires pour leur usage, dans les lieux les plus propres & les plus convenables pour l'aménagement des forêts.

On s'apperçut bientôt que les *bois* pouvoient produire de grands avantages, soit pour l'augmentation des domaines du roi, soit pour l'utilité de la nation; ces motifs engagèrent Philippe-le-Bel à en confier l'administration à des maîtres qui furent créés à cet effet, & auxquels on donna pareillement la police & la manutention des étangs du domaine & des rivières.

Nous attribuons à Philippe-le-Bel la première création des maîtres des eaux & forêts, parce qu'on trouve une ordonnanee de ce prince, rendue en 1291, qui leur est adressée, & que ce nom ne se trouve pas dans celle de Philippe-le-Hardi de 1280. Nous traiterons de la jurisdiction & des droits attribués aux maîtres des eaux & forêts dans les articles GRAND-MAÎTRE, MAÎTRE PARTICULIER, TABLE DE MARBRE, *&c.* Nous renvoyons aussi ce qui concerne les droits & les devoirs des gruyers, des gardes & autres officiers, aux mots qui leur sont propres.

Section II.

De la police des bois.

C'est une vérité généralement reconnue, que les *bois* sont d'une nécessité première, soit pour la commodité privée, soit pour les besoins de la guerre: ils sont encore l'ornement de la paix, & ils servent à l'accroissement du commerce. Ce n'est que dans les *bois* de haute-futaie, & de l'âge de cent cinquante, deux cens & même trois cens ans, que l'on trouve des pièces propres à la construction des vaisseaux, qui vont chercher dans les deux mondes les objets devenus nécessaires à nos besoins

& à l'entretien de notre luxe, ou qui défendent nos côtes & nos colonies de l'invasion des puissances ennemies. Ce ne peut être encore que dans une antique forêt, qu'on trouve des *bois* propres à la construction des maisons, qui nous mettent à l'abri des injures de l'air, & qui nous logent commodément.

Tous ces motifs ont engagé le gouvernement à regarder l'exploitation & l'aménagement des forêts, comme faisant partie du droit public, & comme devant être subordonnés aux loix, afin que les citoyens y trouvent toujours les ressources dont ils ont besoin. On pensa, & avec raison, qu'il étoit nécessaire de donner des règles pour les temps & la manière de couper les *bois*; qu'il falloit gêner la propriété des particuliers, & restreindre, dans cette partie, le droit d'user de sa propre chose suivant sa volonté, même suivant ses caprices, afin que le public ne fût pas un jour privé d'un objet de première nécessité, & absolument essentiel à la conservation de la vie.

Telles ont été les raisons qui ont porté nos rois à publier, en différens temps, des édits sur la police & l'aménagement des forêts. Louis XIV, sous le règne duquel le commerce maritime de la France prit un accroissement prodigieux, sentit l'importance d'une marine royale; & pour ne pas se trouver, ni ses successeurs, dans la nécessité de tirer de l'étranger ses *bois* de construction, il crut devoir rassembler, dans l'ordonnance de 1669, toutes les dispositions utiles, répandues dans les différens édits précédens, & prendre pour l'avenir, des précautions qui assurassent à la France la quantité de *bois* nécessaire pour le soutien de sa marine & la consommation des peuples. Cette loi a été suivie de plusieurs déclarations & arrêts du conseil, qui en ont expliqué ou corrigé quelques dispositions, dont l'expérience a démontré les vices.

Il seroit même à desirer qu'une loi nouvelle prescrivît aujourd'hui un nouvel aménagement des forêts qui appartiennent au domaine & aux particuliers. L'ordonnance de 1669 n'a pas prévu tous les inconvéniens; & on s'apperçoit d'un dépérissement si sensible dans les forêts, que plusieurs écrivains célèbres, & entre autres M. de Buffon, craignent non-seulement que les *bois* de service, dans lesquels consistent les forces maritimes de l'état, ne se trouvent consommés & détruits, sans espérance d'un renouvellement prochain; mais même que l'exploitation trop prématuré des taillis, & les ventes considérables des *bois* de haute futaie, réservés jusqu'à nos jours, ne mettent la France dans le cas de manquer un jour totalement de *bois*, soit pour la consommation journalière des *bois* de chauffage, soit pour l'entretien des vignes, la fabrication des tonneaux, les réparations & reconstructions des maisons.

Ces craintes ont excité le zèle de quelques citoyens, & nous avons aujourd'hui plusieurs bons écrits sur la culture, la police & l'aménagement des *bois*, parmi lesquels on doit distinguer ceux de MM. Duhamel, Pannetier d'Anet & de Sessevalle.

Tous les *bois*, en France, appartiennent au domaine du roi, aux communautés laïques & ecclésiastiques, ou aux particuliers. La coupe des *bois* est diversement déterminée à l'égard de chacune de ces propriétés, qui ont pour leur administration des réglemens différens & particuliers.

De la police des bois du domaine. L'attention de nos rois pour la conservation des *bois*, se porta d'abord sur ceux qui leur appartenoient; & jusqu'à François I, les réglemens faits pour la police & l'aménagement des *bois* ne concernoient encore que ceux qui dépendoient du domaine. Ce prince, par un édit du mois de janvier 1518, permit aux princes, prélats, églises, nobles & vassaux, d'user, si bon leur sembloit, relativement à leurs *bois*, des dispositions de cette ordonnance. Sous Charles IX, les vues du gouvernement s'étendirent plus loin, & la législation commença à embrasser la totalité des *bois* du royaume.

Trois abus principaux occasionnoient la dégradation & le dépérissement des *bois* du roi; le grand nombre des usages en *bois* de chauffage & de construction, les dons de *bois* à bâtir & à brûler, les coupes multipliées & faites à volonté.

Une ordonnance de Philippe-le-Long, du 2 juin 1319, régla la forme dans laquelle les dons, soit en nature de *bois*, soit en argent sur le prix des ventes, seroient faits à l'avenir. Elle veut que ces dons soient vérifiés à la chambre des comptes; qu'ils ne puissent avoir lieu que pour un an, & que les donataires prêtent serment de faire couper, façonner & charger, à leurs frais, les bois donnés; de les employer en totalité, sans fraude & sans en rien vendre, pour leur usage & conformément à la destination pour laquelle ils leur ont été donnés. Ces donations n'ont plus lieu depuis long-temps, même à l'égard des grands maîtres & autres officiers chargés de la conservation & de la manutention des *bois*. On leur accordoit autrefois leur chauffage en nature, & ils étoient payés de leurs gages sur le *bois* qui provenoit des haies & des routes, qu'ils pouvoient vendre à leur profit. Depuis l'ordonnance de Philippe-le-Long, on leur a attribué des gages fixes, qui, de même que les vacations extraordinaires des officiers des maîtrises, les salaires des arpenteurs & ouvriers, sont payés sur le montant des ventes par les receveurs des domaines & *bois*.

Il paroît que dans le temps de Philippe-le-Long, on payoit la dixme des *bois*, comme des autres biens, au moins dans quelques endroits; car l'ordonnance dont nous venons de parler, défend de payer la dixme en nature de *bois*, & veut qu'elle le soit en deniers, sur le prix des ventes, dans les mêmes termes que ceux qui auront été réglés pour le paiement de la vente.

Une seconde cause de la dégradation des *bois* du domaine, étoit le grand nombre des usages en *bois* à bâtir & à réparer, & les chauffages accordés à plusieurs communautés d'habitans. Sans entrer dans le détail des anciens réglemens à cet égard, il suffit de savoir que l'ordonnance de 1669 a supprimé tous les usages en *bois* à bâtir & à réparer, & n'a conservé de chauffage en nature, que ceux qui avoient pour principe la fondation & dotation des établissemens de piété faits par les souverains, dont elle a même subordonné la fourniture en espèces, à la possibilité des forêts sur lesquelles ils étoient assignés.

Les usages, soit pour chauffage, soit pour construction & réparation, accordés à titre onéreux, par échange ou indemnité, & antérieurs à l'année 1560, ont été évalués & convertis en une somme d'argent, qui doit être payée sur le montant des ventes sujettes à ces droits. Ces évaluations ont été réglées par des états arrêtés au conseil dans les années 1673, 1674 & 1675.

Les usages pour le chauffage & les constructions ou réparations, ont encore lieu en Lorraine, où les communautés & particuliers qui sont fondés à à les prétendre, en jouissent encore, conformément aux édits & ordonnances du duc Léopold de 1707, 1721 & 1724.

Quant aux usages pour le pâturage & le panage, l'ordonnance de 1669, en réglant l'exercice de ces droits, ne les a conservés qu'à ceux qui ont représenté des titres suffisans pour être compris dans les états du conseil que nous venons de citer.

Avant l'ordonnance de 1669, on coupoit arbitrairement des *bois* dans les forêts du roi, pour la marine, les constructions & réparations des bâtimens & châteaux dépendans du domaine. On étoit même anciennement dans l'habitude de multiplier les coupes, de les faire à volonté, sans ordre & sans règle.

L'ordonnance de 1319 défendit d'abord toute vente extraordinaire à deniers secs. Celle de 1376 & de 1515, prescrivirent de faire les ventes de suite; de les composer d'un certain nombre d'arpens, tant pleins que vuides, sans accorder aux marchands aucun remplage ou remplacement, & défendirent aux maîtres des eaux & forêts de mettre à exécution aucun mandement de vente extraordinaire, soit à l'occasion des dons, ou sous d'autres prétextes.

L'ordonnance de 1669 n'a pas déterminé l'âge auquel les *bois* du domaine doivent être coupés. Ce travail n'a été fait que par différens arrêtés du conseil des années 1673, 1674 & 1675. Ils ont fixé le nombre d'arpens qui doivent être annuellement vendus dans les forêts du domaine; ils ont déterminé l'âge des coupes à cent, cent cinquante, deux cens & même trois cens ans, suivant l'essence des *bois* & la nature du terrein, afin de ménager & de conserver des ressources pour l'état & pour le public.

Le roi s'est réservé le droit de changer le temps des coupes & d'en abréger les délais, suivant ce que l'expérience peut apprendre d'utile & d'avantageux, soit par rapport à l'augmentation des revenus du domaine, soit pour les besoins & la consommation des provinces, relativement aux débouchés & à l'approvisionnement des grandes villes, où les *bois* peuvent être conduits & débités.

A l'égard des constructions & réparations des maisons royales, l'ordonnance défend de faire aucune vente extraordinaire pour cet objet; elle veut que, dans ce cas, les grands-maîtres, sur les états qui en seront arrêtés au conseil, fassent marquer & abattre les arbres aux endroits les moins dommageables, & s'il ne s'en trouvoit pas de la grandeur & de la grosseur requises, ils peuvent les faire choisir & abattre dans les *bois* des sujets du roi, de quelque qualité & condition qu'ils soient, à la charge d'en payer la juste valeur, de gré à gré, ou suivant l'estimation d'experts; & en cas de contestation, les particuliers doivent se pourvoir pardevant l'intendant de la province.

La vente des *bois* du domaine ne peut se faire que suivant les formalités établies par les ordonnances, ainsi que nous l'avons dit sous le mot ADJUDICATION *des bois du roi*. Le prix en doit être payé en entier entre les mains des receveurs des domaines & *bois*, sans que les officiers des maîtrises puissent en rien recevoir ou retenir, sous prétexte de droits, de profits ou autrement.

Ces mêmes officiers sont obligés de faire, au moins chaque année, deux visites générales des *bois;* de dresser des procès-verbaux de l'état des forêts; d'en faire leur rapport au conseil, & d'y joindre les observations qu'ils croient nécessaires pour l'augmentation, conservation, recepage & aménagement des *bois*.

Les ordonnances leur défendent d'accorder aucune permission d'établir dans les *bois* du domaine des tuileries, forges, poteries, verreries, ni aucun attelier de cercliers, tourneurs, sabotiers, de laisser extraire des terres, des mines, du sable, & de faire des cendres.

Elles interdisent tous monopoles, intelligences, compagnies, associations secretes, au moyen desquels les ventes seroient adjugées à vil prix: elles défendent de détourner directement ou indirectement ceux qui voudroient surenchérir, soit par des promesses de leur laisser partie des ventes, soit par des dons ou autrement: elles laissent cependant aux marchands la liberté de s'associer pour une vente au nombre de trois ou quatre, à la charge de se faire connoître comme associés, & de faire registrer l'acte d'association au greffe de la maîtrise le second jour de la réception des enchères: elles excluent des ventes les parens des maîtres, les gentilshommes, les officiers du roi, les avocats & les ecclésiastiques.

Elles enjoignent aux officiers des maîtrises de tenir la main à ce qu'il ne soit fait aucun défrichement dans les forêts du domaine, ni dans celles où le roi a des droits de gruerie, tiers & danger, ou autres droits, & d'en poursuivre les contrevenans.

Elles défendent de mettre ni de tenir de bestiaux dans les forêts; elles ordonnent de saisir ceux qui seront

seront trouvés en contravention, sans user de tolérance ni de dissimulation. Les bestiaux des usagers sont seuls exceptés, selon la condition de l'usage, dans les cantons non défensables, & qui leur sont destinés.

Elles entrent dans les plus grands détails sur les délits qui peuvent être commis en matière de *bois*; elles distinguent s'ils ont été commis le jour ou la nuit, avec scie & feu, ou d'une autre manière; s'ils l'ont été par des personnes privées, c'est-à-dire, étrangères à la forêt, ou par des usagers, des officiers, des adjudicataires des ventes : elles désignent les différentes espèces & qualités des bois, le tour & la grosseur des arbres, ceux qui ont été abattus, coupés en cime, ébranchés, deshonorés : elles fixent, avec la plus grande précision, les amendes & autres peines prononcées sur chaque délit.

Avant l'ordonnance de 1669, tous ces réglemens que nous venons d'indiquer, n'avoient été donnés que pour les forêts du roi; mais ils ont été depuis étendus aux bois des gens de main-morte & des particuliers; ensorte que les délits qui y sont commis, sont punis par les mêmes amendes & les mêmes peines.

Des bois appartenans aux gens de main-morte. La nécessité de pourvoir à la conservation des *bois* de haute-futaie, afin d'avoir toujours une ressource assurée pour trouver dans le besoin des *bois* de construction, pour l'architecture civile & navale, a excité l'attention du législateur sur l'administration & l'exploitation des *bois* des communautés ecclésiastiques & laïques. En conséquence, Louis XIV, dans l'ordonnance de 1669, prescrivit que le quart de leurs *bois* seroit mis en réserve, pour être élevé en massif de futaie, & que ce quart ne pourroit être vendu que dans les cas prévus par cette même ordonnance.

Cette réserve du quart a deux objets principaux; le premier de conserver, pour l'état & le public, des *bois* de construction; le second de ménager une ressource au bénéfice ou à la communauté, dans les cas d'incendies, de ruines, de démolitions, de reconstructions de bâtimens.

La vente du quart doit être précédée d'un procès-verbal du grand-maître, ou d'un autre officier par ses ordres, qui en constate la nécessité, & désigne l'emploi des deniers qui en proviendront. Elle ne peut se faire qu'en observant les formalités prescrites par l'ordonnance, & que nous avons rapportées sous le mot ADJUDICATION *des bois des gens de main-morte*.

L'ordonnance de 1669 laisse aux gens de main-morte la libre disposition des trois autres quarts de leurs bois, dont elle avoit fixé la vente à l'âge de dix ans, sous la réserve de seize baliveaux par arpent. Mais on s'apperçut bientôt que ces coupes étoient prématurées, & qu'il n'en résultoit que des taillis incapables de fournir des *bois* de feu d'une grosseur raisonnable, & des baliveaux trop foibles pour produire dans la suite des bois propres aux constructions. Par cette raison le conseil ordonna, en 1720, que les coupes ordinaires des *bois* des gens de main-morte ne se feroient à l'avenir qu'à l'âge de vingt-cinq ans, & qu'au lieu de seize baliveaux, il en seroit réservé vingt-cinq.

Cet usage pour la coupe des taillis des gens de main-morte est généralement suivi aujourd'hui, à moins que la qualité du sol, l'emplacement & l'essence des *bois* ne rendent indispensable une exception à la règle générale.

De la police des bois des particuliers. Il paroît qu'anciennement chaque particulier étoit le maître de couper ses *bois*, soit de taillis, soit de haute-futaie, lorsqu'il le jugeoit à propos; il étoit même d'usage de couper les taillis à l'âge de sept ans. Ce n'est que sous Charles IX, que les vues du gouvernement & de l'administration s'étendirent sur la totalité des *bois* du royaume.

Ce prince, par un édit de septembre 1563, fit défenses à tous particuliers de couper les taillis avant l'âge de dix ans, à peine de confiscation des *bois* & d'amende arbitraire, & leur enjoignit d'y laisser le nombre de baliveaux prescrit par les anciennes ordonnances. Celle de 1669 a confirmé cette disposition, & a fixé à seize le nombre des baliveaux qu'on est obligé de laisser par arpent.

Lorsqu'un propriétaire de *bois* taillis a négligé de le faire abattre pendant l'espace de trois coupes ordinaires, il est censé futaie, & il ne peut plus en disposer qu'en vertu d'une permission des officiers de la maîtrise dans le territoire de laquelle il se trouve situé. Il en est de même pour tous les *bois* de haute futaie.

Les particuliers qui veulent les faire abattre, sont obligés d'en faire déclaration, au greffe de la maîtrise, six mois auparavant. Cette déclaration doit contenir la quantité, qualité, essence, âge, & situation des *bois*, leur distance de la mer, ou des rivières navigables. Pendant cet intervalle les commissaires de la marine doivent visiter les *bois* ainsi indiqués, y marquer ceux qu'ils jugent propres à la construction ou au radoub des vaisseaux, & en envoyer l'état au secrétaire qui a le département de la marine.

Ce dernier désigne ceux qu'il juge à propos de prendre, dont il fait passer la note à l'intendant de la province, pour entendre le propriétaire sur les inconvéniens & les dommages qu'on pourroit lui causer en les coupant & les voiturant. Il en dresse procès-verbal, qu'il envoie, avec son avis, au secrétaire d'état de la marine, & au contrôleur général des finances, qui prennent, à cet égard, les ordres du roi.

Lorsque le roi ordonne de prendre, dans les forêts des particuliers, les *bois* jugés propres à la marine, le prix en est payé, aux propriétaires, ou de gré à gré, ou à dire d'experts, & en cas de contestation, il est réglé par l'intendant.

L'ordonnance de 1669, n'avoit obligé aux déclarations de la vente des *bois* de haute futaie, que les particuliers qui en possédoient dans la distance de dix lieues de la mer, & de deux lieues des rivières navigables. Mais les réglemens postérieurs ont étendu cette disposition à tous les *bois* de futaie indistinctement, même aux arbres épars sur les héritages, & aux baliveaux, anciens & modernes des taillis, à quelque distance qu'ils soient de la mer & des rivières navigables. Le conseil a cru devoir prendre ces précautions pour fournir les *bois* nécessaires à la marine royale, à cause de la grande facilité qui se trouve pour les transports, depuis que le gouvernement a fait faire, dans toutes les provinces, des routes & des chemins commodes.

Les *bois*, soit taillis, soit de haute-futaie, sont réputés immeubles tant qu'ils sont sur pied; mais ils deviennent meubles dès l'instant qu'ils sont coupés. *Voyez* MEUBLE, IMMEUBLE.

Les usufruitiers ne peuvent rien prétendre dans les *bois* de haute-futaie, dans ceux de réserve, & dans les baliveaux sur taillis. Pour distinguer à leur égard les *bois* taillis d'avec les futaies, il faut avoir égard à l'âge que fixe la coutume pour qu'un arbre soit regardé comme futaie. La plupart appellent de ce nom tous les *bois* dont l'âge excède vingt-sept ans. Mais celle de Normandie en exige quarante.

Cette coutume a aussi une disposition particulière à l'égard des futaies, elle les assujettit au retrait lignager, qui a même lieu par rapport aux arbres épars dans les héritages.

Dans la Guienne, les lods & ventes sont dus pour l'aliénation des bois de haute-futaie, même lorsque le propriétaire les fait abattre lui-même pour les revendre à d'autres, soit en gros, soit en détail; il n'y a d'excepté que ce qu'il emploie à son usage. Cette disposition concerne également les grands arbres épars dans les haies & les fossés.

De droit commun, les lods & ventes n'ont pas lieu pour l'aliénation des *bois*. Cependant, si la coupe d'un *bois* avoit été vendue séparément, & que peu de temps après le fonds du même *bois* fût vendu à la même personne, ou à une autre, mais ensorte qu'il parût présumable que ces deux ventes ont été faites frauduleusement pour frustrer les seigneurs de leurs droits de lods & ventes, ils seroient bien fondés à les exiger sur le pied de la vente du fonds & de la superficie. La coutume de Bretagne, *article 55*, en a une disposition expresse.

Observation générale. On ne doit pas oublier que les ordonnances rendues pour la police des *bois*, & sur-tout celle de 1669, ne l'ont été que sur les principes les plus généralement adoptés pour l'aménagement des forêts, & qu'elles n'ont pour but que l'avantage & l'intérêt des peuples. Aussi lorsqu'on s'apperçoit que les dispositions qu'elles contiennent, sont opposées à l'utilité publique, on s'en écarte dans l'usage.

Par exemple, l'ordonnance de 1669, *tit. 15, art. 40, & tit. 7, art. 28*, défend de couper les bois après le quinze avril, & de les peler debout & sur pied. Mais on tolère la coupe des *bois* jusqu'au 15 mai; on permet également de les écorcer debout, lorsque ces écorces sont destinées pour les tanneries. La raison de cette tolérance vient de ce que l'écorce du chêne est une matière nécessaire à la préparation des cuirs, & qu'on ne peut l'obtenir qu'en procédant à sa séparation d'avec le corps du *bois*, dans le temps de sa sève, & même dans le moment où elle agit avec le plus de force.

Administration particulière des bois des Pyrénées. Ces *bois*, & principalement ceux de la vallée d'Aure, sont très-considérables, & ils fournirent beaucoup de *bois* de marine sous les ministères de MM. Colbert & Pontchartrain. Suivant un état arrêté au conseil en 1675, il paroît que la majeure partie en appartient au roi; que le surplus, s'il n'est pas dans la pleine propriété des communautés d'habitans de ce pays, est chargé envers elles de droits d'usage si étendus, qu'ils ont tous les effets d'une propriété utile.

Le desir de les conserver & d'en tirer tout le service possible pour la marine, a engagé le roi & son conseil, de donner, le 12 mars 1701, un réglement particulier pour la police & l'administration de ces *bois*.

Il ordonne 1°. que le grand-maître du département de Guienne, en présence d'un commissaire de la marine, dressera procès-verbal des *bois* propres pour les arsenaux de la marine.

2°. Que les commissaires de la marine, ou les entrepreneurs pour la fourniture des *bois* de construction, feront couper les sapins nécessaires pour les mâtures, dans les endroits les moins dommageables, d'après les ordres du roi & la désignation du grand-maître.

3°. Que le prix en sera payé suivant l'estimation qui en sera faite entre les mains du receveur général des domaines & *bois*, pour ceux qui appartiennent au roi, & entre les mains des consuls des lieux, pour ceux qui appartiennent aux communautés, afin d'être employés, à leur décharge, sur l'avis du commissaire départi.

4°. Que les habitans remettront annuellement, entre les mains des consuls, un état des réparations & reconstructions nécessaires, fait par expert, & un mémoire des *bois* nécessaires pour cet objet.

5°. Que le grand-maître procédera ensuite à la désignation des arbres qui leur seront accordés dans les endroits où ils ont droit d'usage, les fera marquer du marteau de la maîtrise, en dressera procès-verbal, qu'il enverra au conseil pour y être statué sur son avis.

6°. Que lors de la vente des *bois* des communautés, le grand-maître, assisté d'un commissaire de marine, constatera leur état, & reconnoîtra s'il n'y a pas de *bois* propre à la construction.

7°. Que les négocians de Bordeaux & de Toulouse feront leur déclaration, tous les ans au mois de janvier, aux greffes des maîtrises des lieux, de la quantité & qualité des *bois* qui leur sont nécessaires, afin que le grand-maître leur en assigne les coupes, dans les forêts qui pourront en supporter la possibilité.

8°. Que les propriétaires de *bois*, & les communautés, ne pourront couper, dans les parties qui leur appartiennent, ou sur lesquelles ils ont des droits d'usage, aucun sapin, qu'en observant les formalités prescrites ci-dessus, à peine de mille livres d'amende pour la première fois, & de punition corporelle en cas de récidive : qu'à l'égard des forêts de hêtres, chênes, & autres *bois*, appartenans aux communautés, ou sujettes au droit d'usage, elles seront aménagées, conformément à l'ordonnance de 1669, autant que la situation des lieux pourra le permettre, & à la charge que les plus beaux arbres seront réservés pour servir à faire des rames de galères.

9°. Que le grand-maître procédera à la visite & reconnoissance de tous les moulins à scie, construits au dedans & aux rives des forêts des Pyrénées, se fera représenter les titres de leur établissement, pour, sur son procès-verbal & son avis, y être pourvu par le roi, ainsi qu'il appartiendra.

Section III.

Des dénominations données aux bois par les coutumes & les ordonnances.

Les arbres des forêts reçoivent différentes dénominations, selon leurs différentes qualités & les divers usages auxquels on les emploie.

Bois vif se dit des arbres qui poussent des branches & des feuilles.

Bois marmentaux ou *de touche*, ou *en plessis*, se dit des arbres qui ne servent que d'ornement à un château. Les coutumes d'Anjou & de Bourbonnois, appellent *marmaux*, ou *marmentaux*, les *bois* de haute futaie. Anj. *art.* 26. Bourb. *art.* 264.

Bois d'entrée se dit des arbres qui ont quelques branches vertes & les autres séches.

Bois mort se dit de tout arbre séché sur le pied, ou chû & abattu, qui ne peut servir qu'à brûler.

Mort-bois se dit de certains arbres de peu de valeur, tels que les ronces, les genêts, les épines, & de tout *bois*, qui ne porte pas de fruit.

Bois blanc se dit de certains arbres de peu de service, comme le peuplier, le bouleau, le tremble, *&c.*

Bois à faucillon & *bois de serpe* se dit d'un petit taillis qui peut s'abattre à la serpette.

Bois arsin se dit des arbres que le feu a maltraité.

Bois en état se dit des arbres qui sont debout.

Bois chablis se dit des arbres que les vents ont abattus.

Bois encroué se dit d'un arbre qui étant coupé par le pied, tombe sur un autre arbre auquel il demeure accroché.

Bois bombé se dit d'un arbre qui a quelque courbure naturelle.

Bois carié se dit des arbres viciés qui ont des nœuds pourris.

Bois rabougri se dit d'un *bois* tortu, mal fait & d'une mauvaise venue.

Bois charmé se dit d'un arbre qui est près de périr ou de tomber pour avoir reçu quelque dommage dont la cause n'est pas apparente.

Bois combugé se dit d'un *bois* imbibé & pénétré d'eau.

Bois en défends se dit de certains arbres d'une belle venue qu'il n'est pas permis de couper avant qu'ils aient pris tout l'accroissement dont ils peuvent être susceptible. *Bois en défends* se dit encore des *bois* dans lesquels il est défendu de mener paître le bétail tant que les arbres sont défensables, & qu'ils n'ont pas atteint six ou sept ans. La coutume de Nevers appelle dans le même sens les *bois* défensables, *bois* de garde : & celle d'Acqs les nomme *bois vêtés* ou *bédats*.

Bois gélif se dit d'un arbre fendu par l'action de la gelée.

Bois gissant se dit d'un arbre abattu & couché par terre.

Bois marqué par le branchage se dit des arbres destinés aux bâtimens du roi, & marqués par le branchage dans les forêts de sa majesté ou de ses vassaux.

Bois déchaussés se dit des arbres dont on a découvert le pied.

Bois coupé par racine se dit des arbres auxquels on a coupé la racine avec la scie ou la coignée.

Bois de délit se dit d'un arbre coupé par quelqu'un qui n'y avoit aucun droit.

Pour arrêter les délits qui se commettent très-souvent dans les *bois*, les réglemens veulent que les *bois* de délit, les chevaux qui les conduisent, ainsi que les voitures & harnois, & les outils des délinquants, soient saisis & vendus au profit du roi; que le délinquant soit puni en outre, pour la première fois, d'une amende arbitraire; pour la seconde, de la peine du fouet; & pour la troisième, de celle du bannissement à trois lieues des forêts. Les mêmes loix prononcent, contre ceux qui achètent des bois de délit, même aux marchés, la confiscation du *bois*, l'amende du double de sa valeur, estimée par chaque pied de tour des arbres, les assujettit même à une plus grande peine, s'ils sont coutumiers de le faire.

Pour faciliter la reconnoissance des *bois* de délit, il est défendu de porter aucun *bois* dans les villes, bourgs & villages voisins des forêts du roi, & à tout particulier d'en acheter, s'il n'est marqué du marteau de l'adjudicataire, & s'il n'y a un billet ou étiquette signé de lui ou de son facteur.

Bois récepé se dit d'un *bois* qu'on a coupé par le pied pour l'avoir de plus belle venue.

Bois sur le retour se dit d'un *bois* trop vieux qui commence à se gâter & à diminuer de valeur.

Bois de haut revenu se dit d'une demi-futaie de quarante à soixante ans.

Bois taillis se dit de ceux qui sont sujets aux coupes ordinaires, lesquelles se font dans les temps fixés par les coutumes. Dans celles-ci, c'est après une révolution de dix ans; dans celles-là, c'est de quinze en quinze ans; & dans d'autres, de vingt en vingt ans. Les coutumes de Dunois & du duché de Bourgogne appellent les *bois*-taillis, *bois de coupe*, & *bois de serpe*. Elles distinguent aussi l'âge du *bois* par les années de la pousse, qu'elles nomment *feuilles*; ainsi un *bois* de quatre ans, s'appelle un *bois* de *quatre feuilles*.

Bois en puel, suivant la coutume d'Auvergne, est un taillis nouvellement coupé, & qui est défensable jusqu'après l'âge de quatre ans.

Bois de haute futaie se dit des *bois* qui ont passé trois coupes ordinaires de *bois*-taillis, ou trente années, & qu'on laisse ordinairement croître jusqu'à ce qu'ils viennent sur le retour.

Bois tenus en grurie, *grairie & segrairie* se dit des *bois* dont la propriété appartient aux particuliers, & l'exercice de la justice au roi avec les droits qui en dérivent, comme la chasse, la paisson & la glandée, à moins qu'à l'égard de la paisson & glandée il n'y ait titre contraire.

Bois en grurie se dit des arbres qui ne sont point équarris & qu'on emploie avec leur écorce, comme quand on en fait des pieux ou pilotis.

Bois lavé se dit de celui auquel on a enlevé, avec la besaiguë, tous les traits que la scie y avoit laissés.

Bois mi-plat se dit de celui auquel on laisse, en l'équarrissant, plus de largeur que d'épaisseur; comme quand on le distribue pour membrure de menuiserie.

Bois de merrain se dit de celui qu'on a distribué en petits ais, & dont on fait des douves de tonneaux, des cuves, des panneaux, &c.

Bois d'ouvrage se dit de celui qu'on travaille dans les forêts, & dont on fait des sabots, des seaux, des pelles, *&c.*

Bois mouliné se dit de celui qui est rongé des vers.

Bois qui se tourmente se dit d'un *bois* qui se déjette, parce qu'on l'a employé trop vert ou trop humide.

Bois de refend est celui qu'on distribue par éclats pour faire des lattes, des échalas, du merrain, *&c.*

Bois de remontage se dit du *bois* qu'on emploie pour remonter des pièces de canons, pour construire des charriots, &c.

Bois refait se dit d'un *bois* qu'on a équarri & redressé sur ses faces, de gauche qu'il étoit.

Bois sain & net se dit d'un *bois* sans gale, sans fistule & sans nœuds vicieux.

Bois rouge se dit d'un *bois* qui s'échauffe & qui est disposé à pourrir.

Bois roulé se dit de celui dont les cernes ou crues de chaque année sont séparées & ne font point corps ensemble, ce qui est un effet du vent dont l'arbre a été battu pendant qu'il étoit en sève. Le *bois* roulé n'est bon qu'à brûler.

Bois vermoulu se dit d'un *bois* que les vers ont corrompu. On nomme encore cette espèce de *bois*, *bois artusonné*, *bois vérigné*.

Bois madré ou *noueux* se dit d'un *bois* qui ne peut se fendre qu'un peu vers le tronc, parce qu'il est rempli de taches noueuses pour avoir crû sur le gravier & avoir été exposé au soleil du midi.

Bois tranché se dit d'un *bois* à fils obliques, qui coupent la pièce & la mettent hors d'état de résister à la charge & de pouvoir être refendue.

Bois tortu se dit d'un *bois* qui n'est bon qu'à faire des courbes & qui ne sert guère que pour la marine.

Bois d'échantillon se dit des pièces de *bois* qui ont une dimension déterminée.

Bois d'équarrissage se dit d'un *bois* propre à recevoir la forme d'un parallélipipède. Il doit avoir au moins six pouces de grosseur pour être équarri.

Bois cantiban se dit d'un *bois* qui n'a du flache que d'un côté.

Bois flache se dit de celui dont les arrêtes ne sont pas vives & qui ne pourroit s'équarrir convenablement sans un déchet trop considérable.

Bois de brin se dit, en terme de charpente, de celui qui se fait en ôtant les quatre dosses & le flache d'un arbre en l'équarrissant.

Bois gras ou *doux* se dit d'un *bois* sans fil, plus poreux & moins noueux que le *bois* ferme.

Il ne vaut rien pour résister à la fatigue, & il ne convient que pour faire des panneaux & des assemblages de menuiserie.

Bois dur ou *rustique* se dit d'un *bois* qui a le fil gros. Il croît dans les terres fortes & au bord des forêts.

Bois légers se dit d'un *bois* tel que le sapin, le tilleul, le tremble, *&c.*

Les charpentiers appellent un cent de *bois* soixante-douze pouces de longueur sur six pouces d'équarrissage.

On dit aussi, en terme de charpentiers, quand on met en chantier les pièces de *bois* qui doivent servir à la construction d'un édifice, *mettre les pièces de bois en leur raison*; pour dire mettre chaque morceau à sa place.

Bois affoibli se dit d'un *bois* dont on a diminué la forme d'équarrissage, en le rendant courbe ou rampant pour laisser des bossages aux poinçons.

Bois apparent se dit d'un *bois* qui, étant employé en planchers, cloisons, *&c.* n'est recouvert d'aucune autre matière.

Bois déchiré se dit de celui qui revient d'un ouvrage mis en pièce pour quelque cause que ce soit.

Bois corroyé se dit de celui qu'on a dressé à la varlope & au rabot.

Bois déversé ou *gauche* se dit d'un *bois* qui a perdu, en se déjettant, ou de quelque autre manière que ce soit, la forme qu'on lui avoit donnée en l'équarrissant.

Bois de charonnage se dit de tout le *bois* dont se servent les charrons pour faire des chariots, des charrettes, des roues, *&c.*

Bois de sciage se dit de celui qu'on a distribué en soliveaux & en planches pour servir à la menuiserie.

On appelle aussi *bois de sciage* celui qui a moins de six pouces de diamètre.

Bois ouvré se dit de celui que l'ouvrier a travaillé, & *bois non ouvré*, de celui qui n'a pas passé par les mains de l'ouvrier.

Bois de chauffage est celui qui sert d'aliment au feu. Il reçoit diverses dénominations qui lui sont particulières, & dont voici les principales.

Bois neuf se dit de celui qui n'a point été trempé d'eau, mais qu'on a amené par charroi ou sur des bateaux.

Bois flotté est celui qui est venu par train sur les rivières.

Bois perdu se dit des bûches que l'on jette dans les ruisseaux, ou rivières qui les portent aux lieux où l'on doit les charger sur des bateaux, ou en former des trains qu'on met à flot.

Bois canards se dit des bûches qui, étant jettées à *bois* perdu, vont au fond de l'eau ou s'arrêtent sur les bords.

Bois volant se dit des bûches que le flot conduit droit au port.

Bois échappés se dit des bûches qui, dans les débordemens, sont portées dans les terres.

Bois pelard se dit des *bois* ronds & menus dont on enlève l'écorce pour faire du tan.

Bois de moule ou *de quartier*, se dit du *bois* mesuré qui a au moins dix-huit pouces de grosseur.

Bois de corde se dit des bûches faites de branchages ou de *bois* taillis, dont la grosseur est entre six & dix-sept pouces de tour. Il se vend à Paris à la membrure, laquelle a quatre pieds de hauteur & autant de largeur, ce qui compose une voie, dont deux forment la corde.

Bois de compte se dit de celui dont soixante-deux bûches au plus remplissent les trois anneaux qui forment la voie de *bois*. Selon les ordonnances de la ville de Paris, le *bois* de compte doit avoir au moins dix-huit pouces de grosseur.

Bois tortillard se dit d'un *bois* qu'on rejette ordinairement des membrures, à cause du tort qui résulte des vuides qu'il y occasionne par sa figure courbe & difforme.

Bois boucan se dit des bûches qui, par la longueur du temps, ont perdu la mesure convenable pour être mises en membrures.

Bois de gravier se dit du *bois* qui croît dans des endroits pierreux, & qui vient demi-flotté de la Bourgogne & du Nivernois. Le meilleur est celui de Montargis.

Bois d'Andelle se dit d'un *bois* de hêtre qui vient sur des bateaux par la rivière d'Andelle, & dont les bûches ont ordinairement deux pieds & demi de longueur.

Bois en chantier se dit des bûches qui sont en pile ou en magasin.

LE BOIS ACQUIERT LE PLAIN, (*Droit féodal.*) les coutumes de Bourgogne se servent de cette expression pour signifier que le seigneur haut-justicier, propriétaire d'un *bois* de haute futaie, acquiert les terres voisines lorsqu'elles sont restées en friche pendant l'espace de vingt ou de trente ans, s'il n'y a séparation entre le *bois* & *le plain* (c'est-à-dire la terre) par fossés, bornes, murs, ou autres enseignes.

BOISE *ou* BOIDIE, s. f. c'est un vieux mot qu'on trouve dans l'ancienne coutume de Champagne. Il signifie *fraude* ou *tromperie*. Du mot *boise* on a fait le verbe *emboiser*, qui se dit encore parmi le peuple, dans le même sens que *tromper*.

BOISSEAU, s. m. (*Droit civil. Police.*) sorte de mesure faite de bois, qui sert à vendre les choses sèches, telles que les grains & les farines, les fruits, comme la châtaigne & le gland, les légumes, tels que les pois, les fèves, *&c.*

La contenance du *boisseau* varie, non-seulement de province à province, mais même de ville à ville, & souvent de bourg à bourg, ou même de seigneurie à seigneurie.

Il y a long-temps que l'on répète, comme une espèce de proverbe, qu'il ne faudroit en France qu'une loi, un poids & une mesure. Il est certain que l'uniformité de la loi feroit disparoître cette contrariété étonnante qui se rencontre dans la jurisprudence d'un même état ; & que la réduction des poids & des mesures à une mesure unique, donneroit beaucoup de facilité au commerce, & diminueroit les embarras des officiers de police pour en constater la juste contenance, & veiller aux fraudes qui se commettent dans les ventes faites au *boisseau*.

On allègue communément, pour autoriser la conservation des différens *boisseaux* en usage, que la prestation des rentes seigneuriales & foncières doit se faire suivant la mesure établie dans les lieux où sont situés les héritages chargés de cens ou de rentes en grains. Mais cette difficulté n'est qu'apparente, la réduction des mesures à une seule, obligeroit les créanciers & les débiteurs des rentes en grains, de faire l'évaluation de la rente suivant l'ancienne mesure, & de la réduire à la mesure universelle, prescrite pour le royaume. Cette opération n'est ni difficile ni dispendieuse.

La principale difficulté naît des droits que les seigneurs perçoivent sur leurs vassaux pour raison de l'étalonnage & de l'ajustage des mesures. Ces droits sont tenus en fief, médiatement ou immédiatement du roi, ils font portion de la propriété des seigneurs, ils entrent dans la valeur de leurs fiefs, ils paient à cet égard les droits de relief, rachat de fief & autres. On ne peut donc les priver d'un droit qu'ils ont acquis à titre onéreux, qu'en leur accordant une indemnité proportionnée à la perte qu'ils essuyeroient. Nous ne pensons pas néanmoins que cette difficulté dû arrêter le gouvernement dans l'opération de réduire les mesures à une seule : les dédommagemens qu'on accorderoit aux seigneurs seroient peu considérables ; car le droit de mesure est très-peu lucratif en lui-même.

Quoi qu'il en soit, nous nous bornons à établir les règles que l'on doit suivre dans les ventes faites au *boisseau*.

Tout *boisseau*, dont on se sert pour vendre ou pour acheter, doit être duement marqué & étalonné sur le fond & sur les bords.

Ceux qui vendent avec un *boisseau* défectueux, doivent être condamnés à une amende, que le juge est le maître d'arbitrer suivant la qualité du délit, & qui doit être plus forte dans les cas de récidive. Le *boisseau* défectueux doit être en outre rompu sur le champ.

Les officiers de police sont tenus de veiller à ce qu'il ne se fasse aucune fraude dans la contenance du *boisseau*, soit par les ouvriers qui les fabriquent, soit par ceux qui sont chargés de les marquer, soit enfin, par les meûniers & autres personnes qui vendent au *boisseau*, dans les marchés ou les greniers.

Les grains se vendent au *boisseau rais*, c'est-à-dire que lorsque le *boisseau* est rempli de grains, on passe par dessus un rouleau qu'on appuie sur les bords & avec lequel on entraîne tout ce qui est au-dessus & ne peut être tenu dans le *boisseau*. La farine au contraire, & quelques espèces de légumes & de fruit se vendent au *boisseau comble*, c'est-à-dire, que l'on doit emplir, avec la main, le *boisseau* par dessus ses bords, de manière à le couvrir entièrement, & à accumuler ce que l'on mesure sur le milieu du *boisseau* en forme de cône. Tout ce qui ne tombe pas du *boisseau* est censé faire partie de la mesure, & appartient à l'acheteur.

Le *boisseau* se divise en demi-*boisseau*, quart & litrons. Une sentence de l'hôtel-de-ville de Paris, du 29 décembre 1670, ordonne que le *boisseau* aura huit pouces, deux lignes & demie de haut, & dix pouces de diamètre : le demi-*boisseau* six pouces cinq lignes de haut, sur six pouces neuf lignes de large : le quart, quatre pouces trois lignes de haut, sur cinq pouces de diamètre : le litron, trois pouces & demi de haut, & trois pouces dix lignes de diamètre : le demi-litron, deux pouces dix lignes de haut, sur trois pouces une ligne de diamètre.

BOISSELAGE, f. m. (*Droit ecclésiastique & féodal.*) c'est le nom qu'on donne, dans la province de Poitou, à une espèce de dixme qui se perçoit au boisseau, suivant d'anciens abonnemens faits dans des temps de guerre & de troubles.

Cette dixme avoit été supprimée par des lettres-patentes du mois de juillet 1769, qui avoient ordonné en son lieu & place une dixme, à raison de la seizième gerbe, sur toute espèce de grain.

Plusieurs personnes s'opposèrent à l'exécution de ces lettres-patentes ; elles firent voir que la nouvelle dixme deviendroit une surcharge énorme en comparaison du droit de *boisselage*, & que le prétexte de l'augmentation des portions congrues, faite par l'édit de 1768, qui avoit servi de motif aux lettres-patentes surprises en 1769, étoit mal fondé ; parce qu'outre le droit de *boisselage*, on payoit encore des dixmes ecclésiastiques ou inféodées, qui, dans plusieurs territoires, se trouvoient confondues avec un droit de terrage qu'on payoit au sixième, tandis que le terrage, dû comme droit seigneurial & comme cens, n'étoit payé qu'au douzième.

Delà on concluoit que les curés, dont les portions congrues étoient insuffisantes, pouvoient se pourvoir contre les possesseurs des dixmes & terrages.

Ces représentations firent la matière de plusieurs procès-verbaux, rédigés par l'intendant de la province, sur lesquels il fut rendu, au mois de mai 1771, un édit qui révoque les lettres-patentes de 1769, abolit la dixme au seizième, rétablit le droit de *boisselage*, tel qu'il avoit existé auparavant, & ordonne que le supplément des portions congrues sera fourni par les seigneurs, & autres qui perçoivent dans les paroisses sujettes au droit de *boisselage*, celui de terrage au sixième, & que chacun d'eux contribuera au supplément des portions congrues, à raison de la moitié du droit de terrage.

BOISSELIER, f. m. (*Arts & Métiers. Police.*) c'est l'artisan qui vend les boisseaux, les seaux, les soufflets, les caisses de tambour, & autres menus ouvrages de bois. Les *boisseliers* forment à Paris une même communauté avec les tourneurs. *Voyez* TOURNEURS.

BOITE, f. m. En général, c'est un ustensile de bois qui a un couvercle, qui souvent est garni d'une serrure, & qui sert à enfermer des hardes, habits, linges, *&c.*

BOITE, (*Finance.*) on appelloit, à Marseille, *droit de boîte*, un droit qui s'y percevoit il y a quelques années sur tous les vaisseaux étrangers ; comme il n'étoit fondé sur aucun titre, il a été supprimé par un arrêt du conseil du 24 mars 1771, qui fait défenses aux officiers de l'amirauté de le percevoir à l'avenir, à peine d'être punis comme concussionnaires.

BOITE, (*en terme de Monnoie.*) se dit d'un petit coffre qui renferme les espèces essayées, & dans lequel on les envoie à la cour des monnoies pour y être essayées de nouveau, conformément aux ordonnances. *Voyez* MONNOIES, ESSAI.

BON, BONNE, adj. (*Droit naturel, morale.*) Le mot *bon* se prend en divers sens, qui tous, relatifs à l'idée fondamentale de l'utilité qui résulte de l'existence de l'être que l'on qualifie de *bon*, diffèrent principalement, par rapport à l'étendue de l'idée que l'on exprime par ce terme.

Dans une signification générale, on appelle *bon* tout ce qui est propre à produire un effet utile ; ainsi, il est toujours relatif à une fin, qui intéresse directement ou indirectement celui qui en juge. C'est dans ce sens qu'on dit *à quoi cela est-il bon ?* c'est-à-dire, quel effet utile en peut-on attendre ?

Bon, dans un sens plus resserré, désigne ce qui est conforme aux règles intellectuelles de l'ordre moral; il est alors relatif à la perfection des êtres moraux; il consiste dans la conformité des actions & de la volonté, avec la convenance & l'ordre moral. La vérité lui sert de base, la perfection de l'agent en est le principe, & l'existence de ce *bon* prouve la réalité de cette perfection.

Bon, dans un troisième sens, renfermé sous le précédent, signifie la disposition volontaire d'un être intelligent à procurer le bonheur des êtres sensibles, & à les rendre aussi heureux qu'ils peuvent l'être. C'est même le sens propre & la véritable acception du mot *bon*, & ce n'est que par extension qu'on le fait servir à désigner les premières qualifications que nous venons d'exposer.

Ce terme devroit être uniquement réservé pour désigner celui qui a une disposition volontaire & constante, pour rendre tous les êtres sensibles aussi heureux qu'ils peuvent l'être; il est opposé à *méchant*, dont la disposition constante est de nuire aux êtres sensibles, & de s'opposer à leur bonheur.

Nous recherchons le *bon* utile, il est la source de notre bien-être; nous estimons l'être moralement *bon*, son approbation est honorable; nous aimons l'être *bon*, il veut & fait notre bonheur. Voulons-nous être aimés nous-mêmes? Soyons donc *bons* & utiles, & procurons le bonheur des autres.

Bon, (*en terme de Pratique*,) se met au bas d'une promesse, d'un billet, d'une cédule, & il signifie alors que l'on ratifie tout ce qui est contenu dans l'acte au bas duquel on l'appose.

On dit aussi *faire bon*, dans le sens de promettre de payer pour soi ou pour autrui.

BONNE-FOI. *Voyez* Foi, Contrat.

BONNES & Assens, (*termes de Coutumes.*) Celle de Lille joint les deux mots ensemble, pour signifier les bornes & notables séparations, qui divisent & limitent deux héritages voisins & contigus. *Voyez* Bornes.

BONNET-VERD, (*Jurisprudence.*) étoit une marque d'infamie à laquelle on assujettissoit ceux qui avoient fait cession en justice, de peur que le bénéfice de cession n'invitât les débiteurs de mauvaise foi à frauder leurs créanciers; on n'en exceptoit pas même ceux qui prouvoient qu'ils avoient été réduits à cette misérable ressource, par des pertes réelles & des malheurs imprévus; & si le cessionnaire étoit trouvé sans son *bonnet-verd*, il pouvoit être constitué prisonnier; mais à présent on n'oblige plus les cessionnaires à porter le *bonnet-verd*. Il ne nous en reste que l'expression, *porter le bonnet-verd*, qui signifie qu'un homme a fait banqueroute, & qui a passé en proverbe.

Nous avons déjà dit, au mot Abandon, qu'on devoit faire une distinction entre les marchands qui avoient recours au *bénéfice de cession*, & ceux qui, sans être engagés dans le commerce, étoient réduits à faire l'abandon de leurs biens. Comme ces derniers n'encourent aucune note d'infamie, on ne doit pas leur appliquer ce qui se dit ici du *bonnet-verd*. *Voyez* Abandon, Cession.

BONNETERIE, s. f. Bonnetier, s. m. (*Arts & Métiers.*) On désigne, sous le nom de *bonneterie*, l'art ou le métier du *bonnetier*, & la marchandise que cet artisan fabrique. On appelle *bonnetier* celui qui vend, qui fabrique ou qui apprête des bonnets, des bas, & autres ouvrages tissus de mailles, faits au tricot, à la main ou au métier.

Anciennement on ne se servoit, en France, que de bas ou de chausses de drap, ou de quelque autre étoffe de laine drapée, dont le trafic se faisoit à Paris par des artisans qui se nommoient *drapiers-chaussetiers*, qui formoient alors une communauté particulière, réunie depuis au corps de la draperie.

Lorsqu'on eut inventé l'art du tricot, & celui du métier qui l'imite, on fabriqua des bas de soie, de fleuret, de laine, de coton, de poil, de chanvre & de lin. Une première fabrique de bas au métier fut établie, en 1636, dans le château de Madrid, près Paris. Le succès de cet établissement donna lieu à l'érection d'une communauté de maîtres-ouvriers en bas au métier; elle fut séparée du corps de la draperie, & on lui donna des statuts, par lesquels on régla la qualité & la préparation des soies, le nombre des brins, la quantité de mailles vuides qu'il faut laisser aux lisières, le nombre des aiguilles sur lesquelles se doivent faire les entures, & enfin le poids des bas.

On défendit d'abord d'en établir ailleurs que dans les villes de Paris, Dourdan, Rouen, Caen, Nantes, Orléans, Oléron, Aix, Toulouse, Nîmes, Uzès, Romans, Lyon, Metz, Bourges, Poitiers, Amiens & Rheims, où ces métiers étoient déjà établis. Ces défenses n'ont plus lieu aujourd'hui, & on trouve dans toutes les villes du royaume des fabricans en bas.

Les réglemens défendent d'employer des soies, sans être débouillies au savon, bien teintes, bien séchées, bien nettes, sans bourre, doublées, adoucies, plates & nerveuses; d'employer pour le noir des soies autres que non teintes, dont les ouvrages seront envoyés tout faits aux teinturiers.

De mettre dans les ouvrages de laine, fil & castor, moins de trois brins, & d'employer aucun fil d'estame ou d'estain tiré à feu.

De fouler les ouvrages au métier avec autre chose que du savon blanc ou verd, à bras ou à pieds.

De débiter aucun ouvrage sans y mettre un plomb, qui portera d'un côté la marque du maître, & de l'autre celle de la ville; de transporter hors du royaume aucun métier, à peine de confiscation, & de mille livres d'amende.

Il paroît que, dans les commencemens, les fabricans de bas aux métiers formoient une communauté différente des fabricans de bas au tricot; car on trouve dans les anciens statuts des défenses de se molester, & d'entreprendre les uns sur les autres.

Dans les premiers statuts donnés en 1608, ces

artisans sont qualifiés d'*aulmuciers-mitonniers*, parce que anciennement c'étoient eux qui vendoient les aulmuces ou bonnets de tête, & les mitaines.

La communauté des *bonnetiers* de Paris forme le cinquième des six corps des marchands.

BONNIER. Dans les coutumes locales d'Enneteries & de Wahaignies, ce mot veut dire une certaine mesure de terres, telle que acre, arpent ou journal. Dans la coutume d'Enneteries, il est dû deux gros de relief par chaque *bonnier*.

BONTÉ, s. f. (*Droit naturel.*) ce mot a plusieurs significations relatives aux diverses idées de bon que nous avons données ci-dessus. Il y a une bonté physique, qui coincide avec le mot *utilité*, & qui consiste dans la propriété d'une chose, pour produire l'effet utile qu'on en attend. Il y a une *bonté* morale, qui est, dans les êtres intelligens, la disposition de préférer toujours la vertu au vice.

Enfin on appelle *bonté* la disposition habituelle d'un être intelligent à contribuer de toutes ses forces, à rendre les êtres sensibles, aussi heureux qu'ils peuvent l'être, selon leur nature, leur état, leur relation & leur destination.

Il ne faut pas confondre cette vertu avec la simple compassion, l'amitié, l'attachement pour nos proches, nos voisins, nos connoissances, nos compatriotes. La compassion est souvent une affection involontaire & machinale, une peine que nous éprouvons à la vue d'un être sensible qui exprime devant nous ses douleurs: l'amitié, l'attachement sont bornés à certains individus, & ne s'étendent pas au-delà. La *bonté* est au contraire une disposition volontaire & réfléchie, elle s'étend à tous les êtres sensibles, présens ou absens, connus ou inconnus, elle embrasse même les êtres futurs; elle desire le bonheur de tous, & les bornes de ses actions pour le procurer ne sont fixées que par celles de ses forces.

La *bonté* consiste en deux points, que la loi naturelle & la saine raison ne cessent de nous inculquer: le premier, de ne faire du mal à aucun de nos semblables; le second, de leur faire tout le bien qui est en notre pouvoir. Les philosophes, les jurisconsultes & les moralistes de toutes les nations admettent pour premier principe du droit naturel, de faire à autrui ce que nous voudrions qu'on nous fît, & de ne lui pas faire ce que nous craindrions qu'on nous fît.

Il ne suffit pas à l'homme, pour conformer ses actions à l'ordre de la nature, d'être officieux & bienfaisant pour ses parens, ses amis, ses bienfaiteurs, s'il reste dur & indifférent pour le reste des hommes.

La générosité même, qu'on regarde comme le comble & la perfection des vertus sociales, est encore éloignée de la vraie *bonté*; elle seule peut remplir la véritable destination de l'homme, à qui la nature commande non seulement de s'abstenir de tout ce qui fait à lui-même, lui paroîtroit dur, barbare & cruel, mais encore de procurer tout le bien qu'il est en son pouvoir de faire à ses semblables.

BOQUETEAU, s. m. (*terme d'Eaux & Forêts.*) c'est un petit canton de bois planté en futaie ou en taillis, qui n'excède pas cinquante arpens. Il est moindre que le buisson, & le buisson moindre que la forêt. *Voyez* BUISSON & FORÊT.

BORDAGE. Il paroît, par le procès-verbal de la coutume de Dourdan, qu'il y étoit perçu un droit seigneurial, appellé *droit de bordage*, mais il n'en est fait aucune mention dans la rédaction de cette coutume, & il seroit très-difficile d'établir en quoi il consistoit. Au surplus, cette discussion est inutile: ce droit se trouve sûrement confondu dans ceux de fief & de cens conservés par la coutume.

BORDEAUX; (*Droit public.*) ville considérable, capitale de la Guienne. Elle étoit puissante dès le temps des Romains, qui l'élevèrent à la dignité de métropole de la seconde Aquitaine.

Cette ville, & le petit pays du voisinage, appellé *le Bordelois*, sont régis par le droit écrit, que modifie une coutume qui renferme quelques dispositions différentes de celles des loix romaines.

Lorsque la coutume de *Bordeaux* ne s'est pas expliquée sur certains points de droit, ce n'est ni à la coutume de Paris, ni à d'autres coutumes qu'on a recours pour les faire décider, mais au droit écrit.

Le barreau du parlement de *Bordeaux* a donné, le 28 mai 1728, un acte de notoriété, par lequel il est attesté que dans le Bourdelois on décide toutes les contestations par les règles du droit écrit, excepté les cas où la coutume se trouve opposée à ces règles.

Louis XI donna des lettres-patentes, en 1474, par lesquelles il accorda l'exemption du droit d'aubaine en faveur des étrangers qui viendroient s'établir à *Bordeaux*; mais l'effet de ces lettres non renouvellées ne pourroit pas être réclamé, parce que le droit d'aubaine est un droit domanial inaliénable.

Les domaines de la ville de *Bordeaux*, & les droits seigneuriaux du duché de Guienne, qui avoient été aliénés, ont été réunis au domaine de la couronne, par l'édit du mois d'avril 1667. Plusieurs arrêts du conseil des années 1668, 1669 & 1670, ont ordonné aux acquéreurs & engagistes de rapporter leurs titres de propriété, à l'effet d'être remboursés, & ont autorisé les fermiers du domaine à percevoir à leur profit tous les droits domaniaux; à procéder à la recherche de ceux qui avoient été usurpés ou négligés, soit en tout ou en partie, & même à travailler à la confection d'un papier terrier.

Les lods & ventes des biens nobles sont dus, dans la sénéchaussée de Guienne, à raison du huitième denier, suivant la coutume; il en doit être ainsi pour toutes les terres & seigneuries mouvantes du duché de Guienne: les lods & ventes des biens nobles, pour les sénéchaussées de Perigueux & Sarlat, pays de droit écrit, doivent être payés sur le pied du sixième; & à l'égard des biens roturiers, sur le pied du douzième. C'est ce qui résulte d'un acte de notoriété du parquet des trésoriers de France de la généralité de Guienne, du 4 juin 1683.

Un arrêt du conseil du 24 octobre 1747 a déclaré que la haute, moyenne & basse justice, dans la ville, fauxbourgs & banlieue de *Bordeaux*, appartient à sa majesté, privativement aux maire, sous-maire & jurats, qui n'ont que le simple exercice des portions de cette justice que sa majesté veut bien leur confier; le même arrêt a ordonné que toutes les amendes qui seroient prononcées par ces officiers, soit dans l'exercice de la jurisdiction criminelle, soit dans celle de la police, à quelque somme qu'elles puissent monter, appartiendroient à sa majesté, & que le recouvrement en seroit fait par le fermier du domaine.

Le franc-aleu n'a point lieu dans la Guienne, sans titre. C'est ce qui a été jugé par un arrêt du 4 juin 1737.

Les habitans de *Bordeaux* ont prétendu l'exemption des droits de franc-fief, en vertu d'un traité fait en 1451, entre Charles VII & les députés de cette ville, confirmé en 1550. Ces privilèges se trouvèrent révoqués par l'édit du mois d'août 1692, & ces habitans ne furent déchargés du droit en 1703, qu'au moyen des finances qu'ils payerent, & qui tinrent lieu d'abonnement. Ils seroient mal fondés à réclamer ces anciens privilèges; car, comme on peut le remarquer à tous les articles des villes du royaume, l'aliénation des droits de franc-fief est toujours sujette à la faculté de rachat: on ne les regarde même que comme une espèce d'abonnement; & il est de jurisprudence certaine & constante, que tous les roturiers, possesseurs de fiefs, sont obligés au paiement des droits de franc-fief, nonobstant tous les privilèges accordés anciennement aux villes de leur domicile.

Dans l'étendue de la sénéchaussée de *Bordeaux*, il se perçoit, de temps immémorial, à l'entrée & à la sortie des marchandises, un droit, connu sous la dénomination de *comptablie*.

Cet impôt se divise en deux autres droits, qu'on nomme la grande & la petite coutume.

La ville de *Bordeaux* jouissoit, dans l'origine, du droit de grande coutume.

A l'égard de celui de petite coutume, il avoit été donné, en 1041, par Guillaume VIII, duc de Guienne, à l'abbaye de Sainte-Croix: mais les religieux de cette abbaye, situés alors hors de la ville, & qui pendant les guerres craignoient les incursions de l'ennemi, firent cession de la petite coutume à la ville de *Bordeaux*, sous la condition que leur couvent seroit enclos dans les murailles de la ville.

En 1548, Henri II réunit à son domaine la grande & la petite coutume.

Ce droit est général, & porte sur presque toutes les marchandises qui entrent & qui sortent de *Bordeaux*: on le paie à raison de la valeur des marchandises, suivant un tarif d'évaluation fait en 1702. Ce droit est plus fort pour les étrangers que pour les François.

Indépendamment de ce droit de comptablie, ou de grande & petite coutume, on perçoit encore, sur certaines marchandises, à l'entrée & à la sortie, & sur d'autres à la sortie, un droit connu sous la dénomination de *convoi de Bordeaux*.

Les marchandises sur lesquelles il se lève à la sortie, sont les vinaigres, les eaux-de-vie, les noix, les châtaignes, la cire & la résine.

Celles sur lesquelles il est perçu à l'entrée & à la sortie, sont le vin, le miel, le sel & les prunes.

On ne connoît point l'origine du convoi de *Bordeaux*: suivant la chronique bordeloise, il fut établi en 1586 par le maréchal de Matignon, qui étoit alors gouverneur de Guienne, pour subvenir aux nécessités actuelles, & il a continué depuis pour fournir aux dépenses des guerres, soit étrangères, soit civiles, qui ont désolé cette province.

Henri IV réunit cet impôt à la couronne, & le rendit perpétuel; mais il le diminua environ de moitié.

En 1613, les habitans de *Bordeaux* obtinrent la permission de lever le même droit à leur profit, pour entretenir des vaisseaux destinés à protéger le commerce; ce second convoi a été depuis réuni au premier, pour ne former qu'un seul & même droit, & a été joint dans la suite aux cinq grosses fermes. Le convoi de *Bordeaux* a été fixé par différens réglemens qui sont intervenus successivement pour chaque espèce de marchandises.

L'université de *Bordeaux* a été établie en 1441, par le pape Eugène IV, qui lui accorda plusieurs privilèges, qui furent augmentés par le roi Louis XI. On y enseigne la théologie, le droit, la médecine & les arts. La théologie s'enseigne aussi dans plusieurs maisons de religieux, dont les professeurs assistent aux assemblées de l'université.

Bordeaux est le siège d'un archevêque, qui prend, ainsi que celui de Bourges, la qualité de primat des Aquitaines. Il a pour suffragans les évêques d'Agen, Angoulême, Saintes, Poitiers, Perigueux, Sarlat, Luçon, Condom & la Rochelle.

C'est aussi le siège d'un parlement créé par Louis XI, en 1462, transféré à Poitiers en 1469, lorsqu'il donna le duché de Guienne en apanage à son frère; rétabli à *Bordeaux* après sa mort, en 1472. Son ressort s'étend sur la généralité de *Bordeaux*, la Saintonge & le Limosin. Le petit pays de la Soulle en étoit aussi; mais il en a été distrait à la fin du dernier siècle, pour être uni au parlement de Pau.

Le sénéchal de *Bordeaux* prend la qualité de grand sénéchal de Guienne. Sa charge est d'épée, & périt par sa mort. Les jugemens se donnent & s'expédient en son nom. Il a le droit d'assembler la noblesse sur les ordres du roi, & de la commander. Il confirme les maires qui sont faits tous les deux ans dans les villes de Libourne, Blaye, Bourg & Saint-Emilion; pour raison de quoi il lui est dû une rétribution de dix-sept écus d'or, pour Libourne & Blaye, & de dix seulement pour Bourg & Saint-Emilion. *Voyez* GUIENNE.

BORDELAGE, s. m. (*terme de Droit coutumier.*) est une sorte de tenure en roture, usitée en quelques coutumes, & singuliérement dans celle de Nivernois, à des charges & conditions particulières.

Coquille dit que le terme de *bordelage* vient de *borde* ou *borderie*, ancien mot françois qui signifie *un domaine aux champs*, destiné pour le ménage, labourage & culture.

Le *bordelage* emporte avec lui directe seigneurie, & il se reconnoît à une redevance annuelle, qui consiste en argent, en bled & en *plume*, c'est-à-dire, en volaille : si l'une de ces trois espèces manquoit, le *bordelage* n'en seroit pas moins établi ; mais s'il en manquoit deux des trois, ce ne seroit plus un droit de *bordelage*, à moins que le titre ne s'en expliquât autrement.

Les conditions du *bordelage* sont, 1°. que faute du paiement de la redevance, pendant trois ans consécutifs, le seigneur peut rentrer dans l'héritage par droit de commise, en le faisant ordonner en justice : 2°. que le tenancier ne peut démembrer les choses qu'il tient en *bordelage*, à peine de commise : 3°. qu'il doit entretenir l'héritage en bon & suffisant état : 4°. que les collatéraux du tenancier ne peuvent lui succéder, s'ils n'étoient communs avec le défunt de communauté coutumière (*voyez* COMMUNAUTÉ COUTUMIÈRE) ; faute de laquelle condition, c'est le seigneur qui lui succède : 5°. que si le détenteur vend l'héritage, le seigneur a le choix de le retenir en remboursant l'acquéreur, ou de prendre la moitié du prix porté par le contrat.

Le *bordelage*, & tous les droits qui en dépendent, subissent, en fait de prescription, la même loi que celle qui est portée pour les censives dans la coutume de Nivernois. Le *bordelage* peut s'établir sur toutes sortes d'héritages, à l'exception des maisons & édifices de la ville de Nevers, pour lesquels ce droit a été commué en un cens. Dans les autres villes de la province, on ne peut pas créer de nouveaux *bordelages* ; mais on laisse subsister les anciens, & les seigneurs qui succèdent par droit de *bordelage*, peuvent les concéder de nouveau à la charge de la reversion.

Lorsque le jour du paiement des droits de *bordelage* est déterminé par le titre, le censitaire, qui n'est distant que de quatre lieues de la demeure du seigneur, doit aller les acquitter dans son hôtel ; mais s'il est plus éloigné, le seigneur est tenu d'envoyer chercher son paiement, à moins que le titre ne contienne une convention contraire.

Nous avons dit que, faute de paiement du *bordelage*, le seigneur pouvoit se faire mettre en possession des héritages sujets à ce droit ; mais il faut observer que, malgré que la commise soit effectuée par le défaut de paiement, le censitaire peut en éviter les effets, en offrant à son seigneur tout ce qui peut lui être dû, avant qu'il ait fait aucun acte judiciaire, ou pris possession. Il se met par-là à couvert des suites de sa négligence.

Le censitaire qui tient en *bordelage*, peut bien en améliorer les héritages ; mais il lui est défendu de les détériorer : en conséquence il ne peut détruire les bâtimens, arracher les arbres fruitiers, ni convertir la superficie du sol, pour en faire un héritage de moindre valeur. Dans tous ces cas, le seigneur pourroit revendiquer ce qui auroit été transporté hors de son fonds, & exiger des dommages & intérêts.

On peut bien partager & diviser les héritages possédés à titre de *bordelage*, lorsqu'ils ont été concédés par plusieurs seigneurs, & par différens contrats ; mais on ne peut ni diviser, ni démembrer ceux qui ont été reçus par le même contrat : autrement le seigneur peut recourir à l'autorité de justice, pour obliger les détenteurs à les remettre dans leur premier état ; & si dans l'année & jour de la signification du jugement, il n'y a pas été satisfait, il est en droit de se saisir des héritages démembrés.

La veuve du détenteur d'un héritage en *bordelage*, ne peut prétendre, au préjudice du seigneur, aucun douaire sur cet héritage, & il importe peu qu'elle soit de condition franche ou serve. La coutume s'explique formellement à cet égard.

Le détenteur bourdelier peut délaisser l'héritage, quand bon lui semble, en payant au seigneur les arrérages échus, le tiers & remuement, s'il en est dû, & en laissant les choses en bon état.

Tout ce que nous disons ici du *bordelage*, est la disposition textuelle de la coutume de Nivernois, *titre 6.*

Il existe dans le Bourbonnois une autre espèce de *bordelage*, connu sous le titre de *taille réelle*, dont la coutume parle dans le chapitre 30. Nous en parlerons au mot TAILLE RÉELLE.

La coutume de la Marche ne parle pas de *bordelage* ; mais au chapitre 17 de ses dispositions, concernant les hommes *serfs & mortaillables*, elle renferme nombre d'articles assez analogues à ceux des coutumes de Nivernois & de Bourbonnois, au sujet du *bordelage* & de la taille réelle ; de sorte que ces trois coutumes peuvent se prêter mutuellement des explications sur les droits de la nature de ceux dont il s'agit dans cet article.

BORDEREAU, s. m. (*Finance.*) c'est, en termes de finances, le mémoire des espèces diverses qui composent une certaine somme.

Lorsque quelqu'un se reconnoît débiteur ou dépositaire d'une certaine somme, suivant le *bordereau* des espèces joint à l'acte, c'est la somme que composent les espèces désignées au *bordereau*, qui est la somme due, quoique celle exprimée par l'acte soit différente. La raison en est que cette dernière n'est que le résultat d'une erreur de calcul.

Lorsqu'il survient une diminution dans la valeur des monnoies, le roi tient compte à ses fermiers de cette diminution, sur les espèces qui se trouvent alors dans les recettes, en représentant des *bordereaux* de ces espèces, vérifiés par les commissaires du conseil, ou par les intendans, leurs subdélégués ou autres officiers.

Les fermiers doivent pareillement en tenir compte

à leurs commis-receveurs, en faisant par eux des *bordereaux* des espèces dont ils se trouvent chargés, pardevant les subdélégués, ou autres officiers, même pardevant un tabellion ou notaire, dans les endroits où il ne résideroit aucun juge.

Les remises que les receveurs particuliers font en espèces aux receveurs généraux, par les voitures publiques, doivent être accompagnées de *bordereaux*. *Voyez* RECEVEUR, MESSAGERIE, MONNOIE, *&c.*

BORDERIE, (*terme de la coutume de Poitou.*) c'est une mesure de terre, qui fait moitié de la *masure*. Cette dernière est l'étendue que peuvent travailler quatre bœufs; ainsi la *borderie* est l'étendue que deux bœufs peuvent labourer.

BORDIER, s. m. *terme de Coutume* par lequel on entend les propriétaires qui ont des héritages sur les bords des grands chemins. (*H*)

BORDIGUE, s. f. (*Droit maritime.*) c'est en termes de pêche, un espace retranché avec des claies, sur le bord de la mer, pour prendre du poisson.

Les *bordigues* se placent ordinairement sur les canaux qui vont de la mer aux étangs salés.

Comme les *bordigues* peuvent être un obstacle à la liberté de la pêche & de la navigation, il est défendu à toutes sortes de personnes, sous peine de confiscation & de trois mille livres d'amende, d'en construire, sans une permission expresse du roi, enregistrée au greffe de l'amirauté, dans le ressort de laquelle la *bordigue* est située.

Les propriétaires des *bordigues* doivent mettre, sur les extrémités les plus avancées en mer, des hoirins, boués ou gravitaux, pour avertir les navigateurs, sous peine de payer le dommage arrivé, faute d'avoir pris cette précaution, & de privation de leur droit de pêcherie.

Il est aussi défendu, sous les mêmes peines, de placer aucune *bordigue* dans les ports & autres lieux où elle puisse nuire à la navigation; & en général, elle doit être éloignée de deux cens brasses du passage ordinaire des vaisseaux.

Les propriétaires ou fermiers des *bordigues* sont tenus d'en curer annuellement les fosses & canaux; ensorte qu'il y ait en tout temps quatre pieds d'eau au moins, à peine de trois cens livres d'amende, & d'y être mis des ouvriers à leurs frais.

Il leur est défendu, sous la même peine de trois cens livres, de les fermer depuis le premier mars jusqu'au dernier juin.

L'objet de cette dernière disposition a été la conservation du frai que le poisson dépose ordinairement pendant les mois de mars, avril, mai & juin.

Les propriétaires ou fermiers ne peuvent point prétendre de dommages & intérêts ni de dépens contre les mariniers dont les bateaux abordent leurs *bordigues*, à moins qu'ils ne justifient que l'abordage n'a eu lieu que par la faute de ces mariniers, ou par malice. *Voyez* BOUCHOTS, PÊCHERIE, MADRAGUES.

BORNAGE, s. m. (*terme de Droit.*) on appelle *bornage*, l'action de planter des bornes entre deux héritages voisins.

On appelle aussi *bornage* l'action par laquelle ceux qui ont des héritages voisins, tenans & aboutissans les uns aux autres, agissent l'un contre l'autre pour s'obliger respectivement à les séparer, en y plaçant de nouvelles bornes, ou en rétablissant les anciennes, qui auroient été transportées ailleurs, ou par cas fortuit, ou par le fait de l'une des parties.

L'action de *bornage* est mixte, c'est-à-dire, qu'elle est en même temps réelle & personnelle. Elle est personnelle en ce qu'elle est une suite de l'obligation que des voisins contractent réciproquement l'un envers l'autre: elle participe de l'action réelle, en ce que par elle le voisin réclame une partie de son héritage, qui peut avoir été usurpé par son voisin.

On parvient à borner deux héritages par trois moyens: par les bornes qui ont été mises sur les confins pour servir de limites, par titres & par témoins. La manière de pratiquer ces deux dernières preuves est la même qu'en toute autre action. Par rapport au premier moyen, on reconnoît qu'une pierre a été mise pour servir de borne & de limite, quand on trouve dessous des garants ou témoins; c'est-à-dire, deux ou trois morceaux d'une pierre plate, que les mesureurs & arpenteurs ont accoutumé de mettre aux côtés de la borne quand ils la plantent. On appelle ces petites pierres *garans* ou *témoins*, parce qu'elles sont des témoins muets qui certifient la vérité.

L'action de *bornage* peut être intentée par tout possesseur, même par un usufruitier; cependant un fermier n'y est pas recevable; on doit mettre en cause son maître. Comme le *bornage* se fait pour l'intérêt respectif des parties, les frais en doivent être payés en commun.

BORNE, s. f. *en Droit*, est toute séparation naturelle ou artificielle, qui marque les confins ou la ligne de division de deux héritages contigus. Quand il n'y en a pas de naturelles, les arpenteurs en placent d'artificielles. *Voyez ci-dessus* BORNAGE.

Les *bornes* naturelles sont une rivière, une forêt, un chemin, une montagne. Les *bornes* artificielles sont les murailles, les remparts, les fossés, des pierres placées de distance en distance, quelquefois même des lignes imaginées depuis un terme dont on est convenu jusqu'à un autre.

L'usage des *bornes* paroît être aussi ancien que les partages de la terre entre les hommes: tous les peuples les ont regardées comme sacrées & inviolables. Moyse, dans le Deutéronome, en parle comme d'une loi universelle: il n'ordonne pas aux Israélites d'en placer sur les confins de leurs héritages, il leur défend seulement, de la part du seigneur, de les changer & de les transplanter, dans la vue d'agrandir leurs terres.

Elles étoient en usage dans le Latium avant l'arrivée d'Enée, puisque Virgile raconte que Turnus, en combattant contre lui, enleva une pierre d'une grosseur prodigieuse, qui servoit de borne à un champ. Ainsi lorsque Numa établit des loix sur les *bornes* des héritages, il ne fit que rappeller un ancien usage, & le consacrer par la religion, en ordonnant que les pierres de *bornes* seroient dédiées au dieu Terminal; qu'on offriroit dessus, tous les ans, à certain jour, des sacrifices, en dévouant au dieu protecteur ceux qui les transporteroient; ensorte que le premier venu pouvoit le tuer comme coupable de sacrilège.

Le *bornage* des différentes possessions de chaque propriétaire, est une chose essentielle; le gouvernement devroit le faire faire avec tout le soin, l'attention & la promptitude possibles, & constater en même temps cette opération par des cartes très-détaillées de chaque paroisse. C'est un moyen sûr de former un cadastre parfait, de fixer avec certitude & égalité la portion des charges publiques, que chaque propriétaire doit supporter, d'assurer la tranquillité des familles, & de terminer, ou même empêcher ces procès éternels, qui ruinent si mal-à-propos les voisins.

L'action d'enlever & transplanter des *bornes* d'héritages est un crime qui a lieu:

1°. Lorsqu'on transporte des *bornes* pour agrandir son héritage aux dépens de celui de son voisin.

2°. Lorsque par méchanceté on dérange les *bornes* qui séparent deux héritages, dans l'unique dessein de nuire aux propriétaires de ces héritages.

3°. Lorsqu'on enlève les *bornes* de manière qu'il n'en reste aucune indication.

4°. On se rend aussi coupable du même crime, lorsque pour répandre de l'obscurité sur un procès intenté relativement à des limites d'héritages, on change l'état des lieux.

Suivant les loix romaines, ceux qui supprimoient ou dérangeoient des *bornes* servant à séparer des chemins, des jurisdictions, des héritages, ou qui faisoient enlever ces *bornes* par d'autres personnes, étoient dans le cas de subir une punition arbitraire, & relative aux circonstances & à la qualité du fait & des personnes.

Si celui qui enlevoit des *bornes*, le faisoit dans le dessein d'agrandir son héritage aux dépens du voisin, il devoit être puni du bannissement à temps, s'il étoit d'un rang distingué; & condamné aux travaux publics pendant deux ans, s'il étoit d'une condition vile: cette dernière peine répond parmi nous à celle des galères à temps.

Quant à celui qui, pendant le cours d'un procès, arrachoit ou transportoit des *bornes*, pour nuire aux droits de son adversaire, il devoit être puni arbitrairement, relativement à la nature & aux conséquences du délit.

Si l'enlèvement ou la transplantation des *bornes* se faisoit sans aucun motif d'intérêt particulier, mais par pure méchanceté, la peine se réduisoit en dommages & intérêts.

Celui qui enlevoit des *bornes* dans le dessein d'en faire son profit, devoit être puni comme coupable de vol. La loi 2 *in fine*, *ff. de termino moto*, prononce pour ce cas la peine du fouet.

Parmi nous, la punition de ceux qui enlèvent ou transportent des *bornes*, est relative à la qualité du fait & des personnes. Ordinairement c'est le fouet & le bannissement, & quelquefois les galères. On doit d'ailleurs condamner les coupables aux dommages & intérêts des parties.

La coutume de Bretagne veut que l'on punisse comme des voleurs ceux qui arrachent des *bornes* sciemment, ou qui en mettent de fausses.

Le crime d'enlèvement de *bornes* peut être poursuivi, non-seulement à la requête des particuliers, mais encore par le ministère public. C'est une suite de ce que porte la loi 3, *ff. de termino moto*. C'est aussi une disposition de l'article 8 du titre 2 de l'ordonnance criminelle du duc Léopold de Lorraine, du mois de novembre 1707.

Toute action relative à l'assiette & au changement des *bornes* des forêts du roi, est de la compétence des officiers des maîtrises.

L'ordonnance de 1669 en contient une disposition précise: elle veut aussi que les gardes fassent tous les mois leur rapport du nombre & de l'état des *bornes* qui sont dans leurs gardes, à peine d'en répondre en leur propre nom: elle exige des arpenteurs qu'ils visitent une fois l'année les fossés, *bornes* & arbres de lisières des forêts du roi, & qu'ils en rapportent des procès-verbaux aux greffes des maîtrises, à peine d'interdiction pour la première fois, & de punition pour la seconde: elle punit par privation de sa charge, & par le bannissement à perpétuité des forêts, l'arpenteur qui, par séduction, auroit celé un transport ou arrachement de *bornes*: enfin, elle enjoint aux officiers des maîtrises de marquer dans leurs procès-verbaux de visite l'état des *bornes* & fossés, pour y apporter les remèdes qu'ils jugeront convenables, & faire réparer les entreprises qu'ils reconnoîtront y avoir été faites. *Voyez* Bois, Voisinage.

Borne, (*Voirie.*) on appelle aussi *bornes*, les pierres, ou autres matières que l'on met dans les villes, aux entrées des maisons, à l'angle des murs qui font le coin des rues, le long des murs de jardins & de clôtures, pour éviter le choc violent des voitures, dont les roues, en heurtant les murs, pourroient les endommager, les ébranler, & peut-être même les renverser.

Cette précaution est très-sage; mais la manière dont la plupart de ces *bornes* sont placées, empêchent qu'elles ne remplissent exactement leur but. Elles sont ordinairement contiguës au mur, elles font corps avec le bâtiment, & lorsqu'elles sont heurtées par une voiture, le mur reçoit lui-même une secousse & un ébranlement considérables.

Il seroit donc beaucoup plus avantageux de placer les *bornes* à une certaine distance au-devant des murs; outre l'avantage que les bâtimens en retireroient, elles procureroient aux gens de pied un débouché facile, dans lequel ils seroient à l'abri de tous les accidens auxquels ils sont exposés par la rencontre continuelle des voitures.

Il n'est permis à aucun particulier de poser des *bornes* le long de sa maison, avant d'en avoir obtenu la permission des officiers, soit de police, soit des bureaux des finances, suivant que les uns ou les autres sont chargés, par les réglemens, de veiller à la voirie des rues dans les villes.

BORNION, s. m. On trouve ce mot dans la *coutume d'Auvergne*, *chap. 26*, *art. 7*, pour signifier un essaim de mouches à miel. Un *bornion à miel*, qui est épave, appartient pour moitié au seigneur, & pour l'autre moitié à celui qui l'a trouvé. Si celui qui le trouve, le recèle sans avertir le seigneur, il est contraint à la restitution, & au paiement d'une amende de soixante sous.

BORRETS & BORRETTES, s. m. (*terme de Coutume.*) ils sont usités dans les montagnes d'Auvergne pour désigner les taureaux, les genisses & les poulains âgés d'un an; ceux de deux ou trois ans s'appellent *doublons* & *tierçons*.

Lorsqu'il est question dans cette province d'envoyer les bestiaux d'un canton paître dans la montagne, on la divise par têtes de bestiaux. Une vache & son veau ne sont comptés que pour une tête; quatre *borrettes* à cornes d'un an pour une tête, deux doublons de vache pour une tête; un tierçon de vache fait une tête; une jument & son poulain forment deux têtes; deux *borrettes* de jument une autre tête; chaque doublon ou tierçon de jument fait sa tête.

BOSCAGES, qui doit s'écrire *bocages*. On trouve ce terme dans quelques coutumes, & principalement dans celle de Labourd, *tit. 3*, *art. 21*; où il signifie les petits bois & les landes qui appartiennent en commun aux habitans d'une paroisse, & qui servent de pâcage à leurs bestiaux.

BOSNES, ancien terme de coutumes, qui veut dire *bornes*.

BOVADE, terme de la coutume de la Marche, à-peu-près synonyme de celui de *bohade*, qu'on trouve dans celle d'Auvergne, & dont nous avons parlé plus haut.

Suivant l'article 137 de la coutume de la Marche, *bovade* est le droit qu'a le seigneur d'exiger de ses serfs & mortaillables, l'aide d'une paire de bœufs sans charrette, ou d'une charrette sans bœufs, à la charge par le seigneur de faire fournir par d'autres, ou de fournir lui-même ce qui est nécessaire pour compléter la voiture. *Voyez* BOHADE, ARBAN.

BOUC, (*Histoire naturelle. Jurisprudence.*) animal à cornes, le mâle de la chèvre. Ces animaux sont malfaisans, & les bois qu'ils ont broutés, repoussent difficilement. C'est la raison pour laquelle plusieurs coutumes défendent d'en nourrir. *Voyez* CHÈVRES.

LA BOUCHE ET LES MAINS, *terme de Jurisprudence féodale*, employé dans la coutume de Paris, *art. 3*, pour signifier *la foi & hommage*. L'origine de cette expression vient de ce qu'autrefois le vassal, en prêtant le serment de fidélité à son seigneur, lui présentoit la *bouche*, & lui mettoit les *mains* dans les siennes : mais cette formalité a été abrogée par le non-usage.

On emploie encore cette expression dans plusieurs provinces méridionales, où les mutations de fief ne produisent aucun profit réel, mais seulement l'hommage. On dit alors que les fiefs sont purement d'honneur, & que le vassal ne doit que *la bouche & les mains*.

BOUCHER, s. m. BOUCHERIE, s. f. (*Droit civil. Police.*) on appelle *boucher*, celui qui est autorisé à tuer des bestiaux, & à en vendre la chair en détail au public; & *boucherie*, le lieu où l'on tue & où l'on vend publiquement la viande des animaux tués.

De l'état des bouchers chez les Grecs & les Romains. Il paroît que les peuples anciens, au moins jusqu'après la guerre de Troye, n'avoient pas des hommes destinés particuliérement à l'emploi de tuer les animaux, & d'en dépécer les viandes. Les patriarches, dans Moyse, & les héros dont parle Homère, sont souvent occupés à couper eux-mêmes les viandes, & à les faire cuire. Cette fonction qui nous paroît si désagréable, n'avoit alors rien de choquant.

Les Romains ont eu, presque dès leur origine, des gens chargés, par état, de fournir à la ville les bestiaux nécessaires pour sa subsistance. On y distinguoit même deux corps ou collèges de *bouchers* : le premier ne s'occupoit que de l'achat des porcs, d'où ses membres prirent le nom de *suarii*; l'autre étoit pour l'achat & la vente des bœufs & autres bestiaux : ce qui fit donner à ceux qui le composoient, le nom de *boarii* ou *pecuarii*.

Ces deux corps furent dans la suite réunis en un seul collège; mais, jusqu'à cette époque, ils élisoient chacun un chef qui jugeoit leurs différends, & dont le tribunal étoit subordonné à celui du préfet de la ville. Il n'étoit pas permis aux enfans des *bouchers* d'abandonner la profession de leurs pères sans laisser à ceux dont ils se séparoient, la partie des biens qu'ils avoient en commun avec eux.

Les *bouchers* avoient sous eux des gens dont l'emploi étoit de tuer les bestiaux, de les habiller, de couper les chairs & de les exposer en vente. Les hommes employés à ces travaux s'appelloient *laniones* ou *lanii*, & même *carnifices* : on donnoit le nom de *lanienæ* aux endroits où l'on tuoit, & on appelloit *macella* celui où l'on vendoit la viande.

Nous avons conservé dans nos mœurs les mêmes usages. Nos *bouchers* ont sous eux également des apprentifs, compagnons & domestiques qui répondent aux *laniones* des Romains : leurs tueries ou échaudoirs répondent aux *lanienæ*, & les étaux aux *macellæ*.

Chez les Romains, les premiers *bouchers* étoient épars dans les différens quartiers de la ville; on les rassembla ensuite dans un seul endroit : & la *boucherie*, sous le règne de Néron, devint un bâtiment spacieux qui ne le cédoit en magnificence ni aux bains, ni aux cirques, ni aux aqueducs, ni aux amphithéâtres. L'accroissement prodigieux de la ville de Rome obligea dans la suite de construire deux autres *boucheries*.

En Grèce, les *bouchers* vendoient la viande à la livre, & se servoient de poids & de balance. Les Romains en usèrent de même pendant long-temps; mais dans la suite ils introduisirent, dans l'achat des bestiaux & la vente de la viande, une méthode qui paroît extravagante, & qui devoit occasionner à chaque instant des disputes & des contestations.

Cette méthode qu'ils appelloient *micatio*, consistoit dans une espèce de sort : l'acheteur, content de la marchandise qu'il vouloit acheter, fermoit une de ses mains, le vendeur en faisoit autant; chacun ensuite ouvroit à-la-fois & subitement ou tous ses doigts, ou une partie : si le nombre des doigts levés étoit pair, le vendeur mettoit à sa marchandise le prix qu'il vouloit; ce droit au-contraire appartenoit à l'acheteur, lorsqu'il étoit impair. D'autres prétendent que la mication se faisoit autrement : que le vendeur levoit quelques-uns de ses doigts, que l'acheteur devinoit le nombre des doigts ainsi levés, qu'alors il devenoit le maître du prix qui appartenoit au contraire au vendeur, lorsque l'acheteur n'avoit pas rencontré juste. Cette méthode dans la suite fut supprimée, ainsi que les officiers qui avoient été créés pour veiller sur la *mication*.

De l'état des bouchers en France. La police que les Romains observoient dans leurs *boucheries*, s'établit dans les Gaules avec leur domination. Les Francs la conservèrent : il paroît même que, dans les premiers temps de la monarchie, la viande, ainsi que les autres objets de commerce, se vendoit à la livre; car Charlemagne, dans ses Capitulaires, parle souvent des poids, & recommande expressément de les avoir justes. L'usage a varié à cet égard, & il a été permis d'acheter la viande, soit à la livre, soit à la main.

L'on trouve dans Paris, de temps immémorial, un corps composé d'un certain nombre de familles chargées du soin d'acheter les bestiaux, d'en fournir la ville, & d'en débiter les chairs. Elles composoient une espèce de corps ou de société dans lequel elles n'admettoient aucun étranger. Les enfans y succédoient à leurs pères, ou les collatéraux à leur défaut. Les filles étoient exclues de cette succession : d'où il arrivoit que, par une espèce de substitution, les familles qui ne laissoient aucuns hoirs en ligne masculine, n'avoient plus de part dans cette société, & que leurs droits étoient dévolus aux autres familles par droit d'accroissement.

Ces familles avoient un chef sous le titre de *maître des bouchers*. Son office étoit à vie, & il ne pouvoit être destitué qu'en cas de prévarication. Il avoit jurisdiction sur tous les autres; il décidoit toutes les contestations qui naissoient au sujet de leur profession ou de l'administration de leurs biens communs. Ils élisoient aussi un procureur d'office & un greffier : & les appellations de ce tribunal se relevoient devant le prévôt de Paris, & étoient jugées aux audiences de police de ce magistrat.

La plupart de ces familles, devenues par la suite puissantes à proportion de l'accroissement de leurs richesses, abandonnèrent leur profession, & louèrent leurs étaux à d'autres *bouchers*. Le parlement s'éleva contre cet abus : &, par un arrêt du 2 avril 1465, il obligea les *bouchers* d'occuper en personne leurs étaux, ou de les faire occuper par des serviteurs à gages, à peine d'amende arbitraire & de privation de leurs étaux. Ils furent déchargés de cette obligation par un arrêt du 4 mars 1557, en présentant tous les ans au prévôt de Paris ou son lieutenant des hommes capables d'exercer cette profession en leur place & dans leurs étaux.

Ces nouveaux *bouchers* se lassèrent de cette espèce de dépendance; ils demandèrent & obtinrent, en 1587, d'être érigés en métier juré, conformément aux statuts qu'ils présentèrent. Malgré l'opposition des anciens *bouchers*, les lettres-patentes d'érection de cette communauté, & ses statuts furent enregistrés au parlement par arrêt du 22 décembre 1589, à condition que ces nouveaux maîtres seroient incorporés à l'ancienne communauté, & que les statuts seroient communs aux uns & aux autres.

Toutes les *boucheries* de Paris ne forment plus aujourd'hui qu'un seul corps de métiers sous l'inspection du lieutenant de police. Quelques seigneurs particuliers se sont maintenus dans le droit d'établir des *bouchers* dans l'étendue de leurs justices; mais ces *bouchers* particuliers sont toujours soumis, quant à la police, à la seule jurisdiction du prévôt de Paris.

Dans la plupart des grandes villes du royaume, les *bouchers* sont également établis en corps de jurande : ce qui n'empêche pas néanmoins les seigneurs particuliers d'en établir dans l'étendue de leurs justices : mais tous sont également soumis à l'inspection de la police.

Les coutumes de Tours & de Loudun accordent au moyen-justicier le droit d'établir une *boucherie*, ainsi que celui de donner à ses hommes des mesures à bled, vin & huile, à moins qu'il n'y ait usage contraire.

Les *bouchers* autrefois vendoient indistinctement de la chair de bœuf, de veau, de mouton, de porc, d'agneau & de cochon de lait. Depuis long-temps la vente de la chair de porc a été confiée à une communauté particulière, désignée sous le nom de *chaircutiers*, & on leur a interdit la vente des agneaux & cochons de lait; ensorte que les *bouchers* ne peuvent débiter que du bœuf, du mouton & du veau. *Voyez* CHAIRCUTIER, AGNEAU.

Réglemens généraux sur les boucheries. Par un édit de Charles IX, du 4 février 1567, chaque *boucherie* devoit avoir, hors de l'enceinte des villes, sa tuerie & écorcherie. Les *bouchers* étoient astreints à tenir, pendant le jour, leurs immondices dans des vaisseaux couverts, & à les vuider de nuit seulement par canaux dans la rivière, afin que les habitans voisins de ces lieux n'en fussent pas infectés, ni l'usage de la rivière incommodé pendant le jour.

Ce sage réglement n'a pas eu lieu pendant long-temps. L'accroissement des villes, & sur-tout de la capitale, ont obligé les magistrats de police à souffrir les tueries & écorcheries dans l'intérieur des villes, au grand détriment de la salubrité de l'air & de la propreté des rues. Les *bouchers* doivent prendre à cet effet plusieurs précautions qui leur ont été ordonnées par des loix postérieures, & que nous avons rapportées sous le mot ABATIS, (*Police*).

Selon la plupart des ordonnances, la viande doit être vendue à la livre, & le prix en doit être réglé par les officiers de police. Les *bouchers* ne peuvent sortir de leurs étaux pour appeller les marchands; il leur est défendu d'injurier les acheteurs par parole ou autrement. Le lieutenant criminel doit informer de ce délit sommairement, & procéder contre les délinquans.

Les *boucheries*, considérées comme les lieux où se débite la viande, se nomment très-souvent *étaux*. On ne peut vendre de viande ailleurs que dans les étaux destinés à cet effet, à peine de cent livres d'amende. On ne peut ni en établir de nouveaux, ni changer les anciens, soit qu'ils soient attachés à des maisons particulières ou non, sans une permission du lieutenant de police.

Les étaux joints à des maisons ne peuvent en être séparés, même en cas de vente. C'est la jurisprudence constante du châtelet de Paris, fondée sur l'édit de 1567, & sur une déclaration du 13 mars 1719.

Dans le cas même où un *boucher* acheteroit un étal joint à une maison, il ne pourroit empêcher la continuation du bail de cet étal, ni expulser le *boucher* qui en est en possession, tant qu'il est exact dans le paiement du loyer.

Le louage des étaux avoit été fixé d'abord, sous Charles IX, à vingt-quatre livres, au lieu de seize, auquel les anciens réglemens de police l'avoient fixé. Ce prix fut bientôt après porté à cent livres : &, en 1690, il étoit déjà monté à neuf cens cinquante livres. Depuis cette époque, le prix n'en est plus déterminé; mais, pour empêcher les propriétaires de les faire monter à un prix excessif, il leur est défendu, après avoir fait un bail, de changer leurs locataires, ou d'augmenter le loyer, tant qu'ils sont payés exactement.

Cette loi n'empêche pas cependant que, dans les grandes villes, & même à Paris, les étaux ne se publient tous les ans sur la fin du carême, en présence du lieutenant de police. Mais il les adjuge aux *bouchers* qui en demandent la continuation, pour le même prix que celui de l'année précédente. Lorsque le *boucher* ne veut plus continuer son bail, il peut en demander décharge lors de l'adjudication des étaux, & alors on l'adjuge à un autre qui doit s'accommoder avec le propriétaire.

Ces réglemens paroissent contraires aux loix de l'équité qui doivent régner dans le contrat de louage; mais ils ont été introduits en faveur du bien public qui est toujours préférable à l'intérêt particulier.

Nul ne peut se rendre adjudicataire d'un étal, s'il n'exerce actuellement le métier de *boucher*. Il faut garnir de viande, la veille de pâques, celui qu'on s'est fait adjuger. Car tous les étaux qui ne sont pas garnis ce jour-là, demeurent fermés toute l'année.

Les étaux se ferment, pendant le cours de l'année, à six heures du soir, excepté les samedis & les veilles de grandes fêtes, qu'on peut les tenir ouverts jusqu'à dix heures. Ces heures passées, les viandes exposées sont sujettes à la confiscation, & le *boucher* est condamné à une amende de trente livres.

Il est défendu d'étaler de la viande les jours maigres, à peine de confiscation & de trois cens livres d'amende. On permet cependant que, dans les *boucheries* où il y a dix étaux, il y en ait un d'ouvert pour les malades. Chaque *boucher* étale à son tour pour vendre ces jours-là.

Il est défendu, sous les mêmes peines, de tenir les étaux ouverts les dimanches & fêtes, excepté depuis le premier dimanche d'après la Trinité jusqu'au 8 septembre inclusivement, à cause des grandes chaleurs. Si cependant l'utilité ou la nécessité publique exigeoient que les étaux fussent ouverts les autres dimanches & fêtes, on pourroit le faire en vertu d'une ordonnance du lieutenant général de police.

Il est encore défendu de vendre des légumes, d'écosser des pois au pied des étaux, de crainte que ce voisinage ne nuise aux viandes & n'occasionne une infection. Il y a une amende de six livres contre les contrevenans pour la première fois, & la prison, en cas de récidive.

Réglemens concernant la communauté des bouchers. Nul ne peut être reçu maître, s'il n'est fils de maître, ou qu'il n'ait fait trois ans d'apprentissage, & servi trois autres années consécutives chez les maîtres. Les fils de maître sont reçus sans faire aucun chef-d'œuvre, pourvu qu'ils aient demeuré ou servi chez leurs père & mère ou autres maîtres pendant trois ou quatre ans.

Les fils de maître ne peuvent aspirer à la maîtrise avant l'âge de dix-huit ans, & les compagnons avant celui de vingt-quatre.

Les compagnons ne peuvent quitter les maîtres où ils sont en service, sans congé, dont ils doivent avoir un certificat par écrit. Le maître qui les recevroit sans certificat, est sujet à une amende de deux écus.

Les *bouchers* ne peuvent être en même temps aubergistes, cabaretiers ou traîteurs, à cause des inconvéniens qui pourroient résulter de la réunion de ces différentes professions.

Suivant les statuts de 1587, la communauté des *bouchers* doit être régie par quatre jurés chargés de veiller au maintien & à l'exécution des ordonnances. Ils doivent être élus de deux en deux ans par la communauté des maîtres en présence du procureur du roi, pardevant lequel ils prêtent serment.

Ils sont tenus de visiter les bêtes qui sont amenées pour être tuées & exposées en vente, de n'admettre aucunes bêtes mortes ou malades, & d'empêcher qu'on ne débite au peuple des chairs trop gardées ou gâtées. Ils doivent même visiter, depuis pâques jusqu'à la S. Remi, les viandes qui restent aux *boucheries* du jeudi au samedi.

Les *bouchers* doivent prendre garde d'acheter des bœufs qui aient la maladie appellée *le fy*; & des moutons attaqués de la clavelée ou autre espèce de maladie.

Ils sont tenus d'acheter des bestiaux suffisamment pour les provisions de la ville, chacun selon la situation & l'étendue des étaux qui leur sont adjugés. C'est une obligation qu'ils contractent envers le public en la présence du magistrat.

Chaque *boucher* à Paris ne peut tenir qu'un seul étal dans une boucherie, mais il lui est permis d'en occuper trois dans différens endroits.

Réglemens concernant les droits établis sur les boucheries. L'ordonnance des aides de 1680 a assujetti les *bouchers* à donner une déclaration des bestiaux qu'ils destinent à la tuerie, & à payer les droits tant sur les entrées que sur la vente au détail. Nous renvoyons, pour cet objet, au *Dictionnaire des Finances.*

Réglemens pour les marchés & achats. Les *bouchers* ne peuvent acheter des bêtes pour tuer que dans les marchés; il leur est défendu d'aller audevant des marchands qui amènent des bestiaux, & de les acheter avant qu'ils aient été exposés.

A Paris, ils ne peuvent paroître sur la place aux veaux avant huit heures du matin, dans les mois de juin, juillet & août, &, avant neuf heures, dans le reste de l'année. A l'égard des grands marchés de Sceaux & de Poissy, l'ouverture s'en fait toute l'année au lever du soleil, ou au son d'une cloche.

Les marchandises achetées hors du marché, ou avant les heures indiquées, sont sujettes à confiscation; le *boucher* est en outre condamné à une amende de cent livres.

Malgré la défense de n'acheter que dans les marchés, les *bouchers* sont restés en possession d'envoyer leurs garçons acheter & conduire chez eux les bestiaux qu'ils trouvent chez les fermiers & laboureurs; mais il leur est sévérement défendu de vendre d'autres animaux que ceux qu'ils ont tués & habillés dans leurs boucheries, & d'en tuer & habiller de gâtés.

Deux personnes d'une seule maison ne peuvent aller dans le même marché, si ce n'est le fils avec le père, & encore ne peut-il lottir avec les autres *bouchers*, lorsque son père est présent.

Les forains ou leurs domestiques doivent vendre en personne, sans pouvoir se servir du ministère des facteurs résidens à Paris ou dans les marchés, à peine de cent livres d'amende, tant contre les marchands que contre les facteurs.

Ceux qui amènent des bestiaux pour les marchés de Paris, ne peuvent les ramener qu'après les avoir exposés pendant deux marchés consécutifs. S'ils ne les ont pas vendus pendant le troisième, il leur est permis de se retirer dans leur pays, en prenant un acte de renvoi, à peine de cent livres d'amende.

Un arrêt en forme de réglement, du 31 août 1678, défend à toute personne d'acheter aux foires & marchés qui se tiennent dans les vingt lieues à la ronde de Paris, pour faire ce qu'on appelle *regrater*, c'est-à-dire, pour revendre dans les mêmes marchés ou ailleurs, à peine de confiscation, & de cent livres d'amende.

Un arrêt du conseil du 18 avril 1644, défend de saisir les bestiaux destinés pour la provision de Paris.

Les achats de bestiaux, faits par les *bouchers* dans les foires & marchés, sont toujours censés faits au comptant. S'ils se font à termes, les forains doivent prendre une reconnoissance des *bouchers* par écrit, autrement ils sont tenus de faire leurs diligences dans la huitaine du jour de la vente, sinon ils encourent la fin de non-recevoir.

Comme l'intérêt public exige que les marchands qui vendent à crédit aux *bouchers*, aient toutes les sûretés possibles, pour le paiement de ce qui leur est dû, les *bouchers* ne peuvent à leur égard obtenir des lettres de répit, ni être admis au bénéfice de cession. Un arrêt de réglement du 13 juillet 1699, ordonne même que les séparations de biens d'entre les *bouchers* & leurs femmes, ne pourront préjudicier aux marchands forains, si elles ne sont publiques avant la vente, & pour cet effet, qu'elles n'aient été inscrites sur un tableau attaché à un poteau dans les marchés.

Si un bœuf vient à périr dans les neuf jours de la vente, & que par la visite qui en doit être faite, il soit prouvé que ce n'est pas par la faute du *boucher*, le vendeur est condamné, même par corps, à rendre l'argent qu'il en a reçu, déduction faite de la valeur du cuir & suif.

Deux arrêts de réglement du parlement de Paris, des 4 septembre 1673 & 13 juillet 1699, enjoignent aux *bouchers* de ne pas occasionner le dépérissement des bœufs par trop de fatigues & faute de soin, de les faire conduire depuis les marchés jusques chez eux en troupes médiocres, & par un nombre suffisant de personnes; de les nourrir convenablement, les tenir à l'attache, les fournir de bonne litière en toute saison, de les héberger dans des bouveries bien couvertes & entretenues.

Devoirs & obligations des bouchers. Les *bouchers* doivent exercer leur état avec le plus de propreté qu'il est possible, éviter de laisser couler dans les rues le sang des animaux qu'ils égorgent, faire porter les abattis & immondices aux voiries destinées à cet effet, avoir des instrumens justes & fidèles pour peser la viande qu'ils débitent, tenir leurs étaux suffisamment garnis pour la provision des habitans, ne point excéder dans la vente la taxe

taxe faite par les officiers de police, apprêter leurs viandes le plus promptement qu'il est possible, & cependant ne pas débiter celles qui ont été tuées le même jour, crainte qu'étant trop fraîches, elles ne nuisent à la santé; les exposer en vente dans un temps convenable, c'est-à-dire lorsqu'elles sont refroidies, sans cependant être atteintes de corruption.

Il n'est permis à aucun *boucher* forain de s'établir & de débiter de la viande dans la distance d'une lieue des grandes villes, & de celles où les *bouchers* sont établis en corps de jurande; 1°. parce que ces sortes de *bouchers* éludent le paiement des droits auxquels les *bouchers* de ville sont assujettis; 2°. parce qu'ils évitent les regards & l'inspection de la police, & exposent quelquefois en vente des bêtes mortes de maladie.

Si la nécessité oblige dans certains endroits de permettre l'établissement de *bouchers* forains, dans l'étendue d'une lieue de la ville, ils doivent être habitans & taillables, à peine de confiscation des viandes qu'ils exposent, de trois cens livres d'amende, & même d'emprisonnement. C'est ce qui résulte d'un arrêt du conseil du 13 juillet 1773, rendu pour la ville de la Rochelle.

La nécessité de pourvoir à la subsistance des habitans des villes, a engagé le législateur, dans l'édit de suppression des jurandes du mois de février 1776, de défendre aux *bouchers* de quitter leur profession, à moins d'en avoir fait leur déclaration à la police un an auparavant.

Privilèges des bouchers. Ils ont un privilège incontestable sur le mobilier des personnes auxquelles ils ont fourni de la viande, & ils sont préférés aux autres créanciers pour la fourniture de la dernière année. Quoique quelques coutumes n'accordent aux *bouchers* que six mois, pour former leur demande à fin de paiement des viandes qu'ils ont vendues, & qu'après ce temps ils y soient déclarés non recevables, l'usage, au moins à Paris, paroît y avoir dérogé, & cela avec fondement, parce que dans le fait, il est assez ordinaire que les *bouchers* attendent jusqu'au carême pour se faire payer par leurs pratiques, de la fourniture de l'année entière.

Ce privilège des *bouchers* sur les meubles & effets de leurs débiteurs, n'est point exclusif; lorsqu'il se trouve d'autres créanciers également privilégiés, & qu'il ne se trouve pas des deniers suffisans pour remplir toutes les créances privilégiées, il y a lieu entre elles à la contribution au marc la livre.

La contrainte par corps ne peut avoir lieu à Paris contre les *bouchers* qui vont aux marchés de Sceaux & de Poissy, ou qui en reviennent, ni pendant le temps qu'ils y sont. On déclare même nuls les emprisonnemens faits de leur personne dans Paris, les jours qu'ils sont présumés y aller ou en revenir.

Mais si les *bouchers* ne craignent point la contrainte par corps, lorsqu'ils sont occupés à leurs achats, ils sont aussi traités moins favorablement que les autres débiteurs, lorsqu'ils sont détenus en prison pour dettes de leur commerce. Un arrêt du 14 août 1671, débouta de sa requête un *boucher* qui demandoit son élargissement, en offrant la consignation de la moitié de la dette, avec caution pour le surplus, quoiqu'on soit dans l'usage à Paris d'élargir, la veille de l'assomption, les prisonniers pour dettes, lorsqu'ils consignent la moitié, & qu'ils donnent caution pour le reste.

On ne peut saisir les viandes exposées sur les étaux des *bouchers*, à moins que ce ne soit pour dettes des deniers royaux, parce que ces viandes y sont pour le service du public.

Les *bouchers* de Paris jouissent encore du privilège de faire pâturer les bestiaux qu'ils destinent à leurs boucheries, dans toute l'étendue de la banlieue; mais ils doivent les marquer d'une marque qu'ils adoptent, & qu'ils font connoître aux commis des fermes qui gardent les barrières, afin de prévenir toute fraude pour les droits du roi. Ils ont été maintenus dans cette possession par un arrêt de réglement du 4 avril 1669. Un arrêt de la cour des aides du 25 mai 1694 leur permet d'avoir dans les paroisses de la banlieue des bergeries pour leurs troupeaux, de les faire paître sur le territoire de ces paroisses, avec défenses aux habitans de les imposer à la taille. Ces privilèges doivent être étendus aux *bouchers* de toutes les villes, à cause de l'utilité & de l'avantage qui en résultent pour les habitans.

BOUCHETURE, s. f. *en terme de Coutume*, est tout ce qui sert de clôture à un champ, un pré, une terre labourable ou tous autres héritages : à l'effet d'empêcher les bêtes d'y entrer : comme haies vives, palissades, échailliers & autres. En pays de pâturage, il est expressément défendu d'enlever les *bouchetures*. (*H*)

BOUCHON, s. m. (*Finance.*) c'est un rameau de verdure ou autre chose semblable qu'on attache à une maison pour indiquer que l'on y vend du vin.

Les ordonnances des aides & un arrêt du conseil du 30 juillet 1689 enjoignent à ceux qui vendent du vin ou d'autres boissons en détail, de mettre, après avoir fait leur déclaration, un *bouchon* ou une enseigne à la porte du lieu où ils veulent débiter leurs boissons, à peine, contre les contrevenans, de cent livres d'amende, & de confiscation des boissons.

Les déclarations indiquent bien au fermier les lieux où se fait le débit : mais ces déclarations peuvent être mal faites, fournir matière à contestation, & laisser aux débitans le temps de vendre en fraude; les *bouchons* ou enseignes donnent aux commis une connoissance particulière des lieux indiqués par les déclarations.

On appelle aussi *bouchon*, ce qui sert à boucher un vase.

BOUCHOT, s. m. (*Droit maritime.*) c'est, en

terme de pêche, une sorte de parc que l'on construit avec des claies sur le bord de la mer pour y arrêter le poisson.

On se sert particuliérement des *bouchots* pour y élever des moules. M. Valin remarque que les petites moules qu'on y a déposées, fournissent, en moins de dix-huit mois, une récolte abondante qui, se renouvellant chaque année, suffit non-seulement à la nourriture des gens du pays, mais encore à former des cargaisons entières de bâtimens pour les provinces voisines.

L'ordonnance de la marine, *liv. 5, tit. 3, art. 6*, avoit seulement prescrit aux pêcheurs qui se servent de *bouchots*, d'y laisser, du côté de la mer, une ouverture de deux pieds, qu'ils ne pouvoient fermer avec aucun filet ou engin, pendant la saison du frai du poisson, c'est-à-dire, depuis le premier mai jusqu'à la fin d'août. Mais un arrêt du conseil du 2 mai 1739, rendu pour les *bouchots* établis dans les seigneuries de Luçon & de Champagne, a prescrit une nouvelle forme & une nouvelle police pour les *bouchots*; & la jurisprudence du conseil en a étendu les dispositions à tous les endroits où on est dans l'usage de construire des *bouchots*.

Suivant cet arrêt, les *bouchots* doivent être construits de bois entrelacés, comme claies, autour des pieux ou piquets enfoncés dans le sable, qui ne peuvent être élevés de plus de cinq pieds hors de terre. Ces pieux doivent être placés en ligne diagonale de la côte à la mer. Les ailes, pannes ou côtés des claies ne doivent avoir que cent brasses de long & cent brasses de largeur du côté de la terre, être simples, unies & sans aucuns branchages en-dedans.

A l'extrémité de l'angle du côté de la mer, il doit y avoir, depuis le premier octobre jusqu'au dernier avril, une ouverture, gord, égout ou passe de deux pieds de large sur toute la hauteur du clayonnage que les pêcheurs peuvent fermer d'un rets ou filet, sac, verveu, loup, guideau, tonnelle, bâche ou bénâtre volant, dont les mailles seront de deux pouces en quarré : ils peuvent également fermer cette ouverture avec des nasses, paniers, borgues, gonnes, gonâtres, bénâtres, bourgnons, bourets, bouterons & autres instrumens d'osier dont les verges auront au moins dix-huit lignes d'intervalle; le tout à peine, contre les contrevenans, de démolition des *bouchots* dont l'ouverture seroit plus étroite, de confiscation des filets ou engins, & d'amende de cent livres pour la première fois : &, en cas de récidive, d'être, outre la confiscation & amende, privés du droit de tenir à l'avenir aucune pêcherie.

Depuis le premier mai jusqu'à la fin de septembre, l'ouverture des *bouchots*, du côté de la mer, doit être de six pieds sur toute la hauteur du clayonnage, sans qu'elle puisse être fermée par aucuns filets ou engins, à peine de démolition & de cinquante livres d'amende.

Les *bouchots* ou parcs de clayonnage ne peuvent être placés qu'à deux cens brasses au moins du passage ordinaire des vaisseaux, à peine d'être démolis aux dépens des propriétaires qui, en cas de récidive, seront même privés du droit de parc. *Voyez* PARC, PÊCHERIE.

BOUCQUET, s. m. (*terme de Coutume.*) on le trouve dans celle de Rheims, *art. 351*, pour signifier une espèce d'avance & de saisie d'une maison ou autre édifice. Elle défend de construire aucun *boucquet* sur la rue & chemin public, sans congé & permission du seigneur, & à moins qu'il ne soit élevé de vingt-deux pieds & demi au-dessus de la rue.

BOUE, s. f. dit en général de cette ordure qui s'engendre dans les rues & les places publiques, & que ceux qui veillent à la propreté d'une ville, font enlever dans des tombereaux.

BOUÉE, s. f. (*Droit maritime.*) c'est un morceau de bois ou un baril vuide, flottant au-dessus de l'eau, & destiné à marquer l'endroit où l'ancre est mouillée; de même que les pieux, les débris de vaisseaux, les écueils & passages dangereux que la mer couvre.

Suivant l'article 5 du titre premier du livre 4 de l'ordonnance de la marine, les maîtres & patrons de navires qui veulent se tenir sur leurs ancres dans les ports, doivent y attacher une *bouée* ou *gaviteau* pour les marquer, à peine de cinquante livres d'amende, & de réparer le dommage que le défaut de *bouée* aura pu occasionner.

L'article 2 du titre 8 du même livre enjoint aussi aux maîtres ou capitaines de navires que la tempête a forcés de couper leurs cables & de laisser quelques ancres dans les rades, d'y mettre des *hoirins*, *bouées* ou *gaviteaux*, à peine d'amende arbitraire, & de perdre leurs ancres qui doivent appartenir à ceux qui les pêchent.

M. Valin observe judicieusement sur cet article, qu'on ne doit en appliquer la rigueur qu'au cas où il seroit prouvé que le capitaine, étant obligé de couper ses cables, a néanmoins eu le temps & la facilité de mettre sur ses ancres des hoirins, *bouées* ou gaviteaux.

L'article 3 du titre 4 du livre 5 enjoint pareillement aux propriétaires des madragues & des bordigues de mettre, sur les extrémités les plus avancées en mer, des *bouées* ou gaviteaux, sous peine des dommages & intérêts qui pourront avoir lieu faute de l'avoir fait, & de privation de leurs droits.

BOUES & LANTERNES, s. f. (*Droit civil. Voirie. Police.*) on entend par-là un certain droit établi pour subvenir aux frais du nettoiement des rues & de l'entretien des *lanternes* qui servent à éclairer la ville de Paris, & quelques autres villes de province.

Par différens édits, & notamment par celui de décembre 1757, les propriétaires des maisons de Paris ont été déchargés de payer à l'avenir aucune taxe au sujet des *boues* & *lanternes*, ainsi que des pompes publiques, en payant au trésor royal le rachat, à raison du denier vingt, des sommes comprises aux rôles arrêtés en exécution de la déclaration du 3 décembre 1743, sans que, sous prétexte de nouvelle dépense, il pût être à l'avenir exigé aucune contribution.

Les maisons qui ont été bâties dans Paris depuis cette époque, ont été assujetties au même rachat qu'elles ont payé en vertu d'arrêts du conseil des 30 avril 1760, & 15 novembre 1770.

Tous les bourgeois & habitans de la ville & des fauxbourgs de Paris, de quelque condition qu'ils soient, sont tenus de faire balayer régulièrement au-devant de leurs maisons tous les matins à sept heures, depuis le 15 février jusqu'au 15 octobre, & à huit heures les autres jours de l'année, de pousser les immondices à côté des bornes des murs de leurs maisons pour en faire des tas, afin que l'entrepreneur du nettoiement puisse les enlever.

Dans les temps de gelée & de neige, les habitans sont pareillement tenus de rompre les glaces & de les relever en tas, ainsi que la neige au-devant de leurs maisons. Il leur est défendu de balayer les immondices dans les ruisseaux ni sur les bords de ces mêmes ruisseaux dans les temps de pluie ni dans aucun autre temps. Les domestiques qui contreviennent à ces défenses, peuvent même être emprisonnés sur le champ.

On ne peut jetter dans les rues aucune ordure de jardin, cendres de lescive, ardoises, tuiles, tuileaux, raclures de cheminées, gravois, fumiers, *&c.*

Il est enjoint à l'entrepreneur du nettoiement des rues de fournir des tombereaux en nombre suffisant & en bon état, garnis de sonnettes & de numéros, & d'avoir, pour le service de chaque tombereau, un charretier & un retrousseur auxquels il doit fournir les pelles & les balais nécessaires.

L'entrepreneur ne peut charger avec les immondices les gravois, fumiers, décombres, *&c.* qui ne regardent point son service; & les charretiers qui sont convaincus d'en avoir chargé & conduit aux voiries, sont dans le cas d'être emprisonnés sur le champ.

Ceux qui ont chez eux des gravois, de la poterie ou des bouteilles cassées, *&c.* sont tenus de les porter dans la rue, & d'en faire un tas séparé de celui des *boues.*

Il est défendu à tout particulier de jetter par les fenêtres dans les rues, de jour ou de nuit, de l'eau, de l'urine, des matières fécales & d'autres ordures, à peine de trois cens livres d'amende, dont les maîtres sont responsables pour leurs domestiques, & les marchands & artisans pour leurs apprentifs & compagnons.

Les particuliers qui ont des charrettes, des haquets & d'autres voitures faisant embarras dans les rues ou pouvant donner lieu à des accidens, sont tenus de les renfermer dans leurs maisons : sinon il est permis de saisir & de mettre en fourrière ces voitures.

Les entrepreneurs de bâtimens, les maîtres maçons, les propriétaires de maisons & autres qui font travailler par économie, ne peuvent rassembler des matériaux au-delà de ce qu'ils peuvent en employer dans l'espace de trois jours; & ils sont obligés de les placer dans les lieux à eux indiqués par les commissaires de chaque quartier, à peine de confiscation & de trois cens livres d'amende.

Les menuisiers, charpentiers, selliers, charrons, tonneliers & autres ouvriers sont tenus de renfermer chez eux, dans leurs boutiques, magasins & autres emplacemens, les marchandises & les matériaux dont ils font commerce, sans pouvoir les laisser séjourner au-devant de leurs portes ou le long des murs de leurs maisons.

Ceux qui occupent les rez-de-chaussée des bâtimens, soit à titre de propriété, de location, d'usufruit ou autrement, sont tenus de balayer ou faire balayer, tous les matins, dans les rues sur lesquelles donnent ces mêmes bâtimens. Cette charge ne concerne point ceux qui occupent les étages au-dessus, à moins qu'il n'y ait une convention particulière à cet égard, & la police, sans entrer dans cette convention, ne s'en prend qu'à ceux qui tiennent les rez-de-chaussée, sauf leurs recours, s'il y a lieu.

A l'égard des illuminations qu'on juge quelquefois à propos d'ordonner pour des réjouissances publiques, elles concernent les personnes qui occupent des appartemens sujets à être illuminés, excepté les particuliers qui ne logent qu'en chambres garnies, parce qu'ils ne sont point censés bourgeois de Paris : c'est à ceux qui leur donnent à loger, à illuminer pour eux.

Pour ce qui est des *lanternes* qu'on appelle actuellement *reverbères*, les bourgeois étoient anciennement obligés de les allumer ou faire allumer à tour de rôle : la police est aujourd'hui chargée de ce soin. La régie de cette illumination est composée de deux inspecteurs, de douze commis, de cent soixante allumeurs, & de six entrepôts dans lesquels il y a deux commis dont un est toujours de garde.

Chaque allumeur a un calendrier pour lui indiquer l'heure à laquelle les reverbères doivent être allumés, & pour combien de temps dans la nuit. On est obligé de se conformer à ce calendrier qui se renouvelle tous les ans, & les commissaires sont tenus de veiller à ce que ce point de police soit exactement observé.

BOUEUR, s. m. (*Police.*) est celui qui enlève les ordures des rues hors de la ville.

Il y a aussi un officier sur les ports, qu'on appelle *boueur*, parce que sa fonction est de veiller à ce qu'on les tienne propres, & qu'on en enlève les ordures.

BOUILLE, s. f. BOUILLER, v. a. (*Eaux & Forêts.*) la *bouille* est un instrument de bois ou de fer avec lequel on remue la vase d'une rivière ou d'un étang, & on en trouble l'eau, afin de faire entrer plus facilement le poisson dans les filets. *Bouiller*, se dit de l'action d'employer la *bouille*

L'ordonnance de 1669, *art.* 11, *tit.* 31, défend

de se servir de *bouilles* pour pêcher dans les noues, en quelque temps & de quelque manière que ce soit, à peine de cinquante livre d'amende & d'être banni des rivières pendant trois ans. Elle prononce aussi trois cens livres d'amende contre les maîtres particuliers, ou leurs lieutenans, qui accorderoient la permission de *bouiller*.

BOUILLON, (*Droit public. Géographie.*) ville & duché souverain, situé sur les confins de la France & du pays de Liège, qui appartient à la maison de la Tour-d'Auvergne. Il y a une cour souveraine; on ignore l'époque de son établissement; mais on trouve des actes qui annoncent l'existence de ce tribunal avant le quinzième siècle. La coutume de ce duché, réimprimée en 1628, contient un chapitre particulier, intitulé *de la cour souveraine*. Les jugemens qui y sont rendus ne peuvent être réformés que par la voie de la revision par les quatre pairs du duché, ou par un pareil nombre de reviseurs nommés par les parties, ou choisis par le souverain, si elles ne peuvent en convenir.

Les quatre pairs de ce duché étoient les seigneurs de Mirwart, d'Hierges, de Carlsbourg, & l'abbaye de S. Hubert; mais les ducs de *Bouillon* ont été successivement dépouillés de la mouvance d'une partie de ces fiefs.

Par l'acte d'échange de la principauté de Sedan, signé le 20 mars 1651, entre Louis XIV & Frédéric-Maurice, duc de *Bouillon*, ce dernier se réserva spécialement les droits qu'il avoit sur le château de *Bouillon* & sur plusieurs portions du duché, usurpées sur ses prédécesseurs par les évêques de Liège & par le roi d'Espagne. Lorsque Louis XIV eut repris, en 1676, le château de *Bouillon*, & les autres parties du duché, il les rendit au duc Godefroi-Maurice, par arrêt de son conseil du premier mai 1678, pour en jouir par lui aux mêmes droits & prérogatives que ses prédécesseurs & les évêques de Liège; cette possession lui fut confirmée par le traité de Nimègue en 1679, & il jouit dans cette souveraineté de tous les droits régaliens.

Les habitans du pays paient annuellement au duc un don gratuit de 3000 liv. indépendamment des droits seigneuriaux & régaliens, & de ceux établis sur les consommations. Ils contribuent aussi à toutes les dépenses communes du pays, qui sont arrêtées tous les ans dans une assemblée de députés, & se répartissent sous les yeux de la cour souveraine, d'après un cadastre général, en conséquence duquel chaque village est cotisé. Les habitans sont aussi obligés, aux termes de leurs chartes, aux corvées civiles, qui ont pour objet l'établissement, les réparations, & entretiens des grands chemins.

On ne connoît pas à *Bouillon* les corps de maîtrise, le commerce y est parfaitement libre; celui des denrées est cependant soumis à l'inspection d'un corps municipal, qui tient la main à l'exécution d'une ordonnance de police émanée du souverain, sauf le ressort & l'appel en la cour souveraine, qui exerce supérieurement la grande police.

Les affaires de la ville sont régies par un corps municipal, composé de bourg-mestres, d'échevins & de conseillers de ville; celles des villages, par des commis élus à la pluralité des voix, & qu'on appelle *gens de police*; les premiers rendent compte de leur administration à la cour souveraine, les seconds au procureur général. Le corps municipal a aussi, sous le ressort de la cour, une jurisdiction de police sur la taxe des denrées, la propreté des rues, la fidélité dans les poids & mesures.

La noblesse du duché de *Bouillon* jouit des mêmes privilèges que celle de France. Mais les seigneurs n'ont sur leurs vassaux aucuns de ces droits insolites, fruits monstrueux de l'anarchie féodale.

La jurisdiction ecclésiastique y est exercée par un official, qui est ordinairement choisi dans le corps des curés. Il prête serment en la cour souveraine. Si cet officier est étranger, il est obligé d'y élire domicile & de s'y transporter, avec son promoteur, pour l'instruction & le jugement des causes qui sont de sa compétence.

La coutume de *Bouillon* est une coutume d'égalité; dans les partages des biens nobles, l'aîné n'a d'autre avantage sur ses frères & sœurs, qu'un préciput, qui consiste dans le château avec le vol du chapon, le droit de pêche, de chasse, d'épaves & aventures seigneuriales, avec la faculté indéfinie de réunir sur tout co-propriétaire ou co-héritier.

Outre les propriétés particulières, chaque communauté d'habitans a son banc ou territoire, qu'elle possède à titre de communes, & qu'on est dans l'usage de cultiver après une incinération générale. Pour cet effet, un arpenteur intelligent divise le canton, qui doit être cultivé, en autant de portions qu'il y a de bourgeois: on affecte à chaque part un numéro, & le jour indiqué pour la délivrance du partage, les numéros sont mis dans un chapeau & tirés au sort.

Les justices subalternes connoissent des matières civiles & de police jusqu'à la somme de soixante livres, sauf l'appel en la cour souveraine. Les affaires criminelles ne sont instruites & jugées souverainement que dans cette cour. La forme de procéder est déterminée par une ordonnance de 1723, qui est conforme à l'ordonnance de 1667. Le duché a des chartes, & une coutume particulière qui renvoie au droit écrit pour tous les cas qu'elle n'a pas prévus.

BOULANGER, s. m. (*Droit civil. Arts & Métiers. Police.*) c'est celui qui est autorisé à faire, cuire & vendre du pain au public.

La profession des *boulangers*, aujourd'hui si nécessaire, étoit inconnue aux anciens. Le bled s'y mangea d'abord en substance. L'action de le broyer avec les dents fit naître l'idée de le convertir en farine, à laquelle on mêla ensuite de l'eau, dont on fit de la bouillie en remuant & pétrissant ce mélange.

On s'avisa ensuite de faire des pains ou gâteaux, qu'on mit cuire sous la cendre chaude pour leur donner de la consistance. C'étoit encore la seule manière de manger le bled du temps d'Abraham.

Le bled n'a été qu'un aliment pesant & difficile à digérer, jusqu'au moment où un heureux hasard procura la connoissance du levain, qui n'est qu'un peu de pâte aigre qu'on pêtrit avec la nouvelle, pour lui causer le degré nécessaire de fermentation, qui rend le pain léger & savoureux.

Du temps d'Auguste il y avoit à Rome, selon quelques auteurs, 317, & selon d'autres, 319 boulangeries publiques. Les enfans des *boulangers*, & ceux qui épousoient leurs filles, étoient obligés de rester dans la profession de leurs pères.

La France eut aussi des *boulangers* dès le commencement de la monarchie. Il en est fait mention dans les ordonnances de Dagobert II de l'an 630, & dans les capitulaires de Charlemagne, qui enjoignit aux juges des provinces de tenir la main à ce que le nombre des *boulangers* fût toujours complet, & rempli de sujets capables.

On les appelloit anciennement *tamisiers*, & par corruption *talmeliers*, à cause des tamis dont ils se servoient pour passer la farine, & enfin *boulangers*, qui est un nom purement françois.

Cette profession intéresse essentiellement les citoyens; aussi la police a-t-elle droit de faire tous les réglemens qui peuvent subordonner les *boulangers* à ce qu'exige la subsistance des habitans d'un endroit, & leur faire exercer leur métier avec toute l'exactitude & la fidélité que demande l'intérêt public. Mais, si d'une part ils contractent certains engagemens envers la société, ils jouissent aussi de certains privilèges que n'ont pas les particuliers qui exercent d'autres professions. Pour développer ce que nous avons à dire à ce sujet, nous parlerons d'abord de la police publique à laquelle sont assujettis les *boulangers*; nous verrons ensuite quels sont les privilèges que les tribunaux leur accordent pour le paiement de ce qui leur est dû, préférablement à d'autres créanciers.

Police publique concernant les boulangers. Celui qui aspire à exercer cet état, doit être de bonnes mœurs, parce que dans ce métier rien ne seroit plus dangereux pour le public qu'un homme qui n'auroit point la probité en partage. Avec les mœurs, on exige encore qu'il soit de bonne santé, de crainte qu'il ne communique quelque germe contagieux à l'aliment de première nécessité, qu'il prépare pour les citoyens.

Dans la plupart des villes de province, on exige aussi que le pain qu'il destine soit empreint d'une marque qui fasse connoître qu'il sort de sa boutique, afin que s'il y a de la fraude, on puisse en reconnoître l'auteur.

Les *boulangers* ne peuvent être meûniers en même temps qu'ils exercent la profession de *boulangers*. La réunion de ces deux états leur donneroit occasion de commettre bien des fraudes; ils pourroient sur-tout contribuer, selon les circonstances, à faire hausser le prix du pain en retardant le service des moulins. Un arrêt du 22 juin 1639, rapporté au traité de la police, leur défend l'exercice des deux métiers à la fois. Ils ne peuvent pas non plus être en même temps mesureurs de grains, parce qu'alors loin de dénoncer les contraventions qui peuvent avoir trait à la cherté des grains, ils seroient les premiers intéressés à les dissimuler : d'ailleurs le rapport qu'ils feroient du prix des grains deviendroit naturellement suspect.

Dans les villes où les bourgeois sont dans l'usage de faire leur pain chez eux, il est défendu aux *boulangers* d'entrer dans les marchés aux grains avant les heures fixées par la police, afin que les habitans aient le temps de faire leurs provisions.

La police doit veiller aussi à ce qu'il ne se commette aucun monopole, & à ce que les *boulangers* n'affectent pas d'acheter tous les grains d'un marché, afin d'obliger les habitans d'en aller chercher à la campagne à leurs frais, & d'avoir occasion par-là de faire un plus grand débit & à un plus haut prix.

On doit encore faire attention à trois choses à l'occasion des *boulangers*; savoir, à la qualité, au poids & au prix de leur pain. Divers réglemens portent que les *boulangers* cuiront à une heure compétente, afin que les pains soient froids & rassis dans le temps que le public en fait sa provision. Le pain doit être sans mixtion, bien élaboré, fermenté & boulangé. Ils sont obligés de mettre à part, & de ne point exposer dans leurs boutiques, celui qui, après la fournée, se trouve défectueux, & qui n'a pas la blancheur ordinaire & convenable. Il leur est particuliérement défendu d'employer du bled relavé ou remoulu, & de la farine gâtée.

Quant au poids, chaque *boulanger* doit avoir à sa boutique des balances & des poids pour peser le pain, & cela à peine d'amende arbitraire. Chaque pain doit être du poids réglé par la police de chaque endroit.

Pour ce qui est du prix du pain, les magistrats doivent avoir attention à ce qu'il ne devienne point excessif par le fait des *boulangers*. Si d'un côté on oblige ceux-ci à tenir toujours leurs boutiques garnies, on doit d'un autre côté leur permettre un gain suffisant; autrement il y auroit de l'injustice, & ce ne seroit pas le moyen de les voir procurer au peuple sa subsistance. Au surplus, quand il s'agit d'en venir à une taxe, elle doit se faire relativement au prix commun des grains, & cette taxe ne peut pas être la même par-tout : les frais des boulangeries dans certains endroits sont plus considérables que dans d'autres; elle doit entiérement dépendre de la sagesse des officiers de police. Mais lorsqu'une fois la taxe est faite, les *boulangers* ne doivent point l'excéder. Trois *boulangers* de Paris ont été condamnés, par sentence de la police du 23 janvier 1776, à 30 livres d'amende chacun pour y être contrevenus.

Dans les villes de province il y a des marchés, où les *boulangers* forains viennent apporter du pain.

comme à Paris. Lorſqu'un de ces *boulangers* y prend une place pour ce genre de commerce, il contracte envers le public une eſpèce d'obligation de fournir cette place d'une quantité ſuffiſante de pain chaque jour de marché ; lorſqu'il y manque, la police peut le condamner à l'amende, même lui ôter cette place en cas de récidive. Autrefois lorſque ſon pain avoit été apporté au marché, on pouvoit le forcer de l'y vendre au rabais ſans pouvoir le remporter; mais depuis un arrêt du conſeil du 5 novembre 1775, rendu en faveur des *boulangers* forains de Lyon, il peut en faire des entrepôts, pourvu qu'il ne le vende pas au-delà du prix fixé par la police. Cette liberté ſemble même être devenue plus parfaite depuis l'édit de ſuppreſſion des jurandes du mois de février 1776.

Il eſt auſſi de police publique qu'un *boulanger* ne puiſſe point arbitrairement quitter ſa profeſſion : il eſt obligé d'en faire ſa déclaration un an auparavant : c'eſt ce qui réſulte du même édit de ſuppreſſion des jurandes.

Comme le pain eſt eſſentiel à la nourriture des citoyens, on n'en interdit pas le débit les jours de dimanches & de fêtes : il ſuffit que les *boulangers* tiennent fermés les ais de leurs boutiques en laiſſant ſeulement leurs portes ouvertes. Mais ils doivent façonner leur pain & le cuire la veille. Cependant quand il y a pluſieurs fêtes de ſuite, ils peuvent travailler la ſeconde ou la troiſième, & toutes les fois que la néceſſité publique l'exige, en prenant une permiſſion du juge de police.

Privilège des boulangers. Quoique l'article 8 du titre 1 de l'ordonnance de 1673, formé ſur l'article 126 de la coutume de Paris, n'accorde que ſix mois aux *boulangers* pour demander en juſtice le paiement du pain qu'ils ont fourni, on ne laiſſe pas au châtelet de Paris, de les écouter dans leur action pour la fourniture de l'année entière. On ſait qu'il ſeroit trop rigoureux de leur oppoſer une négligence qui ſouvent n'eſt le fruit que de leur bienfaiſance & de leur humanité.

La juriſprudence des arrêts leur accorde auſſi une préférence ſur le mobilier de leurs débiteurs. Il y a à ce ſujet trois arrêts imprimés pour les *boulangers* de Paris, l'un du 11 août 1738, l'autre du 12 mai 1740, & le troiſième du 7 ſeptembre de la même année. Ces arrêts rendus contre le ſieur Jean-Olivier Bertrand, écuyer, en qualité d'héritier de ſon frère, & contre les directeurs des créanciers de celui-ci, jugent formellement :

1°. Que pour la fourniture des ſix derniers mois avant le décès du débiteur, le *boulanger* a une action & un privilège inconteſtable ſur le prix des meubles du défunt.

2°. Que pour la fourniture des ſix mois antérieurs, il a également une action, & que l'héritier ne peut s'en affranchir qu'en affirmant que cette fourniture a été payée & qu'elle n'eſt plus due.

3°. Que ſi cette fourniture des ſix mois antérieurs eſt due, ou parce que l'héritier en convient, ou parce qu'il refuſe d'affirmer, elle a le même privilège que celle des ſix derniers mois ſur le prix des meubles.

4°. Que les intérêts de tout ce qui eſt dû pour fourniture de pain, ont leur cours du jour de l'oppoſition aux ſcellés, & ont le même privilège.

5°. Que ce privilège ſe communique à tous les dépens qu'il a fallu faire pour parvenir au paiement des fournitures.

Cette juriſprudence, exactement ſuivie au châtelet de Paris, peut n'être pas la même par-tout: mais nous croyons qu'elle mérite d'être introduite dans tous les ſièges où elle n'eſt pas contrariée par des réglemens particuliers, par une juriſprudence bien avérée, ou par un uſage bien conſtant & uniforme. *Voyez* BANALITÉ, MEUNIER, *&c.*

BOULDURES. La coutume de Meneton-ſur-Cher, emploie ce mot dans l'acception de foſſes, pour déſigner celles qui ſont ſous la roue & ſous les bâtimens des moulins.

BOULINS. Dans toutes les coutumes on appelle *boulins* les trous pratiqués dans les murs des colombiers pour y loger les pigeons. Chaque coutume a des diſpoſitions particulières pour déterminer les perſonnes qui ont droit de bâtir des colombiers, ainſi que leur forme & la quantité de *boulins* qu'ils doivent contenir. *Voyez* COLOMBIER.

BOULOGNE, (*Droit public.*) ville maritime de France, capitale du comté de Boulonnois dans la Picardie.

Louis XI acquit ce comté à titre d'échange en 1477, de Bertrand de la Tour, à qui il céda en contre-échange la jugerie de Lauragais en Languedoc, qu'il érigea en comté. Le Boulonnois fut en conſéquence uni au domaine de la couronne : enſuite la ville de *Boulogne* fut priſe par les Anglois en 1544, & reſtituée à Henri II, qui y fit ſon entrée en 1551. Depuis ce temps le Boulonnois n'a plus ceſſé de faire partie du domaine de la couronne.

Les habitans de *Boulogne* & du Boulonnois ont prétendu qu'ils devoient être exempts de payer les droits de franc-fief, pour raiſon des biens nobles poſſédés par les roturiers. Ils ſe fondoient ſur deux raiſons principales : la première conſiſtoit à dire qu'avant la réunion du Boulonnois à la couronne, ils n'étoient pas aſſujettis envers leurs ſeigneurs aux paiemens des droits de franc-fief, & que par cette réunion ils avoient été conſervés dans toutes leurs franchiſes & immunités : ils ajoutoient qu'étant frontière d'une domination étrangère, ils étoient tenus de ſe tenir continuellement armés & équipés pour marcher au premier commandement. Mais ſi on ne leur a pas accordé tout ce qu'ils avoient demandé, ils ont au moins réuſſi à faire modifier la perception & le paiement de ces droits ; car l'arrêt du conſeil du 28 mars 1752 les décharge du paiement des droits échus juſqu'au premier janvier 1751, & ordonne ſeulement que les roturiers du Boulonnois, qui depuis cette époque étoient ou deviendroient propriétaires de fiefs ou *tenemens* nobles, seroient tenus, dans l'année de leur possession, de fournir aux fermiers du domaine une déclaration affirmée véritable, de la consistance & du revenu de ces fiefs ou tenemens nobles, & d'en payer le droit de franc-fief sur le pied d'une année de revenu, au moyen de quoi ils seroient affranchis de ces droits pendant leur vie.

Suivant la déclaration du roi du 26 mars 1774, les cures du diocèse de *Boulogne* situées en Artois, & dont la collation ou présentation appartient à des collateurs ou patrons ecclésiastiques, doivent être conférées par la voie du concours, conformément au concile de Trente, qui a été reçu dans l'Artois lorsque ce comté appartenoit à la maison d'Autriche. Le concours doit avoir lieu aussi-tôt que les cures viennent à vaquer, & elles ne peuvent être impétrées à Rome. Tous les réglemens contenus dans la déclaration du 29 juillet 1744, pour le concours des cures du diocèse d'Arras, doivent être observés pour celui des cures du diocèse de *boulogne* qui sont dans l'Artois.

BOURBONNOIS, (*Droit public.*) province de France avec titre de duché. La ville de Moulins en est la capitale. Elle fut confisquée sur le connétable de Bourbon, & réunie à la couronne sous François I.

Un édit du mois de février 1594 ordonna que les domaines, les greffes, sceaux & tabellionages des généralités de Paris, Picardie, Champagne & Moulins, seroient aliénés, avec faculté perpétuelle de rachat.

Un autre édit du mois de mars 1655 ordonna la vente du droit de haute, moyenne & basse-justice, & des bois & forêts dans l'étendue des provinces de *Bourbonnois* & de la Marche.

Le duché de *Bourbonnois* fut cédé par le roi le 7 mars 1661, à M. le prince de Condé, en contre-échange du duché d'Albret.

Le droit de franc-fief a été abonné dans le *Bourbonnois* par divers arrêts du conseil; mais depuis l'expiration de ces abonnemens, les habitans roturiers de cette province sont tenus de payer les droits de franc-fief des biens nobles qui leur appartiennent. Le *Bourbonnois* dépend, pour le spirituel, des évêchés d'Autun, Bourges, Clermont & Nevers; pour les finances, des généralités de Moulins & Bourges; pour le civil, du parlement de Paris. La justice y est administrée conformément à la coutume du pays, rédigée en 1520. Le roi pourvoit à toutes les charges sur la nomination de M. le prince de Condé. Il y a pour le militaire un gouverneur général, un lieutenant général, deux lieutenans de roi, un lieutenant des maréchaux de France, un prévôt & deux lieutenans de maréchaussée.

BOURDELAGE, f. m. (*terme de Coutume.*) est la même chose que *bordelage. Voyez ce dernier mot.*

BOURDELIER, se dit du seigneur à qui appartient le droit de *bourdelage* ou *bordelage*. On le dit aussi de l'héritage concédé à ce titre, & du contrat de concession: *héritage bordelier*, *contrat bordelier*. (*H*)

BOURELAGE, f. m. (*terme de Coutume.*) il n'est connu que dans la province de Poitou, où il est employé pour marquer un droit qui s'y perçoit par forme de dixme, & qui est tel que dans toutes les paroisses où il est en usage, il ne s'exerce point d'autre droit de dixme.

Ce droit de *bourelage* a donné lieu anciennement à une contestation dans le Poitou: outre ce droit on vouloit percevoir la dixme, mais il fut attesté par un acte du siège de Poitiers du 14 juillet 1685, que ces deux droits ne pouvoient point concourir ensemble sur les mêmes objets.

BOURGAGE, f. m. (*terme de Coutume.*) ce mot est usité dans celle de Normandie, & il s'applique aux héritages roturiers situés dans une ville ou dans un bourg fermé, où il n'est dû, à cause de ces héritages, aucune redevance censuelle ni féodale, soit envers le roi, soit envers les seigneurs particuliers.

Le *bourgage* est une des quatre manières de tenir des biens-fonds de laquelle il est parlé dans l'article 103 de la coutume de Normandie. L'héritage ainsi tenu est exempt, aux termes de l'article 138, des droits de relief, de treizième & de tous autres droits seigneuriaux. Celui qui en devient possesseur, en est quitte pour donner une simple déclaration des rentes & des redevances qui sont dues, à moins qu'il n'y ait à cet égard une convention ou une possession contraire.

Les biens en *bourgage* sont plus avantageux pour les filles que les biens d'une autre nature; car, quoique la coutume défère des portions différentes & inégales, entre les mâles & les filles, dans les successions, elle veut cependant, par l'article 270, que les frères & les sœurs partagent également les héritages qui sont en *bourgage* dans toute la Normandie, même au bailliage de Caux, dans les cas où les filles sont admises à partager. Et par l'article suivant elle ajoute que, quoique les filles ne puissent rien prétendre dans les bâtimens de *ménage* situés à la campagne, lorsqu'il n'y a pas plus de ces bâtimens qu'il n'y a de frères pour les posséder, elles peuvent néanmoins *prendre part ès maisons assises ès villes & bourgages*.

Les veuves ont pareillement une faveur sur les fonds tenus en *bourgage*; car, quoiqu'il n'y ait point de communauté de biens, dans la Normandie, entre le mari & la femme, celle-ci ne laisse pas, après la mort de son époux, d'avoir en propriété la moitié des conquêts *faits en bourgage* durant le mariage. C'est ce que porte l'article 329 de la coutume. Nous remarquerons à ce sujet que les places de barbiers-perruquiers sont regardées comme immeubles en *bourgage* dans la Normandie, & que les veuves ont la moitié de ces places en propriété lorsqu'elles ont été acquises durant leur mariage. Il y a, à cet égard, un arrêt du parlement de

Rouen rendu en forme du réglement le 23 janvier, 1730.

Il y a un autre réglement de la même cour du 16 mars 1697, suivant lequel les paroisses de Boisguillaume & S. Etienne, ainsi que celles de la banlieue de Rouen, sont déclarées n'être point en *bourgage*. L'exécution de ce réglement a été ordonnée par un arrêt du 20 juillet 1715.

BOURGEOIS, f. m. BOURGEOISIE, f. f. (*Droit civil, public.*) on appelle *bourgeois* celui qui fait sa résidence ordinaire dans une ville, & qui jouit des avantages & privilèges attachés à cette qualité.

On nomme *bourgeoisie* ou *droit de bourgeoisie*, la participation aux avantages dont jouissent les citoyens d'une ville.

Dans les principales villes de Suisse le mot de *bourgeoisie* signifie le corps des habitans, ayant droit de participer au gouvernement & aux charges qui en dépendent.

Ce mot a encore dans le même pays une signification unique & très-différente du sens ordinaire qu'il présente. On y appelle *bourgeoisies*, des conventions ou traités faits entre deux villes, qui ont pour objet la sûreté réciproque des états contractans, & les secours qu'ils doivent se fournir en cas de besoin. Il y en a à droit égal, telles sont les *bourgeoisies* de Berne, Fribourg & Soleure : d'autres sont faites de manière que l'une des parties contractantes a de l'autorité & du pouvoir sur l'autre partie ; de ce nombre sont les *bourgeoisies* que Berne a contractées avec la ville de Neufchâtel, la vallée de Motier-Granval, & autres.

Du droit de bourgeoisie chez les peuples anciens & modernes. Les Athéniens étoient dans l'usage d'accorder le droit de *bourgeoisie* aux étrangers qui venoient s'établir chez eux. Cet accueil gracieux en attiroit de tous les côtés, & c'étoit un moyen sûr d'augmenter promptement le nombre de leurs concitoyens.

Rome dès son origine accorda le droit de *bourgeoisie* aux peuples vaincus. Romulus ne faisoit la guerre que pour acquérir des hommes, sûr de ne pas manquer de terres quand il auroit des troupes suffisantes pour s'en emparer. C'est à cette sage politique que les Romains dûrent leur accroissement prodigieux, & la conquête de l'univers.

Auguste fut très-réservé à accorder le droit de *bourgeoisie* ; sous Claude il s'obtint fort aisément, & se communiquant de proche en proche, tous les sujets de l'empire devinrent *bourgeois* de Rome. Les peuples vaincus partagèrent les honneurs du vainqueur, le senat leur fut ouvert, & ils parvinrent à l'empire.

Aujourd'hui il y a en Europe des villes dont on devient *bourgeois* par la simple habitation. Le droit d'être un des membres de la communauté est tellement attaché au domicile, que dans quelques unes il suffit d'y avoir demeuré un temps, & dans les autres d'y être né pour y jouir de tous les avantages annexés au droit de *bourgeoisie*. Les villes de France, d'Angleterre, d'Italie, des Pays-Bas, en fournissent des exemples.

Il y a d'autres villes où le droit de *bourgeoisie* ne s'acquiert ni par le domicile, ni par la naissance. Il est attaché au sang & à la filiation, il faut être né d'un père qui en a joui, ou l'obtenir du souverain par une concession expresse. Un homme qui y est né, qui est même descendu d'ancêtres domiciliés dans ces villes depuis plusieurs générations, n'en est pas pour cela *bourgeois*, si sa famille n'est pas du nombre de celles qui y jouissent du droit de *bourgeoisie*. Les cantons Suisses, Venise, Gênes, & quelques villes d'Allemagne sont dans ce cas.

Les privilèges attachés au droit de *bourgeoisie* sont plus ou moins considérables suivant les différentes formes de gouvernement, & leurs constitutions essentielles. Celui qui de tout temps a été commun à tout *bourgeois* ou citoyen d'un endroit, est de pouvoir prétendre à toutes les charges, à tous les emplois, & à tous les honneurs de l'état. On jouit, dans quelques *bourgeoisie*, de certaines franchises qu'on n'accorde pas aux étrangers qui y établissent leur domicile. L'on partage ailleurs, entre les seuls *bourgeois*, quelques biens publics, l'exercice de certaines branches de commerce, à l'exclusion des étrangers.

A Genève on nomme *bourgeois* une classe des habitans de la république, la plus proche de celle des citoyens ; elle est composée des citoyens nouvellement reçus, & même des enfans des citoyens baptisés hors des murs de la ville. Ces *bourgeois* ont les mêmes droits que les citoyens proprement dits, ils peuvent entrer dans le grand-conseil ; mais ils ne peuvent aspirer aux places du petit-conseil, ni à celles de procureur-général, d'auditeurs, de châtelains.

Du droit de bourgeoisie dans les villes de France. Il n'est point de ville en France qui ne jouisse de quelques privilèges plus ou moins étendus. Nous avons le soin de les remarquer aux articles des villes que nous inserons dans cet ouvrage. C'est pourquoi nous nous bornerons à-peu-près dans cet article aux privilèges des *bourgeois* de Paris.

Le droit de *bourgeoisie* s'acquiert à Paris par une résidence d'an & un jour que peuvent justifier des quittances de loyer, de capitation, *&c.*

Il y a des villes où pour acquérir le droit de *bourgeoisie*, il faut une résidence de plusieurs années.

Les étrangers qui viennent s'établir à Lyon ne jouissent du droit de *bourgeoisie* & des privilèges qui y sont attachés, qu'après qu'ils se sont fait inscrire sur les registres de la ville, qu'ils ont donné une déclaration de leurs biens, & qu'ils ont dix années consécutives de résidence dans cette ville, pendant sept mois au moins de chaque année.

Un des principaux privilèges des *bourgeois* de Paris, est qu'en matière civile & en défendant, ils ne peuvent être contraints de plaider ailleurs qu'à Paris.

Paris. C'est ce qui résulte de l'article 112 de la coutume.

Ce privilège a lieu même en matière purement réelle, & lorsque le *bourgeois* de Paris est assigné en garantie; car il peut, en vertu de son privilège, faire évoquer au châtelet de Paris la demande en garantie & y attirer ainsi la demande originaire.

Cette évocation se fait par le moyen d'une requête que le *bourgeois* de Paris présente au juge de son privilège, par la signification de l'ordonnance qu'il obtient de ce juge, & par l'assignation donnée en conséquence. Tel est l'usage du châtelet.

Le *bourgeois* de Paris ne peut exciper de son privilège lorsqu'il est assigné aux requêtes du palais ou à celles de l'hôtel, en vertu d'un droit de *committimus* : ce dernier privilège l'emporte sur celui du *bourgeois* de Paris : la raison en est que le droit de *committimus* est fondé sur une loi générale, & le privilège du *bourgeois* de Paris sur une loi particulière; d'ailleurs le but du privilège accordé au *bourgeois* de Paris, étant de l'empêcher d'être traduit en jugement hors du lieu de son domicile, il est indifférent qu'il plaide à Paris, aux requêtes du palais ou de l'hôtel, ou au châtelet.

Le *bourgeois* de Paris ne peut user de son privilège lorsqu'en qualité de vassal ou censitaire, il est assigné par son seigneur devant le juge de la seigneurie, pourvu qu'il ne s'agisse, entre les parties, que de la reconnoissance de la directe, c'est-à-dire, de la foi & hommage, du paiement du cens, de déclarations à faire dans un nouveau terrier, ou autre chose semblable. Cela est fondé sur ce que les seigneurs conservent ordinairement leurs titres dans le principal manoir de leur fief, & qu'il est juste, pour éviter la dispersion de ces titres, d'attribuer la jurisdiction dont il s'agit au juge de la seigneurie.

Le privilège des *bourgeois* de Paris n'a point d'effet dans les affaires dont la connoissance est attribuée à certaines jurisdictions particulières.

Il en est de même en matière criminelle, où du moins ce privilège ne doit point s'étendre au-delà de la prévôté & vicomté de Paris, sur-tout depuis l'ordonnance de 1670, qui attribue, sans exception, la connoissance des crimes au juge du lieu où ils ont été commis.

Le privilège du *bourgeois* de Paris l'emporte sur celui des lettres de garde gardienne que quelques communautés, non sujettes à la coutume de Paris, ont obtenues. Cela a été ainsi jugé au parc civil par sentence du 7 janvier 1713, contre les Feuillans de Poitiers qui avoient obtenu de Louis XIII, des lettres-patentes portant attribution de leurs causes au sénéchal de Poitiers.

Les *bourgeois* de Paris ont droit de demander la garde bourgeoise de leurs enfans mineurs, en vertu de laquelle ils jouissent des revenus de ces enfans sans en être comptables.

Ce privilège, fondé sur l'article 266 de la coutume, a été originairement accordé aux *bourgeois* de Paris par des lettres-patentes de Charles V du 9 août 1381 : mais il n'a pas lieu en faveur de l'aïeul ni de l'aïeule des enfans.

Les *bourgeois* de Paris peuvent faire saisir & arrêter les effets de leurs débiteurs forains trouvés à Paris, lors même qu'ils n'ont aucun titre contre ces débiteurs. C'est une disposition de l'article 173 de la coutume.

Les *bourgeois* roturiers de Paris ont le droit de porter des armoiries, comme les nobles chevaliers; ils ont anciennement joui de l'exemption du droit de franc-fief, en vertu des lettres-patentes à eux accordées par Charles V en 1371, par Charles VI en 1409, par Louis XI 1465, & par Louis XIV en 1669. Mais cette exemption, purement gratuite & qui opéroit l'aliénation d'un droit domanial, a été anéantie par l'édit du mois d'août 1692, par la déclaration du 9 mars 1700, & par l'édit du mois de mai 1708, qui ont ordonné que ce droit seroit payé par tous les roturiers possesseurs de fiefs & biens nobles sans exception. Depuis cette époque les arrêts du conseil ont toujours contraint au paiement de ce droit, ceux qui cherchoient à s'en exempter sous prétexte de leurs privilèges. On en trouve plusieurs dans le *Dictionnaire des domaines*.

Les *bourgeois* de Paris jouissent aussi de diverses exemptions sur les denrées qui proviennent de leurs terres & qui sont destinées à leur consommation. Quelques maisons détachées, & quelques paroisses dépendantes des fauxbourgs, n'ont pas été assujetties au paiement du droit de gros réunis aux droits d'entrée & de détail. *Voyez*, à l'égard de ces privilèges, le *Dictionnaire des finances*.

Ils ont encore le droit de faire valoir & de cultiver leurs biens & héritages dans l'étendue de l'élection de Paris, sans pouvoir être imposés à la taille. Ils y ont été maintenus par plusieurs arrêts de la cour des aides.

Les chefs d'une ville, c'est-à-dire les officiers municipaux, peuvent accorder, à qui ils veulent, des lettres de *bourgeoisie* de leur cité; mais lorsqu'ils s'agit d'un étranger, il faut au préalable qu'il ait obtenu des lettres de naturalité.

Des bourgeois dans les villes où il y a garnison. Dans les places où il y a des troupes, les *bourgeois* & autres habitans trouvés sans feu ou faisant du désordre dans les rues une heure après la retraite des *bourgeois* sonnée, doivent être conduits au corps-de-garde de la place d'armes pour y rester jusqu'au lendemain : alors le commandant de la place doit renvoyer chez eux ceux qui ont été arrêtés sans feu, & faire remettre, au pouvoir du juge ordinaire, ceux qui ont été arrêtés faisant du désordre, afin qu'il les punisse conformément aux ordonnances de police.

Si le désordre ou le délit commis par les *bourgeois* ou habitans, intéresse la sûreté de la place ou le service du roi, le commandant doit les retenir en prison, & rendre compte du tout au commandant de la province & au secrétaire d'état ayant le département de la guerre. Telles sont les dispositions des articles 13 & 14 du titre 19 de l'ordonnance du premier mars 1768, concernant le service du roi dans les places & dans les quartiers.

Les *bourgeois*, marchands, limonnadiers, cabaretiers & artisans qui font crédit aux bas-officiers ou aux soldats, cavaliers & dragons, sans un billet du major du régiment, sont dans le cas de perdre leur dû : il doit d'ailleurs être mis une sentinelle devant leur porte ou boutique, afin d'en empêcher l'entrée aux bas-officiers, soldats, cavaliers & dragons, pendant autant de jours que le commandant de la place l'aura jugé à propos.

Il doit en être usé de même à l'égard des cabaretiers qui donnent à boire aux soldats, cavaliers dragons, après la retraite.

Le commandant d'une place doit faire arrêter les *bourgeois* ou autres habitans qui donnent à jouer dans leurs maisons à des jeux défendus : il doit ensuite les faire remettre aux juges des lieux, afin qu'il les punisse suivant l'exigence des cas.

Si les contrevenans sont gens notables & qualifiés, le commandant de la place les fera avertir pour la première fois, & en cas de récidive, il en informera le secrétaire d'état ayant le département de la guerre, pour qu'il en soit rendu compte au roi. C'est ce qui résulte des articles 9 & 16 du titre cité.

L'article 3 du même titre veut que les *bourgeois* & autres habitans qui troublent la tranquillité des spectacles, ou qui ne s'y comportent pas avec décence, soient arrêtés par les gardes préposés à cet effet & remis sur le champ au juge ordinaire, afin qu'il les punisse.

Suivant l'article 5, les *bourgeois*, aubergistes & autres habitans des places, de quelque qualité & condition qu'ils soient, sont tenus chaque soir, après la fermeture des portes, de faire remettre chez le commandant, la déclaration des étrangers arrivés chez eux, & de spécifier, en cas de séjour, le temps qu'ils doivent y rester.

BOURGEOIS, (*terme de Coutume.*) on appelloit anciennement *bourgeois*, ceux qui avoient été affranchis ou par leurs seigneurs particuliers, ou par le roi, & c'est en ce sens, qu'on trouve dans plusieurs coutumes le terme de *bourgeois du roi*.

On appelloit aussi de ce nom tous ceux qui étoient de libre condition, & qui n'étoient ni nobles ni clercs; & en ce sens, *bourgeois* est opposé à gentilhomme, bourgeoisie à noblesse, & la classe des *bourgeois* forme le tiers-état.

L'affranchissement des *bourgeois* ne se faisoit pas gratuitement. Le roi ou les seigneurs exigeoient une somme d'argent pour les lettres d'affranchissement, & le *bourgeois* étoit obligé de payer tous les ans un certain cens au roi ou au seigneur qui l'avoit affranchi. Les seigneurs de Nevers prenoient douze deniers de cens par an sur chacun de leurs *bourgeois*; en Champagne, ce droit s'appelloit *droit de jurée*; à Mehun en Berri, il se payoit en avoine, &c.

Le roi pouvoit donner des lettres d'affranchissement même aux serfs des seigneurs, à qui il étoit néanmoins dû une indemnité par l'affranchi; mais celui-ci devenoit *bourgeois* du roi & son justiciable, quoiqu'il demeurât dans le ressort d'une justice seigneuriale. *Voyez* AFFRANCHISSEMENT, COMMUNE.

BOURGES, (*Droit public.*) ville capitale du duché de Berri, & chef-lieu d'une généralité. C'est une des plus anciennes villes du royaume. Tite-Live rapporte qu'elle avoit ses rois particuliers, lorsque Rome étoit régie par le même pouvoir. Lorsque Jules-César fit la conquête des Gaules, cette ville étoit la métropole de l'Aquitaine, & tous les peuples de cette contrée y tenoient leur assemblée générale. César ne la prit qu'après un siège très-long & très-meurtrier : elle est restée sous la domination des Romains jusqu'en 475, qu'elle subit le joug des Visigoths. Clovis la réunit à son empire après la bataille de Vovilé en Poitou, qui mit fin à l'empire des Visigoths, & lui acquit toutes les provinces méridionales de la France.

Bourges, ainsi que les autres villes du royaume, a eu ses comtes particuliers, auxquels ont succédé les vicomtes. Vers l'an 1100, Philippe I en fit l'acquisition de Eudes Arpin, & il la donna peu de temps après en apanage, avec titre de duché, à Jean, son troisième fils, que par cette raison l'on a appellé *Jean de Berri*.

Les rois de France, d'Espagne, de Naples & Sicile descendent de Marie de Berri, seconde fille du duc Jean, qui fut mariée à Jean de Bourbon, comte de Clermont, fils de Louis II, duc de Bourbon.

Charles, frère de Louis XI, a possédé le Berri en apanage; mais il n'a laissé aucune postérité. Il en a été de même de François, troisième fils du même Louis XI, & de François, cinquième fils de Henri II, qui l'ont possédé successivement. Ce duché fait aujourd'hui portion de l'apanage de M. le comte d'Artois. La maison de Condé possède aussi par engagement une partie des domaines & des droits domaniaux.

Jacques-Cuer a rendu célèbre la ville de *Bourges*. Cet homme né d'un marchand pelletier, y établit le centre d'un commerce prodigieux; il avoit des correspondances dans tous les pays, même dans l'île de Chypre & dans le Levant. Son intelligence & son activité lui procurèrent des richesses immenses, qui le mirent à portée de rendre des services à Charles VII, & de lui aider à reconquérir son royaume sur les Anglois. Ce prince le fit son argentier, c'est-à-dire garde de son trésor; mais ses richesses, son crédit & ses dignités lui attirèrent des envieux, qui vinrent à bout de le perdre dans l'esprit de Charles VII : il fut accusé de plusieurs crimes atroces, & il fut condamné par des commissaires, en

1453, à faire amende-honorable & en cent mille écus d'amende envers le roi, tous ſes biens furent confiſqués. Jacques-Cuer, après ſa condamnation, ſe retira dans l'île de Chypre, où on prétend qu'il acquit de nouvelles richeſſes par ſon commerce. Charles VII & Louis XI reſtituèrent à ſes enfans tous les biens de leur père, qui avoient été confiſqués. La maiſon que Jacques-Cuer avoit fait bâtir pour ſa demeure à *Bourges*, ſubſiſte encore aujourd'hui, & ſert d'hôtel-de-ville. On trouve dans des titres anciens qu'elle lui avoit coûté cent trente-cinq mille livres, ſomme exorbitante pour ces temps-là.

Bourges a reçu un grand luſtre de ſon univerſité, fondée par les rois Louis XI & Charles VIII. La faculté de droit principalement a joui de la plus haute réputation. Un grand nombre de ſes profeſſeurs ſe ſont immortaliſés par des écrits profonds & lumineux : on y compte entre autres le fameux Cujas, l'oracle du droit romain, Duaren, Baron, Rebuffe & Hotteman. Louis XI, qui étoit né dans cette ville, l'affectionnoit beaucoup, & il lui accorda de très-grands privilèges : il donna la nobleſſe tranſmiſſible à ſes maire & échevins, il permit à tous ſes habitans de prendre la qualité de *barons ;* il les exempta des droits de franc-fief & de toute eſpèce de corvée. Mais de tous ces privilèges, la ville de *Bourges* n'a conſervé que l'exemption de la taille. La nobleſſe concédée à ſes officiers municipaux, a été reſtreinte à la perſonne ſeule du maire, encore, ſuivant une déclaration de Louis XV, le maire ne peut obtenir la confirmation de la nobleſſe qu'après avoir rempli pendant huit ans ſes fonctions, & conſéquemment avoir été continué pendant un ſecond mairat, car l'élection doit s'en faire tous les quatre ans.

L'établiſſement du bailli de Berri eſt très-ancien, on trouve une liſte ſuivie de ces officiers depuis 1190. Le roi a créé en 1778, une adminiſtration provinciale dans le Berri, qui doit être compoſée de dix députés du clergé, de quatorze députés de l'ordre de la nobleſſe & de vingt-quatre députés du tiers-état.

L'archevêque de *Bourges* eſt préſident du clergé & de l'aſſemblée. Il paroît, par les procès-verbaux des aſſemblées tenues en 1778, 1779 & 1780, que l'adminiſtration provinciale s'occupe avec ſuccès, non ſeulement d'une répartition plus équitable dans les impôts, mais auſſi des moyens de vivifier la province, qui, malgré ſa ſituation, la fécondité de ſon ſol, ſes bois & ſes mines, eſt encore dans un état de langueur. Elle viendra aiſément à bout d'en ſortir, en ſuivant les traces du fameux Jacques-Cuer, en honorant & encourageant le commerce, & en faiſant ſervir à la navigation les rivières qui arroſent le Berri & qui baignent les murs de ſa capitale.

BOURGNON, (*à miel.*) on trouve ce terme dans la coutume de la Marche, *art. 325.* Il a la même ſignification que celui de *bornion* dans celle d'Auvergne : les deux coutumes ont à cet égard les mêmes diſpoſitions. *Voyez ci-deſſus* BORNION.

BOURGOGNE, (*Droit public.*) province conſidérable de France, avec titre de duché, & dont Dijon eſt la ville capitale.

La *Bourgogne* eſt un pays d'états dont l'origine ſe perd, comme celle des états du royaume, dans les premiers temps, où les coutumes des peuples conquérans des Gaules ſe mêlèrent avec les uſages des anciens Gaulois.

Vers l'an 404 ou 408, les *Bourguignons*, qui étoient un des cinq peuples de la Germanie, s'emparèrent d'une partie des Gaules, & y fondèrent le royaume de *Bourgogne* qui finit en 534 par la mort de Gondmar, qui fut tué dans la bataille que lui donnèrent les rois de France Clotaire & Childebert.

En 879, Boſon, qui avoit épouſé Hermengarde, fille de Charles-le-chauve, poſſéda la *Bourgogne* proprement dite, & la Provence, ſous le titre de *roi d'Arles.* Ce royaume ne ſubſiſta pas long-temps. Le duché de *Bourgogne* paſſa en 955 à Othon, fils de Hugues-le-Blanc, & un des frères de Hugues-Capet.

Robert, roi de France, le réunit à la couronne, à titre de ſucceſſion, vers l'an 1001. Henri I, ſon fils, le donna en apanage à ſon cadet Robert, tige de la première race des ducs de *Bourgogne*, du ſang royal.

Il fut réuni une ſeconde fois à la couronne, ſous le roi Jean, qui s'en empara comme fief mâle, dont il ſe trouvoit le plus proche héritier : il le donna en 1363 à Philippe de France, ſon quatrième fils, qui, par ſon mariage avec Marguerite, veuve de Philippe de Rouvre, dernier duc de la première branche royale, réunit au duché de *Bourgogne*, les comtés de *Bourgogne*, de Nevers, d'Artois, de Flandre, & le duché de Brabant.

Cette ſeconde branche de *Bourgogne*, de la maiſon de France, devint en peu de temps très-puiſſante, & formidable à la France & à l'empire : elle a duré juſqu'en 1477, qu'elle finit en la perſonne de Charles le guerrier ou le téméraire, qui perdit la vie devant Nanci le 5 janvier de la même année.

Lors de ſon décès, Louis XI ne perdit pas un moment pour ſe mettre en poſſeſſion du duché de *Bourgogne :* il envoya des commiſſaires dans cette province pour la mettre ſous ſa main & la réunir à ſa couronne ; les états alors aſſemblés promirent obéiſſance & fidélité au roi, & demandèrent *que tous les particuliers & ſujets deſdits duché, comtés & pays en dépendans, fuſſent maintenus à toujours, en toutes leurs droitures, franchiſes, libertés, prérogatives & privilèges, ſans qu'aucune nouvelleté leur fût faite, & que le roi en fît paſſer & expédier des lettres-patentes en forme due à leur profit ;* ce que les commiſſaires *accordèrent, conſentirent & promirent en vertu de la puiſſance à eux donnée, & de le faire ratifier & approuver par le roi.* Il en fut dreſſé un acte signé & scellé du sceau des commissaires, le 29 du même mois de janvier 1477.

Louis XI fit expédier au mois de mars suivant des lettres-patentes sur les *supplications & requêtes* des gens des trois états, contenues dans l'acte précédent, *touchant le gouvernement, police & entretenement du pays :* elles contiennent vingt-deux articles ; le seizième porte que les trois états ne s'assembleront qu'*en vertu de lettres-patentes :* & le dix-septième, *que l'on ne pourra lever & cueillir sur iceux pays & duché, aides ne subsides, soit au profit du roi ou d'autres, sinon que lesdites aides n'aient été octroyées & consenties par les gens desdits trois états.*

Les états ont obtenu successivement sous les règnes suivans, des lettres-patentes confirmatives de ces premières.

Comme les assemblées d'états ne se tiennent que de trois en trois ans, ce sont, dans l'intervalle de ces tenues, les élus généraux qui sont chargés de toutes les fonctions de l'administration ; il y en a un de chaque état, ils font la distribution & la répartition de toutes les impositions : les mandemens sont envoyés par le secrétaire des états aux communautés, qui sont tenues de s'assembler trois jours au plus tard après la réception du mandement, pour nommer des asséeurs à l'effet de procéder au rôle de répartition, & des collecteurs pour en faire le recouvrement.

Les tailles sont personnelles en *Bourgogne*, ou plutôt mixtes, chaque contribuable devant être imposé suivant ses diverses possessions, ferme, culture, facultés, commerce & industrie ; on voit par des délibérations des élus généraux, en forme d'instructions, qu'ils envoient & font publier dans les différentes communautés, qu'on suit dans le duché de *Bourgogne* les mêmes principes & les mêmes réglemens qui déterminent, dans les pays où la taille est personnelle, ce qui concerne la nomination des asséeurs & collecteurs, la confection des rôles, & les personnes de ceux qui doivent y être compris ou taxés d'office.

Dans la répartition générale, les élus ont des règles fixes dont ils ne s'écartent pas ; on sait, par exemple, que le Mâconnois qui a des états séparés & une administration particulière, doit supporter la onzième partie des impositions, le Charolois la vingt-quatrième, & le comté de Bar-sur-Seine la soixantième.

Les élus généraux s'assemblent tous les ans dans la ville de Dijon, pour le département des impositions de toute la province, qui est divisée en seize recettes, & composée d'environ dix-huit cens paroisses ou communautés ; le bureau des élus assiste en totalité au département : il est composé des trois élus des ordres, de deux députés de la chambre des comptes, de l'élu du roi, du maire de la ville de Dijon, de deux secrétaires en chef & du trésorier général des états.

Il n'y a point en *Bourgogne* de siège d'élection ; les actions en surtaux, par opposition aux rôles des tailles, se portent en première instance pardevant les premiers juges, ensuite par appel aux bailliages, & sur l'appel des bailliages au parlement, auquel la cour des aides a été unie par l'édit du mois d'avril 1630, ce qui met dans le cas d'essuyer trois degrés de jurisdiction.

Voici la règle que l'on suit dans la répartition des impôts entre toutes les villes, paroisses & communautés de la province.

La répartition se fait par feux & non par sommes ; ensorte que la valeur de chaque feu ne peut être connue que lorsque le nombre en est arrêté par l'imposition de toutes les communautés.

On ne doit point entendre par ce mot *feu*, une maison, un ménage, une famille, quoique ce soit de-là vraisemblablement qu'il tire son origine : c'est un mot numérique, indicatif d'une certaine quantité de livres tournois ; c'est ce qu'un exemple rendra sensible.

On suppose que le nombre de feux soit en Bourgogne de vingt-cinq mille, & que la valeur du feu soit de soixante-douze livres, les vingt-cinq mille feux monteront à un million huit cens mille livres ; une communauté de cent habitans, imposée à trente feux, paiera deux mille cent soixante livres, & les asséeurs auront cette somme à répartir entre cent taillables.

Le nombre de feux varie, dès même que leur valeur ; il est vrai qu'originairement il a été fixé sur des connoissances prises dans des procès-verbaux de visite, dressés par des commissaires députés à cet effet, sur la nature du territoire de chaque paroisse ou communauté, de sa situation, du plus ou du moins de facilité pour le débit des denrées, du nombre, qualités, facultés, commerce & industrie des habitans ; mais la plupart de ces circonstances sont sujettes à variations, & comme il survient d'ailleurs des accidens de grêles, inondations, mortalités de bestiaux & autres fléaux, ces événemens mettent dans le cas de procurer chaque année des soulagemens & diminutions aux communautés qui les éprouvent ; le nombre de feux ne peut être par conséquent toujours le même, l'équité exigeant qu'il soit proportionné à la situation annuelle de chacune de ces communautés & paroisses.

Quant à la valeur des feux, l'augmentation ou diminution dépend nécessairement des impôts plus ou moins considérables qui sont à répartir. Ces impôts sont connus en *Bourgogne* sous les noms de *taillon*, de *garnisons*, de *subsistance*, d'*exemption*, d'*octroi ordinaire*, de *don gratuit extraordinaire*, ils s'imposent en vertu d'une commission du roi.

Il faut consulter à cet égard le *Dictionnaire des Finances* ; quant aux autres objets qui concernent le droit public de cette province, tels que son gouvernement ecclésiastique, civil & militaire, on en trouvera les détails sous les articles particuliers des villes principales.

BOURGUEMESTRE, f. m. (*Droit public. Office.*) c'eſt le nom qu'on donne aux principaux magiſtrats des villes de Flandre, de Hollande, d'Alſace & d'Allemagne. Il eſt formé de deux termes flamands, *burger*, bourgeois, & *meeſter*, maître. En effet, le *bourguemeſtre* eſt le maître & le protecteur des bourgeois. On exprime ce mot en latin par ceux de *conſul* & de *ſenator*.

Les *bourguemeſtres* donnent les ordres pour le gouvernement, l'adminiſtration des finances, la juſtice & la police des villes. Leurs pouvoirs & leurs droits ne ſont pas égaux par-tout : chaque ville a ſes loix & ſes ſtatuts particuliers.

Dans les villes de la Suiſſe où la bourgeoiſie eſt partagée en tribus, on donne le nom de *bourguemeſtre* aux chefs des villes, fournis en nombre fixe par chaque tribu. A Fribourg, c'eſt un magiſtrat chargé de l'inſpection des mœurs des bourgeois & des habitans de l'ancien territoire. Il eſt membre du petit conſeil, & il décide des querelles légères. A Soleure, il eſt pris également du petit conſeil; il a l'inſpection ſur la police, & il eſt aſſeſſeur-né de la juſtice inférieure & du conſiſtoire.

BOURGUIGNONES, (*Loix*) *Juriſprudence*, ce ſont celles qui étoient en uſage chez les Bourguignons avand Gondebaud, l'un de leurs derniers rois, qui les réforma & en fit une eſpèce de code qu'on appella, de ſon nom, *loix gombettes*. *Voyez* GOMBETTES. (*H*)

BOURNER, (*voïes & chemins*) *Droit féodal.* La coutume de Bretagne accorde aux ſeigneurs qui ont juriſdiction ſur les hommes de leurs terres, la garde & le droit de *borner* les routes & chemins, autres que ceux qui conduiſent d'une ville à une autre, dont la garde & le bornage appartient au roi. Elle les oblige auſſi aux réparations & à l'entretien des chemins dont ils ont la garde, & leur ordonne d'y employer les deniers qui proviennent des amendes prononcées à leur profit. En cas d'inſuffiſance, ils peuvent contraindre les poſſeſſeurs des terres voiſines à contribuer à ces réparations, ſi les ſeigneurs ou autres n'y ſont tenus & obligés par quelque titre. *Voyez la Coutume de Bretagne*, *article 49*.

BOURREAU, f. m. (*Droit criminel.*) c'eſt le nom qu'on donne à l'exécuteur de la juſtice criminelle. Cet emploi, chez les anciens peuples, s'exerçoit ſans honte : l'on voit même que, dans les premières monarchies de l'Aſie, cet office étoit confié aux cuiſiniers dont le chef avoit le titre de *grand ſacrificateur*, & préſidoit aux ſacrifices des victimes & à l'ordonnance des banquets ſacrés. Cette charge étoit entre les mains des plus grands ſeigneurs : Putiphar, dont il eſt parlé dans l'hiſtoire de Joſeph, étoit le chef des ſoldats chargés d'exécuter les ordres de la juſtice contre les criminels, & il jouiſſoit, à la cour du roi d'Egypte, d'une grande conſidération : Cadmus, dans les temps héroïques de la Grèce, étoit un des cuiſiniers du roi de Sidon.

Ce ne fut que dans les temps poſtérieurs, que les Grecs chargèrent leurs eſclaves du ſoin de préparer leurs mets. La baſſeſſe de leur condition les éloigna de l'autel : &, dès qu'ils ne furent plus admis aux ſacrifices, ils ceſſèrent d'être les exécuteurs ſanglans de la loi.

Il paroît que, chez les Romains, les ſoldats étoient ſouvent employés à ce terrible miniſtère : chez les anciens Germains, il étoit exercé par les prêtres, par la raiſon que ces peuples regardoient le ſang des coupables & des ennemis comme l'offrande la plus agréable aux dieux protecteurs de leur pays.

Aujourd'hui le métier de *bourreau* eſt tombé dans l'aviliſſement & le mépris, quoiqu'il ſoit néceſſaire pour le maintien du bon ordre. Ce préjugé eſt général chez toutes les nations de l'Europe. Il n'en eſt pas moins injuſte aux yeux de la raiſon qui ne voit de l'infamie que dans le coupable ſeul, & non dans le miniſtre des ordres de la juſtice. L'exécuteur d'un jugement doit-il être plus déshonoré que le juge qui le prononce ?

A ces raiſonnemens puiſés dans la nature des choſes, l'opinion oppoſe que celui qui embraſſe par intérêt cette profeſſion, ou qui y eſt né, a ordinairement des ſentimens bas & une ame de boue, & ſouvent même un cœur dur & féroce : car il faut de la dureté pour faire de ſang-froid de pareilles exécutions.

Quoi qu'il en ſoit, la perſonne du *bourreau* eſt ſous la protection des loix, la juſtice doit empêcher qu'on ne lui faſſe aucun affront, qu'on ne l'inſulte, & qu'on ne le trouble ni dans ſa vie privée, ni dans l'exercice de ſa charge. Il convient même d'adoucir, autant que la décence le permet, l'amertume du ſort de ce dernier membre de l'état.

En France, le *bourreau* prend, pour ſon office, des lettres de proviſions en la grande chancellerie : il jouit de pluſieurs exemptions & franchiſes, ou plutôt il eſt exempt de tous les droits & impoſitions que paient les autres citoyens : il lui étoit permis autrefois de percevoir par lui-même, dans pluſieurs villes, des droits ſur les denrées qui s'apportent aux marchés. Mais, depuis quelques années, il en a été privé, & on a pourvu d'une autre manière à ſes ſalaires. La dépouille des criminels qu'il juſticie, lui appartient, & il eſt en outre payé par la juſtice de chaque exécution. *Voyez* EXÉCUTEUR.

BOURSAL ou BURSAL, (*Fief*) *Coutume du Maine*, *art. 282.* Le fief *burſal* n'a lieu qu'en cas de ſucceſſion & de partage de biens nobles entre frères. La coutume du Maine & quelques autres laiſſent aux puînés le choix de tenir leur portion héréditaire dans le fief, ou du ſeigneur ſuzerain, & de lui en porter la foi, ou de choiſir pour homme de foi leur frère aîné : dans ce cas, il porte ſeul la foi & hommage, tant pour lui que pour ſes puînés; mais lorſqu'il arrive mutation de ſon chef, & qu'elle donne ouverture à un profit de rachat, les puînés font bourse avec l'aîné ou son représentant pour contribuer aux frais du rachat, ainsi qu'à ceux de prestation de foi & hommage, d'aveu & dénombrement, de ban & arrière-ban, & généralement de tous autres, au prorata de la part qu'ils ont dans la totalité du fief. On doit remarquer que, dans le fief *bursal*, l'aîné doit avoir la maison & les deux tiers du fief. *Voyez* FIEF, FRERAGE, PARAGE.

BOURSAUX, (*terme de Coutume.*) celle du Perche donne ce nom aux puînés qui ont partagé avec leur frère aîné des biens nobles, & pour lesquels il est tenu de porter la foi & hommage. *Voyez ci-dessus* BOURSAL.

BOURSE, s. f. (*Droit civil.*) ce mot présente ici plusieurs significations. On peut le prendre, 1°. pour une de ces places qu'on accorde à des écoliers dans des collèges, ou à des ecclésiastiques dans des séminaires; 2°. pour une masse de deniers que les officiers d'un corps mettent en commun pour subvenir aux charges de la compagnie; 3°. pour le lieu où s'assemblent les banquiers & les agens de change; 4°. pour le lieu de la jurisdiction où l'on décide des affaires de commerce.

Bourses de collège ou de séminaire. C'est ainsi qu'on nomme quelques fondations faites pour entretenir des jeunes gens ou des ecclésiastiques pauvres dans des collèges ou des séminaires.

On connoît à Paris un grand nombre de ces sortes de fondations. Il y avoit peu de collèges où il n'y en eût, mais elles sont toutes réunies aujourd'hui dans le collège de Beauvais, que le feu roi a établi dans celui de Louis-le-Grand, possédé anciennement par les jésuites.

Il y a aussi dans le collège des Quatre-Nations, appellé autrement *Mazarin*, trente *bourses* fondées pour les enfans des gentilshommes de la Franche-Comté, de l'Alsace, de la Flandre & du Roussillon. Le vœu du fondateur étoit aussi d'y admettre les enfans des gentilshommes d'Avignon & de l'état ecclésiastique. Après la mort du cardinal Mazarin, le droit de nommer à ces *bourses* a appartenu au duc de la Meilleraye, qui avoit épousé une de ses nièces; le roi, en 1738, après l'extinction des mâles de cette maison, l'accorda au duc de Nevers, qui, du côté des femmes, est un des représentans du cardinal. M. le duc de Nivernois l'exerce encore aujourd'hui.

L'administration de ces places est confiée au grand-maître, appellé autrement *principal*, il est juge de la capacité & de l'aptitude des sujets présentés par le collateur. MM. les gens du roi du parlement de Paris ont, en vertu du testament du cardinal, une inspection plus particulière sur cet établissement, que sur les autres du même genre.

On sent parfaitement qu'il n'y a que les seuls écoliers étudians qui puissent posséder de ces sortes de places; ils ne peuvent plus en jouir aussi-tôt qu'ils ont renoncé aux études ou qu'ils ont été jugés incapables d'y faire des progrès; c'est ce qui résulte d'un arrêt du 16 décembre 1664, rapporté par Soëfve.

Lorsqu'il s'élève quelque difficulté au sujet de ces sortes de places, le chancelier de l'université en connoît en première instance, sauf l'appel à la grand'chambre du parlement.

Les *bourses* ne sont point des bénéfices qui puissent se résigner ou qu'on puisse impétrer en cour de Rome : on ne peut pas non plus les céder à prix d'argent. L'article 78 de l'ordonnance de Blois le défend.

Par l'article 72 de cette même ordonnance, il est enjoint aux principaux des collèges de n'y souffrir aucun boursier pour plus de temps qu'il n'est porté par les statuts, à peine de privation de leur état & de demeurer responsables de la dépense que chaque boursier auroit faite par un séjour au-delà du temps marqué.

Il y a encore des places de fondation dans des hôpitaux & des maisons de charité : ceux qui en sont les dispensateurs doivent entiérement se conformer au vœu des fondateurs.

Bourse commune. On nomme ainsi une masse composée de deniers provenans de droits ou de vacations, que les officiers d'un corps rapportent à celui qu'ils ont chargé de recevoir, pour ensuite être partagés entre tous les confrères, après les dettes ou charges de la communauté acquittées.

Ces sortes de sociétés sont permises, pourvu qu'on n'établisse point de droits à la charge du public pour les former. Les notaires de la ville de Guéret ont depuis quelques années une *bourse* commune : ils l'ont établie sur un droit de présence du second notaire qui assiste, ou du moins qui est censé assister à la passation de l'acte. Ce droit de présence n'a rien que de légitime, parce qu'il est certain qu'un second notaire a aussi bien un droit de présence en pareil cas, que l'auroient deux témoins qu'on seroit obligé d'appeller pour la validité de l'acte.

On est maître d'entrer ou de ne pas entrer dans ces sortes de sociétés; on peut de même s'en retirer quand on le juge à propos, & se faire rendre compte de la part qu'on peut y avoir. Rien ne doit être plus libre qu'une faculté pareille, à moins qu'il n'y ait à ce sujet des statuts duement homologués qui portent le contraire.

Lorsqu'un membre de la *bourse* commune est décédé, ses héritiers recueillent ce qu'il avoit à y prétendre.

Une question est de savoir si la *bourse* commune continue au profit d'un officier interdit pendant que dure son interdiction. Cette difficulté s'est présentée en 1740 au parlement, au sujet d'un huissier-priseur; & il a été dit, par un arrêt du 16 mai de la même année, que cet huissier seroit payé comme s'il n'y avoit point eu d'interdiction. Il est vrai qu'il fut ajouté que l'arrêt seroit sans tirer à conséquence; d'où il faut conclure que si l'interdiction duroit un certain temps, l'officier perdroit ses émolumens pour le temps qu'elle auroit duré.

Une déclaration du 15 février 1747 donnée au sujet des huissiers-priseurs, semble avoir depuis déterminé ce temps à un mois : car cette loi porte que s'ils ne se sont pas fait relever de leur interdiction dans ce temps là, à compter du jour qu'elle leur sera notifiée, ils perdront leur répartition dans la *bourse* commune & que leur part accroîtra à la communauté, sans que leurs créanciers, même prilégiés, puissent y rien prétendre.

Cette disposition de la loi concernant les créanciers sembleroit indiquer qu'en général ils ne peuvent rien prétendre dans la *bourse* commune de leur débiteur ; mais on se tromperoit en y donnant une extension pareille : la loi ne parle que des profits qui se sont faits durant l'interdiction, & comme pendant ce temps-là l'officier n'y a point contribué, il étoit juste de décider que ses créanciers ne prendroient point leur paiement sur ce qui étoit le fruit du travail des autres membres de la communauté. Mais à l'égard des portions qui sont d'un autre temps que de celui de l'interdiction, aucune loi n'empêche que des créanciers ne fassent saisir ce qui peut concerner leur débiteur.

Il y a pourtant une exception au sujet des huissiers au grand-conseil : leurs créanciers ne peuvent rien prétendre dans la *bourse* commune de leur communauté. Ceci est fondé sur un arrangement pris à ce sujet le 19 septembre 1671 & homologué au grand-conseil le 25 du même mois. En conséquence, quoiqu'un des huissiers de ce tribunal eût délégué ses droits sur la *bourse* à un de ses créanciers, ce créancier sur la demande qu'il forma en délivrance de la portion déléguée, n'en fut pas moins mis hors de cour, par arrêt du grand-conseil du 23 février 1736.

On doit faire une autre exception à l'égard des experts créés en titre d'office par l'édit du mois de mai 1690 : ces experts font *bourse* commune ; & aux termes de cet édit leurs créanciers ne peuvent rien prétendre dans les objets qui la composent.

Bourse des négocians. C'est le lieu ou le logement auquel se rendent, à certaines heures, les agens de change, les gens d'affaires, les marchands & négocians, pour y négocier des papiers & d'autres effets, & pour y traiter des affaires de commerce, tant de l'intérieur que de l'extérieur du royaume.

L'hôtel de la *bourse* fut établi à Paris par un arrêt du conseil du 24 septembre 1724. Il fut dit que l'entrée en seroit ouverte tous les jours, excepté les fêtes & dimanches, depuis dix heures du matin jusqu'à une heure après midi, aux négocians, marchands, banquiers, financiers, agens de change & de commerce, aux bourgeois & autres personnes connues & domiciliées dans Paris, excepté aux femmes qui n'y pourroient entrer sous quelque prétexte que ce fût.

Il est permis à tous ceux qui sont admis à la *bourse* de négocier entre eux les lettres-de-change, les billets au porteur & à ordre, ainsi que les marchandises, sans l'entremise des agens de change ; mais pour les autres effets & papiers commerçables, ils ne peuvent être négociés que par des agens de change, à peine de six mille livres d'amende & de nullité de la négociation ; à l'effet de quoi les particuliers qui veulent vendre ou acheter ces papiers commerçables & autres effets, doivent remettre l'argent ou les effets aux agens avant l'heure de la *bourse*, & ceux-ci sont obligés d'en donner leur reconnoissance. Mais pour ne point user de redites à ce sujet, *voyez l'article* AGENS *de change.*

Comme ceux qui avoient leurs affaires dérangées dans le commerce ne laissoient pas de se présenter à la *bourse* & de trouver par-là le secret de tromper la bonne-foi de nombre de personnes, il a été rendu à ce sujet un arrêt du conseil le 21 avril 1766, par lequel on a défendu à tous ceux qui ont fait faillite, qui ont attermoyé, ou qui ont obtenu des lettres de répi, de quelque état qu'ils soient, de se présenter à la *bourse* pour y faire aucune négociation ; l'entrée doit leur en être refusée ; & s'ils insistoient à y pénétrer, ils seroient dans le cas d'être arrêtés & d'être punis, aux termes de cet arrêt, comme perturbateurs de l'ordre public.

Il étoit difficile ci-devant de trouver à la *bourse* un agent ; une dispersion commune dans l'emplacement faisoit qu'on ne pouvoit le distinguer des autres particuliers, ce qui étoit fort désagréable pour ceux qui avoient besoin de son ministère. Les agens eux-mêmes avoient beaucoup de difficulté à communiquer entre eux ; d'ailleurs on ne pouvoit pas constater aisément la variation dans les prix des effets commerçables ; pour remédier à ces inconvéniens, il parut un arrêt du conseil le 30 mars 1774, par lequel il fut dit qu'il seroit construit une séparation de trois pieds de hauteur dans la salle de la *bourse* où se tiendroient les agens de change ; que ces agens continueroient de faire les négociations des effets royaux ou de ceux qui sont réputés tels ; & qu'à mesure qu'il y auroit une variation dans le prix, cette variation seroit annoncée par l'acheteur en nommant son vendeur ou par celui-ci en nommant son acheteur.

Toutes les contestations qui peuvent survenir au sujet de la *bourse* pour la partie concernant la police, sont de la compétence du lieutenant général de police de Paris, auquel il est enjoint de tenir la main à l'exécution de ce que le conseil ordonne à ce sujet.

Il y a aussi des *bourses* ou places marchandes dans toutes les grandes villes de commerce du royaume, pour donner aux courtiers la facilité d'ajuster les parties & de conclure promptement les marchés. Les *bourses* de Bordeaux, Lyon, Marseilles, Nantes, Rouen & autres sont très-connues, & procurent de grands avantages au commerce de ces villes, parce qu'elles en facilitent

& accélèrent les opérations. Il faut leur appliquer les réglemens généraux, dont nous venons de parler pour la *bourse* de Paris.

Bourse comme jurisdiction, est le lieu où se décident les affaires entre marchands pour fait de commerce : il en sera parlé *à l'article* JURISDICTION CONSULAIRE.

BOURSE, (*terme de Coutume.*) celle de Bretagne joint le terme de *bourse commune* à celui de *trafic*, en parlant de la faculté qu'ont les nobles de cette province de faire le commerce. Ceux d'entre eux, disent les articles 561 & 562, qui font trafic de marchandises & usent de *bourse* commune, contribuent pendant ce temps aux tailles, aides & subventions roturières, les biens même nobles, qu'ils acquièrent de la *bourse* commune sont partagés également entre leurs héritiers; mais ils peuvent reprendre leur qualité de nobles & tous les privilèges qui y sont attachés, en faisant déclaration pardevant le juge royal de leur domicile, qu'ils renoncent au trafic & à la *bourse commune*, & qu'ils entendent vivre noblement; en faisant enregistrer cette déclaration au greffe, & notifier aux marguilliers de leur paroisse.

Les coutumes de Tours & de Loudun appellent *biens acquis de bourses coutumières*, les biens nobles acquis par les roturiers, soit à prix d'argent, soit par autre manière. Les fiefs ainsi acquis par des roturiers ne se partagent noblement entre les descendans de l'acquéreur, qu'après qu'ils sont tombés en *tierce-foi* ou *main* : c'est-à-dire, que dans la succession du troisième possesseur, dont l'acquéreur est compté pour le premier. *Voyez les coutumes de Tours, art. 297 & suivans, & de Loudun, chap. 29.*

Presque toutes les coutumes se servent des termes de *bourse déliée* & de *bourse & deniers*, en parlant du retrait lignager, pour marquer que le retrayant est tenu d'offrir, par l'acte de demande en retrait, le prix de la chose retrayée, ensemble tous les loyaux coûts. *Voyez* RETRAIT LIGNAGER.

BOURSIER, (*Fief.*) *Voyez* BOURSAL.

BOURSIER, (*Prévôt*) *Arts & Métiers.* C'est le nom que la coutume de Valenciennes donne au chef de la jurisdiction établie sur le fait de la draperie, pour connoître de tous les traités & poursuites qui en dépendent, soit entre les marchands & fabriquans drapiers, soit entre les teinturiers, foulons, tondeurs, laineurs & autres.

BOUT-A-PORT, s. m. (*Police.*) officier sur les ports, dont la fonction est de mettre ou faire mettre à port les bateaux qui y arrivent. Le *bout-à-port* est contrôleur à l'inspection pour les rangemens des bateaux. On a réuni à cet office celui de débacleur. *Voyez* BACLAGE.

BOUTEILLE, s. f. (*Droit civil. Police.*) sorte de vaisseau à large ventre & à cou étroit, fait de grès, de verre, ou d'autres matières, propre à contenir du vin & toute espèce de liqueurs.

Les *bouteilles* dont se servent les marchands de vin & autres liqueurs, doivent contenir pinte, mesure de Paris, les demi-*bouteilles* & les quarts à proportion.

Les *bouteilles* de pinte doivent peser au moins vingt-cinq onces; les demies & quarts, ainsi que les *bouteilles* & carafons doubles & au-dessus, doivent aussi être d'un poids proportionné à leur grandeur. Il est défendu d'en introduire dans le royaume d'étrangères qui ne sont pas du poids & de la jauge prescrits, à peine de confiscation & de deux cens livres d'amende : on en excepte néanmoins celles qui sont remplies de vin de liqueurs, ou de liqueurs fortes.

BOUTEMENT *de feu*, ce terme se trouve employé dans les coutumes de Tours & de Loudun pour signifier le crime d'incendie.

BOUTONNIER, s. m. (*Arts & Métiers.*) c'est l'artisan qui fait & vend les boutons & autres garnitures d'habits, comme jarretières d'or, d'argent & de soie, gances, lacets, lisières, *&c.*

On distingue plusieurs sortes de *boutonniers*; savoir, les *boutonniers* faiseurs de moules, les *boutonniers* en métal, les *boutonniers*-passementiers & les *boutonniers* en émail.

Ces derniers fabriquent des boutons à la lampe, avec de l'émail, du verre ou du cristal : ils sont plus connus sous le nom d'*émailleurs*, & ont été réunis, en 1706, à la communauté des maîtres verriers & faianciers.

Les autres *boutonniers* sont qualifiés, dans leurs statuts, de maîtres passementiers, *boutonniers*, crépiniers, blondiniers, faiseurs d'enjolivemens. Ils peuvent effectivement, outre les ouvrages de boutons, faire & vendre toutes sortes de passemens de dentelles d'or & d'argent, toutes sortes de crépines, de houpes, de campane, de bourses nouées, *&c.*

Ils emploient dans leurs ouvrages toutes sortes de matières d'or & d'argent, tant fin que faux, de soie, fleuret, filoselle, fil, laine, coton, crin, poil de chèvre, cheveux, cuivre, acier, laiton, baleine, fer-blanc, bois, paille, talc, verre, jais, émail, parchemin, vélin brodé, enluminé, doré, toques, taffetas, satin, velours, gaze, tabis, & généralement toute espèce d'étoffes, pourvu que le faux ne soit pas mêlé avec le fin.

Les boutons sont un des objets de luxe sur lequel l'industrie françoise s'exerce avec avantage.

Les *boutonniers*, quoique érigés en corps de jurande, n'ont pas le droit d'empêcher les tailleurs de garnir les habits des particuliers, qui le desirent, de boutons faits de la même étoffe.

L'apprentissage, dans cette communauté, est de quatre ans, & le compagnonnage d'autant. L'aspirant est tenu de faire chef-d'œuvre, de payer les droits de réception fixés par le tarif annexé à l'édit de rétablissement des communautés d'arts & métiers du mois d'août 1776, & de prêter serment devant le procureur du roi du châtelet, & en outre en la cour des monnoies, parce qu'ils sont soumis à la jurisdiction de cette cour pour ce qui regarde le le titre des matières d'or & d'argent qu'ils emploient dans les ouvrages de leur profession.

Leur communauté, ainsi que les autres, est régie par des jurés qui sont tenus de faire des visites chez tous les maîtres, d'en rapporter les procès-verbaux en la cour des monnoies, pour les abus & malversations qu'ils trouvent dans les ouvrages d'or & d'argent.

Un arrêt de réglement du 19 juillet 1660 leur enjoint d'employer, dans leurs ouvrages, l'or à vingt-quatre karats, un quart de karat de remède; & l'argent à douze deniers de fin, quatre grains de remède. Pour cet effet, ils ne peuvent acheter l'or & l'argent filé ou trait, que des tireurs d'or & d'argent, ou des marchands forains, après que leurs marchandises ont été visitées & essayées par les jurés tireurs d'or.

Un autre arrêt du 21 juin 1629 défend aux maîtres *boutonniers* de travailler du métier des orfèvres, & de fondre aucune matière d'or & d'argent, sur peine de trois cens livres d'amende.

B R

BRACONNIER, ce terme se disoit autrefois de tous ceux qui s'adonnoient à la chasse, ou y étoient employés par les seigneurs, & on le trouve, en ce sens, dans la coutume de Hainaut, *chapitre 99*: mais aujourd'hui ce nom se prend en mauvaise part, & il signifie ceux qui chassent furtivement sur les terres d'autrui pour y prendre du gibier.

Les *braconniers* d'habitude, au nombre desquels sont compris ceux qui chassent de nuit, en quelque manière qu'ils prennent du gibier, doivent être condamnés, ainsi que leurs complices, suivant les circonstances, à l'amende, au fouet, à la flétrissure, au bannissement, & même aux galères pour six ans; ceux qui achètent leur gibier doivent être condamnés aux mêmes peines.

Il arrive assez ordinairement aux *braconniers* de se rassembler en troupe, sur-tout pendant l'hiver, pour aller à la chasse; de cette manière ils détruisent plus abondamment le gibier, & se mettent dans le cas de ne pouvoir être arrêtés par les gardes. Ces attroupemens sont sévérement défendus. La déclaration du 9 mars 1780 prononce la peine des galères contre tous les *braconniers* qui se seront attroupés au nombre de quatre & au-dessus: elle attribue la connoissance de ce délit aux prévôts des maréchaux, ce qui paroît en dépouiller les officiers des eaux & forêts, seuls juges ordinaires des faits de chasse, & de tout ce qui peut y avoir rapport.

BRANCHAGE, s. m. (*Eaux & Forêts.*) terme collectif qui se dit des branches d'un arbre.

Les branches, & tout ce qui peut rester des arbres coupés & abattus, pour la construction & réparation des bâtimens du roi, doivent être vendus dans les maîtrises, avec les formalités prescrites pour la vente des chablis, & le prix en doit être payé entre les mains du receveur des bois du domaine. C'est ce qu'ordonne l'article 5 du titre 21 de l'ordonnance de 1669.

Le même article défend aux *bûcherons* d'emporter aucun *branchage*, ou d'en disposer, sous peine d'amende arbitraire, & de restitution du double de la valeur, dont l'entrepreneur est déclaré responsable.

Les *branchages* ne font jamais partie de la délivrance des arbres donnés pour les réparations ou reconstructions, parce qu'ils sont étrangers à l'usage auquel sont destinés les arbres délivrés.

Quiconque a coupé des branches dans les forêts du roi, ou dans celles des ecclésiastiques, des communautés ou des particuliers, pour noces, fêtes, confrairie, ou pour quelque autre cause que ce soit, doit être condamné à l'amende & aux dommages & intérêts, selon le tour & la qualité des arbres, & comme s'il les avoit coupés par le pied. C'est ce qui résulte de l'article 13 du titre 32 de l'ordonnance citée. *Voyez* AMENDE, DÉLIT, DOMMAGES ET INTÉRÊTS, *&c.*

BRANCHAGE, (*terme de Coutume.*) ce mot a deux significations différentes. Quelques coutumes, comme celles de Sens, Mantes, Blois, Acqs, & autres, appellent *branchages*, les différentes lignes qui constituent l'ordre & les côtés de la parenté: elles disent *estoc* & *branchage*, dans le même sens que d'autres coutumes disent *estoc* & *ligne*, en parlant des successions des propres & du retrait lignager, qui appartiennent aux parens de l'estoc ou *branchage*, d'où procèdent les biens sujets au partage ou au retrait.

Dans quelques autres coutumes, comme celles de Tours & de Bourbonnois, on appelle *branchage du péage*, les chemins où le droit de péage est dû, quoiqu'ils soient éloignés du *chef-péage*. Comme souvent ces endroits ne sont distingués par aucune marque qui désigne le droit de péage & le lieu où il doit être payé, ces coutumes distinguent, avec raison, les marchands forains qui passent par le chef-péage sans payer, d'avec ceux qui passent par un *branchage* du péage. Les premiers doivent, outre le droit, une amende & les frais de poursuite: les seconds ne paient que le droit, en affirmant néanmoins qu'ils ignoroient que le péage fût dû. *Voyez ci-après* BRANCHÈRES.

BRANCHÈRES, (*terme des coutumes d'Anjou & du Maine.*) il se prend dans le même sens que le mot *branchage* dans celles de Tours & de Bourbonnois. On distingue dans ces coutumes les châtellenies en *corps* & *branchères*. Le corps est la principale ville ou le principal bourg; les *branchères* sont les autres lieux moins considérables. Les châtelains, qui ont droit de péage sur toutes les marchandises qui passent dans l'étendue de leur seigneurie, ont un bureau dans le lieu principal, qu'on appelle *chef-péage*, & qui doit être marqué d'une *billette* ou écriteau. Les autres endroits, où le péage est également dû, se nomment *branchages*, ou *branchères de péage*. *Voyez ci-dessus* BRANCHAGES.

BRANCHE, (*terme de Droit & de Coutume*) se dit par métaphore des différentes lignes qui constituent la parenté : ainsi l'on dit ligne ou *branche* paternelle, pour désigner les parens du côté du père; ligne ou *branche* maternelle, pour les parens du côté de la mère; ligne ou *branche* directe, collatérale, pour marquer l'ordre & les rapports de parenté entre deux personnes. *Voyez* LIGNE.

BRANDE, f. f. *terme de Coutume*, qui signifie un terrein de peu de valeur, dont le fonds est médiocre, qu'on cultive rarement, & qui sert au pâcage des bestiaux.

BRANDON, (*terme de Coutume & de Pratique.*) il signifie premiérement saisie-arrêt. On le trouve pris en ce sens dans l'article 74 de la coutume de Paris, & dans plusieurs autres.

Ce mot se prend, en second lieu, pour une marque ou un signe, que l'on met à un héritage saisi, afin d'annoncer qu'il est sous la main & autorité de justice.

Le mot *brandon*, dans cette dernière signification, se dit au plurier, & est joint pour l'ordinaire à celui de *panonceaux*.

Ces marques sont différentes suivant les diverses coutumes. Assez généralement ce sont des lambeaux de toile ou de drap, ou simplement des touffes d'herbe ou de paille, avec les armes du roi, ou du seigneur, que l'on attache à la porte des maisons saisies, ou à des pieux fichés en terre, pour les héritages sur lesquels il n'y a point de bâtimens.

On ne peut user de la voie de saisie par *brandon*, qu'en vertu d'une ordonnance du juge, ou d'un titre, qui porte avec lui une exécution parée, & même dans ce cas il faut que le *brandon* soit accompagné de l'établissement d'un commissaire, suivant les formalités indiquées par le titre 19 de l'ordonnance de 1667.

Dans la coutume de Paris, le seigneur féodal différent du seigneur censier, n'est pas obligé d'employer les marques du *brandon* pour faire connoître la saisie qu'il a faite sur le fief mouvant de lui, parce qu'il n'use pas d'une simple saisie, mais d'une main-mise, qui semble réunir le fief saisi à la seigneurie, & par le moyen de laquelle il jouit lui-même du fief saisi sans être obligé d'établir de commissaire. Il en est autrement quand cette saisie n'a lieu qu'à défaut de dénombrement donné : cette saisie n'emporte point par elle-même de réunion. C'est ce que fait remarquer Ferrière sur la coutume de Paris.

Il y a un usage qui règne dans le Poitou, & suivant lequel un créancier qui ne trouve point de meubles à saisir chez son débiteur, est autorisé à faire ce qu'on appelle des saisies *à perte de fruits* des biens affermés. Denisart observe qu'une saisie de cette espèce fut sérieusement contestée, en 1738, au parlement de Paris, sous prétexte que l'ordonnance n'indiquoit nulle part qu'il fût permis d'user d'un pareil procédé, mais que l'usage fut confirmé en très-grande connoissance de cause, par un arrêt du 18 janvier de la même année. *Voyez* PANONCEAUX, SAISIE-ARRÊT.

BRANDONNER, v. a. (*terme de Coutume.*) c'est saisir un héritage, soit à défaut de foi & hommage, soit à défaut de paiement du cens, ou de fournir aveu & dénombrement : c'est aussi en poursuivre la vente sur une saisie-réelle, à la requête d'un créancier. *Voyez* BRANDON, SAISIE.

BRAS SÉCULIER, *terme usité en Droit*, pour signifier l'autorité, la main & la puissance du juge séculier, que le juge d'église est obligé d'implorer pour faire exécuter ses ordonnances, & pour faire subir à un ecclésiastique, coupable d'un délit privilégié, les peines que l'église ne peut imposer.

Les juges ecclésiastiques n'ont pas, suivant notre jurisprudence, une jurisdiction proprement dite, encore moins le droit de vindicte & de coërcition, que les loix romaines désignent sous le nom d'*imperium merum & mixtum*. Ils ne sont point, pour nous servir des termes du droit, de véritables magistrats; ils n'ont pas le pouvoir du glaive, & n'ont aucun moyen de contraindre ceux qui refusent d'exécuter leurs jugemens : ils n'ont même aucune espèce de territoire; leur pouvoir, à cet égard, ne s'étend pas au-delà des bornes du lieu où ils rendent la justice & tiennent leurs audiences. C'est par cette raison qu'on leur refusoit l'autorité de mettre à exécution leurs sentences, sur les biens temporels de ceux qu'ils condamnoient; d'exécuter les décrets de prise-de-corps qu'ils décernoient contre les accusés; d'imposer des peines griéves & qui vont jusqu'à l'effusion du sang.

Tel étoit le droit ancien; mais comme on a reconnu qu'en matière criminelle, l'acte d'implorer le *bras séculier* empêchoit souvent qu'on ne pût s'assurer de la personne d'un accusé, on a d'abord excepté de la règle générale les hérétiques, afin qu'une prompte capture rompît une communication dangereuse : ensuite l'article 44 de l'édit du mois d'avril 1695 a étendu l'exception à tous les autres accusés. Ainsi les décrets décernés en matière criminelle, par le juge d'église, doivent être exécutés, sans qu'il soit besoin, pour cet effet, de prendre aucun *pareatis* des juges laïques.

Observez toutefois que l'exécution dont on vient de parler, ne peut concerner que la personne d'un accusé, comme quand il est question de l'ajourner personnellement, l'appréhender au corps, *&c.* Car s'il s'agit de possessoire, ou de sequestre, ou de saisie & exécution, il faut une permission du juge laïque pour pouvoir mettre la sentence du juge d'église à exécution. C'est ce qui a été jugé par un arrêt du 10 février 1699, que Duperrai a rapporté dans ses notes sur l'article 35 de l'édit de 1695.

Par un autre arrêt du premier décembre 1744, le parlement a déclaré nulles une saisie & une vente de meubles d'un curé, faites en vertu d'une sentence de condamnation d'un official, à une somme pécuniaire; & a défendu à tout huissier de mettre, en pareil cas, les sentences des juges d'église à exécution, sans avoir auparavant obtenu la permission du juge laïque.

Au reste, lorsqu'il est question de permettre d'exécuter les sentences du juge d'église, en matière civile, le juge laïque doit accorder cette permission, & prêter main-forte, sans entrer en connoissance de cause, & sans préjudice de l'appel comme d'abus, le cas échéant. C'est ce que prescrivent l'article 24 de l'ordonnance de 1580, l'article 5 de l'édit de septembre 1610, & l'article 44 de l'édit d'avril 1695.

Boniface rapporte un arrêt très-remarquable, rendu par le parlement de Provence le 5 juin 1671, qui a déclaré qu'il n'y avoit abus, 1°. dans l'ordonnance de l'archevêque d'Aix, portant, qu'à défaut par le chapitre de cette ville de satisfaire à ses sentences touchant l'établissement d'une succursale, il y seroit contraint par saisie de son temporel, en implorant le *bras séculier*; 2°. ni dans le commandement de payer sans implorer le *bras séculier*; 3°. ni dans la sentence qui condamnoit le sequestre ordonné dans cette même cause par le juge d'église, & établi par l'autorité du juge laïque, à délivrer les sommes arrêtées entre ses mains; 4°. ni enfin dans un décret rendu par le même prélat lors de sa visite dans une paroisse de son diocèse.

Les motifs de cet arrêt, à l'égard de la première question, sont que le juge d'église, qui n'a pas droit de faire exécuter ses jugemens par voie d'exécution sur les biens meubles ou immeubles des parties condamnées, peut néanmoins en ordonner la saisie ou le sequestre, en implorant le *bras séculier*, comme portoit l'ordonnance de l'archevêque d'Aix. Sur la seconde question, on pensa que conformément à l'article 62 de l'ordonnance de Blois, le juge d'église pouvoit faire exécuter, même par ses appariteurs, une sentence provisionnelle. Sur la troisième, il fut dit que les sequestres n'ayant allégué aucune exception devant le juge d'église, celui-ci n'avoit point excédé son pouvoir, en ordonnant simplement qu'ils délivreroient les sommes arrêtées entre leurs mains, tant parce qu'il s'agissoit du service divin, qui est une matière spirituelle, qu'à cause que le prélat n'avoit agi, dans cette affaire, que conformément à l'arrêt de la cour, qui avoit autorisé la nouvelle paroisse. Enfin, sur la quatrième question, il fut dit que, quoique les juges d'église ne pussent rien statuer, en matière contentieuse, hors de leur auditoire, le prélat étoit, dans cette occasion, en visite, &, par conséquent, dans l'impossibilité de se conformer à la règle ordinaire. *Voyez* OFFICIAL, CAS ET DÉLITS PRIVILÉGIÉS.

BRASSEUR, s. m. (*Arts & Métiers.*) c'est celui qui a le droit de faire & de vendre de la bière.

L'usage de cette liqueur s'étant établi dans la plupart des lieux où le vin est cher & rare, & même dans ceux où il ne l'est pas, le besoin ou l'espoir du gain y a fait établir des brasseries, & la police a cru devoir soumettre à des règles & à des statuts ceux qui exercent cette profession.

Dans les villes où les *brasseurs* sont érigés en corps de métiers, les jurés doivent visiter soigneusement les ingrédiens que chaque *brasseur* fait entrer dans la composition de la bière, ainsi que les levures apportées par les marchands forains, avant qu'elles soient exposées en vente; empêcher que les *brasseurs* ne fassent colporter ces levures par les villes où ils sont établis; veiller à ce qu'il ne soit point employé de grains moisis ou gâtés. Si les *brasseurs* ne forment pas un corps, les officiers de police doivent veiller eux-mêmes à l'exécution de ces réglemens.

Il encore défendu aux *brasseurs*, sous peine d'amende, de tenir dans les brasseries, bœufs, vaches, & autres animaux contraires à la propreté.

Leur communauté est gouvernée, à Paris, par trois jurés & gardes, qui se font par élection, de deux ans en deux ans. Pour parvenir à la maîtrise, il faut avoir servi chez les maîtres, cinq ans, en qualité d'apprentif, trois, en qualité de compagnon, faire le chef-d'œuvre proposé par les jurés, payer les droits imposés, & prêter serment entre les mains du procureur du roi.

BREF, s. m. (*Droit canonique.*) on appelle ainsi une lettre que le pape adresse à un souverain, ou à des magistrats, dans quelque affaire.

Le *bref* tire son nom de sa briéveté. Il ne contient ni préface, ni préambule. On y voit seulement en tête le nom du pape séparé de la première ligne qui commence par ces mots, *dilecto filio, salutem & apostolicam benedictionem*: & après, vient simplement ce que le pape accorde, en petit caractère: autrefois c'étoit sur du papier qu'on l'expédioit, on l'emploie même encore quelquefois; mais à présent les *brefs* sont ordinairement en parchemin, pour qu'ils se conservent mieux; on les écrit sur le rude, comme les bulles sont écrites sur le doux; & c'est par où, dit Pinson, plus d'un faussaire a été pris. On les scelle de cire rouge, à la différence des autres graces qui sont scellées de cire verte; on y applique l'anneau du pêcheur, ils sont souscrits seulement par le secrétaire du pape, & non par le pape même: l'adresse est sur l'envers de la grosse.

Le *bref* expédié en bonne forme a autant de force que les autres lettres apostoliques. Il peut même déroger à une bulle antérieure, mais il faut que la dérogation soit expresse. Cependant on ajoute régulièrement plus de foi aux bulles qu'aux *brefs*, parce que les bulles ne se donnent qu'ouvertes, & que les *brefs* sont presque toujours cachetés.

Il seroit difficile de déterminer avec précision les cas pour lesquels on expédie des *brefs* plutôt que des bulles. Autrefois les *brefs* ne s'expédioient que dans les affaires de pure justice, pour éviter les frais & les discussions. Alexandre VI est de tous les papes celui qui a le plus étendu la matière & l'usage des *brefs*: on les accorde aujourd'hui pour des graces,

& sur-tout pour des privilèges; mais nous n'avons, à cet égard, aucune règle fixe à donner.

Il y a une espèce de *bref* qui s'expédie à la pénitencerie relativement aux fautes cachées, soit pour l'absolution des cas réservés au pape, soit pour les censures, soit pour lever quelque empêchement d'un mariage contracté sans dispense. Les *brefs* de cette sorte n'ont d'effet que pour le for intérieur de la conscience, & ne peuvent point servir dans le for extérieur. Ils sont adressés à un docteur en théologie, approuvé par l'évêque pour entendre les confessions, sans en désigner aucun, ni par son nom, ni par son emploi. Le grand pénitencier de Rome, au nom duquel le *bref* est expédié, lui enjoint d'absoudre du cas exprimé, après avoir entendu la confession sacramentale de celui qui l'a obtenu, en cas que le crime ou l'empêchement du mariage soit secret, & pour le for de la conscience seulement. On lui ordonne de déchirer ensuite le *bref* aussi-tôt après la confession, sous peine d'excommunication, sans qu'il lui soit permis de le rendre à la partie. *Voyez* RESCRIT, BULLE, PÉNITENCERIE, *&c.*

BREF, f. m. *dans plusieurs coutumes de France*, se dit des lettres qu'on obtient en chancellerie, à l'effet d'intenter une action contre quelqu'un. Ainsi on dit dans ces coutumes, un *bref de restitution*, *de rescision*. Dans quelques anciennes coutumes, & même encore à présent en Angleterre, ce terme est synonyme à *action*.

Par exemple, on appelle en Normandie *bref de mariage encombré*, une action que la femme a droit d'exercer, à l'effet d'être réintégrée dans ses biens dotaux ou matrimoniaux, qui ont été aliénés par son mari.

BRÉHAINES, (*Terres*) *terme de Coutume*, qui se dit des terres non labourées ni cultivées, qui sont vacantes, en friche & abandonnées. (*H*)

BREIL *ou* BRAIL, f. m. (*terme des coutumes d'Anjou & du Maine.*) il signifie un bois assez considérable, pour que la grosse bête, telle que les cerfs & les sangliers, puissent le fréquenter & s'y retirer.

Suivant la disposition de ces coutumes, les seigneurs qui n'ont ni forêt, ni *breil*, ne peuvent se réserver la chasse des bêtes fauves, autrement appellées *grosses bêtes*, ni la défendre à leurs vassaux.

BRESSE, BUGEY, GEX & VALROMEY, pays de France, qui font aujourd'hui partie de la généralité de Dijon. Ces trois petites provinces dépendoient autrefois du royaume d'Arles: pendant les troubles de la France, qui suivirent l'avénement de Hugues-Capet au trône, elles passèrent sous la domination de plusieurs seigneurs, & enfin sous celle des ducs de Savoie, qui les ont cédées à la France en échange du marquisat de Saluces, par le traité de Lyon du 17 janvier 1601.

Ce n'est point dans ces pays la qualité des biens qui décide de l'assujettissement ou de la franchise, quant au paiement des tailles; c'est la qualité des personnes qui les possèdent.

Les nobles ont le privilège d'affranchir de la taille les fonds même roturiers dont ils font l'acquisition, & les sommes auxquelles ces fonds se trouvoient imposés, sont rejettées sur les fonds contribuables: la seule formalité à observer, pour y parvenir, est de présenter aux officiers de l'élection une requête à laquelle on joint le contrat d'acquisition.

Lorsque ces mêmes fonds sortent des mains d'un noble, pour rentrer dans celles d'un roturier, ils reprennent leur ancienne qualité de fonds taillables, & sont de nouveau imposés comme tels; les biens de fief sont également assujettis à l'imposition, lorsqu'ils sont possédés par des roturiers: ainsi les biens roturiers deviennent francs & exempts entre les mains des nobles, & les biens nobles deviennent taillables entre les mains d'un roturier; on sent aisément que cette réciprocité ne dédommage pas les taillables, & que l'on voit beaucoup plus de nobles acquérir des biens roturiers, que de taillables acquérir des biens nobles.

C'est toujours dans les lieux où les fonds sont situés, qu'ils sont imposés, & c'est sur le propriétaire, relativement à leur valeur, que se fait l'imposition; la cote du fermier ne peut, pour cet objet, recevoir aucune augmentation.

Tout particulier de condition taillable est à la vérité imposé au lieu de son domicile, à raison de son commerce, de son industrie & de ses facultés mobilières; mais on prétend que cette taille personnelle est si modique, qu'elle ne monte pas à la centième partie de celle que supportent les fonds; ensorte que, sous ce point de vue, les tailles peuvent être considérées comme réelles dans le pays dont il s'agit.

Elles sont fixes & abonnées en *Bresse* & en *Bugey*.

La portion de la *Bresse* est de cent un mille deux cens quarante livres; celle de *Bugey* est des trois cinquièmes de cette somme.

C'est M. l'intendant qui en fait l'assiette & la répartition, assisté de deux trésoriers de France & des officiers de l'élection. La répartition entre les contribuables de chaque communauté se fait par des asséeurs, qu'on appelle dans le pays *péréquateurs*; mais il n'y a point de cadastre qui dirige & règle leurs opérations; les péréquateurs sont en même temps collecteurs.

Il y a deux sièges d'élection, l'un à Bourg, pour la *Bresse*; l'autre à Belley, pour le *Bugey* & pour les petits pays de *Gex* & *Valromey*: le *Valromey* n'est pas une province particulière, c'est un mandement du *Bugey*.

Les plaintes en surtaux sont portées devant les officiers de l'élection, & par appel au parlement & cour des aides de Dijon.

Ces provinces ont été érigées en pays d'état sous le ministère de M. Turgot, contrôleur général des finances. Les députés du clergé, de la noblesse

& du tiers-état, tiennent leur assemblée générale à à Bourg, pour y traiter des affaires, & discuter les intérêts de la province. Les délibérations & arrêtés sont portés au gouverneur de la province & à l'intendant, par le plus ancien des syndics, pendant le temps qu'on tient les états généraux de la Bourgogne.

Depuis l'échange des pays de *Bresse*, *Bugey*, *Gex* & *Valromey*, il s'est élevé différentes contestations sur l'état de ces nouvelles provinces, par rapport à la disposition des bénéfices. Les papes prétendoient que l'échange ne devoit pas empêcher que ces pays ne fussent toujours soumis aux règles de chancellerie & à leurs anciens usages; nos rois soutenoient le contraire, sur le fondement de la maxime que les provinces dépendantes de la couronne deviennent sujettes au concordat, dès l'instant qu'elles rentrent sous la domination de la France, quoiqu'elles aient été entre les mains d'une puissance étrangère, lors de la publication de la pragmatique & du concordat.

En conséquence il a été jugé que la régale devoit avoir lieu dans ces églises, comme dans les autres églises du royaume; & que la règle de chancellerie romaine, *de mensibus & alternativâ*, qui avoit lieu dans la *Bresse* pendant qu'elle étoit gouvernée par les ducs de Savoie, avoit cessé d'y être observée après l'union de cette province à la couronne.

Il a encore été jugé, par arrêt du grand conseil du 15 septembre 1643, que le droit des gradués doit être reconnu dans la *Bresse*.

Le concours pour les cures a lieu dans le *Bugey*, *Valromey* & *Gex*, & les autres pays de la domination du roi qui sont du diocèse de Genève.

Le clergé de *Bresse*, *Bugey* & *Gex*, qui ne faisoit autrefois qu'un seul corps, est à présent divisé en trois; savoir, celui du diocèse de Lyon, en *Bresse* & en *Bugey*; celui du diocèse de Belley, & celui du diocèse de Genève, à la partie de France. Chaque diocèse a ses charges particulières, qu'il paie indépendamment du clergé de France.

Les assemblées du clergé de la partie qui est du diocèse de Lyon, se tiennent à Bourg, où l'on élit un député des hauts bénéficiers, un des chapitres, un des curés & un des chartreux. Ces députés font la répartition des décimes & autres impositions sur les bénéficiers; & ceux-ci paient entre les mains d'un receveur résidant à Bourg, & qui est choisi par l'assemblée: la chambre ecclésiastique est à Bourg, & elle juge toutes les contestations qui surviennent au sujet de ces impositions.

Le clergé du diocèse de Belley tient ses assemblées dans la ville épiscopale de ce nom: on y nomme, tous les trois ans, un député pour le chapitre de la cathédrale, & un pour les curés. Ces députés, avec l'évêque de Belley & l'abbé de saint Sulpice, qui sont députés perpétuels pour les hauts-bénéficiers, composent la chambre ecclésiastique de ce diocèse, laquelle établit les impositions, connoît de l'exécution, & nomme un receveur à Belley.

Pour ce qui concerne le clergé du diocèse de Genève, dans la partie de France, c'est l'official qui en convoque les assemblées, où l'on nomme des députés qui composent la chambre ecclésiastique, & un receveur qui doit résider à Seyssel.

Quand il se présente des affaires qui intéressent le clergé de tout le pays de Belley, tant du diocèse de Lyon, que de ceux de Belley & de Genève, l'assemblée générale se tient par députés au palais épiscopal de Belley.

Enfin, s'il y a sujet de convoquer le clergé des trois pays de *Bresse*, *Bugey* & *Gex*, l'assemblée se tient dans une ville choisie par le clergé lui-même.

BRETAGNE, (*province considérable de France.*) Du temps de César elle étoit connue sous le nom général d'*Armorique*; c'est-à-dire, de pays situé le long de la mer. Le mot *armorique* est composé de deux mots celtiques, *ar*, qui signifie *sur* ou *proche*, & *mor* ou *moer*, qui veut dire *mer*.

Précis historique. Les peuples de ce canton formoient entre eux une république, connue sous le nom de *cités armoriques* : leur gouvernement étoit aristocratique. César les subjugua; Auguste les comprit dans la troisième Lyonnoise; & ils en faisoient encore partie du temps de l'empereur Honorius. Clovis s'empara de l'Armorique, & la laissa à ses enfans Childebert & Clotaire I. Elle prit, vers le milieu du cinquième siècle, le nom de *petite Bretagne*, à cause des anciens Brittes, Brittons ou Bretons insulaires qui vinrent s'y fixer, après avoir été chassés de leur pays par les Anglo-Saxons.

Les Bretons, sous la première race de nos rois, furent gouvernés par des comtes particuliers, qui profitèrent de la foiblesse des derniers rois pour se rendre indépendans. Pepin & Charlemagne les firent rentrer dans la soumission, & leur imposèrent un tribut de cinquante livres d'argent. Louis-le-Débonnaire leur donna pour son lieutenant Noménoé, qui refusa de reconnoître Charles-le-Chauve, usurpa le titre de roi, & en conserva les prérogatives jusqu'à sa mort. Ses successeurs reconnurent la suzeraineté des rois de France jusqu'en 911, que par le traité qui assura la Neustrie aux Normands, la *Bretagne* leur fut laissée à titre de fief direct, immédiat & mouvant de leur duc. Cet arrangement fit naître entre ces deux peuples une infinité de divisions, de troubles & de guerres, qui furent terminées par le mariage de Constance Ire., fille unique & héritière de Conan IV, avec Geofroy, dit *Plantagenest*, second fils de Henri II, roi d'Angleterre & duc de Normandie.

Cette province a été gouvernée par différens princes, sous le titre de comtes, jusqu'en 1213, qu'Alix, héritiere de la *Bretagne*, épousa Pierre de de Dreux, dit *Maucler*, arrière-petit-fils de Louis-le-Gros, celui-ci prit le titre de duc, que ses successeurs ont conservé. En 1297, Philippe-le-Bel accorda aux ducs de *Bretagne* la qualité de pair de France: en 1369, il fut ordonné, par lettres-patentes, que l'appel des jugemens de cette province seroit dévolu au roi, & cette dévolution par ressort a toujours été reconnue.

Après la mort de François II, dernier duc de *Bretagne*, Anne sa fille & son héritière, épousa le roi Charles VIII; tous les deux avoient des prétentions sur le duché de *Bretagne*, sur lesquelles ils transigèrent solemnellement par leur contrat de mariage. Il y fut stipulé que madame Anne céderoit au roi & à ses successeurs tous ses droits au duché, dans le cas où elle décéderoit sans enfans; & par la même clause, le roi dans le même cas lui cédoit également les siens, à condition néanmoins, que madame Anne n'épouseroit en secondes noces que son successeur, ou le plus proche héritier de la couronne, qui ne pourroit aliéner cette province qu'au roi.

Charles VIII étant mort sans enfans, Anne épousa Louis XII son successeur, dont elle eut deux filles, Claude & Renée. L'aînée fut mariée en 1514 à François de Valois, comte d'Angoulême, qui parvint à la couronne l'année suivante, sous le nom de François I.

Ce prince, à la sollicitation des états de Bretagne, réunit enfin cette province au domaine par un édit du mois d'août 1532, dont elle ne peut plus être séparée ou distraite. Il laissa subsister en faveur du dauphin son fils aîné, le titre de duc de Bretagne, que Louis XIV fit revivre en faveur de ses arrières-petits-enfans.

Gouvernement ecclésiastique. On compte en *Bretagne* neuf évêchés; savoir, Dol, Nantes, Quimpercorentin, Rennes, Saint-Brieux, Saint-Malo, Saint-Paul-de-Léon, Tréguier & Vannes, qui sont tous suffragans de la métropole de Tours. Il y a aussi un grand nombre d'églises collégiales, d'abbayes & de prieurés.

Comme cette province n'étoit pas encore réunie à la couronne dans le temps du concordat passé entre Léon X & François I, on n'y suit pas, par rapport à la disposition des bénéfices, les règles établies par cette loi. Nos rois ont bien voulu à cet égard se relâcher des droits attachés à leur souveraineté. Ils nomment aux bénéfices consistoriaux en vertu d'un indult particulier, & d'une bulle de Benoît XIV. La collation des bénéfices se partage alternativement entre le pape & les évêques, suivant les règles de chancellerie romaine *de mensibus & alternativâ*. Il est cependant nécessaire de remarquer que MM. les gens du roi du parlement de Paris soutiennent que ces règles ne sont pas suivies en *Bretagne*, comme règles de chancellerie romaine, mais en vertu des ordonnances de Henri II, qui en permettent l'usage: ce qui est vrai. *Voyez* ALTERNATIVE.

Les brevets de nomination du roi, pour son joyeux avènement à la couronne, ont lieu en *Bretagne*, comme dans tout le reste du royaume, même dans les mois affectés au pape, parce que c'est un droit essentiellement attaché à la couronne. La jurisprudence est constante à cet égard; mais il n'en est pas de même du brevet de serment de fidélité que le roi accorde à un ecclésiastique, à l'occasion de la nomination d'un nouvel évêque: d'anciens arrêts du grand-conseil ont jugé qu'un brévetaire de serment de fidélité, ne pouvoit se faire pourvoir dans les mois affectés au pape; mais le contraire a été jugé le 24 juillet 1721, ainsi que le rapportent les auteurs du *Répertoire universel & raisonné de Jurisprudence*, au mot *Bretagne*.

Gouvernement civil. Pour le civil & l'administration de la justice, il y a un parlement rendu sédentaire à Rennes en 1560, par le roi Charles IX. outre les affaires dont la connoissance est attribuée aux parlemens en général, il a encore cette espèce de jurisdiction, qui concerne les droits de *devoirs* sur les boissons, ce qui comprend tout ce qui, dans les autres provinces, est du ressort des cours des aides.

La chambre des comptes est la seconde cour souveraine; son établissement remonte aux premiers souverains de cette province. Elle tient ses séances à Nantes; elle est partagée en deux semestres, dont l'un commence au premier de mars, & l'autre au premier de septembre.

On y compte quatre présidiaux, Vannes, Rennes, Nantes & Quimpercorentin: sept sièges d'amirauté, Saint-Malo, Nantes, Saint-Brieux, Morlaix, Brest, Vannes & Quimpercorentin: sept maîtrises particulières des eaux & forêts, Rennes, Nantes, Vannes, Carhaix, Ville-Cartier, Fougères, la Havre: trois jurisdictions consulaires, Nantes, Morlaix & Saint-Malo: deux hôtels des monnoies, Rennes & Nantes.

La justice se rend par-tout conformément à la coutume de *Bretagne*, établie & autorisée en 1330 par Jean II, qui fit compiler l'assise du comte Geoffroi, l'ordonnance du duc Jean I, & les établissemens de S. Louis. Elle a été réformée deux fois, en 1539 & en 1580.

Gouvernement militaire. La *Bretagne* reçoit un gouverneur général, qui est en même temps amiral de la province; deux lieutenans généraux, l'un pour la haute & basse *Bretagne*, l'autre pour le seul comté Nantois, trois lieutenans de roi, un commandant en chef de la province, quinze lieutenans des maréchaux de France, & quatre tribunaux de maréchaussée.

Gouvernement économique. La *Bretagne* a ses états particuliers, que le roi convoque tous les deux ans: ils sont composés du clergé, de la noblesse & du tiers-état.

Les neuf évêques de la province, les députés des neuf églises cathédrales, & de quarante-deux abbés, forment le corps ecclésiastique, il est présidé aujourd'hui par l'évêque du diocèse dans lequel les états sont assemblés, & en son absence, par le plus ancien des évêques, & dans le cas de l'absence de tous, par le plus ancien des abbés.

La nobleſſe étoit autrefois compoſée de dix barons, & de tous les gentilshommes originaires de la province, ou y poſſédans des biens, appellés ou non à l'aſſemblée par les lettres du roi. Mais par une déclaration du 20 juin 1736, nul gentilhomme ne peut avoir ſéance aux états, 1°. qu'après l'âge de vingt-cinq ans : 2°. qu'après avoir prouvé au moins cent ans de nobleſſe & de gouvernement noble non conteſté : 3°. qu'il n'eſt ni commis ni intéreſſé dans les fermes de la province, qu'il ne tient aucune terre à ferme, & qu'il n'exerce point d'autre commerce que le maritime : 4°. qu'il eſt inſcrit ſur le regiſtre du greffe des états. A l'égard des nobles qui ne ſont pas originaires de la province, ou qui n'y étoient pas établis en 1667, la même déclaration exige qu'ils obtiennent du parlement de *Bretagne*, un arrêt confirmatif de leur nobleſſe, à l'effet d'entrer aux états dans l'ordre de la nobleſſe.

Les dix barons étoient anciennement ceux d'Avaugour, de Léon, de Fougères, de Vitré, de la Roche-Bernard, de Châteaubriant, de Ruys, de Lanvaux, de Pont & d'Ancenis. Depuis la réunion au domaine ducal des baronnies d'Avaugour, de Fougères & de Lanvaux, on leur a ſubſtitué celles de Maleſtroit, Derval & Quintin.

L'ordre de la nobleſſe eſt préſidé alternativement par les barons de Vitré & de Léon, & à leur défaut par celui qu'il ſe choiſit lui-même.

Le corps du tiers-état eſt compoſé des députés de quarante communautés, dont quelques-unes ont le droit d'en envoyer deux, & les autres un ſeulement. Il eſt préſidé par les ſénéchaux ou préſidens des quatre grandes ſénéchauſſées, quand ils ſont eux-mêmes députés; car ſans cette qualité ils n'auroient pas droit d'entrer aux états.

La convocation s'en fait par des lettres de cachet du roi, adreſſées aux évêques, abbés & chapitres de la province, aux barons & à un certain nombre de gentilshommes, & à toutes les communautés de *Bretagne*.

Nous renvoyons ſous *le mot* ÉTATS ce que nous avons à dire ſur la forme & la tenue des états de *Bretagne*, dont nous parlerons conjointement avec celles des autres états du royaume. Nous obſerverons ſeulement, que pendant la tenue des états de *Bretagne*, & même quinze jours avant & quinze jours après, on ne peut intenter aucune action civile, contre les gentilshommes qui ont droit d'y aſſiſter.

Uſage particulier ſur la dérogeance des nobles. Dans la plupart des provinces de France, ainſi que dans preſque tous les états de l'Europe, le noble dérogeant à ſa qualité, la perd ſans retour : mais en *Bretagne* la nobleſſe dort ſeulement ſans s'éteindre par la dérogeance. Ainſi tout gentilhomme qui prend à ferme des terres, ou qui s'adonne à quelque commerce différent du maritime, ne perd pas entiérement ſa qualité de noble, il éprouve ſeulement une ſuſpenſion pour les prérogatives qui y ſont attachées, & il en jouit de nouveau ſans contradiction, lorſqu'après avoir quitté la profeſſion qui le faiſoit déroger, il fait devant le juge royal de ſon domicile, ſa déclaration qu'il veut reprendre l'exercice & le privilège de la nobleſſe, conformément aux diſpoſitions de la coutume.

Celui qui ſeroit né en *Bretagne* d'un père noble, domicilié dans la province, ne perd pas la nobleſſe par la dérogeance de ſon père, dans une autre province, où il auroit dans la ſuite transféré ſon domicile; parce qu'en cette matière le lieu du domicile du père, lors de la naiſſance de ſes enfans, règle perpétuellement & pour toujours tout ce qui concerne leur état noble ou roturier.

Privilèges & franchiſes. 1°. *Gabelles.* L'ordonnance des gabelles de 1680, & une déclaration, en forme d'édit pour la *Bretagne*, de 1681, maintiennent les habitans de cette province dans l'exemption des droits de gabelles, en leur défendant néanmoins de faire aucun amas de ſel dans les paroiſſes voiſines de deux lieues des derniers villages ou hameaux des provinces de Normandie, Maine & Anjou, au-delà de ce qui leur eſt néceſſaire pour leur uſage & la conſommation de leurs maiſons pendant ſix mois; ce que l'ordonnance fixe à raiſon d'un minot de cent livres peſant, poids de marc, pour ſept perſonnes par chaque année.

L'ordonnance & la déclaration exceptent les villes de Dol, Fougères, Vitré, la Guerche, Châteaubriant, Ancenis & Cliſſon, dans leſquelles néanmoins le ſel ne peut être vendu que ſous la halle aux jours & heures du marché, aux domiciliés de la province & pour leur proviſion ſeulement, avec injonction aux juges des villes d'y tenir la main. Ces loix défendent auſſi à tous les marchands & autres, tant hommes que femmes, d'en vendre & débiter autrement, à peine de confiſcation du ſel & de cinq cens livres d'amende pour la première fois, de cinq ans de galères pour la ſeconde à l'égard des hommes, & pour les femmes du fouet & du banniſſement à perpétuité de la province.

La déclaration enjoint à tous les juges des ſeigneurs haut-juſticiers des paroiſſes de la province, limitrophes de celle de Normandie, Maine & Anjou, de tenir la main à ce que les habitans n'aient point de magaſin de ſel au-delà de ce qui leur eſt néceſſaire pour leur proviſion. Ils ſont auſſi obligés de viſiter, lorſqu'ils en ſont requis par les commis du fermier, les maiſons des particuliers ſoupçonnés de faux-ſaunage, d'informer contre les coupables, rapporter leurs procès-verbaux & juger définitivement, ſauf l'appel au parlement.

La déclaration veut que les juges royaux & ceux des ſeigneurs du reſſort du parlement connoiſſent en première inſtance des contraventions, inſtruiſent & jugent les procès des faux-ſauniers accuſés de ces contraventions, juſqu'à ſentence définitive incluſivement & à la charge de l'appel.

Elle défend à tous les hôteliers, cabaretiers & autres perſonnes, de donner retraite aux faux-ſauniers & gens attroupés venant des provinces de

Normandie, Maine & Anjou, pour prendre du sel en *Bretagne*, sous les peines ci-dessus exprimées; & en outre, de demeurer responsables, en leur nom, des condamnations pécuniaires qui seroient prononcées contre les faux-sauniers.

Il leur est enjoint, sous les mêmes peines, dans le cas où les faux-sauniers voudroient entrer & loger par force dans leurs maisons, de rendre leur plainte pardevant les juges des lieux dans les vingt-quatre heures; il est ordonné aux juges d'en informer, à tous les officiers & habitans, de courir sur les faux-sauniers & gens attroupés, de les arrêter avec leurs équipages, & de les représenter en justice; le tiers des confiscations qui sont prononcées doit être adjugé à ceux qui les auront représentés.

Il est défendu à tous les fermiers des ponts & passages, meûniers, lavandiers & autres ayant bacs & bateaux sur les rivières limitrophes des provinces d'Anjou, Maine & Normandie, de passer ou laisser passer les faux-sauniers; les bacs & bateaux doivent à cet effet être attachés la nuit avec des chaînes de fer & serrures fermant à clef, du côté des paroisses des greniers, à peine de confiscation & de trois cens livres d'amende.

Tous les juges, tous les officiers & toutes les personnes, même privées, sont déclarées compétentes pour la capture des faux-sauniers, portant, conduisant, débitant ou resserrant leur sel, sans qu'il soit besoin de décret ni de commission, à la charge de les conduire incessamment avec leur sel & équipages devant les officiers des lieux.

Faute, par les condamnés, de payer l'amende dans les deux mois du jour que la sentence leur a été prononcée par le greffier de la jurisdiction, en laquelle ils ont été jugés, les peines pécuniaires doivent être converties en celles du fouet, de la flétrissure ou du bannissement, selon que les prévenus sont plus ou moins coupables.

Les sentences doivent passer en force de chose jugée, si les condamnés ne consignent, dans les trois mois, les amendes prononcées contre eux.

Les pères & les mères sont civilement responsables des amendes adjugées contre leurs enfans mineurs.

Enfin la jurisdiction sur les contraventions aux réglemens que contient cette déclaration, est attribuée à la grand'chambre du parlement de *Bretagne*, exclusivement aux chambres des enquêtes & de la tournelle.

2°. *Exemption de droits de sortie.* Les ecclésiastiques, gentilshommes & autres particuliers de la province de *Bretagne*, non marchands en gros ni en détail, sont exempts des droits de sortie des cinq grosses fermes pour les habits & hardes seulement qui ont servi à leur usage & à celui de leurs familles, & pour la vaisselle d'argent & d'étain, vieille ou neuve, armoiriée à leurs armes.

Les particuliers domiciliés en *Bretagne*, qui ont des terres & héritages dans les provinces de l'étendue des cinq grosses fermes voisines de celles de *Bretagne*, & qui les font valoir par leurs mains ou les donnent à ferme à moitié fruits, jouissent aussi de l'exemption des droits de sortie des denrées qu'ils font venir du crû des mêmes terres & héritages, pour l'entretien de leurs familles seulement.

Les curés des paroisses de *Bretagne* ont également ce privilège pour les dîmes des terres dépendantes de leurs cures situées dans les provinces voisines : le tout à la charge par les propriétaires & curés de remettre aux directeurs des bureaux des fermes des provinces voisines, des certificats signés des curés ou juges des lieux de leurs domiciles dans les villes & paroisses de *Bretagne*, du nombre des personnes dont leurs familles sont composées, & des copies collationnées des titres de propriété des terres & héritages situés dans les mêmes provinces voisines, & de rapporter aussi des certificats pour justifier qu'ils font valoir ces terres & héritages par leurs mains, ou qu'ils sont affermés à moitié des fruits, avec déclaration de l'espèce & quantité des denrées qu'ils entendent faire conduire par année, de leurs terres & héritages en leurs domiciles dans la province de *Bretagne*. Ces habitans & curés doivent de plus affirmer dans leurs déclarations, que ces denrées proviennent en effet de leurs crûs & dixmes, & y désigner le bureau par lequel ils se proposent de les faire passer.

Ils sont pareillement obligés de réitérer ces déclarations dans le premier octobre de chaque année, & de fournir, en cas de mutation, de nouvelles copies de leurs titres de propriété.

Lorsque ces habitans ont satisfait à ces formalités, les directeurs des fermes donnent ensuite leurs ordres aux commis des bureaux, qui délivrent alors, sans autres frais que ceux du papier timbré, des acquits à caution pour la sortie des denrées en exemption de droits.

Ces acquits doivent être rapportés dans la huitaine aux commis des bureaux, & être certifiés au dos par les curés ou syndics de la paroisse, où le déchargement des denrées a été fait chez les habitans ou curés en *Bretagne;* le tout suivant l'arrêt du 25 juin 1715.

Suivant l'article 20 des lettres-patentes du mois d'avril 1717, les marchandises des isles entrées par les ports de *Bretagne*, qui sont Saint-Malo, Morlaix, Nantes & Brest, auxquels Vannes a été ajouté par arrêt du 21 décembre 1728, doivent à leur entrée dans les autres provinces du royaume, les droits fixés par l'article 19 de ces lettres-patentes, sur les marchandises venant des isles pour être consommées dans le royaume.

Suivant l'article 21 des mêmes lettres-patentes, les marchandises provenant des isles & colonies françoises, doivent à leur arrivée dans les ports de *Bretagne*, outre & par-dessus les droits qui s'y lèvent suivant l'usage accoutumé, les droits tels qu'ils sont perçus à Nantes, sans aucune restitution des

des mêmes droits lorsque les marchandises sont transportées en pays étrangers, ni d'aucune diminution ni imputation sur les droits énoncés dans l'article 19, quand elles sont introduites dans les provinces des cinq grosses fermes ou autres du royaume.

BRÉTECQUE, Brétesque ou Bréteschè. Ces mots ont la même signification. On les trouve dans les coutumes d'Artois, de Lille & de Tournay. C'est le nom qu'on donne, dans ces pays, au lieu public ou marché, où l'on doit faire les cris, publications & proclamations de justice.

BREVET, s. m. (*Jurisprudence.*) ce terme a parmi nous un grand nombre de significations : nous allons les indiquer.

Brevet, (*terme de Coutume.*) celle d'Estampes appelle de ce nom une obligation, ou reconnoissance de dettes, faite sous signature privée.

Celle de Mante qualifie ainsi un acte passé pardevant notaire & mis en forme exécutoire.

Celle de Valois donne le même nom aux affiches qu'un huissier est obligé de mettre pour annoncer & détailler les biens saisis réellement.

Brevet, *en style de notaire*, est la minute des actes qu'ils délivrent en original à l'une des parties. La déclaration du 7 septembre 1723 contient l'énumération de ceux qui peuvent être ainsi délivrés, sans que les notaires en gardent minute.

Brevet *d'apprentissage*, *en terme d'Arts & Métiers*, se dit de l'acte qui se délivre à un apprentif après qu'il a servi le temps porté par les statuts de sa communauté, ou celui dont il est convenu pardevant notaire avec un maître, qui pourtant ne peut être moindre que celui qui est prescrit par les statuts.

On appelle aussi *brevet* l'acte même par lequel l'apprentif s'oblige à demeurer chez un maître, pendant quelque temps aux conditions convenues entre eux. Cet acte doit être enregistré par les jurés. L'apprentif est tenu de le rapporter, aussi-bien que les certificats de son apprentissage & de son dernier service en qualité de compagnon, avant que d'être admis au chef-d'œuvre, & d'être reçu à la maîtrise.

On donne aussi quelquefois le nom de *brevet de maîtrise* à l'acte par lequel on est reçu maître; mais on lui donne plus proprement la dénomination de *lettres de maîtrise*. *Voyez* Lettres, Apprentissage.

On dit encore *brevet d'apprentissage judiciaire*, pour signifier une réception d'apprentif, qui se fait devant le juge de police.

Brevet *de contrôle*, (*Finance.*) ce sont de certains actes que délivrent, en papier timbré, les commis des fermes, pour attester que le paiement des droits a été fait par les conducteurs des marchandises qui y sont sujettes, & pour assurer qu'ils les ont visitées.

Brevet se dit d'un acte non scellé, expédié en parchemin par un secrétaire d'état, portant concession d'une grace ou d'un don que le roi fait à quelqu'un, comme d'un bénéfice de nomination royale, d'une pension, d'un grade dans ses armées ou autre chose semblable.

C'est en ce sens qu'on dit que le roi a accordé à quelqu'un un *brevet* de maréchal de camp, un *brevet* de pension, un *brevet* de duc.

On appelle aussi *brevet de retenue* ou *brevet d'assurance*, une certaine somme payable au profit du brévetaire, par celui qui sera pourvu de telle charge ou de tel gouvernement, soit par la mort de celui qui l'occupe, ou par sa démission.

Les deniers provenant des *brevets* de retenue, se partagent dans la succession du brévetaire, comme les autres effets mobiliers, & sont soumis aux mêmes règles. *Voyez* Retenue.

Brevet, *en matière bénéficiale*, est une sorte de mandat, réserve & grace expectative, que le roi accorde à un clerc sur les chapitres des cathédrales & de certaines collégiales de son royaume.

On en distingue deux espèces, le *brevet* de joyeux avénement, & celui de serment de fidélité.

Le *brevet* de joyeux avénement consiste dans le droit que le roi a de présenter aux prélats ou chapitres un sujet pour être pourvu du premier bénéfice vacant par mort, après la signification du *brevet*.

Et l'on appelle *brevet de serment de fidélité*, une autre sorte de mandat par lequel le roi enjoint à l'évêque dont il a reçu le serment de fidélité, de conférer la première prébende qui viendra à vaquer dans l'église cathédrale, à l'ecclésiastique désigné par le *brevet*.

Le *brevet* de joyeux avénement est dû au roi à cause de son avénement à la couronne. Il a assez de rapport avec celui de premières prières que l'empereur d'Allemagne adresse à tous les collateurs de l'empire. Il y a néanmoins cette différence entre les premières prières & les *brevets* de joyeux avénement, que les premières prières contiennent un décret irritant qui annulle les provisions accordées au préjudice du nommé, au lieu que les *brevets* de joyeux avénement ne contiennent point de décret irritant.

Le droit dont use le roi en accordant des *brevets* de joyeux avénement est regardé comme attaché essentiellement à la couronne, & comme une suite de la protection que le souverain accorde aux églises du royaume.

Les auteurs qui ont écrit sur cette matière ne sont pas d'accord touchant l'origine de l'exercice du droit du roi. Suivant Dubois, Bouchel & plusieurs autres, l'expectative des brévetaires de joyeux avénement n'a été introduite qu'en 1577 : mais d'autres prétendent que Charles V étoit en possession de ce droit & que Charles VIII en a usé. On trouve aussi dans les preuves des libertés de l'église gallicane, un arrêt du parlement de l'année 1494, lors duquel M. le premier président excita le cardinal archevêque de Lyon à maintenir auprès du saint siège les droits du roi à cet égard. Quoi qu'il en soit, ce droit est fondé aujourd'hui sur l'édit de 1629, la déclaration du 15 mars 1646 & celle du 28 février 1726.

Il résulte de ces loix que le roi, par son avénement à la couronne, a le droit de nommer dans chaque église cathédrale, à la première prébende vacante, soit que l'évêque ou le chapitre soit collateur; & à la première dignité ou prébende vacante dans chaque église collégiale, pourvu qu'outre les dignités, cette église soit composée de plus de dix prébendes à la collation de l'évêque, ou à la collation alternative de l'évêque & du chapitre.

Ainsi, il faut conclure que, quoiqu'une église collégiale soit composée de plus de dix prébendes, outre les dignités, elle n'est point sujette au droit de joyeux avénement, si ces prébendes & dignités ne sont pas à la collation de l'ordinaire.

Si la réduction des prébendes d'une église collégiale, au nombre de dix, outre les dignités, a été faite depuis 1640, elle ne peut point préjudicier au droit de joyeux avénement qui doit avoir lieu, quand même la réduction auroit été autorisée par lettres-patentes enregistrées au parlement de Paris.

On juge au grand-conseil que les églises des provinces unies ou réunies à la couronne, même depuis l'établissement des *brevets* de joyeux avénement, sont assujetties à cette expectative. Dès qu'elles font partie du royaume, elles sont soumises aux loix générales de l'état. Les clauses insérées dans la plupart des capitulations, de conserver aux pays conquis leurs priviléges & leurs usages, les maintient dans les priviléges positifs accordés ou autorisés par des lettres-patentes de l'ancien souverain, mais ne les empêche pas d'être soumis aux loix générales du royaume de France, auxquelles ils n'étoient point assujettis sous une domination étrangère. Suivant ces principes, le roi jouit du droit de donner des *brevets* de joyeux avénement dans les provinces d'Artois & de Roussillon, & l'auteur du *Traité des matières bénéficiales*, dit que le roi a donné des *brevets* de joyeux avénement sur les églises de la Flandre réunies à la couronne; qu'une partie des églises d'Alsace s'est soumise à ce droit, & qu'il a lieu dans les trois évêchés de Metz, Toul & Verdun.

Quoique l'expectative des brévetaires de serment de fidélité, ait pour fondement le serment de fidélité & l'hommage que tous les évêques doivent au roi pour leur promotion à l'épiscopat, il n'a cependant été établi en France que par des lettres-patentes du mois d'avril 1599, enregistrées au grand-conseil.

Le droit de serment de fidélité étant personnel, n'est dû que par l'évêque, & il ne peut s'en acquitter que sur les bénéfices dont il a la collation, à la différence du droit de joyeux avénement qui est réel & s'acquitte par les chapitres.

Les chapitres qui sont en possession légitime & immémoriale de conférer, sans le concours de l'évêque, les canonicats ou prébendes de leurs églises, sont exempts de l'expectative du *brevet* de serment de fidélité.

Mais quand les prébendes sont à la nomination de l'évêque & du chapitre conjointement, & que les lettres-patentes du roi accordées sur le *brevet* sont adressées à l'évêque & au chapitre, alors comme l'évêque a plus de droit dans la collation que le chapitre, qui souvent dans ce cas n'est regardé que comme patron, l'institution appartenant à l'évêque, outre son droit de co-patron, on juge que le chapitre peut être grevé du *brevet* de serment de fidélité.

Lorsque les évêques n'ont point dix canonicats à leur collation, ils ne sont point obligés de conférer aux brévetaires du serment de fidélité. On a ainsi préjugé la question au grand-conseil, par un arrêt du 11 septembre 1691, qui ordonne que M. l'évêque de Lescar, en Béarn, justifiera dans trois mois qu'il n'a point dix canonicats à sa nomination; & à faute de ce faire, le condamne de conférer la première prébende qui vaquera, au brévetaire du serment de fidélité. Cet arrêt est rapporté dans les arrêts notables de M. Augeard.

L'évêque qui confère les prébendes d'un côté du chœur, ou celles qui vaquent dans certains mois, doit acquitter le serment de fidélité sur la première prébende vacante dans sa partition.

Le brévetaire de joyeux avénement ou de serment de fidélité, doit faire signifier son *brevet* par un notaire apostolique, au collateur qui est chargé par le *brevet* de lui conférer une prébende, & faire insinuer la signification au greffe des insinuations ecclésiastiques, dans le mois de la date de la notification. C'est ce qui résulte de l'édit des insinuations ecclésiastiques, du mois de décembre 1691.

Si la notification se faisoit par tout autre qu'un notaire apostolique, elle seroit nulle. Cependant il faut observer que cette nullité ne peut valablement être opposée aux brévetaires que par les collateurs même, ou par les notaires apostoliques, & non par un pourvu en cour de Rome, sur-tout lorsque le collateur au lieu de se plaindre, intervient en faveur du brévetaire. La raison en est que la formalité dont il s'agit, n'a été établie qu'en faveur des collateurs & de leurs collataires, & non contre eux. Ainsi, quand les collateurs veulent acquitter la dette dont ils sont grevés, personne ne peut les en empêcher ni exciper d'un droit établi en leur faveur. C'est ce que le grand-conseil a jugé par arrêt du 31 mai 1728, rendu pour un canonicat de Saint-Malo, en faveur de Vital Porée, brévetaire de joyeux avénement, contre Thomas Boulain, pourvu en cour de Rome, dans un mois du pape.

Le brevet de joyeux avénement doit être préféré à celui de serment de fidélité, parce que les lettres-patentes pour l'établissement du premier ont été enregistrées plus de vingt ans avant celles du second, & parce que la marque de la joie publique, pour l'avénement d'un prince à la couronne, doit être préférée à la reconnoissance d'un particulier qui a prêté serment entre les mains du roi,

Les *brevets* de joyeux avénement & de serment de fidélité ne doivent point contenir de décret irritant : c'est pourquoi les provisions des prébendes, données au préjudice de ces brévetaires, même après la signification du *brevet*, mais avant la réquisition ; ne rendent pas les provisions nulles. L'usage du grand-conseil est, en cas de contravention au *brevet*, de condamner le collateur à conférer au brévetaire la première prébende vacante par mort; &, en cas d'une seconde contravention, de le condamner à payer au brévetaire une pension égale au revenu de la prébende, jusqu'à ce qu'il ait satisfait à l'expectative, comme cela se pratiquoit pour les mandats, quand il n'y avoit point de décret irritant.

Quoique la dette qui dérive du *brevet* de serment de fidélité, soit personnelle à l'évêque, cependant s'il ne l'acquitte point, elle doit être acquittée par son successeur : c'est ce qui résulte de la déclaration du 25 octobre 1752.

Il faut que les brévetaires qui requièrent un bénéfice, aient les qualités requises pour le posséder.

Ceux qui sont pourvus de canonicats en vertu de *brevets* de joyeux avénement ou de serment de fidélité, sont tenus de se conformer aux statuts & usages du chapitre, sans pouvoir prétendre que l'autorité & la faveur de ces *brevets* les en dispensent. C'est ce que le grand-conseil a jugé par arrêt du 18 juillet 1719, en faveur du chapitre de l'église de Saint-Bernard de Romans en Dauphiné, contre le sieur Louis Chanu, brévetaire de joyeux avénement. La raison de cette décision est que le roi n'exerce & ne prétend exercer, dans ces cas, que le droit du collateur ordinaire.

Observez néanmoins que les statuts, faits par les chapitres, postérieurement à l'établissement du droit des brévetaires, ne peuvent point préjudicier à ceux-ci, à moins que ces statuts n'aient été autorisés par des lettres-patentes enregistrées au grand-conseil.

Le parlement de Paris n'ayant point enregistré les lettres-patentes qui établissoient le droit des brévetaires de joyeux avénement & de serment de fidélité, la connoissance des contestations pour l'exécution de ces *brevets* est restée au grand-conseil.

Il y a plusieurs églises du royaume dont le roi est chanoine. Quand il y fait sa première entrée, on lui met une aumusse sur le bras, & l'ecclésiastique entre les mains duquel il remet cette aumusse, a une expectative pour la première prébende vacante. Le parlement de Paris connoît de ces expectatives, & les confirme, parce qu'elles sont fondées sur des traités particuliers ou sur des usages très-anciens.

Brodeau sur Louet rapporte l'exemple de plusieurs chapitres dans lesquels le roi de France exerce ce droit de première entrée, & les arrêts du parlement qui le confirment.

L'évêque de Poitiers, à son entrée à l'épiscopat, peut nommer à quelques églises collégiales de son diocèse un ecclésiastique pour être pourvu de la première prébende qui vaquera par la mort d'un chanoine. Le parlement qui a la connoissance des différends qui naissent sur cette expectative, juge que les provisions, données au préjudice de l'expectant, ne sont pas nulles; mais il condamne les collateurs à donner au clerc nommé par l'évêque une pension égale au revenu de la prébende.

On appelle *brevet dérogatoire*, un *brevet* par lequel le roi déroge à une loi en faveur de quelqu'un. Un curé, par exemple, qui n'a pas desservi pendant quinze ans, ne peut, suivant l'édit de 1671, retenir une pension, s'il vient à résigner son bénéfice : mais le roi accorde quelquefois, par un *brevet* dérogatoire à l'édit, la dispense d'une partie de ce temps de quinze années.

BRÉVETAIRE, c'est l'impétrant d'un brevet. *Voyez ci-dessus* BREVET.

Dans le concours d'un indultaire & d'un *brévetaire* de joyeux avénement, le grand-conseil donne la préférence à l'indultaire, quoique sa requisition soit postérieure à celle du *brévetaire*. *Voyez* INDULT, INDULTAIRE & EXPECTATIVE. (*H*)

BRÉVIAIRE, s. m. (*Droit ecclésiastique.*) livre d'église qui contient, pour chaque jour de la semaine & pour chaque fête, l'office du jour & de la nuit.

Le *bréviaire* est composé des prières qu'on récite dans l'église à diverses heures du jour : savoir, l'office de la nuit, que l'on appelle *matines*, que l'on récitoit autrefois la nuit; usage qui s'est encore conservé dans quelques cathédrales & dans la plupart des ordres religieux : *laudes*, qu'on disoit au lever du soleil : *prime*, *tierce*, *sexte* & *none*, ainsi nommées des heures du jour où l'on les récitoit, suivant l'ancienne manière de compter ces heures : *vêpres*, qui se disoient après le soleil couché. On a depuis ajouté *complies*, mais sans les séparer absolument des vêpres, afin de rendre à Dieu un tribut de prières sept fois par jour, pour se conformer à ce passage du psalmiste : *septies in die laudem dixi tibi.* L'usage de réciter des prières à ces diverses heures de la nuit & du jour est très-ancien dans l'église : on les appelloit en Occident *le cours*; on leur a donné depuis le nom de *bréviaire*, soit que l'ancien office ait été abrégé, soit que ce recueil soit comme un abrégé de toutes les prières.

Le docteur Mege tire l'origine du nom de *bréviaire* de la coutume qu'avoient les anciens moines de porter, dans leurs voyages, de petits livres qui contenoient les pseaumes, les leçons & ce qu'on lisoit en chaire : le tout extrait des grands livres d'église; & le P. Mabillon assure qu'il a vu, dans les archives de Cîteaux, deux pareils livrets qui n'avoient pas plus de trois doigts de large, écrits en très-petits caractères, avec des abréviations, où très-peu de syllabes exprimoient une période entière.

Le *bréviaire* est composé de pseaumes, de leçons tirées de l'écriture, ou des homélies des pères, ou des histoires des saints ; d'hymnes, d'antiennes, de répons, de versets, d'oraisons convenables au temps, aux fêtes & aux heures. Les églises ayant chacune rédigé les offices qui étoient en usage chez elles, il en est résulté de la différence entre les *bréviaires* ; il s'est même glissé, dans plusieurs, quantité de fausses légendes des saints : mais la critique qui s'est si fort perfectionnée depuis un siècle, en a purgé la plupart. Les conciles de Trente & de Cologne, les papes Pie V, Clément VIII & Urbain VIII ont travaillé à cette réforme : & aujourd'hui les églises de France en particulier ont des *bréviaires* composés avec beaucoup de soin & d'exactitude. Celui qu'on appelle *bréviaire romain*, n'est point l'ancien *bréviaire* de l'église de Rome, mais un *bréviaire* que les cordeliers récitoient dans la chapelle du pape, & que Sixte IV adopta. Plusieurs de ses successeurs ont voulu en faire un *bréviaire* universel pour toute l'église ; mais ce projet est demeuré sans exécution. Le cardinal Quignonez s'étoit aussi proposé de le simplifier en supprimant le petit office de la vierge, les versets, les répons & une grande partie de la vie des saints. Son projet n'a pas eu lieu.

Les principaux *bréviaires*, après celui de Rome & ceux des églises particulières, sont ceux des bénédictins, des bernardins, des chartreux, des prémontrés, des dominicains, des carmes, de Cluny, & le *bréviaire* mozarabique dont on se sert en Espagne. Celui des franciscains est le même que le romain, à l'exception de quelques fêtes propres & particulières à cet ordre.

Le *bréviaire* des Grecs, qu'ils appellent *horologium*, est à-peu-près le même dans toutes leurs églises & monastères. Ils divisent le pseautier en vingt parties, qu'ils nomment *pauses* ou *repos*, & chaque pause est subdivisée en trois parties ; en général, le *breviaire* grec consiste en deux parties, dont l'une contient l'office du soir, & l'autre celui du matin.

L'usage de réciter le *bréviaire* en particulier étoit originairement de pure dévotion : non-seulement des ecclésiastiques, mais même des laïques l'ont pratiqué, quand ils ne pouvoient pas assister à l'office dans l'église : mais on ne trouve pas de loi ancienne qui y oblige les ecclésiastiques. La première est le décret du concile de Bâle, suivi de celui de Latran sous Jules II & Léon X ; encore ne regardent-ils expressément que les bénéficiers : mais les casuistes pensent en général que tous les ecclesiastiques, promus aux ordres sacrés ou possédant des bénéfices, sont tenus de réciter le *bréviaire*, sous peine de péché mortel ; &, quant à ces derniers, qu'ils sont obligés à la restitution des fruits de leur bénéfice, proportionnément au nombre de fois qu'ils ont manqué à réciter leur *bréviaire*.

Quoiqu'en général les évêques aient droit de réformer les *bréviaires* de leurs diocèses, ils ne le peuvent cependant pas en France sans le consentement de leurs chapitres & sans lettres-patentes du roi, duement enregistrées. Le parlement rendit un arrêt, en 1602, contre l'évêque d'Angers qui avoit voulu introduire un nouveau *bréviaire* dans son diocèse sans en avoir obtenu la permission du roi, & sans avoir consulté son métropolitain.

Il y a un autre arrêt du 27 février 1603, qui juge qu'un évêque ne peut rien innover de sa seule autorité, relativement aux *bréviaires* & autres livres d'usage de son diocèse.

BREUIL, s. m. (*terme d'Eaux & Forêts*) est un petit bois taillis ou buisson, fermé de haies ou de murs, dans lequel les bêtes ont accoutumé de se retirer. *Voyez* BREIL.

BRIEF, s. m. (*terme de Coutume.*) celle de Normandie s'en sert pour signifier un mandement ou commission du juge : celles de Melun & de Sedan donnent ce nom aux titres, obligations & cédules par lesquels quelqu'un se reconnoît débiteur d'un autre : celle de Térouane appelle *brief-mars*, la bière ; la raison en est peut-être de ce que c'est dans ce mois qu'on en brasse la plus grande quantité.

BRIGADIER, s. m. (*Code militaire.*) ce nom s'applique à plusieurs offices ou commandemens militaires. Dans sa première acception, *brigadier* est le titre que porte, dans les régimens de cavalerie, de dragons & de hussards, un bas-officier qui suit immédiatement les maréchaux-des-logis d'une compagnie.

Suivant les trois ordonnances du roi, du 25 mars 1776, concernant la cavalerie, les dragons & les hussards, il doit y avoir, dans chaque compagnie des régimens de ces trois sortes de troupes, huit *brigadiers*.

La paie de chaque *brigadier* de cavalerie & de dragons est fixée à dix sous quatre deniers par jour, & celle de *brigadier* de hussards à dix sous.

Tout *brigadier* de cavalerie, de dragons ou de hussards, que son âge, ses infirmités ou ses blessures ont mis hors d'état de continuer ses services, a le droit de choisir un asyle à l'hôtel royal des invalides, ou de se retirer en tel lieu du royaume que bon lui semble, pour y jouir d'une pension annuelle de cent vingt-six livres pour récompense militaire.

Observez toutefois que, s'il n'avoit pas servi, pendant huit ans, en qualité de *brigadier*, sa pension ne seroit que de quatre-vingt-dix livres, comme celle des cavaliers, dragons ou hussards qui ont obtenu la récompense militaire. Au surplus, le roi s'est réservé de dispenser de l'obligation de huit années de service les sujets, qui auront reçu des blessures considérables à la guerre.

Tout *brigadier* qui obtient la pension de récompense militaire, doit être habillé d'un uniforme neuf en quittant son régiment, & il doit lui être payé trente-six livres tous les huit ans pour le renouveller.

Lorsqu'un *brigadier*, ayant trente ans de service, se retire avec la pension de récompense militaire dans une province où la taille réelle a lieu, il doit jouir de l'exemption de la taille industrielle & de toute autre imposition personnelle pour raison du trafic, industrie & exploitation auxquels il juge à propos de se livrer. Si la taille n'est pas réelle dans la province où le *brigadier* vétéran se sera retiré, il doit être exempt de la taille ou subvention personnelle & industrielle, ainsi que de toute autre imposition personnelle, quand même il feroit commerce. Au surplus, le *brigadier* vétéran qui exploite ses héritages, ou qui prend des biens d'autrui à ferme, est tenu de payer la taille d'exploitation & les autres impositions accessoires de cette taille; enfin, il n'est dispensé ni du vingtième ni des autres charges réelles que supportent les propriétaires des fonds & droits réels. Telles sont les dispositions des articles 8, 9, 10, 11, 12 & 13 du titre 8 de l'ordonnance du roi, portant réglement sur l'administration de tous les corps, tant d'infanterie que de cavalerie, dragons & hussards. Cette ordonnance qui est aussi du 25 mars 1776, comme les trois premières dont nous avons parlé, est une des belles loix qui aient été promulguées sur la partie militaire.

Brigadiers des compagnies d'ordonnance de la gendarmerie. Suivant les ordonnances des 5 juin 1763 & 17 avril 1772, il devoit y avoir, dans chaque compagnie, trois *brigadiers* & trois sous-*brigadiers*; mais, par une autre ordonnance du 24 février 1776, l'office de sous-*brigadier* se trouve supprimé, & le roi a établi, dans chaque compagnie, huit *brigadiers* dont les appointemens sont réglés; savoir, ceux des deux plus anciens, à huit cens cinquante livres par an, & ceux des autres, à sept cens cinquante livres.

Les deux plus anciens *brigadiers* de chaque compagnie ont le grade de capitaine, & doivent jouir de tous les avantages qui sont attachés à ce grade: les autres *brigadiers* ont rang de lieutenans de cavalerie.

Brigadiers des gendarmes & chevaux-légers de la garde. Une ordonnance du roi, du 15 décembre 1775, concernant ces compagnies, a réglé qu'il y auroit à l'avenir, dans chacune, quatre *brigadiers*. Ils servent par semestre, & ils ont rang de lieutenans de cavalerie.

Brigadiers des gardes du corps du roi, des gardes du corps de monsieur, & des gardes du corps de monseigneur le comte d'Artois. Suivant l'ordonnance du 15 décembre 1775, il doit y avoir vingt *brigadiers* dans chaque compagnie des gardes du corps de sa majesté. Cette ordonnance a supprimé les sous-*brigadiers*: & le service qu'ils faisoient, doit être fait actuellement par les *brigadiers*.

La commission de capitaine de cavalerie est attribuée au grade de *brigadier* des gardes du corps du roi, & les appointemens de chacun de ces officiers sont fixés à seize cens livres par an.

Suivant les ordonnances des 13 juillet 1771 & 10 mars 1774, les *brigadiers* & sous-*brigadiers* des gardes du corps de monsieur & de monseigneur le comte d'Artois ont le rang de lieutenant de cavalerie: &, après quinze années de service, il doit leur être expédié des commissions de capitaine.

Brigadiers des armées du roi. C'est le titre d'un officier créé sous le règne de Louis XIV, & dont les fonctions sont subordonnées au maréchal de camp.

Le titre de *brigadier* n'étoit d'abord qu'une commission & non une charge, ni proprement un grade dans l'armée: mais, en 1667, quand la guerre commença, le roi fit expédier divers brevets de *brigadiers* de cavalerie, dont il honora plusieurs officiers: & c'est alors que furent institués les *brigadiers* par brevet. Le roi, ayant été fort satisfait de ces *brigadiers* de cavalerie, en mit aussi dans l'infanterie l'année suivante, c'est-à-dire, en 1668.

Le *brigadier* d'infanterie, dans une bataille, est à cheval pour pouvoir se porter plus vîte aux divers bataillons de sa brigade dont il doit ordonner tous les mouvemens. Il y a des *brigadiers* non-seulement dans la cavalerie légère & dans l'infanterie, mais encore dans les dragons & dans la gendarmerie: ceux de la gendarmerie, au moins ceux qui étoient capitaines-lieutenans des quatre premières compagnies, précédoient, dans les promotions, ceux de la cavalerie légère: mais cet usage n'est plus. Il n'est pas nécessaire d'avoir passé par la charge de colonel ou de mestre-de-camp pour parvenir au titre de *brigadier*; le roi a souvent promu à ce grade des capitaines aux gardes, des officiers de gendarmerie, des officiers des gardes du corps, des officiers des gendarmes de la garde, des officiers des chevaux-légers & des mousquetaires, des officiers d'artillerie, des ingénieurs & des lieutenans-colonels. Ces officiers font leur chemin comme les autres, c'est-à-dire, que de *brigadiers* ils deviennent maréchaux de camp & lieutenans généraux par leurs services.

Louis XIV attacha aussi à la qualité de *brigadier* des honneurs militaires.

Le *brigadier* qui est logé dans le camp, & y a sa brigade, doit avoir une garde composée d'un caporal & de dix hommes de sa brigade: mais comme cette garde n'est que pour ses équipages, elle ne prend les armes pour qui que ce soit, & elle se met seulement en haie, sans armes, lorsque le *brigadier* entre ou sort. S'il est dans une place sous un autre commandant, il n'a pas même de sentinelle.

Lorsqu'un *brigadier* d'infanterie a un ordre pour commander en chef un corps, il doit avoir la même garde qu'un maréchal de camp employé, c'est-à-dire, quinze hommes & un sergent: c'est ce que portent les articles 573 & 574 de l'ordonnance du 17 février 1753.

Quand le *brigadier* visite un poste, l'officier tient sa garde en haie, se reposant sur les armes, l'officier à la tête, son esponton près de lui: c'est ce que porte l'article 432 de l'ordonnance citée.

Un officier, tandis qu'il n'est que *brigadier*, est pour l'ordinaire obligé de garder son régiment, s'il en avoit un avant d'être parvenu à ce grade.

Par ordonnance du 30 mars 1668, le roi donna aux *brigadiers* d'infanterie la même autorité sur les troupes d'infanterie, que ceux de cavalerie ont sur celles de cavalerie.

Par celle du 10 mars 1673, il a été réglé que tout *brigadier* qui aura lettres de service, commandera à tous colonels ou mestres-de-camp, tant d'infanterie que de cavalerie; que, dans une place fermée, celui d'infanterie commandera à celui de cavalerie; mais que, dans un lieu ouvert & à la campagne, celui de cavalerie commandera à celui d'infanterie.

L'ordonnance du 30 juillet 1695 y ajoute le *brigadier* de dragons auquel, elle donne le même rang qu'à celui de cavalerie, & ordonne qu'ils rouleront ensemble suivant leur ancienneté.

Par ordonnance du premier avril 1696, il a été réglé que les *brigadiers* qui auront leur commission du même jour, garderont toujours, comme colonels, le rang que le régiment leur donne, & marcheront, comme *brigadiers*, suivant l'ancienneté de leur commission de colonels; &, par celle du 20 mars 1704, sa majesté expliquant mieux son intention à l'égard des colonels d'infanterie qui ont passé, soit dans la gendarmerie, soit dans des régimens de cavalerie ou dragons, a ordonné que les *brigadiers* d'infanterie, de cavalerie ou de dragons marcheront entre eux du jour de leur commission de colonels ou de mestres-de-camp d'infanterie, de cavalerie ou de dragons, sans avoir égard au changement des corps, ni au temps où ils seront entrés dans celui où ils se trouveront.

Suivant l'ordonnance du premier mars 1768, s'il se trouve, dans le même district ou dans la même place, plusieurs officiers généraux ou *brigadiers* employés, le commandement appartient à l'officier général, supérieur ou plus ancien en grade; ensorte néanmoins que, si un *brigadier* doit avoir le commandement, celui d'infanterie ait la préférence sur celui de cavalerie ou de dragons.

Les *brigadiers*, employés dans les provinces par lettres de service, ont la même autorité dans les places du district de leur commandement, que les gouverneurs ou lieutenans de roi de ces places, & ceux-ci sont tenus, sous peine de désobéissance, de se conformer à ce que ceux-là leur prescrivent concernant le service des troupes.

Les *brigadiers* n'ont aucun commandement à prétendre en cette qualité, lorsqu'ils n'ont point de lettres de service.

Toutes ces dispositions sont fondées sur les articles 4, 5 & 14 du titre premier de l'ordonnance citée.

BRIGANDAGE, s. m. (*Droit criminel.*) est un vol fait à force ouverte, comme le vol sur les grands chemins, ou autre semblable. Il est opposé à *filouterie* ou *larcin*. C'est un crime capital. *Voyez* VOL, FILOUTERIE, LARCIN.

Il se dit aussi, dans un sens figuré, d'extorsions ou concussions dont les particuliers ne peuvent pas se défendre: ainsi l'on dira, en ce sens, qu'un gouverneur de province, un traitant a commis des *brigandages crians*. (*H*)

BRIGAND, s. m. (*Droit criminel.*) ce terme se trouve dans quelques coutumes, & est assez en usage pour désigner les voleurs de grands chemins, & généralement ceux qui commettent des attentats contre la société, avec violence ou à main armée.

BRIGANDINE, s. f. (*Code militaire.*) c'étoit une arme défensive en usage avant l'invention de la poudre à canon. La coutume de Bayonne, *tit. 6, art. 1*, défend de vendre des *brigandines* & autres espèces d'armes, lorsqu'elles ont été achetées pour le bien commun de la ville.

BRIS, s. m. (*terme de Palais.*) ce mot signifie la rupture faite avec violence d'une chose fermée, ou de ce qui en fait la clôture. C'est en ce sens que l'on dit *bris de prison*, *bris de porte*, *bris de scellé*.

BRIS, *en terme de Marine*, se dit aussi du naufrage d'un vaisseau. *Voyez* NAUFRAGE.

BRIS *de scellé*. *Voyez* SCELLÉ.

BRIS *de prison*. Les loix romaines avoient prononcé la peine de mort contre le *bris* de prison: mais ces loix étoient mauvaises, parce qu'il n'y avoit nulle proportion entre la peine & le délit.

C'est peut-être sur le fondement de ces loix que le parlement rendit, le 4 mars 1608, un arrêt de réglement portant que les prisonniers qui feroient *effraction aux murailles ou aux portes des prisons, seroient pendus, sans autre forme ni figure de procès, à une potence qui, pour cet effet, seroit plantée au milieu du préau de la conciergerie.*

Peut-être aussi que des circonstances particulières firent rendre cet arrêt qui ne paroît pas avoir été exécuté, & qui, quand il l'auroit été, ne pourroit plus l'être aujourd'hui.

En effet, l'article 25 du titre 17 de l'ordonnance criminelle de 1670 veut qu'on fasse le procès à ceux qui se sont rendus coupables de *bris* de prison; ainsi on ne peut plus les punir *sans forme ni figure de procès*. On conçoit d'ailleurs que la peine de mort, prononcée par l'arrêt cité, est trop rigoureuse: car si l'on punissoit ainsi des délits de cette espèce, que pourroit-on faire à des assassins? Aussi paroît-il établi maintenant parmi nous que la peine du *bris* de prison est purement arbitraire, & qu'elle dépend des circonstances & de la qualité du fait. C'est pourquoi celui qui brise les prisons en faisant violence au géolier ou au guichetier, doit être puni plus sévèrement que celui qui a fait une fracture en cachette par le moyen de quelques ferremens qu'on lui a fournis.

Dans le procès-verbal de l'ordonnance de 1670, M. le premier président dit sur l'article 25 du titre 17, qu'il y avoit des parlemens, tels que celui de Bretagne, où l'on punissoit avec sévérité la simple évasion des prisonniers, quoique faite sans *bris* de prison; mais que le parlement de Paris ne punissoit pas la simple évasion, & même qu'il n'infligeoit qu'une peine légère pour le *bris* de prison.

La fuite de celui qui s'est rendu coupable de *bris* de prison, établit contre lui un indice considérable, & fait présumer qu'il a commis le crime pour lequel il étoit détenu prisonnier. Mais si l'accusé qui s'est ainsi évadé, vient à se représenter en justice ou à être réintégré dans les prisons, il n'y a plus lieu à la présomption qu'il est coupable du délit principal qui avoit donné lieu à sa détention, & il se trouve dans le cas où il étoit auparavant pour raison de ce délit.

Quand l'accusé brise les prisons après avoir été condamné définitivement, on ne le punit pas de nouveau pour le *bris* de prison, lorsqu'il vient à être repris, sur-tout si la peine à laquelle il a été condamné, est plus considérable que celle que mérite le *bris* de prison : c'est ce qui a été jugé par arrêt du parlement de Normandie, du 6 juillet 1633, rapporté par Basnage.

Lorsque la tentative de briser la prison n'a pas été suivie de l'exécution, on ne punit que légérement cette espèce de délit : mais si, avec une telle tentative, il y avoit conspiration contre la vie du geolier, ou un complot formé entre les prisonniers, on prononceroit une peine relative aux circonstances. Farinacius prétend que le prisonnier qui, en cas pareil, révèle le complot avant qu'il soit exécuté, ne doit point être puni.

Le même criminaliste pense que le prisonnier qui briseroit les prisons pour éviter les mauvais traitemens d'un geolier, ne seroit point dans le cas d'être puni comme coupable de *bris* de prison, surtout si le prisonnier étoit une personne du sexe, à l'honneur de laquelle le geolier se fût permis d'attenter.

Il faut en dire autant de celui qui briseroit les prisons pour éviter d'être la victime d'un incendie, d'une inondation, de la peste ou de quelque autre danger prochain.

Suivant Julius Clarus, le prisonnier qui, après s'être évadé, rentreroit de lui-même en prison, mériteroit d'être excusé.

Plusieurs auteurs pensent aussi que le prisonnier retenu injustement ne mérite aucune punition, lorsqu'il vient à briser les prisons pour s'évader. Plusieurs criminalistes pensent même que celui qui est ainsi retenu injustement, peut blesser & même tuer le geolier pour se sauver, lorsqu'il ne peut autrement éviter la mort, sans que, dans ce cas, on puisse infliger au coupable la peine ordinaire de l'homicide. Mais il faut pour cela le concours de deux circonstances : l'une que la procédure ou le jugement soient évidemment iniques ; l'autre que le prisonnier se trouve dans un danger imminent de perdre la vie, & qu'il ne puisse la conserver que par ce moyen.

Les fauteurs & complices de ceux qui brisent les prisons pour s'évader, encourent la même peine que les principaux auteurs du délit.

Ceux qui fournissent aux prisonniers des ferremens avec lesquels ils font quelque rupture ou effraction, doivent être punis comme s'ils s'étoient eux-mêmes rendus coupables du crime de *bris* de prison : c'est ce que porte l'article 436 de l'ordonnance d'Abbeville pour le Dauphiné.

Si le prisonnier n'étoit détenu que pour dettes civiles, les complices de l'effraction faite pour le sauver, doivent, indépendamment de la peine du *bris* de prison, être condamnés à payer les créanciers, à la requête desquels le débiteur étoit emprisonné.

Lorsque, dans le cours d'une procédure criminelle, un accusé brise les prisons, on est obligé d'instruire contre lui un procès particulier relatif à ce nouveau délit : c'est ce qui a été jugé par arrêt du parlement de Paris, du 14 août 1736, rapporté par Lacombe dans son *Traité des matières criminelles*.

Pour instruire une procédure au sujet d'un *bris* de prison, le juge doit se transporter sur les lieux & y dresser son procès-verbal pour constater l'endroit par où le prisonnier s'est sauvé, & de quelle manière cela s'est passé : il entend sur tout cela la déposition du concierge ou geolier, des guichetiers & des autres personnes qui peuvent avoir connoissance du fait.

En conséquence de ce procès-verbal, on doit décréter l'accusé, l'assigner ensuite à quinzaine & à huitaine, rendre le réglement à l'extraordinaire, & observer les autres formalités que prescrit, pour les contumaces, le titre 17 de l'ordonnance de 1670.

Observez que la procédure relative au *bris* de prison ne doit retarder ni l'instruction ni le jugement de la première accusation, sur-tout si cette première accusation est pour un crime capital dont la preuve soit acquise.

BRIS *de péage*. Cette expression se trouve dans la coutume de la Marche, *art. 342* : elle s'en sert pour désigner l'action de ceux qui passent sans payer le péage.

Les coutumes d'Anjou & du Maine appellent *bris de marché*, les excès ou délit commis dans les marchés publics.

BRISER *la sûreté*, v. a. (*terme de Coutume.*) pour en entendre la signification, il faut se rappeller que, dans notre ancien droit coutumier, il étoit permis à tous ceux qui pouvoient craindre des violences de la part de quelqu'un, de demander judiciairement sûreté ou assurance, qu'il ne leur arriveroit aucun mal par celui dont ils redoutoient les menaces ou les voies de fait.

Celui qui demandoit ainsi sûreté, devoit la promettre de sa part ; celui contre qui elle étoit demandée, étoit tenu de l'accorder : &, sur son refus, le juge pouvoit l'y contraindre même par l'emprisonnement de sa personne.

Lorsque la sûreté avoit été promise & accordée, celui qui la brisoit, c'est-à-dire, qui se portoit à quelques violences contre l'assuré, étoit condamné à une amende honorable & pécuniaire, souvent même à une plus grande peine, suivant les circonstances & la gravité du délit.

Nous ne connoissons plus cette ancienne forme de demander sûreté : ceux aujourd'hui qui sont dans le cas de craindre quelques violences, se mettent sous la protection du roi & de la justice, & leur demandent sauve-garde qu'on ne leur refuse jamais. Celui qui l'enfreindroit & se porteroit à quelques violences contre l'assuré, seroit poursuivi extraordinairement & puni suivant l'exigence du cas, non-seulement par rapport aux violences qu'il auroit exercées, mais encore pour la désobéissance aux ordres du roi & de la justice. *Voyez* ASSURANCE, ASSUREMENT, SAUVE-GARDE.

BRIEUF *de sauveté.* On trouve ces mots dans le procès-verbal de la coutume de Bretagne. On y lit, dans l'énumération des droits prétendus par le baron de Rays, qu'il compte parmi eux celui des *brieufs de sauveté*, c'est-à-dire, celui de donner des lettres d'assurance à ceux qui demandent sûreté. *Voyez* ASSURANCE.

BROCELLES, (*bois de*) la coutume de Chartres, *art. 12*, appelle *bois de brocelles*, les bois taillis & de médiocre valeur.

BRODEQUINS, s. m. pl. (*Droit criminel.*) sorte de torture & de question dont on se sert pour tirer des criminels l'aveu de leurs forfaits.

Elle consiste, en quelques endroits, en une sorte de botte ou de bas de parchemin que l'on mouille, & que l'on applique ainsi à la jambe du patient; on approche ensuite cette jambe du feu qui occasionne un violent rétrecissement au parchemin, serre la jambe vivement, & cause une douleur insupportable.

Dans d'autres endroits, la question des *brodequins* consiste en quatre fortes planches liées avec des cordes tout au tour : deux sont placées entre les jambes du criminel, & les deux autres sur les côtés extérieurs : on passe ensuite un coin de bois entre les deux planches, de l'intérieur des jambes : ce qui, tendant à les faire écarter & à resserrer les cordes, l'effet du coin tombe sur les os des jambes & les brise, ou occasionne une luxation qui fait souffrir au patient des douleurs horribles.

Cette question n'est plus usitée en Angleterre; mais elle subsiste encore en Ecosse & en quelques autres pays. Elle avoit lieu aussi dans plusieurs provinces du royaume. Mais Louis XVI, par une déclaration du 24 août 1780, a aboli cette espèce de question, ainsi que celle de l'eau, qui étoit en usage dans d'autres provinces.

Suivant cette même déclaration, la question n'aura plus lieu à l'avenir que vis-à-vis les condamnés à mort, pour avoir révélation de leurs complices : & il ne sera plus permis de tourmenter un accusé & de lui arracher, par la force des tourmens, non la vérité, mais un aveu nécessaire pour opérer sa condamnation. *Voyez* QUESTION.

BRU, s. f. *terme d'affinité*, qui exprime l'alliance qui se forme par le mariage entre la femme & le père & la mère du mari, lesquels sont par rapport à elle beau-père & belle-mère. *Belle-fille* est plus du bel usage. (*H*)

BRUIT *de marché*, (*terme de Coutume.*) celle de Normandie se sert de cette expression pour désigner les désordres, les querelles, les batteries qui arrivent dans les foires & marchés : elle décide que les bas-justiciers qui ont droit de foires & marchés, peuvent connoître de ces délits, & faire prononcer à leur profit une amende contre les auteurs du *bruit*, pourvu néanmoins qu'il n'y ait point de plaies graves ou de sang répandu. Dans ce cas, la connoissance du délit excède les bornes de leur jurisdiction, & appartient aux hauts-justiciers.

BRUYÈRE, s. m. (*terme de Coutume.*) on donne ce nom, dans plusieurs provinces du royaume, aux mauvaises terres qu'on n'ensemence presque jamais, & qu'on abandonne principalement à la vaine pâture des bêtes à laine. Ces terres sont ainsi nommées, parce qu'il y croît effectivement beaucoup de ces herbes, ou arbrisseaux, que l'on appelle *bruyères. Voyez* BRANDE, LANDES.

B U

BUCHE, (*réparation à la*) *terme d'Eaux & Forêts*, est l'amende ordonnée par jugement des maîtres des eaux & forêts, pour avoir abattu ou enlevé des arbres dans les forêts du roi. (*H*)

BUCHE, (*contrôleurs de la*) *Police*, petits officiers établis sur les chantiers. Leur emploi est de veiller à ce que les bois de chauffage aient les dimensions & les qualités requises par les ordonnances. *Voyez* MOULEURS, AIDES *à Mouleurs de bois.*

BUCHERON, s. m. (*Eaux & Forêts.*) c'est le nom d'un ouvrier qui travaille dans les bois, & dont la principale occupation est d'équarrir les grandes pièces, & d'exploiter les bois de chauffage.

L'ordonnance de 1669 défend aux *bûcherons* & autres ouvriers travaillant dans les bois, d'emporter des atteliers aucun bois scié, fendu ou d'autre nature, à peine de cinquante livres d'amende, pour la première fois, & de punition corporelle, en cas de récidive. L'objet de ces peines est de prévenir les vols que cette espèce de gens auroient pu faire aux marchands qui les emploient.

Un *bûcheron* qui commet dans les bois, un délit pendant la nuit, doit être condamné à une amende du double, & banni des forêts, en cas de récidive; telles sont les dispositions de l'ordonnance, *tit. 27, art. 26*, & *tit. 32, art. 5 & 6.*

BUISSON, s. m. (*terme d'Eaux & Forêts.*) on l'emploie lorsqu'on veut désigner un bois peu étendu, qui ne peut être considéré, ni être contenu sous la dénomination de *forêt.* Ainsi, en parlant des bois du domaine, on appelle ceux de Compiegne & de Fontainebleau, *les forêts de Compiegne & de Fontainebleau*, & les bois de Verrières, *le buisson de Verrières.*

BUISSON, (*terme de Coutume.*) celle du Maine donne

donne ce nom à une garenne de lapins, qui ne doit pas excéder l'étendue d'un arpent de terre ou environ.

Tout possesseur de fief peut, suivant cette coutume, avoir auprès de sa maison un *buisson* défensable : le noble peut également en avoir un, quoique ses héritages ne soient pas tenus en fief.

BUISSONNIER, s. m. (*Navigation. Police.*) c'est un officier de la ville de Paris, & en même temps un garde de la navigation de la Seine & autres rivières voisines, dont la fonction est de donner avis aux prévôts des marchands & échevins, des contraventions qui se font aux réglemens qui concernent la police des rivières, de veiller à ce qu'il ne se passe rien qui puisse en déranger le cours & mettre obstacle à la navigation, de dresser des procès-verbaux de l'état des ponts, moulins, pertuis & rivières.

Il paroît qu'on a donné à ces officiers le nom de *buissonniers*, parce que les bords des rivières sont ordinairement garnis de buissons, & que c'est le long de ces buissons que leur attention doit se porter particuliérement.

Les *buissonniers*, ainsi qu'il paroît par l'ordonnance de la ville de Paris, de 1672, sont proprement les émissaires & les substituts des quatre huissiers-audienciers-commissaires de police de l'hôtel-de-ville, qu'on appelle autrement *sergens de la marchandise*.

En effet, les *buissonniers* sont à la nomination des sergens de la marchandise, qui ont été maintenus dans ce droit par un arrêt du 17 juin 1752, rendu contre le bureau de la ville, qui le leur disputoit. Ils reçoivent aussi pour eux, les droits qui leur sont attribués, sur toutes les barques, nacelles, bateaux chargés ou vuides, qui montent & descendent, tant sur la Seine que sur les autres rivières qui y sont affluentes.

Il est permis aux *buissonniers* de procéder, pour le paiement de ces droits, par voie de saisie sur les bateaux & les courbes de chevaux. Les conducteurs sont tenus de représenter leurs lettres de voiture, & les marchands, avant de payer ces conducteurs, doivent se faire représenter la quittance des droits de buissonnage, à peine d'en demeurer responsables.

Le droit de buissonnage est de cinq deniers pour chaque nacelle chargée ou vuide ; de dix deniers pour chaque bateau grand ou petit ; de dix autres deniers sur chaque courbe de chevaux *montans* ou *avalans* bateaux ou nacelles, tant sur la Seine que sur les autres rivières qui s'y rendent.

Le droit est triple pour les bateaux qui passent de l'Aine à l'Oise, ou de l'Oise à la Seine. Les bateaux & courbes de chevaux paient trente deniers, & les nacelles quinze. Ceux qui passent des rivières de Marne, Loing, Yonne & Aube dans la Seine, ou qui de la Seine s'en retournent dans ces rivières, ne doivent que double droit, c'est-à-dire dix deniers par nacelle, & vingt deniers par bateau ou par courbe de chevaux.

BULLAIRE, s. m. (*Droit ecclésiastique.*) c'est le nom qu'on donne aux recueils des bulles des papes. *Voyez* BULLE.

BULLE, s. f. (*Droit ecclésiastique.*) c'est une lettre du pape expédiée en parchemin, avec un sceau de plomb où sont les images de S. Pierre & de S. Paul.

La *bulle* est la troisième sorte de rescrit apostolique qui est le plus en usage, soit pour les affaires de justice, soit pour les affaires de grace. Les deux autres sortes de rescrits sont le bref & la signature.

Les *bulles* peuvent être comparées aux édits ; lettres-patentes & provisions des princes séculiers. Si les *bulles* sont lettres gracieuses, le plomb qui sert à les sceller est pendant en lacs de soie ; & si ce sont des lettres de justice & exécutoires, le plomb est pendant à un cordeau de chanvre. Elles sont écrites en latin avec un caractère rond ou gothique. Le bref au contraire est écrit en caractère net & ordinaire.

On peut distinguer quatre parties dans la forme de la *bulle* ; la narration du fait, la conception, les clauses & la date. Dans la salutation, le pape prend la qualité de serviteur des serviteurs de Jésus-Christ.

Dans les *bulles* ou constitutions concernant la discipline ecclésiastique, le pape doit observer les règles prescrites à tous les législateurs ; c'est-à-dire, qu'il faut que les dispositions en soient justes, utiles, claires ; qu'elles n'aient pour but que le bien général de l'église ; qu'elles ne donnent point d'atteinte aux usages légitimement établis, & aux canons des conciles qui sont observés ; qu'elles conviennent aux temps & aux lieux.

Les ultramontains prétendent que quand les *bulles* & les brefs ont été affichés au champ de Flore, la loi est suffisamment promulguée, & que tous les fidèles sont obligés de s'y soumettre, même hors de l'Italie. On n'a point admis parmi nous une maxime si contraire aux véritables principes & aux libertés de l'église gallicane.

Les *bulles*, brefs, constitutions & autres décrets émanés de la cour de Rome, ne font loi parmi nous qu'après avoir été revêtus de lettres-patentes enregistrées dans les cours souveraines. Elles ne peuvent être publiées par les évêques, archevêques, supérieurs des religieux & autres prélats, qu'après cet enregistrement, sous quelque titre ou sous quelque prétexte qu'elles aient été expédiées, même dans les matières de foi. Ce qui est fondé sur la raison qu'on ne peut rien innover dans le régime & le gouvernement de l'église gallicane, sans le consentement du roi, qui est le protecteur de ses libertés & de ses canons.

Ces défenses concernant la publication des *bulles* du pape, ont été renouvellées solemnellement par un arrêt rendu au parlement de Paris, toutes les chambres assemblées, le 26 février 1768, qui empêcha la publication d'une *bulle*, par laquelle le pape avoit excommunié le sérénissime infant, duc de Parme, petit-fils de France.

Il est encore nécessaire de remarquer, à l'égard des *bulles* dogmatiques, que, quoique le roi en laisse le jugement aux évêques, on ne peut également les publier qu'après qu'elles ont été revêtues de lettres-patentes enregistrées: 1°. parce que ces *bulles* dogmatiques peuvent contenir des clauses contraires aux droits de la couronne & de l'église de France; 2°. parce que les souverains devant travailler, suivant l'étendue de leur pouvoir, à faire exécuter ce que l'église décide par rapport à la doctrine, il est à propos que ces décisions soient publiées par ordre du roi, afin qu'elles soient regardées comme des loix de l'état. On distingue deux temps, dans lesquels les lettres-patentes, pour permettre la publication des *bulles* dogmatiques, peuvent être expédiées: si les lettres-patentes précèdent l'acceptation des pasteurs, la permission & même les ordres de publier les *bulles*, ne sont que conditionnels, c'est-à-dire, qu'il est permis & enjoint de les publier, en cas que ceux qui sont les juges de la doctrine, en trouvent les décisions conformes à la foi de l'église; si, au contraire, les lettres-patentes n'ont été expédiées qu'après l'acceptation du corps des pasteurs, les ordres qu'elles contiennent de faire lire, publier & exécuter la *bulle* sont absolus.

Quant aux *bulles* qui concernent les affaires des particuliers, il y a des provinces en France, telles que l'Artois, la Flandre, la Franche-comté & la Provence, où il faut des lettres d'attache pour prendre possession des bénéfices sur des provisions de cour de Rome.

Le parlement de Paris auroit voulu introduire la même jurisprudence dans son ressort, ainsi que le prouve l'arrêt du 26 février 1768, qui supprime la *bulle* d'excommunication lancée par le pape, contre le duc de Parme, dans la même année. Mais le roi, par une déclaration du 8 mars 1772, n'assujettit au *visa* du parlement que les *bulles* qui concernent les provisions des bénéfices, & il ordonne que toutes celles qui concerneront le for intérieur & les dispenses de mariage, seront exécutées sans lettres-patentes & sans *visa*, sauf néanmoins l'appel comme d'abus, s'il y a lieu.

On peut opposer contre une *bulle*, que le tout n'est pas de même écriture, qu'il y a des ratures, que cette *bulle* est subreptice & obreptice, qu'on y a ajouté quelque chose, qu'on a fait parler le pape en termes pluriels, comme *vobis joanni*, *&c.* que dans la provision d'un bénéfice régulier l'ordre n'a pas été exprimé, qu'elle est écrite en mauvais latin, qu'elle est imparfaite, comme s'il n'y a qu'une lettre du nom ou surnom écrite; qu'elle n'a point de date, que le style de la chancellerie y a été omis. Le défaut de vraisemblance peut aussi être objecté; on peut encore opposer que dans la *bulle* il est exprimé que le pape l'a rendue *de son propre mouvement*: ce qui forme un moyen d'abus. Mais pour les mots grattés, si la ligne qui a été écrite est de la même écriture & de la même main que le reste de la *bulle*, il n'y a aucun soupçon de fausseté, en quelque endroit de la *bulle* que ces mots se rencontrent.

Le *perindè valere* est une seconde expédition des *bulles* qui contiennent la réformation des fautes survenues dans les rescrits & provisions des bénéfices expédiés par *bulles*.

Les *bulles* pour les bénéfices, suivant le privilège des François, doivent être datées de l'arrivée du courier.

Si la cour de Rome faisoit refus d'expédier des *bulles* sur une permutation d'abbaye, la possession prise, en vertu d'un arrêt, seroit valable, même pour la collation des bénéfices; c'est ce qui résulte d'un arrêt du grand-conseil du 12 mars 1646, rapporté au journal des audiences.

Par un autre arrêt du 18 août 1692, il a été pareillement jugé que le nommé par le roi à une abbaye, & qui en avoit pris possession en vertu d'un arrêt du grand-conseil, en avoit pu conférer les bénéfices, nonobstant le refus qui lui avoit été fait à Rome de ses *bulles*, pour avoir été de l'assemblée du clergé en 1682.

Les règles de chancellerie, qui portent que les *bulles* ne peuvent pas se lever sans le consentement du résignant, n'ont point lieu en France.

Le style de la cour de Rome est que les provisions de tous les bénéfices dont le revenu excède vingt-quatre ducats, doivent être expédiées par *bulles*, & que les simples signatures ou suppliques ne suffisent pas. C'est pourquoi il y a une règle de chancellerie, par laquelle il est ordonné d'exprimer le véritable revenu du bénéfice qu'on impétrera, & ceux dont on sera déjà pourvu, à peine de nullité des provisions; mais la France n'a point voulu se soumettre à cette règle. A l'exception des bénéfices taxés dans les livres de la chambre apostolique, nous nous sommes conservés dans l'ancien droit de n'exprimer le revenu que de cette manière: *cujus & illi forsan annexorum fructus viginti-quatuor ducatorum auri de camerâ, secundùm communem æstimationem, valorem annuum non excedunt.*

Les nommés par le roi aux bénéfices consistoriaux, sont obligés de prendre des *bulles* dans les neuf mois de la date du brevet. C'est ce qui résulte des déclarations des 15 décembre 1711, 4 mars 1715 & 14 octobre 1726.

Il y a eu des lettres-patentes semblables adressées aux cours supérieures des pays de Flandre, Haynaut, Alsace, comté de Bourgogne, Roussillon, & au conseil provincial d'Artois; parce que le grand-conseil ne connoît point des affaires qui regardent les bénéfices consistoriaux dont le chef-lieu est situé dans ces provinces.

Toutes les provisions des bénéfices des évêchés de Metz, Toul & Verdun, s'expédient par *bulles*, à moins que leur revenu ne soit au-dessous de vingt-quatre ducats, & l'on paie les droits, même pour les bénéfices dont on obtient de nouvelles provisions sur celles que le roi accorde en vertu de l'indult de Clément IX.

En Bretagne, l'usage est à présent qu'on n'est obligé de lever des *bulles* que dans les mêmes cas où l'on en doit lever pour tous les autres bénéfices du royaume.

On est obligé dans le royaume de faire expédier des *bulles* pour les prieurés conventuels *actu*, & pour les premières dignités des cathédrales. Si l'on en pouvoit retirer les signatures des mains des officiers de cour de Rome, elles seroient aussi-bien reçues en France que pour les autres bénéfices; mais ils ne remettent point les signatures de ces bénéfices aux banquiers, à moins qu'ils ne leur donnent caution de payer les frais des *bulles*.

Les abbayes & prieurés conventuels des moniales s'expédient aussi par *bulles*.

A l'égard des prieurés qui ne sont conventuels que *habitu*, *non actu*, *à quadraginta annis & ultrà*, les officiers de cour de Rome ne peuvent obliger les François d'en faire expédier les provisions par *bulles*.

Si l'on avoit omis d'exprimer dans la *bulle* le vice de la naissance ou le défaut d'âge, elle doit être transcrite de nouveau, excepté en deux cas; l'un, lorsque durant ce temps l'impétrant a atteint l'âge nécessaire qu'on a omis d'exprimer dans la *bulle* ou dans la signature; l'autre, lorsque le père de l'impétrant rétablit, par un mariage subséquent, le vice de naissance non exprimé. *Voyez* RESCRIT, SIGNATURE, BREF, PAPE, LIBERTÉS DE L'ÉGLISE DE FRANCE, *&c.*

BULLE *d'or*, (*Droit public d'Allemagne.*) l'empereur Charles IV arrêta & publia en 1356, du consentement & avec le concours des électeurs, des princes, des comtes, de la noblesse & des villes de l'empire, une constitution qu'on a nommée *bulle d'or* par allusion au sceau d'or, que l'empereur fit attacher aux différens exemplaires authentiques dont il gratifia les électeurs & la ville de Francfort.

Cette loi tient la première place entre les constitutions fondamentales de l'empire germanique, son texte original est en latin; la traduction allemande, quoique faite dans le même temps, n'a point d'autorité en justice. Elle est divisée en trente-un chapitres, dont les vingt-trois premiers ont été rédigés dans la diète de Nuremberg, & les huit autres y ont été ajoutés, quelques mois après, dans une diète électorale tenue à Metz.

Elle renferme les réglemens les plus précis touchant l'élection & le couronnement des rois des Romains, futurs empereurs, elle détermine le nombre, le rang, les droits & la succession des électeurs. Elle défend les guerres injustes, les rapines, les incendies, les pillages. Elle déclare illégitimes tous les défis qui n'auroient pas été fais trois jours entiers avant le commencement des hostilités, & signifiées à la personne même qu'on veut attaquer, ou à son domicile ordinaire. Elle défend d'exiger des péages insolites, ou le droit de haut-conduit, dans les lieux non privilégiés: de recevoir des serfs fugitifs, que l'on nomme en allemand *Pfalburgers*: de former, entre les sujets, aucune espèce de confédération, à laquelle leurs souverains territoriaux n'auroient pas consenti.

Plusieurs dispositions de la *bulle d'or* ont été changées & modifiées par des réglemens des diètes postérieurs, par des recès des empereurs, par la paix de Westphalie, & autres traités qui ont dérogé au nombre & aux fonctions des électeurs; nous aurons soin de le faire remarquer sous les articles qui y auront rapport.

BULLETIN, s. m. (*terme de Police.*) est un ordre que donnent des échevins ou magistrats d'une ville pour le logement des soldats.

Ce terme se dit aussi des certificats de santé que donnent les magistrats en temps de peste, à ceux qui veulent passer d'un lieu à un autre. (*H*)

BUREAU, s. m. (*Droit civil & canonique. Finances.*) *bureau* est un mot générique auquel nous donnons plusieurs acceptions.

En terme de palais, *bureau* se dit de la table sur laquelle sont posées les pièces d'un procès par écrit lorsqu'on en fait le rapport, & de-là on l'emploie pour désigner l'assemblée ou séance des juges qui assistent au rapport, ou des commissaires nommés pour l'instruction & l'examen d'une affaire. *Voyez* COMMISSION, RAPPORTEUR.

On donne le nom de *bureau* aux lieux où s'enregistrent & se perçoivent certains droits dus au roi & levés par les fermiers généraux, tels sont les *bureaux* des aides, du contrôle, des traites, *&c.*

On désigne enfin par ce nom une assemblée de certaines personnes, une jurisdiction. Et c'est en ce sens 1°. que l'on appelle l'assemblée des administrateurs d'un hôpital, le *bureau* de l'hôpital, le *bureau* des pauvres: 2°. la jurisdiction du prévôt des marchands & échevins de Paris, le *bureau* de la ville, celle des trésoriers de France, le *bureau* des finances; & les jurisdictions ecclésiastiques pour la répartition des impôts, les *bureaux* des décimes.

Nous allons traiter de suite des *bureaux* d'aides & autres droits; des *bureaux* des finances, & des *bureaux* de décimes. Nous renvoyons pour les *bureaux* d'hopitaux & des pauvres aux mots ADMINISTRATEUR, HOPITAL, HOTEL-DIEU, PAUVRES: & pour le *bureau* de la ville, au mot PRÉVOT DES MARCHANDS.

Bureaux des fermes. Les droits d'aides, de contrôle, d'insinuation, petit scel, centième denier, & autres dépendans des aides, traites & domaines, se paient dans des lieux désignés, où les particuliers sont tenus de se transporter.

Ces lieux s'appellent *bureaux* des fermes, & on y joint la dénomination particulière des droits qu'on y acquitte. Les réglemens contenus dans l'édit de mars 1693, dans les déclarations des 21 mars

1671, 29 mars 1696, 19 juillet 1704, 9 mars 1709, 30 juillet 1720, & dans les arrêts & décisions du conseil des 9 mars 1734, 30 mai 1748, 26 août 1752, 30 novembre 1755, premier septembre 1757, portent que les fermiers généraux sont les maîtres d'établir leurs *bureaux* dans les endroits qu'ils jugent à propos, en consultant néanmoins l'utilité de la régie & la commodité du public : que les *bureaux* établis & fixés, ne peuvent être ni supprimés ni transférés ailleurs sans une permission du roi.

Les déclarations & le paiement des droits doivent être faits dans les *bureaux* particuliers affectés à chaque droit, suivant la disposition des réglemens rendus pour chaque partie des fermes. Par exemple les déclarations pour le paiement des droits d'aides, ne peuvent être faites dans un *bureau* des traites, ni réciproquement celles des traites dans un *bureau* d'aides. On ne peut également faire contrôler un acte ou un exploit, acquitter les droits d'insinuation, centième denier, *&c.* que dans les *bureaux* destinés à cet effet.

Pour que le public soit exactement informé des endroits où il est tenu d'acquitter les droits différens auxquels il est astreint, & en connoître en même temps la valeur, les commis des fermiers sont obligés de mettre en dehors, sur la porte des *bureaux* ou autre lieu apparent, un tableau ou inscription qui indique, sous une expression générale, les droits de la ferme pour la recette ou contrôle desquels ils sont établis, de mettre aussi, dans l'endroit le plus apparent de leur *bureau*, un tarif exact de tous les droits qui s'y perçoivent, à peine d'amende arbitraire & des dommages & intérêts des parties.

Les fermiers-généraux sont autorisés par leurs baux, à prendre, soit à Paris, soit dans les villes, bourgs & autres lieux du royaume, les maisons qu'ils jugent nécessaires pour y établir leurs *bureaux*, à l'exception néanmoins des maisons occupées par les propriétaires. Ils peuvent même expulser les locataires de celles qui leur conviennent, & se faire subroger à leur place, en se chargeant du prix des baux & d'en exécuter toutes les clauses & conditions que les propriétaires affirmeront sincères & véritables. Dans ce cas, ni le fermier ni le propriétaire ne sont tenus d'aucun dédommagement envers les locataires.

Le propriétaire n'est pas le maître, à l'expiration d'un bail, d'en augmenter le prix à sa volonté ; il faut pour cet effet qu'il se pourvoie au conseil du roi, qui s'est réservé la connoissance de toutes les contestations à ce sujet : il y a plusieurs arrêts du conseil qui ont cassé des sentences rendues en cette matière par d'autres juges.

Pour faciliter la perception des droits des cinq grosses fermes, & pour obvier aux fraudes qui pourroient se commettre de la part des marchands & voituriers, on a établi deux lignes de *bureaux*, l'une à l'extrémité des provinces, qui compose l'étendue de la ferme générale, & l'autre dans les quatre lieues ou environ de cette extrémité ; ces *bureaux* se contrôlent les uns les autres.

Toutes les marchandises qui s'envoient des cinq grosses fermes à l'étranger, ou dans les provinces réputées étrangères, doivent être conduites au *bureau* le plus prochain du chargement, y être déclarées & visitées, & y acquitter les droits : elles doivent être ensuite représentées au dernier *bureau* de sortie, dont les commis retiennent l'acquit du premier *bureau*, & en délivrent un de contrôle. Il en est de même de tout ce qui arrive de l'étranger ou des provinces réputées étrangères, dans l'étendue des cinq grosses fermes, les marchandises y sont visitées dans le premier *bureau* & contrôlées dans le second.

Outre ces *bureaux* qui sont situés sur les grandes routes, il y a encore, dans les routes détournées, des *bureaux*, qu'on appelle *bureaux de conserve*, par lesquels il peut entrer & sortir des marchandises, & dans lesquels on perçoit les droits sur les marchandises du crû du lieu & des environs qui sortent, & sur celles qui y entrent pour la consommation des habitans. A l'égard de celles qui sont destinées pour pénétrer plus avant dans le royaume, on leur délivre, dans les *bureaux* de conserve, des acquits de caution, & les droits en doivent être payés au premier *bureau* de recette qui se trouve sur la route.

Quoique le commerce soit libre dans l'intérieur des cinq grosses fermes, il y a néanmoins de pareils *bureaux* établis dans plusieurs villes, soit par rapport à certaines formalités de régie, soit pour la facilité du commerce.

Les négocians ne sont point obligés de faire visiter dans les *bureaux*, les marchandises qu'ils expédient ; cependant plusieurs les y représentent & en paient les droits, parce qu'à ce moyen elles y sont plombées, & ne sont plus sujettes à visite que dans le dernier *bureau* de sortie.

Toutes les marchandises, même celles qui sont exemptes de droits, & celles qui sont accompagnées de passe-ports, doivent être conduites dans les *bureaux* pour y être visitées. Les entrepreneurs & fermiers des voitures publiques, les messagers, rouliers, voituriers & marchands, sont tenus de souffrir, sans aucune opposition, les visites des commis. Ces derniers sont même autorisés de visiter les marchandises, quoiqu'elles l'aient déjà été dans un autre *bureau*, lorsqu'ils soupçonnent de la fraude ; mais s'il ne s'en rencontre pas, ils sont tenus de payer les frais de décharge & recharge, même les dommages & intérêts, résultant du retardement occasionné par leur visite. Telles sont les dispositions principales de l'ordonnance de 1687.

Suivant cette même loi, tous ceux qui amènent des marchandises à Paris, doivent les conduire directement à la douane pour y être visitées, y représenter leurs acquits, congés & passavants. On y fait payer le supplément des droits qui ont été mal perçus aux premiers *bureaux* d'entrée, & ceux les marchandises qui, en vertu d'ordres de la compagnie, n'ont pas été visitées en route.

On y perçoit pareillement les droits de sortie sur les marchandises qu'on y envoie dans les pays étrangers ou dans les provinces réputées étrangères. On y expédie, par acquit à caution, les marchandises destinées pour les quatre lieues des limites de la ferme, pour le commerce des isles françoises de l'Amérique, & de la côte de Guinée, comme aussi celles qui, dans différens cas particuliers, doivent être expédiées par acquit à caution.

Bureaux des décimes. Ce sont des espèces de tribunaux, ou de jurisdictions ecclésiastiques, établis pour régler ce qui concerne les décimes, les dons gratuits, & généralement toutes les impositions sur les bénéfices.

On en distingue deux sortes, savoir; les *bureaux diocésains*, & les *bureaux généraux* ou *souverains*, qu'on appelle aussi *bureaux provinciaux.*

Les *bureaux diocésains* ont été établis par des lettres-patentes en forme d'édit du mois de juillet 1616, conformément au contrat passé entre le roi & le clergé le 8 juillet 1615. Chacun de ces *bureaux* a pour ressort l'étendue d'un diocèse. On y fixe la part que chaque bénéficier & chaque communauté doit porter dans les décimes, imposées pour les subventions ordinaires ou extraordinaires.

Dans chaque diocèse, le *bureau* des décimes est composé de l'évêque, ou, en son absence, de son grand-vicaire, des députés des curés, des abbés, des communautés régulières, des chapitres séculiers & du syndic diocésain du clergé.

Suivant le droit commun, le député des abbés doit avoir été nommé par le plus grand nombre des abbés. Il faut suivre la même règle pour les députés des communautés régulières & pour celui des curés.

Le syndic diocésain reçoit les ordres des assemblées du clergé, par ses agens généraux; il fait la fonction de promoteur dans le *bureau* particulier; il poursuit les affaires qui regardent la religion, le service divin, l'honneur & les droits du diocèse qui l'a nommé. On l'élit dans l'assemblée génerale du diocèse, c'est-à-dire, dans le synode; & il ne peut être révoqué que par une pareille assemblée. Les autres députés peuvent être aussi révoqués par ceux qui les ont constitués.

Il y a quelques diocèses où les évêques prétendent se rendre maîtres de ces places pour en disposer en faveur de qui ils jugent à propos. Il est de l'intérêt du second ordre de veiller, sur ce point, à la conservation de ses droits.

S'il survient des contestations dans un diocèse au sujet des syndics & des députés au *bureau* des décimes, elles doivent être décidées par l'assemblée générale du clergé ou par la chambre des décimes de la province, si l'affaire est pressante.

Les syndics & les autres députés aux *bureaux* diocésains, sont tenus présens à leur bénéfices, tant qu'ils travaillent actuellement aux *bureaux*, & ils en perçoivent les fruits, de même que s'ils avoient assisté au service divin.

C'est ce qui résulte d'une délibération de l'assemblée du clergé de 1655.

Cette délibération a été confirmée par plusieurs arrêts du conseil & des autres tribunaux. Elle est conforme aux règles générales du droit canonique, suivant lesquelles celui qui travaille pour le bien général, soit spirituel, soit temporel, de l'église, doit jouir des fruits de son bénéfice.

Lorsqu'une communauté ecclésiastique, ou un particulier, prétend avoir été imposé au-dessus de ce qu'il doit porter, tant des décimes ordinaires que des subventions extraordinaires, il ne peut se pourvoir, en première instance, que par la voie de l'opposition au *bureau* des décimes du diocèse. Les *bureaux* particuliers jugent en dernier ressort les contestations pour les décimes ordinaires qui n'excèdent point la somme de vingt livres en principal, & les différends pour les subventions extraordinaires, quand ils ne sont pas au-dessus de trente livres.

Ceux qui veulent se pourvoir contre leur taxe, ne peuvent en demander la modération qu'il n'aient payé les termes échus & la moitié du courant, & qu'ils n'aient joint à leur requête un état par eux certifié véritable du revenu & des charges des bénéfices, de la communauté ou de la mense conventuelle ou capitulaire. Il faut en outre qu'à cet état les plaignans joignent les pièces justificatives du revenu, à peine de payer le double de l'imposition. C'est ce qui résulte des lettres-patentes des 24 mai 1760 & 30 juin 1762.

Des bureaux souverains. Avant l'assemblée générale, tenue à Melun en 1579, les syndics généraux du clergé avoient, en dernier ressort, la connoissance de toutes les affaires concernant les subventions ordinaires & extraordinaires. Mais cette assemblée ayant révoqué ces syndics, elle obtint du roi, le 10 février 1580, un édit portant création de sept *bureaux* généraux dans les villes de Paris, Lyon, Toulouse, Bordeaux, Rouen, Tours & Aix; des lettres-patentes du 6 juin 1586, en ont établi un huitième dans la ville de Bourges.

En 1633 Louis XIII en créa un neuvième à Pau; mais il a été supprimé en 1743, & les ecclésiastiques des diocèses d'Oléron & de Lescar, de la Soule & de la basse-Navarre, doivent, en cas de contestation pour les décimes, se pourvoir dans les *bureaux* diocésains, & par appel, à la chambre ecclésiastique de Bordeaux.

Les *bureaux* souverains n'avoient d'abord été établis que pour dix ans, ainsi qu'il résulte du réglement donné par Henri IV au mois de janvier 1599. Mais enfin une déclaration du mois de mai 1626, registrée au parlement de Paris, a confirmé & continué à perpétuité l'établissement, le ressort & la jurisdiction des *bureaux* ou chambres ecclésiastiques. Les choses n'ont plus varié à cet égard, à moins que ce ne soit pour le ressort plus ou moins étendu de quelques *bureaux*, & le clergé n'a plus besoin de faire insérer dans ses contrats avec le roi, la confirmation de cette jurisdiction.

Chaque diocèse nomme un député au *bureau* général dans le ressort duquel il se trouve. Ces députés jugent toutes les affaires qui concernent les subventions ordinaires ou extraordinaires, en appellant avec eux trois conseillers-clercs du parlement, quand le *bureau* est établi dans une ville où il y a un parlement; & s'il n'y a point de parlement, en appellant trois conseillers laïques du présidial du lieu.

Quand les députés au *bureau* général des décimes ont des bénéfices qui obligent à résidence, ils sont tenus présens à leurs bénéfices & ils reçoivent les gros fruits & les distributions manuelles tant qu'ils sont absens pour le service du *bureau*. Il faut que les députés soient gradués & constitués dans les ordres sacrés. Il ne leur est pas permis de recevoir des appointemens des diocèses qui les ont commis. Les archevêques & les évêques du ressort qui se trouvent au *bureau* y président. Les deux frères, ou deux autres parens qui se trouvent dans un degré prohibé par les ordonnances pour tenir des charges dans un même siège, ne doivent point être admis dans le tribunal où l'on juge les affaires des décimes.

L'attribution au *bureau* diocésain de la connoissance de toutes les affaires qui concernent les décimes & les autres subventions, est si générale, qu'elle a lieu même contre les communautés dont tous les procès doivent être portés au grand-conseil, en vertu d'une attribution particulière.

En cas qu'il survienne quelque contestation entre deux *bureaux*, au sujet du ressort, ils peuvent choisir un *bureau* voisin pour décider le différend ou attendre l'assemblée générale du clergé, à laquelle nos rois ont accordé le droit de prononcer sur les affaires de cette nature.

C'est ce qui résulte de l'édit du mois de février 1680; & cette disposition se trouve dans les contrats que le roi a renouvellés postérieurement avec le clergé.

Les rôles des taxes & les jugemens rendus sur ce sujet, par les *bureaux* diocésains, doivent être exécutés par provision: c'est pourquoi il est expressément défendu aux *bureaux* supérieurs de donner des défenses d'exécuter ces jugemens ou d'accorder la main-levée des saisies faites à la requête des receveurs des décimes; ce qui a lieu pour les décimes ordinaires, de même que pour les subventions extraordinaires.

Lorsque les *bureaux* provinciaux jugent contre la disposition des ordonnances, des contrats passés entre le roi & le clergé, & des lettres-patentes expédiées en conséquence, on peut se pourvoir au conseil du roi pour faire casser le jugement. Mais le conseil renvoie souvent ces sortes de contestations à la prochaine assemblée générale du clergé. A l'égard des différends qui peuvent naître entre les pays des décimes & les provinces qui n'y sont point assujetties, ils ne se décident qu'au conseil du roi, parce que l'assemblée générale du clergé doit toujours être regardée comme partie dans ces contestations.

On peut voir dans les mémoires & dans les procès-verbaux des assemblées du clergé, plusieurs arrêts du conseil qui ont renvoyé à l'assemblée générale la connoissance des requêtes en cassation prises contre les jugemens qui avoient été rendus par les *bureaux* provinciaux.

Le *bureau* général de Paris a pour ressort dix-huit diocèses, qui sont Paris, Orléans, Sens, Blois, Troyes, Boulogne, Laon, Auxerre, Beauvais, Nevers, Châlons, Reims, Noyon, Meaux, Soissons, Amiens, Chartres & Senlis.

Celui de Rouen a, dans son ressort, les sept diocèses de Normandie; savoir, Rouen, Evreux, Lizieux, Séez, Bayeux, Coutances & Avranches.

Celui de Lyon comprend treize diocèses, savoir; Lyon, Vienne, Embrun, Langres, Viviers, Mâcon, Autun, Châlons-sur-Saône, Grenoble, Valence, Die, S. Paul-Trois-Châteaux & Nevers; ce dernier diocèse avoit été mis dans le ressort du *bureau* général de Paris, & il y doit être, suivant le réglement de l'assemblée du clergé du 28 janvier 1616; mais dans le fait & après quelques contestations il est demeuré dans le ressort du *bureau* général de Lyon.

Celui de Tours a douze diocèses; Tours, le Mans, Angers, Nantes, Vannes, Quimpercorentin, Saint-Paul-de-Léon, Treguier, Saint-Brieux, Rennes, Dol & Saint-Malo.

Celui de Toulouse a vingt-quatre diocèses; Toulouse, Ausch, Narbonne, Lavaur, Montauban, Leictoure, Lombès, Tarbes, Comminges, Conserans, Pamiers, Rieux, Saint-Papoul, Mirepoix, Carcassonne, Aleth, Saint-Pons-de-Tommières, Agde, Beziers, Lodève, Montpellier, Nismes, Uzès & Alais.

Celui de Bordeaux a quatorze diocèses; Bordeaux, Saintes, la Rochelle, Luçon, Poitiers, Angoulême, Périgueux, Sarlat, Agen, Condon, Bazas, Aire, Dax, & Bayonne: à ce nombre on ajoutera le diocèse d'Oléron & celui de Lescar, tandis que le *bureau* général de Pau ne sera pas rétabli.

Celui d'Aix a quatorze diocèses; Aix, Arles, Apt, Marseille, Toulon, Riez, Fréjus, Grasse, Vence, Senez, Digne, Glandève, Sisteron & Gap.

Celui de Bourges a sept diocèses; Bourges, Limoges, Tulles, Clermont, Saint-Flour, le Puy en Velay & Mende. *Voyez* CLERGÉ, DÉCIMES, DON GRATUIT, SUBVENTION.

Bureau des finances. Ce sont les jurisdictions établies pour connoître des affaires qui concernent le domaine, & qui sont tenues dans les différentes généralités du royaume par les trésoriers de France, généraux des finances, & grands-voyers.

Leur origine. L'institution des trésoriers de France

doit être aussi ancienne que la monarchie, s'il est vrai que, dès son établissement, nos rois ont eu un domaine & un trésor particulier, parce qu'ils ont dû avoir en même temps des officiers à qui ils en confioient la garde & la direction. Grégoire de Tours & Aimoin, deux de nos plus anciens historiens, parlent du trésorier de Clovis I, qu'ils appellent *thesaurarius Clodovici*.

Du temps de ce prince le trésor étoit gardé à Paris dans une chambre de son palais, où le parlement tient aujourd'hui ses séances. Il fut ensuite déposé au temple, de là transféré dans une tour du louvre, & enfin remis dans le palais.

Il y étoit dans une tour près de la chambre appellée du trésor, qu'on voit encore aujourd'hui treillissée. On avoit suspendu au plancher les balances où se pesoient les finances du royaume apportées & mises entre les mains du changeur du roi. *Voyez* CHANGEUR.

Il paroît que jusqu'au règne de Philippe-Auguste il n'y avoit qu'un seul trésorier de France. Il avoit en sa garde toutes les finances, il ordonnoit du paiement des gages & des pensions assignés par lesrois sur leurs domaines, même des fiefs & aumônes : il avoit, près du trésor, une chambre où il connoissoit de toutes les affaires qui avoit rapport au domaine : il expédioit les quittances aux prévôts & baillis chargés de la recette des provinces, & comptables au trésor.

On trouve peu de choses au sujet des trésoriers de France jusqu'au règne de Philippe-le-Bel ; souvent il n'y en avoit qu'un seul, on les trouve aussi jusqu'au nombre de trois. Lorsque S. Louis rendit sédentaire à Paris la chambre des comptes, qui jusqu'alors avoit été ambulatoire, les trésoriers de France, & les officiers des monnoies, à raison de la communication qu'ils avoient avec les finances, dont les gens des comptes étoient juges, furent unis & incorporés en la chambre des comptes, où chacun d'eux continua l'exercice de sa charge. Miraulmont dit avoir vu plusieurs commissions, une entre autres de 1351, intitulée les gens des comptes & trésoriers, & les généraux maîtres des monnoies notre sire. C'est de là que les trésoriers de France sont encore reçus & installés à la chambre des comptes; & qu'on nomme encore aujourd'hui *chambre du trésor*, la première des six divisions dans lesquelles les auditeurs des comptes sont distribués.

Depuis Philippe-le-Bel jusqu'à Charles VII, le nombre des trésoriers de France & leurs fonctions ont beaucoup varié ; les uns étoient pour la direction du domaine & des finances; les autres étoient préposés pour rendre la justice sur le fait du domaine & du trésor : les premiers conservèrent le nom de *trésoriers de France*; les autres étoient appellés *généraux des finances* ou *conseillers du trésor*.

Lorsque ces dernières charges étoient vacantes, les trésoriers, lorsqu'il se présentoit quelques différends au trésor, appelloient, pour les décider, des conseillers au parlement ou de la chambre des comptes.

Etablissement des bureaux des finances actuels. Les *bureaux* des finances, tels qu'ils existent aujourd'hui, doivent leur établissement à François I. Ce prince, ayant établi, dans le royaume, seize recettes générales, ordonna, par le même édit, que les généraux des finances établiroient, dans chacune d'elles, un commis ou lieutenant pour avoir la direction des finances, & veiller à l'observation des ordonnances & réglemens.

Henri II marcha sur les traces de son père : il créa, dans chacune des seize recettes, un trésorier de France & un général des finances, dont, pour l'uniformité, il réunit les fonctions par un édit du mois de janvier 1551, & les désunit ensuite, par un autre motif, au mois d'août 1557. Charles IX, par un édit du 4 février 1572, créa aux uns & aux autres des alternatifs.

Henri III enfin, par son édit du mois de juillet 1577, établit les *bureaux* des finances avec le même titre sous lequel on les connoît aujourd'hui, & réunit les charges de trésoriers de France à celles des généraux des finances, sans pour cela qu'ils pussent être regardés comme officiers de France ou de la couronne, ni même comme généraux, puisqu'ils furent attachés chacun à une province spéciale.

Il a été fait une infinité de créations & de suppressions sous les règnes de Henri IV, Louis XIII & Louis XIV; mais comme elles n'intéressent point le fonds de l'établissement, il est inutile d'entrer dans le détail minutieux de ces différentes variations.

Depuis l'année 1390, les trésoriers de France n'avoient aucune jurisdiction contentieuse sur le domaine & la voirie. Mais Louis XIII, par un édit du mois de mars 1627, ayant ôté aux baillis & sénéchaux la connoissance des causes du domaine, que leur avoit attribuée l'édit de Cremieu, la donna aux *bureaux* des finances, avec faculté de juger en dernier ressort, jusqu'à deux cens cinquante livres de principal & de dix livres de rente, & par provision, jusqu'au double de ces sommes.

Après la suppression de l'office de grand-voyer, faite en 1636, la jurisdiction attribuée à cette charge fut réunie aux *bureaux* des finances, chacun dans leurs généralités. En 1693, Louis XIV réunit aussi la jurisdiction de la chambre du trésor au *bureau* des finances de Paris.

Des officiers des bureaux des finances, & de leurs privilèges. Les *bureaux* des finances sont actuellement composés de deux présidens en titre d'office : mais, dans plusieurs, l'office de second président a été réuni au corps, & est exercé par le plus ancien des trésoriers. Dans quelques-uns, il y a aussi un chevalier d'honneur. A l'égard du nombre des conseillers-trésoriers de France, il varie dans les différens *bureaux*. Il y a dans chaque deux avocats & deux procureurs du roi, l'un pour les finances, & l'autre pour le domaine. Il y a encore un greffier & d'autres officiers subalternes.

Les présidens & trésoriers de France à Paris servoient autrefois, alternativement à la chambre du domaine & au *bureau* des finances; ensorte que cette compagnie paroissoit former comme deux corps particuliers. Mais, par édit du mois de juin 1771, le roi a réuni la jurisdiction de la chambre du domaine au *bureau* des finances pour ne former dorénavant qu'un seul siége & corps de jurisdiction, sans aucune distinction de service ni séparation de fonctions; ensorte que les audiences, soit du *bureau* des finances, soit de la chambre du domaine, se tiennent dans le même lieu & par les mêmes officiers.

Par le même édit, le bureau des finances de Paris est composé d'un premier président, de deux présidens-trésoriers de France, douze conseillers du roi, trésoriers de France, un avocat & un procureur du roi & un greffier. Il y a aussi quatre commissaires de la voirie.

En 1661, le roi créa un nouveau *bureau* des finances à Metz, dont la jurisdiction s'étend sur toute l'Alsace, pour la comptabilité seulement. Il est composé d'un premier & second président, d'un chevalier d'honneur, de quinze trésoriers, d'un avocat, d'un procureur du roi, d'un greffier & de quelques huissiers.

Les trésoriers de France jouissent de privilèges très-considérables. Ils sont commensaux de la maison du roi : &, en cette qualité, ils jouissent des prérogatives attribuées aux officiers de sa majesté, tels que le droit de committimus, de franc-salé, d'exemption de guet & garde, de réparations de ville, & de subvention.

Ils sont compris sous le titre commun de *compagnies supérieures*, & cette dénomination leur a été expressément conservée par une déclaration du 12 juillet 1770, enregistrée au grand-conseil le 12 septembre suivant. Elle fut rendue sur les représentations des *bureaux* des finances, qui craignoient que l'édit du mois de février de la même année, dans lequel ils avoient été compris avec plusieurs autres officiers inférieurs dans un emprunt de huit millions, sous le titre de *supplément de finance*, ne portât préjudice à leurs droits, privilèges & prérogatives.

Ils jouissent de la noblesse personnelle, & la transmettent à leur postérité après deux générations, c'est-à-dire, lorsque le père & le fils ont possédé de suite un office de trésorier de France. Ils sont exempts des droits seigneuriaux pour les biens qu'ils acquièrent dans la mouvance du roi. On leur adresse quelquefois des édits & déclarations. Ils ont l'honneur de parler debout au roi. Ils ont entrée & séance aux chambres des comptes & cours des aides, lorsqu'ils y sont mandés pour affaires. Ils l'ont pareillement aux parlemens, lorsqu'ils y viennent ou sont mandés pour affaires; mais lorsqu'ils y viennent seulement pour assister aux grandes audiences, ils ont droit de siéger les premiers sur le banc des baillis & sénéchaux.

Ils ont rang & séance aux entrées & pompes funèbres des rois, reines & autres princes. Leurs huissiers ont été créés à l'instar de ceux des autres compagnies souveraines.

Les présidens, trésoriers, avocats & procureurs du roi des *bureaux* des finances sont reçus & installés dans les chambres des comptes : les présidens, avocats & procureurs du roi le sont en outre à la grand'chambre du parlement de Paris pour les *bureaux* de son ressort.

Jurisdiction des bureaux des finances. Les fonctions que réunissent aujourd'hui les trésoriers de France, sont, 1°. celles qui leur appartenoient anciennement pour la direction des finances, dans le temps que la connoissance des affaires du domaine étoit portée à la chambre du trésor; 2°. la jurisdiction de cette même chambre, & tout ce qui étoit de la compétence des baillis & sénéchaux sur le fait du domaine; 3°. ce qui concerne la grande voirie. On doit en conséquence considérer les pouvoirs des *bureaux* des finances sous deux rapports différens, les finances & la voirie.

Jurisdiction par rapport aux finances. Les trésoriers de France, chacun dans leurs généralités, sont chargés de veiller à la conservation des domaines du roi, & de ses revenus; d'en faire payer les charges locales, &, pour cet effet, de donner aux receveurs, pour se conduire dans leurs recettes, un état des recettes & dépenses qu'ils ont à faire.

Ils reçoivent les foi & hommage, les aveux & dénombremens des terres non titrées qui relèvent du roi, dont ils envoient un double à la chambre des comptes, en exécution du réglement du mois de février 1668.

Ils connoissent de tout ce qui concerne les bâtimens & réparations du palais à Paris, & des autres jurisdictions royales. Dans le cours de leurs chevauchées, ils dressent les procès-verbaux des réparations qui sont à faire aux maisons & hôtels du roi, aux prisons & autres édifices dépendans du domaine.

Les brevets de dons, accordés pour les droits seigneuriaux, d'aubaine, bâtardise, déshérence, confiscation, les lettres de naturalité & de légitimation, celles de noblesse, d'érections de titres pour les terres, & autres semblables, leur sont adressées pour être enregistrées.

C'est aux trésoriers de France qu'appartiennent les réceptions des officiers des élections & greniers à sel, des receveurs généraux des finances, des receveurs des tailles, & autres dans l'étendue de leur généralité.

Les commissions des tailles & autres impositions leur sont envoyées, & ils les envoient ensuite avec leur attache aux élus pour en faire l'assiette & le département sur les paroisses contribuables.

Ils donnent aux comptables de leur généralité un état par estimation des recettes & dépenses qu'ils ont à faire, & vérifient, à la fin de chaque exercice, l'état au vrai, même des comptables qui rendent leur compte en la chambre des comptes : ils ont même

même toute jurisdiction à cet égard sur les comptables, en vertu de l'état du roi qu'ils ont, jusqu'au moment où les comptes sont rendus en la chambre. Car c'est alors seulement que les comptables & ceux qui ont des assignations sur leurs recettes, prennent droit par les comptes, & se pourvoient en conséquence à la chambre.

Ils reçoivent les cautions des comptables de leur généralité : ils peuvent même les faire fortifier en cas d'insolvabilité; mais ils sont tenus d'en envoyer les actes à la chambre des comptes. Si les comptables deviennent insolvables, ils peuvent les déposséder & commettre à leur exercice jusqu'à ce que le roi y ait pourvu. A la mort d'un comptable, ils ont le droit d'apposer le scellé sur ses effets, de veiller à la sûreté de ce qui est dû au roi, & de s'en faire compter par état.

On ne peut décliner la jurisdiction des *bureaux* des finances pour les matières concernant le domaine, sous prétexte de committimus. La raison en est sensible; elle est fondée sur ce que le roi n'accorde pas de privilège contre lui, & que, dans toutes les affaires qui se portent aux *bureaux* des finances, il s'agit des intérêts du roi, ou de celles dans lesquelles le procureur général ou les procureurs du roi sont parties.

Toutes les fois qu'il s'est élevé entre les différens corps de justice des contestations par rapport à la connoissance des affaires de la compétence des *bureaux* des finances, ces derniers ont toujours été maintenus dans leur jurisdiction, ainsi qu'il résulte de différens arrêts du conseil des 11 août 1705, 19 octobre 1706, 9 septembre 1710, 20 janvier 1728, 25 avril 1730, 5 octobre 1745, 21 février 1747, 15 janvier 1754, 21 juillet & 31 août 1758, & d'un arrêt de réglement du 13 octobre 1739.

De la voirie. La qualité de grands-voyers, attribuée aux *bureaux* des finances, depuis la suppression de cette charge, leur donne une jurisdiction complette sur tout ce qui concerne la voirie & les chemins, de toutes les grandes routes & de tous les chemins de traverse appartenans au roi & entretenus à ses dépens.

En vertu de ce titre, ils ont seuls le droit de donner les alignemens pour constructions ou reconstructions des maisons, édifices ou autres bâtimens situés le long des routes, soit dans les villes, bourgs & villages, soit en pleine campagne, ainsi que les permissions pour toute espèce d'ouvrages aux faces de ces maisons ou édifices, pour y établir des échoppes, auvents & autres choses saillantes.

Ces alignemens & permissions doivent être donnés sans frais & en conformité des plans levés par ordre du roi, & déposés aux greffes des *bureaux* des finances. Lorsqu'il n'y a pas encore de plan déposé, les trésoriers de France, avant de donner aucun alignement, doivent se faire faire un rapport circonstancié de l'état des lieux, par l'ingénieur en chef de la province, ou par l'un des sous-ingénieurs, qui doit être également déposé au greffe

Comme cette partie de la jurisdiction des *bureaux* des finances tient à une branche importante de l'administration, la réformation de leurs ordonnances n'appartient qu'au conseil, & leur exécution n'en peut être suspendue par la voie d'appel ou d'opposition.

Ces droits, attribués aux *bureaux* des finances, en qualité de voyers, sont clairement exprimés dans un arrêt du conseil du 27 février 1765, qui rappelle à cet égard les dispositions de l'édit de 1627, de l'ordonnance de 1667, & de la déclaration du 7 juin 1704. Aussi toutes les fois que le parlement a voulu s'attribuer la connoissance de ces sortes d'affaires, ses arrêts ont été cassés, ainsi qu'on peut le voir par deux arrêts du conseil des 4 février & 5 avril 1774, & 13 juillet 1775.

A l'égard des chemins privés, des rues des villes, bourgs & villages qui n'appartiennent pas au roi, & qui ne sont pas entretenus à ses frais, les trésoriers de France ne peuvent y exercer aucune jurisdiction : la police en appartient aux seigneurs hauts-justiciers, parce que c'est un droit de police, inhérent à la haute-justice. Il n'y a pas d'effort ni d'entreprise que les trésoriers de France des différentes généralités n'aient fait pour se procurer cette jurisdiction; mais leurs tentatives ont toujours été réprimées, soit au conseil, soit au parlement. Un arrêt solemnel, rendu le 5 septembre 1776, par le parlement de Paris, a déclaré incompétemment rendus plusieurs jugemens du *bureau* des finances d'Orléans, au sujet des alignemens qu'il avoit voulu donner pour une maison bâtie sur la rue du village de Tygnonville en Beauce, & leur a fait défenses d'en rendre de pareils, à peine d'interdiction.

BURLETTE *ou* BULLETTE, (*terme de Coutume.*) il est particulier au pays Messin, & on le trouve dans les anciennes ordonnances de Metz, dans la signification du mot *sceau*. Le *droit de burlette* est la taxe qui se payoit pour le sceau apposé aux contrats & aux obligations. Il appartenoit originairement à la ville de Metz, & servoit à payer les gages des officiers de la justice des treize. Depuis la suppression de ce tribunal, faite en 1634, les émolumens du droit de *burlette* ont été partagés entre les officiers du bailliage & les officiers municipaux. Les premiers jouissent du produit de la *burlette* sur les obligations, les seconds sur les actes qui concernent les biens-fonds. Le droit, en lui-même, est le quarantième denier des biens ou des obligations. *Voyez* METZ.

BUT, s. m. (*Droit naturel & public. Morale.*) Ce mot a deux acceptions différentes. Dans un sens propre, le *but* est le lieu où l'on vise, où l'on tend, où l'on veut aller ou faire aller quelque chose. Dans un sens figuré, le *but* est un effet prévu, desiré, & à la production duquel un être intelligent destine ses actions.

Le *but* auquel tendent tous les hommes, est leur bonheur : c'est le ressort de tous leurs mouvemens volontaires, la cause finale & le principe de chacune de leurs actions. Mais souvent ils manquent de sagesse dans la détermination du *but* qu'ils se proposent, & ils se trompent dans le choix des moyens qu'ils emploient pour y parvenir. Les préjugés, les passions, les habitudes, l'ignorance, le manque d'attention dans l'examen des choses qui les intéressent, sont la cause de leurs erreurs.

Le *but* de la morale est de les prévenir, soit en apprenant à l'homme en quoi consiste son véritable bonheur, soit en le dirigeant dans la route la plus sûre pour y arriver; & c'est en cela que consiste toute la sagesse humaine.

Le *but* de tout gouvernement juste & bien réglé est le bonheur public, & le bien-être de la société qu'il régit. Ses opérations, ses démarches, ses loix, ses réglemens doivent y tendre, comme à une fin générale & unique qui embrasse tous les intérêts, tous les desseins, toutes les vues particulières. La science du gouvernement consiste à employer les moyens les plus propres pour parvenir directement à ce *but*.

BUT-A-BUT. On trouve cette expression dans la coutume de Meaux, *art. 109*, pour signifier qu'une chose est égale en valeur à une autre. Ainsi, dans une permutation ou échange, l'on dit que les choses permutées ou échangées sont *but-à-but*, lorsqu'elles sont de même valeur, & que l'un des contractans ne paie à l'autre aucune soulte, aucun retour en argent.

BUTIN, s. m. (*Code militaire.*) c'est en général ce qu'on enlève à l'ennemi. Quelques auteurs, en traitant du droit de la guerre, ont distingué le *butin* d'avec le *pillage*. Ils prétendent qu'on doit appeller *butin*, ce qui constitue la prise générale, faite sur l'ennemi, & entendre par *pillage*, les habits, hardes & coffres des soldats, ainsi que l'argent qu'on trouve sur eux, jusqu'à la concurrence de trente liv.

Cette distinction est fausse. Le *butin* est la prise de tous les effets abandonnés par l'ennemi vaincu, dans une place ou sur le champ de bataille; le pillage au contraire est un acte de licence, de barbarie & d'inhumanité, que le général se croit quelquefois autorisé de permettre à ses troupes. Le premier est un véritable droit de la guerre, parce que, suivant le droit naturel, nous pouvons dépouiller de ses biens un injuste agresseur, en punition de ce qu'il vouloit nous enlever les nôtres, & pour l'empêcher de nous nuire. Le *butin* alors est la récompense du plus vaillant, & la fortune du plus heureux. Le pillage est absolument contraire au droit de la nature & de la société; il n'appartient qu'à des sauvages de méconnoître les droits & les devoirs réciproques auxquels les hommes sont obligés, & qui ne leur permettent pas de vexer & de dépouiller celui qui n'est plus en état de leur résister.

Chez les Romains, les choses appartenant à l'ennemi, *res hostiles*, étoient comprises dans la classe des choses communes dont la propriété n'appartenoit à personne, & tomboit dans le domaine du premier occupant. Ainsi chaque citoyen devenoit le propriétaire incommutable de ce qu'il pouvoit enlever sur le territoire de l'ennemi.

Les soldats en campagne suivoient une autre règle; en les assemblant sous le drapeau, on les faisoit jurer qu'ils ne mettroient rien à part du *butin*, qu'ils rapporteroient fidellement tout ce qu'ils auroient gagné : on le mettoit dans un lieu désigné par le général, on le vendoit à l'encan, on en partageoit le prix en parties égales qu'on distribuoit, tant à ceux qui étoient restés à la garde du camp, qui avoient été détachés pour quelque fonction particulière, ou qui étoient malades, qu'à ceux qui avoient eu part à l'action par laquelle on s'étoit procuré du *butin*.

Les Gaulois suivoient la même maxime; c'étoit un excellent moyen de conserver la discipline militaire : en effet, le partage assuré dans tout le *butin* laissoit à chaque soldat une espérance égale dans la distribution, & l'engageoit à ne jamais abandonner son poste pour prendre part au pillage. Si nos généraux observoient la même conduite, il en résulteroit sûrement une plus grande subordination parmi les gens de guerre, & un courage plus décidé parmi eux.

Dans nos usages actuels, on distingue entre les différens effets pris sur l'ennemi. On accorde aux souverains, outre les villes, forts, villages & maisons, l'artillerie, les munitions de guerre, les bâtimens des magasins, les fourrages emmagasinés, le trésor particulier de l'armée ennemie, pris dans un convoi ou autrement, & les contributions pécuniaires. On abandonne au soldat tout ce qui appartenoit à l'ennemi, soit mort, prisonnier ou en fuite, & ce qui est pris sur lui après une bataille ou un assaut, tels que les meubles, linges, hardes, bijoux & argent.

Dans les prises faites sur mer, la cargaison d'un vaisseau, les malles de l'équipage vaincu, l'argent trouvé, les provisions de bouche appartiennent de droit aux soldats & matelots vainqueurs : le souverain ne revendique à son profit que la carcasse des navires & les agrêts que le combat a épargnés, les canons & les autres provisions de guerre. La déclaration du 24 juin 1778 accorde même une gratification aux armateurs pour les canons & les prisonniers qu'ils feront sur l'ennemi. Elle consiste en cent livres sur les canons de quatre livres de balle jusqu'à douze, & de cent cinquante livres pour ceux d'un calibre supérieur, pris sur les vaisseaux marchands; cent cinquante livres pour les canons du premier calibre, & deux cens vingt-cinq sur ceux d'un calibre supérieur, pris sur un bâtiment de corsaires; deux cens livres sur les premiers, & trois cens sur les seconds, pris des vaisseaux & frégates de guerre. La gratification sur les prisonniers est de trente livres dans le premier cas, de quarante livres dans le second, & de cinquante livres dans le troisième.

C

C, (*Droit criminel. Monnoie. Commerce.*) c'est la troisième lettre de notre alphabeth. Les Romains lui donnoient le nom de *triste* & de *funeste*, parce que étant la première du verbe *condemno*, je condamne, les juges, dans les procès criminels, l'inscrivoient sur leurs tablettes, lorsqu'ils condamnoient l'accusé. *Voyez* A.

Cette lettre est également la première du mot *centum*, *cent*, & par cette raison ils s'en servoient pour désigner un cent. La jonction de plusieurs C, signifioit autant de centaines. Le C surmonté d'une barre, dans cette forme $\bar{C}$, vouloit dire cent mille.

Le C est d'usage parmi nous dans les hôtels des monnoies, c'est la marque distinctive de celles qui se fabriquent à Caen en Normandie.

Les négocians, banquiers, & teneurs de livres s'en servent aussi pour l'abréviation du mot *compte*. C. O. veut dire *compte ouvert*; C. C. *compte courant*; M. C. *mon compte*; L. C. *leur compte*; N. C. *notre compte*.

C A

CABAL & CABAU, s. m. (*terme de Coutume.*) il a plusieurs significations. Dans les anciens auteurs il est employé dans le sens de somme capitale, principale, & il s'applique particuliérement aux biens & facultés des marchands; un statut du comte de Toulouse, de 1197, rapporté par Cattelle dans son *Histoire de Toulouse*, porte : « que si un débiteur ne peut pas payer son créancier, il sera, à la requête de ce dernier, détenu pendant huit jours au château ; qu'après l'expiration de ce délai, s'il ne paie pas ou ne s'arrange pas, il sera remis entre les mains de son créancier, qui pourra le mettre aux fers dans sa maison, lui donnera du pain & de l'eau jusqu'à ce qu'il ait payé son *cabal* ou capital ».

Dans la coutume de Bordeaux, le mot *cabal* correspond au mot latin, *peculium*, pécule, ainsi que l'observe Ragueau dans son indice; il désigne aussi les biens de la femme qui ne font pas partie de sa dot, & encore la portion qui lui revient dans les acquisitions faites par son mari, lorsqu'elle est commune en biens avec lui.

Suivant la disposition des articles 49 & 50 de cette même coutume, lorsqu'une femme, mariée en seconde noces, prédécède en laissant des enfans, son mari survivant ne gagne que la dot, & les ustensiles de la maison: le surplus des meubles, l'or & l'argent monnoyé, le bétail, les marchandises, les dettes actives, le *cabal* de la femme appartiennent aux enfans nés du mariage, pour en jouir après le décès du père, s'il n'y a pacte au contraire. Si la femme décède sans laisser d'enfans, l'or & l'argent monnoyé, le *cabal* & les meubles qui lui sont advenus par succession retournent à ses plus proches parens; mais le mari, outre la dot & les ustensiles de maison, gagne les meubles acquis pendant la durée du mariage.

CAB

Cette même coutume, dans les articles 55 & 56, a encore, par rapport aux successions collatérales, des dispositions particulières sur le *cabal*; elle adjuge les biens propres aux héritiers de la ligne dont ils proviennent, les meubles & acquêts, ainsi que le *cabal* du défunt, à l'héritier le plus prochain en degré; mais lorsque le *cabal* lui est advenu par succession, le plus proche parent n'y succède, que dans le cas où le défunt laisse des immeubles propres à la ligne dont il a eu le *cabal*, pour la valeur de la moitié de ce même *cabal*.

La coutume de Bayonne, *tit. 3*, *art. 21, 22 & 23*, ainsi que celle de Bragerac, *art. 114*, emploient le mot *cabal* ou *cabau*, dans la même signification que nous employons celui de *cheptel*, c'est-à-dire, pour une société composée de bestiaux, dans laquelle la perte & le profit se partagent également.

Celui qui prend *cabal* d'un autre, c'est-à-dire, qui prend d'un autre, à cheptel de perte & de profit, des bestiaux, est le maître de rendre le *cabal*, & de se départir de la société : dans ce cas, après avoir restitué au propriétaire son *cabal*, il remet entre les mains de la justice, les gains, profits & accroissemens qui sont survenus. Ces gains consistent dans tout ce qui excède le principal du *cabal*. Le cabaliste dresse ensuite son compte de société, prend sa part du profit dont il est cru à son serment, & dans le cas où il allègue de la perte, il est tenu d'en justifier.

Le *cabal* a lieu pour moitié, tiers ou quart de gain, suivant la convention des parties. Jusqu'à ce que le cabaliste ait rendu le *cabal* au propriétaire de qui il le tient, ce dernier reste toujours *personnier*, c'est-à-dire, associé dans tous les gains & profits qui surviennent jusqu'à la dissolution de la société ou la reddition du *cabal* : ensorte que, même dans le cas de perte totale du *cabal*, celui qui l'a pris doit faire duement apparoître de l'accident qui a occasionné cette perte, à peine de donner part dans les gains & profits qu'il auroit faits dans la même espèce de commerce. *Voyez* CHEPTEL.

CABALE, s. f. CABALEUR, s. m. CABALER, v. a. (*Droit criminel. Police.*) on appelle *cabale* le concert ou conspiration de plusieurs personnes qui, par des menées secrètes & illicites, travaillent sourdement à quelque chose d'injuste, comme à perdre un innocent, à sauver un coupable, à décréditer une bonne marchandise, un bon ouvrage, à ruiner quelque établissement utile, ou à faire éclorre quelque projet préjudiciable à l'état ou à la société.

Ce mot se dit aussi du projet même des personnes qui *cabalent*. Ainsi l'on dit, si les manœuvres des personnes mal intentionnées ont réussi, ou ont manqué : *la cabale l'a emporté cette fois ; la cabale a échoué*, &c.

De ce mot on a fait *cabaleur*, pour désigner celui qui trempe dans une *cabale*, ou plutôt même celui qui en est le promoteur ; & *cabaler* pour signifier l'action par laquelle des hommes inquiets, envieux & lâches, cherchent à faire réussir leurs intrigues.

Les *cabales* qui se bornent à renverser un ministre, à élever dans un poste éminent un sujet indigne ou incapable, ne peuvent être mises dans la classe des délits & des crimes qui méritent l'animadversion de la justice, quoiqu'il soit vrai de dire que les *cabaleurs* portent préjudice au véritable mérite, & soient souvent la cause des maux qui surviennent dans l'état.

Cette espèce de *cabale* est très-fréquente dans les cours, où il n'est pas rare de voir sacrifier le bien public à l'intérêt particulier.

Les *cabales* qui ont lieu pour accréditer un ouvrage médiocre, ou en faire tomber un bon ne forment pas aussi la matière d'un délit. Leur usage le plus ordinaire est lors de la représentation d'une pièce nouvelle : c'est une espèce de milice que les amis ou les ennemis d'un poëte vont lever dans les carrefours, dans les endroits publics, dans les sociétés particulières, & qu'ils répandent ensuite dans le parterre & dans les loges, pour blâmer ou applaudir au gré de ceux qui les emploient.

Les auteurs ne doivent pas s'effrayer de la guerre que les *cabaleurs* leurs déclarent. Si la *cabale* soutient quelque temps une production médiocre, la pièce tombe bientôt avec elle : si au contraire elle s'acharne à décrier un bon ouvrage, il ne tarde pas à étouffer ses cris impuissans. Rien ne peut empêcher l'opinion publique d'être juste, & de marquer à chaque chose le degré d'admiration, d'estime ou de mépris qui lui est dû.

Lorsque les *cabaleurs* dont nous parlons se déchaînent, non-seulement contre l'ouvrage, mais attaquent encore l'auteur & cherchent à le rendre odieux par leurs calomnies ou leurs libelles, ils se rendent alors coupables d'un délit très-grave, & pour lequel ils peuvent être poursuivis criminellement, condamnés à des réparations & des dommages & intérêts, même à des peines afflictives, suivant la nature des circonstances & la gravité du délit. *Voyez* CALOMNIE, LIBELLES DIFFAMATOIRES.

Les *cabales* & intrigues, qui tendent à opérer une révolution dans le gouvernement, sont rangées parmi les crimes de haute-trahison, ou de lèze-majesté, & sont punies comme tels : ainsi celui qui *cabale* pour changer la forme du gouvernement, pour s'attribuer un pouvoir insolite dans la constitution de l'état, pour se soustraire à l'obéissance qu'il doit aux loix & aux dépositaires de l'autorité souveraine, doit être poursuivi juridiquement, & puni selon l'exigence des cas. Les exemples de cette espèce de *cabale* ne sont pas rares dans l'histoire, & particuliérement dans la nôtre. Comme la *cabale* se trouve toujours jointe à un autre crime qui trouble la société, tel que la trahison, la conspiration, la révolte, la sédition, la désobéissance, & autres semblables, nous renvoyons à ces mots pour traiter les peines qu'on doit infliger aux *cabaleurs*.

CABALISTE, f. m. (*terme de Commerce.*) il est en usage dans le pays de Toulouse, & dans tout le Languedoc, où on s'en sert pour signifier un marchand qui ne fait pas le commerce par lui-même, mais qui s'intéresse & place des fonds dans le commerce d'un autre. Ce mot est dérivé de *cabal* dont nous avons parlé ci-dessus.

CABARET, f. m. (*Police. Commerce.*) on appelle *cabarets* les lieux où l'on vend du vin & où l'on donne à manger, ce qui les distingue des *tavernes* où l'on ne vend que du vin.

Cette distinction des *cabarets* & des tavernes est très-ancienne, elle est passée des Grecs aux Romains, & de ces derniers parmi nous. Les Grecs appelloient ταβερναι, les endroits où l'on vendoit du vin, & καπη, ceux où l'on donnoit à manger. Les Romains, à leur exemple, donnoient aux premiers le nom de *tabernæ*, & aux seconds celui de *popinæ*.

Les fonctions d'hôteliers, de cabaretiers & de taverniers sont maintenant confondues, dans la plupart des villes ; & s'il subsiste encore quelques différences à cet égard, ce ne peut être que dans celles, où les arts & métiers sont en corps de jurande & en maîtrises, dans lesquelles les marchands de vin sont proprement taverniers, sont distingués des aubergistes, traiteurs & cabaretiers, & sont bornés au seul commerce du vin, soit en gros, soit en détail.

La police a prescrit par-tout aux cabaretiers & taverniers des règles relatives à la religion, aux mœurs, à la santé & à la sûreté publique. Ces règles sont très-belles en elles-mêmes, & très-sages, mais malheureusement elles sont mal observées. Nous allons en donner le détail sous *le mot* CABARETIER.

CABARETIER, f. m. (*Police. Arts & Métiers.*) c'est celui qui est autorisé à donner à boire & à manger dans sa maison à tous ceux qui se présentent.

La multitude innombrable de cabarets, que l'on trouve non-seulement dans les grandes villes, mais même dans les plus petits & les plus pauvres endroits, multiplie l'ivrognerie, les vols, la débauche, la fainéantise, la passion du jeu, les querelles, les mauvais ménages, & cause la ruine des pauvres familles.

C'est dans ces lieux que se rassemblent les brigands, les voleurs, les receleurs, les entremetteuses, les femmes de mauvaise vie, les mauvais garnemens, les gens sans aveu. La suppression de la majeure partie des tavernes & cabarets, occasionneroit le prompt rétablissement des bonnes mœurs, & préviendroit la naissance d'une multitude de crimes que la justice est obligée de punir.

Non-seulement les moralistes, mais même les hommes d'état ont senti les abus sans nombre qui résultent de la multiplication des cabarets : comment donc se peut-il faire qu'on en ait favorisé l'établissement? Ne peut-on pas suppléer la branche des revenus que l'imposition des droits d'aides fournit à l'état? Sages ministres, que le choix du monarque place dans ses conseils pour lui aider à soutenir le poids du gouvernement, jettez un coup-d'œil sur les maux qu'enfantent les cabarets, sur les crimes qui s'y complotent & qui se répandent de-là dans la société, où ils portent le trouble : trouvez les moyens de concilier les intérêts du fisc, de conserver les bonnes mœurs & l'honnêteté publique, & d'arrêter la source des désordres!

En attendant ce moment heureux, rappellons aux magistrats chargés de la police, les réglemens qui concernent les cabarets & les tavernes, & engageons-les par les loix du devoir & de l'honneur à en maintenir l'exécution.

L'article 25 de l'ordonnance d'Orléans fait défenses aux cabaretiers de recevoir chez eux aucun habitant de l'endroit pour lui donner à boire & à manger, à peine d'amende pour la première fois, & de prison pour la seconde; elle leur permet seulement de débiter à ceux qui ont ménage, les denrées dont ils font commerce, pour être emportées par ceux qui les achètent, qui doivent les consommer chez eux.

La coutume de Paris, *article 128*, dénie toute action aux *cabaretiers*, pour demander en justice le paiement de la dépense faite dans les cabarets par des domiciliés. Cette disposition est devenue le droit commun du royaume; un arrêt du parlement de Dijon, rendu sur la requête du procureur général le 12 janvier 1718, déclare nulles les obligations passées pour dépenses faites dans les cabarets, & défend aux juges d'y avoir égard. Il y a aussi un arrêt du parlement de Besançon du 4 janvier 1732, qui contient à-peu-près les mêmes dispositions.

Ces arrêts n'ont fait que renouveller l'article 361 de l'ordonnance de Blois, qui fait défenses aux *cabaretiers* de prendre aucun fonds en paiement de dettes contractées dans leurs cabarets, déclare nulles les ventes qui pourroient avoir lieu à ce sujet, & prononce une amende contre les notaires qui les reçoivent.

Il faut cependant excepter de la rigueur de la loi les festins qui se donnent chez les *cabaretiers* dans certaines occasions, sur-tout parmi les gens de campagne & le peuple des villes, lorsqu'il s'agit de noces, d'enterremens, & autres choses semblables, ce sont en quelque sorte des repas de nécessité ou de bienséance, que de simples particuliers ne pourroient pas donner commodément chez eux. C'est aussi par ce motif qu'il a paru juste de conserver aux *cabaretiers* leur action pour le paiement de ces sortes de dépenses; mais ces cas exceptés, il est contraire au bon ordre de les écouter pour des dépenses faites chez eux sans nécessité.

Les arrêts des parlemens de Dijon & de Besançon, dont nous venons de parler, défendent aux gens mariés, à leurs enfans & à leurs domestiques, de fréquenter les cabarets des lieux de leur domicile, & de ceux qui n'en sont qu'à la distance d'une lieue : ils défendent également aux *cabaretiers* de les recevoir; ils prononcent contre les uns & les autres une amende de cinquante livres, dont les chefs de maison sont responsables. Ils défendent, sous les mêmes peines, d'ouvrir les cabarets & d'y souffrir des jeux & des danses les jours de dimanches & de fêtes, & enjoignent aux juges des lieux d'y tenir la main, à peine d'en demeurer responsables.

Le parlement de Dijon, par un second arrêt de réglement du 4 janvier 1723, a ordonné la publication de celui de 1718, tous les six mois, à l'issue des messes de paroisse.

Ces sages dispositions des ordonnances & de la jurisprudence ne s'observent plus à la rigueur depuis l'établissement & l'augmentation des droits d'aides : on exige seulement que les *cabaretiers* ne donnent à boire ni à manger les jours de dimanches & de fêtes pendant le service divin, c'est-à-dire, suivant une déclaration du roi du 16 décembre 1698, pendant la grand'messe & les vêpres.

Le parlement de Paris, par un arrêt du 15 décembre 1711, avoit fait défenses aux *cabaretiers* & autres vendans vins & boissons, de tenir les cabarets ouverts, d'y donner à boire & à manger, & d'y recevoir aucunes personnes après huit heures du soir en hiver, & dix heures en été, à peine d'amende arbitraire pour la première fois, de prison pour la seconde, & même de plus grande peine si le cas y écheoit. Ces défenses ont été renouvellées par un arrêt du conseil du 4 janvier 1724, qui ordonne de poursuivre les contrevenans suivant la rigueur des ordonnances.

Le 10 février de la même année le parlement de Paris rendit un nouvel arrêt, rapporté dans le code de la police, par lequel il fait défenses à toutes personnes de fréquenter les cabarets & autres lieux où se vendent vin, eau-de-vie, café ou autres liqueurs pendant la nuit & autres heures indues, & pendant le service divin : & aux *cabaretiers*, taverniers, limonnadiers & autres, de recevoir quelqu'un pendant le même temps, à peine de cinquante livres d'amende dans les villes, & de vingt livres dans les bourgs & villages : le même arrêt condamne également ceux qui sont entrés dans les cabarets aux heures défendues en vingt livres d'amende dans les villes, & en cinq livres dans les bourgs & villages. En cas de récidive, les uns & les autres sont condamnés à une amende du double, à tenir prison, même à une peine corporelle s'il y écheoit. Il est enjoint aux juges royaux, & aux officiers des hautes justices seigneuriales d'y tenir la main, à peine d'en répondre en leur propre & privé nom, & aux officiers de maréchaussée de leur prêter main-forte, & d'arrêter ceux qu'ils trouveront en contravention.

Comme il est très-ordinaire de voir employer en débauche la nuit qui précède la fête de noël, les officiers de police doivent particuliérement défendre à tous *cabaretiers*, traiteurs, limonnadiers & autres, de recevoir personne chez eux après huit heures du soir; ces défenses se renouvellent à Paris aux approches de cette fête, & les contrevenans encourent pour la première fois une amende de deux cens livres, & l'interdiction de leur commerce en cas de récidive.

Un édit rendu en 1723, pour la Lorraine, par le duc Léopold, y a introduit, par rapport aux *cabaretiers*, les mêmes règles que les ordonnances d'Orléans & de Blois, & la jurisprudence des arrêts: nous devons y remarquer entre autres un article sagement introduit pour empêcher la dépense excessive, à laquelle on se livre ordinairement dans les festins de noces.

Le duc Léopold défend aux bourgeois, aux laboureurs, & aux artisans des villes, de convoquer à ces festins plus de douze personnes, soit parens ou amis des deux côtés, & de huit pour les manœuvres, artisans & autres gens de campagne.

Nous avons dit, au commencement de cet article, que la loi n'accordoit aucune action aux *cabaretiers* pour les dépenses faites chez eux par les personnes domiciliées dans le même endroit; mais cette dénégation n'a pas lieu pour les livraisons qu'ils peuvent faire de denrées, qui doivent être consommées par les habitans dans l'intérieur de leurs familles. L'ordonnance de 1673, *tit.* 1, *art.* 8, leur accorde six mois pour former leur demande en paiement de ce qui leur est dû à ce sujet: passé ce délai leur action est prescrite.

Comme l'ordonnance n'a pas dérogé aux coutumes particulières, dont plusieurs n'accordent aux *cabaretiers* qu'un terme beaucoup plus court, on demande s'ils doivent intenter leur action dans le délai fixé par la coutume ou par l'ordonnance. La plupart des auteurs sont d'avis que les *cabaretiers* sont obligés de se conformer à la loi de leur territoire, & que leur action est prescrite après l'expiration du terme qu'elle leur accorde pour intenter leur action.

La profession de *cabaretier* n'exige aucune espèce d'apprentissage, elle peut être exercée par tous ceux qui le jugent à propos, & il ne dépend pas des officiers de police d'empêcher la multiplication des gens de cet état, soit en pays d'aides, soit en pays libre; ils ne peuvent même contraindre les *cabaretiers* à se faire enregistrer dans leurs greffes, pour obtenir une permission de tenir cabaret, encore moins exiger d'eux un droit sous ce prétexte. Plusieurs arrêts du conseil ont cassé différentes ordonnances de police rendues à cet égard, & entre autres, deux en 1760, rendues, l'une par le bailli du marquisat de la Palisse, & l'autre par les officiers de police de Moulins; en 1769, par ceux de la Rochelle; en 1772, par le juge conservateur des foires de Guibrai; en 1773, par les officiers municipaux de la ville de Boulogne-sur-mer.

Il est aussi défendu aux officiers de police de taxer les denrées des *cabaretiers*, sur-tout pour ce qui concerne la vente du vin: c'est une des dispositions de l'article 5 du titre 14 de l'ordonnance des aides pour la Normandie. Il est nécessaire de remarquer que les arrêts du conseil dont nous venons de parler n'empêchent pas les juges ordinaires de conserver sur les *cabaretiers* l'inspection que leur attribuent les réglemens. Ils sont toujours en droit d'empêcher qu'il ne se passe aucun désordre dans les cabarets; de visiter les poids & les mesures, & de voir s'ils sont fidèles; de veiller à ce qu'ils ne donnent point à boire & à manger pendant le service divin, & à des heures indues.

Les canons des conciles ont sévérement défendu à tous les ecclésiastiques, non-seulement de tenir des cabarets, mais même de les fréquenter. Le vin, dit S. Paul, est un poison pour les ecclésiastiques, & l'ivresse est pour eux comme un incendie. Si un ecclésiastique étoit assez peu maître de lui pour fréquenter les cabarets du lieu de sa résidence, l'évêque est en droit de lui représenter ses devoirs, & si après les monitions canoniques, il persévéroit dans cette mauvaise habitude, il seroit dans le cas d'être suspendu de ses fonctions, & même privé de son bénéfice.

Cette prohibition des canons ne s'étend pas aux ecclésiastiques qui sont en voyage, il leur est permis alors de s'arrêter dans les auberges & dans les cabarets, pourvu qu'ils soient éloignés d'une lieue ou environ de leur domicile. Les canons admettent encore une exception en faveur des repas de famille, auxquels les ecclésiastiques sont invités. Comme dans ces cas les choses se passent sans scandale, la loi doit user d'indulgence.

Il est expressément défendu aux officiers de judicature de tenir cabaret: cette prohibition est fondée non-seulement sur l'indécence qui résulteroit de la possession d'un lieu propre à favoriser la débauche, tenu par celui qui est chargé par état de la condamner & de la détruire, mais encore sur la crainte qu'un juge n'abuse de son autorité sur ses justiciables, pour obtenir la préférence sur ceux qui font le même commerce.

Deux arrêts du parlement, l'un du 22 janvier 1672, rapporté dans les anciens mémoires du clergé, & l'autre du 28 avril 1673, rapporté au *Journal des audiences*, défendent également aux juges de fréquenter les cabarets, à peine de cinquante livres d'amende pour la première fois, & d'interdiction en cas de récidive. Ils leur défendent aussi d'y tenir leurs séances, & d'y faire aucun acte de jurisdiction. Plusieurs arrêts postérieurs ont même prononcé la peine de nullité, pour tous ceux qui sont faits ailleurs que dans les lieux destinés à cet effet, ainsi que nous l'avons dit sous les mots

AUDIENCE & AUDITOIRE. *Voyez* AUBERGISTE, HÔTELLERIE. *Voyez* aussi le *Dictionnaire de Finance*, par rapport aux réglemens d'aides qui concernent les *cabaretiers*.

CABASSET, s. m. (*terme de Coutume*) c'étoit une espèce d'arme défensive, en usage avant l'invention de la poudre à canon: elle servoit à couvrir la tête. Il paroît que son nom vient de l'espagnol *cabeça*, qui signifie *tête*. La coutume de Bayonne en fait mention, *tit. 6*, *art. 1*: elle en défend la vente, ainsi que de toute autre espèce d'armes, lorsqu'elles ont été achetées pour l'utilité commune de la ville. Elle défend pareillement aux ouvriers qui les fabriquent, & aux particuliers qui les ont achetées, de les vendre pour être transportées hors du royaume.

Les maîtres de navire, & les gens de leurs équipages sont obligés, avant de s'embarquer, de donner une déclaration des armes & munitions de guerre dont ils croient avoir besoin, & de prêter serment qu'ils n'en vendront pas, & qu'ils les rapporteront. Après leur retour, un échevin doit vérifier l'inventaire des armes fait avant leur départ, & s'il en manque, ils sont punis arbitrairement selon l'exigence des cas.

CABOTAGE, s. m. (*Code maritime.*) ce mot a deux significations. Il sert d'abord à désigner la navigation le long des côtes, de cap en cap, de port en port: en second lieu, on entend par ce mot la connoissance des mouillages, bancs, courans & marée que l'on trouve le long d'une côte.

On distingue les voyages sur mer en voyages de long cours, voyages de grand *cabotage*, & voyages de petit *cabotage*.

On appelle voyages de long cours, ceux aux Indes orientales, aux isles & au continent de l'Amérique méridionale & septentrionale, aux Açores, aux Canaries, à Madère, & généralement à tous les lieux qui sont au-delà des détroits de Gibraltar & du Sund.

Les voyages en Angleterre, Ecosse, Irlande, Hollande, Danemarck, Hambourg, & autres isles & terres en deçà du Sund; en Espagne, en Portugal, ou autres isles & terres en deçà du détroit de Gibraltar, sont censés voyages de grand *cabotage*.

Ces distinctions sont appuyées sur un réglement du 20 août 1673, confirmé par les articles 1 & 2 de l'ordonnance du 18 octobre 1740. Suivant le premier de ces réglemens, & celui du 23 janvier 1727, le petit *cabotage* étoit borné à la navigation de port en port, depuis Bayonne jusqu'à Dunkerque inclusivement; mais par l'article 3 de l'ordonnance de 1740, le petit *cabotage* a reçu beaucoup d'extension.

On regarde comme tel, 1°. la navigation des bâtimens expédiés des ports de Bretagne, Normandie, Picardie & Flandres, pour ceux d'Ostende, Bruges, Nieuport, Hollande, Angleterre, Ecosse & Irlande: 2°. celle qui se fait par les bâtimens expédiés dans les ports de Guienne, Saintonge, pays d'Aunis, Poitou, & isles en dépendantes, & qui est fixée depuis Bayonne jusqu'à Dunkerque inclusivement: 3°. celle des bâtimens expédiés dans les ports de Bayonne & de S. Jean de Luz, à ceux de S. Sébastien, du Passage & de la Corogne, jusqu'à Dunkerque aussi inclusivement: 4°. à l'égard des bâtimens expédiés dans les ports de Provence & de Languedoc; il répute navigation au petit *cabotage*, celle qui se fait depuis & compris les ports de Nice, de Villefranche, & de la principauté de Monaco, jusqu'au cap de Creuz: 5°. on doit, suivant l'article 4, regarder comme petit *cabotage*, tous les voyages qui ne sont pas compris dans les deux premiers articles de la même ordonnance, & que nous venons de spécifier.

Cette distinction entre les voyages de long cours, & ceux de grand & de petit *cabotage* est absolument essentielle; parce que aux termes des réglemens & ordonnances de la marine, la manière de recevoir les capitaines & patrons des bâtimens, & les examens qu'on leur fait subir sont différens, suivant l'espèce de navigation à laquelle est destiné le vaisseau qu'ils doivent commander.

Suivant l'ordonnance de la marine, nul ne peut monter un bâtiment, pour un voyage de long cours, ou pour le grand *cabotage*, en qualité de capitaine, patron ou maître, qu'il ne soit âgé de vingt-cinq ans; qu'il n'ait navigué cinq ans entiers sur des vaisseaux marchands; qu'il n'ait fait deux campagnes sur les vaisseaux du roi, dont il doit rapporter la preuve, par un certificat du commissaire aux classes, & qu'il n'ait subi un examen, pour faire connoître sa capacité dans l'art de la navigation.

Cet examen se fait en présence des officiers de l'amirauté. Le professeur d'hydrographie interroge le récipiendaire sur la sphère & la navigation: après quoi, quatre anciens maîtres ou capitaines l'interrogent sur la manœuvre; & si ensuite on le juge capable, les officiers de l'amirauté le reçoivent, & lui font expédier ses lettres. Il leur est dû, pour cette expédition, quatre livres au lieutenant, les deux tiers au procureur du roi, quarante sous au greffier, non compris son expédition.

Les officiers d'une amirauté ne peuvent recevoir maîtres ou capitaines, que des mariniers établis & habitués dans l'étendue de leur jurisdiction: s'il s'en présente un, domicilié dans le ressort d'une autre amirauté, il est tenu de rapporter un certificat des officiers de cette amirauté, visé par le commissaire du département, qui justifie qu'il a les qualités requises. Un arrêt du conseil du 7 avril 1736 a cassé la réception d'un maître de bâtiment, faite par l'amirauté de Louisbourg, en la personne de Jean Avice, natif de S. Malo, qui n'avoit justifié ni son âge, par son extrait de baptême, ni ses capacités, par le certificat des officiers de l'amirauté de S. Malo.

A l'égard du petit *cabotage*, tous les matelots & autres gens de mer, qui ont servi pendant quatre ans sur les bâtimens des sujets du roi, & qui en rapportent un certificat en forme de l'officier des classes de leur département ou quartier, peuvent être admis à commander des bâtimens destinés au petit *cabotage*. Ils doivent être reçus sans être assujettis aux formalités prescrites pour les capitaines de long cours, ou de grand *cabotage*, après avoir subi un examen sur la connoissance qu'ils doivent avoir des côtes, havres, ports & parages, compris dans l'étendue de la navigation du petit *cabotage*. Les frais de leur réception sont fixés à trente sous pour le lieutenant, vingt pour le procureur du roi, quinze pour le greffier, non compris son expédition. Il est défendu aux officiers des amirautés d'exiger de plus grands droits, sous quelque prétexte que ce soit, à peine de concussion & de restitution. Les greffiers sont même tenus de faire mention, au bas des lettres de réception, de la totalité des droits & frais qui auront été payés.

Ceux qui ont été reçus capitaines, maîtres ou patrons, pour commander des bâtimens destinés aux longs cours, ou au grand *cabotage*, peuvent commander des bâtimens destinés au petit *cabotage*, sans être assujettis à une seconde réception; mais il n'en est pas de même des capitaines reçus pour le petit *cabotage*, lorsqu'ils veulent commander dans les voyages de long cours ou de grand *cabotage*.

En 1746, le roi s'écarta de la disposition des réglemens qui concernent la réception des capitaines, relativement aux armemens en course. Par une lettre écrite à M. l'amiral, il déclara avoir permis aux négocians qui armeroient, pour la course, des bâtimens du port de cinquante tonneaux & au-dessous, d'en donner le commandement à tels officiers, mariniers & autres gens de mer qu'ils jugeroient à propos, sans qu'il fût nécessaire de leur faire subir aucun examen, ni de les faire recevoir capitaines, à la charge toutefois qu'après la course finie, ces sortes de gens continueroient d'être assujettis à l'ordre & discipline des classes, ne pourroient commander d'autres navires d'un port plus considérable, ni être réputés capitaines, qu'après avoir été reçus en cette qualité avec les formalités prescrites. *Voyez* NAVIGATION, VOYAGE, CAPITAINE.

CACHE. Ce mot se trouve dans la coutume de la ville de Lille, *art. 67*, où il est pris dans la signification singulière des gages & salaires d'un huissier. « Les sergens de la prévôté de la ville, porte cet » article, sont tenus de faire les deniers bons de » toutes les choses qu'ils ont vendues; & pour cet » effet ils doivent avoir pour leur *cache*, c'est-à- » dire, pour leur salaire, quatre deniers pour liv. ».

CACHEREAU, s. m. c'est un mot en usage dans le Cambresis; on le trouve dans le titre 26, *art. 9*, de la coutume du pays, où il signifie *titre*, *chartre*. « Il est nécessaire, y est-il dit, que celui qui pré- » tend dixme ou terrage sur un territoire, & de- » mande à être maintenu en possession, produise » un cartulaire ou *cachereau* authentique, & qu'il » y joigne la déposition d'un témoin irréprochable, » qui déclare l'avoir vu percevoir, notamment de- » puis dix ans, suivant tel titre ou *cachereau* ».

CACHET, s. m. (*Jurisprudence. Finance.*) c'est un petit instrument, qu'on peut faire de toute espèce de métaux, & de toutes les pierres qui se gravent. On s'en sert pour fermer des lettres, pour sceller des papiers, des ballots, des armoires, *&c.* par le moyen d'une substance fusible, telle que la cire ordinaire, & celle appellée d'Espagne, sur laquelle on l'applique.

On donne aussi le nom de *cachet* à l'empreinte formée sur la cire avec cet instrument.

Dans les actes civils, on se sert du mot de *sceller*, au lieu de celui de *cacheter*; & par cette raison nous renvoyons à l'article SCEAU, ce que nous avons à dire sur le mot *cachet*.

On trouve néanmoins ce dernier dans un arrêt du conseil du 17 mai 1740, qui ordonne à tous les capitaines de vaisseaux, barques ou allèges, françois ou étrangers, lorsqu'ils remontent à Rouen, de souffrir, à leur premier abord & mouillage sur les côtes de la rivière de Seine, l'apposition des plombs & *cachets* des commis de la ferme, sur les écoutilles de leurs navires, & de faire leur soumission de représenter à leur arrivée à Rouen, le même nombre de plombs & de cachets, sains & entiers, à peine de confiscation des bâtimens, & de trois cens livres d'amende.

La même peine est prononcée contre ceux qui remonteroient la rivière, chargés de marchandises, sans que les écoutilles aient été plombées & *cachetées*.

Le même arrêt excepte seulement le cas où les plombs & *cachets* auroient été rompus par une nécessité urgente, pour éviter la perte du bâtiment, & le dépérissement des marchandises. Le fermier est alors autorisé à faire interroger, sous la foi du serment, l'équipage du bâtiment.

Les contestations qui naissent à cet égard, doivent être portées en première instance pardevant le commissaire départi dans la province de Rouen, & par appel, au conseil.

CACHET, (*lettres de*) *Droit public.* c'est le nom qu'on donne en France à des lettres émanées du souverain, signées de lui, & contresignées d'un secrétaire d'état, écrites sur simple papier, & pliées de manière qu'on ne peut les lire sans rompre le *cachet* dont elles sont fermées.

Ces lettres sont très-différentes de celles qu'on appelle *lettres-patentes*: ces dernières sont ouvertes, n'ayant qu'un seul repli au-dessous de l'écriture, qui n'empêche pas de lire ce qu'elles contiennent.

On tient communément que Louis le Jeune est le premier de nos rois, qui, outre le grand sceau royal, dont on scelloit dès-lors toutes les lettres-patentes, eut un autre scel plus petit, dont il scelloit certaines lettres particulières, qui n'étoient pas publiques comme les lettres-patentes. Les lettres scellées de ce sceau étoient appellées *lettres closes*.

Le petit scel étoit porté par un des chambellans, tandis que le grand sceau étoit entre les mains du grand référendaire, ou chancelier de France.

Outre

Outre ce petit scel, nos rois se servoient encore d'un petit *cachet*, appellé autrefois *petit signet*. Le roi le portoit lui-même, & c'étoit ordinairement l'anneau qu'il avoit au doigt.

Le roi l'appliquoit aux lettres-patentes, pour faire connoître qu'elles étoient émanées de sa volonté, & scellées de son ordre. Ce fait est prouvé par des lettres-patentes, adressées à la chambre des comptes, du 16 juin 1349, par deux lettres closes ou de *cachet* des 19 & 27 juillet 1367, adressées au parlement de Paris, & aux avocat & procureur généraux, & par une ordonnance de Charles V du dernier février 1378.

Ces lettres, appellées dès-lors *lettres de petit cachet*, étoient employées pour manifester la volonté du roi, à l'égard des assignations d'arrérages, dons, transports, aliénations, échanges, gages des officiers & commensaux, *&c.*

Les ordonnances d'Orléans, de Blois & de Moulins défendent d'avoir aucun égard aux lettres closes ou de *cachet*, accordées sur le fait de la justice; ce qui est conforme à une première ordonnance du mois de juin 1316, par laquelle Philippe-le-Long, régent du royaume, veut, « qu'en fait de justice, on n'ait aucun égard à lettres missives; que le grand sceau du roi y est nécessaire, parce que les chancelier de France & maîtres des requêtes sont institués à la suite du roi, pour être le premier œil à la justice, dont le roi est débiteur; le second œil étant les officiers ordonnés dans les provinces pour l'administration de ladite justice ».

On trouve néanmoins quelques lettres de *cachet* enregistrées au parlement: telle est celle de Henri II du 3 décembre 1551; mais il faut qu'elles ne contiennent que des ordres particuliers, & non des réglemens nouveaux.

Lorsque le roi juge à propos, en adressant à son procureur général des édits, déclarations, *&c.* de les accompagner d'une lettre de *cachet* portant ses ordres pour l'enregistrement, elle doit être présentée aux chambres, avec les édits ou déclarations, conformément à une déclaration du roi du 24 février 1673.

Les lettres de *cachet* ne s'emploient aujourd'hui que dans deux circonstances : 1°. pour enjoindre à certains corps politiques de s'assembler, & de faire quelque chose, ou pour leur enjoindre de délibérer sur certaines matières. Elles ont aussi quelquefois pour objet l'ordre qui doit être gardé dans certaines cérémonies publiques, auxquelles différentes compagnies sont invitées par les ordres du roi.

2°. On se sert de la forme des lettres de *cachet*, pour intimer à quelqu'un un ordre, un commandement ou avis de la part du prince; leur objet le plus commun est d'envoyer quelqu'un en exil, ou de le faire enlever & constituer prisonnier.

Le premier exemple des lettres de *cachet* de cette dernière espèce, est l'ordre donné par Thierri ou par Brunehaud, contre S. Colomban, pour le faire sortir de son monastère de Luxeuil, & l'exiler dans un autre lieu jusqu'à nouvel ordre.

L'on ne peut se dissimuler que l'usage des lettres de *cachet* est devenu très-abusif; qu'il donne lieu à une multitude d'injustices criantes, & que la bonté & la bienfaisance de Louis XVI mettront un frein à l'usage de ces lettres, en vertu desquelles on enlève à un citoyen sa liberté, sur la délation d'un seul de ses ennemis, sans lui faire connoître les motifs de sa détention, les délits dont on le charge, & sans lui donner les moyens de se justifier.

Il est vrai néanmoins qu'en suivant l'esprit de l'article 91 de l'ordonnance d'Orléans, celui qui a été privé injustement de sa liberté, en vertu d'une lettre de *cachet*, surprise à l'autorité souveraine, peut demander à faire preuve de cette injustice; & s'il la prouve, il obtient des dommages & intérêts proportionnés à l'offense, & au préjudice qui lui ont été faits. La jurisprudence des arrêts est conforme à l'esprit de l'ordonnance, & l'on trouve dans la collection de jurisprudence un arrêt rendu au parlement de Paris, le 9 juin 1769, qui condamne en six cens livres de dommages & intérêts un fils, qui avoit sollicité injustement une lettre de *cachet* contre sa mère, & qui l'avoit fait renfermer pendant deux ans. Un arrêt du même parlement, rendu le 9 avril 1770, condamna en vingt mille livres de dommages & intérêts le comte de la Tour du Roch, qui avoit procuré, sans motif suffisant, l'enlévement de la comtesse de Lancize.

Les lettres de *cachet* contiennent 1°. le nom & les qualités de celui à qui elles sont adressées; 2°. l'ordre que le roi lui donne; 3°. la signature du roi & le contre-seing d'un ministre. La souscription est faite à celui ou à ceux à qui elles sont adressées.

Elles sont ordinairement portées à leur destination par quelque officier de police, ou même par quelque personne qualifiée, selon l'état & le rang de ceux à qui elles s'adressent.

Le porteur de la lettre de *cachet* dresse un procès-verbal de l'exécution de sa commission, en tête duquel il transcrit la lettre; au bas il se fait donner par celui à qui il la donne, une reconnoissance de la remise qu'il lui a faite. S'il ne rencontre pas la personne à qui est adressée la lettre de *cachet*, il dresse un procès-verbal de sa perquisition.

Il nous reste à observer qu'on ne peut recevoir aucunes recommandations, soit pour dettes, soit pour autres motifs, lorsqu'un homme est détenu prisonnier en vertu d'une lettre de *cachet*; ensorte que dès l'instant de la révocation de cette lettre, il ne peut être retenu en prison en vertu d'autres recommandations.

CACHOT, s. m. (*Droit criminel.*) c'est dans les prisons un lieu souterrein, voûté, obscur, destiné à renfermer les malfaiteurs & les criminels, accusés de crimes capitaux, ou rebelles aux ordres de la justice.

L'ordonnance de 1670 défend aux geoliers de

mettre les prisonniers dans les *cachots* sans un ordre du juge, à moins que ce ne soit pour prévenir quelque accident fâcheux, ou lorsque l'on craint la violence d'un prisonnier. Dans ces cas le geolier doit en faire promptement son rapport au juge, afin qu'il ordonne ce qu'il estimera devoir être fait.

On doit visiter au moins une fois par jour les *cachots*, & les geoliers sont tenus d'avertir les procureurs du roi, ou ceux des seigneurs, des prisonniers malades qui y sont renfermés, afin qu'ils soient visités & transférés ailleurs, si le juge l'ordonne.

On ne doit permettre aucune communication entre ceux qui sont enfermés dans les *cachots ;* il est sévérement défendu aux geoliers de leur laisser passer aucune lettre ou billet.

Il n'y a que le juge criminel, & non celui qui a la police des prisons, qui puisse ordonner qu'un accusé sera mis au *cachot*. Il y a, à cet égard, un arrêt de réglement du premier septembre 1717, rendu pour les prisons du ressort du parlement de Paris. Cependant, dans les cas de trouble & de révolte dans les prisons, le juge, à qui la police en est confiée, a le droit de faire mettre au *cachot* les prisonniers rebelles & séditieux.

On ne doit jamais renfermer dans les *cachots* les femmes, quel que soit le crime dont elles sont accusées : on peut cependant les mettre au secret, c'est-à-dire, leur interdire toute communication avec d'autres personnes.

Louis XVI, dont le nom ne sera jamais prononcé sans attendrissement, ainsi que celui de Henri IV, a jetté aussi un regard paternel sur ces lieux d'horreur & de misère. La même loi qui a ordonné la séparation des personnes retenues pour dettes ou autres causes civiles, d'avec les accusés de crime, veut aussi qu'on répare les lieux destinés à renfermer ces derniers ; qu'on supprime ces *cachots* souterreins où l'air & la lumière ne pouvoient pénétrer ; & qu'on accorde à ces victimes infortunées toutes les commodités qui peuvent s'accorder avec la sûreté publique.

CACIQUE, f. m. (*Droit public.*) c'est le nom que les peuples de l'Amérique donnoient aux gouverneurs des provinces, & aux généraux des troupes, sous les anciens yncas du Pérou.

Les princes ou chefs des diverses peuplades des isles de Cuba & de Saint-Domingue portoient aussi le même nom, lorsque les Espagnols s'en emparèrent.

Les sauvages le donnent toujours par honneur aux plus nobles d'entre eux, quoique ce titre soit éteint, quant à l'autorité, parmi les peuples soumis aux nations européennes ; mais les chefs des Indiens libres & indépendans l'ont retenu.

CADASTRE, f. m. (*terme de Finance & de Commerce.*) En terme de finance, on appelle *cadastre*, un registre public, dans lequel est contenu le dénombrement des habitans d'une province, & des biens fonds qu'ils y possèdent, ensemble la quantité, la valeur, l'estimation & le nom du propriétaire de chaque fonds. Ces registres sont en usage dans la Provence & le Dauphiné, & dans les autres pays d'état où les tailles sont réelles. Le mot *cadastre*, en ce sens, est synonyme à celui d'*affouagement*, usité pareillement en Provence, & à celui de *fouage*, dont on se sert en Bretagne. *Voyez* AFFOUAGEMENT, FOUAGE.

En terme de commerce, les habitans de la Provence & du Dauphiné donnent quelquefois le nom de *cadastre* au journal ou registre sur lequel ils écrivent chaque jour, les affaires de leur commerce, & le détail de la dépense de leur maison.

Les *cadastres*, pris dans la première signification que nous leur avons donnée, s'étendent à tous les héritages d'une province, & sont faits pour parvenir à l'assiette de l'impôt nécessaire pour les besoins de l'état, & en cela, ils diffèrent des terriers, qui sont également un dénombrement des héritages & des arrière-fiefs soumis à un seigneur particulier, mais qui ne contiennent que les droits & les redevances dus à la seigneurie dont ces héritages relèvent.

Origine des cadastres. L'usage des *cadastres* doit remonter au premier gouvernement, qui a établi des règles pour imposer les citoyens en proportion de leurs facultés. Il n'est pas possible de faire une juste répartition des tributs entre les contribuables, si l'on ne connoît la juste valeur des biens que chacun d'eux possède.

Nous ne connoissons pas de *cadastres* dans les anciennes républiques de la Grèce ; ils eussent été inutiles, pour déterminer ce que chaque citoyen devoit payer à la patrie, puisqu'il n'avoit rien qu'il ne desirât lui donner.

Les Romains, dont les loix ont servi de modèle à tous les états qui leur ont succédé, avoient établi l'usage des *cadastres*. Leur histoire & leurs loix nous apprennent que les tributs publics consistoient en deux espèces d'impositions, dont l'une étoit une taxe réelle, à raison de chaque arpent, & à laquelle on donnoit le nom de *cens*, *census ;* la seconde, une capitation par tête.

Pour asseoir l'imposition du cens, on dressoit des registres ou des recensemens, dans lesquels on inscrivoit métropole par métropole, cité par cité, les noms des habitans, leur âge, leur condition, la qualité & la nature de leurs biens.

Ces dénombremens procuroient plusieurs avantages. En les consultant, le gouvernement étoit instruit du nombre des citoyens, de celui de leurs esclaves & de leurs richesses. Il lui étoit facile de tirer les recrues nécessaires pour les armées, sans fouler un canton au préjudice d'un autre, & enlever à l'agriculture les bras qui lui étoient nécessaires. Dans les besoins de l'état, l'imposition assise en vertu de cens, se trouvoit répartie avec une exactitude qui mettoit l'égalité entre les contribuables, & leur ôtoit les inquiétudes auxquelles les expose une imposition arbitraire.

Le cens se faisoit publiquement à Rome par

les censeurs, & étoit renouvellé tous les cinq ans. Dans les provinces, il étoit rédigé par les officiers municipaux, ou les décurions de chaque cité, qui le faisoient approuver par le gouverneur de la province. Tous ces registres étoient ensuite déposés dans les archives publiques, comme des actes qui faisoient foi en justice. On peut consulter sur la forme & les règles de ces *cadastres*, les titres du code Théodosien, *de div. rescrip. de exaction. de censu sive adscript. de muner. & honor.* & du code Justinien, le tit. *de muner. patrim.*

On conserve encore en Italie des *censimenti* ou *cadastres*, qu'on dit avoir été rédigés par les ordres des empereurs romains.

Les relations de la Chine nous apprennent que les *cadastres* sont en usage chez eux : on les fait remonter à la plus haute antiquité. Ce sont les plus beaux & les plus utiles monumens entrepris par le gouvernement, non seulement pour la perception de l'impôt, mais encore pour tout ce qui concerne l'augmentation de la richesse publique.

Le *cadastre* chinois est fait sur le plus grand plan topographique qui ait jamais été exécuté. Il contient le dénombrement des habitans, de toutes leurs terres, & de leurs revenus, dont on prelève depuis le trentième jusqu'au dixième, suivant la qualité du sol. Il sert aussi de base aux projets utiles pour augmenter la valeur des productions. C'est d'après lui qu'on a déterminé quelles étoient celles dont la culture étoit la plus lucrative & la plus nécessaire pour la subsistance des hommes.

C'est aussi à l'aide des plans topographiques, nécessaires à la confection de ce *cadastre*, qu'on a dirigé la conduite des canaux de navigation qui réunissent toutes les rivières de la Chine, & ceux d'arrosement, qu'on regarde, avec raison, comme la principale cause de la fertilité des terres de ce vaste empire.

Les Anglois, à l'imitation des Chinois, font lever, sur une échelle d'un douzième de ligne pour toise, un plan topographique de leur isle, qui doit non seulement corriger les cadastres anciens, mais aussi conduire aux recherches de la plus grande utilité pour l'administration publique.

Des cadastres en France. Quelques savans publicistes François soutiennent que sous Clovis, & sous les rois de la première race, au moins dans les terres du domaine, la première branche du tribut public provenoit des terres évaluées par des *cadastres*. Leur sentiment paroît appuyé par deux passages de Grégoire de Tours, où il parle de descriptions & de dénombremens faits sous les règnes de Chilperic & de Childebert le jeune, pour imposer les taxes sur leurs sujets.

Ce sentiment paroît d'autant plus probable, qu'il y a tout lieu de croire que Clovis & ses successeurs ont suivi, dans la levée des impôts sur les Gaulois & les Romains, les mêmes formes & les mêmes usages établis sous la domination romaine; qu'ils en ont conservé les *cadastres* & les dénombremens, & qu'ils les ont fait renouveller en différens temps.

L'usage des *cadastres* a subsisté sous la seconde & la troisième race de nos rois, au moins dans les provinces où ils sont encore aujourd'hui en usage. La preuve s'en tire d'un capitulaire de Charles-le-Chauve de 864, des ordonnances du 29 novembre 1273, 7 janvier 1306, du roi Jean de 1360, des 22 juin 1372, & 1392, & 21 mars 1402. Il existe même encore dans ces provinces des *cadastres* antérieurs au règne de Charles VII.

Du cadastre de Languedoc. Ce n'est qu'un registre où se trouve l'évaluation des héritages. On lui donne le nom de *compoix*. L'impôt y est subdivisé en livres, sous, deniers, oboles & mailles, ensorte que la taille d'une communauté se monte à une somme exprimée par ces monnoies idéales : la communauté distribue ensuite sa quote-part entre ses habitans, selon la nature & la valeur de ses possessions.

Tout propriétaire d'héritage paie, sans égard à son domicile ni à sa qualité personnelle de noble, d'ecclésiastique, d'officier, de citadin, de campagnard. Les seules terres nobles sont privilégiées & exemptes de tailles. Les terres de cette espèce ont été déterminées par une ordonnance de Philippe de Valois, & par les réglemens de Louis XII & de François I.

Il y a aussi de semblables registres pour la taxe des maisons, & de l'industrie sur les marchands & artisans, afin que toutes les sortes de biens contribuent aux charges publiques, & que l'impôt soit réparti proportionnément aux facultés de chaque contribuable.

Le *cadastre* général de la province n'a pas été renouvellé depuis le quinzième siècle; mais celui des propriétaires, habitans d'une même communauté, se renouvelle tous les trente ans.

Pour le renouveller les états choisissent des commissaires, qui sont autorisés par un arrêt du conseil à visiter les propriétés de chaque communauté, & à en faire l'estimation : le résultat de leur opération est rapporté & vérifié dans l'assemblée générale des états : il est ensuite approuvé par un second arrêt du conseil. De manière que le gouvernement, ainsi que l'administration de la province, savent toujours de quelle façon on a opéré, & quel est le produit de l'opération.

Du cadastre de Provence. Le *cadastre* général de cette province s'appelle *affouagement*; les seuls biens roturiers y sont inscrits pour y être imposés à la taille. Il est indifférent qu'ils soient possédés par des roturiers ou par des nobles & ecclésiastiques; car les nobles & le clergé paient la taille à raison des biens roturiers qu'ils possèdent, & les roturiers en sont exempts lorsqu'ils ne possèdent que des biens nobles.

Le *cadastre* se renouvelle tous les trente ans, & avec les mêmes formalités qu'en Languedoc. Dans l'année de ce renouvellement on assemble la communauté pour savoir s'il ne reste aucune plainte sur la fixation particulière de chaque contribuable, afin d'y faire droit sans délai. La vérification terminée, le *cadastre* est accepté par le conseil, & dès ce jour chaque propriétaire connoissant la valeur de son bien, sait combien il doit supporter de livres de *cadastre*, & par conséquent dès que l'on publie à combien doit se monter l'impôt général de la province, chaque particulier peut calculer lui-même ce qu'il doit payer.

Lorsqu'il arrive quelque mutation dans la personne des propriétaires, une note écrite à la marge du *cadastre*, indique aux collecteurs que c'est au nouveau propriétaire à payer la partie de l'impôt due par cette portion.

Des cadastres de Dauphiné, d'Artois, de Bourgogne, d'Agen, de Condom, d'Aix & de Bretagne.

Le *cadastre* général du Dauphiné a été renouvellé en 1699, par M. Douchu, alors intendant de cette province. Il est renommé par le soin & l'application avec lesquels il y a été fait. Il est aussi en forme de registres, appellés *affouagement*, comme en Provence.

Dans la province d'Artois on paie des centièmes, qui sont un impôt réel réparti sur une ancienne estimation des biens, semblable aux anciens *cadastres*. Ce sont les états qui, d'après le *cadastre* des revenus, fixent la quantité & la portion de centièmes que chaque héritage doit supporter.

La Bourgogne n'a pas de *cadastre* général. Dans quelques territoires où la taille est réelle, elle se perçoit sur d'anciennes estimations, d'après les réglemens des élus généraux nommés par les états.

Agen, Condom & Aix, où l'on perçoit la taille réelle, ont aussi des *cadastres*. On les renouvelle rarement, il y a des endroits où ils ne l'ont pas été depuis un siècle. C'est l'intendant qui a la police de tout ce qui les concerne, qui nomme les experts chargés de l'estimation, & enfin qui, dans les cas d'accident, exempte d'impôt les communautés souffrantes.

En Bretagne le *cadastre* est à-peu-près semblable à celui de Languedoc, & produit les mêmes effets. Les biens fonds sont divisés en un certain nombre de feux qu'on appelle *fouage*. *Voyez ce mot.*

Du cadastre de Montauban. Ce *cadastre*, dressé d'après les réglemens faits par M. Colbert, divise la généralité de Montauban en douze mille feux, chacun de cent *étincelles* ou *belluques* : on répartit l'impôt sur ce pied, sans que les communautés puissent être chargées à cause d'une augmentation de population, ni déchargées à cause d'une diminution. S'il arrive quelque accident, l'intendant obtient une diminution de tailles pour soulager les communautés affligées, ainsi que cela est arrivé en 1700.

L'imposition est assise sur tous les biens, soit qu'ils appartiennent au clergé ou à la noblesse : elle est aussi assise sur l'industrie, sur les fonds de marchandises, sur les meubles, sur les deniers à intérêt, & sur les rentes constituées.

Le *cadastre* n'affranchit de l'impôt, que les biens annoblis avant 1600, & y assujettit tous les autres, même ceux qui ont été annoblis par lettres-patentes vérifiées, sauf à pourvoir au dédommagement des propriétaires.

La répartition sur les communautés n'augmentant ni ne diminuant, à raison des augmentations ou diminutions de la population, chacun est intéressé à augmenter ses feux, & à n'en laisser en friche aucune partie. Par cette raison il est permis de s'emparer des terres abandonnées, à condition de les mettre en culture : le propriétaire négligent ne peut plus y rentrer après trois années expirées.

Les arrêts de la cour des aides de Montauban & du conseil ont maintenu dans toute sa vigueur l'ordonnance rédigée par M. Colbert.

Du cadastre de l'isle de Corse. Après la cession de cette isle, faite par les Génois au roi de France, on a commencé un *cadastre* en vertu de plusieurs arrêts du conseil. Le but de ce travail est d'asseoir avec justice & égalité un impôt réel, de connoître, par une recherche exacte, en quoi consiste l'étendue des domaines fonciers, & des droits du roi dans cette isle, de procurer enfin, aux habitans, des actes authentiques qui établissent leurs légitimes possessions, & qui suppléent aux titres primordiaux détruits par les désastres de la guerre.

Les réglemens rendus pour la confection de ce *cadastre*, veulent qu'il soit levé sur une échelle d'un huitième de ligne par toise, une carte topographique de tous les terreins qui composent l'étendue & le district de plusieurs communautés, qu'on nomme dans le pays *piéves* : que cette carte représente, le plus exactement qu'il est possible, la configuration & l'étendue du terrein, leur contenance & leur mesure en arpent, & subdivision d'arpent; que chaque article de ces plans soit marqué de numéros contenant un canton ou une subdivision de canton, qui correspondent à des cahiers d'explication, sur la nature & sur la qualité des terreins représentés par les cartes.

Les géometres employés à ce *cadastre* doivent former l'arpent de cent perches de superficie, & la perche doit avoir vingt pieds mesure de roi.

Utilité & nécessité des cadastres. Notre histoire fait assez connoître les avantages que les *cadastres* procurent aux provinces où ils sont admis, pour l'assiette & la répartition des impôts. Mezerai a demontré les inconvéniens des impôts indirects & personnels, & l'on ne peut douter qu'on ne sentît, dès le régne de Louis XIII, la nécessité d'avoir des mémoires & des *cadastres* qui fissent connoître les revenus des citoyens, & établissent un juste équilibre dans la distribution des charges de l'état.

Tout le monde convient qu'il n'est pas possible de fixer le genre des impositions, & les moyens de les percevoir les plus simples, les plus avantageux au souverain, & les moins onéreux aux peuples, sans connoître avec exactitude le nombre des habitans, leurs facultés, leurs possessions, & tout ce qui est compris sous ces deux dénominations.

Cette vérité n'avoit pas échappé à Colbert, & c'étoit pour acquérir les connoissances nécessaires à un ministre des finances, qu'il forma des projets de réglemens pour la confection générale d'un *cadastre* de la France. Il devoit contenir le dénombrement des habitans de chaque élection, celui des citadins, des laboureurs, des artisans & des manœuvres : la quantité des terres bonnes, médiocres & mauvaises, la nature des différens biens, les revenus du clergé séculier & régulier, les communes des villes & des communautés.

Ces projets ont occasionné la confection du *cadastre* de Montauban dont nous venons de parler, les mémoires des intendans sur leurs généralités, publiés par M. de Boulainvillers ; & les projets de l'abbé de S. Pierre, relatifs à la taille tarifée, auxquels on prêta d'abord beaucoup d'attention, & qu'on mit dans la suite au rang des rêves d'un homme de bien.

Il paroît qu'on s'occupa sérieusement, sous le règne de Louis XV, de la confection d'un *cadastre* général. Le roi rendit, au mois de novembre 1763, une déclaration qui invitoit les parlemens, les chambres des comptes, les cours des aides, à envoyer des mémoires contenant leurs vues sur les moyens de perfectionner & de simplifier l'établissement, la répartition, le recouvrement, l'emploi & la comptabilité de tout ce qui compose l'état des finances.

Elle annonçoit, qu'après l'examen de ces mémoires, le roi adresseroit à ses cours, pour y être vérifiés en la forme ordinaire, des réglemens pour procéder à la confection d'un *cadastre* général de tous les biens fonds du royaume, de quelque nature & qualité qu'ils fussent, sans en excepter aucuns, sous quelque prétexte que ce fût, même ceux du domaine de la couronne, des princes du sang, du clergé & des nobles.

Après cette déclaration on essaya de dresser le *cadastre* de quelques élections. On suivit trois plans différens : on devoit, dans une élection, établir la perception de la taille ou de la dixme en nature, suivant le systême de M. de Vauban : dans une autre, la répartition se fit sur un *cadastre* dressé sur des registres d'évaluation, ainsi qu'il se pratique dans le Languedoc & autres provinces : dans une troisième, on devoit asseoir l'imposition d'après un *cadastre* fondé sur un plan détaillé de chaque héritage. Mais, par une fatalité attachée souvent à l'exécution des meilleures vues, cet essai n'a pas eu le succès qu'on en attendoit, & il a fallu renvoyer à des temps plus favorables la confection d'un *cadastre* général. Ne doutons pas que Louis XVI, après avoir terminé glorieusement une guerre entreprise pour assurer à toutes les nations commerçantes la liberté des mers, ne s'occupe tout entier des moyens de procurer à ses sujets les soulagemens dont ils ont besoin, en faisant exécuter les vues paternelles de son aïeul.

Sans entrer dans le détail des motifs d'intérêts qui déterminent des particuliers & des corps à s'opposer à la confection d'un *cadastre* général, qu'il nous soit permis d'observer qu'il est absolument nécessaire ; que sa véritable base est un plan géométrique & topographique de toutes les paroisses du royaume ; qu'un pareil travail fourniroit au ministère un plan général & détaillé de toutes les possessions, & éviteroit aux citoyens une foule de procès au sujet des limites de leurs héritages.

Des règles observées dans les provinces où les cadastres ont lieu. 1°. C'est un principe généralement reçu que toutes les espèces de biens sont assujettis aux *cadastres*, à l'exception des terres qui étoient réputées nobles, ou dépendantes des bénéfices lors de la première formation du *cadastre*. Pour cette raison, une terre énoncée comme noble ou dépendante d'un bénéfice dans le renouvellement d'un *cadastre*, ne peut être exempte de taille si son exemption est vicieuse dans sa source, quand bien même elle seroit soutenue de la plus longue possession. C'est la disposition précise de l'article 17 de la déclaration de 1684, en vertu de laquelle M. le prince de Conti, propriétaire du domaine *des Prés*, dans la communauté de Pezenas, & M. de Choiseul, évêque de Mende, pour des terres de son évêché, n'ont pu s'exempter d'être cotisés à la taille pour raison de ces objets.

2°. Il est également de principe que les *cadastres* des communautés ne peuvent leur servir pour se soustraire aux droits dus aux seigneurs feudataires. L'objet des *cadastres* est de déterminer entre les habitans la quote-part que chacun d'eux doit supporter dans les impositions, & non de favoriser les prétentions qu'ils peuvent former contre des tiers. C'est par cette raison que le parlement de Provence ne les admet jamais comme titre contre les seigneurs, ce qui est d'autant plus juste, que les *cadastres* sont formés à l'insu & sans la participation des seigneurs, & que les communautés se feroient à elles-mêmes des titres.

Des réglemens généraux pour la confection des cadastres. Lorsqu'on forme ou qu'on renouvelle un *cadastre* par évaluation des biens, les propriétaires sont obligés à des déclarations, dans lesquelles ils doivent énoncer la situation, les limites, la nature, la qualité, la superficie de chaque canton, les droits actifs ou passifs qui se trouvent attachés à chaque bien déclaré, indiquer le nom du canton où il est situé, les titres des héritages, & la nature des revenus, la situation où il est par rapport aux rivières ou aux chemins, si des atterrissemens en ont changé la figure, si des accidens quelconques en ont détérioré la valeur.

Les commissaires du *cadastre*, & les officiers municipaux, se transportent sur les lieux & y vérifient les déclarations avant qu'on procède à l'estimation définitive de la valeur réelle des terres. Les experts, autorisés par des actes authentiques, avec l'agrément des intéressés, prêtent serment d'exercer leur charge avec attention, fidélité & probité. Ils peuvent même être rejettés sur les représentations des contribuables, s'ils ont de justes sujets de les récuser.

On dresse, dans le registre du *cadastre*, l'acte de la prestation de serment des experts. Ils forment un état de la qualité des terreins appartenant au public, comme les chemins, les fleuves, les rivières, les lacs, les communes destinées au pacage des bestiaux, & les terres abandonnées & qui ne sont pas susceptibles de culture. Ils dressent une liste alphabétique des noms de tous les propriétaires, à côté des numéros qui désignent chaque portion de terre; ils marquent en marge la qualité du terrein, le nombre d'arpens qu'il contient; & écrivent, en toutes lettres, l'évaluation à laquelle ils le portent, à raison de l'estimation qu'ils en font.

Si quelques particuliers se croient lésés, la plainte se vérifie sur le champ par de nouveaux experts, en présence des estimateurs; si elle est fondée, elle est corrigée aux frais de la communauté; si elle ne l'est pas, les frais en sont supportés par le plaignant. Dans le cas où il insiste pour une seconde vérification, il doit prendre la voie judiciaire, & spécifier la partie de terre qu'il prétend mal évaluée. En formant son instance, il est tenu de déposer les frais qu'elle occasionnera, & qui lui sont rendus lorsque sa demande est fondée.

Les ventes, les successions, & généralement toutes les manières de transmettre la propriété des fonds, causent continuellement des variations dans les propriétaires; par cette raison, chaque nouvel acquéreur est obligé, par les réglemens, d'en faire sa déclaration à la personne préposée pour la recevoir, & en dresser un nouvel article au registre du *cadastre*, soit à la suite du nom du dernier propriétaire, s'il se trouve dans la liste, soit en faisant un article nouveau à la fin du registre, & marquant à côté du numéro qui désignoit l'héritage, comment il est passé en d'autres mains.

Lorsque les *cadastres* sont faits d'après un plan géométrique des possessions d'une communauté, les réglemens obligent les ingénieurs qui y sont employés, à lever leurs plans dans un ordre suivi & successif, à se servir d'une échelle assez grande pour que l'on puisse indiquer les pieds, à distinguer les montagnes, les collines, les plaines, à en déterminer la surface. Avec ces précautions, les champs de la plus petite étendue peuvent être aussi bien détaillés que les grands, & on évite l'inconvénient de taxer un particulier à une taille trop forte, eu égard à l'étendue de ses possessions.

On retient, pendant un certain temps, le tiers des honoraires du géomètre, pour servir de caution & de sûreté, dans le cas où il se seroit glissé des erreurs sur ses plans. S'il s'élève quelques contestations à ce sujet, & que par une vérification nouvelle ses plans se trouvent inexacts, il est obligé d'en payer les frais & ceux de la nouvelle levée des plans. *Voyez* TERRIER, TAILLE RÉELLE.

CADAVRE, s. m. (*Droit civil, criminel & canonique.*) c'est ainsi qu'on appelle le corps d'une personne morte.

Nous réunirons dans un premier paragraphe ce que les loix civiles & ecclésiastiques ont ordonné par rapport à l'inhumation des *cadavres*, & à différens délits qui se commettent vis-à-vis d'eux: nous parlerons dans le second, des cas où le procès peut être fait à un *cadavre*; dans un troisième, du recelé des *cadavres* des bénéficiers.

Précis des loix concernant les cadavres. 1°. Il faut être bien assuré de la mort d'une personne, avant d'en enterrer le *cadavre*. Il est d'usage, suivant les réglemens de la plupart des diocèses du royaume, d'attendre vingt-quatre heures. Ce délai paroît bien court: ne seroit-il pas plus prudent de ne permettre d'ensevelir les morts qu'après l'expiration des vingt-quatre heures, & d'attendre encore quelque temps pour célébrer leurs obsèques? Il peut y avoir autant d'inconvéniens dans la pratique d'ensevelir les morts immédiatement après le dernier soupir apparent, que dans celle de les déposer promptement dans la terre.

On doit en dire autant de la permission que les chirurgiens prennent quelquefois, d'ouvrir les *cadavres* après le dernier soupir apparent. S'il est de l'intérêt public que les chirurgiens s'instruisent par l'inspection des *cadavres*, la loi doit veiller à ce qu'il n'arrive aucun abus, & qu'on ne sacrifie pas la vie d'un citoyen.

Dans les maladies contagieuses, dans le temps des chaleurs excessives, lorsque la putréfaction s'annonce avant les vingt-quatre heures, & que la mort est attestée par les gens de l'art, on peut, on doit même, sur leur certificat, procéder à l'inhumation avant l'échéance des vingt-quatre heures.

2°. Lorsque l'on trouve des *cadavres* dans les rues, les chemins, les rivières ou autres endroits, on est obligé d'en informer la justice du lieu, & on ne peut les inhumer qu'après que la visite en a été faite de l'ordonnance du juge, & qu'il a permis de procéder à l'inhumation. Il faut néanmoins observer que cette formalité n'est observée qu'à l'égard des personnes inconnues ou de celles qu'on peut soupçonner n'être pas mortes d'une mort naturelle: c'est le dispositif d'une déclaration du 5 septembre 1712, & d'un arrêt de réglement du premier septembre 1725. *Voyez* BLESSÉ, BLESSURES.

A Paris, il est d'usage d'exposer dans la basse geole du châtelet, qu'on appelle *la morgue*, les *cadavres* des personnes inconnues, qu'on trouve dans les rues ou dans la rivière. C'est le seul moyen de les exposer à la vue de ceux qui ont intérêt de les reconnoître, qui peuvent alors en réclamer la dépouille qui doit leur être restituée sans frais. Il y a à ce sujet un réglement du lieutenant criminel du châtelet, rendu, le 6 décembre 1736, sur les conclusions du procureur du roi.

3°. C'est un crime public de dépouiller les *cadavres* ou de les déterrer, soit par curiosité, soit par intérêt. On doit aux défunts de ne point troubler le lieu de leur repos après leur mort.

La loi salique, dit l'auteur de l'*Esprit des loix*, interdisoit à celui qui avoit dépouillé un *cadavre*, le commerce des hommes, jusqu'à ce que les parens, acceptant la satisfaction du coupable, eussent demandé qu'il lui fût permis de rentrer & de vivre dans la société.

La jurisprudence constante des parlemens est de condamner à des peines infamantes, & même afflictives ceux qui violent les sépultures. Un arrêt du 27 juin 1708, rapporté dans le *Journal des audiences*, prononça des peines infamantes contre plusieurs vassaux du comte de Beaujeu, qui avoient violé son tombeau. On connoît l'arrêt du 11 février 1711, rendu en faveur du duc de Lesdiguieres contre l'abbé & les religieux de S. Wast de Moreuil, qui avoient exhumé les corps des seigneurs de Crequi pour en voler les plombs. On pourroit rapporter un grand nombre d'autres arrêts qui ont condamné des fossoyeurs, les uns au blâme, les autres au bannissement, & même aux galères, pour avoir violé des sépulcres ou pour avoir vendu des *cadavres* à des chirurgiens. Il appartient bien à ceux-ci de demander des *cadavres*; mais il est défendu aux fossoyeurs de toucher à ceux qui sont inhumés.

4°. Les *cadavres* des personnes mises à mort par autorité de justice, sont ordinairement exposés sur les fourches patibulaires, afin que ce spectacle soit une leçon pour les vivans. On en excepte cependant les personnes du sexe, que les réglemens défendent d'exposer.

Le juge néanmoins qui préside à une exécution criminelle, est le maître de faire donner la sépulture à ces *cadavres*, lorsque certaines considérations l'exigent : il peut même en disposer en faveur des démonstrateurs en chirurgie.

5°. L'article 25 d'un édit du mois de mars 1707 ordonne aux magistrats & aux directeurs des hôpitaux de faire fournir des *cadavres* aux professeurs de médecine pour les démonstrations d'anatomie & pour les opérations de chirurgie; mais ceci ne peut avoir lieu que depuis le premier octobre jusqu'au premier avril, parce que c'est le temps de l'année où il n'y a pas d'infection à craindre.

Des cas où l'on fait le procès à un cadavre. C'est un principe général en matière criminelle, que toute accusation est éteinte par la mort de l'accusé, & qu'il n'est pas permis de continuer l'instruction contre son *cadavre*; ensorte que l'accusé qui décède pendant le cours de la procédure, même pendant le jugement de l'appel d'une sentence de condamnation, meurt en possession de son état.

Mais l'ordonnance de 1670, *tit. 22*, *art. 1*, en excepte trois espèces de crimes : celui de lèse-majesté divine ou humaine, de rebellion à justice à force ouverte, & du suicide.

A l'égard des crimes de lèse-majesté & de rebellion, il n'y a point lieu de procéder contre la mémoire du défunt, s'il n'a été prévenu du crime, c'est-à-dire, si l'accusation n'a pas été commencée, à moins qu'il n'ait été tué dans le temps même de sa rebellion. Quant au suicide, comme cet homicide réfléchi de soi-même est un crime, & que celui qui s'en rend coupable, ne peut être puni que par la flétrissure imposée à sa mémoire, le législateur a cru devoir permettre de faire le procès au *cadavre*, afin de servir d'exemple & d'en arrêter la multiplication. Mais il faut bien remarquer que le procès ne doit avoir trait qu'au suicide, & non aux autres délits dont le défunt pouvoit être prévenu.

On a plusieurs exemples de procès criminels, faits aux *cadavres*.

Lorsqu'on fait le procès à la mémoire d'un accusé prévenu du crime de lèse-majesté ou de rebellion, on suit la procédure dans l'état où elle étoit au moment de son décès, avec un curateur que le juge nomme d'office.

Mais, dans le cas de suicide, il faut, avant même la nomination d'un curateur, commencer par informer, afin de procurer au juge quelque certitude à cet égard. L'information doit être précédée d'une visite & d'un rapport de médecins & chirurgiens.

Ce n'est qu'après avoir rempli ces formalités, que le juge, en conformité de l'article 2 du titre 22 de l'ordonnance de 1670, doit nommer un curateur au défunt. Il peut nommer d'office qui bon lui semble; mais il doit donner la préférence à un parent, s'il s'en présente pour remplir cette commission, par la raison qu'un parent est plus à portée & mettra plus d'intérêt à défendre l'innocence du défunt, qu'un étranger.

Si le *cadavre* est encore extant, & que la procédure puisse être achevée sans crainte d'infection, on le conserve, sur-tout en fait de suicide, lorsqu'il y a lieu de lui faire subir l'ignominie publique d'être traîné sur une claie; autrement on en ordonne l'inhumation en terre bénite ou en terre profane, suivant les circonstances : ce qui doit être décidé par le tribunal auquel appartient la connoissance du crime. Autrefois, pour l'exécution de la condamnation qui devoit intervenir, on faisoit embaumer le *cadavre*, afin de le conserver, ou on le faisoit exhumer pour être traîné publiquement. Aujourd'hui on est revenu de cette pratique qui avoit trop d'inconvéniens, sauf à faire l'exécution en effigie.

Le curateur qu'on donne au défunt, doit, suivant l'ordonnance, savoir lire & écrire. On procède contre ce curateur en la manière ordinaire, comme on procéderoit contre l'accusé lui-même : on lui fait subir des interrogatoires, mais jamais sur la sellette. On récolle les témoins, on les confronte avec lui, parce qu'il peut avoir des moyens & des reproches à leur opposer : mais la condamnation ou l'absolution n'interviennent jamais que pour, ou contre la mémoire du défunt.

Il est du devoir du curateur d'employer tous les moyens de fait & de droit, capables de justifier la conduite du défunt, & de sauver sa mémoire & l'honneur de sa famille. Lorsqu'il y a lieu de croire que les premiers juges ne lui ont pas rendu justice, il est de son devoir d'interjetter appel de leur jugement. Il peut même y être forcé, aux termes de l'ordonnance, par quelqu'un des parens; mais, en ce cas, ce parent est obligé d'avancer les frais nécessaires pour la suite de l'appel.

Il résulte des dispositions de cette ordonnance, que l'appel des sentences de condamnation contre le *cadavre* ou la mémoire d'un défunt n'a pas lieu de plein droit, & que ces dispositions se réfèrent à celles de l'article 6 du titre 26 de la même ordonnance. Cependant il y a deux arrêts rapportés au nouveau recueil de réglemens, l'un du 2 décembre 1737, l'autre du 31 janvier 1749, suivant lesquels il paroît que le parlement de Paris établit pour maxime que les condamnations dont il s'agit, ne peuvent s'exécuter, dans les cas même où il n'y a point d'appel, que lorsqu'elles ont été confirmées par arrêt: c'est ce qu'il a encore jugé, à l'occasion d'un suicide, par un arrêt du 27 mars 1770, dont il a fait envoyer copie dans tous les bailliages du ressort pour y être lu, publié & enregistré.

C'est une question si le juge d'église peut prendre connoissance du procès qu'on instruit contre le *cadavre* ou contre la mémoire d'un ecclésiastique: les sentimens étoient partagés autrefois; mais aujourd'hui on pense communément que le juge d'église n'a rien à y voir, parce que son jugement ne pouvant avoir trait qu'à des peines canoniques qui ne sauroient s'appliquer à un *cadavre*, il seroit fort inutile qu'il fût appellé à la procédure. Telle est la jurisprudence du parlement de Dijon & de celui de Paris. On sait qu'un docteur de Sorbonne s'étant homicidé, le lieutenant criminel du châtelet de Paris prit seul connoissance du fait, & que le *cadavre* fut traîné sur la claie, sans que le juge d'église eût été appellé à la procédure.

Du recelé des cadavres des bénéficiers. Il arrive quelquefois que, pour cacher la vacance d'un bénéfice, & pour avoir par-là le temps de se pourvoir, on cèle la mort de celui qui en étoit titulaire, en recelant son *cadavre*. Cette pratique qu'on appelle *detestandæ feritatis*, est également condamnée, & par les loix de l'église, & par les loix de l'état.

« Défendons, dit l'article 56 de l'ordonnance » de 1539, la garde desdits corps décédés.... sur » peine de confiscation de corps & de biens contre » les laïques qui en seront trouvés coupables; & » contre les ecclésiastiques, de privation de tout » droit possessoire qu'ils pourroient prétendre ès » bénéfices ainsi vacans, & de grosse amende, à » l'arbitration de justice ».

Une déclaration du roi du 9 février 1657, en renouvellant cette disposition de l'ordonnance, autorisoit les évêques, leurs vicaires généraux & leurs officiaux à faire, dans les maisons des séculiers, la recherche des *cadavres* des gens d'église qu'ils soupçonnoient d'y être recelés, & à se faire assister d'un juge royal qui étoit obligé de leur prêter main-forte pour l'exécution de leurs démarches: ce qui parut un peu violent aux cours où cette déclaration fut envoyée pour être vérifiée, & les obligea d'en différer l'enregistrement. Il s'étoit déjà passé quatre ans qu'elle n'étoit point encore adoptée: le clergé voyant qu'elle éprouvoit des difficultés dans les parlemens, obtint des lettres de surannation, & fit adresser cette déclaration au grand-conseil par des lettres-patentes du 30 mars 1661, avec attribution de jurisdiction & interdiction à toutes les cours de parlement d'en connoître. Cette déclaration & les lettres-patentes y furent enregistrées le lendemain avec ces modifications: « que les perquisitions & exhumations » des corps des bénéficiers clandestinement gardés » ne *pourroient* être faites que par les juges royaux » des lieux, & de leur autorité; lesquels, à la ré» quisition des collateurs, *seroient* tenus de procéder » à ladite perquisition en présence de trois témoins » & desdits collateurs qui *pourroient* y assister, si bon » leur sembloit, ou autres, commis par eux à cet » effet; &, faute par les parens ou domestiques de » représenter lesdits bénéficiers malades, & de souf» frir lesdites recherches, leurs bénéfices *seroient* » censés vacans par ledit refus, en cas qu'ils *décé*» *dassent* de la maladie dont ils *étoient* détenus, & les » collateurs *pourroient* y pourvoir le même jour ».

Les exhumations permises par cette loi peuvent paroître singulières; il est pourtant vrai de dire que, dans ce temps-là, il n'étoit pas rare de trouver beaucoup de *cadavres* de gens d'église, qui avoient été salés, & dont on avoit rempli d'étoupes le ventre & l'estomac. Pour arrêter une pratique semblable, on crut qu'il n'y avoit pas de meilleur moyen pour reconnoître la fraude, que de permettre ces sortes d'exhumations.

Lorsque, sur le refus des parens ou des domestiques de représenter un bénéficier, le bénéfice a été conféré, la collation demeure valable pendant que subsiste l'incertitude si ce bénéficier étoit pour lors mort ou vivant; mais si, dans la suite, il se découvre qu'il étoit encore vivant, la collation est regardée comme non avenue, sans nuire ni préjudicier à personne.

Si celui qui a impétré le bénéfice du défunt dont on a recelé le *cadavre*, n'a eu absolument aucune part à ce délit, & qu'il ait été dans une entière bonne-foi, le fait d'autrui ne sauroit lui nuire en cette occasion.

Comme le dévolut a lieu pour crime de recelé, le dévolutaire présente requête au grand-conseil, où le fait du recelé est allégué. Il obtient permission d'informer à ses frais & à la requête du procureur général. Si le fait se trouve grave, on décrète & l'on instruit par récollement & par confrontation. Les amendes envers le roi & le bannissement sont les peines ordinaires que l'on impose aux coupables, autres que le pourvu, qui est puni par la privation du bénéfice.

Quand le fait d'un recelé est incidemment allégué dans une complainte bénéficiale, portée devant le juge ordinaire, ce juge peut également permettre d'en informer: il peut aussi donner cette permission, sans

ſans qu'il ſoit ſaiſi d'aucune action principale, lorſqu'il eſt requis par le collateur de ſe transporter chez le bénéficier malade, & il peut informer de la garde & du recélement de ſon *cadavre*. Mais, dans ce cas, comme dans tout autre, le procureur général au grand-conſeil peut y faire évoquer toute la procédure.

Le grand-conſeil ne s'écarte point des diſpoſitions des ordonnances, lorſqu'il eſt queſtion de prononcer ſur un fait de recelé. Il donna, le 20 mars 1734, au ſujet de la cure d'Eſpennes en Provence, un arrêt en forme de réglement, par lequel il eſt enjoint aux domeſtiques des bénéficiers décédés d'aller ſur le champ, à peine de punition corporelle, faire ſonner les cloches comme on a coutume de les ſonner pour les eccléſiaſtiques décédés; & il eſt expreſſément défendu aux ſonneurs, ſous la même peine, de s'y refuſer, à quelque heure du jour qu'ils en ſoient avertis.

Le ſieur Manſel, ayant été convaincu d'avoir recelé le *cadavre* du curé de Lingeſvres, fut privé du bénéfice du défunt par arrêt du grand-conſeil, en date du 26 ſeptembre 1735, & il fut ordonné que le domeſtique de ce bénéficier ſeroit admoneſté pour ne s'être point conformé au réglement dont nous venons de parler.

Le même tribunal, par un autre arrêt du 7 janvier 1751, a condamné un prêtre ſacriſtain de la paroiſſe de S. Paul de Lyon à être admoneſté, & à trois livres d'aumône, pour avoir pareillement recelé le *cadavre* d'un bénéficier. Il a été en même temps ordonné que le réglement du 20 mars 1734 ſeroit exécuté ſuivant ſa forme & teneur. *Voyez* CIMETIÈRE, MÉMOIRE, SÉPULCRE.

CADET, ſ. m., *en Droit*, eſt un terme de relation, ſynonyme à *puîné*, & ſe dit de tous les garçons nés depuis l'aîné.

Dans la coutume de Paris, les *cadets* des familles bourgeoiſes partagent également avec leurs aînés dans les biens roturiers. Dans d'autres coutumes, les aînés ont tout ou preſque tout. En Eſpagne, l'uſage, dans les grandes familles, eſt qu'un des *cadets* prenne le nom de ſa mère. (*H*)

CADET-GENTILHOMME, (*Code militaire.*) Louis XIV, en 1682, avoit créé pluſieurs compagnies de jeunes gentilshommes pour leur faire donner les inſtructions néceſſaires à un homme de guerre. Il payoit, par chaque compagnie, un maître de mathématiques, un maître à deſſiner, un maître de langue allemande, un maître à danſer, & deux maîtres d'armes.

Cet établiſſement n'a pas duré long-temps. On commença par exiger de chaque *cadet* une penſion annuelle de cent cinquante livres. Les frais néceſſaires pour ſolliciter en cour les lettres de *cadet* en rebutèrent pluſieurs, de manière qu'on reçut, dans ces compagnies, des jeunes gens qui n'étoient pas gentilshommes, pourvu qu'ils fuſſent d'une famille honnête, & que leurs pères vécuſſent noblement. En 1692, on ceſſa de faire des recrues pour ces compagnies, & elles furent anéanties dans l'eſpace de deux ans.

Louis XV rétablit pluſieurs de ces compagnies en 1726, mais elles ont été réformées lors de la guerre de 1733.

Louis XVI, par une ordonnance du 25 mars 1776, a établi, dans chaque compagnie d'infanterie, de cavalerie, de dragons & de chaſſeurs, autres néanmoins que les corps qui compoſent ſa maiſon, la gendarmerie & les onze régimens ſuiſſes, un emploi de *cadet-gentilhomme* pour ſervir de pépinière aux officiers de ſes troupes.

Pour être admis aux places de *cadet*, il faut être né d'un père noble, ou être fils d'un officier d'un grade ſupérieur, tel que celui de colonel, de lieutenant-colonel, de major ou de capitaine, & décoré de la croix de S. Louis; être âgé de quinze ans révolus, & ne pas excéder l'âge de vingt ans.

La nomination à ces places appartient aux colonels des régimens, qui préſentent les jeunes gentilshommes au ſecrétaire d'état du département de la guerre, qui, ſur les ordres du roi, leur expédie les lettres néceſſaires pour être pourvus. Le roi s'eſt réſervé de placer par préférence & à tour de rôle, dans tous ſes régimens, ſes élèves des nouvelles écoles militaires.

Les emplois de ſous-lieutenans doivent être remplis par les *cadets-gentilshommes* de chaque régiment, & l'ordonnance n'admet de dérogation à cette règle, qu'en faveur des pages attachés au ſervice du roi & de la reine.

Les nobles de race, nommés à une place de *cadet*, doivent adreſſer au miniſtre de la guerre leur extrait de baptême & leur certificat de nobleſſe, vérifiés & viſés par les commandans des provinces & les intendans des généralités: les fils d'officier doivent joindre à leur extrait baptiſtaire les atteſtations de ſervice de leurs pères.

Les *cadets-gentilshommes* doivent porter le même uniforme que les ſoldats, cavaliers, dragons ou chaſſeurs des régimens auxquels ils ſont attachés, avec cette différence que le drap qui les habille, doit être pareil à celui des bas-officiers, & que leur habit eſt orné d'une épaulette en galon d'or ou d'argent.

Ils ſont aſſujettis aux mêmes ſervices que le ſoldat, à l'exception des corvées: ils ſont réunis pour faire chambrée & ordinaire, ſous la conduite & inſpection d'un officier choiſi par le colonel. Ils ſont ſubordonnés aux officiers de leurs compagnies, & à tous ceux du régiment dans ce qui concerne le ſervice & la diſcipline militaire. Ils ne peuvent être punis que par les officiers ſupérieurs: lorſque les bas-officiers les trouvent en faute, ils doivent en rendre compte au capitaine de la compagnie, afin qu'il les puniſſe.

Avant de pouvoir être faits officiers, les *cadets* ſont obligés de paſſer ſucceſſivement par tous les grades de bas-officiers, d'en porter les marques diſtinctives, & d'en faire le ſervice comme ſurnuméraires. C'eſt aux commandans des régimens à déterminer le temps pendant lequel ils exerceront les fonctions de ces différens grades.

Les colonels sont tenus de suivre l'ordre d'ancienneté des *cadets-gentilshommes* pour les proposer aux emplois de sous-lieutenans, à moins qu'ils n'aient des raisons particulières d'en user différemment, dont ils doivent rendre compte au ministre de la guerre.

Les brevets de sous-lieutenans qu'on leur accorde, portent la même date que les lettres de *cadets-gentilshommes*; mais cette date antérieure n'influe pas sur leur rang d'officier dans le régiment, qu'ils ne prennent que du jour de leur nomination à l'emploi de sous-lieutenant.

L'ordonnance veut que les officiers aient en toute occasion pour les *cadets-gentilshommes* les égards convenables envers des jeunes gens de la même condition qu'eux, & qu'à l'exception des circonstances du service, ils les traitent en camarades. Elle défend aux bas-officiers, soldats, cavaliers, dragons ou chasseurs d'insulter de paroles ou de menacer un *cadet*; le coupable, dans ce cas, doit être arrêté sur le-champ, & puni par le commandant relativement à l'injure. Si l'offense est d'une nature très-grave, il doit être mis au conseil de guerre pour y être jugé suivant l'exigence du cas.

Les *cadets-gentilshommes* qui reçoivent des pensions de leurs familles, ne peuvent se dispenser de vivre en chambrée avec leurs camarades, ni se permettre aucune distinction de luxe, qui paroisse les élever au-dessus de l'égalité qui doit régner entre eux. Il est expressément recommandé aux commandans des corps de tenir la main à ce que cette disposition de l'ordonnance soit ponctuellement exécutée.

CADI, s. m. (*Droit public.*) c'est le nom qu'on donne aux juges des causes civiles chez les Sarrasins & chez les Turcs. Ce mot vient de l'arabe *kadi*, qui signifie *juge*. D'Herbelot écrit *cadhi*.

Le mot *cadi*, pris dans un sens absolu, dénote le juge d'une ville ou d'un village : ceux des provinces s'appellent *molla* ou *moulas*, quelquefois *moula-cadis* ou *grand-cadis*.

On peut appeller des sentences des *cadis* aux juges supérieurs. (*G*)

CADILESQUER *ou* CADILESQUIER, s. m. (*Droit public.*) c'est, chez les Turcs, le chef de la justice. Ce mot vient de l'arabe *kadi*, juge, & *aschard* avec l'article *al*, c'est-à-dire, *armée*, d'où s'est formé *kadilascher*, juge d'armée, parce que d'abord cet officier étoit juge des soldats.

Chaque *cadilesquer* a son district particulier. D'Herbelot en compte deux dans l'empire Ottoman : l'un de Romanie, c'est-à-dire d'Europe; le second d'Anatolie ou d'Asie. M. Ricaud en ajoute un troisième, qu'il appelle *cadilesquer* du Caire.

Les *cadilesquers* sont subordonnés au reis-effendi, qui est comme le grand-chancelier de l'empire.

CADUC, adj. (*Jurisprudence.*) se dit de ce qui, étant valide dans l'origine, est cependant devenu nul dans la suite à cause de quelque événement postérieur. L'on dit dans ce sens qu'une institution d'héritier ou un legs sont devenus *caducs* par la mort du légataire ou de l'héritier, arrivée avant celle du testateur. On dit aussi, dans le même sens, *caducité*. *Voyez* TESTAMENT, LEGS.

On appelle, en terme de coutume, *biens caducs*, ceux auxquels personne ne se présente pour succéder : &, dans ce sens, l'appellation des biens *caducs* est la même que celle des biens vacans.

Dans les auteurs de la basse latinité, le mot *caduc*, en latin *caducum*, signifie au contraire *hérédité*, ce qui échoit au légitime héritier, ce qui lui appartient pour sa portion héréditaire. C'est dans ce sens qu'on le trouve dans les chartres du douzième & du treizième siècle. On le trouve aussi dans la signification du droit de main-morte, dû aux seigneurs par les *hommes de corps*. *Voyez* MAIN-MORTE.

CAEN, (*Droit public*). *Voyez* NORMANDIE.

CAFÉ, s. m. (*Police. Commerce. Finances.*) c'est une sorte de fruit en forme de fève, qu'on rôtit, qu'on réduit en poudre, & dont on compose un breuvage qu'on nomme aussi *café*.

Nous laissons au Dictionnaire de botanique à décrire cette plante & ses effets, & à celui des finances à détailler les droits auxquels ce fruit est assujetti : nous nous contenterons de parler des endroits où l'on débite habituellement cette boisson, & qu'on appelle *cafés*, quoiqu'on y prenne toutes sortes de liqueurs.

Le *café* nous étoit connu dès le seizième siècle : mais ce n'a été que vers le milieu du dix-septième qu'il a commencé à devenir commun en Europe. Le commerce en a d'abord été libre à toutes personnes. Il a fait ensuite partie de celui des épiciers; à mesure que l'usage en est devenu plus fréquent, il s'est établi des maisons dans lesquelles on s'est avisé de le rôtir & d'en préparer la boisson. On en a formé un corps de jurande particulier sous le nom de *cafetiers* ou *limonnadiers*. Nous parlerons de leurs statuts sous le mot LIMONNADIER.

Les *cafés* sont devenus aujourd'hui nécessaires dans les grandes villes où il est à propos d'avoir des maisons qui soient le centre de la réunion des hommes, telles que les loges, les bourses, la comédie & autres. Les *cafés* peuvent être aussi utiles que les académies de jeu sont nuisibles. Ils ont un avantage considérable sur les cabarets, qui sont souvent le rendez-vous des libertins & des mauvais sujets.

La police doit les mettre sur le ton de la décence & de l'honnêteté, & les y maintenir; ils peuvent à ce moyen procurer aux honnêtes gens une récréation agréable, lorsqu'ils y trouvent une compagnie choisie & distinguée.

CAGOT, s. m. (*Coutume de Béarn.*) dans cette province & dans quelques cantons de la Gascogne, on appelle *cagots* ou *capots*, des familles qu'on prétend descendues des Visigoths qui restèrent dans ces cantons après leur déroute générale.

On les regardoit comme des ladres & des infects : la coutume leur défendoit, sous les peines les plus sévères, de se mêler avec le reste des habitans. Ils avoient dans l'église des sièges séparés ; & ils ne pouvoient y entrer que par une porte particulière. Leurs maisons étoient écartées des villes & des villages. Dans quelques endroits, ils n'étoient pas admis à la communion ; ils n'étoient pas reçus en témoignage, ou si on leur faisoit cette grace, on exigeoit sept d'entre eux pour un témoin ordinaire.

Les *cagots* étoient tous charpentiers : & on dit que c'est par un châtiment semblable à celui que les Israélites infligèrent aux Gabaonites, qu'ils sont tous occupés au travail des bois : ils ne peuvent s'armer que des instrumens de leur métier.

On fait venir leur nom de *caas Goths*, chiens de Goths : & cette dénomination injurieuse leur est restée avec le soupçon de ladrerie, en haine de l'arianisme dont les Goths, desquels ils descendent, faisoient profession.

En 1460, les états de Béarn demandèrent à Gaston d'Orléans, prince de Navarre, qu'il leur fût défendu de marcher pieds nuds dans les rues, sous peine de les avoir percés, & qu'il leur fût enjoint de porter un pied d'oie ou de canard sur leurs habits. On craignoit qu'ils n'infectassent, & l'on prétendoit annoncer par le pied d'un animal qui se lave sans cesse, qu'ils étoient immondes.

On les a aussi appellés *Geziatins*, de Giezi, serviteur d'Elisée, qui fut frappé de la lèpre.

Nous ignorons si ces marques de mépris & de haine subsistent encore avec la même force dans le Béarn. Malgré les lumières qui ont éclairé le dix-septième & le dix-huitième siècle, nous ne serions pas surpris de trouver, parmi le peuple de cette province, la même horreur pour les *cagots*, tant les haines populaires ont de force & de durée.

Le mot de *cagot* est aussi devenu synonyme à *hypocrite*, & l'on s'en sert habituellement pour désigner un faux dévot.

CAHIER, f. m. (*Droit public. Eaux & Forêts. Pratique.*) c'est, au propre, l'assemblage de plusieurs feuillets de papier blanc, ou écrits, pliés ensemble sans être attachés ni reliés.

On a transporté ce nom à des ouvrages qui se dictent sous cette forme : ainsi l'on dit *des cahiers de philosophie*, *des cahiers de droit*, &c.

En droit public, on appelle *cahier*, la supplique ou le mémoire des demandes, des propositions & remontrances que le clergé, les états généraux du royaume, ou les états particuliers d'une province font au roi. *Voyez* ASSEMBLÉE DU CLERGÉ, ASSEMBLÉE DES ÉTATS.

En terme d'eaux & forêts, on appelle *cahier des charges*, l'acte qui contient le détail des principales conditions d'une vente de bois, & des réglemens contenus dans l'ordonnance. On en fait lecture publiquement avant de procéder à l'adjudication. Si toutes les dispositions de l'ordonnance n'avoient pas été comprises dans le *cahier des charges*, l'adjudicataire ne seroit pas excusable d'y contrevenir, sous le prétexte qu'elles n'y auroient pas été exprimées, parce qu'il est censé les connoître toutes, & s'être obligé de s'y conformer. En effet, personne ne peut s'excuser d'ignorer le droit. *Voyez* ADJUDICATION, BOIS, VENTE.

Dans la procédure, on donne pareillement le nom de *cahier de charges* à l'acte qui contient le détail des conditions d'un bail judiciaire ou de la vente par décret d'un immeuble. *Voyez* BAIL JUDICIAIRE, DÉCRET, SAISIE-RÉELLE.

CAILLE, f. f. (*Eaux & Forêts.*) c'est une sorte d'oiseau un peu plus grand qu'une grive : elle quitte nos pays aux approches de l'hiver pour aller dans des climats plus chauds.

L'ordonnance de 1669, *tit. 30, art. 8*, défend à toutes personnes de prendre des œufs de *caille* en quelques lieux que ce soit, à peine de cent livres d'amende pour la première fois, du double pour la seconde, & du fouet pour la troisième.

CAÏMACAN *ou* CAÏMACAM, f. m. (*Droit public.*) c'est, dans l'empire Ottoman, un titre de dignité qui répond parmi nous à celui de *lieutenant* ou de *vicaire*. Ce mot est composé de deux mots arabes qui sont *caïm*, *machum*, *celui qui tient la place d'un autre, qui s'acquitte des fonctions d'un autre.*

Il y a pour l'ordinaire deux *caïmacans* ; l'un réside à Constantinople dont il est gouverneur, l'autre accompagne toujours le grand-visir dont il est le lieutenant. Il y en a quelquefois un troisième qui ne quitte jamais le grand-seigneur, & qu'on ne nomme qu'en l'absence du visir.

Le *caïmacan* de Constantinople en est proprement le gouverneur : il a rang après les visirs, & son pouvoir égale celui des bachas dans leurs provinces ; cependant il ne peut rien statuer sur l'administration de la justice ou le réglement civil, sans un mandement du visir.

Le *caïmacan* qui accompagne le visir, est comme son secrétaire d'état & le premier ministre de son conseil. Il n'exerce ses fonctions que quand il est éloigné du grand-seigneur ; elles sont suspendues, quand le visir est auprès du sultan.

Lorsque le grand-visir est engagé dans quelque expédition militaire, & que le grand-seigneur reste dans son serrail, ce prince nomme alors un des visirs du Kubbe, ou un bacha à trois queues, *rekiaf caïmacan*, c'est-à-dire, *député pour tenir l'étrier.* Cet officier est chargé, pendant l'absence du visir, de toutes les affaires qui regardent le gouvernement ; mais il ne peut créer de nouveaux bachas ni dégrader ceux qui le sont, ou en mettre aucun à mort. Son pouvoir cesse au retour du premier ministre. Il n'a nulle autorité dans les villes de Constantinople & d'Andrinople, tant que le sultan y est présent : mais, s'il s'en absente huit heures seulement, son autorité commence & va presque de pair avec celle du souverain. (*G*)

CAISSE, f. f. (*Finance. Commerce.*) ce mot se dit, au propre, d'un coffre de bois assemblé avec des clous ou des traverses clouées, ou autrement, fermant très-souvent à clef, & destiné, soit à renfermer des marchandises, soit à les conserver, soit à les transporter.

Par analogie, ce mot a un grand nombre d'acceptions. Presque tous les arts ont des objets auxquels ils donnent le nom de *caisse*. Dans le commerce on appelle ainsi le coffre-fort où le négociant enferme son argent, le cabinet du caissier, dans lequel il fait sa recette & sa dépense.

On a donné, en terme de finance, le nom de *caisse* à différens établissemens, tels que les *caisses* d'amortissemens, des arrérages, de crédit, d'emprunts, d'escompte, de Sceaux & de Poissy, du trésor royal. Nous allons donner un précis des réglemens qui concernent chacune de ces espèces de *caisses*.

CAISSE *des amortissemens*. Elle fut établie par l'article 14 d'un édit du mois de décembre 1764. On créa en même temps une chambre au parlement pour juger sommairement toutes les contestations qui naîtroient au sujet des remboursemens des dettes de l'état qu'on devoit y faire. Deux officiers de cette cour étoient nommés pour veiller aux opérations de la *caisse*.

Les propriétaires des rentes ou contrats dont le remboursement devoit s'exécuter à cette *caisse* furent obligés de représenter leurs titres de créances dans certains délais, qui furent prorogés jusqu'au premier juillet 1771.

Une déclaration du 7 janvier 1770 suspendit les remboursemens; les fonds qui devoient y servir durent être versés au trésor royal pendant l'espace de huit ans, pour y servir, année par année, au remplacement des sommes consommées par anticipation sur les revenus à échoir. Une autre déclaration du 30 juillet 1775 supprima entiérement la *caisse* d'amortissement, dont le trésorier n'a eu d'autre fonction, en 1776, que d'achever, en recette & dépense, les exercices de 1775 & des années antérieures, pour en compter à la chambre des comptes, suivant le réglement établi par l'édit de 1764.

Les propriétaires des créances sur l'état, qui devoient être remboursées par la *caisse* d'amortissement, avoient été déclarés déchus irrévocablement de leurs créances, s'ils n'en avoient pas représenté les titres avant le premier juillet 1771; mais par la déclaration du 30 juillet 1775, le roi a relevé de la perte de leurs capitaux, 1°. ceux qui n'avoient pu obtenir de nouveaux titres avant le premier juillet 1771 : 2°. les propriétaires des parties liquidées, dont la révision devoit être faite en exécution des lettres-patentes du 12 juillet 1768, qui s'étoient présentés avant le premier juillet 1772, & qui n'avoient pu, jusqu'à cette époque, établir la propriété de leurs rentes : 3°. ceux qui avoient obtenu de nouveaux titres avant le premier janvier 1772, & depuis, sur des certificats de liquidations antérieures, & qui les représenteroient avant la fin de décembre 1775.

Mais les uns & les autres ne devoient commencer à toucher leurs arrérages & intérêts qu'à compter du premier jour du semestre dans lequel ils se seroient mis en règle, & dans lequel leur créance auroit été reconnue & constatée.

Les parties de rentes qui provenoient des déclarations à faire par les receveurs des consignations, les commissaires aux saisies-réelles, & autres dépositaires publics; les contrats à cinq pour cent, provenant de la liquidation des offices sur les cuirs, & des jugemens de liquidations des offices municipaux, dont les titres n'avoient pas été représentés, n'ont pas eu besoin de la grace contenue dans la déclaration de 1775, parce que, aux termes de l'arrêt du 11 août 1772, ils devoient continuer d'être admis à la liquidation, sans avoir égard aux délais fixés par les déclarations du roi, & arrêts du conseil précédens.

La forme prescrite par l'édit de 1764, concernant les nouveaux titres a été abrogée par la déclaration de 1775. Les papiers & tout ce qui pouvoit concerner les opérations de la *caisse* d'amortissement ont été remis au greffe de la grand'chambre. On a validé les ordonnances expédiées par un seul officier de la *caisse* supprimée, quoiqu'elles eussent dû l'être par deux.

Le dixième d'amortissement, établi par l'édit de 1764, & qui se portoit à la *caisse* d'amortissement, continue de se percevoir, & doit être destiné à l'extinction des dettes de l'état, le produit s'en est versé entre les mains du trésorier de la *caisse* des arrérages, qui devoit, jusqu'au mois d'avril 1778, le porter au trésor royal.

Les petites parties de rentes de douze livres & au-dessous, employées dans les états du roi, ont dû être remboursées, en 1776, sur le pied du denier vingt, sur les quittances des propriétaires en la forme ordinaire, c'est-à-dire, en rapportant leurs contrats ou quittances de finance, avec mention de décharge, & en justifiant d'un certificat des conservateurs des hypothèques, qui attestent qu'il ne subsiste entre leurs mains aucune opposition sur les parties à recevoir. Le droit des conservateurs pour la délivrance de ce certificat, a été fixé à trente sous, quoiqu'il y ait plusieurs part-prenans.

CAISSE *des arrérages*, c'est celle qui est destinée à payer les rentes & les intérêts sur les tailles & les gabelles; les gages & augmentations de gages, appartenant aux communautés d'officiers ou autres: les taxations héréditaires désunies d'offices, & possédées par des tiers; les intérêts de finances d'offices anciennement supprimés; & les autres objets sur lesquels il a été passé de nouveaux titres en exécution de l'édit de décembre 1764.

Le paiement de toutes ces parties a été renvoyé à la *caisse* des arrérages par arrêt du conseil du premier avril 1774, afin d'en débarrasser les états du roi, qu'elles rendoient trop volumineux, & dont elles gênoient la comptabilité, singuliérement celle des recettes générales de finances.

Les paiemens de ces parties doit se faire des fonds provenant des deniers des tailles & autres impositions sur lesquelles ces mêmes parties sont assignées, sans néanmoins rien changer à l'assignat des fonds originairement destinés pour les acquitter, ni au régime des coutumes, villes & élections sur lesquelles elles sont assises, & qui les gouvernent, à moins qu'il n'y ait une reconstitution de ces parties, faite en vertu de la déclaration du 2 juillet 1765; parce qu'alors elles suivent le régime de la coutume de Paris.

CAISSE *de crédit*, c'est une *caisse* établie en faveur des marchands forains qui amènent à Paris des vins & autres boissons. Son premier établissement a été formé par un édit du mois de septembre 1719, qui porte que les marchands forains & autres pourront y recevoir sur le champ le prix de leurs vins & boissons, & y prendre crédit moyennant six deniers pour livre. Quant à ce qui concerne la police & l'administration de cette *caisse*, *voyez le Dictionnaire du commerce*.

CAISSE *des emprunts*. On a donné ce nom en France à une *caisse* publique établie à Paris dans l'hôtel des fermes générales du roi, où toutes personnes, françoises ou étrangères, étoient reçues à porter leur argent pour le faire valoir : on leur fournissoit une promesse solidaire, signée de quatre fermiers généraux préposés à cet effet, dans laquelle on comprenoit les intérêts de la somme.

Ces promesses étoient en blanc, & conséquemment payables au porteur: elles se payoient à leur échéance, c'est-à-dire, au bout de l'année, soit en les renouvellant, soit en retirant son capital.

Cette *caisse* fut d'abord établie en 1673, & fut supprimée vers la fin du même siècle; on la rétablit en 1702, ou, suivant M. le président Hénault, en 1707, & les intérêts réglés à huit pour cent. Les billets de cette *caisse* se multiplièrent prodigieusement pendant la guerre finie en 1713, ils furent convertis, en 1715, en billets d'état, & retirés du commerce par différentes voies, ainsi que nous l'avons dit *au mot* BILLETS *d'état*.

CAISSE *d'escompte*. Cette *caisse* fut établie à Paris par un arrêt du conseil du premier janvier 1767, avec création de soixante mille actions, à mille livres chacune, pour en faire les fonds. Un autre arrêt du conseil du 6 du même mois, porta l'établissement d'un dépôt volontaire des actions intéressées dans cette *caisse*. Il fut rendu deux autres arrêts du 19 du même mois, l'un concernant les actions acquises par les étrangers, & l'autre la nomination de ceux qui signeroient les coupons d'intérêts & les reconnoissances particulières pour les lots de ces mêmes actions.

Il y eut le 3 mai de la même année 1767, des lettres-patentes enregistrées en la chambre des comptes, qui, entre autres dispositions, ordonnèrent que les gardes du trésor royal feroient dépense des fonds qu'ils payeroient aux caissiers de l'escompte, & que ceux-ci fourniroient, à la fin de chaque année, à ces gardes, l'extrait des balances de compte visé par M. le contrôleur-général. Mais cette *caisse* n'a pas subsisté long-temps; elle a été supprimée par un arrêt du conseil du 21 mars 1769. Il a été établi par le même arrêt des règles & un commissaire pour l'acquittement des capitaux, bénéfices & intérêts de toutes les actions qui composoient cette *caisse*, ainsi que pour la décharge du commissaire & des directeurs qui la régissoient. Par arrêt du conseil du 24 mars 1776, le roi a autorisé le sieur Jean-Baptiste-Gabriel-Bernard à établir une nouvelle *caisse* d'escompte, sous les conditions énoncées dans la requête de ce particulier. Il sera parlé de cet établissement *à l'article* ESCOMPTE.

CAISSE *de Sceaux & de Poissy*. La guerre que l'état eut à soutenir en 1689 donna lieu à un édit de création du mois de janvier 1690, de soixante offices de jurés-vendeurs de bestiaux, auxquels il fut attribué un sou pour livre de la valeur des bestiaux qui se consommeroient à Paris, à la charge de payer en deniers comptans aux marchands forains, les bestiaux qu'ils y ameneroient; ce qu'on présentoit comme propre à encourager le commerce & à procurer l'abondance en prévenant les retards auxquels les marchands de bestiaux étoient exposés en traitant directement avec les bouchers. Cette première tentative donna lieu à beaucoup de réclamations de la part des marchands forains & des bouchers. On représenta que la création des jurés-vendeurs de bestiaux étoit fort onéreuse au commerce, qu'il n'étoit besoin d'aucun agent intermédiaire entre les fournisseurs de bestiaux & ceux qui les débitoient au public, *&c.* On eut égard à ces représentations; & par une déclaration du 11 mars de la même année, les soixante offices de jurés-vendeurs furent supprimés.

Au bout de dix-sept ans, en 1707, dans le cours d'une guerre malheureuse, après avoir épuisé les ressources de toute espèce, on eut recours aux motifs qu'avoit présentés l'édit de 1690. On allégua que quelques particuliers exerçoient des usures énormes, & l'on créa cent offices de conseillers-trésoriers de la bourse des marchés de Sceaux & de Poissy, à l'effet d'avoir un bureau ouvert tous les jours de marché, pour avancer aux marchands forains le prix des bestiaux par eux vendus aux bouchers & aux autres marchands solvables. Ces officiers furent autorisés à percevoir le sou pour livre de la valeur de tous les bestiaux vendus, même de ceux dont ils n'auroient pas avancé le prix; ensuite ces offices furent supprimés à la paix, & le commerce reprit son cours naturel pendant trente ans.

Sur la fin de 1743, une nouvelle guerre porta le gouvernement à recourir aux mêmes ressources; on supposa qu'il étoit nécessaire de faire diminuer le prix des bestiaux en mettant les marchands forains en état d'en amener un plus grand nombre. On prétendit que le moyen d'y parvenir étoit de les faire payer en deniers comptans, & que cet avantage ne seroit pas acheté trop cher par la retenue d'un sou pour livre; mais quoique cette retenue fût établie sur toutes les ventes de bestiaux, la *caisse* fut dispensée, comme en 1707, d'avancer le prix de ceux qu'acheteroient les bouchers qui ne seroient pas d'une solvabilité reconnue; le terme du crédit, envers les autres, fut borné à deux semaines. Ces dispositions restreignoient presque l'utilité de la *caisse*, au droit d'un sou pour livre. Ce droit fut affermé, il a toujours continué depuis à faire partie des revenus de l'état.

Le roi régnant, en portant son attention sur cet établissement, a reconnu qu'il étoit contradictoire avec les effets qu'on avoit paru s'en promettre; que le droit de six pour cent, qui augmentoit d'environ quinze livres le prix de chaque bœuf, ne pouvoit que renchérir la viande, au lieu d'en modérer le prix, & diminuer en partie le profit des cultivateurs qui élèvent & engraissent des bestiaux; que d'ailleurs, il étoit contre les principes de toute justice, que les bouchers riches qui pouvoient payer comptant, fussent néanmoins forcés de payer l'intérêt d'une avance dont ils n'avoient pas besoin; & que les bouchers moins aisés, auxquels on refusoit ce crédit, lorsqu'on ne les croyoit pas assez solvables, fussent également forcés de payer l'intérêt d'une avance qui ne leur étoit pas faite. L'édit de création fixoit à quinze jours l'époque où les bouchers devoient s'acquitter envers la caisse; & faute de paiement, les fermiers de la *caisse* pouvoient les y contraindre même par corps, dans la troisième semaine; il en résultoit que l'avance effective des sommes prêtées, ne pouvoit jamais égaler le douzième du prix total des ventes annuelles; cependant l'intérêt en étoit payé, comme si l'avance du prix total de ces ventes étoit faite dès le premier jour de l'année & pour l'année complette.

C'est d'après ces considérations, que le roi, par un édit du mois de février 1776, a ordonné qu'à compter du premier jour de carême de cette même année, la *caisse* ou bourse des marchés de Sceaux & de Poissy demeureroit supprimée, sauf l'indemnité de l'adjudicataire des fermes générales, pour les sous pour livre compris dans son bail.

Mais, pour suppléer en partie à la diminution des finances du roi, dans la perte du sou pour livre de la valeur des bestiaux destinés à l'approvisionnement de Paris, établi par l'édit de décembre 1743, & des quatre sous pour livre de ce droit établi en sus par l'édit du mois de décembre 1747, il devoit être perçu jusqu'au premier jour de carême de 1780, aux barrières & aux entrées de Paris, cent sous pour chaque bœuf; trois livres dix sous pour chaque vache; onze sous dix deniers quatre cinquièmes pour chaque veau; six sous pour chaque mouton; & six deniers dix-sept vingtièmes pour chaque livre de viande, bœuf, vache & mouton. Les droits pour chaque livre de veau, doivent être diminués au total de six deniers seize vingt-cinquièmes, & réduits au même pied que ceux par livre de bœuf, vache ou mouton; & il est dit que ce droit d'entrée ne pourra donner lieu à aucun premier ni second vingtième, ni à aucun ancien ou nouveau sou pour livre, droits d'offices, don gratuit, droit de garre & sou pour livre, en faveur de l'hôpital général de Paris, d'aucun titulaire d'offices, d'aucune régie, ni de l'adjudicataire des fermes.

Le fermier de la *caisse* supprimée est autorisé à retirer, dans les délais accoutumés, les sommes dont il a pu être en avance au moment de la suppression, avec le droit de poursuite & le privilège dont il a joui jusqu'alors pour la rentrée de ses fonds.

Il est permis aux bouchers & aux marchands forains qui amènent des bestiaux, de faire entre eux telles conventions qu'ils jugeront à propos, & de stipuler tel crédit que bon leur semblera. Il est libre en même temps à ceux qui ont régi la *caisse*, & à tout autre particulier, de prêter aux conditions qui seront réciproquement & volontairement acceptées, leurs deniers aux bouchers qui croiront en avoir besoin pour soutenir leur commerce.

CAISSE *du trésor royal.* C'est le lieu même où l'on porte dans les coffres du roi le produit net, après toutes charges payées, de ses revenus formés de toutes les recettes générales ou particulières, excepté les taillons & les décimes qui ne se portent point au trésor royal.

Ce que nous entendons aujourd'hui par *trésor royal*, étoit ce qu'on appelloit *l'épargne*, sous François I; & même autrefois le trésor royal se nommoit *secret royal*, & le trésorier *bailli de la secrette.*

Il y a des greffiers conservateurs des saisies & oppositions formées au trésor royal; on peut voir à ce sujet deux édits, l'un du mois de mai 1706, & l'autre du mois de juillet 1734. Les oppositions qui se font entre les mains des gardes du trésor royal, au paiement des deniers dus à des particuliers, doivent être signifiées par des huissiers de la chaîne ou du conseil. *Voyez* TRÉSOR ROYAL.

CAISSE *de feu*, (*Droit public.*) dans plusieurs villes d'Allemagne, on donne ce nom à des associations particulières, par lesquelles un certain nombre de citoyens se garantissent mutuellement leurs maisons contre les incendies.

On se cotise d'abord pour rassembler un petit fonds, à l'effet de frayer aux menus frais de l'établissement. Chaque propriétaire taxe sa maison à un prix juste & équitable; on inscrit cette taxe sur un registre déposé à l'hôtel-de-ville, sous l'autorité de la police, qui donne au propriétaire un billet d'assurance qui constate la valeur de sa maison.

S'il arrive un incendie, les magistrats de police examinent le dommage & déterminent la valeur, & font une répartition générale sur toutes les maisons des associés, dont chacun paie sa contribution au prorata de ce que sa maison est taxée.

Cette forme de faire contribuer au marc la livre pour la réparation du dommage, nous paroît préférable à celle d'imposer annuellement chaque maison inscrite, pour former de ces sommes un fonds capable de faire face aux accidens. C'est effectivement une contribution sourde qui mine le citoyen, & qu'il est possible de détourner à d'autres usages. D'ailleurs, cette dernière méthode rend les citoyens indolens sur les incendies. S'il arrive un accident, le dommage est réparé, & chacun n'en paie ni plus ni moins. Les secours sont bien plus efficaces, quand chaque habitant sait qu'il est obligé d'ouvrir sa bourse, pour contribuer au dédommagement de celui qui perd.

En Angleterre, il n'y a pas de *caisses de feu*, mais le gouvernement y a autorisé des compagnies d'assurance, qui assurent les cas d'incendies, pour les maisons, les meubles & les effets. On leur paie tant pour cent par an, des effets assurés.

Ces compagnies suivent à-peu-près le même plan que les *caisses de feu*. Comme elles sont directement intéressées à la conservation des maisons, les mesures qu'elles ont prises contre les accidens du feu sont admirables, & les secours qu'elles y apportent aussi prompts qu'efficaces.

CAISSIER, s. m. (*Finance. Commerce.*) c'est celui qui tient un état des revenus & des deniers d'une compagnie, & en rend compte, qui est en même temps chargé de la recette & de la dépense. *Voyez* RECEVEUR, TRÉSORIER.

CAIUS, CAIA, (*Jurispr. Romaine.*) ces deux mots chez les Romains formoient un nom propre de famille; mais ils les employoient aussi en général & sans additions, pour signifier un homme & une femme. On s'en servoit particulièrement dans les fêtes nuptiales: ceux qui conduisoient la nouvelle épouse dans la maison de son mari, lui faisoient prononcer ces mots, *ubi tu caius, & ego caia*, *où tu seras caius, je serai caia*.

Cette expression, ainsi que le remarque Plutarque, signifioit que la femme participoit aux biens civils & religieux de son mari, ainsi qu'au gouvernement de la famille, & que *caius* étant maître, *caia* devoit être également maîtresse.

On voit que dans cette cérémonie les mots de *caius* & de *caia* correspondent à ceux de *pater* & *mater familias*, *père & mère de famille*. (G)

CALAIS, (*Droit public.*) *Voyez* PICARDIE.

CALATRAVA, (*Droit public.*) c'est un ordre militaire d'Espagne. Il fut institué en 1158, par Sanche, roi de Castille.

Les historiens en rapportent l'origine au bruit qui s'étoit répandu, que les Arabes venoient attaquer avec une armée formidable la ville & le fort de *Calatrava*. Les templiers, qui craignirent de ne pouvoir la défendre, la remirent au roi dom Sanche. Raimond, abbé de Fitero, de l'ordre de cîteaux, à la sollicitation de Diego Velasqués, religieux du même ordre, & homme de qualité, qui avoit du crédit à la cour, demanda & obtint du roi la défense de cette place.

Jean, archevêque de Tolède, ami de l'abbé de Fitero, excita les peuples par ses prédications, à se joindre à son ami. Plusieurs personnes se rendirent à *Calatrava*, & les Arabes perdant l'espérance de la forcer, abandonnèrent leur entreprise & ne parurent point.

Plusieurs de ceux qui étoient venus au secours de cette ville, entrèrent dans l'ordre de cîteaux, sous un habit plus militaire que monastique, ce qui donna naissance à l'ordre dont nous parlons. Il s'accrut beaucoup sous le règne d'Alphonse le noble.

Il eut pour premier grand-maître, dom Garcias de Redon, sous le gouvernement duquel le pape Alexandre III le confirma en 1164, six ans après son établissement. Innocent III l'approuva le 28 avril 1199. Ferdinand, du consentement d'Innocent VIII, réunit en 1489 la grande-maîtrise à la couronne, & depuis, les rois d'Espagne s'en qualifient administrateurs perpétuels.

Cet ordre possède quatre-vingts commanderies, dont la plupart sont données à des gens mariés.

CALCUL, s. m. (*Jurisprudence.*) c'est la supputation de plusieurs sommes ajoutées, soustraites, multipliées ou divisées. Ce mot vient du latin *calculus*, *petite pierre*, parce que les anciens se servoient de petits cailloux plats pour faire leurs supputations.

On adopta le même usage pour donner les suffrages dans les assemblées & dans les jugemens. On se servit aussi de ces petites pierres, ou *calculs*, pour distinguer les jours; les heureux étoient marqués d'une pierre blanche, & les malheureux d'une noire, *dies albo notanda lapillo*, dit Horace.

Cette manière de donner son suffrage passa des Grecs aux Romains, & on substitua bientôt aux pierres de petites pièces d'airain de la même figure. *Voyez* ARÉOPAGE.

En droit, les erreurs de *calcul*, qui se trouvent dans un compte, ne se couvrent jamais, même par transaction ou par arrêt. De quelque manière que s'arrête un compte, on sous-entend toujours, *sauf erreur de calcul*.

Il paroît que chez les Romains toutes les familles considérables avoient un officier chargé des comptes & des *calculs*, & de montrer aux enfans les principes & les usages du *calcul*; on le trouve nommé, dans plusieurs anciens jurisconsultes, sous le titre de *à calculis*, *à rationibus*.

CALE, s. f. (*Code maritime.*) sorte de châtiment usité sur les vaisseaux. C'est une espèce d'estrapade à laquelle on condamne, en mer, ceux de l'équipage qui sont convaincus d'avoir volé, blasphémé ou excité quelque révolte.

Suivant l'ordonnance de la marine, *liv. 2, tit. 1, art. 22*, le capitaine ou maître d'un navire doit prendre l'avis du pilote & du contre-maître, pour faire donner la *cale*, mettre à la boucle ou faire punir par d'autres peines semblables, les matelots mutins, ivrognes, désobéissans, ceux qui maltraitent leurs camarades, ou qui commettent d'autres délits & fautes semblables dans le cours d'un voyage.

Il n'est pas inutile de remarquer que l'ordonnance n'ayant accordé au capitaine d'un bâtiment, que durant le cours des voyages, le pouvoir de punir les matelots, il ne peut en user dans les ports, havres, grèves & rivières. Il est alors obligé de recourir à l'autorité de la justice ordinaire pour faire punir les délinquans. M. Valin n'est pas de cet avis, mais nous croyons qu'il se trompe, parce que les loix pénales ne peuvent recevoir aucune extension, & qu'elles doivent rester dans les limites où le législateur les a circonscrites. D'où il suit que l'ordonnance n'ayant accordé au capitaine la jurisdiction sur les matelots que pendant le voyage, il n'en a aucune lorsque le vaisseau est dans un port ou une rade.

On distingue deux espèces de *cales*, la *cale* ordinaire & la *cale* sèche.

Dans la *cale* ordinaire, on conduit le criminel vers le plat-bord, au-dessous de la grande vergue, là on le fait asseoir sur un bâton qu'on lui passe entre les jambes, afin de le soulager : il embrasse un cordage auquel ce bâton est attaché, & qui répond à une poulie suspendue à un des bouts de la vergue. Trois ou quatre matelots hissent cette corde le plus promptement qu'ils peuvent, jusqu'à ce qu'ils aient guindé le patient à la hauteur de la vergue ; après quoi, ils lâchent le cordage tout-à-coup, ce qui le précipite dans la mer. On lui attache quelquefois un boulet de canon aux pieds, afin que la chûte soit plus rapide, ce qui n'a lieu que dans le cas où le délit est grave ; on réitère même cette chûte jusqu'à cinq fois.

On appelle *cale sèche*, quand le criminel est suspendu à une corde raccourcie, qui ne descendant qu'à quelques pieds de la surface de l'eau, empêche qu'il ne plonge dans la mer : c'est une espèce d'estrapade.

Dans tous les cas, ce châtiment est rendu public par un coup de canon, qu'on tire pour avertir tous ceux du vaisseau ou de la flotte, d'en être les spectateurs.

Les Hollandois ont en usage une espèce de *cale* que l'on doit mettre au nombre des peines capitales : ce châtiment est rude & dangereux, car le moindre défaut de diligence ou d'adresse de la part de ceux qui tirent la corde, ou quelque autre accident, peuvent être cause que celui que l'on tire se rompe bras ou jambe, & même le cou.

Ils appellent cette peine *donner la grande cale* ou *donner la cale par-dessous la quille*. On mène le coupable au bord du vaisseau, on y attache une corde à laquelle il est lié par le milieu du corps, ou bien on amène la vergue sur le vibord, & ayant mis le coupable sur le bout, on y attache la corde : on met quelque chose de pesant autour de son corps, ou on l'attache à ses pieds. La corde est aussi longue qu'il faut pour passer sous la quille du vaisseau ; un des bouts est tenu de l'autre côté par quelques-uns des plus forts matelots de l'équipage, & l'autre est attaché au vibord ou à la vergue. Le criminel, à l'ordre qu'en donne le quartier-maître, étant jetté à la mer, ceux qui tiennent la corde à l'autre bord du vaisseau, la tirent le plus vîte qu'ils peuvent, de sorte qu'il passe avec la plus grande rapidité dans l'eau sous la quille. On recommence de même, & on le jette autant de fois que la sentence le porte.

CALEMBERG, (*Droit public d'Allemagne.*) principauté d'Allemagne en basse Saxe, appellée le *pays d'Hanovre*, & faisant partie du grand duché de Brunswick.

En exposant ce qui concerne cette principauté, nous croyons devoir suppléer à l'omission de l'article BRUNSWICK, & rendre compte de ce qui est relatif à l'électorat de Hanovre.

Souverain. C'est l'électeur de Hanovre, dont la maison, ainsi que celle d'Est, ont pour souche commune le margrave Haro, qui possédoit Milan, Gènes, & plusieurs autres pays de la Lombardie : il épousa, en 1040, Cunégonde, héritière des biens qu'avoient possédés les Guelfes dans la Germanie & dans la Bavière. Nulle maison dans le monde n'a éprouvé, & n'éprouvera peut-être encore plus de révolutions, à l'exception de la maison d'Autriche ; nulle n'a jamais été plus puissante en Allemagne... la plupart des possessions qui, en 1235, restoient à cette maison, étoient allodiales. A cette époque, Othon le jeune les offrit à l'empereur & à l'empire. L'empereur (Fréderic II) les érigea en duché, en y joignant la ville de Brunswick, & donna ce duché en fief héréditaire à Othon & à ses enfans de l'un & de l'autre sexe.

Guillaume, descendant d'Othon, est l'auteur de la branche de Zell ou de Hanovre. Il mourut en 1592. Ernest-Auguste, son petit-fils, fut créé électeur un siècle après.

L'électorat fut principalement composé des principautés de *Calemberg*, de Zell, de Grubenhagen ; des comtés de Hoya & de Diepgolt.

L'électeur George-Louis y réunit, en 1705, la principauté de Lunebourg, le duché de Lavembourg, & la totalité du comté de Hoya. Il obtint la couronne de la Grande-Bretagne & d'Irlande en 1714, & acquit, en 1715, le duché de Brême & la principauté de Werden. Il a eu pour successeur au trône & à l'électorat George-Auguste son fils, & George III son arrière-petit-fils.

Dignité électorale. Sa création fit naître des contestations très-vives de la part d'un grand nombre d'électeurs, de princes, des catholiques, & des ducs de Brunswick-Wolfenbutel.

Les électeurs disoient que l'empereur n'avoit pas le pouvoir de créer un nouvel électorat sans leur consentement unanime : que d'ailleurs la bulle d'or en avoit déterminé le nombre, qui n'avoit été augmenté, lors de la paix de Westphalie, que dans une extrême nécessité.

On disoit, pour les catholiques, que c'étoit augmenter, à leur préjudice, le pouvoir des protestans dans l'empire.

Les princes ajoutoient, que c'étoit fait de leur collège, si on n'y conservoit les membres les plus puissans ;

puissans, si le pouvoir des électeurs n'étoit pas balancé par celui des princes : qu'il étoit temps de s'opposer aux suites des malheureux exemples donnés pour les électorats de Saxe & du Palatinat ; que l'on ne pouvoit, sans le consentement des princes, diminuer leur collège, & accroître celui des électeurs ; que si cet accroissement étoit de quelque utilité, il existoit d'autres maisons de princes, qui y avoient autant de titres que celle de Hanovre.

Enfin, le duc de Brunswick-Wolfenbutel se plaignoit, de ce qu'en attirant à sa maison la jalousie de cette nouvelle dignité, on l'eût conférée à une branche cadette plutôt qu'à la branche aînée ; que c'étoit lui enlever les droits de primogéniture, conservés depuis tant de siècles ; que l'on n'avoit pu, sans injure, l'exclure de la succession à l'électorat, dans le cas d'extinction de la ligne de Hanovre.

Mais le nouvel électeur répondoit, que la bulle d'or n'avoit pas fixé exclusivement le nombre des électeurs ; qu'il ne falloit pas s'arrêter à ce qui étoit utile, mais à ce qui étoit juste ; que les droits des différens collèges étoient trop bien fixés, pour qu'ils pussent être compromis par quelque changement dans le nombre de ceux qui les composoient ; que la création de la nouvelle dignité avoit été accordée plutôt aux services de la ligne de Hanovre en particulier, qu'à ceux de la maison de Brunswick, & que les privilèges de la dignité électorale ne détruisoient point les pactes domestiques.

De tels motifs ne persuadèrent point les opposans, qui formèrent des ligues dont l'objet étoit de faire annuller le neuvième électorat : on se proposoit même de recourir à l'alliance de la France garante du traité de Westphalie ; mais les esprits se calmèrent pendant la guerre de la succession d'Espagne, & l'électeur de Hanovre fut reconnu par tout l'empire en 1708.

L'office qui avoit d'abord été annexé à cet électorat, étoit celui de grand banneret de l'empire ; mais, sur les réclamations du duc de Wirtemberg, on donna, en 1710, au nouvel électeur, la charge de grand trésorier. L'électeur Palatin venoit de s'en démettre, pour reprendre celle de grand-maître d'hôtel, dont la branche bavaroise, mise au ban de l'empire, venoit d'être dépouillée.

Mais après le rétablissement du Bavarois, l'Hanovrien voulut conserver son office jusqu'à ce qu'il eût été pourvu d'un autre. Il en fit les fonctions, en l'absence du Palatin, aux couronnemens de Charles VII & de François I.

Cet office lui restera, au moyen de l'extinction de la branche bavaroise, qui a laissé à la maison palatine tous ses droits, & répudié par-là, ceux qu'elle avoit acquis par le traité de Westphalie.

Suffrages dans les assemblées de l'empire. Indépendamment de sa voix & séance dans le collège électoral, la maison d'Hanovre jouit de six suffrages dans le collège des princes, par rapport à Zell, à *Calemberg* & à Grubenhagen, & à cause des duchés & principautés de Brême, de Lawembourg & de Werden : cette maison a, en outre, trois voix dans les collèges des comtes de Westphalie, à cause des comtés qu'elle possède : elle a cédé une quatrième voix aux comtes de Platen.

Les électeurs ont le droit de nommer deux conseillers assesseurs à la chambre impériale, lorsque le nombre, au complet, en est porté à cinquante ; mais ce nombre étant actuellement réduit à vingt-cinq, le droit de l'électeur de Hanovre est pareillement réduit à la moitié.

Il a le directoire du cercle de la basse Saxe, alternativement avec Magdebourg, par rapport au duché de Brême, & le pouvoir de présenter un assesseur à la chambre impériale, lorsque la dignité électorale est occupée par le plus ancien de la maison de Brunswick.

Cette maison a le co-directoire avec Magdebourg & Brême ; elle a cinq suffrages de prince dans le cercle de la basse Saxe, & un pareil nombre dans celui de Westphalie, outre les trois suffrages de comte ; elle a l'alternative de l'évêché d'Osnabruck, avec un évêque catholique, le droit de protection sur la ville de Hildesheim ; & conjointement avec Brunswick-Wolfenbutel, le même droit sur la ville impériale de Goslard, sur l'abbaye de Corvey, & sur la ville de Hœrter en dépendante ; enfin celui de présenter un des quatre assesseurs de la chambre impériale, que le cercle de la basse Saxe est en droit de nommer.

Contingent. Chacune des principautés & chaque comté, dont jouit la maison de Hanovre, sont chargés d'une taxe matriculaire : cette maison fournit en outre par mois romains, pour ce qu'elle possède dans tous les cercles de l'empire, *pro quanto matriculari, & pro præstationibus & oneribus publicis*, soixante cavaliers & deux cens soixante-dix-sept fantassins ; ou bien, elle paie en argent mille huit cens vingt-huit florins ; elle acquitte encore, pour l'entretien de la chambre impériale, huit cens onze rixdales, cinquante huit & demie kr. Les duchés de Brême, de Lavembourg, & la principauté de Werden ont des taxes particulières qu'il faut payer séparément.

Gouvernement intérieur. Les pays possédés par l'électeur sont enclavés dans les cercles de la basse Saxe, de Westphalie & de la haute Saxe. Tous ces états pris ensemble contiennent près de sept cens milles géométriques quarrés ; ils forment la même étendue de pays, que la Prusse orientale, ou que le cercle de Suabe, ou que l'électorat de Saxe, ou que celui de Bavière. Le dénombrement de 1756 portoit sa population à sept cens cinquante mille ames.

Régence provinciale. Le conseil royal & électoral de Hanovre en fait les fonctions. Les affaires d'état, soit intérieures, soit extérieures, sont de son ressort. Il a le pouvoir législatif, promulgue les ordonnances, & accorde des privilèges au nom du souverain. Il est chargé de l'inspection supérieure sur les régaliens, sur les affaires de police. Il pourvoit aux appointemens des officiers de justice, accorde des lettres d'investiture, &c. Dans les affaires importantes, il envoie son avis au roi en Angleterre, & attend ses ordres.

Le pouvoir de ce conseil s'étend, non-seulement sur les pays électoraux, mais aussi sur les duchés de Brême, de Werden, de Lawembourg & de Halden. Ce conseil est composé de différens conseillers, qui se partagent entre eux les affaires; ensorte que chacun a un département particulier, sans toutefois qu'aucun d'eux décide aucun cas important, que de l'avis du collège : les quatre secrétaires privés sont chargés de la partie des impôts; ceux de la chancellerie délivrent les expéditions des affaires réglées, tant en matière gracieuse que contentieuse. Très-souvent on demande l'avis des états dans les matières qui intéressent la régence.

Etats. Ceux de la province de *Calemberg* ou de Hanovre sont composés 1°. des prélatures, qui sont les chapitres de Lockum, de Hameln, de Winestorf, & de plusieurs couvens : 2°. de la noblesse, de laquelle dépendent cent soixante-quatre corps de biens nobles, qui donnent entrée aux états à leurs possesseurs : 3°. des villes.

Ces états sont partagés en trois quartiers, Hanovre, Gottingue, Hameln & Lavenau. Les états de Lavenau faisoient partie, en 1640, du comté de Schavenbourg; mais la race des anciens comtes s'étant éteinte à cette époque, ils échurent à la principauté de *Calemberg*.

Les états s'assemblent tous les ans dans la ville de Hanovre. Ils y sont convoqués à jours certains, par le souverain ou par la régence. Ils composent entre eux un grand & un petit comité : chaque quartier a le droit d'y envoyer un conseiller provincial & du trésor, qu'il choisit; & la noblesse de chaque quartier deux députés provinciaux. La province a de plus un syndic & différens autres employés.

Jurisdictions. Il y a à Hanovre une chancellerie & une cour de justice. De la première relèvent les principautés de *Calemberg* & de Grubenhagen, & les comtés de Hoya & de Diepholtz : de la seconde, les mêmes pays, excepté la principauté de Grubenhagen. La ville de Zell est le siège de pareils tribunaux, pour la principauté de Lunebourg; & la ville de Stade, pour les duchés de Brême & de Werden. Le duché de Lawembourg relève de la régence & de la cour de justice établies à Ratzebourg, où sont aussi portés les appels des jugemens rendus aux sièges supérieurs de justice d'Otterndorf, dans le pays de Hadeln.

Les appels de tous ces collèges de justice se relèvent à la cour supérieure des appellations, établie à Zell, en 1711. Un conseiller du conseil privé y préside, & est à la tête de deux vice-présidens; l'un desquels se place sur le banc des nobles, l'autre sur celui des docteurs, les juges de ce collège étant partagés de la sorte; quatre d'entre eux sont nommés par l'électeur, les autres sont présentés par les provinces : deux par celle de *Calemberg*, un par celle de Grubenhagen, un par celle de Hoya & de Diepholtz, deux par celle de Lunebourg, & trois par celle de Brême & de Werden. La dernière place, créée en 1733, est occupée par un conseiller que les provinces présentent tour-à-tour.

Ce tribunal est pourvu d'un proto-notaire, de différens secrétaires, & de quelques employés à la chancellerie.

Les jugemens ou arrêts qui s'y rendent sont en dernier ressort; l'on n'en admet point d'appel à aucun tribunal de l'empire. La faculté qu'avoient les duchés de Brême & de Werden de s'y pourvoir, fut annullée par le traité de Westphalie, du consentement des états de ces duchés. Le privilège de *non appellando* a été confirmé en 1716, par Charles VI, quant aux états électoraux; & par François I, en 1747, quant au duché de Lawembourg.

La chancellerie de l'armée, appellée *commission de la guerre*, est formée de deux conseillers privés actuels, & de quelques autres de la guere. Elle administre dans l'armée, la justice civile; l'auditeur général & l'auditeur en chef, y font les rapports de semaine en semaine; mais ils n'y ont que la voix consultative; les appels en sont portés à la cour de Zell. Ce tribunal a la liberté de déférer aux autres tribunaux supérieurs les affaires qui intéressent le rang des officiers. La justice criminelle est rendue par les généraux ou autres chefs de l'armée. Le régiment des gardes du corps a une justice particulière, tant en affaires civiles que criminelles.

Chambre des comptes. Elle tient ses séances à Hanovre, elle est présidée par un conseiller du conseil privé, & composée de deux conseillers privés actuels, de cinq conseillers privés de la chambre, de deux pareils conseillers ordinaires, d'un maître des comptes, d'un secrétaire privé de la chambre, de quelques secrétaires ordinaires, d'un régistrateur & d'autres pareils officiers subalternes. Cette chambre administre les revenus de l'électeur.

Finances. Les revenus peuvent former annuellement trois millions de rixdales : ils dérivent des bailliages domaniaux qui sont affermés, des mines, des salines, & du produit des forêts & de la chasse; des postes & messageries; du monnoyage; de l'imposition sur les eaux-de-vie; des contributions qui se perçoivent dans les duchés de Bremen & de Werden.

Les provinces sont chargées de la recette des différentes sortes d'impôts, qu'elles perçoivent de diverse façon : en général on perçoit un impôt, appellé le *licent*, qui a pour objet la subsistance de l'armée. Celui appellé *schatz*, qui est destiné à l'extinction des dettes nationales, consiste dans une taxe assise sur les communautés & sur les particuliers, à cause des moutons, des grains & du pacage du gros bétail : cet impôt, ainsi que le produit des droits sur les chaudières servant à la confection des eaux-de-vie, se verse dans la caisse de la province. Les quatre grandes villes de la principauté de *Calemberg* sont exemptes du *schatz*, parce qu'elles ont acquitté dans le temps leur contribution pour l'acquit des dettes de l'état : leurs députés n'ont pour cette raison aucune influence dans le collège de cette recette.

Dans la principauté de *Calemberg*, les inspecteurs chargés de veiller sur la perception du *licent*, sont nommés par le souverain, & les commissaires par la province; les uns & les autres assistent aux comptes qui en sont rendus : les inspecteurs veillent sur la confection de la bière, & sur l'acquittement des droits; les commissaires répriment les fraudes & statuent sur les plaintes qui leur sont portées à cet égard. Toute personne de campagne au-dessus de 12 ans, paie deux muids de seigle, le *licent* se réduit à moitié pour celles âgées depuis quatre ans jusqu'à douze.

La contribution sur les nobles, sur le clergé, sur les forains, ainsi que le produit du timbre sur le papier, sont versés dans la même caisse que le *licent*.

Cet impôt, déduction faite de la dépense des gens de guerre, est employé aux autres dépenses de la province.

Le *magazin-gorn* est une autre sorte d'impôt assis sur cette province; les contribuables le paient tantôt en nature, tantôt en argent.

La caisse des invalides est formée, 1°. des revenus d'un an des fiefs devenus vacans, (sur lesquels il avoit été accordé une expectative) déduction des dettes & dépenses qu'exige l'exploitation des fiefs; 2°. de la douzième partie des appointemens nouvellement accordés aux employés civils; 3°. de la déduction de six pfenins par mois, qui est faite aux soldats, & qui leur est rendue, s'ils se retirent sans appointemens.

Dans la *caisse des couvens*, sont versés les revenus provenans des bailliages créés des biens-fonds des couvens sécularisés, la chambre des biens-fonds est gérée par un membre du conseil privé.

Religion. La *luthérienne* est en général dominante dans les états de l'électeur de Hanovre; cependant les réformés ont sept églises dans les pays électoraux, & sept communautés dans le duché de Breme : les *catholiques* ont à Hanovre une église & une école, où leurs prêtres ne peuvent faire de fonctions qu'après avoir été confirmés par l'électeur : leur religion est libre à Gottingue & à Hamlen. Ils ont une collégiale à Nœrten, un couvent à Marienrode, & à Vides-Hauzen un prêtre séculier qui ne peut exercer que dans une maison privée.

Les *Juifs*, autorisés & même protégés, ont droit de se choisir un rabin provincial qui dirige leurs synagogues, leurs loix, leurs cérémonies, qui a droit de se servir des voies de contrainte, de terminer à l'amiable les différends dans les matières auxquelles il leur est permis de le faire, par la loi judaïque.

La religion dominante a 750 paroisses, divisées en 43 surintendances particulières, qui elles-mêmes, sont subordonnées à sept autres générales : il y a quatre consistoires, un à Hanovre pour les états électoraux, un à Stade, un à Ratzebourg & un à Otterndorf.

Charges héréditaires, seigneuries, villes municipales, jurisdictions subalternes. La famille d'Olders Hausen possède la charge de maréchal héréditaire, dans les principautés de *Calemberg*, de Grubenhagen & de Wolfembuttel. Elle doit en être investie concurremment par les deux princes régnans de *Calemberg* & de Wolfembuttel.

La charge héréditaire d'intendant des cuisines appartient à la famille de Rœssing; toutefois cette dignité est aussi conférée en fief, à celle de Gœts d'Olhenhausen, pour la partie de la principauté qui se trouve entre le Deister & la Leine. Celle d'échanson appartient, à pareil titre, à la famille de Rhœden Reyen.

Il y a dans les états électoraux; 1°. des abbayes & des couvens qui reçoivent les ordres des souverains immédiatement, quoique la jurisdiction de quelques-uns ne s'étende point au-delà de leurs enclos. Ceux dont la jurisdiction est plus étendue, ont des sièges de justice pour la perception du *licent*, & en versent le produit dans la caisse de la guerre, établie à cet effet : 2°. des bailliages de couvens, composés des biens d'anciens couvens sécularisés : 3°. des bailliages, des prévôtés, des sièges de justice, dont dépendent de petites villes, & des sièges de justice seigneuriaux qui ne sont point bornés & qui ont des droits de diverses espèces : 4°. des sièges de justice seigneuriaux dont un enclos forme les limites, qui jouissent des mêmes droits que les bailliages électoraux auxquels ils ne sont nullement subordonnés; ceux de cette dernière espèce reçoivent les ordonnances & les constitutions du souverain immédiatement; ils envoient de même le *licent* à la caisse militaire, en exerçant à cet égard leur droit de justice conjointement avec les commissaires des états; ils répartissent aussi les deniers qui sont levés pour l'électeur, en nomment les receveurs & en envoient le montant à sa caisse : ils ont encore le droit de régler le logement des gens de guerre, celui de faire tirer la milice & d'en extraire les recrues.

Ils jouissoient autrefois du droit de protection que les Juifs ont continué de payer dans le lieu de leur demeure; mais il leur fut contesté & enlevé, en 1744, par le tribunal des appellations de Zell. Cependant comme ils ont le choix d'avoir des Juifs ou de n'en avoir point, ceux qui en reçoivent sont dans l'usage de convenir avec eux, d'une certaine redevance.

Il y a des villes immédiates qui ne reconnoissent, pour tribunal de première instance, que la chancellerie du prince; quelques-unes d'entre elles ont droit de justice civile & criminelle.

Ainsi dans la ville du vieux Hanovre, les matières civiles & criminelles sont de la jurisdiction des officiers municipaux; mais la police est administrée par un commissaire nommé par la régence;

tandis que dans le vieux Hanovre la justice est rendue par un prévôt royal.

Les magistrats de la ville de Hameln y administrent également la justice civile & criminelle; ils tiennent en fief de l'évêché de Fulde, le droit de justice criminelle, la forestale, les forêts, la chasse : ils possèdent à pareil titre le droit de battre monnoie, le péage, le droit de police & la prévôté. Le prévôt préside au magistrat, & prononce seul dans les affaires qui intéressent les gens de justice & les Juifs, droit qui est resté à sa charge, comme provenant de l'ancienne advocatie, ou droit de protection. La colonie françoise a un commissaire & un juge particulier.

A Gottingue, la justice est rendue par le prévôt, les bourguemestres & quelques magistrats. Le souverain nomme le prévôt immédiatement; la régence choisit les bourguemestres & le syndic; & quant aux magistrats, ceux-ci présentent à la régence un certain nombre de sujets, parmi lesquels elle élit le plus capable pour remplir la place vacante. La haute-justice est administrée, au nom du roi, par le prévôt & par trois députés, dont l'un fait les fonctions de greffier. Le prévôt ordonne des prises de corps & assiste aux exécutions : il juge également en matière civile, mais conjointement avec les magistrats.

Les états du duc de Brunswick Wolffenbutel sont à-peu-près gouvernés sur les mêmes principes que ceux de l'électeur d'Hanovre. C'est un pays d'état dont les assemblées se convoquent à Brunswick quatre fois l'année, & sont composées du clergé, de la noblesse & des villes. La religion luthérienne est la dominante, mais sans exclusion de la catholique ni de la réformée.

La ville de Brunswick en est la capitale : c'étoit autrefois une ville libre & anséatique, mais elle a perdu la plupart & les plus beaux de ses privilèges. *Extrait du Recueil de M. Robinet. (H)*

CALENDRIER, (*Droit civil & canon.*) c'est la table ou le livre qui contient la distribution civile & ecclésiastique du temps pour chaque année, l'ordre & la suite des mois, des semaines & des jours, auxquels on ajoute les fêtes, les solemnités annuelles, les lunaisons. Ce mot vient du latin *calendæ*, les calendes, nom que les Romains donnoient au premier jour de chaque mois, & qu'ils écrivoient en gros caractères.

Nous avons remarqué, sous le mot ANNÉE, les erreurs qui s'étoient glissées dans le *calendrier* romain, malgré la réforme de Jules-César, & la manière dont le pape Grégoire XIII se servit pour les faire disparoître. C'est pourquoi nous renvoyons à ce mot, & à celui de CALENDRIER, du *Dictionnaire d'Astronomie*. *Voyez* aussi EPACTE, PASQUES.

Il nous reste à remarquer qu'on trouve, dans les auteurs du seizième & dix-septième siècles, deux manières de compter, l'une conforme à l'ancien *calendrier*, qu'on appelle *vieux style*, & l'autre au *calendrier* réformé, qu'on nomme *nouveau style*.

CALENDRIER, (*Droit ecclés.*) ce mot, dans une acception particulière, désigne le catalogue ou les fastes que l'on gardoit anciennement dans chaque église, & où étoient inscrits les saints que l'on y honoroit en général ou en particulier, avec les noms des évêques & des martyrs de cette église.

Il ne faut pas confondre ces *calendriers* avec les martyrologes. Chaque église avoit son *calendrier* particulier, au lieu que les martyrologes regardent toute l'église en général; car ils contiennent les martyrs & les confesseurs de toutes les églises. On a formé le martyrologe des différens *calendriers* des églises, ensorte que les martyrologes leur sont postérieurs.

Il existe encore quelques-uns de ces *calendriers*. Nous en avons un fort ancien de l'église de Rome, qui fut fait vers le quatrième siècle; il contient les fêtes des païens, comme celles des chrétiens : ces dernières étoient en petit nombre.

Le P. Mabillon a fait imprimer le *calendrier* de l'église de Carthage, qui a été fait vers l'an 483. Celui de l'église d'Ethiopie, & celui des Cophtes, publiés par Ludolphe, paroissent avoir été faits après l'année 760 : celui des Syriens, imprimé par Genebrard, est fort imparfait : celui des Moscovites, publié par le P. Papebrock, convient pour la plus grande partie avec celui des Grecs.

Le *calendrier* mis au jour par D. Dachery, sous le titre d'*Année solaire*, ne diffère en rien de celui de l'église d'Arras : le *calendrier* publié par Beckius, à Ausbourg, en 1687, est, selon toute apparence, celui de l'ancienne église d'Ausbourg, ou plutôt de Strasbourg, qui fut écrit vers la fin du dixième siècle.

Le *calendrier* mozarabique, dont on fait encore usage dans les cinq églises de Tolède, le *calendrier* Ambrosien de Milan, & ceux d'Angleterre avant la réformation, ne contiennent rien qu'on ne trouve dans ceux des autres églises occidentales, c'est-à-dire, les saints que l'on honore dans toutes ces églises en général, & les saints particuliers aux églises qui faisoient usage de ces *calendriers*. *Voyez* MARTYROLOGE, NÉCROLOGE.

CALENGE, s. f. CALENGER, v. a. (*termes de Pratique.*) on trouve fréquemment dans les anciennes coutumes le mot de *calenge*, & il se prend tantôt pour débat ou contestation, tantôt pour accusation ou dénonciation judiciaire, tantôt pour appel ou défi.

Le verbe *calenger* a les mêmes significations. Il est encore d'usage en Normandie, pour signifier *barguigner*.

La coutume particulière de Saint-Paul, *art.* 20, se sert du mot *calengier*, au lieu de celui de *calenger*, dans le sens de dénoncer à justice les bestiaux pris en dommage dans les taillis, & de poursuivre le paiement de l'amende qui est due pour ce délit.

La coutume de Hainaut, *chap.* 69, emploie le

mot *calenge*; pour désigner les prises de corps faites par les sergens ou huissiers.

CALFAT *ou* CALFAS, f. m. (*Code maritime.*) on donne le nom de *calfat* au radoub d'un navire, qui se fait lorsqu'on en bouche les trous & qu'on les enduit de suif, de poix, de goudron, afin d'empêcher qu'il ne fasse eau: on le donne aussi à une étoupe enduite de brai, que l'on pousse de force dans les joints ou entre les planches du navire, pour le tenir sain, étanché & franc d'eau.

Le terme de *calfat* s'emploie également pour signifier l'ouvrage & l'ouvrier; ce dernier s'appelle aussi *calfateur*.

L'ordonnance de la marine, *liv.* 2, *tit.* 9, *art.* 1, permet d'exercer par la même personne les métiers de calfateur, charpentier & perceur de navire, nonobstant tout réglement ou statut contraire.

Les calfateurs qui sortent du royaume, pour aller servir chez les étrangers, qui y transportent leur domicile, & s'y établissent par mariage ou autrement, sont punis comme déserteurs. Les ordonnances de 1635, 1638 & 1669 vouloient qu'ils fussent punis de mort; mais cette peine a été convertie en celle des galères perpétuelles, par une déclaration du 10 octobre 1680, & par l'ordonnance du 15 avril 1689.

Il y a toujours sur les vaisseaux un calfateur, qui est un des officiers de l'équipage. Il doit avoir soin de faire donner le radoub aux parties qui en ont besoin; examiner soir & matin le corps du bâtiment, pour voir s'il n'y manque ni clous, ni chevilles, si les pompes sont en bon état, s'il ne se fait pas quelque voie d'eau. Il doit avoir l'œil particuliérement à l'étrave, qui est l'endroit du vaisseau le plus exposé aux accidens de la mer, aux carênes, & autres œuvres de marée. Dans les combats, il se tient à la fosse aux cables, avec des plaques de plomb & autres choses nécessaires, & se met à la mer pour boucher par dehors les voies d'eau qu'on découvre.

CALICE, f. m. (*Droit ecclésiastique.*) c'est la coupe ou vaisseau qui sert à la messe pour la consécration du vin. Ce mot vient du grec καλὶξ ou καλυξ qui signifie un vase, un verre.

Dans les premiers siècles de l'église on fabriquoit ces vases de toutes sortes de matières, même de bois & de verre. Ce fut le pape Zéphyrin, ou selon quelques auteurs, Urbain I, qui ordonna qu'ils ne seroient faits que d'or ou d'argent.

Léon IV défendit qu'on en fît d'étain ou de verre, & le concile de Calchut, ou de Celcyth, en Angleterre, réitéra les mêmes défenses.

Dans la primitive église, les *calices* étoient beaucoup plus grands que ceux dont on se sert aujourd'hui, parce que le peuple communioit sous les deux espèces. Ils avoient deux anses, par lesquelles le diacre les retenoit tandis que les fidèles, au moyen d'un tuyau ou chalumeau qui y étoit attaché, buvoient le précieux sang. On a conservé cet usage dans quelques églises, entre autres à l'abbaye de S. Denis en France, où le diacre & le sous-diacre communient sous les deux espèces avec le prêtre.

L'évêque seul a le droit de consacrer les *calices*: ce droit cependant est quelquefois accordé à des généraux d'ordre, à des abbés & autres prélats du second ordre.

L'édit de 1695 ordonne à ceux qui sont chargés de la visite des églises paroissiales, de veiller à ce qu'elles soient fournies de *calices* par les décimateurs ecclésiastiques, & subsidiairement par ceux qui possèdent les dixmes inféodées, si les fabriques ne peuvent les fournir. *Voyez* FABRIQUE, DÉCIMATEUR.

CALIFE, f. m. (*Droit public.*) c'est le titre que prirent les successeurs de Mahomet dans le nouvel empire temporel & spirituel établi par ce législateur. Ce mot veut dire proprement en arabe un *successeur*, un *héritier*. Il signifie aussi être en la place de quelqu'un en qualité de son héritier ou de son vicaire.

Les empereurs Sarrasins prirent ce titre, ou parce qu'ils se regardoient comme les vicaires & les lieutenans de Dieu, ou parce qu'ils étoient les successeurs de Mahomet. Ils étoient en même temps rois & pontifes, ils tenoient dans la même main l'épée & l'encensoir.

La puissance & le pouvoir du *calife* furent bientôt resserrés dans des bornes très-étroites par les guerres civiles & religieuses que se firent les différentes sectes qui partagent la religion musulmane. Sous le règne de Rhadi, successeur de Moctader, dix-huitième *calife*, le califat n'étoit plus qu'une ombre de réalité; on comptoit trois chefs qui se foudroyoient respectivement par des anathêmes; quatorze souverains indépendans n'envoyoient plus les tributs de leurs provinces à Bagdad, résidence du *calife*. Le petit-fils de Gengis, en se rendant maître de cette ville, l'an 1258 de J. C., fit mourir le *calife* & en abolit le titre. Il subsista encore quelque temps dans l'Egypte. Mais lorsque Selim, empereur Turc, en eut fait la conquête, il prononça l'extinction totale du califat en 1517 de notre ère, & toute la puissance sacerdotale se réunit dans l'iman de la Mecque.

Depuis cette époque les intérêts du trône ont cessé d'être confondus avec ceux de l'autel. Les chefs de la religion musulmane ne sont plus que des simulacres muets & sans force, leur puissance est resserrée dans l'enceinte du temple, & on n'y reconnoît plus les successeurs de Mahomet.

CALIFORNIE, (*Droit public.*) grande presqu'isle de l'Amérique septentrionale; nous ne connoissons rien de plus récent sur ces contrées que ce qu'en a dit l'abbé Raynal.

« Avant, dit cet auteur, que l'on eût pénétré chez le Californiens, ils n'avoient aucune pratique de religion, & leur gouvernement étoit tel qu'on devoit l'attendre de leur ignorance. Chaque nation étoit un assemblage de plusieurs cabanes, plus ou moins nombreuses, toutes unies entre elles par des alliances, mais sans aucun chef. L'obéissance filiale n'y étoit pas même connue, quoique ce sentiment soit plus pur dans l'état sauvage que dans celui de société..... En effet, le père pourvoit seul à la subsistance & à la sûreté des enfans sauvages : ils restent près de lui; ils y restent librement, ils n'en reçoivent jamais de réprimande, ils n'en sont jamais maltraités.

Cortez avoit voulu ajouter à ses conquêtes celle de la *Californie*, mais son expédition & celles qui suivirent ne furent pas heureuses..... L'on y avoit entiérement renoncé, lorsque les jésuites sollicitèrent, en 1697, la permission d'en entreprendre l'acquisition : dès qu'ils l'eurent obtenue, ils commencèrent l'exécution du plan qu'ils avoient formé, d'après des notions exactes de la nature du sol, du caractère des habitans, de l'influence du climat. Le fanatisme ne guidoit point leurs pas. Ils arrivèrent chez les sauvages qu'ils vouloient civiliser, avec des curiosités qui pussent les amuser, des grains destinés à les nourrir, des vêtemens propres à leur plaire. La haine de ces peuples pour le nom espagnol ne tint pas contre ces démonstrations de bienveillance : ils y répondirent autant que leur peu de sensibilité & leur inconstance le pouvoit permettre. Ces vices furent vaincus en partie par les religieux instituteurs qui suivoient leur projet avec la chaleur & l'opiniâtreté particulières à leur corps. Ils se firent charpentiers, maçons, tisserands, cultivateurs, & réussirent, par ces moyens, à donner la connoissance, & jusqu'à un certain point, le goût des premiers arts à ces peuples sauvages. En 1747, ils formoient quarante-trois villages séparés par la stérilité du terrein & la disette d'eau.....

Les Indiens ont chacun leur champ & la propriété de ce qu'ils récoltent. Mais telle est leur peu de prévoyance, qu'ils dissiperoient chaque jour ce qu'ils auroient recueilli, si leur missionnaire ne s'en chargeoit pour le leur distribuer à propos.

Une douzaine de loix fort simples suffisent pour conduire cet état naissant, le missionnaire choisit pour les faire observer, l'homme le plus intelligent du village, & celui-ci peut infliger le fouet & la prison, les seuls châtimens que l'on connoisse.

Il n'y a dans toute la *Californie* que deux garnisons de trente hommes chacune, & un soldat auprès de chaque missionnaire : ces troupes étoient choisies par les législateurs & à leurs ordres, quoique payées par le gouvernement.....

Tel étoit l'état des choses, lorsqu'en 1767, la cour de Madrid chassa de la *Californie* les jésuites, comme elle les expulsoit de ses autres provinces....».

M. l'abbé Rainal arrête avec complaisance ses regards sur l'administration vraiment intéressante de ces missionnaires, sur leurs travaux inspirés par l'humanité & dirigés par la bienfaisance; tandis que toutes les autres conquêtes ont été faites par les armes, tandis que les autres contrées ont été successivement le théâtre de nos perfidies, de notre férocité, de nos trahisons, de tous nos crimes; & que nos histoires n'y montrent que des hommes qui égorgent des hommes ou qui les chargent de chaînes..... Sans doute, les établissemens du Paraguai & de la *Californie* l'emportent, aux yeux du philosophe, sur tous ceux des Européens dans les deux Indes, si l'on en excepte la Pensilvanie & & le Groënland. Sans doute c'est à la religion seule à rapprocher, à civiliser les sauvages. L'esprit de domination & de commerce n'ont porté que la corruption, le carnage & la servitude dans toutes les contrées que Gama & Colomb ont ouvertes à notre industrie : la philosophie n'a jamais donné ce zèle ardent & patient, cette abnégation de soi-même, qu'inspire la charité chrétienne, & qu'exige cependant la fondation d'une société tirée du sein des sauvages. D'ailleurs, par quels motifs le philosophe sauroit-il les engager à renoncer au repos de leur vie vagabonde pour se courber sous le joug des travaux civils? Le philosophe doute encore si l'indépendance de l'état de nature, si l'ignorance de tous nos besoins factices, ne valent pas mieux que la sûreté, trop souvent incertaine, que peuvent procurer nos loix; que l'abondance & les commodités de nos arts, de nos sociétés, qui immolent à l'aisance, ou plutôt à la satiété du petit nombre, la subsistance & le nécessaire physique de la multitude. Mais les institutions des bons missionnaires étoient-elles aussi propres, à conserver, à faire prospérer les nouvelles sociétés, qu'elles paroissent avoir été suffisantes pour en jetter les premiers fondemens? N'étoit-il pas à craindre que la tyrannie du despotisme & les fureurs de la superstition ne succédassent bientôt à l'enthousiasme éclairé de la bienfaisance & de la religion? Eloignés de ces régions fermées aux navigateurs, où aucun philosophe impartial n'a peut-être pénétré, sommes-nous bien instruits des faits? N'est-il pas à craindre que M. Raynal n'ait eu pour les missionnaires cette prévention si naturelle à tous ceux qui ont été élevés dans leur institut? Attendons dès-lors pour poser des principes & rédiger des maximes, que l'histoire de ces établissemens soit mieux connue; & regrettons que la mort nous ait enlevé, ainsi qu'à l'astronomie, les observations & les relations que nous auroit rapportées l'abbé Chappe d'Auteroche. *Voyez* PARAGUAY. (*HENRY.*)

CALOMNIATEUR, s. m. CALOMNIE, s. f. (*Droit civil, canonique & criminel.*) en général un *calomniateur* est celui qui attaque, qui blesse l'honneur & la réputation de quelqu'un par des mensonges ou des imputations faussement imaginées. Et l'on appelle *calomnie* ces sortes de mensonges.

Dans le sens des jurisconsultes on entend par *calomnie*, l'action de celui qui, devant un tribunal, chargé de réprimer les désordres, accuse une personne innocente d'un crime qu'elle n'a pas commis.

Les jurisconsultes Romains nommoient aussi *calomnie*, toute action ou demande par laquelle on mettoit quelqu'un en justice, soit au civil, soit au criminel, & dans ce sens elle se disoit même d'une légitime accusation ou d'une demande juste. On l'appliquoit cependant plus particuliérement à une action juridiquement intentée, soit pour faute, soit pour dette, contre une personne qui n'y avoit pas donné lieu. Aussi, pour la prévenir, on exigeoit de celui qui intentoit l'action, qu'il jurât qu'il n'agissoit pas comme *calomniateur*, c'est-à-dire, qu'il croyoit sa demande ou son accusation bien fondée. Ce serment s'appelloit *jusjurandum calumniæ*. Il en est fait mention dans plusieurs loix romaines, & dans quelques textes du droit canon.

L'auteur de l'*Esprit des loix* observe que chez les Romains, la loi qui permettoit aux citoyens de s'accuser mutuellement, étoit bonne selon l'esprit de la république, où chaque citoyen doit veiller au bien commun : que sous les empereurs elle produisit une foule de *calomniateurs ;* que Sylla, dans le cours de sa dictature, leur apprit qu'il ne falloit pas punir cette espèce d'homme ; que bientôt on alla jusqu'à les récompenser. Heureux le gouvernement où ils sont punis !

En restraignant la signification de *calomniateur* & de *calomnie*, aux discours que l'on tient devant les juges, soit comme acteur, accusateur ou témoin ; calomnier, c'est joindre au caractère infame de délateur, le crime odieux d'un faussaire ; & comme le juge, induit en erreur par la *calomnie*, peut prononcer une sentence injuste contre l'innocent, & lui faire perdre les biens, la vie ou l'honneur, le *calomniateur* est responsable de toutes les suites que peut avoir son accusation, il en est immédiatement coupable, & on a droit de les lui imputer.

Ce crime a été en horreur dans tous les temps, à l'exception de ces tyrans odieux & cruels qui redoutoient la vertu & la droiture, & qui employoient, pour s'en défaire, le ministère infame des délateurs.

Les loix ont toujours sévi contre ceux qui s'en rendoient coupables. Les plus anciennes qui nous soient connues, sont celles de Moyse. Dans l'Exode, *chap. 20 & 23*, dans le Deutéronome, *chap. 19*, le calomniateur est condamné à subir la même peine que le juge auroit dû infliger à l'accusé s'il eût été réellement coupable.

Cette peine du talion avoit également lieu chez les Egyptiens & les Athéniens, ainsi que le rapporte Diodore de Sicile. La loi des douze tables la prononçoit aussi chez les Romains. Dans la suite leurs loix civiles condamnèrent les *calomniateurs* à l'exil. La loi *Remmia* voulut qu'on leur imprimât sur le front la lettre K, qui s'employoit anciennement à la place du C. On avoit même le droit de faire paroître devant le prêteur tout *calomniateur* qui, dans une conversation particulière, avoit injustement chargé une personne de quelque crime. l'empereur Constantin abrogea la loi *Remmia*, & depuis lui les peines des *calomniateurs* ont été arbitraires & relatives au fait & aux circonstances.

La religion chrétienne interdit non-seulement la *calomnie* & le faux témoignage, mais elle défend encore tout faux bruit, tout faux rapport contre la réputation des autres.

L'évangile, pour couper le mal par la racine, défend jusqu'aux jugemens téméraires, par lesquels nous soupçonnons une personne d'être coupable, avant d'avoir des raisons suffisantes pour le croire : il met la *calomnie* au rang des péchés qui excluent du ciel.

C'est par ces motifs, ainsi que le remarque le célèbre Paschal, que l'église différoit aux *calomniateurs*, ainsi qu'aux meurtriers, la communion jusqu'à la mort. Un concile de Latran juge indignes de l'état ecclésiastique, ceux qui en ont été convaincus, quoiqu'ils s'en soient corrigés : le pape Adrien condamne au fouet les auteurs des libelles diffamatoires qui ne peuvent prouver ce qu'ils ont avancé.

L'ordonnance de 1670, *tit. 3*, *art. 7*, veut que les accusateurs, dénonciateurs, les parties civiles, qui se trouveront mal fondés, ou qui se seront désistés de leurs plaintes, soient condamnés aux dépens, dommages & intérêts des accusés, & à plus grande peine s'il y échoit. Cette plus grande peine est, suivant les circonstances, l'amende honorable, l'amende pécuniaire, le blâme, le bannissement, & même la peine de mort. Cette jurisprudence est confirmée par plusieurs arrêts, qu'on trouve dans le journal des audiences & dans les autres arrêtistes.

Ceux qui exercent le ministère public ne sont point dans le cas de la *calomnie* lorsque le crime leur a été dénoncé, ou que la rumeur publique a excité leur zèle & leur démarche.

Il en seroit différemment s'ils avoient reçu pour dénonciateurs des gens sans aveu, ou qu'ils eussent sollicité une fausse dénonciation de la part de qui que ce fût, afin d'avoir un prétexte de vexer, ou que sans denonciation ils eussent mis trop d'imprudence dans la poursuite de quelque accusation.

Dans ces cas un procureur du roi ou fiscal seroit non-seulement tenu, en son nom, des dommages & intérêts de l'accusé, mais il mériteroit encore d'être puni de la peine due à la *calomnie*, laquelle seroit alors d'autant plus sévère, qu'un tel officier qui abuse de son ministère commet un crime impardonnable. C'est ce qui résulte de plusieurs loix, ainsi que d'un arrêt du 28 juin 1695, rapporté au journal des audiences.

L'action pour *calomnie* & pour raison des dommages & intérêts dans le cas d'accusation ou dénonciation calomnieuse, peut non-seulement être intentée par l'accusé, mais encore par ses héritiers s'il vient à mourir pendant la poursuite du procès. Le parlement de Paris l'a ainsi jugé par arrêt du 20 avril 1709.

Cette action doit être poursuivie, même contre la partie publique, devant le juge qui a connu de l'accusation : c'est ce qu'a jugé un arrêt du 6 septembre 1694, rapporté au journal des audiences. C'est aussi ce qui résulte des articles 6 & 12 du titre 2 de l'ordonnance criminelle rendue par le duc Léopold pour la Lorraine au mois de novembre 1707. Mais cette règle n'a pas lieu relativement aux accusations portées devant les prévôts des maréchaux. Dans ce cas, il faut se pourvoir au présidial ou devant le juge civil du lieu. Cela a été ainsi jugé par arrêt du 15 janvier 1724, contre le prévôt des maréchaux de Mantes.

Les officiaux n'ont pas le droit de prononcer les peines de la *calomnie* contre des laïques, qui ont intenté devant eux une fausse accusation contre des ecclésiastiques. *Voyez* ACCUSATION, PROCUREUR DU ROI.

CALVAIRE, (*Congrégation de Notre-Dame du*) *Droit ecclésiastique.* C'est un ordre de religieuses qui suivent dans toute sa rigueur la règle de S. Benoît.

Elles ont été fondées par Antoinette d'Orléans, de la maison de Longueville. Cette dame, veuve à l'âge de 22 ans, de Charles de Gondi, marquis de Belle-Isle, son mari, se retira au monastère des feuillantines de Toulouse, où elle se fit religieuse en 1601.

Elle fut appellée pour mettre la réforme dans l'ordre de Fontevrault, elle établit sa demeure dans le monastère de l'Encloitre, à deux lieues de Poitiers, où elle fut autorisée à recevoir les filles qui voudroient embrasser une vie plus régulière.

Le père Joseph, confesseur & agent du cardinal de Richelieu, obtint, le 4 octobre 1617, avec le consentement de l'abbesse de Fontevrault, un bref de Rome, qui permit à la mère Antoinette de sortir de l'ordre de Fontevrault, & de prendre possession d'un couvent que l'évêque de Poitiers venoit de lui faire bâtir dans sa ville, & d'y introduire les religieuses qui voudroient la suivre.

L'abbesse de Fontevrault interjetta ensuite appel du bref du pape. Le roi prit connoissance de cette affaire, & chargea le cardinal de Sourdis de lui en rendre compte. L'abbesse se désista de ses poursuites, & permit à ses religieuses de faire une nouvelle profession. La mère Antoinette ne vit pas la fin de cette affaire, elle étoit décédée le 25 avril 1618. Mais le père Joseph, qui n'avoit pas perdu de vue le nouvel institut, donna aux religieuses qui voulurent l'embrasser, le nom de *filles du calvaire.* Il engagea la reine-mère, Marie de Medicis, à leur bâtir une maison près le palais du Luxembourg, ce qui fut exécuté en 1620. Il leur procura en 1638, un nouveau couvent dans le marais : la place fut achetée des deniers de la congrégation, & le monastère construit par les libéralités du roi, du cardinal de Richelieu & de madame Combalet, sa nièce, depuis duchesse d'Aiguillon.

Le père Joseph leur donna des constitutions particulières, qui furent approuvées par le pape Grégoire XV. Par sa bulle il érigea les couvens de Paris, de Poitiers & d'Angers, & tous ceux qui seroient fondés par la suite, en congrégation de l'ordre de S. Benoît sous le titre de *Notre Dame du calvaire.*

Le monastère établi au marais porte le nom de *crucifixion*, pour le distinguer de celui du Luxembourg. La directrice ou générale de l'ordre y réside ordinairement.

Il est gouverné par trois supérieurs majeurs, qui sont ordinairement des cardinaux & des prélats, un visiteur & une générale. Il est exempt de la jurisdiction des ordinaires. Les supérieurs majeurs sont à perpétuité ; le visiteur n'est que pour trois ans, mais il peut être continué. La générale n'est non plus que pour trois ans ; cependant de chapitre en chapitre on peut aussi la continuer, mais cette continuation doit cesser après douze ans d'exercice. Au bout de ce temps elle devient la dernière de la communauté pendant un an, & ne peut être élue prieure qu'après trois ans.

Pendant qu'elle exerce son généralat, elle a quatre assistantes pour l'aider de leurs conseils. L'une d'elles l'accompagne dans les visites qu'elle est obligée de faire de tous les monastères de la congrégation.

Lorsqu'il est question de la tenue du chapitre général, les prieures des monastères, & leur communauté dans la personne élue par chacune d'elles, ont droit d'envoyer par écrit leurs suffrages au chapitre général. Le visiteur qui préside ce chapitre avec trois scrutatrices, élues par la communauté où il se tient, ouvre les lettres, compte les suffrages, & déclare générale, assistantes, & prieures celles qui ont le plus de voix.

La congrégation dont il s'agit est composée de vingt maisons, dont la première est à Poitiers : il y en a deux, comme nous venons de le dire, à Paris ; sept ou huit en Bretagne. Les autres sont à Orléans, à Chinon, à Mayenne, à Vendôme, à Loudun & à Tours. L'abbaye de la Trinité de Poitiers a été aussi unie à cette congrégation, ainsi que le monastère des bénédictines de Baugé. L'habillement des religieuses du *calvaire* est une robe de couleur brune avec un scapulaire noir qu'elles mettent sur la guimpe, comme les carmélites déchaussées. Au chœur, elles portent un manteau noir, & elles sont déchaussées depuis le premier mai jusqu'à la fête de l'exaltation de la croix.

CALVINISME, s. m. CALVINISTE, s. m. (*Droit public & canon.*) Le *calvinisme* est la doctrine de Calvin. Quoique Zuingle, Æcolompade & Haller aient, avant Calvin, enseigné les mêmes dogmes, & jetté les fondemens de la même discipline, c'est cependant ce dernier, comme l'observe Voltaire, qui a donné son nom à ceux de sa confession : de même le nouveau continent, découvert par Christophe Colomb, a reçu le sien d'Amérique Vespuce.

Mais si Calvin ne fut pas le premier réformateur de Genève, il eut, dit un auteur protestant, l'avantage d'accroître la consistance de la nouvelle religion, d'imprimer à sa hiérarchie ecclésiastique la forme qu'elle a conservée jusqu'à présent. Cet homme extraordinaire

extraordinaire tient, entre les législateurs & les gens de lettres, un rang en quelque sorte, aussi distingué que parmi les fondateurs des sectes religieuses. Il eut la plus grande part aux arrangemens qui fixèrent la constitution politique de Genève : chargé de tout le fardeau des affaires politiques & religieuses d'un grand parti, il fut un des meilleurs écrivains de son siècle; il encouragea les sciences, les arts & les belles-lettres; il obtint l'établissement de l'université de Genève, où les hommes du plus rare savoir donnoient des leçons à la jeunesse de toutes les parties de l'Europe : & ce fut du sein de ce collège que sortirent les hommes du temps, les plus distingués par leurs connoissances & leurs talens.

Ce réformateur, ajoute l'auteur des *Lettres sur l'état politique, civil & naturel de la Suisse* (Wiliam Coxe), ce réformateur célèbre & désintéressé, considéré sous certains aspects, a, dans son caractère, des parties si éclatantes, que l'œil se ferme sur les taches obscures qui ternissent sa gloire. Mais si l'on réfléchit un instant à l'âpreté, à l'arrogance, à l'opiniâtreté présomptueuse qui ont caractérisé sa conduite; si l'on se rappelle sur-tout la barbarie avec laquelle il a persécuté son ancien ami, l'infortuné Servet, l'on est pénétré d'horreur, & l'on gémit sur l'exemple mortifiant qu'il a donné du mêlange monstrueux des qualités les plus sublimes & des affections les plus viles dont le cœur humain puisse être pêtri. Convenons cependant que l'intolérance ne lui étoit pas entiérement personnelle : le même défaut de charité a distingué plusieurs des plus célèbres réformateurs : erreur affreuse qui donna bien de l'avantage à leurs adversaires; car qui ne sent qu'il n'est pas une secte qui ne puisse s'arroger le droit de persécuter, si une seule justifie la légitimité de la persécution ? Les *calvinistes* de nos jours savent distinguer les défauts & les vertus de leurs réformateurs; en général, & sur-tout à Genève, la tolérance, ce dogme de la raison & de la politique, ne trouve plus d'adversaires.

En France, l'on a aussi appellé les *calvinistes*, *protestans*, à cause de la protestation faite à Spire, par ceux qui suivoient en Allemagne les opinions de Luther, avec lesquels on les avoit d'abord confondus : *huguenots*, peut-être à cause de l'attachement qu'ils ont témoigné à la maison de Bourbon, descendante d'Hugues Capet : *religionnaires*, à cause des différences de leur confession avec la religion dominante : *prétendus réformés*, parce qu'ils prétendent avoir rétabli, dans leur état primitif, les dogmes, la discipline & le culte des chrétiens.

C'est pour cela qu'ils se nomment eux-mêmes simplement *réformés* : plusieurs arrêts du conseil leur ont fait défense de prendre en France ce titre ni celui d'orthodoxe.

M. l'abbé Mallet observe que le *calvinisme*, depuis son établissement, s'est toujours maintenu à Genève qui fut son berceau, d'où il se répandit en France, en Hollande & en Angleterre. Il a été la religion dominante des Provinces-Unies jusqu'en 1572 : &, quoique depuis cette république ait toléré toutes les sectes, on peut toujours dire que le *calvinisme* rigide y est la religion de l'état : en Angleterre, il a toujours été en décadence depuis le régne d'Elizabeth, malgré les efforts qu'ont fait les puritains & les presbytériens pour le faire prédominer; maintenant il n'y est plus guère professé que par les non-conformistes, quoiqu'il subsiste d'une manière bien mitigée, dans la doctrine de l'église anglicanne; mais il est encore en vigueur en Écosse aussi-bien qu'en Prusse; des treize cantons suisses, six professent le *calvinisme* : la religion est aussi mêlangée dans quelques parties de l'Allemagne, comme dans le Palatinat & les états de l'empereur.

Nous ferons connoître, au mot ÉGLISE ÉVANGÉLIQUE, les principes généraux de la police religieuse des *calvinistes* sous ces différens climats : & nous nous bornerons, dans cet article, à ce qui concerne les *calvinistes* de France.

Les loix de ce royaume ont souvent varié sur leur sort. Ils y ont été d'abord proscrits & sévérement poursuivis; ils ont ensuite été tolérés pendant quelques années, après lesquelles, l'exercice public de leur culte a été autorisé par différens édits, sur-tout par celui de Nantes, qui avoit, en quelque sorte effacé toutes les différences politiques & civiles qui pouvoient être entre eux & les autres citoyens.

Mais cette loi sage n'a été, pour ainsi dire, que passagère, &, après avoir reçu différentes atteintes, continuées sans interruption pendant l'espace de près d'un siècle, elle a été entièrement révoquée, au mois d'octobre 1685, par un édit qui depuis a été confirmé plusieurs fois, sur-tout par celui du mois de mars 1724.

Ces dernières loix permettent, d'un côté, aux *calvinistes de demeurer dans le royaume, d'y continuer leur commerce, d'y jouir de leurs biens, en attendant qu'il ait plu à Dieu de les éclairer, sans qu'ils puissent être inquiétés, sous prétexte de leur religion* : d'un autre côté, elles leur défendent à-la-fois de sortir du royaume & de faire *aucun exercice de leur culte, quel qu'il soit* : cette impuissance où se trouvent les protestans de célébrer, au gré de leur conscience, une foule d'actes religieux, destinés à constituer parmi nous l'essence ou le caractère de l'état civil, ont fait naître dans notre jurisprudence une foule de problêmes.

Pour résoudre ces problêmes, il faut connoître les loix antérieures & postérieures à l'édit de Nantes.

1°. Nous indiquerons les premières; &, fixant ensuite l'état actuel des *calvinistes*, nous examinerons les loix postérieures à la révocation de l'édit de Nantes, dans leurs rapports aux objets des titres suivans.

2°. La tolérance civile, accordée aux protestans.

3°. Les charges, emplois, fonctions & prérogatives dont ils sont privés.

4°. L'exercice de leur religion.

5°. L'éducation de leurs enfans.

6°. Leurs mariages.

7°. Les peines portées contre les religionnaires fugitifs, la régie & administration de leurs biens.

8°. Enfin, nous rendrons compte des loix particulières aux *calvinistes* d'Alsace, dont les droits sur tous ces objets se décident par des principes différens.

SECTION PREMIÈRE.

Loix antérieures à la révocation de l'édit de Nantes.

L'église prétendue réformée est née & s'est accrue au milieu des bûchers. L'on exécuta d'abord avec la plus grande rigueur contre les protestans ces loix de l'inquisition qui condamnoient l'homme noté d'hérésie, à être consumé vif dans un brasier ardent.

Lorsque des savans, attirés par François premier, apportèrent en France les premières semences du protestantisme, ce prince & Henri II, son fils, rendirent les ordonnances les plus rigoureuses pour étouffer, dans sa naissance, les progrès de la nouvelle religion : on publia, entre autres, l'édit de juin 1540, qui défend à toutes personnes « de réceptер, favoriser ou supporter lesdits coupables » (d'hérésie), leurs adhérens, alliés & complices, » ni leur bailler confort ou aide directement ni indirectement; mais tantôt & incontinent qu'ils en » seront avertis, les révéler à justice, & de tout » leur pouvoir aider à les extirper, comme un » chacun doit concourir à éteindre le feu public : » *& ce, sous peine d'être déclarés avoir encouru envers* » *le roi le crime de lèse-majesté, selon le chef d'icelui...* ». » Un édit de 1534 ordonnoit déjà que ceux qui re» celeroient les luthériens, *encourroient les peines prononcées contre les hérétiques même*, & accordoit aux dénonciateurs le quart des confiscations.

L'édit de 1540 enjoint en outre à tous les juges du royaume, soit royaux, soit seigneuriaux, d'informer, toutes choses cessantes, contre les fauteurs & adhérens de l'hérésie, soit clercs, soit laïcs, de les emprisonner & de les envoyer, avec les procédures, au parlement pour y être jugés en la grand'chambre.

Cette loi veut que si, en jugeant les procès, il étoit trouvé que les juges subalternes, les procureurs & avocats de sa majesté « se fussent petite» ment acquittés en la faction desdits procès, sol» licitudes & diligences requises en choses tant né» cessaires, ou que, par crainte, faveur ou autre» ment, ils eussent passé aucune chose par dissimu» lation.... il soit, à l'encontre d'eux, *procédé par* » *ajournemens personnels, prises-de-corps, mulctes, &* » amendes arbitraires, suspensions & *privations de* » *leurs offices*, si métier est, & autres peines, selon » l'exigence des cas ».

Et à l'égard des vassaux & hauts-justiciers « qui » se trouveroient avoir été négligens d'exercer leur » justice, & auroient malicieusement & par négli» gence équipollé à coulpe, négligé de s'enquérir » & informer diligemment desdits cas & coupables », cette loi veut « que le procureur général, puisse » prendre conclusion, à fins *de commise & priva-* » *tion de leursdites justices*, & autres peines que, se» lon l'exigence des cas, il verra être à faire par » raison ».

A mesure que le nombre des protestans s'accroissoit, on redoubloit contre eux la sévérité, & l'on multiplioit les précautions. La déclaration du roi Henri II, du 11 février 1549, ordonnoit aux parlemens, dans le cas de retard ou négligence des juges inférieurs, de nommer des commissaires tirés de leurs compagnies « pour faire les actes, pro» cédures & diligences requises & nécessaires, » contre les hérétiques & mal sentant de la foi, » leurs sectateurs & imitateurs ».

L'édit du mois de juin 1551 est rédigé dans le même esprit. L'article 26, « attendu que les juges » étoient souvent importunés de prières & requêtes » pour ceux qui étoient par eux détenus prison» niers, étant accusés du crime d'hérésie.... défend » à toutes personnes, de quelque état & qualité » qu'elles soient, de n'importuner & faire instance & » requête indues pour lesdits chargés & suspects » d'hérésie, prisonniers & absentés; mais en lais» sent faire aux juges & officiers leur devoir, sans » les divertir ni empêcher d'en faire justice, sous » peine *d'être déclarés fauteurs d'hérétiques & punis* » *de peines indictes par les constitutions canoniques* ».

Il est enjoint aux juges d'avertir les procureurs généraux « de ceux qui leur auront fait telles re» quêtes & importunités, pour les poursuivre & » conclure contre eux à la condamnation desdites » peines ».

L'article 31 ordonne « que tous accusateurs, dé» lateurs & dénonciateurs, en cas de preuves lé» gitimes, convictions & condamnations contre les » déférés, dénoncés & accusés par eux, auront » la tierce partie des biens des accusés, à quelque » valeur & estimation qu'elle puisse se monter ».

L'article 36, « attendu qu'ordinairement il avient » que plusieurs de tous états indifféremment s'in» gèrent sans aucun savoir d'intelligence qu'ils aient » en la sainte écriture, en prenant leur repas, ou » bien en allant par les champs, ou autrement, » quand ils sont retirés les uns avec les autres en » leurs conventicules secrets, parlent, devisent & » disputent des choses concernant la foi, le saint » sacrement de l'autel & les constitutions de l'église; » faisant des questions curieuses & sans fruit, les» quelles font tomber souvent en grandes erreurs... » Pour à ce obvier, défend à toutes personnes non » lettrées, de quelque état, qualité & condition » elles soient, & à tous étrangers, *de ne faire plus* » *dorénavant telles propositions, questions & disputes* » sur le point de notre foi, du saint sacrement & des » constitutions & cérémonies de l'église, des saints » conciles, & autres choses ordonnées par le saint » siège apostolique, *sous peine d'être punis comme* » *infracteurs des ordonnances & défenses* ».

Si tant de précautions n'eurent pas tout le succès

que l'on en attendoit, ce ne fut pas faute de mettre les édits en exécution. François I, dit Brantôme, fit faire de grands feux des protestans, & n'épargna aucun de ceux qui vinrent à sa connoissance. Mais il ne faut pas imputer à sa mémoire le massacre des habitans de Cabrières & de Merindol : ces protestans étoient un reste échappé des feux & des boucheries faits, quelques siècles auparavant, des Vaudois & des Albigeois. Ils habitoient les montagnes de Provence, lieux incultes que leur patience opiniâtre avoit fertilisés. Le parlement d'Aix les cita en 1540 : &, comme on ne leur conseilla pas de comparoître, ils furent tous condamnés à mort. On dit que le jurisconsulte Chassanée, alors premier président de cette cour, arrêta l'exécution de l'arrêt. Les habitans se pourvurent au conseil, & le roi ayant commis son lieutenant dans la province pour informer, il fut vérifié, suivant M. le président de Thou, qu'ils habitoient, depuis trois cens ans, ces montagnes; qu'ils étoient laborieux & charitables, ayant en horreur les procès, & servant fidellement le prince; qu'ils étoient pieux & de très-bonnes mœurs, mais nullement soumis au pape & aux évêques.

Ces bons témoignages furent inutiles; quatre années après, d'Oppede, devenu premier président, obtint la permission d'exécuter l'arrêt, & des troupes pour le seconder. Mainbourg avoue que dans cette expédition, le vol, le viol, le massacre des hommes, des enfans, des femmes, des filles & des vieillards, furent exercés avec la plus ardente fureur; ce fut un essai de la S. Barthélemi. Mainbourg n'a pu s'empêcher de faire monter à trois mille six cens, le nombre des victimes. François I, en mourant, recommanda à son successeur d'en faire la vengeance.

Henri II fit citer en 1552, au parlement de Paris, le président d'Oppede, les conseillers de la Fond & Balu, l'avocat-général Guérin & leurs complices. La cause fut plaidée pendant cinquante audiences, & Aubery, lieutenant-civil, y parla très-fortement au nom du roi. Le seul avocat-général Guérin fut décapité ou pendu; mais, dit M. le président Hainaut, il étoit accusé de bien d'autres crimes. L'on ne prononça que quelques années de prison contre d'Oppede, qui mourut dans son lit.

L'on ne continua pas moins de poursuivre les protestans avec rigueur, souvent aux frais des évêques; on a conservé plusieurs arrêts du parlement, qui obligent des évêques à fournir les frais des procès des religionnaires: tels sont ceux des 24 & 29 novembre, 4 décembre 1524, & 5 février 1525, dans les preuves de l'église gallicane; ceux des 11 avril, 3 septembre 1548 & du 2 mars 1551, rapportés dans le recueil des ordonnances de Néron.

Les premières idées de la tolérance civile, bien différente de la tolérance religieuse, dûrent naître de l'inefficacité de supplices aussi multipliés; mais il en coûta la vie au conseiller Anne du Bourg, qui, dans un lit de justice tenu contre les protestans, eut le courage de détourner Henri II des projets de sang que ses ministres lui avoient fait adopter, & que ce prince vouloit faire consacrer par l'assemblée du parlement.

Un moyen très-efficace pour adoucir la rigueur des peines décernées contre les hérétiques, eût été d'en laisser le jugement aux cours d'église, qui ne peuvent point prononcer de peines afflictives, infamantes, ni pécuniaires, réservées aux perturbateurs du repos public; mais seulement séparer de la communion les opiniâtres, & condamner les foibles à des aumônes & à des prières.

Ce fut sans doute dans cet esprit de modération, & pour empêcher que l'hérésie ne fût recherchée & punie comme un délit public, que le parlement de Paris, en faisant des remontrances sur l'édit du 22 novembre 1549, qui attribuoit la connoissance du crime d'hérésie, aux juges royaux & ecclésiastiques concurremment, demanda « que pour le » regard des juges royaux, la concurrence fût » entendue quant à l'information & au décret seu» lement, à la charge que le juge royal, après l'in» terrogatoire, seroit tenu de rendre l'accusé au » juge d'église, pour connoître & juger dudit crime » d'erreur ou hérésie simple, *procédant plus d'igno» rance, erreur, infirmité & fragilité humaine, légéreté » & lubricité de la langue de l'accusé*, que de vraie » malice de se séparer de l'union de l'église, & » où, avec ledit crime d'hérésie, il y auroit » scandale public, commotion populaire, sédition » ou autre crime emportant offense publique, & » par conséquent cas privilégié; en ce cas, soit le » procès fait à l'accusé par les juges royaux & » d'église ensemblement ».

Cette distinction étoit trop lumineuse, pour n'être point adoptée par le grand chancelier L'Hôpital, sur-tout dans un moment où les Guises proposoient de livrer la nation aux bourreaux de l'inquisition. Ce ministre fit rendre à Romorantin l'ordonnance du mois de mai 1560, qui « délaisse l'*entière* con» noissance de tout crime d'hérésie, aux prélats du » royaume, les admonestant *de faire résidence* dans » leurs diocèses, *&, par leurs bonnes mœurs, exem» ple de bonne & sainte vie, prières, oraisons, pré» chemens & persuasion*, réduire ceux qui sont en » erreur, à la voie de vérité ».

Et à l'égard « de ceux qui, sous espèce de re» ligion, prenoient les armes, se soulevoient, cui» dant planter par force les nouvelles opinions », l'édit les déclare « ennemis & rebelles, sujets aux » peines établies contre les criminels de lèse-ma» jesté, & en renvoie la connoissance aux baillis, » sénéchaux & autres juges ».

Les malheurs des temps avoient déjà fait naître de premiers troubles, que L'Hôpital calma bientôt par l'édit du 27 janvier 1561 (quelques auteurs, & entre autres M. le président Hainaut, datent cette loi de 1562.), dont l'article 3, « pour entre» tenir les peuples en paix & concorde, en atten-

» dant que Dieu fasse la grace de pouvoir les » réunir en une même bergerie, & jusqu'à la » détermination d'un concile général, ou qu'il en » ait été autrement ordonné, suspend les défenses » des assemblées des protestans, qui se feroient de » jour, hors des villes, pour faire leurs prêches, » prières & autres exercices de leur religion ».

L'article 7 défend « aux ministres de la religion » nouvelle, de faire aucuns synodes & consistoires, » si ce n'est par congé & en présence des officiers » royaux, ni d'établir entre eux aucuns réglemens, » sans les avoir fait autoriser par les mêmes offi- » ciers ».

Les articles suivans veulent que ceux de la nouvelle religion gardent les loix politiques, même celles sur les fêtes & jours chomables, celles sur les mariages pour les degrés de consanguinité & d'affinité; que leurs ministres promettent de ne prêcher doctrine qui contrevienne à la pure parole de Dieu, selon qu'elle est contenue dans les livres canoniques du vieux & du nouveau testament, & de ne dire aucune invective contre la messe & les cérémonies reçues & gardées en l'église catholique.

Enfin, l'article 4 défendoit à toutes personnes d'empêcher, inquiéter, ni molester les protestans, lorsqu'ils iroient, viendroient & s'assembleroient hors des villes pour le fait de leur religion.

Le massacre des *calvinistes* assemblés à Vassi, fut une contravention formelle à cette loi; l'autorité royale étoit trop foible pour punir les auteurs d'un attentat aussi atroce. Cet événement, le carnage qui le suivit dans une grande partie des villes du royaume, l'ambition des princes de Guise, l'effroi que le chef de cette maison causa à Catherine de Médicis, qui, dans cette nécessité, *recommanda sa propre personne, avec l'état & ses enfans, au prince de Condé, l'exhortant d'empêcher les efforts des ennemis de la couronne*, furent les causes, ou, si l'on veut, les prétextes de nos guerres civiles; le massacre de Vassi en fut le signal. Ces guerres furent la plupart terminées, ou plutôt suspendues, par des édits de plus en plus favorables aux protestans, mais qui étoient presque toujours, il faut l'avouer, aussi-tôt violés que rendus.

Quand même les protestans eussent toujours été injustement provoqués, ce n'étoit point un motif légitime pour prendre les armes contre leur souverain, & rien ne peut autoriser la révolte. Mais s'il feroit injuste d'attribuer à la vraie religion le carnage de la saint Barthélemi, ceux des Albigeois, les fureurs, les rebellions de la ligue, les régicides des Ravaillac & des Clément, & cette quantité de crimes autorisés, ou plutôt célébrés par une foule d'auteurs regardés comme orthodoxes; peut-on se faire un titre de persécution contre la religion protestante, des excès auxquels ses sectateurs ont pu se livrer? Non sans doute, la doctrine de l'une & l'autre communion abhorre & désavoue également ces attentats & les persécutions qui les ont suivis de part & d'autre; les synodes, les docteurs des prétendus réformés ne leur permettent d'autre défense que la constance dans les souffrances & le martyre. « Vous devez, leur dit » Zuingle, souffrir pour la gloire de Dieu, si vous » voulez ressembler à Jesus-Christ & aux apôtres » qui ont été mis à mort par les Juifs; soyez donc » fermes, & ne doutez pas que votre sang n'aug- » mente les progrès de l'évangile: vous avez an- » noncé constamment & fidellement la parole de » Dieu; mais le sang innocent que vous répan- » dez est plus efficace que vos discours..... Ré- » jouissez-vous donc, & vous félicitez de ce que » Dieu se sert de votre sang pour la gloire & les » progrès de sa parole; car c'est du sang des fidè- » les que Dieu arrose le champ de l'église & qu'il » le rend fertile ».

Ces discours de paix ne furent pas toujours entendus, & l'évangile, qui commande la soumission envers les puissances, *non propter iram, sed propter conscientiam*, fut également méconnu des deux partis. Enfin, Henri IV étant monté sur le trône, ayant pacifié tous les troubles & payé la soumission des chefs catholiques révoltés, voulut récompenser les services rendus à sa maison par les protestans; il donna l'édit de Nantes.

Cette loi, pour ne laisser aucune occasion de trouble, permettoit, par l'article 6, à ceux de la religion prétendue réformée, de vivre & demeurer dans toutes les villes & lieux du royaume, sans pouvoir y être molestés ni contraints à faire aucune chose, contre leur conscience, pour le fait de la religion.

Elle autorisoit l'exercice libre & public de la religion prétendue réformée, dans les maisons des gentilshommes & autres étant en possession d'un tiers au moins de la haute-justice du lieu, ou d'un plein fief de haubert, pourvu qu'ils y fussent présens, eux, leurs femmes ou leurs enfans.

Les seigneurs particuliers de fiefs avoient également, dans leurs fiefs, le libre exercice de leur culte, mais sans pouvoir y admettre plus de trente personnes, & à la charge de prendre le consentement du roi ou des seigneurs catholiques, dans les hautes-justices desquelles les maisons féodales pouvoient être situées.

L'exercice public de cette religion étoit encore autorisé d'abord dans toutes les villes & lieux où il étoit établi en 1596 & 1597, dans tous ceux où il avoit été autorisé par l'édit de 1577, & par les conférence de Flex & de Nérac; l'article 11 de l'édit ajoutoit que dans chacun des anciens bailliages & sièges qui en tiennent lieu, ressortissant nuement aux cours, les protestans auroient l'exercice public dans les fauxbourgs d'une ville, outre celles qui leur avoient été accordées, ou dans un des bourgs ou villages en dépendant, & une troisième ville dans la sénéchaussée de Provence & dans le bailliage de Viennois, à cause de leur grande étendue; mais sans que les protestans pussent choisir, pour y établir de nouveau cet exercice, les villes d'archevêchés & d'évêchés, ou les lieux & seigneuries appartenant aux ecclésiastiques.

L'édit & les articles particuliers exceptoient encore la ville de Paris & son district, à cinq lieues à la ronde, & quelques villes ou gouvernemens qui n'avoient été rendus au roi qu'à condition qu'aucun exercice de la religion protestante ne pourroit y être autorisé : mais il étoit permis aux habitans des campagnes d'aller à l'exercice de leur religion dans les villes, fauxbourgs & autres lieux où ils étoient publiquement établis.

La tolérance & la liberté de conscience devoient avoir lieu, même en faveur des ministres, pédagogues, soit regnicoles ou étrangers.

Dans tous les lieux où l'exercice de la religion prétendue réformée étoit permis publiquement, l'on pouvoit « assembler le peuple, même à son de » cloches, & faire tous actes & fonctions appar- » tenans, tant à cet exercice qu'aux réglemens de » la discipline; comme consistoires, colloques & » synodes provinciaux & nationaux, par la per- » mission du roi ».

Les dons & legs faits pour l'entretien des ministres, docteurs, écoliers & pauvres protestans, ou autres causes pies, étoient autorisés ; la poursuite & le recouvrement pouvoient en être poursuivis par procureurs, sous le nom des corps & communautés de leur religion qui y avoient intérêt. Il étoit libre aux protestans de s'assembler pardevant le juge royal, & par son autorité, pour lever & repartir sur eux, la somme nécessaire aux frais de leurs synodes & à l'entretien de ceux qui avoient charge de l'exercice de leur religion.

Les ministres avoient l'exemption des droits de guet & de garde, logement des gens de guerre, assiettes, & collectes des tailles, commissariats pour la garde des biens saisis, tutèles & curatelles ; ils ne pouvoient être tenus de répondre en justice comme témoins, pour les choses révélées en leurs consistoires, lorsqu'il s'agissoit de censures, à moins que ce ne fût pour chose concernant la personne du roi ou la conservation de l'état.

On avoit accordé aux protestans des cimetières particuliers dans toutes les villes & lieux du royaume, pour la sépulture de leurs morts ; ils en avoient trois dans la ville de Paris ; un arrêt du 26 août 1600, leur défendoit de faire enterrer leurs parens, enfans, domestiques & amis étant de leur religion, dans les églises & cimetières des catholiques.

L'article 26 de l'édit défendoit aux catholiques, comme aux protestans, toute exhérédation de leurs enfans, pour cause de religion ; mais il étoit libre aux derniers de pourvoir à leurs enfans de telles éducations que bon leur sembloit, & d'en substituer un ou plusieurs par testament, codicile, suivant & dans la forme prescrite par les loix du royaume ; il leur étoit libre de tenir des écoles publiques dans les villes & lieux où l'exercice public de leur religion étoit autorisé ; enfin, ils devoient être reçus & instruits, comme les catholiques, & sans distinction, dans les universités, collèges & écoles ; & leurs malades & pauvres admis dans les hôpitaux, maladreries & aumônes publiques.

Les malades & condamnés à mort ne pouvoient être contraints de recevoir les exhortations des prêtres catholiques, mais pouvoient être visités & consolés par leurs ministres.

Le roi imposoit silence sur les mariages déjà célébrés des prêtres religieux & religieuses ; leurs enfans étoient déclarés habiles à succéder aux meubles, acquêts & conquêts de leurs père & mère : il étoit défendu d'attaquer aucun mariage qui avoit été passé ou qui pourroit l'être à l'avenir entre protestans du tiers au quart degré, ni de contester les successions aux enfans nés ou à naître de ces mariages. Et à l'égard de ceux qui auroient déjà contracté mariage au second degré, ou du second au troisième degré, le roi promit de leur donner provisions nécessaires, pour qu'ils n'en pussent être recherchés, ni les successions contestées à leurs enfans.

Le juge royal devoit connoître de la validité des mariages des protestans, si les deux parties, ou seulement le défendeur étoit protestant ; au contraire, la connoissance en étoit réservée aux juges d'église, lorsque le défendeur étoit catholique.

Les livres concernant la religion protestante ne pouvoient être imprimés & vendus que dans les lieux où l'exercice public leur étoit accordé ; suivant les édits antérieurs, ces livres étoient soumis à la censure des chambres de l'édit.

Dans les jours de fêtes de la religion catholique, les protestans ne pouvoient travailler, vendre ni étaler à boutiques ouvertes, ni même s'occuper, dans l'intérieur des maisons, d'aucun métier dont le bruit pût être entendu des voisins & des passans.

Ils étoient tenus d'acquitter & de payer les dixmes aux ecclésiastiques, suivant les usages des lieux ; mais ils étoient dispensés de contribuer aux réparations & constructions des églises & presbytères, achat des ornemens sacerdotaux, luminaires & autres choses semblables, à moins qu'ils n'y fussent obligés par des fondations ou dispositions faites par eux ou par leurs auteurs.

L'article 27 de l'édit les déclaroit capables d'exercer tous les états & dignités sans aucune distinction des catholiques, avec faculté pour les officiers subalternes & ceux des chambres de l'édit, de se faire recevoir dans ces dernières compagnies, sans autre information que celle de vie & de mœurs, & sans autre serment que celui de bien servir le roi & de garder les ordonnances. A l'égard des protestans pourvus d'offices dans les corps des parlemens & autres cours souveraines, bureaux de trésoriers de France, & autres charges de finance, ils devoient être reçus aux lieux accoutumés, & en cas de refus ou déni de justice, au conseil privé.

Les chambres de l'édit jugeoient souverainement

de tous les procès où ceux de la religion prétendue réformée étoient parties principales ou garans, en demandant comme en défendant, sans autre exception que les matières bénéficiales, le possessoire des dixmes non inféodées, les droits, devoirs, ou domaine de l'église, les affaires criminelles où les ecclésiastiques étoient défendeurs.

Ces chambres, qui embrassoient dans leurs ressorts ceux des parlemens pour lesquels, on n'en avoit point créé de semblables, étoient composées de magistrats & d'officiers subalternes protestans & catholiques en nombre égal; ces protestans ne pouvoient être admis aux charges réservées dans ces chambres à ceux de leur religion, sans une attestation du synode ou colloque, *qu'ils étoient de la religion & gens de bien.*

Dans les enquêtes en matière civile, lorsque le commissaire ou enquêteur étoit protestant, il étoit obligé de prendre un adjoint catholique, & réciproquement.

Dans les matières sur lesquelles les présidiaux & prévôts des maréchaux prononcent en dernier ressort, les protestans avoient droit de récuser, sans expression de causes, deux juges au civil, & trois au criminel, excepté lorsqu'il se trouvoit pareil nombre de juges de leur communion dans ces compagnies. Ces récusations n'empêchoient point celles qui sont fondées sur les ordonnances. La réciprocité avoit lieu pour les catholiques, lorsque le plus grand nombre des officiers de ces sièges étoient protestans. Les prévôts des maréchaux & leurs lieutenans étoient aussi obligés de prendre un adjoint catholique, & réciproquement : leur compétence pour les procès des protestans des provinces méridionales, devoit être jugée sur l'appel aux chambres de l'édit.

Telles étoient les principales dispositions de cette loi célèbre, qu'un prince qui devoit sa couronne sur-tout au zèle des protestans, avoit espéré de rendre éternelle; l'on a accusé sa mémoire de n'avoir voulu que céder aux circonstances, en donnant aux protestans de vaines promesses qu'il n'avoit pas l'intention de tenir; mais de pareils desseins ne pouvoient entrer dans cette ame loyale & généreuse : « je ne trouve pas » disoit ce grand roi, au sujet de la vérification de cet édit, « je ne trouve pas » bon d'avoir une chose dans l'intention, & d'écrire » l'autre; & si quelques-uns l'ont fait, je ne veux » pas faire de même; la tromperie est par-tout » odieuse; mais elle l'est davantage aux princes, » dont la parole doit être immuable ».

Cependant il étoit resté entre les mains des protestans, des places de sûreté dans l'intérieur du royaume; ce fut peut-être la cause de leurs malheurs : après le meurtre de Henri IV, les princes & les grands, mécontens de la régence, firent tous leurs efforts pour les engager à faire cause commune avec eux; ils ne manquèrent pas de prétexte pour les séduire : Henri IV avoit été assassiné par le fanatisme des catholiques, & l'article 4 de l'édit de Loudun nous atteste « qu'aucuns officiers étoient » réputés avoir usé de nonchalance en la poursuite » & recherche de ceux qui avoient participé à ce » forfait ». Depuis, les protestans avoient été persécutés dans bien des endroits; on avoit brûlé plusieurs temples, massacré des ministres, contrevenu ouvertement aux loix établies dans le Béarn, en y rétablissant les catholiques dans tous les droits de la religion dominante, dont ils avoient été exclus par Jeanne d'Albert, contre laquelle ils s'étoient révoltés. D'un autre côté, la cour d'Espagne, cherchant toutes les occasions d'affoiblir le royaume, demandoit l'expulsion des *calvinistes*; elle en faisoit un article secret du mariage de l'infante avec le jeune roi; & le cardinal du Perron avoit affirmé dans l'assemblée générale de la nation, « que les édits » accordés aux hérétiques n'avoient fait que suspendre l'exécution des loix faites contre eux; que » ce n'étoit qu'un répit donné à des criminels déjà » condamnés, jusqu'à ce que l'on trouvât à propos » de les conduire au supplice ».

Mais si leur défense avoit pu, en quelque façon, être regardée comme légitime sous les rois précédens, que des étrangers tenoient dans une espèce de captivité, & dans un temps où il étoit question de conserver la couronne aux véritables héritiers du trône, leur prise d'arme ne dut point être excusée, lorsque leur légitime souverain, par des raisons justes ou non, diminua quelques-uns de leurs privilèges, & même lorsqu'on exerça sur eux plusieurs cruautés; ils devoient alors, dit l'auteur *des sentimens des catholiques de France, au sujet du mémoire sur les mariages clandestins*, ils devoient imiter la conduite que leurs ancêtres avoient tenue depuis 1520 jusqu'en 1562 : ils devoient souffrir la mort plutôt que de se soulever. Telle étoit la doctrine de leurs meilleurs théologiens. Un de leurs synodes y exhortoit l'assemblée de la Rochelle.

Aussi les protestans du Dauphiné & ceux des provinces septentrionales demeurèrent-ils dans la soumission; & quand on voudra juger sans prévention, on conviendra que les autres ne furent entraînés que par l'ascendant des grands seigneurs catholiques & protestans. Louis XIII reconnoît dans la déclaration du mois d'avril 1623, qu'on prenoit dans les assemblées politiques des protestans, *plusieurs résolutions contraires au sentiment du général & des plus considérables d'entre eux.* Il reconnoît dans la déclaration du 15 janvier 1626, que tout ce qu'il y avoit de plus qualifié entre ses sujets protestans, *que les députés généraux des églises de Paris, de la Rochelle, de Nismes, de Montauban, & les communautés des Cévènes, avoient donné des désaveux de bouche & par écrit des entreprises des ducs de Soubise & de Rohan.* Il reconnoît dans l'édit du mois de mars de la même année, *que la meilleure & la plus grande partie de ses sujets protestans s'est conservée en la fidélité & obéissance qu'ils lui doivent.*

Aussi vit-on ceux des protestans qui s'étoient joints aux princes & seigneurs révoltés, ou qui avoient imité leurs exemples, rentrer bientôt en eux-mêmes; & depuis la pacification de 1629 jusqu'à la révocation de l'édit de Nantes, ils sont restés fidellement attachés à nos rois, malgré les troubles qui ont agité le royaume, sur-tout pendant la minorité de Louis XIV : ils n'ont pris aucune part à la guerre ridicule de la fronde. Ce monarque leur a rendu ce témoignage, soit dans la déclaration du 22 mai 1652, confirmative de l'édit de Nantes, dans laquelle il déclare « que ses sujets de la religion prétendue réformée lui ont » donné des preuves certaines de leur affection & » fidélité, & notamment dans les occasions pré» sentes, dont il demeure très-satisfait »; soit dans une lettre écrite trois ans après au roi d'Angleterre, où il dit, en parlant des protestans : « j'ai sujet de » louer leur fidélité pour mon service; ils n'o» mettent rien pour m'en donner des preuves, » même au delà de ce qui s'en peut imaginer, » contribuant en toutes choses au bien & avance» ment de mes affaires »; soit enfin dans une autre lettre, écrite en 1666 à l'électeur de Brandebourg, qui avoit intercédé auprès du roi en leur faveur. « Pour vous marquer l'estime, dit ce monarque, » que j'ai pour vous, je vous dirai que des gens » mal intentionnés ont répandu des libelles sédi» tieux, comme si l'on ne gardoit pas, dans mes » états, les édits que mes prédécesseurs ont donnés » en faveur de mes sujets de la religion prétendue » réformée, & que je leur ai confirmés moi-même, » ce qui seroit contre mon intention; car je prends » soin qu'on les maintienne dans tous leurs privi» lèges, & qu'on les fasse vivre dans une égalité » avec mes autres sujets; j'y suis engagé par ma » parole royale; & c'est la règle que je me pres» cris à moi-même, tant pour observer la justice, » que pour leur témoigner la satisfaction que j'ai » de leur obéissance & de leur zèle depuis la der» nière pacification de 1629; & la reconnoissance » que j'ai des preuves qu'ils m'ont données de leur » fidélité pendant les derniers mouvemens où ils ont » pris les armes pour mon service & se sont op» posés avec vigueur & avec succès aux mauvais » desseins qu'un parti de rebellion avoit formés » dans mes états contre mon autorité ».

Cependant on faisoit dès-lors les préparatifs de la destruction entière des protestans; le plan de subversion des privilèges qui leur avoient été accordés, est tracé dans les articles présentés au roi par les assemblées du clergé de 1565, 1670, 1675 & 1680 : voici, d'après l'apologiste même de la S. Barthelemi, comment l'on prépara les esprits & les cœurs à la révocation de l'édit de Nantes; d'abord un arrêt du conseil de 1665 interdit l'exercice de la religion prétendue réformée dans plusieurs villes du royaume; des lettres-patentes données un an après, manifestèrent les vues du roi, en attaquant ouvertement l'édit de Nantes : ces lettres-patentes furent, à la vérité, révoquées par une déclaration du premier février 1669; mais cette dernière loi ne rendit aux protestans leurs privilèges, qu'après les avoir mutilés. Dès le mois de janvier 1669, les chambres mi-parties de Paris & de Rouen furent supprimées, des peines très-graves furent prononcées contre les relaps; &, afin qu'ils ne pussent échapper aux poursuites de la justice, les évêques furent chargés de remettre les actes d'abjuration de leurs prosélites entre les mains des procureurs du roi : la démolition de tous les temples, dans les lieux de l'établissement des archevêques & évêques, fut ordonnée; défenses furent faites aux ministres de prêcher dans leurs visites pastorales; aux protestans, de s'assembler sans l'assistance de commissaires catholiques; & aux seigneurs, d'établir des juges qui ne fussent pas de cette religion; il ne fut plus permis d'être sage-femme, fermier, sous-fermier, commis des fermes, employé ni même soldat dans les brigades de l'adjudicataire général, & d'avoir le recouvrement des tailles, sans être catholique.

Dès 1680, il fut enjoint aux juges ordinaires de visiter les malades, pour savoir d'eux s'ils n'étoient pas dans le dessein de se convertir; & quatre mois après, les marguilliers furent commis à ce soin qui répugnoit à la délicatesse des juges.

En 1681 & 1682, il fut permis aux enfans des protestans de changer de religion à l'âge de sept ans, de s'éloigner de leurs parens, & de les forcer à fournir à leur entretien par des pensions proportionnées à leurs besoins & à leur naissance; il ne fut plus libre d'élever les enfans bâtards dans une autre religion que la catholique. Les notaires, procureurs, postulans, huissiers ou sergens protestans furent obligés de se démettre de leurs offices. Le collège de Sédan fut interdit, le nombre des ministres réduit. Il fut défendu aux maîtres des différentes communautés d'arts & métiers qui professoient la religion prétendue réformée, d'avoir des apprentifs, soit protestans, soit catholiques. Un arrêt du conseil, du 9 mars 1682, ordonna que la préférence pour la fourniture des chevaux de louage dans les villes du royaume, seroit accordée aux catholiques sur ceux de la religion prétendue réformée.

D'autres arrêts du conseil de la même année, ôtèrent aux avocats *calvinistes*, la préséance & le droit de porter la parole, qui leur étoit acquis par leur ancienneté au barreau. Le temple d'Argentan fut démoli, les ministres furent éloignés des lieux qui avoient été privés de l'exercice public de leur religion; on leur ôta les émolumens qui leur avoient été accordés : les seigneurs perdirent le privilège de l'exercice public de leur religion, sous prétexte qu'ils en avoient abusé.

De nouveaux réglemens, faits dans les trois années suivantes, ne permirent plus aux protestans de s'assembler qu'en synode, & détruisirent à la fois les écoles de leurs enfans, les hospices & les asyles de leurs pauvres, de leurs infirmes & de leurs vieillards. Il fut ordonné à tous les protestans qui avoient des charges à la cour ou dans des maisons royales, de s'en défaire. Ce réglement fut étendu aux officiers de maréchaussée, aux receveurs des consignations, aux sécrétaires du roi, qui perdirent la noblesse acquise, & leurs veuves leurs privilèges. Il fut défendu de nommer des experts & de recevoir des apothicaires-épiciers, de la religion prétendue réformée; les libraires & imprimeurs *calvinistes* furent interdits. Les ecclésiastiques n'eurent pas la liberté de prendre de bons fermiers protestans, ni même des catholiques, lorsque ceux-ci ne pourroient trouver des cautions solides que parmi les protestans. L'on fit défense aux juges & gens de loi, d'avoir des clercs de cette religion.

Il fut défendu de recevoir des avocats *calvinistes*. Les juges dont les femmes professoient le protestantisme, ne purent plus connoître des procès des ecclésiastiques ni des nouveaux convertis. Les veuves des officiers du roi & des maisons royales, qui persistoient dans la religion protestante, perdirent leurs privilèges. Les médecins, chirurgiens & apothicaires, pour exercer leur profession, n'eurent pas moins besoin de prouver qu'ils étoient catholiques, que capables. Pour empêcher les protestans de réparer les pertes que ces loix pouvoient leur occasionner, il fut défendu à leurs ministres d'instruire dans leur doctrine & de recevoir dans leurs temples, soit les catholiques, soit même les infidèles & les mahométans.

L'on attaqua directement l'édit de Nantes, en restreignant l'article 45, au sujet des récusations; en limitant les articles 7 & 8, concernant les prêches dans les châteaux; en rendant impraticable l'article 43, par la gêne des conditions qui y furent apposées. Le second des articles particuliers, qui exemptoit les religionnaires de contribuer à la construction des églises & presbytères, fut révoqué; les ministres eurent ordre de s'éloigner, de six lieues, des habitations où l'exercice de leur culte avoit été interdit: ceux que les synodes choisissoient pour le service, ne purent être conservés que trois ans dans leurs emplois. Sédan n'eut plus de prêche; on abattit les temples de Givone & de Raucour. Les villes privées d'exercice le furent aussi de cimetière; personne ne put aller au temple que dans l'étendue du bailliage où il avoit son domicile.

Un grand magistrat a cru qu'à l'époque de ces réglemens, on avoit persuadé à Louis XIV que le nombre des *calvinistes* de son royaume étoit peu nombreux, & que la meilleure partie demandoit déjà à se convertir. C'étoit sans doute pour accélérer ces conversions, que le clergé fit en 1685, à Louis XIV, de nouvelles demandes dans l'esprit de celles dont nous avons déjà rendu compte. Le roi surpassa malheureusement l'attente du clergé; l'édit du mois d'octobre 1685, supprima, révoqua celui de Nantes de 1598, & celui de Nîmes de 1629, ensemble toutes les autres concessions faites à ceux de la religion prétendue réformée, de quelque nature qu'elles pussent être.

Cet édit fut enregistré sur le champ, en vacations; le parlement étoit alors privé du droit de faire des remontrances. Cette loi, qui enleva au royaume des millions de citoyens, de négocians & d'artistes inestimables, ne lui conserva pas la tranquillité dont il jouissoit. On vit naître la guerre des camisards; les disputes des molinistes & des jansénistes agitèrent le gouvernement intérieur, affligèrent la vieillesse de Louis XIV & remplirent de troubles le règne de son successeur. Bientôt les disputes des deux partis & les violences faites aux consciences, occasionnèrent l'indifférence de toute religion. Puisse cette révolution n'être pas le fatal précurseur de la perte des mœurs, & de tout esprit patriotique! Doit-on, en effet, se flatter que les systêmes des philosophes, ou, si l'on veut, les principes de la raison, soient un frein capable de contenir le désordre des passions de la multitude? A peine règlent-ils la vie du sage, qui en fait une étude continuelle, & qui par des méditations profondes sur tout ce qui est l'objet des desirs & des passions des autres hommes, a appris à en connoître l'illusion.

Quoi qu'il en soit, si l'on excepte les troubles des Cévènes; troubles qui ont eu pour cause la rigueur des impositions aussi-bien que l'inquisition religieuse; troubles qui ont été désapprouvés par les *calvinistes* de toutes nos provinces: les protestans n'ont pas depuis, & n'avoient même long-temps avant l'édit de 1685, excité la plus légère émeute dans le royaume; la seule démarche que l'on se soit permise de faire sous leur nom, démarche que l'on doit encore attribuer aux réfugiés répandus parmi les nations protestantes de l'Europe, & peut-être aux puissances ennemies, a été de réclamer la médiation des plénipotentiaires du traité d'Utrecht auprès de Louis XIV.

Les protestans, dans ce mémoire, observent que tout souverain peut intercéder pour les sujets rebelles d'un autre, que souvent il les appuie & leur fournit des moyens d'empêcher qu'on ne les opprime, quelquefois même sans rupture ouverte avec le souverain des rebelles: qu'à plus forte raison l'on ne peut trouver mauvais que dans un traité de paix on tâche de procurer quelque soulagement, par négociation, à des sujets opprimés.

En conséquence ils demandoient, en ce qui concerne leur religion, que si l'on ne la rétablissoit pas dans toute l'étendue de sa liberté, sans limitation ni contrainte, ils ne pussent au moins être recherchés sous prétexte de leur sentiment, & du défaut d'assistance aux cérémonies & prédications de l'église romaine; qu'on leur laissât la liberté de prier Dieu dans leur maison, & d'y exercer les actes de leur religion; d'élever & d'instruire leurs enfans dans leur foi, & de leur donner des tuteurs après leur mort: que dans les baptêmes & mariages on ne les contraignît pas à se conformer aux pratiques des catholiques, ni dans leurs maladies à être

être visités par les prêtres catholiques; mais qu'ils puissent au contraire être alors consolés sans bruit & sans assemblées nombreuses par leurs ministres reçus ailleurs, & d'origine françoise : qu'on ne leur refusât point le droit de sépulture simple & sans cérémonies, ni sous prétexte de religion, le droit d'habiter & de transporter leur domicile indifféremment dans tous les lieux du royaume, même d'en sortir, selon l'ancienne coutume suivant laquelle, en tout temps, les François ont eu la liberté de chercher des établissemens hors de leur pays : qu'on leur laissât la libre disposition de leurs biens, conformément aux loix & coutumes, la faculté de posséder toutes les charges, comme les autres sujets, enfin, que l'on annullât les obligations qu'ils auroient contractées, de se conformer à l'église romaine.

En ce qui concerne la liberté des personnes, les *calvinistes* demandoient celle de ceux qui en étoient privés sous prétexte de religion; comme des hommes & femmes enfermés dans des prisons & couvens pour avoir fait paroître trop d'affectation pour la *calviniste*, ou trop de répugnance pour la catholique; comme des ministres qui ont été arrêtés sans que l'on en ait donné que des motifs légers : « car ceux, porte le mémoire, qui ont » fait, dans les provinces, quelques assemblées » nombreuses, & qu'on a trouvé bon d'accuser » d'avoir contribué ou participé à quelque prétendu » soulevement, ont été exécutés sans miséricorde » quand on a pu les saisir » : comme enfin, de ceux qui ont été condamnés aux galères......

Quant à la sûreté des biens, les *calvinistes* demandoient qu'on restituât les biens de ceux sortis du royaume pour cause de religion, soit qu'ils en eussent été exilés sous ce prétexte, ou envoyés dans les colonies, soit qu'ils en fussent sortis contre les défenses des édits.

En conséquence de ce mémoire, les plénipotentiaires des états protestans en ont présenté un autre aux ministres du roi, en conformité des ordres exprès de leurs souverains : par ce mémoire, ils ont requis instamment les ministres du roi de vouloir représenter à leur maître : « qu'il soit accor- » dé à tous les protestans françois le soulagement » après lequel ils soupirent depuis si long-temps, » & qu'ils soient rétablis dans leurs droits & pri- » vilèges en matière de religion, pour jouir d'une » entière liberté de conscience, & ceux d'entre » eux qui sont dans les prisons, galères ou autre- » ment détenus, soient élargis & remis en liberté, » afin que ces affligés puissent avoir part à la paix ».

D'un côté, Louis XIV n'étoit pas d'un caractère à se laisser faire ainsi la loi par des puissances étrangères, sur ce qui concernoit son gouvernement intérieur : de pareilles représentations ne pouvoient que l'indisposer de plus en plus, contre cette malheureuse portion de ses sujets : d'un autre côté, les états étrangers avoient reçu & recevoient encore trop d'avantages des mauvais traitemens faits aux protestans dans le royaume, pour s'intéresser bien vivement à en faire cesser la cause. Il ne paroît pas que cette démarche ait eu aucune suite.

SECTION II.

Tolérance civile dont jouissent les calvinistes.

L'article 11 de l'édit de 1685 laisse à ceux de la religion prétendue réformée, la liberté de demeurer dans tous les lieux de l'obéissance du roi, d'y continuer leur commerce, & d'y jouir de leurs biens, sans pouvoir être troublés ni empêchés sous prétexte de leur religion : en vertu de cette loi, il n'est pas permis de les contraindre en aucune manière, d'assister aux cérémonies du culte catholique; il n'est pas permis d'exiger d'eux des certificats de catholicité, à moins qu'ils ne se présentent pour exercer des fonctions spécialement interdites aux protestans.

Si l'on en croit les historiens de Louis XIV, cette disposition de la loi auroit été illusoire : les missionnaires envoyés par les jésuites le Tellier & la Chaise, & les dragons de Louvois qui les accompagnoient, les scènes violentes de la fin de ce règne, sont des monumens de l'intolérance la plus oppressive; mais heureusement de pareils faits, quelque accumulés qu'ils puissent être, ne peuvent avoir parmi nous force de loi, & la loi seule doit servir de règle. Aux termes de la loi, il n'y a que deux espèces de personnes exceptées de la disposition de l'article premier de l'édit de 1685; ce sont les relaps & les ministres.

1°. *A l'égard des relaps*, plusieurs loix qui sont antérieures à cet édit, & qui ont été renouvellées par la déclaration de 1724, prononcent contre eux des peines très-sévères. La déclaration du mois d'avril 1663 veut, que ceux qui ayant fait abjuration, ou qui étant engagés dans les ordres sacrés, ou liés par des vœux à la profession religieuse, quittent la religion catholique pour embrasser celle des *calvinistes*, soit à dessein de se marier ou autrement, soient bannis à perpétuité, sans que cette peine puisse être réputée comminatoire.

La déclaration du 13 mars 1679 ajoutoit à cette peine celles de l'amende honorable & de la confiscation.

Suivant la déclaration du 29 avril 1686, ceux qui ayant fait abjuration, & qui étant malades, refuseront les sacremens de l'église & déclareront aux prêtres de leur paroisse, qu'ils veulent persister & mourir dans cette disposition, doivent être condamnés à l'amende honorable & aux galères perpétuelles, & les femmes & filles enfermées : s'ils décèdent de cette maladie, le procès doit être fait à leur mémoire, leurs cadavres traînés sur la claie & jettés à la voirie; les biens des uns & des autres doivent être confisqués. L'article 9 de la déclaration de 1724 restreint ces peines à la condamnation de la mémoire & à la confiscation des biens. La déclaration de 1686 obligeoit les prêtres de paroiſſes de dénoncer le refus aux officiers de juſtice, & de requérir leur tranſport. Mais pluſieurs curés étant juſtement perſuadés que les loix ne pouvoient obliger leur miniſtère, qui eſt purement de bienfaiſance & de charité, à faire d'auſſi odieuſes dénonciations, la déclaration de 1724, en abrogeant ces formalités, veut en même temps qu'il ne ſoit pas beſoin d'autres preuves pour établir le crime de relaps, que de pareils refus de ſacremens, avec de pareilles déclarations, atteſtés par la dépoſition des prêtres ayant la charge des ames, & autres qui y auront été préſens.

« Et attendu, porte l'article 20, que ce qui contribue le plus à confirmer ou à faire retomber » les malades dans leurs anciennes erreurs, eſt la » préſence & les exhortations de quelques religionnaires cachés qui les aſſiſtent ſecrétement en » cet état, & abuſent des préventions de leur » enfance & de la foibleſſe où la maladie les réduit, pour les faire mourir hors le ſein de l'égliſe, ils doivent être condamnés, ſavoir, les » hommes aux galères, & les femmes à être raſées » ou enfermées ».

Les termes ambigus de cette déclaration & de celle de 1715 avoient fait penſer à pluſieurs, que ces loix devoient avoir lieu contre tous les proteſtans indiſtinctement; mais quel que ſoit le préjugé d'un arrêt du 4 juillet 1729, rendu contre la mémoire d'un nommé *Trinité*, il eſt certain que ces déclarations ne révoquent point l'article 11 de l'édit d'octobre 1685, qui laiſſe la liberté de conſcience aux proteſtans; elles ne parlent que *de ceux qui ont ci-devant profeſſé la religion prétendue réformée*, ou qui ſont nés de parens qui *en ont fait profeſſion*, & non de ceux qui en font profeſſion actuelle. C'eſt ſur ce principe qu'ont été rendus les arrêts des ...... 1726, 13 mai 1733 & 4 janvier 1740, rapportés par Deniſart aux mots *relaps* & *proteſtant*.

Lors du ſecond arrêt qui déclare valable le teſtament d'une dame de Bellefond, qui avoit, dit-on, refuſé les ſacremens de l'égliſe, & qui avoit été inhumée dans un chantier deſtiné à la ſépulture des proteſtans, M. l'avocat général Gilbert fit voir, que la demande des héritiers, peu favorable d'ailleurs, étoit contraire à leur intérêt, puiſque ſi cette dame fût morte relaps, elle eût encouru la confiſcation; qu'une pareille accuſation ne pouvoit être inſtruite que par la voie extraordinaire, qui ne convenoit qu'au miniſtère public; mais qu'il ne croyoit pas être *autoriſé à l'intenter ſans avoir un dénonciateur*.

2°. *Quant aux miniſtres*, l'article 4 de l'édit de 1685 enjoignoit aux miniſtres qui n'embraſſeroient point la religion catholique, de ſortir du royaume dans la quinzaine, ſans pouvoir, pendant leur ſéjour, faire aucune prêche, exhortation, ni autre fonction, à peine de galères. Pour attirer plus ſûrement les miniſtres à la religion romaine, les articles ſuivans accordoient à ceux qui l'embraſſeroient la continuation des exemptions & une penſion plus forte d'un tiers que les appointemens dont ils jouiſſoient, & dont moitié ſeroit reverſible à leurs veuves. Ceux d'entre eux qui auroient voulu ſe faire docteurs en droit ou avocats, euſſent été diſpenſés du temps d'étude & de la moitié des frais des univerſités. On verra dans la ſuite que les miniſtres qui, en conſéquence de la première de ces diſpoſitions, ſortirent du royaume, perdirent la propriété ou au moins la jouiſſance & la diſpoſition de leurs biens.

La déclaration du premier juillet 1685 défend à tous miniſtres françois ou étrangers de rentrer dans le royaume, à peine de mort contre eux & contre les miniſtres qui y ſeroient reſtés; & à toutes perſonnes de les retirer ni favoriſer, à peine de galères contre les hommes, & contre les femmes d'être renfermées. L'article 3 de cette déclaration accorda une gratification de 5500 livres au profit de celui qui donneroit lieu à la capture d'un miniſtre.

L'article 2 de la déclaration du 24 mai 1724, porte, que le roi, « informé qu'il s'élève dans le » royaume pluſieurs prédicans qui ne ſont occupés » qu'à exciter les peuples à la révolte & à les détourner des exercices de la religion catholique.... » ordonne que tous les prédicans qui auront convoqué aucune aſſemblée, qui y auront prêché » ou fait aucune fonction, ſeront punis de mort, » avec défenſe à tous ſujets du roi...... de recevoir leſdits miniſtres ou prédicans, de leur donner retraite, ſecours ou aſſiſtance, ou d'avoir, » directement ni indirectement, aucun commerce » avec eux ».

Il eſt enjoint « à tous ceux qui en auront connoiſſance, de les dénoncer aux officiers des lieux, » à peine, en cas de contravention, contre les » hommes, des galères à perpétuité, & contre » les femmes, d'être raſées & enfermées pour le » reſte de leurs jours ».

Il ne faut pas croire que les dernières diſpoſitions de ces loix aient jamais été miſes à exécution: ſans doute, il eſt naturel, qu'à l'exemple des autres communions, les martirologes proteſtans ſe permettent des exagérations; mais un de leurs plus acharnés antagoniſtes convient que dans notre ſiècle, dont les mœurs ne reſpirent, en apparence, que tolérance, humanité, bienfaiſance, depuis 1745 juſqu'en 1770, huit miniſtres ont été exécutés à mort.

L'hiſtoire véritable du vertueux Fabre eſt aujourd'hui univerſellement connue, par le drame plein de ſenſibilité de *l'honnête criminel*.

Cependant il faudroit, avant d'affirmer, bien connoître les eſpèces & les circonſtances dans leſquelles les jugemens ont été rendus; on ne croira pas facilement que les peines aient été étendues, ſoit aux proteſtans, ſoit aux catholiques qui auroient reçu chez eux des miniſtres fugitifs. « On regarderoit, dit l'auteur catholique des *réflexions ſur les loix de France, relatives aux proteſtans*, comme » un infame, tout catholique qui refuſeroit à un » miniſtre fugitif un aſyle & du pain; qui, en lui

» fermant sa porte, l'exposeroit à tomber entre les » mains de ceux qui le poursuivent. Osons même » interroger les chefs du clergé de France; de- » mandons-leur s'ils ne mettroient pas leur hon- » neur à protéger un ministre protestant qui au- » roit cherché un asyle dans leur palais. Disons » plus, si, lorsqu'il y avoit des jésuites, un ministre » s'étoit jetté entre les bras d'un recteur d'une de » leurs maisons, n'y eût-il pas été en sûreté «? Nous annonçons avec empressement à nos concitoyens, que les loix contre les ministres & les autres protestans, commencent à tomber en désuétude: d'autres soins, d'autres affaires, en occupant tous les esprits, ont fait perdre de vue les protestans dès 1770; & notre monarque, en rétablissant l'empire des loix, n'a pas voulu que la religion prétendue réformée pût se vanter d'avoir encore ce qu'elle appelle des *martyrs*. Nous avons tout lieu d'espérer, qu'en rendant ici un compte fidèle de celles de nos loix qui ne sont pas formellement abrogées, nous préparons plutôt des matériaux pour l'histoire, qu'un code pour les tribunaux.

3°. Observons que la tolérance accordée par l'édit de 1685, a encore été restreinte, dans les premiers temps, à l'égard *des femmes & des veuves*. L'édit du mois de janvier 1686 vouloit que les femmes des nouveaux catholiques qui refuseroient de suivre l'exemple de leurs maris, & les veuves qui persisteroient dans la religion prétendue réformée, fussent déchues du pouvoir de disposer de leurs biens, soit par testament, donation entre-vifs, aliénation ou autrement; & qu'à l'égard de l'usufruit des biens qui pourroient leur avenir ou leur être échus par les donations de leurs maris, soit entre-vifs, soit par contrat de mariage, ainsi que des douaires, droits de succéder en Normandie, augmens de dot, habitation, droit de partager la communauté, préciput, & généralement de tous les autres avantages qui leur auroient été faits par leurs maris; l'édit vouloit que cet usufruit appartînt aux enfans catholiques de ces veuves, suivant la disposition des coutumes, & à leur défaut, aux hôpitaux des villes les plus prochaines.

SECTION III.

Charges, emplois, fonctions & prérogatives dont l'exercice est interdit aux calvinistes.

Conformément à une foule de loix précédentes, l'article 12 de la déclaration de 1724 ordonne que nul ne puisse être reçu en aucune charge de judicature dans les cours, bailliages, sénéchaussées, prévôtés & justices du roi, ni dans celles des hauts-justiciers, même dans les places de maires, échevins & autres officiers des hôtels-de-ville, soit qu'elles soient érigées en titre d'office, ou qu'il y soit pourvu par élection & autrement, ensemble dans celles des greffiers, procureurs, notaires, huissiers & sergens, de quelque jurisdiction que ce puisse être, & généralement dans aucun office ou fonction publique, soit en titre ou par commission, même dans les offices de la maison du roi & maisons royales, *sans avoir une attestation du curé, ou en son absence, du vicaire de la paroisse* dans laquelle ils demeurent, de leurs bonnes vie & mœurs, ensemble *de l'exercice qu'ils font de la religion catholique.*

L'article 13 veut pareillement que les *licences* ne puissent être accordées dans les facultés de droit ou de médecine, que sur des attestations semblables; que ces attestations seront représentées à ceux qui donneront les lettres de licence, & qu'il en sera fait mention dans les lettres, à peine de nullité. *Voyez* CERTIFICAT, (*matière civile*).

L'article 14 ajoute, que les médecins, chirurgiens, apothicaires & les sages-femmes, ensemble les libraires & imprimeurs ne pourront pareillement être admis à exercer leur art & profession dans aucun lieu du royaume, sans rapporter une pareille attestation, dont il sera fait mention dans les lettres qui leur seront expédiées, même dans les sentences de leur réception, à peine de nullité.

Nous ne parlerons pas ici d'une loi faite uniquement pour empêcher les écuyers de donner des leçons d'équitation. C'est ainsi que l'on a espéré d'obliger les protestans à se convertir, tantôt par la perspective de pensions dont Pelisson eut d'abord la feuille; tantôt par l'effroi de la misère la plus affreuse; tantôt par l'interdiction de tous les états qui conduisent à la confiance & à la considération.

Les réglemens antérieurs à l'édit de Nantes, qui excluoient les protestans de toutes les affaires de finances, sont aujourd'hui sans exécution, au moins pour les places qui n'exigent point que l'on prête serment en justice.

Quoique l'on ait laissé aux protestans l'exercice des autres professions, il y a cependant quelques fonctions & prérogatives dont l'exercice leur a été interdit.

D'abord telles sont *les tutèles & curatelles.* La déclaration du 14 août 1685 veut, que dorénavant il ne soit donné pour tuteurs, subrogés tuteurs ou curateurs, aux enfans des prétendus réformés, que des personnes de la religion catholique, avec défense d'en nommer ni admettre d'autres, à peine, contre les contrevenans, d'amende arbitraire & du bannissement pour neuf ans du ressort de la justice royale du lieu de leur demeure. L'article 11 de l'édit du 13 décembre 1698 enjoint aux parens, lorsqu'ils nomment des tuteurs ou des personnes pour avoir soin de l'éducation des enfans mineurs, « de les choisir de bonnes vie & mœurs, & qu'ils » remplissent exactement tous les devoirs de la » religion catholique ».

En second lieu, la déclaration du 9 juillet 1685 avoit défendu aux protestans d'avoir des domestiques catholiques; celle du 11 janvier 1686, en révoquant la précédente, leur défend d'avoir des domestiques protestans, à peine, contre les contrevenans, d'être condamnés, savoir, *les hommes aux galères, & les femmes au fouet, & à être flétris d'une fleur de lis.*

En troisième lieu, une ordonnance du 16 octobre 1688 enjoignit aux *nouveaux convertis* (c'étoit le nom que l'on donnoit alors dans les loix aux *calvinistes*, dans la fausse supposition que tous avoient embrassé la religion romaine), de porter chez les magistrats des lieux toutes leurs armes offensives & munitions, à peine des galères; les gentilshommes ne purent conserver que deux épées, deux fusils, deux paires de pistolets, six livres de poudre & de plomb, à peine de prison & d'une amende de mille écus par chaque nature d'armes au-delà de celles prescrites, & de dix milles livres également payables par corps, par ceux chez lesquels on trouveroit une plus grande quantité de poudre & de plomb.

En quatrième lieu, l'on a souvent agité la question de savoir si les protestans étoient capables d'exercer les patronages & collations attachés à leurs familles ou à la possession de leurs terres. La jurisprudence a varié à cet égard. C'étoit, dit M. Lemerre (*Mémoires du clergé, tome XII, page 433.*) « le sentiment le plus reçu des anciens canonistes, » que les patrons qui devenoient hérétiques étoient » privés de l'exercice & du droit même de patro» nage..... C'étoit une suite de ce que les héré» tiques étoient privés de tous leurs biens, & de » ce que leurs enfans, même catholiques, n'y suc» cédoient pas ».

Mais en France, où de pareilles loix ne sont pas reçues, sur-tout à l'égard des protestans, M. Louet atteste qu'ils exerçoient eux-mêmes les patronages attachés aux terres qu'ils possédoient; après avoir cité un arrêt en leur faveur, ce magistrat, ancien agent du clergé, en donne le motif...... *Hæc enim beneficiorum collationes inter fructus honorificos computantur, ut per constitutiones seu pacificationis edicta hujus novæ opinionis homines bonorum suorum & jurium liberam habent administrationem; igitur & collationum, de nominatione autem seu præsentatione ad beneficia, nulla superesse potest dubitandi ratio quæ magis ad fructuum naturam accedit (ad regulam de infirmis resignantibus*, n°. 419).

Cette jurisprudence ne dura pas. Un arrêt du parlement de Paris, du 6 février 1648, porta une première atteinte à ce principe. Il est vrai que, sur les plaintes des *calvinistes*, un réglement du conseil du 8 juillet 1651, maintint les protestans « en la » possession de nommer des personnes capables » aux bénéfices dont ils étoient patrons, à cause » de leurs terres, à la charge par eux de nom» mer des personnes catholiques, auxquelles ils » donneroient pouvoir de faire ces nominations & » présentations, à la charge également de faire en» registrer la procuration au greffe royal le plus » prochain de la terre qui leur attribue droit de » patronage; quoi faisant, les évêques & autres col» lateurs ecclésiastiques seroient tenus d'admettre, » en la forme ordinaire, les nominations & pré» sentations qui seroient ainsi faites ».

Mais l'assemblée du clergé de 1655 fit à son tour des remontrances contre l'arrêt du conseil, elle obtint la déclaration du 5 décembre 1656, dont l'article 5 veut « que les seigneurs faisant pro» fession de la religion prétendue réformée, ne » puissent user d'anciens droits honorifiques dans » les églises, de sépultures, bancs, litres, tant » dehors que dedans, *& patronages*, demeurant les» dits droits en surséance, tant qu'ils feront pro» fession de la religion prétendue réformée, & » pour le patronage que l'évêque conférera de plein » droit, pendant ledit temps seulement, sans pré» judice du droit de la terre après l'empêchement » cessé ».

Cette déclaration n'ayant pas été enregistrée, & étant restée en projet, il n'y a pas de doute que le parlement ne reviendra à sa première jurisprudence, & jugera pour les protestans, d'après les principes maintenues récemment par l'arrêt qui a confirmé la pleine collation faite par le juif Cramer d'une prébende du chapitre de Péquigny. Les protestans ne sont certainement pas plus défavorables que les Juifs.

Cet arrêt prouve que l'on ne peut regarder le patronage laïc comme une concession de l'église qui ne puisse s'étendre aux hérétiques. Si l'on examine, au contraire, la nature de ce droit, l'on sera convaincu qu'il n'est qu'une réserve & une condition mise par les laïcs à la donation des biens dont ils ont doté les églises, & qu'il seroit injuste qu'en conservant la dot, l'église dépouillât les héritiers, les ayans cause ou représentans du bienfaiteur.

Cependant la jurisprudence du conseil étoit conforme, dans le dernier siècle, à la déclaration de 1656 : au moins, c'est ce qui paroît résulter de deux arrêts du conseil des 15 juillet 1659 & 23 octobre 1663, rapportés par les auteurs des *Mémoires du clergé*.

Dans la supposition que le patron protestant dût être privé de son droit, & dans le cas où il négligeroit d'en faire usage, on a demandé si les bénéfices appartenant à des hérétiques, peuvent être impétrés en cour de Rome par prévention de l'ordinaire ? D'un côté, l'on dit pour les impétrans, que l'incapacité des patrons fait rentrer la disposition des supérieurs ecclésiastiques dans l'ordre où elle seroit, s'il n'y avoit point de patron; que quand le patron est incapable, c'est la même chose que s'il n'y avoit pas de patron, & qu'alors la prévention ne fait point de difficulté; que dans le cas de l'incapacité du patron, ce n'est pas un droit de fief que l'évêque exerce, mais son droit de collateur ordinaire, dégagé des obstacles qui y avoient été mis en faveur des patrons; que la jurisprudence est constante par l'arrêt du 15 juillet 1659, qui vient d'être cité, & par celui du parlement de Rouen, rendu sur le possessoire de la cure d'Aulnay; que d'ailleurs l'on ne peut objecter l'arrêt de cette cour, du 20 juillet 1714; qu'il est certain, par le plaidoyer du ministère public, sur lequel cet arrêt est intervenu, que la question n'y a point été jugée, & que le préventionnaire a été exclu sur des circonstances personnelles qui le renoient défavorable.

Mais si la cause des évêques eût été bien défendue, l'on auroit dit sans doute que la prévention qui donnoit les collations à un étranger, & qui assuroit les bénéfices au clerc le plus diligent, sans égard pour les mœurs, la capacité & les connoissances, étoit trop défavorable pour recevoir aucune extension, sous quelque prétexte que ce fût, & qu'il falloit rigoureusement la renfermer dans ses anciennes bornes; que d'ailleurs les évêques ne tenoient pas de l'église, mais du roi, leurs droits sur des bénéfices de patronage laïc; que cette concession du roi ne changeoit pas la nature prophane de ces bénéfices; qu'ainsi il falloit encore se renfermer dans les termes de la concession du roi, qui ne faisoit aucune mention du pape.

L'auteur de l'*Histoire des loix & usages de la Lorraine, dans les matières bénéficiales*, toujours emporté par sa prédilection pour ce qu'il croit les usages du royaume, dit que l'on doit suivre en Lorraine la déclaration de 1656; que les principes en ont été consacrés par un arrêt de la cour souveraine, du 18 juin 1750, qui a maintenu le sieur Charron dans la possession de la cure d'Holbing, contre un présenté par le rheingraf de Putelange, patron protestant. Il ajoute qu'il ne prétend point toucher au droit des protestans souverains, qui possèdent dans leurs états, en vertu du traité d'Osnabruck, des biens ecclésiastiques dont dépendent des patronages de bénéfices situés en Lorraine; que ces princes exercent ces patronages, sans qu'ils leur soient contestés; qu'ainsi M. le duc de Deux-Ponts, à raison de l'abbaye d'Hornebach, dont il étoit administrateur & conservateur, nommoit en effet à plusieurs cures de la Lorraine allemande, & que sur la présentation qu'il avoit faite à celle d'Altheim, M. l'évêque de Metz avoit donné des provisions, sur lesquelles le roi Stanislas avoit accordé des lettres d'attache qui avoient été enregistrées à la cour souveraine.

Quoi qu'il en soit des droits des patrons, ces droits ne peuvent être que suspendus pendant qu'ils exercent la religion prétendue réformée: dès qu'ils la quittent pour faire profession de la religion dominante, ils rentrent dans l'exercice de tous leurs droits honorifiques, *jure postliminii*. La déclaration de 1656 & les arrêts cités, contiennent à cet égard des réserves formelles.

Mais on a demandé si ce droit de retour devoit avoir lieu en faveur des familles qui jouissent de patronages personnels? Il n'y auroit pas moins de raison de les y maintenir; la considération d'être du sang des fondateurs, étant même plus favorable que celle de la possession d'une terre à laquelle il a plû au fondateur d'attacher ce droit.

On a aussi demandé si l'on pouvoit en priver le patron qui, après son abjuration, n'a fait aucun exercice de la religion catholique? M. Lemerre observé encore avec raison, que les loix qui privent de ce droit les protestans, n'en privent pas les mauvais catholiques; que le patron n'étant point traité comme relaps dans le gouvernement politique, n'étant ni condamné, ni même accusé judiciairement, est présumé en possession de son état; que l'on pourroit même regarder comme très-dangereux d'admettre de pareils moyens, pour priver un citoyen de ses biens & de l'exercice de ses droits.

En cinquième lieu, il y a certains *droits honorifiques* dont les protestans sont naturellement privés. Rien n'empêche que l'on ne fasse pour eux les prières nominales, dans les paroisses dont ils ont la haute-justice, puisque l'église nous commande de prier pour les hérétiques & les infidèles; mais étant retranchés de la communion par des canons reçus dans l'état, la décence publique, leur religion même ne leur permettent pas d'assister dans nos églises, ni par conséquent d'y recevoir des places distinguées & des honneurs, tels que l'encens & l'eau bénite: ils ne peuvent s'y faire enterrer. L'article 10 de l'édit du mois de décembre 1606, veut qu'ils ne puissent élire leurs sépultures, ni être inhumés dans les églises, monastères & cimetières des églises catholiques, encore qu'ils en soient fondateurs.

En sixième lieu, les canonistes agitent la question de savoir si le secours des monitoires peut être accordé aux hérétiques? Il seroit juste de leur dénier une ressource qui seroit sans force contre eux; il est certain que le juge d'église seroit autorisé à les leur refuser: mais comme le procureur du roi est partie nécessaire dans toutes les procédures criminelles, on doit les accorder à ces officiers qui les demandent comme parties publiques, dans les causes où les protestans sont parties civiles.

SECTION IV.

Exercice du calvinisme.

Avant la révocation de l'édit de Nantes, une grande partie des protestans avoient déjà été privés de l'exercice de leur culte, en vertu de réglemens particuliers: il y avoit un grand nombre de bailliages qui ne devoient plus avoir de temples & de ministres, & cependant la déclaration du 25 juillet 1685 leur défendoit d'assister à aucun exercice de leur religion hors du ressort de la jurisdiction de leur domicile: on l'avoit interdit dans le pays de Gex, sous prétexte que cette petite province ayant été unie à la couronne après l'édit de Nantes, n'avoit pu y être comprise; c'étoit sous le même prétexte que l'on avoit ruiné les temples & le collège de la ville de Sedan, cédée à la couronne par un souverain protestant. C'étoit, aux termes de l'arrêt fatal, sur la requête même des ministres & du consistoire de Sedan, qu'étoit intervenu l'ordre de destruction.

Mais la ruine entière du culte protestant a été consommée par l'édit de 1685, qui veut que tous les temples de ceux de la religion prétendue réformée, soient incessamment démolis dans toutes les terres & seigneuries de la domination du roi. L'article 2 ajoute des défenses à ceux de cette religion, de plus s'assembler pour faire l'exercice de cette religion, *en aucun lieu ou maison particulière*, sous quelque prétexte que ce puisse être, même d'exercices réels ou de bailliages, quand même lesdits exercices auroient été maintenus par des arrêts du conseil. L'article 3 défend à tous les seigneurs, de quelque condition qu'ils soient, de faire l'exercice dans leurs maisons & fiefs, *à peine, contre tous les sujets qui feroient ledit exercice, de confiscation de corps & de biens.*

L'article 1 de la déclaration du 14 mai 1724, veut, en renouvellant les prohibitions, que la religion catholique soit seule exercée dans le royaume; défend à tous les sujets du roi de faire aucun exercice de la religion autre que la catholique, & de s'assembler, pour cet effet, en aucun lieu & sous quelque prétexte que ce puisse être, à peine, contre les hommes, des galères perpétuelles, & contre les femmes, d'être rasées & enfermées pour toujours, avec confiscation de biens des uns & des autres; & même à peine de mort contre ceux qui se seront assemblés en armes.

Les écrivains favorables aux protestans se sont plaints de l'exécution rigoureuse donnée à ces loix. Si l'on en croit l'auteur de l'*Accord parfait*, on pourroit produire des listes de plus de trois mille personnes arrêtées, depuis 1724, à cette occasion; on y compteroit plus de cinq cens gentilshommes, avocats, médecins, bons bourgeois & riches négocians qui ont essuyé une captivité longue & dure, qui n'a cessé que par le paiement d'amendes & de contributions ruineuses. En 1747, trois cens personnes furent condamnées, dans le Dauphiné, à la mort, aux galères, au fouet, au pilori, au bannissement, à la prison perpétuelle ou à temps, à la dégradation de noblesse, ou à des frais & des amendes pécuniaires. Cinquante-trois gentilshommes perdirent leur état, & il y en eut six qui furent conduits sur les galères. Si l'on en croit cet auteur, plus de trois cens personnes, parmi lesquelles se trouvoient quarante gentilshommes & deux chevaliers de saint Louis, furent condamnées aux galères perpétuelles par le parlement de Bordeaux, par les intendans d'Auch, de Montpellier, de Perpignan, de Poitiers, de Montauban & de la Rochelle. Il y eut même, en 1746, cinq condamnations à mort prononcées par l'intendant de Montauban & par les parlemens de Bordeaux & de Grenoble. Cet écrivain se plaint ensuite des dégats affreux, commis par les troupes contre les protestans, & de l'excès des amendes, taxes & frais auxquels ils ont été condamnés : il dit que dans le Languedoc seul, depuis 1744 jusqu'en 1748, le produit des amendes se montoit à 40000 écus, & les frais seuls à 40000 livres. Si l'on croyoit ces faits, le milieu de ce siècle, si célèbre par les monumens élevés à la raison & à la philosophie, auroit été souillé par des persécutions.

Cependant, nous devons le dire avec l'impartialité dont nous faisons profession : le prétexte de la religion ne pouvoit excuser ces assemblées, à l'occasion desquelles, les dépositaires du pouvoir se sont crus obligés d'exercer tant de rigueur. Jesus-Christ conseille à ses disciples de se réunir pour le prier & faire des bonnes œuvres, afin qu'ils puissent s'édifier & se fortifier par la ferveur & par l'exemple commun; mais il n'a ordonné nulle part de s'assembler malgré les défenses des magistrats & des princes : dieu reçoit au contraire les larmes & les vœux qui lui sont adressés par des solitaires soumis; il est sourd au contraire aux expiations & aux prières d'une assemblée faite contre les ordres du prince; les conciles même de la véritable église ne peuvent ni s'assembler, ni rien décider, soit sur le dogme, soit sur la discipline, qu'avec la permission du magistrat politique.

Ce n'est pas que le prince ne puisse en conscience autoriser les assemblées des protestans; & l'expérience de tous les temps n'a que trop malheureusement appris, qu'en matière de religion, les voies de contrainte ne font que des opiniâtres.

Aussi aujourd'hui les assemblées que tiennent les protestans, dans les environs d'un grand nombre de villes, sont tacitement tolérées, en attendant sans doute que l'on ait trouvé le moyen convenable de fixer le repos & l'état de cette portion nombreuse de citoyens : puisse une loi sage assurer à la postérité la plus reculée le bonheur, dont l'administration paternelle du roi veut faire jouir la génération actuelle!

La religion, dans toutes les communions chrétiennes, est le lien indissoluble qui enchaîne l'homme à la patrie. A peine est-il né, qu'en le régénérant par le baptême, la religion l'inscrit sur la liste des citoyens, en même temps que sur celle des fidèles. Veut-il unir son sort à celui d'une compagne, avoir des enfans légitimes, & leur assurer le rang, le nom, le patrimoine que ses ancêtres lui ont transmis? C'est la cérémonie religieuse qui se célèbre dans l'église, c'est l'acte que dresse le pasteur chargé de recevoir ses sermens, qui seul peut le rendre époux & père d'enfans légitimes : c'est encore la religion qui dirige l'éducation de ces enfans, c'est elle qui, dans tout le cours de leur vie, les enchaîne, par des liens surnaturels, à l'observation des vertus sociales, &, par les promesses d'une vie à venir, fait charmer les misères & les malheurs de notre condition. Enfin, la mort tranche-t-elle leur destinée? Non-seulement à ce moment terrible toute consolation est inefficace auprès des espérances que présentent les ministres de la religion, en même temps que les frayeurs salutaires qu'ils inspirent portent le mourant à réparer ses torts & ses injustices : mais c'est encore le pasteur qui, après avoir enfermé le cadavre au tombeau, est chargé d'attester à la société la vérité & la date du décès.

L'édit de 1685, en enlevant aux protestans leurs ministres, en leur interdisant l'exercice de leur culte, malgré la liberté de conscience qu'il leur laissoit, paroissoit devoir les conduire naturellement dans nos temples, pour y faire baptiser leurs enfans, célébrer leur mariage, & rendre les devoirs funèbres aux auteurs de leurs jours : mais on craignit qu'ils ne cédassent à la voix de leur conscience, plutôt qu'à la crainte des suites que pouvoient entraîner le mépris & l'omission des formalités les plus importantes.

Tel est le motif de plusieurs réglemens sur ces différens objets ; nous rendrons compte dans un des paragraphes suivans, de ceux qui concernent le mariage.

Quant *aux baptêmes*, on se rappelle que la révocation de l'édit de Nantes avoit été préparée de loin par des réglemens, qui interdisoient à une partie des *calvinistes* toute espèce d'exercice de leur religion : pour les rassurer sur leur état & sur celui de leurs enfans, qui paroissoient ne pouvoir être constatés que par leurs ministres, un arrêt du conseil du 16 juin 1685 avoit pourvu à ce que cette partie nombreuse des citoyens pussent faire baptiser leurs enfans par les ministres, qui seroient choisis par les intendans ; mais cette ressource a bientôt été enlevée aux *calvinistes*. L'article 8 de l'édit d'octobre 1685 veut que les enfans qui naîtront de parens de la religion prétendue réformée, soient dorénavant baptisés par les curés des paroisses ; cette loi enjoint aux pères & mères de les envoyer aux églises à cet effet, à peine de 500 liv. d'amende, & de plus grande peine s'il échet ; l'article 8 de l'édit d'octobre 1688 enjoint à ceux qui sont nouvellement réunis à l'église (c'est ainsi que Louis XIV appelloit les protestans) de faire baptiser les enfans dans les églises des paroisses où ils demeurent, *dans les vingt-quatre heures après leur naissance*, à moins qu'ils n'aient obtenu permission des prélats diocésains, de différer les cérémonies du baptême pour des raisons considérables. Il est enjoint aux sages-femmes & autres personnes qui assistent aux accouchemens, d'avertir les curés des lieux, de la naissance des enfans, & aux officiers de sa majesté d'y tenir la main, & de punir les contrevenans par des amendes & même par de plus grandes peines.

L'article 3 de la déclaration de 1724 renouvelle mot à mot cette disposition.

Les protestans se refusant à l'observation de ces loix, parce que, d'après les principes de leurs synodes & de leurs docteurs, l'on ne peut sans péché faire administrer aux enfans le baptême de l'église romaine, & parce que le baptême est une marque d'adhérence à la communion dans laquelle on le reçoit ; différens jugemens ont été rendus contre les infracteurs ; &, par une ordonnance du mois d'avril 1751, M. l'intendant de Montpellier, qui vraisemblablement avoit reçu attribution de juridiction dans ces matières, a déclaré que ceux qui, à l'avenir, feroient baptiser leurs enfans au désert, ou qui, l'ayant fait par le passé, ne les porteroient pas à l'église romaine, pour leur y faire suppléer les cérémonies, ne devoient espérer aucune grace.

Un autre obstacle arrêtoit encore les parens *calvinistes* ; plusieurs curés, ne regardant pas comme valables les mariages qu'ils croyoient faits au désert, refusoient de donner, dans les actes de baptême, la qualité de légitimes aux enfans qui en étoient nés. Pour faire cesser cet obstacle, une déclaration du 12 mai 1782, ordonne « à tous curés ou vicaires, lorsqu'ils rédigeront des actes de baptême..... de recevoir & d'écrire les déclarations de ceux qui présenteront les enfans au baptême.... & leur fait défenses, & à tous autres, d'insérer par leur propre fait, soit dans la rédaction desdits actes, soit sur les registres sur lesquels ils sont transcrits ou autrement, aucunes clauses, notes ou énonciations, autres que celles contenues aux déclarations de ceux qui auront présenté les enfans au baptême, sans pouvoir faire aucunes interpellations, sur les déclarations qui seront faites par ceux qui présentent les enfans au baptême, le tout sous les peines portées par la déclaration du 9 avril 1736 ».

Une pareille loi affoiblit, sans doute, l'autorité qu'avoient les actes de baptêmes, sur-tout ceux passés dans des paroisses peu nombreuses, où les pasteurs étoient en état d'attester à la fois, & le baptême des enfans & leur légitimité ; mais le législateur a cru vraisemblablement, qu'il étoit plus intéressant de parer à l'inconvénient du moment ; il a prévu qu'il y avoit d'autres moyens d'empêcher que l'état des enfans ne fût à la disposition des pères & des mères, des parrains & des marraines ; d'empêcher qu'un père catholique fît baptiser comme légitime, le fils de la Laïs qu'il soudoie, & que le laps de temps pût couvrir de pareils faux.

A l'égard *des sépultures*, les précautions des réglemens devoient être en défaut, puisqu'il est défendu, par les loix de l'église & de l'état, d'enterrer dans nos églises & dans nos cimetières ceux qui meurent séparés de notre communion.

C'est en vain, comme nous l'avons vu, qu'on a voulu étendre aux protestans ordinaires, les peines qui n'ont lieu que contre les relaps ; cependant si le curé de la paroisse se présentoit chez un malade de cette religion & s'y conduisoit avec la modération & la charité qui sont l'apanage de nos pasteurs, nous croyons que l'on ne pourroit décemment s'empêcher de le recevoir avec le respect dus au caractère qui lui est imprimé par la société civile, comme par la religion.

Pour constater légalement le décès de ceux de la religion prétendue réformée, la déclaration du 11 décembre 1685 ordonne que les deux plus proches parens de la personne décédée, & à défaut de parens, les deux plus proches voisins, soient tenus d'en faire la déclaration aux juges du lieu,

& de signer sur le registre qui sera tenu à cet effet par cet officier, à peine, contre les parens ou voisins, d'amende arbitraire & des dommages-intérêts des parties intéressées.

La déclaration du 9 avril 1736 porte plus loin les précautions; l'article 13 veut que ceux auxquels la sépulture ecclésiastique n'est point accordée, ne puissent être inhumés qu'en vertu d'une ordonnance du juge de police des lieux, rendue sur les conclusions de la partie publique, & que mention soit faite, dans cette ordonnance, du jour du décès & des nom & qualité de la personne décédée; qu'il soit fait au greffe un registre des ordonnances qui seront données dans ce cas, sur lequel il sera délivré des extraits aux parties intéressées, en payant au greffier son salaire, qui ne peut être plus fort que dix sous.

Pour l'exécution de cette loi, M. le lieutenant de police à Paris a ordonné, le 22 décembre 1736, qu'avant l'inhumation des personnes auxquelles la sépulture ecclésiastique ne seroit pas accordée, les commissaires au châtelet se transporteroient, chacun dans leur quartier, dans les maisons où les personnes seroient décédées, lorsqu'ils en seroient requis, ou sur l'avis qui leur en auroit été donné, à l'effet de dresser leurs procès-verbaux, qu'ils seroient tenus de communiquer aussi-tôt au procureur du roi, pour en référer ensuite au lieutenant de police.

Les protestans sont au surplus tenus de se conformer au *culte extérieur de la religion catholique* : dans le temps où leur religion étoit autorisée, une déclaration de Charles IX, du 14 juin 1563, ordonnoit que les jours des fêtes de la religion catholique, ils se contiendroient en leurs maisons, ouvroirs & boutiques, le plus doucement & gracieusement que faire se pourroit, sous peine, contre les contrevenans, d'être punis rigoureusement. Des réglemens postérieurs leur défendent d'aller à la taverne aux heures des offices divins, ni d'exposer en vente de la viande aux jours défendus par l'église; ils leur ordonnent de se retirer ou d'ôter leurs chapeaux quand le saint sacrement passera, & de souffrir que les officiers des lieux fassent tendre devant leurs maisons, aux jours & octave du saint sacrement.

L'édit de Nantes ordonnoit encore aux protestans d'acquitter les dixmes dues aux églises; les articles particuliers les dispensoient cependant de contribuer à l'entretien, aux réparations des presbytères & autres charges des paroisses; mais un arrêt du conseil du 9 juillet 1585 a ordonné que dans les généralités du royaume où les tailles sont réelles, ceux de la religion prétendue réformée contribueroient à la réédification & réparations des églises paroissiales & maisons curiales, à proportion des biens qu'ils posséderoient dans les paroisses.

L'édit de 1685 ayant révoqué toutes les concessions faites aux protestans, l'on ne peut douter qu'ils ne doivent aujourd'hui se conformer aux loix & aux obligations qui leur étoient imposées dans le temps où ils étoient traités le plus favorablement.

Section V.

Education des enfans des calvinistes.

Les ministres de Louis XIV connoissoient trop bien l'influence de l'éducation, sur les opinions des hommes, pour ne pas s'emparer de celle des enfans des protestans; c'est par ce moyen sur-tout, qu'ils avoient espéré d'effacer bientôt, jusqu'aux derniers vestiges de la religion prétendue réformée; il n'étoit pas possible qu'ils réussissent dans cette attente, parce qu'il n'étoit pas possible d'enlever les enfans à plus d'un million de chefs de famille, répandus & restés dans le royaume.

Nous avons dit que, par les loix antérieures à l'édit de 1685, il avoit été défendu d'élever les bâtards de ceux de la religion prétendue réformée, dans une autre religion que la catholique; deux autres déclarations des 17 juin 1683 & 12 juillet 1685, ont ordonné que les enfans de 14 ans & au-dessous, dont les pères auroient fait abjuration de la religion prétendue réformée, seroient instruits & élevés par leurs soins en la religion catholique; qu'il en seroit de même de ceux dont les mères seroient catholiques, quoique leurs pères fussent morts dans la religion prétendue réformée, & que l'article 8 de cette loi ordonnoit que tous les enfans de la religion prétendue réformée seroient baptisés par les curés des paroisses. Cette disposition n'eût pas rempli son objet, si l'on n'eût ordonné, en même temps, comme fait le même article : « que » les enfans, ainsi baptisés, seroient élevés dans la » religion catholique ».

L'article 7 défend les écoles particulières, pour les enfans de la religion prétendue réformée.

L'article 4 de la déclaration du 14 mai 1724, en renouvellant les loix précédentes & en y ajoutant, défend aux *calvinistes* d'envoyer élever leurs enfans hors du royaume, sans une permission signée d'un secrétaire d'état, qui ne sera accordée que sur les preuves de la catholicité des pères & mères; à peine d'une amende proportionnée aux biens des pères & mères, & qui ne peut être moindre de 6000 livres, par chacune des années que les enfans demeureront en pays étranger.

L'article 5 de cette déclaration, & l'article 9 de celle du 13 décembre 1698, veulent en outre, qu'il soit établi, autant qu'il sera possible, des maîtres & des maîtresses d'écoles, dans toutes les paroisses où il n'y en a point, pour instruire tous les enfans de l'un & l'autre sexe, des principaux mystères & devoirs de la religion catholique, les conduire à la messe tous les jours ouvriers, autant qu'il sera possible, leur donner les instructions dont ils ont besoin sur ce sujet, & avoir soin qu'ils assistent au service divin les dimanches & les fêtes.

Les articles 6 & 10 de ces déclarations enjoignent à tous les pères & mères, à toutes personnes chargées

chargées de l'éducation des enfans, & nommément de ceux dont les pères & mères ont fait ou font profession de la religion prétendue réformée, de les envoyer aux écoles & catéchismes jusqu'à l'âge de 14 ans, même pour ceux qui sont au-dessus de cet âge, jusqu'à celui de 20 ans, aux instructions qui se font les dimanches & fêtes, si ce n'est que ce soient des personnes de telles conditions qu'elles puissent & doivent les instruire chez elles, ou les envoyer au collège, ou les mettre dans des monastères & communautés régulières.

Ces loix enjoignent aux curés de veiller avec une attention particulière sur l'instruction des enfans, dans leurs paroisses, même à l'égard de ceux qui n'iront pas aux écoles; aux archevêques & évêques, de s'en informer; aux pères & mères & autres personnes chargées de l'éducation, de représenter aux prélats, dans le cours de leurs visites, les enfans qu'ils ont chez eux, pour leur rendre compte de l'instruction qu'ils auront reçue; enfin, aux juges & au ministère public, de faire toutes les diligences, perquisitions & ordonnances nécessaires, de punir ceux qui seroient négligens ou contrevenans, par des condamnations d'amende.

Pour assurer l'exécution de ces dispositions, l'article 8 de la déclaration de 1724 veut que les procureurs de S. M. & ceux des hauts-justiciers se fassent remettre, par les curés, vicaires, maîtres ou maîtresses d'école, ou autres qu'ils chargeront de ce soin, un état exact de tous les enfans qui n'iront pas aux écoles ou aux catéchismes & instructions, pour faire ensuite contre les parens ou les maîtres, les poursuites nécessaires, avec ordre d'en rendre compte tous les six mois à MM. les procureurs généraux.

Dans le siècle précédent & dans le milieu de celui-ci, l'on avoit recours à un autre expédient; c'étoit d'enlever aux pères & mères leurs enfans, & de les mettre dans des couvens ou communautés catholiques: souvent les pères & mères ont été rendus responsables & punis par de grosses amendes, & même par des emprisonnemens, lorsque leurs enfans, quoique parvenus à l'âge de puberté, se sauvoient des maisons de propagation.

D'autres loix ont été rendues dans le dessein de faciliter les abjurations des enfans. La déclaration du 4 octobre 1665 veut qu'après que les enfans de la religion prétendue réformée se seront convertis à la religion catholique, savoir, les mâles à quatorze ans, & les filles à douze, il soit à leur choix de retourner dans la maison de leurs pères & mères, pour y être par eux nourris & entretenus, ou de leur demander pour cet effet une pension proportionnée à leurs conditions & facultés.

Cette loi paroissant trop modérée à Louis XIV, la déclaration du 17 juin 1681 veut que les enfans mâles & femelles, ayant atteint l'âge de sept ans, puissent embrasser la religion catholique; & qu'à cet effet ils soient reçus à faire abjuration de la religion prétendue réformée, sans que les parens y puissent donner aucun empêchement. Tout nous fait croire, que l'on regardoit comme relaps, ceux qui, dans la suite, revenoient contre une abjuration faite dans un âge aussi prématuré.

Section VI.

Mariages des religionnaires.

Quoique, dans le temps où la religion prétendue réformée étoit autorisée, les protestans eussent la liberté de célébrer leurs mariages suivant leurs rits, cependant nous avons vu qu'ils étoient obligés, à certains égards, d'observer les loix de l'église, reçues dans l'état.

Au moment où l'on se préparoit de porter aux *calvinistes* le dernier coup, un arrêt du conseil du 15 novembre 1685 permit à ceux qui se trouvoient dès-lors privés de leurs pasteurs, de se faire marier par des ministres qui devoient être choisis par les intendans, pourvu que ce fût en présence du principal officier de justice de la résidence de ces ministres: & à la charge que, lors de la célébration, il ne pourroit être fait aucun prêche ni exhortation, & qu'il n'y pourroit assister d'autres personnes que les parens des conjoints jusqu'au quatrième degré. Cet arrêt veut que les publications ou annonces de ces mariages se fassent à l'audience du siège royal, le plus prochain du lieu de la demeure des deux conjoints, à la charge par ces ministres de rapporter, à la fin de chaque mois, au greffe de la plus prochaine jurisdiction royale, un certificat signé d'une des personnes qu'ils auront mariées, pour être inséré, sans frais, sur un registre qui sera coté & paraphé par le premier juge.

L'édit d'octobre 1685 rendit inutile ce réglement fait quelques jours auparavant, puisqu'il expulsa tous les ministres du royaume, & interdit toute espèce de culte de la religion *calviniste*; mais aucune loi postérieure n'a encore statué sur la forme des mariages de ceux qui persistent dans la religion prétendue réformée; toutes les dispositions de notre législation sont rappellées à cet égard dans la déclaration du 14 mai 1724.

L'article 15 concerne les nouveaux convertis: il ordonne que les édits & déclarations de nos rois sur le fait des mariages, & nommément l'édit du mois de mars, & la déclaration du 15 juin 1697 seront exécutés, suivant leur forme & teneur, *par les sujets du roi nouvellement* réunis à la foi catholique, comme par tous les autres sujets du roi; & leur enjoint d'observer dans les mariages qu'ils voudront contracter, les solemnités prescrites, tant par les saints canons reçus & observés dans le royaume, que par lesdites ordonnances, édits & déclarations, le tout, sous les peines qui y sont portées, même de punition exemplaire, suivant l'exigence des cas.

L'article 16 concerne les mariages des enfans dont les pères & mères, tuteurs & curateurs sont sortis du royaume, & se sont retirés en pays étranger pour cause de religion. Suivant cette loi, ces enfans peuvent légitimement contracter mariage, sans attendre ni demander le consentement de leurs pères ou tuteurs absens, à condition de prendre le consentement & avis de leurs tuteurs ou curateurs, s'ils en ont dans le royaume, ou de ceux qui leur seront créés à cet effet, & de leurs parens ou alliés, &, à leur défaut, de leurs amis ou voisins.

En conséquence, il est ordonné que pardevant le juge des lieux, il soit fait une assemblée de six des plus proches parens ou alliés catholiques, tant paternels que maternels, &, à leur défaut, d'amis ou voisins, indépendamment des tuteurs & curateurs, pour donner leur avis : s'il n'y avoit que le père ou la mère d'absent, il suffiroit de trois parens ou alliés du côté de l'absent. Mention doit être faite de ces assemblées ou consentemens dans le contrat & dans l'acte de célébration des mariages : en observant ces formalités, les enfans sont à l'abri des peines portées par les ordonnances contre les enfans de famille qui se marient sans le consentement de leurs parens.

L'article 15 est relatif aux mariages des enfans de famille, qui sont célébrés en pays étrangers : il défend à tous les sujets du roi de consentir ou approuver que leurs enfans & ceux dont ils seront tuteurs & curateurs, se marient en pays étrangers, soit en signant les contrats qui pourroient être faits pour parvenir à de pareils mariages, soit par acte antérieur ou postérieur, pour quelque cause & sous quelque prétexte que ce puisse être, sans la permission expresse ou par écrit du roi, signée d'un secrétaire d'état, à peine de galères à perpétuité contre les hommes, & de bannissement perpétuel contre les femmes, & en outre de confiscation des biens des uns & des autres; &, dans le cas où la confiscation n'auroit pas lieu, d'une amende qui ne pourroit être moindre que la moitié de leurs biens.

Nous pensons avec les jurisconsultes les plus éclairés, qu'il suffit de lire ces textes pour se convaincre qu'ils ne sont aucunement applicables à ceux qui exercent actuellement la religion protestante. L'article 13 ne parle que *des nouveaux-convertis* : & quand l'on diroit que le législateur ne donnoit pas d'autre dénomination aux protestans du royaume, il faudroit encore convenir qu'il n'avoit pas intention de statuer sur les mariages des véritables protestans, puisqu'il les croyoit tous convertis. L'article 15 ne défend qu'aux filles de famille de se marier en pays étranger : il n'annulle pas même leur mariage; mais il ne parle aucunement des chefs de famille, qui restent à cet égard dans la disposition du droit commun. Quant à l'article 14, il ne règle rien sur le rit des mariages; il ne fait que suppléer le consentement des parens absens ou fugitifs.

D'ailleurs, l'édit de 1685, en révoquant celui de Nantes, en conservant aux protestans la liberté de demeurer dans le royaume, d'y faire leur commerce, d'y jouir de leurs biens & de tous les droits attachés à la liberté civile, sans pouvoir être inquiétés à cause de leur religion, eût impliqué contradiction, s'il les eût obligés de se marier *en face de l'église*; puisque c'eût été les troubler dans leur religion, & la leur enlever dans l'acte le plus important de la vie.

A la vérité, l'édit de 1697 a fait cette injonction à tous les sujets du roi; mais cette loi, qui ne fait que rappeller les anciens canons, les anciennes ordonnances qui jusques-là n'avoient été observés que par les catholiques, ne rappelle point les protestans, ne déroge point à l'édit de révocation de l'édit de Nantes, qui leur accorde la plus entière liberté de conscience : il est donc évident qu'il ne les oblige point, comme il n'oblige point les Juifs qui sont tolérés dans quelques villes & dans quelques provinces du royaume, quoique les Juifs soient sujets du roi comme les protestans. Aussi la déclaration du 12 décembre 1698, confirmative de l'édit de 1697, n'ordonne qu'aux sujets réunis à l'église, l'observation des solemnités prescrites par les saints canons & par les ordonnances. La déclaration de 1724 n'a pas d'autres expressions.

Comme l'observe l'auteur des *Lettres de deux curés*; quoique la religion protestante soit proscrite, l'on ne peut méconnoître dans les tribunaux l'existence d'un nombre de sujets *calvinistes*; mais ces sujets que le souverain sait engagés dans la religion prétendue réformée, ne sont ni nommés ni désignés dans nos loix sur les mariages; ils sont au contraire exclus du systême de ces loix qui ont explicitement déterminé leur propre application *aux catholiques & aux sujets nouvellement réunis à la foi catholique.* Donc, conclut-il, les protestans ne peuvent être contraints, en France, à observer nos institutions religieuses, à peine de nullité, puisqu'aucune loi françoise ne leur prescrit l'observation de ces institutions, puisque même, de l'aveu de toutes nos loix, ces institutions leur sont étrangères. Qu'importe que le souverain n'ait établi aucune loi particulière pour les mariages des protestans, dès qu'il ne les a pas soumis aux formes actuellement établies? Il ne s'agit pas sans doute de savoir ce que les princes qui ont dicté ces loix, ont voulu faire; ce n'est point lorsqu'il s'agit d'anéantir l'état d'une portion aussi nombreuse de citoyens, qu'il est permis d'aller fouiller dans la conscience des souverains. Les loix ne peuvent être ambiguës; il faut que leurs dispositions soient claires & précises; que les nullités, & sur-tout la nullité des mariages, soient fortement exprimées; sans quoi, elles s'interprètent par la loi divine, par la loi naturelle, qui ordonne l'exécution de tous les engagemens contractés de bonne foi.

Tels sont les moyens que les protestans invoquent en faveur des mariages célébrés suivant leurs rits. Nous craindrions d'induire nos lecteurs en erreur, si nous ne les prévenions que cette interprétation de nos loix ne paroît point encore admise dans la plupart des tribunaux du royaume.

La jurisprudence du parlement de Grenoble paroît sur-tout très-sévère contre ces mariages. Dès

1698, le procureur général ayant représenté que plusieurs nouveaux convertis de la province contrevenoient aux édits & déclarations de sa majesté, & sortoient du royaume sans permission pour aller à Genève & dans les pays étrangers, & après revenoient dans leurs maisons, & y vivoient comme s'ils eussent reçu la bénédiction nuptiale de leurs pasteurs; cette cour ordonna par un réglement du 27 septembre de la même année, que le procès seroit fait & parfait aux contrevenans. Mais cette cour n'a pas cru devoir suivre la rigueur de son réglement : &, lorsque de pareils mariages lui ont été déférés, elle s'est contentée d'en ordonner la réhabilitation en face d'église : telles sont les espèces des arrêts des 9 décembre 1741 & 2 avril 1746, elle s'est montrée plus sévère dans un troisième du 7 juin 1749, qui condamne plusieurs hommes & femmes, chacun en cinq cens livres d'amende envers le roi, & en trois cens livres d'aumône; leur fait défense de cohabiter ensemble, à peine d'être poursuivis comme concubinaires publics, leurs enfans déclarés illégitimes, sauf aux condamnés de se présenter devant leur curé pour faire réhabiliter leur prétendu mariage aux formes ordinaires. Cet arrêt, en décrétant d'ajournement personnel un notaire qui avoit passé le contrat de mariage de deux des personnes dont il s'agissoit, a fait défenses à tous notaires de recevoir des contrats de mariage des nouveaux convertis, qu'il ne leur apparoisse du certificat de catholicité des futurs conjoints, signé par le curé, qui restera annexé à la minute, à peine de cinq cens livres d'amende & d'interdiction.

D'après une jurisprudence aussi décidée, on feroit difficilement triompher au parlement de Grenoble les principes qui viennent d'être réclamés en faveur des protestans.

Il ne paroît pas que les autres cours aient imité la rigueur du parlement de Grenoble contre les protestans. Cependant, sans parler ici des jugemens rendus par les intendans, l'auteur de l'*Accord parfait* dit « qu'un arrêt du parlement de Bordeaux, » du 21 mai 1749, enjoignit à quarante-six per» sonnes de se séparer; leur défendit de se hanter » ni fréquenter, à peine de punition exemplaire; » déclara leurs cohabitations faites en conséquence » de la bénédiction des ministres, être des concu» binages, & les enfans nés & à naître, illégitimes » & bâtards, & comme tels, incapables de toutes » successions & autres effets civils & prérogatifs ». Il ajoute « que cette cour prononça la même chose » contre dix-huit autres personnes, le 17 décembre » suivant, &, en y ajoûtant, condamne les hommes » aux galères perpétuelles, & les femmes à être ra» sées & enfermées dans l'hôpital de la manufacture » de Bordeaux, auquel leur dot seroit appliquée, » comme aussi que les certificats des ministres se» roient brûlés par l'exécuteur de la haute justice » à la place du palais de Lombière, en présence » des prétendus époux ».

Si l'on en croit cet écrivain, en 1744, le parlement de Toulouse a annullé quarante mariages de protestans. Il y a, pour cette grande province, une ordonnance du 17 janvier 1750, « qui veut qu'il » soit procédé par le commandant ou, en son ab» sence, par l'intendant, contre les nouveaux con» vertis qui auront célébré des mariages contre les » dispositions de la déclaration du 14 mai 1724 ». Mais cette ordonnance qui ne paroît pas avoir été enregistrée, n'ajoute pas que ce sera à l'exclusion des autres juges.

Suivant Caveirac qui n'est pas suspect d'exagérer les malheurs arrivés aux protestans, le premier mariage des *calvinistes*, dont on ait entendu parler en Languedoc, ne remonte qu'à l'année 1737. M. le maréchal de la Ferre fit punir deux protestans mariés en présence d'un ministre. Lorsqu'en 1739, le présidial de Nismes fut tenir ses séances dans le Vivarais, on dénonça plusieurs mariages semblables au procureur du roi. Cette compagnie ne voulut pas en prendre connoissance sans un ordre du roi. M. le comte de Saint-Florentin lui répondit que le procureur du roi pouvoit, sans inconvénient, poursuivre quelques-uns des contrevenans. On choisit cinq à six particuliers; le ministère public rendit plainte pour concubinage notoire & scandaleux : on entendit des témoins, on entendit les accusés; ils convinrent qu'ils avoient été mariés par des ministres, & alléguèrent les difficultés qu'ils avoient éprouvées pour se marier à l'église. Le jugement les déclara convaincus d'avoir vécu en concubinage public & notoire avec leurs prétendues femmes, les condamna à une aumône envers les pauvres, & à une amende envers le roi, sans qu'elle pût porter note d'infamie : on ordonna qu'ils seroient tenus de cesser d'habiter avec leurs prétendues femmes, de vivre séparément, & que, dans quinzaine, ils se retireroient pardevers l'évêque diocésain, à l'effet d'en obtenir la bénédiction de leurs mariages, s'il y avoit lieu.

Nous n'avons aucuns vestiges de semblables mariages attaqués dans les autres cours par la voie de la procédure criminelle; &, après avoir examiné avec attention tous les arrêts rendus au civil sur les mariages des protestans, nous croyons qu'il n'en existe aucun qui ait annullé le mariage des religionnaires, faute *d'avoir été fait en face d'église*, ni dénié les effets civils aux enfans en provenans. Il est certain que les arrêts qui pourroient être objectés, ne paroissent pas avoir jugé la question *in terminis*; tantôt c'est la clandestinité, tantôt la séduction; tantôt c'est le mépris de l'autorité paternelle ou de quelques solemnités ordonnées par des loix irritantes, qui ont été punis. Comme l'observe le judicieux auteur du *Code matrimonial*, il seroit difficile de faire usage de ces arrêts, parce que chacun des juges sait seul sur quels moyens il s'est déterminé; il seroit dangereux de donner pour motif de décision un systême qui seroit peut-être celui que les magistrats auroient proscrit.

Quoi qu'il en soit, pour repousser les atteintes

portées aux mariages célébrés suivant leur religion, les protestans ont toujours été reçus favorablement, lorsqu'ils ont fait usage des fins de non-recevoir qui s'élèvent naturellement contre ceux qui attaquent des engagemens dont l'indissolubilité intéresse le repos public & tient à l'exécution des conventions, cette base fondamentale de toutes les sociétés & de toutes les loix. C'est en vertu de ce grand principe que les arrêts ont déclaré non-recevables les époux eux-mêmes, leurs pères & mères, leurs collatéraux, les promoteurs, les curés, & que la possession d'état & la bonne foi des pères & mères ont rendu l'état des enfans inattaquable.

Contentons-nous d'indiquer quelques-uns de ces arrêts rendus en faveur des *calvinistes*.

1°. Plusieurs de ces arrêts ont déclaré les époux non-recevables : tel est celui du 27 janvier 1744, recueilli dans le *Code matrimonial*, qui a déclaré non-recevable la dame Terrier qui demandoit la nullité de son mariage célébré dans une prêche en Angleterre par un ministre anglican.

2°. Si, par la fatalité des circonstances, les cours se croyoient quelquefois obligées d'accueillir les réclamations d'un époux contre de pareils mariages, il ne faut pas douter qu'elles ne s'empressassent à venger les droits de l'honneur & de l'innocence, indignement abusés sous le masque d'une abjuration, & à punir, par les dommages & intérêts les plus forts, le parjure qui oseroit abuser à ce point de la rigueur des loix qui ont moins pour objet de punir l'erreur involontaire des protestans, que de les ramener au sein de l'église. Si une mort ignominieuse est la juste peine du ravisseur, si des supplices flétrissans sont décernés contre le séducteur, quelle punition ne doit pas encourir celui qui se joue de sa propre religion pour séduire & déshonorer une fille vertueuse? Tout homme doit réparer le dommage qu'il a causé, même par erreur; & il n'existe point dans nos mœurs de dommage plus énorme & en même temps plus outrageant que d'enlever à une fille ce qu'elle a de plus précieux, &, sous les apparences de la religion que l'on professe soi-même, de dévouer le reste de la vie de cette infortunée à l'opprobre, aux remords & aux horreurs d'un célibat forcé. Mais le parjure ne peut alléguer l'erreur : &, comme dit M. Servant dans la cause de Jacques Roux, « l'on ne présume point » d'erreur, lorsqu'on devoit connoître les loix; » qu'un homme de trente ans vienne nous dire qu'il » a cru contracter un mariage légitime, il faudroit » lui imposer silence avec indignation; il connois» soit donc nos loix sur le mariage, & cependant » il a contracté ce lien sans les observer. Il a dit à une » fille innocente : vous serez mon épouse, & il » savoit bien que cette union ne subsisteroit qu'au» tant qu'il le voudroit; il attestoit devant elle sa » religion, & il savoit que la nôtre, au premier » signe, anéantiroit ses sermens. Quel jeu cruel! » Cette fille crédule s'endort en femme vertueuse, » & s'éveille en femme prostituée ». L'arrêt rendu au parlement de Grenoble, le 6 avril 1767, a condamné Roux en huit cens cinquante livres de dommages & intérêts. Ce Roux étoit vraisemblablement un pauvre meûnier; la fille Robequin n'avoit demandé que douze cens livres, & il étoit bien digne de M. Servant de regretter que son ministère ne lui permît pas de requérir une plus forte somme. Voilà le magistrat! Puissent toujours ses collègues, se proposant pour modèle le plus touchant des orateurs, se montrer de même les vengeurs des droits imprescriptibles de l'humanité.

3°. Ce que les conjoints ne peuvent point, les pères & mères le pourroient encore moins, lorsque leur autorité n'a point été méprisée, soit qu'ils eussent consenti, avant la célébration, au mariage, en pays étranger ou au désert; ou que, l'ayant connu postérieurement, ils eussent reçu chez eux le gendre & la bru, ou bien laissé écouler un long espace de temps sans réclamer. Ainsi, lors de l'arrêt du 25 janvier 1744, il s'agissoit principalement de l'appel comme d'abus, que le sieur Grandsire avoit interjetté de son vivant, du mariage de la dame Terirer, sa fille mineure : l'on ne doit pas douter que les protestans ne fussent encore reçus plus favorablement que les catholiques, à se prévaloir de la jurisprudence des arrêts intervenus contre les pères & mères, sur-tout si le motif de la réclamation de ces derniers protestans, lors du mariage, portoit principalement sur ce qu'il auroit été célébré au désert.

4°. *Quod quisque juris, in alium statuerit, ut ipse eodem jure utatur.* C'est la règle qui, en pareilles circonstances, fera toujours écarter les réclamations des parens protestans; c'est le motif d'un arrêt rendu au parlement de Paris, au mois de juin 1596. Il fut jugé par l'arrêt, qu'un homme de la religion prétendue réformée, n'étoit pas recevable à combattre le mariage d'un prêtre qui avoit apostasié, ni à dénier le partage aux enfans issus de ce mariage. Les moyens que l'on employa contre ce religionnaire, furent qu'il agissoit contre sa conscience. Mais au défaut d'un principe aussi respectable, qui ne pourroit être opposé qu'à des protestans, ceux de la religion prétendue réformée peuvent encore invoquer contre les collatéraux catholiques, ces principes de notre jurisprudence, qui, pour ainsi dire, dans toutes les circonstances, ont fait déclarer les collatéraux non recevables.

C'est dans de pareilles circonstances que des arrêts du parlement de Paris, des 24 avril 1756, 27 janvier 1758 & 14 mai 1770, ont repoussé les attaques des collatéraux contre des mariages passés par des *calvinistes*, suivant le rit protestant.

5°. Si un mariage passé au désert entre protestans, étoit attaqué après la mort de l'un d'eux, dans la vue de contester le droit de succéder aux enfans qui en seroient provenus, la faveur de la possession d'état couvriroit ces derniers d'une égide impénétrable. Comme disoit M. d'Aguesseau, dans l'affaire de Jacques Touchet, il n'en est pas des mariages comme des testamens ; si l'utilité publique demande qu'on observe rigoureusement les formalités prescrites par les loix, la même utilité ne permet pas qu'on expose l'état des enfans & la destinée d'une famille aux caprices d'un père ou d'une mère irrités, qui veulent les sacrifier plutôt à leur passion qu'à la justice. Le mariage est alors valide, non qu'il soit exempt de défaut, mais par le défaut de droit dans celui qui veut le faire annuller.

Deux motifs, dit encore ce magistrat, ont fait adopter ce principe. Le premier est le nom *de mariage*, nom si puissant, que son ombre même suffit pour purifier en faveur des enfans le principe de leur naissance; le second est la bonne foi de ceux qui ont contracté un semblable engagement: l'état leur tient compte de l'intention qu'ils avoient à lui donner des enfans légitimes ; ils ont formé un engagement honnête, ils ont cru suivre l'ordre prescrit par la loi pour laisser une postérité légitime. Un empêchement secret, un événement imprévu trompe leur prévoyance; on ne laisse pas de récompenser en eux le vœu, l'apparence, le nom *de mariage*, & l'on regarde moins ce que les enfans sont, que ce que les pères avoient voulu qu'ils fussent.

Ces principes ont été consacrés par une foule d'arrêts; nous n'en citerons que ceux des 26 juin 1760 & 14 août 1769, rendus au parlement de Normandie, en faveur des protestans, auxquels on contestoit des successions collatérales, en attaquant leur possession d'état.

6°. Lors du dernier de ces arrêts, on attaquoit un mariage, lors duquel, sur le refus du curé de bénir le mariage, les parties s'étoient transportées pardevant deux notaires, qui, autorisés par le juge, leur avoient donné acte de ce qu'elles s'étoient pris pour mari & femme.

Au surplus, plusieurs auteurs & même plusieurs arrêts ont jugé que de pareils mariages étoient valables, sans la formalité de la bénédiction nuptiale. Le concile de Trente, disoit M. Talon, lors de l'arrêt du 11 août 1673, a déclaré nuls les mariages clandestins; mais les mariages contractés sans bénédiction nuptiale, sont-ils compris dans cette disposition ? Le concile parle de la bénédiction nuptiale comme d'une chose que doivent recevoir ceux qui contractent, mais c'est en d'autres termes qu'il parle de la présence du curé & des témoins; il déclare le mariage nul, quand il n'est pas célébré devant eux. Si le concile avoit voulu que la bénédiction nuptiale fût regardée comme aussi essentielle, il auroit employé les mêmes expressions. Le motif du concile n'a été que de rendre les mariages publics, & il fonde sa disposition sur les désordres des mariages clandestins : or, la présence du curé & des témoins est un remède contre la clandestinité, & la bénédiction nuptiale ne le seroit pas..... La nullité n'est prononcée que lorsque le mariage est fait hors la présence du curé & des témoins. L'opinion de S. Thomas & des casuistes est que la bénédiction nuptiale n'est pas essentielle. « De tout ce que dessus on peut conclure, ajoute » M. Talon, qu'un mariage *peut être valablement* » *contracté sans bénédiction, en la présence du curé* » *& des quatre témoins*, lequel curé doit assister » volontairement ».

La question s'est présentée plusieurs fois dans différens parlemens ; dans toutes les circonstances, on a fait des défenses aux notaires de dresser de pareilles déclarations ; mais les mariages ainsi contractés n'ont pas été déclarés nuls, à moins qu'il ne s'y rencontrât quelque vice irritant, tel que le défaut de consentement des pères & mères. L'on ne peut dès-lors douter que, dans les provinces où ces défenses ne subsistoient pas contre les officiers publics, des mariages ainsi contractés par des protestans, ne pourroient être attaqués avec succès.

L'on pourroit encore moins se promettre de faire annuller le mariage, s'il avoit été célébré en pays protestans par des personnes qui y auroient établi leur domicile. Un auteur qui n'est point suspect, celui des conférences ecclésiastiques du diocèse de Paris, dit que, « dans les pays où le concile de » Trente n'a pas été reçu, tel que l'Angleterre, » les catholiques peuvent se marier sans aller » devant un curé ni un prêtre ; parce que les choses » y sont restées dans l'état où elles étoient avant » le concile. C'est, dit Estius, le sentiment de la » cour de Rome. Les catholiques d'Angleterre n'en » font pas de peine ».

Nos loix prohibitives ne sont pas applicables aux mariages des François, qui seroient domiciliés en pays étranger ; elles ne pourroient servir de prétexte pour faire annuller ces mariages à leur retour dans le royaume.

Un arrêt du conseil de 1681, enregistré à Besançon, en défendant aux habitans de Franche-Comté d'aller se marier hors du royaume, ajoute cette exception.... *qu'après y avoir demeuré le temps requis pour pouvoir être réputé paroissien.*

Sans parler ici de l'arrêt du 20 juillet 1778, qui a rejetté les réclamations du sieur le Grand, contre son mariage célébré en Corse avec la demoiselle de la Rozata, devant l'aumônier du régiment, il existe un arrêt du parlement de Rouen, du 12 juillet 1770, imprimé & publié sous ce titre : *Arrêt en faveur du sieur Chouet de Vaumorel, né en Angleterre, de parens françois, qui a jugé le mariage de son père, à Londres, valablement contracté suivant le rit anglican ; &, en conséquence, a admis le fils à partager les successions de ses parens décédés avant son retour.*

Un autre arrêt de cette cour, du 14 juillet 1760, a jugé valable le mariage de la dame Vandesnude, Françoise, célébré en Hollande avec un Hollandois.

7°. La validité des mariages des catholiques ne pourroit être attaquée d'office par les promoteurs ni par les curés ; il en doit être sans doute de même de ceux des protestans, & d'autant plus que, dans l'ordre naturel, moral & ecclésiastique, ils ne sont pas soumis à l'autorité de l'église.

Cependant, des considérations aussi puissantes n'ayant pas toujours été suffisantes pour tranquilliser les protestans, & pour assurer leur état, un grand nombre se déterminèrent à se marier en face de l'église; &, pour y parvenir, se soumettoient aux épreuves que les évêques & les curés leur imposoient. « Le temps de l'épreuve fini, écrivoit l'abbé » Robert, docteur de Sorbonne, & ami de Fléchier, à M. le Cardinal de Fleury, on les marie » en face d'église; de sorte qu'après avoir profané » le sacrement qui les unit ensemble, ils sont également enracinés dans leurs premières erreurs, & » ne font plus aucune fonction de catholique; ce qui » est si infaillible, que depuis quarante ans, à peine » en a-t-on trouvé quelques-uns qui aient été fidèles » aux promesses solemnelles qu'on avoit exigées » d'eux avant leur mariage?... Il est surprenant que l'on » ne soit pas sensible à un si grand abus, & à des » profanations si manifestes ».

« D'autres protestans, dit M. de Monclar, ne » pouvant se résoudre à subir les épreuves que » les évêques exigent d'eux, ont pris le parti, surtout depuis douze à quinze ans, de se marier » devant leurs ministres, au désert: de-là, cette » multitude de mariages clandestins; de-là, ce » nombre prodigieux de mariages faits au désert; » de-là aussi cette confusion que ces sortes de mariages & de baptêmes ont introduite dans l'état, » & qui effraie, avec tant de raison, le gouvernement ».

En 1751, M. l'intendant de Languedoc, en conséquence sans doute des instructions secrètes de la cour, informoit M. l'évêque d'Alais des justes inquiétudes de la cour; il exhortoit ce prélat, &, en sa personne, tous ses collègues, à se joindre aux officiers du roi, pour arrêter ces désordres si funestes à l'église & à l'état. Il insinuoit ensuite que les voies de rigueur n'étant pas du goût de sa majesté, il falloit prendre pour cela tous les tempéramens & les ménagemens qui peuvent s'accorder avec la religion.

Feu M. l'évêque d'Alais est convenu, dans sa réponse « que les châtimens ne font pas changer ceux » des protestans qui le sont dans le cœur; que les » persécutions ne servent souvent qu'à augmenter » le nombre des prosélytes, & à aigrir les esprits ». Cependant, pour prévenir tous les inconvéniens, la charité de ce prélat n'a pas trouvé d'autre moyen que de donner une déclaration, « qui défendra aux » protestans, pour l'avenir, de se marier hors de » l'église, & de faire baptiser leurs enfans au désert; » & leur ordonnera, pour le passé, de venir, dans » un terme très-court, réhabiliter & recommencer » leurs mariages & leurs baptêmes; *le tout sous des* » *peines très-sévères, & sous la condition d'être jugés,* » *sans forme ni figure de procès, par le commandant* » *de la province, &, en son absence, par l'intendant* ».

Un second expédient a été proposé par feu M. l'évêque d'Agen, dans une lettre écrite, le 6 mai 1751, à M. le contrôleur général. Ce prélat avoue sans détour que tous les moyens employés jusqu'ici pour la conversion des protestans sont entiérement épuisés; qu'il n'est plus possible, après la continuité & l'universalité des abus passés, de les admettre, & encore moins de les forcer à la réception des sacremens; que leur endurcissement est confirmé pour toujours, & que ce seroit s'abuser soi-même, que de vouloir encore tenter leur conversion; enfin, que le seul moyen d'arrêter les maux de l'église & de l'état, est *de se défaire pour jamais de cette espèce d'hérétiques obstinés, & de leur ouvrir les portes du royaume.*

Un autre projet, il paroît que c'étoit celui du conseil, étoit de diminuer les épreuves que les évêques exigent pour permettre la célébration des mariages de ceux qui ont fait profession de la religion prétendue réformée. Il falloit que les plus vertueux magistrats vinssent au secours de l'humanité & de la patrie, secondassent les vues du ministère, & empêchassent que l'on ne pût accuser ce faux zèle de la religion, d'une nouvelle persécution.

Les trois projets furent discutés en 1756 par un de nos plus grands magistrats (Monclar) dans un écrit intitulé: *Mémoire théologique & politique au sujet des mariages clandestins des protestans de France;* « où l'on fait voir qu'il est de l'intérêt » de l'église & de l'état de faire cesser ces sortes » de mariages, en établissant pour les protestans une » nouvelle forme de se marier, qui ne blesse point » leur conscience, & qui n'intéresse point celle » des curés ». L'auteur propose un dernier moyen; il consiste à faire publier les bancs devant un officier de justice, & célébrer le mariage devant un magistrat. C'est au moins l'esprit de l'arrêt du conseil du 15 septembre 1685. Le prince, arbitre des formes de tous les contrats, peut d'autant plus consacrer celle proposée, qu'il ne s'agit pas du sacrement: cet établissement, ajoute l'auteur, seroit avantageux à la religion, en retranchant une multitude de profanations & de sacrilèges; à l'état, parce que non-seulement il empêcheroit, pour l'avenir, les émigrations, mais même il engageroit à rentrer dans le royaume, un nombre considérable de personnes que la persécution en a fait sortir; il rendroit en même temps légitime un nombre infini d'enfans qui ne peuvent être considérés que comme bâtards; & l'on ne niera pas combien il est avantageux que le royaume soit rempli de citoyens dont l'état soit reconnu par les loix.

Ce mémoire a donné lieu à une foule de libelles, entre autres à celui intitulé: *Sentimens des catholiques de France;* on l'attribue au nommé Caveirac: mais que pouvoit-on attendre de l'atroce apologiste de la S. Barthelemi, d'un homme qui dit expressément, en parlant des ministres, *pag.* 41. « Je ne conseillerois jamais de les faire mourir, *non qu'ils ne le* » *méritent*, puisqu'ils viennent troubler l'état, mais » parce que la constance qu'ils font paroître à la

» mort, affermit ceux qu'ils avoient séduits pendant » leur vie » : & qui, en parlant du peuple & *des races obscures*, dit que *le gouvernement n'en est comptable à la nation que comme population.*

De tels libelles n'altérèrent point les impressions profondes que l'écrit de Monclar avoit laissées dans tous les cœurs. Dans l'assemblée la plus auguste par son objet, qui ait été tenue depuis le lit de justice de 1776, un magistrat aussi désintéressé, aussi vertueux qu'éclairé, s'est levé, & a dit, dans les termes les plus modérés.... « L'objet de ma réserve est très-important & très-simple; il ne s'agit ni de favoriser l'exercice de la religion prétendue réformée, » ni d'admettre aux charges ceux qui la professent, » mais d'obtenir pour eux ce qu'on accorde aux Juifs » dans toute l'étendue du royaume; ce que les » princes protestans ne refusèrent jamais aux catholiques, ni les empereurs païens eux-mêmes aux » chrétiens qu'ils persécutoient, je veux dire un » moyen légal d'assurer l'état de leurs enfans.

» Il étoit naturel d'y pourvoir lors de la révocation » de l'édit de Nantes; mais les ministres de Louis XIV » pensèrent qu'en évitant de s'expliquer sur cet objet, une incertitude si pénible pour les protestans, » jointe aux autres moyens employés contre eux, » ameneroit bientôt leur conversion. Cependant, » on sentit que l'humanité ne permettoit pas de » leur interdire expressément le mariage, ni la religion de les traîner malgré eux aux pieds des » autels. D'ailleurs, comment avouer le projet de » les réduire à cette alternative, après leur avoir » promis, par la loi même de la révocation de l'édit de Nantes, une existence paisible ? On aima » mieux faire semblant de croire qu'il n'y avoit plus » de protestans dans le royaume; &, par un aveuglement inconcevable, la plus vaine des fictions » fut regardée comme un chef-d'œuvre de politique.

» L'expérience fit voir qu'on s'étoit trompé; mais » ce système, consacré par le temps & par l'habitude, survécut pendant une longue suite d'années aux espérances qui l'avoient fait naître. Enfin, on ouvrit les yeux. Les dispositions de l'ordonnance de 1736, sur les sépultures, parurent » annoncer quelque chose de semblable sur les naissances & les mariages; c'étoit l'intention du gouvernement. Un grand prince, qui vivra toujours » dans le souvenir du parlement & de la nation » (M. le prince de Conti), des ministres, des magistrats habiles & vertueux s'en occupèrent par » ordre du feu roi; mais leurs vues furent traversées par un enchaînement d'obstacles & de circonstances malheureuses.

» Cependant, le mal va en augmentant; depuis » 1740, plus de quatre cens mille mariages ont » été contractés au désert; source féconde de procès scandaleux ! Des hommes avides contestent » à leurs proches leur état, pour envahir leur fortune; des époux parjures implorent le secours de » la justice, pour rompre des nœuds formés sous » la bonne foi. Les tribunaux, pressés entre la loi » naturelle & la lettre de la loi positive, sont forcés de s'écarter de l'une ou de l'autre; de quelque manière qu'ils décident, leurs arrêts sont attaqués .... Les loix de Louis XIV ne sont donc » pas tellement tombées en désuétude, qu'il soit » inutile de les abroger. C'est une épée suspendue » par un fil au-dessus de leur tête; l'intérêt & le » fanatisme cherchent continuellement à en faire » usage; malgré les intentions connues du gouvernement, ils y réussissent quelquefois : que seroit-ce si des administrateurs moins sages & moins » humains adoptoient d'autres principes ? Non, ce » n'est point des systêmes mobiles du ministère que » doit dépendre la sûreté d'un si grand nombre de » citoyens; il n'y a que la loi qui puisse l'établir » sur une base solide. C'est, en même temps, l'unique moyen de rendre à la France une foule » de réfugiés, que la crainte de l'oppression tient » éloignés de leur patrie; & de prévenir de nouvelles émigrations devenues plus faciles que jamais. En effet, les protestans ne sauroient ignorer que tous les peuples de l'Europe, jaloux » d'augmenter leur population, les recevroient à bras » ouverts, & que l'Amérique septentrionale, une » fois pacifiée, leur offrira des ressources encore plus » sûres. D'un autre côté, la justice & la bonté du » roi, le caractère de ses ministres, le vœu des » magistrats, ont dû leur donner de grandes espérances; il sera dur pour eux de les voir trompées; plus dur encore de voir mettre le sceau » à leur proscription, dans un siècle où la tolérance civile a reçu, dans la plupart des pays catholiques ou protestans, la sanction de la loi, & » dans tous, celle de l'opinion publique....

» N'en doutons pas, le résultat de notre délibération rendra la vie à deux millions de citoyens, » ou les plongera dans le désespoir. Tous les yeux » sont fixés sur le parlement; c'est de lui, c'est de » ce sénat auguste, l'appui des malheureux & le » père de la patrie, qu'on attend un remède efficace » au plus criant des abus : les mystères sont profanés, l'humanité outragée, les droits des citoyens » foulés aux pieds, l'état menacé d'une perte irréparable, & nous garderions le silence ! & nous » n'userions pas du droit incontestable que la raison & la loi donnent au parlement; de ce droit » que le plus absolu des princes reconnoît & confirme dans l'ordonnance de 1667, *de représenter* » *en tout temps au roi ce qu'il juge à propos sur les* » *articles des ordonnances, qui, par la suite du temps,* » *usage & expérience, se trouvent être contre l'utilité* » *& commodité publiques, ou être sujets à interprétation, déclaration ou modération.*

M. de Bretignières ayant prié M. le premier président de vouloir bien mettre en délibération *ce qu'il pouvoit y avoir à faire à ce sujet*, on a été aux opinions, & on dit qu'il a été arrêté *qu'il n'y a lieu à délibérer, s'en rapportant ladite cour à la prudence du roi.*

On verra, dans le titre des *calvinistes* d'Alsace, quel moyen salutaire M. le duc de Choiseul a fait adopter pour ceux de cette province.

Section VII.

Peines portées contre les calvinistes fugitifs. Régie & administration de leurs biens.

De toutes les loix pénales faites pour empêcher les émigrations, les plus convenables seroient sans doute, celles qui défendent aux fugitifs d'emporter avec eux les richesses qui leur ont été transmises par leurs ancêtres, ou celles même qu'ils ont acquises dans le royaume par leur industrie. Les liens de sujétion & de cité sont nécessairement subordonnés à la condition de demeurer dans un état; on ne peut point enchaîner au delà la volonté de l'homme, ni le priver du droit que lui donne la nature, de fixer son séjour dans tel lieu de la terre qu'il juge à propos. Il faudroit au moins pour cela un pacte exprès entre la société & chacun des individus qui la composent. Il ne suffiroit pas même d'une clause expresse dans le contrat originaire qui a donné l'être à la société; il est des droits fondamentaux auxquels l'homme ne peut jamais renoncer, & dont les pères peuvent encore moins faire le sacrifice pour leurs descendans.

Mais, par un juste retour, la société en faisant cesser la communauté de tous les biens, de toutes les richesses répandues dans son territoire, ne les a réparties entre ses membres, ne leur a donné le droit de les accroître, qu'à la charge qu'ils continueroient d'être citoyens; elle s'en est conservé le domaine éminent; de sorte qu'un fugitif ne peut emporter avec lui, ni conserver dans sa fuite, sa fortune particulière; de même que le vassal commet son fief, dès que, par son fait, il n'est plus en état de remplir les devoirs de la vassalité; de même qu'il ne peut s'en jouer au préjudice des clauses de l'investiture & du domaine direct réservé par le seigneur suzerain, ainsi le citoyen ne peut jamais disposer de son patrimoine particulier, au préjudice du domaine éminent de la société.

Nous n'examinerons pas ici si ce principe reçoit une juste application, lorsqu'une portion si considérable d'un état, se trouve privée, sans motifs valables, des droits qui appartiennent naturellement à tout citoyen, & lorsque l'ordre ordinaire des loix se trouve violé à leur préjudice.

Mais si la loi qui interdit aux fugitifs l'exportation de leur fortune est dans le cas de paroître juste, peut-être n'est-elle pas toujours dans le véritable intérêt des nations. Il est sans doute de la grandeur d'un état de ne retenir les sujets que par les liens de la confiance réciproque, & de l'amour de la patrie; le sentiment fortifié par le climat, par l'éducation, par les habitudes & les liaisons de parenté, n'est jamais vain dans un gouvernement sage, qui sait procurer des ressources assurées à l'industrie des habitans. Si ces ressources leur manquent, les loix contre les émigrations sont sans effet. D'ailleurs l'exécution de ces loix n'est point facile, sur-tout depuis que le commerce a ouvert toutes les communications des états entre eux, & depuis l'usage des lettres-de-change, inventées, dit-on, par les Juifs & les Lombards, dans des circonstances aussi déplorables que celles où se trouvoient les protestans sous la fin du règne de Louis XIV.

C'étoit pour empêcher que les protestans fugitifs ne réalisassent leur fortune, qu'une déclaration du 5 mai 1699 faisoit défenses à tous ceux de la religion prétendue réformée, de disposer de leurs biens immeubles & de l'universalité de leurs meubles & effets mobiliers, sans en avoir obtenu la permission du roi par un brevet expédié par un secrétaire d'état, pour les objets de la valeur de trois mille livres & au dessus, & sans la permission des commissaires départis pour les objets d'une valeur plus modique. Cette prohibition comprenoit non-seulement les aliénations à titre de vente, mais encore les donations entre-vifs; elle n'admettoit d'exception que pour les donations faites en faveur, & par les contrats de mariage, des enfans ou petits-enfans, ou des héritiers présomptifs demeurant dans le royaume, au défaut de descendans en ligne directe. A l'égard des ventes antérieures, cette déclaration vouloit que ceux de la religion prétendue réformée ne pussent, sans de pareilles permissions, en toucher le prix, en tout ou en partie, ni leurs débiteurs le leur payer.

Tous actes contraires, tous contrats & quittances passés en fraude de ces prohibitions, étoient déclarés nuls, ainsi que les contrats d'échange dans le cas d'émigration, & dans celui ou les choses échangées vaudroient un tiers moins que celles données.

La déclaration vouloit en outre, que quand les biens desdits sujets seroient vendus en justice ou abandonnés par eux à leurs créanciers, ceux-ci ne pussent être colloqués utilement dans les ordres & préférences, qu'en rapportant les contrats & titres de leurs dettes en bonne forme, & après les avoir affirmés.

Quant au remboursement des rentes constituées emportant aliénation, des lettres-patentes du 28 février 1714 avoient ordonné que les débiteurs qui voudroient en faire le remboursement à ceux de la religion prétendue réformée, fussent tenus de se pourvoir devant les commissaires départis, qui pourroient leur en accorder la permission, à quelques sommes que pussent monter les principaux, en ordonnant en même temps le remploi en acquisition de fonds, rentes ou autres immeubles, ou au paiement de dettes légitimes ou hypothécaires.

Ces réglemens étoient suivis à la rigueur : faits pour trois ans, on les renouvelloit à l'expiration: mais le gouvernement a reconnu par l'expérience de près d'un siècle, l'inutilité de pareils réglemens; il a été effrayé des entraves apportées à pure perte, à à la disposition des propriétés : & le terme de la dernière déclaration vient d'être expiré, sans qu'elle ait été renouvellée.

Cependant les ministres de Louis XIV & de Louis XV ne s'étoient pas bornés à ces prohibitions. Dès 1669, les atteintes portées à l'édit de Nantes déterminoient un grand nombre de *calvinistes* à sortir du royaume, où ils croyoient que leur conscience n'étoit pas en sûreté. On songea dès-lors à arrêter les émigrations; mais le gouvernement ne pouvant encore leur porter des coups éclatans, sans se compromettre, la politique exigeoit qu'on leur donnât le moins d'alarmes possibles. Ainsi on ne les nomma point dans l'édit qui défend « à tous les François » de se retirer du royaume, pour aller s'établir, » sans la permission du roi, dans les pays étran» gers, par mariages, acquisition d'immeubles, & » transport de leurs familles & biens, pour y pren» dre leurs établissemens stables & sans retour, à » peine de confiscation de corps & de biens, & » d'être censés & réputés étrangers, sans qu'ils » puissent être ci-après rétablis, ni réhabilités, ni » leurs enfans naturalisés, pour quelque cause que » ce soit; les hommes condamnés aux galères, & » les femmes à être recluses ». Ces peines, déjà si rigoureuses, étoient en même temps décernées contre ceux qui auroient directement ou indirectement contribué, aidé ou favorisé l'évasion.

En 1685, en 1698 & en 1699, on renouvella les dispositions de ces loix contre les *calvinistes*; on les renouvella encore en 1704 & en 1713, spécialement contre ceux que le roi avoit exilés & qui sortoient du royaume sans sa permission; la peine de mort avoit même été décernée; elle fut révoquée quelque temps après.

Une première observation, bien essentielle à faire sur ces loix, qui ne sont pas encore expressément révoquées, c'est que les condamnations qu'elles prononcent, telles que la confiscation de corps & de biens, les galères, les réclusions, & sur-tout la peine d'être réputé *étranger*, & de ne pouvoir recueillir à ce titre les successions de ses parens décédés dans le royaume, ni jouir des autres droits de cité, ne peuvent avoir lieu qu'en vertu d'un jugement rendu après une instruction juridique. Un François protestant, qui s'absenteroit du royaume, ne pourroit, ni ses enfans, être réputés étrangers, qu'en vertu d'un jugement irrévocable, rendu dans les formes, qui les déclareroit tels.

Toute peine requiert déclaration, dit Loisel. La France, ajoute M. Richer, qui s'élève avec tant de force & de justice contre les censures & les excommunications *ipso facto* de la cour de Rome, n'a garde de lui donner elle-même l'exemple des peines infligées sans jugement ni instruction. De là, cette maxime établie par Loiseau, « en France, nul » n'est infame *ipso jure*; mais c'est une règle géné» rale, que tout ce qui avoit lieu *ipso jure vel ipso* » *facto*, au droit romain, requiert à nous, sentence » déclaratoire ».

» Le fait, dit encore M. Lorry, est du ressort » de la nature, & non de la loi; la lettre de la » loi est morte, & entre cette lettre & l'action » qu'il s'agit de lui donner, il y a la déclaration » du fait par un jugement; ce sera la parole du » juge qui exécutera les peines qui peuvent s'exé» cuter par la parole. Le jugement, en déclarant le » crime, déclarera aussi la peine encourue dans le » moment du crime, & le commencement de la » peine encourue dans le moment du crime, sera » cet instant, & non celui de la prononciation du » juge... Nos mœurs ne peuvent comporter l'idée » des peines qui s'exécutent d'elles-mêmes, *quasi* » *latâ sententiâ*; & prétendre trouver dans les loix » autre chose que des décisions abstraites & hy» pothétiques, *positis ponendis*, c'est les accuser in» justement de vouloir usurper un pouvoir qui leur » est étranger & qui répugne à leur nature ».

Une seconde observation, c'est que l'on ne peut prononcer ces peines contre les religionnaires qui se seroient établis en Suisse ou dans d'autres pays dont les habitans jouissent des droits de cité dans le royaume. C'est ce qui a été jugé au conseil en faveur de Moïse Toulouse, par arrêt du 3 avril 1723.

Une troisième observation, c'est que les peines prononcées par ces réglemens ne s'étendent point aux étrangers. L'arrêt du conseil du 11 janvier 1686 permet à tous les protestans étrangers d'entrer dans le royaume avec leurs suites & marchandises, d'y séjourner, aller & venir, & en sortir avec la même liberté que par le passé, sous la condition seulement de n'emmener avec eux aucun sujet du roi, sans permission, & de ne faire aucun exercice de leur religion : cette liberté est étendue à tout étranger, sans qu'il soit besoin de passe-port, par un autre arrêt du conseil du 26 juin 1686.

Que deviennent les biens des protestans fugitifs? Les premières loix rendues contre eux en ordonnoient, comme on vient de le voir, la confiscation; elles ajoutoient que, dans les provinces dont la législation plus humaine n'admet point la confiscation, les protestans seroient condamnés à des amendes qui seroient au moins de la moitié de leurs biens.

Un édit du mois d'août 1685 promet aux dénonciateurs la moitié des confiscations : au mois de décembre de la même année, les biens ainsi confisqués ont été rendus aux héritiers naturels. L'édit du mois de décembre 1689 a ordonné que les biens des religionnaires fugitifs appartiendroient aux héritiers naturels auxquels ils eussent été dévolus s'ils fussent décédés *ab intestat* : & à l'égard des protestans sortis du royaume avec la permission du roi, l'article 7 de cet édit ordonne que leurs biens seront administrés par leurs enfans majeurs, s'ils en ont laissé dans le royaume, ou par les tuteurs & curateurs des mineurs; & en cas qu'ils n'aient point d'enfans, par les régisseurs des biens des religionnaires fugitifs.

La déclaration du 29 décembre 1698 a permis aux religionnaires fugitifs de rentrer dans le royaume dans les six mois, à la charge d'y vivre dans la religion catholique, d'en faire la déclaration & de prêter serment de fidélité entre les mains du commandant de la première ville de la frontière, de faire leur abjuration dans le mois après leur retour, & de ramener avec eux leurs femmes & leurs enfans. Le délai de six mois est prorogé jusqu'à deux ans pour les enfans; à ces conditions, l'édit permet aux uns ou aux autres de rentrer dans la propriété de leurs biens, & dans les successions qui leur seroient échues pendant leur absence, sans cependant aucune restitution, soit des fruits, soit du prix des biens vendus, soit des dégradations ; & faute par les fugitifs ou leurs enfans de rentrer dans les délais & aux conditions qui leur sont prescrites, le dernier article de l'édit maintient dans la propriété de leurs biens ceux qui les possèdent, sans qu'ils puissent y être troublés par les sujets de sa majesté sortis du royaume, sous quelque prétexte que ce puisse être, à la charge par eux de vivre dans la religion catholique, & de n'envoyer dans les pays étrangers aucune partie du fonds & du revenu des mêmes biens.

La déclaration du 27 octobre 1725 a ordonné l'exécution des dispositions précédentes ; & en conséquence, que, faute par les réfugiés & leurs enfans d'être rentrés dans le royaume dans les délais prescrits, leurs parens restés en France jouiroient paisiblement des biens dont ils auroient été envoyés en possession.

Mais, par un sage tempérament, cette loi ajoute que les réfugiés rentrés dans le royaume après le délai prescrit par la déclaration de 1698, ou ceux qui y reviendront à l'avenir & leurs enfans, doivent être admis aux successions échues depuis leur retour & après leur serment de fidélité & abjuration, sans avoir besoin de lettres de naturalité, en rapportant seulement des certificats de catholicité.

Régie. Il y a plusieurs familles qui ne sont point rentrées en possession des biens de leurs parens réfugiés : ces biens, avec ceux qui appartenoient aux consistoires, sont administrés par la régie des biens des religionnaires fugitifs. L'article 18 de la déclaration de 1724 veut que les revenus des protestans & les amendes prononcées contre eux en vertu des loix faites contre les religionnaires, soient réunis à cette régie, pour être employés à la subsistance des nouveaux convertis. Un arrêt du conseil du premier août 1694 avoit également réuni & affecté à cette destination le tiers des bénéfices vacans.

L'administration de cette régie a été réglée par une foule de déclarations & d'arrêts du conseil; les principes en sont rassemblés dans le dernier bail passé à Claude Jacob, en vertu d'un arrêt du conseil du premier janvier 1779.

SECTION VIII.

Calvinistes d'Alsace.

Leur sort est réglé dans cette province, par le traité de Westphalie, conclu à Munster & à Osnabruck.

C'est ce traité qui, en réglant dans tout l'empire les droits des *calvinistes*, des luthériens & des catholiques, a cédé à Louis XIV la domination suprême de l'Alsace.

D'après les termes de la cession, il n'y a pas de doute que plusieurs dispositions de ce traité n'aient dû avoir force de loi dans cette province; d'ailleurs, plusieurs villes & territoires, en se soumettant auparavant aux armes de la France, avoient, comme la ville de Colmar, stipulé dans leurs capitulations, qu'ils seroient compris dans le prochain traité, & qu'il ne seroit apporté aucun changement dans l'exercice de la religion protestante, que les armées françoises étoient venu protéger : & il faut convenir aujourd'hui que de droit, & de fait, la ville de Strasbourg, la noblesse immédiate & une foule de territoires de l'Alsace, n'ont été soumis à la couronne de France que postérieurement à ces traités, & sans y déroger.

Ainsi l'article 3 de la capitulation de Strasbourg, porte, « que sa majesté laissera le libre exercice de » la religion, comme il avoit été depuis 1622, & » ne permettra à qui que ce soit d'y faire des pré» tentions, ni aux biens ecclésiastiques, fondations, » & couvens, mais les conservera à perpétuité à » la ville & à ses habitans. Cet article est accordé » pour jouir de tout ce qui regarde les biens ec» clésiastiques, suivant qu'il est prescrit par le traité » de Munster, à l'exception de l'église de Notre» Dame, qui sera rendue aux catholiques, sa ma» jesté trouvant bon néanmoins que les habitans » puissent se servir des cloches de cette église pour » tous les usages ci-devant pratiqués, excepté pour » les prières ».

L'autorité des traités de Westphalie, dans l'Alsace, a toujours été reconnue par les ministres & par les magistrats, lorsqu'en 1712 la cour annonça le dessein d'expulser les anabaptistes de cette province, les intendans, dans leurs lettres aux baillis, n'annoncèrent d'autre motif de cette résolution, que le silence des traités de Munster & d'Osnabruck sur ceux de cette confession : ce fut ce qui, suivant les lettres de M. le duc de Choiseul, leur fit refuser, en 1766 & en 1770, la dispense de la prestation de serment en justice. « On sait, disoit » M. de Corberon à l'audience du 17 mars 1717, » on sait à quel point d'ardeur Louis XIV a porté » son zèle pour la religion; le monde entier en est » témoin : en douterions-nous d'après les marques » éclatantes qu'il en a données dans la révocation » du fameux édit de Nantes. Si dans cette occa» sion il a cru pouvoir se servir de son autorité » pour faire une sainte violence à nos frères

» errans,.... peut-on croire que cette province » auroit eu ſeule la diſtinction de n'être pas re- » cherchée ſur ce ſujet? Il n'eſt pas permis de le » penſer; & plus on en cherche la raiſon, plus » on eſt obligé de reconnoître qu'elle ne peut ſe » trouver que dans les conditions de ces traités... » C'eſt que ce prince ſe ſentoit lié par le nœud » de la foi publique, qu'il avoit ſolemnellement jurée » à Munſter ».

C'eſt donc d'après les principes des traités de Weſtphalie, de la paix publique, & de la paix de religion de l'empire, qu'il faut examiner l'état & les droits des *calviniſtes* dans la province d'Alſace.

Nous ne rappellerons pas ici les troubles de religion qui ont déſolé l'empire d'Allemagne, dont l'Alſace n'étoit qu'une province avant les traités de Munſter & d'Oſnabruck. Les premières guerres commencées avec la ligue de Smalcade, furent terminées le 2 août 1552 par la paix publique, ou tranſaction de Paſſaw, & par la paix de religion conclue à Ausbourg trois années après: ces deux traités ont occaſionné dans l'empire l'exercice public de la religion luthérienne.

Les *calviniſtes*, qui n'avoient fait des progrès dans l'empire que depuis ces traités, dans leſquels ils n'étoient pas compris, ayant été à leur tour pourſuivis par les catholiques, les deux communions proteſtantes ſe réunirent & formèrent entre elles, une ligue appellée l'*union évangélique*. Les uns & les autres accoururent bientôt au ſecours de la Bohême, qui avoit révoqué les pouvoirs ſouverains donnés à la maiſon d'Autriche, & élu pour ſon roi l'électeur palatin. Les ſuccès des empereurs, contre cette ligue, firent craindre qu'ils ne ſe rendiſſent abſolus dans l'empire. De là, les alliances des princes d'Allemagne avec Guſtave Adolphe & avec Louis XIII. De là cette fameuſe guerre de trente ans, qui n'a fini que par le traité de Weſtphalie.

Le traité d'Oſnabruck, après avoir fixé les droits reſpectifs des luthériens & des catholiques (*voyez* EMPIRE D'ALLEMAGNE & LUTHÉRIENS), accorde, par l'article 7, à ceux qui s'appellent entre eux *réformés*, c'eſt-à-dire, aux *calviniſtes*, la réciprocité de tous les droits & avantages dont jouiſſent les catholiques & ceux de la religion d'Ausbourg.

On voit par une lettre de M. le duc de Choiſeul, à M. l'évêque de Straſbourg, du 14 mai 1762, inſérée dans le recueil des ordonnances d'Alſace, que depuis la réunion de cette province à la couronne, les *calviniſtes* n'y ont jamais été conſidérés ſur le même pied que les luthériens: ils y jouiſſent de la liberté de conſcience; mais l'exercice public de leur religion n'eſt toléré que dans un petit nombre de temples diſperſés, ſans qu'ils puiſſent en établir de nouveaux.

Une queſtion principale, qui appartient à l'état des *calviniſtes* en Alſace, eſt-il dit, dans cette lettre, eſt celle qui concerne les fonctions que les curés catholiques prétendent exercer à leur égard dans les lieux où ils n'ont pas l'exercice du culte public pour les mariages, enterremens & ſépultures. Ces fonctions ne ſauroient être au ſpirituel, que pour le baptême, que les curés catholiques peuvent adminiſtrer à toutes ſortes d'enfans....., pour les mariages & ſépultures, il ne s'agit que d'une fonction ſéculière où le miniſtère ſpirituel n'entre pour rien, elle ſe réduit, pour les mariages, à recevoir & porter ſur les regiſtres la déclaration des parties, qu'un tel jour & en telles circonſtances elles ont contracté leurs mariages ſuivant le culte dont elles font profeſſion. Cette déclaration doit être accompagnée des témoignages qui doivent la conſtater. Il en eſt de même pour les ſépultures; le curé catholique ne doit pas ſe mêler des inhumations; la famille du défunt doit venir déclarer devant lui ſur ſon regiſtre, qu'un tel eſt mort un tel jour, en telles circonſtances.......; il ne s'agit que de conſtater par un monument porté dans un regiſtre public, le mariage & le décès.....; toute la queſtion ſe réduit à ſavoir à qui cette fonction appartiendra pour les *calviniſtes*, dans les lieux où ils n'ont ni exercice public ni regiſtres..... Il ne paroît pas douteux que la préférence ne ſoit due aux curés catholiques ſur les miniſtres luthériens.

Pluſieurs reſtrictions ont été miſes à cet exercice du culte public & à cette liberté de conſcience dont jouiſſent les proteſtans en Alſace.

1°. Une déclaration du mois de novembre 1662, regiſtrée au parlement de Metz dans un temps où l'Alſace étoit ſous ſon reſſort, fait défenſes à toute perſonne faiſant profeſſion d'autre religion que la catholique, de s'établir dans cette province.

2°. Il n'eſt pas permis aux *calviniſtes* ni même aux luthériens Alſaciens d'aller s'établir, même en qualité de fermiers, dans les paroiſſes de la même province qui ne ſont compoſées que de catholiques: ainſi jugé au conſeil d'Alſace contre des fermiers *calviniſtes*, par deux arrêts des 15 mars 1727 & 20 février 1751. Lors du premier de ces arrêts, M. l'avocat général Muller obſervoit que la déciſion de cette cauſe ſeroit un réglement général pour toute la province; que d'ailleurs, par les traités de Weſtphalie, le libre exercice des religions luthérienne & *calviniſte* n'avoit été toléré que dans les lieux où l'on en étoit en poſſeſſion au premier janvier 1624, & qu'il étoit conſtant qu'il n'y en avoit pas eu d'établi à cette époque dans la ville dont il s'agiſſoit. Le miniſtère public ſe prévaloit, lors du ſecond arrêt, d'une ſemblable circonſtance..... Il ſuffiroit, ajouta-t-il, que depuis 1624 la religion catholique ſe fût rétablie en plein dans le lieu, ſans aucun mélange d'autre........ D'après les termes du traité, l'engagement du roi ceſſe dans les cas où le luthéraniſme & le *calviniſme* ont ceſſé dans les lieux où ils étoient établis au premier janvier 1624, & où la religion catholique s'eſt depuis rétablie en entier.... La ſtipulation en faveur des proteſtans, dans ces traités, est de striƈte rigueur; elle doit être prise à la lettre, & il n'est pas permis de lui donner aucune sorte d'extension.

Il est intervenu au conseil d'Alsace, le 8 mars 1762, un pareil arrêt contre un luthérien, sur les requisitions de M. le procureur général, & sur la requête d'une communauté dépendante du bailliage d'Haguenau, dans lequel la religion catholique s'est toujours maintenue. Cet arrêt fait défenses au nommé Hummel de fixer son domicile à Kittolsheim, & d'y tenir des censiers, domestiques ou autres personnes luthériennes *à demeure fixe*..... sauf à lui de venir dans ce lieu toutes les fois que ses affaires le requerront...... Cet arrêt a été confirmé par un autre du 20 avril 1765, rendu sur l'opposition de ce particulier. Le conseil d'Alsace, avant de rendre l'arrêt du 8 mars 1762, avoit demandé les ordres du roi; & M. le duc de Choiseul avoit répondu, par une lettre du 24 février 1762, que sa majesté jugeoit que rien ne pouvoit empêcher M. le procureur général & le conseil d'aller en avant, mais qu'il falloit se borner à empêcher les établissemens nouveaux de cette espèce, sans rechercher l'époque & la cause de ceux qui sont anciennement formés.

3°. Les traités de Westphalie ne déclarent point les protestans incapables de posséder des offices dans les pays de leur communion; cependant il y a eu des ordres de M. de Louvois, pour empêcher que les charges de baillis, de prevôts & de greffiers, ne leur fussent confiées. Dans une lettre du premier mars 1727, M. le Blanc désapprouve que les seigneurs tentent d'éluder les ordres, soit en ne remplissant pas l'office de prévôt, & en nommant un vice-prévôt luthérien, soit en nommant un prévôt catholique pour plusieurs villages, & en chargeant de ses fonctions dans chacun un vice-prévôt luthérien.

Ce magistrat, désapprouvant ensuite l'alternative établie dans le directoire, décide de la part de sa majesté, qu'il n'y sera désormais admis que des gentilshommes catholiques, & que la charge de syndic ou d'avocat consultant ne sera remplie que par des catholiques.

4°. Un arrêt du conseil d'Alsace avoit ordonné que dans les lieux mi-partis, où il n'y avoit qu'une sage-femme, elle ne pouvoit être que catholique; cet arrêt a été cassé, & les lettres-patentes du 8 novembre 1754 ont ordonné qu'il en seroit usé comme par le passé, & cependant que la sage-femme protestante seroit tenue de se conformer, pour le baptême des enfans des femmes catholiques, aux préceptes de l'église romaine.

5°. Les loix du royaume contre *les apostats* & *les relaps*, ont été envoyées au conseil d'Alsace; une déclaration du mois de juin 1683 défend aux catholiques d'embrasser, soit la religion de Luther, soit celle de Calvin, à peine de confiscation & de bannissement perpétuel. Il est défendu aux ministres de les recevoir dans leurs temples, à peine de privation de leur état, & d'interdiction & de privation du culte public pour les lieux où ils auroient fait abjuration de la foi catholique: mais, comme M. le duc de Choiseul l'écrivoit, le 24 février 1762, à M. le procureur général du conseil d'Alsace, pour être traité comme apostat, il faut avoir été réellement engagé dans la religion catholique, & l'avoir quittée pour une autre. Il ne suffit pas d'avoir été baptisé dans l'église catholique, si l'on n'y a pas été élevé, ce ne peut être un crime au moins civil, de persévérer dans une religion, lorsque l'on n'en a pas connu d'autre.

Il paroît, au surplus, que le conseil d'Alsace se regarde comme seul compétent pour connoître de l'exécution des édits rendus contre les relaps, & des peines prononcées contre eux. C'est ce qui paroît résulter de deux arrêts de cette compagnie des 18 février 1754 & 24 mars 1768. Le ministère public disoit, lors du premier de ces arrêts, que la question si la confiscation qui en résultoit avoit lieu au profit du seigneur, étant contestée, le juge de ce seigneur n'étoit plus compétent pour en connoître. Si des juges protestans avoient droit de prononcer que les biens d'un catholique qui s'est fait *calviniste*, doivent être confisqués au profit de leur seigneur protestant, ce seroit donc aussi à eux à faire le procès aux relaps, aux apostats, à les condamner à l'amende & aux autres peines prononcées par les ordonnances: la contravention aux ordonnances royaux de l'espèce de celle dont il s'agit, ne peut appartenir à un juge seigneurial; c'est au conseil seul, dans cette province, à en connoître & à prononcer les peines qu'elles ont portées contre les réfraƈtaires.

Aucune loi ne défend aux *calvinistes* d'embrasser le luthéranisme, & réciproquement; mais les cérémonies de leur profession doivent se faire sans éclat.

6°. Les loix qui défendent les mariages des catholiques avec les *calvinistes*, avoient été envoyées en Alsace & étendues aux luthériens par un édit du mois d'août 1683: mais ces loix ont été révoquées, pour l'Alsace, par une déclaration du 19 mars 1774, à la charge d'observer, dans ces mariages, les loix du royaume, de les faire célébrer devant le propre curé du conjoint catholique, qui ne peut publier les bans qu'après en avoir obtenu la permission de l'ordinaire; & à la charge également que les enfans nés de ces mariages ne pourront être élevés que dans la religion catholique. Il est enjoint à M. le procureur général de se faire représenter des certificats comme les enfans sont instruits & élevés dans la religion romaine; & en cas de refus ou de négligence des parens, de faire instruire lesdits enfans dans telle maison qu'il appartiendra.

7°. Enfin, plusieurs lettres des ministres du roi, ont exigé que tous les enfans bâtards fussent élevés dans la religion catholique: mais il s'étoit élevé une difficulté pour les cas où la naissſance étoit légitimée par un mariage ſubſéquent. Suivant des lettres de M. le duc de Choiſeul à M. le premier préſident d'Alſace & à M. l'évêque de Strasbourg, des 24 février & 14 mai 1762, lorſque le mariage ſurvient avant que l'enfant ait atteint l'âge de cinq ans, on peut le laiſſer à l'éducation de ſes père & mère; mais le mariage ſurvenant après cet âge, l'enfant doit être élevé dans la religion catholique. C'eſt vraiſemblablement dans la première de ces circonſtances que le conſeil d'Alſace a rendu, le 31 août 1767, un arrêt qui autoriſe un miniſtre luthérien à admettre aux exercices de ſa religion, un enfant naturel, baptiſé dans une égliſe catholique, mais légitimé par le mariage ſubſéquent de ſes père & mère profeſſant la religion luthérienne.

Ce ſont les *conſiſtoires* qui, dans les communions proteſtantes, exercent ſur ceux qui profeſſent leur religion, ce que nous appellons parmi nous la juriſdiction eccléſiaſtique (reſtreinte cependant dans ſes limites primitives, c'eſt-à-dire, aux matières de dogmes, de ſacremens & de diſcipline); ces tribunaux, chez les luthériens, ſont composés de miniſtres & de magiſtrats ſéculiers, qui, ſuivant pluſieurs auteurs, ne tirent leur pouvoir que du ſouverain, comme parmi nous les officiaux ne ſont que les délégués des évêques (le traité de Paſſaw ayant cédé les droits épiſcopaux aux états proteſtans). Les appels de leurs ſentences ſe portent, ſans ſortir de l'état, à un autre tribunal de pareille nature, appellé en Allemagne *conſiſtorium ſupremum*: ce conſiſtoire ſupérieur eſt également composé de magiſtrats politiques, à la tête deſquels eſt le prince même, par l'autorité duquel il eſt établi: c'eſt-là le dernier reſſort. Il ne faut pas conclure de là que les conſiſtoires puiſſent connoître des matieres profanes & réſervées ailleurs aux magiſtrats ſéculiers: dans l'inſtant où les magiſtrats civils entrent au conſiſtoire, ils perdent la qualité de juges laïques, pour prendre celle de juges eccléſiaſtiques: *Sed benè advertendum*, dit Carpzovius dans ſes définitions conſiſtoriales, *diverſo jure, illam poteſtatem uni domino competere. Nam ſecularem & politicam poteſtatem magiſtratus tenet jure hæreditario, ut princeps politicus, at poteſtatem eccleſiaſticam...., ex tranſactione paſſavienſi ut pontifex exercet.*

En Alſace, il paroît que le conſeil ſupérieur eſt le *conſiſtorium ſupremum*; ce tribunal a confirmé pluſieurs ſentences émanées des conſiſtoires. Il faut, diſoit encore M. l'avocat général de Corberon à l'audience du 5 février 1717, il faut tenir pour conſtant que les luthériens (& il en doit être de même des *calviniſtes*) ayant, en vertu du traité de Munſter, le droit d'exercer leur religion, ils ont également celui d'établir un conſiſtoire dont la juriſdiction fait une des plus conſidérables parties de cet exercice.... Le conſeil a reçu pluſieurs fois les appels des conſiſtoires; & la ſeule réception de l'appel établit le droit d'en connoître, quand l'arrêt eſt rendu ſur les concluſions du parquet. C'eſt ce qui réſulte des arrêts des 17 mars 1717, 27 mars 1722 & 18 décembre 1753. Lors de ce dernier arrêt, il s'agiſſoit d'une ſentence du conſiſtoire de Strasbourg, & l'on ſoutenoit, qu'avant d'être porté au conſeil d'Alſace, l'appel devoit être déféré à la chambre appellée *kammer gericht*, qui, avant la réunion de cette ville à la ſouveraineté, étoit une eſpèce de conſeil d'état, & pardevant laquelle ſe relèvent encore les appels de tous les tribunaux inférieurs de cette ancienne république.

Quant aux mariages, les conſiſtoires connoiſſent non-ſeulement du lien du mariage, mais encore des ſimples ſéparations de corps. En 1716, la femme de Chriſtophe Vaguer, bourgeois proteſtant, ſe pourvut contre lui en ſéparation de corps & de biens, pour cauſe d'adultère & diſſipation. Après les enquêtes juſtificatives du fait, le magiſtrat de Colmar, mi-parti catholique & luthérien, renvoya les parties pardevant le conſiſtoire de leur religion, pour leur être fait droit, ainſi qu'il appartiendroit, ſur la ſéparation de corps.

Vaguer interjetta appel; le conſiſtoire intervint pour ſoutenir ſa juriſdiction: la cauſe fut plaidée ſolemnellement; & M. l'avocat général de Corberon, après avoir établi la compétence du conſiſtoire, conclut à ce que le recevant partie intervenante, l'appellation fût miſe au néant.

Le 18 mars 1717, arrêt intervint ſur délibéré, par lequel l'intervention fut reçue; & y faiſant droit, la ſentence fut confirmée ſans préjudice de l'appel au conſeil, ſi le cas y échet, des ſentences qui ſeroient rendues par le conſiſtoire.

Mais les conſiſtoires peuvent-ils connoître de l'état des enfans, de leurs alimens, & de la diſſolution de leurs mariages? Ces queſtions importantes ont été agitées au conſeil d'Alſace, & y ont été décidées, contre les conſiſtoires, par arrêt du 27 juin 1772. (*Voyez le recueil des ordonnances d'Alſace.*)

M. de Corberon convint, dans ſon plaidoyer, que, d'après l'uſage de l'Allemagne, les conſiſtoires étoient compétens pour connoître d'une queſtion d'état, & adjuger des alimens; mais que le roi, en s'obligeant, par les traités, à maintenir la religion proteſtante ſur le même pied où elle étoit en 1624, & en créant le conſeil ſupérieur pour juger les peuples ſuivant leurs anciens uſages, n'avoit pas entendu s'obliger à déroger aux maximes fondamentales de ſon état, dont la principale étoit de ne pas ſouffrir les entrepriſes de la juriſdiction eccléſiaſtique ſur la ſéculière, qui ſont autant d'attentats à l'autorité royale, puiſque la royauté conſiſte proprement en un pouvoir ſans partage ſur le réel & ſur le temporel; qu'il n'en falloit pas d'autre preuve que l'établiſſement des appels comme d'abus. Dès que l'on proſcrit, ajoutoit ce magiſtrat, comme abuſives, certaines maximes ſuivies dans les officialités d'Allemagne, il n'y a plus de contravention aux traités, en réformant les jugemens de ceux de la confeſſion d'Ausbourg ſur les mêmes objets. En France, le juge d'égliſe ne peut, en matière de mariage, connoître d'autre chose que du lien : dans la cause, la séparation auroit pu être décidée sans prononcer sur l'état de l'enfant, attaqué sous prétexte d'adultère....

Sur la question de l'*indissolubilité des mariages des protestans*, qui étoit incidente, ce magistrat observa que l'on produisoit des sentences du consistoire, rendues en différens temps, qui cassoient des mariages pour cause de désertion malicieuse & d'adultère, en permettant à la partie innocente de se remarier; qu'à la vérité, dans leur religion, le contrat de mariage étoit regardé comme un contrat civil, dont on pouvoit dissoudre le lien; mais que l'intention de sa majesté n'étoit pas qu'ils pratiquassent cette maxime dans leur religion; que cette intention étoit manifestée dans une lettre de M. de Barbezieux, ministre d'état, du 24 février 1692, au magistrat de Strasbourg : que celui de Landau ne devoit pas être plus privilégié; qu'il étoit contraire à l'honnêteté publique de le souffrir; d'ailleurs, le conseil étant le tribunal d'appel des consistoires, ajoutoit M. de Corberon, comment les juges qui le composent pourroient-ils confirmer des jugemens réguliers, selon les principes des protestans, tandis qu'ils seroient directement contraires à la plus pure doctrine de l'évangile, qui est la source dans laquelle ils devroient puiser la source de leurs décisions?

L'arrêt fait à la fois défenses aux consistoires de connoître à l'avenir de l'état des enfans & des alimens, & de procéder à la dissolution du lien du mariage, ni d'y donner atteinte.

A l'*égard des bénéfices & des places de ministres*, comme par les traités de paix, tous les seigneurs catholiques & luthériens, & les différens ordres de cette province ont été maintenus dans les droits dont ils avoient joui jusques-là, les patrons catholiques, & même les chapitres nomment des ministres protestans; & les patrons protestans continuent d'exercer leurs droits de présentation aux bénéfices de leur patronage. Mais, à la différence des premiers qui nomment eux-mêmes, les protestans sont tenus de se conformer à l'arrêt du conseil d'état du mois de juillet 1651, qui donne pouvoir à des catholiques de faire les nominations & présentations. Cet arrêt a été enregistré au conseil d'Alsace, sur un jugement de cette compagnie du 17 juillet 1677, dans le temps où elle n'étoit que provinciale.

On ne voit pas de loi qui oblige les ministres protestans à être régnicoles; seulement, dans une lettre écrite par le secrétaire d'état au commandant de la province, le premier mars 1727, le ministre annonce que l'intention de sa majesté est que l'on insinue, tant au magistrat de Strasbourg, qu'à ceux des autres villes & seigneurs de la province, de n'admettre aucun étranger au service des églises protestantes de leur dépendance, & que l'on prenne avec eux des mesures convenables, pour que l'usage contraire soit incessamment détruit.

Les traités de Westphalie détruisent tous les droits & réserves du pape sur les bénéfices des protestans; & l'empereur, aux droits duquel est le roi, ne peut exercer son droit de premières prières en faveur d'un catholique, sur leurs bénéfices. Les protestans doivent conserver tous les biens ecclésiastiques dont ils jouissoient le premier janvier 1624. La réciprocité est établie en faveur des catholiques dans les lieux appartenans aux protestans.

Partage des églises & cimetières. Il est dit dans la lettre qui vient d'être citée, que sa majesté, informée des difficultés qui arrivent journellement entre les catholiques & les luthériens, pour le partage des églises & des cimetières, a réglé, conformément à l'usage établi sur différens ordres du feu roi, que dès qu'il y auroit sept familles catholiques dans un village, le chœur de l'église seroit remis aux catholiques, pour y faire le service divin, & que le cimetière seroit partagé entre les catholiques & les protestans, sans cependant pouvoir comprendre dans le nombre de ces sept familles, des passagers ou de simples valets, tels que des chasseurs, des pâtres, & autres gens sans domicile fixe; & qu'au surplus, la prise de possession des chœurs des églises & d'une partie des cimetières, ne pourroit s'exécuter que sur les ordres de l'intendant de la province. Dans ce cas, le seigneur protestant ne doit pas avoir de sépulture dans le chœur, quand même il seroit patron de l'église, & que les tombeaux de ses ancêtres y seroient placés. Il doit encore moins avoir sa sépulture dans une église entièrement catholique. Mais à sa mort, on ne doit mettre nul obstacle à ce que les cloches sonnent trois fois, suivant l'usage. Un arrêt du conseil d'Alsace du 10 juillet 1754, a ordonné l'enlévement de la tombe d'un ministre protestant, qui avoit été mise dans une église mixte.

Respect pour le culte catholique. Les protestans d'Alsace doivent, au surplus, se conformer aux réglemens de police sur la célébration extérieure des fêtes & des mystères. Une ordonnance du conseil de cette province, du 9 octobre 1677, leur fait défenses de nettoyer leurs puits les jours de fêtes ordonnés par l'église, à peine de cent livres d'amende. Les magistrats doivent ces jours-là faire fermer les boutiques, & empêcher qu'aucun marchand ou artisan ne travaille ni vende publiquement.

Les luthériens & les *calvinistes* sont obligés, comme l'étoient ces derniers dans le royaume, lorsqu'ils rencontrent le saint sacrement, de se retirer au son de la cloche ou d'ôter leur chapeau. La lettre citée veut que quand l'évêque, ou son suffragant, ou son grand-vicaire, feront leurs visites, avec les cérémonies prescrites par le rituel, dans les églises où l'exercice des deux religions a coutume de se faire, l'on s'abstienne, le jour où elles se feront, de l'exercice de la religion protestante.

C'est ici le lieu de suppléer l'omission de l'article des *Anabaptistes d'Alsace*.

L'article 7 de la paix d'Osnabruck portoit qu'il ne seroit reçu dans l'empire que les trois religions, luthérienne, *calviniste* & catholique.

Ainsi les anabaptistes ne pourroient réclamer le vœu des traités, pour obtenir le culte public, ni même la tolérance civile; ils n'ont en leur faveur que les droits imprescriptibles de la nature & de l'humanité, & l'intérêt bien entendu des princes & des états.

On voit par une lettre écrite le 7 septembre 1712, aux baillis d'Alsace, par l'intendant de la province, qu'il avoit reçu des ordres de faire sortir de son district, sans aucune exception, tous les anabaptistes qui y étoient établis, même le plus anciennement, & de leur faire défense de s'établir dans aucune province de la domination du roi.

Il est certain que ces ordres n'ont pas été exécutés avec rigueur; le ministre du département écrivoit, le 7 juin 1728, à M. le maréchal du Bourg, » que sa majesté avoit bien voulu, quant à présent, ne pas se porter à faire chasser les anabaptistes de la province, comme la règle l'exigeoit, » à condition cependant que le nombre n'en pourroit être augmenté par la suite; sa majesté desire, pour cet effet, ajoute ce ministre, que vous » ordonniez aux baillis des différens lieux de la » haute & basse Alsace, où ces anabaptistes sont » établis, de constater leur nombre, & ensuite de » faire sortir de la province ceux qui pourroient y » arriver d'augmentation; l'intention de sa majesté » est aussi, que lorsque les enfans de ceux qu'on » veut bien y laisser, auront atteint l'âge de raison, les pères & mères soient tenus de les envoyer hors du royaume, sous peine d'en être » chassés ».

Malgré ces lettres, les anabaptistes sollicitèrent, en 1766, une sorte de tolérance publique, & la dispense de la prestation du serment en justice dans la forme ordinaire; cette demande fut rejettée; & dans une lettre de M. le duc de Choiseul du 26 septembre 1766, ce grand ministre, aussi humain qu'éclairé, chargea M. de Blair, de la part du roi, de leur faire savoir, que s'ils s'avisoient de tenter de pareilles démarches, & de ne pas rester dans le silence le plus circonspect, ils se mettroient dans le cas d'être expulsés du royaume.

Cette décision n'a pu déterminer le nommé Jacques Frey, anabaptiste, dont la religion ne permet que de répondre *oui* sur la formule du serment proposé par le juge. Ce particulier ayant été assigné comme témoin dans une enquête, refusa de prêter le serment ordinaire; sur son refus, il fut mis en prison & écroué à la requête du ministère public: interrogé le même jour & interpellé de prêter serment, il s'y refusa: le commissaire lui déclara que s'il persistoit dans son refus, son procès lui seroit fait comme à un muet volontaire; l'interpellation fut réitérée trois fois, mais inutilement: l'anabaptiste fut interrogé de nouveau en la chambre & sur la sellette; mais il persista dans le même refus: sur quoi, le 7 septembre 1769, il intervint arrêt, par lequel le conseil d'Alsace le condamna au bannissement perpétuel hors du ressort, en dix livres d'amende, & aux dépens du procès. La loi ne permettoit pas aux magistrats une plus grande tolérance, & il faut ici louer leur sagesse.

M. le premier président ayant fait part de cet arrêt à M. le duc de Choiseul, ce ministre lui répondit, le 19 mars 1770, que l'arrêt avoit donné lieu à une demande des anabaptistes, pour être dispensés de l'obligation d'employer le mot *jurer*, dans les sermens qu'ils auroient à faire en justice, mais que sa majesté n'avoit eu aucun égard à ces représentations; & qu'en approuvant les dispositions de l'arrêt, elle avoit déclaré que son intention étoit que les anabaptistes ne pussent jamais, sous quelque prétexte que ce fût, être dispensés de l'exécution des loix du royaume en matière de serment.

Les anabaptistes ne jouissant ainsi que d'une tolérance tacite, sont obligés d'acquitter, envers les officiers de l'église catholique, les rétributions qui leur sont accordées par les loix. Un arrêt du conseil d'Alsace du 27 septembre 1747 a condamné deux anabaptistes de Montreux, à contribuer à la rétribution du maître d'école de cette paroisse. *Voyez* les articles ÉGLISE ÉVANGÉLIQUE, LUTHÉRIEN, PROTESTANS, RÉFUGIÉS, *&c.* (*M. HENRY.*)

CALUMET, (*Droit public des nations.*) c'est une pipe, dont la tête a la figure de nos anciens marteaux d'arme, & dont le tuyau peint de différentes couleurs, est orné de têtes, de queues & de plumes des plus beaux oiseaux.

Le *calumet*, est parmi les sauvages de l'Amérique septentrionale, un symbole de paix: l'usage est de fumer dans le *calumet*, quand on l'accepte, & cette acceptation devient un engagement sacré dont tous les sauvages sont persuadés que le grand esprit puniroit l'infraction: si l'ennemi présente un *calumet* au milieu d'un combat, il est permis de le refuser; mais s'il est accepté, on doit mettre sur le champ les armes bas. Il y a des *calumets* pour toutes sortes de traités; dans le commerce, l'on n'est pas plutôt convenu de l'échange, qu'on présente un *calumet* pour le cimenter. S'il est question de guerre, le tuyau & les plumes doivent être rouges; quelquefois elles ne le sont que d'un côté, & suivant qu'elles sont disposées, on reconnoît à quelle nation, ceux par lesquels il est présenté, veulent déclarer la guerre. Ainsi le *calumet* est, parmi les sauvages du Canada, le gage, le garant des conventions, & son usage tient lieu de sauf-conduit: chose surprenante, que parmi les nations les plus simples & les plus renommées par leur bonne-foi, la parole ne suffise donc pas, & qu'il faille cimenter ses engagemens par des cérémonies: elles ne paroissent bisarres qu'à ceux qui ignorent la cause de leur institution. Celle-ci, dit-on, suppose l'intervention de la divinité, comme l'observe le père Charlevoix, la fumée du tabac abat les vapeurs du cerveau, rend la tête plus libre, éveille les esprits; les sauvages qui ont sans cesse la pipe à la bouche dans leurs conseils, ne croient pas qu'il y ait de symbole plus propre à sceller leurs résolutions, que l'instrument qui y a eu tant de part. Peut-être n'ont-ils pas imaginé de signe plus naturel, pour marquer une étroite union que de fumer dans une même pipe, sur-tout si la fumée qu'on en tire est offerte à une divinité qui y mette le sceau de la religion : fumer dans la même pipe, en signe d'alliance, revient au même, que boire dans la même coupe, suivant l'usage ancien & moderne de plusieurs nations; ces usages sont trop naturels pour être regardés comme des mystères. *Voyez* CANADA. (*H.*)

CAMAIL, s. m. (*Droit canonique.*) c'est une espèce de cape à l'usage des ecclésiastiques; elle enveloppe la tête, à l'exception du visage, embrasse le cou, s'étend sur les épaules, se ferme pardevant, & descend jusqu'à la ceinture : le clergé se sert de cet habillement pendant l'hiver, c'est-à-dire, depuis environ la toussaints jusqu'à pâques.

On donne encore le nom de *camail* à une espèce de petit manteau qui descend jusqu'au coude, & que les évêques portent par-dessus leur rochet, quand ils sont en cérémonie.

C'étoit autrefois une partie de leur habillement ordinaire & journalier. Le petit capuchon qui y est encore attaché par-derrière, nous engage à croire que cet habillement leur enveloppoit autrefois la tête, de même que celui des autres ecclésiastiques dont nous venons de parler.

Un concile de Milan ordonne aux évêques de porter habituellement le rochet & le *camail*, même à la campagne & avec l'habit court. Mais les évêques de France n'ont pas jugé à propos de se soumettre à cette loi.

Le *camail* est aujourd'hui pour les évêques & les abbés qui ont obtenu du pape la permission de le porter, un ornement pontifical. Les évêques le portent, dans leur diocèse, de couleur violette, & noir par-tout ailleurs, même dans les assemblées du clergé.

CAMALDULE, s. m. (*Droit ecclésiastique.*) ordre de religieux, fondé par S. Romuald, suivant la règle de S. Benoît.

Leur fondateur, d'abord religieux bénédictin dans l'abbaye du Mont-Cassin, demanda à ses supérieurs la permission de se retirer dans un hermitage situé dans l'horrible désert de *Campo-Maldoli* sur le mont Apennin. Ce fut-là qu'il jetta les fondemens de cet ordre en 1009 ou 1012.

Dans les commencemens, on les appella *romualdins*, du nom de leur fondateur; ils se divisèrent en cinq congrégations : la première de Camaldoli ou du Saint-Hermitage, la seconde de S. Michel de Murano, la troisième du Mont-de-la-Couronne, la quatrième de Turin, la cinquième de France.

Toutes ces congrégations prirent, vers le douzième siècle, le nom de *camaldules*, du nom de *Camaldoli* leur première maison, parce que, dit le P. Grandi, la règle s'y est maintenue, sans dégénérer, mieux que par-tout ailleurs.

Celle de France, connue d'abord sous le titre de *Notre-Dame de consolation*, doit son origine au P. Boniface-Antoine de Lyon, hermite de la congrégation de Turin.

Ce religieux vint en France en 1626 pour y propager son ordre qu'il commença par deux établissemens, l'un dans le Dauphiné, & l'autre dans le Forez : la petitesse des lieux les lui fit abandonner pour prendre possession d'un lieu situé dans le Forez au diocèse de Lyon, appellé *d'Amieux*, qui lui fut donné par le P. Vital de Saint-Paul, prêtre de l'oratoire, & la dame Jeanne de Saint-Paul, sa sœur.

Le pape Urbain VIII autorisa, par ses bulles, la congrégation de France, & Louis XIII lui accorda, en 1634, des lettres-patentes qui furent enregistrées, l'année suivante, au parlement de Grenoble.

En 1642, les *camaldules* de France formèrent un nouvel établissement à Gros-Bois près Paris, du consentement de l'archevêque de Paris, & par les libéralités de Charles de Valois, duc d'Angoulême. Louis XIV confirma cette fondation, en 1644, par des lettres-patentes enregistrées au parlement de Paris. Ce monastère est occupé aujourd'hui par les hermites de Senard.

Ces religieux n'ont pas cherché à faire beaucoup de progrès en France. Nous ne leur connoissons que trois autres établissemens. L'un dans le bas Vendomois, fondé, en 1648, par Catherine le Voyer, dame d'atours de la reine-mère, & veuve de René du Bellay, baron de la Flotte : le second, dans le comté de Rieux en Bretagne, fondé, en 1674, par Henri de Guénégaud, comte de Planci : le dernier situé dans les marais du bas Poitou, fondé par Henri Cauchon de Maupeas, évêque d'Evreux & abbé de l'Isle-Chauvet. Ce prélat les établit dans cette abbaye, du consentement de l'évêque de Luçon, & des bénédictins de la congrégation de S. Maur à qui cette abbaye appartenoit, & qui les reconnurent pour enfans de S. Benoît.

Le concordat, passé à ce sujet le 2 décembre 1679, fut revêtu de lettres-patentes enregistrées au parlement de Paris le 7 du même mois : l'abbaye de l'Isle-Chauvet resta en commende, l'abbé consentit au partage des biens dont on fit trois lots dont l'un fut adjugé aux *camaldules :* ce qui a subsisté jusqu'à présent.

Chaque congrégation a son général particulier, qu'on appelle *majeur*. La vie de ces religieux est très-austère & très-retirée : leur règle est celle de S. Benoît; par leurs statuts, leurs maisons doivent être éloignées de cinq lieues des grandes villes : ils sont vêtus de blanc, couverts d'un capuce & d'un manteau.

Les congrégations situées hors de France ont des couvens de religieuses du même ordre; mais il ne s'en est pas établi en France.

Il ne faut pas confondre les *camaldules* avec les hermites de S. Sever, bourg de la basse Normandie. Cette maison doit son établissement au P. Guillaume : ce bon prêtre, ne pouvant soutenir les austérités des *camaldules* chez lesquels il avoit été novice pendant onze mois, se retira avec quelques hermites

hermites dans la forêt de S. Sever. Il leur donna des réglemens tirés en partie des constitutions des *camaldules*, & les fit approuver par l'évêque de Coutances. Ces hermites peuvent sortir quand il leur plaît, portent du linge, mangent de la viande trois fois la semaine, ont un habit différent de celui des *camaldules*, & plusieurs pratiques si diverses, qu'on ne peut douter qu'ils leur sont étrangers.

CAMBIO, f. m. (*Commerce.*) ce mot est italien & signifie *changer*; il paroît dérivé du latin *cambium*, qui veut dire la même chose. On s'en sert assez communément en Provence, & sur-tout en Hollande, dans la signification de *change*. *Voyez* CHANGE.

CAMBISTE, f. m. (*Commerce.*) c'est le nom qu'on donne à ceux qui se mêlent du négoce des lettres & billets de change, qui vont réguliérement sur la place ou à la bourse pour s'instruire du cours de l'argent, & sur quel pied il est relativement au change des différentes places étrangères, afin de pouvoir faire à propos des traites & remises, ou des négociations d'argent, de billets ou de lettres-de-change. *Voyez* PLACE, BOURSE, BILLET, LETTRES-DE-CHANGE.

CAMBRAI, CAMBRAISIS, (*Droit public.*) *Cambrai* est la capitale d'une petite province des Pays-Bas françois, entre le Hainaut, la Picardie & l'Artois. Nous donnerons, au mot CHATEAU-CAMBRAISIS, les détails que cette contrée exige.

Cambrai est célèbre dans l'histoire politique, pour avoir été le lieu des séances des plénipotentiaires de la plupart des princes de l'Europe.

L'objet de ce congrès, étoit de prévoir & d'empêcher les guerres, suites de la révolution qu'avoit faite en Europe l'établissement de Philippe V en Espagne; quoique l'accession de la cour de Madrid au traité de la quadruple alliance semblât consommer le traité d'Utrecht, il restoit bien des mesures à prendre pour assurer la paix.

La cour de Vienne feignoit de ne pouvoir accorder la souveraineté des dix provinces des Pays-Bas, avec l'interdiction du commerce, que les puissances maritimes prétendoient avoir été jettée sur les ports de Flandre & de Brabant; elle n'avoit consenti d'assurer l'héritage des Farnèze & des Médicis à un infant, que dans l'espérance que cet arrangement seroit détruit, comme contraire à la sûreté des états d'Italie, que le traité d'Utrecht lui adjugeoit. Philippe V, peu content de l'espoir de ces successions, réclamoit sur les Anglois Gibraltar & Minorque.

Le traité de la quadruple alliance empêchoit une guerre ouverte; mais les cours de France & de Londres vouloient que la paix fût l'ouvrage de l'union entre les puissances, & l'aigreur ne pouvoit qu'augmenter entre elles, tant que leurs différends ne seroient pas absolument terminés. On espéra les concilier dans une assemblée générale, où chaque partie rapprochant toutes les objections, & saisissant toutes les difficultés qu'il lui faudroit surmonter, pût se convaincre de l'inutilité de ses poursuites. Le congrès indiqué le 10 juillet 1720, & négligé pendant les deux années suivantes, fut enfin unanimement accepté; & l'ouverture s'en fit le 29 janvier 1724.

Mais les parties ne s'étoient point rapprochées de bonne-foi, ni avec le desir sincère de s'en rapporter à des arbitres, sur leurs différends. Pendant que l'on élevoit à *Cambrai* difficulté sur difficulté, & que l'on ne pouvoit en résoudre aucune, les puissances intéressées formoient d'autres projets & négocioient, dans leurs cours respectives, d'autres traités à l'insu des conciliateurs; en un mot, cette assemblée prouva que c'est aux événemens seuls de la guerre à prononcer sur les différends entre des couronnes également puissantes, & que des cours qui ne connoissent pas leurs forces, savent rarement profiter des loisirs de la paix, pour la consolider & la rendre permanente.

D'ailleurs à quoi pouvoit servir la médiation des cours de Versailles & de Londres, dès qu'elles avoient elles-mêmes des intérêts à discuter avec celles de Vienne & de Madrid? En effet, Philippe V ne cessoit de réclamer Gibraltar & Port-Mahon, dont l'Angleterre ne vouloit pas se dessaisir, & l'empereur établissoit la compagnie d'Ostende, contre laquelle se soulèvoient les puissances maritimes; il faisoit publier, dans ses états héréditaires, la pragmatique sanction, qui offusquoit la France.

Tandis que les difficultés se multiplioient ainsi, un événement imprévu & étranger aux négociations de *Cambrai*, causa la dissolution du congrès : l'Espagne crut recevoir un affront, par le renvoi de l'infante destinée à monter sur le trône de France : le roi d'Espagne donna ordre aussi-tôt à ses plénipotentiaires de se retirer de *Cambrai*.

Le seul traité qui fut conclu à *Cambrai*, fut une alliance défensive entre les cours de France, d'Espagne & de la Grande-Bretagne; il fut négocié si secrétement, que les plénipotentiaires de l'empereur n'en eurent aucune connoissance, & il fut envoyé à Madrid où le marquis Grimaldo le signa, avec les ministres de France & de la Grande-Bretagne.

Le principal événement de ce congrès, fut la protestation que le pape y fit insinuer & registrer pardevant le magistrat, contre tout ce qui se concluroit contre les intérêts du saint siège. L'auditeur du nonce à la cour de France, se rendit, pour cet effet, à *Cambrai*.

On avoit pris toutes les précautions possibles, pour que l'étiquette, le cérémonial & des querelles inévitables ne troublassent point l'harmonie des assemblées; & ces arrangemens peuvent servir de modèle, dans de pareilles circonstances.

On étoit convenu que, pendant la négociation, il ne seroit observé aucun cérémonial, & que les plénipotentiaires s'assembleroient sans aucune distinction de rang, sans aucune cérémonie; qu'ils s'asseoiroient à une table ronde, & s'y placeroient à mesure qu'ils entreroient;

que ceux de l'empereur & du roi d'Espagne signeroient seul leur traité de paix particulier; qu'il en seroit de même de ceux de l'empereur & du roi de Sardaigne, par rapport aux points qui seroient ajustés entre eux; que ceux de France & d'Angleterre ajouteroient au bas de ces traités, qu'*ils ont été réglés, conclus & signés, sous la médiation de leurs maîtres, & que leur médiation cesse du jour de la signature;* que l'on tiendroit prêt, pour le même jour, un acte dans lequel seroit compris le traité de la grande alliance, l'accession à cette alliance, & les traités particuliers; que les ministres de toutes les puissances intéressées à la grande alliance, la signeroient comme parties contractantes, & comme garantes les unes envers les autres, de tout ce qui avoit été stipulé & réglé, suivant le traité de Londres; que l'on feroit autant d'actes de la même teneur qu'il seroit nécessaire pour les puissances qui signeroient alternativement; que les ambassadeurs de l'empereur signeroient les premiers, & les autres puissances, dans l'ordre observé à la Haye, lors de l'accession du roi d'Espagne.

CAMBRELAGE *ou* CHAMBRELAGE. (*terme de la Coutume de Hainaut.*) ce mot est la même chose que celui de *chambellage*, qui est en usage dans d'autres provinces. Il signifie le droit que le successeur d'un fief doit à son seigneur pour le rachat de fief: il doit être payé dans l'année, & la coutume le fixe à soixante sous blancs. Ce droit n'est dû que lorsqu'il y a mutation de la part du vassal: si elle arrive de la part du seigneur dominant, le vassal qui a relevé son fief, ne doit à son nouveau seigneur, après qu'il en est requis & sommé, que la bouche & les mains. C'est la disposition de la coutume de Hainaut, *chap.* 77. *Voyez* CHAMBELLAGE.

CAMBRIDGE, (*Droit public.*) ville d'Angleterre, capitale de la province de *Cambrige-Skire.*

Cette ville a été décorée de temps à autres, du titre de duché: elle est célèbre depuis plusieurs siècles par l'université, dont elle est le siège.

Elle est gouvernée par un maire, par un juge, par des aldermans & par un conseil commun. Son maire n'est qu'une année en charge, & à son installation il jure de maintenir les privilèges, la liberté & les coutumes de l'université, à laquelle il doit d'ailleurs obéissance & respect.

L'université, dit M. Robinet, dont nous donnons ici l'extrait, a seize collèges: c'est une des plus anciennes de l'Europe. L'opinion commune en attribue la fondation à Edouard l'ancien, fils & successeur d'Alfred-le-Grand.

Chaque collège a son maître ou principal, ses aggrégés, ses étudians ou stipendiaires, qui montent ordinairement à 1500 personnes. Tout étudiant doit prêter, à sa réception, le serment de suprématie, & souscrire formellement aux 39 articles de l'église anglicane; ce préalable exclut, comme on voit, de cette université, les catholiques romains & les autres non-conformistes. Il y a des chaires à *Cambridge*, dans toutes les facultés, & ceux qui les remplissent s'appellent ou *professeurs* ou *prélecteurs.* Le bonnet de docteur ne s'y donne qu'après de longues études, il faut avoir été sept ans maître-ès-arts, pour obtenir celui de docteur en philosophie; onze ans, pour obtenir ceux de médecine ou de jurisprudence, & dix-huit ans, pour celui de docteur en théologie.

L'université est gouvernée par un sénat. C'est ce sénat qui, tous les trois ans, élit son chancelier, & tous les ans son vice-chancelier: le premier est ordinairement choisi parmi les seigneurs du plus haut rang, & est dans l'usage de se faire représenter par un commissaire. Si le sénat, après les trois ans, ne procède pas à une nouvelle élection, le chancelier est censé continué dans son office.

Le vice-chancelier est proprement le gouverneur de l'université, & il ne dépend point du chancelier pour ses fonctions, il a sous lui deux procureurs & deux taxeurs. L'université a aussi son grand maître ou son grand juge, son orateur, ses greffiers, son archivaire, ses registrateurs, ses bedeaux. *Cambridge*, en un mot, est, comme Oxford, une vraie république de lettres & de sciences, qui tient dans ses propres mains les rênes de son gouvernement.

Cecil, Walsingham, Temple & Walpole, illustres hommes d'état; Bacon & Neuton, philosophes supérieurs à tous les éloges, ont été élevés à *Cambridge.*

Il y a dans la nouvelle Angleterre une ville & une université du même nom.

CAMERLINGUE, s. m. (*Droit public.*) ce nom, dit M. Ducange, a été autrefois employé pour signifier un trésorier du pape & de l'empereur. Il vient de l'allemand *kammerling*, qui veut dire *chambrier*, ou *maître de la chambre*, ou *trésorier.* On trouve, dans une charte de l'empereur Lothaire, le nom de *camerling* donné à un Berthold qui exerçoit la charge de trésorier.

Ce nom n'est plus en usage qu'à Rome où l'on entend par *camerlingue* le cardinal qui régit l'Etat de l'église, & administre la justice. C'est l'officier le plus éminent de cette cour, parce qu'il est à la tête des finances. Pendant la vacance du saint siège, il fait battre monnoie, marche en cavalcade, accompagné des Suisses de la garde & autres officiers, & fait publier des édits. Il a sous lui un trésorier général, un auditeur général: il est président d'une chambre ou bureau des finances, composé de douze prélats qu'on nomme *clercs de la chambre.* Cet office est toujours possédé par un cardinal.

CAMISARDS *ou* CAMISARS, s. m. (*Droit public.*) on a donné ce nom, en France, aux calvinistes des Cevènes, qui, au commencement de ce siècle, prirent les armes & commirent beaucoup de désordres. Mais on a confondu, sous le même nom, deux ordres de personnes bien différens.

Au mois de juin 1702, une troupe de réformés & de catholiques se souleva contre les receveurs de la capitation, qui avoient fait exécuter avec trop de dureté des particuliers des hautes Cevènes, hors d'état de payer cette taxe. Ces gens, aigris contre les exécuteurs, se jettèrent de nuit dans leurs maisons, les pendirent à des arbres avec leurs rôles au cou, rodèrent dans le pays, & pillèrent les maisons dans lesquelles ils supposoient un plus riche butin, & sur-tout celles des curés & des prieurs. Comme ces bandits, pour se reconnoître, avoient mis des chemises sur leurs habits, l'une en guise de caleçon, l'autre passée sur leurs épaules, on leur donna le nom de *camisards*, du mot *camise*, qui, en patois du pays, veut dire une chemise. Cette troupe de pillards fut bientôt dissipée.

Dans le même temps, les réformés de ce pays furent contraints de prendre les armes pour se soustraire à la cruelle persécution qu'ils éprouvèrent après la révocation de l'édit de Nantes. Le roi fut obligé d'envoyer des troupes pour les réduire. On oublia bientôt les premiers *camisards*, & on donna le même nom aux réformés qui combattoient pour la liberté de leur conscience.

Ces hérétiques étoient des descendans des anciens Albigeois & Vaudois qui, connus dès le onzième siècle, & persécutés, en Italie & dans le Languedoc, par les papes, se refugièrent dans les Cevènes, où ils communiquèrent aux habitans leurs erreurs contre la tradition romaine. Leurs sentimens se trouvèrent à-peu-près conformes à ceux de Calvin & de ses sectateurs; de manière que ces deux sectes se réunirent & ne composèrent qu'une même communion.

Il paroît par une déclaration du roi du 21 mars 1652, que ces sectaires avoient toujours vécu tranquilles, & donné des preuves de leur fidélité à leurs souverains.

Mais, en exécution de la révocation de l'édit de Nantes, leurs temples furent démolis, leurs pasteurs mis à mort, les passages fermés pour les empêcher de sortir du royaume. On leur envoya, pour les convertir, des soldats brutaux & des dragons sans discipline, qui leur firent souffrir tout ce que l'inhumanité, la fureur, la licence effrénée, l'infamie & la cruauté peuvent imaginer de plus barbare.

Ces excès lassèrent la patience de ces peuples; ils prirent les armes, & quelques succès qu'ils eurent d'abord, leur parurent être une délivrance miraculeuse. L'enthousiasme & le fanatisme échauffèrent leur esprit, & les ennemis de l'état s'en servirent utilement pour retenir une partie des forces de Louis XIV pendant la guerre de la succession d'Espagne.

La valeur & la prudence du maréchal de Villars mirent fin aux troubles des Cevènes. Plusieurs des *camisards* se répandirent dans l'Europe; d'autres se réfugièrent en Angleterre où ils se livrèrent à un nouveau genre de fanatisme. Ils prêchèrent la repentance, prédirent des guerres générales dans l'Europe, & accompagnèrent leurs discours de convulsions terribles. Ils poussèrent l'extravagance jusqu'à offrir de confirmer la divinité de leur mission par la résurrection d'un mort; mais toutes les précautions ayant été prises pour vérifier le miracle, ils eurent la honte de ne pouvoir remplir leur promesse : ce qui les exposa au plus grand mépris.

Ils furent connus sous le nom de *petits prophètes*. Le consistoire de l'église françoise de Londres, les ayant examinés, déclara qu'il ne trouvoit rien de divin dans ces gens-là, qu'il n'y voyoit que les égaremens d'un esprit troublé par l'enthousiasme, & leur dénonça qu'il ne les admettroit pas à la communion, s'ils ne se renfermoient dans les bornes de la sagesse.

CAMP, s. m. (*Code milit.*) c'est l'espace ou le terrein occupé par une armée pour se loger en campagne.

Nous laissons au *Dictionnaire de l'art militaire* le soin d'expliquer l'origine des *camps*, leur utilité, & la manière des peuples anciens & modernes : nous nous bornons à donner un extrait des réglemens que doivent suivre les soldats, & tous ceux qui sont dans un *camp*.

Suivant les ordonnances militaires, & principalement celles des 25 août 1698, 17 février 1754, 5 juillet 1764, 25 juin 1765, 25 juillet 1766, lorsque les troupes arrivent dans un *camp*, on publie les défenses portées par les ordonnances, & les peines qu'encourent les contrevenans. *Voyez* BAN (*Code militaire*).

On doit leur défendre de rien exiger des habitans du voisinage, ni de ceux qui apportent des vivres & denrées au *camp* : on doit aussi leur défendre de prendre ou cueillir des grains, fruits, herbages & légumes dans les jardins ou dans les champs, & de couper aucun arbre, à peine contre les officiers d'en répondre, & à peine des galères contre les soldats, cavaliers & dragons, ou même de la vie contre ceux qui se trouveront avoir commis d'autres désordres plus considérables, ou avoir pris quelque chose que ce soit sans payer.

On doit pareillement défendre aux officiers, bas-officiers, cavaliers & soldats, de chasser ou de pêcher dans les environs du *camp* ou ailleurs, sous peine, contre les officiers, d'interdiction de leurs charges, & contre les autres, des galères.

Les soldats, cavaliers & dragons qui passent les gardes établies autour du *camp*, sans un congé dans la forme prescrite par les ordonnances, & ceux qui se trouvent hors des gardes, sans même y faire aucun désordre, doivent être arrêtés & punis comme déserteurs, ou comme voleurs s'ils se trouvent avoir commis quelque désordre.

Les colonels & commandans des corps ne peuvent permettre à aucun soldat de passer les gardes du *camp*, à moins que les congés qu'ils leur donnent ne soient approuvés du général.

S'il arrivoit qu'on arrêtât, aux environs du *camp*, quelque soldat qui eût découché sans que son capitaine en eût averti, celui-ci seroit interdit & payeroit le désordre fait par le soldat arrêté, & le commandant du régiment seroit mis aux arrêts.

Le prévôt du *camp*, ainsi que les prévôts & autres officiers de maréchaussée dont les résidences ſe trouvent dans le voiſinage d'un *camp* de paix ou d'exercice, doivent arrêter tous ceux qu'ils rencontrent hors des gardes.

Les maires, échevins & habitans des villes & lieux voiſins du *camp*, doivent arrêter de même tous ceux qui ſe préſentent dans ces endroits, & les garder priſonniers juſqu'à ce que le prévôt du *camp* averti ait envoyé prendre les délinquans pour les conduire au *camp*, & les faire punir ſelon les circonſtances.

On doit défendre aux ſoldats, vivandiers, valets & autres, quels qu'ils ſoient, de mettre l'épée à la main dans le *camp*, ou dans le quartier général & les environs. Pluſieurs ordonnances ont prononcé la peine des galères perpétuelles contre ce genre de délit.

On doit pareillement défendre aux ſoldats, cavaliers & dragons d'un *camp* d'exercice, d'avoir aucune balle ſur eux, ni même du menu plomb à giboyer. Pluſieurs ordonnances ont prononcé la peine de mort contre les infracteurs de ce ban. Pour éviter toute contravention à cet égard, les officiers ſont tenus, en arrivant au *camp*, de faire, en préſence des commandans des corps, la viſite la plus exacte des armes & équipages des ſoldats ou cavaliers de leurs compagnies; ils doivent faire décharger ces armes avec un tire-bourre, ou, ſi cela ne ſe peut, les faire tirer devant eux en prenant toutes les précautions néceſſaires pour qu'il n'en arrive point d'accident : enfin ils doivent prendre aux ſoldats ou cavaliers toutes les balles & tout le plomb qu'ils peuvent avoir ; mais quand le *camp* ſe ſépare, les officiers ſont tenus de rendre exactement à leurs ſoldats le plomb qu'ils leur ont ôté.

Il doit être défendu à tous les marchands qui ſe trouvent au quartier général, d'avoir des balles dans leurs boutiques & d'en vendre à qui que ce ſoit, ſous peine de confiſcation, & de cent livres d'amende applicables au prévôt du *camp*.

Il doit pareillement être défendu aux marchands des villes & villages des environs, de vendre des balles ou du plomb aux ſoldats, ni même aux valets des troupes.

Dans les *camps* de guerre, les lieutenans & le major d'un régiment, doivent veiller, lorſque la diſtribution de la poudre, des balles & des pierres à fuſil a été faite, à ce que les ſoldats aient toujours leur porte-cartouche garni; & à meſure que leurs munitions ſe conſomment, les majors des régimens doivent en informer le major général afin qu'il les faſſe remplacer.

Les ſoldats, cavaliers, dragons, vivandiers & autres quels qu'ils ſoient, ne peuvent tenir aucune table de jeu dans le *camp* ni ailleurs ; & dans le cas de contravention, les tables de cette ſorte doivent être briſées & les contrevenans mis en priſon juſqu'à nouvel ordre.

Il eſt défendu aux ſoldats, cavaliers, dragons, vivandiers & autres étant à la ſuite du *camp*, de blaſphêmer le ſaint nom de Dieu, de la vierge ou des ſaints, ſous peine d'avoir la langue percée d'un fer chaud.

On ne doit ſouffrir dans le *camp* aucune femme ou fille publique, ou de mauvaiſe vie : le roi veut que toutes celles qui ſeront reconnues pour telles, ſoient arrêtées, punies du fouet, & enſuite conduites priſonnières dans les plus prochaines villes du *camp*, pour y reſter juſqu'à ce que les troupes en ſoient parties.

Il doit être défendu aux ſoldats, cavaliers & dragons, de ſe traveſtir ou de porter d'autres habits que les uniformes des corps où ils ſervent. La peine de mort eſt prononcée par pluſieurs ordonnances contre cette eſpèce de délit.

Suivant l'ordonnance du 17 février 1753, les troupes que le roi fait camper pour les exercer en temps de paix, doivent faire le ſervice auſſi exactement que ſi elles étoient dans les armées en préſence de l'ennemi.

Sa majeſté trouve bon que les brigadiers des troupes qui forment les *camps* de paix ou d'exercice, ſoient logés autant que faire ſe peut; mais elle ne veut pas que, pour aller s'établir ailleurs, ils changent les logemens qui leur auront été marqués par le maréchal-général-des-logis, ou par les fourriers du *camp*.

CAMPAGNE HEUREUSE, (*Droit public.*) province du royaume de Naples. *Voyez* NAPLES, (*Etats du roi de*).

CAMPAGNE DE ROME, (*Droit public.*) province des états du pape, voyez ce qui concerne ces états au mot PAPE.

CAMPIER, v. a. (*terme de la coutume du Hainaut.*) c'eſt un ancien mot françois qui ſignifie la même choſe que *champayer*, ou mener paître des beſtiaux. La coutume de Hainaut, *chapitre 53*, défend à tous les particuliers demeurans dans l'étendue de la juſtice & ſeigneurie du Hainaut, de recevoir chez eux aucuns beſtiaux étrangers pour *campier*, c'eſt-à-dire, les faire paître ſur les terres & herbages dépendant du Hainaut, à peine de deux ſous blancs d'amende pour chaque bête, payables par le particulier qui ſera convaincu de la contravention à cet égard, & de pareille amende payable par le propriétaire des beſtiaux.

CANADA, (*Droit public.*) grand pays de l'Amérique ſeptentrionale, borné à l'orient par l'Océan, à l'occident par le Miſſipiſſi, au midi par les Etats-Unis de l'Amérique, & au ſeptentrion par des pays déſerts & peu connus.

La Grande-Bretagne poſſède aujourd'hui des établiſſemens conſidérables dans cette grande contrée; car on ne peut dire qu'elle ſoit entièrement ſous ſa ſouveraineté. Pluſieurs nations ſauvages, dont l'indépendance eſt reconnue, ſont répandues dans cette partie du nouveau continent : ces nations & les individus qui les compoſent ſont entièrement libres de toute eſpèce de droits de vaſſalité, de protection & de ſujétion envers l'Angleterre, ſoit à raiſon de leurs perſonnes, ſoit à raiſon des terres qu'ils cultivent, des eaux & des forêts immenses, où ils exercent la chasse & la pêche. Il est dès-lors impossible de supposer que les Anglois aient, sans restriction ni partage, la souveraineté de tout ce grand pays. Le traité qui a cédé aux Anglois les droits de la France, n'a pas pour objet, & ne pourroit dans la suite être le prétexte d'asservir ces peuplades indigènes & indépendantes.

Ainsi, pour faire connoître la législation du *Canada*, il ne suffit pas d'indiquer les loix qui régissent les établissemens anglois, si l'on ne rend compte en même temps de la police & des usages en vigueur dans les sociétés de sauvages répandus parmi ces établissemens.

Nous allons rendre compte, 1°. des révolutions politiques de cette contrée.

2°. De l'état ancien & actuel du gouvernement, des tribunaux, des loix civiles, criminelles & religieuses, des habitans soumis à la Grande-Bretagne.

3°. Du droit public & civil des sauvages du *Canada*.

4°. Des rapports que les habitans ont conservés avec la France.

SECTION PREMIÈRE.

Révolutions politiques.

Le florentin Verat-Zanni, le malouin Jacques Cartier, ont les premiers abordé le pavillon françois dans les mers du *Canada*; mais leurs expéditions & celles qui les suivirent en grand nombre & qui se firent à grands frais, furent infructueuses jusqu'en 1608. A cette époque, Samuel de Champlain remonta bien avant le fleuve S. Laurent, & jetta sur ses bords les fondemens de Quebec, qui devint le berceau, le centre & la capitale de la nouvelle France ou du *Canada*.

En 1627, le cardinal de Richelieu ne trouva pas de meilleurs moyens (& il n'en existoit pas de plus pernicieux) pour établir la colonie, que de la livrer à une compagnie. Un réglement du 29 avril de cette année, céda à cette compagnie, en toute propriété, le fort & l'habitation de Quebec, circonstances & dépendances, avec droit de justice & de seigneurie, à la charge d'en porter foi & hommage; & de présenter au roi & à chacun de ses successeurs, à leur avénement au trône, une couronne d'or, du poids de 8 marcs.

On donna le droit à la compagnie d'ériger des seigneuries, duchés, marquisats & baronnies, en prenant des lettres de confirmation. On lui donna la disposition des établissemens formés ou à former, le droit de les fortifier & de les régir à son gré, de faire la paix ou la guerre selon ses intérêts: à l'exception de la pêche de la morue & de la baleine, qu'on rendit libre pour tous les citoyens, tout le commerce qui pouvoit se faire par terre & par mer, lui fut cédé pour quinze ans; la traite des pelleteries & du castor lui fut accordée à perpétuité.

L'on imposa aux chefs l'obligation de faire passer tous les ans au *Canada*, un certain nombre d'habitans de tous les métiers, de n'y transporter que des catholiques, & d'y envoyer le nombre d'ecclésiastiques nécessaires.

Confié à de pareilles mains, l'établissement ne devoit pas prospérer. Les Anglois s'emparèrent du *Canada* en 1629, ils le rendirent en 1631, par le traité de Saint-Germain-en-Laye, & la colonie retomba sous le joug du monopole, dont le privilège fut long-temps prorogé.

Les Anglois s'étant encore emparé d'une partie des dépendances du *Canada*, pendant les guerres de la succession d'Espagne, l'article 12 du traité d'Utrecht, qui termina cette guerre, céda à la Grande-Bretagne « la *nouvelle Ecosse ou l'Acadie, en son* » *entier, conformément à ses anciennes limites*, & la » ville de Port-Royal ou d'Anapolis..... & généralement tout ce qui en dépendoit... sans que » les François puissent exercer la pêche dans lesdites terres, baies & autres endroits, à 30 lieues » près des côtes de la nouvelle Ecosse, au sud-est, » en commençant depuis l'isle de Sable inclusivement, & en tirant au sud-ouest ».

Par l'article 13, la France cede encore à la Grande-Bretagne, l'isle de Terre-neuve avec les isles adjacentes.... « La ville & fort de Plaisance, & » autres lieux que les François pouvoient encore y » posséder.... sans qu'il leur fût permis d'y fortifier, ni d'y établir aucune habitation en façon » quelconque, si ce n'est des échaffauds & cabanes » nécessaires pour sécher le poisson; ni aborder » dans ladite isle dans d'autres temps que celui qui » est propre pour pêcher, & nécessaire pour sécher » le poisson: dans laquelle isle, il ne sera pas permis aux François de pêcher & de sécher le » poisson en aucune autre partie que depuis le lieu » appellé *cap de Bona-vista*, jusqu'à l'extrémité » septentrionale de ladite isle, & de-là, en suivant » la partie occidentale, jusqu'au lieu appellé la » *pointe riche*; mais l'isle dite le *cap Breton*, & » toutes les autres quelconques, situées dans l'embouchure & dans le golphe de S. Laurent, demeureront à l'avenir à la France, avec l'entière » faculté au roi très-chrétien d'y fortifier une ou » plusieurs places ».

L'article 10 cédoit également à la Grande-Bretagne, « la baie & le détroit d'Hudson avec toutes » les terres, mers, rivages, fleuves & lieux qui » en dépendent & qui y sont situés.... ». Quant aux limites, entre la baie d'Hudson & les lieux appartenant à la France, on étoit convenu réciproquement qu'il seroit nommé incessamment des commissaires de part & d'autres, qui les détermineroient dans le terme d'un an, & qu'il ne seroit pas permis aux sujets des deux nations de passer lesdites limites, pour aller les unes chez les autres, ni par mer, ni par terre; les commissaires devoient avoir le pouvoir de régler aussi les limites entre les colonies françoises & britanniques, dans ces pays-là.

Ces opérations ne furent jamais faites, & peut-être à cette époque n'étoient-elles pas praticables; quoi qu'il en soit, cette omission donna lieu à la guerre de 1756.

Pendant la guerre qui fut terminée par le traité d'Aix-la-Chapelle, l'Angleterre fit de nouvelles conquêtes, & s'empara de Louisbourg & de l'isle Royale, au cap Breton. La restitution de cette possession fut ordonnée par l'article 9 de ce traité, ainsi que celle de toutes les conquêtes que les armes ou les sujets de S. M. britannique pourroient avoir faites. Malheureusement les plénipotentiaires ajoutèrent à cette restitution, la clause vague « que » toutes choses d'ailleurs seroient remises sur le » pied qu'elles étoient ou devoient être avant la » présente guerre ».

Ces expressions, *ou devoient être*, allumèrent une nouvelle guerre; comme l'observe très-bien un de nos plus profonds écrivains politiques, M. l'abbé de Mably, il n'en est pas de l'Amérique comme de l'Europe. En Europe, tous les états ont des frontières ou des limites certaines. En Amérique, ce sont de vastes déserts, des pays sans jurisdiction & sans limites, & chaque puissance regarde les campagnes vagues qui l'avoisinent, comme son empire, & n'y met aucune borne..... Les traités devoient servir (& servirent en effet) de titre aux prétentions les plus démésurées, dès qu'il s'agiroit d'établir les frontières des deux nations. Les hostilités commencèrent aussi-tôt après la guerre: on tenta vainement de les pacifier, parce qu'on ne s'entendit pas; il falloit avouer de bonne foi que ces mots, *conformément aux anciennes limites*, ne disoient rien, & qu'il ne pouvoit y avoir de limites réglées dans un pays qui n'avoit été habité que par des sauvages errans, avant que les Européens y fussent établis.

Quand les parties commencèrent à s'entendre, les Anglois qui avoient fait tous leurs préparatifs, formèrent les prétentions les plus exorbitantes: ils vouloient la guerre: elle fut la plus désastreuse pour les François. Après y avoir perdu toutes leurs possessions dans le continent de l'Amérique, puissent-ils n'y avoir pas laissé les restes de leur énergie! La suite a peut-être prouvé que cette guerre fut encore plus malheureuse pour les Anglois, ils voient s'accomplir la prédiction de l'abbé Dubos, que le continent de l'Amérique septentrionale sera perdu pour eux, dès qu'ils seront parvenus à conquérir les possessions françoises.

Par le traité de Paris, du 10 février 1763, la France renonce à toutes les prétentions qu'elle a pu former sur la nouvelle Ecosse ou Acadie & chacune de ses parties, elle en garantit la possession entière au royaume de la Grande-Bretagne.

Elle lui cède encore en toute propriété, & lui garantit le *Canada*, avec toutes ses dépendances, ainsi que l'isle du cap Breton & toutes les autres isles & côtes, dans le golphe & le fleuve S. Laurent, & généralement tout ce qui dépend desdits pays, terres, isles & côtes, avec la souveraineté, propriété, possession & droits quelconques qui lui appartenoient. La France ne pourra (est-il dit) revenir contre cette cession, ni troubler la Grande-Bretagne, dans ses nouvelles possessions, sous aucun prétexte: le roi d'Angleterre accordera aux habitans du *Canada*, la liberté de la religion catholique, & donnera les ordres les plus précis & les plus effectifs, pour que ses nouveaux sujets catholiques romains puissent professer le culte de leur religion, selon le rit de l'église romaine, en tant que le permettent les loix de la Grande-Bretagne. (*Traité de Paris, art. 4. Préliminaires de Fontainebleau, art. 2.*)

Il est convenu, par l'article 7 du traité, que les limites de la Louïsiane seront irrévocablement fixées par une ligne tirée au milieu du fleuve Mississipi, & depuis sa naissance jusqu'à la rivière d'Iberville; & de là par une ligne tirée au milieu de cette rivière de Mississipi, & des lacs Maurepas & Pont-Chartrain, jusqu'à la mer: en conséquence le roi cède en toute propriété & garantit à l'Angleterre, la rivière & le port de la Mobile, & tout ce qu'il possède ou a dû posséder du côté ou rive gauche du fleuve Mississipi, à l'exception de la ville de la nouvelle Orléans & de l'isle dans laquelle elle est située qui demeureront à la France. La navigation du fleuve Mississipi sera également libre aux sujets des deux nations contractantes, dans toute sa largeur & dans toute son étendue, depuis sa source jusqu'à la mer, & nommément cette partie qui est entre l'isle de la nouvelle Orléans & la rive droite de ce fleuve, aussi bien que l'entrée & la sortie par son embouchure, *&c.*

Les Anglois possèdent encore toute cette contrée par un événement qui pourra surprendre d'abord, & qui cependant s'explique facilement; le *Canada*, ainsi que la Floride & la nouvelle Ecosse, étoient, par l'origine de leur population, & par le caractère de leurs anciens habitans, celles des colonies angloises qui devoient avoir le plus d'antipathie pour la nouvelle métropole; c'étoient encore celles de ces colonies qui jouissoient de l'administration la moins libre... Cependant le *Canada*, la nouvelle Ecosse & la Floride, ont été les seules provinces de l'Amérique angloise qui n'aient fait aucune tentative pour secouer le joug & assurer leur indépendance; elles sont restées spectatrices tranquilles des démêlés du parlement britanique avec le congrès, le *Canada* s'est vu le théâtre de leur guerre, sans qu'il s'y soit fait aucune conspiration en faveur des libérateurs qui accouroient à son secours; & qui, s'ils eussent été secondés, eussent, malgré la diversité de religion, fait les plus grands efforts pour incorporer cette province dans la confédération, comme ils semblent s'y être engagés par l'acte de confédération.

SECTION II.

Gouvernement, loix civiles, criminelles & religieuses.

La colonie ayant été établie sous le ministère de Richelieu, le gouvernement, dès son origine, n'y pouvoit être que despotique & arbitraire; aussi l'autorité du chef militaire, ou de ses lieutenans, fut-elle d'abord absolue : elle embrassa toutes les parties de l'administration; le gouverneur eut le pouvoir de punir & d'absoudre; il tenoit dans ses mains les graces & les peines, les récompenses & les destitutions, le droit d'emprisonner; il décidoit arbitrairement & sans appel de tous les procès qui s'élevoient entre les colons. Cette autorité, dont l'exemple fut si dangereux à la métropole même, fut maintenue, avec tous ses abus, jusqu'en 1663; à cette époque un conseil supérieur fut établi à Quebec. On y fixa successivement un intendant, un maître des eaux & forêts, & les juges subalternes de la police françoise.

Après la conquête, la Grande-Bretagne a d'abord donné à sa nouvelle possession, les loix de l'amirauté angloise, elle y a aussi établi les loix criminelles de la métropole: Raynal dit, avec raison, que c'étoit un des plus heureux présens que pût recevoir le *Canada*; au mystère impénétrable de la procédure de Pussort succédoit une instruction calme, raisonnée, publique; & l'Anglois rapportoit, dans un établissement formé par des François, cet antique tribunal des pairs, qu'il paroît avoir reçu de nous.

Les peuples conquis ont reçu en même temps la fameuse loi de l'*habeas corpus*, qui garantit la liberté civile, & la sûreté personnelle, peut-être plus précieuse que la liberté politique.

En un mot, la cour de Londres a donné au *Canada* le gouvernement anglois, autant qu'il étoit compatible avec une autorité purement royale, & sans aucun mélange d'administration populaire : encore ne faut-il pas douter que si la métropole avoit besoin des subsides de ses nouveaux sujets, instruite par une fatale expérience, on ne la verroit pas toucher à leurs propriétés sans l'avis & le consentement des assemblées de leurs représentans.

Quant aux loix & à la police religieuse, nous avons vu que l'article 4 du traité de Paris laissoit aux catholiques la liberté & l'exercice de leur religion, & *selon le rit de l'église romaine*, *en tant que le permettent les loix de la Grande-Bretagne*.

M. l'abbé de Mably se plaignoit, avec raison, qu'une pareille restriction ne laissoit aux catholiques qu'une liberté précaire de leur culte, puisqu'à cette époque les loix de la Grande-Bretagne toléroient à peine ceux de la communion romaine; mais l'Angleterre connoissoit trop bien ses véritables intérêts pour se prévaloir contre ses nouveaux sujets d'une semblable équivoque : le cabinet de S. James, persuadé, dit-on, que les catholiques sont en général des sujets plus patiens & plus dévoués à la monarchie absolue que les protestans, crut devoir protéger le catholicisme dans le *canada*,..... & parvint à faire accueillir ce systême au parlement. Les autres colonies ne manquèrent pas de s'en faire un grief.

« Les loix d'Angleterre, disoit l'assemblée de la » Caroline en 1775, & le gouvernement libre dont » la jouissance avoit été assurée aux habitans de » Quebec, par une proclamation du roi (avant la » la paix), ont été abolis & remplacés par les loix » françoises. On a établi, dans cette province, la » religion catholique romaine, qui jusques là y étoit » déjà exercée librement & tolérée; on y a établi un » gouvernement absolu; on a établi les limites de » cette province jusqu'aux frontières des établissemens anglois, protestans & libres; avec le dessein » de faire servir tout un peuple, professant des principes de religion différens de ceux des colonies » voisines, & soumis à un pouvoir arbitraire, » comme d'instrument propre à intimider & à subjuguer les colonies ».

Ainsi, le *Canada* a conservé les loix religieuses qui lui avoient été données par les François. Il reste soumis à la crosse de l'évêque de Quebec.

Cet évêque n'avoit pas été mal partagé; on peut dire qu'il a la plus grande dixmerie de l'univers, puisqu'il est le seul évêque, le seul décimateur de tout le *Canada*, & ne doit qu'une foible portion congrue à ses curés.

Suivant un édit de 1663, la dixme étoit du treizième de tout ce que produisoit le travail des hommes, le treizième de tout ce que la terre donnoit sans culture : cet impôt étoit exorbitant, surtout dans un pays & avec des colons qui avoient, en faveur de l'oisiveté, la vanité espagnole : il eût fallu au contraire les exciter au travail & aux cultures par les plus grands encouragemens. Le conseil de Quebec prit sur lui, en 1667, de réduire ce tribut au vingt-sixième, & un édit postérieur a confirmé cette réduction, beaucoup trop foible.

Indépendamment de ces dixmes, le clergé jouissoit des plus belles propriétés : par exemple l'isle entière de Mont-Réal, dans laquelle est située la seconde ville de l'isle, est du domaine ou de la censive des sulpiciens.

Seigneuries. Des fiefs de ce genre avoient été accordés à une foule de particuliers : c'étoit encore un autre abus de la légéreté avec laquelle on avoit appliqué à la colonie les loix de l'ancienne métropole. Dès l'origine on avoit fait de pareilles concessions qui avoient depuis deux jusqu'à six lieues quarrées. Ces grands propriétaires hors d'état, par la médiocrité de leur fortune & par leur peu d'aptitude, de s'adonner à la culture & de mettre en valeur d'aussi vastes possessions, furent comme forcés de les distribuer à des soldats vétérans, en s'en réservant la directe, & avec elle tous les autres inconvéniens, toutes les servitudes qu'elle entraîne parmi nous.

Chaque colon recevoit ordinairement quatre-vingts-dix arpens de terre, & s'engageoit à donner annuellement à son seigneur un ou deux sous par arpent, & un demi-minot de bled pour la concession entière; il s'engageoit à moudre à son moulin, & à lui céder pour droit de bannalité la quatorzième partie de la farine; il s'engageoit à lui payer un douzième pour les lods & ventes, & restoit soumis au droit de retrait, *&c.* *&c.*

Dès 1663, la coutume de Paris, modifiée par des combinaisons locales, forma le code civil de la colonie; mais cette coutume admettant dans les successions le partage égal des propriétés, les domaines furent bientôt morcelés; ils étoient exposés à être réduits à rien ou presque rien par des partages multipliés dans une longue suite de générations : il étoit d'autant plus facile de prévenir cet inconvénient, que la colonie avoit des terreins sans nombre que l'on pouvoit assurer aux cadets ou à ceux qui n'auroient pas été compris dans les partages. Le père, poussé à l'économie & au travail par le desir de préparer un sort heureux à ses autres enfans, auroit demandé & exploité de nouvelles terres; il y auroit placé sa nombreuse postérité; les nouveaux propriétaires auroient suivi cet exemple, &, avec le temps, la colonie entière auroit été peuplée & cultivée.

Les avantages de cette politique frappèrent le gouvernement françois en 1745 : il défendit la division ultérieure de toute plantation qui n'auroit pas un arpent & demi de front sur trente ou quarante de profondeur.

L'esprit & l'ordre de législation qui caractérise le parlement de la Grande-Bretagne, l'empêcha sans doute d'adopter en aveugle les réglemens & les formes de l'administration françoise. Fût-il plus que probable que ces maximes sont les plus convenables au sol de la colonie & au caractère de ses habitans, la prudence d'un sage surveillant demande encore qu'il ne donne rien au hasard, & qu'il ne laisse subsister ce qu'il trouve établi, qu'après en avoir vérifié & constaté l'utilité, & après avoir fait examiner l'ancienne législation dans toutes ses parties; mais l'Angleterre pouvoit-elle raisonnablement recevoir une opinion aussi favorable des établissemens faits dans sa conquête? pouvoit-elle penser que les loix données aux sujets d'un monarque absolu, fussent celles qui convenoient le mieux aux sujets d'un gouvernement qui, au moins dans les principes, a porté à la perfection les modifications du pouvoir royal?

Quand même, la révolution de la loi politique n'auroit pas dû changer le systême de la législation civile: quand même ce qu'on appelle les loix municipales, c'est-à-dire, celles qui fixent les rapports des citoyens entre eux, pourroient, sans danger pour la constitution, être uniformes dans tous les gouvernemens, & même, dans tous les climats: auroit-on pu regarder comme le chef-d'œuvre de la législation civile, un code tel que la coutume de Paris; ce code rédigé à la vérité par des hommes sages, mais qui étoient asservis à l'autorité d'usages disparates, formés au hasard par le concours & le mélange de conquérans barbares & de nationaux civilisés; ce code qui, loin d'avoir donné aux maris & aux pères cette autorité domestique, ce sage frein des mœurs, semble avoir voulu mettre les citoyens dans l'esclavage de leurs femmes & de leurs enfans; ce code incomplet qui garde le silence sur presque tous les rapports civils, & dont la plupart des dispositions ont encore été ou renversées par des réglemens épars, ou modifiés & interprétés par une jurisprudence nécessairement incertaine? A Dieu ne plaise que je veuille ici faire la critique des coutumes de ma patrie, & encore moins leur préférer celles de la Grande-Bretagne; il me suffiroit au contraire d'avoir fait le parallèle des unes & des autres pour être convaincu que les dernières n'excellent pas sur les premières; mais si, arrêtés par des circonstances difficiles, l'on ne fait pas à Paris & à Londres tout le bien que l'on pourroit y faire, si l'on s'y croit forcé de remettre à des circonstances plus heureuses, des réformes salutaires, est-ce un motif pour ne pas procurer aux colonies les avantages de ces réformes? Les ministres de France & d'Angleterre n'en ont pas pensé ainsi : en France, le chef de la justice a formé une commission de magistrats du conseil, pour donner un code à la Corse: en Angleterre, l'on a confié à des jurisconsultes éclairés, laborieux & justes, le soin de donner un code civil au *Canada*.

SECTION III.

Sauvages du Canada.

Tacite, après avoir peint l'espèce humaine, dégradée par les infamies & les cruautés des tyrans de Rome, & par la corruption de leurs esclaves, se consoloit à l'aspect des forêts de la Germanie, au spectacle des mœurs & des vertus des hommes libres qui les habitoient.

En vain a-t-on prétendu que Tacite n'a fait qu'une romanesque allégorie, dans le dessein de rendre plus amère la satyre des mœurs de son siècle. Les monumens postérieurs n'ont que trop attesté l'exactitude des tableaux de ce grand homme. On a fait avec aussi peu de fondement le même reproche à ceux de nos écrivains qui nous ont vanté les nations fortes & vigoureuses qui peuplent les forêts du *Canada*. Plus voisines de la nature, elles ont aussi plus de vertu, de liberté & de bonheur que n'en eurent jamais nos pères; mais la France amollie n'a pas eu de Tacite : & l'Anglois plus énergique, qui nous chassa de ces rivages, au lieu d'aller s'instruire parmi ces peuples, ne sait plus leur porter que des armes & des denrées destructrices.

Cependant où le publiciste, où le moraliste trouveront-ils un spectacle aussi instructif ? Par-tout les hommes façonnés par les institutions sociales, courbés depuis long-temps sous le joug de préjugés invétérés qui ont tous la même origine & le même objet, asservis plutôt qu'enrichis par des arts plus bornés que les besoins qu'ils font naître, ne diffèrent plus que par de foibles nuances. Dans tous nos pays prétendus civilisés, depuis les cimes de l'Atlas jusqu'aux rives du Japon, les mœurs, les usages, les loix, les vertus, les vices, tout se tient, s'assimile, & nulle part les dégradations, les différences ne sont fortement prononcées : par-tout l'on n'apperçoit que des riches sans entrailles, & des pauvres sans courage, des riches abusant avec

plus

plus ou moins d'adresse des travaux du misérable qui rampe à leurs pieds. En a-t-il toujours été de même? non sans doute; mais ce que nous avons de connoissances des anciens peuples, ne nous a été transmis que par les écrivains de nations depuis long-temps civilisées : & si l'on en excepte Tacite, tous n'ont vu, n'ont jugé les peuples voisins de l'état de nature, qu'à travers le prisme des préjugés de la société; semblable à cet insensé despote de l'Inde, qui rioit aux larmes de la sagesse de la constitution hollandoise. Quoique le prisme soit resté sur les yeux de ceux de nos écrivains qui ont observé les sauvages du *Canada*, ils n'ont pu dénaturer les faits : & c'est à ces faits, comme l'observe Raynal, que la morale (cette base de l'art de gouverner) doit ses progrès. « C'est, dit-il, » l'ignorance des peuples sauvages qui a éclairé en » quelque sorte la science des peuples policés : de- » puis qu'on a vu que les institutions sociales ne » dérivoient ni des besoins de la nature, ni des » dogmes de la religion, puisque des peuples in- » nombrables vivoient indépendans & sans culte, » on a découvert les vices de la morale & de la » législation dans l'établissement des sociétés; on a » senti que ces maux originels venoient des fon- » dateurs & des législateurs, qui la plupart avoient » créé la police pour leur utilité propre, ou dont les » sages vues de justice & de bien public avoient été » perverties par l'ambition de leurs successeurs & » par l'altération des temps & de mœurs ».

Le publiciste ne peut donc rassembler avec trop de soin tous les faits qui peuvent nous faire connoître les coutumes en usage parmi les peuples sauvages: nous laisserons à part les réflexions auxquelles elles ont pu donner lieu; mais nous observerons que, dans une contrée aussi étendue, il est impossible que des peuplades aussi multipliées, aussi séparées entre elles, aient par-tout des usages uniformes; nous rendrons compte de ce que disent les voyageurs, mais sans garantir qu'ils n'aient pas quelquefois confondu & donné pour des usages généraux ceux qui seroient particuliers à quelques peuplades.

Liberté, égalité. Le grand principe de toutes les peuplades sauvages du *Canada* est qu'*un homme ne doit rien à un autre homme:* de cette maxime qui paroîtra d'abord, anti-sociale, ils concluent qu'*il ne faut pas faire tort à ceux dont on n'a pas reçu d'offense;* & comme leurs institutions sont plus en pratique qu'en précepte, ils observent entre eux le respect pour les vieillards, la déférence pour les égaux, & tous envers tous, une douceur & des égards que l'on n'apperçoit guère parmi les nations les plus civilisées. De la même maxime résulte encore la liberté & l'égalité qui règnent parmi eux. Les Indiens domiciliés au centre des habitations européennes, comme ceux qui sont dispersés dans les forêts, conservent leur indépendance : ce n'est pas seulement la nation entière, c'est l'individu qui est vraiment libre.

Gouvernement. Les formes en sont extrêmement variées; si l'on en croit les auteurs de l'*Histoire des voyages*, presque tous ces peuples ont un gouvernement aristocratique; &, quoique chaque bourgade ait un chef indépendant, il ne se conclut rien que par l'avis des anciens. Cependant quelques nations ont des familles principales qui jouissent d'une sorte de prééminence; chacune de ces tribus ou familles ont leur chef séparé : &, dans les affaires qui intéressent toute la nation, ces chefs se réunissent pour délibérer.

Dans le Nord & par-tout où règne la langue algonquine, le chef est électif : mais toute la cérémonie de l'élection & de l'installation se réduit à des festins accompagnés de danses & de chants.

Parmi les Hurons où cette dignité est héréditaire, la succession se continue par les femmes; de sorte qu'après la mort du chef, ce n'est pas son fils qui lui succède, mais le mari de sa sœur ou, à son défaut, son plus proche parent en ligne femelle. Si toute une branche vient à s'éteindre, la plus noble matrone de la tribu ou de la nation est maîtresse du choix. Si le chef n'est pas parvenu à un âge mûr, on lui donne un régent qui a toute l'autorité, mais qui l'exerce sous le nom du mineur.

Ces chefs ne sont pas toujours fort respectés : &, s'ils savent se faire obéir, c'est qu'ils savent quelles bornes ils doivent donner à leurs ordres; ils proposent plutôt qu'ils ne commandent : ainsi c'est à la raison publique que l'on obéit.

Chaque famille a droit de se choisir un conseiller & un assistant du chef qui doit veiller à ses intérêts, & sans l'avis duquel ce chef n'entreprend rien. Ces conseillers ont l'inspection du trésor public : leur réception se fait dans un conseil général. Dans les nations huronnes, ce sont les femmes qui nomment ces sénateurs, & souvent elles choisissent les personnes de leur sexe. Ce corps de conseillers tient le premier rang; celui des anciens, c'est-à-dire, de tous ceux qui ont atteint l'âge de maturité, tient le second; & le dernier qui comprend tous les hommes en état de porter les armes, est celui des guerriers.

Ces guerriers ont souvent à leur tête le chef de la nation ou celui de la bourgade : mais il doit s'être distingué par quelque action de valeur; sans quoi, il sert entre les subalternes, car il n'y a point de grades dans la milice des sauvages. Quoiqu'un grand parti puisse avoir plusieurs chefs, parce qu'on donne ce titre à tous ceux qui ont déjà commandé, tous ces guerriers n'en sont pas moins soumis au commandant désigné, espèce de général sans caractère & sans autorité réelle, qui ne peut récompenser ni punir, que ses soldats peuvent quitter quand il leur plaît, & qui néanmoins n'est presque jamais contredit.

Les femmes ont la principale autorité chez tous les peuples de la race huronne, à l'exception du canton d'Iroquois d'Onneytout où elle est alternative entre les deux sexes; mais les hommes n'en laissent que l'ombre aux femmes, & rarement ils leur communiquent une affaire importante. Quoique tout se fasse en leur nom, & que les chefs ne soient que leurs lieutenans, dans les affaires de simple police, elles délibèrent les premières sur ce qui est proposé au conseil : & leur avis est rapporté par les chefs au conseil général qui est composé des anciens. Les guerriers consultent entre eux sur ce qui appartient à leur ordre : mais ils ne peuvent rien conclure d'intéressant pour la nation ou la bourgade.

Affaires & négociations extérieures. Il est surprenant que ces peuples, ne possédant presque rien & n'ayant pas l'ambition de s'étendre, puissent avoir autant d'affaires à traiter entre eux. Cependant on assure qu'ils négocient sans cesse; ce sont des traités à conclure ou à renouveller, des offres de services, des civilités réciproques, des alliances qu'on ménage, des invitations à la guerre, ou des complimens sur la mort d'un chef. Toutes ces affaires se traitent avec une dignité, une attention, & l'on ajoute même, une capacité digne des plus grands objets. Souvent les députés ont des instructions secrètes, & le motif apparent de leur commission n'est qu'un voile qui en cache de plus sérieux.

Plusieurs faits font connoître la profondeur de leur politique : la nation iroquoise qui se trouvoit placée entre les établissemens françois & anglois, a compris, dès leur origine, que les deux colonies étoient intéressées à la ménager : & jugeant aussi que, si l'une des deux prévaloit sur l'autre, elle en seroit bientôt opprimée, elle a trouvé long-temps l'art de balancer leurs succès : recherchés par les deux partis pendant la guerre de la succession d'Espagne, les Iroquois déclarèrent fièrement qu'ils prendroient les armes contre celui des deux ennemis, qui commenceroit les hostilités. Les Anglois avoient réussi à séduire quatre des cinq nations en 1709; mais lorsque l'armée s'avançoit vers le *Canada* avec l'assurance de le conquérir, un chef iroquois qui n'avoit jamais approuvé la conduite qu'on tenoit, dit simplement aux siens, *que deviendrons-nous, si nous réussissons à chasser les François?* Ce peu de mots dits avec un air d'inquiétude & de mystère, rappella tous les esprits à leur premier systême, & l'on résolut d'abandonner un parti pris témérairement contre l'intérêt public. Dans la dernière guerre, ils ont pris le parti des François plus près de succomber; aujourd'hui ils sont, sans doute par le même motif, pour l'Anglois contre ses colonies.

Ces sauvages paroissent ou ne pas connoître ce que l'Europe appelle *droit des gens*, & dont elle observe si mal les principes, ou le composer de la ruse & de la force. Leur art est de se cacher de loin pour mieux surprendre l'ennemi, pour l'accabler sans qu'il s'y attende : la gloire du chef est de ramener tous ses soldats. Mais c'est dans le traitement des prisonniers que se manifeste sur-tout leur profonde ignorance du droit naturel; rien de plus barbare que les supplices qu'ils font éprouver à leurs captifs, lorsqu'ils ne les adoptent pas pour remplacer leurs guerriers.

Police religieuse. Quoique les sauvages n'aient ni temple ni culte réglé, & que l'idée qu'ils ont du grand être ou du grand génie & de quelques génies subalternes soit fort simple, plusieurs de leurs peuplades ont des prêtres, rêveurs ou jongleurs; quoique ces jongleurs n'aient pas encore une autorité politique, cependant l'on ne peut douter qu'ils ne jouissent d'une influence très-grande sur une nation qui attache du mystère aux songes, qui les regarde comme des prédictions d'en haut, qui fait dépendre de pratiques superstitieuses l'exécution des opérations & des délibérations publiques. On dit même que ces jongleurs s'annoncent comme communiquant aux racines & aux plantes la vertu de guérir toutes sortes de plaies, & celle même de rendre la vie aux morts.

Coutumes, usages, décisions des différends. Dans l'intérieur des bourgades, les affaires des sauvages se réduisent presque à rien, & ne sont jamais difficiles à terminer. Il ne paroît pas même qu'elles attirent la conciliation des chefs; les conciliateurs sont ordinairement des amis communs ou les plus proches voisins. Ceux qui jouissent de quelque considération, ne s'occupent que du public.

La pluralité des femmes est établie dans plusieurs nations de la langue algonquine. Il y est même assez ordinaire d'épouser toutes les sœurs, & cet usage paroît uniquement fondé sur l'opinion que des sœurs doivent vivre entre elles avec plus d'intelligence que des étrangeres; aussi toutes les femmes qui sont sœurs, jouissent-elles des mêmes droits; mais parmi les autres on distingue deux ordres, & celles du second sont les esclaves des premières. Quelques nations ont des femmes dans tous les cantons où la chasse les oblige de faire quelque séjour : cet abus s'est même introduit depuis peu chez les peuples de la race huronne, qui se contentoient anciennement d'une seule femme; mais on voit régner dans le canton iroquois de Tsonnontouan un désordre beaucoup plus odieux, qui est la pluralité des maris.

A l'égard des degrés de parenté, les Hurons & les Iroquois portent si loin le scrupule, qu'il faut n'être pas lié du tout par le sang pour s'épouser, & que l'adoption même est comprise dans cette loi. Mais le mari qui perd sa femme, doit en épouser la sœur ou, à son défaut, celle que la famille lui présente : la femme est dans la même obligation à l'égard des frères & des parens de son mari, si elle le perd sans en avoir eu d'enfans. Un homme veuf qui refuseroit d'épouser sa sœur ou la parente de la femme qu'il a perdue, seroit abandonné à la vengeance de celle qu'il rejette. Lorsqu'on manque de sujets, on permet à une veuve de chercher un parti qui lui convienne; mais alors elle a droit d'exiger des présens qui passent pour un témoignage de ſa ſageſſe. Ces nations ont des familles diſtinguées qui ne peuvent s'allier qu'entre elles ; la ſtabilité des mariages eſt ſacrée ; & les conventions paſſagères, quoiqu'en uſage parmi quelques peuples, n'en ſont pas moins regardées comme un déſordre. Cependant, chez les Iroquois & les Hurons, on peut ſe quitter de concert, mais ſans bruit : & les parties ſéparées ont la liberté de prendre de nouveaux engagemens.

Les dons nuptiaux que les maris font aux femmes ſont des ſymboles d'eſclavage : ce ſont les femmes qui portent les fardeaux, cultivent les terres & font les travaux domeſtiques ; les maris ne s'occupent que de la guerre, de la chaſſe & des ouvrages qui y ſont acceſſoires. Il n'y a point de différence à l'égard des femmes dans les pays où elles ont toute l'autorité : quoique maîtreſſes de l'état, du moins en apparence, elles n'en ſont pas moins les eſclaves de leurs maris ; en général, il n'y a point de pays au monde où les femmes ſont plus mépriſées. Le père Charlevoix, qui parle de tous ces uſages, doute s'ils ſont communs à tous les peuples du *Canada*.

Les enfans n'appartiennent qu'à la mère, ne reconnoiſſent point d'autre autorité que la ſienne. Le père eſt toujours pour eux comme étranger ; il n'eſt reſpecté qu'à titre de maître : mais les uns & les autres n'exercent qu'une autorité vraiment paternelle, c'eſt-à-dire, purement de bienveillance & de protection. Ils laiſſent aux enfans des deux ſexes la plus grande indépendance. En général, les pères & mères s'efforcent de leur inſpirer les principes d'honneur qui ſe trouvent établis dans chaque nation : & c'eſt l'unique éducation qu'ils leur donnent, encore eſt-elle indirecte, c'eſt-à-dire, que l'inſtruction eſt priſe des leçons de leurs ancêtres ; les jeunes gens ſont échauffés par ces anciennes images, & ne reſpirent que l'occaſion d'imiter ce qui excite leur admiration. Quelquefois, pour les corriger de leurs défauts, on emploie les exhortations, les prières, mais jamais le châtiment ni les menaces, ſur le principe qu'*un homme n'eſt pas en droit d'en contraindre un autre*.

Juſtice criminelle. Les crimes ſont très-rares chez les ſauvages. Tue-t-il, a-t-on tué quelqu'un de ſa race ? Si le meurtrier étoit ivre, comme on feint quelquefois de l'être, pour ſatisfaire la vengeance ou la haine, on ſe contente de plaindre le mort ; s'il étoit de ſang-froid, on ſuppoſe facilement, qu'il ne s'eſt pas porté à cet excès ſans raiſon ; d'ailleurs c'eſt aux ſauvages de la même cabane à le châtier, parce qu'ils y ſont ſeuls intéreſſés ; ils peuvent le condamner à mort, mais l'on en voit peu d'exemples ; & s'ils le font, c'eſt ſans aucune forme de juſtice. Quelquefois un chef prend cette occaſion pour ſe défaire d'un mauvais ſujet. Un aſſaſſinat qui intéreſſeroit pluſieurs cabanes, auroit toujours des ſuites fâcheuſes, & ſouvent un crime de cette nature a mis une nation entière en combuſtion : alors le conſeil des anciens emploie tous ſes ſoins à concilier les parties ; s'il y parvient, c'eſt ordinairement le public qui fait des démarches auprès de la famille offenſée. La prompte punition du coupable éteindroit tout d'un coup les reſſentimens, & s'il tombe au pouvoir des parens du mort, ils ſont maîtres de ſa vie ; mais l'honneur de la cabane eſt intéreſſé à ne pas le ſacrifier, & ſouvent la bourgade ou la nation ne juge point à propos de l'y contraindre. Un miſſionnaire qui avoit long-temps vécu chez les Hurons, raconte la manière dont ils puniſſent les aſſaſſins. Ils étendent le corps mort ſur des perches au haut d'une cabane, & le meurtrier eſt placé pendant pluſieurs jours immédiatement au-deſſous, pour recevoir tout ce qui découle du cadavre ſur ſoi & ſur ſes alimens : cependant l'uſage le plus commun pour dédommager les parens du mort, eſt de le remplacer par un priſonnier de guerre ; ce captif, s'il eſt adopté, entre dans tous les droits de celui dont il prend la place.

On nomme quelques crimes odieux qui ſont ſur le champ punis de mort, du moins dans pluſieurs nations : tels ſont les maléfices ; chez ces nations, qui dès leurs premiers pas dans la ſociété, ſont déjà imbues des préjugés de la ſuperſtition, il n'y a de ſûreté nulle part pour ceux qui ſont atteints du ſoupçon : on leur fait même ſubir une ſorte de queſtion pour leur faire nommer leurs complices, après quoi ils ſont condamnés au ſupplice des priſonniers de guerre ; mais on commence par demander le conſentement de leurs familles qui n'oſent le refuſer : on aſſomme ceux qui ſont regardés comme les moins criminels avant que de les brûler. Ceux qui déshonorent leurs familles par une lâcheté, reçoivent le même traitement, & c'eſt ordinairement leur famille même qui en fait juſtice. Chez les Hurons, qui étoient portés au vol & qui l'exerçoient avec beaucoup d'adreſſe, il eſt permis non-ſeulement de reprendre au voleur tout ce qu'il a dérobé, mais encore d'enlever tout ce qu'on trouve dans ſa cabane juſqu'à le laiſſer nud, lui, ſa femme & ſes enfans, ſans qu'ils puiſſent faire la moindre réſiſtance.

Dans la nation des Miamis, le mari eſt en droit de couper le nez à ſa femme adultère ou fugitive.

SECTION IV.

Relations politiques que la France a conſervées avec le Canada.

Par le traité de ceſſion, les Anglois ont exigé que l'on aſſurât le paiement des lettres-de-change & des billets qui avoient été délivrés aux Canadiens pour les fournitures faites aux troupes du roi de France, & le roi s'en eſt chargé ſuivant la liquidation qui ſeroit faite dans un temps convenable, ſelon la diſtance des lieux & la poſſibilité, en évitant néanmoins que les billets & les lettres-de-change que les ſujets françois pourroient avoir pour lors, ne fuſſent pas confondus avec d'autres billets & d'autres lettres-de-change qui étoient dans la possession des nouveaux sujets du roi d'Angleterre.

Cette liquidation avoit déjà été comme préparée, & voici comment; un arrêt du conseil du 15 octobre 1758 avoit établi des commissaires pour la liquidation des dettes de la marine & des colonies; un autre arrêt du 28 novembre 1761 avoit ordonné, en conséquence du précédent, que les créanciers des dettes contractées en *Canada*, produiroient leurs lettres au greffe de commission dans le délai de six mois.

Ce délai a été successivement prorogé jusqu'au premier avril 1764, par des arrêts postérieurs.

La vérification des différens effets & des papiers monnoies du *Canada* ayant fait reconnoître que l'excès des dépenses faites sous prétexte du service du roi dans cette colonie, provenoit autant des prévarications qui y avoient été commises, que du discrédit de cette monnoie, suite nécessaire de la profusion criminelle avec laquelle elle y avoit été fabriquée & répandue, cette circonstance détermina l'arrêt du conseil du 29 juin 1764, qui ordonne:

1°. Que les lettres-de-change tirées du *Canada* en 1758 & dans les années précédentes, par les commis des trésoriers généraux des colonies, & qui avoient été déclarées & visées en exécution des arrêts du conseil du 24 décembre 1762, 15 mai 1763 & 5 janvier 1764, & que les propriétaires actuels avoient acquises par la voie de la négociation ailleurs qu'en *Canada* avant le 15 octobre 1759, époque où le paiement des traites de cette colonie avoient été suspendu; seroient payées en entier, ainsi que celles tirées en 1760 & timbrées *pour subsistance des armées;* mais que celles qui avoient été tirées auparavant, ne seroient acquittées que pour moitié de la valeur pour laquelle elles avoient été tirées. A l'égard des billets de monnoie, déclarés & visés, il fut dit qu'ils seroient acquittés pour un quart.

2°. Que les porteurs de papiers du *Canada*, les remettroient avec les déclarations qu'ils en avoient faites au commis préposé pour la liquidation, & que ce commis en arrêteroit & signeroit les bordereaux pour les faire ensuite enregistrer & contrôler par un autre commis préposé à cet effet; qu'après cette opération, ces bordereaux seroient remis au premier préposé pour les faire examiner, viser & signer de deux des commissaires établis à cet effet; que toutes ces formalités une fois remplies, il seroit procédé au paiement des parties liquidées, en des reconnoissances au porteur, garnies de coupons d'intérêt à quatre pour cent, dont la forme & le remboursement furent indiqués & prescrits par un arrêt du conseil du 2 juillet 1764.

Au moyen de cette liquidation, il fut défendu d'exercer aucun recours sur les endosseurs, à moins qu'il n'y eût à ce sujet une convention contraire expressément stipulée, pour raison de quoi toutes contestations furent évoquées & renvoyées devant les commissaires établis, & confirmés par les arrêts du conseil des 18 octobre 1758, 29 novembre 1759 & 28 novembre 1761.

Cependant, parmi les différentes pièces produites au bureau de liquidation, plusieurs avoient trait à des fournitures en marchandises & en denrées, & à des ouvrages faits dans la colonie pour le service du roi: ces dépenses avoient la même origine & les mêmes vices que celles qui avoient donné lieu à la distribution des lettres-de-change & des billets de monnoie dont le sort étoit réglé par l'arrêt du conseil du 29 juin dont nous venons de parler, ce fut le motif d'un autre arrêt du conseil du 15 décembre 1764, qui ordonna, que les pièces relatives à ces dépenses seroient liquidées suivant les mêmes principes que les lettres-de-change & les billets de monnoie, & que les billets connus sous le nom de *billets de l'Acadie*, subiroient une diminution de deux septièmes avant d'être assimilés aux autres titres de dépense du *Canada*, attendu que cette diminution étoit d'un usage constamment suivi dans cette colonie, & le paiement de ces parties liquidées fut ordonné par un arrêt du conseil du 9 février 1765.

Les Anglois & les habitans du *Canada*, propriétaires des papiers de cette colonie, ayant représenté qu'il étoit de justice & d'équité que les reconnoissances données en paiement des parties liquidées en exécution des arrêts des 29 juin & 2 juillet 1764, fussent conservées, tant pour les capitaux que pour les intérêts, & le principe devant être le même pour les nationaux que pour les étrangers, un autre arrêt du conseil du 29 décembre 1765, ordonna 1°. que les coupons d'intérêts des reconnoissances données jusqu'alors, & à donner par la suite, quoique fixées à quatre pour cent, seroient néanmoins payées à raison de quatre & demi au mois de janvier de chaque année, à commencer en 1766, & que les capitaux en seroient conservés en leur entier: 2°. que les porteurs de papiers du *Canada* seroient tenus de les faire liquider avant le premier mars suivant, & qu'après ce délai, ces mêmes papiers n'auroient absolument plus de valeur, encore qu'ils eussent été auparavant déclarés. Cependant le délai fut prorogé par exception pour les Anglois jusqu'au premier octobre.

Le 31 du même mois de décembre 1765, il parut un autre arrêt du conseil, portant que les coupons d'intérêts joints aux reconnoissances seroient payés à la caisse des arrérages au mois de janvier de chaque année, & que les capitaux de ces reconnoissances seroient remboursés par la voie du sort. Il fut dit, par un autre arrêt du 17 janvier suivant, que les effets acquittés seroient jettés au feu & brûlés, & qu'on dresseroit procès-verbal de cette opération.

La liquidation des papiers appartenans aux Anglois ayant occasionné une discussion, soit pour la réduction de ces mêmes papiers, soit pour la maniere dont ils avoient été négociés, la cour de Verſailles & celle de Londres nommèrent chacune un miniſtre plénipotentiaire. Ces deux miniſtres prirent entre eux les précautions les plus propres à écarter la fraude de la part des propriétaires des effets du *Canada*. On exigea de ces propriétaires qu'ils fiſſent leur déclaration par ſerment prêté devant le lord maire de la ville de Londres, ſur la manière dont ils s'étoient rendus acquéreurs de ces ſortes d'effets: &, en faveur de l'arrangement qui terminoit les diſcuſſions, la cour de France accorda aux propriétaires britanniques une indemnité de trois millions tournois, payables, ſavoir, cinq cens mille livres dans le courant d'avril ſuivant, & deux millions cinq cens mille livres en contrats de rente, ſous la condition expreſſe que tous les papiers du *Canada*, de propriété britannique non liquidés, ſuivroient, pour le rembourſement, le ſort des papiers françois, & entreroient en conſéquence dans la liquidation des dettes de l'état, dont les reconnoiſſances ou contrats de rente ſeroient payés comme les autres dettes, ſans être ſujets à aucune réduction quelconque; & de plus, ſous la condition que tous les Anglois propriétaires de ces papiers renonceroient à toute indemnité particulière pour quelque cauſe & prétexte que ce fût. L'arrangement fut ſigné entre les deux miniſtres à Londres le 29 mars 1766.

En conſéquence, le roi de France ordonna, par un arrêt du conſeil du 9 mai ſuivant, que les titres de créance du *Canada*, de propriété angloiſe, pour leſquels les porteurs juſtifieroient avoir rempli les formalités preſcrites par l'arrangement ſigné à Londres le 29 mars 1766, ſeroient admis à la liquidation.

Il ſurvint encore, en 1766, quelques difficultés relativement aux papiers du *Canada*, de propriété angloiſe; mais elles furent terminées à Londres le 24 juin de la même année. Il fut dit que tous les papiers qu'on pourroit prouver par bordereaux, ſeroient ſuffiſamment prouvés; que tous les papiers rejettés d'un bordereau (pourvu que ce ne fût pas le bordereau entier) ſeroient prouvés par le poſſeſſeur, comme ſans bordereau; que toutes les copies notariées de bordereaux ſeroient admiſes comme originaux, lorſqu'il paroîtroit par le certificat du notaire, que ces bordereaux avoient été mis entre ſes mains; finalement, que les copies de bordereaux atteſtées par un notaire, ſeroient admiſes comme preuve ſuffiſante, pour en liquider le papier après le premier octobre ſuivant, ſi le bordereau original n'avoit déjà été préſenté & admis à la liquidation. Sur quoi il intervint un arrêt du conſeil du premier août 1766, par lequel les commiſſaires furent autoriſés à ſe conformer aux diſpoſitions de ce qui venoit d'être arrêté à Londres.

Le 18 du même mois, il fut rendu un autre arrêt du conſeil, par lequel les porteurs de papiers du *Canada*, de propriété britannique, qui réſidoient en France, furent aſſujettis à prêter devant le lieutenant général de police de Paris le ſerment auquel les Anglois avoient été ſoumis par l'arrangement conclu à Londres le 29 mars 1766. Il fut même commis par un arrêt du même jour, un député de la part du roi, pour aſſiſter à cette preſtation de ſerment.

Le prépoſé à la liquidation des papiers du *Canada* fut autoriſé, par un arrêt du conſeil du 14 octobre 1767, à payer aux particuliers dénommés dans l'état annexé à la minute de cet arrêt, les ſommes pour leſquelles chacun d'eux y étoit compris, & cela en reconnoiſſances garnies de trois coupons d'intérêts ſeulement.

Comme il avoit été annoncé par l'article 8 de l'édit de décembre 1764, concernant la liquidation des dettes de l'état, qu'auſſi-tôt après cette liquidation, il ſeroit créé des rentes pour les acquitter, le roi, par un édit du mois de novembre 1767, ordonna la converſion en contrats de différens effets; & il fut dit que les arrérages de rentes conſtituées, dans les contrats deſquelles ſeroient converties les reconnoiſſances donnés pour les dettes du *Canada*, auroient cours à compter du premier janvier 1768, & ſeroient payables au premier janvier de chaque année, à commencer au premier janvier 1769.

Tous les délais généraux & particuliers fixés par les traités & prorogés par le roi, étant expirés, un arrêt du conſeil du 20 février 1768, déclara nuls & de nulle valeur tous les billets de monnoie, lettres-de-change & autres titres de créance du *Canada*, qui n'avoient pas été produits juſqu'alors à la commiſſion, ou qui l'ayant été, n'avoient pas été dans le cas d'être admis à la liquidation.

Des lettres-patentes du 12 mars 1769 autoriſèrent le principal commis de la recette des pièces de la liquidation à remettre aux tréſoriers généraux des colonies & à ceux de la marine, exercice par exercice, les lettres-de-change, billets de monnoie, certificats & autres acquits de dépenſe qu'il avoit retirés des créanciers du *Canada*, & qui montoient à la ſomme de ſoixante-douze millions deux cens trente-deux mille quatre cens quatorze livres neuf ſols onze deniers; & il fut dit que les papiers repréſentés ſeroient répartis dans les exercices des colonies & de la marine, ſuivant les états des années antérieures, à compter depuis l'exercice de l'année 1753, juſqu'à celui de l'année 1759 incluſivement.

Sur la repréſentation qui fut faite au roi au mois de mai ſuivant, qu'entre tous les effets dont la converſion en contrats avoit été ordonnée par l'édit de novembre 1767, les reconnoiſſances pour les dettes du *Canada* appartenoient pour la plupart à des étrangers, & que pluſieurs des propriétaires de ces rentes n'avoient pas été en état juſqu'alors de faire la converſion en contrats, ce qui les avoit empêchés de recevoir les coupons d'intérêts échus au mois de janvier 1769, leſquels devoient être rapportés lors de cette converſion, ſa majeſté ordonna, par arrêt de ſon conſeil du 6 mai 1769, au trésorier de la caisse des arrérages, de payer les coupons des reconnoissances du *Canada* non converties en contrats échus au premier janvier de cette même année; & il fut dit qu'au moyen de ce paiement, les propriétaires, lors de la conversion en contrats, n'auroient la jouissance des arrérages qu'à compter du premier janvier 1769, pour être payés au premier janvier de chaque année, à commencer au premier janvier 1770.

Le roi, dans la vue de proportionner les charges employées dans ses états à la portée des fonds que les circonstances lui permettoient d'y appliquer, déclara, par un arrêt du conseil du 20 janvier 1770, que les arrérages des reconnoissances données en échange de celles des trésoriers des colonies, ainsi que de celles qui avoient été délivrées pour dettes du *Canada*, ne seroient plus employées, jusqu'à ce qu'il en eût été autrement ordonné, que sur le pied de deux & demi pour cent des capitaux; mais que ces arrérages seroient exempts de toute imposition pendant ce temps-là, & que les capitaux n'en pourroient être réduits sous quelque prétexte que ce fût.

Par une déclaration du 3 juin 1765, les officiers du conseil supérieur du *Canada* & de l'Isle royale, qui étoient passés en France & ceux qui devoient y passer dans le terme de deux années, ont été maintenus dans tous les honneurs, privilèges, exemptions & franchises dont jouissent les membres honoraires des cours souveraines.

Le gouvernement a aussi pourvu à l'existence d'un grand nombre d'Acadiens qui, après avoir quitté la Nouvelle-Ecosse pour s'établir dans le *Canada*, ont encore eu la générosité d'abandonner cette dernière colonie après la conquête des Anglois.

Mais en cherchant à indemniser les François qui, par attachement pour leur patrie, avoient renoncé à leur établissement dans la colonie, il étoit juste de la venger de ceux dont les malversations en avoient peut-être entraîné la perte: cette vengeance étoit encore due à la nation, à laquelle il étoit peut-être plus nécessaire que jamais de donner un grand exemple; & l'histoire de ces exemples si rares appartient au droit public.

Un auteur moderne dit qu'avant la conquête du *Canada*, il étoit souvent revenu au ministre de la marine des mémoires du déplorable état où se trouvoit cette contrée: « tout le pays, lui écrivoit-on, est prêt à déposer des malversations qui s'y sont commises & s'y commettent journellement; jugez-en par les secours considérables que vous nous avez envoyés, & par la misère dont nous sommes accablés; jugez-en par les fortunes rapides qu'elles ont occasionnées, c'est aux dépens du roi qu'elles se sont faites; il épuisoit ses forces pour nous nourrir & nous donner la force de combattre à son service; la faim nous consume, & c'est de notre substance qu'on s'est engraissé..... ». Le ministre instruit des désordres, s'en prit directement à l'intendant, c'étoit M. Bigot..... Celui-ci avoit été, en 1745, commissaire ordonnateur à Louisbourg; lorsque cette forteresse tomba au pouvoir de l'ennemi, il fut accusé dès-lors d'avoir contribué au soulevement de la garnison indignée de voir qu'on s'appropriât le fruit de ses sueurs, en la frustrant de la paie que lui payoit le roi pour la construction & réparation des fortifications....... M. Bigot, échappé à ce danger, n'avoit pas été plus modéré dans l'intendance du *Canada*....... Chargé par M. Cadet, munitionnaire des vivres du *Canada*, il fut arrêté & conduit à la Bastille. Un mois après, en décembre 1762, on publia des lettres-patentes dont le préambule portoit..... « que le roi étoit informé que dans ses colonies de l'Amérique septentrionale, & particuliérement dans celle du *Canada*, il avoit été commis des monopoles, abus, vexations & prévarications qui ont porté un préjudice considérable auxdites colonies, ont causé la ruine de plusieurs habitans & sont d'autant plus punissables, que quelques-uns de ceux qui en sont soupçonnés ont abusé du nom & de l'autorité de sa majesté ». Après cet exposé, le roi ordonna qu'une commission du châtelet instruiroit le procès des auteurs, complices, fauteurs & adhérens desdits crimes, ce qui impliquoit plus de cinquante accusés de tout état, parmi lesquels étoit le gouverneur, l'intendant, dix-sept commandans de poste, deux commissaires de la marine, un commissaire au conseil supérieur de Quebec. Le président de cette commission étoit M. de Sartine, alors lieutenant général de police; le rapporteur, M. Dupont. L'instruction de ce procès, sur lequel la France, l'Europe & même le nouveau monde avoient les yeux, dura trois ans.

Le jugement ordonna douze millions de restitutions envers le roi, M. le marquis de Vaudreuil, gouverneur, enveloppé dans le procès, quoique l'on ne pût lui reprocher que de la foiblesse pour les concussions qu'il ne pouvoit ignorer, de l'intendant & des officiers soumis à ses ordres, fut déchargé de toute accusation; MM. Bigot, intendant, Varin, commissaire ordonnateur à Montréal, Bréard, contrôleur de la marine à Quebec, convaincus pendant le temps de leur administration, d'avoir toléré, favorisé & commis eux-mêmes les abus, malversations & infidélités dans la partie des finances mentionnées au procès, ne furent punis que du bannissement: quelques officiers furent admonestés; M. Péan, major des troupes, fut condamné à 600,000 livres de restitution envers le roi, mais sans aucune note juridique d'infamie, quoique depuis il se soit fait réhabiliter. (HENRY.)

CANAL, (*Droit public*.) c'est un lieu creusé pour recevoir les eaux de la mer, des ruisseaux, des fleuves, des rivières, des sources, &c. & les conduire d'un endroit dans un autre, afin d'établir une communication entre les rivières naturelles, faciliter le commerce entre différentes provinces, & procurer aux terres une plus grande fertilité par les arrosemens.

Précis historique des canaux. Tous les peuples anciens & modernes ont connu l'avantage des *canaux* pour augmenter la richesse naturelle des campagnes, & la richesse artificielle des provinces par la facilité des communications & du transport des marchandises.

Les premiers habitans de la terre ont travaillé à rompre les isthmes, & à couper les terres, pour établir par eau une communication entre les contrées. Hérodote rapporte que les Cnidiens, peuple de Carie dans l'Asie mineure, entreprirent de couper l'isthme qui joint la presqu'isle de Cnide à la terre ferme, mais qu'ils en furent détournés par un oracle.

Plusieurs rois d'Egypte ont tâché de joindre la mer Rouge à la Méditerranée, en coupant l'isthme de Suès. Soliman II, empereur des Turcs, y employa sans effet 50000 hommes

Les Grecs & les Romains projettèrent un canal à travers l'isthme de Corinthe, qui joint la Morée & l'Achaïe, afin de passer ainsi de la mer Ionienne, dans l'Archipel. Le roi Démétrius, Jules César, Caligula & Néron, y firent des efforts inutiles.

Sous le règne de ce dernier, Lucius Verus, un des généraux de l'armée Romaine dans les Gaules, entreprit de joindre la Saone & la Moselle par un *canal*, & de faire communiquer la Méditerranée & la mer d'Allemagne par le Rhône, la Saone, la Moselle & le Rhin, ce qu'il ne put exécuter.

Charlemagne forma le dessein de joindre le Rhin & le Danube, afin d'établir une communication entre l'Océan & la mer Noire, par un *canal* de la rivière d'Almutz, qui se décharge dans le Danube, à celle de Reditz, qui se rend dans le Mein, qui va tomber dans le Rhin près de Mayence. Il y fit travailler une multitude d'ouvriers; mais différens obstacles qui se succédèrent les uns aux autres, lui firent abandonner son projet.

Les anciens Egyptiens avoient creusé six mille *canaux* depuis le Grand-Caire jusqu'à Essene. Ils étoient subdivisés par des ramifications. On les ouvroit tous, le jour déterminé annuellement par le magistrat qui veilloit à l'arrosement des terres. Plusieurs d'entre eux étoient en tout temps praticables pour la navigation.

Le plus fameux étoit celui qui conduisoit le Nil au lac Mœris, ensuite au lac Maréotis, d'où il se perdoit dans la mer. Il avoit près de quatre-vingts lieues de longueur, & il étoit presque entièrement formé par un encaissement de grandes pierres.

Les Chinois n'ont point oublié d'employer les *canaux* pour vivifier leurs provinces & y encourager la navigation. Ce pays est coupé par des milliers de *canaux*, qui, semblables à nos artères & à nos veines, portent dans ce corps immense la vie, la santé & la félicité. Le plus fameux est le *canal* Impérial, qui a cent soixante lieues de longueur, & quarante écluses. Il a été projetté & exécuté par le fameux Ku-Blai-Kan, petit-fils de Gengis-Kan.

La Perse & le Japon ont aussi leurs *canaux*, soit pour faciliter le commerce, soit pour fertiliser les terres, soit enfin, pour rendre l'air plus salubre en desséchant les marais.

Pierre le Grand a tenté de faire communiquer le Don ou Tanaïs avec le Volga, qui n'en est éloigné que de dix lieues; mais la dureté du terrein a été un obstacle. Ce monarque fit creuser un *canal* de communication très-utile entre la Mosca & le Tanaïs.

Les Pays-Bas autrichiens sont coupés par une multitude de *canaux*. L'administration en appartient aux états de chaque province. Ils ont leurs officiers ou commis préposés à la perception des droits, dont ils ne rendent compte qu'aux députés des états pour cette partie. Ils ont été autorisés dans l'origine à emprunter les fonds nécessaires pour la dépense, le remboursement des capitaux, & le paiement des rentes, soit perpétuelles, soit viagères. Le gouvernement ignore quelle est la dépense de la construction & de l'entretien des *canaux*.

Dans les Provinces-Unies, & sur-tout dans celle de Hollande, il y a aussi une infinité de *canaux*, qui font le commerce & la richesse du pays. Il n'y a pas de ville ni de village qui n'en ait. La situation basse & marécageuse de ces provinces exigeoit qu'on en fît pour le desséchement des campagnes, & l'on en a profité avec intelligence pour la navigation. Ces *canaux* sont plus élevés que la mer, & avec des moulins à vent on y rejette les eaux des campagnes qui sont plus basses.

On a fait beaucoup de *canaux* en Italie, principalement du côté de Boulogne & de Ferrare; mais les plus anciens & les plus curieux de tous, sont les deux *canaux* de Milan, dont l'un va au Tesin, & l'autre à l'Adda. Ils ont été commencés avant l'an 1177, pour l'arrosement des campagnes de la Lombardie, où ce genre d'industrie a toujours été, & se trouve encore très-pratiqué & très-utile.

Le roi d'Espagne a tenté, dans le siècle dernier, de dessécher les environs de la ville de Mexique, par le moyen du *canal* de Geagueroca; mais ce projet n'a pas réussi, quoiqu'on y ait dépensé plus de trois millions de pièces d'or. On travaille actuellement en Espagne à tracer deux *canaux* d'arrosement & de navigation; il y a déjà plusieurs lieues de navigables sur celui qui tend de Madrid à la mer.

Nous ne connoissons en Angleterre que le *canal* du duc de Bridgewater, près de Manchester. C'est sans contredit un des plus beaux & des plus surprenans ouvrages en ce genre. Il sert au transport des charbons que le duc tire de ses terres: il est creusé sous le roc, & s'étend fort avant dans la montagne, ensorte que les bateaux vont charger le charbon dans la mine même. On est obligé de faire environ trois quarts de mille avec des lumières : dans le reste du souterrein on a percé des trous perpendiculaires, jusqu'à la superficie de la montagne, pour renouveller l'air & donner issue aux exhalaisons, ordinairement si dangereuses dans les travaux de ce genre.

Ce *canal* passe par-dessus une grande rivière navigable, qui va de Manchester à Liverpool, au moyen de trois arches élevées au dessus de cette rivière d'environ cinquante pieds. C'est un spectacle curieux de voir plusieurs navires faire voile en se croisant, les uns sur l'aqueduc, les autres sous les arches de ce même aqueduc.

On a senti également en France la nécessité & les avantages de la jonction des mers & des rivières par des *canaux*. On avoit, au commencement du dernier siècle, l'exemple des Italiens, des Hollandois & des Flamands. Henri IV & Sulli, son digne ministre, s'occupèrent des moyens de procurer cet avantage à l'état : ils conçurent plusieurs projets de *canaux*, soit pour le Languedoc, soit pour la Bourgogne : ils firent commencer en 1605 celui de Briare pour joindre la Loire à la Seine : il a été achevé sous Louis XIII par les soins du cardinal de Richelieu.

Ce *canal* devoit se réunir avec un autre qu'on projettoit dans le Charrollois, & faire une communication importante dans toute la longueur de la France.

On commença en 1675 un nouveau canal de jonction de la Loire avec la Seine, par le *canal* d'Orléans. Il a été achevé sous la minorité de Louis XV, par les soins de Philippe d'Orléans, régent du royaume.

Le plus grand & le plus important ouvrage en ce genre, est le *canal* royal de Languedoc, qui joint l'Océan & la Méditerranée. Ce monument est comparable à tout ce que les Romains & les autres peuples anciens ont tenté de plus grand. Il a été construit sur les plans & devis de M. Riquet, dans la longueur d'environ soixante lieues de poste, l'élévation du point de partage est de 576 pieds au dessus du niveau des deux mers. Il a été commencé en 1666, & achevé en 1680.

Les avantages que ces trois *canaux* ont produits au royaume, ont fait demander par plusieurs provinces l'exécution de nouveaux *canaux*. Louis XV a fait exécuter celui de la Lys à l'Aa, afin de rendre plus parfaite la navigation de ses frontières de Flandres, de Hainaut & d'Artois, & pour former une barrière aux courses des ennemis en temps de guerre. Ce *canal*, commencé en 1754, fut interrompu pendant la guerre de 1756; les travaux en ont été repris en 1768, & achevés en 1771. On a presque abandonné la grande route pour profiter des avantages & des commodités que présentent les transports par eau.

La Bourgogne demande, depuis long-temps, qu'on creuse dans son sein les *canaux* qui lui sont nécessaires pour faciliter son commerce. L'académie de Dijon, dont les lumières & le zèle sont connus, chercha à réveiller l'attention du public & du gouvernement sur cet objet, en proposant pour son prix de 1762, *de déterminer, relativement à la Bourgogne, les avantages & les désavantages du canal projetté en cette province, pour la communication des deux mers, par la jonction de la Saone & de la Seine.*

Henri IV & Sulli cherchèrent aussi les moyens de vivifier la province de Berri en étendant & perfectionnant la navigation de la rivière d'Auron. Ce projet a été repris dans ce siècle, & a été puissamment appuyé par MM. les ducs de S. Aignan & de Charôt, & par le cardinal de la Rochefoucault, archevêque de Bourges, prédécesseur immédiat de M. Phelippeaux d'Herbault ; il paroît par les procès-verbaux des assemblées provinciales du Berri, que les membres qui les composent, ont été convaincus de l'utilité que les *canaux* procureroient à leurs pays. On y fait mention de plusieurs mémoires, dans lesquels on prétend prouver la facilité de l'exécution de plusieurs *canaux* d'arrosement & de navigation qui vivifieroient cette province, & la tireroient de l'état d'inertie dans lequel elle paroît plongée.

Avantages des canaux. Nous n'entrerons pas à cet égard dans un grand détail, cet objet regarde particulièrement le *Dictionnaire économique*. Mais nous ne pouvons nous dispenser de remarquer, 1°. que les *canaux* de navigation diminuent considérablement les frais du commerce; ce qui nécessairement doit le rendre plus florissant, & qu'ils épargnent en même temps à l'état la dépense immense de l'entretien des grands chemins.

2°. Le défaut de communication par eau, cause beaucoup d'embarras, d'alarmes & de dangers dans les temps de guerre. On les a sentis pendant les campagnes de 1742 à 1748, lorsque les ennemis passèrent le Var : lorsqu'il fallut forcer les habitans de la campagne à conduire par corvée, dans des chemins impraticables, les vivres, les fournitures, & les munitions de guerre nécessaires aux armées de Flandres. Dans la dernière guerre, il fallut en quelque sorte forcer la nature, pour amener de loin en peu de temps, les troupes & les munitions nécessaires lors de la descente des Anglois, qui furent défaits à la journée de S. Cast.

3°. Il y a peu de pays qui n'ait besoin d'être arrosé, quelle qu'en soit la situation. Les Egyptiens, les Romains, les Chinois, & parmi les modernes, les Italiens, les Flamands, les Hollandois & les Suisses ont su se faire une source inépuisable de richesse, par la distribution des eaux sur les campagnes. Rien n'en prouve mieux la nécessité & l'utilité que la plaine de la Crau, entre Arles & Salon. Elle est tellement couverte de pierres qu'on n'y voit presque pas de terre, dans une étendue de sept à huit lieues sur trois à quatre de large. Elle ne doit sa fertilité actuelle qu'au canal ou *vallat de Craponne*, ainsi nommé du nom de son auteur Adam de Craponne, qui, en 1558, fit dériver de la Durance la le *canal* qui porte son nom, le fit passer par les campagnes de Salon sa patrie, de Gran, d'Istres, *&c....*

Etablissemens pour subvenir aux dépenses des canaux. Un arrêt du conseil du 7 septembre 1773 ordonna que, dans la généralité des pays conquis, il seroit imposé en 1774, sur tous les contribuables de la capitation, & au marc la livre de cette imposition, la somme de 419873 liv. 8 s. 5 d. y compris les taxations ordinaires & accoutumées, pour subvenir aux dépenses des *canaux* de Picardie & de Bourgogne.

Cette imposition fut prorogée pour l'année 1775, par un autre arrêt du conseil du 9 août 1774. Mais le roi s'étant fait représenter ces deux arrêts, & l'état des sommes imposées dans différens pays d'élection, pour travaux relatifs à la navigation, il jugea plus conforme aux principes d'une sage administration, de réunir ces diverses contributions en une seule contribution générale, afin de ne surcharger aucune province, & de les faire contribuer toutes dans une juste proportion, à une dépense qui les intéresse également.

En conséquence, par arrêt du conseil du premier août 1775, il a été ordonné que l'imposition de 419873 liv. 8 s. 5 d. pour les *canaux* de Picardie & de Bourgogne, ainsi que les impositions particulières des généralités d'Auch, Lyon, Montauban, & Bordeaux, pour différens travaux concernant la navigation, cesseroient d'avoir lieu à l'avenir, & qu'à dater de l'année 1776, il seroit levé sur les pays d'élection & les pays conquis, une somme de 800000 livres, dont les pays d'élection supporteroient celle de 721905 livres, & les pays conquis le surplus, montant à 78095 liv.

Ces sommes se lèvent par les collecteurs, ou autres préposés ordinaires au recouvrement des impositions. Ils sont tenus d'en verser le montant entre les mains des receveurs des impositions, qui les remettent aux receveurs généraux des finances. Ces derniers les versent ensuite dans la caisse des trésoriers des ponts & chaussées.

Aux termes de l'arrêt du conseil, les deniers provenant de cet impôt ne peuvent être employés qu'aux dépenses des *canaux* de Picardie & de Bourgogne, de la navigation de la Charente, & d'autres ouvrages de pareille nature, destinés aux progrès de la navigation dans les différentes provinces du royaume.

CANCEL ou CHANCEL, s. m. (*Droit ecclésiastique.*) c'est l'endroit du chœur d'une église, qui est le plus proche du maître-autel. Ce terme vient du mot latin *cancelli*, qui signifie *barreaux*, parce qu'ordinairement cet endroit est fermé de barreaux ou treillis qui laissent voir ce qui se passe dans le chœur sans qu'on puisse y entrer.

Cet endroit est réservé pour les prêtres & pour ceux qui, par leurs fonctions, participent d'une manière spéciale à la célébration des saints mystères.

Anciennement le *cancel* étoit tout ce qui formoit une église. Les fidèles s'assembloient autour pour assister aux offices & aux prières. Dans la suite, pour leur commodité particulière, ils firent construire des bâtimens afin d'être à l'abri des injures de l'air. On leur a donné le nom de *nef*, à raison de cette forme oblongue de vaisseau, qu'ils ont presque tous. Lorsque le nombre des paroissiens s'accroît au point que la nef n'est plus suffisante pour les contenir, on y fait quelquefois des bas-côtés qu'on appelle *collatéraux*.

Avant la distribution des biens ecclésiastiques en bénéfices particuliers, les réparations & reconstructions des églises étoient prises sur le tiers des revenus affectés à chaque diocèse; &, à ce moyen, il ne pouvoit y avoir de difficulté pour déterminer ceux qui devoient contribuer à ces frais.

Dans le partage de ces mêmes biens, on devoit assurer aux fabriques la quatrième portion des revenus des biens que les ecclésiastiques ne tiennent que de la libéralité des fidèles. Mais il s'en faut bien que toutes les églises aient conservé à cet égard le droit qui leur étoit originairement acquis. C'est par cette raison que les loix canoniques ont obligé les possesseurs des biens ecclésiastiques ou, pour parler plus exactement, les possesseurs des dixmes, à une partie des réparations des églises.

Il est de règle générale à cet égard, que tout ce qui a été pratiqué de la part des laïques pour leur commodité, reste à leur charge pour l'entretien: mais, pour ce qui est du *cancel*, du chœur & du sanctuaire, il regarde absolument les seigneurs décimateurs.

Lorsque les fabriques ont des revenus, ils doivent être employés aux réparations des églises, à la fourniture des calices, des ornemens & des livres nécessaires, & les décimateurs ne sont tenus d'y pourvoir que subsidiairement, après avoir épuisé les revenus des fabriques: c'est ce qui résulte de l'article 21 de l'édit de 1695. Cependant il faut remarquer avec la Combe, dans sa *Jurisprudence canonique*, que, dans les lieux où les décimateurs sont assujettis par l'usage à ces sortes de dépenses, ils ne peuvent les prendre sur les revenus des fabriques.

Les fabriques ne sont pas cependant obligées d'accumuler leurs revenus, de façon qu'il se trouve toujours de quoi remplir les charges, dont les décimateurs sont tenus à cet égard. A mesure que ces revenus se forment, on peut les employer à l'utilité & à l'ornement de l'église, suivant qu'on le juge à propos, d'après le vœu commun des habitans, & le consentement exprès ou présumé de l'évêque.

On commence par l'acquittement des fondations, des gages & salaires de ceux qui sont employés au service divin, ou à prendre un soin plus particulier de l'église. On peut aussi les faire servir à procurer aux paroissiens une plus grande instruction en payant des honoraires à des prédicateurs de l'avent, du carême, &c.

Lorsqu'il survient des réparations à la charge des habitans, & qu'il reste encore des fonds dans la caisse des fabriques, après les prélevemens dont nous venons de parler, il est naturel que ces mêmes habitans y trouvent une ressource préférablement aux décimateurs, même dans le cas où il y a en même temps des réparations à la charge des uns & des autres. Aussi les habitans ont-ils le droit d'épuiser les revenus des fabriques à leur décharge, & les décimateurs ne peuvent se servir que de ce qui reste, après que les réparations qui concernent les habitans, ont été faites.

En effet, les biens des fabriques sont particuliérement consacrés aux réparations des églises : & celles de la nef, qui concernent les habitans, ne sont pas moins des réparations de l'église que celles du chœur, qui regardent les décimateurs.

Dans le cas où les fabriques n'ont point de revenus, ou lorsqu'ils sont insuffisans, les murs, les piliers buttans, la clôture, tout ce qui environne & renferme le chœur, est à la charge des décimateurs : c'est un point de droit clairement établi par l'article 21 de l'édit de 1695. Quand même les piliers du *cancel* soutiendroient les voûtes des bas-côtés, ils n'en seroient pas moins à la charge des décimateurs, par la raison que ces bas-côtés, loin de faire tort aux piliers du chœur, les entretiennent & leur servent de piliers buttans.

Non-seulement le *cancel*, mais encore tous ses accessoires & toutes ses dépendances sont à la charge des décimateurs; ils sont tenus du pavé, des voûtes, des vitres, du comble ou du dôme; de la couverture, &c. du maître-autel, des stalles, des bancs & de tout ce qui est nécessaire pour l'office divin, ainsi que de ce qui fait la séparation entre le *cancel* & le sanctuaire proprement dit.

Quelques-uns ont prétendu que les décimateurs n'étoient point tenus de l'entretien du rétable de l'autel, lorsqu'il est à colonnes ou pilastres, décoré de ceintres & d'autres ornemens; mais c'est une prétention que rejettent les auteurs qui ont écrit sur cette matière; il suffit, selon eux, que tout ceci fasse partie du chœur. Tout ce qu'on peut dire de plus modéré à ce sujet, c'est que si le rétable avoit été construit avec une dépense considérable, & qu'il fût question de le renouveller, on pourroit le faire à moindres frais qu'auparavant, pourvu toutefois qu'il eût un air de décence convenable.

Les murs & les grilles, soit en bois, soit en fer avec le crucifix au-dessus, qui séparent le chœur de la nef, font encore partie du *cancel*, à quelque élévation que ces murs ou ces grilles soient portés.

Si le chœur & la nef étoient construits de la même façon & avec la même symmétrie en entier, ce qui est fort rare, le chœur se trouveroit commencer à l'endroit de la clôture où seroit le crucifix.

Si les paroissiens, pour se placer dans le chœur, avoient alongé cette partie, l'extension ne seroit point à la charge des décimateurs. Ceci pourroit se reconnoître à la construction de la voûte, de la charpente ou de la couverture. A Fontenai près de Vincennes, la clôture du chœur de l'église avoit été avancée dans la nef d'environ une travée par les habitans. Il survint des réparations en 1703, mais les gros décimateurs ne furent obligés d'y contribuer que suivant l'ancienne étendue du chœur.

A l'égard des latéraux qui sont à côté ou derrière le chœur, il y a bien des difficultés pour savoir si ce sont les habitans ou les décimateurs qui sont tenus de ces parties. Les décisions ne sont pas uniformes à ce sujet. En 1650, le chapitre de l'église cathédrale de Châlons fut condamné avec d'autres decimateurs envers les habitans de Bussy-l'Estrée, à faire la réparation du chœur entier de leur paroisse, sans distinction des deux côtés ou collatéraux.

Le 20 mai 1698, il fut jugé au conseil que les habitans de Noisy-le-Sec seroient tenus de réparer les voûtes & les couvertures des bas-côtés du chœur. La même chose fut jugée, le 11 janvier 1701, à l'égard des bas-côtés du chœur de l'église du Bourg-la Reine; même jugement encore, le 10 juin 1704, contre les habitans de Fontenai.

Cependant les habitans, aux termes de l'édit de 1695, ne sont chargés que de l'entretien de la nef de leurs églises : &, si les décimateurs n'étoient jamais tenus des bas-côtés, ils auroient bien moins d'entretien & de réparations à leur charge pour les chœurs, lorsqu'il y a des bas-côtés, parce qu'ils n'auroient pas de murs à entretenir. De sorte que, dans des occasions où il se présente des difficultés semblables, nous croirions qu'il y a lieu d'adopter la distinction proposée par Desgodets, & qui consiste à savoir si ces bas-côtés sont d'une construction aussi ancienne que le chœur, ensorte qu'il paroisse que l'un a été employé pour soutenir l'autre, &, en ce cas, de laisser le tout à la charge des décimateurs; que, si au contraire il paroît que ces bas-côtés ont été ajoutés après coup pour la commodité des habitans, c'est à ceux-ci de les réparer & de les entretenir. *Voyez* CHŒUR, DÉCIMATEUR.

CANCELLARIUS, s. m. (*Jurisprudence.*) ce mot étoit en usage sous les empereurs romains : quelques-auteurs l'ont rendu en françois par celui de *chancelier*.

C'étoit un officier subalterne qui se tenoit dans un lieu fermé de grilles & de barreaux appellés *cancelli*, d'où lui est venu le nom de *cancellarius*.

Ses fonctions étoient de copier les sentences des juges & les autres actes judiciaires, à-peu-près comme nos greffiers & commis du greffe. Il étoit payé par rôles d'écritures, ainsi qu'il paroît par le fragment d'une loi des Lombards, citée par Saumaise. Il falloit que cet officier fût très-peu de chose, puisque Sopiscus rapporte que Numérien fit une élection honteuse en confiant à l'un de ces greffiers le gouvernement de Rome.

Ducange prétend que le mot *cancellarius* vient de la Palestine, où les toits étoient plats & faits en terrasses avec des barricades ou balustrades grillées, nommées *cancelli* : que ceux qui montoient sur ces toits pour réciter quelque harangue, étoient nommés *cancellarii* : qu'on a depuis étendu ce titre à ceux qui plaidoient dans le barreau, qu'on a nommés *cancellarii forenses*.

Ménage a tiré aussi l'étymologie de *chancelier*, *cancellarius*, du même mot *cancelli*, parce que, selon lui, quand l'empereur rendoit la justice, le *chancelier* étoit à la porte de la clôture ou des grilles qui séparoient le prince d'avec le peuple. (*G*)

CANCELLATION, f. f. (*Commerce.*) ce terme est en usage à Bordeaux dans le bureau du courtage & de la foraine : il signifie la décharge que le commis donne aux marchands, de la soumission qu'ils ont faite de payer le quadruple des droits, faute de rapporter, dans un temps limité, un certificat de l'arrivée de leurs marchandises dans les lieux de leur destination. Sur l'étymologie de ce mot, *voyez le suivant*.

CANCELLER, v. a. *en Droit*, signifie rendre une obligation, un acte, un écrit nul en le barrant ou le biffant à traits de plume.

Ce mot vient du latin *cancellare*, *croiser*, *traverser*, fait de *cancelli*, qui signifie des *barreaux* ou *treillis*, parce qu'en effet, en biffant un acte par des raies tirées en différens sens, on y forme une espèce de treillis.

Par arrêt du parlement de Paris, du 14 septembre 1769, rapporté dans le Répertoire de jurisprudence sous le mot *canceller*, il a été jugé que de légers traits de plume, passés sur quelques lignes, étoient insuffisans pour faire déclarer nul un acte, sous prétexte qu'il *a été cancellé*.

Dans l'espèce de cet arrêt, la grosse d'un contrat de constitution se trouvoit barrée en plusieurs endroits ; mais on ne remarquoit aucun trait de plume sur la dernière page où étoient la date & les signatures. Le débiteur de la rente la soutenoit éteinte par le paiement du capital, qui s'étoit fait, disoit-il, par compensation ; il employoit à l'appui de cette assertion les parties barrées du contrat. La cour rejetta ce moyen, & condamna le débiteur à continuer le service de la rente, & au paiement de cinq années d'arrérages, en affirmant par le créancier, qu'il n'y avoit point eu de compensation, & que les lignes barrées ne provenoient pas de son fait.

CANCELLI, f. m. pl. (*Jurisprudence.*) on donnoit anciennement ce nom à des petites chapelles érigées par les Gaulois aux déesses-mères qui présidoient à la campagne & aux fruits de la terre. Ces peuples y portoient leurs offrandes avec de petites bougies : &, après avoir prononcé quelques paroles mystérieuses sur du pain ou sur quelques herbes, ils les cachoient dans un chemin creux ou dans le tronc d'un arbre, & croyoient par-là garantir leurs troupeaux de la contagion & de la mort.

Cette pratique, ainsi que plusieurs superstitions dont elle étoit accompagnée, fut défendue par les capitulaires de nos rois, & par les évêques.

CANCHEAU, f. m. (*terme de la Coutume de Hainaut.*) elle s'en sert, dans le chapitre 108, dans la même signification que celui de *cancel*, dont nous avons parlé ci-dessus. Elle décide que les réparations de la nef, du clocher & du chimitier des églises paroissiales sont à la charge des habitans & de ceux qui y possèdent des biens, quand bien même ils auroient ailleurs leur domicile ; mais que celles qui concernent les *cancheaux*, regardent les collateurs, *s'il n'y a fait espécial au contraire*.

Cette décision est conforme au droit commun, soit par rapport aux réparations des églises, dont les unes sont supportées par les paroissiens, & les autres par les décimateurs, soit par rapport à la contribution qui a lieu entre les habitans. Les propriétaires de biens situés dans la paroisse, qui y ont aussi leur domicile, paient, en ces deux qualités, le total de leur quote-part ; ceux au contraire qui sont domiciliés dans un autre endroit, contribuent pour une portion ; le surplus est payé par leurs locataires ou fermiers. *Voyez* CANCEL, CHŒUR, RÉPARATIONS D'ÉGLISES.

CANDEUR, f. f. (*Droit naturel.*) ce mot a beaucoup de rapport avec ceux d'*ingénuité* & de *naïveté* ; ils ne sont pas cependant synonymes. La *candeur* est le sentiment intérieur de la pureté de son ame, qui empêche de penser qu'on ait rien à dissimuler. L'ingénuité peut être une suite de la sottise, quand elle n'est pas l'effet de l'expérience : & la naïveté n'est tout au plus que l'ignorance des choses de conventions, faciles à apprendre, & bonnes à dédaigner.

La *candeur* est la première marque d'une belle ame. Elle est le plus précieux & le plus aimable ornement de la vertu. Elle peut se trouver réunie avec la naïveté dans le plus beau génie.

La *candeur* naît d'un grand amour de la vérité ; elle suppose ordinairement l'ignorance du mal, & se peint, dans les paroles, les actions & le silence même. Les hommes les plus dépravés font un cas infini de ceux qui en sont pourvus. Mais elle ne réside guère que chez les jeunes gens ou dans des hommes supérieurs : elle se perd aisément dans le commerce du monde.

Le maréchal de Turenne a donné un bel exemple de *candeur*. Il eut la foiblesse de découvrir à une marquise jeune & charmante, qu'il avoit vu chez la duchesse d'Orléans un secret important que Louis XIV lui avoit confié. Le secret fut bientôt divulgué, & le roi qui ne s'en étoit ouvert qu'au maréchal & au marquis de Louvois, accusa ce ministre d'avoir révélé son secret. Turenne, généreux & vrai au milieu de ses foiblesses, justifia Louvois en avouant sa faute. Cette noble *candeur* charma le monarque, & redoubla sa confiance pour un homme qui n'avoit pas voulu cacher sa honte en perdant un ministre qu'il lui étoit permis de ne pas aimer.

CANDIDAT, s. m. (*Jurisprudence.*) ce mot se dit en général de toute personne qui aspire à un emploi honorable & lucratif. Les Romains le donnoient particuliérement aux prétendans aux charges publiques, qui se mettoient sur les rangs dans le temps de l'élection des magistrats.

Ce mot est entiérement latin, *candidatus;* il est formé de *candidus*, blanc, à cause de la robe blanche que ces aspirans portoient afin d'être plus aisément reconnus, lorsqu'ils alloient solliciter les suffrages, accompagnés de leurs proches, de leurs amis & de leurs cliens.

Les plus illustres magistrats qui prenoient intérêt à un *candidat*, le recommandoient au peuple. De son côté, le *candidat*, averti par les nomenclateurs, gens chargés de lui faire connoître, par noms & surnoms, ceux dont il briguoit les suffrages, saluoit tous ceux-ci, embrassoit tous ceux qu'il rencontroit en chemin ou dans la place publique.

La loi Tullienne défendoit aux *candidats* de donner des jeux ou des fêtes au public, de peur que, par ce moyen, on ne gagnât les suffrages du peuple : mais, du reste, on n'oublioit rien pour y parvenir; caresses, intrigues, libéralités, bassesse même, tout étoit prodigué.

Dans les derniers temps de la république, on vint jusqu'à corrompre les distributeurs des bulletins qui, en les donnant au peuple pour le scrutin, glissoient adroitement par-dessous une pièce d'or à chacun de ceux dont on vouloit déterminer le suffrage en faveur d'un *candidat* dont le nom étoit inscrit sur ce bulletin.

C'étoit pour prévenir cet inconvénient, que, par des loix particulières, on avoit imposé aux *candidats* la nécessité de ne paroître dans les assemblées, qu'avec la robe blanche sans tunique, afin d'ôter tout soupçon qu'ils portassent de l'argent pour corrompre les suffrages. (*G*)

CANDIDI SERVI ARGENTUM, (*Jurisprudence angloise.*) on donne ce nom à une espèce de tribut ou amende payée à l'échiquier par certains cantons du dedans ou des environs de la forêt de Witheard dans le Dortsetshire.

Cette amende est la continuation de celle que Henri III avoit imposée à Thomas de la Lende, & à d'autres pour avoir tué un cerf blanc d'une beauté singulière, que ce roi avoit excepté de la chasse. (*G*)

CANDIE, (*Droit public.*) isle & royaume de la Méditerranée, sous la domination du grand-seigneur. *Voyez* CRÈTE, GRAND-SEIGNEUR, GRÈCE.

CANDIL ou CANDILE, s. m. (*Commerce.*) c'est une mesure dont on se sert aux Indes, à Cambaye & au Bengale pour vendre le riz & les autres grains : elle pèse environ cinq cens livres. C'est sur le pied du *candil* qu'on jauge dans ce pays les navires, comme nous faisons en Europe au tonneau. Ainsi, lorsqu'on dit qu'un bâtiment est du port de quatre cens *candils*, c'est-à-dire, qu'il peut porter deux cens mille pesant, qui font cent de nos tonneaux, le tonneau pris sur le pied de deux milliers. *Voyez* JAUGER, TONNEAU. (*G*)

CANON, s. m. ce terme a, dans notre langue, une infinité d'acceptions qui n'ont presque aucun rapport les unes avec les autres.

Il désigne un catalogue, une décision, une arme & plusieurs instrumens méchaniques de différentes sortes.

Nous laissons à la théologie le soin de discuter ce qu'on entend par *canon* ou catalogue des livres qu'on doit reconnoître pour divins; au *Dictionnaire militaire*, la description des armes auxquelles on donne le nom de *canon ;* & au *Dictionnaire des arts & métiers*, les différens instrumens qu'on désigne par ce nom; nous nous bornerons à parler de sa signification en droit.

CANON, (*Droit ecclésiastique.*) ce mot est tiré du grec κανων, qui veut dire *règle* ou *discipline.* Aussi est-il usité en droit pour signifier proprement les règles & les décisions de l'église, soit sur le dogme, soit sur la discipline. Il y a plusieurs collections des *canons* des conciles, que nous allons indiquer d'après M. Fleuri, dans son *institution au droit ecclésiastique.*

Des canons des apôtres. Une des plus anciennes collections des *canons* ou loix ecclésiastiques dont l'église se sert, est celle à laquelle on donne le nom de *canons des apôtres :* on l'a attribué pendant très-long-temps à S. Clément pape, disciple de S. Pierre, & son troisième successeur dans le siège de Rome. Les Grecs même ne regardent pas ces *canons* comme l'ouvrage des apôtres, & ne prétendent pas qu'ils aient été recueillis de leur bouche par S. Clément; ils se contentent de dire que ce sont des *canons* qu'on appelle *des apôtres*.

Il est certain que les offrandes d'épis nouveaux, de raisins sur l'autel, & d'huile pour le luminaire, les noms de lecteur, de clerc, de métropolitain, dont il est question dans ces *canons*, prouvent qu'ils sont postérieurs aux temps des apôtres, & on convient généralement aujourd'hui qu'ils sont l'ouvrage de quelques évêques d'Orient, & qu'on peut placer l'époque de ce recueil à la fin du troisième siècle. On les trouve cités dans les conciles de Nicée, d'Antioche, de Constantinople, sous le titre de *canons anciens*, de *canons des pères*, de *canons ecclésiastiques.*

Il y a, entre l'église latine & l'église grecque, quelques difficultés, tant sur le nombre que sur l'autorité de ces *canons.* Les Grecs en comptent 85, les Latins n'en ont reçu que 50, dont même plusieurs ne sont point observés. Les Grecs comptent les premiers à-peu-près comme nous, mais ils en ajoutent d'autres, dans la plupart desquels il y a des articles qui ne sont pas conformes à la discipline & à la croyance de l'église latine, & c'est pour cette raison qu'elle rejette les 35 derniers, comme ayant été la plupart insérés ou falsifiés par des hérétiques & des schismatiques.

A l'égard de l'autorité de ces *canons*, le pape Gelase, dans un concile, tenu à Rome l'an 494, en met le recueil au rang des livres apocryphes, d'après le pape Damase, qui semble avoir été le premier qui ait déterminé les livres qu'il falloit recevoir ou rejetter. C'est par cette raison qu'Isidore les condamne dans le passage que Gratien rapporte de lui, dans sa seizième distinction.

Le pape Léon IX en a excepté cinquante de la proscription de Gelase. Avant lui, Denis-le-petit avoit commencé par eux, sa collection des *canons* ecclésiastiques. Sa traduction les fit connoître dans l'église d'Occident. Dès qu'ils parurent en France, ils y furent très-estimés. On les allégua pour la première fois dans la cause de Prétextat, du temps du roi Chilperic, & on y déféra.

Gratien, dans sa distinction seizième, rapporte qu'Isidore ayant changé de sentiment & se contredisant lui-même, met au-dessus des conciles ces *canons* des apôtres, comme approuvés par la plupart des pères, reçus entre les constitutions apostoliques, & adoptés par le pape Adrien I, en recevant le quatrième concile où ils sont insérés.

Il y a ici deux erreurs de la part de Gratien; il prend le second concile *in trullo*, que les Grecs appellent souvent le *quatrième concile*, pour le premier tenu *in trullo*, qui est véritablement le sixième œcuménique, ou général. Quant à Isidore, le premier passage rapporté par Gratien est d'Isidore de Séville, & le second d'Isidore *Mercator* ou *Peccator*, auteur des *fausses Décrétales*, ainsi que l'a remarqué Antoine Augustin, archevêque de Tarragone.

Il résulte de tout ce que nous venons de dire, que les *canons*, connus sous le nom de *canons des apôtres*, ne sont pas véritablement d'eux, ni de leurs premiers disciples, mais qu'ils sont très-anciens, que l'église grecque s'en est toujours servi, que l'église latine n'en a admis que cinquante, qui même n'y sont bien connus que depuis la traduction faite par Denis-le-petit. Hincmarc, archevêque de Rheims, témoigne qu'ils étoient à la tête d'une collection de *canons*, faite par l'église de France, & les croit anciens, quoiqu'ils ne soient pas des apôtres.

Des autres compilations des canons. Sous le règne de Constantin, l'an 314, se tinrent les conciles d'Ancyre en Galatie, & de Néocésarée dans le Pont, qui sont les plus anciens, dont il nous reste des *canons*. En 325, se tint le concile général de Nicée, dont on recueillit aussi les *canons*. Il y eut ensuite trois conciles particuliers, dont les *canons* ont eu une très-grande autorité: l'un fut tenu à Antioche, en 331, le second à Laodicée en Phrygie, vers l'an 370, & le troisième à Gangres en Paphlagonie, vers l'an 375. Enfin l'an 381, se tint le second concile universel à Constantinople.

Les *canons* de ces sept conciles furent recueillis en un corps, qu'on appella le *code des canons de l'église universelle*, auxquels on ajouta ceux du concile d'Ephèse, qui fut le troisième œcuménique, tenu en 430, ceux du concile de Chalcédoine, tenu en 450. On y ajouta pareillement les *canons* des apôtres, au nombre de cinquante, & ceux du concile de Sardique, de l'an 347; que l'on regardoit dans plusieurs églises comme une suite de celui de Nicée.

Tous ces *canons* avoient été écrits en grec. Les églises d'Occident se servoient d'une ancienne version latine, dont on ne connoît pas l'auteur. L'église romaine ne l'a conservée que jusqu'au commencement du sixième siècle; les églises des Gaules & de Germanie n'en connurent point d'autres jusqu'au neuvième.

Vers l'an 530, Denis-le-petit, dont nous avons déjà parlé, fit une nouvelle version de ce code des *canons*, plus fidelle que l'ancienne; il y ajouta tout ce qui étoit alors dans le code grec, entre autres les cinquante *canons* des apôtres, ceux des conciles de Chalcédoine & de Sardique: il y joignit encore les *canons* des conciles d'Afrique, principalement ceux tenus du temps de S. Augustin, & les lettres décrétales des papes depuis Sirice, qui mourut en 398, jusqu'à Anastase II, qui tint le saint siège jusqu'en 498.

La collection de Denis-le-petit acquit une si grande autorité, que l'église romaine s'en servit toujours depuis. On la nomma simplement *le corps des canons de l'église d'Afrique*, à cause du grand nombre de ceux qui ont été tirés des conciles de cette province. Les Grecs la traduisirent pour leur usage. Charlemagne la reçut du pape Adrien I, & l'apporta en France en 787.

Les orientaux ajouterent à leur ancien code, les trente-cinq *canons* des apôtres, que l'église latine n'a pas reçus; le code de l'église d'Afrique, traduit en grec; les *canons* du concile *in trullo*, tenu en 692, pour suppléer au cinquième & sixième conciles, qui n'avoient pas fait de *canons;* ceux du second concile de Nicée, septième œcuménique, tenu en 787. Tout cela composa le code des *canons* de l'église d'Orient, & ce peu de loix suffit pendant 800 ans à toute l'église catholique.

Sur la fin du règne de Charlemagne, on répandit en Occident une collection de *canons*, qui avoit été apportée d'Espagne, & qui porte le nom d'un Isidore que l'on surnomme communément le *marchand*, *mercator*. Ce recueil contient les *canons* orientaux d'une version plus ancienne que celles de Denis-le-petit, plusieurs *canons* des conciles des Gaules & des Espagnes, & un grand nombre de décrétales des papes des quatre premiers siècles de l'église, dont plusieurs sont fausses & supposées, ainsi que l'ont prouvé les centuriateurs de Magdebourg, & les frères Pithou, qui les ont distingués dans leur édition du corps de droit canonique. Nous en parlerons plus au long au mot DÉCRÉTALES.

Ce recueil a été suivi de plusieurs compilations

nouvelles des anciens *canons*. On connoît celle de Réginon, abbé de Prum, qui vivoit l'an 900; celle de Burchard, évêque de Vorms, faite l'an 1020; celle d'Yves de Chartres, qui vivoit en 1100; enfin celle de Gratien, bénédictin de Boulogne en Italie, qui fit la sienne vers l'an 1151.

Ce religieux, dans sa collection, a réuni aux *canons* des conciles, des textes de la bible, & les sentimens des pères de l'église, sur les plus importantes matières ecclésiastiques: il intitula son ouvrage *la Concordance des canons discordans*, il le partagea par ordre de matières, & non par ordre de temps, comme on avoit fait avant lui.

Cette compilation est celle qui est la plus citée dans le droit *canon*, elle fait partie du corps de ce droit, & elle est connue sous le nom de *décret*. Nous en ferons connoître toutes les parties sous le mot DROIT CANONIQUE.

On nous a donné depuis diverses autres collections des conciles, dans lesquelles on a conservé leurs *canons*; une des plus estimées est celle des PP. Labbe, Cossard & Hardouin.

Règles générales sur les canons. En prenant le mot *canon* dans toute son acception, pour règle & discipline, on en distingue deux espèces: les uns regardent le dogme & la foi, les autres ne concernent que la discipline.

Les premiers sont reçus sans difficulté par l'église universelle, quand ils ont été faits dans un concile général. Les autres sont observés par toute l'église, ou n'ont lieu qu'en certaines églises particulières.

Suivant les maximes de l'église de France, un *canon* concernant la discipline, n'a autorité parmi nous que lorsqu'il a été accepté expressément par les prélats & par le roi, protecteur de la discipline ecclésiastique. Les *canons* même des conciles généraux ne sont point exceptés de cette règle. *Voyez* CONCILE, LIBERTÉS DE L'ÉGLISE GALLICANE.

Les *canons* des conciles sont pour l'ordinaire conçus en forme de loix, en termes impératifs, & quelquefois conditionnels, mais toujours exprimant la peine à laquelle doivent être soumis ceux qui les violeront. Les *canons* qui concernent le dogme, sont souvent conçus en forme d'anathême, c'est-à-dire, que les pères y décernent la peine de l'excommunication contre ceux qui soutiennent ou qui soutiendront les erreurs qu'ils condamnent. Les *canons* du concile de Trente, contre les erreurs des nouveaux sectaires, sont dans cette forme.

CANON *paschal*, c'est une table des fêtes mobiles, où l'on marque pour un cycle de dix-neuf ans, le jour auquel tombe la fête de pâques & les autres qui en dépendent. On croit qu'il a été calculé par Eusèbe de Césarée, par les ordres du concile de Nicée. *Voyez* PASQUES, CYCLE.

CANON, (*autres acceptions de ce mot en Droit canonique.*) 1°. Les religieux donnent le nom de *canon* au livre qui contient la règle & les instituts de l'ordre.

2°. Ce mot se dit du catalogue des saints reconnus & canonisés par l'église.

3°. On appelle ainsi par excellence les paroles sacramentales de la messe, les paroles secretes qui sont récitées par le prêtre entre la préface & le *pater*, & au milieu desquelles le prêtre consacre l'hostie.

Quelques-uns disent que S. Jérôme, par ordre du pape Sirice, a mis le *canon* dans la forme où nous l'avons: d'autres l'attribuent au pape Sirice même, qui vivoit sur la fin du quatrième siècle. Le concile de Trente dit que le *canon* de la messe a été dressé par l'église, & qu'il est composé des paroles de J. C. de celles des apôtres, & des premiers pontifes qui ont gouverné l'église.

CANON EMPHYTÉOTIQUE, (*Droit civil.*) c'est le nom qu'on donne à la redevance annuelle, que le preneur d'héritages par bail emphytéotique est tenu de payer au bailleur. Lorsque le preneur a cessé de payer cette redevance pendant trois années de suite, il peut être évincé par le bailleur. Mais, pour que la perte de l'héritage donné à emphytéose puisse avoir lieu, il faut que le bailleur constitue le preneur en demeure, & fasse prononcer judiciairement la commise. *Voyez* EMPHYTÉOSE.

CANONIAL, adj. *terme de droit ecclésiastique*, qui se dit de tout ce qui a rapport & qui concerne un chapitre, un chanoine. Ainsi, l'on dit *titre canonial*, pour signifier le droit d'un ecclésiastique à un canonicat; *maison canoniale*, en parlant d'une maison destinée au logement d'un chanoine; *mense canoniale*, pour désigner les biens qui appartiennent à un chapitre. *Voyez* CANONICAT, CHAPITRE.

CANONICAT, s. m. (*Droit ecclés.*) les auteurs confondent quelquefois ce mot avec celui de *prébende*; ils diffèrent cependant entre eux. *Canonicat* ou *chanoinie* sont synonymes, & se disent du titre ou de la qualité spirituelle, en vertu duquel l'ecclésiastique qui en est pourvu a le droit de se placer dans le chœur & le chapitre d'une église cathédrale ou collégiale. Le *canonicat* est indépendant du revenu temporel qui y est attaché. La prébende au contraire ne se dit que du revenu temporel, annexé au titre spirituel du *canonicat*. Mais dans le langage ordinaire, on appelle aussi *canonicat*, la prébende ou le revenu temporel d'un chanoine.

Nous avons dit ci-dessus au mot AGE, que, suivant la jurisprudence des parlemens, il falloit être âgé de 14 ans accomplis pour posséder un *canonicat* dans une église cathédrale, & de dix ans aussi accomplis pour un *canonicat* de collégiale; que suivant celle du grand-conseil, l'âge de dix ans étoit suffisant dans l'un & l'autre cas. Il nous reste à observer à cet égard, que Charles IX avoit chargé ses ambassadeurs au concile de Trente, de demander un réglement à l'effet de fixer à vingt-cinq ans l'âge pour posséder les *canonicats* des églises cathédrales.

Le roi fondoit le motif de sa demande, sur ce qu'il n'est pas raisonnable qu'un mineur auquel on n'ose confier l'administration de son bien, occupe une place qui le rend de droit le conseil de l'évêque, dans le gouvernement & l'administration de son diocèse.

Le concile ne suivit pas ce projet, il se contenta d'ordonner qu'on annexeroit aux *canonicats* des cathédrales quelqu'un des ordres sacrés, & qu'il faudroit que les pourvus de *canonicats* fussent en âge de recevoir l'ordre annexé à leur titre, dans l'année de leur prise de possession.

Ce réglement du concile n'a point eu d'exécution en France, mais dans les pays où il a été reçu, même dans les provinces du royaume, conquises depuis l'époque où il a été tenu, on ne peut être chanoine dans les cathédrales qu'à vingt & un ans, & dans les collégiales, qu'à treize accomplis.

Un concile de Tours avoit voulu établir, pour les *canonicats* de sa province ecclésiastique, une règle particulière : il avoit ordonné que les *canonicats*, les personnats, & les dignités sans charge d'ames ne pourroient être conférés qu'à l'âge de vingt-deux ans, & que les chanoines ne seroient pas obligés d'entrer dans les ordres. Le chapitre du Mans fit refus en conséquence, d'admettre au nombre de ses chanoines, un jeune homme de dix-huit à dix-neuf ans, à qui on avoit résigné un *canonicat.* Le parlement de Paris, par un arrêt rendu en 1616, maintint le résignataire en possession, parce que les évêques d'une province particulière ne sont pas les maîtres de changer ce qui est établi par le droit public & l'usage général du royaume.

On doit, dans la collation des *canonicats*, se conformer aux statuts authentiques des églises, lorsqu'ils sont partie de leur fondation, ou qu'ils sont confirmés par des lettres-patentes duement enregistrées; ainsi on ne peut être pourvu d'un *canonicat* de l'église cathédrale de la Rochelle, qu'à l'âge de vingt-deux ans commencés, ni d'une dignité qu'à vingt-cinq, parce que c'est une condition expressément portée par la bulle & les lettres-patentes de translation de l'évêché de Maillezais à la Rochelle, & de la sécularisation & érection de l'église cathédrale de cette même ville.

Le pape ne peut même dispenser des conditions portées par ces statuts, ainsi que nous l'avons déja dit sous *le mot* AFFECTATION, (*Droit canonique.*). C'est par ce motif que le parlement de Paris, par arrêt du 9 juillet 1693, déclara abusive la dispense donnée par le pape à un bâtard, à l'effet de posséder un *canonicat* de l'église de S. Hilaire de Poitiers; que le parlement de Rouen a jugé la même chose, par arrêt du 22 mars 1708, pour un *canonicat* de l'église de Bayeux. En effet, ces deux chapitres ont des statuts particuliers confirmés par les bulles de leur fondation, qui déclarent incapables de posséder des *canonicats* ceux dont la naissance est illégitime.

Les papes s'étoient arrogé le droit de créer dans les chapitres des *canonicats* sans prébende, & d'accorder aux pourvus de ces *canonicats* l'expectative de la première prébende vacante. Cet abus est cessé depuis long-temps, le concile de Trente l'a totalement aboli : le pape jouit seulement aujourd'hui du droit de créer des *canonicats*, auxquels on a donné le nom de *canonicats ad effectum.* C'est un titre sans prébende que le pape confère à quelqu'un à l'effet de le rendre capable de posséder, dans un chapitre, une dignité pour l'obtention de laquelle il faut être chanoine; ce n'est qu'un titre stérile & infructueux, qu'on appelle aussi par cette raison *jus ventosum.*

Cette prérogative a été conservée au pape par la pragmatique sanction & le concordat. Une simple signature de Rome suffit pour créer un *canonicat ad effectum*, mais il faut que cette clause soit expresse & qu'il y soit dit aussi, *non obstante canonicorum numero.*

Un chanoine *ad effectum* peut prendre le titre de chanoine sans y ajouter cette dénomination : il n'est astreint ni à la résidence, ni à l'assistance aux heures canoniales, ni à la promotion aux ordres sacrés; il ne jouit pas des privilèges des autres chanoines, il n'a aucune part aux distributions quotidiennes, à moins qu'il n'y ait un usage contraire : il n'a pas de voix au chapitre, il ne peut permuter, & s'il est pourvu d'une prébende ou d'une dignité, dont il se démette dans la suite, le *canonicat ad effectum* n'est point réputé vacant, à moins qu'il ne s'en soit démis nommément : il ne peut être juge délégué par le pape, comme les autres chanoines prébendés, parce qu'il n'est créé qu'à l'effet de pouvoir obtenir & posséder une dignité qui exige la qualité de chanoine. *Voyez* CHANOINE, CHAPITRE.

CANONIQUE, adj. se dit, *en style de Jurisprudence ecclésiastique*, de tout ce qui est conforme à la disposition des canons.

CANONIQUE, (*Droit*) est un corps de droit, ou recueil de loix ecclésiastiques concernant la discipline de l'église. Le recueil, dont on se sert aujourd'hui dans les écoles, est composé, 1°. du décret de Gratien; 2°. des décrétales; 3°. d'une suite des décrétales appellée *le sexte*; 4°. des clémentines; 5°. des extravagantes. *Voyez* CANON, DÉCRET, DÉCRÉTALES, DROIT, SEXTE, CLÉMENTINES & EXTRAVAGANTES.

Dans les églises protestantes le *droit canonique* a été fort abrégé depuis la réformation; car elles n'en ont retenu que ce qui étoit conforme au droit commun du royaume, & à la doctrine de chaque église. (*K*)

CANONIQUES, (*livres*) on donne ce nom aux livres de l'ancien & du nouveau testament, compris dans le canon ou catalogue des livres de l'écriture, que toute l'église catholique regarde, d'un consentement unanime, comme divinement inspirés. *Voyez, à cet égard, le Dictionnaire de Théologie.*

CANONISATION, s. f. (*Droit ecclésiastique.*)

c'est la déclaration, ou la cérémonie par laquelle le pape met solemnellement dans le catalogue des saints, une personne morte en odeur de sainteté, dont les vertus ont été vérifiées par des miracles, & à laquelle il permet de rendre un culte public.

Le mot *canonisation* semble être d'une origine moins ancienne que la chose même; on ne trouve point qu'il ait été en usage avant le douzième siècle, quoique dès le onzième on trouve un décret ou bulle de *canonisation* donnée à la prière de Lintolfe, évêque d'Ausbourg, par le pape Jean XV, pour mettre saint Ulderic ou Ulric au catalogue des saints.

Ce mot est dérivé de celui de *canon*, dans la signification de catalogue, & il vient de ce que la *canonisation* n'étoit dans l'origine qu'un ordre des papes ou des évêques, par lequel il étoit statué que les noms de ceux qui étoient distingués par une piété & une vertu extraordinaires, seroient insérés dans les sacrés diptyques ou le canon de la messe, afin qu'on en fît mémoire dans la liturgie. On y ajouta ensuite les usages de marquer un office particulier pour les invoquer, d'ériger des églises sous leur invocation, des autels pour y offrir le saint sacrifice; de tirer leurs corps de leurs premiers sépulcres. Peu-à-peu on y joignit d'autres cérémonies; on porta en triomphe les images des saints dans les processions: on déclara jour de fête l'anniversaire de celui de leur mort; & pour rendre la chose plus solemnelle, le pape Honorius III, en 1225, accorda plusieurs jours d'indulgence pour les *canonisations*.

Toutes ces règles sont modernes & étoient inconnues à la primitive église. Sa discipline à cet égard, pendant les premiers siècles, consistoit à avoir à Rome, qui fut long-temps le premier théâtre des persécutions, des greffiers ou notaires publics pour recueillir soigneusement & avec la dernière fidélité les actes des martyrs, c'est-à-dire, les témoignages des chrétiens touchant la mort des martyrs, leur constance, leurs derniers discours, le genre de leurs supplices, les circonstances de leurs accusations, & sur-tout la cause & le motif de leur condamnation. Et afin que ces notaires ne pussent pas falsifier ces actes, l'église nommoit encore des sous-diacres & d'autres officiers qui veilloient sur la conduite de ces hommes publics & qui visitoient les procès-verbaux de la mort de chaque martyr, auquel l'église, quand elle le jugeoit à propos, accordoit un culte public & un rang dans le catalogue des saints.

Chaque évêque avoit le droit d'en user de même dans son diocèse, avec cette différence que le culte qu'il ordonnoit pour honorer le martyr qu'il permettoit d'invoquer, ne s'étendoit que dans les lieux de sa jurisdiction, quoiqu'il pût engager les autres évêques par lettres, à imiter sa conduite; s'ils ne le faisoient pas, le martyr n'étoit regardé comme bienheureux que dans le premier diocèse: mais quand l'église de Rome approuvoit ce culte, il devenoit commun à toutes les églises particulières. Ce ne fut que long-temps après qu'on canonisa les confesseurs.

Il est difficile de décider en quel temps cette discipline commença à changer, & quand le droit de *canonisation* que l'on convient avoir été commun aux évêques & sur-tout aux métropolitains, avec le pape, a été réservé au pape seul. Quelques-uns prétendent qu'Alexandre III, élu pape en 1159, est le premier auteur de cette réserve qui ne lui fut contestée par aucun évêque. Les jésuites d'Anvers ont assuré qu'elle ne s'étoit établie que depuis deux ou trois siècles par un consentement tacite & une coutume qui avoit passé en loi, mais qui n'étoit pas généralement reçue dans les dixième & onzième siècles: on a même un exemple de *canonisation* particulière, faite en 1373 par Witikind, évêque de Minden en Westphalie, qui fit honorer comme saint, l'évêque Félicien, par une fête qu'il établit dans tout son diocèse. Cependant on a des monumens plus anciens qui prouvent que les évêques qui connoissent le mieux leurs droits, & qui y sont les plus attachés, les évêques de France, reconnoissoient ce droit dans le pape. C'est ce que firent authentiquement l'archevêque de Vienne & ses suffragans dans la lettre qu'ils écrivirent à Grégoire IX pour lui demander la *canonisation* d'Etienne, évêque de Die, mort en 1208. *Quia nemo*, disoient-ils, *quantâlibet meritorum prærogativâ polleat, ab ecclesiâ Dei pro sancto habendus, aut venerandus est, nisi prius per sedem apostolicam ejus sanctitas fuerit approbata.*

Quoi qu'il en soit, le saint siège est en possession de ce droit depuis plusieurs siècles, & l'exerce avec des précautions & des formalités qui doivent écarter tout soupçon de surprise & d'erreur.

Le pape Benoît XIV a publié sur cette matière de savans ouvrages lorsqu'il étoit encore cardinal sous le nom de Prosper Lambertini.

On trouve dans les mémoires du clergé la relation de ce qui s'est passé en France pour la *canonisation* de S. Louis, pour celle de S. François de Sales & pour la béatification de Vincent de Paul, avec les procès-verbaux & les titres des assemblées du clergé sur ce sujet.

Le P. Mabillon distingue deux espèces de *canonisation*, l'une générale qui se fait par toute l'église assemblée en concile œcuménique, ou par le pape; l'autre particulière, qui se faisoit par un évêque, par une église particulière, par un concile provincial. On prétend aussi qu'il y a eu des *canonisations* faites par de simples abbés. (*G*)

CANONISTE, f. m. (*Jurisprudence.*) docteur, ou du moins homme versé dans le droit canonique.

CANTON, f. m. (*Droit public.*) ce mot paroît dérivé de l'italien *cantone*, pierre de coin; on s'en sert pour désigner un quartier d'une ville, que l'on considère comme séparé de tous les autres. Dans ce ce sens *canton* est synonyme de *quartier*. *Voyez ce dernier mot.*

On désigne plus communément par *canton*, une petite contrée, ou un district, qui est sous un gouvernement séparé du reste du pays.

CANTONS, (TREIZE-) *Droit public.* Sous ce terme on désigne ordinairement les treize états qui composent la confédération des Suisses. Le mot *canton*, dit M. Tschamer, n'est point usité dans les actes publics & dans le style de chancellerie. Les Suisses emploient à sa place celui de *ort*, lieu, lequel pris dans une signification plus étendue, pour un district, est synonyme avec celui de *canton*. Le mot *ort* s'applique quelquefois aux alliés des Suisses. On dit *læbliche orte*, les louables *cantons* : & *lugewande ort*, pour désigner ces alliés.

C'est sous le titre simple & modeste de louables lieux ou districts, que les premiers confédérés Suisses ont commencé à jouir de leur heureuse indépendance, plus jaloux de la réalité de la liberté que de l'appareil de la puissance.

Depuis la première origine de la ligue, les *cantons* s'intitulent... *Nous les bourguemestres, avoyers, landammans, bourgeois & communautés des villes & pays.* Dans la première alliance, les confédérés se nommoient *eidguenossen*, ce qui signifie *associés par serment* : le parti autrichien les désignoit sous ce titre, même dans les actes publics. Leur association fut aussi appellée, dans l'empire, *la ligue des hautes Allemagnes*, pour la distinguer des autres associations des villes de la Germanie.

Enfin le nom de *Suisse* prit faveur, à cause du *canton* de Schwitz, & fut bientôt adopté par les nations voisines.

Nous laisserons à l'histoire le soin de déterminer les causes & les révolutions qui ont fixé l'état politique de la Suisse. Mais on ne peut trop conserver & transmettre à la postérité la plus reculée, les noms des trois Suisses fondateurs de la liberté helvétique, Walter Fust, d'Uri; Werner Stauffacher, de Schwitz; & Arnold de Halden, ou de Melchtal, d'Underwald.

L'indépendance du corps helvétique envers l'empire d'Allemagne, n'a été reconnue que par le traité de Westphalie.

On divise politiquement la Suisse en quatre parties : 1°. les *cantons* : 2°. leurs associés : 3°. leurs alliés : 4°. leurs sujets.

Les *cantons* sont distingués par leur rang dans la confédération, en anciens & en nouveaux; par l'étendue de leurs territoires, en grands & en petits *cantons*; par leur religion, en catholiques & en réformés.

Les huit anciens *cantons* sont Zurich, Berne, qui tous deux sont réformés, Lucerne, Uri, Schwitz, Underwald, Zug, qui sont catholiques, & Glaris qui est mixte. Les cinq nouveaux *cantons*, sont Bâle, réformé; Fribourg & Soleure, catholiques; Schaffhouse, réformé; & Appenzell, qui est mixte.

Les grands *cantons* sont Zurich, Berne, Lucerne, Fribourg, Soleure, Schaffhouse & Bâle : les six petits sont Uri, Schwitz, Underwald, Zug, Glaris & Appenzell.

Zurich, Berne & Lucerne n'ont pas été admis les premiers dans la confédération, mais leur importance leur a fait successivement accorder le premier rang.

Les associés des cantons, sont la ville de S. Gall, l'abbé du même nom, celles de Bienne & de Mulhausen ou Mulhouse. Cette dernière avoit, en quelque sorte, perdu l'usage de son droit, parce que les habitans ont maltraité, il y a deux siècles, quelques députés du *canton* d'Uri; depuis, les *cantons* catholiques l'avoient rejettée de leur alliance, & ce n'est qu'à la diète de 1777, qu'elle a obtenu d'y être réadmise, en renonçant formellement & pour toujours à y avoir voix. Le *canton* d'Uri, peu satisfait de cette restriction, a persisté dans son opposition, & a interjetté contre l'admission des députés de Mulhouse une protestation qui sera, dit-on, renouvellée tous les ans.

Les alliés des Suisses sont les trois ligues grises, le Valois, Neufchâtel, la ville de Genève, l'évêque de Bâle. *Voyez ces mots.* Nous ne parlons pas dans ce moment des princes étrangers aux Suisses qui ont contracté avec eux des traités d'alliance.

Les sujets des Suisses, de leurs associés & alliés, sont les bailliages & territoires soumis à la souveraineté & à la jurisdiction de ces différentes républiques, soit qu'ils soient sous la souveraineté d'un seul de ces états, ou sous la souveraineté commune de tous les *cantons* ou de plusieurs d'entre eux.

La seule distinction qu'il y ait entre les associés des Suisses & leurs alliés, est en ce que les premiers sont convoqués aux diètes du corps helvétique en qualité de membres, & qu'ils y ont voix délibérative; prérogative que n'ont pas les simples alliés.

Au surplus, les associés, alliés & sujets, jouissent, ainsi que les *cantons*, d'une indépendance absolue, ils partagent avec les habitans des *cantons*, tous les privilèges & immunités accordés aux Suisses chez les étrangers; & quoique plusieurs de ces états ne soient alliés qu'avec quelques *cantons* particuliers, s'ils venoient à être assaillis par un ennemi extérieur, ils seroient secourus, non-seulement par leurs alliés directs, mais encore par les autres *cantons*.

Pour mettre de l'ordre dans cet article, nous rendrons compte, dans différentes sections, 1°. des loix de la confédération helvétique : 2°. de la manière dont les intérêts communs y sont traités : 3°. des alliances des *cantons* & de leurs alliés avec la France & les autres puissances qui leur sont étrangères : 4°. des privilèges dont les Suisses jouissent dans le royaume de France.

Cet article des *cantons* en général sera suivi de ceux des *cantons* particuliers, d'*Appenzell*, de *Bâle*, & de *Berne*, dont nous n'avons pas parlé jusqu'ici. Dans la même vue de suppléer nos omissions, nous comprendrons sous l'article *canton de Bâle*, ce qui concerne l'évêque prince de Bâle, & la ville de Bienne.

Nous exposerons ce qui regarde les autres *cantons*, leurs alliés & associés, sous les noms de chacun d'eux.

Et pour compléter tout ce qui concerne les *cantons*, nous espérons présenter au mot HELVÉTIQUE, l'analyse de leurs institutions civiles.

SECTION PREMIÈRE.

Nature de l'union des treize-cantons.

Les cantons n'ont pas, comme dans la suite les Provinces-Unies des Pays-Bas, ou comme les Etats Unis de l'Amérique, formé entre eux, dès l'origine, un contrat pour réunir en une seule masse toutes leurs forces extérieures, & en former une seule puissance. Trois *cantons*, & trois petits *cantons*, s'étoient seuls unis, & cette union étoit plutôt un traité d'alliance entre voisins, pour la guerre, qu'un pacte de confédération entre les membres d'une même nation. Les autres *cantons*, en accédant successivement à cette alliance, en y ajoutant de nouvelles conditions, n'ont jamais rassemblé en un seul corps de loi, ces différentes stipulations; de manière que pour bien connoître la nature de l'union des Suisses, il est nécessaire de parcourir & de suivre chronologiquement, les différens traités passés entre eux.

La première de ces ligues est celle de *Brummen*, entre les trois *cantons* d'Uri, Schwitz & Underwald, du 3 octobre 1315. Cependant il existe un acte à-peu-près semblable de 1291, publié à Bâle en 1760 à la suite d'une dissertation de Glefer. Ces deux traités ne diffèrent pas essentiellement de ces confédérations particulières, fréquentes en Allemagne dans les temps antérieurs.

La ligue de 1315, que l'on appelle l'*alliance des trois Waldstatt*, porte en substance que ces *cantons* seront tenus de se secourir mutuellement, avec toutes leurs forces & à leurs frais, contre tous les états ou personnes qui voudroient les assaillir ou molester en aucune manière; qu'aucun des trois *cantons* ne recevra un nouveau souverain, & ne se soumettra à son obéissance, sans la participation & le consentement des deux autres *cantons*; que sans un pareil consentement aucun d'eux ne prendra d'engagement ou d'alliance avec quelque autre province ou état que ce soit; & que s'il survenoit quelque différend entre deux des cantons confédérés, le troisième fera pris pour arbitraire, & sera tenu de secourir celui qui se sera soumis à son arbitrage, contre celui qui auroit refusé de le reconnoître.

Depuis 1315 jusqu'en 1353, la confédération s'accrut au nombre de huit *cantons*; rien de plus honorable pour les premiers *cantons*, que l'accession de Glaris & de Zoug à leur alliance: ces deux *cantons* avoient été conquis sur l'Autriche par la confédération: les conquérans qui pouvoient les soumettre devinrent leurs libérateurs, rendirent à ces petits pays, l'ordre & l'ancienne constitution populaire, & les admirent dans leur union perpétuelle. L'accession de Zurich à cette union, contient une différence sensible, par rapport au but & dans les termes de cette alliance: les Zuricois se réservent non-seulement leurs privilèges & leurs engagemens antérieurs d'alliance & de combourgeoisie, mais réciproquement avec leurs confédérés, le droit de former de nouvelles alliances, pourvu qu'elles ne dérogent en rien à l'union des *cantons*; ils se font en même temps garantir par leurs alliés, la nature de leur gouvernement.

Dans cette convention les confédérés se promettent encore de saisir par-tout, ceux qui auroient lésé un confédéré, lors même que le fait seroit arrivé hors de l'enceinte de la ligue; & de renouveller le serment de l'union de dix ans en dix ans, sans toutefois que l'omission de cette formalité pût porter atteinte à l'alliance.

Dans celle de 1353, avec la ville de Berne, les parties s'engagèrent à faire diversion dans les guerres que l'une ou l'autre auroit à soutenir. Si l'une d'elles réclame des forces auxiliaires, elles seront à sa solde dès leur arrivée à Underseen, petite ville sur l'Aar. En cas de guerre, la ville de Berne supportera tous les frais, de même que les Waldstatt; mais pour les expéditions en terre ennemie, chaque allié armera à ses dépens.

Le traité de Sempach, fait en 1393, règle les articles relatifs à la guerre. Il défend à tous soldats suisse de quitter son rang pendant une action, fût-il dangereusement blessé. *Nous entendons aussi*, (porte ce traité), *que si quelqu'un s'étoit blessé en quelque façon que ce fût, en combattant ou en assaillant, de sorte qu'il seroit inutile pour se défendre; il demeurera nonobstant aussi avec les autres, jusqu'à ce que la bataille sera expirée, & pour cela ne sera estimé fuyard, & ne l'en fâchera-t-on en sa personne ni en son bien aucunement.*

Avec une pareille loi un peuple est invincible. Mais une pareille loi ne peut être en vigueur que dans des états libres; que chez des peuples qui ne combattant que pour la défense de leur liberté & de leur patrie, élisent eux-mêmes leurs généraux. On dit que cette loi ne subsiste plus; mais l'esprit en est resté: les Suisses sont encore invincibles, même quand ils vendent leur sang à des rois.

Les Suisses furent quelquefois conquérans: leur première conquête éclatante fut celle des bailliages communs; Jean XXII, déposé à Constance, avoit trouvé une retraite chez Fréderic, duc d'Autriche; il s'agissoit d'éteindre un grand schisme, dont les maux portés à l'excès, avoient, par cela même, servi l'église & les peuples en les éclairant sur leurs droits. Fréderic avoit été excommunié par le concile, & mis au ban par l'empire: ce fut sur ce prince que les Suisses, nommés exécuteurs des sentences de la diète & du concile, firent leur conquiète. Cette fois ils ne furent pas généreux. Les bailliages soumis restèrent leurs sujets : mais dès-lors l'influence des républiques aristocratiques commençoit à prévaloir sur la modération des gouvernemens populaires composés de pasteurs.

On vit en 1442, Zurich, dans le dépit d'une querelle avec le *canton* de Schwitz, contracter avec la maison d'Autriche, des engagemens que les *cantons* taxèrent d'une infraction faite à leur alliance. On prit les armes, & le résultat de la guerre fut une prononciation d'arbitres, qui déclara nuls les engagemens avec l'Autriche. Deux maximes résultèrent de ce jugement ; la première, que tout différend entre les *cantons* doit être soumis à la négociation ou au jugement des *cantons* neutres, & que ceux-ci peuvent employer les armes pour réduire le parti qui refuse d'accepter leur prononciation, & de satisfaire pour les hostilités commencées; la seconde, que nonobstant le privilège réservé par divers *cantons*, de former de nouvelles alliances, les autres confédérés ont le droit de juger si un tel engagement est compatible avec celui de leur union générale.

Le convenant de *Stants*, ouvrage de Nicolas de Flue, ancien magistrat, alors enfoncé dans la solitude, est le monument du triomphe de la justice & de la vertu, sur un peuple prêt à se corrompre & à se diviser. Cet anachorète fut l'arbitre des *cantons*, & retourna mourir dans son hermitage.

En 1487, les huit *cantons* passèrent un traité dont voici la teneur : « l'alliance ne sera que défensive, & aucun des *cantons* ne sera tenu d'en assister un autre dans le cas d'une guerre offensive. Pour qu'une guerre ne soit pas témérairement entreprise, les griefs dont aucun *canton* auroit à se plaindre, seront communiqués à tous les autres *cantons*, qui seront juges de la solidité de ces griefs. S'ils trouvent que ces griefs sont fondés, & qu'il y a cause suffisante de faire la guerre, alors ils assisteront le *canton* plaignant ou injurié, mais non autrement ; & après avoir précédemment envoyé vers la partie qui a fait l'offense, pour tâcher, s'il est possible, d'accommoder le différend. Lorsqu'on aura perdu toute espérance de conciliation, lorsque la guerre sera déclarée, tous les *cantons*, sans autre sommation ni délai, enverront toutes leurs forces pour soutenir & secourir le *canton* attaqué, ou bien ils emploieront leurs troupes pour faire diversion aux forces de l'ennemi, ainsi qu'on le jugera le plus à propos. Tant que la guerre durera, les troupes auxiliaires seront entretenues par les *cantons* qui les auront envoyées : s'il s'agit d'entreprendre quelque siège pour le service particulier d'un des *cantons*, cette dépense extraordinaire sera à la charge de ce *canton* ; mais si cette expédition se fait pour le service de tous les *cantons*, alors chaque *canton* fournira proportionnellement à la dépense. Aucun *canton* ne pourra être obligé de faire marcher les troupes auxiliaires hors des limites de la Suisse, sous quelque prétexte que ce puisse être. Toutes les fois qu'il s'élevera quelque différend entre deux ou plusieurs *cantons*, les autres feront tous leurs efforts pour l'accommoder : à l'effet de quoi, chacune des parties choisira deux juges de son propre *canton*, lesquels promettront avec serment de juger avec impartialité : s'ils ne peuvent pas se concilier, on choisira un cinquième juge pour arbitre, lequel décidera le différend par une sentence définitive, & tous les *cantons* se réuniront pour la faire mettre à exécution ; ils seront pareillement obligés d'assister celle des parties qui voudra souscrire à la sentence de l'arbitre, contre celle qui refusera de s'y soumettre, si le cas advenoit. Les cinq premiers *cantons* s'obligent aussi à ne point faire de ligue avec aucun autre prince ou état, sans le consentement réciproque les uns des autres. Mais les trois autres *cantons* se réservent cette liberté, pourvu que la ligue dans laquelle ils s'engageront ne contienne rien qui puisse préjudicier à cette présente alliance, laquelle sera toujours préférée à toute autre, comme étant la plus ancienne ».

Il est, en outre, stipulé que cette alliance sera de nouveau solemnellement jurée tous les cinq ans, ou tout au moins tous les dix ans.

Dans le convenant de Stants, l'on ajouta deux conventions aux précédentes. Par la première, tous les *cantons* s'obligent de se secourir mutuellement, pour le soutien de la forme du gouvernement de chacun d'eux.

Par la seconde, le code des ordonnances militaires doit être reçu par toute la nation, & ponctuellement observé.

Les cinq nouveaux *cantons* accédèrent à cette union, sans y ajouter de nouvelles stipulations, mais sous la restriction de ne s'engager dans aucune guerre ou alliance, sans le consentement des anciens *cantons*, de soumettre tous leurs différends à l'arbitrage des *cantons*, dès qu'il leur aura été offert par la partie adverse, & d'observer la neutralité dans les divisions avec les anciens *cantons*.

D'un autre côté, les quatre *cantons* d'Uri, de Schwitz, d'Underwald & de Lucerne, réservèrent, lors de l'alliance avec Appenzell, celles qu'ils avoient faites avec l'abbé de S. Gall.

Quelques guerres excitées depuis entre les *cantons*, soit par le zèle de la religion, soit par la jalousie de la puissance, soit pour l'intérêt de quelques-uns de leurs alliés, en altérant la confiance mutuelle, n'ont rien changé à ces conventions : mais les vaincus ont été forcés de sacrifier ou les droits de leurs alliés ou ceux qu'ils avoient eux-mêmes, sur plusieurs des bailliages communs, tant il est vrai que les passions humaines exercent partout leur empire, puisque des gouvernemens aussi modérés n'ont pas résisté à la tentation d'exiger le prix de leur supériorité, au risque de voir fomenter ce levain de discorde, dans leur union,

La seule constitution nationale postérieure que l'on connoisse, c'est l'état d'une armée considérable entre les *cantons* & leurs associés, l'on n'y a pas compris les alliés. Voici la table des divers contingens imposés à chaque membre de la ligue & aux provinces sujettes, sur une somme totale de 13400 hommes, qui doit être augmentée suivant la même échelle, selon les circonstances & le besoin. Cette table peut être regardée comme une estimation des forces relatives, de chaque état de la ligue ou du corps helvétique.

Pour former une armée de 13400 hommes, les *cantons* fourniront :

I.	Zurich,	1400 hommes.
II.	Berne,	2000
III.	Lucerne,	1200
IV.	Uri,	400
V.	Schwits,	600
VI.	Undervalden,	400
VII.	Lug,	400
VIII.	Glaris,	400
IX.	Bâle,	400
X.	Fribourg,	800
XI.	Soleure,	600
XII.	Schafhausen,	400
XIII.	Appenzell,	600
	Total	9600 hommes.

Les trois associés :

L'abbaye de S. Gall,	1000 hommes.
La ville de S. Gall,	200
La ville de Bienne,	200
Total	1400 hommes.

Chaque état fournit une pièce de campagne de 6 livres, en tout 16 canons.

Les provinces sujettes :

Lugano,	400 hommes.
Locarno,	200
Mendris,	100
Val Maggio,	100
Les Bailliages libres,	300
Sargantz,	300
La Turgovie,	600
Baden,	200
Le Rinthal,	200
Total	2400 hommes.

D'après ces différens traités, on peut considérer l'union helvétique comme une confédération formée sur le plan de celle des amphictions, si célèbres dans l'histoire grecque : mais il faut convenir que les Grecs avoient seulement ébauché ce plan, & que les Suisses l'ont porté à sa perfection. On peut fixer la nature de cette union, en disant avec Coxe, qu'elle consiste dans une alliance perpétuelle défensive entre treize puissances indépendantes, pour protéger, de leurs forces unies, chacune d'elles en particulier, contre ses ennemis extérieurs quelconques, ensorte que si l'un des membres de cette ligue étoit attaqué, il auroit droit d'appeller *directement* à son secours la totalité de la confédération.

Ainsi, c'est une erreur de prétendre que les *treize-cantons* ne forment pas réellement un seul corps, & qu'il n'y ait que les trois *cantons* plus anciens qui, chacun en particulier, soient *directement* alliés avec les douze autres ; qu'il existe à la vérité une telle connexion entre eux, que si l'un étoit attaqué, tous les autres seroient obligés de marcher à son secours ; mais que ce seroit en conséquence du rapport que deux *cantons* auroient avec un troisième, & non pas en vertu d'une alliance directe subsistante entre chacun d'eux & tout autre.

Cette opinion qui seroit vraie à l'égard de quelques alliés des Suisses, n'est rien moins qu'exacte à l'égard des *cantons* entre eux, puisque indépendamment des engagemens antérieurs, passés entre les huit anciens *cantons*, tous ont été parties dans le traité de 1481, & dans le convenant de Stans, ou y ont accédé indéfiniment.

L'exposition de ces actes nous eût dispensés de relever cette erreur ; si elle n'étoit en quelque sorte consacrée dans un ouvrage, qui peut être regardé comme le manuel des publicistes, dans le droit public du respectable abbé de Mably.

On ne peut dire que les *cantons* forment entre eux une alliance entiérement égale : si on considère les conditions respectives souscrites par les cinq derniers *cantons*, on reconnoîtra qu'ils n'ont point dans tous les cas les prérogatives des huit anciens, puisque, en effet, s'il arrivoit que la question de faire la guerre à une puissance étrangère eût été décidée affirmativement & d'une voix unanime, dans l'assemblée de ces *cantons*, ils seroient en droit de requérir l'assistance des cinq nouveaux, sans leur communiquer le motif de leur résolution ; ceux-ci au contraire ne pourroient commettre aucune hostilité sans le consentement de tous les confédérés ; & si leur ennemi vouloit entrer en confédération, relativement à l'objet de la querelle, ils seroient obligés de se soumettre à l'arbitrage des huit anciens *cantons*.

Un autre objet de la confédération est de maintenir la paix & la bonne intelligence entre les divers états qui y ont accédé ; en conséquence, on est convenu que tout se termineroit à l'amiable ; on a désigné des juges & des arbitres, on s'est garanti les formes constitutionnelles des républiques respectives ; enfin nul engagement, pris séparément par l'un des *cantons*, n'est valable, s'il est incompatible avec les articles fondamentaux de l'union générale, qui l'emporte sur tous autres traités & alliances.

Mais toutes les fois que les conventions de l'union ne sont pas compromises, chacun des états qui composent la ligue, est indépendant & distinct de tous les autres, soit dans l'intérieur de son territoire, soit au dehors.

Ainsi chaque *canton* peut contracter individuellement avec telle puissance qu'il juge à propos, & rejetter une alliance, quand même tous les autres *cantons* y auroient accédé. Zurich en fournit un exemple : il refusa, dans le temps que la première alliance avec la France fut proposée, d'y être compris. Ce privilège s'étend à toutes les négociations avec les puissances étrangères, soit qu'elles demandent des levées de troupes ou le passage de leurs armées par les terres du corps, soit qu'il s'agisse d'envoyer des ambassades.

Cependant cette maxime du droit public helvétique souffre encore quelques restrictions; les cinq nouveaux *cantons* qui ont renoncé à la faculté de contracter sans la participation des huit anciens, sont nécessairement exclus du nombre de ceux qui ont ce pouvoir. Il en est de même des *cantons* qui se sont liés entre eux par des traités particuliers, en conséquence desquels ils ne peuvent former aucune alliance sans leur consentement respectif : tels sont, par exemple, ceux d'Uri, Schwitz & Underwald; mais c'est à raison du traité de Brunnen de 1315, & non en vertu de l'union générale. Il n'en est pas moins incontestable qu'à l'exception de certains cas réservés par la confédération commune, nul des *cantons* n'est gêné par les résolutions de la majorité. Chacun d'eux au contraire est absolu, forme un état souverain, indépendant, qui se gouverne & se conduit par ses propres principes & ses loix. Chaque jour, pour ainsi dire, les uns & les autres d'entre ces *cantons* exercent cette indépendance par des prohibitions réciproques. Un gouvernement proscrit les monnoies d'un autre, s'il les trouve de trop bas aloi; il défend à son gré l'importation ou l'exportation des denrées ou des marchandises, pourvu que le transit dans les autres *cantons* demeure libre, & qu'à cet égard on ne hausse point les péages.

SECTION II.

Comment se traitent les intérêts communs des cantons.

Quelquefois les affaires communes se discutent & se décident par correspondance, sans qu'il soit besoin d'assembler les députés de ces républiques; plus souvent elles se discutent dans différentes espèces d'assemblées qui ont différens noms & différentes formes, suivant la différence des affaires. On les appelle *diètes générales*, lorsqu'elles sont formées de tous les *cantons*; *diètes particulières*, lorsque, ne s'agissant que des intérêts particuliers de quelques *cantons*, elles ne sont pas composées des représentans de toute la ligue; *conférence*, lorsqu'il s'agit de querelles de religion; *syndicat*, lorsqu'il est question de la jurisdiction & de l'administration des bailliages communs.

Zurich, étant le premier *canton*, a la chancellerie &, en quelque sorte, la direction & la présidence dans les affaires communes : c'est à lui que l'on adresse les propositions, les demandes qui concernent l'union : il a également la garde des archives, le dépôt de la chancellerie helvétique.

1°. *Lorsque les affaires se traitent par correspondance.* Le *canton* de Zurich à qui les propositions sont adressées ou par les puissances étrangères, ou par les *cantons*, en fait part aux autres *cantons*, explique quelquefois son propre sentiment en exposant la question, demande celui des autres & indique une conférence. Si les réponses aux lettres de communication sont uniformes, Zurich en communique le contenu aux intéressés ou à la puissance étrangère, & cette communication se fait au nom du corps helvétique.

Si les *cantons* diffèrent de sentiment dans leur réponse à la lettre de communication, le premier *canton* leur écrit une seconde fois, & leur demande derechef leur avis. Dans les affaires qui n'exigent pas la pluralité des suffrages, la réponse se fait seulement au nom des *cantons* qui y ont consenti.

2°. *Diètes générales.* Les affaires les plus importantes y sont traitées; elles se tiennent communément une fois par an, vers la S. Jean. Mais cela n'empêche pas que, suivant les circonstances, l'on n'en convoque d'extraordinaires, à la requisition de l'un des *cantons*, ou à celle d'une puissance étrangère.

Elles se tenoient autrefois à Baden : mais les cinq anciens *cantons* ayant renoncé à leur part dans la corrégence de ce comté, elles ont été transférées à Frawenfeld, chef-lieu de la Turgovie.

On y traite les affaires les plus importantes qui intéressent tout le corps helvétique; la guerre, la paix, les alliances à faire ou à renouveller avec les puissances étrangères, le gouvernement & l'administration des provinces communes; on y donne audience aux ambassadeurs, on y dresse les instructions de ceux que l'union envoie.

Chaque *canton* envoie ordinairement deux députés à la diète, à moins qu'il n'ait été prié, par la lettre de convocation, de n'y en envoyer qu'un seul. Le *canton* d'Underwald en envoie trois : mais deux peuvent seuls se mêler des affaires politiques.

Les associés des *cantons*, l'abbé de S. Gall, la ville du même nom, celle de Bienne & de Mulhausen y en envoient chacun un. Le bailli du Turgaw a une voix décisive dans l'occasion; & quand les voix sont égales, dans les affaires qui doivent se décider à la pluralité, la sienne, ajoutée à l'un ou à l'autre sentiment, emporte la balance pour la négative ou l'affirmative de la question. Il appose le sceau aux lettres que la diète écrit aux ambassadeurs, & aux résultats du réglement des comptes annuels. C'est lui qui invite successivement les députés à opiner. Si la diète ne se tient pas à Frawemberg, les députés nomment un autre officier pour remplir ces fonctions.

Le premier député de Zurich fixe le jour de l'ouverture de la diète qui s'assemble à l'hôtel-de-ville du lieu où elle se tient. Les députés se placent dans l'ordre d'ancienneté que nous avons indiqué dans la table du contingent. Les fauteuils des huit anciens *cantons*, sont sur une estrade un peu plus élevée que ceux des autres. C'est ce premier député qui propose, ainsi que dans toutes les assemblées suivantes, les matières à discuter. Les députés de chaque *canton* exposent ensuite, suivant leur rang, les ordres dont ils sont chargés de la part de leurs maîtres.

Autrefois les registres ou protocoles étoient tenus par le greffier du comté de Baden, toujours catholique : mais, par l'article 2 du traité d'Araw, il doit y avoir deux secrétaires, l'un catholique, l'autre évangélique ; leurs protocoles doivent être lus en pleine assemblée, & rendus conformes.

Si la diète se tient dans un bourg ou chef-lieu de l'un des *treize-cantons*, les propositions se font par le premier député de ce *canton*, & la présidence lui appartient. Alors la chancellerie du lieu tient la plume ; l'on n'y joint qu'un protocoliste d'une religion différente.

Il est rare, sur-tout dans les matières importantes, que les affaires soient décidées dans une première diète ; pour toutes les négociations publiques, les députés n'apportent ordinairement aux diètes, que des instructions limitées : & ce n'est qu'en vertu d'un ordre ou pouvoir spécial, qu'ils peuvent conclure & terminer les affaires intéressantes. Ainsi les matières proposées sont communément prises *ad referendum*, c'est-à-dire, à être rapportées à leurs constituans : &, si ces objets ne sont pas fort pressans, on renvoie la délibération à une autre diète.

3°. *Syndicats* appellés aussi *sessions de contrôle* ou *diètes pour les affaires des bailliages communs*. Lorsque les affaires de l'union sont terminées, la diète générale change de forme & d'objet ; elle devient une assemblée des représentans des divers *cantons*, qui ont part à la régence ou à la jurisdiction sur les bailliages communs. Les baillis rendent compte à l'assemblée des revenus appartenans aux états ; ils soumettent leur gestion à l'assemblée de la diète, qui confirme & redresse les sentences prononcées par les baillis sur des causes civiles, portées par appel devant cette assemblée : dans ces cas, chaque député présent a suffrage en qualité de juge, & le bailli prononce, en cas de parité de suffrages. Mais ces jugemens de la diète ne sont pas en dernier ressort dans les causes majeures ; on peut en appeller pardevant les *cantons* même. Alors le tribunal suprême de chaque *canton* prononce, & sa sentence forme un nouveau suffrage. Toutes ces prononciations sont communiquées aux parties, & notifiées aux baillifs pour exécuter ce que la pluralité a décidé.

Les baillifs de la Turgovie, du Rheinthal, du Sargautz & de la partie supérieure des bailliages libres rendent compte à la diète de Frawenfeld.

Mais il se tient annuellement, au mois d'août, une assemblée ou diète des députés de douze *cantons* à *Lucano* ou à *Locarno* : elle a pour objet l'administration des quatre bailliages ultramontains sur les confins de la Lombardie. Il est d'usage de n'envoyer à cette diète, qu'un seul député de chaque *canton*.

Une pareille session a lieu à Baden, entre les députés des trois *cantons* de Zurich, Berne & Glaris, au sujet des bailliages de Baden & de la partie inférieure des bailliages libres. Les *cantons* d'Uri, Schwitz & le bas Underwald envoient des députés à une session particulière, relative à quatre vallées, sur les confins du Milanois, dont ils ont la souveraineté.

Les états de Berne & de Fribourg ont établi entre eux une conférence, de deux en deux ans à Morat, pour les quatre bailliages que ces républiques ont en commun.

Les *cantons* aristocratiques défraient leurs députés & règlent leur part aux épices & émolumens. Les *cantons* démocratiques au contraire laissent à leurs représentans le soin de se dédommager de leurs dépenses sur le produit de leurs commissions. Mais n'est-il pas à craindre que cette méthode n'introduise la corruption parmi les surveillans même des baillis ? L'inconvénient n'est-il pas d'autant plus imminent, que les états démocratiques établissent une taxe, en faveur de l'assemblée du peuple, sur toutes les charges un peu lucratives & honorables ?

Le traité d'Argaw a fait des réglemens sages pour que l'harmonie des bailliages soumis à des *cantons* des deux religions ne soit pas troublée par les disputes de religion. Suivant ce traité, les protestans doivent y jouir des mêmes privilèges que les catholiques. Il doit y régner une parfaite égalité entre eux. Les accusations & les informations secrètes y sont abolies. Les orphelins ont des tuteurs de leur religion. Il est défendu d'employer des termes injurieux ou des railleries en parlant des cultes respectifs : & le criminel, condamné à mort, doit être assisté par le ministre de la religion qu'il demandera.

Les catholiques & les protestans ont leurs fonts baptismaux & leurs cimetières particuliers, dans les lieux où l'église est commune aux deux religions. Les premiers qui y font l'office, sont obligés d'en sortir à huit heures du matin en été & pendant le printemps ; & à neuf heures dans les autres saisons, à moins que l'on ne prenne à l'amiable d'autres arrangemens. Si ceux d'une religion veulent faire bâtir une église à leur usage, ils le peuvent à leurs dépens : mais ils perdent dès-lors tout droit sur l'église dans laquelle ils avoient part. Il leur est cependant permis de traiter pour cette renonciation.

Les charges & les magistratures sont partagées entre des personnes des deux religions ; le greffier de la Turgovie est catholique : la charge de landuman, dans le même pays, est possédée par un évangélique. La première magistrature du Rheinthal & du Sargautz est entre les mains d'un catholique ; la seconde dans celle d'un protestant. Les autres officiers, tant civils que militaires, comme baillis, juges du lieu, avocats, procureurs, huissiers, officiers ordinaires, sont en nombre égal des deux religions. Toutes les affaires concernant les droits de régale & les ordonnances générales du gouvernement, sont portées pardevant des commissaires choisis par l'assemblée générale en nombre égal dans les deux religions.

Par ce traité, les *cantons* de Zurich & de Berne promettent une entière liberté de conscience aux habitans des pays qui leur sont cédés ; ils promettent de nommer aux dignités ecclésiastiques des sujets pris tour-à-tour dans les *cantons* catholiques qui en partageoient la souveraineté, & de n'établir aucun nouvel impôt.

4°. *Diètes particulières.* Ce sont celles qui se tiennent entre deux ou plusieurs *cantons* qui ont à régler des intérêts séparés de ceux de l'union générale. Quelquefois ils forment même à l'assemblée générale de Flawemberg, des sessions particulières pour ces objets.

5°. *Les conférences* sont les assemblées que les habitans d'une même religion convoquent entre eux. Les protestans s'assemblent ordinairement à Araw; les catholiques à Lucerne, à Brunnen ou à quelque autre endroit, à leur choix.

Aux *conférences des protestans* se trouvent Zurich, Berne, les districts de Glaris & d'Appenzell, qui sont de cette religion, Bâle, Schaffhouze, les villes de S. Gall, Mulhausen & Bienne.

Les *conférences des catholiques* sont qualifiées l'*alliance d'or.* Elles sont composées de Lucerne, Uri, Schwitz, Underwald, Fribourg, Soleure, Glaris, Appenzell, en tant qu'ils sont de cette religion, de la république du Valais & de l'abbé de S. Gall.

Les affaires se traitent, dans ces assemblées, de la même manière que dans les diètes, avec cette différence seulement que, si la conférence se tient dans une ville ou dans un village qui n'est pas capital d'un des *treize-cantons*, Zurich préside chez les protestans, & Lucerne chez les catholiques.

SECTION III.

Alliances des cantons avec les puissances étrangères.

Avant de rendre compte de ces alliances, observons, avec M. l'abbé Mably, que les Suisses ne se mêlent jamais des contestations qui s'élèvent entre les puissances étrangères ; ils observent une égale neutralité, & ne tirent d'autre avantage des guerres qui désolent souvent l'Europe, que de vendre indifféremment des hommes à leurs alliés & aux princes qui ont recours à eux.

Les Suisses ont des alliances avec l'Angleterre, la Sardaigne, le pape, le grand duc de Toscane, la maison d'Autriche, les états généraux des Provinces-Unies, & la France. Mais la plupart de ces alliances ne sont faites que pour un temps borné, ordinairement au règne du prince qui les contracte, & aux quatre ou cinq premières années de celui de son successeur.

Ce ne sont que de simples capitulations sur les levées des troupes, qui seront permises dans ces *cantons* ; sur leur solde, leur discipline, leurs privilèges.

Telle est l'alliance avec la maison d'Autriche, quoiqu'elle soit qualifiée d'*héréditaire*.

Mais il n'en est pas ainsi du traité du *canton* de Berne & des Grisons avec les Provinces-Unies, ni de l'alliance du corps helvétique avec la France.

Alliances avec les états généraux. Par le traité de la Haye, du 21 juin 1712, les Provinces-Unies & le *canton* de Berne se promettent une étroite & perpétuelle amitié.

Le *canton* de Berne est tenu de défendre les Provinces-Unies, si on les attaque dans leur propre domaine ou dans leurs barrières : & les Provinces-Unies peuvent employer les troupes de ce *canton*, qu'ils tiennent à leur service, pour la défense de tous les pays que la couronne de la Grande-Bretagne possède en Europe.

Ce *canton* laisse aux états généraux les vingt-quatre compagnies qui sont à leur service; si quelque puissance étrangère l'attaque directement, il pourra les rappeller ; mais il ne le pourra pas, si le *canton* n'est en guerre qu'avec d'autres *cantons.* Dans ce cas, les états généraux lui paieront seulement un subside équivalent à la paie qu'elle donnent à ces troupes. Elles la lui paieront également, si le *canton* en guerre avec des étrangers ne demande pas le rappel de ses compagnies. Pendant la paix, chacune des compagnies pourra être réduite à cent cinquante hommes.

Toutes les fois que les Provinces-Unies feront une guerre défensive, il leur sera permis de faire, dans le *canton* de Berne, une levée de quatre mille hommes, & les recrues nécessaires pour tenir ce corps complet, à moins que le *canton* de Berne ne soit lui-même en guerre, & n'ait de justes raisons de craindre de pareilles hostilités de la part de quelques-uns de ses voisins.

Les états généraux prendront la défense du *canton* de Berne, de la ville de Genève, de celles de Bienne & de Munsterhall, ainsi que des comtés de Neufchatel & de Valengin, toutes les fois que quelque puissance les attaquera.

Les vingt-quatre compagnies ne seront données qu'à des capitaines du *canton* de Berne : & ce *canton* nommera le capitaine des nouvelles levées.

Les compagnies bernoises ne seront point employées au préjudice des traités des *cantons* avec la France & la maison d'Autriche ; mais ces alliances n'étant que défensives, le *canton* de Berne ne permettra pas que ces puissances se servent de ses sujets au-delà des termes prescrits, ni qu'elles les emploient contre les Provinces-Unies ou contre leurs barrières.

Les troupes bernoises, à la solde des états généraux, ne serviront que sur terre ; on ne pourra les transporter par mer dans aucun pays étranger, excepté la Grande-Bretagne, quand il s'agira de sa défense.

Alliances des états généraux avec les ligues grises. Cette alliance a été contractée à la Haye le 19 avril 1713. Les conditions ont le même esprit que le traité passé avec le *canton* de Berne ; mais, quant au nombre des troupes, les ligues grises ne fournissent que dix compagnies : en cas de guerre défensive, les ligues grises peuvent rappeller les deux tiers de leurs officiers, si les états généraux sont en paix, & un tiers seulement, s'ils sont en guerre. A l'égard des compagnies, on ne les rappellera dans aucune circonstance; mais les Provinces-Unies donneront par forme de subside aux ligues grises, si celles-ci ont une guerre défensive, une somme pareille à celle que leur coûte annuellement l'entretien des dix compagnies grisonnes & de leur état-major.

En cas de guerre défensive, les états généraux peuvent lever chez les Grisons un corps de deux mille hommes & leurs recrues, conformément à ce qui est stipulé pour Berne.

Les états généraux défendront en toutes occasions les ligues grises, leur pays & leur souveraineté; les dix compagnies grisonnes seront également données à des sujets des ligues, & pourront être réduites, en temps de paix, à cent cinquante hommes chacune.

Alliances avec la France. Louis XI est le premier roi de France qui ait eu des troupes suisses à son service, & qui ait payé des subsides pécuniaires à ces républicains. Ces rétributions se sont beaucoup accrues sous ses successeurs: enfin le traité d'alliance perpétuelle que François premier conclut avec les *cantons* immédiatement après la bataille de Marignan, est regardé comme la base de tous les traités qui ont eu lieu depuis entre ces deux puissances.

L'alliance de 1663 avec Louis XIV devoit subsister pendant la vie de ce monarque, celle du dauphin son fils, & huit années au-delà; mais, après la mort de son fils, Louis XIV ayant proposé aux *cantons* le renouvellement de l'alliance en son nom & en celui de son successeur, les états protestans lui refusèrent leur consentement : & le traité n'eut lieu en 1715, qu'avec les états catholiques & la république du Valais.

Ce traité avoit une disposition à-peu-près conforme à la garantie du traité de Westphalie; ce qui, en cas d'événement, auroit pu réaliser chez les Suisses la fable du jardinier & de son seigneur. Il portoit « que, si le corps helvétique ou quelque » *canton* étoit troublé intérieurement... sa majesté ou » les rois ses successeurs emploieront d'abord les » bons offices pour pacifier ces troubles; & que » si cette voie n'avoit pas tout l'effet desiré, sa ma- » jesté emploieroit, à ses propres dépens, les forces » que Dieu lui a mises en main, pour obliger l'agres- » seur de rentrer dans les règles prescrites par les » alliances que les alliés & les *cantons* ont entre » eux ».

Dans le dernier traité on a sagement omis cette disposition. Ce traité a été conclu à Soleure le 28 mai 1777, entre le roi, les treize *cantons* helvétiques, l'abbé de S. Gall, la ville du même nom, la république de Valais, les villes de Mulhouze & de Bienne; en voici la disposition.

La paix perpétuelle de 1516 est d'abord réservée & rappellée dans ce traité de la manière la plus expresse, comme devant toujours subsister, indépendamment de ce traité, excepté pour les articles auxquels il est dérogé; ce traité fixe la nature de l'alliance réciproque, les secours mutuels que les contractans doivent se fournir, le traitement des troupes suisses en France; il établit des réglemens sur la jurisdiction des tribunaux réciproques sur les sujets respectifs, sur le refus de passage & d'asyle aux ennemis & criminels respectifs, sur les agens de paix & d'alliance, sur l'aubaine, *&c.*

1°. Quant *à la nature de l'alliance*, elle s'étend à tous les états qui composent le corps helvétique, à ceux de leurs alliés que l'on conviendra respectivement d'y admettre.

Cette *alliance est purement défensive*, l'effet en est restreint aux états & sujets que ces contractans possèdent *en Europe*; mais ce traité ne préjudicie en rien à la neutralité des parties, qui déclarent vouloir la garder sans distinction, dans tous les cas & envers toutes les puissances. Les parties s'engagent cependant à ne faire aucun traité qui y soit contraire; mais réservent les capitulations & conventions faites avec diverses puissances.

La durée de l'alliance est de cinquante ans.

2°. A l'égard *des secours mutuels*, dans le cas où le corps helvétique, ou quelques-uns des états & républiques qui le composent, seroient attaqués par *quelque puissance étrangère*, le roi, après avoir employé ses bons offices, les aidera de ses forces, & les défendra à ses frais contre toute agression hostile, selon que la nécessité le demandera, *après cependant que sa majesté en aura été requise*; réciproquement, dans le cas où *les états du roi en Europe seroient envahis ou attaqués*, & que sa majesté jugera avoir besoin, pour sa défense, d'un plus grand nombre de troupes suisses qu'elle n'en aura alors à son service, & que celui déterminé par les capitulations alors subsistantes, les *cantons* & alliés de la Suisse s'engagent de se prêter à ces circonstances & d'accorder, dix jours après la requisition qui leur en sera faite par sa majesté, une nouvelle levée de gens volontaires & engagés de leur plein gré, dans leurs états médiats & immédiats, en réservant toutefois le cas où le corps helvétique seroit lui-même en guerre, ou dans un péril imminent de l'être.

Cette nouvelle levée, qui sera faite aux dépens du roi, ne pourra excéder le nombre de 6000 hommes qui ne seront employés que pour la défense du royaume.

Cette levée qui aura la préférence sur toute autre nouvelle levée étrangère, ne pourra être faite concurremment avec les augmentations déjà stipulées par les diverses capitulations.

3°. *Traitement des troupes suisses en France.* Ce corps de troupe jouira du libre exercice de la religion & de la justice, & sera traité à l'instar des régimens de la nation, qui serviront alors par capitulation : ces régimens continueront de jouir de cette liberté comme du passé, ainsi que de tous les autres privilèges, franchises & avantages qui sont

sont assurés aux troupes de la nation suisse, par les traités & capitulations.

Quant à la forme de la levée effective, à la nomination des officiers & à toutes les autres conditions particulières, ces différens objets seront réglés conformément aux circonstances, & par une convention amiable. La guerre finie, ces troupes seront renvoyées dans leur pays, à moins qu'il n'en soit convenu autrement.

Les conventions actuelles ou futures, entre le roi & les états divers du corps helvétique, au sujet de l'entretien des régimens suisses en France, étant l'objet des capitulations militaires, on sera libre de part & d'autre d'en faire de nouvelles à leur expiration ou de ne pas les continuer, sans par-là préjudicier ni déroger à l'alliance même, sous l'engagement réciproque, toutefois, d'exécuter les capitulations selon leur forme & teneur.

4°. En ce qui *concerne la jurisdiction* sur les sujets respectifs, toutes les fois que les particuliers des deux nations auront entre eux quelques affaires litigieuses qui ne pourront se terminer à l'amiable, le demandeur poursuivra son action pardevant le juge du défendeur, à moins que les parties ne fussent présentes, *dans le lieu même du contrat*, ou ne fussent convenues des juges pardevant lesquels elles se seroient engagées de discuter leurs difficultés; toutes les causes réelles seront portées pardevant le juge territorial; la nature & le caractère de chaque action seront déterminés par les règles établies dans le lieu de la situation des biens.

Dans le cas néanmoins où un Suisse décéderoit en France sans avoir disposé des biens-meubles qu'il y possédoit, & où ses plus proches parens seroient tous domiciliés en Suisse, les difficultés qui surviendroient entre lesdits parens à raison de l'habileté à succéder au défunt, seront portées pardevant le juge naturel & ordinaire de ses héritiers & parens; & réciproquement, si la même question s'élève entre des parens & héritiers d'un François décédé en Suisse.

Les jugemens définitifs en matière civile, rendus par des tribunaux souverains, seront exécutés réciproquement selon leur forme & teneur, dans les états respectifs, comme s'ils avoient été rendus dans le pays où se trouvera, après le jugement, la partie condamnée....... on s'en rapportera de part & d'autre à la simple déclaration du souverain dans les états duquel les jugemens auront été rendus, pour en expliquer la nature.

5°. Relativement au *refus d'asyle* envers les ennemis respectifs, les banqueroutiers & les criminels, les parties contractantes s'engagent de ne pas souffrir que leurs adversaires respectifs s'établissent dans leurs pays, terres ou seigneuries, elles ne leur accorderont aucun passage pour aller inquiéter l'autre allié; elles s'y opposeront, même à main armée.

Un banqueroutier frauduleux, sujet de la France, ne pourra trouver d'asyle en Suisse pour tromper ses créanciers, il pourra au contraire y être poursuivi & saisi, & le jugement rendu contre lui y sera pleinement exécutoire, quant aux effets civils; & réciproquement.

Le roi & le corps helvétique n'accorderont pas leur protection aux sujets respectifs qui fuiroient, pour crimes reconnus & constatés, ou seroient bannis de l'une ou de l'autre domination, pour forfaiture ou délits qualifiés; mais ils apporteront tous leurs soins pour les chasser.

Si des criminels d'état, des assassins ou autres personnes reconnues coupables de délits publics & majeurs, & déclarés tels par leurs souverains respectifs, cherchoient à se refugier chez l'autre nation, sa majesté & le corps helvétique promettent de se les remettre de bonne-foi & à la première requisition, & s'il arrivoit aussi que des voleurs se refugiassent en Suisse ou en France avec des choses volées, on les saisira pour en procurer de bonne-foi la restitution; & si les voleurs étoient des domestiques qui auroient volé avec effraction, ou des voleurs de grand chemin, on livrera à la première requisition leurs personnes, pour être punies sur les lieux où les vols se seront commis.

Les parties contractantes sont néanmoins convenues qu'elles n'extraderont point réciproquement leurs sujets respectifs, prévenus des crimes commis dans l'autre état, à moins que ce ne soit pour crime grave & public: excepté dans ces cas, elles puniront elles-mêmes le délinquant.

6°. *Quant au droit d'aubaine*, les arrangemens qui subsistent entre le roi & les états catholiques relativement au droit d'aubaine, ainsi que le traité conclu en 1772, avec les *cantons* protestans, continueront à être exécutés, en attendant qu'on puisse convenir d'un traité qui sera censé faire partie de la présente alliance; mais les parties contractantes déclarent qu'elles n'entendent point abolir les droits locaux qui peuvent être dus, en pareil cas, à des seigneurs particuliers, sous le nom d'*abzug* ou autres semblables; mais dans tous les cas, la réciprocité sera observée. En conséquence, les citoyens, bourgeois & sujets des états respectifs, ne seront admis à exporter les biens qui peuvent leur être dus, ou le prix d'iceux, qu'en rapportant un certificat en bonne forme du magistrat ou du juge du lieu de leur domicile qui constatera l'usage qui y est observé, ou servira de base à la réciprocité.

Les parties contractantes, en 1772, déclarent en même temps, en exécution des arrangemens respectivement subsistans, recueillir & exporter librement les successions qui leur seront échues, ou le prix provenant de la vente qu'ils en auront faite, sans être assujettis au paiement du droit de traite foraine.

Jusqu'à la conclusion d'un traité définitif, la réciprocité la plus exacte aura lieu tant à l'égard des successions, qu'à l'égard de tous les autres objets qui y sont relatifs, & qui ne sont pas déterminés par le traité de 1772.

7°. Les états catholiques, les *cantons* de Glaris & d'Appenzell, & la ville de Bienne réservant *les argens de paix & d'alliance*, sa majesté promet de les faire régulièrement payer en la ville de Soleure en espèces ayant cours en Suisse. (Ce qu'on appelle *argens de paix d'alliance* consiste en subside que le roi paie à ces *cantons*. Chaque bourgeois, au-dessus de l'âge de quatorze ans, touche annuellement six livres tournois; le landaman & les magistrats davantage à proportion de leur dignité. Le roi paie quatre livres à chaque enfant mâle du *canton* de Schwitz, à compter du jour de la naissance.)

8°. *Fourniture de sel, extractions des denrées.* Il est permis aux états compris au traité, d'acheter dans le royaume & d'en exporter librement tout le sel dont ils auront besoin : la quantité & les conditions des livraisons seront fixées de gré à gré, néanmoins à des prix modérés; & sa majesté, sans changer l'ordre des livraisons, tiendra la main à l'exécution des conventions particulières faites à cet égard avec les fermiers-généraux.

Elle accordera en tout temps le libre passage par ses états, pour toutes les denrées que les états compris aux traités, feront venir de l'étranger. Elle accordera la permission de recueillir & de transporter librement en Suisse le produit en nature, des dixmes, rentes foncières & biens fonds que les divers états possèdent actuellement en Alsace, sans être assujettis au paiement des droits usités en pareil cas, & en suivant les formes observées jusqu'ici, à moins que des circonstances extraordinaires & pressantes ne s'y opposent : sa majesté leur donnera, relativement à l'achat des grains & autres denrées destinées pour leur usage, toutes les facilités compatibles avec les besoins de ses autres sujets.

9°. Si dans la suite quelque article du traité demande quelque éclaircissement, on se concertera amiablement, pour prévenir toute interprétation arbitraire, sans rien entreprendre ni innover jusqu'à ce que le sens de ces articles ait été fixé d'un commun accord.

Les articles de ce traité, relatifs à des objets susceptibles d'être agités dans les tribunaux, ont été adressés aux tribunaux du royaume, par des lettres-patentes du premier juillet 1777, qui ont été enregistrées au parlement de Paris le 12 décembre suivant.

SECTION IV.

Privilèges dont les Suisses jouissent en France.

L'on avoit voulu examiner, lors du traité de 1777, l'étendue de ces privilèges; mais pour ne point retarder la confection de l'alliance générale, on étoit convenu, par l'article 18, que l'on tiendroit des conférences dans lesquelles on régleroit définitivement les titres & les motifs des réclamations du corps helvétique & de ses membres, & que l'arrangement qui seroit conclu auroit la même force & valeur que s'il étoit inséré mot à mot dans ce traité, & qu'en attendant il n'y seroit rien innové.

C'est sans doute en conséquence de ces arrangemens que le roi a déterminé ces privilèges, dans un édit du mois de décembre 1781, qui a été enregistré au parlement le 8 janvier 1782.

En vertu de cette loi, les sujets ont la liberté d'entrer dans le royaume & d'y séjourner, de s'y domicilier, d'y acquérir même comme les nationaux, &, s'ils ont quelque commerce, profession, métier ou industrie, de pouvoir l'exercer en toute liberté, pourvu qu'ils se soumettent aux loix, réglemens & usages établis dans les lieux où ils feront leur demeure : mais cette permission n'emporte pas la faculté de posséder des charges, offices ou bénéfices, auxquels nul étranger ne peut être promu en France.

Ceux qui sont domiciliés en France, s'ils n'y possèdent aucun bien-fonds, n'y exercent ou n'y ont exercé aucun commerce, profession, métier ou industrie, sont exempts de la capitation & autres charges personnelles. Il en est de même des étudians, & des marchands qui font un séjour passager dans le royaume pour suivre les affaires de leur commerce.

Les Suisses domiciliés qui y possèdent des biens-fonds, qui y exercent ou y ont exercé quelque commerce, profession, métier ou industrie, doivent supporter, comme les sujets du roi, toutes les charges de l'état & celles attachées à la nature de leurs professions ou états; ils sont seulement exempts de la milice, du guet & garde & du logement des gens de guerre, excepté, quant à cette dernière exemption, en cas de foule.

S'ils sont établis dans l'intérieur des campagnes ou autres lieux sujets aux corvées des chemins, ils y sont sujets comme les nationaux; mais il leur est permis de se faire remplacer par des ouvriers mercenaires.

Tous ne paient les droits de *pareatis*, de greffe, de sceau & autres, que comme les nationaux.

Les marchands suisses jouissent de la franchise pendant les foires de Lyon, & quinze jours au-delà.

Les marchandises entrant en France par la Suisse, sont distinguées en marchandises étrangères & en marchandises de crû & fabrication suisse. Les premières paient les mêmes droits que si elles étoient entrées directement dans le royaume. Il n'en est pas de même des autres marchandises : il en est plusieurs qui ne paient pas de droits, tels sont les fromages; d'autres ne paient que la moitié des droits auxquels les marchandises des autres nations sont assujetties; mais voyez le *Dictionnaire du commerce* & celui *des Finances*.

Les Suisses ne paient les droits d'exportation des

marchandises qu'ils ont achetées dans le royaume, que sur le même pied que les nationaux.

Le Suisse qui abuseroit des privilèges de sa nation, en prêtant son nom à tout autre négociant, seroit dans le cas de ne plus être réputé Suisse & d'être puni par les tribunaux du royaume.

Dans les cas non prévus par l'édit, les Suisses sont assimilés aux François & ne peuvent être traités plus favorablement.

Ces privilèges & concessions ne doivent avoir lieu que jusqu'au 28 mai 1827, c'est-à-dire, jusqu'à l'expiration du traité d'alliance.

L'étendue des objets que j'ai embrassés me les a fait parcourir avec rapidité. J'en ai peut-être dit assez pour ceux qui ne veulent que surcharger leur mémoire de l'exposition des actes & de l'analyse des faits : j'invite les autres à aller étudier les Suisses chez les Suisses même, ou au moins dans les écrits des philosophes qui ont voyagé parmi eux: c'est là que l'on apprendra à connoître leurs gouvernemens, à juger leurs administrations par leurs effets, c'est-à-dire, par leur influence sur les peuples.

Nulle contrée ne présente plus de sujets de profondes méditations, aux observateurs de tous les genres; mais sur-tout au publiciste.

Lorsque du sommet des Alpes il planera sur l'Europe, il ne sera pas surpris que les vigoureux habitans de ces montagnes, aient subjugué les empires, les royaumes que dominent leurs demeures : c'est dans les Alpes qu'il ira chercher le berceau de ces peuples qui, tant de fois, sous le nom de Celtes & de Gaulois, ravagèrent, asservirent, firent trembler la Grèce, la Gaule, & l'Italie.

Si l'on compare les connoissances, la valeur, la stature même des Suisses modernes, à ces débris du temps qui disent encore ce que furent leurs aïeux, l'on voit avec satisfaction que les siècles ont perfectionné cette race d'hommes.

Sur-tout ils ne sont plus des brigands féroces: contens d'avoir affermi leur repos & leur liberté, ils ne conquèrent plus, ils n'asservissent plus leurs voisins; si leurs guerriers sont aussi renommés que jamais, s'ils sont encore les modèles de cette tactique dont ils sont les inventeurs, convenons que cette tactique, cette inviolable discipline, font plus pour la défense que pour l'attaque; ensorte que par leurs soldats, comme par leurs traités, les Suisses sont les protecteurs & les défenseurs des limites des grandes nations leurs alliées.

Sages helvétiens! mon ame émoussée par l'égoïsme qui m'entoure, n'aspire point à partager cette gloire extérieure; mais si je ne puis jouir du repos, de l'égalité, de l'indépendance de vos démocraties; si je ne puis converser avec vos bergers; si, libre comme eux des niaiseries de notre luxe, & de notre littérature actuelle, je ne puis méditer avec eux, les pensées des Loke, des Montesquieu & des Jean-Jacques, je desire au moins la perpétuité de votre bonheur. Puissiez-vous le transmettre à la dernière postérité; puissent vos constitutions & vos ligues être éternelles comme vos montagnes même! Mais en exprimant ce vœu, sera-t-il permis à ma jeunesse, à mon inexpérience, de craindre & de dire ce qui pourroit altérer votre liberté?

Autour de vous je vois des fers, des sujets: ce sont vos concitoyens que vous avez asservis, fières démocraties! pourquoi, citoyens modérés, êtes-vous des maîtres despotiques? Les Romains n'eussent jamais été asservis à César, à Octave, à Tibere, s'ils n'eussent songé qu'à se confédérer avec les peuples qu'ils subjuguoient, & à établir au milieu d'eux des gouvernemens populaires. C'est en dire assez à des hommes dont les principes sont sains, & dont l'esprit n'est pas encore corrompu par les fausses maximes de ce qu'on appelle ailleurs la raison d'état : mais si déjà vous étiez réduits à ne consulter que l'intérêt de votre grandeur & de votre sûreté, je vous dirois que mille confédérés, qui combattroient à la fois pour leur liberté & pour la vôtre, feroient plus pour vous qu'un million de sujets, toujours indifférens sur un changement de maîtres : je vous dirois que ces sujets, fidèles imitateurs de vos grands exemples, peuvent, non-seulement briser vos chaînes, mais se venger sur vous-même de la dureté de leur captivité. Le jour n'en est peut-être pas éloigné : déjà Berne a su vous enlever une partie de ces antiques sujets; peut-être jamais ne tournera-t-elle contre vous son effrayante supériorité; mais les sujets qui vous restent sont aussi aguerris que leurs maîtres : craignez qu'ils ne s'élèvent parmi eux un *Civilis* : hâtez-vous d'être leurs libérateurs : devenus vos égaux, on les verra fortifier votre alliance, vous mettre en état de contrebalancer l'influence trop décidée de vos grandes républiques : les petites ont été sauvées jusqu'ici, par la rivalité que faisoit naître, contre les premières, la différence des dogmes & des cultes; mais cette rivalité s'affoiblit depuis long-temps avec la différence des opinions.

Au moins conservez toute votre vigueur contre la révolution qui vous menace; continuez d'envoyer vos soldats se former à la solde des peuples étrangers; mais craignez que ceux de vos citoyens qui vont séjourner chez des nations riches & commerçantes, ne rapportent au milieu de vous des germes de vices contraires à vos gouvernemens. Sachez préférer pour eux le service de ces états guerriers, dont les mœurs sont fortes & austères, dont les cités semblent des camps où l'on se prépare sans cesse aux combats & aux assauts.

Cessez de multiplier, au milieu de vous, ces fabriques, ces manufactures, instrumens infaillibles d'inégalité & de décadence; vous n'ignorez point que leurs travaux sédentaires amollissent les corps & énervent les courages; que le luxe, les richesses, les commodités qu'elles procurent, donnent moins de satisfactions que de besoins destructeurs, qui rétrecissent les esprits & les ames. Seroit-ce que vous voudriez fixer parmi vous l'accroissement de votre population, & suppléer pour cela à la stérilité de vos glaces & de vos montagnes ? Mais c'est la valeur de votre jeunesse qui lui assure, chez les autres nations, des établissemens avantageux ; & les fondateurs de votre liberté, ces terribles vainqueurs des armées bourguignonnes & autrichiennes, n'étoient qu'une poignée de pasteurs.

Sages helvétiens, il est temps encore de prévenir votre perte ; mais songez que si les corps physiques périssent, c'est qu'après une révolution marquée, la nature tarit en eux les sources de la sève & de la vie ; au contraire l'œil prudent du bon administrateur peut quelquefois perpétuer la durée du corps politique, en perpétuant, en régénérant les mœurs, l'esprit, les vertus qui lui ont donné l'être. Moins les maux sont invétérés, plus le remède est facile & plus le succès est prompt. (*Henry.*)

Canton d'Appenzell. Autrefois les moines de S. Gall prétendoient avoir asservi ce *canton*. Mais à force de taxes, d'exactions & d'insultes, ils forcèrent ces paysans d'arborer le pavillon de la liberté. Quatre paroisses chassent les officiers de l'abbé, & bientôt tout le peuple s'engage par serment à détruire la tyrannie. Que ne peut l'enthousiasme de l'indépendance ? Quelques hameaux de bergers repoussent les soldats des moines, les troupes des villes, de la noblesse de Suabe, & des ducs d'Autriche ; toutes ces puissances avoient réuni leurs forces contre des bergers : car tout ce qui est puissance se ligue & conspire ordinairement la ruine de tout peuple qui rentre dans ses droits : si quelquefois l'on voit des princes devenir l'appui d'une généreuse insurrection, ce n'est point au secours du peuple qu'ils accourent ; ils cèdent seulement à une haine, à un desir de vengeance, plus fortes contre le souverain, leur ancien rival.

Ces bergers montrèrent le même courage contre les entreprises de la puissance ecclésiastique : quand l'évêque de Constance, pour arrêter leurs exploits, les eut mis dans l'interdit, ils arrêtèrent qu'ils ne vouloient pas être mis là dedans.

Après de longue guerre, après avoir vainement tenté de mettre en liberté toute la Suabe & le Tirol, les habitans de l'Appenzell se liguèrent par une combourgeoisie perpétuelle avec les sept *cantons*, leurs plus proches voisins ; ce traité fut converti, en 1452, en une alliance perpétuelle ; enfin, en 1513, l'Appenzell fut adopté par les douze *cantons* de la ligue helvétique dans laquelle il occupe le dernier rang.

Division des catholiques & des protestans. A cette dernière époque le *canton* étoit partagé en douze rhodes, dont les chefs portent encore le nom de capitaines. Alors chaque rhode fournissoit un conseiller, un assesseur à la justice, des jurés d'où ressortissoient les causes qui emportoient purgation par serment, & deux justiciers pour la justice publique ou civile. Ces tribunaux s'assembloient dans le bourg d'Appenzell. La discorde occasionnée par la diversité des opinions sur la réformation, produisit, après une longue fermentation, un changement essentiel dans la constitution de la république.

Il fallut arranger un cantonnement entre les deux partis, par la médiation des autres *cantons* ; le pays fut partagé en deux *cantons* distingués, mais non séparés d'intérêt ; le *canton* des rhodes intérieures ou catholiques, & le *canton* des rhodes extérieures ou réformées.

Ces deux partis forment deux petits états indépendans ; gouvernement, police, finance, tout est séparé : seulement les deux députés n'ont qu'une voix à la diète helvétique, & ils la perdent si leurs opinions sont partagées.

Dans l'un & l'autre *canton* le pouvoir souverain réside chez le peuple, & tout mâle au-dessus de seize ans a voix dans l'assemblée générale qui se tient tous les ans pour élire les magistrats, & faire tous les actes de la législation. Tout membre qui vote aux comices doit y venir armé.

Canton intérieur ou catholique. Ce *canton* est aujourd'hui composé de neuf rhodes, l'assemblée générale est convoquée ordinairement, une fois par an, le dernier dimanche d'avril : l'assemblée se tient alors, ainsi que dans les cas de convocation extraordinaire, dans le bourg d'Appenzell, ou en plein air, ou dans l'église, suivant la circonstance du bon & du mauvais temps.

C'est dans les assemblées annuelles que se fait l'élection des magistrats du landamman, qui reste deux ans en charge, si le conseil national n'en ordonne autrement ; du statthalter ou lieutenant, du trésorier, du capitaine général, de l'édile, de l'inspecteur des églises & du porte-bannière. Ces sept chefs, avec douze ou quatorze adjoints, forment le *petit-conseil* ou conseil hebdomadaire, qui, à l'exception des seize, s'assemble à Appenzell une fois par semaine.

Le choix des adjoints se fait le jour de l'assemblée générale dans des convocations particulières des rhodes qui les fournissent dans une proportion réglée. Ce conseil juge des affaires civiles & fiscales ordinaires, il a la police inférieure. Dans les cas pressans, il s'associe un certain nombre de membres du grand-conseil ; alors il peut traiter des affaires étrangères, donner des instructions aux députés, dicter des bans plus forts, *&c.*

Le grand-conseil, composé de 128 personnes y compris les chefs & le petit-conseil, décide des causes majeures civiles & fiscales ; il est juge criminel, & reçoit les comptes des finances. Il peut publier les mandats de police, ou édits publics, & les expliquer suivant les occurrences. Ses assemblées fixes ordinaires se réduisent à deux, qui se tiennent l'une huit jours avant l'assemblée générale du peuple, & l'autre le 16 octobre.

Le *canton extérieur ou réformé* est plus étendu : il est partagé en deux quartiers séparés par la sitter. A l'ancienne division en six rhodes, a succédé celle en dix-neuf paroisses; la forme de l'administration est un peu plus composée.

L'*assemblée générale* ordinaire du peuple se tient alternativement à Grognen ou à Herissens, dans les deux quartiers: elle est fixée au dimanche d'avril, vieux style. C'est dans cette assemblée ou *landsgeimein* que réside le pouvoir souverain: deux landemans, deux lieutenans, deux boursiers, deux capitaines généraux & deux porte-bannières, sont les dix chefs de l'état; dans chaque office, il n'y en a qu'un en charge pour un an, en observant l'ordre alternatif pour les deux quartiers.

Le *double conseil* du pays est composé de 90 membres, il ne s'assemble qu'une fois l'an. La publication des loix de police, l'élection des édiles & autres officiers subalternes sont de son ressort.

Le *grand-conseil* proprement dit, s'assemble alternativement dans les deux quartiers.

Petit-conseil, chaque quartier a le sien distingué.

Le pouvoir & l'instruction du grand & des petits conseils, sont les mêmes que dans le *canton* catholique. Les causes matrimoniales & les transgressions contre les mœurs sont jugées dans un consistoire établi dans le pays.

Quant au *militaire*, outre les chefs, le banneret, c'est le landamman hors de charge, les deux capitaines & les deux portes-bannières. Chaque district a ses capitaines ou commandans d'exercice particulier: la milice est partagée en cinq divisions, qui, dans les attaques imprévues, marchent successivement au rendez-vous, après que les signaux établis sur les hauteurs ont donné l'alarme.

Le *canton* protestant est dans la proportion beaucoup plus riche, plus peuplé, plus puissant que le *canton* catholique.

Les rhodes intérieures & extérieures n'ont aucune ville fermée, mais deux ou trois bourgs, un petit nombre de villages réunis, & des habitations éparses.

Cet article, ainsi qu'une partie des faits du précédent & des deux suivans, sont tirés du recueil imprimé chez M. Félice, de celui de M. Robinet & des lettres de Coxe. (*H.*)

CANTON DE BALE. C'est le neuvième *canton* dans la confédération helvétique.

Révolution politique. Ce pays est celui des anciens Rauraques; les Romains y avoient établi une colonie, *Augusta Rauracorum.* Cette ville ayant été dévastée, à ce qu'on croit, par Attila, la ville de Bâle se forma des débris de sa population; les évêques y tranférèrent leur siège.

On dit qu'en 1210, le conseil de Bâle étoit composé de quatre chevaliers & de huit citoyens qui n'exerçoient aucune profession méchanique; à cette époque l'évêque Lutolde permit aux bourgeois de former douze abbayes, dont chacune fourniroit un conseiller ou tribun, ce qui doubloit le nombre des conseillers. Chaque année l'évêque nommoit huit électeurs, deux chanoines, deux chevaliers, deux simples gentilshommes & deux citoyens des tribus pour dresser le tableau de la magistrature pour une année: le bourguemestre & le grand tribun étoient pris alternativement dans les deux tribus que formoit la noblesse.

Bâle s'accoutuma à l'indépendance, par ses confédérations avec d'autres villes de la haute Allemagne, pendant la confusion des interrègnes & les troubles des schismes: en 1348 l'empereur Charles IV céda à cette ville l'advocatie; ce qui sembloit la rendre la protectrice de l'évêque. Les habitans formèrent, en 1377, un tribunal composé de dix nobles & de dix bourgeois, pour veiller à la conservation de la paix publique & de la liberté: les guerres privées furent assujetties à la décision de ce tribunal.

En 1388 les bénédictins du fauxbourg de saint Alban cédèrent à la ville la justice civile: elle racheta ensuite ce fauxbourg qui étoit hypothéqué aux ducs d'Autriche: enfin, en 1396, l'évêque vendit aux habitans les bailliages de Liestal, de Wallembourg & de Homberg.

Après la guerre de 1448 les Bâlois, irrités contre les nobles qui avoient pris le parti de l'Autriche, les bannirent de leur ville. Dès l'année 1516 le consulat ou la charge de bourguemestre passa aux plébeïens; enfin, la ville accéda aux *cantons* helvétiques.

En adoptant la réformation, les Bâlois parvinrent à se soustraire à toute espèce d'autorité de leur ancien prince. Le nombre des tribus fut augmenté de douze à quinze & ensuite à dix-huit, celui des deux membres que chaque tribu fournissoit au petit-conseil, & des six qu'elles nommoient au grand a été doublé. Par là, les places furent, pour la majeure partie, occupées par des artisans, qui passent de leurs atteliers aux divers emplois de la magistrature & de la police.

Gouvernement, conseil souverain. On en ignore l'origine, ainsi que celle de plusieurs de ceux des autres aristocraties de la Suisse, où ces corps exercent cependant l'autorité souveraine. Nul doute que ces corps ne fussent d'abord une élite de représentans, autorisés à délibérer sur les intérêts généraux de la communauté; les convocations fréquentes rendirent ces élus plus instruits, & accrurent leur influence dans le gouvernement jusqu'à ce que les constitutions, déterminées par une succession de circonstances, fixèrent, dans ces conseils, le pouvoir suprême.

Le pouvoir souverain est attribué aux deux conseils réunis; le petit-conseil composé de soixante membres tirés à nombre égal des quinze tribus de la grande ville; le grand-conseil de 216 membres, tirés de même, des dix-huit tribus de la grande & de la petite ville; deux bourguemestres & deux tribuns, qui sont les quatre chefs, complètent le nombre de 280 personnes.

Son pouvoir. Ce conseil souverain décide de tous les grands intérêts économiques & politiques de l'état, il exerce la législation & la haute police, & dispose des emplois principaux; il a le droit de faire la paix & la guerre, d'établir des impôts, de conférer la bourgeoisie.

Restriction. Il n'en existe point : seulement le peuple s'assemble une fois l'an, pour recevoir publiquement le serment que font ses magistrats de maintenir les loix dans leur intégrité, & de conserver, sans atteinte, les droits & immunités du peuple. Le serment réciproque d'allégeance aux magistrats, est reçu dans les tribus respectives.

Un frein plus fort, c'est que nulle part la conduite des magistrats n'est examinée plus librement, ni censurée plus sévérement qu'à Bâle. L'exercice de ce droit, qui éclaire le peuple, peut réagir avec succès sur le magistrat même, soit en le forçant à s'instruire, soit en le tenant en garde contre toute espèce d'injustice. Ce droit est d'ailleurs attaché essentiellement à l'indépendance, & nul gouvernement ne peut survivre long-temps à son extinction.

Petit-conseil. Il est partagé en deux divisions, présidées chacune par un bourgmestre & un grand tribun, qui succède au premier en cas de mort. Chaque division gouverne pendant une année; elles se relèvent le jour de la S. Jean d'été. Le petit-conseil juge les causes de petit-criminel, décide des causes d'appel des bourgeois, pourvoit aux bénéfices de l'église & aux emplois subalternes. Chaque année le petit-conseil est confirmé par le grand-conseil; & chacun des membres de celui-ci, par les autres membres des deux conseils, qui sont de la même tribu.

Tribunaux. Le conseil d'état ou des treize, la chambre économique, la chambre d'appellations pour le pays, la députation ou direction des églises & collèges, le conseil de commerce, le consistoire décident ou préparent les délibérations des conseils sur les matières de leurs ressorts.

Le *canton* est divisé en sept bailliages ; la préfecture des ballis dure ordinairement huit ans. Quatre sont pris communément dans le petit-conseil; deux autres indifféremment dans le grand-conseil ou dans le corps de la bourgeoisie. Deux avoyers président à Liestal, l'un choisi dans cette petite ville, l'autre de la ville de Bâle : ils alternent dans leurs fonctions d'année en année.

Elections des charges & magistratures. Les places vacantes dans le petit-conseil sont remplies, au choix du grand-conseil, par les membres des tribus auxquelles la place est affectée : les places du grand-conseil, par les membres des deux conseils de la tribu à laquelle elles sont affectées.

Toutes ces élections se faisoient autrefois à la pluralité des voix ; mais pour prévenir la brigue, & l'ascendant de ceux qui avoient plus de crédit, on établit ce qu'on appelle le *ternaire* : trois citoyens étoient élus, & le sort décidoit entre eux. Cette méthode ne contre-balançant pas encore assez l'influence des richesses, on changea le ternaire en senaire, au lieu de trois candidats on en élut six, pour faire décider au sort, celui d'entre eux qui occupera le poste vacant. Leurs noms sont mis dans un sac; & six billets, sur l'un desquels on a écrit l'emploi vacant, sont mis dans un autre. Deux personnes sont nommées pour tirer cette loterie, & puisent à la fois dans les sacs. Celui du compétiteur avec lequel on tire l'heureux billet, obtient l'emploi désigné.

Il y a une seule circonstance dans laquelle le senaire n'est point en usage ; c'est à la mort du bourguemestre, alors un des tribuns lui succède de droit. On observe la même méthode pour les charges des baillis, même pour les charges de l'université, & pour les bénéfices & places de l'église.

Les constitutions n'admettent le père avec le fils, ou le beau-père avec le gendre, ni dans le petit-conseil, ni dans le nombre des membres du grand-conseil sur la même tribu.

Six des quinze tribus de la grande ville n'admettent à leur corps, & par conséquent parmi leurs représentans dans les conseils, que des maîtres de leur profession. Deux tribus ont le même privilège, pour la moitié seulement de leur contingent : dans toutes les autres, l'accès de la tribu & la concurrence pour les emplois, sont ouverts aux personnes de toutes professions non classées, aux militaires, aux avocats, aux gens de lettres, *&c.* en commun avec ceux qui se donnent aux arts fixés sur les mêmes tribus.

Les citoyens de la petite ville sont fondus dans les tribus de la grande, & quoique ceci rendît leur condition absolument égale, ils ont obtenu d'être encore formés en trois sociétés, qui envoient chacune douze membres au grand-conseil. Les droits particuliers du petit Bâle sont fort singuliers. Ses citoyens y perdent le droit de cité, *ipso facto*, lorsqu'ils vont habiter la grande ville, & ceux de ses conseillers qui s'établissent dans cette dernière, sont obligés de conserver une chambre dans la petite ville, & d'y laisser leur robe magistrale, qu'ils y vont prendre & déposer les jours de conseil.

Quant à la constitution militaire, la ville & ses fauxbourgs sont divisés en six compagnies bourgeoises des six quartiers. La milice du pays forme deux régimens, chacun de neuf compagnies de fusiliers, une de grenadiers, & une de dragons.

Clergé. Le pasteur de la cathédrale en est le chef, il forme un synode à la ville & trois à la campagne.

Effet du gouvernement sur la population. Le peuple est en général si prévenu pour sa patrie, qu'il croit que le vrai bonheur n'existe qu'à Bâle. Peut-être n'existe-t-il aucun lieu du monde où cette classe d'hommes soit aussi heureuse. Le moindre individu s'enorgueillit de sa liberté, & en a le droit. D'ailleurs les privilèges dont le corps des citoyens jouit, & l'espérance que chacun de ses membres peut avoir de faire un jour partie du conseil souverain, donne au dernier des bourgeois, une sorte de considération personnelle qui l'entretient dans le sentiment de sa propre importance : en effet, dans le nombre des magistrats, on en compte plusieurs qui exercent des métiers inférieurs.

Cependant il paroît que Bâle a été une des villes les plus peuplées de la Suisse; son enceinte contiendroit facilement cent mille ames, tandis que maintenant on en compte à peine 24000, selon les uns, & 11000 selon d'autres.

D'où vient ce défaut de population? d'un côté, il est naturel, sur-tout parmi les Suisses, qui passent en grand nombre au service étranger, & se fixent dans les états voisins, que tous ceux qui naissent dans la ville, n'y fixent point leur résidence; d'un autre côté, on croit que dans toutes les grandes villes le nombre des morts surpasse celui des naissances. Si cet excédant n'est point compensé par une affluence régulière de nouveaux habitans, une grande ville doit tendre rapidement à sa dépopulation.

Mais les citoyens de Bâle, comme ceux des autres aristocraties de la Suisse, sont à tel point jaloux du droit de bourgeoisie, & s'enorgueillissent tellement de ses privilèges, qu'ils daignent rarement le conférer à des étrangers, qui, ne pouvant, sans cela, établir aucun commerce, ni exercer aucun métier dans leur ville, ne viennent point y réparer les pertes continuelles que sa population essuie.

Cependant il y a quelques années, plusieurs magistrats, convaincus des mauvais effets de cette exclusion illimitée, parvinrent à faire passer une loi en vertu de laquelle les étrangers peuvent être admis à partager la liberté de la ville & les droits de cité: mais cette loi fut embarrassée de tant de restrictions, qu'elle est devenue incapable de remplir son objet. Tous les motifs possibles d'intérêt privé & d'ambition, se sont ligués pour détruire son efficacité. Je n'en suis pas surpris, ajoute M. Coxe; car des sociétés entières d'hommes, sont rarement unies par un esprit assez généreux, pour sacrifier leurs avantages personnels & immédiats, au bien-être & à la postérité future de leur pays. Cette grande vérité n'est que trop malheureusement de tous les pays, de tous les états & de tous les temps. Elle est par-tout le plus terrible obstacle du bien public.

Administration, revenus publics. Ils consistent dans des taxes imposées sur l'entrée de toutes les charges, à proportion de l'émolument; dans des droits modiques sur les boucheries, & sur la vente du vin en détail; dans la perception d'une somme de 15 liv. payée par chaque bourgeois pour la garde de la ville; de celle de 6 sous par tête & de 2 s. par arpent; dans les corvées, à raison des facultés de chaque habitant de campagne; dans des dixmes, rentes foncières, droits de lods & vente, & de succession; dans des droits de péage sur les voitures & sur les bestiaux; dans les douanes, à raison de cinq deniers par florin du prix des marchandises que le forain achète, vend & fait vendre dans le pays.

Le négociant déclare, sous son serment, la valeur des marchandises qu'il a envoyées à l'étranger, & paie un demi pour cent. Mais s'il prouve que faute de débit il a été obligé de faire revenir ses marchandises, il ne doit rien pour le retour.

L'artisan paie, pour l'ouvrage qu'il envoie au dehors, un quart pour cent, & le cultivateur 2 s. par quintal des denrées qu'il envoie hors du *canton*.

Ceux qui veulent sortir du pays, & les femmes qui vont se marier à un étranger, paient dix pour cent de tous les biens qu'ils possèdent dans l'étendue du *canton*.

Par-tout la loi fiscale, contraire à celle des autres pays, témoigne la plus grande confiance au contribuable.

Chaque bourgeois prête tous les ans serment de payer ce qu'il devra d'impôt, & tous les trois mois le marchand & le cabaretier, qui forment entre eux une très-grande partie de la bourgeoisie, envoient, soit au trésorier de l'état, soit aux baillis, un compte de ce qu'ils ont vendu, soit dans le pays, soit dans l'étranger, & règlent au bas du compte, le montant de la somme qu'ils jugent devoir légitimement payer.

Les trésoriers de l'état règlent les comptes, & ceux que leur envoient les baillis, en reçoivent le montant, règlent pareillement les comptes des commis de la douane & des péages, paient les appointemens, & forment, au bout de l'année, un état de la recette & de la dépense, qui est porté devant le grand-conseil, qui l'arrête.

Concile de Bâle. Il ne nous appartient, ni d'en faire l'histoire, ni de rendre compte de ses décisions, que la France a adoptées. Mais observons que jamais concile ne fut plus libre, & n'établit mieux les libertés de l'église. Ce ne furent pas seulement les prérogatives du concile contre les papes, qui furent invariablement fixées, mais l'indépendance du second ordre fut consolidée par l'établissement de l'expectative des gradués; établissement sujet à des inconvéniens, mais infiniment plus sage que celui du concours qui a été ordonné à Trente, & qui a trop laissé à l'arbitraire des évêques.

Evêché & principauté de Bâle. Le prélat n'est, à l'égard de cette ville, qu'un titulaire; mais il conserve une partie de son territoire spirituel & temporel; il réside à Porentru, sa capitale actuelle, & les protestans ne l'appellent que le prince de Porentru.

Ce prélat, prince d'empire, est allié avec les *cantons* catholiques: l'alliance est défensive: elle fut traitée fort secrétement, à l'insu des réformés, en 1579, & jurée publiquement à Porentru au mois de janvier 1580. Elle a été renouvellée solemnellement en 1655, 1695 & 1712.

Comme *prince d'Empire*, l'évêque est du cercle du haut-Rhin. Il a rang, dans les diètes, au-dessus de l'évêque de Liège, & alterne avec Brixen: sa contribution, d'après la matricule impériale de 1721, est de quinze fantassins, deux cavaliers, ou de quatre-vingt-quatre florins, à son choix, par mois romains, outre trente florins pour l'entretien de la chambre impériale.

L'évêque de Bâle est aussi allié de la France. Il est élu par le chapitre de sa cathédrale, qui le choisit ordinairement dans son corps.

Le territoire ou l'état de ce prince a près de quinze lieues de long sur sept à huit de large. On ne peut dire qu'il ait la pleine souveraineté dans tout ce territoire, ni même qu'il soit le maître de n'y laisser exercer d'autre religion que la sienne.

L'abbaye de Bellelui est indépendante de lui. La ville de Bienne a le droit de bannière sur les habitans du Val S. Imier: les communautés de Munsterthal ou de la prévôté de Moutier Granval jouissent de la protection du *canton* de Berne, en vertu d'un traité de combourgeoisie de 1486, renouvellé jusqu'à nos jours : les quatre *cantons* protestans sont d'ailleurs garans du libre exercice de la religion réformée dans l'Erguel, autre partie de l'évêché. Les *cantons* catholiques, dans leur traité avec l'évêque, se sont bien engagés de lui prêter main-forte pour ramener dans la communion romaine ceux de ses sujets qui avoient embrassé la réforme; mais avec la réserve de ne point employer les voies de fait sans l'avis des autres *cantons*.

C'est un pays d'*états;* les impositions y sont assises sur un cadastre qui est défectueux, parce que les communes & les forêts n'y sont pas compris : & pour que l'impôt ne porte pas entiérement sur les fonds, on lève une espèce de capitation sur les cabaretiers, les meûniers & artisans des villes. Cette taxe, ainsi que les droits de péage & d'assise, qui qui se lèvent sur les vins & d'autres marchandises, est très-modéré. L'impôt ordinaire sur les terres est de cinq pour cent, de leur estimation. Lorsque l'on veut l'augmenter, une ordonnance annonce que l'on levera deux ou trois impositions.

Le receveur général qui fait l'emploi des deniers, rend compte à une commission nommée par le prince ou par les députés des états.

Ville de Bienne. Cette ville a droit de faire porter son suffrage aux diètes des *cantons* par un député. Quoique l'évêque de Bâle y jouisse du titre de souverain, ce n'est qu'un vain titre : & la ville est une véritable république aristocratique.

Elle est située sur le bord du lac du même nom, vis-à-vis d'une isle qui sera long-temps célèbre pour avoir servi de retraite à Jean-Jacques Rousseau. Ce fut la dernière qu'il eut en Suisse; on sait qu'il y fut poursuivi par les régences des aristocraties de Berne & de Bâle, honteuses de ne pouvoir réfuter autrement les lettres de la Montagne.

Révolutions politiques de Bienne. Après l'extinction du troisième royaume de Bourgogne, Frédéric I inféoda Bienne à Ulric, troisième comte de Neufchâtel... Les enfans d'Ulric IV furent forcés de céder cette ville à Henri leur frère, chanoine de Bâle. Celuici, parvenu à l'évêché, en fit donation à son église.

Les libertés de cette ville durent se conserver ou s'accroître avec celles des autres villes de l'Helvétie. Au commencement du quatorzième siècle, elle réunissoit, sous sa bannière, la milice de plusieurs districts voisins. Vers la même époque, elle étoit alliée avec Soleure & Fribourg, &c, dès 1279, avec Berne. Les alliances devinrent perpétuelles avec Berne en 1352, avec Soleure en 1382, avec Fribourg en 1496.

En 1468, l'évêque Jean VI remit à la ville la jurisdiction criminelle. Il y eut, entre elle & les prélats, quelques démêlés qui furent terminés, en 1610, par une prononciation de huit arbitres choisis par les *cantons*. Cet acte & un autre dressés, en 1731, par la médiation de Berne, sont les fondemens des droits réciproques.

Gouvernement de Bienne. L'évêque de Bâle n'y a que le titre de souverain. Si, lors de sa nomination à l'évêché, il reçoit les hommages des citoyens & de la milice de Bienne, accompagnés de toutes les cérémonies extérieures du vasselage & de la sujétion, il est obligé en même temps de confirmer, de la manière la plus authentique & la plus solemnelle, tous les privilèges & les franchises de cette ville. Il a droit de nommer le *maire;* mais l'office, le pouvoir de ce maire se réduisent à convoquer & présider le petit-conseil, & à prononcer les suffrages, mais sans avoir voix : &, quoique la justice soit rendue au nom du prince, ni lui ni le prince n'ont le droit de faire grace ni de commuer la peine. Ce maire doit être, suivant les capitulations, ou gentilhomme capable d'avoir entrée au chapitre de l'évêché, ou conseiller de Bienne. Les émolumens, attachés à cette principauté titulaire, ne vont pas de sept à huit mille livres.

L'autorité & la puissance effective résident dans le grand & dans le petit-conseil : le premier composé de vingt-quatre membres, le second de quarante; le *petit-conseil* divisé en deux classes, est juge civil en première instance; juge criminel & de police dans tous les cas qui ne sont pas évoqués au conseil souverain. Il dispose des emplois civils, à l'exception de ceux de bourguemestre & de banneret. Il exerce la police ecclésiastique & a le département militaire.

Le *grand-conseil* juge en dernier ressort des causes majeures; il connoît des objets d'économie publique importans; il donne des instructions aux députés à la diète, se fait rendre compte de leurs commissions, & fait les édits qui doivent avoir force de loi. L'élection du bourguemestre, des pasteurs & régens lui est réservée : mais il ne s'assemble qu'avec les membres du petit-conseil.

Le *bourguemestre* est à vie, mais sujet à être confirmé tous les ans, ainsi que tous les membres des deux conseils. Il les préside & garde les sceaux.

Le *banneret* avoit autrefois le premier rang, & n'a plus que le second. Il garde une clef de la caisse publique & celle de l'arsenal. Il reçoit le serment de tous les miliciens assemblés, après avoir prêté le sien en leur présence.

Avocats. Dans les causes portées, soit au petit, soit au grand-conseil, chacune des parties choisit

un

un juge du tribunal pour la défendre, & ce juge est obligé de le faire gratuitement.

Elections. Celle de bourguemestre se fait par toute la bourgeoisie assemblée dans l'église : la bourgeoisie choisit entre deux sujets qui lui sont présentés par les conseils. Les élections des autres magistratures se font par un concours de balotages & de suffrages. On ne peut proposer de compléter le petit-conseil, que quand il y a deux places vacantes, ni le différer, lorsqu'il s'en trouve six. Ce sont les deux conseils qui font les élections. Le petit-conseil choisit les membres du grand-conseil parmi les citoyens éligibles.

Les différentes chambres ou commissions sont établies sur le même pied que dans les autres aristocraties de la Suisse. Le conseil des anciens est le conseil d'état pour l'économie & les finances, il pourvoit aux tutèles, & discute préliminairement les matières qui doivent être portées au grand-conseil.

Police religieuse. Le clergé de la ville & son territoire forment un corps séparé; les causes matrimoniales sont jugées par un tribunal composé de six juges séculiers & de deux pasteurs, sous la présidence d'un conseiller.

Canton de Berne. C'est le plus grand & le plus puissant de la Suisse. Nous allons faire connoître, 1°. le gouvernement de cette république; 2°. ses tribunaux; 3°. son administration; 4°. sa police militaire; 5°. ses loix religieuses.

Section première.

Gouvernement.

Les écrivains suisses n'ont que trop bien confirmé cette vérité, que les droits du peuple qui ne fait rien pour ses défenseurs, sont toujours sacrifiés aux protections des hommes puissans qui disposent des pensions & des places, qui peuvent être injustes & tyrans impunément : soit vile adulation, soit crainte, soit prévention; des auteurs suisses ont prétendu que la constitution de la ville de Berne avoit été aristocratique dès son origine.

Cependant ils sont forcés de convenir que, dans la bulle d'or par laquelle l'empereur Frédéric II confirma les privilèges de la ville de Berne, & fixa ses loix constitutives, ce prince donna à la *communauté* le droit d'élire chaque année l'avoyer, de choisir le curé, de dispenser un citoyen des charges publiques, de juger de la vie & de la mort en certains cas, de décider sur les différends entre les étrangers & les bourgeois en temps de foire, & de faire de nouvelles loix.

C'est à la *communauté* que ces attributs éminens de la législation, de la jurisdiction & du gouvernement sont accordés ou plutôt confirmés; ce n'est point à un sénat aristocratique, composé d'un petit nombre de petits gentilshommes ou de bourgeois.

D'ailleurs, que l'on ne s'y trompe pas! Dans tous les pays, les hommes préféreront toujours l'autorité d'un monarque à l'aristocratie de plusieurs familles; il vaut mieux servir un seul, que d'être l'esclave d'une foule de souverains : le joug fût-il plus onéreux, est moins humiliant. On convient que Berthold vouloit enrichir son état par la création d'une cité puissante & florissante; il eut manqué son objet, si en fondant sa ville sur une troupe misérable & oisive de nobles peu nombreux, il eût éloigné la multitude active, laborieuse & industrieuse des plébéiens.

Que l'on ne dise pas que le terme de *communauté* est, dans quelques aristocraties, comme à Venise & à Genève, le synonyme de *république*... Et qui ne fait pas que ces superbes aristocraties, aujourd'hui de l'ordre équestre, étoient, dans l'origine, de véritables démocraties? Personne n'ignore les époques où les magistrats de Venise & de Gènes, long-temps élus par le peuple, se sont emparés, comme d'un bien de famille, de l'autorité dont ils n'étoient que les dépositaires précaires.

Il n'en a pas été autrement à Berne; un monument indestructible des droits de sa commune, c'est la constitution même du gouvernement. Le grand-conseil dans lequel réside la souveraineté, le grand-conseil qui fournit les membres du sénat & tous les officiers de la république; le grand-conseil est entièrement tiré des tribus : & ces tribus n'étoient, dans l'origine, que des corporations d'artisans, dont elles n'ont pu effacer les noms.

Si, en France & sous un gouvernement monarchique, ces corporations étoient parvenues à envahir des privilèges exclusifs, à se procurer des loix qui restreignoient à-la-fois l'industrie des autres habitans : &, par des formalités, des taxes excessives, leur fermoient en quelque sorte l'entrée de ces associations; quels succès de pareilles entreprises n'auront-elles pas dû avoir dans des républiques, où le peuple, la bourgeoisie étoient distribués en corporations de métiers; où ces corporations étoient à-la-fois animées de la jalousie de commerce & de la jalousie de l'autorité?

Mais à quels misérables subterfuges, à quelles subtilités est-on obligé d'avoir recours pour faire remonter le pouvoir des magistrats actuels à l'origine de ces villes? Comme leur origine bourgeoise est connue, l'on est forcé de dire que leurs familles ont succédé aux maisons nobles auxquelles seules l'autorité avoit été donnée par les empereurs; mais si un petit nombre de bourgeois, en excluant les nobles, a pu, sans titre, s'approprier légitimement l'autorité des nobles, pourquoi d'autres familles bourgeoises ne pourroient-elles pas justement & légitimement partager cette autorité? Comment ce sénat qui n'existeroit que par l'autorité des empereurs, qui n'auroit été établi que pour être l'officier de l'empereur, peut-il, après s'être soustrait du joug des empereurs, opposer à sa nation les titres qu'il ne tient que du pouvoir impérial, les titres que cette révolution a dû détruire?

N'ajoutons aucune foi à ces romans qui nous représentent les aristocraties de Suisse comme avant formé, dans leur principe, des associations de *nobles ;* les faits, les monumens de l'histoire & les établissemens modernes, tout nous atteste au contraire que ces villes ne furent, dès leur origine, que des communes de *bourgeois ;* c'est le nom que gardent encore, dans leurs murs, ceux qui sont élevés aux magistratures, & ceux qui se destinent à les remplir : leurs alliances avec les cités voisines n'ont pris d'abord que le nom de *combourgeoisie :* c'est le nom qu'elles conservent encore ; & ce nom de *bourgeois* a toujours été, en Suisse comme en Angleterre & en France, l'opposé de celui de *nobles*.

Mais ce qui distingue ces aristocraties de celles de la Grèce, de Rome, de l'Italie, & d'un grand nombre de villes d'Allemagne, c'est que, dans celles-ci, les familles revêtues des charges ont pris le titre de *patriciennes :* ç'a été en s'arrogeant une qualité plus relevée, qu'elles sont parvenues à se distinguer des autres classes de citoyens.

En Suisse au contraire ; les familles qui ont enfin concentré entre elles toute la puissance, soit effet de l'habitude, soit pour ne pas effaroucher un peuple alors plus fier, ont conservé la qualité de *bourgeois ;* mais, en le conservant, elles en ont *dépouillé les autres classes du peuple :* & maintenant ces autres habitans, plus dégradés qu'ailleurs, ont réellement perdu les droits de citoyen, & se sont trouvés sujets, au réveil de ce long sommeil pendant lequel se sont faites les innovations.

Cependant elles ne se sont point faites sans orage : les historiens parlent des premiers troubles arrivés en 1384. Le peuple a tenté, en 1749, une nouvelle révolution : les suites n'en ont point été heureuses ; le grand-conseil de Berne, soit qu'il n'eût pas la modération qui animoit le sénat de Rome dans de pareilles circonstances, soit qu'il ne se crût pas obligé aux mêmes ménagemens envers le peuple, a fait couper la tête à quelques chefs des plébéiens.

Conseil de deux cens. La puissance souveraine réside actuellement dans ce conseil ; l'autorité dont il est revêtu, dit Wiliam Coxe, est, à quelques égards, la plus absolue & la moins limitée dont les aristocraties de la Suisse fournissent l'exemple. Le gouvernement de Lucerne est considéré à la vérité comme le plus aristocratique des *cantons :* &, en effet, il est tel, eu égard au petit nombre des familles qui peuvent prendre part aux affaires publiques ; mais, d'un autre côté, ses magistrats suprêmes ne peuvent déclarer la guerre ni faire la paix, contracter des alliances ni imposer les taxes, sans le consentement de l'assemblée générale des bourgeois. A Fribourg & à Soleure, les bourgeois sont convoqués de même en certaines occasions : mais le conseil souverain de Berne, distingué par-là de tous ces corps supérieurs des aristocraties suisses, ne connoit aucune barrière constitutionnelle de ce genre, qui puisse restreindre sa puissance : & les citoyens ne s'assemblent jamais pour quelque cause que ce puisse être.

Sans doute, il n'en a pas toujours été de même : &, si l'on voyoit revenir des temps périlleux ; s'il s'agissoit de contracter de nouvelles alliances qui pussent être onéreuses à l'état ; s'il étoit besoin d'asseoir des impositions un peu fortes, sans doute l'on verroit les sénateurs revenir aux anciennes maximes, assembler la commune & solliciter le concours unanime.

Quoi qu'il en soit, le *conseil des deux cens* dans lequel tous les autres collèges sont réunis, qui, sous les titres d'*avoyer, petit & grand-conseil*, ou d'*avoyer, conseil & bourgeois de la ville & république de Berne*, exerce, sur tous les sujets de cet état, le pouvoir souverain, fait les loix & les révoque ; juge de toutes les affaires intérieures, évoquées devant lui ; donne aux autres tribunaux leurs pouvoirs compétens ; forme des alliances, les renouvelle, traite de la paix & de la guerre, & juge de la vie & de la mort.

Le titre que l'on donne, tant au grand qu'au petit-conseil, est celui de *magnifiques, hauts, puissans & souverains seigneurs ;* en opinant, les membres donnent à l'assemblée celui de *vos excellences*.

Vers la fin du treizième siècle, ce conseil étoit réellement composé de deux cens personnes : le nombre des membres s'accrut considérablement dans la suite. Aujourd'hui, ils ne peuvent être plus de 289.

C'est ordinairement tous les dix ans que ce conseil se complette ; au bout de cet espace de temps, il y manque communément quatre-vingts membres. Le conseil détermine alors le moment des élections : ce point convenu, chaque avoyer nomme deux des nouveaux membres ; chacun des seizeniers & des membres du sénat en nomme un : deux ou trois autres officiers jouissent du même privilège.

Il y a un certain nombre de personnes qui réclament, en vertu de leurs offices, le droit d'être élus : leurs prétentions sont ordinairement admises ; ces différentes nominations & prétentions fournissent environ cinquante des membres à élire ; le reste est rempli par le sénat & les seizeniers, suivant le procédé d'une élection ordinaire.

Dans les délibérations du grand-conseil, les sénateurs ou membres du petit-conseil ont un rang distingué, & sont invités, par leur nom, à opiner. Les membres du grand-conseil opinent ensuite sur l'invitation générale de l'avoyer ou président ; chaque membre a le droit de proposer ce qu'il croit utile à l'état : le président doit soumettre toutes les opinions au suffrage. Aujourd'hui que le grand-conseil prend connoissance de presque toutes les affaires, les assemblées se tiennent ordinairement trois jours par semaine, excepté pendant les vacances des vendanges ou des moissons.

Ainsi, quoique le grand-conseil ait délégué au sénat le maniement d'une partie des affaires les plus importantes, comme il est toujours dans un état d'activité constante, & exerçant par lui-même son autorité suprême, le sénat ne jouit pas à Berne d'une autorité aussi étendue que dans les autres aristocraties.

Il n'y a rien de distinctif dans l'habit des magistrats, qu'un chapeau plat dont le bord est arrondi & bordé de franges pour les membres du conseil des deux cens; celui des sénateurs a le fond fort rehaussé : le premier est appellé *barrète*, le dernier *berusse*. L'avoyer en exercice préside au grand-conseil, porte sur son habit un surplis fort court, fait d'après une très-ancienne mode.

Le *petit-conseil* ou *sénat* s'assemble à-peu-près tous les jours; on y traite d'abord toutes les affaires qui peuvent être portées à celui des deux cens. Il expédie les affaires courantes & de police, dispose de la plupart des cures ou charges ecclésiastiques, des places subalternes, tant civiles que de police, juge en dernière instance les procès criminels, à l'exception de ceux qui regardent des citoyens de Berne, & des droits de justice criminelle, réservés à quelques villes & vassaux.

L'élection des sénateurs se faisoit autrefois par les bannerets & les seize, aujourd'hui cette élection se fait d'après un plan fort combiné, qui a pour objet d'empêcher les effets de la brigue, par un mêlange du sort.

Ce conseil ou sénat est composé de deux avoyers, de deux questeurs ou trésoriers, de quatre bannerets ou tribuns, & enfin de deux conseillers secrets.

Le grabeau ou la réélection des magistrats se fait chaque année dans la semaine sainte de pâques; le jeudi, les seize sont choisis par le sort, ils font avec le sénat la revue du grand-conseil, le même jour; le lundi après pâques, se fait l'élection annuelle de l'avoyer & des quatre bannerets; le même jour après-midi, les bannerets font avec les seize, la revue du sénat, & sur leur rapport, le jour suivant, les conseillers sont confirmés au conseil des deux-cens, où se fait encore l'élection des trésoriers. Chaque année le sénat nouvellement confirmé, demande une nouvelle patente au grand-conseil. Cette démarche est une reconnoissance qu'il tient de lui son autorité.

Voici comment se font les élections : on met dans une boîte 26 balles dont 3 sont d'or; les 26 membres du sénat restans en tirent chacun une, & ceux auxquels les 3 balles d'or tombent en partage, nomment dans le nombre de leurs confrères, trois électeurs. Sept autres électeurs sont nommés par le grand-conseil, suivant un procédé semblable. Les électeurs choisissent un certain nombre de candidats, qui ne peuvent excéder dix, ni être moins de six; ceux de ces candidats qui, offerts au suffrage du conseil souverain, ont la minorité, se retirent jusqu'à ce qu'il n'en reste plus que quatre; à ces quatre candidats, on fait tirer 4 balles dont 2 sont d'or & 2 d'argent : ceux auxquels les balles d'or viennent à échoir sont de nouveau proposés au conseil souverain, & la pluralité des voix prononce entre eux.

Pour être éligible, il faut avoir été dix ans membre du grand-conseil, & être marié.

Le *conseil secret* est composé de l'avoyer régnant, du plus ancien trésorier, des quatre bannerets & des deux conseillers secrets. On traite dans ce conseil, les affaires de l'état qui requièrent une discrétion que l'on ne peut attendre d'un corps aussi nombreux que le conseil souverain. Le conseil secret a le pouvoir de se déterminer dans les affaires d'une très-grande importance.

L'office des *conseillers secrets* est de veiller dans les délibérations des conseils, pour qu'il ne s'y passe rien contre le gouvernement. Mais les conseillers étant destinés à succéder aux places vacantes du sénat, suivant la date de leurs élections, n'est-il pas à craindre qu'ils ne prennent d'abord l'esprit de ce corps, & le conseil souverain peut-il les regarder comme des tribuns qui lui soient bien affidés, en cas d'entreprise du sénat? S'il y a lieu de se plaindre de dénégation de justice, ou d'autres abus importans, les membres du grand-conseil peuvent faire proposer l'affaire par un conseiller secret.

Les principaux magistrats de Berne sont les deux avoyers, les deux trésoriers & les quatre bannerets; ces grands officiers sont élus à la pluralité des voix, par le grand-conseil & pris dans le nombre de ses membres.

Les avoyers, dans l'origine, étoient élus annuellement; aujourd'hui deux avoyers nommés à vie, sous la réserve du pouvoir souverain pour les déposer, alternent pour la présidence des conseils & pour l'exercice de leur dignité. On donne le titre d'*avoyer* régnant à celui qui est en exercice. Il a dans la salle du conseil, un siège particulier, un peu élevé au-dessus des autres & couvert d'un dais : le sceau de la république est devant lui sur une table; il ne donne jamais son avis qu'il n'en soit requis, & n'a la voix que lorsque les suffrages sont également partagés.

L'avoyer hors d'exercice est le premier en rang parmi les sénateurs.

L'avoyer ne peut être choisi que parmi les bannerets & les trésoriers.

Le *trésorier allemand* ou *questeur*, pour la portion allemande du *canton*, tient le troisième rang, il ne peut être confirmé que six ans de suite : il en est de même du *trésorier du pays de Vaud*, qui prend le rang avec les bannerets, suivant la date de son élection.

Les quatre *bannerets*, autrefois *banderets*, sont élus pour quatre ans, chacun d'eux a la jurisdiction sur un certain district aux environs de la ville, qu'on appelle *bannière*, ils ont sous leurs ordres des officiers nommés *freiveibel*, qui sont paysans, & qui ont inspection sur le militaire, & sur ce qui est du ressort du juge criminel : chefs de l'armée bernoise, ils sont élus dans le nombre de ceux qui composent les quatre premières abbayes ou tribus.

Il y a douze tribus, les quatre premières sont

celles des maréchaux, des tanneurs, des boulangers & des bouchers : ce sont les anciennes, elles ont, dit M. Ramon, de très-grands privilèges : lorsqu'on est né dans le sein d'une tribu quelconque, il n'est pas nécessaire d'un professer le métier ; mais l'on ne peut passer de l'une à l'autre sans faire le chef-d'œuvre. C'est ainsi qu'une branche de la maison d'Erlach, qui se trouvoit excluse des grandes charges de l'état, parce qu'elle ne faisoit pas partie d'une des quatre abbayes, est entrée dans celle des maréchaux.

Les *seize*, sont seize membres du grand-conseil, pris tous les ans dans les douze abbayes ou tribus; savoir, deux dans chacune des quatre grandes tribus, & un dans chacune des huit petites. Les candidats sont ordinairement choisis au sort dans le nombre de ceux qui ont exercé l'office de bailli : mais cela n'est pas absolument nécessaire. S'il arrive que dans une même tribu, il y ait deux éligibles dont l'un ait été bailli, & dont l'autre soit alors membre du grand-conseil, ils tirent au sort pour la charge de seirenier : si au contraire, il ne s'y trouvoit qu'un seul tributaire qui fût du grand-conseil, celui-ci seroit seirenier de droit, pourvu qu'il eût les qualités requises pour être éligible, c'est-à-dire, qu'il fût marié & qu'il n'eût ni son père ni son frère dans le sénat.

Etat extérieur. Nous ne pouvons, à l'exemple de M. Coxe, passer sous silence cet établissement, qui est une copie en miniature du conseil souverain, dont il ne diffère en rien. Cet état extérieur est composé de jeunes citoyens qui n'ont pas atteint l'âge requis pour entrer dans le conseil des deux cens; ils s'assemblent fréquemment, en suivant dans toute leur régularité les formes de l'administration suprême du *canton ;* ils ont tous les magistrats, tous les officiers de la république : ils élisent les uns & les autres de la manière prescrite par le gouvernement; la dignité d'avoyer y est sollicitée avec ardeur, parce que celui qui l'obtient est assuré d'être admis dans le conseil souverain sans autre recommandation. Ce corps possède aussi un certain nombre de bailliages, ce sont de vieux châteaux ruinés, dispersés dans le *canton.*

Cet établissement peut être considéré comme un collège politique pour la jeunesse de Berne; elle y acquiert une connoissance parfaite de la constitution, & les fréquentes assemblées de conseil, étant toujours remplies par des discussions politiques de toute espèce, fournissent à ces jeunes citoyens l'occasion d'exercer & de perfectionner les talens dont ils sont doués.

SECTION II.

Tribunaux.

Autrefois un conseil de soixante jugeoit en dernier ressort des appels; maintenant la chambre des *appellations allemandes* juge tout appel civil en dernière instance, si l'objet principal ne passe pas la valeur de 2000 livres bernoises, (la livre de Berne fait vingt-deux sous six deniers de France.); maintenant toutes les causes dont l'objet passe cette valeur, de même que toutes les causes d'injures, peuvent être portées au conseil des deux cens.

La chambre des appellations romandes juge en dernier ressort pour le pays de Vaud, soit à l'imitation de la chambre d'appel établie à Moudon, sous les ducs de Savoie, soit parce que dans les premiers temps qui ont suivi la conquête, la langue de ce pays, qui est la françoise, étoit trop peu connue à Berne, pour trouver un plus grand nombre de juges capables.

Ces tribunaux présidés par un membre du sénat, sont composés de membres du grand-conseil.

Les pays soumis à la domination de Berne sont partagés en *bailliages* ou *préfectures*, dont la commission dure six ans.

Les *baillis* sont les juges délégués de la police, les exécuteurs des édits & mandats souverains, les économes des rentes du fisc & des greniers publics, les juges d'appel des justices inférieures, & les juges de paix, sur tous les objets que les parties s'accordent à porter à leur audience.

Dans le pays de Vaud, les baillis sont assistés par les cours baillivales, qui sont la première instance dans les causes féodales où le bailli fait les fonctions de partie publique. Ces cours décident aussi à la pluralité dans les causes civiles qui sont immédiatement portées devant elles; mais les assesseurs n'ont que voix délibérative dans les causes d'appel, & le bailli prononce la sentence.

Quelques contrées ont des privilèges particuliers : ainsi le *pays de Hasli*, en se soumettant au *canton*, s'est réservé le privilège de se choisir pour chef un *landamman* qui prêteroit serment à la république; une révolte l'avoit privé de cette distinction, mais elle lui fut rendue sous la condition que ce chef seroit subordonné à l'inspection du bailli d'Interlachen.

Lausanne jouit de très-grandes prérogatives, *voyez* LAUSANNE; & pour les bailliages de *Granson*, *Orbe* & *Morat*, indivis entre le *canton* de Berne & de Fribourg, *voyez ces trois mots.*

La *ville d'Aaraw*, qui s'est soumise aux Bernois par capitulation pendant le concile de Constance, a conservé le droit de se gouverner elle-même. Sa régence municipale consiste en neuf conseillers du conseil étroit, dix-huit autres conseillers & dix-huit membres pour compléter le grand-conseil des quarante-cinq. Les avoyers ou chefs sont pris entre les neuf du conseil étroit : ils prêtent hommage au nom de la ville, à l'état de Berne. La jurisdiction de la ville est limitée dans une enceinte très-resserrée; les appels en cause civile vont à Berne.

On dit qu'il y a un très-grand vice dans l'administration des baillis, & que par la nature des choses, les plaintes portées contre leurs exactions les plus notoires, ne sont pas toujours écoutées avec impartialité. Le conseil des deux cens, devant lequel ces affaires sont portées en dernière instance, n'a pour membres que des hommes qui sont, qui ont été ou qui espèrent devenir baillis, de manière que les juges du délit sont en quelque sorte intéressés à le pallier : on ajoute cependant que les faits sont exagérés, & que s'il y a des exemples de baillis coupables d'exactions, on a de même des exemples de jugemens impartiaux & sévères qui les ont punis.

Les émolumens des baillis consistent dans une portion qu'ils prélèvent sur le produit des taxes & des droits perçus pour le compte du gouvernement, dans l'étendue de leurs jurisdictions. Dans les bailliages allemands, le bailli prend encore une portion déterminée dans l'héritage des paysans.

Les bailliages se donnoient autrefois par élection; mais un réglement de 1718, en a soumis la distribution au sort. Cette loi, qui suppose que les aspirans jugés capables d'opiner dans le conseil souverain, le sont aussi de tous les emplois, établit l'égalité dans la possession des charges lucratives, rend la brigue & les partis inutiles.

SECTION III.

Administration.

La chambre économique, ou conseil des finances est composé des quatre bannerets, qui sont présidés par l'un ou l'autre trésoriers, suivant le département des affaires. La direction des bleds, des forêts, de la ferme des sels, l'intendance de la police, celle des bâtimens, celle des péages & chemins, le conseil de santé, & beaucoup d'autres départemens, forment des commissions séparées, présidées par un membre du sénat, chargées d'exécuter les ordres souverains dans leur ressort, ou d'examiner les affaires qui leur sont proposées, pour rapporter ensuite leur avis motivé.

Les baillis rendent compte annuellement à la chambre des bannerets; autrefois, cette chambre faisoit aux comptables, des gratifications & appréciations arbitraires; mais ces faveurs, souvent partiales & abusives, accordées aux dépens du bien public, ont été arrêtées par un réglement souverain, à la fin du dernier siècle.

Les *impositions* sont très-modérées ; elles consistent proprement en droits de dixme, de directe, en péages & en domaines, dans la ferme des sels, qui est en régie, *&c.*

L'état d'ailleurs a peu besoin de contribution, ses ressources consistent dans la fidélité des habitans, qui, dès qu'ils sont parvenus à l'âge de porter les armes, sont assujettis au service militaire.

SECTION IV.

Police militaire.

Tout mâle est classé dans la milice nationale, dès l'âge de 40 ans; le tiers des hommes ainsi enrôlé, est formé en régimens particuliers, composés de fusiliers & d'électionnaires. Les premiers sont les jeunes gens non mariés, les autres sont les pères de famille. Tout homme compris dans ces divisions, doit se fournir, à ses frais, d'un uniforme, d'un mousquet & d'une certaine quantité de balles : nul paysan n'obtient la permission de se marier, qu'il ne soit en état de représenter son armement complet.

Le conseil de guerre envoie tous les ans un certain nombre d'officiers nommés *lands-majors*, pour inspecter les armes & les munitions des soldats, compléter les régimens & exercer la milice : revenus de leur tournée, ils en font le rapport au conseil. Indépendamment de cette revue annuelle, les régimens ont quelques exercices particuliers, commandés par des soldats vétérans commis à cet effet.

Outre les armes entretenues dans l'arsenal de Berne, chaque bailliage en conserve dans un arsenal particulier autant qu'il en faut pour toute la milice du district, & garde en caisse une somme suffisante pour solder pendant trois mois, la troupe des électionnaires, en cas de service actuel.

La cavalerie est composée de bons laboureurs, chacun fournit son cheval & tout son équipement.

En temps de paix, l'avoyer non régnant préside au conseil de guerre, & l'un des membres de ce conseil est à la tête de l'armée du pays de Vaud. Mais en temps de guerre, on nomme un général qui commande toutes les forces de la république : on a placé des signaux sur les terreins les plus élevés de chaque bailliage, pour rassembler la milice en un certain lieu désigné à cet effet, où elle reçoit les ordres qui déterminent sa marche.

SECTION V.

Loix & police religieuse.

Le sénat de Berne ne desiroit pas la réformation qui enlevoit aux familles qui le composoient, les bénéfices de l'état qu'elles se réservoient ordinairement; d'ailleurs les réformateurs s'élevoient avec énergie, non seulement contre les abus du culte, mais encore contre ceux de l'état, contre la corruption & la vénalité qui s'étoient introduites parmi les chefs : mais la bourgeoisie entraîna le conseil des deux-cens, on fit disputer les prêtres & les ministres, & la pluralité des suffrages fut pour les derniers. La réformation fut ensuite proposée aux communautés sujettes, par-tout elle fut soumise à la pluralité des voix; dans les lieux où elle prévalut, l'ancien culte fut aboli; dans les autres, on conserva la liberté de conscience, en se réservant de reprendre la délibération.

Voici maintenant quelle est la police ecclésiastique. Ceux qui se vouent à cet état, font leur cours d'étude dans une des deux académies de Berne ou de Lausanne; après l'examen, les étudians reçoivent avec la consécration, par l'imposition des mains, la capacité de desservir les cures. Ces bénéfices se donnent au sénat, à l'exception de ceux de la capitale, qui sont réservés au choix du grand-conseil, & de ceux de collature ou de patronage laïc.

Le clergé du *canton* allemand est divisé en huit synodes, qui s'assemblent séparément chaque année, sous la présidence d'un doyen.

Le pays de Vaud est divisé en cinq synodes, dans lesquels sont compris les églises des bailliages communs entre Berne & Fribourg, & celle de Bonchaberg, dépendante du *canton* de Soleure, qui a embrassé la réformation. Les pasteurs assistent aux consistoires, où sont rapportées les fautes contre les bonnes mœurs, les causes matrimoniales, celles de divorce, de fornication ou d'adultère. Les procès-verbaux sont ensuite adressés au consistoire suprême de Berne, qui est composé de juges civils & ecclésiastiques. (*M. Henry.*)

CANTONNEMENT, s. m. (*Eaux & Forêts. Droit féodal.*) c'est une portion de bois, fixée ordinairement aux deux tiers, donnée en propriété aux usagers pour leur tenir lieu du droit d'usage, qu'ils avoient dans une certaine quantité de bois appartenant au roi ou à un seigneur.

Nous avons déjà remarqué, sous *le mot* Bois, qu'après l'établissement des Francs dans les Gaules, les rois réunirent à leur domaine la propriété des vastes forêts qui couvroient une grande étendue de pays: que pendant long-temps on ne donna des loix que pour la conservation du gibier; que tous les habitans d'un canton prenoient dans les bois de leur voisinage ce dont ils avoient besoin pour la construction & réparation de leurs maisons, & pour leur chauffage.

Lors de l'introduction du gouvernement féodal, les seigneurs s'approprièrent les forêts enclavées dans leurs territoires, & laissèrent subsister, en faveur de leurs vassaux, les droits d'usage dont ils avoient joui jusqu'alors.

L'exercice continuel de ce droit a occasionné une multitude d'abus, & le dépérissement total d'une grande partie des forêts: c'est pour y remédier que nos rois ont rendu plusieurs ordonnances dont nous avons parlé sous *le mot* Bois, afin de constater les droits d'usage établis dans leurs forêts, & afin de régler l'exercice de ce droit pour le rendre utile aux usagers, & pour conserver en même temps leurs bois.

C'est par les mêmes motifs que le conseil s'est déterminé à accorder, aux seigneurs hauts-justiciers, lorsqu'ils le demandent, le partage des bois dans lesquels leurs vassaux ont des droits d'usage. La portion qui est assignée aux usagers, & qu'on distrait de la propriété du seigneur, s'appelle *cantonnement.*

Tous les seigneurs hauts-justiciers, laïques, ecclésiastiques, main-mortables, même les communautés de filles, peuvent demander le triage ou *cantonnement*: ils y sont autorisés par l'ordonnance des eaux & forêts de 1669, la déclaration du 8 janvier 1715, l'édit de mai 1716, & une multitude d'arrêts du conseil, dont le dernier que nous connoissons est du 4 décembre 1781, rendu en faveur des abbé, prieur & religieux de Fontmorigny en Berri, ordre de Clairvaux, contre les seigneurs & habitans des paroisses de Meneton-Couture, Joué, Saint-Hilaire-de-Gondilly, Chassy & Mornai.

Le droit qu'ont les seigneurs hauts-justiciers de demander le *cantonnement* des bois communaux reçoit deux exceptions, clairement expliquées dans l'ordonnance de 1669, *tit. 25, art. 4 & 5*: il faut, pour que le conseil accorde le *cantonnement* aux seigneurs, 1°. que la concession du droit d'usage ait été faite par les seigneurs, gratuitement, sans charge, redevance, prestation ou servitude: 2°. que les deux autres tiers suffisent pour l'usage des vassaux; il n'est pas même nécessaire que les usagers justifient par le titre primordial, que l'acquisition du droit d'usage a été faite à titre onéreux, il suffit qu'ils paient pour raison de ce droit, quelque redevance en argent, corvées ou autrement.

Dans ces deux cas, le *cantonnement*, c'est-à-dire, la distraction du tiers des bois communaux ne peut avoir lieu en faveur des seigneurs, ils jouissent seulement comme premiers habitans de leurs usages & chauffage, ainsi que les autres habitans, de la manière qu'on a habitude d'en user dans le pays.

Le *cantonnement* des bois communaux peut être demandé, ou par le seigneur seul, ou par le seigneur & ses vassaux conjointement.

Lorsque le seigneur demande seul le *cantonnement*, il présente au conseil une requête expositive des motifs qui autorisent sa demande: le conseil renvoie cette requête au grand-maître des eaux & forêts du département, & ordonne en même temps qu'elle sera communiquée aux habitans, pour y répondre dans un délai déterminé.

Le grand-maître, ou celui des officiers de la maîtrise des lieux qu'il commet, font assembler le seigneur & les habitans, dressent procès-verbal de leur comparution, des dires & requisitions des usagers, de leur nombre, de la quantité & espèce de leurs bestiaux, de l'état, quantité, qualité & valeur des bois communaux, des titres des seigneurs & usagers; de la manière dont le *cantonnement* peut s'opérer ou des motifs qui peuvent le faire rejetter: ce procès-verbal fait & dressé en présence de toutes les parties intéressées, ou de leurs fondés de procuration, est envoyé au conseil avec l'avis du grand-maître; & c'est d'après toutes ces informations & précautions que le conseil se détermine à accorder ou refuser le *cantonnement.*

Lorsque le seigneur & les usagers demandent conjointement le *cantonnement* de leurs bois communaux, leur première démarche est de faire dresser, par un notaire, procès-verbal des motifs qui les engagent à le demander; la seconde de faire faire un plan figuré des usages & communes: ces deux pièces sont jointes à une requête présentée au conſeil, qui doit contenir les noms des ſeigneurs & des uſagers, l'énumération & les clauſes de leurs titres, la quantité des bois communaux, le nombre & les qualités des uſagers, le nombre & les eſpèces de leurs beſtiaux. Cette requête eſt également renvoyée au grand-maître du département qui en vérifie le contenu, & d'après ſon avis, le conſeil décide.

Ces précautions ſont ſagement établies, en ce qu'elles empêchent que les uſagers ne ſoient léſés dans le partage, ou *cantonnement* qu'on leur fait faire ſouvent malgré eux, & cependant ce partage eſt fondé ſur une raiſon de juſtice & d'équité, car les uſages qui ne ſont appuyés d'aucuns titres, ne ſont très-ſouvent qu'une longue uſurpation de la part des uſagers.

Les grands-maîtres & autres officiers des maîtriſes ont ſeuls le droit de connoître, privativement à tous autres juges, de tout ce qui concerne les triages & *cantonnemens*. La juriſprudence eſt certaine à cet égard; elle eſt fondée ſur la diſpoſition préciſe de l'ordonnance de 1669, la déclaration de janvier 1715, l'édit de mai 1716, les arrêts du conſeil des 24 mai 1707, 6 janvier 1739, février 1740, 20 février 1744, 23 & 31 juillet 1757, & 25 juin 1758. Toutes les fois que les autres juges, officiers municipaux, gouverneurs & intendans ſe ſont immiſcés dans la connoiſſance de ces ſortes d'affaires, le conſeil a toujours caſſé leurs jugemens & ordonnances, ſur la réclamation des officiers des maîtriſes & des grands-maîtres.

Cet article m'a été donné par M. Remond, maître particulier des eaux & forêts de Bourges.

CANTONNEMENT, (*Code militaire.*) en terme de guerre on appelle *cantonnement* le repos qu'on procure aux troupes en les logeant en différens villages à portée les uns des autres, & faiſant face à l'ennemi. On appelle auſſi *cantonner les troupes*, lorſque l'on les diſperſe dans le pays en différens corps, pour leur donner plus de facilités pour les ſubſiſtances.

Le *cantonnement* eſt différent du quartier, en ce que le premier n'a lieu que pour procurer un ſoulagement momentané à une armée fatiguée, & que le ſervice s'y continue comme en campagne, au lieu que dans les quartiers le ſervice s'y fait comme dans les places.

L'ordonnance du 17 février 1753 veut que les maréchaux-de-logis de l'armée, & à leur défaut les majors de brigade faſſent & diſtribuent les logemens des *cantonnemens*; qu'ils mettent enſemble les régimens d'une même brigade, les compagnies d'un même régiment & d'un même bataillon ſi le terrein le permet, ou du moins qu'on les loge le plus près poſſible les uns des autres.

On doit, dans chaque *cantonnement*, marquer de préférence le logement du brigadier, ou du colonel qui le ſupplée, celui du major de brigade, des colonels & lieutenans-colonels; on répartit le ſurplus des logemens entre les autres officiers, après que les ſoldats ſont placés & établis.

Les officiers doivent veiller à ce qu'il ne ſoit fait aucun tort dans les granges, les maiſons, les jardins, clos, vignes & prés; à peine de répondre des dommages qui ſeroient faits, même des accidens du feu.

A l'arrivée des troupes on publie le ban portant défenſes de commettre aucun déſordre dans le *cantonnement*, à peine, contre les officiers, de concuſſion, & de la vie contre les ſoldats & valets.

Le ſoldat ne peut mettre l'épée à la main dans le *cantonnement*, en ſortir avec d'autres armes que ſon épée, excéder les limites qui lui ont été fixées, ſous les peines portées par les ordonnances militaires : il ne doit rien exiger de ſes hôtes ſous prétexte de repas d'arrivée ou de départ, ni employer à ſon uſage les chevaux ou voitures des habitans.

Lorſque les troupes délogent d'un *cantonnement*, le commandant doit, après qu'elles en ſont ſorties, détacher quelques officiers & ſoldats pour voir s'il n'y reſte perſonne, & faire éteindre les feux qui ne le ſeroient pas, à peine d'être reſponſable des dommages qui arriveroient faute d'avoir pris cette précaution.

La même ordonnance règle auſſi tout ce qui concerne la police des *cantonnemens*, les précautions que le commandant doit prendre pour la ſûreté des troupes & pour éviter les ſurpriſes de l'ennemi; nous n'en détaillerons pas les articles, parce qu'ils appartiennent plus particuliérement au *Dictionnaire de l'Art militaire*; nous obſerverons ſeulement que les habitans des villages où les troupes ſont cantonnées, doivent fournir aux ſoldats l'uſtenſile ordinaire, & aux corps-de-garde les quantités de bois & de chandelles réglées par les ordonnances, & quelques perches & travers avec de la paille pour y faire des abri-vents.

CAPABLE, adj. (*en Droit*) eſt celui qui a les qualités requiſes par les loix pour faire quelque fonction appartenante à la vie civile : par exemple, il faut avoir vingt-cinq ans accomplis pour être *capable* d'aliéner. Il faut être régnicole pour être *capable* de poſſéder des bénéfices en France; il n'y a que les gradués qui ſoient *capables* de poſſéder des cures dans les villes murées.

CAPACITÉ, ſ. f. dans un ſens général, ſe dit d'une aptitude ou diſpoſition à quelque choſe. En droit, ce mot ſe prend dans le même ſens que *capable* dont nous venons de parler ci-deſſus : ainſi, on entend par *capacité* les qualités requiſes pour exercer une fonction quelconque.

Il y a des qualités requiſes en droit civil pour poſſéder une charge, un office : le droit canonique en exige dans ceux qui ſe deſtinent à l'état eccléſiaſtique; il en faut encore de particulières pour être habile à poſſéder un bénéfice : c'eſt ce que nous allons détailler dans trois articles différens.

CAPACITÉ, *en matière civile*, c'eſt en général

cette espèce d'aptitude que le bon ordre exige pour l'emploi auquel on se destine. On peut distinguer à cet égard les *capacités* en morales & extérieures : les *capacités* morales sont les talens, les lumières, & sur-tout l'expérience pour s'acquitter dignement de ses fonctions : les extérieures sont l'âge, les mœurs, la religion qu'on professe.

Dans les arts & métiers, avant la suppression des jurandes, ordonnée par l'édit du mois de février 1776, on exigeoit des aspirans à la maîtrise un examen & une preuve de leur *capacité* par la confection d'un chef-d'œuvre, suivant qu'il étoit prescrit par les statuts. S'ils en sont dispensés aujourd'hui, ils n'en sont pas moins obligés de faire, d'une manière exacte, fidelle & bien conditionnée, les ouvrages dont ils s'occupent pour le public.

Ils sont toujours responsables des fautes qu'ils commettent par ineptie ou par fraude, & ils en sont punis par des dommages & intérêts envers les parties, & par des amendes que peuvent prononcer contre eux les lieutenans généraux de police dans les lieux où ils sont établis.

Ceux qui exercent des sciences qui intéressent essentiellement l'ordre public, telles que la jurisprudence, la médecine & autres semblables, doivent faire preuve de *capacités* morales avant d'y être admis. Ce n'est que sur le rapport qu'ils font des certificats & lettres qui attestent leur *capacité*, qu'on leur permet d'y aspirer. Cette preuve même ne les met pas à l'abri d'être poursuivis, lorsqu'ils négligent de s'acquitter de leur état, & lorsqu'ils commettent de ces fautes grossières qui approchent du dol.

Ceux qui aspirent aux charges & offices, font également preuve de leurs *capacités* morales & extérieures, en justifiant de leur âge, de leurs mœurs, de leur religion, de leur naissance ou extraction, de leurs talens & de leur science. On exige même, dans certaines compagnies, des *capacités* particulières que nous aurons soin de faire remarquer.

Les jurés-gardes & les anciens des corps & métiers sont sous l'inspection des lieutenans généraux de police, & des procureurs du roi, juges des *capacités* des aspirans aux arts & métiers.

Les universités peuvent seules attester les *capacités* requises pour exercer les professions de jurisconsultes, de médecins & autres.

A l'égard des charges & offices, le roi juge quelquefois par lui-même des *capacités* du sujet qui se présente; mais pour l'ordinaire il en renvoie la vérification pardevant les juges qui doivent procéder à la réception de l'aspirant.

Les loix d'Angleterre donnent au roi deux *capacités*, l'une naturelle, & l'autre politique. Par la première, il peut acheter des terres pour lui & ses héritiers; par la seconde, il en peut acheter pour lui & ses successeurs.

En France, le roi ne jouit que de la *capacité* politique pour acquérir; tout ce qu'il possède, tout ce qu'il acquiert, est réuni & fait partie du domaine de la couronne qui ne peut appartenir qu'à ses successeurs.

Le clergé, avant l'édit de 1749 qui lui a interdit le droit d'acquérir, jouissoit de la *capacité* politique & naturelle. Mais il ne lui reste que la *capacité* naturelle. Un bénéficier peut acquérir des fonds pour lui & ses héritiers; mais il ne peut le faire pour lui & ses successeurs dans le bénéfice qu'il possède.

CAPACITÉ, *en Droit canonique*, se dit des qualités morales & légales qu'exigent les canons & les loix de l'état dans ceux qui desirent entrer dans l'ordre du clergé.

Les qualités morales appartiennent à l'esprit & au cœur. Elles consistent dans la vérité de la vocation, dans les vertus recommandées aux ecclésiastiques, la douceur, la patience, l'humilité, la charité, la science, *&c.*

Les qualités légales concernent la naissance, l'âge, la liberté, *&c.* Il faut, par exemple, pour embrasser l'état ecclésiastique ou religieux, être né d'un mariage légitime ou en avoir obtenu dispense; être dans l'âge où on peut être admis dans le clergé séculier ou régulier; n'être d'aucun état contraire à l'église, être libre de sa personne, n'avoir aucun de ces empêchemens physiques ou moraux qui constituent une irrégularité. Il y a encore d'autres *capacités* relatives aux différens degrés qui composent la hiérarchie ecclésiastique; telles sont les qualités de maître-ès-arts, de bachelier, licentié ou docteur.

CAPACITÉ, *en matière bénéficiale*, on entend par ce mot tout ce qui est requis dans un sujet pour posséder un bénéfice.

Les *capacités*, dans cette espèce, sont absolues ou relatives. Les premières sont celles qu'exige la possession de toutes sortes de bénéfices en général: telle est la nécessité, dans un titulaire de bénéfice, d'être ecclésiastique, régnicole ou naturalisé.

Les *capacités* relatives sont celles qui ne sont exigées que relativement à certains bénéfices, à certaines dignités. Ainsi, par exemple, pour posséder une cure ou tout autre bénéfice à charge d'ames, il faut, aux termes de la déclaration du 13 janvier 1742, être prêtre & âgé de vingt-cinq ans accomplis; sans quoi, les provisions accordées sont regardées comme nulles : il ne suffit pas d'attendre les vingt-cinq ans pour prendre possession, il faut avoir l'âge & le caractère dans le temps même que l'on est pourvu : la déclaration dont il s'agit, a entièrement changé à cet égard l'ancienne jurisprudence.

Il y a d'autres *capacités* relatives qui ne sont pas rigoureusement exigées lors des provisions, & qu'il suffit d'avoir acquises, lorsqu'on prend possession, ou qu'on entre en exercice des fonctions attachées au bénéfice. Ainsi, quoiqu'il faille être docteur ou du moins licencié en théologie ou en droit canon pour posséder un évêché; être gradué pour posséder des cures ou des vicairies perpétuelles dans les villes murées, des dignités dans les cathédrales, & les premières dignités dans les collégiales, il suffit, suivant

suivant la nouvelle jurisprudence attestée par l'auteur des *Nouveaux Mémoires du clergé*, que les pourvus aient fait leur temps d'étude avant leurs provisions, & qu'ils aient obtenu des degrés avant leur prise de possession. On a même jugé en 1738, contre les dévolutaires, qu'il suffisoit que des pourvus, déjà possesseurs, eussent pris leurs degrés avant le trouble. On voit, dans le rapport des agens du clergé, de l'année 1745, que la même chose a été jugée, le 13 décembre 1743, en faveur du sieur de la Barre, pour la cure de la Flèche.

Denisart fait là-dessus une distinction qui paroît juste : il croit, & nous pensons de même avec lui, qu'il ne faut pas confondre les collations forcées de bénéfices, faites aux gradués qui sont en droit de requérir en vertu de leurs degrés, & les collations libres qui exigent simplement le degré dans la personne du pourvu. Dans le premier cas, il est tout naturel que le gradué qui requiert en vertu de ses grades, ait le temps d'étude & les degrés prescrits par la pragmatique & par le concordat; mais rien n'empêche que, dans le second cas, l'incapacité qui subsistoit lors de la provision, ne s'efface après, en obtenant le degré requis : & il suffit, comme nous venons de le voir à l'égard d'un dévolutaire, que ce degré soit obtenu avant le trouble.

Une chose qui paroît un peu singulière, & qui cependant est adoptée par tous les auteurs, & confirmée par la jurisprudence des arrêts, c'est qu'un incapable depuis l'impétration faite sur lui, est en droit de résigner & de transmettre à un capable le bénéfice qu'il ne peut conserver, & que la provision sur la résignation est valable, pourvu qu'elle précède le trouble fait à l'incapable. On peut dire à ce sujet : mais comment un ecclésiastique qui n'a pas les qualités requises pour conserver un bénéfice, a-t-il le pouvoir d'en disposer? On répond à cela que le résignant ne confère pas, qu'il ne fait qu'indiquer au collateur un sujet habile à posséder, & que, dès que ce sujet est pourvu (avant aucun trouble), tout est consommé.

A l'égard des bénéfices qui sont en patronage ou à la nomination du roi, Guéret sur le Prêtre annonce comme certain que celui qui a la nomination du patron, doit avoir pour lors les qualités générales, requises pour posséder, & même les qualités particulières qu'exige le titre de fondation du bénéfice; de sorte que, si ce bénéfice est sacerdotal, il faut être prêtre dans le temps même de la présentation : ce qui paroît sage & canonique.

Comme il y a des bénéfices séculiers & réguliers, il faut être du clergé séculier pour posséder les uns, & du clergé régulier pour posséder les autres, suivant la maxime si connue : *regularia regularibus, sæcularia sæcularibus*. On a trouvé moyen d'éluder la règle en établissant la commende.

Lorsqu'un bénéficier veut exercer l'action en complainte, introduite par le titre 15 de l'ordonnance de 1667, il est obligé, aux termes de l'article 2 du même titre, non-seulement d'exprimer le titre de sa provision & le genre de la vacance sur laquelle il a été pourvu, mais encore de faire délivrer à sa partie adverse des copies de ses titres & *capacités*, signées de lui & de l'huissier.

Les titres sont les provisions, le *visa* de l'ordinaire ou de celui à qui il appartient de le donner, & l'acte de prise de possession.

Les *capacités* sont l'extrait baptistaire, les lettres de tonsure, & successivement de tous les ordres dans lesquels on doit être constitué pour posséder canoniquement, ainsi que les lettres qui établissent les grades nécessaires pour les bénéfices affectés aux gradués.

Il semble que celui, par exemple, qui justifieroit simplement de ses lettres de prêtrise, devroit être dispensé de justifier de son extrait baptistaire, de ses lettres de tonsure, des quatre moindres, de soudiaconat & de diaconat, parce qu'un homme qui est prêtre, est censé avoir été baptisé & avoir passé par tous les ordres inférieurs; cependant l'exhibition & la signification de chacune de ces *capacités* en particulier sont requises pour connoître d'abord si la naissance est légitime, si le demandeur est régnicole, si l'âge étoit acquis lors de chaque grade, s'il n'a été omis aucun interstice : il est même d'usage qu'au bas de chaque *capacité* signifiée, le demandeur & l'huissier apposent leur signature; cependant, comme l'ordonnance ne l'exige pas, il suffit qu'une seule souscription se trouve à la dernière ligne de la copie signifiée. On peut même dire que, si la signification de ces *capacités* avoit été omise, la demande n'en subsisteroit pas moins, sauf à les signifier après; mais, en ce cas, il seroit juste de retrancher de la taxe des dépens les copies signifiées après coup, en se conformant à l'article 6 du titre 2 de la même ordonnance de 1667.

Comme il n'en est pas du possessoire des bénéfices ainsi que des matières profanes, le défendeur qui veut se faire maintenir dans sa possession, est également obligé, par l'article 6 du titre 15 de la même ordonnance, de faire signifier des copies signées par son procureur, de ses titres & de ses *capacités*. Tout ecclésiastique intervenant est pareillement obligé à la même formalité par l'article 12 du même titre. Et, lorsqu'il est question d'un jugement par défaut, le juge ne doit point l'accorder qu'il n'ait vérifié par lui-même si réellement celui qui le demande, est en règle; &, au cas qu'il s'apperçoive qu'il lui manque quelque chose, soit du côté des titres ou des *capacités*, il doit rejetter la demande, quoique la partie adverse ne fasse à ce sujet aucune contestation. *Voyez* COMMENDE, COMPLAINTE, INCAPACITÉ.

CAPDEULH, s. m. (*terme de Coutume.*) on le trouve dans celle d'Acqs, *tit.* 2, *art.* 8 & 9, & dans celle de S. Sever, *tit.* 12, *art.* 26, dans le sens de château, de principal manoir d'un fief.

Suivant la disposition de ces deux coutumes, les biens nobles, délaissés par les père & mère, appartiennent à l'aîné, au préjudice des puînés & des filles, que l'aîné est seulement tenu d'apportionner en héritage ou en argent, à son choix.

Cette portion des puînés est fixée au quart des biens, s'ils ne sont que deux, & au tiers, s'ils sont trois ou plus.

Ceci n'a lieu que lorsqu'il ne se trouve à la succession que des enfans d'un seul lit; mais s'il s'en rencontre de deux ou de plusieurs mariages, les biens se partagent en autant de parties égales qu'il y a de lits différens; chaque aîné s'empare de la portion qui revient à sa branche, sur laquelle il apportionne ses puînés & ses sœurs. Mais, avant tout partage, l'aîné du premier mariage prend par préciput le *capdeulh* ou château auquel la coutume de S. Sever ajoute le jardin qui lui est contigu.

CAPETIEN, s. m. (*Droit public.*) c'est le nom par lequel nous désignons en France la troisième race de nos rois: il vient de Hugues Capet, le premier de cette race, qui ait monté sur le trône. Louis XVI est le trente-troisième roi de cette famille, qui occupe le trône de mâle en mâle depuis près de huit cens ans.

CAPI-AGA *ou* CAPI-AGASSI, (*Droit public.*) ce mot vient d'un terme turc qui, dans son origine, signifie *porte*; ensorte que *capi-aga* signifie le gouverneur, l'intendant des portes.

Cette dignité est la première des eunuques blancs; celui qui en est revêtu, est grand-maître du serrail & gouverneur des portes: il est toujours auprès du grand-seigneur, & il introduit à son audience les ambassadeurs. Personne n'entre ni ne sort de l'appartement du sultan que par son ministère.

Sa charge lui donne le privilège de porter le turban dans le serrail, & d'aller par-tout à cheval. Il accompagne le grand-seigneur jusqu'au quartier des sultanes; mais il demeure à la porte, & n'y entre point.

Il a environ soixante livres par jour pour les frais de sa table; mais si ses appointemens sont modiques, il trouve le moyen de s'en dédommager par le grand nombre de présens qu'il reçoit, parce qu'aucune affaire de conséquence ne vient à la connoissance de l'empereur, qu'elle n'ait passé par ses mains, & qu'il n'ait vendu sa protection. Cette corruption n'est pas bornée aux cours des barbares: on pourroit en citer plusieurs exemples dans les cours les plus policées de l'Europe.

CAPIGI, (*Droit public.*) ce sont les portiers ou les gardes des portes du serrail du grand-seigneur. Ils sont environ cinq cens, partagés en deux troupes. Leurs fonctions sont d'assister avec les janissaires à la garde de la première & de la seconde porte du serrail.

Ils y sont tous, lorsque le sultan tient conseil général, reçoit un ambassadeur ou va à la mosquée. Lorsque quelqu'un est admis dans le serrail, ceux qui sont de garde, se rangent des deux côtés pour empêcher que personne n'y entre avec des armes ou ne fasse du tumulte.

Ils sont subordonnés aux *capigis-bachis* qui sont au nombre de douze, & peuvent être regardés comme les capitaines des portes. Ces derniers prennent l'ordre du *capi-aga*. Leur fonction est de monter la garde deux à deux à la troisième porte du serrail, avec une brigade de simples *capigis*.

Lorsque le grand-seigneur est à la tête de son armée ou en voyage, six *capigis-bachis* marchent toujours à cheval devant lui pour reconnoître les ponts; ils y mettent pied à terre, attendent le sultan, rangés à droite ou à gauche sur sa route, & lui font une profonde révérence pour marquer la sûreté du passage. A l'entrée des tentes ou du serrail, ils se mettent en haie à la tête de leur brigade.

CAPISCOL, s. m. (*Droit ecclésiastique.*) c'est le nom qu'on donne à un dignitaire dans quelques chapitres de cathédrales & de collégiales. Dans les uns, sa dignité répond à celle de doyen; dans d'autres, à celle de grand-chantre. Ce terme est plus usité en Provence & en Languedoc, que dans les autres provinces: & il est plus ordinairement employé pour désigner celui qu'on appelle ailleurs le *chantre*. Si l'on s'en rapporte à l'étymologie, le *capiscol* doit être celui qui a la prééminence au chœur; car *capiscol* vient, à ce que l'on prétend, de *caput chori*, celui qui est à la tête du chœur, le premier au chœur.

CAPITA & STIRPES, (*termes de coutume.*) ces deux mots sont latins, & veulent dire *têtes & branches*. On les trouve dans l'article 16 de la coutume de Lille pour exprimer les portions que prennent dans la succession de leur grand-père ou mère, les petits-enfans qui y sont appellés de leur chef ou par représentation de leur père.

Il est à-peu-près général, dans tout le pays coutumier, que la représentation ait lieu en ligne directe. La coutume de Lille en a une disposition précise. Mais il peut arriver deux espèces différentes dans lesquelles les petits-enfans sont appellés à la succession de leur aïeul; ou ils y viennent tous à défaut d'enfans du premier degré, ou ils y sont appellés par représentation de leur père, conjointement avec leurs oncles & tantes.

Dans le premier cas, c'est-à-dire, lorsque plusieurs petits-enfans de *branches* différentes recueillent ensemble la succession de leur aïeul, & qu'il n'existe aucun enfant du premier degré, cette succession, dit la coutume, se partage *in capita*, par têtes, c'est-à-dire, qu'en supposant que ces petits-enfans proviennent de deux branches, on ne fait pas distinction entre les branches, pour donner à l'une une moitié de l'hérédité, & l'autre moitié à l'autre; mais tous les petits-enfans des deux branches partagent par égales portions; ensorte que, s'il n'y en avoit qu'un seul dans une branche & trois dans l'autre, celui qui est seul de sa branche, n'auroit qu'un quart, ainsi que chacun des trois autres.

Lorsqu'au contraire les petits-enfans d'un défunt viennent à la succession par représentation de leur père, concurremment avec leurs oncles, enfans du défunt, la succession se partage *in stirpes*, par branches. Chaque enfant du défunt prend sa portion héréditaire ; & les petits-enfans, issus du même père qu'ils représentent, n'ont ensemble qu'une part égale à celle d'un de leurs oncles. *Voyez* REPRÉSENTATION.

CAPITAINAGE, f. m. (*Droit féodal & coutumier.*) Dans le Forez, quelques châtelains royaux lèvent sur les habitans de leurs châtellenies, par forme de gages, un droit appellé *capitainage* ou *taille baptisée*, qui est plus ou moins fort, selon les terriers du roi, de chaque lieu où il est dû. Ce droit a été autorisé par un arrêt des grands jours de Clermont, du 25 septembre 1582.

CAPITAINE, f. m. (*Code militaire, maritime. Eaux & Forêts. Finance.*) le titre de *capitaine* signifie plus communément un commandant ou chef d'une compagnie de gens de guerre, soit à pied, soit à cheval ; mais on l'applique aussi à d'autres personnes. En terme de marine, on appelle *capitaine*, le commandant d'un vaisseau, d'une frégate, *&c.* En terme d'eaux & forêts, on donne ce nom à celui qui est préposé pour le fait des chasses sur une certaine étendue de pays. En terme de finance, on donne le même nom au chef d'un certain nombre de commis destinés à veiller aux intérêts des fermes, & à empêcher la contrebande. Ce mot vient du latin *caput*, qui signifie *chef*.

CAPITAINE, (*Code milit.*) c'est un officier subalterne qui commande une compagnie de cavalerie, d'infanterie ou de dragons, sous les ordres du colonel.

On distinguoit autrefois dans plusieurs corps deux espèces de *capitaines* ; les uns se nommoient simplement *capitaines* ; les autres *capitaines*-lieutenans.

Le *capitaine* étoit celui qui commandoit une compagnie, sans autre supérieur que le colonel & autres officiers de l'état-major. On donnoit le nom de *capitaine-lieutenant*, 1°. à celui qui commandoit la première compagnie d'un régiment, qu'on appelloit la *colonelle*, & dont le colonel du régiment étoit premier *capitaine* ; 2°. aux *capitaines* commandant les compagnies des régimens étrangers, à la place des *capitaines* propriétaires de ces mêmes compagnies, lorsqu'ils ne pouvoient faire le service ; 3°. aux commandans de quelques corps dont le roi est censé le *capitaine*, tels que les gendarmes & chevaux-légers de la garde, & quelques compagnies de la gendarmerie de France.

Cette dénomination de *capitaine-lieutenant* est encore aujourd'hui en usage dans la gendarmerie & les chevaux-légers ; mais elle n'a plus lieu dans les régimens étrangers, à la solde du roi.

Par une ordonnance du 3 juin 1763, les *capitaines* commandans des compagnies suisses, que leur âge, leurs infirmités ou leurs blessures obligent de quitter le service, obtiennent des pensions proportionnées à leur grade & à l'ancienneté de leurs services ; ils ne peuvent plus mettre à leurs places un *capitaine*, pour commander en leur nom. Lorsque ces compagnies viennent ainsi à vaquer, l'intention du roi est de les accorder préférablement aux parens des *capitaines* retirés, s'il s'en trouve qui aient les qualités requises. La même chose a été réglée pour tous les autres régimens étrangers, par une ordonnance du 10 mai 1764.

Les différentes ordonnances rendues depuis cette époque jusqu'à présent, ont établi une nouvelle constitution dans presque tous les corps. Il existe dans les compagnies un *capitaine* commandant, & un *capitaine* en second.

Les fonctions, les droits, les prérogatives des différens *capitaines*, varient selon les corps auxquels ils sont attachés. Nous renvoyons pour cet objet, au *Dictionnaire de l'art militaire*.

CAPITAINE, (*Code marit.*) en terme de marine, on donne le nom de *capitaine* à celui qui commande un vaisseau, une frégate, une galiote, une galère, ou autre bâtiment armé en guerre.

Suivant les ordonnances de la marine, il doit y avoir sur le vaisseau amiral, outre le commandant, deux *capitaines*, deux lieutenans & deux enseignes. Il y a pareil nombre d'officiers sur tous les vaisseaux du premier rang ; assez ordinairement sur ceux d'un rang inférieur, il n'y a qu'un *capitaine*.

Les devoirs & les fonctions des *capitaines* de vaisseaux sont contenus en détail dans le titre 7 du premier livre de l'ordonnance de 1689, ils concernent la police qu'ils doivent faire observer dans les ports & rades, & sur leurs vaisseaux pendant le cours des voyages ; les observations qu'ils sont tenus de faire sur la construction, les bonnes qualités & les défauts de leurs bâtimens, les remarques avantageuses pour la navigation, qu'ils font pendant leurs courses.

Il leur est défendu de rentrer dans les ports pendant le temps de leur croisière, sans une absolue nécessité, dont ils sont tenus de rendre compte à l'intendant du port où ils relâchent.

Les articles 36, 37 & 38, du titre 2, liv. 4, de la même ordonnance, défendent à tout *capitaine* de vaisseau de l'abandonner, ainsi que les vaisseaux marchands qu'il a sous son escorte, à peine d'être puni de mort comme déserteur : de le rendre jamais aux ennemis, pour quelque raison que ce puisse être. Il doit se défendre jusqu'à l'extrémité, & se laisser forcer l'épée à la main, & même brûler. Autrement il doit être mis au conseil de guerre, & puni de mort, selon les circonstances.

Cette rigueur a été modérée par l'art. 1177 de l'ordonnance du 25 mars 1765. Un *capitaine* de vaisseau peut se rendre à l'ennemi, lorsqu'il est hors d'état de se défendre, & qu'il n'a pas d'autre moyen de sauver le reste de son équipage. Mais alors il doit passer au conseil de guerre, pour être loué sur sa défense, ou condamné à mort, s'il n'a pas combattu avec bravoure.

Capitaine se dit encore, *en terme de marine*, du commandant d'un bâtiment marchand, qu'on nomme aussi *maître* ou *patron*. L'ordonnance de la marine, *liv.* 2, *tit.* 1, détaille les droits & les obligations de ces officiers. Nous avons déjà remarqué au mot CABOTAGE, que nul ne pouvoit monter un vaisseau en qualité de maître, qu'il n'eût été reçu par les officiers de l'amirauté, après avoir subi un examen.

Droits & devoirs du capitaine vis-à-vis de son équipage. Les propriétaires d'un navire ne doivent jamais gêner le choix du *capitaine* dans la formation de son équipage; c'est à lui qu'il appartient de choisir son pilote, son contre-maître, ses matelots; il est tenu néanmoins, lorsqu'il est dans le lieu de la résidence de ses propriétaires, de le faire de concert avec eux.

L'ordonnance lui accorde ce droit, 1°. parce qu'il est plus en état de le bien composer; 2°. parce qu'il répond des faits & délits de son équipage.

Dans les lieux où il y a des pauvres renfermés, il est tenu d'y prendre les garçons dont il a besoin, pour lui servir de mousses.

Il ne peut, sous peine de 300 liv. d'amende, débaucher dans les colonies, un matelot engagé à un autre maître; ce dernier peut le reprendre, si bon lui semble.

Pendant le cours des voyages, le *capitaine* a la jurisdiction sur son équipage; il peut, après avoir pris l'avis du pilote & du contre-maître, faire punir les matelots mutins, ivrognes & désobéissans, leur faire donner la cale, mettre à la boucle, *&c.*

A l'égard de ceux qui sont prévenus de meurtres, de blasphêmes & autres crimes graves, il peut informer contre eux, les faire arrêter, rédiger les procédures les plus urgentes & les plus nécessaires; mais il doit remettre les coupables entre les mains des officiers de l'amirauté du lieu de la charge ou de la décharge de son navire, dans le royaume. S'il arrive dans un port étranger, où réside un consul de la nation françoise, il peut lui livrer les coupables pour instruire leur procès, à la charge de les faire repasser en France avec la procédure, par le premier vaisseau, pour y être jugés par les officiers de l'amirauté.

Les consuls ne peuvent juger définitivement, en matière criminelle, que les affaires où il n'y a pas lieu de prononcer des peines afflictives; & comme il n'y a que les officiers du roi qui puissent faire le procès à ses sujets, le *capitaine* d'un navire ne doit jamais livrer les coupables qu'il a fait arrêter sur son bord, aux officiers d'un port étranger dans lequel il relâche.

Avant de se mettre en mer, le *capitaine* doit se faire délivrer par le commissaire aux classes, un rôle d'équipage, dont il doit déposer un double en forme au greffe de l'amirauté. Ce rôle contient les noms, surnoms, demeures & signalement des officiers, matelots, novices & mousses, ainsi que ceux des passagers & engagés pour les isles. On y fait mention des appointemens, gages & loyers de l'équipage, des mois qui ont été payés d'avance, & de la retenue de dix deniers pour livre, au profit des invalides. Si le *capitaine* ne satisfaisoit pas à ces formalités, les officiers de l'amirauté ne lui délivreroient pas le congé & les autres expéditions nécessaires pour son départ.

Droits & obligations du capitaine, par rapport au bâtiment. Il est obligé de veiller au radoub du navire, & à tout ce qui est nécessaire pour le voyage.

Lorsque l'armement se fait dans le lieu où résident les propriétaires, ou leurs commissionnaires, il doit se concerter avec eux pour ordonner le radoub, acheter les voiles, les cordages, & autres choses nécessaires au vaisseau, ainsi que pour prendre, à cet égard, de l'argent à la grosse sur le corps & quille du vaisseau. S'il en agissoit autrement, il seroit obligé de payer, en son nom, les sommes qu'il auroit empruntées.

Si dans l'espèce supposée, l'un des co-propriétaires refusoit de contribuer aux frais nécessaires pour mettre le bâtiment en état de naviguer, le *capitaine* est autorisé à lui faire une sommation par écrit de fournir sa portion, &, faute d'y satisfaire dans les vingt-quatre heures, il peut l'y faire condamner, & faire ordonner qu'il lui sera permis de prendre à la grosse, pour son compte & risque, une somme suffisante pour remplir leur portion.

Pendant le cours du voyage, le *capitaine* peut emprunter à la grosse aventure ou autrement, sur le corps & quille du navire, les sommes qui sont nécessaires pour radoub, victuailles & autres choses semblables: il peut aussi, pour les mêmes causes, mettre en gage les apparaux du navire, ou vendre des marchandises de son chargement, à condition d'en payer le prix sur le pied que le reste aura été vendu.

Dans cette espèce, le *capitaine* est obligé de prendre l'avis du pilote & du contre-maître, de faire constater par eux la nécessité de l'emprunt, ou de la vente, & la qualité de l'emploi, autrement il se rendroit coupable d'infidélité, & d'abus de confiance, seroit condamné à payer en son nom les sommes empruntées, ou les marchandises vendues, &, suivant les circonstances, déclaré indigne de la maîtrise, & banni du port de sa demeure ordinaire.

Comme l'honneur & la probité exigent qu'un *capitaine* donne tous ses soins à la conservation du navire & des marchandises qui lui sont confiés, il n'est pas obligé de se tenir assiduement sur son vaisseau, lorsqu'il est en rade & sur ses ancres; mais il doit être puni d'une amende arbitraire, s'il néglige d'y être en personne, lorsqu'il sort de quelque port, havre ou rivière.

Par la même raison, il lui est défendu de l'abandonner pendant le voyage, sous quelque prétexte que ce soit, même d'un danger pressant. S'il est forcé par les circonstances, il peut y céder, après avoir pris l'avis des principaux officiers & matelots: il lui est enjoint de sauver avec lui l'argent, & ce qu'il pourra des marchandises les plus précieuses, à peine d'être puni corporellement, & d'être condamné aux dommages & intérêts qui résultent de sa prévarication.

Tout *capitaine* convaincu d'avoir livré son vaisseau à l'ennemi, ou de l'avoir fait malicieusement échouer ou périr, doit être puni du dernier supplice. M. Valin soutient que la conviction a lieu, lorsqu'il est prouvé que le *capitaine* a conduit son vaisseau dans un port ennemi, ou trop près des gardes-côtes, ou corsaires de ce pays, sans être en état de leur résister.

La peine de mort n'auroit pas lieu dans le cas où le *capitaine*, sans dessein prémédité de perdre son navire, n'a pas fait tout ce qui dépendoit de lui, pour éviter un vaisseau ennemi auquel il ne pouvoit résister; mais il y a lieu de le condamner à mort, s'il s'est rendu sans combat, parce qu'une telle lâcheté fait soupçonner de la trahison.

Un *capitaine* qui, après s'être mis sous l'escorte d'un vaisseau du roi, s'en sépare sans cause légitime, quand bien même son bâtiment ne seroit pas pris par l'ennemi, étoit autrefois condamné aux galères; mais suivant la jurisprudence établie par l'ordonnance du 14 mai 1745, il est puni aujourd'hui par une amende de mille livres, un an de prison, & déclaré incapable de commander à l'avenir aucun bâtiment.

La loi est sagement rigoureuse à cet égard; elle fut exécutée contre le *capitaine* Corbun, en 1747. Mais comme il étoit reconnu pour un *capitaine* expérimenté, & qu'il étoit prouvé au procès qu'il n'avoit été qu'imprudent, l'amiral lui fit remise de l'amende, & le roi lui accorda des lettres de réhabilitation, avec la faculté de commander.

Ce fait nous donne occasion d'observer, qu'on doit admettre pour principe général & invariable, en matière criminelle, que la loi ne doit jamais recevoir d'interprétation favorable par les juges; qu'elle doit porter indistinctement sur tous ceux qui l'ont enfreinte; mais que le souverain peut adoucir sa rigueur, accorder même la grace entière, lorsque l'intérêt de la société & le bien de l'état exigent une modification dans son exécution.

Des autres obligations du capitaine. Dans toutes les circonstances où il s'agit de prendre une résolution sur un objet important, le *capitaine* doit nécessairement prendre l'avis des principaux officiers & matelots de son bord. S'il se détermine contre l'avis commun, s'il néglige de le prendre, il devient responsable des dommages & intérêts que sa conduite peut occasionner.

Ainsi, avant de faire voile, il doit prendre l'avis du pilote du contre-maître & autres principaux. Dans le cas d'une tempête, ou de chasse d'un corsaire, il ne peut jetter des effets de son bâtiment à la mer, qu'après y avoir été autorisé par une délibération. En un mot, il ne peut rien faire d'important avant d'avoir pris conseil; & l'écrivain du vaisseau doit en tenir registre.

Dans les voyages de long cours, le *capitaine* doit assembler chaque jour, à l'heure de midi, & toutes les fois qu'il le croit nécessaire, les pilotes, les contre-maîtres, & autres qu'il juge experts au fait de la navigation, afin de conférer avec eux sur les hauteurs prises, les routes faites & à faire, & sur leur estime.

Le *capitaine*, qui s'est engagé pour faire un voyage, est obligé de l'achever, sous peine d'être tenu des dommages & intérêts de ses propriétaires, & des marchands qui ont chargé sur son bâtiment. Les circonstances particulières peuvent même autoriser à employer contre lui la procédure extraordinaire. Il n'y a d'exception que le cas d'interdiction formelle de commerce, avec le pays pour lequel son navire étoit destiné. Si le voyage n'est que suspendu, parce que le port est fermé, ou le bâtiment arrêté par ordre du souverain, il doit attendre que l'empêchement soit levé, & continuer ensuite son voyage.

Il est défendu à tout *capitaine*, sous peine d'être puni exemplairement, d'entrer sans nécessité dans un port étranger. Lorsqu'il y est poussé par la tempête, ou chassé par les pirates, il doit en partir au premier temps propre. La raison de cette défense est fondée sur ce qu'un *capitaine* qui s'écarte de sa route, & allonge son voyage, occasionne des frais, tant à l'armateur qu'aux négocians, & qu'il peut être soupçonné de mauvaise intention.

La loi 7, *c. de navicul.* condamnoit à mort un *capitaine* qui, en faisant fausse route, ou en entrant dans un havre étranger, faisoit périr ou détournoit les effets appartenans au fisc. Cette rigueur auroit probablement lieu dans notre jurisprudence, si, dans le même cas, il s'agissoit d'effets appartenans au roi.

Tout *capitaine* qui commet quelque larcin, qui s'entend avec ceux qui en commettent sur son bord, qui donne frauduleusement lieu à l'altération ou confiscation des marchandises, ou du vaisseau, doit être puni corporellement.

S'il s'est commis, sur son bord, un vol dont il ne puisse reconnoître les auteurs, l'usage est d'en faire payer la valeur au *capitaine*, aux officiers & à l'équipage, à proportion des gages de chacun. Cette police est judicieuse, en ce qu'elle oblige le *capitaine* & ses officiers de prendre les précautions nécessaires pour empêcher les délits de cette espèce, & de veiller plus exactement sur la conduite des matelots.

Le *capitaine*, à son retour dans le port, doit faire, dans les vingt-quatre heures, son rapport de tout ce qui lui est arrivé de remarquable pendant le cours de sa navigation. Il doit aussi rendre un compte exact de tous les hommes qui lui ont été confiés, soit passagers ou autres.

L'ordonnance du 8 avril 1721 a défendu aux *capitaines* de vaisseaux marchands, sous peine de cent livres d'amende, & du double en cas de récidive, de tirer, sous aucun prétexte que ce soit, aucun coup de canon, lorsqu'ils sont mouillés dans les rades des colonies françoises, à moins que ce ne soit pour faire signal d'incommodité, ou après en avoir obtenu permission de l'officier commandant des lieux.

Lorsque, dans le cours du voyage, les vivres viennent à manquer, le *capitaine* peut obliger ceux qui en ont en particulier, de les mettre en commun, à la charge de leur en payer le prix. Il ne peut ni vendre, ni détourner aucune partie de ceux qui lui ont été confiés. Il doit, à son retour, remettre à ses commettans ce qui lui reste de vivres & de munitions.

L'ordonnance apporte néanmoins une exception à cet égard. Lorsqu'un *capitaine* trouve en mer des vaisseaux qui ont un pressant besoin de vivres, il est autorisé à leur en vendre, après avoir pris l'avis des principaux de son équipage, & constaté avec eux qu'il lui en reste suffisamment pour achever son voyage. Ce seroit manquer aux devoirs de l'humanité, de refuser des vivres, dont on peut se passer, à ceux qui en sont dépourvus. Dans ce cas, le *capitaine* doit tenir compte à ses propriétaires du prix des vivres qu'il a vendus.

Lorsque le *capitaine* est associé avec les propriétaires du navire, ou qu'il navigue à part de profit avec les gens de son équipage, il ne peut faire, pour son compte, aucun négoce particulier, à peine de confiscation de ses marchandises au profit des autres intéressés. Il lui est également défendu d'emprunter plus d'argent que n'en exige le fond de son chargement, sous peine de privation de sa maîtrise, & de sa part au profit.

Cette dernière disposition ne doit avoir lieu que dans le cas où l'emprunt a été fait dans la vue de tromper la société, comme il arriveroit, s'il rapportoit dans la dépense de son compte toute la somme empruntée, & qu'il n'en eût appliqué qu'une partie aux besoins communs.

Devoirs des capitaines par rapport aux vaisseaux du roi. Tout *capitaine* de vaisseau marchand, qui, en arrivant dans un port ou rade, soit du royaume, soit des pays étrangers, y trouve des vaisseaux, frégates, & autres bâtimens du roi, est tenu de les saluer de la voile & de la voix, suivant l'usage; de se rendre à bord du bâtiment ayant pavillon ou flamme, aussi-tôt après avoir mouillé l'ancre, & avant de descendre à terre; de rendre compte à l'officier commandant du lieu d'où il vient, du jour qu'il est parti, des événemens qui lui sont arrivés pendant sa navigation, & généralement de tout ce qui peut intéresser le service du roi, & qu'il a appris, soit dans le lieu de son départ, soit dans ceux où il a relâché, soit enfin des bâtimens qu'il a rencontrés en mer.

Celui qui manqueroit à venir faire son rapport ou qui en feroit un faux, doit être privé du commandement, même être puni corporellement, suivant l'exigence des cas. Celui qui manque au salut, doit être mis aux arrêts par le commandant du vaisseau du roi, qui en informe ensuite le secrétaire d'état au département de la marine, pour sur le compte qui en est rendu au roi, être ordonné de la punition du *capitaine* selon les circonstances.

Dans les deux cas rapportés ci-dessus, lorsqu'il se trouve cinq vaisseaux de roi, ou plus, rassemblés en escadre, le commandant peut assembler le conseil de guerre, & faire punir les *capitaines* qui ont manqué au salut, ou qui sont descendus à terre avant d'avoir rendu compte de leur navigation, ou qui ont fait de faux rapports. Ces deux points ont été réglés par une ordonnance du 25 mai 1765.

Capitaine *d'armes.* (*Code marit.*) L'ordonnance de la marine donne cette qualité à un bas-officier, qui dans un vaisseau de guerre est chargé du soin des armes. Ses fonctions consistent à faire embarquer tout ce qui est ordonné pour l'armurier, à faire nettoyer & raccommoder les armes, à les distribuer sur le vaisseau, ainsi que la poudre à mousquet, les gargoussières, les mèches, les balles, les bourres, les pierres à fusil, *&c.* Il a l'inspection sur les bandoulières, pertuisanes, espontons, haches d'armes & autres semblables, qu'il distribue selon les besoins. C'est lui qui pose la sentinelle devant la chambre du *capitaine*, & au haut de la tire-vieille.

Capitaine *de port.* En terme de marine, on donne ce titre à un officier établi dans quelque port considérable, où il y a un arsenal de marine, & qui y commande une garde pour la sûreté de toutes choses. Ses fonctions sont détaillées dans le tit. 3, liv. 12, de l'ordonnance de 1689, & dans deux autres du 27 septembre 1776.

Autrefois les *capitaines de port* étoient distingués des *capitaines* de vaisseaux, & étoient chargés de la conservation, entretien & équipement des vaisseaux, sous l'autorité de l'intendant. Suivant les nouvelles ordonnances, la régie des ports est administrée par un directeur-général, un directeur *capitaine* de vaisseau, & un sous-directeur *capitaine de port.* Les provisions de ce dernier lui donnent aujourd'hui la qualité de *capitaine de vaisseau & de port*, ensorte qu'il fait aujourd'hui partie du corps des *capitaines* de vaisseaux. Néanmoins le *capitaine de port* ne prend rang qu'après tous les *capitaines* de vaisseaux; mais en cette qualité, il commande aux lieutenans de vaisseaux.

Capitaines *Gardes-côtes.* Ce sont encore des officiers établis pour le service de la marine, qui commandent les milices destinées à la garde des côtes, & à empêcher les ennemis ou les pirates de faire quelques descentes. *Voyez* Capitainerie-*Garde-côte.*

Capitaine *des chasses*, (*Eaux & Forêts.*) c'est un officier chargé de veiller dans un certain canton, à tout ce qui concerne la chasse. *Voyez* Capitainerie.

Capitaine *général*, (*Finance.*) on appelle ainsi dans la régie des fermes du roi, celui qui commande un certain nombre de gardes employés pour veiller aux intérêts des fermiers généraux, en saisissant les marchandises qui entrent en fraude dans le royaume, & en arrêtant les conducteurs ou les porteurs des effets prohibés. *Voyez le Dictionnaire de Finance.*

CAPITAINERIE, s. f. (*Droit public. Eaux & Forêts.*) c'est un nom de dignité qui n'a plus guère lieu que par rapport au commandement des gardes-chasses & des gardes-côtes, à l'entretien des forêts & à ce qui concerne les chasses.

Dans l'acception particulière des eaux & forêts, on entend par *capitainerie*, une certaine étendue de terrein, un certain canton sur lequel le capitaine des chasses, à qui il est confié, exerce sa jurisdiction, en veillant à ce que le pays soit fourni de gibier, en accordant ou refusant la permission de chasser.

Les *capitaineries* sont assez ordinairement des annexes des maisons royales. De tout temps nos rois ont mis en réserve certains cantons, pour y jouir du plaisir de la chasse; mais ce n'a été que sous François I, que ces cantons ont été érigés en *capitaineries*. Leur nombre a été augmenté & diminué en divers temps, tant par ce prince que par ses successeurs.

Une déclaration du mois d'octobre 1699 a supprimé environ quatre-vingts *capitaineries*, & n'a laissé subsister que celles de la Varenne du Louvre, du Bois de Boulogne, de Vincennes, de S. Germain-en-laye, de Livry-Bondy, de Fontainebleau, de Monceaux, Compiegne, Chambort, Blois, Hallate, Corbeil & Limours. Depuis, celle de Blois a été supprimée, par un édit de 1739, & celle de Livry-Bondy en 1761. Un édit du mois d'avril 1773 en a créé une nouvelle pour le parc de Meudon; & le roi, par un autre édit de novembre 1774, en a érigé une autre en faveur de Monsieur, sous le titre de *capitainerie* royale de Sénart, qui a été démembrée de celle de Corbeil.

Les princes apanagés ont aussi des *capitaineries* dans leur apanage, & leurs capitaines des chasses jouissent des mêmes droits que ceux des *capitaineries* royales, en ce qui concerne la chasse.

On distingue deux espèces de *capitaineries*: celles de la première sont les *capitaineries* établies autour des maisons royales, que le roi habite ou peut habiter; les autres sont appellées *capitaineries* simples, dont on distingue également deux espèces. Il y a une très-grande différence entre les droits attribués aux capitaines des unes ou des autres.

Ceux des *capitaineries* des maisons royales que le roi habite, sont de véritables commissaires du conseil. Ils ont des provisions du roi, & prêtent serment entre ses mains ou en celles de M. le chancelier; leurs officiers inférieurs le prêtent entre les mains du capitaine: & c'est sur sa nomination qu'ils obtiennent des provisions.

Les appellations des jugemens de ces *capitaineries* doivent être portées au conseil où on peut les relever par lettres ou par arrêt de soit communiqué, conformément à l'article premier du titre 8 du réglement du 28 juin 1738.

L'article 2 du même titre veut que ces jugemens s'exécutent nonobstant l'appel: & il doit en être inséré une clause expresse dans les lettres ou dans l'arrêt qui reçoit la partie appellante. Le défaut de cette formalité entraîne la peine de nullité.

Les capitaines de ces jurisdictions peuvent déposséder, quand ils le jugent à propos, leurs lieutenans, sous-lieutenans & autres officiers, ainsi que les gardes de leurs *capitaineries*, en les remboursant ou faisant rembourser: c'est ce qui résulte de l'ordonnance du 24 janvier 1695. Ils peuvent aussi, suivant la même loi, interdire ces officiers & gardes pour contravention aux ordonnances, & commettre à leur place telles personnes qu'ils jugent à propos durant l'espace de trois mois.

Quant aux *capitaineries* simples, elles sont, ainsi que nous l'avons remarqué, de deux espèces; car il y en a dont les officiers sont compris dans les états annuellement envoyés à la cour des aides, & qui sont conséquemment du nombre des officiers commensaux de la maison du roi, & jouissent du privilège de committimus: ce qui fait qu'on met à cet égard ces *capitaineries* au nombre des premières *capitaineries* royales.

Les officiers de ces *capitaineries* simples ont une pleine jurisdiction civile & criminelle sur le fait des chasses, de même que ceux des *capitaineries* des maisons royales, à l'exclusion des maîtrises; mais ils en diffèrent en ce que les capitaines, lieutenans & autres officiers de ces *capitaineries* simples, sont obligés de se faire recevoir à la table de marbre; où se relèvent les appels de leurs jugemens.

A l'égard des *capitaineries* simples de la seconde espèce, comme leurs officiers ne sont pas compris dans les états envoyés à la cour des aides, ils ne jouissent d'aucun des privilèges accordés aux commensaux. Les capitaines ont seulement le droit d'informer des faits de chasse & de faire arrêter les délinquans, &c. conformément à l'article 31 du titre 30 de l'ordonnance des eaux & forêts.

Le roi ayant, par édit du mois de juin 1761, supprimé la *capitainerie* de Livry-Bondy, & réuni une partie du terrein qui la composoit, à la *capitainerie* de Vincennes, le parlement n'enregistra cet édit qu'*à la charge que l'appel des jugemens rendus par les officiers de cette capitainerie seroit porté à la table de marbre, sauf l'appel à la cour, conformément aux loix, maximes & usages du royaume.*

Mais, par la déclaration du 4 février 1774, sa majesté a rendu cette modification sans effet: voici ce que porte cette loi: « voulons & nous plaît que » les appellations qui pourroient être interjettées » des sentences & jugemens rendus par les officiers » de notre *capitainerie* royale des chasses de Vincennes, ne puissent être portées qu'en notre con» seil, ainsi & dans la même forme qu'il en est usé » dans nos autres *capitaineries* royales, cassant &

» annullant tout ce qui pourroit être ou avoir été » fait au contraire, & y dérogeant en tant que de » besoin. Si donnons en mandement, *&c.* ».

Dans les *capitaineries* des maisons royales, & même une lieue au-delà de leurs limites, les seigneurs ne peuvent chasser sur leurs propres fiefs, sans la permission du roi ou du capitaine. La lieue au-delà des limites est nommée *lieue de rachat*, & la chasse y est aussi interdite pour toutes sortes de gibiers, même aux seigneurs hauts-justiciers : c'est ce qui résulte tant de l'article 20 du titre 30 de l'ordonnance de 1669, que de l'article 1 de l'arrêt du conseil du 17 octobre 1707.

L'article 2 de ce même arrêt ordonne que les seigneurs hauts-justiciers seront tenus de souffrir les visites que les capitaines pourront faire ou faire faire par leurs officiers ou gardes pour la conservation du gibier dans les parcs, clos & jardins de ces seigneurs, sauf aux propriétaires de faire accompagner ces officiers ou gardes dans leurs visites par tel de leurs gens que bon leur semblera.

L'article 3 ajoute que les capitaines pourront aussi tirer dans ces parcs, clos & jardins, quand bon leur semblera, sans qu'ils puissent faire tirer d'autres personnes avec eux, ni y envoyer, sans que les autres officiers & gardes des *capitaineries* puissent user de la même liberté qui est réservée à la seule personne des capitaines, de laquelle liberté sa majesté entend néanmoins qu'ils usent modérément.

L'article 21 du titre 30 de l'ordonnance des eaux & forêts, défend aux personnes qui ont des parcs, jardins, vergers ou autres héritages clos de murs, dans les *capitaineries* royales, de pratiquer à ces murs des trous ou d'autres passages par lesquels le gibier puisse entrer dans ces héritages, & prononce dix livres d'amende contre chaque contrevenant.

L'article 22 excepte de cette disposition les ouvertures qui servent au cours des ruisseaux & à l'écoulement des eaux.

Il est pareillement défendu, par l'article 24, de faire de nouveaux parcs ou clôtures d'héritages en maçonnerie dans l'étendue des plaines des *capitaineries* royales, sans une permission expresse du roi. Mais cette défense ne s'étend pas aux héritages situés derrière les maisons des bourgs, villages & hameaux : ceux-ci peuvent être entourés de murs au gré des propriétaires : c'est ce qui résulte des articles 24 & 25.

Les prés ne peuvent être fauchés dans les *capitaineries* royales avant le jour de la S. Jean-Baptiste, à peine de confiscation & d'amende arbitraire : c'est la disposition de l'article 23.

Les prérogatives dont on a parlé, ne s'étendent pas aux *capitaineries* simples de la seconde espèce. Il y a même des *capitaineries* royales de la première espèce où elles n'ont pas lieu : & quelquefois les circonstances les ont fait modérer dans les *capitaineries* des maisons royales : c'est ce que prouvent une déclaration de 1687 pour la *capitainerie* de Fontainebleau, & une autre de 1724 pour celle d'Hallate.

Dans les *capitaineries* royales simples, les seigneurs peuvent chasser sur les terres de leurs seigneuries, à moins qu'ils n'en soient nommément exclus par le titre d'érection ou par un autre.

Il a été décidé, par un arrêt rendu au conseil des dépêches le 13 avril 1726, entre le comte d'Évreux & l'évêque de Meaux, que la *capitainerie* royale de Monceaux ne devoit point avoir la lieue de rachat qu'ont les *capitaineries* des maisons royales.

Les terres qui, par des arrangemens postérieurs à l'établissement des *capitaineries*, en sont distraites sans qu'on les attribue à aucune autre *capitainerie*, rentrent dans le droit commun relativement aux droits de chasse ; ainsi, dans ces terres, le droit de chasse retourne aux seigneurs de fiefs & aux seigneurs hauts-justiciers, de la manière qu'il se pratique dans le surplus du royaume.

La déclaration du 30 avril 1748 avoit réglé que le marc d'or des offices d'exempts & de receveurs des amendes des *capitaineries* royales, seroit payé sur le pied de la finance de ces offices ; mais le roi ayant considéré que cette disposition mettoit ceux qui se faisoient pourvoir de ces offices, dans la nécessité de payer un droit beaucoup plus fort que celui des offices d'un grade supérieur dans ces *capitaineries*, sa majesté a rendu, le 4 décembre 1774, un arrêt en son conseil, par lequel elle a ordonné qu'à l'avenir les pourvus d'offices d'exempts ou de receveurs des *capitaineries* royales des chasses paieroient le droit de marc d'or, tel qu'il a été fixé, par la déclaration du 30 avril 1748, pour les offices d'avocats du roi & de lieutenans de ces *capitaineries*, avec l'augmentation ordonnée par la déclaration du 4 mai 1770, & les sous pour livre en sus.

CAPITAINERIE-*Garde-côte*, (*Code marit.*) c'est une étendue de pays le long des côtes de la mer, qui renferme un certain nombre de paroisses chargées de la garde de ces mêmes côtes.

Chaque *capitainerie* est commandée par un capitaine général, un major général, un lieutenant général, qui en forment l'état-major & sont chargés du détail des compagnies détachées : il y a en outre, un capitaine général & un lieutenant du guet, pour avoir le détail de tout ce qui concerne les compagnies du guet.

Ces *capitaineries* sont composées d'un nombre de paroisses, plus ou moins considérable, suivant l'étendue de leurs côtes, & le nombre de leurs habitans.

Les domiciliés, jusqu'à deux lieues de distance des bords de la mer, sont tenus de fournir les milices gardes-côtes, dans les personnes âgées depuis dix-huit ans jusqu'à soixante.

Il y a des *capitaineries*-gardes-côtes, qui sont formées en bataillon, dont chaque compagnie est de quarante hommes, & en compagnie de cavalerie ou ou de dragons de soixante & dix maîtres chacune, bien montés & équipés.

Les *capitaineries*-gardes-côtes sont soumises, par une ordonnance du 12 mars 1759, à deux inspecteurs généraux & plusieurs inspecteurs particuliers, sous l'autorité des gouverneurs ou commandans généraux des provinces.

Les inspecteurs ont rang de colonel, les capitaines généraux, celui de lieutenant-colonel, les majors, celui de capitaine d'infanterie, & de premiers capitaines de la garde-côte, & en cette qualité ils commandent aux compagnies détachées & aux capitaines généraux du guet. Les aides-majors ont rang de lieutenans d'infanterie.

Tous les officiers des gardes-côtes ont des commissions, provisions & brevets du roi, sur lesquels ils doivent prendre l'attache de l'amiral de France: ils prêtent serment devant lui, ou devant ses lieutenans aux sièges de l'amirauté, où ils sont d'ailleurs tenus de faire enregistrer leurs provisions.

Il y a deux sortes de service dans la garde-côte: le service militaire pour s'opposer aux descentes, & le service d'observation dans les paroisses pour y veiller continuellement.

Les officiers de ce corps jouissent de l'exemption de tutèle & de curatelle, des charges de ville, de ban & d'arrière-ban: les soldats & cavaliers sont dispensés de tirer pour la milice ordinaire, chacun dans leurs paroisses, qui en sont exemptes par ordre du roi.

Les inspecteurs généraux ont le droit de proposer au secrétaire d'état, du département de la guerre, les officiers qu'ils croient propres à remplir les places qui viennent à vaquer dans les états-majors. Les capitaines généraux ont pareillement le droit de proposer ceux qui conviennent aux places vacantes de capitaines des compagnies détachées, & de capitaine général du guet. Mais les uns & les autres ne peuvent proposer aucun officier employé au service du roi, soit dans des places fixes ou attachées à quelque régiment, ni aucun autre dont l'habitation soit à plus de six lieues de la *capitainerie*, où il s'agit de l'employer.

Les côtes de la France, tant sur l'Océan que sur la Méditerranée, sont divisées en 110 *capitaineries*, qui composent environ 200,000 hommes, tant de pied que de cheval; mais ce nombre peut varier tous les jours. Une ordonnance particulière du 15 mai 1758, pour les *capitaineries* du Languedoc, a réduit à cinq les sept qui y étoient.

CAPITAL, adj. pris assez souvent subst. (*Droit civil & criminel. Finance. Commerce.*) ce mot vient du latin *caput* & se dit en différentes occasions, pour marquer la relation de chef & de principal. Ainsi ville *capitale* signifie la première d'un royaume, d'une province: Paris est la *capitale* de la France, Londres de l'Angleterre, Orléans de l'Orléannois.

On appelle, en droit, *crime capital*, celui pour la réparation duquel on inflige au coupable une peine *capitale*, comme la perte de la vie naturelle ou civile. *Voyez* CRIME, PEINE.

Capital se dit aussi du principal d'une somme que l'on doit, & qu'on est dans l'obligation de rembourser, indépendamment des intérêts. Ainsi cent livres placées au denier vingt, produisent à la fin de l'année cinq livres d'intérêts, & le débiteur n'est libéré de sa dette qu'en payant cent livres de *capital*, & cinq livres d'intérêts. *Voyez* PRINCIPAL, INTÉRÊT.

Capital se dit du fonds d'une compagnie de commerce ou de finance, ainsi que de la somme d'argent que chaque associé fournit à la caisse commune, pour être employée dans l'affaire de commerce ou de finance, qui fait l'objet de la société. *Voyez* FONDS, COMPAGNIE.

Capital se dit encore de la somme d'argent, qu'un marchand met d'abord dans son commerce, lorsqu'il s'établit pour son compte particulier. Ce mot est alors opposé à celui de *gain* & de *profit*, quoique souvent le gain augmente le *capital*, & devienne lui-même *capital*, lorsqu'il est joint au premier *capital*.

CAPITAN-BACHA *ou* CAPOUDAN-BACHA, s. m. (*Droit public.*) c'est le nom du grand-amiral des Turcs. Cette dignité est la troisième charge de l'empire, celui qui en est revêtu jouit du même pouvoir sur mer, que le grand-visir sur terre.

Le commandant de la marine turque portoit autrefois le nom de *Beg de Gallipoli*. Mais Soliman II institua cette charge en faveur du fameux Barberousse, & y attacha une autorité absolue sur tous les officiers de la marine & de l'arsenal, que le *capitan-bacha* peut punir, casser, & faire mourir, dès qu'il est hors du détroit des Dardanelles.

Il commande dans toutes les terres, les villes, châteaux & forteresses maritimes; visite les places, les fortifications, les magasins; ordonne des réparations, des munitions de guerre & de bouche; change les milices & tient conseil pour recevoir les plaintes des officiers.

Lorsque cet officier est à Constantinople, il a droit de police dans les villages de la côte, du port & du canal de la mer Noire, qu'il fait exercer ou par son kiaja ou lieutenant, ou par le bostangi-bachi.

La marque de son autorité est une grande canne d'inde, qu'il porte à la main dans l'arsenal & à l'armée. Son canot, par un privilège réservé seulement au grand-seigneur, est couvert d'un tindelet & armé d'un éperon à la proue. Il dispose des places de capitaines des vaisseaux & de galères, vacantes par mort.

Cet officier a une copie de l'état des troupes de mer, & des fonds destinés pour l'entretien des armées navales. Trois compagnies des janissaires composent sa garde: elles débarquent par-tout où la flotte séjourne, & campent devant la galère du général. Sa maison, sans être aussi nombreuse que celle du grand-visir, est composée des mêmes officiers; quand la flotte mouille dans un port, il tient un divan ou conseil, composé des officiers de la marine.

Le *capitan-bacha* jouit de deux sortes de revenus, les uns fixes, les autres casuels. Les premiers proviennent de la capitation des isles de l'Archipel, & de certains gouvernemens & bailliages de la Natolie & de la Romélie, entre autres de celui de Gallipoli, que le grand-seigneur lui donne en apanage, avec la même étape que celle du grand-visir.

Ses revenus casuels consistent en ce qu'il tire de la paie des bénévoles, & de la demi-paie de ceux qui meurent pendant la campagne, qu'il partage avec le tersana-emini. Il a encore le cinquieme des prises que font les begs, & loue ses esclaves pour mariniers & rameurs sur les galères du grand-seigneur, à raison de cinquante écus par tête, sans qu'ils lui coûtent rien à nourrir & à entretenir, parce qu'au retour de la flotte, il les fait enfermer avec ceux de sa hautesse. Les contributions qu'il exige dans les lieux où il passe, augmentent considérablement ses revenus casuels. (*G*)

CAPITATION, s. f. (*Finance.*) c'est une imposition annuelle qu'on lève sur chaque personne, à raison de son état & de ses facultés.

De l'origine de la capitation, & des premières loix concernant cette imposition. Les secours qu'exigeoit la guerre, qui fut terminée par la paix de Ryswick, furent l'occasion du premier établissement de la *capitation* en France. Une déclaration du 18 janvier 1695, enregistrée au parlement, & à la chambre des comptes de Paris, le 21 & 22 du même mois, ordonna qu'il feroit imposé & levé, dans toute l'étendue du royaume, même dans les villes conquises depuis que la guerre avoit été déclarée, une *capitation* générale, par feu & par familles, laquelle seroit payée d'année en année, pendant la durée de la guerre, conformément au tarif arrêté au conseil, sans qu'elle pût être continuée, ni exigée sous quelque prétexte que ce fût, trois mois après la publication de la paix.

Par ce tarif, tous les sujets du roi furent distribués en vingt-deux classes inégalement taxées. La première, qui commençoit par monseigneur le dauphin, fut taxée à 2000 livres; la seconde, à 1500 livres; la troisième, à 1000 livres, *&c.* & ceux qui composoient la vingt-deuxième ou dernière ne durent payer que vingt sous chacun. On s'étoit proposé, par cette distribution, de faire supporter le poids de l'imposition à chaque individu, dans la proportion assignée à la classe où il se trouveroit placé : mais comment ne s'étoit-on pas apperçu que l'identité des mêmes états, qualités & fonctions n'entraînoit pas celle des fortunes & des facultés, & qu'une opération appuyée sur une pareille base blessoit nécessairement les vues de justice & d'égalité que suppose une bonne administration?

La déclaration dont il s'agit, avoit assujetti à la *capitation* toutes sortes de personnes, de quelque qualité & condition qu'elles pussent être, à l'exception des taillables, dont les cotes étoient au-dessous de 40 sols, des ordres mendians & des pauvres mendians, dont les curés des paroisses devoient donner des rôles signés & certifiés.

La même loi avoit réglé que dans les pays d'états les rôles de la *capitation* seroient arrêtés par les intendans, conjointement avec les députés ordinaires ou syndics des états : qu'à Paris, ces rôles seroient formés par le prévôt des marchands & les échevins : que les rôles des gentilshommes & des nobles seroient formés par les intendans de concert avec un gentilhomme de chaque bailliage que le roi auroit nommé : que les rôles de la *capitation* des officiers & soldats, tant de terre que de mer, seroient arrêtés par les intendans des provinces & par ceux de la marine & des galères, dans les départemens desquels les troupes, tant de terre que de mer, se trouveroient lors de l'imposition, *&c.*

Il fut dit que les titulaires de plusieurs charges ou offices, & qui, par cette circonstance, pouvoient faire partie de plusieurs classes, ne seroient tenus que d'une taxe dans la plus forte classe, suivant leur qualité.

La loi portoit d'ailleurs, que les fils de famille mariés ou pourvus de charges, seroient taxés à part, quoique résidant chez leurs pères & leurs mères; que les enfans de famille, majeurs ou mineurs, qui auroient recueilli la succession de leur père ou de leur mère, seroient taxés au quart de ce que leur père auroit supporté, & que les veuves & les femmes séparées ne paieroient que la moitié de la taxe de leurs maris.

Comme il devoit naturellement y avoir des individus qui ne pouvoient être compris spécialement dans aucune des classes du tarif, il fut ordonné qu'ils seroient taxés par les intendans seuls, ou par les intendans conjointement avec les syndics & députés des états, les syndics des diocèses & les gentilshommes nommés par le roi, sur le pied de la classe à laquelle ils auroient le plus de rapport, par leur profession, état ou qualité.

Les intendans furent aussi autorisés à augmenter ou diminuer les taxes des personnes sujettes à la *capitation*, relativement aux changemens que pouvoit éprouver l'état de ces personnes, & ils furent chargés d'envoyer, chaque année au ministre des finances, le tableau de ces augmentations ou diminutions.

La déclaration de 1695 avoit assujetti à la *capitation* le clergé, comme les autres sujets du roi, mais il se rédima de cette imposition par le moyen d'un don gratuit, & la *capitation* de ce corps se trouve encore aujourd'hui comprise dans le don gratuit, qu'il est dans l'usage d'accorder toutes les fois qu'il s'assemble.

On a vu que les taillables, dont la cote étoit fixée au-dessous de 40 sols, devoient être exempts de la *capitation*. Il résulta de cette disposition que beaucoup de chefs de famille des pays d'états, quoique aisés, ne payoient néanmoins pas 40 sols de taille, prétendirent à cette exemption; mais un arrêt du conseil du 22 février 1695, ordonna que l'exemption prévue par la déclaration du 21 janvier précédent, n'auroit lieu que dans les pays d'élection : & un autre arrêt du conseil restreignit cette exemption, dans les pays où la taille est réelle, aux individus dont la cote ne seroit que de vingt sols & au-dessous.

Nous avons dit que, conformément à la loi qui avoit établi la *capitation*, cette imposition devoit cesser trois mois après la paix : en effet, elle fut supprimée par arrêt du conseil du 17 décembre 1697; mais bientôt une nouvelle guerre obligea de la rétablir, & c'est ce qui fut fait par une déclaration du 12 mars 1701, que le parlement enregistra le 17 du même mois.

Cette dernière loi ne différa guère de la déclaration de 1695, si ce n'est qu'elle autorisa certains corps à répartir eux-mêmes la *capitation* sur leurs membres. Tels furent 1°. le parlement de Paris & les autres cours supérieures du royaume, dont les rôles durent être arrêtés par le premier président, deux députés & le procureur-général de chaque compagnie; 2°. les jurisdictions subalternes ou inférieures, dont les rôles, à l'égard de celles de Paris, durent être formés par les chefs, deux députés & les procureurs du roi, & quant à celles des provinces, par les intendans conjointement avec les officiers de ces jurisdictions; 3°. le châtelet de Paris, dont les taxes durent être fixées par les chefs & le procureur du roi; 4°. enfin les corps & métiers, soumis à la jurisdiction du lieutenant général de police de Paris, dont les taxes durent être réglées par ce magistrat & par le procureur du roi.

La nouvelle *capitation* devoit, suivant la déclaration de 1701, cesser d'être levée six mois après la paix; mais les dépenses de la guerre furent si considérables, que, par une déclaration du 9 juillet 1715, la *capitation* fut prorogée indéfiniment, & même les exemptions qui avoient été promises en 1708 & 1709, à ceux qui acquerroient des rentes de la création des années précédentes, furent révoquées.

Nous allons maintenant faire connoître les procédés suivant lesquels se lève la *capitation*, tant des pays d'élection & des pays d'états, que de la cour, des troupes, de la ville de Paris & des communautés d'arts & métiers.

De la capitation des pays d'élection. Avant la déclaration du 13 février 1780, enregistrée à la cour des aides de Paris, le 18 du même mois, on arrêtoit au conseil un état par lequel on régloit ce que chaque province devoit supporter, & d'après cet état, le ministre des finances annonçoit aux intendans la somme à laquelle le roi avoit fixé la *capitation* de leurs départemens. Mais le roi, ayant considéré qu'une telle manière de répartition étoit à charge aux peuples & singuliérement aux habitans des campagnes, en ce que la *capitation* pouvant être augmentée obscurement, ou du moins sans aucune formalité gênante, & par un simple arrêt du conseil, il résultoit de cette faculté que l'administration des finances avoit souvent préféré cette ressource à plusieurs autres qui eussent été moins onéreuses aux peuples, & moins contraires à la prospérité du royaume : c'est pourquoi sa majesté a jugé qu'il étoit important de déterminer d'une manière invariable le montant de la taille & de la *capitation*, dans chaque généralité, & d'assujettir toute espèce d'augmentation aux formes qui sont nécessaires pour toutes les autres impositions, afin que si l'administration des finances avoit à proposer la levée de contributions nouvelles pour les besoins de l'état, le souverain ne fût point guidé dans son choix par des motifs étrangers au bien de ses peuples. En conséquence, il a été ordonné par la déclaration du 13 février 1780, dont on vient de parler, qu'à compter du département des impositions de 1781, il ne seroit plus arrêté au conseil pour les vingt-quatre généralités de pays d'élection & pays conquis, qu'un seul brevet général qui comprendroit, avec la taille, les autres impôts qui se répartissent chaque année au marc la livre de la taille, ainsi que la *capitation*, les quatre sols pour livre additionnels, & les impositions réparties au marc la livre de la *capitation*. La même loi a réglé que le montant de ce brevet général demeureroit invariablement fixé à la somme imposée pour l'année 1780, & que s'il arrivoit que le roi jugeât nécessaire de l'augmenter, ou pour le besoin du royaume, ou par des considérations d'utilité publique, sa majesté ne feroit ce changement que par une loi enregistrée dans les cours.

A l'égard de la *capitation* de la noblesse, des privilégiés, des officiers de justice, des employés, des habitans des villes franches & abonnées, & qui fait partie du brevet général, les rôles doivent en être arrêtés au conseil, comme par le passé, & le montant de ces rôles doit continuer de tourner à la décharge des taillables. La déclaration de 1780 a d'ailleurs ordonné qu'en cas de réduction dans le nombre des privilégiés, officiers de justice & employés, ou de révocation des exemptions personnelles & d'abonnement de quelques-unes des villes franches & abonnées, les taillables recueilleroient le fruit de ces réformes, qui augmenteroient le nombre des contribuables à la portion du brevet général.

De la capitation des pays d'états. Dans les pays d'états, la *capitation* se paie par abonnement, c'est-à-dire, que l'objet en est compris dans la somme convenue, pour le subside annuel.

La manière dont la *capitation* se répartit dans ces pays, varie selon les différentes formes d'administration qui y sont en usage : voici celle qui se pratique en Bourgogne, & qui a été réglée par un arrêt du conseil du 5 juin 1717.

La première répartition est fixée par les élus généraux, qui déterminent ce que doivent payer la noblesse, les différens corps & le tiers-état.

L'élu de la noblesse & quatre gentilshommes,

nommés par le gouverneur de la province, font la répartition de la *capitation* de la noblesse, sur les gentilshommes & sur ceux qui possèdent des fiefs: ils en font faire le recouvrement par des personnes qu'ils choisissent, & qu'ils chargent d'en remettre les deniers au trésorier de la province.

Les rôles de la *capitation* du parlement, de la chambre des comptes & du bureau des finances, se dressent conformément à la déclaration du 12 mars 1701, & par les commissaires qui sont indiqués: ceux-ci remettent les extraits de ces rôles aux élus généraux, & ces derniers imposent eux-mêmes, conformément au tarif, ceux qui peuvent avoir été omis.

Le payeur des gages de chaque compagnie reçoit ensuite, ou retient sur les gages, le montant de la *capitation* de chaque individu, & en remet les deniers au trésorier des états.

Quant à la *capitation* des jurisdictions inférieures, les élus généraux en font eux-mêmes la répartition, & en envoient un état au procureur du roi de chaque jurisdiction. L'imposition se fait ensuite par le chef, assisté de deux députés & du procureur du roi: ils nomment l'un d'entre eux pour faire le recouvrement, qui doit être remis sans non-valeur entre les mains du trésorier des états. Le corps reste garant de la solvabilité de celui qui a été chargé de faire ce recouvrement.

Les élus généraux font aussi le rôle de ce que doivent payer ceux qui habitent les châteaux de Dijon, de Châlons & d'Auxerre, & les officiers, tant civils que militaires ou autres privilégiés qui ne sont attachés à aucun corps: ceux qui habitent les châteaux paient au commandant sur l'état qu'on lui envoie; il remet ensuite ce qu'il a reçu au trésorier de la province: à l'égard des autres ils paient entre les mains des receveurs qui leur sont désignés.

Quant aux taillables, les élus généraux répartissent le montant de la *capitation* sur chaque paroisse & on le distribue ensuite au marc la livre de la taille: les collecteurs sont tenus d'en faire la levée, & de remettre les deniers qu'ils ont reçu aux receveurs des bailliages, qui les font passer au trésorier de la province. Tous les membres des différens corps & communautés sont solidaires, & doivent faire les deniers bons, au moyen de quoi, il n'y a jamais de non-valeur.

De la capitation de la cour. Dans l'origine les princes du sang, les ministres & les autres personnes de distinction, comprises dans les deux premières classes du tarif, devoient payer leur *capitation* au trésorier royal, & ceux qui étoient compris dans la troisième classe devoient payer entre les mains d'un receveur particulier.

Mais bientôt on jugea que la comptabilité seroit plus facile en chargeant une seule personne de recevoir la *capitation* de ces trois classes, & en conséquence, il fut rendu, le 18 février 1696, un arrêt qui commit le sieur le Fevre, pour faire cette recette.

Et pour rendre le recouvrement plus facile, il fut ordonné, par un autre arrêt du 29 juin 1702, qu'aucun de ceux qui avoient des appointemens, gages ou pensions à toucher, soit au trésor royal, soit sur les trésoriers de la maison du roi, soit sur ceux de l'ordinaire ou de l'extraordinaire des guerres, soit enfin, sur toutes les personnes indistinctement chargées de payer pour le roi, ne pourroit recevoir le montant de ces appointemens, gages ou pensions, qu'en justifiant du paiement de sa *capitation*, à peine, par les trésoriers & payeurs, d'en répondre en leur propre & privé nom.

Cet ordre a subsisté jusqu'au 30 décembre 1775, qu'un nouvel arrêt du conseil a ordonné que les rôles de *capitation* des princes, des ducs, des maréchaux de France, des officiers de la couronne, des chevaliers de l'ordre du Saint-Esprit, de la chancellerie, des officiers de finances & des fermiers généraux, continueroient d'être arrêtés au conseil en la forme ordinaire, & que les sommes qui y seroient portées seroient acquittées, à compter du premier janvier 1776, dans les délais prescrits par les réglemens pour le recouvrement de la *capitation*, entre les mains de celui des receveurs des impositions de la ville de Paris, dans le département duquel les personnes comprises dans ces rôles seroient domiciliées.

De la capitation des troupes. Le tarif de cette *capitation* fut arrêté au conseil royal des finances, le 21 octobre 1702, & depuis cette époque il n'a point varié, excepté qu'on y a ajouté les quatre sols pour livre, comme aux autres *capitations*.

Depuis les ordonnances du 25 mars 1776, concernant l'infanterie, la cavalerie & les dragons, la *capitation* des troupes se paie sur la masse établie dans chaque corps, & elle ne doit plus être retenue, comme cela se pratiquoit précédemment, sur les appointemens & solde, tant des officiers que des soldats, cavaliers & dragons.

De la capitation de la ville de Paris. Cette *capitation* s'impose par le prévôt des marchands & par les échevins.

Comme les principales règles, établies par les réglemens intervenus sur cet objet, en différens temps, se trouvent rappellés dans un arrêt rendu au conseil d'état du roi, le 24 février 1773, & que cet arrêt forme le dernier état de la jurisprudence, sur la matière dont il s'agit, il suffira d'en rapporter ici les dispositions.

« I. La déclaration du 12 mars 1701, ensemble » les arrêts du conseil & réglemens intervenus sur » le fait de la *capitation*, seront exécutés selon leur » forme & teneur, & notamment ceux des 19 » avril & 21 juin 1701, 15 janvier 1704, 9 juin » & 22 décembre 1711, 13 décembre 1718, & » 15 décembre 1722; & qu'en conséquence, les » rôles qui seront formés sur les déclarations des » propriétaires, principaux locataires, & les visites » des employés au recouvrement de la *capitation*, » & dont les taxes seront faites en la manière ac-

» coutumée ; continueront d'être arrêtés en son conseil.

» II. Les propriétaires, habitant leurs maisons, ou principaux locataires, qui, au préjudice des arrêts & réglemens des 21 juin 1701, 9 juin & 22 décembre 1711, & 13 décembre 1718, auront laissé déménager les locataires ou redevables de la *capitation*, sans en avoir donné avis par écrit au receveur, un mois auparavant leur déménagement, seront contraints, en leur propre & privé nom, au paiement des sommes dues par lesdits locataires, pour les années qu'ils auront occupé leurs maisons, & même pour l'imposition entière de l'année dans laquelle ils auront changé de domicile ; sauf aux propriétaires ou principaux locataires à exercer leur recours, & à poursuivre lesdits redevables, ainsi & de la même manière que l'auroient fait lesdits receveurs; & ce sans que lesdits propriétaires ou principaux locataires puissent en être déchargés, sous quelque prétexte que ce soit, même en indiquant la demeure desdits redevables, à moins qu'ils ne justifient, par pièces authentiques, de la perte de leur loyer, & de la sortie furtive de ces mêmes locataires : & pour mettre lesdits propriétaires ou principaux locataires, en état de s'assurer du paiement de ceux qui voudront déloger de leurs maisons, ils pourront, conformément auxdits arrêts, faire saisir & arrêter leurs meubles avant leur déménagement, faute par lesdits particuliers de justifier du paiement de leur *capitation*, à leur première requisition, par la remise d'un *duplicata* de leur quittance, que les receveurs seront tenus d'expédier gratuitement, quand ils en seront requis.

» III. Ordonne sa majesté, conformément aux arrêts du conseil des 9 juin & 22 décembre 1711, 13 décembre 1718, & 15 décembre 1722, à tous chefs de famille, de quelque qualité & condition qu'ils soient, propriétaires habitant leurs maisons, principaux locataires, supérieurs ou supérieures de communautés séculières ou régulières, principaux, ou proviseurs de colléges, maîtres d'académies, maîtres ou maîtresses de pension, & autres tenant hôtels garnis & auberges; comme aussi à tous ceux qui ont des enfans mineurs en leur puissance, soit qu'ils aient des biens ou non, acquis par le décès de leurs pères & mères; à tous trésoriers généraux ou particuliers, fermiers ou sous-fermiers, gens d'affaires, entrepreneurs, régisseurs, chefs de bureaux, banquiers, commerçans, manufacturiers; ensemble à toutes femmes non communes en biens, ou séparées de leur mari, de corps, de biens ou d'habitations, ou à quelque titre que ce soit, & généralement à tous ceux qui ont des personnes à leur charge, logées avec eux ou employées sous eux, quoique n'y demeurant pas, de fournir à la première requisition desdits préposés, des déclarations exactes & certifiées d'eux, contenant les noms & qualités de toutes les personnes qui habitent lesdites maisons, le nombre des enfans, commis, clercs & domestiques, les garçons & filles de boutique, les apprentis & apprenties, compagnons, ouvriers & ouvrières, & généralement toutes les personnes étant à leur charge, logées chez eux ou employées sous eux; ensemble les appointemens & gratifications de leurs commis, pour, sur lesdites déclarations, être chaque contribuable employé dans les rôles de la *capitation*, suivant son état & faculté. Quant à ce qui concerne les châteaux ou maisons royales, ainsi que ceux des princes du sang & autres, entend sa majesté qu'il soit remis, chaque année, par les gouverneurs ou concierges desdites maisons, aux receveurs de la *capitation*, un état exact & détaillé de toutes les personnes, avec énonciation de leurs qualités, logeant dans lesdites maisons ou châteaux, afin que sur ces états les receveurs puissent ne comprendre dans leurs rôles que ceux qui sont dans le cas d'être imposés. Autorise au surplus, sa majesté, lesdits receveurs à faire, dans lesdites maisons ou châteaux, toutes poursuites, ainsi & de la même manière qu'ils le feroient dans des maisons particulières.

» IV. Enjoint sa majesté aux maîtres des hôtels, maisons, appartemens & chambres garnies, de représenter au receveur de la *capitation*, toutes les fois qu'il le requerra, le livre de police, pour connoître les personnes qui logeront dans lesdits hôtels, maisons & chambres garnies, à peine de cent livres d'amende; comme aussi aux aubergistes & aux personnes qui tiennent des logis & chambres à loyer d'ouvriers & compagnons, de déclarer ceux qu'ils logeront, à peine de payer le double de la taxe à laquelle ils seront sujets.

» V. Veut sa majesté que tous ceux compris dans l'article III du présent arrêt qui refuseront de fournir, par écrit, dans le 15 janvier de chaque année, leurs déclarations, ou qui y feront quelques omissions ou déguisemens, soient assignés pardevant les prévôt des marchands & échevins, pour être par eux condamnés à payer le quadruple de la somme, pour laquelle chaque particulier qu'ils auront refusé de déclarer, ou qu'ils auront omis, ou dont ils auront déguisé la qualité, auroit dû être compris dans lesdits rôles; & en outre en cent livres d'amende, dont moitié appartiendra au dénonciateur, sans que cette peine puisse être réputée comminatoire. Ordonne, sa majesté, que les particuliers qui auront été omis, & dont les qualités auront été déguisées, seront compris dans les rôles par supplément.

» VI. Veut pareillement sa majesté, conformément à l'article XV de l'arrêt du conseil du 13 décembre 1718, que toutes personnes, de quelque qualité & condition qu'elles soient, qui ont un domicile actuel dans la ville de Paris, soient comprises dans les rôles des habitans de ladite

» ville, suivant leurs qualités, état & facultés, quand » bien même elles seroient imposées en province » ou dans les rôles particuliers, pour raison des » terres, fiefs ou châteaux qu'ils y possèdent, ou » par rapport à quelques charges, emplois ou com- » missions, soit militaires, soit de justice, police, » finance ou de maisons royales, pour lesquels » elles ne paient que des taxes modiques, sauf à » leur tenir compte, si le cas y échoit, de ce qu'elles » justifieront avoir payé ailleurs par des quittances » duement visées & attestées.

» VII. Entend sa majesté que tous les officiers » de ses troupes, qui, quoique ne servant plus, » ont conservé des appointemens, ou qui sont de- » meurans à Paris, soient imposés conformément » à leur qualité & dans la proportion de leurs fa- » cultés; sauf à leur tenir compte des sommes » qu'ils justifieront avoir payées à l'extraordinaire » des guerres.

» VIII. Entend aussi sa majesté que tous les do- » mestiques mariés, qui sont en service, & qui » occupent des logemens qui ne sont pas à la charge » de leurs maîtres, soient imposés au rôle de la » *capitation* de la ville, aussi au *prorata* de leurs » facultés apparentes, & qu'ils soient tenus de payer » leur imposition, sans aucune déduction de ce que » leurs maîtres pourroient payer pour eux, ni sans » que les maîtres puissent se prévaloir du paiement » fait par leurs domestiques à leur domicile, pour » faire décharger ou diminuer la taxe faite à leur » article, pour raison de ces mêmes domestiques.

» IX. Veut aussi sa majesté, conformément à » l'article XVI dudit arrêt du conseil du 13 dé- » cembre 1718, que les marchands & artisans & » autres particuliers, qui, par eux-mêmes ou par » leur femme, exercent & réunissent à leur com- » merce, quelque profession particulière & étran- » gère à celui de la communauté dont ils sont » membres : tels que ceux qui débitent de la crême, » du fruit, de l'eau-de-vie, bière, tabac ou sel; » enfin, toutes personnes faisant usage de lettres » de regrat; les distributeurs des billets de loterie, » ayant des bureaux ouverts, les femmes qui ven- » dent de la marée ou poisson d'eau-douce; ceux » qui louent des maisons ou chambres garnies, » autres que les traiteurs exerçant leur commerce, » à qui cette faculté est attribuée pour leur maison » de domicile seulement, & fait partie de l'exer- » cice de leur profession; & enfin, tous ceux qui » ont quelque emploi, commission ou exercice » étranger à celui de la communauté à laquelle » ils sont attachés, & dont ils retirent un produit » particulier, soient imposés dans les rôles des » bourgeois, pour raison desdites professions, exer- » cice & emplois, indépendamment des sommes » qu'ils paient à leurs corps & communauté, pour » raison de leur commerce & profession directe.

» X. Veut pareillement sa majesté, qu'en con- » séquence de l'article III de l'arrêt du conseil du 3 » juin 1738, concernant les renonciations des » marchands & artisans de la ville de Paris, à leurs » corps & communauté, les gardes, prévôt & » jurés desdits corps & communautés, soient te- » nus de remettre au sieur lieutenant général de » police, les extraits de renonciations qui auront été » faites par lesdits marchands, artisans & leurs » veuves, à leurs droits dans leurs corps & com- » munautés, avec un extrait du rôle contenant les » sommes auxquelles chacun desdits particuliers, » qui auront renoncé, sont imposés, afin que le » sieur lieutenant général de police puisse envoyer » ces extraits au sieur prévôt des marchands de la » ville de Paris, pour qu'après les trois années ré- » volues de leur renonciation, ils puissent être » compris au rôle des bourgeois, suivant leurs » état & facultés.

» XI. Ordonne enfin sa majesté que la *capitation* » continuera d'être payée dans les termes accou- » tumés, faute de quoi seront tous les contribua- » bles contraints par saisie de leurs rentes, gages, » appointemens, loyers de maisons & autres de- » niers & revenus, & par les autres voies portées » par l'article II du présent arrêt; & pour la faci- » lité du recouvrement des rôles en ce qui con- » cerne les directeurs, caissiers & commis des tré- » soriers généraux ou particuliers, les fermiers, » sous-fermiers, gens d'affaires, entrepreneurs, ré- » gisseurs, chefs de bureaux, banquiers, commer- » çans, manufacturiers & tous autres, ayant des » commis, secrétaires, clercs ou des ouvriers em- » ployés sous leurs ordres, leur *capitation* person- » nelle & celle de leurs commis, ouvriers & do- » mestiques, seront payées ensemble & dans les » mêmes termes par leurs receveurs ou caissiers, » sur les extraits qui leur seront fournis desdits rô- » les : à quoi faire lesdits caissiers & receveurs se- » ront contraints, sauf à leurs commettans à faire » la retenue, si bon leur semble, de ce qu'ils au- » ront payé en l'acquit de ceux qui sont à leur » charge.

» XII. Pour éviter, autant qu'il est possible, dans » ce recouvrement les non-valeurs, fait défenses » sa majesté à tous dépositaires, sequestres & huis- » siers, commissaires-priseurs, sous peine d'en ré- » pondre en leur propre & privé nom, & de » payer deux fois, de faire délivrance d'aucuns » deniers provenans de vente de meubles, soit » volontaire, soit forcée, soit après décès, qu'on » ne leur justifie préalablement par *duplicata* de la » quittance de *capitation* personnelle, ainsi que » de celle des domestiques de la personne à qui » appartenoient les meubles.

» XIII. Fait, en outre, sa majesté défenses à tous » ses sujets, de quelque état & condition qu'ils » soient, de porter aucun trouble, empêchement » ni préjudice aux receveurs & commis chargés du » recouvrement de la *capitation*, soit dans leurs » visites ou dans leurs autres fonctions; voulant » sa majesté que ceux qui les troubleront ou qui » s'opposeront aux recherches qu'ils sont obligés

» de faire, soient condamnés, conformément à » l'arrêt du conseil du 15 décembre 1722, par le » sieur prévôt des marchands, en trois cens livres » d'amende, sur les simples procès-verbaux des » receveurs ou commis qui seront signés d'eux.

» XIV. Ordonne sa majesté, en confirmant, » en tant que besoin seroit, les réglemens faits » pour le recouvrement de la *capitation*, qu'à l'ex- » ception des pauvres au pain de la paroisse, qui » rapporteront des certificats de leur curé, & dont » on aura bien constaté la situation, des femmes » communes en biens & demeurantes avec leur » mari, sans exercer aucun état, commerce ou » métier particulier, des enfans, ayant père & » mère, demeurans avec eux ou faisant leurs étu- » des, sans avoir acquis aucuns biens par succes- » sions ou autrement, & sans exercer aucun état, » commerce, métier ou emploi; encore aussi à » l'exception des ministres des princes étrangers, » avec leurs officiers & domestiques logeant dans » leurs hôtels, tous les autres bourgeois & habi- » tans de la ville de Paris, soient imposés aux » rôles à proportion de leurs état & facultés.

» XV. Ordonne, au surplus, sa majesté, que » tous les arrêts & réglemens précédemment » rendus en son conseil, sur le fait de la *capitation*, » seront exécutés selon leur forme & teneur, en » tout ce qui n'est pas contraire au présent arrêt.

» XVI. Enjoint sa majesté au sieur prévôt des » marchands & au sieur lieutenant général de po- » lice de la ville de Paris, de tenir la main, cha- » cun pour ce qui le concerne, à l'exécution du » présent arrêt, qui sera publié & affiché par-tout » où besoin sera, à ce que personne n'en ignore: » & pour l'exécution d'icelui seront, si besoin est, » toutes lettres nécessaires expédiées. Fait, *&c.*

Un édit du mois d'août 1772 avoit créé un office de receveur général des vingtièmes & de la *capitation* de la ville de Paris; mais cet office a été supprimé comme onéreux, par un autre édit du mois de janvier 1775. Cette dernière loi a en même temps créé six receveurs pour faire le recouvrement, tant de la *capitation* que des autres impositions de la ville de Paris.

De la capitation des communautés d'arts & métiers. Les précautions qui avoient été prises, pour que la *capitation* fût répartie dans une juste proportion sur les différens membres, qui composent les corps & communautés de la ville de Paris, & les privilégiés de l'hôtel du roi, ainsi que sur ceux qui exercent des professions libres, n'avoient pas empêché qu'il ne s'élevât de fréquentes plaintes de la part des contribuables, qui se prétendoient surtaxés relativement à l'étendue de leur commerce ou à l'exercice de leur profession. Pour remédier à cet inconvénient & prévenir par la suite les taxes arbitraires ou les négligences dans la répartition, le roi a jugé que le moyen le plus sûr étoit d'établir, en faveur des membres des corps & communautés, des privilégiés de l'hôtel & des professions libres, un tarif divisé par classes, d'après lequel les membres des corps & communautés ne pourroient plus être taxés que suivant la proportion des facultés résultantes du commerce ou de la profession des contribuables. En conséquence, sa majesté a rendu en son conseil, le 14 mars 1779, un arrêt qui contient les dispositions suivantes:

« I. La *capitation* des marchands & artisans, fai- » sant commerce ou exerçant profession dans la » ville & fauxbourgs de Paris, sera dorénavant » divisée en vingt-quatre classes, lesquelles seront » fixées par le tarif annexé au présent arrêt (*). » Les contribuables seront répartis dans celles » desdites classes qui seront déterminées pour cha- » que corps & communauté, par un état de dis- » tribution à la suite dudit tarif (**), au nombre

(*) *Tarif contenant la taxe de capitation fixée pour chacune des classes, assignées aux corps & communautés d'arts & métiers de la ville de Paris, privilégiés de l'hôtel, & professions libres.*

Première classe à trois cens livres.
Deuxième classe à deux cens cinquante livres.
Troisième classe à deux cens livres.
Quatrième classe à cent soixante-quinze livres.
Cinquième classe à cent cinquante livres.
Sixième classe à cent vingt-cinq livres.
Septième classe à cent livres.
Huitième classe à quatre-vingt livres.
Neuvième classe à soixante-dix livres.
Dixième classe à soixante livres.
Onzième classe à cinquante livres.
Douzième classe à quarante-cinq livres.
Treizième classe à quarante livres.
Quatorzième classe à trente-cinq livres.
Quinzième classe à trente livres.
Seizième classe à vingt-cinq livres.
Dix-septième classe à vingt livres.
Dix-huitième classe à quinze livres.
Dix-neuvième classe à douze livres.
Vingtième classe à neuf livres.
Vingt-unième classe à six livres.
Vingt-deuxième classe à quatre livres.
Vingt-troisième classe à cinquante sols.
Vingt-quatrième classe à trente sols.

(**) *Distribution des classes assignées à chaque corps & communauté, & profession libres, ainsi qu'aux privilégiés de l'hôtel.*

Les *drapiers-merciers* distribués en vingt classes, depuis & compris la première à trois cens livres, jusques & compris celle de neuf livres.

Les *épiciers*, en seize classes, depuis celle de cent cinquante livres, jusqu'à celle de neuf livres.

Les *pelletiers*, *bonnetiers*, *chapeliers*, en quinze classes, depuis celle de cent vingt-cinq livres, jusqu'à celle de neuf livres.

Les *orfèvres*, *batteurs & tireurs d'or*, en dix-huit classes, depuis celle de deux cens livres, jusqu'à celle de neuf livres.

Les *fabricans d'étoffes & de gazes*, *tissutiers*, ru-

» qui sera fixé annuellement pour chacune desdites » classes, par le sieur lieutenant général de police,

---

baniers, en treize classes, depuis celle de soixante livres, jusqu'à celle de quatre livres.

Les *marchands de vin*, en seize classes, depuis celle de cent cinquante livres, jusqu'à celle de neuf livres.

Le *collège de pharmacie*, en quatorze classes, depuis celle de cent livres, jusqu'à celle de neuf liv.

Les *imprimeurs-libraires*, en vingt classes, depuis celle de deux cens livres, jusqu'à celle de quatre livres.

Les *perruquiers-coëffeurs de femme*, en huit classes, depuis celle de trente livres, jusqu'à celle de quatre livres.

Les *amidonniers*, en six classes, depuis celle de vingt livres, jusqu'à celle de quatre livres.

Les *arquebusiers*, *fourbisseurs*, *couteliers*, en dix classes, depuis celle de trente livres, jusqu'à celle de trente sols.

Les *bouchers*, en treize classes, depuis celle de quatre-vingt livres, jusqu'à celle de neuf livres.

Les *boulangers*, en douze classes, depuis celle de soixante livres, jusqu'à celle de six livres.

Les *brasseurs*, en huit classes, depuis celle de cent cinquante livres, jusqu'à celle de quarante-cinq livres.

Les *brodeurs*, *passementiers*, *boutonniers*, en quinze classes, depuis celle de soixante livres, jusqu'à celle de trente sols.

Les *brossiers*, *vergetiers*, *vanniers*, *nattiers*, *patenotriers*, *bouchonniers*, en sept classes, depuis celle de quinze livres, jusqu'à celle de trente sols.

Les *chaircutiers*, en onze classes, depuis celle de soixante livres, jusqu'à celle de six livres.

Les *chandeliers*, en douze classes, depuis celle de soixante livres, jusqu'à celle de six livres.

Les *charpentiers*, en quatorze classes, depuis celle de cent livres, jusqu'à celle de neuf livres.

Les *charrons*, en treize classes, depuis celle de soixante-dix livres, jusqu'à celle de six livres.

Les *chauderonniers*, *balanciers*, *potiers d'étain*, en quatorze classes, depuis celle de cinquante livres, jusqu'à celle de trente sols.

Les *coffretiers*, *gaîniers*, en neuf classes, depuis celle de trente livres, jusqu'à celle de cinquante sols.

Les *cordonniers*, en quatorze classes, depuis celle de cinquante livres, jusqu'à celle de trente sols.

Les *couturières*, *découpeuses*, en neuf classes, depuis celle de vingt-cinq livres, jusqu'à celle de trente sols.

Les *couvreurs*, *plombiers*, *carreleurs*, *paveurs*, en quinze classes, depuis celle de quatre-vingt livres, jusqu'à celle de quatre livres.

Les *écrivains*, en sept classes, depuis celle de vingt livres, jusqu'à celle de cinquante sols.

Les *faiseuses & marchandes de modes*, *plumassières*, *fleuristes*, en douze classes, depuis celle de quarante-cinq livres, jusqu'à celle de cinquante sols.

Les *fayanciers*, *vitriers*, *potiers de terre*, en treize classes, depuis celle de soixante livres, jusqu'à celle de quatre livres.

Les *ferrailleurs*, *cloutiers*, *épingliers*, en sept classes, depuis celle de quinze livres, jusqu'à celle de trente sols.

Les *fondeurs*, *doreurs & graveurs sur métaux*, en douze classes, depuis celle de cinquante livres, jusqu'à celle de quatre livres.

Les *fruitiers*, *orangers*, *grainiers*, en douze classes, depuis celle de soixante livres, jusqu'à celle de six livres.

Les *gantiers*, *parfumeurs*, *boursiers*, *ceinturiers*, en dix-huit classes, depuis celle de cent vingt-cinq livres, jusqu'à celle de cinquante sols.

Les *horlogers*, en douze classes, depuis celle de soixante livres, jusqu'à celle de six livres.

Les *imprimeurs en taille douce*, en neuf classes, depuis celle de trente livres, jusqu'à celle de cinquante sols.

Les *lapidaires*, en dix classes, depuis celle de quarante-cinq livres, jusqu'à celle de six livres.

Les *limonnadiers*, *vinaigriers*, en dix-huit classes, depuis celle de cent cinquante livres, jusqu'à celle de quatre livres.

Les *lingères*, en seize classes, depuis celle de cent livres, jusqu'à celle de quatre livres.

Les *maçons*, en quinze classes, depuis celle de cent livres, jusqu'à celle de six livres.

Les *maîtres d'armes*, en six classes, depuis celle de quinze livres, jusqu'à celle de cinquante sols.

Les *maréchaux ferrans*, *éperonniers*, en douze classes, depuis celle de soixante livres, jusqu'à celle de six livres.

Les *menuisiers*, *ébénistes*, *tourneurs*, *layetiers*, en dix-huit classes, depuis celle de cent livres, jusqu'à celle de trente sols.

Les *papetiers-colleurs & en meubles*, *cartiers-relieurs*, en seize classes, depuis celle de quatre-vingts livres, jusqu'à celle de cinquante sols.

Les *paumiers*, en huit classes, depuis celle de trente livres, jusqu'à celle de quatre livres.

Les *peintres*, *sculpteurs*, en seize classes, depuis celle de quatre-vingts livres, jusqu'à celle de cinquante sols.

Les *selliers-bourreliers*, en dix-huit classes, depuis celle de cent cinquante livres, jusqu'à celle de quatre livres.

Les *serruriers*, *taillandiers*, *ferblantiers*, *maréchaux grossiers*, en dix-sept classes, depuis celle de cent livres, jusqu'à celle de cinquante sols.

Les *tabletiers*, *luthiers*, *éventaillistes*, en quatorze classes, depuis celle de soixante livres, jusqu'à celle de cinquante sols.

Les *tanneurs*, *corroyeurs*, *peaussiers*, *parcheminiers*, en seize classes, depuis celle de cent livres, jusqu'à celle de quatre livres.

Les *tailleurs*, *fripiers d'habits*, en dix-huit classes, à

» à l'exception néanmoins de la dernière, qui com-
» prendra tous ceux qui n'auront pas été distribués
» dans les classes supérieures, & dont le nombre,
» ainsi que le produit, resteront indéterminés. Fai-
» sant défenses, sa majesté, de suivre, pour la répar-
» tition de la *capitation*, dans les corps & commu-
» nautés, d'autre division que celle formée par
» ledit tarif.

» II. Conformément à l'article XIX de l'édit du
» mois d'août 1776, les membres des corps &
» communautés qui procéderont annuellement à la
» nomination des députés, & les députés qui seront
» par eux élus, ne pourront être pris que dans les
» premières desdites classes, lesquelles seront dé-
» terminées, pour chaque corps & communauté,
» par le sieur lieutenant général de police.

» III. Les deux vingtièmes d'industrie, auxquels
» sont assujettis tous les marchands & artisans,
» seront fixés, tant qu'ils auront lieu, aux trois
» quarts du principal de la *capitation*, le tout non
» compris les sous pour livre, qui continueront
» d'être perçus au-delà des impositions principales,
» conformément aux réglemens.

» IV. Les gardes, prévôts, syndics généraux,
» syndics & adjoints, &, à leur refus, des prépo-
» sés à la nomination du sieur lieutenant général
» de police, distribueront les membres des corps
» & communautés, des privilégiés de l'hôtel & des
» professions libres, dans les classes indiquées par
» l'état de distribution à la suite du tarif, de la
» manière portée en l'article premier, & suivant
» les règles qui seront établies par les ordonnances
» particulières du sieur lieutenant général de police.

Comme la disposition de cet article qui avoit laissé aux gardes, syndics & adjoints seuls, le soin d'indiquer les proportions dans lesquelles chaque membre contribueroit aux charges publiques, donnoit lieu à des réclamations de la part de plusieurs contribuables qui prétendoient que ces gardes, syndics & adjoints étoient en trop petit nombre pour qu'ils pussent asseoir un jugement également certain sur les facultés de tous leurs confrères, le roi a rendu, en son conseil, le 4 février 1781, un arrêt par lequel sa majesté a ordonné, que pour former l'état de distribution, prescrit par l'article dont il s'agit, il seroit ajouté aux gardes, syndics & adjoints un nombre de députés, en exercice, qui seroit de cinq dans les corps où les gardes & adjoints sont au nombre de six, & de trois dans les communautés où les syndics & adjoints sont au nombre de quatre.

Ces députés doivent être nommés dans une assemblée de tous les députés en exercice, convoquée pour cet effet. Il est d'ailleurs permis, par le même arrêt, aux gardes, syndics & adjoints d'appeller à la confection des états de répartition, tels maîtres que bon leur semble, pour leur demander des renseignemens sur les facultés des contribuables, sans toutefois que les maîtres, ainsi appellés, puissent avoir voix délibérative pour la formation de ces états.

» V. Il sera remis au sieur lieutenant général de
» police, au plus tard, au 15 du mois de janvier
» de chaque année, par lesdits gardes, prévôts,
» syndics généraux, syndics & adjoints ou autres
» préposés, lesquels y seront contraints, ainsi &
» de la même manière que pour les propres de-
» niers & affaires de sa majesté, un double, signé
» d'eux, des états qu'ils auront dressés en consé-
» quence des ordonnances du sieur lieutenant gé-
» néral de police, & sur ces états, il sera formé,
» pour chaque corps & communauté, un rôle pour
» chaque nature d'imposition, lequel sera par lui
» arrêté & rendu exécutoire, en vertu des rôles
» généraux qui en auroient été préalablement arrêtés
» au conseil, au plus tard dans le courant de février.

» VI. Les rôles seront exécutés nonobstant op-
» positions quelconques; & pour que ces contri-
» buables puissent connoître la manière dont ils
» auront été classés & les motifs de leurs imposi-
» tions, veut sa majesté que les rôles particuliers
» de chaque corps & communauté, ainsi que les
» états sur lesquels lesdits rôles auront été dressés,
» soient communiqués, sans déplacer, à ceux qui
» le requerront, chaque jour de bureau dudit corps
» ou de la communauté, & en cas de réclamation
» de leur part, pourront lesdits contribuables se
» pourvoir devant le sieur lieutenant général de
» police, qui, suivant la justice de leurs représen-
» tations, déterminera les classes dans lesquelles
» ils devront être compris l'année suivante.

» VII. Le recouvrement des impositions sera fait
» chaque année, à commencer du premier mars,
» par les gardes, prévôts, syndics généraux, syn-
» dics & adjoints en exercice, lesquels seront
» solidairement responsables, chacun dans leurs
» corps & communauté, du montant de la tota-

---

depuis celle de cent livres jusqu'à celle de trente sols.

Les *tapissiers, fripiers en meubles, miroitiers*, en dix-huit classes, depuis celle de cent cinquante livres, jusqu'à celle de quatre livres.

Les *teinturiers en soie du grand & du petit teint, tondeurs & foulons de draps*, en quinze classes, depuis celle de cent livres, jusqu'à celle de six liv.

Les *tonneliers, bosseliers*, en huit classes, depuis celle de vingt-cinq livres, jusqu'à celle de cinquante sols.

Les *traiteurs, rôtisseurs, pâtissiers*, en treize classes, depuis celle de soixante livres, jusqu'à celle de quatre livres.

Les *tisserands, cordiers, criniers, faiseurs de fouets, liniers, filassiers*, en sept classes, depuis celle de quinze livres, jusqu'à celle de trente sols.

Les *bouquetières*, en cinq classes, depuis celle de neuf livres, jusqu'à celle de trente sols.

Les *jardiniers*, en sept classes, depuis celle de quinze livres, jusqu'à celle de trente sols.

Les *savetiers*, en cinq classes, depuis celle de neuf livres, jusqu'à celle de trente sols.

Les *marchands & artisans privilégiés de l'hôtel*, en seize classes, depuis celle de cent vingt-cinq livres, jusqu'à celle de six livres.

» lité des rôles : pourront néanmoins lesdits gardes, prévôts, syndics généraux, syndics & adjoints choisir l'un d'entre eux, pour faire la recette en leur nom : tous ceux qui seront chargés dudit recouvrement, seront tenus de rendre compte de leur recette, chaque jour de bureau, & de justifier par quittances du paiement qu'ils auront fait desdites recettes entre les mains des receveurs des impositions de la ville de Paris : ordonne sa majesté que la totalité du recouvrement sera faite & acquittée à la fin de chaque année, entre les mains desdits receveurs des impositions, qui à cette époque, faute de paiement, pourront contraindre les gardes, prévôts, syndics généraux, syndics & adjoints, en retard, ainsi & de la même manière que pour les propres deniers & affaires de sa majesté.

Observez que ces gardes, prévôts, syndics & adjoints ont été déchargés du recouvrement, mentionné dans cet article, par un arrêt du conseil du 27 octobre 1781; cet arrêt a ordonné que ce recouvrement se feroit par les receveurs des impositions de la ville de Paris, de la même manière que le faisoient précédemment les gardes, syndics & adjoints.

» VIII. Les gardes, prévôts, syndics généraux, syndics & adjoints ou autres préposés, ne pourront, sous peine d'en répondre personnellement, comprendre par la suite, & à commencer de la présente année 1779, dans leurs états que les membres de leurs corps & communauté qui feront alors le commerce ou exerceront des professions, & qui en conséquence seront dans le cas de payer les vingtièmes de leur industrie : entend sa majesté que dorénavant tous ceux qui voudront suspendre, pour un temps, leur commerce ou profession, ou renoncer entiérement à leur corps ou communauté, seront tenus d'en faire & signer leur déclaration dans le courant d'octobre & novembre de chaque année, & non en d'autre temps, devant le sieur lieutenant général de police, sur un registre à ce destiné; de laquelle déclaration il leur sera délivré un certificat sans frais, qu'ils seront tenus de faire enregistrer dans huitaine, au plus tard, au bureau de leurs corps & communauté.

» IX. Les marchands & artisans qui auront déclaré, dans le temps & de la manière portée par l'article VIII du présent arrêt, qu'ils entendent suspendre ou quitter entiérement l'exercice de leur commerce ou profession, cesseront en conséquence, dès l'année suivante, d'être compris sur les états des corps & communautés; mais ils ne pourront, sous quelque prétexte que ce soit, s'immiscer dans le commerce ou la profession qu'ils auront suspendu ou quitté, sous peine de saisie & de confiscation des marchandises & outils trouvés en contravention, & de tels dommages, intérêts & amendes qu'il appartiendra.

» X. Il sera néanmoins permis à ceux qui auront déclaré vouloir suspendre leur commerce ou profession, d'en reprendre l'exercice après en avoir fait & signé, aussi dans le temps ci-dessus marqué, leur déclaration, devant le sieur lieutenant général de police, dont il leur sera délivré certificat, qu'ils seront pareillement tenus de faire enregistrer dans huitaine, au plus tard, au bureau de leur corps ou communauté : veut sa majesté, que nonobstant ladite suspension, ils soient tenus, pour conserver ladite faculté, de continuer à payer, pendant tout le temps de leur suspension, les charges communes à tous les membres de leur corps ou communauté, autres que les impositions qui se lèvent au profit de sa majesté.

» XI. Il sera adressé, chaque année, dans la première quinzaine de janvier, par le sieur lieutenant général de police, au sieur prévôt des marchands, un état des différentes déclarations qu'il aura reçues dans le courant du mois d'octobre & novembre de l'année précédente; lequel état sera par lui certifié, & contiendra les noms, demeures & profession des déclarans, avec la somme de *capitation* en principal, à laquelle ils étoient taxés au temps de leur déclaration, & la date desdites déclarations.

» XII. Ne pourront les gardes, prévôts, syndics généraux, syndics & adjoints & autres, comprendre sur ces états qu'ils sont chargés de dresser annuellement, aucun des contribuables, dans des classes inférieures à celles où ils étoient précédemment, sans une autorisation expresse du sieur lieutenant général de police, & sous peine de trois cens livres d'amende, à la décharge des impositions des plus pauvres membres de la communauté; lesquelles autorisations seront communiquées, sans déplacer, chaque jour de bureau, à tous ceux des contribuables qui l'exigeront, pour être par eux fait audit sieur lieutenant général de police, telles observations qu'ils croiront convenables.

» Enjoint sa majesté au sieur lieutenant général de police, de tenir particuliérement la main à l'exécution du présent arrêt, qui sera imprimé, publié & affiché par-tout où besoin sera, & sur lequel toutes lettres nécessaires seront expédiées; dérogeant, en tant que de besoin aux arrêts & réglemens précédemment rendus, en tout ce qui pourroit y être contraire. Fait, &c ». —

Observations générales sur les moyens de faciliter le recouvrement de la capitation, & sur la comptabilité des receveurs de cette imposition. Pour rendre le recouvrement de la *capitation* plus facile, on a attaché à cette imposition le privilège des deniers royaux. Ainsi, par exemple, la *capitation* d'une personne dont les biens sont saisis réellement, doit être payée par le fermier judiciaire & par le commissaire aux saisies-réelles, préférablement à toute autre dette; c'est ce qu'ont ordonné deux arrêts du conseil, des 5 mars 1695 & 4 octobre 1701.

La même préférence doit avoir lieu sur les deniers qui sont entre les mains des payeurs des gages, & qui sont saisis sur le titulaire. Le conseil l'a ainsi ordonné par deux autres arrêts des 16 février & 11 juillet 1702.

Le privilége de la *capitation* passe même avant celui de la taille : elle doit être payée sur les revenus des terres nonobstant toute délégation acceptée, & par préférence à tout créancier saisissant, conformément à une déclaration du roi, du 7 septembre 1706.

Quant à la comptabilité des receveurs de la *capitation*, leurs comptes doivent être portés en dernier ressort dans les chambres des comptes, mais ils sont auparavant soumis à plusieurs examens.

Premiérement, les receveurs particuliers des provinces doivent rendre compte aux intendans & commissaires départis. Les déclarations du roi de 1695, 1696 & 1697, portent que les reprises que ces magistrats auront allouées le seront pareillement par les chambres des comptes.

En second lieu, les receveurs généraux des finances, dans la caisse desquels versent les receveurs particuliers, doivent, avant de compter à la chambre des comptes, compter par états, au vrai, au conseil & joindre à ces états les pièces justificatives de la recette & de la dépense : ces états apostillés & les pièces visées au conseil fixent le résultat du compte à la chambre, parce que les comptables ne sont obligés qu'à rapporter les seules pièces qui ont été visées au conseil, & la chambre doit allouer les reprises passées au conseil.

Le principe général, en matiere de *capitation*, & prescrit par l'arrêt du conseil du 5 septembre 1702, revêtu de lettres-patentes, est que toute personne chargée du recouvrement de la *capitation* doit compter devant ceux de qui elle tient sa commission, sans être pour cela dispensée de rendre à la chambre le compte qui doit opérer sa décharge. Voyez d'ailleurs les articles TAILLE & RECEVEUR. (*M. G.*)

CAPITAU, s. m. (*terme de Coutume.*) celle de la Sole, *tit. 20, art. 1 & 2*, se sert de ce mot pour signifier le prix principal, auquel sont estimés les bestiaux donnés à cheptel de perte & profit. Ainsi *capitau*, dans ce sens, est la même chose que prisée & estimation. *Voyez* CHEPTEL.

CAPITAUX, s. m. plur. On trouve ce mot dans l'article 75 de la coutume de Bordeaux rédigée en 1520, où il est employé pour marquer une distinction de la haute noblesse. Elle met au premier rang les comtes, & au second les *capitaux* que suivent les vicomtes, barons & autres. *Capitaux* sont la même chose que *captaux*, qu'on trouve ailleurs dans la signification de *capitaines*.

CAPITOUL, s. m. (*Droit public.*) ce mot est particulier à la ville de Toulouse; on le donne aux officiers municipaux, qui joignent à la jurisdiction ordinaire des échevins des autres villes, des jurats de Bordeaux, des consuls de Provence & de Languedoc, l'exercice de la police dans la ville & banlieue, de la jurisdiction civile & criminelle, même dans les cas royaux, sauf l'appel au parlement.

Le nom de *capitoul* vient de celui de *capitole*, que l'hôtel-de-ville de Toulouse a porté dans le temps qu'elle étoit sous la domination des Romains & qu'elle a conservé depuis : il a été appliqué à ses magistrats municipaux, parce qu'ils ont la garde du capitole, & qu'ils y tiennent leurs séances.

Toulouse étoit déjà une ville considérable dès le temps de la conquête des Romains. Le vainqueur y introduisit ses mœurs, ses usages & ses coutumes. Il l'érigea en métropole & y établit, comme dans les autres colonies, deux magistrats annuels, sous le titre de *duumvirs*, pour exercer la même jurisdiction que les consuls de Rome. Ces deux magistrats prirent le nom de *viri capitolini*, à cause du capitole où ils rendoient la justice.

Cette dignité, de même que le consulat, faisoit passer le plébéien dans l'ordre des patriciens, lui conféroit les prérogatives de la noblesse, lui donnoit le droit d'images, qui consistoit à conserver dans sa maison, & à faire porter à ses funérailles, son portrait, & ceux de ses ancêtres, qui avoient été honorés du *capitoulat*.

Casel, dans son *Histoire du Languedoc*, rapporte que de son temps, on trouva, en démolissant un vieux mur, dans l'endroit même où l'on croit qu'étoit l'ancien *capitole*, des peintures à fresque des anciens *capitouls*, revêtus du même habit de cérémonies qu'ils portent aujourd'hui.

On conserve non-seulement dans les salles de l'hôtel-de-ville les portraits de tous les *capitouls*, mais encore ils sont peints en miniature, dans les registres consulaires.

Ces officiers municipaux, sous la domination des Visigoths & des rois Francs, ont conservé les privilèges, les prérogatives & notamment la noblesse, dont ils jouissoient sous les Romains. Dans les temps du gouvernement particulier des comtes de Toulouse, les *capitouls* eurent la même dénomination, les mêmes honneurs & immunités, ils acquirent même plus de considération, ils formoient le conseil du prince, ils rendoient la justice pour eux, ils étoient gouverneurs de la ville.

C'étoit entre leurs mains que les comtes prêtoient serment de garder les privilèges de la ville. C'est même en vertu de cet ancien droit, que lors de la réunion du comté de Toulouse à la couronne, ils stipulèrent dans l'acte de serment que Louis XI prêta entre leurs mains, non-seulement la conservation des privilèges de leur ville, mais même de tout le comté. C'est par la même raison qu'ils reçoivent le serment de nos rois à leur première entrée à Toulouse. Louis XIV leur fit cet honneur en 1659.

Dans toutes les circonstances où les Toulousains ont fourni des secours extraordinaires en troupes, elles ont toujours été commandées par les *capitouls*, & c'est delà que dans les confirmations de leurs privilèges, prises de règne en règne, on accorde aux *capitouls* le droit d'assembler la noblesse de la ville & banlieue, de convoquer le ban & l'arrière-ban, de le commander, & de prendre la qualité de chefs des nobles.

Il est certain que la noblesse qui appartient aux *capitouls*, ne leur a point été concédée par les rois; qu'elle a eu lieu de toute ancienneté, sans qu'on puisse en assigner l'origine : qu'elle a toujours été regardée comme une noblesse d'extraction, qu'elle est admise dans les chapitres & dans tous les ordres de chevalerie. On pourroit rapporter un grand nombre d'édits & déclarations du roi, d'arrêts du conseil, & d'autres titres confirmatifs de ces privilèges, depuis Philippe-le-Bel; mais leur détail est inutile & deviendroit ennuyeux.

Les traitans ont essayé néanmoins plusieurs fois d'exiger des anciens *capitouls* & de leurs descendans, une finance pour les fiefs qu'ils possédoient, mais ils ont toujours été repoussés. Deux édits des mois de mars 1667, & juin 1691, avoient ordonné que tous les descendans des maires & échevins annoblis depuis 1600 paieroient une somme, pour obtenir la confirmation de la noblesse : mais par un autre édit du mois de septembre 1692, les *capitouls* de Toulouse, leurs veuves & descendans en ont été déchargés, & le roi les a confirmés dans la jouissance des avantages accordés aux nobles d'extraction.

Les traitans ont renouvellé leurs tentatives en 1706, 1714 & 1727. L'édit de 1606 fut révoqué au mois de janvier 1707 en faveur des *capitouls*; des arrêts du conseil des 17 juillet 1717, & 25 mars 1727, les ont maintenus dans leurs privilèges. Ils ont été compris dans l'édit du mois d'avril 1771, qui assujettit indistinctement, au paiement d'une somme de six mille livres, pour confirmation de noblesse, tous ceux qui depuis le premier janvier 1715, avoient été revêtus d'offices municipaux, auxquels la noblesse transmissible étoit attachée. Nous savons qu'il y a eu une exception en faveur des échevins de Paris; mais nous ignorons si les *capitouls* ont été conservés dans leurs anciens privilèges.

Pour obvier à l'inconvénient de la multiplication des nobles, on avoit imaginé, en 1743, d'exclure les commerçans de toute prétention au capitoulat. Mais ce réglement a été aboli par une administration plus sage & plus éclairée. On a fait du capitoulat un encouragement pour le commerce, en y admettant ceux de cette profession qui se sont distingués par une probité héréditaire, par des travaux soutenus & secondés d'une fortune solide & sans reproche.

Le nombre des *capitouls* a souvent varié; sous les comtes, & dans le temps de la réunion, ils étoient douze, six nobles d'extraction & six choisis parmi les notables. Depuis cette époque il y a eu des changemens pour le nombre & pour le choix. Ils furent fixés à huit par une ordonnance des commissaires du roi, en 1738.

Un édit du mois de novembre 1771, ayant supprimé les élections des officiers municipaux dans toutes les villes du royaume, à l'exception de Paris & de Lyon, le roi, par l'article second, avoit créé, en titre d'offices formés & héréditaires, les *capitouls* de Toulouse, en leur conservant la noblesse successive, dans le cas où ils décéderoient dans l'exercice du capitoulat, ou après l'avoir possédé pendant vingt ans.

Cette loi a été réformée par un réglement émané du conseil en 1778. Il porte qu'on formera trois classes de *capitouls*, l'une de deux gentilshommes, la seconde de deux anciens *capitouls*, la troisième de quatre nouveaux *capitouls*, qui seront pris indistinctement entre les notables; qu'on choisira, en outre, un chef de consistoire, parmi les avocats anciens *capitouls* : que les nouveaux *capitouls* exerceront le capitoulat pendant l'espace de deux ans, & qu'on en nommera deux par chaque année.

Le même réglement porte qu'à l'avenir nul ne sera nommé *capitoul*, s'il n'est né dans la ville ou banlieue, ou qu'il n'ait un domicile réel depuis dix ans sans interruption; que les nobles n'aient été pendant deux ans membres du conseil, & les notables pendant quatre ans; que les *capitouls* seront élus classe par classe de candidats, par scrutin, & à la pluralité des suffrages, & sur le nombre des sujets préposés ou présentés, savoir quatre gentilshommes, par les *capitouls* de la première classe, quatre anciens *capitouls* & huit notables citoyens, par le corps entier des *capitouls*, le chef du consistoire compris.

Le réglement, dont est question, prescrit, en outre, la forme des conseils politiques, généraux & ordinaires, & des quatre commissions établies, 1°. pour les affaires contentieuses; 2°. pour les affaires économiques; 3°. pour l'assiette des impositions; 4°. pour l'audition des comptes du trésorier. Ces conseils & commissions sont composés de *capitouls* anciens & nouveaux, de gentilshommes, de commissaires du parlement, de députés des jurisdictions inférieures & de notables.

Les *capitouls* se partagent entre eux leurs fonctions. La justice est administrée par le chef de consistoire & par l'avocat le plus ancien : deux autres prennent le soin de la police, quoique, par le nouveau réglement, le chef soit spécialement chargé de ce qui regarde le détail de cette partie. Deux veillent aux réparations des édifices publics, aux casernes, aux embellissemens, & enfin deux concourent à l'administration des hôpitaux.

Tous ont néanmoins une égale autorité, s'aidant mutuellement dans leurs fonctions, & délibérant ensemble. Ils s'assemblent tous les jours matin & soir à l'hôtel-de-ville, où ils jugent à tout instant les petites affaires civiles, & les légères querelles entre les gens du peuple; & sur le bureau, les procès du grand & du petit criminel, de la voirie, police & impositions, sur le rapport de leurs assesseurs, qui sont au nombre de quatre, tous avocats,

& dont la principale occupation eſt d'inſtruire les procédures criminelles, d'aſſiſter les jurés-gardes dans leurs viſites, & de préſider aux aſſemblées des corps & métiers, lorſqu'il y a des cabales ou des troubles dans leurs délibérations.

Les *capitouls* tiennent auſſi audiences deux fois la ſemaine, & y jugent les cauſes qui peuvent être vuidées dans cette forme.

CAPITULAIRES, ſ. m. plur. (*Droit public, civil & canon.*) ce terme, qui déſigne en général des livres diviſés en pluſieurs chapitres ou *capitules*, s'eſt appliqué en particulier aux loix, tant civiles que canoniques, & ſpécialement aux loix ou réglemens que les rois de France faiſoient dans les aſſemblées des évêques & des ſeigneurs du royaume, qui ſeuls alors étoient admis aux aſſemblées de la nation, car il n'étoit pas encore queſtion des communes.

Les évêques rédigeoient, en articles, les réglemens qu'ils croyoient néceſſaires pour la diſcipline eccléſiaſtique, & qu'ils tiroient pour la plupart des anciens canons : les ſeigneurs dreſſoient des ordonnances, ſuivant les loix & les coutumes; le roi les confirmoit par ſon autorité, & enſuite ils étoient publiés & reçus.

L'exécution des *capitulaires*, qui regardoient les affaires eccléſiaſtiques, étoit commiſe aux archevêques & aux évêques; & celle des *capitulaires*, qui concernoient les loix civiles, aux comtes & aux autres ſeigneurs temporels; & à leur défaut, des commiſſaires envoyés par le roi, qu'on appelloit *miſſi dominici*, étoient chargés d'y veiller. Ces *capitulaires* avoient force de loi dans tout le royaume : non-ſeulement les évêques, mais les papes même s'y ſoumettoient. Childebert, Clotaire, Dagobert, Carloman, Pepin & ſur-tout Charlemagne, Louis-le-Débonnaire, Charles-le-Chauve, Lothaire, & Louis II, ont publié pluſieurs *capitulaires* : mais cet uſage s'eſt aboli ſous la troiſième race de nos rois.

Anſegiſe, abbé de Lobe, ſelon quelques-uns, ou ſelon M. Baluze, abbé de Fontenelles, a fait le premier un recueil des réglemens contenus dans les *capitulaires* de Charlemagne & de Louis-le-Débonnaire; ce recueil eſt partagé en quatre livres & a été approuvé par Louis-le-Débonnaire & par Charles-le-Chauve. Après lui, Benoît, diacre de Mayence, recueillit vers l'an 845, les *capitulaires* de ces deux empereurs, omis par Anſegiſe, & y joignit les *capitulaires* de Carloman & de Pepin. Cette collection eſt diviſée en trois livres qui compoſent, avec les quatre précédens, les ſept livres des *capitulaires* de nos rois : les ſix premiers livres ont été donnés par du Tillet, en 1548, & le recueil entier des ſept livres par MM. Pithou; mais on a encore des *capitulaires* de ces princes en la manière qu'ils ont été publiés : il y en a eu quelques-uns imprimés en Allemagne, en 1557 : on en a imprimé une autre collection plus ample à Baſle. Le P. Sirmond a fait paroître quelques *capitulaires* de Charles-le-Chauve; & enfin M. Baluze nous a procuré une belle édition des *capitulaires* de nos rois, fort ample, & revue ſur pluſieurs manuſcrits, imprimée en deux volumes in-folio, à Paris, en 1677 : elle contient les *capitulaires* originaux de nos rois, & les collections d'Anſegiſe & de Benoît, avec quelques autres pièces. Il y a une nouvelle édition, que nous ferons connoître dans la notice des livres & des auteurs de Droit.

Les évêques ont auſſi donné, dans le huitième ſiècle & dans les ſuivans, le nom de *capitules* & de *capitulaires*, aux réglemens qu'ils faiſoient dans leurs aſſemblées ſynodales, ſur la diſcipline eccléſiaſtique, qu'ils tiroient ordinairement des canons des conciles & des ouvrages des SS. pères. Ces réglemens n'avoient force de loi que dans l'étendue du diocèſe de celui qui les publioit, à moins qu'ils ne fuſſent approuvés par un concile ou par le métropolitain; car, en ce cas, ils étoient obſervés dans toute la province; cependant quelques prélats adoptoient ſouvent les capitules publiés par un ſeul évêque. C'eſt ainſi qu'ont été reçus ceux de Martin, archevêque de Prague, de l'an 525; ceux du pape Adrien, donnés à Angilram ou Enguerran, évêque de Metz, l'an 785; ceux de Théodulphe, évêque d'Orléans, de l'an 797; ceux d'Hincmar, archevêque de Rheims, en 852; ceux d'Herard, archevêque de Tours, en 858; & ceux d'Iſaac, évêque de Langres.

C'eſt par une ſuite de cet uſage que les collecteurs du droit canonique ont donné le nom de *capitules*, aux décrets des papes, contenus dans les décrétales raſſemblées par les ordres de Grégoire IX, dans le ſexte & dans les clémentines, & qu'on les cite encore aujourd'hui ſous ce nom.

L'auteur de l'*Eſprit des Loix* obſerve, avec raiſon, qu'après qu'on eut ceſſé d'aſſembler la nation, ſuivant l'uſage des deux premières races des rois, les eccléſiaſtiques ſe ſéparèrent & négligèrent l'obſervation des *capitulaires*, dont ils n'étoient pas les ſeuls auteurs; ils recueillirent les canons des conciles & les décrétales des papes, qu'ils préférèrent comme une ſource plus pure. D'ailleurs la France, au commencement de la troiſième race, étant diviſée en pluſieurs petites ſeigneuries, preſque indépendantes les unes des autres, les *capitulaires* furent plus difficiles à obſerver, & peu-à-peu on n'en entendit plus parler.

CAPITULANT, adj. (*Droit canonique.*) c'eſt celui qui a voix délibérative dans un chapitre. On pourroit dire, dans le même ſens, *capitulaire*; mais cette dernière façon de parler n'eſt pas en uſage. *Voyez* CHANOINE, CHAPITRE.

CAPITULATION, ſ. f. (*Code militaire. Droit des gens.*) on appelle ainſi l'acte qui contient les conditions de l'évacuation d'une place aſſiégée, qui ſe rend à l'ennemi.

Lorſque le gouverneur, qui défend une ville, ſe voit réduit aux dernières extrémités, ou que ſa cour lui donne ordre de ſe rendre, pour avoir de meilleures compoſitions de l'ennemi, & faire un traité plus avantageux, tant pour la ville que pour la garnison, il fait battre ce qu'on appelle la *chamade*. Pour cela on fait monter sur le rempart, du côté des attaques, un ou plusieurs tambours, qui battent pour avertir les assiégeans que le gouverneur a quelque chose à leur proposer; on élève aussi un ou plusieurs drapeaux blancs sur le rempart pour le même sujet, & on en laisse un planté sur le rempart ou sur la brèche, pendant tout le temps de la négociation. On en use de même pour demander une suspension d'armes, après des attaques meurtrières, pour enlever les morts, les blessés, *&c.*

Aussi-tôt que la chamade a été battue, on cesse de tirer de part & d'autre : le général assiégeant fait sortir de la tranchée l'officier qui la commande, le gouverneur, de son côté, fait sortir de la ville quelques officiers de marque, qui vont trouver le commandant du siège, lui exposent les conditions sous lesquelles on offre de lui rendre la ville.

Pour la sûreté de ces officiers, les assiégeans en envoient dans la ville un pareil nombre pour ôtages.

Si les propositions du gouverneur ne conviennent pas au commandant de l'armée assiégeante, il les refuse, & il dit quelles sont celles qu'il veut accorder. Il menace ordinairement le gouverneur de ne lui en accorder aucune, s'il ne prend le parti de se rendre promptement; s'il laisse achever, par exemple, le passage du fossé de la place, ou établir quelque batterie vis-à-vis des flancs, *&c.* si l'on trouve les propositions qu'il fait trop dures, on rend les ôtages, & on fait rebattre le tambour sur le rempart pour faire retirer tout le monde avant que l'on recommence à tirer, ce que l'on fait très-peu de temps après.

Il faut observer que, pendant le temps que dure la négociation, on doit se tenir tranquille de part & d'autre, & ne travailler absolument, en aucune manière, aux travaux du siège. Le gouverneur doit aussi, pendant ce temps, se tenir exactement sur ses gardes, afin de n'être point surpris pendant le traité de la *capitulation;* autrement il pourroit se trouver exposé à la discrétion de l'assiégeant.

Supposant que l'on convienne des termes de la *capitulation*, le gouverneur envoie aux assiégeans pour ôtages deux ou trois des principaux officiers de sa garnison, & le général des assiégeans en envoie le même nombre & de pareil grade, pour sûreté de l'exécution de la *capitulation.* Lorsque les assiégés ont exécuté ce qu'ils ont promis, on leur remet leurs ôtages; & lorsque les assiégeans ont pareillement exécuté leurs engagemens, on leur renvoie aussi les leurs.

Les conditions que demandent les assiégés varient suivant les différentes circonstances & situations où ils se trouvent. Voici les plus ordinaires : 1°. que la garnison sortira par la brèche, avec armes & bagages, chevaux, tambour battant, meche allumée par les deux bouts, drapeaux déployés, un certain nombre de pièces de canon & de mortiers, avec leurs armes, & des affuts de rechange; des munitions de guerre pour tirer un certain nombre de coups; pour être conduite en sûreté dans la ville qu'on indique, & qui est ordinairement la plus prochaine de celles qui appartiennent aux assiégés; on observe de mettre par le plus court chemin, ou l'on indique clairement celui par lequel on veut être mené. Lorsque la garnison doit être plusieurs jours en marche, pour se rendre au lieu indiqué, on demande que les soldats soient munis de provisions de bouche pour quatre ou cinq jours, suivant le temps que doit durer la marche par le chemin dont on est convenu.

2°. Que l'on remettra le soir ou le lendemain à telle heure, une porte de la ville aux assiégeans, & que la garnison en sortira un jour ou deux après, suivant ce dont on sera convenu à ce sujet de part & d'autre.

3°. Que les assiégeans fourniront un certain nombre des charriots couverts, c'est-à-dire, qui ne seront point visités, &, en outre, des charriots pour conduire les malades & les blessés en état d'être transportés, & en général toutes les voitures nécessaires pour emporter les bagages de la garnison, & l'artillerie accordée par la *capitulation.*

4°. Que les malades & les blessés, obligés de rester dans la ville, pourront en sortir avec tout ce qui leur appartient, lorsqu'ils seront en état de le faire, & qu'en attendant il leur sera fourni des logemens gratis ou autrement.

5°. Qu'il ne sera prétendu aucune indemnité contre les assiégés, pour chevaux pris chez le bourgeois & pour les maisons qui ont été brûlées & démolies pendant le siège.

6°. Que le gouverneur, tous les officiers de l'état-major, les officiers des troupes, & les troupes elles-mêmes, & tout ce qui est au service du roi, sortiront de la place sans être sujets à aucune acte de représailles, de quelque nature que ce puisse être, & sous quelque prétexte que ce soit.

7°. Si ceux auxquels on rend la ville ne sont point de la religion catholique, apostolique & romaine, on ne manque pas d'insérer dans la *capitulation* qu'elle sera conservée dans la ville.

8°. Que les bourgeois & habitans seront maintenus dans tous leurs droits, privilèges & prérogatives.

9°. Qu'il sera libre à ceux qui voudront sortir de la ville, d'en sortir avec tous leurs effets, & d'aller s'établir dans les lieux qu'ils jugeront à propos. On y marque aussi quelquefois (& on le doit, lorsqu'on craint que l'ennemi ne traite avec trop de rigueur les bourgeois sur les marques d'attachement qu'ils auront données pendant le siège pour le prince dont ils quittent la domination) qu'ils ne seront ni inquiétés, ni recherchés pour aucune des choses qu'ils auront pu faire avant ou pendant le siège.

10°. On met aussi dans la *capitulation* qu'on livrera les poudres & les munitions qui se trouveront dans la place, & qu'on indiquera les endroits où il y aura des mines préparées.

11°. Que les prisonniers faits de part & d'autre pendant le siège seront rendus.

Il faut observer que pour qu'une place soit reçue à composition, il faut qu'elle ait encore des vivres & des munitions de guerre au moins pour trois jours, sans quoi elle se trouveroit obligée de se rendre prisonnière de guerre; mais si l'assiégeant n'en est point informé, & que la *capitulation* ait été signée, il ne seroit pas juste de retenir la garnison prisonnière de guerre lorsque l'on reconnoîtroit sa disette de munitions.

Quand l'ennemi ne veut point accorder de *capitulation* à moins que la garnison ne se rende prisonnière de guerre, & qu'on se trouve dans la fâcheuse nécessité de subir cette loi, on tâche de l'adoucir autant qu'il est possible : on convient assez communément,

1°. Que le gouverneur & les principaux officiers garderont leurs épées, pistolets, bagages, *&c.*

2°. Que les officiers subalternes, au-dessous des capitaines, auront leurs épées seulement avec leurs ustensiles ou bagages.

3°. Que les soldats ne seront ni dépouillés, ni dispersés de leur régiment.

4°. Que la garnison sera conduite en tel endroit, pour y demeurer prisonnière de guerre.

5°. Que les principaux officiers auront la permission d'aller vaquer à leurs affaires pendant deux ou trois jours.

6°. Lorsque la garnison évacuera la place, il ne sera pas permis de débaucher les soldats pour les faire déserter de leurs régimens.

Rien n'est si ordinaire que les infidélités & les supercheries d'un ennemi. Les histoires sont remplis de *capitulations* mal observées, nous ne nous arrêterons pas à en faire le détail : mais nous devons faire remarquer aux militaires, que la rédaction des articles d'une *capitulation* est un acte de la plus grande importance, & qu'ils doivent apporter tous leurs soins & toute leur attention, pour n'y laisser ni ambiguité, ni obscurité.

Lorsque toute la *capitulation* est arrêtée, il entre dans la place un officier d'artillerie des assiégeans, pour faire, conjointement avec un officier d'artillerie de la garnison, un inventaire de toutes les munitions de guerre qui se trouvent dans la place : il y entre aussi un commissaire des guerres, pour faire un état des munitions de bouche qui s'y trouvent encore.

Lorsqu'on prévoit être dans la nécessité de se rendre, & que l'on a des magasins considérables de munitions de guerre ou de bouche, on en gâte autant que l'on peut avant de parler de se rendre, afin qu'il n'en reste dans la place que ce qu'il doit y en avoir pour pouvoir capituler, & que l'ennemi n'en profite pas : si l'on attendoit pour les brûler ou gâter que l'on entrât en *capitulation*, l'ennemi pourroit insister à ce qu'ils fussent conservés; mais il ne peut plus y penser lorsqu'on a pris ses précautions auparavant.

Aussi-tôt que les assiégés ont livré une porte de leur ville aux assiégeans, le premier régiment de l'armée s'en empare & y fait la garde.

Le jour que la garnison doit sortir de la place, on fait mettre l'armée assiégeante sous les armes; elle se range ordinairement en deux haies de bataillons & d'escadrons, & la garnison passe au milieu. L'heure venue de la sortie, le général & les principaux officiers se mettent à la tête des troupes pour la voir défiler devant eux.

Le gouverneur sort à la tête de la garnison, accompagné de l'état-major de la place & des principaux officiers; il la fait défiler dans le meilleur ordre qu'il lui est possible, on met ordinairement les anciens régimens à la tête & à la queue, & les autres au milieu avec les bagages. Lorsqu'on a de la cavalerie, on la partage de même en trois corps, pour la tête, le centre & la queue. On détache des cavaliers & de petits corps d'infanterie, pour marcher le long des bagages & veiller à leur sûreté, afin qu'il n'en soit pillé aucune partie.

L'artillerie accordée par la *capitulation* marche après le premier bataillon. Lorsque la garnison est arrivée à la place où elle doit être conduite, elle remet à l'escorte les ôtages des assiégeans; & lorsque cette escorte a rejoint l'armée, on renvoie les ôtages que les assiégés avoient laissés pour la sûreté de l'escorte, des charriots & autres choses accordées par l'armée assiégeante, pour la conduite de la garnison.

Lorsque la garnison est prisonnière de guerre, on la conduit aussi, avec escorte, jusqu'à la ville où on doit la mener par la *capitulation*.

Tout ce qui est porté dans les *capitulations* doit être sacré & inviolable, & l'on doit en entendre tous les termes dans le sens le plus propre & le plus naturel; cependant on ne le fait pas toujours. Il faut que le gouverneur apporte la plus grande attention pour qu'il ne s'y glisse aucun terme équivoque & susceptible de différentes interprétations : il y a nombre d'exemples qui prouvent la nécessité de cette attention.

Lorsque la garnison d'une ville où il y a une citadelle, capitule pour se retirer dans la citadelle, il y a quelques conditions particulières à demander, telles que sont celles-ci :

Que la citadelle ne sera point attaquée du côté de la ville : que les malades & blessés qui ne pourront être transportés resteront dans la ville & dans les logemens qu'ils occupent; & qu'après leur guérison, il leur sera fourni des voitures & des passe-ports pour se retirer en toute sûreté dans une ville qui sera marquée dans la *capitulation*. On doit ne laisser entrer dans la citadelle que ceux qui peuvent y être utiles pour sa défense; les autres personnes qu'on nomme communément bouches inutiles, ne doivent point absolument y être souffertes. Il faut faire insérer dans la *capitulation* qu'elles feront conduites dans une ville voifine de la domination du prince que l'on indiquera. On doit auffi convenir d'un certain temps pour faire entrer toute la garnifon dans la citadelle, & marquer expreffément que pendant ce temps il ne fera fait de la part de l'affiégeant aucun des travaux néceffaires pour l'attaque de la citadelle.

Une ville maritime demande encore quelque attention particulière pour les vaiffeaux qu'il peut y avoir dans le port. On doit convenir qu'ils fortiront du port le jour que la garnifon fortira de la ville, ou lorfque le temps le permettra, pour fe rendre en fûreté dans le port, dont on fera convenu. Ils doivent conferver leur artillerie, agrès, provifions de guerre & de bouche, *&c.* Il faut ftipuler, dans la *capitulation*, que fi le mauvais temps obligeoit ces vaiffeaux de relâcher, pendant leur route, dans un des ports des affiégeans, ils y feront reçus, & qu'on leur fournira tous les fecours dont ils auroient befoin, pour les mettre en état de continuer leur route; ils doivent auffi être munis de paffe-ports, &, en un mot, avoir toutes les fûretés qu'on peut exiger, pour n'être point infultés par les vaiffeaux ennemis, & fe rendre fans aucun obftacle dans le port qui leur fera indiqué. (*Q*)

CAPITULATION *impériale*, (*Droit public d'Allemagne.*) on donne ce nom, en Allemagne, à une loi faite par les électeurs au nom de tout l'empire, & impofée à l'empereur pour gouverner felon les règles qui y font contenues, dont il jure l'obfervation à fon couronnement.

Plufieurs jurifconfultes font remonter l'origine des *capitulations* aux temps les plus reculés, & prétendent qu'elles étoient en ufage fous les empereurs Charles-le-Chauve & Louis-le-Germanique. Mais ceux qui font dans ce fentiment, femblent avoir confondu, avec les *capitulations* en ufage aujourd'hui, les formules de ferment que les rois de plufieurs pays & les empereurs ont, de temps immémorial, prêté à leur facre, & qui ne contiennent que des promeffes générales de gouverner leurs états fuivant les règles de la juftice & de l'équité, & de remplir envers leurs fujets les devoirs de bons fouverains.

Les *capitulations* dont il eft ici queftion, font plus particulières, & doivent être regardées comme des conditions auxquelles l'empereur eft obligé de foufcrire avant de pouvoir entrer en poffeffion de la couronne impériale.

Elles ont commencé lors de l'élection de l'empereur Charles-Quint. Avant lui, les princes de l'empire ne s'étoient choifis des chefs que dans leur corps, & ils fe contentoient de faire promettre à l'empereur par ferment, qu'il feroit un bon ufage *de fa charge;* car c'eft fous cette idée que les états de l'empire fe plaifoient à envifager la dignité impériale : & c'eft le nom qui lui eft conftamment donné dans le ftyle des diètes.

La trop grande puiffance de Charles-Quint, l'éducation qu'il avoit reçue, & qui l'empêchoit d'être au fait des coutumes germaniques, la crainte de voir dominer les étrangers dans fon confeil & dans le gouvernement, engagèrent Frédéric-le-Sage, électeur de Saxe, qui favorifoit l'élection de ce prince, à propofer aux autres électeurs de lui prefcrire une *capitulation* pour limiter fon pouvoir, l'obliger à obferver les loix & coutumes de l'empire, mettre à couvert les prérogatives des électeurs, princes & autres états, & affurer par-là la liberté du corps germanique.

L'expérience du règne de ce prince convainquit les électeurs, que leur crainte n'avoit pas été fans fondement, & ils jugèrent convenable de conferver l'ufage des *capitulations*, afin qu'à chaque élection, on eût occafion de redreffer, à l'entrée d'un nouveau règne, les fautes & les abus du précédent. Elles ont effectivement continué d'avoir lieu depuis ce temps, en y faifant cependant quelques changemens ou additions, fuivant l'exigence des cas. Nous avons celle de l'empereur Jofeph II, actuellement régnant, qu'il a ratifiée le 27 mars 1764.

Les *capitulations* font donc le lien qui unit le chef & les membres de l'empire, des concordats entre l'empereur & les états, & les règles qu'ils s'impofent réciproquement. Elles contiennent des difpofitions conformes aux conftitutions expreffes du corps germanique, aux traités de Weftphalie, aux règles fondées fur les ufages, qui ont acquis force de loi; elles font, en un mot, des conventions qui deviennent une loi fondamentale du gouvernement allemand.

On a donné à ces conventions le nom de *capitulations*; foit parce que le diplôme qui les contient, eft diftingué par chapitres & articles, foit plutôt parce que c'eft une compofition, un traité, un contrat dans lequel les électeurs, au nom de tout l'empire, capitulent avec celui à qui ils deftinent la couronne, & lui prefcrivent les loix & les conditions fous lefquelles ils la lui mettront fur la tête.

Les auteurs allemands, lorfqu'ils écrivent en latin, appellent la *capitulation* impériale, *lex regia;* mais c'eft dans un fens bien différent de celui que les jurifconfultes romains donnoient à la loi par laquelle le peuple céda autrefois tous fes droits de fouveraineté aux empereurs. En effet, la loi *regia*, *royale*, tranfporta du peuple aux empereurs toute l'autorité; les *capitulations* au contraire modèrent la puiffance de l'empereur actuel, & tâchent de la réduire aux termes d'un gouvernement ariftocratique.

L'empereur n'eft point confulté pour dreffer les articles de la *capitulation*. En l'acceptant, il la reconnoît pour loi, & jure de s'y conformer. Son confentement n'eft que paffif. Il dépend de lui de la refufer ou de l'accepter. L'empereur Léopold, élu après la mort de Ferdinand III, refufa, pendant plus d'un an, la *capitulation* que les électeurs lui préfentoient. Mais fon élection ne put être confirmée, & il ne put être facré qu'après l'avoir acceptée.

Les électeurs font encore feuls dans la poffeffion &

& usage de dresser les articles de la *capitulation impériale;* il paroît même par les monumens historiques, qu'ils ont exercé ce droit depuis Charles-Quint jusqu'à l'élection de l'empereur Mathias, à l'exclusion de tous autres.

A cette époque, les princes & autres états de l'empire voulurent concourir & donner leur suffrage sur les articles qui devoient composer la *capitulation* qu'on lui proposeroit. Ils disoient que la *capitulation* étant une loi, que la puissance législative résidant uniquement dans le corps germanique assemblé, les électeurs qui n'en sont que les membres, n'avoient pas une autorité suffisante, & qu'elle devoit être faite dans la diète ou assemblée générale des états de l'empire.

Les électeurs alléguèrent, pour se maintenir dans leur possession, que le droit de former seuls la *capitulation* leur étoit acquis par une possession centenaire; que la *capitulation* n'étoit loi que pour l'empereur; que le droit de lui prescrire les conditions de son élection ne pouvoit appartenir qu'à ceux qui avoient le droit de l'élire.

La décision de cette affaire resta alors en suspens. Les princes & états de l'empire en firent un article des griefs, dont ils demandoient le redressement dans le temps des négociations de la paix de Westphalie. Ils obtinrent, en 1648, qu'il fût ordonné, par l'article 8, paragraphe 3, du traité d'Osnabruck, que, dans la prochaine diète de l'empire, on travailleroit à dresser une *capitulation* perpétuelle & stable à laquelle les princes & états auroient part.

Nonobstant cette précaution & les protestations réitérées des états, les électeurs ont toujours éludé l'exécution de cet article. La diète même de 1652 a prononcé que les électeurs avoient privativement le droit de dresser la *capitulation;* mais elle leur enjoignit de recevoir, à son sujet, les avis des princes & états, & d'y avoir égard.

A l'élection de Ferdinand IV en 1653, les électeurs parurent négliger les avis qui n'intéressoient pas le corps électoral. Les plaintes des princes recommencèrent. La dispute sembloit devoir être terminée en 1665, lorsque les électeurs agréèrent le plan de *capitulation* perpétuelle, qui leur fut présenté par les princes & états. Mais, comme ils prétendirent se réserver le droit d'y ajouter à chaque élection ce qu'ils jugeroient à propos, & que les princes refusèrent absolument d'y acquiescer, la question resta encore indécise.

Néanmoins, pour donner une espèce de satisfaction aux princes, on a depuis inséré dans les *capitulations* impériales, & notamment dans celle de François premier en 1745, une promesse de travailler avec force à faire décider l'affaire de la *capitulation* perpétuelle.

Le collège des princes ne perd pas de vue cet objet: &, au mois de juin 1751, il adressa à la diète de Ratisbonne un mémoire sur la nécessité de dresser un projet de *capitulation* perpétuelle, pour régler, d'une manière ferme & stable, les engagemens auxquels les empereurs seront tenus par leur dignité de chefs du corps germanique.

Cette question fait l'objet du paragraphe 2 de l'article 30 de la *capitulation* acceptée, en 1764, par l'empereur Joseph II, qui s'est obligé de la faire terminer le plutôt possible dans la diète de l'empire. La suite nous apprendra si cette dernière tentative aura plus de succès que les précédentes, & si le collège électoral sera plus disposé que par le passé à y faire attention.

Cette dernière *capitulation* contient trente articles. Par le premier, l'empereur s'interdit le droit, 1°. de priver même provisionnellement aucun membre de l'empire de sa séance & de son suffrage à la diète; 2°. d'admettre aucun nouveau membre dans un des collèges de l'empire sans le consentement des états.

Par le second, il renonce au droit de porter de nouvelles loix ou d'interpréter les anciennes constitutions sans le consentement de tous les états assemblés en diète.

Dans le troisième, il reconnoît, dans le collège électoral, le pouvoir de tenir des diètes particulières sans son aveu, & d'y délibérer, sans sa participation, sur les affaires générales de l'empire; il assure en outre aux vicaires de l'empire, pendant la vacance, le droit de décider les affaires pendantes au conseil aulique sous le règne précédent, & de poursuivre jusqu'à décision, malgré le nouveau règne, celles dont ils auroient commencé l'information.

Les articles quatre & six confirment les électeurs & autres princes de l'empire dans le droit de traiter avec les puissances étrangères en ce qui les regarde, & obligent l'empereur de ne faire ni guerre ni alliance sans le consentement de la diète ou du moins du collège électoral: ils lui ôtent aussi la faculté de loger ses troupes particulières dans aucun des états de l'empire, avant d'en avoir obtenu le consentement du seigneur territorial, & avoir donné caution pour le paiement des fournitures.

Dans le cinquième, l'empereur promet de n'établir aucun impôt sans le consentement des électeurs, princes & états; de n'employer les taxes ordinaires qu'aux usages pour lesquels elles ont été accordées, & de n'accorder à personne aucune exemption ou modération de celles auxquelles elle est imposée: il s'oblige même de faire payer par ses états héréditaires les secours & taxes pour lesquels ils doivent contribuer aux charges de l'empire.

Le septième & le huitième regardent le commerce: les électeurs y stipulent que l'empereur ne pourra créer aucune compagnie exclusive pour mettre le commerce en monopole, & ne permettra pas l'établissement de nouveaux péages. Le neuvième oblige l'empereur de veiller sur le fait des monnoies, conformément aux recès de l'empire, & lui ôte le pouvoir d'accorder à qui que ce soit le privilège de battre monnoie sans le consentement spécial des électeurs, & pris l'avis du cercle où se trouve établi l'état qui aspire à ce privilège.

Par les dixième & onzième, on interdit à l'empereur toute aliénation des droits impériaux, toute hypothèque, tout engagement des fiefs, on lui défend de s'approprier les hommages dus à l'empire, d'attribuer à sa chancellerie l'expédition des investitures, & de conférer les fiefs vacans sans le consentement du collège ou du banc où ils donnent séance & suffrage.

L'empereur s'engage, dans le douzième, à faire tous ses efforts pour empêcher qu'on ne démembre à l'avenir aucune partie des cercles, & pour opérer la récupération de ce qui en auroit été soustrait. Il promet, dans le suivant, de convoquer des diètes au moins de dix ans en dix ans, d'y faire ses propositions dans la quinzaine, & de faire ensorte que, dans les deux mois, il y soit délibéré sur les griefs des cercles; &, dans le quatorzième, de veiller à l'observation des concordats entre les papes & le saint siège, d'une part, & la nation allemande de l'autre; de conserver les privilèges particuliers, les coutumes & usages anciens de chaque archevêque & évêque, des chapitres & du clergé, sans néanmoins qu'il puisse être porté aucun préjudice à ce qui a été réglé par les traités de Westphalie en faveur des princes & états de la confession d'Ausbourg, sous la dénomination de laquelle sont compris les réformés.

Les articles 15, 16, 17, 18 & 19 concernent l'administration de la justice. L'empereur s'engage à ne point évoquer à son conseil aulique les affaires qui doivent être portées dans les tribunaux de l'empire; à ne citer aucun état ou sujet hors des limites de l'empire, soit pour répondre en justice, soit pour y recevoir l'investiture de ses fiefs; à conserver à chaque seigneur territorial la jurisdiction qui lui appartient; à n'accorder à leurs sujets aucune exemption, affranchissement, ou lettres de protection, sous quelque prétexte que ce soit; à faire administrer une justice prompte & égale; à maintenir la jurisdiction de la chambre impériale, & à faire exécuter purement & simplement, sans acception de personnes, les décisions qu'elle aura rendues, & qui auront obtenu l'autorité de la chose jugée.

Le vingtième article termine le grand procès, que l'assemblée de Westphalie n'osa juger entre l'empereur & les princes, au sujet du droit que les empereurs de la maison d'Autriche s'étoient attribué, de mettre au ban de l'empire leurs ennemis, sans consulter les états. Les électeurs y stipulent que la peine du ban ne pourra être prononcée sans un sujet légitime & suffisant, sans que l'accusé ait été entendu dans ses défenses, & sans le su, conseil & consentement des électeurs, princes & états de l'empire; que l'empereur ne pourra s'approprier aucune partie des biens du banni, mais qu'ils seront réunis à l'empire, sauf néanmoins les droits & les justices des seigneurs directs, & les droits des agnats ou autres, qui n'auroient pas participé de fait au crime.

Dans le vingt-unième article l'empereur s'engage à laisser aux électeurs, princes & états de l'empire, la libre jouissance de leurs droits de suzeraineté, ainsi que leur justice féodale, & en conséquence à ne point enlever les fiefs & biens allodiaux, qui seroient tombés ou qui tomberoient en commise, pour crime de lèse-majesté, ou autre commis contre les électeurs, princes & états.

Par les articles 22, 23, 24 & 25, l'empereur s'oblige à faire constamment sa résidence au-dedans des limites du saint-empire Romain; à ne point donner à des étrangers les grandes charges de sa cour, de la chancellerie & de son conseil, à préférer les nobles aux comtes à brevet; à ne conférer les dignités de prince, comte & autres, qu'à ceux qui auront mérité une pareille distinction, & qui auront des moyens suffisans pour soutenir, avec honneur, l'état auquel ils sont élevés.

Par le vingt-sixieme article, l'empereur promet de donner au roi de Sardaigne, comme duc de Savoie, l'investiture du duché de Montferrat, & des autres pays & états qu'il tient en fief de l'empire, conformément aux constitutions de l'empire, aux droits féodaux, & notamment à l'investiture donnée en 1755; & de confirmer ce que le collège électoral avoit écrit le 4 juin 1658, au duc de Mantoue, touchant la cassation & abolition du vicariat & généralat de l'empire en Italie, usurpé au préjudice de la maison de Savoie.

Dans les quatre derniers articles, l'empereur s'oblige de n'accorder à aucun prince étranger, exempt de la jurisdiction de l'empire, des lettres de protection sur des villes & états immédiats ou médiats; d'employer ses bons offices pour supprimer celles qui auroient été données antérieurement; de ne point souffrir que les puissances étrangéres s'ingèrent ouvertement ou secrétement dans les affaires de l'empire; de n'employer que des naturels du pays dans les bureaux des postes impériales; de conserver dans son intégrité la grande maîtrise des postes impériales & de l'empire; & de procurer une *capitulation* perpétuelle.

Capitulation. (*Droit public françois.*) On donne cette dénomination aux traités d'alliance qui subsistent entre la France & la cour de Constantinople.

Il est certain que depuis le règne de François premier, les rois de France ont toujours entretenu une étroite correspondance avec le grand-seigneur; que la nation françoise a toujours été traitée avec distinction à la Porte; que pendant un très-grand nombre d'années, toutes les nations de l'Europe n'ont trafiqué en Turquie, que sous le pavillon & la protection de la France. La *capitulation* de 1604 entre Henri IV & Amurat III, porte: que les Espagnols, les Portugais, les Ragusains, les Génois, les Florentins, & généralement tous les peuples qui n'avoient pas d'ambassadeurs à la Porte, étoient obligés de naviger sous la bannière de France, de se mettre sous la protection des consuls françois, résidant à Constantinople, & dans les échelles du levant, & de leur payer certains droits.

Depuis cette époque, plusieurs nations de l'Europe ont obtenu de la Porte la permission de commercer sous leur propre bannière, ainsi que plusieurs autres privilèges qui ont rendu inutiles plusieurs articles des anciennes *capitulations*; par cette raison, nous nous bornerons à rapporter la substance de ceux qui sont aujourd'hui en usage, & qui sont contenus dans les capitulations de 1604, 1673 & 1740.

Les ambassadeurs de l'empereur de France, (car c'est le nom qu'on donne à la Porte au roi de France) auront la préséance sur les ambassadeurs des autres princes. Les consuls françois jouissent de la même prérogative à l'égard des consuls des autres nations.

Les sujets de l'empereur & de ses alliés peuvent aller librement en pèlerinage dans les saints lieux. Les religieux qui desservent l'église du S. Sépulcre à Jérusalem, peuvent, sous la requisition de l'ambassadeur de France, faire à leurs bâtimens les réparations nécessaires.

On n'exigera des François aucun droit pour les églises qu'ils ont sur les terres du grand-seigneur: les religieux & les évêques de cette nation ne seront pas troublés dans leurs fonctions.

Les sujets de la Porte, qui trafiquent dans les pays étrangers, sur leurs vaisseaux ou autrement, se mettront sous la protection du consul de France, & lui paieront les mêmes droits qu'il perçoit des commerçans de sa nation.

L'ambassadeur & les consuls de France jouiront de tous les privilèges du droit des gens. Les personnes qui auront à se plaindre d'eux, ou à leur faire quelque demande en justice, s'adresseront directement à la Porte. Ils ne paieront aucun droit pour l'entrée des vivres, & autres choses nécessaires à l'entretien de leurs maisons.

Les interprètes & truchemens qui seront à leur service, de même que quinze de leurs valets rayas, ne paieront aucun subside.

Les François établis dans l'empire ottoman seront exempts de payer le *caratche*, c'est-à-dire la capitation.

S'il survient quelque différend entre des marchands de cette nation, le jugement en appartiendra au seul ambassadeur & aux seuls consuls françois. Si un François a des démêlés avec quelques sujets du grand-seigneur, le juge à qui en appartient la connoissance ne pourra informer, ni porter un jugement, sans la participation de l'ambassadeur, ou du consul de France, & sans qu'un interprète de la nation soit présent à la procédure, pour défendre les intérêts du François. Celui-ci se hâtera cependant de produire un interprête, pour ne pas arrêter le cours de la justice. Mais si la somme, dont il peut être question, passe quatre mille aspres, le procès ne sera jugé qu'à la Porte même.

Les contestations qui naissent entre les négocians françois, & autres personnes, étant une fois jugées & terminées juridiquement, il ne sera plus permis d'y revenir par de nouvelles procédures. S'il étoit jugé à propos de revoir ces procès, ils ne seront décidés qu'à la Porte.

Si les consuls & les négocians françois ont quelque contestation avec les consuls & les négocians d'une autre nation chrétienne, il leur sera permis, du consentement des deux parties, de renvoyer leur procès aux ambassadeurs qui résident à la Porte.

S'il arrive qu'on tue quelqu'un dans les quartiers où les François résident, il est défendu de les molester, en leur demandant le prix du sang, à moins qu'on ne prouve en justice qu'ils sont les auteurs du meurtre.

Si quelque Turc refuse à l'ambassadeur, ou aux consuls de France, de rendre les esclaves de leur nation qu'il possède, il sera obligé de les envoyer à la Porte, afin qu'il soit décidé de leur sort.

Le grand-seigneur & ses officiers ne pourront s'emparer des effets d'un François qui mourra sur ses terres; ils seront mis sous la garde de l'ambassadeur, ou des consuls de France, & délivrés au légitime héritier du défunt.

Un François, quel qu'il puisse être, qui aura embrassé la religion Mahométane, sera obligé de remettre à l'ambassadeur de France, aux consuls de cette nation, ou à leurs délégués, les effets de quelque autre François, dont il se trouvera saisi.

Les officiers du grand-seigneur n'empêcheront pas les marchands de transporter, en temps de paix, par terre, par mer, ou par les rivières du Danube, ou du Tanaïs, des marchandises non prohibées, soit qu'ils veuillent les faire sortir des états de l'empire ottoman, soit qu'ils veuillent les y faire entrer; bien entendu cependant que les commerçans françois paieront, dans ces occasions, tous les droits auxquels les autres nations franques sont soumises.

En considération de l'ancienne & étroite amitié qui règne entre l'empereur de France & la Porte, les marchandises chargées dans les ports de France, sur des bâtimens françois, pour les ports du grand-seigneur, & celles qui seront chargées dans ceux-ci sur des vaisseaux françois, pour être transportées dans les terres de la domination Françoise, seront exemptes de tout droit de mezeterie.

Les François pourront faire toutes sortes de pêches sur les côtes de Barbarie, & en particulier dans les mers qui dépendent des royaumes de Tunis & d'Alger.

Les corsaires de Barbarie ne pourront attaquer les navires portant pavillon françois. Ils relâcheront ceux qu'ils auront pris, de même que les prisonniers de cette nation, auxquels ils restitueront tous leurs effets.

En cas de contravention, la Porte ajoutera foi aux plaintes de l'empereur de France, & elle donnera ses ordres contre les délinquans.

La France pourra châtier les Barbaresques, en leur courant sus, sans que le grand-seigneur en soit offensé.

Si les corsaires, qui abordent dans les échelles du levant, font quelque injure, ou quelque dommage aux François qui y commercent, ils seront sévérement châtiés par les officiers du grand-seigneur.

CAPORAL, s. m. (*Code militaire.*) c'est un bas-officier d'infanterie, immédiatement au-dessous du sergent. Ses fonctions sont de poser & lever les sentinelles, faire garder le bon ordre dans les corps-de-garde, commander une escouade, recevoir le mot des rondes, qui passent auprès de son corps-de-garde. Ce mot vient de l'italien *caporale*, qui signifie la même chose, & qui est dérivé de *caput*, tête, chef, le *caporal* étant le premier de sa compagnie.

Il n'y avoit ordinairement que trois *caporaux* par compagnie; mais l'ordonnance du 25 mars 1776 a réglé, qu'il y en auroit huit dans chaque compagnie de grenadiers, & dix par compagnie de fusiliers. Les *caporaux* hors d'état de continuer le service, par leur grand âge, infirmités ou blessures, peuvent opter entre la récompense militaire, & l'hôtel royal des invalides : s'ils préfèrent la pension, on doit compter annuellement 126 livres à chaque *caporal* de grenadiers, & 120 livres à chaque *caporal* de fusiliers.

On donne aussi, sur un vaisseau, le nom de *caporal*, à un bas-officier qui a soin de poser & de lever le guet & les sentinelles; il visite aussi les armes des soldats & des mariniers; il a un aide sous lui.

CAPSAOS, ce terme est particulier à la coutume de Béarn. Dans le style de cette province, il signifie les droits dus au seigneur, c'est-à-dire, au roi, depuis la réunion du Béarn à la couronne de France.

CAPTATEUR, s. m. *terme de Palais*, par lequel on entend celui qui par flatteries & par artifices, tâche à surprendre des testamens ou des donations.

CAPTATOIRE, adj. *terme de Palais*, qui s'applique à toute disposition testamentaire, provoquée par l'artifice d'un héritier ou d'un légataire. *Voyez* DONATION, LEGS, TESTAMENT.

CAPTIF, s. m. (*Droit public.*) ce terme a parmi les nations européennes deux significations. Il se dit en général de tous ceux qui sont pris par l'ennemi, & dans ce sens *captif* est synonyme à *prisonnier*. Dans une autre acception, on donne ce nom aux personnes prises par les pirates des côtes de Barbarie, & par les Turcs, qui les réduisent en servitude, & que les pères de la Merci & les religieux Mathurins vont racheter de temps en temps. *Voyez* ESCLAVE, PIRATE.

CAPTIONNER, v. a. (*terme de Coutume.*) on le trouve dans celle d'Acqs, *tit.* 9, *art.* 44, dans le sens d'arrêter, d'appréhender au corps un accusé, un criminel. Suivant cette coutume le seigneur cavier ne peut procéder par ajournement personnel, ni *captionner* aucun, si ce n'est en flagrant délit, auquel cas il peut retenir le prisonnier vingt-quatre heures, après lequel délai il doit le faire conduire au seigneur haut-justicier, sous peine d'amende arbitraire. *Voyez* CAPTURE, CAVIER.

CAPTIVERIE, s. f. (*Droit civil. Commerce.*) c'est le nom que les négocians françois donnent sur la côte d'Afrique à de grands lieux, destinés à renfermer les nègres captifs dont on traite, & dans lesquels on les tient jusqu'à ce qu'ils soient en assez grand nombre, pour être transportés sur les vaisseaux, & envoyés aux isles.

CAPTIVITÉ, s. f. (*Droit civil. Droit des gens.*) ce terme appartient particuliérement à la jurisprudence romaine. Chez tous les anciens peuples on donnoit le nom de *captif* à tous les ennemis, qui en temps de guerre, avoient été faits prisonniers dans une bataille, ou qui renfermés dans un camp ou dans une ville, avoient été emportés d'assaut, ou s'étoient rendus. On appelloit *captivité* l'état de servitude dans lequel le vainqueur les réduisoit.

La *captivité*, dans le sens où nous la prenons ici, n'a plus lieu parmi les nations policées de l'Europe. 1°. On ne fait aujourd'hui prisonniers de guerre que ceux qui ont été pris les armes à la main; les bourgeois d'une ville, les femmes & les enfans, qui ne sont pas armés pour sa défense, ne sont pas regardés comme prisonniers; 2°. les soldats ne sont plus réduits en servitude, on se contente de les renfermer sous une garde sûre, jusqu'à ce qu'ils aient été rachetés par l'ennemi ou échangés, suivant le cartel que les parties belligérantes ont coutume de régler entre elles. Tous ceux qui ne l'ont pas été pendant le cours de la guerre, sont entiérement libres à la publication de la paix, & ne peuvent être retenus que pour le paiement des dettes qu'ils ont contractées, pour leur nourriture & entretien, ou jusqu'à ce que la puissance à qui ils appartiennent, ait pris des arrangemens pour satisfaire à ces mêmes dettes.

Les Turcs en Europe, & les Barbares qui habitent encore les côtes de l'Afrique, réduisent en *captivité* les prisonniers qu'ils font. *Voyez* CARTEL, ESCLAVE, SERVITUDE.

CAPTURE, s. f. (*terme de Pratique.*) c'est l'appréhension au corps d'un débiteur, ou d'un criminel, par des archers ou sergens, à l'effet d'être conduit & détenu dans les prisons.

Réguliérement on ne peut faire ni *capture*, ni emprisonnement, si ce n'est en vertu d'un décret du juge.

Un huissier ou un cavalier de maréchaussée qui arrêteroit un citoyen, sans y être autorisé par un décret du juge ou un ordre du roi, seroit dans le cas d'être puni sévérement. Un arrêt du parlement de Paris, du 31 août 1775, a condamné au carcan, en 3000 livres de dommages & intérêts & aux dépens, un cavalier de maréchaussée d'Angerville, pour avoir, sur une fausse indication, fait arrêter, injurier & maltraiter, le sieur Michel du Champ, capitaine de la seconde classe des invalides.

Il y a néanmoins quelques exceptions à cette règle, fondées sur l'ordonnance de 1670, l'édit du mois de mars 1720, & la déclaration du 5 février 1731.

Il est enjoint aux prévôts de maréchaussée, & à leurs cavaliers d'arrêter : 1°. les criminels à la clameur publique, ou lorsqu'ils sont trouvés en flagrant délit; 2°. les vagabonds & gens sans aveu, c'est-à-dire, ceux qui n'ayant ni profession, ni domicile certain, ni bien pour subsister, ne peuvent être avoués, ni faire certifier de leurs bonnes vie & mœurs par personnes dignes de foi.

François I avoit déjà établi une règle semblable, à l'égard des meurtriers & des assassins. Il avoit enjoint à tous ceux qui avoient connoissance de tels criminels, de courir après eux & de les arrêter, même de faire fermer les portes des villes, & de faire sonner le tocsin, pour assembler les habitans.

Un juge peut aussi, sans plainte préalable & sans décret, faire arrêter un témoin qui se contredit, sur-tout lorsque sa déposition présente un faux considérable.

Dans le cas de flagrant délit, les exempts de maréchaussée peuvent, au moment de la *capture*, informer contre le prisonnier. Mais alors ils doivent être assistés du greffier de la maréchaussée, à peine de nullité; s'il est absent, ils peuvent commettre d'office une personne majeure, en lui faisant prêter serment.

Lorsque les cavaliers de maréchaussée écrouent les prisonniers, dont ils ont fait la *capture*, en vertu des décrets des prévôts, il doivent donner copie aux prisonniers du procès-verbal de *capture*, & de l'écrou, à peine d'interdiction, de dommages & intérêts, & de trois cens livres d'amende, applicable moitié envers le roi & moitié envers la partie.

A l'instant même de la *capture*, les prévôts & cavaliers de maréchaussée sont tenus de faire inventaire de l'argent & autres effets, dont le prisonnier se trouve saisi, en présence de deux habitans, les plus proches du lieu, qui doivent signer l'inventaire ou déclarer la cause de leur refus, dont mention doit être faite. Le tout doit être remis dans les trois jours, au plus tard, au greffe du lieu de la *capture*, à peine, contre le prévôt, d'interdiction pour deux ans, des dépens, dommages & intérêts des parties, & de cinq cens livres d'amende, applicable moitié envers le roi, moitié envers la partie.

Les effets, ainsi saisis, doivent rester au greffe jusqu'au jugement définitif du procès, & trois mois après, pendant lequel temps ils peuvent être réclamés par les propriétaires, à qui ils doivent être rendus sans frais, ni épices, lorsque la réclamation a été jugée valable par le prévôt ou ses lieutenans, & les officiers du siège, qui ont instruit le procès. Il n'est pas nécessaire que les réclamans se soient portés parties au procès.

Il est défendu de tenir les accusés, en chartre privée dans leurs maisons ou ailleurs, à peine, contre les huissiers ou cavaliers, de privation de leurs charges ou offices. Ils doivent à l'instant de la *capture* être conduits dans les prisons du lieu, s'il y en a, sinon aux plus prochaines, dans les vingt-quatre heures. Cependant, s'il y avoit péril d'enlèvement, ils pourroient être tenus en maison particulière; mais alors il doit en être fait mention dans le procès-verbal de *capture* & de conduite.

L'ordonnance de Moulins a fait défenses aux prévôts des maréchaux, à leurs lieutenans & à leurs archers, de rien exiger pour leurs dépens, frais, salaires & vacations, soit pour informations, décrets & *captures* des délinquans, ou pour quelque autre cause, à peine de privation de leurs offices.

Le juge du lieu de la *capture* est compétent pour juger les accusés d'un crime commis dans le pays, soumis à une domination étrangère, les vagabonds ou gens sans aveu, même toute espèce de délit, lorsque les juges du lieu du délit ou du domicile des accusés, ne revendiquent pas le procès.

La coutume de Bretagne, *art. 13*, déclare compétent le juge du lieu de la *capture*, lorsqu'il a fait avertir les juges du lieu du délit ou du domicile du prisonnier, d'envoyer chercher l'accusé qu'il a fait arrêter, & qu'ils ont refusé ou négligé de déférer à cet avertissement.

Il est bon d'observer qu'une *capture* & un emprisonnement injuste, ne couvre l'innocent d'aucune note d'infamie; que c'est une vexation que la justice doit réparer, en accordant à celui qui en a été l'objet, la réparation, & les dommages & intérêts qui lui sont dus. Nous ajouterons, pour terminer cet article, qu'on ne doit point opposer de résistance à l'exécution d'un décret de prise-de-corps injustement décerné, parce qu'il n'est jamais permis d'être *rebelle à justice*. Le prisonnier peut se pourvoir contre les auteurs du décret, même prendre à partie les juges qui l'ont rendu, s'il l'a été par calomnie, ou dans l'intention de le vexer & de le tourmenter. *Voyez* PRISONNIER, DÉCRET, COMPÉTENCE.

CAPUCHON, s. m. (*Droit ecclésiastique.*) espèce de vêtement à l'usage des bénédictins, bernardins, & autres religieux. Il y en a de deux sortes, l'un fort ample, que l'on porte dans les occasions de cérémonie, l'autre plus étroit qui fait une partie de l'habit ordinaire.

Le P. Mabillon prétend que le *capuchon* étoit dans l'origine la même chose que le scapulaire. Mais l'auteur de l'apologie pour Henri IV, distingue deux espèces de *capuchons*, l'un étoit une robe qui descendoit de la tête jusqu'aux pieds, qui avoit des manches, & dont on se couvroit dans les jours & dans les occasions remarquables; l'autre, une sorte de camail, dont on se servoit habituellement. C'est ce dernier qu'on appelloit proprement *ſcapulaire*, parce qu'il n'enveloppoit que la tête & les épaules.

On appelle plus communément aujourd'hui *capuchon*, cette pièce d'étoffe groſſière, taillée & couſue en cône, ou arrondie par le bout, dont les capucins, récollets, cordeliers & autres religieux mendians ſe couvrent la tête.

Le *capuchon* a autrefois excité une très-grande guerre entre les cordeliers. L'ordre fut diviſé en deux factions, les frères ſpirituels, & les frères de communauté. Les uns vouloient le *capuchon* étroit les autres le vouloient large. La diſpute dura plus d'un ſiècle avec beaucoup de chaleur & d'animoſité; elle eut bien de la peine à être terminée par les bulles des quatre papes, Nicolas IV, Clément V, Jean XXII & Benoît XII. Cette conteſtation ridicule n'auroit certainement pas lieu dans le ſiècle éclairé où vivent ces religieux. La véritable ſcience qui a pénétré juſque dans les cloîtres, commence à en bannir la ſuperſtition, qui ſeule peut avoir donné lieu à une pareille diſpute.

CAPUCIN, ſ. m. (*Droit eccléſiaſtique.*) religieux de l'ordre de S. François de la plus étroite obſervance. On leur donne ce nom par rapport à la forme extraordinaire du capuce ou capuchon extrêmement pointu, dont ils ſe couvrent la tête. Ils ſont vêtus d'une groſſe robe, d'un manteau, & d'un capuce d'un gros drap brun, ils portent la barbe, des ſandales, & une couronne de cheveux.

Cette réforme des frères mineurs, ou cordeliers, a eu pour auteur, au commencement du ſeizième ſiècle, Mathieu de Baſchi, ou Baſſi, frère mineur obſervantin, du duché de Spolette, & religieux au couvent de Monteſiaſcone, qui, en 1525, aſſura que Dieu l'avoit averti pluſieurs fois, d'une manière miraculeuſe, qu'il devoit pratiquer à la lettre la règle de S. François.

Il ſe retira, avec la permiſſion du pape Clément VII, & le conſentement de ſon provincial, dans une ſolitude, où il fut ſuivi de douze autres perſonnes. Il y établit ſa réforme, qui s'étendit d'une manière étonnante. Le même pape approuva leur congrégation par une bulle de 1529. Son ſucceſſeur, Paul III, la confirma en 1535, & leur donna un vicaire général avec des ſupérieurs. Ce ne fut que ſous le pontificat de Grégoire XIII qu'ils obtinrent la permiſſion de s'établir au-delà de l'Italie; juſqu'à lui leur réforme y avoit été concentrée.

Sous le règne de Charles IX, Pierre Deſchamps, natif d'Amiens, profès chez les cordeliers, commença l'établiſſement de cette réforme dans la maiſon de Picpus, ainſi qu'il eſt prouvé par des lettres-patentes données à Blois en 1572. Le père Pacifique, italien, vint l'y joindre, & ils obtinrent de Henri III, & de Catherine de Médicis, ſa mère, une nouvelle maiſon à Paris, près du lieu nommé les *Tuileries*.

Les rois de France, ſucceſſeurs de Henri III, ont toujours favoriſé cette congrégation; Louis XIV, par un arrêt du conſeil du 23 ſeptembre 1668, déclara qu'il n'avoit pas entendu la comprendre dans l'édit de décembre 1666, qui révoquoit les permiſſions données à différens ordres de s'établir dans le royaume. Auſſi les *capucins* s'y ſont-ils multipliés en grand nombre. On compte dix provinces de cet ordre, en comprenant la Lorraine, & plus de quatre cens maiſons.

Ces religieux font un vœu particulier de la plus grande pauvreté, enſorte qu'ils ne peuvent poſſéder aucune eſpèce de biens même en corps ou en communauté. C'eſt par cette raiſon qu'ils ſont exempts de toute impoſition, pourvu qu'ils n'abuſent pas de leurs privilèges pour favoriſer la fraude contre les droits du roi; qu'il leur eſt permis de faire la quête dans les villes & dans les campagnes; qu'ils ne peuvent recevoir que quelques legs modiques, en deniers une fois payés, à titre d'aumônes; & qu'on a déclaré nul, au parlement d'Aix en 1732, le legs d'une rente de cent livres qui leur avoit été fait.

Régime de l'ordre des capucins ſuivant leurs conſtitutions. L'élection des miniſtres provinciaux & des cuſtodes ſe fait dans la tenue des chapitres. Chaque communauté a droit d'y envoyer un diſcret qui a voix avec le gardien, diſcret né par ſa place; & afin que l'élection des diſcrets ſoit à l'abri de tout ſoupçon d'intrigue & de cabale, on ne peut changer les religieux dans les trois mois qui précèdent la convocation du chapitre. Pour cette élection, les frères convers donnent leur ſuffrage, ainſi que les autres religieux. Il y a quelques années que dans la maiſon de la rue S. Honoré à Paris, on s'imagina que ces frères ne devoient point être appellés en chapitre: ceci donna lieu à des diſcuſſions juridiques qui ſe terminèrent à l'avantage des frères par la médiation du père général.

Le provincial a pour conſeil quatre définiteurs qui doivent être pris dans le corps du chapitre, au lieu que le provincial lui-même peut être choiſi quoique abſent. Les cuſtodes élus pour le chapitre général, doivent y aſſiſter, à moins que des raiſons légitimes ne les en diſpenſent.

C'eſt au père général qu'appartient le droit d'approuver pour la prédication. Il ne le fait que ſur le certificat des définiteurs & des lecteurs en théologie, qui atteſtent que le religieux a fait ſes deux années de philoſophie, & qu'il a étudié de plus, pendant quatre ans en théologie: il eſt libre aux examinateurs d'accorder ou de refuſer leur ſuffrage qui ſe reçoit par la voie du ſcrutin. Le religieux approuvé doit encore, avant d'exercer ſon miniſtère, ſe ſoumettre à tout ce que peut exiger de lui l'évêque diocéſain: une conduite contraire ſeroit blâmée & même punie.

Le provincial peut, dans certains cas, priver ſes religieux de l'exercice des pouvoirs qu'ils ont obtenus, & ordinairement il n'accorde celui de la confeſſion qu'après des preuves ſuivies des capacités du ſujet. On dit *ordinairement*, parce que ſouvent il nomme confeſſeurs pour la communauté, des religieux pour leſquels il diffère quelquefois la permission de se présenter à l'examen des évêques, pour la confession des séculiers.

Le provincial est le premier supérieur de la province : on défère à son tribunal toutes les matières contentieuses ; il les juge de concert avec ses définiteurs. Lorsqu'il est en cours de visite, il n'existe plus d'autorité que la sienne dans la maison où il s'arrête. La visite s'ouvre par un discours, après lequel chaque religieux est appellé en particulier auprès du provincial, qui écoute les plaintes des supérieurs & des inférieurs, chacun à son tour. Il examine ensuite les comptes, parcourt les lieux réguliers pour savoir s'ils sont en bon état de réparations, & termine sa visite par les réprimandes qu'exigent les inculpations qu on lui a déférées. Cet acte de jurisdiction terminé, le gardien rentre dans tous ses droits.

Chaque maison se gouverne par un gardien dont l'élection a été faite par le provincial & les définiteurs à scrutin secret. Le gardien n'est en place que pour trois ans ; cependant il peut être continué pour trois autres années.

Outre le gardien, il y a dans chaque maison un vicaire, qui se nomme & se destitue au gré des supérieurs, à la différence du gardien qui ne peut être destitué que par une sentence suivant les formes juridiques approuvées dans l'ordre.

Comme c'est une maxime généralement adoptée parmi la plupart des religieux ultramontains, qu'ils ne doivent jamais reconnoître pour leurs juges, les magistrats qui composent les tribunaux séculiers, les *capucins* s'étoient imaginés qu'en France cette maxime devoit être écoutée, & en conséquence deux de ces religieux, en 1599, refusèrent de comparoître au parlement, où ils avoient été cités. cour ordonna que la délibération par laquelle il avoit été arrêté que ces deux religieux ne comparoîtroient point, seroit lacérée, & qu'il seroit fait lecture de l'arrêt dans le couvent des *capucins* en présence des religieux. Depuis ce temps-là il ne paroît pas qu'ils aient cherché à méconnoître l'autorité des juges séculiers & à se soustraire à leur jurisdiction.

CAPUCINE, s. f. (*Droit ecclésiastique.*) on donne ce nom à des religieuses de sainte Claire, à cause de leur vêtement semblable à celui des capucins : on les appelle aussi *les filles de la passion*, à raison des grandes austérités qu'elles pratiquent.

Leur premier établissement se fit à Naples en 1538 par la mère Marie-Laurence Longa. Louise de Lorraine, veuve de Henri III, ayant entendu parler des *capucines* qui étoient en Italie, voulut en fonder un monastère en France. Elle en écrivit au pape Clément VIII & le pria d'attribuer la direction de ces filles aux capucins. Elle étoit à la veille de voir ses vœux exaucés, lorsqu'elle fut attaquée d'une maladie mortelle. Mais pour que ces pieuses intentions ne demeurassent point sans effet, elle laissa vingt mille écus par testament, à l'effet de construire à ces filles un monastère qu'elle choisit pour le lieu de sa sépulture.

Le duc de Mercœur, chargé de l'exécution des dernières volontés de cette princesse, sa sœur, mourut aussi sans avoir pu les remplir ; mais la duchesse de Mercœur s'empressa de les acquitter. Elle demanda à Henri IV son agrément pour la fondation dont il s'agissoit, ce qui lui fut octroyé par des lettres-patentes enregistrées au parlement en 1602 : elle acheta en conséquence l'hôtel de Retz, nommé *l'hôtel du Péron*, situé rue S. Honoré, vis-à-vis des capucins. Les fondemens du monastère y furent jetés en 1604, & en attendant qu'il fût en état de recevoir les religieuses, la duchesse, en vertu d'un bref du pape qui lui permettoit d'admettre à l'habit de novice, avec l'agrément des capucins, les filles qui voudroient embrasser la réforme qui alloit s'introduire, en choisit douze qu'elle mit dans une maison qu'elle avoit à la Raquête, fauxbourg S. Antoine, où elle les exerça pendant deux ans à toutes les pratiques de la règle qu'elles devoient professer.

Quand le monastère fut en état de les recevoir, elles y furent introduites avec la plus grande solemnité ; & un an après, le 21 juillet 1607, elles y firent profession.

Il se fit encore en 1625 un établissement de *capucines* à Marseille par les soins de Marthe d'Oraison, baronne d'Allemagne, leur fondatrice. On fit venir trois *capucines* de Paris pour prendre la conduite de cette nouvelle communauté.

Les observances des *capucines* sont les mêmes que celles des filles *clarisses*. Les *capucines* ont pourtant quelques réglemens particuliers qui leur sont donnés par les capucins.

CAPURION, s. m. (*Droit public.*) c'est le nom qu'on donne à Rome à des officiers chargés d'entretenir la tranquillité publique dans les dix-huit quartiers qui divisent cette grande ville, d'empêcher qu'il ne se commette des violences dans les rues, d'en informer les magistrats de police, de veiller à ce que chaque citoyen s'applique à une profession honnête, de poursuivre les gens de mauvaise vie, de chasser les fainéans, avoir l'œil sur les édifices publics, assembler les citoyens quand il en est besoin, surveiller les bouchers, les boulangers & autres gens d'art & métier.

Les *capurions* ont succédé aux magistrats de l'ancienne Rome, que l'on appelloit, sous Auguste, *curatores regionum urbis*. Leur nom vient du mot *rio*, qui signifie *quartier*. On voit que leurs fonctions sont assez semblables à celles de nos commissaires de police.

CAQUEUX, s. m. pl. (*Droit public.*) les *caqueux*, parmi les Bretons, sont la même chose que les cagots du Bearn, dont nous avons parlé ci-dessus. On les regardoit avec une extrême aversion comme un reste de Juifs infectés de la lèpre. Ils exerçoient tous le métier de cordier, & il leur étoit presque défendu de faire autre chose. La police civile & ecclésiastique a fait pendant long-temps des efforts inutiles pour détruire la prévention des peuples, & rétablir, dans les droits de la société, des gens qui contribuoient à son avantage. *Voyez* CAGOT.

CARABINIERS, f. m. pl. (*Code militaire.*) c'est le nom qu'on donne à un régiment de cavalerie, formé de cavaliers tirés de tous les autres régimens de cavalerie, sous la dénomination de *royal-carabinier*. Monsieur, frère du roi, comte de Provence, en est le mestre-de-camp titulaire.

Avant l'institution de ce corps, on avoit mis, dans chaque compagnie de cavalerie, deux *carabiniers*, que l'on choisissoit parmi les plus habiles tireurs, & qu'on mettoit dans les combats à la tête des escadrons, pour faire une décharge, de loin, sur l'ennemi.

Le nom de *carabiniers* leur fut donné, à cause de l'espèce de mousqueton, appellé *carabine*, dont ils étoient armés. La *carabine* a beaucoup plus de portée que les fusils ordinaires.

Louis XIV en 1690 ordonna de former, par chaque régiment de cavalerie, une compagnie de *carabiniers*, l'année suivante on en forma une brigade particulière à l'armée : en 1692 le roi en composa un corps particulier, dont il donna le commandement à M. le duc du Maine.

Ce régiment a éprouvé plusieurs variations pour le nombre des compagnies, des escadrons & des brigades qui le composent. Son dernier état a été fixé par une ordonnance du 13 février 1776.

Nous laissons au *Dictionnaire de l'art militaire*, le soin de faire connoître ce qui regarde le service militaire; pour remplir notre objet, il nous suffit de remarquer qu'en vertu de cette loi, la masse générale du régiment doit être administrée par un conseil composé du mestre-de-camp-lieutenant, du mestre-de-camp-lieutenant en second, du major & des deux plus anciens lieutenans-colonels commandans d'escadrons.

Comme ce conseil doit toujours être composé de cinq officiers, les absens doivent être remplacés sur le champ par d'autres officiers pris parmi les lieutenans-colonels, & à leur défaut, parmi les capitaines en premier.

Le conseil doit charger des achats, des réparations & de la distribution des fourrages, les officiers qu'il aura jugés les plus propres à remplir ces objets. Le trésorier doit administrer les deniers du régiment sous l'autorité du conseil.

Lorsque l'officier général, chargé de l'inspection du régiment, a ordonné quelques réparations, le conseil d'administration doit y pourvoir, ainsi qu'aux autres qui peuvent survenir, & en rendre compte chaque mois à cet officier général. Le même conseil doit faire faire les marchés des remontes & des réparations, & tenir un état de toutes les parties de dépense prises sur la masse générale.

Pour assurer l'entretien du régiment & pourvoir aux cas imprévus qui peuvent se présenter, l'intention du roi est qu'après que toutes les dépenses des réparations & de l'entretien auront été acquittées, le bénéfice qui pourra se trouver à la masse générale soit mis en réserve pour former une masse perpétuelle, qui doit être portée progressivement jusqu'à la somme de trente-six mille livres. Elle est destinée à subvenir aux dépenses que peuvent occasionner la morve & d'autres accidens, à l'égard desquels la masse générale pourroit être insuffisante. Si les circonstances exigeoient qu'on fît usage de cette réserve, ce qui ne peut jamais avoir lieu qu'en conséquence des ordres particuliers du roi, l'ordonnance porte que la partie qu'on en aura tirée sera remplacée l'année suivante.

Au surplus, sa majesté a déclaré que la masse générale destinée aux réparations & à l'entretien du régiment ayant été reconnue suffisante, les officiers établis pour le conseil du régiment, seroient responsables en commun du *déficit* qui pourroit s'y trouver.

La même ordonnance permet de donner par compagnie, chaque année, deux congés de grace aux bas-officiers ou *carabiniers* jugés nécessaires à leur famille. C'est à l'officier général, chargé de l'inspection du régiment, à accorder ces congés sur la demande du mestre-de-camp-lieutenant. Il doit être remis, pour chacun de ces congés, à la masse générale, savoir, quatre cens livres pour un homme qui auroit encore sept ans à servir; trois cens cinquante livres pour six ans; trois cens livres pour cinq ans; deux cens cinquante livres pour quatre ans; deux cens livres pour trois ans; cent cinquante livres pour deux ans, & cent livres pour celui à qui il resteroit moins de deux ans pour achever son engagement. L'intention du roi est qu'il soit fait mention sur les cartouches de congé, de ce qu'auront payé à la caisse ceux à qui ces cartouches auront été expédiés.

CARAT, f. m. (*Jurisprudence. Monnoie.*) ce terme exprime le degré de bonté, de finesse, de perfection, ou d'imperfection de l'or. Le *carat* est la vingt-quatrième partie d'une quantité d'or telle qu'elle soit; ainsi un scrupule qui contient vingt-quatre grains, est un *carat*, par rapport à l'once qui contient un même nombre de scrupules.

Toute quantité d'or donnée se subdivise en vingt-quatre *carats*. Celle qui ne contient aucun alliage, est de l'or de vingt-quatre *carats*, si elle contient une ou deux parties de matières étrangères, on dit alors que l'or est à vingt-trois ou vingt-deux *carats*, & ainsi de suite.

Les loix de France défendent aux orfèvres de travailler l'or au-dessous de vingt-trois *carats*. Il n'y a pas d'or à vingt-quatre *carats*; car quelque purifié qu'il soit, il s'y rencontre toujours quelque portion d'argent ou de cuivre.

Le *carat* se subdivise en demis, en quarts, en huitièmes, en seizièmes & en trente-deuxièmes. Ces degrés servent à marquer l'alliage.

Le mot *carat* se prend dans plusieurs acceptions. On

On appelle *carat de fin*, le vingt-quatrième degré de bonté ou de perfection d'une pièce de pur or.

Le carat de prix est la vingt-quatrième partie de la valeur d'une once ou d'un marc d'or. On dit aussi quelquefois un *carat* de poids, qui est la vingt-quatrième partie du poids de l'once ou du marc.

Le *carat* est aussi un poids dont on se sert pour peser les diamans, les perles & les pierres précieuses; il se divise alors en quatre grains, & le poids qu'il représente est égal à la pesanteur de quatre grains de froment ou d'orge. *Voyez les Dictionnaires des Arts & Métiers, & de Commerce.*

CARBONIEN, (*l'édit*) *Jurisprudence romaine.* c'étoit, dans l'origine, un décret du prêteur Cn. Carbon, que les empereurs adoptèrent dans la suite, & dont il est parlé dans le *Digeste*, *liv. 37*, *tit. 10.* Cet édit portoit que dans le cas où on disputeroit à un impubère, sa qualité de fils, & celle d'héritier tout ensemble, la question d'état seroit remise après la puberté, & que celle concernant l'hérédité seroit jugée sans délai.

Suivant les règles & l'exactitude du droit, la question d'état auroit dû être jugée avant la qualité d'héritier; car, pour recueillir la succession d'un défunt en qualité de son fils, il faut nécessairement justifier que l'on en descend. Mais le prêteur Carbon crut devoir rejetter la question d'état au temps où le pupille auroit atteint l'âge de puberté, & cependant lui adjuger provisionnellement la jouissance de sa portion héréditaire, pour subvenir aux frais de sa nourriture & de son entretien, à moins qu'il ne parût évidemment que l'impubère ne fût un enfant supposé.

Lorsque le prêteur, en vertu de l'édit *carbonien*, envoyoit provisoirement l'impubère en possession de sa portion héréditaire, il l'obligeoit de donner à sa partie adverse caution, qui s'engageoit restituer cette même portion si par événement la question d'état étoit jugée contre lui. Cependant, même dans ce cas, l'impubère n'étoit pas obligé à la restitution de ce qu'il avoit dépensé pour ses alimens, ses études, & autres frais nécessaires.

Si l'impubère ne pouvoit fournir la caution, on donnoit la possession & l'administration des biens à sa partie adverse, en exigeant d'elle une pareille caution; si elle étoit également dans l'impuissance de la fournir, on nommoit un curateur pour avoir soin & pour régir les biens.

Il falloit, pour qu'il y eût lieu au bénéfice de l'édit *carbonien*, que les questions d'état & d'hérédité fussent mues ensemble, qu'il s'agît de la succession aux biens paternels, & que l'impubère n'eût été ni institué, ni deshérité par le testament de celui auquel il prétendoit succéder en qualité d'enfant. Ainsi, l'édit *carbonien* ne pouvoit avoir lieu qu'en faveur de ceux des enfans qui venoient à la succession de leur père, soit *ab intestat*, soit par la raison qu'il n'avoit été fait aucune mention d'eux dans le testament de leur père.

CARBOUILLON, f. m. (*Finance.*) c'est un droit sur les salines de Normandie, dont il est fait mention dans l'ordonnance des gabelles. Il consiste dans la quatrième partie du prix du sel blanc qui s'y fabrique.

CARCAN, f. m. (*Droit criminel.*) c'est proprement un cercle de fer avec lequel l'exécuteur de la haute-justice attache par le cou, à un poteau, celui qui est déclaré atteint & convaincu d'avoir commis certain crime ou délit, qui ne mérite pas une peine capitale.

On donne par extension le nom de *carcan* au poteau planté en terre auquel est attaché le collier ou cercle de fer dont nous parlons. Ce terme signifie aussi la peine même que subit le malfaiteur qui est attaché au *carcan*.

Les déclarations des 8 janvier 1719, & 5 juillet 1722, mettent le *carcan*, au rang des peines afflictives & corporelles, & par cette raison elle ne peut être prononcée qu'à la suite d'une procédure instruite par récolement & confrontation, conformément à une autre déclaration du 12 mai 1717.

Les délits pour lesquels on condamne le plus ordinairement au *carcan*, sont les banqueroutes, le crime de faux, la bigamie, le maquerellage, l'escroquerie, les friponneries au jeu, les vols de fruits champêtres, le colportage des livres défendus, les insultes faites aux maîtres par leurs domestiques. On trouve des arrêts qui assurent l'uniformité de la jurisprudence dans tous ces cas.

La peine du *carcan* peut se prononcer seule, elle est souvent jointe à d'autres, telles que le fouet, le bannissement & les galères à temps. On ordonne assez souvent qu'on attachera, au dos & sur la poitrine du coupable, deux écriteaux, à l'effet d'indiquer son crime.

Une déclaration du 11 juillet 1749 ordonne que les condamnations par contumace, à la peine du *carcan*, seront transcrites sur un tableau, que l'exécuteur de la haute-justice attache à un poteau dans la place publique.

Il est assez ordinaire de voir dans les terres seigneuriales des poteaux à *carcan*; mais ce droit n'appartient qu'aux seigneurs hauts-justiciers; ils seroient déplacés dans les moyennes & basses-justices, puisque les juges ne peuvent condamner à cette peine. C'est pour cette raison qu'un arrêt du 6 août 1738, rapporté dans le code de Louis XV, a enjoint à la dame de la Croix, à qui appartenoit la seigneurie de Bachevilliers, de faire abattre le poteau à *carcan*, planté dans cette terre.

CARDEUR, f. m. CARDIER, f. m. (*Police. Arts & Métiers.*) on appelle *carde*, en terme de manufacture, une espèce de peigne composé de morceaux de fil-de-fer aigus, courbés & attachés par le pied l'un contre l'autre, & par rangées fort pressées, qui sert à peigner & à démêler la laine, le coton & la bourre de soie, & les mettre en état d'être filés, & employés aux divers ouvrages qu'on se propose d'en faire.

On donne le nom de *cardier* à l'ouvrier qui fabrique ces espèces de peignes, & on appelle *cardeur*, celui qui carde la laine, le coton & la bourre.

La communauté des *cardeurs* de Paris est assez ancienne; ses statuts ou réglemens ont été confirmés par des lettres-patentes de Louis XI du 24 juin 1467. Il falloit autrefois, pour être reçu maître, trois ans d'apprentissage, un de compagnonage, & avoir fait le chef-d'œuvre prescrit par les jurés. Un arrêt du conseil du 10 août 1700 leur défend d'arracher ou couper aucun poil de lièvre, même d'en avoir des peaux dans leurs maisons. N'étant pas permis aux chapeliers d'employer de cette sorte de poil dans la fabrique des chapeaux.

Les maîtres *cardeurs* peuvent faire & monter les cardes; mais ils se servent rarement de cette faculté: ils s'en fournissent chez les ouvriers qui les fabriquent qu'on appelle *cardiers*, ou ils les tirent des provinces du royaume & des pays étrangers. *Voyez le Dictionnaire des Arts & Métiers.*

CARDINAL, s. m. (*Droit ecclésiastique.*) ce mot a en françois plusieurs acceptions; dans son sens propre & naturel, il exprime la relation ou qualité de premier, principal, ou plus considérable. Par cette raison les étymologistes le font venir du mot latin *cardo*, qui signifie *gond*, parce qu'il semble que toutes les choses de même nature *portent* & *roulent*, pour ainsi dire, sur les points principaux. Ainsi, la justice, la prudence, la tempérance & la force, sont appellées *vertus cardinales*, parce qu'on les regarde comme la base de toutes les autres.

En droit canonique, le mot *cardinal* se dit d'un titre, ou dignité ecclésiastique, dont est revêtu celui qui a voix active & passive dans le conclave lors de l'élection d'un pape.

Quelques auteurs disent que le mot *cardinal*, dans cette acception, vient du latin *incardinatio*, qui signifie l'adoption que faisoit une église d'un prêtre d'une église étrangère, d'où il avoit été éloigné par quelques malheurs; que l'usage de ce mot a commencé à Rome & à Ravenne, parce que les églises de ces deux villes étant les plus riches, les prêtres malheureux s'y retiroient ordinairement.

Les *cardinaux* composent le conseil & le sénat du pape. Il y a dans le Vatican une constitution du pape Jean, qui règle le droit & les titres des *cardinaux*, & qui porte que, comme le pape représente Moyse, ainsi les *cardinaux* représentent les soixante-dix anciens, qui, sous l'autorité pontificale, jugent & terminent les différends particuliers.

Origine du titre de cardinal. Les *cardinaux* dans leur première institution n'étoient autre chose que les prêtres principaux ou les curés des paroisses de Rome. Dans la primitive église le prêtre principal d'une paroisse, qui suivoit immédiatement l'évêque, fut appellé *presbyter cardinalis*. On les distinguoit par-là des autres prêtres moins relevés en dignité, qui n'avoient ni église ni emploi. Ce mot a commencé environ l'an 150; d'autres tiennent que ce fut sous le pape Sylvestre l'an 300; ces prêtres *cardinaux* étoient les seuls qui pussent baptiser & administrer les sacremens. Autrefois les prêtres-*cardinaux* étant fait évêques, leur cardinalat vaquoit, parce qu'ils croyoient être élevés à une plus grande dignité. S. Grégoire se sert souvent de ce mot pour exprimer une grande dignité. Sous le pape Grégoire les *cardinaux*-prêtres & les *cardinaux*-diacres n'étoient autre chose que les prêtres ou les diacres qui avoient une église ou une chapelle à desservir. C'est-là ce que le mot signifioit selon l'ancienne & véritable interprétation. Léon IV les nomme, dans le concile de Rome, tenu en 853, *presbyteros sui cardinis*, & leurs églises *parochias cardinales*.

Les *cardinaux* demeurèrent sur le même pied jusqu'à l'onzième siècle: mais la grandeur du pape s'étant depuis extrêmement accrue, il voulut avoir un conseil de *cardinaux* plus élevés en dignité que les anciens prêtres. Il est vrai que l'ancien nom est demeuré: mais ce qu'il exprimoit, n'est plus. Il se passa un assez long-temps sans qu'ils prissent le pas sur les évêques, ou qu'ils se fussent rendus les maîtres de l'élection du pape: mais dès qu'une fois ils ont été en possession de ces privilèges, ils ont eu bientôt après le chapeau rouge & la pourpre; ensorte que croissant toujours en grandeur, ils se sont enfin élevés au-dessus des évêques par la seule dignité de *cardinal*.

Du Cange observe qu'originairement il y avoit trois sortes d'églises; que les vraies églises s'appelloient proprement paroisses; les secondes, diaconies, qui étoient jointes à des hôpitaux desservis par des diacres; les troisièmes, de simples oratoires, où l'on disoit des messes particulières, & qui étoient desservis par des chapelains locaux & résidens; & que pour distinguer les églises principales ou les paroisses, des chapelles ou oratoires, on leur donna le nom de *cardinales*. Les églises paroissiales donnèrent en conséquence les titres aux *cardinaux*-prêtres, & quelques chapelles donnèrent ensuite les titres aux *cardinaux*-diacres.

D'autres remarquent qu'on appelloit *cardinaux*, non-seulement les prêtres, mais encore les diacres titulaires, & attachés à une certaine église, à la différence de ceux qui ne servoient qu'en passant & par commission. Les églises titulaires étoient des espèces de paroisses, c'est-à-dire des églises attribuées chacune à un prêtre *cardinal*, avec un quartier fixé & déterminé qui en dépendoit, & des fonts pour administrer le baptême dans le cas où il ne pouvoit pas être administré par l'évêque. Ces *cardinaux* étoient subordonnés aux évêques. C'est pour cela que dans les conciles, par exemple dans celui de Rome, tenu l'an 868, ils ne souscrivirent qu'après les évêques. Ce n'étoit pas seulement à Rome qu'ils portoient ce nom: on trouve des prêtres-*cardinaux* en France. Ainsi le curé de la paroisse de S. Jean-des-Vignes est nommé *cardinal* de cette paroisse, dans une chartre de Thibault, évêque de Soissons, où ce prélat, confirmant la fondation de l'abbaye de S. Jean-des-Vignes, faite par Hugues, seigneur de Château-Thierry, exige que le prêtre-*cardinal* du lieu, *presbyter-cardinalis illius loci*, soit tenu de rendre raison du soin qu'il aura eu de ses paroissiens à l'évêque de Soissons, ou à son archidiacre, comme il faisoit auparavant. Les mêmes termes se trouvent employés & dans le même sens, dans la chartre du roi Philippe I, en 1076, portant confirmation de la fondation de S. Jean des Vignes.

L'histoire abrégée de l'église de Paris, & la description de cette ville par Piganiol de la Force, nous apprennent qu'autrefois l'évêque de Paris avoit des prêtres-*cardinaux* qui devoient l'assister à Noël, à Pâques & à l'Assomption lorsqu'il officioit pontificalement. Ces *cardinaux* étoient les curés de S. Paul, de S. Jacques, de S. Séverin, de S. Benoît, de S. Laurent, de S. Jean en grève & de Charonne, ainsi que les prieurs de S. Etienne-des-grès, de S. Julien-le-pauvre, de S. Merry & de Notre-Dame-des-champs.

Les curés de Sens, de Troyes & d'Angers, sont même encore aujourd'hui qualifiés de *curés cardinaux*.

On a aussi donné le titre de *cardinal* à quelques évêques, en leur qualité d'évêques, par exemple, à ceux de Mayence & de Milan. D'anciens écrits appellent l'archevêque de Bourges *cardinal*, & l'église de Bourges, *église cardinale*. L'abbé de Vendôme prend le titre de *cardinal-né*.

Les *cardinaux* de l'église romaine furent distribués sous cinq églises patriarchales : savoir, de S. Jean de Latran, de Ste. Marie Majeure, de S. Pierre du Vatican, de S. Paul & de S. Laurent.

L'église de S. Jean de Latran avoit sept *cardinaux* évêques, que l'on appelloit *collatéraux* ou *hebdomadaires*, parce qu'ils étoient assistans du pape, & faisoient en sa place le service divin chacun leur semaine. Ces sept évêques étoient ceux d'Ostie, de Porto, de Sylva-Candida ou Ste. Rufine, d'Albano, de Sabine, de Frescati, & de Palestrine.

L'église de Ste. Marie Majeure avoit aussi sept *cardinaux*-prêtres ; ceux de S. Philippe & S. Jacques, de S. Cyriace, de S. Eusèbe, de Ste. Prudentienne, de S. Vital, des SS. Pierre & Marcellin, & de S. Clément.

L'église de S. Pierre du Vatican avoit les *cardinaux*-prêtres de Ste. Marie de-là le Tibre, de S. Chrysogone, de Ste. Cécile, de Ste. Anastasie, de S. Laurent *in Damaso*, de S. Marc, & des SS. Martin & Sylvestre.

L'église de S. Paul avoit les *cardinaux* de Ste. Sabine, de S. Prisce, de Ste. Balbine, des SS. Nérée & Achillée, de S. Xiste, de S. Marcel & de Ste. Susanne.

L'église de S. Laurent hors des murs avoit les *cardinaux* de Ste. Praxede, de S. Pierre aux liens, de S. Laurent *in Lucinâ*, des SS. Jean & Paul, des SS. quatre couronnés, de S. Etienne au mont Cœlio, & de S. Quirice.

Baronius, sur l'année 1057, cite un rituel ou cérémonial, extrait de la bibliothèque du Vatican, qui contient ce dénombrement des *cardinaux*.

Etat actuel des cardinaux. Lorsque la grandeur du souverain pontife s'est accrue, que les *cardinaux* se sont rendus les maîtres de l'élection du pape, qu'ils ont été distingués du reste du clergé par la pompe extérieure des habits, ils ont pris le pas & se sont élevés au-dessus des évêques, archevêques & primats, par la seule dignité de *cardinal*. Urbain VIII leur accorda le titre d'éminence le 10 janvier 1630. Jusques-là on les appelloit *illustrissimes*, nom qu'on donne encore aux princes d'Italie qui n'ont pas le titre d'altesse.

Les *cardinaux* sont divisés en trois ordres ; six évêques, cinquante prêtres & quatorze diacres, faisant en tout soixante & dix, qu'on appelle le *sacré collège*.

Les *cardinaux*-évêques, qui sont comme les vicaires du pape, portent les titres des évêchés qui leur sont attribués. Ces évêchés sont Ostie, auquel a été réuni celui de Ste. Rustine, Porto, Sabine, Palestrine, Frescati & Albe. Il est d'usage que les anciens *cardinaux* qui sont à Rome optent les églises d'évêques-*cardinaux* quand elles viennent à vaquer. La bulle de Paul IV donne au plus ancien *cardinal*-évêque le droit de faire les fonctions de doyen du sacré collège, quand le décanat est vacant, ou lorsque le doyen est absent.

A l'égard des *cardinaux*-prêtres, & des *cardinaux*-diacres, ils ont tous un titre tel qu'il leur est assigné. Ce titre n'est autre chose qu'une de ces églises ou diaconies dont les anciens *cardinaux*-prêtres ou diacres étoient simples titulaires.

Le nombre des *cardinaux*-évêques est toujours fixe, mais celui des prêtres & des diacres a souvent varié. Le concile de Constance avoit fixé le nombre des *cardinaux* à vingt-quatre ; Sixte IV, sans avoir égard au concile, en porta le nombre à cinquante trois : il paroit fixé depuis long-temps à soixante & dix.

Le pape ne peut être élu que par les cardinaux. Selon Onuphre, ce fut le pape Pie IV qui, en 1562, régla le premier que le souverain pontife seroit élu par le sénat des *cardinaux*, au lieu qu'il l'étoit auparavant par tout le clergé de Rome ; d'autres disent que dès le temps d'Alexandre III, en 1160, les *cardinaux* étoient déjà en possession d'élire le pape à l'exclusion du clergé. On remonte même plus haut & on croit que Nicolas II, ayant été élu à Sienne en 1058, par les seuls *cardinaux*, en prit occasion l'année suivante dans un concile composé de 113 évêques, & tenu à Rome, de faire deux décrets dont le premier porte en substance, que le pape venant à mourir, les évêques-*cardinaux* traiteront ensemble, les premiers, de l'élection ; qu'ils y appelleront ensuite les clercs-*cardinaux*, & enfin que le reste du peuple & du clergé y donnera son consentement. En vertu de ce décret & d'autres postérieurs, les *cardinaux* sont aujourd'hui les seuls électeurs du pape, à l'exclusion de tous ceux qui autrefois avoient eu part à l'élection. La constitution du conclave pour l'élection du pape, fut faite au second concile de Lyon en 1274.

La pape crée seul les cardinaux. Comme il n'y a que les *cardinaux* qui créent le pape, il n'y a aussi que le pape qui crée les *cardinaux.* Mais l'usage est que le pape ne procède à cette création que dans plusieurs consistoires, de l'avis & du gré du sacré collège. Les cérémoniaux de l'église romaine instruisent de toute la procédure de cette création. On y voit les visites qui se font, les cérémonies de la barette & du chapeau rouge, du baiser de paix, de la bouche close & ouverte, la concession du titre & de l'anneau, & enfin la manière d'envoyer la barette aux absens.

La barette est un bonnet que le pape donne ou envoie par un de ses camériers d'honneur aux *cardinaux* après leur nomination. En France, le roi donne lui-même la barette aux *cardinaux* de sa nomination. Mais les *cardinaux* sont obligés d'aller recevoir le chapeau des mains de sa sainteté. Ce fut Innocent IV qui donna aux *cardinaux* le chapeau rouge dans le concile de Lyon en 1265, comme une marque de l'obligation où ils sont de perdre la vie, s'il en est besoin, pour le service de Dieu & de l'église.

Les habits des *cardinaux* sont la soutane, le rochet, le mantelet, la mozette & la chape papale sur le rochet dans les actions publiques & solemnelles. La couleur de leur habit, différente selon le temps, est ou de rouge ou de rose sèche, ou de violet : les *cardinaux* réguliers ne portent point d'autres couleurs que celle de leur ordre avec une doublure rouge ; mais le chapeau & le bonnet rouge sont communs à tous.

Les *cardinaux* envoyés par le pape aux princes souverains, sont décorés du titre de *légat à latere.* S'ils sont envoyés dans une ville de la domination du pape, leur gouvernement s'appelle *légation.* Il y a cinq légations, celles d'Avignon, de Ferrare, de Boulogne, de Pérouse & de Ravenne.

Droits & prérogatives des cardinaux. Ils ont le privilège des autels portatifs, en vertu duquel ils peuvent avoir des chapelles domestiques.

Barbosa nous apprend qu'à Rome, on punit, comme criminel de lèse-majesté, quiconque attente à la personne d'un *cardinal.*

Suivant le même auteur, les maisons des *cardinaux* étoient autrefois, dans la même ville, des lieux d'immunités ; & ces princes de l'église jouissent encore du privilège de sauver du supplice le criminel qu'ils couvrent de leur robe ou de leur chapeau.

Le concile de Trente dispense les *cardinaux* de résider dans leurs évêchés.

Le pape ne peut les prévenir dans la collation des bénéfices dont ils ont la disposition, pourvu qu'ils les confèrent dans les six mois ; c'est une des prérogatives accordées aux *cardinaux* par un indult de Paul IV, du 28 mai 1555, qu'on nomme communément *compact.*

D'après ce principe, le parlement de Paris a jugé par arrêt du 15 mai 1722, conformément à l'opinion de Dumoulin, que la collation d'un bénéfice faite par un *cardinal* comme ordinaire, dans les six mois de la vacance, devoit être préférée à celle du pape accordée pendant les six mois. La raison de cette décision, rapportée par Lacombe, est que la collation du pape dans les six mois des *cardinaux* est nulle par le défaut de volonté dans le souverain pontife, & par défaut de puissance : par le défaut de volonté, en ce qu'on présume que le pape n'auroit pas voulu conférer à l'impétrant, & qu'il ne lui auroit pas conféré s'il avoit exposé que le bénéfice étoit à la collation d'un *cardinal*, & que les six mois n'étoient pas expirés ; par le défaut de puissance, en ce que, par le compact, le pape a renoncé à sa prévention à l'égard des *cardinaux*, & a remis les choses dans l'état où elles étoient avant que les préventions fussent tolérées. L'arrêt dont il s'agit a été rendu au sujet du prieuré de Voisnon, dépendant de l'abbaye de S. Benigne de Dijon, lequel étoit en litige entre deux pourvus en cour de Rome, l'un pendant les six mois accordés au collateur qui avoit l'indult des *cardinaux*, & l'autre après l'expiration des six mois, sans que le collateur eût fait usage de son droit.

Au reste, ce privilège des *cardinaux* n'a pas lieu quand ils confèrent à titre de dévolution. C'est ce qui a été jugé au grand-conseil par arrêt du 5 mars 1736, au sujet du doyenné de l'église collégiale de S. Orens, ordre de Cluny, situé dans la ville d'Ausch. Ce bénéfice étant venu à vaquer en décembre 1733, le prieur de S. Orens, collateur ordinaire, le conféra à un régulier. Antoine Carrero, prêtre séculier, s'en fit pourvoir en cour de Rome le 14 janvier 1734, sur la vacance par mort, & sur celle qui résultoit de l'incapacité du sujet pourvu par le collateur ordinaire : le *cardinal* de Polignac, archevêque d'Ausch, conféra le même bénéfice le 21 janvier 1734, à un séculier, par dévolution & attendu l'incapacité du sujet pourvu par le collateur ordinaire. La complainte s'étant liée au grand-conseil entre les trois parties intéressées, ce tribunal, par l'arrêt qu'on vient de citer, maintint Antoine Carrero pourvu en cour de Rome, avec restitution de fruits & dépens. Lacombe, qui rapporte cet arrêt dans son recueil de jurisprudence canonique, expose les moyens dont chacune des parties fit usage pour soutenir son droit.

Lorsque les bénéfices soumis à la collation des *cardinaux* sont résignés, le résignant doit, pour la validité de la résignation, survivre de vingt jours francs après qu'elle a été admise, non compris celui de l'admission & celui du décès. Le grand-conseil l'a ainsi jugé par arrêt rendu en 1682, au sujet d'un canonicat de l'église de Narbonne. Ce privilège des *cardinaux* leur est aussi accordé par le compact.

Les *cardinaux* ne sont point sujets à la réserve des mois dans la Bretagne, non plus que dans les autres pays d'obédience. Ils y confèrent librement les bénéfices dont ils ont la collation, en quelque temps de l'année qu'ils viennent à vaquer.

Anciennement les *cardinaux* avoient en France la préséance sur les princes du sang. On voit qu'aux états tenus à Tours sous Louis XI en 1470, le *cardinal* de Ste. Suzanne, évêque d'Angers, étoit à la droite du roi, & le roi de Sicile à la gauche. Les ducs & pairs ecclésiastiques précédoient aussi ordinairement au sacre de nos rois & au parlement, les ducs & pairs laïques, quoique princes du sang, tels qu'étoient les anciens ducs de Bourgogne. Mais depuis l'édit de 1576, donné par Henri III, le rang des princes de la maison royale n'ayant plus dépendu de leurs pairies, on leur a attribué la préséance sur les *cardinaux*.

Anciennement, lorsqu'un *cardinal* étoit pourvu en commende d'une abbaye régulière, il avoit jurisdiction sur les religieux & connoissoit de la discipline intérieure du monastère. Ainsi il pouvoit instituer & destituer le prieur, admettre les novices à faire profession, *&c.* Fevret, dans son *Traité de l'abus*, rapporte un arrêt du grand-conseil de l'année 1573, par lequel, sans avoir égard à l'appel comme d'abus interjetté par les religieux de l'abbaye de Beaulieu, de la destitution du prieur claustral, faite par le *cardinal* de Bourbon, abbé commendataire de cette abbaye, elle fut confirmée.

Par un autre arrêt du 5 février 1558, le parlement de Paris jugea qu'il avoit été mal & abusivement procédé à l'élection du prieur claustral de l'abbaye de S. Jean-des-Vignes de Soissons, & à la confirmation qui en avoit été faite par l'évêque, à l'insu & sans le consentement du *cardinal* de Gondy, abbé commendataire de cette abbaye.

La raison de cette jurisprudence, qui s'observe encore en Italie & ailleurs, est que les *cardinaux* étant assesseurs apostoliques, on leur confère les bénéfices réguliers avec une puissance beaucoup plus étendue qu'aux autres commendataires. Mais, selon la discipline actuelle de l'église de France, les *cardinaux* qui sont abbés commendataires, ne peuvent, en cette qualité, exercer aucun droit de jurisdiction, ni de correction, sur les religieux de leurs abbayes. C'est ce qui résulte d'un arrêt du grand-conseil, du 30 mars 1694, rendu en faveur du prieur claustral & des religieux de l'abbaye d'Anchin, contre le *cardinal* d'Estrées, abbé commendataire de cette abbaye.

Ainsi, lorsqu'un *cardinal* commendataire veut exercer un droit de jurisdiction sur les religieux de son abbaye, il faut que, pour cet effet, il obtienne une bulle du pape, qu'il la fasse confirmer par des lettres-patentes adressées au parlement dans le ressort duquel est située l'abbaye, & qu'il l'y fasse enregistrer. Il ne faut pas à cet égard, s'en rapporter à la doctrine opposée que l'on trouve dans la collection de Denisart.

Lorsque les décimes se levoient en vertu des bulles des papes, les *cardinaux* en étoient exempts. La bulle de Léon X, du 16 mai 1516, contient à ce sujet une disposition précise. Ils ont joui en France de ce privilège jusqu'à l'époque où les décimes se sont payées, en conséquence des contrats passés entre le roi & le clergé. Alors on a imposé les *cardinaux* comme les autres ecclésiastiques ; mais pour les indemniser, le roi leur a accordé une somme à-peu-près égale à celle de leurs décimes, à prendre sur le receveur général. Depuis 1645, cette somme est fixée à trente-six mille livres, dans quoi chaque *cardinal* prend six mille livres.

Il est vrai que le clergé a souvent réclamé contre cette distribution. L'assemblée de 1655 obtint du roi, que les trente-six mille livres que l'on payoit aux *cardinaux*, seroient à l'avenir employées à la décharge des diocèses & bénéfices spoliés, sans pouvoir être détournées à d'autres usages. Le *cardinal* Mazarin obtint en 1657 des lettres-patentes pour faire de nouveau affecter cette somme aux *cardinaux*, mais elles demeurèrent sans exécution.

L'assemblée de 1670 accorda six mille livres par an au *cardinal* de Bouillon, jusqu'à l'assemblée suivante, en considération de son mérite personnel, & sans qu'aucun autre *cardinal* fût en droit de prétendre la même chose à cause de sa dignité. On ajouta que cette grace ne pourroit être tirée à conséquence pour l'avenir.

En 1671, le *cardinal* de Retz obtint des lettres-patentes, portant qu'à commencer du premier janvier de cette année, il seroit déchargé d'une somme de six mille livres sur le paiement des décimes auxquelles étoient assujettis les bénéfices qu'il possédoit dans le royaume.

Le clergé de France, dans l'assemblée de 1680 & les suivantes, délibéra que la somme annuelle de trente-six mille livres dont il est question, seroit employée à la décharge des bénéfices spoliés ; & que ce qui ne seroit pas nécessaire pour cet objet, serviroit à la décharge des *cardinaux* qui auroient obtenu des lettres-patentes pour cet effet.

Comme tous les *cardinaux* qui ont des bénéfices dans le royaume obtiennent de pareilles lettres, le clergé leur accorde annuellement à chacun les six mille livres dont on a parlé, sur le fonds des trente-six mille livres qu'ils prétendent leur être particuliérement affectées.

En 1725, les bénéficiers de Provence ayant demandé au roi une décharge de leurs décimes, à cause des ravages que la peste avoit faits dans cette contrée, les *cardinaux* présentèrent une requête par laquelle ils conclurent à ce qu'en statuant par sa majesté ce qu'elle jugeroit à propos sur les décharges demandées par les bénéficiers de Provence, il lui plût ordonner que ces décharges ne pourroient être prises sur les trente-six mille livres affectées aux *cardinaux*, pour leur tenir lieu d'exemption de décimes. Les agens généraux du clergé demandèrent de leur côté qu'il plût au roi, sans s'arrêter à la requête des *cardinaux*, ordonner que les contrats faits entre les rois & le clergé de France, seroient exécutés selon leur forme & teneur; ce faisant, que la somme à laquelle monteroit la décharge qu'il plairoit à sa majesté accorder aux diocèses & bénéfices spoliés par la peste, seroit retenue par le receveur général du clergé, sur les trente-six mille livres dont le clergé fait le fonds, & que ce fonds demeureroit affecté à de pareilles décharges, préférablement aux pensions des *cardinaux*: mais par arrêt du conseil d'état, du 17 avril 1725, les agens généraux du clergé furent déboutés de leurs demandes.

Il résulte de tout cela que les *cardinaux* ne sont point exempts de payer des décimes, comme l'a dit Denisart, avec d'autant plus de mal-adresse qu'il cite les sources où est développée la doctrine opposée. Il est vrai que les six mille livres qu'on attribue annuellement à chaque *cardinal*, sont à-peu-près l'équivalent d'une exemption; mais ce n'est pas une exemption.

Lorsqu'un évêque de France a accepté la dignité de *cardinal*, il y a ouverture à la régale. La raison en est que le *cardinal* étant censé s'attacher d'une manière particulière au pape, qui, en qualité de prince temporel, est étranger par rapport à la France, il ne doit point jouir des fruits de son évêché, à moins qu'il n'ait confirmé par un nouveau serment de fidélité, celui qu'il a déjà fait en entrant dans son évêché.

Nos rois donnent aux *cardinaux* le titre de *cousin*.

Il ne faut pas croire que les *cardinaux* ne soient pas sujets en France au droit d'indult; M. d'Héricourt observe très-bien que les *cardinaux* sont assujettis à l'indult, à moins qu'il ne leur ait été accordé des lettres-patentes qui les en exemptent. En effet, c'est ce qui résulte de la déclaration de François I, du 18 janvier 1581, enregistrée au grand-conseil le 31 du même mois.

Il est vrai que le pape Clément IX, ayant supposé que le pape Paul III avoit exempté les *cardinaux* de l'expectative des indultaires, a confirmé cette exemption prétendue par une bulle; mais, comme le remarque l'auteur des *Loix ecclésiastiques*, la confirmation d'un titre ne peut produire aucun droit, quand le titre n'existe pas. C'est pourquoi on a toujours jugé, depuis la bulle de Clément IX, que les *cardinaux* étoient sujets à l'indult, à moins qu'ils n'eussent obtenu des lettres-patentes pour s'en exempter. On les oblige même en ce cas, ajoute l'auteur qu'on vient de citer, de remplir les indultaires nommés sur leurs prédécesseurs, & qui n'ont pas été remplis. Et comme dans ces sortes de lettres-patentes, le roi ne les exempte que de l'indult des officiers du parlement, on juge au grand-conseil qu'ils restent assujettis à l'indultaire nommé pour remplir l'expectative du chancelier. *Voyez* COMPACT, INDULT, CONCLAVE, COLLÈGE.

Le mot de *cardinal* a été aussi employé par quelques écrivains, pour signifier un office séculier. Les premiers ministres de la cour de Théodose sont appellés *cardinaux*: Cassiodore fait mention du prince *cardinal* de la ville de Rome. On trouve parmi les officiers du duc de Bretagne, en 1447, un Raoul de Thorel, *cardinal* de Quillars, chancelier & serviteur du vicomte de Rohan, ce qui montre que c'étoit un officier subalterne.

CARÊME, s. m. (*Droit canon.*) temps d'abstinence qui comprend quarante-six jours entre le mardi-gras & le jour de pâques, pendant lequel on jeûne tous les jours, hors les dimanches, ce qui réduit le nombre des jeûnes à quarante, pour se préparer à célébrer la fête de pâques.

Anciennement dans l'église latine, le *carême* n'étoit que de trente-six jours. Ensuite, pour imiter plus précisément le jeûne de quarante jours que Jésus-Christ souffrit au désert, quelques-uns ajoutèrent quatre jours, dans le cinquième siècle, & cet usage a été suivi dans l'Occident, si on en excepte l'église de Milan, qui a conservé celui de ne faire le *carême* que de trente-six jours.

Suivant S. Jérôme, S. Léon, S. Augustin & plusieurs autres, le *carême* a été institué par les apôtres. Voici comme ils raisonnent. Tout ce que l'on trouve établi généralement dans toute l'église, sans en voir l'institution dans aucun concile, doit passer pour un établissement fait par les apôtres: or tel est le jeûne du *carême*. On n'en trouve l'institution dans aucun concile; au contraire, le premier concile de Nicée, celui de Laodicée, aussi-bien que les pères grecs & latins, sur-tout Tertullien, parlent du *carême*, comme d'une chose générale & très-ancienne.

Calvin, Chemnitus & les protestans prétendent que le jeûne du *carême* a été d'abord institué par une espèce de superstition & par des gens simples qui voulurent imiter le jeûne de Jésus-Christ. Ils prétendent prouver ce fait par un mot de S. Irénée, cité par Eusèbe; preuve très-foible, ou pour mieux dire de nulle valeur, quand on a contre elle le témoignage constant de tous les autres pères & la pratique de l'église universelle.

D'autres disent que ce fut le pape Télesphore qui l'institua vers le milieu du second siècle; d'autres conviennent que l'on observoit à la vérité le *carême* dans l'église, c'est-à-dire, un jeûne de quarante jours avant pâques, du temps des apôtres; mais que c'étoit volontairement, & qu'il n'y eut de loi que vers le milieu du troisième siècle. Le précepte ecclésiastique, quand il seroit seul, formeroit une autorité que les réformateurs auroient dû respecter, s'ils avoient moins pensé à introduire le relâchement dans les mœurs, que la réforme.

Les Grecs diffèrent des Latins par rapport à l'abstinence du *carême*; ils le commencent une semaine plutôt, mais ils ne jeûnent point les samedis comme les Latins, excepté le samedi de la semaine-sainte.

Les anciens moines latins faisoient trois *carêmes*

le grand avant pâques ; l'autre avant noël, qu'on appelloit de *la S. Martin ;* & l'autre de *S. Jean-Baptiste*, après la pentecôte, tous trois de quarante jours.

Outre celui de pâques, les Grecs en observoient quatre autres, qu'ils nommoient *les carêmes des apôtres*, de *l'assomption*, de *noël* & de *la transfiguration :* mais ils les réduisoient à sept jours chacun ; les jacobites en font un cinquième, qu'ils appellent de *la pénitence de Ninive ;* & les maronites six, y ajoutant celui de l'exaltation de la sainte-croix.

Le huitième canon du concile de Tolède ordonne que ceux qui, sans une nécessité évidente, auront mangé de la chair pendant le *carême*, n'en mangeront point pendant toute l'année, & ne communieront point à pâques.

Quelques-uns prétendent que l'on jeûne les quarante jours que dure le *carême*, en mémoire du déluge qui dura autant de temps ; d'autres disent que c'est en mémoire des quarante années pendant lesquelles les Juifs errèrent dans le désert ; d'autres veulent que ce soit en mémoire des quarante jours qui furent accordés aux Ninivites pour faire pénitence ; les uns, des quarante coups de fouet que l'on donnoit aux malfaiteurs pour les corriger ; les autres, des quarante jours de jeûne que Moïse observa en recevant la loi, ou des quarante jours que jeûna Elie, ou enfin des quarante jours de jeûne qu'observa Jésus-Christ.

La discipline de l'église s'est insensiblement relâchée sur la rigueur & la pratique du jeûne pendant le *carême*. Dans les premiers temps, le jeûne dans l'église d'Occident, consistoit à s'abstenir de viandes, d'œufs, de laitage, de vin, & à ne faire qu'un repas vers le soir : quelques-uns seulement, prétendant que la volaille ne devoit pas être un mets défendu, parce qu'il est dit dans la Genèse que les oiseaux avoient été créés dans l'eau, aussi-bien que les poissons, se permirent d'en manger ; mais on réprima cet abus.

Dans l'église d'Orient, le jeûne a toujours été rigoureux ; la plupart ne vivoient, dans l'origine, que de pain & d'eau avec des légumes.

Avant l'an 800, on s'étoit déjà beaucoup relâché, par l'usage du vin, des œufs & du laitage. D'abord le jeûne consistoit à ne faire qu'un repas le jour, vers le soir après les vêpres ; ce qui s'est pratiqué jusqu'à l'an 1200 dans l'église latine. Les Grecs dînoient à midi, & faisoient collation d'herbes & de fruits vers le soir, dès le sixième siècle. Les Latins commencèrent dans le treizième, à prendre quelques conserves pour soutenir l'estomac, puis à faire collation le soir. Ce nom a été emprunté des religieux, qui après souper alloient à la *collation*, c'est-à-dire à la lecture des conférences des saints pères, appellées en latin *collationes ;* après quoi, on leur permettoit de boire aux jours de jeûne de l'eau ou un peu de vin, & ce léger rafraîchissement se nommoit aussi *collation*. Le dîner des jours de *carême* ne se fit cependant pas tout d'un coup à midi. Le premier degré de changement fut d'avancer le souper à l'heure de none, c'est-à-dire, à trois heures après-midi : alors on disoit none, ensuite la messe, puis les vêpres ; après quoi, l'on alloit manger. Vers l'an 1500, on avança les vêpres à l'heure de midi ; & l'on crut observer l'abstinence prescrite, en s'abstenant de viande pendant la quarantaine & se réduisant à deux repas, l'un plus fort & l'autre très-léger, sur le soir. On joignoit aussi au jeûne de *carême*, la continence, l'abstinence des jeux, des divertissemens & des procès.

L'abstinence de la viande est particuliérement le signe caractéristique du *carême*. Mais un évêque peut, dans son diocèse, accorder la permission de faire gras en *carême*, durant certains jours de la semaine. Les permissions de cette espèce ne s'accordent que quand le poisson est fort rare ou dans des temps de disette.

La privation des œufs fait aussi partie de l'abstinence du *carême :* mais la plupart des évêques autorisent tous les ans l'usage de cette espèce d'aliment, dans leurs diocèses, par une permission expresse. L'objet principal de cette permission est de ne point faire perdre de vue l'ancienne pratique de l'église.

Lorsque l'archevêque de Paris permet l'usage des œufs dans son diocèse pendant le *carême*, le parlement rend un arrêt qui ordonne l'exécution du mandement du prélat, & permet en conséquence d'exposer en vente cette sorte de denrée dans les marchés & places publiques de la ville. Cet usage indique qu'en matière de discipline ecclésiastique, la puissance spirituelle est subordonnée à l'autorité de la puissance temporelle.

C'est d'après ce principe que, par arrêt du 7 février 1552, le parlement de Paris empêcha la publication d'une bulle qui permettoit aux provinces ruinées par la guerre, de faire usage de beurre, d'œufs & de fromage pendant le *carême*.

Les curés doivent accorder aux malades la permission de manger de la viande en *carême*, lorsqu'ils en ont besoin pour rétablir leur santé.

Innocent III a décidé que l'on ne péchoit point en mangeant de la viande en *carême*, lorsqu'en s'en abstenant on se trouvoit dans le danger de mourir de faim.

Autrefois il étoit défendu, sous différentes peines, aux bouchers, aux rôtisseurs & à toute autre personne, d'exposer en vente, durant le *carême*, aucune viande de boucherie, ni aucune pièce de volaille ou de gibier ; c'est pourquoi le débit de la viande destinée aux malades ou infirmes ne se faisoit à Paris qu'à l'hôtel-Dieu, qui pour cet effet avoit un privilège exclusif. Mais le roi ayant reconnu que cette police & ce privilège donnoient lieu à beaucoup d'abus, a donné une déclaration le 25 décembre 1774, par l'article premier de laquelle le commerce & l'entrée des viandes, gibier

& volailles, ont été rendus libres dans la ville & banlieue de Paris, durant le *carême*.

Comme le privilège exclusif de l'hôtel-Dieu lui produisoit annuellement cinquante mille livres, il a été ordonné, par la même déclaration, qu'il lui seroit remis une pareille somme sur le produit des droits perçus pendant le *carême*, aux entrées de Paris, sur les bœufs, veaux, moutons & porcs.

On ne peut pas, sans dispense, se marier pendant le *carême*. Cette discipline se trouve établie par des loix fort anciennes. Le canon 52 du concile de Laodicée, tenu en 368, dit formellement qu'*on ne doit célébrer aucun mariage durant le carême*.

Gratien, Yves de Chartres & Burchard attribuent un canon pareil à un concile qu'ils disent s'être tenu à Lérida.

Le concile de Trente a renouvellé la même discipline. L'église de France l'a également admise, comme le prouvent les conciles de Reims, de Rouen, de Bordeaux & de Tours, tenus en 1564, 1581 & 1583.

On avoit pensé dans quelques endroits, que le jour de la fête de S. Joseph devoit être excepté de cette règle; mais le concile de Bordeaux, tenu en 1624, déclara formellement que cette exception n'avoit point lieu.

Au surplus, un mariage célébré sans dispense en *carême*, n'en seroit pas moins valable; mais le curé qui l'auroit célébré pourroit être poursuivi & puni par le supérieur ecclésiastique. *Voyez* JEUNE.

CARENCE, (*terme de procédure.*) on appelle *exploit de carence*, *procès-verbal de carence*, un exploit, un procès-verbal, par lesquels il paroît qu'on n'a trouvé aucun bien ou effet à inventorier.

Suivant l'article 24 de l'édit du mois de mai 1716, on doit allouer en reprise aux collecteurs des amendes prononcées en matière d'eaux & forêts, les sommes auxquelles se trouveront monter les amendes dont le recouvrement n'aura pu être fait; mais il faut pour cela que ces collecteurs justifient qu'ils ont fait les diligences convenables pour parvenir à l'emprisonnement des condamnés, & qu'ils représentent les certificats de *carence* de biens, & les sentences qui auront déclaré les insolvables bannis du ressort de la maîtrise où les délits auront été commis. La même loi veut que, dans le cas de falsification commise par un collecteur, au sujet de quelque exploit ou certificat de perquisition ou de *carence* de bien, son procès lui soit fait & parfait en la manière prescrite par les ordonnances; & que, s'il vient à être convaincu de ce crime de falsification, il soit condamné aux galères.

Lorsqu'un homme décède sans laisser aucun effet dans sa succession, la veuve qui veut renoncer à la communauté, peut produire un procès-verbal de *carence*, pour tenir lieu de l'inventaire que la loi l'oblige de faire en cas pareil. Un tel acte, fait sans fraude, valide une renonciation, comme feroit un inventaire.

Pareillement lorsqu'il vient à échoir à des mineurs ou interdits une succession qui ne mérite pas un inventaire, le tuteur & le curateur doivent, pour se mettre à l'abri de toute recherche, faire faire un procès-verbal de *carence*, après la mort du défunt.

CARGAISON *ou* CARGUAISON, s. f. (*Code marit.*) on entend par ce mot le chargement entier d'un vaisseau; ainsi, toutes les marchandises dont il est chargé, composent sa *cargaison*.

On entend aussi quelquefois par ce mot, la facture des marchandises qui sont à bord d'un vaisseau marchand: on s'en sert aussi pour signifier l'action de charger, ou le temps propre à charger certaines marchandises. On dit dans ce dernier sens, *ce mois est le temps de la cargaison des vins, des huiles*, &c.

L'article 2 du titre 3 du réglement du 12 janvier 1717, concernant les sièges d'amirauté dans les colonies, avoit ordonné que les demandes pour le paiement d'une partie ou du total de la *cargaison* d'un navire près de faire voile pour revenir en France, seroient jugées sommairement & exécutées nonobstant l'appel & sans y préjudicier; que les détenteurs des marchandises seroient contraints par la vente de leurs effets, même par corps, s'il en étoit besoin, à en acquitter le prix, lorsqu'il ne s'agiroit que d'un paiement non contesté; & que s'il y avoit quelque question incidente, la sentence de l'amirauté seroit toujours exécutée par provision, nonobstant l'appel & sans y préjudicier, en donnant caution: mais ces dispositions ayant été entendues différemment dans les différentes colonies, y firent naître une diversité de jurisprudence sur les cas auxquels devoit être appliqué le privilège, tant du jugement sommaire & de l'exécution provisoire, que de la contrainte par corps pour le paiement des dettes de *cargaison*. Dans certaines colonies, on accordoit le jugement sommaire & l'exécution provisoire, mais sans la contrainte par corps, aux dettes dont le paiement étoit poursuivi avant le départ du navire; mais lorsque le navire étoit parti, on n'y regardoit plus les dettes de *cargaison* comme dettes de commerce maritime, & l'on y prétendoit qu'elles ne devoient être poursuivies & jugées qu'aux jurisdictions royales, de même que les dettes ordinaires. Dans d'autres colonies, les dettes de *cargaison* étoient toujours regardées comme dettes de commerce maritime, soit avant, soit après le départ des navires; mais ce n'étoit que dans le premier cas qu'elles y étoient soumises au privilège du jugement sommaire, de l'exécution provisoire & de la contrainte par corps.

Ces considérations déterminèrent le roi à rendre une ordonnance le 12 juin 1745, tant pour établir une jurisprudence uniforme sur cette matière, dans toutes les colonies, que pour faire de nouvelles dispositions qui puissent assurer dans tous les

les temps le paiement des dettes de *cargaison*, & qui ne laissassent plus de doute sur la compétence des juges qui en devoient connoître.

Suivant l'article premier, les dettes de *cargaison* doivent être jugées sommairement par les sièges de l'amirauté dans les colonies, à quelque échéance qu'elles soient payables & en quelque temps qu'on en poursuive le paiement, soit avant ou après le départ des navires pour revenir en France.

Suivant l'article 2, les jugemens rendus sur cette matière doivent s'exécuter nonobstant l'appel & sans y préjudicier, & les débiteurs peuvent être contraints au paiement, soit avant, soit après le départ des navires, par la vente de leurs effets & même par corps, lorsqu'il ne s'agit que d'une somme non contestée : le même article veut que s'il y a quelque question incidente, la sentence de l'amirauté soit également exécutée par provision, nonobstant l'appel, mais à la charge de donner caution.

L'article 3 porte qu'on ne doit réputer dettes de *cargaison*, que celles qui sont fondées sur des comptes ou billets faits avec le capitaine du navire duquel ont été achetées les marchandises faisant l'objet de ces comptes ou billets, ou avec le négociant qui géroit la *cargaison* pendant la traite du navire & son séjour dans la colonie. Toute autre dette qui n'est point ainsi établie sur un compte ou billet fait avant le départ du navire, ne doit point jouir du privilège attribué aux dettes de *cargaison*.

Enfin, par l'article 4, le roi déclare qu'il n'entend rien changer aux règles établies, tant sur la compétence que sur le jugement des dettes & contestations relatives aux marchands & négocians des colonies. Ces contestations doivent être portées devant les juges ordinaires, & ceux-ci sont tenus de se conformer dans leurs jugemens aux dispositions des ordonnances du mois d'avril 1667, du mois de mars 1673, & aux autres réglemens concernant les matières de commerce.

La Peyrère rapporte que quand plusieurs marchands achètent la *cargaison* d'un navire, soit par écrit ou verbalement, tous les acheteurs sont solidairement obligés au paiement du prix, à moins qu'il n'ait été fait une convention contraire. L'usage & la jurisprudence, dit l'auteur cité, l'ont ainsi établi en faveur & pour la sûreté du commerce.

L'ordonnance de la marine, *liv. 3, tit. 4, art. 11 & 12*, porte que les propriétaires d'un vaisseau & ceux de sa *cargaison* contribueront au marc la livre, aux pansemens des matelots blessés en combattant contre les ennemis & les pirates.

CARINTHIE, (*Duché de*) *Droit public d'Allemagne*. Ce duché qui appartient à la maison d'Autriche, est en partie enclavé dans les autres possessions de cette maison, & tient en partie au territoire de la république de Venise & de l'archevêché de Saltzbourg.

Etats provinciaux : ils se divisent de même que ceux de l'Autriche. *Voyez* CERCLE D'AUTRICHE.

Ce duché a conservé les charges héréditaires de la maison des anciens ducs, telles que celles de grand-maréchal, écuyer, échanson, sénéchal-veneur, maître-d'hôtel, massier, *&c.* Il faut convenir que l'histoire des mutations de ces charges devenues sans fonctions, ne mérite pas place dans ce recueil.

La *Carinthie* ressortit de la régence de l'Autriche intérieure, établie à Gœrts en Stirie, mais elle a sa capitainerie particulière à Clagenfourt : on la divise en trois élections, dont chacune a son baile. (*H.*)

CARITÉ, (*terme de Coutume.*) on le trouve dans celle de Lille, *art.* 50, pour signifier *arrhes*, *pot-de-vin* ou *vin de marché*, il y est joint à celui de *deniers-à-Dieu*. La coutume, dans l'article ci-dessus cité, parle des ventes de maisons ou héritages, saisis seulement verbalement ; elle décide que le vendeur, jusqu'au moment où il s'est déshérité, c'est-à-dire dessaisi réellement de sa possession, peut rendre, si bon lui semble, ce qu'il a reçu de l'acheteur, pour deniers-à-Dieu, *carité*, même pour prix principal du marché, sans être tenu à aucun intérêt ; que l'acheteur est tenu de prendre l'adhéritement, c'est-à-dire se faire saisir & vêtir de la chose vendue, dans les quarante jours de la vente, s'il plaît au vendeur, & s'il s'est déshérité & l'ait fait signifier à l'acheteur, ou à son domicile ; qu'après l'expiration des quarante jours, l'acheteur est également le maître de renoncer au marché. *Voyez* ADHÉRITANCE, ADHÉRITEMENT.

CARLIS *de plancher*, (*Coutume d'Orléans*, *art.* 257.) cet article règle les réparations & entretiens qui sont à la charge des propriétaires d'une maison, qui possèdent divisément l'un le bas & l'autre le dessus de cette même maison. Le maître du rez-de-chaussée est tenu de soutenir & entretenir les édifices, qui sont au-dessous du premier plancher, & le premier plancher ; le propriétaire du dessus est tenu de l'entretien & des réparations de la couverture, & autres édifices qui sont au-dessus du premier plancher, en outre du *carlis* du même plancher, à moins qu'il n'y ait convention contraire entre les parties.

CARLOVINGIENS, s. m. plur. (*Droit public.*) c'est le nom qu'on donne aux rois de France de la seconde race, qui commença en 752, dans la personne de Pepin-le-bref, fils de Charles Martel, & finit en celle de Louis V, en 987. On compte quatorze rois de cette famille.

CARME, s. m. (*Droit eccléſ.*) c'est un religieux de l'ordre de Notre-Dame du Mont-Carmel. Il tire son nom du Carmel, montagne de Syrie, autrefois habitée par les prophètes Elie & Elisée, & par les enfans des prophètes.

Quelques auteurs *carmes*, peu intelligens & peu versés dans la critique, ont prétendu que la fondation de leur ordre remontoit au prophète Elie, qu'il descendoit par une succession non interrompue de ce même prophète & de ses disciples; l'un d'eux l'a même soutenu dans des thèses singulières, imprimées à Beziers, & qu'on trouve dans les *Nouvelles de la république des Lettres de Bayle.*

Cette folle prétention a fait la matière d'une dispute très-vive entre les *carmes* & les jésuites, dans laquelle les premiers n'ont point épargné à leurs adversaires les injures les plus grossières. Le pape Innocent XII a été obligé, pour la faire cesser, d'imposer silence aux parties, par un bref du 20 novembre 1698.

Quelques auteurs donnent aux *carmes*, Jésus-Christ pour fondateur immédiat: quelques-uns ont imaginé que Pythagore avoit été *carme*, naturellement & sans le secours de la métempsycose; d'autres, que nos anciens druides des Gaules étoient une branche ou un rejetton de cet ordre.

Mais abandonnons les fables pour nous attacher à la vérité de l'histoire. Phocas, moine grec, qui vivoit en 1185, dit que de son temps on voyoit encore sur le Carmel la caverne d'Elie, auprès de laquelle étoient les restes d'un bâtiment qui paroissoit avoir été un monastère; que depuis quelques années un vieux moine, prêtre de Calabre, s'étoit établi en ce lieu, en conséquence d'une révélation du prophète Elie, & qu'il y avoit rassemblé dix frères.

Albert, patriarche de Jérusalem, donna en 1209, à ces solitaires, une règle qui fut approuvée par le pape Honoré III, & que le père Pabebrock a fait imprimer. Cette règle fit naître beaucoup de scrupules parmi les religieux, sur la manière de l'observer. On nomma des commissaires apostoliques, pour l'expliquer & la corriger; les changemens qu'ils y apportèrent furent approuvés par Innocent IV.

Jusqu'à la paix conclue entre l'empereur Frédéric II & les Sarrasins, en 1229, l'ordre des *carmes* ne s'étoit pas étendu au-delà de la Terre-sainte. Les persécutions qu'ils éprouvèrent, les déterminèrent à chercher un asyle en Europe: plusieurs de ces religieux se répandirent en Chypre, en Sicile, en Angleterre, à Marseille & ailleurs.

S. Louis, à son retour de la Terre-sainte, en emmena avec lui quelques-uns, qu'il établit à Paris en 1259. C'est de ce couvent que sont sortis ceux de France & d'Allemagne. Les papes accordèrent à cet ordre les privilèges des ordres mendians, quoiqu'il lui soit permis de posséder des biens-fonds: il a été aggrégé à l'université de Paris, & il s'est rendu célèbre par les évêques, les prédicateurs & les écrivains qu'il a donnés à l'église.

Les *carmes*, lorsqu'ils passèrent d'Orient en Europe, portoient des chapes barrées de blanc & de couleur tannée; ce qui leur fit donner le nom de *barrés*. Quelques-uns de leurs écrivains ont prétendu que cette bizarrerie dans la couleur de leurs habits, étoit fondée sur ce que le manteau qu'Elie jetta à son disciple Elisée, lorsqu'il fut enlevé dans un char de feu, avoit été noirci dans ses parties extérieures, tandis que le dedans & ce qui se trouva renfermé dans les plis, conserva sa blancheur naturelle.

Ils quittèrent ces chapes bigarrées après le chapitre général, tenu à Montpellier en 1287, & depuis cette époque, ils portent une robe noire, avec un scapulaire & un capuce de même couleur, & pardessus une ample chape & un camail de couleur blanche.

Nous n'oublierons pas de remarquer en passant, qu'ils prirent le scapulaire parce que, disent leurs auteurs, cet habillement avoit été montré quelques années auparavant, par la sainte Vierge, au bienheureux Siméon Stok, leur sixième général. C'est sur ce motif qu'ils ont établi & qu'ils entretiennent dans leurs maisons, la confrairie du scapulaire.

L'ordre des *carmes* prit de très-grands accroissemens. Il se divise aujourd'hui en deux branches, ceux de l'ancienne observance appellés autrement les *grands-carmes*, & qu'on nomme aussi *mitigés*, parce que l'austérité de leur règle a été adoucie par les papes Innocent IV, Eugène IV & Pie II; & ceux de l'étroite observance, qui suivent la réforme introduite en 1635, confirmée en 1638 par le pape Urbain VIII.

Les *carmes* de l'ancienne observance composent 38 provinces, sous le gouvernement d'un général qui fait sa résidence ordinaire à Rome, dans le couvent de sainte Marie, au-delà du Tibre, & qui est élu tous les six ans. Ce couvent lui est immédiatement soumis, ainsi que celui de S. Martin-des-monts dans la même ville, celui de la place Maubert à Paris, & celui du Mont-Olivet, qui ne relèvent d'aucune des trente-huit provinces.

La congrégation particulière de Mantoue, qui embrassa la réforme vers l'an 1433, fait partie de l'ordre des grands-*carmes*, & est soumise au même général: elle possède environ cinquante-quatre couvens, sous la direction immédiate d'un vicaire général. Les membres de cette congrégation diffèrent des autres *carmes* par rapport à l'habillement, en ce que les réformés portent un chapeau blanc.

Les *carmes* de l'étroite observance forment deux congrégations différentes, qui ont chacune leur général. L'une est établie en Espagne, où elle possède huit provinces dépendantes d'un général particulier; la seconde est en Italie, où réside son général, & elle compte dans ce pays & dans différentes parties de l'Europe, douze provinces.

Lorsqu'il fut question d'exécuter l'édit de 1768, concernant les ordres religieux, les grands-*carmes* de France demandèrent au roi qu'il leur fût permis de s'assembler à Paris, au couvent de la place Maubert, & qu'à cet effet il fût nommé deux députés dans les chapitres de chacune de leurs provinces, afin de prendre des mesures pour que toutes les maisons de cet ordre, qui sont dans le royaume, fussent gouvernées par la même règle &

le même esprit. Cette assemblée fut autorisée par un arrêt du conseil du 24 février 1769; en conséquence les religieux s'assemblèrent au mois de juillet 1770, & firent des changemens à leurs constitutions. Parmi ces changemens, il y en eut un concernant les gradués, dont ceux qui avoient vécu jusqu'alors sans avoir pris de grades, se trouvèrent alarmés; mais sur les représentations du général à ce sujet, le roi, pour les tranquilliser, a rendu un arrêt en son conseil, le 27 septembre 1775, par lequel sa majesté a ordonné que dans les provinces de l'ordre des grands-*carmes*, où le privilège des gradués n'avoit pas lieu avant l'assemblée de 1770, les religieux non gradués qui ont fait profession antérieurement aux nouvelles constitutions de l'ordre, continueront de jouir pendant leur vie, des mêmes rangs, honneurs & préséances dont ils jouissoient en vertu des anciens usages.

CARME DÉCHAUSSÉ *ou* DESCHAU, s. m. (*Droit ecclésiast.*) c'est le nom qu'on donne à une congrégation de *carmes* réformés, parce qu'ils vont nus-pieds. Elle fut établie dans le seizième siècle par sainte Thérèse, qui commença par introduire l'austérité de la règle dans les couvens de filles, & la porta ensuite dans ceux des hommes, aidée dans ce dessein par le père Antoine de Jésus, & le père Jean de la Croix, religieux *carme*.

Ce dernier éprouva de grandes persécutions de la part des *carmes* mitigés, il fut emprisonné dans un de leurs monastères, où il mourut accablé de souffrances, le 14 décembre 1591. Clément X le mit, en 1675, au rang des bienheureux.

L'acharnement de ses ennemis n'arrêta pas sa réforme: dès son vivant, elle fut portée aux Indes; après sa mort, elle s'est répandue en France, dans les Pays-Bas, dans l'Italie & dans toute la chrétienté.

Les maisons de cette réforme demeurèrent d'abord sous l'obéissance des anciens provinciaux mitigés, ayant seulement des prieurs particuliers pour maintenir la nouvelle discipline. Les choses subsistèrent ainsi jusqu'en 1580, que Grégoire XIII, à la prière de Philippe II, roi d'Espagne, sépara entièrement les réformés des mitigés, & donna aux premiers un provincial particulier, les laissant d'ailleurs soumis au général de l'ordre entier.

Sixte V, en 1587, voyant que les réformés se multiplioient considérablement, ordonna qu'ils seroient divisés par provinces, & leur permit d'avoir un vicaire général. Ce réglement subsista jusqu'en 1593, que Clément VIII, pour établir une séparation plus particulière entre les réformés & les mitigés, permit aux premiers de s'élire un général. Ce pape, en 1600, divisa encore ces réformés en deux congrégations, sous deux différens généraux, l'un pour l'Italie & l'autre pour l'Espagne. Ce qui donna lieu à cette division fut la prétention des Espagnols, qui soutenoient que la réforme de sainte Thérèse ne devoit point s'étendre hors du royaume d'Espagne.

La vie de ces religieux réformés est assez austère & approchante de celle des chartreux. Ils reçoivent des frères qu'on appelle *convers*. Ces frères font deux ans de noviciat, après lesquels ils ne font que des vœux simples. Lorsqu'ils ont demeuré cinq ans dans l'ordre, ils sont admis à un second noviciat d'un an, après lequel ils font profession solemnelle; mais s'ils ont resté six ans dans l'ordre sans demander à faire cette profession, ils n'y sont plus reçus dans la suite; ils demeurent dans leur état sous l'obligation de leurs vœux simples.

Une chose à remarquer est qu'indépendamment des différens monastères que peuvent avoir les *carmes déchaussés*, ils ont encore dans chaque province, un endroit retiré qu'ils appellent leur *désert*, pour y aller pratiquer plus particuliérement de temps à autre toutes les vertus de la vie solitaire, & se rétablir ainsi dans la ferveur monastique. Ces déserts sont ordinairement établis dans des forêts. On connoît celui de leur monastère près de Louviers en Normandie, fondé en 1660, par Louis-le-grand.

Le nombre des religieux qui habitent ces déserts ne doit pas excéder celui de vingt: l'entrée en est interdite aux novices, aux jeunes profès, aux malades & à ceux qui ont peu de dispositions pour les exercices de la vie spirituelle. Aucun religieux n'y peut demeurer moins d'une année, & il y en a quatre qui peuvent y rester toute leur vie, afin d'y mieux perpétuer les usages, & servir d'exemple aux nouveaux solitaires. Le silence y est étroitement gardé. Après que le temps du solitaire est expiré, on le renvoie dans son monastère, en l'exhortant à ne pas oublier les leçons de vertus qu'il a vu pratiquer.

Les constitutions défendent de laisser visiter ces déserts aux personnes du monde, de quelque condition qu'elles soient, à moins qu'elles n'aient coopéré à en former l'établissement. L'entrée en est interdite aux religieux même de la congrégation, à moins qu'ils n'aient par écrit une permission du général ou du provincial. Le supérieur du désert peut néanmoins y recevoir par droit d'hospitalité, les religieux des autres ordres, sans permission, & même leur donner le couvert pour une nuit seulement dans l'enceinte du désert.

Quoique les *carmes déchaussés* aient toujours montré beaucoup de zèle dans les exercices de la vie monastique, le relâchement n'a pas laissé de se glisser parmi eux sur quelques points de leur institut primitif; & comme dans tous les temps il se trouve quelques religieux fervens qui desirent de se conduire suivant toute la rigueur de la règle qu'ils ont embrassée, ce qu'ils ne peuvent faire dans les communautés où le relâchement s'est introduit, sans devenir en quelque sorte odieux à ceux qui n'ont pas le courage de pratiquer les mêmes austérités, il y a eu en 1772 plusieurs *carmes déchaussés* qui souhaitant avec ardeur de vivre suivant les règles primitives de leur institut, ont engagé la sœur Louise-Marie de France, religieuse carmélite de Saint-Denis, à prier Louis XV de séconder des vues aussi pieuses & aussi utiles au bien de la religion; & pour cet effet, d'assigner & d'établir le couvent de Charenton, du même ordre, diocèse de Paris, pour y réunir tous les religieux qui voudroient suivre à perpétuité la règle de leur institut primitif.

Le roi a écouté favorablement la demande, & en conséquence il a obtenu un bref du pape qui les autorise à se réunir dans le couvent de Charenton, pour y suivre leur premier institut. Ce bref a été revêtu de lettres-patentes, le 4 mai 1772, & elles ont été enregistrées le lendemain au parlement.

CARMÉLITE, s. f. (*Droit ecclés.*) c'est une religieuse qui vit selon la règle de l'institut du Mont-Carmel, conformément à la réforme introduite par sainte Thérèse.

La règle des ordres de saint Dominique & de saint Augustin, avoit été embrassée par plusieurs personnes du sexe, & on voyoit par-tout des religieuses qui l'observoient. Animé par cet exemple, le bienheureux Jean Soreth, religieux carme, voulut faire suivre aussi par des religieuses l'institut du Mont-Carmel; il vint à bout d'établir cinq couvens, dont celui de Vannes en Bretagne est du nombre. Nicolas V approuva l'exécution de ce projet par une bulle de 1452.

Les filles de cette institution sont habillées comme les religieux de leur ordre: elles ont une robe & un scapulaire de drap de couleur minime, & au chœur elles mettent un manteau blanc, avec un voile noir.

En 1536, sainte Thérèse, religieuse du monastère d'Avila en Castille, entreprit de réformer les religieuses de son ordre; elle essuya beaucoup de contradictions: elle vint enfin à bout de faire des constitutions conformes à son nouvel institut, & de les faire approuver par le pape Pie IV, le 11 juillet 1562.

Les *carmélites* réformées d'Espagne sont soumises dans quelques endroits aux supérieurs de l'ordre, dans d'autres elles dépendent de l'évêque du lieu. Dans les villes un peu opulentes, elles ne doivent pas avoir de revenus, il faut qu'elles vivent d'aumônes. Ceux de leurs monastères qui sont rentés, ne doivent renfermer que quatorze filles, à moins que celles que l'on reçoit de plus n'apportent de quoi vivre. Il ne peut jamais y en avoir au-delà de vingt, y compris les sœurs converses. Cette détermination d'un nombre fixe n'a lieu que pour les couvens rentés qui sont soumis aux supérieurs de l'ordre; à l'égard de ceux qui sont sous l'inspection des ordinaires, le nombre des religieuses n'est pas déterminé. Dans les couvens non rentés, & où ces filles doivent vivre dans la plus grande pauvreté, le nombre des religieuses de chœur ne peut être que de treize.

Ces religieuses portent une tunique & un scapulaire de couleur minime, avec un manteau blanc par-dessus, d'une étoffe de serge très-grossière; elles ont pour chaussure des sandales de cordes, & des bas d'une étoffe aussi grossière que leur robe. Leur genre de vie est fort austère, elles font perpétuellement maigre, & jeûnent habituellement depuis le 14 septembre jusqu'à pâques.

Cet ordre a été introduit en France par les soins de la fille du sieur Aurillot, maître des comptes à Paris, qui engagea le cardinal de Berulle, supérieur général de l'oratoire, à aller chercher lui-même, quelques-unes de ces religieuses, en Espagne. Elles ont environ soixante-deux monastères dans le royaume: il y en a trois à Paris, & un à Saint-Denis, où madame Louise de France a fait profession, de l'agrément & du consentement de Louis XV.

Elles ne sont pas limitées en France, ainsi qu'en Espagne, à ne recevoir qu'un certain nombre de religieuses. Il est à remarquer qu'elles n'ont donné aucune atteinte à la régularité de la réforme dont elles font profession.

Leur établissement dans le royaume a été confirmé par un bref d'Urbain VIII, en 1623. Les lettres-patentes dont il fut revêtu en 1624, portent qu'il sera exécuté, quoique non homologué autre part qu'au conseil d'état de sa majesté.

La supériorité de l'ordre a fait pendant plusieurs années le sujet de beaucoup de contestations. Lors de leur arrivée en France, il n'y avoit encore aucun établissement de carmes déchaussés, en conséquence le pape nomma plusieurs supérieurs, entre autres le cardinal de Berulle; depuis le général des carmes y prétendit, & y fut autorisé par une sentence de l'archevêque de Bordeaux, en 1620. Mais Paul V & Grégoire XV confirmèrent les supérieurs nommés précédemment. En 1661, le pape nomma pour visiteur des *carmélites*, le supérieur général de la congrégation de la mission; par un autre bref, il permit aux religieuses établies à Paris, rue du Chapon, à Pontoise & à Saint-Denis, d'élire, de trois ans en trois ans, leur recteur ou supérieur immédiat, qui seroit confirmé par le nonce résidant en France, ou par l'ordinaire des lieux, comme délégué du pape; à la charge que ce recteur ne pourroit s'entremettre de la visite, ni les visiteurs faire les fonctions de supérieur, sinon en cas d'abus ou de malversation de la part de ceux-ci.

Le pape fit en même temps plusieurs réglemens concernant la clôture, les parloirs & la réception des filles dans cet ordre. Ces brefs ont été revêtus de lettres-patentes, & il a été ordonné qu'ils seroient exécutés nonobstant opposition ou appellation, dont le roi se réserva la connoissance.

CARNALER, v. a. (*terme de Coutume.*) il est en usage dans les pays d'Acqs, de la Sole & de Béarn, où il signifie tuer le bétail pris en dommage; du mot *carnaler*, on a fait *carnalado*, pour désigner celui à qui appartient le bétail tué, ou celui qui doit le *carnau*, c'est-à-dire, l'estimation du dommage causé par ces bestiaux.

On appelle aussi *carnalat* ou *carnalau* le droit qu'a le propriétaire, qui trouve des bestiaux en dommage dans ses héritages, de les saisir, & même de les tuer, & de les approprier à son usage.

La coutume d'Acqs ne permet de *carnaler*, c'est-à-dire de tuer & enlever que les pourceaux, & non les autres bestiaux, encore faut-il qu'ils soient trouvés en dommages dans le temps de la glandée, ou dans les bois défensables, dans les vignes, les vergers, les jardins: le propriétaire du lieu a le choix d'en tuer un, ou de pignorer le troupeau, afin de faire payer le dommage par le maître. S'il a pris le parti d'en *carnaler* un, il ne peut plus prétendre de réparation du dommage, puisqu'il s'est fait justice lui-même.

On ne peut user du droit de *carnaler*, que sur un seul animal du troupeau, par chaque fois qu'on le surprend en dommage. La coutume de la Sole permet d'en tuer deux pendant la nuit.

Le droit de carnelage a également lieu vis-à-vis les chèvres & les oies qu'on trouve dans les héritages au temps des fruits, & généralement dans tous les héritages clos.

La coutume de Béarn exige que celui qui a fait carnau, vérifie par un témoin digne de foi le lieu où l'animal a été tué.

CARNAVAL, s. m. (*Jurisprudence. Police.*) c'est un temps de fête & de réjouissance, pendant lequel on donne habituellement des bals & des festins: il commence le 7 janvier, & finit au mercredi des cendres. Les réjouissances de ce temps sont accompagnées de très-grandes solemnités en Italie, & surtout à Venise.

C'est pendant le *carnaval* qu'on voit courir dans les rues, un grand nombre de personnes déguisées sous le masque. Ces masques prenoient autrefois la licence de s'introduire chez les traiteurs, aux assemblées & aux festins des gens mariés, malgré les parens & les convives. Une ordonnance de police du 11 décembre 1742 a supprimé cet abus, en défendant à toutes personnes masquées ou non masquées d'entrer dans ces assemblées avec violence, à peine d'être arrêtées & punies comme perturbateurs du repos public.

Un réglement du 9 novembre 1720 fait défense à toutes personnes masquées, de quelques conditions qu'elles soient, de porter des épées ou d'autres armes, ni d'en faire porter par leurs valets, à peine de désobéissance contre les maîtres, & de prison contre les domestiques.

CARNELAGE, s. m. (*Droit féodal & ecclésiastique.*) c'est le nom qu'on donne dans quelques provinces à la dixme qui se perçoit sur les bestiaux; c'est la même chose que *charnage*, terme usité ailleurs dans la même acception. *Voyez* DIXME.

CARNET, s. m. (*Jurisprudence. Commerce.*) c'est une espèce de petit livre dont les marchands se servent pour écrire dans les voyages & les foires, les achats, les ventes, & même leur dépense journalière. C'est aussi le nom d'un livre sur lequel ils mettent les échéances de leurs dettes actives & passives. A Lyon on donne aussi la même dénomination au petit livre dont se servent les négocians, lorsqu'ils vont sur la place du change, pour faire les viremens de parties; mais on donne plus particuliérement, à ce dernier livre, le nom de *bilan*. *Voyez* BILAN.

Le *carnet* est du nombre des livres auxiliaires, aucune loi n'oblige les marchands & négocians à avoir un *carnet*.

CARNIOLE, (*Droit public.*) ce duché qui appartient à la maison d'Autriche, est entouré des possessions de cette maison, de celle des Vénitiens & de la mer Adriatique.

Les habitans donnent à leur pays le nom de *Kreinska des Kela*; le district entre les rivières de *Gurk*, *Culp* & de *Save*, qui s'appelloit autrefois la *Marche Venède* ou *Esclavonne*, à cause de la proximité de la frontière d'Esclavonie, fut incorporé à la *Carniole* en 1334. La maison d'Autriche prend le titre de seigneur de la Marche Venède.

Etats provinciaux: ils sont divisés en quatre ordres.

1°. Celui du clergé, qui comprend les évêques de Luybach, de Freisingue, de Brixen, de Trieste & de Biben, quelques prélats inférieurs & six chanoines de Luybach.

2°. L'ordre des seigneurs, composé des princes, comtes & barons.

3°. Celui des chevaliers ou nobles du pays.

4°. Celui des villes archiducales.

Gouvernemens, tribunaux. Le *préfet* qui gouverne la province, a sa résidence à Luybach, & un châtelain ou bourgrave au château de cette ville. En son absence, le préteur *landsverweiser*, *prætor provincialis*, remplit ses fonctions au tribunal de la province. Souvent aussi, on constitue un vice-préfet, sous le titre d'administrateur, *landesvawalter*, qui exerce l'emploi du premier.

Le *vice-dome* (*landes vice dome*) connoît des affaires des villes, bourgs & paysans du prince, & veille sur ses domaines & ses droits régaliens.

Les *affaires économiques* ressortissent à un tribunal composé d'un président & de quelques assesseurs appellés constitués, *verodneta*, qui sont pris des trois premiers ordres des états. Le receveur est chargé de l'administration des deniers de la province.

Le *conseil provincial* & aulique (land und hofrecht) est le premier tribunal du pays; le tribunal aulique juge en dernier ressort des affaires de la noblesse.

La seconde justice est le tribunal ordinaire de la préfecture, qui a la jurisdiction sur les seigneurs nobles.

La troisième justice est le bailliage du vice-dome, pour les villes & bourgs du prince.

La quatrième justice est mixte entre le préfet & le vice-dome, & connoît des différends entre la noblesse & la bourgeoisie.

La cinquième a pour objet les matières économiques de la province, comme impôts & contributions; les appels se portent en première instance aux états, ensuite à la régence de l'Autriche intérieure.

La sixième jurisdiction est celle des seigneurs & magistrats, sur leurs sujets & officiers.

La septième enfin est celle des villes & bourgs, sur leurs bourgeois & habitans. (*H.*)

CAROCHO, s. f. (*Droit ecclésiastique.*) c'est le nom que les Espagnols & les Portugais donnent à une espèce de mitre, faite de papier ou de carton, sur laquelle on peint des flammes de feu, & des figures de démons. On met ces *carochos* sur la tête de ceux qui ont été condamnés à mort par le tribunal de l'inquisition. *Voyez* INQUISITION. (*G*)

CAROLIN, adj. (*Droit civil & canonique.*) on donne en premier lieu le nom de *carolin* à un réglement général, fait en 1752, par dom Carlos, roi des deux Siciles, pour l'abréviation des procès. *Voyez* CODE.

On a donné aussi la même dénomination à quatre livres composés en 790, par l'ordre de Charlemagne, pour réfuter le second concile de Nicée. *Voyez* ICONOCLASTES dans le *Dictionnaire de Théologie.*

CAROLINE, (*Droit politique.*) c'est le nom de deux des Etats-Unis : cette contrée se divise en *Caroline* méridionale & en *Caroline* septentrionale.

Ancien gouvernement. Lorsque Charles II, roi d'Angleterre, fit la concession de ce pays à huit de ses sujets, l'immortel Locke fut choisi, à la recommandation du sage Schaftsburi, pour être le législateur de ce grand pays. L'illustre Raynal dont les écrivains modernes ont aveuglément copié le jugement, a reproché à la mémoire de ce philosophe d'avoir fait trop peu pour la liberté politique & pour la liberté religieuse. On verra dans peu quelle fut sa tolérance; quant au gouvernement, le premier article des *Constitutions fondamentales* établissoit, pour gouverneur sous le titre de palatin, le plus âgé des seigneurs propriétaires dont le pouvoir devoit durer toute sa vie, & pour assesseurs, trois autres d'entre eux. La cour palatine où l'on donnoit séance à tous les autres propriétaires avec le droit de suffrage & d'autres privilèges, avoit seule le pouvoir législatif: la puissance exécutive étoit réservée au seul palatin. Les députés des propriétaires pouvoient les représenter avec toute l'autorité de leurs constituans.

La chartre royale, accordant aux propriétaires le droit de créer des nobles, avec la seule restriction de ne pas leur donner les mêmes titres qu'en Angleterre, l'on établit par la constitution, qu'après la division des pays en comtés, ces propriétaires créeroient, dans chaque comté trois nobles, l'un sous le nom de *landgrave*, les deux autres sous celui de *caciques*; que les lettres en seroient scellées du grand sceau de la colonie, & que ces nobles composeroient, avec les seigneurs propriétaires ou leurs députés, la chambre haute d'un parlement. L'élection de la chambre basse étoit laissée au peuple.

On comptoit faire monter le nombre des landgraves à vingt-cinq, & celui des caciques à cinquante. Les landgraves devoient avoir quatre baronnies attachées à leur dignité, chaque baronnie composée de six mille acres de terre; la dignité de cacique n'emportoit que deux baronnies, chacune de trois mille acres; les titulaires des unes & des autres ne pouvoient aliéner le fonds par donation ni par vente: mais ils pouvoient en louer un tiers pour trois vies.

Les membres de la chambre basse du parlement devoient être choisis entre les tenanciers libres de chaque comté, comme ceux des communes d'Angleterre. Chaque tenancier n'avoit à payer qu'un sol par acre aux propriétaires, & pouvoit même racheter ce droit. Ce parlement devoit s'assembler une fois en deux ans ou plus souvent, si l'intérêt public demandoit des convocations extraordinaires.

Outre la cour palatine, qui devoit être regardée comme le conseil suprême de la colonie, on devoit établir des cours subalternes de justice dans tous les comtés, des juges de paix, des connétables, une cour de chancellerie, *&c.*

Les habitans libres ou non, depuis l'âge de seize ans jusqu'à soixante, étoient obligés de prendre les armes au premier ordre de la cour palatine.

Tel étoit en substance le pacte social de cette colonie : craignons de nous laisser subjuguer par le respect dû au plus grand philosophe qui ait éclairé l'univers en dévoilant la source de toutes nos erreurs. Ce n'étoit point là le gouvernement que l'on devoit attendre de l'auteur du gouvernement civil. Plus Locke étoit instruit sur les droits essentiels de l'homme, moins il devoit en consacrer l'infraction par l'autorité de son nom. En vain diroit-on, que, choisi par les propriétaires & non par le peuple, le philosophe n'avoit pu obtenir des premiers, de plus grands sacrifices en faveur de la liberté; en vain diroit-on que, n'étant point arbitre suprême, mais subordonné, s'il eût refusé de céder quelque chose aux préjugés, à la manière de voir des propriétaires; s'il eût refusé la rédaction de la loi constitutive, il étoit dangereux que ce dépôt ne tombât entre des mains plus asservies : rien ne peut faire admettre de pareils prétextes, avec lesquels on a trop souvent voulu couvrir l'acceptation de commissions deshonorantes & pernicieuses pour l'état. Il est triste que les despotes soient toujours assurés de trouver des ames viles: mais peut-être un moyen infaillible de les arrêter, seroit de les forcer d'aller chercher leurs complices dans la classe la plus infecte de la société; &, pour donner peut-être de moindres maux à la patrie, le bon citoyen, l'homme d'honneur ne doit pas se dévouer à l'infamie: la complaisance molle de Locke est une tache qui reste imprimée à son nom.

Sa constitution n'eut pas le succès que sa réputation devoit garantir : la colonie fut infestée de querelles religieuses, de guerres avec les sauvages, & des entreprises des seigneurs propriétaires. Ceux-ci, dit Raynal, tendoient de toutes leurs forces au despotisme, tandis que les colons mettoient tout en œuvre pour éviter la servitude.

Du choc de ces intérêts opposés, naquit une agitation inévitable qui arrêta perpétuellement les travaux utiles. La province entière fut livrée aux querelles, aux dissentions & aux tumultes. Ce ne fut pas assez. Grandville qui seul, comme doyen des propriétaires, tenoit, en 1705, les rênes du pouvoir exclusif, voulut asservir au rit de l'église anglicane tous les non-conformistes qui faisoient les deux tiers de la population; cet acte de violence, quoique désavoué & réprouvé par la métropole, aigrit très-heureusement les esprits; plus heureusement encore pour eux, durant le cours de cette animosité, la province ayant été attaquée par différentes hordes de sauvages, qu'un enchaînement d'insultes & d'injustices atroces avoit poussés au désespoir, les habitans parvinrent à les expulser. Ces avantages, en les instruisant de leurs forces, leur apprirent qu'ils pouvoient faire valoir leurs droits. L'imprudence qui toujours perd les tyrans, fit croire à ceux-ci qu'ils pouvoient se soustraire au joug légitime de la charge commune; ils crurent pouvoir impunément refuser de contribuer aux frais d'une expédition dont ils prétendoient recueillir les premiers fruits. Cette fois l'excès de la tyrannie fit naître l'indépendance; les seigneurs propriétaires furent dépouillés.

Le gouvernement anglois, tel qu'il se trouvoit déjà établi dans d'autres provinces du nouveau monde, fut substitué à l'arrangement bizarre que, dans des temps d'une extrême corruption, des favoris insatiables avoient arraché à un monarque indolent & foible : dans la vue d'en simplifier l'administration, il fut partagé en deux gouvernemens indépendans, sous le nom de *Caroline méridionale* & *Caroline septentrionale*.

Mais le joug devoit encore paroître trop pesant à des hommes élevés dans les principes de la constitution angloise. Soit que la Grande-Bretagne eût véritablement excédé les bornes de son pouvoir, soit que ses colonies n'attendissent qu'une occasion favorable pour se ressaisir des droits naturels à tous les hommes, la révolution fut générale; les deux *Carolines* envoyèrent des premières, leurs députés au congrès.

La *Caroline* méridionale se trouva, comme les autres colonies, sans gouvernement. Les officiers ordinaires &, entre autres, le gouverneur, s'étoient retirés, après avoir emporté le grand sceau & dissous l'assemblée; les juges des cours de justice refusoient d'exercer leurs fonctions respectives. Il falloit empêcher l'anarchie & la confusion: dans des assemblées tenues successivement depuis le premier novembre 1775 jusqu'au 26 mars 1776, on arrêta un plan provisoire de gouvernement.

La ville de Georges-Town & son district qui n'avoient point été représentés à ces assemblées, adhérèrent aux résolutions. Rien de plus noble que les motifs donnés par le grand-juré de cette ville, dans le préambule de l'acte d'adhésion : « Lorsqu'un peuple, dit le magistrat (Benjamin-Younc), » toujours soumis & affectionné au systême du gouvernement formé pour son bonheur, & sous lequel il a long-temps vécu, trouve que, par la » bassesse & la corruption de ses administrateurs, » les loix destinées au maintien de ses droits sacrés » & inaliénables, sont perverties en instrumens sacrilèges d'oppression; & qu'au mépris de tout » pacte social & des obligations générales de justice, ceux même qu'il a constitués pour le gouverner & le protéger, cherchent tous les moyens » de le mettre sous le joug & de le détruire, les » loix divines & humaines l'autorisent à employer, » pour le redressement de ses griefs, ceux que lui » indique le desir de sa propre conservation ».

Mais le congrès ayant promulgué l'indépendance & invité les Etats-Unis à se donner une constitution, l'assemblée générale passa, le 3 février 1777, un bill pour établir la constitution de cet état. Nous en ferons une analyse étendue, d'autant que les gouvernemens des différens Etats-Unis de l'Amérique, étant assez semblables sur plusieurs objets, d'après les détails dans lesquels nous allons entrer, il nous suffira de renvoyer à cet article, lorsque nous traiterons ceux des autres états qui ont des loix conformes.

L'*autorité législative* est confiée à un conseil législatif & à la chambre des représentans.

Tous les bills de levée d'argent pour le soutien du gouvernement doivent être faits dans la chambre des représentans, & ne peuvent être ni changés ni corrigés par le conseil législatif qui a seulement le droit de les rejetter purement & simplement.

Il ne peut être tiré aucun fonds du trésor public que par l'autorité des deux chambres.

Tous les autres bills ou ordonnances peuvent être faits en première instance dans la chambre des représentans ou dans le conseil législatif, & peuvent être changés ou rejettés par l'une & l'autre chambres.

Les bills qui ont passé dans les deux chambres, doivent être signés par le président en charge, par les orateurs des deux chambres : ils ont alors la force d'acte de l'assemblée générale de l'état.

Le président ne peut commencer la guerre, conclure la paix, ni convenir d'un traité définitif, que du consentement de la chambre des représentans & du conseil législatif.

Le lieu des séances de l'assemblée générale & le siège du gouvernement sont la ville de Charles-Town, à moins que les hasards de la guerre ou des maladies contagieuses ne permettent pas de s'y assembler en sûreté; dans ce cas, le président peut, de l'avis du conseil privé, assigner un lieu plus sûr.

Chambre des représentans. Les membres en sont élus tous les deux ans, le dernier lundi de novembre & jours suivans. L'état est partagé en vingt-sept paroisses ou districts. Chaque district a droit de nommer le nombre des représentans, fixé par la constitution; ce nombre est actuellement de cent vingt-deux, mais seulement jusqu'à ce que l'on aura pu se procurer les éclaircissemens convenables sur la population particulière & sur les propriétés susceptibles d'être taxées dans les différentes parties de l'état; on doit alors établir le nombre des représentans sur la proportion la plus égale & la plus juste, eu égard au nombre des habitans blancs & aux propriétés susceptibles d'être taxées.

Dans le cas où il n'y auroit point d'église ni de marguilliers dans la paroisse ou le district, c'est à la chambre des représentans à désigner les lieux d'élection, & les personnes qui doivent recevoir les suffrages & dresser les procès-verbaux.

Il faut cinquante-neuf membres pour mettre la chambre en activité; mais l'orateur ou sept membres peuvent ajourner d'un jour à l'autre; les deux chambres peuvent elles-mêmes s'ajourner respectivement: le président n'a pas le pouvoir de les ajourner, de les proroger ni de les dissoudre: mais, en cas de nécessité, il peut, du consentement du conseil privé, les convoquer avant le temps pour lequel elles se seroient ajournées.

Un bill rejetté peut de nouveau être proposé dans une séance des deux chambres réunies, après toutefois un ajournement de trois jours au moins.

Chaque chambre choisit respectivement son orateur respectif & ses propres officiers, sans pouvoir être troublée dans ce choix; quand les chambres sont en vacance, les orateurs expédient les lettres pour pourvoir aux places vacantes par mort, en donnant avis trois semaines d'avance.

Electeurs. Pour être capable de voter & d'élire les représentans, il faut être mâle, libre, blanc & non autre; reconnoître l'existence d'un Dieu, croire à un état futur de peines & de récompenses, avoir atteint l'âge de vingt-un ans, résider dans l'état depuis l'année qui a précédé la convocation, posséder au moins une franche tenue de cinquante acres de terre ou un lot de ville (*ces lots de ville* sont les terreins qui, dans l'origine de la fondation des villes, avoient été donnés aux premiers colons pour y construire une maison & y pratiquer un jardin); il faut posséder l'un ou l'autre six mois au moins avant l'élection, ou avoir payé taxe l'année précédente, ou bien être devenu, depuis la même époque, susceptible de payer une taxe au moins égale à celle imposée sur cinquante acres de terre pour le maintien du gouvernement.

Celui qui a ces qualités, peut voter pour l'élection des représentans & des membres du conseil législatif, non-seulement pour le district où il réside actuellement, mais encore dans tous les autres districts de l'état où il possède une pareille franche-tenue. Cette quotité de bien doit être libre de toute dette.

Représentans. Pour être élu, il faut avoir les qualités mentionnées dans l'acte d'élection : mais on ne peut être admis à représenter un district dans lequel on ne résideroit pas, si l'on n'y possède alors en toute propriété une terre en franche-tenue, valant au moins trois mille cinq cens livres, argent courant, libre de toutes dettes.

Les ministres de l'évangile, prédicateurs publics, de quelque croyance religieuse qu'ils soient, ne peuvent être élus membres de l'une ni de l'autre chambre. L'acceptation faite par les membres des deux chambres, de toute espèce d'emploi & de profit, ou commission, excepté dans la milice, fait vaquer sa place de plein droit; mais ils peuvent alors être élus de nouveau, à moins qu'ils n'aient été pourvus de certaines places dans les greffes, dans les douanes, *&c.*

Conseil ou chambre législative. Les membres qui les composent, sont élus le même jour que les représentans : chacun des vingt-sept districts élit un membre du conseil; la ville de Charles-Town en nomme deux, & le district entre la rivière Largo & celle de Saludy en élit trois : pour être admis dans cette chambre, il faut posséder en toute propriété, dans la paroisse ou district qui député, une terre en valeur ou franche tenue, valant au moins deux mille livres, argent courant, libre de toutes dettes; si l'on n'y résidoit pas, il faudroit que la propriété du député fût au moins de sept mille livres, argent courant.

Il faut au moins treize membres pour donner à ce conseil l'activité : mais l'orateur ou trois membres présens peuvent l'ajourner d'un jour à l'autre.

Conseil privé. Ce conseil est composé de huit personnes, non compris le vice-président de l'état, qui, de droit, en est président : la présence de cinq membres suffit pour lui donner de l'activité.

Ces neuf officiers, ainsi que le président, sont élus au scrutin par les deux chambres réunies en assemblée générale, dans leur première séance, soit parmi leurs membres, soit dans l'universalité du peuple; tous restent en place deux années seulement. Si l'un d'eux meurt dans l'intervalle, il est remplacé par une élection dans la même forme.

Le président & le vice-président doivent avoir résidé pendant dix ans, & les membres du conseil-privé pendant cinq ans immédiatement avant l'élection. Chacun d'eux doit posséder, dans l'état, une terre en franche tenue, de la valeur de dix mille livres au moins, exempte de dettes.

Aucun officier de terre ou de mer, au service, soit du continent, soit de l'état; aucun juge d'une des cours de loi, ne peuvent être élus membres du conseil privé, non plus que le père, le fils ou le frère du président en charge, pendant la durée de son administration.

Un membre du conseil-privé ne perd pas la place qu'il avoit auparavant dans l'une ou l'autre chambre : mais le vice-président la perd, & l'on élit une autre personne à sa place.

Le conseil-privé est établi pour donner ses conseils au président lorsqu'il les demandera : celui-ci n'est obligé d'y recourir que dans les cas prescrits par la loi.

Président.

Président. Il est en même temps *commandant en chef* : il est revêtu de l'autorité exécutrice, mais avec la restriction mentionnée par la loi.

Il jouit, avec le *vice-président* & le conseil-privé, des privilèges personnels qui étoient accordés au gouverneur, au lieutenant-gouverneur & au conseil-privé de la colonie.

Il a droit, dans le temps de vacances de l'assemblée générale, de mettre des embargos ou prohiber l'exportation de denrées quelconques pendant trente jours au plus.

Les deux chambres ne peuvent procéder à son élection ni à celle du vice-président, s'il n'y a plus de la moitié de leurs membres présens : le président ne peut être élu de nouveau, à moins qu'il n'y ait quatre années au moins révolues depuis le jour où il est sorti de cette charge.

Ces deux officiers ne peuvent rester membres de l'une ou de l'autre chambre : ils ne peuvent posséder concurremment un autre office ou commission civile ou militaire dans l'état, ni sous l'autorité du congrès.

Dans le cas où le président viendroit à décéder ou à s'absenter de l'état, le vice-président lui succède dans son office, & le conseil-privé choisit, parmi ses membres, un vice-président; &, si c'est le vice-président qui s'absente ou décède, le conseil-privé choisit un de ses membres, jusqu'à ce que les deux chambres y aient pourvu.

En cas de maladie du président, ou s'il s'absente de Charles-Town, tout membre du conseil-privé peut être autorisé à remplir ses fonctions, par un pouvoir signé de lui & scellé de son sceau.

Délégués au congrès. Ils sont choisis annuellement au scrutin par les deux chambres réunies en assemblée générale. Leur élection ne fait pas vaquer la place qu'ils occuperoient dans les chambres.

Tribunaux & charges. C'est le conseil-privé qui exerce le pouvoir de la *cour de chancellerie* ; il nomme un ordinaire qui donne des lettres d'administration pour les biens des gens qui sont morts, enregistre les testamens & reçoit les comptes des exécuteurs testamentaires & des administrateurs.

La jurisdiction de l'amirauté est restreinte aux causes maritimes.

Les juges de paix sont nommés par la chambre des représentans, & reçoivent du président une commission amovible : ils n'ont aucun salaire, excepté dans la poursuite des crimes capitaux. Ils ne jouissent des privilèges de leurs charges, qu'autant qu'ils l'exercent.

Tous les autres officiers de justice sont choisis au scrutin par les deux chambres réunies : &, à l'exception des juges de la cour de chancellerie, ils reçoivent du président leurs commissions qui peuvent être révoquées sur la demande des deux chambres.

Les scherifs sont élus pour deux années, par les francs-tenanciers du district, & reçoivent leurs commissions du président.

Les commissaires de la trésorerie, le secrétaire d'état, le garde des registres des ventes, transports de propriété & hypothèques, le receveur des poudres, les collecteurs, les contrôleurs, les douaniers & l'arpenteur général sont choisis au scrutin par les deux chambres. Leurs commissions, données par le président, sont révocables comme celles des scherifs.

Les officiers de l'état-major de l'armée, & tous les capitaines de vaisseaux qui ne doivent pas tenir leurs commissions du congrès, sont choisis & pourvus de même. Les autres officiers de la marine & de l'armée reçoivent leurs commissions du président.

En cas de vacances des officiers éligibles par l'assemblée, le président y pourvoit, du consentement du conseil-privé, jusqu'à ce qu'il ait été fait une nouvelle élection. Quant aux autres places qui ne sont pas indiquées par la constitution, elles sont à la disposition du président, tant qu'il n'y aura pas été autrement pourvu par la loi.

Telles sont, dans la constitution de la *Caroline* septentrionale, les bases de son gouvernement. Il n'appartient peut-être qu'à la postérité de juger cet établissement : mais, quoique les circonstances, les événemens, les mœurs des peuples, qui influent toujours sur les succès & les revers des états, puissent éloigner les effets funestes de l'oubli des grands principes, osons-le dire à un peuple libre, fait pour être servi & trop généreux pour être flatté : les grandes règles qui seules affermissent par leur force même, la durée de la félicité publique, n'ont pas été assez consultées dans l'établissement de cette constitution.

D'abord elle n'a point le caractère d'un pacte constitutif. Ce n'est point le contrat des citoyens entre eux, ni même des citoyens avec le gouvernement.

Il eût fallu consulter le peuple en corps, ou au moins demander, obtenir son consentement & sa ratification, dans les assemblées des paroisses & des districts.

Si l'on croyoit que, quand il ne s'agiroit que de réglemens momentanés & peu importans, cette forme fût susceptible de trop de lenteur & de trop nombreux inconvéniens dans un grand état, il eût au moins fallu pour la sûreté de la démocratie, recourir à la nation même pour la rédaction de la loi fondamentale ; de la loi qui donne l'être au gouvernement, & légitime sa puissance ; de la loi immuable qui fixe les droits du prince, de l'administrateur, du magistrat & du citoyen ; en un mot, de la loi qui doit circonscrire l'exercice de ces droits dans des bornes qu'il n'est permis ni aux uns ni aux autres de franchir.

Non, non, ce n'est point là une loi fondamentale. Le gouvernement, ou, ce qui est la même chose, le président, les députés au conseil législatif & les représentans, ont le pouvoir d'en violer de fait, d'en anéantir de droit, telle disposition qu'ils jugent à propos. Ils peuvent l'abroger en entier, changer le gouvernement même, toucher aux libertés des individus, les accabler d'impôts & porter à l'excès la dette nationale : la constitution leur laisse cette autorité ; cette constitution ne consacre aucun moyen, ne prépare aucunes ressources par lesquelles le peuple puisse détruire, réparer les abus, ni même s'opposer à l'établissement qui seroit fait de la tyrannie.

Il est vrai que les rédacteurs de cette constitution ont connu les abus de la perpétuité de leurs chefs, de leurs députés & de leurs représentans... Convaincus que dans les républiques les compagnies dont les membres sont à vie, ou se régénèrent eux-mêmes, deviennent bientôt les propriétaires de l'autorité dont ils n'étoient que les dépositaires; convaincus qu'il s'introduit trop souvent parmi eux un esprit de corps, un intérêt de compagnie, qui sont absolument opposés à l'esprit de la patrie, & qui l'emportent sur l'intérêt public, les législateurs ont restreint à deux années l'exercice des pouvoirs & la durée des commissions de tous ceux qui ont part au gouvernement; du président comme des sénateurs, des représentans comme des membres du conseil-privé.

Mais pourquoi ne pas en même temps prévoir le danger de renouveller, tous les deux ans, le corps entier du gouvernement? En supposant que la masse du peuple fût assez éclairée pour qu'il fût facile d'y trouver, tous les deux ans, de nouveaux représentans instruits & capables, ignoroit-on que les affaires, & des affaires de cette importance, demandent une certaine suite, un certain esprit, une expérience qui ne peuvent s'acquérir que par les délibérations des nouveaux administrateurs avec les anciens?

L'on a encore prévu combien il étoit dangereux de composer le gouvernement de différens corps bientôt opposés par les intérêts & par les prétentions. On a senti que, si le corps des nobles, si le corps des officiers de la morale & du culte formoient des chambres séparées de la chambre des représentans du peuple, bientôt les divisions des partis, la discussion des prérogatives & des droits respectifs, la jalousie des ordres prendroient la place de l'amour du bien public; ensorte que, dans les temps de crise, il seroit facile à des factieux, à des chefs entreprenans de faire servir le prétexte des abus & des inconvéniens des assemblées même, à la perte de la liberté, & à l'introduction d'un systême tyrannique.

Mais n'a-t-on pas évité un inconvénient pour retomber dans une source d'abus plus funestes; en donnant à la richesse seule ce qui, dans le vulgaire des gouvernemens, appartient à la naissance & aux dignités, ce qui, dans une république bien réglée, pourroit être la récompense & le prix des vertus, des talens, de l'expérience, en un mot, des services effectifs, rendus à la patrie? Comment une république naissante, qui doit avoir pour principe l'égalité, a-t-elle tant fait pour les citoyens riches? Non-seulement les riches ont seuls entrée au conseil législatif ou à la chambre haute, sont seuls appellés aux dignités de présidens & de vice-présidens, mais ils concourent encore avec les citoyens moins fortunés pour les places de la chambre des représentans : mais le riche propriétaire jouit à-la-fois du droit de suffrage aux élections, soit dans les districts où il réside, soit dans ceux où sont épars ses vastes domaines. Ainsi, à cette terrible influence que donne aux riches le pouvoir des richesses, on a joint toutes les faveurs, toutes les préférences de la constitution : quand je lis une pareille loi, il me semble entendre le législateur, prophanant lui-même ses augustes fonctions, dire au citoyen :... foule aux pieds les préceptes des Socrate, des Epictète & des Jean-Jacques; insulte par tes mœurs aux exemples des Phocion & des Fabricius : la cupidité est ici la vertu par essence; amasser pour acquérir, voilà le seul chemin de la véritable grandeur. Ne me vante ni les indigens que tu as sauvés; ni les innocens que ton courage & ta voix ont arrachés à l'oppression; ni ton sang prodigué pour l'état; ni les monumens que tu as élevés, au prix de ta fortune & de ton repos, à la gloire de ton pays, à l'instruction de tes concitoyens, à la santé ou aux commodités du public : dis-moi quelle est l'étendue de tes possessions, & montre-moi les titres de tes domaines; je n'en connois, je n'en adopte pas d'autres.

Quoi donc, me dira-t-on, & que doit faire un peuple qui, libre de tout joug, se trouve le maître de se donner à lui-même les meilleures loix? Ce n'est point à moi à résoudre le problème : qu'on le propose à Mably, à Franklin, à Maleslierbes; pour moi, je sens trop qu'il est bien plus facile de faire des observations sur ce qui existe, que d'en dire les remèdes... Mais les habitans de la *Caroline* méridionale ont toute l'énergie d'une liberté récente qu'il leur faudra peut-être encore sceller par des combats; c'est à eux d'affermir, par de bonnes loix, des droits qu'ils ont acquis au prix de leur sang...

Loix religieuses. Locke avoit jetté les fondemens d'une tolérance très-étendue, & il y avoit été autorisé par la charte de Charles II. La loi de Locke portoit que les seigneurs propriétaires, ayant reconnu les avantages de la tolérance pour enrichir & peupler une province, accordoient la plus grande liberté de religion que l'on pût desirer, ou dont on eût jamais eu l'exemple dans aucune société humaine. (L'assertion n'étoit pas exacte, si l'on met à part quelques persécutions faites aux chrétiens : la tolérance des Romains étoit sans réserve.) Le législateur ajoutoit que les naturels du pays n'ayant pas encore la moindre connoissance du christianisme, leur idolâtrie & leur ignorance ne donnoient assurément aucun droit de les maltraiter; que les chrétiens qui apportoient dans la colonie des principes différens de ceux de l'église anglicane, s'attendoient sans doute à n'être pas contraints dans leurs opinions, & que, par conséquent, ce seroit manquer à la bonne foi, que de leur faire la moindre violence; qu'à l'égard des juifs, des païens & des autres ennemis du christianisme, on ne voyoit pas plus de raison de les rejetter, puisque leur malheur ne pouvant venir que d'un défaut de lumières, on devoit se flatter au contraire que la connoissance de l'évangile & l'exemple des vertus chrétiennes pourroient servir quelque jour à leur désiller les yeux; qu'ainsi tout le monde étoit invité à la *Caroline*, & sûr d'y jouir d'une parfaite indépendance pour les sentimens & pour le culte; qu'on ne mettoit qu'une condition à cette tolérance universelle, c'étoit que toutes les personnes au-dessus de dix-sept ans, qui prétendroient à la protection des loix civiles, fussent attachées à quelque église ou à quelque corps de religion, & que leurs noms fussent inscrits dans le registre de leur secte...

C'est cette réserve que blâment Raynal & les écrivains qui l'ont suivi. A les entendre, la liberté de conscience ne seroit susceptible d'aucune modification; l'homme ne devroit qu'à Dieu seul le compte de sa conscience & de ses dogmes : & ce seroit une injustice d'y faire intervenir le magistrat, de quelque manière que ce fût, puisqu'un déiste ne pourroit se soumettre à cette condition; cependant s'il étoit vrai, comme ces philosophes l'ajoutent, que l'intolérance fût une conséquence nécessaire de l'esprit religieux, qu'aux yeux du croyant, l'irreligieux fût l'infracteur du seul lien qui unisse les hommes entre eux, & le promoteur de tous les crimes qui peuvent échapper à la sévérité des loix, que pouvoit faire de plus l'ancien législateur de la *Caroline*? Il eût donc fallu que, pour sapper jusqu'aux fondemens de ce qu'on appelle *fanatisme*, Locke n'admît dans sa nouvelle société, que des athées ou des déistes, & en exclût toute espèce de croyant qui toujours eût été armé contre les premiers. Quel législateur, en formant une nouvelle société, en la composant d'hommes épars, mais nécessairement nourris dans des principes religieux, osera tenter une semblable nouveauté? La philosophie consisteroit-elle donc à forcer imprudemment du premier coup la conséquence des principes?

Mais Raynal connoît-il bien le caractère de l'esprit d'intolérance, cet esprit qui à la vérité s'affoiblit tous les jours? L'intolérant concentre exclusivement, dans ceux de sa croyance, la vérité, les vertus, la probité & la justice, pour les refuser à quiconque s'écarte de son systême religieux : il met sur la même ligne & l'athée décidé & celui qui ne fait que douter de la nécessité de quelque pratique. Si l'inquisition eût eu en sa puissance Dumoulin, Richer, Talon, Giannone, Frapaolo, le Blanc de Castillon, elle les eût livrés aux flammes, comme elle y a dévoué les écrits de plusieurs d'entre eux. Et, sans recourir à des exemples étrangers, nos pères n'ont-ils pas condamné à être consumés vifs, dans des brasiers ardens, nos frères albigeois & calvinistes? N'a-t-on pas vu Calvin faire subir le même supplice à Servet? Dans notre siècle plus éclairé, les molinistes auroient-ils pu détester les athées avec plus de haine, & les poursuivre avec plus de fureur, qu'ils n'ont fait les jansénistes?

Locke fit beaucoup pour son siècle : il faut le louer de son courage, quand même il eût pu oser davantage?

Quoi qu'il en soit, les habitans de la *Caroline* méridionale se sont bien écartés des principes de leur législateur : ils ont mis les mêmes restrictions à leur liberté religieuse qu'à leur liberté civile. Non-seulement ils n'ont pas donné la liberté à leurs esclaves, mais nous avons vu qu'ils n'ont pas osé associer les noirs & gens de couleur libres à leur gouvernement. Si, dans un temps où la nécessité de secouer le joug & de se défendre contre la nation la plus formidable, devoit engager les chefs de l'état à établir la liberté la plus absolue, l'humanité a reçu encore cet outrage; si, dans cette extrémité, les chefs ont cru que la différence des couleurs étoit le titre d'exclusion des droits communs de la nature humaine, peut-on espérer que jamais les sociétés seront dirigées par l'esprit d'une justice exacte?

Il semble, d'après la loi des élections, qu'il suffise, dans la *Caroline*, d'avoir la croyance d'un Dieu rémunérateur & vengeur dans une vie à venir; cependant il faut encore confesser la nécessité d'un culte public : la libre tolérance n'est accordée qu'à ceux qui professent ces trois dogmes qui doivent faire, comme on va le voir, la base de toutes les religions admises dans l'état.

Toute personne qui n'est pas membre d'une des églises de la religion établie dans l'état, est incapable d'y posséder aucun emploi d'honneur, de confiance & de profit, sous l'autorité publique.

La section trente-septième de la constitution déclare que la religion chrétienne est la religion établie dans l'état; que les chrétiens de toute dénomination, qui se comporteront paisiblement & fidellement, jouiront de privilèges égaux.

Pour accomplir ce projet desirable sans faire tort à la propriété religieuse des sociétés déjà incorporées, en vertu d'une loi, pour l'objet du culte religieux: & pour donner en même temps à toute autre société de chrétiens déjà formée ou qui se formera par la suite, la pleine & entière faculté d'obtenir une pareille incorporation; d'un côté, les sociétés déjà formées sont confirmées dans les propriétés & biens dont elles sont déjà en possession; d'un autre côté, on déclare que toutes les fois que quinze ou plus de quinze mâles, n'ayant pas moins de vingt-un ans, & professant la religion chrétienne, conviendront de s'unir ensemble en société pour l'objet du culte religieux, ils formeront une église, ils seront réputés en justice comme étant de la religion de l'état, &, sur la requête à la législature, ils seront autorisés à s'incorporer & à jouir de privilèges égaux à ceux des autres sociétés religieuses; ils auront le droit de se donner la dénomination par laquelle ils seront reconnus en justice : tous ceux qui s'y associeront pour l'objet du culte, seront réputés appartenir à la société ainsi appellée : ils en deviendront membres, par cela seul qu'ils en signeront l'acte ou instrument en présence de cinq des membres de cette société. Toute personne qui efface son nom de cet instrument, ou dont le nom en est effacé par une personne autorisée à cet effet par la société, cesse d'en être membre.

Personne ne peut troubler ni inquiéter une société religieuse, ni se servir d'aucun mot injurieux ni diffamatoire contre aucune église.

Il est défendu à toute personne, quelle qu'elle soit, de parler, dans leurs assemblées religieuses, d'une manière irrévérente ou séditieuse du gouvernement de l'état.

Mais pour être autorisée, toute société religieuse doit reconnoître & signer, dans un livre à ce destiné, les cinq articles suivans; 1°. qu'il y a un Dieu éternel & un état futur de récompenses & de punitions; 2°. qu'il doit être rendu à Dieu un culte public; 3°. que la religion chrétienne est la vraie religion; 4°. que les saintes écritures de l'ancien & du nouveau testament sont d'inspiration divine, & sont la règle de la foi & de la pratique; 5°. qu'il est légitime & du devoir de tout homme appellé à cet effet, par ceux qui gouvernent, de rendre témoignage à la vérité.

Sans la signature de ces cinq articles, aucun accord ni union faits par des hommes, sous prétexte de religion, ne les mettent en droit de s'incorporer ni d'être réputés de la religion établie dans l'état.

Serment. Au surplus, tout habitant de l'état, appellé pour prendre Dieu à témoin de la vérité de sa déposition, a la permission de le faire dans la forme la plus convenable, à ce que lui dicte sa conscience.

Mais, quant au serment que doivent prêter ceux qui sont appellés à quelque office ou à quelque emploi civil ou militaire, il est fixé dans les termes suivans :... « je reconnois que l'état de la *Caroline* méridionale est un état libre, indépendant & souverain; que le peuple de cet état ne doit ni fidélité ni obéissance à Georges III, roi de la Grande-Bretagne : je renonce, refuse & abjure toute fidélité & obéissance envers lui; je jure ou affirme (suivant le cas), que je soutiendrai, maintiendrai & défendrai de tout mon pouvoir ledit état contre ledit roi Georges III, contre ses héritiers, successeurs, leurs fauteurs ou adhérens; que je servirai ledit état dans l'office de... ou dans tout autre office que je pourrai tenir dans la suite, par la nomination ou sous l'autorité dudit état, avec fidélité & honneur, & suivant tout ce que mon entendement & mes lumières pourront m'indiquer de mieux... ». Les ministres sont assujettis à une profession de foi & à un serment bien plus étendu : on ne peut mieux connoître que par cette profession de foi, les principes religieux de l'état.

Clergé. Le peuple jouit du droit d'élire ses pasteurs & son clergé, afin que l'état soit assuré que les pasteurs s'acquittent duement des fonctions pastorales : personne ne peut exercer le ministère d'une église établie, à moins d'avoir été choisi par la majeure partie de la société dont il doit être ministre, ou par des personnes élues dans cet objet.

Tous ministres & prédicateurs, de quelques sectes qu'ils soient, sont en outre obligés de signer une profession de foi & un engagement, par lesquels ils déclarent, indépendamment des cinq articles précédens, qu'ils sont déterminés, avec la grace de Dieu & le secours des saintes écritures, à instruire le peuple confié à leurs soins, & à ne rien enseigner, (comme il est indispensablement nécessaire pour le salut éternel), que ce qu'ils seront persuadés pouvoir être conclu des saintes écritures, & prouvé par elles; qu'ils feront des exhortations publiques & particulières, tant auprès des malades, qu'au troupeau entier, confié à leurs soins, suivant le besoin & les occasions, & qu'ils seront exacts à faire les prières, à lire les saintes écritures ou à faire les études qui pourront l'aider à en acquérir une parfaite connoissance; qu'ils auront soin de se conformer, eux & leurs familles, à la doctrine du Christ, & de faire, autant qu'il sera en eux, des exemples salutaires & des modèles pour le troupeau du Christ; qu'ils maintiendront & procureront, autant qu'il leur sera possible, la tranquillité, la paix & l'amour parmi le peuple chrétien, & principalement parmi ceux confiés à leurs soins.

Les ministres de toute espèce de société, en cas de délit, doivent être punis comme les laïques, sans pouvoir invoquer aucun privilège particulier au clergé.

Entretien du culte & des ministres. Personne ne peut être légitimement obligé de payer pour le maintien & soutien d'un culte religieux auquel il ne sera pas librement associé, & qu'il ne sera pas volontairement engagé à soutenir. Mais les églises, chapelles, presbytères, fonds de terre & toutes autres propriétés, actuellement appartenantes à quelques-unes des sociétés de l'église anglicane, ou à quelques autres sociétés religieuses, leur demeureront & leur seront assurés pour toujours.

Mariages. Ils ne peuvent être célébrés qu'après une publication faite, trois dimanches différens, dans quelque lieu public de culte, & dans la paroisse ou district où réside la femme, ou bien après une permission qui devra être adressée à quelque ministre de l'évangile, sans spécifier la dénomination ni prescrire la méthode de célébration.

Changemens dans la constitution. Aucun ne peut se faire, sans qu'il en ait été donné avis quatre-vingt-dix jours d'avance, & sans le consentement de la pluralité des membres des deux chambres. Quant à la constitution de la *Caroline* septentrionale, *voyez* VIRGINIE, CONGRÈS, *&c.* (*M. HENRY.*)

CAROLUS, s. m. (*Jurisprudence. Monnoie.*) c'est une ancienne pièce de monnoie de France, frappée sous différens règnes, & à différens titre & valeur. Les premiers ont été fabriqués sous Charles VIII, dont ils ont pris le nom, & ils valoient dix deniers : ils augmentèrent sous les règnes suivans, revinrent à leur première valeur, puis cessèrent d'avoir cours.

Il y a eu beaucoup de différens *carolus* dans plusieurs états de l'Europe; mais presque tous ont été de billon, tenant argent au plus haut titre de cinq deniers deux grains, & au plus bas de deux deniers, si on en excepte le *carolus* d'Angleterre, qui étoit une pièce d'or assez grosse, frappée sous Charles I, dont elle porte l'image & le nom; sa valeur a été de vingt-trois schelings, quoiqu'on dise qu'elle n'en valoit que vingt au temps où elle a été frappée. (*G*)

CARPOT, s. m. (*terme particulier de la coutume de Bourbonnois.*) on entend par *carpot*, une espèce de terrage imposé sur les vignes, & qui, suivant son étymologie, désigneroit qu'il consistoit dans le quart des fruits recueillis dans la vigne; car on disoit anciennement *quart-pot* ou *carpot*.

La quotité du *carpot* est due conformément au titre originaire de la concession, faite sous la condition de ce droit; c'est aussi par le titre qu'on doit décider s'il est portable ou simplement requérable, c'est-à-dire, si le seigneur est tenu de l'envoyer chercher à la vigne, ou si le colon est obligé de le conduire à ses frais dans le pressoir du seigneur.

Lorsque le *carpot* est dû sur des vignes qui ne sont pas sujettes au droit de ban de vendanges, le détenteur de l'héritage doit faire avertir, vingt-quatre heures avant de commencer sa récolte, le seigneur ou son fermier, si l'un ou l'autre sont résidens dans la paroisse où les vignes sont situées : s'ils demeurent dans un autre endroit, le débiteur du *carpot* est obligé de faire annoncer, au prône de la messe paroissiale, le jour qu'il entend vendanger, à peine de payer double droit.

Lorsque ces formalités ont été remplies, si le seigneur ou son fermier ne se présentent pas, le vigneron doit compter les tines de vendanges en présence de deux témoins, emmener sa part franchement, conduire celle du seigneur, s'il y est tenu, ou la laisser sur le lieu, si le *carpot* est querable. Comme la nature du *carpot* est la même que celle de l'agrier, terrage ou champart, l'emphytéose ne peut appliquer à d'autres usages, la vigne sujette au *carpot*, ni y construire aucun édifice sans le consentement du seigneur, à peine d'amende & de ses dommages & intérêts. *Voyez* AGRIER, CHAMPART, TERRAGE.

CARRIÈRE, s. f. (*Jurisprudence. Police.*) c'est un lieu d'où l'on tire de la pierre propre pour bâtir.

Nous diviserons cet article en deux sections : la première aura pour objet les carrières en général, & la seconde, les carrières qui sont sous Paris & dans le voisinage de Paris.

SECTION PREMIÈRE.

Des carrières en général.

Le Brun & plusieurs autres pensent que, comme les arbres de haute-futaie qu'un mari fait abattre durant le mariage n'entrent pas dans la communauté légale, mais appartiennent au conjoint sur l'héritage duquel ils ont été coupés, de même les pierres d'une carrière ouverte depuis le mariage appartiennent au conjoint propriétaire du fonds où cette carrière est établie. Il suit de-là que la communauté venant à se dissoudre, le conjoint propriétaire ou de la futaie ou de la *carrière*, peut reprendre les arbres ou les pierres en nature, si l'on n'en a pas encore disposé, ou en répéter le prix à la communauté si elle l'a reçu.

Ferrières & quelques autres pensent au contraire qu'un mari ne doit aucun compte du prix des pierres tirées d'une *carrière* qu'il a fait ouvrir dans l'héritage de sa femme; mais il faut préférer la première opinion à la seconde, par la raison que les pierres tirées d'une *carrière* faisant partie du fonds, il s'ensuit qu'il diminue proportionnément à la quantité des pierres qu'on en détache.

Il n'en seroit pas de même si les pierres renaissoient à mesure qu'on les tireroit : ce seroit alors un fruit de l'héritage.

Pareillement, si une *carrière* étoit ouverte avant le mariage sur un fonds qui ne parût point propre à produire d'autre revenu, les pierres qu'on en tireroit durant la communauté lui appartiendroient, parce qu'on pourroit les considérer comme les fruits de ce fonds; tel est l'avis de plusieurs jurisconsultes, & singuliérement de le Brun & de Pothier.

Un usufruitier ne seroit, en général, pas fondé à ouvrir une *carrière* dans l'héritage dont il a l'usufruit, parce que communément les pierres tirées d'une *carrière* ne peuvent pas être réputées des fruits de la terre où la *carrière* est établie. Il y a plus : un usufruitier n'auroit pas le droit de tirer des pierres d'une *carrière* pour les vendre, quand même la *carriere* auroit été ouverte avant que l'usufruit eût commencé : cette décision résulte de ce que le fonds, comme on l'a déjà dit, diminue en raison de la quantité des pierres qu'on en tire.

Observez néanmoins que si la *carrière* étoit si abondante qu'on la regardât en quelque sorte comme inépuisable, l'usufruitier seroit fondé à s'en faire un revenu semblable à celui que s'en faisoit le propriétaire en vendant les pierres qu'il en tiroit.

La vente du droit de fouiller une *carrière* ne donne point ouverture aux droits seigneuriaux.

Suivant l'article 40 du titre 27 de l'ordonnance des eaux & forêts, il est défendu de tirer du sable ou d'autres matériaux à six toises près des rivières navigables, sous peine de cent livres d'amende. Et l'article 12 du même titre défend pareillement d'enlever, dans l'étendue & aux rives des forêts du roi, aucun sable, terre, marne ou argille, & de faire faire de la chaux à cent perches de distance, sans une permission expresse de sa majesté, à peine de cinq cens livres d'amende & de confiscation des chevaux & harnois.

Comme il n'étoit fait aucune mention expresse des *carrières* à pierres dans ces dispositions, divers particuliers se crurent en droit d'en ouvrir dans l'étendue & aux rives des forêts du roi : mais un arrêt rendu au conseil le 23 décembre 1690, défendit spécialement d'ouvrir aucune *carrière* de cette espèce sans une permission expresse de sa majesté, & l'attache du grand-maître du département, sous peine de mille livres d'amende. Il fut en même temps enjoint aux officiers des maîtrises de veiller à l'exécution de cet arrêt, sous peine d'interdiction & de répondre, en leur propre & privé nom, des dommages & intérêts que ces *carrières* pourroient occasionner.

Ayant été représenté au roi que les routes royales se trouvoient souvent endommagées, sur-tout dans le voisinage de Paris, par les voitures employées à l'exploitation des *carrières* ouvertes le long de ces routes, parce que ces voitures qui sont fort lourdes, détruisoient, en abordant au grand chemin, les berges, les fossés & les accottemens, outre qu'elles cassoient souvent les arbres placés pour l'embellissement des chemins, sa majesté rendit sur cette matière, en son conseil, le 5 avril 1772, un arrêt qui contient les dispositions suivantes :

« I. Les réglemens précédemment faits, concernant l'ouverture des *carrières*, seront exécutés selon leur forme & teneur. Aucune *carrière* de pierre de taille, moëllons, grès, & autres fouilles pour tirer de la marne, glaise ou sable, ne pourra être ouverte qu'à trente toises de distance du pied des arbres plantés au long des grandes routes; & ne pourront les entrepreneurs desdites *carrières*, pousser aucune fouille ou galerie souterreine du côté desdites routes, à moins de trente toises de distance desdites plantations ou des bords extérieurs desdites routes, conformément aux dispositions de l'arrêt du conseil du 14 mars 1741, & de l'ordonnance du bureau des finances du 29 mars 1754, concernant la police générale des chemins.

» II. Les propriétaires ou entrepreneurs desdites *carrières*, ne pourront ouvrir aucun passage entre les arbres & sur les fossés desdites routes royales, sans en avoir obtenu une permission expresse & par écrit du sieur commissaire du conseil, chargé de veiller à l'entretien desdites routes; & ladite permission ne pourra leur être accordée que sur la soumission qu'ils donneront de se conformer aux articles suivans.

» III. Aux endroits qui auront été indiqués par lesdits sieurs commissaires pour former lesdits passages, le fossé sera comblé jusqu'à la hauteur des berges, dans la longueur de douze pieds seulement, & par-dessus il sera fait un bout de pavé partant de la bordure du pavé du grand chemin, & avançant dans la campagne jusqu'à six pieds au-delà des arbres; à l'extrémité dudit bout du pavé, il sera planté deux bornes de pierre; & sur le pavé, au milieu du fossé, il sera fait un cassis, ou une pierrée ou aqueduc au-dessous, suivant l'exigence des cas, pour l'écoulement des eaux.

» IV. Lesdits ouvrages seront construits & entretenus par les entrepreneurs des routes royales aux dépens des propriétaires & entrepreneurs des *carrières* voisines; & ce, tant que lesdites *carrières* continueront d'être exploitées.

» V. Lesdits ouvrages seront payés aux entrepreneurs des routes, par les propriétaires ou entrepreneurs desdites *carrières*, conformément aux devis & états de répartition qui auront été dressés pour lesdites constructions par les ingénieurs de sa majesté, & visés par lesdits sieurs commissaires, & lesdits paiemens seront faits dans le délai d'un mois, après que la réception desdits ouvrages aura été donnée par lesdits sieurs commissaires & ingénieurs.

» VI. Défend, sa majesté, à tous voituriers de pierres, moëllons, grès & autre matériaux provenant des *carrières*, de se frayer d'autres passages pour aborder les grands chemins que ceux qui auront été ainsi disposés pour leur usage, à peine de cinq cens livres d'amende & de confiscation desdits matériaux, desquelles amendes ils seront tenus solidairement avec les propriétaires & entrepreneurs desdites *carrières;* comme aussi de toute dégradation arrivée par leur fait aux berges, fossés, plantations & accottemens desdites routes.

» Enjoint, sa majesté, aux bureaux des finances, aux sieurs intendant & commissaires du pavé de Paris & des ponts & chaussées, chacun en droit soi, de faire publier & afficher le présent arrêt par tout où besoin sera; & de tenir la main à l'exécution des réglemens y contenus, nonobstant opposition ou appellation quelconques, pour lesquelles il ne sera différé; & si aucunes interviennent, sa majesté s'en réserve la connoissance, & icelle interdit à toutes ses cours & autres juges ».

SECTION II.

Des carrières qui sont sous Paris & dans le voisinage de Paris.

Ces *carrières* sont devenues, par les circonstances, un objet important qui a excité l'attention du gouvernement. En 1776, ayant été représenté au roi que, nonobstant les réglemens donnés par ses prédécesseurs, pour prévenir les dangers que pouvoient occasionner les *carrières* & fouilles de terre, de caves & autres souterreins sous les voies publiques, on avoit vu récemment arriver, dans le voisinage de la capitale, divers accidens qui étoient résultés particuliérement de ce que les carriers ne s'étoient pas conformés à ce qui leur avoit été prescrit par différens arrêts du conseil, *&c.* sa majesté rendit, le 15 septembre de la même année, en son conseil, un nouvel arrêt par lequel elle ordonna, entre autres choses, que les propriétaires des *carrières* & ceux qui étoient préposés pour les exploiter seroient tenus de laisser des murs & des piliers par-tout où il seroit nécessaire pour soutenir les plafonds de ces *carrières*, & d'en remettre, s'ils avoient négligé d'en laisser, à tous les endroits qui leur seroient indiqués pour prévenir la chûte de ces plafonds, les éboulemens & accidens qui pourroient en résulter, à peine, pour la première fois, de cinq cens livres d'amende, dont ils seroient tenus solidairement, & de punition afflictive en cas de récidive.

Il fut en même temps nommé un ingénieur pour visiter toutes les *carrières* & fouilles de la banlieue de Paris, & il fut attribué toute jurisdiction au bureau des finances de cette ville pour connoître des contestations qui pourroient naître au sujet de l'exécution de cet arrêt.

Par un autre arrêt rendu au conseil le 4 avril 1777, le roi nomma le lieutenant général de police de la ville de Paris, & le comte d'Angiviller, directeur & ordonnateur des bâtimens de sa majesté, à l'effet de veiller, chacun à ce qui pouvoit concerner le devoir de sa charge, à la suite des opérations qu'exigeoit l'état actuel des *carrières* : ils furent autorisés à nommer tels architectes & autres personnes qu'ils jugeroient à propos pour conduire les ouvrages nécessaires, prévenir les dangers, maintenir la sûreté des habitans de Paris, fermer toute communication qui pourroit être nuisible, établir à cet effet telle garde qui seroit jugée convenable pour faire des patrouilles dans les *carrières*, & faire en général, pour l'exécution des ordres du roi, ce qui, suivant les circonstances, leur paroîtroit devoir être fait : l'exécution de l'arrêt du 15 septembre précédent fut suspendue, & la jurisdiction attribuée au bureau des finances par le même arrêt fut révoquée, & confiée au lieutenant général de police, à l'exclusion de tout autre juge, sauf l'appel au conseil.

Ces nouvelles dispositions n'empêchèrent pas que le bureau des finances ne rendît, les 22 & 30 juillet de la même année, deux ordonnances relatives aux ouvertures & fouilles de *carrières* sous les rues & aux environs de la capitale & des grands chemins : mais, quoique ces ordonnances fussent un témoignage du zèle & de l'attention du bureau des finances pour le maintien des réglemens qui intéressent la sûreté publique, le roi jugea qu'elles entraînoient dans le moment actuel, l'inconvénient de pouvoir donner naissance à des difficultés & à des embarras dans l'exercice de la commission particulière établie pour s'occuper, sous les ordres directs & immédiats de sa majesté, des opérations très-importantes, reconnues nécessaires dans la majeure partie des *carrières* régnant sous plusieurs quartiers de Paris & sous les plaines adjacentes : en conséquence, elle rendit en son conseil le 26 septembre suivant, un nouvel arrêt par lequel elle ordonna que, sans s'arrêter aux deux ordonnances dont il s'agit, l'arrêt du 5 avril 1777 portant commission au lieutenant général de police & au comte d'Angiviller pour l'administration des *carrières*, ensemble l'arrêt de réglement rendu le 4 juillet 1777, sur l'exploitation, visites & reconnoissances des *carrières* sous la ville de Paris & plaines adjacentes, seroient exécutés selon leur forme & teneur.

Les précautions prises jusqu'alors n'empêchèrent pas que le 27 juillet 1778 il n'y eût sept personnes enterrées vives sous les ruines d'une *carrière* à plâtre près de Ménil-Montant : ce malheur détermina le roi à donner provisoirement, le 5 septembre de la même année, une déclaration qui défendit à toutes sortes de personnes de quelque qualité & condition qu'elles fussent, non-seulement de faire ouvrir ou d'ouvrir aucune *carrière* nouvelle, mais encore de continuer l'exploitation des anciennes, à la distance d'une lieue de la banlieue de Paris, sans la permission par écrit du lieutenant général de police : il fut en même temps enjoint à tous entrepreneurs de bâtimens & autres qui construiroient ou répareroient des édifices, d'avertir le lieutenant général de police, si en faisant ces constructions ou réparations ils venoient à découvrir des excavations souterreines ou le ciel de quelques *carrières*.

La même loi fit défense aux notaires du châtelet de Paris & à tous autres, de passer aucun acte de vente de terrein en superficie, avec réserve de la part des vendeurs, d'user ou de disposer du terrein inférieur à l'effet d'y faire des fouilles ou excavations pour en tirer des matériaux de quelque nature que ce pût être.

La connoissance des contestations qui pourroient survenir à ce sujet, ainsi que sur le fait des *carrières* situées à Paris & à la distance d'une lieue de la banlieue, fut attribuée au lieutenant général de police, sauf l'appel en la grand'chambre du parlement, & sans que cet appel pût suspendre l'exécution des ordonnances rendues par ce magistrat.

Le roi déclara d'ailleurs qu'il n'entendoit point préjudicier aux droits & fonctions des officiers du bureau des finances en ce qui concernoit la grande & la petite voirie dans l'étendue de leur jurisdiction, & que les seigneurs qui pouvoient avoir droit de justice dans quelque endroit de l'espace dont on a parlé, demeureroient pareillement conservés dans tous leurs droits, attendu que la jurisdiction attribuée au lieutenant général de police n'étoit que provisoire, & pour la sûreté urgente au cas dont il s'agissoit.

Cette déclaration fut suivie d'un arrêt rendu au conseil le 19 du même mois, qui contient les dispositions suivantes :

« I. Le sieur Guillaumot, commis en qualité de » contrôleur & inspecteur général en chef, & tous » autres ci-devant commis & préposés, ou qui » pourroient l'être par la suite, continueront de » procéder à la visite & reconnoissance de toutes » les *carrières*, tant anciennes que modernes, ou» vertes dans l'étendue d'une lieue au-delà de la » banlieue de cette ville : veut sa majesté que sur » les plans & procès-verbaux qui seront dressés, » il soit, par le sieur lieutenant général de police

» de la ville, prévôté & vicomté de Paris, rendu » telles ordonnances provisoires qu'il appartiendra, » soit pour mettre en sûreté lesdites *carrières*, soit » pour prescrire la manière d'en continuer l'exploi- » tation; à l'exécution desquelles ordonnances, » tous propriétaires desdites *carrières*, leurs ces- » sionnaires ou tous autres, seront tenus de se con- » former sans délai, à peine d'amende ou de telle » punition qu'il appartiendra, même de répondre, » en leur propre & privé nom, de tous dommages.

» II. Défend, sa majesté, à tous propriétaires » privilégiés ou non privilégiés, séculiers, régu- » liers ou autres, dont les possessions reposent sur » des *carrières* déjà fouillées, & qui pourroient » fournir encore des matériaux, de faire aucunes » ouvertures dans lesdits souterreins pour tirer de » la pierre, moëllons ou autre matière, & ce, » quand même les masses de ces matières se trou- » veroient sous des superficies non chargées de » bâtimens: ordonne que toutes lesdites ouver- » tures seront exactement murées & condamnées, » & que les souterreins & *carrières* subsistans sous » Paris, ne seront désormais abordables que par » les entrées qui seront réservées: enjoint à cet » effet auxdits propriétaires & sous les peines por- » tées par l'article précédent, de faire construire » des piliers nécessaires au soutien des ciels des » *carrières*, & généralement faire faire les travaux » & constructions qui seront ordonnés.

» III. Toute *carrière* dont l'état actuel présen- » tant des dangers auxquels on ne pourra opposer » des précautions suffisantes, sera interdite & con- » damnée, sans égard aux matières qu'on pourroit » encore en tirer, & les ordonnances qui seront » à cet effet rendues par le sieur lieutenant géné- » ral de police, sur le vu des procès-verbaux des » préposés, seront, à l'instant de la notification, » exécutées par tous ceux qui en seront tenus, » à peine de telle amende ou punition qu'il appar- » tiendra, & en outre, sous la garantie de tous » événemens & accidens.

» IV. Il ne pourra être fait à l'avenir, dans l'é- » tendue prescrite par l'article premier, ouverture » & fouille de nouvelles *carrières*, en quelque » genre que ce soit, sans la permission du sieur » lieutenant général de police, laquelle ne pourra » être expédiée qu'après qu'il aura été reconnu, » par l'inspecteur, contrôleur ou préposés, qu'elle » peut être exploitée sans danger, & que le pro- » priétaire de la masse qu'il s'agira de fouiller, ou » celui avec lequel il en aura traité, aura justi- » fié de ses droits, & de la véritable étendue » de ladite masse, pour servir ensuite de vérifi- » cation à la progression des travaux & prévenir » toutes extensions abusives aux propriétés joi- » gnantes.

» V. En ce qui concerne les *carrières* à plâtre, » veut, sa majesté, qu'il n'en puisse être fait au- » cune ouverture nouvelle, que préalablement il » n'ait été examiné & constaté, aux frais des pro- » priétaires, si la position de la masse peut per- » mettre une exploitation en décombre & à tran- » chée ouverte, auquel cas la permission ne sera » expédiée que sous la condition d'exploiter la » *carrière* à tranchée ouverte & non autrement.

» VI. Tous les fours construits dans l'intérieur » des *carrières* à plâtre & dont le feu, en dessé- » chant & faisant écarter les parties desdites *car-* » *rières*, doit précipiter l'instant de leur écroule- » ment, seront supprimés dans la huitaine de la » publication du présent arrêt, faute de quoi ils se- » ront abattus & détruits de l'autorité du sieur lieute- » nant général de police, aux frais desdits proprié- » taires. Fait, sa majesté, défenses à tous proprié- » taires ou exploitans lesdites *carrières*, de rétablir » lesdits fours, ou d'en faire construire, sous quel- » que prétexte que ce soit; le tout sous les peines » portées aux précédens articles.

» VII. Défend, sa majesté, à toutes personnes, » de quelque état, qualité & condition qu'elles » soient, de troubler lesdits inspecteur, contrôleur » & tous autres préposés, dans l'exercice de leurs » fonctions. Enjoint à tous propriétaires, cession- » naires & exploitans lesdites *carrieres*, de leur » faciliter l'entrée d'icelles, & de leur donner avis » de tous dangers & accidens qui pourroient sur- » venir, pour être par eux employé, à l'effet de » les prévenir, tels moyens que les circonstances » exigeront. Suspend, sa majesté, pendant la durée » des pouvoirs attribués par sa déclaration du 5 » de ce mois & en vertu du présent arrêt, l'exé- » cution des réglemens & ordonnances qui pour- » roient y être contraires: & sera ledit arrêt im- » primé, publié & affiché par-tout où besoin sera. » Enjoint sa majesté au sieur lieutenant général » de police, d'y tenir la main. Fait, *&c.* ».

Une autre déclaration du roi, du 15 janvier 1779, enregistrée au parlement le 5 février de la même année, proscrivit l'exploitation des *carrières* par le cavage, & étendit la jurisdiction attribuée au lieutenant général de police par la déclaration du 5 septembre précédent, jusques dans la ville de Saint-Denis & dans les paroisses de Deuil, Montmagni, Pierrefitte, *&c.*

Par une autre déclaration du 17 mars 1780, enregistrée au parlement le 14 avril de la même année, le roi ajouta aux précautions qui avoient été prises jusqu'alors tant pour prévenir les dangers auxquels l'exploitation des *carrières* pouvoit donner lieu, que pour empêcher que les propriétaires voisins n'en reçussent du dommage, & que la sûreté des chemins n'en pût être altérée. Cette loi contient les dispositions suivantes:

« I. L'article premier de notre déclaration du » 23 janvier 1779, faisant défenses d'exploiter à » l'avenir, par le cavage, les *carrières* à plâtre qui » seroient nouvellement découvertes, sera exécuté; » & y ajoutant, défendons également l'exploita- » tion desdites *carrières* par des puits: voulons que » toutes *carrières* à plâtre ne puissent, à l'avenir,

» être

» être ouvertes & exploitées qu'à découvert & à » tranchée ouverte, à peine de cinq cens livres » d'amende & de confiscation de voiture, chevaux » & ustensiles.

» II. A l'égard des *carrières* à plâtre exploitées » ci-devant par cavage ou par puits, dans l'étendue des territoires désignés en l'article 3 de notre » dite déclaration du 23 janvier 1779, voulons » qu'il soit dressé des procès-verbaux exacts de » leur état intérieur, ainsi que des superficies des » terreins régnans sur icelles; & dans le cas où » il y auroit quelque péril, les propriétaires ou » locataires seront assignés, sans retardement, par-» devant le lieutenant général de police du châte-» let, & sera observée la forme prescrite par les » neuf premiers articles de la déclaration, concer-» nant les périls imminens des maisons & bâtimens » de notre bonne ville de Paris, du 18 juillet 1729, » registrée en notre cour de parlement le 5 août » 1730. Après cesdites formalités observées, le » lieutenant général de police ordonnera, s'il y a » lieu, le renversement desdites superficies, ou » pourvoira, par les autres voies qu'il estimera » convenables, à la sûreté pleine & entière des-» dites superficies.

» III. En cas de péril si urgent, qu'on ne pût » observer les formalités ci-dessus prescrites, sans » risquer quelque accident fâcheux, le lieutenant » général de police, sur le vu desdits procès-ver-» baux, pourra ordonner le renversement desdites » superficies; & seront les ordonnances, par lui » rendues audit cas, exécutées par provision, no-» nobstant l'appel.

» IV. L'exploitation des *carrières* à plâtre, pierres » & moëllons, ne pourra, à l'avenir, être conti-» nuée qu'à la distance de huit toises des deux » extrémités, ou côté de la largeur des chemins » de traverse ou vicinaux fréquentés : renouvel-» lons, au surplus, les défenses faites à tous car-» riers & particuliers, d'ouvrir aucune *carrière* à » pierres de taille, moëllons, plâtre, glaise & » autres, de quelque espèce que ce soit, sur les » bords & côtés des routes & grands chemins, » sinon à trente toises de distance du bord & » extrémité de la largeur qu'auront lesdits che-» mins, ledit bord mesuré du pied des arbres, » lorsqu'il y en aura de plantés, & lorsqu'il n'y » aura ni arbres ni fossés, à trente-deux toises de » l'extrémité de la largeur, sans pouvoir, en au-» cun cas, pousser les rameaux ou rues desdites » *carrières* du côté desdits chemins, même de sou-» chever au-dedans de leurs fouilles, le solide du » terrein dont nous entendons qu'elles soient sé-» parées de la voie publique, le tout à peine de » trois cens livres d'amende, confiscation des ma-» tériaux, outils & équipages, & de tous dépens, » dommages & intérêts.

» V. Les indemnités que les propriétaires voi-» sins desdites *carrières* anciennement ouvertes, » auroient à réclamer contre les auteurs des fouilles » faites sous leurs propriétés, par suite de l'exploi-» tation des *carrières* voisines, jusqu'au jour de » l'enregistrement de notre présente déclaration, » seront fixées par toise quarrée, à raison de la » valeur du terrein, suivant le prix qui sera dé-» claré & certifié sans frais, par le juge & les syn-» dics de la paroisse du lieu; & voulant assurer » pour l'avenir, auxdits propriétaires voisins des-» dites *carrières*, la propriété absolue de leurs ter-» reins, tant en fonds qu'en superficie, faisons » très-expresses inhibitions & défenses aux pro-» priétaires ou locataires desdites *carrières*, de con-» tinuer, à compter du jour de l'enregistrement » de notre présente déclaration, de fouiller sous » le fonds d'autrui, à peine de cinq cens livres » d'amende & de tous dommages & intérêts, les-» quels ne pourront être moindres que le double » de la valeur desdits terreins, laquelle sera réglée » de la manière & ainsi qu'il est ci-dessus expli-» qué, & il sera statué sur le tout, sommairement » & sans frais, par le lieutenant général de police; » pourront même les auteurs desdites fouilles être » poursuivis extraordinairement, suivant l'exigence » des cas.

» VI. Autorisons les propriétaires ou locataires » de terreins, dans lesquels il y aura des *carrières* » exploitées à tranchées ouvertes, à fouiller jus-» qu'aux extrémités de la masse qui leur appartient, » sauf à eux à indemniser les propriétaires des » terreins voisins, pour la partie des terres que » les taluts entraîneront dans les *carrières* exploi-» tées à découvert, de la manière & ainsi qu'il est » prescrit par l'article précédent; & dans le cas » où il se trouveroit des édifices quelconques dans » le voisinage des terreins, cesdites *carrières* ne » pourront être fouillées qu'à trente toises des » murs desdits édifices, à peine de trois cens livres » d'amende, confiscation de matériaux, outils & » équipages, & de tous dépens, dommages & in-» térêts; pourront même, les auteurs desdites fouil-» les, être condamnés à faire tous les ouvrages » nécessaires pour assurer la solidité des murs ou » édifices qui auroient pu être altérés par leur fait.

» VII. Tous les ouvrages de la nature de ceux » mentionnés en notre présente déclaration, qui » seront ordonnés en conséquence, sous les mai-» sons, bâtimens & terreins appartenans à nos » sujets, tant pour leur conservation & leur sûreté, » que pour celle de ceux qui en seroient locataires » ou fermiers, ou qui en jouiroient à quelque » titre que ce pût être, seront faits aux frais & » dépens desdits propriétaires, sur la sommation » qui leur en sera faite; sinon à la requête du » substitut de notre procureur général au châtelet » de Paris, poursuite & diligence du receveur des » amendes; & audit cas, le receveur des amendes » en avancera les deniers, dont il lui en sera dé-» livré, par le lieutenant général de police, exé-» cutoire sur les propriétaires pour en être rem-» boursé par privilège & préférence à tous autres

» sur les bâtimens & fonds desdites propriétés, » nonobstant toutes oppositions ou appels qui pour- » roient être interjettés desdits exécutoires, le tout » conformément à l'article 9 de notre déclaration » du 18 juillet 1729, concernant les périls immi- » nens. Si donnons en mandement, *&c.* ».

En conformité des réglemens qu'on vient de rapporter, M. le lieutenant général de police a rendu différentes ordonnances en différens temps, soit pour interdire des carrières dangereuses, soit pour ordonner des travaux qui pussent empêcher & prévenir des accidens, soit pour prononcer des amendes ou autres punitions contre les personnes qui avoient contrevenu à ces réglemens. (*M. G.*)

CARROSSE, s. m. (*Droit public.*) c'est une voiture à quatre roues, suspendue, couverte, fort commode, & quelquefois très-somptueuse, dont on se sert pour aller par la ville & à la campagne.

Les *carrosses* sont de l'invention des François, & par conséquent toutes les voitures qu'on a imaginées depuis à l'imitation des *carrosses*. Ces voitures sont plus modernes qu'on ne l'imagine communément. On n'en comptoit que deux sous François I; l'un à la reine; l'autre à Diane, fille naturelle de Henri II. Les dames les plus qualifiées ne tardèrent pas à s'en procurer; cela ne rendit pas le nombre des équipages fort considérable; mais le faste y fut porté si loin, qu'en 1563, lors de l'enregistrement des lettres-patentes de Charles IX pour la réformation du luxe, le parlement arrêta que le roi seroit supplié de défendre les coches par la ville; & en effet, les conseillers de la cour ni les présidens ne suivirent point cet usage dans sa nouveauté; ils continuèrent d'aller au palais sur des mules jusqu'au commencement du dix-septième siècle.

Ce ne fut que dans ce temps que les *carrosses* commencèrent à se multiplier; auparavant il n'y avoit guère que les dames qui s'en fussent servi. On dit que le premier des seigneurs de la cour qui en eut un, fut Jean de Laval de Bois-Dauphin, que sa grosseur excessive empêchoit de marcher & de monter à cheval. Les bourgeois n'avoient point encore osé se mettre sur le même pied : mais comme cette voiture, outre sa grande commodité, distingue du commun, on passa bientôt par-dessus toute autre considération, d'autant plus qu'on n'y trouva aucun empêchement de la part du prince ni des magistrats. De là vint cette grande quantité de *carrosses* qui se firent pendant les règnes de Louis XIII, de Louis XIV & de Louis XV.

Au reste quel que fût le nombre des *carrosses* sous Louis XIV, l'usage en paroissoit réservé aux grands & aux riches; & ces voitures publiques, qui sont maintenant à la disposition des particuliers, n'étoient point encore établies. Ce fut un nommé *Sauvage* à qui cette idée se présenta; son entreprise eut tout le succès possible; il eut bientôt des imitateurs. Sauvage demeuroit rue S. Martin, à un hôtel appellé *Saint-Fiacre*; c'est de-là qu'est venu le nom de *fiacre* qui est resté depuis & à la voiture & au cocher. En 1650, un nommé *Vilerme* obtint le privilège exclusif de louer à Paris de grandes & de petites *carrioles*. M. de Givri en obtint un pour les *carrosses* : il lui fut accordé, par lettres-patentes du mois de mai 1657, la permission de placer dans les carrefours & autres lieux publics, des *carrosses* à l'heure, à la demi-heure, au jour, qui meneroient jusqu'à quatre à cinq lieues de Paris. L'exemple de M. de Givri encouragea d'autres personnes à demander de pareilles graces, & l'on eut à Paris un nombre prodigieux de voitures de toute espèce. Les plus en usage aujourd'hui sont les *carrosses* de remise, les fiacres, qu'on appelle autrement *carrosses de place*, les voitures pour Versailles & la cour, les coches & *carrosses* des messageries royales, pour conduire les voyageurs dans presque toutes les villes du royaume.

Nous nous bornerons ici à parler des *carrosses*, auxquels on donne à Paris le nom de *remises* & de *fiacres*; nous traiterons des loix qui concernent les autres voitures publiques *sous les mots* COCHES, MESSAGERIE, POSTE. A l'égard de la forme des *carrosses* & des noms différens qu'on leur donne, *voyez* le *Dictionnaire des Arts*.

Nous observerons avec la Peyrère que la dame de Meillars étant à Bordeaux, on saisit les chevaux de son *carrosse* pour une dette de son mari; mais que le parlement lui fit main-levée de la saisie par arrêt du 13 juin 1645, parce qu'elle étoit de condition à avoir un *carrosse* en propre.

Des carrosses de remises. On perçoit à Paris deux sous six deniers par jour par chaque *carrosse* de remise qui se loue dans les maisons à la journée, à la demi-journée & au mois. Ce droit n'est établi que pour un temps déterminé; mais lorsque ce temps est écoulé, on publie une nouvelle loi pour le renouveller. C'est ainsi que par la déclaration du 28 avril 1772, le roi a prorogé pour six années, à commencer au premier janvier 1773, la perception de ces deux sous six deniers.

Cette imposition a pour objet le soulagement & la subsistance des pauvres de l'hôpital général de Paris.

Ce sont les propriétaires des *carrosses* de place, leurs commis & préposés qui sont chargés de lever les deux sous six deniers dont il s'agit : on les dispense de compter du produit de ce droit au moyen d'une somme de dix mille livres qu'ils sont tenus de payer annuellement à l'hôpital général.

Pour assurer la perception du droit dont il est question, il est défendu très-expressément aux loueurs de *carrosses* de remise, d'en louer aucun dans Paris sans en avoir fait auparavant leur déclaration aux propriétaires des *carrosses* de place, & sans s'être soumis à payer ce droit, sous peine de cinquante livres d'amende, outre la saisie & la confiscation des *carrosses* & des chevaux.

Et afin de prévenir toute contravention sur cette matière, le roi a assujetti les loueurs de *carrosses* de remise, à présenter au bureau des régisseurs du droit dont il s'agit, les carosses dont ils ont fait la déclaration, pour y être marqués de telle marque que ces régisseurs trouveront convenable au-dessous du marche-pied, de manière toutefois que cette marque ne puisse être apperçue.

Si un loueur de *carrosses* de remise s'avisoit d'en faire rouler quelqu'un avant que la formalité dont on vient de parler fût remplie, on pourroit le condamner à cinq cens livres d'amende, outre la saisie & la confiscation du *carrosse* & des chevaux. Cela est ainsi prescrit par la déclaration que nous venons d'analyser.

Cette loi attribue au lieutenant général de police de Paris, la connoissance des contestations relatives à la matière dont il s'agit, sauf l'appel au parlement.

Des fiacres ou carrosses de place. Il a été rendu en différens temps divers arrêts & réglemens concernant la qualité des *carrosses* de place, l'ordre & la règle que les loueurs de *carrosses* & leurs cochers doivent observer, soit par rapport à l'arrangement de leurs *carrosses* sur les places publiques, soit pour le départ lorsqu'il se présente quelqu'un pour louer un de ces *carrosses;* & en général, sur tout ce qui a rapport à cet objet de commodité publique : comme ces loix ne s'exécutoient plus avec exactitude, la police a jugé à propos d'en rassembler toutes les dispositions dans une ordonnance du premier juillet 1774.

Conformément à cette loi, les entrepreneurs des *carrosses*, connus sous le nom de *fiacres*, ne peuvent en exposer dans les places publiques, que lorsqu'ils sont bien conditionnés, & garnis de soupentes composées du nombre de cuirs prescrit par les réglemens de la communauté des bourreliers.

Chaque *carrosse* de place doit être numéroté aux frais du propriétaire dans le haut du derrière, & aux panneaux de côté joignant le fond, avec de grands chiffres peints en huile, sans préjudice de la marque des propriétaires du droit sur les *carrosses.*

Les *carrosses* ainsi marqués ne peuvent être vendus sans au préalable en avoir fait déclaration au bureau des propriétaires du droit & les avoir fait démarquer, dont certificat doit être donné par les commis du droit. Les déchireurs de *carrosses*, & même toute autre personne, qui acheteroit un *carrosse* de place sans qu'il lui apparoisse du certificat de démarque, doivent être condamnés solidairement avec le vendeur, en cinquante livres d'amende, & au paiement de ce qui se trouvera dû au propriétaire du droit.

Il est enjoint aux cochers, sous peine d'amende & de punition exemplaire, de rendre fidellement les hardes, nippes ou papiers aux personnes qui les ont oubliés dans leurs *carrosses*, & dans le cas où ils ne sont pas réclamés, d'en avertir dans le jour les commis établis sur les places, pour la régie du privilège, qui sont tenus d'en faire leur déclaration au bureau des *carrosses.*

Cette même loi défend aux particuliers qui veulent se servir d'un *carrosse* de place, d'user d'autorité ou de violences, de maltraiter les cochers, & de monter en plus grand nombre, que la voiture ne peut contenir de personne, à peine de cent livres d'amende. Mais il est également défendu aux cochers d'user de menaces, ou de voies de fait pour faire descendre ceux qui sont dans leurs *carrosses*, sous peine de trois cens livres d'amende, & de punition exemplaire.

L'ordonnance dont nous tirons ces différens réglemens a voulu aussi prévenir les abus que les cochers de place commettoient assez souvent envers les propriétaires des *carrosses*, en les insultant, les menaçant, les maltraitant, & en retenant leur argent: pour arrêter ces espèces de délit, elle défend à tous propriétaires de débaucher les cochers les uns des autres, & d'en employer aucun sans le consentement par écrit du maître de chez lequel il est sorti, à peine de cent livres d'amende.

Les cochers de place ne peuvent mettre leurs *carrosses* que dans les endroits désignés pour cet effet, sans pouvoir se placer dans les rues voisines, & notamment aux environs des spectacles. Ils doivent ranger leurs voitures de manière à ne point embarrasser la voie publique, & à ne point obstacler le passage des gens de pied le long des maisons; ils doivent aussi laisser libre l'accès des maisons & des boutiques.

Les propriétaires des *carrosses* de place n'en peuvent confier la conduite qu'à des personnes âgées au moins de dix-huit à vingt ans, qui aient la force & l'expérience requises : il leur est défendu de les donner à des gens qui ont été condamnés à l'amende ou mis en prison, & contre lesquels il y a eu de justes sujets de plainte. Les cochers, de leur côté, ne peuvent se faire substituer par d'autres personnes, sous quelque prétexte que ce soit. L'ordonnance prononce dans tous ces cas, contre les maîtres & les cochers qui y contreviendront, la peine de l'amende, de la prison, & même de punition exemplaire.

Les cochers ne peuvent exiger de ceux qui les emploient dans l'intérieur de la ville & fauxbourgs de Paris, que le prix fixé par cette même ordonnance; il en est de même pour quelques endroits voisins de Paris, qui sont également désignés; à l'égard des autres lieux plus éloignés, ils sont les maîtres de convenir de gré à gré du prix qu'ils exigent. Il peuvent, toutes les fois qu'ils sont employés, demander par avance le prix de la course qu'on leur fait faire.

Deux arrêts du conseil des 28 août 1768 & 16 avril 1769, ont ordonné que la régie & administration des *carrosses* de place, établis & à établir à Lyon, se feroit depuis cette époque, pour le compte du roi; que le produit en seroit appliqué à l'entretien des écoles royales de médecine vétérinaire; & que toutes les contestations relatives à cet objet seroient portées pardevant le commisfaire départi dans la généralité de Lyon ; pour être par lui jugées, sauf l'appel au conseil.

CARTAGER, v. a. (*terme de Coutume.*) il est principalement en usage dans l'Orléannois. On appelle *cartager*, donner un quatrième labour aux vignes, pour détruire les herbes que les pluies & l'abondance du fumier produisent, qui usent la terre, & empêchent le raisin de profiter & de mûrir.

Les vignerons ne sont pas obligés par la coutume à cette quatrième façon, à moins qu'elle ne soit une condition de leur marché; c'est pourquoi on doit la leur payer au-dessus du prix convenu, pour les façons ordinaires de la vigne, qui consistent dans trois labours.

CARTE, s. f. (*Jurisp. Finance.*) On donne ce nom à un petit carton fin, coupé en quarré long, ordinairement blanc d'un côté, & peint de l'autre de figures humaines, ou autres, & dont on se sert à plusieurs jeux, qu'on appelle, par cette raison, *jeux de cartes*.

Suivant le P. Ménestrier, jésuite, dans *sa Bibliothèque curieuse & instructive*, on ne trouve aucun vestige des *cartes* à jouer avant l'année 1392, que Charles VI tomba en phrénésie : on croit qu'elles furent imaginées pour l'égayer dans ces momens de tristesse, auxquels il devint sujet. Ce même auteur ajoute que les Allemands eurent les premiers des gravures en bois, & gravèrent aussi les premiers des moules de *cartes*, qu'ils chargèrent de figures extravagantes. Ce qui fait soupçonner qu'elles ont pris naissance en France, ce sont les fleurs-de-lys qu'on a toujours remarquées sur toutes les figures.

Nous traiterons des loix & réglemens qui ont été rendus sur les jeux de *cartes*, sous *le mot* Jeu. On trouvera la fabrication des *cartes*, dans le *Dictionnaire des arts & métiers*. Nous nous bornerons ici à donner quelques détails sur les droits auxquels les *cartes* ont été assujetties.

Le premier droit sur les *cartes* est l'établissement d'un *écu-sou*, pour chaque caisse du poids de deux cens livres, & de plus ou moins à proportion, qu'on transporteroit hors du royaume. Ce droit eut lieu en vertu d'une déclaration du 21 février 1581. Le 22 mai 1583, on l'étendit sur les *cartes* dont on faisoit usage dans le royaume, & il fut dit qu'on percevroit un sou *parisis* sur chaque paire de *cartes*.

En 1605, on supprima le droit qu'on faisoit payer pour le transport des *cartes* chez l'étranger, & par une déclaration du 14 janvier de la même année, pour y suppléer, on porta le droit sur celles qui se consommoient dans le royaume, à un sou trois deniers. Il fut dit que ce produit seroit destiné à l'entretien des manufactures, & il ne fut permis de fabriquer des *cartes* qu'à Paris, Rouen, Lyon, Toulouse, Troyes, Limoges & Thiers en Auvergne, afin qu'on eût plus de facilité pour la perception du droit imposé. Cependant quelque temps après on permit encore d'en fabriquer à Orléans, Angers, Romans & Marseille.

Comme il y avoit des *cartes* de trois qualités différentes, que les unes étoient *fines*, les autres *moyennes*, & les autres *petites*, & qu'il ne paroissoit pas juste qu'elles fussent toutes au même prix, il fut réglé en 1607, que celles de la première qualité seroient à deux sous le jeu; les moyennes à un sou, & les dernières à six deniers.

On fut obligé de prendre successivement toutes sortes de précautions pour l'exactitude & la fidélité dans la fabrication des *cartes*. On désigna les heures auxquelles on pourroit travailler; on voulut qu'il ne fût permis de le faire qu'à boutiques ouvertes, qu'on tînt registre des opérations, qu'on déclarât le nom & la demeure des ouvriers, *&c.* On ajouta même à ces précautions par un nouveau réglement qui fut arrêté au conseil, & donné à la suite de lettres-patentes en forme d'édit, du mois de septembre 1661. Par ces lettres-patentes on fixa le droit sur les *cartes* à deux sous six deniers pour chaque jeu, sans distinction de *cartes* fines ou autres; & de ces deux sous six deniers, on en attribua dix-huit deniers à l'hôpital-général de Paris, qui avoit besoin de secours.

Le roi, par un édit du mois d'octobre 1701, révoqua toutes les concessions qu'il avoit faites sur les *cartes*, & ordonna qu'il fût perçu au profit de sa majesté, dix-huit deniers sur chaque jeu de *cartes* qui se débiteroit dans le royaume; & par un arrêt du conseil du 9 mai de l'année suivante, il fut dit que ceux qui se serviroient de moules & de cachets contrefaits, seroient punis la première fois d'une amende de mille livres, & du carcan; & qu'en cas de récidive, ils encourroient la peine des galères à perpétuité.

Comme le droit de dix-huit deniers étoit pour lors excessif, par rapport à la valeur des *cartes* dont il égaloit presque le prix, & qu'il présentoit un bénéfice considérable pour la fraude, ce droit fut modéré à douze deniers par une déclaration du 17 mars 1703; mais il fut remis à dix-huit deniers par une déclaration du 16 février 1745.

Les marchands cartiers de la ville de Rouen, ayant demandé relativement aux *cartes* destinées pour les isles & les colonies françoises, l'exemption du droit rétabli, ils furent déboutés de leur demande par un arrêt du conseil du 4 avril 1747, & il fut dit qu'ils seroient tenus d'acquitter les droits de toutes les *cartes* qu'ils avoient fait passer dans ces isles depuis la déclaration du 16 février 1745, portant rétablissement du droit.

Il est défendu, par l'article 9 d'une déclaration du 21 octobre 1746, de faire entrer dans le royaume, & même dans les principautés qui y sont enclavées, des *cartes* fabriquées dans les pays étrangers. Il est enjoint à tous commis & gardes d'emprisonner ceux qui en introduisent, & l'amende contre ces introducteurs est de trois mille livres. L'usage de ces *cartes* étrangères est défendu à tous les sujets du roi, à peine de mille livres d'amende contre ceux qui s'en trouveront saisis. Il est pareillement défendu à toutes personnes de quelque qualité qu'elles soient, autres que les maîtres cartiers, de vendre, débiter & colporter aucune *carte* à jouer, même dans les lieux où il n'y a point de maîtres cartiers, sans la permission par écrit du fermier, à peine de confiscation & de mille livres d'amende; & il est ajouté que le fermier pourra refuser ou révoquer sa permission comme bon lui semblera. Un arrêt du conseil du 19 novembre 1748 a renouvellé l'exécution de ce qui est porté ci-dessus, par l'article 9 de la déclaration du 21 octobre 1746.

Il se fit une rébellion à la haute Courtille, le 18 janvier 1749, aux commis des droits sur les *cartes;* il en fut dressé procès-verbal. Il intervint des ordres du roi, & le 30 du même mois, lorsqu'on voulut les mettre à exécution, il se fit une autre rébellion, dans laquelle il y eut un employé de tué. Le roi informé de cet événement, commit, par un arrêt de son conseil du 11 février 1749, le lieutenant-général de police & les officiers du présidial du châtelet de Paris, pour faire le procès en dernier ressort aux auteurs & aux complices de ces rébellions.

Le roi ayant établi, par son édit du mois de janvier 1751, une école royale militaire pour l'éducation d'un certain nombre de jeunes gentils-hommes, il jugea à propos d'appliquer au soutien de cet établissement le produit qu'il levoit sur les *cartes;* en conséquence il ordonna, par une déclaration du 13 du même mois, que le droit rétabli sur les *cartes* à jouer par celle du 16 février 1745, seroit levé & perçu dans toute l'étendue du royaume, sur le pied d'un denier par chaque *carte* dont seroient composés les différens jeux qui étoient ou qui pourroient être dans la suite en usage.

Le 23 janvier de la même année 1751, il intervint un arrêt du conseil d'état, par lequel il fut dit que les contraventions qui pourroient arriver, tant sur la fabrication des *cartes*, que sur la perception du droit qui y étoit attaché, seroient instruites & jugées sommairement; savoir, dans la ville & les fauxbourgs de Paris, par le lieutenant-général de police, & dans les autres villes, par les intendans de province. Le roi leur attribua la connoissance, non-seulement des contraventions, mais encore de toutes les demandes & contestations qui pourroient naître au sujet du droit en question, circonstances & dépendances, sauf l'appel au conseil; & il fut ajouté que les jugemens des commissaires seroient exécutés, nonobstant toutes oppositions ou appellations quelconques.

Léonard Maratray fut commis, par un arrêt du conseil du 30 avril 1751, pour faire la régie du droit sur les *cartes* au profit de l'école militaire. Il fut dispensé de se servir de papier timbré pour l'administration de sa régie, & le contrôle de chaque exploit pour raison de la perception du droit, fut fixé à trois sous.

Comme les précautions qui avoient été prises jusqu'alors ne suffisoient pas pour arrêter les fraudes qui se commettoient à l'occasion des *cartes*, le roi crut nécessaire de rendre un nouveau réglement, qui, en rappellant & expliquant les dispositions des anciens, en contînt de nouvelles pour procurer un recouvrement plus facile, & assurer davantage la perception du droit déterminé. Voici quel est en substance ce réglement, introduit par un arrêt du conseil du 9 novembre 1751.

On ne doit employer d'autre papier que celui qui est à la marque de la régie pour les figures & pour les points.

Il est fait défense de contrefaire la marque du papier du régisseur, à peine de faux.

Le droit d'un denier pour chaque *carte* doit être payé comptant, lors de la livraison du papier, outre le prix marchand, à la déduction du droit de dix feuilles au-dessus de chaque cent. Et dans le cas où le régisseur auroit fait des crédits, il peut procéder par voie de contrainte, conformément aux réglemens rendus sur le fait des aides.

On est obligé de faire les moulages au bureau de régie, avec injonction d'y remettre les moules à portraits étrangers.

Il est défendu de recouper les *cartes*, ni d'en vendre de réassorties ou de recoupées : il est défendu pareillement à toutes personnes de prêter leurs maisons pour la fabrication des *cartes*, & pour receler les fraudes, à peine de trois mille livres d'amende. Il y a défenses, sous la même peine, d'en fabriquer dans d'autres villes que celles qui sont désignées par l'état arrêté au conseil.

Les cartiers, ainsi que leurs compagnons & apprentifs, sont obligés de se faire inscrire au bureau de la régie, & ils ne peuvent fabriquer ailleurs que dans leurs maisons & domiciles déclarés.

Il est défendu à toutes personnes, autres que les maîtres cartiers, comme nous l'avons observé ci-dessus, de vendre des *cartes* sans la permission du régisseur.

Les enveloppes des jeux & des sixains doivent être collées par les commis du régisseur, avec la bande de contrôle à sa marque. Ces enveloppes doivent porter le nom, la demeure, l'enseigne & les bluteaux des maîtres cartiers. La bande de contrôle ne peut être apposée qu'au-dessous des jeux & des sixains.

Tous ceux qui tiennent académies, cafés, cabarets, tabagies, jeux de paume, de billard ou de boule, les épiciers, chandeliers, grenetiers, merciers, regratiers, ensemble tous ceux qui font usage de vieilles *cartes*, sont tenus de souffrir les visites des commis, à peine de cinq cens livres d'amende. Il leur est défendu, & à toutes autres personnes de quelque condition qu'elles soient, d'acheter, de vendre & de tenir dans leurs maisons, ou de souffrir qu'il y soit présenté aucun jeu de *cartes* qui ne soit pas fabriqué du papier de la régie, & qui ne porte pas la bande de contrôle du régisseur, à peine de mille livres d'amende. Les commis peuvent faire leurs visites dans les lieux privilégiés, & chez toutes sortes de personnes, en prenant une ordonnance, ou se faisant assister du premier juge requis, formalité qui n'est pas nécessaire lorsqu'il s'agit de visiter chez les cartiers ou les débitans, & chez ceux qui ont été employés à la fabrication des *cartes*.

Il est défendu de souffrir l'entrée & le commerce des *cartes* étrangères, même d'en transporter de celles qui sont de fabrique nationale, sans un congé du régisseur ou de ses préposés. Ceux pour qui elles sont destinées sont obligés d'en faire leur déclaration au bureau de la régie, & d'y remettre le congé, aussi-tôt que ces *cartes* sont arrivées.

Les cartiers doivent s'abstenir de confondre dans leurs boutiques les différentes natures de jeux & de papiers; & il est étroitement défendu à tous graveurs, tant en cuivre qu'en bois, de graver aucun moule ou aucune planche propre à imprimer des *cartes*, sans la permission par écrit du régisseur; de même que de contrefaire ses filigranes, timbres, cachets & autres marques, à peine, pour la première fois, du carcan & de trois mille livres d'amende; & en cas de récidive, de pareille amende & de neuf ans de galères. Il est permis en pareil cas au régisseur de procéder par voie d'information, tant contre les contrevenans, que contre ceux qui les favorisent.

La contrainte par corps est prononcée contre ceux qui sont condamnés à des amendes pour rébellion, pour fraude & contravention : & par un dernier article, il est dit que les employés de la régie jouiront des mêmes immunités que celles dont jouissent les commis des fermes.

Le roi ayant remarqué que l'attribution qu'il avoit faite par arrêt du conseil du 23 janvier 1751, au lieutenant-général de police de Paris, de la connoissance des contraventions concernant les *cartes*, produiroit un meilleur effet en la donnant aux commissaires du bureau des oblats, rendit un autre arrêt le 15 octobre 1757, par lequel il fut dit qu'il évoquoit à soi & à son conseil les contestations nées & à naître, & que pour y faire droit, le tout, à l'égard de la ville & fauxbourgs de Paris, seroit porté devant les commissaires-députés de son conseil, pour connoître des procès & différends concernant les pensions d'oblats affectées à l'hôtel royal des invalides, à l'effet par ces commissaires, de porter leur jugement en première & dernière instance, *souverainement & en dernier ressort*. Et quant aux autres villes, bourgs & autres lieux du royaume, la connoissance de ces sortes de contestations a été conservée aux intendans pour y statuer en première instance, sauf l'appel devant les commissaires dont il s'agit, pour y faire droit en dernier ressort.

Le parlement de Rouen rendit le 19 mars 1770, sur les conclusions du procureur-général de cette cour, un arrêt qui donnoit atteinte aux attributions dont nous venons de parler. Le roi, informé de cet arrêt, en rendit un en son conseil le 21 avril suivant, par lequel il fut dit que, sans avoir égard à celui du parlement, que sa majesté déclara nul & comme non avenu, le réglement du 9 novembre 1751, ensemble les arrêts de son conseil des 23 janvier 1751 & 15 octobre 1757, portant attribution aux commissaires du bureau des oblats & aux intendans dans les provinces, de la connoissance des contraventions concernant les *cartes*, seroient exécutés selon leur forme & teneur. Il fut fait très-expresses inhibitions à tous juges d'exécuter l'arrêt du parlement de Rouen, à peine de nullité, cassation de procédure, de trois mille livres d'amende, & de tous dépens, dommages & intérêts, *&c.*

Un arrêt du conseil du 21 avril 1776 a confirmé les différens réglemens, rendus sur la fabrication des *cartes* à jouer, & a fixé en même temps les villes, où, dans chaque généralité, cette fabrication est permise.

Comme la principauté de Dombes n'appartenoit pas au roi lors de l'établissement de l'école militaire, & que, par cette raison, le droit sur les *cartes* ne s'y percevoit pas, la noblesse de ce pays-là ne participoit point aux avantages de ce nouvel établissement. Mais cette principauté ayant depuis été réunie à la couronne, le droit sur les *cartes* y a été établi par des lettres-patentes du 6 septembre 1772, comme il l'est dans toutes les autres parties du royaume; & à ce moyen la noblesse de cet endroit participe, comme celle du reste de la France, aux avantages de l'école militaire. Il y a un arrêt du conseil du 20 février 1773, qui concerne la forme de l'établissement & de la perception du droit dont il s'agit dans cette principauté. C'est à Trévoux que la fabrication des *cartes* doit se faire : d'ailleurs, ce réglement est conforme à ceux dont nous venons de donner l'analyse concernant les autres villes du royaume.

CARTE *de charité*, s. f. (*Droit ecclésiast.*) c'est le nom qu'on donne au statut primordial de l'ordre de Cîteaux, qui fait la base de sa constitution, & qui a servi de modèle à plusieurs autres établissemens religieux. *Voyez* BERNARDIN.

CARTEL, s. m. (*Droit des gens.*) c'est une convention qui se conclut pendant la guerre entre des commissaires autorisés des pleins-pouvoirs de leurs souverains, & qui règle de quelle manière l'échange des prisonniers sera fait, ou leur rançon sera payée.

Les officiers qui dressent un *cartel*, ne le signent qu'après en avoir communiqué les articles aux généraux qui commandent les armées : ils énoncent qu'ils ont été approuvés; ils stipulent qu'ils seront exécutés, sans avoir besoin d'être ratifiés par les princes.

Les conditions du *cartel* sont ordinairement d'échanger, dans la quinzaine, les prisonniers de même grade, c'est-à-dire un colonel contre un colonel, un capitaine contre un capitaine, *&c.* de donner officier pour officier, homme pour homme, & de payer une certaine somme pour la rançon des prisonniers, en échange desquels on ne pourra en donner d'autres.

On y fixe quelquefois à une certaine somme la rançon des officiers généraux, & des autres grades importans. On règle ordinairement à un mois de solde, de gages, d'appointemens, celle des officiers particuliers & des soldats.

Cette espèce de convention est susceptible de toutes les clauses que les parties contractantes veulent y insérer. Il suffit pour qu'elles soient justes, qu'il y ait égalité & réciprocité.

Il est une autre sorte de convention à laquelle on pourroit donner le nom de *cartel.* Ce sont les actes par lesquels deux états conviennent de se rendre réciproquement leurs déserteurs.

CARTEL, (*ancien Droit féodal.*) c'étoit une lettre de défi ou d'appel à un combat singulier, qui étoit en usage lorsque tous les différends se jugeoient uniquement par les armes.

On donne encore aujourd'hui le nom de *cartel*, à l'appel donné par celui qui se croit offensé par un autre, pour forcer son adversaire à accepter le duel. *Voyez* COMBAT, CHAMPION, DUEL.

CARTEL, (*Droit civil. Commerce.*) c'est une mesure pour les grains, qui est en usage dans plusieurs provinces du royaume, où elle varie pour la grandeur & pour le poids.

A Rocroi, le *cartel* de froment pèse trente-cinq livres; celui de méteil trente-quatre, celui de seigle trente-trois. A Mezières, il pèse en froment trente livres, & en proportion pour les autres grains. A Sedan, son poids est de trente-neuf livres; & à Montmedi, de quarante-huit livres & demie.

Il faut observer que la livre dont nous parlons, doit être entendue de la livre poids de marc.

CARTIER, s. m. (*Jurisp. Arts & Métiers.*) c'est l'artisan ou marchand qui a le droit de faire ou vendre des cartes à jouer. Les *cartiers* forment à Paris une communauté fort ancienne; ils sont connus sous le nom de *papetiers-cartiers.* Les statuts, dont ils se servent, sont les mêmes que ceux qui ont été renouvellés en conséquence de l'édit de Henri II de 1581. Ils ont été confirmés & homologués en 1594, sous Henri IV. Louis XIII & Louis XIV y ont ajouté quelques réglemens nouveaux, & l'établissement de la règie des cartes sous Louis XV, les a encore augmentés. *Voyez* CARTES.

CARTULAIRE, (*Droit public.*) on appelle ainsi le recueil des actes, des titres & des papiers principaux qui concernent les biens de quelque église, chapelle ou monastère.

Les *cartulaires* ont particulièrement été imaginés pour conserver les doubles des actes qu'ils contiennent. C'est pourquoi les critiques soupçonnent ces recueils de n'être pas toujours authentiques, soit qu'on y ait glissé de faux-actes, soit qu'on y ait altéré les véritables.

Lacombe remarque fort bien que plus les *cartulaires* sont anciens, plus ils doivent paroître suspects, sur-tout ceux qui remontent à la première race. En effet, comme on n'étoit pas anciennement dans l'usage d'écrire des titres de fondations & d'immunités ou privilèges, les rédacteurs des *cartulaires*, qui se sont vus en possession de plusieurs terres & de différens privilèges dont ils n'avoient aucun titre, n'ont pas manqué d'en faire & de les insérer dans leurs *cartulaires.* D'ailleurs, les procès que les évêques ont eus avec les abbés des monastères, ont encore beaucoup contribué à la multiplication des faux titres, parce que, pour rendre sa cause meilleure, chaque partie litigante n'a rien épargné pour supposer des actes.

Il faut conclure de ces observations, qu'on ne doit pas admettre facilement & sans examen les actes qui se trouvent insérés dans les *cartulaires.* Il faut sur-tout se défier des extraits des bulles & des privilèges qui se trouvent dans les *cartulaires* des chapitres séculiers ou réguliers. Ainsi, on devroit, par exemple, rejetter l'extrait d'une bulle où l'on remarqueroit des solécismes & d'autres fautes grossières contre les règles de la grammaire, parce qu'à Rome on a soin d'éviter ces sortes de fautes.

CAS, s. m. (*terme de Jurisprudence & de Palais.*) il se dit de certaines natures d'affaires civiles & ecclésiastiques, de délits, ou de crimes, dont la connoissance appartient à différens juges, suivant les personnes ou les circonstances. C'est ce que nous allons expliquer en exposant, par ordre alphabétique, les différentes acceptions que les loix, les ordonnances & les coutumes donnent à ce mot.

CAS *à mort*, (*terme de Coutume.*) celle de Bourbonnois, *tit.* 1, *art.* 2, en faisant l'énumération des délits, dont la connoissance appartient au seigneur haut-justicier, met au premier rang les *cas à mort*, c'est-à-dire les crimes qui doivent être punis d'une peine capitale. Cette disposition n'est pas particulière à la coutume de Bourbonnois. Suivant les principes de la féodalité, la connoissance de toutes les affaires civiles & criminelles est de la compétence du haut-justicier; ses juges peuvent condamner les délinquans dans l'étendue de leur territoire, à toutes sortes de peines afflictives, même à celle de mort. Nous n'avons rapporté cette disposition que pour expliquer le terme particulier dont la coutume se sert pour signifier les délits qui méritent peine de mort, & non comme un droit particulier à cette province.

CAS *de conscience*, (*Droit ecclés.*) On appelle ainsi les difficultés, les questions, relatives aux devoirs de l'homme & du chrétien, dans lesquelles on demande ce que les loix & la religion permettent ou défendent dans certains cas, dans certaines circonstances.

Nous ne pouvons donner aucune règle sur cette matière ; il y a autant de *cas de conscience*, qu'on peut supposer d'actes de la volonté ; d'ailleurs, c'est au théologien, appellé *casuiste*, à peser la nature des faits & leurs circonstances. Mais il doit appuyer ses décisions sur les lumières de la raison, sur les loix civiles de la société, sur les canons de l'église, & sur les maximes de l'évangile. Ce sont quatre grandes autorités qui ne doivent jamais se trouver en contradiction, ensorte que toutes les fois que son sentiment se trouve en opposition avec quelqu'une d'entre elles, il doit suspendre son jugement, & recourir aux lumières d'autrui, qui lui fassent appercevoir la vérité, & l'empêchent de faire naître dans les personnes peu instruites, & dans les consciences timorées, des scrupules mal-fondés, & quelquefois même ridicules aux yeux des gens sensés.

Les décisions des casuistes sont plus importantes pour le maintien de la société, qu'on ne le croit communément. La dépravation des mœurs dont on se plaint est plutôt le fruit de la morale relâchée d'un très-grand nombre de casuistes, que des écrits des incrédules contre les dogmes de la religion.

CAS *fortuits*, (*terme de Droit.*) on donne ce nom à tous les événemens occasionnés par une force majeure, qu'on ne peut prévoir, & à laquelle on ne peut résister, soit que la cause provienne de la nature, ou d'ailleurs.

Les *cas fortuits* produits par la nature, ou comme s'expliquent les jurisconsultes romains, par une force divine, sont la violence des vents, les pluies, les tempêtes, les orages, le tonnerre, la grêle, la gelée, les débordemens, les volcans, les tremblemens de terre, les mortalités des bestiaux, & autres accidens pareils. On compte également entre les *cas fortuits* qui viennent d'une autre cause, la chûte des édifices, les incursions de l'ennemi, les attaques des pirates & des voleurs. Car, quoique ces événemens ne soient pas l'effet immédiat d'une cause divine, il n'en est pas moins vrai qu'on ne peut pas communément les prévoir, & qu'il est souvent impossible d'y résister.

Les incendies ne sont pas toujours mis au rang des *cas fortuits*. On distingue entre ceux qui sont occasionnés par une cause extérieure, & ceux qui le sont par une cause intérieure.

Il suit de ce principe que si le feu prend à la maison que j'occupe comme locataire, soit parce qu'une maison voisine l'y a communiqué, soit parce que le tonnerre est tombé dessus, ou parce que des incendiaires l'y ont mis, cet accident doit être rangé dans la classe des *cas fortuits*. Mais si au contraire le feu a pris dans la maison même, sans aucune cause extérieure, cet événement n'est plus regardé comme *cas fortuit*, & je suis tenu de réparer le dommage du feu, parce qu'il est censé n'être arrivé que par ma fraude, ou par ma faute.

Le vol d'une chose n'est pas toujours regardé comme un *cas fortuit*. Il est toujours nécessaire que celui qui étoit chargé de la chose volée, justifie qu'il avoit apporté à la garde le soin ordinaire d'un bon père de famille, autrement il est responsable du vol. Par cette raison, si le vol a été fait à main-armée, si on a brisé les portes ou les armoires où étoient les choses volées, il n'y a pas de difficulté que cet accident est un cas fortuit, dont le dépositaire ou gardien de la chose volée n'est pas responsable : mais si le vol a eu lieu par la négligence du gardien, s'il a laissé par exemple, une somme d'argent sans être serrée, s'il a laissé les portes de sa maison ouvertes, il ne peut pas imputer à un *cas fortuit* ou à une force majeure le vol qui lui en est fait, & il en est responsable.

Il est de règle générale par rapport aux *cas fortuits*, qu'on ne peut jamais les imputer à celui à qui ils arrivent, & qu'il n'est tenu, à cet égard, à aucune espèce d'indemnité, de dommages & intérêts envers celui à qui la chose appartient ; c'est la disposition précise de la *loi 23, ff. de R. j.* & *de la L. 6, c. de pign. act.* qui sont entièrement conformes au droit naturel.

Cette règle générale reçoit néanmoins deux exceptions. La première, lorsque le débiteur de la chose est par sa faute en retard de la rendre à celui à qui elle appartient, & qu'après ce retard la chose vient à périr par *cas fortuit*. La raison en est que l'effet du retard que le débiteur ne peut imputer qu'à lui-même, perpétue son obligation, le rend responsable de tous les événemens ; ensorte que si la chose vient à périr, elle périt à ses charges, & il est toujours tenu de la rendre comme si elle existoit. Telles sont les espèces des *L. 18, ff. commod. 1. §. 4, ff. de oblig. & act. 23, 82, §. 1, 91, §. 3, de verb. oblig.* On peut même dire que le débiteur dans ce cas, n'est pas positivement tenu du *cas fortuit*, mais qu'il est plutôt responsable de sa faute.

La seconde exception a lieu lorsque le débiteur d'une chose s'est chargé par une convention expresse de tous les événemens & de tous les risques. Ce pacte ajouté à l'obligation résultante d'un contrat, ou formant lui-même un contrat particulier, comme celui des assurances, charge le débiteur de tous les risques & dangers qui peuvent survenir. Voyez *la Loi 23, ff. de R. j. L. 1, §. 35, ff. L. 1, C. depos.* dont les décisions sont conformes au principe que nous établissons.

CAS-*grands*, (*terme de Coutume.*) celle d'Anjou, en spécifiant les crimes dont la connoissance appartient au haut-justicier, à l'exclusion des moyens & bas-justiciers, les désigne sous le nom des *cas-grands*, par opposition aux *cas*, ou faits moins graves, qui ne méritent pas une peine afflictive, & dont la connoissance peut appartenir aux moyens & bas-justiciers.

Elle appelle *cas-grands*, le rapt de violence, l'homicide de guet-à-pens, les blessures faites à une femme enceinte, les crimes d'incendie, de vols de de grands chemins, de sacrilèges, de vols de marchandises faits par force, de poisons, de dévastation des campagnes, & autres semblables. Tous ces crimes étoient effectivement de la compétence des hauts-justiciers, mais à mesure que nos rois ont récupéré l'autorité, que les grands vassaux avoient usurpée, le pouvoir des juges seigneuriaux à l'égard de la connoissance des crimes, a été beaucoup diminué par l'établissement des cas royaux & prévôtaux, dont nous allons parler.

CAS *de hauteur*, (*terme de Coutume.*) on trouve cette expression dans la coutume de Hainaut, *chap. 69*, pour signifier un délit grave, dont la poursuite, si elle étoit faite par les officiers du prince, devoit avoir lieu en la cour de Mons. Elle se sert de ce mot en parlant de la rébellion à justice, soit par celui qu'un huissier veut arrêter, soit par d'autres personnes, pour empêcher l'exécution du décret. L'ancienne coutume prononçoit contre le coupable la peine du poing coupé.

CAS *meurtrier, ou vilain*, (*terme de Coutume.*) celle de Hainaut, rédigée en 1534, avoit conservé plusieurs compositions, anciennement en usage dans notre droit françois, sur les crimes & délits.

Dans le chapitre 26, elle permet au grand bailli de la province de recevoir à composition les condamnés à mort, excepté dans les *cas meurtriers*, ou *vilains*. Cette composition consistoit d'abord dans la satisfaction de la partie intéressée, tant par rapport aux dépens, que par rapport aux dommages & intérêts; 2°. dans les frais de justice; 3°. dans une amende proportionnée à la grandeur du crime. La moitié de l'amende devoit être remise au grand bailli, & l'autre moitié aux officiers inférieurs, soit royaux, soit seigneuriaux, qui avoient instruit l'affaire; & dans le cas où ils n'avoient fait aucune poursuite, la totalité de l'amende appartenoit au bailli. *Voyez* COMPOSITION.

Les *cas meurtriers*, ou *vilains*, que la coutume ne permet pas d'admettre à composition, sont l'assassinat de guet-à-pens, l'incendie, le poison, & autres semblables, qui prennent leur source dans la bassesse & méchanceté de l'ame, & qui méritent la mort.

CAS *périlleux*, (*coutume locale de la Rue d'Indre.*) cette expression désigne les espèces d'affaires criminelles, dans lesquelles il y auroit péril de laisser échapper un accusé. Suivant cette coutume, le juge, sur l'accusation intentée par une partie, ne peut faire arrêter l'accusé qu'après l'information préalablement faite: cependant, ajoute-t-elle, si le *cas est périlleux*, s'il requiert célérité, il peut avant l'information faire constituer prisonnier l'accusé.

CAS *prévôtaux*, ou *présidiaux*, (*Code criminel.*) c'est le nom qu'on donne à certains crimes dont la connoissance appartient aux prévôts des maréchaux & aux présidiaux, & qui sont jugés souverainement & en dernier ressort, soit parce qu'ils exigent une punition prompte, soit parce qu'ils sont indignes de la faveur de l'appel, soit enfin parce qu'ils ont été commis par des personnes d'une condition vile & méprisable.

L'ordonnance criminelle de 1670, *titre premier*, avoit traité des *cas prévôtaux*, & des juges qui en doivent connoître; mais depuis il s'étoit élevé, entre les juges ordinaires & les prévôts de maréchaussée, plusieurs difficultés, dont quelques-unes avoient été réglées par des édits & déclarations particulières, tandis qu'il restoit encore d'autres points importans à décider.

Ces motifs ont engagé le roi à donner le 5 février 1731, une nouvelle déclaration, qui a mis plus d'ordre dans l'établissement & la distribution des *cas prévôtaux.*

Suivant cette loi, on distingue deux espèces de *cas prévôtaux :* les uns le sont par la qualité des personnes, les autres par la nature du crime.

Les *cas prévôtaux*, par la qualité des personnes, sont les crimes commis 1°. par les vagabonds & gens sans aveu, 2°. par les gens repris de justice, 3°. par les gens de guerre.

On doit entendre par vagabonds & gens sans aveu, ceux qui n'ont ni profession, ni métier, ni domicile certain, ni bien pour subsister. Les gens de cette espèce doivent être arrêtés, quand bien même ils ne seroient accusés ni prévenus d'aucun crime, comme étant par leur seul état gens nuisibles, ou tout au moins à charge, & à craindre pour la société civile. Il en est de même pour les mendians valides qui n'ont pareillement ni feu, ni lieu; & on doit leur faire leur procès, suivant la rigueur des loix, données sur le fait de la mendicité.

La déclaration, en mettant, ainsi que l'ordonnance, les crimes commis par des gens repris de justice au nombre des *cas prévôtaux*, décide néanmoins qu'à l'égard de l'infraction de ban, il n'y a que ceux qui ont prononcé le ban qui en puissent connoître, & cela par droit de suite, à moins que le bannissement n'ait été prononcé par les cours, auquel cas il n'y a qu'elles qui, par la même raison, puissent faire le procès aux infracteurs du ban.

Elle est également conforme à l'ordonnance, lorsqu'elle attribue aux prévôts des maréchaux la connoissance de tous les excès, oppressions, ou autres crimes commis par des gens de guerre, tant dans leur marche que dans les lieux d'étape, d'assemblée ou de séjour pendant leur marche, ainsi que du crime de désertion; mais elle ajoute à l'ordonnance, en les autorisant à juger pareillement les fauteurs ou complices de la désertion, quand bien même ils ne seroient point gens de guerre.

Suivant cette même loi, les *cas prévôtaux* par la nature du crime, sont presque tous ceux qui étoient mentionnés dans l'article 12 de l'ordonnance, à l'exception de l'assassinat prémédité. Mais elle les particularise mieux que n'avoit fait l'ordonnance. En mettant les vols sur les grands chemins dans cette classe, elle décide que les rues des villes ne peuvent être censées comprises à cet égard sous le nom de grand chemin. Elle n'attribue de même aux prévôts des maréchaux les vols faits avec effraction, que lorsqu'ils sont accompagnés de port d'armes & de violence publique, ou lorsque, sans port d'armes ni violence publique, l'effraction se trouve avoir été faite dans les murs de clôture, ou aux toîts des maisons, aux portes, ou aux fenêtres extérieures. Elle admet la même restriction par rapport aux sacrilèges commis avec effraction. Enfin, elle ajoute aux séditions & émotions populaires, les attroupemens & assemblées illicites avec port d'armes.

Elle a aussi modifié la dernière disposition de l'article 12 de l'ordonnance, qui semble interdire indistinctement aux prévôts des maréchaux la connoissance des *cas prévôtaux*, lorsqu'ils sont commis dans les villes où ces prévôts ont leur résidence : car elle distingue si les crimes sont prévôtaux par la qualité des accusés, ou s'ils le sont par la nature du crime; dans le premier cas, elle décide qu'ils sont de la compétence des prévôts des maréchaux, quand bien même ils auroient été commis dans les villes de leur résidence; dans le second cas au contraire, elle prononce que ces officiers ne peuvent pas en connoître.

L'article 15 du titre premier de l'ordonnance criminelle, porte que *les juges présidiaux connoîtront en dernier ressort des personnes & crimes mentionnés en l'article 12, préférablement aux prévôts des maréchaux, s'ils ont décrété, ou avant eux, ou le même jour.*

Cette disposition renferme deux points principaux; premièrement, la concurrence des juges présidiaux avec les prévôts des maréchaux; secondement, la préférence qui est accordée aux premiers sur ces derniers dans certains cas.

Pour commencer par la concurrence, elle a souffert deux modifications importantes depuis l'ordonnance criminelle : la première est que les juges présidiaux, aux termes de la déclaration de 1731, sont exclus de la connoissance des crimes commis par les déserteurs & par leurs complices, pour raison de la désertion, qui, étant un crime purement militaire, est, par sa nature, de la compétence des seuls prévôts des maréchaux, à l'exclusion de tous les juges ordinaires : la seconde modification est que les présidiaux ne peuvent jouir du droit de concurrence avec les prévôts des maréchaux pour la connoissance des *cas prévôtaux*, soit par la qualité des accusés, soit par la nature du crime, que lorsque le délit a été commis dans l'étendue de la sénéchaussée ou du bailliage où le siège présidial est attaché : si au contraire, il s'agit de crimes commis dans le ressort d'une autre sénéchaussée ou bailliage, quoique ressortissant au siège présidial dans les deux *cas* de l'édit des présidiaux, la connoissance en est dévolue aux baillis ou sénéchaux, à la charge de l'appel au parlement; & en ce dernier point, la déclaration de 1731 n'est que confirmative d'une autre précédemment rendue le 29 mai 1702.

A l'égard de la préférence, la déclaration de 1731 attribue, de même que l'ordonnance criminelle, aux juges présidiaux, la connoissance des *cas prévôtaux* préférablement aux prévôts des maréchaux, s'ils ont décrété ou avant eux, ou le même jour; mais de plus elle étend la même préférence sur les prévôts des maréchaux dans le même *cas*, aux simples baillis ou sénéchaux, d'après la même déclaration de 1702.

L'article 16 du titre premier de l'ordonnance criminelle exclut les juges ordinaires de la connoissance de tous les *cas prévôtaux* & royaux, & les réduit à la simple faculté d'informer, de décréter & d'interroger les coupables ; mais il n'est plus observé dans toute son étendue. D'abord, la déclaration de 1702, & celle de 1731, qui y est relative, ont distingué les *cas prévôtaux* par la qualité des personnes, & ceux qui ne le sont que par la qualité du crime. C'est à l'égard de ces derniers seulement qu'elles ont laissé subsister la disposition de l'ordonnance; mais quant à ceux qui ne le sont que par la qualité des personnes, ces deux loix autorisent tous les juges royaux indistinctement, même ceux des hauts-justiciers, chacun dans l'étendue de sa justice, à les juger à la charge de l'appel, concurremment avec les prévôts des maréchaux, même par prévention sur eux, au *cas* qu'ils aient informé ou décrété avant eux, ou le même jour.

En second lieu, la déclaration de 1731 donne plus d'étendue & de clarté à l'ordonnance, même par rapport aux *cas* royaux ou *prévôtaux* par la nature du crime; car, quoique l'ordonnance parût autoriser le juge des lieux d'informer, de décréter & d'interroger seulement, il s'étoit élevé une grande question, qui étoit de savoir si les juges des seigneurs étoient compris dans cette autorisation. La déclaration de 1731 décide pour l'affirmative. D'un autre côté, l'ordonnance ne permettoit aux juges des lieux d'informer, décréter ou interroger, que dans le *cas* du flagrant-délit seulement : mais la déclaration de 1731 étend cette permission à tous les *cas* indistinctement. Enfin, la permission réciproque d'informer, de décréter & d'interroger est accordée par la même déclaration, pour les cas ordinaires, aux prévôts des maréchaux.

Cette même déclaration veut que si les coupables d'un *cas* royal ou *prévôtal* ont été pris ou en flagrant-délit, ou en exécution du décret du juge ordinaire, avant que les prévôts des maréchaux aient décerné un pareil décret contre eux, les baillis ou sénéchaux jouissent du fruit de ces mêmes diligences, & que le lieutenant-criminel de la sénéchaussée ou du bailliage soit censé avoir prévenu le prévôt des maréchaux, par la diligence du juge qui lui est subordonné.

Suivant les articles 11, 12 & 13 de la déclaration de 1731, les ecclésiastiques ne sont pas sujets, pour quelque crime que ce puisse être, à la jurisdiction des prévôts des maréchaux, ou des présidiaux en dernier ressort. Les gentilshommes doivent jouir du même privilège, à moins qu'ils n'aient déjà subi quelque condamnation de peine corporelle, de bannissement, ou d'amende honorable. Il est aussi spécialement accordé aux secrétaires du roi, & aux officiers de judicature, dont les procès criminels ont accoutumé d'être portés en la grande ou première chambre des parlemens.

CAS *privilégiés*, (*Droit canonique.*) ce sont les crimes & délits commis par les ecclésiastiques, dont l'instruction appartient au juge séculier, comme au juge ecclésiastique, & qui, outre les peines canoniques, méritent d'être punis de peines afflictives.

Pour comprendre ce que l'on entend par *cas privilégiés*, il faut savoir que les ecclésiastiques peuvent se rendre coupables de trois espèces de délits, savoir de délits purement canoniques, tels que l'hérésie, le sacrilège, la simonie, *&c.*; de délits que l'on appelle *communs*, tels que le simple larcin, l'homicide commis sans dessein prémédité, le concubinage, les injures faites à des particuliers, *&c.*; & enfin de délits privilégiés qui sont les crimes atroces qui troublent le bon ordre de la société, que le roi a intérêt de faire punir, pour l'exemple & l'intérêt de ses sujets; tels sont les crimes de lèse-majesté, de fausse monnoie, d'incendie, d'assassinat de guet-à-pens, de vols sur les grands chemins, de vol avec effraction, de port d'armes défendues, de contravention aux défenses faites par un juge royal, & autres semblables.

Cette dernière espèce de crimes est appellée *délit* ou *cas privilégié*, par opposition aux délits ecclésiastiques & communs, & encore *cas mixte*, parce que le juge séculier & le juge ecclésiastique en connoissent conjointement, & rendent chacun leur sentence, le premier sur le délit privilégié, le second sur le délit commun. On trouvera sous *le mot* DÉLIT, les loix en usage sur les *délits* ou *cas privilégiés*. *Voyez* DÉLIT.

CAS *privilégiés*, (*terme de Coutume.*) on le trouve dans l'art. 197 de celle de Paris, dans le sens de délits, dont la connoissance est attribuée à des juges particuliers; tels sont les *cas* royaux, les délits qui se commettent dans les bois, ou pour les faits de chasse, & autres semblables, dont la connoissance appartient aux juges royaux, ou aux juges d'attribution. « La connoissance & la punition des délits, dit cet article, appartiennent au juge du domicile des délinquans, & non au juge du lieu où le délit a été commis, quand il est requis par le juge du domicile, s'il n'y a *cas privilégié* ».

La coutume de Bretagne se sert aussi du terme de *cas privilégiés*, mais dans le même sens que celui où il est pris en droit canonique. L'article 3 permet à tous les juges séculiers de faire prendre & arrêter les clercs & les religieux, lorsque le délit le requiert, sauf à les rendre aux juges ecclésiastiques du lieu où le délit a été commis, s'ils en sont requis, & que faire se doive. Lorsque le renvoi a lieu, le juge ecclésiastique doit rendre les frais faits par le juge séculier, autres néanmoins que ceux des parties, à moins, dit la coutume, que le *cas* ne soit *privilégié*, car alors il n'est dû que la moitié des frais.

CAS *provisoires*, (*terme de Palais.*) on appelle ainsi certaines affaires qui demandent une prompte décision, à cause du préjudice que le retard pourroit occasionner.

Les *cas provisoires*, suivant l'ordonnance de 1667, & plusieurs autres réglemens, sont ceux où il s'agit de l'élargissement des personnes emprisonnées pour dettes, de la main-levée de marchandises sujettes à dépérissement, ou destinées à être envoyées en quelques endroits, du paiement que des aubergistes, ou des ouvriers demandent à des étrangers pour alimens & fournitures; de la réclamation d'un dépôt, d'un gage, contre des saisies de fruits, bestiaux, équipages, *&c.*; des ventes de meubles, & en général de tout objet qui requiert célérité, & où il y a péril à la demeure. *Voyez* AFFAIRES SOMMAIRES.

Dans les *cas provisoires* le juge n'est point tenu sur la demande d'une partie, d'attendre l'expiration des délais ordinaires; il peut permettre d'assigner la partie adverse pour le jour même, ou le lendemain, suivant les circonstances.

CAS *royaux*, (*Droit civil & criminel.*) sont ceux dont la connoissance appartient aux juges royaux, privativement à tous autres. On comprend sous ce nom, toutes les affaires qui intéressent le roi, soit relativement à sa personne ou à son domaine, soit en ce qui concerne la police du royaume, les droits attachés à la souveraine puissance, & la sûreté des citoyens; d'où il suit que les *cas royaux* ont lieu, tant en matière civile, qu'en matière criminelle.

Cas royaux en matière civile. L'examen & la réception des principaux officiers des bailliages royaux, tels que les baillis, les lieutenans-généraux, les lieutenans-particuliers, les conseillers & les gens du roi, sont des *cas royaux* dont la connoissance appartient aux parlemens. Mais l'examen & la réception des autres officiers des bailliages royaux, & même des principaux officiers des justices qui ressortissent pardevant eux, sont des *cas royaux* dont la connoissance appartient à ces bailliages.

Toutes les causes qui concernent les officiers royaux, ou les droits dépendans de leurs offices, sont aussi des *cas royaux*.

Il en est de même des saisies réelles des offices royaux, & des scellés apposés sur les minutes, les papiers & les effets des notaires, des receveurs des consignations, des commissaires aux saisies réelles, *&c.*

Il faut en dire autant de toutes les affaires relatives à la propriété ou au revenu du domaine du roi.

Diverses ordonnances, & particuliérement l'édit de Cremieu, avoient attribué la connoissance des *cas royaux* de cette espèce aux baillis ou sénéchaux, à l'exclusion de tout autre juge, sur-tout lorsque les droits du roi étoient contestés, ou que les procureurs du roi des bailliages étoient en cause: mais cette jurisprudence a été changée par l'édit du mois d'avril 1627. Suivant cette loi, ce sont les trésoriers de France qui connoissent aujourd'hui des affaires domaniales. Il faut néanmoins excepter quelques provinces, telles que l'Orléanois, qui étoient alors engagées ou données en apanage; les choses y sont restées dans l'ancien état, conformément à l'édit de Cremieu.

Il y a aussi une exception particulière à faire pour la Lorraine, où les trésoriers de France n'exercent aucune jurisdiction.

Dans la classe des *cas royaux* sont pareillement les causes concernant les fiefs qui sont dans la mouvance du domaine royal, ainsi que les réceptions & vérifications de foi & hommage des vassaux de sa majesté.

Il en est de même des lettres de souffrance & de conforte-main données à ces vassaux.

Le droit d'aubaine est aussi un *cas royal*, en quelque lieu que l'aubain soit décédé; mais les droits de bâtardise, de deshérence & de confiscation ne sont des *cas royaux* qu'autant que les biens laissés se trouvent dans la justice du roi, ou qu'ils ont été confisqués pour crime de lèse-majesté.

Les droits de francs-fiefs, d'amortissement & de nouveaux acquêts sont aussi des *cas royaux*.

Il faut dire la même chose des causes relatives aux chemins publics, aux rues & aux fortifications des villes, aux rivières navigables, aux isles & atterrissemens, aux naufrages & aux terres qui ne sont possédées par personne.

Un arrêt du parlement de Paris, du 11 décembre 1627, a jugé que les causes concernant les biens ou domaines des villes royales étoient des *cas royaux*, dont la connoissance devoit appartenir aux baillis par préférence aux prévôts.

Cependant la connoissance des contestations relatives aux murs, portes, tours, fortifications, chemins, rues & sentiers des villes & prévôtés royales, appartient aux prévôts dans les lieux où cette connoissance n'a point été attribuée particuliérement à d'autres juges. C'est ce qui résulte tant de l'article 5 de la troisième déclaration rendue sur l'édit de Cremieu en juin 1559, que des arrêts du parlement des 12 décembre 1553, 13 juillet 1610, & 17 avril 1612, rapportés par Joli.

La même déclaration a ordonné que les baux & marchés qu'il conviendroit de faire relativement aux réparations concernant ces objets, se feroient pardevant les prévôts lorsqu'il s'agiroit d'employer à ces réparations les deniers communs & particuliers des sujets du roi; mais que si l'on devoit y employer des deniers royaux, les mêmes baux & marchés se feroient pardevant les baillis ou sénéchaux, conformément à l'édit de Cremieu.

On doit pareillement mettre au rang des *cas royaux* les contestations relatives à la capitation, aux tailles, aux aides, aux gabelles, au contrôle, au centième denier, & à tous les autres impôts & deniers royaux. Ce sont des juges extraordinaires, tels que les intendans & commissaires départis dans les généralités, les cours des aides, les élections, les greniers à sel, *&c.* qui connoissent de ces sortes d'objets.

Parmi les *cas royaux* sont encore les causes relatives aux érections de terres en duché-pairie, marquisat, comté, baronnie, ou autre fief de dignité, & aux concessions de privilèges faites à des villes, à des communautés, à des universités, à des académies, ou à d'autres particuliers.

Il en est de même des causes qui ont pour objet l'état ou les droits de la noblesse; les privilèges attachés au droit de justice; la naturalisation des étrangers; la légitimation des bâtards; les lettres d'émancipation & de bénéfice d'âge; les lettres de changement de nom & d'armoiries; les lettres de grace, de rémission, d'abolition ou de commutation de peine; les lettres de réhabilitation; les lettres d'état; les concessions de foires & marchés, *&c.*

Les causes concernant les églises, les chapitres, les abbayes, les prieurés, les commanderies, les hôpitaux, les communautés, les académies, & tous les autres établissemens de fondation royale, sont aussi des *cas royaux*.

Il faut également mettre au rang des *cas royaux*, l'exercice que les juges royaux font de leur autorité pour la conservation des droits de la puissance ecclésiastique; pour la manutention des canons & des loix ecclésiastiques reçus dans le royaume; pour examiner si les nouvelles décisions en matière de religion ne contiennent rien de contraire aux droits de la puissance temporelle; pour maintenir la discipline & police extérieure de l'église; pour obliger les évêques à résider dans leurs évêchés, & les autres ecclésiastiques pourvus de bénéfices à charge d'ames à résider dans le lieu où ces bénéfices doivent être desservis; pour veiller à ce que les évêques visitent leurs diocèses dans les temps déterminés par les canons, & à ce que les titulaires des bénéfices acquittent le service & les aumônes dont ils peuvent être chargés (sur quoi il faut remarquer que, conformément à l'édit du mois d'avril 1695, il n'y a que les cours qui aient jurisdiction sur les évêques pour leur faire remplir ces obligations); pour obliger les chefs des communautés religieuses à faire observer les règles de leur ordre; pour la réformation des ordres religieux lorsqu'ils s'écartent des règles de leur institution; pour examiner & homologuer les loix de discipline ecclésiastique, lesquelles, sans cette formalité, n'auroient aucune autorité dans le royaume; pour faire des réglemens relatifs à l'exécution des canons, ou à la réformation de la discipline ecclésiastique, ou à la manière de procéder devant les juges d'église; pour faire convoquer les conciles ou synodes lorsque l'intérêt de l'église & de l'état l'exige; pour assister aux assemblées des ecclésiastiques, afin de voir s'il ne s'y entreprend rien contre les libertés de l'église gallicane, ni contre les loix de l'état; pour faire observer ces loix à la puissance ecclésiastique; pour réprimer les abus & les contraventions aux canons des conciles reçus dans le royaume; pour empêcher que les officiaux & les autres juges d'église n'entreprennent sur la jurisdiction temporelle; à l'effet de quoi les officiers royaux doivent évoquer les causes qui ne sont pas de la compétence de ces juges; pour prononcer sur l'âge auquel on peut entrer en religion, sur les formalités qu'on doit observer à cet égard, & sur la validité des vœux, conformément aux loix concernant cette matière; pour faire observer tout ce qui a rapport à la police des mariages, & pour donner la force coactive aux ordonnances des évêques, des archidiacres, ou des autres ecclésiastiques qui exercent une jurisdiction approuvée.

La connoissance des entreprises de la cour de Rome contre les libertés de l'église gallicane, est aussi un *cas royal*.

Il en est de même du droit de réprimer les entreprises de la puissance ecclésiastique, lorsqu'elles tendent à blesser l'autorité du roi, ou à troubler l'ordre public & la tranquillité de l'état.

La connoissance des causes de suspension de lettres monitoires, obtenues contre la disposition des ordonnances, est pareillement un *cas royal*.

Il faut ranger dans la même classe les causes relatives aux matières bénéficiales, & tout ce qui en dépend, comme le possessoire des bénéfices litigieux; le droit de patronage; la collation des bénéfices; le droit de faire saisir les fruits & les revenus des bénéfices, faute par les bénéficiers d'entretenir les biens qui en dépendent; le droit d'apposer le scellé sur les titres concernant les cures & les autres bénéfices, après le décès des bénéficiers; l'usurpation des bénéfices & des droits qui en dépendent; les contestations & les déclarations qui ont rapport aux portions congrues des curés & des vicaires, aux droits des curés primitifs, aux dixmes, aux réparations des églises, à la confection des terriers des biens ecclésiastiques, à l'aliénation des biens d'église & de ceux des hôpitaux ou confrairies, au remploi des rentes remboursées aux hôpitaux, fabriques, ou autres gens d'église, &c.

La connoissance de la régie des biens des religionnaires fugitifs est aussi un *cas royal*, suivant l'édit du mois de décembre 1688.

Il faut pareillement ranger parmi les *cas royaux* les causes des personnes & des communautés qui sont particuliérement en la garde & protection du roi: telles sont les causes personnelles des évêques, & celles qui concernent la conservation de leurs droits & privilèges; telle est aussi la garde des églises cathédrales & des autres églises ou communautés qui ont des lettres de garde gardienne: l'édit de Cremieu attribue la connoissance de toutes les causes de ces églises & communautés, tant en demandant, qu'en défendant, aux baillis & aux sénéchaux royaux, à l'exclusion de tout autre juge: telles sont encore les causes des pairs de France, des ducs & des autres privilégiés, desquelles la connoissance est attribuée, soit au parlement de Paris, soit à d'autres juges royaux.

Les contestations qui ont rapport aux contrats passés sous le scel royal, lorsque ces contrats portent que les parties se soumettent à la jurisdiction du juge royal, sont aussi des *cas royaux*. Il y a même des coutumes, telles que celles de Senlis & d'Amiens, où les juges des seigneurs ne peuvent pas connoître des causes qui dérivent des contrats passés sous le scel royal.

C'est d'après ces principes, qu'un arrêt rendu pour Aurillac le 5 août 1618, & rapporté par Chenu, a jugé que l'exécution d'un testament passé devant un notaire royal, appartenoit au juge royal, & non au seigneur haut-justicier.

Un arrêt de réglement, rendu pour Noyon le 7 septembre 1622, a mis au nombre des *cas royaux* les demandes en restitution contre les contrats passés sous le scel royal, à moins que ces demandes ne fussent incidentes.

Les causes qui concernent les villes, leurs deniers patrimoniaux ou d'octroi, l'usurpation de leurs droits, & les droits d'usage ou de pâturage prétendus par les seigneurs, ou par les sujets & habitans des lieux, sont pareillement des *cas royaux*.

Il en est de même du droit de contraindre les particuliers à vendre leurs biens au public. C'est aussi dans cette classe qu'on doit mettre tout ce qui a rapport à la conservation des établissemens publics, tels que les dépôts des titres & papiers publics, les bibliothèques publiques, &c.

Il faut pareillement mettre au rang des *cas royaux* toutes les choses qui intéressent la police générale du royaume: ainsi les causes relatives à l'état des personnes, à la célébration des mariages, aux registres des baptêmes, mariages & sépultures, & à la réformation de ces registres, lorsqu'il est question de supprimer ou de rectifier quelques-uns des actes qu'ils contiennent, sont des *cas royaux*.

Il en est de même des causes qui concernent les droits honorifiques dans les églises, & des contestations relatives aux insinuations & publications des donations & substitutions.

Il faut en dire autant des certifications des criées, de l'enregistrement des ordonnances, édits, déclarations & lettres-patentes, & des cessions & abandonnemens de biens faits en justice.

Les reconnoissances d'écriture incidentes, lorsque

les parties contre lesquelles on prétend employer les pièces qu'on veut faire connoître, ne sont ni présentes, ni domiciliées au lieu où les affaires sont pendantes, sont pareillement des *cas royaux*, comme l'explique l'article 5 du titre 12 de l'ordonnance de 1667.

L'exécution des sentences des officiaux & celle des sentences consulaires sont aussi des *cas royaux*, suivant les édits de septembre 1610, & novembre 1673.

Suivant l'ordonnance du mois d'août 1669, les *cas royaux* en matière d'eaux & forêts sont ceux qui ont rapport à la police générale des forêts & rivières, & qui intéressent le roi & le public. Telles sont la chasse sur le domaine du roi, la prise du cerf & de la biche en quelque lieu que ce soit, les contraventions aux réglemens concernant la pêche, tout ce qui a rapport aux rivières navigables & flottables; la coupe des bois de haute-futaie; les délits que commettent dans ces bois les particuliers, les ecclésiastiques ou les communautés qui en ont la propriété, &c.

Sur quoi il faut remarquer que divers arrêts du conseil ont attribué la connoissance des *cas royaux* & de réformation aux officiers des maîtrises, à l'exclusion des gruyers des seigneurs.

Cas royaux en matière criminelle. On appelle particuliérement *cas royaux*, les crimes qui offensent la majesté du souverain, les droits de sa couronne, la dignité de ses officiers, & la sûreté publique dont il est le protecteur.

D'après l'ordonnance de 1670, *tit. 1.*, & les autres édits & réglemens, on doit regarder comme *cas royaux* tous les crimes commis contre l'état ou contre la personne du roi, & qu'on qualifie de crimes de lèse-majesté. Telles sont les conspirations contre l'état, les ligues, associations, correspondances & intelligences directes ou indirectes avec les ennemis de l'état, les révoltes & soulévemens avec armes de la part des sujets du roi contre ses ordres, les discours & les écrits séditieux qui tendent à exciter le peuple à se révolter contre le gouvernement, les complots qui ont pour objet de livrer une ville ou une place aux ennemis de l'état; la trahison qu'on exerce envers les troupes du roi pour favoriser l'ennemi, & les secours d'argent, de vivres ou de soldats qu'on lui fournit.

On devient aussi criminel de lèse-majesté en engageant les alliés du roi à rompre avec lui, & en détournant les sujets de sa majesté de l'obéissance qu'ils lui doivent.

Il en est de même du refus que fait un gouverneur, un commandant de place, ou quelque autre officier militaire, de remettre son gouvernement ou commandement lorsque le roi lui en a donné l'ordre.

Il faut mettre dans la même classe les crimes de ceux qui, connoissant dans un camp ou dans une garnison, des espions envoyés par l'ennemi, ne les découvrent pas sur le champ; qui font sauver des personnes rebelles à l'état, ou données en ôtage; & qui débitent dans une armée ou dans une ville assiégée des nouvelles propres à intimider les troupes, & à les faire déserter.

L'édit du mois d'août 1669, & la déclaration du 14 juillet 1682, ont pareillement regardé comme crime contre l'état la sortie du royaume pour aller s'établir chez l'étranger. *Voyez* ABSENT.

Au nombre des mêmes *cas royaux* sont compris les crimes de lèse-majesté, qui consistent non-seulement dans les attentats commis contre la personne du roi, & contre celles des princes de son sang, mais encore dans les injures proférées contre le souverain, & dans l'action d'abattre ou de deshonorer les statues qui le représentent en public.

Les *cas royaux* de cette espèce s'étendent aussi à toute rébellion aux ordres & mandemens émanés directement du roi, ou des secrétaires d'état par l'ordre exprès de sa majesté, & aux injures ou excès commis contre les ambassadeurs ou envoyés du roi, contre les messagers royaux, & contre ceux auxquels le roi a donné ordre de se rendre pardevant lui, parce qu'ils sont alors sous la sauvegarde de sa majesté.

Il faut observer que, quoique l'ordonnance criminelle ait attribué aux baillis & aux sénéchaux la connoissance du crime de lèse-majesté en tous ses chefs, il n'y a néanmoins que le parlement qui soit compétent pour juger le crime de lèse-majesté au premier chef. C'est un usage dont il y a plusieurs exemples. On doit ajouter que non-seulement le parlement connoît immédiatement du crime de lèse-majesté au premier chef, mais encore qu'il interpose son autorité dans tous les cas où il juge nécessaire de le faire. C'est pourquoi il peut connoître en première instance d'une plainte de scandale public, ou de faits graves qui intéressent l'ordre public, ou la police générale. Cet usage est fondé sur une ordonnance de Charles VIII du mois de juillet 1493, qui le permet ainsi à la cour, *lorsqu'il y a grande & urgente cause, & qu'elle voit que faire se doit.*

Le vol d'église avec effraction est aussi un *cas royal*; il devient prévôtal, ainsi que nous l'avons dit, lorsque l'effraction se trouve faite aux murs de clôture, au toît, ou aux fenêtres extérieures.

On met dans le même rang les rébellions aux mandemens, sentences, jugemens, ou arrêts, émanés des officiers royaux : il en est de même des excès commis contre ces officiers dans les fonctions de leurs charges. Mais une rébellion à justice ne seroit pas un *cas royal*, si elle avoit lieu contre un huissier exécutant une sentence ou ordonnance du juge d'un seigneur haut-justicier. Ce juge seroit compétent pour instruire une procédure à ce sujet.

L'ordonnance criminelle a pareillement mis dans la classe des *cas royaux* la police pour le port des armes; ce qui doit s'entendre des défenses publiées par forme de police de porter des armes, contre la disposition des ordonnances.

Rousseau de la Combe s'est trompé quand il a dit que le port d'armes n'étoit *cas royal*, qu'autant qu'il étoit joint à un crime d'assemblée illicite : l'édit de Cremieu a mis le simple port d'armes au nombre des *cas royaux*, & l'ordonnance de 1670 n'a fait que confirmer cette disposition. *Voyez* ARMES.

Il faut entendre ici sous la dénomination d'*armes*, non-seulement les fusils, les épées & les pistolets, mais encore les bâtons ferrés & les autres armes défendues par les ordonnances.

Toute assemblée illicite est aussi un *cas royal*, soit qu'elle ait lieu avec armes ou sans armes.

Il en est de même des séditions & émotions populaires, & de tout ce qui tend à les exciter, comme les propos séditieux tenus dans les lieux publics, les libelles qui tendent à troubler la tranquillité publique, les prédications scandaleuses qui peuvent soulever le peuple contre l'autorité du gouvernement, *&c.*

Nous avons remarqué ci-dessus, en parlant des *cas* prévôtaux, que la déclaration de 1731 avoit mis au rang de ces derniers les séditions, émotions populaires, attroupemens & assemblées illicites, avec ports d'armes. *Voyez* ASSEMBLÉES ILLICITES, ATTROUPEMENT.

L'ordonnance compte pareillement parmi les *cas royaux*, *la force publique*, ce qui doit s'entendre des actes de violence faits avec armes, même par un seul homme, ou par attroupement, même sans armes.

L'altération, l'exposition & la fabrication de la fausse monnoie se trouvent aussi dans l'énumération que l'ordonnance a faite des *cas royaux*. La déclaration de 1731 les a mis au rang des *cas* prévôtaux.

Les malversations commises par les officiers royaux dans les fonctions de leurs charges, sont encore des *cas royaux* : & à l'exception des huissiers ou sergens, ces officiers ne peuvent pas même être poursuivis devant un juge seigneurial pour crimes commis hors de leurs fonctions. Airault en donne, à l'égard des juges royaux, une raison judicieuse, qui est qu'il ne seroit pas décent que la cause d'un magistrat fût traitée devant ses inférieurs, & qu'il fût dans le cas d'être condamné à perdre l'honneur ou la vie par ceux contre lesquels il auroit pu lui-même prononcer de semblables peines auparavant.

Cette jurisprudence se trouve établie par différens arrêts. Brillon en rapporte un du 30 août 1606, rendu en faveur d'un commissaire au châtelet de Paris, contre le juge de l'abbaye de S. Germain-des-prés ; & Filleau en rapporte un autre du 2 août 1625, par lequel il fut fait défenses au bailli de Vendôme de plus à l'avenir informer & décréter contre des officiers royaux.

L'article 35 du titre commun de l'ordonnance des fermes du mois de juillet 1681, confirme cette jurisprudence en ce qu'il défend aux juges des seigneurs de connoître des délits des employés des fermes, quand même ils seroient commis hors des fonctions de ces employés.

Il faut néanmoins observer que, quoique l'ordonnance criminelle ait attribué aux baillis & aux sénéchaux la connoissance des malversations commises par les officiers royaux dans leurs fonctions, il y a des exceptions à faire à cet égard. En effet, divers arrêts ont jugé que les principaux officiers d'un bailliage, tels que les conseillers, le procureur du roi, l'avocat du roi, n'étoient en *cas* pareil soumis qu'à la jurisdiction du parlement, & non à celle de la compagnie dont ils étoient membres.

Un édit du mois de mars 1551 a pareillement ordonné que les officiers royaux des jurisdictions extraordinaires ne pourroient être poursuivis pour malversations que devant leurs supérieurs. Ainsi c'est aux cours des aides à connoître des délits des élus, des officiers de greniers à sel, des receveurs de tailles, des juges des traites, *&c.*

C'est aux juges des eaux & forêts, des traites, des élections, des greniers à sel & des amirautés, qu'appartient la connoissance des malversations que commettent dans leurs fonctions les huissiers, sergens, ou autres officiers inférieurs qui exécutent les ordonnances ou mandemens de ces tribunaux. Cela est ainsi établi par plusieurs ordonnances ou réglemens, & particuliérement par l'ordonnance des eaux & forêts du mois d'août 1669, par les ordonnances des fermes de 1681 & 1687, & par l'ordonnance de la marine.

Le crime d'hérésie est aussi du nombre des *cas royaux*, dont la connoissance est attribuée aux baillis ou sénéchaux : mais ce n'est que quand il est question de poursuivre des hérétiques, qui, sous prétexte de religion, causent du trouble dans l'état, soit par des assemblées illicites, soit en enseignant des erreurs, *&c.* car s'il s'agissoit de prononcer sur la qualité de la doctrine, & de la déclarer ortodoxe, l'objet seroit de la compétence du juge d'église.

Le trouble fait publiquement au service divin est encore un des *cas royaux* spécifiés par l'ordonnance.

Il en est de même du rapt & enlèvement de personnes par force ou violence. C'est mal-à-propos que Rousseau de la Combe a étendu cette disposition au rapt de séduction : cette espèce de rapt n'est nullement un *cas royal*, comme on l'a observé dans le procès-verbal de l'ordonnance, sur l'article 11 du titre premier.

Quant au viol sans enlèvement, il est représenté par ces termes de l'ordonnance, *rapt par force & violence*, & par conséquent il doit être considéré comme *cas royal*. C'est d'ailleurs une disposition des coutumes de Tours & de Loudun.

Les autres *cas royaux* dont l'ordonnance parle sans les avoir spécifiés, sont, suivant l'édit de Cremieu, & divers arrêts, ordonnances ou réglemens, l'infraction de sauve-garde, parce que c'est une sorte de rébellion aux ordres émanés de l'autorité souveraine ; le crime de péculat ; les levées publiques de deniers sans commission du roi ; la falsification du scel royal; les incendies des villes, des églises & des lieux publics ; le bris des prisons royales ; la démolition des murs ou fortifications des villes ; les vols de deniers patrimoniaux & d'octroi, les entreprises contre la sûreté des chemins royaux ; la simonie commise par des laïques; les oppressions & exactions commises par les seigneurs contre leurs vassaux ; les assassinats prémédités ; le duel ; les crimes contre nature, *&c.*

Par arrêt du 12 janvier 1672, rapporté au journal du palais, le parlement de Bordeaux a jugé que de simples insultes faites sur un chemin public étoient un *cas royal.*

Lorsqu'il y a contestation entre un juge royal & un juge seigneurial de son ressort, sur la question de savoir si le crime dont il s'agit est *cas royal*, ou ne l'est pas, le juge royal doit en connoître par main souveraine. C'est l'avis de Chopin.

CAS RÉSERVÉS, (*Droit canonique.*) dans la discipline ecclésiastique on donne ce nom à certains péchés atroces, dont le pape, les évêques, & les autres supérieurs ecclésiastiques se réservent l'absolution à eux-mêmes, ou à leurs vicaires-généraux.

Dans la pratique actuelle de l'église catholique, il y a des cas réservés au pape, & d'autres réservés aux évêques.

Les cas réservés au pape, suivant le rituel de Paris, sont 1°. l'incendie des églises & celui des lieux profanes, si l'incendiaire est dénoncé publiquement; 2°. la simonie réelle dans les ordres & les bénéfices, & la confidence publique ; 3°. le meurtre ou la mutilation de celui qui est dans les ordres sacrés; 4°. frapper un évêque ou un autre prélat; 5°. fournir des armes aux infidèles ; 6°. falsifier les bulles ou lettres du pape ; 7°. envahir ou piller les terres de l'église romaine; 8°. violer l'interdit du saint-siège.

Autrefois il falloit aller à Rome pour obtenir l'absolution des *cas réservés au pape*; mais à présent il donne, par des facultés particulières le droit d'en absoudre, aux évêques, & quelquefois même à des prêtres. Le concile de Trente a même autorisé les évêques à absoudre de tous les *cas réservés au pape*, 1°. lorsqu'ils ne sont pas publics; 2°. lorsqu'ils ont été commis par des religieux, des religieuses, des femmes mariées, des filles, des jeunes veuves, des pauvres & des vieillards, & par tous ceux qui ne peuvent pas aller à Rome.

Lorsque le pape donne le pouvoir d'absoudre des *cas* qui lui sont réservés, il donne également celui d'absoudre des censures qu'on a encourues, parce que ces *cas* ne sont réservés au pape qu'à cause des censures qui y sont attachées.

Suivant le concile de Trente, tout prêtre, non excommunié dénoncé, peut absoudre de toute sorte de *cas* & de censure les personnes qui sont à l'article de la mort; ce que les théologiens étendent avec raison à tout péril probable de mort.

Des cas réservés aux évêques. Les réservations de certains *cas aux évêques* sont différentes, suivant l'usage des diocèses : elles sont utiles en ce qu'elles donnent plus d'horreur des grands crimes, par la difficulté d'en obtenir l'absolution.

Suivant le rituel de Paris, les *cas réservés* à l'archevêque sont : 1°. l'action de frapper notablement un religieux ou un clerc promu aux ordres sacrés; 2°. l'incendie volontaire ; 3°. le vol dans un lieu sacré avec effraction ; 4°. l'homicide volontaire ; 5°. le duel ; 6°. l'action d'attenter à la vie de son mari ou de sa femme ; 7°. celle de procurer l'avortement ; 8°. celle de frapper son père ou sa mère ; 9°. le sacrilège, l'empoisonnement & la divination ; 10°. la profanation de l'eucharistie ou des saintes huiles ; 11°. l'effusion violente du sang dans l'église ; 12°. la fornication dans l'église ; 13°. l'action d'abuser d'une religieuse ; 14°. le crime d'un confesseur avec sa pénitente ; 15°. le rapt ; 16°. l'inceste au deuxième degré; 17°. la sodomie & les autres péchés semblables; 18°. le larcin sacrilège ; 19°. les crimes de faux témoignage, de fausse monnoie, & de falsification de lettres ecclésiastiques ; 20°. La simonie & la confidence cachée ; 21°. la supposition de titre ou de personne à l'examen, pour promotion aux ordres.

L'évêque, son grand-vicaire, son pénitencier, & ceux auxquels il accorde ce pouvoir spécial, peuvent absoudre des cas qui lui sont réservés. Mais à l'article de la mort il n'y a ni distinction de confesseur, ni réservation de cas ; tout prêtre peut absoudre celui qui se trouve en cet état, pourvu qu'il ait donné quelque signe de pénitence.

Lorsque le chapitre de la cathédrale exerce la jurisdiction pendant la vacance du siège épiscopal, c'est à lui qu'appartient le droit de commettre des personnes pour absoudre des *cas* qui étoient réservés à l'évêque. Il peut pareillement donner des pouvoirs aux confesseurs, les limiter pour le temps, les lieux, les *cas* & les personnes, & révoquer les permissions que l'évêque a accordées, soit par lui-même ou par son grand-vicaire.

Il y a aussi dans les couvens des *cas réservés* par les chapitres, dont les supérieurs seuls ont droit d'absoudre.

Les canonistes ont agité la question de savoir si celui qui a commis dans un diocèse un crime dont l'absolution est réservée à l'évêque, se trouvant sans fraude dans un autre diocèse où ce crime n'est point réservé, peut en recevoir l'absolution d'un confesseur qui n'a point de pouvoir spécial pour les *cas réservés ?* Les plus habiles canonistes ont cru que dans ce cas tout confesseur pouvoit absoudre le pénitent : ils ont donné deux raisons de leur avis ; la première, que les confesseurs ne sont

sont point obligés de savoir les *cas* qui sont réservés dans tous les diocèses, d'où il peut se présenter des pénitens; la seconde, que même, suivant les principes du droit romain qui ont été adoptés dans le droit canonique, l'accusé doit être jugé suivant les règles qui sont observées dans le lieu où son procès est instruit.

CASAU, s. f. (*terme de Coutume.*) ce mot vient de l'espagnol *casa*, qui veut dire *maison*; il est en usage dans quelques provinces méridionales de la France. On le trouve dans la coutume de Labourd, au titre des exécutions, où il est dit que si les terres, vergers, ou autres biens immeubles saisis sur un débiteur, suffisent au paiement de la dette pour laquelle ils sont saisis, on ne doit pas interposer le décret sur la maison & jardin, vulgairement appellé *casau*.

CASERNES, s. f. pl. (*Code militaire.*) ce sont de grands corps-de-logis construits assez ordinairement entre le rempart & les maisons d'une ville de guerre pour y loger les troupes de la garnison. On donne le même nom, dans les villes non fortifiées, aux bâtimens destinés à loger les soldats.

Une ordonnance du premier mars 1768, *tit.* 5, veut que les troupes d'infanterie, de cavalerie, de dragons & autres, qui ont reçu des ordres pour loger dans les villes, bourgs ou villages de l'intérieur du royaume, occupent les *casernes*, s'il y en a, soit qu'elles appartiennent au roi, soit qu'elles aient été construites aux frais des communautés. On a droit de conclure de cette disposition, qu'on ne peut loger chez l'habitant officier ni soldat, que lorsque toutes les chambres des *casernes* sont remplies par les personnes du grade auquel elles sont destinées.

Cette même ordonnance avoit défendu d'employer les *casernes* à d'autres usages qu'au logement des troupes. Mais l'arrêt du conseil du 22 novembre 1775, en assujettisant au droit de nouvel acquêt les villes & communautés qui loueroient à des particuliers les *casernes*, leur donne implicitement la faculté de les louer, lorsqu'elles ne sont pas occupées.

Mais il faut remarquer qu'en louant les *casernes*, on doit avoir attention de ne pas en changer la destination pour toujours; car alors les villes ou communautés seroient assujetties au paiement du droit d'amortissement.

CASSATION, s. f. (*terme de Pratique.*) on entend par ce mot une voie extrême qu'on peut employer contre un arrêt ou jugement rendu contradictoirement & en dernier ressort : on le dit aussi de la décision émanée de l'autorité souveraine qui casse un arrêt ou jugement. Ce mot vient du latin *quassare*, qui signifie secouer quelque chose avec force.

Dans l'ancien style de la procédure, on étoit admis à se pourvoir contre un jugement souverain, par une proposition d'erreur, c'est-à-dire, que la partie qui avoit à se plaindre du mal jugé, obtenoit du roi la permission de proposer qu'il y avoit des erreurs; sur cette demande, le roi accordoit des lettres qui renvoyoient les parties à se pourvoir devant d'autres juges, & qui souvent suspendoient l'exécution du jugement pendant un certain temps.

Les abus qui résultoient de cette forme, engagèrent Philippe de Valois à ordonner, en 1331, que ceux qui voudroient obtenir des lettres sur une proposition d'erreur, seroient tenus de donner par écrit les erreurs aux maîtres des requêtes qui avoient coutume d'expédier de pareilles lettres; que ceux-ci jugeroient s'il y avoit lieu d'accorder ou de refuser ces lettres; que si elles étoient accordées, les erreurs proposées par le plaignant, signées de lui & contre-scellées du scel royal, seroient envoyées aux juges qui avoient rendu le premier jugement, pour corriger leur arrêt en présence des parties, supposé qu'il y eût lieu; que la proposition d'erreur n'empêcheroit pas l'exécution du jugement, & que la partie plaignante donneroit caution de payer les dépens, dommages & intérêts, & une double amende envers le roi, dans le cas où elle viendroit à succomber.

L'ordonnance de 1539 ajouta à ces dispositions, que les maîtres des requêtes, avant d'accorder des lettres d'erreurs, vérifieroient les faits & les inventaires des parties; que le plaignant consigneroit deux cens quarante livres parisis dans les cours souveraines, & quarante livres dans les présidiaux.

L'ordonnance de Moulins défendit ensuite de recevoir les propositions d'erreur contre les jugemens présidiaux. Celle de Blois régla que celui qui auroit obtenu une requête civile contre un jugement, ne seroit plus reçu à proposer erreur, & que celui qui auroit proposé erreur, ne seroit plus également reçu à obtenir requête civile. Enfin l'ordonnance de 1667 a abrogé les propositions d'erreur.

Il n'y a plus aujourd'hui que deux manières de se pourvoir contre les arrêts & jugemens contradictoires, rendus en dernier ressort, savoir, la requête civile & la voie de cassation. *Voyez* REQUÊTE CIVILE.

Jusqu'à ce que l'affaire soit jugée par l'une ou l'autre manière, rien ne peut empêcher l'exécution du jugement attaqué, parce que la chose jugée doit avoir la même autorité que la vérité, jusqu'au moment où il est décidé que les juges se sont trompés dans leur premier jugement.

La ressource de la *cassation* est un remède extrême qui ne peut avoir pour objet que le maintien de l'autorité législative & des ordonnances. On ne peut en faire usage, sous prétexte qu'une affaire a été mal jugée au fond; autrement les demandes en *cassation* deviendroient aussi communes que les appellations des sentences des premiers juges : ce qui entraîneroit beaucoup d'inconvéniens.

Il faut nécessairement, pour qu'un jugement soit susceptible de *cassation*, qu'il contienne une contravention formelle à une loi précise & en vigueur. Il n'est guère possible d'indiquer précisément quelles sont les contraventions qui donnent ouverture à la voie de *cassation* : nous remarquerons en général qu'il y a autant de moyens de *cassation*, qu'il y a de loix, de coutumes, d'édits, d'ordonnances, de déclarations du roi, & de dispositions dans toutes ces loix. Il y a encore lieu à la voie de *cassation*, lorsque deux arrêts, directement opposés l'un à l'autre, ont été rendus entre les mêmes parties, soit dans la même cour, soit dans deux cours différentes.

Les contrariétés d'arrêts devoient, suivant l'ordonnance d'Orléans, être jugées dans les cours où les arrêts avoient été rendus : mais on peut aussi se pourvoir au conseil des parties.

La demande en *cassation* a également lieu, lorsqu'une cour a rendu arrêt par entreprise de jurisdiction sur une autre, ou lorsque la procédure, prescrite par les réglemens, n'a pas été suivie.

Avant de se pourvoir en *cassation* d'arrêt, il faut examiner avec attention la nature de l'affaire qui a été jugée. S'il s'agit d'un point de fait, il n'y a pas lieu d'employer la voie de *cassation* pour faire réformer l'arrêt, parce que le juge, n'ayant aucune loi pour se guider, a pu prononcer suivant ses propres lumières, à moins que l'arrêt ne pèche par le défaut de quelque formalité essentielle.

Mais lorsqu'il s'agit d'un point de droit, décidé par quelque loi actuellement en vigueur, il y a lieu à la *cassation*, lorsque le juge s'en est écarté, parce qu'il est de son devoir d'appliquer la loi, qu'il ne lui est pas permis de l'interpréter, encore moins d'y contrevenir, & qu'il est nécessité de prononcer comme elle.

Néanmoins quelque étroite que soit l'obligation imposée au juge de ne pas s'écarter de la loi, il est extrêmement difficile de faire casser les arrêts des cours souveraines. Trois circonstances les mettent à l'abri de la *cassation* ; 1°. lorsqu'il s'agit d'un point de fait ; 2°. lorsque la loi qu'on oppose, n'a pas une application directe au point de droit qui a été jugé ; 3°. lorsqu'étant véritablement celle de la matière, elle n'est pas conçue en termes impératifs.

Dans les demandes en *cassation*, on ne consulte que l'intérêt de la loi, & on ne casse un arrêt que pour venger le mépris & la violation de cette même loi par le juge. C'est par cette raison que le conseil du roi ne juge que l'arrêt, & qu'en le cassant, il renvoie les parties pardevant un autre tribunal pour y procéder suivant les derniers erremens.

Le conseil retient quelquefois la connoissance du fonds de l'affaire ; mais ce cas arrive rarement, si ce n'est au conseil des finances où l'on juge souvent le fonds par un seul & même arrêt.

Les demandes en *cassation* ne peuvent être formées qu'au conseil du roi, parce que le roi est seul juge de l'exécution des loix de son royaume. Mais avant qu'une partie puisse porter ses plaintes au pied du trône, il faut qu'elle ait épuisé tous les moyens d'obtenir justice, indiqués par les loix : car la *cassation* est, comme on l'a déjà dit, un remède extrême ; c'est par cette raison que toutes les fois qu'on emploie, dans une demande en *cassation*, des moyens de requête civile, on rejette cette demande, sauf à l'admettre ensuite contre l'arrêt qui auroit débouté de la requête civile.

Le réglement du conseil du 28 juin 1738 a prescrit les formalités à observer sur les demandes en *cassation*.

Les requêtes en *cassation* ne peuvent être présentées que par des avocats aux conseils ; elles doivent être signées de l'avocat demandeur, après avoir été consultées par deux anciens qui la signent également.

La demande en *cassation* doit être présentée dans les six mois de la signification de l'arrêt à personne ou à domicile. Ce délai ne court pour les mineurs, que du jour que la signification leur a été faite, après qu'ils ont atteint l'âge de majorité. Les héritiers ou ayans cause des particuliers décédés pendant ce délai, en ont un pareil, à dater du jour qu'on a observé à leur égard les mêmes formalités.

Les ecclésiastiques, lorsqu'il s'agit des droits de leurs bénéfices ou des fonctions de leur ordre, les corps & communautés laïques ou séculières, les absens hors du royaume, pour quelque cause publique, ont un délai d'un an. Le successeur d'un bénéfice, pourvu pendant ce temps, a également un an pour se pourvoir en *cassation*, du jour auquel l'arrêt lui a été signifié.

Les domiciliés dans les colonies françoises de l'Amérique ont un an pour se pourvoir en *cassation* contre les jugemens rendus dans les conseils supérieurs, & signifiés à leur domicile. On en accorde deux aux habitans des isles de France & de Bourbon. Le roi s'est réservé le pouvoir de relever du laps de temps, en cas d'insuffisance du délai, selon les circonstances.

Après l'expiration de ces délais, les greffiers du conseil ne peuvent recevoir aucune requête en *cassation*, qu'elle ne soit jointe à des lettres de relief de laps de temps, obtenues en la grande chancellerie, suivant la forme réglée par l'arrêt du conseil du 9 novembre 1769.

Lorsqu'il est ordonné que la demande en *cassation* sera communiquée à la partie adverse, cette communication doit être faite dans les trois mois, sous peine d'être déchu de la demande en *cassation*. Mais si la partie adverse est domiciliée dans les colonies, le délai est le même que celui pour se pourvoir en *cassation*.

Le demandeur en *cassation* doit consigner cent cinquante livres d'amende, lorsqu'il s'agit d'un arrêt ou jugement contradictoire, & soixante & quinze livres, s'il a été rendu par défaut. La quittance de consignation doit être jointe à la requête pour qu'elle soit admise. L'amende consignée est acquise au roi, lorsque le demandeur est débouté de sa demande ; mais elle lui est rendue sans délai, lorsqu'il obtient la *cassation*, quand bien même on auroit omis dans l'arrêt d'en ordonner la restitution.

Sur la requête en *cassation*, M. le chancelier ou M. le garde des sceaux commettent pour rapporteur un maître des requêtes. L'ordonnance qui l'a commis, la requête en *cassation*, & les pièces qui y sont jointes, doivent lui être remises incontinent par le greffier, & être communiquées aux commissaires dans les trois mois du jour que le rapporteur a été commis, à peine d'être regardée comme non avenue : dans ce cas, l'amende consignée est acquise au roi, sans qu'il soit besoin de rendre aucun arrêt.

Aucune requête en *cassation* n'est portée au conseil, qu'après avoir été communiquée aux commissaires nommés pour l'examen de ces demandes : &, lorsqu'il s'agit d'une demande relative au domaine, aux aides, aux gabelles, aux matières ecclésiastiques, elle doit être aussi communiquée aux commissaires désignés pour ces parties.

Les procureurs généraux du roi, les inspecteurs des domaines sont admis à se pourvoir en *cassation* contre les arrêts dans lesquels ils ont été parties, ou lorsqu'on n'a pas eu égard aux requisitions qu'ils ont prises pour l'intérêt du domaine ou du public; leurs requêtes ne sont pas assujetties à la formalité de la consultation de deux anciens avocats aux conseils. Dans les causes qui intéressent le domaine ou le public, ils peuvent présenter leurs requêtes après les délais ordinaires; mais elles ne peuvent être admises après l'année de la signification des arrêts qui ne concernent que la jurisdiction & les prérogatives de leurs compagnies, ou celles de leurs charges.

Les demandes en *cassation* des procédures ou arrêts attentatoires à l'autorité du conseil, sont formées & instruites, sans être sujettes à aucune des règles prescrites pour les autres demandes.

On ne se pourvoit jamais par requête civile contre les arrêts du conseil. Mais on peut prendre, pour les faire réformer, la voie de la *cassation*, dans laquelle on emploie, comme moyens de *cassation*, ceux dont on se serviroit dans la requête civile. Ces demandes en *cassation* doivent être communiquées au rapporteur de l'instance sur laquelle est intervenu l'arrêt dont on demande la *cassation*, afin qu'il donne les éclaircissemens nécessaires sur les circonstances, & les raisons qui ont pu déterminer les juges.

Le conseil demande quelquefois les motifs de l'arrêt contre lequel on se pourvoit en *cassation*. Les juges qui ont rendu l'arrêt, doivent les envoyer au greffe du conseil, & ils sont remis cachetés au rapporteur de la requête en *cassation*, sans qu'il soit permis au greffier de les décacheter.

Le demandeur en *cassation*, débouté de sa requête, après un arrêt de soit communiqué, doit être condamné envers le roi à une amende de trois cens livres; à une de cent cinquante livres envers la partie, si l'arrêt dont on poursuivoit la *cassation*, a été rendu contradictoirement; & à la moitié, s'il a été donné par défaut ou par forclusion. Cette amende ne peut jamais être modérée; elle peut même être augmentée par le conseil, selon les circonstances.

Lorsqu'une demande en *cassation* a été une fois rejettée, la partie ne peut plus se pourvoir contre le même jugement, ni contre l'arrêt qui a rejetté sa demande, quand même elle prétendroit avoir de nouveaux moyens.

En matière criminelle, les demandes en *cassation* contre les jugemens de compétence, rendus en faveur des prévôts des maréchaux & des sièges présidiaux, doivent se porter au grand-conseil, en vertu des lettres-patentes du 11 juin 1768.

Dans les autres affaires, les accusés ou décrétés de prise-de-corps, qui veulent se pourvoir en *cassation*, soit des arrêts ou jugemens en dernier ressort, qui les ont décrétés, soit des arrêts ou jugemens définitifs, ne peuvent y être reçus qu'après s'être mis en état dans les prisons du lieu où se tient le conseil : l'acte d'écrou doit, sous peine de nullité, être joint à la requête en *cassation*, & visé dans l'arrêt qui intervient en conséquence.

CASSER, v. a. *en terme de Palais*, c'est annuller, déclarer nul un acte, une convention, un contrat. *Casser* une charge c'est la supprimer : *casser* l'officier qui en est pourvu, c'est l'en déposséder.

En terme militaire, *casser* des troupes, signifie les *licentier*, les *réformer*.

CASTE, s. f. (*Droit public.*) c'est le nom que les Indiens donnent aux différentes classes ou tribus, qui partagent leur nation.

Il y a parmi eux un grand nombre de *castes*, quelques voyageurs Européens croient que l'on en peut compter quatre-vingt espèces. Mais elles descendent toutes des quatre principales, qui tirent leur origine des quatre principales parties du dieu Brama.

La première de ces *castes* est celle des bramines ou prêtres, on dit qu'elle tire son origine de la tête du dieu. La seconde est celle des rajas, c'est-à-dire, des rois ou des nobles, elle descend des épaules de Brama. La troisième est celle des choutres, qui se disent issus des pieds du même dieu. La dernière enfin, qu'on prétend être sortie du membre retranché ou des parties honteuses de Brama, est la dernière, & on appelle *sandalen* les peuplades de cette *caste*.

Les brames ou bramines se disent descendans des anciens brachmanes : les banians soutiennent avoir la même origine. Ils croient à la métempsycose, & s'adonnent au change & au commerce.

La *caste* des rajas se subdivise en plusieurs branches, savoir, les princes, les seigneurs, les nobles, *&c.*

Celle des choutres est la plus considérable, elle comprend les classes des laboureurs, des maçons, des charpentiers, des tisserands, des artisans de toutes espèces.

Celle des sandalens se subdivise en quatre conditions différentes : les aquivanatas, les piléas, les alpagradas & les parias. On les confond assez communément sous le nom de *parias*.

Les brames, les rajas, les sanias, c'est-à-dire les pénitens & les lettrés, se font une loi de ne jamais parler aux parias, ils aimeroient mieux mourir que d'en recevoir le moindre service. Un parias doit se coucher la face contre terre, lorsqu'il rencontre un brame ou un raja : il doit considérer les nobles comme des divinités, ou du moins comme les soleils radieux de ce monde.

Ce qui paroîtra même surprenant, les trois premières classes des sandalens méprisent si fort la quatrième, qu'elles se croiroient pour toujours déshonorées & dégradées, si elles recevoient le moindre des services, ou si elles approchoient ou fréquentoient un parias.

Sur la côte de Coromandel, chacun doit rester éternellement dans sa *caste* : un cordonnier ne peut devenir tailleur ; la fille d'un pêcheur ne peut épouser un maçon, chaque individu, quels que soient ses talens, vit, meurt & se borne à exercer la profession dans laquelle il est né. Tous les voyageurs pensent que c'est au préjugé de la fixation immuable des *castes*, que l'on doit dans le Malabar, l'ignorance profonde, & le peu de perfection que l'on y trouve dans les arts.

Tout Européen, qui voit les vexations abominables que l'on fait subir aux parias ; tout homme qui lit quelques-uns des détails, qu'en donnent les historiens modernes, ne peut s'empêcher de demander, comment il est possible que des peuples, qui se font un scrupule de tuer un insecte, puissent être sourds aux cris de la nature, qui leur dit : les parias sont vos semblables, respectez votre sang, ayez de l'humanité ? Comment les rajas, les ministres, les gens de lettres, les prêtres, ne voient-ils pas que le préjugé de la distinction immuable des *castes*, détruit l'amour de l'humanité & de la patrie, l'émulation, la population, le commerce & l'industrie ?

Mais ce défaut est-il particulier aux Indiens ? ne trouverions-nous pas chez les nations européennes quelques préjugés conformes à ceux des banians contre les parias ? Ne pourroit-on pas leur appliquer cette pensée d'Horace ?

Mutato nomine de te
Fabula narratur.

Les distinctions, la noblesse, les grades, ne font-ils pas naître dans quelques-uns des individus qui les possèdent, des sentimens de mépris & de dédain, contre ceux que le hazard de la naissance a rangés dans une classe inférieure ?

Si les classifications ont quelque utilité dans les sociétés policées, c'est lorsqu'elles sont établies, pour servir de récompense à tout homme qui a de la vertu & des talens, qu'elles sont un moyen d'émulation & d'encouragement pour tous les citoyens. Ceux qui sont appellés au gouvernement des peuples doivent se ressouvenir que Rome a été sauvée des fureurs de Catilina par le bourgeois Cicéron, qu'elle avoit élevé au consulat ; que les empereurs Trajan, Antonin, Marc-Aurèle, quoique de basse naissance, ont illustré l'empire & fait le bonheur de leurs peuples.

CASTELL, (*Droit public d'Allemagne.*) c'est un comté dépendant du cercle de Franconie. Il étoit autrefois bien plus considérable ; mais il a été morcelé par les guerres, par la dissipation, par les désunions entre frères, par des fondations. L'évêché de Wurtzbourg en particulier en a acquis plusieurs démembremens remarquables.

On fait descendre les anciens comtes de *Castell*, des anciens ducs de la Franconie orientale, par les comtes de Rothembourg. Mais les nouvelles tables généalogiques de cette dernière famille trouvent peu de créance ; le comte Gerlach qui vivoit vers l'an 1019, & quelques autres, pour se distinguer des comtes de *Castell*, dans le Norgaw de qui dépendoient les comtes de Soultsbach qui sont éteints, prirent le nom de *Hohen-Castell*. Il paroît que c'est de ce comte que l'on fait descendre ceux d'aujourd'hui.

La plus grande partie du comté de *Castell* relève de l'évêché de Wurtzbourg : cependant les comtes ont aussi une cour féodale considérable, & par rapport à laquelle ils ne se règlent point sur celle de l'évêque, mais sur le droit commun. Ils sont revêtus, depuis 1168, de la charge d'échanson héréditaire de Wurtzbourg, par un pacte héréditaire, passé, en 1560, entre les comtes Conrard III, Henri V, Georges III, & confirmé par les empereurs Ferdinand premier en 1562, & Maximilien II en 1566. il est convenu que l'aîné de la famille seroit chaque fois administrateur de la supériorité féodale de toute la maison, & qu'il seroit investi seul de l'office d'échanson héréditaire de l'évêché de Wurtzbourg.

Les comtes de *Castell* ont séance à la diète de l'empire, sur le banc des comtes de Franconie, & ont deux suffrages. Aux assemblées du cercle, ils ont séance entre Hohenloë & Wertheim.

Leur taxe matriculaire est, depuis 1678, de dix-huit florins : savoir, quatre florins trente kr. pour *Castell*, autant pour Remelinguen, & neuf florins pour Ruden-Hausen. Tout le comté paie, pour l'entretien de la chambre, dix-huit rixdalers quatre-vingt-quatre & demi kr. *Extrait d'un article de M. Andrié, baron de Gorgier.* (*M. H.*)

CASTELLANS, s. m. plur. (*Droit public.*) c'est le nom qu'on donne, en Pologne, aux sénateurs qui sont revêtus des premières dignités, après les palatins. Ils sont chargés du soin des castellanies, mais subordonnément aux palatins ; ils sont les chefs & conducteurs de la noblesse dans chaque palatinat.

Le *castellan* de Cracovie est le premier de tous, il a même le droit de précéder les palatins, & tient, après les évêques, le premier rang parmi les sénateurs laïques.

On divise les *castellans* en grands & petits. Les

premiers ont, comme les autres sénateurs, séance dans les conseils & aux diètes, qu'ils ont le droit de convoquer, ils administrent la justice dans leurs districts; ils ont l'intendance des poids & mesures, fixent le prix des grains & des denrées, & sont les juges des juifs. Les petits *castellans* n'ont ni séance, ni voix délibérative dans les affaires d'état.

CASTEN-VOGTEY *ou* AVOCATIE, (*Jurispr.*) c'est le nom qu'on donne, en Allemagne, à un droit particulier, que quelques seigneurs ou souverains de l'empire peuvent exercer sur les monastères ou chapitres, situés dans leur voisinage, en vertu de celui de protection qu'ils ont sur eux. La plupart des couvens ont souvent tâché de secouer ce joug, qui leur étoit, en plusieurs occasions, plus onéreux qu'utile, & beaucoup y ont réussi. Ce droit est aussi ancien, en Allemagne, que les monastères & chapitres, & paroît avoir été établi par les fondateurs eux-mêmes, ou par les empereurs. (—)

Les moines, dans quelque pays que ce puisse être, étant sujets du prince & de l'état, ainsi que les autres habitans, il n'est pas douteux que, suivant les principes du droit naturel, le prince & l'état n'aient sur eux un pouvoir dont la prudence doit régler l'exercice. Il est même inconcevable que les gouvernemens aient permis aux moines, ou autres ecclésiastiques d'élever des doutes sur ces maximes. C'est leur permettre d'attenter indirectement à l'autorité des princes, & on ne sauroit trop sévir contre ceux qui osent enseigner ou prétendre le contraire.

CASTILLE, (*Droit politique.*) c'est un des royaumes qui, par le mariage d'Isabelle & de Ferdinand, ont été réunis par leur postérité sous la couronne d'Espagne. *Voyez* ESPAGNE.

CASTRATION, s. f. CASTRATE *ou* CASTRATI, s. m. (*Droit naturel.*) la *castration* se dit de l'opération par laquelle on ampute & retranche les testicules d'un animal mâle, qui devient par-là incapable d'engendrer. Cette opération chirurgicale est nécessaire dans certains cas, dont on trouvera le détail dans le *Dictionnaire de Médecine*.

Nous nous bornerons ici à parler de la *castration* qui se pratique communément chez les Orientaux, à l'égard des hommes qu'on destine à la garde des femmes; & de celle qui étoit en usage en Italie, pour procurer des chanteurs, dont la voix fût plus nette & plus aiguë, & auxquels on donne le nom de *castrato* ou de *castrati*.

Il est presque impossible de découvrir le temps où la scélératesse des personnes puissantes imagina de mutiler les hommes. Il est question des eunuques dans les plus anciennes monarchies de l'Orient, ce qui fait présumer que l'on a commencé à faire usage des *castrates* dans les pays chauds, où l'on avoit établi ou toléré la polygamie.

La *castration* se pratique encore dans presque toute l'Asie, & spécialement chez les Turcs, qui font châtrer tous ceux de leurs esclaves qu'ils emploient à la garde de leurs serrails.

Dans la suite, des hommes riches & puissans ont fait mutiler les enfans de leurs vassaux, pour se procurer des voix d'une grande étendue. Des souverains ont été assez barbares, pour faire mutiler leurs sujets, ainsi que des moutons, afin d'en tirer de l'argent. Tavernier rapporte que le roi de Boutan fait faire tous les ans vingt mille eunuques, pour les envoyer vendre dans les foires du voisinage.

Des voyageurs nous racontent qu'il existe des despotes, ou plutôt des monstres, qui font faire des *castrates*, pour les engraisser, & pour les dévorer de la même manière que les Européens mangent des chapons.

Non-seulement l'avarice, la volupté, la voracité, la jalousie ont fabriqué des *castrates*; la vengeance, le fanatisme & la prudence en ont multiplié le nombre.

Combabus devoit accompagner, dans un pélerinage la belle Stratonice, reine de Syrie; craignant la tentation & la calomnie, il se mutila lui-même, & remit au roi les preuves de sa justification future, enfermées dans une boëte. De retour, il fut accusé d'avoir séduit la reine, il confondit ses accusateurs, en priant le roi d'ouvrir la boëte qu'il lui avoit remise avant son départ.

Il est des peuples qui font l'opération de la *castration* aux prisonniers de guerre. Plusieurs particuliers ont subi la mutilation par la main de la justice, ou par celle de leurs ennemis : tels furent Abailard, & anciennement les criminels convaincus d'adultère, en Pologne & en Espagne.

Les siècles antérieurs ont vu, à la honte de l'humanité, les célèbres Origène, Léonce d'Antioche, & quantité de moines se mutiler eux-mêmes pour éviter les tentations de la chair, ou pour se conformer textuellement au *chapitre 9* de saint Mathieu.

On a vu aussi une troupe d'hérétiques, nommés *valéziens*, courir le monde chrétien, armés d'un couteau, &, par un fanatisme horrible, rendre eunuques les enfans qu'ils rencontroient.

La loi naturelle s'oppose, avec force, contre cet abus de la raison ou de la puissance; mais sa voix n'est pas assez forte pour se faire entendre de ces souverains voluptueux, qui règnent dans les contrées orientales. Ce crime horrible contre l'humanité est presque inconnu parmi les nations européennes.

Il a fallu néanmoins que les législateurs fissent des loix, pour arrêter le fanatisme ou la scélératesse. La jurisprudence romaine défendit aux eunuques de se marier & d'adopter, & punissoit, comme assassin, celui qui mutiloit un homme, soit pour raison de débauche, soit pour en faire commerce.

Le concile de Nicée condamna le système d'Origène : Léonce d'Antioche fut déposé : on fit des loix canoniques, pour défendre aux eunuques d'aspirer au sacerdoce.

Mais de sages législateurs ont fait en vain tous leurs efforts pour les couvrir d'infamie ; l'utilité des *castrates*, pour la garde des femmes, pour les concerts, & plus encore pour la débauche personnelle, dans les palais des grands, ont conservé cette espèce de monstres, & les ont fait parvenir aux premières dignités des empires d'Orient.

Il se trouvoit encore en Italie des pères barbares, qui, sacrifiant la nature à la fortune, livroient leurs enfans à cette opération, pour le plaisir des gens voluptueux & cruels, qui osent rechercher le chant de ces malheureux.

Il paroît, en effet, que la mutilation faite sur un enfant, empêche la mutation qui survient à la voix des hommes à l'âge nubile, & qui la baisse tout d'un coup d'une octave. Mais cet avantage se compense par bien d'autres pertes. Ces hommes qui chantent si bien, mais sans chaleur & sans passion, sont sur le théatre les plus maussades acteurs du monde. Ils perdent leur voix de très-bonne heure, & prennent un embonpoint dégoûtant, ils parlent & prononcent plus mal que les vrais hommes, & il y a même des lettres, telles que l'*r*, qu'ils ne peuvent pas prononcer.

Un pape vertueux, Clément XIV, a proscrit enfin cet usage détestable ; il les a chassés des églises d'Italie : il a renouvellé la rigueur des loix contre ceux qui mutilent leurs enfans, pour en faire des êtres affreux. Quel affront pour la nation où ce crime existoit encore ! La voix de la pudeur & de l'humanité, qui crie & s'élève contre cet infâme usage, n'étoit donc pas suffisante pour faire rougir ceux qui l'encourageoient par leurs recherches ? Il a fallu que la voix d'un pontife vînt apprendre à ces hommes cruels & voluptueux, que la mutilation étoit le forfait le plus odieux & le plus avilissant.

CASTRES, (*Droit public.*) c'est une petite ville de l'Albigeois en Languedoc, qui doit son origine à une ancienne abbaye de saint Benoît, érigée en évêché en 1317, par Jean XXII. Les moines en formèrent le chapitre jusqu'en 1536, qu'ils furent sécularisés par Paul III.

C'est dans cette ville que fut établi le tribunal, appellé *la chambre de l'édit*, où tous les prétendus réformés, du ressort du parlement de Toulouse, avoient leurs causes commises. Louis XIV la transféra, en 1679, à Castelnaudari, & la supprima en 1685.

CASTRO, (*Droit public.*) ville d'Italie, dans l'État de l'église : c'est la capitale d'un duché du même nom.

Vers le milieu du seizième siècle, Paul III fit don de ce duché, aussi-bien que du comté de Ronciglione, à Pierre Aloysius Farnèse, son fils naturel, devenu duc de Parme & de Plaisance. Les successeurs de celui-ci, reconnoissant tenir *Castro* du saint siège, le possédèrent sans interruption pendant près de cent ans. En 1640, Odoard, l'un d'entre eux, ayant besoin d'argent, fit un emprunt au mont-de-piété de Rome, sous l'hypothèque de *Castro*. Mais, n'ayant pas acquitté exactement les intérêts, le pape Urbain VIII le fit saisir, en se constituant en même temps débiteur de la somme empruntée. Cette affaire fournit matière à bien des discussions dans lesquelles Louis XIV lui-même ne dédaigna pas d'intervenir ; ce prince obtint des délais pour le duc de Parme : mais le rembourfement promis n'en demeurant pas moins arriéré, la chambre apostolique à la fin réunit absolument *Castro* à ses domaines.

Quand, en 1732, don Carlos alla se mettre en possession de la succession des Farnèse, ce prince tenta de faire valoir le droit de cette maison sur ce duché, en offrant la restitution du prêt. La cour de Rome fut sourde à la proposition : elle se refusa sans mesure à tout accommodement à cet égard ; l'empereur Charles VI à qui on avoit cédé les états de Parme, promit, à la paix de 1736, qu'il ne chercheroit jamais à détacher *Castro* des états du pape. *Extrait d'un article de M. Andrié.* (*M. H.*)

CASUEL, adj. (*Jurisprudence.*) se dit de ce qui échet fortuitement, de ce qui est accidentel & incertain. Ainsi un revenu *casuel* est celui qui dépend d'événemens incertains, qui arrivent ou n'arrivent pas ; ou qui arrivent tantôt plus souvent, tantôt plus rarement. Telle est la portion des revenus du roi, qui consiste en aubaines, confiscation, bâtardise, deshérence, & autrefois dans le droit du prêt & de la paulette, *&c.* Telle est encore celle des revenus des seigneurs, qui résulte de mutations des fiefs & terres qui relèvent d'eux, comme quints, requints, reliefs, lods & ventes, deshérence, amendes, *&c.* Voyez *chacun de ces termes.*

On appelle *casuel* simplement, en sous-entendant le terme de *revenu*, les profits d'une cure qui ne sont point fixes, comme sont le baise-mains, les baptêmes, mariages, enterremens & les rétributions des messes.

Une déclaration de 1634 porte que le *casuel* des cures ne doit pas être compris dans les portions congrues. On n'estime pas aussi le *casuel* d'une cure de campagne, lorsqu'il s'agit de décider si un gradué pourvu de cette cure est rempli, parce que ce *casuel* ne peut former un objet considérable. Mais il en est autrement à l'égard du *casuel* des cures de ville, qui fait ordinairement le principal revenu des curés.

On suit la même distinction relativement aux pensions, auxquelles les cures peuvent être assujetties. Lorsque le *casuel* en compose presque tout le revenu, & qu'il est considérable, il n'y a pas de doute, qu'on ne puisse le charger d'une pension. Il est regardé comme un fonds certain, sur lequel on doit compter.

Un desservant, nommé par l'évêque à une cure en litige, ou dont le titulaire est interdit, ne peut exiger que les honoraires, qui lui ont été fixés, sans pouvoir s'approprier le *casuel* des baptêmes, mariages, enterremens & offrandes. Il pourroit tout au plus y prétendre la portion, que l'usage ou le tarif du diocèse attribuent au vicaire.

La jurisprudence, à cet égard, n'a pas été changée, par l'arrêt rendu le 15 mars 1707, en faveur du desservant de la cure de Monthier-en-l'Isle, diocèse de Langres, pendant l'interdiction du curé, qui fut débouté de sa demande, en restitution du *casuel*.

Cet arrêt a été rendu dans des circonstances particulières, & sur les offres que le desservant avoit faites au curé, de lui payer, par chaque année, la somme de 500 livres, toutes charges acquittées, afin d'éviter une discussion, & une reddition de compte embarrassante.

D'ailleurs cet arrêt paroît avoir fait si peu d'impression, que le clergé, en 1710, représentoit au roi que trois cens livres ne suffisoient pas pour l'honnête entretien d'un prêtre dans les lieux considérables. Ces représentations auroient été déplacées, si le *casuel* des cures appartenoit aux desservans, car réuni à cette somme, il formeroit un revenu suffisant.

Si on adoptoit le préjugé de l'arrêt ci-dessus cité, par rapport aux cures des grandes villes, & surtout de la capitale, où le *casuel* fait presque tout le revenu, il ne resteroit rien au curé.

CASUISTE, s. m. (*Droit public & ecclésiast. Morale.*) On désigne par ce nom ceux qui s'appliquent à traiter, discuter & résoudre ce qu'on appelle les *cas de conscience*, c'est-à-dire, tout ce qui regarde les pensées, les paroles & les actions des hommes, relativement aux obligations de la conscience. Or, comme la conscience ou le for intérieur est essentiellement lié au for extérieur, on sent de quelle importance il est pour un *casuiste* de connoître la jurisprudence de son pays. L'étude des cas de conscience, indispensable pour les gens d'église en général, a commencé d'être suivie d'une manière particulière, & a formé une classe d'écrivains à part dans le courant du quinzième siècle.

Depuis quelque temps, la morale (c'est ainsi que l'on nomme cette science), avoit été, comme toutes les autres parties de la théologie & de la philosophie, assujettie à la méthode des scholastiques.

Au lieu de cette manière noble, élevée, sublime, dont les pères & les docteurs s'étoient servis pour développer, avec la dignité qui leur convient, les préceptes de l'évangile, & faire aimer aux hommes ce qu'ils devoient accomplir, on avoit réduit la morale à des questions froides, sèches, oiseuses; on avoit dépouillé de tout mouvement, pour ainsi dire, une doctrine qui doit régler & animer tous les nôtres.

On alla plus loin encore dans la suite, & de nouveaux écrivains, arrachant à la morale l'ombre de vie qui lui restoit dans les traités qu'on dictoit dans les écoles, n'en présentèrent plus qu'une espèce de squelette, dans des recueils & des sommes de cas de conscience, à chacun desquels ils appliquoient en particulier les décisions & les règles générales. Ceux-ci furent spécialement appellés *casuistes*.

Le travail de ces écrivains, quoique peu fait, par son aridité, pour préparer & obtenir de grands succès, n'auroit pas laissé d'avoir son genre de mérite & d'utilité, si, fidèle à ce qu'exigeoient d'eux l'importante & périlleuse fonction dont ils se chargeoient, d'instruire, d'éclairer & de décider les hommes sur ce qu'il y a de plus intéressant pour eux en ce monde, ces auteurs s'étoient rigoureusement attachés à ne puiser eux-mêmes leurs décisions que dans les sources les plus pures & les plus respectables. Mais l'amour de la nouveauté & de la controverse les entraîna presque tous. A la place de l'écriture-sainte & de la tradition, sur lesquelles les anciens pères & docteurs de l'église s'étoient toujours fait un devoir d'appuyer leurs décisions, par rapport à la doctrine des mœurs, & à la profession des dogmes, ces *casuistes* ne suivirent plus que l'autorité de certains novateurs, ou les lumières d'une raison obscurcie par plusieurs siècles d'ignorance & de barbarie; ils s'égarèrent dans des régions inconnues, & transportèrent la morale à une distance infinie des loix civiles. De-là ces décisions bisarres, indécentes, téméraires, que l'on rencontre à chaque pas dans leurs ouvrages.

Le scandale qu'elles excitèrent enfin, attira l'attention, & anima le zèle de ce qu'il y avoit d'hommes véritablement éclairés & pieux dans l'église. Les docteurs combattirent, & les prélats censurèrent plus d'une fois ces monstrueuses opinions; mais la licence & le relâchement qu'elles avoient occasionnés n'en continuèrent pas moins à se répandre.

Il seroit trop long & trop éloigné du but de cet ouvrage d'entrer, sur cet objet, dans un grand détail : peut-être même s'étonnera-t-on de trouver un pareil article dans un recueil de jurisprudence. Mais si l'on fait attention que plusieurs des matières, dont la morale s'occupe, sont du ressort de la jurisprudence; & que les rois & les souverains, sans pouvoir contre les préceptes de l'évangile, n'en ont pas moins le droit de porter des loix, loix qui obligent & lient étroitement tous leurs sujets, non-seulement sur les intérêts civils & temporels, mais sur le culte public même, & sur tout l'extérieur de la religion, alors on pensera peut-être que nous aurions dû nous étendre davantage sur cette matière.

A l'égard de ceux, qui, relativement aux questions de droit qu'ils ont à discuter, se trouveroient engagés à traiter de quelque point de morale ou de discipline ecclésiastique, & qui voudroient sur ces points consulter des recueils de *casuistes*, il est nécessaire de les prévenir qu'on ne doit point adopter, sans discernement, toutes les décisions qu'on y trouve & toutes les autorités qu'on y cite; car la plupart de ces *casuistes* manquent de logique & d'exactitude dans les faits. Cette précaution est surtout indispensable aux curés qui sont chaque jour consultés par les personnes, dont ils ont la confiance, sur les obligations qu'elles ont à remplir, & même sur des entreprises & des dispositions qu'elles voudroient faire. Pour décider sûrement dans ces rencontres, même par rapport à la conscience seule, il ne suffit pas toujours à ceux qui les conduisent d'avoir bien approfondi les principes de la morale chrétienne, il faut qu'ils puissent y joindre une connoissance assez étendue des loix civiles de l'état dans lequel ils vivent. Ces loix dans tout ce qu'elles ont réglé pour les alliances, les contrats, les engagemens divers, les différens rapports qui peuvent exister entre les citoyens & les lier les uns aux autres, forment autant d'obligations que la religion elle-même nous apprend à respecter & nous ordonne de remplir. Elle nous enseigne cette religion, que ce n'est pas sans nécessité que Dieu a remis son glaive entre les mains des souverains; que nous devons leur obéir, non pour éviter les peines dont ils puniroient nos infractions, mais pour satisfaire au devoir de notre conscience, que nous devons rendre l'honneur à qui il est dû, & payer le tribut à qui il appartient.

Il faut donc que ceux qui conduisent les ames connoissent les loix, pour bien remplir ce ministère, ou que du moins ils sachent s'arrêter, douter & consulter toutes les fois que le cas le demande: sans cela de combien de fautes ne se rendront-ils pas responsables, & souvent dans quels embarras ne jetteront-ils pas ceux qu'ils s'étoient chargés de diriger?

Parmi le petit nombre d'ouvrages estimables sur cette matière, on doit sur-tout distinguer les *Conférences d'Angers*; la nouvelle édition du *Dictionnaire des cas de conscience*. On trouvera dans la *Théologie de Collet*, dans celle du père Thomas, & dans celle qu'on a imprimée à Poitiers, quelques principes généraux sur la restitution, sur la justice, sur les contrats. Le fastidieux traité *de legibus* de Suarès renferme aussi plusieurs questions intéressantes. Et sur la question si délicate & si difficile du mariage, on pourra consulter non le fameux *Traité de Sanchès*, mais les *Conférences de Paris*.

CATÉCHÈSE, s. f. CATÉCHISTE, s. m. CATÉCHISME, s. m. (*Droit ecclésiastique.*) le terme *catéchèse* est tiré d'un mot grec qui signifie *instruction de vive voix*: c'est une courte & méthodique instruction des mystères de la religion, laquelle se fait de bouche; car on n'enseignoit pas anciennement ces mystères par écrit, de peur que les écrits ne vinssent à tomber entre les mains des infidèles qui les auroient tournés en risée faute de les bien entendre. C'est d'où est venu le nom de *catéchiste*, pour marquer celui qui enseigne ces mystères; & celui de *catéchisme*, pour signifier aussi cette instruction.

L'origine des *catéchèses* vient de Jesus-Christ même, lorsqu'il envoya ses disciples pour enseigner & baptiser toutes les nations, joignant la doctrine au baptême, comme, en effet, elle l'a toujours précédé dans la primitive église: il nous a aussi donné l'exemple de cette sainte instruction, lorsque entre ses disciples il examina & instruisit Philippe; entre ses auditeurs, Marthe & la Samaritaine; entre les affligés, l'aveugle-né; entre les étrangers, le Samaritain; entre les grands du monde, Nicodème; pour faire connoître le progrès qu'ils avoient fait dans la foi, & les y instruire davantage.

Les apôtres ont suivi l'exemple de leur maître, comme on voit en divers endroits du livre des actes, saint Pierre ayant été envoyé à Corneille pour ce sujet, & Philippe à l'eunuque de la reine de Candace. L'apôtre des gentils, parlant d'instruire les autres, se sert du mot *catéchiser*, comme le porte l'original.

Les pères ont de même imité les apôtres, comme saint Cyrille de Jérusalem, dont nous avons un ouvrage intitulé *Catéchèse*. Saint Augustin a écrit un traité de la manière de catéchiser les ignorans; saint Grégoire de Nice a composé un discours catéchétique; & plusieurs autres nous ont laissé de semblables instructions. Et afin qu'on ne s'imagine pas que quelque temps après la mort des apôtres & de leurs disciples, cette louable coutume de catéchiser ait été négligée ou interrompue, Eusèbe témoigne que Démétrius, évêque d'Alexandrie, avoit commis Origène pour cette fonction, de laquelle Pantène & Clément s'étoient acquittés avant lui.

Au reste, la charge de *catéchiste* étoit une des plus importantes & des plus honorables dans l'église. Jean Gerson, chancelier de l'université de Paris, faisoit gloire parmi ses grandes occupations d'instruire les enfans & de les catéchiser, répondant à ceux qui lui conseilloient de s'appliquer à des emplois plus considérables, qu'il ne croyoit pas qu'il y en eût de plus nécessaire & de plus glorieux que celui-là.

On choisissoit souvent les *catéchistes* parmi les lecteurs. On les appelloit quelquefois *nautologi*, par allusion à ceux qui dans les vaisseaux recevoient des passagers le prix du transport, & leur expliquoient les conditions du péage, parce que les *catéchistes* enseignoient aux catéchumènes les conditions nécessaires pour entrer dans l'église, que les pères & les écrivains ecclésiastiques comparent souvent à une barque ou un navire. Leur fonction étoit donc de préparer les catéchumènes au baptême par de fréquentes instructions qu'ils leur faisoient, non pas publiquement, ni dans les églises, du moins dans les premiers siècles à cause des persécutions, mais dans les écoles particulières, qu'on bâtit ensuite à côté des églises.

La plus célèbre de ces écoles a été celle d'Alexandrie, & l'on y trouve une suite de *catéchistes* célèbres dans l'antiquité ecclésiastique; savoir Pantène, dont nous avons déjà parlé, établi par l'apôtre saint Marc; à Pantène succéda Clément d'Alexandrie; à Clément, Origène; à Origène, Héraclas; à celui-ci Denys: quelques-uns ajoutent Athénodore, Malchion, saint Athanase & Didyme: d'autres rapportent

rapportent que Arius, avant de tomber dans l'héréfie, étoit chef de cette école. Il y en avoit de femblables à Rome, à Céfarée, à Antioche & dans toutes les grandes églifes.

On donne encore aujourd'hui le nom de *catéchiftes* aux clercs & aux prêtres, chargés dans chaque paroiffe, par le curé, de faire les inftructions publiques aux enfans, pour leur enfeigner les principaux points du dogme & de la morale chrétienne, & les préparer à la première communion.

Le concile de Trente veut que les évêques & les curés s'attachent à expliquer, en langue vulgaire, aux peuples la force & l'ufage des facremens, fuivant la forme prefcrite dans le *catéchifme* du diocèfe.

Le même concile ayant ordonné qu'on fît un *catéchifme* à l'ufage de toute l'églife, & l'ordre s'étant exécuté, c'eft d'après ce *catéchifme* général qu'ont été formés les *catéchifmes* particuliers de chaque diocèfe.

On ne doit enfeigner dans chaque diocèfe que le *catéchifme* qui y eft approuvé de l'ordinaire.

Par arrêt du 23 juillet 1706, le parlement de Paris a jugé, en faveur du curé de faint Jacques de la Boucherie, que quand une fondation portoit que les *catéchiftes* & les prédicateurs d'une paroiffe feroient choifis par les marguilliers, le curé devoit être appellé pour concourir à ce choix.

Au refte, lorfque les curés veulent faire par eux-mêmes le *catéchifme*, non-feulement ils en ont le droit, mais ils peuvent encore empêcher tout autre prêtre de remplir cette fonction dans leur paroiffe, fans leur confentement, quels que foient les termes des fondations.

Ils peuvent auffi fe difpenfer de faire approuver par l'ordinaire, les eccléfiaftiques qu'ils choififfent pour faire le *catéchifme* : c'eft ce qui réfulte d'un arrêt du 2 feptembre 1756, par lequel le parlement a déclaré abufives les ordonnances données par l'évêque d'Auxerre, en ce qu'elles exigeoient l'approbation par écrit de l'évêque, relativement aux *catéchifmes* & aux prières du foir, & a maintenu les curés du même diocèfe dans le droit de commettre tels eccléfiaftiques du diocèfe, qu'ils jugeroient à propos pour les inftructions, autres que les prédications, fans qu'ils fuffent obligés de faire approuver ces eccléfiaftiques par l'évêque.

CATEL *ou* CATEUX, adj. (*terme de Droit coutumier.*) il eft fingulièrement en ufage dans la Picardie, où il fe dit de certains biens, qui, felon l'état où ils fe trouvent, font meubles ou immeubles. Par exemple, on y appelle les bleds jufqu'à la mi-mai, *bien cateux*, parce que n'étant pas comptés entre les fruits, on les met au rang des immeubles, & qu'après ce temps ils font réputés meubles. *Voyez* CATTEL, CATTEUX.

CATHÉDRALE, f. f. (*Droit eccléfiaftique.*) on entend aujourd'hui par ce mot l'églife épifcopale d'un diocèfe. Ce nom lui a été donné du terme *cathedra*, qui veut dire *chaire*. Il tire fon origine de ce que les prêtres, qui compofoient dans les premiers fiècles de l'églife le presbytère avec l'évêque, étoient affis dans des chaires à la manière des juifs dans leurs confiftoires, & que l'évêque préfidoit dans un fiège plus élevé.

L'églife que nous nommons *cathédrale*, s'appelloit anciennement *la grande églife*, *l'églife épifcopale*, *l'églife de la ville*. C'étoit-là que réfidoit l'évêque avec fon clergé, que faint Jérôme appelle *fon fénat*. A l'égard des autres églifes, foit de la ville, foit de la campagne, l'évêque choififfoit des prêtres & des diacres, qu'il envoyoit tour-à-tour les deffervir. Le mot de *cathédrale*, dans le fens où nous l'employons, n'a été en ufage que dans l'églife latine, & depuis le dixième fiècle.

Les canons 22 & 23 du quatrième concile de Carthage, prouvent la néceffité où étoit chaque évêque de fe confulter avec fon clergé, & de lui communiquer les affaires importantes du diocèfe. Les chapitres des *cathédrales* ont fuccédé aux droits de l'ancien clergé, & le pape Alexandre III avoit prononcé la nullité de tout ce que feroit un évêque, fans avoir pris confeil du chapitre de fa *cathédrale*. C'eft par cette raifon qu'en 1233, les chapitres de la province de Reims s'oppofèrent à l'interdit jetté fur toutes les églifes par les évêques, qui vouloient forcer Louis IX à rendre juftice au métropolitain, qu'ils fuppofoient avoir été maltraité par ce prince. Ces chapitres fondoient leur oppofition, fur ce qu'ils n'avoient pas même été confultés fur cet interdit.

Dans la jurifprudence actuelle, les évêques fe difpenfent, dans bien des occafions, de confulter leurs chapitres. Les ambaffadeurs de France, au concile de Trente, firent tous leurs efforts pour faire rétablir l'ancienne difcipline; mais le concile ne jugea pas à propos de prononcer fur cette queftion, qui fut vivement agitée; il recommande feulement aux évêques de ne donner les canonicats de leurs *cathédrales*, qu'à des perfonnes capables de les aider de leurs confeils, & il defire qu'on en confère la moitié au moins à des prêtres, & le refte à des diacres & à des fous-diacres.

Les canons de plufieurs conciles déclarent nulles les aliénations, ou les donations des biens de l'évêché, faites fans le confentement & l'approbation des chapitres des *cathédrales*. Notre jurifprudence eft conforme aux décifions de ces canons. *Voyez* ALIÉNATIONS *des biens eccléfiaftiques*.

Les chapitres des *cathédrales* doivent être appellés aux conciles provinciaux, & leurs procureurs doivent avoir part à toutes les affaires qu'on traite dans ces conciles, fur-tout à celles qui peuvent concerner les chapitres.

Suivant le concile de Latran, célébré en 1215, l'évêque doit établir dans fa *cathédrale*, quelques eccléfiaftiques diftingués par leurs lumières, pour le foulager dans les fonctions de fon miniftère, entendre les confeffions des fidèles, & adminiftrer le sacrement de pénitence : telle est l'origine des pénitenciers & des théologaux des *cathédrales*.

Pendant la vacance du siége épiscopal, le chapitre de l'église *cathédrale* exerce la jurisdiction. Il peut, par exemple, absoudre des excommunications dont l'évêque auroit donné l'absolution ; il nomme les grands-vicaires, les officiaux ; il approuve les prédicateurs ; il permet des quêtes ; il accorde des dispenses., *&c.*

Quand une église, soumise à un archidiacre, vient à être érigée en *cathédrale*, l'archidiacre ne peut plus y exercer sa jurisdiction.

Les particuliers qui composent le chapitre d'une église *cathédrale*, ne peuvent pas interdire cette église ; ce pouvoir est réservé à l'évêque. *Voyez* Chapitre, Évêque, *&c.*

CATHÉDRATIQUE, adj. pris subst. (*Droit ecclésiastique.*) on appelle ainsi une sorte de droit que quelques évêques perçoivent dans leurs diocèses.

Quelques-uns ont mal-à-propos confondu le *cathédratique* avec le *synodatique*, qui est un autre droit également dû à l'évêque ; mais ce dernier est aussi dû à quelques archidiacres qui n'ont jamais rien prétendu dans le premier. C'est ce que prouve le capitulaire de Toulouse, que le père Sirmond rappelle dans le troisième tome de ses conciles, & le cartulaire de l'église de Chartres, rapporté par Ducange. D'ailleurs le *cathédratique* paroît avoir toujours été fixé à deux écus, & le synodatique à de simples deniers, dont la quotité a encore beaucoup varié.

Le pape Honoré III, écrivant à l'évêque d'Assise, confond le *cathédratique* & le synodatique, & le met au nombre des droits dus à l'évêque, dans les églises soumises à sa jurisdiction.

Le canon 2 du concile de Brague de l'an 572, le pape Pelage II, prédécesseur immédiat de saint Grégoire, & le septième concile de Tolède, permirent aux évêques d'exiger le *cathédratique* de toutes les églises, tant séculières que régulières de leurs diocèses, comme une espèce de reconnoissance de la prééminence que la cathédrale a sur elles. Ces décisions sont rapportées par Yves de Chartres & par Gratien.

Le *cathédratique* y est fixé à deux écus par an, ainsi que dans le décret d'Innocent III, & dans celui d'Urbain II, où ces écus sont appellés *des sous*, que le Maître prétend avoir été d'or. Le même auteur assure qu'il y avoit trois de ces sous à l'once. Ainsi douze curés payoient chaque année une demi-livre d'or, poids de marc, à leur évêque.

Le capitulaire de Toulouse, dont nous avons parlé, laissoit aux curés le choix de payer le *cathédratique* en espèces ou en denrées. Charles-le-Chauve adopta ce réglement & l'inséra dans le second de ses capitulaires.

Saint Fulbert, évêque de Chartres, dit dans sa cinquante-huitième lettre, que de son temps les évêques, sur-tout en Normandie, obligeoient par censures les curés à leur payer les droits de *cathédratique* & de synodatique ; mais il ajoute que les évêques de Chartres avoient généreusement fait la remise de ces droits dans la plus grande partie de leur diocèse. Camusat rapporte dans ses antiquités, que les évêques de Troyes en avoient usé de même long-temps auparavant ; il observe néanmoins qu'ils ne firent pas la remise entière de ces droits, mais qu'ils les convertirent en une modique redevance ou prestation annuelle.

Au surplus, l'assemblée du clergé de France, tenue à Melun en 1579, défendit aux curés & aux autres ecclésiastiques de refuser le paiement des droits de *cathédratique* ou de synodatique, auxquels ils étoient assujettis.

Le concile de Bourges ordonna, en 1584, que le droit de *cathédratique* & les autres seroient payés par tous les ecclésiastiques, sans distinction, à peine d'excommunication & d'autres poursuites extraordinaires.

Ces décisions n'empêchèrent pas que ces droits ne fussent dans la suite contestés à plusieurs évêques. L'assemblée du clergé de 1602 chargea ses agens de solliciter en faveur de l'évêque d'Autun qui avoit un procès avec différens curés de son diocèse, au sujet du droit de *cathédratique* ou synodatique.

Les contestations de cette espèce ont fait abandonner ces mêmes droits par la plupart des évêques. Cependant on les paie encore dans plusieurs diocèses ; & l'auteur des *Mémoires du Clergé* rapporte un arrêt du conseil du 26 avril 1672 par lequel le chapitre de Castres fut condamné à payer à l'évêque, pour droit de synodatique, trente-une livres trois sols trois deniers chaque année, à cause des cures unies à la mense capitulaire.

Dans une cause où M. Bignon, avocat général, portoit la parole, le 23 février 1637, il ne traita pas favorablement le droit de synodatique. Il représenta que l'assistance au synode, étant un droit révérentiel dont aucun curé ne pouvoit s'exempter, il ne devoit être payé à cet égard aucune chose. *Voyez* Évêque, Curé, Synode.

CATHOLIQUE, adj. (*Droit public & ecclésiast.*) en droit ecclésiastique, on attribue à l'église le nom de *catholique* c'est-à-dire, d'*universelle*, pour marquer qu'elle est répandue par toute la terre, qu'elle s'étend à tous les lieux, à tous les temps & à toutes les personnes. C'est un de ses caractères distinctifs, qui la font discerner de toutes les sectes, qui se sont séparées d'elle. *Voyez dans le Dictionnaire de Théologie* Catholicité.

Les Romains donnoient le nom de *catholiques* à certains magistrats ou officiers supérieurs, chargés de recevoir & de faire payer les tributs dans les provinces de l'empire, comme il paroît par Eusebe, Théodoret & l'histoire Bysantine : en suivant cet exemple, les patriarches ou primats d'Orient prirent le titre de *catholiques* : on disoit le *catholique d'Arménie*, pour en désigner le patriarche. Ce titre revenoit à celui d'*œcuménique* qu'avoient pris les patriarches de Constantinople. *Voyez* ŒCUMÉNIQUE.

Les rois d'Espagne ont pris le titre de *roi catholique* & de *majesté catholique*. Mariana prétend que le roi Recarède, après avoir détruit l'arianisme dans son royaume, reçut ce titre, & qu'il se trouve dans le concile de Tolède, de l'an 589. Vascé en fixe l'origine à Alphonse, en 738. Les Bollandistes prétendent que Alexandre VI, en le donnant à Ferdinand & à Isabelle, ne fit que renouveller une prérogative acquise aux anciens rois Visigots qui avoient dominé en Espagne.

L'opinion commune est que les souverains de cette partie de l'Europe n'ont commencé à porter ce titre que sur la fin du quinzième siècle, après que Ferdinand & Isabelle en eurent chassé les Maures.

Froissard rapporte que les ecclésiastiques donnèrent le même titre à Philippe de Valois, pour avoir défendu les droits de l'église.

Quoi qu'il en soit, le titre de roi & de majesté *catholique*, est un titre particuliérement attaché aux rois d'Espagne, & il leur est accordé par tous les princes de l'Europe. C'est une qualité distinctive qui leur appartient tellement à l'exclusion des autres, qu'en disant le roi *catholique*, on entend le roi d'Espagne, de la même manière qu'on entend le roi de France, par la dénomination de roi très-chrétien.

CATHOLIQUES (*Nouvelles*), *Droit ecclésiastique*. ce sont des filles qui, dans le siècle dernier, se sont érigées en communauté, sous ce titre, ou sous celui de *la propagation de la foi*, pour instruire, à l'exemple des missionnaires, dans les vérités de la religion, les personnes de leur sexe qui ont été élevées dans l'hérésie.

Les personnes qui entrent dans ces communautés pour s'instruire, y sont entretenues jusqu'à ce qu'elles aient fait leur abjuration, & qu'elles soient bien affermies dans la foi. Elles peuvent même y être reçues au nombre des sœurs.

Dans quelques-unes de ces communautés les filles qui s'y attachent font des vœux simples de pauvreté, de chasteté, d'obéissance & promettent de s'employer à l'instruction des nouvelles converties. Dans d'autres, ces filles ne font qu'un vœu de stabilité; dans d'autres enfin, elles s'engagent par un contrat d'association.

Chacune de ces communautés a des réglemens particuliers, suivant qu'il a plu à l'évêque du lieu de leur établissement de les leur donner. La communauté de Paris, est sous le nom de *nouvelles-converties*; celle de Sedan & quelques autres sous celui de *la propagation de la foi*.

CATONIENNE, (*règle*) *Jurisprudence romaine*, cette règle, ainsi nommée de son auteur M. Porcius Caton, fils de Caton le censeur, porte que tout legs inutile dans le temps que le testament est fait, ne peut se valider dans quelque temps que le testateur vienne à décéder.

Cette règle, établie d'abord pour les legs seulement & les fidéi-commis, s'est étendue par la suite aux institutions d'héritiers & à toutes les dispositions de dernière volonté, ensorte que tout ce qui prend sa source & son origine dans un testament, doit être valide dans le temps du testament, & n'être infecté d'aucun vice qui le rende inutile; ce qui est conforme à une autre règle de droit, qui décide que tout ce qui est vicieux dans son principe, ne peut acquérir de force par le laps de temps.

Cette règle n'a point d'application aux legs & fidéi-commis, laissés sous condition, ni à ceux qui ne commencent à être dus qu'après la mort du testateur ou l'adition de l'hérédité, ni aux dispositions de la loi Julia & Pappia-poppéa, & autres loix postérieurement données chez les Romains.

Cette doctrine s'expliquera par des exemples. Il est de principe, en matière de legs, que le legs d'une chose qui appartient au légataire est inutile: ainsi conformément à la *règle catonienne*, si Titius avoit légué à Sempronius sa propre chose, & que celui-ci l'eût aliénée avant le décès de Titius, le legs n'en deviendroit pas plus valide, parce qu'il étoit inutile dans son principe. Mais si dans la même espèce, le legs avoit été fait en ces termes: je donne & lègue à Sempronius le fonds Tusculien qui lui appartient, si avant ou au temps de ma mort, il n'est plus en sa possession; & que Sempronius l'eût effectivement aliéné au temps de la mort de Titius, le legs seroit valide & ne pourroit être contesté sous prétexte de la *règle catonienne*.

Le legs d'une chose sainte ou sacrée est inutile, en conséquence il ne pourra devenir valide, quand bien même, depuis le moment où le testament a été fait, cette chose auroit été remise dans le commerce ordinaire.

Le legs fait à une fille, sous la condition qu'elle sera mariée à Titius, ne seroit pas valide, s'il étoit fait à une fille impubère, & que le testateur décédât avant sa puberté; mais si elle a rempli la condition au temps de la mort du testateur, le legs ne sera point invalidé par la *règle catonienne*, quoiqu'il fût inutile au temps du testament. On peut voir ce qui concerne cette matière dans le digeste, *liv. 34, tit. 7.*

CATTEL, s. m. d'où est venu CATTEUX, s. m. plur. (*termes de Coutumes.*) ces mots sont fréquemment employés dans celles d'Artois, de Flandres & de Hainaut, ils désignent tous deux *un effet mobilier*. Il y a cependant une très-grande différence entre les coutumes de Hainaut, & celles d'Artois & de Flandres, pour l'acception de ces deux mots.

En Hainaut, on entend par *cattel* un droit seigneurial; en Flandres & en Artois, le mot *catteux* désigne une espèce de biens immeubles, que les coutumes de ces provinces réputent meubles dans certaines circonstances. C'est ce que nous allons faire connoître sous les deux mots suivans.

CATTEL *ou droit de meilleur-cattel*, (*Hainaut.*) c'est un droit purement seigneurial, qui consiste à prendre le meilleur effet mobilier, que laisse en mourant un affranchi, ou descendant d'affranchi, ou l'habitant d'un lieu affranchi.

Pour entendre ce qui donne lieu au droit de *meilleur-cattel*, il faut se rappeller que le Hainaut, ainsi que les autres provinces de France, étoit autrefois rempli de serfs & de morte-mains. La comtesse Marguerite, en 1252, donna aux seigneurs de sa cour l'exemple des affranchissemens, ils s'empressèrent de l'imiter, & bientôt la liberté devint un bien propre des habitans du Hainaut. Mais les seigneurs, à l'exemple de cette princesse, se réservèrent une certaine portion dans la succession mobiliaire de leurs affranchis, & c'est ce qu'on appelle *droit de meilleur-cattel*.

Les affranchissemens ont été ou personnels ou locaux, c'est-à-dire, qu'ils ont été bornés à un ou plusieurs serfs, ou ils ont été accordés généralement à une ville ou un à village entier. Il en est résulté deux sortes de droits de *cattel*, l'un personnel, l'autre local.

Le *cattel* personnel est dû, par rapport à la condition de la personne qui a été affranchie, au seigneur qui a donné l'affranchissement. Il provient aussi de l'assujettissement volontaire d'un homme libre à un patron. Celui qui, par la condition de sa naissance, est tenu du *cattel* personnel, ne peut s'en affranchir, en quelque lieu qu'il se fixe, à moins que ce ne soit à Mons, suivant le privilège accordé à cette ville, en 1295, par Jean d'Avesnes, comte de Hainaut.

Le *cattel* local provient, ou de la résidence, ou de la possession d'une maison meublée, ou du décès de quelqu'un dans un lieu assujetti à ce droit. Ainsi une personne, née de parens non sujets au *cattel*, s'y soumet en fixant son domicile dans un lieu où il est local, & réciproquement celui qui est né dans un territoire assujetti au *cattel* local s'en exempte, en transférant son domicile dans un endroit où il est personnel, pourvu qu'il soit d'origine franche.

Personne n'est présumé exempt du droit de *cattel*, s'il ne justifie du contraire. Un curé néanmoins, qui meurt dans son presbytère, un religieux profès dans son monastère, un seigneur haut-justicier dans sa haute-justice, n'y sont assujettis, que lorsque ce droit est imposé nommément sur le manoir. Mais un vicaire, un religieux non profès, & tous les autres gens d'église y sont sujets.

Dans les villes où le *meilleur-cattel* est local, le décès seul y donne ouverture, quand bien même il n'auroit été précédé d'aucune résidence. Ainsi la succession d'un voyageur en seroit tenue. Cependant on excepte de cette règle l'intendant de la province, les officiers de l'état-major, de l'artillerie, du génie, & généralement tous ceux qui sont attachés au service militaire, parce qu'ils ne résident dans ces sortes de villes que pour le service de l'état, & par les ordres du roi. Il en est de même des officiers du parlement, s'ils décédoient dans une ville sujette à ce droit, pendant le séjour qu'ils y feroient pour procéder à une enquête ou information. On étend même aujourd'hui cette exemption à tous les officiers des sièges royaux, par la raison que, représentant la personne du souverain, on ne doit pas trouver dans leur personne le moindre vestige de servitude.

La mort de tout chef de famille, même d'un enfant émancipé, donne ouverture au droit de *cattel*. Le genre de mort est indifférent, car un criminel exécuté par autorité de justice, y est soumis comme les autres.

Ce droit consiste dans le meilleur effet mobilier de la succession du défunt. Pour cet effet, l'héritier aux meubles est obligé de représenter au sergent, exploitant pour le seigneur, les trois meilleurs effets de la succession, à peine de confiscation des choses recélées.

Les dispositions à cause de mort, faites au préjudice de ce droit, sont inutiles. Il en est de même d'une donation, qualifiée d'entre-vifs, faite pendant la dernière maladie. On regarde comme frauduleuse une donation entière du mobilier, à la charge d'être nourri pendant le reste de ses jours. La coutume décide que le droit de *cattel* est dû, sans attendre la mort, dès l'instant qu'un homme se retire dans un hôpital, & y donne tous ses meubles.

Le seigneur ne peut exercer le droit de *cattel*, sur les dettes actives du défunt, sur les marchandises dont il faisoit commerce, sur une toile imparfaite sur le métier, ni sur les fruits pendans par les racines.

Lorsque plusieurs seigneurs prétendent le droit de *cattel*, sur une même succession, la coutume donne la préférence à celui qui a donné la liberté à l'affranchi ou à sa mère : ensuite à celui du domicile du défunt, si c'est dans un lieu où ce droit est général & commun à tous les habitans : en troisième lieu, au seigneur du lieu du décès ; enfin au patron de celui qui, étant de franche origine, s'est soumis volontairement à lui.

Le droit de *cattel* est payé par préférence à toute autre chose, à l'exception néanmoins du droit de *ligé*, c'est-à-dire, du droit qui appartient au seigneur, de prendre à la mort de son vassal, le meilleur cheval de son écurie.

Le droit de *meilleur-cattel* est aussi connu dans la coutume de Luxembourg, & dans plusieurs endroits de la Flandre. On en connoît même dans cette dernière de deux espèces, l'un seigneurial, l'autre ecclésiastique.

Le seigneurial a la même origine que celui du Hainaut, & il y a été introduit par la comtesse Marguerite, ainsi que nous l'apprend Burgundus, sur les coutumes de Flandres. Il n'est pas néanmoins aussi privilégié que dans le Hainaut, il ne peut se lever qu'après le paiement entier des tailles de l'année courante, & de celle qui précède immédiatement.

Le droit de *meilleur-cattel* ecclésiastique appartient aux doyens de chrétienté, qui choisissent le meuble le plus précieux de la maison mortuaire des curés, dont ils ont célébré les funérailles. Ce droit dépend absolument de l'usage, il est en vigueur dans le diocèse d'Ypres, & il a été confirmé par arrêt rendu au parlement de Flandres, le 20 février 1772, en faveur des doyens de chrétienté de la partie de ce diocèse, qui est sous la domination du roi, sur l'appel d'une sentence du présidial de Bailleul.

CATTEUX, (*Droit coutumier.*) dans les provinces de Flandres & d'Artois, on entend proprement par ce terme, non des meubles réels, mais des immeubles, auxquels on donne les mêmes attributs, & les mêmes effets qu'aux meubles.

On distingue deux espèces de *catteux*, les *verds* & les *secs*. Les premiers sont des arbres, les seconds des bâtimens.

Dans les coutumes de Beauquesne, de Montreuil, de Boulenois, d'Artois, de Lille, de Douai & autres de la Flandre françoise & autrichienne; il ne suffit pas qu'une chose ne puisse pas être transportée d'un lieu dans un autre, pour être réputée immeuble, il faut encore qu'elle produise un revenu annuel & ordinaire.

C'est d'après cette idée, que ces coutumes ont établi une troisième espèce de biens, différente des meubles & des immeubles, à laquelle elles donnent le nom de *catteux*.

On répute immeubles les bois taillis qu'on a coutume de couper régulièrement, les arbres fruitiers dont on peut faire usage, les chênes qui portent des glands propres à la nourriture des pourceaux, les vignes, les noyers, les haies, qu'on est dans l'habitude d'émonder. On met dans la classe des *catteux-verds* les chênes au-dessous de l'âge de soixante ans, les arbres fruitiers sauvages, qui n'ont pas été entés, soit dans les jardins, soit dans les champs ou bois; les bois blancs, qu'on n'a pas mis en coupe réglée, les taillis, après que le propriétaire a laissé passer le temps ordinaire de leur coupe, jusqu'à ce qu'ils soient en état de porter du gland, & les baliveaux des taillis, parce que cessant de produire un revenu annuel, qui les faisoit réputer immeubles, ils perdent, par cette même raison, leur qualité d'immeubles.

Les coutumes particulières de Montreuil, Artois, Beauquesne & Boulenois, rangent encore dans la classe des *catteux-verds*, les bleds & autres advestures des champs, après la mi-mai, avant ce temps elles les regardent comme immeubles. Mais cette disposition ne s'étend que sur les fruits industriaux, les fruits purement naturels, tels que ceux des arbres, les poissons en étang, les foins sont réputés immeubles, jusqu'à ce qu'ils soient séparés du fonds. Les oignons de fleur ne sont pas également mis dans la classe des *catteux*, après la mi-mai, à moins que le propriétaire n'en fasse commerce.

Cette distinction de la qualité de meubles ou d'immeubles, donnée aux bleds verds, n'a lieu que par rapport au propriétaire du fonds. Dans la succession du fermier, le droit de percevoir les fruits échus ou à écheoir est regardé comme mobilier, suivant la nature de toutes les actions personnelles, & se partage comme meuble. C'est la disposition des coutumes de Cambrai, de Lorraine, & de la châtellenie de Lille.

On entend par *catteux-secs*, tous les bâtimens légers qui peuvent aisément se détacher du fonds sur lequel ils sont posés. La jurisprudence des provinces où les *catteux* sont admis, accorde aujourd'hui cette qualité à des granges construites en briques & en pierres, & couvertes en tuiles. Au reste, nous ferons beaucoup mieux comprendre ce qu'on entend par *catteux-secs*, en rapportant le dispositif d'une sentence du conseil provincial d'Artois du 30 juin 1716, qui en contient une énumération très-étendue.

« Nous déclarons *catteux*, & partageables dans la » succession mobilière, les étables, écuries, bergeries, remises de charriots, hangars & maréchaussées..... Ordonnons qu'à la succession immobilière appartiendront les châteaux, jardins, » murailles garnies d'arbres à fruits, portes de fer, » maisons, pigeonniers, grandes portes des fermes, *&c* ».

On entend par *maréchaussée*, l'écurie & le travail où l'on ferre les chevaux; au moins c'est le sentiment de Maillard sur la coutume d'Artois, qui fait venir ce mot de *Marack*, expression tudesque, qui signifie *cheval*. Les rédacteurs de la coutume de Montreuil appellent *maréchaussées*, les matières assemblées pour bâtir : si c'est là le sens de ce mot, ces coutumes alors sont conformes au droit commun; car il n'y a peut-être que la coutume de Hainaut qui regarde comme héritages les matériaux préparés sur le lieu pour servir à la construction d'un édifice.

Une sentence du conseil provincial d'Artois du 11 février 1717, déclare immeubles toutes les grandes portes qui servent d'entrées aux maisons & aux fermes; ce qui est conforme aux dispositions des coutumes, qui décident *que les portes sur quatre esteulx étant sur héritage, sortissent telle nature que l'héritage*.

Les *catteux* ne sont considérés comme meubles, que dans les cas marqués dans les coutumes. C'est une fiction de droit qui ne peut s'étendre d'un cas à un autre, qui n'a lieu que dans ce qui est réglé par la coutume, & qui doit cesser dans les dispositions de l'homme.

Par cette raison la coutume d'Artois ayant décidé que les *catteux* ne sortissent nature de meubles qu'en matière de succession, ils n'entrent point dans la communauté. Ils y entrent dans presque toutes les autres. Mais cette fiction ne souffre pas la moindre extension. Ainsi dans celle de Douai, qui déclare le survivant de deux conjoints par mariage, *entravestis* l'un l'autre *par sang* ou *par lettres*, propriétaire incommutable des meubles, & propriétaire des immeubles propres du prédécédé, à la charge de les rendre aux enfans qu'il a eus de lui; en cas qu'il se remarie, les *catteux* sont censés compris dans la réserve comme les immeubles réels. Par la même raison, un legs universel de meubles ne comprend pas les *catteux*.

Du même principe il suit encore que dans la vente d'un héritage, où il se trouve des arbres & des édifices réputés *catteux*, le seigneur a droit de prétendre les droits de lods & ventes sur le prix entier, sans qu'on puisse en déduire la valeur de ces meubles fictifs. Il résulte aussi du même principe, que la substitution d'un fonds en affecte les *catteux* qui s'y trouvent au temps de la mort du testateur; ensorte que l'accroissement qu'ils ont pris pendant la vie de l'héritier fiduciaire, passe avec le fonds à celui qui est appellé à la substitution, sans que l'héritier du fiduciaire y puisse rien prétendre.

Les coutumes qui admettent les *catteux*, les défèrent à l'héritier des meubles; mais elles accordent à l'héritier du fonds, la faculté de les retenir en en payant la valeur. Cette règle doit s'étendre sur les coutumes qui n'ont aucune disposition à cet égard, parce qu'elle est conforme au droit commun & à l'équité, qui permettent à tout propriétaire d'un fonds, de retenir ce qui y est attaché s'il en veut payer l'estimation.

L'héritier aux meubles ne peut démolir, abattre ou emporter aucuns *catteux*, que préalablement il n'ait fait sommer l'héritier des immeubles de déclarer s'il veut les retenir ou non. Ce dernier ne peut pas diviser la faculté qui lui est accordée, il doit l'exercer en entier ou y renoncer tout-à-fait, parce qu'une obligation alternative ne souffre pas de division dans l'un de ses membres, & doit être pleinement exécutée dans l'un ou dans l'autre.

Les *catteux-verds* ou *secs* doivent être estimés suivant leur valeur intrinsèque, comme s'ils étoient abattus, arrachés ou démolis, & mis en un monceau, sans faire aucune attention à la valeur qu'ils ont comme bâtiment ou comme arbres fruitiers. La raison de cette disposition des coutumes est sensible. Les *catteux-secs* ne peuvent appartenir à l'héritier au mobilier qu'autant qu'ils sont séparés du fonds, & qu'il peut les emporter pour les employer à d'autres usages; ils ne sont donc pour lui que d'une valeur égale à d'autres matériaux dont il pourroit se servir: la main-d'œuvre qui les a changés en un édifice, ne lui appartient pas, elle fait partie du fonds par la règle des accessoires, qui attache à la propriété d'un héritage, tout ce qui y a été joint. Les *catteux-verds* ne doivent pareillement être estimés que comme bois abattus; car ce n'est que sous ce point de vue qu'ils sont censés appartenir à l'héritier mobilier. Au reste, les intérêts de l'estimation des *catteux*, se paient à raison de cinq pour cent, à compter, non du jour qu'elle a été faite, mais de celui de la demande judiciaire jusqu'au paiement qu'en fait l'héritier aux immeubles.

Il nous reste à observer que dans la question de savoir si des arbres ou des édifices sont *catteux*, on ne doit pas s'en rapporter à la coutume du domicile du propriétaire, mais à celle du lieu où ils sont situés. C'est la jurisprudence du parlement de Flandre, qui l'a ainsi jugé par un arrêt du 3 décembre 1700, rendu de l'avis de toutes les chambres, & rapporté par Desjaunaux, *tome II*, *art. 293*. Elle est d'ailleurs conforme aux vrais principes; car chaque coutume ne peut attribuer une qualité fictive qu'aux biens qui sont situés dans son territoire.

CAVALERIE, s. f. CAVALIER, s. m. (*Code militaire. Droit civil.*) on appelle *cavalerie* un corps de gens de guerre destiné à combattre à cheval; *cavalier*, le soldat qui combat à cheval. On lui donne aussi le nom de *maître*. On dit, en parlant du nombre des hommes qui composent une compagnie, qu'il y a tant de *maîtres*.

On trouvera dans le *Dictionnaire de l'art militaire*, ce qui a rapport à l'histoire de la *cavalerie* françoise, à son utilité dans les armées, & à sa police militaire. Il nous suffit d'observer que par l'ordonnance du 25 mars 1776, il a été réglé:

Que tout *cavalier* qui se retire après trente ans de service, avec la pension de récompense militaire, dans une province où la taille réelle a lieu, doit jouir de l'exemption de la taille industrielle, & de toute autre imposition personnelle, pour raison du trafic, industrie & exploitation, auxquels il juge à propos de se livrer.

Si la taille n'est pas réelle dans la province où il se retire, il doit être exempt de la taille ou subvention personnelle, quand même il feroit commerce. Mais s'il exploite ses héritages, ou s'il prend des biens étrangers à ferme, il est tenu de payer la taille d'exploitation & les autres impositions accessoires, ainsi que le vingtième & les autres charges réelles, que supportent les autres propriétaires des fonds & droits réels.

CAUCIAGE, s. m. (*droit coutumier.*) ce terme se trouve dans la coutume de Hainaut, où il paroît signifier un droit de péage dû pour les chaussées des étangs. Les nobles qui ont la qualité de chevalier, & les fils de chevalier sont exempts de le payer, ainsi que les tailles, subsides, assis & maltôtes. C'est la disposition du *chap. 106*, *art. 8* de cette coutume.

CAUDATAIRE, s. m. (*Droit ecclésiastique.*) on donne ce nom à un clerc ou à un aumônier qui porte le bas de la chappe du pape ou d'un cardinal.

CAVE, s. f. (*Jurisprudence.*) lieu voûté dans l'étage souterrein d'un bâtiment qui sert à mettre du vin, du bois & autres provisions. Il vient du mot latin *cavea*.

Le propriétaire d'un fonds est maître d'y faire les *caves* qu'il juge à propos, pourvu que, si elles joignent l'héritage du voisin, il ait l'attention d'y faire un contre-mur.

Ce contre-mur n'eſt pas néceſſaire quand le mur voiſin, qui ſert de pignon à une voûte faite en berceau, ſert pareillement de l'autre côté de pignon à une autre *cave*, parce qu'alors il eſt ſenſible que ce mur ne ſouffre nullement de part ni d'autre. Mais ſi du côté du voiſin il n'y avoit point de *cave*, le propriétaire qui feroit creuſer de ſon côté ſeroit tenu de faire un contre-mur pour appuyer ce mur voiſin, & le garantir de la pouſſée des terres de la partie oppoſée à la nouvelle *cave :* au ſurplus, ce contre-mur ne s'exige pas ordinairement quand le mur mitoyen eſt d'une certaine épaiſſeur, & qu'il eſt évident que ſoutenu & buté par la voûte, il réſiſtera ſuffiſamment à la pouſſée des terres : on ne le juge néceſſaire que quand la voûte eſt d'une très-grande élévation, parce qu'alors il ſe trouve une trop grande partie du mur à découvert.

Lorſque le mur mitoyen, au lieu de ſervir de pignon à la *cave*, doit recevoir le ceintre de cette même *cave*, on examine ſi du côté du voiſin il y a une autre *cave* ou s'il n'y en a pas. S'il y a une *cave*, il faut ſavoir encore ſi le mur mitoyen reçoit le ceintre de cette *cave*, ou s'il ne ſert que de pignon : s'il reçoit le ceintre, ce n'eſt pas le fatiguer que de lui faire recevoir de l'autre côté le ceintre de la nouvelle *cave ;* au contraire, il ſe fortifie en ſe trouvant ainſi buté des deux côtés : mais ſi ce mur ne ſervoit que de pignon à la cave du voiſin, on ſeroit obligé de ceintrer la nouvelle *cave* ſur un contre-mur, ſans quoi le mur qui ne ſert que de pignon à la *cave* voiſine ſeroit expoſé à ſouffrir de la pouſſée de la voûte. Si au contraire il n'y a point de *cave* du côté du voiſin, il ne paroît pas qu'il ſoit néceſſaire d'un contre-mur, parce qu'alors les terres oppoſées contre-balancent ſuffiſamment la pouſſée de la voûte.

Si celui qui a la ſurface d'un terrein n'a pas le deſſous, & que le voiſin y ait des *caves*, ce voiſin eſt obligé d'en entretenir les murs, les contre-murs & les voûtes ; & ſi le propriétaire de cette ſurface veut bâtir au-deſſus, il peut ſe ſervir des murs des *caves*, en payant moitié de la valeur de ces murs ; mais il ne doit rien ſupporter de la dépenſe des contre-murs ni des voûtes, qui demeurent à la charge du propriétaire des *caves*.

Quand le propriétaire de la ſurface a un paſſage ſur la voûte de la *cave* de ſon voiſin, il doit, ſuivant Deſgodets, réparer & entretenir à ſes frais le pavé de ſon paſſage ; mais Goupy, dans ſes notes ſur les *loix des bâtimens*, obſerve que cela n'eſt vrai que quand le paſſage conduit à une cour, à un chantier ou à une place vague dont les eaux ſortent par ce paſſage, & que quand ces eaux, au lieu de ſortir par le paſſage, s'imbibent dans les terres, ce propriétaire n'eſt pas tenu de faire paver ſur la voûte, s'il ne le veut ; mais qu'il y eſt obligé s'il a une cuiſine au-deſſus, de crainte que les eaux de cette cuiſine ne pénètrent la voûte & ne l'endommagent.

Lorſque celui qui a le deſſus & le deſſous d'un paſſage y fait faire des *caves*, c'eſt à lui à payer ſeul la plus baſſe fondation pour les enfoncemens, le contre-mur, la voûte & les reins de ſes *caves*, de ſorte que les voitures puiſſent paſſer deſſus, ſi le paſſage eſt à porte cochère ; & celui à qui eſt le paſſage doit en entretenir le pavé de façon que l'eau ne puiſſe endommager la voûte de ces *caves*.

CAVEAU, ſ. m. (*Droit eccléſiaſtique.*) c'eſt une eſpèce de voûte ſouterreine, conſtruite principalement ſous une égliſe ou une chapelle, & deſtinée à la ſépulture de quelque famille ou de quelques perſonnes particulières. *Voyez* SÉPULTURE, TOMBES.

CAVIER, ſ. m. (*Droit féodal & coutumier.*) ce mot eſt en uſage dans quelques provinces méridionales du royaume ; on le trouve dans les coutumes d'Acqs, de Labourd, de la Sole & du Béarn. Il ſignifie la même choſe que ſeigneur foncier & bas-juſticier.

C'eſt au ſeigneur *cavier* que ſont dus les cens, rentes & devoirs fonciers des héritages ſitués dans ſon territoire : dans le cas de vente des héritages tenus du *cavier*, le vendeur eſt obligé de lui en préſenter la vente avant d'en délivrer la poſſeſſion, afin que le ſeigneur *cavier* puiſſe la retenir pour lui-même, ou en inveſtir le nouvel acquéreur. Dans la coutume d'Acqs, le vendeur qui manque à cette formalité, encourt une amende au profit du ſeigneur *cavier*. Les ſeigneurs *caviers* n'ont qu'une juriſdiction baſſe & foncière qu'ils ne peuvent exercer qu'entre leurs tenanciers ſeulement, pour raiſon de leurs héritages & des amendes coutumières qu'ils peuvent avoir encourues. Mais ils ne connoiſſent pas des affaires criminelles, ni de celles qui ont lieu entre des étrangers. La coutume de la Sole permet au *cavier* de condamner à l'amende ceux qui, aſſignés devant leurs juges, propoſent des motifs de récuſation qui ſont notoirement faux, ou qui ne ſont pas trouvés valables.

CAUSE, ſ. f. (*terme de Droit & de Pratique.*) il ſe dit particuliérement des conteſtations qui ſont l'objet d'un plaidoyer, & quelquefois du plaidoyer même : on ſe ſert du mot de *procès* lorſqu'il s'agit d'une affaire qui s'inſtruit par écritures.

Les *cauſes* ſe diſtinguent les unes des autres relativement aux tribunaux devant leſquels elles ſe diſcutent, aux formes par leſquelles elles ſont dirigées, aux différentes matières qui en ſont l'objet. C'eſt de-là que dérivent les dénominations de *cauſe* principale, *cauſe* d'appel, *cauſe* incidente, *cauſe* ſommaire, *cauſe* proviſoire, *&c.*

Cauſe principale. C'eſt celle qui s'inſtruit & doit ſe juger par le premier juge devant lequel elle eſt portée. On l'appelle *principale*, par oppoſition à une *cauſe* d'appel ou à une cauſe incidente.

Les *cauſes principales* doivent être portées devant les juges à qui la connoiſſance en appartient. L'ordonnance de 1667, *tit. 6*, enjoint aux juges qui ſont notoirement incompétens pour connoître d'une *cauſe* traduite devant eux, de la renvoyer pardevant ceux qui en doivent connoître, ou d'ordonner que les parties se pourvoiront, à peine de nullité des jugemens.

L'exécution de cette loi a lieu dans le cas où l'on porteroit, en première instance, une *cause* en retrait lignager, devant les officiers de l'élection, ou une *cause* concernant les eaux & forêts, pardevant les juges ordinaires.

Cause d'appel, est celle qui est pendante par appel dans un tribunal supérieur, pour réformer le jugement rendu à l'audience par le premier juge. C'est en quelque sorte la même *cause* que la *cause principale*, puisqu'il ne s'agit que de savoir si elle a été bien ou mal décidée dans la première jurisdiction. Nous avons remarqué, sous le mot AVOCAT, que la discussion des *causes* d'appel leur appartenoit privativement aux procureurs.

Cause incidente. C'est une demande particulière qui survient dans le cours d'une contestation de la part de l'une des parties, demande qu'on appelle *incidente*, parce qu'elle a quelque connexité avec la demande principale. Par exemple, lorsque sur une demande en paiement de loyers, le locataire prétend que le demandeur n'a pas qualité pour les exiger, cette contestation particulière est un incident, tout comme c'est un autre incident, si ce locataire forme de son côté une demande pour le paiement de certaines réparations dont il prétend avoir déboursé le montant.

Il peut y avoir des *causes* incidentes d'une infinité d'espèces : c'est, par exemple, une autre espèce d'incident, si dans le cours d'une procédure l'une des parties s'échappe en injures contre l'autre, & que celle-ci en demande réparation ; si à défaut de solvabilité, on demande une caution ; si à défaut de titres on demande à être admis à faire une preuve par témoins, &c.

C'est encore une *cause* incidente lorsque l'une des parties dans le cours de la contestation produit un jugement, & que l'autre partie, qui craint que ce jugement ne lui nuise, en interjette appel incidemment. Autre *cause* incidente, lorsqu'une partie, en attendant que le fonds de l'affaire soit jugé, demande que par provision il lui soit adjugé une certaine somme. Ces *causes* incidentes se jugent quelquefois avant l'affaire principale, quelquefois en même temps ; & quelquefois aussi l'on remet à faire droit sur l'incident dans un autre temps, ou l'on renvoie les parties devant les juges qui en doivent connoître si cet incident n'est pas de la compétence de ceux qui sont saisis de la *cause* principale : tout cela dépend de la nature de l'affaire qui survient, comme on l'expliquera plus particuliérement à l'article INCIDENT.

Cause d'intervention. C'est celle qui a lieu lorsque sur une contestation formée entre deux parties, il intervient une tierce personne, ou pour revendiquer ce que ces deux parties se disputent, ou pour venir au secours de l'une d'elles & faire valoir ses prétentions. J'apprends, par exemple, que deux particuliers se disputent une succession : je sais que je suis le seul habile à la recueillir, j'interviens dans leur contestation & je demande que cette succession me soit adjugée ; cette demande forme à mon égard une *cause* d'intervention, tout comme ce seroit une *cause* de la même nature si je me montrois dans une contestation pour garantir & faire valoir des droits que j'aurois cédés à quelqu'un. Ceci ne demande pas une plus grande explication ; au reste, on peut voir ce qui sera dit aux articles GARANTIE & INTERVENTION.

Cause majeure, en matière civile, signifie une *cause* importante, dont la connoissance n'appartient pas à toutes sortes de juges, ou qui demande à être plaidée avec plus de solemnité qu'une *cause* ordinaire. Telles sont les *causes* concernant l'église, les bénéfices, &c. Il est défendu aux juges des seigneurs d'en prendre connoissance ; c'est aux baillis ou sénéchaux qu'elles sont attribuées. Il en est de même des *causes* en matière d'abus, de régale, &c. Ces *causes* sont de la compétence directe des parlemens.

Il faut en dire autant des *causes* qui peuvent concerner des princes & des ducs & pairs, ou qui peuvent donner lieu à des questions d'état ; il n'appartient pas aux juges inférieurs d'en prendre connoissance. Cependant, s'ils en avoient connu, il n'y auroit pas de nullité, mais ils pourroient être facilement dépouillés d'une connoissance ultérieure par la voie de l'évocation. Il y a aussi, en matière canonique, *des causes majeures*, dont nous parlerons sous le mot suivant.

Cause ordinaire, est celle qui concerne le commun des citoyens en matière ordinaire, comme pour fait de promesse, d'obligation, de partage, de succession, &c. On l'appelle *ordinaire*, parce qu'elle est de la compétence des juges ordinaires.

Cause sommaire, se dit de celle qui doit être promptement traitée, dans les tribunaux de justice, sans toutes les formes & les procédures qui ont lieu pour les *causes* ordinaires. Les *causes* sommaires sont la même chose que ce que nous avons appellé *affaires sommaires*. *Voyez* AFFAIRE & MATIÈRE SOMMAIRE.

Cause provisoire, est celle qui est formée pour voir dire qu'en attendant le jugement du fonds de la contestation, il sera ordonné telle ou telle chose par provision, soit parce que le demandeur est fondé en titre, soit parce qu'il y auroit du péril à laisser plus long-temps en souffrance la chose qui fait l'objet de sa demande.

Les *causes* provisoires participent beaucoup de la nature des causes sommaires ; aussi l'ordonnance de 1667 les range-t-elle sous le même titre. Les *causes* provisoires peuvent se plaider en tout temps, même en vacations. Ces sortes de *causes* sont pour la plupart autant de *causes* incidentes ; mais l'ordonnance veut que si le fonds est en même temps en état d'être jugé, il soit prononcé sur l'un & sur l'autre par un même jugement, sauf à ordonner qu'en cas d'appel le jugement sera exécuté par forme de provision

provision en donnant *caution*; ce qui paroît plus sage que de suivre l'usage où l'on étoit auparavant de donner en pareil cas la sentence de provision séparément de la sentence définitive : cependant lorsque le fonds paroît susceptible d'une grande discussion, & qu'il seroit trop long d'attendre qu'il fût jugé, on peut alors rendre un jugement sur la *cause* provisoire, parce que l'ordonnance ne veut qu'on prononce sur le fonds & sur le provisoire tout ensemble, qu'autant que l'un & l'autre sont en état de recevoir une décision définitive. *Voyez ce qui sera dit à l'article* MATIÈRES PROVISOIRES.

Cause pétitoire, est celle qui a trait à revendiquer la propriété d'un immeuble ; & cette *cause* ne diffère de la possessoire, qu'en ce que par celle-ci on s'attache uniquement à obtenir une jouissance perdue, sans entrer pour cela dans le fonds du droit de propriété ; au lieu que par l'action pétitoire on demande & le fonds & le revenu tout ensemble.

Cause possessoire. Après avoir vu ce que c'est que *cause* pétitoire, on voit aisément qu'une *cause* possessoire est celle qui roule sur un fait de possession, abstraction faite du droit de propriété. Je suppose que je sois en possession d'un certain héritage, & que mon voisin vienne m'en dépouiller de son autorité ; si je demande à être réintégré dans cette possession, ma *cause* sur cet objet sera une *cause* possessoire, & je serai réintégré sans qu'il soit nécessaire d'examiner si au fond l'héritage m'appartient ou non, parce qu'il suffisoit que j'eusse la possession de l'objet qui m'a été ravi, pour qu'il fût défendu de m'en dépouiller autrement que par justice : c'est sur cette considération que l'ordonnance de 1667, au titre 18 des *complaintes* & des *réintégrandes*, veut qu'il soit prononcé sur le fait de ma possession, & que le jugement en soit même exécuté, avant de passer au pétitoire concernant la propriété de la chose. *Voyez à ce sujet les articles* COMPLAINTE & RÉINTÉGRANDE.

On appelle *cause des pauvres*, celle où il s'agit des intérêts des hôpitaux & des pauvres d'une paroisse. Boniface rapporte un arrêt du 27 février 1673, suivant lequel il a été jugé que les *causes* des pauvres devoient être portées en première instance aux cours de parlement. Ces sortes de *causes* y sont toujours suivies des conclusions de MM. les gens du roi. *Voyez* HOPITAUX.

Lorsque dans une contestation une partie est si indigente qu'elle ne peut pas fournir aux frais attachés à l'expédition des actes de justice, sur la représentation qu'elle fait aux juges de sa pauvreté attestée par des certificats du curé & du syndic de l'endroit, on ordonne que les actes lui seront expédiés & délivrés gratuitement. *Voyez* PAUVRES.

On appelle *cause grasse*, une *cause* amusante qu'on avoit coutume de plaider autrefois dans quelques sièges & même dans quelques parlemens, l'un des derniers jours du carnaval. Cet usage ne subsiste plus que dans les basoches, où les jeunes gens, pour s'exercer à la plaidoirie, imaginent des sujets plaisans fondés sur des aventures galantes ou sur des mécontentemens entre le mari & la femme. La pudeur étoit anciennement peu ménagée dans ces sortes de *causes* ; aujourd'hui on les traite avec un peu plus de circonspection. *Voyez l'article* BASOCHE.

On appelle *causes & moyens d'appel*, les écritures qu'on produit pour établir les raisons & les moyens en vertu desquels on s'est cru fondé à interjetter appel de la sentence sur le bien ou le mal jugé de laquelle il s'agit de statuer. On trouve à l'article APPOINTEMENT la formule de ces sortes d'écritures.

On appelle *causes & moyens d'abus*, les écritures que l'on fournit pour établir les raisons qu'on a eues d'interjetter appel comme d'abus d'une sentence ou d'une ordonnance. Le style & le plan de ces écritures sont à-peu-près les mêmes que des *causes* & moyens d'appel.

On appelle *causes & moyens d'opposition*, les écritures qu'on fournit pour justifier de son droit sur une opposition formée à des criées. La formule de ces sortes d'écritures se conçoit aisément ; il s'agit de conclure suivant ce que l'on a droit de demander, & d'établir ensuite les raisons sur lesquelles on se fonde.

CAUSES MAJEURES (*Droit canon.*) dans la discipline ecclésiastique on donne ce nom à toutes les questions importantes qui concernent, soit le dogme, soit la discipline, & plus particuliérement aux actions intentées contre les évêques, dans les cas où il peut y avoir lieu à la déposition.

Dans les premiers temps de l'église on ne faisoit aucune distinction entre les *causes majeures* & les autres : toutes étoient jugées définitivement par le concile de la province ; ce n'a été qu'après le concile de Sardique, tenu en 347, qu'en vertu du septième canon, les *causes* des évêques ont pu être portées, par appel, au pape, qui pouvoit faire examiner de nouveau l'affaire, dont le jugement étoit toujours réservé aux évêques de la province voisine.

La jurisprudence, à cet égard, paroît n'avoir changé que vers le neuvième siècle, après la publication des fausses décrétales, comprises dans le recueil d'Isidore. Depuis ce temps, les *causes majeures* ont été censées appartenir au pape seul, & si le concile de la province les instruisoit & les examinoit, la décision en étoit toujours réservée au saint siège.

Les canonistes regardent comme *causes majeures*, dont la connoissance appartient au pape, le droit de déclarer les articles de foi, de convoquer les conciles généraux, d'approuver les conciles & les écrits des docteurs, d'unir, de diviser, ou de transférer les évêchés, d'exempter les évêques & les abbés de la jurisdiction de leurs ordinaires, de transférer les évêques d'un siège à un autre, de les juger, de les déposer, de les rétablir, de les juger souverainement, ensorte qu'il n'y ait point d'appel du jugement.

Le concile de Trente, *seff. 24, de reform. chap. 5*, ordonne que les *causes* criminelles des évêques, assez graves pour mériter déposition ou privation, ne seront examinées & terminées que par le pape; que s'il est nécessaire d'en commettre l'instruction hors de la cour de Rome, ce sera aux évêques, ou au métropolitain, que le pape choisira par commission spéciale, signée de sa main; qu'il ne leur commettra que la seule connoissance du fait, & qu'ils seront obligés d'en envoyer l'instruction au pape, à qui le jugement définitif est réservé. On laisse au concile provincial les moindres *causes*.

La pragmatique sanction avoit reconnu que les *causes majeures*, dont l'énumération expresse se trouve dans le droit, devoient être portées immédiatement au saint siège; & qu'il y avoit des personnes dont la déposition appartenoit au pape. Mais néanmoins on doit tenir pour certain, en France, que l'église gallicane a conservé l'ancien droit, suivant lequel un évêque ne peut être jugé que par les évêques de sa province, assemblés en concile, en y appellant ceux des provinces voisines jusqu'au nombre de douze, sauf l'appel au pape, suivant le concile de Sardique, & que le pape doit commettre le jugement de l'affaire à d'autres évêques du royaume, jusqu'à ce qu'il y ait trois sentences conformes.

C'est ce que le clergé de France a arrêté, soit par sa protestation faite dans le temps du concile de Trente, soit par celle qu'il fit en 1650, au sujet de ce qui s'étoit passé d'irrégulier & de contraire à ses droits dans l'instruction du procès de l'évêque de Léon, en Bretagne, qui, en 1632, en vertu d'un bref d'Urbain VIII, avoit été déposé & condamné à des grosses aumônes par quatre commissaires du pape, & qui fut rétabli treize ans après par le jugement de sept autres commissaires, que lui donna Innocent X pour juger l'appel qu'il avoit interjetté de la sentence des premiers. *Voyez* ÉVÊQUE.

En ce qui concerne les matières de foi, on suit invariablement en France la doctrine contenue dans le premier des quatre articles arrêtés par l'assemblée du clergé de 1682, qui accorde au pape le principal pouvoir d'en décider, mais qui ne regarde ses décrets comme irréformables, qu'après que les évêques les ont examinés & acceptés librement, & en connoissance de *cause*. *Voyez* FOI, DOGME.

Nous parlerons, sous le mot CONCILE, du droit que les canonistes ultramontains accordent au pape, par rapport à leur convocation, & à ce qu'ils appellent leur *confirmation*. *Voyez aussi les mots* UNION, TRANSLATION, *&c.*

CAUTELAGE, f. m. (*Coutume de Hainaut, chap. 7.*) Ragueau, dans son indice des droits royaux & seigneuriaux, prétend que le mot *cautelage*, employé par la coutume de Hainaut, est la même chose que celui de *couletage*, qu'on trouve dans celle de Lille; & que tous les deux signifient un droit consistant dans un denier ou une obole, que les seigneurs percevoient sur toute marchandise vendue ou achetée dans l'étendue de leur seigneurie.

CAUTELLE, f. f. (*Droit canon.*) ce mot, dans quelques anciens jurisconsultes, est synonyme à *ruse* ou *finesse*; mais il est vieilli en ce sens, on ne l'emploie plus qu'en droit canonique dans le sens de précaution. On dit une *absolution à cautelle*, pour signifier une *absolution provisoire*, qu'on donne à une personne excommuniée, afin qu'il lui soit permis d'ester en jugement pour la poursuite de l'appel qu'elle a interjetté de l'excommunication. On se sert même le plus souvent de l'expression latine *ad cautelam*, sans la franciser. *Voyez* ABSOLUTION DES CENSURES.

CAUTION, f. f. CAUTIONNEMENT, f. m. CAUTIONNER, v. a. (*Droit civil.*) *caution* se dit de la sûreté que l'on donne à quelqu'un pour l'exécution de quelque engagement, & en ce sens il est synonyme à *cautionnement*. *Caution* signifie aussi la personne qui cautionne, & alors il est synonyme à *pleige*, mot ancien qui n'est plus guère usité.

Cautionnement se dit, 1°. dans le sens de *caution* c'est-à-dire, de sûreté d'un engagement: 2°. de l'action de celui qui cautionne: 3°. de l'acte contenant le *cautionnement* qu'on donne à quelqu'un, & dont on dresse un instrument chez un notaire ou au greffe.

Cautionner, c'est se rendre *caution* pour quelqu'un, répondre pour lui, promettre de faire ou de payer à son défaut, soit par un acte public, soit sous seing-privé, soit par un simple engagement verbal.

En France, les ordonnances & les coutumes n'ont rien statué sur les *cautions*; nous suivons à cet égard les dispositions des loix romaines, & nous emprunterons d'elles tout ce que nous allons dire sur cette matière.

Pour y procéder avec ordre nous la diviserons en plusieurs sections. Nous traiterons, dans la première, de la nature du *cautionnement* & de ses divisions: dans la seconde, des personnes qui peuvent être *cautions*, de celles pour qui on peut être *caution*, & des obligations pour lesquelles on peut *cautionner*: dans la troisième, de la manière dont se contractent les *cautionnemens*, & de leurs effets: dans la quatrième, de la manière dont ils s'éteignent, & des exceptions que la loi accorde aux *cautions*: dans la cinquième, des actions qui en naissent, soit contre le débiteur principal, soit contre ses fidéjusseurs.

SECTION PREMIÈRE.

De la nature du cautionnement & de ses divisions.

Le *cautionnement* est un contrat par lequel quelqu'un s'oblige pour un débiteur envers le créancier, à payer à ce dernier le tout ou partie de ce que le débiteur lui doit, en accédant à son obligation.

Celui qui contracte cette obligation accessoire, se nomme communément *caution*, & encore *fidejusseur*, mot tiré du latin *fidejussor*, composé lui-même de deux autres mots, *fides*, *jubere*, qui signifient *confier à la bonne foi*. Cette dénomination convient aux *cautions*, en ce que, par l'acte même du *cautionnement*, elles veulent que le créancier prenne confiance en elles, soit pour la solvabilité du débiteur principal, soit pour la sûreté de sa créance en cas qu'elle ne soit pas payée.

Premier principe. L'obligation contractée par une *caution* n'est qu'accessoire à celle d'un débiteur principal: d'où il suit qu'il est absolument nécessaire qu'il existe une obligation principale, pour laquelle on puisse recevoir une *caution;* & par conséquent que si celui pour lequel le fidéjusseur s'est obligé, n'est débiteur en aucune manière, le fidéjusseur ne peut être obligé. Et en effet, l'obligation accessoire ne peut exister sans une obligation principale, à laquelle elle accède, conformément à la règle de droit exprimée dans la *loi 178, ff. de reg. jur. cum causa principalis non consistit ne ea quidem quæ sequuntur, locum habent.*

2°. L'obligation de la *caution* ne décharge pas le principal obligé, c'est ce qui distingue le fidéjusseur de celui qu'on appelle en droit *expromissor*, & dont il est parlé dans plusieurs loix, & particuliérement dans la *l. 53, ff. de contr. empt. l. 8, §. 8. ad S. C. velleian. l. 64, §. 4, ff. sol. matrim.* car celui-ci s'oblige envers le créancier, de manière que le premier débiteur se trouve entiérement déchargé, & que l'*expromisseur* devient seul le véritable débiteur du créancier qui l'a accepté.

3°. La *caution* ne peut s'obliger qu'à la prestation de la même chose, ou seulement d'une partie de la chose due par le principal débiteur; il ne peut valablement s'obliger à plus que le débiteur, soit pour la quantité contenue dans l'obligation, soit pour le jour, le lieu, la condition, & le mode du paiement.

Ainsi, lorsque le débiteur est tenu de payer une somme de deux mille livres, le *cautionnement* de celui qui s'obligeroit de payer pour cet objet cent muids de bled, seroit nul. Il en seroit de même de celui qui se seroit rendu *caution* d'une somme de trois cens livres, pour un débiteur dont la dette n'est pas liquidée, avant que la liquidation en soit faite, & qu'il soit prouvé que la dette monte effectivement à cette somme. On doit décider de même lorsque la *caution* s'est obligée de payer sur le champ une dette qui n'est exigible que dans un certain temps, ou dont le paiement dépend de l'événement d'une condition, & lorsqu'elle s'est obligée de payer dans un lieu plus éloigné que celui où doit payer le débiteur principal. Ces principes sont tirés des loix contenues au digeste, titre *de fidejussoribus*.

La coutume de Bretagne, *art. 189*, contient une disposition différente de ce que nous venons de dire par rapport au paiement d'une dette qui n'est pas encore liquidée. Elle veut que la *caution* soit obligée de payer provisoirement. Mais cette décision doit être bornée à son territoire, parce qu'elle est contraire à tous les principes du droit; ce qui a fait dire à d'Argentré, son commentateur, que ses rédacteurs n'étoient pas jurisconsultes. En effet, la *caution* ne peut jamais être obligée à des conditions plus dures que le principal débiteur.

4°. La *caution* peut au contraire valablement s'obliger à des conditions plus favorables que celui qu'elle *cautionne;* ainsi, dans l'obligation alternative de donner un cheval ou un autre, la *caution* peut ne s'obliger que pour la prestation d'un des deux chevaux déterminé; la perte de ce dernier, avant le choix du créancier, libère entiérement la *caution*, quoique le débiteur principal ne le soit que par la perte des deux.

Ce principe peut s'appliquer dans les colonies de l'Amérique, à l'obligation de donner Jacques ou Jean, nègres esclaves.

C'est une question de savoir quelle obligation peut résulter d'un *cautionnement* par lequel la *caution* s'est obligée d'une manière plus dure que le débiteur. Les jurisconsultes romains, conduits par des raisonnemens plus subtils que solides, ont décidé nettement que le *cautionnement* est nul. Mais dans la pratique on s'écarte de leur avis, & on restraint l'obligation du fidéjusseur à celle contractée par le principal obligé. La coutume de Bretagne, *art. 110*, a adopté ce sentiment; c'est aussi celui de Wissenbach, *ad tit. de fidej. n. 10*, & de Pothier, dans son *Traité des obligations*. La raison en est que la *caution*, en s'obligeant d'une manière, plus dure à la vérité que le principal obligé, s'est néanmoins valablement obligée pour le débiteur, sous les termes & conditions portés dans son obligation.

Le principe que nous venons de poser, que la *caution* ne peut s'obliger à des conditions plus dures, ne s'entend que de ce qui fait l'objet de l'obligation, & non du lien qui concerne la *caution*, qui peut être plus étroitement & plus durement obligée que le principal débiteur.

Ainsi, dans les principes du droit romain, quoique une simple obligation naturelle ne produisît aucune action valable contre le débiteur, la *caution* de cette obligation pouvoit être contrainte de l'acquitter; de même la *caution* d'un mineur, qui peut se faire restituer lorsqu'il a été lésé, est tenue de payer sans espérance de restitution. Enfin la *caution* de la dette d'un père vis-à-vis de son fils, ou la *caution* de toute autre personne, qui a le droit de jouir du bénéfice de compétence, est obligée au paiement de toute la dette, quoique le débiteur principal ne soit tenu que jusqu'à la concurrence de ce qu'il peut faire. *Voyez* COMPÉTENCE.

Dans notre jurisprudence, les *cautions* judiciaires sont contraignables par corps, quoique le principal obligé n'y soit pas sujet, & par conséquent elles sont plus étroitement & plus durement obligées, quant à la qualité du lien.

5°. L'extinction de l'obligation principale entraîne l'extinction du *cautionnement*, parce qu'il est de la nature des choses accessoires, de ne pouvoir subsister sans la chose principale. De là il suit que toutes les fois que le principal débiteur est libéré, soit par le paiement réel de son obligation, soit par la compensation de sa dette, soit par la remise que lui en a faite le créancier, soit enfin par une novation, la *caution* est pleinement libérée.

Il en seroit de même si le débiteur principal devenoit héritier de son créancier, ou le créancier du débiteur, ou un tiers, héritier de l'un & de l'autre, parce qu'alors la dette principale se trouve éteinte par la confusion des qualités de créancier & de débiteur qui se réunissent dans la même personne; mais il en seroit autrement dans le cas où, soit le débiteur, soit le créancier, se succéderoient mutuellement à titre d'héritier bénéficiaire, ou de donataire, ou de légataire universel, parce qu'alors ils ne sont tenus des dettes, que jusqu'à concurrence de la valeur des biens auxquels ils succèdent, ce qui fait que les *cautions* ne sont déchargées que jusqu'à cette concurrence.

Il suit du dernier principe que nous venons d'exposer, que les *cautions* peuvent employer, contre le créancier, les fins de non-recevoir & les exceptions que peut opposer le principal débiteur. Il faut néanmoins distinguer, avec les jurisconsultes romains, entre les exceptions réelles & les exceptions personnelles.

On appelle *exceptions réelles*, celles qui sont fondées sur la chose même, & qui en naissent sans égard à la personne du débiteur; telles sont les exceptions du dol, de la violence, de la chose jugée, du serment décisoire, *&c.....*

Les exceptions personnelles sont celles qui sont fondées sur quelque raison qui concerne particuliérement le débiteur. Tels sont le privilège de ne pouvoir être contraint sur son nécessaire, celles qui naissent de la cession de bien, ou d'un contrat d'atermoiement.

Les *cautions* sont en droit d'opposer au créancier les exceptions de la première espèce, & elles les libèrent vis-à-vis de lui, comme elles auroient libéré le principal débiteur. Mais les exceptions personnelles, que nous avons rapportées ne peuvent les empêcher de payer la dette principale, parce qu'elles ne sont accordées que par une raison de faveur, personnelle au débiteur, & parce que la nature du contrat de *cautionnement* consiste à assurer au créancier la solvabilité de son débiteur, & à lui procurer un second obligé, pour payer à son défaut.

Dans le cas où un mineur obtient des lettres de rescision contre une obligation pour laquelle il a donné *caution*, l'obligation de cette dernière est-elle éteinte? Il faut faire ici la même distinction, que par rapport aux exceptions. Si les lettres de rescision sont fondées sur le dol, la violence, l'erreur, la lésion énorme, elles entraînent la rescision du *cautionnement;* si au contraire elles dépendent d'une raison personnelle au débiteur, par exemple, de sa minorité seulement, elles ne peuvent être d'aucune utilité aux *cautions*, parce qu'elles ne détruisent que l'obligation civile du mineur, que son obligation naturelle subsiste en quelque façon, & qu'elle est un sujet suffisant auquel accède l'obligation du fidéjusseur: *L. 13, ff. de minor. L. 1, c. de fidej. minor.* Néanmoins il est un cas où la rescision, accordée pour la minorité, détruit l'obligation des *cautions*, c'est lorsque le débiteur principal s'est obligé dans une qualité que la rescision a détruite, comme s'il s'étoit obligé en qualité d'héritier, & qu'il se soit fait restituer contre l'acceptation de la succession. En effet, dans cette espèce il n'y a plus d'obligation principale, même naturelle, qui puisse servir de fondement à l'obligation accessoire du fidéjusseur.

Il est cependant nécessaire d'observer que dans le cas où la chose due par l'obligation principale vient à périr par le fait ou la faute de la *caution*, ou depuis qu'elle a été constituée en demeure, son obligation n'est pas éteinte par l'extinction de l'obligation principale, & elle n'en est pas moins tenue, non pas précisément de la dette, mais des dommages & intérets du créancier.

6°. L'engagement du fidéjusseur ne peut s'étendre au-delà de la somme, ou de la cause exprimée dans son *cautionnement*. Par cette raison, si la somme pour laquelle il s'est porté *caution* produit des intérêts, il n'en sera pas tenu, à moins qu'ils n'aient été nommément exprimés, ou que le *cautionnement* ne soit général: par la même raison il n'est jamais responsable des dommages & intérêts, qui peuvent naître d'une cause étrangère au *cautionnement*. Ainsi, par exemple, la *caution* d'un administrateur des deniers publics, est obligée au remboursement des sommes détournées par cet administrateur; mais elle ne l'est pas des amendes qui peuvent être la suite de sa prévarication.

Une seule & même obligation est susceptible de différens *cautionnemens*, faits par plusieurs personnes. Les unes peuvent être *cautions* pour une partie, les autres pour une autre; chacune d'elles peut l'être aussi pour le tout, & même elle est censée l'être ainsi, à moins qu'on ne s'en soit expliqué dans l'acte.

Division des cautions. On distingue trois différentes espèces de *cautions*: les unes sont purement conventionnelles, les autres légales, & les troisièmes judiciaires.

On appelle *cautions conventionnelles*, celles qui interviennent librement, par la simple convention des parties dans les différens contrats, lorsque l'un des contractans donne une *caution* qui s'oblige avec lui à l'exécution du contrat: on leur donne le nom de *conventionnelles*, parce que ce n'est ni la loi, ni le juge qui les ordonne, & que c'est la seule volonté des parties qui les fait intervenir.

Les *cautions* légales sont celles que la loi ordonne

de donner dans certains cas, avant de commencer une entreprise, ou avant de mettre quelqu'un en possession d'une chose. De ce genre sont, 1°. les *cautions* qu'un dévolutaire, un étranger non naturalisé, sont obligés de présenter avant d'ester en jugement, pour répondre des dépens & des condamnations (cette espèce s'appelle en droit, *cautio judicatum solvi.*). 2°. Celles qu'un donataire mutuel, ou autre usufruitier est tenu de donner pour jouir des biens dont on lui a donné ou légué l'usufruit.

Les *cautions* judiciaires sont celles qui sont ordonnées par le juge, soit d'office, soit à la requisition des parties. Elles ont lieu dans les baux & autres adjudications judiciaires : lorsqu'il s'agit de l'exécution provisoire d'un jugement susceptible d'appel, qui ordonne le paiement d'une certaine somme, ou lorsque le juge accorde par provision une somme, à la charge de fournir *caution* de la rapporter, s'il est dit que faire se doive par le jugement définitif.

SECTION II.

Des personnes qui peuvent être cautions, de celles qu'on peut cautionner, & des obligations pour lesquelles le cautionnement peut être admis.

Des personnes qui peuvent cautionner. 1°. Nul ne peut être valablement *caution*, s'il n'est capable de contracter ; ainsi les fous, les interdits, les mineurs, les femmes sous puissance de mari, les religieux, les esclaves, étant incapables de contracter, ne peuvent être *cautions*. Le sénatus-consulte velleïen avoit même interdit aux femmes romaines non mariées, la faculté de s'obliger comme *caution* pour les autres. Justinien, par la novelle 134, *chap. 8*, leur permit de renoncer au bénéfice du sénatus-consulte.

Nous avons suivi long-temps cette disposition du droit romain; mais Henri IV l'a entiérement abrogée par un édit de 1606, ensorte qu'aujourd'hui une femme non mariée peut valablement être *caution*. Il faut néanmoins faire à cet égard une exception par rapport au ressort du parlement de Rouen, où l'édit de Henri IV n'a point été enregistré, & où on observe exactement le sénatus-consulte velleïen, sans permettre même aux femmes d'y renoncer, suivant la novelle.

Il est bon d'observer que cette jurisprudence du parlement de Rouen ne doit être regardée que comme un statut personnel, qui n'exerce son empire que sur les personnes qui sont domiciliées dans son ressort, & non sur celles qui habitant un autre territoire, possèdent des biens dans celui qui lui est soumis. C'est pourquoi le *cautionnement* d'une femme domiciliée en Normandie ne peut avoir d'effet, même sur les biens qu'elle possède ailleurs, parce que son obligation est nulle; & au contraire celui fait par une femme établie dans une autre province, donne hypothèque sur les biens qu'elle possède en Normandie ; il est même indifférent que la femme qui s'est rendue *caution* ait demeuré en Normandie, pourvu qu'elle ait acquis un domicile hors de cette province, lorsqu'elle s'est rendue *caution*.

L'émancipation d'un mineur ne le rend pas capable de s'obliger comme *caution ;* celui même qui exerce une charge, en vertu d'une dispense d'âge, est restituable contre un *cautionnement* qu'il auroit contracté, à moins que cet engagement ne fût relatif à l'administration de sa charge. Un mineur marchand ne peut pas également se rendre *caution* pour un autre marchand, parce qu'en cette qualité, il ne peut contracter sans espérance de restitution, que pour les affaires de son commerce. Le seul cas où le *cautionnement* d'un mineur est valable, n'existe que lorsqu'il se rend *caution* pour tirer son père de prison, parce qu'alors il remplit un devoir prescrit par la nature; on exige même encore que le père ne puisse user de la voie de cession, pour obtenir sa liberté, ou que le *cautionnement* ne cause pas un dommage & un dérangement trop sensibles dans la fortune du fils.

On excepte encore, suivant la jurisprudence introduite par un arrêt du conseil du 18 février 1696, les *cautionnemens* faits par un mineur, pour sûreté des deniers royaux. Cet arrêt, rendu en cassation d'un de la cour des aides de Rouen, fait défenses de décharger à l'avenir aucun adjudicataire des bois du roi, leurs *cautions* & leurs certificateurs, de la contrainte par corps sous prétexte de minorité.

2°. Il ne suffit pas qu'une personne soit capable de s'obliger, pour qu'elle puisse être reçue *caution*, on exige en outre deux conditions principales ; qu'elle soit solvable, & domiciliée dans l'endroit, c'est-à-dire, dans l'étendue du siège où elle doit donner *caution*.

On demande cette seconde qualité dans la *caution*, afin que la discussion n'en soit pas trop difficile. Cependant à cet égard on est plus indulgent envers ceux que la loi ou le juge oblige à donner *caution*, qu'envers ceux qui s'y sont soumis volontairement : car puisqu'ils se sont soumis volontairement à cette obligation, ils ne peuvent pas être reçus à alléguer qu'ils n'en peuvent trouver sur le lieu.

Pour juger de la solvabilité d'une *caution*, on n'a pas ordinairement égard aux biens meubles, parce qu'ils s'aliènent facilement, & n'ont pas de suite par hypothèque : on ne compte pas aussi les immeubles litigieux, ni ceux qui sont situés dans un pays trop éloigné, parce que la discussion en est trop difficile : néanmoins lorsqu'il s'agit d'une somme modique, on ne refuse pas d'admettre pour *caution* des marchands établis & connus, quoique leur fortune ne consiste qu'en mobilier.

Un créancier est autorisé à rejetter comme *caution* un homme puissant; une personne qui, par son droit de *committimus*, pourroit le traduire dans une autre jurisdiction; un militaire qui seroit dans le cas d'obtenir des lettres d'état.

Dans les *cautionnemens* judiciaires on exige en outre, que les personnes qui se présentent pour *cautions* soient sujettes à la contrainte par corps. C'est par cette raison qu'on rejette dans ce cas les femmes, les ecclésiastiques constitués dans les ordres sacrés, & les septuagénaires.

Lorsque la *caution* reçue devient insolvable, ou vient à mourir, est-on obligé d'en donner une nouvelle? Il n'y a aucune difficulté pour l'affirmative, par rapport aux *cautions* légales & judiciaires: le créancier doit dans ce cas avoir toujours une sûreté, pour le paiement ou la restitution de ce qui lui est dû: mais en ce qui regarde les *cautions* conventionnelles, celui qui s'est obligé indéterminément à fournir une *caution*, est tenu d'en donner une seconde, lorsque la première est devenue insolvable: celui au contraire qui a contracté sous la *caution* d'un tel, ou qui s'étoit obligé de donner un tel pour *caution*, ne peut être obligé d'en donner une seconde lorsque celle-ci devient insolvable: c'est la disposition des loix *10*, §. *1*, *ff. qui satisd. cog.* & *4*, *ff. de stip. præt.*

Des personnes qu'on peut cautionner. Il est de maxime certaine qu'on peut se rendre *caution* pour tous ceux qui peuvent valablement s'obliger, même pour une succession vacante, parce qu'on la regarde en droit comme une personne: on peut même se rendre valablement *caution* pour les impubères, les fous, les interdits, dans les choses pour lesquelles ces personnes, sans aucun fait de leur part, peuvent être valablement obligées. Mais si ces sortes de personnes s'étoient obligées en contractant directement, malgré l'incapacité que la loi prononce contre elles, la *caution* qu'elles auroient donnée, ne seroit pas obligée, puisqu'il ne peut y avoir de *cautionnement* sans une obligation principale; cette distinction est fondée sur la loi *70*, §. *4*, *ff. de fidej.* qui concilie la loi *25 eod. tit.* & la loi *6*, *ff. de verb. oblig.*

Des personnes envers lesquelles on peut s'obliger comme cautions. Il est évident que, comme on ne peut se rendre *caution* pour soi-même, on ne peut également *cautionner* personne envers soi; mais on peut valablement s'obliger en qualité de *caution* envers toute espèce de personne, pourvu qu'elle soit véritablement créancière de celui qu'on *cautionne*: mais le *cautionnement* qu'on contracteroit envers celui qui n'est pas créancier, & qui a seulement pouvoir de recevoir la dette, ne seroit pas valable.

Des obligations pour lesquelles on peut cautionner. On doit regarder comme une maxime certaine, qu'on peut se rendre *caution* de toute espèce d'obligation civile ou naturelle, qui n'est pas réprouvée par les loix, ou contraire aux bonnes mœurs.

D'après ce principe, Pothier, dans son *Traité des obligations*, *part. 2*, *chap. 6*, décide avec raison que la *caution* donnée par une femme sous puissance de mari, pour une obligation contractée par elle, sans autorisation, ne peut être valable. Domat pense différemment, & Basnage cite, à l'appui de cette dernière opinion, un arrêt du parlement de Bourgogne; mais on doit suivre dans la pratique le sentiment de Pothier, parce que dès que l'obligation de la femme est nulle, il n'y a point d'obligation principale à laquelle puisse accéder l'obligation de la *caution*.

Il n'en est pas de la femme sous puissance de mari, comme d'un mineur; l'obligation qu'il a contractée n'est pas nulle par elle-même, la restitution même que la loi lui accorde, suppose une obligation à laquelle conséquemment peut accéder un fidéjusseur.

Par une suite du principe que nous venons d'établir, on ne peut *cautionner* la promesse faite à quelqu'un, pour l'engager à commettre un crime; mais lorsque le délit a été commis, on peut valablement *cautionner*, pour la réparation du tort qui a été fait.

On peut se rendre *caution* non-seulement d'une obligation principale, mais même d'un *cautionnement*; dans l'usage ordinaire du palais, les certificateurs de *cautions* sont des espèces de *cautions* des *cautions*. *Voyez* CERTIFICATEURS *de cautions*.

On peut encore se rendre *caution* d'une obligation qui doit se contracter, quoi qu'elle ne le soit pas encore: mais ce *cautionnement* ne peut avoir d'effet que du jour que l'obligation principale se contractera. On admet enfin une *caution* pour les faits personnels, dont la prestation ne peut être faite que par le débiteur principal. Mais, dans cette espèce, l'obligation de la *caution*, en cas d'inexécution de la part du débiteur principal, se résout en dommages & intérêts.

Les loix romaines ne permettoient pas à une femme de recevoir une *caution* de son mari pour la restitution de sa dot; mais elles ne sont pas observées dans nos mœurs.

SECTION III.

De la manière dont se contractent les cautionnemens, & de leurs effets.

On peut s'engager comme *caution* de la même manière qu'on s'engage par une obligation personnelle; c'est-à-dire que le *cautionnement* peut se former par acte devant notaires, sous signature privée, par lettre missive, & même verbalement. Il n'est pas nécessaire que l'acte portant ce *cautionnement* soit de la même nature que celui de l'obligation principale; cette obligation peut être devant notaires, & le *cautionnement* n'être que sous signature privée: il n'est pas nécessaire non plus qu'il soit de la même date. Je puis me rendre *caution* d'avance pour quelqu'un, d'une somme qu'il se propose d'emprunter, ou je puis donner ce *cautionnement* après l'emprunt fait. Il n'est pas nécessaire que celui qu'on *cautionne* y consente.

Nous ne connoissons point de *cautionnemens* tacites : il faut que ceux que l'on recherche comme *cautions*, se soient réellement obligés comme tels. Ainsi la simple recommandation que je ferois auprès d'une personne pour mon ami, ne suffiroit point pour me rendre garant des services qu'il auroit reçus de cette personne. C'est sur ce principe qu'un arrêt rapporté par Papon, a jugé qu'une lettre conçue en ces termes : *un tel doit mettre son fils en pension chez vous ; c'est un homme de probité qui vous paiera bien*, ne formoit aucun engagement : autre chose est d'annoncer qu'on croit un homme solvable, autre chose est de se rendre *caution* pour lui.

On n'est pas non plus réputé *caution*, pour avoir payé une partie de la dette de quelqu'un ; on peut lui faire ce plaisir pour une partie de la créance, sans être garant du surplus. On n'est pas aussi censé *caution*, pour avoir été présent à un acte & l'avoir souscrit. On peut remplir cette fonction comme témoin.

A l'égard de ceux qui ont des commis ou des préposés pour leurs recettes ou pour leurs affaires, ils sont tacitement responsables des faits & des obligations qui ont trait aux affaires confiées à ces commis ou préposés ; mais ils en sont moins responsables comme *cautions*, à proprement parler, que comme obligés eux-mêmes par le fait de leurs commis ou de leurs mandataires.

Les pères de famille sont de même responsables de leurs enfans, & les maîtres de leurs domestiques, si les engagemens contractés par ces enfans ou par ces domestiques, ont rapport à l'administration qu'on est dans l'usage de leur confier.

Il y a une exception pour les armateurs de vaisseaux, introduite par l'article 2 du titre 8 du livre 2 de l'ordonnance de la marine : ces armateurs peuvent être déchargés des engagemens contractés par le capitaine qu'ils ont préposé à la conduite d'un vaisseau, en abandonnant aux créanciers le bâtiment & le fret.

Les *cautions* judiciaires s'obligent, au greffe de la justice, qui a ordonné qu'on donneroit *caution*, par un acte reçu par le greffier.

De l'effet des cautionnemens. L'effet du *cautionnement* est que celui qui s'est obligé pour autrui, doit payer la dette contractée par le principal débiteur, lorsque celui-ci ne l'acquitte pas lui-même. Mais pour juger de l'étendue de l'obligation de la *caution*, il faut examiner scrupuleusement les termes du *cautionnement*.

Ainsi, lorsque les termes du *cautionnement* sont généraux & indéfinis, la *caution* est censée s'être obligée à toutes les obligations du principal débiteur, qui résultent du contrat auquel elle a accédé. Par exemple, la *caution* d'un fermier, exprimée en termes généraux pour son bail, s'étend non-seulement au paiement des fermages, mais encore aux dégradations, à la restitution des avances & autres choses semblables.

Mais lorsque la *caution* a exprimé dans l'acte la somme, ou la cause pour laquelle elle se rend *caution*, son obligation ne peut s'étendre au-delà.

Ainsi, dans l'espèce d'un bail, celui qui n'a *cautionné* le fermier, que pour le prix du bail, n'est pas tenu des autres obligations qui en naissent.

Dans un *cautionnement* général, la *caution* est tenue non-seulement du sort principal, mais encore des intérêts qu'il produit ; mais si le *cautionnement* n'a été fait que pour la somme principale, il ne s'étend pas aux intérêts.

L'effet du *cautionnement* s'étend encore aux frais, faits contre le principal obligé, parce qu'ils sont un accessoire de la dette. Mais la *caution* n'en est tenue que du jour que les poursuites lui ont été dénoncées ; à l'exception néanmoins du premier commandement, ou du premier exploit de demande.

Quelque général que soit un *cautionnement*, il ne s'étend qu'aux obligations qui naissent du contrat même auquel il accède, & non à celles qui pourroient naître d'une cause étrangère. C'est par cette raison, que nous avons déjà dit, *section première*, que la *caution* d'un administrateur des deniers publics n'étoit pas tenu de ses malversations.

La *caution* ne peut pas également être tenue des peines pécuniaires auxquelles le débiteur peut être condamné par le juge, pour raison de dol, de fraude ou de contumace.

SECTION IV.

De la manière dont s'éteint le cautionnement, & des exceptions que la loi accorde aux cautions.

De la manière dont s'éteint la caution. L'obligation qui résulte d'un *cautionnement* s'éteint de toutes les différentes manières dont s'éteignent les obligations, c'est-à-dire par le paiement réel fait par le débiteur, par la remise accordée par le créancier, par la compensation, par le changement ou novation de l'obligation principale, par la confusion des qualités de créancier & de débiteur dans la même personne.

Outre ces manières générales, il en est quelques-unes de particulières aux *cautionnemens*. 1°. Ainsi que toutes les obligations accessoires, ils s'éteignent par l'extinction de la dette principale, ainsi que nous l'avons dit *section première*. 2°. La *caution* est déchargée lorsque le créancier s'est mis par son fait hors d'état de lui pouvoir céder ses actions contre le principal débiteur, auxquelles elle avoit intérêt d'être subrogée. 3°. Lorsque le créancier a reçu volontairement du débiteur quelque héritage en paiement d'une somme d'argent, pour laquelle il avoit reçu *caution*. Ceci même a lieu quand bien même le créancier seroit évincé de la possession de cet héritage.

La *caution* se trouve aussi déchargée de son obligation lorsque le créancier a laissé prescrire son action contre le débiteur, & que depuis ce temps il est devenu insolvable. Dans le cas, par exemple, où quelqu'un se seroit porté *caution* pour des fournitures faites par un marchand, quoique le débiteur principal, assigné pour le paiement après l'année, convienne devoir véritablement la somme qu'on lui demande, son affirmation ne peut nuire au droit acquis à son fidéjusseur, parce qu'il est à présumer qu'il n'a pas entendu que son *cautionnement* durât plus que le temps qu'on avoit pour exercer l'action principale.

Mais une prorogation de délai accordé par le créancier à son débiteur, ne libère pas la *caution*, 1°. parce que cette prorogation peut être aussi avantageuse à la *caution*, qu'au debiteur principal; 2°. parce qu'elle n'empêche pas la *caution* de pourvoir à son indemnité, & d'agir contre le débiteur principal, si elle s'apperçoit que sa fortune commence à se déranger.

Les poursuites faites par le créancier contre le débiteur ne déchargent pas la *caution*, qui demeure toujours obligée jusqu'au paiement; aussi le créancier peut abandonner les poursuites commencées contre le débiteur, pour poursuivre la *caution*.

Première exception accordée à la caution. Bénéfice de discussion. L'objet du *cautionnement* dans l'intention des parties & dans la nature même des *cautionnemens*, est de ne payer qu'autant que le principal débiteur n'est pas en état de le faire; c'est par cette raison que la loi accorde à la *caution* un bénéfice qu'on appelle *de discussion*, c'est-à-dire la faculté d'exiger que le créancier, avant de la contraindre, discute la solvabilité du débiteur.

Ce bénéfice qui n'étoit pas connu dans le droit ancien, a été introduit par la quatrième novelle de Justinien, qui est suivie parmi nous. Le créancier qui n'est point payé dans le terme convenu par le principal débiteur, peut s'adresser directement à la *caution*, sans même que le refus du débiteur de payer soit constaté par un commandement, parce que toutes les fois qu'il y a un terme dans une obligation, ce terme vaut une interpellation, suivant la maxime *dies interpellat pro homine;* néanmoins dans l'usage, on ne laisse pas de faire faire un commandement, quoique cet acte ne soit pas absolument nécessaire.

Lorsque la *caution* est attaquée, il dépend d'elle alors de demander la discussion; car cette discussion n'est due que quand elle est exigée par la *caution :* le juge même ne peut l'ordonner d'office, suivant que le decide un arrêt du premier septembre 1705, cité par Bretonnier sur Henrys. Mais si la *caution* a contesté au fonds sur la demande, sans requérir la discussion, elle ne peut plus faire usage de ce bénéfice, suivant l'opinion de Guy-Pape, d'après les docteurs par lui cités; c'est une exception qui doit se proposer d'entrée de cause. Il y a pourtant un cas où l'on pourroit encore la proposer, celui où pendant la contestation il seroit survenu des biens au principal débiteur; parce que si auparavant la *caution* a négligé de demander la discussion, il est à présumer qu'elle ne l'a fait que par la certitude où elle étoit que le débiteur n'avoit point alors de quoi payer, présomption dont l'effet cesse aussi-tôt que la fortune du débiteur s'est accrue.

Quand le créancier est dans le cas de discuter le débiteur principal, cette opération consiste, par rapport au mobilier, dans la saisie & exécution des meubles; & s'il n'y en a pas sur lesquels on puisse l'asseoir, un simple procès-verbal de *carence* tient lieu de discussion.

D'après la vente des meubles ou le procès-verbal de carence, le créancier n'est tenu de discuter les immeubles du débiteur qu'après qu'ils lui ont été indiqués par la *caution*, & de crainte que son paiement ne soit retardé par des indications successives, la *caution* est obligée de comprendre tous ceux qui sont à sa connoissance dans une seule & même indication. Ceci fait le sujet d'un des arrêtés du président Lamoignon. La chose a même été ainsi jugée par un arrêt du 20 janvier 1701, rapporté par Bretonnier sur Henrys. Mais comme une discussion immobilière demande des avances considérables, la *caution* est obligée de fournir des deniers suffisans à cet effet. Il ne faut pas non plus que les biens qu'on indique à discuter soient litigieux & trop chargés d'hypothèques; qu'ils soient situés hors du royaume, ou d'une discussion longue & difficile. Au surplus, lorsque cette discussion se fait, c'est toujours aux risques de la *caution* qui est dans le cas de supporter tous les frais que cette opération demande.

Une question qu'agite ici M. Pothier, est de savoir si le créancier qui a négligé la discussion, est tenu de l'insolvabilité du débiteur depuis que cette exception a été proposée. L'article 192 de la coutume de Bretagne porte formellement l'affirmative; mais nous pensons, avec M. Pothier, que la disposition de cette coutume doit être bornée à son territoire. En effet, dès que le créancier a une *caution*, il ne doit s'inquiéter que de la fortune de cette même *caution*, & c'est à celle-ci à veiller à ce que le débiteur dont elle est garante, soit toujours en état de faire face à son obligation. Henrys est de ce sentiment, & il l'appuie d'un arrêt rendu dans une espèce approchante : il atteste d'ailleurs que c'étoit, de son temps, l'opinion commune du barreau de Paris. Il en seroit autrement si l'on n'étoit *caution* que de ce qui manqueroit au créancier après avoir épuisé le débiteur; on pourroit reprocher à ce créancier de n'avoir point fait tout ce qui dépendoit de lui pour se faire payer.

Il y a des cas où le bénéfice de discussion n'a point lieu, c'est lorsqu'on y a renoncé; & cette renonciation est permise, parce qu'il est libre à chacun de se départir de l'avantage introduit par la loi en sa faveur : *unicuique licet juri in favorem suum introducto renunciare.* Mais il faut que la renonciation à ce privilège soit formelle; on l'induiroit vainement de ces expressions de style *promettant*, *obligeant*, *renonçant*, que les notaires sont dans

dans l'usage d'insérer au bas de leurs actes ; on sait que ce sont des termes d'habitude qui s'emploient indifféremment dans toutes sortes d'actes sans savoir souvent ce qu'ils signifient ; c'est pourquoi on a sagement adopté cette maxime, que ce qui est purement de style ne produit rien : *ea quæ sunt styli non operantur.*

Le bénéfice de discussion cesse de plein droit au sujet des *cautions* judiciaires : si le principal débiteur ne se libère point, il faut que celui qui a répondu paie pour lui, sauf son recours.

Il cesse pareillement entre marchands pour fait de commerce, par la raison que la longueur d'une discussion ne sauroit s'accorder avec l'activité qu'exige le négoce. On trouve plusieurs arrêts sur cette doctrine, dans Charondas, Bacquet, Despeisses, *&c.*

Il en est de même de ceux qui se sont rendus *cautions* pour les fermes du roi : anciennement ils pouvoient exciper du bénéfice de discussion ; une ordonnance de Louis XII, de 1513 le leur accordoit ; mais depuis long-temps ils ne jouissent plus de cet avantage, parce qu'ils sont présumés être secrétement associés du fermier débiteur principal. Il n'en est pas de même des certificateurs de *caution* ; ils peuvent opposer la discussion du principal débiteur, & des premières *cautions* dont ils ont attesté la solvabilité.

Seconde exception : du bénéfice de division. Lorsque plusieurs personnes se rendent *cautions* d'un débiteur principal, elles sont censées s'obliger chacune à toute la dette, & répondre solidairement & de plein droit de l'engagement qu'elles ont contracté, ainsi qu'il résulte du paragraphe 4 du titre *de fidej.* aux institutes. Mais l'empereur Adrien a apporté une modification à cette solidité, en permettant aux fidéjusseurs, lorsqu'ils sont solvables, d'exciper envers le créancier d'un autre bénéfice qu'on appelle *de division*, c'est-à-dire, d'user de la faculté de répartir entre eux la dette, pour n'en payer chacun qu'une portion.

L'effet de ce bénéfice est tel, que lorsque le créancier recherche un des fidéjusseurs pour le paiement de la dette entière, ce fidéjusseur peut se contenter de payer sa portion, en demandant que le surplus soit payé par les autres fidéjusseurs ; ce qui est sagement introduit, afin qu'un créancier n'ait pas la liberté de molester une *caution* plutôt qu'une autre. Ce créancier est dès-lors obligé de discuter les autres fidéjusseurs, & même leurs certificateurs, s'ils en ont ; mais si l'un d'eux n'est pas solvable, la *caution* attaquée supporte une partie de cette insolvabilité, pour les frais comme pour le reste.

Le bénéfice de division profite non-seulement à la *caution* & à ses héritiers, mais encore à son certificateur, parce que celui-ci est présumé n'avoir certifié la solvabilité du fidéjusseur, que parce qu'il a vu qu'il y en avoit d'autres entre lesquels la créance pouvoit se répartir. Mais ce bénéfice cesse dans les cas suivans ; 1°. lorsque l'une des *cautions* ou toutes ensemble y ont expressément renoncé ; 2°. lorsque celui avec lequel on s'est rendu *caution* est incapable de s'obliger, comme si je me suis rendu *caution* avec une femme qui n'étoit point autorisée de son mari, ou même avec un mineur, parce que j'ai dû sentir que le *cautionnement* de l'un ou de l'autre n'étoit point solide, & que le créancier n'exigeoit le mien que pour une plus grande sûreté.

La division ne peut pas avoir lieu non plus pour les *cautionnemens* judiciaires, ni pour ceux qui ont trait au maniement des deniers royaux.

On rejette également la division dans les cas où la solidité est de droit : telle est celle qui a lieu contre tous les endosseurs d'une lettre-de-change ou d'un billet à ordre.

Nous avons dit, en parlant de la *discussion*, qu'elle ne pouvoit plus être proposée après qu'on avoit contesté au fond sans avoir fait usage de cette exception ; doit-il en être de même de la *division ?* M. Pothier pense fort bien qu'il y a de la différence entre l'une & l'autre, & que la division peut être proposée en tout état de cause, même sur l'appel. La raison qu'il donne de son sentiment est que la discussion n'est qu'une exception dilatoire, au lieu que la division est une exception péremptoire, & que les exceptions de ce dernier genre sont recevables en tout état de cause : il cite les loix romaines qui appuient son opinion.

Au surplus, qu'il s'agisse de discussion ou de division, remarquez que ces deux bénéfices cessent lorsque les *cautions* se sont obligées solidairement avec le principal débiteur, ou qu'elles se sont simplement rendues solidaires entre elles-mêmes. L'expression de la solidité vaut une renonciation formelle à tous les avantages qui peuvent résulter de la loi à cet égard.

Nous observerons que si le débiteur avoit des moyens suffisans pour écarter l'action, & qu'il les négligeât, le fidéjusseur seroit en droit de les opposer, parce que la *caution* ne demeure obligée qu'autant que l'obligation principale peut subsister.

Troisième bénéfice ; de la cession ou subrogation d'actions. Lorsque la *caution* paie le créancier au défaut du principal débiteur, elle peut requérir le créancier de la subroger à tous ses droits, actions & hypothèques, tant contre le débiteur principal qu'il a cautionné, que contre toutes les autres personnes qui sont tenues de cette dette. Cette demande en subrogation est fondée sur les *loix 17, ff. & 21 c, de fidej.* *Voyez* CESSION, SUBROGATION.

SECTION V.

Des actions qui appartiennent à la caution contre le débiteur principal, & contre ses co-fidéjusseurs.

Lorsqu'une *caution* a payé une créance dont elle avoit répondu, elle a droit d'exercer contre le principal débiteur les actions que le créancier pouvoit exercer lui-même, si elle s'est fait subroger à ses droits & actions. Mais si elle a négligé d'acquérir cette subrogation, elle a de son chef, contre le débiteur principal, ou l'action *mandati*, lorsqu'elle l'a *cautionné* avec son consentement, ou à sa réquisition, ou l'action *negotiorum gestorum*, si elle s'est obligée à l'insu du débiteur.

Ces deux actions produisent le même effet, & mettent la *caution* à portée de répéter contre le débiteur le principal, les intérêts & les frais qu'elle a pu débourser, & même les intérêts des arrérages qu'elle a payés, qui forment un capital vis-à-vis d'elle, & pour raison desquels elle a hypothèque sur les biens du débiteur du jour de l'acte d'indemnité passé devant notaire, si le débiteur lui en a donné un, ou du jour de la condamnation qu'elle a obtenue contre lui.

Ces actions ont lieu, soit que le paiement fait par le fidéjusseur ait été forcé ou volontaire; il importe peu aussi qu'il ait été réel, ou qu'il ait eu lieu par compensation ou par novation, parce qu'il suffit que la dette ait été payée, ou qu'elle soit éteinte vis-à-vis du débiteur, pour que la *caution* qui l'a acquittée puisse exercer son recours contre lui.

Mais si le créancier avoit fait remise du total ou de partie de la dette, la *caution* ne pourroit rien exiger à cet égard du débiteur, qui profite également de cette remise, puisqu'il n'en a rien coûté à la *caution*, qui, dans ce cas, est censée avoir agi comme mandataire du débiteur.

Trois conditions sont nécessaires pour que la *caution* puisse agir contre le débiteur. Il faut 1°. que la *caution* n'ait pas négligé par sa faute quelque fin de non-recevoir, qu'elle eût pu opposer au créancier; 2°. que le paiement soit valable & libère le débiteur; 3°. que le débiteur principal n'ait pas payé une seconde fois par la faute de la *caution*.

Ce que nous venons de dire à l'égard des fins de non-recevoir, doit s'entendre de celles qui naissent de la nature de l'obligation du principal débiteur, & dont la *caution* avoit connoissance, & non de celles qu'on ne peut opposer honorablement, telle que la prescription de cinq ans pour les arrérages d'une rente constituée. Dans ce cas, la *caution* doit, sur l'assignation qui lui est donnée, mettre en cause le débiteur principal, afin qu'il oppose cette exception, si bon lui semble.

Régulièrement la *caution* qui a payé peut agir en recours contre le débiteur principal, aussi-tôt qu'elle a payé pour lui. Mais si elle avoit payé avant que le terme fût échu, elle ne pourroit agir qu'après l'expiration de ce terme, parce qu'elle ne peut, par son propre fait, le priver du terme dont il avoit droit de jouir.

Lorsqu'un *cautionnement* a été fait en même temps pour plusieurs débiteurs, la *caution* qui a payé a son recours pour le total contre chacun d'eux, quand l'obligation des débiteurs est solidaire; mais s'il n'y a point eu de solidité entre eux, il ne peut poursuivre chacun que pour la portion dont il est tenu; car la *caution* ne peut pas avoir plus de privilège que le créancier originaire.

Lorsque quelqu'un ne s'est rendu *caution* que pour un seul de plusieurs débiteurs solidaires, & qu'il a payé le total de la dette, il n'a d'action directe que contre celui qu'il a *cautionné*; mais il peut, comme exerçant les droits & actions de son débiteur, agir contre ses co-obligés de la même manière que celui-ci auroit pu le faire, en acquittant lui-même la dette.

Quelquefois même la *caution* peut agir contre le débiteur principal, avant d'avoir payé pour lui. Elle le peut 1°. lorsqu'elle est poursuivie par le créancier; 2°. lorsque le débiteur est en faillite; 3°. lorsqu'il s'est obligé de rapporter à sa *caution*, dans un certain temps, la décharge de son *cautionnement*, & que le délai est expiré.

Une grande question est de savoir si la *caution* d'une rente constituée dont le remboursement est pour un temps indéfini, peut obliger le débiteur à la racheter?

Cette question se décide suivant les cas différens qu'elle présente. S'il est dit par le contrat que le débiteur sera obligé de faire cesser le *cautionnement* en payant dans un certain temps, nous pensons avec Dumoulin & avec M. Pothier, que la convention est valable; car, quoique le débiteur ne puisse pas être forcé par le créancier à rembourser la rente, rien n'empêche qu'il ne puisse y être forcé par un tiers; & s'il y a un inconvénient en ce qu'à la faveur d'un *cautionnement* le créancier a l'espérance d'être remboursé plutôt qu'il ne le seroit sans ce *cautionnement*, ce remboursement n'est toujours qu'en espérance; & il y auroit un bien plus grand inconvénient à vouloir que des *cautions* demeurassent perpétuellement obligées pour un étranger.

Lorsqu'il n'y a aucune convention à cet égard entre la *caution* & le principal débiteur, la question souffre plus de difficulté. Dumoulin pense que la *caution* qui connoissoit la nature d'une rente constituée, & qui a bien voulu la garantir, s'est soumise à un engagement d'aussi longue durée que celui du principal débiteur, & on le juge de même au parlement de Toulouse, suivant la jurisprudence attestée par Catelan. Mais on pense différemment au parlement de Paris; & l'on décide que si le *cautionnement* dure depuis un temps considérable, comme de dix ans au moins, le fidéjusseur est bien fondé à demander au débiteur qu'il ait à le faire cesser en payant ou en rapportant une décharge du créancier. Car, suivant que l'observe M. Pothier, quoique le débiteur ne puisse être contraint à un remboursement par le créancier, il est néanmoins de la nature des rentes constituées d'être toujours remboursables; & comme il est très-ordinaire de les voir rembourser dans un certain temps, il est à présumer que la *caution*, en s'obligeant, a compté que le débiteur la rembourseroit, & que son *cautionnement* ne seroit pas éternel. On trouve à ce sujet, dans le journal des audiences, un arrêt du 4 décembre 1634, qui condamne le débiteur à racheter une rente dans deux ans; la *caution* étoit poursuivie pour une année d'arrérages. La même chose a été jugée le 5 juin 1764, au parlement de Paris, en faveur du sieur Lallemand de Betz, contre les sieurs Tourbilly & Tourtain, pour lesquels il s'étoit rendu *caution*. Cependant, comme le fait remarquer l'annotateur de la collection de jurisprudence, « si la demande du fidéjusseur étoit » absolument sans objet réel ou apparent, que le » débiteur de la rente fût plus que solvable, que » le gage du *cautionnement* existât toujours, & » ne pût échapper ni au créancier de la rente, ni » à la *caution* sans le remboursement même de la » rente », le fidéjusseur pourroit alors être débouté de sa demande, sauf à venir à son secours dans un autre temps, comme l'a jugé un arrêt du parlement de Paris, le 4 avril 1767, dans une espèce où le demandeur ne montroit pour appuyer son action, qu'une mauvaise humeur déplacée.

Si la *caution* avoit fait elle-même le rachat de la rente, elle n'en auroit pas moins le droit d'exercer son recours contre le débiteur; & si elle s'étoit fait subroger aux droits du créancier, elle pourroit demander en sa faveur la continuation de la rente; mais en ce cas elle ne pourroit pas forcer le débiteur au remboursement en vertu du *cautionnement* porté par le contrat de constitution.

Non-seulement la *caution* qui a payé a un recours en indemnité contre le principal débiteur, mais il peut agir également contre les co-fidéjusseurs. Les loix romaines ne le lui permettoient que lorsqu'elle avoit eu la précaution de se faire subroger aux actions du créancier contre eux. Mais nous avons abandonné cette subtilité, & tous les jurisconsultes françois ont pensé que la *caution* qui a payé toute la dette, peut, sans subrogation d'actions, en répéter une part sur chacun de ses co-fidéjusseurs. On en a fait une disposition précise lors de la réformation de la coutume de Bretagne, *article 194*.

Quelques auteurs ont même soutenu qu'une *caution* pouvoit agir de son chef contre ses co-fidéjusseurs, même avant d'avoir payé, dans le cas de l'insolvabilité du débiteur principal. Basnage cite à cet égard quelques arrêts du parlement de Normandie, & Brodeau sur Louet en cite un du parlement de Paris. M. Pothier pense que ces auteurs ont été trop loin, & qu'on doit seulement accorder à la *caution* poursuivie par le créancier, de sommer ses co-fidéjusseurs de fournir chacun leur part de la somme demandée, & qu'à faute par eux de le faire, ils seront tenus, chacun pour leur part, des frais faits depuis que les poursuites leur ont été dénoncées.

CAUTIONNAGE, s. m. (*terme de Coutume.*) Il est synonyme aux mots *Caution* & *Cautionnement*; & c'est dans ce sens qu'on le trouve dans la coutume de Bordeaux, *art. 94*.

Tels sont les termes de cet article : « s'ils sont plusieurs frères ou sœurs, qui ont fief commun entre eux, qui doivent esporler, dont le partage n'est encore fait, le tenancier est tenu de reconnoître l'aîné mâle, ou chef de maison, lequel sera tenu de bailler à esporler, & reconnoître, tant en son nom, que pour & au nom de ses autres frères & sœurs, qui seront nommés *nominatim*, esdites esportes & reconnoissances, ou de la fille aînée, s'il n'y a mâles, qui en doit répondre aux autres sœurs, sans préjudice du droit de *cautionnage* ».

Il résulte de cet article que, suivant la coutume de Bordeaux, lorsqu'un fief est possédé en commun par plusieurs frères & sœurs, l'aîné des mâles, & à défaut de mâles, l'aînée des filles est autorisée à recevoir, des vassaux qui relèvent de ce fief, la foi & hommage, & les profits qu'ils peuvent devoir, comme aussi recevoir des censitaires, les déclarations censuelles, & le paiement des droits utiles.

L'aîné est tenu dans ces actes de nommer expressément chacun de ses frères & sœurs, ses co-propriétaires. Les droits & devoirs des vassaux & censitaires, payés & acquittés entre les mains de l'aîné, le sont valablement, & leur procurent une décharge, qui les met à l'abri de toutes poursuites de la part des puînés ou des sœurs.

L'aîné qui a reçu des droits utiles, tant en son nom, qu'au nom de ses co-propriétaires, est tenu de leur tenir compte des portions qui leur reviennent, au prorata de ce que chacun d'eux possède dans le fief.

Mais que veulent dire ces derniers mots de l'article ci-dessus cité, *sans préjudice du droit de cautionnage?* A qui l'aîné doit-il fournir une caution? Feron pense que l'obligation de donner caution, imposée à l'aîné, regarde ses co-propriétaires pour la sûreté de la portion qui leur appartient dans les droits utiles, que l'aîné est autorisé de recevoir.

Automme, sur la coutume de Bordeaux, prétend que ces mots ont été insérés en faveur des vassaux & censitaires qui reconnoissent l'aîné, & qui paient entre ses mains; que ce dernier est tenu de leur donner caution qu'ils ne seront point inquiétés par ses frères & sœurs.

La coutume ne s'étant pas expliquée sur ceux à qui l'aîné doit donner caution, je ne vois pas de raison pour l'accorder privativement, soit aux frères & sœurs, soit aux vassaux & censitaires. L'aîné est obligé de garantir à ces derniers la validité des reconnoissances qu'il reçoit, & des paiemens qu'il se fait faire; il est pareillement tenu de restituer à ses frères & sœurs la portion qui leur revient; rien n'empêche que la coutume n'ait autorisé les uns & les autres à exiger de lui une caution pour la sûreté de ce qui les intéresse.

CAUX ; (*le pays de*) *Droit public*, petite contrée de France, située en Normandie, entre la Seine & l'Océan, la Picardie, le pays de Brai, & le Vexin-Normand.

Par la coutume particulière de ce bailliage, la succession des père, mère, ou autres ascendans, décédés sans disposition de leurs biens, ou testament, appartient pour un tiers seulement aux puînés; les deux autres tiers sont dévolus à l'aîné, qui prend aussi le manoir ou pourpris sans estimation ni récompense.

L'aîné est maître de retirer pendant l'année les portions échues à ses puînés, en payant le denier vingt des biens roturiers, & le denier vingt-cinq des biens nobles.

Les filles restent en la garde de leur frère aîné jusqu'à ce qu'elles se marient; leur nourriture & entretien doivent être fournis également par tous leurs frères, au *prorata* de ce que chacun d'eux a eu dans les successions directes. Le frère aîné est tenu de les doter sur les meubles délaissés par les père & mère, ou autres ascendans; s'ils ne sont pas suffisans, leur mariage se paie à proportion de toute la succession, tant en *Caux*, que hors *Caux*, pour la part qui est échue, tant à l'aîné, qu'aux puînés.

Lorsqu'il se trouve, dans la succession, des biens situés en pays de *Caux*, & régis par cette coutume, & des biens hors de *Caux*, c'est-à-dire qui sont situés hors de cette partie de la province, ou même dans le Caudebec, mais qui sont régis par des coutumes locales, telles que celles de Notre-Dame, de S. Denis de Lillebonne, & autres, les puînés prennent part dans les héritages situés hors de *Caux*, mais ils ne peuvent rien prétendre dans les biens situés en *Caux*.

La coutume permet aux père & mère, & autres ascendans, de disposer par donation, ou testament, en faveur de leurs puînés, du tiers de leurs héritages situés en pays de *Caux*, à l'exception néanmoins du manoir ou pourpris qui doit rester en entier à l'aîné, à la charge de la provision à vie des autres puînés, non compris dans la disposition, & de contribuer, tant aux dettes, qu'aux mariages des filles, au *prorata* de ce qui revient aux puînés dans le total de la succession.

Cette disposition des biens situés en *Caux*, faite en faveur des puînés, ne les exclut pas de prendre part dans les biens situés en bourgage, & dans les lieux assis hors de la coutume de *Caux*, à moins que la disposition ne contienne une clause contraire.

Les père & mère, ou autres ascendans, qui ont des enfans de plusieurs lits, ne peuvent faire la condition des enfans d'un lit meilleure que celle des autres lits.

Les puînés, en acceptant les donations ou legs dont nous venons de parler, ne peuvent plus exiger de leur aîné leur provision à vie sur les autres biens : mais ils sont libres de renoncer aux dispositions faites en leur faveur; & dans ce cas, ils doivent se contenter de demander provision à vie, qui consiste dans la troisième partie en usufruit des héritages délaissés après la mort des père, mère, ou autres ascendans.

C E

CÉDANT, adj. pris subst. CÉDATAIRE, s. m. (*Jurisprudence. Commerce.*) ces deux mots en droit sont synonymes : ils signifient celui qui cède, qui transporte quelque chose, quelque somme, quelque droit, quelque effet à un autre.

Régulièrement un *cédant* est tenu de garantir à son cessionnaire la chose cédée : il peut néanmoins quelquefois céder sans garantie; mais il faut alors une convention expresse : dans ce cas même, il est toujours garant de ses propres faits, c'est-à-dire, que la chose cédée existe, qu'elle lui appartient, ou du moins qu'il a été en droit d'en disposer.

Lorsque le cessionnaire éprouve du trouble dans la propriété ou la possession de la chose qui lui a été cédée, il appelle son *cédant* en garantie, c'est-à-dire, qu'il le fait assigner pardevant le juge pour se voir condamné à garantir ce qu'il a cédé, conformément aux clauses de l'acte de cession. *Voyez* CESSION, GARANTIE.

CÉDER, v. a. (*Jurisprudence.*) c'est transporter une chose à une autre personne, lui en donner la propriété, l'en rendre maître. Ce terme se dit de toutes les choses dont on peut transporter le domaine à un autre. Un marchand *cède* sa boutique, son magasin, son fonds; on *cède* des droits litigieux, une créance sur son débiteur; un actionnaire *cède* ou partie, ou toutes les actions qu'il a dans une compagnie, *&c.* (*G*)

CÉDULE, s. f. (*Jurisprudence.*) ce mot signifie en général toutes sortes d'actes & d'obligations faits sous signature privée, les reconnoissances sous seing-privé, relativement à quelque promesse ou engagement, même les brevets d'actes passés devant notaires, qu'on garde pardevers soi. Il vient du latin *scheda* ou *schedula*, & il a la même signification que celui de *billet*. *Voyez* ACTE, BILLET.

Cédule se dit aussi par opposition aux obligations passées devant notaires : c'est en ce sens qu'on appelle *cédule*, une simple précaution, une assurance domestique, écrite & signée du débiteur. La coutume de Paris, *art. 89*, met les *cédules* pour sommes de deniers, pour marchandises & autres choses semblables, au rang des meubles.

En terme de pratique, on appelle *cédule*, un acte que les procureurs mettent au greffe des présentations pour indiquer qu'ils sont constitués procureurs dans telle ou telle affaire. *Voyez* PRÉSENTATION.

On donne encore le nom de *cédule*, & on y ajoute l'épithète d'*évocatoire*, à un acte par lequel on demande l'évocation d'un procès pendant dans une cour où il ne peut être jugé, à raison de l'alliance ou de la parenté qui se trouve entre un certain nombre de juges, & l'une ou l'autre des parties. *Voyez* ÉVOCATION.

Les négocians donnent aussi le nom de *cédules* aux morceaux de papier sur lesquels ils écrivent leurs promesses, lettres-de-change, rescriptions & autres engagemens semblables, qu'ils prennent entre eux par actes sous seing-privé pour le fait de leur négoce, & particuliérement pour le paiement de l'argent.

CEINTURE, s. f. (*Jurisprudence. Finance.*) c'est une lisière de soie, de laine, de cuir ou d'autre matière que l'on attache autour des reins.

L'usage en est très-ancien. Chez les Juifs, Dieu avoit ordonné au grand-prêtre d'en porter une. Les Juifs étoient *ceints*, lorsqu'ils célébroient la pâques. Tous les peuples anciens dont l'habillement étoit fort long, portoient des *ceintures :* elles marquoient même quelque dignité, puisque la défense de porter la *ceinture* fut quelquefois une tache d'ignominie & la punition de quelque faute.

Les Celtes dont nous tirons notre origine, faisoient également usage de la *ceinture ;* on en gardoit une qui servoit, pour ainsi dire, de mesure publique de la taille parmi les hommes. Comme l'état veilloit à ce qu'ils fussent tous alertes, il punissoit ceux qui ne pouvoient la porter.

L'usage de la *ceinture* a été commun chez les Gaulois & les Francs, jusqu'à ce que les hommes ayant cessé de s'habiller en long, & pris le juste-au-corps & le manteau court, il a été à-peu-près restreint aux premiers magistrats, aux gens d'église, aux religieux & aux femmes : encore les femmes n'en portent-elles plus depuis que les paniers & les robes lâches sont devenus communs. La mode paroîtroit vouloir aujourd'hui en ramener l'usage, contre lequel les ecclésiastiques se récrieront peut-être, comme ils l'ont fait, lorsque les femmes les ont quittées.

Ainsi que les anciens, nous attachions autrefois une espèce d'infamie à la privation de la *ceinture.* Les banqueroutiers & les débiteurs insolvables étoient contraints de la quitter. La raison en étoit que nos ancêtres attachant à leur *ceinture* leur bourse & leurs clefs, la *ceinture* étoit un symbole d'état ou de condition, dont la privation de cette partie du vêtement indiquoit qu'on étoit déchu.

Les femmes qui, après la mort de leur mari, renonçoient à la communauté, quittoient leur *ceinture* sur son tombeau, & y déposoient les clefs de la maison pour prouver qu'elles n'y prétendoient aucune part, & qu'elles n'en avoient rien détourné. L'histoire rapporte que la veuve de Philippe I, duc de Bourgogne, renonça au droit qu'elle avoit à sa succession, en quittant sa *ceinture* sur son tombeau. *Voyez* RENONCIATION A LA COMMUNAUTÉ.

La distinction des étoffes & des habits subsista, en France, jusqu'au commencement du quinzième siècle. On trouve, en 1420, un arrêt du parlement, qui défend aux femmes prostituées la robe à collet renversée, la queue, les boutonnières & la *ceinture dorée.* Les femmes galantes ne se soumirent pas long-temps à cette défense; l'uniformité de leur habillement les confondit bientôt avec les femmes sages; & la privation ou l'usage de la *ceinture* n'étant plus une marque de distinction, on fit le proverbe *bonne renommée vaut mieux que ceinture dorée.*

On donne, en France, le nom de *ceinture de la reine* à un impôt ou taxe qui se lève de trois ans en trois ans sur chaque muid de vin, pour l'entretien de la maison de la reine : on l'a depuis étendu à quelques autres denrées, comme le charbon, *&c.* on l'appelloit aussi la *taille du pain & du vin*, comme il paroît par des registres de la chambre des comptes.

Il y a en Angleterre, pour la même destination, un impôt à-peu-près semblable, qu'on appelle *aurum reginæ*, l'or de la reine, *queen-gold.* C'étoit originairement un don gratuit : mais on en a fait depuis une dette, au paiement de laquelle les particuliers sont contraints.

CEINTURE-A-TERRE. On trouve cette expression dans la coutume de Bourbonnois, *art. 72*, & dans celle de la Marche, *art. 64.* Elles exigent que celui qui est hors d'état de payer ses dettes, & qui veut faire cession de biens, comparoisse personnellement en justice, après y avoir fait appeller tous ses créanciers; qu'il fasse serment solemnel que sa cession n'est point en fraude de ses créanciers; qu'il n'a rien vendu ni détourné; qu'ensuite il se déceigne & jette à terre sa *ceinture* pour montrer qu'il délaisse tous ses biens.

La disposition de ces coutumes prouve ce que nous avons dit sur le mot *ceinture*, que les débiteurs insolvables étoient, par notre ancien droit françois, obligés de quitter l'ornement de la *ceinture :* cet usage étoit commun dans tout le royaume, sans être particulier aux provinces de la Marche & du Bourbonnois, qui cependant l'avoient prescrit positivement. Cette formalité n'est plus nécessaire aujourd'hui, même dans ces provinces, lorsqu'on y procède à l'entérinement des lettres de cession.

CEINTURIER, s. m. (*Police. Arts & Métiers.*) c'est celui qui fait & qui vend des ceintures. Autrefois cette communauté étoit une des plus considérables de la capitale : ils se nommoient anciennement *maîtres-courroyers*, du mot *courroie*, parce qu'on faisoit alors les ceintures avec du cuir.

Cette communauté s'est soutenue tant que les habillemens longs ont été en usage en France; depuis que la mode des ceintures a été passée, elle s'est conservée par la fabrication des baudriers & ceinturons, soit de velours ou autres étoffes, soit de cuir piqué d'or, d'argent & de soie; des ceintures & gibecières pour les grenadiers, des porte-carabines pour la cavalerie, des fournimens & pendans à bayonnette pour l'infanterie; enfin de toutes les ceintures d'étoffe ou de cuir, unies & brodées.

Par l'édit du mois d'août 1776, la communauté des *ceinturiers* a été réunie à celle des gantiers &

boursiers, & elles forment ensemble la vingt-troisième communauté d'arts & métiers, rétablies par le même édit.

CEISAN, (*Coutume de Béarn, tit. 18, art. 7.*) on désigne par ce nom & par celui de *questiau*, dans les coutumes de Bordeaux, S. Sever & Béarn, les gens sujets du seigneur, qu'on appelle ailleurs *serfs* ou *main-mortables* : ils ne peuvent laisser la terre du seigneur sans son consentement, ni disposer, sans son agrément, de leurs personnes ni de leurs biens. *Voyez* MAIN-MORTE, SERF.

CÉLESTIN, s. m. (*Droit ecclésiastique.*) religieux qui vit selon la règle du pape Célestin V. Ce pontife, avant d'être élevé sur la chaire de S. Pierre, & ne portant encore que le nom de Pierre de Moron, établit, en 1254, une congrégation de religieux réformés de l'ordre de S. Bernard.

Son premier établissement se fit au mont Majella en Italie : Urbain IV le confirma en 1264, & dix ans après, Grégoire X, dans le second concile général de Lyon, accorda à cet ordre, par ses bulles, plusieurs privilèges & exemptions, &, entre autres, celles de la jurisdiction des ordinaires, & du paiement de la dixme de ses fruits & de ses troupeaux.

Cet ordre passa d'Italie en France vers l'an 1300, sous le règne de Philippe-le-bel, qui leur donna deux monastères, l'un dans la forêt d'Orléans, au lieu appellé *Ambert*, l'autre dans celle de Compiègne au mont de Chartres. En 1318, ils s'établirent à Paris dans une maison que leur fonda Pierre Martel, bourgeois de cette ville.

Cette maison étoit, en France, chef de l'ordre qui consistoit en vingt-trois maisons qui toutes étoient gouvernées par un provincial électif, tous les trois ans, par le chapitre particulier des *célestins* du royaume. Ce provincial avoit le même pouvoir sur les monastères de France, que le général sur ceux de l'ordre.

La maison de Paris jouissoit, sur les émolumens du sceau, d'une bourse semblable à celle des secrétaires du roi, que Charles, dauphin de France, leur avoit donnée pendant la détention du roi Jean son père en Angleterre. En 1673, Louis XIV avoit ordonné qu'au lieu de cette bourse, ils toucheroient sur les émolumens du sceau soixante & quinze livres par quartier.

Nous ne nous étendrons pas davantage sur cet ordre qui ne subsiste plus en France. Louis XV, par un édit de 1768, avoit ordonné que la conventualité seroit rétablie dans toutes les maisons religieuses, & qu'en conséquence, chaque ordre, établi dans le royaume, s'assembleroit en chapitre général pour lui proposer les moyens qu'il trouveroit convenable pour remplir ce but.

Les *célestins* s'assemblèrent, au mois d'octobre 1770, à Limay-lès-Mantes ; effrayés de la proposition d'une réforme, ils demandèrent, d'une voix unanime, d'être dispensés de l'exécution de l'édit de 1768, & consentirent à l'entière destruction de leur ordre.

Le roi fit connoître leurs intentions au pape. Clément XIV adressa un bref aux évêques de France, & les chargea de visiter, chacun dans leurs diocèses respectifs, les maisons des *célestins*, qui y étoient situées. Lorsque ce bref eut été revêtu de lettres-patentes duement enregistrées, les évêques, comme commissaires & délégués du saint siège, procédèrent à la visite ordonnée. Leurs procès-verbaux ont constaté l'impossibilité d'établir la réforme, & la persévérance des religieux à demander leur sécularisation. D'après ces procès-verbaux, le pape a procédé à la suppression non de l'ordre entier, mais des maisons particulières. Celles des monastères de Metz, Sens, des Termes, Ambert, de Vichy, d'Esclimont, de Villeneuve, d'Offemont, de la Châtre, de Rouen, de Limay, d'Amiens & de Lyon, ont déjà été supprimées par des brefs particuliers de Pie VI, des 22 mai 1776, 8 janvier 1777, & 30 septembre 1778. Ces brefs ont été revêtus de lettres-patentes enregistrées au parlement de Paris.

Par ces brefs, les religieux *célestins* ont été sécularisés. Le pape & le roi ont néanmoins permis à ceux d'entre eux qui desireroient continuer de vivre en forme de communauté religieuse, de se retirer dans la maison de Marcoussy, diocèse de Paris.

Le sort de la maison de Paris n'est point encore fixé. En vertu d'un arrêt du conseil du 2 octobre 1778, les commissaires nommés par le roi ont procédé au récollement de l'inventaire des biens, meubles & immeubles en dépendans, fait précédemment en exécution de deux autres arrêts des 2 octobre 1772, & 29 mars 1776. Les religieux ont été obligés de sortir de la maison, aussi-tôt que ce récollement a été fini : la régie de leurs biens a été confiée au receveur général du clergé, sous l'inspection & l'autorité des commissaires du roi ; il est tenu de payer, de deux mois en deux mois & d'avance, les pensions ordonnées pour la nourriture & l'entretien de chaque religieux.

CÉLIBAT, CÉLIBATAIRES, s. m. (*Droit naturel, ecclésiastique & politique.*) le *célibat* est l'état des *célibataires*, c'est-à-dire des personnes qui vivent sans s'engager dans le mariage.

Rien de mieux vu sur le *célibat* que l'excellent article de M. Diderot, dans l'ancienne *Encyclopédie*. Nous n'en supprimerons que quelques longueurs, que nous suppléerons par *l'Esprit des Loix*, & par les développemens donnés à quelques passages par les auteurs de l'*Encyclopédie* d'Yverdun : nous insérerons ces développemens dans des traits semblables à ceux-ci ([...]).

Nous terminerons enfin cet article, par quelques réflexions sur le *célibat* des laïcs.

Anciennes institutions politiques. M. Diderot, en parcourant les anciennes institutions politiques & religieuses, annonce qu'il doit cette érudition à un mémoire critique de M. Morin, inséré dans ceux de l'académie des belles-lettres, *tome IV*, *p.* 308.

Après avoir jetté un premier coup-d'œil sur les âges antérieurs au déluge, il observe que dans les premiers siècles qui suivirent cette grande époque, il y avoit beaucoup de terres à défricher & peu d'ouvriers; c'étoit à qui engendreroit le plus. Alors l'honneur, la noblesse, la puissance des hommes consistoient dans le nombre des enfans; on étoit sûr par-là de s'attirer une grande considération, de se faire respecter de ses voisins & d'avoir une place dans l'histoire: celle des Juifs n'a pas oublié le nom de *Jaïo*, qui avoit trente fils dans le service, ni celle des Grecs les noms de *Danaüs* & d'*Egyptus*, dont l'un avoit cinquante fils & l'autre cinquante filles. La stérilité passoit alors pour une espèce d'infamie dans les deux sexes, & pour une marque non équivoque de la malédiction de Dieu: au contraire, on regardoit comme un témoignage authentique de sa bénédiction, d'avoir autour de sa table un grand nombre d'enfans. Le *célibat* étoit une espèce de péché contre nature, aujourd'hui ce n'est plus la même chose.

Moïse ne laissa guère aux hommes la liberté de se marier ou non.

[Le peuple dont il étoit le législateur, pouvoit-il croire que Dieu l'avoit appellé pour vivre dans le *célibat*, lorsque, dès les premières lignes de la Genèse, le Créateur, après s'être dit à lui-même, *il n'est pas bon pour l'homme d'être seul*, créa une femme pour être sa compagne fidelle. Tout nous peint dans la constitution judaïque, le mariage comme un état respectable, auquel les hommes sont appellés par leur Créateur; le *célibat* & la stérilité connue exposoient à la honte & au mépris. Les grands hommes, les plus saints personnages, rois, sacrificateurs, prophètes, hommes honorés de révélations, nous sont tous représentés comme mariés, ou s'il y en a, du mariage & de la famille desquels il ne soit point fait mention, aucun n'est loué d'avoir vécu dans le *célibat*. La fille de Jephté, avant d'être sacrifiée, va avec ses compagnes pleurer le malheur d'être condamnée à mourir vierge.

Si dans le temps où le grand-prêtre étoit appellé à ses fonctions les plus solemnelles, il devoit se séparer de sa femme, ce n'étoit que pour peu de jours, & uniquement par la crainte des souillures légales qu'il pouvoit contracter en approchant de son épouse. Les docteurs juifs qui ont étudié avec soin les loix & recueilli les traditions de leur nation, s'accordent tous à représenter le mariage, non seulement comme un état préférable à tous égards au *célibat*, mais encore comme une obligation étroite pour tout homme qui n'en étoit pas rendu incapable par une impuissance physique, quels que fussent sa condition, son rang & son emploi; & s'ils n'ont pas enseigné que cette obligation regardoit aussi les femmes, ils ont dit que c'étoit parce que les femmes sont naturellement assez disposées à se marier, & qu'ils ne vouloient pas les autoriser à sortir des bornes de la décence dans la recherche d'un mari. Telles ont été & telles sont encore les idées des Juifs; idées puisées dans leurs livres sacrés, où l'on ne peut trouver une expression, un conseil, un exemple, un éloge, en faveur du *célibat*.

Ce ne fut que vers les derniers temps de la république d'Israël, que l'on vit une secte de Juifs embrasser le *célibat*. Plusieurs personnes de cette nation, pour se soustraire à la persécution d'Antiochus Epiphane, se refugièrent dans les déserts, & s'appliquèrent à la vie contemplative; ce furent les *esséniens* ou *thérapheutes*. Dans le systême de leur vie austère, ils renoncèrent au mariage, & vécurent dans une parfaite continence, non pas qu'ils crussent, à ce que dit Philon, *que le célibat fût en lui-même préférable au mariage*, mais parce qu'ils avoient cru devoir par pénitence, se priver de tout plaisir, & renoncer à tout ce qui peut procurer des sentimens agréables.]

Lycurgue nota d'infamie les *célibataires*: à Lacédémone, les *célibataires* étoient publiquement, au milieu de l'hiver, conduits tout nus en procession, autour de la place publique; [ils y étoient menés par les licteurs qui, en les battant de verges, chantoient des chansons insultantes, composées contre eux: tout emploi leur étoit interdit; nulle place ne leur étoit assignée dans les assemblées du peuple; ils ne pouvoient point assister à ces fêtes où la jeunesse des deux sexes, à Lacédémone, dansoit publiquement, n'étant couverts que de la chasteté publique: les jeunes gens n'étoient point tenus de se lever en présence d'un vieillard *célibataire*; parce que, pouvoient dire les jeunes gens, ce mauvais citoyen n'a donné la vie à personne qui, quand nous serons vieux, puisse nous rendre le même honneur. Les Lacédémoniens poussèrent encore les précautions plus loin, en publiant des réglemens contre ceux qui se marioient trop tard, & contre les maris qui n'en usoient pas bien avec leurs femmes.]

Dans la suite, on mitigea ces loix pénales. Platon tolère dans sa *République*, le *célibat* jusqu'à trente-cinq ans, mais passé cet âge, il interdit seulement les *célibataires* des emplois, & leur marque le dernier rang dans les cérémonies publiques.

Les loix romaines, qui succédèrent aux loix grecques, furent aussi moins rigoureuses contre le *célibat*. Cependant les censeurs étoient chargés d'empêcher ce genre de vie solitaire, préjudiciable à l'état, *cœlibes esse prohibendos*. Pour les rendre odieux, ils ne recevoient les *célibataires* ni à tester, ni à rendre témoignage; & voici la première question que l'on faisoit à ceux qui se présentoient pour prêter serment: *ex animi tui sententiâ, tu equum habes, tu uxorem habes?* à votre ame & conscience, avez-vous un cheval? avez-vous une femme? Mais les Romains ne se contentoient pas d'affliger dans ce monde les *célibataires*, leurs théologiens les menaçoient aussi de peines extraordinaires dans les enfers: *extrema omnium calamitas & impietas accidit illi qui absque filiis à vita discedit & dæmo-*

nibus maximè dat pœnas post obitum, c'est la plus grande impiété & le dernier des malheurs, de sortir du monde sans y laisser des enfans, les démons leur font souffrir de cruelles peines après la mort.

[On peut encore juger des principes des Romains sur le *célibat*, par cette imprécation qu'ils gravoient sur les bornes des héritages, contre ceux qui les arracheroient: *quisquis hoc sustulerit aut sustuli jusserit, ultimus suorum moriatur*, qu'il meure le dernier des siens.]

Mais vers la fin de la république romaine, les mœurs s'étant excessivement corrompues, & les loix n'étant plus assez respectées, les Romains commencèrent à se dégoûter du mariage, & à lui préférer le *célibat*. Leur goût dépravé pour la débauche de toute espèce, leur fit mépriser les liens légitimes du mariage, & la conduite irrégulière des dames romaines fortifia en eux ce goût destructif de la société & des bonnes mœurs. A ces motifs se joignirent l'indolence, la paresse, l'amour du repos, la crainte des embarras du ménage, & la peine d'élever des enfans. Le plaisir d'être flattés & prévenus par tous ces cœurs intéressés, qui cherchoient à avoir part à l'héritage des personnes riches, portoit plusieurs à fuir tout ce qui pouvoit leur donner des héritiers naturels.

Pline se plaint que de son temps, c'étoit un grand avantage, une source de crédit & de puissance, que de n'avoir point d'enfans. Il est incroyable jusqu'où, par ces coupables raisons, les Romains poussèrent le goût pour le *célibat*, le mépris du mariage & la crainte d'avoir une épouse ou des enfans. Les plus sages magistrats firent déjà du temps de la république, les plus grands efforts pour arrêter ce désordre destructif. On fit payer des amendes aux libertins, on assigna des prix aux gens mariés qui avoient des enfans. Marcus-Furius-Camillus, censeur, vers l'an 450 de Rome, & G. Cœcilius-Métellus-Macédonicus, vers l'an 622, usèrent de la plus grande sévérité pour contraindre les *célibataires* à se marier.

Mais il faut lire dans le grand Montesquieu les loix que firent les Romains contre les *célibataires*. Les mœurs, dit-il, qui commencèrent à se corrompre, contribuèrent beaucoup à dégoûter les citoyens du mariage, qui n'a que des peines pour ceux qui n'ont plus de sens pour les plaisirs de l'innocence.

C'est l'esprit de cette harangue que Métellus-Numidicus fit au peuple, dans sa censure: « S'il » étoit possible de n'avoir point de femmes, nous » nous délivrerions de ce mal; mais comme la » nature a établi qu'on ne peut guère vivre heu- » reux avec elles ni subsister sans elles, il faut » avoir plus d'égard à notre conservation qu'à des » satisfactions passagères ».

César donna des récompenses à ceux qui avoient beaucoup d'enfans, il défendit aux femmes qui avoient moins de quarante-cinq ans, & qui n'avoient ni maris ni enfans, de porter des pierreries & de se servir de litière; méthode excellente d'attaquer le *célibat* par la vanité. Les loix d'Auguste furent plus pressantes, il imposa des peines nouvelles à ceux qui n'étoient point mariés, & augmenta les récompenses de ceux qui l'étoient & de ceux qui avoient des enfans. Tacite appelle ces loix *Juliennes*: il y a apparence qu'on y avoit fondu les anciens réglemens faits par le sénat, le peuple & les censeurs. La loi d'Auguste trouva mille obstacles, & trente-quatre ans après qu'elle eut été faite, les chevaliers romains lui en demandèrent la révocation. Il fit mettre d'un côté ceux qui étoient mariés, & de l'autre ceux qui ne l'étoient pas: ces derniers parurent en plus grand nombre, ce qui étonna les citoyens & les confondit; Auguste, avec la gravité des anciens censeurs, leur parla ainsi: « Pen- » dant que les maladies & les guerres nous enlè- » vent tant de citoyens, que deviendra la ville, » si on ne contracte plus de mariage? la cité ne » consiste point dans les maisons, les portiques, » les places publiques, ce sont les hommes qui » font la cité. Vous ne verrez point, comme dans » les fables, sortir des hommes sous la terre pour » prendre soin de vos affaires. Ce n'est point » pour vivre seuls que vous restez dans le *célibat*; » chacun de vous a des compagnes de sa table & » de son lit, & vous ne cherchez que la paix » dans vos déréglemens: citerez-vous ici l'exemple » des vierges vestales? donc si vous ne gardiez » pas les loix de la pudicité, il faudroit vous punir » comme elles. Vous êtes également mauvais ci- » toyens, soit que tout le monde imite votre » exemple, soit que personne ne le suive. Mon » unique objet est la perpétuité de la république. » J'ai augmenté les peines de ceux qui n'ont point » obéi; & à l'égard des récompenses, elles sont » telles que je ne sache pas que la vertu en ait » encore eu de plus grandes; il y en a de moin- » dres qui portent mille gens à exposer leur vie, » & celles-ci ne vous engageroient pas à prendre » une femme & à nourrir des enfans »?

Il donna la loi que l'on nomma de son nom *Julia* & *Pappia-Poppæa*, du nom des consuls d'une partie de cette année-là; la grandeur du mal paroissoit dans leur élection même. Dion nous dit qu'ils n'étoient point mariés, & qu'ils n'avoient point d'enfans.

Cette loi d'Auguste fut proprement un code de loix, & un corps systématique de tous les réglemens qu'on pouvoit faire sur ce sujet. On y refondit les loix *Juliennes*, & on leur donna plus de force; elles ont tant de vues, elles influent sur tant de choses, qu'elles forment la plus belle partie des loix civiles & romaines.

On en trouve les morceaux dispersés dans les précieux fragmens d'Ulpien, dans les loix du *Digeste*, tirées des auteurs qui ont écrit sur les loix *Pappiennes*; dans les historiens & les autres auteurs qui les ont citées; dans le code *Théodosien*, qui les a abrogées; dans les pères qui les ont censurées,

ans

ſans doute avec un zèle louable, pour les choſes de l'autre vie, mais avec très-peu de connoiſſance des affaires de celle-ci. Ces loix avoient pluſieurs chefs, & l'on en connoît trente-cinq : le ſeptième regardoit les honneurs & les récompenſes accordés par cette loi.

Les Romains, ſortis pour la plupart des villes latines, qui étoient des colonies lacédémoniennes, & qui avoient même tiré de ces villes une partie de leurs loix, eurent, comme les Lacédémoniens, pour la vieilleſſe, ce reſpect qui donne tous les honneurs & toutes les préſéances. Lorſque la république manqua de citoyens, on accorda aux mariages & au nombre des enfans, les prérogatives que l'on avoit données à l'âge ; on en attacha quelques-unes au mariage ſeul, indépendamment des enfans qui en pourroient naître ; cela s'appelloit *le droit des maris :* on en donna d'autres à ceux qui avoient des enfans ; de plus grandes à ceux qui avoient trois enfans. Il ne faut pas confondre ces trois choſes, il y avoit de ces privilèges dont les gens mariés jouiſſoient toujours, comme par exemple une place particulière au théâtre ; il y en avoit dont ils ne jouiſſoient que lorſque des gens qui avoient des enfans, ou qui en avoient plus qu'eux, ne les leur ôtoient pas.

Les privilèges étoient très-étendus, les gens mariés qui avoient le plus grand nombre d'enfans, étoient toujours préférés, ſoit dans la pourſuite des honneurs, ſoit dans l'exercice de ces honneurs même. Le conſul qui avoit le plus d'enfans prenoit le premier les faiſceaux ; il avoit le choix des provinces : le ſénateur qui avoit le plus d'enfans, étoit le premier dans le catalogue des ſénateurs, il diſoit au ſénat ſon avis le premier ; l'on pouvoit parvenir avant l'âge aux magiſtratures, parce que chaque enfant donnoit diſpenſe d'un an : ſi l'on avoit trois enfans, à Rome, on étoit exempt de toutes charges perſonnelles ; les femmes ingénues qui avoient trois enfans, & les affranchies qui en avoient quatre, ſortoient de cette perpétuelle tutèle où les retenoient les anciennes loix de Rome.

S'il y avoit des récompenſes, il y avoit auſſi des peines ; ceux qui n'étoient point mariés, ne pouvoient rien recevoir par le teſtament des étrangers, & ceux qui étoient mariés & n'avoient pas d'enfans, ne recevoient que la moitié de ceux qui avoient des enfans. Les Romains, dit Plutarque, ſe marioient pour être héritiers, & non pas pour avoir des héritiers.

Les avantages qu'un mari & une femme pouvoient ſe faire par teſtament, étoient limités par la loi. Ils pouvoient ſe donner le tout, s'ils avoient des enfans l'un de l'autre : s'ils n'en avoient point, ils pouvoient recevoir la dixième partie de la ſucceſſion, à cauſe du mariage ; & s'ils avoient des enfans d'un autre mariage, ils pouvoient ſe donner autant de dixièmes qu'ils avoient d'enfans.

Si un mari s'abſente d'auprès de ſa femme, pour autre cauſe que pour les affaires de la république, il ne pouvoit en être l'héritier.

La loi donnoit à un mari ou à une femme qui ſurvivoit, deux ans pour ſe marier, & un an & demi dans le cas du divorce. Les pères qui ne vouloient pas marier leurs enfans ou donner de dots à leurs filles, y étoient contraints par les magiſtrats.

On ne pouvoit faire de fiançailles, lorſque le mariage devoit être différé de plus de deux ans ; &, comme on ne pouvoit épouſer une fille qu'à douze ans, la loi ne vouloit pas que l'on pût jouir inutilement & ſous prétexte de fiançailles, des privilèges de gens mariés.

Il étoit défendu à un homme qui avoit ſoixante ans, d'épouſer une femme qui en avoit cinquante. Comme on avoit donné de grands privilèges aux gens mariés, la loi ne vouloit point qu'il y eût des mariages inutiles. Par la même raiſon, le ſénatus-conſulte Calviſien déclaroit inégal le mariage d'une femme qui avoit plus de cinquante ans, avec un homme qui en avoit moins de ſoixante ; de ſorte qu'une femme qui avoit cinquante ans, ne pouvoit ſe marier ſans encourir les peines de ces loix. Tibère ajouta à la rigueur de la loi *Pappienne*, & défendit à un homme de ſoixante ans, d'épouſer une femme qui en avoit moins de cinquante ; de ſorte qu'un homme de ſoixante ans, ne pouvoit ſe marier dans aucun cas, ſans encourir la peine : mais Claude abrogea ce qui avoit été fait ſous Tibère à cet égard.

Telles étoient les loix des empereurs. Il faut voir encore dans M. de Monteſquieu, comment elles furent ſucceſſivement abrogées dans la décadence de l'empire.

Inſtitutions ſur le célibat des miniſtres des autels. Ce fut chez les peuples de l'Orient que s'établit l'uſage de renoncer pour toujours au mariage, par des motifs religieux. Dans ces climats échauffés, où l'imagination s'allume davantage, des philoſophes contemplatifs mirent leur gloire à réſiſter, au moins en apparence, aux penchans les plus doux & les plus forts de la nature ; ils vouloient perſuader qu'ils en étoient plus parfaits, & qu'ils reſſembloient davantage aux dieux. Le peuple les admira ſans pouvoir les imiter ; outre cela, la polygamie pouſſée à l'excès, & la jalouſie qui en eſt inſéparable, portèrent ces nations voluptueuſes, qui jugeoient de leurs droits par eux-mêmes, à croire que ce qui étoit une fois conſacré à leur culte, ne pouvoit plus ſervir à aucun autre uſage. Mais il ne faut pas croire que chez ces nations, le *célibat* fût en honneur pour lui-même, & que dans la ſociété civile on eſtimât un homme ou une femme *célibataires*, plus que les perſonnes mariées, quand ces *célibataires* n'avoient d'autre titre à l'eſtime publique que l'abſtinence du mariage.

Il ne faut donc pas s'étonner, ſi on vit de bonne heure chez les Juifs, ceux qui ſe deſtinoient au ſervice des autels, être diſpenſés des rigueurs du mariage. Les filles eurent, ajoute M. Diderot, la même liberté. Melchisedech fut un homme sans-famille & sans généalogie.

On assure que Moïse congédia sa femme, quand il eut reçu la loi des mains de Dieu : il ordonna aux sacrificateurs dont le tour d'officier à l'autel approcheroit, de se séquestrer de leurs femmes pendant quelques jours; après lui, les prophètes Elie, Elisée, Daniel & ses trois compagnons vécurent dans la continence. Les Nazaréens, la plus saine partie des Esséniens, nous sont représentés par Josephe comme une nation merveilleuse qui avoit trouvé le secret que Metellus Numidicus ambitionnoit, de se perpétuer sans mariage, sans attachement & sans aucun commerce avec les femmes.

Chez les Egyptiens, les prêtres d'Isis & la plupart de ceux qui s'attachoient au service de leur divinité, faisoient profession de chasteté ; &, pour plus de sûreté, ils y étoient préparés, dès leur enfance, par des chirurgiens : les gymnosophistes, les brachmanes, les hyérophantes des Athéniens, une bonne partie des disciples de Pythagore, ceux de Diogène, les vrais cyniques, & en général tous ceux & toutes celles qui se dévouoient au service des déesses, en usoient de la même manière. Il y avoit dans la Thrace une société considérable de religieux *célibataires*, appellés *créateurs de l'art de se produire sans le secours des femmes*; l'obligation du *célibat* étoit imposée, chez les Perses, aux filles destinées au service du soleil : les Athéniens ont eu une maison de vierges. Tout le monde connoît les vestales romaines : chez nos anciens Gaulois, neuf vierges qui passoient pour avoir reçu du ciel des lumières & des graces extraordinaires, gardoient un oracle fameux dans une petite isle appellée *Séné*, sur les côtes de l'Armorique. Il y a des auteurs qui prétendent même que l'isle entière n'étoit habitée que par des filles dont quelques-unes faisoient de temps en temps des voyages sur les côtes voisines, d'où elles rapportoient de petits embryons pour conserver l'espèce : toutes n'y alloient pas; il est à présumer, dit M. Morin, que le sort en décidoit, & que celles qui avoient le malheur de tirer un billet noir, étoient forcées de descendre dans la barque fatale qui les exposoit sur le continent. Ces filles consacrées étoient en grande vénération ; elles avoient des privilèges particuliers & singuliers entre lesquels on peut compter celui de ne pouvoir être chatiées pour un crime, sans avoir, avant toute chose, perdu la qualité de fille.

Le *célibat* a eu ses martyrs. Chez les païens, leurs histoires & leurs fables sont pleines de filles qui ont généreusement préféré la mort à la perte de l'honneur. L'aventure d'Hypolite est connue, ainsi que sa résurrection par Diane, patrone des *célibataires* : tous ces faits & une infinité d'autres étoient soutenus par les principes de la croyance. Les Grecs regardoient la chasteté comme une grace surnaturelle : les sacrifices n'étoient point assez complets sans l'intervention d'une vierge; ils pouvoient bien être commencés, *libari* : mais ils ne pouvoient être consommés sans elles, *litare*. Ils avoient sur la virginité des propos magnifiques, des idées sublimes, des spéculations d'une grande beauté; mais en approfondissant la conduite secrète de tous ces *célibataires* & de tous ces virtuoses du paganisme, on n'y découvre, dit M. Morin, que désordres, que forfanteries & qu'hypocrisie, à commencer par leurs déesses : Vesta, la plus ancienne, étoit représentée avec un enfant; où l'avoit-elle pris? Minerve avoit pardevers elle Erictonius, une aventure avec Vulcain & des temples en qualité de mère; Diane avoit son chevalier Nirlius & son Endymion : le plaisir qu'elle prenoit à contempler celui-ci endormi, en dit beaucoup & trop pour une vierge. Myrtisus accuse les muses de complaisances assez fortes pour un certain Mégalion, & leur donne à toutes des enfans qu'il nomme par leurs noms. C'est peut-être pour cette raison que l'abbé Cartaud les appelle les *filles de l'opéra de Jupiter*. Les dieux-vierges ne valoient guère mieux que les déesses, témoins Apollon & Mercure.

Les prêtres des faux dieux, sans en excepter ceux de Cybèle, ne passoient pas dans le monde pour des gens d'une conduite bien régulière : on n'enterroit pas vives toutes les vestales qui péchoient : ainsi, dit M. Diderot, on peut se convaincre par ce récit combien le *célibat* chez les païens étoit différent du degré de perfection où nous le voyons parvenu aujourd'hui : changement qui n'est pas étonnant; celui-ci est l'ouvrage de la grace & du S. Esprit : celui-là n'étoit que l'avorton imparfait d'une nature déréglée, dépravée, débauchée, triste rebut du mariage & de la virginité.

Du célibat considéré relativement à la société chrétienne. Le culte de la divinité demande une attention continuelle & une pureté de corps & d'ame singulière : la plupart des peuples ont été portés à faire du clergé un corps séparé; ainsi, chez les Egyptiens, les Juifs & les Perses, il y eut des familles consacrées au service de la divinité & des temples : mais on ne pensa pas seulement à éloigner les ecclésiastiques des affaires & du commerce des mondains; il y eut des religions où l'on prit encore le parti de leur ôter l'embarras d'une famille. On prétend que tel a été particuliérement l'esprit du christianisme, même dans son origine. Nous allons donner, continue M. Diderot, une exposition abrégée de sa discipline, afin que le lecteur en puisse juger par lui-même.

Il faut avouer que la loi du *célibat* pour les évêques, les prêtres & les diacres, est aussi ancienne que l'église. Cependant il n'y a point de loi divine écrite qui défende d'ordonner prêtres des personnes mariées, ni aux prêtres de se marier. Jésus-Christ n'en a fait aucun précepte : ce que S. Paul dit, dans ses *Epîtres* à Timothée & à Tite, tend seulement à défendre à l'évêque d'avoir plusieurs femmes en même temps ou successivement : *oportet episcopum esse unius uxoris virum* : la pratique même des premiers siècles de l'église y est formelle : on ne faisoit nulle difficulté d'ordonner prêtres & évêques des hommes mariés; il étoit seulement défendu de se marier après la promotion aux ordres, ou de passer à d'autres noces après la mort d'une première femme. Il y avoit une exception particulière pour les veuves : on ne peut nier que l'esprit & le vœu de l'église n'aient été que ses principaux ministres vécussent dans une grande continence, & qu'elle a toujours travaillé à en établir la loi; cependant l'usage d'ordonner prêtres des personnes mariées a subsisté & subsiste encore dans l'église grecque, & n'a jamais été positivement improuvé par l'église latine.

Quelques-uns croient que le troisième canon du premier concile de Nicée impose aux clercs majeurs, c'est-à-dire, aux évêques, aux prêtres & aux diacres, l'obligation du *célibat* : mais le P. Alexandre prouve, dans une dissertation particulière, que le concile n'a point prétendu interdire aux clercs le commerce avec les femmes qu'ils avoient épousées avant leur ordination; qu'il ne s'agit dans ce canon, que des femmes nommées *subintroductæ & agapetæ*, & non des femmes légitimes, & que ce n'est pas seulement aux clercs majeurs, mais aussi aux clercs inférieurs, que le concile interdit la co-habitation avec les *agapètes* : d'où ce savant théologien conclut que c'est le concubinage qu'il leur défend, & non l'usage du mariage légitimement contracté avant l'ordination. Il tire même avantage de l'histoire de Paphénuce si connue, & que d'autres auteurs ne paroissent avoir rejettée comme une fable, que parce qu'elle n'est aucunement favorable au *célibat du clergé*. Le concile de Nicée n'a donc, selon toute apparence, parlé que des mariages contractés depuis l'ordination, & du concubinage; mais le neuvième canon du concile d'Ancyre permet expressément à ceux qu'on ordonneroit diacres, & qui ne seroient pas mariés, de contracter mariage dans la suite, pourvu qu'ils eussent protesté, dans le temps de l'ordination, contre l'obligation du *célibat* : il est vrai que cette indulgence ne fut étendue ni aux évêques ni aux prêtres, & que le concile de Néocésarée, tenu peu de temps après celui d'Ancyre, prononce formellement : *presbyterum, si uxorem acceperit, ab ordine deponendum*; quoique le mariage ne fût pas nul, selon la remarque du P. Thomassin, le concile *in trullo*, tenu l'an 692, confirma, dans son treizième canon, l'usage de l'église grecque : & l'église latine n'exigea point, au concile de Florence, qu'elle y renonçât. Cependant il ne faut pas dissimuler que plusieurs des prêtres grecs sont moines & gardent le *célibat*, & que l'on oblige ordinairement les patriarches & les évêques de faire profession de la vie monastique avant que d'être ordonnés : il est encore à propos de dire qu'en Occident, le *célibat* fut prescrit aux clercs par les décrets des papes Cyrice & Innocent; que celui du premier est de l'an 385; que S. Léon étendit cette loi aux sous-diacres; que S. Grégoire l'avoit imposée aux diacres de Sicile; & qu'elle fut confirmée par les conciles d'Elvire, sur la fin du treizième siècle, *canon 33*; de Tolède, en l'an 400; de Carthage, en 419, *canons 3 & 4*; d'Orange, en 441, *canons 22 & 23*; d'Arles, en 452; de Tours, en 461; d'Agde, en 506; d'Orléans, en 538; par les capitulaires de nos rois & divers conciles tenus en Occident, mais principalement par le concile de Trente, quoique, sur les représentations de l'empereur, du duc de Bavière, des Allemands, & même du roi de France, on n'ait pas laissé d'y proposer le mariage des prêtres, & même de le solliciter auprès du pape après la tenue du concile. Leur *célibat* avoit eu long-temps auparavant des adversaires : Vigilance & Jovien s'étoient élevés contre, sous S. Jérôme : Wiclef, les Hussites, les Bohémiens, Luther, Calvin & les anglicans en ont secoué le joug : &, dans le temps de nos guerres de religion, le cardinal de Châtillon, Spifame, évêque de Nevers, & quelques ecclésiastiques du second ordre osèrent se marier publiquement; mais ces exemples n'eurent point de suite.

Lorsque l'obligation du *célibat* fut générale dans l'église catholique, ceux d'entre les ecclésiastiques qui la violèrent, furent d'abord interdits, pour la vie, des fonctions de leur ordre, & mis au rang des laïques. Justinien, §. 43, *Cod. de episcop. & cleric.* ordonna ensuite que leurs enfans fussent illégitimes & incapables de succéder & de recevoir des legs; enfin il fut ordonné que ces mariages seroient cassés, & les parties mises en pénitence : d'où l'on voit combien l'infraction est devenue plus grande à mesure que la loi s'est invétérée : dans le commencement, s'il arrivoit qu'un prêtre se mariât, il étoit déposé, & le mariage subsistoit. A la longue, les ordres furent considérés comme un empêchement dirimant au mariage; aujourd'hui un clerc simple tonsuré qui se marie, ne jouit plus des privilèges des ecclésiastiques pour la jurisdiction & l'exemption des charges publiques; il est censé avoir renoncé par le mariage à la cléricature & à ses droits; *Fleury, Inst. au droit ecclésiast. tom. I, anc. & nouv. Discipline de l'église.* Il s'ensuit de cet historique, dit feu M. l'abbé de Saint-Pierre, pour parler, non en controversiste, mais en simple politique chrétien & en simple citoyen d'une société chrétienne, que le *célibat* des prêtres n'est qu'un point de discipline; qu'il n'est point essentiel à la religion chrétienne; qu'il n'a jamais été regardé comme un des fondemens du schisme qui nous divise avec les Grecs & les protestans; qu'il a été libre dans l'église latine; que l'église ayant le pouvoir de changer tous les points de discipline d'institution humaine, si les états de l'église catholique recevoient de grands avantages de rentrer dans cette ancienne liberté sans en recevoir aucun dommage effectif, il seroit à souhaiter que cela fût; & que la question de ces avantages est moins théologique que politique, regarde plus les souverains que l'église, qui n'aura plus qu'à prononcer.

Mais y a-t-il des avantages à restituer les ecclésiastiques dans l'ancienne liberté du mariage? C'est un fait dont le czar Pierre-le-Grand fut tellement frappé, lorsqu'il parcourut la France *incognito*, qu'il ne concevoit pas que, dans un état où il rencontroit de si bonnes loix & de si sages établissemens, on eût laissé subsister, depuis tant de siècles, une pratique qui, d'un côté, n'importoit en rien à la religion, & qui, de l'autre, préjudicioit si fort à la société chrétienne. Nous ne déciderons point si l'étonnement du czar étoit bien fondé; mais il n'est pas inutile, continue toujours M. Diderot dans l'ancienne édition de l'*Encyclopédie*, d'analyser les mémoires de M. l'abbé de Saint-Pierre : & nous allons encore le suivre littéralement dans cette analyse.

Ces mémoires ont pour objet d'examiner les avantages du mariage des prêtres, & les moyens de leur rendre cette liberté.

Quant aux avantages de ces mariages, 1°. si quarante mille curés avoient, en France, quatre-vingt mille enfans, ces enfans étant sans contredit mieux élevés, l'état y gagneroit des sujets & d'honnêtes gens, & l'église des fidèles. 2°. Les ecclésiastiques étant, par leur état, meilleurs maris que les autres hommes, il y auroit quarante mille femmes plus heureuses & plus vertueuses. 3°. Il n'y a guère d'homme à qui le *célibat* ne soit difficile à observer : d'où il peut arriver un grand scandale par un prêtre qui manque à la continence, tandis qu'il ne revient aucun avantage aux autres chrétiens de celui qui vit continent. 4°. Un prêtre ne mériteroit guère moins devant Dieu en supportant les défauts de sa femme & de ses enfans, qu'en résistant aux tentations de la chair. 5°. Les embarras du mariage sont utiles à celui qui les supporte, & les difficultés du *célibat* ne le sont à personne. 6°. Le curé, père de famille vertueux, seroit utile à plus de monde que celui qui pratique le *célibat*. 7°. Quelques ecclésiastiques pour qui l'observation du *célibat* est très-pénible, ne croiroient pas avoir satisfait à tout, quand ils n'ont rien à se reprocher de ce côté. 8°. Cent mille prêtres mariés formeroient cent mille familles : ce qui donneroit plus de 10 mille habitans de plus par an. Quand on n'en compteroit encore que cinq mille, ce calcul produiroit un million de François en deux cens ans : d'où il s'ensuit que, sans le *célibat* des prêtres, on auroit aujourd'hui quatre millions de catholiques de plus, à prendre seulement depuis François premier : ce qui formeroit une somme considérable d'argent, s'il est vrai, ainsi qu'un Anglois l'a supputé, qu'un homme vaut à l'état plus de neuf livres sterlings. 9°. Les maisons nobles trouveroient, dans les fonds des évêques, des rejettons qui prolongeroient leur durée. *Voyez les Ouv. posth. de M. l'abbé de Saint-Pierre, tom. II, pag. 146.*

Quant aux moyens de rendre aux ecclésiastiques la liberté du mariage, il faudroit, 1°. former une compagnie qui méditât sur les obstacles, & qui travaillât à les lever; 2°. négocier avec les princes de la communion romaine, & former avec eux une confédération; 3° négocier avec la cour de Rome. M. l'abbé de Saint-Pierre prétend qu'il vaut mieux user de l'intervention du pape que de l'autorité d'un concile national, quoique, selon lui, le concile national abrégeât sans doute les procédures, & que, selon bien des théologiens, ce tribunal fût suffisant pour une affaire de cette nature. Voici les objections que M. l'abbé de Saint-Pierre se propose lui-même contre son projet, avec les réponses qu'il y fait.

Première objection. Les évêques d'Italie pourroient donc être mariés comme S. Ambroise, & les cardinaux & le pape comme S. Pierre.

Réponse. Assurément M. l'abbé de Saint-Pierre ne voit ni mal à suivre ces exemples, ni inconvénient à ce que le pape & les cardinaux aient d'honnêtes femmes, des enfans vertueux & une famille bien réglée.

Seconde objection. Le peuple a une vénération d'habitude pour ceux qui gardent le *célibat*, & qu'il est à propos qu'ils conservent.

Réponse. Ceux d'entre les pasteurs anglois & hollandois qui sont vertueux, n'en sont pas moins respectés du peuple pour être mariés.

Troisième objection. Les prêtres ont, dans le *célibat*, plus de temps à donner aux fonctions de leur état, qu'ils n'en auroient sous le mariage.

Réponse. Les ministres protestans trouvent fort bien le temps d'avoir des enfans, de les élever, de gouverner leurs familles & de veiller sur leur paroisse. Ce seroit offenser nos ecclésiastiques, que de n'en pas présumer autant d'eux.

Quatrième objection. De jeunes curés de trente ans auront cinq à six enfans; quelquefois peu d'acquit pour leur état, peu de fortune, & par conséquent beaucoup d'embarras.

Réponse. Celui qui se présente aux ordres, est reconnu pour un homme sage & habile; il est obligé d'avoir un patrimoine : il aura son bénéfice, la dot de sa femme peut être honnête. Il est d'expérience que ceux d'entre les curés qui retirent leurs parens pauvres, n'en sont pas pour cela plus à charge à l'église ou à leur paroisse; d'ailleurs quelle nécessité qu'une partie des ecclésiastiques vive dans l'opulence, tandis que l'autre languit dans la misère? Ne seroit-il pas possible d'imaginer une meilleure distribution des revenus ecclésiastiques?

Cinquième objection. Le concile de Trente regarde le *célibat* comme un état plus pur que le mariage.

Réponse. Il y a des équivoques à éviter dans les mots d'*état*, de *parfait*, d'*obligation* : pourquoi vouloir qu'un prêtre soit plus parfait que S. Pierre? L'objection prouve trop, & par conséquent ne prouve rien. La thèse, dit M. l'abbé de Saint-Pierre, est purement politique & consiste en trois propositions. 1°. Le *célibat* est de pure discipline ecclésiastique, que l'église peut changer. 2°. Il seroit avantageux aux états catholiques romains, que cette discipline fût changée. 3°. En attendant un concile national ou général, il est convenable que la cour de Rome reçoive, pour l'expédition de la dispense du *célibat*, une somme marquée, payable par ceux qui la demanderont.

Tel est le systême de M. l'abbé de Saint-Pierre, que M. Diderot a exposé, parce que le plan de notre ouvrage l'exige, & dont il abandonne le jugement à ceux à qui il appartient de juger ces objets importans : mais nous ne pouvons, ajoute-t-il, nous dispenser de remarquer en passant qu'un philosophe citoyen s'est proposé, dans une édition de Hollande, faite sur une mauvaise copie, une objection qui se présente très-naturellement, & qui n'est pas une des moins importantes : c'est l'inconvénient des bénéfices rendus héréditaires; inconvénient qui ne se fait que trop sentir, & qui deviendroit bien plus général. Quoi donc faudra-t-il anéantir toute résignation & coadjutorerie, & renvoyer aux supérieurs la collation de tous bénéfices; cela ne seroit peut-être pas plus mal : & un évêque qui connoît son diocèse & ses bons sujets, est bien autant en état de nommer à une place vacante, qu'un ecclésiastique moribond, obsédé par une foule de parens ou d'amis intéressés : combien de simonies & de procès scandaleux prévenus!

Quant au *célibat* monastique, M. Diderot se contente d'observer avec le célèbre M. Mélon, 1°. qu'il y auroit un avantage infini pour la société & pour les particuliers, que le prince usât strictement du pouvoir qu'il a de faire observer la loi qui défendroit l'état monastique avant l'âge de vingt-cinq ans; ou, pour se servir de l'idée & de l'expression de M. Mélon, qui ne permettroit pas d'aliéner sa liberté avant l'âge où l'on peut aliéner son bien; 2°. que le *célibat* pourroit devenir nuisible à proportion que le corps des *célibataires* seroit trop étendu, & que par conséquent celui des laïques ne le seroit pas assez; 3°. que les loix humaines, faites pour parler à l'esprit, doivent donner des préceptes & point de conseils, & que la religion, faite pour parler au cœur, doit donner beaucoup de conseils & peu de préceptes : que quand, par exemple, elle donne des règles, non pour le bien, mais pour le meilleur, non pour ce qui est bon, mais pour ce qui est parfait, il est convenable que ce soient des conseils & non pas des loix : car la perfection ne regarde pas l'universalité des hommes ni des choses; qu'au surplus, si ce sont des loix, il en faudra une infinité d'autres pour faire observer les premières; que l'expérience a confirmé ces principes; que, quand le *célibat* qui n'étoit qu'un conseil dans le christianisme, y devint une loi expresse pour un certain ordre de citoyens, il en fallut chaque jour de nouvelles pour réduire les hommes à l'observation de celles-ci, & conséquemment que le législateur se fatigua & fatigua la société pour faire exécuter aux hommes par préceptes ce que ceux qui aiment la perfection, auroient exécuté d'eux-mêmes, comme conseil; 4°. que, par la nature de l'entendement humain, nous aimons, en fait de religion, tout ce qui suppose un effort : comme, en matière de morale, nous aimons spéculativement tout ce qui porte le caractère de sévérité; & qu'ainsi le *célibat* a dû être, comme il est arrivé, plus agréable au peuple à qui il sembloit convenir le moins, & pour qui il pouvoit avoir de plus fâcheuses suites : être retenu dans les contrées méridionales de l'Europe, où, par la nature du climat, il étoit plus difficile à observer; y être proscrit dans les pays du Nord, où les passions sont moins vives; être admis où il y a peu d'habitans, & être rejetté dans les endroits où il y en a beaucoup : ces réflexions sont si belles & si vraies qu'elles ne peuvent se répéter en trop d'endroits.

Du célibat considéré en lui-même, eu égard à l'espèce humaine & à la société. Si un historien ou quelque voyageur nous faisoit la description d'un être pensant, parfaitement isolé, sans supérieur, sans égal, sans inférieur, à l'abri de tout ce qui pourroit émouvoir les passions, seul, en un mot, de son espèce, nous dirions sans hésiter que *cet être doit être plongé dans la mélancolie : car quelle consolation pourroit-il rencontrer dans un monde qui ne seroit pour lui qu'une vaste solitude?* Si l'on ajoutoit que, malgré les apparences, il jouit de la vie, sent le bonheur d'exister, & sent dans lui-même quelque félicité, alors on pourroit convenir *que ce n'est pas tout-à-fait un monstre, & que, relativement à lui-même, la constitution n'est pas entièrement absurde; mais nous n'irions jamais jusqu'à dire qu'il est bon.* Cependant si l'on insistoit, & que l'on objectât qu'il est parfait dans son genre, & conséquemment que nous lui refusons alors à tort l'épithète de *bon* (car qu'importe qu'il ait quelque chose ou qu'il n'ait rien à démêler avec d'autres), il faudroit bien franchir ce mot & reconnoître *que cet être est bon, s'il est possible toutefois qu'il soit parfait en lui-même sans avoir aucun rapport, aucune liaison avec l'univers dans lequel il est placé.*

Mais si l'on venoit à découvrir à la longue quelque systême dans la nature, dont l'espèce d'automate en question pût être considérée comme faisant partie; si l'on entrevoyoit, dans sa structure, des liens qui l'attachassent à des êtres semblables à lui; si sa conformation indiquoit une chaîne de créatures utiles, qui ne pût s'accroître & s'éterniser que par l'emploi des facultés qu'il auroit reçues de la nature, il perdroit incontinent l'idée de bon dont nous l'avons décoré : car comment ce titre conviendroit-il à un individu qui, par son inaction & sa solitude, tendroit aussi directement à la ruine de son espèce? La conservation de l'espèce n'est-elle pas un des devoirs essentiels de l'individu : & tout individu qui raisonne & qui est bien conformé, ne se rend-il pas coupable en manquant à ce devoir, à moins qu'il n'en ait été dispensé par quelque autorité supérieure à celle de la nature? *Voyez l'Essai sur le mérite & sur la vertu.*

J'ajoute, continue M. Diderot, à moins qu'il n'en ait été dispensé par quelque autorité supérieure à celle de la nature, afin qu'il soit bien clair qu'il ne s'agit nullement ici du *célibat* consacré par la religion, mais de celui que l'imprudence, la misantropie, la légèreté, le libertinage forment tous les jours; de celui où les deux sexes, se corrompant par les sentimens naturels même, ou étouffant encore ces sentimens sans aucune nécessité, fuient une union qui doit les rendre meilleurs, pour vivre, soit dans un éloignement stérile, soit dans des unions qui les rendent toujours pires. Nous n'ignorons pas que celui qui a donné à l'homme tous ses membres, peut le dispenser de l'usage de quelque sens, ou même lui défendre cet usage, & témoigner que ce sacrifice lui est agréable : nous ne nions point qu'il n'y ait une certaine pureté corporelle dont la nature abandonnée à elle-même ne se seroit jamais avisée, mais que Dieu a jugé nécessaire pour approcher plus dignement des lieux saints qu'il habite, & vaquer, d'une manière plus spirituelle, au ministère de ses autels : si nous ne trouvons point en nous le germe de cette pureté, c'est qu'elle est, pour ainsi dire, une vertu révélée & de foi. Mais le *célibat* que la religion n'a point sanctifié, ne peut être contraire à la propagation de l'espèce humaine, ainsi que nous venons de le démontrer, sans être en même temps nuisible à la société.

Il nuit à la société en l'appauvrissant & en la corrompant : en l'appauvrissant, s'il est vrai, comme on n'en peut guère douter, que la plus grande richesse d'un état consiste dans le nombre des sujets; qu'il faut compter la multitude des mains entre les objets de première nécessité dans le commerce; & que de nouveaux citoyens, ne pouvant devenir tous soldats par la balance de paix de l'Europe, & ne pouvant, par la bonne police, croupir dans l'oisiveté, travailleroient les terres, peupleroient les manufactures, ou deviendroient navigateurs : en la corrompant, parce que c'est une règle tirée de la nature, ainsi que l'illustre auteur de l'*Esprit des Loix* l'a bien remarqué, que plus on diminue le nombre des mariages qui pourroient se faire, plus on nuit à ceux qui sont faits; & que moins il y a de gens mariés, moins il y a de fidélité dans les mariages : comme, lorsqu'il y a plus de voleurs, il y a plus de vols. Les anciens connoissoient si bien ces avantages & mettoient un si haut prix à la faculté naturelle de se marier & d'avoir des enfans, que leurs loix avoient pourvu à ce qu'elle ne fût point ôtée. Ils regardoient cette privation comme un moyen certain de diminuer les ressources d'un peuple, & d'y accroître la débauche. Aussi, quand on recevoit un legs à condition de garder le *célibat*; lorsqu'un patron faisoit jurer son affranchi qu'il ne se marieroit pas & qu'il n'auroit point d'enfans, la loi Pappienne annulloit, chez les Romains, & la condition & le serment : ils avoient conçu que là où le *célibat* auroit la prééminence, il ne pouvoit guère y avoir d'honneur pour l'état du mariage : & conséquemment, parmi leurs loix, on n'en rencontre aucune qui contienne une abrogation expresse des privilèges & des honneurs qu'ils avoient accordés aux mariages & au nombre des enfans.

Réflexions sur le célibat des laïcs. Après avoir analysé ce que l'on pouvoit dire de mieux sur le *célibat* des gens d'église, nous croyons que l'illustre Diderot ne s'est pas assez expliqué sur celui des gens du monde, qui est devenu, dans ces siècles de corruption & de décadence, bien plus dangereux pour la société.

Osons suppléer l'omission de ce profond écrivain.

Et pourquoi garderions-nous un lâche silence, au milieu d'une ville immense, peuplée d'un million d'habitans, dont plus de moitié ou bien est *célibataire*, ou bien ne semble s'être liée par les nœuds du mariage, que pour en étouffer la sainte fécondité?

Est-ce donc, me dira-t-on, un mal que chaque siècle dévore des générations aussi perverties? Est-ce un mal de voir les maisons antiques s'anéantir, lorsque l'égoïsme, la débauche, la scélératesse des derniers rejettons se jouant impunément des mœurs, de l'honneur & de la foi publique, ont enfin terni l'éclat que les vertus & les services des ancêtres avoient répandu sur leur nom?

Ce n'est point-là sans doute la plus grande calamité : mais les races plus vigoureuses & plus fortes qui viennent successivement remplacer dans les grandes villes les familles détruites, se corrompent, s'anéantissent à leur tour; déjà ces émigrations continuelles font à la population des provinces & des campagnes, des plaies profondes; déjà, par les suites irréparables de cette désertion, toutes les cultures ne sont plus livrées qu'à des mercenaires misérables, ignorans & intéressés à épuiser la sève des sillons tracés pour des maîtres avares. Bientôt le *célibat* qui étend de proche en proche ses funestes ravages, tarira jusqu'à la source des émigrations : craignons de voir revenir ces temps malheureux, où les despotes de Babylone & de Bizance changeoient leurs provinces en déserts, pour en transporter avec violence les habitans dans leurs capitales.

Dirons-nous quelles loix, quels établissemens pourront éloigner ces malheurs? L'on n'y parviendra qu'en allant arracher la cause du mal dans sa racine même.

C'est dans la corruption des mœurs qu'il faut chercher les causes de la propagation du *célibat*; c'est dans la réforme des mœurs qu'il faut en trouver les remèdes : moins on mettra de barrière à cette prostitution publique qui couvre, pour ainsi dire, toutes nos villes, qui présente à toutes les classes de la société l'image des plaisirs de la volupté, sans les charges de mariage; moins il y aura de mariages : ces plaisirs faciles rendent le citoyen insensible aux attraits de la beauté, aux charmes de la vertu. L'homme perd toute sa sensibilité, toute son énergie dans ces débauches honteuses; l'ame & le corps y laissent à la fois tout leur ressort. Epuisé dans les bras d'une courtisanne, l'on n'a plus ni desirs ni sentimens auprès des filles honnêtes.

Le remède est, peut-être, plus facile qu'on ne le croit. Ne voit-on pas tous les jours, nos Laïs les plus superbes être arrachés, au gré des magistrats, du char de leurs amans & traînées dans les prisons ? N'avons-nous pas vu la célèbre Marie-Thérèse proscrire le libertinage de ses nombreuses & vastes cités ? Que les magistrats de l'Europe en forment donc le projet, & d'un mot ils feront fermer ces repaires infects de dissolution ; d'un mot, ils feront disparoître ces troupes enrégimentées qui, dans les carrefours, sur nos places, dans nos spectacles, & dans tous les lieux publics, accourent en foule souiller les regards de l'innocence, & sans respect pour l'âge, l'état & les dignités, entraînent avec effort tous les citoyens à une volupté crapuleuse. Leurs apologistes diront sans doute que la pudicité de nos femmes & de nos filles sont sous la garde des courtisanes, comme si les rapts & les viols étoient fréquens chez les peuples qui ont des mœurs pures, comme si des crotoniates féroces ou violens n'étoient pas préférables à ces sibarites, qui, au comble de la dépravation, ne sont incapables que des crimes qui exposent à des dangers & demandent du courage ; ces lâches toujours se courbant sous le joug du premier qui commande, ne savent ni aimer, ni servir, ni défendre leur patrie & leur roi : les armées innombrables des despotes de l'Asie étoient toujours mises en suite par des Grecs en petit nombre, mais libres & fortement constitués.

O mœurs, ô mœurs ! vous êtes seules les sauvegardes de l'ordre & des loix ; il faut voir dans nos livres sur les mœurs, comment le désordre des filles publiques, loin de sauver la chasteté des filles & des femmes des citoyens, étend naturellement sur elles ses ravages, & corrompt les mariages.... Cet exemple sera & moins funeste pour les mœurs, & moins favorable au *célibat*, lorsque l'autorité maritale, qui parmi nous n'a de consistance que sur les biens de la femme, se reportera sur sa personne; c'est à l'aide de cette autorité, à l'aide de l'autorité paternelle, qu'un père de famille saura garantir sa femme & sa fille. Il ne suffit pas qu'un père, qu'un mari aient le pouvoir de réprimer le désordre quand il est porté à son comble ; il faut qu'ils ne soient pas pour cela réduits à l'alternative extrême, ou de proclamer dans les tribunaux la honte de leurs épouses & de leurs enfans, ou de recourir à l'expédient des lettres de cachet ; il faut qu'ils puissent de bonne heure prévenir le mal, & l'arrêter dans sa source : & à qui donc la loi auroit-elle confiance, si elle ne laisse au père & à l'époux que le droit d'être les dénonciateurs des crimes de leurs familles ?

C'est à la vigilance de la puissance domestique seule qu'appartient la correction & le maintien des mœurs ; c'est elle qui sera le véritable frein du luxe, du luxe ce corrupteur de toutes les vertus, ce corrupteur des liens du mariage, ce fatal fléau qui entraîne & nécessite le *célibat*. Sans parler ici de ces égoïstes habitués sous le nom de garçons, à ne connoître ni charges, ni soins, à recevoir partout, à ne donner nulle part, à vivre sans souci au milieu des fêtes, des spectacles, & assis aux tables des riches : quelle effroyable perspective pour un jeune homme élevé dans un état au-dessus du vulgaire, mais pauvre, mais modeste, mais dont l'ame ingénue s'offusque de l'apparence d'un gain illicite ? Comment se flattera-t-il ou d'affronter les convenances, ou de suffire à ces dépenses fastueuses & immodérées qu'elles exigent ? Fût-il assuré de la vertu, de la simplicité de celle dont son cœur feroit choix, jamais il ne consentira de l'exposer aux mépris, à l'abandon des femmes de son état. Toujours il tremblera d'être père, & de rester dans l'impuissance de pourvoir à l'éducation, à l'établissement de ses filles & de ses fils.

L'adolescence peut se livrer en aveugle à la douce illusion d'un avenir incertain ; tout rit dans l'univers à qui éprouve les premières émotions, les premiers transports de son ame ; mais à vingt-cinq à trente ans, la sensibilité émoussée n'a plus la même ardeur, déjà l'expérience a brisé ce charme. Entraîné vers des goûts, vers des plaisirs factices, l'on croit connoître des besoins plus pressans & plus forts que ceux de la nature : cependant jusqu'à cet âge, le fils & la fille ne peuvent disposer de leur main ; jusqu'à cet âge la volonté des parens, si foible par-tout ailleurs, devient souveraine dès qu'il s'agit d'empêcher un mariage.

Que dirons-nous de cette foule d'institutions sociales, dont la plupart semblent dévouer des classes entières de citoyens au *célibat* ? Que dirons-nous de ces armées innombrables qui dévorent à la fois la substance & la jeunesse de nos états modernes ? Par quelle fatalité tous nos guerriers, la fleur de notre population, se trouvent-ils forcés de rester dans le *célibat* ?

Que dirons-nous des rentes viagères sur lesquelles, d'une extrémité de l'Europe à l'autre, les administrateurs les plus célèbres paroissent avoir fondé les ressources & la force des états : je ne calcule point ici l'avantage que procure aux gouvernemens la facilité d'anticiper & d'absorber dans quelques instans les revenus de toute une génération ; mais toutes les fois que je vois un citoyen placer à fonds perdu, je l'entends qui dit à ses aïeux : « je n'imiterai point vos exemples, je » tromperai votre espoir : vous avez cru éterniser » votre postérité, en lui assurant, par vos travaux » & vos économies, un patrimoine opulent. Et bien » de cette fortune, il n'en restera rien après moi ; tout » ce que vous m'avez transmis, tout ce que mes épar» gnes, mes peines ont pu accumuler, n'ira pas au» delà de mes jours : vous n'avez vécu & travaillé » que pour moi seul ; je n'existe & ne m'occupe que » pour moi seul ». Je l'entends qui forme avec la patrie ce contrat solemnel: « délivrez-moi jusques » des embarras & des soins que me donnoit l'administration de mes biens; je ne veux plus que » couler dans les plaisirs, ou dans une molle inaction, les restes de ma vie; en revanche, j'abjure les liens les plus sacrés, je renonce à ma » famille, & je me mets moi-même dans l'impossibilité d'être jamais époux & père ».

Encore si quelque sage établissement pouvoit consoler, pouvoit indemniser les époux, les pères de familles nombreuses; mais nous n'avons en Europe aucune de ces institutions que les Romains, ces grands législateurs, destinoient à récompenser ceux qui avoient donné des citoyens à la patrie: loin de les entourer du respect & de la considération publique, on calcule durement dans la société leur fortune & leurs charges, & l'on veut qu'à la différence des *célibataires*, ils n'aient de valeur que par leur luxe & leur faste: le père d'une nombreuse famille qui ne jouit point d'une fortune aisée, est abandonné de ses parens les plus proches, qui craignent de laisser échapper un reste de sensibilité, & de trahir un instant la pensée qu'ils devroient le soulager d'une partie du fardeau qui l'accable.

Louis XIV, qui souvent recevoit de Colbert des idées d'une véritable grandeur, avoit, par un édit du mois de novembre 1666, accordé aux pères de famille ayant dix enfans nés en légitime mariage, pourvu qu'il n'y en eût aucun prêtre, religieux ou religieuses, l'exemption de collectes, de toutes tailles, sels, subsides, & autres impositions, tutèle, curatelle, logement des gens de guerre, contribution aux ustensiles, guet, garde & autres charges publiques: en vertu de cette loi, les mineurs taillables qui se marioient dans la vingt-cinquième année de leur âge, ou auparavant, devoient jouir des mêmes exemptions jusqu'à vingt-cinq ans accomplis: les habitans des villes franches, & ceux qui en étoient bourgeois, ayant dix enfans, obtenoient 500 livres de pension, & 1000 livres s'ils en avoient douze; & les gentilshommes & leurs femmes, avec dix enfans, avoient 1000 liv. & 2000 liv. s'ils en avoient douze.

A l'exemple de ce prince, le duc Léopold de Lorraine a ordonné par une déclaration du 28 janvier 1729, que ceux qui ont dix enfans vivans, seront exempts de subvention, & de toutes charges & impositions envers le prince, encore que les enfans soient mariés & hors du domicile du père, à qui il suffit de procurer leur existence.

Cette loi s'exécute dans la Lorraine & le Barrois; mais celle de Louis XIV a été révoquée par une déclaration du 3 janvier 1683: mais, comme l'observe le grand Montesquieu, pour donner un certain esprit général qui portât à la propagation de l'espèce, il falloit établir, comme les Romains, des récompenses générales, ou des peines générales. Ne pourroit-on pas former tout le système de la répartition des impositions sur la proportion du nombre des enfans?

Des pensions, des récompenses proportionnelles seroient données à tous ceux qui auroient dix enfans, & au-delà; ceux qui en auroient huit, jouiroient d'une exemption, d'une franchise très-étendues; ceux qui en auroient plus de quatre, jouiroient d'une modération dans la contribution; la charge seroit rejettée sur ceux qui auroient moins de quatre enfans; elle seroit rejettée principalement sur les *célibataires* d'un certain âge; on quadrupleroit, on décupleroit même contre les *célibataires*, la taxe à laquelle le père de famille auroit été assujetti avec les mêmes biens, non pas pour forcer au mariage par la contrainte, mais parce qu'il est équitable d'imposer davantage ceux qui n'ont pas de charge de famille, & qui n'élèvent point de citoyens à la patrie; l'imposition pourroit être énorme pour ceux qui occupent un grand nombre de laquais, de domestiques, de gagistes *célibataires*.

Enfin l'humanité, la religion ont élevé parmi nous une foule d'établissemens; le prince & les communautés distribuent dans les hospices, dans les collèges, dans les chapitres, *&c.* une foule de places gratuites qui n'ont aucune fonction, aucunes charges; ne pourroit-on pas réserver les unes aux époux & aux épouses, à l'exclusion des *célibataires*? Ne pourroit-on pas affecter les autres aux enfans des familles les plus nombreuses? (*HENRY.*)

CELLE, s. f. (*Droit féodal & coutumier.*) ce mot se trouve dans les coutumes de Troyes & de Chaumont en Bassigny. Il signifie la maison, demeurance, & mélanges des biens des personnes de condition servile.

On sait que dans plusieurs provinces du royaume, il subsiste encore des vestiges de la servitude, que Louis XVI a abolie dans tous ses domaines. Ces serfs, ou gens de main-morte étoient de nature différente, suivant la diversité des terres & seigneuries, à cause desquelles ils étoient réputés serfs.

Les uns étoient taillables à volonté, sujets au droit de poursuite, dans quelque lieu qu'ils transportassent leur domicile; à celui de formariage, quand ils se marioient à des personnes franches; d'autres étoient abonnés pour la taille à une somme fixe.

La plupart de ces serfs se succédoient mutuellement, suivant les degrés de parenté, & pouvoient disposer, par testament ou autrement, de tous leurs biens. Mais ceux qui étoient de condition servile, à cause de leur personne & non à cause des terres qu'ils possédoient, ne pouvoient tester au préjudice de leur seigneur, au-delà de cinq sous tournois, & celui-ci étoit saisi au moment de leur décès, de leurs biens meubles & immeubles, s'ils ne laissoient aucun hoir de leur corps, demeurant en *celle*; c'est-à-dire, dans la même maison, & en communauté avec le défunt; ensorte que le seigneur succédoit à son homme de main-morte, au préjudice de ses enfans mariés ou non mariés, si aucun d'eux n'étoit demeurant avec le père au jour de son décès. L'habitation d'un seul excluoit le seigneur les

les biens main-mortables lui étoient dévolus, sans que le seigneur y pût rien prétendre; sa présence étoit suffisante pour conserver à ses frères le droit de succéder chacun pour sa portion contingente. *Voyez* SERF, MAIN-MORTE, POETE, *&c.*

CELLERAGE, s. m. (*Droit féodal.*) c'est un droit que les seigneurs lèvent dans quelques cantons, sur le vin, lorsqu'il est dans le cellier: dans d'autres endroits, on l'appelle *chantelage*, à cause des chantiers sur lesquels on place les tonneaux & pièces de vin dans les caves & celliers. *Voyez* CHANTELAGE.

CELLERIER, s. m. (*Droit canon.*) c'est le nom qu'on donne dans les monastères d'hommes au religieux qui prend soin du temporel de la communauté, & qui veille à l'approvisionnement de la maison. Dans les monastères de femmes, on donne le nom de *dépositaire* à la religieuse chargée du même soin.

Il y a quelques maisons où le titre de *cellerier* est un office claustral; mais lorsqu'il n'a pas été érigé en bénéfice, c'est une simple commission que les supérieurs peuvent révoquer.

CELLES, s. f. (*Droit canon.*) c'est le nom qu'on donnoit autrefois aux maisons que les religieux & les chanoines réguliers alloient habiter dans les campagnes.

Dans la ferveur des établissemens monastiques, les moines s'appliquoient au travail des mains, & sur-tout à la culture des terres. Lorsqu'ils avoient des fermes considérables à la campagne, ils y envoyoient un certain nombre de religieux, détachés de la maison principale, pour avoir soin du temporel, & célébrer l'office divin dans une chapelle domestique.

Ces fermes prirent d'abord le nom de *celles*, & ensuite celui d'*obédiences*. On donnoit le titre de *prieur* ou de *prévôt* au chef de ces religieux. L'abbé, quand il le jugeoit à propos, rappelloit au cloître le prévôt & ses religieux: tous les ans ils rendoient compte de la ferme qui leur avoit été confiée, & remettoient à l'abbé l'excédent de leur nourriture & entretien. Ces *celles* sont devenues dans la suite des bénéfices réguliers, & la plupart des prieurés qui existent aujourd'hui n'étoient dans l'origine que des *celles*. *Voyez* OBÉDIENCE, PRIEURÉ.

CELLITE, s. m. (*Droit ecclés.*) c'est un ordre religieux, dont il existe quelques maisons en Allemagne & dans les Pays-Bas. Son fondateur est un romain nommé *Meccio*, d'où les Italiens les appellent *mecciens*. Ils suivent la règle de saint Augustin; leur institut a été approuvé par une bulle de Pie II. Ils s'occupent à soigner les infirmes, sur-tout ceux qui sont attaqués de maladies contagieuses, à enterrer les morts, à servir les fous: ils ont beaucoup de rapport avec nos frères de la charité.

CELLULE, s. f. (*Droit canon.*) on donne ce nom à une petite maison, à la chambre, à un appartement qu'habite un moine ou une religieuse. Quelques auteurs le font dériver d'un mot hébreu, qui signifie *prison*, ou lieu destiné à renfermer quelque chose. Cette étymologie convient parfaitement au sujet; car, suivant l'esprit véritable des instituts monastiques, un religieux doit être renfermé & caché dans sa *cellule*, pour y vivre dans le recueillement & la mortification, sans fréquenter les compagnies, & se répandre dans le monde.

Les chartreux ont chacun pour *cellule* une maison séparée, composée de plusieurs pièces, & accompagnée d'un jardin. Dans presque tous les autres ordres, chaque religieux n'occupe qu'une petite chambre, dans un long dortoir commun.

On donne encore le nom de *cellules* aux chambres occupées par les cardinaux, dans la salle du conclave, qui ne sont séparées entre elles que par des cloisons.

CÉNACLE, s. m. (*Jurispr.*) ce mot vient du latin *cœnaculum*, & dans son acception propre, il signifie *salle à manger*. Nous avons étendu cette signification, & nous l'employons pour désigner toute espèce de chambre. C'est dans ce sens qu'on le trouve dans la coutume de Montargis, *tit. 10, art. 13*.

CENDRE, s. f. *ou* CENDRES au plur. (*Jurispr. Eaux & Forêts. Finance.*) c'est le corps terreux, sec & pulvérulent, qui reste des corps brûlés & consumés par le feu.

Les Grecs & les Romains ont été long-temps dans l'usage de brûler les corps morts, ils en recueilloient les *cendres* avec beaucoup de soin, & les enfermoient dans des urnes. L'introduction du christianisme a aboli cet usage, & presque tous les peuples déposent & confient à la terre les cadavres; mais on appelle encore *cendres* les restes de ces dépouilles.

On donne le nom de *cendres*, non-seulement au résidu des végétaux & des animaux, détruits par l'action du feu, mais encore aux substances métalliques, privées de phlogistique, & l'on trouve, sur-tout dans les anciens auteurs, les noms de *cendres* d'étain, de *cendres* de plomb; mais elles sont mieux désignées sous le nom de *chaux métalliques*, parce qu'elles diffèrent essentiellement des *cendres* végétales & animales.

Les *cendres* sont un très-bon amendement pour les terres, & d'une utilité première dans plusieurs arts. Elles ont été assujetties au paiement de différens droits, qu'on trouvera dans le *Dictionnaire des Finances*, & soumises dans Paris à l'inspection d'officiers, connus sous le nom d'*officiers, contrôleurs-priseurs de cendres, soudes & gravelées.*

L'ordonnance de 1681, rendue sur le fait des aides, porte que toutes les contestations qui peuvent s'élever sur la perception des droits établis à Paris sur les *cendres*, seront portées, en première instance, à l'hôtel-de-ville, & par appel à la cour des aides: celles qui s'élèvent sur les droits d'entrée & de sortie, soit des cinq grosses fermes, soit du royaume, se portent devant les juges des élections ou des traites.

La même ordonnance a défendu expressément de faire des magasins & entrepôts de soudes, *cendres* & gravelées, dans l'étendue de trois lieues, des environs de Paris, à compter de l'extrémité des fauxbourgs, à peine de confiscation & de cent livres d'amende.

L'ordonnance des eaux & forêts de 1669, ainsi que l'arrêt du conseil du 6 juillet 1756, contiennent plusieurs dispositions, par rapport aux *cendres* qui peuvent être faites dans les bois du roi, des communautés ecclésiastiques & séculières, & des particuliers.

Suivant ces réglemens, confirmatifs de plusieurs ordonnances de François I & de Henri II, il est défendu aux adjudicataires des ventes, aux usagers & autres personnes de faire des *cendres*, à moins d'en avoir obtenu la permission, par des lettres-patentes, duement vérifiées & données sur l'avis des grands-maîtres. Ceux qui contreviennent à cette loi, sont punis par une amende arbitraire, & par la confiscation des bois & des outils : les officiers qui ont souffert ou autorisé cette espèce de délit, sont privés de leurs charges.

Lorsqu'il plaît au roi d'accorder, la permission de faire des *cendres*, les marchés faits en conséquence doivent être enregistrés aux greffes des maîtrises, & ils ne peuvent être exécutés que dans les endroits désignés par les grands-maîtres ou les officiers des maîtrises. Les atteliers des *cendres* ne peuvent être ailleurs que dans les ventes, & elles ne peuvent être transportées que dans des tonneaux, marqués du marteau de l'adjudicataire, à peine d'amende arbitraire & de confiscation.

Les contestations relatives aux contrats, baux, marchés & associations, concernant la façon, les ventes & achats des *cendres*, lorsque les marchés ont été faits, avant que les marchandises soient transportées des bois, sont de la compétence des officiers des eaux & forêts, & doivent être portées à leur tribunal. C'est la disposition précise de l'ordonnance de 1669, *tit. 1*, *art. 5*, de plusieurs arrêts du conseil, & particuliérement de celui du 20 mars 1775.

Un arrêt du conseil du 10 février 1780 défend de tenir magasins de *cendres*, salins & potasses, dans les quatre lieues frontières de la Lorraine, des trois évêchés, de l'Alsace & de la Franche-Comté, du côté du pays étranger; comme aussi de transporter ces matières, dans l'étendue de ces quatre lieues, sans acquit à caution, qui exprimera le lieu de leur destination & le nom de ceux à qui elles seront adressées.

Le même arrêt défend aussi de faire sortir des *cendres* & potasses de ces provinces, pour les envoyer dans le pays étranger, en quelque quantité & sous quelque dénomination que ce soit, à peine de confiscation des matières, voitures, chevaux, équipages, servant à leur transport, & de trois mille livres d'amende.

Le motif de cet arrêt est fondé sur le tort que cette exportation causeroit aux verreries, faïenceries, & à la régie des poudres & salpêtres.

CÉNOBITE, f. m. (*Droit ecclésiastique.*) ce mot est formé de deux mots grecs, κοινος *communis*, commun, & βιος *vita*, vie : il signifie une personne, retirée dans un couvent, pour y vivre en communauté, sous une certaine règle.

Cassien prétend que le *cénobite* est différent d'un moine, de même que le couvent est différent du monastère. Ce dernier mot, suivant lui, désigne l'habitation d'un seul religieux, au lieu que couvent ne se peut dire que de plusieurs religieux qui vivent en communauté. Cette distinction peut avoir eu lieu autrefois, mais on confond aujourd'hui ces deux mots, & on entend, par couvent & monastère, une maison habitée par plusieurs personnes, qui vivent en commun, suivant la même règle.

Si on s'attachoit scrupuleusement à cette distinction entre couvent & monastère, on ne pourroit appliquer véritablement le terme de *moine* & de *monastère*, qu'aux maisons & aux religieux de saint Bruno, qui vivent effectivement seul à seul dans les chartreuses : & l'on ne devroit désigner tous les autres ordres religieux, que sous le nom de *cénobites*.

Le *cénobite* est opposé à l'hermite ou anachorète, car ce dernier vit seul, dans une solitude, sans communication avec personne.

L'abbé Piammon parle de trois différens ordres de moines qui se trouvoient en Egypte : les *cénobites*, qui vivoient en communauté : les anachorètes, qui vivoient dans la solitude : & les sabaraites, qui n'étoient que des faux moines & des coureurs.

Saint Basile fait l'éloge de la vie cénobitique, en la comparant à la vie des premiers chrétiens de Jérusalem, qui étoient tous unis ensemble, & qui mettoient tous leurs biens en commun.

Quelques auteurs ont pensé que l'institution des *cénobites* remontoit au temps des apôtres, comme une suite & imitation de la vie commune des premiers fidèles. Mais, en suivant la vérité de l'histoire ecclésiastique, on doit regarder saint Antoine, comme le véritable fondateur de la vie cénobitique : il est le premier qui rangea sous sa conduite un grand nombre de solitaires, après que la persécution de Dioclétien eût cessé. Saint Pacome, peu de temps après, rendit illustres les monastères, & en conduisit un grand nombre, en qualité de supérieur.

Il est parlé des *cénobites* dans la loi 57, *c. Théod. lib. 11*, *tit. 30*, où ils sont appellés *synoditæ*, terme qui signifie proprement des hommes vivant en communauté, & non les domestiques des moines, comme l'ont imaginé faussement quelques glossateurs.

Les historiens ne sont pas d'accord sur la questtion de savoir si les *cénobites* avoient une règle particulière. Les uns prétendent qu'ils vivoient en commun, sous l'autorité d'un abbé, & n'avoient d'autre loi que sa volonté, qu'ils suivoient aveuglément; d'autres soutiennent, d'après un passage de la règle de saint Benoît, où il est parlé des *cénobites*, que ces solitaires avoient un institut qui leur étoit propre.

Il arrivoit souvent que les *cénobites*, pour mener une vie pénitente, passoient de cet état à celui d'anachorète ou de reclus. Le concile *in trullo* de 692, leur défendit d'embrasser la réclusion, avant de s'être éprouvés dans les monastères, parce que dès l'instant qu'ils avoient embrassé ce genre de vie, il falloit qu'ils le tinssent malgré eux.

CENS, s. m. (*Jurispr. romaine.*) le *cens* chez les Romains, en latin *census*, étoit une déclaration authentique, que les citoyens faisoient de leur nom, de leurs biens, terres & héritages, de leur étendue, situation, quantité, qualité, de leurs femmes, enfans, domestiques, métayers, esclaves & bestiaux, & du lieu de leur résidence, pardevant les magistrats préposés pour les enregistrer, qu'on nommoit à Rome *censeurs*, dans les colonies, & dans les provinces *censiteurs*.

Le *cens* avoit été établi par Servius, sixième roi de Rome, afin de se procurer la connoissance exacte du nombre des citoyens & de leurs richesses, & avoir un état de ses forces & de ses ressources. L'utilité de cet usage le fit perpétuer sous le gouvernement républicain.

On renouvelloit le *cens* tous les cinq ans, & il embrassoit tous les ordres de l'état, sous différens noms. Celui du sénat se faisoit sous le titre de *lectio* ou *recollectio*, les censeurs effectivement appelloient, à haute voix, chaque sénateur par son nom, en suivant l'ordre d'une liste qu'ils en dressoient. C'étoit un honneur d'être nommé le premier, les censeurs le déféroient à celui qu'ils en jugeoient le plus digne, & on lui donnoit le titre de *prince du sénat*. Il avoit le droit de donner le premier son avis.

Le *cens* des chevaliers romains s'appelloit *recensio* & *recognitio*: c'étoit une véritable revue de ce corps de l'état, dont on tiroit dans la guerre la cavalerie. Le nom de *cens* resta particuliérement attaché au dénombrement du peuple. On lui donnoit aussi le nom de *lustrum*, parce que la cérémonie du *cens* se terminoit par un sacrifice, que les Romains nommoient *lustration*. Comme le *cens* se renouvelloit tous les cinq ans, cette révolution de temps, se nommoit aussi *un lustre*.

De l'usage du *cens*, on se servit dans la suite du mot *census*, pour marquer une personne qui avoit fait sa déclaration aux censeurs, &, par opposition, on appella *incensus*, le citoyen qui n'avoit fait enregistrer ni son nom, ni ses biens; on donna aussi ce nom à un homme, qui ne possédoit aucune espèce de biens.

Le *cens* est une des meilleures institutions politiques, pour connoître la fortune de chaque citoyen d'un état, & les faire contribuer dans une juste proportion aux charges publiques. Nous avons remarqué au mot CADASTRE, que les cadastres, en usage dans certaines provinces du royaume, tiroient leur origine du *cens* ou dénombrement établis par les Romains.

Le mot *cens* a une signification très-différente dans notre droit françois, nous la faisons connoître sous le mot suivant.

CENS, (*Droit féodal & coutumier.*) c'est une redevance, en argent ou en grain, due par les héritages roturiers, au seigneur du fief dont ils relèvent, en reconnoissance, & comme un hommage de sa propriété directe.

De cette définition, il résulte que le *cens* est une chose très-différente du bail à rente & du contrat emphytéotique.

L'emphytéose tire son origine du droit romain, le *cens*, au contraire, le prend dans le droit coutumier. La commise, c'est-à-dire, la perte des héritages tenus à emphytéose, a lieu par le défaut de paiement de trois années du canon emphytéotique; le défaut de prestation du *cens* n'emporte qu'une amende contre le censitaire. Dans l'emphytéose le preneur ne peut aliéner les fonds emphytéotiques, qu'avec le consentement du bailleur, le censitaire est le maître d'aliéner l'héritage tenu à *cens* à qui bon lui semble, le seigneur a seulement, dans plusieurs coutumes, le droit de retrait.

Le bail à rente est très-différent de l'un & de l'autre: il emporte une aliénation absolue, il n'est dû aucuns droits seigneuriaux, en cas de mutation, comme dans le *cens*: il n'emporte aucune rétention de domaine direct, comme l'emphytéose, toute la propriété passe au preneur, à la charge seulement de la rente stipulée au contrat.

Origine du cens. Plusieurs auteurs se sont élevés avec force contre le *cens* & les autres redevances de cette espèce: ils prétendent que la plupart de ces charges féodales sont une suite malheureuse de ces temps de troubles & de calamités, où les révoltes des seigneurs, & le brigandage des fiefs se sont établis; que la plupart des terriers ont été créés par force, par surprise & par argent; qu'ils sont usuraires & contraires au droit romain.

Convenons de bonne-foi que ces inculpations sont vraies jusqu'à un certain point; mais c'est démentir tous les monumens historiques, que de regarder le *cens* comme une suite de la force & de l'injustice des seigneurs. Son origine est plus noble, elle tient au droit sacré de la propriété, & sous ce point de vue, il mérite la protection des loix, en observant néanmoins qu'une sage législation doit réprimer les abus auquel il a donné lieu, & alléger, autant qu'il est possible, le joug imposé par les seigneurs sur leurs vassaux.

Le *cens*, dans son origine, égaloit presque la valeur des fruits de l'héritage donné à *cens*, comme sont aujourd'hui nos rentes foncières. Les censitaires n'étoient guère que les fermiers perpétuels des seigneurs, dont les revenus, plus considérables, consistoient dans leurs censives.

Les terres données à *cens* faisoient portion de celles, qu'après la conquête des Gaules, les rois Francs distribuèrent aux compagnons de leurs victoires, soit à titre de bénéfices, soit à titre d'alleus. Le possesseur d'un héritage trop considérable pour le faire valoir, en cédoit une partie à d'autres, à la charge de lui payer une redevance annuelle en argent, ou en fruits de la nature de ceux qui pouvoient y être recueillis.

Aussi long-temps que les bénéfices ont été amovibles, les parties de ces héritages, *donnés à bail plutôt qu'à cens*, retournoient dans la main du roi, ainsi que les bénéfices dont ils dépendoient. Mais lorsque les fiefs furent devenus héréditaires, les seigneurs eurent plus d'avantage à laisser à titre de *cens*, entre les mains des colons, les terres qu'ils ne pouvoient faire valoir, & dont ils n'auroient tiré aucun revenu.

On ne peut douter que ces concessions des seigneurs, à titre de ferme perpétuelle, ne soient la véritable origine du *cens*, & certainement elle ne renferme rien d'odieux. Les seigneurs auroient plutôt lieu de se plaindre de ce que l'altération des monnoies, qui, dans l'établissement des censives étoit d'une valeur bien différente, a réduit presque à rien les *cens* & redevances qui leur étoient dus.

Divisions du cens. On trouve fréquemment dans les anciennes chartes & dans les coutumes, les termes de *cens*, *chef-cens*, *cens-à-cher-prix*, *menus-cens*, *gros-cens*, *croix-de-cens*, *sur-cens*, ce qui peut donner lieu de demander, si effectivement il y a plusieurs espèces de *cens?*

Le *cens* est toujours le même, il n'y en a qu'une seule espèce, qui consiste dans une prestation due au seigneur, & toutes ces dénominations différentes ne servent qu'à désigner les variétés qui se rencontrent dans la prestation du *cens*, suivant les coutumes ou les titres d'acensement. Ainsi, lorsqu'un héritage est chargé de dix sous de *cens & de sur-cens*, de dix sous de *gros-cens & de croix-de-cens*, ces expressions n'influent en rien sur la nature de la redevance, qui n'est ni plus ni moins censuelle, que si l'on s'étoit servi de ces mots: *dix sous de cens.*

Les reconnoissances censuelles portent assez souvent cette clause: *un sou de cens & dix sous de sur-cens*, *gros-cens* ou *croix-de-cens.* Sont-ce dans ce cas deux prestations différentes, & jouissent-elles également des prérogatives du *cens?* Il n'est pas facile de donner une règle sûre & certaine, pour distinguer le cas où cette clause annonce un même *cens*, ou deux prestations différentes. Car, ainsi que le remarque Dumoulin, la seconde charge, imposée sur l'héritage, est quelquefois une augmentation de la première, & ne compose qu'un seul & même *cens*, une seule & même redevance; quelquefois aussi, cette seconde imposition, est une charge distincte & séparée du *cens*, une seconde rente foncière, qui n'a rien de commun avec le *cens.*

Il est donc nécessaire d'examiner, avec attention, les termes de l'acte: mais si l'identité du *cens* & du *sur-cens* ne résulte pas clairement du contexte de l'acte, la seconde partie de la clause, malgré la qualification de *cens*, doit être rangée dans la classe des rentes foncières, comme moins onéreuse au débiteur, suivant cette règle de droit, *in dubiis pro libertate respondendum est.* En conséquence le *sur-cens* n'emporte ni saisie, ni amende, & le seigneur, à défaut de paiement, ne peut l'exiger que par la voie de l'action ordinaire.

On trouve quelquefois des concessions, faites moyennant *dix sous de cens & de rente*, ou *dix sous de cens ou rente.* L'addition du mot *rente*, soit copulativement, soit disjonctivement, n'altère pas la nature du *cens:* les dix sous se paient au seigneur, tant comme *cens* que comme rente, & avec toutes les prérogatives du *cens*, avec lequel la rente est censée ne former qu'un seul & même objet.

De la nature du cens. Le *cens* est une première redevance imposée sur un héritage, par le seigneur direct, dans la concession qu'il en fait. Il affecte toutes les parties de l'héritage censuel, & il est indivisible, parce que, comme s'expliquent les jurisconsultes, il est sur le total & sur chaque partie; *est totus in toto, & totus in qualibet parte.* Ainsi, lorsqu'un arpent de terre, chargé de deux sous de *cens*, est partagé entre deux héritiers, chacun d'eux est tenu solidairement de la prestation du *cens*, à moins que la coutume du lieu n'en autorise la divisibilité, telles que celles d'Orléans, Blois, le Maine & autres.

Le *cens* est aussi, par sa nature, imprescriptible, quoique la quotité puisse en être diminuée par la prescription. *Voyez* PRESCRIPTION.

Le seigneur censuel a un privilège pour le *cens*, sur les fruits pendans sur l'héritage, & sur les fonds même, en quelques mains qu'ils passent; ensorte que lors de la vente du fonds, il est payé du *cens* par privilège, tant sur le fonds & sur les deniers qui en proviennent, que sur les fruits qui sont pendant par les racines, ou en nature entre les mains de l'acquéreur.

Le *cens* est honorifique & utile: il est utile, par rapport à la redevance en grains ou en argent: il est honorifique, en ce qu'il contient la reconnoissance du domaine direct. Par rapport à l'honorifique il ne peut être saisi, &, par cette raison, lorsque les arrérages du *cens* sont saisis entre les mains du censitaire, il est obligé de se présenter au lieu & au jour désignés pour la prestation du *cens*, & en offrir le paiement à son seigneur, en rapportant par lui main-levée de la saisie.

C'est encore à cause de l'honorifique qui est inhérent au *cens*, que la compensation n'a pas lieu entre les arrérages du *cens*, & une autre dette; car quoique le montant des deux sommes soit égal, il y a entre elles une inégalité réelle, qui résulte de l'honorifique, qui est inappréciable. Cette règle a même lieu entre deux seigneurs, respectivement créanciers & débiteurs d'arrérages de *cens*. La raison qu'en donne Dumoulin, est que la compensation ne peut avoir lieu, que lorsqu'elle donne à chacun ce qui lui est dû; or, dans l'espèce du *cens* la décharge du paiement des arrérages, que chaque seigneur se procuroit par la compensation, ne donneroit pas la reconnoissance que chacun d'eux est tenu de faire à raison de ce qu'il possède dans la directe de l'autre. D'ailleurs la compensation enleveroit aux seigneurs, l'occasion de se procurer les reconnoissances de leur directe.

Le domaine d'un héritage, donné à *cens*, est partagé entre le seigneur & le censitaire. Le premier en a le domaine direct, & le second le domaine utile.

Delà il suit 1°. que le censitaire peut disposer à son gré du fonds censuel, qu'il peut y bâtir, renverser les édifices qui y sont construits, changer les terres labourables en vignes, les mettre en prés, en bois, en objets même de pur agrément, les vendre, les donner, les aliéner à qui bon lui semble, par la raison que la prestation du *cens* est plus honorifique qu'utile, & qu'elle n'a aucun rapport avec les fruits. Le seigneur ne sera pas même écouté s'il se plaignoit que, par ces changemens, les lods & ventes qu'il a droit d'espérer, se trouveroient diminués considérablement, parce que ces lods & ventes sont des droits casuels, qui ne sont d'aucune considération aux yeux de la loi, qui accorde au censitaire le domaine utile de sa chose, & l'en rend absolument le maître.

2°. Il suit du même principe que le censitaire ne peut, à l'exemple du seigneur de fief, se jouer du fonds censuel, c'est-à-dire, qu'il ne peut céder à un autre une partie de ses héritages, avec rétention de *cens*, & les droits qui y sont attachés.

Il est de principe certain, en matière féodale, qu'un héritage ne peut être tenu en censive de deux seigneurs différens, parce qu'il est contre l'ordre naturel des choses, que deux personnes puissent avoir en même temps le domaine direct d'une chose. Ainsi, lorsque le censitaire, par ignorance de ses droits, ou par l'ambition d'en franchir les limites, vend son héritage censuel, à la charge d'un nouveau *cens* en sa faveur, de quelques expressions qu'on se soit servi dans l'acte, ce nouveau *cens* ne doit être considéré que comme une rente foncière, imposée sur l'héritage, mais jamais comme une rente seigneuriale, comme un véritable *cens*, qui emporte lods & ventes, saisie & amende.

Des droits qui résultent du cens. Ce sont 1°. l'obligation où est le censitaire de porter le *cens*, à peine d'amende; 2°. la faculté qu'a le seigneur de saisir l'héritage censuel, à défaut de paiement du *cens*; 3°. les lods & ventes dus au seigneur lors des mutations désignées par la coutume; 4°. la notification des ventes de l'héritage censuel, & l'exhibition que le nouvel acquéreur est tenu de faire de son contrat, afin que le seigneur puisse en faire le retrait s'il le juge à propos; 5°. les déclarations qu'il est obligé de donner lorsqu'il en est requis; 6°. le droit d'ensaisinement qu'il doit au seigneur lorsqu'il prend saisine. Nous ne donnerons ici que les maximes générales, parce que les objets de détail se trouveront sous les différens mots relatifs à cette matière.

1°. *Le cens est portable*. Dans la plupart des coutumes, le censitaire est obligé de présenter le paiement du *cens* au jour & dans le lieu indiqués par les titres de concession de l'héritage, ou réglés par l'usage & la coutume du pays. A défaut, par lui, de satisfaire à cette obligation, il encourt une amende qui est due de plein droit, sans même qu'il ait été constitué en retard par une demande du seigneur.

Cette amende est prononcée, par presque toutes les coutumes, dans les cas où le *cens est portable*. Celle de Paris en excepte les maisons situées dans la ville, pour lesquelles il n'y a pas d'amende à défaut de paiement du *cens*, à moins que le titre de concession ne porte à cet égard une obligation & une soumission expresses.

Il est nécessaire d'observer que l'amende n'a lieu que dans le cas où le seigneur possède, dans l'étendue de sa seigneurie, un manoir principal, où les censitaires puissent porter le *cens*, ou qu'il y a établi un bureau fixe & certain de sa recette. Autrement ses censitaires ne peuvent être obligés au paiement d'une amende, pour le défaut d'un paiement qu'ils étoient dans l'impossibilité de faire.

L'amende, dont nous parlons ici, est ordinairement de cinq sous tournois. Au reste il faut à cet égard, se conformer scrupuleusement aux dispositions de la coutume du pays. Mais il faut observer que l'amende n'a pas lieu de plein droit, lorsque, par les titres ou la coutume, le *cens* est requérable, c'est-à-dire, lorsque le seigneur est obligé de l'envoyer demander chez les censitaires. Dans ce cas, elle n'est due que lorsque le censitaire a négligé de satisfaire à la demande du seigneur.

2°. *Du droit de saisie*. A défaut de paiement, le seigneur, suivant la coutume de Paris, peut faire procéder, par voie de saisie & brandon, sur les fruits pendans sur les héritages censuels, en vertu d'une ordonnance de justice, par le ministère d'un huissier, & en y établissant commissaire.

Le seigneur censuel, à la différence du seigneur de fief, ne fait pas siens les fruits récoltés sur l'héritage censuel, pendant la durée de la saisie. Cette saisie peut être faite, non-seulement pour les arrérages dus par le détenteur actuel, mais encore pour ceux qui sont dus par son prédécesseur, parce que les fruits sont tacitement hypothéqués au seigneur. Mais le censitaire obtient main-levée provisoire de la saisie, en consignant trois années d'arrérages; il doit même avoir main-levée pure & simple, s'il rapporte les quittances des trois dernières années, le surplus étant alors présumé payé.

A l'égard des maisons situées dans la ville, fauxbourgs & banlieue de Paris, la coutume donne au seigneur le droit de faire procéder, par voie de saisie & gagerie, sur les meubles, étant dans les maisons redevables du *cens*, pour trois années d'arrérages. Cette espèce de saisie n'est, pour bien dire, qu'un arrêt des meubles; on ne peut ni les déplacer, ni les vendre, il faut y établir un gardien : elle donne seulement au seigneur le droit & un privilège. La main-levée provisoire de cette saisie s'accorde également en consignant trois années.

Dans la coutume d'Orléans, le seigneur, à défaut du paiement de *cens*, est autorisé à procéder contre le censitaire, par voie d'empêchement & d'obstacle, sur l'héritage tenu à *cens* de lui. Cet empêchement se fait par rapport aux maisons, en faisant obstacler par un huissier, & mettre des barreaux aux portes & fenêtres, & à l'égard des vignes, prés & terres labourables, en faisant apposer brandon sur les fruits.

Le censitaire qui brise la main, à lui duement signifiée, encourt une amende de cinq sous tournois; mais si elle a eu lieu par l'autorité de justice, l'amende est de soixante sous, dont le seigneur de *cens*, qui n'a justice que de censier, prend cinq sous & le surplus appartient au haut-justicier qui a permis l'obstacle & empêchement.

Il seroit trop long de rapporter la disposition de toutes les coutumes de France, sur la manière dont le seigneur de *cens* peut procéder contre ses censitaires, à défaut de paiement du *cens*, il suffit de remarquer qu'on doit à cet égard observer les formalités prescrites par chaque coutume.

3°. *Des lods & ventes.* Les coutumes ont différens noms pour exprimer le droit que le seigneur censier a droit d'exiger pour les mutations qui arrivent de la part du censitaire. La coutume d'Orléans lui donne le nom de *relevoison*, celle de Reims celui d'*essoigne*. On l'appelle *marciage* dans les châtellenies de Verneuil & de Billy, *plaît* dans le Dauphiné, *accordement* dans le Berri & le Bourbonnois. Mais en général on se sert des termes de *lods & ventes*.

Les coutumes diffèrent entre elles pour les mutations dans lesquelles les lods & ventes sont dus au seigneur. La majeure partie, d'accord avec celle de Paris, ne les accordent que dans le cas de vente, de bail à rente rachetable & autres actes qui équipollent à la vente. La coutume d'Orléans & plusieurs autres, autorisent le seigneur à les exiger dans toute espèce de mutation. Il faut, à cet égard, se conformer à la disposition textuelle de la coutume du lieu où l'héritage est situé.

Le droit de percevoir des lods & ventes paroît avoir la même origine que les droits de rachats de fiefs. Il est probable que de même qu'il n'étoit pas permis au vassal de disposer de son fief, sans le consentement de son seigneur, il n'étoit pas également libre au censitaire, de vendre l'héritage tenu à *cens*, sans le consentement du seigneur censier.

Dans les premiers temps, on convenoit, avec lui, d'une somme, pour obtenir son agrément; mais par la suite la quotité qu'on lui donnoit par accord, tourna en droit commun, & le censitaire obtint la liberté de disposer librement de son héritage, en payant lui-même, ou en faisant payer par le nouvel acquéreur le droit établi par un long usage, & réglé par la coutume.

La quotité des lods & ventes est fixée différemment, non-seulement par les diverses coutumes, mais encore par les titres particuliers de chaque seigneurie, & quelquefois même par l'acte particulier du bail à *cens*. C'est pourquoi il est impossible de donner à cet égard aucune règle certaine, il faut suivre la loi du pays ou de la seigneurie.

Dans la coutume d'Orléans, les lods & ventes consistent dans le revenu d'une année; dans celle de Blois, dans le ressort du parlement de Toulouse, elles ne consistent que dans un double *cens*; dans celle de Paris & plusieurs autres, c'est le douzième du prix principal de la vente.

Dans les coutumes où les lods & ventes sont fixés à un double *cens*, ou une année de revenu, il ne peut y avoir de difficulté pour leur paiement. Mais, il peut s'en élever, lorsqu'elles consistent dans une partie aliquote du prix principal de la vente. Dans ce cas, pour le fixer, on ne doit pas comprendre dans le prix, ce qui a été donné pour le vin du vendeur & pour les frais de l'acte, mais seulement la somme payée en argent, & les charges non-réelles, réductibles en deniers, & faisant fonction de prix.

Par cette raison, le seigneur est fondé à exiger les lods & ventes, sur les dettes que l'acquéreur est chargé de payer en l'acquit du vendeur, soit qu'elles doivent être payées en une fois, soit qu'elles consistent dans la prestation d'une rente constituée, d'un douaire, d'une rente viagère. Si le seigneur & le censitaire ne sont pas d'accord sur le prix auquel on doit faire monter cette espèce de charges, on doit le faire estimer par experts, & les droits en sont dus suivant cette estimation.

Les droits de lods & ventes sont également dus pour tout ce qui est donné en supplément de prix depuis le contrat de vente, soit en conséquence d'une contre-lettre, d'une transaction, d'une condamnation, quand bien même l'acquéreur auroit payé les droits de lods & ventes, du prix porté en son contrat, & que le seigneur les eût reçus, sans aucune réserve.

Les charges réelles de l'héritage, dont l'acquéreur doit continuer la prestation, & qui lui sont imposées par le contrat de vente, ne font pas partie du prix principal, n'entrent point dans l'estimation des charges non-réelles, dont nous venons de parler, & il n'est dû, à cet égard, aucun droit de lods & ventes.

Dans la plupart des coutumes, ces droits doivent être acquittés par l'acquéreur, à moins que les parties n'aient inséré, dans le contrat de vente, une convention contraire. Il en existe cependant quelques-unes, comme celle de Senlis, où ils sont dûs par le vendeur, à moins qu'il ne soit dit dans le contrat, que la vente est faite *francs deniers au vendeur*.

Le prix fixé par les coutumes, pour les droits des lods & ventes, est effectivement dû au seigneur direct de l'héritage censuel, & il est en droit de l'exiger; mais il est d'usage de traiter de ce droit avec le seigneur, & d'obtenir une diminution qui va assez communément du tiers au quart. *Voyez* LODS & VENTES.

4°. *Du retrait censuel.* Suivant le droit commun les héritages censuels ne sont pas sujets au retrait seigneurial. Il y a cependant quelques coutumes qui accordent ce droit au seigneur direct, telles sont entre autres celles du Maine & du Berri. Les loix qui règlent le retrait censuel, sont les mêmes que celles qui ont lieu pour le retrait féodal, & on doit suivre les mêmes dispositions à l'égard de l'un & de l'autre. *Voyez* RETRAIT SEIGNEURIAL.

Mais indépendamment de cette faculté que le seigneur peut exercer, quand la coutume l'y autorise, le nouvel acquéreur est tenu de notifier & d'exhiber au seigneur direct son contrat d'acquisition, afin que celui-ci puisse connoître le prix & les charges de la vente, & percevoir, en conformité, ce qui lui est légitimement dû pour les lods & ventes.

5°. *Des déclarations censuelles.* De même que le vassal est obligé de donner à toutes les mutations qui arrivent dans la propriété de son fief, un aveu & dénombrement exact, de même le censitaire est tenu de donner, à ses frais, la déclaration des héritages qu'il tient à *cens*. Cette déclaration doit contenir la consistance de l'héritage par tenans & aboutissans, la qualité & la quotité du *cens* & autres redevances seigneuriales dont il est tenu : elle doit être donnée en forme probante, c'est-à-dire, par acte passé devant notaire; mais il n'est pas nécessaire qu'elle soit reçue par le notaire du seigneur, le tenancier peut choisir celui qui lui est agréable.

La déclaration censuelle est due, toutes les fois qu'il y a mutation de propriété dans la personne du tenancier, il n'importe pas qu'elle lui soit acquise par succession, donation, vente ou autrement : elle doit être réitérée par chaque nouveau censitaire, quand bien même il y en auroit eu une passée depuis peu de temps.

Lorsque la mutation a lieu dans la personne du seigneur censier, le censitaire n'est pas tenu de donner au nouveau seigneur une déclaration censuelle. *Voyez* DÉCLARATION, RECONNOISSANCE CENSUELLE.

6°. *Du droit d'ensaisinement.* En matière de fief, celui qui acquiert un fief est tenu de prendre l'investiture du seigneur suzerain; en matière de censives, le nouvel acquéreur ou détenteur est obligé de prendre un ensaisinement de son seigneur direct.

On appelle *ensaisinement* une possession feinte, que donne, à un nouveau propriétaire, le seigneur de l'héritage qui est tenu de lui à *cens*. Plusieurs coutumes ont conservé l'usage de cette formalité, & l'on n'est censé véritablement propriétaire, qu'après l'avoir remplie; quelques-unes même prononcent une amende contre le censitaire, qui s'est mis en possession de son autorité : dans celle de Paris, *ne prend saisine qui ne veut.* Elle n'y est même nécessaire que pour faire courir l'an du retrait lignager, en faveur de l'acheteur d'un héritage propre, contre le parent & lignager du vendeur. *Voyez* ADHÉRITANCE, ENSAISINEMENT, SAISINE.

Nous avons remarqué, au commencement de cet article, que les coutumes ajoutent au mot *cens* plusieurs qualifications; comme il est nécessaire de les connoître, nous allons en donner l'explication par ordre alphabétique.

CENS *de bourgeoisie*, (*terme de Coutume.*) il paroît par le procès-verbal de réduction de la coutume du Perche, que dans quelques seigneuries particulières, situées dans le ressort de cette coutume, on donne le nom de *droit de bourgeoisie*, à ce que l'on nomme ailleurs *droit de cens*, ensorte que ces deux mots sont exactement synonymes, & que le droit de bourgeoisie est la même chose que le *cens*, se règle par les mêmes principes, & qu'il emporte les droits de lods & ventes dans les mutations.

Il n'est pas inutile de remarquer à ce sujet, que, par l'article 88 de cette coutume, il n'est dû aucun droit de lods & ventes dans les échanges d'héritages, même situés en différentes seigneuries, lorsqu'ils sont faits but à but, sans retour, sans fraude, & sans soulte de deniers : que lors de la réformation de la coutume, plusieurs seigneurs prétendirent, les uns que le droit de bourgeoisie, emportant lods & ventes, avoit lieu dans tous les contrats d'échange indistinctement, les autres qu'il avoit lieu seulement lorsque les héritages échangés étoient situés sous différentes mouvances; que le procès-verbal de rédaction de la coutume conserve à ces seigneurs particuliers, leurs droits de bourgeoisie dans l'étendue qu'ils leur donnent, autant qu'ils s'y trouveront fondés par titres & possession immémoriale.

CENS *coutumier & accordable.* La coutume de Berri, *titre 6*, joint ces deux expressions au mot *cens*, & décide que lorsqu'ils sont exprimés dans le contrat d'aliénation d'un héritage, ils signifient que le *cens* emporte lods & ventes, lors des différentes mutations qui surviennent, conformément à la coutume du lieu où les héritages sont situés; qu'ils y donnent également lieu, à cause de la convention, dans les endroits tels que Issoudun, où le *cens*, par sa nature, ne produit pas de droits de lods & ventes, & qu'alors les droits de lods & ventes, auxquels on donne, dans le pays, le nom d'*accordemens*, sont dus de la manière & dans les cas prescrits par la coutume particulière de l'endroit.

Car il est à remarquer que la coutume de Berri n'a pas de disposition générale, par rapport aux paiemens des lods & ventes. Dans la ville & ressort de Bourges les lods & ventes sont dus pour toute espèce de mutation, à l'exception de celles qui ont lieu par succession en ligne directe : dans la ville & ressort de Vierzon le *cens* emporte lods & ventes, à l'exception des successions directes & collatérales : dans les villes & ressort de Dun-le-Roi & d'Issoudun, le *cens* est simple, & ne donne lieu aux lods & ventes, que lorsqu'il y en a convention expresse dans le titre d'aliénation à *cens*, encore dans le ressort d'Issoudun en excepte-t-on les mutations par succession en ligne directe & collatérale.

Cens, (*croix de*) quelques auteurs ont pensé que ce mot désignoit une augmentation du *cens*, & qu'il étoit synonyme aux termes *augment* & *crue de cens*; qu'il devoit en conséquence s'entendre des charges imposées par surcharge du *cens*. Mais ils se sont trompés : cette dénomination provient de l'empreinte d'une croix qui, jusqu'au règne de François I, a toujours été mise sur les petites pièces de monnoie, qui formoient assez ordinairement la valeur du *cens*.

Cens *double*. La coutume du Grand-Perche, ainsi que quelques autres, appellent *cens double*, le droit qui appartient au seigneur censuel d'exiger le double du *cens* ordinaire à toutes les mutations qui arrivent de la part du censitaire. Ce *double cens* se paie en reconnoissance du droit de directe, à cause de la mutation, & ordinairement dans les quarante jours qui la suivent, & il se paie sans préjudice du *cens* ordinaire, qui doit être acquitté le jour où on a coutume de le payer.

Cens *héréditai*. La coutume d'Amiens, *art. 137*, donne le nom de *baux à cens héréditaux ou à vie*, aux contrats d'aliénation qu'on nomme ailleurs *baux à vente ou à vie*. Nous observerons en passant que, suivant cet article de la coutume, les aliénations faites en vertu de ces baux, ainsi que toutes les autres, ne donnent aux contractans aucun droit réel ou hypothèque, sur les biens ainsi aliénés, au préjudice du seigneur ou d'un tiers; mais simplement un droit personnel ou mobilier, jusqu'à ce que les contrats d'aliénation aient été reconnus pardevant les seigneurs dont les héritages sont tenus, ou pardevant les officiers de leur justice.

Cens *à quête*. C'est une expression de la coutume de Blois. On y distingue deux sortes de *cens*. L'un se paie à jour nommé, & il doit être porté par le censitaire au lieu où l'on a coutume de le payer, & à défaut de paiement au jour déterminé par la coutume, les titres ou l'usage, le censitaire encourt, envers le seigneur censuel, une amende de cinq sous tournois.

La seconde espèce de *cens* s'appelle *cens à quête*. Il doit être requis & demandé par le seigneur censuel, ses commis ou fermiers, en carême ou autre temps, suivant l'usage, en présence de témoins. Cette demande est nécessaire pour constituer en demeure le détenteur de l'héritage, sujet au *cens à quête*. Il n'encourt aucune peine tant que le *cens* ne lui est pas demandé; mais il est aussi amendable de cinq sous tournois s'il fait défaut de payer le *cens* dans le temps où il en est requis.

Cens *requérable*. Cette expression de la coutume d'Orléans désigne également le *cens* à quête dont nous venons de parler, & qui est connu dans la coutume de Blois. Le seigneur censuel, à qui appartient un *cens requérable*, est obligé de le faire demander au censitaire, dans sa maison, le jour qu'il est dû : le censitaire est tenu de l'acquitter dans les vingt-quatre heures de la demande, à peine d'une amende de cinq sous tournois. Lorsque le seigneur ou son receveur ont négligé de demander le *cens* le jour fixé par la coutume, ou par les titres, ils peuvent le requérir quand il leur plaît, & le censitaire est également tenu de le payer dans l'espace de vingt-quatre heures : ce délai passé, le seigneur peut procéder contre lui par voie de saisie & obstacle, & à défaut de paiement dans les vingt-quatre heures, depuis le moment de la saisie, il encourt l'amende de cinq sous.

Cens *rogo*. On trouve cette dénomination dans le procès-verbal de rédaction de la coutume de Melun. Cette expression vient du verbe latin *rogare, rogo, demander, je demande*; elle indique assez que le *cens* appellé dans l'ancienne coutume, le *cens rogo*, est la même chose que le *cens requérable* & le *cens à quête* dont nous venons de parler.

Cens *simple non accordable*. La coutume de Berri appelle *cens simple*, par opposition au *cens* coutumier, celui qui n'emporte pas le droit de lods & ventes lors des mutations; aussi elle ajoute que le *cens simple* n'est pas *accordable*, c'est-à-dire qu'il ne produit aucun droit d'accordemens. Ce dernier mot est synonyme de ceux de lods & ventes, qu'on nomme dans le Berri *accordemens*, parce que, dit Ragueau, on a coutume d'en composer & accorder avec le seigneur censuel.

Cens *truant*. Ce mot n'est usité que dans la coutume locale de Soesme en Berri. Il désigne un *cens* qui ne produit aucuns lods & ventes. Dans l'étendue de cette seigneurie, l'acquéreur d'un héritage tenu à cens, est seulement tenu, dans la première année de son acquisition, de payer au seigneur censier, le double du *cens* ordinaire, le jour que le *cens* échoit, sans être obligé à d'autres prestations pour raison de la mutation arrivée dans le détenteur de l'héritage chargé du *cens*.

CENSABLE, adj. (*terme de Coutume*.) on le trouve dans celle de la comté de Bourgogne, joint au mot *héritage*, pour signifier les biens qui sont chargés d'un droit de *cens* envers le seigneur direct. Ainsi dire d'un héritage qu'il est *censable*, c'est déclarer qu'il est tenu à cens.

CENSAL, s. m. (*Droit civil*, *Commerce*.) ce terme est en usage sur les côtes de Provence & dans les échelles du Levant. Il signifie la même chose que *courtier*. Du mot *censal*, on a fait celui de *censerie*, qui se dit en premier lieu à la place de *courtage*, & qui signifie aussi la profession du *censal*, &

& le droit qui lui est dû. Ordinairement ce droit consiste dans un demi pour cent, que les marchands & négocians sont dans l'usage de donner au *censal. Voyez* COURTAGE, COURTIER.

CENSE, s. f. (*Jurisprudence.*) c'est le nom dont on se sert, dans quelques provinces, pour désigner une métairie que l'on donne à ferme ou à rente. C'est de là qu'on a formé les mots d'*accense* & *accenser*, pour dire bail & donner à ferme. *Voyez* ACCENSE.

La coutume de Hainaut, *chap. 103*, se sert du mot *cense*, pour désigner le fermage du droit de pêche dans une rivière, & elle appelle *censier*, celui à qui la pêche est affermée.

CENSE. Ce mot a une acception différente dans les ordonnances du pays Messin. Il y est pris dans la signification d'une rente constituée & hypothéquée sur un héritage.

CENSEUR, s. m. (*Jurisprudence romaine.*) le *censeur* étoit un des premiers magistrats de l'ancienne Rome, chargé de faire le dénombrement du peuple, & la répartition des taxes sur chaque citoyen. Ses fonctions s'étendoient encore à la police & à la réformation des mœurs dans tous les ordres de la république.

Quelques-uns font dériver ce terme de cette inspection que les *censeurs* avoient sur les mœurs & la police : quelques autres le font venir, avec plus de raison, du mot *censere*, qui veut dire *estimer*, *évaluer*, parce que les *censeurs* évaluoient les biens de chacun, les enregistroient avec les noms des citoyens, & distribuoient le peuple dans les différentes centuries.

Il y avoit toujours deux *censeurs*. Leur charge fut créée l'année 311 de la fondation de Rome. Comme les consuls étoient assez occupés de la guerre, & des affaires du dehors, le sénat imagina cette nouvelle dignité pour veiller à celles du dedans. Les *censeurs* furent d'abord tirés du corps des sénateurs, & même on n'élevoit à cette dignité que des personnages consulaires. Dans la suite les plébéiens purent y parvenir de la même manière qu'ils avoient été admis aux autres charges.

L'autorité des *censeurs* étoit fort étendue. Ils étoient spécialement chargés de la surintendance des tributs, d'affermer les revenus publics, de la dépense des temples, du soin des édifices publics, de réprimer le libertinage, de veiller à la bonne éducation de la jeunesse; ils avoient même le droit de reprendre les personnes les plus élevées en dignité. Ils pouvoient chasser du sénat ceux qui déshonoroient l'éclat de ce corps par leur mauvaise conduite; l'histoire nous fournit plusieurs exemples de cette sévérité. Ils ôtoient aux chevaliers romains, qui se comportoient d'une manière indigne de leur rang, le cheval & la pension que l'état leur donnoit. Ils faisoient descendre les simples citoyens d'une tribu distinguée, dans une plus basse; les privoient du droit de suffrage, ou les condamnoient à des taxes & des amendes.

Leur autorité, quoique très-considérable, n'étoit cependant pas sans bornes. Ils ne pouvoient dégrader un citoyen, sans avoir préalablement exposé leurs motifs : ils rendoient même compte de leur conduite aux tribuns du peuple, & aux grands édiles.

Dans l'origine, l'exercice de cette charge duroit cinq ans; mais une loi portée par le dictateur Mamercus, l'an 420 de Rome, en réduisit le temps à dix-huit mois, ce qui fut toujours observé dans la suite.

La corruption des mœurs détruisit la censure chez les Romains. César & Auguste la rétablirent pour veiller sur les mariages : dans la suite, les empereurs la réunirent à leur personne.

Montesquieu observe, avec raison, que la censure est plus utile dans les républiques que dans les monarchies, & dans les états despotiques. Elle ne peut avoir lieu dans les dernières, puisque tout y dépend de la volonté & du caprice du despote. On sent aisément son inutilité dans les monarchies. Les républiques grecques n'ont point connu cette espèce de magistrature; mais on peut dire qu'à Lacédémone tous les vieillards étoient *censeurs*.

CENSEUR *royal ou censeur des livres.* (*Jurisp. françoise.*) c'est le nom qu'on donne aux gens de lettres qui sont chargés du soin d'examiner & d'approuver les livres qui s'impriment.

Les *censeurs* ont été établis pour examiner les ouvrages littéraires & porter leur jugement sur les livres qu'on se propose d'imprimer, afin que rien ne soit rendu public qui puisse séduire les esprits par une fausse doctrine, ou corrompre les mœurs par des maximes dangereuses.

Le droit de juger les livres qui concernent la religion & la police ecclésiastique, a toujours été attaché, en France, à l'autorité épiscopale. C'étoient les évêques qui, anciennement, permettoient ou refusoient d'imprimer ces sortes de livres; mais, sans avoir renoncé au droit qui leur appartient de censurer ces livres, ils en ont dans la suite abandonné l'examen à la faculté de théologie.

Plusieurs arrêts du parlement de Paris l'ont confirmé dans le droit de censurer les livres concernant la religion. Le jugement de la faculté devoit être donné par l'assemblée générale & non par quelques docteurs. L'usage étoit de présenter les ouvrages à la faculté. Elle nommoit deux docteurs pour en faire l'examen. Ces docteurs faisoient leur rapport dans une assemblée générale, & la faculté approuvoit ou rejettoit l'ouvrage.

Les prélats n'étoient point dispensés de cette censure. En effet, le cardinal Sadolet, évêque de Carpentras, ayant présenté à la faculté de théologie un commentaire qu'il avoit fait sur l'épître de S. Paul aux Romains, l'approbation lui fut refusée en 1534. Le cardinal Sanguin éprouva le même refus en 1542.

Comme à cette époque on faisoit entrer dans le royaume une foule de livres étrangers contraires à la religion catholique, le parlement de Paris rendit un arrêt en 1542, par lequel il autorisa la faculté de théologie à examiner les livres qui venoient des pays étrangers.

Au commencement du dix-septième siècle les livres s'étant considérablement multipliés, les docteurs se dispensèrent de faire leurs rapports à la faculté assemblée; il en résulta des abus qui déterminèrent la faculté à publier un décret par lequel elle défendit à tous les docteurs de donner inconsidérément leur approbation, sous peine de perdre pendant six mois les honoraires & les privilèges attachés au doctorat, & d'être privés pendant quatre ans du droit de censurer les livres.

En 1624, les membres de la faculté s'étant divisés entre eux sur des questions de théologie, il se forma plusieurs partis qui avoient leurs chefs. Le docteur Duval, qui étoit un de ces chefs, pour empêcher la publication des écrits de ses adversaires, obtint des lettres-patentes en 1624, qui lui attribuèrent, & à trois autres docteurs, à l'exclusion de tous les autres, le droit d'approuver tous les livres concernant la religion. Par ces lettres-patentes il leur fut accordé deux mille livres de pension.

Cette création des *censeurs* chagrina la faculté, qui se voyoit dépouillée d'un droit qu'elle croyoit devoir lui appartenir: la pension d'ailleurs accordée aux quatre nouveaux *censeurs* lui parut deshonorante pour des gens consacrés par état au maintien de la saine doctrine. Elle fit des représentations pour recouvrer son ancien privilège, mais elles furent inutiles; & le roi, par de nouvelles lettres-patentes, confirma la création qu'il avoit faite de quatre *censeurs*, & il ordonna qu'ils seroient élus à la pluralité des voix, dans une assemblée à laquelle deux docteurs de la maison de Navarre seroient appellés.

Il paroît que la faculté rentra dans l'exercice de son ancien privilège après la mort du docteur Duval. On dit même que, fatigué des désagrémens qu'il essuyoit de la part de ses confrères, il prit le parti de se démettre, en pleine assemblée, de ses fonctions de *censeur*. Mais en 1653 les disputes sur la grace ayant donné lieu à une foule d'écrits, & la faculté ayant pris parti dans ces querelles, M. le chancelier Seguier se détermina à ôter le droit de censure à la faculté de théologie, & il créa quatre nouveaux *censeurs*, auxquels il attribua à chacun six cens livres de pension.

Dans le temps que la faculté étoit seule chargée de l'examen des livres concernant la religion, les maîtres de requêtes étoient *censeurs* des autres ouvrages. Il paroît certain qu'ils ont exercé cette fonction jusqu'au règne de Henri IV.

Depuis la création faite de quatre *censeurs* par M. le chancelier Seguier, les chanceliers de France ont conservé le droit de nommer des *censeurs*. Depuis le milieu du dernier siècle, le nombre en a beaucoup augmenté.

Ils sont aujourd'hui divisés en sept classes; savoir, 1°. celle de théologie, 2°. de jurisprudence, 3°. d'histoire naturelle, médecine & chymie, 4°. de chirurgie, 5°. de mathématiques, 6°. de belles-lettres & histoire (& c'est la classe la plus nombreuse), 7°. enfin de géographie, navigation, voyages & estampes.

Outre ces *censeurs*, la police en a un particulier qui est chargé de l'examen de toutes les pièces de théâtre & de tout ce qui s'imprime avec permission de M. le lieutenant-général de police.

Aucun imprimeur ne peut imprimer un ouvrage, ni aucun libraire le vendre, s'il n'est approuvé par un *censeur*.

Les *censeurs* portent aujourd'hui le nom de *censeurs* royaux.

Ils ne peuvent approuver des ouvrages qu'en vertu d'un mandat de M. le chancelier ou de M. le garde des sceaux. C'est à l'auteur ou au libraire à demander ce mandat, & il s'expédie au bureau de la librairie. Alors le *censeur* examine l'ouvrage, & l'approuve ou le rejette. S'il l'approuve, il est obligé de signer son approbation, & elle doit être imprimée à la fin de l'ouvrage. S'il le rejette, il rend compte des motifs de son jugement à M. le chancelier ou à celui qu'il a commis à sa place. *Voyez* IMPRIMEUR, LIBRAIRE, LIVRE.

CENSIER, s. m. (*Droit féodal.*) ce mot s'entend également du seigneur qui a un droit de cens sur les héritages tenus en roture dans l'étendue de sa seigneurie, & de celui qui tient ces mêmes héritages à titre de cens. Dans cette dernière acception, *censier* est synonyme à *censitaire.* (*H*)

CENSIF, s. m. & CENSIVE, s. f. (*Droit féodal.*) ces deux termes sont également en usage dans le pays coutumier. Ils signifient l'étendue du fief d'un seigneur censier, c'est-à-dire, à qui il est dû un cens ou redevance foncière par les propriétaires qui possèdent des terres dans la circonscription de son fief.

Ces deux mots signifient encore le droit même de percevoir le cens.

L'origine des *censives* est aussi ancienne que celle des fiefs, elle dérive du même droit. Les seigneurs qui possédoient une trop vaste étendue de domaine, qu'ils ne pouvoient faire valoir, en donnèrent une partie en fief, à la charge de la foi & hommage, & du service militaire, & l'autre partie à cens ou redevance annuelle, avec amende faute de payer le cens au jour de l'échéance. *Voyez* CENS.

CENSIF *à cher prix.* (*terme de Coutume.*) on le trouve dans plusieurs articles de la coutume de Blois, *chap. 9.* Le cens à cher prix dont il y est parlé n'est pas un cens d'une nature différente des cens établis dans les autres coutumes. On lui donne ce nom, parce que dans les endroits où il a lieu, il donne au seigneur le droit de prendre dans les mutations, des lods & ventes considérables, qui montent au douzième du prix de la vente. Le *censif à cher prix*, est ainsi appellé par opposition au cens admis dans d'autres cantons de la même province, qui n'obligent le nouvel acquéreur d'un héritage tenu à cens, qu'à payer, pour raison de la mutation, un relief égal au cens. Il paroît, par le procès-verbal de la coutume, que lors de sa rédaction en 1523, le tiers-état fit tous ses efforts pour être déchargé du cens à cher prix.

CENSITAIRE, s. m. (*Droit coutumier.*) c'est le nom que les coutumes donnent à celui qui possède, dans l'étendue d'une seigneurie, un ou plusieurs héritages, à la charge d'un cens ou redevance annuelle. *Voyez* CENS.

CENSITIVE, s. m. (*Droit coutumier.*) ce terme est synonyme de celui de *censitaire*, mais il est peu en usage. Colombet a donné un traité des personnes de main-morte, *censites* & taillables, qu'il a intitulé, *colonia celtica lucrosa.* (*H*)

CENSIVIER, adj. (*terme de Coutume.*) ce mot est très-peu en usage, on le trouve cependant dans la coutume de Bourbonnois, qui donne le nom de *censivier*, au seigneur d'un droit de cens, & qualifie de *censivières*, les terres tenues à cens.

CENSURE, s. f. (*Droit canonique.*) ce mot a en droit plusieurs significations. Il se prend d'abord pour une réprimande faite par un supérieur ou une personne en autorité : en second lieu, on appelle *censure*, une menace publique d'infliger à quelqu'un les grandes peines canoniques, c'est-à-dire l'excommunication, la suspense & l'interdit : on entend aussi par *censure*, ces mêmes peines. Enfin, le mot *censure* s'applique aux notes ou qualifications données par un tribunal ecclésiastique, à un livre ou à une proposition qui blesse l'ortodoxie.

Nous allons traiter de la *censure* sous le sens de peines ecclésiastiques, & sous celui de note ou qualification imposée à un livre.

CENSURES *ecclésiastiques.* Ce sont, ou les menaces publiques d'infliger à un coupable les peines canoniques, ou les peines spirituelles dont l'église fait usage pour punir les fidèles qui se sont rendus coupables d'une faute grave & scandaleuse.

On en distingue trois espèces : l'excommunication, l'interdit & la suspense. Elles sont aussi anciennes que l'établissement de l'église. J. C. les a autorisées, en ordonnant de regarder comme un païen & un publicain celui qui n'écouteroit pas l'église. S. Paul en fit usage lorsqu'il excommunia l'incestueux de Corinthe.

Nous n'entrerons pas ici dans l'explication de chaque espèce de *censures ;* nous les traiterons sous les mots EXCOMMUNICATION, INTERDIT, SUSPENSE. C'est pourquoi nous allons nous borner à donner quelques règles sur les *censures* en général.

Les canonistes distinguent les *censures*, en *censures* de droit, *à jure*, & en *censures* de fait ou par sentence, *ab homine.* Les *censures* de droit sont prononcées par une loi précise, qui doit expliquer clairement l'espèce de crime qu'elles veulent punir, & la peine qu'elles infligent. Les *censures* de fait sont prononcées par les supérieurs ecclésiastiques, & doivent contenir les causes & les noms des personnes qui en sont l'objet.

Ces deux espèces de *censures* diffèrent entre elles, en ce que les *censures* de droit sont générales & perpétuelles, qu'elles subsistent après la mort ou la destitution de celui qui les a prononcées, que tout confesseur en peut absoudre, si elles n'ont pas été réservées par la loi. Les *censures* de fait, au contraire, cessent par la mort ou la destitution de celui qui les a prononcées. Elles concernent toujours un objet particulier. Le supérieur ecclésiastique qui les a décernées est seul en droit de les lever.

On distingue encore les *censures* par rapport à l'effet qu'elles produisent, en *censure latæ sententiæ*, qu'on encourt dans le moment même qu'on a commis l'action défendue, & par le seul fait, *ipso facto*, sans qu'il soit besoin d'un nouveau jugement qui la prononce : & en *censures ferendæ sententiæ.* Ces dernières ne sont que comminatoires, elles ne sont encourues, & n'ont d'effet que lorsqu'il est intervenu un jugement.

Il est facile de distinguer les *censures latæ sententiæ*, d'avec celles *ferendæ sententiæ*, par les expressions dont le supérieur ecclésiastique s'est servi. La *censure* est *latæ sententiæ*, lorsqu'elle est prononcée en termes présens, & qu'on y joint les mots *sur le champ, de droit, par le seul fait.* Ainsi cette clause *si quis ita fecerit, sciat se excommunicari ipso jure, ipso facto, confestim, illico*, &c., ou celle de *excommunicamus, decernimus esse excommunicatum ipso jure, ipso facto*, &c., annoncent une *censure latæ sententiæ.*

Mais les clauses *præcipimus sub pœnâ excommunicationis, ... decernimus excommunicandum, ... censuram incurrat*, n'indiquent qu'une menace d'user de *censures*, & la *censure* n'est alors que *ferendæ sententiæ.*

Lorsque les termes sont équivoques ou ambigus, on doit les entendre dans le sens le moins rigoureux, suivant la maxime, qu'en matière de peine, on doit suivre l'interprétation la plus favorable. Au surplus, cette distinction des *censures* n'est utile que pour entendre les canonistes ultramontains ; car nous n'admettons pas en France les *censures latæ sententiæ ;* nul ne peut être regardé comme excommunié qu'après un jugement, rendu en connoissance de cause, qui le déclare atteint & convaincu du délit spécifié par la loi, & qui déclare en conséquence qu'il a encouru les peines portées par cette même loi.

Les *censures* se divisent encore par rapport à leurs causes en justes ou injustes, & par rapport à l'ordre judiciaire, en valides & invalides.

Le droit de prononcer des *censures* ne dépend point de l'ordre, mais de la jurisdiction ecclésiastique ; ainsi un évêque qui a pris possession peut en prononcer, quoiqu'il ne soit pas consacré. L'abbé régulier a la même autorité sur ses religieux.

Les grands-vicaires & les officiaux ont le droit d'employer la voie des *censures.* L'archidiacre, pendant sa visite, n'a pas cette faculté, parce qu'il n'a qu'une jurisdiction imparfaite & limitée. Il en est de même des curés qui n'ont que les pouvoirs de l'ordre sans juridiction extérieure.

Lorsqu'un clerc étranger commet un crime, l'évêque du diocèse où ce crime a été commis, peut excommunier le coupable.

C'est un principe certain qu'on ne doit employer les *censures* que pour des fautes graves. C'est par cette raison, que par arrêt du 30 décembre 1669, rapporté au journal des audiences, le parlement de Paris déclara abusive une sentence de l'évêque d'Amiens, qui avoit excommunié le doyen du chapitre de Roye, pour avoir refusé de quitter l'étole pendant le temps qu'il faisoit sa visite épiscopale.

On ne peut prononcer des *censures* que contre une faute extérieure & qui soit consommée; toutes les fautes d'intention & de pensée sont soumises au tribunal de la pénitence.

Celui qui ignore que la *censure* est prononcée par une loi, ou qu'il en est menacé par un canon ou par un jugement, ou enfin qui ignore le fait, n'encourt point la *censure*.

Les juges ecclésiastiques ne peuvent prononcer des *censures* que pour des délits commis dans l'étendue de leur jurisdiction.

On ne peut, sous prétexte qu'un particulier a commis un délit qui mérite la peine de l'excommunication, excommunier une ville entière, encore moins une province & un royaume pour les fautes personnelles du gouverneur ou du roi. Les dispositions du concile de Bâle & du concordat sont précises à cet égard.

L'article 16 des libertés de l'église gallicane défend formellement d'excommunier les officiers du roi pour ce qui regarde les fonctions de leurs charges. Si les supérieurs ecclésiastiques contreviennent à cette loi, on peut les poursuivre par saisie de leur temporel, & les condamner à des peines & à des amendes proportionnées à la gravité de l'infraction qu'ils ont commise. Tous les auteurs rapportent une multitude d'arrêts rendus par différentes cours souveraines, pour le maintien & la conservation de cette partie de nos libertés.

Les juges ecclésiastiques ne peuvent décerner des *censures* contre des débiteurs, quand même ils seroient clercs, pour les obliger à payer leurs dettes; ils peuvent seulement ordonner la publication de monitoires dans les affaires dont la connoissance leur appartient, & dans les affaires qui sont pendantes devant les tribunaux séculiers, lorsqu'ils en sont requis par les juges laïcs.

Quelques canonistes pensent que toutes les fois qu'une excommunication ou une autre *censure* sont prononcées par une loi, on n'est obligé de faire aucune procédure, parce qu'elles sont encourues de plein droit. Mais il est nécessaire d'observer qu'en France nous n'admettons aucune notoriété de fait; ainsi, il faut toujours procéder contre celui qui a encouru une *censure* de droit, pour constater qu'il s'est rendu coupable du crime pour raison duquel la *censure* a été prononcée, & déclarer qu'il a effectivement encouru la *censure*.

Les *censures* prononcées par le juge doivent toujours être précédées de procédures. Ces procédures consistent dans des monitions canoniques qui se font en présence de témoins. Ces monitions doivent être ordinairement répétées jusqu'à trois fois, & il faut qu'il y ait entre chaque monition un intervalle de deux jours au moins. Ce sont les circonstances qui déterminent à donner des délais plus ou moins longs.

C'est une maxime certaine, que toute sentence qui prononce une *censure*, doit être rédigée par écrit: on doit y expliquer les causes de la *censure*, & la sentence ne peut être exécutée que lorsqu'elle a été signifiée à la personne qui en est l'objet, dans le mois où elle a été rendue.

Lorsqu'il y a plusieurs coupables, il ne suffit pas de faire des monitions canoniques à un seul, il faut en faire à tous; & la sentence qui prononce la *censure* doit aussi contenir les noms de tous.

Plusieurs conciles, entr'autres ceux de Latran & de Lyon, condamnent à des peines ceux qui prononcent des *censures* sans avoir auparavant fait usage des monitions; les évêques sont seuls exceptés par l'importance de leurs fonctions & par la nécessité de les exercer sans aucune interruption dans leurs diocèses.

L'appel qu'on interjette des jugemens qui prononcent des *censures* n'est que dévolutif; mais il devient suspensif lorsqu'on interjette appel de la procédure. Dans le premier cas le jugement doit s'exécuter par provision, à moins que l'appellant n'obtienne une absolution *ad cautelam;* dans le second, au contraire, il suspend l'effet du jugement qui a été rendu depuis.

On peut attaquer une *censure* comme injuste ou comme nulle. On regarde comme injuste toute *censure* qui frappe une personne qui n'est pas coupable; ou lorsqu'il s'agit d'une faute légère. La *censure* est nulle si le jugement qui la prononce est émané d'un juge incompétent, & s'il n'a pas observé les formalités prescrites par les loix de l'église & du royaume.

Quand les tribunaux laïcs supérieurs ont déclaré abusives les procédures sur lesquelles une sentence qui prononce des *censures* a été rendue, les *censures* n'existent plus, & l'on n'est point obligé de se pourvoir devant les juges supérieurs ecclésiastiques pour s'en faire absoudre. Cette maxime n'est pas fondée sur ce que les juges laïcs prétendent avoir le droit de relever des *censures;* mais sur ce qu'ils sont conservateurs des règles de la discipline de l'église, & que la nullité de la procédure emporte nécessairement la nullité du jugement.

On doit s'adresser au juge qui a prononcé la *censure* pour la faire révoquer.

Non-seulement les évêques ont le droit de prononcer des *censures*, ils peuvent encore choisir des délégués pour les remplacer; mais dans ce cas les délégués doivent se renfermer dans les bornes de leur commission. Toutes les fois que les évêques sont destitués, morts naturellement ou civilement, les pouvoirs de leurs délégués cessent aussi-tôt.

On ne conteste point en France au pape le privilège de décerner des *censures* dans le royaume; mais elles n'y sont exécutées que lorsqu'elles n'ont rien de contraire aux libertés de l'église gallicane.

Nous avons remarqué ci-devant que les *censures* doivent être précédées de monitions & des autres formalités prescrites par les loix de l'église. Ces formalités sont si essentielles, que leur omission rend les *censures* nulles & irrégulières: aussi lorsqu'on interjette appel comme d'abus de sentences qui prononcent des *censures*, sur le fondement que les formalités requises n'ont pas été observées, les cours souveraines du royaume déclarent ces jugemens abusifs.

Lorsque les évêques, ou les supérieurs ecclésiastiques abusent des *censures* en les employant pour des fautes légères, on a la voie de l'appel comme d'abus pour faire anéantir leurs jugemens. L'archevêque d'Aix ayant excommunié le supérieur d'une communauté pour avoir reçu des novices sans son consentement, celui-ci se pourvut au parlement d'Aix, & par arrêt du 26 janvier 1767, le décret de l'archevêque fut déclaré abusif.

Outre la voie de l'appel comme d'abus, on peut interjetter appel simple des *censures* devant le métropolitain, & ce dernier a le droit de modérer ou même d'absoudre la personne condamnée; mais le métropolitain ne peut, de sa propre autorité, s'il n'est pas saisi par l'appel, absoudre des *censures* prononcées par ses suffragans.

L'évêque, pendant l'instruction de l'appel porté devant le métropolitain, n'est point dépouillé de sa jurisdiction, il la conserve en entier: ainsi il a le droit, s'il le juge à propos, d'absoudre la personne qu'il a censurée.

Lorsque la *censure* est anéantie, soit par arrêt, qui la déclare abusive, soit par jugement du métropolitain, soit enfin par l'absolution, l'ecclésiastique qui en a été frappé rentre de plein droit dans l'exercice de ses fonctions.

C'est un principe certain en France, que les cours peuvent contraindre les supérieurs ecclésiastiques, par saisie de leur temporel, à lever les *censures* injustes ou irrégulières qu'ils ont prononcées. Cette maxime y a été, dans tous les temps, observée, & elle a été consacrée par l'article 36 des libertés de l'église gallicane. Joannes Galli rapporte que par arrêt de 1396, l'évêque du Mans, qui avoit prononcé des *censures* contre un nommé Poncet au sujet d'un procès pendant dans une justice royale, fut condamné à absoudre ce particulier mort durant la *censure*; il fut même enjoint à l'évêque de le faire exhumer pour lui donner l'absolution.

Nous regardons comme une maxime invariable & essentielle du droit public de la France, que le pape ne peut mettre le royaume en interdit. Benoît XIII ayant prononcé des *censures* contre Charles VI, & donné une bulle par laquelle il mettoit le royaume en interdit, le parlement de Paris, par arrêt de 1408, ordonna que cette bulle seroit lacérée.

Quant au for intérieur, il faut, suivant les canonistes, avoir recours au pape pour être absous des *censures*, lorsqu'il s'agit de péchés publics. Ces sortes d'absolutions s'obtiennent à la daterie; mais s'il s'agit de *censures* encourues pour des fautes cachées, il est permis aux évêques d'en absoudre, excepté de celles qui ont pour cause l'homicide volontaire, ou les autres délits qui sont réservés par le concile de Trente.

C'est un usage du saint siège d'absoudre de toutes *censures* dans les provisions qui s'y expédient.

Par arrêt du parlement de Paris du 14 mai 1530, *il a été jugé que les* censures *ne pouvoient tendre, ni à restitution de meubles & immeubles, ni à exécution de meubles.*

Par un autre arrêt du 22 janvier 1573, il a été jugé que les supérieurs ecclésiastiques ne pouvoient user de la voie des *censures* pour faire exécuter leurs sentences.

Par arrêt notable du parlement de Toulouse, rendu le 2 décembre 1603, il a été jugé qu'un ecclésiastique ne pouvoit, dans un acte passé devant notaires, se soumettre aux *censures* ecclésiastiques dans le cas où il manqueroit de l'exécuter. *Voyez* ABSOLUTION DES CENSURES, EXCOMMUNICATION, INTERDIT, MONITOIRE, SUSPENSE.

CENSURE *théologique. En terme de Droit canonique*, on appelle *censure* de livre l'acte par lequel un tribunal ecclésiastique, jugeant sur des objets de croyance ou de morale, qualifie les propositions contenues dans un livre quelconque, & déclare qu'elles ne sont pas conformes à la doctrine qu'il enseigne.

On ne sauroit refuser à aucune société, dont l'union des membres est fondée sur la conformité de croyance, & qui ont des confessions de foi, ou expositions de doctrine, le droit de déclarer l'opposition qu'elle trouve entre sa foi & sa doctrine, & la foi & la doctrine de ceux qui ne font pas corps avec elle, ou qui s'en écartent.

Les théologiens ont différentes qualifications par lesquelles ils notent la doctrine qu'ils blâment, qu'ils condamnent ou qu'ils rejettent. Elles ne sont pas également flétrissantes; cela dépend de l'éloignement plus ou moins considérable des propositions censurées, des vérités qu'elles attaquent. Voici le degré des *censures*.

Ils appellent hérétique, une proposition qui contredit formellement l'expresse parole de Dieu, ou qui se révolte contre l'autorité de l'église qui l'interprète: la note d'erreur est moins forte, & ils l'appliquent à une proposition qui attaque une vérité fondée en partie sur l'écriture, & en partie sur la raison. Ils disent d'un livre qui sent l'hérésie, lorsqu'il présente d'abord à l'esprit un sens hérétique, quoiqu'il ait un ſens plus caché qui renferme la vérité. Une propoſition chargée de termes compliqués, obſcurs & embarraſſés, ſe taxe de captieuſe; il y a peu de différence entre ces deux qualifications. On dit plus particuliérement *captieux*, de ce qui inſinue l'erreur, & *ſentant l'héréſie*, de ce qui préſente une erreur d'une maniére indirecte.

Il n'eſt pas aiſé d'aſſigner les limites qui ſéparent une propoſition mal ſonnante dans la foi, d'avec celle qui ſent l'héréſie. Peut-être entend-on par l'expreſſion de *mal ſonnante*, que la malignité de cette propoſition conſiſte dans les termes durs qui énoncent une vérité, & qui la rendent odieuſe à ceux qui l'écoutent: tandis que la malignité d'une propoſition qui ſent l'héréſie, attaque la vérité, quoiqu'avec des termes plus doux & plus mitigés. Quoi qu'il en ſoit, la note de *mal ſonnante* dans la foi, n'eſt pas ſi forte que celle de *ſentant l'héréſie*.

On qualifie d'*opinion dangereuſe*, celle qui embarraſſe ſi fort le dogme catholique dans les incertitudes des ſyſtêmes théologiques, que cette opinion entraîneroit la ruine du dogme avec celle des ſyſtêmes. Rien n'eſt ſans doute ſi dangereux pour la foi, qui eſt une, & toujours la même, que de la faire dépendre d'une opinion humaine, ſujette par ſa nature à l'examen critique de tout homme qui voudra l'attaquer.

La note de témérité tombe ſur une propoſition qui ſeroit balancée par une grande autorité. Il ne faut pas à cet égard faire dépendre l'autorité du nombre des ſcholaſtiques qui ſoutiennent une opinion, mais des raiſons ſur leſquelles elle eſt appuyée. On a vu pendant un temps le probabiliſme ſoutenu avec chaleur par un grand nombre de docteurs. Leur grand nombre donnoit-il plus de poids & d'autorité à cette opinion?

Au reſte, lorſqu'il s'agit de qualifier une propoſition, les théologiens doivent toujours avoir devant les yeux l'exemple du concile de Trente, qui a laiſſé une multitude de queſtions indéciſes, ne voulant point interpoſer ſon autorité où il voyoit différens ſentimens. Car il arrive ſouvent qu'on proſcrit dans un temps, ce que dans un autre on voit ſoutenir comme très-vraiſemblable.

Souvent, au lieu de cenſurer une propoſition, il vaudroit mieux défendre de l'agiter, lorſqu'elle n'eſt dangereuſe que par l'abus que l'erreur en peut faire, en lui donnant un ſens forcé ou mauvais. *Voyez* NOTE, QUALIFICATION.

CENTAINE, ſ. f. CENTENIER, ſ. m. (*Droit public.*) Les monumens hiſtoriques nous apprennent qu'après l'établiſſement de la monarchie françoiſe dans les Gaules, les hommes libres, francs, romains & gaulois, étoient ſous la juriſdiction particulière des comtes, qui leur rendoient la juſtice, les aſſembloient & les menoient à la guerre.

Cette claſſe de citoyens étoit différente des leudes, vaſſaux ou arrière-vaſſaux, qui devoient le ſervice militaire ſous la conduite de leurs ſeigneurs, c'eſt-à-dire de ceux auxquels ils étoient attachés par les liens de la foi & hommage.

Les hommes libres dont nous parlons étoient diviſés en *centaines*, qui formoient ce qu'on appelloit un *bourg*; à la tête de chaque bourg, il y avoit un officier dépendant du comte, qui commandoit à la guerre les hommes dépendans de ſa *centaine*, & qui dans les temps de paix, veilloit à l'entretien du bon ordre & de la police.

Il paroît, par plusieurs loix de Clotaire & de Childebert, qu'on trouve dans les capitulaires donnés par Baluze, que cette diſtribution par *centaines* avoit été établie dans la vue d'obliger chaque diſtrict, à répondre des vols qui ſe commettroient dans l'étendue de ſon territoire. Une pareille police s'obſerve encore aujourd'hui en Angleterre.

Les fonctions des *centeniers* étoient les mêmes que celles des comtes; la différence conſiſtoit ſeulement dans l'étendue de la juriſdiction attribuée à chacun d'eux. Le comte commandoit les hommes d'une certaine province, & rendoit la juſtice à ceux qui étoient établis dans ſon territoire; le *centenier* la rendoit à ceux de ſon bourg, & les conduiſoit à la guerre, ſous l'inſpection & l'autorité du comte. Au reſte, les comtes ne rendoient pas ſeuls la juſtice, comme les bachas en Turquie, ils aſſembloient des eſpèces de plaids ou d'aſſiſes, dans leſquels les *centeniers*, & à leur défaut les notables étoient appellés. Les *centeniers* étoient comme les adjoints du comte, ordinairement il en avoit ſept, & comme il ne lui falloit pas moins de douze perſonnes pour juger, il rempliſſoit le nombre par des notables.

Le terme de *centenier* n'eſt pas le ſeul qu'on liſe dans les jugemens anciens, les formules, les loix barbares & les capitulaires, pour déſigner les vicaires ou ſubſtituts des comtes. On y trouve auſſi les dénominations de *gravions*, de *juges*, de *rathimburges*, d'*échevins*; mais tous ces offices déſignent les mêmes perſonnes ſous différens noms. *Voyez* COMTES, GRAVION, ECHEVIN, *&c.*

CENTIÈME-DENIER, (*Juriſpr. Finance.*) on connoît ſous cette dénomination deux ſortes de droits: l'un qui a rapport aux offices, fera le ſujet du le mot ſuivant.

L'autre, dont nous allons parler, eſt un droit domanial dû à chaque mutation de propriété ou d'uſufruit d'immeubles, de rentes foncières & de tout autre droit réel & immobilier, à l'exception néanmoins des ſucceſſions directes & des donations faites en ligne directe par contrat de mariage en faveur des enfans qui ſe marient.

Origine & établiſſement du centième-denier. Ce droit, qui eſt conſidéré comme le ſalaire de l'inſinuation des actes tranſlatifs de propriété, a été établi par un édit de décembre 1703, qu'on appelle communément l'*édit des inſinuations laïques*. Un des objets de cette loi a été de faire ſervir la formalité de l'inſinuation à procurer une connoiſſance exacte des mutations qui doivent produire des droits ſeigneuriaux, afin que le roi & les seigneurs ne pussent être privés de ces droits, comme ils l'avoient été précédemment par le soin que prenoient les acquéreurs de cacher leurs acquisitions. C'est pourquoi il fut ordonné que la formalité dont il s'agit, se rempliroit par le moyen d'un enregistrement au greffe des bailliages ou autres siéges royaux, dans le ressort desquels les biens seroient situés; pour lequel enregistrement il seroit payé au greffier le *centième-denier* du prix des biens mentionnés aux actes translatifs de propriété, ou de l'estimation qui en seroit faite, si le prix n'en étoit pas exprimé.

Par un autre édit du mois d'octobre 1705, les notaires & tabellions, les greffiers de tous les tribunaux & les autres officiers ou particuliers ayant droit de passer des actes, furent chargés de faire insinuer & enregistrer dans la quinzaine, à compter du jour de la date, « tous les contrats de vente, d'échanges, » baux à rentes foncières, rachetables ou non rachetables, baux emphytéotiques, ventes à faculté » de réméré, antichrèses & autres actes translatifs » de propriété, les arrêts, jugemens, sentences » & autres actes sujets à insinuation ».

La même loi ordonna que la formalité dont il s'agit, seroit remplie par les officiers qui auroient passé ou expédié les actes dont on vient de parler, en même temps qu'ils les feroient contrôler & sceller, & que ces actes ne pourroient être rendus aux parties, qu'après l'insinuation & le paiement des droits, à peine de trois cens livres d'amende pour chaque contravention.

Les donations entre-vifs & les substitutions furent néanmoins exceptées de ces dispositions: & il fut ordonné que ces actes seroient insinués à la diligence des parties, conformément à l'édit de décembre 1703, & à la déclaration du 19 juillet 1704, dans les délais & sur les peines y portées. *Voyez* DONATION & SUBSTITUTION.

Il y eut aussi une exception relativement aux actes translatifs de propriété des immeubles situés hors de l'étendue des bureaux où résidoient les notaires, greffiers & autres officiers qui les avoient passés ou expédiés.

Il fut ordonné que ces actes seroient insinués, à la diligence des parties, dans les bureaux où les biens se trouveroient situés, dans l'espace de trois mois, à compter de la date des actes, sous les peines portées par les réglemens: & les notaires, greffiers & autres officiers qui auroient passé ces actes, furent seulement chargés d'y faire mention qu'ils étoient sujets à l'insinuation.

Par l'article 25 de l'édit de décembre 1703, les nouveaux possesseurs de biens immeubles à titre successif en ligne collatérale furent chargés de faire leurs déclarations de ces biens aux greffes des insinuations, & d'en payer le *centième-denier* dans les six mois, à compter du jour de l'ouverture des successions.

La déclaration du 19 juillet 1704 assujettit pareillement au droit de *centième-denier* « les contrats » de vente, échanges, décrets & autres actes translatifs de propriété de biens en franc-aleu, franc-» bourgage ou franche-bourgeoisie, ou qui, par les » coutumes & usages des pays, ne sont sujets à » aucun droit aux mutations ».

Toutes les dispositions qu'on vient de rapporter, ont été confirmées & étendues par les articles 6 & 10 d'une autre déclaration du 20 mars 1708.

L'article 6 a ordonné que les contrats de vente, échanges, licitations entre héritiers, co-propriétaires & co-associés, baux à rentes foncières, rachetables & non rachetables, baux emphytéotiques, baux à domaine congéable, ventes à faculté de réméré ou de rachat, antichrèses, contrats pignoratifs, engagemens, démissions, abandonnemens, contrats de vente à vie, cession de fonds avec fruit, transports, subrogations, résolutions volontaires de ventes, arrêts, jugemens, sentences, & généralement tous les actes translatifs & rétrocessifs de propriété de leurs immeubles tenus en fief ou en censive, soit du roi ou des seigneurs particuliers, ou tenus en franc-aleu, franc-bourgage & franche-bourgeoisie; les rentes foncières, les contrats de vente, de droits de justice, & de tous les autres droits seigneuriaux & honorifiques, conjointement ou séparément du corps des domaines ou fonds de terre, seroient insinués, & le droit de *centième-denier* payé dans les délais & sous les peines portées par l'édit de 1703, & par la déclaration de 1704, quand même quelques-uns de ces biens seroient exempts de lods & ventes, & d'autres droits seigneuriaux.

Cette loi a depuis été modifiée par différens arrêts du conseil, relativement aux baux emphytéotiques, & particulièrement par celui du 2 janvier 1775: ce dernier arrêt a déclaré exempts des droits d'insinuation, *centième* ou demi-*centième-denier* & franc-fief, les baux des terres, soit incultes, soit en valeur, ou de tout autre bien-fonds de la campagne, qui seroient passés pardevant notaires, & dont la durée n'excéderoit pas vingt-neuf années. A l'égard des baux au-dessus de neuf années, qui ont pour objet des maisons & d'autres immeubles situés dans les villes & bourgs, ou la perception de rentes, cens & droits seigneuriaux, sans aucune exploitation rurale faite par le fermier, il a été dit par le même arrêt, qu'ils continueroient d'être assujettis au droit du demi-*centième-denier*, lorsqu'ils n'excéderoient pas trente années; ou du *centième-denier*, lorsqu'ils excéderoient cet espace de temps.

Il a encore été dérogé à l'article 6 dont il s'agit, par un autre arrêt rendu au conseil le 9 septembre 1775, qui a ordonné que les actes portant extinction des rentes foncières non rachetables, ensemble ceux par lesquels la faculté d'en faire le rachat est accordée au débiteur, seroient à l'avenir exempts du droit de *centième-denier*.

L'article 10 a réglé que les possesseurs de biens immeubles, soit que la nouvelle possession leur fût acquise *par contrats de vente, adjudication, donation testamentaire ou autre titre, soit qu'elle leur fût échue par succession collatérale, & qu'ils fussent héritiers purs & simples ou bénéficiaires*, seroient assujettis au paiement du droit de *centième-denier*, selon la forme & dans les délais prescrits par les réglemens.

Un arrêt de réglement, rendu au conseil le 18 juillet 1713, a ordonné que le *centième-denier* seroit payé sur le prix entier, porté par les contrats d'acquisition, sans pouvoir prétendre aucune déduction ni diminution, sous prétexte des meubles, bestiaux & autres effets mobiliers joints aux biens, à moins qu'il n'en eût été fait une description ou état, & qu'il n'en eût été stipulé un prix particulier : dans ce dernier cas, le *centième-denier* n'est exigible que sur la valeur de l'immeuble, selon le prix convenu ou suivant l'estimation que le fermier peut en faire faire, s'il croit qu'il y a de la fraude dans la stipulation du prix.

Par une déclaration du 20 mars 1748, il fut ordonné que les actes translatifs de propriété des immeubles fictifs, tels que les offices & les rentes constituées, seroient assujettis à l'insinuation & au droit de *centième-denier*, comme les actes translatifs de propriété des immeubles réels; & que le même droit seroit aussi payé pour les dons & legs de meubles & d'effets mobiliers.

Cette loi ne fut exécutée que jusqu'au premier janvier 1751, le roi l'ayant abrogée, pour cette époque, par la déclaration du 26 décembre 1750.

Par une autre déclaration du 24 avril 1763, enregistrée au lit de justice le 31 mai suivant, la déclaration du 20 mars 1748 fut remise en vigueur relativement à l'objet dont il s'agit; mais, par l'article 14 d'une dernière déclaration du 21 novembre 1763, enregistrée au parlement le premier décembre suivant, le roi a ordonné que la déclaration du 26 décembre 1750, concernant le *centième-denier*, seroit exécutée à l'avenir selon sa forme & teneur.

Nous allons maintenant appliquer la jurisprudence qu'on vient d'établir, aux différens cas où la perception du *centième-denier* peut donner lieu à quelque contestation ou difficulté.

De la perception du centième-denier en matière de licitation. La déclaration du 20 mars 1708, ayant compris au rang des actes sujets au droit de *centième-denier*, les licitations qui ont lieu contre les héritiers, co-propriétaires & co-associés, le conseil a décidé, le 3 août 1715, que ce droit étoit exigible pour les licitations entre héritiers en ligne directe comme en ligne collatérale.

C'est en conformité de ce principe que, par arrêt contradictoire du 28 mars 1721, le sieur de Laumon a été condamné à payer ce droit de *centième-denier* de la moitié du prix d'une terre provenante de la succession de son père dont il étoit héritier pour moitié; laquelle terre, n'ayant pu se partager, lui avoit été adjugée par licitation.

Si, par la licitation, les biens s'adjugeoient à un étranger, il seroit tenu de payer le *centième-denier* de la totalité des biens qu'il auroit acquis.

Quand les biens sont adjugés à un co-propriétaire, il faut distraire sa portion pour déterminer le droit de *centième-denier*. La raison en est qu'il n'y a de mutation à son égard, que pour les portions dont il n'étoit pas propriétaire avant la licitation.

Lorsqu'un co-héritier, adjudicataire par licitation d'un bien qui ne pouvoit être partagé, n'a rien à payer à cet égard, attendu que ses co-héritiers prennent chacun, dans les autres biens de la succession, une somme pareille au prix de la licitation, il n'est dû aucun droit de *centième-denier*. La raison en est qu'un tel adjudicataire ne fait que prendre la part qui lui revient dans les biens communs, & que par conséquent il ne fait aucune acquisition.

C'est d'après cette jurisprudence que, par arrêt du 23 juin 1731, le conseil a jugé que le *centième-denier* ne devoit pas être perçu pour une licitation faite à un co-héritier, à la charge de moins prendre dans les meubles de la succession.

Par un autre arrêt du 15 septembre 1731, il a été jugé que le tiers-acquéreur d'un quart de biens indivis qu'une licitation rend propriétaire des trois autres quarts, ne doit le *centième-denier* que pour ces trois quarts.

Mais le conseil a décidé, le 16 janvier 1734, qu'une licitation faite à l'un des enfans moyennant une somme imputée pour partie de ses droits & pour acquitter les dettes de la succession du père, donnoit lieu au droit de *centième-denier*, à la seule déduction de la portion qui appartenoit à l'adjudicataire.

Le conseil a pareillement décidé, le 19 février 1737, que le *centième-denier* étoit dû pour la moitié du prix d'une licitation faite entre deux frères, par laquelle tous les biens étoient restés à l'un, à la charge de payer une rente à l'autre.

Un particulier héritier pour un quart, mais qui avoit renoncé à la succession, prétendit ne devoir le *centième-denier* que des trois quarts du prix d'une licitation par laquelle il avoit acquis les biens de cette succession : mais, par arrêt du 9 mars 1737, il fut jugé qu'il devoit le *centième-denier* du tout. La raison de cette décision est que ce particulier, ayant renoncé à la succession, n'étoit plus que créancier, & n'avoit la propriété d'aucune portion. Ainsi la licitation avoit opéré en sa faveur une mutation de propriété de la totalité des choses requises, moyennant le prix qu'il étoit tenu de payer.

Le sieur Germain & sa femme avoient acquis une maison qui faisoit le seul immeuble de leur communauté. Après la mort du père, il fut convenu entre la mère & les cinq enfans issus de son mariage avec le défunt, que la maison seroit licitée, & que l'adjudicataire garderoit le prix dont il paieroit l'intérêt à raison du *denier* vingt à la mère, en déduction de ses reprises. Le sieur Germain, orfèvre à Paris, l'un de ses enfans s'étant rendu adjudicataire, prétendit que, pour déterminer la somme à laquelle se montoit le *centième-denier* que le fermier lui répétoit, il falloit distraire un dixième du prix

prix de l'acquisition pour sa portion comme héritier : mais il fut jugé que le droit étoit dû sur la totalité du prix, par la raison que, s'il avoit été propriétaire d'un dixième de ce prix, il n'auroit été obligé de payer l'intérêt que de neuf dixièmes, & non de la totalité du prix.

Plusieurs autres arrêts postérieurs ont jugé en conformité de ceux qu'on vient de rapporter.

De la perception du centième-denier en matière d'échange. Les échanges de biens immeubles opérant une double mutation, il faut en tirer la conséquence que le droit de *centième-denier* est dû de la valeur entière des deux héritages ou autres immeubles cédés réciproquement. Le conseil l'a ainsi décidé le 15 juillet 1730.

Par une autre décision du 19 janvier 1732, le conseil a jugé en faveur des enfans du sieur le Bel, qu'il n'étoit point dû de *centième-denier* pour raison d'un partage contenant échange des biens qui étoient attribués par ce partage à deux des co-partageans, attendu que cet échange fait sans soulte ne pouvoit être considéré comme translatif de propriété, puisqu'il avoit été fait au même instant que la propriété venoit d'être déterminée, & par le même acte.

Par arrêt du 25 mai 1756, le conseil a réformé une ordonnance de l'intendant d'Amiens, & ordonné en conséquence que le droit de *centième-denier* d'un échange d'immeubles, fait, en 1751, entre les religieux d'Honnecourt & leur abbé, seroit payé sur le pied de la valeur entière des biens échangés.

Par un autre arrêt du 15 septembre 1761, le conseil a confirmé une ordonnance de l'intendant de Rouen, du 9 juin 1759, & ordonné que, pour l'échange fait entre le sieur Bongars d'Apremont & le sieur de Coquerai, d'une verrerie & dépendances, contre une terre de la valeur de quatre-vingt-dix mille livres, le *centième-denier* de la verrerie seroit payé sur le pied de cette somme.

De la perception du centième-denier des baux emphytéotiques. On a vu précédemment que ce droit se régloit proportionnément à la durée des baux, & qu'il ne devoit être perçu qu'à moitié, lorsque le bail n'excédoit pas trente années. Mais si le bail renfermoit l'obligation de faire des constructions ou améliorations, il faudroit en joindre la valeur, ainsi que les deniers d'entrée, au capital du prix annuel pour percevoir le *centième-denier* sur le tout. La raison en est qu'une telle obligation est le prix de la jouissance, & que les biens améliorés doivent retourner au bailleur ou à ses héritiers.

Par arrêt du 24 juin 1730, le conseil a décidé, au sujet d'un bail fait pour cinquante années moyennant une redevance annuelle & à la charge de bâtir, que le droit de *centième-denier* étoit dû sur le capital de la rente & sur la valeur du bâtiment, selon l'estimation que pourroient en faire les parties à l'amiable, sinon conformément au marché & aux quittances des ouvriers.

Par un autre arrêt du 3 septembre 1743, rendu contre Louis Foret, preneur de maisons à Orléans, moyennant une redevance annuelle de soixante livres, & à condition de faire, dans les vingt & un ans postérieurs au contrat, pour trois mille livres de réparations, il a été jugé que le droit de *centième-denier* étoit dû sur le tout.

De la perception du centième-denier des baux à domaine congéable. *Voyez* BAIL *à domaine congéable.*

De la perception du centième-denier des baux à vie & des ventes à vie. *Voyez* BAIL *à vie.* Mais pour compléter cet article, nous ajouterons que si l'usufruit est cédé moyennant un prix fixe une fois payé, c'est une vente à vie dont les droits de contrôle & de *centième-denier* sont dus sur le pied de la somme entière.

Par arrêt du conseil du 24 décembre 1722, il a été jugé que le droit de *centième-denier* étoit dû sur le pied du denier dix pour un bail à vie, fait d'une partie de l'intérieur de la maison des incurables à Paris au sieur Sagault, avec clause réciproque de résoudre en avertissant six mois auparavant.

Un autre arrêt du conseil du 6 février 1723 a condamné à payer les droits de contrôle & de *centième-denier*, comme un bail à vie pour un acte capitulaire de 1706, par lequel le chapitre d'Autun abandonnoit au sieur Benoît, chanoine, la jouissance d'une terre pour lui tenir lieu d'une portion de sa prébende canoniale, & a jugé qu'un tel acte devoit être passé pardevant notaires.

Un autre arrêt du conseil du 18 juillet 1724 a confirmé une ordonnance du lieutenant-particulier de Chaumont en Bassigny, par laquelle les religieux de l'abbaye de la Crette, cessionnaires par bail à vie de la portion des fruits & revenus appartenans à leur abbé, moyennant quatre mille livres par an, outre les charges évaluées deux mille liv. avoient été condamnés à faire leur déclaration de la valeur annuelle des biens, & à en payer le *centième-denier* sur le pied du capital, au denier dix, avec le triple de droit encouru.

Un autre arrêt du conseil du 30 janvier 1728 a condamné Réné Bertrand à payer le *centième-denier* d'un bail à vie, tant sur le capital au denier dix des deux mille livres du prix annuel, que sur les quatorze mille livres qu'il s'étoit obligé d'employer en bâtimens.

Par un autre arrêt du conseil du 24 mars 1729, les prieur & religieux de l'abbaye de Painpont, cessionnaires par bail à vie de la portion des fruits & revenus de leur abbé, moyennant cinq mille cinq cens livres par an, outre les charges évaluées six cens livres, ont été condamnés à faire insinuer ce bail à vie, & à payer le droit de *centième-denier* sur le pied du denier dix de la valeur des revenus.

Un autre arrêt du conseil du 23 août 1732, rendu contre la comtesse de Mailly, qui avoit acquis à vie des religieuses de Poissy un arpent & demi de terre en friche, à la charge d'y faire bâtir une maison, a jugé que le droit de *centième-denier* étoit dû sur le prix & sur la valeur de cette maison.

Un autre du 14 mars 1733, rendu contre les bénédictins d'Argenteuil, preneurs à vie des revenus de leur prieur commandataire, les a condamnés à en payer le droit de *centième-denier*, sans distraction des charges & réparations.

Un autre arrêt du conseil du 20 juillet 1737, rendu contre le sieur la Fautrice, curé d'Argenton, pour l'acquit de la portion congrue duquel & des curés ses successeurs le pénitencier de l'église d'Angers avoit abandonné la jouissance de certains biens moyennant une redevance annuelle, a jugé que l'acte ne pouvoit être considéré que comme un bail à vie, & que le droit de *centième-denier* en étoit dû.

Un autre arrêt du conseil du 29 juillet 1747, rendu contre la dame veuve du sieur Mazois, à laquelle son fils avoit cédé la jouissance d'une portion de maison pour lui tenir lieu des arrérages d'une somme de vingt mille livres, dont il s'étoit trouvé débiteur envers elle par l'acte de compte de la succession du père, a jugé qu'on ne pouvoit considérer l'acte que comme un bail à vie, dont le *centième-denier* étoit dû.

Par un autre arrêt du 24 décembre 1754, il a été jugé que le droit de *centième-denier* étoit dû pour le bail à vie d'une commanderie, fait, en 1724, par M. le grand-prieur de France à feu M. Bernard, maître des requêtes, nonobstant l'allégation des créanciers, que ce bail n'avoit eu aucune exécution.

De la perception du centième-denier des baux à rentes foncieres, rachetables & non rachetables. Comme ces actes sont translatifs de propriété, ils ont été assujettis au droit de *centième-denier* par différentes loix, telles que l'édit d'octobre 1705, la déclaration du mois de mars 1708, &c. mais les baux à rente des biens des religionnaires fugitifs, que passe le régisseur de ces biens, ne doivent pas le *centième-denier*, parce qu'ils ne transférent aucune propriété.

Un arrêt du conseil du 14 avril 1736 a fait défense au sous-fermier des domaines de Bordeaux & à tous autres de faire à l'avenir aucune poursuite au sujet du *centième-denier* des baux à rente des biens des religionnaires fugitifs, fait par le régisseur de ces biens.

Un autre arrêt du 10 juin 1749, rendu contradictoirement entre le fermier des domaines & le régisseur des biens des religionnaires fugitifs, a déchargé François Guilhem Bertin, Antoine Bergoignon & le nommé Hénin du droit de *centième-denier* qui leur étoit demandé pour raison du bail à rente, fait à Bertin le 3 août 1735, en vertu d'un arrêt du conseil, & à cause des subrogations faites de ce bail, le 8 juin 1736, par Bertin à Bergoignon, &, le 5 mars 1743, par Bergoignon à Hénin.

Le conseil a pareillement décidé, le 9 février 1750, en faveur du sieur Morice, qu'il n'étoit point dû de droit de *centième-denier* pour la cession d'un bail à rente des biens d'un religionnaire fugitif, faite à un tiers par celui à qui le bail à rente avoit été passé par le régisseur.

De la perception du centième-denier en matière de vente à faculté de rachat ou de réméré. Quoiqu'une vente à faculté de rachat soit susceptible d'être résolue, elle ne transfère pas moins la propriété, & le droit de *centième-denier* en est dû dès l'instant du contrat, quelle que soit la durée de la faculté: c'est pourquoi il a été jugé différentes fois que le droit de *centième-denier* devoit être payé pour des ventes à faculté de *réméré*, quoique cette faculté eût été exercée avant la demande du droit, & que par conséquent ces ventes se fussent trouvées sans effet lors de cette demande.

Il n'est dû aucun droit de *centième-denier* pour l'exercice de la faculté de *réméré*, pourvu qu'il ait lieu de la part du vendeur ou de son héritier en ligne directe, dans le délai stipulé par le contrat, & que ce délai n'excède pas neuf années. Mais si la faculté de *réméré* n'étoit exercée qu'après le temps énoncé au contrat, le droit de *centième-denier* seroit dû. Il seroit pareillement exigible si cette faculté étoit exercée, dans le temps convenu, par un cessionnaire du vendeur ou par son héritier en ligne collatérale.

La faculté de réméré, étant une condition expresse de la vente, doit être exprimée dans le contrat. Si elle étoit stipulée dans un acte particulier, le retour des biens à la disposition du vendeur ne seroit plus considéré que comme une revente sujette au droit de *centième-denier*.

C'est d'après ce principe que, par arrêt du 20 mars 1755, le conseil a confirmé une ordonnance de l'intendant de Poitiers qui avoit condamné le sieur Pellard de Montigny au paiement du droit de *centième-denier* d'une rétrocession à lui faite le 23 décembre 1752, sous le titre d'exercice d'une faculté de réméré de biens qu'il avoit vendus au sieur Mourain le 16 janvier 1751. Les biens avoient été vendus purement & simplement, & le même jour les parties avoient reconnu par un acte sous seing-privé, que cette vente n'avoit eu lieu que pour assurer au sieur Mourain l'intérêt de huit mille livres qu'il avoit prêtées au sieur de Montigny, & que celui-ci pourroit exercer la faculté de *réméré* pendant deux ans, comme une condition expresse.

Le conseil auroit peut-être jugé différemment, si la faculté de *réméré*, au lieu d'être stipulée par une convention sous seing-privé, l'avoit été par un acte passé devant notaires le jour même de la vente.

De la perception du centième-denier en matière d'antichrèse. L'édit du mois d'octobre 1705 & la déclaration du 20 mars 1708 mettent l'antichrèse au nombre des actes translatifs de propriété qui doivent être insinués, & dont le *centième-denier* doit être payé dans le temps, & sous les peines portées par les réglemens.

C'est sur ce principe que, par arrêt du conseil du 14 mai 1720, M. de Saint-Offrange a été condamné à payer sept cens livres pour le *centième-denier* d'une terre dont la jouissance lui avoit été adjugée par sentence volontaire jusqu'au parfait paiement du capital & des arrérages d'une somme de soixante & dix mille livres qu'il avoit donnée à constitution à des mineurs.

Il a pareillement été décidé par arrêt du conseil du 5 août 1756, contre la dame Defresne, veuve Jombert, qui avoit renoncé à la succession de son mari, qu'elle devoit le *centième-denier* d'une maison provenant de cette succession, & dont il lui avoit été permis par sentence de se mettre en possession pour en percevoir les loyers à imputer sur les intérêts échus & à écheoir des sommes à elle dues, & subsidiairement sur les capitaux.

De la perception du centième-denier en matière de contrats pignoratifs & d'engagement. Les notaires de Tours prétendirent, en 1715, que les contrats pignoratifs & d'engagement ne devoient point être assujettis au droit de *centième-denier*, attendu qu'ils n'opéroient aucune mutation de propriété. Ils exposèrent que, quand un particulier vouloit, par exemple, emprunter une somme de mille livres, il simuloit, au profit du prêteur, la vente d'un domaine valant cinq ou six mille livres : &, par le même acte, le prêteur lui laissoit ce domaine à titre de ferme pendant le temps convenu, moyennant cinquante livres par an, qui faisoient l'intérêt de la somme prêtée, avec faculté à l'emprunteur de rendre les mille livres dans le temps fixé; au moyen de quoi, le contrat demeureroit nul, & l'emprunteur continuoit toujours de jouir, sans que le prêteur pût l'en empêcher, quoique la somme n'eût pas été rendue, celui-ci n'ayant que le droit de faire assigner celui-là pour le faire condamner au remboursement des mille livres prêtées : d'où ils concluoient qu'une telle convention n'étoit qu'une sorte de constitution simulée, faite de cette manière pour empêcher la prescription qui s'acquiert, après cinq ans, dans la coutume de Touraine contre les contrats de constitution, & pour pouvoir en même temps tirer l'intérêt de la somme prêtée. Ces représentations étoient appuyées par l'avis de M. l'intendant de Tours qui croyoit que le *centième-denier* n'étoit pas dû. Mais le conseil décida le 3 août 1715, que la déclaration du 20 mars 1708, ayant expressément assujetti au droit de *centième-denier* les contrats pignoratifs & d'engagement, M. l'intendant devoit se conformer à cette loi.

Pierre Burat ayant délaissé, à titre de jouissance pendant cinq ans, à la veuve Cabat une maison moyennant trois mille quatre cens quatre livres que cette veuve devoit payer, suivant les délégations portées au contrat, avec stipulation qu'elle jouiroit jusqu'au remboursement de cette somme, sans même que le vendeur pût rentrer dans la maison avant les cinq ans, le conseil a décidé le 12 novembre 1721, que les clauses de cet acte justifioient que c'étoit un contrat pignoratif, sujet au *centième-denier.*

Par arrêt du 29 août 1744, le conseil a confirmé une ordonnance de l'intendant d'Alençon, par laquelle le sieur Dubose d'Epinay a été condamné à payer le *centième-denier* d'une terre dont les revenus lui étoient délégués & à ses hoirs par M. de Tourouvre, en paiement de trois mille livres de rente jusqu'au remboursement du capital.

Par un autre arrêt du 7 septembre 1748, le conseil a jugé que le *centième-denier* étoit dû au sujet d'un acte portant constitution de rente à prix d'argent, pour le paiement de laquelle le débiteur avoit délégué des contrats sur l'hôtel-de-ville de Paris, avec déclaration qu'il consentoit que le créancier obtînt des lettres de ratification afin de toucher sur ses propres quittances. On opposoit qu'il ne s'agissoit que d'une délégation ordinaire & d'un simple nantissement : mais le créancier devant jouir jusqu'au remboursement, sa jouissance étoit indéfinie, & par conséquent donnoit ouverture au droit.

Par un autre arrêt du 15 juillet 1751, le conseil a débouté le sieur Pichon de sa demande en restitution du droit de *centième-denier*, exigé de lui pour un bien qu'il administroit en vertu d'un jugement rendu depuis plus de neuf ans, & en attendant qu'il obtînt satisfaction des héritiers de son débiteur.

De la perception du centième-denier en matière de résolution de vente. La déclaration du 20 mars 1708 a soumis au droit de *centième-denier* les résolutions volontaires de ventes, ainsi que les arrêts, jugemens ou autres actes translatifs & rétrocessifs de propriété de biens immeubles; mais sous ces dénominations on ne doit pas comprendre les résolutions forcées qui prononcent la nullité du contrat sur le fondement d'un vice inhérent à l'acte, parce que ces résolutions n'opérant aucun mutation, il en résulte qu'il n'y a point eu de vente, ni par conséquent de rétrocession.

Le sieur Henry avoit vendu une terre à Jean Plaisant par contrat de 27 septembre 1709, qui fut insinué le 10 octobre suivant; l'acquéreur, ayant voulu se mettre en possession, trouva que la terre avoit été saisie réellement, dès le 3 du même mois, à la requête d'un créancier du vendeur; en conséquence, le contrat fut résolu entre les parties le 15 du même mois d'octobre, à condition que Plaisant satisferoit à tous les droits qui pourroient être demandés pour raison de ce contrat : il se pourvut devant l'intendant de Metz, qui jugea que non-seulement il n'étoit pas dû de *centième-denier* pour la résolution, mais encore que celui qui avoit été payé pour le contrat, devoit être restitué. Le fermier s'étant pourvu contre ce jugement, le conseil le réforma, tant sur le premier que sur le second chef, parce que la saisie-réelle n'avoit pas détruit la vente qui étoit antérieure, & qu'en cas d'éviction, l'acquéreur avoit un recours de garantie à exercer contre le vendeur.

Mais, par un autre arrêt du 15 novembre 1723, le conseil décida que le droit de *centième-denier*, payé pour une vente, seroit restitué par le fermier, attendu que les biens vendus avoient été précédemment saisis réellement, & qu'ils avoient ensuite été adjugés à un autre que l'acquéreur.

La dame Duhamel vendit la terre d'Oiffel le 24 mars 1711, par un acte sous signature privée, tant en son nom personnel, comme ayant des créances sur cette terre pour sa dot & pour une rente constituée, qu'en qualité de tutrice & se faisant fort de ses enfans, au sieur de la Houssaye, receveur des gabelles, moyennant soixante-un mille livres, & elle s'obligea personnellement de faire valoir la vente, à peine de tous dépens, dommages & intérêts. M. Duhamel, président au parlement de Rouen, devenu majeur au mois de novembre 1712, se mit en état de ratifier la vente, en passant un acte préliminaire & relatif à cette ratification; dans ce même temps l'acquéreur donna à la dame Duhamel une somme de dix mille livres à titre de constitution, mais pour servir de compensation au prix du contrat; cet acquéreur resta en jouissance jusqu'en 1714, qu'il fut constitué prisonnier à la requête du procureur-général de la cour des comptes, aides & finances de Normandie, faute de paiement du produit de sa recette des gabelles. Dans cette circonstance, M. Duhamel lui fit proposer la résolution, en reconnoissant qu'il avoit reçu les dix mille livres, & ils convinrent de cette résolution par leurs lettres, sur lesquelles M. Duhamel présenta sa requête à la cour des comptes, aides & finances, & obtint arrêt le 31 juillet 1714, du consentement de M. le procureur-général & du fermier des gabelles, par lequel arrêt il fut envoyé en possession de la terre, en remboursant les dix mille livres qu'il avoit reçues à compte. Le fermier lui ayant demandé les droits de la vente sous signature-privée, & le *centième-denier* de la résolution, il soutint que la vente étoit nulle, comme faite par sa mère, sans aucune autorité & sans avis de parens, de biens qui ne lui appartenoient pas; qu'il n'avoit point ratifié cette vente après sa majorité, qu'ainsi il n'avoit jamais été dessaisi de la propriété de ces biens; il intervint une ordonnance qui débouta le fermier de ses demandes. Sur l'appel au conseil, le fermier observa que la vente avoit été faite par la mère créancière, avec garantie personnelle de sa part; que les actes passés par le fils à sa majorité, & la somme par lui reçue, opéroient une ratification suffisante; enfin que la vente avoit eu son effet pendant plus de trois ans, & que M. Duhamel n'étoit rentré dans les biens que par le seul défaut de paiement du reste du prix: en conséquence le conseil condamna M. Duhamel, par arrêt du 19 mars 1718, au paiement des droits de la vente, sauf son recours, & personnellement au paiement du droit de *centième-denier* de la résolution ordonnée par l'arrêt de la cour des comptes, aides & finances.

Le sieur Vanquelin avoit vendu le 2 décembre 1719, devant des notaires de Paris, au sieur de la Vieuville, deux pièces de terre, moyennant dix mille cinq cens livres payées comptant, & l'acquéreur avoit reconnu que les titres de propriété lui avoient été remis; mais par une contre-lettre sous signature-privée, le vendeur avoit reconnu qu'il n'avoit fourni aucun de ces titres, & s'étoit obligé de les remettre dans un mois, & de faire emploi du prix qui lui avoit été payé, à peine de résiliation & de nullité du contrat, & de restitution du prix, comme conditions expresses du contrat, sans lesquelles il n'auroit pas été fait; n'ayant satisfait à aucune de ces conditions, il fut assigné au châtelet de Paris, où il intervint sentence le 30 juillet 1720, portant résiliation du contrat, comme non-avenu, & condamnation contre l'acquéreur à restituer le prix, les intérêts & les frais du contrat, laquelle sentence fut exécutée le dix mai suivant. Le fermier ayant demandé le droit de *centième-denier* de la vente qui n'avoit pas été insinuée, le sieur Vanquelin se pourvut au conseil, & soutint que ce droit n'étoit pas dû, parce que le contrat ayant été déclaré nul en justice, faute d'exécution de conditions expresses, étoit censé n'avoir pas été fait. Mais comme le contrat étoit parfait en soi, l'acquéreur fut condamné par arrêt du conseil du 20 juin 1721, à payer le *centième-denier* de l'acquisition, & le vendeur à payer un autre *centième-denier* pour la résolution.

Le sieur de la Viagerie avoit vendu le 15 juin 1720, un domaine à la dame d'Aydic, moyennant cinquante-un mille livres, dont six mille livres furent payées comptant, & il fut accordé des termes pour le surplus; cette dame, pour se libérer, offrit ensuite des billets de banque, qui furent refusés; il intervint sentence au présidial de Périgueux, le 24 septembre 1720, portant acte des offres, & que les effets seroient consignés; sur l'appel au parlement, & après un appointement, les parties transigèrent le 23 juin 1721, en convenant que le contrat de vente demeureroit nul, résilié & sans effet; que la dame d'Aydic retireroit sa consignation, & que le vendeur rentreroit dans les biens, dont il délaisseroit néanmoins une partie, jusqu'à concurrence des six mille livres qu'il avoit reçues, si mieux il n'aimoit les rembourser. Le fermier ayant demandé pour cet acte le droit de *centième-denier*, l'intendant de Bordeaux jugea qu'il n'en étoit point dû: mais la vente avoit été parfaite, & la résolution volontaire qu'on en avoit faite sur la seule difficulté de recevoir en paiement des effets qui avoient cours, étoit une rétrocession; en conséquence, par arrêt du 22 juillet 1721, le conseil réforma le jugement de l'intendant, & ordonna que le *centième-denier* seroit payé pour la résolution sur le pied du prix entier de la vente.

Jean Mallet avoit vendu en 1714, à Michel Tourin, une maison moyennant six mille cinq cens livres: Tourin fut ensuite poursuivi pour être condamné à payer ou à rétrocéder; en conséquence Tourin rétrocéda en 1718, moyennant cent vingt-cinq livres qui lui furent payées pour les améliorations qu'il avoit faites : le fermier ayant demandé le droit de *centième-denier*, tant pour la vente, que pour la résolution ou rétrocession, le lieutenant-général d'Orléans n'adjugea que le *centième-denier* de la rétrocession, & décida qu'il n'étoit pas dû pour la vente ; mais par arrêt du conseil du 17 novembre 1722, l'ordonnance de ce magistrat fut cassée, & Mallet condamné à payer le *centième-denier*, tant pour la vente, que pour la résolution ou rétrocession, sauf son recours contre l'acquéreur pour le droit de la vente.

Les enfans de Paschal Macaire, ayant fait déclarer nulle, par sentence, la vente que durant leur minorité, leur mère avoit faite d'un bien qui leur appartenoit, sans avoir observé aucune formalité, le conseil décida le 13 mars 1721, que non-seulement le *centième-denier* n'étoit pas dû pour la résolution de la vente, mais encore qu'il ne pouvoit être perçu pour la vente même. Cette décision paroît opposée à celle du 19 mars 1718, intervenue dans un cas originairement semblable, contre M. le président Duhamel, & que nous avons rapportée précédemment ; mais il y a cette différence, que M. Duhamel, devenu majeur, avoit en quelque façon ratifié la vente.

Par un autre arrêt du 12 août 1725, le conseil a jugé qu'il n'étoit point dû de *centième-denier* pour la résolution prononcée au châtelet de Paris, sur la demande de l'acquéreur, parce que la terre vendue en entier, & sous un titre qu'elle n'avoit pas, se trouva avoir été précédemment démembrée.

Le conseil a pareillement décidé le 6 avril 1727, qu'il n'étoit point dû de *centième-denier* pour une vente faite par des mineurs autorisés d'un tuteur à cet effet, contre laquelle ils avoient ensuite pris des lettres de rescision, qui avoient été entérinées en annullant la vente.

Par une autre décision du 16 mars 1731, le conseil a jugé qu'il n'étoit point dû de *centième-denier* au sujet de la résolution judiciaire d'un contrat d'échange d'immeubles déclaré nul, parce que l'une des parties n'avoit pas la propriété de ce qu'elle avoit cédé en échange.

Une vente peut être résolue à défaut d'exécution de quelques clauses du contrat : ainsi une telle résolution est fondée sur une cause inhérente au contrat, mais cette cause n'annulle l'acte que pour l'avenir : la vente a eu son effet jusqu'alors, c'est pourquoi le *centième-denier* en est dû.

Lorsqu'il est stipulé par le contrat de vente que, faute de paiement, le vendeur pourra rentrer en possession, & qu'en conséquence il fait résoudre la vente en justice, la jurisprudence du conseil est de considérer si la convention a eu quelque exécution par la jouissance de l'acquéreur, ou par quelque paiement fait à compte : dans ce cas, on prononce que le *centième-denier* est dû. C'est pourquoi le conseil a décidé le 31 janvier & le premier mai 1728, que le droit de *centième-denier* étoit dû pour des résolutions de vente prononcées judiciairement, faute de paiement du reste du prix.

Mais par une autre décision du 8 janvier 1729, rendue en faveur des héritiers de la dame de Champagne, le conseil a jugé qu'il n'étoit point dû de *centième-denier* pour la résolution prononcée au châtelet de Paris, le premier juillet 1721, d'une vente faite le 6 juin 1720, par cette dame au sieur Dassiot, qui s'étoit obligé à payer en entier le prix de son acquisition dans un an, & qui n'avoit rien payé.

Par d'autres décisions des 10 avril 1734, & 17 janvier 1739, le conseil a jugé que le droit de *centième-denier* étoit dû pour des rentrées en possession en vertu de sentence, faute de continuer le paiement de rentes viagères qui faisoient le prix des ventes.

Mais par une autre décision du 7 mars 1739, rendue en faveur du sieur Marchand, qui étoit rentré juridiquement en possession des biens qu'il avoit vendus dix-huit mois auparavant, parce que l'acquéreur n'avoit pas payé dans l'année conformément au contrat, il a été jugé que le *centième-denier* n'étoit pas dû, à moins que le fermier ne justifiât qu'il y avoit eu quelque paiement fait à compte de l'acquisition.

Par une autre décision du 26 avril 1745, le conseil a réformé une ordonnance de l'intendant de Rouen, & condamné le sieur de Brument au paiement du droit de *centième-denier* d'une résolution de vente prononcée par sentence, qui déclaroit le contrat nul, faute de paiement du reste du prix.

De la perception du centième-denier en matière de démission & d'abandonnement de biens. Le droit de *centième-denier* des démissions est dû même en ligne directe, parce que la faveur accordée à cette ligne, n'a lieu que pour ce qu'on donne par contrat de mariage aux enfans qui se marient, & le droit doit être perçu sur la valeur entière des biens, sans distraction, sous prétexte d'usufruit ou de pension réservés par les démettans.

Par arrêt du 8 mars 1718, le conseil, en réformant une ordonnance de l'intendant de Bretagne, a condamné le sieur Charrette & la dame son épouse, à rapporter au fermier le droit de *centième-denier* d'une terre dont le père & la mère de cette dame s'étoient démis en leur faveur, sous la réserve d'une pension viagère. Le sieur de la Charrette avoit opposé aux prétentions du fermier, qu'il ne pouvoit avoir de propriété qu'après le décès du père, & que s'il survenoit un enfant mâle, la terre ne pourroit rester à son épouse ; en conséquence l'intendant avoit ordonné qu'il ne seroit perçu qu'un droit d'insinuation de la pension viagère, & que le *centième-denier* seroit restitué.

Par un autre arrêt du 22 août 1721, le conseil a débouté le sieur de Saint-Pol de sa demande en restitution des droits de *centième-denier* & d'insinuation, payés pour la démission faite en sa faveur par son aïeul.

Par un autre arrêt du 6 avril 1723, le conseil a condamné les enfans du sieur Turpin, à payer le droit de *centième-denier* des biens de leur père, situés dans la généralité de Lyon, & qu'il leur avoit abandonnés sous la réserve d'une pension de mille livres.

La dame veuve du sieur Davaux, secrétaire du roi, ayant prétendu qu'il n'étoit point dû de *centième-denier* pour abandon par elle fait de son bien à ses enfans, le conseil a décidé le 27 juin 1723, que ce droit étoit dû pour les donations & démissions, quoique en ligne directe, lorsqu'elles n'étoient pas faites par contrat de mariage, ou par disposition à cause de mort.

Le conseil a aussi décidé le 13 avril 1726, contre un conseiller au grand-conseil, que le *centième-denier* étoit dû pour les biens que son père lui avoit donnés. Ce magistrat demandoit la décharge du droit, sous prétexte qu'il s'étoit marié trois semaines après la donation, & qu'elle avoit été rappellée par son contrat de mariage.

Une pareille décision est intervenue le 13 décembre 1735, contre le sieur de Favière, donataire de son père & de sa mère. Il opposoit à la prétention du fermier que la donation n'étoit postérieure que de six jours à son contrat de mariage; que son père n'ayant pu, à cause de son grand âge, se transporter à vingt-cinq lieues, avoit ratifié le contrat de mariage par l'acte de donation, & il soutenoit devoir être exempt du *centième-denier*, comme si la donation avoit été faite par le contrat de mariage.

Par arrêt du 22 août 1750, le conseil a réformé une ordonnance de l'intendant de Paris, par laquelle la demoiselle Tauxier avoit été déchargée du droit de *centième - denier*, répété pour la démission de bien à elle faite, & à la dame de Bouville sa sœur, par leur père, après la mort de leur mère : la demoiselle Tauxier opposa en vain que sa sœur avoit refusé la démission pour s'en tenir à son contrat de mariage; que cette démission n'avoit pas même eu d'exécution, parce qu'elle y avoit renoncé, & qu'elle n'avoit accepté la succession de son père qué sous bénéfice d'inventaire; enfin, qu'il s'agissoit d'une succession directe.

Par un autre arrêt du 13 février 1751, le conseil a condamné les dames du Frêne & de Gargilesse à payer le *centième-denier* de la valeur entière des biens que leur père leur avoit abandonnés, à la charge d'acquitter les dettes, & sous la réserve d'une pension.

Un autre arrêt du 5 août 1756 a confirmé une ordonnance de l'intendant de Limoges, par laquelle les sieurs Adam & Michel Ménard avoient été condamnés au paiement du *centième-denier* des immeubles compris dans la démission à eux faite par leur mère sous seing-privé en 1726. Ils prétendoient que ce droit n'étoit pas exigible, parce qu'il s'agissoit d'un succession directe anticipée.

Lorsqu'un acte de démission contient le partage des biens entre les démissionnaires, & qu'il y a des retours de lots que les uns doivent payer aux autres, le droit de *centième-denier* n'est exigible que relativement à la démission, pourvu que le tout soit renfermé dans un seul acte. La raison en est qu'il n'y a effectivement qu'une mutation, puisque les démissionnaires n'ont point eu de propriété intermédiaire, & que le désaisissement du démettant est censé fait en faveur de ceux qui restent propriétaires par le partage. C'est d'après cette jurisprudence que le conseil a décidé le 12 avril 1753, que le fermier restitueroit un de deux droits du *centième-denier* qu'il avoit perçus pour raison d'une démission contenant partage avec soulte, laquelle demission avoit été faite par un père & une mère en faveur de leurs enfans.

Lorsque, par l'acte d'abandonnement volontaire des biens qu'un débiteur fait à ses créanciers, il est stipulé que ces biens seront vendus, & le prix employé à l'acquit des dettes, le débiteur demeure propriétaire, & ses créanciers ne peuvent être considérés que comme chargés de la procuration pour vendre; c'est pourquoi un tel acte ne donne pas ouverture au droit de *centième-denier* : mais si l'abandonnement n'étoit pas fait à la charge que les créanciers vendroient les biens, & qu'ils pussent les conserver ou en disposer à leur gré, ce seroit alors un acte translatif de propriété sujet au droit de *centième-denier*.

C'est d'après cette jurisprudence que par arrêts du conseil des premier décembre 1733, 14 août 1734, & 14 juin 1738, les créanciers de Jean Allevet ont été condamnés au paiement du *centième-denier* des biens qu'il leur avoit abandonnés.

Par un autre arrêt du 12 janvier 1758, le conseil a jugé qu'il étoit dû un droit de *centième-denier* à cause de la succession collatérale du sieur de Lanut, décédé six mois après avoir fait l'abandonnement de ses biens à ses créanciers, à la charge de les vendre en direction. La raison de cette décision est que, par cet abandonnement, le sieur de Lanut n'avoit pas été dessaisi de la propriété de ses biens, lesquels n'avoient été adjugés en direction que depuis sa mort.

De la perception du centième-denier en matière de dot. La jurisprudence du conseil est de considérer la nature de l'action transmise aux enfans en les mariant : si l'on avoit stipulé que la dot seroit payée en argent, & qu'on vînt ensuite à la payer en immeubles, le *centième-denier* en seroit dû, parce que la loi y assujettit toute mutation de biens immeubles, même en ligne directe, à la seule exception de la succession & de la donation par contrat de mariage; mais si l'on avoit stipulé que la dot se délivreroit en immeubles, il ne seroit point dû de *centième-denier*, parce que la cession des immeubles promis ne seroit que l'exécution du contrat de mariage. Il faut néanmoins observer que s'il avoit été dit que la dot s'acquitteroit en immeubles après le décès du père & de la mère,

& que, par anticipation, ces immeubles eussent été cédés de leur vivant, ce seroit un avancement d'hoirie pour lequel le *centième-denier* seroit exigible.

S'il avoit été dit que la dot se paieroit en argent ou en immeubles, au choix du père & de la mère, & qu'ensuite on vînt à céder des immeubles en paiement, le droit de *centième-denier* en seroit dû, parce qu'il n'auroit été transmis à l'enfant doté aucun droit réel, & qu'il n'auroit eu qu'une créance dont le débiteur pouvoit se libérer en deniers ou en immeubles.

Mais si l'on avoit laissé à l'enfant doté le choix d'exiger de son père, ou de ses héritiers, le paiement de sa dot en deniers, ou en immeubles, provenant de l'hérédité directe, il ne seroit point dû de *centième-denier* pour le fonds de cette hérédité qu'on lui céderoit, parce qu'il y auroit un droit réel, & que la cession ne seroit que l'exécution du contrat.

C'est d'après la jurisprudence qu'on vient d'établir, que, par arrêt du 13 janvier 1726, Elie Romain a été condamné au paiement du droit de *centième-denier* d'une maison que le père & la mère de sa femme lui avoient abandonnée pour se libérer d'une somme qu'ils lui avoient promise en dot par son contrat de mariage, & qui avoit été stipulée payable en rentes sur les aides & gabelles.

Par un autre arrêt du 7 janvier 1727, la veuve du sieur Breton, procureur à Meaux, a été condamnée à payer le *centième-denier* des immeubles qui lui avoient été cédés en paiement des quarante mille livres que sa mère lui avoit promises en la mariant.

Par un autre arrêt du 21 décembre 1727, le sieur Bertin, trésorier des parties casuelles, a été déchargé du droit de *centième-denier* des immeubles qui lui avoent été cédés en directe par le père de la dame son épouse. Cette décision est fondée sur ce qu'il étoit stipulé par le contrat de mariage que la dot seroit payée immédiatement après le mariage, en tels immeubles que les futurs conjoints voudroient choisir; ainsi la cession dont il s'agit, n'étoit que l'exécution du contrat.

Par un autre arrêt du 24 septembre 1729, le sieur de Chedouville a été condamné à payer le *centième-denier* des immeubles à lui cédés par son père en paiement d'une somme promise pour dot par contrat de mariage.

Par un autre arrêt du 28 octobre 1730, le conseil a jugé que la dame David, épouse du sieur Aubry, ne devoit pas le *centième-denier* de la maison que sa mère lui avoit cédée pour satisfaire à la clause du contrat de mariage, par laquelle son père & sa mère lui avoient promis cinquante mille livres en effets immobiliers. Il est clair qu'en ce cas, la cession de la maison n'étoit que l'exécution pure & simple du contrat de mariage.

En 1714, la mère de la dame de Seton lui constitua, par contrat de mariage, trente mille livres, dont six mille furent payées comptant; & pour le reste, la mère s'obligea d'en payer l'intérêt durant sa vie, avec stipulation que si elle n'en faisoit pas le remboursement, la dame de Seton pourroit s'en faire payer en deniers, ou en immeubles, au choix néanmoins des héritiers de la mère: après la mort de celle-ci, M. Ferrand, son petit-fils & son héritier, abandonna, en 1756, à la dame de Seton des biens de la succession situés dans la généralité de la Rochelle. Sur la demande du *centième-denier*, la dame de Seton opposa que n'ayant jamais eu le droit de se faire payer en argent, on ne pouvoit la considérer comme simple créancière; qu'elle avoit un droit réel sur les biens, & qu'il provenoit d'une succession directe; mais, comme par le contrat de mariage il n'avoit été transmis à la dame de Seton, ni biens immeubles, ni droit d'en exiger en paiement, le conseil décida le 26 juillet 1759, que le droit de *centième-denier* étoit dû.

De la perception du centième-denier en matière de biens domaniaux. Les biens qui sortent des mains du roi pour entrer dans la possession des particuliers, sont exempts du droit de *centième-denier* pour raison de cette mutation: c'est pourquoi le conseil a décidé, le 27 janvier 1727, qu'il n'étoit point dû de *centième-denier* pour la vente que le roi avoit faite des biens qu'il avoit acquis à titre d'échange. Et le 20 avril suivant, le conseil a pareillement décidé que le droit dont il s'agit, n'étoit pas dû pour l'aliénation faite par les commissaires du roi, de biens adjugés à sa majesté à titre de confiscation.

Mais lorsque les mutations dans la possession des biens domaniaux ont lieu de particulier à particulier, le droit de *centième-denier* en est dû dans tous les cas où les autres biens-fonds y sont assujettis par les réglemens.

M. le duc de Luynes ayant demandé la décharge du droit de *centième-denier* de la terre de Baugé, échue par le décès de madame de Nemours, qui en étoit engagiste à madame de Luynes, le conseil décida le 19 novembre 1721, que les héritiers des engagistes devoient le droit de *centième-denier* dans les mêmes cas que les autres possesseurs de biens-fonds.

Par une autre décision du 14 mai 1724, le conseil a jugé que les créanciers des communautés qui avoient pris en paiement de leurs créances quelques domaines engagés à ces communautés, devoient le droit de *centième-denier*.

M. de Rohan-Chabot ayant acquis de M. Meunier, la seigneurie domaniale de la terre de Jarnac, aliénée à faculté de rachat, & ayant demandé l'exemption du droit de *centième-denier*, le conseil décida le 25 juillet 1730, que les domaines aliénés par le roi étoient exempts du droit de *centième-denier* pour la première aliénation, mais que ce droit étoit dû pour une seconde mutation.

Le sieur le Blond, chargé des affaires du roi,

& son consul à Venise, prétendoit ne devoir le *centième-denier* de la terre de la Motte en Languedoc, à lui échue par le décès de son frère, que sur le pied de la finance pour laquelle celui-ci avoit acquis du roi cette terre à faculté perpétuelle de rachat; mais le conseil décida le 22 août 1750, que le droit devoit être payé sur le pied de la valeur de la terre.

Par une décision du premier décembre 1753, le conseil a jugé que le prince de Turenne, légataire universel du comte d'Evreux, devoit le *centième-denier* des droits d'aides d'Auxerre & de Vezelay, tenus à titre d'engagement.

De la perception du centième-denier en matière de succession. Les immeubles échus par succession en ligne directe, sont, comme on l'a déjà dit, exempts du droit de *centième-denier*: mais il en est autrement, comme on l'a dit aussi, des immeubles échus par succession en ligne collatérale: différentes loix ont assujetti ceux-ci au paiement du droit dont il s'agit.

Suivant ces loix, les héritiers en collatérale doivent déclarer la valeur & la consistance des biens qui leur sont échus, & représenter les titres de propriété, ainsi que les derniers baux de ces biens dans le bureau le plus prochain du lieu où ils sont situés, pour être procédé à la liquidation du droit de *centième-denier*. Ces héritiers sont tenus de certifier véritable leur déclaration, & d'affirmer qu'ils y ont compris tous les biens sujets au droit dont il s'agit. Dans le cas d'omission ou de fausse déclaration, ils encourent les amendes portées par les réglemens. Au reste, il est permis au fermier & à ses commis ou préposés de faire procéder, si bon leur semble, par experts convenus ou nommés d'office, à l'estimation de la valeur des biens mentionnés dans les déclarations, les frais de laquelle estimation doivent être supportés par les redevables, outre les peines & amendes, lorsque les biens se trouvent être de plus grande valeur que celle qui a été déclarée.

En conformité de cette jurisprudence, le conseil a ordonné, par arrêt du 2 octobre 1714, que l'évêque de Metz, héritier bénéficiaire du duc de Coaslin son frère, feroit déclaration de tous les biens de la succession, & qu'il en représenteroit les titres pour parvenir à la liquidation du droit de *centième-denier*.

Par un autre arrêt du 22 janvier 1729, rendu contre la dame de Mailloc, il a été dit que le *centième-denier* devoit être payé dans les différens bureaux où les biens étoient situés.

Par un autre arrêt du 26 janvier 1758, le conseil a réformé une ordonnance de l'intendant de Rouen, en ce qu'après avoir ordonné que les sieurs Fiquet feroient leur déclaration des biens des successions de leur frère & de leur sœur, il étoit dit que s'ils ne jugeoient pas à propos de rapporter les titres justificatifs de la valeur, le fermier pourroit faire procéder à une estimation par experts, & demander, en cas d'omission ou de fausse déclaration, la condamnation des peines prononcées par les réglemens; en conséquence, il avoit été ordonné qu'ils seroient tenus de représenter les titres.

L'ordonnance étoit irrégulière en ce qu'elle laissoit l'option aux héritiers de représenter les titres, ou de ne pas les communiquer. Lorsqu'un héritier n'a réellement aucun titre, on ne peut pas exiger l'impossible, mais il doit affirmer positivement qu'il n'en a point; dans ce cas, il peut donner une évaluation aux biens, sauf au fermier à prouver qu'elle est insuffisante, soit en faisant faire une estimation par experts, soit en rapportant d'autres preuves de la valeur réelle des mêmes biens.

Lorsque les biens sont affermés, le *centième-denier* est dû par l'héritier collatéral, sur le pied du capital au denier vingt du revenu lors de l'ouverture de la succession, & non sur le prix des acquisitions; mais lorsque les biens ne sont pas affermés, il n'y a d'autre règle à suivre que celle du prix des contrats, pourvu qu'ils ne soient pas anciens. A défaut de nouveaux titres ou de baux existans, c'est à l'héritier à fixer la valeur par sa déclaration, sauf au fermier à en prouver l'insuffisance.

Sur cette valeur il ne doit être distrait aucune des charges dont l'héritier a la liberté de se libérer en deniers. Ainsi dans le cas où il y auroit une dette de mille écus, affectée sur des immeubles loués trois cens livres, l'héritier paieroit le *centième-denier* sur le pied de six mille livres, comme si la dette de mille écus n'existoit pas.

Le droit dont il s'agit, est pareillement dû sur la valeur entière des biens, quand même l'usufruit de ces biens appartiendroit à une tierce personne, & que l'héritier n'en auroit actuellement que la nue-propriété.

Les fruits & revenus des biens sujets au *centième-denier*, sont, comme nous l'avons déjà dit, spécialement affectés au paiement de ce droit: tout ce qui provient de la succession même en mobilier, y est aussi affecté par préférence à tout créancier. Si les immeubles ne sont point affermés, & qu'ils ne produisent point de fruits, on peut aussi s'attaquer aux biens meubles ou immeubles du débiteur du droit de *centième-denier*, pour le contraindre à l'acquitter.

Mais à cet égard le fermier n'a aucune préférence à prétendre. Une décision du conseil du 29 mai 1745, rendue contre le sieur Ricoul de Rouvray, curé de Sainte-Gemme en Anjou, a validé une saisie-exécution faite des meubles d'un débiteur du droit de *centième-denier* pour succession collatérale, en vertu de la contrainte qui lui avoit été signifiée douze jours auparavant.

Différens arrêts du conseil ont décidé que le *centième-denier* devoit être payé en même temps pour tous les immeubles de la succession, situés dans l'étendue d'un bureau quelconque; ainsi l'un des héritiers

héritiers n'est pas fondé à demander qu'on reçoive le droit pour la seule portion qu'il prétend lui appartenir, & il peut être contraint à payer la totalité, sauf son recours sur les biens ou contre ses cohéritiers.

Le *centième-denier* des successions collatérales doit être payé dans les délais fixés par les réglemens, sans que les contestations qui peuvent subvenir entre les cohéritiers puissent faire différer le paiement.

Lorsque ceux qui sont habiles à succéder n'ont pas encore pris de qualité, ce n'est pas non plus un motif pour différer le paiement du droit de *centième-denier*, parce qu'il est dû dès l'instant de l'ouverture de la succession, soit qu'elle soit acceptée purement ou simplement, ou sous bénéfice d'inventaire, soit qu'elle soit répudiée, & qu'elle reste vacante. L'un de ceux qui sont habiles à se porter héritiers peut donc, pour éviter les frais qui seroient faits après les six mois, & qui seroient à la charge de la succession, faire la déclaration sans prétendre de qualité, & payer le droit, sauf à en exercer la reprise; c'est ce qui résulte de différentes loix confirmées par un grand nombre de décisions.

Le sieur Brunet du Bocage ayant opposé à la demande de *centième-denier* des biens de la succession de son frère, que cette succession lui étoit contestée par une prétendue veuve de son frère, qui disoit avoir un enfant, & qu'il y avoit une instance au parlement, il fut décidé au conseil, le 26 juin 1752, que le droit de *centième-denier* seroit payé, sauf à restituer par la suite si la succession venoit à être déclarée ouverte en ligne directe.

L'héritier bénéficiaire en ligne collatérale n'est pas moins tenu que l'héritier pur & simple, de payer le *centième-denier* des immeubles de la succession.

Si la succession est vacante, le droit de *centième-denier* pour les immeubles qui en dépendent, doit pareillement être payé par préférence à tout créancier, sur les fruits, revenus, & autres effets de cette succession, à moins toutefois que le défunt n'ait laissé des enfans; dans ce cas, la succession étant ouverte en ligne directe, il n'est point dû de *centième-denier*, tandis qu'elle reste vacante; mais si les enfans viennent à renoncer à la succession, & qu'elle soit acceptée par un autre parent, elle cesse d'être directe, & comme collatérale, elle doit le *centième-denier*.

Outre ce droit dû à cause de l'ouverture de la succession qui reste vacante en ligne collatérale, il est dû un droit de *centième-denier* par l'adjudicataire des biens, pour raison de l'acquisition qu'il en fait en paiement de ses créances, ou autrement; & si le premier droit n'a pas été acquitté, cet adjudicataire est tenu d'en faire le paiement, sauf son recours sur la succession.

C'est d'après cette jurisprudence que, par arrêt du 26 janvier 1743, le conseil a réformé une ordonnance d'un subdélégué de l'intendant de Rouen, & a jugé contre Anne Serré, veuve de Vincent Roussel, qu'il étoit dû deux droits de *centième-denier* de la succession vacante de ce même Roussel; l'un pour l'ouverture de cette succession, & l'autre pour l'adjudication des biens, faite judiciairement à la veuve en paiement de ses reprises.

Le conseil a d'ailleurs jugé une multitude de fois, que le droit de *centième-denier* étoit dû par les curateurs aux successions vacantes.

Par arrêt du 14 août 1770, le conseil, sans s'arrêter à une ordonnance de l'intendant de Bordeaux, du 6 janvier précédent, a ordonné que le droit de *centième-denier* de tous les immeubles dépendans de la succession vacante du sieur Escourre, seroit payé sur le pied de leur valeur entière, & qu'à cet effet les fermiers, régisseurs & receveurs des biens & revenus de cette succession, seroient contraints par les voies ordinaires, & par privilège à tout créancier.

En Normandie, les filles ne peuvent point être héritières tant qu'il y a des mâles, soit en ligne directe, ou en collatérale; elles ont seulement une créance sur la succession de leur père & de leur mère pour leur légitime, ou mariage-avenant, c'est-à-dire convenable, & elles ne peuvent point exiger d'immeubles; ainsi une fille qui a des frères, n'ayant point de propriété dans les immeubles, il ne peut être dû aucun droit de *centième-denier* lorsqu'elle décède sans enfans, quoique ses frères héritent de sa légitime ou mariage-avenant, parce que ce n'est qu'une créance.

Mais si la sœur devient héritière de son frère, elle doit le *centième-denier* de la totalité des immeubles, sans pouvoir faire la distraction de sa légitime; c'est ce qui a été jugé par arrêt du conseil du 11 février 1710, ainsi que par plusieurs décisions postérieures, dont une du 24 avril 1755, a été rendue contre la duchesse de Chaulnes.

La sœur doit pareillement payer le *centième-denier* des immeubles que son frère lui cède en paiement de sa légitime; c'est ce que le conseil a décidé plusieurs fois, notamment le 28 novembre 1750, le 21 avril 1755, & le 23 juin, le 2 octobre & le 9 décembre de la même année.

Lorsqu'un père & une mère, en instituant héritier un de leurs enfans par contrat de mariage, fixent la légitime des autres enfans, payable par l'institué, & que ceux-ci reçoivent en paiement de cette légitime fixée, quelques immeubles de la succession, ils en doivent le *centième-denier*; mais il en seroit autrement si, au lieu de s'en tenir à la légitime fixée, ils optoient, comme ils le peuvent, la légitime de droit. Dans ce dernier cas, ils ne devroient pas le *centième-denier*. Cette différence est fondée sur ce que les immeubles reçus pour la légitime fixée, sont donnés à titre de paiement d'une créance, au lieu que les légitimaires qui choisissent la légitime de droit, sont propriétaires de la portion que la loi leur accorde dans chaque espèce de biens; d'où il suit qu'ayant droit d'exiger les immeubles qui leur viennent par cette voie, ils ne peuvent être assujettis au *centième-denier*.

Si les enfans se contentoient de recevoir une somme d'argent à la place de leur légitime de droit, il y auroit alors cession de leurs droits réels en faveur de celui qui resteroit propriétaire de tous les biens, & par conséquent ce dernier seroit tenu de payer le *centième-denier* de la portion des légitimaires de droit dans les immeubles.

C'est en conformité de ces règles que, par arrêt du conseil du 17 décembre 1720, le comte de Lannoy a été condamné à payer le *centième-denier* d'une terre que le marquis de Clermont, son beau-frère, lui avoit cédée, pour être quitte de ce qu'il devoit à la comtesse de Lannoy sa sœur, pour ses droits dans la succession de sa mère.

Par un autre arrêt du 9 février 1727, le sieur Pomiers qui avoit traité avec sa sœur, moyennant une somme, pour les droits légitimaires qu'elle avoit à prétendre sur les successions de leur père & de leur mère, a été condamné à payer le *centième-denier* de la légitime de sa sœur, parce qu'en la recevant en argent, elle avoit fait une cession réelle à son frère.

Par un autre arrêt du conseil du 8 mai 1728, Marie-Suzanne Dupuget a été condamnée à payer le *centième-denier* des biens que son frère lui avoit cédés en paiement d'un legs à elle fait par sa mère, en paiement de sa légitime.

Le sieur Marinier ayant été institué héritier, à la charge de payer la légitime des cadets en fonds, ou en argent, ils renoncèrent à cette disposition, & demandèrent leur légitime en corps héréditaires: l'aîné ayant ensuite acquis leurs droits pour une somme d'argent, le conseil a jugé, par arrêt du 20 juillet 1737, que cet aîné devoit le *centième-denier*, parce qu'il y avoit cession de droits réels en sa faveur.

Par un autre arrêt du 23 novembre 1748, le conseil a jugé contre la dame Bourboulon, veuve du sieur Bourg de Montbrison, que le *centième-denier* étoit dû pour raison des immeubles que l'aîné institué avoit cédés à ses puînés, en paiement de leur légitime fixée par le testament du père, attendu que les puînés n'ayant pas renoncé au legs pour s'en tenir à la légitime en corps héréditaires, ils ne pouvoient exiger que la somme léguée.

Par un autre arrêt du 7 décembre 1752, le conseil, en réformant une ordonnance de l'intendant de Bourgogne, a condamné le comte de Lanty à payer un droit de *centième-denier*, à cause de la cession que son frère lui avoit faite de ses droits pour légitime, moyennant une somme d'argent.

Par un autre arrêt du 12 juillet 1754, le conseil a confirmé une ordonnance, par laquelle l'intendant d'Auch avoit condamné le sieur de Castellane à payer le *centième-denier* des biens que son frère aîné lui avoit cédés pour sa légitime, après avoir long-temps possédé tous les biens, & payé annuellement les intérêts de cette légitime.

On suit d'autres principes dans la province de Béarn: un arrêt de réglement rendu au conseil le 23 septembre 1778, a ordonné que les puînés auxquels, suivant les fors & coutumes de Béarn, il seroit délivré des immeubles pour les remplir de leurs légitimes, demeureroient, relativement aux objets de ce genre, affranchis de tout droit de *centième-denier*; & que la même exemption auroit lieu en faveur des aînés qui en payant la légitime des puînés en argent, conserveroient par ce moyen, la propriété de tous les immeubles provenans des successions de leurs pères & de leurs mères.

De la perception du centième-denier en matière d'usufruit. Le droit de *centième-denier* est dû pour tout usufruit d'immeubles, dans les mêmes cas où il est dû pour les mutations de propriété, à l'exception néanmoins de l'usufruit purement légal, c'est-à-dire de celui qui n'a pour fondement que les dispositions des coutumes, ou autres loix, comme le douaire coutumier, le droit de viduité appartenant au mari survivant sur les biens de sa femme en Normandie, & les autres usufruits semblables.

L'usufruit finit par la mort naturelle ou civile de l'usufruitier; il n'est dû aucun droit de *centième-denier* pour cette consolidation de jouissance à la propriété; mais si la consolidation se fait par anticipation, au moyen de la cession que l'usufruitier fait de son usufruit au propriétaire, gratuitement ou moyennant un prix, ou une rente viagère, le droit de *centième-denier* devient exigible, tant pour un usufruit légal, que pour un usufruit conventionnel.

Il en est de même de toute autre cession d'usufruit, laquelle opérant la mutation d'un droit réel, doit le *centième-denier* dans tous les cas où les mutations de la propriété y sont assujetties.

Au reste, le droit de *centième-denier* d'un usufruit ne se perçoit que sur le pied de la moitié de celui qui est dû dans le cas d'une mutation de propriété; ainsi lorsque l'usufruit est donné ou légué, & que l'on ne connoît pas le revenu des biens, il est dû, pour cet usufruit, la moitié du droit de *centième-denier* de la valeur entière des mêmes biens: si le revenu est connu, le droit de *centième-denier* doit être fixé sur le pied du capital au denier dix de ce revenu. A l'égard des cessions de l'usufruit en faveur du propriétaire, ou d'un tiers, il faut suivre les mêmes règles si la cession est gratuite; mais si elle est faite moyennant un prix, le droit de *centième-denier* est exigible sur la totalité de ce prix: si ce prix ne consiste qu'en une rente viagère, le droit n'est exigible que sur le pied du capital au denier dix de cette rente, pourvu que la cession ne soit pas faite par un principe gratuit, & que la rente viagère en soit tout le prix; car si l'on se désiste d'un usufruit par démission, donation, ou autrement, en retenant seulement une rente viagère, cette rente ne fait pas le prix de la cession d'usufruit; & dans ce cas, le droit de *centième-denier* est dû sur le pied du capital au denier dix du revenu.

Ces règles de fixation du droit n'ont lieu que pour l'usufruit attaché à la vie d'une personne; car si la jouissance est cédée ou aliénée pour un temps fixe, il faut examiner le temps de la durée, & se déterminer par les règles établies pour les baux à longues années, ensorte que si la jouissance ne doit pas excéder neuf années, il ne sera dû aucun droit de *centième-denier*; au-dessus de neuf années, & jusqu'à trente, il sera dû la moitié du droit de *centième-denier* de la valeur des biens; & au-dessus de trente années, le droit sera dû de la valeur entière des biens.

Quoique l'usufruit soit séparé de la propriété, le droit de *centième-denier* est dû pour les mutations de propriété à titre de succession, de donation, ou de legs, sur le pied de la valeur entière des biens, sans aucune déduction de l'usufruit; mais à l'égard des mutations par vente, comme ces réglemens ordonnent que le droit de *centième-denier* en sera payé sur le prix, il s'ensuit que le droit d'une vente de la nue-propriété n'est dû que sur le prix stipulé.

C'est d'après ces principes que, par arrêt du 22 mars 1732, le conseil a jugé que le droit de *centième-denier* étoit exigible pour raison de la propriété d'une maison léguée à la dame Raimond par son frere, indépendamment du demi-droit de *centième-denier* dû par le légataire de l'usufruit.

Le sieur de Beauregard ayant demandé, par un mémoire, que le conseil réglât ce qui devoit être payé pour raison des biens du sieur de Saint-Just, dont l'usufruit étoit légué à la dame de Beauregard, & la propriété aux enfans de cette dame, il fut décidé qu'il étoit dû un demi-droit de *centième-denier* pour l'usufruit, & un droit de *centième-denier* entier pour la propriété.

Quoique l'usufruitier ne doive que le demi-droit de *centième-denier*, le fermier peut l'obliger à faire l'avance des droits dus pour les mutations de la propriété, sauf son recours contre les propriétaires; c'est pourquoi le conseil a condamné, par arrêt du 26 janvier 1732, le sieur de Méricourt & la comtesse d'Uzès, légataires de l'usufruit des biens de la demoiselle Hourlier, dont ils avoient payé le demi-droit de *centième-denier*, à payer en outre le *centième-denier* de la valeur entière des mêmes biens, à la décharge des héritiers de la propriété, sauf leur recours contre ces héritiers.

Par un autre arrêt du 7 février 1736, la veuve de Jean-Baptiste le Gor, qui jouissoit des biens de son mari en vertu du don mutuel, a pareillement été condamnée à payer personnellement pour son usufruit un demi-droit de *centième-denier*, & à payer en outre le *centième-denier* de la valeur entière des mêmes biens, à cause de la propriété échue aux héritiers collatéraux, sauf son recours contre eux.

Le conseil a jugé le 31 janvier 1728, qu'il étoit dû un demi-droit de *centième-denier* pour la cession faite par la duchesse de Lude à M. d'Armentières, de l'usufruit à elle appartenant sur les biens dont il étoit propriétaire, moyennant une rente qui égaloit le revenu de ces biens.

Par une autre décision du 6 septembre 1732, le conseil a pareillement jugé qu'il étoit dû un demi-*centième-denier* pour l'abandonnement fait par la dame Castelnau en faveur de ses enfans, de l'usufruit qu'elle avoit sur les biens de son mari.

Par une autre décision du 22 janvier 1756, le conseil a réformé une ordonnance de l'intendant d'Amiens, qui avoit ordonné la restitution du droit de *centième-denier* perçu pour une cession d'usufruit, & a jugé que le droit étoit dû sur le capital au denier dix du revenu des biens.

Par une autre décision du 23 mars 1756, rendue contre la dame Vigier, le conseil a jugé que le demi-*centième-denier* étoit dû pour une cession d'usufruit faite postérieurement à la donation de la nue-propriété. Elle opposoit que le *centième-denier* dû pour la donation n'avoit été payé que depuis la cession de l'usufruit, & qu'on avoit fait payer ce droit sur la valeur entière; qu'ainsi il avoit été payé, tant pour la propriété que pour l'usufruit; mais il avoit dû être payé sur la valeur entière dès l'instant de la donation, & l'abandonnement postérieur de l'usufruit étoit dans le cas de toute autre cession d'usufruit.

De la perception du droit de centième-denier, relativement à quelques objets particuliers. Souvent il s'est élevé des contestations sur la nature de certains biens, pour savoir s'ils étoient sujets au droit de *centième-denier*: nous allons rapporter divers jugemens dont on pourra faire l'application aux espèces analogues à celles qu'ils auront décidées.

Par décision du 8 mars 1732, le conseil a jugé que les moulins à eau sous les arches du pont-au-change à Paris, ne sont pas des immeubles sujets au *centième-denier*.

Par une autre décision du 21 juin suivant, il a été jugé que le droit de *centième-denier* étoit dû pour la jouissance du cours d'eau d'une rivière à l'usage d'une forge, & pour un droit de pêche dans la rivière, concédés moyennant une rente.

Par une autre décision du 12 avril 1725, le conseil a condamné les entrepreneurs des mines de charbon de terre de Brassac en Auvergne, à payer le *centième-denier* de l'aliénation qui leur avoit été faite de ces mines pour les exploiter & en jouir tant qu'elles dureroient, & jusqu'à ce qu'elles seroient épuisées.

Par une autre décision du 13 août 1746, le conseil a jugé qu'il n'étoit point dû de *centième-denier* pour la cession faite à M. de Barillan, de la faculté de dessécher des marais dans le bas-Languedoc, & du privilège de construire un canal dont le roi avoit fait don à M. de Noailles en 1701. Cette décision est fondée sur les privilèges accordés aux marais desséchés du Languedoc.

Par une autre décision du 12 septembre 1754, le conseil a condamné le nommé Rudemere, boucher à Paris, à payer le *centième-denier* de l'acquisition par lui faite de privilèges d'étaux à boucherie. Il opposoit qu'il n'avoit point acquis d'immeubles, mais des privilèges qui n'avoient point d'assiette certaine.

Par une autre décision du 2 juin 1757, les marchands de bois, pour la provision de Paris, ont été condamnés à payer le *centième-denier* de la cession à perpétuité, que le comte de Damas leur avoit faite du droit de se servir des eaux de plusieurs étangs pour le flottage de leurs bois, moyennant une rente perpétuelle.

Par arrêt du 22 janvier 1771, le conseil a déclaré le sieur Boudoux & ses associés mal-fondés dans l'appel qu'ils avoient interjetté d'une ordonnance de l'intendant d'Alençon, du 20 octobre 1770, & les a condamnés à payer le *centième-denier* des bois de haute-futaie qu'ils avoient achetés dans les forêts du comté d'Evreux.

Il faut remarquer que cet arrêt a été rendu sur le principe qu'en Normandie, les bois de haute-futaie sont réputés immeubles, & comme tels, sujets au retrait, quand même ils sont vendus à la charge d'être coupés.

Le conseil a jugé par arrêt du 12 mars 1771, une question d'autant plus importante, qu'elle intéresse l'ordre le plus distingué des sujets d'une nation étrangère, savoir, que les nobles de Savoie ne peuvent, en vertu des franchises & immunités qui leur sont accordées par l'article 20 du traité conclu à Turin le 24 mars 1760, & par l'article 2 de la déclaration du 25 juillet 1766, prétendre l'exemption du *centième-denier* pour les biens qu'ils possèdent dans les provinces de Bresse, Bugey, Valromey & Gex.

Par arrêt du 27 avril 1773, le conseil a ordonné le rapport des lettres-patentes du 18 novembre 1758, en ce qu'elles exemptoient les religieux de l'abbaye de Sainte-Colombe-lès-Sens, des droits de *centième-denier*, d'amortissement, & autres de pareille nature, à cause de la cession à eux faite par leur abbé, de sa mense abbatiale, moyennant une rente annuelle & perpétuelle de huit mille livres, & en conséquence a condamné les mêmes religieux à payer ces droits, suivant la liquidation qui en seroit faite.

Deux autres arrêts du même jour, & un troisième du 22 juin suivant, ont aussi ordonné le rapport d'autres pareilles lettres-patentes qui avoient été accordées en mai 1759, aux religieux de l'abbaye de Tiron; en juin 1768, à ceux de l'abbaye de Saint-Pierre de Malines; & en octobre 1766, a ceux de l'abbaye de Molesme; en conséquence tous ces religieux ont été condamnés à payer les droits de *centième-denier*, & autres, dont ces lettres-patentes les avoient exemptés, pour raison des cessions que leurs abbés leur avoient faites de leurs menses abbatiales, moyennant différentes rentes annuelles & perpétuelles.

De la peine qu'encourent ceux qui négligent de payer le centième-denier dans les délais fixés par les réglemens. Les édits de décembre 1703, octobre 1705, & août 1706, & les déclarations des 19 juillet 1704, & 20 mars 1708, avoient ordonné que le droit de *centième-denier* seroit payé à toute mutation de biens-immeubles dans les délais qui y sont fixés, à peine du triple droit. Un arrêt du conseil du 13 juillet 1706, & d'autres rendus en conséquence, avoient d'ailleurs réglé que cette peine ne pouvoit être remise, modérée, sursise, ni réputée comminatoire : mais le roi ayant considéré que cette peine étoit trop forte, eu égard au genre de contravention, & qu'il en résultoit beaucoup de contestations qui, d'un côté, retardoient le recouvrement du droit, & de l'autre constituoient les redevables en des frais souvent considérables, sa majesté a rendu en son conseil, le 9 juin 1782, un arrêt qui contient les dispositions suivantes.

« Article premier. Les édits des mois de décembre 1703, octobre 1705, & août 1706, » & les déclarations des 19 juillet 1704, & 20 » mars 1708, seront exécutés suivant leur forme » & teneur, en ce qui concerne les délais qui y » sont accordés pour le paiement des droits de » *centième-denier*; en conséquence, tous nouveaux » possesseurs de biens-immeubles (autrement qu'en » ligne directe, par succession *ab intestat*, ou tes- » tamentaire, legs universels ou particuliers, do- » nations à cause de mort, & donations entre- » vifs faites au profit des futurs conjoints par leurs » contrats de mariage), seront tenus, pour rai- » son des mutations qui arriveront à l'avenir à » leur profit dans lesdits biens, d'en payer les » droits de *centième-denier* & les dix sous pour » livre d'iceux, lorsque lesdits droits seront dans » le cas d'être acquittés à leur diligence; savoir, » pour les contrats & actes translatifs & rétro- » cessifs de propriété ou d'usufruit desdits biens, » dans les trois mois de leurs dates, au bureau » dans l'arrondissement duquel lesdits biens seront » situés, soit que les contrats & actes aient été » passés devant notaires, tabellions, greffiers, ou » autres officiers, ou qu'ils soient faits sous signa- » ture-privée; pour les donations entre-vifs, dans » les quatre mois du jour & date de leur passation, » au bureau établi près le bailliage, sénéchaussée, » ou autre siège royal ressortissant nuement au » parlement, dans l'étendue duquel siège les biens » donnés se trouveront situés; & pour les succes- » sions *ab intestat*, ou testamentaires, legs uni- » versels & particuliers, & autres mutations à titre » successif, ou en vertu de dons ou donations » mutuelles, & autres, qui n'ont effet que par le » décès des donateurs, ou l'accomplissement des » conditions sous lesquelles elles ont été faites, » dans les six mois du jour de l'ouverture des suc-

» cessions, substitutions, ou du décès des testateurs, donateurs, & autres précédens possesseurs, au bureau dans l'arrondissement duquel les biens seront situés; le tout à peine d'être contraints, à leurs frais, au paiement, tant desdits droits & dix sous pour livre d'iceux, que d'un droit en sus du principal de chacun desdits droits; dérogeant sa majesté à cet égard seulement, auxdits édits & déclarations.

» II. Veut sa majesté, à l'égard des mutations antérieures à la publication du présent arrêt, dont les droits de *centième-denier* n'auront pas été payés à cette époque, que les redevables soient admis jusqu'au premier octobre prochain à les acquitter, avec les dix sous pour livre, sans être tenus à la peine du triple droit qu'ils auront encourue, sa majesté leur en faisant remise entière par grace, & sans tirer à conséquence, soit que la demande desdits droits & triple d'iceux ait été formée ou non; mais, faute par lesdits redevables de profiter de ladite grace dans le délai, & icelui passé, ils seront aussi contraints, à leurs frais, au paiement, tant desdits droits & dix sous pour livre d'iceux, que d'un droit en sus du principal de chacun desdits droits, à quoi sa majesté veut bien modérer le triple droit.

» III. La peine du droit en sus dans les cas exprimés par les deux articles précédens, ne sera point sujette aux dix sous pour livre.

» IV. Ordonne sa majesté, que les contestations qui surviendront à l'occasion desdits droits & droits en sus d'iceux, circonstances & dépendances, seront portées en première instance, conformément aux déclarations des 14 septembre 1706, & 15 juillet 1710, & autres réglemens, pardevant les sieurs intendans & commissaires départis, pour être par eux jugées sommairement, & sans aucuns frais, sauf l'appel au conseil des jugemens ou ordonnances qui interviendront. Fait, sa majesté, défenses à tous autres juges d'en connoître directement ou indirectement, & aux parties de se pourvoir pardevant eux, pour raison desdites contestations, à peine de nullité des procédures, cassation des arrêts, sentences, jugemens & ordonnances, dépens, dommages & intérêts, & de cinq cens livres d'amende pour chacune contravention, tant contre chacune des parties, que contre les procureurs qui auront agi pour elles, & les juges qui auront rendu les arrêts, sentences, jugemens & ordonnances.

» V. La peine d'un droit en sus ordonnée par les articles premier & II du présent arrêt, ne pourra, dans aucuns cas, être réputée comminatoire. Enjoint sa majesté aux sieurs intendans & commissaires départis d'en prononcer la condamnation par leurs ordonnances & jugemens, & fait défenses aux administrateurs généraux de ses domaines, leurs commis & préposés, d'en faire remise ou de la modérer, pour quelque cause ou sous quelque prétexte que ce soit, ou puisse être, à peine d'en demeurer personnellement responsables, & d'en compter au profit de sa majesté.

» VI. Ordonne au surplus sa majesté que les édits, déclarations, arrêts & réglemens concernant la régie & perception des droits de *centième-denier*, seront exécutés suivant leur forme & teneur, en ce qui ne sera pas contraire au présent arrêt, lequel sera exécuté en tout son contenu dans toutes les provinces & généralités du royaume où lesdits droits sont établis. Enjoint à cet effet sa majesté aux sieurs intendans & commissaires départis de tenir la main à son exécution, & de le faire imprimer, publier & afficher par tout où besoin sera ».

Des juges auxquels la connoissance du droit de centième-denier est attribuée. Les déclarations du roi des 4 septembre 1706, & 15 juillet 1710, ont attribué en première instance aux intendans des provinces dans les villes de leur résidence, & à leurs subdélégués dans le surplus de leur département, la connoissance des contestations relatives au droit de *centième-denier*, sauf l'appel au conseil.

C'est d'après ces loix que, par arrêt du 9 octobre 1770, le conseil a déclaré nulle une assignation donnée au parlement de Paris, à l'adjudicataire général des fermes, à la requête de Philibert Cloiseau, fermier de la terre de Vaux, & ordonné qu'en exécution du jugement de l'intendant de Dijon, le même Cloiseau seroit tenu de payer le *centième-denier* dû pour cette terre par le comte de Jaucourt : il a en outre été fait défenses aux parties de se pourvoir, au sujet de ce droit, ailleurs que pardevant l'intendant de Dijon, & à tout autre juge d'en connoître, à peine de cassation de procédures, de mille livres d'amende & de tous dépens, dommages & intérêts.

Observation particulière. Le fermier, pour raison des droits d'insinuation & de *centième-denier*, est préféré à tout autre créancier, même au bailleur de fonds, tant sur les immeubles sujets à ces droits, que sur les fruits qui en proviennent : cette préférence est fondée sur ce que l'insinuation assure & conserve la propriété de l'immeuble, qui n'est véritablement acquise que lorsque les formalités prescrites par la loi ont été observées & remplies. (*M. G.*)

CENTIÈME-DENIER *des offices*, (*Jurispr. Finance.*) c'est un droit que les titulaires de certains offices sont tenus de payer au roi tous les ans, dans les mois de novembre & de décembre, pour que la propriété de leurs offices passe, après leur décès, à leurs héritiers.

Dans l'origine, ce droit fut établi sous Louis XIII, en 1604, sous le nom d'*annuel*; mais il fut plus ordinairement appellé *paulette*, de Charles Paulet, secrétaire de la chambre de Henri IV, qui l'inventa & en fut le premier fermier.

Le fondement sur lequel on a appuyé la perception de ce droit, consiste en ce qu'on regarde la propriété des offices, comme appartenant & résidant en la main du roi. De-là on a conclu que les offices ne sont, à l'égard des titulaires, que des commissions attachées & inhérentes à leurs personnes, qui finissent avec eux, & qu'ils ne peuvent transmettre à d'autres, & par conséquent, que le roi pouvoit imposer les conditions qu'il juge à propos, à ceux à qui il permet de les posséder & de les transmettre.

Ce droit a éprouvé plusieurs variations, il n'étoit d'abord que de quatre deniers pour livre, il fut ensuite fixé au soixantième denier de la finance de l'office : enfin, par un édit du mois de février 1771, & un arrêt du conseil du mois de juillet 1772, les pourvus d'offices de justice, police, finance & autres, furent obligés de remettre entre les mains du contrôleur général des finances, une déclaration du prix auquel ils estimoient devoir fixer la valeur de leur offices, & ils furent assujettis à payer annuellement le *centième-denier* de cette fixation.

Pour ne pas répéter, & pour compléter néanmoins ce que nous avons dit à ce sujet sous le mot ANNUEL, nous nous contenterons d'observer que par des lettres-patentes du 27 février 1780, enregistrées au parlement le 29 du même mois, le roi a demandé aux officiers sujets au droit de *centième-denier*, le rachat de ce même droit pour huit ans, en payant par eux la valeur de six années, avant le premier octobre 1780.

Pour faciliter aux titulaires des offices les moyens d'acquitter promptement ce rachat, le roi leur permit d'emprunter en corps ou séparément les sommes nécessaires, & accorda aux prêteurs un privilège spécial sur l'office, en faisant par l'emprunteur, dans les quittances de finance qui lui seroient données, une déclaration au profit de ceux qui auroient fourni les deniers.

Ces mêmes lettres-patentes exemptent les officiers qui paieront le rachat, du paiement du *centième-denier* pour les années qu'ils auront précédemment omises, & leur font remise de la peine qu'ils avoient encourue.

Suivant l'édit de 1771, lorsque le titulaire d'un office venoit à décéder sans avoir payé le *centième-denier*, son office devenoit vacant aux parties casuelles du roi, & devoit être taxé comme tel. Mais les lettres-patentes de 1780 admettent la veuve & les héritiers de ceux qui auront négligé de payer le rachat, au payement, dans les six mois du décès du titulaire, d'un double droit de mutation, & du double des sommes qu'il auroit dû payer pour l'annuel.

Dans le cas de négligence de leur part, le roi se réserve la faculté de pourvoir à l'office, & dispense celui en faveur de qui il sera taxé, de payer aucune partie de ces droits, même celui de marc d'or : mais il veut que sur la finance qu'il paiera en ses parties casuelles, pour le prix de ce même office, on retienne le double droit de mutation, le double des années de *centième-denier* omises, le droit de marc d'or, & que le surplus soit remis à la veuve ou aux héritiers.

Par une dernière disposition, le roi défend de regarder la peine des doubles droits dont nous venons de parler, comme comminatoire. Il exempte aussi du rachat les offices dépendans des apanages de Monsieur, de monseigneur le comte d'Artois & de M. le duc d'Orléans, & ceux dont la nomination appartient à M. le chancelier.

Un arrêt du conseil, du 30 juillet 1781, admet au paiement du *centième-denier*, dans les mois ordinaires de novembre & décembre, ceux qui n'ont pas effectué le rachat ordonné par les lettres-patentes de 1780, en acquittant par eux les années omises ; il les assujettit également au paiement exact & annuel du *centième-denier*, & en cas de décès ou de résignation, sans l'avoir acquitté, aux peines des doubles droits, portées par les lettres-patentes.

Par ces mêmes lettres-patentes, le roi se propose de supprimer les receveurs provinciaux du *centième-denier*, & ordonne qu'à compter du premier octobre 1780, le paiement s'en fera à Paris entre les mains du receveur général des parties casuelles.

CENT-SUISSES, s. m. plur. (*Code militaire. Finance.*) c'est le titre que porte une compagnie d'infanterie suisse, qui fait partie de la garde du roi. Les Suisses commencèrent, en 1481, à être à la solde des rois de France, à la place des francs-archers établis par Charles VII. Louis XI les retint à la recommandation de son père, & en prit une compagnie pour la garde de sa personne. Charles VIII la confirma dans cette fonction en 1496, & elle a toujours subsisté depuis.

Le capitaine, qui la commande, a le titre de capitaine-colonel ; & par l'ordonnance du 2 juillet 1776, il jouit du rang de colonel du jour que sa commission lui a été expédiée, pourvu qu'il ait alors huit ans de service au moins, dont trois comme officier subalterne, & cinq comme capitaine.

Les milices suisses au service de France, ont des juges de leur nation ; elles jouissent des mêmes privilèges que les sujets nés dans le royaume. Louis XI les avoit exemptées de toute espèce de tailles, impôts, aides & subvention : ces privilèges s'étendoient à leurs veuves & à leurs enfans : elles en ont joui jusqu'en 1725.

Une déclaration du 25 janvier de la même année, & les arrêts du conseil des 5 juin & 24 novembre 1655, & 11 juillet 1657, restreignirent les exemptions des Suisses, en ce qui regarde les droits d'aides, aux droits de détail sur les quantités vendues par treize seulement des *cent-Suisses* de la garde. L'ordonnance des aides de 1680, désigna ensuite les quantités qu'ils pourroient vendre, & les quartiers de la ville de Paris, où ils exerceroient leur privilège.

Ce privilège fut totalement supprimé en 1720, lors de la réunion des droits de gros & de détail aux droits d'entrée de Paris ; il fut même défendu aux *cent-Suisses* de faire aucun commerce de vin en gros ou en détail ; mais on leur accorda, par forme d'indemnité, une augmentation de paie.

Les Suisses attachés au service du roi ne jouissent plus d'exemption des droits d'entrée & de détail sur les vins qu'ils consomment, ou qu'ils vendent ; il y a à cet égard une multitude d'arrêts & de réglemens, soit du conseil, soit de la cour des aides, qui les ont obligés au paiement de ces droits. Il faut néanmoins en excepter les boissons, que les vivandiers des régimens suisses leur vendent dans les villes où ils sont en garnison, selon les quantités réglées pour leur consommation. *Voyez le Dictionnaire de l'Art militaire.*

CENTUMVIRAT, s. m. & CENTUMVIR, s. m. (*Jurisp. romaine.*) Le *centumvirat*, chez les Romains, étoit un tribunal composé de cent magistrats, créé pour décider les différends des particuliers. C'est le nombre de ces juges qui leur avoit fait donner le nom de *centumvirs*, & à leur dignité celui de *centumvirat.*

CENTURIES *de Magdebourg.* C'est un corps d'histoire ecclésiastique commencé, en 1560, par quatre ministres de Magdebourg, Matthias Flaccius, surnommé *Illyricus* ; Jean Wigand ; Matthieu Lejudin, & Basile Tabert : quelques-uns y ajoutent Nicolas Gallus, & encore André Corvin. Illyricus conduisoit l'ouvrage, & les autres travailloient sous lui. Cette histoire a été continuée jusqu'au treizième siècle.

Chaque *centurie* contient toutes les choses remarquables arrivées dans l'espace d'un siècle, & est divisée en seize chapitres. Le premier est un sommaire de ce qui va être dit ; le second est du lieu & de l'étendue de l'église ; le troisième de la persécution & de la paix de l'église ; le quatrième de la doctrine ; le cinquième, des hérésies ; le sixième, des cérémonies & des rits ; le septième, de la police & du gouvernement ; le huitième, du schisme ; le neuvième, des synodes ; le dixième, des vies des évêques des grands sièges ; le onzième, des hérétiques ; le douzième, des martyrs ; le treizième, des miracles ; le quatorzième, de ce qui regarde les Juifs ; le quinzième, des religions séparées de l'église ; le seizième, des monumens & changemens politiques des états.

Cet ouvrage est une compilation qui a demandé beaucoup de travail, mais qui ne peut passer pour une histoire bien écrite, exacte & parfaite. Le but que les centuriateurs semblent s'être proposé, étoit d'attaquer l'église romaine, & d'établir la réforme. Le cardinal Baronius entreprit ses annales ecclésiastiques pour les opposer aux *centuries.* On ne peut nier qu'ils ont souvent fait usage d'une critique très-éclairée, & les canonistes catholiques sont d'accord avec les centuriateurs sur la supposition des décrétales, faussement attribuées aux premiers pontifes de Rome, par Isidore le Marchand, qu'on a insérées depuis dans les différens recueils des canons.

CEPÉES, s. f. pl. (*Eaux & Forêts.*) on appelle quelquefois *cepées* une certaine étendue de buissons, & plus souvent ce qui repousse des souches d'un bois-taillis. Lorsqu'on est obligé de faire couper ces pousses, soit parce qu'un taillis a été gelé, soit parce qu'il a été brouté par les bestiaux, on doit abattre les *cepées* à la coignée ; l'ordonnance des eaux & forêts défend de se servir de la serpe ou de la scie.

Cepées se dit encore des pousses qui reviennent sur les arbres qu'on a coutume d'étêter, comme les saules, marsaux, aulnes, haies, *&c.* Ces *cepées* appartiennent au fermier actuel, lorsque ce sont des fruits réglés dont jouissoient les fermiers précédens, à moins que le propriétaire ne se les soit réservés par une clause expresse du bail.

CERCLE, (*Droit public.*) c'est le terme dont on se sert pour indiquer les districts politiques de plusieurs états ; ainsi l'empire d'Allemagne, la Bohême & la Silésie sont divisés en *cercles.*

CERCLES DE L'EMPIRE, (*Droit public d'Allemagne.*) d'après quelques tentatives faites avant lui, l'empereur Maximilien I. établit les six *cercles* de Franconie, de Bavière, de Suabe, du Rhin, de Westphalie & de Saxe. On y ajouta les *cercles* d'Autriche & de Bourgogne en 1512, & l'on divisa les *cercles* du Rhin & de Saxe, en haut & en bas-Rhin, & en haute & basse-Saxe. On vouloit aussi former deux autres *cercles* de la Bohême & de la Prusse ; mais les princes de ces états y résistèrent dans la crainte qu'ils ne fussent obligés en conséquence de contribuer aux charges publiques de l'empire.

L'*objet* de cet établissement a été de faciliter la nomination des assesseurs de la chambre impériale, d'assurer davantage la paix publique par la réunion des forces, & l'exécution des jugemens des tribunaux souverains : les assemblées des *cercles*, avec l'autorité sur ce qui concerne les monnoies, sont en outre chargées de répartir & de faire fournir à chacun le contingent fixé par la matricule & les subsides extraordinaires ; ces assemblées peuvent aussi préparer & examiner les affaires qui doivent être décidées dans les diètes générales.

La constitution des *cercles* n'est pas uniforme ; tous sont présidés par un directeur, les *cercles* composés d'un grand nombre de princes ecclésiastiques en ont deux : ils ont aussi un général, qu'ils élisent, qui peut être en même temps directeur, comme dans les *cercles* de Saxe & de Bavière ; mais qui ne peut être ecclésiastique, ni étranger de l'empire. Quelques *cercles* nomment à ce chef des adjoints ou vicaires ; dans les *cercles* mixtes, c'est-à-dire dans ceux où l'on professe les deux religions, les adjoints sont pris également dans les deux communions.

Assemblées. C'est au directeur à les convoquer, sans avoir besoin pour cela de demander le consentement de l'empereur ; mais l'empereur peut y faire assister ses commissaires, & les autres princes y envoyer leurs ministres. Ces assemblées se tiennent ordinairement dans une ville qui leur est destinée. Les résolutions ou récès se décident à la pluralité des voix, & après avoir été signés du directeur & scellés, sont déposés dans les archives du *cercle*. Quelquefois il faut que ces actes soient confirmés par l'empereur.

Ces assemblées des *cercles* ne peuvent sortir des bornes dans lesquelles leur autorité est fixée par les loix de l'empire, & respectivement les tribunaux de l'empire ne peuvent connoître des affaires attribuées aux *cercles*.

Quelquefois plusieurs *cercles* s'assemblent entre eux, mais par députés : on ne connoît qu'une seule assemblée de tous les *cercles*; c'est celle tenue à Erford en 1567, à laquelle les seuls directeurs du *cercle* de Bourgogne ne se trouvèrent pas.

Les *cercles*, comme tous les corps politiques, ont été souvent troublés par des divisions intestines, occasionnées par des débats sur les dignités, sur les charges publiques, sur le défaut d'exécuter des délibérations, sur le défaut de sûreté contre les violences domestiques & étrangères. On a vu dans celui d'Autriche, par exemple, les princes les plus puissans s'emparer de toute l'autorité.

On s'étoit proposé dans les assemblées tenues pour la paix de Westphalie, & dans les diètes de 1653 & de 1654, de faire de sages réglemens qui prévinssent à l'avenir tous les desordres; mais il est bien difficile, comme l'observe Massovius, dont nous empruntons cet article (*principia jurispublici imperii romano-germanici.*) : il est bien difficile de remédier à des maux aussi anciennement invétérés, sur-tout lorsqu'il s'agit de statuer sur les droits & sur les intérêts d'un grand nombre d'états souverains & indépendans à tant d'égards : il est alors impossible de se flatter que l'amour de la patrie, & de l'intérêt public, l'emporte sur tant de considérations particulières. (*H*)

CERCLE D'AUTRICHE. Il est composé de l'archiduché de ce nom, des duchés de Stirie, de Carinthie & de Carniole, du comté de Tirol, du Brisgaw, du Burgaw, des villes forestières & des états que les archiducs d'Autriche possèdent en Suabe, quoiqu'ils n'y appartiennent pas naturellement par leur situation; des évêchés de Trente, de Brixin, de l'ordre Teutonique, à cause de divers bailliages qu'il possède dans l'Autriche & le Tirol; l'ordre de S. Jean, à cause des terres qu'il tient dans le Brisgaw; les princes de Dietrichen, à cause de leur seigneurie de Trasp dans le Tirol; les comtes de Weissenwolff, les princes de Portia & l'évêque de Bamberg, à cause des terres immédiates qu'ils possèdent dans ce *cercle*.

En vertu des loix de l'empire, ces princes & états pourroient s'assembler & délibérer entre eux comme les autres *cercles*, mais ils ne le font pas à cause de la prépondérance soutenue des archiducs. Ils sont dans l'usage d'acquiescer à tous les desseins de ces princes, ensorte que l'archiduc est plutôt le prince que le collègue des états qui lui sont associés.

Quoiqu'en vertu d'un privilège ratifié par Charles-Quint, les archiducs soient exempts envers l'empire de toute redevance ordinaire ou extraordinaire; cependant, comme la plupart des guerres de l'empire se font à leur instigation & pour leur défense, les archiducs se gardent bien de réclamer ce privilège. Ils paient communément la taxe de deux électeurs, & même au-delà; & dans un besoin pressant, le *cercle* d'Autriche donne le cinquième de la contribution de tout l'empire. Ce *cercle* nomme aussi un assesseur à la chambre impériale, il en nomme deux lorsqu'elle est complette.

C'est ici le lieu de suppléer l'omission de l'article AUTRICHE.

Archiduché d'Autriche. En vertu de la célèbre pragmatique sanction de Charles VI, tous les états de cette maison sont inséparablement unis : la succession en est assurée, suivant le droit d'aînesse, aux enfans mâles, & à leur défaut aux filles. *Voyez* PRAGMATIQUE SANCTION.

Les prérogatives de la maison d'Autriche sont, dit M. Audrié, que nous suivons dans cet article, 1°. le titre d'archiduc, qu'aucun autre prince n'est autorisé de porter : 2°. la dignité royale, à laquelle cette maison fut élevée par l'empereur Frédéric II en 1245, quoique les archiducs n'aient jamais pris le titre de roi : 3°. la liberté qu'ont les archiducs de paroître à la diète ou de s'en abstenir, quoiqu'ils y soient toujours invités par l'empereur; privilège de Fréderic I de l'année 1156. Mais s'ils y paroissent en personne ou par leur ministre, ils jouissent de la distinction de pouvoir se ranger dans le conseil des princes, sur le banc ecclésiastique, & d'y occuper d'abord la première place, qu'ils cèdent ensuite alternativement à l'archevêque de Salsbourg, avec lequel ils observent aussi l'alternative dans le directoire du collège, quand les circonstances le permettent, sans néanmoins avoir jamais plus d'une voix : 4°. la qualité de conseillers perpétuels & très-intimes de l'empereur & de l'empire, sans la participation desquels rien ne peut se conclure ni s'exécuter; privilèges de Charles V de l'année 1530 : 5°. la protection qu'ils peuvent exiger de l'empire, sans être tenus à aucune contribution; privilège de Frédéric I : 6°. l'exemption de la jurisdiction de tous les tribunaux de l'empire; privilège de Frédéric I, & le droit qu'ont les cours souveraines de juger sans appel, les évocations même n'y ayant lieu qu'en cas de déni de justice : 7°. le droit de ne recevoir que chez eux l'investiture de l'empire; privilège de Frédéric I, & d'être exempt de toute redevance à cet égard : 8°. la vidamie sur toutes les églises, évêchés & couvens de leur territoire; privilège de Henri IV & de Charles V, droit qu'ils s'arrogent aussi sur les évêchés de Salsbourg, de Passau, de Ratisbonne, de Freisingen, de Brixgsn, de Trente, sur l'abbaye de de Murbalh, le couvent de Konibrunn, l'abbaye de Lindau & le couvent de Swilfalten : 9°. ils regardent comme leurs terriers tous les princes possessionnés dans leur archiduché, dussent-ils même avoir voix & séance à la diète : 10°. les archiducs peuvent conférer la dignité de baron, de comte & de prince, & ceux qu'ils en décorent sont réputés tels par tout l'empire romain ; privilège de Frédéric III, reconnu par la capitulation de Joseph I : 11°. les pays héréditaires d'Autriche prétendent être exempts de la jurisdiction des vicaires de l'empire : 12°. l'empire ne peut avoir des fiefs dans l'archiduché, & cependant les archiducs peuvent acquérir de tous les membres de l'empire des biens féodaux & allodiaux, établir des péages & aliéner leurs fiefs à leur bon plaisir ; privilège de Frédéric I, Charles V, Henri IV & de Frédéric III : 13°. ils ont l'expectative sur tous les fiefs qui échoient à l'empire dans la préfecture de la Suabe, & le droit de retirer tous les biens que l'empire a engagés dans cette province ; privilège de Wenceslas de l'année 1379 : 14°. la dignité de maréchal héréditaire de l'évêché de Ratisbonne.

A l'âge de dix-huit ans les archiducs sont majeurs ; mais, en qualité de roi de Bohême, ils le sont dès l'âge de quatorze.

Un nouvel archiduc héréditaire, au commencement de son règne, se fait prêter hommage par les états assemblés. Il porte alors la couronne archiducale, & confirme les privilèges & les libertés des états. Les grands officiers héréditaires exercent leurs fonctions à cette cérémonie, de même qu'à celle du banquet qui suit.

Les dicastres généraux de la maison archiducale qui ont la jurisdiction sur tous les pays héréditaires en Allemagne, sont aujourd'hui ; 1°. le conseil d'état, auquel toutes les autres cours sont subordonnées ; le souverain y préside lui-même : 2°. la chancellerie de la cour pour la Bohême & l'Autriche, qui a le département des affaires d'état & de la régence du pays : 3°. la chancellerie d'état pour les affaires étrangères : 4°. la chambre supérieure ou des finances, qui préside aux affaires de la chambre & des finances : 5°. la députation du crédit & de la banque : 6°. la chambre supérieure des comptes : 7°. le conseil aulique de la guerre, composé du conseil de politique & de justice : 8°. le conseil immédiat de la cour, pour le commerce, avec lequel il ne faut pas confondre le directoire du commerce de la basse Autriche à Vienne : 9°. la cour de justice supérieure, qui est le dernier conseil d'appel dans tous les pays héréditaires d'Allemagne. Toutes ces cours, qui résident à Vienne, ont subi depuis divers changemens. Le tribunal particulier pour le pays au-dessus & au-dessous de Lens, est la régence de la basse Autriche à Vienne. Les tribunaux & cours de justice de l'Autriche, envisagés comme pays d'état, sont le tribunal du maréchal de la province *land-marschallsgeriht*, avec la chambre des tutèles (*waissenrathts collegiuns*), le comité & les députés des trois premiers ordres, & les commissaires généraux des quatre quartiers, la chambre des comptes (*rait* ou *rechnungs collegiuns*), les deux commissariats & la recette générale *ober cinchmeramt*.

Le droit écrit est suivi en Autriche, excepté dans les cas où les ordonnances du prince & la coutume du pays y dérogent. Les principales ordonnances sont le réglement judiciaire, celui de police, & celui qui a pour titre *gerhab chorttserdnung* ; & ces loix se trouvent dans le corps du droit autrichien & dans le recueil des loix & ordonnances, qui lui sert de supplément. On a travaillé, depuis quelque temps, à la confection d'un code théréšien, dont la partie qui contient le code criminel, a été publiée en 1769.

Les revenus de l'archiduc roulent sur les contributions dites collectes, sur les subsides accordés par les états, sur les biens domaniaux, dont cependant la plus grande partie est aliénée ; sur les droits d'entrée, de péage d'accise ; & en vertu d'une ancienne coutume, confirmée par une permission du pape Nicolas V, les archiducs peuvent aussi asseoir des impôts sur les personnes ecclésiastiques. Il faut observer en général que les pays au-dessus & au-dessous de Lins, rapportent au prince dix millions de florins par an, & que les revenus de la Stirie, de la Carinthie & de la Carniole, égalent ceux des deux pays. Les revenus annuels de Charles VI, dans la plus grande splendeur de son règne, c'est-à-dire depuis 1718 jusqu'à 1735, ne passoient pas quarante millions de florins, au lieu que sous l'impératrice Marie-Thérèse, le comte de Lhotek les a fait monter, en 1756, jusqu'à cinquante-sept millions. Tous les péages, dans les pays héréditaires de la maison d'Autriche, sont engagés aujourd'hui à la banque de Vienne ; l'administration en est confiée à la députation de la banque, qui régit, pour le même objet, tout le bannat de Témeswar.

Cercle *de Bourgogne*. Ce *cercle* étoit autrefois composé des dix-sept provinces des Pays-Bas & du comté de Bourgogne, dont il tiroit son nom. Charles-Quint obtint que ces provinces resteroient incorporées à l'empire pour toujours, que l'empire les garantiroit au possesseur, qui auroit voix & séance à la diète, sous le titre de *duc de Bourgogne*. Cependant l'empire refusa constamment sa garantie aux rois d'Espagne, dans leurs guerres des Pays-Bas. Ce roi étoit directeur de ce *cercle*.

Au moyen des conquêtes de la France, du roi de Prusse & de l'établissement de la république des Provinces-Unies, ce *cercle* n'est plus composé que d'une partie de la Gueldre, du Hainaut, des comtés de Flandre & de Namur, du duché de Brabant, & de ceux de Luxembourg & de Limbourg.

Ce *cercle*, comme celui d'Autriche, ne tient & n'a jamais tenu de diète.

Cercle *du Bas-Rhin*. On l'appelle aussi le *cercle électoral*, parce qu'il renferme les trois électorats ecclésiastiques, de Mayence, de Cologne & de Trèves, & un électorat séculier, l'ancien électorat Palatin; ce cercle comprend encore la commanderie de Coblentz, & le district nommé *Eiffel*, qui renferme les comtés de Manderscheid, de Reifferscheid, la principauté d'Aremberg, *&c.*

Le directoire de ce *cercle* appartient à l'électeur de Mayence.

CERCLE *de Basse-Saxe.* Le directoire qui alternoit autrefois entre les archevêques de Magdebourg & de Brême, est aujourd'hui exercé par les princes en faveur desquels ces archevêchés ont été sécularisés. Mais successivement tous les trois ans, & tous deux conjointement avec le prince le plus âgé de la maison de Brunswick.

Les états qui composent ce *cercle*, sont le duché de Magdebourg, les états de l'électeur de Hanovre, du duc de Brunswick-Wolffenbutel, la principauté d'Halberstadt, les duchés de Meckelbourg & de Holstein, l'évêché de Hildesheim, le duché de Lawenbourg, l'évêché de Lubeck, le comté de Rantzau, les villes impériales de Lubeck, Goslar, Mulhausen & Nordhausen : Hambourg & Brême prétendent être membres de ce *cercle*; mais le roi de Danemarck & l'électeur d'Hanovre s'opposent à cette prétention, le premier contre Hambourg & le second contre Brême.

CERCLE *de Bavière.* Le directoire appartient à l'électeur de Bavière & à l'archevêque de Saltzbourg. Les états sont partagés en deux bancs, l'un ecclésiastique, l'autre séculier.

Sur le premier banc, sont l'archevêque de Saltzbourg, les évêques de Freisingen, de Ratisbonne, de Passaw; les abbés & abbesses de Berchtolsgaden, de Saint-Emmérand, d'Ober-Munster, de Neder-Munster & de Kaisersheim.

Le banc séculier est composé de l'électeur de Bavière, pour le duché de ce nom & pour le duché de Neubourg, le comté de l'Enctemberg & celui de Hang: le prince de Lobkowitz, pour les comtés de Steirns, Steirnstein : les comtes d'Ortembourg, pour le comté de ce nom & la seigneurie d'Ehrenfels; les comtes de Volfstein, les comtes Malxelrain, pour la seigneurie de Hoënwaldeck, Souderhausen & Schwartzbourg, les comtes de Tilly, pour la seigneurie de Breiteinegg dans le Haut-Palatinat.

Ce *cercle* est regardé comme mixte ou mêlangé à l'égard de la religion. Aux termes de recès de la diète de Ratisbonne de 1681, il fournit, en cas de guerre, 800 hommes de cavalerie, 1494 d'infanterie & 18,252 florins 9 kreutzers en argent.

Les assemblées de ce *cercle* se tiennent, ou à Ratisbonne, ou à Wellerbourg, ou à Landshutt, ou à Muldorf. Les voix se recueillent par tête d'un banc à l'autre, jusqu'à dix-huit membres exclusivement, parce qu'il y a douze suffrages séculiers, & seulement huit ecclésiastiques.

Nous suppléerons à l'omission de l'article Bavière, aux mots ÉLECTEUR & PALATINAT.

CERCLE *de Franconie.* Ce *cercle* a long-temps disputé le rang à celui de Haute-Saxe; mais sans succès. Les suffrages se trouvent ainsi rangés dans les diètes de ce *cercle* : Wurtsbourg, Brandebourg-Anspach, Eichstadt, Brandebourg-Culmbach ou Bareitz, le grand-maître de l'ordre Teutonique, Henneberg-Schlensingen, Henneberg-Smalkalde & Henneberg-Remhild, Schwartzemberg, Lœveistein, Wertheim, Reneck, Erpack; les suffrages qu'avoit autrefois la maison de Limbourg; ceux des villes impériales de Nuremberg, de Rothemberg-sur-le-Tauber, de Windsheim, Sweinfurtz, & l'évêque de Bamberg, comme directeur.

Les margraves de Bareith & d'Anspach exercent alternativement ce directoire, & admettent l'évêque de Bamberg pour co-directeur; mais ce prélat qui ne veut point de partage, attaque tous les jours les droits de ces princes.

Lorsque Henneberg-Schlensingen vint à vaquer, il y eut un différend entre l'électeur de Saxe, comme héritier du duc de Zeitz, les ducs de Meinungen ou Meinengen, de Gotha, de Weimar & d'Eisenach qui tous y prétendoient. Il fut réglé à l'amiable, que chacun d'eux jouiroit du suffrage de cet état alternativement; de manière que dans douze diètes l'électeur de Saxe auroit le droit de ce suffrage, à la première, à la quatrième, septième & dixième : le duc de Meinungen l'auroit à la cinquième, huitième & onzième; le duc de Gotha à la sixième & douzième; Eisenach à la neuvième, & ainsi toujours de douze en douze diètes.

CERCLE *du Haut-Rhin.* En 1697, les états de ce *cercle* signèrent l'association des *cercles* contre la France, & convinrent que, sans préjudice de leurs prétentions respectives, ils signeroient le recès de la diète dans l'ordre suivant. L'évêque de Worms & de Spire, l'abbé de Fulde, le maître de l'ordre de saint Jean, autrement le grand-prieur de Haitersheim, l'archevêque de Trèves, comme abbé de Prum, & le prévôt d'Otteinheim.

Parmi les princes séculiers, l'électeur Palatin, comme duc de Simmern, & pour les deux principautés de Lautereck & de Veldence, ainsi que pour sa portion du comté de Spanheim, le marquis de Bade-Hoëchberg, pour l'autre partie de ce comté, le duc de Lorraine, pour le marquisat de Noméný, les princes de Salm, les Rhingraves de Thaun, les princes de Nassau-Sarbruck & Saarwerden, le comte de Hanau, pour Hanau-Mantzenberg, les comtes de Solms, l'électeur de Mayence, pour le comté de Koningstein, les comtes d'Isembourg-Budingen, les comtes de Stolberg-Gerden, les comtes de Linanges-Dachsbourg & de Linanges-Wetersbourg, le comte de Wittgenstein, le prince comte de Waldeck & de Pirmont, les villes impériales de Worms, Spire & Wetzlar, les princes des Deux-Ponts & de Birckenfeld, le landgrave de Hesse, en cette qualité & comme comte de Hanau, les comtes de Hatzfeld, de Mendercheid, de Lawenstein, les villes impériales de Francfort, Friedberg & Gelnhausen.

Ce *cercle* eſt bien déchu de ſon ancienne puiſſance, par la ceſſion qui a été faite à la France, de toute l'Alſace & de ſes acceſſoires, *&c.*

CERCLE *de Haute-Saxe.* Les états qui ont ſéance à la diète de ce *cercle*, ſont l'électeur de Saxe, en cette qualité, & comme héritier des ducs de Veiſſenfels, pour la principauté de Queerfurt, pour le comté de Berk, pour le petit duché de Saxe, dont Wirtemberg eſt le lieu principal; le roi de Pruſſe, comme électeur de Brandebourg, & pour la Poméranie ultérieure, & l'évêché de Camin; le duc de Saxe-Gotha, pour le duché d'Altemberg, les princes de Saxe-Cobourg, Saxe-Veimar, Saxe-Gotha; le duc de Weimar, pour le duché d'Eiſenac; le roi de Suède, pour la Poméranie antérieure; les princes d'Anhalt, en cette qualité & par l'abbaye de Genroda, l'abbeſſe de Quelimbourg, le duc de Brunſwick, pour le fief de Valchenreid; le prince de Schwartzbourg-Rudelſtadt, les comtes de Mansfeld, les comtes de Stolberg, pour Stolberg & Vernigeronde; les ſeigneurs comtes de Rhenſs, les comtes de Schoenbourg.

L'électeur de Brandebourg prétend, contre les maiſons de Schwartzbourg & de Stolberg, le ſuffrage, pour les ſeigneuries de Lohz & Klettenberg, que les comtes de Hohenſtein avoient autrefois à la diète; le différend reſte indécis & le directoire agit comme ſi cette voix n'avoit pas lieu.

CERCLE *de Suabe.* Les états de ce *cercle* ſont diviſés en cinq bancs: 1°. les princes eccléſiaſtiques, 2°. les princes ſéculiers, 3°. les états eccléſiaſtiques du ſecond ordre, ou prélats, 4°. les comtes, 5°. les villes impériales.

1°. Les princes eccléſiaſtiques, ſont les évêques de Conſtance & d'Augsbourg, le prince & prévôt d'Elwangen, le prince abbé de Kempten.

2°. Les princes ſéculiers ſont, le duc de Wirtemberg, les marquis ou margraves de Bade-Bade, de Bade-Dourlach, de Bade-Hochberg, Hohenzollern-Echingen, Hohenzollern-Sigmazingen; le prince d'Aversberg, pour le comté de Tengen; les abbeſſes ſéculières de Buchau & de Lindau.

3°. Les prélats ſont, les abbés de Salmanſweiler, de Weingarten, d'Ochſenhauſen, d'Elchingen, d'Irrſée, d'Urſperg, de Munchroth, de Vaſſenau, de Marchthel, de Petershauſen, de Wettenhauſen, de Gegenbach, de Mattenthul, de Rothenmunſter, de Baindt.

4°. Les comtes ſont ceux d'Elſchauſen, d'Oettingen, de Wallerſtein, de Fuſtemberg, de Moſskirchen, Fuſtemberg, pour le comté de Barr; Bavière, pour la ſeigneurie de Maſfelſteig, les comtes de Sulz, de Monfort, de Furſtemberg-Stulingen, d'Oſtinguen-Oſtinguen, de Konigſeg, de Rothenfells, de Zeil, de Wolffseck, de Konigſeg-Aulendorf, de Schets; l'électeur de Bavière, pour la principauté de Mindelheim, Furſtemberg, pour Guedelſingen; les comtes d'Eberſtein, de Graſeneck, de Hohenems, de Juſtinguen, de Traun, pour la ſeigneurie d'Eglaſſs.

5°. Les villes impériales ſont, Limbourg, Olm-Elſingen, Reutlingen, Nordlingen, Halle en Suabe, Oberlingen, Rothweil, Heilbroms, Gemunden de Suabe, Memmingen, Lindau, Dunckſpiel, Biberach, Ravenſpourg, Kempten, Kauffebeuzen, Weil, Wangen, Iſſni, Lenkirck, Wimpſen, Gingen, Aalen, Pfullendorff, Bopffingen, Offenbourg, Buchau, Buchorn & Zell-ſur-Hammersbach.

Il faut ajouter à cette liſte l'évêque de Coire, rétabli dans ſa qualité d'état de ce cercle & de l'empire, ſur la fin du dernier ſiècle; il faut y ajouter les abbayes de Roggenbourg, de ſaint Georges d'Iſſni, les abbeſſes de Guttenrel & de Heggenbach; les comtes de Rechberg, Pappenheim, Sinzendorf, de Stadim, pour le fief de Taunhaulan; les barons de Lindau, pour leur ſeigneurie de Herollsdeck; enfin la ville impériale de Gegenbach.

CERCLE *de Weſtphalie.* Il comprend les évêchés de Munſter, de Liège, de Paderborn & d'Oſnabruck, avec les abbayes de Corwei & de Stablo.

Les duchés de Juliers & de Berg, ſont auſſi compris dans ce *cercle*, ainſi que le diſtrict appellé ſingulièrement le *duché de Weſtphalie*, les principautés de Minden, de Verden, d'Oſtfriſe; les comtés d'Oldenburg, Delmenherſt, de la Marck, Reda, Ravensberg, Schaumbourg, Spiegelberg, de la Lippe, de Pirmont, de Rietberg, de Bentheim, de Teclenburg, de Steufort, de Lingen & de Reckum. (*h.*)

CERCLIER, ſ. m. (*Eaux & Forêts.*) c'eſt un ouvrier qui fait les cercles avec leſquels on relie les futailles. L'ordonnance des eaux & forêts de 1669, *tit.* 17, *art.* 24, défend aux *cercliers*, vanniers, tourneurs, ſabotiers & autres de pareille condition, de tenir leurs atteliers dans la diſtance de demi-lieue des forêts, à peine de confiſcation des marchandiſes, & de cent livres d'amende. La raiſon de cette défenſe eſt fondée ſur ce que les forêts ſeroient continuellement expoſées à des dégradations conſidérables de la part de tous ces ouvriers, à qui le bois eſt néceſſaire pour l'exercice de leur profeſſion.

CÉRÉMONIAL, ſ. m. (*Droit public. Police.*) Ce mot ſe prend en pluſieurs ſens; d'abord, on appelle *cérémonial*, l'aſſemblage des règles introduites dans l'uſage de la vie, & auxquelles on eſt obligé de ſe conformer pour l'extérieur, le maintien, les diſcours, l'habillement, *&c.*

Dans un ſens plus borné, on entend par ce mot les uſages introduits, ou par des ordres ſupérieurs, ou tellement établis par une longue coutume, qu'on eſt obligé de les regarder comme des loix, & de les reſpecter. Dans ce ſens, on trouve que dans toutes les nations du monde on a pratiqué de certaines cérémonies, tant pour le culte de la divinité, que pour les affaires civiles, dans les mariages, les enterremens, & autres occaſions importantes. *Voyez* CÉRÉMONIES.

En troiſième lieu, on entend par *cérémonial* la

manière dont les souverains, ou leurs ambassadeurs, ont coutume d'en user les uns avec les autres. Ce qui n'est qu'une convention ou réglement établi entre les princes, soit par pacte, soit par usage, soit par possession, sur ce que ces princes, ou leurs représentans, doivent observer lorsqu'ils se trouvent ensemble, afin que l'on ne donne à chacun ni trop, ni trop peu.

Le *cérémonial* paroît d'abord aux yeux de l'homme raisonnable, une chose frivole & inutile, qui semble n'avoir pour objet que la vaine gloire des princes & des grands. Mais cette idée n'est pas juste; car s'il est vrai de dire que les cérémonies religieuses ont été établies pour rendre le culte divin plus auguste & plus vénérable, on ne sauroit nier que le *cérémonial*, introduit dans toutes les sociétés, n'ait été inventé pour donner plus d'éclat aux actions des hommes publics, les rendre plus solemnelles, imprimer plus de respect aux peuples, & plier les sujets à une obéissance plus facile par cet extérieur imposant.

Sous ce point de vue, le *cérémonial* est utile; il tient nécessairement au droit public, il doit être fondé sur le droit naturel & sur les usages établis depuis long-temps parmi les chefs des nations policées, & il mérite l'attention du jurisconsulte & de l'homme d'état.

Pour traiter cet objet avec ordre, il est nécessaire de regarder le *cérémonial* sous deux points de vue différens. Nous l'envisagerons d'abord dans chaque peuple rassemblé en société civile, sous les mêmes loix, & sous le même gouvernement: nous traiterons ensuite du *cérémonial* observé entre les princes.

Du cérémonial entre le gouvernement & ses sujets. Il est certain que le *cérémonial* a été inventé pour retenir les peuples dans les bornes du respect & de la soumission; mais il étoit nécessaire d'en établir pour que le souverain fût honoré, non-seulement par le peuple, mais encore par les grands qui l'environnent. En effet, sans la pompe extérieure qui accompagne les souverains, sans la distinction des rangs & des prérogatives, sans l'étiquette des cours & les cérémonies usitées dans les occasions solemnelles, sans les gradations intermédiaires entre le prince & le peuple, tout seroit bientôt confondu & aboli; il n'y auroit plus rien qui servît à maintenir le bon ordre dans la société, le bonheur dans le gouvernement, & la félicité dans l'état. La dignité du souverain & son autorité s'évanouiroient bientôt, si chaque particulier pouvoit aborder de lui sans cérémonie, comme de son égal, & s'il n'y avoit aucune étiquette dans la manière de vivre à la cour.

La nature nous a appris qu'il falloit introduire des rangs & des différences entre les hommes, pour parvenir au but d'un bon gouvernement. En effet, en mettant entre eux une inégalité sensible par les différences d'âge, de force & de mérite, elle nous a indiqué qu'il étoit absolument nécessaire d'établir des gradations différentes, pour maintenir l'ordre entre les différens états & professions qui composent les sociétés civiles.

Ces degrés fondés sur l'idée ou l'opinion, sont nommés *rangs*, & chacun d'eux a ses prérogatives & ses distinctions proportionnées à son élévation, qui sont la base & le principe du *cérémonial*. Ces rangs ont été établis, soit par des réglemens que les souverains ont jugé à propos de faire, soit par la coutume & l'habitude, & par une suite de l'expérience qui a fait connoître que les formalités, accompagnées d'un appareil magnifique, excitent beaucoup d'impression sur l'esprit des hommes.

De-là sont nés les privilèges, les exemptions, les honneurs & prérogatives accordés à la noblesse, au clergé, à la magistrature, aux corps municipaux, aux universités, aux académies, *&c.* De-là ces cérémonies qui accompagnent les assemblées, processions, audiences, & autres solemnités de ces différens corps. Cet appareil imposant n'est pas seulement nécessaire pour donner à ces compagnies un air de décence & de gravité, qui les rend respectables au peuple, il étoit indispensable; car sans le *cérémonial*, on verroit régner une étrange confusion dans toutes les compagnies d'hommes qui s'assemblent dans un état pour célébrer le culte divin, régler la police, diriger les finances, administrer la justice, cultiver ou professer les sciences; en un mot, exercer quelque fonction publique dans la société.

On ne s'attend pas que nous donnions ici un détail du *cérémonial* qui s'observe dans les différentes compagnies, ni de fixer le rang que les différens corps de l'état doivent garder entre eux; nous ne pouvons entrer dans un détail aussi considérable; c'est pourquoi nous nous contenterons d'observer 1°. qu'on doit bannir du *cérémonial* public tout ce que le changement des mœurs pourroit avoir rendu comique; 2°. qu'on doit également éviter le trop grand faste, qui dégénère en une pompe théatrale, & la trop grande simplicité qui conduit au mépris & à la bassesse; 3°. que cette gradation d'honneurs & de prérogatives accordés à différens ordres, excite l'émulation parmi le reste des citoyens, & les force tous de mériter, par leurs travaux & leurs services, de plus grandes distinctions.

Du cérémonial entre les souverains. Le *cérémonial* a paru nécessaire aux souverains par des motifs de politique; car il n'est pas douteux que chaque degré de considération qu'ils acquierrent auprès des autres, leur donne un degré de facilité de plus pour parvenir à leurs fins. Aussi pendant longtemps il a été une source inépuisable de dispute, ce qui ne pouvoit manquer d'avoir lieu entre des princes puissans, qui, loin d'être dans la disposition de se céder mutuellement, prétendoient au contraire avoir les uns sur les autres des droits, des prérogatives & des préséances,

Peut-être ne se trouvera-t-il plus d'occasion de disputer sur le *cérémonial* à observer dans l'assemblée de plusieurs rois. Car, pour éviter les embarras du rang & de l'étiquette, les princes souverains qui veulent se transporter à la cour d'un autre, y voyagent sous le nom d'un particulier; c'est ainsi que l'empereur actuellement régnant, les rois de Suède & de Dannemarck, le grand-duc de Russie ont paru à la cour de France, & dans plusieurs autres : usage infiniment sage, qui, en supprimant tout ce qui appartient à la froide étiquette, procure au prince voyageur plus d'agrément & plus de facilité pour s'instruire.

Mais si le *cérémonial* n'a plus lieu entre les souverains eux-mêmes, le droit des gens des nations policées de l'Europe en a introduit un par rapport aux ambassadeurs qui représentent les rois, & le rang qu'on leur accorde se règle sur celui dont jouiroit le prince qui les envoie, s'il paroissoit lui-même à la cour du prince auquel il adresse son ambassadeur. Il existe encore un *cérémonial* entre les princes dans les lettres qu'ils s'écrivent mutuellement. Nous allons exposer ce qui se pratique dans ces deux occasions, & ce qui est à-peu-près reçu généralement par toutes les puissances européennes.

Les princes catholiques accordent sans difficulté le premier rang au pape. Sa qualité de vicaire de J. C., de chef visible de l'église, de père commun des fidèles, lui a fait accorder de tout temps, par tous les princes chrétiens, des honneurs sans bornes. En lui écrivant, ils l'appellent *très-saint-père*, & le traitent de *sainteté*. Admis à son audience, ils lui baisent les pieds, & lui donnent les marques du plus profond respect. L'histoire nous apprend même que plusieurs rois & empereurs lui ont tenu l'étrier, & conduit la bride de son cheval.

Les états protestans de l'Europe ne regardent le pape que comme un prince temporel; & n'ayant plus aucun motif d'égard pour un prince qui les excommunie tous les ans, ils n'entretiennent aucune liaison avec lui, & par conséquent n'ont aucune occasion d'observer envers lui aucun *cérémonial*. Néanmoins ils sont tenus à des devoirs de politesse envers lui, & ils connivent au rang que lui accordent les souverains qui ont le rang sur eux, & dans les cours catholiques leurs ambassadeurs cèdent le pas à ses nonces, parce qu'ils le prennent sur ceux de tous les princes.

L'empereur d'Allemagne tient le premier rang parmi les princes temporels de la chretienté. Quelque foible que soit la puissance personnelle de l'empereur, on lui accorde toujours le rang & la considération qui est due au trône des Césars & des Charlemagnes, quoiqu'il soit bien éloigné de jouir de la même puissance, & de commander à une partie de l'univers. On lui donne le titre de sacrée majesté impériale, & ses ambassadeurs, dans les cours étrangères, précèdent, sans difficulté, ceux des autres souverains.

Les souverains de la Russie ou Moscovie prennent le titre de *czar*, dérivé de celui de César ou késar; ils y ajoutent encore dans leurs édits celui d'*autocrateur* de toutes les Russies. Ce dernier tient à l'enflure asiatique, & ne doit être attribué qu'à Dieu, qui seul, par sa puissance, soutient & gouverne tout. Aussi n'influe-t-il en rien pour accorder au czar un droit de préséance. Mais depuis que Pierre-le-grand a tiré ses sujets de la barbarie où ils étoient plongés, & qu'il s'est rendu redoutable à toutes les puissances du Nord par ses conquêtes, les souverains de ces contrées ont consenti qu'il prît les titres d'empereur & de majesté impériale, & paroissent par-là lui avoir cédé le pas & la préséance, que doivent lui donner d'ailleurs la puissance & l'étendue de son empire.

Le chef de l'empire ottoman prend le titre de *grand-seigneur;* toutes les puissances de l'Europe, avec lesquelles il entretient des liaisons, lui donnent celui de *hautesse*, & accordent toutes sortes d'honneurs & de distinctions à ses ambassadeurs.

Les rois occupent, sans contredit, le second rang immédiatement après l'empereur, & avant les autres souverains : mais qui est en droit de régler entre eux les rangs & la préséance? Nous ne prétendons pas ici régler les droits respectifs des souverains, nous indiquerons seulement les faits qui ont rapport à cette question.

Dans le temps que l'Europe presque entière étoit catholique, Jules II avoit réglé, en 1504, l'ordre que les souverains, ou leurs ambassadeurs, devoient garder dans sa chapelle aux grandes solemnités.

Tel étoit le cérémonial qu'il vouloit faire observer; 1°. l'empereur; 2°. le roi des Romains; 3°. le roi de France; 4°. le roi d'Espagne; 5°. le roi d'Aragon; 6°. le roi de Portugal; 7°. le roi d'Angleterre; 8°. le roi d'Ecosse; 9°. le roi de Sicile; 10°. le roi de Hongrie; 11°. le roi de Navarre; 12°. le roi de Chypre; 13°. le roi de Bohême; 14°. le roi de Pologne; 15°. le roi de Danemarck; 16°. la république de Venise, à cause de ses royaumes de Chypre, Candie & Dalmatie; 17°. le duc de Bretagne; 18°. le duc de Bourgogne; 19°. le duc de Bavière & Palatin; 20°. l'électeur de Saxe; 21°. le margrave de Brandebourg; 22°. l'archiduc d'Autriche; 23°. le duc de Savoie; 24°. le grand-duc de Toscane; 25°. le duc de Milan; 26°. le duc de Bavière; 27°. le duc de Lorraine; les princes Italiens, les neveux du pape, les légats de Bologne & de Ferrare, *&c.* avoient aussi un rang déterminé.

Ce réglement trouva beaucoup de contradictions. Les rois de France ont constamment refusé de céder le pas au roi des Romains, dont le simple titre de roi, destitué de toute puissance réelle, ne désigne qu'un successeur à la couronne impériale, & ne peut lui faire accorder la prééminence sur des souverains qui commandent à une grande nation.

En second lieu, les révolutions & les changemens arrivés dans l'église & dans les états ont rendu inutile le réglement de Jules II; c'est pourquoi aujourd'hui il faut chercher une autre régle pour déterminer la préséance entre les rois, & leurs représentans. On pourroit à cet égard puiser les principes 1°. dans l'ancienneté de la monarchie; 2°. dans la puissance du monarque; 3°. dans la grandeur & la quantité des provinces qui composent son empire; 4°. dans la possession longue & non interrompue où il est d'avoir la préséance; 5°. dans le rang que les empereurs & les papes lui ont toujours accordé.

Mais il faut l'avouer, tout ceci forme plutôt des considérations que des principes. Tous les rois, reconnus pour tels, sont égaux par leur rang, & le titre familier de *frère*, qu'ils se donnent mutuellement, prouve assez cette vérité. Mais comme il est nécessaire que les rois, ou leurs représentans à la cour d'un autre souverain, gardent entre eux un certain rang dans les occasions solemnelles, il est également nécessaire que les uns aient la préséance sur les autres.

Il est certain que la France s'est toujours maintenue dans la possession de la prééminence & du premier rang; tout le monde connoît la reconnoissance authentique que l'Espagne fut obligée d'en faire à la cour de Louis XIV, en présence de tous les ministres étrangers; cette prééminence paroît même lui être accordée au moins tacitement par tous les autres princes & souverains de l'Europe; car ses ambassadeurs obtiennent le pas dans toutes les cours.

Mais cette prérogative accordée aux monarques françois, à cause de l'ancienneté de leur monarchie, de la dignité de leur couronne, dont plusieurs grands rois se sont reconnus vassaux, n'est pas établie d'une manière irrévocable; d'ailleurs rien ne règle le rang que les autres princes doivent observer entre eux.

Cette difficulté, les disputes sur la préséance, les contestations pour un vain *cérémonial*, ont souvent donné plus de peine à des plénipotentiaires assemblés, que la rédaction d'un traité de paix définitif, elles ont souvent prolongé les horreurs de la guerre.

Mais à mesure que la politesse a fait des progrès, on a vu diminuer le nombre de ces disputes. Les rois & leurs représentans ont cherché à se prévenir par des égards & des civilités réciproques. On a trouvé des expédiens & des tempéramens pour empêcher qu'un vain *cérémonial* ne nuisît au bien des affaires.

Tantôt on a établi une égalité parfaite dans toutes les parties du *cérémonial*. C'est ce qui fut pratiqué en 1639, lors du traité des Pyrénées, entre le cardinal Mazarin & dom Louis de Haro. Tantôt on est convenu que les députés à un congrès se placeroient dans la salle d'assemblée générale, à mesure qu'ils arriveroient, autour d'une table ronde, qui ne laisse entrevoir ni première, ni dernière place. On s'est quelquefois servi de la voie du sort pour régler la préséance.

Enfin, lorsqu'on ne peut la terminer à l'amiable, les parties qui se croient lésées se contentent d'insérer dans les actes publics une protestation, dans laquelle ils déclarent que cet exemple ne pourra tirer à conséquence, ni leur préjudicier à l'avenir.

L'ordre des signatures & la dénomination des hautes parties contractantes dans un traité donnent encore lieu à des difficultés; pour y obvier, on s'est servi, dans les derniers, d'un expédient, qui n'accorde à aucun souverain une prééminence sur les autres. Cet expédient consiste à faire autant de copies différentes du traité, qu'il se trouve de souverains intéressés, & de nommer alternativement le premier, celui auquel la copie est destinée.

L'Allemagne, qui est une république de souverains confédérés, est le pays où le *cérémonial* est le plus difficile à régler.

On a souvent proposé des moyens d'accommodement entre ses princes, soit par arbitrage, soit par compromis; mais on n'a jamais pu parvenir à assigner à chacun un rang dont il pût être content: la possession ou la force ont toujours prévalu.

Il est néanmoins incontestable que, dans l'empire & à la cour impériale, les électeurs ont un rang qui les égale aux rois; leur droit est fondé sur la bulle d'or & sur plusieurs constitutions impériales. Hors de l'Allemagne, ces mêmes princes, quoique très-puissans par l'étendue de leurs états, doivent céder aux souverains qui jouissent du pouvoir absolu dans leur territoire, parce qu'en leur qualité d'électeurs & de princes de l'empire, ils sont soumis à ses loix, ils tiennent leurs possessions en fief, & peuvent être mis au ban de l'empire, en cas de félonie ou de rébellion.

C'est par cette raison que les ambassadeurs de Venise, de Hollande & des autres républiques ont souvent disputé la préséance à ceux des électeurs. Cette contestation n'a pas encore été décidée nettement.

Dans l'empire, après les électeurs, suivent immédiatement les princes dont les titres & les dignités sont distingués, tels que l'archiduc d'Autriche & le grand-duc de Toscane. Après eux viennent les ducs, les marcgraves, les palatins, les landgraves, les princes, les comtes & autres souverains. Ceux d'entre eux qui prétendent être lésés dans le rang qu'on leur assigne dans les diètes & dans les autres assemblées solemnelles, se contentent de faire insérer dans les registres publics leurs protestations pour leur servir & valoir dans un autre temps.

Le *cérémonial* que les princes observent en s'écrivant, est fondé sur les mêmes principes que les honneurs personnels qu'ils se rendent ou font rendre à leurs représentans. Nous avons déjà remarqué que les princes catholiques, en écrivant au pape, lui donnent le titre de *sainteté*, finissent leurs lettres par une formule pleine des marques du respect qu'ils portent au chef de l'église. Lorsque celui-ci leur adresse des lettres ou des brefs, il leur donne la qualité de *fils bienheureux*, *fils bien-aimés*.

Les rois appellent l'empereur du nom de *frère*, & lui donnent le titre de *sacrée majesté impériale* : l'empereur, dans les lettres qu'il leur adresse, les qualifie également de *frères*, & les appelle *votre majesté*. Les rois entre eux se donnent les mêmes titres & qualités, & finissent leurs lettres par une courtoisie polie, mais non respectueuse. La raison de cette égalité réciproque entre les rois & l'empereur est fondée sur ce que tous ces souverains sont égaux entre eux par la puissance & par le rang.

Les républiques donnent aussi aux empereurs & aux rois les titres de *sire* & de *majesté*. Les rois, en leur écrivant, se servent de formules différentes, suivant les conventions particulières ou les usages anciens. Mais assez communément, en écrivant aux magistrats des républiques en corps, ils les appellent *messieurs mes bons amis* ou *messieurs mes amis*, *alliés & confédérés*.

A l'égard des souverains d'un rang inférieur, les rois, en leur écrivant, les nomment seulement *mon cousin*, &, dans la contexture, leur donnent le titre d'*altesse royale*, d'*altesse sérénissime*, de *sérénité*, *&c.* Les empereurs se servent du terme de *dilection* vis-à-vis des électeurs & des princes de l'empire. Long-temps après l'érection du duché de Prusse en royaume, l'empereur & le roi de France ne donnoient au roi de Prusse que ce même titre; mais la puissance actuelle du monarque prussien ont fait changer de style à cet égard, & les souverains le traitent tous d'égal.

Le pape se sert aussi du terme de *dilection* en écrivant au dauphin, aux frères du roi de France, & aux princes souverains qui ne sont pas rois.

CÉRÉMONIES, s. m. pl. (*Droit civil & canonique.*) les *cérémonies* sont en général des démonstrations extérieures & symboliques qui font partie des usages de la police & du culte d'une société.

On peut en distinguer de trois espèces. Les unes sont purement civiles ou politiques, telles que le couronnement d'un prince, l'introduction d'un ambassadeur, *&c.* les autres sont purement religieuses; de ce genre sont l'ordination d'un prêtre, le sacre d'un évêque, le baptême ou la bénédiction d'une cloche, *&c.* les dernières sont politico-religieuses, c'est-à-dire, que les usages du peuple se trouvent mêlés avec la discipline de l'église, telles sont les *cérémonies* qui accompagnent les mariages, les sépultures, *&c.*

Les *cérémonies*, établies dans la société ou dans la religion, ont une origine particulière, relative à quelques faits primitifs & à leurs circonstances. Il y en a cependant plusieurs qui doivent leur existence, dans les différentes religions, à la crainte ou à l'espérance mal entendues des peuples, au caprice, à l'intérêt, & peut-être à la méchanceté des prêtres. C'est de ces sources qu'on pourroit tirer la naissance de ces *cérémonies* abominables, cruelles ou ridicules que les historiens & les voyageurs nous racontent : & il n'est guère nécessaire d'avoir recours aux conjectures d'Huet, de Bochart, de Vossius & de Dickinson, où l'on remarque quelquefois plus de zèle que de vraisemblance. Ces systêmes, enfantés par des savans pour rendre raison de tout, ne sont qu'un assemblage d'idées sans motif, sans liaison, sans autorité.

Les *cérémonies* sont nécessaires à la religion : ce sont des actes extérieurs qui en rendent le culte plus auguste & plus vénérable. On pourroit peut-être les regarder comme superflues, si la religion n'étoit faite que pour le philosophe, & non pour le philosophe & le peuple. Est-il même bien vrai que le philosophe n'ait pas quelquefois besoin d'être ramené par les choses sensibles aux objets de sa foi & de ses devoirs? Mais au reste il est toujours certain que le commun des hommes ne peut se passer de représentations sensibles, & qu'elles ont sur son imagination une force prodigieuse : c'est ce qui a fait dire à S. Grégoire-le-Grand, que la peinture est aux ignorans ce que l'écriture est aux hommes lettrés. C'est par la même raison que nous devons conclure que les *cérémonies* religieuses sont utiles & nécessaires, & qu'elles doivent être conservées.

Elles étoient en petit nombre dans les temps qui se sont écoulés entre Adam & Moïse, lorsque les hommes, dans la simplicité de leur cœur & l'innocence de leurs mœurs, offroient à Dieu un culte naturel en pleine campagne, sur un autel de gazon, en lui présentant une gerbe ou un agneau.

La loi des Juifs en contint un plus grand nombre, toutes relatives aux miracles que Dieu avoit faits en leur faveur, ou aux mystères de la rédemption des hommes. Elles furent religieusement observées, parce que Dieu les avoit prescrites lui-même par sa bouche ou par celle de ses ministres & de ses prophètes. Elles ont subsisté jusqu'à ce que Jesus-Christ eût accompli la loi donnée par Moïse, & substitué la nouvelle alliance à l'ancienne.

Les *cérémonies* religieuses de la religion chrétienne ont été établies par son divin instituteur ou par ses apôtres & leurs successeurs. On ne voit d'instituées par Jesus-Christ, que celles qui sont essentielles aux sacremens : elles sont absolument nécessaires & doivent être généralement observées dans toutes les églises.

Celles qui ont été établies par les apôtres & les évêques pour régler le culte extérieur de l'église, la sanctification des choses consacrées à Dieu, ont éprouvé différens changemens & diverses modifications. Chaque église particulière est maîtresse de les conserver ou de les changer, lorsque la nécessité ou l'utilité des fidèles le demande. Comme elles n'intéressent ni la foi ni la morale, les changemens qu'elles éprouvent, n'ont jamais porté atteinte à l'unité de l'église.

Les *cérémonies* religieuses ont donc pour base l'histoire, & nous ont été transmises par des livres, sur l'authenticité desquels il ne peut y avoir de doute. Elles furent, chez les premiers hommes, des mouvemens inspirés par la nature : chez le peuple juif, une portion des loix d'un gouvernement théocratique ; dans la religion chrétienne, elles doivent leur origine à son fondateur ou à ses premiers disciples, & sont des symboles de foi, d'espérance & de charité.

Les loix des princes les ont confirmées, & les conservent ; ainsi on ne peut troubler les *cérémonies* de l'église, sans se rendre coupable d'un délit contre l'ordre public, dont l'auteur doit être puni selon les circonstances & la nature du délit. Les loix prononcent même la peine de mort, lorsqu'on joint au trouble la profanation ou des violences contre les ecclésiastiques, dans le temps qu'ils sont occupés à leurs fonctions. Nous traiterons de ces peines sous les mots PROFANATION, SACRILÈGE.

Nous ne parlerons pas ici des cérémonies civiles & politiques. Chacune d'elles trouvera sa place sous les mots auxquels elle a rapport, & auxquels nous renvoyons. Nous remarquerons qu'il ne se passe presque aucun acte dans la société, qui ne doive être accompagné de certaines *cérémonies*.

CERF, s. m. (*Eaux & Forêts.*) c'est un animal quadrupède, ruminant, qui a le pied fourchu, les cornes branchues, non creuses, & tombant chaque année. Cet animal est le mâle de la biche.

La chasse aux *cerfs* est un droit royal, réservé expressément par les loix au souverain, permis aux princes apanagistes & aux seigneurs à qui il a été nommément accordé. Tous les édits, ordonnances & réglemens, depuis François I jusqu'à nos jours, ont renouvellé les défenses de chasser aux *cerfs*, biches & faons, sous des peines très-rigoureuses.

Il suffit de rapporter les dispositions de l'ordonnance de 1601, confirmées par celle de 1669 & par la jurisprudence constante du conseil qui a rendu une multitude d'arrêts pour punir ceux qui avoient, sans titre, osé chasser le *cerf*.

Cette loi défend à toute personne, de quelque état, qualité & condition qu'elle soit, de chasser aucune espèce de gibier dans les forêts, bois, buissons & garennes appartenans au roi, & ailleurs de chasser les biches, *cerfs* & faons. Ceux qui, malgré cette défense, les auront chassés, doivent être condamnés, pour la première fois, en deux cens livres, monnoie actuelle, d'amende, ou être battus de verges, s'ils sont dans l'impuissance de la payer ; mais, en cas de récidive, la loi prononce contre eux la peine du fouet, & ils sont battus de verges autour des forêts, bois, buissons & garennes où ils ont délinqué, & bannis à quinze lieues de l'endroit.

La même ordonnance infligeoit aussi des peines corporelles, plus considérables ; mais elles ont été abrogées par l'article 2 du titre 30 de l'ordonnance de 1669, qui ne les a laissé subsister que contre les personnes de vile condition, les vagabonds, gens sans aveu, & braconniers de profession.

Il n'est pas inutile de remarquer que les ordonnances & réglemens sur le fait de la chasse au *cerf* réservent aux juges forestiers le droit & la faculté d'étendre ou de restreindre les condamnations d'amende & les punitions suivant les circonstances, la nature & la qualité des délits, des personnes & des lieux.

Nous avons dit que la chasse au *cerf* étoit permise à quelques seigneurs. L'ordonnance de 1601 ne l'accorde qu'à ceux qui en ont obtenu une permission expresse, ou qui sont fondés en titres valables & authentiques, par permission, concession ou octroi du roi, duement vérifiés. En cas de perte des titres par guerre, feu, hostilité ou autres accidens, ils doivent justifier d'une possession ancienne, & obtenir des lettres de confirmation de ce droit, qu'ils sont tenus de faire enregistrer au greffe des grands-maîtres, ou de ses lieutenans, ès sièges des tables de marbre des parlemens, dans le ressort desquels ils sont situés, & dans le cas où il n'y en auroit pas, au siège de Paris. (*Cet article est de M. Remond, maître particulier des eaux & forêts de Bourges.*)

CERQUEMANAGE, s. m. CERQUEMANER, v. a. CERQUEMANEUR, s. m. (*termes de coutumes.*) ces mots sont très-usités dans la Flandres & les Pays-Bas. Ils sont composés de *cherche* & *manoir.* Ainsi *cerquemaner*, c'est chercher les limites d'une maison ou d'un héritage pour les constater & les fixer par des bornes. Le *cerquemanage* est l'action même du bornage : & on appelle *cerquemaneurs*, les experts & jurés qu'on appelle pour planter ou pour rasseoir des bornes.

Les *cerquemaneurs* ont une espèce de jurisdiction sommaire pour ces sortes de différends qui sont très-fréquens, & qui seroient ruineux en justice réglée. Les coutumes qui parlent du *cerquemanage*, sont celles de Cambrai, Douai, Hainaut, Valenciennes, Orchies & Lille. Celle de Lille emploie indiférémment les mots de *cerquemanage* & de *visitation de maisons*.

Le chapitre 43 des chartes générales du Hainaut entre dans un long détail sur la manière dont doit se faire le *cerquemanage*. L'article premier porte que la connoissance en doit appartenir au conseil souverain de Mons, quand il s'agit de biens amortis, de fiefs, de francs-aleux ou de biens de communauté.

Cette disposition n'est plus observée que dans le Hainaut autrichien ; car, dans le Hainaut françois, ce sont les juges royaux qui doivent en connoître en première instance, sauf l'appel au parlement de Douai ; la raison en est qu'ils représentent la cour de Mons, en conséquence d'un arrêt du conseil du 18 juin 1703.

Comme il y a quelques cantons de cette province où il n'y a point de juges royaux, on doit s'adresser directement au parlement pour le *cerquemanage* des biens de la qualité dont nous avons parlé.

S'il s'agissoit de *mainfermes* possédés par des particuliers, les mayeurs & échevins du lieu seroient seuls compétens pour en connoître en première instance, rance, suivant l'article 2 du même chapitre. Ils le seroient même pour toute autre espèce de biens, si les parties vouloient, d'un commun accord & sans figure de procès, faire planter des bornes à leurs héritages sans en contester les limites respectives. C'est ce que porte l'article 25.

La coutume du chef-lieu de Valenciennes porte, *art. 98*, que, si l'on vient à demander *cerquemanage* contre un absent, le mayeur du lieu s'y trouvera pour soutenir ses intérêts & défendre ses droits, comme s'il étoit présent; & que ses vacations seront payées par le demandeur, sauf à celui-ci son recours contre l'absent, s'il y échet.

La coutume de Cambresis renferme aussi plusieurs détails sur la procédure des *cerquemanages*. On doit, pour en demander un valablement, faire exploiter un *clain* ou saisie sur le fonds de son voisin dont on a à se plaindre, & le faire signifier à la partie trois jours avant de procéder au *cerquemanage*. Ce *clain* doit se faire en présence des mayeur & échevins, si c'est hors de Cambrai : mais, dans cette ville, il ne peut se faire qu'en présence du bailli de la Feuillie assisté de deux échevins : c'est ce qu'établit la coutume dans l'article 28 du titre 25; & un arrêt rendu par le parlement de Flandres le 30 juillet 1742, a renouvellé cette disposition.

La même coutume indique trois moyens pour détruire un *cerquemanage*; savoir, la production d'un ancien *cerquemanage* revêtu de toutes les formes judiciaires, ou, si le titre qui le constate, est perdu, le témoignage des juges qui y ont assisté; ou enfin la demande d'un nouveau *cerquemanage*, formée avant que le premier n'ait été homologué : c'est ce que porte l'article 30 du titre 25 en ces termes: *un cerquemanage se peut détruire par trois voies, à savoir, par un autre cerquemanage requis avant que d'homologuer le précédent, ou par lettres & fermes, ou record de loi*. (Voyez Ferme & Record de loi.)

Dans cette coutume, on ne peut demander plus de trois *cerquemanages*; de sorte que l'on doit s'en tenir au troisième. Quand on procède au second, on doit y appeller, avec les nouveaux *cerquemaneurs* ou arpenteurs, un ou deux de ceux qui ont fait le premier, & au troisième un ou deux de chacun des deux *cerquemanages* précédens.

Suivant l'article 32 de la même coutume, les dépens d'un premier *cerquemanage* qui a été homologué, se partagent également entre les parties : mais si l'une s'oppose à l'homologation & en demande un second, les dépens sont à la charge de celui qui succombe au second : il en est de même du troisième.

Le droit romain admettoit la prescription de trente ans en matière de bornes, comme on peut le voir dans la loi dernière, *cod. finium regundorum*, & dans la loi première, §. 1, *cod. de annali exceptione*. Plusieurs coutumes des Pays-Bas rejettent formellement toute prescription à cet égard. Les rédacteurs de ces coutumes ont pensé qu'une borne qui sépare deux héritages, est une espèce de titre qui réclame sans cesse contre l'usurpateur, & qui empêche l'effet de la prescription.

Le conseil d'Artois rendit, le 16 novembre 1706, une sentence conforme à ces coutumes, quoique celle de cette province n'ait aucune disposition sur cette matière. *Voyez* Borne, Bornage.

CERTIFICAT, s. m. (*Droit civil & canonique. Eaux & Forêts. Finance.*) en général, on donne le nom de *certificat* au témoignage qu'on donne par écrit pour certifier la vérité d'un fait, d'une chose.

Il ne faut pas confondre le *certificat* avec le témoignage que rend une personne qui est assignée pour déposer dans une enquête ou une information. Le serment qu'on exige dans ces derniers cas, donne plus de poids à l'attestation d'un témoin qui dépose, qu'à un *certificat* qu'une partie intéressée peut surprendre. Aussi, dans les affaires ordinaires, ne regarde-t-on pas un *certificat* comme un moyen suffisant pour éclairer la religion des juges.

Dans nos usages, il y a un certain genre d'affaires où la production d'un *certificat* est une formalité nécessaire & exigée par la loi. Nous allons en indiquer les principales espèces, suivant qu'elles ont rapport avec des matières civiles ou canoniques, la jurisdiction des eaux & forêts, ou les finances.

Des certificats en matière civile. 1°. *Certificat de vie, mœurs & doctrine.* Cette espèce est un témoignage de la religion & de la bonne conduite d'une personne, que lui donne par écrit le curé ou le vicaire de la paroisse dans laquelle elle réside. Il est absolument nécessaire à tous ceux qui veulent se faire pourvoir d'un office de judicature.

L'article 13 d'une déclaration du mois de décembre 1598 défend d'admettre personne à faire les fonctions de juge, de greffier, notaire, procureur ou huissier, que le récipiendaire ne justifie, par un *certificat* signé du curé ou du vicaire de sa paroisse, qu'il fait profession de la religion catholique, apostolique & romaine.

L'article 14 de cette même ordonnance exige un pareil *certificat* pour ceux qui demandent le degré de licence dans les facultés de droit & de médecine. Il est bon de remarquer que, dans ce cas, le *certificat* est valide, lorsqu'il est signé par un ecclésiastique constitué dans les ordres sacrés.

Certificat de vie pour les rentiers. Les propriétaires des rentes viagères, créées par le roi, lorsqu'ils résident dans les provinces, ou se trouvent chez l'étranger, ne peuvent se faire payer à Paris de leurs arrérages sans présenter au préalable un acte par lequel le juge ordinaire de leur résidence ou toute autre personne autorisée par la loi atteste leur existence pour les avoir vus & leur avoir parlé dans le jour.

L'édit du mois d'août 1693, & ceux qui ont été donnés depuis, ont ordonné que les rentiers domiciliés en province pourroient recevoir les arrérages de leurs rentes sur des procurations en bonne forme, passées devant notaires, & légalisées par le juge ordinaire du lieu, qui certifieroit au bas la vie des rentiers; que ceux qui seroient établis en pays étrangers, rapporteroient des *certificats* de vie, passés devant notaire ou autre personne publique, en présence de deux témoins; que ces *certificats* seroient légalisés par les ambassadeurs, envoyés ou consuls de la nation françoise dans les cours étrangères où ils font leur résidence, &, à leur défaut, par les principaux magistrats ou juges des lieux.

Une déclaration du 23 avril 1737 déclare suffisant le simple *certificat* d'un ministre françois, sans l'intervention d'aucune autre personne, pourvu qu'il connoisse personnellement les rentiers, qu'il en atteste l'existence, en déclarant les avoir vus & leur avoir parlé dans le jour.

Autrefois ceux qui servoient dans les troupes du roi, étoient obligés de faire certifier leur existence par les prévôts établis à la suite des armées. Mais un arrêt du conseil du 19 septembre 1734 leur permet de recevoir les arrérages des rentes viagères sur un *certificat* de vie, délivré par les commissaires des guerres ou par le greffier de l'armée, faisant fonction de notaire, & légalisé par le grand prévôt. Ce *certificat* doit contenir le nom de baptême du rentier, & son grade militaire.

La ressemblance des noms entre deux frères ou entre le père & le fils, a occasionné de perpétuer une rente dans une famille au préjudice du roi & des actionnaires des tontines. Pour empêcher cet abus, une déclaration du 26 juin 1763 a ordonné que les *certificats* de vie contiendroient le nom de baptême & de famille du rentier, son âge, ses qualités, sa profession, son domicile; qu'au cas de changement de domicile ou de profession, il en seroit fait mention, ainsi que de la présence actuelle du rentier, & de la désignation de la personne sur la tête de qui la rente est constituée.

On exige aussi, autant qu'il est possible, que le *certificat* soit signé par le rentier, & qu'il soit légalisé par le juge royal de l'endroit. Les officiers des seigneurs ne peuvent donner cette légalisation, à moins qu'ils ne soient à la distance de plus de trois lieues d'un juge royal: ce qu'ils doivent exprimer dans le *certificat*; ou, s'ils sont dans une moindre distance, que le rentier ne soit atteint d'une maladie ou infirmité assez grave pour l'empêcher de se transporter pardevant le juge royal.

Les *certificats* de vie qui ne sont pas conformes aux réglemens, sont mis au rebut par les payeurs des rentes, qui doivent en expliquer la raison par écrit. Les porteurs de quittances peuvent, lorsqu'ils croient la difficulté mal fondée, se pourvoir pardevant le prévôt des marchands & les échevins pour y être statué sommairement: c'est ce qui est porté par un arrêt du conseil du 23 avril 1737.

Des certificats en matière canonique. Un arrêté des cardinaux, fait au conclave tenu en 1700, pour l'élection de Clément XI, vouloit assujettir les impétrans de bénéfices en cour de Rome, à joindre à leurs suppliques un *certificat* de vie & mœurs; mais cet arrêté n'a pu faire loi en France. D'ailleurs l'article 3 de l'édit d'avril 1695 a pris une sage précaution pour empêcher que le pape ne conférât des bénéfices importans à des personnes indignes, en obligeant ceux qui obtiennent des provisions de cour de Rome pour des bénéfices à charge d'ames, de subir un examen devant l'évêque ou son vicaire-général, & d'en obtenir un *visa*.

Nous avons déjà dit au mot BANQUIERS *en cour de Rome*, qu'il leur étoit enjoint par l'ordonnance de 1667 de donner, au dos des expéditions de cour de Rome, un *certificat* qui atteste la vérité de la signature, & d'en donner un pareillement pour attester les refus faits en cour de Rome. Nous ajouterons, 1°. que, lorsqu'il s'agit d'une simple grace qui dépend de la volonté du pape, on peut former la complainte sur le *certificat* du banquier qui atteste que la grace a été accordée: 2°. qu'un banquier, après avoir délivré son *certificat*, peut y faire des changemens, s'il ne s'agit que d'une légère omission. Ces deux choses ont été jugées par deux arrêts du grand-conseil, rapportés dans le *Traité de la Prévention* de Piales.

Des certificats en matière d'eaux & forêts. 1°. Suivant l'article 12, *tit.* 4, & l'article 9, *tit.* 20, de l'ordonnance de 1669, les maîtres particuliers, les autres officiers & gardes des eaux & forêts ne peuvent obtenir le paiement des gages, chauffage, journées & vacations attribués à leurs offices ou commissions, qu'en rapportant un *certificat* du grand-maître de leur département pour justifier de leur résidence actuelle & de leur service dans les fonctions dont ils doivent s'acquitter.

Dans le cas d'un refus injuste de la part des grands-maîtres, ces officiers peuvent se pourvoir au conseil où on leur expédie un ordre pour être payés par le receveur des domaines & bois: c'est ce qui paroît résulter de plusieurs arrêts du conseil des 26 mai 1696, 12 février 1697, 9 août 1701, 9 mai 1702, 18 & 29 mai 1706, & 23 mai 1752.

Un arrêt du conseil du 5 août 1704 a expressément défendu aux secrétaires des grands-maîtres, d'exiger aucun droit pour l'expédition des *certificats* de service, à peine de concussion, de restitution du quadruple & de cinq cens livres d'amende.

2°. L'ordonnance de 1669, *tit.* 15, *art.* 36, défend aux officiers des maîtrises de permettre à un adjudicataire de commencer l'exploitation des bois qui lui ont été vendus, avant qu'il ait représenté & fait enregistrer le *certificat de consentement*, qui est un acte sous seing-privé, par lequel le receveur général des domaines & bois atteste que l'adjudicataire a fait recevoir ses cautions & certificateurs.

3°. Conformément à l'article 24 de l'édit du mois de mai 1716, les collecteurs des amendes ne peuvent demander la décharge des sommes dont ils n'ont pu faire le recouvrement, qu'en justifiant qu'ils ont fait les diligences prescrites pour parvenir à l'emprisonnement des condamnés à l'amende, & en rapportant un *certificat de carence*.

C'est le nom qu'on donne aux attestations des curés, ou des juges des lieux, portant que certains particuliers condamnés à des amendes, sont hors d'état de les payer.

Un collecteur qui produiroit un faux *certificat de carence*, seroit, suivant l'édit cité ci-dessus, condamné aux galères.

Des certificats en matière de finances. 1°. Les officiers & commensaux de la maison du roi, suivant les édits des mois d'août 1669 & 1705, ne jouissent des privilèges qui leur sont attribués, qu'en déclarant tous les ans, par un acte authentique, au corps des habitans de leurs paroisses, le temps pendant lequel ils doivent servir, & en rapportant ensuite un *certificat* de leur service. Dans le cas où la maladie les auroit empêchés de le faire, ils doivent faire attester la maladie par les médecins & officiers des lieux, rapporter un certificat de dispense, le faire signifier au corps des habitans, aux collecteurs & aux receveurs des tailles, afin qu'en cas de fraude & de supposition, les uns & les autres puissent contester ces *certificats*, sans être obligés de prendre l'inscription de faux.

Si les commensaux avoient usé de fraude pour obtenir le *certificat* dont ils ont besoin, l'édit de 1705 ordonne qu'ils soient imposés à la taille, & taxés d'office par les intendans, sans pouvoir, par la suite, jouir d'aucune exemption à cet égard, dont ils demeurent déchus.

2°. On appelle, en terme de finance, *certificat de franchise*, un acte qui déclare certaines marchandises franches & exemptes des droits de sortie du royaume, pour avoir été achetées & enlevées pendant le temps de la franchise de certaines foires. *Voyez* FOIRES.

3°. Les réglemens relatifs aux droits d'aides veulent qu'on ne puisse enlever aucune pièce d'eau-de-vie, ou autres liqueurs, auxquelles elle sert de base, que les vendeurs, facteurs, ou commissionnaires, n'aient fourni au bureau du lieu de l'enlévement, leur soumission de rapporter du lieu de la destination, un *certificat* du commis du fermier, qui justifie que les eaux-de-vie, ou liqueurs, y ont été déchargées, & que les droits en ont été acquittés.

L'on accorde trois mois de délai aux parties pour faire venir ces *certificats;* ce délai expiré, le fermier peut décerner ses contraintes solidairement contre les soumissionnaires & leurs cautions, pour se faire payer du quadruple des droits dus, tant aux bureaux de passage, qu'au lieu de la destination, dans les pays sujets aux droits de gros & de huitième, & du double seulement des droits dans la Normandie, la Picardie, l'élection de Paris, & autres lieux sujets au quatrième.

Le fermier est bien en droit de décerner ses contraintes, lorsque les *certificats* n'ont pas été rapportés dans les trois mois, mais il ne peut faire de poursuites pendant un mois, à compter du jour du commandement, à moins qu'il n'y ait péril à la demeure, auquel cas il peut, à ses risques & fortune, procéder par voie de saisie, sans faire procéder à la vente des effets saisis.

Si le fermier néglige de décerner ses contraintes dans l'année, à compter du jour de la soumission, les soumissionnaires & cautions sont valablement déchargés.

Les *certificats* rapportés après les délais fixés, sont déclarés nuls & de nul effet, par les lettres-patentes de 1726, qui défendent aux juges d'y avoir aucun égard, & aux commis de les recevoir, à peine de répondre, en leur nom, du double ou du quadruple droit, & des dommages & intérêts du fermier.

Par des lettres-patentes du 2 août 1728, il est permis aux acheteurs d'eau-de-vie de déclarer au bureau des aides du chef-lieu de l'élection, dans l'étendue de laquelle ils destinent cette liqueur, la quantité qu'ils entendent acheter, & la généralité d'où ils comptent la tirer; ils doivent en outre donner leur soumission de faire arriver les eaux-de-vie dans les lieux indiqués, de représenter les congés pris au lieu de l'achat, & de payer les droits d'entrée & autres. En envoyant un *certificat* de cette soumission au lieu de l'enlévement, le vendeur est dispensé d'y faire aucune soumission, & d'y fournir caution. *Voyez le Dictionnaire des finances.*

4°. En matière de traites, les marchands ou voituriers qui font sortir des marchandises des provinces des cinq grosses fermes, pour y rentrer, soit par terre, soit par mer, sont tenus de faire leur soumission de rapporter dans un délai fixé, suivant la distance des lieux, un *certificat* de la descente des marchandises au lieu pour lequel elles sont destinées, ou de payer le quadruple des droits. Ils donnent en outre caution, ou consignent la valeur des droits entre les mains du fermier.

Lorsque les marchandises sont arrivées, les voituriers sont obligés de les conduire directement au bureau, s'il y en a un; après leur visite & la représentation des acquits, on leur donne un *certificat* de descente signé par les commis, s'il y en a, ou par les juges & syndics des lieux, s'il n'y en a pas. Ce *certificat* est renvoyé au lieu du départ des marchandises; & sur le rapport qui en est fait, on rend les droits consignés, ou on décharge, sans frais, sur le registre les soumissions & les cautions.

On ne doit pas délivrer de *certificat* lorsque les marchandises sont arrivées après les délais fixés par l'acquit; elles sont dans le cas d'être saisies, à moins que le voiturier par terre ne justifie du retard qu'il a éprouvé par cas fortuit, ou force majeure, par un procès-verbal fait dans le jour, ou dans les vingt-quatre heures du retard; & le voiturier par mer, par un procès-verbal fait dans les deux jours, depuis qu'il est arrivé au port, le fermier ou ses commis présens, ou duement appellés. *Voyez le Dictionnaire des finances.*

CERTIFICATEUR, s. m. (*terme de Pratique.*)

On entend au palais par le mot de *certificateur*, celui qui répond en justice de la solvabilité d'une caution judiciaire, & qui, par cette raison, est tenu subsidiairement de la somme pour laquelle la caution a été exigée, au cas que, par événement, elle devienne insolvable. Il suit de cette définition qu'un *certificateur* de caution n'est point obligé solidairement avec la caution, & que le créancier ne peut exercer aucune action contre lui avant d'avoir discuté judiciairement la caution, & avoir constaté son insolvabilité. Cette jurisprudence a même lieu pour les *certificateurs* des cautions des fermiers & receveurs des deniers royaux. La cour des aides de Paris avoit jugé le contraire le 2 juillet 1723; mais elle a adopté les véritables principes par deux arrêts, des 2 juillet & 6 août 1745. *Voyez* CAUTION.

On appelle encore au palais *certificateur des criées*, un officier dont les fonctions consistent à procéder à l'examen & à la vérification des criées qu'on est tenu de faire pour parvenir à la vente des héritages saisis réellement. *Voyez* CERTIFICATION.

CERTIFICATION, s. f. (*terme de Pratique.*) Ce mot ne s'emploie jamais seul, mais on appelle *certification des criées*, l'attestation donnée par le juge du lieu, que les criées des héritages saisis ont été faites avec les solemnités & les formalités requises par les ordonnances.

La formalité de certifier les criées est fort ancienne; l'ordonnance de 1539 veut qu'elles soient bien & duement certifiées selon les anciennes ordonnances.

La *certification* des criées doit être faite pardevant le juge ordinaire des lieux où les biens sont situés; c'est la disposition textuelle de l'ordonnance de 1551, qui est encore aujourd'hui en vigueur. « Les criées, y est-il dit, *art. 5*, seront » certifiées pardevant le juge des lieux, après que » la lecture en aura été faite au jour des plaids, » & iceux tenans ».

Cette règle reçoit une première exception dans le ressort de la prévôté de Paris. Suivant un usage immémorial, confirmé par une déclaration du 17 septembre 1695, & un édit du mois de septembre 1772, la *certification des criées* des héritages & autres immeubles situés dans l'étendue de la ville, prévôté & vicomté de Paris, doit être faite au châtelet, en quelque jurisdiction royale ou seigneuriale que se poursuive la saisie réelle de ces immeubles.

Il y a aussi une seconde exception en faveur du juge ordinaire de Clermont en Beauvoisis, qui, aux termes des articles 61 & 62 de la coutume, a seul le droit de certifier les criées, & de procéder à l'adjudication des immeubles situés dans son ressort, la coutume n'accordant aux juges des seigneurs hauts-justiciers que le droit de faire faire les criées, connoître des oppositions, & régler l'ordre des deniers provenans du prix de l'adjudication.

La loi est tellement générale à l'égard des autres jurisdictions, que les *certifications* d'un décret poursuivi aux requêtes de l'hôtel ou du palais, & même au parlement, doivent être faites devant le juge du lieu où les immeubles sont situés.

Mais sous le nom de juges des lieux doit-on comprendre également les juges seigneuriaux, ainsi que les juges royaux? L'édit de 1551 n'a mis aucune différence entre les uns & les autres. Louis XIV créa, par un édit d'octobre 1694, des offices de certificateurs des criées dans les justices royales ordinaires, il se réserva d'en établir dans les justices seigneuriales qu'il jugeroit convenables; d'où il suit que le législateur regardoit les juges seigneuriaux compétens pour certifier les criées. Cependant la jurisprudence des arrêts n'est pas uniforme; on en trouve qui confirment les juges seigneuriaux dans leur possession; d'autres, au contraire, qui, en confirmant les procédures pour les décrets, faites devant les juges seigneuriaux, ont renvoyé la *certification* des criées pardevant le plus prochain juge royal.

Pour concilier cette diversité des arrêts, on peut dire que le parlement de Paris a cru devoir faire une distinction entre les justices seigneuriales. Il autorise les juges des justices considérables, & dans lesquelles on peut supposer un nombre de praticiens instruits, dans le droit de certifier les criées; mais il ne croit pas devoir confier cet acte aux juges des justices seigneuriales peu étendues, dans lesquelles il seroit difficile de trouver un nombre suffisant de praticiens qui connoissent les règles aussi compliquées que celles d'un décret.

Le rapport des criées pour parvenir à la *certification*, se faisoit anciennement par le premier praticien du siège qui en étoit requis; & en Normandie, par le sergent qui avoit fait les criées. Henri III créa ensuite deux offices de rapporteurs & certificateurs des criées dans chaque jurisdiction par édit du mois de septembre 1581, & les déclara compatibles avec les fonctions d'avocat. Il fut aussi permis aux sujets qui en seroient pourvus de postuler comme procureurs, & il fut défendu à toute autre personne de faire le rapport des criées devant les juges ordinaires. Peu de temps après, ces offices furent supprimés; mais ils furent rétablis par la déclaration du 12 juin 1587, laquelle fut confirmée par une autre déclaration du mois de juillet 1597. Ces loix néanmoins ayant été regardées comme bursales, demeurèrent sans effet en différens sièges. Dans quelques-uns, les offices dont il s'agit ne furent point levés, & dans d'autres, ils tombèrent aux parties casuelles. Il en fut de même des offices de conseillers-rapporteurs des criées, que Henri IV avoit créés, en 1606, dans chaque jurisdiction royale de Normandie.

Ces considérations déterminèrent Louis XIV à supprimer par son édit du mois d'octobre 1694, tous les anciens offices de rapporteurs & de certificateurs des saisies & des criées, & par la même loi il en créa de nouveaux, non-seulement dans toutes les jurisdictions royales, mais encore dans les justices seigneuriales où il avoit été jugé nécessaire qu'il y en eût. Le législateur ordonna que les sujets qui seroient pourvus de ces charges, feroient l'examen & la vérification des saisies & des criées des immeubles situés dans l'étendue de leur jurisdiction, & qu'ils en feroient le rapport à l'audience du siège. Il déclara nul & de nul effet toutes les adjudications d'immeubles sur des criées qui n'auroient pas été certifiées selon les règles prescrites par cet édit. Il voulut que, dans les affaires où il seroit question de prononcer sur la validité ou invalidité des criées quant à la forme, les certificateurs donnassent leur avis par écrit, sous peine de nullité des jugemens. Il permit en même temps aux certificateurs, en cas d'absence, de maladie, ou d'autre empêchement, de faire commettre par les juges, pour procéder à la vérification des criées, une personne capable, dont les titulaires demeureroient civilement responsables.

Les offices de certificateurs créés par cet édit, n'ayant pas été levés dans la plupart des sièges, le roi rendit plusieurs déclarations en 1695 & en 1696, pour les réunir aux communautés des procureurs dans les jurisdictions où ils étoient restés vacans, moyennant une finance qui fut payée par ces communautés. C'est pourquoi il y a maintenant des sièges royaux où le rapport des criées doit être fait par des vérificateurs en titre d'office, & d'autres où cette fonction est remplie par un procureur du siège. Ce rapport se fait aussi par un procureur ou par un autre officier du siège dans les justices seigneuriales, attendu que la clause de l'édit d'octobre 1694, qui défend aux juges, aux avocats, aux praticiens, même aux juges des seigneurs, & autres, de s'ingérer à certifier des criées, ne concerne que les justices seigneuriales où le roi s'étoit réservé d'établir des certificateurs de criées en titre d'office.

Le poursuivant criées remet entre les mains du certificateur ou du praticien qui doit faire le rapport, le commandement recordé, la saisie-réelle, l'affiche, la signification de la saisie-réelle & de l'affiche à la partie saisie, le procès-verbal des criées, & les autres procédures requises par la coutume du lieu où le bien saisi est situé. Celui qui en est chargé fait le rapport à l'audience; & ensuite le juge, après avoir pris l'avis des praticiens, déclare les criées bonnes & valables, s'il les trouve conformes à ce que prescrivent les ordonnances & la coutume.

Le législateur n'a réglé ni la qualité, ni le nombre des praticiens dont on doit prendre les voix sur la validité ou invalidité des criées. La coutume de Normandie exige sept avocats, y compris le juge. Dans cette coutume, la minute de la *certification* doit être signée par le juge & par les avocats, & l'on fait mention de leur signature dans l'expédition qui est délivrée aux parties. Si le décret est poursuivi dans une haute-justice où il n'y ait pas un nombre suffisant d'avocats, on fait certifier les criées aux plaids suivans dans un autre siège que la haute-justice, s'il y a un plus grand nombre d'avocats, ou au siège royal de la vicomté dans laquelle la haute-justice est exercée. Le parlement de Rouen ne veut pas même que l'on prenne pour juges de la validité des criées, le père & le fils, deux frères, l'oncle & le neveu; & lorsque deux de ces parens ont opiné, & que leur avis est conforme, il ne doit être compté que pour un seul. Il y a là-dessus un arrêt de réglement du parlement de Rouen, du 16 décembre 1662.

Hors du ressort de ce parlement, on se sert, pour la *certification* des criées, d'avocats & de procureurs; on y emploie même, en cas de besoin, des notaires & des sergens; & l'usage du châtelet, où il y a d'ordinaire un nombre suffisant d'avocats à l'audience, est de marquer, dans les sentences de *certification*, que l'on a pris l'avis des anciens avocats & procureurs. Il n'est point nécessaire que ceux dont on a pris l'avis signent la minute du jugement de *certification*.

A l'égard du nombre de personnes dont il faut prendre les voix, on est fort partagé; les uns veulent que le juge prenne l'avis de dix praticiens; c'étoit la jurisprudence des chambres des enquêtes du parlement de Paris, du temps de M. le président le Maistre. Joli rapporte trois arrêts des années 1607 & 1616, qui l'ordonnent ainsi pour le Berry; ce dernier est conçu en forme de réglement, & enjoint au bailli de Berry, ou à ses lieutenans, de prendre l'avis de dix avocats & procureurs lorsqu'ils procéderont à la *certification* des criées, à peine d'être condamnés, en leur nom, aux dommages & intérêts des parties. D'autres disoient, du temps de M. le président le Maistre, que l'on n'avoit jamais cru à la grand'chambre, ni à la tournelle, que le nombre de dix praticiens fût nécessaire pour la validité de la *certification*, parce qu'il n'y a point d'ordonnance ni de loi qui le prescrivent. Quelques coutumes du ressort du parlement de Paris, comme celle de Nevers, disent seulement que la *certification* se fera par l'avis des avocats, procureurs & praticiens assistans. Dans cette diversité d'opinions il est difficile de se déterminer, quand il s'agit d'un siège où l'usage n'est pas certain. Ce qu'on peut dire de plus raisonnable, c'est que l'esprit des législateurs qui ont ordonné la *certification*, a été que la procédure des criées fût examinée par plusieurs personnes, qu'ils ont laissé à la prudence des juges d'en fixer le nombre, & que le parlement de Paris ayant rendu plusieurs arrêts, par lesquels il a ordonné de prendre les suffrages de dix praticiens, le plus sûr dans le ressort de ce parlement, est de s'attacher à cette règle. Au parlement de Toulouse on se contente que quatre ou cinq praticiens aient cru les criées bonnes & valables, selon que l'atteste Maynard, & après lui Despeisses.

Suivant l'article 140 du réglement de 1666 du parlement du Rouen, si l'on fait quelques criées d'abondant, il n'est pas nécessaire de les certifier, non plus que celles qui ont été confirmées par des arrêts; mais le sergent qui les a faites les doit recorder aux prochains plaids, qui sont tenus après la criée d'abondant, s'il s'agit de roture, ou à la prochaine assise, s'il s'agit d'un fief noble.

Quand les saisies-réelles & les criées ne se trouvent point faites suivant les règles prescrites par les ordonnances & par la coutume des lieux, on les rejette comme nulles, & le sergent qui les a faites doit être condamné, suivant l'édit de 1694, aux dommages & intérêts du saisissant, & à soixante livres d'amende, dont un tiers s'applique au profit du roi, un autre tiers au profit de la partie, & un autre tiers au profit des certificateurs des criées. Cette disposition de l'édit de 1694 est si juste, qu'il y a lieu d'être surpris qu'on ne l'ait pas toujours observée à la lettre. Un sergent qui fait un exploit doit s'instruire des fonctions de son ministère; & si, par négligence, il fait quelques fautes grossières, cette faute est du nombre de celles qui approchent du dol, & dont il doit porter la peine.

Comme on ne rend point en France les juges responsables de leurs sentences, on ne condamne point aux dommages & intérêts les rapporteurs des criées, ni ceux qui les ont certifiées valables, quoiqu'elles soient dans la suite déclarées nulles par quelque défaut de formalités; c'est ce qui fait que dans plusieurs sièges, ces *certifications* s'accordent sans beaucoup d'attention, même sans prendre l'avis des praticiens, quoiqu'on en fasse mention dans le jugement.

Soit que la partie saisie interjette appel de la *certification* des criées, soit qu'elle les attaque en proposant ses moyens de nullité contre la procédure du décret, elle peut relever non-seulement les défauts qui se trouvent dans la forme de la *certification*, mais encore ceux qui se trouvent dans les criées, quoiqu'on ait certifié qu'elles étoient faites suivant la coutume. La nullité de la *certification* n'emporte point avec elle celle des criées; ainsi on peut ordonner que la *certification* sera refaite, sans faire recommencer les criées, car une dernière procédure nulle ne vicie pas une procédure précédente qui étoit valable.

Cette maxime ne s'applique point aux criées même, dans les coutumes où elles doivent être faites sans discontinuation; car, comme il est de l'essence des criées dans ces coutumes qu'elles soient faites de quinzaine en quinzaine, ou de huitaine en huitaine, si cet ordre est interrompu, parce qu'on a manqué à faire une criée au jour marqué, ou parce qu'on en a fait une qui est nulle, elles doivent être toutes déclarées nulles; mais dans les coutumes où la continuité des criées n'est pas nécessaire, & où on les peut faire après le jour qu'elles échoient, quoiqu'on n'en puisse anticiper le terme, les criées faites après le terme de l'échéance sont valables; & si une criée étoit nulle, on ne seroit pas obligé de recommencer les procédures, mais seulement celle où il se trouveroit quelque faute. C'est la disposition de l'article 126 de la coutume de Sens, auquel l'article 125 de la coutume d'Auxerre a beaucoup de rapport.

Il n'est pas nécessaire de certifier les criées des vaisseaux, non plus que celles des charges: nous avons pour les vaisseaux une disposition expresse dans l'ordonnance de la marine, qui dit, qu'après les trois criées, & les affiches apposées le lendemain de chaque criée au grand mât du vaisseau, à la principale porte de l'église & de l'auditoire de l'amirauté, il sera procédé à l'adjudication sans aucune formalité. L'édit du mois de février 1683, pour les offices, porte aussi qu'après les trois publications, il sera donné deux remises de mois en mois, avant de procéder à l'adjudication de la charge saisie réellement; mais l'édit n'ordonne aucune signification des criées, & il défend de faire pour la vente des offices par décret, d'autres procédures que celles qui y sont prescrites.

Dans la Bresse, où les biens se vendent en justice, on suit les anciens statuts des ducs de Savoie, en conséquence il ne se fait point de *certification* des criées. On n'y observe point d'autres formalités pour les criées que de faire crier trois fois à haute voix par un huissier, que le bien saisi sera adjugé au plus offrant & dernier enchérisseur. Ces proclamations se font au marché, de huitaine en huitaine, ou à la porte des églises, devant le château, ou devant l'auditoire, suivant les usages des lieux.

En Lorraine, il n'y a point d'office de certificateur des criées: l'ordonnance du duc Léopold, du mois de novembre 1707, a prescrit les formalités qui doivent être observées pour la vérification de ces sortes d'actes. Suivant cette loi, lorsque les oppositions aux criées sont vuidées, ou qu'il n'y en a point eu de formées, la partie saisie doit être assignée à personne ou domicile pour donner ses moyens de nullité contre les criées, si elle en a à proposer, & les voir certifier en la manière accoutumée. On doit en l'assignant lui donner copie des criées.

Si au jour de l'échéance de l'assignation, la partie saisie n'a aucun moyen de nullité à proposer, ou si on la déboute de ceux qu'elle propose, ou qu'enfin elle déclare employer les nullités de droit, le siège ordonne qu'il sera procédé à la vérification des criées, laquelle doit être faite à la chambre du conseil sur le rapport du juge à qui on les a distribuées. Il est enjoint aux juges d'examiner ces criées avec toute l'exactitude possible, & de les déclarer nulles si le cas le requiert, sauf à recommencer, & sauf le recours du poursuivant contre l'huissier ou sergent qui les a faites.

Le jugement qui certifie les criées & les déclare bien & duement faites, doit en même temps ordonner qu'il sera procédé à l'enchère & adjudication des héritages criés, à jour précis, qui doit être au moins un mois après. *Voyez* CRIÉES, DÉCRET, SAISIE-RÉELLE.

CÈS, f. m. (*Droit canon.*) ce terme est particulier à la coutume de Hainaut: il exprime l'interdit mis sur une église. Suivant l'article 10, chap. 27, des chartes générales de la province, quand le *cès* ou interdit est mis sur quelque église, pour venger la mort ou la blessure notable d'un ecclésiastique constitué dans les ordres sacrés, si le délinquant est aussi ecclésiastique, le juge séculier peut l'appréhender, pour le remettre à son évêque ou à son doyen; & si on ne peut l'appréhender, l'évêque ou le doyen doivent se contenter des poursuites du juge séculier, sans pouvoir différer davantage la levée du *cès. Voyez* INTERDIT.

CESSIBLE, adj. (*terme de Droit.*) se dit de tout ce qui peut être cédé ou transporté d'une personne à une autre. Ainsi, l'on dit que le droit de retraire féodalement est *cessible*, &c.

CESSION, f. f. *en Droit*, se dit en général de tout acte par lequel quelqu'un, propriétaire d'un effet ou d'un droit mobilier ou immobilier, en transporte la propriété à un autre. Dans l'usage ordinaire, il signifie la même chose que transport. *Voyez* TRANSPORT.

Pour les autres manières de transporter à quelqu'un la propriété d'un bien, d'un effet ou d'un droit, *voyez* VENTE, ECHANGE, DONATION, LEGS, SUBROGATION, &c.

CESSION, (*en terme de Pratique.*) se dit, dans un sens plus particulier, d'un acte judiciaire, par lequel un débiteur, hors d'état de payer ce qu'il doit, abandonne tous ses biens à ses créanciers, pour éviter les poursuites qu'ils pourroient diriger contre lui, & se libérer de la contrainte par corps.

Le mot *cession* est à-peu-près synonyme à celui d'*abandonnement*, ils diffèrent cependant entre eux en ce que la *cession* ne peut se faire qu'en justice, & que l'abandonnement est souvent volontaire. *Voyez* le mot ABANDONNEMENT *de biens*.

La *cession* de biens est un avantage introduit originairement par le droit romain, en faveur du débiteur que des pertes ou des malheurs ont rendu insolvable.

Suivant la loi des douze tables, tout débiteur qui ne payoit pas au jour marqué son créancier, lui étoit livré impitoyablement, pour être retenu dans les fers jusqu'à l'extinction de sa dette. Cette dureté des créanciers occasionna de grands troubles dans la république romaine. Pour y mettre fin, la loi *pætelia* ordonna qu'au lieu de livrer le débiteur à son créancier, on abandonneroit à ce dernier la possession de ses biens; mais lorsqu'ils étoient insuffisans, le débiteur pouvoit être encore privé de sa liberté. Jules-César chercha à décharger entiérement les débiteurs de la crainte de la prison, & pour cet effet, il introduisit le bénéfice de *cession*, qu'il accorda seulement aux habitans de Rome & de l'Italie; mais dès le temps de Dioclétien, ce privilège avoit été étendu aux provinces.

Les jurisconsultes italiens nous ont conservé une manière de faire *cession*, instituée par César, qui consistoit à se frapper trois fois le derrière à cul nud, en présence du juge, sur une pierre qu'on appelloit *lapis vituperii*; parce que après cette cérémonie, le cessionnaire étoit intestable & incapable de rendre témoignage.

On nous a encore transmis plusieurs manières dont se faisoit la *cession* chez les Romains & les anciens Gaulois; celui qui faisoit *cession*, ramassoit dans sa main gauche, de la poussière des quatre coins de sa maison, après quoi, se plantant sur le seuil de la porte, dont il tenoit le poteau de la main droite, il jettoit la poussière qu'il avoit ramassée, par-dessus ses épaules; puis se dépouillant nud en chemise, & ayant quitté sa ceinture & ses houseaux, il sautoit avec un bâton par-dessus une haie, donnant à entendre par-là à tous les assistans, qu'il n'avoit plus rien au monde, & que quand il sautoit, tout son bien étoit en l'air. Voilà comment se faisoit la *cession* en matière criminelle; mais en matière civile, celui qui faisoit *cession*, mettoit seulement une houssine d'aune, ou bien un fétu, ou une paille rompue sur le seuil de sa porte, pour marque qu'il abandonnoit ses biens. Cette *cession* s'appelloit *chrenecruda per durpillum & festucam*, *cession* par le seuil & par le fétu. *Voyez* INVESTITURE.

Ces formalités qui accompagnoient la *cession* de bien, cessèrent d'être en usage. Nos ancêtres, dont l'habitude étoit de porter à leur ceinture leurs clefs & les principaux instrumens avec lesquels ils gagnoient leur vie, obligèrent ceux qui faisoient *cession*, à quitter en justice leur ceinture & leurs clefs, pour prouver qu'ils abandonnoient tous leurs biens à leurs créanciers, sans s'en rien réserver. *Voyez* CEINTURE.

Dans la suite des temps, lorsqu'on cessa de porter l'habit long, & de se servir de la ceinture, on s'avisa d'exiger que ceux qui avoient fait *cession*, portassent un bonnet verd. Le débiteur surpris sans son bonnet, pouvoit être sur le champ constitué prisonnier. A Lucques, l'usage est de faire porter un bonnet jaune; ce bonnet étoit un emblême qui signifioit que le cessionnaire étoit devenu pauvre par sa folie. *Voyez* BONNET.

Cet usage ne subsiste plus maintenant, si ce n'est, à ce qu'on assure, dans quelques-unes de nos provinces méridionales.

Il suffit aujourd'hui que celui qui veut être admis au bénéfice de *cession*, dépose, s'il est marchand, au greffe de la jurisdiction consulaire, ou à l'hôtel-de-ville, s'il n'y a pas de consuls, ses regiftres & son bilan, contenant un état exact de ses biens meubles & immeubles; qu'il en dépose pareillement un double au greffe du juge royal, devant lequel il veut être admis au bénéfice de *cession*, & qu'il donne copie de l'acte de dépôt à chacun de ses créanciers.

On peut former de deux manières la demande, pour être admis au bénéfice de *cession* : 1°. par une requête que le débiteur présente au juge, & sur laquelle il obtient la permission de faire assigner ses créanciers; 2°. en prenant en la chancellerie du palais, des lettres qu'on appelle *lettres de bénéfice de cession*, qu'il fait signifier à ses créanciers, avec assignation, pour en voir ordonner l'entérinement.

L'ordonnance du juge, apposée au bas de la requête du débiteur, ou l'assignation donnée en conséquence des lettres de chancellerie, empêche de mettre à exécution les contraintes par corps que les créanciers peuvent avoir contre leur débiteur.

Les créanciers assignés sont tenus de comparoître, & de proposer les moyens qu'ils ont pour s'opposer à ce que leur débiteur soit reçu au bénéfice de *cession*. S'ils n'ont aucun moyen valable, ou s'ils ne comparoissent pas, le juge doit ordonner l'entérinement des lettres; il peut même être prononcé contre les créanciers qui n'ont pas de moyens pour s'y opposer, tandis que le débiteur en est débouté vis-à-vis ceux contre lesquels le bénéfice de *cession* ne peut avoir lieu.

La sentence qui admet un débiteur au bénéfice de *cession*, doit le charger d'affirmer la vérité de son bilan, & des titres de créance tant actifs que passifs, qu'il a déposés au greffe, d'affirmer pareillement qu'il n'a détourné, ni fait détourner directement ni indirectement aucun de ses effets.

A Paris, il est d'usage que le cessionnaire réitère sa *cession* au pilori des halles, ses créanciers présens ou eux duement appellés. La coutume de Bretagne exige que la *cession* soit publiée dans la paroisse du débiteur; celle de Bourbonnois veut qu'elle soit publiée & insinuée en jugement à jour ordinaire.

L'ordonnance de 1673 oblige les marchands ou banquiers qui ont été reçus au bénéfice de *cession*, de comparoître en personne à l'audience de la jurisdiction consulaire de leur domicile, ou à défaut de consuls, à l'auditoire de l'hôtel-de-ville, pour y déclarer leurs noms, surnoms, qualités & demeure, & qu'ils ont été reçus à faire *cession*. On leur donne acte de leur déclaration, qu'on insère dans un tableau public.

Le but de toutes ces formalités est de rendre publiques les cautions, & d'empêcher qu'on ne se prête avec la même confiance à contracter avec ceux qui ont eu recours à cette voie.

Il y a quelques différences dans le ressort du parlement de Flandres, par rapport aux formalités qu'on observe à l'égard de ceux qui sont admis au bénéfice de *cession*. Pour y parvenir, il faut lever des lettres en la chancellerie, suivant le placard de Charles-Quint, du 20 octobre 1541 : il faut excepter la ville de Lille, où l'usage permet de demander à être admis au bénéfice de *cession*, par une simple requête présentée aux mayeur & échevins. Cet usage fut confirmé par arrêt rendu au parlement de Flandres, le 16 juillet 1699.

Le même placard de Charles-Quint porte qu'*on ne donnera nulles lettres pour contraindre le créditeur à consentir à l'appointement fait par son débiteur avec la plus grande partie de ses créditeurs, si avant que par ledit appointement on quitte quelque partie de la dette, ou que l'on baille jour de paiement sans caution.*

L'enregistrement de l'ordonnance de 1673 au parlement de Flandres, a changé cette jurisprudence; de sorte qu'aujourd'hui un créancier est obligé de se conformer à l'avis du plus grand nombre, lorsqu'il s'agit d'atermoiement sans caution, ou de modération.

Avant que cette ordonnance fût enregistrée en Flandres, on étoit, malgré le placard de Charles-Quint, obligé de se conformer au plus grand nombre des créanciers, lorsque leurs délibérations ne regardoient que la direction des biens de leur débiteur commun. C'est ce que jugea le même parlement, en 1690.

Le placard de 1541, contient encore trois autres articles sur les *cessions* de biens.

« Tous impétrans de *cession* seront tenus de » présenter leurs lettres en jugement en-dedans le » mois de l'impétration, avec l'état de tous leurs » biens, & iceux abandonner à tous leurs crédi- » teurs, sans en retenir la maniance & affirmer » ledit état par serment, requérir l'entérinement » de leursdites lettres, des cheints (*sans ceinture*) » & à tête nue en personne & non par procureur.

» Lesdits impétrans de *cession* acquérant autres » biens, seront tenus les consigner au profit de » leurs créditeurs, & ne pourront retenir qu'un » lit avec sa suite, & de chacune partie de meu- » bles, une; pourvu qu'ils ne pourront avoir ne » estain, ne vaisselles, ne autres meubles de va- » leur, & ce qu'ils auront davantage seront à cha- » cune fois tenus de consigner au profit de leurs » créditeurs, à peine de perdre l'effet de leurs » lettres de *cession*.

» Que lettres de *cession* n'auront lieu contre » dettes reconnues sous notre scel, ou de nos » censaux pardevant échevins & gens de loi des » villes & lieux privilégiés, ou pardevant audi- » teurs impériaux sous le scel des contrats gardés » par officiers à ce commis. N'auront aussi lieu » contre sentence passée en force de chose jugée, » n'est que le débiteur soit venu à pauvreté par » fortune sans sa coulpe ».

Suivant la loi 4, §. 1, D. *de cessione bonorum*, celui qui a fait *cession* de biens ne peut plus être emprisonné pour les dettes qu'il avoit contractées avant la *cession*, même par un créancier qui n'auroit point été assigné pour voir procéder à l'entérinement des lettres de *cession*, & qui auroit un titre exécutoire contre lui. Le parlement de Flandres s'est conformé à cette disposition, par un arrêt rendu au mois de février 1713.

En

En France, celui qui a fait *cession* de biens ne peut renoncer à une succession qui lui survient, au préjudice de ses créanciers ; cette jurisprudence, contraire au droit romain, n'est pas observée dans le ressort du parlement de Flandres. C'est ce qu'il jugea par arrêt rendu en 1708, entre Marie-Barbe Soenen & le sieur de l'Hermitage, confirmatif d'une sentence du présidial d'Ypres.

C'est par le même principe qu'il fut jugé au même parlement en 1689, entre les enfans du baron de Saint-Remy & Philippe-Ignace Gruson, que si un fils étoit venu à mourir obéré, sans avoir appréhendé la succession de son père, & que les créanciers du fils eussent fait saisir cette succession du vivant de leur débiteur, elle passeroit à ses enfans, sans charge de la saisie, s'ils n'étoient point héritiers de leur père.

Il y a néanmoins plusieurs coutumes de la Flandres, qui sont en cela conformes à la jurisprudence de France. On peut en voir l'énumération dans les notes de Vandenhane, sur la coutume de Gand.

Les chartes générales du Hainaut portent aussi que celui qui demande d'être admis au bénéfice de *cession*, est tenu d'abandonner à ses créanciers tous les meubles & immeubles dont il est propriétaire *ou héritier apparent.*

La faveur du bénéfice de *cession* prévaut, dans la même coutume, sur l'incapacité légale d'aliéner. De sorte que, pour y être admis, un homme veuf avec enfans, peut abandonner à ses créanciers les biens soumis à la *dévolution* qu'il possède. C'est ce que lui permet l'article 4 du chapitre 50 des chartes générales.

L'ancienne jurisprudence de France obligeoit un débiteur à tenir prison pendant l'instruction du procès sur l'entérinement de ses lettres de *cession.* La coutume de Douai, *chapitre 17*, *art. 2*, prescrit la même formalité ; ainsi l'on doit encore s'y soumettre aujourd'hui dans cette ville.

Il y a plusieurs dettes pour lesquelles on ne peut être reçu à faire *cession* de biens : 1°. ce bénéfice n'a pas lieu à l'égard des dettes dans lesquelles l'intérêt public ou celui du roi se trouvent engagés, comme quand le débiteur est comptable de deniers publics, & sur-tout de deniers royaux. C'est ce qui résulte de l'article 13 du titre commun de l'ordonnance des fermes, du mois de juillet 1681. On n'admettroit pas par conséquent au bénéfice de *cession*, les payeurs des rentes, les receveurs des deniers du roi, des villes, des hôpitaux, les commissaires aux saisies-réelles, les huissiers ou autres dépositaires de justice, ni en général les particuliers ou officiers avec qui l'on est obligé de contracter.

2°. Les tuteurs des mineurs & les curateurs des interdits ne peuvent être admis au bénéfice de *cession* pour les reliquats de leurs comptes, parce que ces reliquats sont dans la classe des créances nécessaires dont on vient de parler. Mainard & la Rocheflavin rapportent un arrêt du 7 mai 1608, qui l'a ainsi jugé.

3°. Le bénéfice de *cession* n'a pareillement pas lieu relativement aux créances qui procèdent du crime ou du dol du débiteur ; ainsi, on n'y admet ni les banqueroutiers frauduleux, ni les stellionataires, ni ceux qui détournent leurs effets pour tromper leurs créanciers. Il en est de même de l'héritier qui n'a pas fait d'inventaire, parce que alors on présume qu'il y a fraude.

4°. On ne reçoit pas au bénéfice de *cession* ceux qui ont été condamnés en matière criminelle, à des dommages & intérêts ; & l'on en use de même envers ceux qui, pour cause de délit, ont été condamnés à quelque amende envers le roi ; mais s'il ne s'agit que de simples dépens, même en matière criminelle, on peut faire *cession* de biens pour éviter la contrainte par corps. C'est ce qui résulte de différens arrêts, & particuliérement d'un du 14 janvier 1661.

5°. On refuse d'admettre au bénéfice de *cession* les cautions judiciaires, les adjudicataires de biens vendus judiciairement, & en général ceux qui contractent en justice. Il y a là-dessus un arrêt du 15 juillet 1571, rapporté par Charondas.

6°. Lorsque la contrainte par corps a été stipulée par le bail d'une terre ou métairie, on n'admet pas le fermier au bénéfice de *cession* relativement aux fermages & à l'argent que lui a avancé le propriétaire, à l'entrée & dans le cours du bail. C'est ce qu'ont jugé différens arrêts, notamment un du 31 mai 1633, qui infirma une sentence du prévôt de Paris, par laquelle le nommé Jacques Gruet, fermier d'un domaine, avoit été admis au bénéfice de *cession*, nonobstant l'opposition du propriétaire de ce domaine. La raison de cette jurisprudence est que le fermier commet une espèce de vol, lorsqu'il applique à son profit, les fruits provenant des héritages qu'il tient à ferme, avant que le propriétaire ait été payé de ses fermages. Il faut conclure de-là que s'il étoit évident que des malheurs ou cas fortuits eussent fait périr les fruits de la ferme, & eussent par conséquent mis le fermier hors d'état de payer les fermages au propriétaire, on ne pourroit pas refuser de l'admettre au bénéfice de *cession* accordé par la loi aux débiteurs malheureux.

7°. On ne doit pas recevoir au bénéfice de *cession* ceux dont les dettes ont pour cause les achats, ventes ou échanges qu'ils ont faits en foire ou marché public.

8°. Il faut en dire autant des courtiers & autres qui se chargent, moyennant salaire, de faire vendre ou acheter des bleds, des vins, des chevaux ou d'autres marchandises ; on doit leur refuser le bénéfice de *cession* relativement à la restitution de ces marchandises ou du prix qu'elles ont été vendues. Le parlement de Rouen l'a ainsi jugé par arrêt du 28 mars 1630.

9°. Suivant l'article 2 du titre 10 de l'ordonnance du commerce, les étrangers non naturalisés ne doivent point être admis à faire *cession* de biens. Cette décision est fondée sur deux motifs principaux : le premier est que leurs biens sont ordinairement hors du royaume, ou du moins qu'il leur est aisé de les y faire passer ; il seroit par conséquent fort difficile à des régnicoles de faire valoir en pays étranger la *cession* que leur débiteur leur auroit faite de ses biens, & même de connoître la vérité & la réalité de cette *cession*. Le second motif est celui de la réciprocité ; car on n'admettroit pas la *cession* de biens qu'un débiteur françois voudroit faire envers un étranger, son créancier. C'est ce qu'ont jugé différens arrêts des 18 avril 1556, 5 décembre 1591 & 17 août 1598.

Observez que si le créancier d'une dette pour laquelle on n'est pas admis au bénéfice de *cession*, prenoit en paiement un billet ou une obligation de son débiteur, sans réserver son privilège, il seroit censé y avoir renoncé, & ne pourroit plus en user pour empêcher la *cession*. Papon cite deux arrêts qui l'ont ainsi jugé.

La *cession* de biens ne libère pas irrévocablement le débiteur envers ses créanciers, elle suppose seulement qu'il est dans l'impossibilité actuelle d'en faire davantage ; c'est pourquoi si dans la suite il vient à rétablir ses affaires & à acquérir de nouveaux biens, il peut être poursuivi pour le paiement de ce qu'il redoit sur les créances, qu'il n'a acquittées qu'en partie ; l'humanité exige néanmoins que, dans ce cas, ses créanciers lui laissent de quoi vivre.

La *cession* de biens entraîne avec elle une espèce de note d'infamie, qui consiste particuliérement en ce que ceux qu'on a admis à ce bénéfice, sont incapables de posséder aucune charge ; mais il ne faut pas croire avec Ferrières, qu'ils n'aient plus le droit d'ester en jugement, soit en demandant, soit en défendant.

La *cession* de biens n'empêche pas le débiteur de faire par la suite un contrat d'atermoiement avec ses créanciers, & d'obtenir remise d'une partie de ce qu'il leur doit. Dans ce cas, ils ne peuvent plus agir contre lui, pour se faire payer d'une plus grande somme que celle dont ils sont convenus, à moins qu'ils ne justifient qu'il y a eu de sa part dol ou fraude dans la transaction. C'est le motif d'un arrêt rendu au parlement de Paris, le 27 juillet 1761, qui a déclaré nul un contrat d'atermoiement fait par un cessionnaire avec ses créanciers ; cet arrêt est mal rapporté dans la collection de Dénisard.

Lorsque, après avoir fait *cession* de biens, un débiteur vient par la suite à acquitter ses dettes & à payer tous ses créanciers, il peut obtenir des lettres de réhabilitation qui le font rentrer dans les droits dont jouissent les autres citoyens.

Le jugement qui admet au bénéfice de *cession* de biens, a été assujetti à l'insinuation, par la déclaration du 19 juillet 1704, & il doit être perçu dix livres pour le droit, conformément à l'article 16 du tarif du 29 septembre 1722.

Outre la *cession* de biens judiciaire dont nous venons de parler, les débiteurs font souvent usage d'une autre espèce de *cession*, connue plus particuliérement sous le nom d'*abandonnement*. Voyez ce mot.

Cession, *en droit canonique*, se dit de la vacance d'un bénéfice, provenant d'une sorte de résignation tacite, & qui se présume lorsque le bénéficier fait quelque action, ou entreprend sans dispense quelque charge incompatible avec le bénéfice dont il étoit pourvu.

La vacance d'un bénéfice, par l'élévation du bénéficier à l'épiscopat, au lieu de s'appeller *cession*, se nomme *création* ; ainsi dans ce cas, on dit qu'un bénéfice est vacant par création. *Voyez* Création. (*H.*)

Cession, *en terme de librairie*, se dit du transport qu'un libraire ou tout autre particulier, qui a obtenu un privilège du roi, pour l'impression d'un ouvrage, fait de ses droits en tout ou en partie à une autre personne.

La *cession*, pour avoir la même authenticité que le privilège, doit suivre les mêmes loix, & être enregistrée à la chambre royale & syndicale des libraires, ainsi qu'il est ordonné par les anciens réglemens, & notamment par celui du 10 avril 1725.

Le droit que l'on acquiert par une telle *cession*, est absolument le même que celui donné par le privilège : il peut, ainsi que le privilège, être transporté & subdivisé à l'infini.

Par l'arrêt du conseil, du 30 août 1777, lorsque les auteurs obtiennent un privilège pour l'impression de leurs ouvrages, il leur est accordé à perpétuité, tant pour eux que pour leurs hoirs ; mais s'ils en font une *cession* à des étrangers, la durée du privilège est, par le seul fait de la *cession*, réduite à celle de la vie de l'auteur, ou à dix années, à compter de la date du privilège, s'il vient à décéder avant l'expiration des dix années.

Il est établi par la loi ou par l'usage, que les *cessions* soient imprimées dans les livres à la suite du privilège.

CESSIONNAIRE, s. m. (*Jurisprudence.*) ce mot a deux significations très-différentes : par la première, on entend celui à qui on a fait une cession, un transport d'une chose ou d'un droit mobilier ou immobilier ; par la seconde, on désigne un marchand ou autre personne qui a fait cession ou abandonnement de ses biens, soit volontairement ou en justice. *Voyez* Abandonnement, Cession, Transport.

CH

CHABLAGE, f. m. (*Eaux & Forêts. Navig.*) ce mot signifie & l'office & la fonction du chableur, ainsi que la manœuvre qu'il fait pour faciliter aux gros bâteaux le passage sous les ponts, par les pertuis & autres endroits difficiles, en tirant ces bateaux par le moyen d'un gros chable, ou cable, que le chableur y attache. Il est parlé du *chablage* dans les anciennes ordonnances de la ville, & dans celle de 1672. *Voyez* CHABLEUR.

CHABLES, *ou* CHABLES, & CHABLIS, *arbres.* (*Eaux & Forêts.*) adj. m. pris subst. On trouve ces différens mots dans les anciennes ordonnances de Charles V, du mois de juillet 1376; de Charles VI, du mois de septembre 1402; de François I, de 1515. Ils sont usités dans les bois, dans les jurisdictions des eaux & forêts, & même dans tous les tribunaux lorsqu'il y est question de bois : le mot *chablis* est néanmoins le plus en usage : il vient du mot *chablitia*, qu'on trouve dans les anciens titres latins.

On appelle arbres *chables* ou *chablis*, les arbres de haute-futaie, abattus, cassés, renversés ou déracinés par les vents, les orages, ou autres accidens, soit qu'ils aient été rompus par le pied, ou au corps, ou aux branches.

Le nom de *chablis* a été donné à ces especes d'arbres, parce qu'en tombant ils chablent, cassent, ébranchent & déshonorent les arbres qui les avoisinent, & sur lesquels ils sont jettés par les ouragans. L'ordonnance de 1669, *tit. 10, art. 7*, donne encore aux *chablis* le nom d'*encroués*, lorsque le *chablis* est tombé sur un autre arbre & s'est engagé dans les branches, ce qui arrive souvent lorsqu'un *chablis* est abattu sans précaution.

Cette même ordonnance contient plusieurs dispositions par rapport aux *chablis* qui se trouvent dans les bois & forêts du roi. Ces dispositions sont en substance : 1°. que les sergens à garde, chacun dans leur district, doivent dresser procès-verbal du nombre, qualité & grosseur des *chablis*, du lieu où ils les ont trouvés, & de le remettre dans les trois jours au greffe de la maîtrise : 2°. que les officiers des maîtrises se transporteront sur les lieux avec le garde-marteau, pour faire la visite & le récollement des *chablis*, & les marquer du marteau du roi, à peine d'amende arbitraire & d'en demeurer personnellement responsables.

Le garde-marteau & le sergent à garde doivent veiller à la conservation des *chablis*, empêcher qu'ils ne soient pris, enlevés ou ébranchés par les usagers, sous prétexte du droit d'usage, ou en tout cas en faire leur rapport; & dès que les officiers sont avertis du délit, ils doivent se transporter sur les lieux, accompagné du garde-marteau & du sergent, pour vérifier son procès-verbal, reconnoître & marquer les *chablis* enlevés, & condamner ceux qui les ont enlevés, ou seulement ébranchés, à l'amende de quatre livres par chaque pied de tour, comme s'ils avoient eux-mêmes abattu ces arbres.

Les gardes doivent tenir un registre paraphé des *chablis*. Les officiers des maîtrises étoient obligés de les vendre sur le champ dans l'état où ils se trouvoient; mais un arrêt du conseil du 30 décembre 1687, veut que l'on ne procede à la vente des *chablis*, que lorsqu'il y aura au moins la valeur de dix cordes de bois.

La vente doit s'en faire en l'auditoire des maîtrises, par le grand-maître ou autres officiers, à l'extinction des feux, après deux publications. L'état de la vente doit être délivré dans la huitaine par le greffier, au receveur général ou particulier des bois & domaines.

Le grand-maître peut taxer, selon l'importance du travail, les vacations dues aux officiers, tant pour la reconnoissance & le martelage que pour l'adjudication.

Les marchands, ou leurs facteurs, doivent laisser sur la place les *chablis* qui se trouvent dans les ventes qu'ils exploitent, & en donner avis au sergent à garde, & celui-ci dresser procès-verbal de leur qualité, nature & grosseur.

Ces arbres ne peuvent être réservés ni façonnés, sous prétexte même de les débiter dans un temps plus favorable. Ils doivent être exploités en bois de corde ou de traverse, à l'exception des chênes, qu'on peut équarrir sur place pour ouvrage de charpente. L'adjudicataire doit faire la vuidange des *chablis* dans un mois pour le plus long délai, à peine de confiscation des bois.

Les douairieres, donataires, usufruitiers, & engagistes, ne peuvent disposer des *chablis*; ils sont réservés au profit du roi, nonobstant toutes clauses, dons, arrêts, contrats, adjudications, usages & possessions contraires; ce qui a été confirmé par un arrêt du conseil du 24 mars 1685.

Dans les bois sujets aux droits de grurie, grairie, tiers & danger, il est dû au roi, pour la vente des *chablis*, la même part qui lui appartient dans les ventes ordinaires : & la vente ne peut s'en faire qu'avec les formalités observées dans celle des *chablis* trouvés dans les forêts du roi.

Dans les forêts coutumieres & non en défense, les *chablis* sont laissés aux coutumiers & usagers. Un arrêt du parlement de Rouen ordonna que des *chablis* qui étoient en abondance, & formoient une diminution de la forêt coutumiere, la tierce-partie étoit due aux coutumiers, aux charges de la coutume.

CHABLEUR, f. m. (*Navigation.*) c'est le nom qu'on donne, sur plusieurs rivieres, à un officier préposé pour faciliter aux gros bateaux le passage sous les ponts, pertuis & autres endroits difficiles.

Les fonctions des *chableurs* ont quelque rapport avec celles des maîtres des ponts, & de leurs aides, & des maîtres des pertuis : elles sont cependant différentes.

Les uns & les autres ont été établis en divers endroits de la Seine, & autres rivieres affluentes, pour en faciliter la navigation & procurer l'abondance dans Paris.

Ils étoient anciennement choisis par le prévôt des marchands & les échevins de cette ville. L'ordonnance de Charles VI, du mois de février 1415, sur la jurisdiction du prévôt des marchands, contient plusieurs dispositions sur les offices & fonctions des maîtres des ponts & pertuis, & sur celles des *chableurs*. Le chapitre 34 ordonne qu'il y aura à Paris deux maîtres des ponts & des aides. Il n'y est point parlé de *chableurs* pour cette ville, non plus que pour divers autres endroits où il y avoit des maîtres des ponts & pertuis.

Les chapitres 35 & suivans, jusques & compris le 53, traitent de l'office de *chableur* des ponts de Corbeil, Melun, Montereau-Faut-Yonne, des pertuis d'Auferne, Pont-sur-Yonne, Sens & Villeneuve-le-Roi. Il y est dit que les *chableurs* seront pour monter & avaler les bateaux par-dessous les ponts, sans qu'aucun autre se puisse entremettre de leur office, à peine d'amende arbitraire : que quand l'office de *chableur* sera vacant, les prévôt des marchands & échevins le donneront, après information, à un homme idoine, élu par les bons marchands, voituriers & mariniers du pays d'avaléau.

La forme de leur serment & installation y est réglée. Il leur est enjoint de résider dans le lieu de leur office : la manière dont ils doivent faire le chablage y est expliqué : leur salaire pour chaque bateau qu'ils remontent ou descendent, y est réglé pour certains endroits à huit deniers, & pour d'autres à trois.

L'ordonnance de la ville, donnée par Louis XIV, au mois de décembre 1672, *chap. 4*, *art. 1*, enjoint aux maîtres des ponts & pertuis, & aux *chableurs* de résider sur les lieux, de travailler en personne, d'avoir, à cet effet, flettes, cordes, & autres équipages nécessaires pour passer les bateaux sous les ponts, & par les pertuis, avec la diligence requise : veut qu'en cas de retard, ils soient tenus des dommages & intérêts des marchands & voituriers, même responsables de la perte des bateaux & marchandises, en cas de naufrage, faute de bon travail.

L'article 2 ordonne aux marchands & voituriers de se servir des maîtres des ponts & pertuis, où il y en a d'établis : il n'est pas parlé en cet endroit des *chableurs ;* mais l'article 3 défend aux maîtres des ponts & pertuis, ou *chableurs*, de faire commerce sur la rivière, d'entreprendre voiture, de tenir taverne, cabaret ou hôtellerie sur les lieux, à peine d'amende, même d'interdiction en cas de récidive.

L'article 4 porte que les droits de tous ces officiers seront inscrits sur une plaque de fer-blanc, qui sera posée au lieu le plus éminent des ports & garres ordinaires. Le cinquième leur enjoint de dénoncer aux prévôt des marchands & échevins, les entreprises qui seront faites sur les rivières par des constructions de moulins, pertuis, gors, & autres ouvrages qui pourroient empêcher la navigation.

Par l'édit du mois d'avril 1704, il fut créé des maîtres *chableurs* des ponts & pertuis des rivières de Seine, Oise, Yonne, Marne & autres affluentes. Ils furent confirmés dans la propriété de leurs offices par l'édit du mois de mars 1711. Au mois d'août 1716, les offices créés en 1704 furent supprimés, & la moitié de leurs droits éteints, à commencer du premier janvier 1717. Un arrêt du conseil d'état, du 19 décembre 1719, supprima les droits réservés : on ne comprit pas dans cette suppression les offices établis avant 1604, ni ceux de Paris, l'Isle-Adam, Beaumont-sur-Oise, Creil & Compiegne, rétablis par déclaration du 24 juillet 1717.

Il y a actuellement à Paris des maîtres des ponts en titre d'office, il y a aussi des *chableurs*. La fonction de ces derniers est de faire partir les coches & gros bâteaux du port où ils sont, & de les conduire jusques hors des barrières de Paris : ils font la même chose pour les coches & bateaux qui arrivent dans cette ville. *Voyez* PONT, PERTUIS, MAITRES DES PONTS. (*A*)

CHAINE, s. f. (*Droit public. Code criminel.*) en général c'est un assemblage de plusieurs pièces de métal, appellées *chaînons* ou *anneaux*, engagés les uns dans les autres de manière que l'assemblage entier en est flexible dans toute sa longueur, comme une corde, dont il a les mêmes usages en plusieurs occasions.

Les Romains portoient avec eux des chaînes lorsqu'ils alloient à la guerre ; elles étoient destinées pour les prisonniers que l'on faisoit. Ils en avoient de fer, d'argent, & même quelquefois d'or ; ils les distribuoient suivant le rang ou la dignité du prisonnier.

Pour accorder la liberté, ils n'ouvroient pas la *chaîne*, ils la brisoient, c'étoit même l'usage de la couper avec une hache, les débris en étoient consacrés aux dieux lares. *Voyez* ESCLAVE.

Chez les Gaulois, la *chaîne* étoit un des principaux ornemens des hommes d'autorité, ils la portoient en toute occasion ; dans les combats elle les distinguoit des simples soldats.

C'est encore aujourd'hui une des marques de la dignité du lord-maire à Londres : elle reste à ce magistrat lorsqu'il sort de fonction, comme une marque qu'il a possédé cette dignité.

En terme de justice, nous entendons par *chaîne*, les liens de fer avec lesquels on attache les criminels condamnés aux galères : on prend aussi ce mot pour la peine même des galères, & quelquefois pour la troupe des criminels que l'on y conduit. On rassemble par département, & on réunit ensemble tous les condamnés aux galères, afin de les transporter tous ensemble au lieu où ils doivent accomplir le temps marqué pour leur châtiment. Ce nombre, ainsi formé, s'appelle aussi la *chaîne ;* il y a pour chaque un commissaire de marine & un capitaine de la *chaîne*.

CHAINETIER, s. m. (*Arts & Métiers.*) c'est l'ouvrier qui sait faire les *chaînes*, & qui a acquis le droit de les vendre. La communauté des *chaînetiers* étoit autrefois nombreuse, elle avoit des statuts avant Charles IX. Sous le règne de ce prince on les appelloit *haubergeniers*, du haubert ou de la cotte de maille; *treffliers*, d'un ornement en treffle placé au bas des demi-ceints; & *demi-centiers*, des demi-ceints.

Il ne leur restoit, en 1776, de leur ancienne discipline, qui consistoit en une élection annuelle de quatre jurés, un apprentissage de quatre années, & un chef-d'œuvre, que l'élection d'un juré, de deux ans en deux ans, qui, sur le consentement des maîtres, présentoit l'aspirant à la maîtrise au procureur du roi du châtelet, pour en obtenir des lettres.

Ils faisoient, en concurrence avec les épingliers, des hameçons, des couvres-poëles, des souricières, des instrumens de pénitence, & toutes sortes de tissus de fil-de-fer & de laiton : ils cotisoient avec les épingliers dans les affaires communes, & percevoient un droit de quinze sous par botte de fil-de-fer entrant dans Paris. L'édit du mois d'août 1776 ne fait aucune mention de la communauté des chaînetiers.

CHAIR, s. f. (*Jurisprudence.*) ce mot & celui de *viande* sont à-peu-près synonymes. Néanmoins celui de *viande* porte avec lui l'idée d'aliment, & celui de *chair* désigne un rapport à la composition physique d'une partie de l'animal.

Les Pythagoriciens ne mangeoient point de *chair;* les bramines des Indes s'en abstiennent encore très-rigoureusement. La raison de leur scrupule est fondée sur le dogme de la métempsycose. Croyant que les ames circulent sans cesse d'un corps dans un autre, ces philosophes craignent sans doute que l'ame de quelques-uns de leurs parens ne leur tombât sous la dent s'ils se hasardoient à manger de la *chair* des animaux.

Les Juifs s'abstenoient de la *chair* de certains animaux, parce qu'ils la croyoient impure; la loi qui leur en défendoit l'usage étoit nécessaire par rapport au climat qu'ils habitoient, & à leur mal-propreté naturelle. Mais cette distinction entre les viandes pures & impures, établie par la loi de Moyse, a été abolie sous la loi évangélique. Pour arrêter le faux zèle de ceux qui vouloient astreindre les nouveaux chrétiens à l'observation scrupuleuse des réglemens de l'ancienne loi, le premier concile de Jérusalem décida que les gentils s'abstiendroient seulement de manger le sang, sans s'attacher à la distinction des animaux purs ou immondes.

S. Paul, dans son *Epitre* à Tite, *chap.* 2, en parlant de la distinction des viandes, marquée par Moyse, déclare que tout est pur pour ceux qui sont purs.

Dans l'église catholique il n'est pas permis de manger de la *chair* tous les jours indistinctement. Son usage est défendu les vendredis & samedis de chaque semaine, à l'exception néanmoins, dans quelques diocèses, des samedis qui se rencontrent entre les fêtes de Noël & de la purification de la sainte Vierge, autrement appellée la *Chandeleur*.

On doit encore s'abstenir de la *chair* pendant le carême & les jours de jeûnes indiqués par l'église. Il n'est pas même permis aux bouchers, & autres débitans de *chair*, d'en exposer en vente, si ce n'est pour les malades, & avec la permission des officiers de police. *Voyez* BOUCHERS, JEUNE, VIANDE.

CHAIRCUTIER, s. m. (*Police. Arts & Métiers.*) c'est le nom qu'on donne à ceux qui ont seuls le droit de vendre de la chair de pourceau, soit crue soit cuite, soit apprêtée en cervelas, saucisses, boudins ou autrement. Ils ont aussi le droit de préparer & de vendre les langues de bœuf, veau & mouton.

Les bouchers, ainsi que nous l'avons remarqué sous ce mot, faisoient autrefois le commerce de la viande de porc. Les abus qui pouvoient se commettre dans le débit d'une viande aussi mal-saine, engagèrent d'y remédier par des réglemens, & d'en confier la vente à une communauté particulière.

Les premiers statuts des *chaircutiers* sont datés du règne de Louis XI, mais ils étoient connus depuis long-temps sous le nom de *saucisseurs* & *chaircutiers*.

Comme les porcs sont sujets à une maladie qui en rend la chair mal-saine, on a successivement établi trois espèces d'inspecteurs pour veiller à ce qu'il n'en soit débité aucune de mauvaise qualité.

Les premiers sont les *langayeurs*, qui visitent les porcs à la langue, où la maladie appellée la *ladrerie* se fait connoître par des pustules blanches : les seconds, sont les *tueurs*, qui s'assurent, par l'examen des parties internes du corps de ces animaux, s'ils sont sains ou non; les troisièmes, sont les *courtiers* ou *visiteurs de chair*, dont la fonction est de chercher dans les chairs dépécées & coupées par morceaux, s'ils n'y remarqueront pas des signes de la maladie, qui ne se manifeste pas toujours à la langue ni aux parties internes.

Les marchands évitent, autant qu'il est possible, toutes ces précautions de la police, & souvent il se débite du porc mal-sain. Mais c'est aux particuliers à se pourvoir contre cette fraude, en examinant eux-mêmes les viandes qu'ils achètent. Ils en appercevront la mauvaise qualité; elle se reconnoît presque sans peine à des grains semblables à ceux du millet, répandus en abondance dans toute la substance de l'animal. Le *chaircutier* qui a vendu une chair mal-saine doit être contraint, par les officiers de police à la reprendre, & être condamné à une amende, outre la confiscation de la viande.

Suivant l'édit d'août 1776, les *chaircutiers* forment la huitième des 44 communautés d'artisans.

CHAIRE, s. f. (*Jurisprudence.*) dans la signification propre c'est un siége élevé, avec devanture, & dossier ou lambris, à l'usage de ceux qui parlent en public.

Ce mot, en droit, est pris tantôt pour la première place qu'un évêque occupe dans son église cathédrale, tantôt pour l'endroit d'où l'on annonce aux peuples la parole de Dieu, tantôt, enfin, pour une place de professeur dans une université ou dans un collège.

CHAIRE *épiscopale.* (*Droit canon.*) dans les premières années de l'établissement du christianisme, l'évêque qui présidoit au presbytère, c'est-à-dire à l'assemblée des prêtres, avoit la *chaire*, c'est-à-dire son siège particulier, distingué des autres & plus élevé, qu'on appelloit *chaire pontificale.*

L'église avoit pris cet usage de la synagogue, où le grand-prêtre, chef du Sanhedrin, à l'exemple de Moïse, étoit assis dans une *chaire.* Les rabbins n'ont aujourd'hui qu'un banc plus éminent que les autres, & au devant une espèce de bureau, sur lequel ils placent les livres saints qu'ils expliquent, ainsi que les lumières, quand le temps le demande.

J. C. donne métaphoriquement le nom de *chaire de Moïse*, à la fonction d'enseigner, & à l'autorité des docteurs de la loi. Nous nous servons de la même métaphore, & nous entendons aussi par *chaire épiscopale*, l'autorité d'un évêque & l'annonce des vérités évangéliques. C'est par une suite de la même façon de parler, qu'on dit la *chaire de pestilence*, comme si les impies avoient une tribune d'où ils annonçassent leurs erreurs, ainsi que les ministres de Dieu ont les leurs pour prêcher la vérité.

Il y avoit aussi chez les Juifs des *chaires d'honneur*, que les Pharisiens affectoient d'occuper dans les synagogues : nous avons de même des places d'honneur dans nos églises.

On célèbre, dans l'église catholique, deux fêtes sous le nom de la *chaire* de S. Pierre, à Antioche & à Rome, en mémoire du temps que ce prince des apôtres a gouverné ces deux églises.

On entend par la *chaire de Rome*, le centre de l'unité catholique, parce que les évêques de cette ville, en succédant à S. Pierre dans le siége épiscopal, ont succédé en même temps à la primauté que J. C. lui a accordée sur les autres apôtres. C'est dans ce sens que, dès le second siècle de l'ère chrétienne, S. Irenée disoit que toutes les églises particulières, devoient, pour la foi, se rapporter à celle de Rome.

CHAIRE *à prêcher*, (*Droit ecclésiastique.*) on appelle ainsi cette espèce de tribune, où les prédicateurs montent, dans nos églises, pour annoncer au peuple les vérités de la religion. On emploie aussi ce terme métaphoriquement pour signifier l'éloquence sacrée, qui s'occupe des matières de la religion. C'est en ce sens qu'on dit de quelqu'un qu'il a du talent pour la *chaire.*

Les *chaires* sont ordinairement placées dans les nefs des églises. Les Italiens les ont oblongues, & les prédicateurs y ont plus de commodité pour se livrer à toute l'ardeur de leur zèle. Les protestans ont aussi des *chaires*, mais moins ornées & plus étroites que les nôtres.

La construction, la réparation & l'entretien des *chaires* sont à la charge des habitans, & non à celle des décimateurs : 1°. parce qu'elles sont placées dans la nef : 2°. parce qu'elles sont entièrement pour l'intérêt des habitans.

CHAIRE *de professeur*, (*Droit civil.*) c'est non-seulement le lieu d'où les professeurs ou régens des universités & des collèges, donnent leurs leçons, & enseignent les sciences à leurs disciples, mais encore l'état ou profession de celui qui est chargé d'une partie de l'enseignement public. Ainsi nous disons qu'il y a un certain nombre de *chaires* fondées dans un collège, qu'un tel a disputé, ou a obtenu une *chaire*, pour signifier qu'il a concouru ou qu'il a été admis à faire la fonction de professeur dans une partie.

Les *chaires* de professeurs en droit, à l'exception de celle du droit françois, doivent se donner par la voie du concours, depuis la déclaration du roi du 6 août 1682. Il en est de même pour celles des facultés de médecine. Nous traiterons plus particuliérement cet objet, sous le mot UNIVERSITÉ, où nous donnerons le détail des loix qui concernent ces corps.

Des lettres-patentes des 3 mai & 10 août 1766, ont ordonné que les *chaires*, ou places des docteurs agrégés, créées dans la faculté des arts de l'université de Paris, seroient données par la voie du concours. Elles contiennent un réglement fort étendu à ce sujet, dont nous rendrons compte sous le mot UNIVERSITÉ.

Par l'édit du mois de février 1763, servant de réglement pour les collèges qui ne dépendent pas des universités, le roi a conservé aux fondateurs, dont la possession est confirmée par des titres, le droit de nommer aux *chaires* de théologie. Les pourvus sont obligés de prendre l'approbation de l'évêque diocésain. A l'égard de celles auxquelles les fondateurs n'ont pas droit de nommer, les évêques sont autorisés à y pourvoir, ils peuvent même destituer ceux qu'ils ont nommés, en déclarant les motifs de la destitution, s'ils en sont requis; ils peuvent également révoquer l'approbation qu'ils ont donnée aux pourvus par les fondateurs. Dans l'un & l'autre cas, lorsque la destitution ou la révocation ont été jugées valables, on doit nommer un autre sujet pour remplir la *chaire.*

CHAISE, s. f. (*Droit ecclésiastique.*) espèce de meuble, sur lequel on s'assied. Nous plaçons ici ce mot, pour faire connoître les réglemens qui ont été donnés, par rapport aux *chaises* placées dans les églises, pour la commodité de ceux qui veulent en faire usage.

On a permis aux fabriques des paroisses d'affermer le droit de louer des *chaises* dans les églises ; le prix des *chaises* doit être réglé par une délibération des administrateurs de la fabrique, & être inscrit sur un tableau, mis dans un endroit visible de l'église. C'est la disposition précise de l'arrêt de réglement, rendu pour la fabrique de Saint-Jean-en-Grève, à Paris, & plusieurs autres rendus postérieurement.

Il avoit été défendu, par ces mêmes réglemens, de retirer aucune rétribution des *chaises*, les jours de dimanches & fêtes, aux messes de paroisse & aux prônes qui les accompagnent, ou qui se font immédiatement après, ainsi qu'aux instructions qui ne se font point en chaire, & aux prières du soir. On ne paie pas effectivement le loyer des *chaises* pendant les prières & instructions du soir ; j'ignore s'il est intervenu quelque réglement qui permet de louer les *chaises* occupées pendant les messes de paroisse ; mais dans le fait, les fermiers des *chaises* font payer une rétribution par ceux qui les occupent, & ils paroissent y être autorisés par les tarifs apposés dans les églises.

Qu'il nous soit permis d'observer que la réserve portée par les réglemens, pour la location des *chaises* pendant les messes paroissiales & les prônes, étoit fondée sur la justice. Ces offices sont d'obligation, l'instruction est absolument nécessaire au peuple, il n'est pas naturel qu'on l'oblige à payer un impôt considérable, pour qu'il puisse remplir son devoir. Car il est à remarquer que le prix de la location augmente, en raison de la solemnité des fêtes & de la dévotion des chrétiens.

C'est une prétexte futile de dire que cette rétribution des *chaises* tourne au profit & à l'avantage du peuple, en ce que par-là les fabriques se trouvent plus en état de fournir aux réparations & à l'entretien des églises. En effet, l'église n'a-t-elle pas été abondamment pourvue des biens par les peuples, & les ecclésiastiques peuvent-ils oublier que les canons ont décidé que les revenus du clergé seroient partagés en quatre portions : que la première resteroit à la libre disposition des évêques : que la seconde seroit destinée à l'entretien du clergé : la troisième à pourvoir aux besoins des pauvres, & la quatrième aux réparations des églises ? *Voyez* AUMÔNE, BÉNÉFICE.

Depuis que les fabriques ont été autorisées de placer des *chaises* dans les églises, & d'en retirer un produit, il n'est plus permis aux particuliers d'en faire mettre pour leur usage, à moins qu'ils ne soient à cet égard fondés en titre. En 1768, la sénechaussée de Riom rendit un réglement conforme à ce principe ; le sieur Fournier en interjetta appel ; mais il fut confirmé par un arrêt du parlement de Paris, du 29 juillet 1769.

CHAISE, (*terme de Jurisprudence féodale.*) se dit dans le partage d'un fief noble, de quatre arpens environnant un château pris hors les fossés, & appartenant à l'aîné par préciput ; espace qu'on appelle, dans la coutume de Paris, *le vol du chapon.* *Voyez* VOL DU CHAPON.

CHAISE-*à-porteurs*, c'est une sorte de siège fermé & couvert, dans lequel on se fait porter.

Des lettres-patentes du 23 mai 1767, enregistrées au parlement le 10 mai 1768, confirmées par arrêts des 20 décembre 1769, & 14 février 1770, ont accordé à la demoiselle d'Estampes, aujourd'hui vicomtesse de Bourdeilles, le privilège exclusif d'établir des *chaises-à-porteurs* dans Paris & les autres villes du royaume, avec défenses à tous selliers, carrossiers & autres d'en louer, ou d'en faire porter par des bricolliers ou journaliers, non inscrits sur les registres de ses commis & préposés. Il lui est permis de faire constater les contraventions, & de faire arrêter les contrevenans les jours de dimanches & de fêtes, & de faire contraindre, même par corps, au paiement de vingt-cinq sous par semaine, les porteurs inscrits sur les registres de son bureau.

Les particuliers peuvent avoir chez eux des *chaises-à-porteurs* pour leur usage, mais ils ne peuvent les faire porter que par des gens à leurs gages & livrées, ou domiciliés chez eux, sinon par des porteurs inscrits au bureau du privilège, à peine de confiscation des *chaises*, & de cinq cens livres d'amende.

CHALONS, (*Droit public.*) grande ville de France, en Champagne, sur la rivière de Marne.

Elle a disputé long-temps à la ville de Troyes le titre de capitale de la province ; mais cette question de prééminence a été décidée en faveur de la dernière, en 1775, par le roi qui étoit alors à Reims, pour la cérémonie de son sacre.

Un titre qu'on ne peut contester à la ville de *Châlons*, est celui de chef-lieu d'une intendance, d'un présidial & d'une élection.

Cette ville n'étoit point sujette aux comtes de Champagne, & faisoit partie du bailliage de Vermandois : mais Louis XIII y établit un présidial, dont il forma le district d'une partie de celui de Vitry.

Châlons est presque la seule ville considérable qui se soit déclarée après la mort de Henri III, en faveur de Henri IV. Ce prince fit frapper, en mémoire de sa fidélité, une médaille, avec cette inscription : *Catalaunensis fidei monumentum.* Il y transféra l'hôtel des monnoies de Troyes, ainsi qu'une chambre du parlement de Paris. Cette chambre y rendit un arrêt célèbre contre la bulle de Clément VIII, qui, après la mort de Henri III, permettoit l'élection d'un nouveau roi.

Châlons & son territoire sont régis par une coutume particulière.

Les nobles y sont exempts des droits de *thonneux*, qui est dû au seigneur par les vendeurs & les acheteurs, pour raison de ce qu'ils ont vendu & acheté ; de *grand & petit guet*, qui consiste en ce que les roturiers sont tenus de garder la maison de leur seigneur pendant la nuit : de *prevôt*, qui est une espèce de péage & de coutume : & de *forage* pour ce qui est de leur crû, quoiqu'ils vivent roturiérement : mais il est nécessaire qu'ils vivent noblement pour être exempts des droits de voirie & autres semblables, conformément à deux arrêts du parlement de Paris, de 1550 & de 1604.

Une femme noble ne jouit point des privilèges de la noblesse, pendant son mariage avec un roturier; mais si son mari prédécède, elle peut rentrer dans cette jouissance, en déclarant devant un juge compétent, que son intention est de vivre noblement à l'avenir.

La puissance paternelle cesse, lorsque les enfans sont âgés de vingt ans, ou par leur émancipation & par leur mariage, ou lorsqu'ils tiennent maison à part, au vu & au su de leur père; mais celui-ci perçoit, à son profit, les fruits d'un héritage donné à ses enfans, pendant qu'ils sont sous sa puissance.

La garde noble ni la garde bourgeoise n'ont pas lieu dans la coutume de *Châlons*; & lorsqu'un noble ou un roturier y laisse en mourant des enfans mineurs, ils doivent être pourvus de tuteur ou de curateur par le juge du lieu dans une assemblée de parens, tant paternels que maternels, convoquée à la requête du procureur du roi ou des procureurs fiscaux.

Les successions des bâtards qui ne laissent point d'héritiers appartiennent aux seigneurs hauts-justiciers; mais il est nécessaire que ces bâtards soient nés, aient été domiciliés, & soient décédés dans la haute-justice, & que leurs biens y soient situés, autrement ces biens appartiendroient au roi, à moins que le seigneur n'eût un titre particulier pour les recueillir.

Les bâtards & les aubains peuvent se marier sans encourir les peines de formariage; ils ont aussi la disposition de leurs biens entre-vifs; mais ils n'en peuvent disposer par testament, si ce n'est avec modération pour leurs funérailles.

Les gens de condition servile ont droit également de disposer entre-vifs de ce qu'ils tiennent en mainmorte; mais ils ne peuvent le faire par testament que jusqu'à cinq sous.

Les hommes ou femmes de corps qui n'ont été ni réclamés ni poursuivis pendant dix ans de liberté, prescrivent contre leur seigneur; mais ce droit n'a pas lieu s'ils sont sortis furtivement de la province.

La communauté de biens, entre gens mariés, est de droit dans le Châlonnois, à moins que le contrat de mariage ne contienne une disposition contraire.

Tout avantage direct ou indirect est défendu entre conjoints; aussi le remploi a-t-il lieu à l'égard du mari, de la femme & de leurs héritiers, quoiqu'il n'ait pas été stipulé par le contrat de mariage, ni par les contrats de vente des propres; & ce remploi se prend sur les meubles & les acquêts de la communauté, conformément à un acte de notoriété expédié par le bailli du comté de *Châlons*, le 18 juillet 1724.

Si le mari est noble, il gagne, ainsi que sa femme, en cas de prédécès de l'un d'eux, & quand même elle seroit de condition roturière ou servile, les biens meubles & les dettes actives de la communauté, à la charge de payer les dettes personnelles passives, les frais des obsèques & les legs pieux payables pour une fois en deniers ou en meubles. Les nobles d'extraction peuvent jouir du bénéfice de cette loi lors même qu'ils vivent roturiérement.

Une femme noble ou roturière qui survit à son mari, peut renoncer à la communauté, à moins qu'elle n'ait pris ou recelé quelques effets pendant la maladie ou après le trépas de son mari.

Le don mutuel est permis entre le mari & la femme pour la propriété des meubles & l'usufruit des conquêts; mais cette donation cesse par survenance d'enfans.

Il y a à *Châlons* un douaire conventionnel & un douaire coutumier; celui-ci consiste dans l'usufruit de la moitié des héritages qui appartenoient au mari lors de la bénédiction nuptiale, & de la moitié de ceux qui lui sont échus depuis par succession en ligne directe.

Les fruits pendans sur un héritage sujet au douaire lors du décès de la douairière, appartiennent, dans l'état où ils se trouvent, à l'héritier du mari, en rendant toutefois aux héritiers de cette douairière, les labeurs, les semences & les impenses; autrement il doit leur permettre de recueillir les fruits.

Si le mari vend les héritages sur lesquels le douaire est assigné, & que la femme consente à cette aliénation, elle doit être récompensée sur les autres héritages de son mari, à moins que le prix de l'héritage vendu ne soit tourné au profit de la communauté.

L'âge pour disposer par testament de ses meubles, acquêts & conquêts immeubles, est à *Châlons* de vingt ans pour les hommes, & de dix-huit ans pour les femmes.

L'héritier pur & simple exclut l'héritier par bénéfice d'inventaire, quoique celui-ci soit plus prochain, pourvu qu'il demande l'hérédité dans l'année, à compter du jour de la présentation des lettres de l'héritier bénéficiaire.

Cette règle est observée en ligne directe, comme en ligne collatérale, suivant un arrêt de la grand'-chambre du parlement de Paris du 22 mai 1634.

La représentation a lieu dans le Châlonnois en ligne collatérale jusqu'aux enfans des frères & sœurs inclusivement, suivant le droit écrit.

Les pères & les mères ne peuvent avantager aucun de leurs enfans au préjudice des autres; c'est pourquoi ceux qui ont reçu quelque avantage doivent le rapporter, à l'exception des fruits des héritages.

Une possession paisible de dix ans entre présens, & de vingt ans entre absens, suffit à *Châlons* pour prescrire en matière réelle quand on a un titre; mais lorsqu'on n'en a pas, il faut avoir possédé

possédé pendant trente ans; il en faut même quarante pour prescrire contre l'église.

Un vassal ne sauroit, dans le Châlonnois, démembrer son fief au préjudice du seigneur; mais il peut en donner une partie à cens ou à rente, sans qu'il soit dû aucun profit de fief.

Il n'est point dû de droits féodaux, mais seulement *la bouche & les mains*, dans le cas d'un échange d'héritages nobles ou roturiers fait sans soulte & sans fraude.

Un seigneur peut admettre, au même fief, tous les vassaux qui se présentent, & recevoir d'eux les droits féodaux, sans qu'il soit tenu de les restituer, dans le cas même où quelqu'un d'eux seroit évincé.

En matière de retrait, le lignager le plus diligent est préféré au plus prochain; mais celui-ci a la préférence s'ils ont concouru le même jour.

Le fils d'un vendeur peut retirer l'héritage, quoiqu'il ne fût pas né ni même conçu lors de la vente.

Il n'y a point de retrait en cas de donation simple, de legs testamentaire & d'échange sans soulte d'argent; mais le retrait a lieu, s'il y a une soulte qui excède la valeur de la chose donnée en contre échange : il a lieu également pour les héritages donnés à titre d'emphytéose & de cens viager ou perpétuel.

La confiscation du corps emporte celle des biens, & celle-ci appartient au seigneur haut-justicier, excepté en cas de crime de lèze-majesté.

Les meubles à *Châlons* n'ont de suite, par hypothèque, que pour le prix des loyers & des baux; le propriétaire peut, dans ces cas, poursuivre les meubles du locataire & les grains du fermier, quoiqu'ils ne soient plus en sa puissance, & jusqu'à ce qu'ils aient été vendus & délivrés sans fraude.

On peut, dans la même coutume, saisir les fruits pendant la dernière année d'un bail pour sûreté du prix, quoique le terme du paiement ne soit pas encore échu. *Voyez* CHAMPAGNE.

CHALONS-SUR-SAONE, est une seconde ville de France, située en Bourgogne. Son district formoit anciennement un comté. Il fut d'abord possédé par Varin, qui le reçut de Louis-le-Débonnaire. Sa postérité est peu connue jusqu'au temps de Hugues Capet, où un nommé *Lambert* s'y rendit absolu, comme faisoient alors tous les seigneurs.

En 1097, Gaultier, évêque de *Châlons*, acquit la moitié de ce comté, & c'est à ce titre que ses successeurs en jouissent encore. L'autre moitié passa entre les mains d'un seigneur nommé *Guillaume*, qui possédoit aussi le Charolois. Jean, fils d'Etienne, comte d'Aussone obtint ce comté par son mariage avec Mathilde, petite-fille de Guillaume. Il l'échangea, en 1237, contre quelques autres terres, avec Hugues IV, duc de Bourgogne. Dès-lors il fut uni à la Bourgogne, dont il a toujours suivi la destinée.

Jean, dont nous venons de parler, est la tige des comtes de *Châlons*, d'où sont sortis les princes d'Orange, & les comtes d'Auxerre & de Tonnerre.

CHALOUPE, s. f. (*Jurispr.*) c'est un petit bâtiment léger fait pour le service des vaisseaux. La coutume de Calais, *art. 3*, décide que les *chaloupes*, barques & bateaux doivent être réputés meubles, de même que l'argent, les marchandises & les ustensiles d'hôtel, qui peuvent s'emporter sans détérioration.

CHAM *ou* CHAN & KAN, s. m. (*Droit public.*) ce nom signifie *prince* ou *souverain*. Il n'est guère usité que chez les Tartares, qui le donnent indistinctement à tous leurs princes régnans, de quelque médiocre étendue que soient leurs états.

Le titre de *cham* n'appartient qu'au légitime successeur, les autres princes de sa maison sont obligés de se contenter de celui de *sultan*, qui leur est affecté.

Le grand *cham* des Kalmoucs est indépendant de tout autre prince, il a sous lui plusieurs vassaux qui prennent le même titre. Le *cham* de la petite Tartarie ou Crimée étoit soumis au grand-seigneur, qui pouvoit le déposer ou l'exiler. Son indépendance actuelle a été stipulée par le dernier traité de paix entre la Russie & la Turquie.

On donne aussi en Perse le titre de *cham* ou *kan*, aux principaux seigneurs & gouverneurs des provinces, qui sont obligés d'entretenir un certain nombre de troupes pour le service du sophi.

CHAMADE, s. f. (*Code militaire.*) c'est le signal que le commandant d'une place assiégée donne aux assiégeans, pour leur annoncer qu'il est dans le dessein de capituler. Ce signal consiste dans l'apposition d'un drapeau blanc, qu'on plante sur la muraille, au son du tambour ou d'une trompette. *Voyez* CAPITULATION.

CHAMARIER, s. m. (*Droit canonique.*) c'est le titre qu'on donne, à Lyon, à un dignitaire du chapitre de saint Paul. Ce terme est peut-être encore en usage dans quelques autres chapitres; mais on se sert plus communément de celui de *chambrier*. *Voyez ce dernier mot.*

CHAMBELLAGE, CHAMBELLENAGE *ou* CHAMBRELAGE, s. m. (*Droit féodal.*) ces trois mots ont exactement la même signification, ils sont usités dans plusieurs coutumes, dont les unes se servent d'un de ces mots, les autres d'un autre; le plus en usage est celui de *chambellage* : les coutumes de Hainaut & de Cambrai se servent de *chambrelage*, & celle de Bretagne de *chambellenage*.

Le *chambellage* est un droit ou profit de fief dû au seigneur dominant, pour chaque mutation de vassal.

L'origine de ce terme vient de ce qu'autrefois le chambellan, dont l'office est de veiller sur ce qui se passe dans la chambre du roi, assistoit à la cérémonie de la foi & hommage des vassaux du roi, & recevoit d'eux, à cette occasion, quelque libéralité; ce qui fut depuis converti en un droit;

tellement que, par arrêt de l'année 1262, il fut ordonné que les chambellans auroient droit de prendre de tous vassaux qui relevoient du roi, vingt sous pour un fief de cinquante livres de rente & au-dessous; cinquante sous pour un fief de cent livres de revenu, & cinq livres, le tout parisis, pour un fief de cinq cens livres de revenu & au-dessus; ce que l'on trouve rapporté dans le regiſtre de saint Juſt.

Les seigneurs particuliers avoient aussi autrefois la plupart leurs chambellans, lesquels, à l'imitation du chambellan du roi, exigeoient un droit des vassaux du seigneur, pour les introduire dans sa chambre, lorsqu'ils venoient faire la foi & hommage; droit que les seigneurs ont appliqué à leur profit, depuis qu'ils ont cessé d'avoir des chambellans en titre.

Le *chambellage* n'est pas de droit commun : il n'a pas lieu dans la coutume de Paris, ni dans la plupart des coutumes : celles où il est usité sont, Meaux, Mantes, Senlis, Clermont, Châlons, Saint-Omer, Chauni, Saint-Quentin, Ribemont, Boulenois, Artois, Amiens, Montreuil, Beauquesne, Saint-Riquier, Péronne, Saint-Paul, Poitou, Valois, Noyon, Laon, Ponthieu, Cambrai, Aire, Hesdin, Hainaut, Tournai, Bretagne & quelques autres villes.

Le droit de *chambellage* est réglé différemment par les coutumes, tant pour la quotité du droit, que pour la qualité de ceux qui le doivent, & les cas où il est dû.

Dans la coutume de Mantes il est d'un écu-sol, qui est dû au seigneur, par le fils ou autre ascendant en ligne directe, auquel le fief est avenu par succession, quand il vaut cinquante livres de revenu & plus.

Dans la coutume de Poitou, il est de dix sous pour chaque hommage lige, & de cinq sous pour des hommages pleins.

Celles de Senlis, Valois, le fixent à vingt sous.

La coutume de Noyon donne le choix de payer vingt sous ou une pièce d'or, à la volonté du vassal. Celle de Saint-Quentin veut que cette pièce d'or vaille un demi-écu ou au-dessus, à la discrétion du vassal, pourvu que le fief soit de vingt livres de rente; car s'il vaut moins, il n'est dû que cinq sous.

Dans la coutume de Montdidier, Roye & Péronne, l'origine de ce droit est de douze livres dix sous, si le fief vaut cent livres par an & au-dessus; s'il vaut moins, il n'est dû que vingt-cinq sous.

Il y a encore plusieurs autres différences entre les coutumes par rapport à ce droit, mais qu'il seroit trop long de rapporter. *Voyez le Glossaire de* M. de Lauriere, *au mot* CHAMBELLAGE, *& les commentateurs des coutumes* où ce droit est usité. (*A*)

CHAMBELLAGE, on donne, en second lieu, ce nom à un droit que les évêques, archevêques, abbés & autres prélats du royaume, paient au roi en lui prêtant serment de fidélité. Ce droit dû à cause des offices de grand-maître, de grand sénéchal de France, que le roi tient en ses mains, dénote qu'il étoit dû anciennement à ceux qui possédoient ces offices. Philippe IV, dit *le Bel*, ordonna au mois de mars 1309, que tout l'argent qui proviendroit du droit de *chambellage* payé par les évêques, abbés, abbesses & autres prélats, seroit mis entre les mains du grand-aumônier, pour être employé à marier de pauvres filles nobles. Ce droit étoit alors de la somme de dix livres. Présentement les évêques & archevêques, avant de prêter leur serment de fidélité, sont obligés de payer la somme de trente-trois livres entre les mains du trésorier des aumônes & bonnes œuvres du roi. (*A*)

CHAMBELLAGE, se dit, en troisième lieu, d'un droit que la chambre des comptes taxe à la réception d'un vassal en foi & hommage. Il tire son origine des libéralités que l'on faisoit anciennement au grand chambellan pour être introduit dans la chambre du roi, lorsqu'il recevoit lui-même la foi & hommage de ses vassaux. Ces libéralités passèrent tellement en coutume, qu'elles devinrent un droit autorisé par le prince, ainsi que nous l'avons dit au commencement de cet article. Mais depuis que le roi s'est déchargé sur la chambre des comptes du soin de recevoir la foi & hommage de ses vassaux, le premier huissier qui les introduit en la chambre, & qui représente en cette partie le chambellan, jouit du même droit, qui est d'un ou plusieurs écus d'or, selon le revenu du fief.

Le droit de *chambellage* se paie également à la chambre des comptes, aides & finances de Montpellier, par les vassaux qui y portent la foi & hommage, pour les fiefs qui relèvent du roi, dans le ressort de cette cour. Un édit du mois de novembre 1690 a réglé ce qui doit être payé pour le droit de *chambellage*, à raison de la valeur du fief.

CHAMBELLAN, s. m. (*Droit pub.*) c'est le nom qu'on donne à un officier de la cour de plusieurs souverains, dont la charge concerne principalement la chambre du prince, & dont les fonctions varient suivant l'étiquette & le cérémonial des différentes cours.

Cet office est très-ancien; on trouve dans les historiens les *chambellans* des anciens rois de Perse. Les empereurs romains ont eu des officiers que l'on appelloit *præpositi cubiculi*, & dont les principales fonctions étoient à-peu-près semblables à celles de ceux que nous nommons *chambellans*.

En France, il y avoit anciennement un grand *chambellan* & des *chambellans* ordinaires.

Le grand *chambellan* est un grand officier de la couronne, qui a la surintendance sur tous les officiers de la chambre du roi.

Quand le roi s'habille, le grand *chambellan* lui donne sa chemise, honneur qu'il ne cède qu'aux fils de France & aux princes du sang. Au sacre du roi, il lui chausse ses bottines, & le revêt de la dalmatique & du manteau royal. Dans les autres cérémonies, il a son siège derrière le trône ou fauteuil du roi, excepté au lit de justice, où il est assis aux pieds de sa majesté, sur un carreau de velours violet, couvert de fleurs-de-lis d'or. Lorsque le roi est décédé, il ensevelit le corps, étant accompagné des gentilshommes de la chambre. Les marques de sa dignité sont deux clefs d'or, dont l'anneau se termine en couronne royale, passées en sautoir derrière l'écu de ses armes. On croit que cette charge est en France la plus ancienne de la couronne. Grégoire de Tours & plusieurs autres historiens parlent des *chambellans* & grands *chambellans* de nos rois sous la première & la seconde race.

Cette charge avoit autrefois beaucoup plus de prérogatives qu'elle n'en a aujourd'hui; le grand *chambellan* étoit du conseil privé, il portoit le scel secret du roi; & par ordonnance du roi Philippe-le-Long, régent du royaume en 1316, il est dit que *le grand chambellan ne pourra sceller ni signer lettres de justice, ni de bénéfice, ni aucune autre chose, sinon lettres d'état ou mandement de venir*. Il étoit exempt de payer les droits du scel royal, comme on le remarque dans une ordonnance du roi Charles VI, de l'an 1386. Il tenoit la clef du trésor particulier, c'est-à-dire de la cassette. Tout vassal tenant son fief en hommage du roi, aussi-bien que les évêques & abbés nouvellement pourvus, devoient une certaine somme d'argent au grand *chambellan* & aux autres *chambellans*, comme il est porté dans l'ordonnance de Philippe III ou le Hardi, de l'an 1272. Aux hommages qui se faisoient à la personne du roi, le grand *chambellan* étoit à son côté, & avoit pouvoir de dire par écrit ou de bouche, au vassal ce qu'il devoit au roi, comme son seigneur; & après que le vassal avoit dit *voire*, oui, le grand *chambellan* parloit pour le roi, & marquoit que le roi le recevoit: ce que le roi approuvoit. C'est ce que fit le vicomte de Melun, grand *chambellan*, à l'hommage du duché de Guienne, fait à Amiens en 1330, par le roi d'Angleterre Edouard III, au roi Philippe de Valois. Jean de Melun, comte de Tancarville, grand *chambellan*, fit la même chose, lorsque Jean de Montfort, duc de Bretagne, fit hommage de son duché au roi Charles V. Jean, bâtard d'Orléans, comte de Dunois, grand *chambellan*, continua la même fonction, lorsque Pierre, duc de Bretagne, fit hommage de son duché au roi Charles VII.

Le prévôt de Paris prend le titre de *chambellan ordinaire du roi*, suivant une ancienne commission attachée à son office, parce que ce magistrat avoit autrefois un libre accès auprès du roi pour lui rendre compte de ce qui se passoit journellement dans cette grande ville.

Outre le grand *chambellan*, il y avoit ordinairement à la cour de nos rois plusieurs *chambellans* ordinaires; ils étoient au nombre de quatre, qui servoient par quartier.

François I, à son avénement au trône, en 1515 substitua aux *chambellans* ordinaires, les gentilshommes ordinaires de la chambre, qu'il est nécessaire de distinguer des gentilshommes ordinaires, établis & institués par Henri III.

Malgré cette substitution des gentilshommes de la chambre aux *chambellans*, François I & Henri II ont accordé le titre de *chambellan* à quelques seigneurs de leur cour. Il est vrai qu'il n'en est pas fait mention dans les états de leur maison; mais on trouve, sous le règne de Henri III, quatre *chambellans* ordinaires, aux gages chacun de mille écus, nommés dans les états du roi, pour les quartiers de janvier, avril, juillet & octobre, en tête du service des gentilshommes ordinaires de la chambre, qui ne jouissoient que de douze cens livres de gages, à la différence des autres gentilshommes ordinaires qui n'avoient que six cens livres. *Voyez* GENTILSHOMMES *ordinaires*.

CHAMBERLAIN, s. m. (*Droit public.*) en Angleterre, est précisément la même chose que ce que nous appellons *chambellan* en France. *Voyez* CHAMBELLAN.

Le lord grand *chamberlain* d'Angleterre est le sixième des grands officiers de la couronne. Il est un des plus employés au couronnement du roi: c'est lui qui l'habille pour cette cérémonie, qui le déshabille après qu'elle est finie, & qui porte la plupart des ornemens pour le couronnement. C'est à lui qu'appartient le lit du roi, tout l'emmeublement de sa chambre, tout l'habillement de nuit, & le bassin d'argent dans lequel il se lavoit, avec les serviettes.

Il est gouverneur du palais royal de Westminster, où s'assemble le parlement, & a la charge de fournir la chambre des seigneurs de tout ce qui est nécessaire pour la tenue du parlement.

Les évêques & les pairs du royaume lui paient un droit, quand ils prêtent le serment de fidélité au roi. On voit que les droits de ce grand officier, ont été formés sur ceux qu'avoit autrefois le grand chambellan de France, & même sur ceux du grand chambrier.

Cet office a été long-temps possédé par la maison des comtes d'Oxford; mais aux trois derniers couronnemens, il a été exercé par le marquis de Lindsey, à présent duc de Lancastre. L'état d'Angleterre de 1728, marque pour possesseur de cette charge le duc de Grafton.

Il y a aussi des *chamberlains* dans la plupart des cours d'Angleterre, dont ils sont les receveurs ou les trésoriers.

Cette charge est en Angleterre beaucoup plus étendue que ne l'est en France celle de grand chambellan. Il a sous lui plus de 500 officiers, seigneurs, gentilshommes & autres, de toutes sortes de sciences, arts & métiers. (*G*)

CHAMBRE, s. f. en latin *camera*, (*Jurisprud.*) ce mot se prend quelquefois pour la *chambrerie*, ou l'office de *chambrier* dans certains monastères. *Voyez ci-après* CHAMBRERIE.

En matière de justice & de police, on entend ordinairement, par *chambre*, le lieu où se tiennent certaines jurisdictions ou assemblées, pour le fait de la justice ou de la police.

Ce terme se prend aussi pour la compagnie qui s'assemble dans la *chambre*, & dans ce sens il y a plusieurs jurisdictions auxquelles le titre de *chambre* est commun, & qui ne sont distinguées les unes des autres, que par un second titre qui est propre à chacune.

Enfin, le mot *chambre* désigne plusieurs espèces de droit, attribuées à quelques personnes, telles sont les expressions de *chambre garnie*, *chambre étoffée*, &c.

Nous allons expliquer tous ces objets différens, par ordre alphabétique, en renvoyant cependant, sous d'autres lettres, l'explication des jurisdictions, dont le nom peut être séparé du mot *chambre*, ou qui se trouvent liées avec quelque autre matière.

CHAMBRE DES ALIÉNATIONS *faites par les gens de main-morte.* C'étoit une commission souveraine, établie par lettres-patentes du 4 novembre 1659, registrées en cette *chambre* le 24 du même mois, pour connoître des aliénations faites par les gens de main-morte, & pour la recherche, taxe & liquidation, de ce qui devoit être payé par les détenteurs & possesseurs des biens aliénés, en conséquence de la déclaration du 20 décembre 1658. Cette *chambre* est supprimée depuis long-temps. *Voyez* ALIÉNATION, *section troisième.*

CHAMBRE D'ANJOU. C'est le nom qu'on donne à une des six divisions, que l'on fait des auditeurs de la *chambre des comptes* de Paris, pour distribuer à chacun d'eux les comptes qu'il doit rapporter.

Pour entendre ce que c'est que ces divisions & pourquoi on les appelle *chambres*, il faut observer que dans l'ancien bâtiment de la *chambre des comptes*, qui fut incendié le 28 octobre 1737, on avoit assigné aux auditeurs six *chambres* ou bureaux différens, que l'on appella les *chambres du trésor de France*, *de Languedoc*, *de Champagne*, *d'Anjou*, *des monnoies*, *de Normandie.*

Dans le nouveau bâtiment, qui a été construit pour la *chambre* des comptes, on n'a point observé la même disposition que dans l'ancien, au moyen de quoi les auditeurs n'ont que trois *chambres*, l'une qu'on appelle la *chambre des auditeurs*, & les deux autres sont la *chambre des fiefs* & celle *des terriers.* Mais on a toujours conservé la division des auditeurs en six *chambres*, pour la distribution des comptes; ensorte que ces *chambres* ne sont plus des bureaux ou lieux d'assemblées, mais de simples divisions des auditeurs qui changent tous les trois ans.

On assigne à chacune de ces six *chambres*, les comptes de certaines généralités. On met dans celle d'*Anjou* les comptes de la généralité de Tours, qui comprend l'Anjou & plusieurs autres provinces. Les comptes de cette *chambre* étoient renfermés dans de grandes armoires, étiquetées *chambre d'Anjou.*

Il en étoit de même pour les cinq autres *chambres*, ainsi que nous le dirons sous chacun des mots particuliers qui les désignent.

Il n'y a point de rang particulier entre ces *chambres* ou divisions, quoique quelques-uns mettent la *chambre du trésor* la première, à cause qu'on y comprend les comptes les plus considérables, dont M. le premier Président fait la distribution. *Voyez* CHAMBRE DES COMPTES.

CHAMBRE APOSTOLIQUE. C'est un tribunal ecclésiastique établi à Rome, pour connoître principalement de toutes les affaires qui intéressent le trésor & le domaine de l'église ou du pape. On peut l'appeller le *conseil des finances du saint siège.*

Ce tribunal est composé d'un chef, qu'on nomme *camerlingue*, & qui est toujours un cardinal: du gouverneur de Rome, qui est vice-camerlingue: d'un trésorier & d'un auditeur général, & de douze prélats, qui portent le nom de *clercs* & *notaires de la chambre.*

Les autres officiers sont le président, l'avocat des pauvres, l'avocat fiscal, le fiscal général de Rome, le commissaire de la *chambre*; il y a aussi douze notaires qui prennent le titre de *secrétaires de la chambre*, & quelques autres officiers inférieurs.

Les officiers de la *chambre apostolique* s'assemblent les mêmes jours que les officiers de la daterie. Quoique cette *chambre* ait été instituée pour veiller principalement sur ce qui concerne le trésor, le domaine & les revenus casuels du pape, on y expédie néanmoins quelquefois des lettres, des bulles & des rescrits sur les matières bénéficiales, à l'exception néanmoins des bénéfices consistoriaux, qui s'expédient par la voie du consistoire.

Les expéditions des bénéfices occasionnent des frais plus considérables à la *chambre apostolique*, qu'à la daterie, elles coûtent ordinairement un tiers de plus. Mais on y a recours dans les cas fâcheux & difficiles, comme quand il manque à l'impétrant quelqu'une des qualités ou capacités requises, ou qu'il s'agit d'obtenir dispense, ou de faire admettre quelque clause délicate.

L'endroit où tous les membres, qui composent ce tribunal, s'assemblent pour l'expédition des affaires qui les concernent, ou qui leur sont envoyées, se nomme la *chambre*, & c'est delà que lui vient le nom de *chambre apostolique.*

Outre les officiers, dont nous avons fait mention, il y a encore un *summiste*, qui est chargé de l'expédition des bulles, d'en faire faire les minutes, de les faire recevoir, de les faire plomber, en un mot, de remplir toutes les formalités nécessaires pour leur validité.

Le summiste étoit autrefois un des clercs de la *chambre*; mais sous le pontificat de Sixte V, cette place fut érigée en titre d'office particulier. Depuis ce temps il a toujours été séparé des autres membres du tribunal. Lorsqu'il est absent, il se fait remplacer par un substitut.

Tous les brefs & bulles expédiés par la *chambre*, sont inscrits dans un registre, qui est gardé par un autre officier, appellé *custos registri*.

La *chambre apostolique* est dépositaire des registres les plus précieux de la cour de Rome. C'est dans son dépôt qu'on trouve les livres qui contiennent la taxe, qui sert à exprimer la valeur des bénéfices, à régler les annates, & le coût des bulles & provisions des bénéfices.

On attribue cette taxe à Jean XXII, qui envoya des commissaires par tous les états catholiques de l'Europe, afin de s'informer du revenu de chaque bénéfice. Cet état est transcrit dans les livres de la *chambre*.

Il est d'usage d'exprimer, dans la supplique pour l'obtention d'un bénéfice en cour de Rome, la véritable valeur de ce même bénéfice. En France, nous sommes en possession de n'exprimer que la valeur des bénéfices, qui excédoient, suivant l'ancienne taxe, vingt-quatre ducats, & de suivre dans cette évaluation la valeur portée dans l'ancien livre de la *chambre*. Les bénéfices, qui étoient dans le temps au-dessous de vingt-quatre ducats, sont déchargés du paiement de l'annate, ainsi qu'il a été réglé par Grégoire XIII.

Depuis un réglement publié par Pie IV, on enregistre encore à la *chambre apostolique*, toutes les graces accordées, soit par le pape, soit par son vice-chancelier.

La cour de Rome prétend appliquer au profit de la *chambre*, les fruits des bénéfices qui n'ont pas été perçus légitimement; mais cette prétention a été rejettée en France, & nos libertés nous ont mis à l'abri de cette entreprise des papes.

Il est important d'observer que la date des bulles, expédiées par la *chambre apostolique*, n'est pas la même que celle de la chancellerie romaine. *Voyez* CHANCELLERIE ROMAINE.

Chambre apostolique de l'abbé de sainte Geneviève. On donne ce nom, en France, à une jurisdiction que l'abbé de sainte Geneviève exerce à Paris, en qualité de conservateur-né des privilèges apostoliques, & de député par le saint siège, pour connoître & juger de toutes sortes de causes entre les gens d'église.

Cette prérogative rendoit autrefois l'abbé de sainte Geneviève très-puissant: sa *chambre apostolique* avoit beaucoup de crédit & un grand ressort. L'appel de ses jugemens étoit porté immédiatement au pape. Son pouvoir est aujourd'hui resserré dans des bornes très-étroites. La fonction de l'abbé de sainte Geneviève se réduit proprement à décerner des monitoires, lorsque les juges séculiers ordonnent de s'adresser à lui pour les obtenir.

Cette *chambre* n'est composée que de l'abbé de sainte Geneviève son chef, d'un chancelier & d'un secrétaire.

CHAMBRE ARDENTE. Ce nom a été donné, en France, à plusieurs tribunaux.

1°. On donnoit anciennement ce nom au lieu dans lequel on jugeoit les criminels d'état qui étoient de grande naissance. On l'appelloit ainsi, parce que la *chambre*, destinée à cet usage, étoit toute tendue de dueil, & n'étoit éclairée que par des flambeaux. Ce nom lui étoit donné de la même manière qu'on appelle *chapelle ardente*, le mausolée garni de flambeaux, qu'on dresse aux personnes de qualité, le jour des services solemnels qu'on célèbre pour honorer leur mémoire: la grande obscurité du dueil faisant paroître les lumières plus ardentes qu'elles ne le seroient sans l'opposition de cette nuit artificielle.

2°. On a appellé *chambres ardentes*, des *chambres* particulières, établies par François I, dans chaque parlement, pour faire le procès aux luthériens & aux calvinistes. Ce nom leur fut appliqué, parce qu'elles condamnoient, sans miséricorde, au supplice du feu ceux qui étoient convaincus d'hérésie.

3°. Par la même raison, on a appellé *chambre ardente*, une *chambre* de justice, établie en 1679, pour la poursuite de ceux qui étoient accusés d'avoir fait ou donné du poison. Voici quelle en fut l'occasion.

Deux italiens avoient travaillé long-temps à Paris, à la recherche de la pierre philosophale, avec un apothicaire allemand, nommé *Glaser*, connu par un *Traité de Chymie*, qu'il donna en 1665: ils s'étoient ruinés par leurs opérations, & pour réparer leur fortune, ils vendoient secrétement des poisons.

La marquise de Brinvilliers fut du nombre de ceux qui eurent recours à ce détestable artifice: elle fut convaincue d'avoir fait mourir le lieutenant-civil d'Aubrai, son père, & plusieurs autres personnes de sa famille, ce qui fit donner à ces poisons le nom de *poudre de succession*: elle fut brûlée à Paris, en 1676.

Les suites de cette affaire, & la multitude d'empoisonnemens dont on entendoit parler, donnèrent lieu d'établir, en 1679, une *chambre* pour la poursuite des empoisonneurs. Elle tint d'abord ses séances à Vincennes & ensuite à l'arsenal.

Plusieurs personnes de la première considération furent impliquées dans cette affaire; mais il n'y eut de punie que la Voisin, sage-femme de Paris, qui se faisoit passer pour divineresse. Convaincue de poison, elle fut condamnée au feu & brûlée vive, après avoir eu la main coupée & percée auparavant d'un fer chaud. Elle fut exécutée à Paris le 22 février 1680.

La *chambre ardente* mit fin à ses séances, après avoir fini l'instruction contre les complices de cette malheureuse.

4°. On donne quelquefois le nom de *chambre ardente*, à certaines commissions ou *chambres* de justice, établies pour un temps, soit dans l'arsenal, soit dans quelques provinces, pour connoître de certaines affaires de contrebandiers, faussaires &

autres accusés de crimes graves, qui ont plusieurs complices.

Chambre de l'arsenal *ou chambre royale de l'arsenal.* C'est le nom qu'on a donné, en divers temps, à différentes commissions, pour connoître souverainement de certaines matières. Nous en parlerons sous les mots qui concernent les objets pour lesquels elles ont été créées.

Chambres assemblées. Ces termes s'emploient lorsque les différentes *chambres* qui composent une cour souveraine, un parlement, se rassemblent pour délibérer, en commun, sur quelques affaires générales, telles que la réception d'officiers, l'enregistrement d'ordonnances ou édits, *&c.*

L'assemblée des *chambres* se tient toujours en la grand'chambre, où les autres sont obligées de se réunir.

On entend quelquefois au parlement par *chambres assemblées*, la réunion qui se fait à la tournelle de tous les présidens, & conseillers laïcs de la grand'chambre, avec ceux qui composent la *chambre* de tournelle, pour juger les ecclésiastiques, les gentilshommes & les officiers royaux, qui ont droit de demander d'être ainsi jugés, les *chambres assemblées.*

Les *chambres des enquêtes & requêtes* s'assemblent quelquefois par députés, en la première des enquêtes, pour délibérer d'affaires, qui doivent être ensuite communiquées à toute la compagnie en la grand'chambre. C'est ce qu'on appelle communément l'*assemblée du cabinet.*

Enfin quelquefois, avant de juger une cause, instance ou procès, la *chambre* où l'affaire est pendante, ordonne qu'il sera demandé avis aux autres *chambres.* Alors le rapporteur de l'affaire & le compartiteur, s'il y en a, ou un conseiller, vont recueillir l'avis des autres *chambres*, & l'arrêt qui intervient ensuite, est ce qu'on appelle un arrêt rendu *consultis classibus.*

Les cas où les *chambres* peuvent être assemblées, sont réglés par diverses ordonnances, entre autres par celles de Charles VII, du mois d'avril 1453; de Louis XII, du mois de juin 1510, & plus particuliérement par l'ordonnance du mois de novembre 1774. *Voyez* Assemblées des chambres du parlement, *& le mot* Parlement.

Chambre des assurances. *Voyez* ce que nous avons dit au mot Assurance, où nous avons exposé tout ce qui concerne cette espèce de contrat.

Il suffira d'ajouter ici que les *chambres* ou compagnies d'assurance peuvent se former de deux manières, ou par une société générale, ou par une commendite.

La société est générale, lorsqu'un nombre fixe de particuliers s'engage solidairement par un acte public ou privé, aux risques dont on lui demandera l'assurance. Ces particuliers, ainsi engagés solidairement, n'ont pas besoin de déposer de fonds, puisque la totalité de chaque fortune particulière est hypothéquée à l'assuré. Cette forme n'est guère usitée que dans les villes maritimes, où les facultés de la société, étant plus connues, peuvent inspirer la confiance.

La société d'assurance, qu'on appelle *en commendite*, est formée par un nombre d'actions fixes, d'une valeur certaine, que paie comptant l'acquéreur de chaque action : les fonds s'en déposent pour la sûreté des assurés entre les mains d'un banquier, négociant ou autre personne publique; souvent on les emploie à des prêts à la grosse aventure, ou à l'escompte des papiers publics, & de commerce.

Chacune de ces sociétés est conduite par un nombre d'associés, qu'on appelle *directeurs*, d'après le résultat des assemblées générales.

Par un dépouillement des registres de la marine, on a évalué, pendant dix-huit ans de paix, la perte par an, à un vaisseau sur chaque nombre de cent quatre-vingt. On peut évaluer les avaries à deux pertes sur ce nombre, & le risque général de la navigation à $1\frac{2}{3}$ pour cent, en temps de paix.

Chambre basse *ou* Chambre des communes, (*Droit public anglois.*) c'est une des deux *chambres* qui composent le parlement d'Angleterre : l'autre s'appelle la *chambre haute. Voyez ci-après* Chambre haute.

Celle-ci est appellée *chambre basse* par opposition à la *chambre haute*, qui a le premier rang, étant composée des seigneurs ou pairs du royaume; au lieu que la *chambre basse* n'est composée que des députés des villes, & représente le tiers-état.

On l'appelle aussi *chambre des communes*, parce qu'elle est composée des députés des communes, c'est-à-dire, des villes & bourgs qui ont des lettres de commune.

Pour bien entendre de quelle manière la *chambre basse* ou des *communes* a commencé à faire partie du parlement, il faut observer que le parlement d'Angleterre, qui est proprement l'assemblée des états de la nation, ne commença à se former sur ce pied qu'en 1248 : mais il n'étoit encore composé que du haut clergé & de la haute noblesse. Ce n'est qu'en 1264 qu'il est fait mention, pour la première fois, des communes dans les archives de la nation.

Les députés des communes furent d'abord choisis par le roi : mais après la mort de Henri III, Edouard I, son fils, étant dans ce moment dans la Palestine, où il portoit les armes contre les infidèles, il trouva, à son retour, que les villes & les provinces avoient élu elles-mêmes ceux qui devoient les représenter, & qui dans les règles auroient dû être choisis par le régent du royaume, attendu l'absence du roi : le parlement néanmoins les reçut, & depuis ce temps les communes ont toujours joui de ce privilège.

Edouard, ayant tenté inutilement de détruire le pouvoir des communes, fut obligé, pour appaiser la nation, de convoquer une assemblée, où il assura lui-même aux communes l'entrée au parlement.

Il ordonna à tous les cherifs d'Angleterre, que chaque comté ou province députât au parlement qui devoit s'assembler, deux chevaliers, chaque cité deux citoyens, & chaque bourg deux bourgeois, afin de consentir à ce que les pairs du royaume jugeroient à propos d'ordonner, & de l'approuver.

On voit par-là que les communes n'avoient point alors voix délibérative, mais seulement représentative. Et, en effet, dans les actes authentiques de tous les parlemens, convoqués sous ce règne, les députés des communes ne parlent jamais au roi qu'en supplians; ils lui représentent les griefs de la nation, & le prient d'y remédier, par l'avis de ses seigneurs spirituels & temporels. Tous les arrêtés sont conçus en ces termes : *accordé par le roi & les seigneurs spirituels & temporels, aux prières & supplications des communes.*

Le peu d'autorité qu'avoient alors les députés des communes dans le parlement, fit peut-être penser à Edouard qu'il étoit peu essentiel pour lui de les nommer; mais la suite fit bientôt connoître le contraire. Le peuple, qui auparavant soutenoit ordinairement le roi contre les seigneurs, commença lui-même à former des prétentions, & voulut avoir ses droits à part; & avant même qu'il eût droit de suffrage, il dicta souvent des loix au roi, & régla les résolutions des seigneurs.

Sous Edouard II, le parlement s'arrogea le pouvoir de faire des loix, conjointement avec le roi; mais ce ne fut que sous le règne d'Edouard IV, qui monta sur le trône en 1461, que la *chambre basse* commença à jouir aussi du pouvoir législatif. On ne sait même pas précisément en quelle année cela fut établi, parce que les titres qui en font mention sont sans date : on conjecture seulement que ce fut à l'avénement d'Edouard IV, qui voulut par-là se rendre agréable au peuple. Alors le style des actes du parlement fut changé, au lieu d'y mettre, comme auparavant, *accordé aux supplications des communes*, on mit : *accordé par le roi & les seigneurs, avec le consentement des communes.*

Le pouvoir des communes augmenta beaucoup sous Henri VII, par la vente que plusieurs seigneurs firent de leurs fiefs, suivant la permission que le roi leur en avoit donnée.

Jacques I, à son avénement, en convoquant le parlement, marqua les qualités que devoient avoir les députés des communes : ce que ses prédécesseurs avoient fait quelquefois, mais seulement par forme d'exhortation.

Sous Charles I, le parlement obtint de ne pouvoir être cassé que du consentement des deux *chambres*, & dès ce moment son pouvoir ne reconnut plus de bornes.

Cromwel, voyant que la *chambre* haute détestoit ses forfaits, fit déclarer dans celle des communes, qu'à elle seule appartenoit le pouvoir législatif, & qu'on n'y avoit pas besoin du consentement des seigneurs, la souveraine puissance résidant originairement dans le peuple. Bientôt après la *chambre* des pairs fut supprimée, & l'autorité souveraine se trouva toute renfermée dans la *chambre des communes*. Charles II rétablit la *chambre* des pairs.

Le parlement d'Ecosse ayant été uni à celui d'Angleterre, en 1707, le nombre des députés des communes fut augmenté de quarante-cinq pour le royaume d'Ecosse.

La *chambre des communes* est présentement composée d'un orateur, qui est le président de la *chambre*, de cent quatre chevaliers députés pour les cinquante-deux comtés, qui partagent l'Angleterre, y compris vingt-quatre chevaliers pour les douze comtés de la principauté de Galles; cinquante-quatre citoyens, dont quatre sont députés pour la ville de Londres, & deux pour chacune des vingt-cinq autres cités; seize barons pour les cinq ports; deux membres de chacune des deux universités; environ trois cens trente-cinq bourgeois pour les bourgs ou petites villes, qui sont au nombre de cent soixante-huit, & qui envoient chacune deux députés, & quelquefois un seul; enfin quarante-cinq membres pour le royaume d'Ecosse; ce qui fait en total cinq cens cinquante-huit députés, lorsqu'ils sont tous présens; mais communément il ne s'en trouve guère plus de deux cens.

Tous les membres de la *chambre des communes* sont électifs, & leur mission cesse à la fin de chaque parlement. Il faut avoir environ six cens livres sterlings de revenu annuel, pour être député au parlement, mais vingt-sept livres de rente suffisent pour être un des vocaux. Cette modicité en rend le nombre très-grand, d'où il arrive que la plupart d'entre eux trafiquent honteusement de leurs suffrages, & que leurs assemblées sont très-tumultueuses.

Les députés de la *chambre basse* n'ont entre eux dans les assemblées aucune préséance, on s'y assied sans garder aucun ordre. Il n'y a que l'orateur qui est assis dans un fauteuil au milieu, & le greffier qui est aussi assis au-dessous de lui.

Il n'y a point de jurisconsultes dans la *chambre basse*, comme il y en a dans la haute, parce que la *chambre basse* n'a pas de jurisdiction, si ce n'est sur ses propres membres; encore ne peut-elle prononcer de peine plus grave que l'amende ou la prison.

Lorsque le roi convoque le parlement, il écrit lui-même à chaque seigneur spirituel ou temporel, de se rendre à l'assemblée pour lui donner conseil; au lieu qu'il fait écrire, par la chancellerie, au vicomte de chaque comté, & au maire de chaque ville & bourg, d'envoyer au parlement des députés du peuple, pour y *consentir* à ce qui aura été ordonné. Dès que ces lettres sont arrivées, on procède à l'élection des députés.

Lorsque le parlement est assemblé à Westminster, les deux *chambres* délibèrent séparément : ce qui a été conclu dans l'une est communiqué à l'autre, par les députés qu'elles s'envoient. Si elles s'accordent, elles s'expriment en ces termes : *les seigneurs, les communes ont assenti.* Si elles sont d'avis différent, les députés de la *chambre basse* se rendent dans la haute, pour conférer avec les seigneurs; ou bien les deux *chambres* nomment des députés qui s'assemblent dans une autre *chambre*, appellée *la chambre peinte*.

Lorsque les deux *chambres* s'assemblent ainsi, soit en entier ou par députés, ceux des communes sont toujours debout & tête nue, au lieu que les seigneurs sont assis & couverts.

Si les deux *chambres* ne peuvent se concilier, leur délibération est nulle. Il faut aussi le consentement du roi.

Les députés des communes sont considérés dans l'état présent, comme les défenseurs des privilèges de la nation; c'est pourquoi ils se sont attribué le droit de proposer, d'accorder des subsides au roi, ou de lui en refuser.

Le nombre des députés des communes est fixe; le roi ou le peuple ne peuvent le diminuer, ni l'augmenter; mais il y a beaucoup de députés qui s'absentent, &, en ce cas, ils ne peuvent donner leur voix par procureur, comme font les seigneurs.

Tout membre de la *chambre des communes* jouit, quant à sa personne & à celle de ses domestiques servant dans sa maison, du privilège de ne pouvoir être arrêté, ni emprisonné pour dette ou pour faute quelconque, excepté pour trahison ou pour félonnie, pendant la durée des séances du parlement. Ce privilège comprenoit autrefois les quarante jours qui la précédoient & qui la suivoient. Mais cette extension est rigoureusement restrainte aujourd'hui à la durée continue des séances; car si, par prorogation ou ajournement, il s'écoule au-delà de quinze jours, entre la fin d'une séance & le commencement d'une autre, le privilège n'a plus lieu.

La couronne est encore en possession, à cet égard, d'une prérogative notable. Lorsqu'un membre du parlement est actionné de sa part, pour le paiement d'une dette, ou pour le recouvrement d'un droit, ce membre, à la vérité, pendant la durée des séances, ne peut être sujet à aucune contrainte par corps, mais il peut être poursuivi au banc du roi, sans retard, ni délai, en ses biens & en ses aveux.

Les membres de la *chambre des communes*, quoique députés des provinces, villes & bourgs du royaume, ne sont pas comptables, à leurs constituans respectifs, des résolutions de cette *chambre* : munis tous en particulier d'instructions assorties, ou supposées assorties à l'état des divers lieux qui les envoient, quel qu'en soit l'effet, ils sont censés les avoir suivies. Leur zèle & leur fidélité ne sont pas plus mis en question que leurs lumières; & quand leur bouche a parlé, c'est la nation elle-même qui croit s'être fait entendre, & qui, par conséquent, n'a plus lieu d'exiger qu'on lui rende compte de ce qu'elle a fait elle-même. *Voyez* CHAMBRE HAUTE, PARLEMENT D'ANGLETERRE.

CHAMBRE DES BLEDS. Cette *chambre* fut établie à cause de la perte presque absolue des grains & autres fruits, occasionnée par le froid excessif de 1709. Ce ne fut d'abord qu'une commission donnée à quelques magistrats, par lettres-patentes du 9 juin 1709, registrées au parlement le 13 du même mois, pour l'exécution des déclarations des 27 avril, 7 & 14 mai de la même année, concernant les grains, farines & légumes; mais par une déclaration du 11 juin de la même année, il fut établi une *chambre* au parlement, pour juger en dernier ressort les procès criminels, qui seroient instruits par les commissaires nommés pour l'exécution des déclarations des 27 avril, 7 & 14 mai précédens, sur les contraventions à ces déclarations. Il y eut encore une autre déclaration, le 25 du même mois de juin, pour régler la jurisdiction de cette *chambre*; elle fut supprimée par une dernière déclaration du 4 avril 1710. *Voyez* ACCAPAREMENT, APPROVISIONNEMENT.

CHAMBRE DE CHAMPAGNE. C'est une des six divisions des auditeurs de la *chambre* des comptes de Paris, pour la distribution des comptes que l'on fait à chacun d'eux. C'est à cette division que l'on remet les comptes, qui concernent la généralité de Châlons. *Voyez* CHAMBRE D'ANJOU, CHAMBRE DES COMPTES.

CHAMBRE CIVILE *du châtelet de Paris.* C'est une *chambre* du châtelet, où le lieutenant-civil tient seul l'audience les mercredi & samedi, jusqu'à trois ou quatre heures. Un des avocats du roi y assiste.

On y porte les affaires sommaires, telles que les demandes en congé de maison, paiement de loyers, lorsqu'il n'y a pas de bail par écrit, ventes de meubles & oppositions, demandes en paiement de frais & salaires de procureurs, médecins, chirurgiens, apothicaires, maçons, ouvriers & autres, où il n'y a point de titres, & qui n'excèdent pas la somme de mille livres.

Les assignations s'y donnent à trois jours : on n'y instruit pas de procédure : la cause est portée à l'audience, sur un simple exploit & un avenir : les défauts s'obtiennent à l'audience, & non aux ordonnances : les dépens se liquident par sentence, à quatre livres en demandant, & trois livres en défendant, non compris le coût de la sentence.

CHAMBRE DU COMMERCE. C'est l'assemblée des principaux marchands & négocians d'une ville, pour traiter ensemble des affaires de leur commerce.

L'établissement général des *chambres de commerce* dans les principales villes de France, est du 30 août 1701; mais l'exécution particulière n'a suivi l'édit de création qu'à des dates inégales.

Ces *chambres* doivent fournir de temps à autre au conseil du commerce, des mémoires instructifs sur l'état du commerce, & sur les moyens d'en rendre les branches florissantes; le gouvernement peut connoître par-là les secours qu'exige cette partie de l'administration.

La

La *chambre du commerce* de Lyon est composée du prévôt des marchands, d'un échevin négociant, d'un ex-consul marchand, d'un marchand drapier, de deux banquiers ou marchands de soie, d'un marchand épicier ou d'un marchand de dorure, & d'un marchand fabriquant de la communauté des marchands maîtres ouvriers en soie, faisant fabriquer; tous sont appellés *directeurs de la chambre du commerce.*

En l'absence du prévôt des marchands, l'échevin préside, & l'ex-consul en l'absence du prévôt des marchands & de l'échevin.

La *chambre* tient ses séances une fois la semaine dans l'hôtel-de-ville.

Les assemblées générales pour les élections se font tous les ans, le 15 décembre, & dans ces assemblées on choisit quatre nouveaux directeurs, ensorte que chacun d'eux ne reste que deux ans en place, & ils ne peuvent être continués que deux autres années.

L'élection du député au conseil royal du commerce de Paris, se fait conjointement par le corps de ville & la *chambre*, qui ont tous deux le même secrétaire.

Pour subvenir aux frais de la *chambre*, on prend tous les ans treize mille livres sur les deniers communs de la ville, dont huit mille sont pour les appointemens du député au conseil du commerce, & deux mille, pour ceux du secrétaire; le reste s'emploie aux frais du bureau, à la distribution de deux jetons d'argent à chaque directeur à la fin de toutes les assemblées, d'une médaille d'or aussi à chacun d'eux en sortant de charge, & d'une autre pareille médaille au député, quand il a rempli ses fonctions.

La *chambre du commerce* de Rouen est composée du prieur, de deux juges-consuls en charge, du procureur-syndic, & de cinq marchands ou négocians, avec la qualité de *syndics du commerce de la province de Normandie.*

La *chambre* s'assemble une fois chaque semaine dans la maison consulaire.

L'élection des nouveaux syndics se fait tous les ans au mois de décembre : on en choisit deux une année, & trois l'année suivante, ensorte que chaque syndic est, au moins, deux ans en charge; il peut être continué deux autres années, mais jamais au-delà.

La nomination du député au conseil royal du commerce se fait par la *chambre*, & par les anciens juges-consuls & les anciens syndics.

Le secrétaire qui doit être marchand ou avoir fait le commerce, s'élit tous les deux ans, & peut être continué.

Les appointemens du député sont fixés à huit mille livres. Il y a quatre mille livres pour ceux du secrétaire, les frais de l'écritoire, bois, bougies, *&c.* ainsi que pour la distribution de deux jetons d'argent, à chacun des syndics, à la fin de chaque assemblée, & celle d'une médaille d'or à chacun & au député, quand leurs fonctions sont terminées.

Nous ne nous arrêterons pas sur les détails qui peuvent concerner les autres *chambres du commerce* du royaume, d'autant qu'ayant toutes les mêmes objets en vue, la constitution particulière de chacune ne peut guère différer de celles dont nous venons de parler.

CHAMBRE DES COMMISSAIRES DU CHATELET. *Voyez* COMMISSAIRES DU CHATELET.

CHAMBRE DE LA COMMISSION. C'étoit anciennement une *chambre* particulière dans l'enclos & dépendance de la *chambre* des comptes de Paris, située sous le greffe. On exécutoit dans cette *chambre* toutes les commissions où il n'y avoit que des commissaires de la *chambre* des comptes. Ils s'assembloient également dans la *chambre* du conseil, comme plus commode. C'est même ce qui se pratique aujourd'hui, ensorte qu'il n'y a plus de *chambre* particulière, affectée pour les commissions.

CHAMBRE DES COMMUNES. *Voyez ci-dessus* CHAMBRE BASSE.

CHAMBRES DES COMPTES, (*Droit public.*) c'est le nom qu'on donne aux cours établies principalement pour connoître & juger en dernier ressort de ce qui concerne la manutention des finances, & la conservation du domaine de la couronne.

Dans l'origine il n'y avoit que la *chambre des comptes* de Paris, qui est encore aujourd'hui la première & la principale de toutes. Depuis il s'en est établi successivement d'autres.

Nous parlerons d'abord de celle de Paris, & nous indiquerons ensuite celles qui sont fixées dans d'autres provinces du royaume. Au reste, comme toutes les compagnies souveraines du royaume ne sont pas parfaitement d'accord entre elles sur leur origine & leurs prérogatives, nous exposerons simplement à chaque article les prétentions de chacune d'elles, sans hasarder aucun avis ou réflexions de notre part.

Chambre des comptes de Paris. C'est la première & principale cour de ce genre établie dans le royaume, & l'une des deux compagnies matrices.

Les rois ont toujours regardé l'administration de la justice comme une des plus nobles fonctions de la royauté. Dans les premiers temps ils la rendoient eux-mêmes, ou la faisoient rendre en leur présence. Dans la suite les affaires s'étant multipliées, & le gouvernement intérieur & extérieur de leur état exigeant d'eux des soins continuels, ils s'attachèrent principalement à établir des loix, & à veiller à leur observation.

Ils en confièrent l'exécution au parlement & à la *chambre des comptes*; l'un eut en partage l'exercice de la justice qui avoit rapport à la tranquillité des citoyens, & l'autre celui qui concernoit l'administration des finances.

Il paroît que la *chambre des comptes* étoit sédentaire sous le règne de S. Louis : il se trouve, au registre *croix*, *fol. 35*, une ordonnance de ce prince de l'an 1256, qui ordonne aux mayeurs & prud'hommes de venir compter devant les *gens des comptes* à Paris; preuve certaine que ce tribunal y étoit dès lors établi.

Les rois, dans tous les temps, ont donné à cette compagnie des marques de la plus parfaite estime; plusieurs l'ont honorée de leur présence. Philippe de Valois, Charles V, Charles VI & Louis XII, y sont venus pour délibérer sur les plus importantes affaires de leur état. Ce fut à la *chambre* que l'on examina s'il convenoit de donner connoissance au peuple du traité de Brétigny conclu en 1359, & qu'il fut résolu qu'on le rendroit public.

Le conseil secret, que l'on appelloit alors *grand-conseil*, se tenoit souvent à la *chambre des comptes*, en présence des princes, des grands du royaume, du chancelier, des cardinaux, archevêques & évêques, des présidens, maîtres des requêtes, conseillers au parlement, & autres conseillers dudit conseil. On traitoit, dans ces assemblées, des affaires de toute nature, soit concernant la finance & la justice, soit concernant le fait & état du royaume; & les résolutions qui y étoient prises formoient les ordonnances qui sont connues sous le titre d'*ordonnances rendues par le conseil tenu en la chambre des comptes*.

Dans d'autres occasions, les officiers de la *chambre des comptes* étoient mandés près de la personne du roi, & étoient admis aux délibérations qui se prenoient dans le conseil privé.

Philippe de Valois, l'un des plus sages & des plus vaillans princes de notre monarchie, donna pouvoir à la *chambre*, par lettres du 13 mars 1339, d'octroyer, pendant le voyage qu'il alloit faire en Flandre, toutes lettres de grace, d'annoblissemens, légitimations, amortissemens, octrois, *&c.* & il permit à cette compagnie, par autres lettres du dernier janvier 1340, d'augmenter ou diminuer le prix des monnoies d'or ou d'argent.

Des officiers de la *chambre des comptes* furent chargés de l'exécution des testamens de Charles V & de Charles VI.

Outre ces marques d'honneur & de confiance que la *chambre* a reçues de ses souverains, ils lui ont accordé des prérogatives & des privilèges considérables. Les officiers de cette compagnie ont la noblesse au premier degré; ils ont le titre & le droit de commensaux de la maison du roi; ils ne doivent payer aucunes décimes pour les bénéfices qu'ils possèdent; plusieurs d'entre eux ont même joui du droit d'indult que Charles VII, en 1445, avoit demandé au pape d'accorder aux officiers de cette compagnie; ils sont exempts de droits seigneuriaux, quints & requints, reliefs & rachats, lods & ventes dans la mouvance du roi, de toutes les charges publiques, de ban & arrière-ban, de logemens de gens de guerre, de tailles, corvées, péages, subventions, aides, gabelles, *&c.*

Un grand nombre d'édits & de déclarations, & notamment celles du 13 août 1375, 7 décembre 1460, 23 novembre 1461, 26 février 1464, & 20 mars 1500, ont confirmé à la *chambre* les droits & exemptions ci-dessus exprimés, *comme étant cour souveraine, principale, première, seule, & singulière du dernier ressort en tout le fait des comptes & des finances, l'arche de repositoire des titres & enseignemens de la couronne & du secret de l'état, gardienne de la régale, & conservatrice des droits & domaines du roi.*

Les titres dont le dépôt est confié à cette compagnie sont si importans, que l'ordonnance de décembre 1460 expose que les rois se rendoient souvent en personne en la *chambre*, pour y examiner eux-mêmes les registres & états du domaine; *afin*, est-il dit, *d'obvier aux inconvéniens qui pourroient s'ensuivre de la révélation & portation d'iceux.*

Pour donner une idée plus particulière de la *chambre des comptes*, il faut la considérer, 1°. eu égard aux officiers dont elle est composée: 2°. à la forme dont on y procède à l'instruction & au jugement des affaires: 3°. à l'étendue de la jurisdiction qu'elle exerce.

Premier objet. Officiers de la chambre des comptes. Les officiers qui la composent sont divisés en plusieurs ordres: il y a, outre le premier président, douze autres présidens, soixante-dix-huit maîtres, trente-huit correcteurs, quatre-vingt-deux auditeurs, un avocat, & un procureur général, deux greffiers en chef, un commis plumitif, deux commis du greffe, trois contrôleurs du greffe, un payeur des gages qui remplit les trois offices, & trois contrôleurs desdits offices, un premier huissier, un contrôleur des restes, un garde des livres, vingt-neuf procureurs & trente huissiers.

Second objet. Forme de l'instruction & du jugement des affaires. Les officiers de la *chambre* servent par semestre; les uns depuis le premier janvier jusqu'au dernier juin, les autres, depuis le premier juillet jusqu'au dernier décembre. Le premier président, les gens du roi, & les greffiers en chef, sont les seuls officiers principaux dont le service soit continuel.

Les semestres s'assemblent pour registrer les édits & déclarations importantes, pour délibérer sur les affaires qui intéressent le corps de la *chambre*, pour procéder à la réception de ses officiers, *&c.* Dans ces assemblées MM. les présidens & maîtres qui ne sont point de semestre y prennent le rang que leur donne l'ancienneté de leur réception.

A l'égard du service ordinaire, la *chambre* est partagée en deux bureaux: les trois anciens présidens du semestre sont du grand bureau, & les trois autres du second. Les maîtres des comptes changent tous les mois de l'un à l'autre bureau: ces deux bureaux s'assemblent pour délibérer sur les édits, déclarations, & autres affaires, qui, par leur objet, ne demandent pas à être portés devant les semestres assemblés.

La forme dans laquelle se dressent & se jugent

les comptes, est principalement réglée par les ordonnances de 1598 & de 1669. On suit la disposition de l'ordonnance de 1667 dans les affaires civiles, & celle de 1670 pour l'instruction & jugement des affaires criminelles.

C'est au second bureau que se jugent tous les *comptes*, à l'exception de celui du trésor royal, de celui des monnoies, & de ceux qui se présentent pour la première fois. Lorsque la *chambre* faisoit l'examen des finances dont le roi vouloit faire le remboursement, c'étoit au second bureau qu'on y procédoit, & que se dressoient les avis des finances.

C'est au grand bureau que s'expédient les autres affaires, & que se donnent les audiences dont les jours sont fixés, par l'ordonnance de 1454, aux mercredis & samedis : c'est dans ce tribunal que les ordres du roi sont apportés, que les invitations sont faites, que les députations s'arrêtent, que les instances de correction & les requêtes d'apurement sont rapportées & jugées.

Troisième objet. Jurisdiction de la chambre des comptes. On peut distinguer en trois parties les fonctions que les officiers de la *chambre* exercent : 1°. pour l'ordre public : 2°. pour l'administration des finances : 3°. pour la conservation des domaines du roi & des droits régaliens.

1°. On peut comprendre dans la première classe l'envoi qui se fait en la *chambre* de tous les édits, ordonnances, & déclarations qui forment le droit général du royaume, par rapport à la procédure & aux dispositions des différentes loix que les citoyens sont tenus d'observer.

L'enregistrement que fait cette compagnie des contrats de mariage de nos rois, des traités de paix, des provisions des chanceliers, gardes des sceaux, secrétaires d'état, maréchaux de France, & autres grands officiers de la couronne & officiers de la maison du roi.

Celui des édits de création & suppression d'offices, de concession de privilèges & octrois aux villes, de toutes les lettres d'érection de terres en dignités, d'établissemens d'hôpitaux, de communautés ecclésiastiques & religieuses, d'union & désunion des bénéfices, de lettres de noblesse, de légitimation & de naturalité, *&c.*

Les commissions qui lui étoient données conjointement avec les officiers du parlement, pour aller tenir l'échiquier de Normandie avant la création du parlement de Rouen; l'admission de ses principaux officiers aux assemblées des notables, pour délibérer sur la réformation des abus; la convocation de ses officiers à la chambre de saint Louis, pour statuer sur les objets concernant la grande police; l'invitation qui lui est faite de la part du roi pour assister aux cérémonies publiques, où elle marche à côté & prend sa place vis-à-vis du parlement ; dans celle qui doit se faire le vendredi d'après Pâques, ces deux compagnies sont mêlées, & semblent n'en faire plus qu'une; le plus ancien officier du parlement est suivi du plus ancien officier de la *chambre*, & les autres se placent alternativement l'un après l'autre dans le même ordre.

La *chambre*, comme toutes les autres compagnies souveraines, a la police sur tous les officiers qui la composent, exerce la jurisdiction civile & criminelle contre ceux qui commettent des délits dans l'enceinte de son tribunal, & a connoissance des contraventions & de tout ce qui a rapport à l'exécution de ses arrêts.

2°. Le second objet qui concerne l'administration de la finance, doit comprendre l'enregistrement de toutes les déclarations & lettres-patentes qui règlent la forme des *comptes*, les délais dans lesquels ils doivent être présentés, & les condamnations d'amendes & intérêts, *&c.*

La réception des ordonnateurs, tels que le grand-maître de l'artillerie & le contrôleur général, & tels qu'étoient le surintendant des finances, le surintendant des bâtimens, le surintendant des mers & navigations, *&c.*

Les grands-maîtres des eaux & forêts, les trésoriers de France, tous les comptables & leurs contrôleurs, sont tenus de se faire recevoir & de prêter serment en la *chambre.*

Sur le jugement des *comptes*, on observera qu'anciennement les prévôts, baillis, & sénéchaux, venoient rendre leurs *comptes* en la *chambre*, & qu'elle nommoit à leurs offices. Depuis, le recouvrement des deniers royaux & des villes a été confié à des receveurs particuliers qui ont été créés en titre d'office. La *chambre des comptes* de Paris connoît de tous les *comptes* des recettes générales des domaines, & de celles des finances; des recettes & des tailles, & de celles des octrois des dix-huit généralités de son ressort : mais elle juge beaucoup d'autres *comptes*, dont plusieurs semblent étendre sa jurisdiction dans tout le royaume; puisque les recettes & dépenses qu'ils renferment, se font dans toutes les provinces. Les plus importans de ces *comptes* sont ceux du trésor royal, de l'extraordinaire des guerres, de la marine, des monnoies, des fortifications, des ponts & chaussées, des colonies, *&c.*

Les charges qui sont prononcées au jugement des *comptes*, doivent être élevées en vertu de requêtes d'apurement présentées par les comptables, lesquels prennent souvent la précaution de faire corriger leurs *comptes;* ce qui leur devient nécessaire dans plusieurs circonstances.

Tous ceux qui obtiennent des lettres de don, lettres de pension, gages intermédiaires, indemnités, modérations d'amendes & d'intérêts, sont obligés de les faire registrer dans cette compagnie.

La *chambre* peut fermer la main aux comptables, & commettre à leurs exercices. Elle rend des arrêts sur le référé des maîtres des *comptes* distributeurs, pour les obliger, par différentes peines, à ne pas retarder la présentation & le jugement de leurs *comptes.* Elle fait apposer les scellés chez ceux qui décèdent dans la généralité de Paris, fonction qu'elle n'exerce que dans le cas de nécessité, chez ceux qui sont domiciliés dans les provinces, & dans laquelle les trésoriers de France sont autorisés à la suppléer par arrêt du 19 octobre 1706. *Voyez* BUREAU DES FINANCES. Elle accorde la main-levée de ses scellés aux héritiers des comptables chez qui elle les a apposés, lorsqu'elle juge par leur soumission que les intérêts du roi sont en sûreté. S'il y avoit quelque crainte à cet égard, ou qu'il n'y eût point de soumission de faite pour tous les héritiers, elle procéderoit à l'inventaire, à la vente des meubles, & au jugement de toutes les contestations qui naîtroient incidemment à cette opération.

Les poursuites qui résultent des charges subsistantes sur les *comptes*, se font à la requête du procureur général, par le ministère du contrôleur des restes, & sous les ordres des commissaires de la *chambre*, jusques & compris la saisie réelle.

3°. La *chambre* vérifie toutes les ordonnances qui concernent la conservation & la manutention du domaine; les édits qui permettent l'aliénation à temps des parties des domaines, & les déclarations qui en ordonnent la réunion. C'est dans ses dépôts que doivent en être remis les titres de propriété, & que sont conservés les foi & hommages, aveux & dénombremens, les terriers & les déclarations de temporel des ecclésiastiques.

La *chambre* reçoit les actes de féodalité de tous les vassaux de sa majesté dans l'étendue de son ressort, lorsqu'ils ne les ont pas rendus entre les mains de M. le chancelier. Ceux qui ne possèdent que de simples fiefs hors la généralité de Paris, peuvent aussi s'acquitter de ces devoirs devant les trésoriers de France, qui sont obligés d'en remettre tous les ans les actes originaux à la *chambre*. Les oppositions qui se forment devant elle à la réception des hommages, aveux & dénombremens, sont renvoyées à l'audience pour y être statué.

La *chambre* a souvent prononcé sur des ouvrages publics & royaux, les poids & mesures, les ponts & chaussées, droits de péage & barrage; lesquels ne peuvent être établis ni concédés qu'en vertu de lettres-patentes duement registrées par cette compagnie.

On voit par ses registres qu'anciennement elle passoit les baux des fermes, qu'elle commettoit plusieurs de ses officiers pour faire des recherches sur les usurpations & dégradations des domaines: elle a même l'administration des monnoies, dont elle a reçu les généraux jusqu'en 1552, que la cour des monnoies a été établie: depuis lequel temps elle a connu de cette partie avec moins d'étendue.

Ceux qui obtiennent des lettres de prélation, lettres d'amortissement, lettres de don, de confiscation, deshérence, ou bâtardise, sont obligés de les faire registrer à la *chambre*.

La *chambre des comptes* de Paris connoît, privativement à toutes autres, de ce qui concerne la régale. Lorsque les droits s'en percevoient au profit du roi, les *comptes* en étoient réguliérement rendus devant elle: depuis, Charles VII ayant jugé à propos, par ses lettres du 10 décembre 1438, d'en destiner le produit à l'entretien de la Sainte-Chapelle, la *chambre*, qui a l'administration de cette église, établit une somme, pour traiter avec les nouveaux pourvus des bénéfices, des revenus qui étoient échus pendant qu'ils avoient vaqué; & cette espèce de forfait s'appelloit *composition de régale*. Enfin, Louis XIII, par ses lettres-patentes de décembre 1641, ayant résolu de donner aux bénéficiers les revenus échus pendant la vacance, retira de la Sainte-Chapelle le don qu'il lui en avoit fait. C'est dans cet état que se trouve actuellement la régale; les archevêques & évêques qui y sont soumis, ne touchent leur revenu, & ne disposent des bénéfices qui en dépendent, que du jour que les lettres qui s'expédient sur leur serment de fidélité, & celles qui leur accordent le don des fruits, ont été registrées en la *chambre*. On avoit douté si les archevêques & évêques exempts de la régale, étoient obligés de faire registrer leur serment de fidélité; mais le roi, par sa déclaration de 1749, s'est expliqué sur la nécessité où ils sont de remplir ce devoir, dont ils ne peuvent s'acquitter qu'en la *chambre des comptes* de Paris.

Les archevêques & évêques qui sont élevés à la dignité du cardinalat, sont obligés de prêter un nouveau serment entre les mains du roi, & de le faire registrer en la *chambre*: jusque-là leurs bénéfices retombent & demeurent en régale.

Les lettres concernant les apanages des enfans de France, les douaires des reines, & les contrats d'échange, sont adressés à la *chambre*. Ces différentes lettres ne sont d'abord registrées que provisoirement, & jusqu'à ce qu'il ait été fait évaluation des domaines qui les composent par les commissaires de la *chambre*, en la forme prescrite par l'édit d'octobre 1711, & la déclaration du 13 août 1712. Il s'expédie sur ces évaluations des lettres de ratification, qui sont envoyées à la *chambre* pour être par elle procédé à leur enregistrement définitif.

Dans quelque détail que l'on soit entré sur ce qui concerne la *chambre des comptes*, on n'a pu donner qu'une idée incomplette d'une compagnie, dont l'établissement remonte aux temps les plus reculés, qui jouit des prérogatives les plus éminentes, & dont les fonctions s'étendent sur un aussi grand nombre d'objets différens.

Premier président. Dès l'origine de la *chambre des comptes* il y a eu deux présidens. Le premier de ces offices étoit presque toujours exercé par des archevêques & évêques; c'est sans doute par cette raison qu'on lui a attribué le titre de *premier président clerc*, qu'on lui donne encore à présent.

La réception du premier président ne consiste que dans une simple prestation de serment: il prend ensuite sa place sans y être installé; le président qui l'a reçu lui fait alors un discours françois, auquel il répond de la même manière.

Les plus grands personnages du royaume, soit par leur naissance, soit par leurs dignités, soit par leurs talens, ont rempli la charge de premier président de la *chambre* : elle a été possédée par Jacques de Bourbon, arrière-petit-fils de S. Louis; par Gaucher de Chatillon, connétable; par Matthieu de Trie & Robert Bernard, maréchaux de France; par Henri de Sully, Guillaume de Melun, Enguerrand de Coucy, Valeran de Luxembourg, comte de Saint-Paul; enfin, par plusieurs cardinaux, archevêques & évêques, & par plusieurs grands officiers de la couronne.

Les premiers présidens de la *chambre* ont donné, comme les autres magistrats, plusieurs chanceliers à l'état; mais il n'y a que parmi eux qu'on trouve un premier président qui avoit été précédemment le chef de la justice. Sous Louis XI, Pierre Doriode, après avoir été chancelier de France, devint premier président de la *chambre des comptes.*

Jean de Nicolay, maître des requêtes, fut revêtu de cet office en 1506 : il avoit servi Charles VIII, & Louis XII, en plusieurs négociations importantes, & avoit exercé la place de chancelier au royaume de Naples. Le roi, en lui écrivant, lui donnoit le titre de *mon cousin.* La postérité de Jean de Nicolay a mérité, par sa fidélité & ses services, d'être continuée dans la possession de cet office; Aymard-Charles-Marie de Nicolay, qui l'exerce aujourd'hui, est le neuvième de père en fils qui le remplit sans aucune interruption.

Le premier président de la *chambre* est de tout semestre & de tout bureau; mais il ne prend place que rarement au second, & siège presque toujours au grand bureau, où se traitent les affaires les plus importantes.

Le procureur général, avant de présenter à la *chambre* tous les édits, déclarations, & lettres-patentes dont il est chargé de requérir l'enregistrement, les remet au premier président, avec une lettre de cachet qui lui est personnellement adressée.

Le grand-maître des cérémonies lui apporte celles que sa majesté lui écrit, afin de le prévenir des ordres qu'il envoie à la compagnie pour assister à différentes cérémonies.

Les lettres de cachet qui sont adressées à la compagnie sont ouvertes par le premier président, qui les donne à un maître des comptes pour en faire la lecture.

Dans toutes les occasions où la compagnie est admise à l'audience du roi, c'est le premier président qui porte la parole; c'est lui qui répond au nom de la compagnie à toutes les invitations qui lui sont faites.

Il donne des audiences extraordinaires aux jours qu'il lui plaît d'indiquer, outre celles qui sont fixées par l'ordonnance de 1454, aux mercredi & samedi.

Il distribue aux maîtres, aux correcteurs & auditeurs des comptes, les différentes affaires qui les concernent, & leur donne jour pour en faire le rapport au bureau.

C'est lui qui fait prêter serment à tous les officiers qui sont reçus à la *chambre* ; c'est entre ses mains que les vassaux du roi y rendent leur foi & hommage.

Il nomme aux commissions que la *chambre* établit, auxquelles il préside de droit. Il est presque toujours de celles que le roi forme, soit pour la réunion ou aliénation des domaines, soit pour faire l'évaluation des terres données en apanage, en échange, ou pour les douaires des reines.

Il présente à la chambre les personnes qui remplissent les différens emplois dont elle dispose.

La garde du grand trésor de la Sainte-Chapelle lui est confiée. Il est ordonnateur de ce qui concerne l'administration & l'entretien de cette église, conjointement avec un de MM. les maîtres qu'il choisit pour l'aider à remplir cette fonction.

Le premier président de la *chambre* a le titre de *conseiller du roi en tous ses conseils d'état & privé* ; il est compris au nombre de ceux qui reçoivent des droits d'écurie & de deuil dans les états de la maison du roi; il drappe lorsque sa majesté prend le grand deuil.

Il est le seul des premiers présidens de cours souveraines qui jouisse de cette distinction.

La robe de cérémonie du premier président de la *chambre* est de velours noir, semblable à celle des autres présidens de cette compagnie.

Présidens de la chambre des comptes. Les présidens de la *chambre* sont au nombre de douze, non compris le premier président : six servent par chaque semestre, suivant qu'ils y sont destinés par la nature de leurs charges. Les trois plus anciens de chaque semestre servent toujours au grand bureau, & les trois autres font leur service au second bureau.

Les présidens de la *chambre* sont, à l'égard de cette cour, ce que sont les présidens du parlement dans leur compagnie, ayant été maintenus par la déclaration du roi du 30 novembre 1624, dans le rang & préséance qu'ils avoient toujours eu sur les maîtres des requêtes, qui ont eux-mêmes la préséance sur les présidens des enquêtes.

Suivant la disposition des édits des mois de décembre 1665, d'août 1669, de février 1672, on ne peut être reçu dans les charges de présidens de la *chambre*, non plus que dans celles des présidens du parlement, ni des autres cours, qu'à l'âge de quarante ans accomplis, & sans avoir précédemment exercé pendant dix années un office de judicature dans une cour supérieure; ils sont dispensés par cette raison, lors de leur réception en la *chambre*, d'y faire un discours, d'y exposer une loi, & d'y être interrogés.

Suivant les statuts de l'ordre du S. Esprit, du mois de décembre 1598, l'un des présidens de la *chambre* devoit assister aux chapitres généraux de cet ordre, pour procéder, avec le chancelier & cinq commandeurs de l'ordre, commis par le chapitre, à l'examen du compte de ses deniers.

On voit, au grand honneur de ces officiers, par une épitaphe qui est dans la chapelle de la Trinité de l'église de l'abbaye de S. Denis, que Charles V accorda à Jean Paiourel, président de la *chambre des comptes*, en considération de ses services, le privilège de sépulture, dans cette église, pour Sedille de Sainte-Croix, sa femme.

En l'absence du premier président, le plus ancien des présidens séant au grand bureau, occupe sa place & remplit ses fonctions.

Celles du président qui préside au second bureau, sont :

De donner jours aux conseillers-auditeurs pour le rapport des *comptes* qu'ils ont examinés.

D'en distribuer le bordereau à un des conseillers-maîtres du bureau, qui, suivant les réglemens, doit écrire les arrêts que la chambre prononce au jugement de ces comptes, dont il signe la clôture conjointement.

De porter la parole quand le bureau juge à propos de mander les conseillers-correcteurs, le procureur général, les greffiers, le garde des livres, les comptables ou leurs procureurs, pour leur faire part des ordres de la *chambre*.

De prendre le serment des comptables, auxquels il est accordé une indemnité pour les frais de leurs voyages à Paris & du séjour qu'ils y font, pour y suivre le jugement de leurs *comptes*.

Les présidens, lorsqu'ils sont de semestre, sont compris de droit dans les députations de la *chambre*.

Ils ne font aucun autre rapport que celui des créances dont ils ont été chargés.

Ils sont le plus souvent compris dans le nombre des commissaires nommés pour les évaluations des domaines du roi, ou pour d'autres affaires importantes.

Ils peuvent venir à la *chambre* hors de leur semestre, y prendre séance suivant leur ancienneté; ils y ont voix délibérative sans y pouvoir présider, que lorsque les semestres sont assemblés.

C'est le dernier des présidens qui installe les présidens & conseillers-maîtres qui sont reçus à la *chambre*.

La robe de cérémonie des présidens de la *chambre* est de velours noir.

Maîtres des comptes. Depuis l'établissement des compagnies supérieures, les charges de conseillers-maîtres en la *chambre des comptes* de Paris, ont toujours été distinguées par leur dignité & les prérogatives d'honneur qui leur ont été accordées.

On trouve dans les registres de la *chambre*, des maîtres des requêtes, présidens des enquêtes & requêtes, & conseillers du grand-conseil, qui ont passé de leurs offices dans ceux des maîtres des comptes.

Le titre de *maîtres* qu'on leur a donné leur étoit commun avec les magistrats du parlement, qu'on nommoit autrefois *maîtres du parlement*. Ils étoient partagés de la même manière, en maîtres clercs & maîtres laïcs : mais les dernières créations de leurs offices ne parlent plus de cette distinction.

Ils ont la qualité de maîtres ordinaires, soit pour les distinguer des maîtres extraordinaires, qui ont existé jusqu'en l'année 1511, soit à cause du droit qu'ils ont de prendre séance en la *chambre* hors de leur semestre, avec voix délibérative, & d'y achever le rapport des affaires qu'ils ont commencées.

Le nombre des maîtres des comptes est actuellement de soixante-dix-huit, dont moitié pour le semestre de janvier, & l'autre moitié pour celui de juillet; ceux qui sont de semestre se partagent en deux colonnes, qui se succèdent mutuellement l'une à l'autre au commencement de chaque mois pour le service du grand & du second bureau.

Les conseillers-maîtres sont juges de toutes les matières de la compétence de la *chambre*, conjointement avec les présidens; & en l'absence de ceux-ci ils ont le droit de présider, suivant l'ordonnance de Charles VII du premier décembre 1436.

Ce sont eux qui sont rapporteurs au grand bureau des ordonnances, édits, déclarations du roi, & de toutes les lettres-patentes qui y sont présentées, soit par le ministère public, ou par les particuliers qui les ont obtenues; comme aussi de toutes les instances de correction & autres, & généralement de toutes requêtes de quelque nature qu'elles soient, à l'exception des requêtes d'apurement : mais quoique ces dernières soient rapportées par les conseillers-auditeurs, elles sont néanmoins décrétées, comme toutes les autres, par les conseillers-maîtres, & les arrêts qui interviennent, signés de l'un d'eux & du président.

Pour ce qui concerne le jugement des comptes, l'un des conseillers-maîtres tient la liasse des acquits pour les vérifier & pour canceller les quittances des comptables, ainsi que les contrats dont le remboursement a été fait par le roi; un autre suit le compte précédent, pour connoître si le comptable a satisfait aux arrêts de la *chambre*, & examine d'où proviennent les mutations survenues dans le *compte* suivant; un autre, enfin, est chargé du bordereau original, en marge duquel il écrit chapitre par chapitre les arrêts de la *chambre*, & signe à la fin la clôture du compte avec celui qui préside.

Dans les affaires où la *chambre* ordonne préalablement des informations, les maîtres des comptes sont toujours commis pour les faire. Ils sont pareillement chargés des commissions les plus importantes, telles que celle de suivre la distribution & le jugement des comptes, celle de l'apposition & levée des scellés de la *chambre* chez les comptables décédés ou en faillite, suivie quelquefois de l'inventaire de leurs effets & de la vente de leurs meubles, quand le cas y échet; celle d'ordonner & de diriger les poursuites du contrôleur général des restes pour l'apurement des comptes & le paiement des débets; celle de l'examen des foi & hommages, aveux & dénombremens, dont les originaux doivent être envoyés à la *chambre* par tous les bureaux des finances dans l'étendue de son ressort, *&c.* Ils sont aussi nommés *commissaires* dans toutes les évaluations des domaines de la couronne, & doivent assister au nombre de quatorze dans les députations de la *chambre*.

Quatre d'entre eux, qui sont pourvus des plus anciennes charges de conseillers-clers, ont droit de bourse en la grande chancellerie. Le doyen des maîtres est le seul à qui appartienne le titre de *doyen de la chambre*, & il jouit en cette qualité de plusieurs prérogatives.

La robe de cérémonie des conseillers-maîtres est de satin noir.

Correcteurs, correction des comptes. Les conseillers-correcteurs ont été établis par l'ordonnance de Charles VI du 14 juillet 1410. Les corrections des comptes étoient faites auparavant par des maîtres & clercs, ainsi qu'il est porté par l'ordonnance du mois de janvier 1319.

Leur nombre s'est accrû, ainsi que celui des autres officiers de la *chambre des comptes*. Il y a actuellement 38 *correcteurs*, 19 de chaque semestre. Leur robe de cérémonie est de damas noir.

Le lieu où ils s'assemblent se nomme la *chambre de la correction*; elle joint au dépôt des contrôles, dont la garde leur est confiée comme nécessaire à la vérification des recettes & dépenses des *comptes* dont ils font la *correction*. On y trouve plusieurs doubles des *comptes* jugés dans les autres *chambres des comptes* du royaume, lesquels s'y remettoient anciennement, & dont il ne doit plus y être envoyé que des extraits, conformément à l'édit d'août 1669.

Les *correcteurs* ont séance au grand bureau, au banc qui est en face de celui des présidens, au nombre de deux seulement.

1°. Au jugement des instances de *correction*.

2°. Dans les affaires qui intéressent le corps de la *chambre* : dans ces deux cas ils ont voix délibérative au grand bureau.

3°. Lorsqu'ils y sont mandés pour leur faire part des arrêts qui ont ordonné le renvoi des *comptes* à la *correction*.

4°. Lorsqu'ils y viennent apporter les avis de *correction*.

5°. Enfin lorsque la *chambre* reçoit des lettres de cachet ou ordres du roi concernant quelque invitation aux cérémonies; qu'elle fait quelque députation pour complimenter le roi, les reines, les princes, & autres, ou dans les cérémonies qui intéressent le corps de la *chambre*; dans ces cas seulement le greffier plumitif se transporte en leur *chambre*, & les avertit de députer deux d'entre eux au grand bureau, où étant, celui qui préside, leur fait part du sujet qui donne lieu à l'invitation.

Le renvoi des *comptes* à la *correction* se fait toujours par distributions générales ou particulières; ces dernières sont celles ordonnées par des arrêts de la *chambre*.

Le *conseiller-correcteur* à qui la *correction* est distribuée, s'associe un de ses confrères pour travailler à la vérification des *comptes*, & examiner s'il y a matière à *correction*.

Les *comptes*, états, pièces & acquits doivent leur être administrés par le garde des livres, envers lequel ils s'en chargent sur un registre particulier à ce destiné; les procureurs les leur administrent quand ce sont les comptables, ou leurs héritiers, qui provoquent la *correction* de leurs *comptes*.

L'objet principal des *corrections* est de réformer les omissions de recette, faux ou doubles emplois; les erreurs de calcul & de fait qui ont pu se glisser dans les *comptes*.

Les *conseilleurs-correcteurs* mettent par écrit leurs observations de ce qu'ils trouvent former la matière de la *correction*; & après avoir fait mention sur les *comptes* qu'ils en ont fait la *correction*, ils font ensuite le rapport de leurs observations à leurs confrères.

Sur ce rapport, les *conseillers-correcteurs* opinent entre eux sur chaque article, & suivent ce qui est décidé à la pluralité des voix. Les deux *correcteurs* qui ont fait la *correction* rédigent l'avis par écrit sur papier timbré, sans le signer, & l'apportent ensuite au grand bureau, où ils rendent compte succinctement de l'objet de l'avis de *correction*.

Cet avis ayant été remis à celui qui préside, il le donne au greffier pour faire mention en fin du jour du rapport & de la remise qui en est faite à l'instant au procureur-général, laquelle mention est signée d'un greffier en chef.

Le procureur-général fait signifier cet avis de *correction* au comptable au domicile de son procureur, soit que la *correction* concerne les *comptes* de ses exercices, ou de ceux de ses prédécesseurs dont il est tenu, ou aux héritiers des comptables, & les fait assigner en la *chambre* pour y procéder sur l'avis de *correction*, & en voir ordonner l'entérinement.

On observe dans ces instances les formalités prescrites par l'ordonnance pour les instructions & jugemens des défauts, faute de comparoir ou faute de défendre.

La partie assignée fournit des défenses à cette demande, ce qui forme la matière d'une instance, qui s'instruit en la forme prescrite par l'ordonnance civile du mois d'avril 1667, si ce n'est qu'elle ne peut être jugée à l'audience, suivant les réglemens du 18 avril & 10 juin, & la déclaration du 15 septembre 1684, donnée à ce sujet en interprétation de l'*art. 9 du tit. 11* de l'ordonnance de 1667.

Suivant cette déclaration, sur les défenses, il doit être pris un appointement au greffe, soit par le procureur-général, soit par le procureur du défendeur, sauf à renvoyer à l'audience les tierces oppositions ou autres incidens : deux des *conseillers-correcteurs* assistent avec voix délibérative à ces audiences, conformément au réglement des 17 & 20 mars 1673. L'instruction de l'instance se fait, de la part du procureur-général & des défendeurs, par production respective, contredits & salvations, ainsi que dans les autres procès par écrit.

La production faite, le procès est distribué à un maître des *comptes*. L'instruction de l'instance se continue, & lorsqu'elle est achevée, le procureur-général donne ses conclusions par écrit & cachetées.

Le maître des *comptes* fait ensuite son rapport à la *chambre* de l'instance, auquel assistent les deux *correcteurs* qui ont dressé l'avis de *correction*, lesquels ont voix délibérative au jugement de l'instance.

Dans le cas où celui qui défend à la demande du procureur-général à fin d'entérinement de l'avis de *correction*, déclare par requête employée pour défense à cette demande, qu'il n'a aucun moyen pour empêcher cet entérinement, & que par conséquent il n'y a pas lieu à contestation; en ce cas, cette requête est distribuée à un maître des *comptes*, communiquée au procureur-général; & après qu'il a donné ses conclusions par écrit sur le tout, le rapport & le jugement de l'instance se font en la même forme que les instances dans lesquelles il a été pris un appointement.

Auditeurs des comptes. Les *conseillers du roi auditeurs en la chambre des comptes de Paris*, sont au nombre de 82, dont 41 pour le semestre de janvier, & pareil nombre pour le semestre de juillet. *Voyez* AUDITEUR.

Avocat général. La charge d'*avocat général* de la *chambre des comptes* a été établie par lettres du roi Louis XI, du 24 septembre 1479, à-peu-près dans le même temps que celle de procureur-général, dont on fixe l'établissement au 22 novembre 1459.

Avant ces établissemens, le ministère public étoit exercé en la *chambre des comptes* par les mêmes officiers qui l'exerçoient au parlement.

Cette charge a été possédée par des personnes distinguées par leur naissance & leur mérite. Jean Bertrand, lieutenant-criminel au châtelet de Paris, en fut pourvu en 1570.

Etienne, & Nicolas Pasquier son fils, Simon, Guillaume, & Jean Dreux, Jean-Aymard Nicolay, qui, dans la suite, a été premier président, en ont été revêtus.

L'*avocat général de la chambre des comptes* précède & a rang & séance avant le procureur-général; il porte la parole, & prend des conclusions sur les édits & déclarations lorsque la publication s'en fait en l'audience; mais il n'a aucune des fonctions qui concernent & dépendent de la plume, qui appartiennent au procureur-général, suivant le réglement du conseil du 18 avril 1684.

La robe de cérémonie de l'*avocat général*, ainsi que du procureur général, est de satin, comme celle des maîtres des *comptes*.

Procureur général. Avant l'année 1454, le ministère public étoit exercé à la *chambre des comptes* par le procureur général du parlement, comme on l'a déjà dit dans l'article précédent.

Le roi Charles VII jugea nécessaire, pour le bien de son service, qu'il y eût à la *chambre* un officier uniquement destiné à remplir cette fonction, & en créa un en titre d'office par son ordonnance du 23 décembre 1454.

Le ministère public ayant pour objet l'exécution des ordonnances & la défense des droits du roi, son concours est presque toujours nécessaire dans les affaires qui se jugent à la *chambre*, parce que pour l'ordinaire le roi s'y trouve intéressé.

Les principales fonctions du *procureur général de la chambre* sont de requérir l'enregistrement des édits, ordonnances, déclarations & lettres-patentes qui sont adressées à la *chambre* avec les ordres du roi; de donner ses conclusions sur toutes lettres obtenues par des particuliers, de quelque nature qu'elles soient; de faire exécuter par les comptables les ordonnances qui les concernent; les obliger de présenter leurs *comptes* à la *chambre*; pourvoir à la sûreté des deniers du roi pendant le cours de leurs exercices, & après leur décès; de veiller à ce que les vassaux de sa majesté rendent leurs hommages, aveux & dénombremens, dans le délai prescrit par les coutumes.

Il doit en général requérir tout ce qu'il croit utile pour le bon ordre, l'exécution des loix, & la conservation des intérêts du roi.

C'est lui qui donne aux comptables le *quittus* après l'apurement total de leurs *comptes*, en leur donnant son certificat comme ils sont entiérement quittes envers le roi & les parties prenantes.

En l'absence de l'avocat général, il le supplée dans ses fonctions.

Le *procureur général* porte la robe de satin, comme les conseillers-maîtres, dans les cérémonies.

Greffe, greffier en chef, & autres. Il y a de toute ancienneté en la *chambre des comptes* deux *greffiers en chef*, qui sont qualifiés *notaires* & *greffiers* par l'ordonnance du 2 mars 1330.

Ces deux *greffiers en chef* ayant été créés en titre d'office, l'on n'a admis aucun de ceux qui ont été pourvus de ces offices à en faire les fonctions, qu'ils ne fussent en même temps revêtus de charges de secrétaires du roi.

Il fut créé un office de *greffier en chef* triennal par édit de décembre 1639, qui a été réuni dans la suite aux deux anciens offices qui ont le titre d'*ancien & mi-triennal*, & d'*alternatif & mi-triennal*, & dont les fonctions s'exercent conjointement & sans distinction de semestre.

Par le même édit il fut créé trois offices de *contrôleurs du greffe*, qui sont chargés de contrôler les expéditions des arrêts.

Les fonctions *de greffier en chef de la chambre* sont les mêmes que celles des greffiers en chef du parlement, & autres cours souveraines.

Ils

Ils sont chargés de l'un des principaux dépôts de la *chambre*, qu'on appelle *le dépôt du greffe*.

Il contient un grand nombre de registres & de pièces, dont les principaux sont les registres des chartres, qui comprennent toutes les lettres de naturalité, légitimation, anoblissement, amortissement, établissement d'hôpitaux & de communautés ecclésiastiques, séculières & régulières; les registres des mémoriaux, comprenant tous les édits, ordonnances, déclarations & lettres-patentes de toute nature, registrées en la *chambre*, qui ne sont point chartres; les traités de paix, contrats de mariage des rois, & toutes les provisions des officiers reçus en la *chambre*, & qui y prêtent serment, ensemble les arrêts de leurs réceptions, *&c.*

Les registres journaux, comprenant tous les arrêts rendus sur requêtes des particuliers, pour quelque cause que ce soit.

Le plumitif, contenant les extraits des mêmes arrêts avec leurs dispositifs, & de tout ce qui se traite & se décide journellement en la *chambre*.

Le registre des audiences, comprenant tous les arrêts qui se prononcent à l'audience, soit contradictoirement, soit par défaut.

Les registres cérémoniaux, comprenant les procès-verbaux de toutes les cérémonies où la *chambre* assiste en corps, ou la relation des députations qu'elle fait au roi & à la reine, dans différentes occasions.

Les registres des créances, qui comprenoient tous les rapports & témoignages que les officiers de la *chambre*, ou autres officiers députés par le roi faisoient à la compagnie, au sujet d'enregistremens d'édits, ordonnances & lettres-patentes: ces registres sont discontinués, & les objets dont ils étoient composés font partie du plumitif établi en 1574.

Ce dépôt contient encore une infinité d'autres registres, cartulaires, titres & enseignemens concernant les droits du roi & le domaine de la couronne; les procès-verbaux d'évaluation des échanges, apanages & douaires des reines; les informations faites de l'ordonnance de la *chambre*; les minutes des arrêts par elle rendus sur toutes sortes de matières, & toutes les autres pièces qu'elle juge à propos d'y faire déposer.

Les *greffiers en chef* en sont chargés pour ce qui les concerne, chacun sur un registre particulier.

Ce dépôt a été endommagé par l'incendie du 27 octobre 1737. L'exécution des déclarations du roi des 26 avril 1738, 21 décembre 1739, & 14 mars 1741, qui ont ordonné la représentation des titres en la *chambre*; les soins, les attentions, les travaux, & les dépenses des officiers de cette compagnie, ont infiniment contribué à son rétablissement.

Outre les deux *greffiers en chef*, il y a un principal commis ou greffier pour tenir le plumitif: il est chargé de la rédaction de ce registre & des arrêts de la *chambre* rendus au rapport des conseillers-maîtres sur toutes sortes de matières: ses fonctions sont très-importantes; il est le *greffier de la chambre* dans les affaires criminelles.

Enfin il y a deux *commis du greffe* qui sont présentés par les *greffiers en chef*, & approuvés par la *chambre*, en laquelle ils prêtent serment. Ils peuvent servir de *greffiers* lors de l'apposition & levée des scellés de la *chambre*, dans les inventaires qu'elle fait des biens & effets des comptables, & dans toutes les commissions où sont employés les officiers de la *chambre*.

Contrôleur général des restes. Cet office avoit été établi en 1556, sous le nom de *solliciteur général des restes*: il fut supprimé par édit de novembre 1573, qui a créé celui de *contrôleur général des restes de la chambre des comptes & bons d'état du conseil* en commission; depuis il fut créé en titre d'office par édit de décembre 1604, supprimé par édit de décembre 1684, & rétabli de nouveau par édit de mai 1690, avec les mêmes titres. Mais par édit de novembre 1717, cet office fut supprimé, & il fut créé, par le même édit, deux offices distincts & séparés; l'un sous le titre de *contrôleur général des restes de la chambre des comptes*, & l'autre sous celui de *contrôleur général des bons d'état du conseil.*

Le *contrôleur général des restes de la chambre* est chargé de la poursuite de tous les débats des comptables, & des charges prononcées contre eux au jugement de leurs *comptes*.

Il exerce ses fonctions sous l'autorité de la *chambre*, & en conséquence des ordres des commissaires par elle établis pour veiller aux poursuites nécessaires pour accélérer l'apurement des *comptes* & les paiemens des débets dus au roi par les comptables, de quelque nature qu'ils soient.

Pour faire les poursuites il prend copie de tous les états finaux des *comptes* sur un registre du parquet où ils sont inscrits aussi-tôt qu'ils sont jugés; & d'après les débets & charges qui résultent de ces états finaux, il dresse ses contraintes & les fait signifier au comptable par un huissier de la *chambre*: si le comptable ne se met pas en règle en payant les débets par lui dus, & présentant ses requêtes en la *chambre* pour l'apurement de ses *comptes*, alors il lui fait un itératif commandement, enfin un commandement recordé.

Cette procédure est suivie de la vente de ses effets mobiliers; & si le prix ne suffit pas pour payer ce qu'il doit au roi, & les frais des apuremens de ses *comptes*, alors le *contrôleur des restes*, à la requête du procureur général de la *chambre*, fait saisir réellement l'office de ce comptable & ses autres immeubles; il continue ensuite sa procédure en la cour des aides, pour parvenir à la vente & à l'ordre qui doit être dressé en conséquence.

Pour éviter ces poursuites du *contrôleur des restes*, les comptables doivent faire apurer leurs *comptes*, & rapporter les pièces nécessaires pour obtenir le rétablissement des charges sur leurs *comptes :* cette opération faite, ils doivent faire signifier les états finaux des *comptes* ainsi apurés, au *contrôleur des restes*, qui en doit faire mention sur ses registres, en lui payant les droits de rétablissement qui lui sont dus pour raison de ses poursuites, outre le sou pour livre de toutes les sommes qui sont portées par le comptable au trésor royal, en conséquence de ses diligences.

Le *contrôleur général* doit deux différens *comptes* de sa gestion à la *chambre*.

Le premier est le *compte* des diligences qu'il a faites contre les comptables, pour raison des charges & débets subsistans sur leurs *comptes*.

Le second est le *compte* du montant des droits de rétablissement par lui reçus des comptables qui ont apuré leurs *comptes*, qu'il doit rendre tous les cinq ans, attendu qu'il ne lui appartient que 15000 l. en cinq ans, pour les droits de rétablissement ; & s'ils montoient à plus forte somme, l'excédent appartient à sa majesté.

Toute requête tendante à être déchargé des poursuites du *contrôleur des restes*, lui est communiquée, & n'est jugée qu'après avoir vu ses réponses.

Premier huissier. Cet office est établi de toute ancienneté en la *chambre*, dont il est concierge ; & en conséquence il a son logement dans l'intérieur de ses bâtimens, & la garde des clefs lui est confiée.

Il étoit autrefois payeur des gages, commis à la recette des menues nécessités, buvetier & relieur ; mais ces fonctions ont été depuis détachées de son office.

Celles qu'il exerce actuellement consistent à prendre garde si les officiers de semestre entrent en la *chambre*, afin de les piquer sur une feuille où tous les noms des officiers de service sont écrits ; il fait un relevé des absens, qu'il apporte au premier président lorsque le grand bureau a pris place : quand l'heure de la levée de la *chambre* est sonnée, il en avertit le bureau, & fait sonner la cloche de la *chambre*, lorsqu'il lui est commandé, pour avertir qu'on peut sortir.

Il doit avoir attention qu'il n'entre point d'autres personnes que les officiers de la *chambre*, les comptables avec leurs procureurs & leurs clercs, si ce n'est avec permission de la *chambre*.

Il doit, à la levée de la *chambre*, en hiver, faire éteindre tous les feux, pour éviter les accidens d'incendie.

Il jouit des mêmes privilèges que les officiers de la *chambre*, & de plusieurs droits, entre autres du droit de chambellage qui lui est dû à chaque foi & hommage que les vassaux du roi font en la *chambre*, & qui lui est taxé par celui de MM. les présidens qui reçoit l'hommage, eu égard à la dignité & valeur de la terre.

Sa robe de cérémonie est de taffetas ou moire noire, comme les auditeurs.

Substitut du procureur général de la chambre des comptes. Il fut créé un office de *substitut du procureur général en la chambre*, par édit de mai 1586, portant création des substituts des procureurs généraux des cours souveraines.

Mais en 1606, cet office fut réuni à ceux d'avocat général & procureur général en la *chambre des comptes*.

Par édit d'octobre 1640, il fut créé deux offices de *substitut du procureur général*, qui furent acquis par le procureur général, & réunis à son office.

Enfin, par édit de décembre 1690, il fut encore créé un pareil office de *substitut*, qui est celui qui existe aujourd'hui.

Cet officier fait les mêmes fonctions à la *chambre*, que les substituts des autres procureurs généraux font dans les autres cours.

Il assiste, en l'absence du procureur général, à l'apposition & levée des scellés des comptables, aux inventaires & ventes de leurs meubles & effets.

Il assiste pareillement aux descentes & commissions qui se font de l'autorité de la *chambre*.

C'est lui qui présente les *comptes* au bureau en l'absence du procureur général, & signe les conclusions des édits & déclarations après qu'elles ont été arrêtées par l'avocat général. Enfin, en l'absence du procureur général, les fonctions qu'il exerceroit sont remplies par son *substitut*, à l'exception de la présentation des édits & déclarations, qui est encore réservée à l'avocat général par le réglement du conseil du 10 juillet 1692.

Garde des livres. Par édit d'août 1520, le roi François premier créa & établit en la *chambre* un officier pour avoir la garde des *comptes*, registres, livres & papiers étant ès *chambres* des conseillers-auditeurs, & autres anciennes chambres, afin qu'ils ne fussent plus détournés de leurs fonctions, & qu'ils pussent plus aisément vaquer à l'exercice de leurs offices.

Jusqu'à cette époque les auditeurs avoient été chargés de la garde des *comptes* & acquits, & les greffiers, des autres registres & papiers de la *chambre :* aussi s'opposèrent-ils à la réception du premier pourvu de cet office, & il ne fut reçu qu'à la charge de ne faire d'autre fonction que celle de porter & rapporter les comptes devant les présidens & maîtres, quand besoin seroit.

Le roi Henri II créa un second office pareil par édit de février 1551 ; & celui qui en fut pourvu fut reçu à la même condition.

Ces deux offices subsistèrent jusqu'à l'édit d'août 1564, qui supprima l'office créé en 1551, & le réunit à l'ancien office.

Ces deux offices furent rétablis par édit de septembre 1571 : les officiers qui furent pourvus de ces offices furent chargés de la garde des *comptes* & acquits, par inventaires faits & dressés par des commissaires de la *chambre ;* ce qui a toujours été pratiqué depuis à la réception de leurs successeurs.

Ils furent supprimés par édits d'avril 1671, &

juin 1675; & il fut établi, au lieu de ces deux offices, un *garde des livres* par commission; ce qui a duré jusqu'à l'édit d'avril 1704, qui rétablit en titre d'office formé & héréditaire un *conseiller garde des livres de la chambre*, pour le pourvu de cet office faire les mêmes fonctions que celui qui en jouissoit par commission.

Cet officier est chargé lors de sa réception, par inventaire fait par les commissaires de la *chambre*, de tout ce qui est contenu dans ce dépôt, & il est garant & responsable de ce qui se trouveroit perdu ou adiré.

Le dépôt du *garde des livres* contient tous les originaux des *comptes* de toute nature, qui ont été jugés en la *chambre* depuis plus de 450 ans; ensemble tous les acquits & pièces justificatives rapportées pour le jugement de ces *comptes*, & toutes les pièces produites lors de leurs apuremens, avec les états du roi, & au vrai.

Ce dépôt est très-considérable par le nombre des volumes & la quantité de sacs d'acquits qu'il contient. Lorsque les *comptes* & acquits sont remis après leurs jugemens au dépôt du *garde des livres*, par les conseillers-auditeurs rapporteurs, il leur donne son certificat en ces termes : *HABUI les acquits & les premiers volumes.* A l'égard du dernier volume, le procureur général le retient pour faire transcrire l'état final sur un registre; ensuite son secrétaire le rend au *garde des livres*, qui s'en charge sur un registre du parquet à ce destiné.

Il est tenu en outre d'inscrire ensuite de son inventaire les *comptes* & acquits qui lui sont remis.

Quand quelques officiers de la *chambre* ont besoin de *comptes* étant au dépôt du *garde des livres*, il s'en charge sur un registre, en signant qu'ils ont reçu tel *compte* du *garde des livres*; & lorsqu'ils lui rapportent ce *compte*, il raie la signature de l'officier.

A la réception des correcteurs des *comptes*, il vient certifier au bureau que le prédécesseur du récipiendaire n'étoit chargé envers lui d'aucuns *comptes* ni acquits : il donne un certificat à la même fin pour la réception des conseillers-auditeurs.

Procureurs des comptes. On voit par les registres de la *chambre*, que, dès 1344, il y avoit dix *procureurs*; dont le nombre fut dans la suite augmenté jusqu'à vingt-neuf, qui n'étoient que postulans, tenant leur pouvoir de la chambre, qui en faisoit alors le choix, & les recevoit pour en exercer les fonctions.

Ils furent créés en titre d'office au nombre de 30, par deux différens édits de 1579 & 1620; mais ces créations n'eurent pas lieu, & furent révoquées par édit d'octobre 1640, qui leur permit d'exercer leurs fonctions comme auparavant, avec augmentation de leurs droits moyennant finance.

Enfin ils furent créés en titre d'office par édit de février 1668, & leur nombre fixé à 29, tels qu'ils étoient alors, & qu'ils sont encore actuellement, ayant réuni le 30e office créé par édit d'août 1705.

L'hérédité de ces offices leur fut accordée par déclaration du mois de mars 1672, puis révoquée & rétablie par édits d'août 1701, & décembre 1743.

Ils ont encore réuni à leurs charges les deux offices de *procureurs tiers référendaires taxateurs des dépens*, créés par édit de novembre 1689; les 40 offices d'écrivains des *comptes*, créés par édit d'août 1692; les deux offices de contrôleurs des dépens, créés par édit de mars 1694; celui de trésorier de leur bourse commune, créé par édit d'août 1696; & les deux offices de *procureurs-syndics*, créés avec le trentième office par édit d'août 1705. Ils jouissent de différens droits & privilèges, & entre autres de celui de ne point-déroger à la noblesse en exerçant leurs charges, suivant la déclaration du 6 septembre 1500; privilège fondé sur la nature de leurs fonctions, & sur l'obligation qu'ils contractent par leur serment, de veiller autant aux intérêts du roi qu'à ceux des comptables dont ils sont *procureurs*.

L'usage & la possession leur ont conservé, sans aucune contradiction, cette prérogative, en conséquence de laquelle on a vu & l'on voit encore des nobles de naissance posséder ces charges, & jouir des privilèges de la noblesse; d'autres pourvus de ces charges l'être en même temps d'offices de secrétaires du roi du grand collège. Ils font entre eux bourse commune de portion de leurs droits & vacations, dont le produit n'est pas saisissable, suivant différens arrêts & réglemens. Ils ont préférence à tous créanciers sur le prix des offices comptables vendus par décret, pour le paiement des frais de reddition & apurement des *comptes*. Enfin ils ont droit de *committimus*, dans lequel ils ont été maintenus & confirmés par lettres-patentes du mois d'août 1674, duement registrées, & jouissent d'un demi-minot de franc-salé, en vertu de la déclaration du 22 août 1705.

Leurs fonctions principales consistent à dresser & présenter à la *chambre* tous les *comptes* qui s'y rendent, & toutes les requêtes des parties tendantes à l'apurement & correction desdits *comptes*, vérification & enregistrement de lettres de toute nature, réceptions d'officiers, foi & hommages; enfin ils occupent généralement dans toutes les affaires & instances qui se traitent & instruisent en la *chambre*, où ils ont droit de plaider sur les oppositions & demandes susceptibles de l'audience.

Le réglement de cette cour du 21 mai 1670, fait défenses à toutes autres personnes, sous peine de 500 liv. d'amende, de faire aucune des fonctions qui appartiennent aux charges de *procureurs des comptes*. C'est dans le nombre des *procureurs* que la *chambre* choisit le contrôleur de la Sainte-Chapelle, qui est chargé d'expédier tous les mandemens & ordonnances pour le paiement des dépenses de cette église, de les contrôler, & de veiller, sous MM. les commissaires de la *chambre*, aux réparations & fournitures nécessaires pour l'entretien de ladite Sainte-Chapelle.

Suivant la déclaration du 2 mars 1602, ils peuvent amener à la *chambre* un ou deux clercs. Ces clercs ont entre eux une jurisdiction appellée *empire de Galilée*, semblable à la basoche, qui est celle des clercs des procureurs au parlement.

Huissiers de la chambre. Ils sont de fort ancienne institution, puisqu'on trouve dans les registres de la *chambre*, dès 1354, qu'ils avoient alors la qualité de messagers de la *chambre* & du trésor.

Ils étoient dix-huit en 1455; il en a été créé depuis, en différens temps, douze autres, de sorte qu'ils sont aujourd'hui au nombre de trente.

Leurs fonctions sont d'exécuter tous les commandemens de la *chambre*, tant dedans que dehors d'icelle, & particuliérement de saisir féodalement les vassaux du roi à la requête du procureur général du roi, & d'assigner tous les comptables, commissionnaires & fermiers du ressort de la *chambre*, afin de venir compter; de faire tous exploits & significations pour les parties, au procureur général, au contrôleur des restes, & autres, en exécution des arrêts de la *chambre*.

Ce sont eux qui sont chargés des contraintes du contrôleur des restes, & de les mettre à exécution, soit à Paris ou dans les provinces, où ils ne peuvent aller sans le congé & permission de la *chambre*.

Ils ont droit d'exploiter par tout le royaume, par édit de février 1551, & lettres-patentes du 11 novembre 1559.

Ils sont obligés de départir cinq d'entre eux, pour servir aux jours & heures d'entrée de la *chambre*, afin d'exécuter les ordres qui leur sont donnés, soit pour assembler les semestres, ou pour toute autre considération. (*A*)

CHAMBRES *des comptes établies dans les provinces.* Outre la *chambre des comptes* de Paris, dont nous venons de parler, il y en a eu plusieurs autres établies dans le royaume en différens temps. On compte avant 1566, celles de Dijon, de Grenoble, d'Aix, de Nantes, de Montpellier & de Blois.

Les quatre premières étoient des *chambres des comptes* établies par le duc de Bourgogne, le dauphin de Viennois, le comte de Provence, le duc de Bretagne. La *chambre des comptes* qui avoit été établie pour l'apanage des comtes de Blois, fut créée par François premier, en titre de *chambre des comptes*, par édit de 1525, qui détermina l'étendue de son ressort. Celle de Montpellier fut également établie par François premier, par édit du mois de mars 1522.

Elles furent toutes supprimées par l'ordonnance de Moulins, de février 1566, & la *chambre des comptes* de Paris demeura la seule *chambre des comptes* du royaume.

Par édit du mois d'août 1568, le roi Charles IX rétablit ces six *chambres des comptes*; savoir:

Dijon, dont le ressort comprend le duché de Bourgogne.

Grenoble, qui comprend le Dauphiné.

Aix, qui comprend la Provence, à laquelle est aussi unie la cour des aides.

Nantes, qui comprend le duché de Bretagne.

Montpellier, qui comprend le Languedoc; la cour des aides y a été unie.

Et Blois, dont le ressort est très-peu étendu. Cette dernière a été de nouveau supprimée par un édit du mois de juillet 1775. La jurisdiction qu'elle exerçoit a été attribuée à la *chambre des comptes* de Paris, relativement aux états des domaines & bois, & au compte des recettes & dépenses du comté de Blois. Quant aux autres objets dont elle connoissoit, qui sont de la compétence des bureaux des finances, ils doivent être portés, suivant la situation des lieux, aux bureaux des finances de Bourges, Orléans & Tours. Plusieurs édits ont créé des *chambres des comptes* à Rouen, Pau, Dôle & Metz.

La *chambre des comptes* de Rouen a été créée & établie par édit de juillet 1580: elle comprend le duché de Normandie, qui contient les généralités de Rouen, de Caen & Alençon; la cour des aides de Normandie y a été unie.

La *chambre des comptes* de Pau comprend le royaume de Navarre, & avoit été établie par les rois de Navarre. Celle de Nérac y fut réunie par édit d'avril 1624. Elle est aujourd'hui réunie au parlement de Pau, ainsi que la cour des aides.

La *chambre des comptes* de Dole comprend le comté de Bourgogne, autrement nommé la *Franche-Comté*, & avoit été établie par les anciens comtes de Bourgogne. Elle a été confirmée depuis la conquête, faite par Louis XIV, de cette province, par édit d'août 1692. La cour des aides y a été unie.

La *chambre des comptes* de Metz comprend les trois évêchés de Metz, Toul & Verdun. Elle est unie au parlement de Metz, ainsi que la cour des aides & la cour des monnoies.

Outre ces *chambres des comptes*, il y en eut d'autres établies en différens temps, soit par les reines pour les domaines à elles donnés pour leurs douaires, soit par des enfans de France pour leurs apanages: mais il n'y en a actuellement aucune, & la *chambre des comptes* de Paris connoît de l'apanage de M. le duc d'Orléans, qui est le seul ancien apanage qui subsiste aujourd'hui.

Outre ces *chambres des comptes*, il y en a encore deux autres en Lorraine & à Bar, qui subsistent aujourd'hui de la même manière qu'elles existoient lorsque ces provinces formoient une souveraineté particulière.

La *chambre des comptes* de Lorraine est en même temps cour des aides & cour des monnoies. Les offices de cette compagnie ne sont pas à finance: le roi les donne gratuitement aux sujets qu'il juge propres à les remplir. Le marc d'or auquel ils sont assujettis, a été fixé par un arrêt du conseil du 14 mars 1773.

La jurisdiction de cette *chambre* s'étend sur toute la Lorraine, & sur le Barrois non mouvant, à l'exception de la connoissance des surtaux & de la comptabilité des receveurs des finances de cette partie du Barrois. C'est le plus ancien tribunal de la province.

Comme *chambre des comptes*, elle a seule l'audition, l'examen, la clôture & l'apurement des *comptes* de tous les officiers comptables du roi, de son ressort; la connoissance des malversations & concussions qu'ils commettent dans l'exercice de leurs charges; la poursuite tant au civil qu'au criminel, lorsque le cas le requiert, contre les fermiers des fermes & domaines du roi; la discussion des offices, dont les titulaires sont redevables au roi.

Elle doit vérifier les dons, charges & pensions mis sur les biens & revenus du roi dans la province. Elle a l'administration des biens vacans par deshérence, aubaine, bâtardise, confiscation, réunis au domaine par les justices ordinaires. Elle connoît des difficultés qui naissent sur le droit du sceau des contrats, & des abus & malversations des notaires & tabellions à cet égard. Les lettres de noblesse s'entérinent devant elle, & s'enregistrent au parlement.

Elle connoît de tous les domaines & droits domaniaux qui ne sont ni aliénés, ni engagés; elle connoît même de la mauvaise administration des engagistes ou détenteurs, lorsque le procureur général est seule partie. Elle reçoit les foi & hommages, les aveux & dénombremens des vassaux de la Lorraine; elle juge les blâmes & les oppositions que le procureur général forme pour l'intérêt du roi. A l'égard des autres oppositions, elles se portent dans les justices ordinaires, sauf l'appel au parlement.

Les détenteurs des biens domaniaux sont tenus d'y donner leur reconnoissance, avec déclaration exacte de la nature, mouvance, quantité & qualité de ces biens. Cette déclaration doit être renouvellée à toute espèce de mutation du détenteur, à peine de réunion de plein droit à la couronne des biens & droits domaniaux.

Deux arrêts du conseil des années 1753 & 1770, confirmés par des lettres-patentes du mois de mars 1771, avoient défendu à la *chambre des comptes* de Lorraine, d'accorder aucun arrêt de mutation dans le cas de subrogation des censitaires du domaine, à l'exception néanmoins des terreins propres à bâtir, situés dans la ville & finage de Nanci. Mais de nouvelles lettres-patentes du 17 mars 1776, l'ont autorisé à passer des contrats de subrogation, sans arrêt préalable du conseil, pour les objets domaniaux accensés, qui n'excèdent pas cent livres de revenu annuel; & quand la redevance n'est que de trois livres, & au-dessous, les acquéreurs ou détenteurs sont dispensés de prendre arrêt de subrogation, pourvu qu'ils fassent viser & enregistrer leurs titres au greffe de la *chambre*.

Cette *chambre*, comme *cour des aides*, a la répartition de toutes les impositions ordinaires & extraordinaires sur les villes, bourgs & villages de la province. Elle connoît en conséquence des plaintes en surtaux, formées par les particuliers contre les asséeurs & autres officiers des communautés, des franchises accordées aux employés des fermes & régies du roi.

Les droits ou impôts levés en Lorraine, tels que le haut conduit, les entrées foraines, la vente du sel & du tabac, le droit de contrôle, de papier timbré, les présentations, la marque des cuirs & des fers, la ferme des postes, l'administration & l'exploitation des salines, sont de sa compétence: sa jurisdiction s'étend encore sur les coches & messageries royales.

La *chambre des comptes* de Lorraine est encore la cour des monnoies de cette province. On lui adresse les ordonnances sur le décri des anciennes monnoies. Quoiqu'il n'y ait plus d'hôtels des monnoies sous son ressort, elle connoît, à l'exclusion de tous autres juges, de la fabrication des monnoies, de l'exploitation des mines, du billonnage, de l'enlévement des espèces & matières d'or & d'argent: mais elle n'a que, par prévention avec les juges des bailliages, la connoissance du crime de fabrication & exposition de la fausse monnoie, & de l'altération de la véritable. Les appels des bailliages, dans ces sortes de crimes, se portent au parlement.

On peut encore regarder la *chambre des comptes* de Lorraine comme cour souveraine en matière d'eaux & forêts. Elle connoît par appel des maîtrises, des abus, délits, malversations & dégradations commis dans les forêts, bois, buissons & garennes du roi; des actions procédant du fait de la pêche dans les ruisseaux, rivières ou étangs appartenant au roi; de leurs curement & réparations; des engins & instrumens servant à la pêche; du flottage des bois, & généralement de tout ce qui concerne les eaux & forêts.

Sa jurisdiction à cet égard s'étend également sur les bois des communautés des paroisses, situées dans l'étendue des hautes-justices du domaine. Mais les rapports des forestiers des seigneurs, les questions de la propriété du roi, traitées incidemment, sont de la compétence des juges seigneuriaux, sauf l'appel aux bailliages, & de-là au parlement.

Il est nécessaire d'observer que, quoique la *chambre des comptes* de Lorraine exerce sa jurisdiction domaniale sur le Barrois non-mouvant, il y a néanmoins quelques objets qui sont du ressort de la *chambre des comptes* de Bar, & dans la connoissance desquels elle a été confirmée par un édit du mois de novembre 1728. Il est difficile d'en déterminer les espèces; la possession est le seul principe que l'on suit à cet égard, & il faut consulter l'usage.

La *chambre des comptes* de Bar prend en même temps le titre de *chambre* du conseil des *comptes* & domaines, cour des aides & monnoies de Bar. Celle de Lorraine, qui jouit, dans le Barrois non-mouvant, de la connoissance des droits domaniaux, proteste contre ces dernières qualités.

La *chambre* de Bar paroît être aussi ancienne que l'établissement du duché de Bar. On trouve une ordonnance du duc Robert, de 1573, par laquelle il établit trois espèces d'inquisiteurs, avec le titre de réformateurs, pour veiller au rétablissement des finances & au recouvrement des domaines usurpés pendant les guerres.

Charles IV, duc de Lorraine & de Bar, rétabli dans ses états, ordonna, par édit du 26 mars 1661, que les *comptes* des receveurs du Barrois non-mouvant & du duché de Bar, seroient examinés, clos & arrêtés par la *chambre* résidente à Bar, avec même pouvoir & autorité que la *chambre des comptes* de Lorraine.

Ce tribunal a été conservé lors de la réunion de cette province à la couronne. Les offices ne sont pas à finance; le roi y nomme gratuitement, & il en a fixé le marc d'or par un arrêt du 13 août 1773. La jurisdiction de cette *chambre* est la même que celle de la *chambre des comptes* de Lorraine.

CHAMBRE DES COMPTES *de la généralité des Provinces-Unies*. Elle fut établie en 1607, du consentement des sept provinces, pour soulager le conseil d'état dans la direction des finances. Sa commission fut revue & confirmée en 1622, & fort étendue par l'assemblée des états-généraux en 1651. Elle est composée de deux députés de chaque province, qui changent ordinairement de trois ans en trois ans, suivant le bon plaisir des provinces. Ses fonctions consistent à examiner & à arrêter les *comptes* du receveur général, des autres receveurs de la généralité, & de tous les comptables, comme aussi ceux de tous les ministres de leurs hautes puissances dans les pays étrangers, des commis des magasins dans les places de guerre.

Elle examine & arrête aussi les *comptes* de tous les colléges de l'amirauté, enregistre toutes les ordonnances du conseil d'état sur le receveur général, & autres, aussi-bien que tous les actes de requisition de ce conseil aux provinces particulières. Lorsque le receveur général, par ordre du conseil, assigne certains paiemens sur les provinces, elles en rapportent les *comptes* à cette *chambre*, afin d'en être déchargées sur la répartition générale.

On donne aux députés de cette *chambre* le titre de *nobles & puissans seigneurs*. Ils ont sous eux deux secrétaires, un commis, quelques écrivains, & deux huissiers qu'on nomme *gardes de la chambre des comptes*: ils s'assemblent dans une salle située dans l'enceinte de la cour.

* CHAMBRE DU CONSEIL *lès la chambre des comptes*. C'est une *chambre* particulière dans l'enceinte de la *chambre* des comptes de Paris, qui est commune à la *chambre* des comptes & aux autres commissaires que le roi y députe dans des cas particuliers, où il y a toujours des officiers de la *chambre*.

Les registres de ses jugemens commencent au 15 mars 1461; ce qui donne lieu de croire qu'elle a été établie en exécution d'un édit de Charles VII, du mois de décembre 1460, qui la déclare souveraine; mais veut néanmoins qu'en cas de plainte d'aucuns d'iceux, on prenne trois ou quatre du parlement, ou plus, si le cas le requiert, pour, avec les gens des comptes, y pourvoir. Cette *chambre* a été confirmée par des lettres de Louis XI, du 23 novembre 1461.

Elle sert à juger les revisions, qui sont une espèce de requête civile, & les autres affaires que le roi y renvoie. On y tient aussi les *chambres de justice*, & on y juge les procès criminels par commissaires du parlement & de la *chambre*, dans le cas de l'ordonnance de 1566.

CHAMBRE DU CONSEIL. C'est, dans les différens tribunaux, le lieu où l'on délibère des affaires de la compagnie, & où l'on rapporte les instances & procès par écrit. Elle est ordinairement derrière la *chambre* de l'audience. Il y a des tribunaux qui n'ont point de *chambre* particulière pour le conseil. On y délibère & on y rapporte dans la *chambre* d'audience, mais à huis clos. Quelquefois par les termes de *chambre du conseil*, on entend ceux qui composent l'assemblée.

Dans quelques tribunaux, une partie des juges est distribuée pour faire le service de la *chambre du conseil*; & cette division s'appelle *la chambre du conseil*.

François I, par un édit du mois de juin 1544, établit une *chambre du conseil* au parlement de Paris, pour juger les appellations verbales appointées au conseil. Les conseillers de la *grand'chambre* devoient être divisés en trois colonnes; une pour servir à la *chambre du plaidoyer*, une à la tournelle, & l'autre à la *chambre du conseil*. Cette distinction de la *chambre du conseil* ne subsiste plus.

Par édit du mois de mars 1477, il avoit été aussi établi une *chambre du conseil* au parlement de Dijon.

Au châtelet de Paris, le service des conseillers est partagé en quatre *chambres* différentes; savoir, le criminel, ou la *chambre criminelle*, le parc civil, le présidial, & la *chambre du conseil*. C'est dans cette *chambre* du conseil que l'on rapporte toutes les affaires appointées. Les conseillers qui sont de cette *chambre* ne font point d'autre service pendant ce temps; mais ils n'y restent qu'un mois, après lequel ils passent successivement au service de la chambre criminelle, du parc civil, & du présidial. Cette distribution des conseillers du châtelet, en quatre services, s'appelle *colonne*. *Voyez* CHATELET.

CHAMBRE DES CONSEILLERS GÉNÉRAUX *sur le*

fait des aides : c'étoit la jurisdiction des généraux des aides. Elle est ainsi nommée dans une ordonnance de Charles V, du 6 décembre 1373, *art.* 2. *Voyez* COUR DES AIDES, GÉNÉRAUX DES AIDES.

CHAMBRE DES CONSULTATIONS, c'est, au palais, le lieu où les avocats donnent des consultations verbales ou par écrit. Ceux qui viennent pour y consulter, peuvent appeller à cet effet un ou plusieurs avocats : & comme il se fait souvent, dans le même temps, plusieurs consultations, il y a aussi, pour la facilité de l'expédition, plusieurs *chambres des consultations.*

On choisit communément les avocats qu'on veut consulter, au pilier des consultations où il se fait aussi quelquefois des consultations verbales.

Le bâtonnier, les anciens bâtonniers & les anciens avocats s'assemblent aussi en la principale *chambre des consultations* pour délibérer entre eux des affaires de l'ordre.

Les avocats des autres parlemens ont aussi leurs *chambres des consultations.*

CHAMBRE DE LA CORRECTION. *Voyez* CHAMBRE DES COMPTES, CORRECTEUR.

CHAMBRE DE LA COURONNE DE FRANCE, c'étoit anciennement une *chambre du trésor* ou *du domaine :* une ville étoit appellée *chambre du roi* pour dire qu'elle étoit de son domaine. La Rochelle est qualifiée de *chambre spéciale de la couronne de France, specialem cameram coronæ Franciæ*, dans des privilèges accordés à cette ville par Charles V, le 8 janvier 1372. Il y avoit plusieurs de ces *chambres du domaine :* elles sont aussi appellées, tantôt *chambre du roi*, tantôt *chambre royale.* Orléans étoit anciennement la *chambre* spéciale & élue des rois de France, suivant les lettres-patentes de Charles V, du mois de septembre 1375. Saint-Antonin, en Languedoc, est aussi appellé *notable chambre du roi*, dans des lettres de 1370. *Voyez* DOMAINE.

CHAMBRE COYE. C'est une expression de la coutume de Bretagne pour signifier un puiset à latrines, une fosse propre à recevoir des immondices. Cette coutume, *art. 175*, défend de faire sur l'héritage de son voisin *chambre coye* ou autre vilaine chose, sous peine d'amende à justice & de réparation du dommage.

CHAMBRE CRIMINELLE *du parlement* ou *de la tournelle criminelle*, *voyez* TOURNELLE CRIMINELLE, PARLEMENT.

Il y a eu aussi au parlement de Rouen une *chambre criminelle*, créée par François premier, le 14 avril 1545, pour juger les affaires concernant les hérésies de Luther & de Calvin, qui commençoient à se répandre. Cette *chambre* étoit différente de celle de la tournelle du même parlement, qui est destinée à connoître des matières criminelles en général, comme celles des autres parlemens. Il y a apparence qu'elle fut supprimée, lorsqu'on établit à Rouen une *chambre de l'édit*, en 1599. *Voyez* CHAMBRE DE L'ÉDIT.

CHAMBRE CRIMINELLE *du châtelet de Paris*, est celle où se jugent les affaires criminelles. Le lieutenant criminel y préside. Il juge, seul avec un des avocats du roi, les matières de petit-criminel, où il ne s'agit que d'injures, rixes & autres matières légères qui ne méritent point d'instruction. A l'égard des procès du grand-criminel, il les juge, assisté des conseillers du châtelet qui sont de la colonne du criminel, c'est-à-dire, qui sont de service au criminel : ce qu'ils font quatre mois de l'année, un mois dans chaque trimestre, étant distribués pour le service en quatre colonnes qui changent tous les mois, comme il a été dit ci-devant *au mot* CHAMBRE CIVILE. *Voyez* CHATELET & LIEUTENANT-CRIMINEL. (*A*)

CHAMBRE DES DÉCIMES, *voyez* DÉCIMES & BUREAUX DES DÉCIMES.

CHAMBRE AUX DENIERS, (*Histoire moderne.*) est la *chambre* où se règlent & se paient toutes les dépenses de bouche de la maison du roi. Elle a trois trésoriers, & chacun d'eux a soin, dans son année d'exercice, de solliciter les fonds pour la dépense de la maison du roi, & de payer les officiers chargés de cette dépense. Ils ont sous eux deux contrôleurs pour viser les ordonnances de paiement ; & ces trésoriers sont subordonnés au grand-maître de France. (*a*)

CHAMBRE DIOCÉSAINE DU CLERGÉ, est la même que la *chambre des décimes.* On l'appelle aussi *bureau diocésain du clergé. Voyez* DÉCIMES & BUREAU DES DÉCIMES.

CHAMBRE DU DOMAINE, *voyez* DOMAINE.

CHAMBRE DORÉE *du palais* ou *grand'chambre du parlement :* on l'appelloit alors *la chambre dorée*, à cause de son plafond fait du temps de Louis XII, qui est doré d'or de ducat. Guillaume Poyet, chancelier de France, fut condamné par arrêt de la cour du parlement de Paris, du 23 avril 1545, en la *chambre dorée du palais. Voyez* GRAND'CHAMBRE.

CHAMBRE ECCLÉSIASTIQUE, *voyez* DÉCIMES.

CHAMBRE DE L'ÉDIT. On a ainsi appellé les *chambres* que le roi avoit établies dans quelques parlemens pour connoître & juger en dernier ressort des causes & affaires des protestans, à l'exception des appellations comme d'abus.

Les *chambres de l'édit* faisoient partie des parlemens où elles étoient établies, & elles furent substituées aux *chambres* mi-parties dans ceux de Paris & de Rouen, par édits des mois d'avril 1598 & août 1599 : &, dans chacune, il y avoit un conseiller de la religion prétendue réformée.

La *chambre de l'édit* du parlement de Paris connoissoit des causes & procès, tant des protestans de son ressort, que des différends & contestations de ceux qui étoient domiciliés dans le ressort du parlement de Rennes : & ceux du ressort du parlement de Bourgogne avoient le droit de plaider à la *chambre de l'édit* du parlement de Paris, ou à celle du parlement de Grenoble.

Les *chambres de l'édit*, établies à Paris & à Rouen, furent supprimées par un édit du mois de janvier

1660, regiſtré au parlement de Paris le 4 février ſuivant : & on renvoya les affaires qui y étoient pendantes : ſavoir les appellations verbales & demandes civiles à la grand'*chambre*, & les affaires criminelles à la tournelle, les inſtances & procès aux enquêtes.

Cet édit permettoit aux proteſtans, lors du jugement de leurs affaires à la grand'*chambre*, de récuſer deux conſeillers clercs, ſans autre expreſſion de cauſe que celle de la religion prétendue réformée; mais cette faculté ne ſubſiſte plus, parce que tous les François ſont préſumés catholiques romains, au moyen de ce que l'exercice public de la religion proteſtante en France a été défendue par un autre édit du mois d'octobre 1685. *Voyez* CHAMBRE MI-PARTIE.

CHAMBRE ÉLUE DU ROI, *voyez* CHAMBRE DE LA COURONNE.

CHAMBRE DES ÉLUS GÉNÉRAUX DES ÉTATS DE BOURGOGNE, *voyez* ÉTATS DE BOURGOGNE.

CHAMBRE DES ENQUÊTES, *voyez* ENQUÊTES. (*A*)

CHAMBRE DE L'ÉTOILE, ou *camera ſtellata*, (*Hiſt. d'Angl.*) elle tiroit ce nom de ce que le plafond en étoit autrefois parſemé d'étoiles. Elle eſt fort ancienne; mais ſon autorité avoit été ſur-tout fort augmentée par les rois Henri VII & Henri VIII, leſquels ordonnèrent, par deux ſtatuts différens, que le chancelier, aſſiſté des perſonnes y dénommées, pourroit y recevoir des plaintes ou accuſations contre les perſonnes qu'on auroit gagnées pour commettre des crimes, corrompre des juges, maltraiter des ſergens, & autres fautes ſemblables qui, par rapport à l'autorité & au pouvoir de ceux qui les commettent, n'en méritent que plus d'attention, & que des juges inférieurs n'auroient point oſé punir, quoique le châtiment en ſoit très-important pour l'exécution des jugemens.

Cette *chambre de l'étoile* ne ſubſiſte plus : ſa juriſdiction & tout le pouvoir & l'autorité qui lui appartenoient, ont été abolis, le premier d'août 1641, par le *ſtatut 17, car. 1, chamb.*

CHAMBRE ÉTOFFÉE, (*terme de Coutume.*) c'eſt l'expreſſion dont on ſe ſert dans pluſieurs endroits des Pays-Bas pour déſigner les meubles qu'un contrat de mariage ou la coutume du lieu attribue à une femme après la mort de ſon mari. Il y a à la ſuite de la coutume de Douai des réglemens qui détaillent ſcrupuleuſement les meubles, vaiſſelle & linges qui doivent compoſer la *chambre étoffée* des veuves de chaque état : car il eſt néceſſaire d'obſerver que la *chambre étoffée* eſt plus ou moins garnie, ſuivant la qualité des perſonnes.

On dit, dans le même ſens, *chambre garnie*, *chambre tapiſſée* pour exprimer le don de noces & de ſurvie, qu'on ſtipule par contrat de mariage en faveur de la femme ſurvivante, & qui conſiſte dans une certaine quantité de meubles qu'elle a droit de prélever.

Ces ſortes de ſtipulations ſont ordinaires en Provence, en Dauphiné & en Breſſe. On peut les faire par-tout, parce que les contrats de mariage ſont ſuſceptibles de toute eſpèce de clauſes, pourvu qu'elles ne ſoient pas contre les bonnes mœurs, ou prohibées par quelque loi expreſſe.

La ſtipulation des *chambres étoffées* paroît fort ancienne : elle ſe pratiquoit même parmi les grands. On trouve, dans le contrat de mariage de Louis II, roi de Sicile, avec Iolande, fille de Jean, roi d'Aragon, de l'an 1399, une clauſe portant que *ladite Iolande auroit ſa chambre.*

CHAMBRE DES FINANCES *des Provinces-Unies de la Hollande.* Cette *chambre*, ſubordonnée au conſeil d'état & à celle des comptes dont nous avons parlé plus haut, a été établie pour régler les comptes qui regardent les frais des armées, des hauts & bas-officiers, de l'artillerie, des bateaux, des charriots, des chevaux, des munitions, des vivres, & généralement de tout ce qui ſert à l'entretien & à la ſubſiſtance des troupes.

Elle eſt compoſée de quatre membres nommés par les états généraux. Ils ont ſous eux un clerc ou écrivain avec un garde de la *chambre.* Elle eſt ſituée, ainſi que la *chambre* des comptes, dans l'enceinte de la cour.

CHAMBRE DE FRANCE, eſt l'une des ſix diviſions que l'on fait des auditeurs de la *chambre des comptes* de Paris, pour leur diſtribuer les comptes. De cette *chambre*, dépendent les comptes de cinq généralités; ſavoir, Paris, Soiſſons, Orléans, Moulins & Bourges. *Voyez ci-devant* CHAMBRE D'ANJOU & CHAMBRE DES COMPTES.

CHAMBRE DES FRANCS-FIEFS, *voyez* FRANCS-FIEFS.

CHAMBRE DES FIEFS *à la chambre des comptes de Paris*, c'eſt le lieu où l'on conſerve le dépôt des foi & hommages, aveux & dénombremens rendus au roi. Ce ſont des auditeurs des comptes, qui en délivrent des copies collationnées en vertu d'arrêt de la *chambre des comptes.*

CHAMBRE GARNIE, (*Police.*) eſt celle que l'hôte loue toute meublée. Ce ſont ordinairement des perſonnes de province ou des étrangers qui ſe logent en *chambre garnie* : on leur loue tant par mois. Outre les meubles dont la *chambre* eſt garnie, on leur fournit auſſi les uſtenſiles néceſſaires pour leur uſage : ce qui eſt plus ou moins étendu, ſelon les conventions. Il y a des *hôtels garnis & chambres garnies* où on nourrit les hôtes; d'autres où on ne leur fournit que le logement & quelques uſtenſiles.

Les *chambres garnies* tirent leur première origine des hôtelleries. *Voyez* HÔTELLERIE.

La police a toujours eu une attention particulière ſur ceux qui louent des *chambres garnies*, & ſur ceux qui les occupent.

Auguſte créa un officier appellé *magiſter cenſus*, dont la fonction étoit de faire, ſous les ordres du premier magiſtrat de police, la deſcription du peuple romain & de ſes revenus : il étoit auſſi chargé de tenir un regiſtre de tous les étrangers qui arrivoient à à Rome, de leurs noms, qualités & pays, du sujet de leurs voyages : &, lorsqu'ils y vouloient demeurer oisifs après la fin de leurs affaires, il les obligeoit de sortir de Rome, & les renvoyoit en leur pays.

En France, on est très-attentif sur la police des *chambres garnies*.

Suivant un réglement de police du châtelet de Paris, du 30 mars 1635, il est défendu aux taverniers, cabaretiers, loueurs de *chambres garnies* & autres, de loger & de recevoir de jour ni de nuit aucunes personnes suspectes ni de mauvaises mœurs, de leur administrer aucuns vivres ni alimens.

Le même réglement enjoint à cette fin à toutes personnes qui s'entremettent de louer & relouer, soit en hôtellerie ou *chambre garnie*, au mois, à la semaine ou à la journée, de s'enquérir de ceux qui logeront chez eux, de leurs noms, surnoms, qualités, conditions & demeure; du nombre de leurs serviteurs & chevaux; du sujet de leur arrivée; du temps qu'ils doivent séjourner; en faire registre, le porter le même jour au commissaire de leur quartier, lui en laisser autant par écrit; &, s'il y a aucuns de leurs hôtes soupçonnés de mauvaise vie, en donner avis audit commissaire, & donner caution de leur fidélité au greffe de la police; le tout à peine de quarante-huit livres parisis d'amende.

Suivant les derniers réglemens, ceux qui tiennent *chambres garnies*, doivent avoir un registre paraphé du commissaire du quartier pour y inscrire ceux qui arrivent chez eux; en faire, dans le jour, leur déclaration au commissaire, & en outre lui représenter, tous les mois, leur registre pour être visé; &, lorsqu'ils cessent de louer en *chambres garnies*, ils doivent en faire leur déclaration à ce même commissaire qui en fait mention sur leur registre.

En temps de guerre, on renouvelle les réglemens; l'on redouble les précautions pour la police des auberges & *chambres garnies*, à cause des gens suspects qui pourroient s'y introduire.

Par arrêt de réglement du 7 septembre 1773, il a été enjoint aux aubergistes de veiller à ce que les clefs des *chambres*, qu'ils donnent aux personnes qui logent chez eux, ne puissent ouvrir les serrures des autres *chambres*, à peine de répondre, en leur propre & privé nom, des effets de ces personnes sur leur déclaration.

CHAMBRE (*grand'*) ou *chambre du plaidoyer*, c'est la première & la principale *chambre* de chaque parlement; c'est le lieu où toute la compagnie se rassemble, où le roi tient son lit de justice. On y fait les enregistremens, on y plaide les appellations verbales, les appels comme d'abus, les requêtes civiles & autres causes majeures, cette *chambre* étant destinée principalement pour les audiences.

Quelquefois, par le terme de *grand'chambre*, on entend les magistrats qui y tiennent leurs séances.

La *grand'chambre* du parlement de Paris, qui est la plus ancienne de toutes, & dont les autres ont emprunté leur dénomination, a été ainsi appellée *grand'chambre*, par contraction de *grande chambre*, parce qu'en effet c'est une *chambre* fort vaste : elle fut aussi nommée *la grand'voûte*, parce qu'elle est voûtée dessus & dessous, & que la voûte supérieure a beaucoup de portée : elle est aussi appellée quelquefois *la chambre dorée*, à cause de son ancien plafond qui est doré. *Voyez* CHAMBRE DORÉE.

Elle étoit d'abord nommée *la chambre des plaids*, *camera placitorum*, suivant une ordonnance de 1291; on ne lui donnoit point encore le surnom de *grand'chambre*, quoiqu'il y eût dès-lors une ou deux *chambres* des enquêtes. On l'appelloit aussi quelquefois *le parlement* simplement, comme étant le lieu d'assemblée de ceux qui composoient principalement le parlement. C'est ainsi que s'explique une ordonnance du 23 mars 1302, par laquelle, attendu qu'il se présentoit au parlement de grandes causes & entre de notables personnes, on ordonna qu'il y auroit toujours au parlement deux prélats & deux laïcs du conseil.

Pasquier, *liv. II*, *chap. 3*, rapporte aussi une ordonnance ou réglement de 1304 ou 1305, qui fixe le nombre de ceux qui devoient composer le parlement, & ceux qui devoient être aux enquêtes; savoir, au parlement deux prélats, treize clercs & treize laïcs.

Une autre ordonnance de Philippe V dit *le Long*, du 17 novembre 1318, fait connoître que le roi venoit souvent au parlement, c'est-à-dire, en la *grand'chambre* pour ouir les causes qu'il s'étoit réservées. Ces causes étoient publiées d'avance : &, pendant qu'on les plaidoit, toutes les autres affaires demeuroient en suspens. On y faisoit aussi des réglemens généraux en présence du roi, & ces réglemens étoient de véritables ordonnances.

Philippe V ordonna aussi en 1319, qu'il n'y auroit plus de prélats députés en parlement, c'est-à-dire, en la *grand'chambre*; mais qu'il y auroit un baron ou deux, outre le chancelier & l'abbé de S. Denis, & qu'il y auroit huit clercs & douze laïcs.

La première fois qu'il est parlé de la *grand'chambre*, est dans une ordonnance de Philippe VI, en 1342.

Dans une autre ordonnance du même roi, du 11 mars 1344, on trouve un état de ceux qui étoient nommés pour tenir la *grand'chambre*; savoir, trois présidens, quinze clercs & quinze laïcs; & l'on y remarque une distinction entre les conseillers de la *grand'chambre* & ceux des enquêtes & des requêtes : c'est que, quand les premiers étoient envoyés en commission, on leur passoit, en taxe pour leur voyage, six chevaux; au lieu que les autres n'en pouvoient avoir que quatre.

La *grand'chambre* est nommée simplement *camera parlamenti* à la fin d'une ordonnance de 1340, enregistrée le 17 mai 1345; & l'on voit qu'elle étoit composée de trente-quatre clercs, dont étoient deux évêques & vingt-quatre laïcs : elle est encore nommée de même dans les ordonnances de 1363 & de 1370.

Il y avoit, en 1359, quatre présidens; mais il fut arrêté que la première place vacante ne seroit point remplie; qu'il n'y auroit à l'avenir en la *grand'chambre*, que quinze conseillers clercs & quinze laïcs, sans compter les prélats, princes & barons dont il y auroit tel nombre qu'il plairoit au roi, parce que ceux-ci n'avoient point de gages.

Charles V, en 1364, nomma, pour la *chambre du parlement*, quatre présidens, quinze conseillers clercs, treize conseillers laïcs.

Les ordonnances lues & publiées en la *grand'-chambre* étoient ensuite publiées à la porte du parlement, c'est-à-dire, de la *grand'chambre*.

Charles VII, en 1453, ordonna que la *grand'-chambre* seroit composée de quinze conseillers clercs & quinze laïcs, outre les présidens qui étoient toujours au nombre de quatre.

Présentement la *grand'chambre* est composée du premier président & de quatre présidens au mortier, de douze conseillers clercs qui se mettent du même côté, c'est-à-dire, sur le banc à gauche du premier président : sur le banc à droite, sont les princes du sang, les six pairs ecclésiastiques, les pairs laïcs, les conseillers d'honneur, les maîtres des requêtes qui ne peuvent y entrer qu'au nombre de quatre; le doyen des conseillers laïcs, les présidens honoraires des enquêtes & requêtes, & le reste des conseillers laïcs qui sont au nombre de vingt-un.

Les trois avocats généraux assistent aux grandes audiences, & M. le procureur général y vient aussi quelquefois, lorsqu'il le juge à propos.

La *grand'chambre* du parlement de Paris connoît seule, dans tout le royaume, des causes des pairs & des matières de régale.

On donne, dans cette *chambre*, deux audiences le matin : la première que l'on appelle *la petite audience*, parce qu'elle est moins solemnelle : la cour s'y tient sur les bas siéges, & l'on n'y plaide que les affaires les plus sommaires; la seconde, qu'on appelle *la grande audience*, où l'on plaide, les lundis & les mardis, les causes des rôles des provinces du ressort : MM. les présidens y sont en robes rouges, de même qu'à la grande audience du jeudi, où l'on plaide d'autres causes de toutes sortes de provinces du ressort du parlement : les autres jours, on expédie, à la seconde audience, de moindres affaires; les mercredi & samedi, on plaide les réglemens de juges, appels de sentence de police, *&c.*

Les mardi & vendredi, il y a audience de relevée en la *grand'chambre* : c'est le plus ancien des présidens au mortier qui y préside.

CHAMBRE-HAUTE *du parlement d'Angleterre*, c'est la première des deux *chambres* qui composent ce parlement. On l'appelle aussi *chambre des pairs* ou *des seigneurs*. Quelquefois, par le terme de *chambre-haute*, on entend la *chambre* même ou salle en laquelle les seigneurs s'assemblent dans les palais de Westminster : mais, par ce terme de *chambre-haute*, on entend plus communément ceux qui composent l'assemblée qui se tient dans cette *chambre*.

On a donné à cette assemblée le nom de *chambre-haute*, parce qu'elle est composée de la haute noblesse, c'est-à-dire, des pairs du royaume, qui sont considérés comme les conseillers-nés héréditaires du roi dans le parlement. Les historiens d'Angleterre, en parlant du haut clergé & de la haute noblesse, font remonter l'origine du parlement jusqu'aux premiers successeurs de Guillaume-le-Conquérant : mais le nom de *parlement* ne commença à être usité à Oxford, qu'en 1248 : & ce n'est qu'en 1264, qu'il est fait mention, pour la première fois, des communes; de sorte que l'on peut aussi rapporter à cette dernière époque la distinction de la *chambre-haute* & de la *chambre-basse*. L'assemblée des pairs ou seigneurs, composée du haut clergé & de la haute noblesse, fut appellée *la chambre-haute* pour la distinguer de l'assemblée des communes ou députés des provinces & villes, que l'on appella *chambre-basse*, comme étant d'un rang inférieur à celui de la *chambre-haute* : celle-ci est la première par son rang, & l'autre par son crédit.

La *chambre-haute* est composée des deux archevêques & des évêques de la Grande-Bretagne, au nombre de vingt-six, de la haute noblesse qui consiste dans les ducs, marquis, comtes, vicomtes & barons. Ceux qui sont revêtus de ces titres, ont un droit naturel pour siéger à la *chambre-haute*, dont ils ne peuvent décheoir que par jugement pour crime ou par non-conformité.

Depuis la réunion de l'Ecosse à l'Angleterre, la *chambre-haute* est augmentée de seize pairs qui représentent toute la haute noblesse de l'Ecosse.

Il n'est pas possible de fixer le nombre des pairs séculiers qui ont entrée dans la *chambre-haute* : il est arbitraire & dépendant du roi. Sous Guillaume III, en 1689, il montoit à 190 personnes.

La *chambre-haute* est composée des deux archevêques, des évêques de la Grande-Bretagne, & des ducs, comtes, vicomtes & barons du royaume, qui ont atteint l'âge de vingt-un ans, qui professent la religion de l'état, & qui ne sont reconnus, ni pour insensés, ni pour flétris.

Elle eut seule le pouvoir législatif jusqu'au régne d'Edouard IV, en 1461, sous lequel la *chambre-basse* commença à jouir de la même autorité.

Le parlement obtint, sous Charles premier, de ne pouvoir être cassé que du consentement des deux *chambres*.

L'usurpateur Cromwel, voyant que sa conduite étoit odieuse à la *chambre-haute*, la supprima, & déclara que le pouvoir législatif appartenoit tout en entier à la *chambre* des communes; mais Charles II rétablit la *chambre-haute*.

La personne des pairs est réputée sacrée, & ils ne peuvent être arrêtés que pour crime. Les membres de la *chambre-basse* ou des communes ont le même privilège pendant la durée du parlement.

La *chambre-haute* est la cour suprême de judicature,

& juge en dernier ressort de toutes les causes qui sont portées devant elle par appel. C'est par cette raison qu'on y admet des jurisconsultes. Mais ils n'y ont que la voix consultative. Ils ne doivent pas s'asseoir, lorsque le roi est présent, sans sa permission; ils le peuvent, lorsqu'il n'y est pas : mais ils ne doivent se couvrir qu'après que l'orateur de la *chambre*, qui est toujours le chancelier ou le garde du grand sceau, en a annoncé la permission de la part des seigneurs.

Lorsque le roi vient à la *chambre-haute*, il s'assied au haut, dans un fauteuil placé sous un dais : à sa droite, sont les bancs des prélats; à sa gauche, ceux des ducs, marquis & comtes : au-dessus d'eux, les grands officiers de la couronne, s'ils sont barons, sinon ils se placent au haut bout sur des sacs ou ballots de laine.

Le reste de la *chambre* est occupé par plusieurs bancs en travers, dont le premier est le siège des vicomtes, & les autres, ceux des barons.

Au-dessus de ces bancs, il y a des sacs de laine où s'asseient les officiers de la couronne qui ne sont pas barons; au-dessous d'eux, les conseillers d'état, les gens du roi, les maîtres de la chancellerie & les jurisconsultes.

Le dernier sac de laine est le siège des greffiers de la couronne & du parlement, dont le dernier enregistre tout ce qui se passe dans la *chambre*. Il a sous lui deux greffiers qui écrivent à genoux sur un sac de laine.

Ces sacs sont mis ainsi par un long & ancien usage pour faire ressouvenir le parlement des grands avantages que l'Angleterre tire de sa laine, & l'engager à soutenir puissamment cette branche de son commerce.

Les lords spirituels & temporels de la Grande-Bretagne, qui, en cette qualité, ont droit de siéger à la *chambre-haute*, n'y entrent point comme députés ou serviteurs du roi ou du royaume. Par leur rang & leur dignité, ils sont membres actuels & naturels de l'état, conseillers-nés de la Grande-Bretagne, & ont, inhéremment à leur personne, le droit & la faculté d'écouter, d'examiner, d'agréer, de rejetter, de proposer, d'accepter tout ce qui, pouvant être intéressant pour l'état, est en même temps de la compétence du parlement.

De cette prérogative & de cette faculté inhérente aux pairs, découle le privilège de se faire représenter & de faire opiner en leur nom dans la *chambre-haute*. Cependant, pour obvier aux abus & ne pas dénaturer l'assemblée des seigneurs, un pair ne peut être représenté que par un pair : & le représentant, une fois indiqué par le constituant à l'ouverture des séances, demeure tel pendant toute leur durée. *Voyez* Chambre-Basse, Parlement d'Angleterre.

Chambre des Hôpitaux, *voyez* Chambre des Maladreries.

Chambre Impériale, (*Jurisprudence & Histoire moderne.*) en latin *judicium camerale.* On nomme ainsi le premier tribunal de l'empire germanique. Il fut établi, en l'année 1495, dans la diète de Worms, par l'empereur Maximilien premier & par les princes & états, pour rendre, en leur nom, la justice à tous les sujets de l'empire. Suivant le traité de Westphalie, ce tribunal devoit être composé d'un grand juge, de quatre présidens, dont deux catholiques romains, & deux protestans; & de cinquante assesseurs, dont vingt-six catholiques, & vingt-quatre protestans.

Mais le peu d'exactitude que les princes d'Allemagne ont eu de payer les sommes nécessaires pour salarier ces juges, a été cause qu'il n'y a jamais eu au-delà de deux présidens & de dix-sept assesseurs qui est leur nombre actuel. Il y a outre cela un fiscal, un avocat du fisc, & beaucoup d'officiers subalternes. L'empereur seul établit le grand juge & les deux présidens; mais les cercles & états de l'empire présentent les assesseurs.

Ce tribunal respectable ne connoît en première instance que des causes fiscales & de l'infraction de la paix religieuse ou profane; pour les autres causes civiles & criminelles, elles n'y sont portées qu'en seconde instance : elles s'y jugent en dernier ressort, sans qu'on puisse appeller de la sentence; mais on peut, en certains cas, en obtenir la revision : & pour lors cette revision se fait par les commissaires établis par l'empereur & les états de l'empire. Comme l'exécution des sentences de la *chambre impériale* souffre souvent des difficultés, parce qu'il est quelquefois question de faire entendre raison à des princes puissans, & fort peu disposés à se rendre, lorsqu'il est question de leur intérêt; on a souvent délibéré, dans la diète de l'empire, sur les moyens de donner de l'efficacité à ces jugemens; cependant la *chambre impériale*, après avoir rendu une sentence, a le droit d'enjoindre aux directeurs des cercles, ou aux princes voisins de ceux contre qui il faut qu'elle s'exécute, de les contraindre, en cas de résistance, même par la force des armes, sous peine d'une amende de cent, & même de mille marcs d'or, qui est imposée à ceux qui refuseroient de faire exécuter la sentence.

La *chambre impériale* a une jurisdiction de concours avec le conseil aulique, c'est-à-dire, que les causes peuvent être portées indifféremment & par prévention à l'un ou l'autre de ces tribunaux. Il y a, malgré cela, une différence entre ces deux tribunaux, c'est que la *chambre impériale* est établie par l'empereur & tout l'empire, & son autorité est perpétuelle; au lieu que le conseil aulique ne reconnoît que l'empereur seul : de-là vient que l'autorité de ce dernier tribunal cesse aussi-tôt que l'empereur vient à mourir.

On nomme en allemand *cammer-zieler*, les sommes mal payées que les états de l'empire doivent contribuer pour les appointemens des juges qui composent la *chambre impériale*, suivant le tarif de la matricule de l'empire. La somme fixée pour cet objet devroit rigoureusement monter à 103600 rixdallers;

mais à peine s'en paie-t-il annuellement 50000 : ce qui peut-être contribue à la lenteur que l'on reproche à ses procédés.

Dans les commencemens, Francfort-sur-le-Mein fut le lieu où se tenoit la *chambre impériale* : en 1530, elle fut transférée à Spire; mais cette dernière ville ayant beaucoup souffert par la guerre de 1693, elle se transporta à Wetzlar où elle est restée jusqu'à ce jour, quoique cette ville ne réponde aucunement à la dignité d'un tribunal aussi respectable.

Suivant les règles, il devroit y avoir, tous les ans, une *visitation* de la *chambre impériale* pour remédier aux abus qui pourroient s'y être glissés; veiller à la bonne administration de la justice, & pour, en cas de besoin, faire la révision des sentences portées par ce tribunal : mais ce réglement ne s'observe que rarement; & alors l'empereur nomme ses commissaires, & les états nomment les leurs : on les appelle *visitateurs*. (—)

CHAMBRE DE JUSTICE, dans un sens étendu, peut être pris pour toute sorte de tribunal ou lieu où l'on rend la justice; mais, dans le sens ordinaire, le terme de *chambre de justice* proprement dite signifie un tribunal souverain ou commission du conseil, établie extraordinairement pour la recherche de ceux qui ont malversé dans les finances.

On a établi, en divers temps, de ces *chambres de justice*, dont la fonction a cessé, lorsque l'objet pour lequel elles avoient été établies, a été rempli.

La plus ancienne dont il soit fait mention dans les ordonnances, est celle qui fut établie en Guienne par déclaration du 26 novembre 1581 : il y en eut une autre établie par édit du mois de mars 1584, composée d'officiers du parlement & de la *chambre des comptes* ; elle fut révoquée par édit du mois de mai 1585.

Par des lettres-patentes du 8 mai 1597, il en fut établi une nouvelle qui fut révoquée par l'édit du mois de juin de la même année.

Il en fut établi une autre par l'édit du mois de janvier 1607, qui ne subsista que jusqu'au mois de septembre suivant.

Mais, dès le 8 avril 1608, on en établit une, par forme de grands jours, dans la ville de Limoges.

Au mois d'octobre 1624, il en fut créé une qui fut révoquée par l'édit du mois de mai 1625, portant néanmoins que la recherche des officiers de finance seroit continuée de dix ans en dix ans.

Les financiers obtinrent, en 1635, différentes décharges des poursuites de cette *chambre*, & elle fut révoquée par édit du mois d'octobre 1643 ; il y eut encore un édit de révocation en 1645.

Au mois de juillet 1648, on rétablit une *chambre de justice* qui fut supprimée le 3 décembre 1652.

Il y eut, au mois de mars 1655, un édit portant réglement pour l'extinction de la *chambre de justice*, & la décharge de tous les comptables pour leur exercice, depuis 1652 jusqu'au dernier décembre 1655.

Depuis ce temps, il y a encore eu successivement deux *chambres de justice*.

L'une établie par édit du mois de novembre 1661, pour la recherche des financiers depuis 1625 ; elle fut supprimée par édit du mois d'août 1669.

La dernière est celle qui fut établie par édit du mois de mars 1716, pour la recherche des financiers depuis le premier janvier 1689, nonobstant les édits de 1700, 1701, 1710 & 1711, & autres, portant décharge en faveur des comptables. Elle fut révoquée par édit du mois de mars 1717.

Dans les articles des conférences de Flex, Coutras & Nerac, concernant les religionnaires, publiés au parlement le 26 janvier 1581, il est dit, *art. 11*, que le roi envoyeroit au pays de Guienne une *chambre de justice*, composée de deux présidens, quatorze conseillers tirés des parlemens du royaume & du grand-conseil, pour connoître des contraventions à l'édit de pacification de 1577. Cette *chambre* devoit servir deux ans entiers dans ce pays, & changer de lieu & séance tous les six mois, en passant d'une sénéchaussée dans une autre, afin de purger les provinces & rendre justice à chacun sur les lieux, au moyen de quoi la *chambre mi-partie*, établie en Guienne, devoit être incorporée dès-lors au parlement de Bordeaux; mais il paroît que cette *chambre de justice* n'eut pas lieu, & que la *chambre mi-partie* subsista jusqu'en 1679. *Voyez* CHAMBRE ROYALE.

Il y eut aussi, en 1610, quelques arrangemens pris pour établir en chaque parlement une *chambre de justice*, composée d'un certain nombre d'officiers qui devoient tous rendre la justice gratuitement aux pauvres auxquels on donnoit le privilège de plaider en première instance dans cette *chambre*. La mort funeste de Henri IV, qui arriva dans ce temps-là, fut cause que ce projet demeura sans effet.

CHAMBRE DE LANGUEDOC, est l'une des six divisions que l'on fait des auditeurs de la *chambre des comptes de Paris* pour leur distribuer les comptes dont ils doivent faire le rapport. On met dans cette division tous les comptes des huit généralités, de Poitiers, Riom, Lyon, Limoges, Bordeaux, Montauban, la Rochelle & Ausch. *Voyez ci-devant* CHAMBRE D'ANJOU.

CHAMBRE DE LA MAÇONNERIE. On désigne par ce nom ou par celui de *jurisdiction des bâtimens*, un tribunal ressortissant nuement au parlement, établi au palais à Paris depuis plusieurs années, créé dans l'origine, pour connoître de tout ce qui a rapport à la construction, sûreté & police des bâtimens, recevoir les entrepreneurs, faire observer leurs statuts & les règles de leur art, décider toutes les contestations qui naissent pour raison de leurs ouvrages, soit entre eux, soit entre leurs fournisseurs & ouvriers, soit avec les citoyens pour lesquels ils travaillent : cette jurisdiction mérite un détail un peu étendu que l'on trouvera sous le mot MAÇONNERIE.

CHAMBRE DES MALADRERIES ou *chambre sou-*

veraine des maladreries, étoit une commission du conseil, établie à Paris. Il y en eut une première établie par des lettres-patentes en forme de déclaration du 24 octobre 1612, pour la réformation générale des hôpitaux, maladreries, aumôneries & autres lieux pitoyables du royaume.

On en établit encore une pour l'exécution de l'édit du mois de mars 1693, portant désunion des maladrereries & autres biens & revenus qui avoient été réunis à l'ordre de Notre-Dame du Mont-Carmel & de S. Lazare, & pour la recherche de ces biens. *Voyez* LÉPROSERIES, MALADRERIES.

CHAMBRE DE LA MARÉE. C'est une *chambre* ou jurisdiction souveraine, composée de commissaires du parlement, savoir, du doyen des présidens au mortier, & des deux plus anciens conseillers laïcs de la grand'*chambre*; il y a aussi un procureur général de la marée, autre que le procureur général du parlement, & plusieurs autres officiers.

Cette *chambre* tient sa séance dans la *chambre* de S. Louis, où se tient aussi la tournelle; elle a la police générale sur le fait de la marchandise de poisson de mer, frais, sec, salé & d'eau douce, dans la ville, fauxbourgs & banlieue de Paris, & de tout ce qui y a rapport; &, dans toute l'étendue du royaume, pour raison des mêmes marchandises destinées pour la provision de cette ville, & des droits attribués sur ces marchandises aux jurés vendeurs de marée, lesquels ont, pour ces objets, leurs causes commises en cette *chambre*.

Anciennement les juges ordinaires avoient, chacun dans leur ressort, la première connoissance de tout ce qui concerne le commerce de marée; cela s'observoit à Paris comme dans les provinces.

Le parlement, ayant connu l'importance de veiller à ce commerce, relativement à la provision de Paris, crut qu'il étoit convenable d'en prendre connoissance par lui-même directement. Il commença par recevoir des marchands de marée à se pourvoir devant lui immédiatement & en première instance contre ceux qui les troubloient. On trouve, dans les régistres du parlement, des exemples de pareils arrêts dès l'année 1314. Tout ce qui s'est fait alors concernant la marée pour Paris, jusqu'en 1379, est renfermé dans un regiftre particulier, intitulé *regiftre de la marée*.

Par des lettres-patentes du 26 février 1351, le roi attribua au parlement la connoissance de cette matière, & assura les routes des marchands de marée, en les mettant sous sa sauve-garde & protection, & sous celle du parlement.

Mais, comme le parlement ne tenoit alors ses séances qu'en certain temps de l'année, le roi Jean, voulant pourvoir aux difficultés qui survenoient journellement pour les marchands amenant la marée à Paris, fit expédier une première commission, le 20 mars 1352, à quatre conseillers de la cour, deux clercs & deux laïcs, & au juge auditeur du châtelet, pour faire de nouveau publier les ordonnances concernant ce commerce de poisson, informer des contraventions, & envoyer les informations au parlement; ils pouvoient aussi corriger par amende & interdiction les vendeurs de marée qu'ils trouvoient en faute.

Par arrêt du parlement du 21 août 1361, le prévôt de Paris fut rétabli dans sa jurisdiction, comme juge ordinaire en première instance dans l'étendue de la prévôté & vicomté de Paris, & par-tout ailleurs, en qualité de commissaire de la cour.

Les marchands de marée pour Paris étant encore troublés dans leurs fonctions, Charles V fit expédier une commission, le 20 juin 1369, à deux présidens, sept conseillers au parlement, & au prévôt de Paris, pour procéder à une réformation de cette partie de la police.

Les commissaires firent une ample ordonnance qui fut confirmée par lettres-patentes de Charles V, du mois d'octobre 1370.

Cette commission finie, Charles V ordonna, en 1379, l'exécution de l'arrêt du parlement de 1361, qui avoit rétabli le prévôt de Paris dans la jurisdiction pour la marée.

Il y eut cependant toujours un certain nombre de commissaires du parlement pour interpréter les réglemens généraux, & pourvoir aux cas les plus importans.

Le nombre de ces commissaires fut fixé à deux, par un réglement de la cour de l'an 1414; savoir, un président & un conseiller: on distingua les matières dont la connoissance étoit réservée aux commissaires, de celles dont le prévôt de Paris continueroit de connoître.

Ce partage fut ainsi observé pendant près de deux siècles, jusqu'au mois d'août 1602, que le procureur général de la marée obtint des lettres-patentes portant attribution au parlement en première instance de toutes les causes poursuivies à sa requête, & de celles des marchands de poisson de mer. Il ne se servit pourtant pas encore de ce privilège, & continua, tant au châtelet qu'au parlement, d'agir, comme partie civile, sous la dépendance des conclusions de M. le procureur général au parlement, ou de son substitut au châtelet.

Enfin, depuis 1678, toutes les instances civiles ou criminelles, poursuivies par le procureur général de la marée concernant ce commerce, sont portées en première instance en la *chambre de la marée*, qui est présentement composée comme on l'a dit en commençant. Le châtelet n'a retenu de cet objet, que les réceptions des jurés compteurs & déchargeurs, & des jurés vendeurs de marée.

CHAMBRE MI-PARTIE, étoit une *chambre* établie dans chaque parlement, composée, moitié de magistrats catholiques, & moitié de magistrats de la religion prétendue réformée, pour juger les affaires auxquelles les gens de cette religion étoient intéressés.

Le premier des édits de pacification, qui commença à donner quelque privilège aux religionnaires pour le jugement de leurs procès, fut celui de

Charles IX, du mois d'août 1570, par lequel, voulant que la justice fût rendue sans aucune suspicion de haine ni de faveur, il ordonna, *art.* 55, que les religionnaires pourroient, dans chaque *chambre* du parlement où ils auroient un procès, requérir, que quatre, soit-présidens ou conseillers, s'abstinsent du jugement, indépendamment des récusations de droit qu'ils pourroient avoir contre eux.

Ils pouvoient en récuser le même nombre au parlement de Bordeaux, dans chaque *chambre*; dans les autres parlemens, ils n'en pouvoient récuser que trois. Pour les procès que les religionnaires avoient au parlement de Toulouse, les parties pouvoient convenir d'un autre parlement, sinon l'affaire étoit renvoyée aux requêtes de l'hôtel pour y être jugée en dernier ressort.

Les catholiques avoient aussi la liberté de récuser les présidens & conseillers protestans.

L'édit du mois de mai 1576, établit au parlement de Paris une *chambre mi-partie*, composée de deux présidens & de seize conseillers, moitié catholiques & moitié de la religion prétendue réformée, pour connoître en dernier ressort de toutes les affaires où les catholiques associés, & les gens de la religion prétendue réformée seroient partie. Cette *chambre* alloit tenir sa séance à Poitiers trois mois de l'année, pour y rendre la justice aux habitans des provinces de Poitou, Angoumois, Aunis & la Rochelle.

Il en fut établi une semblable à Montpellier, pour le ressort du parlement de Toulouse, & une dans chacun des parlemens de Dauphiné, Bordeaux, Aix, Dijon, Rouen & Bretagne. Celle du parlement de Dauphiné siégeoit les six premiers mois de l'année à S. Marcellin, & les six autres mois à Grenoble : celle de Bordeaux étoit une partie de l'année à Clerac.

Les édits suivans apportèrent quelques changemens à ces *chambres mi-parties*; en 1598, il fut établi à Paris une *chambre* appellée *de l'édit*, où le nombre des catholiques étoit plus fort que celui des religionnaires. On en établit une semblable à Rouen, en 1599.

Il n'y eut point de *chambres* de l'édit dans les autres parlemens; c'est pourquoi les *chambres mi-parties* y continuèrent leurs fonctions. On les qualifie quelquefois de *chambres de l'édit*.

Les *chambres mi-parties* de Toulouse, Grenoble & Guienne furent supprimées en 1679; les autres le furent après la révocation de l'édit de Nantes. Les présidens & conseillers de ces *chambres* furent réunis & incorporés chacun dans le parlement où leur *chambre* étoit établie. *Voyez* CHAMBRE DE L'ÉDIT, CHAMBRE TRI-PARTIE, RELIGIONNAIRES.

CHAMBRE DES MONNOIES. On a donné d'abord ce nom à une jurisdiction établie à Paris, pour le fait des monnoies. Elle étoit exercée par les généraux des monnoies, auxquels Henri II donna, en 1551, le pouvoir de juger souverainement, tant au civil qu'au criminel, & les érigea en cour souveraine. *Voyez* COUR DES MONNOIES, GÉNÉRAUX DES MONNOIES.

Chambre des Monnoies, est aussi une des six divisions que l'on fait des auditeurs de la *chambre des comptes*, pour leur distribuer les comptes que chacun d'eux doit rapporter. Elle a été ainsi appellée, parce qu'anciennement les généraux des monnoies y tenoient leurs séances & jurisdiction; depuis on y a substitué les comptes des généralités d'Amiens, Flandre, Hainaut & Artois. Cette *chambre* a cependant toujours retenu le nom de *chambre des monnoies*. *Voyez* CHAMBRE D'ANJOU, CHAMBRE DU TRÉSOR.

CHAMBRE DES MONNOIES DE HOLLANDE. Les sept provinces qui composent la république de Hollande, se sont réservé, en s'unissant, le droit de battre monnoie; mais elles sont convenues en même temps, que la monnoie de chaque province, seroit d'une même valeur intrinsèque. Pour maintenir l'observation d'un réglement aussi juste, on établit à la Haie une *chambre des monnoies* de la généralité, composée de trois conseillers inspecteurs-généraux, d'un secrétaire & d'un essayeur-général, tous à la nomination des états généraux. Ce collège s'assemble dans une salle de la cour, dont la garde & l'entretien sont confiés à un officier qu'on nomme *garde de la chambre de la monnoie*.

Cette *chambre* a une inspection générale sur toute la monnoie frappée au nom des états-généraux, ou des états des provinces particulières, de même que sur toutes les espèces étrangères. Elle a soin que la monnoie soit de l'aloi & de la valeur intrinsèque ordonnés par leurs hautes puissances, & elle procède contre les maîtres de la monnoie, qui contreviennent aux réglemens de l'état sur ce sujet. Sa jurisdiction s'étend aussi sur les jouailliers, les orfèvres, les essayeurs, les ranffieurs, les changeurs & autres gens de cette espèce. Enfin, elle termine tous les différends sur l'aloi, l'essai, le poids, & sur tout ce qui concerne le prix de l'or & de l'argent; ses jugemens sont sans appel, à l'exception du criminel, qui est du ressort du conseil d'état, & des faux-monnoyeurs, dont le jugement appartient aux juges des provinces ou des villes où le crime a été commis.

Cette *chambre* suit entiérement l'instruction publiée au mois de mai 1535, par la reine douairière de Hongrie, alors gouvernante des Pays-bas.

CHAMBRE DE NORMANDIE étoit une des six *chambres* dans lesquelles travailloient anciennement les auditeurs de la *chambre* des comptes de Paris. On y examinoit les comptes de la province de Normandie; elle fut supprimée, lorsqu'on établit une *chambre* des comptes à Rouen, en 1580. *Voyez* CHAMBRE D'ANJOU.

CHAMBRE DES PAIRS, (*Jurispr. franç.*) c'est un des différens noms que l'on donnoit anciennement à la grand'*chambre* du parlement de Paris, par la raison que c'est celle où siègent les princes & les pairs.

Chambre des pairs, (*Jurisp. angl.*) c'est la même chose que la *chambre* haute du parlement d'Angleterre. *Voyez* CHAMBRE HAUTE.

CHAMBRE DES PAUVRES. Voyez ce que nous en avons dit ci-dessus à la fin du mot CHAMBRE DE JUSTICE.

CHAMBRE DU PLAIDOYER, c'est un des noms que l'on donne à la grand'*chambre* ou première *chambre* des parlemens, parce qu'elle est destinée principalement pour les audiences. On appelloit anciennement la grand'*chambre* du parlement de Paris, la *chambre des plaids*, ensuite la *chambre du plaidoyer*, & enfin *grand'chambre. Voyez ce dernier mot.*

CHAMBRE DE LA POSTULATION. *Voyez* POSTULATION.

CHAMBRE DES PRÉLATS, est la même que la *grand'chambre* du parlement de Paris. Dans les premiers temps de son établissement, on l'appelloit quelquefois la *chambre des prélats*, parce que, suivant l'ordonnance de Philippe-le-bel, du 23 mars 1302, il devoit y avoir toujours deux prélats ou au moins un au parlement : ils y furent même dans la suite admis en plus grand nombre. Mais Philippe-le-long, par une ordonnance du 3 décembre 1319, régla que dorénavant il n'y auroit plus de prélats députés en parlement, se faisant conscience, dit ce prince, de les empêcher de vaquer à leurs spiritualités. L'abbé de S. Denis avoit cependant toujours entrée à la grand'*chambre*, & il y avoit dans cette *chambre* & aux enquêtes des conseillers-clercs, mais non prélats. Le 11 octobre 1351, le roi Jean confirma l'ordonnance de Philippe-le-bel, de 1302, portant qu'il y auroit toujours deux prélats au parlement. Il y en avoit encore du temps de Philippe VI, dit *de Valois*, puisque, par son ordonnance du 11 mars 1344, il dit que pendant que le parlement est assemblé, il n'est pas permis de se lever, excepté aux prélats & aux barons qui tiennent l'honneur du siège. Charles V, étant régent du royaume, ordonna que les prélats seroient au parlement en tel nombre qu'il plairoit au roi, parce qu'ils n'avoient point de gages; enfin le 28 janvier 1461, le parlement, les *chambres* assemblées, arrêta que dorénavant les archevêques & évêques n'entreroient point au conseil de la cour *sans le congé d'icelle, ou si mandés n'y étoient*, excepté les pairs de France, & ceux qui par privilège ancien y doivent & ont accoutumé y venir & entrer. Ce privilège a été conservé à l'archevêque de Paris, à cause qu'étant dans le lieu même où se tient le parlement, cela le détourne moins de ses fonctions spirituelles. L'abbé de S. Denis avoit aussi conservé le même privilège; mais la manse abbatiale ayant été réunie à la maison de S. Cyr, en 1693, les six pairs anciens ecclésiastiques & l'archevêque de Paris sont les seuls prélats qui aient entrée au parlement.

CHAMBRE DE LA POLICE, est une jurisdiction établie pour connoître de toutes les affaires qui concernent la police.

Anciennement l'exercice de la police n'étoit point séparé de celui de la justice civile & criminelle.

Le roi ayant, par édit du mois de mars 1667, créé un lieutenant général de police pour la ville de Paris, ce fut l'origine de la première *chambre de police*. Le lieutenant général de police y siège seul, & y tient deux sortes d'audiences à jours différens; l'une pour les affaires de petite police, telles que les rixes, injures & autres contestations semblables entre particuliers; & l'autre pour la grande police, où il entend le rapport des commissaires sur ce qui intéresse le bon ordre & la tranquillité publique.

En 1669, il a été créé de semblables charges de lieutenant de police dans toutes les villes du royaume, où il y a jurisdiction royale; ce qui a donné lieu en même temps à établir dans toutes ces villes une *chambre* ou *siège de police*. L'appel des sentences rendues dans ces *chambres de police*, est porté directement au parlement. (*A*)

CHAMBRE PRIVÉE, (*Droit public Angl.*) on dit en Angleterre, *un gentilhomme de la chambre privée*. Ce sont des domestiques du roi & de la reine, qui les suivent & les accompagnent dans les occasions de divertissemens, en voyages de plaisir, *&c.*

Le lord chambellan en nomme six, avec un pair & un maître de cérémonie, pour se trouver aux assemblées publiques des ambassadeurs des têtes couronnées; ils sont au nombre de quarante-huit.

Ils ont été institués par le roi Henri VII : ils sont autorisés, par une marque singulière de faveur, à exécuter les commandemens verbaux du roi, sans être obligés de produire aucun ordre par écrit; & on regarde en cela leurs personnes & leurs caractères comme une autorité suffisante. *Chambers.*

CHAMBRE DU PROCUREUR DU ROI *au châtelet*, est une *chambre* distincte & séparée du parquet où se tiennent les avocats du roi, & qui est particulière pour le procureur du roi : il y fait toutes les fonctions que les procureurs du roi des autres jurisdictions font au parquet, comme de donner des conclusions dans les instances appointées & dans les affaires criminelles, recevoir les dénonciations qui lui sont faites. Il y connoît en outre de tout ce qui concerne les corps des marchands, arts & métiers, maîtrises, réceptions de maîtres & jurandes : il y donne ses jugemens, qu'il qualifie d'avis; il faut ensuite les faire confirmer par le lieutenant général de police, qui les confirme ou infirme. Lorsqu'il y a appel d'un de ces avis, on le relève au parlement. *Voyez* CHATELET.

CHAMBRE QUARRÉE *ou* DE LA TOUR QUARRÉE, étoit une *chambre* établie par François I, au parlement, pour l'enregistrement des édits & déclarations. Cette *chambre* ne subsista pas. *Voyez* ENREGISTREMENT.

CHAMBRE DE LA QUESTION, est celle où on donne la question ou torture aux accusés de crimes graves. Au parlement de Paris, & dans quelques autres tribunaux, il y a une *chambre* particulière destinée pour cet usage. Dans la plupart des autres tribunaux où il n'y en a pas, on donne la question dans l'auditoire même, ou du moins dans la *chambre* ordinaire du conseil, s'il y en a une. *Voyez* QUESTION, TORTURE.

CHAMBRE RIGOUREUSE, est une jurisdiction établie dans quelques villes du ressort du parlement de Toulouse, pour connoître de l'exécution des contrats passés sous un certain scel appellé *scel rigoureux*; en vertu desquels on a exécution parée, non seulement pour saisir les biens de son débiteur, mais aussi pour le contraindre par emprisonnement de sa personne.

Le viguier de Toulouse est juge du scel rigoureux. Il y en a aussi un à Nîmes.

Il y avoit une *chambre rigoureuse* à Aix, qui fut supprimée par édit du mois de septembre 1535.

CHAMBRE DU ROI *ou* ROYALE, *en matière de Domaine*, étoit le nom que l'on donnoit anciennement à certaines villes qui étoient du domaine du roi. On les appelloit aussi *chambre de la couronne de France. Voyez* CHAMBRE DE LA COURONNE.

CHAMBRE ROYALE, étoit aussi une commission établie par lettres-patentes du 25 août 1601, pour juger en dernier ressort les appellations interjettées des jugemens des commissaires envoyés dans les provinces, pour la recherche des financiers. Elle fut révoquée par édit du mois d'octobre 1604.

Il y a eu aussi quelques tribunaux créés extraordinairement, auxquels on a donné le nom de *chambres royales*, mais ils n'ont pas subsisté longtemps.

CHAMBRE ROYALE DES CONSULTATIONS, (*Droit public de France.*) c'est une compagnie instituée pour consulter gratuitement sur les affaires des pauvres du ressort du parlement de Lorraine, & sur celles de toutes les personnes qui sont dans le cas d'interjetter appel des jugemens rendus dans les tribunaux inférieurs de cette province.

Il est défendu au parlement de recevoir aucun appel des pauvres qui ne seroient munis d'une consultation de cette chambre.

Cette compagnie est composée de cinq avocats, qui ont chacun 2000 liv. de gages, & d'un secrétaire qui a 900 liv. Tous jouissent des exemptions & privilèges accordés aux officiers du bailliage de Nanci, & conservent la liberté de continuer leurs fonctions au barreau.

C'est au roi Stanislas que l'on doit ce bel établissement; & ce qui augmente le prix du bienfait, c'est que ce prince l'a doté, de son économie, sans diminution de ses domaines, sans imposer aucune charge sur ses sujets. Mais il y avoit dès-lors à Nanci un bureau de miséricorde, dont les membres remplissoient & ont toujours rempli avec le plus grand succès tout ce qui concerne la défense des pauvres plaideurs. *Voyez* MISÉRICORDE.

Ainsi, les véritables fonctions de la *chambre des consultations*, consistent à diriger les plaideurs qui ont succombé dans les tribunaux inférieurs. Si le législateur eût porté plus loin ses vues bienfaisantes, rien n'eût été & ne seroit encore plus facile, que d'établir cette compagnie comme un tribunal de conciliation : peut-être suffiroit-il pour cela d'ordonner que les deux parties y enverront leurs pièces, & qu'elles pourront y être entendues en présence l'une de l'autre. Les jurisconsultes qui composent cette *chambre* n'auroient pas besoin qu'on les invitât à faire tous leurs efforts pour amener une sage conciliation : chez une nation douce, & éclairée sur le malheur des discussions judiciaires, le recours à de pareils conciliateurs ne précéderoit pas en vain tout autre acte de procédure. Combien de familles ruinées par des procès qui n'eussent jamais eu lieu, si dès l'origine on eût pu les rapprocher, si elles eussent consulté sur des mémoires bien développés, si elles se fussent adressées à des jurisconsultes capables de leur en imposer par l'autorité de leurs noms ! *Voyez* CONSULTATION.

Les places d'un pareil établissement ne doivent être remplies que par les jurisconsultes les plus sages ; elles ne doivent être décernées qu'au plus digne. C'est dans cette vue, que l'auguste fondateur a voulu que cette compagnie fît elle-même le choix de ses membres : elle peut prévenir la vacance des places, en admettant des survivanciers, avec ou sans partage d'honoraires. Elle présente au roi ceux qu'elle choisit comme survivanciers ou comme titulaires, « lesquels, portent les » lettres-patentes du 13 juillet 1759, sont sur les- » dites présentations pourvus par sa majesté ». Peut-être eût-il été préférable de remettre ces élections à l'ordre des avocats; il est moins à craindre qu'un corps aussi nombreux se laisse entraîner par des affections ou des considérations particulières.... Mais si la liberté des élections cessoit, la *chambre des consultations*, avec la réputation de ses membres, perdroit insensiblement son utilité. Il faut qu'elle veille avec fermeté à la conservation de cette prérogative, sans laquelle il vaudroit autant qu'elle n'existât pas. (*M. HENRY.*)

CHAMBRE ROYALE DE METZ, c'est le nom qu'on a donné à un tribunal extraordinaire, établi à Metz par lettres-patentes du 9 novembre 1679, pour connoître de la réunion des fiefs mouvans des trois-évêchés, Metz, Toul & Verdun. Elle étoit composée d'un premier président, de douze conseillers & d'un procureur-général, tous tirés d'entre les conseillers du parlement de Metz. Elle fut supprimée par une déclaration du 28 novembre 1686.

CHAMBRE ROYALE ET SYNDICALE DE LA LIBRAIRIE ET IMPRIMERIE, on donne ce nom au lieu où s'assemblent les syndics & adjoints, appellés autrement *les officiers de la librairie*, pour travailler aux affaires générales du corps des libraires & imprimeurs.

En

En exécution de l'arrêt du conseil du 30 août 1777, il existe dans le royaume vingt *chambres syndicales*, d'où dépendent les libraires & imprimeurs des autres villes.

Ces vingt *chambres* sont, Amiens, dont le ressort s'étend sur Abbeville, Noyon, Beauvais & Saint-Quentin; Angers, d'où dépendent la Flèche, le Mans, Saumur & Tours; Besançon, où se rapportent les affaires de librairie de Dôle, Gray, Long-le-Saunier, Salins & Vesoul; Bordeaux, d'où dépendent Acqs ou Dax, Bayonne, Bergerac, Pau, Perigueux & Tulle; Caen, d'où dépendent Alençon, Avranches, Bayeux, Coutances, Lisieux & Valognes; Châlons-sur-Marne, d'où dépendent Epernay, Joinville, Troyes & Vitry-le-François; Dijon, d'où dépendent Autun, Auxerre, Châlons-sur-Saone, Chaumont, Langres, Moulins & Nevers; Lille, d'où dépendent Arras, Boulogne, Calais, Cambrai, Douai, Dunkerque, Maubeuge, Saint-Omer & Valenciennes; Lyon, d'où dépendent Bourg-en-Bresse, Clermont, Grenoble, le Puy, Mâcon, Riom, Saint-Flour, Trévoux, Valence & Vienne; Marseille, d'où dépendent Aix, Arles & Toulon; Montpellier, dont la *chambre syndicale* n'a plus lieu que pour les balles de librairie destinées pour cette ville; Nancy, d'où dépendent Bar-le-duc, Bruyères, Dieuze, Epinal, Luneville, Metz, Neufchâteau, Pont-à-Mousson, Saint-Dié, Saint-Mihiel, Toul & Verdun; Nantes, sous laquelle sont rangées les villes de Brest, Dinant, Dol, l'Orient, Quimper, Redon, Rennes, Saint-Brieuc, Saint-Malo, Morlaix, Vannes & Vitré; Orléans, d'où dépendent Blois, Bourges, Chartres & Montargis; Paris, d'où dépendent Compiegne, Etampes, Meaux, Senlis & Sens; Poitiers, d'où dépendent Angoulême, la Rochelle, Limoges, Niort, Rochefort & Saintes; Rheims, d'où dépendent Charléville, Laon, Sédan & Soissons; Rouen, qui veille sur les libraires & imprimeurs de Dieppe, Evreux & le Havre; Strasbourg, d'où dépendent Beffort, Colmar, Haguenau & Schelestat; Toulouse, d'où dépendent Agen, Alby, Auch, Aurillac, Cahors, Carcassonne, Castres, Condom, Montauban, Pamiers, Rhodès, Tarbes & Villefranche en Rouergue.

Un autre arrêt du conseil, du 7 novembre 1778, a établi une vingt-unième *chambre syndicale* à Nîmes, & a mis sous sa dépendance les villes de Besiers, Bourg-Saint-Andeol, Mende, Narbonne, Perpignan & Pézenas, qui dépendoient de Montpellier, par l'arrêt du 30 août 1777.

Suivant ce même réglement, les *chambres syndicales* doivent tenir leurs assemblées deux fois chaque semaine, les mardis & vendredis après-midi. On doit y faire enregistrer les privilèges & autres permissions d'imprimer; on doit également y porter toutes les balles, caisses, ballots, paquets, tant de livres que d'estampes, qui arrivent dans les villes, pour y être ouverts & visités.

Elles sont chargées de saisir & arrêter les livres & estampes contraires à la religion, au bien & au repos de l'état, & à la pureté des mœurs, les libelles diffamatoires, & les ouvrages non revêtus de privilèges ou permissions, ou contrefaits sur ceux qui ont été imprimés avec privilège ou continuation de privilège. Elles tiennent un registre particulier de ces saisies, & en envoient les procès-verbaux à M. le chancelier, ou garde-des-sceaux, pour y être fait droit. *Voyez* LIBRAIRE, IMPRIMEUR.

CHAMBRE ROYALE DE VERDUN, étoit un tribunal qui fut établi dans cette ville en 1607, pour juger en dernier ressort les appellations des premiers juges, qui étoient auparavant dévolues à la *chambre de Spire*. Il y eut beaucoup d'opposition à l'établissement de cette nouvelle *chambre*, qui fut néanmoins confirmée en 1612; & elle subsista jusqu'à l'établissement du parlement de Metz, en 1633.

CHAMBRE DE LA SANTÉ, c'est un bureau établi dans la ville de Lyon, pour ordonner, même en dernier ressort, de tout ce qui convient pour la guérison ou le soulagement des maladies contagieuses, même pour les prévenir & en empêcher la communication.

Il est composé d'un président, de cinq à six commissaires, d'un procureur du roi, & d'autres officiers inférieurs, nommés par le consulat de Lyon: on les appelle *commissaires de santé*.

Cet établissement a été confirmé spécialement par Henri III & Henri IV. Il a sous sa direction la maison de quarantaine ou l'hôpital S. Laurent, situé au confluent du Rhône & de la Saone, où séjournent pendant quarante jours ceux qui viennent des pays infectés ou soupçonnés de contagion.

Dans les temps de peste & de maladie contagieuse, on établit à Paris & dans plusieurs autres endroits, un capitaine, bailli ou prévôt de la santé. Mais cet officier n'a aucune jurisdiction, ce n'est qu'un préposé qui, assisté de quelques archers, exécute les ordres des lieutenans de police, pour l'enlévement des malades, l'inhumation de ceux qui meurent de la contagion, & pour les autres soins nécessaires en pareil cas.

CHAMBRE A SEL, est un lieu établi par le roi dans certaines petites villes, pour renfermer le sel que l'on distribue au public. Elles sont situées dans les endroits où il n'y a point de grenier à sel, c'est-à-dire, où il n'y a point de grenier à sel en titre, ni de jurisdiction appellée *grenier à sel*. Il y a néanmoins dans ces *chambres* un juge commis & subdélégué par les officiers des greniers à sel, avec un substitut du procureur du roi du grenier dans le ressort duquel est la *chambre*, pour y juger les affaires de peu de conséquence. Les officiers du grenier à sel s'y transportent quand il y a des affaires plus importantes.

L'établissement des greniers à sel est beaucoup plus ancien que celui des *chambres à sel*. La première dont il soit fait mention dans les mémoriaux de la *chambre* des comptes, est celle de Château-Villain, qui fut établie par édit du 15 février

1432 ; dans la suite on en a établi beaucoup d'autres. Toutes ces *chambres à sel* furent érigées en greniers à sel par édit du mois de novembre 1576, & encore par un autre édit du mois de mars 1595, depuis lesquels on a encore créé plusieurs *chambres à sel* qui subsistent présentement. *Voyez* SEL, GRENIER A SEL.

CHAMBRE SOUVERAINE DES EAUX ET FORÊTS, c'est le titre d'un tribunal souverain, qui exerce, dans certains parlemens, la même jurisdiction que les tables de marbre exercent dans d'autres.

Ces *chambres* furent créées par un édit du mois de février 1704, pour être établies près les cours de parlement, & le conseil souverain d'Alsace, à la place des tables de marbre, & des *chambres* de réformation des eaux & forêts, qui existoient antérieurement.

Elles connoissoient en dernier ressort, & à l'exclusion de toute autre cour, des instances civiles & criminelles, concernant le fonds des eaux & forêts appartenant au roi, les isles, les rivières, les bois tenus en grurie, tiers & danger, apanage, engagement, usufruit, *&c.* des procès qui leur étoient adressés par le roi, ou renvoyés par les grands-maîtres des départemens ; des appellations des jugemens rendus par les grands-maîtres, les officiers des maîtrises, ceux des seigneurs, & tous les autres juges en matière d'eaux & forêts.

Les grands-maîtres reçus au parlement de leur ressort, devoient être installés dans ces *chambres*, pour y avoir séance & voix délibérative après le premier conseiller.

La *chambre souveraine* du parlement de Paris fut composée de deux présidens, vingt-deux conseillers & six substituts du procureur général ; celles des parlemens de Toulouse, Rennes, Rouen, Dijon & Tournai, étoient composées de deux présidens, douze conseillers & trois substituts ; les autres n'avoient qu'un président & huit conseillers. On créa dans chacune d'elles les officiers inférieurs, nécessaires à l'exercice de la justice, tels que des procureurs, des greffiers, des huissiers, *&c.*

Les jugemens en dernier ressort devoient être rendus à Paris, par dix juges au moins, & par huit dans les autres parlemens.

Les pourvus d'offices dans ces *chambres*, étoient autorisés à prendre la qualité de *conseillers en la cour de parlement*, sans néanmoins monter à la grand'*chambre*, ni être de service à la tournelle civile & criminelle.

Depuis cet édit, les tables de marbre ont été rétablies dans plusieurs parlemens, ainsi que nous le dirons au mot TABLE DE MARBRE.

CHAMBRE DES TERRIERS, à la *chambre* des comptes de Paris, est le lieu où l'on conserve le dépôt des terriers de tous les héritages qui sont en la censive du roi ; c'est aussi le lieu où l'on dépose les états détaillés de la consistance du domaine que les receveurs généraux des domaines sont obligés de rapporter tous les cinq ans au jugement de leur compte, en conséquence de l'édit de décembre 1727. Le roi, par édit du mois de décembre 1691, créa une charge de commissaire au dépôt des terriers ; & par le même édit, il réunit cette charge à l'ordre des auditeurs des comptes : au moyen de quoi, ils en font les fonctions. Ce sont eux qui donnent, en vertu d'arrêt de la *chambre*, des copies collationnées des terriers. Le dépôt des terriers fut celui qui fut endommagé par l'incendie arrivé en la *chambre* des comptes, le 28 octobre 1737 ; mais par les soins de MM. de la *chambre* des comptes, & les recherches qu'ils ont fait faire de tous côtés, pour rétablir les pièces que le feu avoit détruites, ce dépôt se trouve déjà en partie rétabli.

Il y a toujours deux des auditeurs commis alternativement, pour vaquer dans cette *chambre* à délivrer des copies collationnées des terriers, & que l'on nomme *commissaires aux terriers*.

CHAMBRE DES TIERS, ou *des Procureurs-tiers-référendaires. Voyez* TIERS-RÉFÉRENDAIRES.

CHAMBRE DU TRÉSOR, à la *chambre* des comptes, c'est la première des six divisions que l'on fait des auditeurs, pour leur distribuer les comptes. C'est dans cette division que l'on met les comptes de tous ceux qui prennent leurs fonds au trésor royal ou aux fermes générales. Les comptes des monnoies sont aussi de cette *chambre* ou division. *Voyez* CHAMBRES DES MONNOIES.

CHAMBRE TRI-PARTIE, étoit le nom que l'on donnoit à quelques-unes des *chambres* établies dans chaque parlement, & même dans quelques autres endroits, par édit du 7 septembre 1577, & autres édits postérieurs, pour connoître en dernier ressort des affaires où les catholiques associés & les gens de la religion prétendue réformée, étoient parties.

On appelloit *tri-parties* celles de ces *chambres* qui étoient composées des deux tiers de conseillers catholiques & d'un tiers de conseillers de la religion prétendue réformée, à la différence des *chambres* qui avoient déjà été établies pour le même objet, par l'édit du mois de mai 1576, qu'on appelloit *mi-parties*, parce qu'il y avoit moitié de conseillers catholiques, & moitié de la religion prétendue réformée.

Les *chambres tri-parties* sont quelquefois confondues avec les *chambres* mi-parties & celles de l'édit, dont nous avons parlé ci-dessus, quoiqu'il y eût quelques différences entre elles. *Voyez* CHAMBRE DE L'ÉDIT, CHAMBRES MI-PARTIES, RELIGIONNAIRES.

CHAMBRE DES VACATIONS. *Voyez* VACATIONS.

CHAMBRERIE, s. f. (*Droit public.*) étoit une justice attachée à l'office de chambrier de France, & à la maison de Bourbon, qui possédoit cet office : elle donnoit le titre de *pairie*. Cette justice & l'office de chambrier furent supprimés & réunis à la couronne par François premier, en 1545. *Voyez* Chambrier.

Chambrerie, (*Droit ecclés.*) c'est le nom qu'on donne dans quelques églises collégiales, à un office dont le titulaire est chargé de prendre soin des revenus communs. Dans quelques églises, la *chambrerie* est érigée en titre d'office, il y en a même où c'est une dignité. On appelle aussi dans quelques monastères *chambrerie*, un office claustral dont les fonctions sont de prendre soin des greniers, du labourage & des provisions, tant pour la bouche que pour le vestiaire. *Voyez* Chamarier, Chambrier.

CHAMBRIER *de France*, (*grand*) *Droit public.* c'est le titre d'un officier qui possédoit autrefois une des cinq grandes charges de la couronne, & il étoit non seulement distingué du grand chambellan, mais il lui étoit en quelque manière supérieur par l'étendue de son pouvoir. Il signoit les chartres & autres lettres de conséquence. Pendant long-temps il précéda le connétable, & il jugeoit avec les pairs de France; ce qui lui fut accordé par arrêt de l'an 1224. Le grand *chambrier* avoit la surintendance de la chambre du roi, de ses habillemens & de ses meubles. Il avoit sa jurisdiction à la table de marbre du palais à Paris; & il tenoit sa charge à fief & hommage du roi, comme le reconnut le comte d'Eu en 1270, à l'égard du roi S. Louis. Les princes de la maison royale de Bourbon, de temps immémorial avoient possédé cette charge, comme on le remarque sur les inscriptions de leurs tombeaux, aux jacobins de Paris, & à la galerie basse du château de Moulins: ils ont prétendu même qu'elle étoit héréditaire dans leur maison. Après la mort de Charles, duc de Bourbon, en 1527, le roi François I la donna à Charles de France, duc d'Orléans, son fils. Mais à la mort de ce prince, arrivée l'an 1545, le roi supprima entiérement cette charge, & y substitua deux premiers gentilshommes de sa chambre, qui depuis ont été portés au nombre de quatre. Le grand *chambrier* avoit inspection sur tous les merciers & sur les professions qui ont rapport à l'habillement; il avoit en conséquence quelques droits qui ont été quelquefois partagés avec le grand chambellan.

Chambrier, (*Droit canon.*) dans quelques églises & monastères, c'est celui qui a soin des revenus communs; c'est un dignitaire dans certains chapitres: on l'appelle à Lyon *chamarier*, ailleurs on lui donne le nom de *proviseur*. *Voyez* Chamarier, Chambrerie.

Chambrier, (*lai*) c'est le nom qu'on donnoit anciennement au bailli de la justice temporelle du chapitre de l'église de Paris. Il est ainsi nommé dans le procès-verbal de la coutume de Melun.

CHAMP DE MARS, Champ de Mai, *ou plutôt* Camp de Mars et de Mai, (*Droit public.*) c'étoit le nom que l'on donnoit aux assemblées de la nation françoise dans les premiers temps de la monarchie: un peuple guerrier dont la première occupation étoit la guerre, devoit donner des noms, un appareil & des formes militaires à ses assemblées, & les tenir dans des camps. De-là ces assemblées furent appellées *champ de mars*, *champ de mai*, *campum martii*, *campum maii*, parce que ces deux mois furent successivement choisis pour le temps de ces séances.

C'étoit dans celles du *champ de mars* que les loix étoient résolues sous les premiers rois mérovingiens. Pour établir cette vérité, il ne faut que consulter les monumens de notre législation, & en bien peser les expressions que nous n'avons pas besoin de paraphraser... *Dictaverunt salicam legem proceres ipsius gentis, qui tunc temporis apud eam erant rectores. Sunt autem electi de pluribus viris quatuor... qui, per tres mallos convenientes, omnes causarum origines sollicitè discurrendo, tractantes de singulis, judicium decreverunt hoc modo.* Ce sont les termes de la préface de la loi salique: cette préface ajoute... *Hoc decretum est apud regem & principes ejus, & apud cunctum populum christianum qui infrà regnum Merwingorum consistunt.*

Les articles premier & cinquième de la loi de Childebert, de l'an 595, portent ces expressions remarquables... *Cùm, in Dei nomine, nos omnes calendas martias*, &c. *quascumque conditiones unà cum nostris optimatibus pertractavimus... pari conditione convenit calendas martias omnibus nobis adunatis.*

On ne trouve peut-être aucun diplôme des rois mérovingiens sans les formules suivantes... *unà cum nostris optimatibus fidelibus pertractavimus... de consensu fidelium nostrorum...*

M. de Mably (*Observations sur l'histoire de France*) croit que le *champ de mars* ne fut plus convoqué régulièrement sous les petits-fils de Clovis, & qu'il est impossible de fixer l'époque où il fut assemblé pour la dernière fois. Il falloit, dit-il, que l'idée même des assemblées générales de la nation fût déjà bien oubliée sous le règne de Clotaire II, puisqu'après le supplice de Brancham, étant question de réformer le gouvernement, l'assemblée qui se tint à Paris en 615, n'étoit composée que d'évêques ou de leudes.

Dès le commencement de la seconde race, les assemblées de la nation étoient transférées au mois de mai. Charlemagne fut assez heureux pour y faire rentrer le peuple. Le *champ de mai* redevint par-là véritablement l'assemblée de la nation... Si quelqu'un croyoit que le peuple n'entroit point dans ces assemblées, il suffiroit de lui opposer le témoignage d'Hincmar qui en a fait la description, & les textes des loix qui y furent portées. Voici ce que dit Hincmar *de ordine palatii*, chap. 35... *Si tempus serenum erat extrà, sin autem intrà diversa loca distincta erant, ubi & hi abondanter segregati semotim, & cætera multitudo separatim residere potuissent: priùs tamen cæteræ inferiores personæ interesse minimè potuissent...* Par l'expression *cætera multitudo*, l'on ne peut entendre que le peuple, ou ce que l'on a depuis appellé *le tiers-état.*

C'est ce qui est très-bien établi par l'article 2 du capitulaire 2 de l'an 819. *Vult dominus imperator ut in tale placitum quale ille nunc jusserit, veniat unusquisque comes, & adducat secum duodecim scabinos, si tanti fuerint : sin autem de melioribus hominibus illius comitatûs suppleat numerum duodenarium, & advocati tam episcoporum, abbatum & abbatissarum ut eis veniant.* Ces scabins, échevins ou rachimbourgs étoient les assesseurs des comtes & des juges; ils étoient nommés par le peuple. Les avoués n'étoient encore, dans ces temps, que des hommes du peuple... Quelle étoit leur influence dans les délibérations de l'assemblée?... Cette influence est bien caractérisée par le capitulaire 3 de l'année 803, & par le capitulaire premier de l'an 816... *Ut populus interrogetur de capitulis quæ in lege noviter addita sunt, & postquam omnes consenserint subscriptiones & manufirmationes suas, in ipsis capitulis faciant... Hæc capitula dominus quartus Ludovicus imperator, anno imperii quinto, cum universo cœtu populi in Aquis-Grani consilio promulgavit...* Ces textes sont précieux : en voici de plus décisifs dans le capitulaire de l'an 801... *Capitula quæ, præterito anno, legi salicæ cum omnium consensu addenda esse censuimus;* & dans l'article 5 de l'an 822... *Generaliter omnes admonemus ut capitula quæ, præterito anno, legi salicæ per omnium consensum addenda esse censuimus, jam non ulterius capitula, sed tantùm lex dicantur, imò pro lege teneantur;* enfin, dans le capitulaire de l'an 837, & dans l'article 6 du capitulaire de l'an 864... *Capitularia patris nostri, quæ Franci pro lege tenendâ judicaverunt... Lex consensu populi fit & constitutione regis.*

Sous les premiers successeurs de Clovis, tout homme libre qui vivoit sous la loi salique & sous celle des Ripuaires, avoit la liberté de se trouver au *champ de mars;* mais cela devint impraticable, lorsque les Francs infiniment multipliés se furent répandus dans toutes les Gaules. Ce fut alors que, pour prévenir le désordre d'une assemblée trop nombreuse, Charlemagne établit, comme on vient de le voir, que chaque comté députeroit au *champ de mars* douze représentans.

Indépendamment de l'assemblée générale, Hincmar nous apprend qu'il s'en tenoit, à la fin de l'automne, une autre qui n'étoit composée que des seigneurs les plus expérimentés dans les affaires; il paroît, ajoute M. l'abbé de Mably, que ces assemblées d'automne régloient les objets moins importans, & préparoient les matières des délibérations de l'assemblée suivante. L'on tenoit en outre, dans les provinces, des assemblées particulières.

Cet ordre ne put se conserver pendant les révolutions qu'amenèrent les guerres des fils de Louis-le-Débonnaire, & de leurs descendans. Les fiefs s'étant insensiblement établis, les grands propriétaires s'étant cantonnés, les comtes & les ducs s'étant rendus en quelque sorte indépendans, il n'y eut plus que ceux qui relevoient directement du roi à cause de sa couronne, qui se crurent obligés de se rendre aux assemblées qui avoient remplacé celles de la nation, & que l'on convoqua très-rarement : de-là naquit *la pairie. Voyez ce mot & les articles* DIÈTE & PARLEMENT D'ANGLETERRE.

On trouvera, dans plusieurs livres, le développement de ce que nous ne faisons qu'indiquer ici : mais il faut se défier des commentaires & des explications, & s'attacher au sens naturel des textes : c'est le seul moyen de bien connoître l'ancien état de notre législation & de notre gouvernement : avec cette réserve, l'on n'a pas à craindre d'être séduit par le style de quelques-uns de nos prétendus publicistes modernes. (*HENRY.*)

CHAMPAGNE, (*Droit public.*) c'est une province de France avec titre de comté-pairie.

Précis historique des comtés de Champagne & de Brie, & de leur réunion à la couronne. Par le partage qui se fit de la monarchie françoise entre les enfans de Clotaire I, la *Champagne* fut comprise dans le royaume d'Austrasie : elle étoit alors gouvernée par des ducs; mais cette dignité n'étoit pas perpétuelle. Le premier comte héréditaire de *Champagne* fut Robert de Vermandois : il s'empara de la ville de Troyes vers le milieu du dixième siècle, sous l'évêque Ensegise qui en étoit gouverneur. Ce prince mourut sans enfans.

Son frère Héribert qui lui succéda, eut, d'Ogine d'Angleterre, plusieurs enfans, du nombre desquels étoient Etienne & Alix.

Etienne fut comte de *Champagne* après la mort de son père en 993, & décéda sans postérité.

Sa sœur Alix avoit été mariée à Thibaud I, qui, suivant quelques écrivains, étoit fils de Gerlon, cousin germain de Rollo I, duc de Normandie.

Eudes II, fils d'Eudes I, & petit-fils de Thibaud, voyant son cousin Etienne mort sans enfans, se saisit des villes de Troyes & de Meaux, & eut pour successeurs, dans les comtés de *Champagne* & de Brie, Thibaud III, Etienne, surnommé *Henri;* Thibaud IV, Henri I, Henri II, Thibaud V, Thibaud VI, & Henri III, dit le *Gros*, roi de Navarre.

Ces souverains jouissoient d'un pouvoir modéré: ils avoient pour pairs sept comtes; savoir, celui de Joigny, qui étoit le doyen; & ceux de Rethel, Brienne, Châteauporcien, Grand-Pré, Roussy & Braine : ils avoient, suivant les circonstances, plus ou moins de part à l'administration publique : c'étoit à leur tête que le prince décidoit aux grands jours de Troyes les affaires les plus importantes.

Henri le Gros eut pour héritière Jeanne, reine de Navarre : cette princesse, mariée à Philippe-le-Bel en 1284, conserva la propriété des biens qu'elle avoit apportés en dot; Philippe ne prenoit pas même les titres de roi de Navarre & de comte de *Champagne.* Lorsqu'il donnoit quelques ordonnances ou quelques chartres qui devoient être exécutées dans la *Champagne* ou dans la Brie, il y déclaroit qu'il les avoit données du consentement de son épouse; & immédiatement avant la date: *Jeanne, par la grace de Dieu, reine de France & de Navarre, comtesse palatine de Champagne & de Brie*, les approuvoit & y mettoit son sceau avec celui de Philippe-le-Bel.

Jeanne mourut en 1304; & Louis Hutin, son fils, devint par sa mort roi de Navarre & comte de *Champagne* & de Brie.

Philippe-le-Bel étant décédé en 1314, Louis joignit la couronne de France à celle de Navarre & au comté de *Champagne*.

Louis Hutin mourut en 1316, & laissa une fille nommée Jeanne, de Marguerite de Bourgogne; & Clémence, sa seconde femme, enceinte.

Philippe-le-Long, frère de Louis, qui prenoit le titre de *fils du roi de France, régent des royaumes de France & de Navarre*, passa un acte le 17 juillet 1316, avec Eudes, duc de Bourgogne, au nom de Jeanne, fille de Louis Hutin, sa nièce: il fut stipulé qu'en cas que la reine Clémence accouchât d'une fille, cette fille, & Jeanne sa sœur du premier lit, ou l'une des deux, en cas que l'autre vînt à mourir, auroient en héritage, aussi-tôt qu'elles seroient en âge d'être mariées, le royaume de Navarre & les comtés de *Champagne* & de Brie; à l'exception de ce que Philippe-le-Long & son frère Charles-le-Bel, en avoient ou devoient en avoir pour la succession de Jeanne de Navarre leur mère, & qu'en attendant qu'elles fussent en âge d'être mariées, Philippe auroit le gouvernement de la Navarre & de la *Champagne*.

La reine Clémence accoucha d'un fils qui ne vécut que quelques jours. Philippe-le-Long se voyant sur le trône, fit un second traité le 27 mars 1317, avec le même duc de Bourgogne, stipulant pour sa nièce: on convint que si le roi décédoit sans enfans mâles, les comtés de *Champagne* & de Brie appartiendroient à la princesse Jeanne en propriété, & que si elle mouroit sans héritiers, ces comtés retourneroient à la couronne.

Le roi promit à sa nièce, par le même acte, en forme de dédommagement, quinze cens livres de rentes en domaines, & cinquante mille livres à placer en héritages qui lui seroient propres.

Philippe-le-Long étant mort sans enfans, les comtés de *Champagne* & de Brie auroient dû être restitués, ainsi que la Navarre, à Jeanne de France, qui étoit alors mariée au comte d'Evreux; mais les rois Charles-le-Bel & Philippe de Valois conservèrent la possession de ces comtés au moyen de deux actes qu'ils passèrent en 1327 & 1335.

On voit, par le dernier traité, que le roi & la reine de Navarre cédèrent, à Philippe de Valois, tout le droit qu'ils avoient aux comtés de *Champagne* & de Brie moyennant les rentes de cinq mille livres, de trois mille livres & de sept mille livres sur différens domaines qu'ils tiendroient de la couronne en baronnie & pairie & à foi & hommage.

La *Champagne* & la Brie rentrèrent ainsi dans le domaine royal, & cette réunion devint irrévocable par les lettres que le roi Jean donna en 1361. Il enjoignit à son fils de ne jamais les séparer de la couronne, non plus que quelques autres provinces qu'il réunissoit: il voulut même que les rois, à l'avenir fussent obligés de jurer l'observation de cette loi en montant sur le trône.

Des loix particulièrement rendues pour la Champagne. La comtesse de *Champagne*, en se mariant avec Philippe-le-Bel, n'avoit fait aucune stipulation en faveur de ses sujets; leurs droits devoient nécessairement être compromis; les nobles eurent bientôt lieu de se plaindre.

Ils représentèrent à Louis Hutin qu'on n'avoit pas droit de les empêcher de donner à leurs serviteurs nobles ou autres, des terres à foi & hommages en récompense de leurs services; que le roi ne devoit point s'immiscer dans ce qui concernoit leurs justices, sinon en cas de déni de justice ou d'appel de faux jugemens, ou bien lorsqu'il s'agiroit d'affaires dans lesquelles seroient intéressés des bourgeois du roi, ou des églises dont la garde lui appartiendroit; que le roi ne pouvoit rien acquérir dans leurs baronnies, fiefs, arrières-fiefs ou censives; que les aubaines & les épaves appartenoient aux seigneurs hauts-justiciers de quelque nature qu'elles fussent, ainsi que les bâtards nés dans leurs hautes-justices; que les loix prescrites par les ordonnances concernant les bourgeoisies n'étoient point observées; que le roi ne pouvoit donner asyle aux mortaillables qui s'enfuyoient des domaines des seigneurs, & qu'on ne devoit pas empêcher ceux-ci d'exercer leurs droits sur ceux de leurs serfs qui se marioient dans les domaines du roi; que les officiers royaux n'avoient pas droit d'ajourner les vassaux des nobles, ni de leur faire subir la question; que les nobles eux-mêmes ne pouvoient être assignés que dans les châtellenies où ils étoient *levans & couchans*, & qu'ils étoient justiciables des baillis & non des prévôts; qu'en cas de saisie de leurs terres au profit du roi pour dettes ou pour amendes, elles devoient être estimées à frais communs par deux prud'hommes, l'un nommé par le roi, & l'autre par le débiteur; que lorsqu'ils étoient arrêtés pour crimes, on devoit les entendre dans leurs défenses, & leur rendre ensuite la liberté, à moins qu'ils n'eussent été pris en flagrant-délit; & que, s'il se présentoit une partie, ils avoient droit de se défendre par gage de bataille, s'ils ne vouloient pas consentir à une information; qu'ils ne devoient pas subir la question sur de simples présomptions, mais seulement dans le cas du flagrant-délit; que la convocation de *l'ost de chevauchée* (que nous nommons aujourd'hui *ban & arrière-ban*) ne devoit se faire que dans la province même, moyennant certains gages, & qu'ils ne pouvoient être obligés d'en sortir qu'aux seuls frais du roi: qu'enfin les changemens & l'altération des monnoies leur avoient causé les plus grands préjudices.

Sur ces repréſentations, Louis Hutin, par une ordonnance de 1315, permit aux ſeigneurs du comté de *Champagne* de donner à leurs ſerviteurs nobles ſeulement des terres avec rétention de foi, pourvu qu'ils ne diminuaſſent pas trop leurs fiefs.

Il leur promit que ſes officiers s'abſtiendroient de connoître des conteſtations qui naîtroient dans leurs hautes-juſtices, excepté dans les cas dont la connoiſſance lui appartenoit.

Il renonça à toute acquiſition dans leurs fiefs par contrat volontaire, à moins qu'ils n'y conſentiſſent: mais il déclara que s'il lui venoit quelque fief par forfaiture ou autrement, il le retiendroit s'il le jugeoit à propos, en dédommageant le ſeigneur ou en lui donnant un homme pour deſſervir le fief.

Le roi accorda aux ſeigneurs hauts-juſticiers la poſſeſſion des bâtards qui naîtroient de leurs femmes de corps.

Il ordonna que les loix des bourgeoiſies fuſſent obſervées, que les dommages cauſés aux nobles à cet égard fuſſent réparés, & que ceux qui contreviendroient à l'avenir à ſon ordonnance fuſſent punis.

Il permit aux nobles de pourſuivre leurs hommes dans l'an & jour de leur évaſion, excepté dans le cas où ils ſeroient déſavoués par le mortaillable: il voulut que le mariage de leurs ſerfs dans ſes domaines ne pût nuire à leurs droits.

Il défendit à ſes officiers de pourſuivre en juſtice ou de mettre à la queſtion des vaſſaux nobles.

Il conſentit à ce que les nobles ne puſſent être aſſignés que dans les châtellenies où ils étoient *levans & couchans*, excepté en cas de reſſort ou *pour cauſe de ſouveraineté.*

Il voulut bien auſſi qu'ils ne puſſent être pourſuivis que devant les baillis, dans les cas où il ne s'agiſſoit que de l'honneur & des biens.

Louis Hutin ordonna que les frais d'eſtimation des terres qui lui écherroient par autorité de juſtice ou du conſentement des débiteurs, ſeroient pris ſur la choſe, & conſentit à payer la moitié des dépens dans les autres cas.

Il déclara que les nobles prévenus de crime ne pourroient être condamnés ſans avoir été entendus; qu'ils ne ſubiroient la queſtion que ſur des préſomptions graves, & pour des crimes qui mériteroient la mort, & qu'ils ne ſeroient jugés coupables qu'après avoir perſévéré dans l'aveu de leur délit.

Il promit aux nobles que la ſommation pour *l'oſt de chevauchée* ſe feroit dans le comté, ſe réſervant de leur faire ſavoir à quelles conditions ſes prédéceſſeurs les avoient conduits hors de la province.

Enfin il leur annonça qu'il avoit déjà réformé une partie de la monnoie, & que ſon intention étoit de la rétablir au même état où elle étoit du temps de ſaint Louis.

Louis Hutin adreſſa cette ordonnance aux baillis de Meaux, de Troyes, de Chaumont, de Vitri, & généralement à tous les juges du royaume, en leur enjoignant de maintenir les nobles du comté de *Champagne* dans les droits, propriétés & poſſeſſions dont ils jouiſſoient anciennement, de ne pas permettre qu'il fût rien innové à leur égard, & de réparer le tort que l'on pourroit leur avoir fait.

En interprétation de cette ordonnance, Louis Hutin en rendit deux autres la même année à la requiſition des nobles du comté de *Champagne*, par leſquelles il déclara qu'ils pourroient donner à leur ſerviteurs non nobles une penſion annuelle ſur leurs terres, s'ils le jugeoient à propos; que l'homme que le roi donneroit pour deſſervir le fief qui lui ſeroit échu par forfaiture ou autrement, ſeroit tenu d'obéir au ſeigneur comme ſon propre vaſſal; qu'il ſeroit enjoint aux officiers royaux d'obſerver les anciennes ordonnances touchant les ajournemens des vaſſaux des ſeigneurs, à peine d'encourir ſon indignation; que les officiers royaux qui prétendroient que des nobles auroient conſenti à procéder devant eux en cas de crime, n'en ſeroient crus que ſur de bonnes preuves: que les ordonnances relatives aux gages de bataille ſeroient obſervées; que les nobles ne ſubiroient la queſtion que pour les crimes qui mériteroient peine de mort; que *l'aide pour l'oſt* ne ſeroit pas levée ſur les hommes des nobles, *taillables*, *haut & bas*, *abonnés* ou *de jurée*, ni ſur ceux qui leur devoient *oſt & chevauchée*, non plus que ſur ceux qui étoient affranchis d'*aide d'oſt*, ni ſur les égliſes dont les nobles avoient la garde, ni ſur les *chévagiers* & les *mortaillables* des égliſes: que par les cas dont il s'étoit réſervé la connoiſſance, & qui touchoient *ſa royale majeſté*, il avoit entendu ce qui *de droit & d'ancienne coutume pouvoit appartenir à un prince ſouverain & à nul autre.*

Louis Hutin donna le premier ſeptembre 1315 une déclaration qui a trop de rapport aux ordonnances que l'on vient d'expoſer, pour n'en pas faire mention: il déclara que les nobles de *Champagne* s'étant rendus à l'armée de Flandres, quoiqu'ils n'euſſent pas été convoqués, ſuivant l'uſage, dans un lieu déterminé du comté, ſon intention n'étoit pas d'acquérir par cette innovation un nouveau droit qui pût préjudicier à la nobleſſe.

En vertu de ces loix, les privilèges de la nobleſſe étoient en ſûreté; mais le clergé avoit auſſi ſes prérogatives, & le peuple avoit des droits plus ſacrés encore; Louis avoient intérêt, lui-même, de le ſouſtraire à l'oppreſſion: c'eſt ce qui l'engagea à ordonner dans le comté de *Champagne* l'exécution de l'ordonnance que Philippe-le-Bel avoit rendue en 1302 pour la réformation du royaume.

Des coutumes particulières à la province de Champagne: 1°. de la nobleſſe tranſmiſe par le ventre. La *Champagne* eſt régie par différentes coutumes: celles de Troyes, de Meaux & de Chaumont ſont remarquables par un uſage ſingulier: nous voulons parler de la nobleſſe de ventre, ou de celle que les femmes peuvent tranſmettre.

On prétend que ce privilège fut accordé aux Champenois par Charles-le-Chauve après la bataille de Fontenay, où la plus grande partie de la nobleſſe de *Champagne* avoit péri : il crut pouvoir réparer cette perte en permettant aux femmes nobles qui ſe marieroient à des roturiers, de conférer la nobleſſe à leurs enfans.

Quoi qu'il en ſoit, les coutumes de *Champagne* contiennent des diſpoſitions formelles à ce ſujet : celle de Troyes, au titre de l'état & condition des perſonnes, s'exprime de la manière ſuivante :

« Entre les rivières d'Aube & de Marne, *le* » *fruit enſuit le ventre & la condition d'icelui*, ex- » cepté quand l'un des conjoints eſt noble, auquel » cas le fruit enſuit le côté noble, ſi ſuivre le » veut.... les anciens ſont nobles, les autres non- » nobles : ceux ſont nobles qui ſont iſſus en ma- » riage de père ou de mère noble, & ſuffit que » le père ou la mère ſoit noble, poſé que l'au- » tre deſdits conjoints ſoit non-noble ou de ſerve » condition ».

Pierre Pithou obſerve que cette diſpoſition eſt conforme à l'article 20 des anciennes coutumes de *Champagne* : il atteſte que cette loi étoit autrefois exécutée ſans modification ; & pour le prouver il rapporte différens jugemens contradictoires.

Le plus ancien eſt une ſentence rendue par le bailli de Troyes le 12 avril 1431, contre le procureur du roi qui avoit pris le fait & cauſe du receveur des droits royaux : François & Catherine de la Garmoiſe furent déclarés nobles du chef de leur mère, & exempts du droit de jurée qui eſt dû au roi ou au ſeigneur haut-juſticier par les roturiers, ſelon la valeur de leurs biens, & qui conſiſte en ſix deniers pour livre ſur les meubles, & deux deniers ſur les immeubles.

Le même juge donna un acte de notoriété en 1440, dans la cauſe & en faveur du ſieur Oudinot, ſur les dépoſitions des conſeillers, avocats & praticiens du bailliage. On y voit qu'il étoit juſtifié par différentes ſentences & enquêtes par turbes, que de temps immémorial l'enfant d'un roturier & d'une mère noble avoit joui du privilège de la nobleſſe. Il fut enjoint en conſéquence au procureur du roi, ainſi qu'à ſes ſucceſſeurs, de reſpecter cet uſage.

Les élus de Troyes s'y ſont conformés par différentes ſentences qu'ils ont rendues en 1510, 1515, 1516, 1517 & 1528. M. Pithou nous apprend que la dernière étoit intervenue ſur le conſentement des gens du roi.

Le même juriſconſulte cite de plus un arrêt en faveur de la nobleſſe de ventre, rendu par la cour des aides ſur une enquête par turbes, le 7 août 1483, au profit de Jean Gouyer, élu à Château-Thierry.

Il paroît cependant par les procès-verbaux des rédactions & des publications faites en 1494 & 1509, des coutumes de Troyes, Meaux & Chaumont, que la diſpoſition relative à la nobleſſe de ventre éprouva beaucoup de difficultés de la part du plus grand nombre de gentilshommes aux aſſemblées des trois états qui ſe tinrent dans ces différens bailliages.

Les nobles ſoutenoient que cette diſpoſition étoit contraire au droit écrit, & qu'elle ne pouvoit être autoriſée par le conſentement du peuple auquel la nobleſſe étoit étrangère ; qu'une femme noble ne conſervoit ſa nobleſſe qu'autant qu'elle ſe marioit avec un homme de ſa condition ; mais qu'elle la perdoit par ſon mariage avec un roturier, & que par conſéquent elle ne pouvoit la conférer à ſes enfans ; qu'il étoit abſurde que le fils d'un ſerf fût noble ; que cette coutume aviliroit la vraie nobleſſe, qu'elle multiplieroit les privilégiés, & ſeroit auſſi préjudiciable au roi qu'au public.

Le tiers-état ſe renferma dans le fait ; il ſoutint que la diſpoſition de la coutume étoit claire & qu'elle avoit été obſervée de tout temps.

Cette conteſtation & le peu d'unanimité qui régnoit parmi les membres des différens ordres, déterminèrent les commiſſaires nommés par le roi pour la publication des coutumes de *Champagne*, à enjoindre aux parties d'expoſer leurs raiſons par écrit, pour, ſur le rapport qui en ſeroit fait à la cour, être ordonné ce qui conviendroit : ils décidèrent qu'en attendant on en uſeroit dans le bailliage de Troyes, à l'égard de la nobleſſe du chef des femmes, comme on avoit fait par le paſſé ; mais ils ordonnèrent, relativement aux deux autres coutumes, que l'effet de leurs diſpoſitions reſteroit en ſuſpens.

Le parlement ne donna point ſans doute de réglement, puiſqu'il intervint aux grands jours de Troyes, en 1535, un arrêt entre Jeanne de Toulongeon, dame de Lanoy & Thomas Fouquet, portant qu'il ſeroit informé ſi la nobleſſe de ventre avoit lieu dans la coutume de Chaumont.

On ignore s'il a été procédé à cette enquête ; mais on ſait qu'en 1566 le fermier du huitième du vin ayant interjetté appel d'une ſentence des élus de Troyes, la cour des aides jugea, contre Guillemin de Morigny & conſorts, que la nobleſſe du chef des femmes ſe reſtreignoit aux droits que la coutume accorde aux nobles, ſans préjudicier au roi. Elle ordonna même que cet arrêt ſeroit publié en l'élection de Troyes ; ce qui fut exécuté le 20 mars 1567.

Quoique M. Pithou approuve peu cette déciſion, il eſt obligé de convenir que, ſuivant la juriſprudence de la cour des aides, un noble du chef de ſa mère peut poſſéder des fiefs, partager noblement & jouir des autres prérogatives de la coutume, mais non de l'exemption de la taille & des autres impoſitions que ſupportent les roturiers. Les éditeurs & annotateurs du coutumier général ont le même sentiment. Ainsi on peut regarder comme constante, la modification que la cour des aides a faite à la disposition qui a lieu en *Champagne*, touchant la noblesse du côté des femmes.

S'il nous est permis d'exposer notre opinion à ce sujet, nous observerons que la cour des aides ne pouvoit prendre un parti plus sage : quelque bisarre que fût la loi, les juges devoient s'y conformer, puisque le souverain ne l'avoit pas abrogée : mais elle tendoit à multiplier les privilégiés en surchargeant la classe laborieuse du peuple; il étoit sans doute essentiel de remédier à cet inconvénient : & la cour des aides l'a fait, sans contrevenir à la coutume.

2°. *De la bourgeoisie du roi.* Dans la *Champagne* particulière on appelle *bourgeois du roi*, les roturiers qui demeurent dans les ressorts du bailliage de la prévôté de Troyes ou dans la terre d'un seigneur haut-justicier qui n'a pas les droits royaux.

Ces bourgeois sont, suivant la coutume, justiciables du roi dans tous les cas personnels, civils ou criminels.

Les seigneurs représentèrent, lors de la publication de la coutume de Troyes, que si cette disposition n'étoit pas corrigée, les hautes & moyennes justices qu'ils tenoient en fief du roi seroient illusoires : ils observoient qu'ils avoient dans leurs jurisdictions des sujets de quatre qualités différentes; savoir, des nobles, des clercs, des roturiers & des serfs ou gens de morte-main. Or, disoient-ils, nous n'avons point de droit de justice sur les nobles ni sur les clercs : & si l'on nous enlevoit encore les roturiers, il ne nous resteroit que les serfs hommes & femmes de corps, pour justiciables : ils demandèrent en conséquence que la disposition fût reformée.

Les officiers de justice s'étant opposés à la prétention des seigneurs, les commissaires du roi ordonnèrent qu'il en seroit référé à la cour.

Les bourgeois des terres des seigneurs hauts-justiciers sont restés soumis à la jurisdiction immédiate du roi; mais l'exercice du droit de bourgeoisie dépend de la volonté de ces bourgeois, comme il résulte de différens arrêts, dont le plus remarquable est celui que le parlement rendit en 1632, sur une enquête par turbes, entre Gabrielle de Vauldray, dame de la terre d'Aureuil & ses vassaux d'une part, & Charles de Gonzague, duc de Mantoue & baron d'Ervy, qui avoit pris fait & cause pour les officiers de sa baronnie. Cet arrêt confirmatif d'une sentence que les requêtes du palais avoient rendue en 1622, au profit de la dame de Vauldray, fit défenses au bailli d'Ervy, d'empêcher l'exercice de la justice d'Aureuil, ni de s'arroger aucune jurisdiction en première instance, sur les vassaux de cette seigneurie, à moins qu'ils ne fussent bourgeois du roi, & ne se fussent déclarés & avoués tels par un acte passé devant un notaire ou un sergent, & signifié au siége d'Aureuil, & qu'en cette qualité, ils n'eussent demandé leur renvoi devant le bailli d'Ervy; ce qui leur seroit accordé.

La cour ordonna que cet arrêt seroit lu & publié au bailliage de Troyes, pour y être gardé & observé.

3°. *Du franc-aleu en Champagne.* Dans les coutumes de Troyes, de Chaumont & de Vitry, tout héritage est réputé franc-aleu, quoique situé dans la justice d'autrui, à moins que le contraire ne soit prouvé par titres.

Cette sorte de biens donna lieu à une contestation, lors de la publication des coutumes.

Les seigneurs hauts-justiciers du bailliage de Troyes, tant laïcs qu'ecclésiastiques, représentèrent aux commissaires du roi, que les gentilshommes qui possédoient des fiefs, étoient obligés de rendre foi & hommage au roi, & de faire le service lorsque le ban & l'arrière-ban étoient convoqués; qu'il étoit juste, à plus forte raison, qu'un roturier qui avoit des terres dans leurs justices, leur payât quelque cens ou redevance; que s'il en étoit autrement, un domaine en roture seroit plus privilégié qu'une terre féodale.

Le tiers-état soutenoit au contraire que toute terre étoit franche de droit; que celui qui prétendoit quelque cens & redevance devoit en justifier, & que la franchise à cet égard méritoit d'autant plus de faveur, qu'il ne résultoit que du mal de la servitude féodale.

Ce différend fut remis, ainsi que les autres, à la décision du parlement. Par un arrêt qu'il rendit le 17 février 1673, au profit des habitans de Nogent-sur-Seine, il a été décidé que le franc-aleu sans titre, avoit lieu à Troyes, Vitry & Chaumont, nonobstant l'opposition des seigneurs hauts-justiciers.

En effet, leur prétention ne portoit que sur un sophisme : ce n'étoit pas avec une terre tenue en fief du roi qu'ils devoient comparer le franc-aleu roturier, mais plutôt avec le franc-aleu noble dont ils ne nioient pas l'existence. Pourquoi donc celle du franc-aleu roturier auroit-elle été impossible? Il paroît d'ailleurs que le tiers-état avoit la possession pour lui, & c'en étoit sans doute assez dans une cause aussi favorable que la sienne.

Le cens étant une sorte de servitude aussi contraire à l'esprit de la coutume de Troyes qu'à la liberté naturelle, doit être sujet à la prescription; mais il semble aussi que les seigneurs sont fondés à demander que celui qui possède des terres en franc-aleu, leur en fasse une déclaration, afin qu'ils puissent connoître ce qui est dans leur mouvance & ce qui n'y est pas.

4°. *Des lods & ventes & autres droits féodaux.* La vente des héritages tenus en censive dans le bailliage de Troyes, donne lieu aux lods & ventes; mais l'échange n'y est pas sujet, à moins qu'il n'y ait une soulte : ils sont de trois sous quatre deniers tournois pour livre du prix ou de la soulte.

Le

Le vendeur, l'acquéreur ou ceux qui ont fait l'échange, les doivent par moitié, & jusqu'à ce qu'ils se soient acquittés, le seigneur a hypothèque sur l'héritage.

Il n'est point dû de lods & ventes pour les héritages qu'on recueille par succession & en vertu de partage, lors même qu'il y a une soulte, à moins qu'elle ne soit si grande, que le contrat doive être considéré plutôt comme une vente que comme un partage.

Un héritage en censive ne peut être chargé d'un second cens, à moins que le seigneur n'y consente; & dans ce cas, les lods & ventes qui peuvent être dus par la suite, se partagent entre les deux seigneurs censiers.

Si le seigneur haut-justicier vend un héritage vacant dans la censive d'un autre, les lods & ventes sont dus au seigneur censier.

Lorsque le vassal vend son fief à quelqu'un qui n'est pas de son lignage, le seigneur peut en former le retrait, en payant le prix de la vente avec les loyaux coûts, pourvu toutefois qu'il n'ait pas reçu l'acquéreur à rendre foi & hommage.

Si l'héritage reste à l'acquéreur, il ne doit que la moitié des droits de quint & requint, à moins que par le contrat le vendeur ne doive avoir *ses deniers francs* : car en ce cas, les quint & requint seroient à la charge seule de l'acquéreur.

Ces droits sont également dus dans les autres coutumes de *Champagne*.

Celle de Reims porte qu'on les paiera, 1°. pour un bail à vie ou pour plus de neuf ans, à la charge de quelque redevance; 2°. en cas de prorogation de la grace du réméré, portée par la coutume; 3°. enfin si le vassal cède son fief pour s'acquitter d'une rente perpétuelle ou viagère.

Le droit de quint est également dû, suivant les coutumes de Troyes, de Vitry & de Sedan, si le vassal dispose de sa terre pour plus de trois ans: il en est de même, tant à Sedan & à Vitry qu'à Chaumont, pour la soulte des échanges; & cette disposition est devenue générale, en vertu des édits & déclarations du roi des années 1673 & 1674.

Le droit de rachat est dû en toute mutation de fief, excepté en cas de vente ou de bail à rente rachetable, suivant la plupart des coutumes de *Champagne* : telles sont celles de Troyes, de Vitry, de Sedan, de Reims, Chaumont & Châlons.

Dans les trois dernières, la veuve qui se remarie doit le relief. Elles sont conformes à cet égard à la coutume de Paris, comme il paroît par deux arrêts rendus par le parlement en 1602 & 1603.

Le même droit est dû, suivant la coutume de Troyes, en cas d'échange d'héritages féodaux.

Il faut cependant observer que les habitans des villes, bourgs & communautés de *Champagne*, ayant offert quatre-vingts mille livres en 1697, pour la suppression en cette généralité des droits d'échange appartenans au roi dans toutes les directes des seigneurs & particuliers, & leurs offres ayant été acceptées, Louis XIV rendit un arrêt le 7 mai de la même année, revêtu de lettres-patentes du 30 juin suivant, au moyen desquelles les droits d'échange ne sont perçus que dans les directes & domaines du roi.

5°. *Du retrait lignager.* Dans la coutume de Troyes, lorsque deux parens lignagers veulent retirer un héritage propre qui a été vendu, on donne la préférence au plus prochain, à la différence de la coutume de Paris, qui préfère le plus diligent: mais lorsque les retrayans sont en même degré, le plus diligent l'emporte.

Des droits domaniaux. Par un arrêt du conseil du 9 juillet 1668, le roi ordonna qu'il fût procédé à la recherche des domaines, quints, requints, reliefs & autres droits domaniaux de la généralité de Châlons, pour être réunis au domaine de sa majesté. Elle voulut qu'il fût procédé à la confection des papiers terriers de chacun des domaines, suivant le réglement fait pour le papier terrier de la ville, prévôté & vicomté de Paris; qu'il fût fait une exacte visite des châteaux, maisons, terres & autres domaines, & qu'il fût dressé des procès-verbaux de l'état où ils se trouveroient pour, le tout rapporté au conseil avec l'avis du sieur commissaire départi, être ordonné ce qu'il appartiendroit.

Un édit du mois de septembre 1555 ordonna qu'il seroit aliéné du domaine du roi en *Champagne*, jusqu'à concurrence de quinze mille livres de rentes.

Le roi donna un autre édit en 1594, pour la vente à faculté de rachat perpétuel des domaines, greffes, sceaux & tabellionnage des généralités de *Champagne*, Moulins, *&c.*

Un arrêt du conseil du 9 octobre 1669, ordonna le remboursement des engagistes des domaines de Vermandois, Mouzon, Chaumont, Saint-Dizier, Vassy, Bar-sur-Aube & autres domaines de *Champagne*, qui avoient été aliénés en exécution d'un édit du mois de décembre 1643, & réservés pour le paiement des charges locales.

Un autre arrêt du conseil du 9 décembre 1669, réunit au domaine Montereau-Faut-Yonne, qui avoit été adjugé au sieur le Tellier le premier août 1660, avec injonction à ses créanciers de rapporter leurs titres pour parvenir à en faire la liquidation.

Les coches par eau de Montereau furent compris dans le bail des domaines fait à Chariere, le 18 mars 1687.

Un arrêt du conseil du 7 août 1725 ordonna que le droit de jurisdiction, nommé *jurée*, dû au domaine par les habitans de la ville de Bar-sur-Aube, à raison de douze deniers par ménage & de six deniers par demi-ménage, payables au jour de S. André, seroit levé à l'avenir sans frais, à la fin de chaque bail des domaines, par les collecteurs des tailles de la ville même, sur les exempts, les privilégiés & autres particuliers, qui seroient taxés d'office en vertu des ordonnances de l'Intendant de *Champagne* : il a été enjoint aux collecteurs de remettre le montant aux fermiers & régisseurs, à la réserve de dix deniers pour livre qu'ils retiendroient pour leurs frais & salaires.

A l'égard des droits d'aides qui se perçoivent en *Champagne*, on peut consulter le *Dictionnaire de Finance*.

Des foires de Champagne. Personne n'ignore que long-temps avant le règne de Philippe-le-Bel les foires de *Champagne* étoient célèbres : Philippe de Valois, dans une ordonnance de 1344, déclare que les prélats, princes, barons, chrétiens & mécréans en avoient approuvé l'institution, ensorte qu'il lui est dû obéissance dans tous les pays en deçà & en delà de la mer.

Il y a eu une foule de réglemens pour la tenue de ces foires, & pour régler les privilèges accordés aux marchands qui les fréquentoient. Nous n'entrerons pas dans ce détail, qui devient inutile depuis que ces foires sont entiérement tombées.

Les habitans de Troyes & de quelques autres villes de la province, ont cherché à les remettre en vigueur sous le règne de Louis XIV ; mais l'arrêt du conseil & les lettres-patentes données à ce sujet en 1697, n'ont produit aucun effet. La protection que le gouvernement accorde depuis long-temps au commerce en général, a rendu les foires moins nécessaires. *Voyez* FOIRES, LYON.

A quelle ville accorde-t-on la prérogative de capitale de la Champagne ? Les comtés de *Champagne* & de Brie ont formé, avec la haute *Champagne*, depuis leur réunion à la couronne, une seule province : Troyes & Châlons se sont long-temps disputé l'honneur d'en être la capitale ; leur contestation éclata en 1722 à l'occasion du sacre de Louis XV, & donna lieu à différens écrit polémiques.

La ville de Reims avoit aussi des prétentions à cette prééminence ; elle avoit été, de l'aveu des deux autres, capitale de la Gaule Belgique sous les Romains : elle leur étoit supérieure par sa grandeur, sa population, son opulence, ses antiquités, ses édifices, son siège archiépiscopal : elle joignoit à tous ces avantages le privilège singulier d'avoir été choisie par nos rois pour la cérémonie de leur sacre.

Châlons convenoit que, si elle n'étoit pas capitale de la *Champagne*, Reims devoit l'être : mais elle se croyoit fondée à réclamer cette prérogative parce que la haute & la basse *Champagne* formoient une généralité dont elle étoit le chef-lieu par la résidence qu'y faisoient les intendans.

On ajoutoit que l'on avoit transféré l'hôtel de la monnoie de Troyes à Châlons & établi dans cette dernière ville une chambre de parlement en considération de la fidélité qu'elle avoit témoignée au roi dans les circonstances les plus critiques : Henri III lui avoit écrit une lettre en 1589, par laquelle il lui avoit donné le titre de *ville principale de la province de Champagne*.

Les gouverneurs & les généraux d'armées faisoient leur séjour à Châlons lorsqu'ils étoient dans la province : il y avoit en cette ville un magasin d'armes & de munitions de guerre : & lorsque les villes de la province vinrent présenter leurs hommages à Louis XV lors de son sacre, les députés de Châlons avoient été appellés les premiers.

La ville de Troyes ne se bornoit pas à des prétentions : elle articuloit une possession qui remontoit jusqu'aux temps de ses anciens comtes : ces princes y faisoient leur résidence & y tenoient leurs grands jours avec les sept comtes & pairs leurs vassaux.

La réunion du comté de *Champagne* à la couronne n'apporta aucun changement à cet égard, puisque Philippe-le-Bel ordonna que les grands jours se tiendroient deux fois l'année à Troyes : Louis Hutin & Philippe-le-Long renouvellèrent cette ordonnance.

Leur exemple fut suivi par Henri III, qui ordonna en 1583, de l'avis des princes de son sang, que « la cour & jurisdiction, vulgairement appellée » *les grands jours*, seroit tenue & exercée la même » année *dans la ville de Troyes comme première,* » *principale & capitale du comté de Champagne* ».

Henri III s'exprima d'une manière au moins aussi formelle dans un arrêt qu'il rendit en 1600, en ces termes : « Sur le rapport fait au roi de plusieurs » requêtes présentées par les maires, échevins & » habitans d'aucunes villes de la province de *Champagne*, le roi, étant en son conseil, a ordonné & » ordonne que les habitans de la ville de Troyes, » *comme capitale de la province*, Reims pour la considération du sacre des rois de France, Langres, » Châlons, Chaumont en Bassigny, Saint-Dizier, » Mezières, comme villes frontières, jouiroient » de l'exemption & affranchissement de toutes » tailles, *&c* ».

Les députés du bailliage de Troyes avoient toujours été appellés les premiers dans les états généraux du royaume, comme on pouvoit le voir dans la relation de ce qui s'étoit passé aux états de Blois & de Paris : on observoit que la ville de Châlons n'y avoit point envoyé de députés : si elle avoit été capitale de la province, eût-elle été oubliée ?

Les députés de Troyes étant à Reims au sacre de Louis XIII, furent chargés des cahiers de la province, comme représentant la capitale.

Ils firent, en la même qualité, les propositions dans une assemblée des villes de la province qui se tint à Châlons en 1625, en présence du duc de Nevers, gouverneur de la *Champagne*.

La ville de Troyes avoit été qualifiée de capitale dans trois arrêts rendus par Louis XIII, Louis XIV & Louis XV, touchant la nourriture des pauvres & les foires franches de cette ville.

Elle avoit toujours eu la préséance sur les autres villes de la province, aux passages des rois, princes & princesses du sang, par la *Champagne*.

Elle avoit été reconnue pour capitale par MM.

de Sainte-Marthe dans leur ouvrage *de Galliâ-christianâ*, par Moreri dans son *Dictionnaire historique*, par Samson dans son *Introduction à la géographie*, & par l'auteur des *Tables chronologiques de tous les archevêchés & évêchés de l'univers.*

Elle réunissoit même en sa faveur l'aveu des officiers qui avoient rempli les charges municipales de Châlons en 1652. Par une lettre qu'ils avoient écrite aux maire & échevins de Troyes, au sujet d'une assemblée des députés de la province qui devoit se tenir à Châlons, ils s'exprimoient ainsi : « Nous savons très-bien que l'assemblée devroit se » tenir en votre ville; mais comme les autres » villes ont jugé à propos qu'elle se fît à Châ» lons, pour la commodité de tous les députés, » comme étant le centre de la province, nous » vous prions de l'avoir pour agréable: notre » dessein n'est en aucune manière de nous en pré» valoir; *nous vous témoignerons de grand cœur que* » *nous reconnoissons votre ville pour la capitale*, *où* » *nous nous rendrons toujours à votre mandement* ».

On observoit que les députés de Châlons n'avoient été appellés les premiers au sacre de Louis XV que par erreur, puisque sur la réclamation des députés de Troyes, ceux-ci furent autorisés à présenter les premiers leur hommage. On ne pouvoit rien inférer de l'établissement d'une chambre de parlement à Châlons, non plus que de la translation en cette ville de l'hôtel de la monnoie de Troyes, ces innovations ayant cessé avec les troubles de la ligue qui les avoient occasionnées: si les intendans, les gouverneurs & les généraux d'armée faisoient leur sejour à Châlons, c'est que cette ville étant au centre de la province, ils étoient plus à portée de donner leurs ordres. Ils pourroient résider, pour la commodité du service, dans toute autre ville même inférieure à celle de Châlons, sans lui conférer par-là le titre de capitale.

Tels étoient les moyens respectifs des villes rivales. Leur différend s'étant renouvellé en 1775, au sacre de Louis XVI, les titres de la ville de Troyes ont paru victorieux au conseil de sa majesté: elle a été déclarée capitale de la province de *Champagne*, & les officiers municipaux de cette ville ont fait frapper une médaille pour signaler cette décision & en perpétuer le souvenir.

CHAMPAGNE, ou *Droit de Champagne*, terme de finances usité anciennement à la chambre des comptes. C'étoit un droit ou rétribution que les auditeurs des comptes prenoient sur les baux à ferme des domaines de *Champagne*, pour être payé aux présidens, maîtres & auditeurs. Ce droit qui ne subsiste plus aujourd'hui, étoit de vingt sous pour chaque ferme de mille livres & au-dessous, & quarante sous des fermes qui excédoient mille livres.

CHAMPART, f. m. (*Jurisprudence.*) terme usité dans plusieurs coutumes & provinces pour exprimer une redevance qui consiste en une certaine portion des fruits de l'héritage pour lequel elle est due. Ce mot vient du latin *campi pars* ou *campi partus*, d'où l'on a formé dans les anciens titres latins les noms de *campars*, *campipartum*, *camparcium*, *camparium*, *campardus*, *campartus*, *campipertio. Voyez* Ducange, au mot *campi pars.*

En françois, il reçoit aussi différens noms : en quelques lieux, on l'appelle *terrage* ou *agrier*; en d'autres, on l'appelle *tasque* ou *tâche*, *droit de quart* ou *de cinquain*, *neuvième*, *vingtain*, &c.

Ce droit a lieu en différentes provinces, tant des pays coutumiers que des pays de droit écrit. En quelques endroits, il est fondé sur la coutume, statuts ou usages du lieu; en d'autres, il dépend des titres.

Les coutumes qui font mention du *champart*, sont celles de Châteauneuf, Chartres, Dreux, Dunois, Etampes, Orléans, Mantes, Senlis, Clermont, Amiens, Ponthieu, Saint-Pol, Montargis, Romorantin, Menetou, Nivernois, Péronne, Berri, Bourbonnois, Poitou, Blois, & plusieurs autres où il reçoit différens noms.

Dans les parlemens de Toulouse & d'Aix, il est connu sous les noms de *champart*, *agrier* ou *tasque*; dans les autres pays de droit écrit, il reçoit aussi différens noms.

Il y en a de trois sortes; savoir, celui qui est seigneurial & qui tient lieu de cens, & est dû *in recognitionem dominii*; quelquefois ce n'est qu'une redevance semblable au surcens ou rente seigneuriale; enfin il y a une troisième sorte de *champart* non seigneurial; celui-ci n'est qu'une redevance foncière qui est due au propriétaire ou bailleur de fonds, dont l'héritage a été donné à cette condition.

Le plus ancien réglement que l'on trouve sur le droit de *champart*, sont des lettres de Louis-le-Gros, de l'an 1119, accordées aux habitans du lieu nommé *Angere regis*, que M. Secousse croit être Angerville dans l'Orléannois. Ces lettres portent que les habitans de ce lieu paieront au roi un cens annuel en argent pour les terres qu'ils posséderont; que s'ils y sèment du grain, ils en paieront la dixme ou le *champart*. Elles furent confirmées par Charles VI le 4 novembre 1391.

On voit dans les établissemens de S. Louis, faits en 1270, *chap. 99*, que le seigneur direct pouvoit mettre en sa main la terre tenue à *champart* d'un bâtard, dont on ne lui payoit aucune redevance; mais que ce bâtard pouvoit la reprendre, à la charge du cens.

Il est dit, *chap. 163* de ces mêmes établissemens, que le seigneur pouvoit mettre en sa main la terre qui ne devoit que le terrage ou *champart*; mais qu'il ne pouvoit pas l'ôter au propriétaire pour la donner à un autre; que si la terre devoit quelques autres droits, le seigneur ne la pouvoit prendre qu'après qu'elle avoit été sept ans en friche; qu'alors le tenancier qui perdoit sa terre, devoit de plus dédommager le seigneur de la perte qu'il avoit faite du *champart* pendant ce temps.

Philippe VI, dit *de Valois*, dans un mandement

du 10 juin 1331, adressé au sénéchal de Beaucaire, dit qu'on lui a donné à entendre que, par un privilège accordé par les rois ses prédécesseurs, & observé jusqu'alors, ceux qui tenoient du roi un fief ou un arrière-fief, pouvoient posséder des héritages tenus à cens ou à *champart*; Philippe VI ordonne qu'il sera informé de ce privilège; & que, s'il est constant, les possesseurs des terres ainsi tenues à cens ou à *champart*, ne seront point troublés dans leur possession.

Dans des lettres du roi Jean, du mois d'octobre 1361, portant confirmation de la charte de bourgeoisie accordée aux habitans de Busency, il est dit, *art.* 4, que les bourgeois paieront le terrage de treize gerbes une, de toutes les terres que l'on labourera sur le ban & finage de Busency, & pour les vignes à proportion.

Un des articles des privilèges accordés aux habitans de Monchauvette en Beauce, par Amauri, comte de Montfort, & Simon, comte d'Evreux, son fils, confirmés par plusieurs de nos rois, & notamment par Charles VI au mois de mars 1393, porte que, si ceux qui sont sujets au droit de *champart*, ne veulent pas le payer, on le levera malgré eux.

L'usage qui s'observe présentement par rapport au droit de *champart*, est que, dans les pays coutumiers, il n'est dû communément que sur les grains semés, tels que bled, seigle, orge, avoine, pois & vesce, qui sont pour les chevaux; bled noir ou sarrasin, bled de mars, chanvre. Il ne se perçoit point sur le vin ni sur les légumes, non plus que sur le bois, sur les arbres fruitiers, à moins qu'il n'y ait quelque disposition contraire dans la coutume, ou un titre précis.

En quelques endroits, les seigneurs ou propriétaires ont sur les vignes un droit semblable au *champart*, auquel néanmoins on donne différens noms : on l'appelle *teneau* à Chartres, *complant* en Poitou, Angoumois & Saintonge; *carpot* en Bourbonnois. Ces droits dépendent aussi de l'usage & des titres, tant pour la perception en général, que pour la quotité.

Dans les pays de droit écrit, le *champart* ou *agrier* se lève sur toutes sortes de fruits; mais on y distingue l'*agrier* sur les vins & autres fruits, de ceux qui se perçoivent sur les grains : les noms en sont différens, aussi-bien que la quotité; cela dépend ordinairement de la *baillette* ou concession de l'héritage.

La dixme, soit ecclésiastique ou inféodée, se perçoit avant le *champart*; & le seigneur ne prend le *champart* que sur ce qui reste après la dixme prélevée, c'est-à-dire, que, pour fixer le *champart*, on ne compte point les gerbes enlevées pour la dixme.

L'ancienne jurisprudence étoit au contraire de donner la préférence au *champart* sur la dixme : c'est ce que nous apprenons d'un arrêt de 1269, rapporté par Chopin. Cette jurisprudence étoit peut-être plus conforme aux principes que la nouvelle; car le *champart* est une véritable dette du fonds, une des conditions de l'aliénation, & est une charge antérieure à la dixme. *Voyez* DIXME.

On tient pour maxime, en pays coutumier, que le *champart* n'est pas vraiment seigneurial, à moins qu'il ne tienne lieu du cens : quelques coutumes le décident ainsi. Montargis, *art.* 4.

Le *champart* seigneurial a les mêmes prérogatives que le cens; il produit des lods & ventes, en cas de mutation par vente ou par contrat équipollent à vente, excepté dans les coutumes d'Orléans & d'Etampes, qui sont singulières à cet égard.

Le décret ne purge point le droit de *champart* seigneurial, quoique le seigneur ne s'y soit pas opposé.

A l'égard des pays de droit écrit, l'usage le plus général est que le *champart* n'y est réputé seigneurial que quand il est joint au cens : cela dépend des titres ou reconnoissances. Cependant, au parlement de Bordeaux, il est réputé seigneurial de sa nature.

Le *champart*, même seigneurial, n'est pas portable dans les parlemens de droit écrit; il est quérable sur le champ, excepté au parlement de Bordeaux; il tombe en arrérages : mais, sur ce point, l'usage n'est pas uniforme; au parlement de Toulouse, on n'en peut demander que cinq ans, soit que le droit soit seigneurial ou non; à Bordeaux, on en adjuge vingt-neuf, quand il est seigneurial, & cinq, lorsqu'il ne l'est pas; au parlement de Provence, on en adjuge trente-neuf années, quand il est dû à un seigneur ecclésiastique.

En pays coutumier, il ne tombe point en arrérages, & il est toujours quérable, si le titre & la coutume ne portent le contraire; comme les coutumes de Poitou, Saintes, Amiens, Nevers, Montargis, Blois & Bourbonnois.

La quotité du *champart* dépend de l'usage du lieu, & plus encore des titres. Les coutumes de Montargis, de Berri & de Vatan le fixent à la douzième gerbe, s'il n'y a convention contraire : celle de Dovine le fixe à la dixième gerbe. Il y a encore des lieux où il est plus fort : quelques seigneurs en Poitou perçoivent de douze gerbes deux, & même trois : ce qui fait la quatrième ou sixième gerbe. Il y a aussi des endroits où il est moindre : tout cela, encore une fois, dépend de l'usage & des titres.

Dans les provinces de Lyonnois, Forez, Beaujolois, il est ordinairement du quart ou du cinquième des fruits; c'est pourquoi on l'appelle *droit de quatre* ou *de cinquain*.

En Dauphiné, on l'appelle *droit de vingtain*, parce qu'il est de vingt gerbes une.

On peut intenter complainte pour le terrage. Celui qui possède un héritage sujet au *champart* ou autre droit équipollent, est obligé de labourer & ensemencer ou planter la terre, de manière que le droit puisse y être perçu; il ne peut, en fraude du droit, laisser l'héritage en friche, s'il est propre à être cultivé; &, si le titre spécifie la qualité des fruits qui sont dus, le tenancier ne peut changer la surface du fonds pour lui faire produire une autre espèce de fruits : les coutumes de Blois & d'Amiens le défendent expressément; celle de Montargis le permet, en avertissant le seigneur & l'indemnisant à dire d'experts.

Il faut néanmoins excepter le cas où la nature du terrein demande ce changement; alors le seigneur ou propriétaire ne perd pas son droit; il le perçoit sur les fruits que produit l'héritage.

La coutume de Poitou, *art. 104*, veut que celui qui tient des terres à terrage ou *champart*, en pays de bocage, c'est-à-dire, entouré de bois, emblave au moins le tiers des terres; &, si c'est en plaine, qu'il emblave la moitié. L'article 61 porte qu'à l'égard des vignes, faute de les façonner, le seigneur les peut reprendre, & les donner à d'autres.

Les coutumes de la Marche, Clermont, Berri, Amiens ne permettent au seigneur de reprendre les terres qu'au bout de trois ans de cessation de culture : celle d'Amiens permet au tenancier de les reprendre; la coutume de Blois veut qu'il y ait neuf ans de cessation.

Le *champart* se prend, chaque année, dans le champ, soit pour l'emporter, s'il est quérable, soit pour le compter & le faire porter par le tenancier, s'il est portable. Dans tous les cas, il faut que le seigneur ou propriétaire, ou leurs préposés, soient avertis avant que l'on puisse enlever la dépouille du champ. La coutume de Soesme est la seule qui permette au tenancier d'enlever sa récolte sans appeller le seigneur, en laissant le terrage debout, c'est-à-dire, sans le couper; *& vice versâ*, au seigneur avant le tenancier.

Quant à la manière d'avertir le seigneur ou propriétaire qui a droit de *champart*, la coutume de Boulenois dit qu'on doit le sommer : celle de Berri & Blois veulent qu'on lui signifie; mais, dans l'usage, le tenancier n'est point obligé de faire aucun acte judiciaire; un avertissement verbal en présence de témoins suffit, comme la coutume de Blois le dit en un autre endroit.

Lorsque ce droit est commun à plusieurs seigneurs, il suffit d'en avertir un, ou de faire cet avertissement au lieu où le *champart* doit être porté, comme la coutume de Blois le donne à entendre, *chap. 133*.

La coutume de Mantes veut que le seigneur, appellé pour la levée du terrage, comparoisse du soir au matin, & du matin à l'après-dînée. Les coutumes de Poitou & de Berri veulent qu'on l'attende vingt-quatre heures; celle de Montargis, qu'on l'attende *compétemment* : cela dépend de l'usage & des titres, & même des circonstances qui peuvent obliger d'enlever la moisson plus promptement; par exemple, lorsque l'on craint un orage.

Le *champart* seigneurial, & qui tient lieu du cens, est, de sa nature, imprescriptible; &, par une suite du même principe, le décret ne le purge pas.

En Dauphiné, le *champart* qu'on y appelle *vingtain*, se prescrit par cent ans, lorsqu'il est seigneurial, & par trente ou quarante, lorsqu'il ne l'est pas. (*A*)

Cet article de l'ancienne édition de l'*Encyclopédie* est peut-être un des mieux faits; il ne nous laisse que quelques développemens à y ajouter.

De la nature du champart. Le *champart* peut être de trois sortes; censuel, seigneurial, simple rente foncière.

Nous appellons *champart censuel*, celui qui tient lieu de cens. Le *champart* tient lieu du cens, il forme le véritable cens de la seigneurie toutes les fois qu'il est dû au seigneur de l'héritage grevé, & qu'il en est la première ou la seule charge.

Lorsque le *champart* est établi par le seigneur & par le bail à cens, que l'héritage est en outre grevé d'un cens, & que les deux prestations, indépendantes l'une de l'autre, existent chacune, *tanquam onus separatum per se*, suivant l'expression de Dumoulin, alors le *champart* est seigneurial. Il n'est pas censuel, puisqu'il existe un cens; mais, étant dû au seigneur, représentant, comme le cens lui-même, l'héritage aliéné : c'est quelque chose de plus qu'une simple rente foncière; il appartient à la classe des droits seigneuriaux.

Enfin le *champart* n'est autre chose qu'une rente ou prestation purement foncière, lorsque ce n'est pas au seigneur de l'héritage qu'il appartient.

Ce dernier est prescriptible, se purge par le décret comme toutes les rentes foncières. Il en est de-même du *champart* seigneurial; cette qualification ne lui donne aucune des prérogatives du cens; tout ce qui en résulte, c'est que le tenancier est obligé de le porter dans les déclarations de son héritage au seigneur auquel il appartient dans les aveux de sa seigneurie.

Nous avons cru devoir revenir sur ces notions élémentaires, parce qu'il nous semble qu'elles ne sont pas présentées avec assez de précision & de netteté dans les écrits sur cette matière. Nous y lisons : « on tient pour maxime générale en pays » de coutume, que le *champart* n'est pas *seigneurial*, » c'est-à-dire, recognitif de la directe, s'il n'est » seul, s'il ne tient lieu du cens; & au contraire, » s'il est avec un *cens*, il n'est pas *seigneurial*. Il » n'y a que le cens qui emporte directe seigneurie, » & produise lods & ventes aux mutations ». *Guiot, Traité des fiefs, tom. IV, pag. 445*.

Ces définitions ne sont pas exactes; il est possible qu'il existe sur le même héritage cens & *champart*, & néanmoins que le *champart* soit censuel & recognitif de la directe. Cela arrive toutes les fois qu'il résulte des termes du bail à cens, que les deux prestations ne forment qu'un seul devoir sous deux dénominations différentes; toutes les fois qu'il paroît que la qualification de cens s'applique à la redevance en nature comme à celle en argent; en un mot, toutes les fois que le seigneur s'est exprimé de manière qu'il faut en conclure que son intention a été d'imprimer au *champart*, comme au cens proprement dit, les mêmes charges & les mêmes prérogatives.

Des différens auteurs qui ont écrit sur cette matière, Basset nous paroît être celui qui a le mieux senti cette vérité; que le *champart* peut être censuel, quoiqu'il existe un cens sur l'héritage; quand le *champart*, dit cet arrêtiste, est joint avec le cens, ou apposé *in augmentum d'icelui*, il va de pair avec le cens, & est imprescriptible. *Arrêts du parlement de Grenoble, tom. II, liv. VI, tit. 8, chap.* 2.

Mais comment connoîtrons-nous si le *champart* est uni au cens, s'il ne forme avec lui qu'une seule prestation? Dumoulin nous l'apprend.

Aut hoc secundum onus est appositum in augmentum primi, & utrumque est unus & idem census, velut census duplicatus... Aut verò secundum onus est appositum, tanquam separatum per se : & tunc verè non est census, sed reditus fundiarius. Voyez *l'ancienne coutume de Paris, art.* 51.

Lorsque le champart est portable, où doit-il être porté? Au lieu indiqué par le titre : &, si le titre n'existe plus, qu'il ait négligé de s'expliquer, & que la coutume territoriale soit muette, le débiteur du *champart est tenu mener ledit terrage à ses coûts & mises en la grange terrageouse ou autre lieu à ce ordonné d'ancienneté, pourvu que ce soit dans la paroisse ou demi-lieue de la terre terragée, ou autre lieu qu'ordonnera le seigneur en ladite terre, s'il y en a.* Cette règle qui, par son équité, nous paroît devoir former le droit commun, est consignée dans l'article 2 du titre des *champarts* de la coutume de Montargis. Il en résulte trois maximes.

1°. Lorsqu'il y a, dans la circonscription de la seigneurie, une grange champarteresse, c'est-là que le tenancier doit conduire le terrage. *Est tenu mener ledit terrage en la grange terrageouse.*

On retrouve cette disposition dans plusieurs coutumes. *Sont tenus, en cas que le champart soit rendable en grange, le mener & livrer en la grange champarteresse.* Étampes, *art.* 57.

2°. Quoique le seigneur ait un manoir plus à la portée du tenancier, cependant il peut exiger que le *champart* soit porté dans un autre lieu, si tel est l'usage *d'ancienneté*; pourvu néanmoins que cette grange soit assise dans la paroisse; ou bien que, si elle est hors de l'enclave, elle ne soit pas éloignée de plus d'une demi-lieue de la terre sujette au *champart*. Nous retrouvons cette distance d'une demi-lieue, également indiquée par l'article 2 du titre des *champarts* de la coutume de Nevers : *pourvu que la distance n'excède demi-lieue de la situation dudit labourage.*

3°. Le seigneur peut transférer la grange champarteresse dans tel lieu qu'il juge à propos, pourvu que le nouvel emplacement soit dans la circonscription de la seigneurie. *Est tenu amener à ses dépens en la grange du seigneur ès fins de ladite seigneurie.* Amiens, *art.* 193.

L'article suivant de la même coutume prévoit le cas où le *champart* appartient à plusieurs : *& s'il y a plusieurs seigneurs auxquels appartient ledit droit, suffit de le mener à la grange du principal seigneur.*

Quelle peine encourt le tenancier qui ne cultive pas la terre qu'il tient à champart? Des coutumes qui se sont expliquées sur ce point, résultent trois maximes générales.

1°. Le détenteur d'une terre à *champart* doit la cultiver suivant l'usage du pays, & dans les saisons ordinaires.

2°. Le seigneur ne peut exiger ni *champart* ni indemnité à raison des terres qui, conformément à l'usage du pays, sont en gueret ou repos pour l'année suivante.

3°. Le tenancier qui laisse en friche la terre tenue à *champart*, est punissable, mais de quelle peine?

Les coutumes se partagent en deux classes principales. Les unes permettent au seigneur de s'emparer, de réunir à son domaine l'héritage laissé en friche pendant un espace de temps plus ou moins long. Berri, Clermont, la Marche n'exigent que trois ans; Blois, plus indulgente, en demande neuf.

Ailleurs le seigneur peut de même réunir à son domaine, mais précairement; il est obligé de rendre l'héritage au tenancier, lorsqu'il se présente pour le cultiver. *Art.* 195 *de la coutume d'Amiens.*

Cette disposition est la plus juste. Effectivement elle ménage, de la manière la plus équitable, & l'intérêt du tenancier, & celui du seigneur. Le tenancier ne peut pas se plaindre, puisqu'il avoit abandonné l'héritage. Le seigneur n'a pas souffert, puisqu'au lieu d'une portion des fruits, il a joui du produit en entier. Cependant l'équité exigeroit encore que le seigneur fût obligé de faire la sommation préalable dont parle la coutume de Berri. Avec cette addition, l'article 195 de la coutume d'Amiens nous paroît devoir former le droit commun.

Du changement de surface. Les coutumes d'Amiens & de Montargis ont, sur ce point, les dispositions suivantes.

Celui qui tient terres à terrage d'aucun seigneur, ne la peut enclorre de haies ni de fossés pour la mettre en prés, pâture ni édifice, sans le consentement dudit seigneur : mais est tenu la laisser en labour; &, s'il le fait, il commet envers ledit seigneur amende de soixante sols parisis; lequel peut aussi abattre & démolir lesdites haies, remplir les fossés, remettant ladite terre à usage de labour. Amiens, *art.* 197.

L'article 7 de la coutume de Montargis permet le changement de surface, *en avertissant le seigneur & l'indemnisant à dire d'experts.*

De ces deux dispositions, la première gêne l'industrie d'une manière trop despotique; la deuxième, comme plus favorable à l'agriculture, & sur-tout à la liberté, mérite sans contredit la préférence.

Cependant nous ne penserions pas que l'on dût en faire la règle des coutumes muettes. Il nous semble qu'elle ne tient pas la balance parfaitement égale entre le seigneur & le tenancier.

En effet, il est très-clair que cette disposition subordonne le droit de *champart* à la volonté du tenancier, puisqu'elle ne lui impose d'autre obligation que celle d'*avertir* le seigneur sans donner à celui-ci la faculté de contredire. A la vérité, la coutume ajoute *en indemnisant à dire d'experts*.

1°. Cette expertise met à la merci d'un tiers des droits certains & déterminés; des droits qu'une convention synallagmatique avoit fixés d'une manière invariable.

2°. Quelle sera cette indemnité? Une somme d'argent, une rente annuelle; mais ce n'est ni moyennant une somme, ni pour une rente, que le seigneur s'est originairement dessaisi de sa propriété. Voilà donc une interversion du titre primordial: & cette interversion, c'est la seule volonté du tenancier qui l'opère.

Si les coutumes qui interdisent toute espèce de changement de surface, sont trop dures, celles qui rendent le tenancier arbitre absolu du genre de culture, ne sont-elles pas aussi trop indulgentes?

Nous ne transporterions dans les coutumes muettes ni l'une ni l'autre de ces deux dispositions. Il est un parti moyen qui nous paroît concilier la liberté du propriétaire & les droits du seigneur, l'intérêt de l'agriculture & le respect dû aux conventions: c'est d'autoriser le changement de culture moyennant une indemnité, mais de permettre au seigneur de contredire cette innovation. Des experts décideront ensuite d'après la nature du sol & la position des lieux.

Des arbres fruitiers, plantés dans une terre tenue à champart. La terre doit *champart*, mais de grains seulement. Le propriétaire plante des arbres. Le seigneur se plaint & demande une indemnité, ou du moins le *champart* des fruits. Cette prétention est-elle fondée?

Il y a plusieurs arrêts sur cette question. Les uns jugent l'affirmative, les autres la négative. Il en résulte que la solution de la difficulté dépend des circonstances, dépend du nombre, de l'âge & de la nature des arbres. Si, couvrant de leur ombre une grande partie de l'héritage, ils diminuent, d'une manière notable, la récolte des grains, le seigneur est en droit de demander ou une indemnité, ou le *champart* des fruits, ou même que les arbres soient arrachés. Au contraire, il ne lui est rien dû, s'il ne s'agit que de quelques arbres dont l'influence sur le sol est presque insensible. *Voyez les mots* AGRIER, ALLUVION. (*Cette addition est de M.* HENRION, *avocat au parlement.*)

CHAMPARTAGE, s. m. (*Jurisprudence.*) appellé, dans la basse latinité & dans les anciens titres, *campartagium*, est un second droit de champart que quelques seigneurs, dans la coutume de Mantes, sont fondés à percevoir outre le premier champart qui leur est dû. Les héritages chargés de ce droit sont déclarés tenus à champart & *champartage*. Ce droit dépend des titres. Il consiste ordinairement dans un demi-champart. Il est seigneurial & imprescriptible comme le champart, quand il est dû sans aucun cens. Il en est parlé dans l'histoire de Dourdan, & dans le nouveau Ducange, au mot *campartagium*.

CHAMPARTEL, adj. (*Jurisprudence.*) *terre champartelle*, sujette au droit de champart; c'est ainsi que ces terres sont appellées dans les anciennes coutumes de Beauvoisis, par Beaumanoir, *chap. 51. Voyez* CHAMPART & CHAMPARTIR.

CHAMPARTER, v. n. (*Jurisprudence.*) terme usité dans quelques coutumes pour dire *lever le droit de champart;* telles sont celles de Mantes, *art. 55*, Etampes, *chap. 3*, *art. 59*.

CHAMPARTERESSE, adj. (*Jurisprudence.*) *grange champarteresse* est une grange seigneuriale où se mettent les fruits levés pour droit de champart. On l'appelle *champarteresse*, de même qu'on appelle *grange dixmeresse*, celle où l'on met les dixmes inféodées du seigneur. Dans les coutumes & seigneuries où le champart est seigneurial, & où il est dû *in recognitionem dominii*, comme le cens, les possesseurs d'héritages chargés de tel droit sont obligés de porter le champart en la *grange champarteresse* du seigneur. Il est parlé de *grange champarteresse* dans la coutume d'Orléans, *art. 137. Voyez* CHAMPART.

On peut aussi donner la qualité de *champarteresse* à une dame qui a droit de champart seigneurial, de même qu'on appelle *seigneur décimateur*, celui qui a les dixmes inféodées.

CHAMPARTEUR, s. m. (*Jurisprudence.*) est celui qui perçoit & lève le champart dans le champ. Le seigneur ou autre qui a droit de champart, peut le faire lever, pour son compte directement, par un commis ou autre préposé dépendant de lui. Lorsque le champart est affermé, c'est le fermier ou receveur qui le lève pour son compte, soit par lui-même ou par ses domestiques, ouvriers & préposés. On peut aussi quelquefois donner la qualité de *champarteur* à celui qui a droit de champart, comme on appelle *seigneur décimateur*, celui qui a droit de dixme.

CHAMPARTIR, v. n. (*Jurisprudence.*) se dit, dans quelques coutumes, pour prendre & lever le champart. Telles sont les coutumes de Nivernois, *tit. 11*, *art. 2;* Montargis, *chap. 3*, *art. 3*. C'est la même chose que ce qu'on appelle ailleurs *champarter*. Dans les anciennes coutumes de Beauvoisis par Beaumanoir, *chap. 51*, les terres sujettes à terrage sont nommées *terres champarties* ou *terres champartelles*. *Voyez ci-devant* CHAMPART, CHAMPARTER, CHAMPARTERESSE, CHAMPARTEUR.

CHAMPAUX *ou* CHAMPEAUX, s. m. plur. (*terme de Coutume.*) on le trouve dans l'article 15 de celle de Saintonge, pour signifier les prés situés au milieu des champs, & qu'on nomme ailleurs *prés hauts*, pour les distinguer de ceux qui sont le long des rivières, & auxquels, par cette raison, on donne le nom de *prés bas.*

Suivant la disposition de cette coutume les *champaux* sont défensables dès le premier février, les prés bas, au contraire, ne le sont que dans le courant du mois de mars. Il est à-peu-près de droit commun que le pacage libre, dans les prés bas, cesse au 25 de ce mois, jour de la fête de l'annonciation.

CHAMPAY, s. m. (*terme de Coutume.*) ce terme est formé des deux mots *champ* & *paître*, il est synonyme à celui de *pacage.* Les auteurs des notes sur la coutume d'Orléans s'en servent pour exprimer le pacage des bestiaux dans les champs, & pour signifier les champs même, sur lesquels on mène paître les bestiaux.

De *champay* on a fait le verbe *champayer* qui est la même chose que faire paître des bestiaux. L'article 148 de la coutume d'Orléans défend de mener pâturer & *champayer* son bestial sur l'héritage d'autrui, sans la permission du propriétaire.

La coutume de Meaux se sert, dans le même sens, du verbe *champoyer.*

CHAMPÉAGE, s. m. (*terme de Coutume.*) il est très-usité en Mâconnois. C'est proprement le droit de faire paître les bestiaux dans les pâturages communs : mais il paroît convenir singuliérement au droit de pacage, que les usagers ont dans les bois.

On trouve aussi ce terme dans la coutume de Blois, où il est joint à celui de *pâturage.* Cette coutume n'empêche pas de mener paître les bestiaux sur les héritages d'autrui, qui ne sont ni clos, ni défensables; mais elle décide formellement que le pâturage & *champéage* n'acquièrent ni droit, ni prescription, sans titre valable, à celui qui conduit ses bestiaux sur les terres & champs de ses voisins, ensorte que le propriétaire du terrein est toujours le maître d'empêcher les étrangers de faire paître leurs bestiaux chez lui.

CHANCEAU, CHANCEL, s. m. (*Droit civil & canonique.*) ce mot est le même que celui de *cancel*, dont nous avons parlé, ainsi nous y renvoyons.

Nous remarquerons seulement ici, qu'anciennement les ecclésiastiques seuls avoient entrée & séance dans le *chancel*, que l'entrée en fut ensuite accordée aux empereurs, aux rois & aux princes, qu'ensuite elle a été permise aux patrons & fondateurs des églises, & aux seigneurs hauts-justiciers.

Au reste, le *chancel* ou *cancel* est la même chose que *chœur* : ces deux mots sont synonymes & se trouvent souvent joints ensemble dans les jugemens, & les auteurs qui parlent des dixmes & de leurs charges. L'édit de 1695 ne parle que du chœur & non du *cancel*, parce que ce dernier faisant partie du chœur, il est censé compris sous cette dénomination. *Voyez* CANCEL, CHŒUR, DIXME.

On appelloit aussi anciennement *chancel* ou *cancel*, le lieu où se tenoit le grand-référendaire ou garde de l'anneau & scel royal, pour faire ses expéditions. Ce lieu étoit effectivement fermé de grillages & barreaux, afin que ce magistrat ne fût point incommodé par l'affluence de ceux qui avoient affaire à lui. *Voyez* CHANCELIER, CHANCELLERIE.

CHANCELADIN, s. m. (*Droit ecclésiastique.*) c'est le nom d'une congrégation de chanoines réguliers de l'ordre de saint Augustin. On le lui a donné d'une fontaine, appellée *Chancelade*, *fons cancellatus*, à cause des treillis de fer qui l'entouroient, située dans une solitude près de Périgueux, où quelques ecclésiastiques se retirèrent dans le douzième siècle, pour y mener la vie érémitique, sous la conduite de l'abbé Foucaut.

L'évêque de Périgueux leur donna ensuite un lieu appellé *Bord*, où ils firent construire une église, sous le nom de *Notre-Dame de Chancelade.* Elle fut détruite par les calvinistes dans le seizième siècle. Les religieux y rentrèrent après les troubles, mais les observances régulières y dégénérèrent au point qu'au commencement du dix-septième siècle, il n'y avoit que trois chanoines, qui vivoient à leur gré, sans s'inquiéter aucunement de l'office divin.

Sous le règne de Louis XIII, Alain de Solminiach, pourvu de cette abbaye, s'appliqua à y rétablir la réforme. Il donna à ses religieux l'exemple de la vie régulière; il reçut des novices, les forma suivant l'esprit de leur institut, & leur donna des réglemens pour les exercices de la journée, la célébration du service divin, l'observance des vœux de pauvreté, de chasteté & d'obéissance. Il leur recommanda le soin de l'homme intérieur, l'exercice de l'oraison mentale, la mortification, & plusieurs observances & pratiques communes. Il les engagea à n'accepter des bénéfices que par la permission de leur supérieur; &, pour cet effet, il les obligea de prêter serment entre ses mains, de n'en rechercher aucun, ni directement, ni indirectement.

Pour consolider & perpétuer la réforme, Solminiach sollicita, & obtint de Louis XIII, la rémission de son droit de nomination à cette abbaye. Ce prince, en effet, par des lettres-patentes du mois de novembre 1629, enregistrées au grand-conseil, ordonna qu'à l'avenir les chanoines de *Chancelade*, aussi long-temps qu'ils persévéreroient dans la réforme, lui présenteroient trois religieux profès, afin qu'il en nommât un pour leur abbé.

Cette congrégation contient très-peu de maisons. Le cardinal de la Rochefoucault, en sa qualité de commissaire apostolique, avoit rendu une ordonnance pour la réunir, avec celle des chanoines réguliers de France. L'abbé de *Chancelade* s'y opposa. Cette contestation fut terminée, en 1670, par un arrêt du conseil privé, qui ordonna que les religieux des abbayes de *Chancelade*, de Sablonceaux, de Saint-Pierre de Verteuil dans le Bordelois, du prieuré de Notre-Dame de Cahors, & de celui de Saint-Cyprien au diocèse de Sarlat, seroient maintenus

maintenus dans leurs anciennes observances, conformément à la réforme de *Chancelade*, sans pouvoir être inquiétés, ni contraints à s'unir à la congrégation de France, & sans qu'il fût permis à l'abbé de *Chancelade* de prendre de nouvelles maisons.

Cependant, en vertu de lettres-patentes de 1697, la réforme de *Chancelade* s'introduisit dans l'hôpital d'Aubrac, diocèse de Rhodès, sur le refus que fit la congrégation de France d'accepter cette maison.

CHANCELIER, s. m. (*Droit public, romain, civil & canonique.*) ce mot, chez les anciens, désignoit un officier de peu de considération, une espèce de portier, d'huissier, qui se tenoit à une porte à barreaux ou grilles, qui séparoit l'empereur, ou le magistrat d'avec le peuple, lorsqu'ils donnoient audience. Son office étoit de prendre les requêtes, de les présenter & d'empêcher qu'on ne fît du bruit. *Voyez* CANCELLARIUS.

Insensiblement ces *chanceliers* devinrent quelque chose, & du temps de Cassiodore, ils faisoient la fonction de secrétaires des princes, & de maîtres des requêtes. On en étendit le nom à ceux qui plaidoient dans le barreau, & à ceux qui formoient le conseil secret du prince.

Les principales dispositions du droit romain à leur égard, sont qu'on pouvoit les accuser en cas de faux; que leur emploi n'étoit pas perpétuel; qu'après l'avoir quitté, ils étoient tenus de demeurer encore cinquante jours dans la province, afin que chacun eût le temps & la liberté de rendre plainte contre eux, s'il y avoit lieu. Il leur étoit même enjoint de n'y pas rentrer après l'expiration de leur commission.

Dans les premiers temps, ces *chanceliers* ou greffiers étoient choisis par les présidens, gouverneurs & magistrats, parmi leurs domestiques. Les empereurs Honorius & Théodose ordonnerent qu'ils seroient pris par élection, du corps & compagnie des officiers ministres, ordonnés à la suite des gouverneurs, & que le corps répondroit civilement des fautes de celui qui auroit été élu *chancelier*.

Les *chanceliers* n'étoient pas les seuls scribes attachés aux juges, il y avoit avant eux ceux que l'on appelloit *exceptores*, *regerendarii*. Les premiers étoient ceux qui recevoient le jugement, sous la dictée du juge; les autres transcrivoient les actes judiciaires dans les registres. Le propre du *chancelier* étoit de souscrire les jugemens & autres actes, & de les délivrer aux parties. Il y avoit encore d'autres officiers qu'on appelloit *ab actis* ou *actuarii*, qui étoient préposés pour les actes de jurisdiction volontaire, tels que l'émancipation, l'adoption, les contrats & testamens.

On peut voir dans les titres du code de *assessoribus*, *domesticis* & *cancellariis judicum*, les fonctions des *chanceliers*. La notice de l'empire & les lettres de Cassiodore nous apprennent comment s'augmenta la considération attachée à cet office, lorsque les préfets du prétoire les donnèrent aux gouverneurs particuliers des provinces, comme des contrôleurs de leurs actions.

Aujourd'hui le mot de *chancelier* est un titre commun à plusieurs dignités & offices. Il est également en usage en France, & dans les autres états de l'Europe.

Par rapport à la France, il y a le *chancelier* de France, les *chanceliers* de la reine, des fils & petits-fils de France, des princes du sang, des ordres de chevalerie, des consuls de France dans les pays étrangers, des académies, des églises, des ordres religieux, des universités, *&c.*

Nous trouvons aussi la dignité de *chancelier*, presque avec les mêmes droits & prérogatives, en Allemagne, en Angleterre, en Danemarck, en Espagne & presque généralement par-tout.

Nous allons donner quelques détails sur chacun d'eux, en suivant l'ordre alphabétique, & nous exposerons sous le mot CHANCELLERIE, ce que nous serons forcés d'omettre sous celui de CHANCELIER.

CHANCELIER *des académies*. Nous avons dit, sous le mot ACADÉMIE, qu'il y avoit dans chacune d'elles un officier public, auquel on donnoit le titre de *chancelier*. C'est un des membres de l'académie, chargé de la garde du sceau, dont les fonctions sont de sceller les lettres, les certificats & autres actes, émanés de l'académie; & qui est spécialement chargé de faire observer les statuts du corps.

Toutes les académies érigées à Paris & dans les villes de provinces, même quelques sociétés littéraires, telle que celle d'Arras, ont un *chancelier*. Dans l'académie françoise, c'est le premier officier après le directeur, & il préside la compagnie en son absence. *Voyez* ACADÉMIE.

CHANCELIER (*Grand-*) *d'Angleterre*. Cette dignité paroît aussi ancienne que la monarchie angloise, au moins on ne voit aucun temps dans les annales du pays, depuis le règne d'Edouard-le-Confesseur, où cette charge n'ait pas existé; mais on voit en même temps qu'elle n'a été remplie que par des gens d'église jusqu'à Henri VIII, qui, après la disgrace du cardinal Wolsey, la conféra à Thomas Morus.

On ne doit pas être étonné qu'une dignité, qui exigeoit beaucoup de connoissance & de science, soit restée si long-temps entre les mains des ecclésiastiques. On connoît l'ascendant prodigieux qu'ils ont eu sur les rois & les nations qui ont renversé l'empire romain, on sait aussi que pendant long-temps les laïques d'un certain rang croupissoient presque par-tout dans l'ignorance, & n'avoient de goût & de talens que pour le métier des armes.

Depuis l'union de l'Ecosse avec l'Angleterre, le *chancelier* de ce dernier royaume prend le titre de *grand-chancelier de la Grande-Bretagne*, en latin on le nomme *summus cancellarius* : comme il est aussi garde du grand sceau, on l'appelle *magni sigilli custos*. Cependant il arrive quelquefois que la garde du grand sceau est confiée à une personne, qui n'est pas en même temps *chancelier ;* mais lorsqu'il y a un *chancelier*, il est toujours garde des sceaux.

On donne encore au *grand-chancelier* le nom de *garde* ou *dépositaire de la conscience du roi*, par rapport à la fonction auguste & majestueuse de juge d'équité, qu'il a quelquefois à remplir, & qui le supposant exercer l'autorité royale, dans ses devoirs les plus importans, le met en droit de mitiger le sens des loix & d'en soulager le fardeau, en faveur des sujets qui sont admis à s'en plaindre.

Cet officier ne voit au-dessus de lui, dans le royaume, que le souverain, les membres de la famille royale & l'archevêque de Cantorbéry. Il a place dans le conseil privé du roi, dont il est le premier membre laïque, & dans la chambre haute du parlement, dont il est l'orateur. Il ne se montre jamais en public sans la masse & le grand sceau, symbole de son office.

Il tient la cour de chancellerie, dont nous allons parler. Il munit de sa sanction toute patente, commission, concession & autres actes qui émanent du roi. Il dispose de ceux d'entre les bénéfices ecclésiastiques dépendans de la couronne, qui, dans la feuille du roi, ne sont pas évalués à plus de vingt livres sterlings de revenu.

La cour de chancellerie est le premier & le plus ancien des tribunaux civils de l'Angleterre. C'est à-la-fois une cour de justice & d'équité. Comme cour de justice, elle exige dans la plaidoirie à-peu-près les mêmes formalités que les autres tribunaux. On y procède par plainte formée, examen & audition de témoins, par citation; si la première n'est point écoutée, il s'en fait une seconde, avec menace de saisir; si celle-ci est encore vaine, la cour proclame le réfractaire, comme rebelle & ordonne qu'il soit pris par-tout où on le trouvera, & qu'il soit conduit dans la prison civile. Le *chancelier* y juge suivant les statuts & coutumes du royaume.

Comme cour d'équité, la chancellerie modifie & tempère le sens rigoureux des loix, & prononce absolument, en conscience; mais, comme s'expriment les Anglois, en conscience royale, c'est-à-dire, bonne, sans affection, sans haine & sans partialité.

Les sentences de cette chancellerie n'ont de force que sur les personnes, & nullement sur les biens & les terres de ceux qu'elles concernent, ensorte que s'il s'agit de les faire-exécuter par contrainte, il n'y a pas d'autre voie à suivre que celle de la prison. L'appel de ces sentences se porte à la chambre haute du parlement.

Une différence essentielle, entre la chancellerie d'Angleterre & les autres tribunaux, c'est que ceux-ci sont composés chacun de plusieurs juges, & ne sont accessibles qu'aux quatre termes annuels fixés par les loix, au lieu que la chancellerie n'est tenue que par le *grand-chancelier*, qu'elle est d'un accès constamment ouvert dans tous les temps de l'année, même de féries ou de vacances, pour quiconque se trouve pressé, soit de vuider un différend, soit de se faire relever de quelque défaut de formalités, soit de se prévaloir de la loi, appellée *habeas corpus*.

Le *grand-chancelier*, ainsi qu'on a dû le remarquer, est le seul juge de cette cour; les assistans qu'on lui donne n'ont pas même le titre de conseillers : ils ne sont appellés que *maîtres en chancellerie*, & bien que censés docteurs en droit, les fonctions dont ils sont chargés, les réduisent à-peu-près à la qualité de simples rapporteurs. Ils sont au nombre de douze, & ils ont à leur tête le maître des rôles, dont l'office est de tenir la cour, quand le *chancelier* s'en absente.

Le *grand-chancelier*, dans tous les cas, est en droit de prononcer tels jugemens, de faire telles prohibitions, d'accorder telles *allibérations*, qu'il juge convenables. Il est encore en droit de donner des commissions dans tout le royaume, pour les levées de deniers destinés à des usages charitables, il est l'inspecteur suprême des commis de ces levées, & il connoît seul de la fraude & des abus qui s'y commettent. C'est à lui ou à sa cour que sont comptables, ceux qui, par la volonté particulière de quelques donateurs, sont connus pour dépositaires, ou pour administrateurs de quelques donations.

Dans les royaumes d'Ecosse & d'Irlande, il y a également un *chancelier*, qui a la garde du grand sceau de chacun de ces royaumes. Ils sont établis à-peu-près sur le même pied que celui d'Angleterre.

On donne encore en Angleterre le titre de *chancelier* ou de *grand-chancelier de l'échiquier*, à un des juges de la cour des finances de ce pays, qu'on appelle aussi *cour d'échiquier*. Cet officier y siège après le grand-trésorier; mais ils s'y trouvent rarement. *Voyez* ÉCHIQUIER.

CHANCELIER *des arts*, est un titre que l'on donnoit anciennement, & que l'on donne encore quelquefois au *chancelier* de l'église de sainte Geneviève; ce qui provient de ce qu'au commencement, l'université de Paris, dont il étoit alors le seul *chancelier*, n'étoit composée que de la faculté des arts, & de ce que actuellement il ne donne plus la bénédiction de licence, que dans la faculté des arts; cependant le *chancelier* de Notre-Dame la donne aussi dans cette même faculté. *Voyez ci-après* CHANCELIER *de l'église de Paris, de sainte Geneviève, & de l'université.*

CHANCELIER *de l'archiduc d'Autriche.* Cet officier a la garde du sceau de l'archiduc, & remplit auprès de lui les mêmes fonctions, que les autres *chanceliers* auprès des princes souverains.

Cette charge paroît avoir été instituée à-peu-près dans le même temps, que l'Autriche a été érigée en archiduché. On trouve, en 1499, que l'évêque de Cambrai étoit *chancelier* de l'archiduc, & qu'en cette qualité, il vint, accompagné de plusieurs seigneurs, au-devant du *chancelier* de France, qui se rendoit à Arras, afin d'y recevoir l'hommage de l'archiduc, pour ses pairies & comtés de Flandres, d'Artois & de Charolois.

CHANCELIER *de la Basoche*, est le président

d'une jurisdiction, en dernier ressort, appellée *la basoche*, que les clercs des procureurs au parlement de Paris, ont pour juger les contestations qui peuvent survenir entre eux.

Le roi de la basoche, qui étoit autrefois le chef de cette jurisdiction, avoit son *chancelier*, qui étoit le second officier du royaume ou jurisdiction de la basoche; mais Henri III, ayant défendu qu'aucun de ses sujets prît dorénavant le titre du roi, le *chancelier* est devenu le premier officier de la basoche.

Sa fonction ne dure qu'un an, à moins qu'il ne soit continué. L'élection se fait au mois de novembre; on le choisit entre les quatre plus anciens maîtres des requêtes, avocat & procureur généraux, & leur procureur de communauté. La forme de cette élection a été réglée par un arrêt du 5 janvier 1636, rendu sur les conclusions de M. l'avocat général Bignon.

Le *chancelier* ne peut être marié, ni bénéficier; son habit de cérémonie est la robe de palais & le bonnet quarré.

Il préside au tribunal de la basoche, & en son absence, le vice-*chancelier*.

Lorsque les arrêts de la basoche sont attaqués par voie de cassation, l'affaire est portée devant l'ancien conseil, qui se tient par le *chancelier*, assisté des procureurs au parlement.

Le *chancelier* peut donner des mandemens pour convoquer ses suppôts aux montres ou autres cérémonies, sous peine d'amende.

Cette jurisdiction n'a presque aucune existence réelle aujourd'hui, si ce n'est pour tenir un registre, à l'effet de constater le temps de cléricature des jeunes gens qui aspirent à l'état de procureur. *Voyez* BASOCHE.

CHANCELIER *de Bohême*. C'est un grand officier auquel le roi de Bohême confie la garde du grand sceau. Cette chancellerie est toujours à la suite de la cour.

CHANCELIER *des consuls de France dans les pays étrangers*. Dans les villes considérables de commerce, les consuls de la nation françoise ont auprès d'eux des *chanceliers*, & quelquefois même des vice-*chanceliers*, à qui ils remettent la garde du sceau du consulat. Dans les endroits moins étendus le consul a lui-même la garde du sceau.

Les *chanceliers* des consuls font à-la-fois les fonctions des secrétaires du consulat, des gardes-scels, de greffier & de notaire. Ils doivent sceller les jugemens, commissions & autres actes émanés du consulat, ou qui sont passés & légalisés sous son sceau.

Suivant l'ordonnance de la marine, les consuls étoient libres de commettre à la chancellerie une personne capable à leur choix, dont ils répondoient civilement. Mais depuis l'édit du mois de juillet 1720, ces officiers sont pourvus par un brevet du roi; & en cas de mort ou d'absence, le premier député de la nation en fait les fonctions.

Lorsque le consul a fait l'inventaire des biens & effets des François qui décèdent sans héritier sur les lieux, ou des effets naufragés, le *chancelier* doit s'en charger au pied de l'inventaire, en présence de deux notables marchands, qui signent avec lui.

Le *chancelier* est tenu d'avoir un registre, coté & paraphé par le consul & le plus ancien député de la nation, pour y écrire les délibérations & les actes du consulat, enregistrer les polices d'assurances & de chargemens, les connoissemens, les obligations à grosse aventure, ou à retour de voyage, les contrats maritimes, l'arrêté des comptes des députés de la nation, les testamens & inventaires des défunts, & généralement tous les actes qu'il fait ou reçoit, & qu'on dépose entre ses mains, en qualité de *chancelier*.

Les droits qui lui sont attribués, pour les actes & expéditions, doivent être réglés sur l'avis des députés de la nation, & des plus anciens marchands, être exposés sur un tableau dans le lieu le plus apparent de la chancellerie : & l'extrait en doit être envoyé au lieutenant de l'amirauté, & aux députés du commerce à Marseille.

CHANCELIER *de Danemarck*. C'est un des grands officiers de la couronne, qui a la garde du sceau royal. Il est chef d'un conseil, appellé la *chancellerie*, & en cette qualité il a entrée au conseil d'état, de même que tous les chefs des autres conseils.

L'appel des juges royaux ressortit à son tribunal. On appelle ensuite du *chancelier*, au conseil du roi ou d'état, auquel le roi préside. Quand il y a plainte contre un juge, on le fait citer par un officier de la chancellerie, aux grands-jours que le roi tient de temps en temps, pour examiner la conduite des juges inférieurs.

Il ne faut pas confondre le *chancelier* avec le grand-justicier de Danemarck. Ce sont deux officiers différens. Le dernier est le chef d'un autre conseil, qu'on appelle le *conseil de justice*.

CHANCELIER *des églises*, sont des ecclésiastiques qui, dans certaines églises cathédrales & collégiales, ont l'inspection sur les écoles & études. En quelques églises, ils sont érigés en dignité; dans d'autres, ce n'est qu'un office : en quelques endroits, ils sont en même temps *chanceliers* de l'université.

Dans l'origine, ces *chanceliers* étoient les premiers scribes des églises, qui étoient dépositaires du sceau particulier de leur église, dont ils scelloient les actes qui en étoient émanés; ils avoient l'inspection sur toutes les écoles & études, comme ils l'ont encore dans quelques endroits en tout ou partie; par exemple, dans l'église de Paris, le *chancelier* donne la bénédiction de licence dans l'université : le grand-chantre a l'inspection sur les petites écoles.

L'établissement de ces *chanceliers* doit être fort ancien, puisque dans le sixième concile général tenu en 680, *art. 8*, on trouve Etienne & Denis tous deux diacres & *chanceliers* : c'étoit dans l'église d'Orient, avant eux, qu'est nommé un autre ecclésiastique auquel on donne le titre de *defensor navium*, c'est-à-dire, des nefs des églises; ce qui pourroit faire croire que l'office de *chancelier* d'église étoit opposé à celui de *defensor navium*, & que le *chancelier* étoit le maître du chœur appellé *cancelli*, & que l'on appelle encore en françois *chancel* ou *cancel*, & qu'il fut appellé de-là *cancellarius*.

Il paroît néanmoins que l'opinion la plus commune est que les *chanceliers d'église* ont emprunté ce nom des *chanceliers séculiers*, qui chez les Romains, du temps du bas-empire, écrivoient *intra cancellos*; & que ceux qui écrivoient les actes des églises, furent nommés *chanceliers* à l'instar des premiers, soit qu'ils écrivissent aussi dans une enceinte fermée de barreaux, soit parce qu'ils faisoient, pour les églises, la fonction de notaires & de secrétaires, comme les *chanceliers* séculiers la faisoient pour l'empereur, ou pour différens magistrats.

Ceux qui sont préposés dans les églises pour avoir inspection sur les études, reçoivent différens noms : en quelques endroits on les appelle *scholastiques*, ou *maîtres d'école*, *écolâtres*; en Gascogne, on les appelle *capiscol*, *quasi caput scholæ*, chef de l'école.

Les écolâtres & *chanceliers* de plusieurs églises cathédrales, sont *chanceliers*-nés de l'université du lieu; tels que le *chancelier* de l'église de Paris, ceux des églises d'Orléans, Bourges & d'Angers.

En certaines églises, la dignité de *chancelier* est différente de celle d'écolâtre : comme à Verdun, où l'office de *chancelier* a été érigé en dignité.

Dans celles où la dignité de *chancelier* est plus ancienne que le partage des prébendes, le *chancelier* est ordinairement du corps du chapitre, & chanoine. Dans les églises où cette dignité a été créée depuis le partage des prébendes, il ne peut être du corps du chapitre qu'en possédant une prébende ou canonicat.

On peut appliquer aux *chanceliers des églises* plusieurs dispositions des conciles qui concernent les scholastiques ou écolâtres, & qui sont communes aux *chanceliers*.

Le concile de Tours, tenu en 1583, charge nommément les scholastiques & les *chanceliers des églises* cathédrales, d'instruire ceux qui doivent lire & chanter dans les divins offices, & de leur faire observer les points & les accens.

Il y a encore des *chanceliers* dans plusieurs églises cathédrales & collégiales : dans quelques-unes cet office a été supprimé.

Il seroit trop long de parler ici en détail de tous les *chanceliers* de différentes églises; nous parlerons seulement des plus remarquables, dans les articles suivans.

CHANCELIER *de l'église de Paris*. C'est une des dignités de l'église cathédrale de Paris, qui réunit à la qualité de *chancelier de l'église*, celle de *chancelier* de l'université. Sa fonction, comme *chancelier de l'église de Paris*, est d'avoir inspection sur les collèges; il y a aussi lieu de croire qu'il avoit anciennement la garde du sceau de cette église, & que c'est delà qu'il a été nommé *chancelier*. Sa fonction, comme *chancelier* de l'université, est de donner la bénédiction de licence, de l'autorité apostolique, & le pouvoir d'enseigner à Paris & ailleurs; mais ce n'est point lui qui donne les lettres, ni qui les scelle : elles sont données dans chaque faculté par le greffier, qui est dépositaire du sceau de l'université.

Il y avoit à Paris, dès le temps de la première & de la seconde race de nos rois, plusieurs écoles publiques; une entre autres, qui étoit au parvis de Notre-Dame dans un grand édifice bâti exprès, & attaché à la maison épiscopale : l'évêque avoit l'inspection sur ces écoles, & préposoit quelqu'un pour en avoir sous lui la direction, qui donnoit des lettres à ceux qui étoient reçus maîtres dans quelque science, & auxquels on donnoit pouvoir d'enseigner. Celui qui scelloit leurs lettres fut appellé *chancelier*, à l'instar du *chancelier* de France, qui scelloit les lettres du roi.

L'institution du *chancelier de l'église de Paris* doit être fort ancienne, puisque dès le temps d'Imbert, évêque de Paris, en 1030, un nommé Durand est qualifié *cancellarius ecclesiæ Parisiensis*. Raynald prenoit le même titre en 1032; & l'on connoît tous ceux qui ont depuis rempli cette place.

Lorsque les maîtres & régens des différentes écoles de Paris commencèrent à former un corps, que l'on appella *université*, ce qui n'arriva qu'au commencement du treizième siècle, alors le *chancelier de l'église de Paris* prit aussi le titre de *chancelier de l'université*.

Innocent IV, par deux bulles, l'une datée de la seconde année de son pontificat (c'étoit en 1244), l'autre datée de sept ans après, mande au *chancelier de l'église de Paris*, de faire taxer le louage des maisons où demeuroient les régens.

Grégoire X ordonna que le *chancelier* élu prêteroit serment, entre les mains de l'évêque & du chapitre.

Suivant une lettre de Nicolas III, qui est au second volume du *Répertoire des chartes de l'église de Paris*, *fol. 54*, ce pape, ayant cassé l'élection qui avoit été faite d'Odon de saint-Denis, chanoine de Paris, pour évêque de la même église, conféra cet évêché à frère Jean de Allodio, de l'ordre des Frères-Prêcheurs, qui étoit alors *chancelier de l'église de Paris*; lequel refusa cet évêché, voulant demeurer ferme dans l'état qu'il avoit embrassé.

La place de *chancelier de l'université* étoit regardée comme si importante, que Boniface VIII, dans le temps de ses démêlés avec Philippe-le-Bel, réserva pour lui-même cette place, afin d'avoir plus d'autorité dans l'université, & principalement sur les docteurs en théologie, auxquels le *chancelier de l'université* donne le degré de docteur & la bénédiction, & commission de prêcher par tout le monde.

Mais, après la mort de Boniface, l'université,

ayant desiré de r'avoir cet office, Benoît XI le lui rendit; & l'on tient que ce fut pour éviter à l'avenir une semblable usurpation, que cet office fut attaché à un chanoine de l'église de Paris; ce que l'on induit d'une bulle de ce pape, qui est dans les regiſtres de l'église de Paris, dans ceux de sainte Geneviève, & dans le livre du recteur, où il y a encore une autre bulle de Grégoire XI, à ce sujet.

Il est néanmoins certain que présentement il n'y a point de canonicat annexé à la dignité de *chancelier;* il est membre de l'église, sans être du chapitre, à moins qu'il ne soit déjà chanoine, ou qu'il ne le devienne dans la suite : ce qui est assez ordinaire.

Comme il ne tenoit anciennement son pouvoir que de l'évêque, il ne donnoit la faculté d'exercer & d'enseigner que dans l'étendue de l'évêché. L'abbé de sainte Geneviève, qui avoit la direction des écoles publiques du territoire particulier dont il étoit seigneur spirituel & temporel, avoit son *chancelier* qui donnoit des licences pour toutes les facultés; & comme il relevoit immédiatement du saint-siège, le pape lui accorda le privilège de donner à ceux qu'il licentieroit, la faculté d'enseigner par toute la terre. Le *chancelier* de Notre-Dame obtint un semblable pouvoir de Benoît XI, dans le quatorzième siècle.

Il étoit quelquefois du nombre de ceux que l'on nommoit pour tenir le parlement. On voit qu'il y étoit le 21 mai 1375, lorsqu'on y publia l'ordonnance de Charles V, qui fixe la majorité des rois à quatorze ans.

Le célèbre Gerson, qui fut nommé *chancelier de l'université* en 1395, fut l'un des plus grands hommes de son temps, & employé dans les négociations les plus importantes.

Le *chancelier de l'université* fut appellé à sa réformation par les cardinaux de Saint-Mars & de Saint-Martin-aux-Monts, & à celle que fit le cardinal d'Etouteville, légat en France, où il permit au *chancelier de l'église de Paris*, d'absoudre du lien de l'excommunication à l'article de la mort.

Le ministère du *chancelier* devoit être purement gratuit; tellement que le 6 février 1529, l'université vint se plaindre au parlement de ce que son *chancelier* prenoit de l'argent pour faire des maîtres ès-arts ou docteurs.

La dignité de *chancelier* est à la nomination du chapitre.

Le recteur de l'université assiste au chapitre de Notre-Dame à l'installation du *chancelier*.

Il donne présentement seul la bénédiction de licence dans les facultés de théologie & de médecine : par rapport au degré de maître ès-arts, par un ancien accord fait entre le *chancelier* de Notre-Dame & celui de sainte Geneviève, les collèges sont divisés en deux lots, qu'on appelle *premier* & *second lot*. Le *chancelier* de Notre-Dame & celui de sainte Geneviève ont chacun leur lot, & chacun d'eux donne la licence aux bacheliers ès-arts venant des collèges de son lot; & comme ces lots ne se trouvent plus parfaitement égaux, à cause des révolutions arrivées dans quelques collèges, ils changent de lot tous les deux ans. Ils font entre eux bourse commune, pour les droits de réception.

Lorsque la licence des théologiens & des étudians en médecine est finie, ils sont présentés au *chancelier* de Notre-Dame, en la salle de l'officialité; & quelques jours après, il leur donne dans la chapelle de l'archevêché la bénédiction & la démission ou licence d'enseigner. Il donne aussi en même temps le bonnet de docteur aux théologiens; ce qui est précédé d'une thèse qu'on nomme *aulique*, parce qu'elle se soutient dans la grande salle de l'archevêché. La cérémonie commence par un discours du *chancelier* à celui qui doit être reçu docteur. A la fin de ce discours, il lui donne le bonnet : aussi-tôt le nouveau docteur préside à l'aulique où il argumente le premier, & ensuite le *chancelier*, &c. L'aulique étant finie, le *chancelier* & les docteurs, accompagnés des bedeaux, mènent le nouveau docteur à Notre-Dame, où il fait serment devant l'autel de saint Denis, autrefois de saint Sébastien, qu'il défendra la vérité jusqu'à l'effusion de son sang. Ce serment se fait à genoux; la seule distinction que l'on observe pour les princes, est qu'on leur présente un carreau pour s'agenouiller.

A l'égard des licentiés en médecine, après avoir reçu de lui la bénédiction de licence, ils reçoivent ensuite le bonnet de docteur dans leurs écoles, par les mains d'un médecin.

On trouve des lettres de Philippe VI, dit de Valois, du mois d'août 1331, par lesquelles, en confirmant quelques usages observés de temps immémorial dans la faculté de médecine, il ordonne que les écoliers en médecine, qui auront fait leur cours & voudront être maîtres, seront présentés par les maîtres au *chancelier de l'église de Paris*, qui doit les examiner chacun à part; & que s'ils se trouvent capables, ils soient licentiés.

Il intervint encore, au mois de juin 1540, un arrêt de réglement à leur sujet, par lequel, faisant droit sur la requête des *licentiandes* en la faculté de médecine, il fut dit que dorénavant, au temps de la mi-carême, la faculté de médecine s'assembleroit en la salle de l'évêché de Paris, où l'on a accoutumé de faire les docteurs en théologie; que le *chancelier de l'université*, en l'église de Paris, s'y trouvera comme principal juge de la licence; que les docteurs-régens en médecine feront apporter les rôles particuliers des *licentiandes*, qu'ils les mettront au chapeau, en la manière accoutumée, & prêteront serment, entre les mains du *chancelier*, qu'ils ont fait ces rôles selon Dieu & en leur conscience, n'ayant égard qu'à la doctrine, & sans aucunes brigues ni stipulations; que ce serment fait, les rôles seront tirés du chapeau en présence du *chancelier*; que de ces rôles particuliers sera fait le rôle général, auquel seront mis les *licentiandes* en leur ordre, à la pluralité des voix des docteurs; qu'en cas de partage des suffrages, le droit de gratifier appartiendra au *chancelier*, qui pourra préférer celui des *licentiandes* qu'il jugera à propos, comme il peut faire en la faculté de théologie : que si au jour assigné le *chancelier* a quelque empêchement légitime, ou est hors de Paris, on sera tenu de l'attendre trois jours; passé lequel temps, la faculté pourra faire son rôle commun, selon l'ancienne coutume; & la cour fit défenses, tant aux *chanceliers* qu'aux docteurs, de rien prendre ni exiger, *etiam ab ultro offerentibus*.

Pour ce qui est de la faculté de droit civil & canon, dans laquelle il donnoit aussi la bénédiction de licence & le bonnet de docteur, comme il n'y a point de cours de licence dans cette faculté, & qu'il étoit incommode de venir présenter au *chancelier* chaque licentié l'un après l'autre; par un ancien accord fait entre le *chancelier* & la faculté de droit, le *chancelier* a donné à la faculté le pouvoir de conférer, en son lieu & place, le degré de licence & le doctorat; en reconnoissance de quoi, le questeur de la faculté paie au *chancelier* deux liv. pour chaque licentié.

Le *chancelier* de Notre-Dame jouit encore de plusieurs autres droits, dont nous remarquerons ici les plus considérables.

Il a droit de visite dans les colléges de sainte Barbe, Cambrai, Bourgogne, Boissi & Autun, concurremment avec l'université; mais il fait la visite séparément. Ce droit de visite a éprouvé quelque changement depuis la réunion de ces colléges à celui de Louis-le-grand. *Voyez* COLLÈGE.

Il a, en outre, l'inspection sur toutes les principalités, chapelles, bourses & régences des colléges, mœurs & disciplines scholastiques, & tout ce qui en dépend. Il a la disposition des places de tous les colléges; & s'il s'élève des contestations à ce sujet, elles sont dévolues à sa jurisdiction contentieuse. Il peut rendre des sentences & ordonnances; il peut même, en procédant à la réformation d'un collège, informer & décréter.

Suivant un réglement, fait par le parlement le 6 août 1538, l'élection du recteur de l'université doit être faite par le *chancelier* de Notre-Dame & les docteurs-régens, en présence de deux de messieurs.

Il a droit d'indult, de joyeux avénement, & de serment de fidélité : il est de plus un des exécuteurs de l'indult.

Il ne peut point donner d'absolutions *ad cautelam*, ni de provisions au refus de l'ordinaire; l'usage est de renvoyer l'impétrant au supérieur du collateur ordinaire : mais s'il n'en a point dans le royaume, ou qu'il soit dans un pays fort éloigné, ou qu'il y ait quelque autre motif légitime pour ne pas renvoyer devant lui, on renvoie ordinairement devant le *chancelier* de l'université, pour obtenir de lui des provisions.

Mais, en matière de joyeux avénement & de serment de fidélité, il a seul le droit de donner des provisions au refus des ordinaires, dans toute l'étendue du royaume.

Il y a aussi dans le chapitre de l'église de Paris un sous-*chancelier*.

CHANCELIER *de Ste Geneviève*. C'est un chanoine régulier de l'abbaye royale de sainte Geneviève de Paris, qui donne dans la faculté des arts la bénédiction de licence de l'autorité apostolique, & le pouvoir d'enseigner à Paris & par-tout ailleurs.

L'institution de cet office de *chancelier* est fort ancienne; elle tire son origine des écoles publiques qui se tenoient à Paris dès le commencement de la troisième race, sur la montagne & proche l'église de sainte Geneviève, appellée alors l'*église de S. Pierre & de S. Paul*.

Sous le règne de Louis VII on substitua aux chanoines séculiers, qui desservoient alors l'église de S. Pierre & S. Paul, douze chanoines tirés de l'abbaye de S. Victor, qui étoit alors une école célèbre. Et Philippe-Auguste ayant, en 1190, fait commencer une nouvelle clôture de muraille autour de la ville de Paris, l'église de S. Pierre & S. Paul s'y trouva renfermée. Pasquier, dans ses *recherches de la France*, dit que quelque temps après on donna à cette église un *chancelier*, comme étant une nouvelle peuplade de celle de S. Victor, laquelle pourtant ne fut point honorée de cette dignité, parce qu'elle se trouva hors la nouvelle enceinte.

Cette création, dit Pasquier, causa de la jalousie entre le *chancelier* de l'église de Paris & celui de l'église de S. Pierre & S. Paul; le premier ne voulant point avoir de compagnon, & l'autre ne voulant point avoir de supérieur.

Les écoles qui se tenoient sous l'autorité de l'abbé de sainte Geneviève, s'étant multipliées par la permission du chapitre de cette église, son *chancelier* fut chargé de faire observer les ordonnances du chapitre, & d'expédier ses lettres de permission pour enseigner. Il avoit l'intendance sur les écoles, examinoit ceux qui se présentoient pour professer, & ensuite leur donnoit pouvoir d'enseigner.

Lorsque les différentes écoles de Paris commencèrent à former un corps sous le nom d'*université*, ce qui ne commença qu'en 1200, le *chancelier* de l'église de sainte Geneviève prit aussi le titre de *chancelier de l'université*, & en fit seul les fonctions jusqu'au temps de Benoît XI, comme l'observe André Duchesne.

Ce que dit cet auteur est justifié par la célèbre dispute qui s'éleva en 1240 entre le *chancelier* de sainte Geneviève & celui de Notre-Dame. Les écoles de théologie de Notre-Dame n'étant pas alors de l'université, le *chancelier* de cette église ne devoit point étendre sa jurisdiction au-delà du cloître de son chapitre, où étoient ces écoles de théologie de l'évêque de Paris. Il entreprit néanmoins d'étendre son autorité sur les écoles de l'université, lesquelles étant toutes en-deçà du petit pont, étoient appellées *les écoles de la montagne*.

L'abbé & le *chancelier* de sainte Geneviève portèrent au pape Grégoire IX leurs plaintes de cette entreprise; & ce pape, par deux bulles expresses de 1227, maintint la jurisdiction de l'abbé & du *chancelier* de sainte Geneviève sur toutes les facultés, & défendit au *chancelier* de Notre-Dame de les troubler dans cette jurisdiction & dans leurs fonctions : il ajoute que personne n'a droit d'enseigner dans le territoire de sainte Geneviève sans la permission de l'abbé.

Les prérogatives de l'abbé & du *chancelier* de sainte Geneviève furent encore confirmées par la bulle d'Alexandre IV, qui défend au *chancelier* de sainte Geneviève de donner le pouvoir d'enseigner dans aucune faculté à aucun licentié, qu'il n'ait juré d'observer les statuts faits par les papes. Ce qui fait voir que le *chancelier* de sainte Geneviève étoit alors regardé comme ayant la principale autorité dans l'université, puisque les papes lui adressoient les bulles & les ordonnances qui concernoient l'université. C'est à lui qu'Alexandre IV adresse une bulle, par laquelle il enjoint l'observation des réglemens qu'il avoit faits pour rétablir le bon ordre dans l'université de Paris.

Grégoire X, en 1271, délégua l'abbé de S. Jean des Vignes & l'archidiacre de Soissons, pour régler les différends des deux *chanceliers*.

Le *chancelier* de sainte Geneviève fut le seul *chancelier* de l'université jusqu'en 1334, que Benoît XI, ayant uni l'école de théologie de l'évêque de Paris, à l'université, dont jusqu'alors elle n'étoit point membre, le *chancelier* de l'église de Paris reçut alors le pouvoir de donner la bénédiction de licence de l'autorité du saint siége, de même que celui de sainte Geneviève, & prit aussi depuis ce temps le titre de *chancelier de l'université*, concurremment avec celui de sainte Geneviève.

Alors le *chancelier* de l'église de Paris donnoit la bénédiction aux licentiés des écoles de sainte Geneviève, & le *chancelier* de sainte Geneviève donnoit la bénédiction aux licentiés des écoles dépendantes de l'évêque de Paris. Ensuite on eut le choix de s'adresser à l'un ou à l'autre; mais par succession de temps, l'usage à introduit que le *chancelier* de Ste. Geneviève ne donne plus la bénédiction de licence que dans la faculté des arts; c'est pourquoi on l'appelle quelquefois *chancelier des arts*, quoiqu'il ne soit pas le seul qui donne la bénédiction de licence dans cette faculté.

Dans le douzième & le treizième siècles jusqu'en 1230, le *chancelier* de sainte Geneviève recevoit, sans le concours d'aucun examinateur, les candidats qui se présentoient pour être membres de l'université. Ce fait est appuyé sur l'autorité d'Alexandre III, au titre *de magistris*, & sur le témoignage d'Etienne, évêque de Tournai, *épître 133*.

En 1289 le pape Nicolas III accorda à l'université de Paris, que tous ceux qui auroient été licentiés par les *chanceliers* dans les facultés de théologie, de droit canon, ou des arts, pourroient enseigner par-tout ailleurs dans les autres universités, sans avoir besoin d'autre examen ni approbation, & qu'ils y seront reçus sur le pied de docteurs. *Voyez* du Boulay *dans son second tome de l'histoire latine de l'université de Paris, p. 449*.

Depuis le treizième siècle, pour s'assurer de la capacité des récipiendaires, le *chancelier* de sainte Geneviève a bien voulu, à la requisition de l'université, choisir quatre examinateurs, un de chaque nation, lesquels, conjointement avec lui, examinent les candidats avant que de leur accorder la licence.

L'université ayant contesté au *chancelier* de sainte Geneviève le droit de choisir des examinateurs, l'affaire fut portée au conseil du roi Charles VI, lequel, par arrêt de 1381, confirma le *chancelier* de sainte Geneviève dans le droit & possession où il étoit, & où il est encore, de choisir chaque année quatre examinateurs, un de chaque nation; droit qu'il exerce aujourd'hui, & reconnu par l'université.

Par une transaction passée entre les *chanceliers* de Notre-Dame & de sainte Geneviève, homologuée par arrêt du mois de mars 1687, les deux *chanceliers* ont fait deux lots de tous les colléges de l'université de Paris; ils sont convenus que les écoliers des colléges iroient, savoir, ceux du premier lot, pendant deux ans, se présenter au *chancelier* de Notre-Dame pour être examinés & recevoir le bonnet de maître-ès-arts; & ceux des colléges du second lot, au *chancelier* de sainte Geneviève; qu'après les deux ans, les écoliers du premier lot se présenteroient à sainte Geneviève, & ceux du second lot à Notre-Dame, & ainsi alternativement de deux en deux ans; ce qui s'est toujours pratiqué depuis sans aucune difficulté.

Voici l'ordre & la manière dont les *chanceliers* de Notre-Dame & de sainte Geneviève ont coutume de procéder aujourd'hui dans l'exercice de leurs fonctions.

Lorsque les candidats se présentent à l'examen d'un des *chanceliers*, le bedeau de la nation des candidats lui remet le certificat de leur cours entier de philosophie, signé de leur professeur, avec les attestations du principal du collége où ils ont étudié, du greffier de l'université, du recteur, auquel ils ont prêté serment, & l'acte de leur promotion au degré de baccalauréat ès arts. Le *chancelier* les examine avec ses quatre examinateurs. Quand ils ont été reçus à la pluralité des suffrages, il leur fait prêter les sermens accoutumés, dont le premier & le principal est d'observer fidellement les statuts de l'université : après quoi il leur confère ce que l'on appelloit autrefois *le degré de licence dans la faculté des arts*, en leur donnant, au nom & de l'autorité du pape, la bénédiction apostolique, & il couronne le nouveau maître-ès-arts, par l'imposition du bonnet.

Un bachelier ès arts d'un lot ne peut s'adresser au *chancelier* qui a actuellement l'autre lot, sans un *licet* de l'autre.

Il y a bourse commune entre les deux *chanceliers* pour les droits de réception des maîtres-ès-arts.

En 1668 le P. Lallemant, *chancelier* de l'abbaye de sainte Geneviève, obtint du cardinal de Vendôme, légat en France, un acte en forme qui confirme le *chancelier* de sainte Geneviève dans les droits qu'il prétend avoir été accordés, par les souverains pontifes, aux *chanceliers* ses prédécesseurs; de nommer aux bourses & aux régences des collèges, lorsque les nominations sont nulles; & qu'elles ne sont pas conformes aux statuts de l'université. On voit dans cet acte beaucoup d'autres prérogatives prétendues par le *chancelier* de sainte Geneviève, & confirmées par le cardinal légat, que le *chancelier* ne fait pas valoir.

Le *chancelier* de sainte Geneviève prête serment dans l'assemblée générale de l'université.

Suivant l'article 27 *des statuts de l'université de Paris*, le *chancelier* de sainte Geneviève doit être maître-ès-arts, ou s'il n'est pas de cette qualité, il est tenu d'élire un sous-*chancelier* qui soit maître, c'est-à-dire docteur en théologie. Les *chanceliers* sont dans l'usage de choisir toujours un docteur en théologie.

Chancelier de l'évêque de Clermont. C'étoit celui qui avoit la garde du sceau de l'évêque pour sa jurisdiction temporelle. Il en est parlé dans les lettres d'Henri, évêque de Clermont, de l'an 1392, contenant un accord entre l'évêque, comme seigneur d'un lieu situé en Auvergne, appellé *Laudesum*, & les habitans de ce lieu: cet accord est fait en présence du prévôt du lieu, auquel l'évêque donne aussi le titre de son *chancelier*. Ces lettres sont rapportées dans le *Recueil des ordonnances de la troisième race*.

Chancelier de l'église de Vienne en Dauphiné, étoit celui qui avoit la garde du sceau de l'évêque; c'étoit le premier officier après le mistral, qui exerçoit la jurisdiction temporelle de l'évêque dans l'étendue de sa seigneurie. Il en est parlé dans des lettres de Charles V, du mois de juin 1368, & dans d'autres de Charles VI, du mois de mai 1391, portant confirmation des privilèges des habitans de la ville de Vienne. On y voit que, par un abus très-préjudiciable à la liberté des mariages, les veuves qui se remarioient étoient obligées de payer au mistral de l'église de Vienne deux deniers pour livre de la dot qui étoit constituée, & que tous les hommes qui se marioient étoient obligés de payer au *chancelier* de la même église un denier pour livre de la dot; que pour faciliter les mariages, il fut convenu que ces droits seroient supprimés, que les hommes qui se marieroient ne paieroient que treize deniers qui appartiendroient au curé; & on dédommagea le *chancelier* & le mistral sur un fonds qui leur fut assigné.

Chancelier de l'église romaine, étoit un ecclésiastique qui avoit la garde du sceau de cette église, dont il scelloit les actes qui en étoient émanés: c'étoit le chef des notaires ou scribes.

Quelques auteurs prétendent que la chancellerie de l'église romaine ne fut établie qu'après Innocent III, qui siégeoit vers la fin du douzième siècle; mais cet office paroît beaucoup plus ancien, puisque, dans le sixième concile œcuménique tenu en 680, il est parlé d'Etienne, diacre & *chancelier*. Sigebert fait mention de Jean, *chancelier* de l'église romaine, qui fut depuis élevé à la papauté sous le nom de *Gelase II*, & succéda en 1118 au pape Paschal II. Quelques-uns le nomment *cancellarius ecclesiæ*; sur son épitaphe il est dit qu'il avoit été *cancellarius urbis*. S. Bernard, qui vivoit à-peu-près dans le même temps, fait mention dans ses *épîtres 157 & 160*, d'Aiméric, cardinal & *chancelier* de l'église romaine. Alexandre III, qui fut élu pape en 1156, avoit été *chancelier* de l'église de Rome, *sedis romanæ cancellarius*. Boniface VIII donna cet emploi à un cardinal, & son exemple fut suivi par ses successeurs, c'est-à-dire que l'office de *chancelier* ne fut rempli que par des personnes également distinguées par leur mérite & par leur dignité.

Il est parlé du *chancelier* de l'église romaine, en plusieurs endroits du droit canon.

Le docteur Tabarelli prétend que Boniface VIII, ôta le *chancelier* de Rome, retint cet office par-devers lui & y établit seulement un vice-*chancelier*; parce que, dit-il, *cancellarius certabat de pari cum papâ*: & en effet, ce n'est qu'au sexte qu'il est fait mention pour la première fois du vice-*chancelier*, comme le remarque la glosse de la pragmatique sanction, §. *Romanæ in verbo vice-cancellarius*, & Gomez sur les règles de la chancellerie. Ce qu'il y a de certain, c'est que ce même Boniface VIII, avoit retenu pour lui l'office de *chancelier* de l'église & université de Paris, & peut-être seroit-ce cela que l'on auroit confondu.

Quoi qu'il en soit, Onuphre, au *livre des Pontifes*, dit que ce fut du temps d'Honoré III, qu'il n'y eut plus de *chancelier* à Rome, mais seulement un vice-*chancelier*.

Le cardinal de Luca prétend que ce changement provient de ce que les cardinaux, auxquels l'office de *chancelier* étoit ordinairement conféré, regardèrent comme au-dessous d'eux de tenir cet office en titre; que c'est par cette raison que le pape ne le leur donne plus que comme une espèce de commission, & qu'ils ne prennent plus que la qualité de vice-*chancelier* au lieu de celle de *chancelier*. *Voyez* CHANCELLERIE ROMAINE.

CHANCELIER (*archi-*) *du S. empire romain.* On a peu de chose sur la charge, l'office & la dignité d'archi-*chancelier* de l'empire. On trouve, pour la première fois, vers la fin du neuvième siècle, un Théotmar, archevêque de Saltzbourg, jouissant de cette dignité. Dans le cours du dixième, on voit que cette commission passa successivement entre les mains des archevêques de Mayence, de Trèves, de Cologne & de Saltzbourg. Il paroît néanmoins que vers l'an 965, elle fut unie pour toujours au siège de Mayence.

Jusqu'au règne de Henri II il n'y eut qu'un *chancelier* dans l'empire. Mais alors il se fit un démembrement

brement dans cette charge. L'Italie eut un *chancelier* particulier ; deux évêques de Bamberg possédèrent successivement cette charge, & à la mort du dernier, l'archevêque de Cologne fut pour toujours pourvu de cet emploi.

Il y eut un second démembrement sous Frédéric Barberousse. Ce prince, renovateur du royaume d'Arles, voulut y avoir un archi-*chancelier*, dont il donna, en 1156, la charge à l'archevêque de Vienne dans les Gaules. Sous Rodolphe de Habspourg, vers la fin du treizième siècle, le royaume d'Arles, quant à sa réalité, s'étant peu-à-peu détaché de l'empire, & la majesté de celui-ci ne lui ayant pas permis d'en abandonner l'honorifique, l'archevêque de Trèves prit la place de celui de Vienne, & depuis ce temps il se qualifie d'archi-*chancelier* de l'empire dans les Gaules.

La bulle d'or, donnée par Charles IV en 1356, confirma pleinement les archevêques de Mayence, Trèves & Cologne dans leurs charges respectives d'archi-*chanceliers* du S. empire, en Allemagne, dans les Gaules & dans l'Italie. Depuis long-temps la charge des deux derniers n'existe plus que dans les qualifications qu'on leur donne ; l'archevêque de Mayence est le seul archi-*chancelier* de l'empire ; ce qui reste même des anciennes possessions de l'empire dans l'Italie & dans les Gaules, ressortit à sa chancellerie, aussi bien que tous les autres états d'Allemagne.

En qualité d'archi-*chancelier*, l'archevêque de Mayence est, après l'empereur, la première personne de l'empire. Il est directeur général né de la diète de l'empire, le doyen & le directeur particulier du collège électoral, l'inspecteur ou visitateur de la chambre impériale & du conseil aulique, le garde suprême des archives de l'empire, le protecteur des postes, pour l'usage desquelles ses conseillers n'ont rien à payer. A la mort de l'empereur il fait les notifications usitées aux électeurs ses collègues, & les convoque à la diète d'élection de son successeur. C'est lui qui y préside, qui fait prêter les sermens accoutumés, qui recueille les suffrages, & annonce ensuite l'empereur que la pluralité vient de nommer. Il est d'usage que l'électeur de Saxe lui demande sa voix pour la compter avec celles des autres.

Dans les diètes qu'il convoque, soit lorsque le trône impérial est vacant, soit lorsque l'empereur néglige de les convoquer, il a sans contrôle le directoire général des affaires. Il reçoit les propositions de l'empereur & les présente aux états ; il peut en faire de son chef ou de la part de quelque autre membre de la diète, sans que l'empereur ou ses commissaires aient la faculté de le restraindre ou de le gêner. Enfin, c'est auprès de lui ou de ses envoyés, que les ambassadeurs, ministres ou députés à la diète, doivent se légitimer par l'exhibition formelle des lettres de créance ordinaire.

L'archi-*chancelier* fait la visite de la chambre impériale, & du conseil aulique, lorsqu'il y a lieu, pour y rétablir l'ordre. Son autorité s'étend à revoir les actes de la chambre dans les cas de plainte, & à remplir, à son choix, toutes les places qui viennent à vaquer dans la chancellerie de ce tribunal. C'est aussi lui qui, dans le conseil aulique, nomme le vice-*chancelier* de l'empire, les secrétaires, registrateurs & autres officiers qui sont tous pleinement soumis à sa jurisdiction, & lui prêtent en conséquence un serment particulier. Enfin, il a été le protecteur ou surintendant des postes de l'empire jusqu'en 1615, époque à laquelle le prince de la Tour & Taxis en devint le grand-maître héréditaire.

La chancellerie de l'empire, étant un bureau d'expéditions, & non point une cour de justice, elle n'a pour membres, après le *chancelier* & le vice-*chancelier*, qui sont ses chefs, que des référendaires, des secrétaires, des registrateurs & des copistes. Ce bureau est toujours censé ouvert dans le lieu où réside l'empereur, & c'est par cette raison que l'archevêque de Mayence, qui ne peut y être sédentaire, s'y fait constamment représenter par un vice-*chancelier*, qui ne quitte pas la cour impériale, & qui est toujours un seigneur du premier rang.

Tout ce qui sort de la chancellerie de l'empire à titre de lettres, de patentes, de diplômes, de concessions, ou autres actes, doit passer sous les yeux du vice-*chancelier*. La diète de Spire de 1570, fit, pour cette chancellerie, & ses émolumens, un réglement qui subsiste encore dans sa forme, mais dont on ne croit pas que la teneur ait toujours été inviolablement suivie.

CHANCELIER *de l'empire de Galilée*. C'est le président de la jurisdiction des clercs de procureurs de la chambre des comptes de Paris, à laquelle on donne le nom de *haut & souverain empire de Galilée*.

Le chef de cette jurisdiction prenoit autrefois le titre d'*empereur de Galilée* ; son *chancelier* étoit le second officier : mais Henri III, ayant défendu qu'aucun de ses sujets prît le titre de *roi*, comme faisoient le premier officier de la basoche & les chefs de plusieurs autres communautés, le titre d'*empereur* cessa dans la jurisdiction des clercs de procureurs de la chambre des comptes, qui conserva néanmoins toujours le titre d'*empire* ; & le *chancelier* devint le premier officier de cette jurisdiction. On voit par-là que l'usage de lui donner le titre de *chancelier* est fort ancien.

Le *chancelier* est soumis, de même que tout l'empire, au protecteur, qui est le doyen des maîtres des comptes, protecteur-né de l'empire ; lequel fait, lorsqu'il le juge à propos, des réglemens pour la discipline de l'empire. Ces réglemens sont adressés *à nos amés & féaux chancelier & officiers de l'empire, &c.*

Lorsque le *chancelier*, actuellement en place, donne sa démission, ou que sa place devient autrement vacante, on procède à l'élection d'un nouveau *chancelier* à la requisition du procureur général de l'empire. Cette élection se fait, tant par les officiers de l'empire, que par les autres clercs actuellement travaillant chez les procureurs de la chambre. Les procureurs qui ont été officiers de l'empire, peuvent aussi assister à cette nomination, & y ont voix délibérative.

Celui qui est élu *chancelier* prend des provisions du protecteur de l'empire; & lorsqu'elles sont signées & scellées, il les donne à un maître des requête de l'empire, qui en fait le rapport en la forme suivante.

M. le doyen des maîtres des comptes prend place au grand bureau de la chambre des comptes, où il occupe la place de M. le premier président. M. le procureur général de la chambre prend la première place à droite sur le banc des maîtres des comptes.

Le maître des requêtes de l'empire, chargé des lettres du *chancelier*, en fait son rapport devant ces deux magistrats, l'empire assemblé & présent, sans siège néanmoins.

Le *chancelier* se présente & fait une harangue à la compagnie, ensuite il prend séance à côté du protecteur, & se couvre d'une toque ou petit chapeau d'une forme assez bisarre.

Le protecteur l'exhorte à faire observer les réglemens, ensuite il est conduit à l'empire assemblé dans la chambre du conseil, où il prête serment entre les mains du plus ancien des *chanceliers* de l'empire : il fait aussi un discours à l'empire.

Il en coûte ordinairement quatre ou cinq cens livres pour la réception : plusieurs néanmoins se sont dispensés de faire cette dépense, qui n'est pas d'obligation.

Un des privilèges du *chancelier* est que, lorsqu'il se fait recevoir procureur en la chambre des comptes, ses provisions sont scellées *gratis* en la grande chancellerie de France.

Quand la place de *chancelier* n'est pas remplie, c'est le plus ancien maître des requêtes de l'empire qui préside en la chambre de l'empire.

Il n'y a que le *chancelier*, les maîtres des requêtes, & les secrétaires des finances, qui aient voix délibérative dans les assemblées.

On ne peut choisir que parmi les officiers de l'empire pour remplir la charge de *chancelier*.

Les nominations aux offices vacans se font par le *chancelier*, les maîtres des requêtes & secrétaires des finances. Les lettres sont visées & scellées par le *chancelier*.

Le coffre des archives, titres & registres des arrêts & délibérations de l'empire, est fermé à deux clefs, dont l'une est entre les mains du *chancelier*, l'autre entre les mains du greffier.

CHANCELIER *ou grand chancelier d'Espagne*. Cette dignité a dans ce royaume la même origine qu'en France. Le *chancelier* d'Espagne jouissoit autrefois des mêmes honneurs & prérogatives, c'est-à-dire qu'il présidoit à tous les tribunaux souverains, dont quelques-uns ont pris le titre de *chancellerie*, qu'ils conservent encore. *Voyez* CHANCELLERIE.

Nous apprenons de plusieurs actes des conciles de Tolède, que, sous les rois Goths, le premier des notaires ou secrétaires de la cour, faisoit les fonctions de *chancelier*; & que par cette raison on l'appelloit le *comte des notaires*. Cette dénomination se perpétua dans les royaumes de Castille, de Léon & d'Oviédo, jusqu'au règne d'Alphonse, surnommé le *Saint*, qui prit en 1135 le titre d'empereur, & à l'imitation des empereurs romains, nomma ses secrétaires *chanceliers*. Le docteur Salazar de Mendoza, *dans son traité des Dignités séculières*, atteste que les premiers qui prirent ce titre étoient François, & il en nomme plusieurs.

Cet office étoit autrefois en telle considération, qu'on lit dans le *Recueil des loix* de dom Alphonse, que le *chancelier* est le second officier de la couronne; qu'il tient la place intermédiaire entre le roi & ses sujets; que tous les décrets que le prince donne, doivent être vus par le *chancelier* avant d'être scellés, afin qu'il examine s'ils sont contre l'honneur & le droit du roi, auquel cas il peut les déchirer.

Les archevêques de Tolède étoient ordinairement *chanceliers* de Castille, & ceux de S. Jacques l'étoient de Léon.

Le *chancelier* fut le chef des notaires ou secrétaires jusqu'en 1180, qu'Alphonse-le-Bon sépara l'office de notaire-mayor de celui de *chancelier*, donnant à celui-ci un sceau de plomb au château d'or en champ de gueules aux actes qu'il scelloit, au lieu de seing & de paraphe dont ses prédécesseurs usoient auparavant : il laissa au notaire-mayor le soin d'écrire & de composer les actes.

Dans la suite des temps les rois de Castille & de Léon diminuèrent peu-à-peu la trop grande autorité de leurs *chanceliers*, & enfin ils l'éteignirent totalement : de sorte que depuis plusieurs siècles, la dignité de ces deux *chanceliers* n'est plus qu'un titre d'honneur sans aucune fonction. Cependant les archevêques de Tolède continuent toujours de se qualifier de *chanceliers*-nés de Castille. A l'égard des *chanceliers* des royaumes de Léon & d'Oviédo, on n'en fait plus mention, parce que ces deux royaumes ont été unis à celui de Castille.

Le conseil suprême & royal des Indes est composé d'un président, d'un grand-*chancelier*, de douze conseillers, d'un vice-*chancelier*, & autres officiers.

CHANCELIER *des fils, petits-fils de France, & autres princes de la maison royale*. Ce sont les premiers & principaux officiers donnés à ces princes pour leur maison & apanage. Ils sont *chanceliers*, gardes des sceaux, chefs du conseil, & surintendans des finances. Toutes ces qualités sont ordinairement réunies dans la personne du *chancelier*. Cependant elles peuvent être séparées. Nous avons vu le *chancelier* de monseigneur le comte d'Artois, fils de France & frère du roi, faire désunir de son office la charge de surintendant des finances de ce prince.

La chancellerie de l'apanage n'est point établie dans le chef-lieu de l'apanage, elle se tient auprès du prince chez le *chancelier*. Cet officier remplit, vis-à-vis l'apanage, les mêmes fonctions que le *chancelier* de France pour le reste de l'état.

Les dauphins de France, leurs fils & petits-fils aînés, n'ont plus de *chanceliers* comme autrefois, parce qu'étant destinés à succéder à la couronne chacun en son rang, on ne leur donne pas d'apanage. Mais tous les puînés descendans de la maison royale, ont chacun leur apanage & un *chancelier* garde des sceaux, qui expédie & scelle toutes les provisions, même des offices royaux, dont l'exercice se fait dans l'étendue de l'apanage du prince.

CHANCELIER *de France*. C'est le chef de la justice & de tous les conseils du roi : il peut aussi, lorsqu'il le juge à propos, aller présider dans tous les parlemens & les autres cours; c'est pourquoi ses lettres sont présentées & enregistrées dans toutes les cours souveraines.

Il est la bouche du roi & l'interprète de ses volontés; c'est lui qui les expose dans toutes les occasions où il s'agit de l'administration de la justice. Lorsque le roi vient tenir son lit-de-justice au parlement, le *chancelier* est au-dessous de lui dans une chaise à bras, couverte de l'extrémité du tapis semé de fleurs-de-lys qui est aux pieds du roi : c'est lui qui recueille les suffrages, & qui prononce. Il ne peut être récusé.

Sa principale fonction est de veiller à tout ce qui concerne l'administration de la justice dans tout le royaume, d'en rendre compte au roi, de prévenir les abus qui pourroient s'y introduire, de remédier à ceux qui auroient déjà prévalu, de donner des ordres convenables sur les plaintes qui lui sont adressées par les sujets du roi contre les juges ou autres officiers de justice, & sur les mémoires des compagnies ou de chaque officier en particulier, par rapport à leurs fonctions, prééminences & droits.

C'est encore une de ses fonctions de dresser, conformément aux intentions du roi, les nouvelles ordonnances, édits & déclarations, & les lettres-patentes qui ont rapport à l'administration de la justice. L'ordonnance de Charles VII, du mois de novembre 1441, fait mention qu'elle avoit été faite de l'avis & délibération du *chancelier* & autres gens du grand-conseil, *&c.*

C'est à lui que l'on s'adresse pour obtenir l'agrément de tous les offices de judicature; & lorsqu'il a la garde du sceau royal, c'est lui qui nomme aux offices de toutes les chancelleries du royaume, & qui donne toutes les provisions des offices, tant de judicature que de finance ou municipaux. Les charges d'avocats aux conseils tombent dans ses parties casuelles; il est le conservateur-né des privilèges des secrétaires du roi.

La foi & hommage des fiefs de dignité, mouvans immédiatement du roi à cause de sa couronne, peut être faite entre les mains du *chancelier* ou à la chambre des comptes. Le *chancelier*, comme représentant la personne du roi, reçut à Arras en 1499, l'hommage de l'archiduc d'Autriche, pour ses pairies & comtés de Flandres, d'Artois & de Charolois. L'archiduc se mettant en devoir de s'agenouiller, il le releva en lui disant : il suffit de votre bon vouloir; en quoi il en usa de même que Charles VII avoit fait à l'égard du duc de Bretagne.

Ce fut le *chancelier* Duprat qui abolit l'usage des hommages que nos rois faisoient par procureur pour certaines seigneuries qui étoient mouvantes de leurs sujets. Il établit à cette occasion le principe, que tout le monde relève du roi médiatement ou immédiatement, & que le roi ne relève de personne.

Il seroit difficile de détailler bien exactement toutes les fonctions & les droits attachés à la dignité du *chancelier* : nous rapporterons seulement ce qu'il y a de plus remarquable.

D'abord, pour ce qui est de l'étymologie du nom de *chancelier* & de l'origine de cet office, on voit que les empereurs romains avoient une espèce de secrétaire ou notaire appellé *cancellarius*, parce qu'il étoit placé derrière des barreaux appellés *cancelli*, pour n'être point incommodé par la foule du peuple. Naudé dit que c'étoit l'empereur même qui rendoit la justice dedans cette enceinte de bareaux; que le *chancelier* étoit à la porte, & que c'est de-là qu'il fut nommé *chancelier*.

D'autres font venir ce nom de ce que cet officier examinoit toutes les requêtes & suppliques qui étoient présentées au prince, & les cancelloit ou biffoit quand elles n'étoient pas admissibles; d'autres, de ce qu'il signoit avec grille ou paraphe faite en forme de grillage, les lettres-patentes, commissions & brevets accordés par l'empereur; d'autres enfin, de ce qu'il avoit le pouvoir de canceller & annuller les sentences rendues par des juges inférieurs.

Ducange, d'après Jean de la Porte, fait venir le mot *chancelier* de Palestine, où les faîtes des maisons étoient en terrasses bordées de balustres ou parapets nommés *cancelli* : il dit qu'on appella *cancellarii* ceux qui montoient sur ces terrasses pour y réciter des harangues; que cette dénomination passa aussi à ceux qui plaidoient au barreau, qu'on les appelloit *cancelli forenses*, ensuite au juge même qui présidoit, & enfin au premier secrétaire du roi.

L'office de *chancelier* en France revient à-peu-près à celui qu'on appelloit *questeur du sacré palais* chez les Romains, & qui fut établi par Constantin le grand : en effet, c'étoit ordinairement un jurisconsulte que l'on honoroit de cette place de questeur, parce qu'il devoit connoître les loix de l'empire, en dresser de nouvelles quand le cas le requéroit, & les faire exécuter : elles n'avoient de force que quand il les avoit signées. Il jugeoit les causes que l'on portoit par appel devant l'empereur, souscrivoit les rescrits & réponses du prince, enfin il avoit l'inspection sur toute l'administration de la justice.

En France, l'office de *chancelier* est presque aussi ancien que la monarchie; mais les premiers qui en faisoient les fonctions, ne portoient pas le titre de *chancelier;* car on ne doit pas appliquer au *chancelier* de France ce qui est dit de certains officiers subalternes que l'on appelloit anciennement *chanceliers*, tels que ceux qui gardoient l'enceinte du tribunal appellé *cancelli*, parce qu'elle étoit fermée de barreaux.

On donna aussi en France, à l'imitation des Romains, le nom de *chancelier* à ceux qui faisoient la fonction de greffiers & de notaires, parce qu'ils travailloient dans une semblable enceinte fermée de barreaux.

Les notaires & secrétaires du roi prirent aussi, par la même raison, le nom de *chancelier.*

Le roi avoit en outre un premier secrétaire qui avoit inspection sur tous les autres notaires & secrétaires : le pouvoir de cet officier étoit fort étendu; il faisoit les fonctions de *chancelier* de France; mais avant d'en porter le titre, on lui a donné successivement différens noms.

Quelques auteurs modernes font Widiomare, *chancelier* ou référendaire de Childéric, mais sans aucun fondement : Grégoire de Tours ne lui donne point cette qualité.

Le premier qui soit connu pour avoir rempli cette fonction est Aurélien, sous Clovis I. Hincmar dit qu'il portoit l'anneau ou le sceau de ce prince; qu'il étoit *conciliarius & legatarius regis*, c'est-à-dire le député du roi. L'auteur des *Gestes des François* le nomme aussi *legatarium* & *missum Clodovæi*: Aymoin le nomme *familiarissimum regi*, pour exprimer qu'il avoit sa plus intime confiance.

Valentinien est le premier que l'on trouve avoir signé les chartes de nos rois en qualité de notaire ou secrétaire du roi, *notarius & amanuensis :* il fit cette fonction sous Childebert I.

Baudin & plusieurs autres, sous Clotaire I & sous ses successeurs, sont appellés référendaires par Grégoire de Tours, qui remarque aussi que, sous le référendaire qui signoit & scelloit les chartes de nos rois, il y avoit plusieurs secrétaires de la chancellerie, qu'on appelloit *notaires ou chanceliers* du roi, *cancellarii regales.*

On trouve une charte de Thierri écrite de la main d'un notaire, & scellée par un autre officier du sceau royal. Sous le même roi, Agrestin se disoit *notarius regis.*

Sous le règne de Chilpéric I, il est fait mention d'un référendaire & d'un secrétaire du palais, *palatinus scriptor.*

S. Oüen, en latin *Audoenus* & *Dado*, fut référendaire du roi Dagobert I, & ensuite de Clovis II. Aymoin dit qu'il fut ainsi appellé, parce que c'étoit à lui que l'on apportoit toutes les écritures publiques, & qu'il les scelloit du sceau du roi : il avoit sous lui plusieurs notaires ou secrétaires qui signoient en son absence. Dans des chartres de l'abbaye de S. Denis, il est nommé *regiæ dignitatis cancellarius.* C'est la première fois que le titre de *chancelier* ait été donné à cet office.

La plupart de ceux qui firent les fonctions de *chancelier* sous les autres rois de cette première race, sont nommés simplement référendaires, excepté sous Clotaire III, que Robert est nommé garde du sceau royal, *gerulus annuli regii;* & Grimaud, sous Thierri II, qui signe en qualité de *chancelier : ego, cancellarius, recognovi.*

Sous la seconde race de nos rois, ceux qui faisoient la fonction de *chanceliers* ou référendaires, reçurent dans le même temps différens noms; on les appella *archi-chanceliers*, ou *grands chanceliers*, *souverains chanceliers*, ou *archi-notaires*, parce qu'ils étoient préposés au-dessus de tous les notaires ou secrétaires du roi, qu'on appelloit encore *chanceliers.*

On leur donne aussi le nom d'*apocrisaires* ou *apocrisiaires*, mot dérivé du grec, pour signifier celui qui rend les réponses d'un autre, parce que le grand *chancelier* répondoit pour le roi aux requêtes qui lui étoient présentées.

Hincmar, qui vivoit du temps de Louis-le-Debonnaire, distingue néanmoins l'office d'*apocrisaire* de celui de grand-*chancelier;* ce qui vient de ce que le grand-aumônier du roi faisoit quelquefois la fonction d'apocrisiaire, & en portoit le nom.

Les *chanceliers* ont aussi été quelquefois appellés *archi-chapelains*, non pas que ce terme exprimât la fonction de *chancelier*, mais parce que l'archi-chapelain ou grand-aumônier du roi étoit souvent en même temps son *chancelier*, & ne prenoit point d'autre titre que celui d'archi-chapelain. La plupart de ceux qui firent cette fonction sous la première & la seconde race, étoient ecclésiastiques.

Sous la troisième race, les premiers secrétaires ou référendaires furent appellés *grands chanceliers de France*, *premiers chanceliers;* & depuis Baudouin premier, qui fut *chancelier* de France sous le roi Robert, il paroît que ceux qui firent cette fonction ne prirent plus d'autre titre que celui de *chancelier de France;* & que depuis ce temps ce titre leur fut réservé, à l'exclusion des notaires ou secrétaires du roi, des greffiers & des autres officiers subalternes, qui prenoient auparavant le titre de *chancelier.*

Le *chancelier* fut d'abord nommé par le roi seul. Gervais, archevêque de Reims, & *chancelier* de Philippe I, prétendit que la place de *chancelier* étoit attachée à celle d'archevêque de Reims, ce qu'il obtint, dit-on, pour lui & son église. Il étoit en effet le troisième depuis Hervé qui avoit possédé la dignité de *chancelier;* mais depuis lui on ne voit point que cette dignité ait été attachée au siège de Reims.

Dans la suite, le *chancelier* fut élu au parlement par voie de scrutin, en présence du roi. Guillaume de Dormans fut le premier élu de cette manière en 1371. Louis XI changea cet ordre, & depuis ce temps, c'est le roi seul qui nomme le *chancelier;* le parlement n'a aucune jurisdiction sur lui.

Cet office n'est point vénal ni héréditaire, mais à vie seulement. Le *chancelier* est reçu sans information de vie & mœurs, & prête serment entre les mains du roi. Ses provisions sont présentées par un avocat dans toutes les cours souveraines ; l'audience tenante, & y sont lues, publiées & enregistrées sur les conclusions des gens du roi.

Quoique l'office de *chancelier* ait toujours été rempli par des sujets distingués par leur mérite & par leur naissance, dont la plupart sont qualifiés de chevaliers, il est cependant certain qu'anciennement cet office n'annoblissoit point. En effet, sous le roi Jean, Pierre de la Forêt, *chancelier*, ayant acquis la terre de Loupelande dans le Maine, obtint du roi des lettres de noblesse pour jouir de l'exemption du droit de franc-fief. Les *chanceliers* nobles se qualifioient *messire*, & les autres *maître*. Présentement le *chancelier* est toujours qualifié de *chevalier* & de *monseigneur*.

Charlemagne rendit le *chancelier* dépositaire des loix & des ordonnances, & Charles-le-Chauve lui donna le droit d'annoncer pour lui les ordonnances en présence du peuple.

Le pouvoir du *chancelier* s'accrut beaucoup sous la troisième race : on voit que, dès le temps de Henri I, il signoit les chartes de nos rois, avec le connétable, le boutillier & les autres grands officiers de la couronne.

Frère Guérin, évêque de Senlis, fut d'abord garde des sceaux sous Philippe-Auguste pendant la vacance de la chancellerie ; il fut ensuite *chancelier* sous Louis VIII, & releva beaucoup la dignité de cette charge ; il abandonna la fonction du secrétariat aux notaires & secrétaires du roi, se réservant seulement sur eux l'inspection. Il assista avec les pairs au jugement qui fut rendu en 1224 contre la comtesse de Flandres. Dutillet rapporte que les pairs voulurent contester ce droit au *chancelier*, au boutillier, au chambrier & au connétable ; mais la cour du roi décida en faveur de ces officiers. Au sacre du roi, c'est le *chancelier* qui appelle les pairs chacun à leur rang.

Dès le temps de Philippe-Auguste, le *chancelier* portoit la parole pour le roi, même en sa présence. On en trouve un exemple dans la harangue que frère Guérin fit à la tête de l'armée, avant la bataille de Bouvines en 1214, & la victoire suivit de près son exhortation.

On voit aussi dans Froissart, que dès 1355, le *chancelier* parloit pour le roi, en sa présence, dans la chambre du parlement ; qu'il exposa l'état des guerres, & requit que l'on délibérât sur les moyens de fournir au roi des secours suffisans.

Le *chancelier* étoit alors précédé par le connétable & par plusieurs autres grands officiers dont les offices ont été dans la suite supprimés ; au moyen de quoi celui de *chancelier* est présentement le premier office de la couronne ; & le *chancelier* a rang, séance & voix délibérative après les princes du sang.

Dans les états que le roi envoyoit autrefois de ceux qui devoient composer le parlement, le *chancelier* est ordinairement nommé en tête de la grand'-chambre ; il venoit en effet y siéger fort souvent. Le cardinal de Dormans, évêque de Beauvais & *chancelier*, fit l'ouverture des parlemens des 12 novembre 1369 & 1370, par de longs discours & remontrances, ce qui ne s'étoit pas encore pratiqué. Arnaud de Corbie fit aussi l'ouverture du parlement en 1405 & 1406, le 12 novembre, & reçut les sermens des avocats & des procureurs. Pierre de Morvilliers reçut aussi les sermens le 11 novembre 1461.

Dans la suite les *chanceliers* se trouvant surchargés de différentes affaires, ne vinrent plus que rarement au parlement, excepté lorsque le roi y vient tenir son lit-de-justice. Le jeudi 14 mars 1715, M. le *chancelier* Voisin prit, en cette qualité, séance au parlement ; il étoit à la petite audience en robe violette, & vint à la grande audience en robe de velours rouge doublée de satin. On plaida devant lui un appel comme d'abus, & il prononça l'arrêt.

Philippe VI, dit de Valois, ordonna en 1342 que quand le parlement seroit fini, le roi manderoit le *chancelier*, les trois présidens du parlement & dix personnes du conseil, tant clercs que laïcs, lesquels, suivant sa volonté, nommeroient des personnes capables pour le parlement à venir. On voit même qu'en 1370, le cardinal de Dormans, *chancelier*, institua Guillaume de Sens premier président.

Le *chancelier* nommoit aussi anciennement les conseillers au châtelet, conjointement avec quatre conseillers du parlement, & avec le prévôt de Paris ; il instituoit les notaires & les examinoit avant qu'ils fussent reçus.

Son pouvoir s'étendoit aussi autrefois sur les monnoies, suivant un mandement de Philippe VI en 1346, qui enjoint aux maîtres généraux des monnoies de donner au marc d'argent le prix que bon sembleroit au *chancelier* & aux trésoriers du roi.

Mais Charles V, étant dauphin de Viennois & lieutenant du roi Jean, ordonna en 1356 que dorénavant le *chancelier* ne se mêleroit que *du fait de la chancellerie, de tout ce qui regarde le fait de la justice, & d'ordonner des offices en tant qu'à lui appartient comme chancelier*.

Philippe V défendit au *chancelier* de passer à l'avenir des lettres où seroit la clause *nonobstant toutes ordonnances contraires* ; il ordonna que si l'on en présentoit de telles au sceau, elles seroient rapportées au roi ou à celui qui seroit établi de sa part ; & par un autre ordonnance de 1318, il ne devoit apposer le grand sceau qu'aux lettres auxquelles le scel du secret avoit été apposé ; c'étoit celui que portoit le chambellan, à la différence du petit signet que le roi portoit sur lui.

Charles V ordonna aussi en 1356, que le *chancelier* ne feroit point sceller les lettres passées au conseil, qu'elles ne fussent signées au moins de trois de ceux qui y avoient assisté, & qu'il n'en pourroit être scellé aucune portant aliénation du domaine, ou don de grandes forfaitures & confiscations, qu'il n'eût déclaré au conseil ce que la chose donnée pouvoit valoir de rente par an.

Suivant les lettres du 14 mars 1401, il pouvoit

tenir au lieu du roi les requêtes générales avec tel nombre de conseillers au grand-conseil qu'il lui plaisoit, y donner des lettres de grace & rémission, & y expédier toutes les autres affaires, comme si le tout étoit fait en présence du roi & de son conseil ; il faisoit serment de ne demander au roi aucun don ou grace pour lui ou pour ses amis ailleurs que dans le grand-conseil.

Charles VI ordonna en 1407 qu'en cas de minorité du roi, ou lorsqu'il seroit absent, ou tellement occupé qu'il ne pourroit vaquer aux affaires du gouvernement, elles seroient décidées à la pluralité des voix dans un conseil composé de la reine, des princes du sang, du connétable, du *chancelier* & des gens de son conseil. Après la mort de ce prince, on expédia quelques lettres au nom du *chancelier* & du conseil. Louis XIV, en partant de Paris au mois de février 1678, pour aller en Lorraine, dit aux députés du parlement, qu'il laissoit sa puissance entre les mains de M. le *chancelier* pour ordonner de tout en son absence suivant qu'il le jugeroit à propos.

François I déclara au parlement que cette cour n'avoit aucune jurisdiction ni pouvoir sur le *chancelier* de France. Ce fut aussi sous le règne du même prince que le *chancelier* fut gratifié du droit d'indult, comme étant chef de la justice.

Quoique le *chancelier* ne soit établi que pour le fait de la justice, on en a vu plusieurs qui étoient en même temps de grands capitaines, & qui commandoient dans les armées : tel fut saint Oüen, référendaire du roi Dagobert I ; tel fut encore Pierre Flotte, qui fut tué à la bataille de Courtrai les armes à la main, le 11 juillet 1302. A l'entrée du roi à Bordeaux en 1451, le *chancelier* parut armé d'un corselet d'acier, & par-dessus une robe de velours cramoisi. M. le *chancelier* Séguier fut envoyé à Rouen en 1639, à l'occasion d'une sédition, il commandoit les armes, on prenoit le mot de lui.

L'habit de cérémonie du *chancelier* est l'épitoge ou robe de velours rouge, doublée de satin, avec le mortier comblé d'or & bordé de perles : il a droit d'avoir chez lui des tapisseries semées de fleurs-de-lis, avec les armes de France & les marques de sa dignité.

Quand il marche en cérémonie, il est précédé des quatre huissiers de la chancellerie portant tous leurs masses, & des huissiers du conseil, appelés vulgairement *huissiers de la chaîne* ; il est aussi accompagné d'un lieutenant de robe-courte de la prévôté de l'hôtel & de deux gardes ; ce qui paroît avoir une origine fort ancienne : car Charles VI ayant réduit en 1387 le nombre des sergens d'armes, ordonna que l'un d'eux demeureroit auprès du *chancelier*.

Anciennement le *chancelier* portoit le deuil & assistoit aux obsèques des rois. Guillaume Juvénal des Ursins, *chancelier*, assista ainsi aux funérailles de Charles VI, de Charles VII & de Charles VIII : mais depuis long-temps l'usage est que le *chancelier* ne porte point le deuil, & n'assiste plus à ces sortes de cérémonies. On a voulu marquer par-là que la justice conserve toujours la même sérénité.

Suivant une cédule sans date qui se trouve à la chambre des comptes de Paris, Philippe d'Antogni, qui portoit le grand sceau du roi saint Louis, prenoit pour soi, pour ses chevaux & pour ses valets à cheval, sept sous parisis par jour, tant pour l'avoine que pour toute autre chose, excepté son clerc & son valet-de-chambre, qui mangeoient à la cour. Leurs gages étoient doubles aux quatre fêtes annuelles ; le *chancelier* avoit des manteaux comme les autres clercs du roi, & livrée de chandelle comme il convenoit, pour sa chambre & pour les notaires ; quelquefois le roi lui donnoit pour lui un palefroi, & pour son clerc un cheval. Sur soixante sous d'émolumens du sceau, il en prenoit dix, & en outre, sa portion du surplus, comme les autres clercs du roi, c'est-à-dire les secrétaires du roi ; enfin, quand il étoit dans des abbayes ou autres lieux où il ne dépensoit rien pour ses chevaux, cela étoit rabattu sur ses gages.

En 1290, il n'avoit que six sous par jour, avec bouche à la cour pour lui & les siens ; & vingt sous par jour lorsqu'il étoit à Paris, & mangeoit chez lui.

Deux états de la maison du roi, des années 1316 & 1317, nomment le *chancelier* comme le premier des grands officiers qui avoient leur chambre, c'est-à-dire leur logement à l'hôtel du roi. Il y est dit que si le *chancelier* est prélat, il ne prendra rien à la cour ; que s'il est simple clerc, il aura, comme Messire de Nogaret avoit, *dix soldées de pain par jour, trois setiers de vin pris devers le roi, & les autres du commun ; six pièces de chair six pièces de poulailles ; & au jour de poisson, qu'il aura à l'avenant ; qu'on ne lui comptera rien pour cuisson qu'il fasse en cuisine ni en autre chose ; qu'on lui fera livraison de certaine quantité de menues chandelles & torches ; mais que l'on rendroit les torchons*, c'est-à-dire les restes des flambeaux. Ces détails qui alloient jusqu'aux minuties, marquent quel étoit alors le génie de la nation.

Une ordonnance de 1318 porte qu'il devoit compter trois fois l'année en la chambre des comptes de l'émolument du sceau ; & en 1320, il n'avoit encore que mille livres parisis de gages par an, somme qui paroît d'abord bien modique pour un office si considérable : mais alors le marc d'argent ne valoit que deux livres dix-huit sols, c'est-à-dire, environ dix-sept fois la valeur du marc actuel ; ce qui fait une somme considérable.

Les anciennes ordonnances ont encore accordé aux *chanceliers* plusieurs droits & privilèges, tels que l'exemption du ban & arrière-ban, le droit de prise pour les vivres, comme le roi & à son prix ; l'exemption des péages & travers pour les provisions de sa maison, & de tous droits d'aides ; droit de chauffage, qui ne consistoit qu'en deux moules de bûches, c'est-à-dire deux voies de bois, & quatre quand les notaires du roi étoient avec lui, *&c.*

Au reste, il y a plusieurs autres droits & prérogatives attachés à la charge de *chancelier* de France.

CHANCELIERS *des jurisdictions royales*, étoient ceux qui avoient la garde du sceau dans ces jurisdictions : il y en avoit dans les sénéchaussées, vigueries, & autres sièges de Languedoc, suivant des lettres du 8 octobre 1363, données par le maréchal Daudencham, lieutenant du roi Jean dans cette province, qui ordonnent que les Juifs seront payés de ce qui leur est dû par les chrétiens, nonobstant toutes lettres d'état. L'exécution de ces lettres est mandée aux sénéchaux de Toulouse, Carcassonne & Beaucaire, leurs viguiers, juges, gardes des sceaux, baillifs, *chanceliers*, bayles desdites sénéchaussées, ou leurs lieutenans, & à tous autres justiciers. Ces lettres sont dans le *Recueil des ordonnances de la troisième race, tome IV, page 237.*

Il est parlé du receveur royal de la chancellerie de Rouergue, dans d'autres lettres du mois d'avril 1370, qui confirment que le terme de *chancellerie* est pris en cette occasion pour *sceau*. Il n'y avoit pourtant point encore de chancelleries particulières établies près des cours & autres justices royales; le sceau dont il est parlé, ne servoit qu'à sceller les jugemens.

CHANCELIER *de Laugeac & de Nonette*, étoit un officier qui avoit la garde du scel royal dans les justices de Laugeac & de Nonette, dont il étoit en même temps le prévôt. Il en est parlé dans des lettres de Charles-le-Bel, de l'an 1322, rapportées dans les *Ordonnances de la troisième race.*

Nous remarquerons à cette occasion que dans toutes les justices royales, dans les prévôtés & bailliages seigneuriaux, sur-tout dans les pairies, & généralement dans tous les sièges ressortissans nuement aux parlemens, il y a un sceau particulier dont la garde est confiée dans les bailliages royaux à un des membres de la compagnie, quelquefois au procureur du roi, mais plus généralement au chef du tribunal, & dans les justices seigneuriales, au bailli ou à son lieutenant. Tous les actes qui ont besoin d'y être scellés, sont expédiés au nom de l'officier garde-scel, en cette forme : *à tous ceux.... le garde-scel de... &c.* On doit observer qu'en général ces gardes-scels ne prennent pas la qualité de *chanceliers.*

CHANCELIER *des ordres de chevalerie.* C'est celui qui a la garde du sceau de l'ordre : il scelle en conséquence en cire blanche les lettres des chevaliers & officiers de l'ordre, & les commissions & mandemens émanés du chapitre ou assemblée de l'ordre ; c'est lui qui tient un registre des délibérations, & qui en délivre les actes sous le sceau de l'ordre ; c'est le premier des grands officiers de chaque ordre.

L'ordre de S. Michel avoit autrefois son *chancelier* particulier. Suivant l'article 12 des statuts faits en 1469, lors de l'institution de cet ordre, le *chancelier* devoit être archevêque, évêque, ou en dignité notable dans l'église, & l'article 81 portoit que la messe haute seroit célébrée par le *chancelier*, s'il étoit présent, ou par un autre ordonné par le roi. Le prieuré de Vincennes, ordre de Grammont, étoit affecté aux *chanceliers* de l'ordre de S. Michel, qui ont été tous archevêques ou évêques, jusqu'en 1574. Trois cardinaux ont rempli cette place ; sçavoir, Georges d'Amboise, archevêque de Rouen ; Antoine Duprat, *chancelier* de France; mais on croit qu'alors il n'étoit plus *chancelier* de l'ordre; & le cardinal de Créqui. Louis d'Amboise, évêque d'Albi; Georges d'Amboise, cardinal, & le cardinal Duprat, se qualifioient de *chancelier* de l'ordre du roi. Philippe Huraut, seigneur de Chiverny, maître des requêtes, *chancelier* du duc d'Anjou, roi de Pologne, fut *chancelier* de l'ordre de S. Michel, après la mort du cardinal de Créqui en 1574; c'est le premier séculier qui ait eu cette charge. Il reçut le serment du roi Henri III pour la dignité de chef & souverain de l'ordre à son retour de Pologne. Au mois de décembre 1578, il fut fait *chancelier*, commandeur & surintendant des deniers de l'ordre du S. Esprit, que Henri III venoit d'instituer. Quelques-uns de ses successeurs prirent des provisions séparées pour les deux charges de *chanceliers* : les appointemens de chacune de ces charges étoient aussi distingués dans les comptes; mais dans la suite les deux charges & tous les droits qui y étoient attachés, ont été réunis en une seule provision; c'est pourquoi le *chancelier* de l'ordre du S. Esprit prend le titre de *chancelier des ordres du roi.*

Il a aussi le titre de commandeur des ordres du roi; il doit faire preuve de noblesse paternelle, y compris le bisaïeul pour le moins, & porte le collier comme les chevaliers. Guillaume de l'Aubespine, *chancelier* des ordres, obtint, en 1611, une pension de trois mille livres pour le dédommager du prieuré de Vincennes qui avoit été affecté aux *chanceliers* de S. Michel, & dont ils cessèrent de jouir lorsque Philippe Huraut de Chiverny fut pourvu de cette charge en 1574. Cette pension a passé aux *chanceliers* des ordres sur le pied de quatre mille livres par an, depuis 1663.

L'office de garde des sceaux des ordres du roi a été plusieurs fois désuni de celui de *chancelier*; savoir, depuis 1633 jusqu'en 1645, depuis 1650 jusqu'en 1654, depuis 1656 jusqu'en 1661, & enfin depuis le 25 août 1691, jusqu'au 16 août suivant.

Le *chancelier* des ordres est aussi ordinairement surintendant des deniers ou finances des ordres; mais cette charge de surintendant a été quelquefois séparée de celle de *chancelier.*

Pour ce qui est du *chancelier* de l'ordre royal & militaire de Saint-Louis, il n'y en avoit point d'abord. Depuis l'institution de l'ordre faite en 1693 jusqu'en 1719, le sceau de l'ordre a été entre les mains du garde des sceaux de France; ce ne fut que par édit du mois d'avril 1719, que le roi érigea, en titre d'office héréditaire, un grand'croix *chancelier* & garde des sceaux de cet ordre : c'est le premier des officiers grands'croix. L'édit porte, que le *chancelier* & les autres grands officiers du même ordre, jouiront des mêmes privilèges que les grands officiers de l'ordre du S. Esprit; que dans les cérémonies & pour la séance, ils se conformeront à ce qui se pratique dans le même ordre du S. Esprit; que le *chancelier* garde des sceaux de l'ordre de Saint-Louis portera le grand cordon rouge, & la broderie sur l'habit; que les lettres ou provisions de chevaliers seront scellées du sceau de l'ordre, qui demeurera entre les mains du *chancelier* garde des sceaux de cet ordre; que le *chancelier* & les autres grands officiers prêteront serment entre les mains du roi; que les autres officiers prêteront serment entre les mains du *chancelier* de l'ordre; que le *chancelier* aura en garde le sceau de l'ordre, & fera sceller, en sa présence, les lettres de provisions & les autres expéditions, & qu'en toute occasion il fera telles & semblables fonctions que celles qui sont exercées dans l'ordre du S. Esprit par le *chancelier* de cet ordre; que le garde des archives scellera, en présence du *chancelier*, les provisions des grands'croix, commandeurs, chevaliers & officiers, & les autres expéditions; que les hérauts d'armes recevront les ordres du *chancelier* & du grand-prévôt. M. d'Argenson, garde des sceaux de France, a été le premier *chancelier* de cet ordre.

L'ordre royal, militaire & hospitalier de Notre-Dame du Mont-Carmel & de Saint-Lazare de Jérusalem, a aussi son *chancelier* garde des sceaux.

Dans l'ordre de Malte, outre le *chancelier* qui est auprès du grand-maître, il y a encore un *chancelier* particulier dans chaque grand-prieuré; ainsi, comme il y en a cinq en France, il y a autant de *chanceliers*. Les commissions & mandemens du chapitre ou assemblée des chevaliers, sont scellés par le *chancelier*; c'est lui qui tient le registre des délibérations, & qui en délivre des extraits sous le sceau de l'ordre. Ceux qui se présentent pour être reçus chevaliers de l'ordre, prennent de lui la commission qui leur est nécessaire pour faire les preuves de leur noblesse; & après qu'elles ont été admises dans le chapitre, il les clôt, & y applique le sceau, pour être ainsi envoyées à Malte.

CHANCELIER *dans les ordres religieux*, est un religieux qui tient registre des actes & papiers concernant le monastère, & qui est chargé du soin de ces papiers. Il y a apparence qu'il a été ainsi nommé, parce qu'il avoit aussi la garde du sceau de la maison, ou bien parce qu'il avoit la garde de tous les actes qui étoient scellés.

On trouve dans les archives de l'abbaye de S. Germain-des-prés-lès-Paris, un acte du onzième siècle, qui fait mention d'un *chancelier* qui étoit alors dans cette abbaye.

Dans le procès-verbal des coutumes de Lorraine, du premiers mars 1594, comparut Jean Gerardin, chanoine & *chancelier* d'office en l'église de Remiremont.

Il y a aussi des *chanceliers* dans plusieurs congrégations de l'ordre de S. Benoît.

CHANCELIER *de Portugal*. C'est un magistrat qui a la garde du sceau dont on scelle les arrêts du parlement, ou cour souveraine. Il y en a deux, un dans le parlement, ou cour souveraine de Lisbonne; l'autre dans le parlement de Porto. Le *chancelier* a rang immédiatement après le président, & avant les conseillers.

CHANCELIER *de la reine*. C'est un des grands officiers de la maison de la reine, qui a la garde de son sceau particulier, sous lequel il donne toutes les provisions des offices de sa maison, & les commissions & mandemens nécessaires pour son service.

C'est lui qui préside au conseil de la reine, lequel est composé du *chancelier*, du surintendant des finances, des secrétaires des commandemens, maison & finances; du procureur-général, de l'avocat-général, des secrétaires du conseil & autres officiers.

Il est aussi le chef de la chancellerie de la reine, pour laquelle il y a plusieurs officiers.

C'est encore lui qui donne, sous le sceau de la reine, toutes les provisions des offices de justice dans les terres & seigneuries qui sont du domaine particulier de la reine.

Il a le même droit dans les duchés, comtés & autres seigneuries du domaine du roi, dont la jouissance est donnée à la reine pour son douaire en cas de viduité; il est dans ces terres le chef de la justice, & y institue des juges, lesquels rendent la justice au nom de la reine, & ont le même pouvoir que les juges royaux; il peut pareillement, au nom de la reine, y établir des grands jours dont l'appel ressortit directement au parlement de Paris, quand même ces terres & seigneuries seroient dans le ressort d'un autre parlement.

C'est encore une des prérogatives de la dignité de *chancelier* de la reine, d'avoir droit d'entrée dans toutes les maisons royales lorsque le roi n'y est pas, ou que la reine y est seule.

Les reines de France ont, de temps immémorial, toujours eu leur *chancelier* particulier différent de celui du roi.

Grégoire de Tours fait mention que Urcissin étoit référendaire de la reine Ultrogothe, femme de Childebert I. Celui qui faisoit alors l'office de *chancelier* de France étoit aussi appellé *référendaire*.

Jeanne, femme de Philippe V, dit le Long, avoit, en 1319, pour *chancelier* Pierre Bertrand, qui fut aussi l'un des exécuteurs de son testament.

Isabeau de Bavière, femme de Charles VI, avoit aussi son *chancelier*, autre que celui du roi, quoique quoiqu'elle n'eût point de terres en propre. Maître Jean de Nielle, chevalier, maître Robert le Maçon, & maître Robert Carteau, furent ses *chanceliers* en divers temps.

Robert Maçon, l'un de ceux que l'on vient de nommer, étoit seigneur de Trèves en Anjou; il fut d'abord *chancelier* de la reine Isabeau de Bavière, ce qui est justifié par des lettres de Charles VI, de l'an 1415, par lesquelles il commet le comte de Vendôme & Robert le Maçon, qu'il appelle *chancelier* de la reine sa compagne, pour se transporter à Angers, & faire jurer la paix aux Anglois. Il fit en 1418 la fonction de *chancelier* de France, sous les ordres du dauphin Charles, pour lors lieutenant-général du roi.

Le registre du parlement du 22 mai 1413, parlant de Bonne d'Armagnac, femme du sieur de Montauban, l'appelle *cousine* & *chancelière* de la reine; ce qui confirme encore qu'elle avoit un *chancelier*.

La reine de Navarre avoit aussi son *chancelier*. François Olivier, qui fut *chancelier* de France, avoit été auparavant *chancelier* & chef du conseil de Marguerite de Valois, reine de Navarre, sœur de François premier.

Gui du Faur, seigneur de Pibrac, président au mortier, fut *chancelier* de Marguerite de France, sœur du roi Henri III, & alors reine de Navarre. Il mourut le 12 mai 1584.

Jean Berthier, évêque de Rieux, succéda au seigneur de Pibrac en cette charge, qui devint encore plus relevée en 1589, lorsque Marguerite devint reine de France. Le mariage de celle-ci ayant été dissous en 1599, l'évêque de Rieux continua d'être *chancelier* de la reine Marguerite. Il logeoit au cloître Notre-Dame en 1605; & la reine Marguerite ayant eu alors la permission de revenir à Paris, elle alla d'abord descendre chez son *chancelier*, & ce fut là que la ville vint la saluer.

CHANCELIER *des fils & petits-fils de France, & autres princes de la maison royale*. Ce sont les principaux officiers qui sont donnés à ces princes pour leur maison & apanage. Ils sont *chanceliers*, gardes des sceaux, chefs du conseil, & surintendans des finances.

La chancellerie pour l'apanage n'est point dans le lieu de l'apanage; elle se tient auprès du prince chez le *chancelier*.

Les dauphins de France, ni leurs fils, ni leurs petits-fils aînés n'ont plus de *chanceliers* comme ils en avoient autrefois; parce qu'étant destinés à succéder à la couronne chacun en son rang, on ne leur donne point d'apanage; mais tous les puînés descendans de la maison royale ont chacun leur apanage, & un *chancelier* garde des sceaux, qui expédie & scelle toutes les provisions des offices même royaux dont l'exercice se fait dans l'étendue de l'apanage du prince.

CHANCELIER (*grand*) *de Russie*: c'est un officier qui a la garde de la couronne, du sceptre & du sceau impérial. La couronne & le sceptre sont gardés dans une chambre à Moscou, dont il a la clef & le sceau; on n'y entre qu'en sa présence.

Il y a aussi dans l'empire de Russie des chancelleries particulières auprès des juges des principales villes, comme à Pétersbourg.

CHANCELIER (*grand*) *de Suède*: c'est le quatrième des cinq grands officiers de la couronne, qui sont les tuteurs du roi, & gouvernent le royaume pendant sa minorité.

Il est le chef du conseil de la chancellerie, où il préside assisté de quatre sénateurs & des secrétaires d'état & de police. Il en corrige les abus, & fait tous les réglemens nécessaires pour le bien & l'utilité publiques. Il est dépositaire des sceaux de la couronne, il expédie toutes les affaires d'état; c'est lui qui expose les volontés du roi dans les assemblées des états-généraux, avant la tenue desquels les nobles sont obligés de faire inscrire leurs noms pour être portés à la chancellerie. Il préside au conseil de police, & le roi dépose en ses mains la justice pour la distribuer, & la faire rendre à ses sujets. Il a au-dessus de lui le drossart, ou grand-justicier, qui est le premier officier de la couronne, & qui préside au conseil de justice, auquel on appelle tous les autres. Il y a encore en Suède un *chancelier* de la cour, différent du *chancelier* de justice.

CHANCELLERIE, s. f. (*Jurisprud.*) s'entend ordinairement d'un lieu où on scelle certaines lettres avec le sceau du prince, pour les rendre authentiques. Il y a plusieurs sortes de *chancelleries*; les unes civiles, les autres ecclésiastiques.

Pour mettre un certain ordre dans ce que nous avons à dire sur les *chancelleries*, nous parlerons d'abord de la grande *chancellerie* de France; en second lieu, des petites *chancelleries*, c'est-à-dire des *chancelleries* établies près les cours souveraines, & des *chancelleries* présidiales; en troisième lieu, des *chancelleries* de Bourgogne, & des *chancelleries* étrangères, dont nous n'avons rien dit sous *le mot* CHANCELIER. Nous terminerons l'article par les *chancelleries* d'église.

CHANCELLERIE *de France*, ou *grande Chancellerie*, est le lieu où le chancelier de France demeure ordinairement, où il donne audience à ceux qui ont affaire à lui, & où il exerce certaines de ses fonctions: c'est aussi le lieu où l'on scelle les lettres avec le grand sceau du roi, lorsque la garde en est donnée au chancelier. On l'appelle *grande chancellerie* par excellence, & par opposition aux autres *chancelleries* établies près les cours & présidiaux, dont le pouvoir est moins étendu.

On entend aussi sous le terme de *chancellerie de France*, le corps des officiers qui composent la *chancellerie*; tels que le chancelier, le garde des sceaux, les grands audienciers, secrétaires du roi du grand collège, les trésoriers, contrôleurs, chauffe-cire, & autres officiers.

Précis de l'établissement de la chancellerie de France. L'établissement de la *chancellerie de France* est aussi ancien que la monarchie; elle n'a point emprunté son nom du titre de *chancelier de France ;* car sous la première race de nos rois, ceux qui faisoient les fonctions de chancelier n'en portoient point le nom, on les appelloit *référendaires*, *gardes de l'anneau*, ou *scel royal ;* & c'étoient les notaires ou secrétaires du roi que l'on appelloit alors *cancellarii*, *à cancellis*, parce qu'ils travailloient dans une enceinte fermée de barreaux; & telle fut aussi sans doute l'origine du nom de *chancellerie.*

Ce ne fut que sous la seconde race que ceux qui faisoient la fonction de chancelier du roi commencèrent à être appellés *grands chanceliers*, *archi-chanliers*, *souverains chanceliers ;* alors le terme de *chancellerie* devint relatif à l'office de chancelier de France.

Lorsque cet office se trouvoit vacant, on disoit que la *chancellerie* étoit vacante, *vacante cancellariâ :* cette expression se trouve usitée dès l'an 1179. Pendant la vacance on scelloit les lettres en présence du roi, comme cela se pratique encore aujourd'hui.

Le terme de *chancellerie* se prenoit aussi pour l'émolument du sceau : on le trouve usité en ce sens dès le temps de S. Louis, suivant une cédule de la chambre des comptes, qui porte, entre autres choses, que des lettres qui devoient soixante sous pour scel, le scelleur prenoit dix sous pour soi & la portion de la commune *chancellerie*, de même que les autres clercs du roi.

Cette même cédule fait aussi connoître que le chancelier avoit un clerc ou secrétaire particulier, & qu'il y avoit un registre où l'on enregistroit les lettres de *chancellerie.* On y enregistroit aussi certaines ordonnances, comme cela s'est pratiqué en divers temps pour certains édits qui ont été publiés le sceau tenant.

Guillaume de Crespy, qui fut chancelier en 1293, suspendit aux clercs des comptes leur part de la *chancellerie ;* parce qu'ils ne suivoient plus la cour comme ils faisoient du temps de S. Louis, sous lequel ils partageoient à la grosse & menue *chancellerie.*

Il y avoit déjà depuis long-temps plusieurs sortes d'officiers pour l'expédition des lettres que l'on scelloit du grand & du petit scel.

Les plus anciens étoient les chanceliers royaux, *cancellarii regales*, appellés depuis *notaires*, & ensuite *secrétaires du roi.* Il est parlé de ces chanceliers dès le temps de Clotaire I. Dès le temps de Thierri on trouve des lettres écrites de la main d'un notaire, & scellées par celui qui avoit le sceau, qui étoit le grand référendaire.

Sous Dagobert I, on trouve jusqu'à cinq notaires ou secrétaires, lesquels, en l'absence du référendaire, faisoient son office, & signoient en ces termes : *ad vicem obtuli*, *recognovi*, *subscripsi.*

Du temps de Charles-le-Chauve on trouve jusqu'à onze de ces notaires ou secrétaires, lesquels, en certaines lettres, sont qualifiés *cancellarii regiæ dignitatis*, & signoient tous *ad vicem.* Du temps de S. Louis, on les appella *clercs du roi.* On continua cependant d'appeller *notaires* ceux que le chancelier de France commettoit aux enquêtes du parlement, pour faire les expéditions nécessaires.

Sous la troisième race, l'office de garde des sceaux fut quelquefois séparé de celui de chancelier, soit pendant la vacance de la *chancellerie*, ou même du vivant du chancelier.

Dans un état de la maison du roi, fait en 1285, il est parlé du chauffe-cire, ou valet de chauffe-cire.

Il y avoit aussi, dès 1317, un officier préposé pour rendre les lettres lorsqu'elles étoient scellées; & suivant des lettres de la même année, les notaires-secrétaires du roi (c'est ainsi qu'ils sont appellés) avoient quarante livres *parisis* à prendre sur l'émolument du sceau pour leur droit de parchemin.

Tous ces différens officiers qui étoient subordonnés au référendaire, appellé depuis *chancelier de France*, formèrent insensiblement un corps que l'on appella la *chancellerie*, dont le chancelier a toujours été le chef.

Cette *chancellerie* étoit d'abord la seule pour tout le royaume. Dans la suite on admit trois *chancelleries* particulières; l'une qui avoit été établie par les comtes de Champagne, une autre par les rois de Navarre, & une *chancellerie* particulière pour les actes passés par les Juifs.

Philippe V, dit le Long, fit au mois de février 1321, un réglement général, tant pour la *chancellerie de France*, que pour les autres *chancelleries :* il annonce que ce réglement est sur le port & état du grand scel, & sur la recette des émolumens. Les fonctions des notaires du roi y sont réglées; il est dit qu'il sera établi un receveur de l'émolument du sceau, qui en rendra compte trois fois l'année en la chambre des comptes; que le chancelier sera tenu d'écrire au dos des lettres la cause pour laquelle il refusera de les sceller, sans les dépecer; que tous les émolumens de la chancellerie de Champagne, de Navarre, & des Juifs, tourneront au profit du roi, comme ceux de la *chancellerie de France ;* que le chancelier prendra pour ses gages mille livres *parisis* par an.

On voit par des lettres de Charles V, alors régent du royaume, que, dès l'an 1358, il y avoit des registres en la *chancellerie*, où l'on enregistroit certaines ordonnances & lettres-patentes du roi. Suivant d'autres lettres du même prince alors régnant, du 9 mars 1365, le lieu où se tenoit le sceau s'appelloit déjà l'audience de la *chancellerie*, d'où les offices d'*audienciers* ont pris leur dénomination.

En effet, on trouve un mandement de Charles V, du 21 juillet 1368, adressé à *nos audienciers & contrôleurs de notre audience royale à Paris*, c'est-à-dire de la *chancellerie*.

Les clercs-notaires du roi avoient, dès 1320, leurs gages, droits de manteaux, & la nourriture de leurs chevaux à prendre sur l'émolument du sceau.

Pour ce qui est de la distribution des bourses, l'usage doit en être aussi fort ancien, puisque le dauphin régent ordonna le 28 mars 1357, que le chancelier auroit deux mille livres de gages, avec les bourses & autres droits accoutumés; & au mois d'août 1358, il ordonna que l'on feroit tous les mois, pour les célestins de Paris, une bourse semblable à celle que chaque secrétaire du roi avoit droit de prendre tous les mois sur l'émolument du sceau. *Voyez ci-après* CHANCELLERIE (*bourse de*)

La *chancellerie de France* n'a été appellée *grande chancellerie*, que lorsqu'on a commencé à établir des *chancelleries* particulières près les parlemens, c'est-à-dire vers la fin du quinzième siècle. *Voyez* CHANCELLERIES PRÈS LES PARLEMENS.

On a aussi ensuite institué les *chancelleries* présidiales en 1557.

Toutes ces petites *chancelleries* des parlemens & des présidiaux sont des démembremens de la *grande chancellerie de France*.

Lorsque la garde des sceaux est séparée de l'office de chancelier, c'est le garde des sceaux qui scelle toutes les lettres de la *grande chancellerie*, & qui est préposé sur toutes les petites *chancelleries*. *Voyez* GARDE DES SCEAUX.

Le nombre des secrétaires du roi, servant dans les grandes & petites *chancelleries*, a été augmenté en divers temps. On a aussi créé dans chaque *chancellerie* des audienciers, contrôleurs, référendaires, scelleurs, chauffe-cire, huissiers, greffiers-gardes-minutes. On trouvera l'explication de leurs fonctions & de leurs privilèges sous les mots propres à chacun de ces offices.

De la bourse de la chancellerie. On appelle *bourse de la chancellerie* une portion des émolumens du sceau, qui appartient à certains officiers de la *chancellerie*. On ne trouve point qu'il soit parlé de *bourses de chancellerie* avant l'an 1357; l'émolument du sceau se partageoit néanmoins, mais sous un titre différent. Une cédule du temps de S. Louis, qui est à la chambre des comptes, porte que des lettres qui devoient 60 sous par scel, le scelleur prenoit 10 sous pour soi, & la portion de la commune *chancellerie*, de même que les autres clercs du roi; ce qui suppose que les autres officiers de *chancellerie* faisoient dès-lors entre eux bourse commune.

Il paroît néanmoins que, dans la suite, leur droit avoit été rétabli, comme nous le dirons ci-après en parlant du *sciendum*.

Le réglement fait en 1320, par Philippe V, sur l'état & port du grand scel, & sur la recette des émolumens, porte, *article 10*, que tous les émolumens de la *chancellerie* de Champagne, de Navarre & des Juifs, viendront au profit du roi comme ceux de la *chancellerie* de France; que tous les autres émolumens & droits que le chancelier avoit coutume de prendre sur le scel, viendroient pareillement au profit du roi, & que le chancelier de France prendroit pour gages & droits 1000 liv. parisis par an.

Les clercs-notaires du roi avoient aussi dès-lors des gages & droits de manteaux, qu'on leur payoit sur l'émolument du sceau; comme il est dit dans des lettres du même roi, du mois d'avril 1320.

On fit en la chambre des comptes, le 27 janvier 1328, une information sur la manière dont on usoit anciennement pour l'émolument du grand sceau. On y voit que le produit de certaines lettres étoit entiérement pour le roi; que pour d'autres on payoit six sous, dont les notaires, c'est-à-dire les secrétaires du roi, avoient douze deniers parisis, & le roi le surplus; que le produit de certaines lettres étoit entiérement pour les notaires; que des lettres de panage, il y avoit quarante sous pour le roi, dix sous pour le chancelier & les notaires, & douze deniers pour le chauffe-cire; que de toutes lettres en cire verte, il étoit dû soixante sous parisis, dont le chancelier avoit dix sous parisis; le notaire qui l'avoit écrite de sa main, cinq sous parisis; le chauffe-cire autant; & le commun de tous les notaires, dix sous parisis. Plusieurs autres articles distinguent de même ce que prenoit le chancelier de ce qui restoit au commun des notaires.

Charles V, étant régent du royaume, par les provisions qu'il donna le 18 mars 1357, à Jean de Dormans, de l'office de chancelier du régent, lui attribua 2000 liv. parisis de gages par an, avec les bourses, registres, & autres profits que les chanceliers de France avoient coutume de prendre; & en outre avec les gages, bourses, registres, & autres droits qu'il avoit comme son chancelier de Normandie. La même chose se trouve rappellée dans des lettres du 8 décembre 1358.

Les notaires & secrétaires du roi ayant procuré aux célestins de Compiegne un établissement à Paris en 1352, & ayant établi chez eux leur confrairie, avoient délibéré entre eux, que pour la subsistance de ces religieux, qui n'étoient alors qu'au nombre de six, ils donneroient chacun quatre sous parisis par mois sur l'émolument de leurs bourses; mais au mois d'août 1358, le dauphin, régent du royaume, ordonna, à la requisition des notaires & secrétaires du roi, qu'il seroit fait tous les mois aux prieur & religieux célestins établis à Paris, une bourse semblable à celle que chaque secrétaire avoit droit de prendre tous les mois sur l'émolument du sceau ; ce que le roi Jean ratifia par des lettres du mois d'octobre 1361. *Voyez* CÉLESTIN.

Le même prince fit une ordonnance pour restraindre le nombre de ses notaires & secrétaires qui prenoient gages & bourses. Elle se trouve au *Mémorial de la chambre des comptes*, commençant en 1359, & finissant en 1381.

Charles V confirma, en 1365, la confrairie des secrétaires du roi, & l'attribution d'une bourse aux célestins ; & ordonna que le grand-audiencier pourroit retenir les bourses des secrétaires du roi, qui n'exécuteroient pas les réglemens portés par ces lettres-patentes.

Dans un autre réglement de 1389, Charles VI ordonna qu'à la fin de chaque mois les secrétaires du roi donneroient aux receveurs du sceau un billet qui marqueroit s'ils avoient été présens ou absens; que s'ils ne donnoient pas ce billet, ils seroient privés de la distribution des droits de collation : ainsi que cela se pratique, est-il dit, dans la distribution des bourses; car la distribution des droits de collation ne se doit faire qu'à ceux qui sont à Paris ou à la cour, à moins qu'un secrétaire du roi n'eût été présent pendant une partie du mois, & absent pendant l'autre ; ce qu'il sera tenu de déclarer dans le billet qu'il donnera aux receveurs.

Le *sciendum de la chancellerie*, que quelques-uns prétendent avoir été écrit en 1413 ou 1415, d'autres un peu plus anciennement, porte que le secrétaire du roi qui a été absent, doit faire mention dans sa cédule s'il a été malade, qu'autrement il seroit totalement privé de ses bourses; que s'il a été absent huit jours, on lui rabat la quatrième partie; pour dix ou douze jours, la troisième; la moitié pour quinze ou environ, & les trois parts pour vingt-deux jours ou environ : que dans la confection des bourses on a coutume de ne rien rabattre pour quatre, cinq ou six jours; si ce n'est que le notaire eût coutume de s'absenter frauduleusement un peu de temps : que le quatrième jour de chaque mois on fait les bourses & distribution d'argent à chaque notaire & secrétaire, selon l'exigence du mérite & travail de la personne; & aux vieux, selon qu'ils ont travaillé en leur jeunesse, & selon les charges qu'ils ont eu à supporter par le commandement du roi; que le cinq du mois les bourses ont accoutumé d'être délivrées aux compagnons, en l'audience de la *chancellerie* : que la bourse reçue, chaque notaire doit mettre la somme qu'il a reçue en certain rôle, où les noms des secrétaires sont écrits par ordre, où il trouvera son nom; & qu'il doit mettre seulement *j'ai reçu*, & ensuite son seing, sans mettre la somme qu'il a reçue, à cause de l'envie & contention que cela pourroit faire naître entre ses compagnons : qu'il arrive souvent de l'erreur à cette distribution de bourses; & que tel qui devroit avoir beaucoup, trouve peu : que s'il se reconnoît trompé, il peut recourir à l'audiencier, & lui dire : *Monsieur, je vous prie de voir si au rôle secret de la distribution des bourses, il ne s'est pas trouvé de faute sur moi, car je n'ai eu en ma bourse que tant* ; qu'alors l'audiencier verra le rôle secret ; que s'il trouve qu'il y ait eu de l'erreur, il suppléera à l'instant au défaut.

Il est dit à la fin de ce *sciendum*, qu'en la distribution des bourses desdits confrères, qui étoient alors soixante-sept en nombre, les quatre premiers maîtres-clercs de la chambre des comptes ne prennent rien, si ce n'est aux lettres de France, savoir quarante sous parisis pour chaque charte.

Le réglement fait pour les *chancelleries* en 1599, ordonne que les notaires & secrétaires du roi ne signeront d'autres lettres que celles qu'ils auront écrites, ou qui auront été faites & dressées par leurs compagnons, & écrites par leurs clercs, à peine, pour la première fois, d'être privés de leurs bourses ou gages pour trois mois; pour la seconde, de six mois; & pour la troisième, pour toujours.

L'ancien collège des secrétaires du roi, composé de cent-vingt, étoit divisé en deux membres ou classes; savoir, soixante boursiers, c'est-à-dire, qui avoient chacun leur bourse tous les mois, & soixante gagers qui avoient des gages.

Il y a aussi des bourses dans les petites *chancelleries* établies près les cours souveraines. Le réglement du 12 mars 1599, ordonne qu'elles seront faites le huit de chaque mois, comme il est accoutumé en la *chancellerie* de France.

Le réglement du mois de décembre 1609 défendoit de procéder à aucune confection de bourses que suivant les anciens réglemens, & qu'il n'y eût pour le moins trois secrétaires boursiers, deux gagers, & un ou deux des cinquante-quatre secrétaires qui formoient le second collège pour la conservation de leurs droits.

Lorsqu'on créa le sixième collège des quatre-vingts secrétaires en 1655 & 1657, le roi leur attribua pour leurs bourses, le droit d'un sou six deniers sur l'émolument du sceau.

Il fut ordonné, par arrêt du conseil privé du 17 juillet 1643, que les droits de bourses des secrétaires du roi ne pourroient être saisis, ni les autres émolumens du sceau, qu'en vertu de l'ordonnance de M. le chancelier.

Au mois de février 1673, Louis XIV fit un réglement fort étendu pour les *chancelleries*, qui ordonne, entre autres choses, que les six collèges de secrétaires du roi, seroient réunis en un seul; que les célestins auront par quartier soixante-quinze livres, au lieu d'une bourse dont ils ont coutume de jouir sur la grande *chancellerie* ; que l'on donnera pareillement soixante livres par quartier aux quatre maîtres de la chambre des comptes de Paris, secrétaires, pour leur tenir lieu de deux sous huit deniers parisis, qu'ils avoient droit de prendre sur chaque lettre de charte visée. Les distributions qui doivent être faites aux petits officiers, sont ensuite réglées ; & l'article suivant porte que toutes ces sommes seront réputées bourses, & payées à la fin de chaque quartier, sur un rôle qui en sera fait à la confection des bourses; que du surplus des droits de la grande *chancellerie* & des petites, il sera fait deux cens quatre-vingts bourses, dont l'une appartiendra au roi comme chef, souverain & protecteur de ses secrétaires, qui lui sera présentée à la fin de chaque quartier, par celui des grands audienciers qui l'aura exercé; une pour le chancelier ou garde des sceaux de France; une pour le corps des maîtres des requêtes, lesquels au moyen de ce, n'en auront plus dans les *chancelleries* près les cours; une à chacun des gardes des rôles des offices de France; & une à chacun des deux cens quarante secrétaires du roi, sans qu'ils soient obligés à l'avenir de donner leur *servivi*, ni à aucune résidence; & une bourse enfin aux deux trésoriers du sceau, à partager entre eux. Il est dit aussi que les bourses seront faites un mois au plus tard, après chaque quartier fini, par les grand-audiencier & contrôleur-général, en présence & de l'avis des doyen, sous-doyen, des procureurs, des anciens officiers ou députés, trésorier du marc-d'or, & greffier des secrétaires du roi, & du garde des rôles en quartier; que les veuves des secrétaires du roi décédés, revêtus de leurs offices, jouiront de tous les droits de bourse appartenans aux offices de leurs maris, jusqu'au premier jour du quartier qu'elles se déferont desdits offices; & que ceux qui s'y feront recevoir, commenceront à jouir des bourses du premier jour du quartier, d'après celui de leur réception & immatricule.

Le nombre des secrétaires du roi avoit été augmenté par différens édits jusqu'à 340; mais en 1724, le nombre en a été réduit à 240, comme ils étoient anciennement, & on leur a attribué les bourses & autres droits qui appartenoient aux offices supprimés. *Voyez* SECRÉTAIRES DU ROI.

Du sciendum de la chancellerie. Ce que l'on appelle le *sciendum de la chancellerie* est un mémoire ou instruction pour les notaires & secrétaires du roi, concernant l'exercice de leurs fonctions en la *chancellerie*. Il a été ainsi appellé, parce que l'original de ce mémoire, qui est en latin, commence par ces mots, *sciendum est*. Cette pièce est une des plus authentiques de la *chancellerie*. Quelques-uns veulent qu'elle soit de l'an 1339; d'autres, de l'an 1394; mais les preuves en sont douteuses: ce qui est certain, c'est qu'elle doit avoir été faite au plus tard entre 1413 & 1415, attendu qu'elle se trouve à la chambre des comptes à la fin d'un ancien volume contenant plusieurs comptes de l'audience de France, c'est-à-dire de la *chancellerie*, entre lesquels est celui du chancelier de Marle, pour le temps échu depuis le 18 août 1413, jusqu'au dernier décembre de la même année, clos au bureau le 8 janvier 1415; ce qui a donné lieu à quelques-uns de croire que le *sciendum* qui est à la fin de ce volume, est de l'année 1415. Cette pièce, quoique sans date, ne laisse pas d'être authentique, n'étant qu'une instruction où la date n'étoit pas nécessaire. Tessereau, en son *Histoire de la chancellerie*, donne l'extrait qui fut fait du *sciendum* en françois, par ordonnance de la chambre, du dernier décembre 1571, sur la requête des quatre chauffes-cire de France.

Cette instruction contient soixante-dix articles; le premier porte qu'il faut savoir que les gages de notaire & secrétaire du roi sont de six sous par jour, & de cent sous pour chaque manteau; qu'à chaque quartier le notaire & secrétaire doivent donner au maître & contrôleur de la chambre aux deniers une cédule en cette forme: *Mes gages de six sous parisis par jour me sont dus du premier jour de tel mois inclusivement, & le manteau de cent sous parisis pour le terme de Pentecôte; pendant lequel temps j'ai servi au parlement, ou aux requêtes de l'hôtel, ou en chancellerie, ou à la suite du roi, en faisant continuellement ma charge*, &c.

Les autres principaux articles contiennent en substance que, si un notaire-secrétaire a été absent huit jours ou plus, on doit lui rabattre ses gages à proportion: que l'on ne rabat rien pour quatre ou cinq jours, à moins que cela n'arrivât fréquemment, & que celui qui est malade, est réputé présent.

Que, le quatrième jour de chaque mois, on fait les bourses ou distributions à chaque notaire & secrétaire, selon l'exigence & le mérite du travail de la personne; & aux vieux, selon qu'ils ont travaillé dans leur jeunesse, selon les charges qu'il leur a fallu supporter, & les emplois à eux donnés par le roi: que, le jour suivant, on délivre les bourses avec l'argent aux compagnons (c'est-à-dire aux notaires-secrétaires) en l'audience; que chaque notaire doit mettre sur le rôle, *j'ai reçu*, & signer, sans marquer la somme, pour éviter la jalousie entre ses compagnons: que, s'il y a erreur dans la distribution, l'audiencier verra le rôle secret, & suppléera à l'instant.

Que les notaires & secrétaires ont aussi du parchemin du roi ce qu'ils en peuvent fidellement employer pour la façon des lettres qui concernent sa majesté; que le trésorier de la Sainte-Chapelle ou son chapelain fait, tous les ans, préparer ce parchemin, & le fournit aux secrétaires qui lui en donnent leur cédule ou reconnoissance, laquelle doit aussi être enregistrée en la chambre des comptes, sur le livre appellé *de parchemin*.

Que les notaires & secrétaires ont aussi un droit appellé *de collation*, pour les lettres qui leur sont commandées, & qui doivent être en forme de chartes: ces lettres sont celles de rémission, de manumission, bourgeoisie, noblesse, légitimation, privilèges des villes ou confirmation, accords faits au parlement; & le *sciendum* distingue les lettres de France de celles qui sont pour Brie & Champagne; ces dernières paient plus que les autres.

Que les notaires du criminel ont le sceau des lettres criminelles; qu'ils font & signent même les sceaux des arrêts criminels, des rémissions de ban.

Que, de quelques lettres que ce soit, de qui que ce soit, en quelque nombre qu'elles soient adressées au notaire, il ne doit rien prendre, mais les expédier gratuitement; qu'il peut seulement recevoir ce qui se peut manger & consommer en peu de jours, comme des épiceries, des bas de chausses, des gants, & autres choses légères; mais qu'il ne peut rien demander, à peine d'infraction de son serment, de suspension ou privation de son office, diffamation & perte de tout honneur.

Le *sciendum* contient ensuite une longue instruction sur les droits du sceau, & sur la manière dont ces émolumens se partagent entre le roi, les notaires & secrétaires, le chauffe-cire, selon la nature des lettres à simple ou double queue : on y distingue les lettres de France de celles de Champagne, des lettres pour les Lombards, pour les Juifs, pour le royaume de Navarre; le tarif & le partage sont différens pour chaque sorte de lettres.

Il est dit que, des lettres pour chasseurs, on n'a point accoutumé de rien prendre; mais qu'ils font présent de leur chasse aux audiencier & contrôleur; que cela est toutefois de civilité.

Que, pour les privilèges des villes & villages, le sceau est arbitraire; néanmoins qu'on s'en rapporte à l'avis d'un homme d'honneur & expert, qui juge en conscience.

Qu'il y a plusieurs personnes qui ne paient rien au sceau; savoir, les reines, les enfans de rois, les chanceliers, les chambellans ordinaires, les quatre premiers clercs & maîtres des requêtes de l'hôtel du roi, qu'on appelle *suivans;* les quatre premiers maîtres & clercs de la chambre des comptes; les maîtres de la chambre aux deniers; tous les secrétaires & notaires ordinaires, à quelque état qu'ils soient parvenus, & les chauffes-cire.

Que le bouteiller & le grand chambellan ne doivent rien au sceau pour le droit du roi; mais qu'ils paient le droit des compagnons & celui des chauffes-cire.

Enfin que, dans la distribution des bourses des compagnons, qui étoient alors au nombre de soixante-sept, les quatre premiers clercs de la chambre des comptes, & les maîtres de la chambre aux deniers, ne prennent rien, si ce n'est pour les chartes de France.

Les choses sont bien changées depuis cette instruction, soit pour les formalités, soit pour le tarif & émolumens du sceau, & pour le partage qui s'en fait entre les officiers de la *chancellerie*, soit enfin par rapport à différentes exemptions. Pour connoître tous ces objets, il faut consulter les mots CHANCELIER, MAITRE DES REQUÊTES, SECRÉTAIRE DU ROI, AUDIENCIER, RÉFÉRENDAIRE, *&c.*

Des chancelleries commune, grosse & menue. On appelloit anciennement *chancellerie commune*, les émolumens du sceau, qui se partageoient entre tous les notaires, secrétaires du roi, & autres officiers de la *grande chancellerie* de France. Dans une cédule sans date, qui se trouve à la chambre des comptes de Paris, laquelle fait mention de Philippe d'Antogni qui porta le grand sceau de S. Louis, il est dit que des lettres qui devoient soixante sous pour scel, le scelleur prenoit dix sous pour soi & la portion de la *commune chancellerie*, ainsi que les autres clercs du roi.

On donnoit le nom de *grosse chancellerie* aux lettres de *chancellerie* les plus importantes qui étoient expédiées en cire verte, à la différence des autres lettres qui n'étoient scellées qu'en cire jaune, qu'on appelloit *menue chancellerie*, parce que l'émolument en étoit moindre que celui des lettres en cire verte. Il est dit dans une pièce qui est au registre *B* de la chambre des comptes, *feuillet 124*, que ceux de la chambre des comptes, avant d'être résidens à Paris, comme ils ont été depuis S. Louis, signoient, dans l'occasion, comme notaires, les lettres qui devoient être scellées du grand sceau du roi, & qu'ils partageoient à la *grosse* & *menue chancellerie*, jusqu'à ce que Guillaume de Crespy, chancelier, suspendit aux clercs des comptes leur part de la *chancellerie*, parce qu'ils ne suivoient plus la cour.

Philippe VI, dit *de Valois*, manda au chancelier par ses lettres-chartes données, le 8 février 1318, en la *grosse chancellerie* de cire verte, qu'il fît dorénavant une bourse pour chacun de ses cinq clercs maîtres de sa chambre des comptes, au lieu qu'auparavant il n'y en avoit que trois.

Des chancelleries de Champagne, de Navarre, & des Juifs. Nous avons remarqué dans le précis historique de la *chancellerie*, qu'on avoit admis trois *chancelleries* particulières pour la Champagne, la Navarre & les Juifs : quoique ces trois *chancelleries* ne subsistent plus, nous allons en donner un précis.

La *chancellerie de Champagne* étoit anciennement celle des comtes de Champagne. Lorsque cette province fut réunie à la couronne par le mariage de Philippe IV, dit *le Hardi*, avec Jeanne, dernière comtesse de Champagne, on conserva encore la *chancellerie* particulière de Champagne, qui étoit indépendante de celle de France. Cet ordre subsistoit encore en 1320, suivant une ordonnance de Philippe V, dit *le Long*, portant que tous les émolumens de la *chancellerie de Champagne* tourneroient au profit du roi, comme ceux de la *chancellerie* de France.

Le même roi, étant dans son grand-conseil, fit don au chancelier Pierre de Chappes des émolumens du sceau de Champagne, de Navarre & des Juifs, qu'il avoit reçus sans en avoir rendu compte; comme cela fut certifié en la chambre des comptes en jugeant le compte de ce chancelier, le 21 septembre 1321.

Philippe VI, dit *de Valois*, par des lettres du 21 janvier 1328, ordonna que l'on verroit à Troyes les anciens registres pour savoir combien les chanceliers, de qui le roi avoit alors la cause, prenoient en toutes lettres de Champagne.

Le *sciendum de la chancellerie* fait connoître que l'on conservoit encore à la grande *chancellerie* l'usage de la *chancellerie de Champagne* pour les lettres qui concernoient cette province; & que le droit de la *chancellerie de Champagne* étoit beaucoup plus fort que celui qu'on payoit pour les lettres de France, c'est-à-dire, des autres provinces: par exemple, que les secrétaires & notaires avoient un droit de collation pour lettres; savoir, pour rémission, soixante sous parisis pour France, & dix livres onze sous tournois pour Brie & Champagne; pour manumission bourgeoise, noblesse à volonté, en France, six livres parisis, en Brie & Champagne, vingt-trois livres deux sous tournois; que d'une lettre de France en simple queue, pour laquelle il étoit dû six sous, le roi en avoit cinq sous parisis; au lieu que des lettres de Champagne, par exemple, des bailliages de Meaux, Troyes, Vitri & Clermont, pour lesquelles il étoit dû six sous parisis, le roi en avoit six sous tournois: pour une charte de France ou lettre en lacs de soie & en cire verte, qui devoit soixante sous parisis, le roi en avoit dix sous parisis; mais si la charte étoit de Champagne, savoir, des quatre bailliages ci-dessus nommés, il en étoit dû dix livres neuf sous tournois, & le roi en avoit neuf livres. Les officiers de la *chancellerie* prenoient, dans le surplus, chacun leur droit à proportion.

Les chartes des Juifs pour la province de Champagne payoient autant que quatre lettres ordinaires de Champagne; l'émolument de ces chartes ou lettres qui étoient pour les Juifs, & de celles qui étoient pour le royaume de Navarre, se distribuoit comme celui des chartes de Champagne.

Le réglement fait pour le sceau par Charles IX, le 30 février 1561, conserve encore quelques vestiges de la distinction que l'on faisoit de la *chancellerie de Champagne*, en ce que l'article 41 de ce réglement ordonne que, pour chartes de rémissions des bailliages de Chaumont, Troyes, Vitri, & bailliages qui en ont été distraits, on paiera, comme de coutume, pour chaque impétrant seize livres dix-huit sous parisis, *&c.* & l'article 45, que des chartes champenoises le roi prendra sept livres quatre sous parisis, & les officiers de la *chancellerie*, chacun à proportion, *&c.*

On trouve, à la fin du style des lettres de *chancellerie* par Dusault, une taxe ou tarif des droits du sceau, où les rémissions, dites *chartes champenoises*, sont encore distinguées des rémissions dites *chartes françoises*, tant pour la grande *chancellerie* de France que pour celle du palais.

Mais, suivant les derniers réglemens de la *chancellerie*, on ne connoît plus ces distinctions.

La *chancellerie de Navarre* étoit d'abord la *chancellerie* particuliere des anciens rois de Navarre. Lorsque ce royaume fut joint à la France, par le mariage de Philippe-le-hardi avec Jeanne, reine de Navarre & comtesse de Champagne, on conserva la *chancellerie* de Navarre, qui fut toujours distincte & séparée de celle de France. Les émolumens qui en provenoient, tournoient également au profit du roi, suivant une ordonnance de Philippe V, du mois de février 1320.

Lorsqu'il n'y avoit pas de chancelier de Navarre, le chancelier de France les recevoit, & en rendoit compte séparément. On en trouve un du 21 septembre 1321, dans lequel le même Philippe V fait don à son chancelier, Pierre de Chappes, des émolumens du sceau de Champagne, Navarre & des Juifs, qu'il avoit reçus sans en avoir rendu compte.

Les chanceliers de Navarre subsistèrent encore pendant tout le temps que cette couronne fut possédée par les comtes d'Evreux; on a plusieurs lettres signées d'eux pendant cette époque. Il y a apparence que cette *chancellerie* n'a été supprimée qu'après l'avénement de Henri IV, roi de Navarre, à la couronne de France.

La *chancellerie des Juifs* étoit le lieu où on scelloit toutes les obligations passées en France au profit des Juifs; ils ne pouvoient poursuivre leurs débiteurs en conséquence de leurs promesses, qu'elles ne fussent scellées; &, pour cet effet, l'on n'usoit ni du scel royal, ni de celui des seigneurs sous lesquels les Juifs contractans demeuroient: ils avoient un sceau particulier, destiné à sceller leurs obligations, parce que, suivant leur loi, ils ne pouvoient se servir de figures d'hommes empreintes, gravées ou peintes.

Dans une ordonnance de Philippe-Auguste, du premier septembre (année incertaine), il étoit dit qu'il y auroit, dans chaque ville, deux hommes de probité, qui garderoient le sceau des Juifs, & feroient serment sur l'évangile de n'apposer le sceau à aucune promesse, qu'ils n'eussent connoissance par eux-mêmes ou par d'autres, que la somme qu'elle contenoit, étoit légitime.

Louis VIII, en 1320, ordonna qu'à l'avenir les Juifs n'auroient plus de sceau pour sceller leurs obligations.

Il paroît néanmoins que l'on distingua encore, pendant quelque temps, la *chancellerie* particulière des Juifs, de la grande *chancellerie* de France.

Philippe V ordonna, au mois de février 1320, que ces émolumens de la *chancellerie des Juifs* tourneroient au profit du roi, comme ceux de la *chancellerie* de France.

Mais l'expulsion que ce prince fit des Juifs l'année suivante, dut faire anéantir en même temps leur *chancellerie* particulière.

Le *sciendum* de la *chancellerie* ne parle pas nommément de cette *chancellerie*; mais il en conserve encore quelques vestiges, en ce que les lettres des Juifs y sont distinguées des lettres de France & de Champagne.

CHANCELLERIE, (*petite*) est celle où l'on scelle des lettres avec le petit sceau, à la différence de la grande *chancellerie* ou *chancellerie* de France, dont les lettres sont scellées avec le grand sceau. La grande *chancellerie* est unique en son espèce; au lieu qu'il y a grand nombre de *petites chancelleries*.

Elles sont de deux sortes : les unes qui sont établies près les parlemens ou autres cours supérieures dans les villes où il n'y a pas de parlement; les autres sont établies près des présidiaux, dans les villes où il n'y a ni parlement ni autre cour souveraine : on les appelle *chancelleries présidiales*.

On scelle, dans ces *petites chancelleries*, toutes les lettres de justice & de grace qui s'accordent au petit sceau : ces lettres de justice sont les reliefs d'appel simple ou comme d'abus, les anticipations, compulsoires, rescisions, les requêtes civiles, commissions pour assigner, & autres semblables.

Les lettres de grace qui s'y expédient, sont les bénéfices d'âge ou émancipation, de bénéfice d'inventaires, *committimus*, terrier, d'attribution de jurisdiction pour criées, de main souveraine, d'assiette & autres.

Nous traiterons séparément de ces deux espèces de *chancelleries*, & nous parlerons ensuite d'une *chancellerie* particulière à la province de Bourgogne, qu'on appelle *la chancellerie aux contrats*.

CHANCELLERIES *près les parlemens* sont les *chancelleries* particulières, établies près de chaque parlement pour expédier toutes les lettres de justice & de grace, qui se donnent au petit sceau.

Il n'y avoit anciennement qu'une seule *chancellerie* en France.

Peu de temps après que le parlement de Paris eût été rendu sédentaire à Paris, la *chancellerie* du palais commença à se former : on en établit ensuite une près le parlement de Toulouse : & l'on a fait la même chose à l'égard des autres parlemens, à mesure qu'ils ont été institués. A Paris, c'est un maître des requêtes qui tient le sceau : dans les autres parlemens, les maîtres des requêtes ont bien le même droit; mais comme ils ne s'y trouvent pas ordinairement, le sceau est tenu, en leur absence, par un conseiller garde des sceaux. Chaque *chancellerie* est en outre composée de plusieurs audienciers & contrôleurs, d'un certain nombre de secrétaires du roi, de référendaires, scelleurs, un chauffe-cire, des greffiers gardes-minutes, & des huissiers. Le nombre de ces officiers n'est pas égal dans tous ces parlemens.

Il y a une *chancellerie* près de chacun des parlemens du royaume, près des chambres des comptes de Dole & de Nantes; près des cours des aides de Rouen, de Bordeaux, Montpellier, Clermont-Ferrand & Montauban; près la cour des monnoies de Lyon; près des conseils supérieurs d'Alsace, de Roussillon & d'Artois.

Chacune de ces *chancelleries*, à l'exception de celle de Paris, est tenue par un garde des sceaux à qui cette fonction est accordée par rapport à l'absence des maîtres des requêtes. Car s'il s'en trouvoit quelqu'un sur le lieu, le sceau doit lui être porté, suivant la disposition d'un édit de Charles VIII, du 11 décembre 1493.

Il y a, dans ces *chancelleries*, des secrétaires-audienciers, des contrôleurs, des secrétaires du roi, qu'on appelle *du petit collège*, des référendaires, des greffiers & autres officiers.

Les gardes des sceaux, audienciers, contrôleurs & secrétaires du roi de ces *petites chancelleries* qui sont au nombre de plus de cinq cens, jouissent de la noblesse.

Il y a eu aussi des *chancelleries* particulières, établies près les chambres de l'édit d'Agen & de Castres, & près des chambres mi-parties & tri-parties. Mais elles ont été supprimées lors de la suppression des chambres pour lesquelles elles avoient été créées. Le sceau de ces chambres étoit confié aux deux plus anciens conseillers, l'un catholique, l'autre de la religion prétendue réformée.

Comme toutes les *chancelleries*, établies près des cours souveraines, ont les mêmes fonctions & la même autorité, nous ne donnerons de détail que sur la *chancellerie* établie près le parlement de Paris, en y ajoutant ce qu'il peut y avoir de particulier dans les *chancelleries* des autres parlemens.

La *chancellerie près le parlement de Paris*, qu'on appelle aussi *chancellerie du palais* ou *petite chancellerie* pour la distinguer de la *grande chancellerie* de France, a été créée pour expédier aux parties toutes les lettres de justice & de grace, qui sont scellées du petit sceau, tant pour les affaires pendantes au parlement, que pour les autres cours souveraines & autres jurisdictions royales & seigneuriales qui sont dans l'étendue de son ressort, soit à Paris, soit dans les provinces.

Cette petite *chancellerie* est la première & la plus ancienne des *chancelleries* particulières, établies près les parlemens & autres cours souveraines. On l'a appellée *chancellerie du palais*, parce qu'elle se tient à Paris, dans le palais près le parlement, dans le lieu où l'on tient que S. Louis avoit son logement, & singulièrement sa chambre; car sa grande salle étoit où est présentement la tournelle criminelle.

Il est assez difficile de déterminer en quelle année précisément, & de quelle manière s'est formée la *chancellerie du palais*.

On conçoit aisément que, jusqu'en 1302 que Philippe-le-Bel rendit le parlement sédentaire à Paris, & lui donna le palais pour tenir ses séances, il n'y avoit point de *chancellerie* particulière près le parlement.

On trouve bien que, dès 1303, il y avoit en Auvergne des chanceliers ou gardes des sceaux, qui gardoient le scel du tribunal; & qu'il y avoit aussi, dès 1320, trois *chancelleries* particulières; savoir, celle de Champagne, celle de Navarre, & celle des Juifs; mais cela ne prouve point qu'il y eût une *chancellerie* près le parlement.

Dutillet fait mention d'une ordonnance de Philippe-le-Long, du mois de décembre 1316, contenant l'état de son parlement, dans lequel sont nommés trois

trois maîtres des requêtes, qui étoient commis pour répondre les requêtes de la langue françoise, & six autres pour répondre les requêtes de Languedoc : c'étoit sur ces requêtes que l'on délivroit des lettres de justice; ensorte que l'on peut regarder cette ordonnance comme l'origine de la *chancellerie du palais* & de celle de Languedoc, qui est présentement près le parlement de Toulouse.

Philippe-le-Long, par une autre ordonnance du mois de novembre 1318, ordonna qu'il y auroit toujours auprès de lui deux maîtres des requêtes, un clerc & un laïc, lesquels, quand le parlement ne tiendroit point, délivreroient les requêtes de justice, c'est-à-dire, les lettres; & que, quand le parlement tiendroit, ils les renverroient au parlement. Ils devoient aussi examiner toutes les lettres qui devoient être scellées du grand sceau, & ces lettres étoient auparavant scellées du scel secret que portoit le chambellan : mais cette ordonnance ne parle point du petit sceau.

Sous Philippe de Valois, le chancelier étant absent pour des affaires d'état, & ayant avec lui le grand sceau, le roi commit deux conseillers pour visiter les lettres que l'on apporteroit à l'audience, & les faire sceller du petit scel du châtelet, & contre-sceller du signet du parlement.

Pendant l'absence du roi Jean, les lettres furent scellées du sceau du châtelet de Paris. Les chanceliers usèrent du petit sceau en l'absence du grand, depuis l'an 1318 jusqu'en 1380. Ce petit sceau étoit celui du châtelet, excepté néanmoins que, pendant le temps de la régence, on se servit du sceau parculier du régent.

Cependant, en 1357, le chancelier étant de retour d'Angleterre, & y ayant laissé les sceaux par ordre du roi, on voulut user d'autres sceaux que de celui du châtelet; mais il ne paroît pas que cela eut alors d'exécution.

Il y avoit près du parlement, dès l'an 1318, un certain nombre de notaires-secrétaires du roi, qui étoient commis pour les requêtes. Ils assistoient au siège des requêtes, & écrivoient les lettres suivant l'ordre des maîtres des requêtes; ils ne devoient point signer les lettres qu'ils avoient eu ordre de rédiger, avant qu'elles eussent été lues au siège, ou du moins devant celui des maîtres qui les avoit commandées; &, suivant des ordonnances de 1320, on voit que ces notaires du roi faisoient au parlement la même fonction qu'à la grande *chancellerie*. Il étoit encore d'usage en 1344, qu'après avoir expédié les lettres, ils les signoient de leur signet particulier, connu au chancelier, & les lui envoyoient pour être scellées.

Au mois de novembre 1370, Charles V, à la prière du collège de ses clercs-secrétaires & notaires, leur accorda une chambre dans le palais, au coin de la grande salle du côté du grand pont, où les maîtres des requêtes de l'hôtel avoient coutume de tenir, & tenoient quelquefois les requêtes & placets; il fut dit qu'ils feroient appareiller cette chambre de fenêtres, vitres, bancs & autres choses nécessaires; qu'ils pourroient aller & venir dans cette chambre, quand il leur plairoit, écrire & faire leurs lettres & écritures, & s'y assembler & parler de leurs affaires. Il paroît que ce fut-là le premier endroit où se tint la *chancellerie du palais* : mais depuis l'incendie arrivé au palais en 1618, la *chancellerie* a été transférée dans l'ancien appartement de S. Louis, où elle est présentement, dans un nouveau bâtiment construit depuis le second incendie d'une partie du palais, en 1776.

Le premier article des statuts arrêtés entre les secrétaires du roi, le 24 mai 1389, porte qu'ils feront bourse commune de tous les droits de collation des lettres qu'ils signeroient ou collationneroient, soit qu'elles fussent octroyées par le roi en personne, ou, dans son conseil, par le chancelier, ou par le grand-conseil, ou par le parlement, par les maîtres des requêtes de l'hôtel, par la chambre des comptes, par les trésoriers; ou qu'elles fussent extraites du registre de l'audience, ou autrement.

En 1399, il fut établi une *chancellerie* près des grands jours tenus à Troyes.

Le *sciendum* de la *chancellerie*, que quelques-uns croient avoir été rédigé en 1415, ne fait point encore mention de la *chancellerie du palais*.

La première fois qu'il soit parlé de *chancellerie* au plurier, c'est dans l'édit de Louis XI, du mois de novembre 1482, par lequel, en confirmant les privilèges des notaires-secrétaires du roi, il dit qu'ils étoient institués pour être & assister ès *chancelleries*, quelque part qu'elles fussent tenues.

Enfin on ne peut douter que la *chancellerie du palais* ne fût établie en 1490, puisqu'il y en avoit dès-lors une à Toulouse. Il n'y eut d'abord que ces deux *chancelleries* particulières; mais, en 1493, on en établit de semblables à Bordeaux, à Dijon, en Normandie, Bretagne, Dauphiné.

Depuis ce temps, il a été fait divers réglemens qui sont communs à la *chancellerie du palais* & aux autres petites *chancelleries*, & singuliérement à celles qui sont établies près des parlemens & autres cours supérieures.

La *chancellerie du palais* a cependant un avantage sur celles des autres cours; c'est que le sceau y est toujours tenu par les maîtres des requêtes, chacun à son tour, pendant un mois, suivant l'ordre de réception, dans chaque quartier où ils sont distribués, excepté le premier mois de chaque quartier, où le sceau est toujours tenu par le doyen des doyens des maîtres des requêtes, qui est conseiller d'état; au lieu que, dans les *chancelleries* des autres cours, les maîtres des requêtes ont bien également le droit d'y tenir le sceau, mais ils n'y sont pas ordinairement; c'est un garde-scel qui tient le sceau en leur absence.

Le procureur général des requêtes de l'hôtel, qui a titre & fonction de procureur général de la grande *chancellerie* de France, & de toutes les autres *chancelleries* du royaume, a droit d'assister au sceau de la *chancellerie du palais*, & a inspection sur les lettres qui s'y expédient, sur les officiers du sceau pour empêcher les clauses vicieuses & les surprises que l'on pourroit commettre dans les lettres, & pour faire observer la discipline établie entre les officiers de cette *chancellerie*.

Il y a encore, pour cette *chancellerie*, des officiers particuliers, autres que ceux de la grande *chancellerie* de France; savoir, quatre secrétaires du roi audienciers; & quatre secrétaires du roi contrôleurs qui servent par quartier : il n'y a point de secrétaires du roi particuliers pour cette *chancellerie*; ce sont les secrétaires du roi de la grande *chancellerie* de France, qui font dans l'une & dans l'autre ce qui est de leur ministère.

Les autres officiers particuliers de la *chancellerie du palais* sont dix conseillers rapporteurs référendaires, un trésorier qui est le même pour la grande & la petite *chancellerie*, quatre autres receveurs des émolumens du sceau, qui servent par quartier, huit greffiers gardes-minutes des lettres de *chancellerie*, établis par édit du mois de mars 1692, & réunis, au mois d'avril suivant, à la communauté des procureurs, qui fait pourvoir à ces offices ceux de ses membres qu'elle juge à propos. Il y a aussi plusieurs huissiers pour le service de cette *chancellerie*.

La *chancellerie près le parlement d'Aix en Provence*, fut établie par un édit de François I de 1535, quoique cette province, soumise d'abord à des comtes, eût été réunie à la couronne en 1481.

Il faut observer en passant, que, dans toutes les lettres émanées du roi, concernant la Provence, on ajoute, après les titres de *roi de France & de Navarre*, celui de *comte de Provence*, *Forcalquiers* & *terres adjacentes*.

On en trouve un exemple, dès 1536, dans le réglement du 18 avril de ladite année, par lequel on voit que de six secrétaires du roi qu'il y avoit alors, l'un exerçoit le greffe civil, un autre le greffe criminel; que les quatre autres signoient & servoient en la *chancellerie*; que ces secrétaires n'étoient point du collège des notaires & secrétaires du roi, boursiers & gagers, & ne prenoient rien sur les lettres & expéditions qui se faisoient en ladite *chancellerie*. Néanmoins, pour subvenir à l'entretenement des quatre secrétaires servant près ladite *chancellerie*, & leur conserver les mêmes profits qu'ils avoient coutume de prendre avant l'établissement de cette *chancellerie*, il fut ordonné que le collège des notaires & secrétaires du roi prendroit, en la *chancellerie* de Provence, la même portion de bourses qu'il a coutume de prendre dans les autres *chancelleries*; à la charge que, sur cet émolument & avant d'en faire la répartition entre les boursiers & gagers, il seroit pris un certain émolument au profit des secrétaires qui auroient servi chaque mois près ladite *chancellerie*, suivant le tarif contenu dans ce réglement.

Le 26 novembre 1540, il y eut un édit pour les privilèges du garde-scel & des autres officiers de la *chancellerie*. Le 2 janvier 1576, un autre édit portant création d'offices d'audienciers & de contrôleurs alternatifs en la *chancellerie d'Aix*, & dans celles des autres parlemens; &, le 17 septembre 1603, une déclaration concernant les référendaires de cette *chancellerie*. On y créa, en 1605, un office de chauffe-cire, comme dans les autres *chancelleries*. Les audienciers & contrôleurs obtinrent, le 18 mai 1616, une déclaration qui les exempta de tutèle, curatelle, caution; &, le 6 avril 1624, un arrêt du conseil privé, qui leur donna la préséance sur les référendaires.

Il avoit été arrêté au parlement d'Aix, le 20 janvier 1650, que le conseiller garde des sceaux de la *chancellerie* qui est près de ce parlement, ne pourroit, par sa voix, former ni rompre aucun partage d'opinions : mais il a depuis été délibéré, les chambres assemblées, que tous les possesseurs de cette charge auroient voix délibérative, qu'ils pourroient faire partage & le rompre, ne leur étant pas permis néanmoins de faire aucun rapport ni de participer aux droits & émolumens. *Voyez* Chorier sur Guypape, *page 72*.

On a créé, en 1692, des greffiers gardes-minutes dans la *chancellerie d'Aix*, de même que dans les autres *chancelleries* des parlemens.

Le nombre des secrétaires du roi servant près la *chancellerie d'Aix*, a été réglé par différens édits. *Voyez* SECRÉTAIRES DU ROI.

Par un édit du mois de mai 1635, le roi avoit créé une *chancellerie* particulière près la cour des comptes, aides & finances d'Aix; mais cette *chancellerie* a depuis été supprimée & réunie à celle du parlement.

La *chancellerie de Bretagne* étoit anciennement la *chancellerie* particulière des ducs de Bretagne, qui étoit indépendante de celle de France. Les choses changèrent de face, lorsque la Bretagne se trouva réunie à la couronne, par le mariage de Charles VIII avec Anne de Bretagne, en 1491. Il n'y avoit alors aucune cour souveraine résidente en Bretagne; le parlement de Paris y députoit seulement en temps de vacation, & cela s'appelloit *les grands jours*, ou *le parlement de Bretagne*. Il y avoit aussi une chambre du conseil. La *chancellerie de Bretagne* servoit alors près des grands jours & de la chambre du conseil, & n'étoit plus qu'une *chancellerie* particulière, comme celle des parlemens. C'est ce qui paroît par un édit de Charles VIII, du 9 décembre 1493, par lequel il abolit le nom & office de *chancelier de Bretagne*; il institua seulement un gouverneur & garde-scel en ladite *chancellerie*, & ordonna qu'elle seroit réglée en tout, comme celle de Paris, Bordeaux & Toulouse; que les lettres seroient rapportées & examinées par quatre conseillers des grands jours. Il déclare qu'aux maîtres des requêtes, en l'absence du chancelier de France, appartient la garde des sceaux, ordonnés pour sceller dans les *chancelleries* de Paris, Toulouse, Bordeaux, Dijon, de l'échiquier de Normandie, de Bretagne, parlement de Dauphiné &

autres. Le même prince, par édit du mois de mars 1494, abolit le nom & office de *chancelier de Bretagne*, & régla la *chancellerie* de cette province, comme on avoit accoutumé d'en user dans les *chancelleries* de Paris, Bordeaux & Toulouse.

Henri II, ayant institué un parlement ordinaire en Bretagne, supprima l'ancienne *chancellerie de Bretagne*, & en créa une nouvelle. Il ordonna que dans cette *chancellerie* il y auroit un garde-scel, qui seroit conseiller dans ce parlement, dix secrétaires du roi, un scelleur, un receveur & payeur des gages, quatre rapporteurs & un huissier; enfin qu'elle seroit réglée à l'instar de celle de Paris; ce qui fut confirmé par une déclaration du 19 juin 1564.

La *chancellerie de Dauphiné* peut être considérée sous trois différens états. C'étoit d'abord la *chancellerie* particulière des dauphins de Viennois, lorsque cette province formoit une souveraineté particulière. Depuis la réunion de cette province à la France, en 1343, la *chancellerie de Dauphiné* fut regardée comme une *chancellerie* propre aux fils ou petits-fils de France, qui avoient le titre de *dauphin*. Jusqu'alors cette *chancellerie* servoit près le conseil delphinal, qui avoit été créé par Humbert II, dauphin de Viennois, dès l'an 1340; mais Louis XI, qui n'étoit encore que dauphin de France, ayant érigé, en 1453, ce conseil delphinal, sous le titre de *parlement de Grenoble*, la *chancellerie de Dauphiné* est devenue la *chancellerie* servant près ce parlement. Elle a toujours conservé le nom de *chancellerie de Dauphiné*. Enfin depuis que les dauphins de France ne jouissent plus du Dauphiné, comme cela s'est pratiqué depuis l'avénement de Louis XI à la couronne, la *chancellerie de Dauphiné* a été dépendante du roi directement, comme celle des autres parlemens; & ce n'est que depuis ce temps qu'il en est fait mention dans les ordonnances de nos rois, comme d'une de leurs *chancelleries*. La première qui en parle est un édit de Charles VIII, du 11 décembre 1493, portant qu'aux huit maîtres des requêtes de l'hôtel, à cause des prérogatives de leurs offices, appartient, en l'absence du chancelier de France, la garde des sceaux, ordonnés pour sceller en nos *chancelleries* de Paris, Toulouse, Bordeaux, Dijon, de l'échiquier de Normandie, Bretagne, parlement de Dauphiné & autres, quand ils se trouveront ou surviendront en lieux, où se tiendront lesdites *chancelleries*.

La *chancellerie de Dauphiné* ne fut érigée en titre d'offices formés, que par édit du mois de juillet 1535. Elle fut d'abord composée d'un garde-scel, un audiencier, un contrôleur, deux référendaires & un chauffe-cire. En 1553, il fut créé un office de conseiller au parlement de Grenoble, pour être uni à celui de garde-scel de la *chancellerie*. Au mois de février 1628, le nombre des officiers augmenté de trois audienciers, trois contrôleurs, deux référendaires, un chauffe-cire & un huissier. Il fut dit que les quatre contrôleurs serviroient par quartier; & en général que, soit pour les fonctions, soit pour le partage des émolumens, cette *chancellerie* se régleroit à l'instar de celle de Paris. Le 9 janvier 1646, il fut fait un réglement au conseil privé, à l'occasion de la *chancellerie de Dauphiné*, portant défenses de sceller aucunes lettres dans cette *chancellerie*, ni dans aucune autre, que ce ne soit en plein sceau, aux jours & heures accoutumés dans la *chancellerie*.

Il fut encore fait pour cette *chancellerie*, un autre réglement au conseil le 15 février 1667, qui fut revêtu de lettres-patentes, & par lequel on défendit, entre autres choses, aux officiers du présidial de Valence & de la *chancellerie* de ce présidial, à leurs greffiers d'appeaux, aux baillifs, vice-baillifs, sénéchaux, vice-sénéchaux, prévôts, juges royaux & subalternes, d'accorder aucunes lettres *de debitis*, rescisions, restitutions, requêtes civiles, lettres d'*illico*, bénéfice d'âge, d'inventaire, répi, & autres semblables.

Au mois de mars 1692, il fut créé des offices de greffiers, gardes & conservateurs des minutes, & expéditionnaires des lettres & autres expéditions de la *chancellerie*, établie près le parlement de Grenoble; &, par une déclaration du 7 juillet 1693, ces offices furent unis à la communauté des procureurs du même parlement, comme ils le sont à Paris.

Enfin, par une déclaration du 30 mars 1706, le roi unit l'office de conseiller au parlement de Grenoble, créé par l'édit du mois de décembre 1553, avec celui de conseiller-garde des sceaux de la *chancellerie*, créé par l'édit du mois d'octobre 1704, qui en avoit un créé dans toutes les cours.

La *chancellerie de Rouen*, est celle qui est établie près le parlement de Normandie séant à Rouen.

L'origine de cette *chancellerie* est presque aussi ancienne que celle de l'échiquier de Normandie, créée par Rollon, souverain de cette province: quoiqu'elle eût été réunie à la couronne dès l'an 1202, on se servoit toujours d'un sceau particulier pour les échiquiers de Normandie, suivant ce qui est dit dans des lettres de Charles VI, du 19 octobre 1406; ce qui est d'autant plus remarquable, qu'il n'y avoit point encore de *chancelleries* particulières établies près des parlemens & autres cours; il n'y avoit que la grande *chancellerie*, celles de Dauphiné, des grands jours, de Champagne, de l'échiquier de Normandie, & quelques autres sceaux établis extraordinairement.

Louis XII, ayant érigé l'échiquier de Normandie en cour souveraine, & l'ayant rendu sédentaire à Rouen, établit, par l'édit du mois d'avril 1499, une *chancellerie* près de l'échiquier, & l'office de garde des sceaux fut donné au cardinal d'Amboise, auquel le roi en fit expédier des lettres-patentes. Georges d'Amboise II du nom, cardinal & archevêque de Rouen, comme son oncle, lui succéda en cet office de garde des sceaux, en 1510.

François I, ayant ordonné, en 1615, que l'échiquier porteroit le nom de *cour de parlement*, la *chancellerie* de l'échiquier est devenue celle du parlement.

Au mois d'octobre 1701, Louis XIV créa une *chancellerie* particulière près la cour des aides de Rouen; mais elle fut réunie à celle du parlement par un autre édit du mois de juin 1704.

La *chancellerie de Toulouse*, qu'on appelle aussi *chancellerie de Languedoc*, est la seconde des petites *chancelleries*: il paroît qu'elle étoit établie dès l'an 1482, suivant l'édit de Louis XI, du mois de novembre de ladite année, où ce prince parle de ses *chancelleries* au pluriel; ce qui fait connoître que l'on avoit distribué des notaires-secrétaires du roi, pour faire le service près le parlement de Toulouse, de même qu'il y en avoit déjà depuis long-temps au parlement. Cette *chancellerie de Toulouse* ne put commencer à prendre forme que depuis 1443, temps auquel le parlement de Toulouse fut enfin fixé dans cette ville.

Le premier réglement que l'on trouve concernant la *chancellerie de Toulouse*, sont les lettres-patentes du 21 juillet 1409, portant pouvoir aux quatre chauffes-cire de France de commettre telle personne capable que bon leur sembleroit, pour exercer, en leur nom, l'office de chauffe-cire en la *chancellerie* qui se tenoit ou se tiendroit à Toulouse, ou ailleurs, au pays de Languedoc.

Charles VIII, dans l'ordonnance de Moulins, de 1490, fit quelques réglemens pour cette *chancellerie*. L'article 64 porte, que pour donner ordre au fait de la *chancellerie de Toulouse*, deux conseillers au parlement, ou autres notables personnages, si le parlement n'y pouvoit entendre, seront toujours assistans à ladite *chancellerie* avec le grand-scel, par le conseil desquels se dépêcheront les lettres; & qu'il y aura deux clefs au coffre de ce scel, dont les conseillers en garderont une, & que le scel ne sera ouvert qu'en leur présence; que ces conseillers seront commis par le chancelier. Et dans l'article 65, il est dit que, pour pourvoir aux plaintes de la taxe des sceaux, il a été avisé que les ordonnances anciennes, touchant le taux dudit scel, seront publiées & gardées entiérement; que si les secrétaires, suivant ladite *chancellerie*, arbitroient injustement les sceaux qui sont arbitraires, en ce cas, on aura recours auxdits gardes & assistans audit scel, pour faire la taxation modérée, auxquels par le chancelier sera ainsi ordonné de le faire.

Aujourd'hui les réglemens qui concernent cette *chancellerie* & ses officiers, sont communs avec ceux des *chancelleries* des autres parlemens.

La chancellerie près la cour souveraine de Lorraine & Barrois, connue aujourd'hui sous le titre de *parlement de Nanci*, est la dernière des *petites chancelleries*, créées près les cours souveraines: elle a été établie par un édit du mois d'avril 1770, elle est composée du même nombre d'officiers que les autres; ils doivent jouir des droits, honneurs, priviléges & prérogatives, dont jouissent les officiers des autres *chancelleries*, établies près les autres cours du royaume; comme ces privilèges n'avoient pas été spécifiés en entier dans aucune loi, le roi expliqua ses intentions, à cet égard, par un édit du mois de juin suivant. *On peut le consulter, ainsi que les mots* AUDIENCIER, CONTRÔLEUR, RÉFÉRENDAIRE, SECRÉTAIRE DU ROI.

CHANCELLERIE *de Poitiers*. En parlant des *chancelleries* établies près les cours de parlement, il ne faut pas oublier de parler des différentes *chancelleries*, qui ont été établies à Poitiers. La première le fut par des lettres données à Niort le 21 septembre 1418, par le dauphin Charles, régent & lieutenant du roi par tout le royaume. Il commit, de l'autorité du roi dont il usoit en cette partie, un président du parlement, trois maîtres des requêtes de l'hôtel du roi & du régent, & deux conseillers au parlement, lors séant à Poitiers, pour tenir les sceaux de la *chancellerie à Poitiers*, en l'absence du chancelier, pour l'expédition de toutes les lettres, tant de la cour du parlement de Poitiers, qu'autres, excepté celles de dons & provisions d'offices des pays de l'obéissance du régent. Il y avoit néanmoins alors un chancelier de France & du régent. Cette *chancellerie* subsista jusqu'en 1436, que le parlement fut rétabli à Paris.

Louis XIII, ayant ordonné, en 1634, la tenue des grands jours en la ville de Poitiers, & étant nécessaire qu'il y eût une *chancellerie* près la cour des grands jours, afin que l'exécution des arrêts & autres actes de justice qui en émaneroient fût faite avec moins de frais, il fit expédier au mois de juillet 1634, une commission qui fut registrée aux grands jours, & publiée en la *chancellerie* du même lieu, de l'ordonnance d'un maître des requêtes tenant le sceau; par laquelle sa majesté commit le grand-audiencier de France & plusieurs autres officiers de *chancellerie*, pour chacun, en la fonction de leur charge, servir le roi en ladite *chancellerie*, y expédier & signer toutes lettres de justice, arrêts & autres expéditions de *chancellerie*, avec le même pouvoir, force & vertu que celles qui s'expédient en la *chancellerie* étant près le parlement de Paris, & aux mêmes droits & émolumens du sceau portés par les arrêts & réglemens. Il ne paroît pas que l'on eût établi de *chancellerie* à Poitiers lors des grands jours, qui y furent tenus en 1454, 1531, 1541, 1567 & 1579.

Il y avoit dès 1557 une *chancellerie* présidiale à Poitiers, établie en conséquence de l'édit du mois de décembre 1557, portant création des premières *chancelleries présidiales*. Cette *chancellerie* y est encore subsistante, & est semblable aux autres. *Voyez* CHANCELLERIE PRÉSIDIALE.

CHANCELLERIES *près les cours des aides*, sont des *chancelleries* particulières établies auprès de certaines cours des aides, pour expédier au petit sceau toutes les lettres de justice & de grace qui y sont nécessaires.

La première fut établie en 1574, près la cour des aides & chambre des comptes de Montpellier, pour éviter, est-il dit, les frais & vexations que les sujets du roi seroient contraints de supporter, s'ils étoient obligés d'aller de Montpellier à Toulouse, pour faire sceller leurs expéditions, attendu la grande distance qu'il y a d'un de ces lieux à l'autre.

Il en fut ensuite établi une à Montferrand, qui est présentement sous le titre de *chancellerie de Clermont-Ferrand*, & une à Montauban.

Il n'y en a pas communément près des cours des aides, établies dans les villes où il y a parlement. La *chancellerie* du parlement expédie toutes les lettres nécessaires pour les deux tribunaux. Il y en avoit eu cependant pour les cours des aides de Rouen & de Bordeaux, différentes de celles des parlemens de ces deux villes, ainsi que nous l'avons remarqué plus haut.

Les cours des aides d'Agen & de Cahors avoient aussi chacune leur *chancellerie*, mais le tout a été supprimé.

CHANCELLERIE *près la cour des monnoies de Lyon*, est une des petites *chancelleries*, établies près les cours supérieures. Avant qu'il y eût une cour des monnoies dans cette ville, il n'y avoit qu'une *chancellerie présidiale*, qui étoit établie en conséquence de l'édit du mois de décembre 1557. Le roi, ayant créé, en 1704, une cour des monnoies dans cette ville, & y ayant uni, en 1705, la sénéchaussée & siège présidial, pour ne faire à l'avenir qu'un même corps, la *chancellerie présidiale* a aussi été érigée sous le titre de *chancellerie près la cour des monnoies*, & fait depuis ce temps toutes les fonctions nécessaires, tant pour la cour des monnoies que pour le présidial. Elle est composée d'un garde-scel, de quatre secrétaires du roi audienciers, de quatre contrôleurs, de quinze secrétaires du roi, deux référendaires, un receveur des émolumens du sceau, un chauffe-cire, un trésorier-payeur & un greffier.

CHANCELLERIE *des grands jours*, étoit une *chancellerie* particulière que le roi établissoit près des grands jours ou assises, qui se tenoient de temps en temps dans les provinces éloignées.

Il fut établi une *chancellerie* de cette espèce aux grands jours de Poitiers, par déclaration du 23 juillet 1634; & une autre près les grands jours de Clermont en Auvergne, par déclaration du 12 septembre 1665.

Ces *chancelleries* ne subsistoient que pendant la séance des grands jours. *Voyez* GRANDS JOURS.

CHANCELLERIES *près les conseils souverains & provinciaux*. Elles sont de deux sortes.

Celles qui sont près des conseils souverains ont été établies à l'instar des *chancelleries* des parlemens & autres cours supérieures; telles sont les *chancelleries* d'Alsace ou de Colmar, celle de Roussillon ou de Perpignan.

Celle d'Alsace fut établie près le conseil souverain de cette province, par édit du mois de novembre 1658. Elle fut composée d'un office de garde des sceaux, pour être attaché à celui de président du conseil souverain; un audiencier, un contrôleur, un référendaire, un chauffe-cire & un huissier. Ce conseil souverain ayant été révoqué en 1661, & changé en un conseil supérieur, la *chancellerie* créée en 1658 & les officiers furent aussi révoqués. En 1679, le conseil provincial qui se tenoit à Brisack, fut rétabli dans le droit de juger souverainement; & au mois d'avril 1694, on établit une *chancellerie* près de ce conseil. Au mois de décembre 1701, le conseil souverain & la *chancellerie* ont été transférés à Colmar.

La seconde espèce des *chancelleries provinciales*, est celle des *chancelleries* établies à l'instar des *chancelleries présidiales*, près les conseils provinciaux d'Artois & de Hainaut. Nous ne nous étendrons pas sur cette espèce, parce que leurs fonctions sont les mêmes que celles des *chancelleries présidiales*, dont nous allons parler, après avoir dit un mot des *chancelleries* établies autrefois près des bureaux des finances.

CHANCELLERIES *des bureaux des finances*. Elles avoient été établies près de chaque bureau, pour sceller les jugemens, les lettres, commissions & mandemens émanés de ces tribunaux.

Ce fut en exécution des édits & déclarations des mois de décembre 1557, juin 1568 & 8 février 1571, que le roi créa, au mois de mai 1633, un office de trésorier de France général des finances, garde-scel.

Par un autre édit du mois d'août 1636, qui fut publié au sceau le 13 octobre suivant, il fut créé des offices de secrétaires du roi audienciers, de secrétaires du roi contrôleurs & autres offices, en chacune des *chancelleries des bureaux des finances*, de même que dans les cours souveraines & présidiales.

On trouve aussi que, par l'édit du mois de novembre 1707, il fut encore créé deux offices de secrétaires du roi dans chaque bureau des finances.

Le nombre de ces offices de secrétaires du roi fut augmenté dans certains bureaux des finances; par exemple, dans celui de Lille, où on n'en avoit d'abord créé que deux en 1707, on en créa encore douze en 1708.

Ces offices furent supprimés au mois de mai 1716, & depuis ce temps il n'est plus fait mention de ces *chancelleries*. Le tribunal a son sceau pour les jugemens. A l'égard des lettres de *chancellerie* qui peuvent être nécessaires pour les affaires qui s'y traitent, on les obtient dans la *chancellerie* établie près le parlement, dans le ressort duquel est le bureau des finances.

CHANCELLERIES *présidiales*, sont celles établies près de chaque présidial, pour y expédier & sceller toutes les lettres de requêtes civiles, restitutions en entier, reliefs d'appel, désertions, anticipations, acquiescemens & autres semblables, qui sont nécessaires dans toutes les affaires dont la connoissance est attribuée aux présidiaux, soit au premier ou au second chef de l'édit.

Les premières *chancelleries présidiales* ont été créées par édit du mois de décembre 1557. Il en a été créé dans la suite plusieurs autres, à mesure que le nombre des présidiaux a été augmenté. Il y en a eu aussi quelques-unes de supprimées, notamment dans les villes où il y a quelque cour supérieure; par exemple, on a supprimé celles de l'ancien & du nouveau châtelet de Paris.

Pour l'exercice de ces *chancelleries présidiales*, le roi leur a attribué à chacune un scel particulier aux armes de France, autour duquel sont gravés ces mots: *le scel royal du siège présidial de la ville de*, &c. Le sceau y est tenu par un conseiller garde des sceaux. Les maîtres des requêtes ont néanmoins droit de le tenir, lorsqu'il s'en trouve quelqu'un sur le lieu.

Par l'édit de 1557, le roi avoit créé pour chaque *chancellerie présidiale* un office de conseiller-garde des sceaux, & un office de clerc commis à l'audience, pour sceller les expéditions & recevoir les émolumens. Ces offices, ayant été supprimés par édit du mois de février 1561, furent rétablis par un autre édit du mois de février 1675, qui ordonna, en outre, que les greffiers d'appeaux signeroient les lettres de ces *chancelleries*, en l'absence des secrétaires du roi. En 1692, on créa les greffiers garde-minutes & expéditionnaires des lettres de *chancellerie* pour les présidiaux; & par édit de novembre 1707, le roi créa dans chaque *chancellerie présidiale* deux audienciers, deux contrôleurs, deux secrétaires du roi, à l'exception des présidiaux des villes où il y a parlement; mais les offices créés par cet édit furent supprimés au mois de décembre 1708. Le nombre des officiers des *chancelleries présidiales* fut fixé par édit de juin 1715, à un conseiller garde-scel, deux conseillers-secrétaires-audienciers, deux conseillers-secrétaires-contrôleurs & deux conseillers-secrétaires.

Enfin tous les offices qui avoient été créés pour les *chancelleries présidiales*, ont été supprimés par un édit du mois de décembre 1727, qui ordonne que les fonctions du sceau dans ces *chancelleries* seront faites à l'avenir; savoir, pour la garde du sceau, par le doyen des conseillers de chaque présidial, ou par telles autres personnes qu'il plaira au garde des sceaux de France de commettre: & à l'égard des fonctions d'audienciers, contrôleurs & de secrétaires, qu'elles seront faites par les greffiers des appeaux des présidiaux, en l'absence des conseillers-secrétaires du roi établis près les cours, conformément aux édits de décembre 1557 & de février 1575.

Il y a un arrêt du conseil d'état du roi du 21 avril 1670, qui contient un ample réglement pour les *chancelleries présidiales*.

Conformément à cette loi & à plusieurs autres, sur cette matière, les actes qui s'expédient dans les *chancelleries présidiales* sont, 1°. les commissions pour assigner au présidial, tant en première instance que par appel, au sujet de demandes en garantie, sommation, anticipation, acquiescement, reprise d'instance, constitution de nouveau procureur, oppositions, interventions, ou pour procéder relativement à des appellations principales ou incidentes, renvois, incompétences, compulsoires, désertions ou autres demandes dans les cas de l'édit des présidiaux. C'est ce qui résulte de l'édit du mois de décembre 1567, & de l'arrêt du conseil, du 7 août 1697, rendu pour Amiens.

Il faut toutefois excepter de cette règle les affaires, qui, avant l'édit du mois d'avril 1749, portant réunion des prévôtés aux bailliages ou sénéchaussées, étoient de la compétence des prévôtés, châtellenies, vicomtés ou vigueries, & qui en seroient encore sans la suppression portée par cet édit: dans ces affaires, les parties ont été dispensées, par arrêt du conseil du 7 novembre 1749, d'obtenir des commissions pour faire donner des assignations en première instance aux sièges présidiaux, dans les deux cas de l'édit. Au reste, le même arrêt a déclaré les jugemens rendus dans ces sortes d'affaires, sujets au sceau des sentences présidiales. La déclaration du 10 juillet 1739 avoit déjà réglé la même chose pour Provins, lors de la réunion de la prévôté de cette ville au bailliage.

2°. On doit obtenir dans les *chancelleries présidiales* toutes les lettres de rescision ou de restitution, nécessaires pour le jugement des instances ou procès dans les deux cas de l'édit, même dans les instances qui se poursuivent pardevant les juges du ressort du présidial. C'est ce qui résulte de l'édit du mois de décembre 1557, & de divers réglemens du conseil des 20 août 1703, 3 & 17 mars 1704, 25 janvier 1706, 22 novembre 1707 & 26 janvier 1751.

Il est vrai que quelques auteurs ont prétendu, que pour les lettres de rescision ou de restitution, il falloit se pourvoir dans les *chancelleries* établies près des cours: c'est l'opinion de Maynard, & Lapeyrère rapporte un arrêt du parlement de Bordeaux, qui l'a ainsi jugé; mais ces autorités ne doivent pas l'emporter sur celles qu'on vient de citer.

3°. On doit faire sceller dans les *chancelleries présidiales* tous les jugemens, ordonnances & autres, sujets au sceau, tels que sont les sentences ou jugemens interlocutoires, provisoires ou définitifs dans les deux cas de l'édit, tant en matière civile qu'en matière criminelle, les exécutoires des dépens, prononcés par ces sentences, les ordonnances portant permission de saisir, & les mandemens ou contraintes en forme de *debitis*, sur titres ou contrats dans les cas de l'édit. C'est ce qui résulte des arrêts du conseil des 21 avril 1670, 22 avril 1673, 20 août 1703, 3 & 17 mars 1704, 21 novembre 1707 & 27 janvier 1751.

Les lettres qui s'expédient dans les *chancelleries présidiales*, sont au nom du roi, comme dans les autres *chancelleries* du royaume.

Ces expéditions se délivrent en parchemin, & doivent être collationnées & paraphées par les greffiers garde-minutes.

Les droits qui se paient dans les *chancelleries présidiales*, tant pour la taxe des lettres que pour le sceau, sont réglés par les arrêts du conseil, dont nous avons parlé, & ils doivent être payés par toutes sortes de personnes indistinctement, à l'exception des procureurs du roi, pour les affaires qui concernent sa majesté.

Suivant l'article 3 de l'édit du mois de décembre 1557, les *chancelleries* établies près des cours ont la prévention sur les *chancelleries présidiales*, & l'on peut se pourvoir devant les premières pour y obtenir les lettres qui s'expédient dans les secondes.

CHANCELLERIE *de Rouergue*. Il est parlé de cette *chancellerie* dans des lettres de Charles V, du mois d'avril 1370, portant confirmation des privilèges accordés à la ville de Sauveterre en Rouergue. Cette *chancellerie* n'est pas différente des autres *chancelleries* établies près les justices royales, dont nous avons parlé sous le mot CHANCELIER *des jurisdictions royales*. Le terme de *chancellerie* paroît en cet endroit signifier le sceau du bailliage & sénéchaussée, ainsi qu'on peut en juger par l'acte en question, où il est dit : *senescalloque & receptori regiis dictæ cancellariæ, necnon & procuratori regio*, &c.

CHANCELLERIES *de Bourgogne*. Lorsque cette province étoit sous la domination de ses princes particuliers, les ducs avoient une *chancellerie* pour expédier & sceller toutes les affaires qui concernoient leurs états. Cette *chancellerie* ne subsiste plus depuis 1477, c'est en la grande *chancellerie* de France, que les habitans de cette province obtiennent les lettres, qui ne peuvent être scellées qu'au grand-sceau.

Il y a encore, dans cette province, trois espèces de *chancelleries*. Une près le parlement de Dijon, une dans chaque présidial & une troisième espèce, qu'on appelle la *chancellerie aux contrats*.

La *chancellerie* près le parlement de Dijon, que l'on appelle aussi *chancellerie de Bourgogne*, a été établie à l'instar de celles des autres parlemens, pour l'expédition des lettres de justice & de grace, qui se délivrent au petit-sceau. Louis XI créa, dès 1477 (nouveau style), un nouveau parlement pour cette province, lequel ne fut néanmoins établi qu'en 1480, à cause des troubles qui survinrent : il ne fut rendu sédentaire qu'en 1494. Il y avoit cependant une *chancellerie*, établie près de ce parlement. En effet, l'édit du 11 décembre 1493, fait mention du sceau qui avoit été ordonné pour sceller en la *chancellerie* de Dijon. Le roi créa, en 1553, un office de conseiller au parlement, garde des sceaux de la *chancellerie* de Dijon. Par une déclaration du 25 juillet 1557, il fut ordonné que ce conseiller garde des sceaux auroit entrée en la chambre des vacations. Les autres officiers de cette *chancellerie* sont vingt-un secrétaires du roi, dont quatre audienciers & quatre contrôleurs. Il y a aussi deux scelleurs, trois référendaires, un chauffe-cire, un greffier, un receveur, quatre gardes-minutes, seize huissiers.

Les *chancelleries* établies près les différens présidiaux de la Bourgogne, ont les mêmes droits & les mêmes fonctions, que celles des autres présidiaux du royaume. *Voyez* CHANCELLERIES PRÉSIDIALES.

Les *chancelleries aux contrats*, totalement différentes des *chancelleries présidiales*, sont des jurisdictions établies en plusieurs villes du duché de Bourgogne.

Pour bien entendre ce que c'est que ces *chancelleries aux contrats*, il faut d'abord observer que, du temps des ducs de Bourgogne, le chancelier, outre la garde du grand & du petit scel, avoit aussi la garde du scel aux contrats, & le droit de connoître de l'exécution des contrats passés sous ce scel; ce qu'il devoit faire en personne au moins deux ou trois fois par an, dans les six sièges dépendans de sa *chancellerie*.

Il avoit sous lui un officier qui avoit le titre de *gouverneur de la chancellerie*. Il le nommoit, mais il étoit confirmé par le duc de Bourgogne. Le chancelier mort, cet officier perdoit sa charge, & le duc en nommoit un pendant la vacance, lequel étoit destitué dès qu'il y avoit un nouveau chancelier : en cas de mort ou de destitution du gouverneur de la *chancellerie*, les sceaux étoient déposés entre les mains des officiers de la chambre des comptes de Bourgogne, qui les donnoient dans un coffret de laiton, à celui qui étoit choisi. Ce gouverneur avoit des lieutenans dans tous les bailliages de Bourgogne, & dans quelques villes particulières du duché : ils gardoient les sceaux des sièges particuliers, & rendoient compte des profits au gouverneur. Un registre de la chambre des comptes de Bourgogne fait mention que le 7 août 1391, Jacques Paris, bailli de Dijon, qui avoit en garde les sceaux du duché de Bourgogne, les remit à Jean de Vesranges, institué gouverneur de la *chancellerie* ; savoir le grand scel & le contre-scel, & le scel aux causes, tous d'argent & enchaînés d'argent, ensemble plusieurs autres vieux scels de cuivre, & un coffret ferré de laiton, auquel on mettoit les petits scels.

Les lieutenans de la *chancellerie* de chaque bailliage avoient aussi des sceaux, comme il paroît par un mémoire de la chambre des comptes de Dijon, portant que le 7 septembre 1396, il fut donné à maître Hugues le Vertueux, lieutenant de monseigneur le chancelier au siège de Dijon, un grand scel, un contre-scel, & un petit scel aux causes, pour en sceller les lettres, contrats & autres choses qui viendroient à sceller audit siège, toutes fois qu'il en seroit requis par les notaires, leurs coadjuteurs dudit siège. Dans quelques villes particulières de Bourgogne, il y avoit un garde des sceaux aux contrats, lequel faisoit serment en la chambre des comptes, où on lui délivroit trois sceaux de cuivre, savoir un grand scel, un contre-scel & le petit scel. Le chancelier avoit aussi dans chaque bailliage des clercs ou secrétaires appellés *libellenses*, qui percevoient certains droits pour leurs écritures. *Voyez les Mémoires pour servir à l'Hist. de France & de Bourgogne.*

L'état présent des *chancelleries aux contrats*, est que le gouverneur est le chef de ces jurisdictions. Son principal siège est à Dijon. Il a rang après le grand bailli, avant tous les lieutenans & présidens du bailliage & présidial. Il a un assesseur pour la *chancellerie*, qui a le titre de *lieutenant civil & criminel*, & de *premier conseiller au bailliage.*

Le ressort de la *chancellerie aux contrats* séante à Dijon, pour les villes, bourgs, paroisses & hameaux qui en dépendent, n'est pas précisément le même que celui du bailliage. Il y a quelques lieux dépendans de l'abbaye de Saint-Seine, qui sont de la *chancellerie* de Dijon, pour les affaires de *chancellerie*, & du bailliage de Châtillon, pour les affaires bailliagères, suivant des arrêts du parlement de Dijon, des 30 décembre 1560 & 4 janvier 1561.

Il y a aussi des *chancelleries aux contrats* dans les villes de Beaune, Autun, Châlons, Semur en Auxois, Châtillon-sur-Seine, appellé autrement *le bailliage de la montagne*. Ces *chancelleries* sont unies aux bailliages & sièges présidiaux des mêmes villes; mais on donne toujours une audience particulière pour les affaires de *chancellerie*, où le lieutenant de la *chancellerie* préside, au lieu qu'aux audiences du bailliage, il n'a rang qu'après le lieutenant général.

Le gouverneur de la *chancellerie* nommoit autrefois les lieutenans de ces cinq jurisdictions; mais il ne les commet plus depuis qu'ils ont été créés en titre d'office.

L'édit de François I, du 8 janvier 1535 & la déclaration du 15 mai 1544, contiennent des réglemens entre les officiers des *chancelleries* & ceux des bailliages royaux. Il résulte de ces réglemens, que les juges des *chancelleries* doivent connoître privativement aux baillis royaux & à leurs lieutenans, de toutes matières d'exécution, de meubles, noms, dettes, immeubles, héritages, criées, & subhastations qui se font en vertu & sur les lettres reçues sous le scel aux contrats de la *chancellerie*, tant contre l'obligé que contre ses héritiers; qu'ils ont aussi droit de connoître des publications & testamens passés sous ce même scel, & des appels interjettés des sergens ou autres exécuteurs des lettres & mandemens de ces *chancelleries*; ensorte que les officiers des bailliages n'ont que le sceau des jugemens, & que celui des contrats appartient aux *chancelleries*. Il y a dans chacune un garde des sceaux préposé à cet effet.

Les jugemens émanés des *chancelleries* de Dijon, Beaune, Autun, Châlons, Semur en Auxois & Châtillon-sur-Seine, & tous les actes passés devant notaires sous le sceau de ces *chancelleries*, sont intitulés du nom du gouverneur de la *chancellerie*; mais les contrats n'ont pas besoin d'être scellés par le gouverneur, le sceau apposé par le notaire suffit.

La ville de Semur, & les paroisses & villages du Châlonnois, qui sont entre la Saone & le Dou, plaident pour les affaires de la *chancellerie* à celle de Châlons, ou à celle de Beaune, au choix du demandeur, ainsi qu'il fut décidé par un arrêt contradictoire du conseil d'état en 1656.

L'appel des *chancelleries* de Dijon & des cinq autres qui en dépendent, va directement au parlement de Dijon. Celle de Beaune, où il n'y a point de présidial, ressortit au présidial de Dijon, dans les matières qui sont au premier chef de l'édit.

Il y a aussi à Nuys, à Auxonne, S. Jean-de-Lône, Montcenis, Semur en Brionnois, Avallon, Arnay-le-Duc, Saulieu & Bourbon-Lancy, des *chancelleries aux contrats*; elles sont unies comme les autres aux bailliages des mêmes villes, conformément aux édits des 20 avril 1542 & mai 1640.

Ces neuf *chancelleries* ne reconnoissent point le gouverneur de la *chancellerie* de Dijon pour supérieur; c'est pourquoi les jugemens qui s'y rendent ne sont point intitulés du nom du gouverneur, mais de celui du lieutenant de la *chancellerie*.

L'appel de ces neuf *chancelleries* va au parlement de Dijon, excepté qu'au premier chef de l'édit les *chancelleries* de Nuys, Auxonne & S. Jean-de-Lône, vont par appel au présidial de Dijon; celles de Montcenis, de Semur en Brionnois & de Bourbon-Lancy, au présidial d'Autun; & celles d'Arnay-le-Duc & de Saulieu, au présidial de Semur en Auxois.

A l'égard des contrats qui se passent dans toutes ces *chancelleries*, soit celles qui dépendent en quelque chose du gouverneur, ou celles qui n'en dépendent point, on n'y intitule point le nom du gouverneur, & ils n'ont pas besoin d'être scellés de son sceau; & néanmoins ils ne laissent pas d'emporter exécution parée, pourvu qu'ils soient scellés par le notaire : c'est un des privilèges de la province.

Chancelleries *d'Espagne*, sont des tribunaux souverains qui connoissent de certaines affaires dans leur ressort.

Elles doivent leur établissement à don Henri II, lequel voyant que le conseil royal de Castille étoit surchargé d'affaires, & que les parties se consumoient en frais, sans pouvoir parvenir à les faire finir, proposa aux états-généraux qui furent convoqués à Toro, d'établir un tribunal souverain à *Medina del campo*, sous le nom de *chancellerie royale*, pour décharger le conseil d'une partie des affaires.

Don Jean I, lors des états par lui convoqués à Ségovie, fit quelques changemens par rapport à cette *chancellerie*.

Aux états-généraux, tenus à Tolède, sous Ferdinand le Catholique & Isabelle son épouse, ils perfectionnèrent encore ces établissemens. Enfin aux états qu'ils convoquèrent à *Medina del campo*, en 1494, ils réglèrent la *chancellerie* comme elle est aujourd'hui, aujourd'hui, & fixèrent le lieu de la séance à Valladolid, comme plus proche du centre de l'Espagne.

Quelque temps après, considérant qu'il y avoit beaucoup de plaideurs éloignés de ce lieu, ils établirent une seconde *chancellerie*, d'abord à Ciudad-Réal; & en 1494, ils la transférèrent à Grenade, dont le ressort s'étend sur tout ce qui est au-delà du Tage; celle de Valladolid ayant pour territoire tout ce qui est en-deçà, à la réserve de la Navarre, où il y a un conseil souverain.

La *chancellerie* de Valladolid est composée d'un président qui doit être homme de robe, de seize auditeurs, de trois alcades criminels, & de deux autres pour la conservation des privilèges des gentilshommes; d'un juge-conservateur des privilèges de Biscaie, d'un fiscal, un protecteur, deux avocats, un procureur des pauvres, un alguazil mayor, un receveur des gages, quarante écrivains & quatre portiers. Elle est divisée en quatre salles, qu'on appelle *salle des auditeurs*.

Celle de Grenade n'est composée que d'un président, seize auditeurs, deux alcades criminels, deux autres pour la conservation des privilèges des gentilshommes, un fiscal, un avocat, un procureur pour les pauvres, six receveurs de l'audience, un receveur des amendes, six écrivains, un alguazil & deux portiers.

Le pouvoir de ces deux *chancelleries* est égal: elles connoissent en première instance de tous les procès appellés *de coste*, ce qu'on appelle en France *cas royaux* (à moins que le roi n'en ordonne autrement), de tous ceux qui sont à cinq lieues de la ville où réside la *chancellerie*, & de tous ceux qui concernent les corrégidors, les alcades & autres officiers de justice qui y ont leurs causes commises, de même que les gentilshommes, lorsqu'il s'agit de leurs privilèges.

Elles connoissent par appel des sentences des juges ordinaires & délégués, à la réserve des redditions de compte; des lettres exécutoires du conseil sur les matières qui y ont été jugées, soit interlocutoirement ou définitivement; des informations & enquêtes faites par ordre du roi; des sentences des alcades de la cour en matière criminelle, & des affaires commencées au civil, au conseil royal, supposé que la cour soit résidente à vingt lieues de la demeure des parties.

Les juges y donnent leurs suffrages par écrit, sur un registre sur lequel le président doit garder le secret.

CHANCELLERIE *d'église*, est la dignité ou office de chancelier d'une église cathédrale ou collégiale. Ce terme de *chancellerie* se prend aussi quelquefois pour le lieu où le chancelier d'église demeure, ou bien pour le lieu où il fait ses fonctions, c'est-à-dire où il scelle les actes, supposé qu'il soit dépositaire du sceau de l'église, comme il l'est ordinairement.

Bouchel, en sa *Bibliothèque canonique*, au mot *Chancelier*, rapporte un arrêt du 6 février 1606, qui jugea que la *chancellerie* de l'église de Meaux étoit, non pas une simple chanoinie, mais dignité & personnat, sujette à résidence actuelle, & chargée d'enseigner le chant de l'église à ceux qui font le service ordinaire; que les fruits échus pendant l'absence du chancelier accroissoient au profit des doyen, chanoines & chapitre de cette église, à l'exception de ceux qui étoient échus pendant l'absence du chancelier pour le service de l'évêque lesquels devoient être rendus au chancelier. Cela dépend de l'usage du chapitre, & de la qualité de l'office de chancelier. *Voyez* CHANCELIER *des Eglises*, CHANCELLERIE *Romaine*.

CHANCELLERIE *Romaine*, est le lieu où on expédie les actes de toutes les graces que le pape accorde dans le consistoire, & singuliérement les bulles des archevêchés, évêchés, abbayes & autres bénéfices réputés consistoriaux. *Voyez* BÉNÉFICE, CONSISTOIRE.

Cette *chancellerie* est composée de plusieurs tribunaux, tels que la chambre apostolique, la daterie, *&c.* chacun d'eux cependant exerce des fonctions différentes, & jouit de droits & de privilèges différens. La *chancellerie* paroît être le plus ancien: car l'office de chancelier de l'église romaine, qui étoit autrefois le premier officier de la *chancellerie*, étoit connu dès le temps du sixième concile œcuménique, tenu en 680.

On prétend néanmoins que la *chancellerie* ne fut établie qu'après le pape Innocent III, c'est-à-dire, vers le commencement du treizième siècle. Il paroît effectivement que le pape Luce III est le premier pontife qui ait parlé de la charge de chancelier.

L'office de chancelier ayant été supprimé, les uns disent par Boniface VIII, les autres par Honoré III, le vice-chancelier est devenu le premier officier de la *chancellerie*. C'est toujours un cardinal qui remplit cette place.

Le premier officier après le vice-chancelier, est le régent de la *chancellerie*; c'est un des prélats *de majori parco*: son pouvoir est grand dans la *chancellerie*. Il est expliqué fort au long dans la dernière des règles de *chancellerie*, *de potestate R. vicecancellarii & cancellarium regentis*. C'est lui qui met la main à toutes les résignations & cessions, comme matières qui doivent être distribuées aux prélats *de majori parco*. Il met sa marque à la marge du côté gauche de la signature, au-dessus de l'extension de la date, en cette manière, *N. regens*. C'est aussi lui qui corrige les erreurs qui peuvent être dans les bulles expédiées & plombées; & pour marque qu'elles ont été corrigées, il met de sa main en haut au-dessus des lettres majuscules de la première ligne, *corrigatur in registro prout jacet*, & signe son nom.

Les prélats abréviateurs de la *chancellerie* sont de deux sortes: les uns surnommés *de majori parco*, c'est-à-dire du grand parquet, qui est le lieu où ils s'assemblent en la *chancellerie;* les autres *de minori parco*, ou petit parquet.

Ceux *de majori parco* dressent toutes les bulles qui s'expédient en *chancellerie*, dont ils sont obligés de suivre les règles ; qui ne souffrent point de narrative conditionnelle, ni aucune clause extraordinaire; c'est pourquoi lorsqu'il est besoin de dispense d'âge, ou de quelque autre grace semblable, il faut faire expédier les bulles par la chambre apostolique. Le vice-chancelier ayant dressé en peu de mots une minute de ce qui a été réglé, un des prélats *de majori parco* dresse la bulle; on l'envoie à un autre prélat qui la revoit, & qui la met ensuite entre les mains d'un des scripteurs des bulles. Les abréviateurs du grand parquet examinent si les bulles sont expédiées selon les formes prescrites par la *chancellerie*, & si elles peuvent être envoyées au plomb, c'est-à-dire si elles peuvent être scellées; car l'usage de la cour de Rome est de sceller toutes les bulles en plomb.

Les prélats *de minori parco* ont peu de fonction ; ce sont eux qui portent les bulles aux abréviateurs *de majori parco. Voyez* ABRÉVIATEUR.

Le distributeur des signatures, qu'on appelle aussi *le secrétaire des prélats de la chancellerie*, n'est pas en titre d'office comme les autres officiers dont on vient de parler. Il est dans la dépendance du vice-chancelier : sa fonction consiste à retirer du registre toutes les signatures pour les distribuer aux prélats *de majori parco* ou *de minori parco*, selon qu'elles leur doivent être distribuées : &, à cet effet, il marque sur un livre le jour de la distribution, le diocèse & les matières, en ces termes, *resignatio parisiensis.* Il se charge des droits qui sont *de minori parco*, & consigne ceux qui appartiennent aux abréviateurs *de majori*, entre les mains de chacun d'eux, ou à leurs substituts, après qu'il a mis au bas de la signature le nom de celui à qui elle est distribuée. Avant de faire la distribution, il présente les signatures au régent ou à quelque autre des prélats de la *chancellerie*, qui y mettent leur nom immédiatement au-dessus de la grande date.

Il n'y a qu'un seul notaire en la *chancellerie*, qui se qualifie *député.* C'est lui qui reçoit les actes de consens, & les procurations des résignations, révocations & autres actes semblables, & qui fait l'extension du consens au dos de la signature qu'il date *ab anno incarnationis*, laquelle année se compte du mois de mars; de sorte que, si la date de la signature se rencontre depuis le mois de janvier jusqu'au 25 mars, il semble que la date du consens soit postérieure à celle de la signature.

Les règles de la *chancellerie romaine* sont des réglemens que font les papes pour les provisions des bénéfices & autres expéditions de la *chancellerie*, & pour le jugement des procès en matière bénéficiale. On tient que Jean XXII est le premier qui ait fait de ces sortes de réglemens. Ses successeurs en ont ajouté plusieurs : chaque pape, après son couronnement, renouvelle celle de ces règles qu'il veut maintenir, & en établit, s'il le juge à propos, de nouvelles. Ce renouvellement est nécessaire à chaque pontificat, d'autant que chaque pape déclare que les règles qu'il établit, ne doivent subsister que pendant le temps de son pontificat. Cependant les règles de *chancellerie* qui ont été reçues en France, & qui ont été enregistrées dans les cours de parlement, n'expirent point par la mort des papes; elles subsistent toujours, étant devenues, par leur vérification, une loi perpétuelle du royaume.

Ces règles sont de plusieurs sortes : il y en a qui concernent la disposition des bénéfices; par exemple, les papes se sont réservé, par une règle expresse, les églises patriarchales, épiscopales, & autres bénéfices vraiment électifs; par une autre règle, ils se sont réservé les bénéfices de leurs familiers ou domestiques, & des familiers des cardinaux, dont ils prétendent disposer au préjudice des collateurs ordinaires.

En France, toutes les réserves sont abolies par la pragmatique & le concordat; & la règle par laquelle les papes se sont réservés les églises patriarchales & épiscopales, n'est observée dans aucun état de la chrétienté. Si le pape donne des provisions, c'est ordinairement à la nomination des souverains, ou du moins à des personnes qui leur sont agréables.

Les papes ont aussi ordonné certaines formes pour l'expédition des provisions; par exemple, qu'il faudroit des bulles en plomb, & que la simple signature ne suffiroit pas, avec défenses aux juges d'y avoir égard : ce qui n'est point observé en France; où l'on n'obtient des bulles que pour les bénéfices consistoriaux, comme évêchés, abbayes, prieurés conventuels & dignités majeures; les autres bénéfices s'obtiennent par simple signature.

Il y a aussi une règle qui ordonne d'exprimer la véritable valeur des bénéfices, à peine de nullité des provisions. En France, on n'exprime la véritable valeur que des bénéfices qui sont taxés dans les livres de la chambre apostolique; à l'égard des autres, on se contente d'exprimer que leur valeur n'excède pas vingt-quatre ducats.

La réserve des mois apostoliques, qui n'a lieu que dans les pays d'obédience, cesse à la mort du pape; &, pendant la vacance du saint siège, la disposition des bénéfices se règle dans ces pays suivant le droit commun.

Nous n'avons reçu en France que trois règles de *chancellerie*; on en compte ordinairement quatre.

La première est celle *de viginti diebus seu de infirmis resignantibus*, qui veut que, si un malade résigne un bénéfice ou le permute, & vient à décéder dans les vingt jours après la résignation admise, le bénéfice vaque par mort & non par résignation.

La seconde est celle *de publicandis resignationibus*, qui veut que, dans six mois pour les résignations faites en cour de Rome, & dans un mois pour celles qui sont faites entre les mains de l'ordinaire, les résignations soient publiées, & que le résignataire prenne possession : que si, passé ce temps, le résignant meurt en possession du bénéfice, il soit censé vaquer par mort & non par résignation, & que les provisions données sur la résignation, soient nulles.

La troisième règle est celle *de verisimili notitiâ obitûs;* elle veut que toutes les provisions de bénéfice, obtenues par mort en cour de Rome, soient nulles, s'il n'y a pas assez de temps entre le décès du bénéficier & l'obtention des provisions, pour que la nouvelle du décès ait pu précéder les provisions. L'objet de cette règle est de prévenir les fraudes & les courses ambitieuses de ceux qui, pendant les maladies des bénéficiers, faisoient leurs diligences en cour de Rome, *ex voto captandæ mortis.*

Il y a encore quelques autres règles de *chancellerie*, qui n'ont pas été reçues en France, & que néanmoins, l'on y suit, non pas comme règles de *chancellerie romaine*, mais parce qu'elles ont paru justes, & qu'elles sont conformes à nos ordonnances ou à la jurisprudence des arrêts. Telle est la règle *de annali possessore*, qui veut que celui qui a la possession d'an & jour, soit maintenu au possessoire; la règle *de triennali possessore*, suivant laquelle celui qui a la possession triennale, soutenue d'un titre coloré, ne peut plus être inquiété, même au pétitoire; la règle *de impetrantibus beneficia viventium*, qui veut que les provisions d'un bénéfice, demandées du vivant du précédent titulaire, soient nulles, quoiqu'elles n'aient été obtenues que depuis son décès; la règle *de non tollendò jus alteri quæsitum*, qui n'est point une règle particulière à la *chancellerie de Rome*, mais une maxime tirée du droit naturel & commun, & reçue par-tout. Il y a encore la règle *de idiomate*, qui déclare nulles toutes provisions des églises paroissiales qui seroient données à des ecclésiastiques qui n'entendroient pas la langue du pays.

Dumoulin, Louet & Vaillant, ont fait de savantes notes sur les trois règles de *chancellerie*, reçues en France, & sur celle *de annali possessore & de impetrantibus beneficia viventium.* Rebuffe a aussi expliqué ces mêmes règles & plusieurs autres en sa *Pratique bénéficiale*, *part. III.* *Voyez* CHAMBRE APOSTOLIQUE, DATERIE.

CHANDELEUR, (*Parlement de la*) *Droit public.* *Voyez* PARLEMENT.

CHANDELIER, s. m. (*Arts & Métiers. Police.*) c'est le nom qu'on donne au marchand ou ouvrier qui est autorisé à faire & à vendre de la chandelle, en qualité de membre de la communauté des *chandeliers.*

Elle est très-ancienne, ses premiers statuts sont de l'an 1061. L'apprentissage étoit autrefois de six années, après lesquelles il y en avoit encore deux de compagnonage. Quatre jurés, dont deux se renouvelloient tous les ans, étoient chargés de l'administration des affaires de cette communauté.

Par l'édit de création de six nouveaux corps de marchands, & de quarante-quatre communautés d'arts & métiers, du mois d'août 1776, les *chandeliers* forment la neuvième communauté; les frais de réception ont été fixés à la somme de cinq cens livres, par le tarif annexé sous le contrescel du même édit. *Voyez le Dictionnaire des Arts.*

CHANDELLE éteinte, (*Jurispr.*) les adjudications à l'extinction de la *chandelle*, qui se pratiquent en certain cas, sont un usage fort ancien. Il en est parlé dans des privilèges accordés à la ville de Caylus-de-Bonnette en Languedoc, par Louis, duc d'Anjou, lieutenant-général pour le roi en ladite province, au mois de mars 1368, & confirmés par Charles V, par des lettres du mois d'avril 1370. Ces lettres donnent aux consuls de cette ville les droits d'encan & de ban, qui n'étoient pas affermés *ad extinctum candelæ*, plus de cent sous tournois par an.

Quelques coutumes ont adopté cet usage pour les adjudications qui se font en justice. On trouve dans plusieurs le terme de *chandeille*, au lieu de celui de *chandelle.* Celle de Lille appelle *pauch de chandeille*, le bout de *chandelle* qu'on allumoit lors de l'adjudication d'un décret.

La plus ancienne des coutumes qui parle des adjudications à la *chandelle*, est celle de Ponthieu, *art. 169*, rédigée en 1495. Il en est aussi parlé dans l'article 15 de l'ancien style de la sénéchaussée de Boulenois, qui est à-peu-près du même temps, & dans plusieurs autres coutumes du seizième siècle, qui sont les coutumes de Mons, *chap. 12;* Lille, *art. 160 & 164;* Cambrai, *tit. 25*, *art. 16 & 43;* Bretagne, *579 & 728;* la coutume locale de Seclin sous Lille, & celle de Lannoy. Il en est aussi fait mention dans plusieurs ordonnances; savoir dans celle de Louis XII, de l'an 1508, *art. 20;* dans l'édit de 1516, pour les enchères des ventes des forêts du roi; dans celle de Henri II, du mois de décembre 1553, & autres; & dans les ordonnances du duc de Bouillon, *art. 531.*

Cette ancienne forme de faire les adjudications en justice à l'extinction de la *chandelle*, est encore observée dans l'adjudication des fermes du roi & des choses publiques; mais elle a été défendue pour les ventes & baux des biens des particuliers. Les adjudications doivent en être faites publiquement à l'audience, les plaids tenant, de vive voix. Il y a un arrêt de réglement rendu aux grands jours de Poitiers, le 28 septembre 1579.

Le motif de ce changement est que l'adjudication à l'extinction de la *chandelle* est sujette à deux fraudes.

L'une, est que les enchérisseurs affectent de faire languir les enchères jusqu'à ce que la *chandelle* soit beaucoup diminuée; au moyen de quoi, les héritages ne sont jamais vendus ou affermés leur juste valeur.

L'autre fraude est que, quand la *chandelle* est à l'extrémité, & que la flamme en est chancelante, il se trouve quelquefois des gens qui l'éteignent par une toux affectée.

C'est pour éviter ces inconvéniens, que dans le Cambrésis l'adjudication des héritages ne se fait plus à l'extinction de la *chandelle*, mais à trois coups de bâton, suivant la remarque de M. Desjaunaux. *Voyez* ADJUDICATION *à l'extinction de la chandelle.*

A Rome, & dans quelques autres endroits, les excommunications se prononcent en éteignant une *chandelle* ou un cierge. *Voyez* EXCOMMUNICATION.

CHANDELLES *des rois*, (*Jurispr.*) une sentence de police du 29 décembre 1745, en ordonnant l'exécution de l'article 9 des statuts des chandeliers de Paris, a défendu aux maîtres chandeliers d'en faire ou faire fabriquer, à peine de vingt livres d'amende; & aux garçons & autres de les porter, à peine de prison. Ce réglement fut réaffiché au mois de janvier 1748. (*A*)

CHANGE, s. m. (*Droit public & civil. Commerce.*) Dans l'acception propre de ce mot, le *change* est une convention ou une action, par laquelle on cède une chose pour une autre. Il est synonyme aux trois autres mots, le *troc*, l'*échange* & la *permutation.* Il y a cependant quelques différences entre eux.

Le terme d'*échange* ne s'applique ordinairement qu'aux charges, aux terres & aux personnes. On dit en effet, faire un *échange d'état*, de *biens*, de *prisonniers.*

Le *change* de meubles, d'ustensiles & d'animaux, se nomme *troc*; on *troque* des chevaux, des bijoux, *&c.*

Le mot *permutation*, qui, dans sa première acception & suivant son étymologie latine, signifioit toute espèce de contrat d'échange, n'est plus employé aujourd'hui que dans le *change* des dignités ecclésiastiques: on permute sa cure, son canonicat avec un autre bénéfice. *Voyez* ECHANGE, TROC, PERMUTATION.

Outre cette signification générale du mot *change* dont nous venons de parler, il a encore parmi nous un grand nombre d'acceptions différentes.

1°. On appelle *change*, le lieu où se portent les monnoies étrangères & décriées, & les matières d'or & d'argent, pour en recevoir le montant en monnoie du pays & courante.

2°. On donne le nom de *change* au bénéfice prescrit par le roi, que le changeur perçoit sur les monnoies ou les matieres qui lui sont portées. Nous traiterons du *change* sous ce rapport, au mot CHANGEUR.

3°. On appelle *change*, l'intérêt qu'exige un marchand qui prête à un autre, l'escompte d'un billet, le profit qu'on retire d'avances faites dans le commerce, le revenu usuraire qu'on tire d'un argent prêté sans aliénation & sans risque du fonds. C'est improprement qu'on se sert dans ces espèces du mot *change*, celui d'usure ou d'intérêt conviendroit mieux: on trouvera les règles qui concernent ce *change*, ou plutôt cet intérêt, sous les mots ESCOMPTE, INTÉRÊT, USURE.

4°. Dans le langage ordinaire, on entend par *change*, une négociation par laquelle on transporte à une personne les fonds qu'on a dans quelques endroits, pour un prix convenu, ou qui se trouve réglé sur la place par le commerce.

Ce transport se fait par le moyen d'un acte qui représente les fonds dont on fait la cession, & qu'on appelle *lettre-de-change.* Nous avons déjà traité du *change* sous cette acception, au mot ACCEPTEUR; nous acheverons ce qui reste à savoir sur cet objet, à l'article LETTRE-DE-CHANGE.

5°. On appelle *change* le prix qu'un banquier prend pour le salaire de l'argent qu'il fait remettre d'une place dans une autre.

6°. Ce mot signifie aussi la différence qu'il y a entre l'argent de banque & l'argent courant. Il se dit enfin du lieu où se fait le commerce du *change* dans une ville.

Le *change*, comme prix du transport de l'argent d'une place dans une autre, comme différence entre l'argent de banque & l'argent courant, comme compensation des monnoies des différens pays, appartient plus au commerce qu'à la jurisprudence. C'est à lui à expliquer son origine, son essence, son pair, son cours, la propriété de ce cours & le commerce qui en résulte. Ainsi nous renvoyons nos lecteurs au *Dictionnaire de Commerce.*

CHANGEUR, s. m. (*Jurisprudence. Monnoie.*) c'est un officier établi par le roi ou autorisé par la cour des monnoies, pour recevoir dans les différentes villes du royaume les espèces anciennes, défectueuses, étrangères, hors de cours, ainsi que toutes sortes de matières d'or & d'argent, & donner en échange à ceux qui les leur portent, une valeur prescrite en espèces courantes.

Comme l'état de *changeur* demande une certaine connoissance des monnoies, il falloit anciennement, avant d'obtenir ce titre, qu'on eût fait un apprentissage chez ceux qui exerçoient cette profession à Paris, sur le pont qu'on a depuis appellé *pont-au-change.*

Pour donner à cet état plus de consistance, & pour la sûreté publique, Charles VI commit, par des lettres-patentes du 14 novembre 1421, les généraux-maîtres des monnoies, à l'effet de recevoir *changeurs*, dans la ville de Paris, tous ceux qui se trouveroient avoir été apprentis au pont-au-change pendant trois ans. Cette autorité des généraux des monnoies sur les *changeurs*, se trouve établie par nombre d'autres monumens, qu'il seroit trop long de détailler, mais dont on peut voir l'énumération dans le *Traité des Monnoies*, de M. Abot de Bazinghen. Ils ont une pleine & entière jurisdiction sur eux; les gardes des monnoies prononcent à leur sujet, en première instance, & les généraux-maîtres en dernier ressort. Un édit du mois de janvier 1551, rendu après l'érection de la chambre des monnoies, en cour souveraine, confirme cette jurisdiction des généraux des monnoies sur les *changeurs.*

Les *changeurs* furent érigés en titre d'office héréditaires, par un édit du mois d'août 1555, mais cet édit n'ayant point eu d'exécution, Charles IX ordonna, par une déclaration du 10 juillet 1571, qu'il seroit incessamment exécuté. Vint ensuite Henri III, qui, par un nouvel édit du mois de mars 1580, confirma la création des offices de *changeur*, & en détermina le nombre dans chaque ville de son royaume.

Ces officiers furent déclarés, par des lettres-patentes du 29 décembre 1581, exempts de toute commission royale, de la collecte des tailles, de la fonction de marguilliers, trésoriers, *&c.* du guet & garde, du logement des gens de guerre, des corvées, *&c.*

Henri IV supprima, par un édit du mois de décembre 1601, les *changeurs* établis dans les villes où il y avoit monnoie; & il incorpora à perpétuité le change aux fermes & maîtrises particulières de ses monnoies; mais cette loi fut révoquée par un autre édit du mois d'avril 1609, qui rétablit les *changeurs* dans leur premier état, avec les mêmes privilèges & les mêmes immunités; & en restreignit toutefois le nombre à moitié dans chaque ville.

Il fut ordonné, en même temps, à ces *changeurs* de tenir un journal fidèle de tout ce qu'ils changeroient, & de cisailler sur l'heure les pièces décriées. Il fut défendu aux maîtres des monnoies de faire le change ailleurs que dans leur comptoir, établi aux hôtels des monnoies. Le change fut interdit à tout autre particulier, à peine de deux cens écus d'amende, pour la première fois, & de punition corporelle en cas de récidive; il fut même défendu de vendre à d'autres qu'aux fermiers des monnoies, les matières d'or & d'argent, à peine de la vie.

Indépendamment de ces *changeurs* en titre d'office héréditaire, dont le rétablissement avoit été confirmé par un arrêt du conseil du 23 juin 1617, les généraux des monnoies n'en ont pas moins conservé le droit d'en établir par commission dans les lieux où ces offices n'avoient point été levés, & dans ceux encore où il étoit nécessaire d'en établir. Il y en avoit déjà beaucoup d'établis lorsque Louis XIV, par un édit du mois de juin 1696, jugea à propos de révoquer toutes les commissions de *changeurs* & de créer trois cens *changeurs* en titre d'office héréditaire.

Il fut porté par cet édit que les *changeurs* tiendroient des registres en bonne forme de toutes les anciennes espèces à réformer, ainsi que des matières d'or, d'argent & de billon à convertir, qui tomberoient dans leurs changes; ils furent en même temps assujettis à les porter ou envoyer aux hôtels des monnoies les plus proches de leur résidence, où la valeur devoit en être payée sur le pied porté par le tarif de la cour des monnoies, sans pouvoir les divertir, commercer ni remettre dans le public, à peine d'être punis comme billonneurs. Il fut dit aussi qu'il y auroit pour ces *changeurs* une attribution de cinquante livres, pour trois quartiers de soixante-six livres treize sous quatre deniers de gages; qu'ils jouiroient de plus des droits de change portés par les tarifs & par les réglemens de la cour des monnoies, ainsi que de l'exemption du logement des gens de guerre, de tutèles, curatelles & autres charges publiques.

De ces trois cens offices de *changeurs*, il n'en fut levé que cent soixante-seize: ceux qui restoient à lever, furent supprimés, par un édit du mois de septembre 1705, au moyen de quoi la cour des monnoies fut autorisée, comme auparavant, à donner des commissions dans les lieux où il n'y avoit point de *changeurs* en titre; & comme il existoit beaucoup d'édits, de déclarations, d'arrêts du conseil, sur le fait des *changeurs* dont le souvenir s'effaçoit aisément, cette cour crut devoir faire un relevé de ces réglemens, & les renouveller en substance par un arrêt du 7 janvier 1716.

Cet arrêt, en confirmant les *changeurs*, soit en titre d'office, soit par commission, dans les privilèges que les anciens réglemens leur accordent, porte 1°. qu'ils auront leur bureau dans un lieu apparent sur la rue; 2°. qu'ils auront des balances justes, avec le poids de marc, & ses diminutions étalonnées sur le poids original de France, déposé à la cour des monnoies; 3°. qu'ils seront tenus de recevoir toutes les espèces & matières d'or ou d'argent, & d'en payer comptant la valeur & le prix suivant le tarif, à la déduction de leurs salaires; 4°. qu'ils cisailleront toutes les espèces décriées, légères, défectueuses & fausses, & difformeront les ouvrages d'or & d'argent, en présence de ceux qui les leur apportent, à peine de confiscation sur eux des espèces & des matières non cisaillées ni difformées, & d'amende arbitraire; 5°. qu'ils seront obligés de tenir un registre coté & paraphé, pour y écrire la qualité, la quantité & le poids des espèces & des matières qui leur sont apportées, ainsi que le nom, le surnom & la demeure de ceux qui les apportent, & le prix qu'ils en ont payé; 6°. qu'ils enverront de mois en mois, & même plutôt s'il se peut & s'ils en sont requis, les espèces & les matières aux bureaux des changes des plus prochaines monnoies ouvertes, où la valeur leur en doit être rendue comptant.

Ce même arrêt défend aux *changeurs*, 1°. de divertir les monnoies & de les vendre à des orfèvres, jouailliers, affineurs, batteurs & tireurs d'or & d'argent, à des banquiers, ni à d'autres personnes qui ont des charges de finances; il ne leur est même pas permis d'avoir avec eux ou avec gens qui travaillent en or & argent, aucune société; 2°. d'avoir dans leurs maisons ni ailleurs, aucun fourneau propre à fondre & à faire des essais; sauf à ceux qui ont des matières dont le titre n'est pas connu, à se retirer aux hôtels des plus prochaines monnoies ouvertes, pour en faire la fonte & l'essai.

Par la même raison, le même arrêt défend aux

orfèvres, jouailliers, affineurs, batteurs & tireurs d'or & d'argent de se mêler du fait de change, de quelque manière que ce soit, & à toute autre personne de le faire sans lettres de sa majesté, duement vérifiées en la cour, & sans au préalable y avoir prêté serment, à peine d'être punis comme billonneurs, suivant la rigueur des ordonnances.

Un arrêt du conseil du 26 décembre 1771, qui forme le dernier état relativement aux droits & salaires des *changeurs*, a autorisé ces officiers, soit qu'ils soient en titre ou par commission, à se faire payer par les porteurs ou propriétaires des matières ou espèces vieilles ou étrangères d'or & d'argent, savoir un denier par livre de la valeur des mêmes matières, lorsque ces *changeurs* sont établis dans les villes où il y a hôtel des monnoies; trois deniers lorsqu'ils sont établis ailleurs, jusqu'à la distance de dix lieues; quatre deniers pour ceux qui sont établis plus loin, jusqu'à vingt-cinq lieues; cinq deniers, lorsque la distance est au-dessus de vingt-cinq lieues, jusqu'à quarante lieues, & six deniers, lorsque la distance est de plus de quarante lieues. Ces différences dans les droits des *changeurs* sont relatives aux frais du transport des matières aux hôtels des monnoies. Le même arrêt fait défense aux *changeurs* d'exiger d'autres droits que ceux qu'on vient de spécifier, à peine de destitution, & même de plus grande peine, suivant l'exigence des cas. Et, afin que ces droits soient connus du public, il est ordonné à chaque *changeur* d'afficher dans le lieu le plus apparent de son bureau un exemplaire de l'arrêt cité, au pied duquel doit être énoncé le droit qu'il est autorisé à percevoir, relativement à la distance qu'il y a de son domicile à l'hôtel de la monnoie le plus prochain.

Comme il n'est pas permis aux *changeurs*, en titre ou par commission, de se mêler du commerce de l'orfévrerie ni de la mercerie, de crainte qu'ils n'abusent de la réunion de ces deux états; que néanmoins, en 1758, il se trouvoit beaucoup de ces *changeurs* qui frondoient les dispositions des ordonnances sur cet article, la cour des monnoies, pour remédier à cet abus, rendit un arrêt le 2 septembre de la même année, par lequel elle réitéra les défenses faites aux *changeurs* établis dans les différentes provinces de son ressort, tant en titre que par commission, de faire aucun commerce des matières & ouvrages d'orfévrerie; elle ordonna une visite pour faire saisir & apporter aux hôtels des monnoies, tous ceux qu'on trouveroit chez eux, & pour faire condamner ces *changeurs* à telles peines qu'il appartiendroit, même pour les poursuivre comme billonneurs.

Lorsqu'il se trouve sous les scellés ou parmi des meubles & effets saisis, ou dans des démolitions de maison, ou de quelque autre manière que ce soit, quelques vieilles monnoies de France, l'article 4 de la déclaration du 7 octobre 1755, veut que, sous peine de confiscation, elles soient portées, au plus tard, dans la quinzaine du jour où elles auront été trouvées, aux hôtels des monnoies ou aux changes les plus prochains, & la valeur des mêmes espèces doit y être payée sans difficulté aux porteurs, qui sont tenus de tirer certificat des *changeurs* ou receveurs au change des monnoies, auxquels les espèces ont été remises.

Ces dispositions ont été confirmées par l'arrêt du conseil du 26 décembre 1771, qui a enjoint aux *changeurs* de veiller, chacun dans son ressort, à ce qu'il ne fût fait aucune vente à l'encan des vaisselles & argenteries, ni distraction des espèces vieilles trouvées après décès ou dans les saisies, & à ce qu'elles fussent apportées dans leurs bureaux ou aux hôtels des monnoies. Suivant le même arrêt, les *changeurs* doivent, en cas de contravention à ce qu'il prescrit, en donner avis au procureur général de la cour des monnoies.

Le même arrêt du conseil, enjoint aux *changeurs* de payer comptant les matières, & les espèces vieilles ou étrangères d'or & d'argent, que les particuliers peuvent y porter. Les paiemens doivent être faits en conformité du tarif arrêté au conseil le 15 mai 1773.

Il faut observer néanmoins, que si les matières d'or étoient au-dessous du titre de 21 carats $\frac{22}{32}$, & celles d'argent au-dessous du titre de 10 deniers 21 grains, les frais d'affinage, pour être portées à ces titres, seroient à la charge des propriétaires de ces matières. Mais ils peuvent convenir de ces frais avec les *changeurs*, qui pour cela ne peuvent rien recevoir au-delà des prix, accordés par marc de fin résultant d'affinage, aux offices d'affineurs, établis à Paris & à Lyon. C'est pourquoi les *changeurs* sont tenus de donner aux propriétaires des matières susceptibles d'affinage, un reçu motivé des sommes qu'ils ont retenues, à raison de cette opération.

CHANOINE, s. m. (*Droit canonique.*) dans le sens le plus étendu, on appelle *chanoine* celui qui vit selon la règle particulière du corps ou chapitre dont il est membre.

Dans un sens plus resserré & dans l'usage ordinaire, un *chanoine* est un ecclésiastique qui possède un canonicat ou prébende dans un église cathédrale ou collégiale.

Il y a aussi des *chanoines* laïques, dont nous parlerons à la suite du présent article.

On trouve aussi des communautés de religieux & de religieuses, qui portent le titre de *chanoine* & de *chanoinesse*. Mais on les distingue des premiers en ajoutant à la qualité de *chanoines*, celle de *réguliers*. Nous en parlerons sous leur mot particulier.

Dans la première institution, tous les *chanoines* étoient réguliers; ou pour parler plus juste, on ne distinguoit point deux sortes de *chanoines*: tous les *clercs-chanoines* observoient la règle & la vie commune, sans aucune distinction.

Il ne faut cependant pas confondre les religieux avec ces *clercs-chanoines*; car, quoique chaque ordre religieux eût sa règle particulière, ils n'étoient point considérés comme *chanoines*, ni même réputés ecclésiastiques, & ne furent appellés à la cléricature que par le pape Syrice en 383.

Le nom de *chanoine*, en latin *canonicus*, vient d'un mot grec, qui signifie *règle*, *pension* ou *portion* & *catalogue*. Ces trois significations conviennent également aux *chanoines*, puisqu'ils sont inscrits sur le catalogue de l'église à laquelle ils sont attachés, qu'ils en reçoivent une portion ou pension annuelle, en vertu de leur titre, & qu'ils ont des règles à suivre & des devoirs à remplir.

De l'origine des chanoines. L'établissement des *chanoines* tels que nous les connoissons aujourd'hui, ne remonte guère qu'au huitième siècle, quoique plusieurs prétendent en tirer l'origine des apôtres mêmes.

La tradition nous apprend, en effet, que depuis l'Ascension de Jesus-Christ, les apôtres & les disciples vivoient en commun dans Jérusalem; qu'ils se traitoient mutuellement de frères; que les prêtres & les diacres qu'ils ordonnèrent dans les différentes villes, y vivoient, en commun, des aumônes & oblations des fidèles, sous l'obéissance de leur évêque. Il est également certain que, malgré les persécutions qui affligèrent l'église pendant les trois premiers siècles, les prêtres & les diacres formoient entre eux un collège dans chaque ville; & s'ils ne pouvoient pas toujours vivre en commun, ils recevoient tous les mois une portion des revenus de l'église pour leur entretien, qu'on appelloit *divisio mensurna*, d'où on leur donnoit le nom de *fratres sportulantes*.

La distinction que l'on fit, en 324, des églises cathédrales d'avec les églises particulières, peut cependant être regardée comme le véritable commencement des collèges & communautés de clercs, appellés *chanoines*. On voit dans saint Basile & dans saint Cyrille, que l'on se servoit déjà du nom de *chanoines* & de *chanoinesse* dans l'église d'Orient. Ces noms furent usités plus tard en Occident.

Le P. Thomassin, en son *Traité de la discipline ecclésiastique*, soutient que jusqu'au temps de saint Augustin, il n'y avoit point encore eu, en Occident, de communauté de clercs vivant en commun, & que celles qui furent alors instituées ne subsistèrent pas long-temps; que ce ne fut que du temps de Charlemagne que l'on commença à les rétablir. Cependant Chaponel, *Histoire des chanoines*, prouve qu'il y avoit toujours eu des communautés de clercs qui ne possédoient rien en propre.

Quoi qu'il en soit, saint Augustin, qui fut élu évêque d'Hippone, en 391, est considéré comme le premier qui ait rétabli la vie commune des clercs en Occident; mais il ne les qualifie pas de *chanoines*. Et depuis saint Augustin., jusqu'au second concile de Vaison, tenu en 529, on ne trouve point d'exemple que les clercs, vivant en commun, aient été appellés *chanoines*, comme ils le sont par ce concile, & ensuite par celui d'Orléans.

Clovis, ayant fondé à Paris l'église de saint Pierre & saint Paul, y établit des clercs qui vivoient en commun *sub canonicâ religione*.

Grégoire de Tours, *liv. X* de son *Histoire*, & *chap. 9* de la *Vie des pères*, dit que ce fut un nommé *Baudin*, évêque de cette ville, qui institua le premier la vie commune des *chanoines*, *hic instituit mensam canonicorum*: c'étoit du temps de Clotaire I, qui régnoit au commencement du sixième siècle.

On trouve cependant plusieurs exemples antérieurs de clercs qui vivoient en commun: ainsi Baudin ne fit que rétablir la vie commune, dont l'usage étoit déjà plus ancien, mais n'avoit pas toujours été observé dans toutes les églises; ce qui n'empêchoit pas que depuis l'institution des cathédrales, l'évêque n'eût un clergé attaché à son église, composé de prêtres & de diacres qui formoient le conseil de l'évêque, & que l'on appelloit son *presbytère*.

Le concile d'Ephèse écrivit, en 431, au clergé de Constantinople & d'Alexandrie, *ad clerum populumque constantinopolitanum*, &c. pour leur apprendre la déposition de Nestorius. *Tome III des Conciles, pag. 571 & 574.*

Le pape Syrice condamna Jovinien & ses erreurs dans une assemblée de ses prêtres & diacres, qu'il appelle son *presbytère*.

Lorsque le pape Félix déposa Pierre Cnaphée, faux évêque d'Antioche, il prononça la sentence, tant en son nom que de ceux qui gouvernoient, avec lui le siège apostolique, c'est-à-dire, ses prêtres & ses diacres.

Les conciles de ces premiers siècles sont tous souscrits par le presbytère de l'évêque. C'est ce que l'on peut voir dans les conciles d'Afrique, *tome II des Conciles, pag. 1202.* Thomassin, *Discipline de l'église, part. I, liv. I, chap. 42.*

Le quatrième concile de Carthage, en 398, défendit aux évêques de décider aucune affaire sans la participation de leur clergé: *ut episcopus nullius causam audiat absque præsentiâ clericorum suorum, alioquin irrita erit sententia episcopi, nisi clericorum præsentiâ confirmetur.*

Saint Cyprien communiquoit également à son clergé les affaires les plus importantes, & celles qui étoient les plus légères.

Saint Grégoire-le-grand, pape, qui siégeoit vers la fin du sixième siècle & au commencement du septième, ordonna le partage des biens de l'église en quatre parts, dont une étoit destinée pour la subsistance du clergé de l'évêque: ce qui fait juger que la vie commune n'étoit pas alors observée parmi les *chanoines*.

Paul diacre, prétend que saint Chrodegand, évêque de Metz, qui vivoit vers le milieu du septième siècle, sous le règne de Pepin, fut celui qui donna commencement à la vie commune des *chanoines*: on a vu néanmoins que l'usage en est beaucoup plus ancien; saint Chrodegand ne fit donc que la rétablir dans son église.

Ce qui a pu le faire regarder comme l'instituteur

de la vie *canoniale*, est qu'il fit une règle pour les *chanoines* de son église, qui fut approuvée & reçue par plusieurs conciles de France, & confirmée par l'autorité même des rois.

Cette règle est la plus ancienne que nous ayons de cette espèce : elle est tirée pour la plus grande partie de celle de saint Benoît, que saint Chrodegand accommoda à la vie des clercs.

Dans la préface il déplore le mépris des canons, la négligence des pasteurs, du clergé & du peuple.

La règle est composée de trente-quatre articles, dont les principaux portent en substance : que les *chanoines* devoient tous loger dans un cloître exactement fermé, & couchoient en différens dortoirs communs, où chacun avoit son lit. L'entrée de ce cloître étoit interdite aux femmes, & aux laïques sans permission. Les domestiques qui y servoient, s'ils étoient laïques, étoient obligés de sortir si-tôt qu'ils avoient rendu leur service. Les *chanoines* avoient la liberté de sortir le jour, mais ils devoient se rendre tous les soirs à l'église, pour y chanter complies, après lesquelles ils gardoient un silence exact jusqu'au lendemain à prime. Ils se levoient à deux heures pour dire matines; l'intervalle entre matines & laudes, étoit employé à apprendre les pseaumes par cœur, ou à lire & étudier.

Le chapitre se tenoit tous les jours après prime : on y faisoit la lecture de quelque livre édifiant; après quoi l'évêque ou le supérieur donnoit les ordres & faisoit les corrections. Après le chapitre, chacun s'occupoit à quelque ouvrage des mains, suivant ce qui lui étoit prescrit. Les grands crimes étoient soumis à la pénitence publique; les autres à des pratiques plus ou moins rudes, selon les circonstances. La peine des moindres fautes étoit arbitraire; mais on n'en laissoit aucune impunie.

Depuis Pâques jusqu'à la Pentecôte, ils faisoient deux repas & mangeoient de la viande, excepté le vendredi : depuis la Pentecôte jusqu'à la saint-Jean, l'usage de la viande leur étoit interdit; & depuis la saint-Jean jusqu'à la saint-Martin, ils faisoient deux repas par jour, avec abstinence de viande le mercredi & le vendredi. Ils jeûnoient jusqu'à none pendant l'avent; & depuis Noël jusqu'au carême, trois jours de la semaine seulement. En carême ils jeûnoient jusqu'à vêpres, & ne pouvoient manger hors du cloître.

Il y avoit sept tables dans le réfectoire : la première, pour l'évêque, qui mangeoit avec les hôtes & les étrangers, l'archidiacre & ceux que l'évêque y admettoit; la seconde, pour les prêtres; la troisième, pour les diacres; la quatrième, pour les sous-diacres; la cinquième, pour les autres clercs; la sixième, pour les abbés & ceux que le supérieur jugeoit à propos d'y admettre; la septième, pour les clercs de la ville les jours de fêtes. Tous les *chanoines* devoient faire la cuisine chacun à leur tour, excepté l'archidiacre & quelques autres officiers, occupés plus utilement.

La communauté étoit gouvernée par l'évêque, & sous lui par l'archidiacre & le primicier, que l'évêque pouvoit corriger & déposer s'ils manquoient à leur devoir. Il y avoit un célerier, un portier, un infirmier; il y avoit aussi des custodes ou gardiens des principales églises de la ville. On avoit soin des *chanoines* malades, s'ils n'avoient pas de quoi subvenir à leurs besoins. Ils avoient un logement séparé, & un clerc chargé d'en prendre soin. Ceux qui étoient en voyage avec l'évêque ou autrement, gardoient, autant qu'il leur étoit possible, la règle de la communauté.

On fournissoit aux *chanoines* leur vêtement uniforme : les jeunes portoient les habits des anciens, quand ils les avoient quittés. On leur donnoit de l'argent pour acheter leur bois. La dépense du vestiaire & du chauffage, se prenoit sur les rentes que l'église de Metz levoit à la ville & à la campagne. Les clercs qui avoient des bénéfices devoient s'habiller : on appelloit alors *bénéfice*, la jouissance d'un certain fonds accordée par l'évêque.

La règle n'obligeoit pas les clercs à une pauvreté absolue; mais il leur étoit prescrit de se défaire, en faveur de l'église, de la propriété des fonds qui leur appartenoient, & de se contenter de l'usufruit & de la disposition de leurs effets mobiliers. Ils avoient la libre disposition des aumônes qui leur étoient données pour leurs messes, pour la confession, ou pour l'assistance des malades, à moins que l'aumône ne fût donnée pour la communauté. Les clercs qui n'étoient point de la communauté, & qui demeuroient dans la ville hors du cloître, devoient venir les dimanches & fêtes aux nocturnes, & aux matines dans la cathédrale; ils assistoient au chapitre & à la messe, & mangeoient au réfectoire à la septième table, qui leur étoit destinée.

Les *chanoines* pouvoient avoir des clercs pour les servir, avec la permission de l'évêque. Ces clercs étoient soumis à la correction, & devoient assister aux offices en habit de leur ordre, comme des clercs du dehors; mais ils n'assistoient point au chapitre, & ne mangeoient point au réfectoire. Enfin, il étoit ordonné aux clercs de se confesser deux fois l'année à l'évêque, au commencement du carême & depuis la mi-août jusqu'au premier de novembre, sauf à se confesser dans les autres temps autant de fois & à qui ils voudroient. Ils devoient communier tous les dimanches & les grandes fêtes, à moins que leurs péchés ne les en empêchassent.

Telle étoit en substance la règle de saint Chrodegand, que tous les *chanoines* embrassèrent depuis, comme les moines celle de saint Benoît.

Charlemagne, dans un capitulaire de 789, ordonne à tous les *chanoines* de vivre selon leur règle : c'est pourquoi quelques-uns tiennent que leur établissement précéda de peu de temps l'empire de Charlemagne. Il est certain qu'il cimenta leur établissement. *Voyez le discours de Fra-Paolo, pag. 65.* Pasquier prétend

prétend que l'on ne connoissoit point le nom de *chanoine* avant Charlemagne ; mais il est certain qu'en Orient, les collèges & communautés de clercs commencèrent, dès le quatrième siècle, à porter le nom de *chanoines*. S. Basile & S. Cyrille de Jérusalem sont les premiers qui se sont servis du terme de *chanoines* & de *chanoinesses*. Le concile de Laodicée, que quelques-uns croient avoir été tenu en 314, d'autres en 319, défend, *art. 15*, à toutes personnes de chanter dans l'église, à l'exception des *chanoines-chantres*. Le premier concile de Nicée, tenu en 325, fait souvent mention des *clercs-chanoines*. Pour ce qui est de l'église d'Occident, le nom de *chanoine* ne commença guère à être usité que vers le sixième siècle.

Le sixième concile d'Arles, en 813, *can. 6*, distingue les *chanoines* des *réguliers* qui, dans cet endroit, s'entendent des moines.

Le concile de Tours, tenu en la même année, distingue trois genres de communauté : les *chanoines* soumis à l'évêque, d'autres soumis à des abbés, & les monastères de religieux. Il paroît, par quelques canons de ce concile, que la profession religieuse commençant à s'abolir dans quelques monastères, les abbés y vivoient plutôt en *chanoines* qu'en religieux : ce qui fit que peu-à-peu ces monastères se sécularisèrent, & que les chapitres de *chanoines* furent substitués à beaucoup de monastères.

Au concile d'Aix-la-Chapelle, tenu en 816, on rédigea une règle pour les *chanoines*, & une pour les religieuses. Henault, *année 816*. Ce même concile défendit aux *chanoines* de s'approprier les meubles de l'évêque décédé, comme ils avoient fait jusqu'alors.

Dans le dixième siècle, outre les chapitres des églises cathédrales, on en établit d'autres dans les villes où il n'y avoit point d'évêque, & ceux-ci furent appellés *collégiales*. Par succession de temps, on a multiplié les collégiales, même dans plusieurs villes épiscopales.

Les conciles de Rome, en 1019 & en 1063, ordonnèrent aux clercs de reprendre la vie commune que la plupart avoient abandonnée : elle fut en effet rétablie dans plusieurs cathédrales du royaume : ce qui dura ainsi pendant l'espace d'un siècle environ. Mais, avant l'an 1200, on avoit quitté presque par-tout la vie commune, & l'on autorisa le partage des prébendes entre les *chanoines* : & tel est l'état présent de tous les *chanoines* séculiers des églises cathédrales & collégiales.

De l'état actuel des chanoines. Ce sont aujourd'hui des corps ecclésiastiques dont chaque membre a droit à une certaine portion de revenus jadis communs pour en disposer à son gré, à la charge d'assister aux offices & services divins.

Les chapitres, c'est-à-dire, les corps ecclésiastiques qui sont attachés aux cathédrales & collégiales, renferment trois classes de places & de titres. Les dignités composent la première; les prébendes ou canonicats, la seconde; la troisième renferme des titres inférieurs sous le nom de *chapelles*, & autres. Nous nous bornerons à parler ici des *chanoines* qui forment la seconde classe. On trouvera ce qui concerne les dignités, sous le mot général DIGNITÉ, & sous les mots particuliers qui regardent chaque espèce. Il en sera de même du troisième ordre qu'on traitera sous les mots CHAPELAIN, SEMI-PRÉBENDÉ, *&c.*

Des qualités nécessaires pour être chanoine. 1°. Nous avons déjà remarqué, sous les mots AGE, BÉNÉFICE, CANONICAT, que, suivant la jurisprudence de presque tous les tribunaux du royaume, conforme à l'ancienne règle 17 de la chancellerie romaine, nul ne peut être pourvu d'un canonicat dans une église cathédrale, qu'il ne soit âgé de quatorze ans accomplis, & que dix suffisent pour un canonicat d'une collégiale; que le concile de Trente avoit ordonné que les *chanoines* des cathédrales auroient au moins atteint l'âge requis pour le sous-diaconat; que les conciles provinciaux de Rouen, de Rheims, de Bordeaux, de Bourges & de Tours avoient adopté cette disposition; mais que, n'ayant point été revêtus de lettres-patentes, les tribunaux du royaume avoient conservé à cet égard l'ancienne jurisprudence. Elle est tellement certaine, que le roi, en conférant en régale un canonicat à un clerc qui n'a pas atteint l'âge requis, seroit obligé de manifester sa volonté particulière, & de déclarer qu'il s'écarte des usages suivis dans le royaume. Les auteurs rapportent un arrêt de 1388, qui a déclaré nulles la collation & nomination royale d'une prébende de l'église de Sens, faite en faveur d'un clerc âgé de moins de quatorze ans.

Il y a néanmoins quelques églises qui ont des réglemens particuliers sur l'âge des *chanoines* qui les composent. Aux termes de la fondation de la Sainte-Chapelle de Vincennes, les trésorier, chantre, *chanoines* & vicaires doivent être prêtres lors de leur réception, ou être dans le cas de se faire promouvoir à la prêtrise dans l'année. Le chapitre de la Rochelle, érigé & sécularisé en 1664, a réglé par ses statuts, que les dignités ne seroient conférées qu'à des personnes âgées de vingt-cinq ans accomplis, & les prébendes, à l'âge de vingt-deux ans. Pour être *chanoine* de Paderbonn, il faut avoir vingt-un ans, & avoir étudié dans une université fameuse de France ou d'Italie, pendant un an & six semaines, sans avoir découché.

2°. Il n'est pas nécessaire que les *chanoines* soient constitués dans les ordres sacrés : c'est une suite nécessaire de ce que nous venons de dire par rapport à leur âge. Mais on ne peut nier que le vœu formé par le concile de Trente, en exigeant que la moitié des *chanoines* soient prêtres, & les autres diacres ou sous-diacres, ne soit conforme à l'esprit de l'église, & qu'il seroit à souhaiter qu'une loi générale étendît cette disposition du concile de Trente & de plusieurs conciles provinciaux.

Dans l'usage des églises de France, les *chanoines* qui ne sont pas au moins sous-diacres, n'ont ni entrée, ni séance, ni voix délibérative en chapitre; ils ne peuvent donner leur suffrage pour l'élection d'aucun bénéficier, ni nommer avec le chapitre à aucun bénéfice, à moins que cette nomination ne soit attachée à leur prébende particulière. C'est l'expresse disposition des conciles de Vienne & de Trente, confirmée par deux arrêts du parlement de Paris, le premier du 6 juin 1554, rapporté par Tournet; le second du 4 octobre 1727, qui se trouve dans les mémoires du clergé, *année 1739*; qui déclare nulles les délibérations dans lesquelles les *chanoines* simples clercs auront opiné.

3°. Il y a des chapitres dans lesquels on ne peut être reçu sans avoir fait preuve de noblesse, tels que celui des comtes de Lyon, de Strasbourg & d'un grand nombre des églises d'Allemagne; d'autres exigent que l'on soit né en légitime mariage, ensorte qu'un bâtard ne peut y posséder un canonicat, même avec dispense. Tels sont les chapitres de Bayeux & de S. Hilaire de Poitiers. *Voyez* AFFECTATION, BÉNÉFICE, BATARD.

Des formalités qui doivent accompagner la prise de possession & l'entrée en jouissance des canonicats. Les *chanoines* sont obligés d'observer les mêmes formalités dans la prise de possession de leurs prébendes, que les autres bénéficiers. Nous ne les détaillerons pas ici: leur place naturelle se trouve sous le mot PRISE DE POSSESSION. Nous remarquerons seulement ce qu'il y a de particulier dans la prise de possession & l'entrée en jouissance des canonicats.

Les actes de prise de possession des bénéfices fondés & desservis dans les églises cathédrales & collégiales, sont valablement dressés par les secrétaires des chapitres, sans le ministère des notaires apostoliques auxquels on n'a recours à cet égard, qu'en cas de refus de la part des chapitres.

Les pourvus de canonicats ou prébendes, ainsi que les autres bénéficiers, doivent, deux mois au plus tard après leur prise de possession, faire leur profession de foi entre les mains de l'évêque, de ses grands vicaires ou de ses officiaux, & en outre dans le chapitre avant d'être reçus, à peine de perte des fruits de leurs bénéfices, après l'expiration de ce délai. C'est la disposition précise de l'article 10 de l'ordonnance de Blois, qui a confirmé à cet égard le décret du concile de Trente, contenu dans le *chap. 12, sess. 14 de reform.* & adopté par les conciles provinciaux de Rouen, Rheims, Bordeaux & Tours.

Les nouveaux *chanoines* sont encore obligés, dans plusieurs chapitres, de payer certains droits d'entrée ou de bienvenue, qui consistent ou dans une somme d'argent, ou dans l'abandon du revenu de leur prébende pendant la première année.

Ces droits étoient autrefois exigés à la rigueur, & se partageoient entre les anciens *chanoines*. Urbain IV s'éleva avec force contre ces exactions, & les proscrivit comme simoniaques. Les conciles de Constance & de Bâle, l'assemblée du clergé de France, tenue à Bourges sous Charles VII, les défendirent également: le concile de Trente a suivi la même doctrine.

On distingue néanmoins, dans la pratique, d'avec ces exactions odieuses ce qu'une louable coutume a établi de faire donner à un nouveau *chanoine* en faveur des fabriques pour les ornemens & la décoration des églises. La bulle de Pie V, donnée en 1570 pour l'exécution & l'explication du décret du concile de Trente, a permis de conserver ces usages: les conciles de Rheims en 1583, & de Bordeaux en 1584, contiennent les mêmes dispositions, que la jurisprudence des arrêts a confirmées.

Mais il est nécessaire d'observer que les présens faits par un nouveau *chanoine* doivent être destinés au service divin, être employés au profit des particuliers, être pris sur la prébende & non sur le prébendé. Au moyen de ces conditions, les cours séculières ne font aucune difficulté de contraindre au paiement des droits d'entrée un *chanoine* qui refuseroit de les acquitter.

Dans plusieurs chapitres, les nouveaux pourvus, avant de gagner les fruits & de jouir des honneurs & droits de leurs prébendes, sont tenus de faire ce qu'on appelle *le stage* & *la rigoureuse*. On entend par *stage* une résidence & une assistance exacte & continuelle à tous les offices, accompagné souvent d'une posture gênante, pendant le temps fixé par les statuts des chapitres.

Chaque nouveau *chanoine* est obligé de se conformer aux usages particuliers du chapitre dont il est membre, & ne peut se dispenser d'accomplir le stage qui dure plus ou moins de temps, & qui s'exige & se règle avec plus ou moins de rigueur dans un chapitre que dans un autre.

Des devoirs & obligations des chanoines. Quoique la vie commune & canoniale ait cessé dans tous les chapitres, les canons dressés depuis ce temps n'en prescrivent pas moins aux *chanoines* la modération, la tempérance & la frugalité dans leurs repas; l'éloignement de l'esprit, des occupations & des amusemens du siècle; la fuite des compagnies & des familiarités suspectes. Mais, comme ces obligations ne regardent qu'eux-mêmes, & qu'ils n'ont à cet égard d'autre juge que leur conscience, nous nous bornerons à parler des devoirs & des obligations extérieures & publiques qui leur sont imposées.

La première obligation des *chanoines* est la résidence & l'assistance au service dans l'église à laquelle ils sont attachés. Ce devoir étoit autrefois commun à tous les bénéficiers; mais, depuis la division des bénéfices en bénéfices simples & à charge d'ame, la résidence n'a plus été un devoir relatif pour les bénéfices simples. Les canonicats n'ont jamais été compris dans cette classe: &, si on a permis aux *chanoines* de prendre des vicaires, ce n'a été que pour leur prêter une assistance convenable, & non pour favoriser en eux une négligence intolérable.

Les loix ecclésiastiques & séculières ont des dispositions précises pour obliger les *chanoines* à la résidence. On peut consulter sur cet objet les décrets du concile de Trente, & des conciles provinciaux, tenus depuis dans le royaume, les ordonnances de Châteaubriant en 1551, de Villers-Cotterêts en 1557, celles d'Orléans & de Blois, l'édit de Melun de 1580, & le fameux édit de 1695. Les différens parlemens ont toujours invariablement maintenu ces règles toutes les fois que les questions s'en sont présentées devant eux.

Conformément à ces loix & à la jurisprudence constante, les *chanoines* ne peuvent, dans chaque année, s'absenter pedannt l'espace de plus de trois mois, soit de suite ou en différens temps de l'année: &, si les statuts du chapitre exigent une résidence plus exacte, ils doivent être observés.

Mais, si les statuts permettoient aux *chanoines* de s'absenter pendant plus de trois mois, ils seroient abusifs, quelque anciens qu'ils fussent, quand même ils auroient été autorisés par quelque bulle du pape.

On trouve cependant qu'à Hildesheim en Allemagne, évêché fondé par Louis-le-Débonnnaire, où le chapitre est composé de vingt-quatre *chanoines* capitulans, & de six dignités, le prévôt, le doyen & quatre chore-évêques, *chori episcopi;* lorsqu'un *chanoine* a fait son stage qui est de trois mois, il lui est permis de s'absenter pendant six ans, sous trois différens prétextes; savoir, deux ans *peregrinandi causâ*, deux ans *devotionis causâ*, & deux ans *studiorum gratiâ*.

Les *chanoines* qui s'absentent pendant plus de trois mois dans le cours d'une année, sont privés des fruits de leur prébende à proportion du temps qu'ils ont été absens; c'est la peine que les canons prononcent contre tous les bénéficiers absens en général. *Cap. consuetudinem de clericis non residentibus in sexto, & conc. Trid. sess. 24 de reform. cap. 12.*

Lorsque les statuts du chapitre obligent les *chanoines* à une résidence & à une assiduité continuelles, on leur accorde cependant quelque temps pour faire leurs affaires. Un arrêt du 29 mai 1669 régla ce temps à un mois pour un *chanoine* de Sens.

Il est bon de remarquer avec Van-Espen & tous les canonistes, que les conciles & les loix, en soumettant à la privation des fruits de leurs bénéfices les *chanoines* qui s'absentent plus de trois mois, n'ont point entendu justifier toute absence moins longue, mais seulement exempter de peine l'absence qui seroit au-dessous de trois mois, sans prétendre légitimer celle qui n'auroit aucune cause raisonnable. *Voyez* RÉSIDENCE.

L'assistance au service divin est encore une obligation rigoureusement prescrite aux *chanoines* par les loix ecclésiastiques & séculières; c'est même par cette raison que la résidence leur est si strictement enjointe. Pour rendre la loi plus efficace à cet égard, les canons ont ordonné qu'une partie des fruits & revenus des prébendes seroit convertie en distributions quotidiennes, affectées à chaque heure & partie de l'office divin, qui seroient gagnées par ceux qui y auroient assisté, & dont les absens seroient privés. La jurisprudence des cours a même porté la sévérité plus loin, en ordonnant que la moitié des revenus des prébendes seroit mise en distributions manuelles. C'est ce qui résulte d'un arrêt du parlement de Paris, du 10 juillet 1546, pour l'église d'Orléans; d'un arrêt des grands jours de Troyes, du 12 octobre 1535, & d'un arrêt des grands jours de Clermont, du 20 octobre 1665, rapportés dans les mémoires du clergé.

Les *chanoines*, pour être réputés présens dans la journée, & avoir leur part des distributions qui se font pour chaque jour d'assistance, doivent assister au moins aux trois grandes heures canoniales qui sont matines, la messe & vêpres.

Les distributions manuelles qui se font aux autres offices, n'appartiennent qu'à ceux qui s'y trouvent réellement présens.

Les statuts qui réputent présens pendant la journée, ceux qui ont assisté à l'une des trois grandes heures canoniales, sont abusifs, & ont été formellement proscrits par plusieurs arrêts, & notamment par celui que rendit le parlement de Paris, le 6 septembre 1607, pour l'église d'Orléans.

On ne tient pour présens aux grandes heures, que ceux qui y ont assisté depuis le commencement jusqu'à la fin; il y a un *chanoine* pointeur, c'est-à-dire, qui est préposé pour marquer les absens, & ceux qui arrivent, lorsque l'office est commencé; savoir, à matines, après le *Venite exultemus;* à la messe, après le *Kyrie eleyson;* & à vêpres, après le premier pseaume. *Prag. sanct. tit. 11.*

Les *chanoines* malades sont réputés présens & assistans; de sorte qu'ils ont toujours leur part, tant des gros fruits que des distributions manuelles, comme s'ils avoient été au chœur.

Ceux qui étudient dans les universités fameuses, ou qui y enseignent, sont réputés présens à l'effet de gagner les gros fruits, mais non pas les distributions manuelles. *Cap. licet. extr. de præbend. & dignit.*

Il en est de même de tous ceux qui sont absens pour le service de leur église ou de l'état, ou pour quelque autre cause légitime. *Voyez* DISTRIBUTION.

La troisième obligation, imposée aux *chanoines* par les réglemens de plusieurs conciles, & les statuts des chapitres, est celle d'assister aux chapitres & aux assemblées de leurs corps. Il y a deux sortes d'assemblées capitulaires: les unes regardent le maintien des règles, des statuts, de la discipline, la conservation des mœurs, la correction des fautes; les autres concernent l'administration & la conduite des affaires temporelles & des intérêts civils des chapitres.

Les plus justes motifs & les raisons les plus pressantes doivent engager les *chanoines* à se rendre exactement aux uns & aux autres. Il y a même, dans quelques églises, des distributions affectées à ces assistances, & une punition infligée aux absens.

Des droits des chanoines. Nous ne parlerons ici que des droits qui appartiennent à chaque *chanoine*, comme membre particulier d'un chapitre. Nous réservons à traiter, sous le mot CHAPITRE, de ceux qui sont attachés à ces corps.

Tout *chanoine* doit avoir un rang dans le chœur de son église. Ce rang se règle entre les *chanoines* égaux par l'ordre, non par le jour de la prise de possession, mais du jour où chacun d'eux a été réellement & personnellement installé au chœur par le chapitre. Cette règle est établie sur un arrêt du parlement d'Aix, du 14 décembre 1671.

La différence dans les ordres sacrés en met aussi dans la séance au chœur entre les *chanoines*. Mais il n'y a rien de constant à cet égard : chaque église suit son usage particulier auquel il faut se conformer.

Dans les unes, les *chanoines*-prêtres précèdent les *chanoines* plus anciens qui sont constitués dans un ordre inférieur : cette préséance des *chanoines* prêtres a lieu, dans quelques églises, vis-à-vis les dignités & les personnats. Dans d'autres, les *chanoines* semi-prébendés prêtres prennent le pas sur les *chanoines* qui ne sont que diacres ou au-dessous; ailleurs les semi-prébendés n'ont séance qu'après les *chanoines*-clercs. Lorsque les *chanoines*-clercs ont reçu l'ordre de prêtrise, ils prennent, dans certaines églises, leur rang du jour de leur installation; dans d'autres, les *chanoines*-prêtres qui les ont précédés, continuent de jouir du même droit.

Les *chanoines* jouissent, en second lieu, du droit d'avoir rang & séance au chapitre. Ce droit, à la différence de la séance au chœur, se règle entre les *chanoines* du jour de leur installation & réception, pour avoir lieu néanmoins à l'égard des *chanoines* simples clercs, lorsqu'ils ont été promus aux ordres sacrés. Ce droit emporte avec lui celui de voix délibérative. Il est tellement attaché à chaque *chanoine*, qu'ils doivent tous être appellés aux assemblées capitulaires : &, s'il s'en tenoit quelqu'une sans être formée & convoquée dans les formes ordinaires, un seul absent pourroit avec raison s'opposer à tout ce qui auroit été réglé & arrêté en son absence, & la délibération ainsi prise seroit nulle & de nul effet par ce seul défaut, suivant cet axiome de droit assez connu, que l'absence d'un seul qui auroit dû être appellé, & qui ne l'a pas été, nuit plus que son opposition, s'il avoit été présent, & même que l'opposition de plusieurs. Mais, lorsque l'assemblée a été convoquée dans les formes ordinaires, l'absence de ceux qui négligent de s'y trouver, n'empêche pas le cours des affaires : & les délibérations, prises en leur absence, ont leur effet, pourvu qu'il y ait eu le nombre de suffrages prescrit par la loi ou par l'usage. La différence des avis ne peut également arrêter les conclusions du chapitre, parce qu'il est de règle que le plus grand nombre des suffrages l'emporte & conclut les déterminations.

En troisième lieu, tous les *chanoines* qui ont voix & séance au chapitre, doivent participer également à tous les droits, fruits, profits, honneurs & émolumens qui appartiennent en commun au corps.

On place, dans cette classe, les bénéfices qui sont à la collation du chapitre; en conséquence, il est de principe général que tous les *chanoines* capitulans doivent concourir aux collations & présentations que le chapitre peut & doit faire. Mais la manière d'exercer ce droit, est différente, suivant les divers usages des chapitres.

Dans les uns, le chapitre en corps nomme ou présente aux bénéfices qui en dépendent; dans d'autres, il a été réglé que chaque *chanoine*, à son tour pendant le cours d'une semaine ou d'un mois, nommeroit aux bénéfices qui viendroient à vaquer pendant ce temps. Enfin quelques chapitres ont partagé les bénéfices, non par le temps des vacances, mais en eux-mêmes, en les affectant nommément & en particulier à chaque prébende dont les titulaires sont en droit de nommer ou présenter aux bénéfices qui lui sont ainsi affectés.

Lorsque le chapitre nomme ou présente en corps aux bénéfices de sa dépendance, cette nomination ou présentation s'y fait dans une assemblée capitulaire, ordinaire ou extraordinaire, & s'y conclut, comme les autres affaires, à la pluralité des suffrages, requise par l'usage ou par les statuts, pour former une conclusion & délibération capitulaire : & les *chanoines* simples clercs n'y ont aucun droit.

Lorsque la nomination aux bénéfices a été partagée entre les *chanoines*, & a été affectée à chaque prébende, il faut distinguer si cette nomination dépend de la fondation même de la prébende, ou de l'union qui y auroit été faite de quelque bénéfice dont elle dépendoit; ou au contraire si elle tire son origine de concordats & de partages faits entre les *chanoines*. Dans le premier cas, les *chanoines*, même simples clercs, jouissent du droit de nomination & de présentation aux bénéfices dépendans de leur prébende, de la même manière que les autres collateurs ecclésiastiques, sans être tenus de se faire promouvoir aux ordres ecclésiastiques. Mais, dans le second cas, les *chanoines* simples clercs ne peuvent présenter aux bénéfices de leur nomination, parce qu'il s'agit de bénéfices qui originairement ont été à la disposition des chapitres en corps, & que les *chanoines* qui y nomment en vertu du partage, ne le font que comme représentans le corps, & par le même droit que les *chanoines* tournaires & semainiers, qui doivent être constitués dans les ordres sacrés pour exercer valablement le droit de nomination & présentation du chapitre à leur tour. *Voyez* CHANOINE TOURNAIRE.

Il existe encore, dans plusieurs cathédrales ou collégiales du royaume & des pays étrangers, un droit particulier qui consiste dans la faculté qu'a chaque *chanoine*, suivant son tour & l'ordre de sa réception & installation, d'opter les prébendes, maisons ou logemens vacans, en abandonnant celles dont il étoit pourvu, & dont il jouissoit.

Cette option a lieu, lorsque les prébendes sont inégales, & qu'il y a des logemens ou maisons destinés pour les *chanoines*. Cet usage est très-ancien;

car il en est parlé dans une décrétale de Boniface VIII, rapportée au *cap. 4 de consuetud.* Plusieurs canonistes le regardent comme une suite de l'avarice des anciens *chanoines*, & veulent en conséquence qu'il soit peu favorable. D'autres au contraire soutiennent qu'il est fondé sur la raison, la justice & l'équité, qui demandent que, dans la distribution des biens entre des personnes qui ont le même rang & les mêmes obligations, on ménage des soulagemens à ceux qui ont rendu de plus longs services, & à qui les infirmités de la vieillesse les rendent plus nécessaires.

Quoi qu'il en soit, lorsque l'option des prébendes vacantes est autorisée par les statuts & l'usage immémorial d'un chapitre, elle doit être maintenue : mais elle n'a lieu que dans les cas de vacance par mort ou par résignation entre les mains du chapitre ou du collateur ordinaire, & non dans celles qui arrivent en régale & par permutation on résignation entre les mains du pape & de ses légats : c'est la doctrine de Probus, de Perard Castel, confirmée par des arrêts du parlement de Provence, rapportés au second tome des *Mémoires du clergé*.

Comme, dans l'option des prébendes, il ne s'agit que d'un bien & d'un avantage temporels, par rapport auxquel les ordres sacrés ne peuvent donner aucun titre de préférence, le droit de choisir les prébendes ou logemens vacans se règle sur l'ancienneté de la réception, & non d'après la supériorité des ordres que les *chanoines* peuvent avoir les uns sur les autres, à moins qu'il n'y ait à cet égard quelque usage ou statut particulier du chapitre, ainsi qu'il a été jugé pour celui de S. Just de Lyon, par un arrêt du parlement de Paris, rapporté au tome second des *Mémoires du clergé*.

Par rapport au droit d'option & au rang dans le chapitre, qui se règlent communément par l'ancienneté de la réception & installation, il s'est élevé la difficulté de savoir si un *chanoine* qui, pourvu d'une prébende dont il a joui, la quitte pour accepter la nomination de sa personne à une autre prébende, doit prendre son rang du jour de sa première ou de sa seconde réception.

Par jugement du 29 janvier 1715, rendu aux requêtes du palais, il a été décidé que le *chanoine*, dans cette espèce, doit être maintenu dans le rang & séance qu'il a eu en vertu de sa première installation. Cette décision est conforme aux principes, & doit être suivie dans la pratique. En effet, le *chanoine* qui accepte une seconde prébende, ne cesse pas un instant d'être membre de la même église, & il y auroit de l'indécence à lui faire céder le rang & la séance qui lui sont acquis, à d'autres *chanoines* qui n'ont aucun titre sur lui.

C'est l'usage constant de toutes les compagnies. Le rang entre les évêques se règle, non par le jour où chacun a pris possession de l'évêché dont il jouit actuellement, mais par le jour du sacre, qui l'a rendu membre du corps épiscopal. Dans les cours de parlement, un conseiller-clerc qui prend un office de conseiller-laïc, ou *vice versâ*, conserve le rang qu'il a acquis par sa première installation.

Pour compléter ce qui appartient à l'article *chanoine*, il faut consulter les différentes dénominations qu'on ajoute au mot *chanoine*, & dont nous allons rendre compte par ordre alphabétique, & voir les mots CANONICAT, CHAPITRE, PRÉBENDE, COLLATION, *&c.*

CHANOINES *attendans* ou *expectans*. On donnoit autrefois ce nom à des *chanoines* que les papes créoient dans les chapitres, avec la clause *sub expectatione præbendæ*. Ils avoient le titre & la dignité de *chanoines*, voix délibérative au chapitre, & rang & séance au choeur.

L'église gallicane s'est toujours opposée à cet abus. Suivant nos libertés, & la pragmatique sanction, *tit. de collat.* §. *item censuit*, le pape ne peut créer un *chanoine sub expectatione futuræ præbendæ*, dans aucune cathédrale ou collégiale, même avec le consentement du chapitre. Le concile de Trente a aboli entièrement cet usage. *Voyez ci-dessous* CHANOINE *ad effectum*.

CHANOINES CAPITULANS, sont ceux qui ont voix délibérative dans l'assemblée du chapitre. Ceux qui ne sont pas au moins soudiacres ne sont point capitulans.

CHANOINES CARDINAUX, *seu incardinati*, étoient des clercs qui non-seulement observoient la règle & la vie commune, mais qui étoient attachés à une certaine église, de même que les prêtres l'étoient à une paroisse. Léon IX en créa, l'an 1051, à S. Etienne de Besançon, & Alexandre III dans l'église de Cologne. Il y en a encore qui prennent ce titre dans les églises de Magdebourg, de Compostelle, Benevent, Aquilée, Ravenne, Milan, Pise, Naples, & quelques autres. Ce titre, dont ils se font honneur à cause qu'il est uni avec le titre de cardinal, n'ajoute rien cependant à leur qualité de *chanoine*, puisqu'aujourd'hui tous les canonicats étant érigés en bénéfices, les *chanoines* sont attachés à leur église de même que tous les autres bénéficiers.

CHANOINES DAMOISEAUX *ou* DOMICELLAIRES, *canonici domicellares*. C'est le nom que l'on donnoit autrefois, dans quelques églises, aux jeunes *chanoines* qui n'étoient pas encore dans les ordres sacrés.

Il y a dix-huit *chanoines domicellaires* dans l'église de Mayence, dont le plus ancien, pourvu qu'il soit âgé de 24 ans & dans les ordres sacrés, remplit la place de celui des vingt-quatre capitulans qui vient à vaquer. Un de ces *domicellaires* peut aussi succéder par résignation. Il n'y a que les capitulans qui aient droit d'élire l'archevêque de Mayence.

Il y a aussi des *chanoines domicellaires* dans l'église de Strasbourg.

CHANOINE *ad effectum*. Nous avons dit, sous le mot CANONICAT, que la pragmatique & le concordat avoient conservé au pape le droit de créer dans les chapitres des canonicats à l'effet d'y posséder une dignité, lorsqu'elles ne peuvent être remplies que par des *chanoines* de la même église. Ce sont ces espèces de *chanoines* surnuméraires qu'on appelle *chanoines ad effectum*, parce qu'ils n'ont en effet d'autre droit que celui de prendre possession d'une dignité vacante, sans qu'on puisse leur opposer qu'ils ne sont pas *chanoines prébendés*.

CHANOINES FORAINS, *forenses*, sont ceux qui ne desservent pas en personne la chanoinie dont ils sont pourvus. Il y avoit autrefois beaucoup de ces *chanoines forains* qui avoient des vicaires qui faisoient l'office pour eux. On peut encore mettre dans cette classe certains chapitres, ou prieurs-curés, qui ont une place de *chanoine* dans la cathédrale, qu'ils font desservir par un vicaire perpétuel. Tels sont les chapitres de S. Victor, de S. Martin-des-champs, de S. Denis-de-la-chartre, de S. Marcel, de Paris, qui font desservir les canonicats attachés à leurs maisons par des ecclésiastiques qui prennent le titre de hauts-vicaires.

Les prieurs-curés de S. Hilaire & de la Conception d'Orléans, jouissent également d'un canonicat dans l'église collégiale de S. Aignan de la même ville, qu'ils font desservir par un vicaire. C'est sans doute aussi de-là que dans certaines églises il y a une bourse foraine différente de la bourse commune du chapitre.

CHANOINES HÉRÉDITAIRES, sont des laïcs auxquels quelques églises cathédrales ou collégiales ont déféré le titre & les honneurs de *chanoine honoraire*, ou plutôt de *chanoine ad honores*.

C'est ainsi que dans le cérémonial romain l'empereur est reçu *chanoine* de S. Pierre de Rome.

Le roi, par le droit de sa couronne, est le premier *chanoine honoraire héréditaire* des églises de S. Hilaire de Poitiers, de S. Julien du Mans, de S. Martin de Tours, d'Angers, de Lyon, & de Châlons. Lorsqu'il y fait son entrée, on lui présente l'aumusse & le surplis.

Quelques seigneurs particuliers ont aussi le titre de *chanoine héréditaire* dans certaines églises.

Les ducs de Berri étoient *chanoines* honoraires de S. Jean de Lyon.

Just, baron de Tournon, étoit *chanoine héréditaire* de l'église de S. Just de Lyon.

Le sire de Thoire & de Villars l'étoit de S. Jean de Lyon.

Hervé, baron de Donzy, l'étoit de S. Martin de Tours; le comte de Nevers, ses enfans & descendans y ont succédé.

Les comtes de Châtelus prennent aussi le titre de premier *chanoine héréditaire* de l'église cathédrale d'Auxerre. L'origine de ce droit est de l'an 1423, où Claude de Beauvoir, seigneur de Châtelus, chassa des brigands qui occupoient Cravan, ville appartenant au chapitre d'Auxerre : il y soutint ensuite le siège pendant cinq semaines, fit une sortie, aida à défaire les assiégeans, fit prisonnier le connétable d'Ecosse, leur général, & remit la ville au chapitre sans aucun dédommagement : en reconnoissance de quoi le chapitre lui accorda, pour lui & sa postérité, la dignité de premier *chanoine héréditaire*. Le comte de Châtelus en prit possession : après le serment prêté, il vint à la porte du chœur, pendant tierce, en habit militaire, botté, éperonné, revêtu d'un surplis, ayant un baudrier avec l'épée dessus, ganté des deux mains, l'aumusse sur le bras gauche, sur le poing un faucon, à la main droite un chapeau bordé garni d'une plume blanche; il fut placé à droite dans les hautes chaires, entre le pénitencier & le sous-chantre : quatre-vingt-quatre ans auparavant, son père avoit été reçu en la même dignité.

Les seigneurs de Chailly, proche Fontainebleau, ont aussi un droit à-peu-près semblable, qui vient de ce qu'en 1475, Jean, seigneur de Chailly, donna, au chapitre de Notre-Dame de Melun, toutes les dixmes qu'il avoit à Chailly; en reconnoissance de quoi, les *chanoines* de Melun s'obligèrent de donner à ce seigneur, & à ses successeurs seigneurs de Chailly, *toutes & quantes fois qu'ils seront en la ville de Melun, la distribution de pain, telle & semblable comme à l'un des* chanoines *de cette église, à toujours, perpétuellement, &c.* Par une suite de cet accord, les seigneurs de Chailly sont en possession de prendre place dans la troisième chaire haute, à droite du chœur de Notre-Dame de Melun. Ils ont occupé cette place en différentes occasions, & les nouveaux seigneurs y ont été installés la première fois par le chapitre; entre autres, George d'Esquidy, auquel, du consentement du chapitre, le chantre fit, le 20 mai 1718, prendre séance dans cette place, revêtu de l'aumusse, pour, lorsqu'il assisteroit au service divin, lui donner la distribution portée par ses titres; & le chapitre fit chanter l'antienne *sub tuum præsidium*, & jouer de l'orgue.

CHANOINES HONORAIRES, sont de plusieurs sortes; il y en a de laïcs & d'ecclésiastiques.

1°. On peut regarder comme des *chanoines honoraires*, les laïcs qui jouissent dans certaines églises de *canonicats héréditaires*, & dont nous venons de parler.

2°. Il y a des ecclésiastiques qui par leur dignité sont *chanoines honoraires*-nés de certaines églises, quoique leur dignité soit étrangère au chapitre. Par exemple, dans l'église noble de Brioude, les évêques du Puy & du Mende, avec leurs abbés, sont comtes-nés de Brioude; ce sont des *chanoines honoraires*.

3°. On peut en quelque sorte regarder comme *chanoines honoraires*, certaines églises & monastères qui ont une place de *chanoine* dans quelque autre église cathédrale ou collégiale, comme les *chanoines* réguliers de S. Victor de Paris, qui ont droit d'entrée & de fonction dans l'église métropolitaine de Paris, & dans l'église collégiale de S. Cloud, parce qu'une prébende de ces chapitres est unie à leur maison. *Voyez ci-devant* CHANOINES FORAINS.

4° Les *chanoines ad effectum* sont encore une autre sorte de *chanoines honoraires. Voyez ci-devant* CHANOINES *ad effectum.*

5°. On voit encore quelquefois des *chanoines honoraires* d'une autre espèce, lorsqu'un chapitre confère ce titre à quelque personne distinguée dans l'église par sa naissance, sa dignité, ou par sa piété; sans que cette personne ait jamais été titulaire d'une prébende : c'est une agrégation spirituelle que les chapitres ne font que pour de grandes considérations. Le cardinal de Fustemberg, quelques années avant sa mort, fut ainsi nommé *chanoine honoraire* de S. Martin de Tours.

6°. L'espèce la plus commune des *chanoines honoraires* est celle des vétérans, qui ont servi vingt ans & plus leur église, & qui s'étant démis du titre de leur bénéfice, conservent le titre de *chanoine honoraire*, avec rang, séance, entrée au chœur, & même quelques droits utiles. C'est une récompense qu'il est juste d'accorder à ceux qui ont long-temps servi l'église, & qui continuent à édifier en assistant encore, autant qu'ils peuvent, au service divin.

CHANOINES JUBILAIRES *ou* JUBILÉS, sont ceux qui desservent leurs prébendes depuis cinquante ans : ils sont toujours réputés présens, & jouissent des distributions manuelles. Dans l'église cathédrale de Metz, on est *jubilaire* au bout de quarante ans.

CHANOINES LAÏCS, sont pour la plupart des *chanoines* honoraires & héréditaires, dont on a parlé ci-devant aux mots CHANOINES HÉRÉDITAIRES & CHANOINES HONORAIRES. Il y a cependant quelques exemples singuliers de *chanoines* titulaires qui sont laïcs, & même mariés. A Tirlemont en Flandre, il y a une église collégiale de *chanoines* fondés par un comte de Barlemont, qui doivent être mariés : ils portent l'habit ecclésiastique, mais ne sont point engagés dans les ordres : les canonicats valent environ 400 liv. monnoie de France. Le doyen doit être ecclésiastique, & non marié.

CHANOINES MAJEURS, sont ceux qui ont les grandes prébendes d'une église; on les appelle ainsi par opposition à ceux qui ont les moindres prébendes, auxquels on donne, par cette raison, le nom de *chanoines mineurs.* Il y en a un exemple dans le chapitre de S. Omer, où l'on distingue les prébendes majeures, de quelques prébendes mineures qui sont d'une autre fondation.

CHANOINES MANSIONNAIRES *ou* RÉSIDENS, ce sont ceux qui desservent en personne leur église, à la différence des *chanoines* forains, qui font desservir leur canonicat par un vicaire.

CHANOINES MINEURS. On conçoit, par ce que nous avons dit des *chanoines majeurs*, ce qu'on doit entendre par *chanoines mineurs.* Il y avoit dans l'église de Londres des *chanoines mineurs* qui faisoient les fonctions des grands *chanoines.*

CHANOINE *in minoribus*, se dit de celui qui n'est pas constitué dans les ordres sacrés, & qui par cette raison n'a point de voix au chapitre, & est privé de certains droits & honneurs.

CHANOINE MITRÉ. Les membres de quelques chapitres ont, par une concession particulière des papes, le droit de porter la mitre, & sont par cette raison appellés *chanoines mitrés.* En France, les *chanoines* de la cathédrale & des quatre collégiales de Lyon, & les *chanoines* comtes de Mâcon; en Italie le chapitre de Luques sont en possession de ce privilège.

CHANOINES-MOINES, étoient les mêmes que les *chanoines*-réguliers; il en est parlé dans la vie de Grégoire IV, par Anastase le bibliothécaire, & dans un vieux pontifical de S. Prudence, évêque de Troyes. Il y a encore quelques cathédrales dont le chapitre est composé de religieux.

CHANOINE-POINTEUR, est celui d'entre les *chanoines* qui est préposé pour marquer les absens, & ceux qui arrivent au chœur lorsque l'office est déjà commencé; savoir, à matines, après le *Venite exultemus ;* à la messe, après le *Kyrie eleison ;* & à vêpres, après le premier pseaume. On l'appelle *pointeur*, parce que sur la liste des *chanoines* il marque un point à côté du nom des absens, ou de ceux qui arrivent trop tard au chœur. Quelquefois le *pointeur*, au lieu de faire un point, pique avec une épingle les noms de ceux qui sont dans le cas d'être pointés ou piqués, ce qui est la même chose.

CHANOINES RÉGULIERS. On entend aujourd'hui par ce mot, des personnes qui forment des chapitres à-peu-près comme les *chanoines* séculiers, & qui, comme les religieux, ont ajouté, par succession de temps, à la pratique de plusieurs observances régulières, la profession solemnelle des trois vœux de pauvreté, chasteté & obéissance.

Nous avons remarqué, en parlant de l'origine des *chanoines*, que dans la primitive église tous les clercs vivoient en commun avec l'évêque; que S. Augustin, évêque d'Hippone, avoit établi, dans sa maison épiscopale, une communauté des clercs qui desservoient son église; & qu'il leur avoit donné une règle particulière.

Cette vie commune de tous les clercs-*chanoines* a subsisté jusque vers le douzième siècle, tantôt avec ferveur, tantôt avec un relâchement si considérable, que les conciles & les saints évêques de ces temps ont fait tous leurs efforts pour maintenir la régularité parmi eux, & alors tous ces *chanoines* étoient tous sans aucune distinction entre eux, & pouvoient s'appeller également *chanoines-réguliers.* Mais enfin, lorsque par succession de temps les collèges de *chanoines* ont totalement quitté la règle & la vie commune, il s'est établi une grande différence entre les uns & les autres. On appelle simplement *chanoines* ceux qui renoncerent à la vie commune, & *chanoines réguliers*, ceux qui retinrent leur premier état.

Ces derniers ne commencèrent à faire des vœux solemnels que vers le douzième siècle, & presque tous adoptèrent la règle de S. Augustin. Le concile de Latran, tenu sous Innocent II en 1139, leur ordonna même de s'y assujettir. Il y a néanmoins, malgré ce décret du concile, plusieurs autres règles particulières.

On regarde Yves de Chartres, comme l'instituteur de l'état des *chanoines réguliers* en France. On peut les considérer comme tenant également à la qualité de *chanoines* & de moines.

Ils ont de commun avec les moines, l'émission des vœux solemnels de religion, qu'ils ne peuvent ni hériter, ni tester, & que leur communauté leur succède de droit. *Voyez* PÉCULE, COTTE-MORTE.

Ils diffèrent des moines en ce qu'ils sont appellés par état au soin & au gouvernement des ames, qu'en conséquence ils sont en possession de tenir des bénéfices-cures, au lieu que les moines n'ont pour objet que leur propre sanctification.

Les chapitres des cathédrales d'Usez & d'Aleth sont encore composés aujourd'hui de *chanoines réguliers*.

Nous connoissons en France plusieurs congrégations de *chanoines réguliers*, dont nous donnerons la notice sous les mots particuliers qui les concernent.

CHANOINES SÉCULARISÉS, on appelle ainsi ceux qui, étant autrefois religieux, & *chanoines* réguliers, ont été mis dans le même état que les *chanoines* séculiers. Chopin parle de *chanoines sécularisés* au livre premier de son traité *de sacrâ Politiâ*.

CHANOINE SÉCULIER se dit quelquefois par opposition à *chanoine régulier* : il s'entend aussi quelquefois des *chanoines* laïcs, honoraires & héréditaires. *Voyez ces mots*.

CHANOINE SEMI-PRÉBENDÉ, est celui qui n'a qu'une *semi-prébende*. *Voyez* PRÉBENDE & SEMI-PRÉBENDÉ.

CHANOINE *ad succurendum*, étoit le titre que l'on donnoit à ceux qui, à l'article de la mort, se faisoient agréger en qualité de *chanoines* pour avoir part aux prières du chapitre.

CHANOINE SURNUMÉRAIRE. C'est la même chose que *chanoine attendant* ou *expectant*. On peut aussi appeller *chanoine surnuméraire*, les *chanoines ad affectum*. *Voyez ces mots*.

CHANOINE TERTIAIRE. C'est une dénomination particulière à quelques chapitres, par laquelle on désigne celui qui ne touche que la troisième partie des fruits d'une prébende, comme on appelle ailleurs *semi-prébendés*, ceux qui ne touchent que la moitié du revenu d'une prébende, partagée entre deux *chanoines*.

CHANOINE TOURNAIRE, SEMAINIER *ou* INTABULÉ. Ces trois noms désignent la même chose & signifient un *chanoine* qui est en tour pour nommer aux bénéfices, dont la collation ou présentation appartient au chapitre dont il est membre.

Nous avons dit à l'article CHANOINE, en parlant des droits qui appartiennent à chacun d'eux, que tout *chanoine* avoit le droit de donner sa voix dans les assemblées capitulaires, ordinaires ou extraordinaires, pour nommer & présenter conjointement, & en corps, aux bénéfices qui dépendent du chapitre.

Mais il a été réglé dans la plupart des chapitres, afin de prévenir les brigues, les cabales & les manœuvres, que chaque *chanoine* à son tour, par semaine ou par mois, présenteroit au chapitre les ecclésiastiques propres à remplir les bénéfices qui viendroient à vaquer pendant la semaine ou le mois.

C'est de cet arrangement que le *chanoine*, en tour de nommer, s'appelle *chanoine semainier* ou *tournaire*; & on lui donne aussi le nom d'*intabulé*, parce que les chapitres sont dans l'usage de former un tableau, & d'y inscrire chaque *chanoine* qui a droit de suffrage, suivant l'ordre de sa réception & de son installation.

Il se présente ici une première question de savoir si les *chanoines* simples clercs ont le droit d'être inscrits sur le tableau, & jouissent du droit de présentation, dans la semaine ou le mois, qui devroit leur être accordé? La jurisprudence des arrêts est contraire à cette prétention. Un arrêt du parlement de Rouen, du 21 juin 1673, rapporté au journal du palais, a fait défenses aux chapitres de son ressort, de conférer aucun bénéfice sur la présentation des *chanoines* qui ne seroient pas constitués dans les ordres sacrés. C'est avec raison, parce que ces *chanoines*, n'ayant ni voix, ni rang, ni séance au chapitre, ne peuvent être réputés capables de nommer aux bénéfices qui en dépendent. S'il existoit un usage contraire dans quelques églises, il seroit déclaré abusif.

Les statuts des chapitres, qui contiennent réglement pour la nomination aux bénéfices par chaque *chanoine* en tour, ne sont valides que lorsque leur antiquité fait présumer qu'ils tiennent, en quelque sorte, à la constitution du corps : ceux qui seroient faits de nouveaux, ou qui n'auroient qu'une date peu reculée, seroient déclarés abusifs, s'ils n'étoient revêtus de lettres-patentes duement enregistrées. C'est le fondement de deux arrêts du parlement de Paris des 18 avril 1562, & 7 août 1625.

Les *chanoines* ne peuvent jouir du droit de nommer aux bénéfices à leur tour de semaine, 1°. s'ils ne sont intabulés sur la liste qui doit être dressée par les ordres du chapitre : 2°. s'ils ne sont résidens au lieu où le chapitre est établi dans le temps de la confection de la table *ad nominandum ad beneficia*. C'est ce qui a été jugé au parlement de Paris le 18 février 1724.

Lorsqu'un bénéfice est devenu vacant pendant la semaine ou le mois d'un *chanoine*, celui qui est en tour de nommer ne perd pas son droit à l'expiration de sa semaine ou de son mois, à moins qu'il n'y ait à cet égard un statut ou un usage constant & ancien du chapitre. Il peut utilement exercer son droit de nomination pendant tout le temps que

que le droit accorde aux collateurs & patrons ordinaires. C'est la doctrine qui résulte d'un arrêt du parlement de Metz du 31 mai 1601, & des arrêts du parlement de Paris des 31 mai 1691 & 27 février 1744. Les deux arrêts de 1601 & 1744 ont été rendus dans l'espèce d'un *chanoine* qui n'étoit gêné par aucun statut du chapitre; celui de 1691 juge au contraire dans les cas où, par un statut particulier, la nomination à un bénéfice passe au *chanoine* qui se trouve en tour, lorsque celui qui étoit en semaine au moment de la vacance a négligé d'y pourvoir.

Lorsque le *chanoine tournaire* vient à décéder pendant la semaine, avant d'avoir nommé aux bénéfices qui ont vaqué pendant cet intervalle, la nomination n'est pas dévolue au *chanoine* qui le suit en tour; mais elle retourne au chapitre dont elle est émanée, & dont le *chanoine* défunt n'étoit, à cet égard, que l'ayant cause & le représentant.

CHANOINES *de treize marcs*. Il en est parlé dans un ordinaire manuscrit de l'église de Rouen. Il y a apparence que ce surnom auroit pu leur être donné, parce que le revenu de leurs canonicats étoit alors fixé à treize marcs d'argent. Suivant le père Pommeraye, dans son *Histoire de la cathédrale de Rouen*, *page 522*, il n'y a jamais eu de *chanoines de treize marcs*; mais il y a encore quatre petits *chanoines* de quinze marcs, qui n'ont rang que parmi les chapelains.

CHANOINESSE, s. f. (*Droit canonique.*) ce terme a deux significations différentes. On appelle, en premier lieu, *chanoinesses*, des filles qui font profession de la règle de saint Augustin, & qui portent à-peu-près le même habit que les chanoines de cet ordre.

En second lieu, on donne le nom de *chanoinesse* à des filles qui possèdent une prébende dans un chapitre, sans être obligées de renoncer à leurs biens, ni de faire aucun vœu.

Il suit delà qu'il y a deux espèces de *chanoinesses*, les unes régulières & qui diffèrent très-peu des autres religieuses; les autres séculières, qui ne sont astreintes qu'à faire l'office canonical au chœur, revêtues d'un habit ecclésiastique, qui leur est particulier.

CHANOINESSES *régulières*. Quelques auteurs font remonter leur établissement à saint Augustin, qui fonda, dans son église d'Hippone, un couvent de saintes filles, qui vivoient, en communauté, sous la règle qu'il leur avoit prescrite. On pourroit, avec autant de raison, faire descendre ces *chanoinesses* des diaconesses de la primitive église.

Ce qu'il y a de certain, c'est que le terme de *chanoinesse* a été inconnu dans l'église avant le neuvième siècle, on n'en trouve aucun vestige, même dans le capitulaire que fit Charlemagne à Héristal en 779. Le concile de Châlons-sur-Saone, en 813, paroît en parler comme d'une nouveauté: celui de Mayence, qui se tint peu de temps après, semble les désigner, en disant que les religieuses qui suivoient la règle de saint Benoît vivroient régulièrement, & que celles qui n'en feroient pas profession, vivroient canoniquement.

Sous Louis-le-Débonnaire, les *chanoinesses* conservoient la propriété de leurs biens, à la charge de les faire administrer par procureur; il leur étoit permis d'avoir des servantes, ce qui n'étoit accordé à aucune autre espèce de religieuse. Cet état a duré jusqu'au douzième siècle. Eugene III, lors de la tenue du concile de Reims en 1148, obligea les *chanoinesses* qui vivoient sous la règle de saint Augustin, de renoncer à toute propriété & d'embrasser la vie commune. Ce n'est qu'à cette époque que ces moniales devinrent des *chanoinesses* régulières.

Depuis ce temps il s'en est établi différentes congrégations, qui toutes suivent la règle de saint Augustin, avec quelques modifications. Elles ne diffèrent proprement des autres espèces de religieuses que par le titre de *chanoinesses* qu'elles portent, & par le surplis & l'aumusse que la plupart d'entre elles ont pris à l'imitation des chanoines réguliers. Car, d'ailleurs elles sont assujetties à la clôture, & prononcent les trois vœux solemnels de religion.

On connoît à Rome, les *chanoinesses* de saint Jean de Latran; dans la Flandres celle de Vindeseim: en France celles de saint Etienne de Reims, de Notre-Dame de la Victoire, à Picpus près Paris, de sainte Perine de la Villette, & de quelques autres endroits, ne sont attachées à aucune congrégation.

Celles qui ont des maisons dans le royaume, sont 1°. les *chanoinesses* de l'ordre du saint Sépulcre, que la comtesse Chaligny, fille du marquis de Mouy & veuve d'un prince Lorrain, fit venir du pays de Liège, pour les établir à Charleville en 1620; 2°. les *chanoinesses* prémontrées, dont il ne subsiste plus aujourd'hui de maisons; 3°. les *chanoinesses* hospitalières; 4°. les *chanoinesses* de Notre-Dame, qui ont été établies, en 1601, par les soins du père Fourier, fondateur des chanoines réguliers de Lorraine, dans une maison de saint Mihiel. Les bulles de leur érection en congrégation sont de 1603: elles en obtinrent, en 1615, une seconde pour les trois vœux de religion, & une troisième en 1616, pour leur permettre l'instruction des petites filles externes. Elles reçurent leurs constitutions, en 1617, de M. l'évêque de Toul, qui avoit pouvoir du pape pour les confirmer; quelques-uns de leurs monastères en ont eu de nouvelles en 1641, qui sont suivies dans les monastères de cette congrégation, situés dans l'archevêché de Sens. Mais cette différence n'empêche pas que toutes les maisons ne soient demeurées dans une parfaite union.

CHANOINESSES *séculières*. Les *chanoinesses* séculières sont parmi nous des demoiselles de qualité, qui, au moyen de certaines preuves de noblesse, entrent dans un chapitre & en deviennent membres, sans faire vœu perpétuel de pauvreté, d'obéissance ni de chasteté, & sans aucun autre engagement que celui d'observer les statuts du corps où elles sont reçues. Devenues *chanoinesses*, ces demoiselles conservent la liberté de se retirer quand elles le jugent à propos, & même de se marier, si elles préfèrent le mariage au célibat.

Dans ces sortes de chapitres, on distingue ordinairement trois ordres de personnes, 1°. l'abbesse & les dignitaires, ou les supérieures & les officières, qui, dans la plupart de ces établissemens, font vœu de chasteté perpétuelle; 2°. les *chanoinesses* prébendées qui, avec l'abbesse & les dignitaires, composent le corps du chapitre; 3°. les *chanoinesses* non prébendées, mais simplement reçues, que l'on nomme *coadjutrices* ou *nieces*, & qui jouissent, en cette qualité, des honneurs & prérogatives du corps.

Les devoirs des *chanoinesses* se réduisent à chanter l'office de la Vierge, à l'instar des chanoines; occupation qui n'a rien de pénible que sa trop grande uniformité.

Le père Mabillon, en plusieurs endroits de ses ouvrages, & notamment dans sa préface sur le second siècle des Bénédictins, assure & prouve que la plupart de nos chapitres de *chanoinesses* étoient originairement des monastères de simples bénédictines; que vers le neuvième siècle, époque mémorable de ténèbres & de licence, ces religieuses rompirent les liens de la monasticité & passèrent d'abord à l'état de *chanoinesses* régulières, ensuite à l'état de *chanoinesses* séculières. On trouve effectivement ce nom employé, pour la première fois, dans le chapitre 52 d'un concile tenu à Châlons en 813.

Par la règle faite pour elles, quelques années après, dans un concile d'Aix-la-Chapelle, il paroît que les *chanoinesses* étoient encore régulières, & même que plusieurs d'entre elles n'étoient point nobles. Cette règle recommande le vœu de continence, auquel elles sont supposées assujetties; la même règle leur prescrit d'avoir un dortoir & un réfectoire communs, & défend aux *chanoinesses* qui sont nobles de s'en prévaloir envers celles qui ne le sont point.

La régularité & la vie commune cessèrent, parmi elles, en même temps & de la même manière qu'elles avoient cessé parmi les chanoines. Le cardinal de Vitry, témoin oculaire de ces révolutions, en parle, avec douleur, dans son *Histoire d'Occident*, *chap. 5*. L'église n'influa point dans ces innovations, elles se firent les unes à son insu, les autres malgré elle. Les souverains pontifes, au milieu de la barbarie universelle, ne pouvoient s'opposer au torrent des abus qui ravagèrent, pour ainsi dire, le monde chrétien, depuis le neuvième jusqu'au quinzième siècle. Le pape Boniface VIII, en comprenant les chapitres des *chanoinesses* dans les réglemens relatifs aux élections, déclare, en termes formels, qu'il n'entend point par sa constitution, *approuver l'état*, *l'ordre & la règle des chanoinesses*. Clause que la plupart de ses successeurs ont renouvellée dans les bulles où il a été question de *chanoinesses*.

Malgré les plaintes & les désaveux, le temps a changé les opinions sur ce point, comme sur une infinité d'autres; ces espèces de chapitres subsistent, & sont regardés aujourd'hui comme des établissemens plus utiles & mieux raisonnés que la plupart des autres institutions religieuses. Ce sont des asyles où l'indigente noblesse peut se refugier, où elle peut exercer toutes les vertus sociales, & d'où elle peut sortir pour rentrer dans le monde, lorsqu'elle est intéressée à le faire.

L'état des *chanoinesses* séculières diffère peu de l'état des ecclésiastiques simplement tonsurés, qui peuvent, comme elles, abandonner leurs bénéfices, retourner au monde, & se marier quand ils le jugent à propos.

Si l'on voit, sans scandale, les chevaliers de saint Lazare pourvus de bénéfice, quoique laïcs & mariés, si l'on a justement applaudi aux établissemens faits pour l'éducation des jeunes demoiselles de saint Cyr, à l'aide des biens purement ecclésiastiques, à quel titre pourroit-on désapprouver les chapitres de *chanoinesses*? Peut-être seroit-il à desirer qu'on sécularisât de même la plupart des communautés religieuses? Ce seroit un moyen de remédier aux abus, en rendant les monastères aussi utiles à la société, qu'ils ont pu l'être à la religion.

Les chapitres de *chanoinesses*, quoique composés de personnes laïques, qui ne renoncent point au siècle, sont cependant considérés comme des corps ecclésiastiques; ils font partie de l'ordre du clergé, ils jouissent des mêmes privilèges; ils ont les mêmes droits, tant pour leurs biens que pour leurs personnes. On voit dans un synode de Cambrai de 1575, que les abbesses de ces chapitres étoient convoquées aux assemblées générales; trois procureurs de trois abbesses souscrivirent dans le synode de Cambrai, au nom de ces abbesses.

Quoique les *chanoinesses* séculières se disent indépendantes de toute jurisdiction épiscopale, & qu'elles se regardent comme immédiatement soumises au saint siège, cette prétention ne les mettroit cependant pas à l'abri des entreprises d'un évêque ambitieux; car le concile de Trente, *session 22*, *chap. 8*, donne aux évêques le droit de faire des visites dans les chapitres de *chanoinesses*, malgré l'exemption dont elles jouissent; mais si quelque chapitre se trouvoit dans ce cas, il pourroit réclamer l'autorité de van Espen, qui, dans sa *Jurisprudence ecclésiastique*, observe que les *chanoinesses*, étant sous la protection immédiate des souverains, les évêques doivent être munis d'une permission particulière, pour y faire des visites.

Il seroit trop long d'entrer dans le détail des loix constitutives des différens chapitres de *chanoinesses* qui sont en France. Celles de Franche-Comté diffèrent des *chanoinesses* de Flandres; celles-ci se croient au-dessus des chapitres qui se trouvent dans le Hainaut, dans l'Alsace & dans le Brabant; les quatre chapitres de Lorraine se prétendent égaux entre eux, & fort supérieurs à tous les autres: les *cha*-

noinesses des Trois-Evêchés & de la Champagne, ont de même leur gloire ou leur vanité. Comme leurs constitutions intéressent sur-tout la haute-noblesse du royaume, nous allons rendre compte de ce qui concerne le chapitre de Remiremont, l'un des plus considérables de tous ceux qui dans l'opinion publique jouissent de la prééminence.

Ce chapitre est composé d'une abbesse, de plusieurs dignitaires & de simples *chanoinesses*, qui sont ou *prébendées* ou *nièces*. Les premières possèdent une ou plusieurs prébendes, avec une ou plusieurs maisons canoniales; & les secondes qui n'ont ni maisons, ni prébendes, participent seulement aux distributions qui se font chaque jour au chœur.

Chaque *chanoinesse* peut, sans permission, ni de l'abbesse, ni du chapitre, quitter son état pour en embrasser tel autre qui lui plaît. Il suffit que les dames *nièces* remercient leurs tantes par une simple lettre, que celles-ci communiquent au chapitre; à l'égard des dames prébendées, elles observent la même formalité envers l'abbesse & le chapitre.

Pour être *chanoinesse* de Remiremont, il faut des preuves de noblesse militaire du côté paternel & du côté maternel, preuves qui doivent être en nombre égal de part & d'autre, c'est-à-dire, quatre lignes dans la branche des pères & quatre dans la branche des mères : les lignes doivent contenir deux cens ans de filiation, & pour preuves de ces lignes on présente des testamens, des contrats de mariage, des actes de foi & hommage ou autres équivalens, tirés des lieux mêmes où se font ces lignes. Le chapitre ne reçoit que les actes originaux, ou des copies collationnées & légalisées par les juges des lieux; & dans le cas où ces copies lui paroîtroient suspectes, on seroit obligé de représenter les originaux.

Le jour où l'arbre généalogique est présenté, le chapitre adresse des lettres circulaires à l'abbesse & aux *chanoinesses* qui se trouvent absentes; ces lettres contiennent le nom de la récipiendaire, son pays & le blason des huit lignes. Si les lignes paroissent régulières, on les reçoit, non en détail, mais toutes ensemble & seulement après un délai de quatre mois, du jour où elles ont été présentées. Lorsqu'il y a contestation sur les lignes, ou sur les titres justificatifs, soit que la contestation vienne du chapitre ou d'une seule *chanoinesse*, alors les opposantes choisissent chacune un gentilhomme juré à Remiremont. Ils ne doivent ni porter le nom de la récipiendaire, ni être parent jusqu'au degré issu de germain. Ces gentilshommes jugent la contestation en premier & dernier ressort. S'ils ne peuvent s'accorder, ils prennent un arbitre également gentilhomme, qui termine la contestation sous la foi du serment. La décision est rapportée au chapitre, qui en ordonne l'enregistrement, après quoi l'abbesse ou la doyenne, ou la plus ancienne *chanoinesse*, en l'absence de ces premières, est obligée de faire l'apprébendement ou réception de la demoiselle. Les dames opposantes ont trois mois pour nommer des arbitres, & neuf mois pour en obtenir le jugement.

Outre les gentilshommes dont nous avons parlé, & qu'on ne réclame que dans les cas extraordinaires, il est de règle de choisir trois chevaliers, pour examiner les preuves de chaque récipiendaire : cet examen doit se faire pendant l'année de la présentation, & les chevaliers *jurent* les *preuves* sur le livre de l'évangile, dans le chœur de l'église de Remiremont. Dès que les lignes sont jurées, la dame tante nomme sa nièce au chapitre; mais elle ne peut l'apprébender que six mois après cette nomination, à moins qu'elle ne soit dangereusement malade. Toute *chanoinesse* prébendée, qui se trouve en danger de mort, peut nommer une nièce pour succéder à ses prébendes. Elle doit faire cette nomination pardevant un notaire; elle en remet l'acte entre les mains de telle dame qu'il lui plaît de choisir; celle-ci requiert la doyenne ou sa lieutenante d'assembler le chapitre, ce qu'on est tenu de faire à l'instant. Là, on présente l'acte de nomination, & tout se fait comme si la tante étoit présente. Il faut cependant que la dame tante soit à Remiremont, & que les lignes de la demoiselle soient jurées; qu'enfin l'apprébendement se fasse du vivant, ou dans les vingt-quatre heures après la mort de la tante.

C'est l'époque de l'apprébendement qui règle pour toujours le rang des *chanoinesses* dans l'église, dans les processions & dans les autres cérémonies publiques.

Ce que nous venons de dire touchant les preuves de noblesse a reçu une modification, en 1761, de la part de Stanislas, alors duc de Lorraine. Ce prince rendit une déclaration pour les quatre chapitres de *chanoinesses* qui sont dans cette province. Il y parle ainsi : « voulant porter nos attentions » encore plus loin que nos prédécesseurs, en confirmant les prééminences, libertés, prérogatives, » exemptions, & généralement tous les droits dont » nos quatre chapitres sont en possession, nous » avons jugé, pour la plus grande illustration, devoir » encore faire remonter les preuves du côté paternel » au-delà de celles qu'exigent les statuts; & *par* » *compensation, diminuer leur rigueur du côté maternel;* ce qui présente pour la noblesse la plus » distinguée, des avantages sensibles, auxquels il » est juste de ne laisser participer que nos propres » sujets & ceux du roi Très-Chrétien. A ces causes, ordonnons qu'à l'avenir, dans les quatre » chapitres de Remiremont, Bouxières, Epinal & » Poussey, les preuves de noblesse, pour y avoir » entrée, seront *faites de* huit degrés du côté paternel, au lieu de quatre, restreignant celles du » côté maternel aux mêmes huit degrés, pour la » dernière mère seulement ».

Cette déclaration fut enregistrée en la cour souveraine de Nancy, dès la même année, & la même loi reçut une nouvelle authenticité, le 23 avril 1765, par un arrêt du conseil, qui enjoignit à l'abbesse de Bouxières de s'y conformer. Il s'agissoit des preuves de mademoiselle de la Tour en Voivre; son apprébendement avoit été suspendu, parce qu'on les exigeoit suivant l'ancien usage. On obligea le chapitre de les recevoir conformément à la nouvelle déclaration : depuis ce temps, les chapitres de Bouxière, d'Epinal & de Poussey, ont obéi sans protestations ni réserves. Le seul chapitre de Remiremont s'est opposé, par un acte capitulaire, à cette innovation; quoique son acte capitulaire ait été biffé de ses registres, en vertu d'une lettre de cachet, on n'en a pas moins suivi l'ancien usage, c'est-à-dire, qu'on fait d'abord les preuves suivant la déclaration de janvier 1761, & ensuite on ajoute, comme par surabondance, les lignes du côté maternel dont la déclaration dispense. Cette preuve surabondante annonce la résolution où est ce chapitre de solliciter le rétablissement de l'ancien état des choses en ce qui le concerne. S'il réussit, & que la déclaration n'ait plus lieu que pour les trois autres chapitres de Lorraine, alors la ligne de séparation entre eux & celui de Remiremont sera tracée d'une manière ineffaçable, & la prééminence de ce dernier sera fondée en titre. Au surplus, cette prééminence est déjà en partie décidée par le fait : car dans toutes les occasions où les quatre chapitres se sont trouvés en concurrence, non-seulement celui de Remiremont a obtenu la préséance, mais les simples *chanoinesses* de ce chapitre ont eu le pas sur les dignitaires, & même sur les abbesses de Poussey, de Bouxières & d'Epinal, lorsqu'elles ont été députées de l'église de Remiremont. Le cas s'est présenté dans ces derniers temps, sous Stanislas, duc de Lorraine. Les députés des quatre chapitres, s'étant rencontrés en même temps à la cour de Luneville, madame de Grammont, simple *chanoinesse*, qui représentoit le chapitre de Remiremont, eut le pas sur l'abbesse d'Epinal & sur les dignitaires des deux autres chapitres. Les richesses du chapitre de Remiremont contribuent peut-être autant que son ancienneté à lui conserver une prérogative aussi flatteuse : il réunit toutes les espèces de droits féodaux; sa jurisdiction s'étend sur plusieurs villes, sur une multitude de villages, sur un quinzième du territoire de la province; ses revenus forment un capital de plus de cent mille écus. L'abbesse a pour sa mense trente-six prébendes; soixante-dix-neuf autres, sont partagées en vingt-une *compagnies*; savoir cinq de cinq prébendes, huit de quatre, six de trois & deux de deux. La dame qui a cinq prébendes a le droit d'apprébender trois nièces; les deux premières ont chacune deux prébendes. La dame qui a quatre prébendes ne peut avoir que deux nièces, qui partagent par portion égale les revenus de leur tante. La dame qui a trois prébendes peut aussi apprébender deux nièces, dont la première a deux prébendes. La dame qui en a deux ne peut apprébender qu'une nièce. Enfin la dame qui n'a qu'une prébende, est privée du droit d'apprébendement.

Lorsqu'une *chanoinesse* meurt sans avoir aucune nièce, ses prébendes tombent dans la mense de l'abbesse; mais alors l'abbesse est obligée de présenter au chapitre, de six mois en six mois, une demoiselle qui hérite d'une partie des prébendes de la défunte. Ces présentations se succèdent jusqu'à ce que les prébendes, dont l'abbesse a hérité, soient sorties de sa mense.

Immédiatement après son apprébendement, la dame nièce est obligée de faire une année de stage ou résidence. Si ce temps est interrompu par quelque absence, elle doit recommencer l'année entière.

Après l'année de stage, les dames nièces ne sont tenues à résider que le tiers du temps de leurs absences, c'est-à-dire trois mois de résidence pour neuf mois d'absence, six mois pour dix-huit; mais ce droit a des bornes; il ne peut s'étendre au-delà de cinq ans d'absence : pendant le cours de la sixième année, le chapitre fait, à la *chanoinesse* absente, une sommation, qu'on affiche aux maisons de la dame tante; & après l'année révolue, la dame nièce perd son titre de *chanoinesse*. Si elle reparoît pendant le cours de cette année, elle est condamnée à un an de résidence continue; si elle s'absente de nouveau, pendant cet intervalle, elle encourt les mêmes peines, non plus à la sixième année d'absence, mais dès la quatrième.

La résidence des *chanoinesses* prébendées est plus longue que celle des dames nièces. Lorsqu'elles jouissent de plus d'une prébende, il leur faut sept mois de résidence pour une absence de cinq mois; il leur en faut quatorze pour dix, vingt-un pour quinze, *&c.* L'inverse de cette règle s'observe en faveur des dames qui n'ont qu'une prébende. Lorsqu'une *chanoinesse* prébendée s'absente pendant trois années consécutives, au commencement de la quatrième on lui fait une sommation de résider; on renouvelle cette sommation tous les quatre mois de cette même année, sommation qu'il suffit d'afficher à sa maison canoniale; ce temps écoulé, la dame absente est déchue de plein droit de ses prébendes & de son titre de *chanoinesse*; mais, si elle revient pendant la quatrième année, elle est tenue, pour recouvrer ses revenus, de faire une résidence de deux années consécutives; faute par elle de remplir cette obligation, ses revenus sont saisis du jour de son absence; & dans ce second cas elle n'a plus le droit de s'absenter que trois années; pendant la dernière on renouvelle les sommations de résider, après quoi la perte de ses prébendes & de son titre de *chanoinesse* est encourue *ipso facto*.

La résidence pour les dames doyenne & secrète, est encore plus rigoureuse; elle est de huit mois par année; elle n'est que de sept pour les autres dignitaires : quant à l'abbesse, elle ne connoît d'autres loix que les saints canons, relatifs à la résidence des prélats & autres bénéficiers; c'est-à-dire qu'elle fait à cet égard ce que bon lui semble, le chapitre n'ayant sur elle que les voies de droit ordinaires. Les revenus saisis pour cause d'absence, se distribuent aux *chanoinesses* qui assistent chaque jour aux offices de l'église.

La dame doyenne, ou, en son absence, sa lieutenante, ont le droit d'assembler les chapitres, tant extraordinaires qu'ordinaires, & en cas d'absence ou de refus de leur part, ce droit appartient à la dame secrète, ensuite à la plus ancienne *chanoinesse*, selon l'ordre du tableau. La dame abbesse est convoquée à tous les chapitres, excepté dans le cas où il s'agit de délibérer sur des procès ou d'autres affaires du chapitre contre elle. Lorsqu'elle est absente de Remiremont, ou qu'elle est malade, & qu'il s'agit d'affaires de conséquence, on l'attend pendant quinze jours seulement. Toute *chanoinesse* a le droit de faire tenir chapitre; il suffit qu'elle en requiere la doyenne, ou sa lieutenante, en leur expliquant sommairement ses motifs.

Outre ce que nous venons de rapporter touchant l'intérieur du chapitre de Remiremont, il est encore essentiel d'ajouter un mot sur les chanoines de cette église. Ils sont au nombre de dix, & n'ont d'autres fonctions que celles de chapelains ordinaires. Cependant ils ont prétendu faire corps avec les *chanoinesses*, & former une partie constituante du chapitre. Cette question fut agitée au commencement de ce siècle. Les chanoines citoient en leur faveur des textes tirés des lettres de Léon X, de Clément VIII, de Sixte V, de Paul V. En 1727, Armand Gaston, cardinal de Rohan, fut délégué par le saint siège pour terminer ce différend & pour travailler à d'autres objets de réforme dans ce chapitre.

Le cardinal de Rohan débouta les chanoines de leurs prétentions, & décida que ce *mélange d'hommes & de femmes choqueroit la décence*; que les droits seigneuriaux de l'église de Remiremont appartenoient exclusivement à l'abbesse & aux *chanoinesses*: tout ce que les chanoines purent obtenir en cette circonstance, fut qu'ils seroient appellés au chapitre lorsqu'il s'agiroit d'affaires auxquelles ils pourroient avoir quelque intérêt. Du reste ils sont soumis à l'autorité de l'abbesse & du chapitre. Dans les infractions aux statuts, tout chanoine est justiciable du chapitre. Après les monitions préliminaires, dont l'abbesse seule est chargée, si le coupable persévère, on lui inflige des peines pécuniaires, applicables aux pauvres. Si le cas étoit fort grave, alors les chanoines seroient appellés en chapitre, & d'après leurs avis, on auroit recours à Rome pour demander un commissaire apostolique qui pût procéder contre l'accusé par la voie des censures, par la privation de ses prébendes & autres peines canoniques; mais, pendant qu'on procéderoit à ces formalités, le chapitre pourroit rendre une espèce de jugement provisoire; ce seroit de lui interdire toute fonction ecclésiastique dans son église seulement, & d'obliger les autres chanoines à les remplir, en leur assignant toutefois un honoraire sur les revenus de l'accusé.

On n'emploie pas autant de formalités à l'égard des *chanoinesses* qui se trouvent dans le même cas. Celle qui seroit convaincue d'un *attachement ou engagement suspect*, seroit d'abord déchue de sa voix active & passive au chapitre, ensuite mise en pension chez une vieille *chanoinesse*; si elle avoit *péché contre la pudeur*, elle seroit décoëffée en plein chœur, & ses nièces succéderoient à l'instant à ses prébendes; ou si elle n'étoit que nièce, la dame sa tante pourroit en apprébender une autre. Ces divers jugemens se prononcent par l'abbesse, d'après l'avis des douze plus anciennes du chapitre, parmi lesquelles doivent se trouver la doyenne & la secrète, *lorsqu'elles n'ont aucun intérêt à l'affaire.* (*Cet article m'a été laissé par M. l'abbé Remi.*)

CHANOINIE, (*Droit canonique.*) c'est le titre du bénéfice d'un chanoine. On distingue la *chanoinie* d'avec la prébende; celle-ci peut subsister sans la *chanoinie*, au lieu que la *chanoinie* ne peut subsister sans la prébende, si l'on en excepte les *chanoinies* ou canonicats honoraires. C'est à la *chanoinie* que le droit de suffrage & les autres droits personnels sont annexés; les droits utiles sont attachés à la prébende : mais on se sert plus communément du terme de *canonicat*, que de celui de *chanoinie*. *Voyez ci-devant* CANONICAT & CHANOINE. (*A*)

CHANTEAU, s. m. (*Droit coutumier*) ce mot, dans quelques coutumes & anciens auteurs, signifie *part* ou plutôt *partage* : c'est en ce dernier sens qu'il y est dit que le *chanteau part le villain*. La coutume de la Marche, rédigée en 1521, porte, *article 153*, qu'entre hommes tenant héritages serfs ou mortaillables, le *chanteau* part le villain; c'est-à-dire, continue le même article, que quand deux ou plusieurs desdits hommes, parens ou autres qui par avant étoient communs, font pain séparé par manière de déclaration de vouloir partir leurs meubles, ils sont tenus & réputés divis & séparés quant aux meubles, acquêts, conquêts, noms, dettes & actions : & dans ce cas le seigneur succède au mobilier de son homme serf ou mortaillable, au préjudice de ses parens, à l'exception des hoirs descendans de lui.

La coutume d'Auvergne, *chapitre 27*, *article 7*, porte que par ladite coutume ne se peut dire ni juger aucun partage avoir été fait entre le conditionné (c'est l'emphytéote main-mortable) & ses frères au retrait lignager par la seule demeure, séparé dudit conditionné & de ses autres frères ou parens, par quelque laps de temps que ce soit, s'il n'y a partage formel fait entre ledit conditionné & ses frères ou lignagers, ou commencement de partage par le partement du *chanteau*.

La disposition de cette coutume fait connoître que le terme de *chanteau* ne signifie pas toujours un partage de tous les biens communs, mais que le *chanteau*, c'est-à-dire une portion de quelque espèce de ces biens qui est possédée séparément par un des mortaillables ou autres communiers, fait cesser la communauté qui étoit entre eux, pour raison de ces biens. Car, suivant l'article 154 &

155 de la coutume de la Marche, les serfs & mortaillables peuvent partager entre eux leurs meubles & continuer la communauté pour leurs immeubles. Il leur est même permis de rétablir entre eux la communauté des meubles après l'avoir partie, ce qu'ils ne peuvent faire à l'égard de leurs immeubles lorsqu'ils les ont partagés.

Le terme de *chanteau* peut aussi être pris pour *pain séparé;* car *chanteau*, en général, est une portion d'une chose ronde; & comme les pains sont ordinairement ronds, le vulgaire appelle une pièce de pain, *chanteau;* & de-là, dans le sens figuré, on a dit *chanteau* pour pain à part ou séparé. En effet, dans plusieurs coutumes, le feu, le sel & le pain, partent l'homme de morte-main; c'est-à-dire, que quand les communiers ont leur feu, leur sel ou leur pain à part, ils cessent d'être communs, quoiqu'ils n'aient pas encore partagé les immeubles communs entre eux. *Voyez la coutume du duché de Bourgogne, art. 90; celle de Comté, art. 99; celle de Nivernois, tit. 8, art. 13.*

Il résulte de ces différentes explications, que cette façon de parler, le *chanteau part le villain*, signifie que le moindre commencement de partage entre communiers fait cesser la communauté, quoiqu'ils possèdent encore d'autres biens par indivis. *Voyez* SERFS MORTAILLABLES. (*A*)

CHANTELAGE, f. m. (*Droit coutumier & féodal.*) on donne ce nom à un droit dû au seigneur pour le vin vendu en gros ou à broche sur les chantiers de la cave ou du cellier, situés dans l'étendue de sa seigneurie. Il en est parlé dans les statuts de la prévôté & échevinage de la ville de Paris, & au livre ancien qui enseigne la manière de procéder en cour laie, où il est dit que le *chantelage* est un droit que l'on prend pour les chantiers qui sont assis sur les fonds du seigneur. *Voyez* Chopin, *sur le chap. 8 de la coutume d'Anjou, à la fin.* Le droit de *chantelage* se payoit aussi anciennement pour avoir la permission d'ôter le *chantel* du tonneau, & en vuider la lie dans les villes: c'est ce que l'on voit dans le regiftre des *péages de Paris. Chantelage*, dit ce regiftre, est une coutume assise anciennement, par laquelle il fut établi qu'il loisoit à tous ceux qui le *chantelage* paient, d'ôter le *chantel* de leur tonneau, & vuider la lie; &, parce qu'il sembloit que ceux qui demeurent à Paris, n'achetoient du vin que pour le revendre; &, quand il étoit vendu, ôter le *chantel* de leur tonneau, & ôter leur lie, pour ce fut mis le *chantelage* sur les demeurans & bourgeois de Paris. *Voyez l'indice* de Ragueau, & Laurière, *ibid.* au mot *chantelage*. Dans des lettres du 9 août 1359, accordées par Charles, régent du royaume, les arbalêtriers de la ville de Paris sont exemptés, pour leurs denrées, vivres ou marchandises qu'ils font venir à Paris ou ailleurs, de tous droits de gabelles, travers, chantiées, *&c.* Ce mot *chantiées* signifie, en cet endroit, la même chose que *chantelage:* car, dans des lettres du mois de février 1615, accordées à ces mêmes arbalêtriers, le terme de *chantelage* se trouve substitué à celui de *chantiées.* (*A*)

CHANTELLE, f. f. (*Droit coutumier & féodal.*) on appelle *droit de chantelle* en quelques provinces, une taille personnelle, due au seigneur par ses mortaillables à cause de leur servitude. Elle paroît avoir été ainsi nommée de *chantel*, qui signifie la même chose que *lieu* ou *habitation*, parce qu'elle se paie au seigneur par les serfs, pour la permission de demeurer dans sa seigneurie, & d'y posséder certains héritages; par exemple, suivant une charte de l'an 1279, les habitans de Saint-Palais en Berri paient douze deniers à leur seigneur: *de foco, loco & chantello. Quilibet*, est-il dit, *per se tenens focum certum & locum vel chantellum in dictâ villâ... duodecim denarios parisienses solvet tantummodò annuatim...* On voit qu'en cet endroit, *locum* & *chantellum* sont synonymes.

La coutume de Bourbonnois, *art. 192 & 203*, fait mention d'un droit dû au seigneur par certains serfs, appellé *les quatre deniers de chantelle.* M. de Laurière, *en son Glossaire du Droit françois*, au mot *chantelle*, estime que ces deniers sont ainsi appellés, parce qu'ils sont dus par les serfs de la châtellenie de Chantelle.

Il est certain que M. de Laurière se trompe dans l'origine qu'il veut donner aux quatre *deniers de chantelle* dont la coutume de Bourbonnois fait mention. Cela pourroit être, si ce droit n'étoit dû que par les habitans de la châtellenie de Chantelle; mais l'article 195 de cette coutume décide expressément que ce droit est dû par tous ceux qui demeurent dans les châtellenies de Murat, Hérisson, Montluçon & Chantelle, à moins qu'ils ne soient clercs, nobles ou privilégiés. Les mêmes dispositions se trouvent dans l'article 7 du titre *des tailles personnelles* de l'ancienne coutume publiée en 1500.

Il paroît vrai de dire que les quatre deniers de *chantelle*, en Bourbonnois comme en Berri, ont été ainsi appellés du mot *chantellum*, usité dans le latin barbare de nos ancêtres pour signifier un lieu à demeurer, une habitation.

Ceux qui étoient assujettis au droit de *chantelle*, ainsi que leurs descendans, étoient réputés serfs, de serve condition, de poursuite & de main-morte: ce qui a fait appeller par Dumoulin, en ses notes sur l'article 102 de la coutume de Bourbonnois, cette taille ou droit de *chantelle*, *inhumanam & impiam consuetudinem.*

Henri II, en 1548, a affranchi les habitans du Bourbonnois du droit de *chantelle* & de ses suites, moyennant la somme de trente mille livres, une fois payée, & deux sols de cens annuel sur chaque feu.

CHANTILLE, f. f. (*terme de Coutume.*) on trouve ce mot dans celle d'Orléans, *art. 233*, & dans celle de Montargis, *tit. 10, art. 5*, dans la signification de *contre-feu de cheminée.* Ces deux coutumes décident également qu'en mur mitoyen, celui qui le premier a assis les cheminées sur ce mur, ne peut être contraint de les ôter ou retirer, s'il a laissé la moitié du mur du côté de son voisin, & une *chantille pour contre-feu.*

CHANTRE, s. m. (*Droit canonique.*) en général, on donne ce nom à tous ceux dont les fonctions consistent, dans l'église, à chanter l'office divin. Mais on qualifie plus particuliérement du nom de *chantre*, 1°. une dignité des cathédrales & des collégiales; 2°. les clercs chargés ordinairement du chant des offices; 3°. les *chantres* de la chapelle du roi. Nous allons exposer par ordre les droits & fonctions de ces différentes espèces de *chantres.*

CHANTRE *des cathédrales & collégiales.* On entend par ce nom, dans les chapitres, ou par celui de *grand-chantre*, un chanoine revêtu d'un office ou bénéfice qui le rend ordinairement une des premières dignités du chapitre, & qui lui accorde la préséance & l'intendance du chœur.

Dans les actes latins, les *chantres* sont nommés *cantores, præcentores, choraules.* Le neuvième canon du concile de Cologne, tenu en 1620, leur donne le titre de *chor-évêques*, comme étant proprement les évêques ou intendans du chœur. Le concile, tenu en la même ville en 1536, *can.* 3, leur donne le même titre : *cantores qui & chor-episcopi.* Dans la plupart des cathédrales & collégiales, le *chantre* en dignité est surnommé *grand-chantre* pour le distinguer des simples *chantres* ou choristes à gages.

Si nous consultons les monumens de l'église, nous trouverons que cette dignité est une des plus anciennes. Il en est fait mention dans les canons apostoliques. Du temps de S. Isidore & de S. Grégoire-le-Grand, on regardoit les fonctions de *chantres* si importantes, que les abbés, & même les évêques se faisoient un devoir de les remplir.

Suivant le concile de Cologne de 1536, le *chantre* est obligé à la résidence, & il ne peut se dispenser d'assister exactement au chœur. De droit commun, il en est le président, il juge provisoirement les contestations qui s'y élèvent par rapport au chant, & c'est à lui qu'il appartient de le régler : il a ordinairement la police du chœur.

Le concile de Mexique, tenu en 1585, *chap.* 5, règle les fonctions du *chantre*, & dit qu'il doit faire mettre, toutes les semaines, dans le chœur un tableau où l'ordre du service divin soit marqué; qu'il doit y désigner ceux des dignitaires, chanoines ou autres ecclésiastiques qui sont chargés de réciter, lire ou chanter les différens offices, d'entonner les versets, les répons ou les pseaumes.

Telles sont les fonctions ordinairement attachées à la dignité du *chantre;* il y a néanmoins des églises où, par un usage contraire, ils n'en jouissent pas; il faut à cet égard se conformer aux statuts particuliers des chapitres. On en trouve même quelques-uns, tels que plusieurs des diocèses de Clermont, dans lesquels la chantrerie n'est pas un titre de bénéfice, mais une simple commission : alors elle ne peut être résignée.

Le *chantre* porte la chape & le bâton cantoral dans les fêtes solemnelles, & donne le ton aux autres en commençant les pseaumes & les antiennes : tel est l'usage de plusieurs églises; & Chopin dit que c'est un droit commun, *de sacr. polit. lib. I, tit.* 3, *n.* 10.

Il porte, dans ses armes, un bâton de chœur pour marque de sa dignité. Dans quelques chapitres où il est le premier dignitaire, on l'appelle en latin *primicerius;* &, dans quelques autres, on lui donne en françois le titre de *précenteur*, du latin *præcentor.*

C'étoit lui anciennement qui dirigeoit les diacres & les autres ministres inférieurs pour le chant & les autres fonctions de leurs emplois.

Dans quelques églises, le *chantre* est la première dignité; dans d'autres, il n'est que la seconde, troisième ou quatrième, *&c.* cela dépend entiérement de l'usage ou des titres de possession.

Outre ces prérogatives, les *chantres* de plusieurs cathédrales & autres chapitres ont, sous l'autorité de l'évêque, l'inspection des petites écoles.

Dans le chapitre de l'église de Paris, le *chantre*, qui est la seconde dignité, a une jurisdiction contentieuse sur tous les maîtres & maîtresses d'école de cette ville. Cette jurisdiction est exercée par un juge, un vice-régent, un promoteur & autres officiers nécessaires. L'appel des sentences va au parlement. M. le *chantre* a aussi un jour marqué dans l'année, auquel il tient un synode pour tous les maîtres & maîtresses d'école de cette ville.

La jurisdiction contentieuse du *chantre* de l'église de Paris a été confirmée par plusieurs arrêts des 4 mars, 28 juin 1685, 19 mai 1628, 10 juillet 1632, 29 juillet 1650, 5 janvier 1665, 31 mars 1683, rapportés dans les *Mémoires du clergé.* Les écoles, tenues par les ursulines, ne sont pas soumises à son inspection, ainsi qu'il a été jugé par arrêt du parlement de Paris, du 2 septembre 1679. Il en est de même des écoles de charité des paroisses, qu'un arrêt du 25 mai 1666 a déclarées n'être soumises qu'aux curés.

CHANTRES *ordinaires des églises.* Ils ont été institués par S. Grégoire qui en fit un corps qu'on appella *l'école des chantres.* Dans le concile de Rome, de 595, S. Hilaire se plaignit de ce qu'on les choisissoit parmi les ministres de l'autel : & il fut ordonné qu'on les prendroit seulement parmi les sous-diacres. Mais ce décret n'a pas été observé; une foule de prêtres remplit les fonctions de *chantres* dans les différentes églises du royaume.

Tous les grands chapitres ont des *chantres* & des chapelains pour le soulagement des chanoines, & pour faire l'office en leur absence. Ils sont soumis à la jurisdiction du grand-*chantre* par rapport aux fonctions qu'ils remplissent au chœur.

CHANTRES *de la chapelle du roi.* Non-seulement les *chantres*, attachés à la desserte des chapelles & de l'oratoire du roi & de la reine, mais même les *chantres*, clercs & chapelains de la sainte chapelle de Paris, sont censés commensaux de la maison du roi, & ils jouissent, en cette qualité, de plusieurs privilèges.

Une déclaration du 8 janvier 1558 les exemptoit de décimes pour les bénéfices qu'ils possédoient : celles des années 1572, 1585 & 1594 ordonnoient qu'ils fussent pourvus des canonicats, dignités & bénéfices qui sont à la nomination du roi dans la sainte chapelle de Paris, dans celle de Dijon, & dans plusieurs autres chapitres, suivant les rôles qui en seroient faits & signés par le roi, & enregistrés sur le registre du grand-aumônier de France.

Ils jouissent des gros fruits de leurs prébendes, quoiqu'ils ne résident pas dans leurs bénéfices. Ils sont censés présens, pendant le temps de leur service, à la chapelle du roi, pourvu qu'ils soient inscrits sur les états de sa maison. Ce privilège a été confirmé par un grand nombre d'arrêts.

Il paroît que tous les chapitres du royaume, même ceux qui ne sont pas de fondation royale, étoient obligés de fournir à la suite de la cour les *chantres* & chapelains nécessaires pour le service de la chapelle du roi.

Le clergé se plaignit, en 1579, que ces *chantres* privilégiés occasionnoient plusieurs abus ; en conséquence, le roi, dans l'édit de Melun, ordonna que les chapitres de fondation royale fourniroient quatre *chantres* pour sa chapelle ; les autres deux seulement, à l'exception néanmoins des chapitres composés de plus de quarante chanoines qui ne pourroient être obligés d'en fournir plus de six.

Suivant la déclaration du mois de mars 1666, les *chantres* de la chapelle du roi jouissent de tous les fruits, revenus & émolumens de leurs canonicats ; des droits de nomination aux bénéfices ; de l'option des prébendes & maisons du chapitre, à leur tour & rang, & généralement de tous droits quelconques, à l'exception des distributions manuelles qui se font au choeur pendant le service divin, pendant tout le temps de leur service : savoir, les ordinaires pendant toute l'année ; ceux de sémestre, pendant six mois ; ceux de quartier, pendant trois mois, & deux mois en outre à chacun pour leur voyage. La déclaration de 1727 les maintient également dans le droit d'entrer en jouissance de leurs bénéfices avant d'avoir accompli le stage prescrit par leur chapitre, à proportion de ce qui est perçu par les chanoines résidens qui font le stage, à la charge néanmoins par eux de prendre possession personnelle, & de faire le stage après le temps de leur service.

Cette même déclaration de 1727, & une du 18 décembre 1740 ont dérogé à celle de 1666, en ce qui concerne la compatibilité des bénéfices dans la personne des *chantres* de la chapelle du roi, & de la sainte chapelle de Paris. Ces deux loix défendent qu'aucun ecclésiastique, pourvu d'un office ou bénéfice des églises cathédrales ou collégiales, puisse être reçu dans les charges de la chapelle du roi, sans avoir auparavant résigné ces bénéfices : &, à l'égard des *chantres* qui en seroient pourvus, elles veulent qu'ils optent dans les temps de droit, & qu'après ce temps, ces bénéfices soient déclarés vacans & impétrables. *Voyez* CHAPELLE, CHAPELAIN, RÉSIDENCE.

CHANTRERIE, s. f. (*Jurisprudence canonique.*) c'est la dignité, office ou bénéfice de chantre dans les églises cathédrales ou collégiales. *Voyez ci-devant* CHANTRE. (*A*)

CHAP, s. m. (*terme de Coutume.*) il est usité dans plusieurs provinces, dans chacune desquelles il a une signification différente.

Dans le Gevaudan, on appelle *chap*, un droit qui s'impose à Mende, par le cadastre ou terrier sur toutes sortes de personnes, même nobles, outre l'imposition que ces personnes doivent pour leurs biens ruraux.

Caterinot, dans ses *Feuilles*, nous apprend qu'en Berri, on entend par *chap* un espace ou travée. Dans le Forez, ce même mot signifie un bâtiment en appentis, c'est-à-dire, dont le toit n'est appuyé que contre une muraille, & n'a qu'un seul écoulement.

CHAPE, s. f. (*Droit canonique.*) anciennement la *chape* étoit un manteau dont on se servoit principalement en temps de pluie, d'où lui est aussi venu le nom de *pluvial*. Le clergé, ainsi que les autres citoyens, en faisoit usage, lorsque, dans ses fonctions, il étoit exposé aux injures de l'air. Depuis les changemens survenus dans la manière de s'habiller, les ecclésiastiques ont conservé l'habit long & presque toutes les autres parties des anciens vêtemens, avec quelques mutations.

Le manteau ou la *chape* qu'ils ont retenu, n'e[st] plus qu'un ornement ecclésiastique dont les chantres font un usage presque continuel aux grands offices & que les autres ecclésiastiques portent dans les processions solemnelles.

Dans les grandes églises, il y a ordinairement des *chapes* de cinq couleurs différentes, qu'on adopte aux divers offices qu'on a à célébrer. La fourniture & entretien des *chapes* sont à la charge de ceux qui sont tenus de la fourniture des ornemens d'une église paroissiale. C'est à l'évêque qu'il appartient de régler la qualité & la quantité des *chapes* q[ui] doivent être données pour le service d'une p[a]roisse.

On prétend qu'anciennement l'usage de la *cha[pe]* rouge étoit réservé au pape.

On appelle *chape*, un droit que plusieurs églises se croient autorisées d'exiger du titulaire qui vie[nt] y prendre possession de quelque bénéfice. On l[ui] donne encore les noms de droit de *chapelle*, d'*en-trée*, de *bienvenue*.

Ce droit, lorsqu'il est fondé sur des titres ou u[ne] possession ancienne, qu'il ne tourne pas au pro[fit] personnel de ceux qui l'exigent, qu'il est emplo[yé] à l'utilité & à la décoration de l'église, est consta[m]ment soutenu dans les tribunaux séculiers. Les [au]teurs rapportent à ce sujet plusieurs arrêts rend[us] en faveur du chapitre de Rheims, en 1713 ; de ce[lui] de Poitiers, en 1669 & en 1735 ; de celui de Sen[s] en 1711. Si on s'arrêtoit au préjugé d'un arrêt de la troisième des enquêtes du 3 août 1734, on pourroit en inférer que ce droit n'est pas si favorablement accueilli, lorsqu'il est réclamé par des religieux contre leur abbé. Mais le grand-conseil a condamné, le 26 mars de la même année, le prieur de S. Pierre-le-Moutier à payer à l'abbaye de S. Martin d'Autun d'où relève ce prieuré, une somme de cent cinquante livres pour le droit de *chape* que chaque titulaire est obligé de payer à son avénement.

CHAPEAU *ou* CHAPEL DE ROSES, (*Droit coutumier.*) c'est un léger don que le père fait à sa fille en la mariant, pour lui tenir lieu de ce qui lui reviendroit pour sa part dans les successions paternelle & maternelle. On a voulu, par ce nom, faire allusion à cette guirlande ou petite couronne de fleurs qu'on appelle aussi *le chapeau de roses*, que les filles portent sur la tête, lorsqu'elles vont à l'église pour y recevoir la bénédiction nuptiale.

Anciennement, ces guirlandes ou guarlandes étoient quelquefois d'or & quelquefois d'argent, comme on le peut voir dans certaines coutumes locales d'Auvergne, entre autres, dans celles d'Yssat & de la Torrecte, où il est dit que la femme survivante gagne une *guarlande d'argent. La coutume locale de la châtellenie de Proussat* dit que la femme survivante recouvre ses lit, robes & joyaux, ensemble une guarlande ou *chapel*, à l'estimation du lit nuptial.

Les coutumes d'Anjou, de Tours, Loudunois & Maine parlent du *chapeau de roses* comme d'un léger don de mariage, fait à la fille en la mariant. Dupineau, dans ses *Observations sur la coutume d'Anjou, pag. 22, col. 1*, remarque que, dans les anciens coutumiers d'Anjou & du Maine, au lieu de *chapel de roses*, il y a une noix.

Dans l'ancienne coutume de Normandie, les filles n'avoient aussi pour toute légitime qu'un *chapeau de roses*; mais, par la nouvelle coutume, elles peuvent demander *mariage advenant*, c'est-à-dire, le tiers de tous les biens des successions de leurs père & mère. *Voyez* ADVENANT MARIAGE.

Dans quelques coutumes, telles que celles de Tours & d'Auvergne, la fille mariée par ses père & mère, ne fût-ce qu'avec un *chapeau de roses*, ne peut plus venir à leur succession.

La même chose a lieu entre nobles dans les coutumes de Touraine, Anjou & Maine.

On peut cependant rappeller à la succession par forme de legs la fille ainsi mariée.

CHAPELAIN, f. m. (*Droit ecclésiastique.*) ce mot qui dérive de celui de *chapelle*, est d'une signification fort étendue.

On l'applique aux ecclésiastiques habitués & desservans dans plusieurs églises cathédrales & collégiales; à ceux qui font le service dans les chapelles du roi, de la reine & des princes; à ceux qui, sous le titre d'aumôniers, sont employés à dire des messes dans des chapelles particulières; à ceux enfin qui sont pourvus de chapelles ou chapellenies érigées en titre de bénéfices.

Comme les *chapelains* du roi sont la même chose que les aumôniers, nous renvoyons pour cet objet au mot AUMONIER. Nous observerons seulement que quelques auteurs ont prétendu que les premiers *chapelains* de nos rois avoient été institués pour garder la chape & les autres reliques de S. Martin, qu'on conservoit dans leurs palais, & qu'on portoit avec eux à l'armée. Mais cette origine est très-incertaine, & nous n'en parlons que pour ne rien oublier sur les antiquités de nos usages.

Nous n'avons également rien à ajouter sur les *chapelains* employés à célébrer la messe dans les chapelles particulières. On leur donne aussi en France le nom d'*aumôniers*. Mais celui de *chapelain* est plus en usage dans les autres états catholiques, soit qu'ils résident à la cour, soit qu'ils suivent les armées.

Nous parlerons des *chapelains* considérés comme titulaires des bénéfices des chapelles, sous les mots CHAPELLE & CHAPELLENIE. C'est pourquoi nous nous bornons à traiter des *chapelains* attachés au service des chapitres.

Les *chapelains* des cathédrales & collégiales doivent porter honneur & respect aux chanoines : ordinairement ils n'ont point d'entrée ni de voix au chapitre, & ne peuvent prétendre à tous les honneurs qui sont déférés aux chanoines. Les distinctions qui s'observent entre eux, dépendent de l'usage de chaque église, de même que les distributions auxquelles les *chapelains* doivent participer. Les chanoines doivent aussi les traiter avec douceur, comme des aides qui leur sont donnés pour le service divin, & non comme des serviteurs. On doit les regarder comme des coadjuteurs que les chanoines se sont donnés pour leur soulagement dans le chant & le service divin.

Lorsque le titre d'établissement des *chapelains* existe, il doit faire la loi entre eux & les chanoines : s'il n'en paroît pas, on doit s'en tenir à l'usage & à la possession. Il n'y a aucun réglement général, civil ou canonique sur ce sujet; chaque église a ses usages particuliers auxquels il faut se rapporter. Dans quelques-unes, ils portent l'aumusse comme les chanoines; dans d'autres, ils sont privés de cette décoration.

Assez généralement ils sont sujets à la jurisdiction du chapitre; ils ne forment pas un corps séparé; ils ne peuvent s'absenter sans permission; ils sont obligés de faire au chœur les fonctions qu'on exige d'eux; lorsqu'ils ont des biens en commun, ils ne peuvent accepter de fondation ni faire des baux emphytéotiques sans le consentement du chapitre, qui a le droit & la faculté d'assister à la reddition de leurs comptes.

Les *chapelains*, dans quelques églises, sont amovibles; dans d'autres, ils ne le sont pas. On les regarde comme amovibles, lorsqu'ils sont aux gages des chanoines. On convient néanmoins qu'ils ne peuvent être renvoyés sans cause : la vieillesse ou les infirmités n'en sont point une. Ils cessent d'être amovibles, lorsque leurs places sont érigées en titre de bénéfices. Ils peuvent alors les résigner : mais pour l'ordinaire ils sont tenus de prendre le consentement du chapitre.

Des chapelains du pape. Ils ont une origine différente que tous ceux dont nous venons de parler. Ils étoient ainsi nommés, parce qu'ils assistoient le pape dans les audiences qu'il donnoit dans sa chapelle, & dans les consultations qu'on lui demandoit de tous côtés. Ces *chapelains* étoient de véritables assesseurs que le pape choisissoit parmi les légistes les plus savans. Ils ont été réduits au nombre de douze par Sixte IV. Les décrétales sont composées des décrets qu'ils ont donnés autrefois.

Outre ces *chapelains*, le pape en a encore d'autres, ainsi que les princes, dont la fonction est de faire l'office, c'est-à-dire, de dire la messe devant lui ; &, pour cela, le saint père a quatre *chapelains* secrets, & huit *chapelains* ordinaires. Ce sont des charges à vie, mais qui ne laissent pas de s'acheter.

L'ordre de Malte a aussi ses *chapelains*, mais qui diffèrent de ceux à qui nous donnons communément ce nom.

Les *chapelains* à Malte sont les ecclésiastiques reçus dans cet ordre. Il y en a de deux sortes ; les uns sont *in sacris*, & les autres non, & se nomment *chapelains diacots* : ils n'entrent point au conseil de l'ordre, à moins qu'ils ne soient évêques ou prieurs de l'église, décorés de la grand'croix.

En général, les *chapelains* ont toujours le pas après les chevaliers simplement laïcs ; ils ont aussi des commanderies qui leur sont affectées, chacun dans leur langue.

Le roi d'Angleterre a quarante-huit *chapelains*, dont quatre servent & prêchent chaque mois dans la chapelle, & font le service pour la maison du roi ; & pour le roi, dans son oratoire privé : ils disent aussi les graces dans l'absence du clerc du cabinet.

Lorsqu'ils sont de service, ils ont une table, mais sans appointemens.

CHAPELET, (*Jurisprudence.*) est un signe particulier de justice, que les seigneurs des comtés & baronnies ont droit de faire mettre aux fourches patibulaires de leur seigneurie. La coutume d'Angoumois, *chap. 1*, *art. 4*, dit que le seigneur châtelain peut avoir fourches patibulaires à quatre piliers, mais qu'en ces fourches il ne peut avoir *chapelet* ; ce que toutefois peut avoir le baron.

CHAPELLE, Chapellenie, s. f. (*Droit canonique.*) le mot *chapelle*, à ce que prétendent les étymologistes, vient de cette espèce de coffre ou châsse dans laquelle on tenoit en dépôt les ossemens & les reliques des martyrs, & qu'on appelloit *capsa* : de ce terme on a fait celui de *capella*, *chapelle*, pour désigner l'endroit où l'on avoit déposé une châsse.

Les *chapelles* étoient anciennement un lieu d'oratoire où les fidèles se rassembloient pour y célébrer la mémoire des SS. martyrs en présence de leurs reliques. Ainsi, dans son acception propre, une *chapelle* est un lieu de dévotion particulière, sous l'invocation de la sainte Vierge, d'un saint ou d'une sainte, ou un lieu destiné à honorer particulièrement quelques mystères de la religion. Au reste ce terme a encore différentes significations, même en matière ecclésiastique.

En effet, *chapelle* signifie quelquefois une église particulière, qui n'est ni cathédrale, ni collégiale, ni paroisse, ni abbaye, ni prieuré : ces sortes de *chapelles* sont celles que les canonistes appellent *sub dio*, c'est-à-dire qui sont détachées & séparées de toute autre église.

On appelle aussi *chapelle*, une partie d'une grande église, soit cathédrale ou collégiale, ou autre, dans laquelle il y a un autel, & où l'on dit la messe. Les canonistes appellent celles-ci des *chapelles sub tecto*, c'est-à-dire renfermées sous le toit d'une plus grande église. Quelques canonistes françois les appellent *chapellenies*, pour les distinguer des *chapelles* proprement dites, qui forment seules une église particulière.

Il y a aussi des *chapelles* domestiques dans l'intérieur des monastères, hôpitaux, communautés, dans les palais des princes, châteaux, & autres maisons particulières ; celles-ci ne sont proprement que des oratoires privés, même celles pour lesquelles on a obtenu permission d'y faire dire la messe. Le *canon 21* du concile d'Agde, tenu en 506, permet aux particuliers d'avoir des *chapelles* dans leurs maisons, avec défenses aux clercs d'y célébrer sans la permission de l'évêque.

Enfin, le terme de *chapelle* se prend encore pour le bénéfice fondé ou attaché à la *chapelle*, quoiqu'on donne aussi à ce bénéfice le nom de *chapellenie*.

On doit remarquer, par ce que nous venons de dire, que le mot *chapellenie* est à-peu-près synonyme à celui de *chapelle*, & que les canonistes s'en servent également pour signifier, soit une *chapelle*, soit le titre du bénéfice : quelques-uns prétendent néanmoins qu'il y a une différence entre ces deux mots, que *chapellenie* est proprement le titre du bénéfice, & *chapelle* l'autel où il est desservi. Dans le sens le plus ordinaire, on emploie le terme de *chapellenie* pour exprimer le titre d'un bénéfice desservi à l'autel d'une *chapelle sub tecto*.

Il n'étoit pas rare anciennement de voir fonder plusieurs *chapelles*. La volonté d'un particulier à l'article de la mort suffisoit pour cela ; son testament valoit un titre de fondation. Mais dans la suite des temps, & aujourd'hui particulièrement depuis l'édit de 1749, qu'on appelle *l'édit des gens de main-morte*, il faut le concours & de la puissance ecclésiastique & de la puissanee séculière.

Les *chapelles* d'ancienne fondation auxquelles la puissance ecclésiastique n'a pas concouru, ne sausoient être regardées comme des bénéfices, quand même elles seroient chargées de messes & d'autres services; ce ne sont que des fondations à la charge de ceux qui représentent les fondateurs. Mais quand une fois elles ont été autorisées par l'évêque, ce sont de vrais bénéfices.

Parmi ces *chapelles* autorisées de l'évêque, il y en a dont le titre est perpétuel, & d'autres dont il est révocable à volonté. Suivant Barbosa, le titulaire d'une *chapelle* de cette dernière espèce ne peut être révoqué sans sujet, par humeur & par malice; mais lorsqu'il ne se comporte pas comme il doit le faire pour le service de la *chapelle*, le patron peut alors le révoquer, parce que l'on ne regarde pas ces sortes de *chapelles* comme de vrais bénéfices.

Une *chapelle* n'est pas régulièrement réputée bénéfice, si l'on ne rapporte le titre d'érection faite par l'évêque. Mais si le titre est perdu, ou si l'on doute que le titre de la *chapelle* ait été spiritualisé, on la regarde comme un véritable bénéfice, lorsque l'évêque l'a conférée trois fois en titre. Ferrerius sur Guy-pape, prétend même qu'une seule collation suffit, ce qui paroît avoir été adopté par un arrêt du parlement de Metz du 4 mars 1694, rapporté par Augeard, *tom. I, chap. 33*.

Quand les *chapellenies* sont à titre perpétuel, ce sont de vrais bénéfices; & quoique les chapelains réguliers soient amovibles à la volonté de leurs supérieurs, cependant si les *chapelles*, quoique fondées dans des églises de réguliers, devoient être servies par des ecclésiastiques séculiers, ceux-ci, lorsqu'ils en seroient une fois pourvus, seroient inamovibles.

On peut obtenir des provisions en cour de Rome, pour des *chapellenies*; mais si ces provisions sont contre la fondation de ces *chapellenies*, elles sont nulles de plein droit, sans que le possesseur puisse s'aider de la règle *de pacificis possessoribus*. Févret observe que les oratoires particuliers n'ayant point le titre de bénéfice, & que pouvant être desservis par qui bon semble au fondateur, il y auroit abus, si quelqu'un entreprenoit de se faire pourvoir de ces places en cour de Rome.

On comprend les *chapelles* sous le nom de *bénéfices simples*, & comme telles on les assujettit à la régale.

Pour posséder une *chapelle* ou *chapellenie* formant un titre de bénéfice, il suffit, suivant le droit commun, d'être âgé de sept ans & d'avoir reçu la tonsure, à moins que, par la fondation même, elle ne soit sacerdotale, c'est-à-dire, que le titre n'exige dans le titulaire la qualité de prêtre; auquel cas, il ne suffiroit pas à un ecclésiastique de se soumettre à se faire promouvoir à la prêtrise dans l'année de sa prise de possession. Mais il faut observer que l'obligation de faire célébrer des messes ne rend pas une *chapelle* sacerdotale, parce que le chapelain peut les faire acquitter.

Lorsqu'il s'agit du service & des charges d'une *chapelle*, on doit consulter le titre de la fondation. Quelques-unes exigent une résidence habituelle, & d'autres laissent à cet égard une pleine liberté. Quoique le titre de fondation ne parle point de la résidence, elle peut se présumer requise par la nature même de la fondation. S'il est dit, par exemple, qu'il sera nommé un prêtre pour célébrer, tous les jours, la messe dans la *chapelle* désignée; il est certain qu'alors la *chapellenie* exige une résidence; ce qui ne seroit pas la même chose, suivant que nous l'avons observé, si, au lieu de nommer un *prêtre*, il étoit dit qu'on nommeroit un chapelain: ce chapelain, pouvant faire faire le service par autrui, ne seroit pas obligé à la résidence. Sur quoi, il faut remarquer que les *chapellenies* qui exigent qu'on réside, sont incompatibles avec un autre bénéfice qui exige pareillement la résidence dans la même église & dans la même enceinte.

Le prêtre qui est chargé de dire lui-même les messes, n'est pas obligé de les faire dire par autrui, lorsqu'il est malade. Mais les canonistes ne sont pas d'accord sur la durée de la maladie; les uns font grace au malade pendant deux mois, les autres ne lui passent que huit à dix jours. A l'égard de l'application de la messe, le prêtre ne la peut faire à d'autre intention qu'à celle du fondateur, & il ne peut recevoir d'honoraire qu'autant que le titre de fondation le lui permet: il est bon d'observer que ce titre de fondation est imprescriptible, soit par rapport à la nature du bénéfice en lui-même, soit par rapport aux charges & à la qualité des personnes qui doivent le remplir. Brillon nous apprend que, dans l'église de Champigny en Brie, une *chapelle* sacerdotale & à résidence par la fondation, quoique possédée pendant plus de cent cinquante ans au mépris de cette résidence, avoit été adjugée à un dévolutaire par arrêt du parlement de Paris du 15 mai 1691.

Les *chapelles* sont sujettes aux visites des évêques & des supérieurs dont elles dépendent, & elles peuvent être taxées pour les décimes, comme les autres bénéfices.

Les *chapelles* qui sont dans les églises & qui ont été construites & dotées par des particuliers, ne sont point à la disposition des marguilliers; c'est ce qui a été jugé au sujet d'une *chapelle* de S. Germain-l'Auxerrois, par un arrêt du 18 mars 1602, rendu au profit du seigneur de Leuville, contre le sieur Miron, lieutenant-civil au châtelet de Paris. La fondation peut se prouver non seulement par le titre, mais encore par une possession publique d'user de cette *chapelle* à l'exclusion des étrangers, sur-tout si, comme le remarque Loiseau, cette possession est accompagnée de signes visibles de la fondation, tels que des armoiries aux voûtes, au portail, à l'autel ou à d'autres endroits de la *chapelle*.

Si cette *chapelle* étoit cependant sous la grande voûte de l'église & qu'elle n'eût jamais été fermée, ou qu'il y eût long-temps que le public fût en possession de s'y placer, elle ne seroit pas si particulière au fondateur qu'il pût en écarter les paroissiens: il lui suffiroit d'y avoir les premières places pour lui & pour sa famille; c'est ainsi que s'en expliquent les *Mémoires du clergé :* mais si cette *chapelle* étoit dans une des aîles de l'église avec une voûte particulière, le fondateur seroit autorisé à la tenir fermée.

Nous avons dit, au commencement de cet article, que les canonistes distinguoient les *chapelles* en *chapelles sub dio*, c'est-à-dire formant des églises distinctes & séparées d'une autre, & en *chapelles sub tecto*, qui font partie d'une cathédrale ou collégiale. Il est nécessaire de remarquer, à cet égard, que deux *chapelles sub eodem tecto*, ne peuvent être tenues & desservies par la même personne, quelque modique qu'en soit le revenu. Desmaisons en rapporte un arrêt du 3 août 1658.

On appelle *saintes-chapelles*, des églises distinguées dont nos rois sont les fondateurs & les patrons, & qui ont été établies dans leurs palais. Telles sont les saintes-*chapelles* de Paris, de Vincennes, de Dijon, de Bourbon, *&c.* & anciennement celle de Bourges.

Les trésoriers, chanoines, chantres & officiers de la sainte-*chapelle* de Paris, jouissent de plusieurs privilèges, accordés aux chapelains de la *chapelle* du roi. *Voyez* AUMONIER, CHAPELAIN.

On donne encore le nom de *chapelle* aux ornemens particuliers d'un évêque, dans lesquels on comprend même sa crosse, sa mitre, sa croix, *&c.* Il y a des églises cathédrales qui ont le droit d'exiger ces ornemens lors de l'avénement d'un évêque à sa prélature, d'autres ne peuvent les exiger qu'après sa mort.

Dans quelques endroits on appelle droit de *chapelle*, ce que nous avons fait connoître ci-dessus sous le nom de DROIT DE CHAPE.

CHAPELLE, (*droit de*) *Jurisprudence civile*. C'est une rétribution en argent que les magistrats, avocats, procureurs, & autres officiers paient lors de leur réception, pour l'entretien de la *chapelle* commune qui est dans l'enceinte du tribunal. (*A*)

CHAPERON, s. m. (*Droit public.*) ancienne coëffure ordinaire en France, que les docteurs, licenciés & bacheliers ont retenue pour marque de leurs degrés, & qu'ils ont fait descendre de la tête sur les épaules.

On s'est servi de cette espèce d'habillement de tête jusqu'au règne de Charles VII. On voit dans *l'Histoire de France*, que les factions des Armagnacs & des Bourguignons étoient distinguées par le *chaperon*, & obligeoient même le foible prince Charles VI, à porter le leur, selon qu'elles prédominoient.

Nos annales font encore mention de deux autres factions qu'on a désignées par le mot de *chaperons*. L'une se forma sous le règne du roi Jean, en 1358, dont les *chaperons* étoient mi-partis de rouge & de bleu. La seconde est celle des *chaperons* blancs, qui s'éleva en Flandres en 1566, à cause des impositions excessives qu'on voulut mettre dans le pays, pour rétablir les finances épuisées par les libéralités sans bornes que le comte de Flandres avoit indistinctement prodiguées.

Pasquier, dans ses *Recherches sur la France*, nous apprend que les anciens usoient de *chaperons* au lieu de bonnets, que cette partie de l'habillement étoit également en usage parmi les grands & le peuple, que « petit-à-petit cette usance s'abolit, » premiérement entre ceux du menu peuple, & » successivement entre les plus grands, lesquels » par une forme de mieux séante, commencèrent » à charger petits bonnets ronds, portant lors le » *chaperon* sur les épaules, pour le reprendre toutes » & tant de fois que bon leur sembleroit...

» Comme toutes choses, continue Pasquier, » par traites & successions de temps, tombent en » non-chaloir, ainsi s'est du tout laissé la coutume » de ce *chaperon*, & est seulement demeurée pardevers les gens de palais & maîtres-ès-arts, qui » encore portent leur *chaperon* sur les épaules, & » leur bonnet rond sur leurs têtes ».

Le *chaperon* ancien est resté dans l'ordre monastique, & nous voyons encore plusieurs ordres religieux parmi lesquels il fait partie de l'habillement. Ils peuvent s'en servir pour se couvrir la tête, & ils le portent ordinairement sur les épaules.

Dans la suite des temps, on lui a fait changer de forme, & c'est ainsi qu'il est resté aux docteurs & aux licenciés, dans toutes les facultés qui composent les universités, avec cette différence néanmoins que les docteurs le portent fourré ou doublé d'hermine, pour montrer la dignité du doctorat.

CHAPITRE, s. m. (*Droit canon.*) ce mot, en matière ecclésiastique, a trois significations différentes. Dans la plus étendue, il se prend pour une communauté d'ecclésiastiques qui desservent une église cathédrale ou une collégiale, ou pour une communauté de religieux qui forment une abbaye, prieuré ou autre maison conventuelle.

On appelle aussi *chapitre* l'assemblée que tiennent ces ecclésiastiques ou religieux, pour délibérer de leurs affaires communes. Les chevaliers des ordres réguliers, hospitaliers & militaires, tiennent aussi *chapitre*, tels que les chevaliers de Malthe, de S. Lazare, du S. Esprit; & le résultat de ces assemblées s'appelle aussi *chapitre*.

Enfin on appelle *chapitre*, dans les églises cathédrales & collégiales, & dans les monastères, le lieu où s'assemble le clergé ou communauté; dans les monastères, le *chapitre* fait partie des lieux réguliers.

Nous diviserons cet article en deux parties: nous traiterons, dans la première, des *chapitres* des églises cathédrales & collégiales, considérés comme corps & comme assemblées; dans la seconde, des *chapitres* des ordres religieux.

SECTION PREMIÈRE.

Des chapitres considérés comme corps & comme assemblées.

Des chapitres considérés comme corps. Le titre de *chapitre*, pris pour un corps ecclésiastique, n'a commencé à être en usage que vers le temps de Charlemagne, comme le prouve Marcel d'Ancyre, dans le traité qu'il a fait sur la décrétale d'Honoré III, *super specula de magistris*, & que nous l'avons dit au mot CHANOINE.

Un *chapitre* de chanoines est ordinairement composé de plusieurs dignités, telles que celles du doyen ou du prévôt, du chantre, de l'archidiacre, & d'un certain nombre de chanoines. Dans quelques églises, le chantre est la première dignité du *chapitre* : cela dépend des titres & de la possession.

L'un des principaux objets de l'établissement des *chapitres*, & le seul, pour ainsi dire, qui leur reste présentement à remplir, c'est la célébration publique, perpétuelle & solemnelle de l'office & service divin, à laquelle les autres ministres de l'église, trop occupés de l'instruction & de la conduite des peuples, ne peuvent donner qu'une partie de leur temps. Le premier soin des *chapitres* doit donc être aussi de ne rien négliger pour donner au culte extérieur la décence & la majesté qui lui conviennent.

On dit communément que *tres faciunt capitulum* ; on ne connoît cependant point de *chapitre* où il n'y ait que trois chanoines : mais cela signifie que trois chanoines peuvent tenir le *chapitre*.

Dans les églises cathédrales, le *chapitre* jouit de certains droits, privilèges & exemptions, pendant la vacance du siège épiscopal, & même pendant que le siège est rempli.

Le premier des privilèges dont les *chapitres* des cathédrales jouissent pendant que le siège est rempli, est, qu'ils sont considérés comme le conseil de l'évêque.

Dans la primitive église, les évêques ne faisoient rien sans l'avis de leur clergé, qu'on appelloit *presbyterium* ; le quatrième concile de Carthage leur ordonne d'en user ainsi, à peine de nullité.

Lorsqu'on eut séparé la manse de l'évêque de celle de son clergé, celui-ci prit le titre de *chapitre*, & les intérêts devinrent différens. Le clergé de l'évêque participoit cependant toujours au gouvernement du diocèse, comme ne formant qu'un même corps avec l'évêque.

Les députés des *chapitres* des églises cathédrales ont toujours assisté aux conciles provinciaux, & les ont souscrits.

Selon l'usage présent du royaume, les *chapitres* des cathédrales n'ont plus de part dans le gouvernement du diocèse ; les évêques sont en possession d'exercer seuls & sans la participation de leur *chapitre*, la plupart des fonctions appellées *ordinis*, & celles qui sont de la jurisdiction volontaire & contentieuse, comme de faire des statuts & réglemens pour la discipline de leurs diocèses : ils ne sont obligés de requérir le consentement de leur *chapitre* que pour ce qui concerne l'intérêt commun ou particulier du *chapitre*, comme lorsqu'il s'agit d'aliéner le temporel, d'unir ou supprimer quelque dignité ou bénéfice dans la cathédrale, d'y changer l'ordre de l'office divin, de réformer le bréviaire, d'instituer ou supprimer des fêtes : & autres choses semblables, qui intéressent singuliérement le *chapitre* en corps ou chaque chanoine en particulier. Il est d'usage, dans ces cas, que l'évêque concerte ses mandemens avec le *chapitre*, & qu'il y fasse mention que *c'est après en avoir conféré avec ses vénérables frères, les doyen, chanoines & chapitre.*

Tant que l'évêque est en place, le *chapitre* ne peut point s'immiscer dans le gouvernement du diocèse. Si l'évêque tombe en démence, ce sont les vicaires généraux, par lui établis, qui suppléent à son défaut.

En France, pendant plusieurs siècles, lorsque le siège épiscopal étoit vacant, le métropolitain commettoit l'évêque le plus prochain pour en prendre soin, ou en prenoit soin lui-même ; ce n'est que vers le douzième siècle que les *chapitres* des cathédrales se sont mis en possession de gouverner le diocèse pendant la vacance. *Glos. ad capitul. de concessione. Clement. de rerum permut.*

La jurisdiction du *chapitre*, *sede vacante*, est la même que celle de l'évêque ; mais il ne peut l'exercer en corps ; il doit nommer à cet effet des grands vicaires & un official, pour exercer la jurisdiction volontaire & contentieuse. *Voyez* les arrêts rapportés à ce sujet dans la *Jurisprudence canon.* au mot *Chapitre.*

S'il y a des officiaux & grands-vicaires nommés par l'évêque décédé, le *chapitre* peut les continuer en leur donnant de nouvelles provisions ; il peut aussi les destituer & en nommer d'autres.

Les grands-vicaires & officiaux nommés par le *chapitre*, *sede vacante*, n'ont pas plus de droit que l'évêque : ils ne peuvent par conséquent exercer leur jurisdiction sur ceux qui sont exempts de celle de l'évêque ; du reste, ils peuvent faire tout ce que feroient ceux de l'évêque ; mais n'étant que des administrateurs à temps, ils ne peuvent faire aucune innovation considérable dans la discipline du diocèse.

Après l'année de la vacance expirée, ils peuvent donner des dimissoires pour recevoir les ordres, & aussi pour la tonsure & les quatre mineurs ; & ces dimissoires sont valables à moins que le nouvel évêque ne les révoque, les choses étant encore entières.

Le *chapitre* ne représente l'évêque décédé que pour la jurisdiction & non pour l'ordre ; ainsi il ne peut, ni ses grands-vicaires, exercer aucune fonction du caractère épiscopal, comme donner la confirmation, les ordres, des indulgences, *&c.* Thomass. *discipl. ecclésiast. part. I, liv. III, ch. x, n. 10.*

La disposition des bénéfices qui viennent à vaquer tandis que le siège épiscopal est vacant, n'appartient point au *chapitre ;* elle est réservée à l'évêque qui doit succéder.

Si l'évêque a droit de nommer conjointement avec le *chapitre*, le roi nomme un commissaire qui représente l'évêque dans l'assemblée du *chapitre*. *Edit de janvier 1682 pour la régale.*

Si la nomination appartient à l'évêque seul, le bénéfice vacant tombe en régale. *Edit du mois de Février 1673, édit de janvier 1682, & déclaration du 30 août 1735.*

A l'égard des bénéfices-cures, qui sont à la collation de l'évêque, & qui viennent à vaquer, *sede vacante*, le *chapitre* en a la disposition, sans préjudice néanmoins du droit des gradués, qui peuvent le requérir à l'ordinaire. *Arrêt du 6 septembre 1642, Journal des aud.*

Le *chapitre* a encore droit, pendant la vacance du siège épiscopal, de nommer aux bénéfices dépendans d'une prébende qui est en litige. *Journal des aud. arrêt du 8 août 1687.*

Le droit canonique attribue au *chapitre, sede vacante*, l'administration du temporel ; mais parmi nous, le roi, en vertu du droit de régale, fait administrer ce temporel par des économes.

Quelques *chapitres* ont prétendu être exempts de la jurisdiction de l'évêque ; mais par la dernière jurisprudence, la plupart de ces exemptions ont été déclarées abusives. On confirme seulement celles qui sont fondées sur des motifs légitimes, & autorisées par le consentement de l'évêque & l'autorité du roi. La possession immémoriale ne suffit pas en cette matière pour tenir lieu de titre ; mais elle sert à fortifier le titre lorsqu'il est légitime.

Les arrêts ont maintenu les *chapitres* qui étoient fondés dans la jurisdiction correctionnelle, sur les dignités, chanoines & officiers de leur église ; mais à la charge de l'appel devant l'official de l'évêque, lequel a le droit de prévention, si celui du *chapitre* n'a pas informé dans les trois jours. *Arrêts des 2 septembre 1670, & 4 septembre 1684. Journ. des aud.*

Lorsque le *chapitre* a seulement droit de correction, & non la jurisdiction contentieuse, il ne peut excommunier ni emprisonner ses bénéficiers, ni les priver de leurs bénéfices, cela n'appartient qu'à l'évêque.

Il est nécessaire d'observer que dans les cas de fautes graves, ou de délit, les *chapitres* ne peuvent exercer leur jurisdiction en corps, mais par le ministère d'un official ou d'un promoteur, qu'ils doivent nommer ; & que l'official de l'évêque peut interjetter appel *à minimâ* des sentences de l'official du *chapitre*.

Le droit que quelques *chapitres* prétendent avoir de donner aux clercs de leur corps des dimissoires pour les ordres, dépend des titres & de la possession. Il faut que les titres soient précis & consentis par les évêques ; car le pouvoir de donner des dimissoires est réservé aux évêques par une discipline dont on ne peut indiquer l'origine, & qui a été conservée dans l'église par les canons de tous les conciles depuis celui de Nicée, jusqu'au concile de Trente.

Cette discipline a toujours été maintenue également par la jurisprudence des arrêts, comme le prouve celui du 15 février 1664, rendu en faveur de l'évêque de Châlons-sur-Marne.

Les *chapitres* exempts sont assujettis à la jurisdiction des évêques, dans tout ce qui concerne la foi & la doctrine de l'église, dans ce qui regarde l'exécution de leurs mandemens, portant censures & condamnations d'erreurs.

Les *chapitres*, même exempts, ne peuvent faire aucun mandement pour les processions générales, prières publiques, *te Deum*, & autres cérémonies qui se font par ordre du supérieur. Ils ne peuvent également rendre aucune ordonnance pour la publication ou concession des indulgences & jubilés, pour l'autorisation & reconnoissance des miracles. Il leur est aussi défendu d'introduire de nouveaux offices, de changer les anciens bréviaires, de réduire les fondations de leurs églises, de régler ce qui concerne les fabriques, soit de leur église, soit de celles qui en dépendent ; d'approuver des confesseurs pour administrer le sacrement de pénitence à leurs membres : ils sont tenus de les choisir parmi les prêtres approuvés par l'évêque, ou de faire approuver par lui, ceux dont ils ont dessein de se servir.

Il est réservé aux évêques seuls d'admettre des reliques des saints, d'en permettre l'exposition & la translation, même dans les églises des *chapitres* exempts. Il en est de même des images, qui doivent être examinées & approuvées par les évêques. Les canons des conciles & la jurisprudence des arrêts s'accordent pour conserver aux évêques ces prérogatives.

Les chanoines exempts qui acceptent de l'évêque quelque office, comme de grand-vicaire, official, promoteur, *&c.* deviennent à cet égard justiciables de l'évêque. Ils ne peuvent jamais être dispensés du respect & des égards qu'ils lui doivent, comme au chef & au pasteur ordinaire du diocèse.

Plusieurs *chapitres*, soit de cathédrales ou de collégiales, ont des statuts particuliers qui tiennent lieu de loi entre eux, lorsqu'ils sont autorisés par les supérieurs ecclésiastiques & homologués au parlement. Ces statuts ont ordinairement pour objet l'affectation des prébendes à certaines personnes, l'assistance aux offices, la résidence & les distributions manuelles, le rang & la séance au chœur, l'option des prébendes & des maisons canoniales, & autres objets semblables.

Les droits particuliers dont jouissent certains *chapitres*, comme droits d'annate, de dépôt, *&c.* dépendent des titres & de la possession.

Les *chapitres* de réguliers ne peuvent être sécularisés que par des bulles revêtues de lettres-patentes duement enregistrées ; ils doivent observer les conditions portées dans ces bulles & lettres-patentes.

Nous ne nous étendrons pas davantage sur ce qui concerne les *chapitres* des cathédrales & des collégiales. Il n'est pas possible de donner une idée exacte des droits & exemptions de chacun d'eux; ils varient à l'infini, ils sont plus étendus ou plus resserrés, suivant le degré de faveur & de crédit dont jouissoit le *chapitre* qui les a sollicités & obtenus.

Ces droits ont occasionné une multitude de contestations entre les évêques & les *chapitres*, dont les jugemens ont varié, suivant les titres & la possession. C'est principalement dans cette matière qu'on doit appliquer le proverbe commun au palais, que les arrêts ne sont que pour ceux qui les obtiennent, & qu'on doit juger, non sur des exemples, mais en conformité de la raison, de la loi & de l'équité.

Deux motifs doivent s'opposer à ce qu'on puisse argumenter d'un *chapitre* à un autre : 1°. parce que les exemptions ne sont presque jamais conçues dans les mêmes termes, & n'ont pas reçu une même exécution; 2°. parce que les privilèges étant odieux en eux-mêmes, loin d'être susceptibles d'extension, doivent être restraints autant qu'il est possible.

Nous ne pouvons nous dispenser de dire un mot sur le droit que plusieurs *chapitres* ont prétendu avoir, au préjudice des curés, d'administrer les sacremens à leurs chanoines & bénéficiers malades, de faire leur convoi après leur décès, & de les transporter dans leurs églises, en quelques paroisses de la ville qu'ils fussent domiciliés.

La jurisprudence des arrêts a fort varié sur cette question; les uns sont favorables aux *chapitres*, les autres aux curés. Il paroît que les parlemens de Toulouse & de Bretagne paroissent regarder ce droit comme appartenant essentiellement aux curés, & n'admettre aucun droit de prescription.

S'il nous est permis de donner notre opinion à ce sujet, nous pensons qu'on doit faire une première distinction entre les églises cathédrales & les collégiales. On peut sans inconvénient conserver la prétention des cathédrales, parce qu'il est naturel de croire qu'ayant été les premières paroisses des villes épiscopales, elles ont pu conserver sur leurs membres un droit dont elles étoient déjà en possession. A l'égard des collégiales, on pourroit conserver dans le même droit celles qui prouveroient que leur établissement a précédé celui des paroisses, dont souvent elles ont été l'occasion. Au surplus, il seroit encore plus avantageux qu'il intervînt une loi générale & précise, qui fixât irrévocablement la jurisprudence à cet égard, & qui prévînt toute contestation entre les ministres des autels.

Nous finirons par observer que les *chapitres* n'ont aucun pouvoir pour rendre des ordonnances concernant la police extérieure de leur corps. Quelque louable que soit le motif d'une loi ou d'un réglement nouveau, il ne peut lier les membres, s'il n'a pas été homologué dans les cours souveraines.

Des chapitres considérés comme assemblées. On donne le nom de *chapitre* aux assemblées que les chanoines tiennent pour délibérer sur leurs affaires communes. Elles ont deux principaux objets, le maintien ou le rétablissement de la discipline, & l'administration du temporel. Elles doivent se tenir régulièrement dans le lieu ordinaire, & destiné à cet effet. Si quelque empêchement légitime oblige de les tenir ailleurs, il faut en faire mention dans l'acte.

Les *chapitres* sont ordinaires ou extraordinaires : les premiers se tiennent à des jours & heures réglées : les occasions & les circonstances peuvent engager à la tenue des autres; mais toutes doivent être convoquées en la manière & avec les signes ordinaires. Le concile de Bâle & la pragmatique sanction ont défendu de les tenir pendant les heures destinées au service divin.

La convocation s'en fait par le doyen, ou autre première dignité, & lorsqu'il n'y en a pas, par le plus ancien chanoine.

Suivant le troisième concile de Latran, sous Alexandre III, les délibérations doivent être arrêtées à la pluralité des suffrages. Cet usage est suivi à-peu-près par-tout. Lorsqu'il y a partage d'opinion, le doyen ou président a la voix prépondérante dans plusieurs *chapitres*, & la délibération se conclut suivant l'avis qu'il embrasse.

Il est néanmoins des cas où un seul chanoine est recevable à s'opposer aux délibérations capitulaires, & à en interjetter appel comme d'abus.

Les capitulans ne peuvent opiner dans les affaires qui concernent les intérêts de leurs parens. Dans les *chapitres* où il se trouve deux chanoines, parens dans les degrés marqués par l'ordonnance, en cas de même avis, leurs suffrages ne sont comptés que pour une voix dans les objets de correction; mais ils ont chacun leur voix, lorsqu'il s'agit de nominations ou présentations, & autres choses semblables.

Les délibérations & actes capitulaires doivent être rédigés par écrit dans un registre destiné à cet usage, & souscrits par les chanoines qui ont assisté au *chapitre*, ainsi que par le secrétaire du *chapitre*, qui doit faire mention que toutes les formalités d'usage ont été observées.

SECTION II.

Des chapitres des ordres religieux.

A l'exemple des chanoines, les religieux tiennent des assemblées, pour délibérer & statuer sur les affaires temporelles & spirituelles d'une maison ou d'un ordre : on donne à ces assemblées le nom de *chapitre*.

Il y en a de trois sortes, les *chapitres* particuliers de chaque maison ou monastère; les *chapitres* provinciaux, dans les ordres qui sont divisés par provinces, comme les mendians; les *chapitres* généraux, composés des députés de toutes les maisons de l'ordre.

Des chapitres particuliers. Les *chapitres* particuliers de chaque maison ou monastère, sont l'assemblée des religieux capitulans de ces monastères ou maisons, tenue en la forme ordinaire & réglée par les constitutions, soit générales, de l'ordre dont dépendent ces maisons, soit particulières à ces maisons, si elles en ont qui leur soient propres pour traiter de leurs affaires spirituelles ou temporelles.

Le pouvoir de ces *chapitres* est différent, suivant les diverses constitutions des ordres dont ces monastères dépendent, ou de ces monastères même, s'ils ne sont pas en congrégation & sous un chef.

Suivant la règle de S. Benoît, les *chapitres* des monastères gouvernés par des abbés, ne sont que le conseil de l'abbé & ne partagent point avec lui l'autorité du gouvernement: l'abbé doit bien, d'après la règle, consulter le *chapitre* de sa maison; mais il n'est pas obligé d'en suivre l'avis, & n'a pas besoin de son consentement, si ce n'est dans les cas exprimés dans le droit ou dans la règle. L'abbé Trithème prétend qu'il y a sept cas dans lesquels l'abbé doit non seulement consulter le *chapitre*, mais avoir même son consentement: 1°. lorsqu'il s'agit de l'aliénation des biens & fonds du monastère; 2°. lorsqu'il est question d'admettre quelqu'un à la profession; 3°. lorsqu'il veut affecter & hypothéquer les biens du monastère au paiement de quelque rente ou redevance; 4°. s'il veut envoyer quelqu'un de ses religieux dans un autre monastère du même ordre; 5°. s'il veut faire admettre quelque statut ou quelque obligation que les règles n'ont pas prescrits; 6°. s'il veut accorder à quelqu'un l'association ou l'affiliation à son monastère; 7°. s'il veut donner une place monacale à perpétuité. L'abbé Trithème ajoute qu'en plusieurs autres cas, il est très-convenable que l'abbé ne fasse rien sans avoir demandé & même obtenu le consentement du *chapitre*, quoiqu'il n'y soit pas obligé selon les règles.

Mais van Espen observe avec raison que l'esprit & la lettre de la règle de S. Benoît, ne mettant presque point de bornes au pouvoir des abbés, on ne peut leur en prescrire d'autres que celles qui se trouvent marquées par la règle & par le droit, ou par l'usage constant d'une maison.

Ce qu'on vient de dire au sujet des abbés bénédictins, doit s'appliquer aux abbesses, ainsi qu'aux prieurs & prieures perpétuelles & en titre des monastères où il n'y a point d'abbés.

Dans les autres ordres, & même dans les maisons de celui de S. Benoît, dont les titres sont en commende, ou qui sont entrés dans les nouvelles réformes, le *chapitre* de la maison n'en est pas seulement le conseil, c'est en lui que réside, à proprement parler, la grande administration & l'autorité véritable; le supérieur, sous quelque nom qu'on le désigne, n'a que la manutention & la surveillance de la discipline. Tout ce qui regarde l'intérêt commun de la maison doit se régler & s'arrêter en plein *chapitre*, & de l'avis & consentement du *chapitre*.

Il seroit trop long d'entrer ici dans l'énumération des cas où le supérieur doit assembler le *chapitre*, le consulter & avoir son consentement. On doit d'abord mettre dans ce nombre toutes les choses dont parle l'abbé Trithème, dans l'endroit qu'on en a rapporté; mais on sent qu'il y en a bien d'autres où le consentement du *chapitre* n'est pas moins nécessaire, & en général un supérieur sage, prudent & modéré, ne doit jamais rien se permettre d'important sans l'avoir proposé au *chapitre* & en avoir le consentement.

Pour l'avoir, au reste, ce consentement, il n'est pas nécessaire que tous les capitulans donnent le leur; le suffrage du plus grand nombre suffit.

Mais il faut que le *chapitre* soit convoqué, assemblé & tenu en la manière ordonnée & prescrite. Il faut que l'on y appelle tous ceux qui ont droit de s'y trouver, & que l'on y laisse à tous la liberté des suffrages. Il faut aussi que les délibérations soient rédigées par écrit, portées sur des registres & signées par les capitulans.

Des chapitres provinciaux. Ce sont ceux qui se forment des députés de chacune des maisons, qui dans certains ordres composent ce qu'on appelle *une province.* La division de ces provinces ne suit point la division civile des provinces des différens royaumes ou états où ces ordres sont établis; elle a plutôt été réglée sur le nombre des maisons que l'ordre avoit dans ces provinces. Lorsqu'il ne s'en trouve pas assez dans une province, pour en faire une division particulière, on les joint à la division qui porte le nom de quelque province limitrophe. Ainsi, dans quelques ordres, ce qu'on appelle la *province de Champagne*, comprend non seulement les maisons de l'ordre qui sont en Champagne, mais aussi celles de la Lorraine, de la Picardie, *&c.*

Des chapitres généraux. L'assemblée des députés de toutes ou de presque toutes les maisons d'un ordre, en compose le *chapitre* général, & fait comme les états ou le concile, & le premier tribunal de l'ordre, auquel doivent se porter & se terminer les grandes affaires.

Ces *chapitres* généraux ou provinciaux étoient inconnus & peu nécessaires parmi les anciens religieux, qui ne formoient point entre eux ce qu'on a depuis appellé des *ordres* ou des *congrégations.* Chaque monastère avoit son supérieur & son gouvernement particulier, & ne tenoit point aux autres monastères. On a bien vu quelquefois des abbés avoir sous leur conduite une grande multitude de solitaires ou de religieux, & un certain nombre de *celles* ou de *laures*: (c'est ainsi qu'on nommoit en Orient, où l'ordre monastique a pris sa naissance, les demeures des religieux;) mais ces *laures* ou *celles* étoient ordinairement fort rapprochées: l'abbé pouvoit les visiter & les visitoit souvent

ſouvent en perſonne. Il les gouvernoit toutes avec une autorité abſolue, & aucune de ces maiſons n'avoit de droits temporels à conſerver. Les *chapitres* n'y pouvoient donc être d'aucune utilité; l'abbé ou le ſupérieur avoit tout le pouvoir néceſſaire pour conduire ſa maiſon, & la ſageſſe, la régularité, la prudence de la plupart de ces ſupérieurs n'avoient même laiſſé entrevoir aucun beſoin de donner un contrepoids, pour ainſi dire, & de mettre des bornes à leur autorité.

En Occident, la plupart des maiſons religieuſes adoptèrent ce genre d'adminiſtration. On n'y connoiſſoit que la règle de S. Benoît, & non pas ſon ordre. Ce furent les grandes réformes de ces monaſtères donnèrent lieu aux ordres & aux congrégations. Les monaſtères qui avoient embraſſé la réforme établie à Clugny, voulurent continuer de tenir à cette maiſon; il en fut de même par rapport à la réforme de Cîteaux, à laquelle la réputation, la ſainteté & les qualités rares de S. Bernard donnèrent bientôt le plus grand éclat & les ſuccès les plus rapides. Les abbés des monaſtères qui l'avoient adoptée, ou qu'elle avoit elle-même formés, pour ſoutenir l'union qu'ils vouloient faire régner entre ces maiſons, & y conſerver & maintenir la diſcipline, réſolurent de s'aſſembler de temps à autre en *chapitres* généraux. Cet uſage fut bientôt imité par les autres congrégations & ordres. Le quatrième concile de Latran, ſous le pontificat d'Innocent III, en ayant reconnu l'avantage, en fit une règle pour tous les ordres religieux, & leur preſcrivit de tenir ces *chapitres* généraux au moins tous les trois ans. Comme les *chapitres* provinciaux peuvent à-peu-près en tenir lieu dans les ordres diviſés par provinces, les *chapitres* généraux y ſont un peu plus rares & ne s'y tiennent que dans les grandes occaſions, lors, par exemple, qu'il s'agit de l'élection d'un général, ou de quelque affaire de cette nature.

C'eſt dans les *chapitres* provinciaux, comme on l'a dit, que ſe règlent les affaires de toute la province, & que ſe nomment les ſupérieurs dans les ordres dont les ſupériorités ſont électives & à temps: dans les ordres où elles ſont perpétuelles, on ne nomme que des viſiteurs. Ces *chapitres* peuvent faire des réglemens pour la province; mais ces réglemens n'ont de force qu'autant qu'ils ſont approuvés & confirmés par les ſupérieurs majeurs de l'ordre ou de la congrégation.

Les *chapitres* généraux doivent décider les affaires générales de l'ordre. C'eſt-là que s'éliſent les généraux & les premiers officiers des ordres. C'eſt dans ces *chapitres* qu'eſt cenſé réſider le pouvoir laiſſé à la plupart des ordres par les bulles d'approbation ou de confirmation qu'ils ont obtenues, de faire à leur conſtitution les changemens qu'ils jugent convenables, & les nouveaux réglemens qui paroiſſent néceſſaires.

Mais ces changemens, ces nouveaux ſtatuts & réglemens ne peuvent acquérir en France force de loi, même par rapport aux membres de ces ordres ou congrégations, s'ils n'ont été revêtus de lettres-patentes duement enregiſtrées; ce qui a ſagement été établi pour conſerver les droits du roi & empêcher que dans ces nouveaux ſtatuts, on n'inſère rien de contraire aux libertés de l'égliſe gallicane & aux maximes du royaume.

Les *chapitres*, tant généraux que provinciaux, doivent être convoqués & aſſemblés en France ſuivant les formes preſcrites, autrement il y auroit abus.

Lorſqu'ils ſe tiennent en pays étranger, il eſt défendu aux religieux françois de s'y rendre & de ſortir du royaume. C'eſt l'expreſſe diſpoſition d'une ordonnance rendue par Louis XI, au mois de ſeptembre 1476. Il faut que ces religieux, s'ils veulent aller à ces *chapitres*, en obtiennent la permiſſion du ſouverain.

Les *chapitres* généraux exercent un premier degré de juriſdiction ſur les religieux de leur ordre, & leurs jugemens tiennent lieu de première ſentence. Le parlement de Toulouſe l'a ainſi jugé contre deux religieux de l'abbaye de Gimont, qui, par arrêt de cette cour du 21 avril 1621, furent déclarés non-recevables à ſe pourvoir une troiſième fois en cour de Rome, pour avoir des juges délégués en France, contre un jugement de leur *chapitre* général, attendu que les deux premiers commiſſaires apoſtoliques avoient confirmé le jugement du *chapitre*, & que par-là les trois degrés de juriſdiction ſe trouvoient épuiſés. On a donc regardé le jugement du *chapitre* comme une première ſentence.

Des perſonnes qui ont voix délibérative dans les chapitres. On a dû remarquer par tout ce que nous venons de dire, que dans les premiers établiſſemens des ordres monaſtiques, on ne connoiſſoit pas ce qu'on appelle aujourd'hui *chapitres*. Il eſt conſtant par les monumens hiſtoriques, que dans le temps de la réunion des ordres religieux en congrégation, la plupart de leurs membres reſtoient perpétuellement dans le rang des laïcs: l'abbé ſeul, ou tout au plus quelques-uns de ſes religieux étoient élevés à l'ordre de la prêtriſe pour le ſervice & l'utilité des maiſons.

Tous les membres de la communauté, ſans diſtinction des prêtres & des laïcs, étoient appellés aux aſſemblées, il eût même été impoſſible d'en agir autrement. Mais lorſque, dans le cours du quatorzième ſiècle, le nombre des clercs ſe multiplia parmi les moines, ils adoptèrent le réglement du concile de Vienne, ſous Clément VI, qui défendoit d'admettre aux aſſemblées capitulaires des égliſes cathédrales & collégiales, ſéculières ou régulières, ceux des chanoines qui ne ſeroient pas au moins ſous-diacres. En conſéquence, les frères laïcs ou convers furent écartés peu-à-peu, & enfin totalement exclus des *chapitres*, d'abord par un ſimple uſage, qui ſe changea bientôt en règle & acquit force de loi,

Cet arrangement pouvoit peut-être se tolérer dans les monastères d'hommes, la dignité du sacerdoce donnoit un prétexte pour établir une différence entre les religieux prêtres & les religieux laïcs. Mais il est difficile de s'imaginer la raison qui a introduit dans les monastères de filles, la distinction entre les dames de choeur & les soeurs converses.

La noblesse, les richesses & l'opulence des familles peuvent-elles donner des raisons de prééminence, les unes sur les autres, à des filles qui se consacrent à Dieu par les mêmes voeux, & qui font une égale profession d'obéissance, de pauvreté & d'humilité ? Non sans doute : aussi on peut dire que cette distinction entre les religieuses d'une même maison est une suite de l'abus condamné par tous les conciles & les plus saints docteurs, de donner de l'argent ou des dots aux personnes qui se consacrent à Dieu, dans le dessein de pratiquer à la lettre les conseils de l'évangile sur la pauvreté & le renoncement à toute propriété. On reçut donc comme dames de choeur celles qui achetoient leur entrée, & on rangea dans une classe inférieure, sous le titre de *converses*, celles qui ne donnoient rien ou peu de chose.

L'ordre de S. François ou des frères mineurs, n'a point admis cette distinction, odieuse à plusieurs égards. Les frères y conservent le droit d'assister aux *chapitres*. Il en est de même des frères de la charité, dont l'institut ne pouvoit comporter une pareille distinction.

Les ordres de chevaleries, réguliers ou hospitaliers, tiennent aussi de temps en temps *chapitre*. Dans l'ordre de Malte, on tient des *chapitres* particuliers dans chaque province ; il y a aussi le *chapitre* général de l'ordre, qui se tient à Malte. *Voyez* MALTE.

CHAPITRES, (*trois*) *Droit ecclés.* termes célèbres dans l'histoire ecclésiastique du sixième siècle.

On donna alors le nom de *trois chapitres*, à trois écrits fameux, qui étoient les écrits de Théodore de Mopsueste, un écrit de Théodoret contre les douze anthèmes de S. Cyrille, & la lettre d'Ibas, évêque d'Edesse, à Maris, hérétique persan.

Ces *trois chapitres* avoient leurs défenseurs, qui étoient partagés en différentes classes. La première étoit celle des nestoriens, qui les défendoient, parce qu'ils croyoient que ces écrits avoient été approuvés dans le concile général de Chalcédoine, & qu'ils contenoient ou favorisoient ouvertement leur doctrine. La seconde étoit celle des catholiques, qui les défendoient, en soutenant, contre les nestoriens, que leur doctrine impie ne s'y trouvoit pas. La troisième étoit celle de ceux qui ne vouloient pas les condamner, parce que, selon eux, il n'étoit pas permis de faire le procès aux morts. A quoi il faut ajouter que, par une erreur de fait, plusieurs catholiques croyoient que le concile de Chalcédoine avoit approuvé les *trois chapitres*. Il est vrai que ce concile avoit admis Théodoret à la communion, après qu'il eut dit anathême à Nestorius, & déclaré Ibas orthodoxe, même après lecture faite de sa lettre à Maris ; mais il n'avoit rien prononcé sur cette lettre, ni pour ni contre les écrits ou la personne de Théodore de Mopsueste, & par conséquent, on ne pouvoit pas dire qu'il les eût approuvés.

Justinien condamna d'abord les *trois chapitres* par une loi publiée en 546, qu'on obligea tous les évêques de souscrire; mais plusieurs le refusèrent, & entre autres les évêques d'Afrique. Le pape Vigile les condamna aussi, mais sans préjudice du concile de Chalcédoine, par un décret intitulé *judicatum*, adressé à Mennas, patriarche de Constantinople, & rendu en 548. Les troubles continuant, on assembla en 553 le second concile général de Constantinople, qui est le cinquième oecuménique, dans lequel les *trois chapitres* furent anathématisés; & quoique le pape Vigile parût d'abord n'en pas approuver les décisions, parce qu'il avoit rétracté son premier décret par un autre qu'on nommoit *constitutum*, il se rendit enfin à l'avis du concile par un second *constitutum*, qu'on trouve dans les *nouvelles Collections* de Baluze, de l'année 554, qu'il avoit fait précéder dès la fin de 553, par une lettre d'accession, adressée à Eutychius, successeur de Mennas dans le siège de Constantinople.

La condamnation des *trois chapitres* causa en Occident un schisme, toujours fondé sur ce qu'on croyoit que le concile de Chalcédoine les avoit approuvés, & qui ne finit que plus de 70 ans après, sous le pape Honorius. Mais la division dura plus long-temps en Orient, où les nestoriens étoient fort puissans, & soutenus d'un grand nombre de défenseurs. (*G*)

CHAPITRE, (*Droit civil.*) on appelle, en terme de pratique & de finance, *chapitre*, les différentes divisions ou partitions que l'on est obligé de faire dans un compte, soit pour la clarté du compte, soit pour le soulagement de la mémoire.

Il y a trois divisions générales : 1°. les *chapitres* de recette, qui doivent comprendre tout ce que le comptable a reçu pour celui dont il géroit les affaires ; 2°. les *chapitres* de dépense, qui doivent également renfermer tout ce que le comptable a dépensé au même nom ; 3°. les *chapitres* de reprise, où le comptable reporte à l'oyant tout ce dont il a été obligé de se charger en recette, mais qu'il n'a pu effectivement toucher. *Voyez* COMPTE.

CHAPON, (*vol du*) *Droit féodal*, on donne ce nom, en pays coutumier, à l'étendue de terre qui, avec le principal manoir, doit être donnée par préciput à l'aîné des enfans mâles, dans le partage des biens nobles, en succession directe. *Voyez* AÎNESSE, ACCINS & PRÉCLOTURES.

CHAPTEL, *voyez* CHEPTEL.

CHARANTE, s. f. (*Jurispr.*) terme usité aux environs de la Rochelle, pour exprimer une *chaussée*: ce terme vient sans doute de *charroi*, & de ce que les chaussées sont faites principalement pour faciliter le passage des charrois & autres voitures. (*A*)

CHARBON, s. m. (*Jurispr. Eaux & Forêts.*) substance inflammable que l'on emploie à différens usages.

L'article 22, titre 27 de l'ordonnance de 1669, veut que les grands-maîtres ou autres officiers des maîtrises, désignent les endroits dans lesquels les adjudicataires des ventes pourront placer les fosses destinées à faire du charbon, & enjoint aux marchands de les mettre dans les endroits les plus vuides & les plus éloignés des arbres, à peine d'amende arbitraire.

Le motif de cette ordonnance est fondé sur ce que le voisinage des fosses à charbon est très-nuisible aux arbres, qui desséchés par la fumée & la chaleur des fourneaux à charbon, ne manquent presque jamais de périr. Le grand-maître peut même obliger les marchands, sous peine d'amende arbitraire, à replanter du bois à l'endroit des fosses, avant qu'on leur délivre leur congé.

L'ordonnance du duc Léopold, en 1724, pour la Lorraine, contient à cet égard des dispositions très-sages. Elle défend de faire plus d'une fosse à charbon, dans l'étendue de trois arpens; elle veut qu'on emploie les emplacemens dont on s'est servi dans les ventes précédentes.

L'adjudicataire qui fait faire du *charbon* doit répondre des délits de ses ouvriers. Il lui est défendu, ainsi qu'à tout propriétaire & marchand de bois, de vendre du *charbon* de bois aux étrangers, & d'en faire sortir hors du royaume, sans une permission expresse du roi, sous peine de confiscation du *charbon*, des voitures & équipages, & de trois mille livres d'amende. *Arrêts du conseil des 31 octobre 1722 & 8 mars 1723.*

L'article 5 de l'ordonnance & une foule d'arrêts du conseil, attribuent aux officiers des maîtrises la connoissance, entre toutes sortes de personnes, des actions qui procèdent des contrats, marchés, promesses, baux & associations, passés pour vente & achat de *charbon*, lorsque ces actes ont été faits avant que les marchandises aient été transportées hors des forêts.

La vente du *charbon* à Paris est assujettie à plusieurs formalités, dont le détail se trouve dans une ordonnance du prévôt des marchands & échevins, rendue le 19 juin 1755, & homologuée par arrêt du parlement du 16 juillet 1776. *Voyez le Dictionnaire des Finances.*

CHARBONNIÈRE, s. f. (*Jurispr.*) prison à l'hôtel-de-ville, où l'on enferme ceux qui ont commis quelques délits sur les rivières, ports & quais, dont la jurisdiction appartient aux prévôts des marchands & échevins.

CHARGE, s. f. (*Droit civil, public & particulier. Droit canon. & criminel.*) ce terme, en jurisprudence, a plusieurs acceptions.

Il signifie d'abord un office, une dignité qui donne pouvoir d'exercer certaines fonctions publiques; en second lieu, il se dit de tout ce qui est dû sur une chose mobilière ou immobilière, ou sur une masse de biens; on le prend aussi dans l'acception de *condition*, *servitude*, *dommage* ou *incommodité*. C'est dans ce sens qu'on dit communément qu'il faut prendre le bénéfice avec les *charges*, en suivant cette règle de droit: *quem sequuntur commoda, debent sequi & incommoda.* Ce mot a encore une signification différente en matière criminelle.

Nous allons traiter du mot *charge*, sous l'acception d'office & de dignité, ensuite nous passerons aux différentes *charges* dues sur une masse de biens, que nous exposerons dans l'ordre alphabétique, & nous finirons par expliquer ce qu'on entend par *charge* en procédure criminelle.

CHARGE *considérée comme office & dignité.* Dans l'usage & le langage ordinaire, on confond les mots de *charge* & *office*, on les regarde comme synonymes, & on les emploie indistinctement.

Cependant, comme le remarque l'auteur des *Loix civiles*, il y a plusieurs différences entre ces deux termes.

1°. Nous donnons, ainsi que les Romains, le nom de *charges* à plusieurs fonctions publiques & privées, que l'on a toujours regardées comme onéreuses, telles que sont les tutèles & curatèles, les *charges* de police & municipales, le recouvrement des impositions & autres de ce genre.

Ces fonctions sont véritablement des *charges*, puisque elles entraînent nécessairement un travail de corps & d'esprit, souvent même des dépenses assez considérables pour occasionner une diminution dans le patrimoine de ceux qui les remplissent. C'est par cette raison que les loix romaines les appelloient indifféremment *munera publica, quasi onera.*

Les offices & dignités étoient désignés au contraire par le mot *honor*, *honneur*, & ils sont différens des *charges*, en ce qu'ils attribuent à celui qui en est revêtu une portion de la puissance publique, à laquelle on attache un certain honneur, & des privilèges de rang, de prééminence, de pompe extérieure, ou autre chose semblable.

2°. Dans notre jurisprudence actuelle, le mot *office* doit s'appliquer seulement aux emplois publics, qui ont été érigés en titre d'office formés ou héréditaires, vénaux ou non venaux, qu'on ne peut exercer avant d'avoir pris des lettres ou provisions du prince.

Le mot *charge* comprend en outre, tous les emplois qu'on peut exercer sans provision, & seulement pour un temps.

Ainsi les *charges* de conseillers dans les tribunaux sont de véritables offices, dont les lettres du prince assurent le titre aux titulaires pendant leur vie, & qu'ils ne peuvent perdre que lorsqu'ils s'en démettent volontairement, ou qu'ils en sont jugés indignes par une sentence de condamnation. Les places d'échevins, de consuls & autres sont de simples *charges*, & non des offices, parce que ceux qui y sont nommés ne les remplissent que pour un temps, & qu'ils n'y ont d'autre titre que le choix qu'on a fait de leur personne. Nous parlerons de chaque espèce de *charge* ou office, sous le nom qui lui est propre. *Voyez* OFFICE.

CHARGE, *considérée comme dette, condition ou incommodité d'une masse de biens.* Sous ce rapport, les *charges* sont publiques ou particulières, annuelles ou perpétuelles, les unes sont foncières, les autres viagères; il y en a de locales & de générales: quelques-unes affectent une espèce de biens, d'autres les affectent tous. C'est ce que nous allons faire connoître par les différens articles qui naissent de la distinction des *charges*.

CHARGE *des bénéfices*, elles sont spirituelles ou temporelles. Les *charges* spirituelles concernent les fonctions que doit remplir un ecclésiastique, relativement au caractère & à la dignité dont il est revêtu. *Voyez* CURÉ, EVÊQUE, DOYEN, *&c.*

Les *charges* temporelles consistent dans les réparations à faire aux bâtimens des bénéfices, & dans l'obligation d'en payer les cens, rentes, décimes, impositions, *&c.* Ces *charges* doivent être acquittées annuellement par le titulaire, sur les fruits du bénéfice, sans qu'il puisse aliéner aucuns fonds de l'église pour y subvenir. Cette disposition du droit est tellement précise, que lorsque ces *charges* n'ont point été acquittées annuellement par le titulaire, sa succession ou ses représentans en sont tenus, à la décharge de son successeur. On en excepte seulement le cas des réparations extraordinaires survenues par cas fortuits, dont les *charges* doivent être acquittées par le successeur au bénéfice, lorsque le titulaire actuel a été autorisé en la forme usitée, à contracter une dette pour cet objet, & qu'il décède avant le paiement entier. *Voyez* ECONOMAT, BÉNÉFICE & ABBAYE.

CHARGES *de la communauté de biens entre conjoints par mariage.* Ce sont les dettes & les dépenses qui doivent être acquittées aux dépens de la communauté, sans pouvoir être prises sur les propres des conjoints.

Du nombre de ces *charges* sont la dépense du ménage, l'entretien des conjoints, l'entretien, les alimens & les frais d'éducation des enfans communs. A l'égard des frais qui concernent les enfans qu'un des conjoints a eus d'un précédent mariage, ils ne doivent être à la *charge* de la communauté que dans le cas où ils n'ont pas de leur chef un revenu suffisant, parce que alors leur entretien est une dette naturelle du père ou de la mère, dont la communauté est tenue.

On compte au nombre des *charges* de la communauté, les réparations de simple entretien, qui sont à faire pendant sa durée, tant aux biens qui en dépendent qu'aux propres des conjoints. A l'égard des grosses réparations qui surviennent aux propres, elles sont à la *charge* de celui à qui appartiennent ces biens, & lorsqu'elles ont été payées des deniers de la communauté, il lui en est dû récompense. Ces grosses réparations sont, suivant l'article 262 de la coutume de Paris, les quatre gros murs, les poutres, les couvertures entières & les voûtes.

Les dettes mobilières des conjoints, créées avant le mariage, sont aussi une *charge* de la communauté, si elles n'en ont été exclues par une clause expresse du contrat de mariage.

Toutes les dettes mobilières ou immobilières, contractées pendant la durée de la communauté, en sont de droit une *charge*. Il en est de même des dettes mobilières des successions échues à chacun des conjoints, pendant le mariage.

On doit comprendre encore dans les *charges* de la communauté, les frais qui se font après sa dissolution, pour en inventorier les effets, en régler le partage, & liquider les reprises que les conjoints ou leurs héritiers ont à exercer contre elle. Les frais funéraires du prédécédé n'en font point partie, c'est une *charge* particulière de sa succession. *Voyez* COMMUNAUTÉ.

CHARGE *des comptes ou sur les comptes.* On appelle ainsi, dans le style de la chambre des comptes, 1°. les jugemens interlocutoires, qui laissent en souffrance certaine partie de la recette ou de la dépense d'un compte; 2°. les débats formés par les états finaux des comptes.

Suivant le réglement du 22 octobre 1537, les auditeurs, après la clôture de leurs comptes, sont tenus de donner un état de leurs *charges*, au procureur général, pour en faire poursuite. Mais depuis, elle a passé au solliciteur des restes, & ensuite au contrôleur des restes. *Voyez* CONTRÔLEUR *des restes*, & SOLLICITEUR.

CHARGES *foncières*, sont les redevances principales des héritages, imposées lors de l'aliénation qui en a été faite, pour être payées & supportées par le détenteur de ces héritages: tels sont le cens & surcens; les rentes seigneuriales, soit en argent ou en grain, ou autres denrées; les rentes secondes non seigneuriales; les servitudes & autres prestations dues sur l'héritage, ou par celui qui en est détenteur.

Quoique le cens soit de sa nature une rente foncière, néanmoins dans l'usage, quand on parle simplement de rentes foncières sans autre qualification, on n'entend par-là ordinairement que les redevances imposées après le cens.

Toutes *charges foncières*, même le cens, ne peuvent être créées que lors de la tradition du fonds, soit par donation, legs, vente, échange ou autre aliénation. Il en faut seulement excepter les servitudes, lesquelles peuvent être établies par simple convention, même hors la tradition du fonds; ce qui a été ainsi introduit, à cause de la nécessité fréquente que l'on a d'imposer des servitudes sur un héritage en faveur d'un autre. Les servitudes diffèrent encore en un point des autres *charges* foncières, savoir, que celui qui a droit de servitude, perçoit son droit directement sur la chose, au lieu que les autres *charges* foncières doivent être acquittées par le détenteur. Du reste, les servitudes sont de même nature & sujettes aux mêmes règles.

Les *charges foncières* une fois établies, sont si fortes, qu'elles suivent toujours la chose en quelques mains qu'elle passe.

L'action que l'on a pour l'acquittement de ces *charges*, est principalement réelle & considérée comme une espèce de vendication sur la chose. Elles produisent néanmoins aussi une action personnelle contre le détenteur de l'héritage, tant pour le paiement des arrérages échus de son temps, que pour la réparation de ce qui a été fait au préjudice des clauses de la concession de l'héritage.

Les *charges foncières* diffèrent des dettes & obligations personnelles, en ce que celles-ci, quoique contractées à l'occasion d'un héritage, ne sont pas cependant une dette de l'héritage, & ne suivent pas le détenteur; elles sont personnelles à l'obligé & à ses héritiers: au lieu que les *charges foncières* suivent l'héritage & le détenteur actuel, mais ne passent point à son héritier, sinon en tant qu'il succéderoit à l'héritage.

Il y a aussi une différence entre les *charges foncières* & les simples hypothèques, en ce que l'hypothèque n'est qu'une obligation accessoire & subsidiaire de la chose, pour plus grande sûreté de l'obligation personnelle, qui est la principale: au lieu que la *charge foncière* est due principalement par l'héritage, & que le détenteur n'en est tenu qu'à cause de l'héritage.

Loiseau, dans son *Traité du déguerpissement*, remarque douze différences entre les *charges foncières* & les rentes constituées, qu'il seroit trop long de détailler ici. *Voyez* CENS, CHAMPART, RENTE, SERVITUDE.

CHARGES *locales assurées sur les domaines du roi.* Ce sont les aumônes, les gages d'officiers, les rentes & les autres objets de dépense assignés sur les domaines du roi.

On arrête tous les ans au conseil un état des *charges locales*, & en conséquence, le receveur général des domaines paie les parties prenantes, après s'être fait remettre les fonds par le fermier des domaines, auquel il en fournit la quittance comptable.

Le fermier des domaines est tenu d'acquitter en déduction du prix de son bail, les *charges* dont le fonds est fait dans les états du roi, & il doit pour cet effet fournir en deniers ou quittances valables, de six mois en six mois, ou au plus tard six semaines après l'échéance de chaque terme, entre les mains du receveur général des domaines en exercice, le montant de ces *charges*, conformément aux états arrêtés au conseil, desquels les extraits doivent lui être remis par le fermier général.

Les receveurs généraux des domaines peuvent décerner leurs contraintes, pour la remise des fonds destinés au paiement des *charges* employées dans les états du roi, & les faire mettre à exécution, après les avoir fait viser par les trésoriers de France, ou par les intendans des généralités, dans les lieux où il n'y a point de bureaux des finances. C'est ce que portent les lettres-patentes du 12 juillet 1687, & l'édit du mois de décembre 1701.

Au reste, comme le fermier ne peut valablement payer les *charges locales* qu'autant qu'elles sont employées dans les états du roi, il faut en conclure que les receveurs généraux ne peuvent décerner contre lui aucune contrainte qu'en vertu de ces états; & que les parties prenantes ne peuvent user de cette voie contre les receveurs généraux, qu'après que les états dont il s'agit ont été arrêtés, & qu'ils ont reçu ou dû recevoir du fermier les fonds nécessaires pour acquitter les *charges* employées dans ces états.

Plusieurs arrêts du conseil ont défendu aux cours & jurisdictions du royaume, de décerner aucune contrainte contre le fermier du domaine, pour des sommes qui ne seroient pas employées dans les états du roi. On en trouve plusieurs qui ont cassé les jugemens des parlemens & autres tribunaux, qui, malgré ces défenses, avoient décerné des contraintes dans ce cas. On peut consulter à cet égard ceux des 2 juillet 1668, 7 septembre 1677, 11 janvier & 3 mars 1716, & 25 août 1722.

Les engagistes des domaines sont tenus d'acquitter annuellement les *charges locales* qui étoient assignées lors de l'engagement, sur les portions de domaine qu'on leur a engagées, quand bien même ils n'en auroient pas été chargés par les titres de leurs acquisitions. C'est ce qui résulte de différentes loix, & particuliérement des déclarations du 12 octobre 1601 & du 22 décembre 1659, de l'édit du mois d'août 1669, des lettres-patentes du 12 juillet 1687, de l'édit du mois de décembre 1701, *&c.*

Lorsque quelques engagistes ont racheté le fonds des *charges locales*, & qu'ils justifient d'un titre suffisant, ces *charges* se portent sur le compte du roi dans les états arrêtés au conseil, pour être payées annuellement aux parties prenantes.

CHARGES *du mariage.* Ce sont les mêmes que celles dont nous venons de parler sous le titre de *charges de la communauté.* C'est au mari, comme chef du ménage, à les acquitter; mais la femme doit y contribuer pour sa part. C'est par cette raison qu'elles sont aux dépens de la communauté, lorsqu'il y en a une établie entre les conjoints: mais lorsque la femme est non commune & séparée de biens, on stipule ordinairement qu'elle paiera à son mari une certaine pension, pour lui aider à supporter les *charges du mariage*; & quand cette clause seroit omise dans le contrat, le mari peut toujours y obliger sa femme.

CHARGES *municipales.* Elles doivent être rangées dans la classe des *charges* considérées comme *condition* & incommodité; car les citoyens d'une ville sont obligés de les remplir ou par la loi ou par l'usage, lorsqu'on fait choix de leurs personnes. Elles consistent dans l'obligation d'exercer, pendant un temps, certaines fonctions publiques, telles que l'administration des affaires de la communauté, la levée des deniers publics ou communs, *&c.*

Elles ont été surnommées *municipales*, du latin *munia*, qui signifie ouvrages dus par la loi, fonctions publiques; ou plutôt de *municipium*, qui signifioit chez les Romains une ville qui avoit droit de se gouverner elle-même suivant ses loix, & de nommer ses magistrats & autres officiers.

Ainsi, dans l'origine, on n'appelloit *charges municipales* que celles des villes auxquelles convenoit le nom de *municipium*.

Mais depuis que les droits de ces villes municipales ont été abolis, & que l'on a donné indifféremment à toutes sortes de villes le titre de *municipium*, on a aussi appellé *municipales* toutes les *charges* & fonctions publiques des villes, bourgs & communautés d'habitans qui ont conservé le droit de nommer leurs officiers.

On comprend dans le nombre des *charges municipales*, les places de prévôt des marchands, qu'on appelle ailleurs *maire;* celles d'échevins, qu'on appelle à Toulouse *capitouls*, à Bordeaux *jurats*, & dans plusieurs villes de Languedoc, *bayles* & *consuls*.

La fonction de ces *charges* consiste à administrer les affaires de la communauté; en quelques endroits, on y a attaché une certaine jurisdiction plus ou moins étendue.

Il y a encore d'autres *charges* que l'on peut appeller *municipales*, telles que celles de syndic d'une communauté d'habitans, & de collecteur des tailles; celles-ci ne consistent qu'en une simple fonction publique, sans aucune dignité ni jurisdiction.

L'élection pour les *places municipales* qui sont vacantes, doit se faire suivant les usages & réglemens de chaque pays, & à la pluralité des voix.

Ceux qui sont ainsi élus, peuvent être contraints de remplir leurs fonctions, à moins qu'ils n'aient quelque exemption ou excuse légitime.

Il y a des exemptions générales, & d'autres particulières à certaines personnes & à certaines *charges;* par exemple, les gentilshommes sont exempts de la collecte & levée des deniers publics. Il y a aussi des offices qui exemptent de ces *charges municipales*.

Outre les exemptions, il y a plusieurs causes ou excuses pour lesquelles on est dispensé de remplir les *charges municipales;* telles sont la minorité & l'âge de soixante-dix ans, les maladies habituelles, le nombre d'enfans prescrit par les loix, le service militaire, une extrême pauvreté, & autres cas extraordinaires qui mettroient un homme hors d'état de remplir la *charge* à laquelle il seroit nommé.

Les indignes & les personnes notées d'infamie sont exclus des *charges municipales*, sur-tout de celles auxquelles il y a quelque marque d'honneur attachée. *Voyez* OFFICE.

CHARGES *de Police*, sont certaines fonctions que chacun est obligé de remplir, pour le bon ordre & la police des villes & bourgs, comme de faire balayer & arroser les rues au-devant de sa maison, faire allumer les lanternes, *&c.* On stipule ordinairement par les baux, que les principaux locataires seront tenus d'acquitter ces sortes de *charges*.

CHARGES *publiques:* on comprend sous ce terme quatre sortes de *charges*, savoir; 1°. les impositions qui sont établies pour les besoins de l'état, & qui se paient par tous les sujets du roi. Ces sortes de *charges* sont la plupart annuelles, telles que la taille, la capitation, *&c.* Quelques-unes sont extraordinaires, & seulement pour un temps, telles que le dixième, vingtième, cinquantième. On peut aussi mettre dans cette classe l'obligation de servir au ban ou arrière-ban, ou dans la milice, le devoir de guet & de garde, *&c.* 2°. certaines *charges* locales, communes aux habitans d'un certain pays seulement, telles que les réparations d'un pont, d'une chaussée, d'un chemin, de la nef d'une église paroissiale, d'un presbytère, le curage d'une rivière, d'un fossé ou vuidange, nécessaire pour l'écoulement des eaux de tout un canton; 3°. les *charges de police*, telles que l'obligation de faire balayer les rues, chacun au-devant de sa maison, ou de les arroser dans les chaleurs, d'allumer les lanternes, la fonction de collecteur, celle de commissaire des pauvres, de marguillier, le devoir de guet & de garde, le logement des gens de guerre; on pourroit aussi comprendre dans cette classe la fonction de prévôt des marchands, celle d'échevin & autres semblables, mais que l'on connoît mieux sous le titre de *charges municipales*. 4°. On appelle aussi *charges publiques*, certains engagemens que chacun est obligé de remplir dans sa famille, comme l'acceptation de la tutèle ou curatèle de ses parens, voisins & amis.

Chacun peut être contraint par exécution de ses biens, d'acquitter toutes ces différentes *charges*, lorsqu'il y a lieu, sous peine même d'amende pécuniaire, pour certaines *charges de police*, telles que celles de faire balayer ou arroser les rues, allumer les lanternes.

CHARGES *réelles*, sont celles qui sont imposées par la tradition d'un fonds, & qui suivent la chose en quelques mains qu'elle passe. *Voyez* CHARGES *foncières*.

CHARGES *d'une succession*, *donation* ou *testament*, (*Jurispr.*) sont les obligations imposées à l'héritier, donataire ou légataire, les sommes ou autres choses dues sur les biens, & qu'il doit acquitter, comme de payer les dettes, acquitter les fondations faites par le donateur ou testateur, faire délivrance des legs universels ou particuliers; comme aussi l'obligation de supporter ou acquitter un douaire, don mutuel ou autre usufruit, de payer une rente viagère, souffrir une servitude en faveur d'une tierce personne, & autres engagemens de différente nature, plus ou moins étendus, selon les conditions imposées par le donateur ou testateur, ou les droits & actions qui se trouvent à prendre sur les biens de la succession, donation ou testament. Comme il y a des *charges* pour la succession en général, il y en a aussi de communes à l'héritier, & au légataire ou donataire universel, telles que les dettes, auxquelles chacun d'eux contribue à proportion de l'émolument. Il y a aussi des *charges* propres au donataire & légataire particulier; ce qui dépend des droits qui se trouvent affectés sur les biens donnés ou légués, & des conditions imposées par le donateur ou testateur. *Voyez* DONATION, SUCCESSION, TESTAMENT.

CHARGES *universelles*, sont celles qui affectent toute une masse de biens, & non pas une certaine chose en particulier; telles sont les dettes d'une succession qui affectent toute la masse des biens, de manière qu'il n'est point censé y avoir aucun bien dans la succession que toutes ces *charges* ne soient déduites. Loyseau, *Traité du déguerpissement, liv. I, chap. 11, & liv. IV & VI*, traite au long de la nature de ces *charges universelles*, & explique en quoi elles diffèrent des rentes foncières. (*A*)

CHARGE (*en matière criminelle*) se dit des indices & des preuves qu'il y a dans les informations, & les autres pièces du procès contre un accusé.

On joint ordinairement à ce mot celui d'*information*, comme s'ils étoient synonymes : ils ont cependant chacun une signification différente.

Les *charges* en général sont toutes les pièces secrètes du procès qui tendent à charger l'accusé du crime qu'on lui impute, telles que les dénonciations, plaintes, procès-verbaux, interrogatoires, déclarations, comme aussi les informations, récollemens & confrontations : au lieu que les *informations* en particulier, ne sont autre chose que le procès-verbal d'audition des témoins en matière criminelle. Cependant on prend souvent le terme de *charges* pour les dépositions des témoins entendus en *information*. On dit : *faire lecture des charges*, *faire apporter les charges & informations à l'avocat-général*, c'est-à-dire, *lui faire remettre en communication les informations & autres pièces secrètes du procès*. Sous le terme de *charges* proprement dites en matière criminelle, on ne devroit entendre que les dépositions qui tendent réellement à charger l'accusé du crime dont il est prévenu; cependant on comprend quelquefois sous ce terme de *charges*, les *informations* en général, soit qu'elles tendent à *charge* ou à *décharge*. On dit d'une cause de petit-criminel, qu'elle dépend des *charges*, c'est-à-dire, de ce qui sera prouvé par les *informations*. *Voyez* INFORMATION.

Suivant l'article 19 du titre 15 de l'ordonnance criminelle du mois d'août 1670, l'accusé d'un crime qui ne mérite pas peine afflictive, peut, après avoir subi interrogatoire, *prendre droit par les charges*, c'est-à-dire, s'en rapporter aux dépositions des témoins & consentir que sans autre instruction, il soit procédé au jugement du procès. C'est pourquoi le juge doit à la fin de l'interrogatoire, demander à l'accusé s'il veut prendre droit par les *charges*.

Lorsque l'accusé est dans le cas d'être admis à prendre droit par les *charges*, & qu'on ne l'y admet pas, les frais de la procédure extraordinaire qui se fait ensuite par récollement & confrontation, ne doivent pas être à sa *charge*, même quand il viendroit à succomber.

Lorsque la partie publique & la partie civile ont été admises à prendre droit par l'interrogatoire, & que l'accusé a été reçu à prendre droit par les *charges*, la partie peut donner sa requête contenant ses demandes, & l'accusé ses réponses dans le délai fixé par les juges, passé lequel, il doit être procédé au jugement, quand même on n'auroit donné ni la requête, ni les réponses dont on vient de parler. C'est ce qui résulte de l'article 20 du titre cité.

CHARGE, (*terme de Coutume.*) on le trouve particuliérement dans la coutume de Poitou, *art. 190.* Elle donne le nom de *charge de bled*, aux redevances en bled dont un héritage est chargé envers quelqu'un. Ce nom lui est donné, parce que la quotité de la redevance est fixée par la quantité de ce dont un cheval peut être chargé. Ainsi une *charge* de bled froment, seigle ou avoine, désigne une redevance égale au poids qu'un cheval porte communément. La coutume évalue la *charge* de bled à trois cens livres pesant.

CHARGE *d'enquête*, (*Droit coutumier.*) cette expression est en usage dans les coutumes de Mons & de Valenciennes, pour désigner les formules de sentence que les magistrats de ces deux villes donnent aux gens de loi de leur ressort, dans les affaires de leur compétence.

Comme les gens de loi des villages n'ont aucune teinture du droit, & que même il s'en trouve quelquefois qui ne savent pas lire, il seroit dangereux de les laisser juger à leur mode. On a remédié à cet inconvénient, en leur ordonnant de prendre auparavant l'avis de quelques jurisconsultes.

Dans les chefs-lieu de Valenciennes & de Mons, c'est au magistrat, ou corps des échevins de ces deux villes, que les gens de loi doivent s'adresser pour prendre *charge d'enquête*. Dans l'étendue du chef-lieu de Mons, il n'y a que les mayeurs & échevins de village qui soient tenus à cette *charge d'enquête* : ceux des villes, telles que Maubeuge, Binck, Landreci, *&c.* n'ont jamais été assujettis à cette formalité ; ils ont toujours jugé eux-mêmes les causes instruites pardevant eux.

Il n'en est pas de même des villes qui ressortissent au chef-lieu de Valenciennes, leurs magistrats sont tenus, comme ceux des villages, d'y aller prendre *charge d'enquête*.

Cet usage subsiste encore dans toute sa vigueur, dans les villes & les villages du chef-lieu de Valenciennes; à l'exception du ressort du bailliage du Quesnoi, les villages qui ressortissent au siège royal de Bouchain & Bouchain même, n'en sont pas exempts.

A l'égard des villages situés dans la partie du chef-lieu de Mons, qui appartient à la France, les mayeurs & échevins de ces endroits ne peuvent aller demander leur *charge d'enquête* au magistrat de Mons; ils y suppléent par l'avis de trois ou cinq avocats. On en use de même dans le ressort du bailliage du Quesnoi, & dans toutes les autres coutumes des Pays-bas qui n'ont pas de disposition particulière sur ce point.

Anciennement le magistrat de Cambrai donnoit aussi *charge d'enquête* aux mayeurs & échevins du Cambrésis. La loi Godefroy, ainsi appellée parce qu'elle fut portée par l'évêque Godefroy, dans le mois de novembre 1227, ordonne au magistrat de Cambrai, de *donner loyaument les enquêtes des forains*. Ce sont les termes de l'article 3; mais aujourd'hui cet usage ne subsiste plus. Les *charges d'enquêtes* se donnent par des gradués, au choix des gens de loi.

On demande si les mayeurs & échevins de village sont obligés de déférer à la *charge* ou avis des magistrats ou jurisconsultes auxquels ils sont adressés.

La coutume du chef-lieu de Valenciennes, *art. 221*, décide pour l'affirmative. Le parlement de Flandres a jugé de même en 1676, pour la châtellenie de Courtrai; mais c'étoit dans un cas où les avocats avoient été dénommés par un juge supérieur.

Hors ce cas, & dans les coutumes qui ne décident rien là-dessus, M. Maillard prétend que les mayeurs & échevins de village ne sont point obligés de juger conformément à la *charge* ou avis qu'ils ont pris. L'usage est contraire à cette opinion, & l'on doute si peu de la nécessité où sont les gens de loi de se conformer à cette *charge*, que les avocats qu'ils consultent rédigent leur avis, non dans les formes ordinaires, mais dans la forme d'une sentence.

Les huissiers du parlement de Douai sont aussi tenus de prendre avis de jurisconsultes, dans le cas de l'article 34 de l'arrêt de réglement du 16 septembre 1672. Voici de quoi parle cet article.

Lorsqu'on veut se pourvoir en complainte pour un bien situé dans un endroit où il ne se trouve point de juge royal, comme dans le Cambrésis, on lève une commission en la chancellerie établie près du parlement. Cette commission est adressée à un huissier. C'est pardevant lui que s'instruit la complainte. C'est lui qui entend les témoins; & s'il n'y a point d'enquête faite par le défendeur, il prend avis d'avocats & prononce en conséquence sur la provision. Si le défendeur a fait une enquête, l'huissier envoie toutes les pièces du procès à l'audience des *conseillers-commissaires*, qui jugent la récréance & renvoient les parties à l'une des chambres du conseil, pour le plein possessoire.

Les consultations que donnent les avocats par forme de jugemens, s'appellent *avis pro judice*: ils sont obligés de les signer, même contre leur sentiment, si la pluralité des voix est contre eux. C'est la différence qu'il y a entre ces consultations & celles qui se font à la requisition d'une partie; ils ne peuvent signer ces dernières contre leur propre opinion, sous prétexte de la pluralité des voix. Un arrêt de réglement du 14 mai 1720, rendu par le parlement de Douai, le leur défend formellement.

CHARGER, v. a. (*Jurisp.*) en matière criminelle, signifie *accuser* quelqu'un, ou *déposer* contre celui qui est déjà accusé. On dit, par exemple, en parlant de l'accusé, qu'*il y a plusieurs témoins qui le chargent*, c'est-à-dire qui déposent contre lui dans les informations; c'est de-là que les informations sont aussi appellées *charges*. *Voyez* CHARGES & INFORMATIONS. (*A*)

CHARISTICAIRES, s. m. (*Droit ecclés.*) c'est le nom qu'on donnoit à certains commendataires ou donataires, à qui on avoit accordé par une formule particulière, que Jean d'Antioche a conservée, la jouissance des revenus des hôpitaux & monastères tant d'hommes que de femmes.

Ces concessions injustes se font faites indistinctement à des ecclésiastiques, à des laïcs, même à des personnes mariées: on les a quelquefois assurées sur deux têtes.

On en fait remonter l'origine jusqu'au temps de Constantin Copronyme. Il paroît que les empereurs & les patriarches de l'église grecque, dans l'intention de conserver & de réparer les monastères, continuèrent une dignité que la haine de Copronyme avoit instituée dans le dessein de les détruire.

Les successeurs des premiers *charisticaires*, autorisés légitimement dans la perception des revenus monastiques, n'en furent pas toujours plus équitables dans leur administration. Il est singulier qu'on ait cru le même moyen propre à deux fins entièrement opposées, & que les revenus des moines seroient mieux entre les mains des étrangers qu'entre les leurs.

Cet établissement des *charisticaires* dans l'église grecque, a fourni ensuite dans l'église latine l'idée des *commendes*. *Voyez ce mot.*

CHARITATIF, adj. (*Jurispr.*) ce terme de droit canonique ne se dit point seul, mais est ordinairement joint avec celui de *don* ou de *subside*. Il signifie une *contribution* modérée, que les canons permettent à l'évêque de lever sur ses diocésains, en cas d'urgente nécessité; par exemple, si ses revenus ne lui fournissent pas de quoi faire la dépense nécessaire pour assister à un concile auquel il est appellé. (*A*)

CHARITÉ, s. f. (*Droit naturel. Morale.*) les théologiens définissent la *charité*, une vertu théologale, par laquelle nous aimons Dieu de tout notre cœur, & notre prochain comme nous-mêmes. Elle a donc deux objets, Dieu & les hommes. *Voyez le Dictionnaire de Théologie.*

Hors de la théologie, le terme de *charité* n'a presque pas d'idées communes avec le *charitas* des latins, qui signifie la tendresse qui doit unir les pères & les enfans, dont la loi naturelle nous fait un devoir, dont l'exercice cause un véritable plaisir aux ames sensibles & honnêtes.

On entend aussi par *charité* l'effet d'une commisération soit chrétienne, soit morale, par laquelle nous secourons notre prochain, de notre bien, de nos conseils, de notre crédit, *&c.* La *charité* des conseils est la plus commune; il faut un peu s'en méfier, elle ne coûte rien, & ce peut être aisément un des masques de l'amour-propre. *Voyez* BIENFAISANCE, BIENVEILLANCE.

CHARITÉ, (*Droit ecclés.*) c'est le nom de plusieurs ordres & établissemens religieux, dont nous allons donner une notice par ordre alphabétique.

CHARITÉ *chrétienne.* Henri III, roi de France & de Pologne, institua pour les soldats hors d'état de le servir dans ses armées, un ordre sous le titre de *charité chrétienne.* Leur demeure devoit être dans une maison du fauxbourg S. Marceau, leur subsistance devoit être assignée sur les fonds des hôpitaux & maladreries de France. Mais ce ne fut qu'un projet qui n'eut point d'exécution: la mort funeste de ce prince le fit échouer. Il étoit réservé à Louis XIV de l'exécuter avec une magnificence vraiment royale, par la fondation de l'hôtel des invalides. (*G*)

CHARITÉ, (*Dames de*) on donne ce nom, dans les paroisses de Paris & de plusieurs autres villes, à des dames pieuses qui s'intéressent au soulagement des pauvres, qui leur distribuent avec prudence les aumônes qu'elles font elles-mêmes, ou qu'elles recueillent. Elles s'assemblent assez souvent avec le curé de la paroisse, pour conférer sur l'état & le nombre des pauvres, & pour trouver le moyen de remédier à leur misère.

CHARITÉ, (*Ecoles de*) on en trouve en France & en Angleterre. Celles d'Angleterre ont été formées, & se soutiennent dans chaque paroisse, par les contributions volontaires des paroissiens. On y montre aux enfans des pauvres à lire, à écrire, *&c.* ainsi que les premiers principes de la religion. Les aumônes & les fondations sont assez abondantes dans la plupart, pour servir encore à habiller un certain nombre d'enfans, & à leur faire apprendre des métiers.

Nous avons en France, à Paris & dans presque toutes les villes, un grand nombre d'établissemens de cette espèce, qui se soutiennent en partie par les revenus ecclésiastiques que les évêques y ont attachés, en partie par des dotations & des aumônes que leur ont faites & que leur font tous les jours des personnes pieuses. Ces écoles des pauvres sont ordinairement conduites par des frères que l'on appelle des *écoles chrétiennes.*

Outre ces maisons destinées à l'instruction des pauvres, on élève dans plusieurs hôpitaux, les pauvres & les orphelins, auxquels, quand ils sont en âge, on fait apprendre des métiers.

Il y a encore à Londres une association charitable, instituée sous la reine Anne, pour donner moyen à de pauvres manufacturiers & à de pauvres commerçans, de trouver de l'argent à un intérêt modique & autorisé par les loix. On fit pour cet effet un fonds de trente mille livres sterlings. (*G*)

CHARITÉ, (*Frères de la*) ce sont des religieux hospitaliers qui forment une congrégation sous le titre de *S. Jean-de-Dieu*, leur fondateur.

Ce fondateur, originaire du Portugal, passa dans l'Espagne vers l'an 1504, à un âge fort tendre. Des circonstances particulières l'ayant fait passer pour fou, on le renferma à Grenade dans un hôpital destiné aux gens de cette espèce. Content de trouver une occasion de servir les malades qui étoient dans cette maison, il fit aisément connoître que sa folie n'avoit été qu'apparente. Il en sortit au mois d'octobre 1539, emportant avec lui la résolution de se consacrer toute sa vie au soulagement des pauvres. Dénué de fortune & de secours, il s'employoit aux travaux les plus pénibles pour avoir de quoi les assister: son zèle connu des personnes opulentes, lui procura des aumônes & une maison pour y recevoir ceux qui avoient besoin de ses secours.

Voilà quels furent les commencemens de son ordre. L'archevêque de Grenade s'employa en tout ce qui dépendit de lui pour le favoriser. Mais il ne fut question alors que de former une société de personnes séculières, pour avoir soin de ce nouvel hôpital qui servit de modèle dans la suite pour en instituer d'autres semblables dans divers endroits de l'Espagne, comme à Cordoue, à Lucène, *&c.*

Les personnes consacrées au service de ces hôpitaux & qui avoient déjà un supérieur, demandèrent au pape Pie V d'approuver leur institut en forme de congrégation. Ce pontife le fit par une bulle du premier janvier 1572, & donna à ces hospitaliers la règle de S. Augustin, avec pouvoir d'élire un supérieur, sous le nom de *majeur*, dans chaque hôpital. Il leur permit en même temps, de faire promouvoir aux ordres sacrés l'un d'entre eux, pour administrer les sacremens à leurs confrères ainsi qu'aux malades, les soumettant à la jurisdiction des évêques des lieux où leurs maisons seroient situées.

Ce nouvel établissement fut très-approuvé dans l'Italie; on chercha à l'imiter dans plusieurs endroits: il le fut particulièrement à Milan, où l'on sait qu'il y a un hôpital très-magnifique & très-connu.

Le nombre de ces hôpitaux s'étant beaucoup augmenté en Espagne & en Italie, Sixte V permit aux hospitaliers de tenir un chapitre général à Rome, & de dresser des constitutions, en érigeant la congrégation sous le nom de *Jean-de-Dieu.*

Le fondateur ne portoit d'autre nom que celui de *Jean*, ce fut l'évêque de Tuy, président de la chambre royale de Grenade, qui lui donna le surnom *de Dieu.*

Grégoire XIV, en confirmant leurs privilèges, leur donna pour protecteur le cardinal Rusticucci. Comme ce pape leur avoit accordé les privilèges de l'hôpital du Saint-Esprit dans la Saxe, & que parmi ces privilèges étoit celui d'être exempts de la jurisdiction des ordinaires, les nouveaux hospitaliers voulurent jouir de cette exemption; mais Clément VIII la leur refusa formellement: il ordonna qu'à l'avenir ils ne seroient plus gouvernés par un majeur; il leur défendit en même temps de prendre les ordres sacrés & de faire profession solemnelle, voulant qu'à l'avenir ils ne fissent qu'un seul vœu, celui de pauvreté & d'hospitalité; mais leur protecteur représenta que les hôpitaux souffriroient beaucoup de cette privation d'un chef, & qu'il en résulteroit une désunion préjudiciable. Sur ces représentations, le pape, par un bref de l'an 1596, remit ces hospitaliers dans le droit qu'ils avoient d'élire un général.

A l'égard de la promotion aux ordres sacrés, Paul V leur permit de les faire prendre à deux de leurs frères, dans chaque hôpital, mais à condition qu'ils ne pourroient exercer aucune charge, afin qu'ils fussent plus en état de vaquer aux besoins spirituels des malades. Il leur permit aussi de faire les trois vœux de religion, outre celui de l'hospitalité, & déclara que les évêques n'auroient droit de visite que dans les maisons où il y auroit moins de douze religieux; qu'alors ces prélats examineroient les recettes & les dépenses, conjointement avec les provinciaux & les supérieurs de l'ordre.

Depuis le bref de Clément VII, de l'an 1592, les religieux d'Espagne ont toujours été séparés des autres hôpitaux étrangers, de sorte qu'il y a eu depuis ce temps-là deux généraux, l'un pour l'Espagne & les Indes occidentales, & l'autre pour la France, l'Allemagne, la Pologne & l'Italie. Celui-ci fait ordinairement sa résidence à Rome.

Ce fut la reine Marie de Médicis qui, en 1601, amena avec elle de ces religieux en France, du nombre desquels étoit le frère Jean Bonelli. Elle leur donna une maison au fauxbourg S. Germain à Paris, où ils ont bâti un fameux hôpital. Au mois de mars de l'année suivante, Henri IV leur accorda des lettres-patentes pour leur établissement, avec permission de faire construire des hôpitaux dans tous les lieux du royaume où ils seroient appellés. Louis XIII leur accorda d'autres lettres-patentes qui confirment leur établissement en France, comme érigé en vraie religion par Pie V, & qui veulent qu'il soit reconnu pour tel.

Ces religieux ont un vicaire-général résidant à Paris, avec droit de visiter tous les autres hôpitaux du royaume. Ils tiennent tous les six ans le chapitre général, dans lequel on élit le majeur de l'ordre; & tous les trois ans, le chapitre provincial, dans lequel chaque province choisit son provincial, dont les fonctions ne sont que pour les trois ans.

L'habillement de ces hospitaliers est d'un drap brun noir, avec un scapulaire de même couleur, un capuce rond & une ceinture de cuir noir. Ils sont regardés par-tout comme très-utiles, par les services qu'ils rendent aux malades.

Charité, (*Ordre de Notre-Dame de*) c'est un ordre composé de religieuses qui vivent sous la règle de S. Augustin, & qui font un vœu particulier de travailler à l'instruction des filles & des femmes pénitentes qui veulent se retirer chez ces religieuses pour un temps.

Le père Eudes, frère de Mezerai, historiographe de France, est reconnu pour le fondateur de cet ordre. Pendant qu'il travailloit aux missions en 1638, 1639 & 1640, il fit de tels fruits que plusieurs filles & plusieurs femmes lui demandèrent un lieu de refuge pour y faire pénitence, en lui avouant que la nécessité avoit eu beaucoup de part à leur vie déréglée. Ce vertueux ecclésiastique leur indiqua d'abord un lieu de réunion chez une femme qu'on appelloit *Marguerite l'Ami.* Il se détermina ensuite à leur fonder une maison dans la ville de Caën en Normandie, où elles furent renfermées en 1641, sous la conduite de quelques filles dévotes.

Mais, comme ces filles n'étoient attachées à leur ministère par aucun institut particulier, & que la plupart d'entre elles y renonçoient après un certain temps, on jugea convenable de leur substituer des religieuses qui, après avoir fait les trois vœux solemnels de la règle de S. Augustin, feroient celui de prendre soin de la conversion des pénitentes; & l'on obtint à cet effet des lettres-patentes de Louis XIII, du mois de novembre 1642.

On délibéra sur l'habillement que ces religieuses porteroient; on convint qu'il seroit blanc, pour dénoter la grande pureté dont elles faisoient profession. Elles ont simplement un voile noir, & portent sur leur scapulaire un cœur d'argent où est gravé l'image de la Vierge tenant l'Enfant-Jésus entre ses bras.

Le pape Alexandre VII érigea cette congrégation en ordre religieux, par une bulle du 22 janvier 1666. Il s'est formé des établissemens de cette même congrégation en plusieurs endroits, notamment à Rennes, en 1674; à Guincamp, dans l'évêché de Tréguier, en 1678; à Vannes, en 1683, *&c.*

Charité *de la sainte Vierge*, c'est un ordre religieux établi dans le diocèse de Châlons-sur-Marne, par Gui, seigneur de Joinville, sur la fin du treizième siècle. Cet institut fut approuvé sous la règle de S. Augustin, par les papes Boniface VIII & Clément VI. (*G*)

Charité, (*Sœurs de la*) ce sont des filles qui font profession d'aller visiter les malades, & de leur fournir les secours qui dépendent d'elles.

C'est au zèle de Vincent-de-Paul, fondateur de

la congrégation des prêtres de la mission, que le public est redevable de l'institution des filles dont il s'agit ici. Cet ecclésiastique s'employa auprès de quelques dames, pour faire assister les pauvres dans leurs besoins. Ses démarches ne furent pas sans succès : il se forma une société de dames pour exercer envers eux la *charité*. La dame le Gras donna sur-tout l'exemple le plus marqué d'un entier dévouement. Mais, comme il n'étoit pas possible à cette dame de donner par elle-même aux malades tous les secours dont ils avoient besoin, il fut convenu, avec Vincent-de-Paul, qu'on auroit des filles dont le ministère seroit de servir les pauvres, sous la dépendance des dames de la paroisse où elles seroient employées. Mais un défaut de liaison & de correspondance empêchant que ces filles ne fussent suffisamment instruites, on prit le parti de les unir en communauté, sous la conduite d'une supérieure, qui fut la dame le Gras. Cette dame, qui se trouvoit alors dans l'état de viduité, reçut chez elle toutes ces filles; & c'est dans sa maison à Paris, proche saint Nicolas-du-Chardonnet, que commença cette association, le 21 novembre 1633.

L'hôtel-Dieu étoit l'endroit principal où l'on envoyoit ces filles faire leur apprentissage; ensuite, suivant les besoins, on les employoit à servir les pauvres chez eux, dans les différens quartiers. Mais comme les emplois de *charité* se multiplioient tous les jours, & qu'ils augmentoient la nécessité d'un commerce plus fréquent avec toutes les personnes qui y prenoient part, Vincent-de-Paul engagea la dame le Gras d'aller loger avec sa communauté au fauxbourg S. Denis, vis-à-vis saint Lazare, dans une maison qu'elle loua d'abord, & qu'elle acheta ensuite.

Dans ce temps-là s'établit l'hôpital des Enfans-Trouvés; on en donna le soin à la dame le Gras & aux filles de sa communauté. La ville d'Angers ayant entendu parler du zèle & de l'intelligence de ces filles, en demanda pour le service de son hôpital; la dame le Gras alla elle-même faire cet établissement.

Pendant ce voyage, la reine Anne d'Autriche demanda de ces mêmes filles, pour le service des malades de Fontainebleau. Cette princesse qui entretenoit durant le siège de Dunkerque un hôpital pour les soldats blessés & malades, en donna encore le soin à ces filles. La reine de Pologne, Louise-Marie de Gonzagues, en demanda de son côté pour la Pologne, & on en fit passer un certain nombre à Varsovie. Peu de temps après on fonda à Paris l'hôpital du nom DE JESUS, pour quarante pauvres de l'un & de l'autre sexe : cet hôpital a servi de fondement à l'hôpital général; on en donna le gouvernement, l'économie & le service à la dame le Gras & à ses filles. Elles furent encore chargées des insensés enfermés dans l'hôpital des Petites-Maisons, ainsi que du soin d'un grand nombre de vieillards que le bureau y fait entretenir.

Une société dont le but étoit si utile, méritoit de prendre une consistance. Vincent-de-Paul s'occupa de cet objet : il fit des statuts & des réglemens qu'il présenta, avec un mémoire, à l'archevêque de Paris, qui y donna, en 1655, des lettres d'approbation & d'érection, sous le titre de congrégation de *servantes des pauvres*. Ce prélat les mit en même temps sous la direction du supérieur général de la mission & de ses successeurs; avec cette réserve néanmoins qu'elles demeureroient à perpétuité sous la dépendance des archevêques de Paris.

Après que ces lettres eurent été obtenues, Vincent-de-Paul fit assembler toutes les filles dans la maison de la communauté, le 8 août de la même année, pour faire l'acte de leur établissement, & la lecture des statuts & des réglemens qui les concernoient. Il prit le nom de celles qui avoient été reçues & qui persévéroient dans leur vocation; il nomma les officières : la première fut la dame le Gras, qu'il pria de continuer ses fonctions de supérieure pendant sa vie; il désigna ensuite une assistante, une économe, &c. Peu de temps après, cette congrégation fut autorisée par des lettres-patentes de l'année 1657, & confirmée en 1660, par le cardinal de Vendôme, légat du pape Clément IX, en France.

Il y a beaucoup d'établissemens de ces sortes de filles en France, en Pologne & dans les Pays-Bas. Tous ces établissemens sont soumis à la maison principale, qui est celle du fauxbourg saint Denis, vis-à-vis saint Lazare. Ces filles n'ont ordinairement aucun fonds en propriété. Elles sont nourries dans les hôpitaux où elles demeurent. On donne à chacune pour son entretien une somme fort modique. Celles qui veulent entrer dans l'association, sont reçues sans dot dans la maison de saint Denis, qui est leur maison de séminaire. On n'exige d'elles que les frais de leur premier habit & de leur petit ameublement. Si elles sortent, on leur rend en espèce ou en valeur, tout ce qu'elles ont apporté.

Avant de les recevoir, on prend des informations sur leurs mœurs & sur leur famille. Elles restent six mois dans le séminaire avec leur habit ordinaire; ensuite on leur donne celui de l'institut, qui est d'une étoffe grise avec une cornette blanche. Pendant leur séminaire on les forme aux exercices relatifs à leur institut, ensuite on les disperse dans les villes & les campagnes, suivant le besoin qu'on a d'elles.

Quand elles ont été éprouvées pendant cinq ans, elles sont admises à faire des vœux simples, mais seulement pour un an; & ce vœu, elles le renouvellent chaque année le 25 mars, après en avoir obtenu la permission de leurs supérieurs.

Le général les change de maisons quand il le juge à propos. De temps en temps elles sont rappellées au séminaire pour s'y confirmer dans l'esprit de leur institut par les exercices spirituels d'une retraite de huit jours. La supérieure de ce séminaire est élue tous les trois ans, au bout desquels elle peut être continuée pour trois autres années.

On connoît toute l'étendue des services que ces filles, qu'on nomme *sœurs de la charité*, ou autrement *sœurs-grises*, rendent au public, sans être à charge à personne. Cette liberté qu'elles ont de renoncer à leur institut d'une année à l'autre, fait que leur association est toujours composée d'excellens sujets, qui se prêtent de bonne volonté aux soins & aux travaux auxquels on les destine. Ces filles méritent encore d'autant plus de considération, que plusieurs d'entre elles appartiennent par la naissance, à des personnes de la première distinction.

CHARIVARI, s. m. (*Jurisprudence. Police.*) bruit de dérision qu'on fait la nuit avec des poëles, des bassins, des chauderons, *&c.* aux portes des personnes qui convolent en secondes, en troisièmes noces, & même de celles qui épousent des personnes d'un âge fort inégal au leur.

Cet abus s'étoit autrefois étendu si loin, que les reines même qui se remarioient, n'étoient pas épargnées. Ces sortes d'insultes ont été prohibées par différens réglemens. Un concile de Tours les défendit sous peine d'excommunication. Il y en a aussi une défense dans les *statuts de Provence.* La Rocheflavin, *liv. VI*, *tit. 19*, *art. 1*; Brodeau, *sur Paris*, *tom. I*, *pag. 174*, & Brillon, en son *Dictionnaire des arrêts*, au mot *Charivari*, rapportent plusieurs arrêts intervenus à ce sujet. Les juges de Beaune ayant condamné de nouveaux remariés à payer au peuple les frais d'un *charivari*, leur sentence fut infirmée. A Lyon, ce désordre est encore toléré : on continue le *charivari* jusqu'à ce que les nouveaux remariés aient donné un bal aux voisins, & du vin au peuple.

Les *charivaris* sont aujourd'hui proscrits par-tout, soit par les arrêts des cours, soit par les réglemens de police qui prononcent des amendes plus ou moins fortes, & d'autres peines contre les contrévenans. Basset rapporte un arrêt du parlement de Grenoble, qui les défend sous peine de prison, de cinq cens livres d'amende & de punition corporelle. Boniface en cite deux du parlement d'Aix, qui déclarent les auteurs des *charivaris* criminels.

Il y a long-temps qu'on n'en souffre plus à Paris. Plusieurs particuliers, étant contrevenus aux réglemens faits à ce sujet, furent condamnés, par sentence de police du 13 mai 1735, à l'amende. Cette même sentence ordonne en outre l'exécution des réglemens relatifs à la tranquillité publique, & déclare que les pères & mères, maîtres & maîtresses seront responsables des amendes prononcées contre leurs enfans, apprentis & domestiques : c'est ce que porte aussi un arrêt de réglement du parlement de Lorraine, du 17 janvier 1715.

CHARLATAN, s. m. (*Droit public. Police.*) ce terme s'emploie particuliérement pour désigner quelqu'un qui, n'ayant ni études, ni principes, ni degrés dans une université, exerce néanmoins la médecine & la chirurgie, sous prétexte de secrets qu'il possède, & qu'il applique à tout.

Depuis que les hommes vivent en société, il y a eu des *charlatans* & des dupes. On voit, dans l'Histoire médicinale des Egyptiens & des Hébreux, une foule d'imposteurs qui, profitant de la foiblesse & de la crédulité, se vantoient de guérir les maladies les plus invétérées, par leurs amulettes, leurs charmes, leurs divinations & leurs spécifiques.

Les Grecs & les Romains furent, à leur tour, inondés de *charlatans* en tout genre. Aristophane a célébré un certain Eudamus qui vendoit des anneaux contre la morsure des bêtes venimeuses.

Nos *charlatans* ne diffèrent pas des anciens pour le caractère ; c'est le même génie qui les gouverne, le même but auquel ils tendent : celui de gagner de l'argent & de tromper le public, & toujours avec des sachets, des peaux divines, des calottes contre l'apoplexie, l'hémiplégie, l'épilepsie, *&c.*

Nous ne ferons pas ici l'histoire des *charlatans*, & des maux qu'ils ont causés. Mais nous devons donner le précis des loix que le gouvernement a prononcées contre eux pour la sûreté & la protection qu'il doit à tous les citoyens.

L'article 26 de l'édit du mois de mars 1707 défend, sous peine de cinq cens livres d'amende, à quiconque n'est ni docteur ni licentié dans une faculté de médecine, d'ordonner aucun remède, même gratuitement, sous quelque prétexte que ce soit.

L'article 27 du même édit a déclaré que les religieux mendians & non mendians étoient compris dans les défenses précédentes, & a ordonné qu'en cas de contravention, la maison du religieux non mendiant seroit tenue de l'amende de cinq cens livres, & que le religieux mendiant seroit renfermé pour un an.

L'article 28 défend à tout juge, sous peine d'interdiction, de permettre l'exercice de la médecine aux personnes qui n'ont pas obtenu le degré de licencié.

Il seroit à desirer pour l'intérêt public, que ces dispositions fussent mieux exécutées qu'elles ne le sont, sur-tout à Paris.

Par la raison que les *charlatans* n'ont nul droit d'exercer la médecine, ils n'ont, comme le remarque Chopin sur la coutume de Paris, aucune action pour répéter leurs salaires, ainsi que le paiement des drogues qu'ils ont fournies. *Voyez* MÉDECIN, CHIRURGIEN, APOTHICAIRE.

CHARLEVILLE, (*Droit public.*) ville & principauté situées en Champagne sur la Meuse.

Anne, palatine de Bavière, veuve du prince de Condé, créancière privilégiée & héritière bénéficiaire de feu Ferdinand-Charles de Gonzague, duc de Mantoue, fut, en cette qualité, maintenue, par arrêt du 15 janvier 1709, dans la propriété & possession de *Charleville.*

Un autre arrêt du conseil & des lettres-patentes des 15 avril & 24 mai 1710 ordonnèrent que cette princesse jouiroit de tous les droits utiles dans la principauté de *Charleville*, comme en jouissoit le duc de Mantoue, à l'exception du ressort & de la souveraineté : les habitans furent confirmés dans tous leurs privilèges, & il fut ordonné que les appellations des juges de *Charleville*, concernant les droits domaniaux, ressortiroient au parlement de Paris.

Madame la princesse, madame la duchesse de Brunswick & M. le prince de Salm obtinrent, au mois de janvier 1718, des lettres-patentes par lesquelles il fut établi, dans la principauté de *Charleville*, une seule justice avec titre de bailliage.

Le conseil décida le 10 mai 1723, que le contrôle des actes n'auroit pas lieu à *Charleville*, même dans les lieux de la principauté, possédés par indivis avec le roi; mais que les notaires ne pourroient recevoir d'actes, où les sujets du roi seroient parties, sans les faire contrôler au prochain bureau.

Divers arrêts & lettres-patentes ont déchargé les habitans de la principauté de *Charleville* de la subvention par doublement, & des autres anciens droits d'aides sur les vins & eaux-de-vie qu'ils tirent du royaume pour leur consommation, soit qu'ils fassent venir ces boissons des pays exempts ou non exempts de ces droits.

Ils jouissent de la même exemption pour les boissons de leur crû, qu'ils transportent ailleurs.

Quant aux autres boissons qui ne sont pas de leur crû, & qu'ils font passer à l'étranger ou dans les pays exempts d'aides, les droits en sont dus, & le fermier a été autorisé à établir des bureaux pour les percevoir.

M. le duc de Bourbon a acheté de la maison de Brunswick la principauté de *Charleville* & la moitié de celle de Saint-Mange : M. le prince de Condé jouit, dans la principauté de *Charleville*, des droits régaliens, à la charge d'hommage au roi; & l'appel des juges de *Charleville* ressortit au parlement de Paris, conformément aux lettres-patentes de 1710.

Dans Saint-Mange, la souveraineté appartient au roi & au prince, par moitié; les juges de Sedan, pour le roi, & ceux de *Charleville*, pour le prince, se réunissent à Saint-Mange, & y rendent conjointement la justice en dernier ressort. Les droits de contrôle, le papier timbré & les autres droits de cette nature n'ont point lieu à Saint-Mange.

CHARME, s. m. (*Droit canonique & criminel.*) ce mot signifie la même chose que ceux d'*enchantement*, de *sort*. Tous trois marquent l'effet d'une opération magique que la religion condamne; que l'ignorance des peuples suppose souvent où elle n'est pas; que la justice a puni par le supplice du feu.

Charme vient du latin *carmen*, vers, poésie, parce que, dit-on, les conjurations & les formules des magiciens étoient conçues en vers. C'est en ce sens que Virgile a dit :

Carmina vel cœlo possunt deducere lunam.

On appelle *charme*, le pouvoir ou caractère magique avec lequel on suppose que les sorciers font, par le secours du démon, des choses merveilleuses & fort au-dessus des forces de la nature.

La crédulité sur cet article a été de tous les temps, ou du moins il y a eu de tout temps une persuasion universellement répandue, que des hommes pervers, en vertu d'un pacte fait avec le démon, pouvoient causer du mal, & la mort même à d'autres hommes, sans employer immédiatement la violence, le fer ou le poison, mais par certaines compositions accompagnées de paroles.

Tels étoient, si on en croit Ovide, le tison fatal à la durée duquel étoit attachée celle des jours de Méléagre, & les secrets de Médée.

Tacite, en parlant de la mort de Germanicus, qu'on attribuoit aux maléfices de Pison, dit qu'on trouva sous terre & dans les murs divers *charmes*.

On sait que, du temps de la ligue, les furieux de ce parti, & même des prêtres, avoient poussé la superstition jusqu'à faire faire des petites images de cire qui représentoient Henri III & le roi de Navarre, qu'ils les mettoient sur l'autel, les perçoient pendant la messe quarante jours consécutifs, & le quarantième jour, les perçoient au cœur, imaginant par-là qu'ils procureroient la mort à ces princes.

Ceux qui voudront approfondir cette matière, doivent consulter Delrio qui a adopté sans précaution tous les faits que les historiens & la tradition du peuple nous ont transmis; & Jean Wyor, protestant, médecin du duc de Clèves, qui, en écrivant sur le même sujet, apporte tous ses soins pour les rejetter ou les attribuer à des causes naturelles.

Les lumières du dix-huitième siècle dissiperont à cet égard les ténèbres que la superstition & l'ignorance avoient répandues parmi le peuple. *Voyez* ENCHANTEMENT, LIGATURE, SORCIER, *&c.*

CHARME, s. m. (*Eaux & Forêts.*) genre d'arbre fort commun dans les bois, & dont on fait peu de cas. L'ordonnance de 1669, *tit.* 32, *art.* 1, 5 & 8, défend de couper aucun *charme* sans permission, à peine de cinquante sous d'amende par chaque pied de tour, & autant de restitution, dommages & intérêts, lorsqu'il a été coupé de jour sans feu & sans scie; & à une amende double, lorsque le délit a été commis pendant la nuit.

CHARMÉS, adj. (*Jurisprudence.*) en matière d'eaux & forêts, on appelle *arbres charmés*, ceux auxquels on a fait, à mauvais dessein, quelque chose pour les faire tomber ou pour les faire mourir. Ce terme paroît devoir son origine au temps de simplicité, où l'on croyoit que ces sortes de changemens pouvoient s'opérer par des *charmes*, sorts, ou un pouvoir surnaturel : mais présentement on est convaincu que ces maléfices se font par des secrets naturels, comme en cernant les arbres, ou en les creusant pour y mettre de l'eau-forte ou du vif-argent.

L'ordonnance de 1669, *tit.* 27, *art.* 22, défend à toutes personnes de charmer les arbres, ni d'en enlever l'écorce, à peine de punition corporelle.

CHARNAGE, s. m. (*Jurisprudence.*) ce terme a plusieurs acceptions. Il se dit, 1°. du temps où l'on fait gras, par opposition au temps de carême, où l'on fait maigre : 2°. des animaux même par opposition, & aux choses appartenantes aux animaux, & aux autres substances naturelles sur lesquelles les dixmes peuvent s'étendre. Ainsi l'on dit *dixme de lainage & de charnage*. *Voyez* DIXME.

CHARNEL, adj. (*Jurisprudence.*) on trouve dans plusieurs actes anciens, la qualification de *char-*

nel jointe au mot *ami*, pour signifier un *parent.* Dans des lettres manuscrites de Louis, cardinal-duc de Bar, seigneur de Cassel, & administrateur perpétuel de l'évêché & comté de Verdun, du 27 avril 1420, il est parlé des oncles & amis *charnels* de Jean, seigneur de Watronville. En général, dans les anciens auteurs, le mot *charnel*, en latin *carnalis*, signifie ce qui nous est uni par le sang, ainsi qu'on peut s'en assurer par ce qu'en rapporte Ducange, dans son *Glossaire*, au mot *carnalis.*

CHARNELLEMENT, adv. (*Jurisprudence.*) en style du barreau, on dit avoir affaire *charnellement* avec une personne du sexe, pour signifier avoir commerce avec elle. (*A*)

CHARNIER, s. m. (*terme de Coutume.*) c'est le nom dont on se sert dans le Berri, l'Orléannois, & quelques autres vignobles, pour désigner les perches, ou brins de bois, avec lesquels on soutient les ceps de vigne, & qu'on nomme aux environs de Paris & ailleurs *échalas.*

Les coutumes défendent aux vignerons, & autres ouvriers travaillant à la vigne, d'emporter les *charniers* ou de les faire brûler dans les vignes. Celle de Berri, *tit.* 15, *art.* 2, veut que les vignerons coupables de ce délit, soient condamnés à une amende de soixante sous, & tenus en outre des dommages & intérêts des parties.

CHARNIES, s. f. pl, (*terme de coutume.*) on le trouve dans celle de Chaumont, au titre des bois, forêts & eaux, *art.* 104. Il signifie particuliérement les terres que les rivières apportent par alluvion le long de leurs rives. Suivant cette coutume la vaine pâture des bestiaux est permise sur les terres & prés dépouillés, sur les *charnies*, & autres héritages non clos & fermés.

CHARPENTIER, s. m. (*Arts & Métiers. Marine.*) c'est un ouvrier qui a le droit de faire par lui-même, ou de faire exécuter tous les ouvrages en gros bois qui entrent dans la construction des édifices & des machines.

Cette communauté, à Paris, comprend deux espèces de maîtres, les jurés du roi & les maîtres simples. Ils ne sont distingués les uns des autres, que parce que les premiers ont cinq ans de réception. L'ancien de ceux-ci est doyen de la communauté, & c'est toujours l'un d'eux qui en est le syndic.

Leurs réglemens ne sont pas à beaucoup près aussi étendus qu'on s'y attendroit, leurs statuts anciens se réduisent à de petites observations relatives aux intérêts de la communauté, à peine en trouve-t-on une qui ait rapport au bien public.

Les *charpentiers* forment la dixième des communautés d'arts & métiers, créées par l'édit du mois d'août 1776.

En terme de marine, on appelle *charpentier de navire* ou *maître charpentier*, celui qui travaille à la construction des vaisseaux, soit qu'il conduise l'ouvrage, ou qu'il travaille sous les ordres d'un constructeur.

Il y a dans les ports du royaume, des maîtres *charpentiers*, des contre-maîtres, & des *charpentiers* entretenus. Les fonctions de chacun d'eux sont réglées par l'ordonnance de la marine de 1689, *liv.* 12, *tit.* 9 : elle porte : que les maîtres *charpentiers* qui auront la conduite de la construction des vaisseaux, & autres bâtimens, seront appellés à tous les devis qui s'en feront, lesquels, étant arrêtés dans le conseil des constructions, ils en feront des gabarits, plans & modèles, pour s'y conformer & les faire exécuter :

Qu'ils distribueront les *charpentiers*, & autres ouvriers, au travail, & où ils les jugeront les plus propres : & soit qu'ils travaillent à la journée du roi, ou pour l'entrepreneur, ils les choisiront de concert avec le commissaire des constructions, veilleront sur leur travail, les exciteront à n'y apporter aucun retardement, & observeront de n'y employer que le nombre nécessaire :

Qu'ils ménageront avec soin & économie tous les bois, en faisant servir utilement ceux qui auront été apportés dans l'arsenal, & faisant employer les premiers reçus, & ceux qui seront le moins en état de se conserver ; qu'ils auront soin que les chevilles & les clous soient de grosseur convenable, & qu'il n'en soit pas employé inutilement :

Qu'un des maîtres assistera toujours à la visite en recette des bois, pour donner son avis sur la bonne ou mauvaise qualité, & pour voir si les pièces seront des échantillons ordonnés, & propres pour les constructions & radoubs : qu'il tiendra la main à ce qu'elles soient rangées avec ordre, que les espèces en soient séparées, que les *charpentiers* ne rompent point l'ordre établi, & ne prennent aucune pièce qu'il n'en soit averti, afin d'empêcher qu'ils n'en fassent un mauvais usage :

Que le maître préposé aux radoubs, assistera aux visites & devis des vaisseaux à radouber, & aura la même application & fonction que les maîtres préposés aux constructions, n'épargnant rien pour le rétablissement de ce qui se trouvera gâté, ayant soin que les liaisons soient bien faites, que rien ne soit rompu mal-à-propos, & qu'on ne s'engage pas à des dépenses superflues :

Qu'il aura une très-grande application, dans les carènes, que les vaisseaux soient bien calfatés, faisant parcourir les coutures, & changer les étoupes, les chevilles & les clous, lorsqu'il sera jugé nécessaire : les radoubs & carènes étant finis, qu'il signera le procès-verbal qui en sera fait :

Que pour recevoir un maître *charpentier*, il faut qu'il ait travaillé dans les ports, & qu'il fasse chef-d'œuvre. Il consiste d'ordinaire à dresser une planche de vingt-cinq pieds de long sans la présenter ; à la poser & la coudre ; à calfater une couture neuve, à faire un gouvernail, dont la ferrure soit de cinq gonds & rotes, ou un cabestan à cinq trous. (*Z*)

CHARRAL, s. m. (*terme de Coutume.*) on le trouve dans les ordonnances de Metz & Pays-Messin, où il signifie la charge ordinaire d'une voiture de vin. Suivant le *tit.* 2, *art.* 18, il étoit ordonné qu'après la clôture des vendanges, il seroit fait, par les experts nommés par chaque canton, une appréciation du prix du *charral de vin*, à l'effet de fixer le prix qu'il seroit vendu par les cabaretiers & taverniers, & l'estimation pour laquelle il seroit donné en paiement à ceux qui avoient prêté de l'argent en avance pour la culture, & autres frais de la vigne, sur les fruits.

CHARRAU *ou* CHARREAU, ancien mot qu'on trouve dans quelques coutumes pour celui de *chemin*.

CHARROIS, f. m. (*Droit féodal & coutumier.*) en général, on appelle *charrois*, les conduites de voitures à roue. Mais ce mot s'emploie particulièrement pour signifier les corvées ou autres prestations de *charrois* & voitures qui sont dus par les sujets de chaque pays pour les réparations des villes & chemins, ou pour le transport des munitions de guerre. Chez les Romains, ces sortes de *charrois* étoient comptés au nombre des charges publiques.

Dans plusieurs coutumes, les corvéables doivent des *charrois* à leurs seigneurs. Celles de Bourbonnois & de la Marche décident que le droit de *charrois* peut se bailler en assiette.

Les fermiers sont souvent obligés, par les clauses de leurs baux, à fournir à leurs dépens, aux propriétaires de leurs fermes, des *charrois*, soit pour la conduite des fruits de la ferme dans leurs maisons, soit pour celle des matériaux nécessaires pour les réparations des bâtimens, soit pour d'autres objets. Mais il faut qu'il y ait à cet égard une stipulation précise dans le bail : car les *charrois* ne sont pas dus de droit commun.

CHARRON, f. m. (*Eaux & Forêts.*) c'est l'ouvrier qui travaille à la fabrication des voitures. L'ordonnance des eaux & forêts, *tit. 27*, *art. 24*, avoit défendu aux *charrons* de tenir leurs atteliers dans la distance d'une demi-lieue des forêts, à peine de confiscation de leurs marchandises, & de cent livres d'amende. Mais, comme leur profession est absolument nécessaire à l'agriculture, les grands-maîtres sont autorisés à leur accorder la permission de s'établir dans la distance prohibée ; à la charge toutefois de n'employer aucuns bois de délit, & de pouvoir justifier, dans tous les temps, de l'achat des bois propres à leur profession, sous les peines portées par l'ordonnance.

CHARRUAGES, f. m. pl. (*Jurisprudence.*) *carrucagia ;* c'est ainsi qu'en certains pays, on appelle les terres labourables. La coutume de Vitri en fait mention, *art. 56 ; 60 & 61.* Ces articles ont été tirés d'une ordonnance de Thibaut, comte de Champagne, de l'an 1220, qui est au cartulaire de Champagne. Elle est rapportée par M. de Laurière en son *Glossaire*, au mot *charruage :* on y trouve ces mots *carrucagia, prata & vineas*, &c. pour exprimer les terres labourables, prés & vignes.

Le *charruage* étoit aussi un droit que les seigneurs levoient en Champagne sur leurs hommes ou sujets, à raison des charrues. *Voyez computum bladorum terræ Campaniæ*, an. 1348, des charrues de Sainte-Menehould ; c'est à savoir, de chacun bourgeois de ladite ville qui laboure de sa propre bête, un septier d'avoine à la mesure de Troyes, au jour de la S. Remi. (*A*)

CHARRUE, f. f. (*Jurisprudence.*) c'est une machine qui sert à labourer les terres. Sur son usage, sa forme & son utilité, *voyez les Dictionnaires des Arts, & économique.*

La *charrue* ne peut être saisie, même pour deniers royaux ou publics. Ce privilège, introduit en faveur du labourage, avoit déjà lieu chez les Romains, ainsi qu'il résulte de plusieurs loix du code, au titre *quæ res pign. oblig. poss.* Nous l'avons adopté dans nos mœurs, & il a été confirmé par plusieurs ordonnances ; entre autres, par une de Charles VIII, celles de François I de 1540, de Charles IX de 1571, & de Henri IV en 1595.

L'ordonnance de 1571 n'étoit que pour un an, & exceptoit du privilège les deniers royaux ; mais celle de Henri IV est générale, & abolit l'exception en faveur des deniers royaux. L'article 16, *tit. 33* de l'ordonnance de 1667, a fixé irrévocablement la jurisprudence sur ce point, en défendant de saisir les *charrues*, charrettes & ustensiles servant à labourer, même pour deniers royaux, à peine de nullité. Cette jurisprudence étoit suivie en Lorraine, avant sa réunion à la couronne de France, par l'ordonnance du duc Léopold, de 1707, *tit. 17*, *art. 16.*

La défense de saisir la *charrue* pour dettes ne s'étend pas au vendeur de la *charrue* ni au propriétaire de la ferme dans laquelle elles sont employées. Le vendeur & le propriétaire peuvent les faire saisir, soit pour le prix de la vente qui en a été faite, soit pour les fermages qui sont dus.

En 1358, le seigneur de Mantor, proche Abbeville, comptoit, au nombre de ses droits, celui de prendre les socs, coutres & ferremens des *charrues*, faute de prestation de ses cens & corvées : mais il étoit défendu de donner en gage aux Juifs ces mêmes ustensiles, comme il est dit dans une ordonnance de 1360.

Une *charrue*, en matière de privilège & d'exemption de tailles, signifie *la quantité de terres que chaque charrue peut labourer.*

Par l'édit du mois de mars 1667, il fut ordonné que les ecclésiastiques, gentilshommes, chevaliers de Malte, officiers, privilégiés & bourgeois de Paris ne pourroient tenir qu'une ferme par leurs mains dans une même paroisse, & sans fraude ; savoir, les ecclésiastiques, gentilshommes & chevaliers de Malte, le labour de quatre *charrues ;* & les officiers, privilégiés & bourgeois de Paris, deux *charrues* chacun, sans qu'ils puissent jouir de ce privilège que dans une seule paroisse.

L'article 15 du réglement de 1673 porte qu'un bourgeois de Paris peut tenir une ferme par ses mains, ou la faire exploiter par ses valets & domestiques, pourvu qu'elle soit située dans l'étendue de l'élection de Paris, & qu'elle ne contienne que la quantité de terre qu'une *charrue* peut labourer.

Les réglemens ne fixent point le nombre d'arpens

de terre dont une *charrue* doit être composée, par rapport à l'exemption de tailles. Cela dépend de l'usage & de la mesure des terres dans chaque généralité. Dans celle de Paris, on fixe ordinairement chaque *charrue* à cent vingt arpens, c'est-à-dire, à quarante arpens par sole; on ne distingue point si c'est à la grande ou à la petite mesure : cela fait pourtant une différence considérable.

Dans l'Orléannois, une *charrue* n'est communément que de vingt-huit à trente arpens par sole, & on la fixe à quatre-vingt-dix arpens, c'est-à-dire, à trente arpens par sole, par rapport au privilège.

La déclaration du roi du 22 janvier 1752, concernant la noblesse militaire, porte, *art. 1*, que ceux qui seront actuellement au service du roi, & n'auront point encore rempli les conditions prescrites par l'édit de novembre 1750, pour acquérir l'exemption de taille, n'auront pas le droit qu'ont les nobles, ni même les privilégiés, de faire valoir aucune *charrue*.

L'article 2 dit que ceux qui auront rempli les conditions portées par l'édit pour acquérir l'exemption de taille, soit qu'ils soient encore au service du roi, ou qu'ils s'en soient retirés, pourront faire valoir deux *charrues* seulement. (*A*)

CHARTE, f. f. (*Jurisprudence.*) ce mot vient du latin *carta* ou *charta*, qui, dans le sens littéral, signifie *papier* ou *parchemin*. On s'en est servi ensuite dans un sens figuré pour signifier ce qui étoit écrit sur le papier ou parchemin.

En matière d'histoire & de jurisprudence, le mot *charte* se prend pour *lettres*, *titre ancien*, *monument*, *enseignement*. C'est dans ce sens qu'on le trouve dans les coutumes de Meaux, Vitri, Nivernois, Auxerre, Hainaut, Normandie : celle de Montargis appelle de ce nom un contrat de vente.

Sous les deux premières races de nos rois & au commencement de la troisième jusqu'au roi Jean, on nommoit *chartes*, la plupart des titres, & généralement tous les actes. Ainsi la concession ou confirmation d'un bénéfice militaire ou d'un fief s'appelloit *charte bénéficiaire* : les actes de foi & hommage prenoient le nom de *charte de fidélité*, *d'obéissance*, *d'hommage* : on disoit de même une *charte de tradition*, *de vente*, *de garantie*, *de citation*, pour signifier les actes qui ont rapport à toutes ces choses. Mais on s'en servoit plus particuliérement pour désigner les coutumes, privilèges & concessions accordés aux provinces, aux villes ou aux particuliers.

Depuis le règne du roi Jean, le terme de *charte* ne s'est employé que pour désigner les titres antérieurs à-peu-près à l'époque dont nous venons de parler, c'est-à-dire, au milieu du quatorzième siècle; &, à-peu-près dans le même temps, on ne s'est plus servi du mot *charte*, mais de celui de *chartre*, qui s'est dit par corruption pour *charte*, & dont néanmoins l'usage a prévalu. *Voyez* CHARTRE.

CHARTE-PARTIE, f. f. (*Code maritime.*) ce terme est en usage dans plusieurs ports de l'Océan pour signifier l'acte par lequel un propriétaire ou maître de navire le loue à des marchands ou négocians pour le transport de leurs marchandises d'un lieu dans un autre. *Voyez* AFFRÉTEMENT.

Un édit du mois de décembre 1657 avoit créé, dans chaque siège d'amirauté, deux offices de notaires-greffiers pour recevoir les *chartes-parties* & les autres contrats maritimes, à l'exclusion de tout autre notaire. Mais cet édit n'a point été exécuté.

L'acte de *charte-partie* peut se faire également sous signature privée ou pardevant notaire. Il doit contenir le nom & le port du vaisseau, le nom du maître & celui de l'affréteur, le lieu & le temps de la charge & de la décharge, le prix du fret avec les intérêts des retardemens & séjours, & généralement toutes les conditions dont les parties jugent à propos de convenir. C'est la disposition de l'ordonnance de la marine, *liv. III*, *tit. 1*, *art. 3*. Cependant l'omission de quelqu'une des choses dont on vient de parler, ne rendroit pas la *charte-partie* nulle.

CHARTRE ou CHARTE, f. f. (*Jurisprudence.*) pour l'étymologie & la définition de ce mot, *voyez ci-devant* CHARTE & AFFRÉTEMENT.

A la tête de l'excellent ouvrage qui a pour titre, *l'Art de vérifier les dates*, par des religieux bénédictins de la congrégation de S. Maur, on trouve une dissertation très-utile sur la difficulté de fixer les dates des *chartres* & des chroniques. Les difficultés viennent de plusieurs causes; 1°. de la manière de compter les années, qui a fort varié, ainsi que les divers jours où l'on a fait commencer l'année; 2°. de l'ère d'Espagne, qui commence trente-huit ans avant notre ère chrétienne, & dont on s'est servi long-temps dans plusieurs royaumes; 3°. des différentes sortes d'indictions; 4°. des différens cycles dont on a fait usage, & de plusieurs autres causes. La dissertation dont nous parlons, ainsi que tout l'ouvrage, ont pour objet de remédier à cet inconvénient.

Des chartres du roi. On appelle *trésor des chartres du roi*, le dépôt des titres de la couronne, que l'on comprenoit tous anciennement sous le terme de *chartres du roi*.

On entend aussi par-là le *lieu* où ce dépôt est conservé.

Anciennement & jusqu'au temps de Philippe-Auguste, il n'y avoit point de lieu fixe pour y garder les *chartres du roi* ; ces actes étant alors en petit nombre, nos rois les faisoient porter à leur suite par-tout où ils alloient, soit pour leurs expéditions militaires, soit pour quelque autre voyage.

Guillaume le Breton & autres historiens rapportent qu'en 1194, Philippe-Auguste ayant été surpris, pendant son dîner, entre Blois & Fretteval, dans un lieu appellé *Bellefoye*, par Richard IV dit *Cœur de lion*, roi d'Angleterre & duc de Normandie, avec lequel il étoit en guerre, il y perdit tout son équipage, notamment son scel & ses *chartres*, titres & papiers.

M. Brussel prétend néanmoins que cet enlèvement n'eut pour objet que certaines pièces, & que les Anglois n'emportèrent point de registres ni de titres considérables.

Il

Il y a du moins lieu de croire que, dans cette occasion, les plus anciens titres furent perdus, parce qu'il ne se trouve rien au *trésor des chartres* que depuis Louis-le-jeune, lequel, comme on sait, ne commença à régner qu'en 1137.

Philippe-Auguste, pour réparer la perte qui venoit de lui arriver, donna ordre que l'on fît de soigneuses recherches pour remplacer les pièces qui avoient été enlevées.

Il chargea de ce soin Gaultier le jeune, *Galterius junior*, auquel du Tillet donne le titre de *chambrier*.

Ce Gaultier, autrement appellé *frère Guerin*, étoit religieux de l'ordre de S. Jean de Jérusalem. Il fut évêque de Senlis, garde des sceaux de France sous Philippe-Auguste, puis chancelier sous Louis VIII & S. Louis.

Il recueillit ce qu'il put trouver de copies des *chartres* qui avoient été enlevées, & rétablit le surplus de mémoire le mieux qu'il lui fut possible.

Il fut arrêté que l'on mettroit ce qui avoit été ainsi rétabli, & ce qui seroit recueilli à l'avenir, en un lieu où ils ne fussent point exposés aux mêmes hasards; & Paris fut choisi, comme la capitale du royaume, pour y conserver ce dépôt précieux.

Il est présentement placé dans un petit bâtiment en forme de tour quarrée, attenant la sainte chapelle, du côté septentrional : au premier étage de ce bâtiment est le trésor de la sainte chapelle; &, dans deux chambres l'une sur l'autre, au-dessus du *trésor* de la sainte chapelle, est le *trésor des chartres*.

Mais ce dépôt n'a pu être placé dans cet endroit que sous le règne de S. Louis, & seulement depuis 1246, la sainte chapelle n'ayant été fondée par ce roi que le 12 janvier de cette année.

Les *chartres* ou titres recueillis dans ce dépôt, sont les contrats de mariages des rois & reines, princes & princesses de leur sang, les quittances de dot, assignations de douaire, lettres d'apanages, donations, testamens, contrats d'acquisition, échanges, & autres actes semblables, les déclarations de guerre, les traités de paix, d'alliance, *&c.*

On y trouve aussi quelques ordonnances de nos rois; mais elles n'y sont pas recueillies de suite ni exactement : car le registre de Philippe-Auguste & autres des règnes suivans jusqu'en 1381, ne sont pas des recueils d'ordonnances de ces princes, mais des registres de toutes les *chartres* qui s'expédioient en chancellerie, parmi lesquelles il se trouve quelques ordonnances.

Le roi enjoignoit pourtant quelquefois, par ses ordonnances même, de les déposer en original au *trésor des chartres;* témoin celle de Philippe VI, touchant la régale du mois d'octobre 1344, à la fin de laquelle il est dit qu'elle sera gardée par original au *trésor des chartres* & lettres du roi.

Lorsque le *trésor des chartres* fut établi dans le lieu où il est présentement, on créa aussi-tôt un gardien de ce dépôt, que l'on appella *trésorier des chartres de France*, & que l'on a depuis appellé *trésorier-garde des chartres & papiers de la couronne*, ou, comme on dit vulgairement, *garde du trésor des chartres*.

Suivant des lettres de Louis XI, de l'an 1481, il doit prêter serment de cette charge en la chambre des comptes.

En instituant le trésorier des *chartres*, on lui donna non-seulement la garde de ce dépôt, mais on le chargea aussi de recueillir les *chartres* & titres de la couronne, de les déposer dans le *trésor*, & d'en faire de bons & fidèles inventaires.

Il nous reste encore quelques notions de ceux qui ont exercé la charge de *trésorier des chartres*.

Le plus ancien qui soit connu, est maître Jean de Calais.

Depuis Etienne de Mornay, qui l'étoit en 1305, on connoît assez exactement ceux qui ont rempli cette charge.

On trouve qu'en 1318, Pierre d'Estampes ou de Stampis étoit garde du trésor; mais M. Dupuy dit qu'il y a lieu de douter si ce Pierre d'Estampes & ceux qui lui succédèrent en cet emploi jusqu'en 1370, étoient véritablement gardes du trésor des *chartres;* il prétend qu'ils étoient seulement gardes des *chartres* de la chambre des comptes, que l'on appelle aujourd'hui *gardes des livres*.

Cependant ils ne sont pas qualifiés simplement *gardes des livres* ou *lettres du roi*, mais *gardes du trésor des lettres du roi;* par exemple, à la marge des lettres de Charles, régent du royaume, pour le rétablissement du bailliage royal de Saint-Jangon en Mâconnois, du mois de décembre 1359, qui sont au mémorial *D* de la chambre des comptes de Paris, *fol. 1*, est écrit : *ego Adam Boucherii clericus domini regis & custos thesauri litterarum regiarum, recepi in camerâ computorum originale hujus transcripti per manum magistri Johannis Aquil. die penult. januarii, anno 1359.*

Dans la confirmation des privilèges que le roi Jean accorda, en janvier 1350, aux habitans de la ville de Florence, il est dit qu'il fit tirer des registres de son père (Philippe VI) lesdites lettres de privilèges, qui sont du mois de mai 1344, & ces registres s'entendent du *trésor des chartres*.

En 1364, Pierre Gonesse étoit garde des *chartres* & des privilèges royaux dont on lui remettoit les originaux; il donnoit des expéditions signées de lui, des lettres qui y étoient contenues; il est qualifié *custos cartarum & privilegiorum regiorum* : ce qui ne paroît pas équivoque.

Il est encore parlé du *trésor des chartres* dans des lettres de Charles V, du 14 mars 1367.

Les premiers gardes du *trésor des chartres* ne firent que des inventaires si succincts, qu'on n'en peut presque point tirer d'instruction. Au mois de janvier 1371, Charles V ayant visité en personne son *trésor des chartres*, & voyant la confusion qui y étoit, en donna la garde à Gerard de Montaigu, qu'il fit son notaire & secrétaire trésorier & garde de son *trésor des chartres* : &, par ses lettres-patentes, il ordonna qu'à l'avenir ceux qui auroient la garde dudit *trésor*, seroient appellés *trésoriers & ses secrétaires perpétuels*.

Il est parlé de ce Gerard de Montaigu, en ladite qualité, à la marge des lettres de Charles V, du mois de septembre 1371, qui sont au cinquième volume des ordonnances de la troisième race, *pag. 425 & 426*. Il fut garde du *trésor* jusqu'en 1375. Dreux Budé lui succéda en cette fonction le 7 février 1375. Le 22 septembre 1376, le même Gerard de Montaigu étoit garde du *trésor* de la chapelle. Chopin, *de dom. liv. III, pag. 459*, dit que Dreux (Draco) & Jean Budé, aïeul & père de Guillaume Budé, furent successivement gardes du *trésor des chartres*, ainsi que Guillaume Budé le remarque en sa note sur la loi, *nec quicquam, ff. de offic. proconsul.*

Pour revenir aux inventaires du *trésor des chartres*, Gerard de Montaigu en fit un, mais qui fut encore très-succinct, suivant lequel il y avoit alors trois cens dix layettes ou boëtes, cent neuf registres, & quelques livres de juifs, desquels il n'est resté que quatre hébreux qui y sont encore. Montaigu mit à part les papiers inutiles & plusieurs coins de monnoie, qui sont à présent rongés de la rouille, & que l'on a mis en la chambre haute.

Les registres sont seulement cotés audit inventaire selon les temps, depuis Philippe-Auguste jusqu'en 1381, tellement que, pour trouver une *chartre* dans ces registres, il faut savoir le temps qu'elle a été enregistrée en l'audience de la chancellerie, ou plutôt levée, parce qu'on n'en faisoit registre qu'après qu'elle avoit été délivrée.

Le 12 septembre 1481, Jacques Louvet commença un inventaire qui n'étoit que de soixante & quinze layettes, selon l'ancienne cote, dont il s'en trouva dès-lors plusieurs de manque.

Suivant la commission qui avoit été donnée pour faire cet inventaire dès l'an 1474, on voit que le *trésor* fermoit à trois clefs, dont l'une demeura à Jean Budé, ancien trésorier des *chartres*, une audit Louvet, trésorier actuel, & la troisième à MM. de la chambre des comptes, auxquels tout ce qui se faisoit, se rapportoit par cahiers.

Sous le roi François premier, on porta au *trésor* quinze coffres appellés *les coffres des chanceliers*, parce qu'ils contenoient les papiers trouvés chez les chanceliers du Prat, du Bourg & Poyet. Ceux de ce dernier furent saisis, quand on lui fit son procès au mois de juin 1542, & ensuite mis au *trésor des chartres*.

Il faut remarquer à cette occasion, qu'anciennement, après la mort ou démission des chanceliers ou gardes des sceaux, l'on retiroit d'eux ou de leurs héritiers les papiers du roi, ainsi qu'on l'a vu pratiquer par la décharge qui fut donnée aux héritiers du chancelier des Ursins.

Du temps que M. de Thou, fils du premier président, fut trésorier des *chartres*, M. du Tillet, greffier en chef du parlement, auteur du recueil des rois de France, & autres œuvres qu'il composa, tant sur les registres du parlement & sur ceux de la chambre des comptes, que sur le *trésor des chartres*, eut, pour cet effet, permission d'entrer au *trésor* même, de transporter ce dont il auroit besoin : ce qui fût fait avec si peu d'ordre, que les titres dont il s'étoit servi, ne furent point remis à leur place, plusieurs ne furent point rapportés, & demeurèrent chez lui, ou se trouvèrent perdus.

Le désordre s'accrut encore par l'entrée qu'eut au *trésor* M. Brisson la première année qu'il fut avocat du roi, lequel emporta de ce dépôt beaucoup de bons mémoires, même les remontrances faites à l'occasion du concordat.

M. Jean de la Guesle, procureur général, voyant le circuit qu'il étoit obligé de faire pour avoir quelque titre du *trésor*, qu'il falloit présenter requête au roi, puis obtenir une lettre de cachet, fit démettre celui qui étoit alors trésorier des *chartres*, & unir cette charge à perpétuité à celle de procureur général, ce qui fût fait au mois de janvier 1582; & le procureur général prend, depuis ce temps, la qualité de *trésorier-garde des chartres & papiers de la couronne* : & tel est le dernier état; au moyen de quoi, MM. Dupuy & Godefroi, commis sous M. Molé, procureur général, trésorier des *chartres*, firent, en 1615, un inventaire, lors duquel ils trouvèrent beaucoup de titres pourris, partie des layettes brisées & pourries, faute d'avoir entretenu la couverture. Ils remirent l'ordre qui y est aujourd'hui, ayant rangé les layettes par les douze gouvernemens, puis les affaires étrangères, les personnes & les mêlanges, tellement qu'ils mirent en état trois cens cinquante layettes, quinze coffres & cinquante-deux sacs. Pour les registres, ils furent rangés selon l'ordre chronologique du règne des rois.

L'inventaire des layettes, coffres & sacs contient huit volumes de minutes. MM. Dupuy & Godefroi n'achevèrent pas celui des registres, ayant été occupés à d'autres affaires.

M. Molé fit apporter au *trésor* les papiers de M. de la Guesle, procureur général; on les mit dans des sacs étiquetés : ce qui remplit une partie d'une grande armoire distribuée en quarante-deux guichets.

Le roi ayant fait raser le château de Mercurol en Auvergne, où étoient ses titres pour ledit pays, on les a mis au *trésor des chartres* dans la chambre haute : mais on en a tiré peu d'utilité.

On y a aussi mis quelques papiers de M. Pithou, des papiers concernant Metz, Toul, Verdun & la Lorraine; on apporta de Nancy six grands coffres qui sont au *trésor*.

M. Dupuy dit que les ministres ont négligé de faire porter les titres au *trésor des chartres*; que, pour ce qui est des registres des *chartres* qui s'expédioient en la chancellerie, & pour lesquels on exige encore un droit, l'on n'en a point apporté au *trésor des chartres* depuis Charles IX; qu'à l'égard des originaux, on n'y en a point mis non plus depuis long-temps, si ce n'est quelques pièces singulières, comme le procès de la dissolution du mariage de Henri IV avec la reine Marguerite.

M. de Loménie, secrétaire d'état, fit remettre à M. Molé, procureur général, les originaux des actes passés pour le mariage de Henriette de France avec Charles I, roi d'Angleterre, pour être déposés au *trésor des chartres*.

Le cardinal de Richelieu y fit aussi mettre grand nombre de petits traités & actes faits par le roi avec les princes & états voisins.

On y chercha le contrat de mariage de Louis XIII, qui se trouva enfin dans un lieu où il ne devoit pas être.

Le garde des sceaux de Marillac fit rendre un arrêt du conseil d'état, le 23 septembre 1628, portant que les traités, actes de paix, mariages, alliances & négociations, de quelque nature qu'elles soient, passées avec les princes, seigneuries & communautés, tant dedans que dehors le royaume, seroient portés au *trésor des chartres*, & ajoutés à l'inventaire d'icelui, & il fut enjoint aux chanceliers-gardes des sceaux d'y tenir la main.

M. Dupuy dit que tout cela a encore été mal exécuté, & que les choses sont restées comme auparavant.

Mais, par les soins de MM. Joly de Fleury, père & fils, plusieurs pièces anciennes très-importantes ont été recouvrées & mises au *trésor des chartres*.

Par exemple, le registre 84 qui, depuis très-long-temps, étoit en *deficit* dans ce dépôt, s'étant trouvé dans la bibliothèque de M. Rouillé du Coudray, conseiller d'état, &, lors de sa mort arrivée en 1729, ayant passé entre les mains de M. de Fourqueux, procureur général de la chambre des comptes de Paris, son neveu, ce magistrat l'a remis au *trésor des chartres*, & ce registre a été réuni aux autres qui sont conservés dans ce dépôt.

Pour ce qui est des pièces modernes, il y a plus de cent ans que l'on n'en a mis aucune au *trésor des chartres*; on en a d'abord mis quelques-unes aux archives du louvre, ensuite on a mis toutes celles qui sont survenues dans le dépôt des manuscrits de la bibliothèque du roi, où il y a déjà plus de pièces qu'au *trésor des chartres*.

Il y a présentement plusieurs commissaires au *trésor des chartres*, qui sont nommés par le roi, & qui, sous l'inspection de M. le procureur général, travaillent aux inventaires & dépouillemens des pièces qui sont dans ce dépôt, dont on fait différentes tables & extraits, non-seulement par ordre des matières, mais aussi des tables particulières des noms des lieux, des noms des personnes, & singulièrement de ceux des grands officiers de la couronne, des titres qui étoient alors usités, des noms des monnoies, & autres objets semblables qui méritent d'être remarqués.

On travaille aussi à une table générale des registres, & à une autre de toutes les pièces originales qui sont au *trésor*; on se propose même de faire une table générale de toutes les *chartres* du royaume, qui se trouvent dispersées dans différens dépôts, depuis le commencement de la monarchie jusqu'en 1560, temps depuis lequel les actes qui ont suivi, ont été recueillis avec plus de soin dans différentes collections.

Il seroit à souhaiter que le public pût profiter bientôt de ce travail immense dans lequel on puiseroit sans doute une infinité de connoissances curieuses & utiles. (*A*)

CHARTRE. Ce mot a, en style de chancellerie, une signification différente de celle dont nous venons de parler. On appelloit *chartre de commune*, *charta communis*, *communionis* ou *communitatis*, les lettres par lesquelles le roi, ou quelque autre seigneur, érigeoit les habitans d'une ville ou bourg en corps & communauté. Ces lettres furent une suite de l'affranchissement que quelques-uns des premiers rois de la troisième race commencèrent à accorder aux serfs & aux mortaillables : car les serfs ne formoient point entre eux de communauté. Les habitans auxquels ces *chartres de commune* étoient accordées, étoient liés réciproquement par la religion du serment, & par de certaines loix. Ces *chartres de commune* furent beaucoup multipliées par Louis VII, & furent confirmées par Louis VIII, Philippe-Auguste & leurs successeurs. Les évêques & autres seigneurs en établirent aussi avec la permission du roi. Le principal objet de l'établissement des communes fut d'obliger les habitans des villes & bourgs, érigés en commune, de fournir du secours au roi en temps de guerre, soit directement, soit médiatement, en le fournissant à leur seigneur qui étoit vassal du roi, & qui étoit lui-même obligé de servir le roi. Chaque curé des villes & bourgs érigés en commune venoit avec sa bannière à la tête de ses paroissiens. La commune étoit aussi instituée pour la conservation des droits respectifs du seigneur & des sujets. Les principaux droits de commune sont ceux de mairie & échevinage, de collège, c'est-à-dire, de former un corps qui a droit de s'assembler, le droit de sceau, de cloche, beffroi & jurisdiction. Les *chartres de commune* expliquoient aussi les peines que devoient subir les délinquans, & les redevances que les habitans devoient payer au roi ou autre leur seigneur. *Voyez le Glossaire latin de Ducange*, au mot *Commune*. M. Caterinot, en sa *Dissertation*, *que les coutumes ne sont point de droit étroit*, dit que ces *chartres de commune* sont des ébauches des coutumes. En effet, ces *chartres* sont la plupart des douzième & treizième siècles, qui est à-peu-près le temps où nos coutumes ont pris naissance; les plus anciennes n'ayant été rédigées par écrit que dans le treizième & le quatorzième siècles, on ne trouve point que la ville de Paris ait jamais obtenu de *chartres de commune* : ce qui provient sans doute de ce qu'on a supposé qu'elle n'en avoit pas besoin, à cause de la dignité de ville capitale du royaume.

On appelle aussi communément *lettres de chartre*

ou *lettres expédiées en chartres*, les lettres données en la grande chancellerie, qui attribuent un droit perpétuel, telles que les ordonnances & édits, les lettres de grace, rémission ou abolition qui procèdent de la pleine grace du roi; toutes lesquelles lettres contiennent cette adresse, *à tous présens & à venir*, & n'ont point de date de jour, mais seulement de l'année & du mois, & sont scellées de cire verte sur des lacs de soie rouge & verte (*voyez* Charondas, en ses *Pandectes*, *liv. I*, *chap.* 19); à la différence des autres lettres de chancellerie, telles que les déclarations & lettres-patentes qui contiennent cette adresse, *à tous ceux qui ces présentes lettres verront*, renferment la date du jour, du mois & de l'année, & sont scellées en cire jaune sur une double queue de parchemin.

On trouve, dans le *sciendum* & autres anciens styles de la chancellerie, le nom de *chartres françoises* pour désigner les lettres en forme de *chartres* expédiées pour les villes & provinces du royaume, autres que la Champagne & la Navarre qui, après leur réunion à la couronne, ont conservé, pendant quelque temps, leurs chancelleries particulières dans lesquelles on qualifioit de *chartres champenoises*, ou *chartres de Navarre*, les lettres expédiées pour l'une ou l'autre de ces provinces. Il en étoit de même pour les lettres accordées aux juifs, qu'on appelloit *chartres des juifs* ou *marans*, & qui se délivroient dans leur chancellerie particulière. Dans la suite, on a donné le nom de *chartres des juifs*, à la permission donnée à un juif de s'établir en France. *Voyez* CHANCELLERIE.

Dans les anciens styles de la chancellerie, on appelle *taxe-chartre*, le droit que l'on paie pour certaines lettres, qui sont taxées comme *chartres* ou lettres expédiées en forme de *chartres*. Par exemple, les assiettes à perpétuité se taxent *chartres*. On appelle, au contraire, *demi-chartres* les provisions d'offices, pour lesquelles on ne paie que la moitié du droit dû au sceau, pour les lettres expédiées en forme de *chartres*.

En style de chancellerie, on donne aussi le nom de *chartres en jaune*, aux lettres de déclaration, de naturalité & de notaire d'Avignon. On entend aussi quelquefois par-là les arrêts des cours souveraines, portant réglement entre des officiers ou communautés, ou quand ils ordonnent la réunion à perpétuité de quelque bénéfice.

Un édit du mois de mars 1655 avoit créé huit offices de secrétaires du roi, *intendans des chartres*, & quatre greffiers des *chartres* & expéditions de la chancellerie; mais tous ces offices ont été supprimés par un autre édit du mois de janvier 1660.

CHARTRE *angloise* ou *grande-chartre*. C'est le nom que les Anglois donnent à une ancienne patente, concernant les privilèges de la nation, accordée par le roi Henri III, la neuvième année de son règne, & confirmée par ses successeurs.

La raison pour laquelle on l'appella *magna*, grande, est parce qu'elle contient des franchises & des prérogatives grandes & précieuses pour la nation; ou parce qu'elle est d'une plus grande étendue qu'une autre *chartre* qui fut expédiée dans le même temps, que les Anglois appellent *chartre de forêt*; ou parce qu'elle contient plus d'articles qu'aucune autre *chartre*; ou à cause des guerres & des troubles qu'elle a causés, & du sang qu'elle a fait verser; ou enfin, à cause de la grande & remarquable solemnité qui se pratiqua lors de l'excommunication des infracteurs & violateurs de cette *chartre*.

Les Anglois font remonter l'origine de leur *grande chartre* à leur roi Edouard-le-Confesseur, qui, par une *chartre* expresse, accorda à la nation plusieurs privilèges & franchises, tant civiles que ecclésiastiques. Le roi Henri I accorda les mêmes privilèges, & confirma la *chartre* de saint Edouard par une semblable qui n'existe plus. Ces mêmes privilèges furent confirmés & renouvellés par ses successeurs Etienne, Henri II & Jean. Mais celui-ci, par la suite, l'enfreignant lui-même, les barons du royaume prirent les armes contre lui, les dernières années de son règne.

Henri III, qui lui succéda, après s'être fait informer, par des commissaires nommés au nombre de douze pour chaque province, des libertés des Anglois du temps de Henri I, fit une nouvelle *chartre*, qui est celle qu'on appelle aujourd'hui la *grande-chartre*, *magna charta*, qu'il confirma plusieurs fois, & qu'il enfreignit autant de fois, jusqu'à la trente-septième année de son règne, qu'il vint au palais de Westminster; où en présence de la noblesse & des évêques, qui tenoient chacun une bougie allumée à la main, il fit lire la *grande-chartre*, ayant, pendant qu'on la lisoit, la main sur la poitrine; après quoi il jura solemnellement d'en observer le contenu avec une fidélité inviolable, en qualité d'homme, de chrétien, de soldat & de roi. Alors les évêques éteignirent leurs bougies, & les jettèrent à terre, en criant: *qu'ainsi soit éteint & confondu dans les enfers quiconque violera cette chartre.*

La *grande-chartre* est la base du droit & des libertés du peuple anglois. On la jugea si avantageuse aux sujets, & remplie de dispositions si justes & si équitables, en comparaison de toutes celles qui avoient été accordées jusqu'alors, que la nation consentit, pour l'obtenir, d'accorder au roi le quinzième denier de tous ses biens meubles. (*G*)

[Nous allons donner une analyse succincte de cette *chartre*.

Impositions. Excepté lorsqu'il s'agit de la rançon du roi, du mariage de sa fille aînée, ou de faire son fils aîné chevalier, il ne peut faire aucune espèce de levée sur ses sujets, sans le consentement du commun conseil du royaume: soit qu'il s'agisse d'impositions générales, ou de subsides sur les villes & corps pris en particulier.

Parlement ou commun conseil. On doit aussi y régler ce que chacun doit payer pour sa part de l'imposition. Les barons & prélats doivent être sommés de s'y trouver par des ordres adressés à chacun d'eux en particulier; les villes, tous les bourgs, villages & ports doivent y envoyer des députés, & doivent être sommés à cet effet, par les scherifs ou baillis, quarante jours avant l'assemblée générale.

Peines, procédures criminelles. On ne peut lever aucune amende, sous quelque prétexte qu'elle soit imposée, qu'après avoir laissé à chacun sa subsistance, aux laboureurs les ustensiles de labourage, aux marchands ce qui est nécessaire pour l'entretien de leur commerce.

Aucune amende ne peut être imposée, que sur le serment de douze hommes du voisinage, reconnus pour gens de bonne réputation.... Et s'il s'agit de comtes ou barons, ils ne peuvent être mis à l'amende que par leurs pairs.

Les permissions d'informer seront accordées gratis.

On ne peut obliger personne à se purger par serment, à moins que l'accusation ne soit confirmée par gens dignes de foi.

On n'arrêtera, ni n'emprisonnera, ni ne dépossédera de ses biens, coutumes & libertés, & on ne fera mourir personne, de quelque manière que ce soit, que par le jugement de ses pairs, selon les loix du pays.

Procès civils. Le roi & ses officiers ne vendront, ne refuseront ou ne différeront la justice à personne.

Le roi n'accordera plus aucun writ ou ordre, appellé *præcipe*, par lequel aucun tenancier devoit perdre son procès.

Commerce. Il n'y aura dans le royaume qu'un seul poids pour les denrées, une seule mesure pour les boissons, un seul aunage pour les étoffes.

Liberté de sortir du royaume & d'y entrer. Il est permis à toutes personnes de sortir du royaume & d'y revenir en toute sûreté, sauf la fidélité due au roi, excepté en temps de guerre, & pour peu de temps quand il sera nécessaire pour le bien commun du royaume: excepté aussi les marchands des puissances ennemies. Ceux-ci doivent être mis en sûreté, sans dommage de leurs personnes, ni de leurs effets, jusqu'à ce que l'on soit assuré de la manière dont les nationaux sont traités chez les ennemis, & l'on doit alors observer la réciprocité.

Les autres articles ont pour objet, le réglement des séances & de la compétence des tribunaux, & en particulier des juges des eaux & forêts, les immunités des barons, la liberté des veuves que l'on ne peut forcer de passer à des secondes noces; les droits de l'église, à laquelle on conserve la liberté des élections, mais en défendant de lui faire aucun don; le paiement des dettes & de sages précautions pour empêcher que l'on n'abuse de la malheureuse situation du débiteur. (*H*)]

CHARTRE *normande* ou *chartre aux normands.* C'est le nom qu'on donne aux lettres-patentes données par Louis-Hutin aux habitans de la Normandie, pour la confirmation de leurs privilèges.

Ce prince accorda aux Normands une première *chartre* en 1314, qui ne contenoit que quatorze articles. Elle fut augmentée par de nouvelles lettres, en date du 15 juillet de l'année suivante. Ce sont ces dernières lettres auxquelles on attribue singuliérement le nom de *chartre normande.* Elle a été confirmée en 1339, par Philippe de Valois; en 1380, par Charles VI; en 1458, par Charles VII; en 1461, par Louis XI; en 1485, par Charles VIII, & en 1579, par Henri III.

On peut encore comprendre sous le nom de *chartre normande*, la *chartre au roi Philippe*, que l'on trouve insérée dans le cahier de rédaction de la coutume de Normandie en 1585.

Quelques auteurs ont prétendu que cette *chartre* étoit de Philippe III, dit *le Hardi*; mais M. de Laurière, prouve qu'elle est de Philippe-Auguste. Elle fut donnée vers la fin de 1208, ou au commencement de 1209, pour régler les formalités nouvelles qu'on devoit observer en Normandie dans les contestations qui survenoient, pour raison des patronages d'églises, entre les patrons laïques & les patrons ecclésiastiques. *Voyez* PATRON.

Nous croyons faire plaisir à nos lecteurs en leur donnant la traduction de la *chartre normande.* Cette pièce tient à l'histoire & à l'ancien droit de cette partie du royaume.

« *Article I.* Le roi & ses successeurs ne feront » faire en Normandie d'autre monnoie que celle de » Paris & de Tours; & les gros tournois seront » du poids & de la valeur qu'ils étoient du temps » de saint Louis.

» 2°. Le fouage ou le monnoyage sera levé, » comme il est marqué dans le registre des cou» tumes de Normandie.

» 3°. Les nobles & les habitans de Normandie » qui doivent au roi des services à la guerre, se» ront libres lorsqu'ils s'en seront acquittés.

» 4°. Quand les seigneurs de fief auront rendu » leurs services, le roi ne pourra rien exiger de » leurs vassaux, sauf le cas d'arrière-ban.

» 5°. Lorsque le roi & ses successeurs revendi» queront quelque héritage, le procès sur la pro» priété sera jugé, quoique les possesseurs oppo» sent la saisine ou la possession d'an & jour.

» 6°. S'il y a contestation sur la possession d'an » & jour, la chose contentieuse sera mise en la » main du roi, jusqu'à ce que la question sur la » possession ait été décidée.

» 7°. Le roi ne levera, en Normandie, que ses » revenus ordinaires, & n'exigera que les services » qui lui sont dus, à moins qu'il n'y ait quelque » urgente nécessité.

» 8°. Aucun sergent royal de l'épée ou autre, » ne pourra faire exercer son office par des per» sonnes de louage, sous peine de perdre l'office.

» 9°. On ne pourra prendre des vivres ou au» tres denrées pour le roi, sans ses lettres scellées » de son sceau, ou du maître de son hôtel, & » quand il y aura des lettres, les marchandises » seront appréciées & payées, avant d'être en» levées.

» 10°. Le droit de tiers & danger ne sera pas » levé sur le mort-bois.

» 11°. Si quelqu'un se prétend franc du tiers & » danger, parce que ses bois ont été plantés an- » ciennement, il en sera exempt en prouvant.

» 12°. Les deniers levés pour faire ou réparer » les ponts y seront employés, &c.

» 13°. Lorsque le roi sera chargé des bâtimens » ou de la reconstruction des ponts, les particuliers » n'y contribueront pas.

» 14°. Les nobles dans leurs terres, auront *le* » *varech* & les *choses guaives*.

» 15°. De trois ans en trois ans, le roi enverra » des commissaires pour informer des excès de ses » officiers.

» 16°. Nul homme libre ne sera mis à la ques- » tion, à moins qu'il n'y ait contre lui des pré- » somptions violentes de crime.

» 17°. Aucun avocat ne pourra prendre plus de » trente livres pour les grandes causes, &c.

» 18°. Les causes décidées à l'échiquier de Nor- » mandie ne seront pas portées au parlement de » Paris.

» 19°. La prescription de quarante années aura » lieu, en Normandie, en toutes matières.

» 20°. Les héritages qui seront reunis au domaine » du roi, par défaut de paiement, seront estimés » par des prud'hommes.

» 21°. Les parens pourront faire le retrait des » héritages réunis au domaine du roi, faute de » paiement.

» 22°. Ceux qui auront des domaines du roi par » don, échange ou autre aliénation, ne pourront » traduire les autres sujets du roi dans les justices » éloignées.

» 23°. Quand il s'agira d'exécution de lettres » passées sous le scel royal, les parties ne seront » pas mises en procès, à moins que l'une d'elles » ne prétende avoir payé.

» 24°. En matière de retrait, celui qui ne possé- » dera pas l'héritage ne pourra être ajourné ».

On ne suit plus aujourd'hui toutes les dispositions de cette *chartre* : nos rois ont dérogé à plusieurs d'entre elles par des loix postérieures. Néanmoins son autorité est encore si considérable que, quand il s'agit de faire quelque réglement, qui peut intéresser la province de Normandie, & qui est contraire à cette *chartre*, on a soin d'y insérer la clause, *nonobstant clameur de haro, chartre normande, &c.*

CHARTRE *de paix*, en latin *charta pacis*. C'est le nom qu'on a donné à des lettres accordées à Melun, par Philippe-Auguste, en 1222, en forme de transaction entre ce prince, l'évêque & le chapitre de Paris, pour régler la compétence des officiers du roi, & de ceux de l'évêque & du chapitre, dans l'étendue de la ville de Paris.

CHARTRE ou *prison*. Ce mot avoit anciennement une signification bien différente de celles dont nous avons parlé jusqu'à présent. Ce terme étoit synonyme à celui de *prison*, & on se servoit des deux indistinctement. *Chartre* paroît venir du mot latin *carcer* : & il y est très-probable que le monastère de saint Denis, en la cité, près le pont Notre-Dame, a été surnommé *de la chartre*, parce qu'on croit que saint Denis, apôtre de la France, fut autrefois renfermé dans ce lieu dans un cachot obscur.

On trouve le terme de *chartre*, pour exprimer *prison*, dans le chapitre 23 de l'ancienne coutume de Normandie.

Il n'est plus en usage aujourd'hui dans ce sens; cependant on appelle encore *chartre privée*, un lieu autre que la prison publique, où quelqu'un est détenu par force, sans l'autorité de la justice.

Il est défendu à toutes personnes, même aux officiers de justice, de tenir personne en *chartre privée*. Un arrêt du 16 février 1608 ordonne de punir, comme prévaricateurs, les prévôts de maréchaussées & autres personnes, qui tiendront les accusés dans les maisons privées.

L'ordonnance de 1670, *tit.* 2, *art.* 10, défend aux prévôts des maréchaux, de faire *chartre privée* dans leurs maisons, ni ailleurs, à peine de privation de leurs charges; & veut qu'à l'instant de la capture, l'accusé soit conduit dans les prisons du lieu, s'il y en a, sinon aux plus prochaines, dans les vingt-quatre heures au plus tard.

CHARTRE *à deux visages*. M. de la Roque, en son *Traité de la Noblesse*, *chap.* 21, dit que Jean du Loir, sieur de Marrainville, obtint du roi Henri IV une *chartre à deux visages*, pour être maintenu & confirmé en la possession de noblesse.

Suivant cet auteur, une *chartre à deux visages* est une *chartre* que le roi donne à ceux qui se prétendent anciens nobles, & qui ne peuvent prouver leur noblesse, à cause de la perte qu'ils allèguent de leurs anciens titres.

On lui donne le nom de *chartre à deux visages*, parce qu'elle contient la double clause de maintenir absolument l'impétrant dans la qualité de noble, & de le faire jouir du privilège de noblesse, comme de nouvelle concession. Ainsi cette *chartre*, de même que Janus, a deux visages, l'un qui regarde l'ancienne noblesse, l'autre la nouvelle concession du titre de noble, en tant que de besoin.

Cette espèce de *chartre* rend très-suspecte l'ancienne noblesse de l'impétrant, & il est assez ordinaire, lors de la vérification des lettres, de lui faire opter l'une des deux clauses.

CHARTREUX, s. m. (*Droit ecclésiastique.*) ce sont les religieux de l'ordre qui a été fondé par saint Bruno.

Cet ordre à pris naissance dans le onzième siècle. On y vit d'une manière très-austère; la clôture & la solitude sont deux obligations essentielles de ces religieux.

Plusieurs auteurs prétendent que l'étymologie du mot *chartreux* vient du nom de *chartreuse*, que portoit le lieu où saint Bruno fit le premier établissement de cet ordre. D'autres la tirent du mot *char-*

tre; qui anciennement signifioit *prison*, parce que les religieux de saint Bruno se condamnent à une espèce de prison perpétuelle.

Ceux qui voudront connoître les statuts des *chartreux* peuvent consulter l'ouvrage que D. Masson, leur général, fit imprimer en 1703, sous le titre latin; *Disciplina ordinis Carthuciensis*.

Les *chartreux* jouissent d'une foule de privilèges. Ils ont été dans tous les temps exempts de tout impôt. Cette exemption leur a été confirmée par différentes lettres-patentes, & particuliérement en 1383 & en 1446.

Les papes ont donné des marques d'une protection spéciale à cet ordre. Choppin cite une bulle du premier avril 1191, par laquelle le pape Célestin III excommunioit tous ceux qui empêcheroient les fidèles d'exercer des libéralités envers les *chartreux*, & même qui donneroient des conseils contraires à l'agrandissement du patrimoine de cet ordre : & une autre de Luce III, qui défendoit « de faire aucune pêche dans les rivières voisines » des maisons de *chartreux*, de chasser ni les oi» seaux, ni les animaux, à quatre pieds sur les » terres, qui étoient dans les environs de leurs » monastères, de faire paître les bestiaux sur les » terres de ces religieux, & même de les y faire » passer ».

De pareilles bulles prouvent jusqu'à quel point le saint-siège entreprenoit sur la jurisdiction séculière dans ces temps d'ignorance. Mais il n'est plus question aujourd'hui de ces privilèges abusifs. Les *chartreux* jouissent seulement de l'affranchissement de la dixme, qui leur a été formellement accordé par une bulle du pape Jean XXII, mais qui n'a lieu que sur les fruits produits par leur ancien patrimoine, qu'ils cultivent eux-mêmes. Ce privilège leur a été confirmé par des lettres-patentes de nos rois, depuis Louis XI, jusqu'à Louis XV.

Toutes les communautés religieuses sont obligées, par l'ordonnance des eaux & forêts, de faire des réserves dans leurs bois. Les *chartreux* ne sont point soumis à cette disposition prescrite aux gens de main-morte. Des lettres-patentes, accordées par Louis XIV, au mois de février 1670, confirmées par un arrêt du conseil, du 15 juillet 1717, par des lettres-patentes du mois de mai 1727, & par un arrêt du conseil, du 2 février 1734, leur enjoignent seulement d'envoyer au contrôleur général des finances, & au secrétaire d'état du département de la marine, l'état & la déclaration des bois de haute-futaie qu'ils veulent vendre, six mois avant d'en faire la coupe, à peine de confiscation & de trois mille livres d'amende. Il leur est défendu, sous les mêmes peines, de faire sortir leurs bois hors du royaume, sans permission du roi.

L'ordre des *chartreux* n'est point soumis aux oblats.

Suivant une ancienne bulle, les *chartreux* étoient dans l'opinion qu'aucun membre de leur ordre ne pouvoit s'adresser aux juges séculiers. En 1723, le chapitre général fit de nouvelles défenses d'enfreindre la bulle du pape Clément III, & déclara qu'il puniroit les infracteurs, comme coupables de désertion. Les *chartreux* de Paris, plus instruits des principes de la discipline de l'église que le chapitre général, ne voulurent point se soumettre à un décret aussi contraire aux loix du royaume; ils en interjettèrent appel comme d'abus. La contestation fit beaucoup de bruit; le roi l'évoqua à son conseil & s'en réserva la connoissance. Par un arrêt solemnel, rendu le 14 août 1723, le décret du chapitre général fut déclaré abusif, & les *chartreux* furent autorisés à avoir recours à la puissance royale dans le cas d'oppression personnelle.

Nous avons dit plus haut que les *chartreux* étoient exempts des impôts; mais ce privilège ne s'étend qu'aux impôts ordinaires & établis anciennement, & non à ceux au paiement desquels le législateur a voulu que tous ses sujets, sans aucune exception, fussent assujettis. C'est sur le fondement de cette distinction que, par arrêt du conseil du 13 février 1717, ils ont été assujettis, en Champagne, au paiement des droits des anciens cinq sous, & d'inspecteurs aux boissons, ainsi qu'à celui des vingtièmes.

Par rapport à cette dernière imposition, le roi a accordé à quelques *chartreuses* la grace de faire, avec elles, une espèce d'abonnement. Nous en trouvons deux exemples dans deux arrêts du conseil d'état, du 31 août 1730 & du 18 juillet 1762, rendus en faveur de la chartreuse de Rethel. Par le premier de ces arrêts, il a été ordonné « que » les *chartreux* de Rethel, en payant la somme de » huit cens livres, seroient dispensés de l'exécution » de l'édit du mois de février 1760, qui concer» noit la levée du troisième vingtième, & des deux » sous pour livre d'icelui.

Par le second arrêt, il a été ordonné « que les » *chartreux* de Rethel, en payant annuellement, à » compter du premier janvier 1762, la somme de » trois cens livres, pour tenir lieu de chacun des » trois vingtièmes, celle de soixante livres pour » les deux sous pour livre du dixième, & celle » de trente livres, aussi par année, pour les deux » sous pour livre du troisième vingtième, seroient » dispensés de l'exécution des édits & déclarations » portant prorogation desdites impositions ».

CHARTRIER, s. m. (*Jurisprudence.*) c'est ainsi qu'on appelle le lieu où sont renfermés les titres, les chartres, les archives des abbayes, des monastères & des grandes seigneuries. On donnoit autrefois le nom de *chartrier du roi*, à ce qu'on appelle aujourd'hui le *trésor des chartres*. *Voyez* ARCHIVES, CHARTRE.

Dans l'ancienne chronique de Flandres, & dans quelques autres endroits, on disoit *chartrier* pour *prisonnier*; ce qui vient de l'ancien mot *chartre*, employé dans la signification de *prison*. *Voyez* CHARTRE-PRISON.

CHARTULAIRE, s. m. La coutume de Cambrai se sert de ce mot pour signifier un *titre*. *Voyez* CACHEREAU.

CHASSE, (*Jurisprudence.*) suivant le droit naturel, la *chasse* étoit libre à tous les hommes. C'est un des plus anciens moyens d'acquérir suivant le droit naturel. L'usage de la *chasse* étoit encore libre à tous les hommes, suivant le droit des gens.

Le droit civil de chaque nation apporta quelques restrictions à cette liberté indéfinie.

Solon, voyant que le peuple d'Athènes négligeoit les arts méchaniques, pour s'adonner à la *chasse*, la défendit au peuple, défense qui fut depuis méprisée.

Chez les Romains, chacun pouvoit chasser, soit dans son fonds, soit dans celui d'autrui; mais il étoit libre au propriétaire de chaque héritage d'empêcher qu'un autre particulier n'entrât dans son fonds, soit pour chasser ou autrement. *Instit. lib. II, tit. 1*, §. *xij*.

En France, dans le commencement de la monarchie, la *chasse* étoit libre, de même que chez les Romains.

La loi salique contenoit cependant plusieurs réglemens pour la *chasse*; elle défendoit de voler ou de tuer un cerf élevé & dressé pour la *chasse*, comme cela se pratiquoit alors; elle ordonnoit que si ce cerf avoit déjà chassé, & que son maître pût prouver d'avoir tué par son moyen deux ou trois bêtes, le délit seroit puni de quarante sous d'amende; que si le cerf n'avoit point encore servi à la *chasse*, l'amende ne seroit que de trente-cinq sous.

Cette même loi prononçoit aussi des peines contre ceux qui tueroient un cerf ou un sanglier qu'un autre chasseur poursuivoit, ou qui voleroient le gibier des autres, ou les chiens & oiseaux qu'ils auroient élevés pour la *chasse*.

Mais on ne trouve aucune loi qui restreignît alors la liberté naturelle de la *chasse*. La loi salique semble plutôt supposer qu'elle étoit encore permise à toutes sortes de personnes indistinctement.

On ne voit pas précisément, en quel temps la liberté de la *chasse* commença à être restreinte à certaines personnes & à certaines formes. Il paroît seulement que dès le commencement de la monarchie françoise, les princes & la noblesse en faisoient leur amusement, lorsqu'ils n'étoient pas occupés à la guerre; que nos rois donnoient dès-lors une attention particulière à la conservation de la *chasse*; que, pour cet effet, ils établirent un maître veneur (appellé depuis *grand-veneur*), qui étoit l'un des quatre grands officiers de leur maison; & que, sous ce premier officier, ils établirent des forestiers pour la conservation de leurs forêts, des bêtes fauves & du gibier.

Dès le temps de la première race de nos rois, le fait de la *chasse* dans les forêts du roi étoit un crime capital, témoin ce chambellan que Gontran, roi de Bourgogne, fit lapider pour avoir tué un buffle dans la forêt de Vassac, autrement de Vangenne.

Sous la seconde race, les forêts étoient défensables; Charlemagne enjoint aux forestiers de les bien garder; les capitulaires de Charle-le-Chauve désignent les forêts où ses commensaux ni même son fils ne pourroient pas chasser; mais ces défenses ne concernoient que les forêts, & non pas la *chasse* en général.

Un concile de Tours, convoqué sous l'autorité de Charlemagne, en 813, défend aux ecclésiastiques d'aller à la *chasse*, de même que d'aller au bal & à la comédie. Cette défense particulière aux ecclésiastiques, sembleroit prouver que la *chasse* étoit encore permise aux autres particuliers, du moins hors les forêts du roi.

Vers la fin de la seconde race & au commencement de la troisième, les gouverneurs des provinces & villes qui n'étoient que de simples officiers, s'étant attribué la propriété de leur gouvernement à la charge de l'hommage, il y a apparence que ces nouveaux seigneurs & autres auxquels ils sous-inféodèrent quelque portion de leur territoire, continuèrent de tenir les forêts & autres terres de leur seigneurie en défense, par rapport à la *chasse*, comme elles l'étoient lorsqu'elles appartenoient au roi.

Il étoit défendu alors aux roturiers, sous peine d'amende, de chasser dans les garennes du seigneur: c'est ainsi que s'expliquent les établissemens de saint Louis, faits en 1270. On appelloit *garenne* toute terre en défense: il y avoit alors des garennes de lièvres aussi bien que de lapins, & des garennes d'eau.

Les anciennes coutumes de Beauvoisis, rédigées en 1283, portent que ceux qui dérobent des lapins, ou autres grosses bêtes sauvages, dans la garenne d'autrui, s'ils sont pris de nuit, seront pendus; & si c'est de jour, ils seront punis par amende d'argent, savoir, si c'est un gentilhomme, soixante liv. & si c'est un homme de *poste*, soixante sous.

Les privilèges que Charles V accorda, en 1371, aux habitans de Mailly-le-Château, portent que celui qui seroit accusé d'avoir chassé en plaine dans la garenne du seigneur, sera cru sur son serment, s'il jure qu'il n'a point chassé; que s'il ne veut pas faire ce serment, il paiera l'amende. Il est singulier que l'on s'en rapportât ainsi à la bonne-foi de l'accusé; car s'il n'y avoit point alors la formalité des rapports, on auroit pu recourir à la preuve par témoins.

Il étoit donc défendu dès-lors, soit aux nobles ou roturiers, de chasser dans les forêts du roi & sur les terres d'autrui en général; mais on ne voit pas qu'il fût encore défendu, soit aux nobles ou roturiers, de chasser sur leurs propres terres.

Il paroît même que la *chasse* étoit permise aux nobles, du moins dans certaines provinces, comme en Dauphiné, où ils jouissent encore de ce droit, suivant des lettres de Charles V de 1367.

A l'égard des roturiers, on voit que les habitans de certaines villes & provinces obtinrent aussi la permission de *chasse*.

On

On en trouve un exemple dans des lettres de 1357, suivant lesquelles les habitans du bailliage de Revel & la sénéchaussée de Toulouse, étant incommodés des bêtes sauvages, obtinrent du maître général des eaux & forêts, la permission d'aller à la *chasse* jour & nuit avec des chiens & des domestiques, *etiam cum ramerio seu rameriis*. Ce qui paroît signifier les *branches d'arbres* dont on se servoit pour faire des battues. On leur permit de chasser aux sangliers, chevreuils, loups, renards, lièvres, lapins & autres bêtes, soit dans les bois qui leur appartenoient, soit dans la forêt de Vaur, à condition que quand ils chasseroient dans les forêts du roi, ils seroient accompagnés d'un ou deux forestiers, à moins que ceux-ci ne refusassent d'y venir; que si, en chassant, leurs chiens entroient dans les forêts royales, autres que celle de Vaur, ils ne seroient point condamnés en l'amende, à moins qu'ils n'eussent suivi leurs chiens; qu'en allant visiter leurs terres, & étant sur les chemins pour d'autres raisons, ils pourroient chasser lorsque l'occasion s'en présenteroit, sans appeller les forestiers. On sent aisément combien il étoit facile d'abuser de cette dernière faculté; ils s'obligèrent de donner au roi, pour cette permission, cent cinquante florins d'or une fois payés, & au maître des eaux & forêts de Toulouse, la tête avec trois doigts au-dessus du cou, au-dessous des oreilles, de tous les sangliers qu'ils prendroient, & la moitié du quartier de derrière avec le pied des cerfs & des chevreuils; & par les lettres de 1357, le roi Jean confirma cette permission.

Charles V, en 1369, confirma des lettres de deux comtes de Joigny, de 1324 & 1368, portant permission aux habitans de cette ville, de chasser dans l'étendue de leur justice.

Dans les privilèges qu'il accorda, en 1370, à la ville de Saint-Antonin en Rouergue, il déclara que quoique par les anciennes ordonnances il fût défendu à quelque personne que ce fût, de chasser sans la permission du roi, aux bêtes sauvages (lesquelles néanmoins, dit-il, gâtent les bleds & vignes); que les habitans de Saint-Antonin pourroient chasser à ces bêtes hors les forêts du roi.

Les privilèges qu'il accorda, en la même année, aux habitans de Montauban, leur donnent pareillement la permission, en tant que cela regarde le roi, d'aller à la *chasse* des sangliers & autres bêtes sauvages.

Dans des lettres qu'il accorda, en 1374, aux habitans de Tonnay en Nivernois, il dit que, suivant l'ancien usage, toutes personnes pourront chasser à toutes bêtes & oiseaux, dans l'étendue de la jurisdiction, en laquelle les seigneurs ne pourront avoir de garenne.

On trouve encore plusieurs autres permissions semblables accordées aux habitans de certaines provinces, à condition de donner au roi quelque partie des animaux qu'ils auroient tués à la *chasse*; & Charles VI, par des lettres de 1397, accorde aux habitans de Beauvoir en Béarnois, permission de *chasse*, & se retient, entre autres choses, les nids des oiseaux nobles: c'étoient apparemment les oiseaux de proie propres à la *chasse*.

Outre ces permissions générales, que nos rois accordoient aux habitans de certaines villes & provinces, ils en accordoient aussi à certains particuliers, pour chasser aux bêtes fauves & noires dans les forêts royales.

Philippe de Valois ordonna, en 1346, que ceux qui auroient de telles permissions ne les pourroient céder à d'autres, & ne pourroient faire chasser qu'en leur présence & pour eux.

Charles VI, ayant accordé beaucoup de ces sortes de permissions, & voyant que ses forêts étoient dépeuplées, ordonna que dorénavant aucune permission ne seroit valable si elle n'étoit signée du duc de Bourgogne.

En 1396, il défendit expressément aux non-nobles, qui n'auroient point de privilège pour la *chasse*, ou qui n'en auroient pas obtenu la permission de personnes en état de la leur donner, de chasser à aucunes bêtes grosses ou menues, ni à oiseaux, en garenne ni dehors. Il permit cependant la *chasse* à ceux des gens d'église, auxquels ce droit pouvoit appartenir par lignage ou à quelque autre titre, & aux bourgeois qui vivoient de leurs héritages ou rentes. A l'égard des gens de labour, il leur permit seulement d'avoir des chiens pour chasser de dessus leurs terres les porcs & autres bêtes sauvages, à condition que s'ils prenoient quelque bête, ils la porteroient au seigneur ou au juge, sinon qu'ils en paieroient la valeur.

Ce réglement, de 1396, qui avoit défendu la *chasse* aux roturiers, fut suivi de plusieurs autres à-peu-près semblables, en 1515, en 1533, 1578, 1601 & 1607.

L'ordonnance des eaux & forêts du mois d'août 1669, contient un titre des *chasses* qui, avec les réglemens de 1601 & de 1607, forme présentement la principale loi sur cette matière.

Il résulte de tous ces différens réglemens, que parmi nous le roi a présentement seul le droit primitif de *chasse*; que tous les autres le tiennent de lui, soit par inféodation, soit par concession ou par privilège, & qu'il est le maître de restreindre ce droit comme bon lui semble. Les souverains d'Espagne & d'Allemagne ont aussi le même droit dans leurs états par rapport à la *chasse*.

Tous seigneurs de fief, soit nobles ou roturiers, ont droit de chasser dans l'étendue de leur fief; le seigneur haut-justicier a droit de chasser en personne dans tous les fiefs qui sont de sa justice, quoique le fief ne lui appartienne pas; mais les seigneurs ne peuvent chasser à force de chiens & oiseaux, qu'à une lieue des plaisirs du roi; & pour les chevreuils & bêtes noires, que dans la distance de trois lieues.

Les nobles, qui n'ont ni fief, ni justice, ne peuvent chasser sur les terres d'autrui, ni même sur leurs propres héritages tenus en roture, excepté dans quelques provinces, comme en Dauphiné, où par un privilège spécial ils peuvent chasser, tant sur leur terres que sur celles de leurs voisins, soit qu'ils aient fief ou justice, ou qu'ils n'en possèdent point.

Les roturiers qui n'ont ni fief ni justice ne peuvent chasser, à moins que ce ne soit en vertu de quelque charge ou privilège qui leur attribue ce droit sur les terres du roi.

Quant aux ecclésiastiques, les canons leur défendent la *chasse*, même aux prélats. La déclaration du 27 juillet 1701, enjoint aux seigneurs ecclésiastiques de commettre une personne pour chasser sur leurs terres, à condition que celui qui sera commis fera enregistrer sa commission en la maîtrise. Les arrêts ont depuis étendu cet usage aux femmes, & autres qui, par leur état, ne peuvent chasser en personne.

L'ordonnance de 1669 règle les diverses peines que doivent supporter ceux qui ont commis quelque fait de *chasse*, selon la nature du délit, & défend de condamner à mort pour fait de *chasse*, en quoi elle déroge à celle de 1601.

Il est défendu à tous seigneurs & autres, ayant droit de *chasse*, de chasser à pied ou à cheval, avec chiens ou oiseaux, sur les terres ensemencées, depuis que le bled sera en tuyau; & dans les vignes, depuis le premier mai jusqu'après la dépouille, à peine de privation de leur droit, de 500 livres d'amende, & de tous dommages & intérêts.

Nul ne peut établir garenne, s'il n'en a le droit par ses aveux & dénombremens, possession ou autres titres suffisans.

Nos rois, ayant pris goût de plus en plus pour la *chasse*, ont mis en réserve certains cantons, qu'ils ont érigés en capitaineries.

La *chasse* des loups est si importante pour la conservation des personnes & des bestiaux, qu'elle a mérité une attention particulière. On fut obligé d'établir dans chaque province des louvetiers, que François I créa en titre d'office, & au-dessus desquels il établit le grand louvetier de France. *Voyez* AMENDE, CAPITAINERIE, GARENNE, FAUCONNERIE, LOUVETIER, VENEUR. (*A*)

Addition au mot CHASSE. *Lorsque la justice & la directe du territoire appartiennent à deux seigneurs différens, quels sont, relativement à la chasse, leurs droits respectifs? Feræ bestiæ sunt primi occupantis.* Telle est la disposition des loix romaines.

Le système féodal a totalement effacé ces idées primitives, la loi naturelle a reculé devant la loi des fiefs, & la *chasse* est devenue le partage exclusif des seigneurs. Mais les seigneurs sont de deux sortes, les justiciers & les féodaux; la différence de leurs prérogatives & de leurs droits, devoit en apporter dans l'exercice de la *chasse*, c'est ce qui est arrivé. Dans quelques parties du royaume on a regardé le gibier comme une *épave* de la terre, & sous ce point de vue, la *chasse* est devenue un droit de haute-justice. Dans d'autres provinces, & c'est le plus grand nombre, on a cru voir dans ce même gibier, un fruit de la terre, & comme cette espèce de fruit n'est attachée à aucune partie du territoire en particulier, on l'a donné à celui qui en a le domaine direct, la propriété universelle; & dans ces provinces, la *chasse* est un droit de fief: cette prérogative des fiefs forme notre droit coutumier. *Qui a fief a droit de chasse*, dit Loisel.

Les jurisconsultes ont encore envisagé la *chasse* sous un autre point de vue, comme droit honorifique; & sous ce troisième rapport, ils ont pensé, que même dans les provinces où ce droit est féodal, l'exercice en devoit être permis au seigneur haut-justicier. En effet, tous les honneurs d'un territoire appartiennent éminemment à celui qui en a la puissance publique.

Ainsi, dans les provinces coutumières, l'exercice de la *chasse* appartient tout à la fois aux seigneurs féodaux & aux seigneurs hauts-justiciers, mais à des titres biens différens. Le droit de ces derniers est purement honorifique, & conséquemment personnel, incessible, indivisible, incommunicable. Dans la main des seigneurs de fief, au contraire, le droit de *chasse* est non-seulement honorifique, mais réel, inhérent à la glèbe, & conséquemment divisible, comme le territoire dont il est une espèce de fruit. De-là ces différences dans l'exercice du droit de *chasse*; le seigneur haut-justicier ne peut en user qu'en personne, le féodal peut le communiquer à ses enfans, ses amis, ses domestiques, *&c.* Si la haute-justice est divisée, celui qui en a la partie principale, a seul la faculté de chasser. Si le fief est divisé, chaque portion, telle qu'elle soit, confère le droit de *chasse* à celui qui en est propriétaire.

Ces principes sont consacrés par l'ordonnance des eaux & forêts; on les trouve réunis dans les articles 26 & 27 du titre des *chasses*. « Déclarons » tous seigneurs hauts-justiciers, soit qu'ils aient » censive ou non, en droit de pouvoir chasser dans » l'étendue de leur haute-justice, quoique le fief » de la paroisse appartienne à autre, *sans néanmoins* » *qu'ils puissent y envoyer chasser leurs domestiques* » *ou autres personnes de leur part*, ni empêcher le » propriétaire des fiefs de la paroisse, de chasser » aussi dans l'étendue de son fief. *Art. 26.* Si la » haute-justice étoit divisée entre plusieurs enfans » ou particuliers, celui seul à qui appartiendra la » principale portion, aura droit de chasser dans » l'étendue de la justice, à l'exclusion des autres » co-héritiers *qui n'auront part au fief*; & si les » portions étoient égales, celle qui procéderoit du » partage de l'aîné, auroit cette prérogative, à cet » égard seulement, & sans tirer à conséquence pour » les autres droits. *Art. 27* ».

On voit, très-clairement dans cette ordonnance, que le droit du seigneur haut-justicier n'est que personnel; que la *chasse* au contraire appartient naturellement & indéfiniment au seigneur de fief. On voit, en un mot, que le législateur a pris pour base de la loi, cet ancien axiome de notre droit coutumier : *qui a fief a droit de chasse.*

En effet, puisqu'il ne suffit pas d'être seigneur haut-justicier pour avoir la faculté de chasser ; puisque de différens co-justiciers, un seul peut jouir de cette prérogative, il est vrai de dire que la *chasse* n'est pas un droit, un attribut, un fruit de la haute-justice, autrement ce fruit appartiendroit concurremment à tous ceux qui partagent la propriété de l'arbre.

Que la différence entre le seigneur haut-justicier & le seigneur de fief, est encore bien marquée par ce même article 27 du titre des *chasses* de l'ordonnance de 1669 : après avoir concentré la *chasse* dans les mains de celui qui a la principale portion de la justice, à l'exclusion des autres co-justiciers, cet article ajoute ces paroles remarquables : *qui n'ont part au fief.* Si l'un des co-justiciers a non pas le fief, c'est-à-dire la directe du territoire, mais une portion quelconque dans cette directe, il aura le droit indéfini de chasser : & ce droit, la portion qui lui appartient dans la justice, ne le lui conféroit pas : il y a donc bien de la distance, à cet égard, entre le seigneur de fief & le seigneur haut-justicier; nous avons donc eu raison de dire que le haut-justicier n'a que l'exercice de la *chasse*, & que le seigneur de fief en a le droit.

Le seigneur de fief peut-il faire chasser & donner des permissions de chasse à l'insu & contre le gré du seigneur haut-justicier? Dans les provinces coutumières, le droit de *chasse* appartient tout-à-la-fois au seigneur haut-justicier & au seigneur féodal, mais, comme nous venons de le dire, à des titres bien différens.

La haute-justice, lorsqu'elle est séparée de la directe du territoire, n'attribue au seigneur justicier, relativement à la *chasse*, qu'un droit personnel & purement honorifique, conséquemment incommunicable; il ne pourra, dit l'ordonnance de 1669, y envoyer chasser ni ses domestiques, ni autres personnes de sa part.

Le seigneur de fief est dans une position bien différente; la *chasse* n'est pas dans ses mains, une simple faculté personnelle, une prérogative purement honorifique, c'est un véritable droit de propriété, le gibier lui appartient comme étant un fruit du territoire; effectivement, cette espèce de fruits ne peut appartenir qu'à celui qui a le domaine direct, la propriété universelle, puisqu'il n'est attaché à aucun héritage en particulier.

Mais la propriété consiste dans le droit d'user & d'abuser, *jus utendi & abutendi*, dans le droit de faire de sa chose tout ce qui n'est pas prohibé par la loi publique.

Il ne faut donc pas demander où est la loi qui permet au seigneur de fief de donner arbitrairement des permissions de *chasse*, pour qu'il en ait le droit, il suffit qu'aucune loi ne le lui défende; & en effet il n'en existe pas : au contraire, il y est autorisé par l'usage & la jurisprudence. Rien de plus commun que des permissions de *chasse* données par les seigneurs de fief; & non-seulement le ministère public ne réclame pas, mais toutes les fois qu'un chasseur est avoué par le seigneur du fief sur lequel il chasse, les rapports faits contre lui sont déclarés nuls.

A quel titre le seigneur haut-justicier pourroit-il s'opposer à ce que le seigneur de fief donnât des permissions de *chasse?* La concurrence ne détruit pas son droit de *chasse :* quel que soit le nombre des chasseurs, il lui est également libre d'user de la faculté que la loi lui accorde. Dira-t-il que la quantité du gibier en est diminuée? Cela peut être; mais en permettant la *chasse* au haut-justicier, la loi n'a pas entendu lui conférer un droit utile, mais une simple prérogative d'honneur qui fit reconnoître en lui la qualité de magistrat propriétaire du territoire.

Or, quel que soit le nombre de ceux qui chassent sur un territoire, la prérogative du seigneur haut-justicier n'existe pas moins, il ne jouit pas moins de l'honorifique qui lui appartient; son droit, à cet égard, se réduit à user de la *chasse* telle qu'elle est, utile ou infructueuse, n'importe : il doit prendre les choses dans l'état où il les trouve; il n'a pas d'inspection sur la conduite du seigneur de fief, il n'a pas même le droit d'exiger que les chasseurs, tels qu'ils soient, lui exhibent la permission en vertu de laquelle ils chassent, parce que le vœu de la loi est rempli toutes les fois que rien ne s'oppose à ce qu'il use du droit qu'elle lui confère.

Telles sont donc les seules prérogatives du seigneur haut-justicier; il a, & rien de plus, non le droit de *chasse*, mais l'exercice de la *chasse*, encore ne peut-il en user qu'en personne. A l'égard de la police, c'est à lui sans doute, c'est à son juge qu'il appartient de punir les délinquans. Mais il doit attendre que le seigneur de fief lui porte sa plainte; il ne peut pas la prévenir, il ne peut pas faire un rapport de son autorité privée; en un mot, le seul droit que sa qualité de haut-justicier lui confère, outre l'exercice personnel de la *chasse*, c'est d'écouter les plaintes du seigneur de fief, & de réprimer les délits qu'il lui défère.

Le droit du seigneur haut-justicier n'est donc à cet égard, qu'une simple décoration, une prérogative purement honorifique, uniquement de bienséance; quelle influence, quelle autorité un droit de cette espèce pourroit-il lui donner? & même nous nous trompons : donner la dénomination de droit de *chasse* à la faculté du seigneur haut-justicier, c'est parler improprement; pour s'exprimer avec précision, il faut dire : le seigneur haut-justicier a l'exercice de la *chasse*, le seigneur de fief en a le droit.

Tel est le vœu & des auteurs & des arrêts. Les auteurs décident, & les arrêts jugent que le seigneur de fief peut permettre la *chasse* à qui, & de la manière que bon lui semble, & cela, sans le concours & le consentement du seigneur haut-justicier. Nous trouvons ces deux genres d'autorités réunis dans le passage suivant des loix forestières de Poquet, grand-maître des eaux & forêts de France, au département de Normandie : cet auteur, très-instruit des loix, des usages & de la jurisprudence de cette matière, s'exprime en ces termes, *pag. 90 du tome 2* : « le simple possesseur de fief, comme nous le » voyons entre autres par les arrêts de la cour du » 23 décembre 1566, & du 17 mars 1573, peut, » sans la permission du seigneur haut-justicier, chasser » & permettre de chasser dans l'étendue de son fief... » C'est sur ces principes que fut rendu l'arrêt de la cour du 21 août 1711, dans le procès de *chasse* d'entre MM. d'Auneuil & de Bourvalais.

Un arrêt plus récent a consacré les mêmes principes. M. le prince de Dombes avoit fait faire un rapport contre un particulier chassant sur un territoire sur lequel il n'avoit que la haute-justice, ce particulier répondit qu'il en avoit la permission du seigneur de fief. Ce prince demanda que cette permission lui fût représentée. Le particulier le soutint non-recevable, attendu qu'il n'avoit que la haute-justice du territoire. Cette défense prévalut. Le prince, défendu par M. Duvaudier, fut déclaré non-recevable, & le rapport nul.

Cet arrêt juge que le haut-justicier n'a pas qualité pour faire faire des rapports de *chasse*, qu'il n'a pas même le droit d'exiger, de ceux qui chassent, la représentation des permissions qu'ils disent avoir du seigneur de fief.

A ces autorités se joint encore celle du célèbre Cochin. On trouve, dans le premier tome de ses œuvres, cette question discutée, avec l'érudition & la sagacité qui caractérisent tous ses ouvrages. Voici le résumé de sa doctrine.

« L'article 27 de l'ordonnance de 1669, tout » seul, ne répandroit peut-être pas un grand jour » sur cette question ; car, en permettant au seigneur haut-justicier de chasser en personne dans » le fief sur lequel s'étend sa haute-justice, sans » pouvoir empêcher le seigneur de fief de chasser, » il ne s'explique pas si le seigneur de fief peut faire » chasser par d'autres.

» Mais on ne croit pas que ce silence puisse être » opposé aux seigneurs de fief, par deux raisons ; » la première, que suivant le principe, que l'on a » posé d'abord, tout ce qui n'est pas défendu en » fait de *chasse*, doit être regardé comme permis. » Le roi a défendu aux seigneurs hauts-justiciers de » faire chasser par leurs domestiques ou autres personnes de leur part ; il ne l'a point défendu aux » seigneurs de fief : c'en est assez pour que ceux-ci conservent la liberté qui leur est laissée. La » seconde, est que l'ordonnance de 1669 enjoignant l'exécution de celle de 1601, il faut remonter à celle-ci & la suivre dans tout ce qui » ne se trouve point détruit par celle de 1669. Or, » l'édit de 1601 permettoit constamment aux seigneurs de fief de chasser ou faire chasser dans » l'étendue de leurs fiefs ; si depuis il y avoit eu » quelque modification, par rapport à l'usage de » l'arquebuse seulement, dans les déclarations de » 1602 & 1603, elle se trouve levée, tant par » l'usage général, que par l'ordonnance de 1669, » qui permet de chasser à feu, pourvu que ce soit » à une certaine distance des plaisirs.

» Aussi, pour empêcher les seigneurs de fief de » faire chasser, il faudroit une prohibition textuelle » dans nos ordonnances, & on n'en peut citer » aucune qui la contienne ; au contraire, l'édit de » 1601, confirmé par l'ordonnance de 1669, permet aux seigneurs de faire chasser par leurs receveurs & domestiques ; on ne peut donc pas leur » contester ce droit.

» C'est le sentiment des auteurs & la jurisprudence des arrêts : celui de 1566, pour le fief de » Villenaude, rapporté par Bacquet, *Traité des droits* » *de justice*, *chap. 33*, y est formel. Il maintient » le seigneur de fief dans le droit de chasser & » faire chasser dans l'étendue de son fief, malgré » le seigneur haut-justicier qui s'y opposoit. M. Salvaing, *Traité de l'usage des fiefs*, *chap. 36*, regarde la prétention des seigneurs hauts-justiciers » comme injuste ; enfin, le dernier auteur qui a » traité de la jurisprudence des *chasses*, se détermine encore contre le seigneur haut-justicier.

» Enfin l'usage général, on peut le dire, est pour » le seigneur de fief ; par-tout on voit les seigneurs » sans justice chasser & faire chasser dans leurs » fiefs, sans que les seigneurs hauts-justiciers s'en » plaignent ; & cet usage, quoiqu'il ne fasse pas » loi, est cependant d'un grand poids dans cette » matière. Il est inutile de dire que les seigneurs » hauts-justiciers ont la connoissance des délits en » fait de *chasse* ; car, étant les juges ordinaires du » territoire, il faut bien qu'ils connoissent les délits » ordinaires qui y arrivent ; mais la connoissance d'un » délit commis, n'entraîne aucune propriété du droit » qui est blessé par ce délit ».

Le seigneur dominant a-t-il le droit de chasser sur les terres mouvantes de lui, lors même qu'il n'en est pas le seigneur haut-justicier ? Il y a sur cette question des autorités indiquées par Dénisart au mot *Chasse*. On peut y recourir. Les bornes de cet ouvrage ne nous permettent que l'exposition des principes.

Les actes d'inféodation ne peuvent être envisagés que sous deux points de vue ; comme contrats civils, comme contrats féodaux.

Comme contrat civil, l'inféodation n'est autre chose qu'une donation, *libera & perpetua concessio rei immobilis*. Or, il est de la nature des donations d'emporter l'expropriation absolue du donateur, qui ne peut réclamer que ce qu'il s'est expressément réservé. Sous ce premier point de vue, le seigneur ne peut donc élever aucune espèce de prétention sur les objets qu'il a inféodés. Il n'a donc sur les fiefs de sa mouvance, d'autres prérogatives que celles qu'il tient des loix féodales. A cet égard voici la règle.

Les droits féodaux, ceux que le dominant peut réclamer sur les fiefs qui relèvent de lui, se partagent en trois classes; les essentiels, les naturels & les accidentels.

La fidélité est la seule chose qui soit de l'essence du fief, *feudum in solâ fidelitate consistit.* On appelle *droits naturels*, ceux qui sont établis par la coutume territoriale, ceux dont elle grève les fiefs qu'elle régit; le dominant n'a pas besoin de titre pour les exiger, ils lui sont dus *citra ullam expressionem*, il n'est pas même nécessaire qu'ils soient énoncés dans les aveux du fief; le vassal ne peut s'y soustraire qu'en vertu d'un titre formel de libération. Enfin, les droits inconnus à la coutume, qu'elle n'attache pas à la tenure féodale par des dispositions formelles, forment la classe de ceux que l'on nomme *accidentels féodaux* : bien différens des premiers, les droits accidentels sont envisagés comme étrangers à la tenure féodale; le vassal n'est pas obligé de prouver qu'il en est affranchi, c'est sur le dominant que tombe le poids de la preuve; il lui faut un titre pour les exiger. Maintenant revenons au droit de *chasse*.

Ce droit n'est pas du nombre de ceux que l'on nomme *essentiels*, *feudum in solâ fidelitate consistit.* Il n'appartient pas davantage à la classe des droits naturels; aucune coutume ne dit que le dominant a droit de *chasse* sur les fiefs de sa mouvance. C'est donc, & rien de plus, un droit féodal accidentel. Or, comme nous venons de le dire, les droits essentiels & naturels, sont les seuls que le dominant peut exiger sans titre, *citra expressionem.* Il ne peut donc chasser sur les fiefs de sa mouvance que lorsque l'acte d'investiture, ou les aveux de son vassal, lui donnent cette prérogative.

On peut encore faire un autre raisonnement. S'agit-il de déterminer les droits du seigneur dominant sur le fief de son vassal? *Primo attendi debent pacta investituræ si de eis constare possit, secus recognitiones & dinumeramenta, denique consuetudinem.* Cette règle est de Dumoulin : il en résulte que le dominant ne peut exiger de son vassal que ce que lui donnent, ou les titres de sa seigneurie, ou la loi territoriale; lorsque l'un & l'autre sont muets sur le droit de *chasse*, il n'a donc rien à y prétendre.

Encore un mot. Le fief est ouvert par la mort du vassal ou par la vente qu'il en fait. Lorsque le nouveau propriétaire a fait l'hommage & payé tous les droits de mutation, le fief est *fermé*, disent les féodistes. Le seigneur ne peut donc plus y exercer aucun acte de la puissance féodale. Voilà le sens de cette expression, aussi vraie qu'elle est énergique.

On oppose à cette décision un arrêt du parlement de Paris du 13 mars 1702, rapporté en forme dans le code rural. « Cet arrêt fait défense au sieur » Guérin, de plus, à l'avenir, chasser ni faire » chasser sur les terres, fiefs & seigneuries apparl» tenans à la demoiselle de Royont, non relevans » de lui; comme aussi de mener ni envoyer au» cun domestique ni autres personnes, chasser sur » les terres & seigneuries de ladite de Royont, » relevantes de lui, sous les peines portées par » l'ordonnance, *&c.* ».

Cette défense au sieur Guérin de mener ses domestiques ou autres personnes chasser sur les terres *relevantes* de lui, emporte bien clairement la permission d'y chasser en personne. L'arrêt juge donc qu'au dominant appartient un droit personnel de *chasse* sur les fiefs de sa mouvance.

Telle est en effet la disposition de l'arrêt; mais on en auroit pas fait une règle générale, si l'on y eût regardé de plus près, si l'on eût fait attention que par des conclusions très-précises, visées dans l'arrêt, la demoiselle de Royont avoit consenti que le sieur Guérin chassât en personne *sur les fiefs de ladite demoiselle de Royont, qui pouvoient relever dudit Guérin.* Ainsi la question n'avoit pas été discutée, n'étoit pas même à juger. Ajoutons qu'il paroît résulter d'une requête du 8 mars 1702, requête également visée dans l'arrêt, que le sieur Guérin avoit la haute-justice sur les fiefs qui formoient l'objet du litige. Si cela est, l'arrêt est absolument étranger à la difficulté que nous examinons.

Des nobles & des roturiers. Le droit de *chasse* est indépendant de la qualité des personnes. Nobles, roturiers, à cet égard tout est de niveau. Le roturier qui a fief ou justice, a le droit de chasser, & le noble qui n'a aucune espèce de seigneurie, est privé de cet avantage.

Cependant les gentilshommes ont eu la prétention de chasser au moins sur leurs terres, quoiqu'elles fussent roturières. Mais les tribunaux ont si mal accueilli cette prétention toutes les fois qu'elle s'est présentée, sur-tout dans ces derniers temps, qu'il est à croire qu'elle ne renaîtra plus. Effectivement elle choque les principes.

Les réglemens qui défendent le port d'armes aux roturiers, sont sans influence contre ceux qui ont des justices ou des fiefs. Ces réglemens, purement de police, ne peuvent pas préjudicier à des droits réels, à des droits de propriété.

D'ailleurs cela résulte de l'article 28 du titre des *chasses* de l'ordonnance de 1669. On y lit : « faisons » défenses aux marchands, artisans, bourgeois & » habitans des villes, bourgs, paroisses, villages & » hameaux, paysans & roturiers, de quelque état & » qualité qu'ils soient, *non possédans fiefs, seigneuries & » haute-justice*, de chasser en quelque lieu, sorte & » manière, & sur quelque gibier de poil ou de » plume que ce puisse être, à peine de cent liv. » d'amende pour la première fois, *&c.* »

Aux termes de cet article, les roturiers, propriétaires de fiefs ou de justices, ont incontestablement la faculté de chasser, & de cette faculté résulte nécessairement celle de porter des armes à feu.

En ne défendant la *chasse* qu'aux roturiers qui n'ont ni fiefs ni justices, cet article 28 paroît, du moins au premier coup-d'œil, absolument sans objet. Cependant il en a un, & très-réel : s'il s'est trouvé des seigneurs jaloux de la *chasse* jusqu'à la tyrannie ; d'autres, par un abus peut-être non moins pernicieux, l'ont permise par des concessions générales à tous les habitans de leurs terres. En vertu de ces permissions, laboureurs, artisans, ouvriers, tous sacrifioient leurs utiles travaux au plaisir de la *chasse*. L'article que nous venons de transcrire, anéantit toutes les concessions de cette espèce.

Des ecclésiastiques. Des réglemens émanés des deux puissances, réglemens aussi sages que mal observés, défendent la *chasse* aux ecclésiastiques. Cependant comme cette prérogative est annexée aux fiefs & aux justices, qu'elle en est un fruit, & qu'il seroit contraire aux règles de la justice de dépouiller un ordre de citoyens des droits qui lui appartiennent, on a concilié, par un tempérament tout-à-fait équitable, ce que les ministres de la religion doivent à leur état, & ce que les loix civiles doivent à la propriété : les ecclésiastiques propriétaires de fiefs ou de justice ne peuvent pas user eux-mêmes du droit de *chasse* ; mais ils ont la faculté d'établir un chasseur, qui exerce & conserve leur droit, qui *chasse* pour eux & à leur profit. La déclaration du 27 juillet 1701 exige que la commission de ce chasseur soit enregistrée au greffe de la maîtrise des eaux & forêts.

Les peines décernées par les canons suffiroient seules pour contenir les ecclésiastiques, s'ils réfléchissoient combien il importe à leur existence personnelle que les loix de l'église soient respectées, & qu'affichant eux-mêmes un mépris scandaleux de ces mêmes loix, leur exemple ne trouvera que trop d'imitateurs parmi les laïcs.

A défaut des loix canoniques, les procureurs du roi, & ceux des seigneurs, devroient déployer l'énergie des loix civiles : mais les loix canoniques & les loix civiles, l'autorité des supérieurs & celle des magistrats, tout est impuissant ou muet.

L'ordonnance du mois de janvier 1600 veut que, pour délit de *chasse*, les ecclésiastiques soient punis des mêmes peines que les laïcs. L'ordonnance de 1669 ne déroge à cette disposition, que pour le cas particulier exprimé dans l'art. 35 du titre des *chasses*. Les termes de cet article 35, ceux des articles 4, 8, 12, 16 du même titre, ne laissent aucun doute sur ce point. Cependant Dénisart présente cette dérogation partiaire comme générale, comme plaçant les ecclésiastiques dans une classe privilégiée. Si cela étoit, la loi seroit bien inconséquente. Les ecclésiastiques seroient moins punis que les laïcs, eux qui sont plus punissables, puisqu'ils ont violé des devoirs plus sacrés : ils seroient plus ménagés que les laïcs, eux qui sont coupables du double scandale d'avoir méprisé les loix canoniques & enfraint les loix civiles.

Des abbés commendataires. La *chasse*, sur toutes les terres des abbayes en commende, même sur celles qui forment le lot des religieux, appartient à l'abbé commendataire.

Cette décision a la double sanction des arrêts & des principes. Les arrêts sont connus ; quant aux principes, cela se réduit à un raisonnement bien simple.

Lorsqu'une abbaye est en règle, l'abbé en a la jurisdiction, comme premier membre du monastère, l'administration, comme père de la famille, les droits honorifiques, comme chef de la corporation. L'abbé commendataire n'est pas le premier membre du monastère, n'est pas le chef de la famille, il ne doit donc avoir, ni la jurisdiction intérieure, ni l'administration du temporel : mais il est le chef de la corporation, conséquemment les droits honorifiques lui appartiennent, & la *chasse* n'est autre chose qu'un droit honorifique. On trouvera ces notions plus développées à l'article JUGES DES SEIGNEURS.

Les femmes propriétaires de hautes-justices peuvent-elles établir un chasseur pour exercer leur droit ? Le droit de *chasse* qui appartient au haut-justicier sur les fiefs enclavés dans sa justice, quoique attribué à la personne du seigneur, est cependant annexé à la justice. Le seigneur en jouit donc, non-seulement comme d'une faculté attachée à sa personne, mais comme mandataire, comme exerçant les droits de la seigneurie.

La question envisagée sous ce point de vue, que l'on croit être le véritable, ne paroît susceptible d'aucune espèce de doute. En effet, si le seigneur use de la *chasse* comme mandataire, où pourroit être la difficulté d'en déléguer un autre, lorsque par des obstacles naturels ou civils il se trouve dans l'impossibilité de remplir les termes de son mandat ? & comme il est le seul qui puisse représenter la seigneurie, qui puisse mettre ses droits en activité, c'est nécessairement à lui qu'appartient le choix du nouveau délégué.

C'est évidemment sur cette théorie que sont fondées les déclarations des 3 mars 1604, 27 juillet 1701, & l'arrêt du conseil du 22 octobre 1722, qui enjoignent aux ecclésiastiques, & qui permettent aux gentilshommes infirmes, blessés ou cassés de vieillesse de commettre des chasseurs en leur place.

Quel est le motif de ces réglemens ? On ne peut pas s'y méprendre : c'est que de ces deux ordres de personnes, les unes sont empêchées d'user du droit de *chasse* par des obstacles civils, les autres par des obstacles naturels.

Les femmes sont de même dans une espèce d'impossibilité d'user par elles-mêmes du droit de *chasse* par des obstacles naturels & moraux ; savoir l'habitude des occupations sédentaires, la délicatesse de leur constitution, & la finesse dans leurs organes, qui les rendent plus propres aux travaux intellectuels qu'à des exercices tels que la *chasse*.

L'esprit des réglemens que nous venons de citer

est donc absolument en faveur des femmes : ces réglemens doivent donc s'appliquer à l'espèce que nous examinons, même motif, même décision ; les loix ne doivent-elles pas au moins autant de protection & de secours aux femmes, qu'à un prêtre, souvent inutile, ou à un gentilhomme infirme ?

S'il en étoit autrement, la prérogative dont il s'agit seroit alternativement suspendue & en activité ; mais les droits seigneuriaux sont indépendans de la qualité des propriétaires de la seigneurie.

Aussi les auteurs qui ont examiné cette question la décident-ils en faveur des femmes. C'est l'avis de Freminville, dans sa *Pratique des terriers*.

La dame haute-justicière peut donc commettre un chasseur sur chacun des fiefs enclavés dans sa haute-justice; en faisant toutefois, conformément à la déclaration de 1701, enregistrer sa commission au greffe de la maîtrise. On croit qu'il est aussi nécessaire de notifier cette commission au seigneur de fief.

De l'usufruitier, de la douairière & de l'engagiste du domaine de la couronne. La douairière & l'usufruitier ont le droit de *chasse* dans les hautes-justices & sur les fiefs dont l'usufruit leur appartient. C'est la décision de M. le président Bouhier, dans son *commentaire sur la coutume de Bourgogne* ; & de Laisné, *dans sa Jurisprudence des chasses.* On trouvera dans ces deux ouvrages les autorités sur lesquelles cette décision est fondée.

Il n'en est pas de même de l'engagiste, l'engagement n'est autre chose qu'un contrat pignoratif, qui ne transfère à l'engagiste que la jouissance des droits purement utiles. La propriété de la terre, la seigneurie, tous les droits honorifiques, & conséquemment le droit de *chasse*, demeurent entre les mains du roi.

Ainsi le contrat d'engagement n'autorise pas l'engagiste à chasser, il lui faut une concession particulière. Si l'engagiste, en vertu de cette concession, établit des gardes-*chasses*, il doit les faire recevoir par les juges de la maîtrise. Il est aussi de règle que, quoiqu'il y ait une justice dans le domaine engagé, & que ce domaine soit éloigné de plus de quatre lieues de la maîtrise territoriale, c'est cependant au greffe de cette maîtrise que les gardes des engagistes doivent faire leur rapport. C'est la décision d'un arrêt du conseil de 1704.

Du fermier. Le droit de *chasse* ne peut pas s'affermer. *Voyez* BAIL & BAIL JUDICIAIRE.

Des commandans des places. Les commandans des places ne peuvent chasser ni permettre la *chasse* dans les environs, s'il n'a été rendu une ordonnance qui leur accorde un canton, & qui en fixe l'étendue & les bornes. C'est ce qui résulte de l'art. 21 du titre 19 de l'ordonnance militaire du premier mars 1768. L'art. 22 du titre 20 de la même ordonnance fait les plus expresses défenses aux officiers de chasser dans les temps prohibés.

Le propriétaire peut-il enlever le chaume d'un héritage roturier lorsqu'il le juge à propos, & malgré les défenses du seigneur ? Certainement on ne peut pas enlever au maître de l'héritage le bénéfice qu'il peut tirer du chaume : propriétaire du sol, il l'est également de tous les fruits qu'il peut produire, & le chaume est un fruit, il peut conséquemment en disposer à son gré. L'intérêt des pauvres, la multiplication du gibier, voilà donc l'objet de la question.

Le propriétaire du sol est, comme nous venons de le dire, propriétaire du chaume ; mais le seigneur est également propriétaire du gibier, & ce qui échappe à la faux du moissonneur, est le patrimoine des pauvres. Leur titre est dans le code de l'humanité.

Ces différentes propriétés sont toutes infiniment respectables; mais si telle est leur nature, que l'exercice illimité de l'une tende à détruire les autres, que doit faire une sage législation ? sacrifiera-t-elle les droits de ces différens propriétaires à l'un d'eux ? non, mais elle modifiera les intérêts opposés de manière que chacun fasse son bien avec le moins de préjudice possible pour les autres.

C'est aussi ce que nos loix ont fait : d'abord, quant au glanage, pour ménager cette ressource aux pauvres, elles défendent aux propriétaires d'enlever les chaumes pendant un espace de temps plus ou moins long, suivant les circonstances & les provinces. Voilà donc un point où l'intérêt du propriétaire cède à un intérêt contraire.

Mais la conservation du gibier mérite aussi des égards ; cet objet en est digne par deux motifs : 1°. c'est un comestible, conséquemment il diminue le prix des autres alimens ; il ajoute à l'abondance, & tout ce qui augmente l'abondance augmente la population : 2°. c'est la propriété du seigneur territorial, & rien de plus respectable que la propriété.

Cependant il est des circonstances où, pour le bien de l'agriculture, les loix défendent la *chasse*, notamment depuis que le bled est en tuyaux jusqu'à l'instant où il est coupé : pendant cet intervalle l'intérêt du propriétaire couvre celui du seigneur ; cela est juste ; mais ne l'est-il pas également que ce temps expiré, les droits du seigneur reprennent leur activité avec d'autant plus de force qu'ils ont été plus long-temps suspendus ? n'est-il pas juste que les loix indemnisent le seigneur du préjudice qu'elles lui ont fait éprouver, & que par un juste retour elles élèvent ces droits au-dessus de ceux du propriétaire, du moins qu'elles restreignent la liberté de ce dernier de manière qu'il ne puisse porter aucune atteinte au droit de *chasse ?* autrement on ne verroit pas régner cette sorte d'équilibre qu'une législation sage doit maintenir entre les intérêts opposés.

Mais toutes les fois qu'à l'époque de la moisson, le gibier, notamment les perdreaux, sont encore trop foibles pour se défendre, ce qui doit arriver souvent dans les pays précoces, tels que les environs de Paris, il est d'expérience qu'alors l'extraction du chaume causeroit la destruction de la majeure partie du gibier. Cette extraction doit donc être, non pas défendue, mais reculée jusqu'à une époque où elle puisse se faire sans inconvénient : le propriétaire ne peut pas se plaindre ; ces entraves n'attaquent pas sa propriété, tout leur effet est d'en régler l'usage de la manière la plus conforme à l'équité, & la moins préjudiciable au public.

Tel est l'effet, le vœu des réglemens : il y a des cantons en Picardie où il n'est pas permis d'arracher, ou faucher le chaume, avant le premier octobre. Ce point de police est consigné dans la nouvelle collection de jurisprudence. *Voyez le mot* CHAUME.

De la chasse à la glu. La dénomination de gibier comprend les oiseaux, même ceux de passage. Ils appartiennent donc au propriétaire du droit de *chasse* ; il n'est donc pas plus permis à ceux qui n'ont pas la faculté de chasser, de les prendre, soit avec de la glu, soit autrement, que de tuer les perdreaux & les lièvres.

La question s'est élevée entre le comte de Morvilliers & le sieur de Tannois, gentilhomme domicilié dans la terre de Morvilliers en Barrois. Le sieur de Tannois avoit tendu des gluaux pour prendre des rouges-gorges. Rapport de *chasse* contre lui. Sentence du juge de Morvilliers qui l'avoit condamné en dix francs barrois d'amende & aux dépens. Appel au parlement de Paris. La *chasse* aux oiseaux, disoit le sieur de Tannois, n'est pas défendue par les ordonnances, je n'ai fait d'ailleurs aucune espèce de tort au seigneur, puisque les rouges-gorges sont des oiseaux de passage. Le comte de Morvilliers répondoit : la *chasse* est défendue à tous ceux qui ne sont ni hauts-justiciers, ni seigneurs de fief ; & cette prohibition générale, sans aucune espèce d'exception, comprend toutes les espèces de gibier, les oiseaux de passage comme les autres. Ce moyen prévalut. Arrêt du 11 août 1756, sur les conclusions de M. l'avocat-général Joli de Fleury, qui confirme la sentence du juge de Morvilliers.

Cet arrêt n'est pas, à beaucoup près, le seul préjugé sur la question. L'ordonnance de Lorraine du mois de janvier 1729, porte, *art. 14 du tit. 2 : défendons à toutes sortes de personnes de faire aucune pipée dans nos forêts, à peine de cent francs d'amende, outre les dommages & intérêts dus pour dégradation dans les bois.*

Un arrêt du parlement de Grenoble, rendu en forme de réglement le 20 septembre 1718, *fait défenses à toutes personnes de chasser ou faire chasser aux petits oiseaux, à la chouette, pipée, obry ou bricolets, baguettes & arbres à glu, trébuchets & lassets, sous peine de cent livres d'amende.*

Du cantonnement. Un fief, & c'est ce qui arrive communément, peut être épars dans toute l'étendue du territoire d'une haute-justice ; peut être enclavé, confondu avec les autres fiefs du même territoire. Dans ce cas les différens seigneurs sont dans l'usage de jouir indivisément ; ensorte que chacun use, par une juste compensation, dans la justice & sur les fiefs des autres, du droit dont il permet l'exercice sur le sien.

Cependant, si l'un des seigneurs souffre impatiemment cette indivision, il est le maître d'en sortir. A cet effet, l'usage a admis ce que l'on nomme le *cantonnement*. Cette opération consiste à fixer, sur une partie circonscrite, le droit attaché aux mouvances éparses sur le territoire. Par-là, chacun des co-seigneurs abandonne la *chasse* dont il usoit sur l'universalité de la terre, pour en jouir exclusivement sur une portion déterminée.

Mais si les deux fiefs forment deux seigneuries distinctes, ayant chacune justice & territoire, & sans autre relation qu'un mélange de directes & des extensions l'un sur l'autre, l'un des seigneurs pourra-t-il chasser indistinctement sur les deux fiefs, ou provoquer le cantonnement ?

Cette question n'est décidée par aucune loi, jugée par aucun arrêt, discutée par aucun auteur, du moins nous n'en connoissons pas, & nos recherches pour en découvrir ont été infructueuses. Il faut donc se déterminer par les principes généraux, & par les règles de l'équité.

Deux seigneuries, telles que nous venons de les supposer, n'ont absolument rien de commun, n'ont aucune espèce de relation, ni morale, ni féodale ; au contraire, paroisse, justice, territoire, tout est séparé. Chaque seigneur est donc sans aucune espèce de droit sur les fiefs de l'autre. A quel titre pourroit-il donc y chasser ? en effet, l'exercice de la *chasse* est réel, il ne peut pas excéder les bornes du fief.

Telle est la règle dans toute sa sévérité. Mais il n'y a point de règle qui ne soit dans le cas de recevoir des exceptions, & l'on doit en établir toutes les fois que l'équité l'exige.

C'est par cette considération, par un motif de pure équité, que l'on permet aux propriétaires de fiefs épars de chasser, comme nous venons de le dire, sur toute l'étendue du territoire.

Voilà donc une exception à la règle qui circonscrit l'exercice de la *chasse* dans les bornes du fief. Pourquoi n'en admettroit-on pas une seconde dans les cas où se rencontrent les motifs qui ont fait établir la première ?

Par quel motif permet-on à celui dont le fief est épars sur un territoire, de chasser sur toute l'étendue de ce même territoire ? C'est qu'autrement l'exercice de son droit deviendroit impossible, qu'il lui seroit impossible d'en user sans tomber en contravention. Cependant, puisque ce droit lui appartient, il faut bien qu'il en jouisse.

Dans l'espèce que nous examinons, mêmes considérations, mêmes motifs ; puisque, vu le mélange des directes, il est impossible, à l'un des seigneurs, d'user de la *chasse* sur son fief, sans chasser en même temps sur l'autre. La règle doit donc être la même, *eadem ratio idem jus.*

Cependant, pour éviter le reproche d'agir par voie

voie de fait, nous pensons que celui des deux seigneurs qui veut chasser sur le fief de l'autre, doit, préalablement, & après avoir épuisé les voies amiables, lui faire signifier un acte portant : qu'attendu l'impossibilité d'user de la *chasse*, exclusivement sur l'un des deux fiefs, il se propose de chasser désormais sur les deux indistinctement, aux offres qu'il fait de souffrir & permettre qu'il en use de même à son égard, si mieux il n'aime faire procéder au cantonnement, lequel sera fait à frais communs.

Du droit de committimus. Le droit de committimus n'a pas lieu lorsqu'il s'agit de la police de la *chasse* : on peut en user lorsqu'il est question du droit en lui-même.

La première de ces deux assertions est fondée sur quantité d'arrêts; nous nous contenterons d'en rapporter un des plus récens, comme des plus solemnels.

M. Dupin, président en la cour des aides de Bordeaux, décrété d'assigné pour être oui pour un fait de *chasse*, par les officiers de la maîtrise, avoit subi interrogatoire le 31 décembre 1750. M. le procureur-général de la cour des aides, prétendant que ce décret étoit attentatoire aux privilèges des magistrats de cette cour, requit & obtint arrêt le 12 janvier 1751, par lequel le décret fut cassé, & le lieutenant de la maîtrise décrété d'ajournement personnel. Les officiers de la maîtrise se pourvurent à la table de marbre au souverain, qui cassa l'arrêt de la cour des aides. Le conflit ainsi formé, & l'affaire portée au conseil du roi, arrêt du 6 août 1781, qui casse & annulle celui de la cour des aides; ordonne que les articles 9 & 14 du tit. 1, l'art. 11 du tit. 24 de l'ordonnance des eaux & forêts, l'art. 6 du tit. 4 de l'ordonnance des committimus, & l'art. 27 du titre des évocations de l'ordonnance du mois d'août 1737, *seront exécutés; en conséquence, que la procédure... commencée... à la maîtrise particulière de Bordeaux... sera continuée jusqu'à sentence définitive, sauf l'appel au siège de la table de marbre de ladite ville de Bordeaux.*

Un arrêt, à-peu-près de la même date, établit notre deuxième assertion : que le committimus a lieu pour fait de *chasse*, lorsqu'il s'agit du fond du droit. Cet arrêt, du 11 février 1756, rendu entre M. de Montaran, maître des requêtes, & le sieur de Fromonville, renvoie les parties aux requêtes du palais, sur la question de savoir si M. de Montaran, seigneur territorial, étoit en droit de chasser dans le clos du sieur de Fromonville, son censitaire.

Peut-on acquérir le droit de chasse par la prescription? Le droit de *chasse* & la seigneurie sont essentiellement unis l'un à l'autre; la seigneurie est l'unique cause productive du droit de *chasse*. C'est ce que Loisel exprime avec autant de précision que d'énergie, par cette règle, *qui a fief a droit de chasse.*

Celui qui n'a pas le fief, la seigneurie d'un territoire, ne peut donc pas prétendre avoir le droit d'y chasser.

En vain il auroit usé de cette faculté, sa possession seroit sans effet : 1°. parce que les faits de *chasse* n'étant pas continus, peuvent très-bien échapper à la connoissance du propriétaire : 2°. parce que le silence du seigneur n'est jamais regardé que comme une tolérance de sa part, un acte d'honnêteté, qui est en effet très-commun entre seigneurs voisins : 3°. enfin, parce que le droit de *chasse* étant inséparable de la seigneurie, on ne peut prescrire l'un sans l'autre.

Des règles relatives à l'exercice du droit de chasse. Il est défendu à tout gentilhomme & autre ayant droit de *chasse*, de chasser dans les terres ensemencées, depuis que le bled est en tuyau jusques après la moisson; &, dans les vignes, depuis le premier de mai jusqu'après la vendange.

Dans quelques parlemens, & particuliérement en Bourgogne, les seigneurs ne peuvent ni faire chasser ni chasser eux-mêmes dans les enclos de leurs censitaires & justiciables. Cette jurisprudence est attestée par M. le président Bouhier dans ses observations sur la coutume du duché de Bourgogne : mais on en use différemment en Provence; car Boniface rapporte un arrêt du 17 mai 1668, qui a jugé, en faveur du marquis de Marignagnes contre le sieur Barigou, bourgeois de Marseille, que quiconque a parc dans une haute-justice, doit le tenir ouvert pour les plaisirs du seigneur.

Une pareille question s'étant présentée au parlement de Paris entre le sieur de Montaran, seigneur de Lisses, & le sieur de Fromonville, auditeur des comptes, son censitaire, il fut jugé, par arrêt du 12 août 1769, que le sieur de Montaran étoit en droit de chasser dans l'enclos du sieur de Fromonville.

Cet arrêt contient un réglement ainsi conçu :

« Faisant droit sur les conclusions du procureur » général du roi, la cour, sous le bon plaisir dudit » seigneur roi, a ordonné & ordonne :

» 1°. Que tous propriétaires de parcs, clos & » jardins en censive & roture, joignant immédiatement leurs habitations, seront tenus de souffrir » les visites que les propriétaires de fiefs, dans l'étendue desquels lesdits parcs, clos & jardins sont situés, pourront faire ou faire faire de jour en jour » par leurs gardes reçus en justice pour la conservation du gibier, sauf aux propriétaires desdits » parcs & jardins de faire accompagner lesdits gardes, dans leurs visites, par une personne à eux, » telle que bon leur semblera.

» 2°. Pourront lesdits seigneurs de fiefs & seigneurs hauts-justiciers tirer dans lesdits parcs, » clos & jardins, quand bon leur semblera, sans » qu'ils puissent y faire tirer d'autres personnes avec » eux, ni y envoyer chasser, à la charge néanmoins » d'en user modérément, conformément aux ordonnances, sans aucun dégât.

» 3°. Fait défenses auxdits propriétaires desdits

» parcs, clos & jardins en censive & roture, de » chasser ni faire chasser dans lesdits parcs, clos & » jardins, sous les peines portées par les ordon» nances ».

On a beaucoup agité la question de savoir si le seigneur qui fait lever du gibier dans sa haute-justice ou dans son fief, peut le poursuivre & le tuer sur une autre seigneurie?

M. le président Bouhier, qui a adopté l'affirmative, pense que cette question ne peut être problématique qu'à cause que Laisné, auteur fort instruit sur la matière dont il s'agit, a rapporté divers jugemens de la table de marbre de Paris, par lesquels il a été décidé qu'il n'étoit pas permis à un seigneur de poursuivre son gibier sur la terre d'un autre seigneur son voisin.

Pour appuyer son opinion, M. le président Bouhier observe que, de toute ancienneté, il a été établi dans le royaume, que celui qui avoit droit de *chasse*, jouissoit de la liberté de poursuivre son gibier sur la seigneurie d'autrui : c'est en effet ce qu'atteste Bouteiller, l'un de nos plus anciens praticiens, qui assure qu'*ainsi le veulent les coutumiers*. Ce témoignage est d'ailleurs fortifié par ceux de François Marc, de Chasseneuz, de le Bret, & de plusieurs autres qui ont écrit sur la même question.

Il y a même à cet égard une décision expresse dans la coutume de Franche-Comté, voisine de celle de Bourgogne, & dont voici les termes :

« La bête meute de la *chasse* d'aucun, ayant droit » & pouvoir de faire chasser, se peut poursuivre » en autre justice ou seigneurie : &, si elle y est » prise & abattue, elle doit être rendue au premier, » de qui la *chasse* est meute, si elle est poursuivie » par les chasseurs ou par les chiens, dedans vingt» quatre heures après qu'elle sera abattue : & doit » être gardée ladite bête sans démembrer lesdites » vingt-quatre heures durant ».

M. le président Bouhier ajoute à ces autorités, qu'un grand nombre d'auteurs, tels que Chopin, Charondas, Bacquet, la Rocheflavin, Ferrière, le Prêtre, Automne, l'Hommeau, Dupineau, Palu, le Grand, la Lande, Perchambaud, Livonière, de Heu, Coquille & Pithou, pensent tous que ce droit de suivre le gibier appartient aux seigneurs. Ces jurisconsultes citent même, selon la remarque de M. le président Bouhier, trois arrêts du parlement de Paris & un du parlement de Toulouse, qui confirment leur sentiment. Ceux du parlement de Paris sont, l'un de l'année 1290, le second du 14 décembre 1566, & le troisième du 17 mars 1573. Celui du parlement de Toulouse est du 2 juin 1608.

Il eût été difficile que M. le président Bouhier défendît mieux son opinion. Il paroît néanmoins qu'elle ne peut plus être suivie : car, indépendamment du témoignage de Laisné, Boutaric & le judicieux auteur du *Code rural* s'accordent à dire qu'autrefois on a toléré la *chasse* faite par suite du gibier, mais qu'on a reconnu depuis que cela étoit sujet à trop d'abus & d'inconvéniens. Boutaric rapporte à ce sujet un arrêt rendu au parlement de Toulouse, par lequel il fut dit que, « si le gibier, levé par le » seigneur d'Aignan dans sa terre, passoit sur celle » de Marsan, le seigneur d'Aignan seroit tenu de » s'arrêter à l'extrémité de sa terre, d'où, avant d'en» trer dans celle de Marsan, il seroit tenu d'envoyer » un de ses domestiques sans armes, ou autre per» sonne de sa part au seigneur de Marsan pour l'aver» tir qu'il n'entroit dans sa terre que pour rompre » ses chiens, ou réclamer & prendre son oiseau : » & qu'en cas que le gibier suivi viendroit à être » pris avant d'avoir rompu les chiens, réclamé & » pris l'oiseau, le seigneur d'Aignan seroit tenu d'en» voyer un de ses valets offrir le gibier tué au sei» gneur de Marsan dans son château, & de se re» tirer ensuite, ses chiens couplés & son oiseau sur » le poing, *&c.* ».

Cette jurisprudence a pour elle un suffrage du plus grand poids; celui du duc Léopold, le législateur de la Lorraine & le modèle des bons princes. L'article 26 du tit. 2 de son édit de 1729 porte : *défendons à tous nos vassaux & autres qui ont droit de chasser, de porter le fusil hors de l'étendue du terrein où ils ont droit de chasse. Et au cas que leurs chiens suivroient la chasse sur un terrein où ils n'auroient pas droit de chasser, il leur sera seulement permis de les suivre sans armes, à peine d'être punis comme s'ils avoient chassé.*

Lorsqu'un seigneur passe sur une terre qui ne lui appartient pas, pour aller chasser sur la sienne, il doit faire coupler ses chiens. Un jugement de la table de marbre du 6 juillet 1707 a fait défense au sieur Richon de traverser la terre de Pleurs avec ses chiens, à moins qu'ils ne fussent couplés.

Les seigneurs qui ont droit de *chasse*, peuvent tirer sur toutes sortes de gibier, à l'exception toutefois des cerfs & des biches.

Les ordonnances défendent de chasser avec des chiens couchans, par la raison que cette espèce de *chasse* occasionne la destruction d'une trop grande quantité de gibier : mais ces défenses ne s'observent point à la rigueur, quoiqu'elles n'aient été levées par aucune loi.

L'article 4 du titre 20 de l'ordonnance des eaux & forêts défend à toute personne de *chasser à feu*, parce que cette *chasse* tend à détruire entiérement le gibier d'une terre. Et l'article précédent interdit à toute personne, sans distinction de qualité, de temps ni de lieu, l'usage des armes à feu, brisées par la crosse ou par le canon, & des cannes & bâtons creusés, même d'en porter & d'en fabriquer sous quelque prétexte que ce puisse être. Réné Duchesne, prêtre de Pontvalin, a été condamné, par jugement de la table de marbre du 30 avril 1675, à cent livres d'amende pour avoir porté un bâton creux.

Suivant l'article 8, il est défendu de prendre aucun aire d'oiseaux, de quelque espèce que ce soit, dans les forêts, garennes, buissons & plaisirs du roi; &, dans tout autre lieu, les œufs de cailles, de perdrix ou de faisans, sous peine de cent livres d'amende pour la première fois, du double pour la seconde, & du fouet & bannissement à six lieues de la forêt pendant cinq ans pour la troisième. Il est même défendu d'acheter aucun œuf de cette espèce, & la table de marbre de Paris prononce les mêmes peines, tant contre le vendeur que contre l'acheteur, à moins qu'il ne soit justifié, par un acte en bonne forme, que les œufs ont été achetés en pays étranger.

Parmi les manières de chasser qui sont défendues, est celle de tendre des lacs, tirasses, tonnelles, traîneaux, bricoles de corde & de fil d'archal, pièces & pans de rets, colliers de fil ou de soie, *&c.* L'article 12 du titre des *chasses* veut que ceux qui commettent des délits de cette espèce, soient condamnés au fouet & à trente livres d'amende pour la première fois; & qu'en cas de récidive, ils soient fustigés, flétris & bannis, pour cinq ans, de l'étendue de la maîtrise où le délit aura été commis.

Des juges compétens pour connoître des matières concernant la chasse. Les officiers des eaux & forêts & les capitaines des *chasses* connoissent concurremment, & par prévention entre eux, de ce qui concerne la capture des délinquans, la saisie des armes, bâtons, chiens, filets & engins défendus, & l'information première; mais l'instruction & le jugement appartiennent au lieutenant de robe-longue, à la poursuite du procureur du roi, sans toutefois qu'ils puissent exclure les capitaines & les lieutenans des *chasses* du droit d'assister à l'une & à l'autre, si bon leur semble, & d'y avoir séance & voix délibérative; savoir, le capitaine avant le maître particulier, & le lieutenant du capitaine avant celui de la maîtrise, dans les cas spécifiés ci-dessus seulement: c'est ce que porte l'article 31 du titre des *chasses*.

Les articles 32 & 33 exceptent de ces dispositions les capitaines des *chasses* des maisons royales de Saint-Germain-en-Laye, Fontainebleau, Chambort, bois de Boulogne, *&c.* Ces capitaines sont maintenus dans le droit & possession d'instruire & de juger à la diligence des procureurs du roi dans leurs capitaineries, toutes sortes de procès civils & criminels pour fait de *chasse*, à la charge d'appeller avec eux les lieutenans de robe-longue, & d'autres juges & avocats pour conseil.

Hors des capitaineries, les officiers des eaux & forêts sont seuls compétens pour connoître en première instance, & à l'exclusion des autres juges, de toutes sortes de causes & procès relatifs à la *chasse* & aux prises de bêtes, ainsi que des querelles, excès, assassinats ou meurtres qui peuvent avoir lieu à ce sujet, tant entre gentilshommes ou officiers qu'entre marchands, bourgeois & tous autres, de quelque qualité & condition qu'ils soient. C'est ce qui résulte des articles 7 & 14 du titre premier de l'ordonnance des eaux & forêts : c'est d'ailleurs ce que le conseil a décidé par différens arrêts, & particulièrement par un, du 3 avril 1702, rendu dans l'espèce suivante :

Divers ecclésiastiques du diocèse de Bordeaux, accusés pour fait de *chasse*, s'étoient persuadés qu'ils n'avoient pas dû être traduits, pour raison de cette accusation, devant la table de marbre : en conséquence, ils se pourvurent en réglement de juges & demandèrent qu'on les renvoyât devant l'official de Bordeaux, leur juge naturel, pour être leur procès instruit conjointement avec le lieutenant criminel de Bordeaux, pour le cas privilégié, s'il étoit jugé y en avoir. Mais l'arrêt cité renvoya les parties à la table de marbre, & ordonna que le procès y seroit instruit conjointement avec l'official.

Par un autre arrêt du 15 novembre 1735, le conseil a jugé que les excès & assassinats, commis à l'occasion de la *chasse*, étoient de la compétence des maîtrises, & a fait défense aux officiers de la duché-pairie de Laon de troubler la maîtrise des eaux & forêts de cette ville dans l'instruction d'un procès pour pareil fait.

Par un autre arrêt du 31 décembre 1737, le conseil a cassé & annullé un décret d'ajournement personnel, décerné, pour fait de *chasse*, à la table de marbre de Paris, le 18 septembre précédent, & a renvoyé les parties à la maîtrise de Paris, avec défense aux greffiers de la table de marbre d'expédier à l'avenir aucune commission pour y procéder en première instance en matière d'eaux & forêts, pêche, *chasse*, à peine de cent livres d'amende, *&c.*

Par un autre arrêt du 23 février 1745, le conseil a ordonné que, sans avoir égard à un arrêt du parlement de Paris, une demande tendante à la destruction d'une garenne, avec dommages & intérêts pour les dégâts que les lapins avoient occasionnés, seroit portée à la maîtrise de Paris pour y être jugée, sauf l'appel à la table de marbre, & a fait défense aux parties de procéder ailleurs à cet égard, à peine de nullité, de cassation des procédures, de mille livres d'amende & de tous dépens, dommages & intérêts.

Observez sur cette matière, que la compétence des officiers des eaux & forêts se règle non par le domicile du défendeur, mais par la situation du lieu où le délit a été commis, & que leurs sentences doivent être exécutées contre les délinquans, en quelque lieu qu'ils aillent s'établir : c'est ce qui résulte tant de l'article 9 du titre premier de l'ordonnance des eaux & forêts, que d'un arrêt du conseil du 30 juin 1691.

Le juge gruyer d'un seigneur peut connoître des faits de *chasse* sur son territoire, & les officiers des eaux & forêts ne peuvent le prévenir que quand ils en ont été requis par l'une ou par l'autre des parties : mais si le seigneur n'a, au lieu d'un gruyer, qu'un juge ordinaire, les officiers des eaux & forêts ont la prévention & la concurrence, quand même ils n'auroient pas été requis : c'est ce qui résulte des articles 11 & 12 du titre premier, qu'on vient de citer.

Et, suivant l'article 13, s'il s'agit de délits commis par le seigneur, les officiers des eaux & forêts ont droit d'en connoître sans en être requis; & sans qu'ils aient prévenu, soit qu'il y ait dans la seigneurie un juge gruyer, ou qu'il n'y ait qu'un juge ordinaire : c'est aussi ce qu'a réglé la déclaration du 8 janvier 1715.

Il n'y a d'ailleurs que les officiers du roi, qui soient compétens pour connoître de la *chasse* du cerf & de la biche. Les anciennes ordonnances, & particuliérement celle du mois de juin 1601, confirmées en général par l'article premier du titre 30 de l'ordonnance de 1669, le portent expressément.

Les condamnations pour faits de *chasse*, qui n'excèdent pas la somme de soixante livres pour toute restitution & réparation, sans autre peine, doivent être exécutées par provision & sans préjudice de l'appel : c'est ce que porte l'art. 37 du titre des *chasses*.

Et l'article 38 veut que, s'il y a appel d'un jugement rendu pour fait de *chasse*, & que la condamnation ne soit que d'une amende pécuniaire pour laquelle l'appellant se trouve emprisonné, il ne puisse obtenir sa liberté durant l'appel, qu'en consignant l'amende.

Le parlement d'Aix ayant été saisi d'une contestation dont l'objet étoit de faire déclarer nulles des poursuites faites à la requête du seigneur, au sujet d'un délit de *chasse*, sur le motif que ces poursuites auroient dû être faites à la requête du procureur fiscal, cette cour rendit un arrêt le 22 mars 1730, qui déclara la procédure valable.

Le parlement de Paris a une jurisprudence contraire. On y juge que le fait de *chasse* est un délit qui, donnant lieu à une condamnation d'amende, ne peut être poursuivi qu'à la requête du procureur fiscal. Les nommés Dujon ayant été condamnés pour fait de *chasse*, à la requête de la dame d'Abancourt, par le juge de Bernapré, où la haute-justice appartenoit à cette dame, ils interjettèrent appel de la sentence, sur le fondement que le juge d'un seigneur ne peut connoître d'une action où le seigneur est intéressé, & que, dans le cas particulier, les poursuites auroient dû être dirigées au nom du procureur fiscal : la table de marbre du palais à Paris adopta ces moyens, &, par jugement du 10 avril 1767, elle infirma la sentence dont étoit appel.

De la chasse dans l'Artois, la Flandres, &c. L'Artois, la Flandres, le Cambresis & le Hainaut ont des loix particulières sur la *chasse*. L'ordonnance du mois d'août 1669 y fut envoyée & enregistrée : mais comme l'exécution n'en étoit pas compatible avec les anciens usages maintenus par les capitulations, Louis XIV accorda, sur les remontrances des états, une surséance qui dura jusqu'en 1693, époque de l'établissement des maîtrises dans ces provinces. Les officiers qui les composoient, ayant prétendu exercer toutes les fonctions & connoître de toutes les affaires que leur attribue cette ordonnance, les états & les principaux corps du pays se pourvurent au conseil d'état où ils obtinrent, en 1701, un arrêt qui ordonna une nouvelle surséance, & renvoya les parties pardevant les intendans, lesquels reçurent ordre de dresser des procès-verbaux de leurs contestations, & de donner à ce sujet leur avis. Cette opération finie, intervint un arrêt contradictoire du 29 juin 1706, qui ordonne, entre autres choses, que la jurisdiction concernant la pêche & la *chasse* continuera d'être exercée, suivant les usages du pays & les anciennes ordonnances, par les magistrats, juges des lieux ou des seigneurs à qui elle est attribuée, ainsi qu'elle l'avoit été avant la publication de l'ordonnance; sauf néanmoins ce qui concerne la *chasse* dans les forêts du roi, à l'égard desquelles l'ordonnance doit être exécutée.

Cet arrêt fut suivi d'une déclaration rendue le 7 novembre suivant, & enregistrée au parlement de Flandres le 23 décembre. Les officiers des maîtrises en obtinrent la révocation par un arrêt sur requête du 14 mai 1724, sous prétexte des dégradations commises par les seigneurs & les communautés dans leurs bois; mais, sur l'opposition qu'y formèrent les états des quatre provinces, le conseil ordonna l'exécution de l'arrêt de 1706, par un autre arrêt du 26 août 1727, lequel fut enregistré au parlement de Flandres, avec des lettres-patentes le 12 décembre de la même année.

Depuis ce temps, l'ordonnance des eaux & forêts n'a été exécutée en ces provinces qu'à l'égard des forêts royales. La *chasse* sur les terres des particuliers & des communautés est réglée par les placards des anciens souverains du pays. Pour ne laisser rien à desirer sur cette matière, nous allons donner une idée de la jurisprudence qu'ils ont établie, sans cependant nous arrêter à toutes les dispositions qui sont particulières aux forêts domaniales, parce que l'ordonnance des eaux & forêts y a pourvu suffisamment.

Pour éviter la confusion que produiroit l'ordre chronologique des placards & celui des articles qu'ils renferment, nous ne suivrons que l'ordre des matières. Ainsi nous verrons, 1°. à qui la *chasse* est permise; 2°. en quelle manière & en quel temps; 3°. les peines établies contre les infracteurs des réglemens portés sur cet objet; 4°. la procédure qu'il faut observer pour faire prononcer ces peines.

L'opinion de Freminville qui regarde le droit de *chasse* comme un droit purement domanial, dont les seigneurs n'ont l'usage ou l'exercice que par concession du prince, est pour les Pays-Bas un principe fondamental que les anciennes ordonnances ont consacré. Les termes en sont remarquables. « Nos » vassaux, disent les archiducs Albert & Isabelle » dans l'article 36 du placard de 1613, ayant privilège de chasser toutes sortes de sauvagines & » gibiers en leurs seigneuries, en pourront librement user en la saison, & défendre aux autres » qui n'auroient ce privilège d'y chasser ». Ces expressions annoncent plutôt le droit de *chasse* comme émané de la concession du prince, que comme inhérent à la seigneurie. L'article 37 met encore cette vérité dans un plus grand jour. « N'entendons néan» moins pas là préjudicier au droit qui nous com-

» pète de pouvoir, en personne ou par nos *commis*, chasser en telles forêts, garennes & seigneuries, quand bon nous semblera ou à nos *commis* ».

La *chasse* n'est pas permise, en ces provinces, au possesseur d'un simple fief. L'article 36 du placard que l'on vient de citer, ne la permet qu'aux seigneurs *dans leurs seigneuries*. Le placard du 28 juin 1575, rendu pour l'Artois, après l'avoir défendue en général, la réserve *aux nobles gentilshommes possédant seigneuries, ou leurs officiers*.

Il résulte de ces textes, que le droit de *chasse* n'appartient qu'à ceux qui possèdent un fief seigneurial, c'est-à-dire, décoré du droit de justice : encore quelques coutumes ont-elles restreint ce droit dans des bornes plus étroites.

En Artois, la *chasse* est regardée comme un attribut de la seigneurie vicomtière ; les seigneurs fonciers ne peuvent y prétendre. Par sentence rendue au conseil provincial d'Artois, le 28 juin 1695, entre le comte d'Egmont, baron d'Aubigny, & le prieur du même lieu, il fut défendu à ce dernier de chasser, à moins qu'il ne prouvât qu'il avoit une seigneurie vicomtière dans l'étendue du terroir : c'est ce que jugea encore le même tribunal par sentence du 25 mai 1716, entre le prince de Hornes & le sieur Deleval, confirmée au parlement de Paris, par arrêt rendu en la première chambre des enquêtes, le 11 août 1718, au rapport de M. Laurenchet. Le sieur Deleval, qui étoit gentilhomme, prétendoit le droit de *chasse* sur le terroir de Gauchin-le-Gal, dans lequel il mettoit en fait d'avoir quatre fiefs montant à cent *mencaudées* de terre, un terrage seigneurial sur 140 mesures, & des rentes pareillement seigneuriales sur plusieurs héritages. Il offroit la preuve de tous ces points ; mais comme ils ne caractérisoient qu'une seigneurie foncière, sa demande fut rejettée, quoiqu'il fût en possession immémoriale de chasser sur ce terroir.

En Hainaut, la *chasse* n'est permise qu'aux seigneurs hauts-justiciers ; on peut en juger par ces termes de l'article 23 du chapitre 130 des chartes générales ; « seigneurs hauts-justiciers pourront, » comme de tout temps, chasser & voler en leurs » terres & seigneuries ». Il est clair que cette permission, accordée au seigneur haut-justicier, emporte une prohibition tacite à l'égard de tout autre, d'autant plus que cet article est placé sous le titre *de la différence d'entre haute-justice, moyenne & basse*. Néanmoins le propriétaire d'un franc-aleu noble peut chasser dans l'étendue de son territoire ; l'article trois du chapitre 104 des anciennes chartes de cette province lui en donne la faculté en ces termes : « nos vassaux sujets pourront avoir le déduit » de la chasserie en leurs franchises, en la manière » que leurs devanciers en ont anciennement usé ». On ne trouve rien dans les nouvelles chartes rédigées en 1619, qui déroge à cet ancien droit ; au contraire les archiducs Albert & Isabelle ne les ont décrétées que sous cette clause : « le tout sans déroger aux chartes, loix & ordonnances de nos » prédécesseurs, dont changement ni modération » n'a été fait ci-dessus, lesquelles demeureront en » leur force & vertu, & voulons être entretenues, » gardées & observées en la même forme & manière qu'elles l'ont été jusqu'à maintenant ».

Le placard du 28 juin 1575 permet à tout le monde de tendre & tirer aux oiseaux de passage, *si avant toutefois que les seigneurs particuliers ne le veuillent empêcher en leurs seigneuries, ce qu'ils pourront faire*. Le placard de 1613 semble déroger à cette permission. Voici ce que porte l'article 71 : « & » comme nous entendons qu'en nos pays... y a » aucuns villages où il y a des passages d'oiseaux... » dont nos commis, à cause des troubles passés, » n'ont trop bonne connoissance, nous ordonnons » à tous officiers des franchises & villages où tels » passages pourroient être, de les annoncer chacun » à notre commis ou son lieutenant en sa province, » pour par nous y être ordonné comme trouverons » convenir. Et si aucuns y prétendent droit, *ajoute l'art. suiv.* nous ordonnons qu'ils auront à exhiber » les titres & documens par lesquels ils voudront » vérifier tels droits, ès mains de notre secrétaire » Charles de la Faille, & ce en-dedans six semaines » après la publication de cette, à peine d'en être » à jamais privés & forclos ».

Le placard du 28 juin 1575, qui est particulier à l'Artois, autorise tous les gentilshommes « à courre » le lièvre ou voler, élever ou poursuivre leur » proie sur quelque seigneurie que ce soit, ne fût » que les seigneurs sur la seigneurie desquels tels » nobles & gentilshommes voudroient élever lièvres ou volailles, leur en fissent défense » ; mais ils ne peuvent user de cette faculté qu'avec « lévriers sur les pleins champs, sans entrer ès franches garennes, ni ès bois & forêts ès quels qui » prétendoient entrer, auroient droit de *chasse* par » privilège ou ancienne possession ».

Les Brabançons ont un privilège semblable aux gentilshommes artésiens ; ils peuvent chasser *noblement*, c'est-à-dire, *à force de chiens & oiseaux* : leur privilège est même plus étendu, en ce qu'il ne dépend pas des seigneurs de les en empêcher. On peut voir sur ce point les articles 33 & 34 de la joyeuse entrée.

Par l'article 21 des points proposés à Louis XIV pour la capitulation de Cambrai le 5 avril 1677, on demandoit « que les habitans de Cambrai & » du Cambresis jouissent de la liberté de la *chasse*, » comme ils avoient fait de toute ancienneté ».

Sa majesté répondit « qu'elle feroit examiner leurs » droits à cet égard, & qu'elle y pourvoiroit ensuite en la plus favorable manière que la justice » le lui pourroit permettre ».

Il y a apparence que ces droits n'avoient rien de réel, & n'étoient fondés que sur la foiblesse du gouvernement des archevêques de Cambrai : du moins il n'en reste plus aujourd'hui le moindre vestige. Il y a même un arrêt du parlement de Flandres, rendu en forme de réglement, le 12 août

1760, sur la requête de plusieurs seigneurs du Cambresis, qui défend la *chasse* à tous ceux qui n'en ont pas le droit, à peine de cent livres d'amende.

Le droit de suite dans la *chasse* est établi par le placard rendu pour l'Artois en 1575, & par l'article 23 du chapitre 130 des chartes générales du Hainaut. Le placard du 31 août 1613 renferme sur cet objet quelques dispositions remarquables. Voici les termes des articles 34 & 35 : « *item*, si quel- » qu'un avoit lancé quelque bête sauvage en lieu » permis & non défendu, & en la pourchassant » à chaude *chasse*, elle gagnât quelque forêt, bois, » garenne ou autre lieu où ne seroit permis au ve- » neur de chasser, il mettra sa trompe au premier » arbre qu'il trouvera en tel bois ou lieu, &, ce » fait, pourra librement poursuivre la proie : sinon il » fourfera soixante royaux d'amende. Mais si ledit » veneur & les chiens avoient abandonné la bête, » encore que le veneur la trouvât par après ès lieux » susdits, il ne la pourra poursuivre ni enlever, » sous la même peine de soixante royaux d'amende, » ne fût qu'il puisse suivre à la route sa dernière » brisée ».

Ceux qui ont le droit de *chasse*, doivent en régler l'exercice sur les dispositions des loix. Les législateurs ont porté leur attention jusqu'à prescrire l'espèce de gibier qu'il leur est permis de poursuivre. Le placard, rendu pour la Flandres le 5 octobre 1514, défend indistinctement à toutes sortes de personnes de « chasser aux bêtes rouges ou noires, ni » de les tirer d'arc à main, arbalête ou coulevrine, » ou les prendre aux filets ou autres instrumens, » à peine de 50 lyons d'or ». Il permet ensuite la *chasse* aux lièvres & lapins aux *gentilshommes qui ont accoutumé de tenir chien de chasse, lesquels les pourront chasser en leurs terres & seigneuries, & user, comme ils ont fait, d'ancienneté, sans excéder.*

Le même placard défend ensuite, sans distinction de personnes, « de voler, tendre au filet, à la » tonnelle ni autrement, ni aussi de tirer d'arc à » main, albalête, crennequins, coulevrines & au- » tres instrumens, lesdits lièvres & *conins* (lapins) » ni les perdrix, faisans, hérons, butoirs, oiseaux » de rivière & autres volailles & sauvagines quel- » conques. Sauf que les gentilshommes, ayant ac- » coutumé de tenir oiseaux de poing, pourront » voler avec leurs oiseaux (l'ostre réservé), auxdits » oiseaux de rivière tant seulement ».

Les placards postérieurs ont donné plus d'étendue au droit de *chasse*. L'article 4 de celui qui a été donné pour le Hainaut le 31 juillet 1560, permet à *tous seigneurs & gentilshommes de chasser, en leurs terres seulement, toutes bêtes & volailles.* Celui du 28 juin 1575, rendu pour l'Artois, leur permet la même chose implicitement : « défendons à tous, » *c'est le législateur qui parle*, de quelque qualité ou » condition qu'ils soient, *réservés les nobles gentils-* » *hommes possédans seigneuries en notredit pays d'Ar-* » *tois, ou leurs officiers*, de chasser & vener en no- » tredit pays d'Artois, prendre sangliers, cerfs, bi- » chés, chevreuils, lièvres, conins, faisans, poules » de bris, hérons, perdrix ou autres sauvagines ou » volatiles, quels qu'ils soient. Davantage avons » défendu & interdit, défendons & interdisons à » tous, de quelque état, qualité ou condition qu'ils » soient, de s'avancer, de tonneller, tendre filets, » lachies, harnois, rets ou autres instrumens, en- » gins & artifices, soit en terre ou par eau, pour » prendre aucunes sauvagines, volailles ou oiseaux, » quels qu'ils soient, ni pareillement les tirer d'ar- » balête, arc à la main, arquebuse, ou en autre » manière que ce puisse être : *n'est chacun ès limites* » *de sa terre & seigneurie* ».

Le placard de 1613, qui est commun à tous les Pays-Bas, ne déroge pas à la jurisprudence établie par ces deux derniers : l'article 82 permet à ceux qui ont droit de *chasse*, de *prendre les cygnes sauvages & autres oiseaux ci-devant nommés*, qui sont les faisans, perdrix, hérons, bécasses, pluviers & *autre semblable gibier.*

Les anciennes loix des Pays-Bas ont aussi fixé le temps de la *chasse*. L'article 28 du chapitre 133 des chartes générales du Hainaut, porte « encore que » les hauts-justiciers puissent chasser en leurs sei- » gneuries, selon qu'il est dit ci-dessus, néanmoins » ils ne pourront chasser à bêtes rouges, sinon en » leur saison; savoir, cerf, dès l'entrée de mai jus- » qu'à l'exaltation de Sainte-Croix; & biche, dès » le jour de S. Remi jusqu'au commencement de » carême, à peine de six livres tournois, outre la » perte de la bête ou la valeur d'icelle ».

Le placard de 1613 contient plus de détails sur cet objet : « & pour autant, dit l'article 46, que » la saison de la sauvagine se trouve plus avancée » que par les précédens placards il n'est dit, avons » ordonné & ordonnons que personne ne pourra » chasser & mener aucuns chiens hors lesse, soit » pour chasser ou autrement, dès le premier jour » de mars jusqu'au jour de sainte Marie-Magdelaine, » le 22 juillet, à peine de fourfaire dix royaux » d'amende, & par-dessus ce, payer le dommage » qu'aux grains ou autrement il pourroit avoir fait ». Cet article ne parle pas des volatiles; voici ce qu'en dit l'article 78 : « ne sera aussi permis à personne » de voler les hérons, faisans, perdrix ou autre » semblable gibier, dès le premier jour de mars » jusqu'au jour de sainte Marie-Magdelaine, à peine » de fourfaire soixante royaux d'amende avec les » oiseaux & chiens, & de payer le dommage & » intérêt qu'ils pourroient avoir fait ès grains & » autres fruits ».

« Quant à la *chasse* du renard & du loup, dit l'ar- » ticle 58, comme icelle a de tout temps été per- » mise, nous la permettons aussi par cesdites pré- » sentes, tant en hiver sur la neige qu'en autre » saison, moyennant qu'elle soit dressée en présence » ou par consentement de nos commis ayant de » ce la charge ordinaire, ou par ceux de nos vas- » saux qui ont privilège & pouvoir de chasser avec » meute de chiens, trompe & bonne troupe de gens

» pour faire la huée, & auront les veneurs de » chacun renard ou loup ainsi pris, le salaire de » tout temps à ce statué; à laquelle fin les commis » ou ayant de ce charge feront annuellement le » tour du loup, chacun en sa province, & seront » tenues les communautés & villages leur fournir » les dépens de bouche, & non plus ».

L'article 36 inflige une amende de 60 royaux à celui qui chasse sans en avoir le droit, pourvu que ce soit avec des armes & des chiens. L'arrêt de réglement du 12 août 1760 prononce une amende de cent livres : ce qui revient à-peu-près au même. Mais celui qui prend « lièvres ou lapins en battant » les haies sur la neige ou avec bourses, ou les » tire sur leurs formes ou autrement, sans meute » de chiens & trompe, icelui fourfait dix royaux » d'amende pour chacun lièvre ou lapin qu'il aura » pris ou tiré en la manière susdite (ce sont les » termes de l'article 41), & soit qu'il en prenne » ou non, *ajoute l'article 42*, ou qu'il soit trouvé » au fait, ou d'icelui convaincu, il fourfera sem» blablement dix royaux d'amende ».

L'article 83 défend de prendre aucun gibier à la pipée, en quelque lieu que ce soit, sous peine de quatre royaux d'amende.

L'article 58 rapporté ci-dessus permet à tout le monde la *chasse* aux loups & aux renards dans les formes qui y sont prescrites. Celui qui néglige ces formes, & qui est trouvé avec des armes hors des chemins ordinaires, doit subir l'amende, quoiqu'il prétexte de chasser aux loups ou aux renards : c'est la disposition de l'article 59.

L'article 75 condamne à une amende de quarante royaux celui qui est trouvé avec des filets, tonnelles & autres instrumens propres à prendre des cygnes sauvages, des faisans, des perdrix & autre semblable gibier. L'article 84 semble ne pas s'accorder avec cette disposition. En voici les termes : « pour ce que l'on trouve par expérience, que, » sous prétexte d'aller prendre des cailles, aucuns » portent avec eux filets excédant la grandeur des » filets de caille avec lesquels ils prennent lièvres » & lapins, perdrix & semblables, nous ordonnons » que quiconque sera trouvé avoir semblables filets » excédant la grandeur susdite, fourfera soixante » royaux d'amende avec les filets & ce qu'il aura » pris, & ne pourra jamais plus tendre aux cailles, » à peine de soixante royaux comme devant ». On voit que cet article punit d'une amende de soixante royaux un délit contre lequel l'article 75 n'en inflige qu'une de quarante. Mais, pour concilier l'un avec l'autre, il faut dire que l'article 84 s'entend de ceux qui tendent au gibier avec ces filets, & que l'article 75 s'applique à ceux qui n'en font pas un usage actuel. Cela est si vrai, que l'article 74 soumet à l'amende de soixante royaux ceux qui tirent ou prennent « des cygnes sauvages, faisans, » perdrix & autres semblables, avec arc, arquebu» ses, filets, lacs, tirasses de nuit, chevaux, al» liers, mordans, tonnelles & autres semblables » inventions ».

Ceux qui détruisent les nids des cygnes, faisans, perdrix ou semblable gibier, encourent l'amende de soixante royaux. C'est ce que porte l'article 76 : « & qui, en la manière susdite, *ajoute l'article 77*, » tirera ou prendra un héron, ou détruira son aire, » fourfera l'amende de vingt royaux ».

L'usage des chiens est aussi un des objets réglés par les placards des Pays-Bas. L'article 41 de celui de 1613 permet *à ceux qui peuvent & veulent hanter la chasse, de tenir chiens à ce servant.* L'article 48 défend « aux paysans & tous autres non privilégiés » de tenir aucuns tels chiens, à peine de fourfaire » dix royaux d'amende pour chaque chien ». L'arrêt de réglement du 12 août 1760 défend la même chose, « à peine de cent livres d'amende & de » tous dépens, dommages & intérêts, peines qui se» ront encourues par le seul fait de la reconnoissance » des chiens à eux appartenans, trouvés chez eux » ou sur la campagne chassans ou non chassans ».

L'article que l'on vient de citer, ajoute qu'ils pourront néanmoins tenir des chiens de *chasse* « pour » le service de leurs seigneurs ou maîtres; auquel » cas, ils les devront faire marquer de la marque » de leursdits maîtres, & icelle marque entretenir, » à peine que nos commis les confisqueront à leur » profit ». Cette disposition déroge à l'art. 2 du placard rendu pour le Hainaut en 1560, lequel défend aux seigneurs qui ont droit de *chasse*, de faire tenir leurs chiens par leurs fermiers, à peine de confiscation & d'amende arbitraire, afin que les fermiers ne puissent s'en servir pour chasser eux-mêmes.

Le placard du 28 juin, pour remédier aux désordres occasionnés par les chiens couchans, défend indistinctement à toutes personnes nobles ou non nobles d'en tenir ou nourrir. L'article 55 du placard de 1613 renouvelle cette défense, & n'en excepte que ceux *qui auront de ce titre privilège ou possession valable.* « Tous chiens couchans apparte» nans à autres, ajoute l'article 56, seront par nos » commis pris & confisqués, afin que le nombre » qu'il y en a en nos pays, soit diminué ».

L'article 57 défend à ceux qui peuvent tenir des chiens couchans, de s'en servir depuis le premier de mars, *que les perdrix s'apparient jusqu'au jour de sainte Marie-Magdelaine, à peine comme dessus*, c'est-à-dire, de confiscation & de soixante royaux d'amende, comme il résulte des derniers mots de l'article 55.

Les chiens de *chasse* semblent protégés par les loix flamandes d'une façon particulière; on peut en juger par les dispositions suivantes qui sont tirées du placard de 1613.

Article 49. « Item, si quelqu'un blessoit un chien » de *chasse*, il fourfera deux royaux d'amende, & » sera par-dessus ce tenu, de donner satisfaction au » maître ».

Article 50. « Et, s'il le tue, il en devra rendre » au maître un semblable, ou autrement lui donner

» satisfaction, & fourfera six royaux d'amende ».

Article 51. « Item, si quelqu'un dérobe un chien » de *chasse*, il le devra rendre, en cas qu'il soit » en vie; & en cas que non, il devra donner » satisfaction au maître, & fourfera aussi six royaux » d'amende ».

Article 52. « Mais si quelqu'un déroboit un chien » de notre vénerie ou louverie, il fourfera quarante royaux d'amende, & paiera la valeur du » chien ».

Toutes ces amendes n'ont lieu que pour le premier délit. Le second ou troisième doit être puni plus sévérement à l'arbitrage du juge, suivant les articles 102 & 103 du placard de 1613. L'article 104 déclare que ceux qui chassent en troupe, ne sont pas quittes en payant une seule amende, comme s'ils n'étoient qu'un seul, mais qu'ils en doivent autant qu'ils sont de délinquans.

L'article 109 ordonne aux juges de condamner les délinquans insolvables à quelque peine corporelle, telle que la prison au pain & à l'eau, le bannissement, la fustigation ou autre semblable, suivant la nature & les circonstances du délit.

L'article 110 rend les pères & les maîtres responsables des contraventions commises par leurs enfans & leurs domestiques, lorsqu'ils les souffrent & les dissimulent.

Les articles 113 & 114 soumettent les gens de guerre & les écoliers des universités aux dispositions du placard, & les assujettissent à la jurisdiction des tribunaux qui en doivent connoître.

La procédure en matière de *chasse* doit être sommaire, suivant le placard du 5 octobre 1514, qui ordonne aux accusés de consigner les amendes pour lesquelles ils sont poursuivis, avant de pouvoir s'opposer. L'article 107 du placard de 1613 déclare les sentences exécutoires par provision, nonobstant l'appel, & sans y préjudicier: l'article 111 oblige l'accusé d'avouer ou de nier le fait dès qu'il a entendu les conclusions prises contre lui; & si, après l'avoir nié, il en est convaincu, il doit être condamné à une amende arbitraire, outre celle qui est prononcée par les placards, & aux dépens occasionnés par la preuve.

La difficulté de convaincre les délinquans dispense des preuves ordinaires. L'article 112 porte que les officiers de justice « qui auront trouvé tels délin» quans sur le fait, en seront crus par serment ès » cas qui n'excéderont point quinze florins une fois; » mais en ceux de sommes plus grandes, sera be» soin qu'ils soient assistés d'un contre-témoin non » reprochable ». L'arrêt de réglement du 12 août 1760, après avoir fixé à cent livres les amendes contre ceux qui chassent ou tiennent des chiens de *chasse* sans en avoir le droit, ajoute que « les gardes » & sergens dont la commission & l'acte de pres» tation de serment seront enregistrés au greffe des » seigneurs hauts-justiciers, seront crus sur leurs » rapports, en les affirmant dans la huitaine ».

Le placard du 28 juin 1575 permet à tout particulier de « faire appréhension en présent méfait » de ceux qui contreviendront à cette inhibition » & défense, à charge toutefois de incontinent les » présenter à la justice compétente ».

Nous avons déjà dit que les officiers des maîtrises connoissent privativement des contraventions aux réglemens sur la *chasse*, commises dans les bois du roi & sur les lisières. Pour celles qui se commettent ailleurs, c'est aux juges des seigneurs du lieu à en connoître, & ils peuvent le faire, même dans le cas où l'accusé ne demeure pas sous leur jurisdiction: telle est du moins la jurisprudence du parlement de Flandres: M. Pollet en rapporte un arrêt du 13 novembre 1699.

La prévention est cependant admise entre le juge royal & les officiers du seigneur, parce que la *chasse* est un droit domanial dans l'origine, & seigneurial dans l'exercice.

L'amende appartient au fermier du domaine, à moins que le seigneur n'ait *franche forêt ou garenne;* car, en ce cas, elle lui appartiendroit, soit qu'elle eût été prononcée par le juge royal, ou par celui de la seigneurie.

Il faut cependant observer que le fermier du domaine n'en peut prétendre qu'un tiers, parce qu'il y en a un pour le dénonciateur, & un pour le sergent qui en fait l'exécution: c'est ce qui résulte des placards des 5 octobre 1514, 23 février 1528, 22 novembre 1529, 22 novembre 1539, 28 juin 1575. L'article 105 de celui de 1613 attribue aux *commis* du roi le tiers que les autres adjugent aux sergens; mais cette disposition a cessé avec l'existence de ces *commis*.

Du droit de chasse en Lorraine. En Lorraine, le droit de *chasse* réside dans la personne de celui qui représente le public, & qui exerce les droits de la société. Le prince seul & les seigneurs hauts-justiciers en ont l'exercice illimité; il est interdit aux seigneurs de moyenne & basse-justice: & si les seigneurs directs en ont quelquefois l'usage, ce n'est que par une espèce de tolérance, & dans des cas qui se rencontrent rarement.

Le duc Henri, par son ordonnance du 8 août 1621, confirmant celles des ducs ses prédécesseurs sur le fait des *chasses*, déclare formellement: « qu'il » interdit, sous les peines & amendes y portées, & » défend à toutes personnes, de quelque état, qua» lité & condition qu'elles fussent, de chasser en » ses forêts, bois, buissons, garennes & campa» gnes; &, en ceux des prélats ou vassaux de ses » pays auxquels il veut être loisible, comme aupa» ravant, de chasser ès lieux de leurs hautes-jus» tices ».

On voit, d'après cette disposition, qu'alors le droit de *chasse* étoit concentré dans la personne du souverain & des seigneurs hauts-justiciers, à l'exclusion des seigneurs de moyenne & basse-justice, & des seigneurs de fiefs. En effet, la prohibition est générale, & les premiers seuls en sont exceptés.

Le duc Léopold, regardé à si juste titre comme le

le législateur de la Lorraine, rendit, en 1704, une ordonnance sur le fait des *chasses*. Après avoir exposé, dans le préambule de cette loi, que l'exercice de la *chasse* « ne convient qu'aux princes & » aux grands seigneurs dont il fait un des princi- » paux plaisirs »; après avoir interdit la *chasse* à ses sujets, de quelque condition qu'ils soient, ce prince met une exception à cette prohibition générale, & cette exception est encore en faveur des seigneurs hauts-justiciers. « Pourront néanmoins, » est-il dit par l'article 9, les seigneurs hauts-jus- » ticiers chasser dans l'étendue de leurs hautes-jus- » tices, suivant l'ancien usage, lorsqu'elles ne se- » ront point comprises dans nos plaisirs ». Par l'article 10 de la même ordonnance, le duc Léopold, voulant pourvoir à l'indemnité de ceux qui, par son fait, pouvoient être privés du droit de *chasse*, n'accorde cette indemnité qu'aux seuls seigneurs hauts-justiciers : d'où résulte la conséquence qu'eux seuls avoient le droit de *chasse*. Autrement il faudroit supposer que ce prince respectoit moins le droit des seigneurs moyens & bas-justiciers, que ceux des seigneurs de haute-justice. Mais quelle auroit été la raison de cette différence? Le duc Léopold ne respectoit-il pas également les droits de tous ses sujets?

Dans une loi postérieure, par l'article 18 de l'édit de 1729, le prince jugea même à propos de mettre des conditions aux prérogatives attachées à la qualité de seigneur haut-justicier; une portion trop modique, par exemple, un septième dans une haute, moyenne & basse-justice, tout ensemble ne donneroit aucun droit de *chasse* à celui à qui il appartiendroit. « Pour éviter, est-il dit dans cet article, » les contestations qui arrivent souvent au sujet de » la *chasse*, entre les seigneurs qui ont différentes » parts dans une haute, basse, moyenne ou fon- » cière justice, défendons, à peine de cent livres » d'amende, à celui qui n'aura pas au moins un » sixième dans une haute, moyenne, basse ou fon- » cière justice, d'y chasser ». En un mot, il n'y a aucun article dans l'édit de 1729, dans celui de 1704, & dans tous ceux qu'ont rendus sur le fait des *chasses* les ducs de Lorraine, qui ne tendent à exclure les seigneurs moyens & bas-justiciers du droit de *chasse*. On voit même que les ducs n'ont accordé ce droit aux seigneurs hauts-justiciers, qu'avec le plus grand ménagement, & parce qu'ils composoient le premier ordre de leur état, auquel seul, suivant l'ordonnance de 1704, « convient sur- » tout de prendre les plaisirs de la *chasse* ».

A l'égard des seigneurs de fiefs, on voit qu'ils sont compris avec les moyens & bas-justiciers dans la prohibition générale, prononcée par les ordonnances. Cependant comme ils ont un domaine ou au moins une propriété directe, comme le gibier en est, en quelque sorte, une production, on a pensé qu'il y avoit une espèce de justice à modifier, en leur faveur, les dispositions prohibitives de ces loix; &, par l'édit de 1729, il leur est permis de chasser sur leurs fiefs, mais dans un cas seulement, lorsque les terres qui en dépendent, se trouvent réunies & forment un enclave bien déterminé. « Les nobles, porte l'article 20 de cet édit, » résidant dans les fiefs dont le ban est séparé, pour- » ront chasser dans l'étendue de leurs fiefs seule- » ment; & si les terres & héritages dépendans de » leurs fiefs se trouvent épars dans le finage d'une » haute-justice, ils ne pourront y chasser sans un » titre exprès ». Telles sont les loix lorraines sur le fait des *chasses*. Deux règles générales, une modification à ces règles en forment, comme on voit, tout l'ensemble; 1°. la *chasse* appartient au seigneur haut-justicier; 2°. tous les autres, & nommément les moyens & bas-justiciers, sont privés de l'exercice de ce droit; 3°. les seigneurs de fiefs peuvent néanmoins en jouir, mais par exception & dans un seul cas, lorsque leur fief est réuni en un corps circonscrit & limité.

Ces loix sont consacrées par la jurisprudence la plus constante. Le parlement de Nancy en a ordonné l'exécution par une infinité d'arrêts. On se contentera d'en rapporter trois des plus récens.

Par arrêt du 12 août 1752, « cette cour a fait » défenses à un seigneur de moyenne & basse-jus- » tice de chasser dans l'étendue d'une haute-jus- » tice, tant & si long-temps qu'il n'auroit pas un » sixième dans la haute, moyenne, basse & fon- » cière justice dudit lieu ». Cette cour a donc jugé qu'il ne suffisoit pas d'avoir la moyenne & basse-justice sur un territoire, pour avoir le droit d'y chasser; mais que, conformément à l'article 18 de l'ordonnance de 1729, il falloit avoir encore sur ce territoire au moins un sixième de la haute-justice.

Par un autre arrêt du premier août 1757, la même cour a interdit l'exercice de la *chasse* au sieur de Clemarés, sur le territoire de Batincourt, dont le sieur Rassemberg étoit seigneur haut-justicier, quoique le sieur de Clermarés fût lui-même seigneur moyen & bas-justicier de cette terre pour la plus grande partie. Cet arrêt prouve d'un manière sans réplique, que la qualité de seigneur de moyenne & basse-justice ne suffit pas seule pour donner le droit de *chasse* à celui qui a ce titre, & que l'exercice en est interdit à toute personne qui n'a pas au moins un sixième dans une haute-justice.

Enfin, la cour souveraine de Nancy a jugé, contre le sieur de Mitry, par arrêt du 3 janvier 1771, qu'il ne suffisoit pas, pour avoir le droit de *chasse*, de posséder fief avec moyenne & basse-justice, que la jouissance même, jointe à ce titre, ne suffiroit pas encore; mais qu'il falloit, conformément à l'article 9 de l'ordonnance de 1729, que les terres du fief ne fussent point éparses dans le territoire de la haute-justice; en un mot, qu'il étoit nécessaire que le fief eût un ban séparé, ou bien que le seigneur féodal réunît à sa directe au moins un sixième de la haute-justice. (*Cette addition est de M. Henrion, avocat au parlement de Paris.*)

Chasse-Mars, c'est un terme particulier à la

coutume de Valançai, pour désigner la fête de l'annonciation, que l'église célèbre le 25 de mars. Suivant cette coutume, les prés sont défensables depuis la Notre-Dame *chasse-mars* jusqu'à la S. Michel, & il est dû soixante sous d'amende, pour les bêtes qui y sont prises de nuit.

CHASSE *de meûnier*, (*Jurisprud.*) on appelle *chasse* ou *quête des meûniers*, la recherche qu'ils font, par eux ou par leurs serviteurs, des bleds & autres grains que l'on veut faire moudre, allant ou envoyant pour cet effet dans les villes, bourgs & villages. Comme le fruit de cette quête n'est pas toujours heureux, elle a été comparée à la *chasse*, & en a retenu le nom.

Cette *chasse* ou quête des meûniers ne présente de question intéressante, que celle de savoir si elle peut être prohibée par les seigneurs ?

L'appât du gain a souvent engagé ceux d'entre eux qui possèdent des moulins, à faire tous leurs efforts pour empêcher les meûniers voisins de venir chasser sur leur territoire. Il paroît constant, par la jurisprudence des arrêts, que le seigneur qui a moulin bannal, peut seul empêcher les meûniers étrangers de venir quêter la mouture dans l'étendue de sa bannalité. Mais dans les lieux où le moulin n'est pas bannal, il est permis à tous les meûniers d'y venir chercher le bled des habitans.

Ce droit d'empêcher les meûniers de chasser, qui dérive de celui de bannalité, est fort ancien. Il en est parlé dans deux titres de Thibaut, comte de Champagne, des années 1183 & 1184, pour le prieur de S. Ayoul, auquel ce prince accorde ce droit de *chasse* pour les meûniers de son prieuré, dans toute l'étendue de la ville & châtellenie de Provins où il est situé.

Un arrêt du parlement, de la Toussaint 1270, confirme aux seigneurs, ayant des moulins dans la châtellenie d'Étampes, le droit de saisir & confisquer les chevaux des meûniers d'autres moulins, qui viendroient chasser sur leurs terres, des bleds pour en avoir la moute, *quærentes ibi moltam*; c'est le terme dont on se servoit alors.

Il y a, sur cette matière, dans notre droit coutumier, trois différentes maximes confirmées par la jurisprudence des arrêts.

La première, que les meûniers ne peuvent chasser sur les terres des seigneurs qui ont droit de bannalité. *Cout. de Montdidier, art. xiv & xvj.*

La seconde, qu'en certaines coutumes, ils ne le peuvent même sur les terres des seigneurs hauts-justiciers, & qui ont droit de voirie. *Coutume d'Amboise, art. j; Buzançois, art. iv; Saint-Ciran, art. iij; Maizières en Touraine, art. v & vj.*

La troisième, qu'en d'autres coutumes ils ont cette liberté dans tous les lieux où il n'y a point de bannalité. *Paris, art. lxxij; & Orléans, art. x.*

Par un arrêt du 23 mai 1561, confirmatif d'une sentence du gouverneur de Montdidier, les meûniers sont maintenus dans la liberté d'aller chasser & quêter des bleds sur les terres des seigneurs qui n'ont point de moulins bannaux. Il est remarquable, en ce qu'il est rendu au profit du vassal contre son seigneur suzerain. Levest, *art. lxx*; Papon, *liv. XIII, tit. viij, n. 1*; Charondas, *liv. II, rep. 12*; *& liv. IV, rep. 65.*

La même chose a été jugée dans la coutume de Paris, par arrêt du 28 juin 1597, en faveur du seigneur de Rennemoulin, contre le cardinal de Gondi, seigneur de Villepreux, qui vouloit empêcher les meûniers de la terre de Rennemoulin, relevante de lui, de venir chasser dans l'étendue de celle de Villepreux.

La question s'étant présentée de nouveau en 1767, elle a été jugée contre M. le duc d'Orléans, par arrêt du 19 juillet, qui permet aux meûniers voisins de chasser dans la ville de Montargis, dont les moulins ne sont pas bannaux.

Denisart rapporte au mot *Meûnier*, quelques arrêts qui défendent la *chasse des meûniers*, même dans les terres où le moulin n'est pas bannal. Ces préjugés ne peuvent combattre les maximes que nous venons d'exposer. 1°. Ces arrêts peuvent avoir été rendus en faveur des seigneuries situées dans les coutumes qui empêchent les meûniers de chasser sur les terres des seigneurs hauts-justiciers, & qui ont droit de voirie; 2°. cette jurisprudence détruiroit la liberté naturelle dont les habitans doivent jouir, & qu'on ne peut leur ôter sans injustice. Car s'ils peuvent porter leurs bleds moudre où bon leur semble, il leur est également permis d'en charger ceux qu'ils jugent à propos; 3°. on ne peut pas même dire que la *chasse des meûniers* voisins arrache au seigneur un bénéfice légitime, & sur lequel il a dû compter en construisant son moulin, puisque rien n'obligeoit ses vassaux à y porter leurs grains, & que d'ailleurs si la *chasse* ou quête des étrangers lui ôte quelqu'un de ses vassaux, il a la même faculté de quêter & d'enlever à ses voisins les profits de la mouture de leurs censitaires.

CHASSERANDERIE, s. f. (*Jurisprud.*) est un droit que les meûniers paient en Poitou au seigneur qui a droit de moulin bannal, pour avoir la permission de chasser dans l'étendue de sa terre, c'est-à-dire d'y venir chercher les grains pour moudre (*A*).

CHASSIPOL, s. m. CHASSIPOLERIE, s. f. (*Droit féodal.*) ces deux mots sont particuliers à la Bresse. *Chassipol* signifie *concierge*, & *chassipolerie* un *droit* que les hommes ou sujets du seigneur lui paient, pour avoir la faculté, en temps de guerre, de se retirer avec leurs biens dans son château.

Il paroît très-probable que ce droit de conciergerie, ou de garde de château, s'est introduit dans le temps de l'anarchie féodale, & que les hommes des seigneurs se sont soumis à payer aux concierges de leurs châteaux quelque modique redevance, pour avoir le droit de s'y retirer, & de mettre à couvert leurs richesses, lorsque leur sûreté étoit menacée.

Ce droit est le même que celui appellé ailleurs

de *guet* & *garde*, & se règle par les mêmes principes. *Voyez* GUET & GARDE.

CHASTAIL, s. m. ce terme est usité dans le Bugey, où il signifie la somme capitale à laquelle est évalué, entre le bailleur & le preneur, le bétail donné en cheptel. *Voyez* CHEPTEL.

CHASTEL, s. m. (*Jurispr.*) dans plusieurs coutumes signifie *château*. Dans celle de Chartres, *art. 67, 71 & 78*, il signifie le *prix de la chose vendue*, les dépenses faites sur une terre pour labours & semences.

CHASTOIS, s. m. (*Jurisprud.*) Dans la coutume de Lorraine, *tit. iv*, *art. 8*, *chastois corporel* signifie *punition corporelle*. Ce mot paroît venir de *châtier*, *châtiment*. (*A*)

CHATAIGNIER, s. m. (*Eaux & Forêts.*) l'ordonnance de 1669, *tit. 32*, *art. 1, 5 & 8*, veut que l'on condamne à une amende de quatre livres par chaque pied de tour, mesuré à demi-pied de terre, & autant de restitution, dommages & intérêts, ceux qui auront coupé un *châtaignier*, de jour, sans feu & sans scie. L'amende est du double lorsque le délit a été commis de nuit, ou par la scie ou le feu.

CHATEAU, s. m. (*Droit féodal.*) c'est le principal manoir du fief. Ce titre néanmoins ne convient exactement qu'aux maisons des seigneurs châtelains, c'est-à-dire de ceux qui ont justice avec titre de châtellenie, ou au moins de ceux qui ont droit de justice, ou qui ont une maison forte entourée de fossés, & revêtue de tours.

Il n'y avoit anciennement que les grands vassaux de la couronne qui eussent droit de bâtir des *châteaux*, ou maisons fortes : ils le communiquèrent ensuite à leurs vassaux, & ceux-ci à leurs arrière-vassaux.

Suivant la disposition des coutumes & la jurisprudence des arrêts, personne ne peut bâtir *château* dans la seigneurie d'un seigneur châtelain, sans sa permission. Il faut en outre aujourd'hui une permission expresse du roi.

Dans plusieurs coutumes, les seigneurs obligeoient leurs vassaux à faire le guet la nuit, à monter la garde de jour dans leurs *châteaux*, & à contribuer aux fortifications. Ces prestations personnelles ont été dans la suite converties en une redevance annuelle, en grains, ou en argent : ce qui dépend des titres & de la possession, ou de la coutume du lieu.

Le seigneur châtelain ne peut empêcher les propriétaires de fief, situés dans l'étendue de sa châtellenie, d'orner leurs murailles de crénaux, qui sont une marque extérieure de fief, même d'y construire des tourelles, pavillons, & autres semblables édifices, pourvu que ce ne soit pas en forme de *château* dominant, mais seulement pour la sûreté & décoration de leurs maisons.

Suivant le droit commun, en succession directe de fief, le *château* appartient, par préciput, à l'aîné des mâles.

CHATELAIN, s. m. (*Droit féodal.*) on appelle *seigneur châtelain* celui qui a droit d'avoir un château & maison forte, revêtue de tours & de fossés, & qui a justice avec titre de châtellenie. On appelle aussi *châtelain* le juge de cette justice.

L'origine des *châtelains* vient de ce que les ducs & comtes, ayant le gouvernement d'un territoire fort étendu, préposèrent sous eux, dans les principales bourgades de leur département, des officiers qu'on appella *castellani*, parce que ces bourgades étoient autant de forteresses, appellées en latin *castella*.

La plupart de ces *châtelains* n'étoient dans l'origine que des concierges auxquels nos rois, pour récompense de leur fidélité, donnèrent en fief les châteaux dont ils n'avoient auparavant que la garde. Ces *châtelains* abusant de leur autorité, furent tous destitués par Philippe-le-Bel & Philippe-le-Long en 1310, 1316, suivant des lettres rapportées dans le *Gloss.* de M. de Laurière, au mot *Châtelain*.

La fonction de ces *châtelains* étoit non-seulement de maintenir leurs sujets dans l'obéissance, mais aussi de leur rendre la justice, qui alors étoit un accessoire du gouvernement militaire. Ainsi, dans l'origine, ces *châtelains* n'étoient que de simples officiers.

Faber, *sur le tit. de vulg. substit. aux inst.* les appelle *judices foranei*. Ils n'avoient ordinairement que la basse-justice ; & dans le pays de Forez, il y a encore des juges *châtelains* qui n'ont justice que jusqu'à 60 sols, comme on voit dans les *Arrêts* de Papon, *tit. de la Jurisdiction des* châtelains *de Forez*. Il en est de même des *châtelains* de Dauphiné, suivant le *chap. j des Statuts*, *tit. de potest. castellan*, & Guypape, *decis. 285* & *626*.

On donna aussi, en quelques provinces, le nom de *châtelains* aux juges des villes, soit parce qu'ils étoient capitaines des châteaux, ou parce qu'ils rendoient la justice à la porte ou dans la basse-cour du château. Ces *châtelains* étoient les juges ordinaires de ces villes, & avoient la moyenne justice, comme les vicomtes, prévôts, ou viguiers des autres villes ; & même en plusieurs grandes villes ils avoient la haute-justice.

Les *châtelains* des villages ayant le commandement des armes, & se trouvant loin de leurs supérieurs, usurpèrent, dans des temps de trouble, la propriété de leur charge, & la seigneurie de leur département ; de sorte qu'à présent le nom de *châtelain* est un titre de seigneurie, & non pas un simple office, excepté en Auvergne, Poitou, Dauphiné & Forez, où les *châtelains* sont encore de simples officiers. Il en est de même dans les coutumes de Senlis & de Bretagne, dans lesquelles il est question des *châtelains*, comme juges.

Les juges *châtelains* se divisent en royaux & seigneuriaux : les premiers sont ceux des terres qui dépendent des domaines du roi ; les autres ceux des terres qui appartiennent à des seigneurs particuliers. Les *châtelains* ont dans l'étendue de leurs justices la même jurisdiction que les prévôts. *Voyez* PRÉVÔT.

Les seigneurs *châtelains* sont en droit d'empêcher que personne ne construise château ou maison forte dans leur seigneurie, sans leur permission. *Voyez ci-devant* CHATEAU.

Ces seigneurs *châtelains* sont inférieurs aux barons, tellement qu'il y en a qui relèvent des barons, & qu'en quelques pays les barons sont appellés *grands châtelains*, comme l'observe Balde.

Aussi les barons ont-ils deux prérogatives sur les *châtelains ;* l'une, que leurs juges ont par état droit de haute-justice, au lieu que les *châtelains* ne devroient avoir que la basse, suivant leur première institution; l'autre, que les barons ont droit de ville close, & de garder les clefs, au lieu que les *châtelains* ont seulement droit de château ou maison forte.

Mais si les *châtelains* sont inférieurs aux barons, ils sont au-dessus des seigneurs hauts-justiciers; car ils ont le droit d'avoir un château, une justice à trois piliers, des foires & marchés, & d'autres droits spécifiés par Coquille, dans *ses Institutions, au titre des Ducs, Comtes, Barons & Châtelains;* & par Ragueau, dans son *Indice des droits royaux & seigneuriaux. Voyez* CHATELLENIES.

CHATELET, s. m. (*Jurispr.*) ce nom se donnoit anciennement aux petits châteaux ou forteresses, dans lesquels commandoit un officier appellé *châtelain*. Ces mots viennent de *castelletum ;* diminutif de *castellum*. Les châtelains s'étant attribué l'administration de la justice, avec plus ou moins d'étendue, suivant le pouvoir qu'ils avoient, leurs justices & leurs auditoires furent appellés *châtelet*, ou *châtellenie*.

Le terme de *châtelet* est demeuré propre à quelques justices royales: celui de *châtellenie* ne s'applique communément qu'aux justices seigneuriales.

Nous allons parler, sous le mot suivant, des *châtelets*, c'est-à-dire, des justices royales qui se rendoient dans des châteaux, dont les droits sont beaucoup plus étendus que ceux des justices royales ordinaires, & qui sont au nombre de quatre; Paris, Orléans, Montpellier & Melun. Nous traiterons particuliérement de celui de Paris, en observant qu'à l'exception de la police intérieure du corps, les autres *châtelets* jouissent à-peu-près des mêmes droits & attributions.

CHATELET *de Paris*, (*Jurisprud.*) c'est le nom que porte la justice royale ordinaire de la capitale du royaume.

On lui a donné le titre de *châtelet*, parce que l'auditoire de cette jurisdiction est établie dans l'endroit où subsiste encore partie d'une ancienne forteresse appellée *le grand châtelet*, que Jules-César fit construire lorsqu'il eut fait la conquête des Gaules. Il établit à Paris le conseil souverain des Gaules, qui devoit s'assembler tous les ans; & l'on tient que le proconsul, gouverneur général des Gaules, qui présidoit à ce conseil, demeuroit à Paris.

L'antiquité de la grosse tour du *châtelet ;* le nom de *chambre de César*, qui est demeuré par tradition jusqu'à présent à l'une des chambres de cette tour; l'ancien écriteau qui se voyoit encore en 1736, sur une pierre de marbre, au-dessus de l'ouverture d'un bureau sous l'arcade de cette forteresse, contenant ces mots, *tributum Cæsaris*, où l'on dit que se faisoit la recette des tributs de tout le pays, confirment que cette forteresse fut bâtie par ordre de Jules-César, & qu'il y avoit demeuré. On trouve au livre noir neuf du *chatelet*, un arrêt du conseil de 1586, qui fait mention des droits domaniaux accoutumés à être payés au treillis du *châtelet*, qui étoit probablement le même bureau où se payoit le tribut de César.

Julien, surnommé depuis l'*apostat*, étant nommé proconsul des Gaules, vint s'établir à Paris en 358.

Ce proconsul avoit sous lui des préfets dans les villes pour y rendre la justice.

Sous l'empire d'Aurélien, le premier magistrat de Paris étoit appellé *præfectus urbis ;* il portoit encore ce titre sous le règne de Chilpéric en 588, & sous Clotaire III, en 665; l'année suivante il prit le titre de *comte de Paris*.

En 884, le comté de Paris fut inféodé par Charles-le-simple à Hugues-le-Grand. Il fut réuni à la couronne en 987, par Hugues Capet, lors de son avénement au trône de France; ce comté fut de nouveau inféodé par Hugues Capet à Odon son frère, à la charge de reversion par le défaut d'hoirs mâles; ce qui arriva en 1032.

Les comtes de Paris avoient sous eux un prévôt pour rendre la justice; ils sous-inféodèrent une partie de leur comté à d'autres seigneurs, qu'on appella *vicomtes*, & leur abandonnèrent le ressort sur les justices enclavées dans la vicomté, & qui ressortissoient auparavant à la prévôté. Les vicomtes avoient aussi leur prévôt pour rendre la justice dans la vicomté; mais dans la suite la vicomté fut réunie à la prévôté.

Le *châtelet* fut la demeure des comtes, & ensuite des prévôts de Paris; c'est encore le principal manoir d'où relèvent les fiefs de la prévôté & vicomté.

Plusieurs de nos rois y alloient rendre la justice en personne, & entre autres S. Louis; c'est de-là qu'il y a toujours un dais subsistant, prérogative qui n'appartient qu'à ce tribunal.

Vers le commencement du treizième siècle, tous les offices du *châtelet* se donnoient à ferme, comme cela se pratiquoit aussi dans les provinces, ce qui causoit un grand désordre, lequel ne dura à Paris qu'environ trente années. Vers l'an 1254, S. Louis commença la réformation de cet abus par le *châtelet*, & institua un prévôt de Paris en titre. Alors on vit la jurisdiction du *châtelet* changer totalement de face.

Le prévôt de Paris avoit dès-lors des conseillers, du nombre desquels il y en avoit deux qu'on appella *auditeurs ;* il nommoit lui-même ces conseillers. Il commit aussi des enquêteurs-examinateurs, des lieutenans, & divers autres officiers; tels que les greffiers, huissiers, sergens, procureurs, notaires, *&c.* *Voyez* ce qui concerne chacun de ces officiers, à sa lettre.

La prévôté des marchands qui avoit été démembrée de celle de Paris, y fut réunie depuis 1382 jusqu'en 1388, qu'on désunit ces deux prévôtés.

Le bailliage de Paris, ou conservation, fut créé en 1522, pour la conservation des privilèges royaux de l'université, & réunie à la prévôté en 1526.

La partie du grand *châtelet* du côté du pont fut rebâtie par les soins de Jacques Aubriot, prévôt de Paris, sous Charles V, & le corps du bâtiment qui borde le quai fut rebâti en 1660.

Le *châtelet* fut érigé en présidial en 1551.

En 1674, le roi supprima le bailliage du palais, à l'exception de l'enclos, & la plupart des justices seigneuriales qui étoient dans Paris, & réunit le tout au *châtelet*, qu'il divisa en deux sièges, qu'on appella *l'ancien* & *le nouveau châtelet*. Il créa pour le nouveau *châtelet* le même ordre d'officiers qu'il y avoit pour l'ancien.

Au mois de septembre 1684, le nouveau *châtelet* fut réuni à l'ancien.

Ainsi le *châtelet* comprend présentement plusieurs jurisdictions qui y sont réunies; savoir, la prévôté & la vicomté, le bailliage ou conservation, & le présidial.

Par édit du mois de mai 1771, le roi supprima les officiers qui composoient le *châtelet*, & créa en même temps un office de lieutenant particulier, trente-deux offices de conseillers, & trois offices d'avocats du roi, auxquels il attribua les rangs, privilèges, honneurs & prérogatives dont avoient joui, ou dû jouir les sujets pourvus des offices supprimés. Mais par un édit du mois de décembre 1774, les anciens officiers ont été rétablis dans l'exercice de leurs charges, & on a créé huit nouveaux offices de conseillers, ensorte que ce siège est aujourd'hui composé :

De M. le procureur-général du parlement de Paris, qui est employé sur les états du payeur des gages, dans le nombre des membres du *châtelet*, sans doute comme garde de la prévôté, le siège vacant :

D'un prévôt, d'un lieutenant-civil, d'un lieutenant-général de police, d'un lieutenant-criminel, d'un lieutenant-criminel de robe-courte, de deux lieutenans-particuliers, de soixante-quatre conseillers, d'un juge auditeur, de quatre avocats du roi, d'un procureur du roi, de huit substituts, d'un chevalier d'honneur, créé par édit du mois de mars 1691. On trouvera les fonctions & obligations de chacun de ces offices, sous leurs noms propres.

Les autres offices du *châtelet* sont un greffier en chef, dont l'office est divisé en trois; quatre offices de greffiers de l'audience, qui sont possédés par deux officiers; deux greffiers des défauts aux ordonnances; quatre greffiers des dépôts, ou de la chambre du conseil; huit greffiers de la chambre civile, police & jurandes; quatre greffiers de la chambre criminelle; six greffiers pour l'expédition des sentences sur productions; trente greffiers à la peau pour l'expédition des sentences d'audience; un greffier du juge auditeur; un greffier des insinuations.

Deux certificateurs des criées.

Un scelleur des sentences & décrets.

Un garde des décrets & immatricules, & *ita est*.

Un commissaire aux saisies-réelles, qui l'est aussi du parlement, & des autres jurisdictions.

Un receveur des consignations, qui l'est aussi du parlement & des autres jurisdictions, à l'exception des requêtes du palais, qui en ont un particulier.

Un receveur des amendes.

Deux médecins, quatre chirurgiens, quatre matrones, ou sages-femmes.

Un concierge-buvetier-garde-clefs.

Il y avoit aussi trois concierges & trois greffiers des prisons du grand & petit *châtelet*, & du for-l'évêque. La destruction du petit *châtelet* & du for-l'évêque, & la translation des prisonniers qui y étoient renfermés, dans la nouvelle prison établie à l'ancien hôtel de la Force, a causé dans ces offices des changemens dont nous rendrons compte, ainsi que de la nouvelle police des prisons, sous ce dernier mot.

Cent treize notaires gardes-notes & gardes-scel.

Quarante-huit commissaires enquêteurs-examinateurs.

Deux cens trente-six procureurs.

Vingt huissiers-audienciers, dont deux appellés *premiers*, & dix-huit *ordinaires*.

Cent vingt huissiers-commissaires-priseurs-vendeurs de biens-meubles, dont six sont appellés *huissiers fieffés*, & douze sont appellés *de la douzaine*, servant de garde à M. le prévôt de Paris, & sont pourvus par le roi, sur sa nomination.

Un grand nombre d'huissiers-à-cheval, résidant à Paris, & dans tout le royaume : on prétend que c'étoit anciennement la garde à cheval de S. Louis, lorsqu'il étoit à Paris.

Un grand nombre d'huissiers-à-verge, résidant à Paris, & dans tout le royaume : on prétend que c'étoit la garde à pied de S. Louis, quand il étoit à Paris.

Un juré-crieur pour les annonces & cris publics, & quatre trompettes.

Outre ces officiers, il y en a d'autres que l'on peut regarder comme officiers du *châtelet*, parce qu'ils prêtent serment devant le lieutenant-civil; tels sont :

Les vingt avocats au parlement, banquiers-expéditionnaires en cour de Rome, & des légations.

Les quarante agens de change, banque & finances.

Les soixante experts, dont trente bourgeois, & trente entrepreneurs.

Les seize greffiers des bâtimens, autrement dits *greffiers de l'écritoire*.

Enfin il y a les quatre compagnies du prévôt de l'Isle, du lieutenant-criminel de robe-courte, du guet-à-cheval, & du guet-à-pied : ces deux dernières n'en font qu'une, qui est commandée par le même officier.

Il y a eu anciennement un office de receveur des épices, qui a été supprimé.

Il est inutile de parler ici de l'ancienne chancellerie présidiale du *châtelet*. Après plusieurs variations, elle a été supprimée par édit du mois d'avril 1685; & depuis ce temps toutes les lettres dont on a besoin, soit pour le présidial, soit pour la prévôté, & autres chambres dépendantes du *châtelet*, sont expédiées en la chancellerie du palais.

Il y avoit encore au *châtelet* un office de garde des registres des *bannières*; un greffier des insinuations laïques; quatre secrétaires gardes-minutes; deux conseillers vérificateurs des défauts aux ordonnances; un greffier garde-conservateur des registres des baptêmes, mariages & sépultures; mais tous ces offices ont été supprimés par différens édits.

Enfin on comptoit au nombre des officiers du *châtelet* trois payeurs des gages, l'ancien, l'alternatif, & le triennal, qui ont été supprimés par une déclaration du 8 avril 1775, par laquelle il a été ordonné que les gages des officiers du *châtelet* seroient payés à l'avenir par le receveur général des finances en exercice dans la généralité de Paris.

On peut encore compter au nombre des offices du *châtelet*, ceux d'assesseurs; l'un du prévôt de Paris; le second du lieutenant-criminel de robe-courte. Ils sont vacans depuis long-temps sans être supprimés: dans l'occasion, c'est un des conseillers qui en fait les fonctions.

Les deux lieutenans-particuliers prennent le titre d'assesseurs civils, de police & criminelle.

Les chambres dans lesquelles s'administre la justice au *châtelet*, sont celles de la prévôté au parc civil, qu'on appelle communément *le parc civil;* le présidial, la chambre du conseil, la chambre civile, celle de police, la chambre criminelle, celle du juge auditeur, le parquet des gens du roi, & la chambre particulière du procureur du roi, celle du lieutenant-criminel de robe-courte, celle des commissaires, celle des notaires, & le parquet de MM. les gens du roi.

M. le lieutenant-civil tient le siège au parc civil, avec une colonne de conseillers; & ce tribunal entre tous les jours, excepté le lundi & les jours de vacances ordinaires: on y fait les publications des ordonnances, édits, déclarations & réglemens; on y lit les substitutions & tous les actes qui doivent être publiés; on y fait aussi les certifications de criées, & l'on y vient requérir & accepter les gardes nobles & les gardes bourgeoises; on y plaide les causes où il s'agit de matières bénéficiales & ecclésiastiques, dont les juges laïcs ont droit de connoître; celles où il s'agit de l'état des personnes, des qualités d'héritiers; de séparations entre mari & femme; de lettres de répit, de cession de biens; d'interdiction des personnes, de servitudes, de contestations relatives aux appositions & levées des scellés, & confections d'inventaires; les contestations qui s'élèvent entre certains officiers, pour la préséance & les fonctions de leurs offices; celles où il s'agit de poursuite de criées, de décret & d'ordre; de vente par licitation, de testamens, de partages de successions, comptes de tutèle & de communauté, & autres affaires civiles, dont la connoissance appartient au *châtelet*, & qui ne sont pas attribuées à une autre chambre, par l'édit de 1685. Les causes s'y appellent sur placets présentés à M. le lieutenant-civil, & cette audience est très-chargée d'affaires.

A la levée du parc civil, un de MM. les lieutenans-particuliers, ou l'un des conseillers, tient l'audience appellée *ordinaire*, où l'on juge ce qui a rapport à l'instruction des affaires, les communications & remises de pieces. On peut aussi demander à cette audience la reconnoissance d'écritures privées; & c'est devant le juge qui tient l'audience de l'ordinaire, que se font les affirmations ordonnées au parc civil & au présidial.

Un des lieutenans-particuliers & une colonne de conseillers tiennent l'audience du présidial. On y plaide les appellations verbales des ordonnances & jugemens rendus dans les jurisdictions du ressort du *châtelet*, de quelque nature qu'ils soient; on y plaide aussi les causes d'appel qui sont aux deux chefs de l'édit des présidiaux; toutes celles où il s'agit de matières personnelles, réelles & mixtes, dont les demandes, tant principales qu'incidentes, n'ont pour objet qu'une condamnation de douze cens livres & au-dessous, & qui ne sont pas de la nature de celles qu'on a attribuées au parc civil; enfin on y plaide toutes les causes dont M. le lieutenant-civil s'abstient pour parenté, récusation & autres empêchemens légitimes.

Les appellations verbales se plaident les jeudis à tour de rôle; & les autres causes, même celles où il s'agit de l'exécution provisoire de sentences dont est appel, se plaident les mardis, vendredis & samedis, sur placets présentés au lieutenant-particulier qui y préside. L'article 3 de l'édit du mois de janvier 1685, porte cependant qu'il sera fait un rôle des causes où il ne s'agit que de douze cens livres ou d'une somme moindre, pour être plaidées les mardis; mais cela ne s'exécute point: on ne fait des rôles que pour les causes d'appel, qui se plaident les jeudis.

Un autre lieutenant-particulier préside à la chambre du conseil, où est aussi une des quatre colonnes de conseillers. On juge dans cette chambre toutes les affaires mises en délibéré, tant au parc civil qu'au présidial; les appointemens à mettre & en droit, prononcés dans ces deux chambres; on y rend les jugemens de compétence en matière criminelle; les conseillers & les avocats du roi du siège y expliquent la loi, & y subissent l'examen avant leur réception au parc civil; enfin c'est-là où sont reçus les commissaires, les procureurs & les notaires du *châtelet*, après y avoir été examinés & interrogés par les juges.

M. le lieutenant-civil, & en son absence un des lieutenans-particuliers, tient seul, sans l'assistance d'aucun conseiller, l'audience de la chambre civile, les mercredis & samedis, & les jours de séance après-midi. Il connoît dans cette chambre du paiement des loyers dus en conséquence de location verbale, de la validité des congés des lieux loués sans bail, & de tout ce que l'ordonnance de 1667 appelle matières sommaires & provisoires qui n'excèdent point mille livres.

C'est à la chambre civile que se tient l'audience appellée *des forains*. On n'appelle même les causes de la chambre civile qu'après que celles des forains sont vuidées: celles-ci s'appellent sans placet, au lieu que celles de la chambre civile ne s'appellent que sur des placets présentés à M. le lieutenant civil.

L'audience des criées se tient les mercredis & samedis au parc civil, après l'audience de l'ordinaire; c'est un des lieutenans-particuliers qui tient cette audience. On y fait les adjudications par décret, les baux judiciaires, les adjudications par licitation, & celles des biens des mineurs; mais on n'y juge aucune contestation relative à ces adjudications: s'il en survient, elles sont renvoyées au parc civil.

M. le lieutenant-criminel tient seul l'audience de la chambre criminelle, où l'on porte toutes les causes où il n'est question que d'injures & de ce qu'on appelle *petit-criminel;* mais les affaires de grand-criminel, c'est-à-dire, celles qui sont réglées à l'extraordinaire, & qui ne sont pas du nombre de celles que les ordonnances ont attribuées à M. le lieutenant de police, se décident à huis-clos par M. le lieutenant-criminel & la colonne de conseillers qui est de service au criminel.

M. le lieutenant-général de police tient seul l'audience de police les vendredis de chaque semaine, & même quelquefois les mardis, depuis trois heures jusqu'à six de relevée. On porte à cette audience toutes les causes concernant les droits des corps & communautés des marchands & artisans de Paris, le péril des bâtimens, la police & la propreté des rues, le nettoiement des voiries & le paiement des nourrices.

C'est à la chambre de l'audience de police que se font les rapports des commissaires sur les contraventions aux ordonnances & réglemens de police.

Divers réglemens attribuent aussi à M. le lieutenant-général de police la connoissance de quelques crimes particuliers, tels que les enrôlemens forcés, la prostitution, *&c.* Quand les procédures sont réglées à l'extraordinaire, elles se jugent en la chambre du conseil, & alors c'est M. le lieutenant-général de police qui préside.

Le juge auditeur connoît en première instance des causes purement personnelles, dont la valeur n'excède point cinquante livres. Il juge seul, & tient l'audience à midi tous les jours qu'on entre au *châtelet.* Les appels de ses sentences ressortissent au présidial.

Le prévôt de l'isle connoît des crimes dont la connoissance est attribuée aux prévôts des maréchaux de France, sur quoi on peut consulter la déclaration du 5 février 1731.

Le lieutenant-criminel de robe-courte connoît, concurremment & par prévention, des crimes commis dans la ville & les fauxbourgs de Paris, déclarés cas prévôtaux par l'article 5 de la déclaration du 5 février 1731, *&c.*

M. le procureur du roi reçoit à l'audience de la chambre qui porte son nom, les maîtres gagnant maîtrise à l'hôpital de la Trinité, & y décide les contestations relatives à ces réceptions.

Il y donne aussi ses avis sur les demandes & contestations qui sont de nature à être portées à la chambre de police.

L'édit du mois de janvier 1685, portant réglement pour l'administration de la justice au *châtelet*, porte que le plus ancien en réception des quatre *avocats du roi*, tiendra toujours la première place en l'audience de la prévôté, & assistera aux audiences de la chambre civile & de la grande police; que les trois autres, à commencer par le plus ancien d'entre eux, assisteront successivement, chacun durant un mois, à l'audience de la prévôté, en la seconde place; que les deux qui ne seront point de service à l'audience de la prévôté, assisteront à celle du présidial; que celui qui servira dans la seconde place à l'audience de la prévôté, servira durant le même temps aux audiences de la petite police; & que celui qui servira dans la seconde place en l'audience présidiale, assistera à celles qui se tiendront pour les matières criminelles.

Ce même réglement porte que le plus ancien des avocats du roi résoudra, en l'absence ou autre empêchement du procureur du roi, toutes les conclusions préparatoires & définitives sur les informations & procès criminels, & sur les procès civils qui ont accoutumé d'être communiqués au procureur du roi, & qu'elles seront signées par le plus ancien de ses substituts, ou autre qui sera par lui commis, en la manière accoutumée, sans que ce substitut puisse délibérer.

Les *avocats du roi du châtelet* portent la robe rouge dans les cérémonies. Le jour de la fête du S. Sacrement ils font, chacun de leur côté, une visite dans les rues de Paris, pour voir si l'on ne contrevient point aux réglemens de police; & en cas de contravention, ils condamnent en l'amende payable sans déport.

Le *châtelet* a des attributions & des prérogatives,

que n'ont pas les autres bailliages : il y en a quatre principales. La première consiste dans le privilège attaché au sceau de ce tribunal, qui est attributif de juridiction, ensorte que toutes les contestations qui naissent pour l'interprétation, l'exécution ou la suite d'un acte, passé sous le scel du *châtelet*, doivent être portées, en première instance, devant les officiers de cette jurisdiction, quel que soit le domicile des contractans. Cette attribution est commune aux autres *châtelets*, ainsi que nous le dirons sous le *mot* SCEAU.

Le second privilège consiste dans le droit de suite, accordé aux officiers du *châtelet*, en vertu duquel ils peuvent continuer, dans toute l'étendue du royaume, les affaires commencées devant eux. C'est par rapport à ce droit que les commissaires peuvent se transporter dans les châteaux, maisons de campagne, & autres habitations des personnes, qui ont un domicile à Paris, pour y apposer & lever les scellés, & procéder aux inventaires. Il leur a été confirmé par plusieurs arrêts du conseil & du parlement.

Le troisième regarde la conservation des privilèges royaux de l'université, en vertu de laquelle le *châtelet* connoît de toutes les contestations, dans lesquelles les membres & suppôts de l'université ont intérêt.

Par le quatrième, les officiers du *châtelet* ont seuls le droit de connoître des saisies faites par les bourgeois de Paris, sur les biens de leurs débiteurs forains, quoiqu'ils n'aient d'eux ni obligation, ni promesse.

La jurisdiction du *châtelet* a la prévention sur les justices seigneuriales de la ville & fauxbourgs de Paris. Elle y a été maintenue contre l'abbaye de Sainte Genevieve, par arrêt du 7 mars 1725, & contre l'abbaye de S. Germain-des-prés, par arrêt du 16 janvier 1739.

Il n'y a plus aujourd'hui que huit prévôtés ou châtellenies royales, qui ressortissent par appel au *châtelet*. Ce sont celles de Montlhéry, Saint-Germain-en-laie, Corbeil, Gonesse, la Ferté-Alais, Brie-Comte-Robert, Tournan & Chaillot. Il y en avoit autrefois un plus grand nombre qui en ont été distraites par des érections en pairies, ou autrement.

Par des lettres-patentes en forme d'édit, du mois d'août 1768, le roi a accordé la noblesse aux officiers du *châtelet* après un certain temps d'exercice.

Les lieutenans-généraux, civil, de police, & criminel, ainsi que les lieutenans-particuliers, sont réputés nobles, tant qu'ils remplissent les fonctions de leurs charges. Leurs veuves & leurs enfans jouissent des mêmes privilèges & prérogatives, si ces officiers décèdent revêtus de leurs offices, ou s'ils en ont joui pendant vingt ans.

Les conseillers, les avocats & procureur du roi jouissent pareillement des privilèges de la noblesse, après dix années entières & consécutives de service dans leurs charges; mais ils ne transmettent la qualité de nobles à leurs enfans que lorsqu'ils décèdent revêtus de leurs offices, après vingt ans d'exercice, ou qu'ils en ont joui pendant l'espace de quarante ans.

Pour le bien du public, & pour la plus prompte expédition des affaires, l'usage s'est introduit de partager les conseillers au *châtelet* en quatre divisions, qui servent tour-à-tour, & par mois au service de la prévôté, ou parc civil, du présidial, de la chambre du conseil, & de la chambre criminelle.

Ces divisions se nomment *colonnes*, parce que les noms de tous les conseillers sont inscrits sur un tableau partagé en quatre *colonnes*, eu égard aux différentes fonctions qu'ils doivent remplir alternativement.

L'arrangement des *colonnes* se fait suivant l'ordre de réception de chaque conseiller; le doyen est à la tête de la première; celui qui le suit en réception commence la seconde; le troisième est le premier de la troisième; & le quatrième de la dernière.

Les quatre colonnes ou services se réunissent dans plusieurs occasions à la chambre du conseil, soit pour les affaires de la compagnie, soit pour la réception des officiers, soit pour d'autres matières importantes.

Il y a eu, de temps immémorial, des avocats attachés au *châtelet*; le prévôt de Paris prenoit conseil d'eux : il en est parlé dans une ordonnance de Charles IV de 1325; & dans une ordonnance de Philippe-de-Valois, du mois de février 1327, il est parlé de ceux qui étoient avocats commis, c'est-à-dire qui étoient commis à cette fonction par le prévôt de Paris; il y est dit qu'ils ne pourront être en même temps procureurs; que nul ne sera reçu à plaider, s'il n'est juré suffisamment, ou son nom écrit au rôle des avocats: il est aussi parlé de différens sermens que les avocats devoient faire sur ce qu'ils mettoient en avant; c'est sans doute-là l'origine du serment que les avocats du *châtelet* prêtoient autrefois à chaque rentrée du *châtelet*. La même ordonnance défend que personne ne se mette au banc des avocats, si ce n'est par permission du prévôt, ou de son lieutenant. Suivant les lettres de Charles VI, du 19 novembre 1393, toute personne pouvoit exercer l'office de procureur au *châtelet*, pourvu que trois ou quatre avocats certifiassent sa capacité. Il y a eu pendant long-temps au *châtelet* des avocats qui n'avoient été reçus que dans ce siège. Les avocats au parlement avoient cependant toujours la liberté d'y aller. On voit dans le procès-verbal de l'ancienne coutume de Paris, rédigée en 1510, qu'il y comparut huit *avocats au châtelet*, du nombre desquels étoit Jean Dumoulin, père du célèbre Charles Dumoulin. Mais on voit dans la vie de ce dernier, que son père étoit aussi avocat au parlement, & qu'il prenoit l'une & l'autre qualités d'avocat au parlement & au *châtelet* de Paris. Dans le le procès-verbal de réformation de la coutume de Paris en 1580, comparurent plusieurs *avocats au châtelet*, dont il y en a d'abord neuf de nommés de suite, & six autres qui sont nommés dans la suite du procès-verbal. Présentement tous les avocats exerçans ordinairement au *châtelet*, sont avocats au parlement, & ne prêtent plus de serment au *châtelet* depuis 1725. L'université qui a ses causes commises au *châtelet*, a deux avocats qu'on appelle *avocats de l'université jurés au châtelet* : ces avocats ont un rang dans les cérémonies de l'université; ils ont aussi le droit de garde-gardienne, comme membres de l'université.

De temps immémorial, le *châtelet* a assisté aux cérémonies & assemblées publiques auxquelles les cours assistent d'ordinaire, & y a eu rang après les cours supérieures, & avant toutes les autres compagnies.

Entrées des rois & reines à Paris. A l'entrée de Charles VII, le 12 novembre 1437, le *châtelet* marchoit après la ville & avant le parlement : on sait que dans ces sortes de marches le dernier rang est le plus honorable.

En 1460, à l'entrée que fit la reine Marguerite, femme de Henri VI, roi d'Angleterre, le roi envoya au-devant d'elle le parlement, le *châtelet*, le corps-de-ville, l'université, l'évêque de Paris.

Le 31 août 1461, à l'entrée de Louis XI furent le parlement, la chambre des comptes, le *châtelet*, le corps-de-ville, l'université, & l'évêque de Paris.

Le 28 novembre 1476, à l'entrée du roi de Portugal, furent au-devant de lui le parlement, le *châtelet*, & le corps-de-ville.

A celle de Charles VIII, le 5 juillet 1484, le parlement, la chambre des comptes, le *châtelet*, le corps-de-ville, & l'évêque de Paris, avec aucuns de son clergé.

En 1491, à la première entrée de la reine Anne de Bretagne, femme de Charles VIII, allèrent le parlement, la chambre des comptes, les généraux de la justice sur le fait des aides, le prévôt de Paris, les gens du *châtelet*, & les prévôt des marchands & échevins.

Le 2 juillet 1498, à celle de Louis XII, le parlement, la chambre des comptes, les généraux de la justice & des monnoies, le *châtelet*, le corps-de-ville, l'université, & le clergé.

Il est inutile de rapporter toutes les entrées des rois, reines ou princes, auxquelles le *châtelet* assista dans le même rang; nous remarquerons seulement qu'à celle de la reine Eléonore d'Autriche, seconde femme de François premier, le 6 juin 1530, les officiers du *châtelet* assistèrent au festin royal, en la grande salle du palais, & prirent place à la même table que les cours.

Un édit de Henri II, d'avril 1557, registré au parlement le 11 mai suivant, qui règle le rang des cours en tous actes & assemblées publiques, fixe celui du *châtelet* après la chambre des monnoies, & avant la ville.

Il assista dans ce même rang à l'entrée de Charles IX, le 6 mars 1571, & au souper royal qui se fit le soir en la grande salle du palais. Il a toujours occupé le même rang à toutes les entrées qui ont eu lieu depuis cette époque.

Complimens. Le 18 mai 1616, deux jours après l'entrée de Louis XIII, les cours, le *châtelet*, & la ville, allèrent le complimenter sur son retour de Guienne.

Le 17 novembre 1630, il fut à Saint-Germain par ordre du roi, le complimenter sur sa convalescence.

Le 5 novembre 1644, il fut à la suite des cours complimenter la reine Henriette-Marie, fille de Henri IV, & femme de Charles I, roi d'Angleterre, réfugiée à Paris.

Le 5 novembre 1645, il alla complimenter la princesse Louise-Marie sur son mariage avec le roi de Pologne.

Le 10 septembre 1656, il alla saluer la reine de Suède, Christine.

Le 4 août 1660, il alla complimenter le roi, la reine, & la reine-mère, à l'occasion du mariage du roi; il fut même aussi le 21 complimenter le cardinal Mazarin, le roi l'ayant ainsi ordonné.

Le 31 juillet 1667, le *châtelet* fut, par ordre du roi, le complimenter sur la paix.

Le 6 septembre 1679, les officiers de l'ancien & du nouveau *châtelet*, s'étant mêlés sans distinction, furent, par ordre du roi, saluer la reine d'Espagne, Marie-Louise d'Orléans, mariée nouvellement.

Pompes funèbres. Le *châtelet* a aussi assisté à ces sortes de cérémonies après les cours, & avant toutes les autres compagnies, depuis les obsèques de Charles VIII, décédé à Amboise le 6 avril 1498, jusqu'à présent.

Te Deum. Le *châtelet* assista à celui qui fut chanté à Notre-Dame le 23 décembre 1587, en présence de Henri III, à cause de la défaite de l'armée des Reitres.

Et le 12 juin 1598, à celui qui fut chanté à Notre-Dame pour la paix faite avec l'Espagne & la Savoie.

Publication de paix. Le *châtelet* y tient le premier rang, comme cela s'est observé aux différentes publications faites le 27 août 1527, le 18 août 1529, 20 septembre 1544, 16 février 1555, 12 juin 1598, 20 mai 1629, 14 février 1660, 13 septembre 1667, 15 mai 1668, 29 septembre 1678, 26 avril 1679, 5 octobre 1684, 10 septembre 1696, 23 octobre & 4 novembre 1697, 24 août & 21 décembre 1712, 22 mai 1713, 19 avril & 8 novembre 1714, le premier juin 1739, & le 12 février 1749.

Prises de possession d'évêques de Paris. Le *châtelet* y a assisté plusieurs fois avec les cours & autres compagnies, dans son rang ordinaire; savoir, le 21 mai 1503, à la prise de possession d'Etienne Poncher; le 25 novembre 1532, à celle de Jean du Bellai; le premier avril 1598, à celle de Henri de Gondy, nommé coadjuteur.

Processions générales. Le 3 mai 1423, le *châtelet* assista à celle de Paris à S. Denis, par ordre du roi, pour la conservation de la famille royale & l'abondance des biens de la terre.

Le 21 janvier 1534, à celle qui se fit par ordre du roi, depuis S. Germain-l'Auxerrois jusqu'à N. D. en l'honneur du saint Sacrement, & pour l'extinction de l'hérésie.

Le 4 juillet 1549, à celle qui se fit par ordre du roi, depuis S. Paul jusqu'à N. D. pour la religion.

Le 18 novembre 1551, à celle qui se fit par ordre du roi, depuis la sainte Chapelle jusqu'à N. D. pour la conservation de la religion catholique, apostolique, & le bien de la paix.

Le 8 janvier 1553, à une pareille procession, en actions de graces de la levée du siége de Metz par l'empereur.

Le 16 janvier 1557, à une pareille procession, pour la prise de Calais sur les Anglois.

Aux processions de la châsse de sainte Geneviève, qui se firent le 29 septembre 1568, le 10 septembre 1570, le 5 août 1599, le premier juin 1603, & le 12 juin 1611.

Le 29 octobre 1714, à celle qui se fit de l'église des augustins à N. D. pour l'ouverture des états-généraux qui se tenoient au Louvre

Aux processions de sainte Geneviève, faites le 26 juillet 1625, 19 juillet 1675, 27 mai 1694, 16 mai 1709, & 5 juillet 1725.

Assemblées de notables. A celle qui se fit à Rouen, le 4 novembre 1596, le roi présent, assista le lieutenant-civil pour le *châtelet.*

Il assista de même à une autre assemblée à Rouen, le 4 décembre 1617.

A celle qui se fit au Louvre, le 2 décembre 1626.

A l'assemblée des trois-états de la prévôté & vicomté de Paris, en la salle de l'archevêché, le 24 septembre 1651, pour envoyer des députés aux états généraux qui dévoient se tenir à Tours.

Assemblée générale de Police. Les officiers du *châtelet* y ont assisté par députés, le 14 avril 1366, 15 & 26 novembre 1418, 21 décembre 1432, 16 février 1436, 7 novembre 1499, 10 mai 1512, & 8 novembre 1522.

Ils devoient aussi assister à l'assemblée générale qui devoit se tenir deux fois la semaine, suivant l'édit de janvier 1572: ce bureau a été supprimé le 10 septembre 1573.

Ils ont encore assisté à celles des 11 mars 1580, 6 mai 1583, 3 & 7 août 1596, 17 août 1602, 13 décembre 1630, 12 & 21 avril 1662, octobre 1666, & 10 novembre 1692.

CHATE-LEVANT, CHATE-PRENANT, (*Jurisprudence.*) c'étoit une clause qui se mettoit anciennement dans les contrats au pays Messin, par laquelle on donnoit pouvoir à ceux qui prenoient des fonds à gagiere ou à mort-gage, d'en prendre & percevoir tous les fruits. *Voyez* GAGIERES. (*A*)

CHATELLENAGE, (*Droit féodal.*) Loiseau & Brussel nous apprennent que le fief, appellé *châtellenage*, consistoit en la garde & gouvernement d'un château, pour le comte laïc ou ecclésiastique propriétaire de ce château, avec un domaine considérable qui y étoit attaché, la seigneurie & toute justice dans ce domaine, & encore la suzeraineté sur plusieurs vassaux. Ce droit de *châtellenage* existoit dès le milieu du douzième siècle. *Voyez* CHATELAIN, CHATELLENIE.

CHATELLENIE, s. f. (*Droit féodal.*) ce mot signifie en même temps la seigneurie d'un seigneur châtelain, & l'étendue de sa justice & seigneurie.

Nous avons dit au mot *châtelain*, que dans l'origine ces officiers avoient été institués sous l'autorité des comtes, pour veiller sur les châteaux éloignés des villes, & rendre la justice dans les bourgades. Les *châtellenies* étoient alors des commissions révocables à volonté, & plusieurs de ceux qui y étoient préposés n'exerçoient que la portion de la justice qui leur étoit confiée.

Dans la suite, les châtelains prirent en fief leurs *châtellenies*, ou s'en attribuèrent la propriété, à la faveur des troubles & de l'anarchie, ensorte qu'aujourd'hui ce mot s'emploie principalement pour désigner un fief qui appartient à la classe des seigneuries de dignité. C'est sous ce rapport que nous le considérerons.

On reconnoît les *châtellenies* à quatre caractères principaux, le droit de bâtir château ou maison forte, la mouvance immédiate d'un fief supérieur, tel qu'une baronnie, un comté, la justice haute, moyenne & basse, & la faculté d'établir des notaires. Une *châtellenie* ne peut pas relever d'un fief simple, ne peut pas exister sans la haute-justice; on lit dans Ragueau, *Indice des droits royaux, verbo* châtellenie, *castellanus est dominus territorii, qui imperium habet & jurisdictionem, qui castellum habet.* « Droit de *châtellenie*, en laquelle y a justice & droit de scel » aux contrats ».

Un édit de 1578 a mis beaucoup de formalités dans l'érection des fiefs en *châtellenie.* Auparavant rien de plus simple, « les concessions de bâtir des » châteaux, dit M. de Laurière, *Gloss. verbo châtelain*, ont donné naissance aux *châtellenies* dont » parlent nos coutumes. Car, par exemple, lorsque les grands vassaux, qui relevoient nuement » de la couronne, donnèrent des terres en fief... » ou ils concédèrent seulement la justice, & selon

» le degré de justice qu'ils octroyoient, ils firent des » hauts, des moyens ou des bas-justiciers; ou avec » la haute, la moyenne & la basse-justice, ils » donnèrent le droit de bâtir des châteaux & for» teresses, avec quelques autres prérogatives; & » *ils firent ainsi des châtellenies* ».

L'établissement des *châtellenies* remonte, comme l'on voit, à des temps très-anciens. Loiseau & Brussel rendent pareillement témoignage de leur antiquité; ces deux jurisconsultes nous éclairent également sur la forme de leur érection : elle ne se faisoit pas comme aujourd'hui, par un titre formel, par des lettres-patentes; l'acte d'inféodation en tenoit lieu. Ces grands vassaux, dont parle M. de Laurière, imprimoient eux-mêmes ce caractère à la glèbe qu'ils inféodoient. Cette glèbe formoit une véritable *châtellenie*, par cela seul qu'elle étoit décorée des prérogatives dont nous venons de présenter le détail. Ainsi point de titres constitutifs, point de lettres d'érection pour ces anciennes *châtellenies*, nées, pour ainsi dire, dans le berceau de la féodalité. Il seroit donc de la plus grande injustice de demander au propriétaire d'une seigneurie de cette espèce, le diplôme qui a érigé sa terre en *châtellenie*; & quand ce diplôme eût existé, auroit-il échappé aux ravages des siècles?

Toutes les fois qu'il s'agit de déterminer la nature de ces seigneuries primitives, on doit donc uniquement se décider par les caractères extérieurs, par les prérogatives dont elles jouissent, & surtout par la possession; on chercheroit envain le titre d'érection, puisque, encore une fois, il n'exista jamais.

Les coutumes de Tours & de Loudun sont, de tout le royaume, celles qui traitent les seigneurs châtelains avec le plus de distinction; elles leur attribuent les grands honneurs de l'église dans toutes les paroisses de la *châtellenie*, à l'exclusion des hauts-justiciers; à moins que ceux-ci ne soient patrons-fondateurs, & encore pourvu que l'église ne soit pas la principale paroisse de la *châtellenie*, c'est-à-dire, celle du seigneur châtelain. Dans ce cas, le seigneur, quoique fondateur & haut-justicier du sol de l'église, ne peut avoir ses *litres & armes* que sur les murs intérieurs, & celles du châtelain doivent être au-dessus : voici les termes de ces coutumes de Tours & de Loudun, *le seigneur châtelain est fondé à avoir prééminence avant ses vassaux ès-églises en & de sa châtellenie, comme d'avoir litres, &c.... sinon que le vassal fût fondateur special, &c.*

Rien de plus clair que cette disposition, elle concentre les honneurs de l'église dans deux ordres de personnes, les châtelains & les patrons : la qualité de haut-justicier ne suffit donc pas pour y prétendre.

Une exclusion aussi formelle ne pouvoit pas échapper aux commentateurs; écoutons-les : *deficiente, ignoto, &c. patrono prædicti honorum tituli adplicantur dominis castellaniæ, turonensi consuetudine.* Chopin, du domaine, *liv. III, chap. 19.* « Les coutumes de » Tours & de Loudun ne communiquent les hon» neurs de l'église qu'aux seigneurs châtelains. Du » Pineau, *sur la coutume d'Anjou.* Il y a des coutumes » qui n'attribuent les honneurs de l'église qu'aux sei» gneurs châtelains. Loiseau, des seigneuries, *chap.* » *11, n. 32.* (*M. HENRION.*)

CHATIMENT, s. m. (*Droit public & criminel.*) terme qui comprend généralement tous les moyens de sévérité, permis aux chefs des petites sociétés, qui n'ont pas le droit de vie & de mort, & employés, soit pour expier les fautes commises par les membres de ces sociétés, soit pour les ramener à leur devoir & les y contenir.

La fin du *châtiment* est toujours l'amendement du châtié, ou la satisfaction de l'offensé; il n'en est pas de même de la peine, dont la fin n'est pas toujours la réformation du coupable, puisqu'il y a un grand nombre de cas où l'espérance d'amendement vient à manquer, & où la peine est étendue jusqu'au dernier supplice. C'est le souverain qui inflige une peine, c'est un supérieur qui ordonne le *châtiment*. Les loix du gouvernement ont désigné les peines, les constitutions des sociétés ont marqué les *châtimens* : le bien public est le but des unes & des autres.

Les peines & les *châtimens* sont sujets à pécher par excès ou par défaut. Comme il n'y a aucun rapport entre la douleur du *châtiment* ou de la peine & la malice de l'action, il est évident que la distribution des peines & des *châtimens*, relative à l'énormité plus ou moins grande des fautes, a quelque chose d'arbitraire, & que dans le fonds il est tout aussi incertain, si on s'acquitte d'un devoir par une bourse de louis, & si on fait expier une insulte par des coups de bâton ou de verges; mais heureusement que la compensation soit un peu trop forte ou trop foible, c'est une chose assez indifférente, du moins par rapport aux peines en général, & par rapport aux *châtimens* désignés par les règles des petites sociétés.

On a connu ces règles en se faisant membre de ces petites sociétés, on en a même connu les inconvéniens, on s'y est soumis librement, il n'est plus question de réclamer contre la rigueur. Il ne peut y avoir d'injustices que dans le cas où l'autorité est au-dessus des loix, soit que cette autorité soit civile ou domestique, les supérieurs doivent alors avoir présente à l'esprit la maxime, *summum jus, summa injuria*; peser bien les circonstances de l'action, les comparer avec celles d'une autre, où la loi a prescrit la peine & le *châtiment*, & mettre tout en proportion; se ressouvenir qu'en prononçant contre autrui, on prononce aussi contre soi-même, & que si l'équité est quelquefois sévère, l'humanité est toujours indulgente; voir les hommes, plutôt comme foibles que comme méchans; penser qu'on fait souvent le rôle de juge & de partie; en un mot, se dire bien à soi-même, que la nature n'a rien institué de commun entre des choses, dont on prétend compenser les unes par les autres, & qu'à l'exception des cas où la peine du talion peut avoir lieu, dans tous les autres on est presque abandonné au caprice & à l'exemple. *Voyez* PEINE, MAITRES, PÈRE, SUPÉRIEUR.

Il y a aussi des *châtimens militaires*, qu'on impose à ceux qui suivent la profession des armes, lorsqu'ils ont manqué à leur devoir. *Voyez* le *Dictionnaire de l'Art Militaire*.

CHATRERIE, s. f. (*Jurisprud. Finance.*) c'est le nom qu'on donne, en Lorraine, à une ferme particulière du domaine, dont l'adjudicataire a seul le droit de faire châtrer certains animaux dans cette province. Les réglemens qui concernent l'exercice de ce droit ont été réunis dans un arrêt du conseil du roi Stanislas, du 22 avril 1752. *Voyez* le *Dictionnaire de Finances*.

CHAVAGE *ou* CHEVAGE, s. m. (*Droit féodal.*) ces deux mots sont synonymes, celui de *chevage* est le plus usité : dans les coutumes de Roye, Péronne & Montdidier, on se sert du mot *quevage*.

Ces termes signifient ordinairement le chef-cens qui est dû au seigneur, & qui se paie en reconnoissance de la directe seigneurie. *Chevagium*, dit Spelman, *quod domino tanquam capiti penditur*. *Voyez* CHEF-CENS.

Chevage se dit aussi d'un droit de douze deniers parisis, qui se levoit par chacun an au profit du roi, dans le bailliage & ressort de Vermandois, sur chaque chef, marié ou veuf, bâtard, épave ou aubain, qui venoient y demeurer. Il en est parlé dans le procès-verbal de la coutume de Laon, en 1556.

On a appellé *chevagiers* ceux qui étoient tenus de payer le droit de *chevage*. Il en est fait mention dans les ordonnances concernant les nobles de Champagne, *chap. 8*, *art. 15*.

CHAUDE-CHASSE *ou* CHAUDE-SUITE. On trouve ces mots dans la somme rurale de Bouteiller, & dans la coutume de la Marche, dans la signification de la poursuite d'un accusé.

CHAUDE-COLLE, (*Jurisprud.*) pour *chaude-colère*. Cette expression est fort ancienne, on s'en servoit pour exprimer un acte fait *calore iracundiæ*, dans le premier mouvement de colère, sans dessein prémédité. On lit dans l'article 110 de la coutume de Senlis, que le *moyen justicier connoît de celui qui a donné coups orbes*, c'est-à-dire, sans effusion de sang, ni ouverture de plaies, *de chaude-colle, sans toutefois prendre or, argent ou chose promise, & sans propos délibéré ni de fait précogité*.

On s'est servi dans d'autres endroits du terme de *chaude-medée*, pour celui de *chaude-colle*.

CHAUDERONNIER, s. m. (*Arts & Métiers. Police.*) c'est un ouvrier autorisé à faire, vendre & faire exécuter toutes sortes d'ouvrages en cuivre, tels que chaudière, chauderon, poissonnière, fontaine, *&c.* Cette communauté, à Paris, est conduite par quatre jurés, dont deux entrent & deux sortent chaque année de charge.

Les statuts obligeoient à six ans d'apprentissage.

On appelle *chauderonniers au sifflet*, certains ouvriers, la plupart d'Auvergne, qui courent dans les villes & les provinces, achetant & revendant beaucoup de vieux cuivre, & employant très-peu de neuf. Ils ne paroissent astreints à aucun réglement, il importe cependant beaucoup au public, qu'ils en aient & qu'ils soient exécutés, puisqu'ils emploient une matière qui, suivant le degré de pureté qu'on lui donne, peut être utile ou préjudiciable.

Par l'édit du mois d'août 1776, la communauté des *chauderonniers* de Paris a été réunie à celle des balanciers & potiers d'étain, pour former ensemble la douzième des communautés d'arts & métiers.

CHAUFFAGE, s. m. (*Eaux & Forêts.*) c'est le droit de couper dans les forêts d'autrui une certaine quantité de bois pour se chauffer.

Anciennement les grands-maîtres, & les autres officiers des eaux & forêts, avoient des *chauffages* en nature.

Plusieurs seigneurs, corps & communautés, officiers & autres particuliers, ont un droit de *chauffage* dans les bois du roi.

On donne quelquefois à la femme, par contrat de mariage, en cas de viduité, son habitation dans un château du mari, & son *chauffage* dans les bois qui en dépendent. On peut aussi léguer à d'autres personnes leur *chauffage*.

L'ordonnance des eaux & forêts contient plusieurs dispositions à ce sujet : elle attribue aux officiers des eaux & forêts la connoissance des contestations qui surviennent sur le droit de *chauffage* : elle révoque tous les droits de cette espèce accordés dans les forêts du roi, & veut que ceux qui en possèdent à titre d'échange ou indemnité, & qui justifieront de leur possession avant l'an 1560, ou autrement à titre onéreux, soient dédommagés, & jusqu'au remboursement payés annuellement sur le prix des ventes de la valeur de leur *chauffage*.

Elle ordonne que ceux attribués aux officiers en conséquence de finance, seront évalués, à l'effet d'être remboursés ou payés de la même manière qu'il vient d'être dit ; que les communautés & particuliers jouissant de *chauffage*, à cause des redevances & prestations en deniers ou espèces, service personnel de garde, corvées, ou autres charges, en demeureront libres & déchargés, en conséquence de cette révocation.

A l'égard des *chauffages* accordés par le passé, pour cause de fondation & donation faite aux églises, chapitres & autres communautés, l'ordonnance veut qu'ils soient conservés en espèce, & que les états en soient arrêtés, eu égard à la possibilité des forêts du roi ; que si elles se trouvoient dégradées & ruinées, la valeur de ces droits de *chauffage* sera liquidée sur les avis des grands-maîtres, pour être payés en argent, comme il vient d'être dit, sans diminution ni retranchement.

Les religieux, hôpitaux & communautés, ayant *chauffage* par aumône de nos rois, ne l'auront plus en espèce, mais en deniers. Il sera fait un état de tous les *chauffages* en espèce ou en argent, pour être délivrés sans augmentation, ce qui a été exécuté par plusieurs arrêtés du conseil, & notamment par un arrêt du 10 juin 1684, *&c.*

Il est défendu aux officiers d'exiger ou de recevoir des marchands aucun bois, sous prétexte de *chauffage* ou autrement. Les officiers ne seront point payés des sommes qui seront réglées pour leur *chauffage*, s'ils ne servent & font résidence actuelle, dont ils apporteront des certificats des grands-maîtres au receveur : enfin il est dit qu'il ne sera fait à l'avenir aucun don ni attribution de *chauffage*; que s'il en étoit fait, on n'y aura aucun égard; & que lors des ventes ordinaires, les possesseurs des bois sujets à tiers & danger, grurie, *&c.* prendront leur *chauffage* sur la part de la vente; que s'il n'y avoit pas de vente ouverte, aucun *chauffage* ne sera pris qu'en bois mort ou mort-bois des neuf espèces portées par l'ordonnance.

Le droit de *chauffage* a donné lieu à un grand nombre de réglemens, qui tous ont eu pour but d'empêcher le dommage que l'usager pourroit causer au propriétaire.

En matière de *chauffage*, il est de principe certain, que ce droit ne consiste que dans un simple usage; d'où il suit, que celui auquel ce droit appartient, ne peut prendre du bois que pour son *chauffage*, son utilité & son avantage particulier, qu'il ne peut ni le céder, ni le vendre à un autre, ni même en exiger la valeur en argent : que celui qui a le droit de *chauffage* dans plusieurs endroits, ne peut l'exercer que dans un seul.

Ce principe est consacré par les ordonnances de 1548, 1578 & 1581, par le réglement de Dreux de 1587, & de Montfort de 1556, & par plusieurs arrêts du conseil. Il est conforme à la disposition des loix romaines, qui décident formellement qu'un usager ne peut louer, vendre ou céder gratuitement son droit d'usage, & qu'il ne peut s'en servir que pour sa consommation particulière. *Inst. lib. II, tit. 5.*

L'ordonnance du mois de janvier de 1583 porte expressément, que celui qui a droit de *chauffage* dans les bois du roi ou autres, ne doit l'exercer qu'avec la permission des officiers, du propriétaire ou du seigneur, parce que son droit doit être subordonné à ce que les forêts peuvent fournir, & qu'il ne doit pas être exercé sans nécessité.

Le roi s'est interdit, par l'ordonnance de 1669, la faculté de faire des dons & attributions de *chauffage* : il a défendu aux cours de parlement, aux chambres des comptes, aux grands-maîtres & autres officiers, d'avoir égard aux lettres ou brevets obtenus par importunité ou autrement, par lesquels il seroit accordé des droits de *chauffage* à quelque personne que ce fût.

CHAUFFE-CIRE, (*Jurisprudence.*) c'est un officier de chancellerie dont la fonction est de chauffer, amollir & préparer la cire pour la rendre propre à sceller. On l'appelle aussi *scelleur*, parce que c'est lui qui applique le sceau; dans les anciens états il est nommé *varlet chauffe-cire.* L'institution de cet officier est fort ancienne; il n'y en avoit d'abord qu'un seul en la grande chancellerie, ensuite on en mit deux, puis ils furent augmentés jusqu'à quatre, qui devoient servir par quartier, & être continuellement à la suite de M. le chancelier; & lorsqu'il avoit son logement en la maison du roi, ils avoient leur habitation auprès de lui. Il est même à remarquer que le plat attribué à M. le chancelier, est pour les maîtres des requêtes, l'audiencier, contrôleur, & *chauffes-cire* de la chancellerie, de sorte qu'ils sont vraiment commensaux du roi, &, en effet, ils jouissent des mêmes privilèges. Ces offices n'étoient d'abord que par commission; on tient qu'ils furent faits héréditaires, au moyen de ce qu'ayant vaqué par forfaiture, lors du syndicat ou recherche générale, qui fut faite des officiers de France du temps de saint Louis, il les donna héréditairement en récompense à sa nourrice, qui en fit pourvoir quatre enfans qu'elle avoit; & depuis, par succession ou vente, ces offices se perpétuèrent sur le même pied. Il n'y a pas cependant toujours eu quatre *chauffes-cire* en la chancellerie; on voit par les comptes rendus en 1394, qu'il n'y en avoit alors que deux, qui avoient chacun douze deniers par jour : depuis, leurs émolumens ont été réglés différemment, à proportion des lettres qu'ils scellent. Il y avoit autrefois deux sortes de *chauffes-cire*, savoir les *chauffes-cire* scelleurs, & les valets *chauffes-cire* subordonnés aux premiers; mais par un arrêt du conseil, du 31 octobre 1739, il a été ordonné que les offices de *chauffes-cire* scelleurs de la grande chancellerie de France, & des chancelleries près les cours & sièges présidiaux du royaume, seront à l'avenir remplis & possédés sous le seul titre de *scelleurs*, & ceux de valets *chauffes-cire*, sous le titre de *chauffes-cire* seulement.

Les *chauffes-cire* de la grande chancellerie servent aussi en la chancellerie du palais.

Pour ce qui est des autres chancelleries, établies près les parlemens & autres cours supérieures, c'étoient autrefois les *chauffes-cire* de la grande chancellerie qui les commettoient, mais présentement ils sont en titre d'office.

Ces offices, selon Loiseau, ne sont pas vraiment domaniaux, mais seulement héréditaires par privilège.

Il y avoit aussi autrefois un *chauffe-cire* dans la chancellerie des foires de Champagne, tellement qu'en 1318 Philippe-le-Bel ordonna que les émolumens de ce *chauffe-cire* seroient vendus par enchère, c'est-à-dire, donnés à ferme.

Il y a aussi un *chauffe-cire* dans la chancellerie de la reine, & dans celle des princes qui ont une chancellerie pour leur apanage.

Par l'article 8 du réglement général des tailles, du mois de janvier 1534, les *chauffes-cire* de la grande chancellerie de France en sont déclarés exempts, &, par l'article 21, ce même privilège est accordé à leurs veuves.

CHAUME, s. m. (*Jurisprudence.*) c'est la tige de paille qui reste attachée à la terre après la moisson. On lui donne, dans la coutume d'Artois & quelques autres, le nom d'*esteulles* ou *esteubles*.

Assez ordinairement on laisse le *chaume* dans les champs pour les pauvres habitans de la campagne, qui l'emploient au fourrage & à la nourriture de leurs bestiaux, à leur chauffage ou à couvrir leurs habitations.

Chacun peut cependant conserver son propre *chaume* pour son usage : il y a même des endroits où on le vend à tant l'arpent ; dans d'autres, on le brûle sur le lieu pour réchauffer la terre & la rendre plus féconde. Dans quelques endroits on ne peut conserver que le tiers de son propre *chaume*, le surplus doit être laissé pour les pauvres ; cela dépend de l'usage de chaque lieu.

Les juges ne permettent communément de chaumer qu'au 15 septembre, ou même plus tard, ce qui dépend de l'usage des lieux & de la prudence du juge. Ce qui a été ainsi établi, tant pour laisser le temps aux glaneurs de glaner, que pour la conservation du gibier qui est encore foible. *Voyez* CAPITAINERIE, CHASSE.

Il n'est permis de mener les bestiaux dans les nouveaux *chaumes* qu'après un certain temps, afin de laisser la liberté de glaner & d'enlever les *chaumes*. Ce temps est réglé diversement par les coutumes ; quelques-unes, comme Amiens, Ponthieu & Artois, le fixent à trois jours ; d'autres étendent la défense jusqu'à ce que le maître du *chaume* ait eu le temps d'enlever son *chaume* sans fraude.

Les défenses faites pour les *chaumes* de bled ont également lieu pour les *chaumes* d'avoine & autres menus grains, parce que les pauvres glanent toutes sortes de grains. *Voyez* GLANER.

CHAUMONT, (*Droit public.*) ville capitale de Bassigny en Champagne, chef-lieu d'un bailliage & d'une élection. Elle n'étoit autrefois qu'une bourgade, avec un château, nommé *haute-feuille*, dont les comtes de Champagne faisoient hommage aux évêques de Langres. Elle fait aujourd'hui partie du domaine du roi, & environ dix-huit cens fiefs relèvent du château où l'on rend la justice.

La partie du diocèse de Toul, qui est renfermée dans le Bassigny, contient la prévôté de Vaucouleurs. C'étoit autrefois une souveraineté que Philippe-de-Valois acquit, en 1335, de Jean, sire de Joinville : elle est composée de dix-huit paroisses, qui jouissent de différens privilèges qui leur ont été concédés, en reconnoissance des services rendus par Jeanne d'Arc, dite la *Pucelle d'Orléans*, née dans le village de Dom-Remi, près de Vaucouleurs.

A quatre lieues de *Chaumont* est située la petite ville de Château-Vilain, érigée en duché-pairie vers le milieu du dernier siècle, en faveur du marquis de l'Hôpital-Vitry, &, en 1703, en faveur du comte de Toulouse, qui l'a transmis au duc de Penthièvre, son fils.

Chaumont est régie par une coutume particulière, rédigée en 1494, en vertu des lettres-patentes de Charles VIII, & publiée, en 1509, par Thibault Baillet, président, & Roger Barme, avocat-général au parlement de Paris.

Dans cette coutume, les personnes se divisent en nobles, francs & serfs. Les femmes nobles ont le privilège de conférer la noblesse à leurs enfans. *Voyez* CHAMPAGNE.

La condition des serfs n'est pas la même dans tous les cantons régis par la coutume de *Chaumont*. Les uns sont sujets à la taille à volonté raisonnable, les autres à une taille abonnée, d'autres sont mortaillables pour leurs meubles ou pour leurs héritages, ou pour les uns & les autres en même temps. Il faut, à cet égard, suivre la disposition des coutumes locales, ou des titres particuliers de chaque seigneurie. Mais en général les seigneurs jouissent du droit de *poursuite*, c'est-à-dire, du droit de réclamer leurs serfs fugitifs quelque part qu'ils aillent, & de celui de *for-mariage*, qui consiste dans une amende & une indemnité dues au seigneur par une femme serve, qui épouse, sans sa permission, un homme d'une autre condition que la sienne. *Voyez* POURSUITE, FOR-MARIAGE.

L'institution des bourgeoisies du roi a beaucoup diminué le nombre des mortaillables : il en reste encore plusieurs, mais on doit présumer que cet abus de la féodalité, cette injure faite à la liberté naturelle de l'homme, seront entiérement bannis de cette province, & que les seigneurs s'empresseront d'imiter la générosité & la bienfaisance de Louis XVI.

Nous ne nous arrêterons pas à détailler les différentes dispositions de la coutume de *Chaumont*, elles trouveront place dans les divers articles de cet ouvrage, sous les mots auxquels elles ont rapport.

Mais nous ne pouvons nous empêcher de remarquer que dans tout le bailliage les terres sont censées allodiales, si le seigneur ne prouve le contraire. Ce principe est si conforme à la loi naturelle, & aux premières notions de la justice, qu'il devroit faire la loi générale & être admis par-tout. Nous en demontrerons l'équité, lorsque nous traiterons la maxime, *nulle terre sans seigneur*, sous le mot FIEF.

CHAUSSÉE, s. f. (*Jurisprudence.*) ce mot en général est synonyme de celui de *chemin* : dans un sens plus particulier il signifie les digues construites pour contenir les rivières dans leur lit naturel, & pour s'oppoſer aux inondations des fleuves & des étangs.

Les coutumes de Reims & Orléans ſe ſervent de ce même terme, pour déſigner les rues de la ville, & c'eſt par rapport à cette ſignification qu'on a appellé *rez-de-chauſſée*, cette partie des maiſons, qui de niveau avec le pavé des rues s'éleve juſqu'au plancher, qui ſoutient le premier étage.

CHAUX, ſ. f. (*Eaux & Forêts.*) pierre calcinée par le feu, qui ſert à faire le mortier qu'on emploie à bâtir. *Voyez* le *Dictionnaire des Arts.*

L'ordonnance des eaux & forêts, *tit. 27*, *art. 12*, défend à toutes perſonnes de faire faire de la *chaux* dans les lieux qui ne ſont pas éloignés de plus de cent perches des bois du roi, à moins d'une permiſſion expreſſe du roi pour cet effet. Les contrevenans doivent être condamnés à cinq cens livres d'amende, outre la confiſcation des chevaux & harnois; les officiers des maîtriſes, qui ſouffriroient l'établiſſement d'un four à *chaux*, ſans permiſſion, dans la diſtance prohibée, doivent être condamnés à une pareille amende.

CHÉCHILLONS, ſ. m. plur. (*terme de Cout.*) celle de Saint-Jean d'Angeli, *art. 15*, donne ce nom aux prés champaux, c'eſt-à-dire, aux prés hauts, qui ſont dans les champs, à la différence des bas prés, qui ſont le long des rivières. (*A*)

CHEF, (*Juriſprudence.*) ce terme a, dans cette matière, pluſieurs ſignifications différentes, ſelon les autres termes auxquels il ſe trouve joint. Nous allons les expliquer par ordre alphabétique.

CHEF D'ACCUSATION, c'eſt un des objets de la plainte. On compte autant de *chefs d'accuſation* que la plainte contient d'objets ou de délits différens, imputés à l'accuſé.

CHEF *d'un arrêt*, *ſentence* ou autre *jugement*, eſt une des parties du diſpoſitif du jugement qui ordonne quelque choſe que l'on peut conſidérer ſéparément du reſte du diſpoſitif. On dit ordinairement *tot capita tot judicia*, c'eſt-à-dire, que chaque *chef* eſt conſidéré en particulier, comme ſi c'étoit un jugement ſéparé des autres *chefs;* de ſorte que l'on peut exécuter un ou pluſieurs *chefs* d'un jugement, & appeller des autres du même jugement, pourvu qu'en exécutant le jugement en certains *chefs*, on ſe ſoit réſervé d'en appeller aux *chefs* qui font préjudice.

CHEF-CENS, eſt le premier & principal cens impoſé par le ſeigneur direct & cenſier de l'héritage, lors de la première conceſſion qu'il en a faite, & qui ſe paie en ſigne & reconnoiſſance de la directe ſeigneurie. On l'appelle *chef-cens*, *quaſi capitalis cenſus*, pour le diſtinguer du ſur-cens & des rentes ſeigneuriales, qui ont été impoſées en ſus du cens, ſoit lors de la même conceſſion, ou dans une nouvelle conceſſion, lorſque l'héritage eſt rentré dans la main du ſeigneur.

Le *chef-cens* eſt la même choſe que l'expreſſion ſimple *cens:* il emporte lods & ventes; au lieu que ni le ſur-cens, ni les rentes ſeigneuriales, n'emportent lods & ventes, lorſqu'il eſt dû un *chef-cens*, la directe ſeigneurie de l'héritage étant, en ce cas, attachée particuliérement au *chef-cens.*

La coutume de Paris, *art. 357*, en parlant du premier cens, l'appelle *chef-cens*, & dit que pour tel cens il n'eſt beſoin de s'oppoſer au décret; & la raiſon eſt que, comme il n'y a point de terre ſans ſeigneur, on n'eſt point préſumé ignorer que l'héritage doit être chargé du cens ordinaire, qui eſt le *chef-cens.*

Dans tous les anciens titres & praticiens, le cens ordinaire n'eſt pas nommé autrement que *chef-cens*, *capitalis cenſus. Voyez in donat. belgic. lib. I, cap. 18.* Il eſt dit dans un titre de l'évêché de Paris, de l'an 1306, *chart. 2*, *fol. 99 & 100*, *ſub retentione omnis capitalis cenſus.* La charte d'Enguerrand de Coucy, ſur la paix de la Fère, de l'an 1027, dit *de fundo terræ & capitali.* Dans pluſieurs cartulaires, on trouve *chevage* pour *chef-cens.* Et à la fin des coutumes de Montdidier, Roye & Peronne, on trouve auſſi *quevage*, qui ſignifie la même choſe & qui vient de *quief* ou *kief*, qui en idiôme picard ſignifie *ſeigneur-cenſier. Voyez* CENS.

CHEF *de conteſtation*, ſe dit de ce qui fait un des objets de conteſtation & de procès entre deux parties litigantes.

CHEF *de crime.* L'ordonnance de 1670, *tit. 1*, *art. 11*, a conſacré ce terme, en diſant que le crime de majeſté en tous ſes *chefs* eſt un cas royal. On diſtingue trois *chefs* dans le crime de lèſe-majeſté. On appelle *premier chef*, le crime dont ſe rend coupable celui qui attente à la vie du roi: *ſecond chef*, lorſqu'on conſpire contre l'état ou qu'on traite avec ſes ennemis, ce qu'on appelle auſſi *crime de haute-trahiſon:* le troiſième *chef* comprend tous les crimes qui intéreſſent l'ordre & la ſûreté publique. Il y en a de pluſieurs eſpèces, que nous expoſerons ſous le mot CRIME; on range parmi eux le crime de fauſſe monnoie.

CHEF *de demande*, ſignifie un des objets d'une demande déjà formée en juſtice, ou que l'on ſe propoſe de former. Chaque *chef de demande* fait ordinairement un article ſéparé dans les concluſions de l'exploit ou de la requête; cependant quelquefois les concluſions englobent à la fois pluſieurs objets. Les affaires qu'on appelle *de petits commiſſaires*, ſont celles où il y a trois *chefs de demande;* & les affaires *de grands commiſſaires*, celles où il y a au moins ſix *chefs de demande* au fond.

CHEF *de l'édit: premier & ſecond chef de l'édit*, ou *de l'édit des préſidiaux:* on entend par-là les deux diſpoſitions de l'édit du mois de janvier 1551, portant création des préſidiaux. Le premier *chef* de cet édit eſt que les préſidiaux peuvent juger définitivement, par jugement dernier & ſans appel, juſqu'à la ſomme de deux cens cinquante livres pour une fois payer, & juſqu'à dix livres de rente ou revenu annuel, & aux dépens à quelque ſomme qu'ils puiſſent monter. Le deuxième *chef de l'édit* est qu'ils peuvent juger par provision, en baillant caution, jusqu'à cinq cens livres en principal, & jusqu'à vingt livres de rente ou revenu annuel, & aux dépens, à quelque somme qu'ils puissent monter, & en ce dernier cas l'appel peut être interjetté en la cour; de sorte néanmoins qu'il n'a aucun effet suspensif, mais seulement dévolutif. Par édit du mois de novembre 1774, les pouvoirs des présidiaux ont été augmentés dans les deux *chefs de l'édit*. On appelle *une sentence au premier* ou *au second chef de l'édit*, celle qui est dans le cas du premier ou second *chef de l'édit*. *Voyez* Présidial.

On se sert aussi des termes de *premier & second chef*, pour exprimer les deux dispositions de l'édit des secondes noces. *Voyez* Secondes Noces.

Chef-d'Escadre, (*Droit public & marit.*) c'est un officier général de la marine, qui commande une escadre ou une division dans une armée navale. Le *chef-d'escadre* suit immédiatement le lieutenant général des armées navales : ce titre répond à celui de maréchal-de-camp dans les troupes de terre.

Le *chef-d'escadre* doit avoir séance après l'intendant des armées navales, dans les conseils de guerre; mais s'il commande soit dans le port, soit à la mer, il préside le conseil, & les intendans n'ont séance qu'après lui. A l'égard des conseils assemblés pour justice, police, finances, constructions & autres de cette nature, l'intendant, ou, en son absence, le commissaire général, précèdent le *chef-d'escadre* : il en est de même dans les cérémonies à terre, où il ne s'agit pas de fonctions militaires.

La marque distinctive du *chef-d'escadre* à la mer, est la cornette qui lui sert de pavillon.

On divisoit autrefois la marine du roi en six escadres, sous les titres de Poitou, Normandie, Picardie, Provence, Guienne & Languedoc; mais cette division n'a plus lieu, le nombre des *chefs-d'escadre* n'est pas limité.

Chef *de fief.* La coutume de Bourbonnois, *art.* 333, donne ce nom à la principale ou majeure partie du fief.

Chef, (*greffier en*) *voyez* Greffier en chef.

Chef *d'hommage*, en Poitou, est la même chose que principal manoir ou *chef*-lieu, c'est-à-dire, le lieu où les vassaux sont tenus d'aller porter la foi.

Chef *d'hosties* ou *hostises*, que l'on dit aussi, par corruption *ostizes* & *ostiches*, ne signifie pas *un seigneur chef d'hôtel* ou *chef de sa maison*, comme on le suppose dans le *Dictionnaire de Trévoux*, au mot *chef*; il signifie *seigneur censier* ou *foncier*, du mot *chef* qui signifie *seigneur*, & d'*hostises* qui signifie *habitation*, *tenement*, *terre tenue en censive*. On en trouve plusieurs exemples dans les anciens titres & dans les anciens auteurs. Beaumanoir, *chap.* 3, *des contremans*, *art.* 26, dit que *ostiches* sont terres tenues en censive; c'est aussi de-là qu'a été nommé le droit d'*ostize* ou *hostize*, dont il est parlé en l'article 40 de la coutume de Blois : & c'est ainsi qu'on le trouve expliqué dans le *Traité du franc-aleu de* Galland, *chap.* 6, *de l'origine des droits seigneuriaux*, *pag.* 86 & 87; & dans le *gloss.* de M. de Laurière, aux mots *hostes* & *ostizes*. Pontanus, *art.* 40 *de la coutume de Blois*, verbo *ostiziæ*, *pag.* 219, dit que c'est le devoir annuel d'une poule due par l'hôte ou le sujet au seigneur, pour son fouage & tenement; car anciennement on comptoit quelquefois le nombre de feux par *hostes* ou *chefs* de famille, *hospites*, & du terme *hoste* on a fait *hostize*. Dans le petit cartulaire de l'évêché de Paris, qui étoit ci-devant en la bibliothèque de MM. Dupuy, & est présentement en celle du roi, on trouve *fol.* 51, un titre de Odo, évêque de Paris, de l'an 1199, qui porte : *terram nostram de Marnâ, in quâ nemus olim fuisse dignoscitur, ad hostisias dedimus & ad censum, tali modo quod qualibet hostisia habebit octo arpennos terræ cultibilis, & unum arpennum ad herbergagium faciendum; de illo autem arpenno in quo erit herbergagium, reddetur annuatim nobis, vel episcopo parisiensi qui pro tempore fuerit, in nativitate beatæ Mariæ, unus sextarius avenæ; in festo sancti Remigii, sex denarii parisienses censuales; & de singulis verò arpennis, in prædicto festo sancti Remigii, sex denarii censuales.* Dans un autre titre du même Odo, de l'an 1203, *fol.* 60, il est dit : *pro hostisiâ quæ fuit Guillelmi de Moudon*, &c.

Chef-lieu, (*Jurisprudence.*) ce mot a, en droit, plusieurs significations : en matière féodale, on appelle *chef-lieu*, le principal lieu d'une seigneurie où les vassaux sont obligés d'aller rendre la foi & hommage, & de porter leur aveu & dénombrement, & où les censitaires sont obligés d'aller porter les cens & passer déclaration. Le *chef-lieu* est ordinairement le château & principal manoir de la seigneurie : mais dans les endroits où il n'y a point de château, c'est quelquefois une ferme qui est le *chef-lieu*; quelquefois c'est seulement une vieille tour ruinée : dans quelques seigneuries où il n'y a aucun château ni manoir, le *chef-lieu* est seulement une pièce de terre choisie à cet effet, sur laquelle les vassaux sont obligés de se transporter pour faire la foi & hommage. Le *chef-lieu* appartient à l'aîné par préciput, comme tenant lieu du château & principal manoir. *Voyez* Aînesse, Préciput, principal Manoir.

Dans la coutume du comté de Hainaut, la ville de Mons, qui en est la capitale, est appellée le *chef-lieu*. A Valenciennes & dans quelques autres coutumes des Pays-Bas, ce terme de *chef-lieu* se prend pour la banlieue.

En matière bénéficiale, on donne le nom de *chef-lieu* à l'endroit où le bénéficier est obligé de remplir les fonctions de son ministère. C'est par la loi qui régit le *chef-lieu*, que se règlent la manière & le droit de conférer les bénéfices, qui en dépendent.

On appelle aussi *chef-lieu* la principale maison d'un ordre régulier ou hospitalier, ou autre ordre composé de plusieurs maisons : par exemple, la commanderie magistrale de Boigny, près Orléans, est le le *chef-lieu* de l'ordre royal, militaire & hospitalier de saint Lazare. *Voyez* CHEF-D'ORDRE.

CHEF-METS ou *chef-mois*, (*Jurisprud.*) en quelques coutumes, est le principal manoir de la succession, comme en Normandie. *Voyez le mot* MEX. (*A*)

CHEF *du nom & armes*, dans les familles nobles, est l'aîné ou descendant de l'aîné, qui a droit de porter les armes pleines, & de conserver les titres d'honneur qui concernent sa maison.

CHEF-D'ŒUVRE, (*Arts & Métiers.*) c'est un des ouvrages les plus difficiles de la profession, qu'on propose à celui qui se présente à un corps de communauté pour en être reçu membre, après avoir subi le temps d'apprentissage & de compagnonage.

Chaque corps de communauté a son *chef-d'œuvre*, qui se fait en présence des doyens, syndics & anciens, & autres officiers & dignitaires de la communauté. Le *chef-d'œuvre* se présente à la communauté, qui l'examine, & il y est déposé. *Voyez le Dictionnaire des Arts & Métiers.*

CHEF-D'ORDRE, est la première ou principale maison d'un ordre régulier ou hospitalier, celle dont toutes les autres maisons du même ordre dépendent, & où se tient le chapitre général de l'ordre. Les abbayes *chefs-d'ordre* sont toutes régulières, telles que Clugny, Prémontré, Cîteaux, *&c.* L'article 3 de l'ordonnance de Blois veut qu'à l'égard des abbayes & monastères qui sont *chefs-d'ordre*, comme Clugny, Cîteaux, Prémontré, Grammont, le Val-des-Écoliers, saint Antoine de Viennois, la Trinité, dite *des Mathurins*, le Val-des-Choux & ceux auxquels le droit & privilège d'élection a été conservé, & semblablement ès abbayes de Pontigny, la Ferté, Clairvaux & Morimont, qu'on appelle *les quatre premières filles de Cîteaux*, il y soit pourvu par élection des religieux profès desdits monastères, suivant la forme des saints décrets & constitutions canoniques. Ce droit d'élection leur a été réservé par le concordat.

Les abbayes *chefs-d'ordre* exercent une certaine autorité sur les maisons qu'elles ont formées. Les abbés titulaires de ces abbayes prennent aussi le nom de *chefs-d'ordre*, & jouissent en cette qualité de plusieurs privilèges. Leurs monastères sont exempts des visites de l'évêque diocésain, ils sont affranchis de la nomination du roi, pour les bénéfices qui sont à leur collation. Ils ont la jurisdiction sur leurs religieux, & ils conservent, à cet égard, un pouvoir si étendu, que dans certains cas, ils donnent des vicariats à des conseillers-clercs des cours souveraines, pour faire le procès à leurs religieux. Ils ont enfin un droit de visite & de correction, dans tous les monastères soumis à leur autorité.

CHEF-PARAGEUR. Pour entendre ce que les coutumes veulent dire par ce terme, il est nécessaire de savoir que dans plusieurs d'entre elles, lorsqu'un fief est partagé en succession directe, entre plusieurs frères, l'aîné porte seul la foi & hommage au seigneur du fief dominant, tant pour sa portion que pour celles de ses puînés, qui à ce moyen les relèvent de lui, & sont dits tenir en parage.

Lorsque par la suite la portion d'un puîné se partage noblement entre ses héritiers, pendant que le premier parage subsiste encore, l'aîné de cette sous-division prend le titre de *parageur*, vis-à-vis ses puînés, & le *parageur* du premier partage s'appelle *chef-parageur*.

CHEF-PÉAGE. La coutume de Bourbonnois & quelques autres donnent ce nom à l'endroit principal où se paie le péage, dû au seigneur sur les terres duquel on passe. Celui-ci doit être marqué par un tableau ou enseigne, pour annoncer qu'il est dû un droit de péage, & en quoi il consiste. *Voyez* BRANCHAGES & BRANCHÈRES.

CHEF-SEIGNEUR, (*Jurisprudence.*) ce terme a différentes significations, selon les coutumes : dans quelques-unes il signifie le *seigneur suzerain ;* dans d'autres il signifie *tout seigneur féodal*, soit suzerain ou simple seigneur censier ou foncier. Par l'article 166 de la coutume de Normandie, le *chef-seigneur* est celui seulement qui possède par foi & par hommage, & qui à cause dudit fief tombe en garde ; & comme tout fief noble est tenu par foi & hommage, & tombe en garde, il s'ensuit que quiconque possède un fief noble est *chef-seigneur*, à l'exception des gens d'église, parce qu'ils ne tombent point en garde à cause de leurs fiefs nobles. Il suit aussi de cet article que tout *chef-seigneur* ne relève pas immédiatement du roi, parce que cet article ne demande pas que le possesseur de fief tombe en garde royale, mais seulement en garde, ce qui peut convenir à la garde seigneuriale, comme à la garde royale. *Voyez* FIEF, FOI ET HOMMAGE, GARDE.

CHEF *de sens*, se dit d'une ville principale qui est en droit de donner avis aux autres villes & lieux d'un ordre inférieur qui lui sont soumises : par exemple, la ville de Valenciennes est *chef de sens* de son territoire. *Voyez les articles 145 & 146 de cette coutume.*

CHEFCIER, s. m. (*Droit ecclésiastique.*) c'est le nom d'une dignité qui existe dans quelques chapitres d'églises collégiales.

Les canonistes ne sont pas d'accord sur l'origine de cette dignité. Les uns la confondent avec celle de primicier; d'autres prétendent que le *chefcier* étoit anciennement celui des membres du chapitre, qui avoit soin des ornemens & des habits sacerdotaux des ministres des autels. C'est le sentiment des bénédictins.

Aujourd'hui le *chefcier* est la première dignité de quelques églises collégiales. Saint Grégoire-le-Grand attribue à cette dignité des droits de jurisdiction dans le chœur pour veiller à ce que le service divin soit fait décemment. Le *chefcier* a aussi le droit d'infliger des peines aux clercs qu'il trouve en faute ; & s'ils ne changent point de conduite, il les dénonce à l'évêque.

Comme c'est par l'usage particulier de chaque chapitre que les droits des dignitaires se règlent, on ne peut marquer d'une manière précise les différens privilèges dont les *chefciers* jouissent dans les églises où ils existent.

Plusieurs canonistes assurent que les fonctions du *chefcier* consistoient autrefois à lever la capitation; mais ces fonctions ne sont plus aujourd'hui attachées à cette dignité.

La dignité de *chefcier* de l'église de Poitiers a été réunie au chapitre, & à ce titre, les curés des diocèses de Luçon & de Maillezais sont obligés de lui payer une redevance annuelle pour le luminaire de l'église. Ces curés ont dans différens temps refusé de payer cette redevance ; mais ils ont été condamnés à la continuer par plusieurs arrêts, entre autres par ceux des 14 & 19 mai 1408, 3 & 7 mai 1415, & 12 juin 1422.

Les marguilliers-clercs de l'église d'Orléans sont vassaux du *chefcier*. Vers la fin du quatorzième siècle, ils ont voulu s'affranchir de cette servitude ; mais par arrêt du parlement de Paris, du 18 avril 1377, le *chefcier* a été maintenu dans ce privilège.

CHEINTRE *ou* SAINTRE, (*terme de la Coutume de Berri.*) il signifie la même chose qu'*enceinte*. Le *cheintre* ou droit de *cheintre*, est l'action de faire tracer, avec la charrue, un sillon autour d'un champ pour avertir les gardiens des bestiaux voisins, de ne les point mener paître sur ce champ.

Dans cette province, toutes les terres, qui ne sont ni closes, ni fermées, ni ensemencées, ou dont on a enlevé la dépouille, sont assujetties au droit de parcours ou de vaine pâture. Mais la coutume permet aux laboureurs de réserver auprès de leurs maisons un champ particulier pour le pacage de leurs bestiaux ; & afin d'empêcher leurs voisins d'y conduire les leurs, ils font tracer autour une raie avec la charrue, ce qui le rend défensable.

Quelques seigneurs ont aussi le droit de *cheintre*, c'est-à-dire, de défendre l'entrée de leurs champs, en les faisant entourer d'un sillon. Mais, suivant l'article 11 du titre 10 de cette coutume, le seigneur doit justifier par titres du droit de *cheintre* qu'il prétend.

CHEMAGE *ou* CHINAGE, s. m. (*Jurisprud.*) est un droit de péage, qui se paie à Sens, pour les charrettes qui passent dans les bois. Ce droit doit être fort ancien, puisque l'on trouve, dès l'an 1387, un arrêt du 18 avril, qui en exempte l'abbaye de saint Pierre de Sens. *Gloss.* de Laurière, au mot *chemage*. Il en est aussi parlé dans les loix d'Angleterre, *chart. de forest, an. 9*, Henri III, *chap. 14*, où il est appellé *chimagium*. (*A*)

CHEMERAGE, s. m. (*Jurispr.*) est le droit qui appartient à l'aîné dans les coutumes appellées *de parage*, qui consiste en ce que ses puînés tiennent de lui leur portion des fiefs en parage, c'est-à-dire, sous son hommage. Ce terme *chemerage* vient de celui de *chemier*, qui dans ces coutumes signifie *aîné*; le *chemerage* est un des avantages du droit d'aînesse. C'est une question fort controversée entre les commentateurs, de savoir si ce droit est attaché à la personne de l'aîné ou à celui qui, par le partage ou convention se trouve propriétaire du chef-lieu. Leurs opinions différentes sont rapportées par M. Guyot, en sa *dissertation sur les parages, tome III.* Il paroît que ce droit est attaché à la personne de l'aîné. Le *chemerage* peut néanmoins se constituer de différentes manières. *Voyez ci-après* CHEMIER. (*A*)

CHEMIER, s. m. (*Jurispr.*) Dans les coutumes de Poitou & de Saint-Jean-d'Angely, on donne ce nom à l'aîné mâle des co-héritiers, soit en directe ou collatérale, ou à celui qui le représente, soit fils ou fille. Les puînés sont ses parageurs. L'aîné est appellé *chemier*, comme étant le chef de la succession, en matière de fiefs : c'est pourquoi on devroit écrire, comme autrefois, *chefmier*, qui signifie *chef du mier* ou *maison*, *caput mansi. Voyez le Cartul. de l'Eglise d'Amiens*, & la *Dissert. III de* Ducange *sur* Joinville, *pag. 150.*

La qualité de *chemier* vient de *lignage*, suivant la coutume de Poitou, *art. 125*: elle s'acquiert néanmoins encore de deux manières.

L'une est lorsque plusieurs co-acquéreurs d'un même fief conviennent entre eux que l'un d'eux fera la foi & hommage pour tous; celui-là est nommé *chemier*, entre part-prenant, part-mettant ou tenant en gariment, c'est-à-dire, en garantie, sous la foi & hommage du *chemier*.

L'autre voie, par laquelle on devient *chemier*, est lorsque celui qui aliène une partie de son fief y retient le devoir seigneurial, au moyen de quoi il devient le *chemier*, étant chargé de porter la foi pour tout le fief.

Le *chemier* ou aîné a les qualités du fief & la garde des titres ; il reçoit les hommages de la succession indivise, tant pour lui que pour ses puînés; l'exhibition qui lui est faite suffit pour tous, & sa quittance libère l'acquéreur envers tous les parageurs.

Il fait aussi la foi & hommage, tant pour lui que pour ses puînés ou parageurs, & les en garantit envers le seigneur ; & lorsqu'il fait la foi, il doit nommer dans l'acte ses puînés.

Tant que le parage dure, les puînés ne doivent aucun hommage à leur *chemier* ou aîné, si ce n'est en Bretagne, suivant l'article 336, qui veut que le puîné fasse la foi à l'aîné, fors la sœur de l'aîné qui n'en doit point pendant sa vie, mais ses hoirs en doivent.

Si l'aîné renonce, le puîné devient *chemier*, & fait hommage pour tous.

Il n'y a point de *chemier* entre puînés auxquels un fief entier seroit échu en partage, à moins que ce ne soit par convention.

Tant que le parage dure, les puînés possèdent aussi noblement que le *chemier*.

Après le partage, l'aîné cesse d'être *chemier* des fiefs séparés donnés aux puînés.

Mais l'aîné qui donne une portion de son fief à ses puînés, demeure toujours *chemier* & chef d'hommage, quand même il lui resteroit moins du tiers du fief.

On peut convenir entre co-héritiers que l'aîné ne sera pas *chemier*, & reconnoître pour *chemier* un puîné.

En Poitou, l'acquéreur du *chemier* a droit de recevoir la foi & hommage des parageurs; mais cela n'a pas lieu dans les autres coutumes, en ce cas le parage y finit.

En chaque partage & subdivision, il y a un *chemier* particulier.

Le mari & ses héritiers sont *chemiers*, & font la foi pour la totalité des fiefs acquis pendant la communauté.

Le *chemier* n'est pas plus tenu des charges personnelles du fief que ses co-héritiers.

Les parageurs ont chacun dans leurs portions le même droit de justice que l'aîné a dans la sienne.

Le *chemier* n'a aucune jurisdiction sur ses parageurs & part-prenans pendant le parage, si ce n'est en cas de défaut de paiement des devoirs du fief de la part des parageurs, ou d'aveu non-fourni, ou quand un parageur vend sa portion.

Quand le *chemier* acquiert la portion de ses parageurs ou part-prenans, même avant partage, il n'en doit pas de vente au seigneur suzerain, & lorsque le parageur vend sa portion à un étranger, le *chemier* en a seul les ventes. *Voyez* PARAGE. (*A*)

CHEMIN, s. m. (*Droit public, civil & féodal.*) c'est le nom qu'on donne aux voies, routes ou espaces, par lesquels on se transporte d'un lieu dans un autre.

De l'état des chemins chez les anciens. Dès l'instant que les hommes ont été distribués en différentes sociétés, séparées entre elles par des distances, il a fallu nécessairement des *chemins* pour conduire de l'une à l'autre, & des règles de police pour assurer leur entretien, la sûreté & la commodité des voyageurs.

Il ne nous reste aucun vestige des réglemens faits à cet égard dans les premiers empires connus. Nous retrouvons chez les Egyptiens une police admirable pour les canaux d'arrosement & de navigation intérieure; mais les historiens ne nous ont rien transmis par rapport aux *chemins*. Les Grecs, à qui nous sommes redevables de l'invention ou de la perfection de toutes les sciences & de tous les arts, ne paroissent pas avoir fait de grands progrès dans cette partie de l'administration publique. Pendant les beaux jours de la Grèce, le sénat d'Athènes y veilloit: Lacédémone, Thèbes & autres états en avoient confié le soin aux hommes les plus importans: ils étoient aidés, dans cette inspection, par des officiers subalternes. Mais cette ostentation de police n'a produit aucun effet, s'il est vrai que les *chemins* ne furent pas même alors pavés, de bonnes pierres dures & bien assises.

Cette négligence des premiers peuples policés, pour la construction des grands *chemins*, doit être attribuée, avec vraisemblance, à la répugnance que tous les anciens avoient pour le commerce extérieur & intérieur. Les Egyptiens, situés sur les bords de la Méditerranée & de la mer Rouge, n'ont accordé que très-tard aux étrangers la permission d'apporter des marchandises dans leur pays, & d'en exporter leur superflu. L'Egypte n'a véritablement connu le commerce que sous le règne des Ptolomés, successeurs d'Alexandre.

Les Phéniciens & les Tyriens n'ont presque exercé que le commerce maritime; aussi nous ne voyons point qu'ils aient porté leur industrie sur la construction des grands *chemins*. On attribue communément le pavé des premières voies publiques aux Carthaginois, qui joignirent la guerre au commerce, & qui se formèrent un puissant empire dans l'intérieur de l'Afrique & de l'Espagne. Ils sentirent la nécessité des *chemins* commodes, soit pour le passage de leurs troupes, soit pour la conduite des marchandises qu'ils répandoient dans l'intérieur des terres.

Les Romains ont suivi leur exemple, & ont porté dans cette partie de leur administration les mêmes vues de sagesse, de grandeur & de magnificence, qu'ils ont mises dans toutes leurs actions.

Les grands *chemins* qu'ils ont fait construire dans toute l'étendue de leur domination, c'est-à-dire, à-peu-près dans tout le monde connu alors, subsistent encore dans un grand nombre d'endroits, & font honneur à l'excellence de leur police.

On trouve dans les loix romaines trois termes différens pour signifier *chemin*, savoir *iter*, *actus* & *via*. On appelloit *via* tout *chemin public* ou *privé*; par le terme d'*iter* seul, on entendoit un droit de passage particulier sur l'héritage d'autrui; & par celui d'*actus*, on entendoit le droit de faire passer des bêtes de charge, ou une charrette ou chariot sur l'héritage d'autrui; ce qu'ils appelloient ainsi *iter* & *actus* n'étoient pas des *chemins* proprement dits, ce n'étoient que des droits de passage ou servitudes rurales.

Ainsi le mot *via* étoit le terme propre pour exprimer un *chemin public* ou *privé*; ils se servoient cependant aussi du mot *iter* pour exprimer un *chemin public*, en y ajoutant l'épithète *publicum*.

On distinguoit chez les Romains trois sortes de *chemins*; savoir les *chemins publics*, *viæ publicæ*, que les Grecs appelloient *voies royales*, & les Romains *voies prétoriennes*, *consulaires* ou *militaires*. Ces *chemins* aboutissoient ou à la mer, ou à quelque fleuve, ou à quelque ville, ou à quelque autre voie militaire.

Les *chemins privés*, *viæ privatæ*, qu'on appelloit aussi *agrariæ*, étoient ceux qui servoient de communication pour aller à certains héritages.

Enfin les *chemins* qu'ils appelloient *viæ vicinales*, étoient aussi des *chemins publics*, mais qui alloient seulement d'un bourg ou village à un autre. La voie, *via*, avoit huit pieds de large; l'*iter*, pris seulement pour un droit de passage, n'avoit que deux pieds, & le passage appellé *actus* en avoit quatre.

Il y a peu de chose à recueillir pour notre usage de ce qui s'observoit chez les Romains, par rapport à ces *chemins publics* ou *privés*, parce que la largeur des *chemins* est réglée différemment parmi nous; on peut voir néanmoins ce qui en est dit dans *la loi des douze tables*, dans le *Code Théodosien, titre de itinere muniendo*, dans le *livre 43 du Digeste*, & dans le *douzième du Code de Justinien*.

Pour ce qui concerne les droits de passage sur l'héritage d'autrui, appellés chez les Romains *iter* & *actus*, il en est traité au *Digeste, liv. 43, tit. 19*, & nous en parlerons aux mots PASSAGE & SERVITUDES RURALES. Ainsi nous nous bornerons à parler ici des *chemins* publics & de traverse, conformément aux ordonnances & aux coutumes.

Des chemins suivant les loix françoises. On distingue parmi nous, en général, deux sortes des *chemins publics*; savoir les grands *chemins* ou *chemins* royaux, qui tendent d'une ville à une autre, & les *chemins* de traverse qui communiquent d'un grand *chemin* à un autre, ou d'un bourg ou village à un autre.

Il y a aussi des *chemins privés* qui ne servent que pour communiquer aux héritages.

Nos coutumes ont donné divers noms aux grands *chemins*; les unes les appellent *chemins péageaux*, comme Anjou & Maine; d'autres, en grand nombre, les appellent *grands chemins*; d'autres *chemins royaux*.

Les *chemins* de traverse & les *chemins* privés reçoivent aussi différens noms dans nos coutumes, nous les expliquerons chacun ci-après, suivant l'ordre alphabétique.

Les premiers réglemens faits en France au sujet des *chemins*, se trouvent dans les capitulaires du roi Dagobert, où il distingue *via publica*, *via convicinalis* & *semita*; il prononce des amendes contre ceux qui barroient les *chemins*.

Charlemagne est cependant regardé comme le premier de nos rois qui ait donné une forme à la police des grands *chemins* & des ponts. Il fit contribuer le public à cette dépense. Il releva d'abord les voies militaires des Romains, & il employa à ce travail ses troupes & ses sujets.

Louis-le-Débonnaire & quelques-uns de ses successeurs firent aussi quelques ordonnances à ce sujet; mais les troubles des dixième, onzième & douzième siècles firent perdre de vue la police des *chemins*; on n'entretenoit alors que le plus nécessaire, comme les chaussées qui facilitoient l'entrée des ponts ou des grandes villes, & le passage des endroits marécageux.

Nous ne parlerons pas ici de ce qui se fit sous Philippe-Auguste; par rapport au pavé des rues de Paris, cet objet devant être renvoyé aux mots PAVÉS & RUES.

Mais il paroît constant que le rétablissement de la police des grands *chemins* eut à-peu-près la même époque que la première confection du pavé de Paris, qui fut en 1184.

L'inspection des grands *chemins* fut confiée, comme du temps de Charlemagne & de Louis-le-Débonnaire, à des envoyés ou commissaires généraux, appellés *missi*, qui étoient nommés par le roi & départis dans les provinces; ils avoient seuls la police des *chemins*, & n'étoient comptables de leurs fonctions qu'au roi.

Ces commissaires s'étant rendus à charge au public, furent rappellés au commencement du quatorzième siècle, & la police des *chemins* fut laissée aux juges ordinaires des lieux.

Les choses restèrent en cet état jusqu'en 1508, que l'on donna aux trésoriers de France quelque part en la grande voirie. Henri II, par édit de février 1552, autorisa les élus à faire faire les réparations qui n'excéderoient pas vingt livres. Henri III, en 1583, leur associa les officiers des eaux & forêts, ensorte qu'il y avoit alors quatre sortes de jurisdictions, qui étoient en droit de connoître de ces matières.

Henri IV, ayant reconnu la confusion que causoit cette concurrence, créa, en 1599, un office de grand-voyer, auquel il attribua la surintendance des grands *chemins*, & le pouvoir de commettre des lieutenans dans les provinces.

Cet arrangement n'ayant pas eu tout le succès que l'on en attendoit, Louis XIII, par édit de février 1626, supprima le titre de grand-voyer, & attribua la jurisdiction sur les grands *chemins* aux trésoriers de France, lesquels, étant répandus dans les différentes provinces du royaume, sont plus à portée de vaquer à cet exercice: mais le roi, ayant bientôt reconnu l'importance de se réserver la surintendance de la grande voirie, a établi un directeur général des ponts & chaussées, qui a sous lui plusieurs inspecteurs & ingénieurs; & sur le rapport du directeur général, le roi ordonne chaque année, par arrêt de son conseil, les travaux & réparations qu'il veut être faits aux *chemins*; l'adjudication au rabais de ces ouvrages se fait à Paris par les trésoriers de France, & dans les provinces par les intendans, qui veillent aussi sur les grands *chemins*, suivant les ordres qui leur sont envoyés.

Les pays d'états veillent eux-mêmes, dans leur territoire, à l'entretien des ponts & chaussées; mais ils doivent se conformer aux réglemens & décisions du conseil, soit par rapport à la largeur des *chemins*, soit pour les plantations d'arbres qui doivent les border. Au reste, les pays d'états ne peuvent faire ouvrir aucune nouvelle route, qu'ils n'y aient été autorisés par une permission du roi.

Des chemins dans l'Artois, la Flandre & le Hainaut. Ces provinces ont des loix particulières sur les *chemins*, qui ont pris leur origine ou dans les diverses coutumes des lieux, ou dans les loix & placards de leurs anciens souverains. Comme ces loix ont été données en langue flamande, & qu'elles contiennent des dispositions fort variées, le parlement de Tournai rendit, le 8 août 1671, un arrêt de réglement, pour établir, sur cette matière, une jurisprudence intelligible & uniforme dans tout son ressort.

Suivant cette décision & les placards des années 1505, 1507, 1510, 1536, 1555 & 1556, les propriétaires des terres adjacentes des *chemins*, soit ecclésiastiques, nobles ou roturiers, sont tenus, sous peine d'amende arbitraire, de réparer ou de faire réparer les dégradations qui arrivent ordinairement aux *chemins*, dans la quinzaine, après la publication qui doit être faite ordinairement dans le mois de mars, & que, par cette raison, on appelle *ban de mars*. A l'égard des réparations trop dispendieuses, elles doivent être faites par les communautés, par corvées de bras & de chevaux.

Les officiers des lieux doivent, immédiatement après la mi-mai, faire la visite des *chemins*, prononcer les amendes contre les défaillans, & faire faire, à leurs frais, les réparations négligées. Nul ne peut être admis à alléguer ses excuses, & proposer ses défenses, qu'il n'ait consigné l'argent.

Le conseil provincial d'Artois, le 14 août 1756, fit un pareil réglement, pour rappeller & interpréter les placards reçus pour cette province. La plus grande différence qui se trouve entre l'Artois & le Cambresis, avec la Flandre & le Hainaut, consiste en ce qu'en Flandre & en Hainaut les réparations des *chemins* royaux sont à la charge des propriétaires riverains, au lieu que dans l'Artois & le Cambresis ils sont à la charge des états, suivant la réponse faite par Louis XIV, le 6 mars 1692, au douzième article du cahier des états d'Artois, à laquelle est conforme l'article 4 des bans politiques du Cambresis, imprimés à Cambrai en 1722.

Des plantations d'arbres qui doivent être faites sur le bord des chemins. Voyez à cet égard le mot ARBRE, *section III*, & ci-dessous CHEMIN VICOMTIER.

Police générale sur les chemins. Lorsqu'il s'agit de construire ou de réparer quelque *chemin* public, les juges, officiers ou ingénieurs préposés pour y tenir la main, peuvent contraindre les paveurs & autres ouvriers nécessaires de s'y employer, sous peine d'amende & même d'emprisonnement.

Il est défendu à toutes personnes d'anticiper sur les *chemins*, ni d'y mettre des fumiers ou aucune autre chose qui puisse embarrasser.

Lorsqu'il s'agit d'élargir ou d'aligner les *chemins* publics, les propriétaires des terres voisines sont tenus de fournir le terrein nécessaire.

Les entrepreneurs sont autorisés à prendre des matériaux par-tout où ils en peuvent trouver, en dédommageant le propriétaire.

Les terres nécessaires pour rehausser les *chemins* peuvent être prises sur les terreins les plus proches.

Il est défendu à toutes personnes de détourner les voitures qui travaillent aux *chemins*, ni de leur apporter aucun trouble.

En quelques endroits on a établi des péages, dont le produit est destiné à l'entretien des *chemins*. *Voyez* PÉAGE.

Pour éviter l'embarras que causeroient sur les *chemins* les voitures qui seroient trop larges, on a fixé, en 1624, la longueur des essieux des chariots & charrettes à cinq pieds dix pouces, avec défenses aux ouvriers d'en faire de plus longs.

Suivant une déclaration du roi, du 14 novembre 1724, & un arrêt du conseil, du 7 avril 1772, les rouliers ne doivent point atteler à une charrette à deux roues, plus de trois chevaux, depuis le premier avril jusqu'au premier octobre, & plus de quatre, depuis le mois d'octobre jusqu'au mois d'avril, à peine de confiscation des voitures, chevaux & harnois, & de trois cens livres d'amende contre les contrevenans. Ces défenses ne s'étendent pas aux voitures à quatre roues, ni à celles dont les laboureurs & fermiers font usage pour la culture & exploitation des terres.

La charge d'une voiture à deux roues étoit autrefois fixée à cinq poinçons de vin, ou trois milliers pesant d'autres marchandises. Il est permis aux rouliers de mettre sur leurs voitures sept poinçons de vin, mais ils sont obligés de porter au retour du pavé & du sable aux atteliers des grands *chemins*, lorsqu'ils sont à vuide.

Les ordonnances des 13 février 1741 & 22 juin 1751, défendent aux propriétaires, dont les héritages sont plus bas que le *chemin*, & en reçoivent les eaux, d'en interrompre le cours, soit par l'exhaussement, soit par la clôture de leur terrein, sous peine de cinquante livres d'amende, & de faire réparer, à leurs frais, les dégradations auxquelles leurs contraventions peuvent avoir donné lieu.

Plusieurs réglemens des années 1666, 1714, 1721, 1731, 1739, 1743 & 1765, défendent aux propriétaires, fermiers & autres riverains des grands *chemins*, d'y faire aucune entreprise, d'en embarrasser le passage, d'en combler les fossés, d'anticiper sur leur largeur, d'y laisser séjourner aucune voiture ou autre chose qui puisse gêner la voie publique, de faire des trous ou fouilles, pour tirer du sable, de la pierre ou autres matériaux, à côté des chaussées & accottemens. Les carrières n'en doivent être ouvertes qu'à trente toises de distance des arbres plantés, ou lorsqu'il n'y a pas d'arbres, à celle de trente-deux toises des bords du *chemin*, sans une permission expresse.

Les arrêts & décisions du conseil des années 1755, 1757, 1760 & 1772, défendent, 1°. à toute sorte de personnes de troubler les paveurs des *chemins* dans leurs atteliers, d'arracher les pieux mis pour la sûreté de leurs ouvrages, les bornes placées le long des accottemens des chaussées, les grandes & petites bornes milliaires, les parapets & anneaux de fer des ponts, sous peine de trois cens livres d'amende.

2°. D'enlever des pavés, bois, pierres, sable & autres matériaux destinés aux ouvrages publics ou mis en œuvre, à peine, pour la première fois, du carcan, & de galère en cas de récidive.

3°. De receler, recevoir ou même acheter des pavés ou matériaux volés, à peine de mille livres d'amende.

4°. Les entrepreneurs sont autorisés, en représentant le certificat de l'ingénieur, visé par le commissaire des ponts & chaussées du département, à prendre, pour l'entretien des grandes routes, les matériaux dont ils ont besoin dans tous les lieux non clos de murs, qui leur ont été indiqués par les devis & adjudications, sauf aux parties intéressées à se pourvoir, pour les indemnités qu'elles peuvent prétendre.

Une ordonnance du bureau des finances de Paris, du 16 juillet 1764, a fait défenses d'établir, dans les nouveaux édifices à construire, ou dans les anciennes maisons qu'on répare, des gouttières saillantes sur la voie publique, & le long des routes entretenues par le roi, à peine d'amende, de démolition, & de confiscation de ces sortes d'ouvrages.

L'article 4 d'une seconde ordonnance du même bureau des finances, du 2 août 1774, défend aux mendians, bergers & autres personnes, de construire ou pratiquer, sur les accottemens, berges ou fossés des grands *chemins*, aucune cabane ou loge pour s'y retirer dans les mauvais temps, & de séjourner dans les mêmes lieux en y mendiant, sous peine d'amende la première fois, & d'emprisonnement en cas de récidive.

Suivant l'arrêt du conseil du 17 juin 1721, les contrevenans aux réglemens sur les grands *chemins*, peuvent être assignés sur le champ pardevant les trésoriers de France, dans la généralité de Paris, & pardevant les commissaires départis dans les autres généralités : les ordonnances rendues par eux dans ces cas, doivent être exécutées par provision, sauf l'appel au conseil : les syndics des paroisses sont tenus de déclarer, lorsqu'ils en sont requis, les noms des contrevenans, ou des propriétaires riverains des grands *chemins*, à peine de répondre du délit en leur propre & privé nom.

Cependant les délits commis par les pâtres, en conduisant leurs bestiaux, & les laissant paître sur les bords des grands *chemins* plantés d'arbres, sont de la compétence des officiers des maîtrises, lorsqu'ils ont été commis dans les parties des grands *chemins* situées dans l'intérieur des bois.

Un jugement rendu en dernier ressort à la table de marbre, le 2 août 1715, en faveur du seigneur de Belleval en Champagne, contre les habitans de cette terre, nous apprend que le seigneur haut-justicier peut disposer, dans l'étendue de sa seigneurie, des *chemins* abandonnés & qui ne sont plus d'aucun usage, par exemple, lorsqu'ils ont cessé d'être fréquentés, & qu'ils se sont couverts de broussailles.

Pour donner une connoissance entière des loix qui concernent les *chemins*, nous allons parler, par ordre alphabétique, des différens noms que les coutumes donnent aux *chemins*, ce qui nous donnera occasion de faire voir en quoi consistent les droits que la féodalité accorde aux seigneurs sur les *chemins*. *Voyez aussi les mots* CORVÉE, BUREAU DES FINANCES, VOIRIE, *&c.*

CHEMIN appellé *carrière*. Dans quelques coutumes c'est un *chemin* du troisième ou quatrième ordre, établi pour la commodité commune des gens de pied & de cheval, des charrettes & voitures. Boutillier, dans sa *Somme rurale*, dit que le *chemin-carrière* a dix pieds : les coutumes de Valois & d'Artois ne lui en donnent que huit : celle de Clermont en Beauvoisis ajoute qu'il est loisible d'y mener *charrette & bestial en cordelle*, & non autrement.

CHEMINS *charruaux*. C'est l'expression dont on se sert en Poitou, pour désigner ce que l'on appelle ailleurs un *chemin de traverse*, c'est-à-dire qui communique d'un grand *chemin* à un autre, d'un bourg, d'une ville ou d'un village à un autre. Les Romains lui donnoient le nom de *trames*, Boutillier l'appelle *travers*, & dit qu'il doit avoir jusqu'à vingt ou vingt-deux pieds de large. En général il doit l'être assez pour le passage des charrois, en quoi il diffère des sentiers, qui ne servent que pour le passage des gens de pied ou de cheval, & pour les bêtes de somme.

Le nom de *charruau* lui a été donné par rapport à cette destination, car ce mot vient de *charroi*, qui veut dire *voiture*, & non de *charrue*.

CHEMIN *châtelain*. La coutume de Boulenois en parle, *art. 162 :* elle appelle ainsi ceux qui conduisent à une des quatre châtellenies du Boulenois. Il est inférieur au *chemin* royal & au *chemin* de traverse, sa largeur n'est que de vingt pieds.

CHEMIN *croisier*. Dans la même coutume de Boulenois, c'est celui qu'on appelle ailleurs *chemin de traverse*, *chemin vicomtier*. Il doit contenir trente pieds de largeur.

CHEMIN *errant*. La coutume locale de Valençay, *art. 12*, ajoute l'épithète d'*errant* au mot *chemin*, pour signifier un *chemin public*, par lequel tout le monde a droit de passer, & qu'il est défendu d'embarrasser, sous peine d'amende.

CHEMIN *finerot* se dit dans le duché de Bourgogne, d'un chemin de six pas, ou dix-huit pieds de largeur, pour séparer les finages & confins de chaque contrée ou canton.

CHEMIN *forain* se dit dans la coutume de Boulenois, de celui qui conduit de chaque village à la forêt, il contient quinze pieds.

CHEMIN, (*grand*) on appelle *grands chemins* par excellence les *chemins* royaux, pour les distinguer des *chemins* inférieurs. *Voyez* CHEMIN ROYAL.

CHEMIN *du halage*. On appelle ainsi un espace de vingt-quatre pieds, que les riverains, pour se conformer à l'ordonnance des eaux & forêts, *tit. 23*, *art. 7*, sont obligés de laisser sur les bords des rivières navigables & des canaux, pour le passage des chevaux qui halent ou tirent les bateaux. Il est même défendu de planter arbre, haie ou clôture plus près que trente pieds des bords du côté que les bateaux se tirent, & de dix pieds de l'autre côté, à peine de cinq cens livres d'amende, de confiscation des arbres, & de contraindre les contrevenans à remettre les *chemins* en état à leurs frais.

CHEMIN *pour issue de ville volontaire*. La coutume de Boulenois se sert de ces termes pour exprimer les *chemins qui sortent* des villages pour la commodité des habitans, elle leur donne onze pieds de large.

CHEMIN *peageau*. Dans les coutumes du Maine & d'Anjou, c'est un *chemin* public, sur lequel le seigneur a la faculté d'établir ou de percevoir un droit de péage. Il doit contenir quatorze pieds de large au moins.

CHEMIN appellé *pié-sente*, en Artois, est le moindre des *chemins* publics, il n'a que quatre pieds de large. *Voyez* CHEMIN TERROIR.

CHEMIN *privé & public*. Ces qualifications servent à marquer une des divisions des *chemins*. On appelle *privés* ceux qui n'ont été établis que pour certaines personnes, à la différence des *chemins* publics, qui sont établis pour l'usage de tous.

CHEMIN *royal*, que la coutume de Boulenois appelle *réal*, & qu'on désigne plus ordinairement par l'expression de *grand-chemin*, est celui qui communique d'une grande ville à une autre. Sa largeur a varié selon les temps & les coutumes.

Suivant une transaction de l'an 1222, appellée *charta pacis*, le *chemin* royal n'avoit alors que dix-huit pieds. Bouthillier, dans sa *Somme rurale*, dit que de son temps il en avoit quarante. La coutume de Bourgogne ne lui en donne que trente. Celle de Normandie, *art. 623*, dit qu'il ne doit pas avoir moins de quatre toises. Celles de Senlis & de Valois veulent qu'il ait au moins quarante pieds de largeur dans les bois & forêts, & trente dans les autres terres. Celles d'Amiens, de Boulenois & de Saint-Omer, exigent soixante pieds, & celle de Clermont en Beauvoisis, qui n'accorde que trente-deux pieds au *chemin* proprement dit, veut que le *chemin royal* en ait soixante & quatre.

L'ordonnance des eaux & forêts, *titre de routes & chemins royaux*, veut qu'on donne une largeur de soixante pieds aux grands *chemins* dans tous les bois du roi, des ecclésiastiques, communautés, seigneurs ou particuliers. A l'égard de la largeur hors des forêts, elle a été réglée différemment par diverses lettres-patentes & arrêts, jusqu'à celui du 3 mai 1720, qui détermina celle des grands *chemins* à soixante pieds, & celle des autres *chemins* publics à trente-six.

Cette règle a été assez exactement observée jusqu'en 1776, que le roi a cru devoir diminuer cette largeur pour laisser plus de terrein à l'agriculture. En conséquence, par arrêt du conseil du 6 février de cette année, il a été ordonné que les *chemins* qu'on construira dans la suite par les ordres du roi, seront distingués en quatre classes différentes.

La première classe doit comprendre les grandes routes qui traversent la totalité du royaume, ou qui conduisent de la capitale dans les principales villes, ports ou entrepôts de commerce.

La seconde, les routes par lesquelles les provinces & les principales villes du royaume communiquent entre elles, ou qui conduisent de Paris à des villes considérables, mais moins importantes que celles dont on vient de parler.

La troisième, les routes qui ont pour objet la communication entre les villes principales d'une même province ou de provinces voisines.

Et la quatrième, les *chemins* particuliers destinés à la communication des petites villes ou bourgs.

Les grandes routes de la première classe doivent être désormais ouvertes sur la largeur de quarante-deux pieds; les routes de la seconde classe sont fixées à la largeur de trente-six pieds; celles de la troisième classe, à trente pieds, & la largeur des *chemins* particuliers de la quatrième classe, ne doit être que de vingt-quatre pieds. Au reste, on ne doit comprendre, dans les largeurs qu'on vient de spécifier, ni les fossés, ni les empattemens des talus ou glacis. Telles sont les dispositions des articles 2 & 3.

Ces règles ne doivent point être appliquées aux *chemins* royaux dirigés à travers les bois; la largeur de ces *chemins* doit continuer d'être de soixante pieds, conformément à ce que l'ordonnance des eaux & forêts a prescrit à cet égard pour la sûreté des voyageurs.

Comme il y a des pays, tels que ceux de montagnes, où la construction des *chemins* présente des difficultés extraordinaires, & entraîne des dépenses très-fortes, l'intention du roi est qu'on puisse donner à ces *chemins* une largeur moindre que celle qui est prescrite en général, pourvu toutefois qu'on prenne les précautions nécessaires pour prévenir tous les accidens. Dans ce cas, la largeur doit être fixée par le conseil, d'après ce que les circonstances locales pourront exiger, & d'après le compte que les intendans des provinces auront rendu à cet égard.

Il convenoit aussi de prévoir le cas où l'affluence des voitures, aux abords de la capitale & de quelques autres villes où il se fait un commerce considérable, peut occasionner des embarras ou accidens; & c'est ce qu'a fait l'article 7 de l'arrêt dont nous parlons, qui porte: que le roi s'est réservé d'augmenter, aux abords de ces villes, par des arrêts particuliers, la largeur prescrite, sans néanmoins qu'elle puisse jamais être étendue au-delà de soixante pieds.

Suivant l'article 8, les routes ne doivent être bordées de fossés que dans le cas où ils auront été jugés nécessaires pour qu'elles soient garanties de l'empiètement des riverains, ou pour écouler les eaux: les motifs qui peuvent donner lieu à faire ouvrir des fossés, doivent être énoncés dans les projets des différentes parties de route, envoyés au conseil pour être approuvés.

CHEMIN *de terroir ou voie*, c'est une des cinq espèces de *chemin* que l'on distingue en Artois : la première s'appelle, comme ailleurs, *grand chemin royal ;* la seconde est connue dans la province, sous le nom de *chemin vicomtier ;* la troisième, est le *chemin terroir ou voie*, elle sert à communiquer d'un terroir à l'autre, elle n'a que seize pieds de large : la quatrième espèce est le *chemin carrière*, & la dernière le *sentier*, ou le *pié-sente*, dont nous avons parlé plus haut.

CHEMIN *vicomtier*. Dans l'Artois, il a trente-deux pieds de large, dans le Boulenois trente, & dans la coutume de Saint-Omer, dix seulement. Suivant la disposition des coutumes d'Artois & de Flandres, le droit de planter des arbres dans les *chemins* seigneuriaux appartient aux seigneurs hauts-justiciers & aux seigneurs vicomtiers, avec cette différence néanmoins que dans la châtellenie de Lille, le droit de planter dans un *chemin vicomtier*, peut être prescrit, par les particuliers, à l'endroit de leurs héritages; ce qui n'a pas lieu dans l'Artois, où ce droit est formellement réservé au seigneur vicomtier, dans les *chemins* de sa seigneurie.

La raison de cette différence est fondée sur ce que la coutume d'Artois accorde ce droit au seigneur vicomtier sans restriction, & qu'elle rejette formellement toute prescription entre le seigneur & le vassal. Celle de Lille, au contraire, admet la prescription entre le seigneur & le vassal, & n'accorde au premier la propriété des arbres qui croissent sur les *chemins*, que dans le cas où *il n'appert du contraire.*

La coutume de la gouvernance de Douai porte les mêmes dispositions que celle de Lille, & accorde en outre à tout propriétaire, le droit de planter sur les *chemins* qui bordent ses héritages, par prévention avec le seigneur haut-justicier ou vicomtier. *Voyez* ARBRE; *section III.*

CHEMINS *voisinaux*, que les Romains appelloient *viæ vicinales*, sont ceux qui servent pour la communication des héritages entre voisins. La coutume de Tours, *art. 59*, & celle du Loudunois, *chap. 5*, *art. 1*, veulent que ces *chemins* aient huit pieds de largeur.

CHEMINÉE, s. f. (*Droit civil. Police.*) c'est l'endroit où l'on fait du feu dans une chambre, dans une cuisine, dans une pièce quelconque d'une maison.

Pour mettre le public à l'abri des incendies que pourroient occasionner les négligences dans la bâtisse & l'entretien des *cheminées*, la police règle comment on doit les construire, & elle détermine quelles sont les parties de l'entretien & des réparations des *cheminées* qui sont aux frais des propriétaires & des locataires.

Selon les ordonnances, les *cheminées* doivent avoir au moins trois pieds de long sur dix pouces de large en dedans du tuyau; il faut qu'elles soient bâties en briques ou en pierre de taille ou autres matières suffisantes; & si elles sont appuyées à un mur mitoyen, on doit élever, le long de la *cheminée*, un contre-mur d'un demi-pied d'épaisseur, qu'il ne faut pas incorporer au mur mitoyen, afin qu'on puisse, en cas de dégradation, réparer ce contre-mur sans faire aucun arrachement au mur. La coutume de Paris défend de bâtir des tuyaux de *cheminée* dans l'épaisseur des murs mitoyens. Les coutumes de Melun, de Montargis, & d'autres villes du royaume, permettent à chaque propriétaire de les bâtir en dedans de ces murs, pourvu, dit la coutume d'Orléans, que la muraille soit suffisante pour porter & soutenir la *cheminée.*

On ne peut adosser les *cheminées*, ni leurs tuyaux, contre des cloisons ou pans de bois de charpenterie, soit qu'ils soient mitoyens ou non, à moins qu'on ne laisse six pouces de vuide entre les *cheminées* & les cloisons. Selon le réglement de police du 21 du mois de janvier 1672, il faut couper le pan de bois ou la cloison à la place où doit passer la *cheminée*, & y bâtir un mur de brique ou y faire un chargement de plâtre de six pouces d'épaisseur, & plus large de quelques pouces que le tuyau de la *cheminée*.

Le même réglement défend non-seulement de traverser le tuyau des *cheminées* par des poutres, solives & autres pièces de bois; mais il veut encore, que celles de ces sortes de pièces de bois, qui passent près des *cheminées*, en soient séparées par une épaisseur de six pouces de plâtre, qu'on soutient sur des barres de fer attachées dans la pièce de bois. A l'égard des pièces de bois des combles qui portent dans les murs, à côté desquels il passe des tuyaux de *cheminées*, elles doivent être à quatre pouces de la *cheminée*.

On doit pratiquer des vuides semblables entre toutes les pièces de la charpente qui soutiennent un plancher & qui sont près des *cheminées*. Il est aussi défendu de construire les âtres sur les poutres & solives, quelque épaisseur qu'on voulût laisser entre les carreaux de l'âtre & les pièces de bois qu'on placeroit au-dessous.

Les ornemens de *cheminées*, comme les manteaux & les tablettes, les parties appellées *jambages* & *languettes*, doivent être faits & enduits de plâtre pur, & avoir au moins trois pouces d'épaisseur. Le réglement de police du 21 janvier 1672, veut que l'on prononce des amendes contre ceux qui les font avec des lattes de bois.

Si l'on adosse un réchaud de cuisine ou des fourneaux à un mur mitoyen, l'ordonnance n'oblige pas d'y faire un contremur; mais elle veut qu'on en bâtisse un de six pouces d'épaisseur, depuis le plancher jusqu'à la hauteur des rechauds ou fourneaux, & que la cloison soit recouverte de plâtre de l'épaisseur ordinaire des recouvremens jusqu'à la hauteur d'environ deux pieds.

Un propriétaire est obligé d'élever les *cheminées* de sa maison, quoique basse, aussi haut que celles de de son voisin : si elles appuient sur un mur qui ne soit mitoyen que dans la partie qui règne jusqu'à la hauteur de la maison basse, il doit payer la moitié de la valeur du mur contre lequel les *cheminées* sont adossées, non-seulement dans la largeur occupée par le tuyau, mais encore un pied au-delà, de chaque côté, sur toute la hauteur.

Le parlement de Provence a jugé, en 1732, que si un propriétaire, en élevant sa maison plus haut qu'elle ne l'étoit d'abord, fait fortifier le mur mitoyen, en augmentant sa largeur, pour le rendre solide à raison de la plus grande élévation qu'il veut lui donner, le voisin obligé de rehausser les *cheminées* adossées contre le mur mitoyen du propriétaire qui bâtit, ne doit rembourser que la moitié du mur neuf occupé par les *cheminées*, sur le prix de l'ancienne épaisseur.

En élevant ainsi une *cheminée* contre un mur non-mitoyen, on peut, selon Desgodets, fermer les vues de coutume de son voisin, qui peuvent se rencontrer dans les endroits du mur où doivent passer les tuyaux, si on ne peut reculer la *cheminée* sans gâter l'appartement dans lequel elle se trouve : & selon Goupy, le propriétaire du mur ne peut obliger que l'on dévoie ces *cheminées* pour conserver des vues de coutume, de même que le propriétaire des *cheminées* ne peut les dévoyer au préjudice des vues de son voisin.

Si pour élever davantage une maison basse, un propriétaire est obligé de rebâtir le mur mitoyen, il doit faire rebâtir les tuyaux des *cheminées* qui y sont adossées, si ces tuyaux ne sont pas trop anciens & adossés les uns sur les autres.

Si le propriétaire d'un étage a des tuyaux de *cheminées* qui passent à travers un étage supérieur, il doit, selon les usages de plusieurs provinces, & les décisions d'un grand nombre de tribunaux, les construire & entretenir à ses dépens, & contribuer pour moitié à la dépense qu'a exigée la construction de la partie du mur mitoyen contre lequel ces tuyaux sont adossés.

Le ramonnage des *cheminées* est une réparation locative, & si le feu prend dans une *cheminée* assez fortement pour en faire crever le tuyau, le locataire doit le faire rétablir, « pourvu, dit Goupy, » qu'il ne s'y trouve aucun bois qui ait pu être » la cause de l'incendie ».

Les maçons ou entrepreneurs, chargés de la bâtisse des *cheminées*, sont garans des incendies que la mauvaise construction de leurs ouvrages peut occasionner pendant les dix premières années après la construction ; & même si un maçon avoit construit une *cheminée* sans observer les réglemens dont nous venons de présenter l'analyse, il seroit garant de son ouvrage, y eût-il trente-ans qu'il fût fait, parce que, dit Goupy, le sujet de l'incendie existoit dès l'instant de la construction de l'ouvrage. *Voyez* BATIMENT, MUR MITOYEN, BAIL *section IX*.

CHENAGE, s. m. (*Droit féodal.*) c'étoit anciennement un tribut ou redevance annuelle, que les étrangers devoient au roi lorsqu'ils venoient s'établir dans le royaume. Il en est parlé dans une déclaration du 22 juillet 1597, portant confirmation de lettres de naturalité & de légitimation. (*A*)

CHÊNE, s. m. (*Eaux & Forêts.*) l'ordonnance de 1669 défend d'abattre aucun *chêne* sans permission ; les contrevenans sont condamnés à une amende de quatre livres par chaque pied de tour, & autant de restitution, dommage & intérêts. L'amende est double quand le délit a été commis de nuit, ou avec feu ou scie.

CHENELLES *ou* TENELLES, s. f. (*Droit féodal.*) ce mot signifie la même chose que ceux d'*aforage*, *gambage*, *patronat*, qui sont usités dans plusieurs coutumes. Celui de *chenelles* est plus en usage dans l'Artois, où il signifie un droit singulier que quelques coutumes locales accordent au seigneur, & en vertu duquel il perçoit une certaine quantité de bière sur chaque brassin, avant que le cabaretier puisse en vendre. La coutume locale du Mont-saint-Eloy, la fixe à deux lots par chaque brassin. (*A*)

CHENOTIÈRE, s. f. (*Droit coutumier.*) la coutume de Normandie, *art. 516*, appelle de ce nom les plants de jeunes *chênes* mis en pépinière, & destinés à être transplantés. Elle décide que ces jeunes arbres, provenus de plants ou de semence, suivent la nature du fonds ; que cependant les veuves usufruitières, & autres héritiers, y prennent part comme aux meubles, lorsque le mariage est dissous dans l'année où ils doivent être levés ; que les fermiers qui ont fait des pépinières dans les terres qu'ils tiennent à ferme, peuvent enlever, à la fin de leur bail, la moitié des jeunes plants, en laissant l'autre moitié au propriétaire, pourvu que les pépinières aient été faites de son consentement, ou six ans avant l'expiration du bail.

CHEOIR *en terme*, expression dont se sert la coutume du Maine, *art. 168*, pour dire qu'un accusateur, en matière de crime, abandonne la poursuite de son accusation.

Suivant cet article, celui qui a donné sa plainte peut, avant l'information, s'en désister, en déclarant qu'il se croyoit fondé en preuve, & dans ce cas il n'encourt que l'amende de loi ; mais si après l'information faite, il délaisse sa plainte, & se laisse *cheoir* en plainte, il fait amende de trente sous mansais. Ces dispositions particulières des anciennes coutumes n'ont plus d'exécution depuis les ordonnances données par nos rois pour la procédure criminelle.

CHEP *ou* CHEPAGE, s. m. (*Jurisprudence.*) ce terme est corrompu, & vient du mot *cep*, qui signifie *prison*, *geole*, en latin, *cippus : rei interdum catenis & cippo vincti tenentur*, dit Grégoire de Tours, *liv. 5*, *chap. 49*. La coutume de Valenciennes, *art. 142*, dit que le délinquant sera mis au *chep*. On trouve le mot *cep*, dans la même signification, dans les coutumes de Blois, Loudun &

Perche. Il paroît que le terme de *chepage* se prend plus ordinairement pour l'emploi du geolier.

De *chep* on a fait le mot *chepier*, pour signifier le geolier. Il est ainsi nommé dans la coutume de Hainaut, dans la somme rurale, & dans les ordonnances de la chambre d'Artois.

CHEPTEL *ou* CHEPTEIL, s. m. CHEPTELIER, s. m. (*Droit civil.*) on appelle *cheptel* un bail de bestiaux, dont la perte & le profit doit se partager entre le bailleur & le preneur : le terme de *cheptelier* se donne au preneur d'un bail *à cheptel*. Ce contrat reçoit différens noms, selon les différentes provinces où il est usité : en Nivernois on dit *chaptel* ; en Bourbonnois *cheptel*, & en quelques endroits *chepteil* ; dans la coutume de Solle on dit *capitau*, & ailleurs *chaptail* : toutes ces différentes dénominations viennent d'une même étymologie, qui s'est corrompue selon l'idiome de chaque pays. Ducange & quelques autres croient que *cheptel* vient de *capitale*, à cause que le *cheptel* est composé de plusieurs chefs de bêtes qui forment une espèce de capital : d'autres pensent, avec plus de vraisemblance, que *cheptel* vient de *chatal*, vieux mot celtique ou bas-breton, qui signifie *un troupeau de bêtes* ; ensorte que l'on devroit dire *chatal*, *chaptail*, ou *chatail* ; cependant on dit plus communément *cheptel*, ce qui a sans doute été ainsi introduit par adoucissement.

L'origine de ce contrat se trouve dans la loi 8, *si pascenda*, au code *de pactis*, sur quoi il faut voir ce qu'ont dit Mornac & Cujas.

Il est fort usité dans plusieurs coutumes, & particuliérement dans celles de Bourbonnois, Nivernois, Berri, Labour, Solle & Bretagne : il participe du louage & de la société ; du louage, en ce que le maître donne ses bestiaux pour un temps, moyennant une rétribution ; & de la société, en ce que les profits se partagent en nature.

On distingue quatre sortes de *cheptel* : le simple, auquel on peut rapporter le *cheptel* de métairie ; le *cheptel* à moitié ; le *cheptel* de fer, & une quatrième qui n'a point de nom, & qui n'est guère en usage que dans l'Orléannois & dans la Lorraine.

Du cheptel simple & de métairie. Le *cheptel* simple a lieu lorsqu'un propriétaire de bestiaux les donne à un particulier, qui n'est, ni son fermier, ni son métayer, pour faire valoir les héritages qui appartiennent au preneur, ou qu'il tient d'ailleurs à titre de ferme, loyer ou métairie.

Le *cheptel* de métairie est lorsque le maître d'un domaine donne à son métayer des bestiaux, à la charge de prendre soin de leur nourriture, pour les garder pendant le bail, & s'en servir pour la culture & amélioration des héritages, à condition de partager le profit & le croît du bétail.

Le *cheptel* simple & celui de métairie forment un contrat mixte, qui participe du louage & de la société. Le bailleur conserve la propriété des bestiaux, au moins jusqu'à concurrence de la valeur portée par leur estimation ; le profit qu'on appelle *croît* se partage entre les parties contractantes, conformément aux loix des sociétés.

C'est à raison de la propriété du fonds du *cheptel*, qui appartient au bailleur, que le preneur ne peut vendre les bestiaux sans le consentement du bailleur, comme il est dit dans la coutume de Berri, *tit. 17, art. 7*, & dans celle de Nivernois, *tit. 21, art. 16*, ce qu'on a étendu aux *croîts* du *cheptel*, dont la vente a été aussi interdite au preneur.

Lorsque le *cheptelier* dispose des bestiaux à l'insu ou en fraude du bailleur, les coutumes donnent à celui-ci une action pour les revendiquer, tant contre ceux qui les ont achetés, que contre ceux qui s'en trouvent en possession, ce qui a lieu même lorsqu'ils ont été vendus par les créanciers du preneur, en vertu d'une saisie légale, ou qu'ils l'ont été en foire.

La coutume de Berri veut même que ceux qui achètent sciemment des bestiaux tenus à *cheptel*, soient punis selon droit & raison.

Ce droit de revendication est expressément accordé au bailleur par les coutumes de Berri & de Nivernois : la Thaumassière, dans son commentaire sur celle du Berri, prouve, par plusieurs sentences, que telle est la jurisprudence constante des sièges de cette province.

Dans tous les cas énoncés ci-dessus, le bailleur de *cheptel* n'est pas tenu de rendre à l'acheteur le prix des bestiaux qu'il a payé. Il ne reste à ce dernier qu'une action en recours contre le vendeur.

La défense faite, par la coutume de Berri, au preneur de *cheptel*, de vendre les bestiaux à l'insu du bailleur, est tellement exécutée dans cette province, que la Thaumassière rapporte une sentence du présidial de Bourges, du 30 juillet 1665, par laquelle un boucher qui avoit acheté, de bonne foi, des bœufs tenus à *cheptel*, & qui les avoit vendus & débités avant la réclamation du propriétaire, fut condamné à lui payer la valeur entière des bœufs, dont il avoit déjà donné la majeure partie au *cheptelier*.

Ce droit de revendication, dans l'étendue que lui donne la coutume de Berri, doit être restraint à son territoire, & doit cesser dans les autres lieux où le contrat de *cheptel* a lieu : 1°. lorsque les bêtes ont été vendues sur une saisie légale : 2°. lorsqu'ils l'ont été en foire : 3°. lorsqu'ils ont été consommés de bonne foi par l'acheteur, ou sortis de ses mains sans fraude.

Dans la première espèce, le bailleur, jusqu'à la vente, peut s'opposer à la saisie, & obtenir la recréance de ses bestiaux ; mais comme le décide M. Pothier, lorsqu'il n'a pas formé d'opposition, on ne doit pas l'admettre après la vente, à les suivre & les revendiquer sur l'adjudicataire.

Dans la seconde espèce, la revendication ne doit pas avoir lieu pour des bestiaux vendus en foire, parce qu'il est vrai de dire, que la foi publique, qui règne dans les marchés faits pendant la tenue d'une foire, garantit la bonne foi qui doit régner dans le contrat de vente, & que d'ailleurs c'est l'affaire du propriétaire du *cheptel*, lorsqu'il soupçonne la fidélité de son preneur, de veiller sur sa conduite, & d'être soigneux de suivre les foires pour y reconnoître les bestiaux qu'il a confiés à un *cheptelier*.

Il seroit difficile d'admettre la revendication dans la troisième espèce. En effet, cette action, suivant toutes les loix, ne peut avoir lieu que contre le possesseur, ou contre celui qui a cessé de l'être par fraude. Or, dans l'espèce proposée, l'acheteur de bonne foi, qui a débité un bœuf dans son commerce, n'a pas, par fraude, cessé de le posséder. En second lieu, le propriétaire des bestiaux vendus n'a aucune action personnelle contre l'acquéreur, puisque les obligations personnelles dérivent de quelque obligation, & qu'il n'est intervenu entre eux, ni contrat, ni quasi-contrat, ni délit, ni quasi-délit.

Le bail à *cheptel*, relativement aux parties contractantes, n'est assujetti à aucunes formalités, ainsi elles peuvent le passer sous seing-privé, même verbalement, & elles sont obligées de l'exécuter lorsqu'elles conviennent des faits.

Mais si le bailleur veut conserver sur les bestiaux les privilèges qui lui sont accordés dans le cas de saisie, pour raison des dettes du preneur, il faut qu'il remplisse les formalités introduites par l'édit du mois d'octobre 1713.

Elles consistent en ce que le bail à *cheptel* doit être passé devant notaire, contenir le nombre, l'âge, le poil & l'estimation des bestiaux; être contrôlé dans la quinzaine, être publié au prône de la paroisse du preneur, ou à la porte de l'église de son domicile, & enregistré sans frais au greffe de l'election dans les deux mois.

Lorsque ces formalités ont été remplies, le *cheptel* ne peut être saisi sur le preneur pour quelque cause que ce soit, à l'exception de la taille seulement, pour raison de laquelle le collecteur peut saisir & vendre la cinquième partie du *cheptel*.

Les bestiaux qu'on est dans l'usage de donner à *cheptel*, sont les bêtes à laine, les chèvres, les bœufs, les vaches, les chevaux & jumens. Il y a quelques difficultés à l'égard des porcs. La Thaumassière, d'après une sentence du présidial de Bourges, soutient que ce *cheptel* est usuraire lorsqu'il est à moitié perte & profit. La raison sur laquelle il se fonde est, que la moitié du *croît* attribuée au preneur pour les frais de garde & de nourriture, est insuffisante pour l'indemniser de ces mêmes frais, & des risques qu'il court relativement aux cas fortuits.

Cet avis est conforme à l'équité. Un pareil *cheptel* ne peut subsister que dans le bail d'une métairie fait par le propriétaire, parce qu'alors c'en est une condition, & que les risques du fermier, dans cette partie, se compensent avec les autres avantages qu'il retire du bail. Mais dans le *cheptel* simple, pour établir l'égalité dans ce contrat, il est nécessaire que le bailleur accorde au preneur une plus forte portion dans le *croît*, telle que les deux tiers ou les trois quarts, ou qu'il renonce à prélever la valeur du *cheptel* à la fin du bail.

Quelques personnes ont cru voir l'usure dans le contrat de *cheptel*, & cette opinion avoit été avancée par l'auteur des *Conférences de Paris sur l'usure*; mais on peut voir dans le traité du *cheptel* de M. Pothier, que cette assertion est hazardée; que le *cheptel* est un véritable contrat de société; qu'il est équitable, & ne contient rien de contraire au droit naturel; qu'il est expressément autorisé par plusieurs coutumes, & par l'édit de 1713.

On doit donc tenir pour certain que le bail à *cheptel* est un contrat permis & licite, qui peut avoir lieu, non-seulement dans le territoire des coutumes qui l'ont autorisé, mais même dans tous les autres endroits, pourvu qu'il ne contienne aucune injustice, & qu'il ne fasse pas supporter des risques, ou des pertes plus considérables à l'un des contractans, pour l'avantage de l'autre. Par exemple il seroit illicite si l'un d'eux étoit obligé de supporter une part plus considérable dans la perte que dans le profit; si le preneur d'un *cheptel* de brebis étoit obligé d'en céder les toisons au bailleur à un prix inférieur à sa juste valeur; si à la fin du *cheptel* le bailleur étoit autorisé à exiger plus que la valeur qu'il auroit fournie.

La coutume de Bourbonnois, *art.* 555, a, à cet égard, des dispositions précises. Elle déclare illicites & nuls tous contrats & convenances de *cheptel* de bêtes, par lesquels les pertes & cas fortuits demeurent entiérement à la charge des preneurs, & ceux auxquels, outre le *cheptel* & croît, les preneurs s'obligent de payer une somme d'argent, ou de grain, qu'on appelle *droit de moison*.

Nous ne devons pas passer sous silence le sentiment erroné de M. Pothier, qui prétend que le *cheptel* n'est pas également permis & équitable dans tous les endroits, & que la justice de ce contrat dépend des lieux & des circonstances.

Cet auteur respectable pensoit qu'il n'y avoit aucune injustice à charger le preneur d'un *cheptel* de la moitié de la perte du fonds, dans les provinces où l'abondance des pâturages & des foins le met dans le cas d'être suffisamment payé des risques qu'il court, par les laitages, les fumiers & les labeurs des animaux; mais qu'il n'en devoit pas être de même dans les lieux où il y a peu de pâturages, & où la nourriture du bétail est coûteuse.

Ces motifs ne doivent être d'aucune considération. Dans toutes les provinces, les fumiers & les labeurs des animaux donnés en *cheptel*, tournent au profit du preneur, & l'indemnisent également par-tout de ses frais de garde, & des risques qu'il court. La différence du prix du laitage d'une province à une autre ne peut être d'aucun poids, parce qu'il est ordinairement réglé sur la valeur des fourrages : dans les endroits où ils sont rares, le laitage est beaucoup plus cher que dans les lieux où ils sont à bas prix : ainsi, dans tous les cas, les dédommagemens dus au preneur, suivant M. Pothier, lui sont toujours assurés.

Dans les *cheptels* simple & de métairie, le capital des bestiaux qui les composent est fourni par le bailleur, & il se constate par l'estimation, à l'amiable, faite entre lui & le preneur; mais plus ordinairement par des experts dont ils conviennent. Il est de la nature de ce contrat que les croîts & profits, & les pertes arrivées par maladie, cas fortuits ou autrement, soient également partagés entre le bailleur & le preneur.

Les obligations de ce dernier sont de nourrir & garder le bétail, confié à ses soins, avec l'attention d'un bon père de famille; d'où il suit qu'il est responsable des pertes qui arrivent par sa faute & sa négligence, ou par celle des gens qu'il a à son service; c'est ce que porte l'article 3 du chapitre 21 de la coutume de Nivernois : celles du bailleur sont de laisser jouir le preneur pendant le temps que doit durer le *cheptel*, ensorte que si par le fait du bailleur, le preneur étoit évincé de la totalité, ou d'une partie des bestiaux, il a, contre le bailleur, une action en garantie, à l'effet de faire cesser le trouble, ou une en dommages & intérêts, pour raison du défaut de jouissance.

On entend par *croît*, la multiplication des bestiaux qui se fait naturellement par la génération : par *profit*, la valeur qu'ils acquièrent, soit par l'âge ou l'engrais, ou par la variation des prix. On comprend aussi sous le nom de *profit*, la laine, le laitage, le fumier, & les labeurs des animaux.

Dans le *cheptel* simple, le *croît & le profit* se partagent entre le bailleur & le preneur, à l'exception des engrais, labeurs & laitage, qui appartiennent au preneur seul pour ses frais de garde. Une convention contraire seroit réprouvée comme illicite dans les coutumes de Berri & de Bourbonnois.

Mais, dans le *cheptel* de métairie, le preneur peut être légitimement chargé de donner au bailleur une certaine quantité de laitage : & cette convention est alors légitime, parce qu'elle fait partie du prix du bail de la ferme.

Plusieurs des *chepteliers* s'étoient mis dans l'usage de prendre ou de tirer des bêtes à laine une partie de la laine sous le cou & sous le ventre avant le temps ordinaire de la tonte, & ils s'en approprioient le produit sous le nom d'*écouailles*. La coutume de Berri le leur défend expressément, & veut que, dans le cas où la santé des animaux exigeroit qu'on leur ôte une partie de la laine avant le temps, ils ne le fassent qu'après en avoir averti le bailleur, & en lui en donnant la moitié.

Cette disposition est juste & doit faire loi dans toutes les provinces, d'autant mieux qu'elle a été confirmée par des lettres-patentes du mois d'août 1739, qui condamnent en outre les contrevenans à vingt livres d'amende, & à dix sous de dommages & intérêts envers le bailleur pour chaque bête à laine, ainsi tondue sans son consentement.

La durée d'un *cheptel* se règle par la convention, s'il y a bail : mais, dans le cas où il n'y en a point, il faut distinguer les différentes espèces.

Les *cheptels de fer* ou *de métairie* sont censés faits pour le même temps que le bail des fermes auxquelles ils sont attachés. Le *cheptel* simple doit durer trois ans, & le *cheptel* à moitié cinq, suivant les coutumes de Berri, Bourbonnois & Nivernois. Si le partage n'a pas été demandé dans la quinzaine de l'expiration de ces termes, il se contracte entre les parties un renouvellement tacite pour une année au-delà. On peut aussi convenir que le partage aura lieu, toutes fois & quand les parties le jugeront à propos; cette clause néanmoins ne doit pas être prise dans un sens trop rigoureux : &, lorsqu'il n'y a pas de péril à la demeure, le bailleur ne peut demander le partage dans le fort des moissons ou des travaux de l'agriculture. Un arrêt du 7 juillet 1622, rapporté par Auroux sur la coutume de Bourbonnois, a jugé que, dans le cas de la clause dont nous parlons, le bailleur devoit attendre la S. Martin d'hiver.

Lorsque les parties contractantes veulent procéder au partage, celui qui le demande, doit, suivant les coutumes de Berri & de Bourbonnois, estimer & priser les bêtes. « Si elles sont exigées & estimées par le bailleur, le preneur a le choix, dans huit jours de ladite prisée à lui notifiée & déclarée, de retenir lesdites bêtes, ou icelles bêtes délaisser au bailleur pour le prix que le bailleur les aura prisées, en payant ou baillant par ledit preneur caution fidé-jussoire du prix; qu'autrement elles sont mises en main tierce, & que le semblable est observé, quand elles sont prisées par le preneur : car, en ce cas, le bailleur a le choix de les retenir ou de les délaisser dans huit jours ».

Cette forme de partager le *cheptel* a été introduite pour faire régner entre les contractans l'égalité parfaite par une juste estimation. Celui qui provoque le partage, & qui en conséquence est chargé de la prisée des bestiaux, a le plus grand intérêt de la faire juste; car si elle est trop foible, l'autre partie gagneroit en prenant le *cheptel*; & si elle est au-dessus de sa valeur, elle gagne également en le laissant à l'estimateur.

On peut néanmoins déroger à cette disposition des coutumes, & convenir que l'estimation en sera faite par des experts nommés par les parties, lesquels, en cas de partage, ont le droit d'appeller un tiers-expert. C'est même aujourd'hui l'usage le plus ordinaire du Berri & du Bourbonnois : & ce doit être la seule manière de procéder au partage des *cheptels* dans les coutumes qui n'ont à cet égard aucune disposition.

Du cheptel à moitié. Ce *cheptel* est une véritable société dans laquelle chacun des contractans fournit la moitié des bestiaux, à condition d'en partager également à la fin du bail, les chefs, croît, décroît & profits, excepté ceux de laitage, fumier & labeurs.

Dans cette convention, on donne le nom de *preneur* à celui qui se charge de la garde & nourriture des bestiaux ; l'autre contractant s'appelle *le bailleur*.

Tout ce que nous avons dit du *cheptel*-simple, s'applique nécessairement au *cheptel* à moitié, soit à l'égard des obligations du preneur, soit à l'égard des défenses qui lui sont faites de vendre le *cheptel* sans le consentement du bailleur. La seule différence qui paroisse entre ces deux espèces, est que, dans le *cheptel* à moitié, le preneur fournit à la société plus que le bailleur, puisque, outre sa portion dans le prix des bestiaux, il est tenu de donner ses soins pour les garder, ses bâtimens pour les loger, ses fourrages pour les nourrir. Aussi le bailleur doit-il lui laisser en dédommagement les fumiers, le laitage & les labeurs des animaux, sans en rien exiger : il ne peut rien prétendre que dans les laines & dans les croîts.

Le *cheptel affranchi* dont parle la coutume de Nivernois, *tit. 21*, *art. 6 & 14*, est un véritable *cheptel* à moitié. La différence qui se trouve entre eux, consiste en ce que, dans le *cheptel* à moitié, les deux contractans fournissent en même temps la moitié du capital des bestiaux mis en *cheptel*; au lieu que, dans le *cheptel affranchi*, le bailleur fournit seul le fonds du *cheptel*, & stipule qu'il retiendra par ses mains les profits & croîts de la totalité des bestiaux jusqu'à l'entier paiement de son capital; après lequel, la moitié du *cheptel* demeure toujours en propriété au bailleur, & l'autre au preneur.

Le *cheptel de fer* est celui par lequel le propriétaire d'une ferme donne en même temps par estimation à son fermier les bestiaux qui servent à l'exploiter, à la charge que le preneur en percevra tout le profit pendant la durée du bail, & à la fin en laissera dans la ferme pour une valeur égale à celle qu'il a reçue. Ce contrat a été nommé *cheptel de fer*, parce que les bestiaux qui en font la matière, sont censés faire partie de la métairie, & y être attachés indivisiblement. C'est pourquoi le preneur ne peut retenir les bestiaux de fer en offrant de payer la somme à laquelle monte leur estimation; car elle n'est faite par le bail, que pour constater la valeur de ce qui a été remis au preneur.

Dans le *cheptel de fer*, le preneur peut disposer, comme bon lui semble, de tous les bestiaux; la perte, s'il en arrive par cas fortuits ou autrement, ne tombe que sur lui, parce que tout le profit lui en appartient : la seule obligation qu'il contracte vis-à-vis du bailleur, est de lui rendre, à la fin du bail, des bestiaux pour la même valeur qu'il en a reçu.

Quatrième espèce de cheptel. Dans l'Orléannois, la Lorraine & quelques autres provinces, on confie souvent une vache à quelqu'un qui se charge de la nourrir & de la loger. Le bailleur reste propriétaire de la vache : elle est entièrement à ses risques ; sa perte, si elle n'arrive pas par la faute du *cheptelier*, le concerne seulement, & les veaux qu'elle produit, lui appartiennent. Le preneur, de son côté, profite des laitages & fumiers pour s'indemniser des frais de garde & de nourriture.

Cette convention n'est pas un véritable *cheptel :* elle ne participe ni du contrat de louage, ni de celui de société. C'est, comme le dit M. Pothier, un contrat innommé, par lequel le bailleur donne au preneur les profits du lait & des fumiers pour la garde & la nourriture de la vache.

Les obligations du preneur sont d'avoir pour l'animal qui lui est confié, les soins qu'un père de famille diligent apporte à ses affaires : & comme les veaux qui en proviennent, doivent appartenir au bailleur, il est également tenu de conduire la vache au taureau, lorsqu'elle est en chaleur, de lui laisser allaiter le veau depuis qu'il est né jusqu'à l'instant où il peut être sevré & vendu.

Le bailleur, de son côté, doit laisser jouir le preneur du lait de la vache, & ne pas trop le gêner, sous le prétexte de la nourriture des veaux. Aussi, pour éviter à cet égard toute espèce de contestation, il est assez d'usage qu'on fixe par une convention le temps que le veau sera allaité. Il est communément fixé à un mois ou six semaines : & c'est le terme que le juge détermineroit, s'il ne l'avoit pas été par les parties.

La durée de cette espèce de *cheptel* peut se régler par la volonté des contractans; mais s'ils ne s'en sont pas expliqués, il est loisible au bailleur de retirer sa vache, quand il le juge à propos, & au preneur de la rendre, en observant néanmoins de le faire dans un temps qui ne puisse pas nuire aux intérêts de l'un ou de l'autre. Par exemple, le bailleur ne seroit pas autorisé à retirer sa vache immédiatement après qu'il en auroit reçu un veau, & le preneur à la rendre, lorsqu'elle est sur le point de vêler.

CHER-CENS, (*Jurisprudence.*) dans la coutume d'Orléans, *art. 123*, se dit d'un cens plus fort que le cens ordinaire. Dans notre jurisprudence actuelle, le cens est moins considéré comme le produit de l'héritage, que comme une reconnoissance de la seigneurie directe; au lieu que le *cher-cens* est égal à-peu-près au revenu annuel de l'héritage, &, par cette raison, il n'est point sujet au droit de relevoisons dans la coutume d'Orléans. Les rentes seigneuriales qui tiennent lieu de cens, sont, dans les autres coutumes, la même chose que ce que celle d'Orléans appelle *cher-cens*, & les coutumes de Blois & de Dunois *cher-prix*. *Voyez* CHER-PRIX. (*A*)

CHER-PRIX, (*Jurisprudence.*) héritage tenu à *cher-prix*. Dans la coutume de Blois, *art. 109 & 115*, & dans celle de Dunois, *art. 32*, est celui qui est chargé d'un cens beaucoup plus fort que le cens ordinaire, & qui égale à-peu-près la valeur du revenu : c'est la même chose que ce que la coutume d'Orléans appelle *cher-cens. Voyez ci-devant* CHER-CENS. (*A*)

CHERIF *ou* SHERIF, & CHEQ, s. m. (*Droit public.*) c'est un titre fort en usage chez les Mahométans : il est tiré de l'arabe, & signifie *seigneur*. Il ne se donne aujourd'hui qu'au prince ou grand-prêtre de la Mecque. Il est l'allié & sous la protection du grand-seigneur, & est reconnu par tous les Mahométans, de quelque secte qu'ils soient.

Il reçoit de tous les souverains de ces sectes des présens de tapis pour le tombeau de Mahomet. On lui envoie même, pour son usage, une tente dans laquelle il demeure, près de la mosquée de la Mecque, pendant tout le temps du pélerinage des Mahométans au tombeau de leur prophète.

Ce pélerinage dure dix-sept jours, pendant lesquels il est obligé de défrayer toute la caravane qui se rend chaque année à la Mecque. Cette dépense monte à des sommes considérables : car communément il n'y a guère moins de soixante & dix mille hommes; mais il en est dédommagé par les présens que tous les princes mahométans lui font encore en argent.

On donne aussi le nom de *cherifs* à plusieurs princes d'Afrique. L'empereur de Maroc, qui est aussi roi de Tafilet & de Fez, se dit descendu d'un docteur de la loi, nommé *Mahomet-ben-hamet*, autrement le *cherif Hasceen*, dont les fils parvinrent à détrôner les légitimes souverains de Maroc, de Fez & de Tafilet. (*A*)

CHESAL, CHESEAU *ou* CHESEOLAGE, s. m. (*Droit féodal & coutumier.*) ces mots dérivent du latin *casa*, qui signifie *case* ou *petite maison* : d'où l'on a fait, dans la basse latinité, *casale*, *casalagium*, & dans les anciennes coutumes & anciens titres, *chesal* ou *chezal*, *cheseau* ou *cheseolage*. Ces termes signifioient une *habitation* en général; c'est de-là que quelques lieux ont encore conservé le surnom de *chezal*, comme l'abbaye de Chezal-Benoît. Mais on s'en servoit plus communément pour désigner l'habitation & le tenement des hommes de condition servile, comme étant ordinairement de petites cases ou habitations peu considérables; c'est la même chose que ce que l'on appelle ailleurs *mas* ou *max*, *mex* ou *meix*.

Lorsque les seigneurs affranchirent leurs serfs, ils se réservèrent les mêmes droits qu'ils avoient sur leurs tenemens qui retinrent toujours le nom de *cheseaux*. Les privilèges accordés aux habitans de Saint-Palais, & qui se trouvent entre les anciennes coutumes de Berri, publiées par M. de la Thaumassière, *pag. 112*, font mention de ces *cheseaux* en ces termes : *quod pro quolibet casali sito in censibus nostris & rebus pertinentibus ad casale ; quod casale, cum pertinentiis tenebant homines quondam taillubiles, reddent nobis viginti bosselli avenæ, & viginti denarii turonenses, censuales, accordabiles, vel tantùm, seu pro ratâ quam tenebunt de casali.*

L'article 2 de la coutume de la prévôté de Troi en Berri dit : « item, par ladite coutume & droit » prescrit de temps immémorial, ledit seigneur a droit » de prendre sur chacun *cheseau* étant audit censif, » six boisseaux de marsèche, & trois deniers parisis » de cens accordables, payables comme dessus; & » pour demi-*cheseau*, trois boisseaux de marsèche, » & un denier obole parisis; & pour un tiers ou » quart, à la raison dessus dite, *&c.* ».

Comme les seigneurs levoient des droits égaux sur tous les *cheseaux*, ainsi qu'il paroît par ces deux articles, il y a quelque apparence que les *cheseaux* étoient originairement d'une valeur égale, aussi-bien que les mas ou meix; c'étoit une distribution égale de terres ou tenemens que le seigneur avoit faite à ses serfs, en les affranchissant. Chaque particulier y construisit des bâtimens pour se loger, que l'on appella un *chesal* ; & ces *cheseaux*, avec les terres en dépendantes, se partagèrent ensuite. *Voyez* MAS, MEX, MIX & ACAZER. (*A*)

CHESNE, s. f. (*terme de Coutume.*) on trouve, dans l'article 107 de celle de Paris, les mots de *jambes*, *parpaignes*, *chesnes* ou *corbeaux*. Ce sont des termes particuliers aux maçons & architectes, par lesquels ils désignent les piliers de pierre de taille, qu'on place de distance en distance dans des murs construits en moëlons pour les rendre plus solides.

La coutume oblige les co-propriétaires d'un mur mitoyen de faire construire une *chesne* en pierre de taille dans le mur commun pour y asseoir les poutres qu'ils veulent faire porter sur ce mur. Cette disposition est très-sage, & empêche que celui des voisins qui appuie ses poutres sur le mur mitoyen, ne lui cause un préjudice notable : ce qui arriveroit, s'il ne prenoit pas cette précaution pour assurer la solidité du mur, & le mettre en état de supporter la surcharge des poutres.

CHESNÉE, s. f. (*Jurisprudence.*) ou *chaîne*, est une mesure usitée en certaines provinces pour les terres, & qui sert aussi à désigner une certaine quantité de terre, égale à cette mesure. La *chesnée*, à Richelieu en Poitou, contient vingt-cinq pieds de long. Il faut dix *chesnées* pour faire une boisselée de terre, & treize boisselées pour faire un arpent. (*A*)

CHESNEGHIR-BACHI, s. m. (*Droit public.*) c'est un des principaux officiers de la cour du grand-seigneur. Il est le chef de tous les officiers de la bouche & de l'échansonnerie, & de ceux qui font l'essai des viandes & des liqueurs qu'on présente au sultan.

Ce nom est composé du persan *chesné*, qui signifie l'essai qu'on fait des viandes ou de la boisson, & de *gir*, qui vient du verbe *gristen*, qui veut dire *prendre*, auxquels on ajoute *bachi*, nom commun à beaucoup de charges en chef chez les Turcs. (*G*)

CHEVAL, s. m. (*Droit civil.*) sorte d'animal quadrupède que tout le monde connoît.

Les services que l'on retire des *chevaux* pour la guerre, l'agriculture & le commerce, ont fait prendre, dans tous les temps & dans tous les gouvernemens, les mesures les plus propres à les multiplier.

C'est par ces considérations que Louis XIV se détermina à accorder différens privilèges pour favoriser & perpétuer l'établissement des haras dans le royaume.

On entend par le mot *haras*, les endroits où l'on élève & conserve des jumens & des étalons, dont on veut tirer la race : on appelle *haras du royaume*, les étalons dispersés dans les provinces, & distribués chez différens particuliers qu'on nomme *gardes-étalons*.

Les réglemens qui concernent la tenue des haras, & les privilèges des gardes-étalons, se trouvent dans les différens arrêts du conseil des 17 octobre 1665, 29 septembre 1668, 28 octobre 1683, 21 mai 1695; dans les édits d'août 1705, & septembre 1706; dans la déclaration du 22 septembre 1709; dans les lettres-patentes & le réglement du conseil du 22 février 1717; dans deux mémoires que le conseil fit publier le 28 du même mois; dans deux autres réglemens des 15 avril & 31 août 1718, & dans l'arrêt du conseil du 28 janvier 1764.

Ces réglemens, & sur-tout celui du 22 février 1717, contiennent, dans le plus grand détail, tout ce que doivent observer pour le service des haras du royaume, les intendans des provinces, les commissaires-inspecteurs des haras dans leurs départemens, les sous-inspecteurs & visiteurs, les gardes-étalons, les propriétaires des *chevaux* entiers, des jumens & des bourriques, les maires, échevins, consuls, syndics & collecteurs des paroisses, les gardes-haras, les huissiers & sergens. Nous ne nous étendrons pas sur cet objet qui regarde le *Dictionnaire d'économie*.

On met les *chevaux* au nombre des premières richesses, & tout gouvernement sage veillera toujours avec attention pour qu'on trouve la quantité nécessaire de *chevaux* pour subvenir aux besoins des particuliers & des armées : & c'est le motif de l'ordonnance de 1687, qui défend, *tit. 8, art 1 & 2*, de faire sortir des *chevaux* du royaume, à peine de confiscation & de cinq cens livres d'amende.

Les souverains des Pays-Bas, pendant les guerres dont la Flandres étoit le théâtre en 1551 & 1556, avoient interdit la sortie des *chevaux* de leurs états, sous peine, contre les contrevenans, de confiscation des biens, & même de la mort. Les placards de ces princes défendoient d'admettre à la profession de marchand de *chevaux* aucun habitant des campagnes, & vouloient que ceux des villes fissent preuve de probité avant d'être reçus.

En France, les mules & les mulets ne sont pas compris dans les défenses générales qui empêchent la sortie des *chevaux*, ainsi qu'on peut le voir par les décisions du conseil des 20 septembre 1736, & 28 septembre 1741.

Comme le commerce des *chevaux*, qui se fait à Paris, mérite une attention particulière, le roi a rendu, le 3 juillet 1763, une ordonnance pour empêcher toute confusion dans le lieu où les *chevaux* s'exposent en vente, & pour prévenir les fraudes qui s'introduisent si fréquemmment dans ce genre de commerce.

L'article 5 enjoint aux vendeurs, de prévenir les acheteurs des défauts que les *chevaux* peuvent avoir, d'en faire leur déclaration à l'officier chargé du détail du marché aux *chevaux*, à peine de restitution du prix des *chevaux* vendus, des frais de fourrière & de rapports des maréchaux. Si on tenoit exactement la main à l'exécution de ce réglement, on parviendroit bientôt à bannir la mauvaise foi qui règne, à ce qu'on prétend, dans cette espèce de commerce.

Par une ordonnance du 25 mars 1776, les conseils d'administration de chaque régiment de cavalerie, dragons & hussards, sont autorisés à commettre un ou deux officiers capables, pour l'achat des *chevaux* de remonte, d'après l'état qui en sera arrêté, tous les ans, par les lieutenans généraux, attachés à chaque division. Ces achats doivent être faits avec la plus grande économie : si les officiers, chargés de les faire, s'en acquittent avec négligence, les *chevaux* que le conseil d'administration ne jugera pas recevables, seront revendus pour le compte des officiers acheteurs : &, dans le cas où le conseil d'administration en auroit reçu légérement que les officiers généraux jugeroient devoir être réformés, ils seront également revendus : & la moins value sera retenue par égale portion sur les appointemens des officiers du conseil d'administration, & versé à la caisse de la masse.

Une ordonnance du 10 mai 1782, en renouvellant les anciens réglemens concernant la vente des *chevaux*, enjoint à tous ceux qui se mêlent de ce commerce, aussi-tôt qu'ils ameneront à Paris des *chevaux*, soit des provinces du royaume, soit des pays étrangers, d'en avertir le premier écuyer de sa majesté, ou son préposé, de n'en exposer aucun en vente que trois jours après cet avertissement, & de n'en délivrer à aucun particulier, même sous prétexte de commission ou autrement.

Dans la vente des chevaux, la pousse, la morve & la courbature sont des vices qui donnent lieu à l'action redhibitoire; c'est-à-dire, que l'acheteur peut obliger le vendeur à reprendre le *cheval* vendu, & à rembourser le prix de la vente. Mais il faut que cette action soit intentée dans le temps utile : car elle est du nombre de celles qui se prescrivent par un certain laps de temps.

Le délai est à Paris de neuf jours : de huit seulement dans la coutume de Bourbonnois; dans le ressort de Cambrai & de Péronne, de quarante jours, ainsi que dans la coutume de Bar. Un arrêt de réglement, rendu au parlement de Rouen, du 30 janvier 1728, nous apprend qu'il n'est que de trente jours en Normandie. Il faut à cet égard suivre la loi qui régit l'endroit où la vente a été faite.

Mais quel délai accordera-t-on dans les provinces dont les coutumes ne s'expliquent pas à cet égard?

Les loix romaines accordoient à l'acheteur l'espace de six mois pour intenter l'action redhibitoire, pour se faire restituer le prix d'un animal vicieux qu'on lui avoit vendu, ainsi qu'on peut le voir au digeste, *tit. de Ædilitio edicto*. Ce délai paroît excessif : celui de quarante jours me paroît le terme le plus long que l'on puisse accorder.

Il s'est élevé la question de savoir si l'action redhibitoire doit nécessairement être intentée dans le délai fixé par la coutume du lieu, & s'il suffit, pour couvrir la fin de non-recevoir qui naît de la prescription, que l'acheteur fasse constater, dans le terme prescrit, l'état du *cheval*.

Un arrêt du parlement de Paris, du 7 septembre 1770, a jugé dans la coutume de Bourbonnois, qui n'accorde que huit jours pour former l'action redhibitoire, que le procès-verbal de visite du *cheval*, fait à la requête de l'acheteur, suffisoit pour interrompre la prescription. Le dispositif de cet arrêt nous paroît devoir faire loi, sur-tout dans les coutumes qui n'accordent à l'acheteur qu'un court délai. Il est fondé sur l'équité ; car il seroit souvent impossible à l'acheteur d'intenter son action dans le terme prescrit, ou on le forceroit d'abandonner la suite de ses affaires.

Lorsqu'on expose un *cheval* en vente avec ses harnois, ils sont censés vendus avec lui, à moins qu'il n'y ait à cet égard une convention expresse. C'est la disposition de la loi *38*, §. *11*, *ff. de Ædil. edict.* La raison en est qu'il est de maxime en droit que l'accessoire doit suivre le principal : ainsi les harnois, étant l'accessoire du *cheval*, sont réputés vendus avec lui.

CHEVAL *enheudé*. (*terme de Coutume*.) *Heudes* dont on a fait *enheudé*, est un vieux mot françois qui signifioit les fers que nous nommons aujourd'hui *entraves*, avec lesquels on resserre les pieds de devant d'un *cheval* qu'on met dans les pâturages, afin de l'empêcher de courir dans les champs, & de sauter par-dessus les haies. Ainsi, un *cheval enheudé* est un *cheval* laissé dans les pacages avec des entraves. Cette expression se trouve dans la coutume de Bretagne, *art. 396*.

CHEVAL *de rencontre*, (*Droit féodal*.) dans la coutume de Poitou, *art. 187*, est la prestation d'un *cheval* de service, qui est due par le vassal au seigneur, lorsque, dans une même année, il y a eu deux ouvertures pour ce droit; une par mutation de vassal, une par mutation de seigneur. Il n'est dû en ce cas qu'un seul *cheval*, dit la coutume, pourvu que les deux *chevaux* se rencontrent dans un an ; & le *cheval* qui est fourni, est nommé, dans ce cas, *cheval de rencontre*, parce que la rencontre de ce *cheval* abolit l'autre qui auroit été dû pour la mutation. *Voyez* CHEVAL DE SERVICE & RACHAT RENCONTRÉ. (*A*)

CHEVAL *de service*, (*Droit féodal*.) c'est un *cheval* qui est dû par le vassal au seigneur féodal. L'origine de ce devoir est fort ancienne : on voit dans une constitution de Conrard II, *de beneficiis*, qui est rapporté au livre V des fiefs, que les grands vassaux faisoient des présens de *chevaux* & d'armes à leur seigneur : *majores valvassores dominis suis, quos seniores appellant, solemnia munera offerunt, arma scilicet & equos.* Il y est dit aussi qu'à la mort du vassal, c'étoit la coutume que ses enfans & successeurs donnoient au seigneur ses *chevaux* & ses armes; & encore actuellement, en plusieurs lieux de l'Allemagne, après le décès du père de famille, son meilleur *cheval* ou habit est dû au seigneur. L'ancienne coutume de Normandie, *chap. 34*, parle du service de *cheval* qui est dû par les valvasseurs; mais il ne faut pas confondre, comme font plusieurs auteurs, le service de *cheval* avec le *cheval de service* ; le premier est le service militaire que le vassal doit faire à *cheval* pour son seigneur; le second est la prestation d'un *cheval*, due par le vassal au seigneur pour être quitte du service militaire durant sa vie : c'est ce que l'on voit dans Beaumanoir, *chap. 28*, *pag. 142*, & dans une charte de Philippe-Auguste, de l'an 1222, où le fief qui doit le *cheval de service*, est appellé *fief franc* ou *liberum feodum per servitium unius runcini*. *Voyez* SERVICE DE CHEVAL.

Il est parlé du *cheval de service* dans plusieurs coutumes, telles que Montargis, Orléans, Poitou, grand Perche, Meaux, Anjou, Maine, Châteauneuf, Chartres, Dreux, Dunois, Hainaut. Quelques-unes l'appellent *roucin de service*. *Voyez* ROUCIN.

Le *cheval de service* est dû en nature, ou du moins l'estimation : c'est ce que Bouthilier entend dans sa *Somme rurale*, lorsqu'il dit qu'aucuns fiefs doivent *cheval* par prix.

Dans les coutumes d'Orléans & de Montargis, il est estimé à 60 sols, & est levé par le seigneur une fois en sa vie ; & n'est pas dû, si le fief ne vaut par an, au moins dix livres tournois de revenu.

La coutume de Hainaut, *chap. 79*, dit que, quand le vassal qui tenoit un fief-lige, est décédé, le seigneur ou son bailli prend le meilleur *cheval* à son choix, dont le défunt s'aidoit, & quelques armures ; & qu'au défaut de *cheval*, le seigneur doit avoir 60 sols.

Dans les coutumes d'Anjou & du Maine, il est dû à toute mutation de seigneur & de vassal, & est estimé cent sols.

Dans celle du grand Perche, il est dû à chaque mutation d'homme ; le vassal n'est tenu de le payer qu'après la foi & hommage, & il est estimé à 60 sols & un denier tournois. Il n'est pas dû pour simple renouvellement de foi.

Enfin, par les coutumes de Châteauneuf, Chartres & Dreux, le *cheval de service* se lève à proportion de la valeur du fief. Quand le fief est entier, c'est-à-dire, quand il vaut 60 sols de rachat, le *cheval* est dû, & le *cheval* entier vaut 60 sols. Si le fief vaut moins de 60 sols de revenu, le *cheval* se paie à proportion ; il se demande par action, & ne peut se lever qu'une seule fois en la vie du vassal, lorsqu'il doit rachat & profit de fief.

Anciennement

Anciennement le *cheval de service* devoit être essayé avec le haubert en croupe, qui étoit l'armure des chevaliers; il falloit qu'il fût ferré des quatre pieds, & si le *cheval* étoit en état de faire douze lieues en un jour, & autant le lendemain, le seigneur ne pouvoit pas le refuser sous prétexte qu'il étoit trop foible. *Voyez le chap. 129 des Etablissemens de France. Voyez aussi la Biblioth. du Droit franç. par* Bouchel, *& le Gloss.* de M. de Laurière, au mot *Cheval de service. (A)*

CHEVAL TRAVERSANT, (*Jurispr.*) est le *cheval* de service que le vassal qui tient à hommage plein, doit par la mutation du seigneur féodal, en certains endroits du Poitou; savoir, dans le pays de Gastine, Fontenay, Douvant & Mervant. Il ne faut pas confondre ce *cheval* avec celui qui est dû par la mutation du vassal. On appelle le premier, *cheval traversant*, parce que étant dû par la mutation du seigneur, & devant être payé par le vassal dès le commencement de la mutation, ce *cheval* passe & traverse toujours au sujet immédiat & suzerain qui lève le rachat du fief-lige du seigneur féodal & immédiat du vassal; au lieu que le *cheval* qui est dû par la mutation du vassal ne devant être payé qu'à la fin de l'année de la mutation, ce *cheval* ne passe ou ne traverse pas toujours au seigneur suzerain & médiat, mais seulement lorsque la mutation de la part du vassal qui tient par hommage plein, précède celle qui arrive de la part du seigneur féodal immédiat qui tient par hommage lige du seigneur suzerain. Il en est parlé dans l'article 168 & 185 de la coutume de Poitou.

Lorsque la mutation arrive de la part du vassal dont le fief est tenu par hommage plein, l'héritier du vassal, suivant l'article 165 de la même coutume, doit dans les mêmes endroits du Poitou, au seigneur féodal immédiat, à la fin de l'année de la mutation, un *cheval* de service, si dans l'an de la mutation du vassal qui tient par hommage plein, le seigneur féodal immédiat vient à décéder; & si son fief tenu à hommage lige court en rachat, l'héritier du vassal dont le fief est tenu à hommage plein, par l'article 168 de la coutume de Poitou, est obligé de payer ce *cheval* de service, non à l'héritier du seigneur féodal décédé, mais au seigneur suzerain & médiat qui lève le rachat du fief-lige; & ce *cheval* passant ainsi au seigneur médiat, à l'exclusion de l'héritier du seigneur immédiat, il semble qu'on pourroit l'appeller aussi *cheval traversant*, comme le premier dont on a parlé: cependant on n'appelle proprement *cheval traversant*, que celui qui est dû pour la mutation du seigneur féodal, par le vassal qui tient à hommage plein. *Voyez le Glossaire de M.* de Laurière, au mot *Cheval traversant. (A)*

CHEVALERIE, s. f. CHEVALIER, s. m. (*Droit public, civil & canon.*) le mot de *chevalier* signifie parmi nous une personne élevée par dignité ou par attribution, au-dessus du rang de simple gentilhomme: celui de *chevalerie* sert à désigner cette espèce de distinction.

Nous avons emprunté des Romains le titre de *chevalier*. On sait que, dans cette capitale de l'univers, les citoyens étoient partagés en trois ordres: les patriciens, dont on formoit le corps du sénat; les *chevaliers*, qui composoient seuls la cavalerie, & auxquels la république donnoit & entretenoit pour le service militaire un cheval tout équipé; le peuple enfin, qui comprenoit tout le reste des hommes libres.

La marque distinctive des *chevaliers* romains étoit une robe garnie d'une bande de pourpre, peu différente de celle des sénateurs, & ils portoient au doigt un anneau d'or, avec une figure ou un emblême, gravé sur une pierre, sinon précieuse, du moins de quelque prix.

Dans les derniers temps de la république, ils se dispensèrent du service militaire pour devenir publicains, c'est-à-dire fermiers des impôts. Le tribun du peuple, Tiberius Gracchus, transporta dans leur ordre le pouvoir des jugemens, qui appartenoit auparavant aux seuls sénateurs, & l'auteur de l'*Esprit des Loix* observe avec raison, qu'il en résulta des maux infinis. Le titre de *chevalier* dégénéra sous les empereurs, par la facilité avec laquelle ils l'accordèrent à toutes sortes de personnes, même à des affranchis. Cicéron, Ovide, Atticus & plusieurs illustres Romains n'étoient que de simples *chevaliers*.

On distingue parmi nous quatre sortes de *chevalerie*: la militaire, l'honoraire, la régulière & la sociale.

La *chevalerie militaire*, est celle des anciens *chevaliers* dont parlent nos histoires, qui faisoit l'objet de l'émulation des plus grands seigneurs, & qui ne s'acquéroit que par de hauts faits d'armes. Les fils de rois, les rois même la recevoient comme une marque d'honneur: on la leur conféroit d'ordinaire avec beaucoup de cérémonies, à leur mariage, à leur couronnement, & plus ordinairement avant ou après une bataille.

La *chevalerie honoraire* est celle que les souverains confèrent aux autres princes, aux premières personnes de leurs cours, à ceux qui se sont distingués. Il existe en Europe un grand nombre d'ordres de *chevalerie* différens: tels sont en France les *chevaliers* du S. Esprit, de S. Michel, de S. Louis, du Mérite; en Espagne, celui de la toison d'or; en Angleterre, celui de la jarretière, *&c.*

La *chevalerie régulière* est celle des ordres militaires & religieux, où on fait profession d'être vêtu d'un certain habit, de porter les armes contre les infidèles, de favoriser les pélerins qui vont visiter les saints lieux, de servir les hôpitaux. Tels étoient autrefois les *chevaliers* du Temple, tels sont encore les *chevaliers* de Malte, ceux de S. Lazare, du S. Sépulcre, *&c.* en France; de Calatrava & de S. Jacques, en Espagne; de Christ, en Portugal; de l'ordre Teutonique, en Allemagne.

La *chevalerie sociale* est celle qui n'est pas fixe, ni confirmée par une constitution formelle, ni réglée par des statuts durables. Plusieurs espèces de ces *chevaleries* ont été faites pour des factions, des tournois, des mascarades, &c.

François I, pour faire naître l'émulation parmi les gens de lettres, & sur-tout parmi ceux qui s'appliquoient à l'étude des loix, créa une classe particulière, de *chevaliers*, composée de magistrats & de gens de lettres, qu'on appella *chevaliers ès-loix*, qui parvenoient à cette dignité par leur mérite & capacité. Cependant on trouve qu'avant le règne de ce prince, plusieurs chanceliers & présidens du parlement avoient été honorés du titre de *chevalier ès-loix*, ainsi qu'on en peut juger par une déclaration de 1340, donnée par Philippe de Valois à l'université de Paris, au sujet de certains privilèges; Charles V, en 1396, créa *chevalier* Arnaud de Corbie, chancelier de France. Charles IX, en 1556, accorda le même honneur à Jacques de Bauquemare, premier président du parlement de Paris.

Depuis que l'ancienne *chevalerie* est tombée, les seigneurs de haute qualité dans la robe & dans l'épée, ont conservé le titre honoraire de *chevalier;* le chancelier de France, les premiers présidens des cours souveraines, les grands officiers de la couronne, regardent ce titre comme attaché à leur place.

Nous renvoyons aux *Dictionnaires militaire* & *d'histoire*, ce qui concerne les ordres de *chevalerie*, & le détail des cérémonies qu'on observoit dans la réception des anciens *chevaliers*. Nous nous bornerons à traiter ici les questions de droit qui ont rapport à la qualité de *chevalier*. Nous les réduirons à deux: la qualité de *chevalier* est-elle héréditaire? le titre de *chevalier* emporte-t-il avec lui la noblesse transmissible? Nous ne parlerons pas de l'*aide de chevalerie*. *Voyez ci-dessus* AIDE, (*droit féodal*).

Le titre de chevalier est-il héréditaire? Ceux qui prétendent que ce titre peut être un titre d'extraction se fondent, 1°. sur l'article 189 de l'ordonnance de Louis XIII, du 15 janvier 1629, qui porte défenses à toutes personnes *de prendre la qualité de chevalier*, s'ils ne l'ont obtenue du roi, ou de ses prédécesseurs, *ou que l'éminence de leur qualité ne la leur attribue;* 2°. sur le résultat des commissaires généraux de la province de Bretagne assemblés pour la réformation des usurpateurs de la noblesse qui déclarèrent *chevaliers* tous les marquis, les comtes, les barons, les châtelains & leur fils aîné, tous les enfans des officiers de la couronne, des gouverneurs & des lieutenans-généraux de province; les enfans des premiers présidens des cours, des *chevaliers* du Saint-Esprit, & des premiers officiers, pourvu que ces enfans fussent aînés, Bretons de nation; tous ceux enfin qui justifièrent trois partages de succession en ligne directe, où ils avoient pris la qualité de *chevaliers;* 3°. sur l'opinion de Bernard de la Rocheflavin, président aux enquêtes du parlement de Toulouse, & de plusieurs autres auteurs françois qui pensent que le titre de *chevalier* appartient à tous les officiers constitués en dignité.

Mais, comme l'observe fort bien Laroque en son traité de la noblesse, il y a apparence que ceux qui ont soutenu ces opinions n'étoient point au fait de l'origine de la *chevalerie*. Il est vrai qu'anciennement pour parvenir au titre de *chevalier*, il falloit être d'une ancienne noblesse; mais il est de fait constant que ce titre ne dépendoit point absolument de la naissance, comme celui *d'écuyer*. C'étoit un titre qui n'étoit dû qu'au mérite personnel, & que le souverain se réservoit de conférer à qui il jugeoit à propos. C'est ce que disoit aussi Pierre de Gourgues, premier président au parlement de Bordeaux, dans une harangue prononcée à une des ouvertures de cette cour: *la chevalerie n'est point annexée aux charges, ni à la qualité des personnes.*

Une objection à ce sujet est de dire: mais si les fils d'un écuyer naissent *écuyers*, pourquoi ceux d'un *chevalier* ne naîtroient-ils pas *chevaliers?*

La différence vient de l'ordre politique ainsi réglé: la naissance peut transmettre des qualités, parce qu'on est convenu qu'elle les transmettroit; mais on n'est pas convenu de même que les dignités seroient transmissibles. On n'est pas convenu, par exemple, que les fils d'un maréchal de France, seroient eux-mêmes maréchaux de France. Indépendamment de la prérogative d'être issu d'aïeux nobles, il a fallu laisser au mérite personnel les moyens de se distinguer, & au souverain celui de le récompenser par les dignités; récompense qui perdroit son avantage, si la naissance l'appliquoit d'elle-même à ceux qui n'auroient point travaillé à la mériter.

S'il étoit question d'aller chercher hors de la nation des faits capables de prouver qu'on ne naît point *chevalier*, nous aurions l'exemple de l'empereur Frédéric II, qui écrivit aux habitans de Palorme, qu'il desiroit d'être fait *chevalier*. Celui d'Eric XIV, roi de Suède, qui, à l'exemple de ses prédécesseurs, se fit créer *chevalier* à son avénement à la couronne. Guillaume, comte de Hollande, roi des Romains, reçut la *chevalerie* des mains du roi de Bohême, étant à Cologne; Pierre de Capoue, cardinal, légat du saint-siège, en fit la cérémonie. Mais nous avons parmi nous des exemples assez authentiques, pour n'être pas obligés de porter plus loin nos recherches.

Jean, bâtard d'Orléans, comte de Dunois, quoiqu'il fût banneret, & qu'il eût quatre *chevaliers*-bacheliers dans sa compagnie (en 1421), se contenta d'abord de la qualité d'écuyer, jusqu'à ce qu'il fût fait *chevalier*. Joachim Rouaut, seigneur de Gamaches, se borna également à la qualité d'écuyer jusqu'au moment où il devint *chevalier*. Outre ces exemples & celui de Louis & de

Charles d'Anjou, qui furent faits *chevaliers* par Charles VI, qui prouvent que la *chevalerie* n'est point héréditaire, nous avons encore celui de Frédéric Barberousse, empereur des Romains, qui fit dans Mayence, Frédéric & Henri, ses deux fils, *chevaliers*. Charlemagne étant sur le point de conquérir la Hongrie, fit de même *chevalier* à Ratisbonne, son fils Louis-le-Débonnaire. S. Louis conféra solemnellement cette dignité à Robert de France son frère, & quelque temps après à Alphonse son autre frère.

Nos rois eux-mêmes ne prenoient point ce titre de leur propre autorité. Tout le monde sait que Louis XI fut fait *chevalier* à son sacre, par Philippe, duc de Bourgogne; que François premier, après la bataille de Marignan, voulut être fait *chevalier* de la main de Pierre du Terrail, dit le *chevalier* Bayard. Henri II, au camp d'Avignon, reçut l'accolade de la main d'Odart de Biez, *chevalier*, maréchal de France, lieutenant pour sa majesté dans la Picardie. Toutes ces anecdotes, & nombre d'autres qu'on pourroit citer, prouvent clairement que la *chevalerie* n'a jamais été une dignité transmissible, autrement tous ceux dont nous venons de parler n'auroient pas eu besoin de la prendre.

L'ordonnance de Louis XIII, du 15 janvier 1629, dont nous avons parlé, qui défend de prendre la qualité de *chevalier*, si on ne l'a obtenue du roi ou de ses prédécesseurs, s'explique assez positivement pour comprendre qu'elle n'est point transmissible. Il est vrai qu'elle ajoute, en parlant des personnes qui la prennent, *à moins que l'éminence de leur qualité ne la leur attribue*, & voici l'explication de ce passage : par succession de temps la facilité de faire des *chevaliers* en ayant beaucoup augmenté le nombre, les souverains, pour obvier à cet abus, instituèrent des ordres ou des milices de *chevalerie*, qu'ils composèrent de ceux qui méritoient une distinction par leur valeur ou par leur naissance (c'est ainsi que se sont formés les ordres de S. Michel, du S. Esprit, & d'autres dont nous avons parlé). Comme le nombre des *chevaliers* qui devoient les former, étoit limité, les grands seigneurs faits pour y aspirer, se croyant égaux de mérite & de naissance à ceux que l'on admettoit, prirent la qualité honoraire de *chevaliers*, pour se distinguer des simples gentilshommes, & ils se sont maintenus dans la possession de ce simple titre de *chevalier*, sans se dire de tel ou de tel ordre. Louis XIII ne voulut point absolument contrarier cette qualité; mais il est toujours vrai de dire qu'il ne l'a laissé subsister qu'en faveur des seigneurs d'une *qualité éminente*, tels, comme nous l'avons dit en commençant, que les ducs, les comtes, les barons, *&c.* mais nullement en faveur des simples gentilshommes. C'est à ceux-ci que s'applique une déclaration de Louis XIV de l'année 1664, rendue contre les usurpateurs du titre de *chevalier*, par laquelle il est dit que ceux qui prendront induement cette qualité, seront taxés à la somme de deux mille livres & aux deux sous pour livre. Ainsi les seigneurs de haute qualité sont les seuls qui puissent prendre le titre de *chevalier*, quoiqu'ils ne soient d'aucun ordre de *chevalerie*; mais cette exception est une défense aux simples gentilshommes de s'appliquer cette même qualité, & notamment aux anoblis qui ne peuvent, à l'exemple des grands seigneurs, la prendre sans se rendre ridicules & sans s'exposer à la peine prononcée contre ceux qui se l'arrogent induement.

Le titre de chevalier emporte-t-il avec lui la noblesse? Quelques-uns ont prétendu qu'il étoit contre l'ordre des choses d'acquérir la noblesse par la *chevalerie*, sans avoir pris des lettres d'*écuyer*, afin d'avoir du moins le premier degré de noblesse. Les états généraux, lors de leur assemblée à Paris en 1614, requirent, par l'un des articles de leurs cahiers, qu'aucun ne fût admis à prendre l'ordre du roi, qu'il n'eût fait preuve de noblesse, suivant les constitutions de cet ordre. Il est vrai qu'anciennement personne n'étoit admis à ce qu'on appelle *la grande chevalerie*, avant qu'on ne fût assuré de sa noblesse, & que les faits qui pouvoient l'y faire admettre ne fussent bien établis; cependant la règle n'étoit pas si absolue qu'elle ne reçût bien des exceptions. Charles-le-Bel fit *chevaliers*, en 1303, un nommé Raimond, & Bernard viguier de Toulouse, quoiqu'ils ne fussent point nobles. On lit dans le second volume des chroniques de Froissard, que Jean Salle, capitaine de Nordvich en Angleterre, quoique fils d'un maçon, fut néanmoins, pour récompense de sa valeur & de son mérite, fait *chevalier* par le roi Edouard III. Henri IV, en 1606, accorda la même faveur à François Dacossan, qui avoit servi au siège de Dreux en 1593. Baudier rapporte, en son histoire des Turcs, qu'un boucher fut fait *chevalier* de S. Jean de Jérusalem par le grand-maître de l'ordre, pour la récompense du secours des vivres qu'il avoit fournis durant le siège de Rhodes. De ces exemples & de plusieurs autres qu'il seroit facile de citer, on peut conclure que, quoique la *chevalerie* soit principalement destinée pour les gentilshommes qui se distinguent, elle peut néanmoins devenir le partage de ceux qui, sans avoir le titre de nobles, savent se signaler dans l'occasion pour le service du prince & de la patrie.

Mais la dignité de *chevalier* emporte-t-elle avec elle tous les attributs de la noblesse, ou, pour mieux dire, le roturier parvenu à cette dignité acquiert-il une noblesse transmissible à sa postérité? Il faut distinguer aujourd'hui entre les *chevaliers* de l'ordre du roi (qui est celui du S. Esprit) & les autres *chevaliers*, qui n'ont ce titre qu'à cause de leur admission dans certains ordres militaires. Les *chevaliers* de l'ordre du roi représentent seuls les anciens *chevaliers* dont nous venons de parler; & en remontant aux anecdotes de leur temps, il est aisé de se convaincre que celui qui n'étant pas noble, parvient à la *chevalerie*, acquiert la noblesse personnelle & transmissible.

La *chevalerie* a toujours été comparée parmi nous au patriciat des Romains, qui effaçoit tous les vices de la naissance, *qui omnem natalium maculam eluebat.* « Nous n'oublierons pas d'observer, » dit Tiraqueau dans son livre latin de la noblesse, que ceux que nous appellons en françois » *chevaliers*, ont cet avantage qu'aussi-tôt qu'ils » sont parvenus à cette dignité, ils deviennent » nobles, quoiqu'ils ne le fussent pas auparavant ». Loyseau, dans son traité des ordres de la noblesse, & Chopin sur la coutume d'Anjou, raisonnent sur cet article comme Tiraqueau. La même chose est écrite dans les mémoires de du Tillet, ancien greffier du parlement.

Philippe-le-Long, en 1317, anoblit Raoul Macart & Jacques de Noa, en les faisant *chevaliers* : il accorda la même faveur à Pierre Grimoard, seigneur de Villebrun.

La noblesse que confère la *chevalerie* n'est donc pas simplement personnelle, elle est encore transmissible, quoique le titre de *chevalier* ne soit point héréditaire : c'est ce que nous enseignent les auteurs cités, entre autres Loyseau, qui est *d'avis*, dit-il, *que quiconque est fait chevalier par le roi est absolument noble avec toute sa postérité.* Pierre de Mussy ayant été fait *chevalier* en 1315, fut inquiété sur sa dignité par quelques ennemis que la jalousie lui avoit suscités ; le roi, pour le rassurer, déclara qu'il entendoit que Mussy & ses descendans fussent reconnus pour nobles, avec défenses de les rechercher à l'avenir. Cette anecdote se trouve dans un des registres de la chambre des comptes, sous le numéro 50. *Voyez* NOBLESSE.

Dans quelques coutumes, on entend par le mot *chevalerie*, certains lieux, terres ou métairies, chargés du logement des gens de guerre à cheval. On a aussi appellé *chevalerie*, ainsi que le remarquent les rédacteurs de la première édition de l'*Encyclopédie*, certains fiefs ou héritages nobles, dont le tenancier devoit au seigneur l'hommage-lige.

CHEVALIER, (*Jurisprudence. Office.*) nous connoissons en France plusieurs offices, sous la dénomination de *chevaliers* : tels sont les *chevaliers du guet* & les *chevaliers d'honneur.*

Le *chevalier du guet* est un officier d'épée, chargé du commandement des archers à pied & à cheval préposés à la garde des grandes villes, & principalement de Paris. Cette charge nous est venue des Romains, & son office répond à celui de *præfectus vigilum* ; il n'étoit même autrefois que cela, parce que le guet ne veilloit à la sûreté publique que pendant la nuit. Mais aujourd'hui la garde se monte également le jour.

Le *chevalier du guet* étoit établi à Paris dès le temps de saint Louis, il avoit voix délibérative, lorsqu'on jugeoit les accusés faits prisonniers par sa compagnie, ainsi que le porte une déclaration du roi, du 17 novembre 1643. Un édit du mois de septembre 1771 a supprimé cet office. On donne seulement le nom de *commandant*, à celui qui est présentement à la tête du guet. Il prête serment au châtelet, & reçoit celui de tous ceux qui composent sa compagnie.

Les offices des *chevaliers du guet* des autres grandes villes avoient été créés en 1631 & 1633, mais ils ont été supprimés en 1669, à l'exception de ceux qui étoient créés plus anciennement tels que ceux d'Orléans & de Lyon. Les *chevaliers du guet* étoient décorés de la marque de l'ordre de l'étoile, institué ou au moins adopté par le roi Jean en 1351.

Les *chevaliers d'honneur* sont des officiers de judicature, portant l'épée, & ayant rang, séance & voix délibérative dans plusieurs compagnies de justice.

La première création en a été faite par un édit du mois de mars 1691, pour les présidiaux. Il y en avoit un dans chaque présidial. Il siégeoit en habit ordinaire, l'épée au côté, après les chefs de la compagnie, avant tous les autres conseillers titulaires & honoraires. Il avoit voix délibérative aux audiences & à la chambre du conseil, en matière civile, sans néanmoins participer aux épices & autres émolumens des conseillers. Le roi avoit attribué à chacun quatre cens livres de gages. Une déclaration du mois de mai 1691 leur accorda la voix délibérative dans les matières criminelles, lorsqu'ils seroient gradués.

Les *chevaliers d'honneur* étoient exempts du ban, de l'arrière-ban & de toute contribution à ce sujet, ainsi que de la tutèle & curatelle, de même que les autres officiers. Ils étoient reçus & installés dans les présidiaux, auxquels ils étoient attachés, après une information de vie, mœurs & catholicité, & après avoir prouvé leur noblesse.

Un édit du mois de juillet 1702 a créé deux *chevaliers d'honneur* au grand-conseil, deux en la cour des monnoies, deux en chaque parlement, excepté celui de Paris, deux dans chaque chambre des comptes & cours des aides, & un seul dans chaque bureau des finances, pour siéger avant le doyen des conseillers, tant aux audiences qu'à la chambre du conseil, en habit noir avec le manteau, le collet & l'épée, & pour jouir des mêmes privilèges, honneurs & prérogatives que les autres officiers de ces compagnies.

Un premier arrêt du conseil, du 12 août 1702, décida que le rang attribué, dans les cours de judicature, aux *chevaliers d'honneur*, ne pourroit préjudicier hors de leurs fonctions, à celui que la naissance ou d'autres dignités leur donnent, au-dessus des officiers qui les précèdent dans les cours. Un second, du 25 novembre de la même année, ordonna que dans les bureaux des finances, dont les officiers avoient réuni au corps les charges de président, le *chevalier d'honneur* auroit rang & séance immédiatement après celui qui présideroit.

La noblesse ne s'étant pas empressée de se faire pourvoir de ces offices, les déclarations du 8 décembre 1703 & 24 mars 1744, permirent aux roturiers vivant noblement de lever ces offices, & accordèrent à eux & à leur postérité la noblesse, concédée aux offices des compagnies auxquelles ils sont attachés, pourvu que les *chevaliers d'honneur* mourussent revêtus de leurs charges, ou qu'ils les eussent possédées pendant l'espace de vingt ans.

Louis XV, par édit du mois de février 1753, a supprimé les offices de *chevaliers d'honneur*, vacans dans les présidiaux, bailliages & sénéchaussées; a ordonné que ceux qui vaqueroient, par la suite, demeureroient éteints & supprimés, avec pouvoir aux officiers des siéges de les réunir à leurs corps, à la charge de rembourser aux propriétaires le prix porté par leur dernier contrat d'acquisition, dans lequel cas ils jouiront des gages qui y étoient attribués, sans être tenus de payer de plus grands droits.

Dans les Pays-Bas, on appelle *chevaliers d'honneur* des officiers de robe-courte des cours supérieures des Pays-Bas, qui sont établis pour soutenir les intérêts de la noblesse, comme les conseillers-clercs, pour soutenir les intérêts du clergé : c'est pourquoi il faut être d'ancienne noblesse pour être admis à cette charge.

Ceux du conseil souverain de Mons doivent être choisis dans le corps des états de la province, & il faut pour cela qu'ils soient *féodaux en fond de la cour*, c'est-à-dire, qu'ils possédent un fief considérable dans l'étendue de la province & relevant du souverain. C'est ce que porte l'article 4 des lettres-patentes du 7 octobre 1611, & l'article 5 du chapitre premier des chartes générales du Hainaut.

Au parlement de Douai, il y a trois *chevaliers d'honneur* créés en titre d'office par deux édits, l'un du mois de mars 1693, l'autre du mois de février 1694. Avant cette époque, ils étoient nommés par le prince, qui en avoit établi deux par un édit du mois de juillet 1668, & un troisième par un édit du mois de juin 1678.

Ils ont voix délibérative, comme les autres officiers, dans toutes les affaires : leur rang est immédiatement après les présidens à mortier; mais en l'absence des présidens ils ne peuvent en prendre la place, ni recueillir les voix, ni prononcer les arrêts. Ce droit appartient au plus ancien conseiller. La noblesse du Hainaut fit, en 1611, des remontrances contre cet usage; les archiducs Albert & Isabelle, alors souverains des Pays-Bas, répondirent que ce point avoit déjà été débattu plusieurs fois; mais que les fonctions de président exigeant plus de connoissances qu'on en suppose ordinairement à la noblesse, il falloit laisser les choses sur l'ancien pied.

Au conseil de Mons, les conseillers-clercs ont la préséance sur les *chevaliers d'honneur*, suivant la réponse faite en même temps aux remontrances de la noblesse; mais au parlement de Flandres les *chevaliers d'honneur* leur sont préférés.

Ces officiers ne sont jamais chargés du rapport d'aucune cause, & jamais ils ne sont nommés commissaires pour des enquêtes ou autres procédures.

Au conseil de Mons, ils ont un mois de vacances plus que les autres conseillers. Il n'en est pas de même au parlement de Flandres.

CHEVANCE & CHEVISANCE, s. f. (*Jurispr.*) ces deux mots sont synonymes, ils signifient les biens d'un homme & tout ce qu'il posséde. Les anciennes coutumes de Bourges & de Nivernois, les articles réformés de la coutume du duché de Bourgogne se servent du mot *chevance:* on trouve celui de *chevisance*, dans Beaumanoir.

Quelques-uns ont pensé que ce dernier terme, venant de *chevir*, dont nous parlerons plus bas, vouloit dire *traité* ou *accord;* mais outre ces deux significations, ce verbe a encore celle de se nourrir & entretenir, & Beaumanoir ne se sert de *chevisance* que dans cette dernière acception.

CHEVANCHEAU *d'église*, (*Jurispr.*) dans la coutume de Hainaut, *chap. 7 & 108*, signifie le *chevet* ou *chœur de l'église*. Cette coutume porte que c'est aux collateurs à réparer le *chevancheau*, s'il n'y a titre au contraire. *Voyez* Lauriere, *Gloss.* Dans quelques éditions, on lit *canchéau*, au lieu de *chevancheau;* ce que je croirois qui vient de *canceau* ou *cancel*, plûtôt que de *chevet.* (*A*)

CHEVAUCHÉE, s. f. (*Droit public, féodal & civil.*) ce mot, dans notre jurisprudence, a plusieurs acceptions. Il signifie 1°. le service que les vassaux & sujets sont tenus de faire à cheval, soit envers le roi, soit envers les seigneurs particuliers; 2°. un droit dû pour les passages du roi; 3°. un procès-verbal pour reconnoître les limites d'une justice; 4°. les voyages que certains officiers de justice sont obligés de faire.

CHEVAUCHÉE *dans le sens de service dû par un sujet ou vassal.* Devoir de *chevauchée*, selon l'ancienne coutume d'Anjou, consiste dans l'obligation de monter à cheval, pour défendre son seigneur féodal dans ses guerres particulières; & devoir d'*ost*, c'est être obligé de monter à cheval pour accompagner son seigneur à la guerre publique. Il y a différence, ajoute cette coutume, entre *houst* & *chevauchée;* car *houst* est pour défendre le pays qui est pour le profit commun, & *chevauchée* est pour défendre son seigneur. Il est parlé de ce droit dans les usages de Barcelonne, & dans les anciens fors de Béarn & de Navarre. Fontanella, auteur catalan, dit que *hostis*, au masculin, signifie l'*ennemi;* mais qu'au féminin, il signifie l'*aide* ou *secours* que les vassaux & sujets doivent fournir au roi dans la guerre publique; que *chevauchée*, *calvacata*, est lorsque le roi, ou quelque autre seigneur, mande ses vassaux & sujets pour quelque expédition particulière, contre un seigneur ou contre un château, soit par voie de guerre ou pour expédition de justice; que le roi seul peut indiquer l'*ost;* que les seigneurs ne peuvent indiquer qu'une *chevauchée;* que l'*ost* est une assemblée qui n'est pas pour un seul jour ni pour un lieu seulement, au lieu que la *chevauchée* n'est que pour un jour ou pour un terme certain.

Les baillis & sénéchaux convoquoient autrefois des *chevauchées;* c'étoit une espèce de convocation du ban & arrière-ban, qui comprenoit non seulement tous les seigneurs de fiefs, mais aussi les nobles, qui faisoient tous alors profession de porter les armes: ils étoient obligés de servir à cheval & à leurs dépens.

Une ordonnance de S. Louis, en 1256, défend aux baillis & sénéchaux d'ordonner des *chevauchées* inutiles, pour en tirer de l'argent; & ordonne que ceux qui auront été sommés, quand elles seront ordonnées justement, auront la liberté de donner de l'argent ou de servir en personne.

Philippe VI accorda en 1324, aux habitans de Florence, l'exemption d'*host* & *chevauchée;* ce qui fut confirmé par le roi Jean, en 1350. Il accorda en 1343, le même privilège aux monnoies; & en 1346, aux sergens des foires de Brie & de Champagne; ce qui fut aussi confirmé par le roi Jean, en 1352 & 1362.

Guy, comte de Nevers, remit aux bourgeois plusieurs droits, entre autres *chevaucheiam nostram & exercitum nostrum;* ce qui fut confirmé en février 1356, par Charles V, alors régent du royaume.

Les habitans de Saint-André, près Avignon, furent pareillement exemptés des *chevauchées*, par Philippe-le-bel, en 1296; ce qui fut confirmé par le roi Jean, en 1362.

Les privilèges accordés à la ville d'Auxonne, en 1229, & confirmés par le roi Jean, en 1361, font mention que les habitans doivent au seigneur l'*ost* & la *chevauchée;* mais qu'il ne peut pas les mener si loin de la ville qu'ils ne puissent revenir le même jour.

On peut aussi appliquer au service de *chevauchée* beaucoup d'ordonnances & de lettres concernant l'*ost* & service militaire, qui sont dans le *Recueil des ordonnances de la troisième race.*

CHEVAUCHÉE, (*droit de*) étoit un droit qui étoit dû au lieu des corvées de chevaux & charrois, pour le passage du roi. L'ordonnance de S. Louis, du mois de décembre 1254, *art. 37*, défend que nul en sa terre, c'est-à-dire, dans le royaume, ne prenne cheval contre la volonté de celui à qui le cheval sera, si ce n'est pour le service du roi; & en ce cas, il veut que les baillis, prévôts ou maires, ou ceux qui feront en leurs lieux, prennent des chevaux à loyer; que si ces chevaux ne suffisent pas pour faire le service, les baillis, prévôts & autres dessus nommés, ne prennent pas les chevaux des marchands, ni des pauvres gens, mais les chevaux des riches seulement, s'ils peuvent suffire pour faire le service. L'*art. 38* défend que *pour le service du roi, ni pour autre, nul prenne chevaux des gens de sainte église, si ce n'est de l'especial mandement du roi; que les baillis ni autres ne prennent de chevaux forts tant comme métier sera; & que ceux qui seront pris ne soient point relâchés par argent; ce qui sera gardé*, est-il dit, *sauf nos services, nos devoirs & nos droits, & aussi les autrui.*

CHEVAUCHÉE *d'une justice*, sont des procès-verbaux que l'on faisoit anciennement, pour reconnoître & constater l'étendue & les limites d'une justice. On les a appellées *chevauchées*, parce que la plupart de ceux qui y assistoient étoient à cheval. Le juge convoquoit à cet effet le procureur d'office, le greffier & les autres officiers du siège, & les principaux & plus anciens habitans, avec lesquels il faisoit le tour de la justice. On faisoit dans le procès-verbal la description des limites, & de ce qui pourroit servir à les faire reconnoître. Dans un de ces procès-verbaux du treizième siècle, il est dit que l'on marqua un chêne d'un coup de serpe; cela ne formoit pas un monument bien certain.

CHEVAUCHÉE *de certains officiers*. Les rois Charles IX & Henri III ordonnèrent en septembre 1570, & en mai 1577, que les commissaires députés par la cour des monnoies, feroient leurs *chevauchées* & visites dans les provinces, pour tenir la main à l'exécution des réglemens sur le fait des monnoies.

L'ordonnance de Henri II, de 1554, avoit enjoint aux lieutenans-criminels, tant de robe-longue que de robe-courte, de faire tous les ans, ou de quatre mois en quatre mois, des *visitations & chevauchées* dans leurs provinces. Ce soin qui a pour objet la sûreté & la tranquillité publiques, est aujourd'hui confié aux prévôts des maréchaux de France, qui sont obligés de faire des rondes & visites avec leurs compagnies, ou de les faire faire par des détachemens, dans tous les lieux de leurs départemens.

Les maîtres des requêtes ont aussi été chargés autrefois de faire des *chevauchées* ou visites dans les provinces. C'est ce qu'on peut remarquer dans les ordonnances d'Orléans, de Moulins & de Blois. L'objet de ces *chevauchées* ou visites étoit de dresser procès-verbal des choses importantes pour l'état, de recevoir les plaintes des sujets & de réprimer les abus. Aujourd'hui, ce sont les intendans ou commissaires départis dans les provinces qui font ces visites, chacun dans l'étendue de sa généralité.

Les élus ou conseillers des élections sont obligés de faire des *chevauchées* ou visites dans leurs départemens, pour s'informer de l'état & des facultés de chaque paroisse, de l'abondance ou stérilité de l'année, du nombre des charrues, du trafic qui se fait dans chaque lieu, ensemble de toutes les autres commodités ou incommodités qui peuvent rendre ces lieux riches ou pauvres.

Dans ces *chevauchées*, les élus doivent aussi se faire rendre compte des exemptions dont jouissent quelques habitans, pour voir si elles sont fondées, & si l'égalité est observée autant qu'il est possible, entre les contribuables. Lorsqu'ils trouvent des abus, ils doivent prendre l'avis de trois ou quatre principaux habitans de la paroisse, ou des paroisses circonvoisines, les mieux informés des facultés & des moyens des contribuables, pour ensuite en rapporter procès-verbal à l'assemblée de l'élection, & faire en conséquence le département des taxes avec droiture & justice.

Les élus doivent se partager entre eux le ressort de l'élection pour leurs *chevauchées*. Ils doivent les faire immédiatement après la récolte, entendre les syndics & marguilliers des paroisses, dresser bon & fidèle procès-verbal de tout ce qui peut concerner le devoir de leurs charges. Ils ne peuvent aller deux années de suite dans le même département, ni faire leurs *chevauchées* dans un lieu où ils possèdent du bien.

Les grands-maîtres des eaux & forêts doivent pareillement faire des *chevauchées* ou visites pour la conservation des forêts du roi. C'est ce qui résulte de plusieurs ordonnances & particuliérement de l'article 18 de l'édit de 1583, lequel enjoint aux grands-maîtres réformateurs, à leurs lieutenans & aux maîtres particuliers, de visiter dans leurs *chevauchées, les rivières, levées, chaussées, moulins, pêcheries, & de s'informer de l'occasion du dépérissement d'iceux.*

Les trésoriers de France sont aussi obligés de faire annuellement des *chevauchées* dans les élections de leur ressort, pour voir si la répartition des tailles est conforme aux facultés de chaque paroisse. Ils font de même la visite des chemins. *Voyez* MAÎTRE DES REQUÊTES, PRÉVÔT, GRAND-MAÎTRE, ELU, TRÉSORIER DE FRANCE.

CHEVAUX-LÉGERS, s. m. (*Code milit.*) c'est un corps de cavalerie de la maison militaire du roi. On trouvera dans le *Dictionnaire militaire* ce qui concerne l'origine & les privilèges de cette compagnie, dont le dernier état est fixé par une ordonnance du 15 décembre 1775. Il suffit, pour remplir notre objet, de remarquer que les *chevaux-légers* jouissent de tous les privilèges accordés aux commensaux de la maison du roi.

CHEVEDAGE, s. m. (*terme de Coutume.*) celle de Valençay, *art. 3*, appelle *feu* & *chevedage*, le chesal ou cheseau, c'est-à-dire la maison ou ménage: ainsi tous ces mots sont synonymes entre eux.

CHEVEL, (*lieu*) *terme de Coutume*. La coutume locale de Bayeux appelle *lieu chevel*, le manoir ou hébergement situé à la ville ou à la campagne, avec les terres qui y sont attenantes, de quelque étendue qu'elles soient, pourvu qu'elles n'en soient séparées par aucun chemin ou voie publique, rivière ou cours d'eau ancien.

L'aîné a droit de retenir par préciput le *lieu chevel* en son entier, à la charge néanmoins de récompenser ses puînés, en rente tenant nature de fonds, à proportion de la valeur du *chevel*, dont l'estimation doit être faite par des experts convenus entre les frères, ou nommés d'office par le juge.

L'aîné ne prendra qu'un seul *lieu chevel*, encore bien qu'il soit appellé à plusieurs successions, telles que celles de père, mère, aïeul & aïeule. Il n'est plus même admis à reclamer le *lieu chevel*, lorsqu'il a fait partage avec ses puînés, sans en avoir préalablement fait rétention.

CHEVELS, (*aides*) *termes de Coutume*. On donne en Normandie le nom d'*aides chevels*, à ce que quelques autres coutumes appellent l'*aide de chevalerie*, & quelques autres *taille aux quatre cas*. *Voyez* AIDE, (*Droit féodal*).

CHEVER, v. a. (*terme de Coutume.*) celle de Reims, *art. 373*, s'en sert pour signifier faire une entreprise ou empiétement sur la chaussée ou rue d'une ville, sur un chemin ou sur un héritage. (*A*)

CHEVESSE, s. f. (*terme de Coutume.*) c'est une expression particulière au pays Messin. La *chevesse*, dans cette coutume, est une espèce de préciput accordé à la femme, lors de la dissolution de la communauté, qui a été entre elle & son mari.

La coutume de l'évêché de Metz, *tit. 2, art. 5*, après avoir dit que la femme survivante, lorsqu'il n'y a pas d'enfans de son mariage, emporte la totalité des meubles, à la charge de payer les dettes personnelles & mobiliaires, ajoute, *art. 6*, « où il y a enfans, elle ne peut rien prétendre » esdits meubles, qu'autant que l'un d'iceux, hor- » mis par préciput sa *chevesse*, c'est-à-dire, ses » habits, bagues & joyaux, un lit garni, ni le » pire, ni le meilleur ».

CHEVESTRAGE, s. m. (*Jurispr.*) en latin *chevestragium seu capistragium*. C'étoit un droit ou coutume que les écuyers du roi s'étoient arrogé sur le foin que l'on amenoit à Paris par eau. S. Louis l'abrogea par des lettres de l'an 1256.

CHEVET, s. m. (*Droit féodal.*) c'est un droit que quelques seigneurs exigeoient autrefois des nouveaux mariés, dans l'étendue de leur seigneurie. La plupart de ces droits, que la force & la licence avoient introduits, ont été abolis dans la suite comme contraires à l'honnêteté & à la bienséance, ou convertis en argent. Il y a encore un droit de *chevet* dû par les nouveaux mariés dans certaines compagnies. Ce droit autrefois consistoit en un festin qui se donnoit à toute la compagnie, présentement il est presque par-tout converti en une somme d'argent qui se partage entre tous les confrères du nouveau marié. Les officiers de la chambre des comptes & les conseillers du châtelet paient, en se mariant, un droit de *chevet*. (*A*)

CHEVIR, v. n. (*Droit féodal & coutumier.*) Dans quelques anciens auteurs, & particuliérement dans Beaumanoir, *chap. 1*, on trouve ce verbe dans l'acception de *se nourrir, s'alimenter*: mais en droit, il signifie *traiter, composer, capituler*.

C'est dans ce sens qu'il est employé dans les anciennes coutumes de Bourges, *chap. 5*: *se aucun faisoit ajourner un autre à lui répondre devant le juge, & celui qui est ajourné soit venu chevir à sa partie, le prévôt y auroit un clain qui vaut six blancs.* Nous voyons, par le grand coutumier, qu'on se servoit de cette expression dès le temps de Charles VI, & qu'elle avoit le même sens: *aucuns sont qui chevissent au seigneur quand ils ont acheté aucun héritage, & qui ne s'en font point ensaisiner pour la cautelle du retrait*, le grand coutumier, *page 240*. Enfin, on retrouve ce mot employé dans le même sens dans la coutume de Paris, & plusieurs autres. L'article 21 de celle de Paris, porte: « si le seigneur féodal a reçu le quint denier à lui dû, » à cause de la vendition du fief mouvant de lui, » *chevi* ou baillé souffrance, ledit seigneur féodal » ne peut plus retenir ledit fief par puissance de » fief pour l'unir & mettre en sa table à cause » d'icelle vendition ».

Le sens de cet article qui forme notre droit commun, est que le seigneur qui a donné souffrance à l'acquéreur d'un fief, ou *chevi*, c'est-à-dire, composé avec cet acquéreur, n'est plus admis au retrait féodal de ce même fief à raison duquel il a *chevi*.

La raison de cette disposition, dit Brodeau, sur cet article 21, « est que le seigneur féodal, auquel, par le contrat de vente à lui notifié & exhibé par l'acquéreur qui lui en a donné copie, est acquis le droit de quint ou de retrait féodal à son choix, ne pouvant pas avoir l'un & l'autre conjointement, recevant purement & simplement, & sans aucune réserve ni protestation, le quint en tout ou en partie, ou transigeant & composant pour icelui à une somme certaine, supposé même qu'il ait donné terme & délai de payer, & n'en ait reçu aucune chose, demeure exclu du retrait féodal auquel il a tacitement renoncé, & consommé par ces actes volontaires l'option des deux droits dont il avoit entière & parfaite connoissance, & ne peut plus varier ni changer de volonté (bien qu'il soit encore dans les quarante jours), au préjudice du droit acquis ».

Ce passage développe très-bien l'étendue du mot *chevir*. Le seigneur a *chevi* toutes les fois qu'il a reçu le quint, qu'il a composé à raison de ce droit ou donné terme pour le payer; en un mot, toutes les fois qu'il a fait des actes approbatifs de la vente. Dans tous ces cas, le seigneur est exclu du retrait féodal.

On peut élever la question de savoir si, sous cette dénomination *chevir*, la coutume entend comprendre le *dépri*.

Le *dépri* est en général une convention par laquelle le seigneur s'engage à faire remise à l'acquéreur d'une partie du droit auquel son acquisition donne ouverture. Si après une pareille convention, l'on peut dire que le seigneur a *chevi*, aux termes de la coutume, il est exclu du retrait féodal. La question n'est donc pas sans intérêt.

Guyot examine & décide cette question du retrait seigneurial, *chap. 18*. Sur ce mot *chevir* ou *baillé souffrance*, je crois, dit cet auteur, que le *dépri* fait par l'acquéreur avant l'acquisition, si ce *dépri* étoit constaté par écrit, excluroit le seigneur du retrait; car le *dépri* est l'agrément donné à celui qui se présente pour acheter, & la déclaration que fait le seigneur qu'il se contente de telle somme. Cette convention faite, même avant le contrat, est une clause d'exclusion du retrait.

Cette opinion est confirmée par un arrêt sans date, rapporté par Bouchel, sur l'article 237 de la coutume de Senlis. Par cet arrêt, un seigneur fut débouté du retrait pour avoir écrit à l'acquéreur d'un fief mouvant de lui, qu'il lui feroit obtenir de son fermier une diminution du droit de vente.

Le seigneur a *chevi* non seulement lorsqu'il a reçu les droits résultans de la vente, lorsqu'il a composé sur la quotité de ces droits, mais encore lorsqu'il a donné à l'acquéreur un délai pour les payer. La raison en est, dit Ferrière, sur l'article 21 de la coutume de Paris, *Gloss. 2*, que par ce moyen il a tacitement renoncé à l'option des deux droits; savoir, de retirer ou de recevoir le quint, & il ne peut plus varier ni changer de volonté, au préjudice de l'acquéreur, quoiqu'il soit encore dans le temps du retrait. Car, par le moyen de ce délai accordé, l'acquisition de l'acheteur qui étoit en suspens a été assurée, & il est devenu seigneur incommutable du fief par lui acquis.

Bien entendu que ce délai ne préjudicieroit pas au seigneur, si en l'accordant il avoit fait des réserves convenables.

Si le fief dominant est partagé entre deux seigneurs, & que l'un des deux ait *chevi*, l'autre seigneur n'est pas exclu du retrait pour sa portion, le fait de son co-seigneur ne pouvant pas lui nuire, & par conséquent lui enlever l'exercice d'un droit que la loi lui accorde.

Le seigneur seroit-il exclu du retrait, si son receveur ou son fermier dans le bail ou procuration desquels seroit une clause générale, portant faculté de recevoir les droits féodaux, avoient *chevi?*

La coutume du Maine a sur ce point une disposition expresse. L'article 359 porte que la réception des droits faite par le fermier de la seigneurie, *forclos* le seigneur du retrait.

Charondas & Tronçon regardent la disposition de cette coutume comme formant le droit commun, avec cette modification néanmoins, que le seigneur peut prévenir son fermier, c'est-à-dire, que le retrait lui est acquis, s'il en a intenté l'action avant que le fermier ait reçu les droits. Charondas cite un arrêt du 28 février 1572, qui a jugé que le droit payé au receveur exclut le seigneur du retrait.

Cette opinion n'est pas, à beaucoup près, sans contradicteurs. Chopin la combat, sur la coutume d'Anjou, *livre II*, *tit. 6*, *n. 21*. Pour ce qui est du procureur, dit Brodeau, sur l'article 21 de la coutume de Paris, *n. 8 & 9*, c'est une règle en droit que *in alternativis, electione facta per procuratorem, stipulatio consummata est;* d'où l'on peut induire que le procureur ayant admis à la foi & reçu les droits, le seigneur ne peut plus demander la retenue féodale. Au reste, cela ne se doit point entendre d'un procureur fondé de procuration générale, mais seulement de celui auquel a été passée procuration spéciale à l'effet de l'option.

Par

Par les mêmes raisons, ajoute Brodeau, la réception faite par le receveur ou fermier des quints & droits seigneuriaux, ne donne pas ouverture à des fins de non-recevoir contre le seigneur qui veut exercer le retrait.

Sur l'article précédent, le même auteur rapporte un arrêt rendu en la grand'chambre, au rapport de M. Camus de Pontcarré, le 7 avril 1637, par lequel la cour a jugé que le propriétaire du fief est recevable à intenter l'action en retrait, quoique son receveur, fermier ou procureur ait reçu le quint.

Ferrière, qui se range du parti de Brodeau, ajoute: de plus, la faculté de choisir de deux choses l'une, comme est le quint ou le retrait, est personnelle; de sorte qu'elle ne peut être exercée que par celui à qui elle appartient.

Il y a encore une observation à faire sur cet objet. C'est que l'on ne peut pas dire que le seigneur ait *chevi*, quoiqu'il ait reçu les droits ordinaires & annuels, tels que le cens, par exemple. De sorte que, dans les coutumes où le retrait censuel a lieu, le seigneur n'est pas exclu du retrait par l'acceptation qu'il peut avoir faite du cens annuel dont les héritages vendus sont grevés. La coutume du Maine en a une disposition expresse. L'article 399, porte: *le seigneur, pour avoir reçu les devoirs ordinaires, n'est forclos du retrait.*

Dumoulin rend la raison de cette décision en ces termes: *Quia debentur annuatim, à quocumque justo vel injusto possessore.* Note sur l'article 399 de la coutume du Maine. *Voyez* RETRAIT FÉODAL.

CHÈVRES, (*Jurispr.*) sont des animaux malfaisans; elles ont la salive venimeuse & brûlante, leur haleine gâte les vaisseaux propres à mettre le vin, & empêche le jeune bois de repousser. Plusieurs coutumes défendent d'en nourrir dans les villes, comme celle du Nivernois, *chap. 10, art. 18.* Celle de Berry, *tit. des servitudes, art. 18*, permet d'en tenir en ville close pour la nécessité de maladie d'aucuns particuliers. Coquille voudroit qu'on admît cette limitation dans sa coutume; mais il dit aussi qu'il faudroit ajouter que ce seroit à condition de tenir les *chèvres* toujours attachées ou enfermées dans la ville, & aux champs les tenir attachées à une longue corde. La coutume de Normandie, *art. 84*, dit que les *chèvres* & les porcs sont en tout temps en défens, c'est-à-dire, qu'on ne les peut mener paître dans l'héritage d'autrui sans le consentement du propriétaire; celle d'Orléans, *art. 152*, défend de les mener dans les vignes, gagnages, clouseaux, vergers, plants d'arbres fruitiers, chênaies, ormoies, saulsaies, aulnaies, à peine d'amende; celle de Poitou, *art. 196*, dit que les bois taillis sont défensables pour le regard des *chèvres*, jusqu'à ce qu'ils aient cinq ans accomplis; & à l'égard des autres bêtes, jusqu'à quatre ans.

L'ordonnance de 1669, *tit. 19, art. 13*, défend d'envoyer porcs, *chèvres*, brebis & moutons, dans les forêts & bois du roi, des communautés ecclésiastiques ou séculières, & des particuliers, ni même dans les landes & bruyères, places vaines & vagues, aux rives des bois, à peine de confiscation des bestiaux, & de trois livres d'amende pour chaque bête, dont les pères & les maîtres sont civilement responsables.

Les troupeaux de *chèvres* étoient communs dans quelques provinces du royaume. Un arrêt du conseil du 29 mai 1725, les a défendus, sous peine de cent livres d'amende, dans toute l'étendue du Languedoc: un arrêt du parlement de Grenoble, du 11 août 1735, les a proscrits du Dauphiné: une ordonnance du grand-maître, du 29 octobre 1753, confirmée par arrêt du conseil du 3 juin 1755, a enjoint aux particuliers de la vallée du Figuier, de se défaire de leurs *chèvres*, dans le mois, à peine de cinquante livres d'amende.

En général, on a permis dans les environs des villes, à quelques particuliers, de garder une ou deux *chèvres*, pour le soulagement des malades. On tolère aussi dans quelques endroits, que les pauvres habitans de la campagne en nourrissent une pour se procurer du laitage; mais dans tous les cas, on doit tenir les *chèvres* renfermées à la maison, ou les mener aux champs attachées à une corde.

Le canon *omnes decimæ, caus. 16, quæst. 7*, décide que la dixme est due, des *chèvres* qui sont à la garde du pasteur, de même que des autres animaux. Cette décision devient inutile aujourd'hui, qu'il n'est plus permis d'avoir des troupeaux de *chèvres.*

CHEVROTAGE, s. m. (*Droit féodal.*) est un droit dû en quelques lieux au seigneur par les habitans qui ont des chèvres. Il consiste ordinairement en la cinquième partie d'un chevreau, soit mâle ou femelle, dont la valeur se paie annuellement au seigneur.

CHEUTE *de cause*, (*terme de Coutume.*) on le trouve dans celle d'Anjou, *art. 2*, dans la signification de *perte de cause.* Ainsi, cheoir de sa cause, c'est perdre son procès, succomber dans ses demandes.

CHÉZÉ, s. m. (*terme de Coutume. Droit féodal.*) Leproust, sur l'article 3 de la coutume de Loudunois, prétend qu'il faut dire *chesné*, parce qu'il faut mesurer à la chaîne, le *chézé* que prend l'aîné: ou bien *choisé*, parce que l'aîné choisit & prend cet avantage en tel lieu qu'il veut; mais ces deux étymologies sont réfutées par M. de Laurière, en son *Glossaire.* On devroit plutôt écrire *chozlé*, car ce mot est le même que *chezal* & *chezeau*, qui viennent du mot latin *casa*, maison, habitation.

Le *chézé*, dit Ducange, est ce qui appartient à l'aîné dans un fief, savoir le manoir principal, avec une certaine étendue de terre auprès.

Les coutumes de Tours, de Loudunois & du Maine, ont des dispositions sur cet objet: elles appellent *chézé* une mesure de terre qu'elles accordent à l'aîné dans les possessions féodales. Cette mesure varie dans les différentes coutumes: dans celle de Tours, il est environ de deux arpens de terre; dans celle de Loudunois, de trois septerées à l'entour du châtel, hors les fossés en succession de baronnie. Le *chézé* est la même chose que ce qu'on appelle en pays coutumier *le vol du chapon*. *Voyez* VOL DU CHAPON.

CHIAOU, s. m. (*Droit public.*) c'est un officier de la cour du grand-seigneur, dont les fonctions répondent à-peu-près à celle de nos huissiers.

Ce mot, dans son origine, signifie *envoyé*. La marque de sa dignité est un bâton couvert d'argent. Il est armé d'un cimeterre, d'un arc & de fleches. On lui confie des prisonniers de distinction. C'est ordinairement parmi les officiers de ce rang, que l'empereur Turc choisit les ambassadeurs qu'il envoie.

Dans l'intérieur de l'empire on les regarde comme des officiers de mauvais augure, parce qu'ils sont très-souvent chargés d'annoncer aux bachas & autres grands les ordres du sultan, lorsqu'il demande leurs têtes.

Les *chiaous* sont commandés par le *chiaou*-baschi, officier qui assiste au divan, où il introduit ceux qui y ont des affaires. (*G*)

CHICANE, s. f. (*Jurisprudence.*) en terme de palais, se prend pour l'abus que l'on fait des procédures judiciaires; comme, lorsqu'une partie qui est en état de défendre au fond, se retranche dans des exceptions & autres incidens illusoires & de mauvaise foi, pour tirer l'affaire en longueur ou pour fatiguer son adversaire, & quelquefois pour surprendre le juge même. (*A*)

CHICANEUR, s. m. (*Jurisprudence.*) en terme de palais, est celui qui forme des incidens inutiles & de mauvaise foi. Cette qualification de *chicaneur* est une injure grave, lorsqu'elle est appliquée mal-à-propos, sur-tout si c'est contre des personnes de quelque considération. (*A*)

CHIECTE, ancien mot qu'on trouve dans la coutume de Hainaut pour signifier *cherté des vivres*.

CHIEN, s. m. (*Droit civil.*) sorte d'animal domestique. Suivant la disposition des loix romaines, contenues aux titres du digeste *ad leg. aquil. & si quadrup. paup. fec. dict.* que nous avons suivies dans nos réglemens de police, le maître d'un *chien* dangereux doit le tenir à l'attache, à peine de répondre des accidens : il répond des dommages & intérêts dus aux personnes mordues par ses *chiens*, à moins qu'on ne prouve que le blessé n'ait lui-même provoqué le *chien*.

Celui qui anime un *chien*, est également responsable du dommage.

Une ordonnance de 1556 enjoint de tuer les *chiens* qui ne sont avoués de personne.

Il est ordonné aux maîtres & autres personnes de tuer les *chiens* enragés, dès qu'on en a connoissance, & de les enterrer dans des fosses assez profondes pour qu'aucun animal ne puisse y toucher.

Un arrêt du 17 avril 1674 défend aux gardes-bois de mener à leur suite aucun *chien*, soit dans les bois, soit dans les campagnes. *Voyez* CHASSE.

CHIENS *d'avoine* ou *quienne avoine*, comme qui diroit *avoine des chiens*, (*Droit féodal.*) est une redevance seigneuriale, connue en Artois & dans le Boulenois, qui est due par les habitans au seigneur du lieu. Elle consiste en une certaine quantité d'avoine due annuellement par les habitans, & destinée, dans l'origine de son établissement, pour la nourriture des *chiens* du seigneur, auxquels apparemment on faisoit du pain de cette avoine. On trouve, dans les registres de la chambre des comptes de Lille, des preuves que, depuis 1540 jusqu'en 1629, les comtes d'Artois ont été servis de ces sortes de redevances; qu'en 1630, le roi d'Espagne, qui étoit encore propriétaire du comté d'Artois, fit, pour les besoins de l'état, un grand nombre d'aliénations de ces sortes de redevances; &, entre autres, que les religieux de S. Bertin se rendirent adjudicataires, par contrat du 17 septembre 1630, des quatre parties de ces *chiens d'avoine*; une partie de vingt-huit rasières un picotin d'avoine sur les habitans d'Herbelles; une autre de dix-huit rasières sur les habitans de Coiques; une troisième de quatre rasières un tiers un quart d'avoine sur les habitans de Quindal; enfin une quatrième partie sur le sieur de Disques en Boisenghen, de neuf rasières, & que ce contrat fut fait sous la condition de rachat perpétuel. Il y eut contestation au sujet de la solidité d'une de ces redevances, due par les habitans du hameau de Quindal; les religieux de S. Bertin s'étant adressés au sieur Desquinemus, comme possédant une partie des héritages de ce hameau, pour le paiement solidaire de leur redevance, les officiers du bureau des finances de Lille avoient déclaré les religieux de S. Bertin non-recevables en leur demande, sauf à eux à se pourvoir contre les détenteurs des fonds, qui en étoient chargés. Les religieux de S. Bertin ayant appellé de cette sentence au parlement, par arrêt du premier mai 1749, cette sentence fut infirmée. Le sieur Desquinemus fut condamné solidairement, comme détenteur, à payer vingt-neuf années d'arrérages de la redevance, échus au jour de la demande, ceux échus depuis, & à la continuer à l'avenir, sauf son recours contre qui il aviseroit, défenses au contraire. On avoit produit contre les religieux de S. Bertin des certificats du Boulenois, par lesquels il paroissoit que les habitans de cette province paient divisément les rentes des *chiens d'avoine*; à quoi les religieux répondoient que l'usage d'Artois & celui du Boulenois étoient différens; qu'apparemment en Boulenois les titres primitifs des *chiens d'avoine* ne les constituoient pas en solidité. *Voyez ci-après* PAST DE CHIENS & QUIENNES D'AVOINE.

CHIENS, (*past de.*) *Droit féodal*, dans quelques anciennes chartres, signifie la charge que les seigneurs imposoient à leurs tenanciers, de nourrir leurs *chiens* de chasse. Il en est parlé dans des lettres de l'an 1269, qui sont à S. Denis, & dans d'autres lettres de Regnaud, comte de Sens, de

1164, qui sont à S. Germain-des-Prés. Quelques monastères qui étoient chargés de ce devoir, obtinrent des seigneurs leur décharge. *Voyez* CHIENAGE.

CHIENAGE, s. m. (*Droit féodal.*) c'est le même droit dont nous venons de parler sous le mot *past de chien.* Il étoit fort commun dans les Pays-Bas. Les archiducs Albert & Isabelle l'abolirent dans tout le Hainaut, ainsi qu'on le voit dans les chartes générales de cette province, *chap. 132, art. 2.*

Si ce droit existe encore dans quelques seigneuries, les seigneurs doivent se hâter d'effacer la dernière trace de cet abus odieux, introduit par la barbarie féodale.

CHIENESSE. La coutume de Hainaut se sert de cette expression pour signifier une troupe de *chiens.* Le louvetier, dit-elle, après la prise d'un loup, ne peut exiger de chaque troupeau de bêtes blanches, que vingt sous tournois, quelque *chienesse* qu'il ait, c'est-à-dire, quel que soit le nombre des chiens qu'il nourrisse pour cette chasse.

CHIFFON, s. m. (*Arts & Métiers.*) on appelle ainsi les vieux linges qui servent à fabriquer du papier : & l'on donne le nom de *chiffonniers* à ceux qui en font le commerce. Plusieurs loix défendent la sortie du royaume, & le transport chez l'étranger de cette espèce de marchandise : la dernière qui fixe la jurisprudence à cet égard, est un arrêt du conseil du 21 août 1771.

CHINAGE. *Voyez ci-dessus* CHEMAGE.

CHINE, (*Droit politique.*) empire despotique situé à l'extrémité de la haute Asie : le gouvernement n'en est guère connu que par les lettres & les relations des missionnaires jésuites : ces religieux ont cru y appercevoir le développement de leurs constitutions : faut-il s'étonner s'ils en ont fait tant d'éloge; s'ils ont voulu le donner pour modèle à tous les états?

Les hommes éclairés n'ont pas ajouté foi à des panégyriques aussi exagérés : n'eussent-ils pas été parsemés de fables & de prodiges incroyables, les sages n'auroient pu croire qu'une régence arbitraire pût assurer la félicité d'un état aussi étendu; & les grands écrivains, qui dans ce siècle ont approfondi la science des gouvernemens, Montesquieu, Rainal, Mably, n'eussent pas manqué de faire naître une juste méfiance sur la prétendue sagesse de l'administration chinoise.

Mais, quoi qu'il en soit, en attendant que le vœu de Rainal ait été rempli, en attendant que nous ayons des relations exactes, d'hommes désintéressés, judicieux & instruits, nous allons donner l'analyse de ce que les jésuites nous ont appris de la législation, de la police & des institutions de ce peuple. D'ailleurs, dans ces institutions, dans cette police, il y a des loix & des exemples qui peuvent être de la plus grande utilité pour tous les gouvernemens.

Les objets de cette analyse seront :

1°. L'autorité de l'empereur de la Chine.

2°. La distribution & le pouvoir des magistrats.

3°. La police & les loix criminelles.

4°. Les différentes institutions civiles & religieuses.

5°. Les relations politiques de la Chine avec ses voisins.

SECTION PREMIÈRE.

Autorité de l'empereur.

Il n'existe pas sur terre de pouvoir plus absolu : cette puissance sans bornes s'annonce par des titres, par des hommages, ou plutôt par des adorations.

On n'appelle l'empereur, *que le fils du ciel* & *l'unique maître du monde.* Ses ordres sont réputés saints : ses paroles sont regardées comme des oracles, tout ce qui émane de lui, est sacré. On ne lui parle que prosterné ; mais avant de l'approcher, les plus grands de l'état, & jusqu'aux princes ses frères, sont obligés de frapper neuf fois la terre de leur front. Cette adoration se fait, en son absence, devant son trône, & dans certaines cérémonies, devant son palais.

Ce ne sont point là, comme en Angleterre, de frivoles simulacres, rendus au représentant de la majesté nationale, & à l'exécuteur des arrêtés du peuple : toute l'autorité de l'empire est concentrée dans l'empereur, il est l'arbitre unique & suprême de la vie, de la mort, de la réputation & de la fortune de tous ses sujets.

1°. Toutes les charges de l'empire sont à sa disposition, il les donne à qui il lui plaît, & dès qu'il ne trouve pas à son gré la conduite des officiers qu'il s'est choisis, il les change & les casse; il les fait rentrer dans la classe la plus misérable du peuple, ou les envoie au supplice.

L'on a vu des premiers ministres dégradés de leurs dignités, & réduits à faire le service de simples soldats-aux-gardes; l'on a vu d'autres ministres, & même un frère aîné de l'empereur régnant, condamné à la mort, & la subir.

L'empereur qui peut ôter la vie aux premiers de l'état, peut, à plus forte raison, disposer de celle de tous ses autres sujets : aucun arrêt de mort ne peut, comme on le verra, être mis à exécution qu'il ne l'ait confirmé.

2°. Quoique chaque particulier soit maître de ses biens, & paisible possesseur de ses domaines, l'empereur peut néanmoins imposer de nouveaux tributs, quand il le juge à propos, pour subvenir aux pressans besoins de l'état.

3°. Il lui est libre de déclarer la guerre, de conclure la paix, & de faire des traités aux conditions qu'il lui plaît : ses ordres, ses arrêts, sont irrévocables; & pour leur donner toute leur force, il suffit de les envoyer aux tribunaux souverains, & aux vice-rois, qui n'oseroient différer un moment de les faire publier, au lieu que les arrêts des tribunaux & des gouverneurs généraux n'ont de force qu'après avoir été approuvés ou ratifiés par l'empereur.

4°. Ce qui manifeste le plus cette autorité absolue, c'est le choix qu'il peut faire de son successeur, non-seulement parmi les princes de la maison royale, mais encore parmi les sujets; cependant les exemples des empereurs qui ont fait de pareils choix parmi les étrangers, au préjudice de leurs enfans & de leurs parens, sont extrêmement rares, & remontent au temps où l'histoire de la *Chine* est incertaine.

L'empereur, après avoir choisi & déclaré solemnellement son successeur, peut l'exclure dans la suite & en prendre un autre. Cang-Hi usa de ce droit, en déposant, d'une manière éclatante, un de ses fils, qu'il avoit nommé prince héritier, le seul qu'il eût de sa femme légitime. On vit chargé de fers celui qui, peu auparavant, marchoit presque de pair avec l'empereur: ses enfans, & ses principaux officiers, furent enveloppés dans sa disgrace.

5°. Ce pouvoir si absolu ne s'arrête pas à cette vie; le prince étend aussi ses droits sur les morts, qu'il abaisse & qu'il agrandit, comme les vivans, pour récompenser ou pour punir leur personne ou leur famille. Il leur donne de nouveaux titres, il peut même les déclarer saints, ou plutôt en faire des esprits tutélaires: quelquefois il leur bâtit des temples; & si leurs services ont été considérables ou leurs vertus fort éclatantes, il oblige les peuples à les y honorer comme les autres divinités.

6°. L'empereur peut abroger les expressions de la langue, & les caractères de l'écriture, en créer de nouveaux, changer les noms des provinces, des villes, des familles; défendre l'usage de certains termes, donner cours à d'autres dans la conversation, dans la composition, dans les livres, de manière que cet usage, en matière de langue, que toute la puissance des Grecs & des Romains n'a pu soumettre, & que quelques-uns, pour cela, appelle un *tyran bizarre*, *inconstant*, *injuste*, *également maître des peuples & des rois*, est soumis à la *Chine*, & contraint de recevoir la loi que l'empereur lui veut donner.

L'empereur est le souverain pontife, le grand sacrificateur: il ordonne des dogmes, des cérémonies & des rites: il dirige à la fois le sceptre, le glaive, la balance & l'encensoir; c'est de lui que ses sujets apprennent les opinions, les principes, les faits même qu'il faut adopter ou admettre. Cang-Hi connoissoit bien toute l'étendue de cette autorité lorsqu'il disoit au P. Verbier, « votre loi est dure, » mais quelque violence qu'il soit nécessaire de se » faire, je ne balancerois pas un moment à la » suivre, si je la croyois véritable..... *que si j'étois* » *une fois chrétien, je prétendrois bien qu'en trois* » *ans tout l'empire suivît mon exemple; car enfin je* » *suis le maître* ». Cette prérogative, sans exemple, s'exerce avec tyrannie sur les choses les plus indifférentes. Le P. Contancin nous apprend (*Lettres édifiantes, tome 21, page 195*,) que l'on n'imprime rien dans la gazette, qui n'ait été présenté à l'empereur, & qui ne vienne de l'empereur même; que ceux qui en prennent soin, n'oseroient y rien ajouter, pas même leurs propres réflexions, sous peine de punition corporelle; que deux écrivains furent condamnés à mort, pour avoir inséré dans la gazette, quelques circonstances qui se trouvèrent fausses, parce que, disoit le tribunal, ils avoient manqué de respect pour sa majesté.

La Chine a-t-elle des préservatifs contre ce despotisme? En premier lieu, le plus grand préservatif, dit le P. le Comte, est que les anciens législateurs ont établi, comme un premier principe, que ceux qui règnent, sont proprement les pères du peuple, & non des maîtres élevés sur le trône pour être servis par des esclaves: on ne loue presque jamais l'empereur que de son affection pour ses sujets.... Sa réputation croît à mesure qu'il perd ou qu'il conserve sa qualité de *père du peuple*... Si quelque province est affligée de calamités, il s'enferme dans son palais, il jeûne, il s'interdit tout plaisir; dans ses édits il affecte de faire connoître à quel point il est touché des misères de son peuple; je le porte dans mon cœur, dit-il, je gémis nuit & jour sur ses malheurs, je pense sans cesse aux moyens de le rendre heureux, je ne puis ni boire ni manger, ni prendre du repos, que je n'aie soulagé la misère publique.

Cela, dit le P. Parcunin (*Lettres édifiantes, tome 22, page 179*), pouvoit être sincère autrefois..... Aujourd'hui le théorie est encore la même, les ordres se donnent de la même manière, & ils imposent aisément, dans les provinces, à ceux qui les entendent publier; mais à la cour on réduit à leur juste valeur toutes ces brillantes expressions, auxquelles la pratique ne répond qu'à demi... Ainsi, ajoute-t-il, quand la disette arrive, comme les attroupemens pourroient causer beaucoup de troubles si on négligeoit tout-à-fait d'y apporter remède... on ordonne, on va, on vient, on transporte, on paroît se donner beaucoup de mouvemens; tout cela amuse jusqu'à ce qu'il ne reste pas plus de gens affamés qu'on n'en veut, ou qu'on n'en peut secourir.

En second lieu, dans toutes les loix, dans toutes les décisions, l'empereur prend l'avis de ses ministres, des mandarins, & des grands tribunaux, auxquels les affaires de ce genre sont attribuées; d'ailleurs, il est permis à chaque mandarin d'avertir l'empereur de ses défauts. Le mandarin qui trouve quelque chose à redire à sa conduite, par rapport au gouvernement, dresse une requête, dans laquelle, après avoir témoigné sa vénération pour sa majesté impériale, prie très-humblement le prince de faire réflexion aux anciennes coutumes, & aux exemples des saints rois qui l'ont précédée.

Cette requête se met sur une table, avec plusieurs autres placets, qu'on présente tous les jours, & l'empereur est obligé de la lire. S'il ne change point de conduite, on y revient de temps en temps... Il y a même des censeurs spécialement établis pour donner de pareils avis aux empereurs; & plusieurs de ces princes ont fait publier des édits pour encourager tous leurs sujets à venir leur apporter la vérité sur leurs défauts personnels, & sur les vices de leur administration.

De telles institutions sont belles, & dignes d'être proposées pour modèle à ceux qui, chez tous les peuples, ont quelque pouvoir: mais qui ne sait comme dans les gouvernemens absolus l'on fait servir les meilleures loix pour perdre ou égarer les meilleurs princes? Ne sait-on pas comment de nos jours le conseil d'un prince étoit tellement asservi à la volonté de son premier ministre, que chacun des membres qui le composoient, alloit, avant l'assemblée, recevoir du ministre, l'opinion qu'il devoit proposer, les motifs même sur lesquels il devoit paroître établir un avis contraire & ensuite s'en désister?... En est-il autrement à la *Chine?*... Le premier ministre de Cang-Hi vouloit faire rendre une loi favorable aux chrétiens.... Il s'agissoit d'engager le tribunal des rits à donner un avis conforme à ses vues: mais cette compagnie avoit déjà deux fois rendu une sentence contraire; « le premier ministre » représenta aux juges que le placet des jésuites ayant » été vu de l'empereur, sa majesté ne laisseroit » jamais passer leur sentence, ce qui couvriroit le » tribunal de confusion... Cette raison eut tout » l'effet que l'on en pouvoit espérer, elle engagea » les tribunaux à s'assembler une troisième fois: » ils rendirent une sentence contraire aux deux » premières ». (*Lett. édif. tom. 19, pag. 28.*)

Quant aux vérités dites aux empereurs, que l'on ouvre les annales de la *Chine;* les historiens n'en rapportent des exemples que pour célébrer le courage des magistrats qui ont couru un aussi grand danger, & qui presque tous ont été condamnés au supplice, quelquefois avec leur postérité. Ainsi, « un des premiers mandarins ayant fait présenter, » par son fils, à Cang-Hi, un mémorial dans lequel » il remontroit, avec respect, de quelle importance » il étoit pour le repos de nommer un prince hé» ritier... L'empereur donna ordre de faire mourir » le père... Cet exemple de sévérité, pour ne rien » dire plus, retint tous les grands, & personne » n'osa parler à l'empereur d'un successeur, d'où » néanmoins dépendoit la tranquillité de l'empire ».

Que ne pouvons-nous donner plus de développement aux différens objets qui nous occupent, que ne nous est-il permis de nous étendre sur les autres précautions que l'on prétend avoir été prises contre le despotisme de l'empereur de la *Chine:* par exemple, on dit qu'il doit être retenu par la crainte de l'histoire; qu'il y a un certain nombre de docteurs choisis & désintéressés, qui remarquent avec soin, toutes les paroles & toutes les actions des empereurs, & sans se communiquer entre eux, les écrivent sur des feuilles volantes, & les jettent dans un bureau fait exprès qui ne s'ouvre jamais durant la vie du prince, ni pendant que sa famille est sur le trône... En supposant l'existence de pareils historiens, n'est-ce pas l'empereur qui en a le choix? n'a-t-il pas le pouvoir de les corrompre? le jugement de la postérité est-il un frein pour les mauvais princes? enfin l'institution de ces historiens n'est-elle pas plutôt un moyen d'adulation & de servitude, qu'un frein pour les empereurs? Et ne sait-on pas avec quelle précaution Cang-Hi a fait écrire, & a revu lui-même, les annales de son règne. (*Histoire générale de la Chine, traduite par de Maillan, tome 11, page 2, aux notes*).

Il faut donc convenir, avec le grand auteur de l'*Esprit des Loix, liv. VII, chap. 7*, qu'il en est de la *Chine* comme des autres états despotiques:... « la vertu, l'attention, la vigilance, sont en vi» gueur dans le commencement des dynasties. Il » est naturel que des empereurs, nourris dans les » fatigues de la guerre, qui sont parvenus à faire » descendre du trône une famille noyée dans les » délices, conservent la vertu qu'ils ont trouvée si » utile, & craignent les voluptés qu'ils ont vu si » funestes... Mais après les trois ou quatre pre» miers princes, la corruption, les délices, le » luxe, l'oisiveté s'emparent des successeurs, ils » s'enferment dans le palais, leur esprit s'affoiblit, » leur vie s'accourcit, la famille déclinant, les » grands s'élèvent, les eunuques s'accréditent, on » ne met sur le trône que des enfans, le palais » devient ennemi de l'empire, un peuple oisif » qui l'habite, ruine celui qui travaille...»

A la *Chine*, la corruption du despote n'a pas des effets moins funestes qu'ailleurs; le P. le Comte convient « que les *Chinois* sont tellement disposés, » qu'un empereur violent, passionné, peu appliqué » au gouvernement, répand infailliblement le » même déréglement dans l'esprit de ses sujets; » que chaque mandarin croit être en droit de régner » dans sa province, ou même dans sa ville, dès » qu'il ne sent plus de souverain, ou de maître » raisonnable; qu'alors les ministres vendent les » charges à des gens indignes de les remplir; les » vicerois deviennent de petits tyrans, les gou» verneurs ne gardent plus de mesure dans l'ad» ministration de la justice; le peuple foulé, op» primé, & par conséquent misérable, se révolte » aisément, les voleurs se multiplient & s'attrou» pent, *&c.* »

SECTION II.

Tribunaux, Mandarins.

Il y a neuf ordres de mandarins, qui sont répartis dans les tribunaux de la capitale & des provinces; les tribunaux souverains sont ordinairement composés d'un mandarin du premier ordre & de plusieurs assesseurs, qui sont d'un ordre inférieur; depuis que les Tartares se sont rendus maîtres de la *Chine*, on a doublé les officiers, tant dans les cours supérieures que subalternes, & l'on y a mis autant de Tartares que de Chinois.

Le conseil d'état ou *la cour du dedans* est composé 1°. des ministres d'état, ce sont eux qui voient & qui examinent presque toutes les requêtes que les autres tribunaux souverains doivent présenter à l'empereur, soit pour les affaires d'état & qui concernent la guerre ou la paix, soit pour les affaires civiles ou criminelles.

2°. Les mandarins qui composent le second ordre de ce tribunal, sont comme les assesseurs des premiers. C'est de leur corps que se tirent les vice-rois des provinces & les présidens des autres tribunaux.

3°. Les mandarins du troisième ordre qui entrent dans ce tribunal, sont les secrétaires de l'empereur; ils ont soin de faire écrire toutes les affaires qui y sont mises en délibération. Le tribunal examine & décide la plupart des grandes affaires, à moins que l'empereur ne fasse assembler le grand-conseil pour en décider.

Ce grand-conseil est composé de tous les ministres d'état, des premiers présidens & assesseurs des six cours souveraines, & de ceux des trois autres tribunaux considérables.

La première de ces cours est le Lii-pou, dont les fonctions sont de choisir les mandarins de toutes les provinces de l'empire, de veiller sur leur conduite, d'examiner leurs bonnes ou mauvaises qualités & d'en rendre compte à l'empereur. Les officiers de ce tribunal sont en quelque sorte des inquisiteurs d'état.

Cette cour a quatre tribunaux subalternes, le premier, qui examine ceux qui se présentent pour remplir les charges; le second, qui examine la bonne ou la mauvaise conduite de ceux qui sont en charge; le troisième, qui doit sceller tous les actes juridiques, donner aux différens mandarins les sceaux convenables à leur dignité & à leurs emplois, & examiner si les sceaux des dépêches qu'on envoie à la cour sont véritables ou supposés. Enfin, le quatrième, qui est chargé d'examiner le mérite des grands de l'empire, c'est-à-dire des princes du sang impérial, des *Regulos*, de ceux qu'on a honorés de titres analogues à ceux de nos ducs, de nos marquis & de nos comtes, & généralement de toutes les personnes d'un rang & d'une qualité distinguée.

La seconde cour souveraine est le Houpou, qui a la surintendance des finances, & le soin du domaine, des trésors, de la dépense, & des revenus de l'empereur; elle expédie les ordres pour les appointemens & les pensions; elle ordonne les livraisons de riz, des pièces de soie & d'argent qui se distribuent aux grands seigneurs & à tous les mandarins de l'empire; elle tient un rôle exact de toutes les familles, de tous les droits qui doivent se payer, des douanes & des magasins publics.

Pour l'aider dans ce prodigieux détail, elle a quatorze tribunaux subalternes pour les affaires des quatorze provinces dont est composé l'empire.

La troisième cour souveraine est le Lipou ou tribunal des rits, bien différent du *Lii-pou : Lii* signifie mandarin, & l'*I* signifie rits. Cette cour est chargée de veiller sur l'observation des rits & des cérémonies; elle a la surintendance des sciences & des arts, le soin de la musique impériale; elle examine ceux qui aspirent aux dégrés, & permet qu'on les admette aux examens : c'est elle qui donne son avis sur les titres d'honneur, & sur les distinctions dont l'empereur veut gratifier ceux qui le méritent : de plus, elle a soin des temples & des sacrifices que l'empereur a coutume d'offrir; ce soin s'étend aux festins que le prince donne à ses sujets ou aux étrangers; c'est à elle à recevoir, à régaler, à congédier les ambassadeurs : elle a la direction des arts libéraux, & enfin, des trois loix ou religions qui ont cours ou qui sont tolérées dans l'empire; savoir, des *Lettrés*, des *Tao-sée*, & des disciples de *Fo :* enfin c'est comme une espèce de tribunal ecclésiastique devant lequel les prédicateurs de l'évangile ont été obligés de comparoître dans le temps des persécutions.

Quatre tribunaux subalternes aident cette cour dans ses fonctions. Le premier délibère sur les affaires les plus importantes, comme l'expédition des brevets pour les plus grandes charges de l'empire. Le second a soin des sacrifices que fait l'empereur : il a l'inspection des temples & la surveillance des religions : comme le calendrier fait partie des rits religieux, c'est ce tribunal qui est chargé de sa confection : c'est le tribunal des mathématiques, qui long-temps a été présidé par des mahométans, auxquels les jésuites ont succédé.

Le troisième tribunal, subordonné à celui des rits, est chargé de recevoir ceux qui sont envoyés à la cour : il a la direction de la table de l'empereur & des festins que donne ce prince.

La quatrième cour souveraine est le Ping-pou, ou le tribunal des armes. La milice de tout l'empire est de son ressort. C'est de ce tribunal que dépendent les officiers de guerre, généraux & particuliers, c'est lui qui les examine en leur faisant faire l'exercice; qui entretient les forteresses; qui remplit les arsenaux & les magasins d'armes offensives & défensives, & de munitions de guerre & de bouche; qui fait fabriquer toutes sortes d'armes, & qui a soin généralement de tout ce qui est nécessaire pour la défense & la sûreté de l'empire.

Cette cour a quatre tribunaux inférieurs. Le premier dispose de toutes les charges militaires & veille à ce que les troupes soient bien disciplinées. Le second, distribue les officiers & les soldats dans les divers postes, & a soin de purger les villes & les grands chemins de voleurs. Le troisième a la surintendance de tous les chevaux de l'empire, des postes, des relais, des hôtelleries impériales, & des barques destinées à porter les vivres & les autres provisions aux soldats. Le quatrième a soin de faire fabriquer toutes sortes d'armes, & d'en remplir les arsenaux.

Indépendamment de cette cour, il y a, à Pekin, un tribunal suprême de la guerre, dont l'autorité s'étend sur tous les tribunaux militaires, & sur les officiers & les soldats de la cour : c'est proprement *le conseil de guerre.* Le chef est un des plus grands seigneurs ; il a pour assesseur un mandarin lettré, qui a le titre de surintendant des armes, & deux inspecteurs qui prennent part à toutes les affaires. Dès qu'il s'agit de l'exécution de quelque projet militaire, il faut nécessairement recourir aux *Ping-pou.*

Les officiers de la milice ont le titre de mandarins d'armes : l'on a, au surplus, établi entre eux une subordination de rangs & de pouvoirs, à-peu-près conforme à ce qui s'observe en Europe.

La cinquième cour souveraine, est le Hing-pou : elle est comme la tournelle de l'empire : ses fonctions sont d'examiner tous ceux qui sont coupables de quelque crime, de les juger & de les punir : elle a quatorze tribunaux subalternes dans les quatorze provinces de l'empire.

La sixième cour souveraine, est le Cong-pou, c'est-à-dire le tribunal des ouvrages publics : elle a soin d'entretenir les palais de l'empereur, des tribunaux, des princes du sang & des vice-rois, les sépulcres des empereurs, les temples, *&c.* Elle a l'intendance des tours, des arcs-de-triomphe, des ponts, des chaussées, des digues, des rivières, des lacs, & de tous les ouvrages nécessaires pour les rendre navigables ; des rues, des grands chemins, des barques & de tous les bâtimens nécessaires pour la navigation.

Cette cour a pareillement quatre tribunaux subalternes. Le premier, dresse les plans & les dessins des ouvrages publics. Le second a la direction de tous les atteliers qui sont dans toutes les villes du royaume. Le troisième a soin d'entretenir les canaux, les ponts, les chaussées, les chemins, & de rendre les rivières navigables. Le quatrième a soin des maisons royales, des jardins & des vergers : il les fait cultiver & en perçoit les revenus. Chacun de ces tribunaux inférieurs, a son palais particulier avec ses salles, & est composé de deux présidens & de vingt-quatre conseillers, partie tartares, partie chinois. On ne parle pas d'une infinité d'officiers subalternes, tels que les écrivains, greffiers, huissiers, couriers, prévôts, *&c.*

Tribunal des princes. Les princes ont, à Pekin, un tribunal uniquement établi pour traiter leurs affaires. On ne veut pas qu'ils soient confondus avec le commun du peuple. Les présidens & les officiers de ce tribunal sont des princes titrés ; on choisit les officiers subalternes parmi les mandarins ordinaires ; c'est à ceux-ci de dresser les actes de procédure, & de faire les autres écritures nécessaires. C'est aussi dans les registres de ce tribunal qu'on inscrit tous les enfans de la famille impériale à mesure qu'ils naissent, qu'on marque les titres & les dignités dont on les honore, qu'on les juge & qu'on les punit s'ils le méritent.

Magistrats & gouvernement des provinces. Les provinces sont gouvernées par deux officiers généraux, dont dépendent tous les autres : l'un qui s'appelle *Fouyuen*, viceroi ; l'autre, dont la jurisdiction est bien plus étendue, puisque deux, & quelquefois trois provinces, lui sont soumises, se nomme *Tsong-tou.*

L'un & l'autre sont à la tête d'un tribunal suprême de la province, où toutes les affaires importantes, soit civiles, soit criminelles, se décident. L'empereur leur adresse immédiatement ses ordres, pour les faire publier & exécuter dans tout leur ressort.

Il y a aussi, dans toutes les capitales des provinces, un tribunal pour les affaires civiles, & un autre pour les affaires criminelles, & des tribunaux extraordinaires, comme celui des visiteurs, qui rendent compte directement à l'empereur de tout ce qui peut être contraire à ses intérêts : il y a aussi des cours d'attribution analogues à celles établies en France, mais en plus grand nombre.

Les mandarins & les tribunaux ne sont pas absolument concentrés dans les limites de leurs jurisdictions. Dans les affaires ordinaires, la partie peut se pourvoir devant quelques mandarins que ce soit, même en première instance ; par exemple, l'habitant d'une ville du troisième ordre, peut s'adresser tout d'un coup au gouverneur de la capitale ou même au viceroi, sans passer par le jugement de son gouverneur particulier ; & quand un juge supérieur s'en est mêlé, les inférieurs n'oseroient en prendre connoissance si le procès ne leur est pas renvoyé, comme il arrive assez souvent. Quand les choses sont de conséquence, du viceroi on appelle à l'une des cours souveraines de Pekin, selon la nature de l'affaire : elle est examinée dans l'une des chambres subalternes, qui en fait son rapport au président de la grand'chambre ; ce président prononce, après avoir pris l'avis de ses assesseurs, & communiqué son jugement au colao, qui le porte à l'empereur. L'empereur demande quelquefois de nouveaux éclaircissemens, quelquefois il prononce sur le champ, & c'est en son nom que la cour souveraine fait ensuite la minute de l'arrêt & l'envoie au viceroi pour en procurer l'exécution. Une sentence de cette nature est irrévocable : on la nomme le *saint commandement*, c'est-à-dire *le commandement* qui est sans défaut & sans aucune passion.

Précautions prises contre les révoltes, l'ignorance, la prévention, la corruption des mandarins, &c. Pour s'assurer de la fidélité des grands mandarins, l'empereur retient leurs enfans à sa cour ; mais rien n'égale, dans les autres pays, les précautions que l'on prend à la *Chine* pour empêcher que les mandarins n'abusent de leur pouvoir au préjudice du public.

Précaution contre l'ignorance. D'abord tous les emplois ne se donnent qu'aux gradués. Les fils des mandarins du premier ordre sont seuls dispensés de la formalité des grades ; on suppose que l'éducation qu'ils ont reçue y supplée, & que leurs parens n'oseroient les présenter s'ils n'étoient point en état; d'ailleurs cette dispense n'a lieu que pour les emplois subalternes, il faut des preuves de mérite pour parvenir aux autres. Il y a de pareils dégrés pour les militaires.

Les grades sont conférés après des examens sévères & multipliés par les vice-rois & des commissaires de l'empereur : l'examen des docteurs se fait par l'empereur lui-même, & pour conserver ces grades, il faut de temps à autre subir de nouveaux examens : on peut voir, dans les *Lettres édifiantes*, (*tome 24, page 122*,) les formalités observées pour écarter de ces examens toute espèce de faveur, de brigue ou de surprise.

Cependant, dit le missionnaire, auteur de cette lettre, malgré ces précautions & une infinité d'autres; malgré que la peine de mort soit prononcée par les loix, contre les mandarins convaincus de s'être laissés corrompre, « les grades se vendent à » la *Chine* comme ailleurs; & il arrive rarement » que les examinateurs qui prostituent leur suffrage » soient punis : d'abord le nombre des coupables » seroit trop grand, & l'empire n'auroit plus de » mandarins; d'ailleurs, les dénonciations sont rares » & l'on craint de se mettre à dos les gouverneurs » des provinces, qui, sous divers prétextes, ne » manqueroient pas de venger l'honneur du mandarinat, soit par des exactions tyranniques, soit par » des persécutions cruelles, soit par des emprisonnemens qu'ils motivent toujours assez bien, » pourvu qu'ils ajent à la cour des partisans de » leur iniquité. Ici, comme ailleurs, l'injustice est » facile à commettre quand on a la faveur du » prince ou l'amitié de ceux qui l'environnent ».

Pour empêcher l'effet de la prévention, il est défendu d'exercer aucune magistrature dans la ville & dans la province où l'on est né : rien ne peut dispenser de cette loi (qui est celle de plusieurs états d'Italie).

Il y a plus, toute espèce d'alliance est interdite dans la province où l'on exerce quelque emploi public; si un mandarin de justice (car les mandarins de guerre ne sont point sujets à ces deux loix), se marie ou prend une concubine dans le territoire où il est magistrat, la loi le condamne à quatre-vingts coups de bâton, & son mariage est déclaré nul. Si ce mandarin épouse la fille d'un plaideur dont il doit juger le procès, on augmente la punition; les entremetteurs sont punis de la même manière : la femme retourne chez ses parens, & les présens nuptiaux sont confisqués au profit du prince. Enfin, le père, le fils, le frère, l'oncle & le petit-fils, ne peuvent jamais être, à Pékin, dans le même tribunal; cette défense a lieu dans les provinces pour quatre degrés de parenté ou d'affinité, soit directe, soit collatérale.

Indépendamment de la raison de politique, la décence ne permet pas au fils, neveu, *&c.* ni de contredire un père, un oncle, *&c.* ni même de s'asseoir en leur présence, sur-tout au même rang.

Pour empêcher la corruption & les autres désordres, non-seulement il est défendu aux magistrats qui ne donnent aucune finance, & qui reçoivent des appointemens de l'état, de rien prendre des particuliers; il y a en outre, dans chaque tribunal de la capitale, un inspecteur qui a l'œil à ce qui s'y passe; il assiste à toutes les assemblées, & on lui communique tous les actes; il avertit sécrétement la cour, ou même il accuse publiquement les mandarins des fautes qu'ils commettent, non-seulement dans l'administration de leurs charges, mais encore dans leur vie privée; il examine leurs actions, leurs paroles, leurs mœurs, rien ne lui échappe. On dit, qu'afin de l'obliger de ne ménager personne, on le tient toujours dans le même emploi, sans qu'il puisse espérer une meilleure fortune par la faveur de ceux qu'il auroit ménagés, ni en craindre une plus mauvaise par la vengeance de ceux qu'il auroit justement accusés; d'un autre côté, l'empereur envoie sécrétement des inspecteurs dans les provinces qui parcourent les villes, qui se glissent dans les tribunaux pendant que le mandarin tient l'audience : ces officiers s'informent adroitement des artisans & du peuple de quelle manière le mandarin se conduit dans l'administration de sa charge; & lorsqu'après des informations secrètes, il s'est convaincu de quelque désordre, il découvre les marques de sa dignité & se déclare l'envoyé de l'empereur : comme son autorité est absolue, il fait à l'instant le procès aux mandarins coupables, & les punit selon toute la sévérité des loix; ou bien si les injustices ne sont pas si criantes, il envoie ses informations à la cour, afin qu'elle en décide.

On emploie encore un autre moyen dont peut-être aucuns législateurs (excepté ceux des jésuites) ne s'étoient avisés : tous les mandarins de tous les ordres chinois & tartares sont obligés de donner, tous les trois ans, une confession par écrit des fautes qu'ils ont faites dans leurs emplois. Il est dangereux, dit le père le Comte, de dissimuler quelque chose, parce que si, par hasard, les mémoires secrets des inspecteurs en étoient chargés, le moindre manquement que le mandarin auroit déguisé, seroit capable de le perdre.

On fait examiner à la cour les confessions des mandarins des quatre premiers ordres; &, dans les tribunaux des gouverneurs de province, celles des autres.

A cet examen on ajoute des informations pour constater, 1°. quelle est leur application aux affaires; comme ils observent & font observer les loix; quel est leur talent; quel est leur âge : on en fait de plus secrètes pour s'assurer, 1°. s'ils sont intéressés & avares, durs & trop sévères, foibles & trop mols, prudens & discrets, vieux & cassés, malades & infirmes, inquiets & volages, bornés & peu expérimentés. Toutes ces informations sont envoyées en cour, au tribunal des mandarins, où le bien & le mal sont mis dans la balance.

Au

Au contraire, les mandarins acquièrent des mérites, quand ils ont exécuté fidellement & sans reproche les commissions dont ils sont chargés ; par exemple, de conduire le riz des provinces à la capitale ; de faire solidement & à temps un ouvrage public ; quand ils ont réussi à arrêter, dans leur district, les vols & les rixes ; quand ils ont fait fleurir & mis en honneur la piété filiale, la bonne foi, la justice, l'amour des concitoyens ; quand ils ont fait des défrichemens, des plantations, de nouveaux canaux ; arrêté des inondations ; remédié à des sécheresses ; fait périr les sauterelles, *&c.* Les fautes sont opposées aux quatre espèces de mérites : quand elles sont peu considérables, elles ne sont punies que par des mauvaises notes, des amendes, des diminutions d'honneur ; les mitoyennes attirent des abaissemens, des cassations, *&c.* à moins que l'empereur ne les pardonne. On est traduit au tribunal des crimes pour celles qui sont capitales, & par-là même dégradé, en péril de perdre la vie, & sûrement ruiné.

Les mandarins mettent à la tête de leurs ordonnances le nombre de degrés qui les élève ou les abaisse ; par exemple, moi, un tel, mandarin de cette ville, élevé de trois degrés ou bien abaissé de trois degrés, fais savoir, *&c.* Par ce moyen, le peuple est instruit de la récompense ou de la punition que le mandarin a méritée.

Les mandarins sont responsables des mouvemens qui arrivent parmi le peuple de leur district : si le désordre n'est promptement appaisé, ils sont presque sûrs de perdre leur charge. Le mandarin, disent les loix, est comme le chef d'une grande famille ; si la paix est troublée, c'est sa faute : c'est à lui de gouverner les officiers subalternes & d'empêcher qu'ils n'oppriment le peuple ; quand le joug est doux, on ne le porte point à regret, encore moins cherche-t-on à le secouer.

Ces loix sont-elles, comme ailleurs, un vain épouvantail ? Le crédit des magistrats subalternes parvient-il souvent à arrêter le zèle des magistrats supérieurs ? Il faut le croire, puisque la corruption & les injustices sont si fréquentes dans le gouvernement chinois ; nous en trouvons un exemple bien frappant dans une loi de l'empereur *Yong-Tching*. Le prince dit, dans cette loi, que des mandarins, chargés par lui de faire des distributions gratuites de riz dans les provinces, en avoient distribué qui étoit tout-à-fait pourri. « Pour m'en assurer, dit l'empereur » dans son édit, j'ai voulu le voir moi-même, & » m'en suis fait apporter secrétement des deux sortes » que l'on distribuoit : le voilà, regardez-le ; de » ces deux sortes le meilleur, sur dix parties, n'en » a pas trois ou quatre de bonnes au plus : & la » seconde espèce qui est la moindre, n'est pas du » riz, c'est de la poussière, c'est de la terre ».

D'après l'éloge que les jésuites font du gouvernement chinois qu'ils représentent comme un gouvernement sage, ne s'attend-on pas que les plus cruels supplices auront anéanti les auteurs, les complices de ces crimes exécrables ? Ne s'attend-on pas que tous les magistrats, tous les citoyens qui auroient dû empêcher ce forfait, auront été condamnés à une mort infame ? Cependant l'empereur se contente de dire dans sa loi : « la conduite tenue par ces mandarins » est odieuse & mérite punition ; mais, pour cette » fois, je leur pardonne, parce que je compte qu'ils » auront regret de leur faute, & qu'ils se corri» geront ».

SECTION III.

Police, loix criminelles.

En fait de police, tout magistrat est compétent : le mandarin, de quelque rang qu'il soit, n'a pas besoin d'être prévenu par les parties pour prendre connoissance d'une affaire. Que le mandarin soit dans son district ou hors de son ressort, quelque part qu'il voie le désordre, dans une rue, dans un chemin public, dans une maison, il peut sans formalité le punir : il a toujours dans son cortège des officiers de justice qui portent des bâtons ; il arrête un joueur, un emporté : &, sans autre forme de procès, il lui fait donner par les gens de sa suite vingt ou trente coups de bâton ; après quoi, il continue froidement son chemin ; ce qui n'empêche pas qu'on ne puisse encore accuser le coupable à un tribunal supérieur où on instruit de nouveau son procès, qui ne finit que par de nouvelles punitions.

La bastonnade est le châtiment ordinaire pour les fautes les plus légères. Pour un homme du peuple, il suffit de n'avoir pas descendu de cheval au passage du mandarin, ou d'avoir traversé la rue en sa présence ; les moindres fautes sont tariffées à un certain nombre de coups de bâton, à-peu-près avec la même précision que dans nos codes barbares. Mais, dans ces codes, les véritables délits n'étoient punis que par des amendes légères & par des compositions envers la partie. A la *Chine*, comme dans les anciennes écoles des jésuites, le derrière paie ; excepté qu'au lieu de verges, on se sert de bâtons meurtriers. Les jésuites dans leurs confessionnaux, au lieu de coups de bâton, infligeoient des coups de discipline à leurs pénitens chinois : les exécutions se faisoient dans les sacristies.

Quand le nombre des coups de bâton ne passe pas quarante, c'est, dit le père le Comte, une correction paternelle que les mandarins supérieurs font souvent donner aux mandarins subalternes. L'empereur la fait quelquefois donner à des personnes d'une grande considération, & ensuite les voit & les traite comme à l'ordinaire.

Il faut très-peu de chose pour être ainsi paternellement châtié : avoir volé une bagatelle, s'être emporté de paroles, avoir donné quelques coups de poings ; si cela va jusqu'au mandarin, il fait jouer aussi-tôt le *pantsée* : c'est ainsi que s'appelle le bâton dont on se sert. Après avoir subi le châtiment, les battus doivent se mettre à genoux devant le juge se courber trois fois jusqu'à terre, & le remercier du soin qu'il prend de leur éducation.

Ce *pantsée* est une grosse canne fendue à demi, platte, de quelques pieds de longueur; elle a par le bas la largeur de la main, & par le haut, elle est polie & déliée afin qu'elle soit plus aisée à empoigner : elle est de bambou, qui est un bois dur, massif & pesant.

Lorsque le mandarin tient son audience, il est assis gravement devant une table sur laquelle est un étui rempli de petits bâtons longs de plus d'un demi-pied, & larges de deux doigts : plusieurs estafiers armés de pantsées l'environnent. Au signal qu'il donne en tirant & jettant ces bâtons, on saisit le coupable, on l'étend ventre contre terre, on lui abaisse le haut de chausses jusqu'aux talons, & autant de petits bâtons que le mandarin tire de son étui, & qu'il a jetté par terre, autant de cinq coups se succèdent : l'exécuteur est relevé par un autre après avoir appliqué cinq coups de pantsée sur la chair nue du patient, ou plutôt deux exécuteurs frappent alternativement chacun cinq coups, afin qu'ils soient plus pesans, & que le châtiment soit plus rude.

Un seul coup est capable d'assommer une personne un peu délicate, & on voit souvent des personnes qui en meurent. Il est vrai, ajoute le père le Comte, qu'on a plusieurs moyens d'adoucir ce châtiment paternel; le plus facile est de donner de l'argent à ceux qui frappent. Quand le coupable les a gagnés par ses libéralités, ils l'épargnent & savent si bien le ménager, que, malgré la présence du mandarin, le châtiment devient très-léger & presque insensible; outre cela, il y a toujours dans les tribunaux des gens à louer, qui s'entendent avec les petits officiers, & partagent sans doute avec eux les profits : dès que le signal est donné, ils prennent adroitement la place du condamné, & reçoivent pour lui la bastonnade : on trouve par-tout pour de l'argent de pareils lieutenans; c'est un métier, & il y a à la *Chine* une infinité de gens qui ne vivent que de coups de bâton. Telle est la police admirable du sage empire de la *Chine*, de ce meilleur des gouvernemens possibles dans le meilleur des mondes possibles. Les maîtres usent du même châtiment avec leurs disciples & avec leurs domestiques, & les pères avec leurs enfans.

Ainsi le Chinois est le parfait contraste du sauvage du Canada : il est le plus asservi de tous les êtres, comme le sauvage en est le plus indépendant; esclave de l'empereur, il est sans cesse courbé sous le bâton des mandarins : les liens les plus doux de la nature y sont changés pour lui en des fers accablans : la méfiance du despote le presse & l'environne de toutes parts, jusques dans le commerce de l'amitié, jusques dans le sanctuaire de sa maison; ses mœurs, ses manières, c'est-à-dire, tout ce qui dans lui manifeste l'existence, est tracé par le gouvernement, & inspecté par ses satellites : il ne peut faire un pas, une action, ni proférer une seule parole, qui ne puisse devenir l'objet d'une dénonciation & le prétexte d'une inquisition.

Au surplus, chaque ville est divisée en quartiers; chaque quartier a un chef qui veille sur un certain nombre de maisons; il répond de tout ce qui s'y passe : &, s'il arrive quelque tumulte dont il n'avertit pas aussi-tôt le mandarin, il seroit puni très-sévérement.

Les pères de famille sont également responsables de la conduite de leurs enfans & de leurs domestiques. On s'en prend à celui qui a toute l'autorité; lorsque les inférieurs qui lui doivent l'obéissance & le respect, ont commis quelque action punissable : il n'y a pas jusqu'aux voisins qui, dans un accident qui surviendroit, comme seroit, par exemple, un vol nocturne, ne soient obligés de se prêter mutuellement secours : &, dans de pareils événemens, chaque maison répond de la maison voisine.

Il y a aux portes de chaque ville une bonne garde qui examine tous ceux qui y entrent; pour peu que quelque chose de singulier les rende suspects, ou que leur physionomie, leur air ou leur accent fassent juger qu'ils sont étrangers, on les arrête sur l'heure, & l'on en donne avis au mandarin.

Au commencement de la nuit, on ferme exactement les portes de la ville & les barrières qui sont dans chaque rue; d'espace en espace, il y a des sentinelles qui arrêtent ceux qui ne seroient pas retirés dans leurs maisons : il y a de même, dans quelques endroits, une patrouille à cheval, sur les remparts, qui fait continuellement la ronde.

Quant à l'instruction des procès criminels, nous n'en avons de connoissance, que par les détails dans lesquels les jésuites sont entrés sur les persécutions faites contre ceux d'entre eux qui prêchoient l'évangile dans l'empire.

Si l'on en croit ces relations, avant d'introduire un accusé dans le tribunal, on commence par l'exposer aux clameurs, aux huées & aux insultes de la populace : & c'est ensuite la coutume que « les » mandarins tâchent d'étourdir les accusés par des » railleries & des reproches, ordonnent même aux » soldats de faire des huées ou, pour mieux dire, » de hurler à leurs oreilles. Ils veulent se concilier par ce moyen de l'autorité, & faire craindre » leurs jugemens ».

Si, dans le cours des interrogatoires, le mandarin n'est pas satisfait des réponses de l'accusé, il interrompt ses questions pour lui faire donner des soufflets, des coups de fouet & de pantsée : quelquefois il le fait appliquer à la question ordinaire & extraordinaire.

Tous ces tourmens qui sont de véritables supplices, sont décernés sans examen préparatoire, sans formalité, & dependent souvent de l'arbitraire d'un seul magistrat : tout ce que celui-ci doit sur-tout prévenir, c'est que le patient n'expire dans ces tourmens ou de la suite des tortures, parce que ce seroit entreprendre sur l'autorité de l'empereur, qui doit confirmer les jugemens de mort.

Mais il n'en est pas de même des autres supplices; quelque rigoureux qu'ils soient, les mandarins peuvent faire charger l'accusé de chaînes & l'envoyer en prison. Ils peuvent le faire mettre au carcan ou à la *cangue*, qui est composée de deux morceaux de bois échancrés que l'on pose sur les épaules du coupable, & que l'on joint ensemble, de manière qu'il n'y a de place vuide que pour passer la tête : quelquefois ces cangues pèsent jusqu'à deux cens livres, & le coupable périt sous un fardeau aussi accablant. Le fouet, la marque, le bannissement, la condamnation aux travaux publics sont aussi des peines usitées à la *Chine*, & sont assez ordinairement précédés de la bastonnade.

On étrangle ou l'on tranche la tête aux condamnés à mort : ce dernier supplice paroît plus infamant aux Chinois, parce qu'il sépare la tête du reste du corps.

Pour les crimes de lèse-majesté, on coupe le corps du coupable en plusieurs morceaux, on lui fend le ventre, & on jette son corps dans une fosse ou dans le courant d'une rivière.

Toute peine de mort ne peut être exécutée qu'après avoir été confirmée par l'empereur. Yonc-Tching a même ordonné en 1725, qu'il faudroit lui présenter trois fois le procès avant que le jugement ne soit rendu définitif; mais on sent combien une telle précaution est peu efficace pour le coupable. Comment l'empereur, accablé d'ailleurs sous le poids d'autres occupations importantes, auroit-il le loisir d'examiner les procédures criminelles d'un état que l'on prétend aussi étendu & bien plus peuplé que l'Europe entière? Ce que l'on nous dit de l'application de l'empereur à tant de détails, est ou un roman ou une formalité illusoire; en vain allègue-t-on que les affaires sont tellement résumées, tellement approfondies, lorsqu'on les porte au trône, qu'il est facile d'en appercevoir le nœud, d'en saisir le point, & d'y appliquer la loi. Ce conte ne peut en imposer qu'à ceux qui n'ont pas l'habitude des affaires : l'expérience démontre que ceux qui y sont le plus brisés, sont obligés de les examiner par eux-mêmes, s'ils veulent prononcer en connoissance de cause, ou de se livrer à la merci de subalternes obscurs qui leur font ces prétendus résumés, & d'adopter en aveugle leurs opinions.

Il est vrai qu'avant d'être présentés à l'empereur, les procès (à ce que l'on prétend encore) sont d'abord examinés par le tribunal des crimes & par les principaux officiers des grands tribunaux : mais, en supposant ce fait, le jugement ne dépend-il pas encore d'une instruction nécessairement mal faite, & dans laquelle les magistrats inférieurs ont arraché à l'accusé par les tortures les aveux qu'ils ont jugé à propos?

D'ailleurs il est des crimes pour lesquels il n'y a pas besoin que le jugement ait été confirmé par l'empereur ni par les tribunaux supérieurs. Tels sont, par exemple, les crimes de lèse-majesté : & l'on ne sauroit croire jusqu'à quel point l'on étend à la *Chine* le crime de lèse-majesté : comme tout ce qui s'y fait par les administrateurs, se fait au nom de l'empereur, comme il est censé infaillible, comme sa puissance & ses décisions s'étendent à tout, il est facile de faire considérer les fautes les plus légères comme des crimes de lèse-majesté.

Une épigramme, un couplet contre le gouvernement sont effacés par des fleuves de sang : tout mandarin est empereur en cette matière, & toute saison est l'automne pour ces sortes d'exécutions.

Alors ce n'est pas assez de faire subir les plus cruels tourmens aux prétendus coupables, il faut envelopper toute leur famille, leurs enfans, leurs femmes, leurs pères & mères & souvent leurs collatéraux dans leurs supplices; il faut que le nom de toute la race du coupable s'éteigne; il faut anéantir tout ce qui lui appartenoit.

Les auteurs des mémoires sur les Chinois, quoique très-enthousiasmés de la prétendue sagesse de ce gouvernement, conviennent, *tom. IV*, *pag. 329*, « que le ministère a souvent recours à » l'expédient du crime de lèse-majesté pour subjuguer les lettrés, & prémunir le public contre » leur suffisance; cela est d'autant plus facile, disent-ils, qu'il est fort aisé de trouver des fautes » dans les meilleurs ouvrages, & qu'il n'y a pas de » controverse sur l'infaillibilité de l'empereur.

» Lorsque les crimes sont énormes, les condamnations sont exécutées sur le champ, autrement » elles sont remises à l'automne : & il y a un jour » fixé dans cette saison pour les exécutions : on prétend que les mandarins forment le grand nombre » des coupables que l'on exécute alors ».

Observons enfin qu'on attribue aux Chinois une méthode en quelque sorte infaillible pour découvrir les meurtres, en faisant paroître les plaies & contusions sur les cadavres à demi pourris. On trouve une notice de cette méthode dans le volume qui vient d'être cité : l'on y trouve aussi un extrait d'un code chinois, rédigé sous les ordres des derniers empereurs.

SECTION IV.

Loix civiles.

L'extrait qu'on vient de citer, ainsi que les relations des missionnaires, ne parlent qu'accidentellement des institutions civiles de la *Chine*. Nous avons tenté d'y suppléer par le *Chou-king* & par les autres livres canoniques des Chinois : mais nous n'y avons trouvé que des lieux communs de morale & de législation, des maximes bien inférieures à celles des anciens sur ces objets importans, &, à plus forte raison, aux bons ouvrages de notre siècle.

Les notions que nous avons trouvées, sont relatives aux distinctions des familles, à l'état des personnes & aux mariages.

Distinction des conditions & des familles. Il n'y a à la *Chine* qu'un très-petit nombre de familles qui aient des distinctions vraiment héréditaires; ce sont les princes de la dynastie régnante, les parens des impératrices & les descendans de Confucius.

Famille impériale. Les princes qui descendent des oncles, grands-oncles & frères du fondateur de la dynastie, portent la ceinture jaune-oranger : ceux qui descendent du fondateur, portent la ceinture rouge; ceux-ci ne peuvent marier leurs enfans sans l'agrément de l'empereur; les autres n'ont besoin de ce consentement que pour s'allier à des princes tartares. Tous ces princes subissent des examens militaires : les enfans & les petits-enfans de l'empereur ont leurs écoles, leurs maîtres, leurs examens littéraires & militaires, d'après lesquels on les élève à de plus grands ou à de moindres emplois.

Il n'y a de charges affectées à ces princes, que celles qui regardent les sacrifices, les cérémonies aux ancêtres, la garde des sépultures impériales.

Les principautés passent à l'aîné, fils de l'épouse légitime : s'il se rendoit coupable de quelque crime, l'empereur choisiroit, pour le remplacer, l'un de ses cadets ou un des collatéraux de sa branche. Les descendans d'empereurs, diminuant de grade d'une génération à l'autre, à la septième, ils ne sont plus que ceintures jaunes; s'ils commettent des fautes, on les abaisse de plusieurs degrés à-la-fois.

Les princes qui n'ont ni principautés ni emplois, ont la haute paie de simples soldats des bannières tartares : on leur fait en outre, tous les ans, des gratifications sur le trésor impérial : l'empereur leur donne cent onces d'argent pour leur mariage, & autant pour les enterremens.

Les parens de l'impératrice régnante ont aussi quelques prérogatives : ils sont élevés à une dignité qui revient à celle de comte parmi nous; leurs descendans en ligne directe conservent à perpétuité les droits, privilèges, honneurs & revenus de cette dignité, à moins qu'ils ne s'en rendent indignes.

Descendans de Confucius. C'est la famille qui passe aujourd'hui pour la plus noble de la *Chine* : & c'est la plus noble du monde, si on regarde son ancienneté & les vertus de celui qui en fut la tige; elle se conserve en ligne directe, depuis plus de deux mille ans, dans la personne d'un de ses descendans, qu'on appelle *le neveu du grand homme* ou *du sage par excellence.* En considération de cette origine, il est constamment honoré de la dignité de *cong*, qui répond à celle de nos ducs ou de nos anciens comtes; c'est avec le cortège de cette dignité, qu'il marche dans les rues de *Pekin*, lorsqu'il s'y rend, tous les ans, de *Kio-Feou*, ville de la province de *Chang-Tong*, qui est le lieu de la naissance de son illustre aïeul : c'est un lettré de cette famille, qui est toujours gouverneur de *Kio-Feou.*

Toutes les autres distinctions sont purement personnelles; quelque illustre qu'ait été un homme, fût-il parvenu à la première dignité de l'empire, ses descendans sont souvent obligés d'embrasser les plus viles professions : on succède au bien de son père; mais on n'hérite pas plus de ses dignités que de sa réputation & de sa capacité.

Les anciens mandarins jouissent de la noblesse personnelle; il en est de même de ceux qui se sont procuré certains titres d'honneur, à l'aide desquels ils entretiennent avec les mandarins un commerce de visites qui les fait craindre & respecter du peuple.

Il en est encore de même de ceux qui ont le degré de bachelier : ce grade les exempte de la jurisdiction du mandarin public; il leur donne le privilège d'être admis à son audience, de s'asseoir en sa présence & de manger avec lui : honneur qui est infiniment estimé à la *Chine*, & qui ne s'accorde presque jamais à aucune personne du peuple.

Cependant le prince donne quelquefois des marques d'honneur pour cinq, six, huit ou dix générations, selon les services plus ou moins grands que l'on a rendus à l'état.

Quelquefois aussi à la *Chine* la noblesse remonte des enfans aux pères & aux aïeux. L'empereur donne à chacun des ascendans mâles & femelles des patentes & un titre d'honneur particulier, en reconnoissance de ce qu'ils ont mis au monde & élevé avec soin un homme d'un mérite si distingué & si utile à l'état. *Kang-hi* donna de pareils titres d'honneur aux ancêtres du père Verbiest.

Le peuple se divise généralement en trois classes : les artisans, les laboureurs, les marchands; mais ces classes ne sont point séparées entre elles, & ces professions ne sont point, comme dans l'Inde, concentrées à certaines familles : il est libre de passer de l'une à l'autre : & les enfans de ceux qui exercent ces différentes professions, peuvent également être élevés aux grades civils & militaires, & devenir mandarins. Il y a des personnes qui sont réputées infames à cause de la profession qu'ils exercent : tels sont les comédiens, les geoliers, ceux qui donnent la bastonnade dans les tribunaux. Il en est de même des *to-min* & de ceux qui exercent des emplois vils ou font métier de conduire les barques : mais ni les uns ni les autres ne forment de castes séparées.

Esclaves. Ils sont en très-grand nombre à la *Chine* : ils y sont de la même condition que ceux des autres états asiatiques où l'esclavage a lieu; mais il y a en outre des esclaves d'une espèce particulière : ce sont des Tartares ou des Chinois tartarisés que l'empereur donne aux princes du sang : on les appelle *les gens de la porte du prince.* Il y a parmi eux des mandarins considérables, des vice-rois, & même des *tsong-tou*; quoiqu'ils ne soient pas esclaves comme les premiers, ils sont presque également soumis aux volontés du prince. Si celui-ci vient à décheoir de son rang, ou si, après sa mort, sa dignité ne passe pas à d'autres de ses enfans, cette espèce de domestiques est mise en réserve, & on les donne à quelques autres princes du sang, lorsqu'on fait sa maison, & qu'on l'élève à la même dignité. Ces esclaves ont eux-mêmes d'autres esclaves.

Puissance paternelle. A la *Chine*, un père gouverne sa famille avec un pouvoir despotique; il est maître absolu non-seulement de ses biens qu'il donne à qui lui plaît, mais encore de ses concubines & de ses enfans dont il dispose avec une entière liberté. Si un père accuse son fils de quelque faute devant le mandarin, il n'a besoin d'aucune preuve.

Excepté les droits de vie & de mort ou de commander l'infraction des loix, un père jouit de tous les droits qu'un homme puisse avoir sur un homme; 1°. il peut engager & vendre son fils; la raison qu'en donne la loi, est qu'un fils peut s'engager & se vendre lui-même, & qu'un fils ne peut avoir plus de droit sur lui-même que son père, ni une volonté différente de la sienne. 2°. Un fils est toujours mineur pendant la vie de son père, soit pour sa personne, soit pour ses biens : tout mariage est nul sans le consentement du père, quelque âge qu'ait le fils. Le père est le maître absolu des biens qu'il a acquis, ou dont il a hérité de ses ancêtres; il peut les vendre, les engager, les dissiper, & même ceux que son fils a acquis : bien plus, quelque dette qu'il puisse contracter, à moins que ce ne soit au jeu, son fils en est la caution nécessaire, & doit l'acquitter. 3°. Les testamens des pères sont sacrés : aucun défaut de formalité ne suffit pour les faire casser, dès qu'il est prouvé qu'ils sont authentiques, & qu'ils n'ont pas été rétractés & annullés par un acte public dont on puisse fournir des preuves légales. 4°. Un père est toujours père à l'égard de son fils, de quelque dignité que celui-ci soit revêtu : le père d'un gouverneur de capitale de province, par exemple, ne fût-il qu'un simple paysan, s'il rencontre son fils marchant dans la ville avec ses gardes & tout son cortège, & si celui-ci ne descend pas de sa chaise pour le saluer humblement, le simple paysan a droit de le tirer par le bras, & de lui donner des soufflets comme à un insolent. 5°. Les oncles paternels, les frères aînés jouissent presque de tous les droits & de toute l'autorité du père, lorsqu'il est mort. Un oncle va chez son neveu, un frère aîné chez son cadet, lui donne des soufflets, lorsqu'il s'est mal comporté, & même des coups de bâton, sans que celui-ci ait droit de faire autre chose que de se prosterner pour demander pardon; les mères, les tantes, les grandes-mères chargent un ancien de châtier ceux qui les ont offensées : & il faut encore qu'ils fassent des soumissions pour obtenir la grace & rémission du passé. Les loix ne prennent point connoissance de toutes ces choses-là : & qui en appelleroit à elles, succomberoit & seroit puni plus grièvement. Ces châtimens domestiques préviennent une infinité de mauvaises affaires : quelque étourderie qu'ait fait un jeune homme, on passeroit pour mauvais esprit, si on vouloit l'accuser, lorsque quelqu'un de ses proches l'a châtié, & a fait des excuses pour lui.

Les principes de la piété filiale influent sur une foule d'autres institutions sociales : d'abord tout vol entre parens est plus grief & plus sévèrement puni d'un degré, que lorsqu'il est fait à des étrangers : & on est censé voler, lorsque le partage des biens n'étant pas fait entre les frères ou autres parens, l'un d'entre eux s'approprie quelque chose à l'insu des autres. Celui qui accuse son père ou sa mère, ses aïeux & oncles ou son frère aîné, est condamné à cent coups de pantsée & à trois ans d'exil : si l'accusation est calomnieuse, il est étranglé.

Les enfans & petits-enfans qui négligent de servir leurs pères & mères ou aïeux, sont condamnés à cent coups de pantsée; s'ils leur disent des injures, à être étranglés; s'ils lèvent la main sur eux & les maltraitent, à avoir la tête coupée; s'ils attentent à leur vie, à être tenaillés & coupés en morceaux. Un frère cadet qui dit des injures à son aîné, est condamné à cent coups de pantsée; s'il lève la main & le bat, à l'exil, *&c.* Les loix suivent aussi tous les degrés de parenté : & diminuent de rigueur à proportion qu'ils vont en descendant.

Si un père est obéi comme un roi pendant sa vie, il est honoré comme une divinité après sa mort : ses enfans se prosternent devant son corps, lui offrent des viandes & des parfums, & célèbrent sa mémoire par un culte religieux; ce culte fait partie de la religion des Chinois.

Pendant le deuil des pères & mères, qui est de trois ans, on ne peut exercer aucune charge publique, de sorte qu'un mandarin est obligé de quitter sa charge, un ministre d'état son emploi pour donner tout ce temps à sa douleur. Outre les peines qu'on encourt lorsqu'on ne prend pas le deuil déterminé par la loi, on est punissable corporellement pour des fiançailles ou noces faites pendant le deuil. Le mariage contracté pendant le grand deuil est nul; il en est de même lorsque les parens, au premier degré, sont condamnés à mort, quoique la sentence ne doive pas être exécutée de long-temps : les sépultures sont tellement privilégiées, qu'on n'est jamais obligé pour aucune espèce de dette que ce puisse être, non-seulement de les vendre, mais même d'en diminuer l'enceinte & les ornemens; il est défendu, sous peine de la vie, d'en couper les arbres sans l'agrément du mandarin, qui ne peut le donner qu'après une descente sur les lieux, & pour les arbres morts ou dépérissans; tous les vols qu'on y fait sont poursuivis & punis comme sacrilèges.

Adoption. Le desir de perpétuer son nom a fait introduire l'adoption à la *Chine*; les frères aînés, les oncles ont, à cet égard, une espèce de droit sur les enfans de leurs cadets & de leurs neveux. Le père naturel déclare dans un acte qu'il transfère tous ses droits sur l'enfant au père adoptif.

Le fils adopté succède à tous les biens du père adoptif, & partage au moins avec les autres enfans s'il en survient. Les Tartares qui n'ont point d'enfans, ont le même droit d'adopter un de leurs parens avec l'agrément du chef de leur famille & de leurs officiers; s'ils n'ont point de parens qu'ils puissent adopter, ils peuvent adopter un Tartare de leur bannière, mais jamais de Chinois. Le fils adoptif reconnu légalement jouit de tous les privilèges d'un fils légitime dans sa parenté, dans sa bannière & dans l'état; la famille dont il est sorti ne lui est plus rien, il appartient totalement à celle dans laquelle il est entré.

Il y a encore une autre espèce d'adoption à la *Chine ;* on achète le fils de quelques pauvres, ou l'on choisit un enfant parmi ceux qui sont exposés, on lui donne son nom & on le fait élever comme son fils : mais les enfans ainsi adoptés n'ont pas les mêmes droits que les autres, les collatéraux ne leur laissent ordinairement qu'une partie de la succession, & on les réduit à quelques avantages lorsque celui qui les a adoptés a dans la suite des garçons ; si ces enfans se conduisoient mal, on pourroit les chasser de la maison du père adoptif.

Droit d'aînesse. Dans la succession des dignités & héritages militaires, les fils aînés de l'épouse légitime sont toujours préférés chez les Tartares, à moins qu'il n'y ait incapacité reconnue ou crime.

Mais chez les Chinois, qui n'ont point de charge ni de dignité héréditaire, les aînés ne sont avantagés que par leurs rangs dans la famille, indépendamment des respects & des honneurs qu'ils reçoivent de leurs cadets. C'est à eux qu'appartient le droit de faire les cérémonies aux ancêtres ; leur place est distinguée dans les sépultures de famille, ils gardent les archives, les portraits des ancêtres.

Etat des femmes & des filles : elles n'ont d'autres parts à l'héritage de leurs maisons que les avantages qu'elles reçoivent manuellement de leurs pères & mères, & les biens passent toujours aux mâles de la ligne collatérale, au défaut de ceux de la ligne directe : non-seulement la fille n'apporte aucune dot à son mari, mais celui-ci est obligé de l'acheter & de donner à ses parens une somme d'argent dont on convient de part & d'autre ; on paie moitié de la somme en signant le contrat, & moitié quelques jours avant la célébration. On fait, en outre, aux parens des présens d'étoffes & de denrées. Lorsque le tout est payé, le contrat est parfait.

Cependant les parens qui n'ont point d'enfans mâles, donnent à leur fille par pure libéralité des habits & une espèce de trousseau : quelquefois, en ce cas, un beau-père fait venir son gendre dans sa maison & le constitue héritier d'une partie de ses biens. Mais il ne peut se dispenser de léguer l'autre partie à quelqu'un de sa famille & de son nom, pour vaquer aux sacrifices domestiques qu'on fait aux esprits des aïeux ; & s'il meurt avant d'avoir fixé son choix, les loix obligent ses plus proches parens à s'assembler pour procéder à l'élection d'un sujet capable de vaquer à cette fonction.

Les femmes qui ne possèdent rien sont, comme chez les Romains, dans une perpétuelle tutèle, elles sont en quelque sorte exclues du commerce du monde, dans lequel, disent les Chinois, elles ne peuvent être utiles qu'autant qu'elles se tiennent en repos. Tous leurs soins se bornent au domestique & à l'éducation de leurs enfans ; comme elles n'achètent & ne vendent rien, il est aussi rare de les rencontrer dans les rues, que si elles étoient cloîtrées ; le peu de communication qu'on leur laisse avec les hommes a été à la *Chine*, suivant les missionnaires, un très-grand obstacle à la propagation de la religion chrétienne ; les princesses ne peuvent devenir régentes, & quoique l'empereur puisse sécrétement se servir de leurs conseils, on trouveroit très-mauvais qu'il en usât.

Mariage. Nous avons déjà parlé de l'autorité des pères sur les mariages de leurs enfans. Comme cette autorité est très-étendue, il arrive fréquemment qu'ils conviennent des articles d'un mariage long-temps avant la puberté des futurs époux, & même quelquefois avant leur naissance ; les loix tolèrent plutôt qu'elles n'approuvent cet usage ; on doit, dans tous les mariages, consulter le chef de la famille.

La poligamie est aussi autorisée ; mais l'on ne peut avoir qu'une femme légitime, les autres ne sont que des concubines. La femme légitime est la compagne du mari, la maîtresse des concubines qui lui sont entièrement subordonnées, & dont les enfans la reconnoissent pour leur mère, lui prodiguent les témoignages de leur tendresse, de leur obéissance & de leur respect : ils ne portent point le deuil de leur mère naturelle.

Autrefois on ne permettoit de prendre des concubines qu'aux mandarins & aux hommes de quarante ans ; actuellement ces loix ne subsistent plus : chacun peut prendre autant de concubines qu'il le juge à propos ; les femmes de l'empereur sont divisées en six classes, il paroît que le nombre en est infini.

Les loix chinoises établissent plusieurs empêchemens dirimans des mariages, tels sont la stérilité, les engagemens extérieurs, la supposition des personnes, la parenté, l'alliance, l'inégalité des conditions, & enfin la violence ou le rapt.

La stérilité est regardée comme une espèce de crime, parce que la femme stérile ne peut donner aux aïeux de nouveaux sacrificateurs, & qu'elle les frustre d'un tribut sacré chez cette nation.

Les engagemens antérieurs sont les promesses faites entre les parens.

La supposition des personnes est la substitution d'une personne à une autre. Pour ce qui regarde la parenté, la loi interdit le mariage entre les personnes d'un même nom, ne fussent-elles parentes qu'au vingtième degré. Il faut, pour qu'un mariage soit valide, qu'il n'y ait non-seulement aucun degré de parenté, mais encore aucune alliance, de quelque nature qu'elle soit.

Comme il n'y a point de noblesse chez les Chinois, il n'y a pas, à proprement parler, de mésalliances entre eux : cependant, un mandarin ne contracte point avec un homme du commun, à moins que ce ne soit en secondes noces ; car alors on n'a pas d'égard au rang, & les Chinois ne font aucune difficulté d'épouser solemnellement une concubine, en pareil cas : mais ce n'est point cette inégalité de condition qui peut annuller un mariage ; c'est celle qui distingue une personne libre d'une esclave.

Celui qui marie à son esclave une fille libre, est puni de quatre-vingts coups de bâton; l'esclave en reçoit autant s'il a été complice de la supercherie; l'entremetteur & celui qui a présidé aux noces en reçoivent soixante & dix; si le maître a traité cette fille en esclave, il est condamné à cent coups.

La loi est égale lorsque ce sont des hommes libres qui ont épousé des filles esclaves.

Dans tous ces cas le mariage est nul, mais la fille libre garde les arrhes & les présens qu'elle a reçus.

Le rapt & le viol sont punis de mort; mais si la femme a consenti au rapt, on annulle le mariage, & les parties reçoivent chacune cent coups de bâton.

Ce n'est pas seulement pendant le temps de deuil que les mariages sont interdits, ils le sont encore lorsque le père ou la mère, ou quelque proche parens des parties contractantes est emprisonné, à moins que celui-ci ne donne son consentement par écrit; mais alors on supprime les témoignages d'allégresse.

Divorce. Il est permis, en certains cas, par les loix, quoiqu'elles regardent le mariage comme indissoluble. Par exemple, lorsqu'il y a entre le mari & la femme une telle antipathie qu'ils ne peuvent vivre en paix, lorsque la femme est convaincue d'adultère, lorsqu'elle est stérile ou se conduit d'une manière peu décente, lorsqu'elle a contracté une habitude de désobéir aux ordres de son beau-père ou de sa belle-mère, lorsqu'elle détourne à son profit ou à celui de quelque autre les biens de la maison, lorsqu'elle manifeste des vices contraires au bon ordre & au repos de la famille, enfin lorsqu'elle est attaquée de quelque maladie dégoûtante, comme la lèpre; enfin, ce qui en France romproit bien des mariages, lorsque la femme est indiscrète.

Lorsqu'un mari renvoie sa femme, sans aucune de ces raisons, la loi le condamne à la reprendre & à recevoir quatre-vingts coups de pantsée.

Si une femme s'enfuit contre la volonté & à l'insu de son époux, on lui donne cent coups de verges, & le mari peut la vendre à l'encan. Si elle se marie après s'être enfui, on l'étrangle.

Si le mari s'absente pendant trois ans, sans donner de ses nouvelles, la femme ne peut prendre aucun parti sans en avoir auparavant averti les magistrats: en cas d'infraction à cet égard, elle est battue de verges.

Les complices de la femme fugitive, ceux qui lui donnent asyle, sont punis avec une égale sévérité.

Les concubines le sont moins sévérement lorsqu'en même temps elles ne sont point esclaves.

Aucune loi ne restreint la répudiation des concubines.

Les loix ne mettent aucune restriction aux secondes noces; mais l'opinion publique honore ceux qui gardent la viduité; & on célèbre la mémoire de celles qui se donnent la mort pour ne pas survivre à leurs époux.

SECTION V.

Loix économiques.

On a cherché à nous inspirer l'idée la plus magnifique de cette partie de la législation chinoise.

Si l'on en croit ses panégyristes, nul pays où l'on ait fait autant, en faveur de l'agriculture; nulle part elle ne reçoit autant d'encouragemens du gouvernement. Par-tout l'agréable & l'utile sont sacrifiés aux plantes qui procurent avec le plus d'abondance la subsistance des hommes: l'empire est percé de canaux, par lesquels toutes ses provinces communiquent entre elles leurs denrées, & les productions de leur fabrique; l'industrie a conquis des provinces entières sur la mer dont elle a reculé les eaux; les rétributions féodales, les redevances religieuses ne surchargent pas les terres d'un fardeau accablant; les laboureurs sont encouragés, honorés; leurs travaux, leurs succès sont récompensés par la dignité de mandarin: l'empereur lui-même dans la capitale, les vice-rois dans les provinces, ne dédaignent pas de cultiver la terre; les impôts très-modérés se réduisent à une taxe sur les personnes qui est toujours proportionnée à leurs facultés, & à une taille sur les terres, qui est encore en proportion de la qualité du sol; l'unique peine, imposée aux contribuables trop lents, est d'envoyer chez eux des vieillards, des infirmes & des pauvres, pour y vivre à leurs dépens, jusqu'à ce qu'ils aient payé leurs dettes à l'état: dans chaque contrée on a élevé des greniers publics, où on met en réserve une partie des contributions pour pourvoir aux années de stérilité.

Rien de plus facile que de faire des tableaux brillans sur l'état des peuples anciens ou éloignés; mais on voit bientôt se détruire l'illusion, en lisant dans les relations que toute cette administration, que toutes les affaires économiques sont confiées à des mandarins, & le plus souvent à des mandarins uniques: c'est ici le cas de se méfier des livres & de regarder autour de soi: un seul exemple suffira pour nous détromper de tout ce prestige de la sagesse de l'administration chinoise; *l'intérêt de l'argent* est fixé à trente pour cent par an, cet intérêt se paie par lune ou mois lunaire, qui est le mois civil des Chinois: l'on a action en justice pour l'intérêt comme pour le capital; il est vrai que l'intérêt ne peut jamais devenir capital, & que celui qui les accumule est condamné à quarante coups de bâton & à cent s'il use d'artifice; mais en même temps & suivant la même loi, celui qui est accusé devant le mandarin de n'avoir pas payé une lune d'intérêt est condamné à dix coups de bâton, à vingt pour deux lunes, à trente pour trois, & ainsi jusqu'à soixante, c'est-à-dire jusqu'au sixième mois; alors on oblige le débiteur à payer le capital & l'intérêt.

Section VI.

Politique envers les étrangers.

Une des principales maximes des Chinois est de ne pas souffrir que des étrangers s'établissent, ni même voyagent dans leur empire; outre leur mépris pour les autres nations, qu'ils regardent comme barbares, ils croient que le mélange des peuples introduiroit une diversité de mœurs, de coutumes qui entraîneroit des querelles, des partis & des révoltes.

Il faut convenir que la conduite des Européens dans les deux Indes, & celle qu'ont tenue à la *Chine* le petit nombre des premiers navigateurs qui y ont été admis, ne doit que confirmer ce gouvernement dans cette politique.

C'est avec les plus grandes précautions que les étrangers sont introduits dans l'empire: il faut d'abord une permission du monarque, & cette permission n'est accordée qu'après que les motifs en ont été examinés par le tribunal des rits. Pendant le voyage, les étrangers sont comme enfermés dans des voitures & des barques; pendant leur séjour à Pekin, ils sont étroitement gardés dans l'enceinte du logement qui leur est destiné, & toute communication leur est interdite avec les naturels du pays, qui ne sont pas expressément chargés de négocier avec eux.

C'est avec ces précautions que les légats du pape, les ambassadeurs du roi de Portugal & du czar ont été reçus à la *Chine*. Si quelques missionnaires, sur-tout depuis la mort de *Cang-hi*, sont restés à la cour, c'est à cause des services que rendoient à l'empereur les connoissances européennes dans lesquelles ils avoient été instruits.

Le seul port de *Canton* est ouvert aux Européens, & ils y sont confinés dans un petit nombre de maisons, d'où ils ne peuvent traiter qu'avec une compagnie, qui a un privilège exclusif: leurs bâtimens ne remontent point jusqu'à cette ville, qui est située à quinze lieues de l'embouchure du Tigre, ils s'arrêtent à trois milles de la place, dans une rade formée par les deux petites isles de Wampou & de Hoang-pou; les François ont obtenu, en 1745, la liberté d'établir leurs magasins dans la première de ces isles qui est salubre & peuplée; les autres nations sont réduites à faire leurs opérations dans l'autre isle déserte & mal-saine; plus loin encore, les Portugais ont le port de *Macao*, mais ce port est en partie peuplé de Chinois, qui y sont soumis au mandarin de leur nation, & les Portugais y sont établis plutôt comme des sujets auxiliaires, qui ont conservé leur magistrat, que comme un peuple indépendant.

C'est par terre que les Chinois entretiennent leurs relations avec les Russes; il s'étoit élevé, entre les deux peuples, des contestations sur leurs limites. Les plénipotentiaires des deux cours parvinrent à se concilier en 1689: selon M. Deshauterayes (*Histoire générale de la Chine*, *pag.* 127 *& aux notes*), on prit pour limites des deux empires, d'un côté une petite rivière nommée *Kebetchi*, dont la source est dans une grande chaîne de montagnes qui s'étendent jusqu'à la mer orientale, & qui sont au nord du fleuve *Sahalien-oula*, dans lequel cette rivière vient se décharger à trente ou quarante lieues de Nipehou. Le sommet de ces montagnes fut marqué pour bornes respectives, de sorte que tout le pays, qui s'étend du haut de la chaîne vers le midi, appartient aux Chinois, & ce qui s'étend au nord demeure aux Moscovites, avec ce qui est à l'ouest, au-delà de la même rivière. De l'autre côté & au midi du Sahalien, la rivière d'Ergone, qui vient se jetter dans ce fleuve après avoir pris sa source dans un grand lac, à soixante-dix ou quatre-vingts lieues au sud-est de Nipehou, fut désignée pour limites, de manière que tout ce qui est à l'est & au sud de l'Ergone appartient à la *Chine*, & que ce qui est au-delà est le partage des Moscovites, avec la restriction qu'ils ne peuvent habiter que le pays qui est entre le Sahalien & une chaîne de montagnes peu éloignée, qui se trouve au sud de ce fleuve, sans avancer dans les terres qui appartiennent aux Kalkals, devenus la plupart sujets de l'empire.

A l'égard de la chaîne de montagnes, appellée *Nossé*, qui s'étend depuis la source de la petite rivière Kebetchi, au nord-est jusqu'à la mer occidentale & boréale, & qui finit par une langue de montagnes qui s'étend dans la mer; cette chaîne à la source du Kebetchi en forme deux autres, dont l'une, que les Moscovites entendoient poser pour limites, s'étend à l'est & court parallèlement au fleuve Sahalien; l'autre va au nord-est, & c'étoit celle que les Chinois vouloient pour ligne de séparation: cela ne laissoit pas de former une difficulté importante, à cause des terres & des mers qui s'avancent entre ces deux chaînes, & qui offrent des pelleteries & des pêcheries précieuses. On convint que le différend sur le pays situé entre ces deux chaînes resteroit indécis.... L'interprète moscovite & le père Gerbillon, interprète des Chinois, rédigèrent le traité en latin, ils en firent deux copies: dans celle destinée pour les Chinois, l'empereur étoit nommé avant les czars, & dans celle destinée aux Russes, on donna le premier rang aux czars.

Les Russes avoient demandé que, dans les lettres que l'on écriroit aux czars leurs maîtres, on mît leurs titres au moins en abrégé, & qu'on ne se servît d'aucun terme qui marquât de l'inégalité entre les souverains des deux empires; que s'ils envoyoient des ambassadeurs à Pekin ils fussent traités avec honneur, sans être soumis à aucun cérémonial humiliant; qu'ils rendissent les lettres dont ils étoient chargés en main propre, & jouissent même à la cour d'une entière liberté; enfin que le commerce fût libre d'un état à l'autre avec la simple permission des gouverneurs, sous la jurisdiction desquels les marchands se trouveroient. Les Chinois acquiescèrent au projet de commerce

réciproque,

réciproque, mais ils ne voulurent pas consentir à ce qu'il fût inséré dans le traité, comme étant étranger à leur mission ; à l'égard des autres articles, ils ne voulurent rien innover à l'étiquette chinois.

Lorsque les ambassadeurs russes furent admis à l'audience de l'empereur, ils refusèrent de faire les prosternations, & l'on convint que les lettres du czar seroient mises sur une table, devant laquelle des mandarins nommés feroient les mêmes cérémonies, auxquelles les ambassadeurs seroient assujettis envers l'empereur. (L'on n'eut pas, dans la suite, la même condescendance pour les ambassadeurs du roi de Portugal, ni pour les légats du pape).

Cette pacification paroît le premier traité que les Chinois eussent fait, depuis la fondation de leur empire : on accorda aux Russes la liberté d'envoyer tous les ans une caravane à Pekin, dont les étrangers avoient été jusque-là constamment éloignés.

Cette condescendance, dit M. l'abbé Raynal, n'inspira pas de la modération aux Russes : ils continuèrent leurs usurpations, & bâtirent, trente lieues au-delà des limites convenues, une ville qu'on nomme *Albasink* ou *Jascà*. Les Chinois s'étant plaint inutilement de cette infidélité, assiégèrent la place en 1715, & la prirent après trois ans de siège.

Les Russes renvoyèrent à Pekin une ambassade, qui obtint le rétablissement du commerce; mais la caravane de 1721 ne s'étant pas conduite avec assez de réserve, il fut arrêté que les deux nations ne traiteroient ensemble que sur la frontière; en conséquence, on a établi à *Kietcha* deux grands magasins, où sont déposées toutes les choses qu'on se propose d'échanger.

L'empereur de la *Chine* ne traite avec ses autres voisins que comme un suzerain avec ses vassaux; il est, en effet, le suzerain de plusieurs de ces princes, tels que la plupart des princes du Thibet, de la Tartarie orientale & méridionale, du roi de Corée, de celui des isles de *Lieou-kieou*, & du roi de Pegu; quand l'empire est dans sa force, ces princes & d'autres monarques voisins, comme ceux de Siam, du Tonkin & de la Cochinchine rendent hommage à l'empereur, attendent sa confirmation pour prendre le titre & les ornemens royaux, reçoivent son calendrier & lui paient des tributs, en retour desquels on leur envoie ordinairement des présens proportionnés.

Une partie de la Tartarie est directement soumise à la souveraineté de la *Chine*, telle est l'ancienne patrie des Mant'chéou & des Eleutes; les Chinois y introduisent insensiblement leur police, leurs mœurs & leurs loix. *Voyez* TARTARIE, *&c.*

Ce seroit ici le lieu de parler des loix religieuses des Chinois ; mais nous n'avons encore pu rassembler tous les matériaux nécessaires pour traiter cet objet intéressant. *Voyez* RITS CHINOIS. (HENRY.)

CHIROGRAPHAIRE, s. m. (*Jurisprudence.*) se dit des dettes & des créanciers qui ne sont fondés que sur un billet ou promesse sous signature privée & non reconnue en justice, & qui par conséquent n'emporte point d'hypothèque, à la différence des dettes & créances fondées sur des actes passés devant notaires, ou reconnus en justice, ou sur quelque jugement, que l'on appelle *hypothécaires*, parce que les actes sur lesquels elles sont fondées, emportent hypothèque.

La distinction des créanciers hypothécaires & *chirographaires* se trouve établie par les loix romaines, qui décident que le créancier hypothécaire passe devant le *chirographaire*, quand même celui-ci seroit d'une date antérieure. Cette préférence a lieu en pays de droit écrit, tant sur les meubles que sur les immeubles, parce que, suivant le droit romain, les meubles sont susceptibles d'hypothèque aussi-bien que les immeubles. La même chose a lieu dans quelques coutumes qui disposent expressément que les meubles sont susceptibles d'hypothèque, comme celle de Normandie, *art. 97.* Mais, suivant le droit commun & général du pays coutumier, les créanciers hypothécaires ne sont préférés aux *chirographaires* que sur les immeubles : à l'égard des meubles, tous les créanciers hypothécaires & *chirographaires* y viennent par contribution au sou la livre. *Voyez* CONTRIBUTION. (*A*)

CHIROGRAPHE, s. m. (*Jurisprudence.*) on appelloit ainsi un acte qui demandoit, par sa nature, d'être fait double. On l'écrivoit deux fois sur le même parchemin, & à contre-sens; on mettoit dans l'intervalle, en gros caractères, le mot *chirographe;* on coupoit ensuite la feuille par le milieu de ce mot, soit en ligne droite, soit en dentelure; & l'on délivroit une de ces deux portions à chaque partie contractante.

Chirographe vient de χειρ *main*, & de γραφω *j'écris.* Le *chirographe* s'est aussi appellé *dividende*, *chartæ divisæ*. Le premier usage de cet acte en Angleterre se rapporte au règne de Henri III.

Il y en a qui pensent que le nom de *chirographe* se donnoit à tout acte souscrit du vendeur ou créancier, & délivré à l'acheteur ou au débiteur, & réciproquement.

Ils distinguent le *syngraphe* du *chirographe* en cela seul, que c'étoit le mot *syngraphe* qui étoit écrit dans l'intervalle de deux actes sur le même papier.

On donnoit encore le nom de *chirographe*, & à un transport, & à la manière de grossoyer & de couper en deux le parchemin. Le mot *chirographe* se prend aujourd'hui dans ce sens en Angleterre, dans le bureau appellé *des chirographes*.

Chirographe, dans un sens plus général, est quelquefois synonyme à *cédule. Chambers.*

CHIROMANCIE, s. f. (*Code criminel.*) c'est l'art de deviner la destinée, le tempérament, les inclinations d'une personne, par l'inspection des lignes qui paroissent dans la paume de la main. Ce mot vient de deux mots grecs, qui signifient *main* & *divination*.

Quelque vain & quelque imposteur que soit cet art, il a fait l'objet des études d'un grand nombre d'auteurs. Les anciens y étoient fort adonnés, comme il paroît par ce vers de Juvenal :

Manumque
Præbebit vati crebrum poppysma roganti.

C'est par lui que ces vagabonds, connus sous les noms de *Bohémiens* & d'*Egyptiens*, amusent & dupent le peuple. L'exercice de cet art est défendu par les loix civiles & canoniques. *Voyez* BOHÉMIENS, MAGIE.

CHIRURGIE, s. f. CHIRURGIEN, s. m. (*Jurisprudence.*) la *chirurgie*, suivant l'étymologie grecque du mot, est l'art de guérir avec le secours de la main. Le *chirurgien* est celui qui possède cet art, & qui en fait profession.

Nous ne traiterons pas ici de l'état ancien & actuel de la *chirurgie* en France, des statuts qui concernent les *chirurgiens*, de l'académie royale de *chirurgie*; de la jurisdiction du premier *chirurgien* du roi, des privilèges accordés à tous ceux qui exercent la *chirurgie*. Ces objets appartiennent nécessairement au *Dictionnaire de chirurgie*.

Nous nous bornerons seulement à indiquer ce que l'ordre judiciaire prescrit aux *chirurgiens*, & dont tous les citoyens doivent être instruits.

Le *chirurgien* doit du zèle au public : & si, dans les cas pressans où il est appellé, il laissoit périr quelqu'un par une négligence affectée, il recevroit des admonitions de la justice : il pourroit même être condamné, suivant les circonstances, à des aumônes & autres peines.

Dans les visites & rapports des blessés & cadavres, que la justice lui commet, il doit y apporter l'attention la plus scrupuleuse, le soin le plus exact; s'expliquer le plus intelligiblement qu'il est possible; ne se livrer jamais aux conjectures, son rapport, dans ces espèces, étant une des pièces les plus importantes de la procédure criminelle, & déterminant les juges à prononcer des décrets plus ou moins rigoureux. *Voyez* BLESSURES, CADAVRE.

L'impéritie est le plus grand défaut d'un *chirurgien*. Les loix romaines le rendoient responsable des accidens qu'elle occasionnoit. Nous n'en suivons pas la rigueur dans nos usages. Cependant, dans les opérations délicates de l'art, le *chirurgien*, appellé pour les faire, ne doit, suivant les statuts, les entreprendre qu'après avoir consulté ses anciens. Lorsqu'il a pris toutes les précautions nécessaires, & qu'il s'est comporté suivant les règles & les indications de l'art, il n'est plus responsable des événemens fâcheux qui en sont quelquefois la suite : ils ne peuvent même l'empêcher d'exiger le juste salaire de ses peines : c'est ce qui a été jugé par un arrêt du 14 septembre 1764, qu'on trouve dans les additions à la collection de jurisprudence.

Lorsque l'impéritie est manifeste, que le *chirurgien* a négligé les précautions qu'il devoit prendre, la jurisprudence des arrêts le rend responsable des accidens.

Brillon, au mot *chirurgien*, en rapporte plusieurs arrêts. Le parlement de Paris, le 22 juin 1768, condamna un *chirurgien* privilégié en quinze mille livres de dommages & intérêts envers un jeune homme à qui il avoit fallu couper le bras pour remédier aux suites du mauvais traitement d'une fracture, & lui défendit d'exercer à l'avenir la *chirurgie*.

Les *chirurgiens* doivent intenter leur action, en paiement des traitemens qu'ils ont faits, dans l'année même. Ce délai expiré, la coutume de Paris, *art. 127*, les déclare non-recevables. Mais lorsqu'ils la forment dans ce temps, ils sont préférés à tous les autres créanciers pour leurs pansemens & médicamens.

Les *chirurgiens* sont incapables de recevoir les legs que leur font les malades pendant le cours de la maladie dont ils les ont traités. C'est la disposition de la loi *scio*, *ff. de leg. 1*, & de la loi *medicus*, *ff. de extraord. cognit.* que nous suivons dans notre jurisprudence. *Voyez* DONATION, LEGS.

Les statuts des *chirurgiens*, & une multitude de loix & de réglemens de police, dont le dernier est un arrêt de réglement du parlement de Paris, du 15 juillet 1755, défendent à tous empiriques, vendeurs d'orviétan, & généralement à toutes personnes, de quelque qualité & condition qu'elles soient, d'exercer la *chirurgie*, de débiter aucuns remèdes, soit internes, soit externes, s'ils n'ont été reçus maîtres dans les communautés des villes du royaume, ou s'ils ne sont pourvus de brevets & permission, revêtus des formalités prescrites par les statuts, à peine de cinq cens livres d'amende, de saisie des chevaux, équipages & médicamens dont les contrevenans se trouveront munis.

Ces défenses regardent également les religieux. L'exercice de la *chirurgie* leur est absolument interdit hors de leurs maisons, & les communautés sont responsables des contraventions qu'elles permettent. Il n'y a d'exception qu'en faveur des frères de la charité, ainsi que nous l'avons remarqué à leur article.

Le peuple, dans plusieurs villes de province, s'imagine que les exécuteurs de la haute-justice sont capables de remettre les fractures & les luxations : & il a souvent recours à eux plutôt qu'aux *chirurgiens*. Ce préjugé n'est fondé sur aucun motif raisonnable; il ne suffit pas d'ailleurs, dans le traitement de ces accidens, d'être capable de faire une réduction, il faut être encore en état d'obvier aux suites fâcheuses qu'elle peut avoir. C'est par ces motifs que, par arrêt du 8 mars 1755, rendu en faveur des *chirurgiens* de Fontenai-le-Comte, le parlement fit défenses à l'exécuteur de la haute-justice de cet endroit de faire à l'avenir aucune opération de *chirurgie*.

Suivant les canons, les ecclésiastiques ne peuvent exercer la *chirurgie*, sans devenir irréguliers. Mais un laïc qui l'a exercée, n'a pas besoin de dispense après l'avoir quittée, pour se faire promouvoir aux ordres sacrés.

CHŒUR, f. m. (*Droit canonique.*) c'est la partie de l'église où se placent les prêtres & les chantres. Dans les anciennes églises, elle est séparée de la nef où se placent les laïcs, par des murs : mais, dans les constructions actuelles, elle ne l'est ordinairement que par une balustrade en pierre, en bois ou en métal : c'est cette balustrade qu'on doit appeller proprement *cancel.*

L'objet le plus important en droit, par rapport au *chœur* des églises, consiste à savoir quelles sont les personnes qui doivent contribuer aux réparations qui y surviennent; & dans quelle proportion l'article 21 de l'édit de 1695, sur la jurisdiction ecclésiastique, impose cette obligation, d'abord aux ecclésiastiques qui jouissent des dixmes, ensuite aux seigneurs qui jouissent des dixmes inféodées. Comme cet édit n'avoit pas distingué les décimateurs des grosses & menues ou vertes dixmes, la jurisprudence des arrêts a déchargé les décimateurs des menues dixmes de cette contribution.

Pour ne pas nous répéter, nous renvoyons nos lecteurs aux mots CANCEL, CHANCEAUX, DIXME.

CHOISIE, f. f. (*terme de Coutume.*) on le trouve dans celle de Bretagne, où il signifie le droit de choisir. *Voyez* CHOIX.

CHOISTE *de querelle.* (*terme de Coutume.*) celle de Loudunois, *chap. 37, art. 3*, entend par ces mots la perte d'une cause judiciaire. *Choiste de querelle* est une vieille façon de parler, qui signifie que le plaignant, en matière criminelle, a succombé dans sa plainte. Ces mots ont la même acception que ceux de *cheute de cause*, dont nous avons parlé plus haut.

CHOIX, f. m. (*Droit civil & canonique.*) c'est la préférence que l'on fait d'une personne ou d'une chose à une ou plusieurs personnes ou choses.

Le *choix* a lieu dans plusieurs circonstances. 1°. Dans la collation ou l'élection à un bénéfice, les collateurs ou les électeurs ont le droit & la faculté de choisir celui qu'ils veulent élire ou gratifier. Nous en parlerons sous les mots COLLATION & ÉLECTION.

2°. Lorsque, dans une succession, il y a plusieurs fiefs avec manoir ou château, l'aîné des mâles a le droit de choisir le manoir qui lui convient. *Voyez* AINESSE, PRÉCIPUT.

3°. Une veuve peut choisir entre le douaire coutumier ou le douaire préfix. Mais dès qu'elle a choisi l'un ou l'autre, son *choix* est irrévocable. *Voyez* BAGUES & JOYAUX, DOUAIRE.

4°. Dans plusieurs chapitres, les statuts ou la coutume donnent au plus ancien chanoine, de degré en degré, le droit d'opter la prébende ou les maisons qui viennent à vaquer, à la charge de renoncer à celle dont il est pourvu. Les règles relatives au genre de vacance qui peut donner lieu au *choix*, & le temps dans lequel il doit être fait, dépendent des statuts particuliers de chaque chapitre. Il y en a où le *choix* n'a lieu que dans les vacances par mort; dans d'autres, il a également lieu dans le cas de résignation en faveur, & de permutation. Le pape ne peut y déroger, lorsque les statuts sont très-anciens, ou qu'ils sont homologués : s'il le faisoit, il y auroit abus, ainsi qu'il a été jugé au parlement de Paris, le 19 juillet 1689, pour le chapitre de S. Pierre de Poitiers. *Voyez* CHANOINE, CANONICAT.

5°. Le *choix* a principalement lieu dans les provinces de droit écrit, par rapport aux institutions fidéicommissaires. Il est d'un usage assez fréquent que le mari & la femme s'instituent réciproquement héritiers, à la charge de remettre l'hoirie à tel de leurs enfans que le survivant voudra choisir. Ce *choix* donne lieu à plusieurs questions intéressantes & difficiles à résoudre, que nous traiterons plus à leur place sous les mots FIDÉICOMMIS, INSTITUTION D'HÉRITIER, INSTITUTION CONTRACTUELLE, LEGS, TESTAMENT, SUBSTITUTION.

6°. Il y a encore lieu au *choix* dans les obligations alternatives, c'est-à-dire, dans celles où quelqu'un s'oblige de donner ou de faire une chose ou une autre. *Voyez à cet égard les mots* ALTERNATIVE, VENTE.

CHOMMAGE, f. m. (*Droit civil.*) en général c'est l'espace de temps qu'on reste sans travailler : car *chommer*, dit la coutume de Saintonge, c'est se reposer. De ce verbe on a fait l'adjectif *chommable*, qu'on trouve dans l'article 1 de la coutume de Bretagne, & par lequel on désigne les jours de fêtes, pendant lesquels l'église interdit le travail. En droit, on entend particuliérement par le mot *chômmage*, le temps pendant lequel on suspend le travail des moulins pour la navigation & le flottage des bois.

L'ordonnance des eaux & forêts, *tit. 27, art. 45*, règle & fixe le *chommage* de chaque moulin qui se trouvera établi sur les rivières naviguables & flottables, avec droits, titres, concessions, à quarante sous pour le temps de vingt-quatre heures, qui seront payés au propriétaire des moulins ou leurs fermiers & meûniers, par ceux qui causeront le *chommage* par leur navigation & flottage : elle défend à toutes personnes d'en exiger davantage, ni de retarder en aucune manière la navigation & le flottage, à peine de mille livres d'amende, outre les dommages & intérêts, frais & dépens qui seront réglés par les officiers des maîtrises, sans qu'il puisse y être apporté aucune modération.

L'article suivant porte que, s'il arrive quelque différend pour les droits de *chommage des moulins*, &c. ils seront réglés par les grands-maîtres ou par les officiers de la maîtrise, en leur absence; les marchands-trafiquans, les propriétaires & meûniers préalablement ouis, si besoin est; & que ce qui sera par eux ordonné, sera exécuté par provision, nonobstant & sans préjudice de l'appel.

L'obligation de payer le *chommage des moulins* n'est pas une loi nouvelle, ainsi qu'il paroît par des lettres-patentes du 12 octobre 1574, dont il est fait mention dans la conférence des eaux & forêts.

Une ordonnance postérieure, concernant le flottage des bois pour Paris, rendue en 1672, & appellée communément *l'ordonnance de la ville*, a réglé le *chommage* de chaque moulin à quarante sous par jour, quelque nombre de roues qu'il y ait au moulin.

Quand le moulin bannal *chomme*, ceux qui sont sujets à la bannalité, après avoir attendu vingt-quatre heures, peuvent aller ailleurs. *Voyez* MOULIN.

CHOSE, s. f. (*Jurisprudence.*) les jurisconsultes romains définissoient le mot *chose*, en disant que *chose* est tout ce qui est distinct des personnes & des actions : ce qui vient de ce qu'ils rapportoient le droit à trois objets, les personnes, les *choses* & les actions. Mais cette définition n'est pas exacte : car les actions elles-mêmes sont des *choses*.

Mais sans nous arrêter sur cette question frivole, il nous suffira de dire qu'en droit, on entend par le mot *chose*, tout ce qui peut être à l'usage ou à l'utilité de l'homme, soit par le droit divin ou humain, naturel ou civil, public ou particulier. Il comprend également ce qui constitue la propriété effective, les droits que les jurisconsultes appellent *dans la chose*, *in rem*, & qui sont distincts & séparés du domaine proprement dit, les obligations, & par une conséquence nécessaire, les actions qui en naissent.

Justinien, au commencement du second livre des *Instituts*, divise d'abord les *choses* en deux classes; les unes, dit-il, sont dans notre patrimoine, les autres en sont dehors. Il met dans la dernière les *choses* divines, communes, publiques, & celles qui appartiennent à des corps : celles qui sont dans le domaine particulier, composent la première.

Le jurisconsulte Caïus, dans la loi *1*, *ff. de divis. rer. & qual.* divise d'abord les *choses* en divines & humaines. Il appelle *divines*, les *choses* sacrées, religieuses & saintes. Elles sont entiérement hors du commerce des hommes: &, excepté quelques cas particuliers, elles ne peuvent être acquises par personne.

Les *choses* humaines sont ou communes ou publiques, ou elles appartiennent à des corps, ou elles sont dans le domaine de chaque particulier : c'est cette dernière espèce qui forme les biens & les richesses de chacun.

Les *choses* se divisent, en second lieu, en corporelles & incorporelles. Les corporelles sont celles qui tombent sous les sens, que nous pouvons toucher & prendre, qui ont un corps, soit animé ou inanimé; de ce genre sont les fruits, les grains, l'or, l'argent, les habits, les meubles, les terres, prés, bois & maisons. Les incorporelles sont toutes celles qui ne peuvent tomber sous les sens, & que nous ne concevons que par l'entendement, telles que les droits d'hérédité, de servitude, & les obligations.

Les *choses* corporelles se subdivisent en mobiliaires & immobiliaires. Les mobiliaires sont celles qui se meuvent elles-mêmes, ou qu'on peut transporter d'un lieu dans un autre : les immobiliaires sont celles qu'on ne peut transporter, & qui ne peuvent se mouvoir. *Voyez* MEUBLE, IMMEUBLE.

On joint, en droit, plusieurs qualifications au mot *chose*. Il y en a qu'on appelle *douteuses*, *litigieuses*, *jugées*, &c. qui forment encore de nouvelles distinctions. Nous allons parcourir, par ordre alphabétique, celles de ces divisions & distinctions qui ne peuvent être traitées commodément ailleurs.

Les *choses communes*, suivant le droit romain, sont celles dont la propriété n'appartient à personne, & dont tous les hommes peuvent se servir librement, conformément à l'usage pour lequel la nature les a destinées. Telles sont l'air, l'eau coulante, la mer & ses rivages.

Il ne peut y avoir de difficulté par rapport à l'air & à l'eau coulante. Sans air, nous ne pouvons ni vivre ni respirer, & nul ne peut s'attribuer sur lui, soit puissance, soit domaine. Il en est de même de l'eau coulante. La nature nous l'a donnée pour appaiser notre soif & nous laver : aucun homme ne peut empêcher un autre de s'en servir pour cet usage.

Les peuples anciens regardoient la mer comme commune à tous les hommes; &, par une conséquence nécessaire, le droit d'usage sur ses rivages, soit pour y aborder, soit pour y pêcher, soit pour s'y retirer à l'abri de la tempête, pourvu, ajoutent les jurisconsultes romains, qu'on ne cause aucun dommage aux bâtimens ou monumens que les riverains y ont fait construire.

Par le droit des gens qu'on suit actuellement en Europe, quoique personne ne puisse prétendre la propriété de la mer & de ses rivages, c'est-à-dire, de cette portion que les vagues de la mer couvrent, les puissances politiques peuvent en empêcher l'usage le long de leurs côtes, soit pour la pêche, soit pour la navigation.

Les Vénitiens, les rois de Danemarck & d'Angleterre prétendent s'arroger le domaine particulier; les premiers, de la mer Adriatique; le roi de Danemarck, de la Baltique, & le roi d'Angleterre, des mers qui environnent les isles dont il est le souverain. Selden a composé un long traité, intitulé *Mare clausum*, pour prouver qu'une puissance pouvoit s'attribuer le domaine de la mer, & empêcher les autres puissances d'y naviguer. Mais il a été réfuté par Grotius dans son livre *de Mari libero*. Ce dernier jurisconsulte n'a pas de peine à prouver que la mer est commune par le droit naturel, & qu'elle ne peut être ni possédée ni occupée comme la terre. Il y a tout lieu de croire que la sage politique de Louis XVI formera de cette vérité la base du code maritime de toutes les nations.

Cependant la sûreté publique, le bien général de la société, les réglemens nécessaires pour la police de la pêche & du commerce, ont engagé les souverains de l'Europe à gêner la liberté indéfinie que tous les hommes ont de naviguer sur la mer. C'est pourquoi personne ne peut faire équiper des vaisseaux, & les mettre en mer sans une permission du souverain. Personne aussi en France ne peut avoir des salines sans le consentement du roi qui s'en est réservé le droit, comme un apanage de sa souveraineté.

Il ne faut pas confondre les *choses communes* avec les *choses des communes*, que l'on appelle en droit *res universitatis*. Ces dernières sont celles qui appartiennent à quelques corps ou communautés, & dont l'usage est commun à ceux qui les composent, tels sont les bois, les prés, les hôtels, les maisons communes des villes, qui appartiennent à une communauté d'habitans. Nous en parlerons sous les mots COMMUNE & COMMUNAL.

Choses douteuses en droit, sont celles dont l'événement est incertain, ou celles qui dépendent de l'interprétation d'une clause, d'un testament, ou de quelque autre acte. Il en est parlé dans un très-grand nombre de textes de droit, indiqués par M. Brederode, au mot *dubium*. Laurent Valla a fait un traité *de rebus dubiis*.

Choses de faculté ou *de pure faculté*, *meræ facultatis*, sont celles qu'il est libre de faire quand on veut, & que l'on peut aussi ne pas faire sans qu'il en résulte aucun inconvénient; tel est, par exemple, le droit de passage, qui appartient à quelqu'un dans l'héritage d'autrui. Ces sortes de *choses* ou de droits ne se perdent point par le non-usage, & la prescription ne commence à courir, à cet égard, que du jour de la contradiction, par exemple, du jour que le passage a été refusé. *Voyez* SERVITUDE.

Choses fungibles, *res fungibiles*, sont celles qui se consomment par l'usage, & que l'on peut remplacer par d'autres de même espèce, comme l'argent monnoyé, le grain, les liqueurs, *&c.* Elles sont opposées à celles que l'on appelle en droit *non fungibles*, qui ne se consomment pas par l'usage, que l'on ne peut pas remplacer par d'autres semblables, & dont la perte se répare par une estimation, comme une maison, un cheval, *&c.*

Choses impossibles, en droit, sont opposées aux *choses possibles*. Les *choses possibles* sont celles qu'il est au pouvoir de quelqu'un de faire, ou qui sont permises par les loix : d'où il suit que les *choses impossibles* sont celles que l'on ne peut faire réellement, ou que les loix défendent. Les *choses impossibles*, quoique promises ou stipulées, n'obligent pas. Ainsi, lorsqu'on a stipulé une clause de cette nature dans un acte, lorsque le testateur a apposé une telle condition à sa libéralité, elle est regardée comme non-écrite, & n'empêche pas l'exécution de l'acte. Nous parlerons de ces espèces de *choses* dans les différentes matières auxquelles elles peuvent avoir rapport.

Choses jugées en droit, s'entendent de plusieurs manières. 1°. On appelle *chose jugée*, celle qui est décidée par un jugement en dernier ressort, ou par une sentence dont il n'y a ou ne peut y avoir d'appel, soit parce qu'on y a acquiescé, ce qui empêche qu'on ne soit recevable à en interjetter appel, soit parce qu'on n'en a pas appellé dans le temps prescrit, ou que l'appel en a été déclaré péri. *Voyez* ACQUIESCEMENT, APPEL.

2°. *Chose jugée*, se prend quelquefois pour ce qui résulte d'un jugement, & quelquefois aussi pour le jugement même.

3°. On appelle *chose jugée*, la jurisprudence qui résulte de l'uniformité de différentes décisions portées sur un même point de droit. C'est dans ce sens qu'on dit *opposer l'autorité de la chose jugée*, c'est-à-dire, fonder sa demande, ou ses défenses sur quelque jugement rendu entre les parties, ou dans une espèce semblable. *Voyez* AUTORITÉ *des loix & des auteurs.*

4°. On entend enfin, par *chose jugée*, l'opinion d'équité, qu'on doit avoir des décisions des juges. C'est en ce sens que *chose jugée est dite chose vraie : res judicata pro veritate habetur.*

Choses litigieuses. Voyez DROITS LITIGIEUX.

Choses, appellées *mancipi*, en droit romain, étoient celles qui étoient possédées en pleine propriété. Elles étoient ainsi appellées de *mancipium*, qui signifioit le droit de propriété & de domaine dont les seuls citoyens romains jouissoient sur tous les fonds de l'Italie, sur les héritages de la campagne, sur les esclaves & sur les animaux qui servoient à faire valoir ces mêmes fonds. Toutes ces *choses* étoient appellées *res mancipi* ou *mancipii*, à la différence des provinces tributaires des Romains, où les particuliers n'avoient que l'usufruit & la possession de leurs fonds & des *choses* qui y étoient attachées; c'est pourquoi on les nommoit *res nec mancipi*. Par l'ancien droit romain, l'usucapion n'avoit lieu que pour les *choses* appellées *mancipi*, soit meubles ou immeubles : les *choses* appellées *nec mancipi*, étoient seulement sujettes à la prescription; mais Justinien supprima ces distinctions frivoles entre ces deux manières de posséder & de prescrire. *Voyez le tit. 6, liv. 2, institut.*

Choses prophanes, en droit, sont opposées aux *choses* sacrées, saintes & religieuses.

Choses publiques. Les jurisconsultes romains entendoient par ces termes, les *choses* dont la propriété appartient à un peuple, & dont l'usage est permis à tous les membres de la nation. De ce genre sont les fleuves & leurs rivages, les ports, rades, havres & le lit des rivières, aussi long-temps qu'il est couvert par les eaux.

Il ne faut pas confondre ces objets, avec les mines, les salines, les forêts, les terres réservées au domaine public. On leur donne quelquefois la dénomination de *choses publiques*; mais elle ne leur convient qu'à raison de la personne qui les possède; car quant au droit & à l'usage, elles sont véritablement privées, & l'on suit, à l'égard de leur domaine, & de la manière de s'en servir, les mêmes loix que pour les *choses* des particuliers.

Par les loix romaines, chaque citoyen pouvoit user librement des *choses publiques*. En conséquence, il étoit permis indistinctement à tous de pêcher dans les rivières & les ports, d'aborder leurs bateaux & leurs filets sur le rivage, de les attacher aux arbres qui s'y trouvent plantés, quoique la propriété de ces mêmes arbres appartienne aux maîtres des héritages riverains. C'est la disposition des §§. 2 & 4, *inst. de rer. divis.* & des *LL.* 1, §. 1, 5 *pr. ff. eod.* 17, *ff. de v. s.*

Suivant notre droit françois, la propriété des fleuves & rivières navigables & des ports, soit par rapport à leurs rivages & à leurs lits, soit par rapport à la pêche & à la navigation, aux ponts, aux moulins & autres édifices que l'on peut construire sur les fleuves & les rivières, appartient au roi.

Les seigneurs hauts-justiciers ont le même droit sur les rivières non-navigables, chacun dans l'étendue de leurs seigneuries. *Voyez* ATTERRISSEMENT, PÊCHE, FLEUVE, *&c.* Presque tous les états de l'Europe ont adopté les mêmes principes, ensorte que généralement la pêche n'est libre qu'à ceux qui en ont obtenu la permission du gouvernement ou des seigneurs hauts-justiciers, & les pêcheurs doivent se conformer aux loix & réglemens qui leur sont prescrits.

Choses religieuses, sont les lieux qui servent à la sépulture des fidèles. Chez les Romains, chacun pouvoit, de son autorité privée, rendre un lieu religieux, en y faisant inhumer un mort. Mais parmi nous cela ne suffit pas pour mettre ce lieu hors du commerce; il ne devient religieux qu'autant qu'il est béni & destiné pour la sépulture ordinaire des fidèles. *Inst. tit. de rerum divisione*, §. 9.

Choses sacrées, sont celles qui ont été consacrées à Dieu par les évêques, avec les solemnités requises, comme les vases sacrés, les églises, §. 8, *inst. de rer. divis.*

Choses saintes, en droit, sont celles que les loix ordonnent de respecter, telles que les portes & les murailles des villes, la personne des souverains, les ambassadeurs, les loix même. On appelle ces *choses saintes*, du mot latin *sanctio*, parce qu'il est défendu, *sub sanctione pœnæ*, de leur faire injure, ou d'y donner aucune atteinte. *Voyez le* §. 10 *aux institut. de rerum divisione.* L'usage des portes & des murailles des villes appartient à la communauté, & à chacun des particuliers qui la composent; mais la police & la garde en appartiennent au roi, &, suivant les anciennes coutumes de France, au seigneur haut-justicier, s'il y en a un dans le lieu.

CHRÉTIENTÉ, s. f. (*Droit ecclés.*) ce mot signifioit autrefois le *clergé*: c'est aujourd'hui la collection générale de tous les chrétiens répandus sur la surface de la terre, & considérés comme formant un corps d'hommes professant la religion de Jésus-Christ, sans aucun égard aux différentes opinions qui peuvent diviser ce corps en plusieurs sectes.

On appelloit *cour de chrétienté*, une jurisdiction ecclésiastique & le lieu même où elle se tenoit. On donnoit ce nom en Angleterre à un tribunal composé en entier d'ecclésiastiques, par opposition à la cour *laye*, dont les membres étoient tous laïques.

CI

CIMAIZE, s. f. (*terme de Coutume.*) la coutume d'Orléans, *art.* 233, se sert de cette expression, qu'elle a empruntée de l'art de la maçonnerie, en parlant des droits qui appartiennent aux co-propriétaires d'un mur mitoyen. Lorsque l'un d'eux veut y faire construire une cheminée, il peut percer en entier le mur mitoyen, pour y placer les lanciers, jambages & *cimaizes* de la cheminée, & les asseoir à fleur du mur, parce que ces parties étant destinées à soutenir la cheminée, ne peuvent porter aucun préjudice à la solidité du mur commun. *Voyez* CHANTILLE.

CIMETIÈRE, s. m. (*Droit canonique.*) c'est le nom qu'on donne aux terreins découverts qui sont consacrés pour enterrer les morts.

L'usage des *cimetières* est très-ancien. Chez les Romains, tout endroit où l'on inhumoit un mort, devenoit un lieu religieux & hors du commerce, ainsi qu'il est dit au *ff.* 9, *instit. de rer. divis.* & au *tit. ff. de relig. & sump. fun.*

Parmi nous, il ne suffit pas que quelqu'un ait été enterré dans un endroit, pour que ce lieu devienne religieux & qu'il soit hors du commerce, parce qu'aucun particulier ne peut, de son autorité privée, imprimer ce caractère à un héritage profane; il faut que l'autorité du supérieur ecclésiastique intervienne, & que le lieu ait été béni & consacré avec les solemnités prescrites, pour servir à la sépulture des fidèles.

Dans les premiers siècles de l'église, les chrétiens faisoient leurs assemblées dans les *cimetières.*

Les Romains & presque tous les peuples anciens construisoient leurs sépultures dans les champs. Cicéron, *lib.* 2 *de leg.* nous apprend qu'il étoit défendu par la loi d'inhumer les morts dans la ville. Dans les premiers siècles, qui ont suivi l'établissement du christianisme, les *cimetières* étoient hors des villes & sur les grands chemins, & il étoit défendu d'enterrer dans les églises; mais ces défenses salutaires furent abrogées par une novelle de l'empereur Léon.

Les *cimetières* tiennent ordinairement aux églises paroissiales; il y en a cependant qui en sont séparés; mais le nombre en est très-petit.

Les églises paroissiales, suivant le droit commun, peuvent seules avoir des *cimetières.* Les autres églises ne peuvent jouir de ce privilège qu'en vertu d'un titre particulier.

Avant d'inhumer les morts dans un *cimetière*, il faut qu'il soit béni, & que les formalités prescrites par les canons, pour cette bénédiction, aient été remplies.

La bénédiction des *cimetières* appartient de droit à l'évêque du diocèse. Les curés n'ont ni le droit de les consacrer, ni celui de choisir l'endroit qu'ils veulent destiner à cet usage. Ces privilèges sont attachés à l'épiscopat. Cependant il est d'usage que les évêques commettent les curés ou d'autres prêtres constitués en dignités, pour faire la bénédiction des *cimetières*, & la consécration faite en conséquence de la commission de l'évêque est régulière & canonique.

Lorsque le *cimetière* est inhérent à l'église dont il dépend, la consécration de l'église emporte celle du *cimetière*; mais si le *cimetière* est séparé de l'église, il est nécessaire de les bénir en particulier.

Suivant l'article 22 de l'édit de 1695, les *cimetières* doivent être entourés de murs. La construction & l'entretien de ces murs sont à la charge des habitans.

Lorsqu'un *cimetière* a été profané par la pollution, les canons veulent qu'on en fasse de nouveau la bénédiction.

La pollution d'un *cimetière* arrive toutes les fois qu'on y enterre un infidèle, ou une personne excommuniée, ou lorsqu'il s'y est fait une effusion considérable de sang.

On ne peut tenir des assemblées profanes, telles que des foires & marchés dans les *cimetières*. Les conciles contiennent, à cet égard, des défenses précises. C'est la disposition formelle de celui de Bordeaux, tenu en 1624, de ceux de Bourges des années 1528 & 1584. Un arrêt rendu le 20 décembre 1684, au parlement de Besançon, sur le requisitoire du ministère public, contient les mêmes défenses.

Il est également défendu aux seigneurs & autres personnes d'y permettre des danses. Il y a à ce sujet un arrêt du parlement de Dijon, du 3 mars 1560, & un du grand-conseil, du 2 juin 1614. Un arrêt du parlement de Rennes, du 14 mai 1622, fait défenses, sous peine de punition corporelle, d'y entrer avec armes & bâtons, & d'y commettre des indécences.

Le commentateur de l'édit de 1695 décide que les fruits & les herbes qui croissent dans les *cimetières* sont partie des biens de la fabrique. Les marguilliers ont seuls le droit d'en faire la récolte, & ils doivent en rendre compte à la fabrique. C'est aussi ce qui a été jugé par un arrêt du grand-conseil, rendu en 1743, en faveur des marguilliers & paroissiens de Romain, près Fimes. Mais par arrêt du parlement de Paris, du 4 août 1745, rendu sur la requête de l'évêque de Boulogne, il est défendu à toutes personnes, & sous quelque prétexte que ce soit, d'y faire paître les bestiaux.

Lorsque les habitans d'une paroisse veulent changer l'emplacement du *cimetière*, ou qu'il est nécessaire d'en retrancher quelque portion, pour l'élargissement d'un grand chemin, on est obligé d'obtenir le consentement de l'évêque, du curé & du juge royal. On exhume ensuite les ossemens, & on les transporte dans le nouveau *cimetière*.

Lorsque ces formalités ont été remplies, l'ancien *cimetière* rentre dans la classe des biens profanes, & il devient sujet dès ce moment à la prescription & à toutes les autres actions que les loix ont admises.

Par un arrêt du conseil, du 25 janvier 1757, rendu en faveur des habitans d'Epernai, il a été jugé que l'affranchissement du droit d'amortissement, accordé pour les terreins acquis & destinés à la construction des églises & chapelles, devoit être étendu aux terreins acquis pour servir d'emplacement aux *cimetières*. Ainsi c'est un principe certain, que les fabriques ne sont point obligées de payer le droit d'amortissement pour les terreins qu'elles achètent, & qu'elles destinent pour servir de *cimetière*, ou pour accroître celui qui existoit auparavant.

Le scandale commis dans un *cimetière* est puni plus sévérement que celui qui est commis dans des lieux profanes, parce qu'on le regarde comme une violation d'un endroit religieux. Ce sont les circonstances qui accompagnent ces sortes de délits, qui déterminent les magistrats à infliger aux coupables des peines plus ou moins sévères.

Quoique les *cimetières* ne soient point dans le commerce, on peut cependant acquérir par la prescription un droit de passage sur un *cimetière*; mais il faut avoir une maison qui en soit proche : c'est ce qui a été jugé par un arrêt du parlement de Dijon, du 12 décembre 1609.

C'étoit anciennement l'usage de planter des ifs dans les *cimetières*. Il en existe encore beaucoup où l'on voit de ces arbres. Cependant par arrêt du conseil, du 23 octobre 1637, qui a confirmé des ordonnances rendues par l'évêque de Rennes, pour faire abattre tous les ifs qui étoient dans les *cimetières* de son diocèse, il a été décidé qu'on ne pouvoit pas y planter ces sortes d'arbres, & qu'on devoit les abattre.

C'est un principe consacré par une foule d'arrêts, que les propriétaires des maisons, qui touchent les *cimetières*, peuvent ouvrir des fenêtres du côté des *cimetières*; mais ces fenêtres doivent être grillées avec du fer maillé, & fermées avec des verres dormans. C'est ce qu'ont jugé deux arrêts rendus par le parlement de Paris, l'un du 17 janvier 1609, pour le *cimetière* des Innocens, & l'autre du dernier juin 1627, pour le *cimetière* de saint Eustache.

Les inconvéniens, les accidens occasionnés par les sépultures faites dans les églises, & dans les *cimetières* renfermés dans l'enceinte des grandes villes, excitèrent l'attention du parlement de Paris, en 1763. M. le procureur-général fit demander aux marguilliers & fabriciens de toutes les paroisses des mémoires sur ce sujet. Il obtint, le 21 mai 1765, un arrêt pour régler la police des enterremens, ordonner la visite des *cimetières* de la ville, & défendre d'y enterrer, à compter du premier janvier 1766.

Ce réglement n'a pu avoir d'abord son exécution. Mais le roi, par une déclaration du mois de mai 1776, enregistrée au parlement, a défendu 1°. d'enterrer dans les églises, chapelles & oratoires publics ou particuliers, & généralement dans tous les lieux clos & fermés des ecclésiastiques ou des laïcs, à l'exception des évêques, archevêques, curés, patrons des églises, hauts-justiciers & fondateurs des chapelles.

2°. Les personnes à qui le droit de sépulture, dans les églises ou chapelles est conservé, ne pourront en user qu'après y avoir fait construire, si fait n'a été auparavant, des caveaux de soixante & douze pieds en quarré, pavés de grandes pierres, tant au fond qu'à la superficie, & l'inhumation doit être faite à six pieds en terre, au-dessous du sol intérieur. Les caveaux doivent être augmentés en largeur, en proportion du nombre des personnes qui composent les familles, qui ont droit de sépulture.

3°. On ne concédera plus à l'avenir le droit de sépulture dans les églises ou chapelles.

4°. A l'égard des communautés religieuses, elles doivent choisir dans leurs cloîtres ou dans un autre lieu de l'enceinte de leurs maisons, un endroit pour les sépultures, distinct & séparé de leurs églises, en y faisant construire des caveaux, conformes aux proportions dont nous venons de parler.

5°. Les *cimetières* des paroisses qui sont insuffisans, doivent être agrandis, & ceux qui, placés dans l'enceinte des villes, peuvent nuire à la salubrité de l'air, seront portés au dehors, en vertu des ordonnances des évêques diocésains.

Il est à souhaiter que l'on tienne la main à l'exécution de cette déclaration, & que les juges des lieux, les officiers municipaux & les habitans se hâtent d'en procurer l'entier accomplissement.

Un arrêt du parlement de Paris, rendu en 1780, & signifié aux curés qui se servoient du *cimetière* des Innocens, l'a absolument interdit, parce qu'il infectoit le centre de la capitale.

CINQUANTENIER, s. m. (*Police.*) officier qui exécute les ordres de la ville, qu'il reçoit du quartinier, pour les faire savoir aux bourgeois. Chaque quartinier a sous lui deux *cinquanteniers*. Il y en a dans Paris soixante-quatre.

CINQUANTIÈME, s. m. (*Jurisprud. Finance.*) est une imposition qui a été levée dans certains temps, pour les besoins de l'état.

En 1296, Philippe-le-Bel leva le *cinquantième* sur les ecclésiastiques, pour la conquête de la Guienne, & la guerre contre les Flamands.

Il paroît que nos rois ont levé en divers temps sur leurs sujets une imposition, qui étoit tantôt du centième, & tantôt du *cinquantième*. En effet, on voit dans des lettres du roi Jean, du mois de novembre 1350, portant confirmation des privilèges que Philippe-de-Valois avoit accordés, en 1337, aux généraux maîtres des monnoies & aux ouvriers du serment de France, qu'ils étoient exempts de tous droits de centième, *cinquantième* & autres impositions.

Par une déclaration du 5 juin 1725, registrée le 8 du même mois, le roi ordonna la levée du *cinquantième* des revenus de l'état, sur tous ses sujets laïcs ou ecclésiastiques, pendant douze années, à commencer du premier août de la même année. Il ne fut cependant pas perçu en 1725, parce que la récolte étoit trop instante; on ne commença à le percevoir qu'en 1726.

Il devoit être perçu en nature de fruits; mais par une déclaration du 21 juin 1726, il fut converti en argent: & par une autre déclaration du 7 juillet 1727, il fut révoqué & supprimé, à compter du premier janvier 1728. (*A*)

CINQUIÈME, s. m. (*Jurisprudence.*) est une imposition qui a été perçue en différentes occasions pour les besoins de l'état.

Nous lisons dans la Genèse, *chap. 47, v. 26*, que l'on payoit le *cinquième* en Egypte.

Philippe-le-Bel, suivant les lettres-patentes du 10 octobre 1305, leva une double décime, ou le *cinquième* sur toutes les églises de son royaume.

Le *cinquième* est aussi, en quelques endroits, un droit de champart, agrier ou terrage, qui se perçoit au profit du seigneur, sur les fruits en nature: quelquefois c'est un droit de mutation qui se paie pour un héritage, soit en fief ou en roture; ce qui dépend de la coutume & des titres. En matière de fiefs, ce droit s'appelle ordinairement *quint* ou *droit de quint*. *Voyez* DÉCIME, CHAMPART, LODS ET VENTES, QUINT.

CIRCONSTANCE, s. f. (*terme de Pratique.*) il a plusieurs acceptions: 1°. on appelle *circonstances*, les accessoires de la chose qui fait la matière d'une convention, & alors il se joint avec le mot *dépendances*. Ainsi, lorsqu'on donne une maison à titre de loyers avec ses *circonstances* & *dépendances*, cette expression signifie que le preneur doit jouir de la maison louée, & de tous ses accessoires. *Voyez* ACCESSOIRE, AISANCE, DÉPENDANCES.

2°. On entend par *circonstance*, les particularités qui accompagnent un fait ou un droit, & qui souvent en changent la nature. Lorsque, par exemple, une personne a été contrainte par force à signer une obligation: dans le droit étroit, celui au profit duquel l'obligation a été subie, peut en exiger le paiement; mais par rapport à la *circonstance* qui résulte de la violence, le débiteur doit être dispensé de payer. C'est encore par les *circonstances* qui accompagnent un meurtre, que le juge peut déterminer s'il a été commis de dessein prémédité, s'il est arrivé par accident, s'il est la suite d'une rixe, ou s'il a été commis pour sa propre défense.

Il est impossible de détailler les différentes espèces de *circonstances* qui peuvent accompagner les affaires soumises à la décision des juges: elles varient à l'infini, & il est aussi rare de voir se réunir les mêmes *circonstances* dans les diverses affaires qui se présentent, qu'il est rare de trouver les mêmes traits dans les physionomies qui frappent nos yeux. Nous nous contenterons de proposer ici quelques règles générales.

1°. Dans tous les points prévus par la loi, déterminés pour être jugés d'une manière invariable, le le juge ne doit jamais faire attention aux *circonstances* qui les accompagnent. Agir autrement, c'est ouvrir la porte à une multitude d'abus, que la rigueur de la loi peut seule empêcher, c'est introduire l'arbitraire dans les décisions des juges. Tous les motifs d'équité réunis ensemble, ne doivent pas entraîner la balance de la justice; l'équité apparente qui peut regarder quelques particuliers, doit être sacrifiée au plus grand bien public, le maintien de l'ordre. D'ailleurs, en cherchant à interpréter la loi dans certaines *circonstances*, on ne peut plus compter sur ce qui est établi pour assurer les droits & la tranquillité des citoyens.

2°. Les *circonstances* qui accompagnent les conventions entre particuliers, ne peuvent être d'aucune considération, lorsque ces conventions sont claires; car elles sont seules la loi entre les parties. Mais s'il existe quelque chose de douteux, il est alors naturel que le juge explique par les *circonstances* ce que les parties n'entendent pas de la même façon, & c'est dans ce cas seul qu'on peut dire que la diversité du droit naît de la diversité du fait.

En matière criminelle, ce sont les *circonstances* qui déterminent la nature du délit: ce n'est que par elles que le juge peut savoir si un duel n'est qu'une rencontre, si un assassinat a été fait de dessein prémédité, ou pour sa propre défense. Mais lorsqu'une fois la qualité du crime est établie, le juge peut-il se servir des *circonstances* pour affoiblir ou augmenter les preuves, pour étendre ou restreindre le châtiment?

Notre code pénal, ainsi que celui de toutes les nations européennes, est encore à cet égard très-incomplet. On ne peut nier que les *circonstances* tirées de l'âge, de l'état, de la famille, des mœurs d'un accusé, devroient influer sur son sort. Il en est de même d'une première ou d'une seconde faute, de la nature du délit, s'il est par exemple du nombre de ceux qui se commettent fréquemment, & dont il faut empêcher la multiplicité par des peines plus sévères. Cependant nos loix sont muettes sur tous ces points, & souvent le juge, pour éviter le reproche de cruauté, se trouve obligé ou de juger arbitrairement, ou de laisser le crime impuni.

En matière d'injures, les *circonstances* décident seules de la grandeur de l'offense & de la réparation qui est due. Voyez INJURES.

CIRCUIT, s. m. *en Droit*, on se sert de cette expression pour signifier une procédure longue & compliquée, qui pourroit être suppléée par une plus simple; comme si dans le cas où il y a lieu à la compensation entre deux personnes qui sont respectivement débiteurs & créanciers l'une de l'autre, on commençoit par condamner celle qui a été actionnée la premiere, & par faire exécuter la condamnation avant de faire droit sur la demande incidente qu'elle forme pour sa défense, tandis qu'on peut par un seul & même jugement statuer sur les demandes respectives des deux parties. (*H*)

CIRCUIT, (*terme de Coutume.*) on le trouve dans l'*art. 137*, de celle du Perche, pour signifier ce que l'on appelle dans d'autres provinces du pays coutumier le *vol du chapon*; c'est-à-dire, cette portion de terre que les coutumes accordent par préciput à l'aîné, avec le principal manoir du fief, dans les successions en ligne directe.

« En successions directes entre nobles, appartient » au fils aîné, ou ses représentans, soit fils ou » fille, pour son droit d'aînesse & préciput, le » châtel & manoir principal, haute & basse » cour avec le *circuit*, & toutes choses étant de- » dans ledit *circuit*, comme granges, étables & » autres édifices, pressouers, douves & fossés; & » s'il n'y a fossés, lui appartient avec ledit ma- » noir & clôture, un arpent de terre ».

CIRE, s. f. (*Droit civil & canonique, Finance.*) Les *cires* étoient autrefois rangées dans la classe des drogues, & celles qui venoient des pays étrangers, ne pouvoient entrer que par les bureaux désignés dans l'*art. 1, tit. 3* de l'ordonnance de 1687. Mais un arrêt du conseil du 9 juillet 1754, les a remises dans la classe des marchandises, & en a permis l'entrée par tous les bureaux du royaume. *Voyez le Dictionnaire des Finances.*

Dans les anciennes ordonnances, on appelle *cire du roi*, le sceau ou l'émolument du sceau qui s'applique sur un morceau de *cire*.

Nos rois ont coutume de faire sceller leurs édits & déclarations en *cire jaune*, parce que, dit l'auteur du *Traité de la Pairie*, ils ont hérité des rois de la seconde race le droit de l'empire, & celui de faire sceller en *cire jaune* les actes émanés de leurs chancelleries. Les loix adressées dans la Provence & le Dauphiné, sont scellées en *cire* rouge, parce que alors elles sont scellées suivant l'ancien usage des seigneurs auxquels nos rois ont succédé.

Les lettres de concession à perpétuité doivent être scellées en *cire* verte, & celles de concession à temps en *cire* blanche.

Une ordonnance de Philippe V, du 2 juin 1319, enjoignoit aux adjudicataires des bois du domaine, de donner une livre de *cire* pour les hôtels du roi & de la reine; mais ce droit a été révoqué par l'ordonnance de 1669, *tit. 15, art. 15*.

En matière ecclésiastique, on entend par le mot *cire*, les cierges que l'on allume dans les églises, pour la célébration des offices.

C'est à la fabrique de chaque paroisse, à fournir toute la *cire* nécessaire pour l'office paroissial, les messes & les services de fondation; le curé est obligé de donner celle qui est nécessaire pour les messes de dévotion, que la fabrique n'est pas chargée de faire acquitter.

Au défaut du revenu des fabriques, les décimateurs chargés de la portion congrue doivent fournir la *cire* nécessaire.

Les cierges que l'on porte à l'offrande, que l'on

met sur les pains bénis, que l'on met autour des corps & sur l'autel, aux enterremens & pompes funèbres, appartiennent aux curés, à moins qu'il n'y ait accord ou usage contraire, pour les partager entre eux & les fabriques.

CIRIMANAGE *ou* CIRMANAGE, & *même* SIRIMENAGE, f. m. (*Droit féodal.*) c'est un cens dû en Béarn aux seigneurs, par chaque habitation. Il en est fait mention dans une chartre de Gaston de Moncade, rapportée par M. de Marca, en son *Histoire du Béarn*, *liv. VII*, *chap. 15*, *n. 4*.

CITATION, f. f. (*Jurispr.*) ce mot a plusieurs significations très-différentes. On appelle 1°. *citation*, les textes de droit qu'on indique pour appuyer ce que l'on avance; ce mot est alors synonyme à *autorité*: 2°. *citation*, en droit romain, signifie l'assignation verbale, qui étoit en usage parmi eux: 3°. nous appellons *citation*, l'action par laquelle on ajourne quelqu'un devant le juge d'église, le tribunal d'une université, ou celui de MM. les maréchaux de France. Nous allons suivre ces trois différentes acceptions.

CITATION, dans le sens d'*autorité*, est l'allégation que l'on fait en justice du texte d'une loi, d'un édit, d'une déclaration, d'une coutume, d'un arrêt, des ouvrages d'un jurisconsulte, pour appuyer une proposition que l'on veut établir.

Les *citations* fréquentes en plaidant, furent introduites sous le président de Thou. Pasquier, en parlant des avocats de ce temps, dit que, *erubescebant sine lege loqui:* ils citoient non seulement des textes de droit, mais aussi les historiens, les orateurs, les poëtes, & la plupart de ces *citations* étoient inutiles & déplacées.

Les jurisconsultes du seizième siècle étoient également tombés dans l'excès des *citations*. Leurs écrits en sont tellement chargés, que l'on y perd de vue le fil du discours, & que l'on y trouve plus de *citations* que de raisonnemens. Les chaires des églises n'ont pas été exemptes de ce défaut, les prédicateurs remplissoient leurs sermons de *citations* sacrées & prophanes.

On tombe peut-être à présent dans un autre excès; on a honte de citer, sur-tout des textes latins. Est-ce manque d'érudition, ou en fait-on peu de cas? Une pareille opinion ne peut qu'être enfantée par l'ignorance, & nourrie par la paresse. On ne doit pas recourir à des *citations* peu convenables au sujet, ni s'arrêter à prouver ce qui n'est pas contesté; mais il est toujours du devoir de l'avocat & du jurisconsulte, de citer les loix & autres textes qui établissent une proposition controversée, d'avoir l'attention de n'en pas surcharger son discours, & de faire choix de celles qui sont les plus précises & les plus frappantes. *Voyez* AUTORITÉ *des loix*, &c.

Comme les *citations* de droit sont ordinairement écrites en abrégé, nous allons les exposer ici, pour en donner l'intelligence.

Citations du Droit civil.

Ap. Justin. ou *institut.* signifie aux institutes.
D. ou *ff.* au digeste.
Cod. ou *c.* au code.
Cod. théod. au code théodosien.
Cod. repet. prælect. codex repetitæ prælectionis.
Authent. ou *auth.* dans l'authentique.
Leg. ou *l.* dans la loi.
§. ou *parag.* au paragraphe.
Novel. dans la novelle.
Novel. Leon. novelles de l'empereur Léon.
Argum. leg. par argument de la loi.
Glos. dans la glose.
h. t. en ce titre.
Eod. tit. au même titre.
In p. ou *in princ.* au commencement.
In f. à la fin.

Citations du Droit canon.

Il est bon d'observer que le corps de droit canonique est composé du décret de Gratien, des décrétales de Grégoire IX, du sexte de Boniface VIII, des clémentines, des extravagantes communes, & des extravagantes de Jean XXII.

Le décret de Gratien est divisé en trois parties, les causes, les distinctions & le traité de la consécration. On appelle *canon*, les sous-divisions de chacune de ces parties; & *capitule*, chaque division des titres des décrétales & autres parties.

C. ou *can.* signifie au canon.
Cap. au capitule ou chapitre.
Caus. dans une cause de la seconde partie du décret de Gratien.
Quest. quest. d'une cause.

Ainsi *caus. 12*, *quest. 3*, *can. 8*, veut dire au canon 8 de la douzième cause, quest. 3 du décret de Gratien.

Dist. dans une distinction.
De cons. de pœn. ces deux abbréviations signifient que le canon que l'on cite est tiré ou du traité de la consécration, ou de la distinction intitulée *de pœnitentiâ*.
Ex. ou *extra*, ou x̄, veut dire dans les décrétales de Grégoire IX.
Apud Gregor. signifie la même chose.
Extrav. comm. extravagantes communes.
Extrav. Joan. constitutions de Jean XXII.
In sext. ou *in 6°.* dans la collection de Boniface VIII.
℣. ou *vers.* au verset.

CITATION, (*Jurispr. rom.*) ce que les Romains appelloient *citation*, *in jus vocatio*, revenoit à-peu-près à ce qu'on appelle parmi nous *ajournement* ou *assignation*.

On ne voit point de quelle manière se faisoient ces sortes de *citations*, du temps des rois & des premiers consuls; mais on voit que par la loi des douze tables, il étoit ordonné au défendeur de suivre le demandeur, lorsqu'il vouloit le conduire devant le juge. Dans la suite, cette procédure changea de forme ; car long-temps avant Justinien il n'étoit plus permis de citer verbalement son adversaire en jugement ; il falloit dès-lors que l'assignation fût libellée, comme cela s'observe parmi nous, & l'on convenoit du jour auquel on devoit se présenter devant le juge.

Il n'étoit pas permis de citer en jugement toutes sortes de personnes ; on en exceptoit les magistrats de Rome, sur-tout les consuls, les préteurs, le préfet de la ville, & autres qui étoient qualifiés *magistratus urbani*. Il en étoit de même des magistrats de province, tant qu'ils étoient en charge, d'un pontife, & des juges pédanées, pendant qu'ils exerçoient leurs fonctions ; de ceux qui gardoient quelque lieu consacré par la religion. Ceux qui recevoient les honneurs du triomphe, ceux qui se marioient, ceux qui faisoient les honneurs d'une pompe funèbre, ne pouvoient être inquiétés pendant la cérémonie ; enfin, ceux qui étoient sous la puissance d'autrui, ne pouvoient être cités en jugement, qu'ils ne fussent jouissans de leurs droits.

Les pères, les patrons, les pères & les enfans des patrons, ne pouvoient, suivant le droit romain, être cités en jugement par leurs enfans ou leurs affranchis, sans une permission du juge ; autrement le demandeur étoit condamné à payer cinquante sesterces.

Il falloit même, suivant le droit civil, une semblable permission du préteur, pour citer en jugement quelque personne que ce fût, sans quoi, le défendeur avoit action à ce sujet contre le demandeur ; mais si le préteur autorisoit dans la suite la *citation*, il n'y avoit plus d'action contre le demandeur.

La *citation* en jugement étoit quelque chose de plus fort qu'une simple action. *Voyez* le titre du Digest. *de in jus vocando*.

Citation, (*Procédure.*) nous entendons par ce terme, l'assignation donnée à quelqu'un pour comparoître, soit devant un juge ecclésiastique, soit au tribunal d'une université, soit à celui de MM. les maréchaux de France.

Des citations en cour d'église. Elles ont pour objet les demandes que l'on forme contre les ecclésiastiques, & même contre les laïcs, dans les cas dont la connoissance appartient à la jurisdiction ecclésiastique. Elles sont assujetties aux mêmes réglemens & formalités que les assignations dans les sièges ordinaires. Voyez à cet égard l'ordonnance de 1667, *tit.* 2, *art.* 1.

Lorsque la *citation* est donnée à l'effet de comparoître devant un juge ordinaire, il n'est pas nécessaire de prendre commission ou mandement, quoique cet usage se pratique dans plusieurs officialités, & sur-tout dans celle de Paris. Mais si la *citation* est faite devant un juge délégué, elle ne peut être signifiée qu'en vertu de son ordonnance, & elle doit contenir en même temps, copie de la commission du juge, & indiquer un lieu certain, puisqu'il n'a pas d'auditoire propre.

L'exploit de *citation* est signifié par un huissier, appellé en cour d'église *appariteur*. Au défaut de cet officier, les officiaux peuvent se servir des huissiers royaux, mais non des sergens des jurisdictions seigneuriales.

Les réglemens faits par l'assemblée du clergé, tenue à Paris en 1605 & 1606, & la jurisprudence des arrêts, enjoignent aux officiaux qui adressent aux huissiers royaux des commissions pour citer quelqu'un, d'insérer dans leurs ordonnances cette clause subsidiaire, *ou en aide au premier huissier, ou sergent royal*, qui sera requis de les mettre à exécution. Sans cette précaution, la commission seroit regardée comme attentatoire à la jurisdiction royale, & tout ce qui auroit été fait en conséquence, seroit cassé & déclaré nul.

Les juges d'église adressoient autrefois des lettres de *citation* à des prêtres ou à des clercs non mariés, pour les signifier à défaut d'appariteurs. Mais ces significations ont été proscrites par un arrêt du conseil, rendu en forme de réglement, le 10 août 1679.

Un appariteur peut citer devant un autre juge d'église que celui dans le siège duquel il est immatriculé, pourvu qu'il signifie l'exploit dans son ressort.

Les *citations* sont exposées à plusieurs espèces de nullités, qui peuvent donner lieu à l'appel simple devant le juge supérieur, ou à l'appel comme d'abus dans les cours souveraines.

Les *citations* sont nulles & abusives, par quatre causes différentes : 1°. parce qu'elles sont faites devant un juge incompétent : 2°. qu'elles sont vagues & générales : 3°. qu'elles sont données hors des limites du royaume : 4°. qu'elles le sont en distraction de ressort de parlement ou de diocèse.

Suivant l'ordonnance de 1539, les édits de décembre 1606 & septembre 1610, l'ordonnance de janvier 1629 & l'édit de 1695, les juges d'église ne peuvent connoître, ni faire citer devant eux des laïcs dans les actions pures personnelles, sous peine d'amende arbitraire & de perte de cause. Leur compétence est bornée à cet égard aux contestations en matière de sacremens, & autres choses pures, spirituelles & ecclésiastiques.

Toute *citation* faite devant un juge d'église, ou par ses ordres, pour un objet qui n'est pas pur, spirituel & ecclésiastique, est nulle & abusive. Mais nous ne pouvons nous empêcher de remarquer ici qu'il se rencontre plusieurs affaires qui participent, ou qui paroissent participer également du spirituel & du temporel, & que, comme nos loix ont gardé le silence à cet égard, il y a beaucoup de variation & d'incertitude dans la jurisprudence, sur les objets qu'on doit laisser à la jurisdiction ecclésiastique. Nous tâcherons de donner les principes qui nous paroissent les plus certains sur cette matière, sous le mot Jurisdiction *ecclésiastique*.

Les ordonnances de 1512 & de 1525 enjoignent aux juges d'église d'énoncer les causes des *citations*, dans les commissions qu'ils délivrent, afin qu'on puisse savoir si la connoissance de l'affaire dont est question leur appartient. En exécution de ces loix, toutes les *citations* générales & celles qui sont conçues en termes vagues, sont nulles & abusives: c'est la jurisprudence constante de tous les parlemens.

Les monumens historiques nous apprennent que les *citations* en cour de Rome avoient souvent lieu en France, indistinctement contre les laïcs & les ecclésiastiques. Charles V, en 1367, s'en plaignit au pape Urbain V, qui, par une bulle enregistrée au parlement de Paris, déclara qu'à l'avenir les sujets du roi, de quelque qualité & condition qu'ils fussent, ne pourroient être cités hors du royaume. Ce privilège de l'église gallicane a été confirmé par la pragmatique & le concordat. Il est aujourd'hui de principe certain, & d'une jurisprudence constante, qu'un sujet du roi ne peut être cité à Rome, pour quelque cause que ce soit. S'il survient quelque cas dont la connoissance appartient au pape, ou qui lui soit dévolu par appel, il doit donner des juges délégués dans le ressort du parlement du défendeur, & de son diocèse, ou du moins dans la distance au plus de deux journées.

On appelle *citation* en distraction de ressort, celle par laquelle on assigneroit un particulier devant un juge ecclésiastique d'un autre diocèse que le sien, ou devant un official dont le tribunal est situé dans une ville dépendante du ressort d'un autre parlement que celui sous lequel demeure le défendeur. Cette jurisprudence est fondée sur la règle de droit, *actor sequitur forum rei*. Cependant si dans une instance pendante en une officialité, il est nécessaire de faire assigner des personnes de différens diocèses, les *citations* qu'on leur donne ne sont pas abusives, quoique faites en distraction de ressort; elles sont alors nécessaires, pour ne pas saisir plusieurs officiaux du même objet de contestation, & pour éviter la multiplicité des frais. *Voyez* APPARITEUR.

Des citations au tribunal d'une université. Elles ont lieu à l'occasion des différends qui surviennent entre les suppôts, touchant les études, les bourses, les fondations, & la discipline qui doit y être observée.

La jurisdiction des universités est fondée sur les privilèges qui leur ont été accordés & confirmés successivement par nos rois. Un édit de Louis XIV, du mois de septembre 1651, pour l'université de Paris, porte que les différends mus & à mouvoir, entre ses suppôts, touchant la discipline & l'exécution des statuts tant généraux que particuliers, doivent être décidés & réglés sommairement par le tribunal de l'université, sans pouvoir être traduits devant d'autres juges.

Un arrêt du conseil, du 19 mai 1697, rendu pour l'université de Besançon, enregistré au parlement le 10 juin suivant, attribue au tribunal du recteur la connoissance non seulement des matières civiles personnelles de suppôt à suppôt, mais même des matières criminelles, qui n'emportent pas peine afflictive ou infamante.

Les *citations* au tribunal du recteur se signifient par des appariteurs, qui sont eux-mêmes des suppôts, & qu'on connoît plus ordinairement sous le nom de *bedeaux*. Elles sont sujettes aux mêmes formalités & réglemens que les *citations* en cour ecclésiastique.

Des citations au tribunal des maréchaux de France. Elles ont pour objet les dettes contractées de gentilhomme à gentilhomme, ou entre les officiers des troupes, par billet ou parole d'honneur. Elles ne sont pas assujetties aux formalités prescrites pour les exploits par l'ordonnance de 1667.

L'officier qui veut en faire citer un autre pardevant MM. les maréchaux, leur fait présenter par un officier ou garde de la connétablie, une requête contenant l'objet de sa demande: cette requête est signée du garde, qui doit être en même temps muni du billet; elle est répondue d'un soit communiquée au débiteur: ce dernier est tenu, lors de la communication qui lui en est faite, d'écrire, dater & signer sa réponse, à la suite de l'ordonnance, dont le garde dresse procès-verbal.

CITÉ, s. f. (*Droit public.*) ce mot n'a pas toujours eu la même signification, ainsi que nous le dirons dans la suite: on ne l'emploie guère aujourd'hui que pour signifier l'ancien quartier d'une ville qui s'est agrandie par la suite des temps.

De l'origine des cités. Elles ont été formées par la première réunion des grandes sociétés de plusieurs familles, où les actes de la volonté & l'usage des forces ont été résignés à une personne physique ou à un être moral, pour la sûreté, la tranquillité intérieure & extérieure, & tous les autres avantages de la vie. *Voyez* SOCIÉTÉ & FAMILLE. La personne physique, ou l'être moral dépositaire des volontés & des forces, est dite *commander*; les personnes qui ont résigné leurs volontés & leurs forces, sont dites *obéir*.

L'idée de *cité* suppose donc le rapport d'une personne physique ou d'un être moral public qui *veut seul*, à des êtres physiques privés qui *n'ont plus de volonté*.

Toute *cité* a deux origines, l'une philosophique, l'autre historique. Quant à la première de ces origines, il y en a qui prétendent que l'homme est porté par sa nature à former des *cités* ou sociétés civiles; que les familles tendent à se réunir, c'est-à-dire, à résigner leurs forces & leurs volontés à une personne physique, ou à un être moral: ce qui peut être vrai, mais ce qui n'est pas facile à prouver. D'autres la déduisent de la nécessité d'une société civile par la formation & la subsistance des moindres sociétés, la conjugale, la paternelle & l'hérile; ce qui est démontré faux par l'exemple des patriarches qui vivoient en familles libres &

ſéparées. Il y en a qui ont recours ou à l'indigence de la nature humaine, ou à ſa crainte du mal, ou à un appétit violent des commodités de la vie, ou même à la débauche; ce qui ſuffiroit bien pour raſſembler les familles en ſociété civile, & pour les y maintenir.

La première ville ou *cité* fut conſtruite par Caïn. Nemrod, qui fut méchant & qui affecta un des premiers la ſouveraineté, fut auſſi un fondateur de *cités*. Nous voyons naître & s'accroître la corruption & les vices, avec la naiſſance & l'accroiſſement des *cités*. L'hiſtoire & la philoſophie ſont donc d'accord ſur leurs origines.

Quelles que ſoient les loix de la *cité* où l'on s'eſt retiré, il faut les connoître, s'y ſoumettre, & les défendre. Quand on ſe repréſente en eſprit des familles s'aſſemblant pour former une *cité*, on ne conçoit entre elles que de l'égalité. Quand on ſe les repréſente aſſemblées, & que la réſignation des volontés & des forces s'eſt faite, on conçoit de la ſubordination, non ſeulement entre les familles, mais entre les individus. Il faut faire le même raiſonnement par rapport aux *cités* entre elles. Quand on ſe repréſente en eſprit les *cités* iſolées, on ne conçoit que de l'égalité entre elles; quand on ſe les repréſente réunies, on conçoit la formation des empires & la ſubordination des *cités*, ſoit entre elles, ſoit à quelque perſonne phyſique, ou à quelque être moral. Que n'en peut-on dire autant des empires! Mais c'eſt par cela même qu'il ne s'eſt point formé de combinaiſon des empires, que les ſouverains abſolus reſtent égaux, & vivent ſeuls indépendans & dans l'état de nature.

Le conſentement qui aſſure, ſoit la ſubordination des familles dans une *cité*, ſoit celle des *cités* dans un empire, à une perſonne phyſique, ou à un être moral, eſt démontré par le fait; & celui qui trouble l'ordre des familles dans la *cité*, eſt mauvais citoyen; & celui qui trouble l'ordre des *cités* dans l'empire, eſt mauvais ſujet; & celui qui trouble l'ordre des empires dans le monde, eſt mauvais ſouverain. Dans un état bien ordonné, une *cité* peut être regardée comme une ſeule perſonne, & la réunion des *cités* comme une ſeule perſonne, & cette dernière perſonne comme ſoumiſe à une autorité qui réſide dans un individu phyſique, ou dans un être moral ſouverain, à qui il appartient de veiller au bien des *cités* en général & en particulier.

De la ſignification du mot cité. Ce terme déſignoit anciennement un état, un canton, dont les habitans avoient la même religion, les mêmes loix, les mêmes coutumes, un peuple avec toutes ſes dépendances, une république particulière. Dans ce ſens, ce nom eſt à-peu-près ſynonyme à celui de *commune*: il ne convient plus guère aujourd'hui qu'à quelques villes d'Allemagne ou des cantons ſuiſſes.

Quoique les Gaulois ne fuſſent qu'une même nation, ils étoient cependant diviſés en pluſieurs peuples, formant preſque autant d'états ſéparés, que Céſar appelle *cités*, *civitates*. Outre que chaque *cité* avoit ſes aſſemblées propres, elle envoyoit encore des députés à des aſſemblées générales, où l'on diſcutoit les intérêts de pluſieurs cantons. Mais la *cité*, ou métropole, ou capitale, où ſe tenoit l'aſſemblée, s'appelloit par excellence *civitas*. Les Latins diſoient *civitas Æduorum*, *civitas Lingonum*, *civitas Senonum*; & c'eſt ſous ces noms qu'Autun, Langres & Sens ſont déſignés dans l'*Itinéra* d'Antonin.

Il ſuit de-là que, dans les auteurs latins, les mots de *cité*, *civitas*, & de *ville*, *urbs*, ſont très-différens. Le terme *urbs*, ville, déſigne ſeulement une enceinte couverte d'habitations, fermée de murailles avec des portes, ce qui la diſtingue des bourgs & des villages. Le terme de *cité* veut dire un peuple réuni par les mêmes loix, qui peut exiſter ſans ville murée: auſſi trouve-t-on dans les commentaires de Céſar, que la *cité* des Helvétiens étoit compoſée de quatre bourgs.

Dans la ſuite des temps, on a donné le nom de *cité* aux ſeules villes épiſcopales: mais cette diſtinction ne ſubſiſte plus guère qu'en Angleterre, où le nom de *cité* n'a été connu que depuis la conquête; avant cette époque, toutes les villes s'appelloient *bourgs*. Chaſſané, ſur la coutume de Bourgogne, dit que la France a cent quatre *cités*, & il en donne pour raiſon qu'elle a cent quatre tant évêchés que archevêchés.

Aujourd'hui, lorſqu'une ville s'eſt agrandie avec le temps, on donne le nom de *cité* à l'eſpace qu'elle occupoit primitivement; ainſi il y a à Paris la *cité* & l'univerſité; à Londres, la *cité* & les fauxbourgs; à Prague & à Cracovie, où la ville eſt diviſée en trois parties, la plus ancienne s'appelle la *cité*. Le nom de *cité* n'eſt plus guère d'uſage parmi nous qu'en ce dernier ſens; on dit, en toute autre occaſion, ou *ville*, ou *fauxbourg*, ou *bourg*, ou *village*. *Voyez ces articles.*

Du droit de cité. C'eſt la qualité de citoyen ou bourgeois d'une ville, & le droit de participer aux privilèges qui ſont communs à tous les membres & habitans de cette ville.

Chez les Romains, le droit de *cité*, c'eſt-à-dire la qualité de citoyen romain, fut conſidéré comme un titre d'honneur, & devint un objet d'émulation pour les peuples voiſins, qui tâchoient de l'obtenir.

Il n'y eut d'abord que ceux qui étoient réellement habitans de Rome, qui jouirent du titre & des privilèges de citoyens romains. Romulus communiqua le droit de *cité* aux peuples qu'il avoit vaincus, & qu'il amena à Rome. Ses ſucceſſeurs firent la même choſe, juſqu'à ce que la ville étant aſſez peuplée, on permit aux peuples vaincus de reſter chacun dans leur ville; & cependant pour les attacher plus fortement aux Romains, on leur accorda le droit de *cité* ou de bourgeoiſie romaine, ensorte qu'il y eut alors deux sortes de citoyens romains, les uns qui étoient habitans de Rome, & que l'on appelloit *cives ingenui;* les autres qui demeuroient dans d'autres villes, & que l'on appelloit *municipes*. Les consuls & ensuite les empereurs, communiquèrent les droits de *cité* à différentes villes & à différens peuples soumis à la domination romaine.

La loi 7 au code *de incolis*, porte que le domicile de quelqu'un dans un endroit ne lui attribue que la qualité d'habitant, mais que celle de citoyen s'acquiert par la naissance, par l'affranchissement, par l'adoption, & par l'élévation à quelque place honorable.

Les droits de *cité* consistoient, chez les Romains, 1°. à jouir de la liberté; un esclave ne pouvoit être citoyen romain, & le citoyen romain qui tomboit dans l'esclavage, perdoit les droits de *cité:* 2°. les citoyens romains n'étoient point soumis à la puissance des magistrats en matière criminelle; ils arrêtoient leurs poursuites en disant *civis romanus sum;* ce qui tiroit son origine de la loi des douze tables, qui avoit ordonné qu'on ne pourroit décider de la vie & de l'état d'un citoyen romain, que dans les comices par centuries: 3°. ils avoient le droit de suffrage dans les affaires de la république: 4°. ils étoient les seuls qui eussent sur leurs enfans la puissance telle que les loix romaines la donnent: 5°. ils étoient aussi les seuls qui pussent exercer le sacerdoce & la magistrature, & avoient plusieurs autres privilèges.

Le droit de *cité* se perdoit, 1°. en se faisant recevoir citoyen d'une autre ville; 2°. en commettant quelque action indigne d'un citoyen romain, pour laquelle on encouroit la grande dégradation, appellée *maxima capitis diminutio*, qui ôtoit tout-à-la-fois le droit de *cité* & la liberté; 3°. la moyenne dégradation, appellée *media capitis diminutio*, ôtoit aussi le droit de *cité:* telle étoit la peine de ceux qui étoient effacés du rôle des citoyens romains, pour s'être fait inscrire sur le rôle d'une autre ville: ceux qui étoient exilés ou relégués dans une isle, souffroient aussi cette moyenne dégradation, & conséquemment perdoient les droits de *cité*.

Parmi nous il n'y a que la naissance ou les lettres du prince qui attribuent les droits de *cité*. On confond quelquefois le droit de *cité* avec celui de bourgeoisie; cependant le droit de *cité* est plus étendu que celui de bourgeoisie: il comprend aussi quelquefois l'incolat, & même tous les effets civils.

En effet, celui qui est banni d'un lieu ne perd pas seulement le droit de bourgeoisie, il perd absolument les droits de *cité*, c'est-à-dire, tous les privilèges accordés aux habitans du lieu; & si le bannissement est hors du royaume, il perd tous les effets civils.

On peut perdre les droits de *cité* sans perdre la liberté, comme il arrive dans celui qui est banni; mais la perte de la liberté emporte toujours la perte des droits de *cité*. (*A*)

CITEAUX (*Ordre de*), s. m. (*Droit ecclésiast.*) c'est le nom qu'on donne à une ancienne congrégation de l'ordre de saint Benoît, dont les religieux sont connus sous le nom de *bernardins*. *Voyez* BERNARDIN, BERNARDINE; BÉNÉDICTIN.

Nous ajouterons seulement ici une notice des congrégations particulières, qui se sont formées dans l'ordre de *citeaux*.

La plus ancienne congrégation réformée de cet ordre a commencé en Espagne, par les soins de Martin de Vargas, religieux de l'abbaye de Piédra, au diocèse de Tarragone. Il alla avec un de ses compagnons à Rome, demander la permission d'introduire la réforme qu'il avoit en vue. Martin V le lui permit & consentit que les monastères où elle seroit introduite fussent exempts de la jurisdiction du chapitre général, & même de celle de l'abbé de *Cîteaux*.

Martin de Vargas, à son retour de Rome, se retira dans une espèce de solitude sur les rives du Tage, près de Tolède, & y bâtit le monastère, auquel on a donné depuis le nom de *Mont-Sion*. Eugène IV confirma ce nouvel établissement, & ordonna que ce monastère, ainsi que ceux qui s'établiroient dans la suite pour la même observance, ne formeroient qu'une seule congrégation, dont le général auroit le titre de *réformateur*, mais que la confirmation en appartiendroit à l'abbé de *Cîteaux*.

Cette réforme ne fit pas de grands progrès dans les commencemens; mais dans la suite elle devint considérable, par le grand nombre de monastères qui s'y soumirent.

L'habillement des religieux de cette réforme ne diffère de celui des autres moines de *Cîteaux*, qu'en ce que leur ceinture est de laine blanche & que la ceinture de ceux-ci est de laine noire.

Il se fit une autre réforme de l'ordre de *Cîteaux* dans la Toscane & la Lombardie, sous une seule congrégation du titre de *saint Bernard*, en 1497. Le chef de cette congrégation a la qualité de président. Lorqu'il se trouve en personne au chapitre général de *Cîteaux*, il prend son rang immédiatement après les quatre premiers pères de l'ordre, qui sont ceux de la Ferté, de Pontigni, de Clairvaux & de Morimond.

Une autre congrégation particulière, mais qui n'a pas embrassé la réforme, est celle qu'on appelle d'*Aragon*, qui comprend les monastères de ce royaume & ceux de Navarre, de Valence, de Catalogne & de l'isle Majorque. Le trop grand éloignement de *Cîteaux*, chef-lieu de l'ordre, fit ériger cette congrégation en 1616, pour être gouvernée par un vicaire-général. Elle reconnoît la supériorité de l'abbé général, & députe un abbé à tous les chapitres généraux de l'ordre. Elle tient ses chapitres particuliers tous les quatre ans. L'abbé de *Cîteaux* & les quatre premiers pères de l'ordre, ou les commissaires députés par le chapitre général, ont droit d'y présider. Le vicaire-général, les visiteurs & les définiteurs, après leur nomination, prêtent le serment à l'ordre, c'est-à-dire, au chapitre général & à l'abbé de *Cîteaux*. Les réglemens particuliers que fait la congrégation doivent être confirmés par le chapitre général. Cette congrégation ne peut avoir d'autre procureur général, en cour de Rome, que celui de l'ordre.

Il s'érigea encore, en 1623, une nouvelle congrégation des monastères de l'ordre de *Cîteaux*, dans l'état ecclésiastique & le royaume de Naples, sous le titre de *congrégation romaine*. Le chef de cette congrégation a le titre de président. Les monasteres qui la forment sont néanmoins toujours soumis à la jurisdiction, à la visite & à la correction de l'abbé de *Cîteaux*, & les réglemens particuliers de cette congrégation n'ont d'autorité qu'autant qu'ils ont été confirmés au chapitre général de l'ordre, où elle est obligée d'envoyer deux abbés chaque fois qu'il se tient.

La congrégation de *la Calabre* s'est formée en 1633, à-peu-près aux mêmes conditions que celle de Rome. Le grand monastère de Notre-Dame du Secours, qui formoit anciennement l'abbaye *de Flore*, & qui étoit le chef-lieu de l'ordre de ce nom, dépend de cette congrégation.

Il y a eu en France des congrégations de réforme particulière de l'ordre de *Cîteaux* : telle est entre autres celle des feuillans, dont il sera parlé à l'article FEUILLANT.

Il y a encore celle de la Trappe & celle de Sept-Fonds, dont nous aurons occasion de parler aux articles auxquels elles se rapportent.

CITER, v. a. (*Jurisprudence.*) c'est assigner quelqu'un devant un juge d'église, devant le tribunal d'une université, ou celui de MM. les maréchaux de France. *Voyez* CITATION.

CITERNE, s. f. (*Droit civil.*) c'est un lieu souterrein & voûté dont le fond pavé, glaisé ou couvert de sable, est destiné à recevoir & à conserver les eaux de pluie.

La coutume de Paris, celle de Calais & celle d'Orléans disent, « que nul ne peut faire fossés à » eau, s'il n'y a six pieds de distance, en tout sens, » des murs, appartenans au voisin ou mitoyens ».

Plusieurs auteurs ont mis les *citernes* au rang des fosses à eaux; mais Desgodets observe qu'ils n'ont pas considéré que les *citernes* ne sont pas de même nature, & qu'elles servent à des usages différens ou contraires. En effet, les fosses à eaux sont des puisarts destinés pour détourner & faire disparoître les eaux qui y coulent, & les *citernes* sont faites pour conserver & contenir les eaux qui s'y trouvent, sans qu'elles en puissent sortir; car sans cela les *citernes* seroient inutiles.

Suivant Desgodets, dont l'avis nous paroît fondé sur l'usage de plusieurs provinces, il suffit pour appuyer une *citerne* contre un mur mitoyen, de faire au-devant un contre-mur d'un demi pied d'épaisseur : c'est d'ailleurs la règle prescrite par l'article 191 de la coutume de Paris, pour la construction des puits.

En revêtant une *citerne* de bons murs suffisamment épais pour soutenir la pesanteur de l'eau, il est certain qu'à quelque place que ces *citernes* soient placées, elles ne peuvent nuire aux voisins par la filtration de leurs eaux, ni par aucune autre cause.

Si une *citerne* est commune à plusieurs maisons & qu'elle vienne à se dégrader ou à être en danger de ruine, un voisin intéressé peut contraindre, par justice, les autres voisins qui y ont droit, à contribuer pour leur part ou portion à la réparation. *Voyez* PUITS, FOSSÉS.

CIVERAGE, s. m. (*Droit féodal.*) c'est une redevance en avoine, due au seigneur, dans quelques provinces, par les tenanciers, soit pour les terres qu'il leur a concédées, soit pour la liberté d'envoyer paître leurs bestiaux dans les bois & marais de la seigneurie.

Gui-pape en fait mention dans son *Conseil 91*; Ragueau, dans son *Indice*, le nomme par méprise *cinerage*; Salvaing, dans son *Traité des Fiefs*, nous apprend que ce droit est très-commun en Provence & en Dauphiné : les coutumes d'Anjou, du Maine, de Blois & de Dunois, ont des dispositions sur cet objet.

Le *civerage*, quoique mis au nombre des droits seigneuriaux, est prescriptible, suivant la coutume de Blois, ensorte que les débiteurs peuvent en acquérir la libération par le non-paiement. Cette disposition doit s'étendre aux coutumes muettes, parce qu'elle est fondée sur le principe général, que tous droits seigneuriaux extraordinaires, tels que le *civerage*, sont prescriptibles.

Les coutumes d'Anjou & du Maine permettent au seigneur de doubler le *civerage*, lorsqu'il lève la taille aux quatre cas, pourvu que la prestation n'excède pas vingt-cinq sous tournois.

Le droit de *civerage* ou d'avenage est aussi connu dans la province de Berri. Il est dit, dans l'ancienne coutume d'Issoudun, que l'homme serf pouvoit se faire avouer bourgeois du roi, en payant un septier d'avoine pour l'aveu, & annuellement pareille quantité à une église. Une partie des maisons de la ville de Mehun-sur-Yevre, dans la même province, doivent aussi chaque année un septier d'avoine au domaine du roi, ce qui paroît être également un ancien droit de bourgeoisie.

CIVIL, (*Jurisprudence.*) ce terme a différentes significations : il est ordinairement joint à quelque autre.

Par exemple, on dit *société civile*. *Voyez au mot* SOCIÉTÉ.

On a d'abord appellé *droit civil*, le droit particulier de chaque nation ou ville, *quasi jus proprium ipsius civitatis*, pour le distinguer du droit naturel & du droit des gens. C'est pourquoi Justinien nous dit en ses *Inst. tit.* 2, §. 2, que les loix de Solon & de Dracon sont le droit *civil* des Athéniens; & que les loix particulières, observées par le peuple romain, forment le droit *civil* romain : mais que quand on parle du droit *civil* simplement, on entend le droit romain par excellence.

On appelle *corps de droit civil*, une compilation des loix romaines, que Tribonien composa par ordre de Justinien, qui comprend le digeste, le code & les institutes.

On dit aussi, dans le même sens, les *loix civiles.*

Le terme *civil* est quelquefois opposé à *canon* ou *canonique* : ainsi l'on dit le *droit civil* ou le *droit civil romain*, par opposition au droit canon ou canonique romain.

Le droit *civil* se dit aussi quelquefois par opposition au droit coutumier, auquel cas, il signifie également le *droit romain* ou *droit écrit.*

Civil est encore opposé à *criminel*; c'est en ce sens que l'on dit, un *juge civil*, un *lieutenant-civil*, un *greffier civil*, le *greffe civil*, le *parc civil*, la *chambre civile*, l'*audience civile*, une *requête civile*, prendre la *voie civile.*

Jouir des effets civils, c'est avoir les droits de cité; & encourir la mort *civile*, c'est perdre ces mêmes droits.

En *matière criminelle*, on se sert quelquefois du terme *civil* : on dit, par exemple, une *partie civile*, des *conclusions civiles*, des *intérêts civils*, renvoyer les parties à *fins civiles. Voyez l'article* DROIT CIVIL, & les autres termes que l'on vient de rapporter, chacun à sa lettre. (*A*)

CIVILISER, v. a. (*terme de Palais.*) il ne se dit jamais seul, on y ajoute ceux d'*affaire* ou de *procédure. Civiliser une affaire* ou *une procédure*, signifie convertir en action ordinaire & civile, un procès qui s'instruisoit auparavant par la voie criminelle & extraordinaire. On dit aussi, dans le même sens, *renvoyer les parties à fins civiles*, *les recevoir en procès ordinaire.* Ces trois expressions sont la même chose.

Cette forme de procéder étoit inconnue dans notre ancien droit françois, & elle eût été inutile lorsque les procès criminels étoient instruits publiquement & de la même manière que les affaires civiles. Mais lorsque nos rois eurent admis dans nos tribunaux la forme extraordinaire, imaginée par les inquisiteurs, & suivie par les cours ecclésiastiques; lorsque les ordonnances eurent ordonné de faire un secret à l'accusé des charges & informations, il fallut limiter cet appareil à la poursuite des crimes qui intéressent l'ordre public, & l'abandonner lorsqu'il ne s'agissoit que de légers intérêts particuliers.

C'est par cette raison que les ordonnances de 1498, 1536 & 1539, veulent que, si la matière est de petite importance, l'on renvoie les parties en procès ordinaire, en leur fixant un délai, pour informer de leurs faits.

L'ordonnance de 1670, *tit.* 20, a rassemblé les dispositions des anciennes ordonnances, sur la nature des procès qui peuvent être *civilisés*, le temps où on le peut faire, & la forme de procéder après la civilisation.

1°. Les affaires où l'on doit *civiliser* les procédures criminelles, sont, suivant l'ordonnance de 1539, celles qui sont de petite importance.

Ainsi, il n'est pas permis, comme l'observoit très-bien M. Talon, dans les conférences sur l'ordonnance de 1670, de recourir à la voie extraordinaire pour toutes sortes de délits, en matière légère, comme d'injure ou autre semblable : les juges ne doivent pas même permettre d'informer, mais d'assigner les parties, pour les régler sur le champ.

Il est un ordre de citoyens pour lesquels l'animosité qu'entraînent les procédures, & les frais qu'elles occasionnent ont souvent plus d'inconvéniens, que des propos injurieux, mais passagers.

Cependant, si outre les injures verbales, il y a quelques excès peu considérables; au lieu de décréter l'information, les juges doivent ordonner que celui dont on se plaint sera assigné, & sur le récit fait à l'audience, arbitrer les réparations.

Il en est de même dans les accusations de délit plus graves, mais qui ne méritent pas de peine afflictive.

Si, par les informations & les interrogatoires, l'affaire a été suffisamment instruite de part & d'autre; s'il y a des informations ou des enquêtes respectives, comme il arrive lorsque les accusations sont réciproques; lorsque l'accusé le demande, ou lorsque les preuves acquises contre lui sont complettes & ne peuvent être détruites par des preuves contraires: dans tous ces cas on renvoie à l'audience, parce que c'est la voie la plus courte : mais l'affaire n'est pas pour cela *civilisée*, les informations demeurent toujours pièces secrètes, elles ne peuvent être communiquées qu'à la partie publique; la partie civile peut seulement donner sa requête pour prendre des conclusions civiles, & l'accusé peut fournir ses réponses, sans que le jugement puisse être différé.

Mais si quelque fait, qui peut influer sur le sort des parties, n'est pas suffisamment approfondi, la justice, qui ne doit prononcer qu'en connoissance de cause, les renvoie à fins civiles pour faire leurs preuves.

Si des injures annoncées pour graves se trouvent légères, c'est le cas le plus ordinaire de renvoyer à fins civiles.

On peut regarder comme une maxime générale, que le juge doit prendre cette voie toutes les fois que le délit n'est pas disposé à peine afflictive.

C'est pourquoi tous les auteurs conviennent que lorsque l'accusation est en matière réelle, comme en fait de chasse ou de pêche, de bornes arrachées, de fruits enlevés, & que l'accusé ne désavoue pas l'action qui lui est imputée, mais prétend seulement être en droit de l'avoir faite, en disant, *feci sed jure feci*, alors c'est le cas de *civiliser* la procédure; pourvu cependant que l'exception de l'accusé paroisse avoir quelque fondement : autrement dans ces sortes de matières les délinquans échapperoient facilement à la vengeance des loix.

Comme dans le cas de recélés ou de divertissement d'effets de communauté, la loi n'inflige pas de peine afflictive contre la veuve, la procédure doit aussi être *civilisée* à son égard; mais si ce sont des étrangers qui ont commis les recélés, on doit continuer de procéder contre eux à l'extraordinaire, quoique l'on ait renvoyé la veuve à fins civiles. Néanmoins dans le cas de recélé & de spoliation de succession, fait à-la-fois par la veuve & par des étrangers, l'on ne peut alors diviser l'action pour la *civiliser* à l'égard des uns, & procéder au criminel en ce qui concerne les autres.

Quoique les demandes en séparation de corps & d'habitation, doivent être précédées de plaintes rendues par la femme, pour les sévices & mauvais traitemens commis en sa personne par son mari; cependant l'action ne peut être intentée au criminel; la preuve ne se fait point par informations, mais par enquêtes respectives & qui se signifient.

Lorsqu'il y a plusieurs accusés d'un même crime, & que quelques-uns se sont absentés, il faut instruire la contumace de ceux-ci, avant de renvoyer les autres à fins civiles.

On ne peut jamais *civiliser* la procédure lorsque la partie publique est seule accusatrice. C'est un principe établi sur une jurisprudence constante, qui étoit également suivie en Lorraine, suivant l'ordonnance criminelle du duc Léopold.

2°. La procédure doit être *civilisée* avant la confrontation des témoins.

L'article 4 de l'ordonnance veut qu'après la confrontation, l'accusé ne puisse plus être reçu en procès ordinaire, mais qu'il soit prononcé définitivement sur son absolution ou sa condamnation: selon quelques auteurs l'on ne peut *civiliser* le procès, quand même la confrontation est nulle.

Mais on peut recevoir les parties à l'ordinaire, soit avant soit après le récolement, parce qu'il précède la confrontation; ainsi il paroît qu'aux termes de l'ordonnance, on peut *civiliser* une procédure en tout état de cause, jusqu'à la confrontation. Cependant divers auteurs prétendent qu'il faut auparavant que les accusés aient subi leur interrogatoire; la raison qu'ils en donnent, est qu'un accusé propose ses défenses & fait connoître sa justification dans l'interrogatoire; mais lorsque les dépositions ne font point de charge, & que l'objet de la plainte est frivole ou léger, il n'est pas besoin sans doute que la justice fasse entrer l'accusé dans des détails superflus.

Les sentences, arrêts & jugemens qui reçoivent les parties en procès ordinaire, doivent être rendus sur les conclusions de la partie publique, parce qu'ils remettent en quelque façon la peine à l'accusé, & qu'ils lui rendent sa liberté.

Ils doivent aussi être communiqués à la partie publique avant d'être exécutés, afin qu'elle puisse en appeller si elle le juge à propos. Ils doivent pareillement l'être à l'accusé, qui est mis aussi-tôt en liberté.

Le lieutenant-criminel ne peut seul prononcer les jugemens qui renvoient à fins civiles; plusieurs réglemens du conseil & des parlemens, ont ordonné que les jugemens ne seroient rendus qu'à la participation des juges du siège.

3°. L'ordonnance veut qu'en recevant les parties à l'ordinaire, les juges ordonnent en même temps que les informations soient converties en enquêtes, & qu'il soit permis à l'accusé d'en faire de sa part, selon les formes prescrites pour les enquêtes.

Par conséquent le jugement doit contenir les faits contraires articulés par l'accusé; sans quoi il pourroit faire entendre des témoins sur des faits qui ne seroient pas pertinens, ni relatifs à la demande.

Mais s'il ne les contenoit pas, ou si l'accusé n'avoit pu poser les faits, parce qu'il n'avoit pas connoissance de la plainte, il peut, après en avoir eu communication, faire prononcer, par un appointement postérieur, les faits sur lesquels doit porter son enquête, & alors les délais pour procéder à cette enquête ne courent que du jour de la signification de ce dernier réglement.

Comme il n'y a point eu dans l'instruction criminelle de procès-verbal d'affirmation des témoins entendus dans l'information, qui tient lieu d'enquête à l'accusateur ou demandeur, l'accusé ou défendeur peut aussi requérir la signification de leurs noms, qualités & demeure, pour pouvoir fournir contre eux ses reproches; & lorsqu'il les a fournis, il peut demander la communication de l'information. Toutes les pièces cessent alors d'être secrètes.

On ne doit pas prononcer indifféremment la conversion des informations en enquêtes; sans quoi dans les cas où la preuve testimoniale est interdite, tout plaideur pourroit prendre la voie de l'information, & par cette voie éluder les dispositions de la loi civile. C'est ce qu'observa à l'audience du parlement, le 2 août 1706, M. l'avocat général Joly de Fleury. Lorsque c'est le délit qui forme l'objet principal de la plainte, que c'est de la preuve de ce délit que résulte la vérité de l'obligation, c'est un accessoire qui doit suivre naturellement de l'objet principal, & qui peut être établi sur la preuve par témoins du délit; mais si la plainte n'est qu'un prétexte, si l'on voit que la partie ne cherche pas à prouver le delit, mais à se faire un titre de créance, il est de la pénétration des juges de distinguer le titre de l'accusation du motif de l'accusateur, & de leur sagesse de condamner la voie indirecte que l'on prend pour éluder l'ordonnance.

Le juge criminel, en renvoyant à fins civiles, doit conserver la connoissance de l'affaire; c'est la disposition de l'arrêt du parlement de Paris, du 29 août 1579, rendu pour la sénéchaussée du Mans.

Ce principe a été consacré par plusieurs autres arrêts & réglemens, rendus entre des lieutenans-civils & des lieutenans-criminels.

L'appel des sentences qui civilisent doit se porter au bailliage criminel ou à la tournelle, parce qu'un jugement de cette sorte n'anéantit pas l'action criminelle; c'est pourquoi, selon l'article 5 du titre 20 de l'ordonnance de 1670, la voie extraordinaire peut être reprise si la matière y est disposée.

Quoiqu'un procès ait été conclu, comme en procès par écrit, sur un appel d'une sentence du lieutenant-criminel, qui condamne la partie civile à des dommages & intérêts envers l'accusé, cela n'empêche pas que la chambre des enquêtes où le procès a été distribué, ne puisse, en jugeant, renvoyer les parties & le procès à la tournelle criminelle, en faisant appeller *à minimâ* par un des conseillers-juges du procès. C'est ainsi que le parlement l'a décidé le 4 août 1731, entre la demoiselle de Querbabu & le marquis d'Hautefort.

Il en seroit de même, à plus forte raison, si l'accusé méritoit des peines plus fortes que des réparations pécuniaires.

Quand un procès est *civilisé*, on ne peut prononcer de peine afflictive contre celui qui étoit originairement accusé, sans reprendre contre lui la voie extraordinaire.

On ne peut *civiliser* deux fois une affaire criminelle; ainsi, après avoir repris la voie extraordinaire dans un procès *civilisé* une première fois, on ne peut le convertir une seconde fois en procès civil & ordinaire.

La péremption d'instance a lieu dans les procès *civilisés*, comme pour les autres actions civiles. *Voyez* RÉGLEMENT, PROCÉDURE.

C L

CLAIN, s. m. (*terme de Coutume.*) il est synonyme à ceux de *clame* & de *clameur*, dont nous allons parler. Il a différentes significations.

Dans les coutumes d'Anjou, *art. 69*, du Maine, *art. 80*, de Bourbonnois, *art 159*, *clain* est pris pour *ajournement* & *demande.* C'est en ce sens qu'on appelle *clain de cerquemenage*, la demande formée pour l'infraction des bornes & limites; *clain de rétablissement*, l'action en réintégrande; *clain de retrait*, la demande en retrait lignager; *clain de simple saisine*, l'action en complainte.

La coutume de Cambrai appelle *clain de dégagement*, la saisie & arrêt que les domestiques & ouvriers font, pour leurs gages & salaires, sur les meubles du débiteur, que la justice fait enlever, pour, le prix en provenant, être employé au paiement des créanciers.

L'ancienne coutume de Bourges donnoit le nom de *clain* à l'amende due par celui qui succombe en justice : celle de Nivernois l'emploie pour signifier l'amende due pour les bêtes prises en délit.

Le mot *clain* est plus particuliérement en usage dans la Flandres, le Hainaut & le Cambresis : c'est la même chose que ce qu'on appelle ailleurs *saisie.* Il y en a de deux sortes : l'un réel, qui s'exerce sur les meubles & héritages du débiteur; l'autre personnel, qui s'exerce sur sa personne. Le *clain* réel se fait, ou à fin d'exécution, ou seulement pour assurer les prétentions du créancier. Dans le premier cas, il équivaut à ce que nous appellons *saisie-exécution* : dans le second, c'est une simple saisie-arrêt.

Comme la procédure à tenir dans les *clains* est la même que celle qui s'observe pour les saisies, nous renvoyons nos lecteurs au mot SAISIE. Nous observerons, 1°. que, dans les coutumes particulières de Lille & de Douai, un *clain* à fin d'exécution, fait pour plus que le débiteur ne doit, est nul pour le tout, à moins qu'il ne contienne la clause, *sauf à déduire ce que le débiteur montrera avoir payé*; 2°. que le *clain* à toutes fins, lorsqu'il est réel, donne au créancier qui le fait exploiter, une hypothèque sur les biens qui en font l'objet; 3°. que ce *clain* réel ou personnel attribue au juge du lieu où il est exploité, jurisdiction sur le débiteur qui est obligé d'y plaider, à moins que la compétence du juge ne dépende de la qualité de l'objet litigieux, ou de quelque autre cause. *Voyez* VILLES D'ARRÊT, PLAINTE A LOI.

CLAIRE (*religieuse de sainte*) *ou* CLARISSE; s. f. (*Droit ecclésiastique.*) on donne ce nom à un ordre de religieuses qui vivent sous la règle de S. François d'Assise.

Cet ordre, le plus austère de tous les monastères de filles, a été formé dans le treizième siècle, en même temps que celui des frères mineurs.

Claire, native d'Assise en Ombrie, animée par l'exemple de son concitoyen François, conçut le dessein de faire, pour les personnes de son sexe, ce que celui-ci faisoit pour les hommes.

Elle reçut l'habit religieux des mains de ce saint patriarche : son exemple fut bientôt imité par plusieurs filles qui se vouèrent à la règle la plus dure & la plus austère. Leur premier monastère fut établi dans l'église de S. Damiens, d'où elles ont été appellées *Damianistes.*

Urbain IV trouva leur première règle si dure & si pénible, qu'il crut devoir la mitiger : mais toutes n'ont pas accepté cet adoucissement. On appelle *clarisses*, celles qui ont conservé l'ancienne observance, & *urbanistes*, celles qui ont reçu la règle mitigée.

Les *clarisses* font profession de la pauvreté la plus rigoureuse. Elles jeûnent toute l'année, vont le plus souvent pieds nuds, sans soques ni sandales. Leur habillement est d'une grosse serge grise, sous lequel elles portent encore un cilice. Elles gardent un silence perpétuel, ne se saluent en se rencontrant, que par ces mots, *ave Maria* : ce qui leur a fait donner le nom de *filles de l'*ave Maria.

Elles sont reçues sans dot, elles renoncent à tout revenu, & ne vivent que des aumônes qu'on leur envoie. Elles portent le cordon du tiers-ordre pour marquer qu'elles sont filles de S. François. Elles sont sous la direction des cordeliers. L'office divin, la prière, les exercices les plus humbles partagent tout leur temps, le jour & la nuit.

Les *urbanistes* doivent leur origine à Isabelle de France, sœur de S. Louis, qui, en 1255, fonda le monastère de Long-Champ, près Paris, sous le nom de l'*humilité de Notre-Dame*. Elle avoit d'abord adopté la règle de sainte Claire ; mais elle fut adoucie par les papes Urbain IV & Eugène IV. Elle est la même que celle des frères mineurs. Elles peuvent, comme eux, manger de la viande dans les jours ordinaires; on a aboli la loi du silence, qui leur étoit imposée. Elles portent une robe de serge grise, serrée d'un cordon blanc : au choeur & en cérémonies, elles ont un manteau de même étoffe que leur robe. On exige des postulantes une naissance honnête & une certaine somme d'argent.

CLAIRIÈRES, s. f. (*Eaux & Forêts.*) terme qui signifie les endroits des forêts qui sont dégarnis de bois, ou dans lesquels il est peu touffu. L'ordonnance de 1669 ordonne le repeuplement des places vuides ou *clairières* qui se trouvent dans les forêts du roi. (*A*)

CLAM, (*Jurisprudence.*) dans la coutume de Béarn, *tit. 7*, *art. 2*, signifie *ban* ou *publication*, *défense*. (*A*)

CLAMABLE, adj. (*Jurisprudence.*) dans la coutume de Normandie, signifie ce qui est sujet à retrait, soit seigneurial, lignager ou conventionnel. *Voyez le titre des retraits & clameurs.* (*A*)

CLAMANT, s. m. (*Jurisprudence.*) dans quelques coutumes & anciens auteurs, signifie le *demandeur*; dans d'autres, il signifie le *saisissant*, comme dans la coutume de Lille; en Normandie, il signifie quelquefois le *retrayant*.

CLAME, *terme de Coutume*, qui signifioit anciennement *amende*. En certains lieux, on levoit une amende appellée *clame* sur les débiteurs qui étoient en retard de payer. La coutume d'Auvergne parle du droit & peine de *clame*, c'est-à-dire, de l'amende qui est due à justice pour la prise des bestiaux trouvés en délit. Celle de Bourbonnois donne le même nom à l'amende due à justice par celui qui succombe dans son instance.

CLAMER, v. a. & n. (*Droit coutumier.*) on trouve ce terme dans les anciens auteurs & dans les coutumes pour signifier *demander*, *poursuivre*.

Celles des Pays-Bas appellent *clamer droit*, former sa demande ou rendre plainte en justice.

En Bretagne & en Normandie, *clamer garant*, c'est agir en garantie contre quelqu'un.

Clamer en garieur ou *en justice*, c'est se plaindre de quelque trouble ou tort qu'on a reçu dans sa possession ou sa propriété. De-là l'expression *lieu clame* pour signifier un héritage pour lequel il y a demande ou complainte.

La coutume de Lille appelle *clamer les biens de son débiteur forain*, les saisir, les arrêter.

Se clamer, en Normandie, veut encore dire *retraire*.

Clamer son sujet, c'est revendiquer son serf ou mortaillable, son censitaire ou justiciable qui se veut avouer sujet d'un autre seigneur.

Se clamer en cour suzeraine de cour inférieure, c'est lorsque celui qui est ajourné devant un juge inférieur, s'adresse à la cour supérieure pour avoir plus prompte expédition : ce qui est permis, en matière de retrait lignager, dans les coutumes d'Anjou & Maine, afin que les deniers de l'acquéreur ne soient point retardés. *Coutume d'Anjou*, *art 406*.

CLAMEUR, s. m. (*Jurisprudence.*) en général signifie *demande*, *citation devant le juge* ; il signifie aussi quelquefois *saisie*, *exécution*, *contrainte*. C'est ainsi qu'il est dit *faire sa clameur au roi*, en l'ancienne chronique de Flandres, *chap. 85*. Il est parlé de *clameur*, *clamor*, en l'ordonnance de Philippe IV, de l'an 1304, & de la *clameur* du petit scel de Montpellier, dans l'ordonnance de Louis XII, *art. 142 & suiv.*

Le mot *clameur* est particuliérement en usage dans la province de Normandie : on y appelle *clameur*, toute demande intentée par la voie possessoire ou pétitoire pour se plaindre en justice par action civile du dommage que l'on prétend avoir souffert. On y distingue plusieurs sortes de *clameurs*, savoir :

Clameur de bourse, qui est l'action en retrait lignager, féodal ou autre.

Clameur de bourse gagée, c'est quand le défendeur en retrait lignager, féodal ou autre, acquiesce au retrait, en lui remboursant le sort principal du prix de la vente, frais & loyaux coûts.

Clameur à droit conventionnel, est l'action pour exercer la faculté de réméré.

Clameur à droit de lettre lue, est la faculté qui appartient à un tiers-acquéreur qui a possédé par an & jour un héritage ou autre immeuble en vertu d'un titre authentique, de le pouvoir retirer sur celui qui s'en est rendu adjudicataire par décret, en lui remboursant le prix de l'adjudication, frais & loyaux coûts dans l'an & jour. *Coutume de Normandie*, *art. 451*. L'article 99 des placités porte que celui qui a acquis à titre d'échange, ne peut exercer la *clameur à droit de lettre lue*.

Clameur fausse, est quand on se plaint à tort à justice. *Ancienne coutume de Normandie*, *chap. 7*, *95*.

Forte clameur, est une amende de deux sous six deniers, due au roi, selon la coutume locale de la châtellenie de Montereau, ressort de Meaux; lorsque quelqu'un a fait ajourner un autre en action personnelle, celui qui succombe, la doit pour le premier ajournement, supposé que les parties s'accordent sans porter la cause à l'audience; car s'ils persistent plus loin, & que la cause soit contestée, il y a sept sous six deniers d'amende : c'est proprement l'amende du clain & *clameur* fait en justice, qui est moindre que l'amende du *ni atteint & vérifié*, qui est due pour la contestation. *Voyez le Glossaire* de M. de Laurière, au mot *forte clameur*.

Clameur de gage plège, est une complainte contre le trouble fait en la propriété ou possession d'un héritage, par voie de fait, violence ou autrement. *Normandie*, *art. 5*.

Clameur gagée, est le retrait consenti par l'acquéreur.

Clameur de haro, usitée en Normandie, & que Dumoulin appelle *quiritatio Normannorum*, est une plainte verbale & *clameur* publique de celui à qui on fait quelque violence ou injustice, & qui implore la protection du prince, ou qui, trouvant sa partie, veut la mener devant le juge, ensorte que cette *clameur* emporte avec elle une assignation verbale.

L'opinion la plus suivie sur l'origine de cette *clameur de haro*, est que le terme de *haro* est une invocation du nom de *Raoul* ou *Rollo*, premier duc de Normandie, qui se rendit respectable à son peuple, tant par ses conquêtes que par l'amour qu'il avoit pour la justice. Comme on imploroit sa protection, de son vivant, par une *clameur* publique, en l'appellant & en proférant son nom, & qu'après sa mort, sa mémoire fut en vénération à son peuple, on continua d'user de la même *clameur*, & du terme de *haro*, par corruption de *ha Raoul*. On a donné plusieurs autres étymologies du terme de *haro*, mais qui ne paroissent pas bien fondées.

Le premier exemple mémorable de l'usage que l'on faisoit de la *clameur de haro*, est celui que rapporte Paul Emile en son *Histoire de France*. Guillaume-le-Bâtard, dit *le Conquérant*, septième duc de Normandie, & roi d'Angleterre, étant mort à Rouen au mois de septembre 1087, son corps fut transporté & inhumé dans l'église de S. Etienne de Caen, qu'il avoit fait bâtir, & qui avoit été construite en partie sur un petit morceau de terre dont le prix n'avoit pas été payé à un pauvre homme de la ville de Caen, nommé *Asselin*, lequel osa arrêter la pompe funèbre du prince par une *clameur de haro* en ces termes: *Qui regna oppressit armis, me quoque metu mortis oppressit; ego injuriæ superstes pacem mortuo non dabo : in quem infertis istum hominem locum, meus est : in alienum locum inferendi mortui jus nemini esse deffendo. Sin extincto tandem indignitatis autore, vivit adhuc vis, Rollonem conditorem parentemque gentis appello; qui legibus ab se datis, quam cujusque injuria, plus unus potest polletque.*

Henri V, roi d'Angleterre, ayant mis le siège devant Rouen en 1417, un prêtre fut député pour lui faire cette harangue : *très-excellent prince & seigneur, il m'est enjoint de crier contre vous le grand haro* : c'est ainsi que le rapporte Monstrelet. Il est vrai que Henri V ne déféra pas à la *clameur*, & qu'après un siège de six mois, il se rendit maître de la ville par composition; mais cela prouve toujours l'usage qui a été fait de cette *clameur* dans tous les temps.

Depuis la réunion de la Normandie à la couronne, nos rois ont ajouté dans toutes leurs ordonnances, édits, déclarations & lettres-patentes, cette clause, *nonobstant clameur de haro* : ce qui se pratique encore présentement; ensorte que cette *clameur* a paru avoir assez d'autorité pour faire obstacle à l'exécution des nouvelles loix, s'il n'y étoit pas dérogé par une clause expresse.

L'ancien coutumier de Normandie contient un chapitre de *haro*, dont Terrien a fait mention dans son commentaire, *liv. XII, chap. 18.* La même chose se trouve dans l'ancien style de procéder, qui est à la fin de ce coutumier, & est rapporté par Terrien, *liv. VIII, chap. 11.*

Suivant l'ancien coutumier, le *haro* ne pouvoit être interjetté que pour cause criminelle, comme pour feu, larcin, homicide, ou autre péril évident.

Mais on voit dans le style ancien de procéder, que l'usage avoit changé, & que la pratique du *haro* étoit déjà étendue au cas où il s'agit de conserver la possession des immeubles, & même des meubles; c'est pourquoi, lors de la rédaction de la nouvelle coutume qui commença d'être observée au premier juillet 1583, les commissaires nommés par le roi & les députés des trois états, insérerent dans le cahier de la réformation un article qui est le cinquante-quatrième, portant que le *haro* peut être intenté, non-seulement pour maléfice de corps & pour chose où il y auroit péril imminent, mais pour toute introduction de procès possessoire, encore que ce soit en matière bénéficiale ou concernant le bien de l'église.

Sous le terme de *maléfice de corps* sont compris, en cet endroit, toutes sortes de délits, tels que vols, larcins, incendies; ainsi présentement la *clameur de haro* peut être intentée pour toutes sortes de délits & de contestations civiles, bénéficiales, possessoires & provisoires, même pour meubles; mais lorsqu'il s'agit du pétitoire, il faut prendre la voie ordinaire des actions, & observer les formalités prescrites pour les demandes. Il en seroit de même pour le recouvrement d'un effet mobilier, lorsque celui qui le possède, est un homme domicilié, & qu'il n'y a point à craindre qu'il s'évade.

Il n'est pas absolument nécessaire que la *clameur* soit intentée contre les coupables ou défendeurs à l'instant même que l'action dont on se plaint, a été commise; la *clameur* peut être intentée *etiam ex intervallo*, sur-tout lorsqu'il s'agit d'un délit, & que l'accusé est un homme non domicilié.

On n'a pas besoin du ministère d'aucun officier de justice pour intenter le *haro* ; il suffit que celui qui crie *haro*, le fasse en présence de témoins, & somme sa partie de venir devant le juge.

Suivant l'ancien coutumier, lorsqu'on crioit *haro*, chacun devoit sortir : &, si le délit paroissoit digne de mort ou de mutilation de membre, chacun devoit aider à retenir le coupable, ou crier *haro* après lui sous peine d'amende. Ceux qui avoient pris le malfaiteur, ne pouvoient le garder qu'une nuit, après quoi, ils devoient le rendre à la justice, à moins qu'il n'y eût un danger évident. Il reste encore de cet ancien usage que, quand quelqu'un crie *haro*, si c'est contre quelqu'un qui en veut outrager un autre, ou qui veut voler un marchand ou violer une fille; en un mot, s'il s'agit d'empêcher quelque violence publique ou particulière, faite avec armes ou sans armes, tout le peuple doit assister le plaignant : il n'est pas même nécessaire que ce soit l'offensé qui interjette le *haro* ; un tiers peut le faire, & il lui est également dû assistance, tant pour protéger les innocens, que pour faire châtier les coupables. *Voyez* Godefroi *sur l'art. 54 de la coutume.*

La *clameur de haro* ne peut être intentée qu'en

Normandie; mais elle peut l'être par toutes sortes de personnes demeurantes dans cette province, soit qu'elles soient originaires du pays ou non. Des Normands ne pourroient en user dans un autre pays, même entre eux.

Les femmes peuvent intenter cette *clameur*: les impubères peuvent aussi y avoir recours, même sans être assistés de tuteur ou curateur.

Elle peut être intentée contre des ecclésiastiques, sans qu'ils puissent décliner la jurisdiction séculière.

Elle ne peut être intentée contre le roi, ni même contre ses officiers, pour les empêcher de faire leurs fonctions, & notamment contre les commis, huissiers & sergens employés pour les droits du roi. L'ordonnance des aides de Normandie, *tit. 10*, *art. 38*, défend à tous huissiers de recevoir de telles *clameurs*, & aux juges d'y statuer. Ceux qui ont des plaintes ou des demandes à former contre les huissiers ou les commis des fermes, doivent se pourvoir par les voies ordinaires de la justice.

Godefroi excepte néanmoins le cas où un juge entreprendroit sur la jurisdiction d'autrui, & celui où un officier abuseroit de son pouvoir, comme si un sergent emportoit les meubles par lui exécutés sans laisser d'exploit; dans ces cas, il y auroit lieu au *haro*.

Les officiers de la basoche ou régence du palais de Rouen, ont été autorisés par divers arrêts à intenter la *clameur de haro* contre les solliciteurs qui se trouvent en contravention aux réglemens concernant la discipline du palais.

L'effet du *haro* est qu'à l'instant qu'il est crié sur quelqu'un, celui-ci est fait prisonnier du roi: &, s'il s'absente, il est toujours réputé prisonnier, en quelque endroit qu'il aille; &, quoiqu'il ne soit pas resséant de la jurisdiction du lieu où le *haro* a été crié, il peut être poursuivi & pris, en quelque jurisdiction qu'il soit trouvé, pour être amené dans les prisons du lieu où le *haro* a été crié. Toute entreprise doit cesser de part & d'autre, à peine d'amende contre celui qui auroit fait quelque chose au préjudice, & d'être condamné à rétablir ce qu'il auroit emporté ou défait.

Les deux parties sont tenues de donner caution; savoir, le demandeur de poursuivre sa *clameur*, & le défendeur d'y défendre; & ces cautions sont tenues de payer le juge. C'est au sergent à recevoir ces cautions, de même que les autres cautions judiciaires. Si les parties refusoient de donner caution, le juge doit les envoyer en prison.

Après que les cautions sont données, la chose contentieuse est séquestrée, jusqu'à ce que le juge ait statué sur la provision.

L'ancien coutumier dit que le duc de Normandie a la cour du *haro*, c'est-à-dire, la connoissance de cette *clameur*, & qu'il doit faire enquête pour savoir s'il a été crié à droit ou à tort.

La connoissance du *haro* appartient au juge royal, sans néanmoins exclure le seigneur haut-justicier. Quand on procède devant le juge royal en matière civile, la connoissance du *haro* appartient au vicomte entre roturiers, & au bailli entre nobles, & au lieutenant-criminel, en matière criminelle, entre toutes sortes de personnes.

Si le demandeur ou le défendeur n'intentent point leur action sur le *haro* dans l'an & jour qu'il a été interjetté, ils n'y sont plus recevables; & si, après avoir l'un ou l'autre formé leur action, ils restent, pendant un an, sans faire de poursuite, la *clameur de haro* tombe en péremption.

Le juge du *haro* doit prononcer une amende contre l'une ou l'autre des parties; la quotité de l'amende est seulement arbitraire.

Les parties ne peuvent transiger dans cette matière; c'est par cette raison qu'on leur fait donner caution, l'un de poursuivre, l'autre de défendre.

Clameur lignagère ou *clameur de bourse*, c'est le retrait lignager.

Clameur de loi apparente, est l'action, mandement ou commission accordée au bas d'une requête par le bailli, au propriétaire qui a perdu la possession d'un héritage depuis quarante ans, à l'effet de rentrer en la possession de cet héritage. *Normandie*, *art. 3*.

Clameur seigneuriale, est le retrait féodal ou seigneurial.

Clameur révocatoire, est une action pour faire casser & rescinder un contrat, obligation ou autre acte. *Normandie*, *art. 3*. Cette *clameur* doit être intentée dans le cours de dix ans, à compter du jour de la date de l'acte qu'on veut faire rescinder. Elle n'a pas lieu dans les cas d'échanges, de ventes de droits successifs, de donations, de ventes de meubles, de baux à ferme.

Clameurs ou *rigueurs*, sont des commissions expédiées sur des contrats passés sous certains scels appellés *rigoureux*, en vertu desquelles on peut contraindre le débiteur par exécution de ses biens, & même par emprisonnement de sa personne. *Voyez* RIGUEUR & SCEL RIGOUREUX.

Ouverture de clameur, *coutume de Normandie*, *art. 461*, c'est lorsque, par la qualité du contrat d'aliénation, il y a lieu au retrait féodal, lignager ou conventionnel.

Clameur du petit scel de Montpellier, est une commission pour exécuter sous la rigueur de ce scel. *Voyez ci-devant* CLAMEUR *ou* RIGUEUR, & SCEL RIGOUREUX.

Clameur pour dettes, *clamor pro debitis*, étoit une assignation à cri public, usitée anciennement dans le Languedoc, pour laquelle le crieur public avoit des droits à percevoir & sur le créancier & sur le débiteur. (*A*)

CLANDESTIN, adj. CLANDESTINITÉ, s. f. (*Droit civil & canonique.*) on appelle *clandestin*, ce qui se fait en secret & contre la défense d'une loi, & ce que l'on tient caché. La *clandestinité* est le vice de la chose faite clandestinement.

Les actes *clandestins* sont naturellement suspects de fraude & de collusion: la *clandestinité* a lieu tant en matière civile qu'en matière canonique.

En matière civile, la *clandestinité* s'applique principalement à la possession & à la prescription. Toute possession *clandestine* est vicieuse, & le possesseur *clandestin* ne peut intenter la complainte possessoire pour un héritage ou un droit quelconque, dont il auroit été dépouillé autrement que par autorité de justice. Il ne peut pareillement acquérir aucun objet par la voie de la prescription. *Voyez les mots* COMPLAINTE, POSSESSION, PRESCRIPTION.

En matière canonique, le mot *clandestin* s'applique particuliérement aux mariages qui ont été célébrés hors de la présence du propre prêtre des parties ou sans son consentement : on donne encore ce nom aux mariages qui ont été célébrés avec les formalités ordinaires, mais qui ont été tenus secrets jusqu'à la mort de l'un des conjoints. Par nos loix, les mariages *clandestins* sont privés des effets civils, tant pour les conjoints que pour les enfans. *Voyez le mot* MARIAGE CLANDESTIN.

CLASSE, s. f. (*Code marit.*) on entend par ce mot l'ordre établi sur les côtes & dans les provinces maritimes, pour régler le service des matelots & autres gens de mer enrôlés pour le service du roi, & distribués par parties, dont chacune s'appelle *classe*.

L'enrôlement des matelots avec leur distribution par *classe* dans chaque département, est un des principaux moyens employés par Louis XIV pour mettre la marine du royaume sur un pied respectable.

Ce monarque ayant compris que rien n'étoit plus capable de rendre florissant le commerce de ses sujets, que le rétablissement des forces maritimes, donna à cet objet une attention particulière aussi-tôt qu'il eut pris en main les rênes du gouvernement.

L'activité du travail ayant secondé les vues du roi, bientôt la France eut un nombre considérable de vaisseaux : mais les équipages se formoient difficilement ; & lorsqu'il y avoit quelque armement considérable à faire, il falloit recourir à l'expédient de fermer les ports, ce qui interrompoit tout-à-coup le commerce & la navigation des particuliers, comme le porte l'édit du mois de mai 1670.

Ce fut pour remédier à ce double inconvénient que fut formé le projet d'enrôler les matelots & autres gens de mer. L'essai s'en fit dans les provinces d'Aunis, de Poitou & de Saintonge, & l'opération en fut confiée, par une ordonnance du 17 décembre 1665, à M. Colbert du Terron, intendant de la marine.

L'ordonnance portoit qu'il seroit fait une revue dans chacune des villes & bourgs maritimes de ces provinces pour reconnoître & enrôler ceux qui seroient jugés capables de servir dans la marine, à l'effet de quoi les ports demeureroient fermés, ensorte qu'il n'en pût sortir aucun vaisseau que la revue ordonnée n'eût été faite.

Cet essai ayant eu le succès qu'on pouvoit s'en promettre, le roi rendit une nouvelle ordonnance le 22 septembre 1668, par laquelle il déclara que son intention étoit que « l'enrôlement des matelots » fût pratiqué dans toutes les villes & communautés des côtes maritimes du royaume, pour » être ensuite les matelots partagés en trois » *classes*, comme on l'avoit fait depuis peu dans » le gouvernement de la Rochelle, Brouage & » pays de Saintonge, pour servir une année sur les » vaisseaux de sa majesté, & les deux années suivantes sur les navires marchands ; de façon que » lesdites *classes* auroient à rouler & servir alternativement sur les vaisseaux de guerre & les » vaisseaux marchands ».

C'étoit en effet, comme le porte cette ordonnance, le moyen le plus efficace pour assurer le service sur les vaisseaux du roi & pourvoir en même temps à la commodité des particuliers qui voudroient équiper des bâtimens pour le commerce & pour la pêche.

Cependant ces vues si utiles ne furent pas d'abord remplies ailleurs comme elles l'avoient été dans les provinces d'Aunis, de Poitou & de Saintonge. C'est ce que prouvent diverses ordonnances postérieures concernant la Bretagne, la Provence & les ports du pays de Labourd : mais toutes les difficultés furent applanies par l'édit du mois d'août 1673, & l'enrôlement des matelots avec leur division par *classes*, se trouva si avancé l'année suivante, que le roi, par son réglement général du 6 octobre 1674, n'eut plus besoin que d'ordonner qu'il fût maintenu & continué.

Toutes les dispositions relatives à l'objet dont il s'agit, se trouvent réunies dans le livre VIII de l'ordonnance du 15 avril 1689, & dans une nouvelle ordonnance du 27 septembre 1776, portant établissement de commissaires & de syndics des *classes*.

Suivant ces loix, les officiers & les matelots sont divisés en quatre *classes* dans la Guienne, la Bretagne, la Normandie, la Picardie & les pays conquis & reconquis ; & en trois *classes* dans le Poitou, la Saintonge, le pays d'Aunis, les îles de Rhé & d'Oléron, la rivière de Charente, le Languedoc & la Provence.

Chaque *classe* doit servir alternativement de trois ou quatre années l'une, selon la division qui en a été faite, & le service doit commencer au premier janvier de chaque année.

Les officiers mariniers & les matelots doivent toujours porter sur eux les bulletins qui leur ont été délivrés par les commissaires ou les syndics des *classes*.

Il est défendu à tout capitaine ou propriétaire des vaisseaux ou bâtimens de mer, d'employer les matelots ou officiers mariniers, & à ceux-ci de s'engager pour aucune navigation, sous quelque cause ou prétexte que ce soit, à moins qu'ils n'aient été enrôlés & qu'ils n'aient retiré leur bulletin, à peine, contre les capitaines ou propriétaires, de cinq cens livres d'amende pour la première fois, & de punition corporelle en cas de récidive.

Les gens de mer, employés, tant sur les pataches des fermes, que sur les bacs & bateaux, ou chaloupes des gouverneurs des places maritimes, doivent être compris dans le rôle des *classes*.

Il en est de même des matelots étrangers qui veulent fixer leur domicile dans le royaume. Après cinq années de service sur les vaisseaux du roi, ils ne sont plus réputés aubains, & ils doivent jouir de tous les droits & privilèges dont jouissent les François naturels, sans avoir besoin de lettres de naturalité, pourvu toutefois qu'ils rapportent l'extrait de leur enrôlement & les certificats des capitaines des vaisseaux où ils ont servi; lesquels certificats doivent être visés par l'intendant général de la marine ayant l'inspection des *classes*, ou en son absence, par les commissaires préposés à ce sujet.

Il est enjoint aux consuls, marguilliers, chefs de communauté, collecteurs & afféeurs, de distinguer tous les ans sur les rôles des tailles & affouages, les habitans qui s'appliquent à la navigation, & de marquer en particulier la profession de chacun, à peine de trois cens livres d'amende en cas d'omission, applicable, moitié au roi, & l'autre moitié aux dénonciateurs. Il est aussi enjoint aux mêmes consuls & autres officiers des communautés, de représenter, sous pareille peine, ces rôles aux commissaires ou syndics des *classes*, toutes les fois qu'ils en sont requis.

Les officiers mariniers ou matelots qui ne sont point actuellement à la mer, sont obligés de comparoître deux fois l'année pardevant les commissaires ou syndics des *classes* pour passer en revue, & ils doivent donner les éclaircissemens qu'on leur demande, à peine de dix livres d'amende contre chaque contrevenant. Les propriétaires des maisons où logent les matelots qui sont en voyage, sont tenus, sous la même peine, de dire les noms de ces matelots.

Les officiers mariniers, matelots & gens de mer qui ont fait une campagne sur les vaisseaux du roi, ou un voyage de long cours, & qui sont encore en état de servir, soit qu'ils soient actuellement employés ou qu'ils restent chez eux, doivent jouir, pendant l'année de leur service, de l'exemption de logement de gens de guerre, du guet & garde des portes des villes & châteaux, de tutèle, de curatelle, de la collecte des tailles, sequestre & garde de biens & régime de fruits, tant à l'égard des affaires du roi, que de celles des particuliers. Ils sont aussi fondés à refuser de plaider & de se défendre sur les actions civiles qui peuvent être intentées contre eux pendant l'année de leur service pour le roi, ce qui emporte la suspension de toute poursuite & de toute contrainte contre leurs personnes ou leurs biens, pour raison de dettes, soit qu'ils se trouvent obligés solidairement ou autrement. Il suffit, pour jouir de ces privilèges, qu'ils représentent un certificat qui justifie qu'ils sont effectivement employés au service de la marine royale.

Les matelots ou officiers mariniers des *classes* qui ne sont pas de service, ont la liberté de s'engager avec les marchands & de servir à leur commerce : mais ils ne peuvent changer de condition ni de demeure sans l'avoir déclaré au commissaire ou syndic des *classes* du département. Les capitaines des vaisseaux marchands, les maîtres, les patrons de barque ou autres, ne peuvent pas non plus engager les matelots ni les officiers mariniers des provinces voisines des lieux où ils font leur armement, qu'ils ne se soient fait représenter le congé que ces matelots ou officiers mariniers ont obtenu du commissaire du département qu'ils ont quitté, & le certificat du commissaire de la province où ils se trouvent, portant qu'il les a enrôlés dans les *classes* de la province où ils sont établis, à peine, contre ces matelots ou officiers mariniers, d'être punis comme déserteurs, & de cinq cens livres d'amende contre les capitaines, maîtres ou patrons.

Il est défendu, sous les mêmes peines, aux matelots ou officiers mariniers de s'engager, & aux capitaines, patrons ou propriétaires des bâtimens, de les arrêter pour aucune navigation ou fonction de marine pendant l'année de leur service, non plus que les autres années, pour des voyages dont ils ne pourroient pas être de retour avant le commencement de l'année de leur service.

Les capitaines, maîtres, patrons ou propriétaires des bâtimens marchands, sont tenus de remettre, avant leur départ, au greffe de l'amirauté du lieu où ils font leur armement, un rôle exact de leur équipage, contenant l'année de la *classe* de service de chaque matelot, à peine de trois cens livres d'amende, & ils doivent porter un double de ce rôle avec eux.

Ces rôles doivent être visés & certifiés par le commissaire ou syndic des *classes* établi dans chaque département, avant que le commis à la délivrance des congés de l'amiral, ou des brieux en Bretagne, en puisse donner aucun, & que les officiers de l'amirauté puissent les enregistrer, à peine de nullité des congés ou brieux, d'interdiction contre les officiers ou juges connoissant des causes maritimes, de cinq cens livres d'amende contre le commis qui les auroit délivrés, & de trois cens livres contre les capitaines, maîtres, patrons ou propriétaires qui seroient partis sans faire viser ces rôles.

Les officiers de santé des ports de Provence, ne doivent point donner de patentes de santé aux matelots qui ne sont pas compris dans les rôles dont on vient de parler, ni même à aucun autre matelot, s'il n'a le congé du commissaire ou syndic des *classes*.

Au retour des voyages, les capitaines, maîtres ou patrons, doivent se rendre au bureau des *classes* pour représenter leurs équipages & faire leur déclaration des matelots morts, de ceux qui les ont abandonnés ou qu'ils ont laissés dans quelque port du royaume ou des pays étrangers, de même que de ceux qu'ils ont pris en quelque lieu que ce soit, ou qui leur ont été consignés dans les pays étrangers par les consuls de la nation françoise, à peine de trois cens livres d'amende.

Les noms des passagers & engagés que les capitaines, maîtres ou patrons reçoivent sur leurs bords, doivent être donnés au commissaire ou syndic des *classes*, de même que les noms des matelots de l'équipage; & les officiers de l'amirauté ne peuvent donner aucun congé à ces passagers ou engagés, qu'ils ne soient compris au rôle qu'on leur présente.

Les marchands & armateurs françois qui envoient des vaisseaux aux isles ou colonies de l'Amérique, sont tenus de représenter, au commissaire ou syndic des *classes* du département où ils font leurs armemens, les hommes qu'ils ont engagés pour trente-six mois, afin qu'on vérifie s'ils ne sont point enrôlés comme matelots, attendu qu'il est défendu d'engager aucun matelot pour trente-six mois, à peine de cinq cens livres d'amende.

Les capitaines, maîtres ou propriétaires de bâtimens marchands qui veulent faire le voyage de Terre-Neuve ou des isles de l'Amérique, doivent, pour former leur équipage, se servir de matelots françois par préférence aux étrangers qui ne sont ni enrôlés ni domiciliés, à peine de cent livres d'amende.

Les matelots & les officiers mariniers embarqués sur les bâtimens marchands, doivent achever les voyages pour lesquels ils ont été engagés, & ils ne peuvent, même avec une permission des officiers de l'amirauté, quitter ces bâtimens qu'après avoir été congédiés par les capitaines ou maîtres qui les commandent, sous peine d'être privés de ce qui peut leur être dû.

Il est défendu aux capitaines, maîtres ou patrons, & aux matelots des navires françois qui se trouvent dans les pays étrangers, de se pourvoir, pour raison des contestations qu'ils peuvent avoir entre eux, pardevant le juge des lieux, à peine de désobéissance : ils doivent, en pareil cas, s'adresser au consul de la nation françoise, qui doit leur rendre, sans frais, une justice prompte & sommaire.

Il est défendu aux capitaines, maîtres ou patrons, de laisser ou congédier aucun matelot de leur équipage dans les pays étangers, à peine de cinq cens livres d'amende, & de plus grande s'il y échet.

Les capitaines ou maîtres des navires françois qui se trouvent dans les ports des pays étrangers, sont obligés de prendre sur leurs bords les matelots françois qui leur sont donnés par les consuls de la nation françoise, à peine de cinq cens livres d'amende contre chaque contrevenant : la dépense & les vivres que ces capitaines fournissent aux matelots, doivent leur être payés, du jour de l'embarquement, sur les certificats des consuls.

Il est défendu aux officiers mariniers & aux matelots, de sortir du royaume pour aller servir chez les étrangers ou s'y établir, soit par mariage ou autrement, à peine d'être punis comme déserteurs.

Il est néanmoins permis aux jeunes matelots de l'âge de quatorze à quinze ans, de s'embarquer sur les vaisseaux anglois ou hollandois pour apprendre les langues, à condition qu'ils prendront des congés des commissaires ou syndics des *classes* de leur département, & que leurs pères & leurs mères, ou autres parens domiciliés & en état de répondre de l'engagement dans lequel ils entreront, se soumettront de les représenter à l'âge de dix-huit ou vingt ans, à peine de cinq cens livres d'amende.

Le roi a déclaré exempts de l'ordre & service des *classes* les capitaines ou maîtres des vaisseaux ou bâtimens marchands, qui prennent sur leur bord, à chaque voyage qu'ils font en mer; savoir, ceux qui n'ont pas dix hommes d'équipage, un jeune garçon au-dessous de dix-huit ans; ceux dont l'équipage est de plus de dix hommes, deux; & ainsi à proportion, en augmentant toujours de dix en dix. Dans le cas où ces capitaines négligeroient de prendre de jeunes garçons sur leurs bords, non-seulement ils seroient privés de l'exemption dont il s'agit, mais ils encourroient encore une amende de cent livres.

Les capitaines, maîtres ou patrons de vaisseaux, barques ou autres bâtimens marchands qui sont une année sans aller à la mer, perdent leur exemption, & sont obligés de servir à leur tour sur les vaisseaux de roi, sans qu'ils puissent prétendre, à cet égard, aucune nouvelle exemption avant d'avoir navigué trois années consécutives en qualité de capitaines, maîtres ou patrons.

L'exemption dont on vient de parler s'étend aussi aux maîtres de barque & aux pêcheurs ou traîneurs de seines qui tiennent sur leur bord un jeune garçon, pourvu toutefois qu'ils rapportent, au commissaire ou syndic des *classes* de leur département, les congés qui leur ont été donnés, en qualité de pêcheurs, par les officiers de l'amirauté, durant trois années consécutives.

Les garçons qui ont servi sur ces bâtimens sont réputés matelots à l'âge de dix-huit ans, & ils ne peuvent plus être retenus comme garçons de bord par les capitaines ou maîtres.

Les capitaines, lieutenans, enseignes ou autres officiers de marine, chargés de lever des soldats pour l'équipement des vaisseaux, ne peuvent, à peine d'interdiction, engager aucun matelot des *classes* pour servir en qualité de soldat.

Lorsque les commissaires chargés du soin des *classes* des matelots ont reçu des ordres pour faire des levées, ils doivent faire publier, dans toutes les paroisses de leur département, les rôles de la *classe* de service, & en faire afficher les copies aux principales portes des églises & autres lieux accoutumés, pour obliger les officiers mariniers & les matelots à comparoître dans le temps prescrit. Ces commissaires doivent ensuite se rendre eux-mêmes sur les lieux, pour distribuer à ces officiers & matelots, l'argent qui doit leur servir d'engagement.

Ceux de ces officiers mariniers ou matelots qui se cachent, s'absentent ou ne se présentent point

sur

sur le premier avis qui leur a été donné, pour recevoir dans le temps préfix les avances qu'on leur a assignées, doivent être poursuivis pardevant les officiers de l'amirauté, & condamnés à une amende de vingt livres. S'ils continuent dans leurs désobéissance, ils doivent être pris, arrêtés & conduits dans le port où les vaisseaux sont armés, pour y être détenus prisonniers pendant un mois, & servir ensuite six mois sans solde.

S'ils ne se trouvent point après que la recherche en a été faite, le commissaire doit remettre à leurs femmes, l'argent destiné pour leur engagement; ou s'ils ne sont pas mariés, à l'un de leurs proches parens en présence d'un des magistrats ou du curé; & à leur défaut, de quelques notables habitans du lieu; de quoi doit être dressé procès-verbal signé de témoins.

Lorsque les matelots, après avoir reçu l'argent de leur engagement, ou qu'il a été laissé à leurs femmes ou à leurs parens, ne se rendent pas dans les ports avant le départ des vaisseaux pour le service desquels ils sont destinés, ils doivent être appréhendés au corps & conduits dans le plus prochain arsenal de marine, pour y être poursuivis & jugés, comme déserteurs, par le conseil de guerre assemblé à cet effet.

Les commissaires des *classes* doivent faire eux-mêmes les levées de matelots & les payer, à peine de répondre, en leur propre & privé nom, des inconvéniens qui pourroient arriver.

Aucun matelot de la *classe* de service ne peut, sous quelque prétexte que ce soit, en faire servir un autre à sa place.

Ceux des *classes* qui ne sont point de service peuvent servir volontairement sur les vaisseaux du roi, sans toutefois qu'à cette occasion ils puissent être dispensés du service qu'ils doivent dans l'ordre des *classes*.

A mesure que les officiers mariniers & les matelots arrivent dans le port où se fait l'armement, le commissaire préposé au bureau général des *classes* doit écrire leurs noms sur un journal, en observant de les distinguer par département.

Il doit ensuite leur donner des billets pour les faire recevoir dans les vaisseaux au service desquels ils sont destinés selon les ordres de l'intendant de la marine.

Le commissaire doit employer par préférence, en qualité de canonniers, ceux qui ont été instruits dans les écoles de canon établies dans les ports & arsenaux de marine.

L'intendant doit donner par préférence, à chaque capitaine, les officiers mariniers qui ont servi sous lui dans les précédens armemens.

Les équipages doivent être formés avec le plus d'égalité que faire se peut: l'ordonnance veut qu'on observe d'employer, sur chaque centaine d'hommes, un certain nombre de matelots qui, n'ayant fait aucun voyage de long cours, ont peu d'expérience, afin qu'ils s'instruisent dans la navigation & se rendent capables de servir sur les vaisseaux du roi. Le commandant & l'intendant du port doivent régler le nombre de ces matelots, & les capitaines des vaisseaux de sa majesté doivent, à peine d'interdiction, les recevoir sur leurs bords selon la distribution qui leur en est faite.

Les matelots qui s'absentent ou qui désertent par la faute ou par la négligence du capitaine & des officiers du vaisseau où ils ont été distribués, doivent être remplacés aux frais de ceux qui ont pu faciliter cette absence ou désertion, ou qui n'ont pas pris les précautions nécessaires pour l'empêcher.

Si les matelots s'absentent des vaisseaux armés, sans qu'il leur ait été donné aucun ordre ni permission à ce sujet, ils doivent être privés d'un mois de leur solde pour chaque absence.

Lorsque les habitans des villes maritimes où se font les armemens des vaisseaux du roi, reçoivent chez eux des officiers mariniers ou des matelots qui viennent pour servir sur ces vaisseaux, ils doivent porter, ou envoyer dans le jour, au bureau des *classes*, les noms de ces officiers ou matelots, & ceux des maisons de leur demeure. Il est défendu aux cabaretiers & aux autres habitans des ports, de retirer chez eux, tant aux armemens qu'aux désarmemens, sans la permission des intendans ou des commissaires des *classes*, les officiers mariniers ou matelots distribués sur les vaisseaux du roi, à peine de perdre ce qui leur seroit dû par les matelots, & de dix livres d'amende, payables sans déport par les ordres des intendans de marine.

Aussi-tôt que le vaisseau est en rade, le capitaine ne doit point envoyer de matelots à terre dans les chaloupes, qu'auparavant il n'en ait été fait un rôle, lequel doit être mis entre les mains de l'officier commandant la chaloupe, afin qu'à son retour il rende compte des gens qu'on lui aura donnés.

Les équipages des vaisseaux étant formés, le commissaire général du bureau des *classes* doit en dresser les rôles sur son journal, séparer les départemens en chaque rôle, prendre le consentement des officiers mariniers & des matelots, relativement à ce qu'ils veulent faire toucher à leurs familles durant leur absence, & le marquer à côté du nom de chacun.

Le même commissaire du bureau des *classes* doit ensuite faire sur ces rôles les revues finales en rade, en appellant chaque homme par son nom & le faisant passer devant lui. *Voyez* COMMISSAIRE, MATELOT, MARINE, INTENDANT, *&c.*

CLAVAGE, s. m. (*Jurisprudence.*) étoit un droit que payoient ceux qui entroient en prison. Il en est parlé dans les privilèges accordés par Charles VI à la ville de Figeac, au mois d'août 1394, *art. 46. Solvant duodecim denarios pro clavagio.* (*A*)

CLAVAIRE, s. m. (*Jurisprudence.*) nom que l'on donnoit anciennement à celui qui avoit la garde des clefs d'une ville, ou d'un trésor, ou d'un chartrier. Cet officier avoit, en quelques endroits, une jurisdiction. Il en est parlé dans le *Recueil des or-*

donnances de la troisième race, tom. VII, pag. 679, & dans l'*Histoire de Dauphiné*, par Valbonay. (*A*)

CLAUDE, (*congrégation de saint*) *Droit eccléſ. Saint-Claude* eſt un endroit près du Mont-Jura en Bourgogne, où il y avoit une abbaye chef-lieu d'une congrégation dont ſaint Romain eſt reconnu pour fondateur.

Saint Romain commença à vivre en hermite vers l'an 425, dans un lieu appellé *Condat*, c'eſt-à-dire *Confluent*, parce qu'il étoit à la jonction des rivières de Bienne & d'Alière. Ce ſolitaire reçut, quelque temps après, ſon frère auprès de lui; enſuite deux eccléſiaſtiques, & d'autres perſonnes vinrent ſe joindre à eux. L'endroit où ils étoient ſe trouvant trop ſtérile, ils ſe retirèrent dans un lieu voiſin plus commode, & y jettèrent les fondemens d'un monaſtère. Le nombre des cénobites augmentant de jour en jour, ils formèrent un ſecond établiſſement à Lauconne, à deux milles de Condat. Ils firent auſſi bâtir, dans les montagnes de Jura, une retraite pour des filles, qu'on appella de *Beaume*, vieux mot gaulois qui ſignifioit de la *Roche;* mais le lieu étant trop déſert pour fournir à leur ſubſiſtance, elles l'abandonnèrent. Saint Romain y fut enterré; l'endroit devint un prieuré de ſon nom.

Saint Lupicin, frère du défunt, fut le chef du monaſtère de Lauconne; il y fut inhumé, & depuis, ce monaſtère a retenu ſon nom. Saint Oyan, chef de celui de Condat, tranſmit auſſi ſon nom à ce monaſtère, juſqu'après la mort de *ſaint Claude*, archevêque de Beſançon, qui devint religieux & chef de cette abbaye à laquelle il a laiſſé ſon nom.

Saint Claude fit rentrer à l'abbaye beaucoup de droits qu'elle avoit perdus. Pepin lui accorda celui de battre monnoie. Elle avoit encore, ſuivant qu'il paroît par un mandement de Philippe de Bourgogne, donné à Lille le 9 mars 1436, le droit d'accorder des ſaufs-conduits, des rémiſſions & des graces pour crimes capitaux, de légitimer des bâtards, d'annoblir, &c.

L'abbaye de *Saint-Claude* étoit unie dès le treizième ſiècle, aux monaſtères de l'ordre de ſaint Benoît, de la province de Lyon. Cette union ſe fit après la tenue du quatrième concile général de Latran, ſous le pape Innocent III. Il fut ordonné dans ce concile que chaque province tiendroit, tous les trois ans, un chapitre général de tous les abbés, & des prieurs des monaſtères qui n'avoient point d'abbés. Pendant que ces chapitres provinciaux de l'ordre de ſaint Benoît, ſe ſont exactement tenus, l'obſervance régulière a été en vigueur; mais les monaſtères qui ſe diſpensèrent d'y envoyer, tombèrent peu-à-peu dans le relâchement; & il y a apparence que l'abbaye de *Saint-Claude* fut de ce nombre; car dès l'an 1271, le chapitre de Lyon, composé peu d'années auparavant de ſoixante-quatorze chanoines, dont un étoit fils d'empereur, neuf fils de roi, quatorze fils de ducs, trente fils de comtes, & vingt fils de barons, avoit accordé à l'abbé de *Saint-Claude* & à ſes ſucceſſeurs, le droit de chanoines de ſon égliſe, ce qui fait croire que cette abbaye ne recevoit déjà que des perſonnes de la première nobleſſe.

Le pape Nicolas V, informé de ce relâchement, nomma, en 1447, les abbés d'Autun, de ſaint Benigne de Dijon, & de Beaume, pour viſiter l'abbaye de *Saint-Claude*. Ces commiſſaires donnèrent aux religieux de nouveaux ſtatuts qui furent adoptés; mais avec le temps ils tombèrent en déſuétude. Ces religieux voyant que ces réglemens étoient peu obſervés, en dreſſèrent eux-mêmes d'autres en 1668. Ces derniers ſtatuts fixèrent le nombre des religieux à vingt-quatre. Ils furent approuvés par le cardinal Louis, duc de Vendôme, légat *à latere*, en France, du pape Clément IX. Ce prince voulant donner des marques de ſon attachement aux membres de cette congrégation, leur accorda le droit de porter une croix d'or ſur la poitrine, attachées au cou avec un ruban noir, ſur laquelle ſeroit l'image de *ſaint Claude*. Cette diſtinction leur fut donnée, tant à cauſe de leur ancienneté, de leurs prérogatives & de leurs privilèges, qu'à cauſe de la nobleſſe des religieux qui la compoſoient. On exigeoit de chacun d'eux, avant ſa réception, la preuve de ſeize quartiers de nobleſſe, tant du côté paternel que du côté maternel.

Le cardinal Céſar d'Etrées, ayant été pourvu de cette abbaye en 1679, témoigna ſon zèle pour y rétablir les obſervances régulières. Il fut délégué en 1698, par le pape Innocent XII, en qualité de commiſſaire apoſtolique, pour faire la viſite de ce monaſtère. Son avis fut qu'il falloit de nouveaux ſtatuts. On en fit en 1700 qui furent confirmés par un arrêt du conſeil d'état de l'année ſuivante, & revêtu de lettres-patentes enregiſtrées au parlement de Beſançon le 13 juillet de la même année.

Lorſque ces ſtatuts furent préſentés par M. Dangeville, grand-prieur de la congrégation, pour être lus & publiés dans un chapitre qui devoit ſe tenir à cet effet, quelques-uns des religieux ne firent aucune difficulté de s'y ſoumettre; les autres, en plus grand nombre, demandèrent d'être reçus oppoſans à l'arrêt d'enregiſtrement des lettres-patentes qui homologuoient ces ſtatuts, & appellans comme d'abus de ces mêmes ſtatuts. Le parlement de Beſançon les reçut dans leur demande, & leur permit d'intimer qui bon leur ſembleroit.

Dans le même temps les chevaliers de Saint-Georges, qui forment un ordre de chevalerie dans le comté de Bourgogne, ſe joignirent aux religieux oppoſans, & demandèrent au parlement d'être reçus parties intervenantes dans l'affaire, ce qui leur fut accordé. Le motif de l'intervention de ces chevaliers, fut que les places des abbayes de *Saint-Claude*, de Beaume, de Gigni, & des autres lieux qui en dépendoient, étant affectées à l'ancienne nobleſſe, ils appréhendoient qu'en changeant les conſtitutions, les privilèges & les uſages de l'abbaye, l'affectation de ces places à la nobleſſe ne ſe perdît.

Le cardinal d'Etrées obtint des lettres d'état le 4

décembre de la même année, portant surséance du procès pour six mois, avec défenses aux parties de faire aucune poursuite. Cette surséance dura jusqu'en 1705, que le roi, par arrêt du 7 février, évoqua l'affaire à son conseil, & nomma sept conseillers d'état pour l'examen des mémoires & des pieces des parties. Cette affaire auroit pu recevoir sa décision en 1708, lorsque le roi, plus occupé alors de la guerre qu'avoit la France avec l'empereur, l'Angleterre, la Savoie & la Hollande, que de la réforme de *Saint-Claude*, en remit la décision après la paix générale, qui fut conclue à Utrecht en 1713.

Pendant le cours de la contestation, la noblesse du comté de Bourgogne députa vers le roi pour faire ériger l'abbaye de *Saint-Claude* en évêché. On représenta à sa majesté que la nécessité de séculariser cette abbaye étoit d'autant plus absolue, que l'on n'y pouvoit plus rétablir les anciennes pratiques religieuses; que les lieux réguliers étoient presque tous ruinés; que la vie commune n'y subsistoit plus depuis environ quatre cens ans; que chaque religieux avoit sa maison & son pécule à part; qu'enfin les places de l'abbaye étant affectées à la noblesse, un genre de vie trop austère ne sauroit convenir à des gentilshommes, *&c.*

Ces représentations n'ont produit leur effet que long-temps après. Les religieux de *Saint-Claude* ont enfin été sécularisés en 1740, & l'abbaye se trouve aujourd'hui érigée en évêché. Il faut, pour être admis dans le chapitre qui forme l'église cathédrale, faire preuve de seize quartiers de noblesse, en remontant par toutes les lignes; c'est-à-dire qu'il faut descendre de trisaïeuls nobles, tant maternels que paternels. On peut voir à ce sujet l'article premier de l'arrêt du conseil d'état du 23 octobre 1750, & les lettres-patentes dont il a été revêtu le même jour.

CLAUSE, s. f. (*Jurisprudence.*) est une disposition particulière qui fait partie d'un contrat, d'un testament ou de quelque autre acte, soit public ou privé. Ce terme vient du latin *claudere*.

Les *clauses* d'un acte sont donc les conventions, dispositions ou conditions renfermées dans cet acte; il peut renfermer plus ou moins de *clauses*, suivant que la matière y est disposée, & ce que les parties ont jugé à propos de mettre dans l'acte.

Il n'y a régulièrement dans un acte que ce que l'on y met; cependant il y a certaines *clauses* qui sont tellement de l'essence des actes, qu'on les regarde comme de style, & qu'elles sont toujours sous-entendues, comme l'hypothèque des biens dans les actes passés devant notaires, qui est de droit, quoiqu'on ait omis de la stipuler. Il y a quelques autres *clauses* qui sont, pour ainsi dire, de style, parce qu'on a coutume de les stipuler, mais qui néanmoins ne sont pas de droit, telles que le préciput dans les contrats de mariage, lequel n'est pas dû sans une convention expresse.

En général les *clauses* insolites font présumer la fraude. Si une *clause* est obscure, elle s'explique par celles qui précèdent ou par celles qui suivent, selon le rapport qu'elles ont entre elles: &, dans le doute, elle s'interprète contre celui qui a parlé d'une manière obscure, parce que c'étoit à lui à s'expliquer plus clairement.

Dans les bulles & signatures de cour de Rome, il y a différentes *clauses* usitées que l'on distingue chacune par quelques termes particuliers qui les caractérisent, tels que la *clause quovis modo*. On peut voir le détail & l'explication de ces *clauses* dans le *Traité de l'usage & pratique de la cour de Rome*, de Pérard Castel: & nous en parlerons sous le mot SIGNATURE.

Sans prétendre expliquer ici les différentes espèces de *clauses*, il suffira de jetter un coup-d'œil rapide sur celles que l'on connoît sous des dénominations particulières.

CLAUSE *codicillaire*, est une *clause* apposée dans un testament, par laquelle le testateur déclare que, si son testament ne peut valoir comme testament, il entend qu'il vaille comme codicille.

L'origine de cette *clause* vient des formalités que le droit romain avoit introduites pour la validité des testamens. C'est pourquoi elle n'est d'usage que dans les pays de droit écrit, & non dans les pays coutumiers, où l'on dit communément que les testamens ne sont que des codicilles, parce qu'ils ne demandent pas plus de formalités qu'un simple codicille.

Si on s'arrêtoit au texte des *tit. 41, §. 3, ff. de vulg. & pup. subst. & 8 c. de codic.* il paroîtroit que, chez les Romains, il étoit nécessaire que le testateur qui n'avoit pas observé toutes les formalités, marquât expressément que son intention étoit que son testament valût au moins comme codicille. Mais nous apprenons par les loix *88, §. ult. ff. de leg. 2, 38, ff. de fideic. liber. 29, §. 1, ff. qui test. fac. poss.* & plusieurs autres; qu'on suppléoit quelquefois cette *clause*, lorsque l'intention du testateur paroissoit être que sa volonté fût exécutée de quelque manière que ce pût être: mais, parmi nous, on ne la supplée point, & elle doit être nommément exprimée.

La *clause codicillaire* ne peut produire son effet, que le testament ne soit au moins revêtu des formalités requises dans les codicilles.

L'institution d'héritier, portée au testament, étant répudiée ou devenue caduque par prédécès de l'héritier institué, l'héritier *ab intestat* est tenu, en vertu de la *clause codicillaire*, de payer les legs.

Cette *clause* opère aussi que l'institution d'héritier & toutes les autres dispositions qui sont conçues en termes directs & impératifs, sont considérés comme des fidéicommis; de sorte que l'héritier *ab intestat* est tenu de rendre l'hérédité à l'héritier institué par le testament; mais aussi il a droit de retenir la quarte trébellianique.

Comme la *clause codicillaire* n'a pour objet que de suppléer les formalités omises dans le testament, elle ne peut valider un testament qui est nul par quelque autre cause, comme pour suggestion.

La nouvelle ordonnance des testamens, art. 57, porte, que, si l'héritier institué par un testament qui contient la *clause codicillaire*, n'a prétendu faire valoir la disposition du testateur, que comme codicille seulement; ou, s'il n'a agi qu'en conséquence de ladite clause, il ne sera plus reçu à soutenir ladite disposition en qualité de testament : mais que, s'il a agi d'abord en vertu du testament, il pourra se servir ensuite de la *clause codicillaire*. Cet article a fixé la jurisprudence à cet égard.

Clause *de constitut & précaire*, se dit d'une *clause* par laquelle le possesseur d'un bien meuble ou immeuble reconnoît qu'il n'y a aucun droit de propriété, & que la jouissance ne lui en a été laissée qu'à titre de constitut. Cette *clause* s'insère dans les donations & dans les ventes qui renferment l'usufruit des choses vendues ou données, au profit du vendeur ou donateur.

On est dans l'usage d'ajouter ces termes *& de précaire*, c'est-à-dire, par souffrance & par emprunt. Ces deux termes ne sont pas synonymes. Toute possession à titre de constitut est sans doute précaire; mais la simple possession précaire, telle que celle d'un fermier, n'est pas à titre de constitut. *Voyez les mots* Constitut & Précaire.

Clause *comminatoire*, est une peine qu'on stipule dans différens actes ou contrats, ou qui se trouve apposée dans des lettres de chancellerie, dans un jugement, dans un testament, contre ceux qui contreviennent à quelques dispositions. Ce mot vient du latin *comminari*, qui veut dire *menacer*.

Dans les actes ou contrats, la peine stipulée est toujours regardée comme comminatoire : elle n'est jamais encourue de plein droit, & ne s'exécute pas toujours à la rigueur. Mais elle donne lieu à des dommages & intérêts que le juge doit accorder à la partie intéressée qui a souffert un préjudice réel par l'inexécution de la convention.

Dans les lettres de chancellerie, telles que les édits, déclarations, *&c.* la peine de nullité est de rigueur, & ne peut être réputée comminatoire; mais, dans les édits bursaux, les peines pécuniaires peuvent être remises ou modérées par le roi, le fermier, ou même les juges.

Dans les jugemens, la disposition qui ordonne à une partie de faire quelque chose dans un certain temps à peine de déchéance de son droit, n'est que comminatoire; il est nécessaire que la partie qui a intérêt, fasse prononcer un second jugement qui prononce la déchéance, à moins que le premier ne porte la *clause*, *en vertu du présent jugement; & sans qu'il en soit besoin d'autre, la partie demeurera déchue*, &c.

Clause *dérogatoire*, est celle qui déroge à quelque acte précédent. Ce terme étoit usité principalement en matière de testamens, où les *clauses dérogatoires* étoient certaines sentences ou autres phrases auxquelles on devoit reconnoître le véritable testament. Par exemple, le testateur disoit : « je » veux que mon testament soit exécuté, sans qu'il » puisse être révoqué par tout autre que je pour» rois faire dans la suite, à moins qu'il ne contienne » la *clause* suivante, *mon Dieu, ayez pitié de moi* ». Il est parlé de ces *clauses dérogatoires* dans plusieurs loix du Digeste, & dans divers auteurs; mais toutes les questions qui y sont traitées, deviennent présentement inutiles parmi nous, au moyen de l'*article 76 de l'ordonnance des testamens*, qui abroge totalement l'usage des *clauses dérogatoires* dans tous les testamens, codicilles ou dispositions à cause de mort.

Clause *de garantie*, se dit, dans un contrat de vente, de la *clause* par laquelle le vendeur s'oblige à faire jouir l'acheteur de la chose vendue. *Voyez le mot* Garantie.

Clause *irritante*, est celle qui annulle tout ce qui seroit fait au préjudice d'une loi ou d'une convention, comme lorsqu'il est dit *à peine de nullité*.

Quand la loi est conçue en termes prohibitifs négatifs, il n'est pas besoin de *clause irritante* pour annuller ce qui est fait au préjudice de la loi; mais la *clause* est nécessaire, quand la loi enjoint simplement quelque chose. *Leg. non dubium, cod. de leg.*

Clause *pénale*, est celle qui impose une peine à quelqu'un, au cas qu'il ne fasse pas quelque chose, ou qu'il ne le fasse pas dans un certain temps; par exemple, qu'il sera tenu de payer une somme, ou qu'il sera déchu de quelque droit ou faculté.

Ces sortes de *clauses* ne sont que comminatoires, lorsqu'elles sont insérées dans les conventions; la peine n'est jamais encourue de plein droit, à moins que l'on n'ait été mis juridiquement en demeure d'accomplir la convention : & il dépend toujours de la prudence du juge de modérer la peine, & même d'en décharger, s'il y a lieu.

Dans les dispositions de dernière volonté, les *clauses pénales*, ajoutées aux libéralités, doivent être exécutées à la rigueur, à moins qu'elles ne renferment des conditions impossibles ou contre les bonnes mœurs.

Clause *privative*, est particulière à la coutume du Hainaut. Suivant le droit commun de presque toutes les provinces des Pays-Bas, on ne peut disposer par testament que de ses meubles & acquêts, & du quint de ses propres : les quatre autres quints sont réservés à l'héritier légitime. S'il arrive néanmoins qu'un testateur ait disposé de ses propres au préjudice de son héritier légitime, & que, par le même testament, il lui fasse un legs, l'héritier, en acceptant ce qui lui est laissé, s'oblige par-là d'exécuter le surplus des dispositions, même à l'égard des biens indisponibles auxquels il étoit appellé par la loi. Dans le Hainaut, au contraire, l'héritier aux propres, en acceptant les legs qui lui sont faits par un testament, n'en a pas moins le droit de retenir la portion des propres que la loi lui défère. Pour l'en priver, il faut que le testateur insère dans son testament une *clause privative* par laquelle il l'exclut des avantages qu'il lui fait par son testament, s'il va au contraire des dispositions qu'il a faites de ses immeubles. Cette *clause* met l'héritier dans la nécessité d'opter entre ce qui lui est laissé par le testament, & ce qui lui est dévolu par la loi.

CLAUSE *résolutoire*, est celle par laquelle on convient qu'un acte demeurera nul & résolu, au cas qu'une des parties n'exécute point ce qu'elle a promis.

Ces sortes de *clauses* peuvent s'appliquer à différentes conventions. De ce nombre est le pacte de la loi commissoire, dont il sera parlé à l'*article* PACTE.

Pour mettre à effet une *clause résolutoire*, il faut d'abord que celui contre qui on veut s'en servir, soit mis juridiquement en demeure de remplir ses engagemens, & ensuite, faute par lui de l'avoir fait, demander & faire ordonner en justice la résolution de l'acte.

En effet, il en est des *clauses résolutoires* à-peu-près comme des *clauses* pénales, c'est-à-dire, qu'elles ne se prennent point à la rigueur, mais sont réputées comminatoires; c'est pourquoi le juge accorde ordinairement un délai pour satisfaire à ce qui est demandé, à moins que la chose ne pût souffrir de retardement. *Voyez* RÉSOLUTION DE CONTRAT.

CLAUSE *des six mois*, s'entend d'une *clause* que l'on appose dans quelques baux à loyer, pour résoudre le bail avant le temps qu'il devoit durer, en avertissant six mois d'avance. Cette faculté est ordinairement réciproque.

CLAUSION, s. f. (*Jurisprudence.*) dans certains parlemens, signifie *appointement.* Ce terme vient du latin *causa conclusa :* ce qu'on appelle au parlement de Paris, dans les procès par écrit, *appointement de conclusion.* Au parlement de Toulouse, *clausion* se dit de tout appointement ou réglement qui intervient sur les demandes & défenses des parties. On se sert aussi de ce terme au parlement de Grenoble. *Voyez* APPOINTEMENT. (*A*)

CLAUSTRAL, adj. (*Droit canonique.*) se dit de tout ce qui appartient à un cloître de religieux.

Le prieur *claustral* est un religieux qui a le gouvernement du monastère : on l'appelle *claustral* pour le distinguer du prieur commendataire qui n'est pas régulier.

On appelle *offices claustraux* dans les monastères d'hommes, certaines fonctions qui n'étoient autrefois que de simples offices, & qui, par succession de temps, ont été considérées comme de vrais titres de bénéfices; tels sont les offices de chambrier, d'aumônier, d'infirmier, de célérier, de sacristain, & autres semblables. L'abbé nomme à ces offices.

Dans les maisons où on a introduit la réforme, la plupart de ces offices ont été supprimés & réunis avec tous leurs revenus à la manse des religieux.

Dans l'abbaye de Saint-Denis en France, il y avoit un grand-prieur, un sous-prieur, un chancelier garde des sceaux, un grand-aumônier, un grand-confesseur, un grand-bouteiller, un grand-pannetier, un grand-prévôt, un grand maréchal féodal, & un grand-veneur de l'abbé, qui étoient tous offices *claustraux*, possédés par des religieux. (*A*)

CLEF, s. f. (*Jurisprudence.*) c'est un instrument fait pour ouvrir & fermer une serrure.

Par une ordonnance de police du mois de juillet 1776, il est défendu à tous serruriers, taillandiers & autres ouvriers travaillant à la forge, ainsi qu'à tous les ferrailleurs, vendeurs & crieurs de vieilles ferrailles, d'exposer, vendre ou débiter aucune *clef* vieille ou neuve, séparément de la serrure pour laquelle elle a été faite : il leur est enjoint d'apporter au bureau de sûreté toutes celles qu'ils pourront avoir, dont ils seront payés à raison d'un sou chaque *clef :* ceux qui en conserveront chez eux, doivent être condamnés à l'amende.

Cette même ordonnance défend encore aux compagnons & apprentifs serruriers, & autres ouvriers en fer, de travailler, forger & limer des *clefs* & serrures hors les boutiques de leurs maîtres; aux ferrailleurs, d'avoir des étaux & des limes dans leurs maisons, & d'y réparer ou limer aucunes *clefs ;* & aux maîtres serruriers ou autres ouvriers en fer, de faire travailler dans les derrières de leurs maisons ou lieux non apparens.

Cette ordonnance a pour but l'utilité & la sûreté publique. Il n'est pas douteux que la facilité d'acheter des *clefs* de toute espèce, & de les limer & ajuster pour les adapter à la plus grande partie des serrures, étoit pour les voleurs un moyen aisé de s'introduire dans les maisons, d'ouvrir les commodes & armoires, & de violer la sûreté particulière des citoyens. Il seroit à souhaiter que cette ordonnance, rendue par le lieutenant de police de Paris, fût adoptée par les lieutenans de police ou autres juges des différentes villes du royaume.

Mettre ou jetter les clefs sur la fosse du défunt, étoit une formalité extérieure qui se pratiquoit anciennement par la femme, après la mort de son mari, en signe de renonciation à la communauté. Chez les Romains dont nos pères imitèrent les mœurs, la femme avoit le soin des *clefs :* c'est pourquoi, dans le cas du divorce, le mari ôtoit à la femme les *clefs*, suivant la loi des douze tables : & la femme qui se séparoit de son mari, lui renvoyoit ses *clefs*. En France, il n'y avoit anciennement que les femmes des nobles qui avoient la faculté de renoncer à la communauté : ce qui leur fut accordé en considération des dettes que leurs maris contractoient la plupart aux voyages & guerres d'outre-mer; & en signe de cette renonciation, elles jettoient leur ceinture ou bourse & les *clefs* sur la fosse de leur mari. Cet usage est remarqué par l'auteur du grand coutumier, *chap. 41.* Marguerite, veuve de Philippe, duc de Bourgogne, mit sur la représentation du défunt sa ceinture avec sa bourse & les *clefs*. *Monstrelet*, *chap. 17.* Bonne, veuve de Valeran, comte de Saint-Pol, renonçant aux dettes & biens de son mari, mit sur sa représentation sa courroie & sa bourse. *Monstrelet*, *chap. 139.* Dans la suite, le privilège de renoncer à la communauté fut étendu aux femmes des roturiers, & établi par plusieurs coutumes qui ont prescrit la même formalité, c'est-à-dire, de jetter les *clefs* sur la fosse du défunt en signe que la femme quittoit l'administration des biens de son mari; & la ceinture ou bourse, pour marquer qu'elle ne retenoit rien des biens qui étoient communs. C'est ce que l'on voit dans la coutume de Meaux, *art. 33 & 52;* Lorraine, *tit. 2, art. 3;* Malines, *art. 8;* l'ancienne coutume de Melun, *art. 183;* Chaumont, *7;* Vitri, *91;* Laon, *26;* Châlons, *30;* duché de Bourgogne, *art. 41;* Namur, *art. 54.*

Présentement la femme, soit noble ou roturière, a toujours la faculté de renoncer à la communauté; mais on ne pratique plus la vaine cérémonie de jetter la bourse ni les *clefs* sur la fosse du défunt. (*A*)

L'ordonnance des eaux & forêts, *tit. 3, art. 2,* veut qu'il y ait dans la chambre du conseil de chaque maîtrise, un coffre fermant à trois *clefs*, pour y déposer le marteau destiné à la marque des bois. Le maître particulier ou le lieutenant, en son absence, le procureur du roi & le garde-marteau doivent en avoir chacun une.

Une ordonnance du 25 mars 1776, portant réglement pour l'administration des troupes, veut que l'argent, les effets actifs, titres & papiers de chaque régiment soient enfermés dans une caisse à trois serrures différentes, dont les *clefs* seront mises entre les mains, l'une du colonel ou mestre-de-camp, ou de celui qui commande en son absence; la seconde en celles du trésorier; la troisième en celles du capitaine, membre du conseil d'administration.

Une ordonnance du premier mars 1768 règle également ce qui doit être observé par rapport aux *clefs* des portes, poternes, souterreins, écluses & autres bâtimens dépendans des places fortes. On en trouvera les détails dans le *Dictionnaire de l'art militaire.*

CLÉMENCE, s. f. (*Droit politique.*) Favorin la définit, *un acte par lequel le souverain se relâche à propos de la rigueur du droit;* & Charron l'appelle *une vertu* qui fait incliner le prince à la douceur, à remettre & relâcher la rigueur de la justice avec jugement & discrétion. Ces deux définitions renfermant les mêmes idées qu'on doit avoir de la *clémence*, sont également bonnes.

En effet, c'est une vertu du souverain, qui l'engage à exempter entiérement les coupables des peines, ou à les modérer, soit dans l'état de paix, soit dans l'état de guerre.

Dans ce dernier état, la *clémence* porte plus communément le nom de *modération*, & est une vertu fondée sur les loix de l'humanité, qui a entre autres l'avantage d'être la plus propre à gagner les esprits: l'histoire nous en fournit quantité d'exemples, comme aussi d'actions contraires, qui ont eu des succès tout opposés.

Dans l'état de paix, la *clémence* consiste à exempter entiérement de la peine, lorsque le bien de l'état peut le permettre, ce qui est même une des règles du droit romain; ou à adoucir cette peine, s'il n'y a de très-fortes raisons au contraire, & c'est-là la seconde partie de la *clémence.*

Il n'est pas nécessaire de punir toujours sans rémission les crimes d'ailleurs punissables; il y a des cas où le souverain peut faire grace, & c'est de quoi il faut juger par le bien public, qui est le grand but des peines. Si donc il se trouve des circonstances, où en faisant grace, on procure autant ou plus d'utilité qu'en punissant, le souverain doit nécessairement user de *clémence.* Si le crime est caché, s'il n'est connu que de très-peu de gens, s'il y a des inconvéniens à l'ébruiter, il n'est pas toujours nécessaire, quelquefois même il seroit dangereux de le publier, en le punissant par quelque peine. Solon n'avoit point fait de loi contre le parricide. L'utilité publique, qui est la mesure des peines, demande encore quelquefois que l'on fasse grace à cause des conjonctures, du grand nombre des coupables, des causes, des motifs qui les ont animés, des temps, des lieux, *&c.* car il ne faut pas exercer, au détriment de l'état, la justice qui est établie pour la conservation de la société.

S'il n'y a point de fortes & pressantes raisons au souverain de pouvoir faire grace, il doit alors pencher plutôt à mitiger la peine (à moins que des raisons valables & justes ne s'y opposent entiérement, comme quand il s'agit de crime qui violent les droits de la nature & de la société humaine), parce que toute peine rigoureuse a quelque chose de contraire par elle-même, sinon à la justice, du moins à l'humanité. L'empereur Marc-Antonin le pensoit ainsi, & y conformoit sa conduite.

La *clémence* est contraire à la cruauté, à la trop grande rigueur, non à la justice, de laquelle elle ne s'éloigne pas beaucoup, mais qu'elle adoucit, qu'elle tempère; & la *clémence* est nécessaire à cause de l'infirmité humaine & de la facilité de faillir, comme dit Charron.

Suivant les principes généraux qu'on vient d'établir, on peut voir quand le souverain doit punir, quand il doit mitiger la peine, & quand il doit pardonner. D'ailleurs, lorsque la *clémence* a des dangers, ces dangers sont très-visibles; on la distingue aisément de cette foiblesse qui mène le prince au mépris, & à l'impuissance même de punir, comme le remarque l'illustre auteur de l'*Esprit des Loix.*

Voici ce qu'il ajoute sur cette matière dans cet ouvrage, *liv. 6, chap. 21.*

« La *clémence* est la qualité distinctive des monarques. Dans la république, où l'on a pour » principe la vertu, elle est moins nécessaire. Dans » l'état despotique, où règne la crainte, elle est » moins en usage, parce qu'il faut contenir les » grands de l'état par des exemples de sévérité. » Dans les monarchies, où l'on est gouverné par » l'honneur, qui souvent exige ce que la loi dé» fend, elle est plus nécessaire. La disgrace y est

» équivalente à la peine ; les formalités même des » jugemens y sont des punitions. C'est là que la » honte vient de tous côtés pour former des » genres particuliers de peines.

» Les grands y sont si fort punis par la disgrace, par la perte souvent imaginaire de leur » fortune, de leur crédit, de leurs habitudes, de » leurs plaisirs, que la rigueur à leur égard est » inutile ; elle ne peut servir qu'à ôter aux sujets » l'amour qu'ils ont pour la personne du prince, » & le respect qu'ils doivent avoir pour les » places.

» On disputera peut-être aux monarques quelque » branche de l'autorité, presque jamais l'autorité » entière ; & si quelquefois ils combattent pour » la couronne, ils ne combattent point pour la » vie.

» Ils ont tant à gagner par la *clémence*, elle est » suivie de tant d'amour, ils en tirent tant de » gloire, que c'est presque toujours un bonheur » pour eux d'avoir occasion de l'exercer, & ils » le peuvent presque toujours dans nos contrées ».

C'est une heureuse prérogative dont ils jouissent, & le caractère d'une belle ame quand ils en font usage. Cette prérogative leur est utile & honorable, sans énerver leur autorité. Je ne connois point de plus beau trait dans l'oraison de Cicéron pour Ligarius, que celui où il dit à César, pour le porter à la *clémence* : « Vous n'avez rien reçu » de plus grand de la fortune, que le pouvoir » de conserver la vie ; ni rien de meilleur de la » nature, que la volonté de le faire ». *Article de M. le chevalier* DE JAUCOURT.

CLÉMENTINES, adj. fém. pris subst. (*Jurispr.*) on entend ordinairement sous ce nom un recueil des décrétales du pape Clément V, fait par l'autorité du pape Jean XXII, son successeur.

Clément V avoit fait une compilation, tant des decrets du concile général de Vienne, auquel il avoit présidé, que de ses épîtres & constitutions ; mais sa mort, arrivée le 20 avril 1314, l'ayant empêché de publier cette collection, Jean XXII, son successeur, la publia en 1317, sous le nom de *clémentines*, & l'adressa aux universités.

Elles sont divisées en cinq livres, où les matières du droit canonique sont distribuées à-peu-près suivant le même plan que les décrétales de Grégoire IX. *Voyez* DECRÉTALES.

Clémentines est aussi le nom que l'on donne quelquefois à un recueil de plusieurs pièces anciennes, qui sont de prétendus canons & constitutions des apôtres & autres pièces apocryphes attribuées faussement à S. Clément, évêque de Rome. *Voyez* DROIT CANON.

CLERC, s. m. (*Droit civil & canon.*) ce terme vient du grec κληρος, qui signifie *sort*, *partage*, *héritage*. Dans l'ancien testament, la tribu de Lévi est appellée κληρος, c'est-à-dire le partage ou l'héritage du seigneur. Du grec en a fait en latin *clerus* ; & l'on a donné ce nom au clergé, parce que le partage des ecclésiastiques est de servir Dieu. De *clerus* on en a fait *clericus*, clerc.

Comme dans les siècles d'ignorance, il n'y avoit presque que les *clercs* ou ecclésiastiques qui eussent conservé la connoissance des lettres, on étoit obligé d'avoir recours à eux, pour remplir toutes les fonctions dans lesquelles il falloit savoir lire & écrire, ou être instruit des loix ; de sorte qu'alors *clerc*, ou *homme savant & lettré*, étoient des termes synonymes, ainsi qu'il paroît par cette belle réponse de Charles V, roi de France, à quelqu'un qui murmuroit de l'honneur qu'il portoit aux gens de lettres, appellés alors *clercs*. « Les *clercs* à sapience » l'on ne peut trop honorer, & tant que sapience » sera honorée en ce royaume, il continuera à » prospérité ; mais quand déboutée y sera, il dé» chéera ». Il est arrivé de cette acception du mot *clerc*, que l'on a donné le titre de *clerc* à des laïcs, parce qu'ils étoient gradués ou lettrés, ou qu'ils remplissoient quelque fonction qui étoit auparavant remplie par des ecclésiastiques ; & cette dénomination s'est conservée jusqu'à présent.

Ainsi l'on entend parmi nous par le mot *clerc*, 1°. ceux qui par état sont consacrés au service divin ; 2°. plusieurs espèces de personnes qui exercent des offices, commissions, ou fonctions, qui ont rapport à l'administration de la justice & police. Nous allons traiter séparément du mot *clerc* sous ces deux acceptions.

CLERC, (*Droit canonique.*) se dit de tous ceux qui sont attachés, engagés dans l'état ecclésiastique. Ce terme comprend tout le clergé, depuis le simple tonsuré, jusqu'aux prélats du premier ordre.

La distinction des *clercs* d'avec le reste des fidèles se trouve établie dès le commencement de l'église, suivant ces paroles de S. Pierre, *neque dominantes in cleris. Petri j. v. 3.*

Les *clercs* ou ecclésiastiques considérés tous ensemble, forment un corps qu'on appelle *le clergé*, & l'état des *clercs* s'appelle *la cléricature*.

Il y a parmi eux différens degrés qui les distinguent.

Le premier degré de la cléricature est l'état de simple tonsuré.

Les degrés suivans sont les quatre ordres mineurs, de portiers, lecteurs, exorcistes, & acolytes.

Au-dessus des ordres mineurs, sont les ordres sacrés ou majeurs, de soudiaconat, diaconat & prêtrise.

L'épiscopat & les autres dignités ecclésiastiques sont encore des degrés au-dessus de la prêtrise.

Ces différens degrés parmi les *clercs*, composent ce que l'on appelle la *hiérarchie ecclésiastique*.

Autrefois les moines & les religieux n'étoient point *clercs* ; ils ne furent appellés à la cléricature qu'en 383, par S. Sirice, pape.

Ceux qui se présentent pour recevoir la tonsure, ou quelque ordre majeur ou mineur, doivent recevoir cet état de leur propre évêque, à moins qu'ils n'aient de lui un démissoire, c'est-à-dire des lettres de permission pour être tonsurés ou ordonnés par un autre évêque. *Can. Lugdunens. causâ 9, quæst. 2, & conc. Trid. sess. 23, de reform. cap. 8.*

Les *clercs* ont certaines fonctions dans l'église qui leur sont propres; celle des évêques, archevêques, prêtres & diacres, ne peuvent être remplies par des laïcs, même à défaut de *clercs*.

Ils jouissent, en qualité de *clercs*, de plusieurs exemptions & immunités, qu'ils tiennent de la piété de nos rois. Louis XIV les a tous conservés & confirmés par l'art. I de l'édit de 1695.

Il leur est défendu de rien faire qui soit contraire à la pureté & à la dignité de leur état; & par conséquent de faire aucun trafic ou commerce, d'exercer aucun art méchanique, ni de se mêler d'aucunes affaires temporelles.

Leurs habits doivent être simples & modestes, & ils ne peuvent en avoir de couleurs hautes, telles que le rouge.

La chasse à cor & à cri, ou avec armes offensives, leur est défendue. Ceux qui contreviennent à ces défenses deviennent irréguliers. *Voyez* CLÉRICATURE, CLERGÉ, IMMUNITÉ, *&c.*

CLERC, (*Jurispr. civile.*) ainsi que nous l'avons remarqué ci-dessus, est un titre commun à plusieurs offices, fonctions & commissions, que nous allons faire connoître par ordre alphabétique.

Clerc des aides: cette qualité étoit quelquefois donnée au receveur des aides, quelquefois au greffier de ceux qui rendoient la justice sur le fait des aides. Il en est parlé dans des lettres de Charles VI, du dernier février 1388. Voyez *Clercs-greffiers*.

Clercs des arrêts; c'est le nom qu'on donnoit anciennement au greffier du parlement. Il est ainsi appellé dans un édit pour le lendemain de l'Epiphanie, de l'an 1277. Il en est fait mention dans le *liv. II, chap. xij*, §. 31 du recueil intitulé *Fleta*, qui le nomme *clericus placitorum aulæ*. Voyez *le gloss. de* Ducange, au mot *Clericus*.

Clercs-auditeurs, *voyez* CHAMBRE DES COMPTES.

Clerc d'avocat, est celui qui travaille habituellement chez un avocat à copier ses consultations, & autres écritures du ministère d'avocat. Les *clercs d'avocats* assistent ordinairement aux audiences derrière le barreau, pour donner aux avocats les sacs des causes que l'on appelle pour être plaidées. Ce sont eux aussi ordinairement qui portent & qui vont retirer les sacs que les avocats se donnent en communication. Ils font quelquefois des extraits des pièces pour soulager les avocats; mais ceux-ci doivent vérifier l'extrait, pour voir s'il est fidèle & exact. Dans les arbitrages & commissions du conseil dont les avocats sont chargés, on consigne les vacations entre les mains du *clerc de l'avocat* plus ancien, & le *clerc* du plus jeune avocat dépose la sentence arbitrale chez un notaire. Lorsqu'on veut compulser des pièces qui sont chez un avocat, le compulsoire se fait entre les mains de son *clerc*, lequel en cette partie fait fonction de personne publique. Il est défendu par les réglemens aux *clercs d'avocats* de porter des épées, ni de cannes & bâtons. Il y a très-long-temps que les avocats au parlement de Paris sont dans l'usage d'avoir des *clercs;* puisque l'ordonnance faite par la cour en 1344, défend aux *clercs des avocats* de faire leurs écritures en la chambre du parlement. Cette ordonnance est rapportée dans le *Recueil des ordonnances de la troisième race, tome II, pag. 225.*

Clercs des baillifs, sénéchaux & prévôts: on appelloit ainsi les secrétaires ou greffiers des juges. Des lettres de Charles V, du 5 mai 1357, font mention du *clerc* du bailli de Coutances. D'autres lettres du roi Jean, du mois de décembre 1363, parlent du *clerc* du prévôt de Langres, & règlent ce qu'il pourra prendre pour chaque mémorial, écriture & scel, ce qui fait voir qu'il faisoit la fonction de greffier & de scelleur. Une ordonnance du roi Jean, d'environ l'an 1361, défend, *art. 15*, aux baillifs & sénéchaux, & à leurs *clercs*, de prendre de personne, dons, pensions & robes, si ce n'étoit par avanture des vins & viandes qui se peuvent consommer en peu de jours: il est aisé de sentir l'abus que l'on pouvoit faire de cette exception.

Clercs de la chambre: c'est ainsi qu'on appelle à Rome, certains officiers de la chambre apostolique, conseillers & assesseurs du camerlingue. Ils sont juges des causes qui leur sont distribuées, & qui reviennent par appel devant la chambre. Leur jurisdiction s'étend principalement sur les fermes des revenus du saint-siège. *Voyez* CAMERLINGUE, CHAMBRE APOSTOLIQUE.

Clerc & changeur du trésor du roi: c'étoit le receveur du change du roi. Il est ainsi nommé dans une ordonnance du roi Jean, du 26 septembre 1351, *clerico & cambiatori thesauri nostri Parisiis. Voyez* CHANGEUR.

Clercs des commissaires du roi ou du parlement: c'étoient les greffiers de la commission. L'ordonnance de Philippe-de-Valois, du 11 mars 1344, concernant la discipline du parlement, porte que les gens du parlement qui seront envoyés en commission, ne pourront prendre que pour six chevaux au plus; les gens des enquêtes ou requêtes du palais, pour quatre chevaux; que dans ce nombre seront comptés les chevaux que chevaucheront leurs *clercs* qui travailleront à l'audition. Un peu plus loin il est parlé des cas où, pour cause du fait de la commission, il conviendroit mener notaire ou *clerc*. Il est dit, *art. 3*, que chaque *clerc des commissaires* ne pourra prendre des parties que cinq sous seulement chaque jour qu'il travaillera, tournois ou parisis, selon le pays où il sera tant pour parchemin, écriture, copie, grossoyement d'enquêtes de procès, & de toutes autres écritures qu'il fera.

Clercs des commissaires au châtelet, & autres commissaires de police, sont des espèces de commis ou aides

aides qui écrivent sous la dictée du commissaire, & font les expéditions des actes qui sont de son ministère.

Clerc de la commune de Rouen : c'étoit le greffier de l'hôtel-de-ville de Rouen. *Voyez l'ordonnance de Charles V du 9 nov. 1372, art. 5 & 6*, & ci-après *Clercs des villes de commune.*

Clercs du conseil, signifioit anciennement les *gens du conseil du roi*, quelquefois les *secrétaires* ou *greffiers du conseil.* Il en est parlé dans une ordonnance de l'an 1285, portant réglement pour l'hôtel du roi & de la reine. *Voyez le gloss. de* Ducange, au mot *Clericus.*

Clercs du conseil des officiers & ouvriers de la monnoie, étoient les officiers de la chambre des monnoies de Paris. Il fut pourvu à leur salaire par des lettres de Charles V, du 6 juin 1364. *Voyez le Recueil des ordonnances de la troisième race, tome IV, page 441.*

Clerc de conseiller ou président : c'étoit le secrétaire du président ou conseiller, ou bien le greffier de la commission dont le magistrat étoit chargé. Il est parlé des *clercs des présidens & conseillers* au parlement, dans une ordonnance de Charles V, alors régent du royaume, du mois de mars 1366, *art. 12. Voyez* aussi ce qui est dit au mot *Clercs des commissaires du roi* ou *du parlement.* Dans l'usage présent on qualifie de *secrétaires* ceux qui font la fonction de *clercs* auprès des magistrats ; & s'ils sont commis pour greffiers en quelques occasions, on les qualifie de *greffiers de la commission.*

Clerc du consulat : c'étoit le greffier d'un consulat ou justice municipale d'une ville. C'est en ce sens que les *clercs du consulat* de la ville de Grasse se trouvent nommés au nombre des officiers de ce consulat dans des lettres du roi Jean, du mois de mars 1355. *Recueil des ordonnances de la troisième race, tome IV, page 340.*

Clercs des coupillons : les anciennes ordonnances de Metz donnoient ce nom à un officier public, dont les fonctions étoient semblables à celles des greffiers dont on se sert aujourd'hui.

Clercs des élus, étoient les greffiers de ceux qui étoient élus anciennement pour régler la perception des aides & finances. Le 6 avril 1374, Charles V nomma deux réformateurs pour punir ces *clercs*, & autres officiers, des malversations qu'ils avoient commises dans leurs fonctions.

Clercs d'embas, voyez CHAMBRE DES COMPTES.

Clerc-examinateur : on donnoit anciennement ce titre aux examinateurs du châtelet de Paris, auxquels ont succédé les commissaires. Les statuts de la confrairie des marchands drapiers de Paris furent publiés en présence d'un *clerc-examinateur*, le 3 mai 1371, comme on voit dans le *Recueil des ordonnances de la troisième race, tome IV, page 536.*

Clercs-experts : on donnoit anciennement ce titre de *clercs* aux experts, pour dire qu'ils étoient savans & versés dans la matière pour laquelle ils étoient commis. On en voit un exemple dans la déclaration du mois d'octobre 1577, qui contient un réglement pour les fonctions de *clercs-jurés* & prud'hommes de la ville & prévôté de Paris.

Clerc des foires, clericus nundinarum : c'étoit le notaire ou greffier des foires. Il en est parlé dans le Fleta, *lib. II, cap. 64. §. 24.*

Clercs-greffiers ou *secrétaires* : ils étoient anciennement nommés *clercs*, & leurs fonctions étoient différentes de celles des notaires, même de ceux qui étoient attachés au service des jurisdictions. En effet, ceux-ci tenoient d'abord les registres des cours & autres jurisdictions, écoutoient les témoins, & délivroient copie des dépositions & enquêtes ; au lieu que les *clercs* faisoient plus particulièrement la fonction de secrétaires ou greffiers du juge. Il en est fait mention dans une ordonnance de S. Louis, du mois de février 1254, faite pour le Languedoc, où il est dit que les *clercs* des sénéchaux, ou leurs écrivains, ne pourront prendre plus de six deniers tournois pour chaque lettre-patente, & quatre deniers pour les lettres closes. On voit par-là que ces *clercs* avoient d'autres écrivains qui leur étoient subordonnés. Il y avoit au châtelet des *clercs* en titre d'office pour le prévôt de Paris, & pour les auditeurs, qui furent supprimés par Philippe-le-Bel, par une ordonnance du premier mai 1313, voulant qu'ils prissent pour eux tels *clercs* qu'ils jugeroient à-propos, & qu'ils les pussent ôter toutes & quantes fois il leur plairoit, nonobstant toutes lettres que ces *clercs* eussent du roi, lesquelles furent révoquées. Ainsi ces *clercs* avoient d'abord des lettres ou provisions du roi ; ensuite ils devinrent à la nomination du prévôt de Paris & des auditeurs, & étoient alors amovibles. Dans une autre ordonnance de Philippe-le-Long, du mois de février 1320, on voit qu'il y avoit au châtelet des notaires destinés à faire certaines écritures & expéditions, & qu'il y avoit outre cela des *clercs* ; il fut ordonné qu'à l'avenir le prévôt de Paris en auroit seulement deux pour faire les registres & ses commissions, & secrètes besognes ; que ces deux clercs devoient payer le quart de ce qu'ils auroient de leurs écritures ; & que si le prévôt de Paris avoit besoin d'un plus grand nombre de *clercs* pour faire son office, il prendroit les notaires qui lui conviendroient le mieux, & non d'autres personnes. La même ordonnance porte, que les deux auditeurs n'auront point de *clercs*, & qu'ils feront faire dorénavant toutes leurs besognes par la main des notaires. L'ordonnance de Charles V, du mois de novembre 1364, *art. 10*, appelle *clerc des requêtes du palais*, celui qui y faisoit la fonction de greffier.

Clercs du greffe, sont des commis qui travaillent aux expéditions du greffe sous les ordres du greffier. Une ordonnance de Charles V, alors régent du royaume, du mois de mars 1356, fait mention, *art. 7*, des greffiers & *clercs* du parlement. L'édit du mois de mai 1544, créa des *clercs du greffe* du parlement de Paris; & la déclaration du 12 juillet suivant contient un réglement pour leurs fonctions. Par édit du mois de décembre 1577, il y en eut encore de créés. Par édit du mois de décembre 1535, il fut créé deux offices de *clercs du greffe* dans toutes les cours souveraines, bailliages, sénéchaussées, *&c.* L'édit du mois de décembre 1609 créa quatre offices de *clercs* commis au greffe du conseil privé du roi. Dans la plupart des tribunaux, ces *clercs du greffe* ont pris le titre de *greffiers*; & celui qui portoit auparavant seul le titre de *greffier*, s'est fait appeller *greffier en chef*, pour le distinguer des autres greffiers qui lui sont subordonnés.

Clercs des greniers à sel, étoient ceux qui tenoient le registre de la distribution du sel. Il en est parlé dans une instruction faite pour le sel du temps du roi Jean.

Clerc du guet, est un officier établi dans chaque capitainerie-garde-côte, pour remplir les fonctions relatives à la garde qui doit être faite dans les ports de mer & sur les côtes. Elles consistent à avertir les habitans sujets au guet, de se trouver aux revues, & de monter la garde, de tenir registre des défaillans, de faire le recouvrement des amendes, dont il est chargé de tenir le rôle, de remettre de six mois en six mois au greffe de l'amirauté, un état des amendes payées, & de celles qui restent à recouvrer. Le grand-amiral nomme à cette place, & lorsqu'il ne l'a pas fait, les officiers de l'amirauté peuvent y pourvoir par commission. C'est ce qui résulte de l'ordonnance de la marine, *liv. IV, tit. 5*, & du réglement du 28 janvier 1716.

Clerc de la halle de Douai: c'est le greffier de l'hôtel-de-ville de Douai, le terme de *halle* signifiant *lieu d'assemblée*. Voyez *l'ordonnance de Charles V, du 5 septembre 1368, art. 20.*

Clercs d'honneur. Philippe-de-Valois, dans des lettres du 6 avril 1342, donne à l'évêque de Beauvais, qu'il établit son lieutenant-général dans le Languedoc, le pouvoir de créer des *clercs d'honneur.* M. Secousse, dans sa note sur ce mot *clercs*, dit qu'il n'a rien trouvé sur ces *clercs d'honneur*, & croit qu'on a voulu dire *chevaliers d'honneur.* Il renvoie au glossaire de Ducange, au mot *milites honorarii.* Ne pourroit-on pas aussi conjecturer que ce terme *clerc d'honneur* signifie en cet endroit *conseiller d'honneur*, d'autant plus que ces mêmes lettres lui donnent le pouvoir d'instituer & de destituer tous officiers de justice?

Clercs des juges, voyez *Clercs-greffiers*, *Clercs des arrêts*, *des baillifs*, *des commissaires*, *des conseillers*, *du conseil*, *du consulat*, *des foires*, *des greniers-à-sel*, *de la marchandise de l'eau*, *des monnoies*, *de la prévôté*, *du roi*, *des villes.*

Clerc lettriant: c'est le nom que la coutume de Hainaut, *chap. 94*, donnoit à l'officier public chargé de rédiger & de recevoir les actes passés entre les particuliers. *Clerc-lettriant* est la même chose que notaire ou tabellion.

Clerc (maître) chez les procureurs ou notaires, se dit abusivement pour premier & principal *clerc.* *Voyez Clercs des notaires & des procureurs.*

Clerc de la marchanchise de Paris, quant au fait de l'eau; c'est ainsi qu'on appelloit anciennement celui qui faisoit fonction de secrétaire ou de greffier dans la confrairie des marchands fréquentant la rivière de Seine. Il lui étoit défendu de se mêler directement ni indirectement de la marchandise par eau, & d'être associé avec des commerçans, à peine de perdre ses marchandises, & d'être puni griévement à la volonté du roi. Suivant une ordonnance du roi Jean, du 28 décembre 1355, la connoissance du commerce qui se fait par eau pour la provision de Paris, ayant été attribuée au bureau de la ville, le greffier de ce bureau a succédé au *clerc* dont on vient de parler.

Clercs des monnoies de France, étoient les greffiers des maîtres ou juges-gardes des monnoies. Il en est parlé dans des lettres de Philippe-de-Valois, du mois d'avril 1337, concernant les privilèges des généraux des monnoies & des ouvriers des monnoies; & dans des lettres du roi Jean, du mois de novembre 1350, confirmatives des précédentes.

Clercs ou *notaires*, étoient autrefois de deux sortes; savoir les *clercs du roi*, ou *notaires du roi*, qui faisoient à-peu-près les mêmes fonctions que font aujourd'hui les secrétaires du roi. Il y avoit aussi des *clercs* ou *notaires* des sénéchaux, baillifs & prévôts, qui faisoient près d'eux la fonction de secrétaires & greffiers. Il y avoit outre cela d'autres notaires destinés seulement à recevoir les contrats, & dont l'office étoit différent de celui des *clercs-notaires* des juges. Cette distinction se trouve bien établie dans une ordonnance du roi Jean, du mois d'octobre 1351, *article 37.*

Clercs des notaires du roi: c'étoient les aides ou commis des secrétaires du roi. Il en est parlé dans une ordonnance du roi Jean, donnée vers le 7 décembre 1361, qui porte, *art. 2*, que les notaires du roi feront serment de ne rien prendre, & de ne rien laisser prendre par leurs *clercs*, sous couleur de parchemin ou de grossoyer les lettres, une fois ou plusieurs, si ce n'est des chartes ou des lettres criminelles, le droit accoutumé. Présentement les secrétaires du roi qualifient de *commis* ceux qui travaillent sous eux à faire leurs expéditions; & la qualité de *clerc de notaire* ne se donne qu'à de jeunes gens qui travaillent chez un notaire, & sous ses yeux, à rédiger ou expédier les actes qu'il reçoit comme notaire.

Clerc de la prévôté de Paris, c'étoit le greffier du prévôt de Paris. Il est ainsi nommé dans une ordonnance de Hugues Aubriot, prévôt de Paris, par laquelle on voit que ce *clerc* recevoit ceux qui devoient déposer en l'information de vie & mœurs des courtiers de chevaux, & que la caution qui étoit donnée pour eux, devoit être enregistrée par-devers le *clerc.*

Clercs de procureurs, sont des aides que les procureurs ont chez eux pour faire ou transcrire les expéditions qui sont de leur ministère. Les procureurs au parlement, qui étoient anciennement en fort petit nombre, ne pouvant faire seuls toutes leurs expéditions, à mesure que le nombre des affaires augmentoit, obtinrent, en 1303, du parlement la permission d'avoir chez eux de jeunes gens pour leur servir d'aides, lesquels furent nommés *clercs*, parce qu'alors les ecclésiastiques étoient presque les seuls qui eussent la connoissance des lettres, & que les gens de pratique s'en servoient pour faire écrire leurs actes : c'est pourquoi l'on donna aussi le titre de *clercs* aux laïcs qui étoient lettrés.

Les *clercs de procureurs* sont ordinairement de jeunes gens ; c'est pourquoi le lieu où ils travaillent s'appelle l'*étude du procureur ;* parce qu'en effet ceux qui sont chez les procureurs en qualité de *clercs*, y sont pour apprendre la pratique judiciaire, dont la connoissance est nécessaire à tous ceux qui concourent à l'administration de la justice : aussi voit-on tous les jours chez les procureurs, en qualité de *clercs*, de jeunes gens destinés à remplir des places distinguées de judicature.

Ceux qui se destinent à la fonction de procureur dans les villes où les *clercs* forment entre eux une communauté, doivent s'inscrire sur les registres de la communauté, pour faire courir leur temps de cléricature ou étude, qui est de dix années. Celui qui est le premier de l'étude, prend le titre de *maître-clerc.*

A Paris & dans plusieurs autres villes du royaume, la communauté des *clercs* s'appelle *basoche*. La communauté des *clercs* au parlement a une jurisdiction sur ses membres, qu'on appelle aussi *basoche*, & qui lui a été accordée par Philippe-le-Bel, de l'avis & conseil de son parlement.

A Rouen, cette communauté s'appelle aussi *basoche* ou *régence du palais*, parce qu'elle est chargée du soin de maintenir une bonne discipline dans le palais, par rapport à la postulation.

La communauté des *clercs de procureurs* de la chambre des comptes s'appelle *le haut & souverain empire de Galilée. Voyez* BASOCHE.

Au parlement de Paris & dans la plupart des tribunaux, les *clercs de procureurs* n'ont point caractère de personnes publiques : cependant à Lyon & dans quelques autres lieux, les *clercs de procureurs* sont en possession de faire des requisitoires & remontrances devant le juge à l'audience & en l'hôtel. Ils reçoivent les significations que l'on apporte chez leur procureur, & en donnent leur reconnoissance, & signent en ajoutant leur qualité de *clerc* d'un tel procureur.

Il est défendu aux *clercs de procureurs* de porter dans le palais aucune épée, canne ni bâton, & de porter l'épée même hors du palais. Mais les réglemens qui ont été faits à ce sujet, renouvellés en différens temps, sont assez mal observés de la part d'un grand nombre de *clercs*. Un arrêt du 28 juillet 1689, défendoit aux procureurs de donner aucuns gages & appointemens à leurs *clercs*, & une déclaration du 10 juillet 1685, leur défendoit également d'avoir des *clercs* de la religion prétendue réformée.

Clercs du roi : on donnoit anciennement ce titre aux quatre maîtres des requêtes de l'hôtel du roi, comme il paroît par une ordonnance du roi Jean, du 10 mars 1351 : *fideles clericos magistros Stephanum, & magistros requestarum hospitii nostri.* Ce titre signifioit aussi quelquefois *conseiller du roi.* C'est ainsi que dans l'épitaphe de Guillaume Macon, évêque d'Amiens, il est qualifié *clericus regis. Voyez le gloss. de* Ducange, au mot *Clericus*, & ci-devant *Clercs du conseil.*

Clercs du roi, est aussi le titre que l'on donnoit autrefois aux notaires du roi, appellés présentement *secrétaires du roi. Voyez* NOTAIRES.

Clerc du roi juge. Anciennement quelques juges royaux étoient qualifiés *clercs du roi & juges*, comme le juge d'Uzès, dans des lettres du maréchal d'Audenant, lieutenant pour le roi dans le pays de Languedoc, du 16 avril 1364 : *clericus regius & judex vicecomitatus Ucetici.*

Clerc du secret, est le nom que l'on donnoit anciennement à ceux d'entre les secrétaires du roi, qui faisoient les fonctions que font aujourd'hui les secrétaires d'état. Au commencement de la troisième race, le chancelier réunissoit toutes les fonctions des notaires & secrétaires du roi. Frère Guerin, évêque de Senlis, étant devenu chancelier de France sous Louis VIII, en 1228, abandonna totalement la fonction du secrétariat aux notaires & secrétaires du roi, & se conserva seulement sur eux l'inspection. Entre les notaires-secrétaires, ceux qui approchoient du roi, s'étant rendus plus considérables, il y en eut quelques-uns d'entre eux que le roi distingua des autres, & qui furent nommés *clercs du secret ;* c'est la première origine des secrétaires d'état. Philippe-le-Bel, en 1309, déclara qu'il y auroit près de sa personne trois *clercs du secret*, & vingt-sept *clercs* ou notaires sous eux. Les *clercs du secret* furent sans doute ainsi nommés, à cause qu'ils expédioient les lettres qui étoient scellées du scel, appellé *scel du secret*, qui étoit celui que portoit le chambellan. Il paroît, par des registres de la chambre des comptes, de l'an 1343, que les *clercs du secret* avoient alors le titre de *secrétaires des finances.*

Clerc du roi receveur. On a autrefois donné le titre de *clerc du roi* à certains receveurs des émolumens procédans des expéditions de justice. C'est ainsi que Philippe-le-Long, par son ordonnance du mois de février 1320, *art. 15*, ordonna qu'il y auroit pour lui un *clerc* qui demeureroit continuellement au châtelet, & qui feroit avec le scelleur ; qu'il recevroit le quart des écritures & le tiers des examinations des témoins, & l'apporteroit au trésor du roi chaque vendredi ou samedi ; qu'afin qu'on ne pût y faire fraude, il écriroit en parchemin ou en papier la somme que chaque notaire & *clerc* prendroit de chaque lettre, selon l'instruction qui lui seroit donnée en la chambre des comptes; que quant aux examinations, lesquelles se faisoient par des examinateurs & par les notaires, il mettroit en écrit combien chacun auroit gagné dans la semaine, & de qui, afin qu'on ne pût y faire fraude; que ce *clerc* auroit deux sous six deniers parisis de gages par jour; qu'il pourroit faire lettres du châtelet, comme un autre notaire, & qu'au commencement de l'année, il compteroit de ce qu'il auroit reçu & payé des écritures & examinations des témoins.

Clercs des villes de commune: c'est ainsi que l'on appelloit anciennement les secrétaires ou greffiers des villes, qui avoient droit de commune & de mairie. Il en est fait mention dans une ordonnance de S. Louis de 1256, où il est dit qu'il n'y a que le maire, ou celui qui tiendra sa place, qui pourra aller en cour, ou ailleurs, pour les affaires de la ville, & qu'il n'aura avec lui que deux personnes, avec le *clerc* de la ville, & celui qui portera la parole. Des lettres de Charles, duc de Normandie, du mois d'avril 1361, parlent du *clerc* de la ville de Rouen, qui y est qualifié, *monsieur Gautier le sage-clerc de la ville*. (*A*).

Clerc du testament: on trouve cette expression dans la coutume de Meaux, *art. 35*, pour signifier les legs & autres charges d'un testament qui sont clairs & liquides, & qui doivent être acquittés par l'exécuteur testamentaire. L'héritier, dit-elle, peut offrir d'accomplir le testament, & de ce bailler caution, ou délaisser entre les mains de l'exécuteur, autant que se monte le *clerc* dudit testament.

CLERGÉ, s. m. (*Droit canonique.*) c'est le corps de tous ceux qui sont attachés au ministère ecclésiastique. On comprend même aujourd'hui & depuis long-temps, sous cette dénomination générale, non seulement les évêques, les prêtres, les diacres & autres ministres inférieurs de l'église, mais même les religieux jusqu'aux frères lais, & les religieuses des ordres & congrégations approuvés; de-là est née, dans les pays catholiques, la distinction du *clergé* en régulier & séculier. Ceux qui ont embrassé la profession religieuse sont désignés sous le nom de *clergé régulier*, à raison des règles particulières sous lesquelles ils vivent: les autres forment le *clergé séculier*.

Dans chaque état, il y a des usages particuliers pour régler les rangs des différens ordres du *clergé*, des chapitres & communautés régulières, soit entre eux, soit avec le corps séculier.

En Angleterre, on distingue le haut & le bas *clergé*: le haut *clergé* est composé des évêques & archevêques; le bas comprend tous les autres ecclésiastiques.

En France, on suit la même distinction, mais sous des noms différens: on dit le premier & le second ordre. Le terme de *bas-clergé* y est cependant en usage dans les chapitres, pour signifier les semi-prébendés, les chantres, chapelains, musiciens & autres officiers gagés, qui n'ont pas voix au chapitre.

On ne connoît pas ces distinctions parmi les presbytériens & les calvinistes, parce que leurs charges & leurs bénéfices ne leur donnent aucun rang dans la société civile, ni même aucune supériorité les uns sur les autres dans l'église.

Le mot *clergé* se prend quelquefois dans toute son étendue, pour la totalité des ecclésiastiques qui sont dans tout le monde chrétien.

D'autres fois on s'en sert seulement pour marquer le *clergé* d'un diocèse & même de la ville épiscopale. C'est en ce sens que l'on lit dans l'histoire, qu'anciennement le *clergé* ou le presbytère gouvernoit les diocèses avec les évêques, c'est-à-dire, que les évêques, comme S. Cyprien nous l'apprend de lui-même, ne faisoient & n'entreprenoient rien d'un peu considérable, sans avoir consulté leur *clergé* & pris son avis; usage bien précieux, mais dont il ne reste que de foibles vestiges.

Qu'il soit permis d'en faire l'observation en passant, l'abolition d'un usage si cher à la sainte antiquité n'est pas moins étonnante que fâcheuse. Elle est étonnante, puisque les évêques, & surtout les évêques françois, soutiennent avec raison que l'autorité du pape dans l'église n'est point une autorité monarchique: ainsi ils ne devroient point affecter dans le gouvernement de leurs diocèses, ce qu'ils ne peuvent souffrir dans le premier d'entre eux.

La cessation de cet usage a quelque chose de plus fâcheux encore, principalement depuis qu'on ne tire plus les évêques du *clergé* des diocèses à la tête desquels on les place. Combien ne faut-il pas de temps à ces prélats, connoissant aussi peu les églises dont ils prennent l'administration, qu'ils en sont eux-mêmes peu connus, pour se mettre bien au fait des loix, des règles, des usages particuliers, des lieux, des mœurs, du caractère des peuples qu'ils ont à conduire, & de ceux qui, sous leur inspection, partagent avec eux ce soin, & pour gagner la confiance des uns & des autres? jusqu'à ce qu'ils aient acquis ces connoissances, combien, malgré les meilleures intentions, ne peuvent-ils pas commettre de fautes souvent presque irréparables dans leurs suites? Ils les éviteroient ces fautes, si, d'après l'exemple des plus grands & des plus saints évêques de la primitive église, ils se faisoient un devoir d'appeller leur *clergé*, ou du moins les anciens & les chefs du *clergé*, à leurs conseils, avant de former leurs résolutions: ce ne seroit pas avilir leur autorité, mais la rendre plus respectable. Il n'arrive que trop souvent, au contraire, qu'ils ne partagent cette autorité & le soin du gouvernement, qu'avec des jeunes gens autant étrangers qu'eux à leurs diocèses, & peu propres à se concilier le respect, la vénération & la confiance qui doivent faire la vie & le nerf de l'administration spirituelle.

Enfin, le mot *clergé* s'emploie ordinairement parmi nous, & c'est en ce sens qu'on le prendra ici, pour désigner le corps entier des ecclésiastiques qui remplissent les prélatures, bénéfices, offices & ministères ecclésiastiques dans le royaume, & qu'on appelle le *clergé de France*.

Ce *clergé* respectable forme dans l'état un corps politique : il y a un rang, des préséances, des biens, des droits, des privilèges, des immunités, des assemblées.

On a ci-dessus, au mot ASSEMBLÉE, exposé ce qui concerne l'objet, la forme, les règles des assemblées du *clergé* de France, ainsi que les formalités qui s'y doivent observer.

On expliquera sous le mot TEMPOREL ce qui regarde l'acquisition, la conservation & l'administration des biens de l'église. Nous avons parlé de leur aliénation sous le mot ALIÉNATION *des biens ecclésiastiques*.

Les droits & privilèges personnels accordés au *clergé* & dont il jouit en France, seront développés au mot CLÉRICATURE.

Ce qu'on appelle les *immunités du clergé*, se trouvera sous le mot IMMUNITÉ.

Ainsi il ne reste à traiter ici que du rang & des préséances du *clergé*, d'après les ordonnances, édits, réglemens & arrêts rendus sur cette matière.

Le respect dû si justement à la religion, qui seule peut assurer le repos & le bonheur des particuliers & des états, dans tous les temps & chez presque tous les peuples, a attiré une grande considération & fait assigner un rang honorable à ceux qui se trouvoient consacrés d'une manière spéciale au culte de la divinité. L'histoire de toutes les nations nous apprend de quelles distinctions, de quels honneurs, de quels égards y jouirent les pontifes, les prêtres & les sacrificateurs.

On conçoit aisément que l'excellence, la sainteté de la religion chrétienne, la sublime profondeur de ses mystères, l'auguste majesté de son culte, les grandes qualités, les vertus éminentes, la vie admirable des apôtres, des premiers prédicateurs de l'évangile & de leurs successeurs, durent faire une toute autre impression sur l'esprit des peuples, & leur rendre bien plus vénérables les ministres d'une religion descendue du Ciel, & dans laquelle Dieu lui-même étoit venu se former de véritables adorateurs.

Aussi rien n'approche, & l'on ne doit pas en être surpris, du respect & de la vénération dont les premiers fidèles étoient pénétrés pour les hommes inspirés qui leur avoient annoncé la foi, & qui la soutenoient par leurs instructions & par leurs exemples. Ces sentimens passèrent des peuples aux princes, lorsque ceux-ci eurent le bonheur d'embrasser cette même religion, dont tous leurs efforts n'avoient pu arrêter les merveilleux progrès.

La majesté impériale ne crut point s'abaisser par les honneurs qu'elle se fit un devoir de rendre aux ministres du Dieu vivant. On vit le grand Constantin au plus haut degré de gloire & de puissance, ne témoigner qu'une respectueuse frayeur, lorsqu'il vint au premier concile général, assemblé par ses ordres à Nicée, prendre séance, ou plutôt attendre que le concile la lui déférât.

Depuis ce temps, l'empire a toujours regardé comme un de ses premiers soins d'honorer & de faire honorer le sacerdoce. Les compilations des loix impériales renferment plusieurs constitutions & même des titres entiers dont l'objet est d'accorder ou de confirmer aux églises & à leurs ministres des exemptions, des privilèges & des honneurs dans l'ordre civil.

Tous les princes qui, depuis la subversion de l'empire romain, ont embrassé la religion chrétienne, ont accordé des prérogatives d'honneur au *clergé*. En Pologne, les évêques ont rang dans les diètes, en qualité de sénateurs. Dans le temps des interrègnes, & pendant la tenue des diètes d'élection, le primat du royaume préside toutes les assemblées de la nation.

Les évêques d'Allemagne ont place & voix délibérative dans les diètes de l'empire, dans le collège des princes.

Les évêques & archevêques d'Angleterre sont membres de la chambre haute du parlement.

En Suède, le *clergé* est le premier corps de l'état, & dans les assemblées des états généraux, il précède tous les autres ordres du royaume.

Nos souverains, dont la piété leur a depuis tant de siècles mérité le titre de *rois très-chrétiens*, n'ont pas marqué moins de zèle & moins d'attention pour l'église & pour les personnes honorées du ministère sacerdotal. Depuis que Clovis courba sa tête sous l'humble joug de la foi, nos monarques ont non seulement comblé les églises de leurs dons & pieuses libéralités, mais ils ont encore distingué les ecclésiastiques par la faveur dont ils les ont honorés, les prérogatives qu'ils leur ont accordées, & le rang qu'ils leur ont fait tenir dans les assemblées même politiques. Toujours on a vu les évêques occuper les premières places, & le *clergé* être regardé comme le premier ordre du royaume, dans les assemblées générales des états de la nation.

Ce rang dont le *clergé* jouissoit par une possession immémoriale, & qui remonte jusqu'au premier siècle de la monarchie, a formellement été reconnu par une déclaration de Henri III, du 10 février 1580; par des lettres-patentes de Henri IV, des premier mai 1596 & 9 décembre 1606; & de Louis XIII, des 10 août 1615 & 15 juin 1628, & a été plus solemnellement encore assuré & confirmé par les dispositions de l'édit du mois d'avril 1695.

Par l'article premier, Louis XIV avoit ordonné « que les ordonnances, édits & déclarations faites » par lui & par les rois ses prédécesseurs, en fa» veur des ecclésiastiques de son royaume, pays,

» terres & seigneuries de son obéissance, concernant leurs droits, rangs, honneurs & jurisdiction » volontaire & contentieuse fussent exécutés ».

L'article 45 a pour objet de déclarer quel est le rang des ecclésiastiques en France, il est conçu en ces termes: « Voulons que les archevêques, » évêques & tous les autres ecclésiastiques soient » honorés comme le premier des ordres de notre » royaume, & qu'ils soient maintenus dans tous » les droits, honneurs, rangs, séances, présidences & avantages dont ils ont joui, ou dû jouir » jusqu'à présent. Que ceux des prélats qui ont » des pairies attachées à leurs archevêchés ou évêchés, tiennent près de notre personne, aussi-bien que dans notre conseil & dans notre cour » de parlement, les rangs qui leur y ont été » donnés jusqu'à présent, comme aussi que les » corps des chapitres des églises cathédrales précèdent en tous lieux ceux de nos bailliages & » sièges présidiaux; que ceux qui sont titulaires » des dignités desdits chapitres, précèdent les présidens des présidiaux, les lieutenans-généraux, » les lieutenans-criminels & particuliers desdits » sièges, & que les chanoines précèdent les conseillers & tous les autres officiers d'iceux; & » que même les laïcs dont on est obligé de se » servir en certains lieux pour aider au service » divin, y reçoivent pendant ce temps, les honneurs de l'église, préférablement à tous autres » laïques ».

Quoique les deux articles suivans ne renferment que des dispositions particulières, ils concourent néanmoins à confirmer les précédentes. Le premier de ces deux articles, qui est le quarante-sixième de l'édit, porte: « lorsque nous aurons ordonné de rendre grace à Dieu, ou de » faire des prières pour quelque occasion, sans » en marquer le jour & l'heure, les archevêques » & les évêques les donneront, si ce n'est que » nos lieutenans-généraux & nos gouverneurs pour » nous dans nos provinces, ou nos lieutenans en » leur absence, se trouvent dans la ville où la » cérémonie devra se faire, ou qu'il y ait aucune » de nos cours de parlement, chambres de nos » comptes & cours des aides qui y soient établies, » auquel cas ils en conviendront ensemble, s'accommodant réciproquement à la commodité des » uns & des autres, & particuliérement à ce que » lesdits prélats estimeront de plus convenable » pour le service divin ».

On lit à l'article 47: « défendons à toutes personnes, de quelque qualité & condition qu'elles » puissent être, d'occuper pendant le service divin, les places destinées aux ecclésiastiques; voulons que lorsque les officiers de nos cours allant » en corps dans les églises cathédrales ou autres, » se placeront dans les chaires destinées pour les » dignités & chanoines, ils en laisseront un certain nombre de vuides de chaque côté, pour les » dignités & chanoines qui ont accoutumé de les » remplir ».

C'est d'après son ancienne possession, reconnue & confirmée par ces loix, qu'en France le *clergé* est considéré comme le premier des corps & ordres de la nation, qu'il a régulierement le pas & la préséance sur les laïques, les parlemens & autres cours séculières, dans les églises, les processions, & dans toutes les cérémonies de la religion; que dans les assemblées politiques, telles qu'étoient anciennement les états généraux & que sont aujourd'hui les états particuliers du Languedoc, de la Provence, de la Bourgogne, de la Bretagne, de l'Artois, du Berri, &c. le *clergé* en forme le premier ordre, & prend le pas sur la noblesse & le tiers-état; que dans les députations que les états font dans le cas de faire au souverain, le député de l'ordre du *clergé* tient le premier rang & porte la parole.

Quant au rang de chaque ecclésiastique en particulier, vis-à-vis des laïques, lorsqu'un clerc fait quelque fonction de son ministère, il les précède tous; mais lorsqu'il n'est pas en fonction propre à son caractère, son rang, vis-à-vis des séculiers, se règle par la qualité des personnes, & par les autres circonstances.

C'est sur la possession ancienne du *clergé* & sur les loix que nous avons citées, qu'ont toujours été décidées & jugées les différentes contestations qui ont pu s'élever au sujet du rang & de la préséance du *clergé*.

Le parlement de Rouen ayant entrepris de donner l'heure pour des processions & prières publiques, il fut, sur la requête de M. le cardinal de Vendôme, archevêque de Rouen, rendu un arrêt au conseil privé, le 10 juin 1554, qui cassa les arrêts & arrêtés de ce parlement, & ordonna que dans l'église de Rouen, lorsque le parlement & la chambre des comptes de la province assisteroient en corps à quelques cérémonies publiques, on suivroit pour la séance de ces compagnies dans les chaires & stalles du chœur, ce qui se pratiquoit en pareilles circonstances dans l'église de Paris. Un certificat de cette dernière église, donné à cette occasion, atteste qu'on laissoit la moitié des chaires du chœur d'un côté & de l'autre, pour recevoir ces corps.

Par un autre arrêt du conseil privé, du 29 mai 1618, il est entre autres choses porté, « que le parlement de Rouen & la chambre des comptes de la même ville, se trouvant ensemble dans l'église de Rouen, il sera réservé quatre chaires vers le grand autel, du côté où sera le parlement, pour la séance des dignités & chanoines de cette église, & encore huit chaires pour leur séance, du côté où sera la chambre des comptes ».

Un autre arrêt du conseil d'état, du 4 janvier 1629, portant réglement pour la séance entre l'archevêque & le parlement de Toulouse, a ordonné que le parlement allant en corps à l'église métropolitaine, prendroit séance en la chaire joignant celle de l'archevêque & aux suivantes, & qu'en toutes les autres assemblées, les évêques qui s'y trouveroient en habit, précéderoient les présidens & conseillers du même parlement.

Il a été rendu le 20 octobre 1637, au même conseil d'état, un arrêt qui, outre la place de l'évêque, réserve six chaires de chaque côté du choeur de l'église de Rennes, pour les dignités & chanoines de cette église, lorsque le parlement y assistera en corps à quelques cérémonies.

Un semblable arrêt fut rendu au conseil privé, le 29 décembre 1690, pour la séance du parlement de Metz dans l'église cathédrale de la même ville.

Plusieurs fois il s'est élevé des contestations entre le *clergé* & les parlemens, au sujet du salut dans les services solemnels, où les corps sont invités de la part du roi: dans l'assemblée générale du *clergé*, convoquée en 1665, on cita le procès-verbal des cérémonies faites pour la pompe funèbre de Louis XIII, par lequel il est porté que le salut fut fait en cette occasion d'abord à la représentation, immédiatement après aux princes du deuil, puis au *clergé* & ensuite aux ambassadeurs, aux parlemens & aux autres cours souveraines. Ce qui paroît justifier la possession où sont les évêques d'être salués avant les parlemens, dans les cérémonies: possession bien légitime, puisque indépendamment de la qualité de premier ordre de l'état, assurée au *clergé*, ces cérémonies se font dans les églises où le premier rang ne sauroit être disputé aux évêques. Aussi fut-il arrêté par délibération, que l'on présenteroit ce procès-verbal à sa majesté. En 1670, l'assemblée du *clergé* ordonna que l'on dresseroit des mémoires en forme de remontrances, pour être présentés au roi, sur un différend qui s'étoit élevé entre le *clergé* & le parlement de Paris, à l'occasion du salut dans le service pour les funérailles de M. le duc de Beaufort, où le *clergé*, le parlement & les autres compagnies avoient été invités. Le roi, pour éviter toutes les contestations, ordonna qu'on ne feroit point les salutations accoutumées en cette cérémonie.

Malgré ces disputes élevées de temps en temps entre le *clergé* & les parlemens, les parlemens eux-mêmes n'ont pas marqué moins de zèle pour la conservation des prérogatives du *clergé*, dans les contestations élevées par des tribunaux inférieurs.

Le 4 juillet 1611, le parlement de Paris, auquel un arrêt du conseil avoit renvoyé la connoissance de l'affaire, rendit un arrêt entre le chapitre & le présidial de Clermont en Auvergne. Cet arrêt casse plusieurs sentences du présidial de Clermont, rendues contre des chanoines de cette église, au sujet de la séance que les officiers de ce présidial prétendoient avoir dans les hautes chaires du choeur de la même église, aux fêtes solemnelles; & il ordonne qu'il n'y aura que le sénéchal, le président au présidial & le lieutenant-criminel, ou en leur absence, le lieutenant-particulier, & les trois plus anciens conseillers qui puissent avoir séance dans ces chaires, & cela après les dignités & les chanoines.

Il s'étoit pareillement élevé plusieurs contestations entre les prélats officians aux cérémonies qui se font par ordre du roi, & les officiers des cérémonies. Sa majesté fit là-dessus un réglement, le 2 septembre 1723, par lequel elle ordonna que dans toutes les cérémonies ecclésiastiques, ordonnées par sa majesté, le grand-maître des cérémonies restant dans le choeur pour avoir l'oeil à l'ordre qui s'y doit observer, le maître avertira le prélat officiant à la sacristie, & le conduira à l'autel, & en cas d'absence du grand-maître, le maître des cérémonies restant à l'église, l'officiant sera averti & conduit de même par l'aide des cérémonies.

Le 15 septembre 1746, à l'anniversaire de Louis XIV, fait à S. Denis, il ne se trouva dans l'église aucun autre officier des cérémonies que le sieur Desgranges. Le prélat officiant ne fut averti ni conduit par aucun autre officier, contre l'usage toujours pratiqué en pareil cas: le lendemain M. Desgranges donna avis à MM. les agens-généraux du *clergé*, de la difficulté qui étoit survenue, & il leur marquoit qu'aux termes du réglement, il ne pouvoit quitter le choeur en l'absence du grand-maître, il ajoutoit dans sa lettre qu'on auroit peine à trouver l'original de ce réglement, qui avoit été annullé & déchiré par M. le duc d'Orléans, régent, au mois de novembre 1723. Les agens lui répondirent que le réglement subsistoit dans toute sa force, qu'il n'avoit jamais été annullé, & qu'il y avoit des monumens authentiques dans les archives du *clergé* qui en prouvoient l'exécution; ils prioient en même temps M. Desgranges, de donner son attention à l'avenir qu'il y eût un officier des cérémonies qui pût suppléer à son défaut. Cette lettre a eu son effet, & le réglement de 1723 son exécution dans toutes les occasions qui se sont présentées depuis.

On a vu que, suivant les dispositions de l'article 46 de l'édit de 1695, lorsque le roi ordonne des prières pour quelque occasion, sans en marquer le jour & l'heure, c'est aux évêques de le donner, si ce n'est que les lieutenans-généraux ou gouverneurs des provinces, ou les lieutenans de roi se trouvent dans les villes où la cérémonie doit se faire, ou qu'il y ait des cours souveraines qui y soient établies, auquel cas ils doivent en convenir ensemble; s'accommodant réciproquement à la commodité des uns & des autres, & particuliérement à ce que les prélats estiment de plus convenable pour le service divin.

Il s'éleva en 1746 une difficulté sur le sens de cet article entre M. l'évêque de Montpellier & le lieutenant de roi de cette ville. L'usage avoit toujours été que les évêques, lorsqu'ils avoient l'ordre du roi, envoyoient le maître des cérémonies de l'église cathédrale au commandant de la province, & au premier président de la cour des aides, pour leur proposer un jour & leur demander si ce jour leur convenoit. A l'égard du lieutenant de roi de la ville & de l'intendant de la province, c'étoit un usage établi de les faire inviter simplement par le maître des cérémonies, d'assister aux prières ordonnées au jour fixé, & cet usage n'a rien que de conforme aux dispositions de l'édit de 1695. Le roi ayant, en 1746, ordonné de chanter un *te Deum* en actions de graces, l'ordre arriva à Montpellier en l'absence du commandant de la province; l'invitation fut faite en la manière accoutumée au lieutenant de roi de la ville; mais cet officier prétendit qu'en l'absence du commandant de la province, il devoit avoir les mêmes honneurs, & qu'on devoit convenir de l'heure avec lui. Cette prétention paroissoit peu s'accorder avec les termes de l'édit; M. l'évêque de Montpellier, pour en arrêter les conséquences, fit au roi ses représentations, qu'il adressa à M. le comte de Saint-Florentin, ministre & secrétaire d'état. Ce ministre, par une lettre écrite à MM. les agens-généraux du *clergé*, répondit que le roi avoit décidé la contestation à l'avantage de M. l'évêque de Montpellier, & en donna avis au lieutenant de roi, afin qu'à l'avenir il ne formât plus de semblables prétentions.

De cette décision, il résulte que les lieutenans de roi dont il est parlé dans l'article 46 de l'édit, & avec lesquels les évêques doivent se concilier, pour fixer le jour & l'heure des prières ordonnées par les souverains, sont non les lieutenans des villes particulières, mais les lieutenans de roi des provinces.

On a dû remarquer aussi, qu'en ordonnant par cet article que les évêques, pour fixer le jour & l'heure des prières commandées, en conféreroient avec les lieutenans-généraux, les commandans ou lieutenans de roi des provinces, lorsqu'ils se trouveroient dans la même ville, & avec les cours souveraines qui pouvoient y être établies, en s'accommodant réciproquement à la commodité les uns des autres: on avoit eu soin de conserver aux évêques la prééminence qu'ils devoient naturellement avoir à cet égard, en ajoutant que l'on s'accommoderoit particuliérement à ce que les prélats estimeroient de plus convenable pour le service divin. C'est principalement à eux qu'appartient en effet le soin & le droit de régler l'ordre du service divin, & d'en déterminer la célébration.

Long-temps avant que l'édit de 1695 eût fait une disposition expresse pour ordonner que les laïques revêtus de surplis ou aidans au service divin, & étant alors considérés comme faisant partie du *clergé*, précéderoient aux processions, offrandes, aspersion d'eau bénite, distribution du pain béni & autres cérémonies de l'église, tous les autres laïques, de quelque qualité & condition qu'ils fussent, gentilshommes, seigneurs ou patrons, ce point avoit été pleinement établi par la jurisprudence constante des arrêts.

Le 14 septembre 1625, il en fut rendu un au grand-conseil sur ces principes, contre le sieur de Saint-Gerusans, seigneur de la paroisse d'Entremont, au diocèse de Bayeux. Cet arrêt ordonne que les enfans de chœur, revêtus de surplis & autres habits cléricaux, & aidans à la célébration du service divin, auront l'aspersion de l'eau bénite, iront à l'offrande, adoration de la croix & autres cérémonies de l'église avant le sieur de Saint-Gerusans & autres gentilshommes.

Plusieurs arrêts du parlement de Paris avoient également consacré ces maximes. Ce tribunal, par arrêt du 17 mars 1664, avoit réglé que le curé de la paroisse de Fagel, dans le diocèse de Noyon, ne donneroit de l'eau bénite au seigneur de la paroisse qu'après ceux qui seroient revêtus de chappes, de surplis & autres servant à l'autel.

Malgré l'autorité de ces arrêts, & les dispositions précises & toutes récentes de l'édit de 1695, plusieurs seigneurs de paroisses du diocèse de Laon, entreprirent dans le temps où cet édit venoit d'être publié, de se faire rendre, même par voie de fait, les honneurs de l'église avant les laïques revêtus de surplis & autres habits cléricaux. Le syndic du *clergé* du diocèse présenta sa requête au parlement de Paris, sur laquelle ce tribunal rendit le 25 mars 1698, un arrêt qui ordonna que l'article 45 de l'édit de 1695 seroit exécuté selon sa forme & teneur, & en particulier dans le diocèse de Laon. Le 20 avril 1698, M. l'évêque de Laon fit publier dans son diocèse une ordonnance par laquelle, en conformité & exécution de l'article 45 & de l'arrêt de la cour, il mandoit à tous les curés & vicaires de donner & faire donner les honneurs de l'église aux clercs de leurs paroisses, même laïques, avant les gentilshommes, même seigneurs & dames de paroisses, pendant que les clercs aideroient au service divin. Un grand nombre de seigneurs de paroisses interjettèrent appel comme d'abus de cette ordonnance; mais, par arrêt du 3 février 1699, il fut dit qu'il n'y avoit abus, & l'ordonnance de M. l'évêque de Laon fut confirmée.

La même question sur les honneurs de l'église, prétendus par les seigneurs & dames de paroisses avant les laïques revêtus de surplis & aidans au service divin, fut encore jugée sur les mêmes maximes, au même parlement, le 20 juillet 1699. Il s'agissoit de l'appel d'une sentence rendue au bailliage de Sezanne, qui avoit ordonné que l'eau bénite seroit donnée par aspersion au seigneur & dame de la paroisse d'Ongnes en Brie, avant toutes personnes, à moins qu'elles ne fussent constituées aux ordres sacrés. M. l'évêque de Châlons étoit intervenant dans la cause, & il demandoit que la sentence fût réformée. Le parlement ayant égard à l'intervention, ordonna que les clercs tonsurés, même les laïques, lorsqu'ils seroient revêtus de surplis,

surplis ou autres ornemens d'église en la paroisse d'Ongnes, y recevroient les honneurs préférablement à tous autres laïques, même au seigneur & à la dame d'Ongnes.

Un autre arrêt conforme fut encore rendu au même tribunal, le 4 septembre 1716. Par cet arrêt, le parlement de Paris ordonna que le seigneur haut-justicier de la paroisse de Bruchey en Champagne, n'auroit le pain béni qu'après ceux qui seroient en surplis.

Cette jurisprudence & la disposition des loix qui l'ont adoptée & confirmée, sont tellement appuyées sur les plus simples idées de la décence & de la convenance, qu'il est étonnant que les tribunaux aient eu si souvent à prononcer sur de semblables contestations. Il étoit bien raisonnable que dans des cérémonies uniquement destinées au culte de l'Être suprême, & non à flatter la vanité, ceux qui servent & sont employés à ce culte eussent le pas sur tous les autres laïques.

C'est la consécration spéciale à ce culte, & la respectable qualité de ministres du Tout-puissant qui, même hors des cérémonies religieuses, a, chez tous les peuples chrétiens, fait donner le premier rang aux évêques, aux prêtres & aux autres clercs, ainsi qu'on l'a observé en commençant cet article. Il seroit aussi déplacé de la part du *clergé* de s'enorgueillir vainement de cette préférence, que peu sensé, de la part des personnes du siècle, de s'en offenser. Cette marque de distinction ne doit qu'avertir les ecclésiastiques de leurs devoirs, que les y rendre plus attentifs, plus appliqués; & le pas que leur cèdent en cette considération les personnes du monde, n'a rien qui puisse humilier & dégrader celles-ci; elles ne rendent cette déférence qu'au ministère dont les ecclésiastiques sont revêtus, ministère qui ayant Dieu pour objet, devant qui toute grandeur s'évanouit, doit aussi l'emporter sur tout le reste.

Ces raisons de convenance n'auroient cependant pu seules assurer le rang au *clergé*, ni lui donner aucun droit à quelque prééminence dans l'ordre civil. Ce rang, ces préséances, comme ses biens, ses possessions, ses droits, ses prérogatives, ses privilèges dans le même ordre, le *clergé* ne les doit pas à sa propre constitution; il les tient uniquement de la bienfaisance, de la piété, de la volonté des souverains.

Le Dieu fait homme, auteur de la religion sainte que nous avons le bonheur de connoître, a souvent déclaré que son royaume n'étoit point de ce monde; il n'a donné à ses ministres qu'une puissance purement, & toute spirituelle, & point de droits temporels.

Mais aussi-tôt que les souverains eurent embrassé la religion chrétienne, ils se firent un devoir, un mérite, une gloire d'en protéger, d'en honorer, d'en faire honorer les ministres, d'enrichir les églises & de pourvoir à la subsistance de ceux qui les desservent; ils crurent y devoir ajouter des privilèges, des exemptions. Peut-on en être surpris & s'étonner de ce que les ministres du vrai Dieu ont trouvé auprès des princes chrétiens la même faveur que celle dont les princes idolâtres avoient gratifié les prêtres des fausses divinités?

Telle est la véritable source & le fondement le plus assuré des prérogatives & des immunités du *clergé*; il les défendra toujours avec succès, lorsqu'en reconnoissant de quelle main il les a reçues, il s'appuiera pour les soutenir, sur la convenance, sur la noblesse & la dignité des motifs qui les ont fait accorder, & sur l'importance dont il est pour les états eux-mêmes d'en conserver toute l'intégrité, toute la force, & de ne pas souffrir que l'on porte la moindre atteinte à des établissemens aussi respectables par leur antiquité, que recommandables par leur utilité.

Le *clergé* de France a toujours marqué le plus ferme & le plus louable attachement pour une maxime également conforme aux principes de la foi & aux lumières de la raison, & qui consiste à reconnoître que l'église n'a de droits civils & temporels, que ceux dont les souverains & les états l'ont eux-mêmes enrichie & revêtue.

C'est ce que le *clergé* a professé hautement dans la célèbre déclaration de ses sentimens, qu'il dressa en 1682, & qui fut publiée par édit du mois de mars de la même année, enregistré au parlement de Paris, le 23 du même mois.

Voici les termes du premier article de cette déclaration.

« La puissance des choses spirituelles & qui appartiennent au salut, a été donnée de Dieu à S. Pierre, à ses successeurs, vicaires de Jésus-Christ, & à l'église; mais non pas la puissance des choses civiles & temporelles. Notre-Seigneur a dit: mon royaume n'est point de ce monde, & encore rendez à César ce qui est à César, & à Dieu ce qui est à Dieu. Ainsi c'est une vérité incontestable, enseignée par l'apôtre, que toute ame doit être soumise aux puissances supérieures; car il n'y a point de puissance qui ne vienne de Dieu, & c'est de Dieu même qu'ont été établies toutes celles qui existent; c'est pourquoi celui qui résiste à la puissance, résiste à l'établissement de Dieu même. Les rois & les souverains ne sont donc pour le temporel soumis à aucune puissance ecclésiastique par l'établissement de Dieu. Ils ne peuvent ni directement ni indirectement être déposés par l'autorité des clercs, ni leurs sujets être absous & déliés de la foi & de l'obéissance qu'ils leur doivent & du serment de fidélité qu'ils leur ont prêté. Ce sentiment si nécessaire à la tranquillité publique, n'est pas moins utile à l'église qu'à l'empire, & il doit être tenu & inviolablement gardé, comme conforme & appuyé sur la parole de Dieu, sur la tradition des pères & sur les exemples des saints ». (*Cet article est de M. l'abbé Remi.*)

Clergés, (*Jurisprud.*) dans quelques anciennes ordonnances, signifie les *gens de justice*, comme en l'ordonnance de Charles V, de l'an 1356, *art. 1.* On les appelloit ainsi comme étant gens lettrés ; car anciennement les clercs ou ecclésiastiques étant presque les seuls qui eussent quelque connoissance des lettres, on appelloit *clerc* tout homme de lettres, & la science se nommoit *clergie*. (*A*)

CLERGIE, (*Jurisprud.*) anciennement signifioit *science*, à cause que les clercs étoient alors les seuls qui fussent savans : & comme toute écriture étoit considérée comme une science, & que ceux qui écrivoient étoient la plupart clercs, ou qualifiés tels, & singuliérement ceux qui faisoient la fonction de greffiers, on appella aussi *clergies* les greffes des jurisdictions. C'est ainsi qu'ils sont nommés dans les anciennes ordonnances. Philippe de Valois, par des lettres du 10 septembre 1331, rappelle une ordonnance précédente, portant que les écritures, *clergies*, & notaires de toutes les sénéchaussées, bailliages & prévôtés, seroient réunies à son domaine, & vendues par cris & subhastations, c'est-à-dire données à ferme au plus offrant, comme les autres fermes du domaine. Le même prince ordonna, par un *mandement du 13 mai 1347*, que les *clergies* des bailliages & les prévôtés royales seroient données en garde, & que les *clergies* des prévôtés seroient ajoutées aux prévôtés, & données aux prévôts en diminution de leurs gages. Charles V, étant régent du royaume, fit une *ordonnance au mois de mars 1356*, portant, entre autres choses, que les *clergies* ne seroient plus vendues ni données à ferme comme par le passé, parce que les fermiers commettoient des exactions sur le peuple, mais qu'elles seroient données à garde par le conseil des gens du pays & des environs. Cet article ne fut pas long-temps observé ; car le même prince ordonna, le 4 septembre 1357, aux gens des comptes, d'affermer les prévôtés, écritures & tabellionages; or, ces termes *écritures* étoient synonymes de *clergies* ou *greffes*. Il est dit qu'on les donnera au plus offrant, mais néanmoins à des personnes idoines. On pratiquoit encore la même chose en 1370, même pour les greffes de villes, suivant une autre *ordonnance de Charles V, du 6 février*, portant que les échevins de Tournai donneront les offices de la ville en la forme usitée anciennement, excepté la *clergie* des échevins, qui sera donnée à ferme au profit de la ville. Le greffe de la ville de Paris est aussi nommé *clergie* dans une *ordonnance de Charles VI, du 27 janvier 1382*, qui réunit la prévôté des marchands & *clergie* de la ville, à la prévôté de Paris. Dans la suite le terme de *greffe* a pris la place de celui de *clergie*. *Voyez* Greffe. (*A*)

CLÉRICATURE, s. m. (*Droit canon.*) on appelle *cléricature* l'état ou condition de ceux qui sont attachés au ministère ecclésiastique.

Nous ne nous arrêterons pas ici sur la sainteté du ministère des fonctions sacerdotales, sur les obligations imposées à ceux qui s'y consacrent; nous nous bornerons à parler des privilèges des clercs.

Avant d'entrer en matière, il est essentiel d'observer que nous ne reconnoissons pas parmi nous les privilèges accordés aux ecclésiastiques, soit par les papes, soit par les empereurs romains, à moins que ces derniers n'aient été en même temps rois de France. Ils ne jouissent que de ceux qui leur ont été attribués par la piété de nos rois, & dont Louis XIV leur a accordé la confirmation par l'article premier de l'édit du mois d'avril 1695.

Les clercs sont sujets du roi, comme les autres citoyens. Leurs personnes, leurs biens propres, les biens de leurs bénéfices sont également soumis aux loix du royaume. Ils tiennent tous leurs privilèges de la libéralité des rois, qui peuvent les étendre, les interpréter, les restreindre, les modifier, même les révoquer, lorsque le bien de l'état le demande.

Ces privilèges regardent les biens ou les personnes des clercs, les biens en considération des personnes.

Des privilèges accordés aux clercs par rapport à leurs biens. Les ecclésiastiques, tant séculiers que réguliers, sont exempts de taille, ustensiles & autres impositions de ce genre, pour les biens dépendans de leurs bénéfices, & pour les immeubles qui leur sont échus par succession ou donation en ligne directe, jusqu'à la concurrence de quatre charrues, pourvu qu'elles soient dans une même paroisse, quand ils les font valoir par eux-mêmes. Pour ce qu'ils feroient valoir au-delà, ou en différentes paroisses, ou bien en qualité de fermiers, si ce n'est les curés pour les dixmes de leurs paroisses, ils sont sujets à la taille & aux autres impositions. C'est ce qui résulte de l'édit de mars 1667, des lettres-patentes du mois d'août 1664, de la déclaration du 16 novembre 1723, & des arrêts de la cour des aides des 5 mai 1724, & 20 juillet 1736.

Ils sont exempts des droits de gros & d'augmentation pour les vins du crû de leurs bénéfices & titres sacerdotaux, qu'ils vendent en gros, à la charge par eux, avant la vente, de fournir au fermier une déclaration signée d'eux, des vignes qui dépendent de leurs bénéfices ou titres, & de la quantité de vin qu'ils y ont recueilli. Telles sont les dispositions des articles 1 & 3 de l'ordonnance de 1680.

Lorsque les curés primitifs donnent à leurs vicaires perpétuels, en paiement de leur portion congrue, du vin du crû des bénéfices qui leur donnent le titre de curés primitifs, ils jouissent de la même exemption.

Les ecclésiastiques sont également exempts des nouveaux cinq sous pour les vendanges & le vin du crû de leurs bénéfices.

Ils sont encore exempts du droit de subvention

pour l'entrée des vins & boissons provenant de leurs bénéfices, & destinés à leur consommation.

La même exemption leur est accordée pour les denrées provenantes aussi de leurs bénéfices, & destinées à leur subsistance. Tous ces privilèges résultent de différens articles de l'ordonnance citée, ainsi que du contrat passé entre le roi & le clergé, le 8 décembre 1726, & de la réponse du roi à l'article 8 du cahier présenté le 15 décembre 1735.

Les ecclésiastiques sont aussi exempts, pour les biens de leurs bénéfices, des taxes qui se lèvent sur les habitans des villes, soit pour acquitter des dettes communes, soit pour le rétablissement des fortifications, murailles, ponts, fontaines & autres droits & impositions de ville. C'est ce qu'ont réglé les lettres patentes des 19 novembre 1568 & 26 novembre 1574, l'ordonnance de Blois & l'édit de Melun.

Mais ils doivent contribuer dans les levées de deniers pour aumônes publiques en temps de famine & de peste. Cela est ainsi prescrit par l'ordonnance du mois de novembre 1572, l'arrêt du conseil privé du 30 octobre 1635, pour la ville de Dijon, & les arrêts de réglement du parlement de Paris, des 20 octobre 1693, 19 août 1709, & 30 décembre 1740. *Voyez* AUMÔNE.

Les ecclésiastiques constitués dans les ordres sacrés, sans être de condition noble, sont exempts du droit de franc-fief pour les fiefs qu'ils possèdent en propriété. Ce privilège est fondé sur l'édit du mois de mars 1575, les lettres-patentes du 25 août 1577, l'arrêt du conseil du 20 janvier 1661, & le contrat passé entre le roi & le clergé le 8 décembre 1726.

Dans les provinces où le sel se distribue par forme d'impôt, les ecclésiastiques n'y sont pas sujets, mais ils doivent prendre aux greniers du roi le sel dont ils ont besoin pour leur usage : ils doivent aussi l'y prendre dans les provinces où la vente du sel est volontaire. Telles sont les dispositions de l'article 33 du titre 8, & de l'article 11 du titre 9 de l'ordonnance des gabelles du mois de mai 1680.

Des privilèges personnels. Les ecclésiastiques sont exempts, tant eux que leurs domestiques, du logement de gens de guerre. Ils sont pareillement exempts du guet & de la garde, excepté dans les cas d'une extrême nécessité, ainsi que du ban & de l'arrière-ban. C'est ce qui résulte d'une déclaration du 23 septembre 1574, de l'ordonnance de Blois, de l'édit de Melun & des arrêts du conseil des premier septembre 1674, & 9 septembre 1675. La déclaration du 12 mai 1701 les a aussi déclarés exempts de la capitation.

Les ecclésiastiques constitués dans les ordres sacrés sont exempts de tutèle & de curatelle; mais ils peuvent accepter celles de leurs parens; c'est l'usage constant du royaume, conforme à la loi 40, *cod. de episcopis & clericis.*

Ils ne peuvent être contraints par corps, en matière civile, au paiement de leurs dettes ni des frais & dépens auxquels ils ont pu être condamnés. C'est ce que portent la déclaration du 5 juillet 1576, l'ordonnance de Blois & la déclaration du 30 juillet 1710.

Ce privilège ne s'étend pas aux simples clercs tonsurés. Un simple clerc, quoique chanoine depuis vingt-cinq ans, fut soumis à cette contrainte pour un exécutoire de dépens, par arrêt du 14 juillet 1688, rapporté au journal des audiences.

On regarde aussi, & avec raison, comme indignes de la faveur de ce privilège, les ecclésiastiques qui se rendent coupables de dol ou de fraude, en supprimant leur qualité, & encore plus en la déguisant. C'est ce qui a été jugé par arrêt du 9 août 1507.

On en useroit de même envers celui qui ne seroit entré dans les ordres sacrés que pour se soustraire à la contrainte par corps.

Les ecclésiastiques aussi constitués dans les saints ordres ne peuvent être saisis & exécutés en leurs meubles destinés au service divin, ou servant à leur usage nécessaire, ni même en leurs livres qui doivent leur être laissés jusqu'à la concurrence de cent cinquante livres, conformément à l'article 15 du titre 23 de l'ordonnance de 1667.

En aucun cas, & pour quelque cause personnelle que ce soit, les ecclésiastiques ne sont sujets à la jurisdiction des prévôts des maréchaux ou des présidiaux en dernier ressort. C'est ce qui résulte de l'article 13 du titre premier de l'ordonnance de 1670, & de l'article 11 de la déclaration du 5 février 1731.

Enfin, le plus important & le plus remarquable des privilèges accordés aux clercs, est celui d'être renvoyés, pour leurs causes, pardevant les juges d'église; privilège dont ils ont joui & jouissent encore dans tous les états chrétiens avec plus ou moins d'étendue. Pour la fixer cette étendue relativement à chaque état, c'est moins aux sentimens des canonistes, aux décisions des décrétales, aux décrets même des conciles qu'il faut s'en rapporter, qu'aux loix & ordonnances des souverains de chacun de ces états, maîtres d'accorder ces privilèges. Ils ont pu, chacun selon les vues de leur sagesse, en étendre ou en resserrer les bornes, & jamais à cet égard les ecclésiastiques n'ont eu d'autre voies que celles de la représentation & des remontrances.

Un temps a été où on laissoit en France une extension illimitée au privilège des clercs : toutes leurs causes, de quelque nature qu'elles fussent, étoient portées devant les juges d'église qui s'étoient même attribué la connoissance de plusieurs affaires purement temporelles.

Après de longs & de vifs débats dont le détail seroit inutile ici, les tribunaux séculiers se sont ressaisis de leur jurisdiction, & peut-être à leur tour, l'ont-ils quelquefois portée au-delà des justes bornes; ici, plus qu'en toute autre matière, le milieu est difficile à trouver & à garder.

Suivant nos usages actuels & les maximes en vigueur dans le royaume, le privilège des clercs ne s'étend plus qu'à leurs causes purement personnelles, tant criminelles que civiles : pour leurs causes réelles, ils sont justiciables des mêmes juges que tous les autres sujets du royaume.

Par rapport même aux causes personnelles des clercs, leur privilège, quoique reconnu, est sujet à bien des exceptions, des limitations & des restrictions.

Et d'abord, quant aux causes personnelles & civiles des clercs, quelles que soient à cet égard les dispositions du droit canonique, & même de quelques conciles tenus en France, leur privilège n'a lieu que lorsqu'ils sont défendeurs; jurisprudence ancienne & conforme au réglement de Philippe III en 1274, & aux articles 1 & 2 de l'ordonnance de 1589. Le clergé de France obtint, il est vrai, en 1551, des lettres-patentes de Henri II pour la révocation de ces deux articles; mais il ne paroît pas que ces lettres-patentes aient été enregistrées ni suivies en aucune cour. Indépendamment en effet du réglement de 1274, & de l'ordonnance de 1539, qui restreignent à cet égard le privilège des clercs, on sent qu'on ne pourroit les en faire jouir, quand ils sont demandeurs, sans blesser deux maximes universellement reconnues. La première, admise dans tous les états, suivant laquelle *actor sequitur forum rei*: la seconde, qui n'est pas moins consacrée parmi nous, ni moins intéressante au maintien du bon ordre, d'après laquelle les laïques ne peuvent ni ne doivent être traduits devant les juges d'église pour des intérêts temporels.

Suivant la jurisprudence constante des cours, le privilège des clercs n'a pas lieu non plus, lorsque les actions personnelles, où des ecclésiastiques sont défendeurs, viennent du fait d'un laïque dont ils sont les représentans; comme si l'on poursuivoit un ecclésiastique pour le paiement d'un billet souscrit par son père dont il seroit héritier : on ne fait attention alors, & avec raison, qu'à la qualité de la personne originairement obligée.

Les cours sont également dans l'usage de n'avoir point d'égard au privilège clérical, si l'action personnelle, intentée contre l'ecclésiastique, est en matière profane & peu convenable à la *cléricature*, suivant les maximes de l'église; par exemple, si un ecclésiastique étoit poursuivi pour raison d'une ferme dont il se seroit chargé, d'un commerce qu'il auroit fait. C'est la disposition de l'article 4 de l'ordonnance déjà citée de 1539. Un texte du cinquième chapitre de la seconde partie du style du parlement annonce que cette jurisprudence étoit antérieure à l'ordonnance. Joannes Galli ou Jean le Cocq, avocat général au parlement de Paris, il y a plus de trois siècles, rapporte, *quest. 336*, un arrêt rendu sur ses conclusions, qui ordonna qu'un clerc exerçant la chirurgie répondroit en cour séculière sur cette profession. Du Luc, *liv. II de ses arrêts, tit. 2, n. 6*, déclare que cette jurisprudence a été confirmée par plusieurs arrêts : &, *n. 17*, il en cite un de 1426, qui a pareillement ordonné qu'un prêtre qui se mêloit de banque, répondroit en cour séculière.

Si un ecclésiastique s'est rendu caution pour l'exécution d'un jugement des cours séculières, ces cours soutiennent que, fût-il assigné seul & sans le principal obligé, il n'en devroit pas moins répondre devant elles pour ce cautionnement, attendu qu'il s'agit de faire exécuter le jugement de ces cours. Elles prétendent qu'il devroit également y répondre, s'il s'étoit volontairement & sans ordonnance du juge, rendu garant pour un laïque, & qu'il fût assigné en cour séculière pour ce sujet : les jurisconsultes en conviennent assez unanimement, dans le cas où cet ecclésiastique garant seroit assigné conjointement avec le principal obligé, parce que la même instance ne doit pas être traitée en différentes jurisdictions, & que l'obligation de l'ecclésiastique, n'étant ici que l'accessoire, doit suivre la principale. Mais quelques-uns pensent que, si l'ecclésiastique étoit assigné seul, ce seroit au juge d'église d'en connoître. Les cours séculières refusent néanmoins le renvoi, en pareil cas, sur ces principes, que la caution représente en quelque sorte le principal obligé, & que les ecclésiastiques, lorsqu'ils se mettent au lieu & place des laïques, doivent répondre & procéder devant les juges que les laïques ne pourroient décliner.

Les tribunaux séculiers sont encore dans l'usage de ne point accorder le renvoi aux clercs, lorsqu'il s'agit d'obligations ou promesses purement personnelles de leur part, si ces obligations ou promesses ont été passées sous un scel royal. Cette pratique est fondée sur ce que c'est un des privilèges du scel royal d'affecter aux juges séculiers la connoissance de ce qui en dépend. Chopin, dans son traité de *Domanio*, *liv. III*, *tit. 6 & 7*, & Fevret, dans son *Traité de l'Abus*, *liv. IV*, *chap. 6*, *n. 10 & 11*, traitent cette question & établissent cette jurisprudence. Un arrêt du parlement de Toulouse, du 6 avril 1448, l'a consacrée. On trouve cet arrêt dans la sixième partie du style du parlement.

On devroit néanmoins, ce semble, suivant la remarque des mémoires du clergé, *tom. VII*, *pag. 374*, distinguer si le laïque créancier poursuit l'ecclésiastique débiteur hypothécairement ou personnellement. Au premier cas, la pratique des tribunaux séculiers paroît fondée sur leurs maximes; il n'en est pas de même dans le second cas. Cette distinction est expliquée & adoptée dans le chapitre 5 de la deuxième partie du style du parlement.

Si l'obligation ou promesse de l'ecclésiastique est sous seing-privé, les tribunaux séculiers font encore plusieurs distinctions.

L'obligation peut être souscrite ou pour la délivrance de choses immobilières par lui promises ou vendues, ou pour choses purement mobilières.

Lorsque des immeubles sont l'objet de la promesse, de l'obligation, les cours séculières sont dans l'usage d'en retenir la connoissance à raison de la réalité qui se rencontre dans l'affaire.

Si l'objet de la promesse ou de l'obligation est

une chose mobilière, ou c'est un dépôt, ou c'est un prêt fait à l'ecclésiastique.

Lorsqu'il s'agit d'un dépôt, Dumoulin, dans le douzième de ses conseils, *n. 9*, est d'avis, ainsi que plusieurs autres jurisconsultes dont il cite le sentiment, qu'en ce cas, le clerc est justiciable du juge séculier. Papon, *liv. premier de ses arrêts*, *tit. 5*, *art. 9*, rapporte même un arrêt du 6 avril 1566, par lequel il a été ordonné qu'un prêtre procéderoit pardevant le juge séculier sur la demande qu'on lui faisoit d'une charrette & d'un mulet qu'on disoit lui avoir prêté.

Mais la Pereyre, dans ses décisions sommaires, *lettr. 7*, *n. 64*, observe avec raison que l'on peut douter de l'arrêt, parce que l'action de dépôt est purement personnelle, & n'a rien de réel ni de mixte : d'où il conclut que l'ecclésiastique ne peut, à raison du dépôt, être traduit que devant le juge d'église. Il faut cependant faire une exception pour le cas où le dépôt auroit été fait en vertu d'une ordonnance, ou en exécution d'une sentence ou d'un arrêt de cour séculière; car alors l'ecclésiastique dépositaire ne pourroit se dispenser de répondre devant les tribunaux séculiers.

Lorsqu'il s'agit d'un prêt fait à un ecclésiastique, ou il est simplement question de la reconnoissance du billet ou promesse, ou c'est le paiement même du billet que l'on demande.

Quant à la simple reconnoissance du billet, point de doute que l'on ne puisse en former la demande devant les juges d'église : tous les juges sont compétens pour en connoître. L'article 10 de l'ordonnance de Roussillon, qui semble n'étendre ce pouvoir qu'aux juges royaux, n'a rien de contraire à ce qu'on avance ici. Cet article n'a point pour objet de régler la compétence des officiaux à l'égard des ecclésiastiques leurs justiciables : il y s'agit seulement des personnes hors de leurs domiciles, qui peuvent être assignées pour reconnoître leurs cédules ou écritures pardevant les juges des lieux où elles sont trouvées, quoiqu'elles n'en soient pas justiciables d'ailleurs; mais alors c'est devant les juges royaux qu'il les faut assigner.

On peut également, par la même raison, se pourvoir contre un ecclésiastique en reconnoissance d'écritures pardevant les tribunaux séculiers. Il y a, dans les preuves des libertés de l'église gallicane, *chap. 36*, un arrêt du parlement de Paris, du 7 mars 1334, contre un doyen de l'église de Paris, qui avoit été assigné pour reconnoître une cédule de cent florins. On trouve deux arrêts dans des espèces semblables, cités dans le style du parlement de Paris. Le premier rendu, le 18 août 1444, au parlement de Toulouse contre un archevêque d'Auch, & rapporté, *partie 6 de ce style*, *pag. 648*; & le second rapporté, *partie 7 du même style*, *art. 150*, & rendu le 7 juillet 1519, qui a ordonné que l'évêque d'Orléans confesseroit ou dénieroit pardevant le prévôt de Paris, une cédule de dix mille écus.

On a même fait de cette jurisprudence une maxime constante dans le même style du parlement, *partie 2*, *chap. 5* : *Item si vir ecclesiasticus, etiam episcopus vel archiepiscopus obligatus sit per litteram signatam manu suâ vel sigillo suo sigillatam, & adjornatur ad curiam laïcam, tenebitur cognoscere vel negare, & ad ulteriora in causâ procedere, quamvis sit actio mere personalis, & si condemnetur, expletio fit super ejus temporalitate... estque sciendum quòd si clericus in curiâ temporali cognoscat ejus signum manuale vel scripturam aut sigillum tenetur garnire manum justitiæ de summâ contentâ in obligatione.*

S'il est question du paiement de ce billet, ou ce billet est pour argent purement prêté, & alors c'est au juge d'église d'en connoître, ou bien il peut être pour arrérages de cens : &, dans ce cas, Joannes Galli, dans la cinquante-deuxième de ses questions décidées, rapporte un arrêt du parlement de Paris, contre un juge d'église qui avoit voulu connoître d'une promesse faite par un ecclésiastique pour arrérages de cens. Papon au contraire, dans ses arrêts, *liv. I*, *tit. 5*, *art. 16*, en plaçant l'arrêt dont parle Galli en l'année 1385, dit que, l'année suivante, il en fut rendu un contraire au même parlement en faveur de l'évêque de Paris, & il approuve ce dernier. S'il y a obligation, dit-il, tout est personnel, c'est au juge d'église d'en connoître; il ne le pourroit, s'il n'y avoit point de promesse, parce qu'alors on ne verroit que des arrérages de cens dus : ce qui tient à la réalité.

Nos jurisconsultes ont depuis fait une autre distinction qui peut concilier les deux arrêts ci-dessus, tout opposés qu'ils paroissent. Ou le billet fait pour arrérages de cens en exprime la cause, & réserve l'hypothèque qui en résulte, & c'est aux cours séculières qu'en appartient la connoissance; ou le billet est simple & sans expression de cause, & alors la reconnoissance en appartient au juge d'église.

Si l'obligation, quoique personnelle à un ecclésiastique, lui est commune avec un laïque, comme si l'ecclésiastique s'étoit obligé solidairement avec lui, le créancier peut poursuivre l'ecclésiastique devant le juge royal, attendu qu'il n'est point obligé de diviser son action, & que nos ordonnances, particuliérement celle de 1539, ne permettent pas de traduire les laïques aux tribunaux ecclésiastiques pour paiement de leurs dettes. Le parlement de Rouen a rendu un arrêt suivant ces maximes, le 17 février 1611.

Quoique, suivant l'article 106 de la coutume de Paris, qui, comme l'ont remarqué maître Charles Dumoulin, dans son commentaire sur cet article, & Guenois, sur la pratique d'Imbert, *liv. I*, *tit. 5*, fait à cet égard la règle presque générale du royaume, la reconvention n'ait point lieu en cour laïque, afin d'éviter la confusion & de conserver au contraire l'ordre des jurisdictions si nécessaires au maintien de l'ordre public, les juges, & sur-tout les juges royaux, ne laissent pas de l'accorder souvent, comme s'en plaint Duplessis dans son quinzième traité, qui est celui des actions, *liv. II, chap. 11, sect. 2*; seulement ces juges ont soin de ne pas l'admettre sous le nom de *reconvention*, mais sous celui d'*exceptions* & de *défenses* : & ils l'accordent sans difficulté à l'égard des ecclésiastiques demandeurs. Par-là ces ecclésiastiques se trouvent obligés de répondre devant ces tribunaux pour des actions purement personnelles : les canonistes se sont élevés souvent contre cette pratique : mais les cours séculières n'en ont pas moins conservé leur usage.

Le privilège des clercs cesse dès que le roi peut être partie dans la poursuite personnelle contre un ecclésiastique pour argent dû ou emprunté par lui, parce que nous tenons pour maxime invariable que le roi ne peut plaider en autre cour que la sienne.

On n'accorde point le renvoi aux ecclésiastiques, lorsqu'ils sont assignés aux tribunaux séculiers en paiement de gages de domestiques, de salaires d'ouvriers, journaliers, *&c.* ce n'est pas que l'on regarde les tribunaux des officialités comme incompétens pour ces sortes d'affaires; mais on est persuadé qu'elles sont aussi de la compétence des juges séculiers, à-raison du privilège naturel qui réclame en faveur des misérables, & qui sollicite pour eux une prompte expédition, plus facile à obtenir dans les cours séculières que dans les cours ecclésiastiques.

Les ecclésiastiques qui veulent se faire restituer contre des contrats qu'ils ont passés, ou des obligations qu'ils ont souscrites, ne peuvent s'adresser qu'aux chancelleries du royaume pour y prendre des lettres royaux, & ils ne peuvent en poursuivre l'entérinement que dans les cours séculières : le roi n'adresse ces lettres qu'à ses officiers : & les juges d'église ne pourroient, sans abus, entreprendre d'en connoître.

Indépendamment de ces observations sur le privilège des clercs, & de ces exceptions qui sont générales pour tout le royaume, il y a encore, dans quelques provinces & dans quelques parlemens, des usages particuliers qui restreignent plus ou moins ce privilège.

Au nombre de ces usages particuliers des provinces, on place la clameur de haro pour la Normandie. Selon la coutume de Normandie, on peut user de la clameur de haro pour toutes matières provisoires, civiles ou criminelles, pour meubles & héritages, même en matière bénéficiale.

Le juge d'église n'en peut connoître, eût-elle été interjettée par un ecclésiastique contre un autre ecclésiastique. Forget, dans son traité des choses & des personnes ecclésiastiques, écrit que la cour souveraine de l'échiquier de Normandie, tenu en 1388 à Pâques, l'a ainsi décidé.

On voit par toutes les exceptions qu'on a rapportées, combien le privilège des clercs se trouve resserré pour les causes civiles : il est même assez rare qu'en ces sortes de matières, les ecclésiastiques assignés devant les tribunaux séculiers déclinent leur jurisdiction & demandent leur renvoi aux officialités. Les officiaux eux-mêmes sont peu attentifs à revendiquer ces causes.

On a veillé plus soigneusement à la conservation du privilège des clercs en ce qui concerne les causes criminelles dont il reste à parler. Il faut se rappeller ici ce qu'on a dit plus haut, que ce privilège étant une faveur dont la piété des souverains les a portés à gratifier l'état ecclésiastique, c'est sur-tout par leurs ordonnances qu'il faut en fixer l'étendue, relativement à chaque état. Voici, pour ce qui regarde la France, les plus récentes & principales loix.

L'article 39 de l'ordonnance de Charles IX sur le réglement de la justice, donnée à Moulins au mois de février 1536, étoit conçu en ces termes : « pour » obvier aux difficultés qui se sont ci-devant pré- » sentées en la confection des procès criminels des » personnes ecclésiastiques, mêmement pour les cas » privilégiés, ordonnons que nos juges & officiers » instruiront & jugeront en tous cas les délits pri- » vilégiés contre les personnes ecclésiastiques, au- » paravant que de faire aucun délaissement ou renvoi » d'icelles personnes à leur juge d'église pour le » délit commun; lequel délaissement sera fait à la » charge de tenir prison pour la peine du délit » commun où elle n'auroit été satisfaite, & dont » répondront les officiers de l'évêque en cas d'élar- » gissement par eux fait avant la satisfaction de la- » dite peine ».

Une autre déclaration du 10 juillet de la même année 1566 permit aux députés du clergé de faire des remontrances sur cet article, & néanmoins défendit « qu'il fût rien innové en la forme ancienne » qu'on avoit accoutumé de garder en l'instruction » des jugemens des procès ès cas privilégiés contre » les personnes ecclésiastiques ».

L'ordonnance, donnée à Amboise au mois de janvier 1572, *art. 11*, confirme purement l'article 39 de celle de Moulins.

L'édit donné à Paris en janvier 1580 par Henri III, & connu sous le nom de l'édit de Melun, parce qu'il a été dressé sur les remontrances de l'assemblée du clergé de France, convoquée en cette dernière ville en 1570, porte, *art. 22* :

« L'instruction des procès criminels contre les » personnes ecclésiastiques pour les cas privilégiés, » sera faite conjointement, tant par les juges desdits » ecclésiastiques que par nos juges : &, en ce cas, » seront ceux de nos juges qui seront commis pour » cet effet, tenus d'aller au siège de la jurisdiction » ecclésiastique ».

Avant l'ordonnance de Moulins, la forme prescrite par l'article 36 pour l'instruction des procès criminels des ecclésiastiques, étoit établie par la jurisprudence des arrêts au parlement de Paris. Du Luc, *liv. II de son recueil d'arrêts, tit. 1 de potestate & jurisdictione ecclesiasticâ, n. 19 de l'édition de Paris*, écrit que, de son temps, on l'y suivoit.

Pendant ce temps, & tandis que fut observé l'article 9 de l'ordonnance de Moulins, rarement les cours séculières renvoyoient aux juges d'église les eccléfiaftiques atteints & convaincus de cas privilégiés, fur-tout lorfqu'ils pouvoient être punis fans dégradation. Ce fut ce qui excita les réclamations & les plaintes du clergé; celles de l'affemblée tenue à Melun obtinrent l'édit de Melun dont on a rapporté l'article 22. Mais cet édit n'ayant pas été enregiftré dans quelques parlemens, & ne l'ayant été dans d'autres qu'avec des modifications, l'article 22 refta prefque fans exécution jufqu'à ce qu'elle fût ordonnée par l'édit du mois de février 1678, & par la déclaration du mois de juillet 1684, qui réglèrent en même temps la forme de l'inftruction conjointe, & qui furent enregiftrés dans les parlemens.

La difpofition de l'article 22 de l'édit de Melun, & celle de l'édit de 1678 & de la déclaration de 1684 dont on vient de parler, ont été renouvellées par l'article 38 de l'édit de 1695, fur la jurifdiction eccléfiaftique, qui eft la dernière loi fur cette matière. Voici les termes de cet édit :

« Les procès criminels qu'il fera néceffaire de » faire à tous prêtres, diacres, fous-diacres ou clercs » vivans cléricalement, réfidens & fervant aux of» fices ou miniftères & bénéfices qu'ils tiennent en » l'églife, & qui feront accufés des cas que l'on ap» pelle *privilégiés*, feront inftruits conjointement par » les juges d'églife, & par nos baillis & fénéchaux » ou leurs lieutenans, en la forme prefcrite par nos » ordonnances, & particuliérement par l'article 22 » de l'édit de Melun, par celui du mois de février » 1678, & par notre déclaration du mois de juillet » 1684, lefquels nous voulons être exécutés felon » leur forme & teneur ».

Quelque claires que paroiffent les difpofitions de ces ordonnances, il n'en fubfifte pas moins bien des difficultés dans l'exécution, non-feulement pour la procédure à fuivre, & dont on parlera en traitant en fon lieu de l'inftruction conjointe, mais encore pour la fixation des cas où cette procédure doit être fuivie & le privilège des clercs refpecté. On élève en effet des doutes fur la nature des délits qui peuvent donner lieu à l'inftruction, fur la qualité des perfonnes qui peuvent être prévenues, fur les conditions requifes pour leur affurer la jouiffance du privilège, & fur les circonftances qui peuvent accompagner l'inftruction.

1°. Par rapport à la nature des délits qui peuvent donner lieu à l'inftruction, quels font ceux de ces délits pour lefquels les eccléfiaftiques qui s'en trouvent prévenus, font au moins en partie jufticiables des tribunaux féculiers? Ces ordonnances ne préfentent à cet égard qu'une diftinction générale, celle des délits communs & des délits privilégiés. On peut obferver ici en paffant combien ces dénominations font peu exactes : il fembleroit que les délits privilégiés devroient être ceux où le privilège des clercs conferve toute leur force en leur faveur; & ce font au contraire ceux où ce privilège ceffe & laiffe les eccléfiaftiques foumis à la jurifdiction féculière; ou bien il paroîtroit que les cas privilégiés font ceux dont les cours féculières ne connoiffent contre les eccléfiaftiques qu'en vertu d'un privilège, tandis qu'au contraire ce n'eft que par l'effet d'un privilège dont les fouverains les ont gratifiés, que les eccléfiaftiques font fouftraits à la jurifdiction des juges royaux pour les autres délits dont ils peuvent fe rendre coupables.

Quoi qu'il en foit, au refte, du peu d'exactitude de cette dénomination, il eft clair, d'après cette manière de parler, que les délits communs de la part des eccléfiaftiques font ceux dont la connoiffance eft réfervée aux juges d'églife, & que les délits privilégiés font ceux dont les tribunaux féculiers font en ufage de prendre connoiffance conjointement avec les juges d'églife. On convient encore affez généralement que les délits communs font ceux dont la punition n'excède pas les peines que les juges d'églife peuvent infliger, & que les délits privilégiés font ceux qui méritent une animadverfion plus grave, & qui ne peuvent être réprimés que par une vindicte dont le pouvoir ne réfide qu'entre les mains du fouverain ou de fes officiers.

Mais quand de ces notions générales il faut venir au détail & affigner à chaque délit en particulier la claffe dans laquelle il doit être rangé, alors, en plufieurs cas, la lumière manque, & de-là les conteftations toujours fâcheufes entre les tribunaux eccléfiaftiques & les cours féculières pour les limites de leur compétence refpective. Souvent, & notamment en 1605, 1635, 1665 & 1675, les affemblées du clergé ont adreffé de très-humbles remontrances au roi pour en obtenir que les délits & cas privilégiés fuffent déclarés formellement & précifément fixés : ils ne l'ont jamais été, non plus que les cas royaux, ni les caufes d'appel comme d'abus. L'incertitude a de grands inconvéniens : la fixation n'auroit peut-être pas moins de danger. Plus ces limites font difficiles à bien diftinguer, plus on doit, dans la pratique, employer toute la circonfpection que demandent l'importance & la délicateffe de la matière.

On peut obferver que la grièveté du crime ne fuffit pas pour en former un délit privilégié, ni fon atrocité pour faire perdre à l'eccléfiaftique le privilège clérical, contre le fentiment & les maximes de quelques jurifconfultes qui ont penfé qu'il y avoit des crimes fi énormes de leur nature, qu'on ne pouvoit en devenir coupable fans fe rendre indigne de toute faveur; maxime vraie fans doute, mais fans application ici, parce que ce n'eft point en faveur des eccléfiaftiques coupables que le privilège clérical a été accordé, mais pour l'honneur de l'églife elle-même. Elle eft d'autant plus affligée des crimes dans lefquels tombent quelques-uns de fes miniftres, que ces crimes ont un plus grand degré d'énormité; mais ce n'eft pas une raifon pour la priver des droits que les fouverains lui ont accordés.

On cite, fur le premier point de cette obfervation, un arrêt du parlement de Touloufe du 16 février 1679, qui, fur un appel comme d'abus, auquel avoit adhéré M. le procureur général, d'une sentence rendue en l'officialité de Carcassonne, & confirmée par le métropolitain contre un prêtre atteint & convaincu d'avoir révélé le secret de la confession, déclara n'y avoir abus dans la sentence. Le moyen d'abus étoit que la griéveté du crime ne permettoit pas au juge d'église d'en connoître ou d'en connoître seul : on n'eut point d'égard à ce moyen. L'arrêt est rapporté, *pag. 28*, par M. de Catelan, qui étoit l'un des juges.

Sur le second point de l'observation, on peut citer un arrêt rendu au parlement de Paris au mois de février 1605, sur les conclusions de M. Lebret, *liv. IV des décisions notables, treizième décision*. Par cet arrêt, un prêtre accusé de complicité d'un parricide commis par une demoiselle qu'il avoit débauchée, ayant demandé, étant sur la sellette, d'être rendu au juge d'église, il y fut renvoyé pour le délit commun, à la charge du cas privilégié. M. Leprêtre, *première centurie des questions notables*, *chap. 20*, rapporte plusieurs arrêts qui ont renvoyé aux juges d'église pour le délit commun, toujours à la charge du cas privilégié, divers ecclésiastiques prévenus d'empoisonnement, d'homicide, de magie, de sodomie. L'atrocité du crime ne dépouille donc pas les clercs du privilège clérical; il n'y a que le crime de lèse-majesté dont les cours séculières connoissent sans le concours du juge d'église.

2°. Par rapport aux personnes ecclésiastiques qui peuvent être prévenues de crimes, il faut observer d'abord que les ordonnances, & les dernières surtout, en parlant des procès criminels qu'il est nécessaire de faire aux ecclésiastiques, en commencent l'énumération par les prêtres, & vont en descendant jusqu'aux ordres inférieurs, & même à la simple *cléricature*. Les évêques dont le rang est, sans contredit, supérieur à celui des simples prêtres, ne sont donc pas compris dans ces ordonnances. Nos rois ont toujours voulu laisser à l'ordre épiscopal, à cause de son éminente dignité, la prérogative de n'être soumis à aucune autre jurisdiction pour ce qui regarde la personne même des évêques; car, pour ce qui regarde leurs actions personnelles purement civiles, ils peuvent être assignés ou doivent s'adresser eux-mêmes aux cours séculières comme les autres ecclésiastiques; le privilège clérical à cet égard n'a pas plus d'étendue pour eux que pour les autres ecclésiastiques.

On prétendoit autrefois en France, & l'on pense encore en quelques pays, que la réception seule de la tonsure mettoit en droit de jouir du privilège clérical; de-là le grand nombre de clercs que l'on trouvoit dans tous les états & dans toutes les professions; de-là toutes sortes d'affaires portées aux tribunaux de l'église sous prétexte du privilège clérical; de-là la confusion des jurisdictions, & les justes plaintes des juges séculiers contre l'extension ou, pour mieux dire, l'abus de ce privilège. C'est donc avec raison que nos ordonnances en ont restreint la faveur aux prêtres, diacres, sous-diacres, & clercs vivant cléricalement, résidant & servant à des offices ou bénéfices ecclésiastiques : ce sont les termes de l'article 38 de l'édit de 1695, rapporté ci-dessus.

Mais ce seroit aussi trop limiter ce privilège que de prétendre, comme l'ont fait quelques jurisconsultes, que ces termes *clercs vivant cléricalement* ne doivent s'entendre que des clercs dont la conduite répond à la sainteté de leur état : il seroit à souhaiter sans doute qu'il n'y en eût que de tels. Mais alors on le sent, le privilège seroit sans effet : des clercs, menant une vie vraiment cléricale, ne donnent point lieu à des poursuites criminelles contre eux. C'est d'ailleurs à l'état clérical en général, c'est à l'honneur de l'église que le privilège a été accordé; c'est pourquoi il ne faut pas en faire dépendre l'effet de la conduite personnelle des particuliers : aussi a-t-on vu, par les exemples ci-dessus cités, que l'on n'a point refusé le renvoi à des ecclésiastiques dont la conduite n'avoit été rien moins que cléricale : d'où il résulte que ces mots *clercs vivant cléricalement* comprennent tous ceux qui font publiquement profession de l'état ecclésiastique, & sont connus pour n'en avoir point d'autre, quelle que soit d'ailleurs leur conduite.

Non-seulement les clercs, tant réguliers que séculiers, mais encore les religieuses, les frères lais & les sœurs converses des ordres & congrégations approuvés, sont renfermés dans le privilège clérical, & jouissent de cette faveur, parce que toutes ces personnes sont consacrées à Dieu d'une manière spéciale par les vœux solemnels de religion qu'elles ont faits.

3°. Quant aux conditions requises pour assurer aux clercs accusés la jouissance du privilège clérical, quelques jurisconsultes & quelques tribunaux ont prétendu qu'il falloit distinguer si le clerc prévenu avoit été arrêté en habit clérical ou en habit séculier; dans le premier cas, le renvoi ne lui pouvoit être dénié suivant ces jurisconsultes & ces tribunaux; mais il devoit l'être dans le second. La jurisprudence a varié beaucoup à cet égard : cependant elle paroît fixée depuis plus d'un siècle & demi. On rapporte un arrêt du parlement de Paris du 5 septembre 1608, qui, sur les conclusions de M. Lebret, avocat-général, renvoya à l'official de Chartres un religieux bénédictin accusé d'avoir commis un assassinat en habit séculier & l'épée au côté : un autre arrêt du 13 août 1609 renvoya à l'official de Paris un prêtre séculier accusé du même crime, & cassa la sentence de déni de renvoi du lieutenant-criminel du châtelet de Paris. En 1701, le nommé Bourdeaux, frère convers de l'ordre de S. Benoît, accusé de sortilège & d'apostasie de sa profession, & arrêté en habit séculier & l'épée au côté, fut revendiqué par l'official de Paris & lui fut renvoyé. En 1702, un prêtre qui avoit quitté l'habit de son état & s'étoit marié, fut arrêté à Paris en habit laïque & avec l'épée; l'official de Paris instruisit son

son procès conjointement avec le lieutenant-criminel du châtelet.

Si l'on a vu le parlement refuser de renvoyer à l'official de Paris le procès criminel qui s'instruisoit par contumace contre l'abbé de Grandpré, accusé d'avoir assassiné le marquis de Vervins, & qui, d'après les informations, paroissoit avoir commis le crime en habit séculier, ce ne fut point cette circonstance, mais d'autres particulières qui déterminérent la cour : aussi l'arrêt porte-t-il, *sans que le présent arrêt puisse être tiré à conséquence contre le clergé en autres causes, & lui puisse nuire ni préjudicier.* Loin d'ébranler la maxime favorable au clergé, l'arrêt ne fait au contraire que la confirmer. Elle a été encore solemnellement consacrée par un arrêt du conseil d'état privé du 18 mars 1709, par lequel le roi cassa plusieurs sentences du présidial d'Evreux qui avoit arrêté que le procès seroit fait présidialement & en dernier ressort au sieur le François, diacre, accusé d'assassinat & de vol, & arrêté à Paris en habit de soldat & avec armes défendues, & le renvoya à l'official d'Evreux, à la charge du cas privilégié.

On a distingué encore si les ecclésiastiques étoient accusés de délits qui peuvent être commis par des personnes de tout état, ou de prévarications & malversations particulières à certaines professions qui n'ont rien d'incompatible avec l'état ecclésiastique, comme les fonctions de principal de collège, d'avocat, de notaire, *&c.* & l'on a soutenu que, dans le second cas & pour ces sortes de délits, les ecclésiastiques étoient justiciables des cours séculières & ne pouvoient demander leur renvoi.

Les mémoires du clergé, *tom. VII, pag. 434*, en offrent un exemple remarquable dans la personne du sieur Caillet, prêtre & principal du collège des Grassins. Il fut attaqué sur ses mœurs & en sa réputation, & dénoncé à M. le procureur-général : &, d'après l'information faite sur la plainte du ministère public, ayant été assigné pour être ouï, il ne comparut qu'en protestant de se pourvoir. Après quelques autres procédures, il conclut, par requête du 14 août 1708, à être renvoyé pardevant le juge d'église; par arrêt du 21 du même mois, il fut débouté de sa demande, & s'étant pourvu en cassation contre cet arrêt, sa requête fut rejettée par arrêt du 7 mai 1709.

L'auteur des mémoires du clergé, après avoir rapporté les procédures & arrêts dont on vient de parler, observe que ces arrêts paroissent fondés sur ce qu'on prétend qu'un prêtre qui est principal d'un collège, n'est point justiciable de l'official pour les prévarications dans cette place, quoique les cours séculières lui fassent son procès à l'extraordinaire : ce qu'on pourroit étendre, continue-t-il, aux prévarications des clercs dans tous les emplois qui ne sont point attachés de leur nature à l'état ecclésiastique, mais qui ne deshonorent point la *cléricature*, quoique des laïques puissent les remplir. Si ces considérations, ajoute cet auteur, sont un fondement légitime pour prétendre qu'un principal de collège n'est point justiciable de l'official, relativement à ses prévarications dans son emploi de principal, on en pourra dire autant d'un clerc accusé d'avoir prévariqué dans les fonctions d'avocat ou de notaire ; & la justice criminelle ecclésiastique sera réduite à connoître seulement des délits dont les clercs sont accusés dans le ministère ecclésiastique : ce qui attaqueroit toutes les maximes sur lesquelles on a jugé de l'étendue de la jurisdiction ecclésiastique. On n'a jamais divisé les délits des ecclésiastiques qu'en délits communs & en cas privilégiés : on a toujours estimé qu'à l'égard des premiers, les clercs n'avoient point d'autres juges que les juges d'église, & qu'à l'égard des seconds, leur procès leur devoit être fait conjointement par le juge d'église & le juge royal, ensorte que les clercs ont toujours pour juges des supérieurs ecclésiastiques.

Il paroît que cet auteur porte les choses trop loin. De ce que les clercs principaux de collège, avocats ou notaires ne seroient point justiciables de l'official pour les prévarications dont ils pourroient se rendre coupables dans l'exercice des fonctions de ces emplois, il ne s'ensuivroit pas que la justice criminelle fût réduite à ne connoître que des délits commis par les clercs dans l'exercice de la *cléricature*; il n'est que trop d'autres délits qui ne tiennent à aucune profession, mais aussi qu'aucune profession n'exclut : or, pour ceux-là, les clercs resteroient toujours soumis à la jurisdiction ecclésiastique concurremment avec la séculière. L'exception faite ici au sujet des clercs chargés d'emplois étrangers à l'état ecclésiastique, quoique compatibles avec cet état, ne feroit pas non plus évanouir la distinction des délits communs & des cas privilégiés : il en résulteroit uniquement que les clercs qui se seroient chargés de quelques-uns de ces emplois, ne pourroient, en ce qui peut en concerner les fonctions, réclamer la faveur du privilège clérical : l'église qui ne leur interdit point ces fonctions purement séculières, seroit-elle fondée à se plaindre de ce que les cours séculières veulent en connoître seules ?

4°. Enfin, quant aux circonstances qui accompagnent l'accusation, on a voulu distinguer si l'action criminelle étoit la question principale, ou si elle étoit incidente seulement à une cause portée devant un juge séculier : par exemple, si un prêtre a fabriqué quelque pièce fausse dans un procès, ou s'il est appellé comme témoin, & qu'il dépose faux, les cours laïques prétendent qu'en ces cas, les ecclésiastiques sont leurs justiciables, suivant la loi *cum civili cod. de ordine judiciorum ; cum civili disceptatione principaliter mota quæstio criminis incidit, potest judex eodem tempore, utramque disceptationem suâ sententiâ dirimere.* Cette loi n'a cependant aucun rapport à cette matière, & n'a certainement pas été faite pour régler la compétence des cours d'église & des cours séculières. Il seroit, ce semble, à propos de distinguer si l'instruction du faux a pour objet de faire punir le faussaire ou seulement de mettre en état de décider l'affaire civile. Au second cas, point de doute que le juge séculier ne puisse instruire seul; aussi a-t-on jugé que, dans une cause de mariage portée devant un juge d'église, ce juge avoit pu instruire le faux incident contre des témoins laïques, afin de prononcer sur la cause principale; l'arrêt a été rendu au parlement de Paris le 8 juin 1626. Mais lorsque l'instruction est faite afin de parvenir à la punition du coupable, cette instruction devient en quelque sorte une cause criminelle principale, à laquelle le juge d'église doit être appellé. On ne voit pas en effet sur quoi pourroit être fondé le déni de renvoi; l'article 38 de l'édit de 1695, que l'on a rapporté plus haut, ne fait point de distinction entre les causes principales & les causes incidentes, & veut qu'en général toutes les accusations contre les ecclésiastiques soient instruites conjointement par le juge d'église & le juge royal.

Cette observation sert de réponse à la prétention qu'ont aussi formée quelques cours séculières de n'être point obligées d'appeller les juges d'église pour les procès criminels qui s'instruisent par contumace contre des ecclésiastiques accusés. C'étoit un des motifs sur lesquels s'appuyoit le châtelet de Paris pour refuser d'appeller l'official de Paris à l'instruction du procès de l'abbé de Grandpré, fugitif. On a vu plus haut que, si le parlement de Paris, sans s'arrêter à la revendication faite par M. l'archevêque de Paris, avoit ordonné que l'instruction se suivroit par les juges du châtelet, ç'avoit été avec cette modification bien intéressante, *sans que le présent arrêt puisse être tiré à conséquence contre le clergé en autres causes, ni lui nuire.*

Le parlement n'a donc pas regardé la contumace comme capable de dépouiller les juges d'église de leur jurisdiction & de leur soustraire leurs justiciables; & en cela cette cour n'a fait que se conformer aux ordonnances dont les termes généraux n'admettent point cette exception, & ces maximes si connues que tout juge, compétent pour juger contradictoirement, l'est aussi pour instruire & juger par défaut & par contumace.

Mais si le clerc, accusé & poursuivi devant un tribunal séculier, ne demandoit pas son renvoi, ou s'il ne le demandoit qu'après qu'on auroit commencé de procéder à la confrontation?

On a déjà vu plus haut qu'au parlement de Paris un prêtre accusé & convaincu, par l'information, de crimes atroces, ayant demandé son renvoi sur la sellette & au moment de subir l'interrogatoire, l'obtint cependant, & fut rendu au juge d'église, à la charge du cas privilégié; ce qui prouve assez combien le privilège clérical a paru favorable, & que le clerc peut le réclamer en tout état de cause.

Mais s'il ne le réclame pas du tout, les tribunaux séculiers pourront-ils passer outre? C'est ici que revient la fameuse question de savoir si un clerc peut renoncer au privilège clérical.

Il ne faut, pour la décider, que faire attention à la nature de ce privilège. Ce n'est pas une faveur personnelle, accordée aux clercs coupables: on sent combien ils en seroient peu dignes; c'est une grace générale, une prérogative dont les souverains ont voulu décorer l'état ecclésiastique, à raison de sa dignité, de sa prééminence toutes spirituelles; ainsi il ne doit pas être au pouvoir des particuliers d'y renoncer, puisque ce n'est pas à eux qu'appartient le privilège, mais au corps dont ils ne peuvent pas sacrifier les droits. C'est la décision constante des décrétales qui, sans avoir en France la force de loi, peuvent, sur-tout en ces matières, être citées au moins comme une autorité respectable. C'est le sentiment de M. Lebret, avocat-général au parlement de Paris, cité ci-dessus; de Chenu, dans ses questions notables, *quest.* 113; de M. Leprêtre, conseiller au parlement de Paris, *centurie première, chap.* 20, *n.* 5; de Guéret, dans ses notes sur le chapitre, *si diligentes, de foro competenti, & continget, de sententiâ excommunic.* & l'on pourroit dire de tous les auteurs, à l'exception d'un petit nombre parmi lesquels on est étonné de trouver le savant Cujas, que James Acosta, célèbre canoniste & grand jurisconsulte, a fortement combattu sur ce point. C'est le résultat des dispositions même de nos ordonnances; elles ne se bornent pas à permettre aux clercs de demander leur renvoi devant les juges d'église, ou du moins le concours de ces juges, suivant la nature des délits dont ils sont prévenus & accusés; elles règlent, même sans faire aucune mention de demandes préalables de la part de ces clercs prévenus & accusés, que, dans les procès criminels qu'il sera nécessaire de leur faire pour les cas privilégiés, la procédure se fera par le juge d'église & le juge royal conjointement. Ce sont ainsi la nature du délit & la qualité de la personne, qui seules, & sans aucune demande de l'accusé, malgré même son silence & son consentement, doivent, d'après nos loix, lorsqu'il ne s'agit que de délits communs, faire renvoyer les clercs accusés devant les juges d'église, & faire appeller ces mêmes juges, lorsqu'il s'agit des cas que l'on nomme *privilégiés*.

On objecte, 1°. que, suivant l'article 3 du titre premier de l'ordonnance de 1670, l'accusé ne pourra demander son renvoi après que lecture lui aura été faite de la déposition d'un témoin, lors de la confrontation: & l'on en conclut que la disposition de la loi étant générale, elle renferme les clercs aussi-bien que les autres accusés, & que ceux-là ne sont pas plus à temps que ceux-ci de demander leur renvoi, quand ils ont negligé de le faire dès le commencement de l'instruction.

Mais d'abord l'ordonnance de 1670 n'avoit point pour objet de fixer les limites des deux jurisdictions, mais seulement de régler la compétence des juges séculiers, tant des juges royaux que des juges seigneuriaux; on ne doit donc pas présumer que, par l'article cité, on ait voulu déroger au privilège clérical & préjudicier à l'état ecclésiastique. D'ailleurs l'édit de 1695, donné postérieurement à l'ordonnance de 1670, n'en a pas moins réglé que les procès criminels qu'il seroit besoin d'instruire contre des clercs, seroient instruits conjointement par les juges d'église & les juges royaux, sans parler de demandes en renvoi à faire par les clercs accusés dans un certain délai, à peine de déchéance de leur privilège. La négligence de ces clercs à demander leur renvoi ne peut donc leur nuire à eux-mêmes ni porter atteinte au privilège clérical. Jamais aussi ne leur a-t-on opposé cette négligence comme une fin de non-recevoir; jamais on n'a prétendu que leur silence liât les mains de l'official & pût l'empêcher de revendiquer ses justiciables en tout état de cause.

On objecte, en second lieu, que le privilège qu'ont MM. les conseillers aux parlemens de ne pouvoir être jugés en cause capitale que par le parlement même dont ils sont membres, les chambres assemblées, n'est pas plus personnel que le privilège des clercs, & que néanmoins MM. les conseillers peuvent renoncer à ce privilège: d'où l'on conclut encore que les clercs peuvent donc aussi renoncer au privilège clérical.

Il s'en faut bien que ce soit un sentiment général dans les parlemens, que MM. les présidens & conseillers puissent renoncer à ce privilège. Plusieurs de ces tribunaux souverains, & sur-tout le parlement de Paris, pensent, conformément aux plus saines maximes, que les magistrats ne peuvent point déroger à leur privilège. Mornac, sur la loi *si judex, ff. 4*, écrit qu'il avoit vu cet usage observé trois ou quatre fois, & qu'il avoit appris de M. le premier président de Harlay, que cela s'étoit toujours pratiqué.

M. Leprêtre, conseiller au parlement de Paris, *chap. 8 de sa première centurie*, se propose la même objection que l'on discute ici: & il n'hésite pas de répondre que, voulût-on même prétendre qu'un conseiller au parlement peut renoncer à son privilège, on ne pourroit pas en inférer qu'un clerc peut renoncer au sien: on sent de quelle force est cette preuve.

Il reste, en finissant, à observer que les commissions que les rois établissent quelquefois dans des cas extraordinaires, le grand-conseil, la cour des aides, la cour des monnoies & d'autres compagnies souveraines se prétendent en possession d'instruire les procès criminels contre les ecclésiastiques, sans renvoi aux juges d'église & sans les appeller. Nos rois n'ont pas jugé à propos de donner de réglement sur ces prétentions.

CLERMONT, *ou* CLERMONT-FERRAND, (*Droit public.*) ville située dans la basse-Auvergne, & capitale de la province de ce nom. Elle donne son nom à un comté particulier, qui a toujours été distingué du comté d'Auvergne.

Cette ville, suivant la commune opinion des historiens, doit son origine à l'empereur Auguste, d'où elle fut appellée *Augustonemetum*, ou *Augustonemosum;* nom qu'elle quitta dans la suite pour prendre celui de la province dans laquelle elle étoit comprise; & dont elle étoit la ville principale; on nomma la ville d'Auvergne, *urbs Arvernorum*, *civitas Arvernæ.*

Ce qu'il y a de certain, c'est qu'elle conservoit encore son premier nom d'*Augustonemetum*, lorsque le roi Pepin la conquit avec toute l'Auvergne sur le duc Eudes, au pouvoir duquel l'Auvergne étoit tombée, ainsi que l'Aquitaine, par la mort du dernier des rois d'Austrasie qui tenoient leur cour à Metz.

Clermont & le comté d'Auvergne, d'une bien plus grande étendue alors qu'il ne l'est aujourd'hui, suivant que nous l'apprend Coquille dans son histoire du Nivernois, passèrent, en 952, avec le duché de Guienne & d'autres pays, sous la domination de Guillaume, comte de Poitou, surnommé *Tête d'Etoupes*, qui les obtint de Louis d'Outremer, pour prix des services importans qu'il lui avoit rendus.

Ce même Guillaume, Tête d'Etoupes, donna la ville de *Clermont* & le comté d'Auvergne à un certain Raimond qui en jouit, & après lui ses successeurs, jusqu'en 1209 ou 1212, selon d'autres, que Philippe Auguste en dépouilla Guy II, comte d'Auvergne, & s'empara des villes de *Clermont*, Riom, & autres qui en dépendoient.

S. Louis, en exécution du testament de Louis VIII son père, en donnant en apanage à son frère Alphonse le comté d'Auvergne, se réserva le comté de *Clermont;* mais malgré cette réserve, Alphonse prétendit que cette seigneurie lui appartenoit, à quoi s'opposa un Guy de la Tour, évêque de *Clermont*, qui soutint que ce comté appartenoit au roi seul, & cela fut ainsi jugé par arrêt de 1245.

Il paroît que depuis cette époque les évêques de *Clermont* se sont prétendus seigneurs de cette ville, mais il n'est pas facile de savoir à quel titre. Celui qu'ils ont produit pour établir leur droit justifieroit, à la vérité, que Guy II, comte d'Auvergne, avoit mis lui-même, en 1202, cette ville entre les mains de Robert son frère, qui en étoit évêque, dans la crainte que Philippe-Auguste ne la lui prît; mais un pareil titre paroît faux & supposé, & ne sauroit se concilier avec le témoignage de l'histoire, qui nous apprend qu'alors le comte Guy devoit d'autant moins appréhender Philippe-Auguste, qu'il étoit très-bien avec ce prince, & qu'il jouit encore pendant dix ans de la seigneurie de *Clermont*, dont il ne fut privé qu'en 1212; circonstance qui rend un pareil titre justement suspect, & donne lieu de croire que si les évêques de cette ville y ont joui de quelques droits seigneuriaux, ce n'a été que depuis que Guy II en eut été dépouillé par Philippe-Auguste, & ils ne pouvoient les tenir que de la libéralité des rois successeurs de ce prince, sans que ceux-ci aient jamais entendu renoncer à leurs droits sur ce comté.

Mais les évêques n'étoient pas pour cela les

maîtres absolus de leur ville épiscopale, dans laquelle ils n'avoient qu'un pouvoir très-médiocre. On voit même que les habitans qui avoient de grands privilèges & des libertés dont ils étoient très-jaloux, s'y maintinrent toujours contre les entreprises de leurs évêques.

Une preuve d'ailleurs que nos rois ne s'étoient pas absolument dessaisis des ville & comté de *Clermont* en faveur des évêques, c'est que la seigneurie de cette ville passa à Louis de Bourbon, fils de Jean I, duc de Bourbon, par son mariage avec Jeanne, dauphine, fille unique de Beraud-le-Jeune, comte, dauphin d'Auvergne, de *Clermont* & de Sancerre.

Jeanne mourut en 1436 sans enfans. Charles de Bourbon, frère de Louis, lui donna en 1442, pour apanage, le comté de Montpensier & le droit qu'il avoit au comté de *Clermont*. Deux jours après cette donation, Louis se remaria avec Gabrielle de la Tour.

Gilbert de Bourbon, fils de Louis, transmit au connétable Charles de Bourbon, entre autres objets, le comté de *Clermont*, qui fut ensuite confisqué sur lui avec ses autres biens à cause de sa félonie. Le comté fut uni alors à la couronne par des lettres de François I, du 22 septembre 1531.

Malgré cela les évêques de *Clermont* jouissoient depuis plus de trois cens ans de la seigneurie de cette ville, lorsque la reine Catherine de Médicis, en qualité d'héritière d'Anne sa tante, comtesse d'Auvergne & de *Clermont*, revendiqua le dernier comté contre Guillaume Duprat, alors évêque de *Clermont*, & il fut adjugé à cette reine par un premier arrêt provisoire de l'année 1551, & ensuite par un arrêt définitif de 1557, malgré que l'évêque opposât la prescription qu'il soutenoit résulter en sa faveur d'une possession paisible de plus de trois cens ans de la part de ses prédécesseurs. Ce qu'il y a de remarquable, c'est que le parlement de Paris, en admettant, en faveur des évêques, la cession faite à l'un d'eux par Philippe-Auguste du comté de *Clermont*, après qu'il en eut privé le comte Guy, ne regarda cette cession que comme un simple dépôt, qui de sa nature ne pouvoit jamais opérer de prescription au préjudice du véritable propriétaire.

Par un autre arrêt du parlement du 2 mars 1574, la ville & le comté de *Clermont* furent encore adjugés à la même Catherine de Médicis, contre Gilbert de Bourbon, comte de Montpensier, qui y prétendoit droit, à ce qu'il paroît, du chef de sa mère; mais il fut débouté de sa demande sur le fondement de la péremption de l'instance formée sur cet objet par la dame sa mère en 1509, & que ce seigneur avoit reprise.

Lors du décès de la reine Catherine de Médicis en 1589, Henri III donna les comtés de *Clermont* & d'Auvergne, ainsi que tout ce qui lui appartenoit dans la province d'Auvergne, à Charles de Valois, fils naturel de Charles IX. Et par arrêt du 7 juin 1606, le parlement les adjugea à Marguerite, duchesse de Valois, reine de Navarre, suivant la donation & substitution apposées au contrat de mariage de Catherine de Médicis sa mère.

La reine Marguerite donna, entre autres biens, le comté de *Clermont* à Louis XIII, lors dauphin de France, par donation entre-vifs, au moyen de quoi il fut uni à la couronne.

Le domaine de la ville & du comté de *Clermont* a depuis été possédé, à titre d'engagement, avec les baronnies de Montrognon & de Chamalière, situés aux environs, par le duc de Bouillon, comme étant aux droits du cardinal Mazarin, oncle de la duchesse de Bouillon.

A la ville de *Clermont* a été unie celle de Montferrand par un édit de Louis XIII du mois d'avril 1633, pour ne former plus à l'avenir qu'une seule & même ville, sous le nom de *Clermont-Ferrand*.

Dès l'année 1225, la ville de Montferrand s'étant mise sous la protection du roi de France, lui avoit fait serment de fidélité, & avoit reçu sa garnison. Guillaume, comte d'Auvergne & de Montferrand, reconnut cette même année tenir ces pays à la charge de foi & hommage-lige du roi.

Les seigneurs de Beaujeu furent ensuite seigneurs de Montferrand. Il paroît qu'en 1292, Louis de Beaujeu, sire du Broc, céda Montferrand en échange à Philippe-le-Bel. On voit par cet échange que le sire de Montferrand, entre autres droits dont il jouissoit dans cette ville, y avoit celui qu'on appelloit *de la mortaille*, qui consistoit en ce que lorsque quelqu'un mouroit dans la ville de Montferrand sans confession, tous ses meubles appartenoient au seigneur.

La veuve de ce même Louis de Beaujeu céda la même année 1292, à Philippe-le-Bel, tous les droits qu'elle avoit à répéter à raison de son douaire, sur les ville & châtellenie de Montferrand, pour une rente viagère de cinq cens livres.

Malgré cela Montferrand fut de nouveau cédé à Louis I, duc de Bourbon, en l'année 1327, par Charles-le-Bel, auquel Louis de Bourbon abandonna en contre-échange le comté de *Clermont*, que ce roi voulut avoir à cause de la singulière affection qu'il avoit pour la ville de *Clermont* dans laquelle il étoit né.

Depuis, par le contrat de mariage de Jean I, duc de Bourbonnois & d'Auvergne, avec Marie de Berri, fille aînée de Jean de France, duc de Berri en 1400, le roi Charles VI, en leur assurant les duché d'Auvergne & comté de Montpensier, dont il fut dit que les futurs conjoints & leurs hoirs mâles jouiroient, en excepta, entre autres domaines, la ville & seigneurie de Montferrand, & le château d'Uson en Auvergne, qu'il unit à la couronne.

Il y a à *Clermont-Ferrand* une cour des aides, dont nous parlerons ci-dessous au mot COURS *des Aides*.

Il y a aussi une sénéchaussée & un siège préfidial qui y fut créé en 1582, à la requisition de la reine Catherine de Médicis, comtesse de *Clermont*. Cette sénéchaussée est une des deux qui sont en Auvergne; l'autre est à Riom.

La ville de *Clermont*, ainsi que toute la haute & basse-Auvergne, est du ressort du parlement de Paris.

Quoique la basse-Auvergne soit régie par une coutume qui lui est particulière, & qui a été rédigée en l'année 1510, on suit à *Clermont* le droit écrit. Malgré cela, la coutume d'Auvergne s'y observe dans bien des cas; par exemple, en ce qui est du retrait lignager, lequel y a lieu à l'égard des acquêts faits par le vendeur, tant par contrat volontaire, que dans le cas d'adjudication par décret, suivant l'*article 37* du titre des retraits de cette coutume. C'est ce qui a été jugé par un arrêt du parlement de Paris du 28 avril 1618, en la troisième chambre des enquêtes, au rapport de M. de Lamoignon. Cet arrêt a confirmé une sentence du siège présidial de *Clermont*, qui avoit adjugé le retrait d'une maison sise en cette ville, à Anne Esparvier, femme de Noël Cassiere, comme étant sœur d'Amable Esparvier, vendeur, contre Abraham Gaschier, avocat, qui avoit retiré la maison dont il s'agissoit, sur Etienne Chamblange son cousin-germain.

Ce même arrêt de 1618 fut depuis produit pour servir de préjugé dans une semblable contestation, sur laquelle il y eut pareillement en la quatrième chambre des enquêtes, au rapport de M. le Coigneux, le 21 mai 1650, arrêt confirmatif d'une sentence du juge de *Clermont*, du 9 mars 1646, au profit de Léonard Binet, procédant sous l'autorité d'Etienne Doussaints, son curateur, contre Jean Masson & Antoinette Brun sa femme.

Quoique la ville de *Clermont* soit pays de droit écrit, il y a cependant des coutumes locales qui lui sont propres; par exemple, les habitans y ont la faculté de clorre à leur volonté les héritages qu'ils possèdent, & ils peuvent user de ce droit en toute saison de l'année.

Chaque habitant, lorsqu'il bâtit sa maison, peut l'appuyer sur le mur de celle de son voisin, en lui payant dix sous tournois à raison de chaque brasse de muraille, si elle est construite à sable & à chaux; & cinq sous tournois seulement par brasse, si elle est construite en terre. Ce qui n'a pas lieu cependant lorsque le maître à qui appartient le mur sur lequel il s'agit d'appuyer un nouvel édifice, a sur le mur des fenêtres, des jours, ou des égouts en tuile saillans par dehors; car dans ce cas le voisin ne peut appuyer sa maison sur un pareil mur, ni empêcher le propriétaire son voisin de jouir de ses vues, & autres usages.

Il n'est pas rare de trouver à *Clermont* des maisons communes entre deux, ou même plusieurs propriétaires qui jouissent chacun divisément d'une partie de la maison. La coutume locale veut, dans un semblable cas, que celui qui possède la partie inférieure de la maison, soit tenu de faire la solive de dessus, & que celui à qui appartient la portion supérieure soit chargé du pavé de la solive, ainsi que de la couverture & du toit de la maison.

C'est encore un usage local à *Clermont*, à l'égard des locations des maisons, que le propriétaire & le locataire, si l'un ne veut plus louer la maison à celui qui l'occupe, ou l'autre continuer à l'habiter, doivent réciproquement se donner congé six mois avant le terme de la location expiré; sans quoi le locataire seroit obligé de payer cette demi-année de loyer au propriétaire, ou celui-ci forcé de souffrir que le locataire continuât d'occuper la maison pendant six mois, en payant le loyer sur le même taux que l'année précédente; si ce n'est cependant dans les cas qui en sont exceptés de droit.

A l'égard des gages ou salaires des serviteurs, domestiques ou mercenaires, la coutume locale de la ville de *Clermont* exige qu'ils forment leurs demandes, & fassent leurs diligences pour se procurer le paiement de ce qui peut leur être dû à ce titre par leurs maîtres ou par ceux qui les ont mis en œuvre, dans l'année après leurs services ou leurs travaux finis, à peine d'être déclarés non-recevables dans la demande qu'ils s'aviseroient d'en former après l'expiration de ce temps.

Il y a à *Clermont* un des cinq lieutenans qui sont sous le prévôt général & provincial de l'Auvergne.

L'évêque de *Clermont* tient le premier rang parmi les suffragans de l'archevêché de Bourges. Cet évêché étoit même le seul qu'il y eût dans toute la province d'Auvergne, jusqu'en l'année 1317, que le pape Jean XXII en érigea un second à Saint-Flour. Les états du royaume se tinrent dans la ville de *Clermont* sous Charles V, dit le Sage, en l'année 1374.

Clermont en Argonne. C'est un comté situé dans le Verdunois, & qui appartient à la maison de Condé. Le roi en fit don à Louis de Bourbon, prince de Condé, premier prince du sang, par lettres-patentes du mois de décembre 1648.

La déclaration du 6 janvier 1734 a ordonné que celle du 17 février 1731, concernant l'insinuation des donations, seroit exécutée selon sa forme & teneur, dans toute l'étendue du comté de *Clermont*, sous les peines y portées: mais en même temps cette loi a réglé que le défaut d'insinuation dans la justice des cas royaux, ne pourroit être opposé à l'égard des insinuations qui n'auroient que ce seul défaut, & qui seroient antérieures à la publication de la déclaration de 1731.

Les droits de contrôle des actes n'ont pas lieu dans le comté de *Clermont*. C'est pourquoi, par arrêt du conseil du 24 octobre 1741, il a été défendu aux domiciliés de Châlons & de tout autre lieu, d'y envoyer leurs procurations pour passer des actes entre eux, relativement à des choses mobilières ou à des immeubles situés dans les provinces du royaume où le contrôle est établi, à peine de nullité & de trois cens livres d'amende: mais lorsque l'une des parties est domiciliée dans le comté de *Clermont*, il suffit, pour la validité de l'acte, que l'autre partie en rapporte dans trois mois l'original au bureau du fermier du lieu où elle réside, & qu'elle en paie les droits.

CLIENT, s. m. (*terme de Palais.*) nous l'avons tiré du droit romain. Chez ce peuple, on appelloit *client*, le citoyen qui se mettoit sous la protection d'un patricien, qui, à cause de cette relation, se nommoit *patron*.

Romulus fut l'auteur de cette invention. Suivant les loix qu'il établit, le patron assistoit le *client* dans ses besoins, & toutes les fois qu'il réclamoit son secours & sa protection. Le *client* de son côté devoit porter respect au patron, lui donner son suffrage lorsqu'il briguoit quelque magistrature, soit pour lui, soit pour ses amis.

Cette institution s'étendit ensuite plus loin. Non-seulement des familles, mais des villes & des provinces entières se mirent sous la protection des grands de Rome. La Sicile, par exemple, étoit sous la clientelle des Marcellus.

Rome moderne paroît encore avoir conservé des restes de cet usage. Les souverains catholiques de l'Europe donnent à des cardinaux le titre de *protecteurs des églises de leur nation*.

Quelques feudistes ont cru voir l'origine des fiefs dans les patrons & les *cliens* de l'ancienne Rome, mais il est aisé de voir combien ils se sont trompés, en consultant nos articles VASSAL & SEIGNEUR.

On se sert au palais du terme de *client*, pour désigner celui qui charge un avocat ou un procureur de la poursuite de ses droits. On le dit aussi par abus de celui qui va solliciter son juge. En effet, ce n'est qu'entre l'avocat & celui qu'il défend, qu'on trouve les relations que les Romains avoient établies entre les patrons & les *cliens*, puisque l'avocat, de même que le patron, épouse, pour ainsi dire, les intérêts de son *client*, l'aide de ses conseils & de ses lumières, pour défendre ses droits dans les tribunaux.

Il est défendu aux avocats & procureurs de faire avec leurs *cliens* aucune paction pour avoir une portion du bénéfice qui pourra revenir du gain d'un procès. *Voyez* PACTE *de quotâ litis*.

Ils ne peuvent aussi recevoir de leurs *cliens* aucune donation entre-vifs, pendant le cours des causes & procès dont ils sont chargés pour eux. *Voyez* AVOCAT, PROCUREUR, DONATION, LEGS.

CLOAQUE, s. m. (*Droit civil.*) le jurisconsulte Ulpien définit un *cloaque*, en disant que c'est un lieu souterrein, fait par art pour écouler les eaux & les immondices d'une ville. Mais cette définition ne peut s'appliquer qu'aux *cloaques* de l'ancienne Rome, qui étoient des aqueducs souterreins, destinés à recevoir les eaux & les ordures de cette grande ville. Le mot *cloaque* n'est pas en usage parmi nous dans ce sens; nous nous servons de celui d'*égoût*.

Nous appellons *cloaque* un trou creusé en terre, entouré de murs, couvert pour l'ordinaire d'une voûte ou de grandes dalles de pierres, dans lequel s'écoulent les eaux des toits, des cours ou des cuisines, lorsqu'elles ne peuvent avoir d'écoulement sur la superficie du terrein.

Les fossés *à eaux* sont aussi à-peu-près des *cloaques*; mais ils sont à découvert, & quelquefois non entourés de murs.

On entend aussi par *puisard* en maçonnerie, ce que nous entendons ici par *cloaque*.

Nombre de coutumes ont des dispositions au sujet des *cloaques*, & ces dispositions ont toutes pour objet qu'il n'en soit creusé ni construit aucun au préjudice du propriétaire voisin. On sait que les eaux qui croupissent dans ces *cloaques* peuvent corrompre l'eau des puits du voisinage, que d'ailleurs elles exhalent des vapeurs infectes & souvent aussi dangereuses qu'incommodes. L'article 217 de la coutume de Paris, adoptée dans les provinces où il ne se trouve aucune loi à cet égard, a cru obvier à tous les dangers & à toutes les incommodités des *cloaques*, en ordonnant qu'on n'en pourroit pratiquer aucun qu'il ne fût à une distance de six pieds en tout sens des murs de séparation voisins.

Indépendamment de cette distance qu'il faut observer, soit qu'il y ait mur de séparation, ou non, en prenant alors cette distance de la ligne de division, il faut encore que cette même distance de six pieds soit d'un terrein massif & bien condensé, y compris l'épaisseur du mur du *cloaque*. Mais on a observé que cette distance étoit quelquefois insuffisante, & qu'elle n'empêchoit pas les eaux de pénétrer chez les voisins, parce que le terrein n'est pas également par-tout de la même densité. On a aussi observé que lorsque les *cloaques* recevoient les eaux grasses des cuisines, il en résultoit souvent des puanteurs insupportables. Dans le premier cas, il est sans difficulté qu'on oblige le propriétaire du *cloaque* à le cimenter de façon qu'il n'en résulte aucune humidité chez le voisin. Dans le second, lorsque l'odeur du *cloaque* est réellement insupportable, on peut obliger le propriétaire ou à le supprimer, ou à y pratiquer une gargouille couverte ayant une ouverture à une distance suffisante pour éloigner cette mauvaise odeur; car, quoiqu'il soit permis d'avoir chez soi un *cloaque* à la distance déterminée par la coutume, cette distance n'est donnée que parce qu'on présume qu'en l'observant les voisins ne sont point incommodés, & il est toujours dans l'esprit de la loi que si cette distance ne suffit pas, on doit prendre des précautions pour obvier aux inconvéniens, ou supprimer le *cloaque*.

Quand on fait des puisards, on peut les creuser jusqu'à l'eau vive, pourvu que les eaux étrangères que ces puisards doivent recevoir, ne pénètrent point dans les puits faits ou à faire dans les héritages voisins.

Lorsqu'on ne veut plus se servir d'un puits, il n'est pas permis pour cela d'en faire un *cloaque*, à moins qu'il ne soit dans la distance réglée par la coutume, & qu'il n'en résulte aucun inconvénient pour les puits que les voisins auroient envie de faire dans la suite.

Les fossés ou autres trous murés, ou non murés, destinés aux mares & aux fumiers, doivent être dans la même distance des murs voisins, que les *cloaques*. La chose a été ainsi jugée pour des héritages situés à la campagne près de Meaux, par une sentence de la seconde chambre des enquêtes du palais, le 26 août 1650.

On n'est pas si sévère pour les citernes, parce qu'il y a réellement une grande différence entre une cavité pratiquée pour y conserver de l'eau claire & pure, & une autre cavité pour y recevoir des immondices. Il suffit que la citerne soit construite de façon que le voisin n'en ait ni inconvénient, ni danger à craindre, pour qu'il soit libre de la placer où l'on juge à propos.

Outre la coutume de Paris, dont nous venons de parler, on peut encore consulter sur cet article celles de Calais, de Melun, de Montargis, de Clermont, d'Etampes, du Grand-Perche, d'Orléans, de Bourbonnois, de Reims, de Lorraine, de Bar, de Dunois, de Berry, de Nantes, de Rennes, de Châlons, de Saint-Sever, & l'auteur des *Loix des bâtimens*.

CLOCHE, s. f. (*Droit ecclésiast.*) c'est une espèce de vase de métal qu'on suspend dans une tour ou clocher, dont on tire du son au moyen d'un battant, qu'on attache dans le dedans, & dont le son est devenu parmi les hommes, un signe public ou privé qui les appelle.

L'origine des *cloches* est très-ancienne : Kircher l'attribue aux Egyptiens. Chez les Hébreux le grand-prêtre avoit un grand nombre de clochettes d'or au bas de sa tunique. Les Perses, les Grecs & les Romains n'en ignoroient pas l'usage. Les prêtres de Proserpine chez les Athéniens appelloient le peuple aux sacrifices avec une *cloche*, & ceux de Cybèle s'en servoient dans leurs mystères. Suétone, Dion, Ovide, Polybe & Joseph en parlent en plusieurs endroits.

Quelques auteurs ont prétendu que l'usage des *cloches* étoit dû à S. Paulin, évêque de Nole en Campanie, & ils en donnent pour raison les noms de *nola* & de *campana* donné aux *cloches*, qui paroissent dériver de Nole & de Campanie. Mais ils se trompent, puisque l'usage des *cloches* est bien antérieur à S. Paulin. Peut-être est-il le premier qui en a introduit l'usage dans l'église, soit pour appeller le peuple aux offices divins, soit pour distinguer les heures canoniales.

Cet usage passa dans les églises d'orient, mais il n'y est jamais devenu commun, & il a presque entièrement cessé après la prise de Constantinople par les Turcs, qui l'abolirent sous le prétexte que le bruit des *cloches* troubloit le repos des ames qui erroient dans l'air, mais plutôt par la crainte qu'il ne fût à ceux qu'ils avoient subjugués un signal en cas de révolte.

Les *cloches* sont mises au nombre des choses nécessaires à la célébration du service divin, & l'*article 16* de l'édit de 1695 enjoint aux évêques d'y pourvoir dans leurs visites.

Elles sont regardées comme des objets prophanes jusqu'au moment où elles ont reçu la bénédiction, que l'on appelle improprement *baptême*, par la raison qu'elles sont présentées à l'église, ainsi que les enfans nouveaux-nés, qu'elles ont parrains & marraines, & qu'on leur impose des noms.

Un canon du concile de Toulouse, tenu en 1590, défend de se servir des *cloches*, qui n'ont pas été bénites. Cette cérémonie appartient à l'évêque, qui peut déléguer un prêtre pour le remplacer.

La bénédiction donnée à une *cloche* la consacre plus particulièrement au service de l'église, mais elle n'empêcheroit pas que le fondeur qui en auroit fourni le métal, ne pût, à défaut de paiement, en poursuivre & en obtenir la vente, ainsi qu'il résulte d'un arrêt du 17 février 1603, rapporté par Charondas.

M. l'abbé Fleury, dans son *Institution au droit canonique*, prétend qu'on ne doit pas faire servir les *cloches* à des usages prophanes. Il est néanmoins d'usage de les sonner dans les momens de péril commun, d'incendie, de réjouissances publiques, pour convoquer les habitans à une assemblée, pour notifier les ordres du roi.

Un réglement du parlement de Paris, en date du 17 septembre 1646, défend de faire aucune fonte de *cloches* pour les églises, sans le consentement de l'évêque : il ordonne aussi de poser deux lames de cuivre, l'une dans la sacristie, & l'autre dans le clocher, & d'y graver l'année de la fonte, le nom du roi, & celui de l'évêque. Il est d'usage de mettre aujourd'hui sur la *cloche* même le nom qu'on lui donne, celui des parrain & marraine, du curé, des marguilliers, *&c.*

Dans les églises cathédrales, l'évêque ne peut communément faire sonner les *cloches*, que de concert avec le chapitre ; mais cela dépend des statuts & de l'usage.

Les églises d'une ville où il y a une cathédrale, ou autre église matrice, ne peuvent faire sonner leurs *cloches* le samedi saint, avant que le signal ait été donné par l'église cathédrale ou matrice. Dans les autres temps de l'année on suit l'usage ordinaire ; chaque église paroissiale fait sonner ses *cloches* aux heures accoutumées, sans égard au temps où l'église matrice fait sonner les siennes.

L'ordonnance de Melun, *art. 3*, défend à toutes personnes, & même aux seigneurs, de se servir des cloches, & de contraindre les curés à les faire sonner à d'autres heures que celles qui sont fixées par l'usage. Cette loi fait encore défense aux seigneurs de donner aucun ordre à cet égard aux curés, & enjoint à ces derniers de refuser d'y obéir.

Les curés, de leur côté, sont obligés de se conformer aux usages établis, & de faire sonner les *cloches* à la mort du seigneur de la paroisse, pendant le temps prescrit. C'est ce qui a été jugé au parlement de Toulouse le 11 juin 1743, contre le curé de Saint-Martin-Gimois, qui, par arrêt, a été condamné à faire sonner pendant quarante jours les *cloches*, lors du décès du seigneur ou de son épouse.

L'émolument de la sonnerie dans les paroisses, appartient de droit commun à la fabrique, à moins qu'il n'y ait usage & possession contraires, au profit du curé. *Arrêt du 21 mars 1660*, pour la fabrique de Beauvais, qui lui attribue l'émolument de la sonnerie, & néanmoins ordonne que les *cloches* ne pourront être sonnées pour ceux qui sont inhumés dans la paroisse, que le curé n'en ait été averti. *Jurispr. can. de* de la Combe, au mot *Cloche*.

Il est enjoint, par un arrêt du grand-conseil, du 7 janvier 1751, à toutes personnes qui auront soigné les bénéficiers jusqu'à la mort, ou chez lesquelles ils seront décédés, d'avertir les préposés à la sonnerie des *cloches*, de sonner à l'instant pour les ecclésiastiques qui viennent de décéder.

Les monastères ne doivent point avoir de *cloches* qui puissent empêcher d'entendre celles de l'église principale ou paroissiale du lieu; &, en général, les églises doivent observer entre elles certaines déférences pour la sonnerie, selon le rang qu'elles tiennent dans la hiérarchie ecclésiastique.

Suivant l'ancienne discipline, les communautés religieuses ne doivent avoir qu'une *cloche;* cependant on en souffre plusieurs lorsqu'elles sont en possession de les avoir, mais elles ne peuvent en augmenter ni le nombre, ni le poids. C'est ce qui résulte d'un arrêt du parlement d'Aix, du 3 juin 1638.

L'entretien & la réfection des *cloches*, de la charpente qui les soutient, & des cordes qui servent à les sonner, sont à la charge de la fabrique, & en cas d'insuffisance, les habitans sont tenus d'y suppléer, sans qu'on puisse y contraindre les décimateurs, ainsi qu'il a été jugé par arrêt du 3 mars 1690, rendu pour la paroisse d'Azay.

On fait enlever les *cloches* d'une ville, lorsqu'elles ont servi à assembler des séditieux; on le fait même souvent pour prévenir une révolte. Cette peine fut infligée, en 1552, à la ville de Bordeaux, & en 1574, à celle de Montpellier.

Les *cloches* d'une ville assiégée & prise, appartiennent au vainqueur; les habitans capitulent ordinairement pour leur conservation, & conviennent d'une somme d'argent pour leur rachat. Un arrêt du parlement de Bordeaux, du 15 mars 1672, a jugé que le curé primitif étoit tenu de payer le tiers de la capitulation.

CLOCHE *fermée* ou *bouchée*, (*terme de Coutume.*) lorsqu'on mène les bestiaux aux pâturages, il est d'usage de leur suspendre au cou une *cloche* ou clochette, à laquelle on donne, dans quelques endroits, le nom de *clairin*. La coutume d'Acqs, *tit. 11, art. 16*, défend de fermer ou de boucher cette *cloche :* & dans le cas où l'on trouve des bestiaux dont la *cloche* est bouchée, dans les prés, vignes, jardins & autres lieux défensables, elle condamne le propriétaire des bestiaux en dix sous d'amende, par chaque chef de bêtes, si le délit arrive de jour, & en vingt sous si c'est la nuit.

CLOCHER, s. m. (*Droit canonique.*) c'est la partie élevée du bâtiment d'une église, dans laquelle les cloches sont suspendues.

En parlant du droit des curés, par rapport à la dixme, on dit communément que *leur clocher est leur titre ;* ce qui s'entend de leur qualité de curé, dont le *clocher* matériel n'est qu'un attribut extérieur.

Quand le *clocher* d'une église paroissiale est entièrement posé sur le chœur d'une église paroissiale, il doit être réparé par les gros décimateurs; mais s'il est bâti sur la nef ou à côté, il est à la charge des habitans.

S'il est posé entre le chœur & la nef, il doit être entretenu par moitié entre les gros décimateurs & les habitans.

L'édit de 1695, concernant la jurisdiction ecclésiastique, ne parle point des *clochers*. L'usage que l'on observe à cet égard, n'est fondé que sur la jurisprudence.

Quand les *clochers* sont construits avec des flèches de pierre & qu'ils sont d'une trop grande élévation, on permet quelquefois aux gros décimateurs & habitans d'en diminuer la hauteur autant que cela se peut, & d'y faire construire des flèches de charpente, couvertes d'ardoise ou de plomb, au lieu de flèches en pierre. *Voyez* CHŒUR, DIXME.

CLOISON D'ANGERS *ou* CLOUAISON, (*Jurispr.*) c'est une imposition établie vers le milieu du quatorzième siècle, par les ducs d'Anjou, pour fournir aux frais de construction d'une place forte, qui pût fermer le passage de la Loire.

Ce droit a été concédé par la suite, en forme d'octroi, aux maire & échevins d'Angers pour entretenir les fortifications de leur ville & du château. Il fut nommé *cloison*, parce qu'il étoit destiné à la *cloison* ou clôture de la ville. En 1500, il y eut un réglement au sujet de la *cloison* de la ville d'Angers, qui est imprimé à la fin de plusieurs coutumes d'Anjou, où l'on peut voir sur quelles marchandises on levoit cette imposition. *Voyez* le *Dictionnaire de Finance.*

CLOITRE, s. m. (*Droit canon.*) c'est la partie d'un monastère, faite en forme de galerie ou de portique, laquelle a ordinairement quatre côtés, avec un jardin ou une cour au milieu, & règne au-dessous des dortoirs. Ce mot se dit encore d'une enceinte de maisons où logent les chanoines des églises

églises cathédrales & collégiales, & les chanoinesses de certains chapitres. On entend aussi simplement par *cloître* la vie monastique ou religieuse.

Anciennement ceux qui s'engageoient à la vie monastique, s'engageoient à une clôture perpétuelle en entrant dans le *cloître*, qui étoit fait pour tenir les religieux clos & fermés; mais aujourd'hui la clôture n'entre plus nécessairement dans les voeux de la profession religieuse, du moins parmi les hommes, si l'on en excepte quelques monastères, où règne encore la ferveur des premiers temps de la vie monastique. A l'égard des femmes, la clôture perpétuelle devient nécessairement leur partage dans la plupart des monastères. Il y a pourtant nombre d'ordres de religieuses qui font des vœux & qui ne sont point assujetties à la clôture.

Quoique les religieux & les religieuses, qui ne sont point cloîtrés, aient la liberté de sortir, cette liberté est néanmoins subordonnée à la volonté des supérieurs ou des supérieures, c'est-à-dire, que les uns & les autres ne peuvent point sortir sans en demander auparavant la permission; & si elle leur est refusée, ceux ou celles qui passent outre, sont dans le cas de subir la punition déterminée par la règle ou par les constitutions de l'ordre, parce qu'alors ils blessent le vœu d'obéissance, qui est la base de la subordination monastique.

Il n'est point permis aux étrangers d'entrer dans les monastères où la clôture est observée. Il n'est pas plus permis aux femmes qu'aux hommes d'entrer chez les religieuses cloîtrées. Anciennement la même défense étoit pour les hommes comme pour les femmes, à l'égard des moines; mais aujourd'hui que la plupart des religieux peuvent sortir, les hommes peuvent entrer chez eux; quant aux femmes, elles ne peuvent point s'introduire dans la plupart des monastères qui étoient anciennement cloîtrés. Cependant la défense à cet égard n'est que locale; elle n'est pas la même dans tous les diocèses. L'infraction de cette défense dans les lieux où elle est établie, forme ordinairement un cas réservé à l'évêque diocésain. *Voyez* CLOTURE.

CLORRE, v. a. CLOS, adj. pris substantivement, (*Jurisprudence.*) *clorre*, c'est entourer un héritage de haies, fossés ou murailles. On appelle *clos*, les héritages ainsi fermés.

CLORRE, (*Jurisprudence.*) il y a différentes règles à observer par rapport au droit ou à l'obligation dans lesquels chacun peut être de *clorre* son héritage.

Il est libre, en général, à chacun de *clorre* son héritage, soit de haies, fossés ou murailles, si ce n'est dans quelques coutumes, qui exigent pour ce une permission du seigneur, comme celle d'Amiens, *art.* 197. Il faut aussi excepter les héritages enclavés dans les capitaineries royales, que l'on ne peut enclorre de murailles sans une permission particulière du roi, à l'exception de ceux qui sont situés derrière les maisons des bourgs, villages & hameaux. *Voyez* CAPITAINERIE, CHASSE.

Suivant les réglemens de police, on est obligé de se *clorre* dans les villes, jusqu'à neuf pieds de hauteur; mais cela ne s'observe point dans les bourgs & villages, ni dans les campagnes, non pas même pour des prés communs.

On est seulement obligé, dans les campagnes & par-tout ailleurs, de contribuer à l'entretien, réparation & reconstruction des murs mitoyens. *Voyez* MUR MITOYEN.

Le terme de *clorre* s'applique, en droit, à plusieurs autres objets. On dit *clorre un compte*, pour le fixer, l'arrêter. *Clorre un inventaire*, pour déclarer que l'on n'a plus rien à y ajouter, & faire mention de cette déclaration à la fin de l'inventaire. *Voyez ci-après* CLÔTURE, COMMUNAUTÉ DE BIENS & INVENTAIRE. (*A*)

CLOSERIE, s. f. (*Jurisprudence.*) en quelques provinces, signifie *un petit bien de campagne* composé d'une maison & autres bâtimens, & de quelques terres adjacentes qui en dépendent. On appelle ces sortes d'héritages *closeries*, parce qu'ils sont ordinairement clos de fossés & de haies. Ces *closeries* sont quelquefois louées, & forment de petites fermes. (*A*)

CLOTURE, s. f. (*Droit public, civil & canon.*) en droit public & civil, on appelle *clôture*, les murailles, haies, fossés, palissades, qui enferment les villes, maisons, parcs, jardins, prés, champs, & autres héritages. En droit canonique, ce mot a deux significations différentes.

L'une a rapport au vœu que les religieuses font d'observer une *clôture* perpétuelle, c'est-à-dire de ne point sortir du monastère. L'autre, est pour exprimer les murs, portes & grilles qu'il n'est pas permis aux religieuses de passer, & dans l'intérieur desquels les étrangers ne peuvent entrer.

On appelle encore *clôture* de compte, le calcul de la recette & de la dépense, & le reliquat précis, s'il y en a: & *clôture* d'inventaire, l'acte particulier qui, dans un inventaire fait par le survivant de deux conjoints par mariage, le termine, & empêche la continuation de communauté entre lui & les héritiers du prédécédé. Nous parlerons des règles relatives à ces deux objets, sous les mots COMPTE & INVENTAIRE.

Nous ne traiterons pas ici le mot *clôture* dans le sens d'héritages renfermés; les questions qui regardent cette matière seront plus naturellement placées sous les mots MUR DE VILLE, MUR MITOYEN, HAIES, FOSSÉS, PARCOURS, &c.

Nous nous bornons à examiner le mot *clôture* des religieuses. M. Fleury dit, dans son *Histoire ecclésiastique*, que les religieuses, quoique consacrées par l'évêque, vivoient anciennement dans des maisons particulières, sous la sauve-garde de leur sagesse, & qu'elles n'avoient d'autre *clôture* que leur vertu; mais que depuis, s'étant formées en grandes communautés, on a jugé nécessaire de les assujettir à une *clôture* très-exacte.

Plusieurs canonistes ont prétendu que Boniface

VIII eſt le premier pape qui ait fait une loi de la *clôture ;* mais ces auteurs ſe ſont trompés, puiſqu'il eſt certain que les prédéceſſeurs de ce pontife l'avoient preſcrite. Cette vérité eſt atteſtée par pluſieurs conciles, & ſur-tout par celui d'Epaune, tenu en l'an 517. Il eſt vrai que Boniface VIII preſcrivit aux religieuſes, par une conſtitution préciſe, la néceſſité de la *clôture ;* & que les autres papes l'avoient plutôt recommandée qu'ordonnée ; mais depuis la conſtitution de Boniface VIII, la *clôture* eſt devenue une règle invariable de la diſcipline de l'égliſe.

Le concile de Trente a renouvellé cette conſtitution ; il a même ordonné que les monaſtères de religieuſes, éloignés des villes, y fuſſent transférés ; mais cette diſpoſition n'a pas été exécutée généralement dans le royaume, puiſqu'il exiſte encore aujourd'hui pluſieurs couvens de religieuſes dans le milieu des campagnes, ou dans de ſimples villages.

« M. de Fleury nous apprend qu'il y avoit autrefois des monaſtères des deux ſexes, qui étoient » ſi voiſins, que les religieux occupoient un côté » du chœur & les religieuſes l'autre. Cet auteur » ajoute que, dans ces temps de ferveur, les religieux & les religieuſes uniſſoient leurs chants & » leurs prières ; mais que dans la ſuite cette proximité ayant excité le ſcandale, on avoit ſéparé » ces monaſtères ».

C'eſt une maxime certaine en France que la *clôture* eſt une obligation indiſpenſable pour les religieuſes. Nos ordonnances ont enjoint aux archevêques, évêques & autres ſupérieurs des monaſtères, de veiller à ce qu'elle ſoit exactement gardée. L'ordonnance de Blois, *article 31*, contient à cet égard une diſpoſition formelle ; l'article 18 de l'édit de 1695 en renferme également une préciſe. On doit donc regarder comme une règle certaine que la *clôture* eſt eſſentielle aux monaſtères de religieuſes.

La *clôture* conſiſte dans des lieux réguliers entièrement entourés de murs, & qui n'ont aucune communication libre avec les habitans qui en ſont voiſins. Il ne doit y avoir régulièrement que deux portes à un couvent de religieuſes, dont l'une ſert pour faire entrer les proviſions & les voitures, & l'autre pour l'entrée des religieuſes, des penſionnaires & des autres perſonnes qui ſont attachées à la communauté. Chaque porte doit avoir deux clefs, dont l'une doit être confiée à l'abbeſſe ou à la ſupérieure, & l'autre à celle des religieuſes qui eſt choiſie pour avoir ce ſoin. Outre ces deux portes, il peut y avoir pluſieurs tours ; mais le nombre n'en peut excéder quatre : le parloir doit être ſéparé par un grillage dont les ouvertures ne doivent avoir que la largeur de la main. Il y a ordinairement une ouverture plus grande ; mais elle doit être fermée, & la ſupérieure doit en avoir la clef. Enfin les jardins doivent être clos & entourés de murs aſſez élevés, pour que les bâtimens voiſins n'y dominent point.

Non ſeulement les archevêques & évêques ſont obligés de veiller à ce que les communautés de religieuſes ne ſoient point ſituées proche des maiſons de débauche, mais les juges de police ſont encore tenus d'y faire la plus grande attention, afin que la pureté du cloître ne ſoit point ſouillée par un voiſinage profane.

Les archevêques & évêques doivent faire des viſites exactes tous les ans dans les communautés des religieuſes, pour examiner ſi la *clôture* y eſt exactement obſervée. Suivant l'article 32 du réglement fait par l'aſſemblée du clergé en 1625, 1635 & 1645, les évêques ſont obligés « de viſiter » les murailles de l'intérieur & du dehors, les » grilles & les parloirs, afin de voir & de connoître s'il n'y a rien de préjudiciable à la *clôture ;* » de forcer les religieuſes à l'entretenir, ſous les peines de droit, & d'empêcher, autant qu'il leur eſt » poſſible, que la *clôture* ne ſoit violée ».

Les archevêques & évêques ont le droit de viſiter généralement tous les couvens de religieuſes. Quelque exemption qui ait été accordée à ces monaſtères, ils ne peuvent ſe diſpenſer de ſe ſoumettre à cette viſite.

Lorſque des religieuſes violent la *clôture*, les évêques peuvent leur infliger des peines canoniques & prononcer contre elles des cenſures.

Quoique les religieuſes aient fait vœu de *clôture*, il y a cependant des circonſtances où elles peuvent ſortir ; mais l'article 19 de l'édit de 1695 exige une cauſe légitime, & la permiſſion par écrit de l'évêque diocéſain. Sans ces deux conditions, une religieuſe ne peut ſortir de ſon couvent, ſans s'expoſer à être punie ſuivant la rigueur des canons.

Le même article défend encore aux ſéculiers d'entrer dans les monaſtères des religieuſes ſans la permiſſion des archevêques & évêques, ou des ſupérieurs réguliers, ſi les monaſtères ſont exempts.

On regarde comme une cauſe légitime qui peut autoriſer une religieuſe à ſortir de ſa communauté, une maladie dangereuſe ; encore faut-il que les médecins atteſtent que le ſéjour du cloître expoſe la malade à la mort. Sans cette condition, une religieuſe ne peut avoir de cauſe légitime pour enfreindre le vœu de *clôture*, auquel elle s'eſt ſoumiſe.

Une abbeſſe ou une prieure peuvent demander à l'évêque la permiſſion de ſortir, lorſqu'il s'agit d'une affaire qui intéreſſe eſſentiellement les droits de la communauté. C'eſt aux archevêques & évêques à accorder cette permiſſion s'ils le jugent néceſſaire. L'article 19 de l'édit de 1695 l'a formellement décidé.

Cependant, depuis cette loi, les ſupérieurs réguliers ont prétendu long-temps qu'ils avoient ſeuls le droit de permettre aux religieuſes de ſortir. Ils appuyoient cette prétention ſur la déclaration du roi, du 29 mars 1696, qui avoit confirmé les priviléges des communautés exemptes; mais Louis XV, par une déclaration du 10 février 1742, a fait cesser les difficultés sans cesse renaissantes entre les supérieurs réguliers & les évêques. « L'article » 2 de cette loi a ordonné que l'article 19 de l'édit » de 1695, seroit exécuté selon sa forme & te» neur; & en conséquence il a été défendu à toute » religieuse des monastères exempts ou non exempts » de sortir, sous quelque prétexte que ce fût, & » pour quelque temps que ce pût être, à moins » qu'elle n'eût une cause légitime & jugée telle » *par l'archevêque ou évêque diocésain* ».

Par le même article il a été défendu aux supérieurs réguliers d'accorder ces sortes de permissions aux religieuses, & il a été ordonné que les permissions des archevêques & évêques seroient par écrit.

L'article 3 veut que l'article précédent soit exécuté nonobstant tous privilèges & exemptions contraires, même ceux qui sont accordés à l'ordre de Fontevrault & à l'ordre de saint Jean de Jérusalem.

La déclaration de 1742 autorise encore les évêques à se faire suppléer par leurs grands-vicaires; mais ces derniers ne peuvent permettre aux religieuses de sortir de leurs monastères, que lorsque les évêques leur ont donné le pouvoir d'accorder ces sortes de permissions.

Les archevêques & évêques peuvent refuser ces permissions, & l'on ne peut interjetter appel comme d'abus de ce refus, parce que ce sont des graces qui dépendent de la jurisdiction volontaire & non des actes de jurisdiction contentieuse.

Les parlemens, avant cette loi, regardoient comme un principe certain, que les monastères de religieuses, exempts ou non, étoient soumis à la visite des archevêques & évêques, & que ces prélats avoient seuls le droit d'y faire observer la *clôture*. Une foule d'arrêts attestent que la jurisprudence de toutes les cours du royaume a toujours été uniforme sur ce point de discipline.

Les religieuses de Mont-Fleury, ordre de saint Dominique, soutinrent, vers la fin du dernier siècle, que l'évêque de Grenoble n'avoit pas pu ordonner la *clôture* de leur monastère, sans avoir auparavant fait avertir leur provincial de le faire clorre. L'affaire fut portée au parlement de Dijon; & par arrêt du 30 juillet 1685, les religieuses furent déboutées de leur prétention, & l'ordonnance de l'évêque fut confirmée.

Vers le milieu du dernier siècle, les religieuses de sainte Claire de la ville du Puy prétendirent que l'évêque de cette ville n'avoit aucun droit de visiter la *clôture* de leur monastère, parce qu'elles étoient exemptes de la jurisdiction de l'ordinaire. Cette contestation fut portée au conseil d'état, où il intervint, le 26 août 1653, un arrêt en faveur de l'évêque.

L'ordre de Fontevrault ayant refusé de souffrir que les évêques fissent la visite de la *clôture* de ses monastères, les évêques furent, par arrêt du conseil du 27 août 1635, maintenus dans le droit de visiter cette *clôture*.

Par arrêt du parlement de Metz, du 11 juin 1691, il a été décidé que lorsqu'une abbesse de fondation royale introduit la *clôture*, les religieuses qui ne veulent point s'y soumettre, & qui étoient dans la communauté avant l'installation de cette abbesse, peuvent en sortir & se retirer ailleurs. Dans ce cas la communauté est obligée de leur faire une pension viagère pour leur tenir lieu de la prébende dont elles jouissoient.

Par arrêt du conseil d'état du 12 mars 1698, il a été décidé que le grand-conseil ne peut connoître des appels comme d'abus des ordonnances des archevêques & évêques concernant la *clôture* des religieuses.

Nous avons dit ci-devant que les séculiers ne peuvent entrer dans les communautés de religieuses sans en avoir auparavant obtenu la permission. Cette permission ne doit leur être accordée que dans des cas de nécessité indispensable.

Plusieurs canonistes ont agité la question de savoir si un curé peut entrer sans nécessité dans l'intérieur d'un monastère de religieuses qui est situé dans l'étendue de sa paroisse, sans en demander la permission à l'évêque, ou si au contraire il est obligé d'obtenir cette permission de l'ordinaire. Ces auteurs distinguent s'il s'agit d'une communauté exempte ou d'une qui ne l'est pas. Dans la première hypothèse, ils décident que le curé ne peut y entrer, & ils fondent leur décision sur plusieurs arrêts qui l'ont ainsi jugé en faveur des communautés de Port-Royal & des cordeliers de Paris. Dans la seconde hypothèse, lorsque le monastère dépend de l'ordinaire, les canonistes décident que le curé a le droit d'y entrer pour administrer les derniers sacremens aux religieuses, & pour les enterrer, à moins que le monastère n'ait un privilège ou un usage contraire.

Le juge, prévôt de Bourges, étant entré de force dans le monastère des religieuses de saint Laurent de la même ville, pour enlever une pensionnaire, sans en avoir obtenu la permission de M. l'archevêque, les religieuses portèrent leurs plaintes, contre ce juge, au conseil d'état. Par arrêt du 27 mai 1679, la procédure du prévôt fut cassée, & il lui fut défendu d'en faire de pareille à l'avenir, à peine d'interdiction; & dans le cas où il seroit obligé d'entrer dans les monastères, il lui fut ordonné de s'adresser à l'archevêque, ou, pendant son absence, à ses grands-vicaires pour en obtenir la permission.

L'abbesse de Fontevrault ayant permis à la sœur de Coligny de sortir de la communauté de Longuau, où elle étoit religieuse, l'archevêque de Reims soutint que cette permission étoit une entreprise contre les droits des évêques. La contestation fut portée au parlement de Paris. Par arrêt du 18 février 1697, cette cour déclara qu'il y avoit abus dans la permission que l'abbesse de Fontevrault avoit donnée, & il fut fait défenses à la sœur de Coligny d'enfreindre la *clôture*, & à la prieure & aux religieuses de Longuau, de laisser sortir aucune religieuse, sans la permission par écrit de M. l'archevêque.

Dans les diocèses où les archidiacres sont en possession d'installer les abbesses des communautés, plusieurs canonistes décident qu'ils n'ont pas besoin d'une permission particulière de l'évêque pour entrer dans ces communautés. Cependant ces auteurs ajoutent que, pour éviter toute difficulté, les archidiacres doivent obtenir une permission de l'ordinaire.

Comme la *clôture* des monastères intéresse la discipline générale de l'église, l'auteur des loix des bâtimens pense que les voisins de ces monastères ne peuvent construire de nouvelles fenêtres qui aient vue sur l'enclos de ces maisons religieuses, & que les religieuses ont le droit d'élever des murs pour empêcher que les anciennes vues des bâtimens voisins ne plongent dans l'intérieur de leur couvent; mais cette opinion n'est appuyée sur aucune loi ni sur aucun arrêt: ainsi la question agitée & décidée par l'auteur des loix des bâtimens, est susceptible de difficulté. Cependant il paroît juste d'empêcher que l'on fasse, dans les bâtimens voisins des monastères, quelque innovation capable de troubler la solitude qui doit régner dans le cloître. Au reste, ce sont les circonstances qui doivent déterminer les juges à proscrire ou à autoriser les changemens que les propriétaires des maisons voisines peuvent faire.

On n'observe point en France le chapitre *periculoso de statu monach.* qui autorise les abbesses à sortir de leur communauté pour prêter hommage en personne entre les mains d'un seigneur. D'Argentré décide que le seigneur doit se contenter de l'hommage par procureur. Dumoulin & Lemaître sont du même avis. Ainsi, l'obligation de prêter hommage en personne, n'est point une cause légitime pour autoriser une abbesse à demander la permission de sortir de son couvent.

Lorsque les archevêques ou les évêques négligent de faire observer la *clôture* des monastères situés dans leurs diocèses, les parlemens peuvent leur enjoindre de faire exécuter les règles de la discipline de l'église; c'est la conduite que le parlement d'Aix tint, en 1628, contre l'évêque de Sisteron. Par arrêt du 18 décembre de la même année, cette cour ordonna que, conformément à ses précédens arrêts, ce prélat seroit averti de faire clorre le monastère des religieuses de Sisteron, & fit défenses aux religieuses de cette communauté d'en sortir sans la permission de leur évêque, & aux hommes de hanter ni fréquenter les religieuses, & de les accompagner dans la ville, sous peine de la vie.

Tout ce que nous venons de dire concerne la *clôture* des monastères de religieuses; anciennement les religieux étoient obligés à garder également la *clôture*. Il y avoit des portiers & des hospices pour recevoir les étrangers; mais depuis long-temps la *clôture* ne subsiste plus dans les couvens d'hommes. Il y a seulement quelques monastères qui la conservent; mais ils sont en petit nombre.

Cependant le concile de Tours, tenu en 1583, défend aux religieux de loger, dans l'intérieur des monastères, des gens mariés, & d'y louer des appartemens à des laïques.

Il est également défendu, par l'article 27 du réglement des réguliers, aux religieux de laisser entrer aucune femme dans leurs cloîtres, sous peine d'excommunication.

Les monastères sont exempts des logemens de gens de guerre.

CLOUSEAUX, s. m. pl. (*terme de Coutume.*) on le trouve dans celle d'Orléans, *art. 145*, pour désigner les jardins & enclos qui sont proche & autour de chaque bourgade ou hameau.

CLUNI, *ordre de* (*Droit ecclésiastique.*) c'est le nom général qu'on donne en France à l'ordre des religieux qui professent la règle de saint Benoît, parce que l'abbaye de *Cluni*, diocèse de Mâcon, est le chef-lieu de l'ordre entier. *Voyez* BÉNÉDICTIN.

C O

COADJUTEUR, s. m. (*Droit canon.*) c'est le nom qu'on donne à celui qui est adjoint à un prélat ou à un autre bénéficier pour lui aider à faire ses fonctions, & qui est ordinairement destiné à lui succéder après sa mort.

L'usage de donner des *coadjuteurs* à quelques évêques ou archevêques est très-ancien. Le père Thomassin rapporte plusieurs exemples qui attestent qu'il a existé dès le premier siècle de l'église. Cependant cet auteur ajoute que les coadjutoreries sont odieuses, parce que ce sont des voies indirectes pour conférer les bénéfices & les transmettre, pour ainsi dire, à titre de succession; & que l'église gallicane les a toujours rejettées comme contraires à la pureté de la discipline & aux conciles.

En effet, le concile de Nicée défend formellement de partager la chaire épiscopale & les autres prélatures. Il défend également de communiquer à deux personnes l'autorité, les prérogatives & les honneurs qui ne doivent appartenir qu'au seul & véritable titulaire du bénéfice. Ainsi on doit regarder comme un principe certain, que les coadjutoreries sont une exception au droit commun.

On distingue deux sortes de *coadjuteurs*. Ceux qui ne sont que pour un temps fixé, & ceux qui sont perpétuels, irrévocables & avec l'espérance de succéder.

Les *coadjuteurs* pour un temps déterminé, sont ceux qui sont nommés pour partager les fonctions d'un prélat pendant sa maladie ou sa vieillesse. Les coadjutoreries de cette espèce n'ont rien de contraire aux canons & aux conciles.

En effet, comme on ne peut pas dépouiller un titulaire de son bénéfice, il est juste, lorsqu'il ne peut pas faire ses fonctions, de lui donner un *coadjuteur*. On doit même regarder que c'est une obligation, puisque l'église seroit exposée à être privée des fonctions qu'elle a droit d'exiger de ses membres. Aussi les décrétales autorisent-elles, dans le cas de maladie ou de vieillesse, la nomination d'un *coadjuteur*. *Voyez les décrétales* au tit. *de clerico ægrotante, vel debilitato, apud Gregor.* & le canon *quia frater, caus. 7. q. 1.*

Les canons permettent, non-seulement dans de pareilles circonstances, de donner des *coadjuteurs* aux prélats, ils autorisent encore l'usage de nommer des *coadjuteurs* aux curés. Le concile de Trente veut que les évêques, en nommant ces *coadjuteurs*, leur assignent une certaine portion des revenus du bénéfice pour fournir à leur subsistance.

Quant aux bénéfices qui ne sont point à charge d'ames, il n'est point d'usage de donner aux titulaires des *coadjuteurs* révocables, parce que les fonctions attachées à ces benéfices, ne sont pas absolument nécessaires, & qu'elles sont d'une importance plus légère aux yeux de l'église.

On ne donne point en France le nom de *coadjuteurs* aux prêtres que les évêques choisissent pour partager les fonctions des curés de leurs diocèses. On leur donne celui de *desservans*, ailleurs on les appelle *procurés* ou *provicaires*. En nommant ces *coadjuteurs*, les évêques de France n'agissent point comme délégués du saint siège; ils agissent en vertu du droit qui leur appartient, de veiller à ce que les églises paroissiales de leurs diocèses soient desservies & que le service divin y soit fait exactement.

La déclaration du 29 janvier 1686 a ordonné que les cures ou vicairies perpétuelles qui vaqueroient par la mort des titulaires ou les autres voies de droit, seroient desservies par des prêtres que les archevêques, évêques & autres, qui ont le droit d'y pourvoir, commettroient pour faire les fonctions curiales; que les desservans seroient payés par préférence sur tous les fruits & revenus de ces cures ou vicairies perpétuelles, de la somme de trois cens livres, & leurs vicaires de la somme de cent cinquante livres.

La disposition du concile de Trente qui autorise les évêques à nommer des procurés, n'est point suivie en France. Nous ne connoissons que l'usage des desservans & des vicaires. Les droits que ces prêtres ont sur les fruits du bénéfice dont la desserte leur est confiée, sont fixés par l'article 15 de l'édit du mois de mai 1768. Cet article veut que les honoraires de ces ecclésiastiques ne puissent être fixés au-dessous des trois cinquièmes du montant de la portion congrue, & il laisse aux évêques & aux archevêques la liberté d'assigner aux desservans des cures qui ne sont point à portion congrue, une portion plus forte, suivant les circonstances.

Les *coadjuteurs* perpétuels sont ceux qui sont nommés avec l'espérance de succéder au titulaire. Cette espèce de coadjutorerie est bien éloignée d'être regardée d'un œil favorable. Cependant il en existe une foule d'exemples tant anciens que modernes. On voit, en effet, que dès les premiers siècles de l'église, on a donné des coadjuteurs aux évêques.

En France il n'y a que le roi seul qui ait le droit de nommer des coadjuteurs aux évêchés, parce qu'il est seul collateur de ces bénéfices.

D'Héricourt est d'avis qu'un simple prêtre ne peut être nommé *coadjuteur* d'un évêque, parce qu'il faut qu'il ait un caractère pour remplir les fonctions épiscopales; aussi, lorsque le roi nomme un *coadjuteur*, il est d'usage que le pape lui confère le titre d'un évêché *in partibus*. Par là, dit d'Héricourt, le *coadjuteur* peut conférer les ordres sacrés, & il n'y a point en même temps deux évêques du même siège.

Suivant l'ordonnance de 1629, *article 3*, les coadjutoreries ne doivent avoir lieu que pour les évêchés & les autres bénéfices consistoriaux.

Par arrêt du mois d'avril 1703, M. le cardinal d'Auvergne qui avoit été nommé *coadjuteur* de l'abbaye de Cluni, dont le cardinal de Bouillon, son oncle, étoit titulaire, fut maintenu dans cette coadjutorerie, & la clause *cum futura successione* fut confirmée en sa faveur.

Sauvageau rapporte un arrêt semblable rendu par le parlement de Bretagne le 27 mai 1694, pour la coadjutorerie du doyenné de Saint-Malo.

Les coadjutoreries ont des règles particulières dans le Roussillon. Les usages de cette province ont été confirmés par un arrêt du conseil du 20 décembre 1727, sur lequel il a été expédié des lettres-patentes qui ont été enregistrées au conseil souverain de Roussillon le 7 avril 1728. Par ces lettres-patentes, l'évêque d'Elne, transféré à Perpignan, & le chapitre de la même ville, ont été autorisés à suivre les dispositions du concordat inséré dans l'arrêt du conseil, & à suivre, en conséquence, l'ancien usage observé pour les coadjutoreries, tant des dignités que des canonicats & des prébendes.

Le roi a accordé la même exception en faveur des autres cathédrales du Roussillon & des abbayes de Notre-Dame d'Arles, de Saint-Michel, de Cuixa & de Saint-Martin du Canigou, de l'ordre mitigé de S. Benoît, pour les offices claustraux qui dépendent de ces abbayes & qui sont situés dans cette province; mais la loi qui confirme ce privilège impose au titulaire l'obligation d'obtenir la permission de sa majesté, & de rapporter pour cet effet des certificats du gouverneur & du lieutenant-général pour sa majesté, ou du commandant & de l'intendant de la province.

Comme les fonctions des *coadjuteurs* consistent à remplacer les titulaires lorsque ces derniers sont attaqués d'une maladie qui les met hors d'état de remplir les fonctions attachées à leurs bénéfices, ces *coadjuteurs* peuvent les remplir de la même manière que s'ils étoient titulaires. Ainsi, quand un évêque est réduit dans un état d'infirmité qui ne lui permet pas de gouverner son diocèse, son *coadjuteur* a le droit de faire les fonctions épiscopales comme s'il étoit évêque en titre; mais hors ce cas, les *coadjuteurs* n'ont pas une plus grande autorité que les grands-vicaires. Ils sont subordonnés aux évêques, & ils ne peuvent conférer des bénéfices & faire d'autres fonctions épiscopales que lorsqu'ils en ont reçu le pouvoir des évêques en titre.

Quoique les coadjutoreries pour les autres bénéfices que les archevêchés & évêchés soient contraires au droit commun, il y a cependant des arrêts qui ont confirmé des provisions accordées pour des prieurés. Il y en a entre autres un solemnel rendu en faveur du M. de Saint-Albin pour le prieuré de Saint-Martin-des-Champs. Cet arrêt a jugé que le pape avoit pu déroger au droit commun, & que la bulle qu'il avoit accordée à M. de Saint-Albin ayant été revêtue de lettres-patentes duement enregistrées, l'exception qu'elle contenoit devoit être exécutée. Ce fut sur ce motif que le grand-conseil se détermina à confirmer les provisions de M. de Saint-Albin.

Par arrêt du parlement de Paris, rendu le 25 février 1642, il a été jugé qu'on ne pouvoit donner un *coadjuteur* à un chanoine. En conséquence, les provisions de cette espèce, qui avoient été accordées pour un canonicat de Metz, furent déclarées abusives.

Le même principe a été confirmé par un arrêt rendu par le parlement de Bretagne le 3 octobre 1701. Et ce tribunal a dit qu'il y avoit abus dans les provisions de *coadjuteur* du chefcier de l'église collégiale de Notre-Dame de Nantes.

Lorsqu'un religieux est élu *coadjuteur* de son abbé, le monastère doit payer les frais des bulles ou des provisions qu'il est obligé d'obtenir en cour de Rome. Le monastère ne peut pas même se dispenser de payer les frais de ces bulles, quoiqu'elles soient devenues caduques, faute, par le religieux élu, d'avoir obtenu l'agrément du roi: le parlement de Metz l'a ainsi jugé par arrêt du 5 avril 1691. *Voyez* ÉVÊQUE.

COCHE, f. m. (*Droit civil.*) *Voyez* MESSAGERIE.

CO-CRÉANCIERS, f. m. pl. (*Jurisprudence.*) sont ceux qui sont conjointement créanciers des mêmes personnes, & en vertu d'un même titre. Pour que chacun d'eux soit créancier solidaire de la totalité de la dette, il faut que cela soit exprimé dans l'acte, autrement la dette se divise de plein droit entre les *co-créanciers*, & chacun d'eux n'en peut exiger que sa part. Il est parlé des *co-créanciers* & des co-débiteurs dans plusieurs textes de droit, où les premiers sont appellés *correi stipulandi*, & les autres *correi-promittendi*, entre autres, *aux institutes, livre 3, tit. 16. Voyez* SOLIDITÉ.

CODE, f. m. (*Jurisprudence.*) ce mot vient du latin *codex*, qui dans une signification générale & très-étendue, signifie toute espèce de collection ou de cahier. Dans le sens des jurisconsultes, il veut dire recueil de droit ou de loix, soit qu'il ait été composé par l'autorité du législateur, ou seulement par le zèle de quelques jurisconsultes particuliers.

Les premiers auxquelles on a donné ce nom sont des compilations des loix romaines, telles que les *codes* Papyrien, Grégorien, Hermogénien, Théodosien & Justinien; on a aussi donné le titre de *code* à différentes collections & compilations des canons, & autres loix de l'église. Ce même titre a été donné à plusieurs collections de loix anciennes & nouvelles rassemblées en un même volume, sans en faire de compilation, comme le *code* des loix antiques, le *code* Néron; on a même appellé & intitulé *code*, le texte détaché de certaines ordonnances, comme le *code* civil, le *code* criminel, le *code* marchand, & plusieurs autres semblables: enfin, on a encore intitulé *code*, certains traités de droit qui rassemblent les maximes & les réglemens sur une certaine matière, tels que le *code* des curés, le *code* des chasses, & plusieurs autres.

Pour donner à nos lecteurs les éclaircissemens nécessaires sur cet objet, & donner de l'ordre à ce que nous devons en dire, nous diviserons cet article en trois sections. Nous exposerons dans la première, les *codes* des loix romaines; dans la seconde, les différentes compilations des loix françoises auxquelles on donne le nom de *code*; & dans la troisième, nous donnerons la notice de différens *codes* étrangers. Nous ne parlerons pas des *codes* ecclésiastiques, on doit consulter les mots CANON, DÉCRÉTALES, DROIT CANONIQUE.

SECTION PREMIÈRE.

Code des loix romaines.

On compte cinq recueils de loix romaines, auxquels on donne le titre de *code*, savoir; le *code* papyrien, grégorien, hermogénien, théodosien & justinien. Nous allons les parcourir suivant leur ordre chronologique.

Le code papyrien, ou droit civil papyrien, *jus civile papyrianum*, est un recueil des loix royales, c'est-à-dire faites par les rois de Rome. Ce *code* a été ainsi nommé de Sextus Papyrius, qui en fut l'auteur.

Les loix faites par les rois de Rome jusqu'au temps de Tarquin le superbe, le septième & le dernier de ces rois, n'étoient point écrites: Tarquin le superbe commença même par les abolir. On se plaignit de l'inobservation des loix, & l'on pensa que ce désordre venoit de ce qu'elles n'étoient point écrites. Le sénat & le peuple arrêtèrent de concert qu'on les rassembleroit en un seul volume; & ce soin fut confié à Publius ou Sextus Papyrius, qui étoit de race patricienne.

Quelques-uns des auteurs qui ont parlé de ce Papyrius & de sa collection, ont cru qu'elle avoit été faite du temps de Tarquin l'ancien, cinquième roi de Rome : ce qui les a induits dans cette erreur, est que le jurisconsulte Pomponius, en parlant de Papyrius dans la *loi 2*, au digeste *de origine juris*, semble supposer que Tarquin le superbe, & sous lequel vivoit Papyrius, étoit fils de Demarate le corinthien, quoique, de l'aveu de tous les historiens, ce Demarate fût père de Tarquin l'ancien, & non de Tarquin le superbe : mais Pomponius lui-même convient que Papyrius vivoit du temps de Tarquin le superbe ; & s'il a dit que ce dernier étoit *Demarati filius*, il est évident que par ce terme *filius* il a entendu *petit-fils* ou *arrière-petit-fils* : ce qui est conforme à plusieurs loix qui nous apprennent que sous le terme *filii* sont aussi compris les petits-enfans & autres descendans. D'ailleurs, Pomponius ne dit pas que Papyrius rassembla les loix de quelques-uns des rois, mais qu'il les rassembla toutes ; & s'il le nomme en un endroit avec le prénom de *Publius*, & en un autre avec celui de *Sextus*, cela prouve seulement qu'il pouvoit avoir plusieurs noms, étant certain qu'en l'un & l'autre endroits il parle d'un même individu. Les loix royales furent donc rassemblées en un volume par Publius ou Sextus Papyrius, sous le règne de Tarquin le superbe ; & le peuple, par reconnoissance pour celui qui étoit l'auteur de cette collection, voulut qu'elle en portât le nom : d'où elle fut appellée le *code papyrien*.

Les rois ayant été expulsés de Rome peu de temps après cette collection, les loix royales cessèrent encore d'être en usage : ce qui demeura dans cet état pendant environ vingt années, & jusqu'à ce qu'un autre Papyrius, surnommé *Caïus*, & qui étoit souverain pontife, remit en vigueur les loix que Numa Pompilius avoit faites au sujet des sacrifices & de la religion. C'est ce qui a fait croire à Guillaume Grotius, & à quelques autres auteurs, que le *code papyrien* n'avoit été fait qu'après l'expulsion des rois. Mais de ce que Caïus Papyrius remit en vigueur quelques loix de Numa, il ne s'ensuit pas qu'il ait été l'auteur du *code papyrien*, qui étoit fait dans le temps de Tarquin le superbe.

Il ne nous reste plus du *code papyrien* que quelques fragmens répandus dans divers auteurs : ceux qui ont essayé de les rassembler sont Guillaume Forster, Fulvius Ursinus, Antoine-Augustin, Justelipse, Pardulphus Prateius, François Modius, Etienne Vinant, Pighius, Antoine Sylvius, Paul Merule, François Baudouin, & Vincent Gravina. François Baudouin nous a transmis dix-huit loix, qu'il dit avoir copiées sur une table fort ancienne trouvée dans le capitole, & que Jean-Barthelemi Marlianus lui avoit communiquée. Paul Manuce fait mention de ces dix-huit loix ; Pardulphus Prateius y en a ajouté six autres. Mais Cujas a démontré que ces loix ne sont pas, à beaucoup près, si anciennes : on n'y reconnoît point en effet cette ancienne latinité de la loi des douze tables, qui est même postérieure au *code papyrien* ; ainsi, tous ces prétendus fragmens du *code papyrien* n'ont évidemment été fabriqués que sur des passages de Cicéron, de Denis d'Halicarnasse, Tite-Live, Plutarque, Aulugelle, Festus Varron, lesquels, en citant les loix papyriennes, n'en ont pas rapporté les propres termes ; mais seulement le sens. Un certain Granius avoit composé un commentaire sur le *code papyrien*, mais ce commentaire n'est pas parvenu jusqu'à nous.

M. Terrasson, dans son *Histoire de la jurisprudence romaine*, a rassemblé les fragmens du *code papyrien*, qu'il a recherchés dans les anciens auteurs avec plus d'attention & de critique que les autres jurisconsultes n'avoient fait jusqu'ici. Il a eu soin de distinguer les loix, dont l'ancien texte nous a été conservé, de celles dont les historiens ne nous ont transmis que le sens. Il rapporte quinze textes des loix, & vingt-une autres loix dont on n'a que le sens : ce qui fait en tout trente-six loix. Il a divisé ces trente-six loix en quatre parties : 1°. La religion : 2°. le droit public & la police : 3°. Les mariages & la puissance paternelle : 4°. les contrats, *&c.*

La première partie, qui concerne la religion, les fêtes & les sacrifices, contient treize loix. Elles portent en substance, qu'on ne fera aucune statue ni aucune image de quelque forme qu'elle puisse être, pour représenter la divinité, & que ce sera un crime de croire que Dieu ait la figure, soit d'une bête, soit d'un homme ; qu'on adorera les dieux de ses ancêtres, & qu'on n'adoptera aucune fable ni superstition des autres peuples ; qu'on n'entreprendra rien d'important sans avoir consulté les dieux ; que le roi présidera aux sacrifices, & en réglera les cérémonies ; que les vestales entretiendront le feu sacré ; que si elles manquent à la chasteté, elles seront punies de mort ; & que celui qui les aura séduites, expirera sous le bâton ; que les procès & les travaux des esclaves seront suspendus pendant les fêtes, lesquelles seront décrites dans des calendriers ; qu'on ne s'assemblera point la nuit, soit pour prières ou pour sacrifices ; qu'en suppliant les dieux de détourner les malheurs dont l'état est menacé, on leur présentera quelques fruits & un gâteau salé ; qu'on n'emploiera point, dans les libations, de vin d'une vigne non taillée ; que dans les sacrifices on n'offrira point de poissons sans écailles ; que tous poissons sans écailles pourront être offerts, excepté le scarre. La loi treizième règle les sacrifices & offrandes qui devoient être faits après une victoire remportée sur les ennemis de l'état.

La seconde partie contient sept loix qui ont rapport au droit public & à la police : elles règlent les devoirs des patriciens envers les plébéïens, & des patrons envers leurs cliens ; le droit de suffrage que le peuple avoit dans les assemblées pour se choisir des magistrats, faire des plébiscites, & empêcher qu'on ne conclût la guerre ou la paix contre son avis ; la jurisdiction des duumvirs par rapport aux meurtres, la punition des homicides, l'obligation de respecter les murailles de Rome, comme sacrées & inviolables; que celui qui en labourant la terre auroit déraciné les statues des dieux qui servoient de bornes aux héritages, seroit dévoué aux dieux Manes lui & ses bœufs de labour; & la défense d'exercer tous les arts sédentaires propres à introduire & entretenir le luxe & la mollesse.

La troisième partie contient douze loix qui concernent les mariages & la puissance paternelle; savoir, qu'une femme légitimement liée avec un homme par la confarréation, participe à ses dieux & à ses biens; qu'une concubine ne contracte point de mariage solemnel; que si elle se marie, elle n'approchera point de l'hôtel de Junon qu'elle n'ait coupé ses cheveux & immolé une jeune brebis; que la femme étant coupable d'adultère ou autre libertinage, son mari sera son juge & pourra la punir lui-même, après en avoir délibéré avec ses parens; qu'un mari pourra tuer sa femme lorsqu'elle aura bu du vin, sur quoi Pline & Aulugelle remarquent que les femmes étoient embrassées par leurs proches, pour sentir à leur haleine si elles avoient bu du vin: il est dit aussi qu'un mari pourra faire divorce avec sa femme, si elle a empoisonné ses enfans, fabriqué de fausses clefs, ou commis adultère; que s'il la répudie sans qu'elle soit coupable, il sera privé de ses biens, dont moitié sera pour la femme, l'autre moitié à la déesse Cérès, que le mari sera aussi dévoué aux dieux infernaux; que le père peut tuer un enfant monstrueux aussi-tôt qu'il est né; qu'il a droit de vie & de mort sur ses enfans légitimes; qu'il a aussi droit de les vendre, excepté lorsqu'il leur a permis de se marier; que le fils vendu trois fois, cesse d'être sous la puissance du père; que le fils qui a battu son père, sera dévoué aux dieux infernaux, quoiqu'il ait demandé pardon à son père; qu'il en sera de même de la bru envers son beau-père; qu'une femme mourant enceinte ne sera point inhumée qu'on n'ait tiré son fruit, qu'autrement son mari sera puni comme ayant nui à la naissance d'un citoyen; que ceux qui auront trois enfans mâles vivans, pourront les faire élever aux dépens de la république jusqu'à l'âge de puberté.

La quatrième partie contient quatre loix qui concernent les contrats, la procédure & les funérailles; savoir, que la bonne foi doit être la base des contrats; que s'il y a un jour indiqué pour un jugement, & que le juge ou le défendeur ait quelque empêchement, l'affaire sera remise; qu'aux sacrifices des funérailles on ne versera point de vin sur les tombeaux; enfin, que si un homme est frappé du feu du ciel, on n'ira point à son secours pour le relever; que si la foudre le tue, on ne lui sera point de funérailles, mais qu'on l'enterrera sur le champ dans le même lieu.

Telle est en substance la teneur de ces fragmens du *code Papyrien*. M. Terrasson a accompagné ces trente-six loix de notes très-savantes pour en faciliter l'intelligence; & comme pour l'ordre des matières il a été obligé d'entremêler les loix, dont on a conservé le texte, avec celles dont les auteurs n'ont rapporté que le sens, il a rapporté de suite, à la fin de cet article, le texte des quinze loix qui nous a été conservé. Ces loix sont en langue osque, que l'on sait être la langue des peuples de la Campanie, que l'on parloit à Rome du temps de Papyrius, & l'une de celles qui ont contribué à former la langue latine; mais l'ortographe & la prononciation ont tellement changé depuis, & le texte de ces loix paroît aujourd'hui si barbare, que M. Terrasson a mis, à côté du texte osque, une version latine, pour faciliter l'intelligence de ces loix; ce qu'il a accompagné d'une dissertation très-curieuse sur la langue osque.

Des codes grégorien & hermogénien. Depuis l'édition du *code* papyrien, dont nous venons de parler, les loix romaines s'étoient beaucoup multipliées. Sans parler des loix des douze tables, des formules des actions, de l'édit du prêteur, il est certain que les différentes factions qui s'emparèrent successivement du gouvernement & de la législation de Rome, avoient accrû le corps du droit romain d'une multitude de réglemens nouveaux.

Plusieurs hommes célèbres, dès les temps de la république, avoient songé à les rassembler dans un même volume. César & Auguste, son successeur, l'essayèrent en vain. Sous le règne des empereurs Dioclétien & Maximien, ou, au plutard, sous le commencement de celui de Constantin, deux particuliers réunirent dans un *code*, les loix des empereurs, sur-tout depuis Adrien jusqu'à Constantin, & donnèrent leur nom à leur ouvrage.

On croit assez communément que le *code* Grégorien a précédé le *code* Hermogénien. Quelques-uns pensent qu'il fut compilé par Gregorius, préfet de l'Espagne & proconsul d'Afrique, sous les empereurs Valens & Gratien, qui ont régné depuis Constantin-le-Grand: la loi 15, au *code* Théodosien, *de pistoribus*, fait mention de ce Gregorius. Jacques Godefroi, en ses *Prolégomènes du code Théodosien*, attribue la compilation du *code Grégorien* à un autre Gregorius, qui fut préfet du prétoire, sous l'empire de Constantin. Il est parlé de ce Grégorius dans plusieurs loix du *code* Théodosien, & il est encore douteux lequel de ces deux Gregorius a compilé le *code Grégorien*. Quelques auteurs, & notamment celui de la *Conférence des loix mosaïques & romaines*, qui vivoit peu de temps après, le nomment toujours *Gregorianus*, ce qui fait croire que c'étoit son véritable nom, & non pas *Gregorius*. Quant au temps où il a vécu, il paroît que c'est sous Constantin, sa compilation finissant aux constitutions de Dioclétien & de Maximien, qui ont régné avant Constantin, qui lui-même possédoit déjà une partie de l'empire du vivant de Maximien.

On ne sait pas bien précisément le véritable auteur du *code Hermogénien*, y ayant deux Hermogénien, à chacun desquels cet ouvrage est attribué par

par quelques auteurs. Pancirole croit qu'il est d'un *Eugenius Hermogenianus*, qui (suivant les annales de Baronius) fut préfet du prétoire, sous l'empire de Dioclétien, & qui fut employé par cet empereur à persécuter les chrétiens; d'autres, tels que M. Ménage, en ses *Aménités du droit*, *chap. 11*, pensent que ce *code* est d'un autre Hermogénien, jurisconsulte, qui vivoit sous l'empire de Constantin, & sous les enfans de ce prince.

Jacques Godefroi, dans ses *Prolégomènes du code Théodosien*, *chap. 1*, semble croire que le *code Hermogénien* comprenoit les constitutions des mêmes empereurs que le *code Grégorien* : il ne prétend pas néanmoins que ce fussent précisément toutes les mêmes constitutions, ni qu'elles fussent rapportées dans les mêmes termes; il observe, au contraire, que plusieurs de ces constitutions, qui sont rapportées dans l'un & l'autre *code*, diffèrent entre elles en plusieurs choses. Et, en effet, l'auteur de la *Conférence des loix mosaïques & romaines*, après avoir rapporté un passage d'Hermogénien, contenant une constitution des empereurs Dioclétien & Maximien, remarque que Grégorien a aussi rapporté cette constitution, mais sous une date différente.

M. Terrasson, en son *Histoire de la jurisprudence romaine*, *pag. 284*, regarde comme douteux que Hermogénien eût compris, dans sa compilation, des constitutions des empereurs qui ont régné depuis Adrien; il se fonde sur ce que, dans les fragmens qui nous restent du *code Hermogénien*, on ne trouve que des constitutions de Dioclétien & Maximien. Les trois premières, à la vérité, sont attribuées à un empereur nommé *Aurélius*; mais il n'y en a aucun qui ait porté simplement ce nom; & M. Terrasson rapporte la preuve que Aurélius étoit un prénom, qui fut donné aux empereurs Dioclétien & Maximien. Il n'étoit pas naturel d'ailleurs que Hermogénien eût compilé précisément les mêmes ordonnances que Grégorien; il est plutôt à présumer que le *code Hermogénien* ne fut autre chose qu'une suite & un supplément du précédent, & que si l'auteur y comprit quelques constitutions du nombre de celles que Grégorien avoit déjà rapportées, ce fut apparemment pour les donner d'une manière plus correcte, soit pour le texte, soit pour la date & pour le rang qu'elles doivent tenir dans le recueil.

Ces deux compilations ayant été faites par des particuliers, elles n'ont jamais eu par elles-mêmes force de loi : il ne paroît pas qu'elles aient eu aucune autorité sous Constantin, ni sous ses successeurs. Justinien cite, à la vérité, ces deux *codes* au commencement du sien, & paroît les faire aller de pair avec le *code* Théodosien, en parlant du grand nombre de constitutions que ces trois *codes* contenoient : mais tout ce que l'on peut induire de-là, par rapport aux *codes Grégorien & Hermogénien*, est que l'on consultoit ces collections comme une instruction & comme un recueil, contenant des constitutions qui avoient force de loi. M. Terrasson, en son *Histoire de la jurisprudence romaine*, pense que probablement on ne voulut pas revêtir ces deux *codes* de l'autorité publique, à cause que leurs auteurs étoient païens, comme il paroît en ce qu'ils ont affecté de ne rapporter que les constitutions des empereurs païens. On croit cependant que Justinien n'a pas laissé de se servir de ces deux *codes* pour former le sien : on fonde cette conjecture sur ce qu'il se trouve dans son *code* des constitutions, qui n'étoient point dans celui de l'empereur Théodose, parce qu'elles sont plus anciennes, & qu'elles ont probablement été tirées des deux *codes Grégorien & Hermogénien.*

Après que Justinien eut tiré de ces deux *codes* ce qu'il crut nécessaire, on les négligea tellement qu'ils ont été perdus, à l'exception de quelques fragmens que Anien, jurisconsulte d'Alaric, nous en a conservés depuis; Jacques Sichard les a compris dans son édition du *code Théodosien*, imprimée à Bâle en 1528; Gregorius Tholosanus & Cujas les ont ensuite donnés avec des corrections; enfin Antoine Schulting en a donné une édition plus complette avec des notes, dans son ouvrage intitulé *Jurisprudentia vetus ante-justinianea*, imprimé à Leide en l'année 1717.

Du code Théodosien. Il a été ainsi nommé de l'empereur Théodose-le-Jeune, par l'ordre duquel il fut rédigé. C'est une collection des constitutions des empereurs chrétiens, depuis Constantin jusqu'à Théodose-le-Jeune. Il ne nous est rien resté des loix faites par les empereurs jusqu'au temps d'Adrien. Les constitutions de ce prince & celle de ses successeurs, jusqu'au temps de Dioclétien & de Maximien, firent l'objet de deux compilations différentes, que l'on nomma *code Grégorien & Hermogénien*, du nom de leurs auteurs : mais ceux-ci ayant fait de leur chef ces compilations, elles n'eurent d'autre autorité que celle qu'elles tiroient des constitutions qui y étoient rapportées. Le premier *code* qui fut fait, par ordre du prince, fut le *code Théodosien.*

Indépendamment des constitutions faites par les empereurs depuis Adrien, qui étoient en très-grand nombre, Théodose-le-Jeune en avoit fait lui-même plusieurs, d'abord conjointement avec Honorius, empereur d'Occident, & avec Arcadius son père, lorsque ce dernier l'eut associé à l'empire d'Orient. Après la mort d'Arcadius, il en fit encore plusieurs, conjointement avec Honorius. Justinien en a conservé, dans son *code*, environ trente des premières, & environ cent-vingt des secondes. Théodose en fit encore d'autres, depuis qu'il fut demeuré seul maître de tout l'empire d'Orient & d'Occident par la mort d'Honorius.

Six années après, en 415, il partagea son autorité avec Pulchérie sa sœur, qu'il fit créer Auguste; & en 424, il céda l'empire d'Occident à Valentinien III, âgé de sept ans seulement. Théodose étoit fort pieux, mais peu éclairé; de sorte que ce fut Pulchérie, sa sœur, qui eut le plus de part au gouvernement. L'événement le plus remarquable de l'empire de Théodose, fut la rédaction & la publication du *code* qui porte son nom. Les motifs qui y donnèrent lieu sont exprimés dans le premier titre de ses novelles, où il se plaint d'abord de ce que, malgré les récompenses proposées, de son temps, aux gens de lettres, peu de personnes s'empressoient d'acquérir une parfaite connoissance du droit; ce qu'il attribue à la multitude d'ouvrages des jurisconsultes & des constitutions des empereurs, capable de rebuter les lecteurs, & de mettre la confusion dans les esprits.

Pour remédier à cet inconvénient, il fit faire un choix des constitutions les plus sages & les plus convenables au temps présent, pour en former un *code* ou loi générale, & chargea huit jurisconsultes, dont il marque les noms à la fin de sa première novelle; savoir Antiochus, Maximin, Martyrius, Spérantius, Apollodore, Théodore, Epigenius & Procope; leurs titres & qualités sont exprimés dans la même novelle; ce qui nous apprend qu'ils avoient possédé ou possédoient alors les premières dignités de l'empire.

On ne sait pas le temps qui fut employé à la rédaction de ce *code;* on voit seulement qu'il fut divisé en seize livres.

Le premier traite des différentes sortes de loix dont le droit est composé.

Le second traite de la jurisdiction des différens juges; des procédures que l'on observoit pour parvenir à un jugement; des personnes que l'on pouvoit citer devant le juge; des restitutions en entier; des jugemens; des actions qui ont rapport à ce que l'on peut posséder à titre universel ou particulier; & des trois sortes d'actions qui procèdent de la nature des choses réelles, personnelles & mixtes.

Le troisième livre comprenoit ce qui concerne les ventes, les mariages & les tutèles.

Le quatrième, tout ce qui regarde les successions *ab intestat* & testamentaires, les choses litigieuses, les différentes conditions des personnes, les impositions publiques, & ceux qui étoient préposés pour les recevoir, les prescriptions, les choses jugées, les cessions de biens, les interdits, *quorum bonorum*, *undè vi*, *utrubi*, & les édifices particuliers.

Le cinquième livre comprenoit ce qui concerne les successions légitimes, les changemens qui peuvent arriver dans l'état des personnes par différentes causes, & les anciens usages autorisés par une longue possession.

Le sixième livre concernoit toutes les dignités qui avoient lieu dans l'empire d'Orient & d'Occident, & toutes les charges qui s'exerçoient dans le palais des empereurs.

Dans le septième livre on rassembla ce qui concernoit les emplois & la discipline militaire.

Dans le huitième, ce qui regardoit les officiers subordonnés aux juges, les voitures & postes publiques, les donations, les droits des gens mariés, & ceux des enfans & des parens sur les biens & successions auxquels ils pouvoient prétendre.

Le neuvième livre traitoit des crimes & de la procédure criminelle.

Le dixième, des droits du fisc.

Le onzième, des tributs & autres charges publiques, des consultations faites par le prince pour lever ses doutes, des appellations & des témoins.

Le douzième traitoit des déductions, & des droits & devoirs des officiers municipaux.

Dans le treizième, on rassemble ce qui concernoit les différentes professions, les marchands, les négocians sur mer, professeurs des sciences, médecins, artisans, le cens ou capitation.

Le quatorzième renfermoit tout ce qui avoit rapport aux villes de Rome, de Constantinople, d'Alexandrie & autres principales villes de l'empire, & ce qui concernoit les corps de métiers & colléges, la police, les privilèges.

Le quinzième contenoit les réglemens pour les places, théâtres, bains & autres édifices publics.

Enfin, le seizième livre renfermoit tout ce qui pouvoit avoir rapport aux personnes & aux matières ecclésiastiques.

Ce *code* ainsi rédigé, fut publié l'an 438. Théodose, par sa première novelle, lui donna force de loi dans tout l'empire: il abrogea toutes les autres loix, & ordonna qu'il n'en pourroit être fait aucune autre à l'avenir, même par Valentinien III, son gendre. Mais il dérogea lui-même à cette dernière disposition, ayant fait dans les dix années suivantes plusieurs novelles, qu'il confirma par une novelle donnée à cet effet, & qu'il adressa à Valentinien. Il est probable que ce dernier confirma de son côté le *code Théodosien*, ayant par une novelle confirmé celles de Théodose.

Ces différentes circonstances sont rapportées dans les prolégomènes de Godefroy sur ce *code*, où il remarque plusieurs défauts dans l'arrangement, & même quelques contradictions; mais il est difficile d'en bien juger, attendu que ce *code* n'est point parvenu dans son entier jusqu'à nous. En effet, on trouve dans celui de Justinien trois cent vingt constitutions de Théodose-le-Jeune ou de ses prédécesseurs, que l'on ne trouve plus dans le *code Théodosien*, quoiqu'elles n'y eussent sans doute point été omises.

Le *code Théodosien* fut observé sous les empereurs Valentinien III, Marcien, Majorien, Léon & Anthemius, comme il paroît par leurs constitutions dans lesquelles ils en font mention. L'auteur de la *Conférence des loix mosaïques & romaines*, qui vivoit peu de temps avant Justinien, cite en plusieurs endroits le *code* de Théodose. Anian, chancelier d'Alaric II, roi des Visigoths, publia, en 506, à Aire en Gascogne, un abrégé de ce même *code;* & Justinien, dans son *code*, qui ne fut publié qu'en 528, parle de celui de Théodose comme d'un ouvrage qui étoit subsistant, & dont il s'étoit servi pour composer le sien.

Il paroît donc certain que le *code Théodosien* s'étoit répandu par toute l'Europe, & qu'il y étoit encore en vigueur dans le sixième siècle; c'est pourquoi il est étonnant que cet ouvrage se soit tout-à-coup perdu en Occident, sans qu'on en ait conservé aucune copie. Quelques auteurs modernes imputent à Justinien d'avoir supprimé cet ouvrage, de même que ceux des anciens jurisconsultes : en effet, il n'en est plus parlé nulle part depuis la publication du *code* de Justinien; & ce qui en est dit dans quelques auteurs, ne doit s'entendre que de l'abrégé qu'en avoit fait Anien.

Pour rétablir le *code Théodosien* dans son entier, on s'est servi, outre l'abrégé d'Anien, de plusieurs anciens manuscrits, dans lesquels on a recouvré différentes portions de ce *code*. Jean Sichard en donna d'abord à Bâle, en 1528, une édition conforme à l'abrégé d'Anien : en 1549, Jean Tilly ou du Teil donna à Paris une autre édition *in*-8°. des huit derniers livres qu'il venoit de recouvrer, dont le dernier seulement étoit imparfait. On rechercha encore dans la conférence des loix mosaïques & romaines, dans les fragmens des *codes* Grégorien & Hermogénien, dans celui de Justinien & dans les loix des Goths & des Visigoths, ce qui manquoit du *code Théodosien*.

Cujas, après un travail de trente années, en donna à Paris, en 1566, une édition *in-fol.* avec des commentaires; il augmenta cette édition des sixième, septième & huitième livres entiers, & d'un supplément de ce qui manquoit au seizième dans l'édition précédente; & il nous apprend qu'il étoit redevable de ce travail à Etienne Charpin. Pierre Pithou ajouta à l'édition de Cujas les constitutions des empereurs sur le sénatusconsulte Claudien. Enfin, Jacques Godefroy parvint à rétablir les cinq premiers livres, & le commencement du sixième, & à disposer une édition complette du *code Théodosien* : mais étant mort avant de la mettre au jour, Antoine Marville, professeur en Droit à Valence, en prit soin, & la donna à Lyon, en 1665, en six volumes *in-fol.* Jean Ritter, professeur à Leipsic, en a donné, en 1736, dans la même ville, une édition aussi en six volumes, revue & corrigée sur d'anciens manuscrits, & enrichie de nouvelles notes.

Il n'est pas douteux que le *code Théodosien* a été autrefois observé en France, & que les ordonnances de Clovis, de Clotaire son fils, & de Gondebaut, roi de Bourgogne, qui portent que les Gaulois ou Romains seront jugés suivant le droit romain, ne doivent s'entendre que du *code Théodosien*, puisque le *code* Justinien n'étoit pas encore fait. C'est ce qu'observe M. Bignon, dans ses *Notes sur Marcul. chap. 52* ; Godefroy, dans ses *Prolég. du code Théod. chap. 5*, à la fin; & le P. Sirmond, dans son *append. du code Théodosien*. Les Visigoths, qui occupoient les provinces voisines de l'Espagne, avoient aussi reçu le même *code* ; mais il paroît qu'il perdit toute son autorité en France, aussi-bien que dans l'empire romain, lorsque le *code* Justinien parut en 528, Justinien ayant abrogé toutes les autres loix qui n'y étoient pas comprises.

Cependant M. Bretonnier, avocat, dans des mémoires imprimés, qu'il fit, en 1724, pour la dame d'Espinay, au sujet d'un testament olographe fait en Beaujolois, prétendit que le *code Théodosien* avoit toujours continué d'être observé en France, & que c'étoit encore la loi des pays de droit écrit.

Il se fondoit sur ce qu'avant la publication du *code* de Justinien, on observoit en France le *code Théodosien* ; que Justinien n'avoit jamais eu aucune autorité en France ; que Charlemagne fit faire une nouvelle édition du *code Théodosien*, & ordonna de l'enseigner dans tous ses états, & notamment à Lyon, où il établit pour cela des professeurs : il observoit que l'édit des secondes noces paroît fait en conformité des loix des empereurs Théodose & Valentinien ; que le chancelier de l'Hôpital, du temps duquel fut fait cet édit, n'osa citer une loi de Justinien sans en demander excuse au roi ; d'où il concluoit que c'étoit le *code Théodosien* que l'on observoit en France ; & que si l'on citoit celui de Justinien, ce n'étoit qu'à cause qu'il renfermoit les loix qui étoient comprises dans le *code Théodosien*, d'où ces loix tiroient, selon lui, toute leur autorité : il alléguoit encore le témoignage de Dutillet, qui vivoit sous Charles IX, lequel auteur, en son *Recueil des rois de France*, dit que le *code Théodosien*, ayant été reçu par les Visigoths, étoit demeuré pour coutume aux pays de droit écrit.

Ce paradoxe avancé par M. Bretonnier, quoique appuyé de quelques raisons spécieuses, révolta contre lui tout le palais, & ne fit pas fortune, étant contraire à l'usage notoire des pays de droit écrit, à celui des universités où l'on n'enseigne que les loix de Justinien, & à la pratique de tous les tribunaux, où les affaires des pays de droit écrit sont jugées suivant ces mêmes loix. M. Terrasson, le père, qui répondit aux mémoires de M. Bretonnier, ne manqua pas de relever cette proposition, & fit voir que le *code* de Justinien avoit abrogé celui de Théodose : que de tous les auteurs qui avoient écrit sur le droit romain, depuis que le *code* de Justinien avoit eu cours dans le royaume, il n'y en avoit pas un seul qui eût jamais prétendu que le *code Théodosien* dût prévaloir sur l'autre ; que Vincentius Gravina, qui a fait un traité *de origine juris*, ne parle du *code Théodosien* que comme d'un droit hors d'usage, qui pouvoit servir tout au plus à éclaircir les endroits obscurs du *code* de Justinien, mais qui ne fait pas loi par lui-même ; & c'est en effet le seul usage qu'on peut faire du *code Théodosien*, si ce n'est qu'il sert aussi à faire connoître les progrès de la jurisprudence romaine, & qu'il nous instruit des mœurs & de l'histoire du temps.

Du code Justinien. C'est une compilation faite par ordre de l'empereur Justinien, tant de ses propres constitutions que de celles de ses prédécesseurs.

Ces constitutions furent rédigées en latin, excepté quelques-unes qui furent écrites en grec, & dont une partie fut perdue, parce que sous l'empire de Justinien, la langue grecque étoit peu d'usage. Cujas en a rétabli quelques-unes dans ses observations.

Il avoit déjà été fait, avant Justinien, trois différentes collections ou compilations des constitutions des empereurs, depuis Adrien jusqu'à Théodose-le-Jeune, sous les noms de *code Grégorien*, *Hermogénien*, *Théodosien*. Les successeurs de Théodose-le-Jeune jusqu'à Justinien, avoient encore fait un grand nombre de constitutions & de novelles; Justinien lui-même, dès son avénement à l'empire, avoit publié plusieurs constitutions; toutes ces différentes loix se trouvoient la plupart en contradiction les unes avec les autres, sur-tout celles qui concernoient la religion, parce que les empereurs chrétiens & les empereurs païens se conduisoient par des principes tout différens.

L'incertitude & la confusion où étoit la jurisprudence, engagea Justinien, dans la seconde année de son empire, à faire rédiger un nouveau *code*, qui seroit tiré tant des trois *codes* précédens, que des novelles & autres constitutions de Théodose & de ses successeurs. Il chargea de l'exécution de ce projet Tribonien, jurisconsulte célèbre, que de la profession d'avocat qu'il exerçoit à Constantinople, il avoit élevé aux premières dignités de l'empire : il avoit été maître des offices, questeur & même consul; mais il n'étoit plus en place, lorsqu'il fut chargé principalement de la conduite des compilations du droit faites sous les ordres de Justinien. Cet empereur, pour la rédaction du *code*, lui associa neuf autres jurisconsultes : savoir, Jean, Leontius, Phocas, Basilides, Thomas, Constantin-le-Trésorier, Théophile, Dioscore & Præsentinus. La mission qui leur fut donnée à cet effet, est dans une constitution adressée au sénat de Constantinople, datée des ides de février 528., & qui est au titre de *novo codice faciendo*.

Tribonien & ses collègues travaillèrent avec tant d'ardeur à la rédaction de ce *code*, qu'il fut achevé dans une année, & publié aux ides d'avril 529.

Quelques auteurs se sont récriés sur le peu de temps que ces jurisconsultes mirent à la rédaction du *code*. Mais il faut aussi considérer qu'ils étoient au nombre de dix, tous gens versés dans ces matières, & qu'il y avoit peut-être des raisons secrètes pour publier promptement ce *code*, sauf à en faire une revision, comme cela arriva quelques années après.

Cette première rédaction du *code*, appellée depuis *codex primæ prælectionis*, étoit dans le même ordre que nous le voyons aujourd'hui; on y fit seulement dans la seconde rédaction quelques additions & conciliations. Quelques auteurs ont cru que la division du *code* en douze livres n'avoit été faite que lors de la seconde rédaction; mais le contraire est attesté par Justinien même, *leg.* 2, §. 1, *tit.* 1, *de veteri jure enucleando*.

Les matières furent aussi dès-lors rangées sous les titres qui leur étoient propres, comme il paroît par le §. 2, *de novo codice faciendo*.

La rédaction du *code* fut revêtue du caractère de loi par une constitution qui a pour titre, *de Justinianeo codice confirmando*, que l'empereur adressa à Menna, qui étoit alors préfet du prétoire, & avoit été préfet de la ville de Constantinople, par laquelle il abroge toutes autres loix, qui ne seroient pas comprises dans son *code*.

Justinien, en faisant lui-même l'éloge de son *code*, a sur-tout remarqué qu'il ne s'y trouvoit aucune des contrariétés qui étoient dans les *codes* précédens.

Quelques auteurs modernes n'en ont pas porté le même jugement; Jacques Godefroy, entre autres, dans ses *Prolégomènes sur le code Théodosien*, reproche à Tribonien d'avoir tronqué plusieurs constitutions, d'en avoir omis plusieurs, & d'autres choses essentielles pour en faciliter l'intelligence; d'avoir coupé quelques loix en deux, ou d'avoir joint deux loix différentes, d'en avoir attribué quelques-unes à des empereurs qui n'en étoient pas les auteurs.

M. Terrasson, en son *Histoire de la jurisprudence romaine*, justifie Tribonien de ces reproches, en ce que Justinien avoit lui-même ordonné d'ôter les préfaces des constitutions; que si Tribonien a quelquefois tronqué, séparé ou réuni des loix, il ne fit en cela que suivre les ordres de Justinien; que s'il a placé certaines constitutions sous une autre date qu'elles n'étoient dans le *code Théodosien*, il est à présumer qu'il y avoit eu de la méprise à cet égard dans ce *code*.

Mais M. Terrasson, en justifiant ainsi Tribonien de ces reproches, lui en fait d'autres qui paroissent en effet mieux fondés; il lui reproche d'avoir suivi un mauvais ordre dans la distribution de ses matières : par exemple, d'avoir parlé des actions, avant d'avoir expliqué ce qui peut y donner lieu; d'avoir détaillé les formalités de la procédure, avant d'avoir traité des actions qui donnoient matière à l'instruction judiciaire; d'avoir parlé des testamens, avant d'avoir détaillé ce qui concernoit la puissance paternelle : en un mot, d'avoir transporté des matières qui devoient précéder celles à la suite desquelles on les a mises, ou qui devoient suivre celles qu'on leur a fait précéder. Cependant M. Terrasson semble convenir que ce défaut doit moins être imputé à Tribonien, qu'au siècle dans lequel il vivoit, où les meilleurs ouvrages n'étoient point arrangés aussi méthodiquement qu'on le fait aujourd'hui.

L'éditeur du *code Frédéric* fait aussi sentir dans la préface, en parlant du *code Justinien*, que cet ouvrage est fort imparfait, n'étant qu'une collection de constitutions qui ne décident que des cas particuliers, & ne forment point un systême de droit, ni une suite de principes par matières.

Cependant, malgré les défauts qui peuvent se trouver dans ce *code*, il faut convenir, quoi qu'en disent quelques auteurs, que le *code* Théodosien ne nous auroit point dédommagé de celui de Justinien, & que ce dernier *code* est toujours très-utile, puisque sans lui on auroit peut-être perdu la plupart des constitutions faites depuis Théodose-le-Jeune, & qu'il a même servi à rétablir une partie du *code* Théodosien.

Le premier livre, qui contient 59 titres, traite d'abord de tout ce qui concerne la religion, les églises & les ecclésiastiques; il traite ensuite des différentes sortes de loix, de l'ignorance du fait & du droit, des devoirs des magistrats, & de leur jurisdiction.

Dans le second livre, qui a aussi 59 titres, on explique la procédure : il parle des avocats, des procureurs & autres, qui sont chargés de poursuivre les intérêts d'autrui; des restitutions en entier, du retranchement des formules, & du serment de calomnie.

Le troisième livre, contenant 44 titres, traite des fonctions des juges, de la contestation en cause, de ceux qui pouvoient ester en jugement, des délais, féries, & sanctification des dimanches & fêtes; de la compétence des juges, & de ce qui a rapport à l'ordre judiciaire : il traite aussi du testament inofficieux, des donations & dots inofficieuses, de la demande d'hérédité, des servitudes, de la loi *aquilia*, des limites des héritages, de ceux qui ont des intérêts communs, des actions noxales, de l'action *ad exhibendum*, des jeux, des lieux consacrés aux sépultures, & des dépenses des funérailles.

Le quatrième, divisé en 66 titres, explique d'abord les actions personnelles qui naissent du prêt & de quelques autres causes; ensuite les obligations & actions qui en résultent; les preuves testimoniales & par écrit; le prêt à usage, le gage; les actions relatives au commerce de terre & de mer; les sénatusconsultes macédonien & velléien; la compensation, les intérêts, le dépôt, le mandat, la société, l'achat & la vente; les monopoles, conventions illicites; le commerce & les marchands; le change, le louage, l'emphytéose.

Le cinquième, qui a 75 titres, concerne d'abord les droits des gens mariés, le divorce, les alimens dus aux enfans par leurs pères, *& vice versâ;* les concubines, les enfans naturels, les manières de les légitimer; enfin tout ce qui concerne les tutèles & l'aliénation des biens des mineurs.

Le sixième livre comprend, en 62 titres, ce qui concerne les esclaves, les affranchis, le vol, le droit de patronage, la succession prétorienne, les testamens civils & militaires, institutions d'héritiers, substitutions, prétéritions, exhérédations, droit de délibérer, répudiation d'hérédité, ouverture & suggestion des testamens : les legs, les fidéi-commis, le sénatusconsulte Trébellien, la falcidie, les héritiers siens & légitimes, les sénatusconsultes Tertullien & Orfitien, les biens maternels, & en général tout ce qui concerne les successions *ab intestat.*

Le septième livre, composé de 75 titres, traite des affranchissemens, des prescriptions, soit pour la liberté, soit pour la dot, les héritages, les créances : il traite aussi des diverses sortes de sentences, de l'incompétence, du mal-jugé, des dépens, de l'exécution des jugemens; des appellations, cessions de biens, saisie & vente des biens du débiteur; du privilège du fisc & de celui de la dot, de la révocation des biens aliénés en fraude des créanciers.

Le huitième livre, contenant 59 titres, traite des jugemens possessoires ou interdits; des gages & hypothèques, stipulations, novations, délégations, paiemens, acceptilations, évictions; de la puissance paternelle; des adoptions, émancipations; du droit de retour, appellé *postliminium ;* de l'exposition des enfans; des coutumes, des donations, de leur révocation & de l'abrogation des peines du célibat.

Le neuvième livre, divisé en 51 titres, explique la forme des procès & jugemens criminels, & la punition des crimes, tant publics que privés.

Le dixième, contenant 71 titres, traite des droits du fisc, des biens vacans, de leur réunion au domaine, des dénonciateurs pour le fisc; des trésors, tributs, tailles & surtaux; de ceux qui exigent au-delà de ce qui est ordonné par le prince; des discussions; de ceux qui, étant nés dans une ville, vont demeurer dans une autre; du domicile perpétuel ou passager; de l'acquittement des charges des biens patrimoniaux; des charges publiques & exemptions; des professeurs, médecins, affranchis; des infâmes, interdits, exilés; des ambassadeurs, ouvriers & artisans; des commis employés à écrire les registres de recette des impositions publiques; des receveurs de ces impositions; du don appellé *aurum coronarium*, que les villes & les décurions faisoient au prince; des officiers préposés pour veiller à la tranquillité des provinces.

Le onzième livre, composé de 77 titres, traite en général des corps & communautés & de leurs privilèges, & des registres publics contenant les noms & facultés de tous les citoyens : il traite aussi en particulier de ceux qui transportoient, par mer à Rome, les tributs des provinces en argent & en bled : il contient plusieurs loix somptuaires pour modérer le luxe; des loix de police pour la distribution des denrées; pour les étudians, les voitures, les jeux, les spectacles, la chasse, les laboureurs, les fonds de terre & pâturages, le cens, les biens des villes, les privilèges attachés au palais & autres biens fonds de l'empereur, & la défense de couper des bois dans certaines forêts.

Enfin, le douzième livre, contenant 64 titres, traite des différentes sortes de dignités, de la discipline militaire; des vœux & présens qu'on offroit à l'empereur; de plusieurs offices subordonnés aux dignités civiles & militaires; des couriers du prince; des postes publiques; des officiers inférieurs compris sous la dénomination d'*apparitores judicum ;* des exactions & gains illégitimes; des officiers subalternes, & notamment de ceux qui alloient aunoncer la paix ou quelque autre bonne nouvelle dans les provinces.

Telle est la distribution observée dans les deux éditions du *code*.

Lorsque la première édition parut, on y trouva deux défauts; l'un, qu'en plusieurs endroits le *code* ne s'accordoit pas avec le digeste, qui avoit été rédigé depuis la première édition du *code;* l'autre défaut étoit que le *code* contenoit plusieurs constitutions inutiles, & laissoit subsister l'incertitude que les sectes des Sabiniens & des Proculéiens avoient jettées dans la jurisprudence; les uns voulant que l'on suivît la loi à la rigueur; les autres voulant que l'on préférât l'équité à la loi.

D'ailleurs, tandis que l'on travailloit au digeste, Justinien avoit donné plusieurs novelles & cinquante décisions, qui n'étoient recueillies, ni dans le *code*, ni dans le digeste, & qui néanmoins avoient apporté quelques changemens.

Ces inconvéniens déterminèrent Justinien à faire faire une revision de son *code :* il chargea de ce soin cinq jurisconsultes, du nombre de ceux qui avoient travaillé à la première rédaction & au digeste; ce furent Tribonien, Dorothée, Menna, Constantin & Jean.

Ces jurisconsultes retranchèrent du *code* quelques constitutions inutiles; ils y ajoutèrent quelques-unes de celles de Justinien, & les cinquante décisions qu'il avoit données depuis la décision du premier *code*.

Ce nouveau *code* fut publié dans l'année 534: Justinien voulut qu'il fût nommé *codex Justinianeus repetitæ prælectionis;* c'est pourquoi, en parlant de la première édition du *code*, & pour la distinguer de la dernière, les commentateurs l'appellent ordinairement *codex primæ prælectionis*.

Malgré tous les soins que Justinien se donna pour perfectionner son *code*, quelques jurisconsultes modernes n'ont pas laissé d'y trouver des défauts. On a déjà vu les reproches que Jacques Godefroy fait à ce sujet à Tribonien; ce qui s'applique à la seconde édition du *code* aussi-bien qu'à la première. Godefroy voudroit que l'on préférât le *code* Théodosien, en faveur duquel il étoit prévenu, sans doute parce qu'il avoit travaillé à le restituer : il est certain que le *code* Théodosien est utile, en ce qu'il contient plusieurs constitutions entières qui sont morcelées dans le *code Justinien :* le *code* Théodosien n'étoit proprement qu'une collection des constitutions des empereurs; au lieu que le *code Justinien* en est une compilation; son objet est différent de celui du *code* Théodosien, & les jurisconsultes qui ont travaillé au *code*, se sont conformés aux vues de Justinien.

Le défaut le plus réel du *code*, est celui de n'avoir pas prévu tous les cas; ce qui est au surplus fort difficile dans un ouvrage de cette nature. Justinien y suppléa par des novelles, dont nous parlerons ci-après *au mot* NOVELLES.

Les auteurs qui ont fait des commentaires ou gloses sur le *code*, sont Accurse, Godefroy, Jean Favre, Arnoldus, Corvinus, Brunneman, Pierre & François Pithou, Perezius, Mornac, Azo, Cujas, Ragueau, Giphanius, Mirbel, Décius & plusieurs autres.

SECTION II.

Des recueils des loix françoises, & autres collections auxquelles nous donnons le nom de code.

Les Romains, après la conquête des Gaules & des Espagnes, y avoient introduit leurs loix, leurs réglemens, leur jurisprudence. Lorsque les Francs, les Goths, les Bourguignons eurent arraché ces belles provinces à la domination romaine, ils laissèrent aux Romains & aux Gaulois la liberté de suivre leurs anciens usages; mais chaque tribu des conquérans eut ses loix & son *code* particulier, qu'elle avoit apportés avec elle, & qu'elle continua de prendre pour règle de ses actions.

Lindembroge a recueilli ces différens *codes*, & a donné à sa collection le titre de code des loix des Barbares, *codex legum Barbarorum;* par la raison sans doute que les Romains, à l'exemple des Grecs, donnoient indifféremment ce titre à tous les peuples qui n'étoient pas soumis à leur police.

On lui donne aussi le nom de *code* des loix antiques, *codex legum antiquarum*, non-seulement parce que les loix qu'elle contient sont très-anciennes, mais plutôt parce que les loix des Visigoths, qui sont en tête de ce recueil, ne sont désignées que sous le nom de *leges antiquæ*, sans y ajouter le nom des rois dont elles sont émanées.

Cette collection de Lindembroge comprend les loix des Goths & des Visigoths; la loi salique & celle des ripuaires, qui sont proprement les loix des Francs; la loi des Bourguignons, ou loi gombette, ainsi appellée, parce qu'elle fut réformée par Gondebaud en 501; la loi des Allemands, c'est-à-dire des peuples d'Alsace & du haut Palatinat, & celles de Bavarois, des Saxons, des Anglois & des Frisons; celle des Lombards beaucoup plus considérable que les précédentes; les capitulaires de Charlemagne, & les constitutions des rois de Naples & de Sicile.

Nous avons parlé des capitulaires de nos rois, ci-dessus au mot CAPITULAIRE. On trouvera sous le mot LOI, ce qui concerne les loix salique, gombette, *&c.* c'est pourquoi nous nous bornerons à faire connoître seulement les loix des Visigoths.

Elles sont nommées indistinctement *code d'Evarix*, ou *d'Alaric*, du nom des deux princes de cette nation, qui en ordonnèrent la composition, ou *code Anian*, du nom de celui qui en fut le compilateur.

Ce *code* est un corps de loix, rédigé d'abord sous Evarix, qui commença à régner en 466, pour servir de règle aux Visigoths qui occupoient l'Espagne, la Gaule narbonnoise, & une partie de l'Aquitaine.

Alaric II, son fils, fit faire pour les Romains & les Gaulois, par son chancelier Anian, une compilation des loix romaines, qu'il fit tirer des livres des jurisconsultes & des *codes* Grégorien, Hermogénien & Théodosien. Anian y ajouta quelques interprétations, comme une espèce de glose. On n'est pas certain qu'il l'ait composée lui-même, mais il la souscrivit pour lui donner autorité. Au reste, cette compilation fut publiée le 2 février 506, à Aire en Gascogne, avec le consentement des évêques & des nobles.

Leuvigilde corrigea le *code Evarix*, en supprima quelques loix, & en ajouta d'autres. Les rois suivans en firent de même, & particuliérement Chindosuinde qui fit diviser ce *code* en douze livres, comme celui de Justinien, sans néanmoins qu'il y ait aucun rapport entre ces deux *codes* pour l'ordre des matières, & il ordonna que ce recueil seroit l'unique loi de tous ceux qui étoient sujets des rois Goths, de quelque nation qu'ils fussent : ce recueil s'appelloit le *livre de la loi gothique.*

Exgica, qui régna jusqu'en 701, commit l'examen & la correction des loix gothiques aux évêques d'Espagne, mais à condition qu'ils ne dérogeroient point aux loix établies par Chindosuinde; & il le fit confirmer par les évêques, au seizième concile de Tolède, l'an 693. Ce *code* d'Evarix ou d'Alaric étoit encore observé dans la Gaule narbonnoise du temps du pape Jean VIII, vers l'an 880 : on y voit les noms de plusieurs rois; mais tous sont depuis Recarède, qui fut le premier entre les rois Goths catholiques. Les loix antérieures sont intitulées *antiques*, sans qu'on y ait mis aucun nom de rois, non pas même celui d'Evarix; ce qui sans doute a été fait en haine de l'arianisme dont ces rois faisoient profession.

Il est à propos de remarquer que les loix des Visigoths, & toutes celles dont nous avons fait mention, sont écrites avec une simplicité admirable & une rudesse originale; qu'elles étoient toutes personnelles, sans être circonscrites par un certain territoire. Le Franc étoit jugé par la loi de sa tribu, l'Allemand par la loi allemande, le Bourguignon par sa propre loi, le Gaulois & le Romain par la loi romaine.

Ces *codes* barbares se sont perdus dans le temps de l'anarchie féodale, qui divisa les peuples en esclaves attachés à la glèbe, & soumis arbitrairement à la volonté de leurs seigneurs, & en vassaux qui ne connoissoient d'autres règles que leurs armes, ou les titres de leurs investitures.

Peu-à-peu les habitans des villes, & ensuite ceux des campagnes, aidés de la faveur & de la politique des rois, obtinrent quelques libertés de leurs seigneurs, stipulèrent avec eux des prérogatives & des droits, qui varièrent à l'infini, suivant la bizarrerie des circonstances & des événemens, & qui donnèrent naissance à une foule d'usages & de coutumes.

Cette nouvelle jurisprudence n'étoit pas même constatée, & ce fut pour faire cesser les inconvéniens & la confusion de notre droit, que Charles VII & ses successeurs firent rédiger les coutumes par des commissaires qu'ils envoyèrent dans toutes les provinces, & publier quelques ordonnances pour établir des principes uniformes sur des objets importans.

Il seroit à desirer qu'on eût exécuté les vues de Louis XI, qui ne vouloit qu'une loi unique, & qu'on eût pu, d'après nos coutumes, composer une loi universelle, pour les habitans du même royaume.

Henri III, malgré les troubles de son règne, avoit le dessein d'accomplir ce projet. L'article 207 de l'ordonnance de Blois nous apprend « que ce » monarque avoit déjà avisé de commettre cer-» tains personnages pour recueillir & arrêter les » ordonnances, réduire par ordre en un volume » celles qui se trouveroient utiles & nécessaires, » & rédiger les coutumes de chaque province ».

Les successeurs de ce prince ont tâché, par diverses ordonnances, de régler, d'une manière uniforme, plusieurs points intéressans de la jurisprudence, comme on peut le voir par un grand nombre de leurs ordonnances, & sur-tout des rois Louis XIV & Louis XV.

Nous allons donner, par ordre alphabétique, une notice des différens recueils de loix ou de traités, auxquels nous donnons le nom de *code.*

Le *code des aides*, est un titre ou surnom que l'on donne quelquefois à l'ordonnance de Louis XIV, du mois de juin 1680, sur le fait des aides; mais ce nom se donne moins à l'ordonnance même qu'au volume qui la renferme, & auquel on a ajouté les édits & arrêts des cours des aides, sur le fait des aides & des tailles. Au reste, c'est improprement qu'on donne à cette ordonnance le titre de *code :* lorsqu'on en parle, & sur-tout lorsqu'on la cite à l'audience, on ne dit point *le code des aides*, mais *l'ordonnance des aides.*

Il faut appliquer la même observation à plusieurs autres ordonnances dont il sera parlé ci-après, qui forment chacune séparément des petits volumes que les libraires & relieurs intitulent *code*, comme *code* des gabelles, *code* de la marine, *&c.*

Le *code des chasses* est un traité du droit de chasse suivant la jurisprudence de l'ordonnance de Louis XIV, du mois d'août 1669, conférée avec les anciennes & nouvelles ordonnances, édits, déclarations, arrêts & réglemens, & autres jugemens rendus sur le fait des chasses. Cet ouvrage qui est en deux volumes *in*-12, contient d'abord un traité du droit de chasse, ensuite une conférence du titre 30 de l'ordonnance de 1669 : cette conférence est divisée en autant de chapitres que ce titre des chasses contient d'articles. On a rapporté, sous chacun d'eux, les autres ordonnances & réglemens qui y ont rapport; on y a aussi joint des notes pour faciliter l'intelligence du texte.

Le *code civil* : on entend sous ce nom l'ordonnance de 1667, qui règle la procédure civile; on l'appelle aussi *code Louis*; parce qu'il fait partie du recueil des ordonnances de Louis XIV. *Voyez* CODE DE LOUIS XIV.

Le *code des commensaux* est un volume *in*-12, contenant un recueil des ordonnances, édits & déclarations rendus en faveur des officiers, domestiques & commensaux de la maison du roi, de la reine, des enfans de France, & des princes qui sont sur l'état de la maison du roi. Ce recueil est en deux volumes *in*-12.

Le *code des committimus* : on entend sous ce nom l'ordonnance de 1669, concernant les évocations & les *committimus*.

Le *code criminel* : on entend sous ce nom l'ordonnance de 1670, qui règle la procédure en matière criminelle. Le *code criminel* & le *code civil* sont différentes portions du *code Louis*, ou recueil des ordonnances de Louis XIV. *Voyez* CODE LOUIS.

Il y a aussi un *code criminel* de l'empereur Charles-Quint, ou ordonnance appellée vulgairement *la Caroline*.

Le *code des curés* est un recueil de maximes & de réglemens à l'usage des curés par rapport à leurs fonctions, à celles de leurs vicaires perpétuels ou amovibles, & autres bénéficiers; comme aussi pour ce qui concerne leurs dixmes, portions congrues, & autres droits & privilèges; ceux des seigneurs de paroisses & des officiers royaux, soit commensaux, ou autres. Il est présentement divisé en deux volumes *in*-12, dont le premier contient d'abord un abrégé du traité des dixmes, ensuite les réglemens intervenus sur la même matière; on y a ajouté les décisions de Borjon qui regardent les curés : le second volume contient les réglemens qui établissent les privilèges des curés.

Le *code des décisions pieuses & des causes jugées* par Pierre de Brosses, est un recueil de décisions, imprimé à Genève en 1616, vol. *in*-4°.

Le *code du droit des gens*, *codex juris gentium diplomaticus*, est un traité du droit des gens, imprimé à Hanover en 1693, vol. *in-fol.*

Le *code des eaux & forêts* : on entend sous ce nom l'ordonnance de 1669, sur le fait des eaux & forêts. *Voyez* CODE LOUIS XIV.

Le *code des donations pieuses*, qui est imprimé en latin sous le titre de *codex donationum piarum*, est un recueil fait par Aubert le Mire, de Bruxelles, de tous les testamens, codicilles, lettres de fondation, donations, immunités, privilèges, & autres monumens de libéralités pieuses faites par les papes, empereurs, rois, ducs & comtes, en faveur de différentes églises, & principalement des églises de Flandres.

Le *code Favre*, ou *Fabre*, ou *Fabrien*, *codex Fabrianus definitionum forensium in senatu Sabaudiæ tractatarum*, est un traité fait par Antoine Favre, connu sous le nom d'*Antonius Faber*, contenant des définitions ou décisions arrangées suivant l'ordre du *code* de Justinien. Il avoit été long-temps juge-mage, c'est-à-dire lieutenant-civil & criminel de la Bresse & du Bugey. Après l'échange de ces provinces, le duc de Savoie le fit président du conseil genevois, ensuite premier président du sénat de Chamberi. Il a fait, entre autres ouvrages, son *code*, qui forme un volume *in-fol.* dans lequel il traite plusieurs matières qui sont en usage dans la Bresse, telles que l'augment de dot, les bagues & joyaux, & les droits seigneuriaux.

Le *code des gabelles*, est un titre que l'on met quelquefois à l'ordonnance de Louis XIV, du mois de mai 1680; sur le fait des aides & gabelles. *Voyez* ce qui est dit ci-dessus *au mot* CODE DES AIDES; & ci-après GABELLES, ORDONNANCE DES GABELLES.

Le *code Gillet*, ou *code des procureurs*, est un recueil d'édits & déclarations, arrêts & réglemens concernant les fonctions des procureurs, tiers référendaires du parlement de Paris : le véritable titre de ce recueil est *arrêts & réglemens concernant les fonctions des procureurs*, *&c.*; ce n'est que dans l'usage vulgaire qu'on lui a donné les surnoms de *code Gillet*, ou *code des procureurs*; & quoique le titre n'annonce d'abord que des arrêts & réglemens, il contient cependant aussi plusieurs édits & déclarations, & plusieurs délibérations de la communauté des avocats & procureurs; le tout est accompagné de différentes instructions conformes à l'ordre judiciaire.

Ce recueil a été surnommé le *code Gillet*, du nom de Me Pierre Gillet, l'un des procureurs de communauté, qui en fut l'auteur, & le donna au public en 1714 : on en a fait une nouvelle édition en 1717, qui a été augmentée.

Ce recueil est divisé en trois parties : la première contient les édits & déclarations concernant la création des procureurs au parlement.

La seconde partie traite du devoir & des qualités nécessaires au procureur pour bien exercer sa profession, dont l'auteur du *code Gillet* donnoit l'exemple, aussi-bien que les préceptes; il y traite aussi très-sommairement de la communauté des avocats & procureurs, par rapport à l'obligation & à l'utilité qu'il y a pour les procureurs de s'y trouver : mais il n'a point expliqué assez amplement ce que l'on entend par cette communauté des avocats & procureurs qui n'existe plus aujourd'hui, ainsi que nous le ferons connoître sous le mot COMMUNAUTÉ.

La troisième partie est divisée en plusieurs titres; savoir de la décharge des pièces, procès & instances, & du temps pendant lequel on peut les demander, du désaveu, de la consignation que les procureurs doivent faire des amendes, de la postulation, des frais & salaires des procureurs, de la fonction & instruction des tiers-taxateurs de dépens. Ce recueil, quoique fait principalement pour l'usage des procureurs, peut aussi servir à tous ceux qui concourent à l'administration de la justice : mais il y auroit beaucoup de nouveaux réglemens,

réglemens à y ajouter, qui sont survenus depuis le décès de l'auteur.

Le *code Henri*, ou *code de Henri III* est une compilation, faite par ordre de Henri III, des ordonnances des rois ses prédécesseurs, & des siennes. Ce prince crut qu'il étoit à-propos, pour le bien de son royaume, de faire, à l'imitation de Justinien, un abrégé de toutes les ordonnances. Il annonça ce dessein dans celle de Blois, faite en 1579, & registrée en 1580, dont l'article 207 porte qu'il avoit avisé de commettre certains personnages pour recueillir & arrêter les ordonnances, & réduire par ordre, en un volume, celles qui se trouveroient utiles & nécessaires, & aussi pour rédiger les coutumes de chaque province.

Il chargea de la compilation des ordonnances Barnabé Brisson, lequel avoit d'abord paru avec éclat au barreau du parlement de Paris. Henri III, charmé de son érudition & de son éloquence, le fit son avocat-général, puis conseiller d'état, & enfin président à mortier en 1580. Il s'en servit en différentes négociations, & l'envoya ambassadeur en Angleterre. Ce fut au retour de cette ambassade qu'il fut chargé de travailler au *code Henri*, ce qu'il exécuta avec beaucoup de soin & de diligence. Il mit au jour cet ouvrage, sous le titre de *code Henri & de basiliques*, & comptoit le faire autoriser & publier en 1585; en effet, comme il avoit observé de marquer en marge de chaque disposition d'ordonnance le nom du prince dont elle étoit émanée, & la date de l'année & du mois, lorsqu'il a ajouté de nouvelles dispositions, il les a toutes marquées sous le nom de *Henri III*, *1585*, sans date de mois; c'est à quoi l'on doit faire attention, pour ne pas confondre les véritables ordonnances qu'il a rapportées, avec les articles qui ne sont que de simples projets de loix. Loyseau & Charondas ont dit de lui qu'il *tribonianisoit*, parce qu'à l'exemple de Tribonien, il avoit ajouté dans sa compilation de nouvelles dispositions pour suppléer à ce qui n'étoit pas prévu dans les anciennes ordonnances.

M. de Laurière, en sa *préface du Recueil des ordonnances de la troisième race*, dit que M. Brisson fit imprimer son ouvrage en 1587, sous le titre de *basiliques* & de *code Henri*.

Dès que cet ouvrage parut, Henri III en fit envoyer des exemplaires à tous les parlemens pour l'examiner, l'augmenter ou le diminuer comme il leur paroîtroit convenable, son intention étant de lui donner force de loi, après qu'il auroit été revu & corrigé sur les observations des parlemens; mais l'exécution de ce projet fut arrêtée par les guerres civiles qui désolèrent l'état, par la mort funeste de Henri III, arrivée le 2 août 1589, & par la fin tragique du président, indigne d'un homme de si grande considération & de son mérite. Ce magistrat ayant été choisi par la ligue pour occuper la place du premier président de Harlay, qui étoit alors prisonnier à la bastille, fut arrêté le 15 novembre 1591 par la faction des seize, & conduit au petit châtelet, où il fut pendu à une poutre de la chambre du conseil, nonobstant toutes les prières qu'il fit que l'on l'enfermât entre quatre murailles, afin qu'il pût achever l'ouvrage qu'il avoit commencé, dont le public devoit recevoir de grands avantages. Cette circonstance est rapportée par Simon, en sa *Bibliothèque*, *hist. des auteurs de droit.*

Quelque temps après la mort de l'auteur, M. le chancelier de Chiverny (décédé en 1599) engagea Charondas à revoir le *code Henri* & à le perfectionner, & Charondas en donna deux éditions: la première en 1601, qu'il dédia au roi Henri IV; & dans l'épître dédicatoire il parle du *code Henri* comme d'un ouvrage que le président Brisson se proposoit de mettre au jour. Il dit que M. le chancelier de Chiverny lui avoit commandé, pour le roi, de revoir ce *code*, & d'y employer le fruit de ses études; qu'il y avoit ajouté plusieurs ordonnances mémorables des anciens, & les édits & constitutions de Henri IV; il y joignit aussi, par forme de notes, une conférence des ordonnances, des anciens *codes* de Théodose & de Justinien, des basiliques, des loix des Visigoths, des conciles, des arrêts, & de plusieurs antiquités & faits historiques.

La seconde édition fut donnée par Charondas en 1605, & augmentée de plusieurs édits & ordonnances, & notes qui manquoient dans la précédente.

Nicolas Frerot, avocat au parlement, en donna, en 1615, une édition sur les manuscrits même du président Brisson, & y joignit aussi de nouvelles notes.

Louis Vrevin donna en 1617 un volume *in-8°.* intitulé: *Observations sur le code Henri.*

En 1622, parut une quatrième édition de ce *code*, augmenté par Jean Tournet & par Michel de la Rochemaillet.

Ce *code* est divisé en 20 livres, & chaque livre en plusieurs titres qui embrassent toutes les matières du droit.

Le premier livre traite de l'état ecclésiastique & des matières bénéficiales; le second traite des parlemens, de leurs officiers, & des procédures qui s'y observent; le troisième, des juges ordinaires & autres ministres de justice; le quatrième, des présidiaux; le cinquième, de la procédure civile; le sixième, de diverses matières décidées par les ordonnances, telles que les dots, mariages, donations, testamens, substitutions, successions, de la noblesse, des rentes constituées, des servitudes, retrait lignager, de l'obligation de déclarer dans les contrats de quel seigneur relèvent les héritages, de l'exécution des obligations & cédules, des transports, des mineurs, tuteurs, curateurs, des rescisions, répits, péremptions; que tous actes de justice seront en langue vulgaire, & que l'année sera comptée du premier janvier; le septième livre traite des procès criminels; le huitième, des crimes & de leur punition; le neuvième traite de l'exécution des jugemens, & des moyens de se pourvoir contre; le dixième, de la police; le onzième, des universités & de leurs suppôts; le douzième, de la chambre des comptes; le treizième, de la cour des aides & des officiers qui lui sont soumis; le quatorzième, des traites, impositions foraines & douanes; le quinzième, des monnoies & de leurs officiers; le seizième, des eaux & forêts, & de leurs officiers; le dix-septième, du domaine & droits de la couronne; le dix-huitième, du roi & de sa cour; le dix-neuvième, des chancelleries de France; le vingtième, des états, offices, & autres charges militaires, & de la police des gens de guerre.

Ce *code*, considéré comme loi nouvelle, est fort bon; mais étant demeuré dans les termes d'un simple projet, il n'a aucune autorité que celle des ordonnances qui y sont rapportées, & on ne le cite guère que quand on y trouve quelque ordonnance qui n'est pas rapportée ailleurs. *Voyez* ce qui en est dit par Pasquier *dans ses Lettres*, *liv. IX*, *lett. première*, adressée au président Brisson; Loiseau, *tr. des Offices*, *liv. I*, *ch. viij*, *n. 52*; Bornier, *en sa préface*, *journal des audiences*, *arrêt du 2 juillet 1702*.

Le *code du roi Henri IV* est une compilation du droit romain & du droit françois, ou plutôt du droit coutumier de la province de Normandie, qui étoit familier à l'auteur de cet ouvrage, Thomas Cormier, conseiller à l'échiquier de Rouen & au conseil d'Alençon, qui donna au public cette compilation en 1615.

Elle fut d'abord imprimée en un volume *in-fol.* françois & latin. En 1615, on la réimprima seulement en françois en un volume *in-4°*. On croiroit, au titre de cet ouvrage, qu'il renferme une collection ou compilation des ordonnances de Henri IV. Cependant on n'y trouve aucun texte d'ordonnance, c'est seulement un mélange du droit romain avec des dispositions d'ordonnances. *Voyez la préface de* Bornier.

Simon, qui en fait mention en sa *Bibliothèque des auteurs de droit*, rapporte sur celui-ci une singularité, savoir qu'il s'étoit si fort appliqué à l'étude, que sa femme avoit obtenu contre lui une sentence de dissolution dans les formes, & s'étoit mariée d'un autre côté; que néanmoins Cormier ayant achevé son ouvrage, le repos d'esprit lui fit recouvrer la santé qu'il avoit perdue, qu'il se maria avec une autre femme dont il eut des enfans, ce qui donna lieu à un grand procès dont parle Berault. On peut citer à ce sujet l'exemple de Tiraqueau, qui donnoit, dit-on, chaque année au public un enfant & un volume; ce qui fait voir que les productions de l'esprit n'empêchent pas celles de la nature.

Le *code Louis XIII*, est un recueil que Jacques Corbin, avocat au parlement, & depuis maître des requêtes ordinaire de la reine Anne d'Autriche, donna au public en un volume *in-fol.* imprimé à Paris en 1628, contenant les principales ordonnances de Louis XIII, sur l'ordre de la justice, le domaine & les droits de la couronne. Il rapporte ces ordonnances en entier, même avec les préfaces, publications & enregistremens; ce qui n'avoit encore été observé par aucun autre compilateur. Il a aussi commenté & conféré ces ordonnances avec celles des rois Henri-le-grand, Henri III, Charles IX, François II, Henri II, & autres prédécesseurs de Louis XIII. Ce recueil au surplus est l'ouvrage d'un particulier, & n'a d'autre autorité que celle qu'il tire des ordonnances qui y sont insérées.

Le *code Louis*, ou *code Louis XIV* est un titre que les libraires mettent ordinairement au dos du recueil des principales ordonnances de Louis XIV, qui sont celles de 1667, pour la procédure civile; celle de 1669, pour les évocations & *committimus*; une autre de la même année, pour les eaux & forêts; celle de 1670, pour la procédure criminelle; celle de 1672, appellée communément l'*ordonnance de la ville*, pour la jurisdiction des prévôt des marchands & échevins de la ville de Paris; celle de 1673, pour le commerce; celle des gabelles de 1680, & celle des aides qui est aussi de la même année; celle des fermes, qui est de l'année suivante 1681; celle de la marine, de la même année; le *code noir*, ou ordonnance de 1685, pour la police des nègres dans les isles françoises de l'Amérique; celle des cinq grosses fermes, de l'année 1687. On a aussi appellé *code Louis XV*, un petit recueil des principales ordonnances de ce prince; mais quand on dit *code Louis* simplement, on entend le recueil des ordonnances de Louis XIV; ce titre se voit même souvent sur un volume qui ne contient que l'ordonnance de 1667, ou sur quelque autre ordonnance du même prince.

Le *code Louis XV* est un titre que l'on met ordinairement au dos d'un recueil en deux petits volumes *in-24*, contenant les principales ordonnances de ce roi, telles que l'ordonnance des donations, de 1731; celle des testamens, de 1735; celle de 1736, concernant le faux principal & incident; celle des substitutions, de 1747; & plusieurs autres édits & déclarations.

Le *code marchand* est un surnom que l'on donne vulgairement à l'ordonnance ou édit de Louis XIV, sur le fait du commerce, du mois de mars 1673: mais en citant cette ordonnance à l'audience, on ne diroit point le *code marchand*: on diroit l'*ordonnance du commerce*, qui est son véritable titre. Ce *code* est divisé en douze titres: le premier traite des apprentifs négocians & marchands, tant en gros qu'en détail; le second, des agens de banque & courtiers; le troisième, des livres & registres des négocians, marchands & banquiers; le quatrième titre traite des sociétés; le cinquième, des lettres & billets de change, & promesses d'en fournir; le sixième traite des intérêts de change & rechange (les deux derniers articles de ce titre concernent les formalités que l'on doit observer dans le prêt sur gages); le septième titre traite des contraintes par corps; le huitième, des séparations de biens; le neuvième, des défenses & lettres de répit; le dixième, des cessions de biens; le onzième des faillites & banqueroutes; & le douzième & dernier, de la jurisdiction des consuls. Quoique cette ordonnance soit principalement sur le fait du commerce, elle forme néanmoins une loi générale qui s'observe entre toutes sortes de personnes, lorsqu'elles se trouvent dans les cas prévus par cette ordonnance: par exemple, ce qui est ordonné pour le prêt sur gages par les deux articles dont on a parlé ci-devant, n'a pas lieu seulement entre marchands, mais entre tous ceux qui se trouvent dans les cas prévus par ces articles, ainsi qu'il a été jugé plusieurs fois entre des personnes non marchandes. Bornier a fait une conférence de l'ordonnance du commerce avec les anciennes & nouvelles ordonnances, édits, déclarations, & autres réglemens qui y ont rapport.

Le *code de la marine* est un titre que l'on donne quelquefois à l'ordonnance de Louis XIV, du mois d'août 1681, touchant la marine. Elle est divisée en cinq livres, qui sont divisés chacun en plusieurs titres & articles. Le premier livre traite des officiers de l'amirauté & de leur jurisdiction; il traite aussi des interprètes & des courtiers conducteurs des maîtres de navire; du professeur d'hydrographie; des consuls de la nation françoise dans les pays étrangers; des congés & rapport de la procédure qui se fait dans les amirautés; des prescriptions qui ont lieu dans les affaires maritimes, & de la saisie & vente des vaisseaux. Le second livre règle ce qui concerne les gens & bâtimens de mer; savoir, le capitaine, maître ou patron, l'aumônier, l'écrivain, le pilote, le contre-maître ou nocher, le chirurgien, les matelots, les propriétaires des navires, les charpentiers & calfateurs, les navires & autres batimens de mer. Le troisième livre contient tout ce qui concerne les charteparties, affrétemens ou naulissemens, les connoissemens ou polices de chargement, le fret ou nolis, l'engagement & les loyers des matelots, les contrats à grosse aventure ou à retour de voyage, les assurances, les avaries, le jet & la contribution, les prises, lettres de marque ou de représailles, les testamens & la succession de ceux qui meurent en mer. Le quatrième livre traite de la police des ports & havres, côtes, rades & rivages de la mer, des maîtres de quai, des pilotes, lamaneurs ou locmans, du lestage ou délestage, des capitaines gardes-côte, des personnes sujettes au guet de la mer, des naufrages, bris & échouemens, & de la coupe du varech ou vraicq. Enfin, le cinquième livre traite de la pêche qui se fait en mer, de la liberté de cette pêche, des pêcheurs, de leurs filets, des parcs & pêcheries, des poissons royaux, *&c.*; le commentaire qui a été fait en 1714 sur cette ordonnance, est peu estimé. Il y a encore une autre ordonnance pour la marine, du 15 avril 1689; mais elle ne concerne que la discipline des armées navales, & la première est la seule que l'on appelle *code*, comme contenant un réglement général pour la police de la marine. *Voyez* MARINE.

Le *code Michault*, qu'on appelle aussi *code Marillac*, est un surnom que l'on donne vulgairement à une ordonnance publiée sous Louis XIII, au mois de janvier 1629: elle a été ainsi appellée de Michel de Marillac, garde des sceaux de France, qui en fut l'auteur. Mais en la citant à l'audience, on ne la désigne point autrement que sous le titre d'*ordonnance de 1629*.

Elle fut tirée des anciennes ordonnances, & principalement de celle de Blois.

Louis XIII fit travailler à sa rédaction sur les plaintes & doléances faites par les députés des états de son royaume, convoqués & assemblés en la ville de Paris en 1614, & sur les avis donnés à S. M. par les assemblées des notables, tenues à Rouen en 1617, & à Paris en 1626.

Elle ne fut publiée & enregistrée à Paris que le 15 janvier 1629. Le roi séant en son lit de justice, en fit faire lui-même la publication & enregistrement. Elle ne fut enregistrée au parlement de Bordeaux que le 6 mars suivant; dans celui de Toulouse, le 5 juillet; à Dijon, le 19 septembre de la même année: elle fut aussi enregistrée au parlement de Grenoble, & ailleurs, dans la même année. Les parlemens de Toulouse, Bordeaux & Dijon, par leurs arrêts d'enregistrement, apportèrent chacun différentes modifications sur plusieurs de ses articles. Ces modifications, qu'il est essentiel de voir pour connoître l'usage de chaque province, sont rapportées à la suite de cette ordonnance avec les arrêts d'enregistrement, dans le *Recueil des ordonnances par* Néron, *tome I.*

Cette ordonnance est une des plus amples & des plus sages que nous ayons; elle contient 461 articles, dont les premiers règlent ce qui concerne les ecclésiastiques; les autres concernent les hôpitaux, les universités, l'administration de la justice, la noblesse & les gens de guerre, les tailles, les levées qui se font sur le peuple, les finances, la police, le négoce & la marine.

Le mérite de son auteur, les soins qu'il prit pour la rédaction de cette ordonnance, & la sagesse de ses dispositions, la firent d'abord recevoir avec beaucoup d'applaudissement dans tout le royaume; & c'est à tort que les continuateurs du dictionnaire de *Moréri* ont avancé le contraire à l'article du *garde des sceaux de Marillac.* Ils ont sans doute voulu parler du discrédit où cette ordonnance tomba quelque temps après la disgrace du maréchal de Marillac, qui retomba sur son frère. Le maréchal de Marillac avoit été de ceux qui opinèrent contre le cardinal de Richelieu, dans une assemblée qu'on nomma depuis *la journée des dupes ;* & le cardinal en ayant gardé contre lui un ressentiment secret, le fit arrêter le 30 octobre 1630 en Piémont, où il commandoit les troupes de France. Il fut condamné par des commissaires à perdre la tête ; ce qui fut exécuté le 10 mai 1632. Quant à Michel de Marillac, on lui ôta les sceaux le 12 novembre 1630 ; on l'arrêta en même temps, & on le conduisit au château de Caen, ensuite en celui de Châteaudun, où il mourut de chagrin le 7 août 1632.

Ainsi la disgrace de Michel de Marillac ayant suivi de près la publication de l'ordonnance de 1629, cette ordonnance tomba en même temps dans un discrédit presque général.

Il y eut néanmoins quelques endroits dans lesquels on continua toujours de l'observer, comme au parlement de Dijon, où elle est encore suivie ponctuellement. M. le président Bouhier, en son *Commentaire sur la coutume de Bourgogne*, cite souvent cette ordonnance.

Il a été un temps que les avocats au parlement de Paris & de plusieurs autres parlemens n'osoient pas la citer dans leurs plaidoyers.

Cependant la sagesse de cette ordonnance l'a emporté peu-à-peu sur la mauvaise fortune ; & nous voyons que depuis environ soixante années, on a commencé à la citer comme une loi sage, & qui méritoit d'être observée : les magistrats n'ont pas fait non plus difficulté de la reconnoître. On voit dans un arrêt du 30 juillet 1693, rapporté au journal des audiences, que M. d'Aguesseau, alors avocat-général, & depuis chancelier de France, cita cette ordonnance comme une loi qui devoit être suivie. Elle est pareillement citée par plusieurs auteurs, notamment par M. Bretonnier, en divers endroits de son *Recueil de questions ;* & par Fromental, en ses *Décisions de droit*. Et présentement il paroît que l'on ne fait plus aucune difficulté de la citer, ni de s'y conformer.

Il faut même observer que, depuis cette ordonnance, il en est survenu d'autres qui ont adopté plusieurs de ses dispositions ; telle que celle de l'*article 124*, qui ordonne que dans les substitutions graduelles & perpétuelles, les degrés seront comptés par personnes & par têtes, & non par souches & par générations ; ce qui se pratiquoit ainsi au parlement de Dijon en conséquence de cet article. L'ordonnance des substitutions du mois d'août 1747, ordonne la même chose, *art. 33*.

Il y a aussi quelques dispositions de l'ordonnance de 1629, introductives d'un droit nouveau, qui n'ont pas été reçues par-tout ; comme l'*article 126* qui veut que les testamens olographes soient valables par tout le royaume : ce qui a été modifié par l'ordonnance des testamens, *art. 19*, qui porte seulement que l'usage des testamens, codicilles, & autres dispositions olographes, continuera d'avoir lieu dans les pays & dans les cas où ils ont été admis jusqu'à présent.

Le *code militaire* est une compilation des ordonnances & réglemens faits pour les gens de guerre depuis 1651. Cet ouvrage est de M. le baron de Sparre. Il est divisé en onze livres, dont les dix premiers regardent la discipline militaire ; le onzième concerne les jeux défendus dans les garnisons, les mariages des officiers, sergens & soldats, & les congés absolus. L'auteur y a joint les réglemens faits contre les duels, ceux faits par MM. les maréchaux de France pour les réparations d'honneur, la déclaration du 23 décembre 1702 pour les lettres d'état, & l'édit de 1693 portant institution de l'ordre de S. Louis. Pour compléter cet ouvrage, il faudroit y joindre toutes les nouvelles ordonnances rendues depuis vingt ans, qui sont en grand nombre, & qui ont introduit dans les troupes de France beaucoup de réglemens nouveaux.

Il y a aussi un *code militaire* des Pays-Bas, imprimé à Mastricht en 1721, vol. *in-8°*.

Le *code municipal* est une analyse des réglemens concernant les officiers municipaux ; ils sont réunis dans un vol. *in-12*, imprimé en 1761.

Ce recueil est divisé en six parties. La première traite de l'origine & de l'établissement des officiers municipaux, de leur élection ; de ceux qui sont en titre, de leurs droits, prérogatives & obligations.

La seconde traite de l'administration des revenus des communautés, de la gestion de leurs biens patrimoniaux & d'octrois, de leurs dettes & procès, & des comptes des administrateurs.

Il est question dans la troisième de la direction & de l'entretien des ouvrages publics : dans la quatrième, des impositions & des devoirs des officiers municipaux, soit dans leur répartition, soit dans leur recouvrement.

La cinquième regarde l'exécution des réglemens de police, relatifs au service militaire ; & la dernière comprend les différentes créations & suppressions des offices municipaux, & les charges imposées sur les villes, pour acquitter le prix de la réunion de ces offices aux corps des villes.

Du code Néron. On a quelquefois donné ce nom, mais improprement, à un recueil d'ordonnances, édits & déclarations, fait par Pierre Néron & Girard, avocats au parlement. La plus ancienne ordonnance de ce recueil est du mois de mai 1632, & les derniers réglemens sont de 1719 ; mais ce recueil est imparfait, en ce qu'il ne comprend qu'une partie des ordonnances rendues depuis le temps auquel il remonte. On y a inséré plusieurs édits, sans mettre les déclarations qui les ont modifiés ou révoqués ; & au contraire on y a mis plusieurs déclarations sans y comprendre les édits en interprétation desquels elles ont été données. Nous n'avons cependant point de recueil moderne plus ample, en attendant que l'excellent recueil des ordonnances de la troisième race, auquel MM. Secousse, de Laurière, Villevaut & de Brequigny ont travaillé par ordre du roi. On peut seulement suppléer une partie des édits & arrêts qui manquent dans le recueil de Néron, par le recueil des édits & déclarations enregistrés au parlement de Dijon, qui a été imprimé en onze volumes *in*-4°., & comprend les principaux édits & déclarations intervenus depuis 1666 jusqu'en 1710.

Le *code noir* est le surnom que l'on donne vulgairement à l'édit de Louis XIV, du mois de mars 1685, pour la police des isles françoises de l'Amérique. On l'appelle ainsi *code noir*, parce qu'il traite principalement des nègres ou esclaves noirs que l'on tire de la côte d'Afrique, & dont on se sert aux isles pour l'exploitation des habitations. On tient que le célèbre M. de Fourcroy, avocat au parlement, fut celui qui eut le plus de part à la rédaction de cet édit. Il est divisé en soixante articles, dont le plus grand nombre regarde la police des nègres. Il y en a cependant plusieurs qui ont d'autres objets; tels que l'*article premier*, qui ordonne de chasser les Juifs; l'*article 3*, qui interdit tout exercice public d'autre religion que la catholique; l'*article 5*, qui défend à ceux de la R. P. R. de troubler les catholiques; l'*article 6*, qui prescrit l'observation des dimanches & fêtes; les *articles 8* & *10*, qui règlent les formalités des mariages en général: les autres articles concernent les esclaves ou nègres, & règlent ce qui doit être observé pour leur instruction en matière de religion, les devoirs respectifs de ces esclaves, & de leurs maîtres, les mariages de ces esclaves, l'état de leurs enfans, leur pécule, leur affranchissement, & divers autres objets. Il faut joindre à cet édit celui du mois d'octobre 1716, & la déclaration du 15 décembre 1721, qui forment un supplément au *code noir*.

Le *code pénal* est un traité des peines qui doivent être infligées pour chaque crime ou délit. Ce traité donné au public, en 1752, par un auteur anonyme, forme un volume *in*-12. Il est intitulé *code pénal*, ou recueil des principales ordonnances, édits & déclarations sur les crimes & délits, & précis des loix ou des dispositions des ordonnances, édits & déclarations.

Il est divisé en cinquante titres; les loix pénales y sont rangées suivant l'ordre de nos devoirs. Les sept premiers titres regardent Dieu & la religion; les titres huit & neuf jusqu'au treizième, concernent l'état & la patrie; les autres titres regardent les crimes opposés à ce que nous devons aux autres & à nous-mêmes. On a mis au commencement de cet ouvrage un essai sur l'esprit & les motifs de la procédure criminelle: il est d'ailleurs composé de deux parties, dont l'une est le texte même des loix pénales, & l'autre renferme les maximes où l'auteur a exprimé la substance de ces mêmes loix.

Le *code criminel*, qui est l'ordonnance de 1670, contient les procédures qui doivent êtres faites contre les accusés. L'*art. 13* du *titre 29* indique l'ordre des peines entre elles; mais il n'en fait pas l'application aux différentes especes de crimes: c'est l'objet du *code pénal*, où l'on a rassemblé les loix pénales qui sont éparses dans une infinité de volumes.

Le *code de la police* contient l'analyse des réglemens de police. Ce recueil traite de la police dans tous ses rapports, de ses magistrats & officiers, de la religion, des mœurs, de la santé, des vivres, de la voierie, de la tranquillité & sûreté publiques, des sciences, des arts libéraux, du commerce, des arts méchaniques, des manufactures, des serviteurs, domestiques & manouvriers, & de la police des pauvres.

On trouve dans la seconde partie le recueil des principaux réglemens concernant les officiers de police, & l'exercice de leurs charges: il est précédé d'un mémoire sur les fonctions des subdélégués d'intendance, & terminé par le rapport de quelques expériences sur la conservation des bleds.

Le *code Pontchartrain* est le titre que quelques-uns mettent au volume ou recueil des réglemens concernant la justice, intervenus du temps de M. le chancelier de Pontchartrain, & imprimés par son ordre, en 1712, en deux volumes *in*-12.

Le *code des privilégiés* est le nom d'un volume *in*-8°. imprimé à Paris en 1653, dans lequel Louis Vrevin a rassemblé tout ce qui concerne les différens privilégiés.

Le *code rural* est un recueil de maximes & de réglemens concernant les biens de campagne. Ce petit ouvrage de M. Boucher d'Argis a paru en 1749; il forme deux volumes *in*-12, & est divisé en deux parties: la première contient les maximes; la seconde contient les réglemens & pièces justificatives de ce qui est avancé dans les maximes. Il contient en abrégé les principes des fiefs, des francs-aleux, censives, droits de justice, droits seigneuriaux & honorifiques; ce qui concerne la chasse & la pêche, les bannalités, les corvées, la taille royale & seigneuriale, les dixmes ecclésiastiques & inféodées, les baux à loyer & à ferme, les baux à cheptel, baux à rente, baux emphytéotiques; les troupeaux & bestiaux, l'exploitation des terres labourables, bois, vignes & prés, & plusieurs autres matières propres aux biens de campagne.

Le *code Savary* est un surnom que quelques-uns ont donné, dans les commencemens, au *code* marchand, ou ordonnance de 1673 pour le commerce. L'origine de ce surnom vient de ce que M. Colbert qui avoit conseillé au roi le dessein de faire un réglement général pour le commerce, fit choix, en 1670, de Jacques Savary, fameux négociant de Paris, pour travailler à l'ordonnance qui parut en 1673. Bornier, dans sa préface, dit que Savary rédigea les articles de cette ordonnance, & que, par cette raison, M. Pussort, conseiller d'état, avoit coutume de la nommer le *code Savary*; mais on l'appelle communément le *code marchand*, & plus réguliérement l'*ordonnance du commerce*.

Le *code du tabac* est un titre que l'on donne quelquefois au volume ou recueil des réglemens concernant la ferme du tabac; il est imprimé à la fin du *code* des tailles.

Le *code des tailles* est un recueil des ordonnances, édits, déclarations, réglemens & arrêts de la cour des aides sur le fait des tailles. Cet ouvrage est en deux volumes *in*-12.

Le *code le Tellier* est le surnom que quelques-uns donnent au recueil des réglemens concernant la justice, intervenus du temps de M. le chancelier le Tellier, & imprimés, en 1687, en deux volumes *in*-4°.

Le *code de la ville* est le titre qu'on donne quelquefois à une ordonnance de Louis XIV, du mois de décembre 1672, contenant un réglement général pour la jurisdiction des prévôts des marchands & échevins de la ville de Paris.

Le *code voiturin* est un recueil des édits, déclarations, lettres-patentes, arrêts & réglemens concernant les fonctions, droits, privilèges, immunités, franchises, libertés & exemptions, tant des messagers royaux que de ceux de l'université de Paris, & autres voituriers publics. Cet ouvrage, qui est sans nom d'auteur, forme deux volumes *in*-4°. il a été imprimé en 1748: il contient les principaux réglemens intervenus sur cette matière depuis l'an 1200 jusqu'au 16 décembre 1747; l'auteur y a mis, en quelques endroits, des notes pour en faciliter l'intelligence.

Le *code de la voirie* est un recueil des ordonnances, édits, déclarations, arrêts & réglemens sur le fait de la voirie, c'est-à-dire, de la police des chemins, rues & places publiques. Cet ouvrage forme un volume *in*-4°. On vient d'en publier une nouvelle édition que nous ferons connoître sous le mot VOIRIE.

Du code Léopold. Après avoir parlé des différentes collections des loix françoises auxquelles on donne le nom de *code*, nous ne devons pas oublier de faire mention du *code Léopold*, qui est en usage dans la Lorraine, & dont on suit les dispositions depuis que cette province a été réunie à la couronne.

On donne le nom de *code Léopold* à un recueil des ordonnances, édits & déclarations de Léopold, duc de Lorraine, auquel on a joint différens arrêts de réglemens, rendus, tant en son conseil d'état & des finances, que dans les cours souveraines, sur des cas importans & publics.

Il fut réimprimé à Nanci, en 1733, en trois volumes *in*-4°. Le premier commence au 10 février 1698, & finit au 12 décembre 1712; le second comprend depuis le 7 janvier 1713 jusqu'au 28 décembre 1723; le troisième contient depuis le 3 janvier 1724 jusqu'au 27 décembre 1729.

Cette collection a été continuée depuis la mort du duc Léopold : elle monte à présent à quinze volumes dans lesquels on a inséré les loix du duc François, du roi Stanislas, de Louis XV & de Louis XVI, ainsi que les arrêts & réglemens du parlement & des chambres des comptes, les ordonnances du commandant & de l'intendant de la province, & tous les actes relatifs à la législation & à l'administration du pays.

La ville de Nanci a un *code* particulier de police, publié en 1769 par les soins de ses officiers municipaux, & homologué par arrêt du parlement de Lorraine, du 4 janvier de la même année.

Ce *code*, divisé en dix-huit titres, comprend tous les objets qui ont rapport à la police : l'observation des fêtes & dimanches; les étrangers, & leur admission au droit de bourgeoisie; les serviteurs & domestiques; la police des halles & marchés de grains; les boulangers, les bouchers & chaircutiers; les marchés, les poissonniers, les aubergistes, cabaretiers, taverniers, cafetiers & maîtres de billards; le commerce des revendeurs; les livreurs de bois; les manœuvres & voituriers; les porteurs de chaise; les carrosses publics; la propreté des rues, les incendies, l'échenillage.

SECTION III.

Des codes étrangers.

Le *code d'Aragon & de Castille*, ou corps des loix observées dans ces royaumes, fut commencé sous le règne de Ferdinand III, & achevé sous celui d'Alphonse X, son fils. C'est sans doute ce qui a fait dire à Ridderus, ministre de Rotterdam (*de erud. cap. 3*), qu'Alphonse étoit très-versé dans la jurisprudence, & qu'il avoit rédigé un *code* de loix, divisé en sept livres, dans lequel étoit rassemblé tout ce qui concerne le culte divin & ce qui regarde les hommes. Mais M. Bayle, en son dictionnaire à l'article de *Castille*, observe que ce seroit se tromper grossiérement, que de prétendre qu'Alphonse a été lui-même le compilateur de ces loix; qu'il a fait en cela le même personnage que Théodose, Justinien & Louis XIV, par rapport aux *codes* qui portent leur nom.

Le *code carolin* est un réglement général, fait en 1752 par dom Carlos, roi des deux Siciles, pour l'abréviation des procès. Il est dressé sur le modèle du *code Frédéric* dont nous allons parler. *Voyez* NAPLES.

Le *code Frédéric* est un corps de droit, composé par ordre de Charles Frédéric, aujourd'hui roi de Prusse, électeur de Brandebourg, pour servir de principale loi dans tous ses états.

Ce qui a porté ce prince à faire cette loi nouvelle, est l'incertitude & la confusion du droit que l'on suit dans l'Allemagne en général, & en particulier de celui que l'on suivoit dans les états de Prusse.

Jusqu'au treizième siècle, chaque peuple d'Allemagne avoit ses loix propres qui ont été recueillies par Lindenbrog, Goldast, Baluze, *&c.* mais elles étoient fort concises, & ne décidoient qu'un petit nombre de cas.

Le droit romain fut introduit en Allemagne vers

la fin du treizième siècle & au commencement du quatorzième.

On reçut aussi, dans le treizième siècle, les décrets de Grégoire IX, appellés aujourd'hui le *droit canon.*

L'Allemagne eut donc, depuis ce temps, trois sortes de loix qui s'observoient concurremment; &, dans certains cas, on étoit en doute lequel devoit prévaloir du droit allemand, du droit romain, ou du droit canon.

Toutes ces différentes loix ne décident la plupart que des cas particuliers, au lieu qu'il auroit fallu les réduire en forme de systême, suivant les divers objets du droit, comme Justinien a fait dans ses *Institutes.*

Ces inconvéniens engagèrent l'empereur Frédéric III, en 1441, à abroger en quelque sorte le droit romain en Allemagne par la résolution de l'empire; &, pour cet effet, il ne permit qu'à certains docteurs de donner des réponses sur le droit, leur ordonnant aussi de rendre leurs réponses conformes aux loix reçues & approuvées. Il défendit à tous autres docteurs de prendre séance dans les justices, & de donner des instructions aux parties; & il supprima tous les avocats.

Cette résolution de l'empire ne mit guère plus de certitude dans la jurisprudence d'Allemagne; & Maximilien, fils de Frédéric, en établissant la chambre de justice de l'empire, y introduisit en même temps le droit romain, & voulut qu'il fût encore observé comme un droit impérial & commun : ce qui fut résolu dans les diètes de l'empire des années 1495 & 1500.

L'étude des loix est encore devenue plus difficile par la multitude de commentateurs qui ont paru en Italie, en France, en Espagne, & sur-tout en Allemagne; au lieu de s'attacher à la loi, on suivit l'opinion commune des docteurs, chacun prétendit avoir pour soi l'opinion commune; & l'abus alla si loin, que, dès qu'un avocat pouvoit rapporter en sa faveur l'opinion de quelque docteur, ni lui ni sa partie ne pouvoient être condamnés aux dépens.

Tel est encore l'état de la jurisprudence dans la plus grande partie de l'Allemagne.

Plusieurs savans ont fait des voeux pour la réformation de la justice dans l'Allemagne; quelques-uns ont donné des projets d'un nouveau *code;* les empereurs même ont proposé plusieurs fois dans les diètes la réformation de la justice : mais toutes les délibérations qui ont été faites, n'ont abouti qu'à mieux régler la procédure, & l'on n'a point formé de corps de droit général & certain.

Quelques états de l'empire ont, à la vérité, fait dresser des corps de droit, entre lesquels ceux de Saxe, de Magdebourg, de Lunebourg, de Prusse, du Palatinat & de Wirtemberg, méritent des éloges; mais aucun de ces *codes* n'est universel, & ne renferme toutes les matières de droit : ils ne sont point réduits en forme de systême, ils ne contiennent point de principes généraux sur chaque matière; la plupart ne règlent que la procédure & quelques cas douteux; c'est pourquoi on y laisse subsister le recours aux loix romaines.

La jurisprudence n'étoit pas moins incertaine dans les états du roi de Prusse, avant la publication du nouveau *code* dont il s'agit ici.

Outre le droit romain qu'on y avoit reçu, le droit canon y avoit aussi une grande autorité avant que les états de Prusse se fussent séparés de communion d'avec l'église romaine; les docteurs mêloient encore à ces loix un prétendu droit allemand, qui n'étoit qu'imaginaire, puisqu'on ne sait rien de certain de son origine, & que la plupart de ces loix germaniques, ne convenant plus à l'état présent du gouvernement, sont depuis long-temps hors d'usage.

La confusion étoit encore plus grande dans quelques provinces, par l'introduction du droit saxon qui diffère en bien des cas du droit commun, & que l'on suivoit principalement pour la procédure.

Chaque province & presque chaque ville alléguoient des statuts particuliers, inconnus pour la plupart aux habitans.

Le grand nombre d'édits particuliers, souvent contradictoires entre eux, augmentoit encore l'incertitude de la jurisprudence, & la difficulté de l'étudier.

Il s'étoit aussi introduit, dans chaque province, un style particulier de procéder; & cette diversité de styles donnoit lieu à tant d'incidens, qu'on étoit obligé d'évoquer au conseil la plupart des affaires.

Pour remédier à tous ces inconvéniens, le roi de Prusse, à présent régnant, fit lui-même un plan de réformation de la justice.

Ce plan contenoit en substance, que l'homme est né pour la société; ce n'est que par-là qu'il diffère des animaux : la société ne sauroit se maintenir ou du moins ne peut procurer à l'homme les avantages qui lui conviennent, si l'ordre n'y règne; c'est ce qui distingue les nations policées des sauvages : les sociétés les mieux établies sont exposées à trois sortes de troubles, les procès, les crimes & les guerres : les guerres ont leurs loix dans le droit des gens : les crimes & les procès font l'objet des loix civiles; mais les procès seuls ont été l'objet de cette réformation.

Les procès peuvent être terminés par trois voies, l'accommodement volontaire, l'arbitrage & la procédure judiciaire; les deux premières voies étant rarement suffisantes, il faut des tribunaux bien réglés & un ordre judiciaire.

C'est dans cet ordre qu'il s'est glissé plusieurs abus auxquels il s'agit de remédier. Abolir totalement les procès, c'est chose impossible; mais il faut rendre la loi certaine & la procédure uniforme, & abréger les procès de manière que tous soient terminés par trois instances ou degrés de jurisdiction, dans l'espace d'une année.

Le roi de Prusse, ayant communiqué ce plan à son grand-chancelier, lui ordonna d'en commencer l'essai dans la Poméranie où les procès sont les plus fréquens.

L'exécution ayant parfaitement répondu aux espérances, le roi ordonna à son grand-chancelier de dresser un ample projet d'ordonnances, & de le faire pratiquer provisionnellement dans tous ses états & par tous les tribunaux, leur enjoignant de faire ensuite leurs observations & leurs remontrances sur les difficultés qui pourroient se rencontrer dans l'exécution de ce plan, afin qu'il y fût pourvu avant de mettre la dernière main à cette ordonnance. C'est ce qui a été exécuté quelque temps après par la rédaction du *code Frédéric*.

Il a été publié en langue allemande afin que chacun pût entendre la loi qu'il doit suivre. M. A. A. de C. conseiller privé du roi, a traduit ce *code* en françois le plus littéralement qu'il étoit possible.

Suivant cette traduction, l'ouvrage est intitulé *code Frédéric* ou *corps de droit* pour les états de sa majesté le roi de Prusse. La suite du titre annonce que ce *code* est fondé sur la raison & sur les constitutions du pays; qu'on y a disposé le droit romain dans un ordre naturel, retranché les loix étrangères, aboli les subtilités du droit romain, & pleinement éclairci les doutes & les difficultés que le même droit & ses commentateurs avoient introduits dans la procédure; enfin que ce *code* établit un droit certain & universel. On verra cependant qu'il y a encore plusieurs loix différentes, admises dans certains cas. Ce *code* ne comprend que les loix civiles qui ont rapport au droit des particuliers : ce qui concerne la police, les affaires militaires & autres, n'entre point dans ce plan.

L'ouvrage est divisé en trois parties, suivant les trois objets différens du droit, distingués par Justinien dans ses *Institutions*; savoir, l'état des personnes, le droit des choses & les obligations des personnes d'où naissent les actions.

Chaque partie est divisée en plusieurs livres, chaque livre en plusieurs titres, chaque titre en paragraphes; &, lorsque la matière d'un titre est susceptible de plusieurs subdivisions, le titre est divisé en plusieurs articles, & les articles en paragraphes.

Le premier titre de chaque livre est destiné uniquement à annoncer l'objet de ce livre & la division des titres. On a conservé, dans les rubriques & en plusieurs endroits de l'ouvrage, les noms latins des actions & autres termes consacrés en droit, auxquels les officiers de justice sont accoutumés, & qui ne pouvoient être rendus avec précision dans la langue allemande.

On remarque aussi, en beaucoup d'endroits de ce *code*, qu'il ne contient pas simplement des dispositions nouvelles, mais qu'il rappelle d'abord ce qui se pratiquoit anciennement, & les motifs pour lesquels la loi a été changée; & que le législateur, pour rendre sa disposition plus intelligible, emploie quelquefois des comparaisons & des exemples.

Le titre second du premier livre ordonne que le *code Frédéric* sera à l'avenir la principale loi des états du roi de Prusse.

Pour cet effet, il est défendu aux avocats de citer à l'avenir l'autorité du droit romain ou de quelque docteur que ce soit, & aux juges d'y avoir égard, abrogeant tous autres droits, constitutions & édits différens ou contraires au *code Frédéric*.

L'éditeur de la traduction de ce *code* dit néanmoins dans sa préface, que l'intention du roi de Prusse n'a pas été d'empêcher que l'on ne donnât à l'avenir dans les universités des leçons sur le droit romain; parce que, connoissant son autorité par rapport aux affaires qu'il peut avoir à démêler dans l'empire avec ses voisins, & qu'il doit poursuivre dans les tribunaux de l'empire, il est convenable que la science de ce droit soit cultivée, & aussi pour les étrangers qui viennent l'apprendre dans les universités.

Le roi de Prusse déclare qu'aucune coutume contraire ne pourra prévaloir sur son *code*, quand même elle seroit approuvée par des arrêts qui auroient acquis force de chose jugée.

Il défend aux juges d'interpréter la loi sous prétexte d'en prendre l'esprit ou de motifs d'équité; mais il veut qu'ils puissent l'appliquer & l'étendre à tous les cas semblables qui n'auroient pas été prévus.

Quand quelque point de droit paroîtra douteux aux juges & avoir besoin d'éclaircissement, il leur est ordonné de s'adresser au département des affaires de la justice pour donner les éclaircissemens & les supplémens nécessaires; & il est dit que ces décisions seront imprimées tous les ans; mais les parties ne pourront s'adresser directement au prince pour demander l'interprétation d'une loi; la requête sera renvoyée au juge, avec un rescrit pour l'administration de la justice.

Il est défendu aux tribunaux de faire aucune attention aux rescrits qui seront manifestement contraires à la teneur de ce corps de droit, lesquels n'auront pas force de loi; car le roi déclare qu'en les donnant, son intention sera toujours de les rendre conformes à son *code*.

Quant aux ordres émanés du cabinet du roi, si les tribunaux les croient contraires au *code*, ils feront leurs représentations & demanderont de nouveaux ordres, lesquels seront exécutés.

Il est aussi défendu de faire des commentaires ou dissertations sur tout le corps de droit ou sur quelqu'une de ses parties.

Le *code Frédéric* ne pourra servir pour la décision des cas arrivés avant sa publication, si ce n'est qu'il puisse éclaircir quelque loi douteuse.

Comme les sujets du roi de Prusse, qui font profession de la religion catholique, doivent, en vertu de la paix de Westphalie, être jugés selon leurs principes en matière de foi, le roi conserve au droit canon force de loi, en tant qu'il est nécessaire pour cet effet; mais il l'abroge dans toutes les affaires civiles, & n'en excepte que ce qui concerne les offices & dignités dans les chapitres; comme aussi les droits qui en dépendent, & ce qui regarde les dixmes : le tout sera décidé suivant le droit canon, même entre les sujets du roi qui sont protestans.

Les causes féodales seront jugées selon le droit féodal jusqu'à ce que le roi ait fait composer & publier un droit féodal particulier.

Les constitutions particulières qui seront données pour décider les cas non prévus dans le *code*, auront force de loi deux mois après leur publication.

A l'égard des statuts ou privilèges particuliers des provinces, villes, communautés, ou de quelques particuliers, ceux qui voudront les conserver, les rapporteront dans l'espace d'une année, le roi se réservant de les approuver suivant l'exigence des cas, & de faire imprimer & joindre à son *code* un appendice qui contiendra les droits particuliers de chaque province.

Il invite néanmoins les provinces à concourir de leur part à rendre le droit uniforme, & à se soumettre sur-tout à l'ordre de succession, établi dans son *code*, & à renoncer pour l'avenir à la communauté de biens qu'il regarde comme une source de procès.

Outre les loix dont il vient d'être fait mention, il est dit qu'une coutume raisonnable & bien établie par un usage constant aura force de loi, pourvu qu'elle ne soit pas contraire à la constitution de l'état ou au *code Frédéric*.

Enfin le roi déclare que, dans les procès où il sera intéressé, s'il y a du doute, il aime mieux souffrir quelque perte, que de fatiguer ses sujets par des procès onéreux.

Les autres titres de ce même livre traitent de l'état des personnes qui sont d'abord distinguées en mâles, femelles, hermaphrodites; les personnes de cette dernière espèce, dans lesquelles aucun des deux sexes ne prévaut, peuvent choisir celui que bon leur semble : mais, leur choix étant fait, elles ne peuvent varier. Ainsi un hermaphrodite qui a épousé un homme, ne peut plus épouser une femme.

On voit, dans le titre 5, qu'il n'y a point d'esclaves, proprement dits, dans les états du roi de Prusse, mais seulement, dans quelques provinces, des serfs attachés à certaines terres, à-peu-près comme nous en avons en France.

Le titre 6 concerne l'état de citoyen; mais l'éditeur avertit, à la fin de sa préface, que cette matière n'a pu pour cette fois être traitée avec l'étendue requise, parce qu'on travaille actuellement à un réglement qui doit déterminer jusqu'où les affaires des villes appartiendront à la connoissance du département de la justice; & il annonce que cet état sera réglé plus amplement, lorsqu'on fera la revision de ce nouveau *code*.

Entre les devoirs réciproques du mari & de la femme, il est dit que, si la femme est en la puissance de son mari, que, si elle s'oublie, il peut la ramener à son devoir d'une manière raisonnable; qu'elle ne doit point abandonner son mari; que le mari ne peut pas non plus se séparer d'elle sans des raisons importantes; & qu'il ne peut, sans commettre adultère, avoir commerce avec une autre.

Les bâtards simples peuvent être légitimés par mariage subséquent, ou par lettres du prince seulement; le droit d'accorder de telles lettres est ôté aux comtes appellés *palatins*.

Les adoptions sont admises par ce nouveau *code*, à-peu-près comme elles avoient lieu chez les Romains.

On y règle aussi les effets de la puissance paternelle. Il est permis au père de châtier ses enfans modérément, même de les enfermer dans sa maison; mais non pas de les battre jusqu'à les faire tomber malades, ni de les faire enfermer dans une maison de correction, sans que la justice en ait pris connoissance.

Par rapport aux mariages, ils doivent être précédés de trois annonces ou bancs pendant trois dimanches consécutifs. Le roi seul pourra dispenser des trois annonces, ou même de deux : mais les consistoires pourront dispenser d'une; & le roi confirme l'usage observé à l'égard des annonces des nobles, de les faire publier sans qu'ils y soient nommés. On ne conçoit pas quelle publicité cela peut donner à leurs mariages.

Entre les causes pour lesquelles un mariage légitime peut être dissous, il est permis aux conjoints de le faire d'un mutuel consentement, après néanmoins qu'on aura essayé, pendant un an, de les réunir.

Un des conjoints peut demander la dissolution du mariage pour cause d'adultère commis par l'autre conjoint.

Il suffit même au mari que sa femme ait un commerce suspect avec des hommes, comme si elle leur écrit des billets doux, *&c.* Ces galanteries ne sont pas punies par-tout si sévérement.

Le mariage est encore dissous, lorsqu'un des époux abandonne l'autre malicieusement, ou lorsque l'un des deux conçoit contre l'autre une inimitié irréconciliable, ou contracte le mal vénérien, *&c.* ou lorsqu'il devient furieux ou imbécille, & demeure en cet état.

L'article 3 du titre 3, *liv. II*, distingue deux sortes de concubinage : le premier, qu'on appelle *mariage à la morganatique* ou *de la main gauche*, lequel n'est pas permis selon les loix : le prince se réserve néanmoins la faculté de le permettre aux gens de qualité ou de condition éminente, lorsqu'ils ne veulent pas s'engager dans un second mariage, & que néanmoins ils n'ont pas le don de continence : l'autre sorte de concubinage, qui n'est point accompagné de la bénédiction nuptiale, est absolument défendu comme par le passé.

Les titres suivans règlent ce qui concerne la dot, les paraphernaux, les biens de la femme appellés *res receptitiæ*, la donation à cause de noces, le douaire, *dotalitium*, accordé aux veuves parmi la noblesse, le présent appellé *morgengabe*, que le mari fait à sa femme le lendemain des noces, la succession réciproque du mari & de la femme, lorsque cela est stipulé dans le contrat, & la portion appellée *statutaire*, que le survivant gagne en quelques provinces, & qui est de la moitié des biens du prédécédé.

Le surplus de cette première partie est employé à régler les tutèles.

La seconde partie est divisée en huit livres, qui forment deux volumes : cette partie traite du droit réel que les personnes ont sur les choses, de la distinction des biens, des différentes manières de les acquérir & de les perdre; ce qui embrasse les prescriptions; les servitudes, les gages & hypothèques, les successions, les testamens & codicilles, tout y est assez conforme au droit romain, excepté que l'on en a retranché beaucoup de choses qui ne conviennent plus au temps ni au lieu. Et, pour les testamens, il est ordonné qu'à l'avenir ils ne pourront être faits qu'en justice en présence de trois officiers de la jurisdiction : l'usage des testamens devant notaires & témoins est aboli.

La troisième partie traite des obligations de la personne, & de la procédure.

C'est dans cette dernière partie que le roi s'attache principalement à réformer l'ordre judiciaire.

Il distingue trois degrés de jurisdiction; savoir, les justices inférieures, les justices supérieures où ressortit l'appel des premières, & les tribunaux où ressortit l'appel des justices supérieures.

Il règle de quels officiers chaque siège doit être composé, & le devoir de chaque officier en particulier.

Les rapports doivent être expédiés en huit ou quinze jours, à moins qu'il n'y ait une nécessité indispensable de prolonger ce délai.

Tout procès doit être terminé en trois instances ou degrés de jurisdiction dans l'espace d'une année.

Les avocats qui n'ont ni les sentimens d'honneur, ni les talens que demande leur profession, doivent être cassés; le nombre en doit être fixé à l'avenir dans chaque tribunal; les candidats seront examinés à fond sur le droit & les ordonnances; l'honoraire des avocats sera fixé par le jugement selon leur travail, & ils ne pourront rien prendre des parties, que le procès ne soit terminé; leur ministère ne sera employé que dans les grandes villes & dans les tribunaux considérables, à l'avenir ils sont seuls chargés de faire les procédures qui sont fort simplifiées, & le ministère des procureurs est supprimé.

Tel est en substance le système de ce nouveau *code*, par lequel on peut juger de la forme du gouvernement & des mœurs du pays par rapport à l'administration de la justice; il seroit à souhaiter que l'on fît la même chose dans les autres états où les loix ne sont point réduites en un corps de droit.

Tous les souverains de l'Europe ont senti les inconvéniens qui résultoient pour leurs peuples de la multiplicité des loix, tant civiles que criminelles, & des formes abusives, introduites dans la procédure. Plusieurs d'entre eux se sont appliqués à la réforme de ces objets. Le roi de Sardaigne & l'impératrice de Russie ont commencé par celle des loix pénales. Nous ferons connoître les principales dispositions de leurs *codes*, lorsque nous traiterons de la procédure criminelle, & sous les mots RUSSIE & SAVOIE.

CODÉBITEURS, s. m. pl. (*Jurisprud.*) sont ceux qui sont obligés à une même dette, soit par un même titre ou par des actes séparés. Les *codébiteurs*, quoique obligés conjointement & par le même acte, ne sont pas obligés solidairement, à moins que la solidité ne soit exprimée dans l'acte; sans cela l'obligation se divise de droit entre eux par égales portions, à moins qu'il n'y ait quelque clause expresse qui en oblige un à payer plus que l'autre. Les *codébiteurs* sont appellés, en droit, *correi debendi sive promittendi*; il en est parlé en différens textes du droit, *Inst. lib. III*, *tit. 17*, *ff. c. tit. de duob. reis constituend.* Suivant le droit romain, les *codébiteurs* étoient toujours solidairement obligés, mais Justinien par la novelle 99, *cap. 1*, décida qu'il n'y auroit de solidité entre eux, que lorsqu'elle seroit spécialement exprimée dans l'acte. Le motif de cette décision est fondé sur ce qu'il est difficile de reconnoître par les termes généraux de l'obligation de plusieurs personnes, si elles ont eu l'intention de s'obliger solidairement l'une pour l'autre, ou de diviser entre elles l'obligation.

CODÉCIMATEUR, s. m. (*Jurisprud.*) est celui qui a part dans des dixmes, soit ecclésiastiques ou inféodées, auxquelles un ou plusieurs autres décimateurs ont aussi droit chacun selon leur part & portion. Les *codécimateurs* qui jouissent des grosses dixmes, sont tenus chacun solidairement de fournir la portion congrue, ou le supplément d'icelle, au curé qui n'a point de gros, sauf à celui qui a payé la totalité, à exercer son recours contre chacun des autres *codécimateurs* pour leur part & portion. *Voyez* DÉCIMATEUR & DIXMES. (*A*)

CODÉTENTEURS, s. m. pl. (*Jurisprud.*) sont ceux qui sont conjointement détenteurs d'un même héritage, soit par indivis ou divisément, chacun pour telle part & portion qu'ils y ont droit.

Les *codétenteurs* sont tous obligés solidairement au paiement des charges foncières; & celui qui a payé pour tous n'a pas un recours solidaire contre les autres *codétenteurs*, mais seulement contre chacun, pour telle part & portion dont ils sont détenteurs.

En matière de rente constituée, l'un des *codétenteurs* de l'héritage hypothéqué, étant poursuivi par action personnelle, suivant la coutume de Paris, pour payer la rente, n'a pas de recours de son chef contre ses *codétenteurs*, à moins que le créancier ne l'ait subrogé en ses droits & actions. Cette matière est très-bien expliquée par Loyseau, en son *Traité du Déguerpiss. liv. II*, *chap. 8.* (*A*)

CODICILLAIRE, adj. (*Jurisprud.*) ce terme est toujours joint avec celui de clause. *Voyez ci-devant* CLAUSE CODICILLAIRE.

CODICILLANT, adj. pris subst. (*Jurisprud.*) se

dit, en pays de droit écrit, pour exprimer celui qui fait un codicille, comme on appelle *testateur*, celui qui fait un testament. *Voyez ci-après* CODICILLE. (*A*)

CODICILLE, s. m. (*Jurisprud.*) est une disposition de dernière volonté, qui diffère en certaines choses des testamens.

Dans les pays de droit écrit, le *codicille* est un acte moins solemnel que le testament, par lequel on ne peut faire que des legs & autres dispositions particulières, sans institution d'héritier.

En pays coutumier, les *codicilles* ne diffèrent point des testamens, quant à la forme, ni quant aux effets; c'est pourquoi l'on dit ordinairement, dans ces pays, que les testamens ne sont que des *codicilles*.

Il y a néanmoins quelques coutumes qui requièrent plus de formalités pour un testament, proprement dit, que pour un simple *codicille*, comme celle de Berry, qui distingue les testamens des autres dispositions de dernière volonté.

On distingue aussi, en pays coutumier, les *codicilles* des testamens : on appelle premier, second, ou autres testamens, la disposition principale que le testateur fait de sa succession; & sous le nom de *codicille*, on entend certaines dispositions particulières mises, soit à la suite du testament ou par quelque acte séparé, par lesquelles le testateur ajoute, change ou modifie quelque chose à son testament.

Expliquons d'abord les règles que l'on suit pour les *codicilles* en pays de droit écrit, & nous parlerons ensuite des *codicilles* en pays coutumier.

Du codicille en pays de droit écrit. Vesembèce, en ses *Paratitles*, sur le titre *de codicillis*, *n.* 2, dit que le terme de *codicille* est un diminutif de *codex*, c'est-à-dire, *un petit écrit*, moindre que le testament.

On appelle *codicillant*, en pays de droit écrit, celui qui fait un *codicille*.

L'usage des *codicilles* étoit moins ancien chez les Romains que celui des testamens; la loi des douze tables ne parloit que des testamens, & les *codicilles* ne furent introduits que sous le règne d'Auguste.

Les *codicilles* ne furent d'abord autorisés que pour les fidéi-commis ou substitutions, lesquels étoient confirmés quoique faits par un *codicille :* mais il n'étoit pas encore permis de faire ainsi des legs; c'est ce que dénote *la loi 36*, *ff. de legat.* 3°. où il est dit que la fille de Lentulus paya des legs faits par un *codicille*, quoiqu'elle n'y fût pas obligée; il y a aussi plusieurs textes de droit qui indiquent que les legs, pour être valables, devoient être faits par testament. Dans la suite, on confirma les legs, soit universels ou particuliers, quoique faits par un *codicille;* mais le *codicille* ne saisit point le légataire; il doit demander la délivrance à l'héritier institué, s'il y en a un, ou à l'héritier *ab intestat*.

Le droit romain ne permet point d'instituer un héritier par un *codicille*, ni d'y instituer ou exhéréder ses enfans & autres qui ont droit de légitime; cela ne se peut faire que par testament, ce qui a été ainsi ordonné, dit Justinien, afin que le droit des testamens & des *codicilles* ne fût pas confondu.

Les *codicilles* peuvent concourir avec un testament, ou subsister sans qu'il y ait de testament; ils peuvent aussi précéder ou suivre le testament, & n'ont plus besoin d'être confirmés par le testament, comme cela se pratiquoit autrefois lorsqu'ils étoient antérieurs.

Lorsqu'il y a un testament, les *codicilles* antérieurs ou postérieurs sont censés en faire partie, & s'y rapportent tellement, que si le testament est nul dans son principe par quelque défaut de formalité, ou que l'héritier institué répudie la succession, les *codicilles* suivent le même sort que le testament.

On distingue dans le droit romain trois sortes de *codicilles;* savoir, 1°. ceux qui sont mystiques ou secrets, comme les testamens ainsi appellés, c'est-à-dire, qui sont écrits & clos ou cachetés; mais pour faire un tel *codicille*, il faut du moins pouvoir lire, comme il résulte de l'*art. 11 de l'ordonnance des testamens :* 2°. les *codicilles* nuncupatifs qui pouvoient être faits verbalement & sans écrit en présence de témoins, comme les testamens nuncupatifs; mais ces sortes de *codicilles* sont abrogés par l'ordonnance des testamens, qui veut que toutes dispositions, à cause de mort, soient rédigées par écrit, à peine de nullité : 3°. les *codicilles* olographes, qui sont admis par le droit romain en faveur des enfans & autres descendans; ces sortes de *codicilles* sont confirmés par l'ordonnance des testamens, qui veut qu'ils soient entiérement écrits, datés & signés de la main du testateur.

On ne doit pas prendre à la lettre quelques textes de droit, qui disent que les *codicilles* ne demandent aucune formalité; cela signifie seulement qu'ils ne sont pas sujets aux mêmes formalités que les testamens, comme d'instituer un héritier, d'instituer ou exhéréder ses enfans, & d'appeller sept témoins, *&c.*

Pour la validité du *codicille*, il faut, suivant le droit romain, que le codicillant, c'est-à-dire, celui qui dispose, explique sa volonté en présence de cinq témoins, assemblés dans le même lieu & dans le même temps; & si le *codicille* est rédigé par écrit & cacheté, les témoins doivent le signer.

L'*ordonnance des testamens*, *art. 14*, veut que la forme, qui a eu lieu jusqu'à présent pour les *codicilles*, continue d'être observée, & n'exige pas cinq témoins, si les statuts ou coutumes du lieu permettent d'en prendre un moindre nombre.

Cette règle a lieu dans plusieurs endroits régis par le droit écrit. Les usages de Toulouse, rédigés par écrit, sous le titre de *consuetudines Tolosæ*, n'exigent que deux témoins : la coutume de Bayonne, *tit. 11*, *art. 2*, déclare valable un testament ou *codicille* reçu par un notaire, en présence de témoins : celle de Labourd, *tit. 11*, *art. 5*, demande la présence de quatre témoins, ou d'un notaire & deux témoins : celle de la Sole, *tit. 6*, *art. 5*, déclare valable tout testament ou *codicille*, fait en présence d'un notaire, du curé ou du vicaire, & de deux témoins.

La présence même d'une personne publique n'est pas requise dans les cas d'extrême nécessité ; deux témoins suffisent, pourvu toutefois, que dans les trois jours postérieurs au décès du testateur, ils aillent faire écrire chez un notaire le testament ou *codicille*, & qu'ils en certifient la vérité.

Suivant l'ordonnance déjà citée des testamens, les *codicilles* doivent toujours être datés ; & si le *codicille* est clos, la date doit se trouver tant dans l'intérieur que dans l'acte de suscription : si le *codicille* est nuncupatif, il doit être prononcé non-seulement devant les témoins, mais aussi en présence de la personne publique qui en dresse l'acte ; & si le *codicille* est clos, il suffit qu'il soit écrit par le testateur ou d'une autre main, mais toujours signé du testateur ; & s'il ne sait ou ne peut signer, il faut appeller un témoin de plus à l'acte de suscription, comme cela est ordonné pour les testamens, *art. 10*. Il en est de même lorsque celui qui dispose est aveugle.

Les *codicilles* faits entre étrangers, c'est-à-dire, au profit d'autres que les enfans & descendans de celui qui dispose, doivent être reçus par un notaire ou tabellion, en présence de cinq témoins, y compris le notaire ou tabellion : si la coutume du lieu exige un moindre nombre de témoins, il suffit d'appeller le nombre qu'elle prescrit.

Pour ce qui est des *codicilles* faits au profit des enfans ou autres descendans de celui qui dispose, il suffit, suivant l'*art. 15 de l'ordonnance*, qu'ils soient faits en présence de deux notaires ou tabellions, ou d'un notaire & deux témoins.

Du reste, les témoins appellés à un *codicille*, doivent avoir les mêmes qualités que pour assister à un testament. Le droit romain distinguoit seulement les *codicilles*, en ce qu'il n'étoit pas nécessaire que les témoins fussent priés comme pour les testamens ; mais l'ordonnance ayant aboli cette subtilité, il n'y a plus à cet égard aucune distinction.

Les *codicilles* qui sont reçus par une personne publique, doivent être faits *uno contextu*, en présence de tous les témoins ; ils doivent être écrits & datés de la main même de l'officier public, de même que les testamens. Le *codicille* doit ensuite être lu en présence du codicillant & des témoins, & l'officier public doit faire mention de cette lecture, après quoi le codicillant doit signer ; & s'il ne le sait ou ne le peut faire, on en doit faire mention. Les témoins doivent pareillement signer tous, si c'est dans une ville ou bourg muré : mais si le *codicille* est fait ailleurs, il suffit qu'il y en ait deux qui sachent signer & qui signent en effet, & que l'on fasse mention que les autres ne savoient ou ne pouvoient signer ; enfin il faut que le notaire signe.

Pour ce qui est des *codicilles* en faveur des enfans ou descendans, en pays de droit écrit, ils ne demandent pas tant de formalités que ceux qui sont faits au profit d'étrangers : ils peuvent être faits en deux manières ; l'une en présence de deux notaires ou tabellions, ou d'un notaire & deux témoins ; l'autre en forme olographe, c'est-à-dire, qu'ils soient entièrement écrits, datés & signés du codicillant. *Art. 15 & 16 de l'ordonnance des testamens.*

Une différence essentielle entre les testamens & les *codicilles*, en pays de droit écrit, quant à leur effet, c'est que les dispositions faites par *codicille* ne saisissent point, mais sont sujettes à délivrance. Une seconde différence, quant à leur forme, c'est que le *codicille* ne peut contenir une institution d'héritier. Une troisième différence entre ces deux actes consiste : 1°. en ce que le testament renferme la disposition de l'universalité des biens, & par cette raison il est impossible que deux testamens différens subsistent ensemble. Les *codicilles*, au contraire, ne contenant que des dispositions particulières, ils peuvent tous subsister en quelque nombre qu'ils soient, pourvu que les derniers n'aient rien changé aux premiers.

En général ceux qui ont la liberté de tester, peuvent faire ou un testament, ou un *codicille*, & même l'un & l'autre ensemble. Par la même raison, celui qui ne peut tester, ne peut également faire de *codicille*, parce que pour être capable de disposer d'une partie de ses biens, il faut avoir les qualités nécessaires pour disposer du tout.

En pays coutumier, la forme des testamens & celle des *codicilles* est la même. Les *codicilles* qui se font devant une personne publique, peuvent être reçus par les mêmes officiers que les testamens, & ne demandent pas plus de formalités ; on y peut aussi faire des *codicilles* olographes, & les *codicilles* y ont le même effet que les testamens.

Les *codicilles* militaires ou faits en temps de peste, soit en pays coutumier ou en pays de droit, sont sujets aux mêmes règles que les testamens militaires.

Pour faire un *codicille* en général, il faut avoir la même capacité de disposer que pour faire un testament, si ce n'est qu'en pays de droit écrit, pour disposer par testament, il faut en avoir la capacité au temps du testament & au temps de la mort ; au lieu que pour un *codicille* il suffit de pouvoir disposer au temps de la mort.

A l'égard de la clause codicillaire, nous en avons parlé ci-devant au mot Clause.

Lorsqu'il n'y a point de testament, l'héritier du sang est obligé d'exécuter les dispositions contenues dans les *codicilles*, de même que s'il avoit été institué héritier. *Voyez* Legs, Testament.

CO-DONATAIRES, s. m. pl. (*Jurisprudence.*) sont ceux qui sont donataires conjointement d'un même effet : le donateur peut les associer ainsi, soit en leur donnant à tous, par un même acte, ou en leur donnant à chacun par un acte séparé. Il peut aussi leur donner à tous la même chose, par indivis ou par portions distinguées, égales ou inégales. *Voyez* DONATAIRE & DONATION. (*A*)

COEINTHE, (*terme particulier de la coutume de Sole.*) il y est employé, *art. 1 & 2 du tit. 5*, dans la signification de *circonstances*, d'*affaires*.

Toutes les fois, dit l'ancienne coutume, que les affaires du roi, ou que les *coeinthes* du pays l'exigent, le commandant ou le lieutenant de roi doivent convoquer la cour d'ordre, composée des grands, des gentilshommes & d'autres habiles gens de la province, pour leur remontrer ce dont est question, & prendre leur avis, & les défaillans & non-comparoissans encourent une amende de six sous morlais, au profit du roi.

Nous rapportons avec soin ces anciens articles de nos coutumes, parce qu'ils font connoître les usages qui s'observoient autrefois dans les provinces, & qu'ils nous instruisent de la forme dont nos pères procédoient dans toutes les affaires qui intéressoient le roi ou le public.

COÉQUÉS, (*terme de la Coutume de Bourbonnois, art. 410.*) elle joint ensemble les mots de *coéqués* & de *peréqués*, & tous les deux signifient les co-tenanciers d'un héritage sujet à une prestation de cens ou de rente.

Suivant la disposition de cette coutume, les co-tenanciers peuvent subdiviser entre eux la prestation du cens & de la rente, au *prorata* des portions que chacun possède dans l'héritage qui y est assujetti. Cette division s'appelle *coéquation* ou *peréquation*, & les co-tenanciers *coéqués* ou *peréqués* : elle n'empêche pas la solidité entre eux, mais elle les autorise à payer chacun leur part au seigneur, qui est contraint de l'accepter de chacun d'eux, sans préjudice néanmoins de la solidité, en vertu de laquelle il peut agir contre ceux qui ont payé leur portion, pour raison de ce qui lui est encore dû par les autres *coéqués*, même par prise de meubles & saisie de leurs parts, & autres héritages à eux appartenans.

COERCITION, s. f. (*Jurisprudence.*) signifie *punition des délinquans*. Le droit de *coercition* est un des attributs de la justice. Il y a certains officiers de police qui ont seulement ce que l'on appelle *jus vocationis & prehensionis*, c'est-à-dire le droit de faire appeller devant eux, & même de faire arrêter les délinquans, mais qui n'ont pas le droit de *coercition*. Quelques-uns confondent mal-à-propos le droit de correction avec le droit de *coercition*. Les supérieurs réguliers ont le droit de correction modérée sur leurs religieux, mais il n'ont pas le droit de *coercition*, lequel s'étend à toutes sortes de peines afflictives. (*A*)

COEX, s. m. (*Jurisprudence.*) on appelle ainsi, aux environ de la Rochelle, un tuyau de bois que l'on met sous une chaussée, pour conduire l'eau des marais salans. (*A*)

COFFRE, s. m. (*Jurisprudence.*) le don de *coffre*, hardes, trousseau & joyaux, est un gain nuptial & de survie, que l'on stipule ordinairement en Provence, dans les contrats de mariage, en faveur du survivant des futurs conjoints. La femme se fait reconnoître, par le contrat, ses *coffres*, hardes, &c. que l'on apprécie à une certaine somme, par exemple 1000 liv. Après cette reconnoissance & la constitution de dot, dans laquelle on comprend ces *coffres*, & après la donation de survie en argent, que l'on stipule en faveur du survivant, on ajoute que les *coffres*, hardes, &c. ensemble le prix & reconnu d'iceux, appartiendront au survivant. Cette clause, *ensemble le prix & reconnu d'iceux*, opère que la femme, en cas de survie, reprend en entier sa dot & ses *coffres* en nature, & encore 1000 en argent pour ses *coffres* : au contraire, si c'est le mari qui survit, il garde les *coffres* & hardes en nature; il est dispensé de payer aux héritiers de sa femme les 1000 livres qu'elle s'étoit fait reconnoître pour ses *coffres*, & ne leur rend que le surplus de la dot. *Voyez* GAINS NUPTIAUX ET DE SURVIE. (*A*)

CO-FIDÉJUSSEUR, s. m. (*Jurisprudence.*) est celui qui a répondu solidairement avec quelque autre de la dette du principal obligé.

Suivant le droit romain, un des *co-fidéjusseurs* qui a payé seul toute la dette au créancier, sans prendre de lui cession de ses droits & actions, ne peut agir contre ses *co-fidéjusseurs*, quoiqu'il n'ait pas besoin de subrogation pour répéter du principal obligé ce qu'il a payé pour lui. *Instit. livre III, tit. 21*, §. 4.

Cette maxime du droit romain s'observe encore en quelques provinces du droit écrit, comme l'observe Catelan, *liv. V. chap. 12*.

Mais l'usage commun est que celui des *co-fidéjusseurs* qui a payé sans s'être fait subroger par le créancier, peut néanmoins agir contre ses *co-fidéjusseurs* pour répéter de chacun d'eux leur part & portion. *Voyez* CAUTION & FIDÉJUSSEUR. (*A*)

COGNAT, adj. pris subst. COGNATION, s. f. (*Droit civil.*) les loix romaines appellent singuliérement *cognat*, celui qui est parent du côté des femmes. Ainsi la *cognation* par rapport à eux étoit le lien de parenté par les femmes, & elle différoit de l'agnation, qui est le lien de parenté par les mâles. *Qui per fœminei sexûs personam junguntur, agnati non sunt, sed naturali jure cognati*, dit l'empereur Justinien, *Inst. tit. de leg. agn. tut.* *Voyez* AGNATION.

Nous n'avons pas admis cette distinction subtile des jurisconsultes romains; & dans nos mœurs, le terme de *cognation* signifie en général la *parenté* qui est entre deux personnes unies, soit par les liens du sang, ou par quelque lien de famille, ou par l'un & l'autre de ces différens liens.

On en distingue trois sortes; la naturelle, la civile, & la mixte.

La *cognation* naturelle est celle qui est formée par les seuls liens du sang; telle est la parenté de ceux qui sont procréés de quelque conjonction illégitime, soit relativement à leurs père & mère, &

autres ascendans, soit relativement à leurs frères & sœurs & autres collatéraux.

La *cognation* civile, est celle qui procède des seuls liens de famille; telle que la parenté qui est établie entre le père adoptif & l'enfant adopté.

La *cognation* mixte, est celle qui réunit à-la-fois les liens du sang & les liens de famille; telle est celle qui se trouve entre deux frères procréés d'un légitime mariage.

On distingue, dans la *cognation*, deux choses principales; savoir, la ligne & le degré. *Voyez* DEGRÉS.

La ligne est directe ou collatérale. *Voyez* LIGNE.

Dans la ligne collatérale on distinguoit les parens en agnats & *cognats;* les agnats sont ceux qui sont parens du côté des mâles; les *cognats* sont ceux qui sont parens par les femmes. Mais cette distinction n'a pas lieu, comme nous l'avons remarqué, même dans les provinces de droit écrit, où l'on suit la disposition de la novelle 118, par laquelle Justinien a ôté cette différence, & a appellé également les agnats & les *cognats* à la tutèle & à la succession légitime de leurs parens, suivant la proximité du degré de chacun d'eux.

On dit communément que tous les *cognats* sont agnats, mais que tous les agnats ne sont pas *cognats*, parce qu'en effet la *cognation* est le genre qui comprend en soi l'agnation, qui n'en est que la différence. *Voyez* CONSANGUINITÉ & PARENTÉ.

La *cognation* ou plutôt l'affinité spirituelle, est celle qui se contracte par le baptême entre les père & mère & l'enfant avec les parrains & marraines. *Voyez* ALLIANCE & AFFINITÉ. (*A*)

COGNATIQUE, *succession linéale*, (*Droit polit.*) sorte de succession à la couronne.

Il y a deux principales sortes de succession linéale à la couronne; savoir, la *cognatique* & l'agnatique; ces noms viennent des mots latins *cognati* & *agnati*, qui, dans le droit romain, signifient, le premier, les parens du côté des femmes; l'autre, ceux qui sont du côté des mâles.

La succession linéale *cognatique* est celle qui n'exclut point les femmes de la succession à la couronne, mais qui les appelle seulement après les mâles dans la même ligne; ensorte que lorsqu'il ne reste que les femmes, on ne passe pas pour cette raison à une autre ligne, mais on retourne à elles, lorsque les mâles les plus proches, ou d'ailleurs égaux, viennent à manquer avec toute leur descendance. Il résulte de-là, que la fille du fils du dernier roi est préférée au fils de la fille du même prince, & la fille d'un de ses frères au fils d'une de ses sœurs.

On appelle aussi cette sorte de succession, *castillane*, parce qu'elle avoit lieu dans le royaume de Castille. Pour savoir si on doit suivre cette sorte de succession au défaut de loi & d'exemple, on peut voir quel ordre s'observe dans la succession des corps ou conseils publics dont les places sont héréditaires.

Le fondement de cette succession, en tant qu'elle est différente de la succession purement héréditaire, c'est que les peuples ont cru que ceux qui espèrent le plus justement de parvenir à la couronne, tels que sont les enfans dont les pères auroient succédé s'ils eussent vécu, seront le mieux élevés.

La succession linéale agnatique, est celle dans laquelle il n'y a que des mâles issus des mâles qui succèdent, ensorte que les femmes, & tous ceux qui sortent d'elles, sont exclus à perpétuité.

Elle s'appelle aussi *françoise*, parce qu'elle est en usage dans notre royaume. Cette exclusion des femmes & de leurs descendans, a été établie principalement pour empêcher que la couronne ne parvienne à une race étrangère, par les mariages des princesses du sang royal.

Ainsi, selon ce principe, n'eût-il pas été plus avantageux, dans la dernière révolution des Provinces-Unies, de borner la succession du stathouderat à la ligne agnatique? & n'est-il pas à craindre que la république, l'ayant étendue à la ligne *cognatique*, le gouvernement ne puisse tomber dans la suite à une race étrangère, dont les intérêts seroient bien différens de ceux qui conviennent au bien de cet état?

Je renvoie le lecteur aux ouvrages des célèbres jurisconsultes, Hotteman, Tiraqueau, Grotius, *&c.* pour la décision d'un grand nombre de questions qu'on peut faire sur cette importante matière, & je me contenterai de ne traiter ici que la principale.

On demande si, dans un royaume indivisible, un fils né avant que son père parvienne à la couronne, doit être préféré à celui qui est né depuis, quelle que soit la succession établie *cognatique* ou agnatique. Grotius décide, avec raison, pour l'affirmative, parce que, dit-il, du moment que quelqu'un a acquis la couronne dans la succession linéale, les enfans nés auparavant ont quelque espérance d'y parvenir; car, supposé qu'il ne naquît plus d'enfans à leur père, personne n'oseroit dire que ceux qui étoient nés déjà doivent être exclus de la succession. Or, dans ce cas, pour avoir droit de succéder, il suffit qu'on en ait eu l'espérance, & ce droit ne se perd point par quelque chose arrivée depuis; tout ce qu'il y a, c'est que dans la succession *cognatique*, l'acquisition prochaine en est suspendue par le privilège du sexe, ou en ce qu'il peut naître des enfans mâles.

Par la même raison, dans la succession *cognatique*, le fils de l'aîné doit l'emporter sans aucun égard à l'âge, & la fille même de l'aîné a la préférence, parce que l'âge ni le sexe n'autorisent pas à passer d'une ligne à l'autre. Ainsi, en Angleterre, où la succession est linéale *cognatique*, Richard II, petit-fils d'Edouard III, monta sur le trône âgé de douze ans, en 1377, & l'emporta sur ses trois oncles.

Convenons cependant que la succession linéale, tant *cognatique* qu'agnatique, a souffert, dans pluſieurs états, les changemens & les viciſſitudes de ce monde : & pour n'en citer qu'un exemple, en Eſpagne, où la ſucceſſion linéale *cognatique* a lieu, les rois, qui plus d'un ſiècle avant Richard II, roi d'Angleterre, avoient poſſédé la couronne de Caſtille, étoient deſcendus d'un prince qui l'avoit obtenue au préjudice de ſes neveux, fils de ſon frère aîné. (*Article de M. le Chevalier* DE JAUCOURT.)

COHABITATION, ſ. f. (*Droit civil & canon.*) ce terme eſt relatif, ainſi qu'on le verra par ce que nous allons dire; mais en général il ſignifie l'état de deux ou pluſieurs perſonnes qui demeurent enſemble.

C'eſt en ce ſens que les canons défendent aux clercs d'habiter avec les perſonnes du ſexe. Suivant les diſpoſitions du droit, contenues au *tit. 2, lib. 3*, x, que nous ſuivons en France, tout eccléſiaſtique, qui demeure avec une femme ſuſpecte, peut être pourſuivi par ſon évêque à cauſe du ſcandale, & être condamné, après les monitions requiſes, aux peines prononcées contre les concubinaires. *Voyez* AGAPÈTES, CONCUBINAGE.

La *cohabitation*, ou demeure commune entre le père & les enfans, ou entre d'autres perſonnes, emporte, dans certaines coutumes, une ſociété tacite; telles ſont les coutumes de Poitou, Troyes & autres.

Le terme de *cohabitation* entre perſonnes conjointes par mariage, ſignifie quelquefois la *demeure commune des conjoints* : c'eſt en ce ſens que l'ordonnance de 1639 demande, pour l'honneur & la validité du mariage, une *cohabitation* publique : le défaut de telle *cohabitation* eſt une marque de clandeſtinité; au contraire la *cohabitation* publique aſſure la validité du mariage, l'état des conjoints & celui des enfans. Mais la *cohabitation* ſeule n'eſt pas capable de faire préſumer le mariage, à moins que les conjoints n'aient encore d'autres preuves de poſſeſſion d'état.

On entend auſſi quelquefois par le terme de *cohabitation* entre conjoints, la conſommation du mariage : il n'eſt pas néceſſaire qu'il y ait eu *cohabitation* entre les conjoints pour que la femme gagne ſon douaire, ſi ce n'eſt dans les coutumes qui portent que la femme gagne ſon douaire au coucher, comme celle de Normandie. Quand on ſépare les conjoints d'habitation, on n'entend pas ſeulement qu'ils auront chacun leur demeure ſéparée, mais auſſi qu'ils ſeront ſéparés *à toro*.

La *cohabitation* entre d'autres perſonnes que les conjoints par mariage légitime, ſe prend ordinairement pour le commerce charnel qu'un homme a eu avec une fille ou femme, autre que ſa femme légitime. Comme on a rarement des preuves de la *cohabitation*, lorſqu'une fille ſe trouve enceinte, & qu'elle déclare celui des faits duquel elle l'eſt, cette déclaration, jointe aux preuves de fréquentation & de familiarité, ſuffiſent pour obliger le père à payer les frais de géſine, les dommages & intérêts de la mère, s'il y a lieu de lui en adjuger, & à ſe charger de l'enfant.

Suivant l'ancienne juriſprudence, dès qu'il y avoit preuve de *cohabitation*, on condamnoit le garçon à épouſer la fille qu'il avoit rendue enceinte, ſinon à être pendu : mais préſentement cela ne s'obſerve plus. *Voyez* MARIAGE. (*A*)

COHÉRITIERS, ſ. m. pl. (*Juriſprudence.*) ſont pluſieurs héritiers d'un défunt qui viennent conjointement à ſa ſucceſſion. Il y a des *cohéritiers* qui ſuccèdent également à tous les biens du défunt; il y en a d'autres qui ne ſuccèdent qu'à certains biens, comme aux meubles & acquêts, ou aux propres d'une certaine ligne, ou aux biens ſitués dans certaines coutumes. Ceux qui ſuccèdent aux mêmes biens ſont *cohéritiers* entre eux; ils ne laiſſent pas auſſi, par rapport à la contribution aux dettes, d'être conſidérés comme *cohéritiers* de ceux qui prennent d'autres biens auxquels ils ne ſuccèdent pas. *Voyez ci-après* CONTRIBUTION, DETTE, HÉRITIERS, SUCCESSION. (*A*)

COHUAGE, ſ. m. (*Juriſprudence.*) eſt un droit qui ſe lève en certains lieux ſur les marchandiſes que l'on apporte au marché. Ce terme vient de celui de *cohue*, qui anciennement ſignifioit *aſſemblée* ou *marché*. Suivant un arrêt de la ſaint Michel, de l'an 1278, les Templiers, en Normandie, prétendoient que leurs hommes ou ſujets devoient être exempts du paiement de *cohuage*; par leur charte il fut accordé que s'ils vouloient entrer au marché en cohue, ils paieroient le *cohuage*. Ce droit eſt différent de celui d'entrée & du droit de coutume; comme il paroît par un ancien aveu rendu en 1473, au comte d'Anjou par le ſieur de la Trimouille, où il eſt dit : *que ſomme de beurre venant de Bretagne, doit deux deniers d'entrée, maille de coutume, & un denier de cohuage; que ſi elle n'eſt toute vendue à icelui jour, & il arrive que le marchand la rapporte à huitaine, il ne paiera que le* cohuage. *Gloſſ.* de Laurière, au mot *Cohuage*. (*A*)

COHUE, ſ. f. (*Juriſprudence.*) en quelques lieux ſignifioit anciennement *aſſemblée*, *halle*, ou *marché*. Ce mot paroît venir du latin *cohærere*. Dans les ordonnances de l'échiquier de Normandie, de l'an 1383, *cohue* ſignifie l'*aſſemblée* des officiers de juſtice qui ſe fait en l'auditoire ou autre lieu accoutumé, pour juger les cauſes & procès. Il eſt auſſi parlé de la halle & *cohue* de Quintin en Bretagne, en laquelle ſe font les bannies & contrats, *liv. III du recueil des arrêts de Bretagne. Voyez ci-devant* COHUAGE. (*A*)

COJUSTICIERS, ſ. m. pl. (*Juriſprudence.*) ſont pluſieurs ſeigneurs qui ont un droit de juſtice commun entre eux. Ce droit en lui-même ne peut ſe partager quant à l'exercice; mais les profits peuvent ſe partager entre les *cojuſticiers*. *Voyez* HAUTE-JUSTICE & JUSTICE. (*A*)

COIFFEUR, ſ. m. COIFFEUSE, ſ. f. (*Arts & Métiers. Police.*) c'eſt celui ou celle qui fait métier de coiffer les femmes.

Les statuts & privilèges des maîtres perruquiers accordoient à eux seuls le droit de friser & accommoder les cheveux naturels & artificiels des hommes & des femmes. Malgré ces défenses plusieurs personnes sans qualité s'occupèrent de la frisure & de la coiffure des femmes, afin de se procurer les moyens de subsister.

Les maîtres perruquiers s'en plaignirent comme d'une atteinte portée à leurs privilèges. Sur cette contestation, le roi donna, le 2 juillet 1771, des lettres-patentes, qui furent enregistrées au parlement le 14 août suivant.

Elles conservent les *coiffeurs* de femme au nombre de cent six pour la ville de Paris, & les femmes ou filles qui s'occupent de ce métier, à la charge, par les uns & les autres, de faire inscrire, sur le registre des perruquiers, leurs noms, surnoms & demeure; de renouveller cette inscription toutes les fois qu'ils changeront de demeure; & de payer une somme de vingt livres pour la première inscription.

Une seconde disposition des mêmes lettres leur fait défenses d'entreprendre aucun ouvrage du métier de perruquier, à l'exception de la coiffure des femmes; de composer des boucles de cheveux ou chignons artificiels; de faire des apprentis, & d'avoir des garçons ou compagnons.

Lors de la suppression des jurandes, en février 1776, les *coiffeurs* & *coiffeuses* crurent pouvoir se dispenser de l'exécution des lettres-patentes de 1771; mais par arrêt du conseil du 29 octobre 1776, le roi leur a enjoint de s'y conformer, ainsi qu'à l'article 4 de l'édit de rétablissement des corps & métiers, donné le mois d'août de la même année.

L'état des communautés annexé à ce même édit, met la profession des *coiffeuses* de femmes, dans le nombre de celles qui peuvent être exercées librement.

COLAGE *ou* COLLAGE, s. f. (*Jurispr.*) dans la coutume de Châteauneuf en Berri, *tit. 3, art. 3*, est un droit que le seigneur lève sur ses habitans qui ont des bœufs avec lesquels ils labourent la terre. Ce droit est de quatre sous parisis par couple de bœufs. M. de Laurière, en son *Glossaire*, prétend que ce terme vient de *colere*, qui signifie *cultiver*; qu'ainsi on doit dire seulement *colage*, & non *collage*: mais ne peut-on pas dire aussi qu'il vient de *colla boum*, & qu'il a été ainsi nommé parce qu'on le paie pour les bœufs qui sont sous le joug? C'est la même chose que le droit de *cornage*. *Voyez* CORNAGE. (*A*)

COLÈRE, s. f. (*Droit naturel. Morale.*) Locke la définit une inquiétude, un désordre de l'ame que nous ressentons après avoir reçu quelque injure, & qui est accompagné d'un pressant desir de nous venger.

On peut en distinguer deux espèces, l'une couverte, durable, jointe à la haine, telle qu'étoit celle de Coriolan, lorsqu'il vint se rendre à Tullus pour se venger de Rome, & acheter les effets de son ressentiment aux dépens même de sa vie. Ses causes les plus ordinaires sont une humeur atrabilaire, une fausse délicatesse, une sensibilité blâmable, l'amour-propre, le chagrin d'être méprisé & injurié.

La seconde espèce est ouverte, ingénue, semblable à un feu de paille, sans mauvaise intention, elle est un simple effet de la pétulance du tempérament, ou du sentiment de la foiblesse. Les femmes, les vieillards, les enfans, sont communément plus sujets à cette espèce de *colère*, que les autres hommes, parce que leur délicatesse, leur foiblesse, leur inexpérience les exposent à être blessés ou offensés plus facilement, & souvent par ceux qui ne veulent ni leur nuire ni leur déplaire.

La nature leur a donné la *colère* comme une espèce de sauve-garde, qui avertit de leur foiblesse & de leur péril tout ce qui les environne, qui arrête l'homme indifférent qui les blessoit sans le vouloir, qui soulève toutes les ames sensibles contre l'oppresseur, qui appelle à leur secours tout ce qui peut les sauver. Cette *colère* peut être utile à leur sûreté & à leur bonheur; elle n'est pas ordinairement dangereuse pour les autres, elle ne peut être repréhensible que par l'indiscrétion ou le tort qui en résulteroit.

La *colère* dans les hommes forts & robustes, dans les princes & les souverains, ne doit pas être imputée à la nature, c'est le vice de leur éducation qui les rend emportés, violens, faciles à irriter, terribles dans leurs emportemens. C'est une vérité que l'antiquité nous a transmise sous l'emblême d'Achille, nourri de la moëlle des lions & des tigres.

La raison & l'humanité doivent engager tous les hommes à réprimer les mouvemens de la *colère*; car, comme le remarque Charron, cette passion a des effets lamentables; elle nous pousse à l'injustice; elle nous jette dans de grands maux par son inconsidération; elle nous fait dire & faire des choses messéantes, honteuses, indignes, quelquefois funestes & irréparables, d'où s'ensuivent de cruels remords. L'histoire ancienne & moderne n'en fournit que trop d'exemples.

Les remèdes, continue Charron, sont plusieurs & divers, desquels l'esprit doit être avant la main armée & bien munie, comme ceux qui craignent d'être assiégés: car après n'est pas temps. Ils peuvent se réduire à trois chefs.

Le premier est de couper chemin à la *colère*, & lui fermer toutes les avenues: il faut donc se délivrer de toutes les causes & occasions de *colère*.

Le second chef est des remèdes qu'il faut employer lorsque les occasions de *colère* se présentent, qui sont, 1°. arrêter & retenir son corps en paix & en repos, sans mouvement & agitation: 2°. dilation à croire & prendre résolution, donner loisir au jugement de considérer: 3°. se craindre soi-même, recourir à de vrais amis, & mûrir notre *colère* entre leurs discours : 4°. y faire diversion par tout ce qui peut calmer, adoucir, égayer.

Le troisième chef est aux belles considérations, dont il faut abreuver & nourrir notre esprit de longue main des actions funestes & mouvemens qui résultent de la *colère ;* des avantages de la modération ; de l'estime que nous devons porter à la sagesse, laquelle se montre principalement à se retenir & à se commander.

Il ne sera pas inutile de joindre à ces sages conseils de Charron, quelques exemples propres à inspirer, à ces hommes durs, violens & emportés, la nécessité de réprimer leur *colère* & leurs fougues.

Deux soldats se déchaînoient contre Antigone, ils étoient auprès de sa tente, & il les entendoit. Il souleva, dit Plutarque, la toile de sa tente, & leur dit : *éloignez-vous, de peur que le roi ne vous entende.*

Auguste supporta long-temps un nommé Timagène, qui lançoit contre lui des traits satyriques, que la malignité recueilloit. Ce prince, qui ne les ignoroit pas, l'avertit plusieurs fois, mais inutilement, d'être plus circonspect. Ne pouvant le corriger, il se contenta de lui défendre l'entrée de son palais.

Une bonne éducation peut prévenir les effets de la *colère*. Cette vérité est démontrée par l'histoire des Spartiates, qui, avant de combattre, sacrifioient aux muses : & dissipoient leur *colère* par le son des flûtes, afin de jouir de toute leur raison. Plutarque dit d'eux, qu'ils ne poursuivoient pas l'ennemi en déroute, & qu'ils manioient & retenoient leur *colère*, aussi aisément que leurs épées.

Cet empire, sur les premiers mouvemens de la *colère*, est, au rapport du P. du Halde, un des principaux objets de l'éducation chinoise. « Communément, dit-il, on ne voit rien d'aigre, de dur ou d'emporté dans leurs discours ou dans leurs manières ; & cette modération se remarque jusque dans les gens du peuple ; je me trouvai un jour, dit le P. Fonteney, dans un chemin étroit & profond, où il se fit en peu de temps un grand embarras de charrettes ; je crus qu'on alloit s'emporter, se dire des injures, & peut-être se battre, comme on fait souvent en Europe ; mais je fus fort surpris de voir des gens qui se saluoient, qui se parloient avec douceur, comme s'ils se fussent connus & aimés depuis long-temps, & qui s'aidoient mutuellement à se débarrasser ».

Cependant il ne faut pas considérer la *colère* comme une passion toujours mauvaise de sa nature. Nous avons déjà dit que celle des femmes, des vieillards & des enfans, leur étoit souvent utile. A l'égard des autres personnes, elle n'est pas mauvaise & ne déshonore pas, lorsque ses émotions sont proportionnées au sujet qu'on a de s'émouvoir. Elle peut être légitime quand elle n'est portée qu'à un certain point. Elle n'est néanmoins jamais nécessaire : on peut toujours, & même c'est le plus sûr, soutenir dans les occasions sa dignité & ses droits sans se courroucer.

Si le desir de la vengeance, effet naturel de cette passion, s'y trouve joint, alors, comme cet effet est vicieux par lui-même, il lâche la *colère*, & l'empêche de demeurer dans de justes bornes. Donner à la vengeance émanée de la *colère*, la correction de l'offense, ce seroit corriger le vice par lui-même. « La raison, dit encore Charron, qui doit commander en nous, ne veut pas de ces officiers-là, qui font de leur tête sans attendre son ordonnance ; elle veut tout faire par compas, & pour ce, la violence ne lui est pas propre ».

Ceux donc qui prétendent qu'un meurtre, commis dans la *colère*, ne doit pas proprement être mis au nombre des injustices punissables, n'ont pas une juste idée du droit naturel. Il est certain que l'injustice ne consiste essentiellement que dans la violation des droits d'autrui. Il n'importe pas qu'on le fasse par un mouvement de *colère*, ou par avarice, par sensualité, par ambition, ou par une autre passion. De quelque source que provienne la violation du droit d'autrui, dès-lors qu'elle a lieu, elle contient une injustice. Or, comme le propre de la justice est de résister à cet égard à toutes les tentations, par le seul motif de ne transgresser aucune loi de la société humaine, il suit nécessairement que tout mouvement de *colère*, dont il résulte un mal pour le prochain, est une véritable injustice, un délit réprouvé par la loi naturelle.

Il est cependant vrai que les actions auxquelles on est porté par la *colère*, sont moins odieuses que celles qui naissent du desir des plaisirs, qui n'est pas si brusque, & qui peut trouver plus facilement de quoi se satisfaire ailleurs sans injustice. Sur quoi Aristote remarque très-bien que la *colère* est plus naturelle que le desir des choses, qui vont dans l'excès, & qui ne sont pas nécessaires. C'est sur ce fondement que les législateurs de toutes les nations se sont accordés à ne pas punir aussi sévérement les meurtres commis dans le premier mouvement de la *colère*, & que dans tous les gouvernemens on accorde facilement la grace aux meurtriers ; grace qui prouve qu'on regarde l'assassin comme coupable.

COLIR, s. m. (*Droit public.*) c'est un officier de l'empire de la Chine, dont la fonction est d'avoir l'inspection sur ce qui se passe dans chaque cour ou tribunal, & qui, sans en être membre, assiste à toutes les assemblées, & reçoit la communication de toutes les procédures. C'est proprement ce que nous appellons un *inspecteur* ou *contrôleur.*

Le *colir* a des intelligences secrètes avec la cour ; & dans l'occasion il attaque ouvertement les mandarins, non-seulement sur les fautes qu'ils peuvent commettre dans leurs fonctions, mais même dans leur vie particulière & privée.

Pour qu'il soit impartial, on le rend entièrement indépendant. Aussi ces officiers sont redoutables, même aux princes du sang.

J'ignore si la Chine retire un grand avantage de ces *colirs*, & si le peuple est moins vexé par les mandarins. Il est à craindre qu'un pareil établissement n'entraîne plus d'inconvéniens qu'il ne procure d'avantages. Le *colir*, connu des officiers de l'empire, peut très-facilement être corrompu; il peut également, pour satisfaire sa haine, ou toute autre passion, calomnier les magistrats, & faire souvent la fonction d'un vil délateur. Heureux le gouvernement où le peuple, maltraité par les représentans du prince, peut porter ses plaintes au pied du trône, avec l'assurance de voir redresser ses griefs, & où les officiers publics sont contraints par l'honneur & la vertu de remplir avec exactitude & avec équité les fonctions dont ils sont chargés! Ces motifs sont plus utiles aux peuples, que l'inspection des *colirs*.

COLLATAIRE, s. m. (*Droit canon.*) est celui que le collateur a pourvu d'un bénéfice. Cette expression est peu usitée; on dit plus communément le *pourvu par le collateur*. *Voyez* COLLATEUR, COLLATION.

COLLATÉRAL, (*Droit civil.*) ce mot est formé des deux termes latins, *à latere*, c'est-à-dire *de côté*. Il s'emploie pour signifier les parens qui ne sont pas de la ligne directe. Les frères, les oncles, les cousins, sont des *collatéraux*; ils forment ce que l'on appelle la ligne *collatérale*, qui est opposée à la ligne directe. On distingue deux sortes de *collatéraux*; les uns qui tiennent en quelque sorte lieu de père & de mère, tels que les oncles & tantes, grands-oncles & grandes-tantes: on les appelle *collatéraux ascendans*, pour les distinguer des autres qui sont en parité de degré, ou en degré inférieur, tels que les frères & sœurs, cousins, arrière-cousins. On distingue aussi les successions directes des successions *collatérales*; ces dernières sont celles auxquelles les *collatéraux* sont appellés. *Voyez* CONSANGUINITÉ, DEGRÉ, PARENTÉ, SUCCESSION.

COLLATÉRAL, (*Droit public.*) on donne à Rome ce nom à un juge civil qui fait la fonction d'assesseur ou conseiller auprès du maréchal de cette ville, & juge avec lui les causes d'entre les bourgeois & autres habitans: il y en a deux; l'un qu'on appelle *premier collatéral*, l'autre qu'on appelle *second collatéral*. (*A*)

COLLATÉRAUX *ou* LATÉRAUX, (*Jurispr. canonique.*) ce sont les bas côtés d'une église, appellés autrement les *aîles*. Dans les églises paroissiales, on distingue les *collatéraux* du chœur & ceux de la nef: ces derniers sont sans difficulté à la charge des habitans: à l'égard des premiers, il y a eu plus de difficulté; quelques-uns ont prétendu que quand ces *collatéraux* sont de même construction que le chœur, c'est aux gros décimateurs à les réparer: mais les derniers arrêts ont jugé le contraire; ce qui est conforme à l'édit de 1695, qui ne charge les gros décimateurs que de la réparation du chœur & cancel, c'est-à-dire de la fermeture du chœur. *Voyez* CHŒUR, CANCEL, DÉCIMATEUR.

COLLATEUR, (*Jurispr. can.*) ce mot n'est d'usage qu'en matière bénéficiale: il désigne celui qui a droit de donner un titre en vertu duquel un bénéfice fait impression sur la tête du clerc qui en est pourvu.

Il faut donc distinguer le *collateur* du simple présentateur, & même du supérieur ecclésiastique qui accorde le visa ou l'institution canonique.

On fera mieux sentir ces différences, lorsque l'on traitera les articles PATRON, VISA, INSTITUTION.

La religion qui, quant aux dogmes & aux mœurs, est invariable, comme son auteur même, ne l'est pas quant à sa discipline. Si l'on consulte l'*Histoire ecclésiastique*, on verra que dans les premiers siècles de l'église, on ne connoissoit qu'une espèce de *collateur*. Le titre n'étoit point distingué de l'ordination; ordonner un clerc, c'étoit l'attacher à une église, c'étoit lui donner mission pour exercer telles ou telles fonctions. Il n'y avoit donc alors qu'un seul *collateur*, qui étoit l'évêque, parce qu'il n'y avoit que lui qui réunissoit les puissances d'ordre & de jurisdiction.

Ces beaux siècles se sont écoulés: une foule de circonstances ont concouru à changer l'ancien ordre. Par un abus qui a causé & qui causera toujours une foule de désordres dans l'église, on a ordonné des clercs & des prêtres sans titres, & sans une destination fixe. Les révolutions arrivées dans les monastères & dans l'administration de leurs biens qui se sont accumulés à l'infini; les prétentions despotiques de la cour de Rome, appuyées par les fausses décrétales, soutenues par des pontifes qui réunissoient à une ambition excessive, des lumières peu communes dans leurs siècles, tolérées par la foiblesse des souverains & l'ignorance des peuples, ont établi une nouvelle hiérarchie, quant à la disposition des bénéfices. On vit paroître ces maximes absurdes, que *le pape étoit l'ordinaire des ordinaires*; que tout autre *collateur* ne conféroit que sous son bon plaisir & par l'autorité apostolique, c'est-à-dire, par une permission de l'évêque de Rome. Cette opinion ultramontaine donna naissance aux réserves, aux mandats & aux expectatives, *&c.* qui dans le fait rendoient le pape presque seul *collateur* de tous les bénéfices du monde chrétien.

Quelques efforts que l'église gallicane ait opposés aux innovations & aux prétentions de la cour romaine, elle n'a cependant pas pu conserver l'ancienne discipline dans toute sa pureté. Les évêques ont laissé échapper de leurs mains, des droits que leur caractère & leur dignité auroient dû rendre inaliénables. Malgré les réclamations du clergé de France & les sages ordonnances de nos rois, les papes ont eu le talent de conserver des débris précieux de leurs usurpations. D'un autre côté, des abbés, des chapitres, de simples prieurs se sont emparés des prérogatives de l'épiscopat & se sont soutenus à l'abri de quelques titres que leur ancienneté a semblé rendre respectables, ou d'une possession à l'origine de laquelle on n'a osé remonter.

Des privilèges particuliers se sont ensuite introduits; s'ils n'ont pas diminué la collation des évêques, du moins ils y ont mis des entraves considérables, & ont réduit nos premiers pasteurs à n'être souvent que les instrumens d'une volonté étrangère.

En gémissant sur tous ces désordres, nous n'osons pas nous flatter de les voir réformer. Contentons-nous de remplir notre tâche, & rendons compte à nos lecteurs, le plus exactement qu'il nous sera possible, de l'état actuel des *collateurs*.

Nous les distinguerons d'abord en laïques & en ecclésiastiques.

Collateurs laïques. Ces expressions *collateurs laïques* semblent, au premier coup-d'œil, présenter une espèce de contradiction. On est accoutumé, & avec raison, à entendre par *bénéfice*, quelque chose de spirituel & qui ait rapport au salut & à la sanctification des ames, & il paroît étonnant qu'un laïque en ait la disposition.

Il est cependant parmi nous des *collateurs* laïques, & qui le sont à juste titre, soit en vertu des fondations faites par leurs ancêtres ou ayans-cause, soit en vertu de concessions particulières qui leur ont été accordées par l'église.

Il faut néanmoins observer que la plupart des bénéfices à pleine collation laïque, ne sont point, à proprement parler, de véritables bénéfices ecclésiastiques. On doit les considérer comme des commissions inamovibles, dont l'objet a quelque chose de spirituel, mais à l'érection desquelles la puissance spirituelle n'a jamais concouru, ce qui est cependant essentiel pour l'existence d'un bénéfice ecclésiastique; telle est l'idée que Dumoulin nous en donne sur la règle de *Infir. resig.* n°. 417. *Magis secularia & prophana beneficia sunt, quàm ecclesiastica, quamvis non nisi clericis conferantur, quia talibus, ex volontate regis fundatoris, destinata sunt, unde non habent de se ullam administrationem clavium vel sacramentorum....... & hinc* (*n°. 418.*) *est quod in ejusmodi beneficiis, non solùm de possessario, sed etiam de petitorio, judex regius cognoscere potest, etiam privativè ad judices ecclesiasticos in hoc regno...... & idem de similibus beneficiis, spectantibus ad liberam collationem dominorum temporalium hujus regni ut dominus de Lusarches juxta Pontisaram..... qui quidem dominus de Lusarches simplex nobilis laïcus*, pleno jure *ratione sui castri, confert præbendas ecclesiæ collegiatæ sancti Cosmæ, idem de similibus dominis locorum.*

D'après ces principes, Dumoulin toujours conséquent avec lui-même, a soutenu que les bénéfices à pleine collation laïcale, ne pouvoient être un objet de simonie; il avoue cependant que ce seroit un péché grave de les vendre ou de les échanger avec quelque chose de temporel.

Quoique les bénéfices dépendans absolument des *collateurs* laïques, ne soient que des bénéfices prophanes, ils imposent néanmoins à leurs titulaires les mêmes obligations que les bénéfices ecclésiastiques, les soumettent aux mêmes charges & les font jouir des mêmes prérogatives. C'est ce que nous apprend M. Louet sur Dumoulin, *reg. de inf. resig. n°. 417. Multis summorum tribunalium senatus-consultis judicatum, talia beneficia* licet non verè & merè ecclesiastica *constitutionibus ecclesiasticis, quæ politiam, regulam & decorem ecclesiæ concernunt, contineri: gaudent libertate ecclesiasticâ, ecclesiasticis utuntur privilegiis, sunt in catalogo publico beneficiorum, communia cum aliis subeunt onera; æqualia in honore, similia in onere esse debent.*

Les droits des laïques dans la collation des bénéfices peuvent encore avoir pour origine, des concessions & des privilèges dont l'église les a gratifiés par reconnoissance des services qu'elle en avoit reçus. Mais les exemples n'en sont pas communs, & on regarde ordinairement ces collations comme la suite des fondations. La situation même de la plupart de ces bénéfices en fournit la preuve: enclavés le plus souvent dans l'enceinte des châteaux, on voit que leur destination primitive a été pour le service des souverains ou des seigneurs qui les habitoient. Les saintes chapelles de Paris, de Vincennes, de Bourges, les collégiales de Creil, de Lusarches, de Chagny en sont des exemples frappans.

Il est si vrai que les bénéfices de collation laïcale ne sont point des bénéfices ecclésiastiques, qu'ils ne sont point soumis à la jurisdiction des ordinaires, & que les *collateurs* ne reconnoissent point les évêques pour leurs supérieurs. La dévolution, si elle avoit lieu par leur négligence, s'opéreroit en faveur du roi, en qui réside le dernier degré de jurisdiction par rapport aux bénéfices prophanes. Les procureurs-généraux, dans les cours souveraines, ou leurs substituts dans les tribunaux inférieurs, doivent veiller à leur conservation, comme protecteurs-nés des établissemens publics. Cela n'empêche pas que les *collateurs*, en vertu de la propriété dont ils n'ont jamais été entièrement dépouillés, n'aient un droit d'inspection & de police pour l'exécution des fondations. Mais les ecclésiastiques qu'ils ont pourvus, sont toujours sujets à l'autorité épiscopale, en ce qui concerne les mœurs & la doctrine.

Le plus éminent des *collateurs* laïques est sans contredit le roi. C'est en cette qualité qu'il confère tous les bénéfices de fondation royale. On met dans cette classe, non seulement ceux qui reconnoissent quelques-uns de nos monarques pour fondateurs, mais encore ceux qui doivent leur existence à la pieuse libéralité des grands vassaux ou des seigneurs dont les domaines ont été réunis à la couronne. Nous ne parlons point ici des bénéfices consistoriaux, ni de ceux auxquels le roi nomme en vertu de la régale : on renvoie les lecteurs aux mots CONCORDAT & RÉGALE.

Nous avons dit qu'il y avoit quelques bénéfices vraiment ecclésiastiques, dont les laïques étoient *collateurs :* tels sont plusieurs cures en Normandie & ailleurs. Mais alors la seule collation du laïque ne suffit pas au pourvu, il lui faut de plus l'institution canonique, sans laquelle il ne peut exercer les fonctions curiales, ni autres qui ont rapport à la conduite des ames. Les collataires du roi ne peuvent eux-mêmes s'en dispenser, l'édit du mois de juillet 1682 les y soumet.

Collateurs ecclésiastiques, sont ceux qui, en vertu de leur dignité, d'un bénéfice ou d'un office, ont droit de conférer certains bénéfices ecclésiastiques. On les distingue en ordinaires & extraordinaires, en libres & en forcés.

Collateurs ordinaires. Les évêques sont les *collateurs* ordinaires de tous les bénéfices de leurs diocèses. Ils n'ont besoin d'aucun titre particulier pour les conférer; leur dignité est leur titre: ils sont fondés en droit. Cependant ce droit inhérent à la chaire épiscopale, a reçu beaucoup d'atteintes; & dans la discipline actuelle, les évêques ne sont plus les seuls ordinaires dans leurs diocèses, quant à la disposition des bénéfices.

On regarde comme *collateurs* ordinaires, les abbés, les monastères, les chapitres, certains prieurs & même des abbesses.

La collation des abbés & des monastères semble tirer son origine des anciennes maisons rurales ou fermes que les religieux faisoient exploiter pour leur compte, & dans lesquelles ils commettoient quelques-uns d'entre eux pour les administrer & les régir. Les colons & les laboureurs se sont rassemblés à l'entour de ces maisons, & y ont formé des villages; les religieux à qui le soin en étoit confié, sont devenus insensiblement des titulaires, & les abbés ou monastères ont continué d'y nommer: la commende les a fait passer en grande partie dans les mains des clercs séculiers.

Les chapitres sont devenus *collateurs*, lors du partage des biens possédés autrefois en commun par l'évêque & son clergé, & comme on a mis la collation dans la classe des fruits, la disposition des bénéfices fut partagée de même que les biens temporels, & en fut même considérée comme un accessoire.

La plupart de nos prieurés ayant été des maisons conventuelles, les prieurs qui ont succédé à tous les droits des religieux, ont conservé la disposition des bénéfices qui en dépendoient.

Tels sont les *collateurs* que l'on regarde parmi nous comme ordinaires. Ils ont, pour conférer, six mois, à compter du temps où la vacance par mort a pu leur être vraisemblablement connue : bien différens en cela des indultaires, gradués, ou autres expectans qui doivent faire leur requisition dans les six mois, à partir du jour du décès du dernier titulaire. L'annotateur de d'Héricourt & M. Piales assurent que les six mois dans lesquels les *collateurs* doivent conférer, courent de la date de l'extrait mortuaire du dernier titulaire. Cette opinion paroît préférable à toutes les autres, & dans la pratique, elle éviteroit bien des contestations.

Les *collateurs* en général peuvent déléguer pour la collation des bénéfices, à leur disposition. Les procurations ou lettres de vicariat doivent être revêtues de toutes les formalités auxquelles sont soumis les actes ecclésiastiques. *Voyez* INSINUATION.

Quelquefois les *collateurs* & leurs délégués confèrent ensemble. Quel est le pourvu qui doit être préféré? *Voyez* CONCOURS DE PROVISIONS.

Si les *collateurs* laissent écouler six mois sans conférer, les loix canoniques font passer leurs droits au supérieur immédiat, & cela pour éviter les trop longues vacances. Leur collation, après les six mois, n'est pas nulle, si elle est antérieure à celle du supérieur. *Voyez* DÉVOLUTION.

Doit-on mettre en France le pape au nombre des *collateurs* ordinaires? On ne le devroit pas, si on s'en tient à la définition que nous avons déjà donnée. On ne peut pas dire, quelque éminente que soit la dignité papale, que la disposition des bénéfices d'un autre diocèse que celui de Rome, en soit la suite. Le titre respectable de chef de l'église ne donnoit point, dans les premiers siècles du christianisme, le droit d'attacher à des églises particulières, des clercs ou des prêtres, sans le consentement des évêques & des peuples. Si la discipline a changé depuis, le droit en lui-même n'a pu ni dû changer, & si l'on prenoit les choses à la rigueur, le pape ne pourroit être considéré parmi nous comme *collateur* ordinaire.

Cependant, en examinant les loix qui nous régissent actuellement, il est difficile de lui refuser cette qualité. Il est des cas où lui seul peut conférer. Les résignations en faveur, les commendes doivent émaner de lui médiatement ou immédiatement; lui seul pourvoit sur la nomination du roi aux évêchés, abbayes & autres bénéfices consistoriaux : la règle *de mensibus & alternativa* est admise dans plusieurs de nos provinces. Comment après cela mettre le pape dans la classe des *collateurs* extraordinaires? S'il n'est pas ordinaire, selon le droit ancien, il faut avouer que, selon le droit nouveau, & dans le fait, il l'est souvent.

Collateurs extraordinaires. Cette qualité étoit autrefois inconnue dans l'église. On ne l'a introduite que pour éviter les longues vacances qui étoient un abus intolérable. Les évêques & autres *collateurs* différoient pendant des années entières à nommer aux bénéfices qui dépendoient d'eux. Ils laissoient les églises sans pasteurs, & s'emparoient des revenus. Le concile de Latran, de l'année 1179, a cherché à détruire cet abus, par un décret que l'on rapportera au mot DÉVOLUTION. Il suffit dans ce moment de dire, que, d'après ce décret reçu en France, toutes les fois qu'un *collateur* laisse écouler six mois sans donner un titulaire à un bénéfice de sa dépendance, la collation en est dévolue à son supérieur dans la hiérarchie ecclésiastique: c'est dans ce cas que le supérieur devient *collateur* extraordinaire.

Il est encore d'autres cas dans lesquels le supérieur hiérarchique devient *collateur* extraordinaire. C'est lorsque l'ordinaire étant *collateur* forcé, refuse des provisions à celui qui les demande. L'ecclésiastique ainsi rejetté peut se pourvoir par la voie de l'appel simple, au supérieur immédiat; il le constitue alors juge des motifs du refus qu'il a essuyé, & si le supérieur ne les regarde pas comme valables, il doit, en réformant le jugement de l'ordinaire, accorder les provisions, & alors il agit comme *collateur* extraordinaire.

Le *collateur* extraordinaire est donc le supérieur ecclésiastique qui confère un bénéfice en vertu des loix de la dévolution, ou comme juge du *collateur* ordinaire, lorsque celui-ci a commis une injustice, en refusant des provisions. Mais, dans tous les cas, il doit exprimer dans ses lettres de collation, à quel titre il confère; sans cela, elles seroient radicalement nulles. Il seroit censé avoir conféré *jure ordinario*, & par conséquent avoir excédé son pouvoir.

Il est facile d'appercevoir que souvent le pape est *collateur* extraordinaire. Cela arrive toutes les fois que, pour suivre les trois degrés de jurisdiction établis par la procédure canonique, on porte à son tribunal le refus de l'ordinaire confirmé par le supérieur immédiat, & qu'on lui en demande la réformation. Il ne peut juger par lui-même, mais il doit déléguer des juges françois, domiciliés dans le ressort du parlement où est situé le bénéfice que l'ordinaire a refusé de conférer. *Voyez les mots* APPEL SIMPLE, CONCORDAT, PAPE.

Collateur libre, est celui qui dispose d'un bénéfice à sa collation, en faveur de qui il juge à propos, & sans être lié par aucune expectative ni par aucune présentation, il n'est pas obligé d'exprimer à quel titre il confère. Il est seulement tenu de pourvoir un sujet capable. Le *collateur* libre est toujours plein *collateur*.

Collateur forcé. On ne connoissoit pas cette espèce de *collateur* dans l'ancienne discipline de l'église. Mais depuis que les patronages ont été établis, depuis que les grades, les indults & autres expectatives ont eu lieu, les *collateurs* ont perdu la pleine & entière disposition des bénéfices. Ils se sont trouvés dans la nécessité de pourvoir sur des présentations ou des requisitions, & c'est dans ce sens qu'ils sont devenus *collateurs* forcés. Ils n'ont pas même la faculté d'examiner la validité des titres en vertu desquels on leur demande des provisions, & leur refus seroit abusif, s'il étoit fondé sur quelque défaut qu'ils y auroient remarqué. Mais ils ne sont pas *collateurs* forcés, en ce sens qu'ils soient toujours obligés de pourvoir le sujet qui se présente. Ses capacités personnelles, sa doctrine & ses mœurs, peuvent être de justes motifs de refus. Les *collateurs* ecclésiastiques ont toujours été juges en cette partie. La discipline & le bon ordre ne permettent pas qu'on les dépouille de ce droit important. Cependant leur refus ne doit pas être arbitraire, ils sont obligés de le motiver, & s'il est injuste, il est des moyens de le faire réformer. C'est ce que nous détaillerons aux mots JURISDICTION ECCLÉSIASTIQUE & VISA.

Collateurs étrangers. Sont des étrangers ou des régnicoles, qui ont en France des collations qui dépendent d'un bénéfice dont le chef-lieu est situé hors du royaume. Ce ne sont point les loix du chef-lieu qu'ils doivent suivre pour conférer les bénéfices situés en France, mais celles de la France, parce que, par rapport à ces bénéfices, ils sont réputés *collateurs* françois. *Nota*, dit Vaillant sur Louet, *quod collator extraneus possit gravari, ratione beneficiorum quæ possidet in Gallia, quia eo modo censendus est collator regni, sed non tenetur conferre beneficia extra regnum situata, nec collator regni teneretur*.

Nous finirons cet article, en disant qu'un *collateur*, soit laïque, soit ecclésiastique, ne peut pas varier, c'est-à-dire, qu'après avoir donné sa collation à un sujet, il ne peut plus la donner à un autre. Cette maxime ne peut s'appliquer qu'aux *collateurs* libres; elle souffre des exceptions & des modifications que l'on expliquera au mot VARIATION. *Voyez ci-après le mot* COLLATION. (*Cet article est de M. l'abbé* BERTOLIO, *avocat au parlement.*)

COLLATIF, adj. (*Droit canonique.*) *Voyez* COLLATION.

COLLATION, s. f. (*Droit civil & canon.*) ce terme a une signification bien différente en matière civile, de celle qu'il a en matière canonique. C'est pourquoi nous le traiterons dans deux articles différens.

COLLATION, (*Droit civil.*) les jurisconsultes & les praticiens entendent par ce mot, la *comparaison* que l'on fait d'une pièce avec son original, pour voir si elle y est conforme, & la mention qui est faite de cette *collation* sur la copie que l'on appelle alors une *copie collationnée*.

L'usage de ces *collations* doit être fort ancien; les lettres de *vidimus*, qui se donnoient dès le commencement du quatorzième siècle, pour la confirmation de quelques ordonnances rendues précédemment, étoient une véritable *collation* de ces lettres. Les anciens auteurs se servent du terme de *vidimus* pour *collation*; & dans quelques provinces on dit encore une *copie vidimée* pour *copie collationnée*. *Voyez* VIDIMUS.

Je n'ai point trouvé le terme *collation* employé dans aucune ordonnance avant celle de Philippe de Valois, du mois de février 1327, portant réglement pour le châtelet de Paris; laquelle porte, *article 36*, que la *collation* des pièces (c'est-à-dire la vérification des pièces que les parties produisoient), sera faite par telles personnes que le prévôt établira dans huit jours, qu'il sera conclu en cause; & l'*article 37* ajoute que si aucune partie est défaillante de faire sa *collation* dedans le temps que les parties auront accordé à la faire, le procès sera mis au conseil pour juger. On met encore présentement dans les appointemens de conclusion, que le procès est reçu pour juger en la manière accoutumée, *sauf à faire collation*, c'est-à-dire, sauf à vérifier si les productions sont complettes, & si toutes les pièces énoncées en l'inventaire de production sont jointes.

Les commis-greffiers qui expédient les jugemens sur la minute, mettent au bas de la copie ou expédition, *collationné*, pour dire qu'ils ont fait la *collation* de la copie ou expédition avec l'original.

L'ordonnance de Charles V, du 17 janvier 1367, portant réglement pour le châtelet, dit que les avocats ne plaideront aucune cause, s'ils n'en ont fait auparavant *collation*, & qu'ils n'en feront point *collation* en jugement; que s'ils la veulent faire, ils sortiront de l'auditoire, & la feront à part. Mais M. Secousse pense que le terme de *collation* signifie en cet endroit la communication des pièces que se font réciproquement les avocats : c'est en effet une espèce de vérification qu'ils font des faits sur les pièces.

Les secrétaires du roi ont un droit de *collation* qui leur a été accordé pour la signature des lettres de chancellerie, qu'ils sont présumés ne signer qu'après les avoir collationnées; il en est fait mention dans le *sciendum* de la chancellerie, que quelques-uns croient avoir été rédigé en 1339, d'autres en 1415. Il y est dit que la *collation* des lettres doit se faire en papier, & le droit de *collation* que l'on doit payer pour chaque sorte de lettres y est expliqué.

L'ordonnance de Charles VI, du 24 mai 1389, portant confirmation d'un réglement fait par les secrétaires du roi, pour la distribution des droits à eux appartenans pour les lettres qu'ils signent, porte que le droit de *collation* qui appartient aux secrétaires du roi, se partagera entre eux; que ce droit sera reçu par deux secrétaires du roi députés par la compagnie, & distribué, comme il est dit par cette ordonnance.

Les secrétaires du roi ont aussi le droit de délivrer des copies collationnées de toutes lettres de chancelleries, contrats & jugemens.

La *collation* faite par un secrétaire du roi, donne à la copie du titre la même force qu'auroit l'original, & elle obtient la même foi; elle n'est pas sujette au contrôle lorsqu'elle regarde des actes émanés du conseil & des cours près desquelles ils sont établis. Mais suivant une décision du conseil, du 19 novembre 1742, on doit faire contrôler les *collations* d'autres actes, parce qu'ils font alors les fonctions de notaires.

Les notaires peuvent aussi délivrer des copies collationnées, tant des actes qu'ils reçoivent, que de tous autres actes, lettres & jugemens qui leur sont représentés; ils distinguent la copie collationnée sur la minute de celle qui n'a été collationnée que sur la grosse, ou sur une autre expédition ou copie.

Il faut distinguer, par rapport aux copies collationnées que délivrent les notaires, celles qu'ils donnent sur les actes qu'ils ont reçus, d'avec celles qu'ils donnent d'autres pièces. Les *collations* ou extraits faits par un notaire, sur les actes qu'il a reçus, ne sont pas sujettes au contrôle, parce qu'elles ne sont que des expéditions de ces actes: toute autre *collation* doit être contrôlée dans la quinzaine. C'est la disposition d'une déclaration du 10 avril 1694, & de deux arrêts du conseil des 28 octobre 1698, & 15 septembre 1719.

Un arrêt du conseil du 17 avril 1724, fait défenses à tout huissier ou sergent, de signer aucun acte de *collation* de pièces, sous peine d'être interdit de ses fonctions pendant six mois, & de cent livres d'amende.

La *collation* a plus ou moins de force selon le plus ou moins d'authenticité de l'original sur lequel elle est faite; ainsi, la *collation* faite sur la minute fait plus de foi que sur la grosse ou expédition.

On distingue aussi deux sortes de *collation*; savoir, la judiciaire & l'extrajudiciaire : la première est celle qui se fait en vertu d'ordonnance de justice, les parties intéressées présentes ou duement appellées; l'autre est celle qu'une partie fait faire de son propre mouvement, & sans y appeller ceux contre qui elle veut se servir de la copie collationnée.

Il est de principe dans l'ordre judiciaire que les copies collationnées hors de la présence des parties intéressées à les contredire, n'ont jamais la même autorité que les originaux, ou que les copies collationnées, soit par un juge, soit par un autre officier public, en présence de toutes les parties ou elles duement appellées. Il existe cependant un cas où l'on est admis à produire en justice des copies collationnées hors de la présence des parties intéressées : c'est lorsqu'elles sont d'une date assez ancienne, pour qu'on ne puisse soupçonner qu'elles ont été fabriquées exprès pour la cause dans laquelle on s'en sert, ou lorsqu'on est dans l'impossibilité d'en recouvrer les originaux.

L'ordonnance de 1667, *tit. 12*, traite des compulsoires & *collation* de pièces; le compulsoire précède ordinairement la *collation*. L'ordonnance veut que les assignations pour assister aux compulsoires, extraits & *collations* de pièces, ne soient plus données aux portes des églises, ou autres lieux publics, pour de-là se transporter ailleurs, mais qu'elles soient données à comparoir au domicile d'un greffier ou notaire, & que les assignations données aux personnes ou domiciles des procureurs aient le même effet pour les compulsoires, extraits ou *collations* de pièces, que si elles avoient été faites au domicile des parties.

Le procès-verbal de compulsoire & de *collation* ne peut être commencé qu'une heure après l'échéance de l'assignation ; & il doit en être fait mention dans le procès-verbal. *Voyez* COMPULSOIRE.

Ces *collations* judiciaires se font par le ministere du greffier ou huissier, au domicile duquel l'assignation est donnée.

Les pièces ainsi collationnées font la même foi que l'original contre ceux qui ont été présens ou appellés à la *collation*, pourvu que les formalités nécessaires y aient été observées.

Les *collations* extrajudiciaires se font par les secrétaires du roi ou par les notaires; on leur remet entre les mains la pièce que l'on veut faire collationner; ils en font faire une copie au bas de laquelle ils mettent : *collationné à l'original* (ou autre copie) *par nous ...... & à l'instant remis l'original* (ou autre copie). *Fait à .... ce ....*

Les copies collationnées sur le réquisitoire d'une partie, ne font foi qu'autant qu'on veut bien y en ajouter.

Dumoulin, sur l'article 5 de la coutume de Paris, *n. 63*, au mot *dénombrement*, dit que, quand quatre notaires auroient collationné une copie sur l'original, & qu'ils certifieroient que c'est le véritable original pour l'avoir bien vu & examiné, néanmoins leur copie collationnée ne fait pas une pleine foi sans la représentation de cet original; car, dit-il, les notaires ne peuvent déposer que de ce qu'ils voient; &, n'ayant pas vu faire l'original, ils n'en peuvent pas aussi avoir de certitude ni rendre témoignage que la pièce qu'on leur a mise entre les mains, soit l'original. Il en seroit autrement si le notaire avoit lui-même reçu la minute de l'acte, ou s'il en est dépositaire; d'ailleurs Dumoulin ne parle que d'une *collation* extrajudiciaire, faite sans partie présente ni appellée. (*A*)

COLLATION, s. f. (*Jurispr. canon.*) ce terme peut s'entendre, ou du droit qu'a un collateur de conférer un bénéfice, ou de l'acte par lequel il le confère. C'est dans cette double acception que nous le considérerons ici.

Il doit naturellement y avoir autant d'espèces de *collations* qu'il y a d'espèces de collateurs. Il y a donc des *collations* laïcales, ecclésiastiques, ordinaires, extraordinaires, libres, forcées, *&c.* & tout ce que nous avons dit sur les différens collateurs s'applique à la *collation*, considérée comme un droit.

Le droit de *collation* peut se perdre & s'acquérir par la prescription, & cette prescription s'opère par trois *collations* faites & exécutées pendant l'espace de quarante ans; mais il est nécessaire qu'elles soient *jure ordinario*. Un supérieur qui auroit conféré trois fois & pendant quarante ans, *jure devoluto*, un bénéfice dont son inférieur auroit négligé la disposition dans les délais qui lui sont fixés par les loix canoniques, n'en auroit pas acquis pour cela le droit de *collation*. Sa possession n'auroit point les qualités requises pour la prescription; il n'auroit point possédé *animo domini*, c'est-à-dire, comme véritable propriétaire du droit qu'il exerçoit, & bien loin que sa possession puisse nuire à l'inférieur, elle lui conserve son droit, puisqu'un autre l'exerce pour lui & en son lieu & place.

Une *collation* qui seroit faite après les six mois accordés aux collateurs pour remplir les bénéfices vacans, ne seroit pas nulle, si elle précédoit la *collation* du supérieur auquel elle étoit dévolue. La raison en est que l'expiration des six mois ne prive pas absolument l'ordinaire de son droit, elle lui donne seulement un associé dans la personne du supérieur, pour conférer concurremment avec lui. Ainsi jugé par arrêt de la grand'chambre du parlement de Paris, du 18 mars 1745. Dumoulin n'est pas de cet avis, il soutient que l'ordinaire qui a laissé expirer les délais qui lui sont accordés, est privé pour cette fois de son droit, à moins que ses supérieurs dans l'ordre hiérarchique ne laissent également écouler ceux dans lesquels ils peuvent conférer : alors, dit cet auteur, le droit revient à l'ordinaire. M. Piales assure que la jurisprudence du grand-conseil est conforme à l'opinion de Dumoulin. *Voyez* DÉVOLUTION.

Une *collation* qu'un collateur feroit en sa faveur, seroit radicalement nulle. Cette nullité existeroit toujours, quand même le collateur se seroit fait conférer le bénéfice par son grand-vicaire ou par son fondé de procuration. On regarde comme un inceste spirituel, la possession de deux bénéfices, dont l'un a jurisdiction sur l'autre. Cependant rien n'empêche qu'un pourvu d'un bénéfice dépendant d'une abbaye, ne soit ensuite nommé à cette abbaye. Il y a même des cas où la réunion sur une même tête, de deux bénéfices qui paroissent avoir des relations de supériorité & d'infériorité, seroit très-favorable. Telle seroit par exemple, la possession cumulée d'un prieuré curé primitif & d'une vicairerie perpétuelle qui en dépendroit. Cette réunion ne seroit qu'un retour au droit commun.

Si un collateur ne peut pas se conférer à lui-même un bénéfice à sa *collation*, il ne peut non plus imposer des conditions à son collataire, ni le soumettre à d'autres charges que celles qui sont inhérentes au bénéfice. Il ne lui est pas permis de faire aucun pacte, aucune convention, il doit conférer gratuitement, & n'avoir d'autre but que celui de pourvoir un sujet capable. *Collatio est gratuita quædam beneficii vacantis assignatio, ab habente potestatem, idoneo clerico facta.* La *collation* ne peut avoir de terme ni être limitée à un certain temps; elle ne peut renfermer la réserve d'aucune portion du revenu attaché au bénéfice, *beneficia sine diminutione conferantur.* Voyez le mot PENSION.

Toute *collation* suppose nécessairement la vacance du bénéfice conféré. Les canonistes examinent si elle peut être faite le jour même du décès du dernier titulaire & avant son inhumation. Ils distinguent entre les églises qui deviennent veuves par le décès du titulaire & celles qui ne le deviennent pas. Quant aux premières, comme les évêchés, on ne peut y pourvoir qu'après l'inhumation du dernier titulaire. Quant aux secondes, rien n'empêche de les conférer & d'en prendre possession avant l'enterrement du prédécesseur. Ainsi jugé par deux arrêts du parlement de Toulouse, rapportés par M. Catellan, *Part. I*, *chap. 9*, *n°. 1.*

Toute *collation* peut être considérée sous trois points de vue différens: par rapport au collateur, par rapport au collataire, & par rapport au bénéfice conféré.

La première chose à considérer, par rapport au collateur, est le pouvoir de conférer; c'est à proprement parler, la base & le fondement de la *collation*. Si le pouvoir n'existe point, la *collation* est radicalement nulle, rien ne peut couvrir ce défaut. *Non est major defectus quàm defectus potestatis.* La possession, quelque longue qu'elle soit, ne peut le faire évanouir, & jamais un titre émané *à non habente potestatem*, ne peut faire impression sur la tête du pourvu.

Il ne suffit pas même que le collateur ait pouvoir de conférer, il faut de plus que son pouvoir ne soit arrêté ou suspendu par aucun obstacle.

Parmi les causes qui suspendent ou arrêtent le pouvoir d'un collateur, il en est qui lui sont personnelles, & d'autres qui lui sont étrangères. Celles qui lui sont personnelles vicient absolument sa *collation*: telles seroient par exemple, l'hérésie, l'excommunication, le décret d'ajournement personnel & de prise de corps, la violence, la folie, la démence & tout ce qui, aux yeux de la loi, rend les citoyens incapables de contracter. Mais il n'en est pas de même de celles qui lui sont étrangères; elles ne rendent point la *collation* absolument nulle. Cette nullité n'est que relative, elle cesse par le silence de ceux qui auroient intérêt à la faire valoir. Le patronage, les indults, les grades, les brevets de joyeux avénement & de serment de fidélité, sont autant d'obstacles qui lient les pouvoirs des collateurs ordinaires. Cependant la *collation* faite par eux, sans égard aux droits des patrons ou des expectans, n'est pas radicalement nulle. Elle subsistera, si elle n'est point attaquée dans les délais fixés par la loi, *non est nulla sed venit annullanda;* c'est pourquoi elle produit l'effet d'empêcher la prévention du pape. *Voyez* PRÉVENTION.

Il faut donc bien distinguer dans le collateur, le défaut de pouvoir, d'avec les obstacles qui en empêchent ou en suspendent l'exercice. Le défaut de pouvoir infecte nécessairement la *collation* d'une nullité radicale; mais ce n'est plus la même chose dans le second cas, sur-tout si les obstacles sont quelques-unes de ces servitudes imposées aux ordinaires par le droit nouveau. Alors la validité de la *collation* dépend de l'événement; elle sera valide ou elle ne le sera pas, selon que ceux qui ont droit de grever l'ordinaire, useront de ce droit ou n'en useront pas: eux seuls ont qualité pour attaquer sa *collation*, des tiers y seroient non-recevables, parce qu'il est censé avoir conféré *jure suo primitivo, remoto servitutis obstaculo.* Nous avons cru devoir insister sur cette distinction, elle est d'un usage fréquent dans les matières bénéficiales, & sert à résoudre beaucoup de difficultés.

De ces principes, il suit que l'ordinaire, lorsqu'il confère librement, n'est pas tenu d'exprimer à quel titre il confère; il ne peut y avoir de doute sur le pouvoir en vertu duquel il agit. Mais, comme nous l'avons déjà observé, les collateurs extraordinaires sont astreints à d'autres loix. Ils sont obligés d'exprimer quelle espèce de droit ils exercent, parce que c'est d'après cette expression qu'on juge s'ils n'ont pas excédé leurs pouvoirs.

Il en est autrement dans les *collations* forcées; l'ordinaire lui-même doit faire mention de la cause qui le détermine à conférer, non pas pour la validité intrinsèque de sa *collation*, mais pour se libérer de la dette dont il est grevé. Ainsi, lorsqu'il défère à la requisition d'un gradué ou de tout autre expectant, il doit désigner dans ses lettres de *collation*, que c'est *in vim gradus*, *indulti*, *&c.* L'omission de cette clause pourroit entraîner une foule d'inconvéniens, comme on le verra aux articles GRADUÉS, INDULT, PATRONAGE.

Pour qu'une *collation* soit valable, il ne suffit pas qu'on n'ait rien à reprocher au collateur, il faut de plus que rien n'empêche le bénéfice conféré de faire impression sur la tête du collataire. Celui-ci contribue donc beaucoup à la validité de la *collation*. Il doit nécessairement avoir toutes les qualités requises & ne porter avec lui aucun de ces défauts qui donnent l'exclusion aux bénéfices ou qui les font vaquer.

Parmi les qualités requises, il en est de générales & qui sont toujours nécessaires, il en est de particulières & qui sont subordonnées à la nature du bénéfice conféré. Ce n'est pas ici le lieu de les détailler, on ne pourroit le faire sans répéter ce qui a déjà été dit dans les articles précédens, ou sans anticiper sur ceux que l'on aura à traiter par la suite. *Voyez* AGE, BÉNÉFICES, CAPACITÉS, CHAPITRE, CURE, GRADES, NAISSANCE, ORDRE, RÉGNICOLE.

Il en est de même des défauts dans la personne du pourvu, qui rendent nulle & sans effet la *collation* faite en sa faveur. *Voyez* CONFIDENCE, DÉCRET *d'ajournement personnel & de prise de corps*, HÉRÉSIE, INCAPACITÉS, SIMONIE.

Nous observerons que la nullité de la *collation* qui provient du collataire, peut être ou radicale & absolue, ou simplement relative. La première ne se couvre & ne se répare jamais; la seconde peut s'effacer, & la possession triennale la fait souvent disparoître. *Voyez* POSSESSION, TITRE COLORÉ.

Nous dirons peu de chose sur la *collation*, considérée par rapport au bénéfice conféré. Il n'est pas douteux qu'elle seroit nulle, si le bénéfice n'y étoit pas désigné d'une manière particulière, s'il y avoit erreur quant à sa nature ou quant à

sa

sa situation. Dans tous ces cas, la volonté du collateur n'est pas suffisamment manifestée, ce qui empêche qu'elle ne puisse avoir son effet. Nous n'en donnerons qu'un exemple, d'après lequel on pourra juger des autres cas où ces principes peuvent s'appliquer. Un bénéfice est régulier : un séculier le demande au pape, comme séculier; si le pape le lui confère sous cette qualité, les provisions seront nulles, parce que le pape a voulu accorder un bénéfice séculier & non pas un bénéfice régulier.

Concluons de tout ce que nous venons de dire, que trois choses concourent nécessairement à former une *collation :* le collateur, le collataire & le bénéfice conféré. Le défaut d'une d'elles la fait crouler entièrement; il faut donc, pour qu'elle soit valide, que le collateur exerce un pouvoir qui lui appartienne, & que rien ne lie & ne suspende; que le collataire n'apporte par lui-même aucun obstacle à la disposition faite en sa faveur, & qu'enfin le bénéfice soit de la nature, du nom & dans le lieu désignés par l'acte de *collation*.

On doit considérer dans la *collation*, comme acte par lequel le collateur dispose d'un bénéfice, le temps, le lieu & la forme.

Quant au temps, elle doit être faite dans les six mois depuis la vacance du bénéfice. *Voyez* COLLATEUR.

Pour le lieu, le collateur n'a pas besoin d'être dans son diocèse, ni dans l'endroit où le bénéfice est situé; la *collation* étant l'exercice d'un droit personnel ou un acte de la jurisdiction volontaire, elle n'exige point de territoire.

La *collation* doit être par écrit; on ne seroit point admis à en faire la preuve par témoins. Mais doit-elle être passée pardevant notaire? Il faut distinguer les évêques d'avec les autres collateurs. Les premiers peuvent faire expédier leurs actes de *collation* sans le secours des notaires; ce sont ordinairement leurs secrétaires qui les dressent & les contresignent, & dans ces sortes d'occasions, on les regarde comme des officiers publics.

Tous les autres collateurs sont obligés de donner pardevant notaires royaux apostoliques, les provisions de leurs bénéfices. C'est la disposition de l'article 5 de l'édit du mois de décembre 1691; mais comme cet article ne porte point la peine de nullité, on a jugé au grand-conseil, le 29 juillet 1711, que la *collation* du prieuré régulier de Simiane, faite par l'abbé de S. André de Villeneuve-lès-Avignon, sous signature privée, en présence de deux témoins, non parens ni domestiques, étoit valable & avoit empêché la prévention de la vice-légation d'Avignon. Il en seroit de même de la présentation d'un patron. En général, on ne considère l'édit de décembre 1691 que comme un édit bursal, dont l'inexécution n'emporte point la nullité des actes. On en excepte cependant quelques articles dans lesquels le législateur n'a eu en vue que de prévenir ou arrêter la fraude & le dol.

Toutes les fois qu'une *collation* sous signature privée sera à l'abri de tout soupçon, quant à sa date & aux autres circonstances qui l'accompagnent, elle ne peut être déclarée nulle par défaut de la présence d'un notaire apostolique.

L'acte de *collation* doit être adressé par le collateur, au sujet pourvu; il doit contenir le droit en vertu duquel se fait la *collation*, les qualités du sujet qui est pourvu, le genre de la vacance, les qualités du bénéfice, la *collation* en faveur du sujet, la signature de la minute par le collateur & les témoins, la date : toutes ces formalités ne sont cependant pas essentielles. Il en est dont le défaut ne vicieroit point la *collation*. Par exemple, il n'est pas nécessaire qu'il reste minute des actes de *collation* ou de présentation. Arrêt du grand-conseil du 6 mars 1727, qui l'a ainsi jugé pour la cure d'Octeville, diocèse de Rouen. L'ordinaire n'est pas obligé d'exprimer aucun genre de vacance; en n'en exprimant aucun, il est censé les comprendre tous. Dumoulin, sur la règle *de public. resig. n°. 206. Voyez* EVÊQUES, INSINUATION, PROVISIONS. (*Cet article est de M. l'abbé* BERTOLIO.)

COLLE *des bois*, (*terme de Coutume.*) on trouve cette expression dans la coutume de Mons, *chap. 53*, dans la signification de jeunes pousses d'un bois nouvellement coupé. Elle défend d'y laisser entrer chevaux, jumens, bêtes à corne, boucs ou chèvres, à peine de sept sous six deniers blanc de loix pour chaque fois que le cas écherroit, & par chacune bête, & de payer au propriétaire du bois le dommage, à dire d'experts à ce connoissans.

COLLECTE, s. f. COLLECTEUR, s. m. (*Droit public. Finance.*) *collecte*, dans le sens où on l'emploie ordinairement, est la recette ou le recouvrement des deniers provenans d'un droit ou d'une imposition quelconque. Ce terme est même aujourd'hui restreint à l'imposition de la taille & du sel dans les provinces où il se distribue par impôt. On appelle *collecteur*, celui qui est chargé de faire ce recouvrement.

Dans les anciens titres & auteurs, la *collecte* signifie tantôt la *perception* & *recouvrement* qui se fait des tributs & impositions qui se lèvent sur certaines personnes, tantôt l'*imposition* même qui se lève sur ces personnes : c'est en ce dernier sens qu'il en est parlé dans Othon de Frisinge, *lib. II de gest. Friderici imper. cap. 11. Rex à toto exercitu collectam fieri jussit.* Mathieu Paris, à l'an 1245, dit aussi en parlant de S. Louis : *jussit quasdam collectas & tallias, tam in clero quàm in populo, fieri graviores.* On en trouvera encore d'autres exemples dans le *Glossaire* de Ducange, au mot *Collecta.*

Chez les Romains, la *collecte* des tributs ou impositions n'étoit point considérée comme un emploi ignoble : c'est ce qui résulte de la loi 10 au code *de excusat. mun.* laquelle, ayant détaillé tous les emplois qui étoient réputés bas & sordides, n'y a point compris la *collecte* des tributs; elle étoit même déférée aux décurions qui étoient les principaux des villes, comme on voit en la *loi 17*, §. *exigendi*, *ff. ad municip.* & la *loi 7*, *cod. de sacrosf. eccles.* Il n'en est pas de même parmi nous. Quoique la *collecte* des tailles & autres impositions n'ait rien de déshonorant, elle est mise au nombre des emplois inférieurs dont les nobles & privilégiés sont exempts.

Suivant les anciennes ordonnances, on donnoit le nom de *collecte* aux aides particulières & aux subsides que les villes ou provinces particulières accordoient au roi pour les besoins de l'état.

C'est ainsi que, dans une ordonnance de Philippe V, du 17 février 1349, il est parlé des *collecteurs* d'une aide ou imposition sur les marchandises & denrées; dans une ordonnance du roi Jean, du 3 mars 1351, & dans une autre ordonnance du même roi, du mois de juillet 1355, on voit qu'une partie des habitans du Limosin & des pays voisins, ayant accordé à Jehan de Clermont, maréchal de France, qui étoit lieutenant pour le roi dans les pays d'entre les rivières de Loire & de Dordogne, une aide ou subside d'argent pour l'engager à demeurer dans le pays & le mettre mieux en état de le défendre, ils arrêtèrent que cette aide seroit levée & cueillie par bonnes gens solvables, établies & nommées par les commis & justiciers de chaque lieu: ce qui fut confirmé par le roi Jean.

Philippe VI, en considération de ce que les bourgeois de Mâcon lui avoient fourni un certain nombre de gendarmes, ou de quoi les solder, leur accorda, entre autres choses, par des lettres du mois de février 1346, que les conseillers de cette ville pourroient *faire & imposer des collectes*, tant sur les personnes que sur les possessions & héritages de leur ville, en la manière accoutumée; les recouvrer, lever ou faire lever, cueillir & convertir au profit commun de cette ville, & à ce qui seroit nécessaire. Ces lettres furent confirmées par le roi Jean au mois d'octobre 1362.

Nous pourrions entrer dans le détail des règles qui concernent la nomination des *collecteurs*, leurs fonctions & devoirs, la confection des rôles des contribuables, les poursuites nécessaires pour parvenir au recouvrement, *&c.* mais ces objets se trouveront discutés dans le *Dictionnaire de finance*, auquel nous renvoyons. Nous nous contenterons de parler ici de deux espèces de *collecteurs* particuliers; celui des amendes prononcées en matière d'eaux & forêts, & celui que les papes ont eu souvent en France.

Des collecteurs des amendes. On a ainsi appellé des officiers qui étoient préposés pour faire payer les amendes prononcées au sujet des contraventions relatives aux ordonnances & réglemens qui concernent les eaux & forêts.

Par édit du mois de novembre 1554, il fut créé des offices de sergens-*collecteurs* des amendes des eaux & forêts.

Un autre édit du mois de novembre 1689 créa un garde-général receveur des amendes dans chaque maîtrise des eaux & forêts.

Par un autre édit du mois de mars 1708, le roi supprima ces offices & créa en même temps, dans chaque maîtrise, un *garde-général receveur des amendes, restitutions & confiscations.* Ensuite cette qualité fut changée en celle de *garde-général collecteur des amendes, restitutions & confiscations*, par une déclaration du 14 octobre 1710.

Enfin, par un édit du mois d'août 1777, enregistré à la chambre des comptes le 26 du même mois, les receveurs & *collecteurs* des amendes ont été supprimés : & les fonctions dont ils étoient chargés, doivent aujourd'hui être remplies par les préposés de l'administration générale des domaines. (*M. G.*)

Collecteur du pape en France. Il y a eu quelques papes qui, du consentement de nos rois, ont levé de temps en temps en France une imposition sur le clergé pour la Terre-Sainte & autres objets de piété. Par exemple, Alexandre IV imposa, du consentement du roi, un centième sur le clergé de France pour la Terre-Sainte. Les papes levoient aussi des procurations, dixièmes & d'autres droits sur les bénéfices; &, pour cet effet, ils avoient des *collecteurs* & sous-*collecteurs* : il en est parlé dans des lettres de Charles V, du 4 septembre 1375; & plus amplement encore dans des lettres de Charles VI, du 3 octobre 1385, par lesquelles il en révoque d'autres qui avoient ordonné de poursuivre les ecclésiastiques qui n'avoient pas payé au pape les redevances qu'il exigeoit d'eux. Le même prince, dans une instruction qu'il donna, le 11 mars 1388, aux généraux des aides sur la levée des aides, dit que le pape avoit envoyé une bulle portant que les *collecteurs*, sous-*collecteurs* & autres officiers étoient francs & exempts des aides qui étoient alors établies; que cela porteroit un grand préjudice au roi, vu que tous ces officiers avoient coutume de payer les aides; pourquoi il ordonne aux généraux d'aviser le remède convenable, & d'y pourvoir. Il en est encore parlé dans d'autres lettres du même prince, du 28 septembre 1390; & enfin par d'autres lettres du 27 juillet 1398, il défendit à tous ses sujets, de quelque état qu'ils fussent, de rien payer aux *collecteurs du pape* des revenus & émolumens qu'il avoit coutume de prendre dans le royaume & dans le Dauphiné : la même défense fut par lui renouvellée le 29 décembre 1403. *Voyez le recueil des ordonnances de la troisième race.* (*A*)

COLLÉGATAIRES, f. m. pl. (*Jurispr.*) sont ceux auxquels une même chose a été léguée conjointement.

Plusieurs légataires d'une même chose peuvent être conjoints en trois manières différentes; savoir *re*, *verbis*, *aut re & verbis*.

Ils sont conjoints seulement *re*, c'est-à-dire par la chose, lorsque la même chose leur est léguée à chacun par une disposition particulière : par exemple, je lègue à Titius ma maison de Tusculum, je lègue à Mœvius ma maison de Tusculum.

Ils sont conjoints de paroles seulement, *verbis*, lorsque la même disposition les appelle au legs d'une certaine chose, mais néanmoins en leur assignant à chacun la part qu'ils doivent y avoir: par exemple, je lègue à Titius & à Mœvius ma maison de Tusculum par égales portions.

On les appelle conjoints *re & verbis*, lorsqu'ils sont appellés ensemble, & à la même chose sans distinction, comme quand le testateur dit: *je lègue à Titius & à Mœvius ma maison de Tusculum.*

Le droit d'accroissement n'a pas lieu entre toutes sortes de *collégataires*, mais seulement entre ceux qui sont conjoints *re*, ou qui le sont tout ensemble *re & verbis. Voyez* ACCROISSEMENT *entre collégataires.*

COLLÈGE, s. m. (*Droit public, civil & canonique.*) ce mot vient du latin *collegium*, qui signifie corps ou compagnie de personnes occupées des mêmes fonctions. C'est dans ce sens que les Romains s'en servoient indifféremment pour désigner ceux qui vaquoient aux affaires de la religion, à celles de l'état, aux arts libéraux, aux arts méchaniques, au commerce, *&c.* ensorte que ce mot ne signifioit proprement qu'une *compagnie*, une *société. Voyez* SOCIÉTÉ.

Ainsi, parmi eux, outre le *collège* des augures & celui des capitolins, c'est-à-dire la compagnie qui avoit la surintendance des jeux capitolins, on comptoit encore le *collège* des artificiers, celui des charpentiers, des potiers, des fondeurs, des serruriers, des ouvriers pour les machines de guerre, des bouchers, des dendrophores, des ravaudeurs, des tailleurs d'habits militaires, des faiseurs de tentes, des boulangers, des musiciens, *&c.*

Plutarque prétend que cette division du peuple en *collèges*, étoit un effet de la politique de Numa, qui voulut que les différens intérêts de ceux qui composoient ces divers *collèges* les tenant toujours désunis, les empêchassent de penser à aucune conspiration générale. Ces *collèges* étoient distingués des autres sociétés formées sans l'aveu de l'autorité publique, en ce que ceux qui composoient ces *collèges* traitoient pour les intérêts communs de leur corps, & qu'ils étoient autant de membres de l'état; ils avoient une bourse commune, & un agent pour solliciter leurs affaires; ils envoyoient des députés aux magistrats, quand ils ne pouvoient y aller en personne; enfin ils avoient droit de faire des statuts & des réglemens pour l'administration de leurs affaires, à-peu-près comme font parmi nous les corps de métiers par leurs syndics, jurés, gardes & autres officiers.

Les nations modernes ont conservé l'usage du mot *collège*, dans la signification de corps & compagnie, unis par une même discipline & par les mêmes intérêts. C'est dans ce sens que nous disons, le *collège* des avocats, le *collège* des secrétaires du roi. Ce mot sert aussi à désigner des compagnies d'un ordre bien supérieur: tels sont le *collège* des cardinaux, ceux de l'empire d'Allemagne, ceux des amirautés de Hollande. Nous l'employons aussi pour signifier les bâtimens établis pour enseigner aux jeunes gens, la religion, les humanités & les belles-lettres.

Nous diviserons cet article en trois sections. Nous ferons connoître dans la première les corps d'un ordre supérieur, connus sous le nom de *collèges*, c'est-à-dire ceux des cardinaux, de l'empire & de la Hollande: dans la seconde, les compagnies auxquelles nous donnons le nom de *collèges:* dans la troisième, les *collèges* destinés à l'éducation de la jeunesse.

SECTION PREMIÈRE.

Collèges des cardinaux, de l'empire & de la Hollande.

Le *collège des cardinaux*, qu'on appelle aussi le *sacré collège*, est le corps des cardinaux, divisés en trois ordres différens, six évêques, cinquante prêtres & quatorze diacres. Chacun de ces ordres a son doyen ou chef, le cardinal évêque d'Ostie, est le doyen de l'ordre des évêques & de tout le sacré *collège*.

Suivant la discipline actuelle de l'église, le *collège* des cardinaux est, dans l'ordre hiérarchique, la seconde dignité ecclésiastique; car un cardinal a le pas & la préséance sur tous les primats, archevêques & évêques. *Voyez* CARDINAL.

Des collèges de l'empire. Tous les états qui composent le corps germanique, sont divisés en trois ordres ou classes, qu'on nomme le *collège* des électeurs, le *collège* des princes, & le *collège* des villes libres & impériales.

Les deux premiers corps ne formoient d'abord qu'une seule & même assemblée, soit pour l'élection de l'empereur, soit pour les autres délibérations. Mais les électeurs s'étant insensiblement arrogé le droit d'élire seuls l'empereur, & de tenir leurs conférences à part, soit dans cette occasion, soit pour les autres affaires de l'empire, malgré les protestations des autres princes & des villes impériales, cela fit prendre aux princes & aux villes la résolution de s'assembler en corps séparés; & de-là est venue la distinction des trois *collèges*, qui fut reçue & établie en 1580, dans la diète de Francfort.

Les villes impériales sont les dernières qui ont fait un *collège* particulier: leurs privilèges sont moins considérables que ceux des premiers corps ou *collèges*. Quand ces deux premiers étoient d'accord, celui des villes se trouvoit obligé de consentir à leurs avis, sans autre délibération; mais cet ordre a changé. Si le *collège* des villes impériales est contraire à l'avis unanime des deux autres *collèges*, on députe vers l'empereur pour le prier d'engager les villes à accéder à l'avis des deux *collèges* supérieurs.

Le *collège électoral* est composé des princes électeurs, qui sont trois ecclésiastiques, les archevêques de Mayence, de Trèves & de Cologne, cinq séculiers, le roi de Bohême, l'électeur de

Saxe, celui de Brandebourg, le palatin du Rhin, & le duc de Brunſwick-Hanover.

L'électeur de Mayence eſt chef & directeur du *collège* électoral; en cette qualité, il propoſe les matières & recueille les voix.

Les électeurs peuvent aſſiſter par eux-mêmes à toutes les aſſemblées, ou s'y faire repréſenter par leurs ambaſſadeurs. *Voyez* CERCLE, DIÈTE, *& les articles particuliers de chaque électeur.*

Le *collège des princes* comprend tous les princes d'Allemagne, ſoit eccléſiaſtiques, comme archevêques, évêques, abbés, prévôts & autres prélats; ſoit ſéculiers, comme ducs, marquis, landgraves, burgraves & autres qui jouiſſent de la qualité de princes.

Il comprend auſſi les abbés & abbeſſes, & les comtes, qui ſont membres relevans immédiatement de l'empereur & de l'empire, & qui non ſeulement ſont compris dans la matricule de l'empire, mais qui contribuent encore à ſes néceſſités, ſuivant la taxe portée par cette matricule.

Il y a pluſieurs ſeigneurs qui ont conſervé le titre de prince de l'empire, comme les archevêques de Beſançon & de Cambrai; mais comme ils ne contribuent plus aux charges de l'empire, depuis la réunion de ces pays à la couronne de France, ils n'ont aux diètes ni rang, ni ſéance, ni ſuffrage. L'évêque de Strasbourg a néanmoins conſervé ſon rang à la diète de l'empire, quoique ſous la domination de la France. Cette prérogative lui a été accordée par l'empereur Charles VI.

Le directoire des princes eſt tenu alternativement par l'archiduc d'Autriche & l'archevêque de Saltzbourg.

Le *collège des villes impériales* eſt compoſé de toutes les villes libres d'Allemagne, qui ſont états immédiats, & qui ne dépendent que de l'empereur & de l'empire. Ce n'eſt que depuis le traité de Weſtphalie qu'elles ont voix délibérative & déciſive, comme les deux autres *collèges*. Elles étoient autrefois au nombre de plus de quatre-vingts, elles ſont aujourd'hui réduites à celui d'environ cinquante.

Leur directoire eſt tenu & exercé par le premier magiſtrat de la ville impériale où la diète eſt convoquée, & ſi elle ne s'aſſemble pas dans une ville impériale, les premières villes des bancs font exercer le directoire alternativement par un ſyndic ou par un avocat. (*G*)

Des collèges ou chambres de l'amirauté en Hollande. Les Hollandois donnent le nom de *collège* aux différentes chambres d'amirauté, établies dans quelques-unes de leurs principales villes, ſavoir à Amſterdam, Rotterdam, Hoorn, Middelbourg & Harlingen. *Voyez* AMIRAUTÉ.

SECTION II.

Des corps auxquels on donne le nom de collège.

En France, on donne le nom de *collège* 1°. aux compagnies des ſecrétaires du roi: on en diſtingue deux, le grand & le petit *collège*.

Le grand *collège* eſt la compagnie des ſecrétaires du roi, maiſon & couronne de France, & de ſes finances, qui ſont attachés à la grande chancellerie.

Le petit *collège* eſt compoſé des ſecrétaires du roi, établis pour le ſervice des chancelleries des cours ſouveraines.

Le grand *collège* étoit autrefois compoſé lui-même de ſix *collèges* différens. Le premier, qu'on appelloit *le collège ancien*, ne fut d'abord compoſé que de ſoixante perſonnes, ſavoir le roi, & cinquante-neuf ſecrétaires. Il fut enſuite augmenté de ſoixante ſecrétaires, appellés *gagers*, pour les diſtinguer des autres qu'on appelloit *bourſiers*.

Le ſecond, appellé *le collège des cinquante-quatre*, fut compoſé d'un même nombre de nouveaux ſecrétaires, créés par Charles IX en 1570, & confirmés par Henri III en 1583.

Le troiſième, appellé *des ſoixante-ſix*, comprenoit un pareil nombre de ſecrétaires du roi, créés à diverſes fois, & unis en *collège* par Henri IV, en 1608, auxquels Louis XIII, en 1646, en ajouta quarante-ſix; ce qui en fit monter le nombre à cent douze.

Le quatrième, appellé *des ſix-vingts des finances*, créés à trois fois, ſavoir vingt-ſix par Henri IV, dix par Louis XIII, & quatre-vingt-quatre encore par Louis XIII, en 1635.

Le cinquième, appellé *le collège des vingt de Navarre*, fut créé & établi en 1607 par Henri IV, qui les amena en France lors de la réunion de ce pays à la couronne de France, c'étoient ſes ſecrétaires dans le temps qu'il n'étoit que roi de Navarre.

Le ſixième & dernier, appellé *des quatre-vingts*, fut créé à deux fois par Louis XIV, ſavoir quarante-ſix en 1655, & trente-quatre en 1657.

Ces ſix *collèges* différens ont été depuis réunis en un ſeul & même *collège*, qu'on appelle *le grand collège des ſecrétaires du roi*, qui ont tous le même titre. *Voyez* SECRÉTAIRE DU ROI. (*A*)

2°. Dans quelques provinces, comme Rouen, Lyon, Orléans, *&c.* on appelle *collège des avocats*, le corps des juriſconſultes qui, après avoir prêté le ſerment d'avocat, ſuivent la profeſſion du barreau, & ſont inſcrits ſur le tableau. A Paris, les avocats, conſidérés tous enſemble, forment un ordre, & c'eſt ainſi qu'on les qualifie ordinairement.

3°. On nomme auſſi *collège des avocats aux conſeils*, ceux de cet ordre qui ſont pourvus d'un office d'avocat ès-conſeils du roi, en vertu duquel ils peuvent ſeuls occuper dans toutes les inſtances qui ſe portent au conſeil. *Voyez* AVOCAT.

4°. On déſigne encore par le nom de *collège* ou de *collégiale*, certains corps d'eccléſiaſtiques, tels que les chapitres ſéculiers ou réguliers, autres que ceux des égliſes cathédrales. A Rouen, & dans quelques autres égliſes, on donne le nom de *col-*

lège à différens chapelains réunis, qui forment entre eux une espèce de corps & de communauté, à la différence des chapelains des autres églises qui ne forment pas de corps. *Voyez* COLLÉGIALE, COLLÉGIAUX.

En Angleterre, on donne le nom de *collège* 1°. à l'endroit où s'assemblent ceux qui sont de la société royale. Les Anglois joignent à ce mot celui de *Gresham*, nom d'un fameux marchand, que la reine Elisabeth employa en qualité de résident dans les Pays-Bas, & sur-tout à Anvers, pour les affaires du négoce, & auquel on érigea des statues en 1564 & 1566, dans la place de la bourse, & dans ce *collège*, qui depuis a toujours été appellé *Gresham collège*. Cette dénomination lui étoit bien due, 1°. en considération de ce que ce Gresham avoit fait fleurir en Angleterre le commerce & les manufactures; 2°. parce qu'il a doté ce *collège* avec des revenus assignés sur la bourse royale. La moitié en a été laissée par le fondateur aux maire & aldermans de Londres, aux conditions de choisir quatre personnes capables de faire des leçons de théologie, de géométrie, d'astronomie & de musique, de leur donner à chacun, outre le logement, cinquante livres par an: l'autre moitié fut laissée au corps des merciers de Londres, pour choisir trois personnes capables d'enseigner le droit, la médecine, la rhétorique sur le même pied, & sous la condition que chaque professeur donneroit tous les jours, excepté le dimanche, deux leçons l'une en latin, qui se feroit le matin, & l'autre en anglois l'après-dîné. La musique seule ne devoit être enseignée qu'en anglois.

2°. On appelle *collège des hérauts d'armes*, une compagnie établie par des patentes de Richard III, & confirmée par Edouard VI. Elle a trois officiers nommés *rois d'armes*, *reges armorum Anglicorum*, six hérauts & quatre poursuivans. Ils jouissent de l'exemption de subsides, de péages, d'offices & de plusieurs autres privilèges. *Voyez* ROI D'ARMES, HÉRAUT.

3°. Les Anglois donnent le nom de *collège* à la maison fondée par le docteur Harvey, doyen de la cour des arches, en faveur des professeurs de droit civil établis à Londres, du juge de la cour des arches de Cantorberi, du juge de l'amirauté, de la cour de la prérogative, *&c.* & autres docteurs en droit. Ils vivent tous, tant pour le logement que pour la nourriture, à la manière des *collèges*, c'est-à-dire en commun, ce qui fait qu'on les appelle *doctors commons*.

Ce *collège* a trente procureurs qui se chargent de toutes les causes des étudians.

Dans presque toutes les villes anséatiques, on appelle *collège des marchands*, le lieu ou place publique où s'assemblent ordinairement les marchands & négocians pour traiter des affaires de leur commerce. C'est ce qu'on appelle ailleurs *bourse*, & à Lyon *place du change*. *Voyez* BOURSE.

SECTION III.

Collèges destinés à l'éducation de la jeunesse.

Le mot *collège* dans son acception la plus commune, est un bâtiment où l'on enseigne à la jeunesse les sciences, les belles-lettres & les arts. Il est composé de chapelles, de classes, de logemens, tant pour les professeurs que pour les écoliers.

Les premiers rédacteurs de l'*Encyclopédie* ont dit qu'il falloit une assemblage de plusieurs *collèges* pour former une université; mais cette expression n'est pas exacte. Ce n'est pas la réunion de plusieurs *collèges*, où l'on enseigne les humanités, la rhétorique & la philosophie, qui compose les corps qu'on appelle *universités*, il en existe en France dans lesquelles il n'y a qu'un seul *collège*. Le mot *université* s'entend de l'assemblage des professeurs en théologie, droit, médecine & arts, qui composant quatre facultés distinctes, font par leur ensemble une université. On peut même dire qu'une université est une compagnie de plusieurs personnes chargées de l'enseignement public, à laquelle les rois & les souverains pontifes ont accordé le titre & les privilèges des universités. Celle d'Orléans, par exemple, n'est composée que d'une faculté de droit. *Voyez* UNIVERSITÉ.

L'instruction de la jeunesse n'étoit confiée autrefois qu'aux personnes consacrées à la religion. Les mages dans la Perse, les gymnosophistes dans les Indes, les druides dans les Gaules avoient le soin des écoles publiques.

Les Juifs & les Egyptiens avoient aussi leurs *collèges*. Les principaux de ceux des Juifs étoient établis à Jérusalem, à Tibériade, à Babylone: on prétend que ce dernier avoit été institué par Ezéchiel, & qu'il a subsisté jusqu'au temps de Mahomet.

Chez les Grecs, les *collèges* les plus célèbres étoient le lycée & l'académie. Ce dernier a donné son nom à nos universités, qu'on appelle en latin *academiæ*, & plus particuliérement encore à ces sociétés littéraires qui depuis environ un siècle se sont formées en Europe. Outre ces deux fameux *collèges* de l'antiquité grecque, la maison ou l'appartement de chaque philosophe ou rhéteur pouvoit être regardé comme un *collège* particulier.

On prétend que les Romains ne firent de pareils établissemens que sur la fin de leur empire. Quoi qu'il en soit, il y avoit plusieurs *collèges* fondés par leurs empereurs, principalement dans les Gaules, tels que ceux de Lyon, de Marseille, de Besançon, de Bordeaux, *&c.*

Après l'établissement du christianisme, il y eut autant de *collèges* que de monastères. Charlemagne, dans ses capitulaires, enjoint aux moines d'élever les jeunes gens, & de leur enseigner la musique, la grammaire & l'arithmétique. Mais soit que cette occupation détournât trop les moines de la contemplation & leur enlevât trop de temps, soit dégoût pour l'honorable mais pénible fonction d'instruire les autres, ils la négligèrent, & le soin des *collèges* qui ont été fondés sous la troisième race de nos rois, fut confié à des personnes uniquement occupées de cet emploi. On peut remarquer par les titres d'établissement de chaque *collège*, qu'on en a le plus ordinairement donné l'administration à des ecclésiastiques, préférablement aux laïques.

Cette société fameuse, connue sur le nom de *jésuites*, s'étoit emparé de presque tous les *collèges* de l'Europe. Sa suppression a opéré, principalement parmi nous, une révolution relative à l'éducation nationale. Cet événement a donné lieu à plusieurs réglemens utiles, pour l'administration des biens & la discipline intérieure des *collèges*, soit de ceux qui font partie des universités, soit de ceux qui n'en dépendent pas.

Nous comptions donner le précis de toutes ces loix, mais le recueil qui les contient étant encore actuellement à l'impression, nous sommes obligés de renvoyer cette partie sous le mot ÉDUCATION, sous lequel nous examinerons aussi plusieurs questions intéressantes, par rapport à l'éducation publique ou privée, l'utilité & la discipline des bourses établies dans les *collèges*, le plan d'une éducation nationale, *&c.* Nous nous bornerons à donner sur les *collèges* quelques règles générales, qui sont totalement indépendantes des réglemens nouveaux.

D'abord il est de principe certain que le gouvernement a intérêt de veiller sur l'éducation publique de tous les citoyens, & que c'est un des principaux objets dont il doit s'occuper. Cette vérité est si sensible, qu'elle n'exige aucune preuve. Il suit donc de-là que le droit public ne permet l'érection d'un *collège* qu'avec le concours de l'autorité civile & politique. C'est par cette raison qu'en France la fondation & dotation des *collèges* ne peut avoir lieu qu'en vertu de lettres-patentes du roi, regiftrées en la cour souveraine, dans le ressort de laquelle le *collège* doit être établi. Il en est de même en Angleterre, où les *collèges* ne sont érigés qu'avec le consentement & l'autorité du roi.

Dans le fait, les *collèges*, parmi nous, sont composés indistinctement de laïques & d'ecclésiastiques, mais néanmoins on les considère comme des corps laïques; sous ce rapport, ils sont capables de tous les actes civils. Ils peuvent recevoir des donations, des legs, vendre, acquérir, plaider, transiger, *&c.* en observant néanmoins les formalités prescrites par les ordonnances & réglemens, ainsi que tous les autres corps légalement établis dans le royaume.

Les places de principal, les bourses fondées dans les *collèges* ne sont pas réputées bénéfices, quoique plusieurs d'entre elles ne puissent être possédées que par des ecclésiastiques. Par cette raison, elles ne peuvent être ni permutées, ni résignées, & elles ne sont pas sujettes à la régale. *Voyez* BÉNÉFICE, *sect. II.* BOURSE.

Les principaux & les procureurs des *collèges* sont obligés d'y résider. C'est la disposition de l'ordonnance de Blois, qui défend en conséquence d'élire aux charges de supérieurs, les titulaires des bénéfices qui ont charge d'ame, ou qui requièrent résidence, à moins qu'ils ne soient situés dans la même ville que les *collèges*; ou qu'ils en soient si peu éloignés, que les titulaires puissent y aller & revenir en un jour.

Cette jurisprudence est établie sur plusieurs arrêts; l'un du 15 décembre 1716, rendu en forme de réglement sur les conclusions de M. Chauvelin, avocat-général, a jugé les fonctions de la principalité du *collège* d'Inville, incompatibles avec un bénéfice situé hors de Paris; un autre du 28 mai 1732 a jugé que la principalité du *collège* de Tréguier n'étoit pas incompatible avec une chapelle fondée dans l'église de S. Honoré, de Paris, quoique par le titre de fondation, le chapelain soit obligé d'assister à tous les offices.

Les *collèges* qui sont dans la dépendance des universités, sont soumis à la jurisdiction & visite du recteur & du tribunal de l'université. C'est une suite des dispositions de l'ordonnance de Blois.

Les supérieurs majeurs, c'est-à-dire les successeurs des fondateurs, ou ceux à qui les titres de fondation en confient le soin & l'administration, ont également le droit de visite dans les *collèges* qui leur appartiennent. Ils peuvent même expulser ceux des officiers qui se comportent mal, & faire tels réglemens qu'ils jugent à propos pour la conservation des mœurs, les progrès des études & l'administration du temporel.

En quelques endroits, les évêques ont aussi un droit d'inspection plus ou moins étendu sur les *collèges*; ce qui leur a sans doute été accordé pour la conservation de la religion & des bonnes mœurs: mais ce droit dépend & de leur possession & des titres d'établissement des *collèges*. C'est ainsi que l'archevêque de Paris commit en 1689, un ecclésiastique pour faire la visite du *collège* des Lombards, ce qui fut suivi d'un réglement qu'il donna d'après le procès-verbal de son commissaire: que l'évêque de Lisieux & les religieux de l'abbaye de Fécamp, en 1696, nommèrent des députés pour prendre connoissance des affaires du *collège* de même nom, & y faire tous les réglemens qu'ils jugeroient convenables.

MM. les procureurs-généraux des parlemens peuvent aussi requérir, & les cours ordonner la visite des *collèges* de leur ressort. En 1701, le parlement de Paris nomma M. Antoine Portail, conseiller, pour faire la visite des *collèges* de l'université, en présence d'un des substituts & des chancelier & syndic de l'université. Ce commissaire fit en conséquence la visite du *collège* d'Harcourt, & sur son procès-verbal, la cour rendit le 27 juin 1703 un arrêt de réglement, pour la conduite, discipline & administration de ce même *collège*.

A Paris, les officiers du châtelet ont également le droit de police sur les *collèges*. Un arrêt du conseil du 5 novembre 1666, les maintient en possession de cette prérogative à l'exclusion de tous autres juges, les autorise à se transporter dans toutes les maisons & *collèges*, *&c.* & veut que l'ouverture leur en soit faite, nonobstant tous prétendus privilèges.

Un réglement de ce tribunal, du 30 mars 1636, pour la police de Paris, fait défense à tous écoliers de porter épées, pistolets, ou autres armes offensives, & enjoint aux principaux & procureurs des *collèges* où ils sont logés, de tenir leurs *collèges* fermés dès cinq heures du soir en hiver & neuf heures en été; de faire toutes les semaines la visite dans toutes les chambres de leurs *collèges*, pour reconnoître ceux qui y sont logés, sans qu'ils puissent y retirer ni loger autres personnes que des écoliers étudians actuellement dans l'université, ou des prêtres de bonnes mœurs & de leur connoissance, dont ils répondront, & seront tenus des délits qui se trouveront par eux commis.

On ne doit loger dans l'intérieur des *collèges*, ni y laisser entrer des femmes ou des filles.

Il y avoit un grand nombre de *collèges* dans l'université de Paris; on donnoit la dénomination de *collège de plein exercice* à ceux dans lesquels des professeurs enseignoient publiquement & gratuitement les humanités, la rhétorique & la philosophie. Les autres, appellés *petits collèges*, servoient de demeure à différens boursiers, qui suivoient leur cours d'étude dans les *collèges* de plein exercice.

Tous ces *collèges* de non-plein-exercice ont été réunis dans le *collège* de Louis-le-grand, par des lettres-patentes du 21 novembre 1763, d'après le plan arrêté précédemment par un arrêt du 7 septembre 1762. Cette réunion est certainement très-utile pour l'éducation particulière des boursiers; elle avoit été projettée dès 1730, & avoit eu l'approbation de M. le chancelier d'Aguesseau & de M. Joly de Fleuri, procureur-général: la révolution des jésuites a facilité les moyens de l'exécuter.

Les *collèges* qui ne dépendent pas des universités sont soumis à la visite & inspection de leurs supérieurs majeurs, des évêques & des magistrats de l'endroit. Ceux qui étoient possédés ci-devant par les jésuites sont sous l'inspection des bureaux d'administration.

Collège royal de France. François I, nommé à si juste titre *le père & le restaurateur des lettres*, avoit attaché à son service une société de gens de lettres, sous le titre de *lecteurs ordinaires*: pour faire naître l'émulation & le goût des lettres parmi ses sujets, il destina ces mêmes lecteurs à l'enseignement public. Pour cet effet, il fonda le *collège* royal, situé à Paris place de Cambrai, il y rassembla les hommes les plus habiles de son siècle, & il voulut qu'ils s'attachassent principalement à procurer des secours sur toutes les branches des connoissances humaines, qui ne s'enseignoient point, ou qui s'enseignoient imparfaitement dans l'université.

Ce *collège* étoit tombé dans un état de pauvreté très-préjudiciable à ses exercices, lorsque Louis XV jugea à propos d'employer à la reconstruction de ses bâtimens & à l'augmentation des honoraires de ses professeurs, une partie du capital & des arrérages de soixante mille livres, provenant de l'accroissement survenu depuis 1719, dans le produit général du bail des postes.

Ce capital & ces arrérages appartenoient à l'université de Paris, & par des lettres-patentes des 29 mai 1766 & 1 février 1769, le roi en avoit accordé la moitié au *collège* de Louis-le-grand, pour en jouir jusqu'en 1806, & être partagée entre les principaux, les vingt anciens émérites, les professeurs & docteurs aggrégés de la faculté des arts; l'autre moitié devoit être employée aux constructions & réparations à faire au chef-lieu de l'université.

On s'apperçut par la suite que cette dernière somme étoit insuffisante pour subvenir aux frais nécessaires pour l'établissement du chef-lieu de l'université, qui devoit être établi dans l'emplacement de l'ancien *collège* des Cholets. On fit adopter au roi un nouveau plan, & on crut qu'il seroit plus utile aux progrès des sciences de disposer d'une partie de ces fonds en faveur du *collège* royal.

En conséquence, par des lettres-patentes du 16 mai 1772, le roi aggrégea à l'université de Paris les lecteurs & professeurs du *collège* royal, pour y jouir des mêmes droits & honneurs que les autres membres de l'université. Ils doivent, sans acte probatoire, être cooptés & immatriculés dans celle des nations à qui ils appartiennent par la naissance, en produisant leur extrait de baptême, leurs lettres de nomination royale, & l'acte de leur prestation de serment entre les mains du grand aumônier.

Le *collège* royal est actuellement composé de dix-neuf professeurs & d'un inspecteur, chargé de veiller à la discipline, & d'en rendre compte au secrétaire d'état qui a le département de la maison du roi. Un arrêt du conseil du 20 juin 1773 a ordonné qu'à l'avenir il y auroit un professeur d'hébreu & de syriaque, un d'arabe, un de turc & de persan, deux de grec, dont l'un est chargé de l'explication des anciens philosophes, un d'éloquence latine, un de poésie, un de littérature françoise, un de géométrie, un d'astronomie, un de méchanique, un de physique expérimentale, un d'histoire naturelle, un de chymie, un d'anatomie, un de médecine pratique, un de droit canon, un de droit de la nature & des gens, & un d'histoire.

Suivant les lettres-patentes du 16 mai 1772, le compte qui doit être rendu au secrétaire d'état par l'inspecteur du *collège* royal, ne soustrait pas les lecteurs & professeurs à la jurisdiction du recteur & du tribunal de l'université, qui sont autorisés à y faire des visites de la même manière & pour les mêmes objets que dans les écoles de théologie, de droit, de médecine & des arts.

Les lecteurs du *collège* royal ont été maintenus dans tous les droits, franchises, privilèges & prérogatives dont ils avoient toujours joui ou dû jouir, & notamment dans la qualité de commensaux de la maison du roi, & de tous les privilèges qui y sont attachés.

Ils ne participent pas aux pensions d'émérites accordées aux professeurs de l'université; mais lorsque l'âge ou les infirmités les mettent hors d'état de remplir leurs fonctions, le roi promet de leur conserver la jouissance de huit cens livres, d'après le compte qui lui en sera rendu par le secrétaire d'état, & sur la démission pure & simple du professeur.

Les exercices du *collège* royal se partagent en deux sémestres, dont le premier commence à la toussaint & finit au dimanche des rameaux, le second ouvre le lendemain de quasimodo & dure jusqu'au premier août. Les lecteurs donnent pendant les sémestres trois leçons par semaine; en cas de maladie ou d'absence, ils sont tenus d'avertir l'inspecteur du *collège*, & lui présenter le sujet qui les remplace. Les absences ne peuvent avoir lieu que sur une permission par écrit du secrétaire d'état.

COLLÉGIALE, adj. pris subst. (*Droit canon.*) on appelle *église collégiale*, celle qui, n'étant pas le siège d'un évêque, est néanmoins desservie par des chanoines séculiers. C'est en cela principalement qu'elle diffère des églises cathédrales, qui sont également desservies par des chanoines, mais dont l'église prend sa dénomination du siège épiscopal, & de l'assistance de l'évêque.

Il n'y a peut-être pas de ville épiscopale en France, dans laquelle, indépendamment de l'église cathédrale, où est la chaire de l'évêque, il n'y ait une ou plusieurs églises, desservies par des chanoines, qui n'ayant ni le titre ni les droits que donnent aux cathédrales le siège & la résidence des évêques, sont, par cette raison, de simples *collégiales*.

Les chapitres établis dans les villes non-épiscopales ou dans d'autres endroits, ne sont également que des *collégiales*. Le diocèse d'Aix en Provence, est le seul que nous connoissions, dans l'étendue duquel il n'y a qu'un seul chapitre de chanoines séculiers, celui de l'église métropolitaine.

La Provence fournit aussi un exemple singulier d'une église, qui, sans être le siège de l'évêque, se décore du titre de *con-cathédrale*. C'est l'église de Forcalquier, qui jouit des privilèges de cathédrale conjointement avec l'église de Sisteron, seule résidence de la chaire épiscopale.

Cette qualité de con-cathédrale n'est pas un vain titre. L'église de Forcalquier partage avec celle de Sisteron tous les droits utiles & honorifiques de la cathédralité, tels que la tenue des synodes diocésains, la distribution du saint chrême, la prise de possession des évêques, la prestation de serment à leur première entrée, le consentement à l'aliénation de la mense épiscopale, la collation des ordres, l'exercice de la justice, la résidence d'un vicaire-général à Forcalquier, l'élection des vicaires-généraux & officiaux pendant la vacance du siège, les frais funéraires, droits de sépulture, de chappe, de bonnet, la redevance de l'anniversaire & la chapelle du défunt évêque, enfin la chaire épiscopale fixe & immuable dans l'église de Forcalquier.

Cette prérogative singulière est fondée sur ce que dans l'origine ces deux églises ont été fondées en même temps par l'évêque Frondon, pour ne faire qu'une seule & même église, ainsi qu'il est dit dans une charte de 1170 : que lorsque dans la suite elles furent séparées, ce fut sous la réserve expresse de la con-cathédralité, en faveur de l'église de Forcalquier, ainsi que le porte la chartre de cette séparation, faite par l'évêque Gérard Caprérius. *Cum utraque sit cathedralis, & pro sede episcopali habita ab antecessoribus meis, nam & hoc simul in commune habebant, quando una erat ecclesia.*

L'église de Forcalquier a souvent essuyé des contestations, soit de la part du chapitre, soit de la part de l'évêque de Sisteron, au sujet de cette concathédralité; mais elle y a toujours été maintenue, d'abord en 1249, par trois jugemens consécutifs, dont le dernier fut rendu par le cardinal d'Hostie, célèbre canoniste, qui lui même avoit été évêque de Sisteron, & depuis par plusieurs arrêts des parlemens d'Aix & de Grenoble.

Les églises *collégiales* ont principalement été établies pour la célébration du service divin; c'est pourquoi le canon *hoc quoque, dist. 1 de consecrat.* veut qu'il y ait au moins trois prêtres chanoines, pour former une église *collégiale*. Il seroit effectivement difficile, avec un moindre nombre, de célébrer convenablement l'office canonial.

Quoique les *collégiales* ne doivent pas jouir, suivant le droit commun, des droits des églises cathédrales, il y en a néanmoins plusieurs qui jouissent de plusieurs de ces prérogatives, & même de certains droits épiscopaux. Par exemple, les chanoines des quatre *collégiales* de Lyon portent la mître, lorsqu'ils officient. On ne peut leur contester la jouissance de ces droits, lorsqu'elles en justifient par les actes de leur fondation, par des chartres ou autres titres.

Les chapitres des *collégiales* se sont formés à l'imitation des cathédrales. Nous avons dit, sous le mot CHAPITRE, que ceux des cathédrales n'étoient, dans leur origine, qu'une communauté de clercs attachés au service d'une église, & qui avoient l'évêque à leur tête. L'édification que procuroit aux fidèles la vie que ces ecclésiastiques menoient en commun, donna l'idée d'établir de pareilles communautés dans les villes, où il n'y avoit pas d'évêque.

On appella ces communautés *collégiales* ou *collégiates*, parce qu'on les désignoit indifféremment sous le nom de *collège* ou de *congrégation*, celui de chapitre, que ces corps d'ecclésiastiques ainsi réunis n'ont pris que bien long-temps après, n'étant pas encore alors en usage. Lorsqu'ensuite les chanoines des cathédrales eurent abandonné la vie commune, ceux des *collégiales* firent de même ; mais les uns & les autres continuèrent cependant toujours à former un corps, un chapitre, suivant que l'a remarqué M. Fleuri, en ses *Institutions au droit canonique*.

Plusieurs chapitres de *collégiales* étoient même anciennement des abbayes, qui dans la suite des temps ont été sécularisées, & dont les revenus ont été convertis en prébendes & canonicats. Telle est entre autres à Dijon, l'église *collégiale* ou collégiate de saint Etienne ; c'étoit autrefois un célèbre monastère de l'ordre de saint Augustin, dont les religieux ont été sécularisés & sont aujourd'hui des chanoines. Cette église, malgré ce changement, a même conservé jusqu'à nos jours le titre d'*abbatiale*, & le nom d'*abbé* est encore attaché à la première dignité de cette *collégiale*. Il y a nombre d'autres exemples de pareils chapitres de *collégiales*, qui dans leur origine étoient des monastères, & dont les moines sécularisés sont aujourd'hui des chanoines.

S'il survenoit une contestation sur la qualité de *collégiale* d'une église, cette qualité pourroit se prouver, à défaut de titres de fondation, en justifiant que l'église tient des assemblées capitulaires convoquées par un chef & au son de la cloche ; qu'elle a un sceau commun & une mense commune, soit en argent, soit en grains ou autres denrées ; qu'elle est présidée par un chef ou prélat auquel les membres portent honneur & respect ; qu'enfin les membres sont régis & gouvernés par des statuts communs. Il ne seroit pas même nécessaire que tous ces signes concourussent pour établir la preuve qu'une église est *collégiale*.

S'il s'agissoit d'ériger en *collégiale* une simple église ou chapelle, qui est en patronage, soit laïque, soit ecclésiastique, il est hors de doute qu'on ne le peut, qu'avec le consentement des patrons & fondateurs de cette église qu'il est indispensable d'appeller, & d'entendre. La raison en est que par cette érection le droit d'élire le prélat se trouve ordinairement appartenir aux chanoines de la nouvelle *collégiale*, qu'il s'agit de créer. Ce seroit donc entreprendre sur le droit de présentation, qui appartient au patron & qu'on ne pourroit lui faire perdre. Le patron peut, dans un cas pareil, en consentant à ce que l'église sur laquelle son droit de patronage est assis, soit convertie en église *collégiale*, se réserver le droit de présentation, qui se trouveroit perdu s'il n'en faisoit expressément la réserve en donnant son consentement.

Il n'en est pas de même des autres droits, tant honorifiques qu'utiles, que le patron peut prétendre en vertu de son patronage & qui y sont attachés ; les docteurs décident que le consentement donné par lui à l'érection de son église en *collégiale*, sans avoir fait la réserve expresse de ses droits, ne peut les lui faire perdre, ni lui être, par la suite, opposé, ce qui doit s'entendre sur-tout du droit qu'a tout fondateur d'être nourri & entretenu par l'église, s'il vient à tomber dans le besoin & l'indigence, parce qu'un pareil droit, fondé sur la reconnoissance, sur l'humanité & sur la charité chrétienne, dont les ministres de l'église doivent plus particuliérement l'exemple au reste des fidèles, ne peut jamais être éludé ou méconnu.

C'est une question de savoir si les évêques ont le pouvoir d'ériger une chapelle ou une simple église en *collégiale*, ou si le pape en a exclusivement le droit? L'auteur des loix ecclésiastiques ne fait pas difficulté de décider que les évêques ont ce pouvoir, & il se fonde dans sa décision sur un principe, qui la rend très-admissible ; c'est que l'évêque peut faire en général tout ce qui n'est point expressément réservé au saint siège par des loix précises ou par des usages constamment reçus dans le royaume : on doit conclure de-là que rien n'empêche que les évêques, en France, ne puissent ériger des églises ou chapelles en *collégiales*, si l'occasion s'en présente. Il suffit pour cela que toutes les formalités, en pareil cas requises par les loix du royaume, aient été préalablement remplies à l'égard des patrons, fondateurs & autres, qui peuvent y avoir intérêt & doivent être entendus dans l'information du *commodo* & *incommodo*, faite en pareil cas, pour constater l'utilité, les avantages de l'érection proposée, & qu'elle peut se faire sans inconvénient, & sans préjudicier aux droits d'un tiers.

Lorsque ces sortes d'établissemens se font, ils doivent sur-tout être déterminés par des motifs de nécessité ou d'utilité évidente, tels, par exemple, que le cas où le nombre des fidèles de l'endroit est si grand qu'il faut plusieurs prêtres pour le service divin & pour l'administration des sacremens : on peut, dans de semblables circonstances, établir un chapitre de chanoines, bien entendu que ce soit avec l'agrément du prince, sans l'approbation duquel aucun corps ne peut s'établir & avoir un état légal dans le royaume.

On distingue deux sortes d'églises *collégiales*. Il y en a qui sont de fondation royale, telles, par exemple, que les saintes chapelles de Paris, de Vincennes & autres ; le roi, à ce titre, en confère les prébendes ; les autres sont simplement de fondation ecclésiastique, & les prébendes alors sont à la collation, nomination ou présentation des différens collateurs ou patrons, qui en ont le droit aux termes des statuts & fondations de ces églises. Mais les unes comme les autres sont sujettes aux mêmes réglemens que les églises cathédrales pour tout ce qui concerne la célébration de l'office divin, & les obligations des chanoines des *collégiales* ne diffèrent en rien de celles que les canons & la discipline imposent aux chanoines des cathédrales.

Les mêmes règles qui regardent les bénéfices des églises cathédrales s'appliquent en général à ceux des *collégiales ;* mais il est cependant quelques différences légères par rapport à la capacité qui est requise pour les posséder, & nous devons les faire observer. Ainsi, par exemple, l'incapacité des bâtards pour posséder des canonicats, a lieu dans les églises *collégiales* comme dans les cathédrales; mais avec cette différence remarquable, qu'un bâtard ne peut être pourvu d'un canonicat de cathédrale, sans dispense du pape, au lieu qu'on tient que les évêques peuvent dispenser le bâtard, lorsqu'il s'agit d'un canonicat dans une église *collégiale;* ce qui ne doit s'entendre néanmoins que dans le cas où le chapitre collégial n'auroit pas des réglemens contraires; car il peut y avoir des églises dont les statuts particuliers portent que ceux dont la naissance est illégitime, ne pourront obtenir des provisions de canonicats, même avec des dispenses du pape. Il est de principe que, lorsque de pareils statuts sont confirmés par des bulles, ou sont compris dans l'acte de fondation des églises, les papes ne peuvent dispenser pour les canonicats des cathédrales, ni conséquemment les évêques pour ceux des *collégiales*. Deux arrêts des parlemens de Paris & de Rouen, des 9 juillet 1593 & 22 mars 1708, ont déclaré y avoir abus dans les dispenses du pape en pareil cas.

On ne requiert pas pour les canonicats des *collégiales* le même âge que pour ceux des cathédrales, ce qui est fondé sur ce que les premiers ne sont chargés que de la célébration de l'office divin, au lieu que les autres réunissent à ce devoir les fonctions les plus importantes. En effet, les chanoines des cathédrales, comme conseillers-nés de l'évêque, participent à l'administration du diocèse pour le spirituel & pour le temporel, & exercent toute la jurisdiction épiscopale, pendant la vacance du siège. Mais quel est l'âge requis pour être pourvu d'un canonicat de *collégiale?* Suivant Panorme, un clerc peut le posséder à sept ans; Dumoulin, sur la règle *de public. resign.* décide qu'on peut en être pourvu avant l'âge de puberté; & Brodeau, pour appuyer l'opinion de Dumoulin, assure qu'anciennement les chapitres des *collégiales* étoient des séminaires de jeunes gens; mais la dix-septième règle de chancellerie d'Innocent VIII, qui est reçue parmi nous, & que les ordonnances du royaume ont approuvée, a fixé cet âge à dix ans. *Voyez* AGE, BÉNÉFICE.

A l'égard de la première dignité d'une église *collégiale*, elle est soumise pour l'âge qui y est requis aux mêmes réglemens que les dignités des cathédrales, c'est-à-dire, que pour en être pourvu canoniquement, il est indispensable d'avoir au moins quelques jours au-delà de vingt-deux ans accomplis, afin d'être en état, suivant qu'on y est obligé par les loix du royaume, de se faire promouvoir à la prêtrise dans l'année, à compter du jour de la paisible possession, c'est-à-dire, dans les deux ans de la date des provisions qu'on a obtenues.

Pour ce qui est des degrés, la première dignité d'une *collégiale* exige qu'on soit gradué en théologie ou en droit canon, & les provisions de celui qui en seroit pourvu sans avoir le grade requis, seroient nulles de plein droit. C'est la disposition précise de l'édit du mois de décembre 1606, qui porte « nul » ne pourra à l'avenir être pourvu des dignités » des églises cathédrales ni des premières dignités » des *collégiales*, s'il n'est gradué en la faculté de » théologie ou de droit canon, à peine de nullité » des provisions ». D'Héricourt rapporte un arrêt du parlement du 10 juillet 1703, qui déclare abusives les provisions obtenues, en cour de Rome, par Joseph le Blanc, du doyenné de l'église *collégiale* de Montaigu, non qu'il n'eût pris en droit les degrés requis, mais parce qu'il les avoit pris sans avoir étudié le temps prescrit par les ordonnances, & sans dispense du temps d'étude.

Quoique, par le concordat, les seules églises cathédrales soient assujetties à l'affectation d'une prébende, pour la subsistance & l'entretien d'un théologal, cependant l'article 8 de l'ordonnance d'Orléans assujettit également les églises *collégiales* à la même obligation, ce qui cependant n'a été étendu, par l'article 33 de l'ordonnance de Blois, & par les arrêts intervenus sur cet objet, qu'aux églises *collégiales* où il y a plus de dix prébendes, non compris la principale dignité de l'église, & qui ne sont point situées dans les villes épiscopales, ajoute Bouchel dans sa *Bibliothèque canonique*.

L'affectation d'une prébende préceptoriale, ordonnée par l'article 9 de l'ordonnance d'Orléans, a également lieu dans les églises *collégiales*, nonobstant l'alternative insérée dans cette ordonnance, parlant des églises cathédrales ou *collégiales;* c'est ce qui a été jugé par arrêt de 1565, contre le chapitre de l'église *collégiale* de saint Gaudens, qui, se fondant sur cette alternative portée par l'article de l'ordonnance, soutenoit qu'il suffisoit que cette affectation fût faite dans l'une des deux églises. Mais la prébende préceptoriale n'a pas plus lieu que la théologale dans les églises *collégiales*, où il y a moins de dix prébendes indépendamment de la première dignité : c'est ce qui résulte de l'article 34 de l'ordonnance des Blois ci-dessus citée : il y a d'ailleurs à ce sujet un arrêt du 13 février 1599, rendu au profit des chapelains de la chapelle royale de Bar-sur-Aube, contre le maire & échevins de la même ville; il est rapporté par Bouchel dans l'addition à sa *Bibliothèque canonique*.

Indépendamment des prébendes théologale & préceptoriale, dans le cas où elles ont lieu à l'égard des *collégiales*, suivant les dispositions des ordonnances, la troisième partie des prébendes est affectée aux gradués dans chaque église *collégiale*, de la même manière que dans les cathédrales.

Une ordonnance de 1696 exemptoit de l'expectative accordée aux gradués, la première dignité des *collégiales;* mais cette ordonnance n'a point été vérifiée, au moyen de quoi toutes les dignités des églises *collégiales* sans exception, sont sujettes à l'expectative des gradués, à moins qu'elles ne soient électives-confirmatives, car c'est une règle fondée sur la clémentine *si dignitatem*, que les mandats pour conférer à quelqu'un une dignité, ne sauroient avoir lieu à l'égard des dignités qui sont électives-confirmatives.

Les églises *collégiales*, dont les dignités & prébendes sont à la collation de l'ordinaire du diocèse où elles sont situées, & dans lesquelles il se trouve y avoir moins de dix prébendes outre les dignités, ne sont point sujettes au droit de joyeux avénement, suivant une déclaration de Louis XIV, du 15 mars 1646, enregistrée au grand-conseil, le 2 mai suivant.

Par l'article 7 de l'édit de Melun, demandé par le clergé de France, assemblé dans cette ville en 1579, les églises *collégiales* qui ne sont point de fondation royale, ne sont chargées de fournir que deux chantres à la suite de la cour, au lieu de quatre dont sont chargées celles qui sont de fondation royale; mais si le chapitre étoit composé de quarante chanoines & au-dessus, il pourroit, dans ce cas, être chargé de fournir six chanoines, qui seroient dispensés de résider à cause du service de la chapelle du roi. Cela a été ainsi jugé par arrêt du conseil d'état, du 19 juin 1585, rapporté par Chenu.

On sait que les évêques ont le droit de prendre à leur suite deux chanoines, pour les assister dans leurs fonctions épiscopales, lors de la visite de leur diocèse, & pour terminer les affaires qui se présentent : ces deux chanoines, choisis par l'évêque & appellés ses commensaux, sont réputés présens aux offices, étant employés pour le bien de l'église. La plupart des canonistes ont prétendu que l'évêque ne pouvoit choisir les deux chanoines commensaux que parmi ceux de la cathédrale, & non dans les chapitres des *collégiales*, & ils se sont fondés sur ce que ceux-ci ne sont pas réputés conseillers-nés de l'évêque, comme ceux des cathédrales. Malgré cela, nous avons quelques conciles provinciaux, qui autorisent les évêques à prendre des chanoines dans les *collégiales* pour être à leur suite, & ces chanoines, ainsi employés aux affaires générales du diocèse, sont par conséquent dispensés de résider dans leurs églises.

Lorsqu'une église *collégiale* n'est pas en même temps paroissiale, il est hors de doute que c'est au chapitre à faire les réparations en entier. Si, au contraire, elle est paroissiale, le chapitre doit supporter sa part des charges & réparations dont la fixation est différente suivant les églises, ce qui dépend absolument des usages particuliers qui y ont lieu, & des statuts & réglemens qui leur sont propres. On trouve, à ce sujet, dans les cahiers du clergé, présentés au roi & répondus le 5 mars 1584, *articles 11 & 12*, qu'à l'égard des églises *collégiales*, les évêques auront soin de limiter la somme que le chapitre sera obligé de fournir pour les réparer, ou du moins pour les mettre en tel état que le service divin y puisse être fait commodément.

Une église *collégiale* a le droit, dans les processions publiques, de faire porter sa croix en présence même du chapitre de l'église cathédrale, celle-ci étant suffisamment distinguée par la préséance & la place la plus digne; c'est ce qui a été décidé par la congrégation des rits, le 24 août 1609; mais l'église *collégiale* ne le cédant qu'à la cathédrale, elle a le pas sur toutes les autres églises qui ne forment point chapitre, même sur les églises paroissiales; c'est ce que la congrégation des rits a aussi décidé.

COLLÉGIATS, s. m. pl. (*Jurisprudence.*) que l'on ne doit pas confondre avec les collégiaux, dont il sera parlé ci-après. *Collégiats* est le nom que l'on donne, en quelques endroits, à ceux qui possèdent une place dans un collège; il est synonyme à celui de *boursier*. On se sert particuliérement de celui de *collégiats* à Toulouse, dont le collège de saint Martial est composé de vingt-quatre *collégiats*; savoir, quatre prêtres & vingt écoliers étudians en droit, ou autres laïques : ces places ne sont pas des bénéfices, non pas même les quatre places presbytérales, quoiqu'elles aient *annexum officium spirituale*. *Voyez* Albert, *en ses arrêts, lett.* R. *chap. 38*, & la Rocheflavin, *livre I, tit. 34, arrêt 2, & le mot* BOURSIER. (*A*)

COLLÉGIAUX, s. m. pl. (*Jurisprudence.*) est le titre que l'on donne, dans certaines églises, à ceux des chapelains qui forment un collège entre eux, y ayant quelquefois dans la même église d'autres chapelains qui ne forment point de collège, & que l'on appelle *non-collégiaux*. *Voyez* COLLÈGE. (*A*)

COLLÉRAGE, s. m. (*Jurisprudence.*) étoit un droit que l'on payoit anciennement pour mettre le vin en *coule*, c'est-à-dire, en perce. Il est parlé du droit de tirage & *collerage* dû pour le vin, au livre de l'échevinage de Paris, *chap. 4*. (*A*)

COLLETAGE, s. m. (*Jurisprudence.*) étoit un nom que l'on donnoit anciennement aux tailles, aides & subsides que l'on lève sur le peuple. *Voyez* Monstrelet, *vol. I, chap. 78*. (*A*)

COLLITIGANS, adj. pris subst. (*Jurisprudence.*) sont ceux qui plaident l'un contre l'autre. On dit communément que *inter duos litigantes tertius gaudet*, c'est-à-dire, que souvent un tiers survient & les met d'accord, en obtenant l'héritage ou bénéfice, que les deux autres se contestoient réciproquement. (*A*)

COLLOCATION, s. f. (*Droit civil.*) c'est l'action par laquelle on range des créanciers dans l'ordre suivant lequel ils doivent être payés.

Ce terme signifie aussi l'*ordre*, le rang dans lequel chaque créancier se trouve colloqué.

Les *collocations* les plus ordinaires, sont celles qui se poursuivent & se font après les ventes d'immeubles par décret : on en fait aussi après des ventes volontaires & dans les directions.

Comme il est intéressant pour des créanciers de toucher le plutôt qu'il est possible le montant de leurs créances, si celui qui a poursuivi la vente par décret, négligeoit de poursuivre l'ordre ou la *collocation*, un créancier opposant pourroit faire cette poursuite à sa requête, sans même qu'il fût nécessaire d'obtenir une sentence pour cet effet. Tel est l'usage du châtelet de Paris.

Au parlement, la poursuite de l'ordre s'accorde ordinairement à celui des opposans qui obtient le premier ce qu'on nomme *appointement sur l'ordre*, ensorte que si l'opposant est sur cela plus diligent que le poursuivant, il lui est préféré.

On voit d'après ce qui vient d'être dit, qu'à Paris les *collocations* ne se font qu'après l'adjudication; mais il y a beaucoup de tribunaux, où l'on est dans l'usage de faire l'ordre avant l'adjudication. Cela s'observe ainsi dans le ressort du parlement de Bourgogne; pour cette raison, on n'y reçoit plus les oppositions à fin de distraire, après la sentence ou l'arrêt d'ordre & de *collocation*. C'est ce qui résulte de l'article 19 du réglement du parlement de Dijon, sur les criées.

La même jurisprudence a lieu en Lorraine: l'article 24 du titre 18 de l'ordonnance civile du duc Léopold, du mois de novembre 1707, veut que l'ordre préparatoire soit fait quinzaine, au moins, avant l'adjudication sur les oppositions à fin de *collocation*, qui ont été formées & qu'il vaille pour définitif incontinent après l'adjudication.

Les *collocations* se font aussi avant l'adjudication dans le ressort du parlement de Bordeaux.

Au châtelet de Paris, ce sont les commissaires qui dressent les ordres ou *collocations* sur les productions que les parties font entre leurs mains. Deux arrêts rendus au parlement les 12 janvier & 13 mars 1732, ont maintenu ces officiers dans ce droit. La procédure qu'on observe à ce sujet est fort simple: le poursuivant, ayant vu sur le regiftre quel est le commissaire commis pour l'ordre, prend de lui une ordonnance à l'effet de sommer les opposans de produire entre les mains de cet officier, les titres de leur créance. On fait sceller cette ordonnance, on la remet aux huissiers-audienciers du châtelet, avec l'extrait des noms des opposans, délivré par le greffier des décrets: celui de ces huissiers qui se trouve chargé de la commission, signifie l'ordonnance à chaque opposant, au domicile par lui élu, & le somme de s'y conformer.

Cette procédure est d'ailleurs peu dispendieuse. Les droits des commissaires, à cet égard, sont fixés par un édit de 1707, à huit livres par opposition, quand la somme à distribuer excède trois mille livres, & à quatre livres, lorsque cette somme est de trois mille livres & au-dessous. Les sommations à faire aux opposans, par le ministère des huissiers-audienciers, à domicile ou à procureur, ne se paient que sur le pied de cinq sous chacune.

L'article 361 de la coutume de Paris veut que huitaine après ces sommations, les opposans au décret remettent leurs titres entre les mains du commissaire nommé pour faire l'ordre; ou *à tout le moins*, continue la coutume, *dans un second délai qui sera encore de huitaine pour tout délai*: si, après cette seconde huitaine expirée, les opposans ne produisent pas, le commissaire donne un second défaut & renvoie les parties à l'audience.

Le procureur poursuivant doit ensuite lever le procès-verbal, qui renvoie à l'audience, & le faire signifier, avec une requête verbale, aux procureurs des créanciers qui n'ont pas produit.

En conséquence, les juges rendent une sentence, par laquelle ils ordonnent que, dans la huitaine, pour toute préfixion & délai, les créanciers qui n'ont pas produit seront tenus de produire, sinon que l'ordre sera dressé par le commissaire. On signifie la sentence, on assigne ceux qui n'ont pas produit, pour qu'ils aient à produire leurs titres; & soit qu'ils les produisent ou non, le commissaire, après avoir donné défaut contre ceux qui n'ont pas produit, dresse l'ordre dans lequel il ne colloque que les créanciers qui se sont présentés.

Lorsqu'un créancier opposant produit à un ordre, il adresse au commissaire une requête, que l'on appelle *requête de collocation*, par laquelle il demande qu'il soit colloqué pour ses créances dont il produit les pièces justificatives. Le procureur signe cette requête & la remet au commissaire. Il est inutile de la signifier au procureur poursuivant, pour lui donner connoissance des créances, parce que le commissaire ne doit pas clorre son procès-verbal avant d'avoir entendu les créanciers opposans & la partie saisie.

Lorsque l'ordre est dressé, les créanciers en prennent communication entre les mains du commissaire, & peuvent faire, à cet égard, telles requisitions & observations qu'ils jugent à propos: le commissaire rédige ces requisitions ou observations dans son procès-verbal d'ordre, & renvoie les parties à l'audience pour y faire statuer sur leurs difficultés.

Les créanciers opposans ont le droit de proposer, l'un contre l'autre, les moyens qui peuvent empêcher la *collocation* d'une créance quelconque. C'est ordinairement le plus ancien des opposans qui se charge de ce soin; mais, à son défaut, les autres peuvent agir à cet égard, lorsqu'ils sont intéressés à le faire.

Ce droit, qu'ont les créanciers d'empêcher la *collocation* des créances mal fondées, appartient aussi, à plus forte raison, à la partie saisie, puisque les deniers qui restent, après le paiement de ses dettes, doivent lui revenir.

Lorsqu'il s'élève quelques contestations entre des créanciers, le renvoi que le commissaire en fait à l'audience, n'empêche pas que ceux qui sont colloqués sans contestation, ne touchent ce qui leur est dû, & ils ne doivent pas être compris au nombre de ceux qui sont renvoyés à l'audience. C'est ce qui résulte de l'article 362 de la coutume de Paris.

Quand il y a des opposans qui n'ont pas pris communication de l'ordre, le commissaire donne défaut contre eux & renvoie à l'audience: sur ce défaut on donne une requête verbale, tant contre eux que contre les produisans, par laquelle on demande l'exécution de l'ordre.

Les juges rendent, sur cette requête, une sentence conforme aux conclusions; ensuite chaque créancier va prendre, chez le commissaire, un mandement qui n'est autre chose qu'un extrait du procès-verbal d'ordre, contenant l'énonciation de la somme pour laquelle il a été colloqué dans les deniers distribués; ce mandement porte contrainte contre le receveur des consignations, de payer la somme y contenue, à quoi cet officier satisfait lorsqu'il n'y a d'ailleurs aucune difficulté qui y mette obstacle.

Il importe au créancier colloqué de se faire payer immédiatement après la délivrance du mandement du commissaire, parce que si la somme qui lui revient produit des intérêts, ils cessent de courir quinze jours après que l'ordre a été accordé par les créanciers.

Si le receveur des consignations refuse de payer les créanciers colloqués, il faut constater son refus par un procès-verbal, l'assigner pour se voir condamner, & par corps, à vuider ses mains des sommes portées aux mandemens, & ensuite prendre une sentence qu'on doit lui signifier. Huitaine après, on lui fait un commandement de payer, mais on ne peut décerner aucune contrainte contre lui que trois jours après ce commandement, à la différence de celles qui s'exercent contre les particuliers : c'est ce qui résulte de l'article 38 de l'édit de 1689.

Telles sont les formalités usitées au châtelet de Paris.

Dans presque tous les autres tribunaux, ce sont les magistrats qui jugent les ordres ou *collocations*, & leurs jugemens sont précédés d'une instruction judiciaire, dans laquelle le poursuivant peut contredire les demandes & les productions des créanciers, lorsque la matière y est disposée.

Voici comme on procède, à ce sujet, au parlement de Paris. Quand le décret est délivré, le procureur du poursuivant lève au greffe un extrait du nom des opposans & de celui de leurs procureurs, & il prend un appointement en droit à écrire & produire sur l'ordre. Il faut que le procureur prenne des mesures justes pour n'omettre dans cet appointement aucun des créanciers opposans; car, s'il en omettoit quelqu'un, il demeureroit responsable, en son nom, de la dette du créancier qui auroit été omis, suivant l'article 13 du réglement du 23 novembre 1598, ce qui ne doit s'entendre que du cas où ce créancier auroit été utilement colloqué, si l'appointement avoit été pris avec lui; car, si la négligence du procureur poursuivant ne fait aucun tort au créancier, elle ne peut donner lieu à aucun recours en dommages & intérêts.

Quoiqu'il soit d'usage de ne prendre l'appointement sur l'ordre qu'après l'adjudication, on a confirmé, par un arrêt du 19 mars 1672, un appointement pris sur l'ordre des terres de la Granges & d'Ieres, dont le décret se poursuivoit aux requêtes de l'hôtel, nonobstant l'opposition formée à cet appointement par M. le duc de Roquelaure, qui se fondoit sur ce que l'appointement avoit été pris avant l'adjudication. L'arrêt fut rendu conformément aux conclusions de M. Talon, avocat-général, qui dit que cet appointement étoit précipité; mais que comme il n'y avoit ni loi, ni réglement qui le défendît, on ne devoit point le déclarer nul. Il ajouta que les créanciers, qu'on doit avoir principalement en vue dans ces procédures, y trouvoient de l'avantage, puisqu'on avoit voulu par-là abréger les procédures pour parvenir à l'ordre; mais si l'appointement avoit été ainsi pris avant l'adjudication, & qu'avant que le décret fût expédié, il fût survenu quelque nouvelle opposition à fin de conserver, il auroit fallu prendre un second appointement, pour joindre cette opposition aux précédentes.

Huitaine après la signification de l'appointement sur l'ordre, tant au procureur de la partie saisie, qu'à ceux des opposans, le poursuivant doit fournir les causes & moyens d'opposition de sa partie; ensuite il produit les titres & pièces justificatives de son opposition. Il fait sommer les procureurs de la partie saisie & des opposans, de produire de leur part dans la huitaine, selon le réglement; & par un second acte, il les somme de contredire.

Le plus ancien des procureurs des opposans qui est en quelque manière regardé, dans cette procédure, comme syndic de tous ces opposans, prend communication de l'instance & fournit des contredits, non-seulement contre la production des opposans, mais encore contre toutes celles qui lui sont communiquées. Ce qui n'empêche point que les autres opposans ne puissent prendre aussi communication de l'instance, & contredire les moyens d'opposition des créanciers, qui prétendent mal-à-propos être colloqués avant eux.

L'instance étant en état, on procède à l'ordre ou *collocation*.

Il se commettoit autrefois beaucoup de fraudes en cette matière, par la collusion des procureurs. Pour les prévenir, le parlement de Paris rendit un arrêt le 22 février 1695, qui porte qu'aucun procureur ne pourra, dans les instances d'ordre, occuper directement ni indirectement, sous quelque prétexte que ce soit, sous le nom de son confrère, donner ce pouvoir, le faire donner ni le recevoir; que ceux qui seront chargés par les parties, agiront par eux-mêmes, sans qu'ils puissent signer l'un pour l'autre, à peine, contre ceux qui se trouveront avoir donné ou reçu le pouvoir de leurs confrères, de perdre leurs frais, sans qu'ils puissent les répéter, même contre les parties. L'arrêt ajoute que quand les pouvoirs se trouveront après le décès des procureurs qui les auront reçus, ils seront remis entre les mains de M. le procureur-général, pour y être pourvu par la cour, ainsi qu'il appartiendra.

Il y a des usages différens de ceux qu'on vient d'expliquer, qui s'observent dans plusieurs tribunaux, pour parvenir à la *collocation* des créanciers. Comme l'édit de 1551 & les autres loix n'ont rien déterminé là-dessus, il faut se conformer à ces usages dans chaque jurisdiction.

Suivant l'article 553 de la coutume de Normandie, il faut faire deux états, l'un du prix des baux judiciaires, l'autre du prix de l'adjudication. La raison que l'on rend de la disposition de cet article, est qu'il seroit fort inutile de continuer les procédures du décret, si le saisissant & les autres créanciers pouvoient être payés sur le prix des baux judiciaires. Cependant, on observe, en Normandie, quand les commissaires ne représentent point les deniers au jour de l'état, de dresser celui du prix de l'adjudication, & l'on donne un exécutoire aux derniers créanciers utilement colloqués, pour être payés de ce qui leur est dû, par les commissaires aux saisies-réelles. Mais au parlement de Paris, & dans la plupart des autres jurisdictions du royaume, on ne fait qu'un seul ordre, tant pour les deniers qui proviennent du prix des baux judiciaires, que pour ceux qui proviennent de l'adjudication des biens décrétés.

On colloque au premier rang les créanciers privilégiés, chacun suivant l'ordre de son privilège; ensuite les hypothécaires, chacun selon l'ordre de son hypothèque; & enfin les chirographaires, & ces derniers viennent par contribution entre eux au sou la livre, lorsque le fonds n'est pas suffisant pour les payer.

Au parlement de Paris, pour être colloqué dans un ordre du jour de la créance, il faut en rapporter la première grosse; de sorte que si le créancier perd une première grosse, & qu'il en lève une seconde, même en vertu d'une ordonnance du juge, il n'a d'hypothèque sur les biens de l'obligé que du jour de la seconde grosse. Au parlement de Rouen, celui qui a perdu la première grosse de l'obligation, peut se faire autoriser en justice à lever un extrait de l'acte sur la minute, partie présente ou duement appellée : cet extrait a le même effet & donne la même hypothèque que la première. L'usage singulier du parlement de Paris sur ce point, n'a été introduit que pour prévenir les fraudes des débiteurs, qui faisoient revivre des dettes dont on leur avoit donné des quittances sur les premières grosses des obligations. Mais il paroît bien dur, remarque M. d'Héricourt, d'après qui nous parlons, de dépouiller une personne d'une hypothèque qui lui est acquise, & de lui faire perdre par-là ce qui lui est dû légitimement, sous prétexte qu'elle auroit pu donner, sur la première grosse, la quittance de l'obligation, & la supprimer de concert avec son débiteur. La fraude ne se présume point, il faut la prouver. Il est fort extraordinaire qu'on dépouille un homme de son bien, en jugeant qu'il y a eu de la fraude & de la mauvaise foi, seulement parce qu'il se peut faire qu'il y en ait eu. D'ailleurs, on ne prévient point les fraudes, en suivant cette jurisprudence; car la quittance se donne plus souvent par un acte sous seing privé, ou par brevet pardevant notaire, que sur la première grosse de l'obligation, & l'on peut supprimer également toutes ces quittances.

Cependant cette jurisprudence est observée si rigoureusement au parlement de Paris, que les juges s'y sont trouvés partagés en une des chambres des enquêtes, sur la question, si le créancier d'un défunt, qui avoit perdu la première grosse de son contrat, devoit être colloqué sur les biens de son premier débiteur, préférablement aux créanciers de l'héritier, antérieurs à la date de la seconde grosse de l'obligation. La question fut jugée, par arrêt du 20 juillet 1677, en faveur du créancier du défunt, sur le principe que l'hypothèque acquise aux créanciers du défunt sur ses biens, doit être préféré à celle des créanciers hypothécaires de l'héritier.

Un nouveau créancier qui est subrogé à un plus ancien, doit être colloqué dans l'ordre, non du jour qu'il est devenu créancier, mais de la date de l'hypothèque de celui auquel il est subrogé; car l'effet de la subrogation est de mettre le nouveau créancier à la place de l'ancien, pour exercer ses droits, ses privilèges & ses hypothèques. Il y a des cas où cette subrogation se fait de plein droit, d'autres où il est nécessaire que la subrogation ait été stipulée & faite avec certaines formalités.

Dans la coutume de Senlis, on distingue entre les différentes espèces de créance, par rapport à la *collocation* des créanciers. L'article 273 de cette coutume, porte que si dans un ordre il y a des créanciers qui aient droit d'hypothèque, pour raison *de quelque dette particulière ou somme de deniers à une fois payer, ou espèce de choses, comme dette de bled, vin & autrement*, & qu'il y ait en même temps d'autres créanciers, pour des rentes constituées, ceux-ci doivent être préférés à ceux-là : la même coutume vouloit que toutes les rentes constituées, de quelque date qu'elles fussent, & qui n'étoient ni ensaisinées, ni inféodées, fussent colloquées par contribution au sou la livre, sur le prix des biens adjugés par décret, sans que les anciennes pussent être préférées aux nouvelles. Et si les rentes constituées étoient ensaisinées ou inféodées, elles devoient être colloquées avant celles qui n'avoient pas été revêtues de ces formalités. Ainsi l'ordre de *collocation* des rentes se régloit sur la date de la saisine ou de l'inféodation, & non sur celle de la constitution ; c'est pourquoi le créancier de la rente créée la dernière, mais ensaisinée ou inféodée la première, devoit être colloqué avant le créancier de la rente créée la première, & qui n'avoit été qu'après l'autre, revêtue de la formalité de l'ensaisinement ou de l'inféodation.

Mais cette jurisprudence a été abrogée, tant par l'article 35 de l'édit du mois de juin 1771, que par la déclaration, donnée en interprétation le 23 juin de l'année suivante. Selon ces loix, les formalités de saisine, de mise de fait, de nantissement & autres, établies par quelque coutume que ce soit, ne sont plus nécessaires pour acquérir hypothèque sur les immeubles réels & fictifs : cette hypothèque s'acquiert aujourd'hui, tant par jugement que par acte passé devant notaires, comme cela se pratique dans le reste du royaume.

Outre la *collocation* en ordre, dont on a parlé, il y a la *collocation* en sous-ordre : elle consiste en ce qu'elle se fait au profit des créanciers de celui qui est opposant dans l'ordre. On observoit autrefois au parlement de Paris, de prendre sur les oppositions en sous-ordre un appointement portant jonction à l'ordre ; & les frais pour l'instruction & le jugement des oppositions en sous-ordre, étoient pris sur les revenus des biens par décret, ou sur le prix de l'immeuble qu'il s'agissoit de distribuer entre les créanciers. Ainsi, l'on jugeoit, aux dépens des derniers créanciers de la partie saisie, des contestations dans lesquelles ils n'avoient aucun intérêt.

Le parlement de Paris, voulant remédier à un pareil inconvénient, fit un arrêté, toutes les chambres assemblées, le 22 août 1691, pour le jugement des oppositions en sous-ordre : il porte que l'on ne prendra à l'avenir aucun appointement sur les oppositions en sous-ordre, pour les joindre à l'ordre, & que les oppositions en sous-ordre seront jugées après qu'on aura prononcé sur l'ordre, & par un jugement séparé, que le juge qui a fait rapport de l'ordre, doit aussi faire celui du sous-ordre ; que les frais du sous-ordre doivent être pris sur la somme adjugée au créancier, sur lequel il y a une opposition en sous-ordre, & cependant que les créanciers en sous-ordre peuvent intervenir dans l'ordre, pour faire valoir les droits de leur débiteur commun. Quoique la jonction du sous-ordre ne soit point expressément ordonnée par l'arrêt de réglement de la cour des aides, du 25 septembre 1691, on y a pourvu à l'inconvénient auquel le parlement a remédié, parce que les opposans en sous-ordre doivent avancer les vacations employées pour juger les sous-ordres, même payer une part des épices & du coût de l'arrêt, sinon le jugement du sous-ordre demeure disjoint de celui de l'ordre.

Dans le jugement qui règle la manière dont se fera la distribution des deniers qui proviennent de la *collocation* utile du créancier, entre ses créanciers opposans en sous-ordre, on colloque les créanciers hypothécaires en sous-ordre, du jour de leur hypothèque, ou suivant la nature de leur privilège, c'est-à-dire, que les *collocations* en sous-ordre se font entre elles dans le même rang que celles de l'ordre.

Mais pour que les créanciers opposans en sous-ordre puissent être ainsi colloqués, suivant la date de leur hypothèque sur ce qui doit revenir à leur débiteur, il faut qu'ils aient formé leur opposition en sous-ordre, avant que le décret ait été scellé & levé ; car s'ils ne formoient cette opposition qu'après la délivrance du décret entre les mains du receveur des consignations, elle ne seroit regardée que comme une saisie & arrêt d'une somme mobilière, attendu que le créancier lui-même n'a plus de droit sur les fonds ; que l'hypothèque qu'il avoit se trouve purgée par le décret, & qu'il ne lui reste que le droit de se faire payer d'une somme purement mobilière qui provient de sa *collocation* utile. Il faut, suivant l'édit du mois de février 1689, que les oppositions ou saisies sur les deniers consignés soient enregistrées au bureau, & paraphées par le receveur ou par son commis, à peine de nullité.

Les opposans en sous-ordre sur le prix d'un office sont colloqués, suivant l'ordre d'hypothèque, sur la *collocation* de leur débiteur, de même que sur les autres immeubles. Mais on a demandé s'il étoit nécessaire, pour qu'ils fussent ainsi colloqués, qu'ils eussent formé une opposition au sceau, de manière que ceux qui auroient formé cette opposition dussent être préférés à ceux qui ne l'auroient pas formée. On dit, d'un côté, que l'opposition au sceau, formée par le débiteur des créanciers opposans, suffit pour conserver son droit, & par conséquent celui de tous les créanciers qui s'étoient opposés sur la *collocation* utile. On soutient, d'un autre côté, que dès qu'il s'agit de la distribution des deniers provenans du prix d'un office, il faut suivre la disposition de l'édit du mois de février 1683, & celle de la déclaration du 17 juin 1703, qui ne mettent aucune distinction entre les créanciers opposans en sous-ordre & les créanciers opposans à l'ordre. On a suivi ce dernier parti dans l'arrêt du 29 août 1684, rendu sur l'ordre du prix de l'office de correcteur des comptes de M. Jean Cardinet. Ceux d'entre les créanciers d'Hélène le Bossu, sa veuve, laquelle absorboit tout le prix de l'office, qui étoient opposans au sceau, furent colloqués en sous-ordre, suivant la date de leur hypothèque, préférablement aux créanciers plus anciens non-opposans au sceau. Ces créanciers plus anciens d'Hélène le Bossu avoient formé opposition à l'ordre, sur le fondement que dans la *collocation* en sous-ordre, il ne falloit pas avoir d'égard à l'opposition au sceau. L'arrêt est rapporté par Bruneau.

Lorsque l'ordre est fait, le créancier qui est utilement colloqué ne peut demander qu'on lui remette les deniers de la *collocation*, qu'il n'ait affirmé, en présence des juges, que la somme pour laquelle il a été colloqué, tant à cause du principal que des intérêts & des frais, lui est bien & légitimement due, qu'il n'en a rien touché, & qu'il ne prête son nom, ni directement ni indirectement à celui dont le bien a été vendu par décret.

Il y a aussi plusieurs cas où celui qui est colloqué utilement ne peut toucher les deniers de sa *collocation*, sans avoir donné caution. On doit remarquer trois cas principaux où la prestation de caution est nécessaire ; le premier, quand il y a quelque loi qui l'ordonne, comme le prescrit l'article 3 de la déclaration du 27 juillet 1703, par rapport à l'ordre du prix des offices fait avant le sceau des provisions ; le second, quand les juges prévoyant qu'une contestation, formée au sujet de quelque *collocation*, pourroit être d'une trop longue discussion, ordonnent qu'une partie sera colloquée & pourra toucher par provision, en donnant caution; le troisième, quand l'ordre est fait par une sentence, portant qu'elle sera exécutée en donnant bonne & suffisante caution.

L'obligation de donner caution peut avoir lieu par rapport aux créanciers colloqués en sous-ordre, entre eux, comme par rapport aux créanciers colloqués dans l'ordre. Mais quand le sous-ordre de celui qui est colloqué, à condition de donner caution, absorbe toute sa *collocation*, sur qui tombe l'obligation de donner caution? Il est certain, en ce cas, que les créanciers colloqués en sous-ordre ne peuvent rien toucher que la caution n'ait été donnée & reçue, & qu'ils peuvent présenter de leur chef une caution s'ils le trouvent à propos. En cas qu'ils ne prennent point ce dernier parti, & que le créancier principal ne donne point de caution, ils peuvent le faire condamner personnellement à leur payer les sommes pour lesquelles ils sont colloqués en sous-ordre & les intérêts. On l'a ainsi ordonné par un arrêt du 22 décembre 1677, contre la dame de la Boissière; ce qui est fondé sur ce que le défaut de caution, qui empêche les créanciers colloqués en sous-ordre de toucher, est un obstacle qui vient de leur débiteur, & qu'il doit faire lever s'il veut être libéré par la consignation qui a été faite de sa part dans le prix du bien décrété.

Il faut, dans le plus grand nombre des jurisdictions, que l'ordre soit achevé avant que le créancier utilement colloqué puisse se faire payer de sa *collocation*. Il y en a d'autres où les créanciers peuvent se faire payer à mesure qu'ils sont colloqués. On le pratique ainsi en Normandie, & c'est sur le fondement de cet usage, qu'il a été arrêté, par l'article 42 du réglement de 1666, que les exécutoires seroient délivrés, & les sommes qui y seroient contenues payées aux créanciers qui se trouveroient en ordre, jusqu'à la concurrence de la somme de laquelle il auroit été tenu état, sans attendre la clôture. Néanmoins, en cas de contestation pour distraction ou défalcation demandée, l'exécutoire n'en peut être donné, & le paiement n'en peut être fait qu'après que le créancier colloqué a donné caution de rapporter ce qu'il aura touché, si cela est ainsi ordonné.

Le créancier qui est condamné à rendre ce qu'il a touché du receveur des consignations, doit rapporter non-seulement le principal, mais encore les intérêts, parce que le créancier qui a touché au préjudice d'un autre créancier, a fait tort au dernier en le privant de la jouissance de son argent. C'est ce qui a été jugé par un arrêt rendu au mois de janvier 1672. M. Maillard rapporte deux arrêts qui ont jugé la même chose dans la coutume d'Artois; l'un du 2 septembre 1690; l'autre du 6 septembre 1698.

Lorsqu'après la consignation les deniers viennent à se dissiper ou à diminuer, soit par cas fortuit, ou par banqueroute du receveur, cette perte doit être supportée par les créanciers qui étoient utilement colloqués. Le parlement de Paris l'a ainsi jugé par deux arrêts des 3 décembre 1594 & 20 juillet 1598. La raison de ces décisions est que le débiteur & l'adjudicataire se trouvent libérés l'un & l'autre par la consignation.

COLLOCATION, se dit, en Provence, d'une adjudication faite en justice, soit de la totalité, soit d'une partie des biens du débiteur, selon l'estimation qui a été faite du fonds, pour acquitter une somme due au créancier de ce débiteur.

Quoique la Provence fût réunie à la couronne long-temps avant 1551, l'édit des criées n'y a point été enregistré; on a continué, dans cette province, à suivre les anciens statuts, qui veulent que les créanciers qui prétendent se faire payer sur les biens de leurs débiteurs, viennent par *collocation* sur les mêmes biens, c'est-à-dire, qu'on leur en adjuge pour la valeur des sommes qui leur sont dues sur le pied de l'estimation, par des officiers qu'on appelle *estimateurs*. Louis XIII a confirmé cet usage de la Provence, & il a ordonné l'exécution du statut, avec défenses de procéder par décret sur les biens situés en ce pays-là, même en exécution de jugemens rendus par les autres parlemens du royaume ou dans d'autres tribunaux. Nonobstant une loi si authentique, quelques particuliers ayant fait mettre en décret des terres situées en Provence, en vertu d'arrêts rendus au parlement de Paris & de sentence de la conservation de Lyon, les syndics de la province portèrent leur plainte au roi, qui leur accorda une déclaration le 20 mars 1706, laquelle fut envoyée à tous les parlemens du royaume. Elle porte que les exécutions sur les biens immeubles de la Provence, ne pourront être faites que par la voie ordinaire de la *collocation*. Le roi y défend ensuite à tous créanciers de faire aucune exécution au préjudice des statuts de la province, à peine de nullité des procédures & de tous dépens, dommages & intérêts contre les créanciers, & de suspension & d'amendes arbitraires contre les huissiers qui auront fait la procédure pour les décrets. Enfin, le roi déroge par cette déclaration aux édits, déclarations, arrêts, réglemens & autres choses contraires sur ce sujet, aux statuts de Provence.

On appelle aussi *collocation*, dans le pays de droit écrit, l'acte ou le jugement par lequel on donne des biens du mari à la femme, par forme d'antichrèse, jusqu'à ce qu'elle soit payée de ses reprises & conventions matrimoniales. Les fruits de ces biens lui tiennent lieu de l'intérêt de ses reprises. Lorsque cette *collocation* est illimitée, & que le mari est mort, elle emporte aliénation.

Les *collocations* dont on vient de parler, & qui ont lieu, soit à l'égard des créanciers, soit à l'égard de la femme, sont assujetties au droit de centième denier.

C'est d'après cette jurisprudence que, par arrêt du 13 décembre 1712, le conseil a cassé deux ordonnances

ordonnances du subdélégué de l'intendant de Marseille, & condamné les sieurs Joseph Beaussier & Esprit-Ignace Beaussier, à payer le centième denier du prix de deux maisons, sur lesquelles ils avoient été colloqués & dont ils avoient fait choix, dans les biens de leur frère pour les remplir d'une somme qui leur avoit été léguée par le testament de leur père pour leur légitime. Par ce testament, le frère aîné avoit été institué héritier universel de tous les biens du père, dont les maisons, dont il s'agit, faisoient partie.

Les créanciers postérieurs qui n'ont pu être payés, ont le droit de se mettre en possession des biens sur lesquels les créanciers antérieurs se sont fait colloquer; mais il faut pour cela qu'ils remboursent à ces derniers leurs créances & tous leurs frais.

Un arrêt du conseil, du 6 septembre 1736, a jugé que le droit de centième denier, étoit dû par un créancier à l'instant même où il étoit colloqué sur ces biens; & qu'en cas d'éviction il étoit dû de nouveau par le créancier qui l'avoit évincé.

Par un autre arrêt du 16 mars 1743, le conseil a jugé qu'une fille donataire d'une somme à prendre sur les biens de sa mère, après sa mort, & qui avoit renoncé à la succession, devoit le centième denier des biens sur lesquels elle s'étoit fait colloquer: la raison de cette décision est, qu'ayant renoncé, elle n'avoit plus agi que comme créancière.

Enfin, par un autre arrêt du 26 novembre 1746, rendu contre la marquise de Saint-Auban, au sujet d'une *collocation* faite en 1708, par procès-verbal d'huissier, contrôlé aux exploits; laquelle, sous prétexte que les biens étoient chargés d'une substitution, elle disoit avoir été annullée par transaction de 1717, portant compensation des fruits avec les créances; le conseil a jugé que les droits de contrôle & de centième denier étoient dus, tant de la *collocation* que de la rétrocession faite par la transaction. La raison de cette décision a été que la substitution ne paroissoit pas réelle. (*M.G.*)

COLLUSION, s. f. *terme de Pratique*, dont on se sert pour désigner une intelligence secrète entre deux ou plusieurs personnes, au préjudice d'un tiers.

Nous avons emprunté ce mot des jurisconsultes romains, qui l'employoient pour signifier la prévarication que commettoit celui qui paroissoit attaquer l'état d'un esclave ou d'un affranchi, pour donner lieu de faire prononcer en sa faveur un jugement qui le déclaroit ingénu. La loi permettoit à tous les citoyens d'attaquer ce jugement, dans les cinq ans du jour qu'il avoit été rendu, & lorsque l'accusateur prouvoit la *collusion*, il obtenoit la propriété de l'esclave qui avoit été déclaré libre. Il est parlé de la *collusion*, *ff. tit.* 16, *lib.* 40.

Dans notre jurisprudence, il y a autant d'espèces de *ollusion*, qu'on peut imaginer de moyens différens de concerter la fraude avec quelqu'un au préjudice d'un autre. Elle peut avoir lieu dans les actes authentiques ou privés, dans les contrats de vente, ou autres conventions, dans les actes judiciaires, lorsque deux parties, qui feignent d'être opposées, passent des jugemens de concert. Elle est sur-tout prohibée en matière criminelle, à cause de l'intérêt public qui demande que les délits ne demeurent pas impunis.

Dans les provinces où la loi défend aux pères d'avantager l'un de leurs enfans au préjudice des autres, il y a *collusion* lorsque le père prend la voie de faire un legs à son ami par testament, avec convention secrète de faire passer, par des voies détournées, le profit de ce legs à un de ses enfans au préjudice des autres. Il en est de même du fidéi-commis qu'un mari laisse à un ami, pour faire passer à sa femme des avantages que la loi ne permet plus de lui faire.

La *collusion* dans tous les cas est une véritable fraude qui n'est jamais permise, & qu'on ne manque jamais de réprimer lorsqu'elle est prouvée. On admet contre elle la preuve par écrit & par témoins; quelquefois aussi elle peut se manifester par le fait même qui en est la suite.

Entre parens elle se présume facilement: entre étrangers il y a plus de difficulté; il faut qu'elle soit prouvée, ou que les circonstances la fassent regarder comme indubitable. Il y a même des cas où la loi la regarde comme certaine, sans qu'il soit besoin d'en faire la preuve. Tel est, par exemple, celui où un négociant obéré auroit fait, à l'insu de ses créanciers, une vente ou une cession de ses biens dix jours avant sa faillite.

La peine ordinaire de la *collusion* consiste à déclarer nuls, & comme non-avenus, les actes dans lesquels on l'a pratiquée. Mais cette peine ne s'encourt pas de plein droit, il faut avoir recours au ministère du juge, pour faire prononcer la rescision ou la nullité des actes auxquels on prétend qu'elle a donné lieu.

En matière bénéficiale, il y a aussi une espèce de *collusion*, qui se commet par des personnes interposées, au préjudice des loix de l'église qui concernent les bénéfices. Elle a un nom particulier, on l'appelle *confidence*; nous en traiterons sous ce mot.

COLOGNE, (*Droit public.*) on donne ce nom 1°. à une grande & ancienne ville d'Allemagne, dans le cercle de Westphalie, située sur le bord occidental du Rhin: elle fut bâtie dans l'endroit qu'elle occupe, à-peu-près dans le temps où Jules-César, déjà maître de la plus grande partie des Gaules, méditoit sa première descente chez les Bretons. Ses premiers habitans furent les Ubiens, qui mirent le Rhin entre eux & les Suèves, leurs voisins & leurs ennemis, pour servir de barrière contre leurs incursions. Agrippine, fille de Germanicus, & femme de l'empereur Claude, est née dans cette ville, & ce fut à cause de l'affection qu'elle lui conserva, qu'on la peupla d'une colonie romaine, à laquelle on donna, par honneur, le nom de *Colonia Agrippina*.

2°. On donne le nom de *Cologne* à l'archevêché, dont cette ville est le siége métropolitain, & à une certaine étendue de terres, qui compose un des trois électorats ecclésiastiques de l'empire.

De l'archevêché de Cologne. On ne s'accorde pas sur l'époque où le christianisme y fut introduit; mais on trouve qu'au commencement du quatrième siècle, un nommé Materne, évêque de *Cologne*, assista au concile d'Arles, tenu en 314. Le siége épiscopal paroît avoir eu la prérogative des archevêques à-peu-près dans le huitième siècle : car l'évêque Reginfried étant mort en 745, Carloman & Pepin, qui gouvernoient les Francs, nommèrent S. Boniface archevêque, & le pape Zacharie lui en conféra les attributs.

Ce prélat ayant été transféré à Mayence en 748, il y transféra sa qualité d'archevêque, & *Cologne* devint suffragante de cette nouvelle métropole; ce qui dura environ cinquante ans. En 794 ou 799, Charlemagne, qui avoit une très-grande affection pour la ville d'Aix-la-Chapelle, dépendante du diocèse de *Cologne*, mit son évêque Hildebald au rang des archevêques.

Il est très-probable que ce fut alors qu'on lui donna pour suffragans les évêques de Liège & d'Utrecht, auxquels on joignit ceux de Minden, de Munster & d'Osnabruck, fondés par Charlemagne. Mais l'église d'Utrecht ayant été érigée en métropole en 1559 & 1560, & l'évêché de Minden sécularisé par le traité de Westphalie, *Cologne* n'a gardé sous sa dépendance que les évêques de Liège, de Munster & d'Osnabruck, encore sa puissance ecclésiastique a-t-elle été suspendue par le même traité, à l'égard des luthériens de ce dernier évêché.

Les archevêques de *Cologne* ont obtenu de bonne heure la distinction du *pallium*, & celle de se faire précéder par la croix. On voit que dès le dixième siècle, ils s'étoient même, en leur qualité primatiale, assimilés aux archevêques de Mayence & de Trèves. Le pape Innocent IV les nomma *légats-nés*. En vertu d'une bulle de Léon IX, datée de 1052, ils devoient porter la qualité d'archi-chanceliers du saint-siége, & de cardinaux de l'église de S. Jean l'évangéliste devant la porte latine. Ce dernier privilège est tombé en désuétude, quoiqu'il y ait des savans qui croient que c'est encore la raison pour laquelle la cour de Rome ne nomme pas de chancelier. Nous en avons donné un autre motif ailleurs. *Voyez* CHANCELLERIE ROMAINE.

L'archevêque de *Cologne* porte dans l'empire germanique le titre d'*archi-chancelier* pour l'Italie, qui, selon toute vraisemblance, lui a été annexé par les archevêques Pelerin & Hermann, à l'occasion de la place effective d'archi-chancelier, qu'occupoit le premier près du pape, & qui de lui passa sans interruption à huit de ses successeurs. Arnoul II, l'un d'entre eux, fut le premier qui ajouta au titre d'archi-chancelier, la dénomination pour l'Italie. Dès que les empereurs ont cessé de passer les monts, *Cologne* n'a plus eu d'occasion d'exercer cette charge, mais elle n'est pas éteinte pour cela.

De l'électorat de Cologne. On trouve que, dans les temps où l'élection des empereurs se faisoit par tous les états de l'empire, *Cologne* figuroit parmi ceux des membres qui y avoient quelques prérogatives. Lorsque, vers la fin du treizième siècle, cette élection fut bornée à un certain nombre de princes exclusivement, l'archevêque de *Cologne*, en qualité d'archi-chancelier, conserva, ainsi que tous les titulaires des grands offices, le privilège d'être compté parmi les électeurs.

En vertu de la bulle d'or, dans les diètes d'élection & dans celles de l'empire il donne son suffrage immédiatement après l'électeur de Trèves. Lorsque le couronnement d'un empereur ou d'un roi des Romains se fait à Aix-la-chapelle, ou dans une autre ville de son diocèse, il en fait seul les fonctions : lorsqu'il se fait dans une autre ville, qui n'est ni de son diocèse, ni de celui de Mayence, il alterne avec l'électeur de Mayence.

Dans les assemblées publiques tenues dans son diocèse, ou dans l'Italie, il s'assied à la droite de l'empereur. En 1653, il fut arrêté entre lui & l'électeur de Trèves, qu'ils alterneroient & partageroient également l'honneur de la préséance.

L'archevêque électeur de *Cologne*, est élu par le chapitre de sa métropole, composé de vingt-cinq chanoines : il a son siége & son église métropolitaine dans la ville du même nom. Il paie à l'empire, pour sa taxe matriculaire, soixante cavaliers, & deux cent soixante & dix-sept fantassins, ou 1828 florins d'argent. Sa cote pour l'entretien de la chambre impériale est de 811 écus 58 $\frac{1}{2}$ kr. par quartiers.

Il a plusieurs grands officiers héréditaires. La charge de grand-maître appartient aux comtes de Manderscheidt; celle de maréchal aux comtes de Salm; celle d'échanson aux ducs d'Aremberg; celle de chambellan aux comtes de Plettenberg. Ses premiers officiers & dicasteres sont, les ministres d'état pour les conférences & la guerre, le conseil aulique ou la régence, la cour des finances, & la cour aulique.

Les états de cet électeur sont composés, 1°. du haut & du bas-électorat, qui contiennent un grand nombre de bailliages; 2°. du comté ou canton de Recklinghausen, situé entre l'évêché de Munster, le duché de Clèves, & le comté de la Marck. Il a été racheté en 1576 des comtes de Schauenbourg, auxquels il avoit été engagé par l'archevêque Thierri II, pour une somme de 17550 florins d'or.

3°. Du duché de Westphalie, qui passa avec une partie de celui d'Engern à l'archevêché de *Cologne*, en 1180, par la donation de l'empereur Frédéric I, qui en investit l'archevêque Philippe, lorsque Henri, duc de Bavière & de Saxe, qui les possédoit, fut mis au ban de l'empire. Le diplôme de cette donation, daté de Gelinhausen, fut confirmé en 1200 & en 1204, par les empereurs Othon & Philippe. Godefroi, dernier comte d'Arensberg, céda encore à l'archevêché de *Cologne*, de concert avec Anne son épouse, pour la somme de cent trente mille florins d'or, le comté d'Arensberg, dont l'empereur Charles IV investit l'archevêque Frédéric en 1371, & qui fut jointe à la portion du duché d'Engern, dont nous venons de parler.

De la ville de Cologne. Sous les Romains, elle devint la capitale de la seconde province germanique cisrhenane, comme Mayence l'étoit de la première; ce qui dura jusqu'à la fin du cinquième siècle. Dans ce temps, Clovis, roi des Francs, vainquit & chassa les Romains, conquit les Gaules, & les conserva, en jettant les fondemens de la monarchie françoise.

Cologne fut soumise à sa domination, elle faisoit partie de l'Austrasie, ou France orientale; les rois Mérovingiens l'ont toujours possédée comme ville Austrasienne. Les rois Carlovingiens l'ont conservée jusqu'à Louis-le-Germanique, qui, dans le partage fait avec Charles-le-Chauve, l'an 870, voulut qu'elle fût comptée parmi les villes allemandes.

Depuis sa séparation d'avec la monarchie françoise, *Cologne* est devenue ville libre & impériale. Ses franchises, comme ville libre, remontent au règne d'Othon-le-grand dans le dixième siècle: ses prérogatives, comme ville impériale, ne le cèdent en antiquité à celles d'aucune autre ville de l'empire.

Vers le milieu du treizième siècle, les villes anséatiques ayant commencé leur union, *Cologne* y fut reçue des premières, & fut mise à la tête de la seconde des quatre classes, dans lesquelles ces villes se partagèrent, de la même manière que Lubeck, Brunswig & Dantzig, avoient été préposés à la tête de la première, troisième & quatrième.

Dans l'état présent, *Cologne* est la métropole de l'archevêché de ce nom, le siège d'une université, la résidence d'un nonce du pape. Le seul exercice de la religion catholique y est permis. Les protestans y sont tolérés; ils vont faire leurs dévotions à Mulheim, ville du duché de Berg, peu éloignée de *Cologne*.

Son gouvernement est entre les mains d'une magistrature nombreuse, présidée par deux bourguemestres, & munie de droits qui la mettent assez souvent en conflit avec l'électeur. Elle reconnoît son autorité, quoique avec bornes & mesures, dans les matières civiles & criminelles: mais elle est fort éloignée de lui accorder les prérogatives de la souveraineté & de la supériorité territoriale, dans aucun cas que ce soit: elle ne lui jure même fidélité & attachement que pour aussi long-temps qu'il n'empiète pas sur les droits & la liberté qu'elle réclame, & qu'elle lui fait confirmer à son avénement à la dignité électorale. Cependant elle le laisse jouir d'un palais dans l'intérieur de la ville. Mais elle ne lui abandonne ni la garde de ses murs, ni les clefs de son arsenal.

La ville de *Cologne* a voix & séance tant à la diète de l'empire, que dans les assemblées du cercle de Westphalie, & elle y occupe, malgré les prétentions d'Aix-la-Chapelle, la première des places assignées aux villes du banc du Rhin. Sa taxe des mois romains est de 825 florins; & celle pour la chambre de Wetzlar de 405 rixdalers 72 $\frac{1}{2}$ kreutzers.

COLOMB, *ou* COLM, *ou* COLMKIS, *Congrégation de saint*, (*Droit ecclésiastique.*) c'est le nom d'une congrégation de chanoines réguliers, qui étoit d'une grande étendue, & composée de cent monastères répandus dans les isles d'Angleterre.

Elle fut établie par *S. Colomb*, *Colm*, ou *Colmkis*, Irlandois de nation, qui vivoit dans le sixième siècle, & qu'on appelle aussi *S. Colomban*, mais qu'il ne faut pas confondre avec un autre du même nom, son compatriote & son contemporain, dont nous allons parler sous le mot suivant.

Le principal monastère, ou chef de l'ordre dont nous traitons, étoit, selon quelques-uns, à Armagh, & selon d'autres, à Londondery; d'autres prétendent aussi qu'il étoit dans l'isle de Hi, ou Lon, qu'on appelle maintenant *Ycomkil*, au nord de l'Irlande, à quelque distance de l'Ecosse.

On voit encore une règle écrite en vers, qu'on croit avoir été dictée par *S. Colomb* à ses chanoines. (*G*)

COLOMBAN, *ordre de saint-* (*Droit ecclésiast.*) cet ordre, après avoir existé autrefois sous une règle particulière dont *S. Colomban* étoit l'instituteur, est aujourd'hui réuni & confondu avec celui de S. Benoît.

S. Colomban, né en Irlande, ainsi que S. Colomb, dont nous avons parlé ci-dessus, entra dans un monastère de son pays vers l'an 560. Il en sortit ensuite avec douze religieux pour passer en Angleterre, d'où quelque temps après il vint dans les Gaules.

Il s'arrêta au désert de Vauge, & se choisit pour demeure un vieux château ruiné, appellé *Annegray*, où il pratiqua avec ses compagnons tous les exercices de la vie religieuse.

Plusieurs personnes édifiées de ses mœurs s'étant jointes à lui, il forma le dessein de bâtir un nouveau monastère dans le même désert, & pour cet effet il s'empara d'un autre vieux château nommé *Luxeuil*, où il jetta les fondemens de l'abbaye de ce nom, qui existe encore aujourd'hui, & qui est l'une des plus fameuses de la Franche-Comté. Peu de temps après, il fut encore obligé de bâtir un nouveau monastère à une lieue de Luxeuil, dans l'endroit appellé *Fontaine*.

Le nombre de ces religieux devint si considérable, qu'à l'exemple des acémètes, ils se partageoient par bandes, pour chanter, sans interruption, l'office divin. La règle que leur donna *S. Colomban* étoit contenue en neuf chapitres, mais sa base principale étoit une obéissance aveugle de la part des religieux envers leurs supérieurs. On remarque qu'un point de cet institut étoit de porter habituellement sur soi la sainte-eucharistie.

S. Colomban souffrit quelques persécutions en France; il est même le premier, ainsi que nous l'avons remarqué au mot CACHET, qui fut exilé en vertu d'un ordre, contenu dans une lettre de cachet, mais il revint quelque temps après. Il eut un grand nombre de disciples, parmi lesquels étoit S. Romaric, qui fonda l'abbaye de Remiremont. *Voyez* CHANOINESSES.

Sa règle fut vivement attaquée par un nommé Agrestin, dans un concile tenu à Mâcon en 623; mais elle eut dans la suite pour partisans tous les évêques de France. C'est sous cette règle que furent fondés les monastères de Solignac près de Limoges, de Corbie, de Sales, & plusieurs autres dans le Berri.

COLOMBIER, s. m. (*Droit féodal & coutumier.*) c'est un bâtiment isolé en forme de tour ronde ou carrée, qui a des boulins ou des pots dans toute sa hauteur, destinés à loger les pigeons qu'on y élève.

Ces *colombiers* sont différens des *volets* ou *fuyes*, qui sont également des endroits destinés à retirer des pigeons, mais dont les boulins ou trous ne règnent pas depuis le sommet jusqu'au rez-de-chaussée.

Les loix romaines n'ont point de disposition au sujet des *colombiers*, ni pour fixer le nombre des pigeons; il étoit libre à chacun d'avoir un ou plusieurs *colombiers* en telle forme qu'il jugeoit à-propos, & d'y avoir aussi tel nombre de pigeons que bon lui sembloit. Les loix romaines avoient seulement décidé par rapport aux pigeons, que leur naturel est sauvage, & qu'ils appartiennent à celui qui en est propriétaire tant qu'ils ont conservé l'habitude de revenir à la maison; que s'ils perdent cette habitude, alors ils appartiennent au premier occupant. Il étoit néanmoins défendu de les tuer lorsqu'ils sont aux champs pour y chercher leur nourriture, ou de les prendre par des embûches, & ceux qui y contrevenoient étoient coupables de vol. *ff. 10, tit. 2, l. 8*, §. 1.

En France, on a poussé beaucoup plus loin l'attention sur les *colombiers* & sur les pigeons; c'est pourquoi il faut examiner à quelles personnes il est permis d'avoir des *colombiers*, & en quelle forme; quelle quantité de pigeons il est permis d'avoir; si les pigeons renfermés dans un *colombier* sont meubles ou immeubles; enfin les peines dont doivent être punis ceux qui prennent ou tuent les pigeons.

Il est défendu d'abord dans toutes les villes d'avoir des pigeons, soit privés ou fuyards, & cela pour la salubrité de l'air; c'est évidemment par ce motif que la coutume de Melun, *art. 340*, dit que nul ne peut nourrir pigeons patés & non-patés dedans la ville de Melun. Celle d'Etampes, *art. 192*, défend de nourrir dans cette ville des pigeons privés, à peine de cent sous parisis d'amende. Quelques autres coutumes, comme celle de Nivernois, *chap. 10*, *art. 18*, défendent de nourrir dans les villes différens animaux qu'elles nomment; & quoiqu'elles ne parlent pas des pigeons, la prohibition a été étendue à ces animaux. Charles V, par des lettres-patentes du 29 août 1368, défendit expressément à toutes personnes de nourrir des pigeons dans la ville & fauxbourgs de Paris; & la même défense fut renouvellée par une ordonnance du prévôt de Paris, du 4 avril 1502, sur le requisitoire des avocats & procureurs du roi, à peine de confiscation & d'amende arbitraire. *Traité de la police, tome I, page 751.*

Dans les campagnes, il est permis à toutes sortes de personnes d'avoir des pigeons privés, pourvu qu'on les tienne enfermés dans une chambre ou volet, & qu'ils n'aillent point aux champs; car de cette manière ils ne causent aucun dommage à personne.

A l'égard des pigeons bizets ou fuyards qui vont aux champs, quelques-uns ont prétendu que, suivant le droit naturel qui permet à chacun de faire dans son fonds ce qu'il lui plaît, il étoit libre aussi d'y faire édifier tel *colombier* que l'on juge à propos; que la nourriture des pigeons ne fait point de tort aux biens de la terre, *victus columbarum innocuus existimatur, can. sanctus August. 7, canon. non omnis*, qu'en tous cas c'est une servitude aussi ancienne que nécessaire pour la campagne; que le dommage qu'ils peuvent apporter par la nourriture qu'ils prennent aux champs est compensé par l'utilité de leur fiente, qui réchauffe & fertilise les terres.

Il est néanmoins constant que, malgré cet avantage, la nourriture que les pigeons prennent aux champs est une charge, sur-tout pour ceux qui n'en ont point, & pour lesquels le bénéfice que l'on tire des pigeons n'est pas réciproque. C'est principalement dans le temps des semences qu'ils font le plus de tort, parce qu'ils enlèvent & arrachent même le grain qui commence à pousser.

Aussi voyons-nous que, chez les Romains même, où la liberté d'avoir des *colombiers* n'étoit point restreinte, on sentoit bien que la nourriture des pigeons prise aux champs, pouvoit être à charge au public. Lampride, en la vie d'Alexandre Sévère, dit qu'il mettoit son plaisir à nourrir des pigeons dans son palais, qu'il en avoit jusqu'à vingt mille; mais de peur qu'ils ne fussent à charge, il les faisoit nourrir à ses dépens : *Avia instituerat maxime columbarum quos habuisse dicitur ad viginti millia; & ne eorum pastus gravaret annonam, servos habuit vectigales qui eos ex ovis, ac pullicinis & pipionibus alerent.*

Cette considération est principalement ce qui a

fait restreindre parmi nous la liberté des *colombiers ;* on en a fait aussi un droit seigneurial. Pour savoir donc à quelles personnes il est permis d'en avoir, & en quel nombre, & en quelle forme peut être le *colombier*, volet ou fuie, il faut d'abord distinguer les pays de droit écrit des pays coutumiers.

Dans les pays de droit écrit, l'on se sert plus communément du terme de *pigeonnier*, que de celui de *colombier ;* on se sert aussi du terme de *fuie* pour exprimer un *colombier* à pied, au lieu que dans les pays coutumiers on n'entend ordinairement par le terme de *fuie*, qu'un simple volet à pigeons, qui ne prend point du rez-de-chaussée.

Sous le terme de *colombier à pied*, on entend communément un édifice isolé, soit rond ou quarré, qui ne sert qu'à contenir des pigeons, & où les pots & boulins destinés à loger les pigeons vont jusqu'au rez-de-chaussée ; car, si dans un *colombier* à pied la partie inférieure du bâtiment est employée à quelque autre usage, le *colombier* n'est plus réputé *colombier* à pied ni marque de seigneurie.

Les *colombiers* ou pigeonniers sur piliers, les simples volets, fuies ou volières, sont tous *colombiers* qui ne commencent point depuis le rez-de-chaussée.

La liberté des *colombiers* est beaucoup moins restreinte en pays de droit écrit, que dans les pays coutumiers ; ce qui est une suite de la liberté indéfinie que l'on avoit à cet égard chez les Romains : on y a cependant apporté quelques restrictions, & l'usage des différens parlemens de droit écrit n'est pas uniforme à ce sujet.

Salvaing, *de l'Usage des fiefs*, *chap. 43*, pose pour principe général, que chacun a droit de bâtir des *colombiers* dans son fonds sans la permission du haut-justicier, s'il n'y a coutume ou convention au contraire ; plusieurs autres auteurs, tant des pays de droit écrit, que des pays coutumiers, s'expliquent à-peu-près de même.

Cependant il ne faut pas croire que, même en pays de droit écrit, il soit permis à toutes sortes de personnes indistinctement d'avoir des *colombiers* à pied, cette liberté ne pourroit concerner que les simples volets ou fuies.

En Dauphiné, on distingue entre les nobles & les roturiers : les nobles ont le droit de faire bâtir *colombier à pied* ou sur piliers, comme bon leur semble, sans la permission du haut-justicier. Les roturiers au contraire, quelque étendue de terres labourables qu'ils aient, ne peuvent avoir un *colombier à pied*, ou sur solives, sans le congé du haut-justicier, qui peut les obliger de les démolir, ou de détruire les trous & boulins, & de faire noircir la cage pour s'en servir à tout autre usage.

En Languedoc & en Provence au contraire, on tient que si le seigneur n'est point fondé en droit ou possession de prohiber à ses habitans de construire des *colombiers* de toute espèce, que dans le pays on appelle *colombiers à pied* ou *à cheval*, c'est-à-dire sur piliers ou sur solives, ou garennes closes, les habitans peuvent en faire construire sans son consentement, pourvu que ces *colombiers* n'aient ni crénaux, ni meurtrières, qui sont des marques de noblesse. Boniface, *tit. 1*, *liv. III*, *tit. 3*, *chap. 3*.

On observe la même chose au parlement de Toulouse & pays de Languedoc, suivant la remarque de M. d'Olive, *liv. II*, *chap. 2 ;* de la Rocheflavin, *des Droits seigneuriaux*, *chap. 22*, *art. 2 ;* & l'explication que fait Graverol sur cet article.

Au parlement de Bordeaux on distingue : chacun peut y bâtir librement des pigeonniers élevés sur quatre piliers ; mais on ne peut, sans le consentement du seigneur, y bâtir des *colombiers à pied*, que dans ce pays on appelle *fuies. Voyez* La Peyrère, *édit. de 1717*, *lettre S*, *n. 9*, & *la note*, *ibid.*

Tel est aussi l'usage du Lyonnois & autres pays de droit écrit du ressort du parlement de Paris. Salvaing, *loco cit.*

Ainsi dans ces pays & dans le pays bordelois, la liberté d'avoir un *colombier* sur piliers, volet ou volière, ne dépend point de la quantité des terres que l'on a, comme à Paris ; il n'y a que les *colombiers à pied* qui sont une marque de justice.

On observe aussi la même chose à cet égard, dans la principauté souveraine de Dombes.

Pour ce qui est des pays coutumiers, plusieurs coutumes ont des dispositions sur cette matière ; mais elles ne sont pas uniformes en certains points ; d'autres sont absolument muettes sur cette matière, & l'on y suit le droit commun du pays coutumier.

L'usage le plus commun & le plus général, est que l'on distingue trois sortes de personnes qui peuvent avoir des *colombiers*, mais différens & sous différentes conditions ; savoir les seigneurs hauts-justiciers ; les seigneurs féodaux qui n'ont que la seigneurie foncière, & les particuliers propriétaires de terre en censive.

Dans la coutume de Paris & dans celle d'Orléans, le seigneur haut-justicier qui a des censives, peut avoir un *colombier à pied*, quand même il n'auroit aucune terre en domaine ; & la raison qu'en rendent nos auteurs, est qu'il ne seroit pas naturel que l'on contestât le droit de *colombier* à celui qui a seul droit de le permettre aux autres ; que d'ailleurs le seigneur haut-justicier ayant censives, est toujours réputé le propriétaire primordial de toutes les terres de ses tenanciers, & qu'il n'est pas à présumer qu'en leur abandonnant la propriété ou seigneurie utile, moyennant une modique redevance, il ait entendu s'interdire la liberté d'avoir un *colombier*, ni les décharger de l'obligation de souffrir que ses pigeons aillent sur leurs terres. Ces coutumes ne fixent point la quantité de censives, nécessaire pour attribuer le droit de *colombier à pied* au seigneur haut-justicier, qui n'a que justice & censive. Paris, *art. 69 ;* Orléans, *art. 168.*

Le droit de *colombier à pied* est regardé comme un droit de haute-justice dans plusieurs coutumes; telles que Nivernois, *tit. des Colomb.* Bourgogne, *chap. 14 ;* Bar, *art. 47 ;* Tours, *art. 37 ;* & de Château-neuf, *art. 152.*

Le seigneur de fief non haut-justicier ayant censive, peut aussi, suivant les mêmes coutumes, avoir un *colombier à pied*, pourvu qu'outre le fief & ses censives, il ait, dans la coutume de Paris, cinquante arpens de terre en domaine, & dans celle d'Orléans, cent arpens. Paris, *70 ;* Orléans, *178.*

La coutume de Tours ne donne au seigneur féodal que le droit d'avoir une fuie ou volière à pigeons. Celle du Boulonnois dit qu'il peut avoir un *colombier*, sans expliquer si c'est à pied, ou autrement.

Celle de Bretagne, *art. 389*, dit qu'aucun ne peut avoir de *colombier*, soit à pied ou sur piliers, s'il n'en est en possession de temps immémorial, ou qu'il n'ait trois cens journaux de terre en fief ou domaine noble aux environs du lieu où il veut faire bâtir le *colombier.*

La coutume de Blois porte, qu'aucun ne peut avoir de *colombier à pied*, s'il n'en a le droit ou une ancienne possession.

On ne trouve aucune coutume qui ait interdit aux seigneurs la liberté de faire bâtir plusieurs *colombiers* dans une même seigneurie; & dans l'usage on voit nombre d'exemples de seigneurs qui en ont plusieurs dans le même lieu : il n'y a que la coutume de Normandie qui semble avoir restreint ce droit par l'*article 137*, qui porte qu'en cas de division de fief, le droit de *colombier* doit demeurer à l'un des héritiers, sans que les autres le puissent avoir, encore que chacune part prenne titre & qualité de fief avec les autres droits appartenant à fief noble par la coutume : que néanmoins si les paragers ont bâti un *colombier* en leur portion de fief, & joui d'icelui par quarante ans paisiblement, ils ne pourront être contraints de le démolir.

Le nombre des pigeons n'est point non plus limité par rapport au seigneur; on présume qu'il n'abuse point de son droit. Les *colombiers à pied* ont communément deux mille boulins; mais on en voit de plus considérables. Il y a à Château-vilain en Champagne un *colombier* qui est double, c'est-à-dire dans l'intérieur duquel il y a une autre tour garnie des deux côtés de boulins; & le tout en contient, dit-on, près de 12000. (*A*)

Addition à l'article COLOMBIER. Dans le ressort du parlement de Paris, on supplée au silence des coutumes muettes sur cette matière par les articles 69 & 70 de celle de Paris. Il est donc de la plus grande importance de bien connoître les dispositions de ces deux articles.

Suivant le premier, le seigneur haut-justicier *qui a censive*, a droit d'avoir *colombier* à pied, ayant boulins jusqu'au rez-de-chaussée : & l'article 70 donne la même faculté au seigneur non haut-justicier, ayant fiefs, censive & terres en domaine jusqu'à cinquante arpens.

La première idée qui naît de ces deux dispositions, c'est que, dans la coutume de Paris, le droit de *colombier* à pied n'est, à proprement parler, ni un droit de justice, ni un droit de fief; qu'il n'est attaché ni à la directe censuelle ni au domaine féodal, mais à la réunion de la justice à la censive & de la directe au domaine.

Ainsi, dans un territoire où la directe & la justice appartiendroient à deux seigneurs différens, le haut-justicier seroit privé du droit de *colombier* à pied. Il en seroit de même du seigneur direct, s'il n'avoit pas cinquante arpens en domaine. Il peut donc se trouver des territoires sur lesquels personne n'a droit d'avoir *colombier* à pied. Cette remarque est importante pour les cultivateurs.

Il peut de même arriver que, de ces deux seigneurs, l'un ait cette prérogative exclusivement à l'autre : par exemple, le haut-justicier, quoique le seigneur le plus éminent, n'en jouira point, s'il ne réunit pas une censive à son droit de justice. Cette observation peut encore servir à arrêter la multiplication des *colombiers.*

Enfin, dans les coutumes de franc-aleu, telles que Chaumont, Troyes, *&c.* quoiqu'il n'y ait qu'un seigneur dans la paroisse, il n'aura pas droit de *colombier*, si tout le territoire est allodial, & qu'il n'ait pas un domaine équivalent à la censive que la coutume exige.

Pourquoi la coutume de Paris n'attache-t-elle pas le droit de *colombier*, soit à la justice, soit au fief? Par quel motif exige-t-elle la réunion de la censive à la justice, & d'un domaine de cinquante arpens à la censive? On ne peut s'y méprendre. C'est que ce droit a paru aux réformateurs, ce qu'il est en effet; très-nuisible à l'agriculture, très-onéreux aux cultivateurs déjà surchargés de tant d'autres manières. Et ces magistrats ont pensé que, s'il étoit juste de permettre aux seigneurs d'avoir des pigeons, il étoit d'une justice encore bien plus étroite d'exiger d'eux qu'ils eussent des terres pour nourrir, du moins en partie, ces larrons publics. De ce motif résulte une restriction à l'exercice du droit de *colombier*, & la solution d'une difficulté très-importante.

Puisqu'il faut que le seigneur concourre à la nourriture de ses pigeons, il est donc nécessaire que les cinquante arpens de domaine que la coutume exige, soient en terres labourables : des prés, des étangs, des bois seroient donc comptés pour rien.

La question que nous venons d'annoncer, question qu'aucun auteur n'a discutée, consiste dans le point de savoir s'il est nécessaire que le seigneur, soit justicier, soit féodal, ait la censive sur l'universalité du territoire, ou si le cens sur quelques arpens, même sur un seul, remplit le vœu de la coutume.

La coutume accorde le droit de *colombier* au seigneur haut-justicier *qui a censive...* au seigneur non justicier, *ayant domaine & censive.* Rien de plus indéfini que ces expressions. On pourroit donc en tirer la conséquence que la loi exige que le seigneur réunisse à la justice ou au domaine de cinquante arpens la directe universelle du territoire.

Mais cette conséquence ne seroit-elle pas trop sévère ? Il y a peu de territoires qui ne soient coupés par quelques directes étrangères. D'ailleurs le cens étant prescriptible de seigneur à seigneur, il arrive tous les jours qu'un seigneur prescrit des censives dans l'enclave de son voisin : s'il falloit être seigneur universel pour avoir droit de *colombier*, ce droit, sujet aux mêmes variations que le cens, s'éteindroit & revivroit donc toutes les fois que le seigneur territorial auroit perdu ou recouvré une partie de sa directe.

D'un autre côté, accorder cette prérogative au seigneur dont la censive ne couvre que quelques arpens, ce seroit évidemment choquer & l'esprit & même la lettre de la coutume. Il faut donc prendre un parti moyen.

La coutume attache le droit de *colombier* à pied, à la réunion de deux qualités : celle de seigneur & celle de propriétaire. De même il y a, dans le *colombier* à pied, deux choses très-distinctes : l'honorifique & l'utile. L'honorifique résulte de la forme de cet édifice qui, présentant l'extérieur d'une tour, est un signe indicatif de seigneurie. L'utile consiste dans l'avantage que procurent les pigeons.

Le seigneur, soit justicier, soit féodal, quelle que soit l'étendue de sa censive, n'en est pas moins seigneur de la paroisse ou dans la paroisse. Il est juste qu'il jouisse de l'honorifique attaché à cette prééminence; dans tous les cas, il aura donc un *colombier* à pied, c'est-à-dire, un *colombier* dont la forme fera reconnoître en lui la qualité de seigneur. Mais voilà tout ce qui lui appartient en cette qualité.

Quant au nombre de pigeons qu'il peut avoir, la chose est différente. Comme un *colombier* plus ou moins peuplé est également indicatif de la seigneurie, il est clair qu'à cet égard tout est affaire d'intérêt. Ce droit purement utile dérive donc de la qualité de propriétaire, & doit donc être subordonné à l'étendue de la propriété. Ainsi le juge déterminera le nombre des boulins d'après la quantité d'arpens que le seigneur possédera, soit en domaine, soit en censive.

Ce tempérament que nous ne présentons que comme notre opinion particulière, paroît tout concilier. En effet, le seigneur trouve, dans la forme de son *colombier*, tout l'honorifique dû à sa justice ou à son fief : &, dans le nombre de boulins, déterminé par le juge, tout l'utile qu'il a droit de prétendre en qualité de propriétaire.

Cette décision conduit à une autre. Une justice, un fief sont divisés. Chaque co-partageant a, dans son lot, une portion de la justice, ou cinquante arpens en domaine, avec une partie de la censive du territoire. Chacun d'eux aura-t-il un *colombier* à pied ? Oui, puisqu'ils sont tous également seigneurs; mais le nombre de boulins sera déterminé proportionnellement à l'étendue de leur domaine ou de leur censive.

De cette manière d'envisager le droit de *colombier*, naît encore la solution d'une autre difficulté. Le seigneur peut-il donner ou, si l'on veut, inféoder cette prérogative ? Il y a des coutumes qui le lui permettent. A cet égard point de doute. C'est dans les coutumes muettes, notamment dans celle de Paris, que nous élevons cette difficulté.

Elle paroît résolue par les notions que nous venons de présenter. En effet, puisque la coutume de Paris fait de ce droit de *colombier* à pied un attribut de la justice ou du fief, un véritable droit honorifique, il est clair que le seigneur ne peut pas communiquer cette prérogative, & cependant conserver la seigneurie. D'ailleurs de pareilles permissions multiplieroient les *colombiers*, conséquemment ajouteroient à la servitude. Mais si, en donnant cette prérogative, le seigneur y renonçoit pour lui-même, la concession pourroit avoir son effet, parce que personne n'auroit intérêt de réclamer, & que l'intérêt est la mesure des actions.

Les auteurs normands vont encore plus loin. Fondés sur de très-bonnes raisons & sur quelques arrêts de leur parlement, ils décident que le roi lui-même ne peut pas, *par puissance réglée*, donner la permission de construire des *colombiers* dans les terres des seigneurs.

Autre difficulté. Peut-on acquérir par la possession le droit d'avoir un *colombier?* Les coutumes se partagent en trois classes. Les unes portent que le haut-justicier pourra permettre d'en construire; les autres se contentent de prohiber les constructions nouvelles; enfin, celles de la troisième classe attachent le droit d'en avoir à la qualité de seigneur.

Dans ces dernières, la possession la plus longue doit être comptée pour rien, parce que l'effet est inséparable de la cause. Dans celles de la seconde classe, une possession immémoriale forme un titre valable. Dans les premières, trente ans suffisent, 1°. parce que le silence du seigneur pendant ce laps de temps équivaut à un consentement de sa part, *qui longo tempore patitur, consentire videtur*; 2°. parce qu'après trente années, on doit supposer une permission, & que le temps a détruit l'acte qui renfermoit cette permission.

Mais un point sur lequel la possession, même la plus longue, est sans influence, c'est quand il y a excès dans le nombre des boulins, soit du *colombier*, soit de la volière; cet excès étant un abus contraire à l'ordre public, on est toujours à temps d'en demander la réformation, & par conséquent la modération du nombre des boulins.

Cette action appartient non-seulement au corps de la communauté, mais à tous ses membres, chaque individu étant personnellement intéressé à la destruction des *colombiers* & à la diminution des boulins.

Il y a, comme nous l'avons dit plus haut, des coutumes qui attachent le droit de *colombier* à pied à la seule qualité de seigneur; & d'autres qui, comme celle de Paris, exigent qu'à cette qualité se réunisse celle de propriétaire d'un domaine ou d'une censive plus ou moins étendue. Il n'est pas inutile de savoir à laquelle de ces deux dispositions est due la préférence. M. le président Bouhier, dans ses *Observations sur la coutume de Bourgogne*, *chap. 63*, répond à cette question. Voici ses termes : « il faut » demeurer d'accord de bonne foi, que les coutumes qui attribuent aux seigneurs le droit d'avoir » des *colombiers*, & d'en laisser sortir les pigeons » pour se repaître sur les terres voisines, sont exorbitantes du droit commun, & qu'en cela elles imposent une charge plus considérable que l'on ne » pense, sur les gens de la campagne ».

Puisque les coutumes qui attachent le droit de *colombier* à la seule qualité de seigneur, sont *exorbitantes du droit commun*, il faut les resserrer dans leur territoire : &, lorsqu'il s'agit de suppléer au silence des coutumes muettes, il est bien plus sage de recourir à celle de Paris qui, par un tempérament équitable, concilie l'intérêt de l'agriculture avec ce qui est dû à la qualité de seigneur.

La coutume de Bretagne, *art. 389*, défend à toute personne « de faire fuie ou *colombier*, s'il n'en avoit » anciennement, ou s'il n'a trois cens journaux de » terre pour le moins en fief ou domaine noble *aux » environs de la maison dans laquelle ils ont fait ladite fuie ou colombier.* Et quoique aucun auroit » *ladite étendue, ne pourra toutefois bâtir de nouveau,* » *s'il n'est noble* ».

Cet article renferme deux dérogations aux loix générales. Il subordonne le droit de *colombier* non-seulement à l'étendue de la propriété, mais à la qualité du propriétaire. Et, suivant le droit commun, ce droit, purement réel, est indépendant de la qualité de noble ou de roturier.

2°. Cette coutume exige que les terres soient *aux environs* du *colombier*. Cette disposition est très-sage, puisque les terres les plus voisines des pigeons sont les plus exposées à leurs déprédations. Cependant en général il suffit que les terres soient dans l'enclave de la paroisse : n'importe à quelle distance du *colombier*. On a même été plus loin. On a agité la question de savoir si celui qui veut faire construire un *colombier* ou volet, ne pouvoit pas ajouter aux propriétés qu'il a dans la paroisse, les héritages qu'il possède sur les territoires contigus. Mais cette question n'a pas tenu long-temps les esprits suspendus. La négative a prévalu, *odia restringenda*.

Si l'on eût raisonné dans le véritable esprit des coutumes de Paris, d'Orléans & autres semblables, peut-être auroit-on décidé que c'est cinquante arpens par chaque saison que la première exige : ce qui en formeroit cent cinquante; mais tous les auteurs se contentent de cinquante : & il n'existe aucun préjugé contraire; du moins nous n'en connoissons pas.

Avant de quitter ce qui concerne les *colombiers*, nous examinerons encore une difficulté. Un particulier, ayant la quantité d'arpens nécessaire pour avoir un volet, fait construire un *colombier à pied* avec un nombre excessif de boulins. Suffira-t-il qu'il réduise le nombre de ces boulins, ou sera-t-il obligé de détruire le *colombier*?

L'opposition est du fait des habitans ou de la part du seigneur. Dans le premier cas, il suffit d'ordonner que les boulins seront réduits proportionnellement à la quantité de terre que ce particulier possède. Mais si c'est le seigneur qui réclame, le juge doit ordonner la démolition du *colombier*, par la raison que ces sortes d'édifice, indiquant une maison noble, le seigneur ne peut pas être obligé d'en souffrir dans son territoire.

Maintenant jettons un coup-d'œil sur les volets ou volières. Le droit d'en avoir n'est pas, comme le *colombier* à pied, attaché à la seigneurie. Cependant chacun n'est pas libre d'en faire construire. Il faut avoir au moins cinquante arpens de terre dans la paroisse. Telle est la jurisprudence du parlement de Paris. Mais de quelle nature doivent être ces cinquante arpens, & quelle quantité de boulins aura le volet? L'article 168 d'Orléans répond à ces deux questions. Cet article porte que *celui qui a cent arpens de terres labourables, peut faire en ses héritages aux champs une volière à pigeons jusqu'à deux cens boulins.* Ce qui décide qu'on peut avoir deux boulins par chaque arpent de terre, & que ces terres, comme nous en avons déjà fait l'observation, doivent être labourables.

Le particulier qui veut faire construire une volière, est-il obligé d'en demander la permission au seigneur? Non, s'il a la quantité de terres suffisante. Sa permission est écrite dans la jurisprudence ou dans la coutume : celle de Nivernois décide la question : elle porte qu'on peut faire *colombier sur solier sans congé de justice.*

« Il y a pourtant un cas où il semble qu'il seroit » assez juste que le seigneur haut-justicier pût empêcher que son sujet ne construisît une volière » dans sa justice : c'est, s'il vouloit la construire, » dans le voisinage du *colombier* du seigneur, & par » une espèce d'émulation. Car on peut appliquer à ce » cas ce que dit M. de Chasseneuz, après les docteurs, » qu'il n'est pas permis de faire aucun édifice *ad* » *emulationem principis vel civitatis*, puisque le seigneur tient du prince sa justice. Aussi un des plus » savans commentateurs de la coutume de Poitou, » dit-il que la volière peut être construite par tout » sans congé particulier, *dummodò emulatio absit.* C'est » aussi le sentiment d'autres auteurs de grand poids ». M. le président Bouhier, *Observations sur la coutume de Bourgogne*, *chap. 63*.

Les curés ne peuvent pas se prévaloir de leur qualité de décimateurs pour avoir des volières. Toute la grace qu'on peut leur faire, c'est de leur permettre de joindre les terres de leur patrimoine à celles qui dépendent de leur cure.

Une déclaration du duc Léopold du 30 juin 1711 établit une exception en faveur des curés lorrains qui, à cette époque de 1711, étoient en possession d'avoir des

des volets. Cette déclaration leur permet de les conserver, « à condition néanmoins qu'ils ne seront » composés que de cent ou cent vingt nids ou boulins au plus, & qu'il ne leur sera loisible de se » servir des profits qu'ils en peuvent tirer, que pour » leur secours, celui de leurs paroissiens dans les cas » de maladie, & pour exercer le droit d'hospitalité ».

Encore une autre dérogation aux loix générales dans la Lorraine. Une ordonnance du 22 avril 1711 défend à toutes personnes, *de quelque qualité, profession & condition que ce puisse être*, d'avoir *colombiers* ou volières sans la permission du souverain. « Néanmoins, ajoute l'ordonnance, n'entendons comprendre dans la présente les seigneurs hauts-justiciers, ou autres nos sujets & vassaux de la qualité » requise, qui, par bons titres ou permission de » nous ou des ducs nos prédécesseurs, *ou même par* » *une longue possession de cent ans*, se trouveront en » avoir acquis le droit; lesquels, sur la justification » qu'ils en feront, voulons qu'ils aient leur effet ».

Un arrêt de réglement du parlement de Paris, rendu sur les conclusions de M. le procureur-général le 24 juillet 1725, « enjoint à tous les officiers du » ressort... même à ceux des hauts-justiciers, de » veiller, chacun dans l'étendue de son ressort, à ce » que les ordonnances, déclarations, arrêts & réglemens de la cour au sujet des *colombiers* & volières » soient exactement observés, & que chacun soit » tenu de les réduire aux termes des ordonnances, » déclarations, arrêts & coutumes des lieux; même » permet auxdits officiers, dans les lieux où il y » aura quelques bleds ou autres grains qui pourront être en proie aux pigeons, & où il y » auroit quelque dégât à craindre, d'y pourvoir par » tels réglemens qu'ils jugeront plus convenables, » chacun dans l'étendue de son ressort, dont ils informeront la cour incessamment ».

On trouve cet arrêt dans le *Code rural. Voyez* le mot PIGEONS. (*Cette addition est de M.* HENRION, *avocat au parlement.*)

COLON, f. m. (*Jurisprudence.*) ce mot vient du latin *colonus*, & se dit en quelques provinces de France pour désigner le fermier d'un bien de campagne. Mais il s'entend plus particulièrement de ceux qui rendent au propriétaire une certaine quantité de fruits en nature : car on ne s'en sert guère pour désigner ceux qui prennent à ferme des héritages de la campagne, & qui paient en argent le prix de leur bail.

On ajoute quelquefois au mot *colon* celui de *partiaire* : ce qui vient visiblement du partage qui se fait des fruits de la terre entre le maître & le *colon*. La quotité qui revient au propriétaire, est différente, suivant l'usage des lieux ou suivant les conventions du bail. Elle est tantôt de la moitié, & alors le maître contribue pour moitié aux frais de récolte & de semence; dans d'autres endroits, le *colon* donne au propriétaire le quart ou le tiers franc de tout ce qu'il recueille.

On donne aussi au *colon* le nom de *métayer*; mais, dans l'exactitude, ce dernier mot ne convient qu'à celui qui, par l'usage ou la convention, est obligé de rendre la moitié des fruits.

COLONEL, f. m. (*Code militaire.*) c'est aujourd'hui le titre d'un officier qui commande un régiment d'infanterie ou de dragons. *Voyez le Dictionnaire militaire.*

COLONIA, (*terme de Coutume.*) on le trouve dans le for ou coutume de Béarn, rubrique *de penas*, c'est-à-dire, *titre des peines, art.* 2, il signifie *dommages & intérêts.* Les enfans du premier mariage, dit cet article, doivent avoir la *colonia*, c'est-à-dire, les dommages & intérêts de la mort de leur père : ce qui doit s'entendre de la réparation civile à laquelle le meurtrier de leur père doit être condamné envers la famille du défunt.

COLONIE, f. f. (*Droit public.*) On entend par ce mot le transport d'un peuple ou d'une partie d'un peuple d'un pays à un autre.

Considérations générales sur les colonies. Ces migrations ont été fréquentes sur la terre : mais elles ont eu souvent des causes & des effets différens. C'est pour les distinguer que nous les rangerons dans six classes différentes.

I. Environ trois cens cinquante ans après le déluge, le genre humain ne formoit encore qu'une seule famille : à la mort de Noë, ses descendans, déjà trop multipliés pour habiter ensemble, se séparèrent. La postérité de chacun des fils de ce patriarche, Sem, Cham & Japhet, partagée en différentes tribus, partit des plaines de Sennaar pour chercher de nouvelles habitations, & chaque tribu devint une nation particulière. Ainsi se peuplèrent de proche en proche les diverses contrées de la terre, à mesure que l'une ne pouvoit ni contenir ni nourrir ses habitans.

Telle est la première espèce de *colonies*, que le besoin occasionna, quoique alors les besoins des hommes fussent très-simples. L'effet particulier de ces migrations fut la subdivision des tribus & l'origine des nations. Comme ces *colonies* emportèrent très-peu d'usages de leur berceau, la trace de leur séparation fut bientôt perdue.

II. Long-temps après que les hommes se furent répandus sur la surface de la terre, chaque contrée n'étoit pas assez occupée par ses habitans pour que de nouveaux ne pussent la partager avec les anciens. Dans ces premiers temps, chaque famille, à mesure qu'elle s'éloignoit du centre commun d'où toutes les nations étoient parties, erroit au gré de son caprice, sans avoir d'habitation fixe, ou formoit des sociétés sédentaires par le sentiment naturel qui porte les hommes à s'unir, & par la connoissance qu'ils ont de leurs besoins réciproques.

Ces deux causes donnèrent lieu à de nouvelles *colonies*. Les familles errantes, en changeant continuellement de pays, laissèrent à de nouvelles peuplades les terres qu'elles abandonnoient; d'ailleurs, en se multipliant par la voie de la génération, il étoit nécessaire qu'il se fit de nouvelles subdivisions dans les tribus, & que quelques-unes d'elles cherchassent, dans de nouveaux climats, les moyens de subsister.

Dans les sociétés sédentaires, l'ambition, la violence, la guerre, le mécontentement, la multiplication des individus obligèrent dans la suite une partie des membres de ces sociétés de chercher de nouvelles demeures.

C'est ainsi qu'Inachus, Phénicien d'origine, vint fonder en Grèce le royaume d'Argos, dont sa postérité fut ensuite dépouillée par Danaüs, autre aventurier sorti de l'Egypte.

Cadmus, n'osant reparoître devant Agenor, son père, roi de Tyr, aborda sur les confins de la Phocide, & y jetta les fondemens de la ville de Thèbes.

Cecrops, à la tête d'une *colonie* égyptienne, bâtit cette ville qui depuis, sous le nom d'*Athènes*, devint le temple des arts & des sciences.

L'Afrique vit sans inquiétude s'élever les murailles de Carthage, qui la rendit bientôt tributaire. L'Italie reçut les Troyens échappés à la ruine de leur patrie.

Ces nouveaux habitans apportèrent leurs loix & la connoissance de leurs arts dans les régions où le hasard les conduisit; mais ils ne formèrent que de petites sociétés qui presque toutes s'érigèrent en républiques.

La multiplicité des citoyens dans un territoire borné ou peu fertile alarmoit la liberté. La politique y remédia par l'établissement des *colonies*. La perte même de la liberté, les révolutions, les factions engageoient quelquefois une partie du peuple à quitter sa patrie pour former une nouvelle société plus conforme à son génie.

Telle est, entre autres, l'origine des *colonies* que les Grecs fondèrent en Asie, en Sicile, en Italie & dans les Gaules.

Elles emportèrent plus de choses de leur première patrie: elles en conservèrent les loix, la religion, le langage, qui furent autant de points de reconnoissance, & qui perpétuèrent chez ces nouveaux peuples la mémoire de leur origine. Mais il n'entra dans leur plan aucune vue de conquête & d'agrandissement. Chaque *colonie* resta libre & ne dépendit de sa métropole, que par les liens de la reconnoissance ou par le besoin d'une défense commune : on les a même vues, dans quelques occasions, armées l'une contre l'autre.

Cette seconde espèce de *colonies* eut, comme l'on voit, plusieurs motifs différens; mais l'effet qui la caractérise, fut de multiplier les sociétés indépendantes parmi les nations, d'augmenter la communication entre elles, & de les polir.

III. Dès que la terre eut assez d'habitans pour qu'il leur devînt nécessaire d'avoir des propriétés distinctes, cette même propriété occasionna des différends entre eux. Ils pouvoient être jugés & terminés entre les membres d'une même société : mais il n'en étoit pas de même de ceux qui s'élevoient entre des sociétés indépendantes.

La force en décida : la foiblesse du vaincu fut le titre d'une seconde usurpation, & le gage du succès : l'esprit de conquête s'empara des hommes. Le vainqueur, pour assurer ses frontières, dispersoit les vaincus dans les terres de son obéissance, & distribuoit les leurs à ses propres sujets; ou bien il bâtissoit au milieu des vaincus, & fortifioit des villes, qu'il peuploit de ses soldats & des citoyens de son état.

Telle est la troisième espèce de *colonies* dont presque toutes les histoires anciennes nous fournissent des exemples, sur-tout celles des grands états. C'est par ce moyen qu'Alexandre contint une multitude de peuples vaincus rapidement. Les Romains, dès l'enfance de leur république, s'en servirent pour l'accroître : &, dans le temps de leur vaste domination, ce furent les barrières qui la défendirent longtemps contre les Parthes & les peuples du Nord.

Cette espèce de *colonie* étoit une suite de la conquête, & elle en fit la sûreté.

IV. Les incursions des Gaulois en Italie, des Goths & des Vandales dans toute l'Europe & l'Afrique, des Tartares dans la Chine, des Francs dans les Gaules, forment une quatrième espèce de *colonies*.

Ces peuples, chassés de leurs pays par des peuples plus puissans ou par la misère, souvent attirés par la connoissance d'un climat plus doux & d'une campagne plus fertile, conquirent des terres pour les partager avec les vaincus, & n'y faire qu'une nation avec eux : bien différens des autres conquérans qui, comme les Scythes en Asie, sembloient ne chercher que d'autres ennemis, ou comme les fondateurs des quatre grands empires, qu'à étendre leurs frontières.

L'effet de ces *colonies* de barbares fut d'effaroucher les arts & de répandre l'ignorance dans les contrées où elles s'établirent. Mais en même temps elles y augmentèrent la population, & fondèrent de puissantes monarchies.

V. La cinquième espèce de *colonies* est celle qu'a fondées l'esprit de commerce pour enrichir la métropole.

Tyr, Carthage & Marseille, les seules villes de l'antiquité qui aient établi leur puissance sur le commerce, sont aussi les seules qui aient suivi ce plan dans quelques-unes de leurs *colonies*.

Utique, bâtie par les Tyriens sur les côtes de l'Afrique, près de deux cens ans avant la fondation de Carthage, ne prétendit jamais à aucun empire sur les terres de l'Afrique; elle servoit seulement de retraite aux vaisseaux tyriens, ainsi que les *colonies* établies à Malthe & le long des côtes fréquentées par les Phéniciens.

Cadix, une des plus anciennes villes & de leurs plus fameuses *colonies*, ne prétendit jamais qu'au commerce de l'Espagne, sans entreprendre de lui donner des loix. La fondation de Lilybée en Sicile ne donna aux Tyriens aucune idée de conquête sur cette isle.

Le commerce fut le principal objet des établissemens de Carthage : quoiqu'elle cherchât à s'agrandir par lui. C'est pour l'étendre ou le conserver excluſivement, qu'elle fut guerrière, & qu'on la vit diſputer à Rome la Sicile, la Sardaigne, l'Eſpagne, l'Italie, & même ſes remparts. Ses *colonies*, le long des côtes de l'Afrique ſur l'une & l'autre mer juſqu'à Cerné, augmentoient plus ſes richeſſes que la force de ſon empire.

Marſeille, *colonie* des Phocéens chaſſés de leur pays, & enſuite de l'iſle de Corſe par les Tyriens, ne s'occupa dans un territoire ſtérile que de ſa pêche, de ſon commerce & de ſon indépendance. Ses *colonies* en Eſpagne & ſur les côtes méridionales des Gaules n'avoient point d'autres motifs.

Ces formes d'établiſſemens étoient doublement néceſſaires aux peuples qui s'adonnoient au commerce. Leur navigation, dépourvue du ſecours de la bouſſole, étoit timide : ils n'oſoient ſe haſarder trop loin des côtes, & la longueur néceſſaire des voyages exigeoit des retraites ſûres & abondantes pour les navigateurs. La plupart des peuples avec leſquels ils trafiquoient, ou ne ſe raſſembloient pas dans des villes, ou, uniquement occupés de leurs beſoins, ne mettoient aucune valeur au ſuperflu. Il étoit indiſpenſable d'établir des entrepôts qui fiſſent le commerce intérieur, & où les vaiſſeaux puſſent, en arrivant, faire leurs échanges.

La forme de ces *colonies* répondoit aſſez à celles des nations commerçantes de l'Europe en Afrique & dans l'Inde : elles y ont des comptoirs & des forteresſes pour la commodité & la ſûreté de leur commerce. Ces *colonies* dérogeroient à leur inſtitution, ſi elles devenoient conquérantes, à moins que l'état ne ſe chargeât de leur dépenſe.

C'eſt une queſtion fort controverſée de ſavoir ſi cette eſpèce de *colonies* & de commerce doit être ſous la dépendance d'une compagnie riche & excluſive, en état de former & de ſuivre des projets politiques. Elle ſera traitée ſous les mots COMMERCE & COMPAGNIE DES INDES.

VI. La découverte de l'Amérique vers la fin du quinzième ſiècle, & le paſſage aux Indes orientales, découvert auparavant par les Portugais, ont multiplié les *colonies* européennes, & nous en préſente une ſixième eſpèce.

Les Portugais trafiquèrent aux Indes en conquérans. Les Hollandois qui les ſuivirent & leur enlevèrent une partie de leurs établiſſemens, ſuivirent la même politique, & continuèrent de donner aux petits princes indiens des loix gênantes ſur le commerce.

Les Eſpagnols qui pénétrèrent dans l'Amérique, en regardèrent d'abord les terres comme des objets de conquête : mais des peuples plus raffinés qu'eux trouvèrent qu'elles étoient des objets de commerce : & c'eſt là-deſſus qu'ils dirigèrent leurs vues.

Le commerce & la culture étant donc le véritable motif des *colonies* dont nous parlons, il a fallu commencer par conquérir des terres, & en chaſſer les anciens habitans, pour y en tranſporter de nouveaux. Mais ces *colonies* ſont reſtées dans un genre de dépendance dont on ne trouve que très-peu d'exemples dans l'établiſſement des anciennes. Cette dépendance eſt la même, ſoit pour les *colonies* qui relèvent de l'état même, ſoit pour celles qui ont été fondées par quelque compagnie commerçante établie dans l'état.

Comme le ſeul objet de ces *colonies* eſt de faire le commerce à de meilleures conditions qu'on ne le fait avec les peuples voiſins, avec leſquels tous les avantages ſont réciproques, il a fallu établir de nouvelles règles pour les régir. C'eſt par rapport à ce motif qu'elles doivent être ſous la dépendance immédiate, & par conſéquent ſous la protection de la métropole, & que le commerce doit s'y faire excluſivement par les fondateurs.

Une pareille *colonie* remplit mieux ſon objet, à meſure qu'elle augmente le produit des terres de la métropole, qu'elle fait ſubſiſter un plus grand nombre de ſes hommes, & qu'elle contribue aux gains de ſon commerce avec les autres nations.

Ces trois avantages peuvent ne pas ſe rencontrer enſemble dans des circonſtances particulières, mais l'un des trois au moins doit compenſer les autres dans un certain degré. Si la compenſation n'eſt pas entière, ou ſi la *colonie* ne procure aucun des trois avantages, on peut décider qu'elle eſt ruineuſe pour le pays de la métropole, & qu'elle l'énerve.

Ainſi le profit du commerce & de la culture des *colonies* eſt préciſément : 1°. le plus grand produit que leur conſommation occaſionne au propriétaire des terres, les frais de leur culture déduits ; 2°. ce que reçoivent les artiſtes & les matelots qui travaillent pour elles, & à leur occaſion ; 3°. tout ce qu'elles ſuppléent des beſoins de la métropole ; 4°. tout le ſuperflu qu'elles donnent à exporter.

De ces principes politiques, on peut tirer pluſieurs conſéquences. La première eſt que les *colonies* ne ſeroient plus utiles, ſi elles pouvoient ſe paſſer de la métropole : ainſi, c'eſt une loi priſe dans la nature de la choſe, que l'on doit reſtreindre les arts & la culture dans une *colonie*, à tels & tels objets, ſuivant les convenances du pays de la domination.

La ſeconde conſéquence eſt que ſi la *colonie* entretient un commerce avec les étrangers, ou que ſi on y conſomme des marchandiſes étrangères, le montant de ce commerce & de ces marchandiſes eſt un vol fait à la métropole : vol trop commun, mais puniſſable par les loix, & par lequel la force réelle & relative d'un état eſt diminuée de tout ce que gagne un étranger. Reſtreindre ce commerce, n'eſt pas attenter à ſa liberté : toute police qui le tolère par ſon indifférence, ou qui laiſſe à certains ports la facilité de contrevenir au premier principe de l'inſtitution des *colonies*, eſt une police deſtructive du commerce ou de la richeſſe d'une nation.

La troiſième conſéquence eſt qu'une *colonie* ſera d'autant plus utile, qu'elle ſera plus peuplée, & que ses terres seront plus cultivées. Pour y parvenir sûrement, il faut que le premier établissement se fasse aux dépens de l'état qui la fonde; que le partage des successions y soit égal entre les enfans, afin d'y fixer un plus grand nombre d'habitans par la subdivision des fortunes.

Les premiers rédacteurs de l'*Encyclopédie* ont cru que la subdivision des biens entre les héritiers étoit avantageuse pour les *colonies*. Je ne crois pas devoir me ranger à leur opinion: ce principe ne peut pas être admis généralement, il faut au moins à cet égard distinguer les cultures différentes auxquelles les habitans des *colonies* doivent s'appliquer.

Dans les contrées de l'Amérique où la culture ne peut s'étendre qu'aux mêmes productions que fournit l'Europe, telles que les grains, les chanvres, les légumes, les bois, *&c.* où les frais de culture ne demandent pas des avances considérables en bâtimens, en esclaves ou domestiques, la subdivision des fortunes ne peut occasionner aucun détriment, soit à la *colonie*, soit à la métropole. Mais il en doit être autrement dans les endroits où un travail long & dispendieux force la terre à nous donner des matières qui fomentent le luxe de la métropole, & lui donnent les moyens de faire un commerce considérable avec les nations étrangères.

Par exemple, la culture du sucre exige, de la part des colons, des avances considérables en achats & nourriture de nègres, en constructions & entretien de bâtimens, sans lesquelles il est impossible de livrer à la métropole une barrique de sucre. La loi qui ordonneroit la subdivision d'une sucrerie entre les enfans d'un habitant des *colonies*, ruineroit visiblement & la *colonie* & la métropole. 1°. Chaque co-partageant se trouveroit dans l'impuissance de faire valoir séparément sa portion dans une sucrerie, car il ne peut être en état d'avancer les frais nécessaires pour la culture; & quand bien même il le seroit, le produit de son terrein ne pourroit jamais équivaloir aux dépenses, d'où s'ensuivroit nécessairement le dépérissement & l'abandon total de la sucrerie. 2°. La métropole n'a pas d'autre intérêt que de voir toutes les terres de sa *colonie* employées à la culture des objets de sa consommation, & de son commerce extérieur; ce qu'elle ne peut obtenir que dans le cas où les habitans sont en état d'en supporter les frais, soit par leurs richesses personnelles, soit par les facilités qu'elle leur procure en leur avançant les frais, mais avec la certitude d'en être remboursée sur les productions. Ce qui cependant ne peut avoir lieu, si les revenus des colons n'excèdent leurs dépenses.

Il est encore nécessaire, pour rendre une *colonie* utile à sa métropole, que la concurrence du commerce de ses denrées soit parfaitement établie entre les négocians de la nation, parce que leur ambition fournira aux habitans plus d'avances pour leur culture que ne le feroient des compagnies exclusives, & dès-lors maîtresses tant du prix des marchandises que des termes des paiemens.

Il faut encore que le sort des habitans soit très-doux, en compensation de leurs travaux & de leur fidélité. C'est pourquoi les nations habiles ne retirent tout au plus de leurs *colonies* que la dépense des forteresses & des garnisons, quelquefois même elles se contentent du bénéfice général du commerce.

Les dépenses d'un état avec ses *colonies* ne se bornent pas aux premiers frais de leur établissement. Ces sortes d'entreprises exigent de la constance, de l'opiniâtreté même, à moins que l'ambition de la nation n'y supplée par des efforts extraordinaires. Mais la constance & les efforts du gouvernement ont des effets plus sûrs, & des principes plus solides: ils doivent être continués, & les *colonies* ont besoin d'encouragement jusqu'à ce que la force du commerce leur ait donné une espèce de consistance, suivant la nature de leur position & de leur terrein. Si on les néglige, outre la perte des premières avances & du temps, on les expose à devenir la proie des peuples plus ambitieux ou plus actifs.

Ce seroit cependant aller contre l'objet même des *colonies*, que de les établir en dépeuplant le pays de la domination. Les nations intelligentes n'y envoient que peu-à-peu le superflu de leurs hommes, ou ceux qui y sont à charge à la société. Le point d'une première population est la quantité d'habitans nécessaires pour défendre le canton établi contre les ennemis qui pourroient l'attaquer: les peuplades suivantes servent à l'agrandissement du commerce. L'excès de la population d'une *colonie* seroit, ou la quantité d'hommes inutiles qui s'y trouveroient, ou la quantité qui manqueroit au pays de la domination. Ainsi il pourroit arriver des circonstances où il seroit utile d'empêcher les citoyens de la métropole de sortir à leur gré pour habiter les *colonies* en général, ou telle *colonie* en particulier.

Les *colonies* de l'Amérique ayant établi une nouvelle forme de dépendance & de commerce, il a été nécessaire d'y faire des loix nouvelles. Les législateurs habiles ont eu pour objet principal de favoriser l'établissement & la culture: mais lorsque l'un ou l'autre est parvenu à une certaine perfection, il peut arriver que ces loix deviennent contraires à l'objet de l'institution; qui est le commerce. Dans ce cas, elles sont injustes, puisque c'est le commerce qui, par son activité, en a donné à toutes les *colonies* un peu florissantes. Il paroîtroit donc convenable de les changer ou de les modifier, à mesure qu'elles s'éloignent de leur esprit. Si la culture a été plus favorisée que le commerce, ç'a été en faveur même du commerce; dès que les raisons de préférence cessent, l'équilibre doit être rétabli.

Lorsqu'un état a plusieurs *colonies* qui peuvent communiquer entre elles, le véritable secret d'augmenter les forces & les richesses de chacune, c'est d'établir entre elles une correspondance & une navigation suivies. Ce commerce particulier a la force & les avantages du commerce intérieur d'un état, pourvu que les denrées des *colonies* ne soient jamais de nature à entrer en concurrence avec celles de la métropole.

Il en accroît réellement la richesse, puisque l'aisance des *colonies* lui revient toujours en bénéfice, par les consommations qu'elle occasionne. Par cette même raison, le commerce actif qu'elles font avec les *colonies* étrangères, des denrées pour leur propre consommation, est avantageux, s'il est contenu dans ses bornes légitimes.

Le commerce dans les *colonies* & avec elles, est assujetti aux maximes générales qui par-tout le rendent florissant; cependant des circonstances particulières peuvent exiger qu'on y déroge dans l'administration. Tout doit changer avec les temps, & c'est dans le parti qu'on tire de ces changemens forcés, que consiste la suprême habileté.

Nous avons vu qu'en général la liberté doit être restreinte en faveur de la métropole. Un autre principe toujours constant, c'est que tout ce qui est exclusif, tout ce qui prive le négociant & l'habitant du bénéfice de la concurrence, les péages, les servitudes ont des effets plus pernicieux dans une *colonie* que dans aucun autre endroit. Le commerce y est si resserré, que l'impression y en est plus fréquente: le découragement y est suivi d'un abandon total. Quand même ces effets ne seroient pas sensibles dans le moment, il est néanmoins certain que le mal n'en est que plus dangereux. En effet, ce qui contribue à diminuer la quantité de la denrée ou à la renchérir, diminue nécessairement le bénéfice de la métropole, qui vend moins de ses productions propres à ses *colonies*, qui exporte une moindre quantité des leurs parmi les nations étrangères. D'ailleurs, la diminution dans la quantité des marchandises des *colonies*, ou le surhaussement de leur prix donnent aux autres peuples une occasion favorable de gagner la supériorité ou d'entrer en concurrence.

Nous n'entrerons pas ici dans le détail des diverses *colonies* européennes, établies soit à l'Amérique, soit aux Indes orientales, soit sur les côtes d'Afrique. Nous nous bornerons à donner un précis du gouvernement & des loix qui régissent les *colonies* françoises de l'Amérique: ce que nous en dirons fera suffisamment connoître celles des Indes orientales, & de l'Afrique, qui sont soumises à-peu-près aux mêmes règles.

COLONIES *françoises de l'Amérique*. A l'exception de la Guyane, les François ne possèdent des *colonies* que dans les Antilles. Ces isles sont situées entre le cent trente-sixième & le cent quatre-vingt-treizième degré de longitude. Les vents qui soufflent presque toujours de la partie de l'est, ont fait appeller celles qui sont plus à l'orient, *isles du vent*, & les autres *isles sous le vent*.

Les principales isles françoises du vent sont la Martinique, la Guadeloupe, la Désirade, *&c.* Celles sous le vent sont la Tortue, la Goave, l'Isle-à-Vaches, & une partie considérable de S. Domingue, dont le reste appartient aux Espagnols.

Administration militaire. Les premiers habitans des isles françoises furent des aventuriers exilés de leur patrie, par l'inquiétude que font naître l'ambition ou la misère. Sans frein, sans loi, sans législation, ils se rendirent redoutables dans toutes les mers de l'Amérique sous le nom de *flibustiers*.

Lorsqu'on crut pouvoir tirer quelque bénéfice de ces *colonies*, on les soumit à des compagnies commerçantes qui, sans faire d'avances suffisantes, voulurent retirer beaucoup & promptement. L'Amérique fut long-temps victime de ces privilèges exclusifs; mais enfin le gouvernement reconnut les avantages qu'il pouvoit en retirer, & la dernière de ces compagnies fut révoquée en 1674. Ce n'est qu'à compter de cette époque que les isles françoises peuvent être considérées comme de véritables *colonies*.

La puissance de l'administration est confiée à deux gouverneurs-lieutenans-généraux, que le roi envoie l'un aux isles du vent, l'autre aux isles sous le vent.

Les premiers de ces chefs militaires furent des citoyens vertueux qui n'employèrent leur autorité que pour la prospérité des établissemens naissans: mais les abus que quelques-uns de leurs successeurs ont fait de cette autorité, ont obligé le roi à la limiter aux troupes réglées en garnison dans les *colonies*; aux escadres françoises qui naviguent dans les mers de l'Amérique; aux habitans classés en compagnies de gardes-côtes ou de milice, & aux vaisseaux marchands qui abordent dans les ports des *colonies*. L'arrêt du conseil d'état du 21 mai 1762, & l'ordonnance du premier février 1766 prescrivent à ces chefs de prêter main-forte pour l'exécution des jugemens civils, & leur défend de connoître de l'administration de la justice.

Les gouverneurs-lieutenans-généraux ont sous leurs ordres des commandans en second, à Saint-Domingue, à la Martinique, à la Guadeloupe & à Cayenne, qui doivent y faire exécuter les ordonnances du roi & les ordres du lieutenant-général; mais qui n'ont aucune autorité sur les habitans, & qui ne doivent se mêler du gouvernement que quand le gouverneur le leur permet, ou qu'il est hors d'état de remplir ses fonctions.

A ces commandans en second, sont subordonnés des commandans de quartiers pour veiller plus particulièrement à l'exécution des ordres du gouverneur-lieutenant-général, & lui rendre compte de tout ce qui intéresse la sûreté & la tranquillité de leur commandement.

Les commandans des *colonies* exercent les fonctions municipales relatives aux chemins, aux corvées, aux recensemens, *&c.* quoique l'article 96 de l'ordonnance du roi, du 24 mars 1763, suppose qu'il existe des officiers municipaux dans les *colonies*.

Il est vrai qu'il en a été établi à S. Domingue sous le nom de *syndics*, par l'ordonnance du gouverneur-lieutenant-général & de l'intendant, enregistrée le 27 juin 1763, dans les deux conseils souverains du Cap & du Port-au-Prince; mais ces syndics ont été remplacés par les commandans & par d'autres officiers, lors du rétablissement des milices en 1768, sans cependant avoir été supprimés par une déclaration du roi, & quoique l'ordonnance des milices ne contienne aucune disposition générale ou particulière qui attribue aux commandans les fonctions municipales.

Les milices avoient été réformées en 1764, comme peu propres à servir utilement à la défense extérieure de la *colonie*, attendu que de simples milices ne peuvent être bien disciplinées, ni formées aux exercices militaires, sans ruiner entiérement la culture des terres, & que la prodigieuse étendue & le facile abord des côtes des *colonies* ne permettent pas même d'espérer qu'on puisse jamais empêcher l'ennemi de s'y introduire, quelques mesures que l'on prenne à l'intérieur, si on ne lui oppose des troupes réglées & si les *colonies* ne sont protégées au dehors par des forces maritimes qui éloignent les vaisseaux ennemis. Mais les milices ont été rétablies en 1768, afin de maintenir la police intérieure, de prévenir la révolte des esclaves, d'arrêter les courses des nègres fugitifs, d'éloigner les nègres marons, d'empêcher les attroupemens, de protéger le cabotage & de garantir les côtes contre les corsaires.

Ces milices sont divisées en compagnies d'infanterie & en compagnies de cavalerie; le nombre des compagnies de cavalerie est relatif à la facilité que l'on a dans chaque isle de se procurer & d'entretenir des chevaux; celui des compagnies d'infanterie est proportionné à la population de chaque *colonie*.

Tous les colons depuis quinze jusqu'à cinquante-cinq ans sont assujettis au service des milices, excepté les officiers de guerre & de justice ayant commission, brevet ou ordres de sa majesté. Dans les *colonies* sous le vent, la noblesse n'est point exempte de la milice; mais elle ne peut être assemblée qu'en cas de guerre ou d'attaque: les ordonnances veulent qu'il soit établi dans chacune des isles du vent une compagnie composée de gentilshommes qui s'assemblent en temps de paix tous les ans une fois, & pendant la guerre, lorsque le gouverneur le juge à propos. Mais les articles 23, 24 & 28 de l'ordonnance de 1768, obligent les miliciens roturiers des *colonies* à passer en temps de paix huit revues par an, dont quatre particulières ou de paroisse doivent être faites de trois en trois mois, par les capitaines-commandans; deux générales ou de quartier de six en six mois par les commandans des quartiers; & deux autres aussi de six en six mois, par le gouverneur-lieutenant-général ou l'un des commandans en second.

Les milices ne font aucun exercice; mais les gardes-côtes se rassemblent de temps en temps pour s'exercer à tirer au blanc; les autres miliciens montent la garde chacun à leur tour, à moins qu'ils ne s'en rachètent en fournissant deux hommes pour chaque nombre de vingt noirs qu'ils possèdent; enfin, par l'article 39 de la même ordonnance, il a été créé des compagnies de milice de mulâtres & nègres libres, pour la chasse des nègres marons & des déserteurs, & pour la police des quartiers. Leur service est très-analogue à celui de la maréchaussée des *colonies*.

La première maréchaussée des *colonies* fut établie par l'arrêt du mois de mars 1705. Il ordonnoit qu'il seroit entretenu six hommes dans chaque quartier, pour faire la recherche des nègres fugitifs; qu'il seroit payé annuellement trois cens liv. à chacun, par les maîtres des esclaves qu'ils ramèneroient; que le prix des nègres qui seroient tués dans ces chasses seroit remboursé à leurs maîtres, & qu'enfin les fonds nécessaires au paiement des appointemens & au remboursement du prix des nègres tués se feroient par une capitation sur les esclaves, dont chaque habitant fourniroit le dénombrement. Ces dispositions ont été confirmées par un réglement de 1743, qui en augmentant le nombre des brigades de la maréchaussée, la charge particuliérement de poursuivre les nègres marons & de veiller à la sûreté des grands chemins.

Les gouverneurs-lieutenans-généraux & les intendans ont ensemble le pouvoir de faire punir à bord des vaisseaux de sa majesté, les hommes de l'équipage, qui étant à terre y commettent des désordres; ils doivent veiller à la sûreté des grands chemins, des rues & carrefours des villes; ils règlent ce qu'ils jugent à propos sur le port d'armes; ils peuvent ordonner d'arrêter les malfaiteurs, mais ils doivent les livrer dans vingt-quatre heures aux procureurs-généraux, pour poursuivre leur procès, ainsi que les contrevenans à leurs ordonnances.

Autrefois le gouverneur-lieutenant-général devoit seul ordonner les corvées, la construction des nouvelles fortifications & la réparation des anciennes. Les vexations & les abus auxquels ce pouvoir a souvent donné lieu, l'ont fait restreindre; les chefs militaires ne peuvent pas, même à présent, proposer au gouvernement l'entreprise des travaux publics quelconques, sans y être autorisés par une délibération des principaux habitans, & ils ne peuvent les faire commencer avant l'arrivée des ordres de sa majesté, sinon par l'avis d'un conseil de guerre composé des commandans des troupes réglées & des commandans de quartiers.

Mais le gouvernement n'a pu encore tempérer dans toutes les *colonies* les inconvéniens attachés aux corvées exigées forcément & sans salaires; ils sont plus funestes dans les isles de l'Amérique qu'ailleurs: la nature du climat & des productions fait que les terres souffrent plus de l'absence du cultivateur occupé à des ouvrages publics ; l'éloignement de la métropole facilite des exemptions injustes & la multiplication des corvées inutiles. A S. Domingue, l'administration a été à cet égard pour la prospérité des colons, au-delà de ce qu'ils osoient espérer, en autorisant en 1764 une assemblée nationale, qui a aboli les corvées & a assuré l'indemnité de celles auxquelles des circonstances imprévues pourroient forcer.

Administration civile. Après que la culture eut fait des progrès, ou que la société eut pris une forme durable dans les *colonies*, le besoin des loix & des magistrats s'y fit sentir. Louis XIV y pourvut par la publication de l'édit connu sous le nom de *code noir*, & par la création des conseils souverains & de différens siéges royaux.

Un édit du mois d'octobre 1664 créa deux conseils souverains pour les isles du vent, l'un fut établi à la Martinique, l'autre à la Guadeloupe. Un édit du mois d'août 1685 créa un conseil souverain pour les isles sous le vent, dont la séance fut fixée au petit Goave, transférée ensuite à Léogane, & se tient aujourd'hui au Port-au-Prince.

On en a établi un second au Cap François, par édit du 8 juin 1702.

L'établissement des tribunaux inférieurs, sous le nom de *sénéchaussées*, n'apporta pas un changement sensible au gouvernement des *colonies*. Des officiers de milice avoient jugé dans les temps qu'il n'y avoit point encore de juges institués. Ils furent pourvus des charges du conseil souverain & des jurisdictions.

Ces jurisdictions doivent faire exécuter tous les réglemens de police, & juger en première instance de toutes les causes qui ne sont pas attribuées aux amirautés.

Selon l'édit du mois de janvier 1717, les amirautés des *colonies* connoissent, ainsi que les autres amirautés du royaume, de tous les actes passés pour le commerce de mer & pour la navigation.

On appelle des jugemens des unes & des autres de ces jurisdictions, aux conseils souverains, excepté cependant de ceux qui concernent les clauses de concessions, les réunions de domaine, la distribution des eaux pour l'arrosement des terres ; les servitudes, les chemins, les ponts, les aqueducs, les barques, les passages de rivières, la chasse & la pêche, dont la connoissance appartient sur l'appel, au tribunal terrier.

Ce tribunal est composé du gouverneur-lieutenant-général, de l'intendant & de trois conseillers du conseil souverain, nommés par le conseil même ; les contestations y sont portées par des requêtes adressées au gouverneur-lieutenant-général & à l'intendant, au bas desquelles l'un & l'autre donnent acte de la demande, & en ordonnent la signification.

Selon l'article 2 de l'édit du 18 mars 1761, l'ordonnance de soit signifié vaut un appointement dont les délais courent du jour de la signification : le juge des lieux est commissaire du tribunal terrier, c'est pardevant lui que l'on doit procéder contradictoirement avec le procureur du roi, partie nécessaire dans ces contestations.

Si l'on ordonne une instruction quelconque, les parties doivent être renvoyées devant les juges des lieux, comme commissaires, & leurs sentences peuvent être attaquées par la voie de l'opposition, dans la forme ordinaire : en cas d'appointement, il est fait droit sur les productions de la partie la plus diligente. Si l'affaire n'est pas en état de paroître après deux mois de délai, on doit exécuter par provision les ordonnances préparatoires & émanées des juges des lieux, comme commissaires du tribunal terrier, ainsi que les jugemens rendus par le tribunal terrier, nonobstant toute opposition & appellation, sans que les impétrans de ces jugemens soient tenus de donner caution. Les appellations interjettées des jugemens du tribunal terrier se font par de simples actes, & sont portées au conseil des dépêches en la manière accoutumée, en joignant aux pièces d'appellation, l'expédition, tant des conclusions des procureurs des lieux, que de l'avis des premiers officiers des siéges.

Par l'édit de 1664, & par un réglement de 1671, le roi a ordonné de juger dans les *colonies* suivant les loix & les ordonnances du royaume, & conformément à la coutume de Paris.

Les édits de création des conseils souverains de S. Domingue, veulent que la justice soit administrée *en la même manière, dans les mêmes termes & sous les mêmes loix, que celles qui s'observent pour les autres sujets du roi.*

Les commissions des intendans des *colonies* portent qu'en remplissant les fonctions de premiers présidens, ils tiendront la main à ce que les conseils souverains jugent en matière civile & criminelle, conformément à la coutume de la ville de Paris, aux édits & aux ordonnances du roi.

Les deux conseils souverains de S. Domingue ont, conséquemment à ces loix, ordonné que l'on se conformeroit dans les jugemens & dans les actes aux ordonnances du royaume & à la coutume de Paris.

Mais le conseil de la Martinique n'a pas prescrit de même l'observation générale des loix & ordonnances du royaume ; il s'est contenté d'ordonner le 3 novembre 1681, par un arrêt en forme de réglement, l'enregistrement de la coutume de Paris, de l'ordonnance du mois d'avril 1667, pour les procédures civiles, de celle du mois d'août 1670, pour les procédures criminelles, & de celles de 1673, pour le commerce.

Malgré l'enregistrement de la coutume de Paris, dans les conseils supérieurs, l'on ne regarde pas toujours comme nuls au conseil du roi les actes, où les formalités prescrites par cette coutume n'ont pas été observées. C'est ce qui résulte des déclarations des 14 & 24 août 1726, dans lesquelles le roi confirme des actes passés sans l'observation des formalités établies par la coutume & les ordonnances, & permet de demander le déguerpissement des acquéreurs de terres en retard de payer; *à cause*, dit-il, *de la difficulté d'observer les formalités prescrites par les ordonnances & par la coutume de Paris, dont la plupart sont ignorées aux isles*.

Il est d'ailleurs impossible que l'on observe dans les isles les ordonnances rendues pour le royaume. Ces loix n'y sont pas connues, puisqu'elles n'y sont pas enregistrées. Elles ne peuvent l'être que lorsqu'elles sont adressées aux conseils souverains, par le ministère du secrétaire d'état au département de la marine, en vertu des ordres particuliers du roi; & il est de fait, que soit oubli, soit l'inutilité de la loi dans les *colonies*, aucune des nouvelles ordonnances ne sont parvenues aux conseils souverains.

« *Dans cet état de législation*, dit M. Petit, *chaque tribunal, chaque juge a son systême sur l'observation des loix du royaume, dans une même colonie*. A la Martinique, par exemple, le conseil supérieur se conforme aux loix du royaume, antérieures à son établissement, en 1667, autant que la différence des lieux n'y fait point d'obstacle; mais quant aux loix promulguées après sa création, il ne regarde comme loix que les ordonnances de 1667, 1669, 1670, 1673; parce qu'il les a enregistrées en 1681. Ce conseil infirme les sentences des premiers juges, rendues en contravention à ces loix, quoique ces jugemens soient rendus en exécution des loix postérieures, mais non enregistrées. Ce conseil & celui de la Guadeloupe, ont tout récemment, par des arrêts des 8 juillet & 16 novembre 1769, renouvellé la demande en communication des loix publiées en France depuis leur établissement, en désignant celles de ces loix que ces compagnies croient convenir à leurs *colonies* ».

Les conseils souverains de S. Domingue ont souvent réitéré la même demande: elle a été un des principaux objets des représentations faites en forme d'arrêt en 1762.

Le roi déférant à ces représentations, & desirant de fixer la jurisprudence des *colonies* par des principes plus certains, a ordonné de travailler sous les ordres & la direction du secrétaire d'état au département de la marine, à un code général des *colonies*. Un magistrat dont les lumières sont connues du public, & qui a exercé une charge importante dans l'une des *colonies*, travaille depuis long-temps à fournir au bureau de législation, établi par le roi, les mémoires & les projets de réglemens nécessaires pour parvenir à l'établissement de ce code utile.

Le défaut d'une jurisprudence certaine & uniforme, met beaucoup d'incertitude dans les jugemens, donne lieu à la multiplication de procès, & empêche les parties de savoir les cas où ils peuvent se pourvoir en cassation contre les arrêts des conseils souverains. Nous allons néanmoins donner connoissance de quelques loix principales en vigueur dans les *colonies*.

L'ordonnance des testamens de 1735 n'est pas suivie dans les *colonies*. En conséquence, un testament olographe fait sans date à Saint-Domingue, fut attaqué en 1740, à la faveur de la nullité prononcée par l'ordonnance : les parens légataires opposèrent le défaut de publication & d'enregistrement dans les deux conseils de Saint-Domingue, attesté par le ministre & le député des conseils des *colonies*. Le châtelet de Paris avoit déclaré le testament nul; mais le parlement a infirmé cette sentence, & a ordonné l'exécution du testament.

L'article 10 de l'édit de mars 1685 pour la police des isles françoises, subordonne les *colonies* aux loix alors observées dans le royaume pour la légitimité des mariages, mais ceci ne doit s'entendre que de l'ordonnance de Blois; car les loix sur cette matière, postérieures à 1685, n'ont été ni envoyées, ni enregistrées, ni publiées dans les *colonies*; l'édit de 1697 n'est pas commun aux *colonies*, quoique l'exécution y en eût été facile. La disposition qui détermine à six mois, ou à un an, en cas de changement d'habitation, de paroisse, ou de diocèse, le temps du domicile nécessaire pour donner au curé du nouveau domicile la qualité de propre prêtre, & pour lui accorder le droit de publier les bans, en délivrer les certificats, & marier ceux qui résident dans la paroisse, n'est point observée aux isles : peut-être même préjudicieroit-elle à la population, parce que la température généralement dangereuse du pays, ne laisse aux familles honnêtes que peu de ressources pour les mariages sortables, si ce n'est avec des européens appellés dans les *colonies* pour des emplois, ou par le commerce. Ainsi la résidence actuelle des parties dans une paroisse suffit pour en autoriser le curé à les marier, pourvu qu'elles n'aient point d'autre domicile dans la *colonie*.

La jurisprudence est conforme à ces loix. Le conseil, par arrêt du 23 février 1767, a cassé celui qu'avoit rendu en 1765 la grand'chambre du parlement de Paris, qui annulloit le mariage du sieur Panchaud, pour avoir été contracté malgré les défenses faites par les juges de passer outre. Le 10 septembre 1765, le conseil du Port-au-Prince avoit sur un appel comme d'abus, confirmé le mariage du sieur Castra avec la dame Bydonne; il y eut demande en cassation motivée sur ce que le sieur Castra n'avoit pas une année de domicile dans la *colonie*, & ne résidoit que depuis deux mois dans la paroisse de la dame Bydonne où ils s'étoient mariés : la requête en cassation fut admise par arrêt du 10 août 1769, qui en ordonna la communication & l'apport des motifs; mais un arrêt contradictoire du 17 août 1769, a débouté de la demande en cassation. Enfin, les plus riches mariages se font journellement dans les *colonies* sans attendre les six mois, ni l'année de domicile.

La

La différence des biens de l'Amérique & de ceux de l'Europe apporte encore des modifications à l'exécution des loix françoises dans les *colonies* : cette différence ne permet pas d'y exercer rigoureusement les formalités prescrites en France pour la satisfaction des créanciers; aucune loi n'autorise dans les isles les saisies réelles, quoique quelques-unes les supposent possibles; & si, selon le réglement du 12 janvier 1717, & la déclaration du 12 juin 1745, la contrainte par corps est permise, elle ne s'étend pas à toutes sortes de dettes. Enfin, pour prévenir l'inconvénient qu'il y auroit ou de saisir les esclaves d'un débiteur, ce qui ruineroit entiérement ses plantations, ou de saisir les terres & de priver le débiteur des moyens d'occuper ses esclaves, les loix qui permettent dans les *colonies* de saisir les jardins, veulent que le créancier fasse en même temps saisir les esclaves qui y sont attachés.

Il n'y a dans les *colonies* aucune loi qui permette de demander la cassation des arrêts civils des conseils souverains des isles; cette voie juridique est supposée par le réglement du 28 juin 1738, dont l'article premier du titre 4 règle la manière de former les demandes en cassation, & dont l'article 12 suppose l'usage de cette loi contre les arrêts rendus par les conseils souverains. L'ordonnance de 1667 ouvre un grand nombre d'autres voies contre les arrêts en matière civile. Le premier, le second & le troisième articles permettent d'attaquer par requête civile les arrêts & jugemens en dernier ressort, rendus contradictoirement ou par défaut, ou qui sont préjudiciables à des tiers non-appellés.

En matière criminelle, il n'y a que deux voies de se pourvoir : la demande en cassation, & la requête en revision du procès; mais l'ordonnance de 1670 voulant que les jugemens soient exécutés le même jour qu'ils ont été prononcés, ces voies de restitution ne peuvent s'employer par les accusés; & pour y obvier dans les isles, le roi a ordonné que dans les cas d'homicides involontaires ou forcés, il seroit sursis aux jugemens des procès jusqu'à la réception des ordres que sa majesté jugeroit à propos de donner, sur le compte qui lui seroit rendu par informations, à remettre, par les procureurs-généraux, aux administrateurs qui les enverroient au secrétaire d'état du département de la marine; & l'ordonnance du premier février 1766 veut que lorsqu'un accusé se sera pourvu pardevant le gouverneur-lieutenant-général pour obtenir sa grace du roi, il en soit délibéré entre cet officier, l'intendant & le procureur-général; & que s'ils décident à la pluralité des voix que l'accusé est dans le cas d'espérer sa grace, il sera sursis à la lecture & à l'exécution de l'arrêt, jusqu'à ce que, sur le vu de leur avis & des charges & informations, il ait été par sa majesté statué ce qu'il appartiendra.

Enfin, selon le réglement du 24 mars 1763 concernant le service & l'administration des intendans dans les *colonies*, ces officiers peuvent surseoir à l'exécution d'un jugement du conseil souverain lorsqu'ils pensent qu'il contient des dispositions contraires au service du roi & au bien public. Les intendans ont même le pouvoir d'évoquer pardevant eux les affaires civiles ou criminelles, soit que la justice n'en ait pas encore pris connoissance, soit qu'elles aient été portées aux tribunaux même supérieurs : pour juger avec eux les affaires évoquées, ils peuvent former des commissions composées de six conseillers & du procureur-général.

Réglemens de police. L'administration générale de la police est dirigée dans les *colonies* par des principes qui proscrivent l'autorité absolue que les gouverneurs & les intendans se sont quelquefois arrogée.

La police & la discipline des corps armés pour la conservation du pays appartient entiérement au gouverneur lieutenant-général; mais il lui est défendu de juger des habitans au conseil de guerre, sous prétexte qu'ils sont du corps de la milice; sa commission & plusieurs loix lui prescrivent de ne se mêler des matières de justice, de police & de finances, que pour rendre compte au roi de la manière dont les loix & les ordonnances s'exécutent; il ne peut, sous aucun prétexte, s'opposer aux procédures, & il doit prêter main-forte pour l'exécution des arrêts chaque fois qu'elle lui est demandée.

L'article 3 du réglement général sur le commandement, la justice & les finances des *colonies*, du 4 novembre 1671, porte, « que la police » générale & tout ce qui en dépend, suivant l'usage » & les ordonnances du royaume, sera faite par » le conseil souverain en chaque isle ».

Par l'article 4 de la même loi, « tous les réglemens & ordonnances de justice & de police, de » quelque nature qu'ils puissent être sans exception, doivent être proposés dans les conseils » souverains par les procureurs de sa majesté, & » y être délibérés & résolus avec liberté de suffrages, & à la pluralité des voix ».

Deux lettres du roi ont prescrit aux gouverneurs-lieutenans-généraux, de laisser agir librement les cours souveraines sur toute matière de justice & de police, & de conférer avec l'intendant sur les réglemens qu'ils jugeroient nécessaires, pour ensuite les proposer aux conseils souverains.

Par une ordonnance du 23 septembre 1683, le roi donna aux gouverneurs-lieutenans-généraux un pouvoir plus étendu; il leur permit de faire, dans les occasions importantes & pressées, de nouveaux réglemens pour la police générale, & de les porter eux-mêmes aux conseils souverains pour être lus & examinés. Le roi régla encore que si les conseils souverains s'opposoient à l'enregistrement & à l'exécution de ces réglemens, il seroit dressé procès-verbal des raisons qu'ils allégueroient, & cependant que les réglemens seroient exécutés par provision, jusqu'à ce que sa majesté en eût autrement ordonné.

Mais les gouverneurs-lieutenans-généraux & les intendans, ayant fait envisager comme pressans tous les cas de police, le roi, par ses ordonnances des 24 avril 1763, & premier février 1766, expliqua sur quels objets ces chefs avoient le droit de faire des réglemens de police.

L'article 34 de l'ordonnance de 1766 déclare qu'il appartient aux gouvernemens & intendans de faire les réglemens nécessaires pour empêcher les assemblées qui pourroient troubler la sûreté & la tranquillité publiques. L'article 37 leur attribue le droit de faire des réglemens sur les approvisionnemens en bois, vivres & bestiaux, sur la chasse, sur la pêche des rivières, & sur ce qui se règle par le tribunal terrier : l'article 38, sur tout ce qui concerne les affranchissemens, l'ouverture des chemins, & l'introduction des vaisseaux étrangers : l'article 45, sur les droits, salaires & vacations des officiers de justice : l'article 41 porte que les réglemens faits par les gouverneurs & intendans, seront présentés aux conseils supérieurs pour y être enregistrés & exécutés, jusqu'à ce qu'il en ait été ordonné autrement par sa majesté, sur les représentations que les conseils pourront lui faire.

Mais l'intendant & le gouverneur connoissent seuls de tout ce qui concerne les affaires de religion & la police du culte, parce que l'intention du roi est que les ecclésiastiques ne soient pas repris avec éclat dans les *colonies*, & que s'ils y commettent des fautes graves, ils soient renvoyés en France, pour y être punis.

Administration religieuse. La discipline ecclésiastique est dans les mains des supérieurs réguliers envoyés dans les isles à la tête des religieux de leur ordre, qui desservent les paroisses, ou qui font des missions pour la conversion des infidèles. Ces supérieurs reçoivent de leurs chapitres, avant de s'embarquer pour l'Amérique, le titre de *vicaire-général.*

Ce fut la compagnie formée en 1626 pour l'établissement des isles, qui y envoya les premiers ecclésiastiques, conformément aux engagemens qu'elle avoit contractés, d'entretenir dans chaque isle au moins deux ou trois prêtres pour y administrer les sacremens aux catholiques, & pour instruire les sauvages.

Des lettres-patentes autorisèrent ensuite successivement les carmes de la province de Touraine en 1650, les jésuites en 1651, les capucins en 1700, & les dominicains en 1721, à s'établir dans les isles pour y célébrer le service divin, prêcher, confesser, administrer les sacremens, du consentement toutefois des évêques, prélats, gouverneurs, & principaux habitans des lieux.

Depuis la suppression des jésuites, les carmes, les dominicains & les capucins desservent les paroisses des *colonies*, & y font seuls des missions. Les religieux desservans ont un casuel & des pensions payées par les habitans.

A l'égard des missionnaires, Louis XIV régla, en 1703, que les religieux établis dans les isles ne pourroient y étendre leurs habitations au-delà de ce qu'il faudroit de terre pour employer cent nègres : ce seroit à présent cent arpens, dont la culture produiroit cinquante mille livres de revenu.

Ce réglement n'ayant pas été exécuté, Louis XV ordonna, par lettres-patentes du mois d'août 1721, que les religieux établis dans les *colonies* ne pourroient à l'avenir faire aucune acquisition, soit de terre ou de maison, sans la permission expresse & par écrit de sa majesté, à peine de réunion au domaine; mais selon la déclaration du 25 novembre 1743, l'état des *colonies* exigeant des dispositions encore plus étendues sur cette matière, le roi fit défenses, par l'article 10 de cette loi, à toutes les communautés religieuses établies dans les *colonies*, d'acquérir ni de posséder des biens-immeubles, maisons, habitations ou héritages situés dans les *colonies*, sinon en vertu d'une permission expresse portée par lettres-patentes enregistrées dans les conseils souverains pour les biens situés aux *colonies*, & dans les parlemens pour les biens situés dans l'intérieur du royaume.

Toutes ces loix n'ont pas été exécutées; les dominicains possèdent à la Martinique deux cens quatre-vingt-quatre mille livres de revenu, deux cens mille livres à la Guadeloupe, & ils ont depuis peu acheté une nouvelle sucrerie à Saint-Domingue. Les carmes ont fait une semblable acquisition à la Guadeloupe; enfin la vente des biens des jésuites, faite en 1763 au profit du roi, doit s'évaluer à un million deux cens mille livres.

La police ecclésiastique est confiée dans les *colonies* à des préfets ecclésiastiques, & non à des évêques, comme dans tout le royaume. Ces préfets, qu'on appelle *apostoliques*, à cause des pouvoirs que le pape leur confère, ainsi que les vice-préfets, que les préfets apostoliques peuvent substituer à leur place, doivent, suivant les lettres-patentes du 31 juillet 1763, être François, & domiciliés dans le royaume. Ils ne peuvent exercer leurs fonctions avant d'avoir pris du roi des lettres d'attache sur les pouvoirs qui leur sont confiés, & les avoir fait enregistrer dans les conseils supérieurs, dans le ressort desquels ils doivent exercer leur ministère. Les préfets & vice-préfets, réguliers ou séculiers, sont également obligés à l'observation de ces formalités. Les desservans des cures ou des églises succursales, nommés par le supérieur ou vicaire-général des missions des *colonies*, sont tenus avant d'exercer leurs fonctions, de se faire installer par le premier officier de justice, ou notaire de l'endroit, en présence des marguilliers en charge, & des paroissiens assemblés en la manière accoutumée.

Les préfets apostoliques ne peuvent, en vertu des pouvoirs & facultés que le pape leur accorde, censurer, ni suspendre, ni interdire; mais ils ont l'autorité de dispenser de toute irrégularité, excepté celles qu'on a encourues pour une véritable bigamie, ou pour un homicide volontaire, & même dans ces cas si la disette d'ouvriers l'exige, pourvu cependant, quant à l'homicide, que cette dispense ne cause point de scandale. Ils peuvent absoudre & dispenser de toute simonie, à la charge de quitter les bénéfices, & de faire quelques aumônes des fruits mal perçus; ou même en permettant de retenir les bénéfices, s'ils sont des cures, & s'il n'y a point de sujets pour les desservir.

Les préfets apostoliques dispensent dans le troisième & le quatrième degré de consanguinité & affinité seulement simple & mixte, & dans le second, troisième & quatrième degrés mixtes; mais non dans le second degré non-mixte, si ce n'est quant aux mariages contractés, ou même à contracter, pourvu que ce second degré ne tienne d'aucune manière au premier degré. A l'égard des hérétiques ou infidèles qui se convertissent à la foi catholique, & dans les cas portés ci-devant, ils peuvent déclarer légitimes les enfans-nés. Ces préfets dispensent aussi de l'empêchement d'honnêteté publique, résultant des fiançailles légitimes, des empêchemens pour crimes, pourvu que l'un & l'autre des deux époux n'en soient pas coupables; de l'empêchement résultant de la parenté spirituelle, excepté cependant entre le parrain & la filleule, la marraine & le filleul. Ces dispenses ne peuvent être accordées qu'avec la clause que la femme n'ait pas été enlevée, ou ne se trouve pas dans la puissance du ravisseur; elles ne peuvent pas être accordées pour l'un & l'autre for en même temps dans les lieux où il y a des évêques, mais seulement pour le for de la conscience, & l'on doit insérer la nature de cette sorte de pouvoirs dans l'expédition de ces dispenses, en exprimant le temps pour lequel elles sont accordées. Ils dispensent les gentils & les infidèles ayant plusieurs femmes, pour qu'ils puissent, après leur conversion & leur baptême, retenir celle qu'ils préféreront, si elle est fidelle, à moins que la première n'ait voulu se convertir. Ces préfets peuvent administrer tous les sacremens, excepté ceux de l'ordre & de la confirmation.

Nous n'omettrons pas qu'il a été proposé au gouvernement plusieurs projets pour substituer, dans les *colonies*, des évêques aux préfets apostoliques; ils n'ont pas été adoptés, parce qu'il n'a pas paru convenable d'augmenter les revenus ecclésiastiques, déjà portés, comme nous l'avons précédemment observé, au delà de ce que le permettent les loix, & parce qu'en ôtant aux ecclésiastiques possesseurs actuels une partie des biens qu'ils ont acquis, de quelque manière que ce soit, pour en former des menses épiscopales, il auroit été à craindre de prévenir les ecclésiastiques contre un chef dont il falloit leur rendre l'établissement agréable; on a d'ailleurs dû considérer que ce changement nuiroit aux cultures & diminueroit nécessairement les revenus de ces biens, puisque quand même un évêque pourroit décemment s'adonner aux détails que les cultures des *colonies* exigent, il n'auroit pas la faculté de le faire avec l'activité de plusieurs ecclésiastiques distribués sur les lieux.

Ces motifs & ces considérations peuvent-ils être suffisans pour empêcher la création de quelques évêchés dans quelques-unes des *colonies* françoises? Est-il bien conforme à l'esprit de la religion, de laisser un aussi grand nombre de chrétiens sous l'inspection de pasteurs qu'on ne peut regarder que comme des mercenaires, puisqu'ils sont amovibles à la volonté d'un supérieur?

Ce sont des doutes que nous proposons au gouvernement. S'il nous étoit permis de proposer un moyen d'accorder aux *colonies* des évêques & des curés, nous pourrions aisément faire voir qu'on pourroit en établir sans craindre que le clergé ne s'appropriât une partie des biens du pays, & qu'il fût détourné de ses fonctions par les soins de la culture. L'état paie annuellement, des revenus qu'il tire des *colonies*, les appointemens qu'il donne aux gouverneurs, lieutenans de roi, majors, & autres officiers civils & militaires, qu'il juge nécessaires à leur défense & au maintien du bon ordre & de la police. L'instruction chrétienne, l'inspection sur les mœurs, qui sont du ressort de la religion, & par conséquent du clergé, sont aussi nécessaires pour la conservation de la société politique : l'état doit donc se charger de fournir lui-même à l'entretien des ministres de l'autel, lorsqu'ils n'ont pas, par eux-mêmes, les moyens d'y subvenir. Si l'on adopte cette idée, on n'a plus à craindre la cupidité du clergé. Nourri & entretenu aux dépens de l'état, il est dans l'impossibilité d'acquérir d'autre propriété que celle des maisons destinées à loger ses membres.

On peut encore pourvoir d'une autre manière aux besoins des ecclésiastiques nécessaires à l'administration du culte religieux. D'après un examen réfléchi du nombre des prêtres nécessaires à la desserte des paroisses, on pourroit, dans une assemblée des états de chaque *colonie*, convoquée par les ordres du roi, & sous les yeux de ses commissaires, régler une certaine quotité de dixmes en faveur des curés de chaque paroisse, qui retiendroient par leurs mains la portion fixée pour leur entretien & celui de leurs vicaires, & qui feroient parvenir le surplus à l'évêque. Cet excédent suffiroit pour former & sa mense épiscopale, & les rétributions qu'on assigneroit à un petit nombre de chanoines qu'on établiroit pour lui servir de conseil & le soulager dans ses fonctions.

Je ne crois pas qu'on m'oppose qu'un pareil arrangement puisse être à charge aux *colonies*; mais on m'accordera sûrement qu'un corps ecclésiastique permanent dans les isles, s'appliqueroit avec plus de soin & d'exactitude à l'instruction des colons & de leurs esclaves, & qu'il en résulteroit de grands avantages pour les peuples & pour l'état.

Finances des colonies. Les revenus publics sont

réglés, dans les isles françoises, selon un systême qui a eu pour objet de faire supporter au luxe tout le poids de l'impôt, & qui présente un équilibre constant entre les revenus & les charges publiques.

Les principes de finances ne sont pas les mêmes dans toutes les *colonies*. Les intendans y sont les juges des contestations & des demandes en surtaxe; mais dans les isles du vent ils préposent à la recette, au lieu que dans celles sous le vent, ce sont les conseils souverains de Saint-Domingue qui nomment les préposés. On appelle *impositions*, *droit du domaine*, les levées de deniers qui se font aux isles du vent, parce que, selon les édits de 1664 & 1674, le roi ayant acquis ces *colonies* de différentes compagnies qui y avoient fait les premiers établissemens, elles sont regardées comme pays de découverte & de conquête. Le roi s'y est réservé le pouvoir d'y établir tel impôt qu'il jugeroit nécessaire. On appelle *octrois* les taxes & impositions des isles sous le vent, parce que les premiers cultivateurs s'y étant soumis volontairement à la domination françoise, le roi a laissé aux habitans le droit de s'imposer eux-mêmes, par la voie des conseils, & de régler les impositions.

Après que le roi eut réuni à la couronne le domaine & la justice des isles du vent, par la révocation de la compagnie des Indes occidentales en 1674, les finances y furent régies de même que dans les autres parties du royaume: les droits de capitation, ceux d'entrée, ceux de sortie, les amendes, les épaves, les aubaines, les bâtardises, les confiscations, les deshérences & les successions vacantes, furent affermés, pour trois cens cinquante mille livres aux adjudicataires des fermes générales du royaume, qui versoient le prix de leurs baux dans les caisses des trésoriers généraux de la marine.

On percevoit encore dans les isles du vent un droit d'ancrage de cinquante livres de poudre à canon par vaisseau armé de canons, & un droit de cabaret fixé, par les arrêts de 1680 & de 1683, à trois mille livres de sucre par cabaret; mais le produit de ces droits ne faisoit pas partie du bail des fermes, parce qu'il étoit destiné au service des fortifications.

En 1715 & en 1732, le conseil de la Martinique supplia le roi, par des remontrances, de considérer que, malgré le progrès de la *colonie* de la Martinique, les fermiers ne remettoient que trente-six mille livres au trésorier pour la ferme générale de cette *colonie*, quoique la sous-ferme rendît soixante mille livres; que le produit de ces droits étant destiné aux dépenses qu'occasionnoit le gouvernement du pays, & que l'imposition en devant être calculée sur l'étendue des frais nécessaires à cet objet, on ne pouvoit avec exactitude, ni même avec justice, affermer les impositions; & le conseil offrit, au nom des habitans, de se charger de toutes les dépenses de la *colonie* assignées sur le domaine, qui montoient à soixante-six mille livres; & des frais extraordinaires pour lesquels se levoient des impôts particuliers sous le nom d'*octrois*.

Le 5 août 1732, le roi déférant à ces représentations, ordonna de distraire du bail des fermes générales les droits du domaine d'occident, qui se percevoient aux isles du vent; & voulut qu'à commencer du premier janvier 1733, la régie des droits du domaine d'occident se fit par les préposés, sous les ordres de l'intendant.

La comptabilité de ces droits est réglée par l'article 3 de l'arrêt du 4 mars 1744; il prescrit que l'arrêté des comptes dressé sur les lieux, signé des intendans ou du contrôleur de la marine, sera présenté par les trésoriers-généraux de la marine à la chambre des comptes, pour être admis purement & simplement, « sans que la chambre » des comptes puisse, sous aucun prétexte, le » forcer, augmenter, ou tenir indécis ».

Un autre inconvénient pour la reddition des comptes des recettes de ces *colonies*, c'est que le roi n'a prescrit aucune règle pour la comptabilité des droits, tels que ceux d'ancrage, de cabaret, *&c.* qui ne faisoient pas partie du domaine d'occident.

Il est cependant à remarquer que, selon l'ancien régime aboli par l'édit du 5 août 1732, le fermier prélevoit à son profit au moins la moitié de l'imposition, au lieu que les frais de la régie actuelle n'absorbent que le tiers de la recette, quoiqu'il existe encore dans la forme de percevoir beaucoup d'abus introduits par les anciens fermiers.

La régie économique des impôts est plus avantageuse dans les isles sous le vent. Les habitans s'y sont toujours empressés à mériter la confiance que le roi leur témoigne en les maintenant dans le privilège de s'imposer eux-mêmes. Les conseils souverains de Saint-Domingue y ont réglé les impositions avec tant de zèle & de sagesse, que les frais de perception de quatre millions dont ils ont ordonné la levée en 1764, n'ont pas été portés à un pour cent.

Pour régler cet impôt, les deux conseils s'assemblèrent le 9 mars 1764, & par le procès-verbal de leur séance, ils supprimèrent tous les droits d'octroi perçus jusqu'alors dans la *colonie*.

Ils ordonnèrent que les indigos qui sortiroient de la *colonie* paieroient six sous six deniers par livre net; les sucres, douze livres par chaque barique de sucre brut, & vingt-quatre livres par chaque barique de sucre blanc; les cafés, huit deniers par livre; les cotons, dix-huit deniers par livre; les cuirs en poils, deux livres par chaque bannete, & quinze sous par chaque pièce de cuir tanné; les gros sirops, trois livres par chaque barique, & les tafias quatre livres dix sous.

Ils réglèrent que chaque habitant cultivant des légumes paieroit annuellement, par chaque tête de nègre, la somme de quatre livres; que chaque habitant propriétaire de manufacture de poteries, tuileries, four à chaux, & ceux qui résident dans les bourgs, paieroient annuellement par chaque tête de nègres attachés aux manufactures ou à leur service, la somme de douze livres; que les habitans des villes du Cap, Fort-Dauphin, Port-de-Paix, Saint-Marc, Port-au-Prince, Léogane, les Cayes-du-Fond & Saint-Louis, paieroient annuellement, par chaque tête de nègres à eux appartenans dans les villes, la somme de vingt-quatre livres: enfin, que les propriétaires des maisons des villes paieroient un droit de sept pour cent sur le produit annuel de leur maison.

Ces conseils déterminèrent dans la même séance que les droits de tenir cabaret, café & boucheries, continueroient d'être laissés à bail dans chaque jurisdiction: ils réunirent à la caisse de l'octroi le produit annuel des postes; ils établirent un droit de deux pour cent sur le produit des ventes de nègres qui se feroient dans les *colonies*; ils ordonnèrent que les droits d'amende, d'épaves, de confiscations, de bâtardise, de deshérence, de biens vacans abandonnés par le roi selon l'ordonnance du 8 avril 1721, pour être employés aux besoins de la *colonie*, continueroient d'être régis & administrés dans la même forme, & sous la direction de l'intendant.

Ce réglement passe pour un des plus sages qui existe en matière de finances.

Le luxe des particuliers qui fréquentent les cafés & les cabarets, ou qui ont des maisons dans les villes, paie la plus forte partie de l'impôt.

Les taxes sur les denrées peuvent bien les renchérir; mais ce renchérissement ne les prive pas de débouchés par la concurrence, puisque la France ne peut tirer que de nos *colonies* ces denrées de l'Amérique. Ces taxes sont d'ailleurs, par la facilité de les percevoir, les moins à charge pour les *colonies*.

La comptabilité a aussi quelque chose de moins imparfait dans les isles sous le vent que dans celles du vent. L'intendant doit être assisté de deux commissaires lorsqu'il arrête les comptes des préposés par le conseil souverain; mais plusieurs recettes n'entrent pas dans les arrêtés des comptes.

Encore un mot sur les impôts des *colonies*: les levées des deniers ne suffisant pas aux dépenses nécessaires à leur gouvernement, le roi y supplée par des sommes qui sortent de son trésor.

La métropole est dédommagée de ce sacrifice par l'assujettissement où sont les *colonies* de ne cultiver que les denrées qui lui sont nécessaires.

Culture des terres. Suivant les loix établies dans les *colonies*, le roi seul accorde les concessions des terres vacantes: mais si après trois ans le tiers de la concession n'est pas cultivé, toute personne quelconque peut en poursuivre la réunion au domaine de sa majesté; elle a même la faculté de se pourvoir au conseil du roi si sa demande est rejettée par le tribunal terrier. Il faut cependant remarquer que les mineurs n'éprouvent jamais de réunion sous prétexte qu'il ne leur est pas possible de former l'établissement, & de veiller au défrichement, pourvu que les tuteurs en aient fait la déclaration; & même en cas qu'ils aient négligé de la faire, le recours est ouvert aux mineurs contre eux.

Tous les concessionnaires ont encore été assujettis par un réglement du roi, du 6 décembre, à planter cinq cens fosses par chaque esclave qu'ils auroient sur leurs habitations, afin de pourvoir, dans les temps de disette, à la nourriture des nègres.

Le même motif a encore fait prescrire de planter vingt-cinq pieds de bananiers & un quarré de patates par tête de nègre. Afin néanmoins que les particuliers ne sacrifient pas à la culture de ces productions des terreins qui pourroient en rapporter de plus riches, l'habitant a le choix de les planter sur les terreins qu'il veut: il est le maître de réserver les bonnes terres pour les plantations de grande valeur, & de se pourvoir de petites places pour satisfaire aux ordonnances.

Pour améliorer & étendre la culture dans les *colonies*, le roi a établi, par arrêt du 9 avril 1763, à la Martinique & à la Guadeloupe, des chambres d'agriculture composées de huit membres choisis entre les habitans, & présidées par l'intendant ou un commissaire ordonnateur: ces chambres délibèrent sur tout ce qui peut être relatif à la culture des terres; elles envoient l'extrait de leur délibération au secrétaire d'état ayant le département de la marine, après en avoir remis le double à l'intendant ou au commissaire ordonnateur; les membres d'un avis différent de celui qui a passé à la pluralité des voix, peuvent exiger que leurs motifs soient aussi adressés au secrétaire d'état: tous les deux ans on change deux des membres; & l'ordonnance de 1768 leur accorde, pendant qu'ils sont en fonction, l'exemption de la capitation pour douze nègres.

Autrefois ces chambres s'occupoient aussi des moyens d'étendre & de favoriser le commerce; mais il leur est actuellement prescrit de ne traiter dans leurs délibérations que de l'agriculture. Ce sont les gouverneurs & les intendans des *colonies* qui doivent seuls éclairer le gouvernement sur le commerce.

Commerce des colonies. Relativement à cette partie, deux arrêts du 12 juin 1769, & du 30 décembre 1670, réglèrent qu'il ne seroit reçu dans les isles aucun bâtiment, même françois, sans un passe-port de sa majesté.

Par une ordonnance du 10 juin 1670, il fut ordonné que les vaisseaux étrangers qui mouilleroient dans les isles, ou qui navigueroient sur les côtes des mêmes isles, seroient confisqués, & que les colons qui recevroient des marchandises des vaisseaux étrangers paieroient cinq cens livres d'amende pour la première fois, & qu'en cas de récidive, ils seroient punis corporellement, outre la confiscation des marchandises.

Après la révocation de la compagnie des Indes occidentales en 16 4, la dernière qui commerça dans les isles françoises, un réglement du 10 août 1698 renouvella les dispositions des précédens; & par l'article 5 ordonna que les capitaines & les équipages des bâtimens étrangers confisqués pour avoir fréquenté les *colonies*, seroient mis pendant six mois en prison, & que les habitans des *colonies* condamnés à l'amende pour avoir commercé avec eux, subiroient en outre trois ans de galères, ainsi que ceux qui aideroient à transporter de ces marchandises, ou qui les cacheroient en fraude.

Ces loix ne suffirent pas pour interdire aux *colonies* le commerce étranger : c'est pourquoi une ordonnance du 23 juillet 1720 permit à tout François d'arrêter les bâtimens étrangers qui ne se conformeroient pas à ces réglemens, & ordonna aux officiers des vaisseaux du roi de les poursuivre. Des lettres-patentes en forme d'édit du 27 octobre 1727, confirmèrent toutes les loix précédentes, proscrivirent les différentes manières de les éluder, & pourvurent à la punition de chaque sorte de contravention.

Ces lettres-patentes ajoutèrent aux dispositions des anciennes loix, que les vaisseaux étrangers, soit de guerre, ou marchands, obligés par la tempête, ou par d'autres besoins pressans, de relâcher dans les *colonies*, ne pourroient, à peine de confiscation, mouiller ailleurs que dans les ports ou rades des lieux où sa majesté tient garnison; savoir, dans l'isle de la Martinique, au Fort-Royal, au bourg S. Pierre & à la Trinité; dans l'isle de la Guadeloupe à la rade de la Basse-Terre, au petit cul-de-sac & au fort Saint-Louis; à la Grenade, dans le principal port, aussi-bien qu'à Marie-Galante; & dans l'isle de Saint-Domingue, au petit Goave, au Port-de-Paix, à Saint-Louis, à Saint-Marc & au Cap françois; « auxquels lieux, dit le législateur, » ils ne pourront être arrêtés, pourvu qu'ils justifient que leur destination & leur chargement » n'étoient pas pour nos *colonies*; & il leur sera » en ce cas donné tous les secours & l'assistance » dont ils pourront avoir besoin ».

L'article 3 du titre premier défend même aux bâtimens étrangers de naviguer à une lieue autour des isles françoises habitées ou non habitées. L'article premier du titre second veut que les nègres, effets, denrées & marchandises trouvés sur les grèves, ports & havres, apportés par des navires appartenans à des François faisant le commerce étranger, soient confisqués, ainsi que le bâtiment dont ils auront été débarqués. Il veut de plus que le capitaine soit condamné à mille livres d'amende & à trois ans de galères. Par l'article 3 du titre troisième, le roi veut que « ceux chez qui il se » trouvera des nègres, effets, denrées & marchandises provenant ou des navires françois faisant le » commerce étranger, ou des navires étrangers, » soient condamnés à quinze cens livres d'amende, » & à trois ans de galères ».

L'article 6 du quatrième titre n'est pas moins sévère. Il veut que les contraventions puissent être poursuivies pendant cinq ans après qu'elles auront été commises, & que pendant ce temps la preuve par témoins ou toute autre soit admise. Enfin le titre 6 défend aux étrangers établis dans les *colonies*, & même à ceux qui pourroient s'y établir à l'avenir, d'y commercer de quelque maniere que ce soit, excepté les productions des terres qu'ils cultivent eux-mêmes.

Mais sur ce qui a été représenté que les isles & *colonies* françoises formoient la branche la plus importante du commerce du royaume, & qu'il étoit devenu indispensable de procurer à ces *colonies* les moyens d'avoir quelques marchandises de première nécessité, que le commerce de France ne leur fournit pas, & de procurer des débouchés à plusieurs denrées inutiles à ce même commerce, le roi a permis, par un arrêt du conseil d'état du 17 juillet 1767, aux navires étrangers uniquement chargés de bois, d'animaux & de bestiaux vivans, de cuirs verts, en poils ou tannés, de pelleteries, de résine & goudron, d'aller aux isles du vent; & aux isles sous le vent dans le seul port du môle de Saint-Nicolas, situé en l'isle Saint-Domingue, d'y décharger & commercer ces marchandises. Le roi a aussi permis aux navires étrangers qui viennent dans les isles chargés de marchandises permises, ou qui y viennent à vuide, d'y charger pour l'étranger seulement des sirops & tafias, & des marchandises apportées d'Europe.

Enfin cet arrêt a plusieurs dispositions relatives aux isles du vent, qui ont été modifiées par deux arrêts du conseil du premier avril 1768. L'un admet les bâtimens étrangers dans tous les ports de Sainte-Lucie, & leur donne la faculté d'y vendre leurs cargaisons de quelque nature & qualité qu'elles soient; le second permet aux navires françois allant des *colonies* françoises à Sainte-Lucie, d'arriver dans les ports où il y aura bureau du domaine avec des bâtimens d'une grandeur quelconque, & de rapporter de Sainte-Lucie toutes les denrées du crû de cette isle.

Enfin le port de Cayenne a été ouvert par lettres-patentes du premier mai 1768, pendant douze années, aux armateurs étrangers, avec liberté d'y conduire leurs cargaisons de quelque nature qu'elles soient, & de les y commercer ou échanger tant avec les denrées du crû de Cayenne & de la Guyane françoise, qu'avec toute autre denrée ou marchandise d'Europe.

Telles sont les loix relatives au commerce des étrangers avec les *colonies* : faisons maintenant connoître les réglemens donnés depuis la révocation de la compagnie des Indes occidentales, pour favoriser le commerce national en Amérique.

Louis XIV permit non-seulement par l'édit de

1674, à tous ses sujets de trafiquer librement en Amérique, mais il les excita encore à rendre le commerce florissant en leur accordant différentes graces, en exemptant de tout droit de sortie les marchandises du crû ou des manufactures du royaume destinées pour les *colonies* françoises, & en accordant la faculté d'entreposer dans les ports du royaume les marchandises venant des *colonies*. Mais différentes circonstances ayant donné occasion à une multitude d'arrêts dont les dispositions, absolument contraires ou difficiles à concilier, faisoient naître de fréquentes contestations entre les négocians & les commis préposés par l'adjudicataire des fermes du roi, Louis XV y pourvut d'une manière fixe & certaine par les lettres-patentes du mois d'avril 1717, portant réglement pour le commerce des *colonies* françoises.

Cette loi ordonne, par l'article premier, que les armemens des vaisseaux destinés pour les isles & *colonies* françoises, seront faits dans les ports de Calais, de Dieppe, du Havre, de Rouen, d'Honfleur, de Saint-Malo, de Morlaix, de Brest, de Nantes, de la Rochelle, de Bordeaux, de Bayonne & de Cette. L'article second porte que les négocians qui armeront dans ces ports feront au greffe de l'amirauté leur soumission, & qu'ils s'obligeront, sous peine de mille livres d'amende, de faire revenir leur vaisseau directement dans le port de leur départ, excepté cependant en cas de relâche forcé, de naufrage ou autre accident imprévu, qui sera justifié par des procès-verbaux, & que les négocians fourniront une expédition de leur soumission au bureau des fermes.

L'article 3 exempte, sans exception, les marchandises du crû ou des manufactures du royaume destinées pour les *colonies* françoises, de tout droit de sortie & d'entrée, tant des provinces des cinq grosses fermes, que de celles qui sont réputées étrangères, de même que de tous les droits locaux en passant d'une province à une autre, & généralement de tous ceux qui se perçoivent au profit du roi, à l'exception de ceux qui dépendent de la ferme générale des aides & domaines, ou qui y sont unis.

Il est dit par l'article 5, que les denrées & marchandises du royaume destinées pour les isles & *colonies* françoises, & venant par mer d'un port du royaume à un autre, seront à leur arrivée dans le port où elles devront être embarquées pour les mêmes isles & *colonies*, renfermées dans un magasin d'entrepôt, & ne pourront être versées de bord à bord, sous peine de confiscation & de mille livres d'amende : & par l'article 6, que les négocians qui feront conduire des denrées & des marchandises du royaume dans le port destiné pour l'embarquement, seront tenus de déclarer au bureau du lieu de l'enlévement, les quantités, qualités, poids & mesures des denrées & marchandises du royaume destinées pour les isles & *colonies* françoises, de les faire visiter & plomber par les commis des fermes, d'y prendre un acquit à caution, & de faire leur soumission de rapporter dans trois mois un certificat de leur déchargement dans le magasin d'entrepôt, ou de l'embarquement dans le port pour lequel ils les auront déclarées.

L'article 7 prescrit aux voituriers de représenter & de faire viser leurs acquits à caution par les commis des bureaux dans les villes où il y en a d'établis, & qui se trouveront sur la route de ces marchandises; & si par la visite il paroît quelque fraude, les marchandises doivent être confisquées, & les contrevenans condamnés à cinq cens livres d'amende.

L'article 8 ordonne aux commis des fermes de visiter & de peser les marchandises avant qu'elles soient embarquées, & d'être présens à leur chargement : par l'article 9, les négocians doivent faire « au bureau des fermes de l'embarquement » leur soumission de rapporter dans un an, au » plus tard, un certificat de déchargement de ces » marchandises dans les isles & *colonies* françoises ».

L'article 10 soumet les denrées & marchandises provenant des pays étrangers, & dont la consommation est permise dans le royaume, aux droits d'entrée dus au premier bureau, par lequel elles entreront dans le royaume, quoiqu'elles soient déclarées pour les isles & *colonies* françoises; mais lorsqu'elles sortent du royaume pour être transportées aux isles, elles doivent jouir des exemptions portées par l'article 3.

« Les négocians du royaume (dit l'article 12) » ne pourront charger pour les isles & *colonies* » françoises aucune marchandise étrangère dont » l'entrée & la consommation sont défendues dans » le royaume, à peine de confiscation & de trois » mille livres d'amende qui sera prononcée par » les officiers de l'amirauté ».

Selon l'article 15, les marchandises & denrées de toutes sortes, du crû des isles & *colonies* françoises, peuvent être entreposées dans les ports désignés par le premier article; au moyen de quoi lorsqu'elles sortent de l'entrepôt pour être transportées en pays étranger, elles jouissent de l'exemption des droits d'entrée & de sortie, même de ceux qui appartiennent au fermier du domaine d'occident, à la réserve des trois pour cent auxquels elles sont sujettes. L'article 16 prescrit encore aux négocians des villes dénommées par le premier article, qui feront sortir par mer des marchandises provenant des *colonies*, de faire au bureau établi dans le port duquel elles partent, une déclaration du lieu de leur destination en pays étrangers, & une soumission de rapporter dans six mois au plus tard, un certificat en bonne forme de leur déchargement, signé du consul françois, s'il y en a, ou à son défaut par les juges des lieux, ou autres personnes publiques, à peine de payer le quadruple des droits.

Par l'article 21, le roi veut que toutes les marchandises provenant des isles & *colonies* françoises paient à leur arrivée dans les ports de Saint-Malo, Morlaix, Brest & Nantes, outre & par-dessus les droits qui s'y lèvent suivant l'usage accoutumé, les droits de prévôté tels qu'ils sont perçus à Nantes, sans aucune restitution de ces droits, lorsque les marchandises seront transportées en pays étrangers.

Enfin, par l'article 25, le roi veut que toutes les marchandises du crû des isles & *colonies* françoises paient au fermier du domaine d'occident, à leur arrivée dans tous les ports du royaume, même dans les ports francs & dans ceux des provinces réputées étrangères, une fois seulement, trois pour cent en nature, ou de leur valeur, quand même elles seroient déclarées pour être transportées en pays étrangers.

Les autres articles ordonnent des augmentations ou des diminutions de droits sur plusieurs espèces particulières de marchandises provenant des *colonies ;* nous n'entrerons pas dans ce détail qu'on trouvera dans le *Dictionnaire des Finances*, sous les mots propres à chaque espèce de droits.

Depuis la publication des lettres-patentes du mois d'avril 1717, il a été rendu en interprétation plusieurs loix très-importantes. Un arrêt du 11 janvier 1719, rendu sur la requête de la chambre du commerce de Normandie, a ordonné qu'en conséquence des articles 3 & 5 des lettres-patentes de 1717, « les vins & eaux-de-vie de » Guienne, & toutes autres sortes de marchan- » dises du crû & fabrique du royaume, destinés » pour le commerce des isles françoises de l'Amé- » rique qui arriveroient dans les ports de Norman- » die, & autres désignés pour servir aux embar- » quemens des marchandises destinées pour ces » isles, & qui seroient entreposés dans ces ports, » jouiroient de l'affranchissement de tout droit » d'entrée & de sortie, sous quelque titre que ce » fût; » & en conséquence l'arrêt ordonne la restitution des sommes qui auroient été reçues par les commis des fermiers-généraux sous le nom *des grandes entrées* dans les ports du Havre & de Honfleur.

Par l'article 26 des lettres-patentes de 1717, les capitaines des vaisseaux françois sont tenus de représenter à leur arrivée en France, un état signé du commis du domaine d'occident, des marchandises qu'ils ont chargées dans les *colonies ;* mais ces capitaines négligeant de rapporter ces états dans la forme prescrite, & les commis des fermes dans les ports de France ne pouvant les y assujettir, parce que le réglement de 1717 ne prononçoit aucune peine contre eux, le roi déclara, le 14 mars 1722, que les peines prononcées contre les maîtres des bâtimens qui feroient le commerce étranger, seroient aussi encourues par ceux qui ne rapporteroient pas leur état de chargement signé des commis des isles & *colonies* françoises.

Sur la plainte des négocians qui font le commerce de Guinée & de l'Amérique, le roi ordonna que, conformément à l'article 15 des lettres-patentes de 1717, les marchandises du crû des isles & *colonies* françoises provenant de la traite des noirs, paieroient au fermier du domaine d'occident, à leur arrivée dans tous les ports du royaume, même dans les ports francs & dans ceux des provinces réputées étrangères, une fois seulement, trois pour cent en nature, ou de leur valeur, nonobstant les dispositions de l'article 5 des lettres-patentes du mois de janvier 1716, selon lequel ces marchandises devoient être exemptes de la moitié des droits d'entrée.

Plusieurs arrêts ont encore accordé à d'autres ports que ceux que désigne l'article premier des lettres-patentes de 1717, la permission d'armer les vaisseaux destinés pour l'Amérique, ainsi que la jouissance de l'entrepôt & d'autres privilèges & exemptions, en se conformant aux conditions qui y sont prescrites.

Ces privilèges ont été accordés par l'arrêt du conseil du mois de juillet 1756, aux ports de *Libourne* & de *Cherbourg.*

Par l'arrêt du 11 avril 1763, au port de *Fécamp.*

Par l'arrêt du 17 décembre 1763, au port des *Sables d'Olonne.*

Par arrêt du 29 décembre de la même année, au port de *Granville.*

Sur ce qui a été représenté à sa majesté par les officiers municipaux des villes de Rochefort, d'Angoulême, de Cognac, de Saint-Jean d'Angely, de Jarnac, de Saintes & de Tonnay-Charentes, elle a permis, par arrêt du 22 décembre 1775, aux négocians de faire directement par le port de Rochefort le commerce des isles & *colonies* françoises, conformément aux dispositions des lettres-patentes du mois d'avril 1717.

Sa majesté a donné, par arrêt du 14 mars 1776, aux négocians des ports de Saint-Brieuc, de Binic & de Porterieux, une semblable permission de faire directement par ces trois ports le commerce des isles & *colonies* françoises de l'Amérique ; mais sa majesté ayant été informée que le port de Saint-Brieuc étoit le seul de ces trois ports qui fût en état de recevoir des bâtimens propres à faire le commerce des isles, & que ce seroit, sans aucun objet réel, donner lieu à une infinité d'abus, & occasionner des frais inutiles, que d'établir dans chacun de ces ports un bureau auquel il faudroit donner la même consistance qu'à celui de Saint-Brieuc, elle a ordonné, par arrêt du conseil d'état du 30 octobre 1776, que les négocians des ports de Saint-Brieuc, Binic & Porterieux, ne pourroient faire directement le commerce des isles & *colonies* françoises de l'Amérique, que par le port de Saint-Brieuc, dans lequel seul ils pourroient jouir des privilèges accordés par l'arrêt du 14 mars

mars 1776., en se conformant aux conditions qui y sont prescrites.

COLONNES *du châtelet*, (*Jurisprud.*) nous avons observé au mot CHATELET, que les conseillers de ce siège étoient partagés en plusieurs divisions, qui, tour-à-tour & successivement, sont employées à différens services. Ces divisions se nomment *colonnes*, ce qui vient sans doute de ce que le tableau ou liste qui contient cet arrangement, est divisé en autant de *colonnes* qu'il y a de services différens.

La distinction de ces *colonnes* est fort ancienne; mais elle n'a pas toujours été faite de la même manière : pour mieux faire entendre les changemens qu'il y a eu à cet égard, il faut expliquer séparément d'abord la distinction des différens services, ensuite le nombre de conseillers qui y est employé, & enfin la durée de chaque service.

Premiérement, pour ce qui est de la différence des services, anciennement il n'y en avoit que deux au châtelet; savoir, le civil & le criminel.

La conservation des privilèges royaux de l'université qui avoit été démembrée du châtelet, y fut réunie par édit de 1526, registré au parlement en 1532 : mais nonobstant cette réunion; & quoique les juges de la conservation fussent transférés au châtelet, ils continuèrent à connoître seuls des causes de l'université, & les juges de la prévôté continuèrent à connoître seuls des matières de la prévôté; ce ne fut qu'en 1543 qu'on ordonna le mêlange des conseillers des deux sièges, & qu'à cet effet ils seroient tous inscrits dans un même tableau par ordre de réception.

Au moyen de ce mêlange il y eut alors trois services au châtelet; savoir, celui de la prévôté pour le civil ordinaire, celui de la conservation pour les causes de l'université, & le service de la chambre criminelle.

Les choses demeurèrent en cet état jusqu'à l'établissement des présidiaux en 1551; alors le châtelet étant érigé en présidial, il continua d'y avoir trois services, celui du présidial ayant pris la place de celui de la conservation qui fut supprimé; & il est à présumer que la chambre du conseil fut alors établie, & forma un quatrième service pour juger, comme il paroît par une délibération de 1678, qui porte que, suivant l'ancien usage, *les conseillers demeureront divisés en quatre colonnes*.

Au mois d'avril 1627, il y eut un édit portant augmentation de quelques officiers en chaque présidial, pour être avec les anciens divisés en deux services semestres, & suivant un autre édit du mois de février 1643, on avoit créé plusieurs nouveaux officiers au châtelet de Paris, pour avec les anciens former deux semestres; mais ces deux édits ne furent point vérifiés.

En 1674, le châtelet fut divisé en deux sièges, sous le nom d'*ancien* & de *nouveau châtelet* : on observa, dans chaque tribunal, la distinction des quatre services; les affaires de rapport, tant de la prévôté & du présidial, que de la police, ce qui vraisemblablement n'avoit point encore eu lieu; le service civil de la prévôté, ayant pu en 1543 juger les affaires d'audience & de rapport de la prévôté, comme celui de la conservation depuis 1543, pouvoit juger les affaires d'audience & de rapport de la conservation, en supposant que ce fût à des jours différens ou à des heures différentes; & les deux châtelets ayant été réunis en 1684, les huit services furent réduits à quatre, comme ils étoient avant la division du châtelet; & tel est encore le dernier état confirmé par l'édit du mois de janvier 1685.

2°. Pour le nombre des conseillers employés à chaque service, il a dû nécessairement varier à proportion que le nombre total des conseillers a été augmenté.

On ignore de quelle manière les conseillers étoient distribués, du temps qu'il n'y avoit que le service du civil & du criminel; il y a néanmoins apparence qu'ils étoient distribués également pour ces deux services.

Quand la conservation eut été réunie à la prévôté, & que l'on eut fait le mêlange des conseillers des deux sièges, ce qui n'arriva, comme on l'a déjà dit, qu'en 1543, il n'y avoit plus que vingt conseillers, dont dix servoient à la prévôté, & dix à la conservation; on en prenoit alternativement un certain nombre de ceux qui servoient à la prévôté, & ensuite de ceux de la conservation, pour faire le service du criminel.

Le nombre des conseillers n'étant plus que de dix-neuf, lorsque le châtelet fut érigé en présidial en 1551, on en ajouta alors cinq, pour faire le nombre de vingt-quatre porté par l'édit, dont il y en avoit quatre seulement pour le service du criminel, & les vingt autres étoient distribués pour les trois autres services : ils avoient néanmoins la liberté d'assister & d'opiner au criminel. Il y a apparence que de ces vingt conseillers six servoient à l'audience de la prévôté, six à celle du présidial, & les huit autres en la chambre du conseil.

Il fut arrêté en 1668, qu'il y auroit à l'avenir huit conseillers au criminel : il y avoit alors en tout trente-quatre conseillers.

En 1671, on arrêta qu'il y en auroit pareil nombre de huit à l'audience, ce qui se doit entendre du parc civil, & autant pour le présidial, & que le surplus des conseillers qui n'étoient point de service à l'audience ni au criminel, serviroit ès chambres du conseil & de la police. Il n'y avoit toujours que trente-quatre conseillers; ainsi il y en avoit dix à la chambre du conseil, & huit pour chacun des trois autres services.

Il est bon de remarquer à cette occasion que la chambre de police n'a jamais formé une *colonne* particulière pour les conseillers, mais qu'ils rapportent en la chambre du conseil toutes les affaires criminelles qui sont du ressort de la police.

Le nouveau châtelet qui fut établi en 1674, étant composé du même nombre d'officiers que l'ancien, & les services divisés de même dans les deux sièges, il y a lieu de croire aussi que le nombre de conseillers employé à chaque service, étoit aussi le même dans les deux sièges, si ce n'est que la chambre du conseil de chaque siège devoit être composée de onze conseillers, attendu qu'ils étoient alors en tout trente-cinq.

En 1678, il fut arrêté dans l'un des deux châtelets, qu'au lieu de huit conseillers au criminel, il y en auroit dix, & que les deux d'augmentation seroient pris de la chambre du conseil : ce qui dut nécessairement réduire le service de la chambre du conseil de onze à neuf; ainsi, de trente-cinq conseillers, il y en avoit huit à l'audience du parc civil, huit à celle du présidial, dix au criminel, & neuf à la chambre du conseil.

Il y a lieu de croire que le même arrangement fut observé dans l'autre châtelet.

Depuis la réunion du nouveau châtelet à l'ancien, fait en 1684, le nombre des conseillers ayant été réduit de soixante & dix à cinquante-six, chacune des quatre *colonnes* ou services a été fixée à quatorze conseillers, suivant l'édit du mois de janvier 1685.

3°. Quant à la durée du temps pendant lequel les conseillers sont employés à chaque service, il est à présumer qu'au commencement, lorsqu'il n'y avoit que le civil & le criminel, les conseillers servoient tour-à-tour, de mois en mois.

Lorsque la conservation fut réunie au châtelet, les conseillers servoient un an en la prévôté, & l'année suivante à la conservation : & l'on prenoit alternativement un certain nombre de conseillers de la prévôté, & ensuite de la conservation, pour faire, de mois en mois, le service du criminel.

Depuis 1551, le service de la chambre criminelle fut fixé à deux mois; les trois autres services étoient probablement de même durée.

En 1668, le service criminel fut fixé à trois mois : ce qui fait encore juger que les autres services étoient aussi chacun de trois mois.

Mais, en 1678, on remit le service criminel à deux mois, pour être fait alternativement par les quatre *colonnes* : & il fut arrêté que les trois *colonnes* qui ne feroient point de service au criminel, serviroient par semaine à l'audience aussi successivement l'une à l'autre.

A l'égard de la chambre du conseil, il y a apparence que le service s'en faisoit alors par semaine alternativement par chacune des *colonnes* qui n'étoient pas de service au criminel.

Il est aussi à présumer que l'on observoit alors la même chose dans le nouveau châtelet pour la durée des services.

Enfin l'édit de 1685, qui confirme la division des conseillers en quatre *colonnes*, ordonne qu'elles serviront, le premier mois, à la prévôté; le second, au présidial; le troisième, à la chambre du conseil; & le quatrième, à la chambre criminelle.

Suivant ce même édit, l'arrangement des *colonnes* se fait selon l'ordre de réception; ensorte que le premier de la liste est le doyen de la première *colonne*; le second est le doyen de la seconde *colonne*; le troisième l'est de la troisième, & le quatrième l'est de la quatrième *colonne*; le cinquième est le second de la première *colonne*, & ainsi des autres.

Quand il arrive une mutation par le décès d'un conseiller, ou que l'un d'eux est reçu dans un autre office, ou qu'ayant vendu sa charge, le nouveau titulaire a obtenu sur ses provisions une ordonnance de *soit montré*; alors tous ceux qui sont postérieurs en réception à celui qui opère la mutation, changent de *colonne*, & vont de la première à la quatrième, de la seconde à la première, de la troisième à la seconde, & de la quatrième à la troisième.

Ces quatre *colonnes* ou services se réunissent dans les occasions, soit pour les affaires de la compagnie, réception d'officiers ou autres matières importantes; & alors l'assemblée se tient dans la chambre du conseil. *Voyez* CHATELET. (*A*)

COLORÉ, adj. (*Droit civil & canonique.*) ce mot ne s'emploie jamais seul : on le joint avec celui de *titre*. On appelle *titre coloré*, celui qui paroissoit valable, & qui néanmoins par événement ne l'est pas. Lorsqu'une personne a acquis de celui qu'elle croyoit propriétaire, & qui ne l'étoit pas, elle n'a qu'un titre *coloré* qui ne peut lui faire acquérir la propriété de ce qu'elle a acquis, mais qui lui donne le moyen de l'obtenir par la prescription en le possédant pendant le temps exigé par la loi.

En matière bénéficiale, le titre *coloré* suffit à celui qui est pourvu d'un bénéfice, pour écarter un dévolutaire, lorsqu'il a possédé pendant trois ans. *Voyez* POSSESSION PAISIBLE, PRESCRIPTION, TITRE.

COLPORTEUR, s. m. (*Droit civil. Police. Arts & Métiers.*) ce nom se donne à plusieurs espèces de personnes.

1°. On appelle *colporteurs*, les merciers ou petits marchands qui portent sur leur dos ou devant eux diverses marchandises, dans des malles pendues à leur cou avec une sangle ou une large courroie de cuir.

2°. *Colporteur* se dit de ceux qui vont dans les maisons acheter ou revendre de vieilles marchandises en habits, linges, *&c*.

3°. On entend encore sous ce mot ceux qui promènent dans les rues des livres pour vendre; ou qui crient, vendent & affichent les édits, arrêts & autres papiers imprimés avec permission.

Dans les anciennes ordonnances, les *colporteurs* sont nommés *comporteurs*, *quia secum portant* les choses qu'ils vendent par la ville. On trouve plusieurs ordonnances qui les mettent dans la même classe que les menu-fenestriers, c'est-à-dire, les petits marchands qui exposent des denrées à vendre seulement sur une fenêtre. Le commerce des uns & des autres étant peu considérable, ils étoient exempts de certaines impositions. Les lettres de Philippe VI, du 17 février 1349, disent que menu-fenestriers, petits comporteurs aval la ville de Paris, ne seront tenus de rien payer de l'imposition qui étoit établie sur les marchandises & denrées qui se vendent à Paris, s'ils ne vendent en un jour six sous de denrées; que s'ils les vendent, ils seront tenus de payer; & que, s'ils vendent au-dessous, ils ne seront tenus de rien payer. Les lettres du roi du 3 mai 1751 portent la même chose à l'occasion d'une nouvelle aide ou imposition accordée au roi par la ville de Paris.

Des colporteurs merciers ou marchands. On les appelle *portes-balles*, *coureurs*, *mercelots*, *brocanteurs*, *marchands* & *courtiers ambulans.* Ce colportage n'est pas aussi libre qu'on pourroit se l'imaginer. Il n'est pas permis dans les villes pour les objets qui appartiennent aux maîtrises formant communautés. Les maîtres eux-mêmes ne peuvent ni colporter ni faire colporter : ils doivent se borner à l'étalage dans leur boutique. Cette police s'observe particuliérement à Paris, conformément à une ordonnance du 3 décembre 1776, qui défend le colportage aux marchands, artisans & autres personnes, sous peine de saisie des marchandises, de confiscation, & de trois cens livres d'amende pour chaque contravention.

Les particuliers sur lesquels on saisit des marchandises pour raison de colportage, sont tenus de déclarer leur nom, demeure & qualité; s'ils refusent de le faire, ou qu'il soit vérifié qu'ils en ont imposé, ils peuvent être envoyés en prison par le commissaire ou le juge présent à la saisie.

Il est également défendu de favoriser le colportage, soit en donnant retraite aux *colporteurs*, soit en recevant & cachant leurs marchandises, soit en s'opposant aux saisies qu'en veulent faire les gardes, syndics & adjoints des communautés. Dans tous ces cas, les contrevenans doivent être condamnés en cinq cens livres d'amende, dont les pères & maîtres sont responsables pour leurs enfans, apprentifs ou domestiques. En cas de violence ou de rébellion, les domestiques & les *colporteurs* non domiciliés peuvent être emprisonnés sur le champ.

Dans les villes où il n'y a pas de jurandes, dans les bourgs, les villages & les campagnes, le colportage n'est défendu que pour les marchandises prohibées. On le tolère aujourd'hui presque par-tout, souvent même on l'autorise. Est-ce un avantage pour la société?

Le *colporteur* est un tiers inutile entre les vendeurs & les acheteurs, qui surcharge sans nécessité les marchandises d'une valeur nouvelle & d'une concurrence qui nuit également aux consommateurs, aux détailleurs établis en boutique, aux manufacturiers & aux négocians qui assortissent des magasins de denrées & de marchandises, soit pour entretenir l'abondance dans leur pays, soit pour en faire passer le superflu à l'étranger.

C'est un fait constant que les *colporteurs* se chargent du débit de tout ce qui est défectueux. Les plus mauvaises marchandises, sur-tout en marchandises fines, sont le principal objet de leur commerce; ils ne colportent peut-être jamais un seul bon article.

Leurs achats de marchandises défectueuses retardent les progrès de l'industrie, font perdre la réputation aux manufactures d'un pays, & lui portent un préjudice irréparable. Les ventes qu'ils font à plus bas prix que les détailleurs, portent à ceux-ci un préjudice infini : & cependant les consommateurs sont trompés, parce que la marchandise est toujours chère, relativement à sa qualité, à quelque prix que le consommateur l'achète.

Les *colporteurs* ont un avantage sur les marchands & négocians, qui est un vol fait au public. Ils n'ont pas de domicile; toujours ambulans, ils éludent toutes les charges publiques: ainsi leur fortune s'accroît doublement aux dépens des marchands domiciliés & des consommateurs, & au détriment des progrès de l'industrie. Ce seroit peut-être une loi utile dans tous les états, que celle qui proscriroit, comme on a fait en Russie, la profession de *colporteur.* On rendroit à l'agriculture & aux manufactures une classe d'hommes, peut-être plus pernicieuse à la société que celle des mendians.

Colporteurs de vieilles hardes. Ce colportage qui appartient principalement aux revendeurs, est assez toléré par-tout, à l'exception des villes où les friplers sont érigés en communauté. Ces *colporteurs* n'achètent & ne revendent que des chiffons, du vieux linge, de vieilles hardes, en un mot, des marchandises qui ont servi.

Loin d'être nuisibles au commerce, ils peuvent s'y rendre très-utiles, lorsqu'ils sont soumis à des réglemens rigoureux, capables de les contenir dans de certaines limites. En effet, les choses qui ont déjà servi, sont encore des objets précieux pour le commerce qui ne connoît rien de vil, & tire parti de tout. Ces *colporteurs* alimentent les papeteries, l'une des manufactures les plus importantes & les plus nécessaires, & la fripperie, branche de commerce qui est aussi d'une très-grande utilité.

Dans les temps de contagion, les *colporteurs* & revendeurs ne peuvent vendre ni porter par la ville aucunes hardes, habits, linges ou autres meubles qui ont servi aux malades; on défend même d'en colporter ou revendre aucun, pour que le public ne soit pas exposé à contracter la contagion ou l'épidémie contre laquelle on prend des précautions. Une ordonnance du 30 octobre 1596 défend ce colportage dans les temps de contagion, même sous peine de la vie.

Colporteurs de la librairie. C'est le nom qu'on donne à ceux qui vendent des livres dans les maisons, & les imprimés qui se crient dans les rues, tels que les ordonnances, édits, déclarations, arrêts de réglemens, sentences de police, condamnations à mort, & autres choses qui doivent être rendues publiques; ils vendent aussi d'autres imprimés qui ne sont faits que pour amuser le peuple. Ceux qui s'adonnent à ce métier, ont pour cet effet une attache de la police, & portent à leur habit une pièce de cuivre qui annonce leur état. L'arrêt du conseil du 4 mai 1669 fait défense à tous *colporteurs* de vendre ni colporter ou afficher aucunes feuilles & placards sans permission du lieutenant de police : & l'ordonnance de police du 17 mai 1680 leur réitère les mêmes défenses par rapport aux affiches.

On permet quelquefois aux *colporteurs* de vendre certaines pièces qu'on leur défend néanmoins de crier pour éviter le grand éclat qu'elles pourroient faire parmi le bas peuple. Il ne leur est pas permis d'annoncer les pièces qu'ils vendent, sous un autre titre que celui qu'elles portent, ou de la manière qui leur est prescrite.

L'ordonnance du 29 octobre 1732 leur fait défenses de crier & débiter aucun imprimé dont la permission a plus d'un mois de date. En général, quoique les devoirs & qualités des *colporteurs* soient déterminés par le réglement du 28 février 1723, qu'on appelle communément *le code de la librairie*, ils ne forment cependant pas entre eux un corps de communauté : ils ne peuvent se nommer des officiers ; il leur est défendu de tenir boutique ou magasin, & de faire des apprentifs.

Ils dépendent en entier de la communauté des libraires, sans néanmoins en faire partie. Ils ne peuvent rien faire imprimer pour leur compte. Leur nombre est fixé à cent vingt. Pour exercer cette profession, il faut savoir lire & écrire. Les imprimeurs, libraires, fondeurs de caractères, relieurs, leurs enfans ou apprentifs qui, par pauvreté, infirmités, maladies ou autrement, sont hors d'état d'exercer leur métier, doivent être préférés pour celui de *colporteur*, en rapportant un certificat des syndics & adjoints de la librairie pour attester le besoin qu'ils ont de cette ressource pour subsister.

Les *colporteurs* qui débitent des livres contre la religion, les bonnes mœurs & l'état, doivent être condamnés, suivant les ordonnances, aux mêmes peines que les auteurs & imprimeurs de ces sortes d'écrits, même à des peines capitales, suivant l'exigence des cas & des circonstances.

Une sentence du lieutenant-civil de Paris, du 5 mai 1645, défend aux *colporteurs* d'employer leurs femmes & leurs enfans à vendre par la ville.

COMBAT, s. m. (*Droit civil, criminel & féodal. Code militaire.*) en général, c'est l'action d'attaquer un ennemi, ou d'en soutenir & repousser l'attaque.

Nous ne parlerons pas des *combats* dans le sens de batailles livrées par les troupes des souverains, soit par terre, soit par mer, aux ennemis de l'état. Cette partie, ainsi que les loix qui doivent s'y observer, se trouveront dans le *Dictionnaire de l'Art militaire*.

En droit, le mot *combat* a trois acceptions différentes. On dit *combat de fief*, *combat judiciaire*, & *combat singulier*. Nous traiterons séparément chacun de ces objets.

COMBAT DE FIEF, est la contestation qui se meut entre deux seigneurs de fief, qui prétendent respectivement la mouvance d'un même héritage soit en fief ou en censive. *Voyez* FIEF. (*A*)

Adition à l'article COMBAT DE FIEF. *Lorsque dans la contestation sur le combat de fief chaque seigneur produit des aveux, des reconnoissances du vassal ou du censitaire qu'il réclame, auquel des deux doit demeurer l'avantage ?*

Cette question n'est rien moins que nouvelle, elle a fixé l'attention d'un grand nombre de jurisconsultes : & c'est ce qui la rend encore plus problématique par la diversité des opinions qu'ils ont cru devoir adopter.

Ces différentes opinions forment trois systêmes : 1°. laisser subsister les deux prestations reconnues, la plus ancienne comme seigneuriale, la plus récente comme purement foncière : 2°. partager la directe entre les deux seigneurs reconnus : 3°. maintenir l'un des deux seigneurs, à l'exclusion de l'autre, & accorder cette préférence à celui qui *est le plus ancien ou qui a joui & prescrit par sa jouissance.*

De ces trois systêmes le dernier est incontestablement le meilleur. Il y a de l'injustice dans les deux autres ; le premier est injuste envers le tenancier qui a reconnu une rente seigneuriale & non une rente foncière, un cens dérivant d'une seigneurie directe & non autre chose ; seigneurie qu'il supposoit existante & duement établie. Transformer ce cens en rente foncière, c'est intervertir le contrat, c'est créer une obligation nouvelle ; enfin conserver la rente, en rejettant la directe, c'est faire survivre l'effet à sa cause.

Le deuxième systême ne seroit juste que dans le cas où chacun des deux seigneurs auroit tout-à-la fois une possession non interrompue, & des titres précisément de même date & en nombre égal ; on pourroit alors faire le partage de la prestation reconnue ; mais ce cas est purement hypothétique ; il n'arrive jamais que les titres de deux seigneuries aient entre eux cette conformité.

Il faut donc se placer dans l'hypothèse où chaque seigneur se présente avec des titres différens ; alors au lieu de partager la directe, il est bien plus juste de peser les titres & d'adjuger la prestation à celui du côté duquel penche la balance. C'est le dernier des trois systêmes que nous adoptons ; nous pensons, avec Henrys, *que l'on doit accorder la préférence à celui qui est le plus ancien, ou qui a joui & prescrit par sa jouissance.*

En proposant de se déterminer par le titre le plus ancien, ou par la jouissance, Henrys ne dit pas positivement laquelle de ces deux alternatives doit prévaloir. Nous pensons que c'est la dernière ; que la prescription a l'efficacité d'écarter les titres les plus anciens.

Examen de l'article 123 de la coutume de Paris. Cet article porte : *cens portant directe seigneurie est prescriptible de seigneur à seigneur, & se peut prescrire entre âgés & non privilégiés par trente ans, & par quarante ans contre l'église, s'il n'y a titre ou recon-*

noissance dudit cens, ou que le détenteur ait acquis l'héritage à la charge dudit cens.

Les interprètes sont divisés sur le véritable sens de ces derniers mots de l'article, *s'il n'y a titre, &c.* les uns prétendent que par ces expressions les réformateurs ont entendu rejetter la possession, quelque longue qu'elle fût, toutes les fois que le seigneur auquel on l'oppose, rapporte des titres antérieurs à la jouissance de celui qui invoque la prescription.

Mais il s'en faut bien que cette interprétation soit regardée comme la meilleure ; on peut même dire qu'elle est proscrite depuis long-temps. En effet, la majeure partie des auteurs, & sur-tout les plus récens, ont à cet égard une opinion bien différente : la voici telle qu'elle est consignée dans le dernier ouvrage sur cette matière, dans le *Traité de la possession* de M. Pothier.

Après avoir rapporté le texte de l'article 123, cet auteur ajoute : « cet article est dans l'espèce » d'un seigneur qui pendant l'espace de trente ans » s'est fait reconnoître à seigneur par les propriétaires ou possesseurs d'un héritage qui ne relevoit » point de sa seigneurie, mais de celle d'un autre » seigneur qui ne s'est point fait reconnoître par les » propriétaires & possesseurs dudit héritage..... » Mais, pour que celui à qui on a passé des re» connoissances censuelles, ou payé des cens sur » un héritage, soit censé avoir possédé la seigneu» rie directe de cet héritage, il faut que les pro» priétaires ou possesseurs de cet héritage qui les » lui ont passés, n'aient pas aussi reconnu le véri» table seigneur, soit par une reconnoissance for» melle, soit en acquérant à la charge du cens en» vers lui ; car, tant que le véritable seigneur est » reconnu, l'autre ne peut pas avoir une posses» sion véritable & paisible de la seigneurie directe » sur l'héritage. C'est le véritable sens de ce qui » est dit à la fin de l'article 123, *s'il n'y a titre ou* » *reconnoissance dudit cens* ».

Ainsi le véritable seigneur d'un héritage est dépouillé de la directe, toutes les fois qu'un tiers a été pendant l'espace de trente années reconnu & servi comme seigneur du même héritage. Telle est la règle ; voici l'exception : mais si avant, ou depuis la reconnoissance faite à ce tiers, & pendant les trente années nécessaires pour la prescription, le seigneur primitif a été reconnu, alors point de prescription à lui opposer.

Lorsque le fief qui fait la matière du combat, est saisi féodalement par les deux seigneurs ou l'un d'eux, que doit faire le vassal pour obtenir la main-levée définitive de la saisie ?

Toutes les fois que la mouvance d'un fief est réclamée par deux seigneurs, comme il n'est pas possible que le vassal les serve l'un & l'autre, on l'autorise à porter son hommage au roi, & cette prestation le met à l'abri de la saisie ; cela est juste, le *combat de fief* ne doit pas nuire au vassal : mais les choses doivent être égales ; & si la contestation ne peut pas faire que sa condition soit plus onéreuse, elle ne doit pas la rendre plus avantageuse. En conséquence on a mis en principe que pour obtenir la main-levée définitive de la saisie féodale faite par les deux seigneurs ou l'un d'eux, il ne suffit pas au vassal de faire, entre les mains du roi, la vaine formalité de l'hommage, il faut en outre qu'il consigne les droits pécuniaires ; il faut même qu'il appelle les deux seigneurs à cette consignation.

« Quand entre plusieurs seigneurs il est question » d'aucun fief, que chacun d'iceux seigneurs dit » être mouvant d'icelui, le vassal doit être reçu » par main souveraine, & jouir pendant le procès, » *en consignant par lui en justice les droits & devoirs* » *par lui dus.* Art. 60 de la coutume de Paris.

» En consignant, dit Brodeau sur cet article, » ce gérondif en ce lieu emporte une condition & » une nécessité précise, & un acte présent, sans » lequel le vassal, reçu par main souveraine, ne » jouira pas de son fief. La réception par main » souveraine ne produisant aucun effet avant la » consignation ».

Precisè requiritur realis depositio & consignatio. Cette décision est de Dumoulin, sur l'article 42 de l'ancienne coutume de Paris.

Tous les auteurs sont d'accord sur la nécessité de cette consignation : il n'y en a pas un seul qui ne la regarde comme indispensable ; cessera-t-elle de l'être si le vassal a jugé à propos de payer les droits à l'un des deux seigneurs ? Ce paiement équivaut-il à une consignation ? Non. C'est encore la décision de tous les jurisconsultes.

« Si auparavant le *combat de fief* formé, le vassal » avoit payé les droits à celui qu'il croyoit être » le vrai seigneur, il ne laissera pas d'être tenu de » consigner les mêmes droits lors de la réception par » main-souveraine. Brodeau, *sur l'article 60 de la* » *coutume de Paris* ».

Duplessis, Ferrières, tiennent absolument la même opinion. Les anciens auteurs en rendent la raison en ces termes : *le seigneur n'est pas obligé de courir après son éteuf.* Dumoulin ajoute : le vassal ne peut obtenir main-levée de la saisie féodale qu'après avoir rempli les devoirs de la vassalité. La réception par main-souveraine ne peut donc opérer cette main-levée qu'autant qu'elle est accompagnée de la consignation effective des droits pécuniaires. Quand même ces droits auroient été payés à l'un des deux seigneurs, le vassal est également obligé de consigner, à moins que celui qui a reçu ne veuille bien faire lui-même cette consignation. Autrement si la mouvance est adjugée à celui qui n'a rien perçu, il sera vrai de dire qu'à son égard tous les devoirs du fief n'ont pas été remplis, conséquemment la saisie féodale qu'il aura faite, conservera toute son efficacité. *Vassalus vult sibi realiter & de facto implere renovationem investituræ, admissionem in fidem, & levationem manus si injecta sit. Igitur opportet eumdem ex parte suâ realiter implere quæ ex eâdem causâ debentur, nisi contendentes communi consensu gratiam faciant, vel nisi alter eorum qui jam ea receperit ipsemet consignet.* Dumoulin, sur l'art. 42 de l'ancienne coutume de Paris.

Si le vassal qui a recours à la main souveraine veut se mettre à l'abri de la saisie féodale, quel que soit l'événement du *combat de fief*, il doit donc consigner les droits pécuniaires, même dans le cas où il les auroit payés à l'un des deux seigneurs. A plus forte raison cette consignation est-elle indispensable, si au lieu d'un paiement effectif le vassal ne peut opposer à celui auquel la mouvance sera définitivement adjugée, qu'une remise, ou une exemption émanée de l'autre seigneur.

Lorsque la mouvance est contestée par deux seigneurs particuliers, il n'y a pas, comme l'on voit, le moindre doute sur la nécessité de cette consignation. Est-elle également nécessaire lorsque le *combat de fief* est engagé avec le roi, & que le vassal a fait l'hommage & paie les droits à ses officiers? Mais ici la prérogative royale est indifférente. Ce n'est pas au roi, comme souverain, c'est au roi, comme seigneur de fief, que le vassal a payé les droits utiles. Cette distinction réunit le suffrage de tous les jurisconsultes. Il en est même plusieurs, & du plus grand poids, qui prévoient & décident précisément l'espèce que nous examinons.

« Lorsqu'il y a *combat de fief* entre le roi & un » seigneur particulier, ce *combat* se traite comme » celui qui est entre deux seigneurs particuliers, » parce que en cette rencontre, *jure communi utitur*..... comme il est partie dans le *combat de fief*, » non pas comme roi, mais comme seigneur d'un » fief particulier..... il faut consigner entre les mains » du receveur des consignations. Il y a une sentence du 21 janvier qui l'ordonne ainsi. M. le » Camus *sur l'article 60 de Paris* ».

» Et supposé que l'un des seigneurs soit payé, » comme dit est, toutefois le vassal doit consigner, autrement il n'auroit pas main-levée de » la saisie du seigneur qui n'est pas payé, & pour » son regard seroit sujet à la perte des fruits. *Ce » qui a lieu, encore que ce soit le roi qui ait été payé » des droits féodaux, ou bien que celui qui est saisi » soit secrétaire du roi, soit exempt de payer aucuns » droits féodaux au roi*; & le vassal doit faire déclarer sa consignation bonne & valable, avec tous » les deux seigneurs, à ce que sa réception par » main souveraine, soit effectuée avec tous les » deux ». Bacquet, *du droit d'amortissement*, *chap. 59, n. 9.*

Ainsi, l'hommage porté au roi équivaut à la réception par main souveraine. Mais cette réception n'opère la main-levée définitive de la saisie féodale, qu'autant qu'elle est accompagnée de la consignation des droits pécuniaires; & la consignation de ces droits est indispensable, quand même le vassal en auroit fait au roi le paiement effectif, à plus forte raison s'il n'a qu'une simple exemption de les payer.

Est-il vrai que dans les combats de fief le roi n'a rien à prouver? Le roi est incontestablement le suzerain de tous les fiefs; c'est le dernier terme de la féodalité; c'est le grand fieffeux de son royaume, disent les anciens auteurs : mais cette prééminence ne lui donne que la mouvance médiate : *omnia sunt principis*, c'est à savoir, dit Bacquet, *quantùm ad superioritatem & protectionem.* A l'égard de la mouvance immédiate, sa qualité de souverain seule n'est pas un titre capable de la lui conférer. C'est la remarque de Dumoulin, *non quod dominus directus omnium, sed quod sit supremus dominus directus.* Coutume de Paris, §. 4, n°. 17. Le roi use, sur ce point du droit commun, *jure communi utitur*, disent tous les feudistes. Ainsi lorsqu'une mouvance immédiate est contestée au nom du roi à un seigneur particulier, ce *combat de fief* se décide par le droit commun féodal, & la mouvance appartient à celui du roi ou du seigneur qui rapporte les titres les plus solides & les plus précis. Ce principe est aussi ancien qu'universellement adopté. L'un des plus habiles feudistes françois, Dargentré, l'a consacré dans ses immortels écrits : voici comme il s'exprime sur l'art. 328 de la nouvelle coutume de Bretagne : *princeps non magis potest se prætendere fundatum in dominio directo rei, quam quilibet alius; licet supremi ressortus jus ad eum pertineat jure coronæ, sed dominium directum ex probationibus pendet.* C'est conséquemment à ces règles que ce magistrat, longtemps chef d'une compagnie spécialement chargée de la conservation du domaine féodal de la couronne, M. Salvaing décide formellement que si le roi n'est entré en possession d'une mouvance féodale, que par des actes de foi & hommage, sans profit de fief, il faut qu'il y ait cent ans pour l'acquérir au préjudice du seigneur immédiat qui a négligé son droit; parce que autrement la possession du roi pourroit être clandestine. *Usage des fiefs, chap. 6.* Il faut donc, d'après ce savant magistrat, que le roi contestant une mouvance à un seigneur particulier, non-seulement rapporte des titres, mais que ces titres soient capables de transférer la propriété. Il est permis au seigneur de les critiquer, de les mettre en parallèle avec les siens, & c'est la loi seule qui décide entre le prince & le sujet : encore une fois, le roi use à cet égard du droit commun, *jure communi utitur.*

Cette règle fait également la sûreté de la nation & la gloire du prince. Elle est fondée sur ce principe sacré : que nos rois sont dans l'heureuse impuissance de toucher à la propriété de leurs sujets; principe qu'ils se sont fait une sorte de devoir de consigner dans tous les monumens de leur législation. Or, les mouvances féodales forment aujourd'hui une partie de cette propriété; quelle qu'ait été originairement leur nature, il est incontestable qu'elles composent actuellement le patrimoine des particuliers, *præmitto apud nos in toto hoc regno feuda esse patrimonialia & patrimoniorum seu allodiorum jure censeri, ita quod in omnibus secundùm jus commune regulentur* : Dumoulin, *préface sur le titre des fiefs*, n°. 104. De là ce judicieux écrivain conclut, dans un autre endroit, que le roi ne peut, en aucune manière, disposer des mouvances de ses sujets; *ratio quia rex non debet subditis suis præjudicare, sed magis eorum jura conservare.* Une mouvance immédiate n'est, ni un droit de la couronne, ni un droit domanial; c'est le domaine direct retenu & conservé par celui qui avoit autrefois le direct & l'utile; c'est une vraie propriété patrimoniale : il faut par conséquent titre ou possession de la part du roi, pour en dépouiller un particulier, ainsi que pour toute autre espèce de propriété.

On conviendra, si l'on veut, que dans ces *combats* de mouvances, la présomption est en faveur du roi; c'est le langage de M. d'Aguesseau : *la réunion d'une mouvance à la couronne*, dit ce magistrat, *est favorable; elle s'y fait de droit commun, pour ainsi dire*, tom. 6, pag. 196.

Mais que résulte-t-il de ces expressions ? Ces dernières, *pour ainsi dire*, annoncent bien clairement que M. d'Aguesseau ne regardoit pas la couronne comme un titre suffisant pour acquérir une mouvance, mais seulement que, toutes choses étant égales, la présomption qui milite en faveur de la couronne, doit faire pencher la balance du côté du domaine. Telle est la véritable opinion de M. d'Aguesseau; il n'est pas possible de lui en supposer d'autre, & rien n'est plus sage. Lorsqu'il se trouve un conflit de titres entre le roi & un seigneur particulier réclamant la même mouvance, lorsque les différens titres sont dans un parfait équilibre; dans la nécessité de se déterminer, il est juste, il est raisonnable de donner la préférence à ceux du roi; mais cette préférence ne doit être que la suite & l'effet de la discussion des titres respectifs. Il faut donc préalablement la faire cette discussion. C'est la conduite invariable du savant magistrat dont on vient de parler, dans toutes les contestations où il a défendu le domaine de la couronne en qualité de procureur-général; c'est ce que l'on voit singuliérement dans la célèbre affaire du comté de Soissons. Après avoir prouvé, par les règles de la plus saine critique, que les titres de l'évêque sont insuffisans pour établir la mouvance qu'il réclame, il ne s'arrête pas là, il ne dit pas le roi n'a rien à prouver, il se livre, au contraire, à la discussion la plus ample & la plus pénible, & ce n'est qu'après avoir rapporté quarante-sept titres en faveur du domaine, qu'il se détermine enfin à conclure pour le roi. Cependant, il faut en convenir, peut-être y a-t-il un cas où le roi n'a rien à prouver. Lorsqu'un vassal reconnoît tenir du roi, & que le seigneur réclamant n'a aucune espèce de titres, alors la volonté du vassal, jointe à la présomption qui milite en faveur du roi, suffit pour assurer cette mouvance à la couronne; mais c'est toute autre chose lorsque l'ancien seigneur rapporte des titres. La présomption disparoît alors, & c'est d'après les titres respectifs qu'il faut se déterminer. Ces règles sont sages, justes, équitables, elles dérivent de la nature des choses, elles sont consacrées par le suffrage unanime des auteurs.

Examen de la maxime qui dit : *que dans les combats de fief le roi ne plaide que la main garnie.* Cette maxime est vraie, mais avec une modification. Si le roi revendique une mouvance dont un autre seigneur soit en possession, alors le roi est demandeur, il agit comme seigneur particulier : comme roi, il a la suzeraineté sur tous les fiefs du royaume; il est la source & le dernier terme de la féodalité; mais comme il est dans l'ordre des fiefs que les uns relèvent immédiatement du roi, que les autres n'en relèvent que médiatement, & qu'ils lui sont reportés par les seigneurs dominans, après avoir parcouru différens degrés, il est sensible que le roi ne peut prétendre la mouvance immédiate qu'en vertu de titres particuliers, ou à défaut de titre de la part du seigneur réclamant. D'où il suit que s'il revendique une mouvance dont un autre seigneur soit en possession publique, il faut maintenir ce seigneur dans sa possession, il faut lui faire main-levée de la saisie du roi; sauf au roi à établir son droit au pétitoire; il ne seroit pas juste de déposséder le possesseur & de commencer par lui enlever l'avantage d'une ancienne possession. « Aussi voyons-nous, dit le Bret, que la cour » de parlement a toujours réprouvé cette violente » façon de procéder, spécialement depuis ce solemnel arrêt de 1278, par lequel elle donna » main-levée au comte d'Atennes de la terre de » Montagut, qui avoit été saisie sur lui à la requête » du procureur-général du roi, durant la question, » si cette terre dépendoit du roi ou de lui, & » dont il étoit en *possession* lorsqu'on la saisit : » voici les termes de cet arrêt tels que Duluc le rapporte, liv. 3, chap. 7. « *cum pro eo quod erat dubium, si* » *terra de monte Acuto esset de comitatu Alenconis,* » *gentes domini regis manum posuissent : quia comes* » *erat in saisina dictæ terræ, dictum fuit per arrestum manum domini regis amovendam esse & dictum* » *comitem in saisinâ suâ remanere debere, salvâ domini regis questione proprietatis. Inter judicia consilia & arresta expedita in parlamento omnium* » *sanctorum, anno domini millesimo ducentesimo septuagesimo octavo* ».

Nous avons trois bonnes dissertations sur ce privilège; la première de M. le Bret, traité de la souveraineté du roi, *liv. 3, chap. 13*, intitulée : *de la saisie royale, & comme l'on entend ce qu'on dit communément, que le roi plaide la main garnie*; la deuxième, de Bacquet, *Traité du droit d'aubaine, quatrième partie, chap. 36*; la troisième, de Lefebure de la Planche, avocat du roi en la chambre du domaine, dans son *Traité du domaine, liv. 11, chap. 5*, intitulé : *du privilège de plaider la main garnie; dans quel cas il a lieu; & du droit d'obliger à la représentation des titres.* *Voyez* MAIN SOUVERAINE. (*Cette adition est de M.* HENRION, *avocat au parlement.*)

COMBAT JUDICIAIRE. C'étoit une manière de procéder, tant en matière civile qu'en matière criminelle, fort usitée avant le règne de S. Louis, & qui consistoit à prouver la justice de la cause que l'on soutenoit, en mettant sa partie adverse hors de *combat*.

Cet usage, ainsi que le dit M. de Montesquieu, dont nous tirons cet article, prend sa source dans les mœurs des anciens Germains. Tacite raconte d'eux que, lorsqu'une de leurs nations vouloit entrer en guerre avec une autre, elle cherchoit à faire un prisonnier qui pût combattre avec un des siens, & qu'on jugeoit par l'événement de ce *combat* du succès de la guerre.

Des peuples qui croyoient qu'un *combat* singulier devoit régler les affaires publiques, pouvoient bien penser qu'il pourroit encore décider les différends des particuliers.

Cette idée singulière avoit même quelque raison fondée sur l'expérience; dans une nation uniquement guerrière, la poltronnerie suppose d'autres vices. Elle prouve qu'on a résisté à l'éducation qu'on a reçue, que l'on n'est ni sensible à l'honneur, ni conduit par les principes qui conduisent les autres hommes. D'ailleurs, parmi des hommes chez lesquels la force & le courage sont en honneur, les crimes véritablement odieux sont ceux qui naissent de la fourberie, de la finesse & de la ruse, c'est-à-dire, de la poltronnerie.

Un nouveau motif qui détermina à introduire les *combats* judiciaires, fut les abus qui naissoient à chaque instant des preuves négatives, que toutes les loix barbares, à l'exception de la loi salique ou des francs saliens, avoient admises pour la décision des procès.

Les codes des Francs ripuaires, des Lombards, des Bourguignons se contentoient des preuves négatives. Celui contre qui on formoit une demande ou une accusation, pouvoit, dans la plupart des cas, se justifier en jurant qu'il n'avoit point fait ce qu'on lui imputoit, & en faisant jurer avec lui un certain nombre de témoins qui varioit suivant l'importance de l'affaire. Si la chartre de quelque héritage étoit attaquée de faux, celui qui la présentoit, faisoit serment sur les évangiles qu'elle étoit vraie: &, sans aucun jugement préalable, il se rendoit propriétaire de l'héritage.

C'étoit ouvrir la porte aux parjures; & ç'a été par le motif d'empêcher les faux sermens, que Gondebaut, roi de Bourgogne, fut de tous les rois celui qui autorisa le plus l'usage du *combat*.

Les ecclésiastiques se récrièrent beaucoup contre cette forme de procéder; mais la noblesse frappée des inconvéniens de la preuve du serment, introduite dans les églises, & de tous les abus qui naissoient des preuves négatives, recourut à un remède qui n'avoit pas moins d'inconvéniens. Mais la nation suivoit son génie guerrier, & une noblesse fière aimoit mieux soutenir ses droits par son épée, que de recourir aux églises & aux autels.

L'usage du *combat* singulier s'étendit chez les Bourguignons; il fut en vigueur chez les Ostrogoths: Chaindasuinde & Récessuinde l'abolirent en Italie; mais il se conserva dans la Gaule narbonnoise où il étoit regardé comme une prérogative des Goths. Les Lombards le reportèrent en Italie. Charlemagne, Louis-le-Débonnaire & les Othons firent diverses constitutions générales qui l'étendirent d'abord dans les affaires criminelles, & ensuite dans les civiles. Il acquit ensuite une extension prodigieuse.

Une chartre de Louis-le-Jeune de 1168 nous apprend qu'il avoit lieu à Orléans dans toutes demandes de dettes, puisqu'il y déclare que cette coutume s'observeroit seulement lorsque la demande excéderoit cinq sols. Cette ordonnance n'étoit même qu'une loi locale: car, du temps de S. Louis, il suffisoit que la valeur fût de plus de douze deniers.

Le juge même, lorsqu'on ne lui avoit pas obéi, poursuivoit par le *combat* son offense. A Bourges, si le prévôt avoit mandé quelqu'un, & qu'il ne fût pas venu: *je t'ai envoyé chercher*, disoit-il, *tu as dédaigné de venir, fais-moi raison de ce mépris*: & l'on combattoit. Louis-le-Gros réforma cet abus, comme on peut le voir par une chartre de 1145 dans le recueil des ordonnances.

Le *combat* judiciaire étoit contraire au bon sens: mais une fois admis, il fut réduit en principe & il reconnut des règles.

Lorsqu'il y avoit plusieurs accusateurs, il falloit qu'ils s'accordassent pour que l'affaire fût poursuivie par un seul: &, s'ils ne pouvoient convenir, celui devant lequel se faisoit le plaid, nommoit un d'entre eux qui poursuivoit la querelle.

Quand un gentilhomme appelloit un vilain, il devoit se présenter à pied & avec l'écu & le bâton; & s'il venoit à cheval & avec les armes d'un gentilhomme, on lui ôtoit son cheval & ses armes; il restoit en chemise & étoit obligé de combattre en cet état contre le vilain.

Avant le *combat*, la justice faisoit publier trois bans; par l'un, il étoit ordonné aux parens des parties de se retirer; par l'autre, on avertissoit le peuple de garder le silence; par le troisième, il étoit défendu de donner du secours à l'une des parties, sous de grosses peines, & même sous celle de mort, si, par ce secours, un des combattans avoit été vaincu.

Les gens de justice gardoient le parc; &, dans le cas où l'une des parties auroit parlé de paix, ils avoient grande attention à l'état actuel où elles se trouvoient toutes les deux dans ce moment, pour qu'elles fussent remises dans la même situation, si la paix ne se faisoit pas.

Quand les gages étoient reçus pour crime ou pour faux jugement, la paix ne pouvoit se faire sans le consentement du seigneur; &, quand l'une des parties avoit été vaincue, il ne pouvoit plus y avoir de paix que de l'aveu du comte; ce qui avoit du rapport à nos lettres de grace.

Mais si le crime étoit capital, & que le seigneur corrompu par des présens consentit à la paix, il payoit une amende de soixante livres, & le droit

qu'il

qu'il avoit de faire punir le malfaiteur, étoit dévolu au comte.

Il y avoit bien des gens qui n'étoient pas en état d'offrir le *combat* ni de le recevoir ; mais on permettoit, en connoissance de cause, de prendre un champion ; &, pour qu'il eût le plus grand intérêt à défendre sa partie, il avoit le poing coupé, s'il étoit vaincu.

Lorsque, dans un crime capital, le *combat* se faisoit par champions, on mettoit les parties dans un lieu d'où elles ne pouvoient voir le champ de bataille : chacune d'elles étoit ceinte de la corde qui devoit servir à son supplice, si son champion étoit vaincu.

Celui qui succomboit dans le *combat*, ne perdoit pas toujours la chose contestée ; si, par exemple, on combattoit sur un interlocutoire, on ne perdoit que l'interlocutoire.

Quand les gages de bataille avoient été reçus sur une affaire civile de peu d'importance, le seigneur obligeoit les parties à les retirer.

Si un fait étoit notoire ; par exemple, si un homme avoit été assassiné en plein marché, on n'ordonnoit ni la preuve par témoins ni la preuve par le *combat*, le juge prononçoit sur la publicité.

Quand, dans la cour du seigneur, on avoit souvent jugé de la même manière, & qu'ainsi l'usage étoit connu, le seigneur refusoit le *combat* aux parties, afin que les coutumes ne fussent pas changées par les divers événemens des *combats*.

On ne pouvoit demander le *combat* que pour soi, ou pour quelqu'un de son lignage, ou pour son seigneur lige.

Quand un accusé avoit été absous, un autre parent ne pouvoit demander le *combat ;* autrement les affaires n'auroient point eu de fin.

Si celui dont les parens vouloient venger la mort, venoit à reparoître, il n'étoit plus question de *combat :* il en étoit de même si, par une absence notoire, le fait se trouvoit impossible.

Si un homme qui avoit été tué, avoit, avant de mourir, disculpé celui qui étoit accusé, & qu'il eût nommé un autre, on ne procédoit point au *combat ;* mais s'il n'avoit nommé personne, on ne regardoit sa déclaration que comme un pardon de sa mort : on continuoit les poursuites, & même entre gentilshommes on pouvoit faire la guerre.

Quand il y avoit une guerre, & qu'un des parens donnoit ou recevoit les gages de bataille, le droit de la guerre cessoit ; on pensoit que les parties vouloient suivre le cours ordinaire de la justice, & celle qui auroit continué la guerre, auroit été condamnée à réparer les dommages.

Ainsi la pratique du *combat* judiciaire avoit cet avantage, qu'elle pouvoit changer une querelle générale en une querelle particulière, rendre la force aux tribunaux, & remettre dans l'état civil ceux qui n'étoient plus gouvernés que par le droit des gens.

Comme il y a une infinité de choses sages qui sont menées d'une manière très-folle, il y a aussi des folies qui sont conduites d'une manière très-sage.

Quand un homme appellé pour un crime montroit visiblement que c'étoit l'appellant même qui l'avoit commis, il n'y avoit plus de gages de bataille : car il n'y a point de coupable qui n'eût préféré un *combat* douteux à une punition certaine.

Il n'y avoit point de *combat* dans les affaires qui se décidoient par des arbitres ou par les cours ecclésiastiques ; il n'y en avoit pas non plus, lorsqu'il s'agissoit du douaire des femmes.

Femme, dit Beaumanoir, *ne se peut combattre.* Si une femme appelloit quelqu'un sans nommer un champion, on ne recevoit point les gages de bataille. Il falloit encore qu'une femme fût autorisée par son baron, c'est-à-dire, son mari, pour appeller ; mais, sans cette autorité, elle pouvoit être appellée.

Si l'appellant ou l'appellé avoit moins de quinze ans, il n'y avoit point de *combat.* On pouvoit pourtant l'ordonner dans les affaires des pupilles, lorsque le tuteur ou celui qui avoit la baillie, vouloit courir les risques de la procédure.

Le serf pouvoit combattre contre un autre serf ; il le pouvoit encore contre une personne franche, & même contre un gentilhomme, s'il étoit appellé ; mais s'il l'appelloit, celui-ci pouvoit refuser le *combat*, & même le seigneur du serf étoit en droit de le retirer de la cour. Le serf pouvoit, par une chartre du seigneur ou par un usage, combattre contre toutes sortes de personnes franches ; & l'église prétendoit ce même droit pour ses serfs, comme une marque de respect pour elle.

Beaumanoir dit qu'un homme qui voyoit qu'un témoin alloit déposer contre lui, pouvoit éluder le second en disant aux juges que sa partie produisoit un témoin faux & calomniateur ; &, si le témoin vouloit soutenir la querelle, il donnoit les gages de bataille. Il n'étoit plus question de l'enquête ; car, si le témoin étoit vaincu, il étoit décidé que la partie avoit un faux témoin, & elle perdoit son procès.

Il ne falloit pas laisser jurer le second témoin ; car il auroit prononcé son témoignage, & l'affaire auroit été finie par la déposition de deux témoins. Mais, en arrêtant le second, la déposition du premier devenoit inutile.

Le second témoin étant ainsi rejetté, la partie ne pouvoit en faire ouir d'autres, & elle perdoit son procès ; mais, dans le cas où il n'y avoit point de gages de bataille, on pouvoit produire d'autres témoins.

Beaumanoir dit que le témoin devoit dire à sa partie avant de déposer : « je ne me bée pas à combattre pour votre querelle, ne à entrer en plet » au mien ; mais se vous me voulez défendre, volontiers dirai ma vérité ». La partie se trouvoit obligée à combattre pour le témoin ; &, si elle étoit vaincue, elle ne perdoit point le corps: mais le témoin étoit rejetté.

M. de Montesquieu regarde ceci comme une modification de l'ancienne coutume; car l'usage d'appeller les témoins se trouve établi dans la loi des Bavarois & dans celle des Bourguignons.

« Quand l'accusé, dit le roi Gondebaud, présente » des témoins pour jurer qu'il n'a pas commis le » crime, l'accusateur pourra appeller au *combat* un » des témoins; car il est juste que celui qui a offert de » jurer, & qui a déclaré qu'il savoit la vérité, ne fasse » point de difficulté de combattre pour la soutenir ». Ce roi ne laissoit aux témoins aucun subterfuge pour éviter le *combat*.

La nature de la décision par le *combat* étant de terminer l'affaire pour toujours, & n'étant point compatible avec un nouveau jugement & de nouvelles poursuites, l'appel, tel qu'il est établi par les loix canoniques, c'est-à-dire, à un tribunal supérieur pour faire réformer le jugement d'un autre, étoit inconnu en France.

L'appel y étoit un défi à un *combat* par armes, qui devoit se terminer par le sang; mais, quoique le seigneur eût établi & réglé le tribunal, ce n'étoit pas lui qu'on appelloit pour faux jugement, parce que c'eût été commettre une sorte de crime de félonnie; on appelloit les pairs du tribunal même.

On s'exposoit beaucoup en faussant le jugement des pairs. Si l'on attendoit que le jugement fût fait & prononcé, on étoit obligé de les combattre tous, lorsqu'ils offroient de faire le jugement bon. Si l'on appelloit avant que tous les juges eussent donné leur avis, il falloit combattre tous ceux qui étoient convenus du même avis. Pour éviter ce danger, on supplioit le seigneur d'ordonner que chaque pair dît tout haut son avis: &, lorsque le premier avoit prononcé, & que le second alloit en faire de même, on lui disoit qu'il étoit faux, méchant & calomniateur, & ce n'étoit plus que contre lui qu'on devoit se battre.

Lorsqu'un des pairs ou hommes de fief avoit déclaré qu'il soutiendroit le jugement, le juge faisoit donner les gages de bataille; & de plus prenoit sûreté de l'appellant qu'il soutiendroit son appel. Mais le pair qui étoit appellé, ne donnoit point de sûreté, parce qu'il étoit homme du seigneur, & devoit défendre l'appel ou payer au seigneur une amende de soixante livres.

Si celui qui appelloit, ne prouvoit pas que le jugement fût mauvais, il payoit au seigneur une amende de soixante livres; la même amende au pair qu'il avoit appellé, & autant à chacun de ceux qui avoient ouvertement consenti au jugement.

Quand un homme violemment soupçonné d'un crime qui méritoit la mort, avoit été pris & condamné, il ne pouvoit appeller de faux jugement: car il auroit toujours appellé ou pour prolonger sa vie ou pour faire la paix.

Si quelqu'un disoit que le jugement étoit faux & mauvais, & n'offroit pas de le faire tel, c'est-à-dire de combattre, il étoit condamné à dix sous d'amende, s'il étoit gentilhomme; & cinq sous, s'il étoit serf, *pour les vilaines paroles qu'il avoit dites*.

Les juges ou pairs qui avoient été vaincus, ne devoient perdre ni la vie ni les membres; mais celui qui les appelloit, étoit puni de mort, lorsque l'affaire étoit capitale.

Cette manière d'appeller les hommes de fief pour faux jugement étoit pour éviter d'appeller le seigneur même. Si le seigneur n'avoit point de pairs, ou n'en avoit pas assez, il pouvoit, à ses frais, emprunter des pairs de son seigneur suzerain: mais ces pairs n'étoient point obligés de jurer, s'ils ne le vouloient; ils pouvoient déclarer qu'ils n'étoient venus que pour donner leur conseil: &, dans ce cas particulier, le seigneur jugeant & prononçant lui-même le jugement, si l'on appelloit contre lui de faux jugement, c'étoit à lui à soutenir l'appel. *Voyez* APPEL.

S. Louis abolit le *combat* judiciaire dans les tribunaux de ses domaines, comme il paroît par une ordonnance qu'il rendit en 1260, & par le livre I, *chap. 2 & 7*, & le livre II, *chap. 10 & 11* de ses *Etablissemens*: mais il ne l'ôta pas dans les cours de ses barons, excepté dans le cas d'appel de faux jugement. Mais peu-à-peu la forme de procéder, introduite par S. Louis, fit disparoître les *combats* judiciaires qui paroissent n'avoir plus eu lieu depuis le règne de Philippe-le-Bel. Le dernier dont l'histoire fait mention, est celui de Jarnac & la Châtaigneraye, qui fut autorisé par Henri II.

COMBAT *singulier*, est celui qui a lieu entre deux personnes. Nous employons souvent le mot *duel* pour désigner cette espèce de *combat*; cependant il est important d'observer qu'il y a quelques différences entre ces deux termes. Le duel, dans l'acception que nous lui donnons aujourd'hui, ne se dit proprement que du *combat* qui a lieu entre deux personnes, dont l'une veut se venger, par sa propre autorité, des injures, mauvais traitemens ou autres choses semblables, qu'elle a reçus de l'autre.

Le *combat* singulier a lieu par l'autorité publique qui permet à un citoyen de combattre seul à seul contre un ennemi. Ainsi tout duel est un *combat* singulier, & tout *combat* singulier n'est pas duel.

Nous traiterons du *combat* singulier dans l'acception de *duel*, & des loix qui y ont rapport sous le mot DUEL. Ainsi nous nous bornerons à parler du *combat* singulier, autorisé par le gouvernement, & qui a lieu vis-à-vis un ennemi de l'état.

L'histoire ancienne parle de plusieurs *combats* singuliers. On doit ranger dans ce nombre le *combat* des trois cens Lacédémoniens contre trois cens Argiens. Othryade, chef des Lacédémoniens, & deux Argiens restèrent seuls de six cens combattans. Les deux Argiens, se croyant vainqueurs à cause de leur nombre, retournèrent à Argos. Othryade, dans l'obscurité de la nuit, dressa un trophée des dépouilles des morts, & écrivit sur son bouclier, avec le sang qui couloit de ses blessures : *j'ai vaincu*, & se tua ensuite pour ne pas survivre à ses compagnons.

Le *combat* des Horaces & des Curiaces est connu de tout le monde. Il acquit à Rome la souveraineté sur Albe.

Manlius Torquatus & Valerius Corvinus tuèrent deux Gaulois dans des *combats* singuliers, en différentes rencontres.

Il résulte de ces exemples, 1°. que le *combat* singulier ne peut avoir lieu que dans des circonstances extraordinaires, soit pour éviter l'effusion du sang du peuple, soit pour inspirer aux soldats la confiance dans leurs propres forces, & le mépris des ennemis qu'ils ont à combattre; 2°. qu'il doit être autorisé par le souverain, & que les loix civiles, ainsi que celles de la guerre, défendent aux particuliers de prodiguer leur vie dans des *combats* singuliers.

On pourroit ici nous demander si un souverain ou un général d'armée sont dans le cas d'accepter ou de demander un *combat* singulier avec le roi ou le général ennemi.

Nous croyons devoir établir comme principe certain & incontestable qu'un roi qui se doit à ses sujets, ne peut, en aucune circonstance, accepter un pareil défi. La raison s'oppose manifestement à un duel aussi singulier. Pour que le sang de deux princes qui se sacrifieroient pour leurs peuples, pût épargner celui d'un million d'hommes, il faudroit supposer que les deux nations belligérantes eussent une parfaite égalité de forces; que le *combat* des deux souverains dût donner aussi sûrement la paix aux deux peuples, que la donnent toujours les événemens heureux ou malheureux de la guerre. Mais cette supposition est un être métaphysique.

L'empereur Héraclius convint de terminer la guerre par un *combat* singulier avec Chosroès, roi de Perse, qui mit lâchement à sa place un de ses officiers revêtu de ses armes. L'empereur poussant son cheval contre le faux Chosroès, celui-ci se plaignit que, contre leurs conventions, l'empereur étoit suivi; &, l'ayant excité par ce discours à tourner la tête, il lui porta dans ce moment un coup mortel.

Un souverain ne fait souvent un défi à son ennemi, que parce qu'il est dans l'impuissance de lui faire la guerre avec avantage. Le prince qui l'accepte dans ces circonstances, manque autant à la saine politique qu'à l'intérêt de son peuple. Nous en avons un exemple remarquable dans notre histoire.

Pierre III, roi d'Aragon, concurrent de Charles de France, duc d'Anjou, pour le royaume de Sicile, cherchant à gagner du temps & faire perdre à son compétiteur les avantages qu'il avoit sur lui, fit dire à Charles que, pour épargner le sang de tant de braves hommes, & pour éviter la désolation de tout un royaume, il étoit prêt à vuider la querelle par un *combat* particulier; que, si Charles vouloit, ils prendroient chacun cent chevaliers pour combattre à leur tête dans un lieu neutre, & que le royaume de Sicile seroit le prix du vainqueur.

Charles, plus brave que politique, accepta le défi. On choisit une campagne près de Bordeaux, dans un temps où la Guienne appartenoit au roi d'Angleterre qui devoit être le juge du *combat*. La convention fut confirmée par serment, & le rendez-vous fixé.

Le pape Nicolas III écrivit à Charles dans les termes les plus forts pour le détourner de ce *combat*. Il lui remontra qu'un faux point d'honneur l'engageoit dans une démarche préjudiciable à ses intérêts; qu'un tel serment, contraire au bien de l'église & de l'état, ne l'obligeoit en aucune manière; qu'il lui en donneroit l'absolution; qu'il lui défendoit même, sous peine d'excommunication, de l'observer.

Charles ne put être détourné des faux motifs d'honneur dont il étoit prévenu. Il se présenta au jour marqué devant le sénéchal du roi d'Angleterre avec ses cent chevaliers, & prit acte de sa comparution & de l'absence du roi d'Aragon.

Les princes judicieux & politiques ont toujours refusé de semblables défis qui sont pour eux la preuve de l'infériorité de leurs ennemis. Antigonus répondit autrefois au défi de Pyrrhus que, si Pyrrhus étoit las de vivre, il avoit beaucoup d'autres chemins pour courir à la mort. Auguste, dans une pareille circonstance, fit dire à Antoine, que ses affaires n'étoient pas au point de lui faire prendre le parti du désespoir; que, si Antoine cherchoit la mort, il y avoit cent mille moyens de la trouver.

Charles IX, roi de Suède, battu à la tête de ses troupes par Christiern IV, roi de Danemarck, voulut éprouver si un *combat* singulier lui seroit plus favorable. Il envoya à son ennemi un cartel; mais Christiern répondit que l'appel que Charles lui faisoit faire, étoit une preuve qu'il avoit besoin d'ellebore pour purger son cerveau.

Frédéric, roi de Danemarck, ayant invité, par un gentilhomme suivi d'un trompette, le brave Charles-Gustave, roi de Suède, qui assiégeoit Copenhague, à vuider leurs différends par un duel seul à seul, ce dernier répondit que les rois ne se battoient jamais qu'en bonne compagnie.

Lorsqu'Edouard III envoya à Philippe de Valois un cartel pour le défier à un *combat* singulier, ou à un *combat* de cent contre cent, ou même à une bataille, il reçut pour réponse qu'un souverain n'étoit pas dans le cas d'accepter le défi de son vassal.

Mais si la prudence fait une loi aux souverains de refuser un défi, le devoir & la subordination défendent à un général d'armée de s'engager dans un *combat* singulier. Il ne lui est jamais permis d'employer à un mouvement de colère ou de caprice, des armes que la patrie ne lui a mises entre les mains que pour la défendre.

Quel seroit l'emploi de ceux qui doivent obéir, si celui qui doit commander, faisoit l'office de soldat! Homme public, chargé des intérêts, de la conservation & de la défense de la patrie, il ne peut sans crime se déterminer par des considérations particulières, & sacrifier sa vie, soit pour obéir à un faux point d'honneur, soit pour venger une injure particulière. Turenne, provoqué à un *combat* singulier par l'Electeur Palatin dont les états avoient été ravagés par l'armée françoise, s'excusa par rapport aux villages brûlés par ses soldats qu'avoient irrités la mort cruelle de plusieurs de leurs camarades, & ne fit aucune réponse au défi. Belle leçon donnée à tous les généraux par un capitaine aussi sage que célèbre.

COMBLE, s. m. (*Droit civil.*) c'est ainsi qu'on appelle la partie la plus élevée d'un bâtiment.

Les statuts des maîtres charpentiers, confirmés par des lettres-patentes du 11 août 1649, veulent que la solidité des *combles* soit garantie pendant dix ans par les entrepreneurs qui les ont construits.

Lorsque la propriété d'une maison est divisée entre plusieurs co-propriétaires, que le bas appartient à l'un d'eux, & l'étage supérieur à un autre, les réparations du *comble* de la couverture sont à la charge de ce dernier, ainsi qu'on peut le voir par les dispositions des coutumes d'Orléans, Montargis, Berri, Auxerre, *&c. Voyez* BATIMENT.

COMÉDIEN, s. m. c'est une personne qui fait profession de représenter des pièces de théâtre.

On donne en général le nom de *comédien* aux acteurs & aux actrices qui montent sur le théâtre, & qui y jouent des rôles, tant dans le comique, que dans le tragique.

Les Troubadours ont été les premiers *comédiens* de la France. Ils sont connus dans notre histoire sous le nom de *trouveurs* & de *jongleurs*. Ils réunissoient la qualité d'auteurs à celle d'acteurs.

Si l'on consulte les anciennes chroniques, on y voit que Charles V, Charles VI, Charles VII, & Louis XI, malgré les guerres qu'ils étoient obligés de soutenir, avoient des baladins qui étoient attachés à leur cour, & qui exécutoient différens divertissemens, tels que des ballets, des pantomines & des concerts.

Après les croisades, les pélerinages devinrent fréquens; les pélerins, à leur retour, pour augmenter l'espèce de vénération qu'on avoit pour eux, & sur-tout pour exciter la charité du peuple, représentèrent les mystères de la religion, le martyre & les miracles des saints, & les aventures les plus remarquables qui étoient arrivées aux croisés. Quelque grossières & quelque burlesques que dussent être ces représentations, elles fixèrent l'attention de la cour & des grands. Felibien rapporte en effet que Charles V, roi de France, ayant donné le jour des rois un grand festin à l'empereur Charles IV, & à son fils Venceslas, roi des Romains, on joua la prise de Jérusalem par Godefroi de Bouillon.

Il paroît qu'alors les sociétés qui faisoient ces représentations, n'étoient point autorisées par les magistrats; car on trouve que quelques bourgeois de Paris, s'étant assemblés plusieurs fois à Saint-Maur, au-dessus de Vincennes, pour y représenter la passion de Notre-Seigneur, le prévôt de Paris rendit une ordonnance le 3 juin 1398, par laquelle il leur fit défenses de continuer leurs représentations; mais ils se pourvurent à la cour; & pour se rendre favorables, ils érigèrent leur société sous le titre de *confrairie de la passion de Notre-Seigneur*.

Charles VI assista à plusieurs de leurs représentations; & pour leur marquer son contentement (disent les historiens), il leur accorda des lettres-patentes le 4 décembre 1402, par lesquelles il leur permit de s'établir dans la ville de Paris, d'y continuer publiquement les représentations de leurs comédies pieuses, & d'aller & venir dans la ville avec l'habillement conforme au sujet & aux mystères qu'ils devoient représenter.

Les confrères, en conséquence de ces lettres-patentes, affermèrent un hôpital de pélerins, & fondèrent dans la chapelle de la Trinité le service de la confrairie. La maison qu'ils destinèrent pour leurs exercices avoit été bâtie hors la porte de Paris, du côté de Saint-Denis, par deux gentilshommes allemands, pour recevoir les pélerins & les pauvres voyageurs. Les confrères construisirent dans une grande salle de cette maison un théâtre, & ils y jouèrent leurs pièces. On appella d'abord ces pièces *moralités*; on leur donna ensuite le nom de *mystères*. On voit en effet plusieurs de leurs pieces qui portoient les titres suivans : *le mystère de la passion*, *le mystère de l'apocalypse*, *le mystère des actes des apôtres*, &c.

Il se forma dans la suite différentes confrairies dans plusieurs villes du royaume. Il y en avoit une en 1486 à Lyon, puisqu'à cette époque le chapitre de l'église de cette ville accorda une somme de soixante livres aux confrères qui avoient joué le mystère de la passion de Jesus-Christ. Ce fait est consigné dans les actes capitulaires de ce chapitre. Un historien de la ville de Lyon rapporte encore qu'en 1540, il y avoit un théâtre public sur lequel « on jouoit les dimanches & jours de » fêtes après le dîner, & on représentoit la plu- » part des histoires du vieux & du nouveau testa- » ment, avec la farce au bout pour récréer les » assistans ». Ce théâtre (suivant cet auteur) s'appelloit *le paradis*.

L'usage s'introduisit alors de joindre aux moralités & aux pièces pieuses des farces & des folies. Froissard rapporte que les spectateurs, loin de faire un crime aux confrères de ce mêlange bizarre de morale & de bouffonnerie, se rendirent au contraire avec plus d'empressement à ces représentations. Le chapitre de Notre-Dame, pour y assister, ordonna qu'on diroit les vêpres à trois heures, immédiatement après les nones.

François I protégeoit les confrères, & honoroit souvent leurs représentations de sa présence. Il leur avoit même accordé des lettres-patentes en 1518; mais le parlement ayant reconnu que ce mêlange de religion & de bouffonnerie étoit contraire aux règles de l'honnêteté & de la décence;

s'opposa en 1541 à ce que l'on continuât ces sortes de représentations.

Ce genre de spectacle a existé en France pendant plus d'un siècle. Les gens instruits ouvrirent enfin les yeux sur le ridicule qui le caractérisoit; & en 1545, la maison de la Trinité qui servoit de théâtre aux confrères, fut de nouveau convertie, par un arrêt du parlement du 30 juillet, en un hôpital destiné, suivant la fondation, au logement des pélerins & des pauvres voyageurs.

Les confrères se voyant forcés de quitter leur théâtre, choisirent un autre emplacement. Quoique le parlement se fût opposé à la continuation de leurs représentations, ils parvinrent, à force de sollicitations & avec le crédit qu'ils avoient, à obtenir la permission d'acheter l'ancien hôtel des ducs de Bourgogne, & d'y élever un théâtre.

Le parlement confirma cette permission par un arrêt du 12 novembre 1548; « mais à condition » (porte cet arrêt) que les confrères ne pourront » jouer que des sujets profanes, licites & honnêtes, » & avec défenses expresses de représenter les » mystères de la passion, ni aucun autre mystère » de la religion ».

Par le même arrêt, le parlement confirma les confrères dans tous leurs privilèges, & fit défenses à toutes autres personnes qu'aux confrères de la passion, de jouer ni de représenter aucune piece, tant dans la ville, que dans la banlieue de Paris, sinon sous le nom & au profit de la confrairie.

Henri II, par des lettres-patentes du mois de mars 1559, confirma tous les privilèges que ses prédécesseurs avoient accordés aux confrères.

Ces derniers ayant un privilège exclusif, & étant possesseurs de richesses considérables, résolurent de ne plus monter eux-mêmes sur le théâtre. Ils trouvèrent d'ailleurs que les pièces profanes qu'ils avoient le droit de jouer, ne convenoient point aux titres religieux qui caractérisoient leur société. Une troupe de *comédiens* se forma pour la première fois, & prit à loyer des confrères l'hôtel de Bourgogne & leur privilège. La société de la passion se réserva seulement deux loges pour ses membres & pour ses amis; c'étoient les plus proches du théâtre; elles étoient distinguées par des barreaux, & on leur donnoit le nom de *loges des maîtres*.

Henri II assista à plusieurs représentations de cette nouvelle troupe de *comédiens*, & ce monarque lui accorda une protection particulière.

Sous le règne de Henri III, le royaume fut rempli de farceurs. Ce prince fit venir d'Italie des *comédiens*, qui furent nommés *li gelosi*. Ces *comédiens*, suivant le journal de l'Etoile, commencèrent leurs représentations dans l'hôtel de Bourgogne, le dimanche 29 mai 1577, ils prenoient quatre sous par personne. Ce nouveau spectacle attira la curiosité de la capitale; il étoit rempli d'une foule de personnes de tout rang. Le parlement ayant été instruit que ces *comédiens* ne respectoient pas la décence, rendit un arrêt aux mercuriales du 26 juin 1577, par lequel il leur défendit « de plus jouer leurs comédies, parce» qu'elles n'enseignoient que paillardises ». On trouve encore dans le journal de l'Etoile, que « le samedi 27 juillet suivant, li gelosi, après avoir » présenté à la cour les lettres-patentes par eux » obtenues du roi, afin qu'il leur fût permis de » jouer leurs comédies, nonobstant les défenses » de la cour, furent renvoyés par fin de non-re» cevoir, & défenses leur furent faites de plus » obtenir & présenter à la cour de semblables » lettres, sous peine de 10000 liv. parisis d'amende, » applicables à la boîte des pauvres ».

Les *comédiens* eurent recours au roi, & lui portèrent leurs plaintes contre l'arrêt du parlement. Henri III leur accorda des lettres expresses de jussion, en vertu desquelles ils recommencèrent leurs représentations au mois de septembre suivant, & leur théâtre continua d'être ouvert dans l'hôtel de Bourgogne. Les mêmes motifs qui avoient déterminé le parlement à refuser d'enregistrer les lettres-patentes que le roi avoit accordées aux li gelosi, le portèrent également à faire le même refus aux troupes de comédiens qui étoient répandues dans les provinces. Il permit seulement, par arrêt rendu en 1596, à ces *comédiens*, de jouer à la foire Saint-Germain, « à charge par eux de payer, par » chacune année qu'ils joueroient, deux écus aux » administrateurs de la confrairie de la passion ».

On voit par cet arrêt que le privilège des confrères subsistoit encore; il ne fut en effet anéanti qu'en 1676, par la réunion qui fut faire des revenus de la confrairie à l'hôpital-général.

Les accroissemens de Paris avoient déterminé les *comédiens* à jouer sur deux théâtres, dont l'un étoit à l'hôtel de Bourgogne, & l'autre à l'hôtel d'Argent au Marais.

On ne jouoit sur ces théâtres que des pièces informes & des farces grossières, lorsque Corneille donna sa Mélite & le Menteur. Quoique ces pièces ne soient pas sans défaut, elles dévoilèrent les secrets d'un art qui étoit alors inconnu en France. Molière parut ensuite, & donna à notre théâtre une grande supériorité sur celui des autres nations.

En 1680, Louis XIV réunit en une seule troupe les deux qui existoient alors. Il adressa pour cet effet, le 22 octobre de cette année, une lettre de cachet au lieutenant-général de police. Comme cette lettre de cachet est le premier titre de la révolution qui a été faite parmi les *comédiens*, & qu'elle a servi de base à l'établissement actuel du théâtre françois, nous croyons devoir en rapporter les termes.

« Sa majesté (y est-il dit) ayant estimé à pro» pos de réunir les deux troupes de *comédiens* éta» blis à l'hôtel de Bourgogne & dans la rue Gué» négaud à Paris, pour n'en faire qu'une seule, » afin de rendre les représentations des comédies » plus parfaites par le moyen des acteurs & des ac» trices auxquels elle a donné place dans ladite

» troupe, sa majesté a ordonné & ordonne qu'à » l'avenir lesdites troupes de *comédiens* françois » seront réunies pour ne faire qu'une seule & » même troupe, qui sera composée des acteurs & » actrices dont la liste sera arrêtée par sa majesté. » Pour leur donner moyen de se perfectionner de » plus en plus, sa majesté veut que ladite seule » troupe puisse représenter les comedies dans » Paris; faisant défenses à tous autres comédiens » françois de s'établir dans la ville & fauxbourgs » de Paris, sans ordre exprès de sa majesté. Enjoint sa majesté au sieur de la Reynie, lieutenant-général de police, de tenir la main à » l'exécution de la présente ordonnance. Fait à » Versailles le 22 octobre 1680. *Signé* LOUIS. » Et plus bas, COLBERT, & scellé ».

En vertu de cet ordre du roi, les *comédiens* furent autorisés à former une société, & à passer entre eux des actes d'union. En conséquence ils firent un contrat de société devant notaires le 5 janvier 1681, dans lequel ils arrêtèrent les clauses suivantes : « savoir, 1°. que les acteurs & actrices » qu'il avoit plû au roi de renvoyer des deux » troupes avant leur réunion, & d'admettre à la pension, commenceroient à jouir, à compter du 28 » août 1680, époque de la première représentation des deux troupes réunies.

» 2°. Que lorsqu'un acteur ou une actrice viendroit à mourir ou à quitter la troupe, celui ou » celle qui les remplaceroit, paieroit mille livres » de pension à toute la troupe.

» 3°. Que les acteurs ou actrices qui seroient » dans la suite admis pensionnaires, auroient mille » livres de pension par chacun an, soit qu'ils fussent » reçus à part entière, à demi-part, ou à un quart » de part ».

Louis XIV voulant favoriser les progrès du théâtre françois, accorda à ses *comédiens* une pension de douze mille livres par an, & le brevet de sa majesté fut expédié le 24 août 1682.

Le 23 avril 1685, M. le duc de Saint-Agnan, pair de France, & l'un des quatre premiers gentilshommes de la chambre du roi, donna aux *comédiens* françois un réglement de discipline intérieure, conformément aux ordres qu'il en avoit reçus de madame la dauphine. Ce réglement fut déposé chez un notaire, & il fut passé un acte le 4 mars 1686, par lequel les *comédiens* s'obligèrent de s'y conformer.

En 1687, les *comédiens* passèrent un nouveau contrat de société devant notaires, pour acheter un emplacement, afin de faire construire leur théâtre; & le roi confirma ce contrat par un arrêt du conseil du premier mars 1688.

Le 23 juin 1692, les *comédiens* firent un nouveau traité de société entre eux, dans lequel ils réglèrent les sommes qu'ils avoient dépensées, pour leur nouvel établissement, la manière dont les remboursemens devoient être faits aux acteurs & actrices qui se retireroient, ou à leurs héritiers, la contribution que chaque nouvel acteur ou actrice paieroit en entrant, & la préférence que la société auroit sur les créanciers de ses membres pour le paiement de cette contribution.

En 1699, par acte passé devant notaires le 27 avril, les *comédiens* ratifièrent tous les anciens traités qu'ils avoient faits entre eux, & s'obligèrent de les exécuter.

Toutes les dépenses que le nouvel établissement de la comédie françoise avoit occasionnées étant acquittées, les *comédiens* réglèrent la portion que chacun d'eux devoit avoir dans la propriété du fond de l'hôtel de la comédie. Il fut arrêté que chaque *comédien* qui auroit part entière, auroit treize mille cent trente livres quinze sous.

Depuis ce traité, les *comédiens* ont fait entre eux différens actes, dans lesquels ils ont ratifié les contrats qu'ils avoient précédemment faits. Louis XV voulant qu'il ne fût fait aucun changement dans l'établissement de ses *comédiens*, adressa deux ordres à M. le duc de Mortemart, premier gentilhomme de la chambre, les 15 avril & 15 juillet 1725 (1), en exécution desquels les *comédiens* françois firent entre eux un nouveau contrat le 17 mai 1728, dans lequel ils arrêtèrent les clauses suivantes; « savoir, 1°. que conformément au traité du 5 janvier 1681, tout acteur » ou actrice qui succéderoit à un autre, paieroit » mille livres de pension pour une demi-part, & » autres portions inférieures.

» 2°. Qu'aucun acteur ou actrice ne pourroit » être déchargé de cette pension que par droit » d'ancienneté, lequel seroit réglé suivant l'ordre » & la date des réceptions des acteurs & actrices.

» 3°. Qu'aucun acteur ne pourroit être chargé » de payer une pension plus forte que celle de » mille livres.

» 4°. Que, conformément aux traités de 1681 » & de 1686, les acteurs ou actrices qui se retireroient, jouiroient à l'avenir d'une pension viagère de mille livres, soit qu'ils eussent une part » entière, une demi-part, ou même un quart de » part.

» 5°. Que les *comédiens* & *comédiennes* ne pourroient, sous aucun prétexte, se dispenser de » payer les pensions accordées aux membres retirés ».

(1) Ce seroit ici le lieu, en suivant l'ordre chronologique, de parler des *comédiens* italiens, puisqu'ils ont eté établis en 1716, sous le titre de *comédiens de S. A. R. M. le duc d'Orléans régent*, & qu'après la mort de ce prince, arrivée le 2 décembre 1723, ils ont pris le titre de *comédiens italiens ordinaires du roi*; mais comme ces deux théâtres ont des règles & des usages particuliers, pour éviter toute confusion, nous parlerons d'abord de ce qui concerne les françois, & nous finirons par rapporter les loix, les usages & les réglemens des italiens.

Par un acte passé devant notaires, le 5 septembre 1735, les *comédiens* arrêtèrent entre eux qu'il seroit payé à chaque acteur ou actrice qui se retireroit, ou à leurs héritiers ou ayans-cause, la somme de douze cens livres pour chaque part entière, & à proportion pour demi-part & autre portion inférieure, par forme d'indemnité pour l'entretien des décorations du théâtre & de la salle de spectacle.

Telles sont les différentes conventions qui ont été faites entre les *comédiens* françois jusqu'en 1757, que sa majesté, par un arrêt du conseil du 18 juin, a fixé, d'une maniere irrévocable, leurs droits & leurs obligations; il convient d'en rapporter la substance.

Par cet arrêt, sa majesté, après avoir fixé les droits de propriété & la contribution des acteurs & actrices, pour faire les fonds de l'établissement, a déterminé, 1°. les portions que chaque acteur & actrice pouvoit avoir; 2°. la manière dont se feroit la distribution des deniers saisis par les créanciers des acteurs & des actrices; 3°. la forme qu'on suivroit pour observer dans l'intérieur la discipline nécessaire au bon ordre; 4°. pour l'exécution des règles de cette discipline, le roi les a soumis immédiatement à l'autorité de MM. les premiers gentilshommes de la chambre; 5°. il leur fut donné un conseil, dont les membres furent nommés pour veiller à la conservation de leurs droits; 6°. enfin le roi a voulu, par cet arrêt, prévenir toute espèce d'abus, & fixer la police intérieure de la troupe de ses *comédiens* françois.

En exécution de cet arrêt, les *comédiens* françois ont passé entre eux un nouveau traité le 9 juin 1758; & sur cet acte il est intervenu un arrêt du conseil le 12 janvier 1759, par lequel sa majesté a fait plusieurs modifications aux clauses de ce traité; & au surplus elle l'a approuvé, autorisé & confirmé. Sa majesté, par une disposition particulière de cet arrêt, en dérogeant à tous édits, arrêts & réglemens contraires, a ordonné qu'on ne pourroit faire aucune consignation de deniers qui seroient saisis, provenans, soit du tiers du produit des représentations, soit du remboursement des fonds, dans le cas de retraite ou décès, & généralement de toutes les sommes qui doivent être déposées dans les mains du notaire de la troupe; & pour assurer l'exécution tant de cet arrêt, que de celui du 18 juin 1757, sa majesté a ordonné qu'il seroit expédié toutes lettres nécessaires.

En conséquence de cette disposition, les *comédiens* françois ont obtenu des lettres-patentes le 22 août 1761, qui ont été enregistrées par le parlement de Paris, le 7 septembre de la même année, pour être exécutées selon leur forme & teneur, « à la charge seulement (porte l'arrêt), » qu'en cas de saisies, lesdites saisies tiendront » entre les mains du notaire de la troupe dépo» sitaire, lequel ne pourra s'en dessaisir qu'entre » les mains de qui & ainsi qu'il sera par justice » ordonné ».

Depuis l'enregistrement de ces lettres-patentes, les *comédiens* françois forment une société légalement établie dans la capitale. Auparavant ils n'existoient qu'en vertu d'ordres du roi & de traités particuliers. Maintenant leur existence est appuyée sur les titres que les loix exigent pour donner à un corps ou à une communauté un état légal.

Après avoir fait l'historique de l'établissement de la comédie en France, nous allons maintenant considérer les *comédiens* dans les différens rapports qu'ils ont avec le public. Afin d'éviter toute confusion, nous commencerons par rapporter les monumens de la jurisprudence qui les concernent. Nous rappellerons ensuite les différentes dispositions de leurs réglemens intérieurs qui regardent les auteurs. Enfin, nous terminerons cet article par la discipline & l'administration intérieure des *comédiens françois*.

Jurisprudence concernant les comédiens. On distingue en France deux sortes de *comédiens*: ceux qui sont sédentaires, comme les *comédiens* françois & italiens établis à Paris, & ceux qui sont ambulans, comme les *comédiens* de campagne, qui séjournent tantôt dans une ville, tantôt dans une autre.

La profession de *comédien* est honorée en Angleterre. Mademoiselle Olfields partage dans l'église de Westminster la sépulture des rois. Son tombeau est à côté de celui de Newton.

En France, cette profession est moins honorée. Cependant si l'on fait attention aux talens qu'elle exige, ceux qui l'embrassent devroient sans doute jouir de la considération que les arts nobles & agréables méritent. Le préjugé national qui s'est élevé contre eux a pris sa source dans la conduite des premiers *comédiens*. S'il y a des exemples qui le justifient encore, il faut avouer qu'ils sont rares aujourd'hui, & qu'il y a beaucoup de *comédiens* dont les mœurs & l'honnêteté font desirer la destruction de ce préjugé. Aussi l'estime & la considération personnelle dont ces derniers jouissent, les dédommagent de l'injustice du préjugé, & cette récompense de leurs talens est peut-être plus flatteuse par les difficultés qu'ils ont eu à vaincre pour l'obtenir. Au reste, cette dissertation littéraire n'entre point dans le plan que nous nous sommes proposé: nous devons nous borner à montrer de quelle manière ils sont traités par notre jurisprudence.

Plusieurs anciens conciles, tel que celui d'Elvire, tenu en 305; celui d'Arles, tenu en 314; ceux de Mayence, de Tours, de Reims & de Châlons-sur-Saône, tenus dans le commencement du neuvième siècle, prononcent des peines contre les *comédiens* qui existoient alors, c'est-à-dire contre des histrions & des farceurs publics. L'église, en prononçant ces peines, a voulu détruire une source de débauches & d'obscénités qui se répandoit dans la société de ces spectacles grossiers, & contraires à la décence.

Mais il faut avouer que nos spectacles, tels qu'ils existent aujourd'hui, n'ont rien de commun avec ceux qui existoient avant le neuvième siècle; les leçons de vertu, d'humanité & de morale que les organes des plus grands auteurs que la France ait produits, donnent sur la scène, assurent une distinction méritée à notre spectacle sur celui des anciens, & même sur ceux des autres nations de l'Europe. Ce ne sont plus aujourd'hui des farces monstrueuses & obscènes, que nos pièces de théâtre, ni les acteurs, des baladins faits pour pour amuser une populace grossière. Nous avons relégué cette classe d'hommes méprisables sur les tréteaux qui s'élèvent sur les boulevards de la capitale, & dans les places publiques. Par les précautions que le gouvernement a prises pour perfectionner la comédie en France, & par les effets de la protection dont nos rois ont honoré depuis un siècle le théâtre françois, nos spectacles n'offrent plus les dangers qu'ils présentoient dans l'enfance & la barbarie d'un art que le dernier siècle a vu naître. D'après ces observations puisées dans notre histoire, ne peut-on pas dire que la plupart des peines qui ont été prononcées avant le dix-septième siècle contre les *comédiens*, regardent bien moins les *comédiens* véritables, que les farceurs publics & les baladins qui existoient avant eux?

Cette vérité nous paroît démontrée par les dispositions même de nos ordonnances. En effet, celle d'Orléans, *art.* 4, défend « à tous joueurs » de farce, batteleurs, & autres semblables, de » jouer aux jours de dimanches & fêtes pendant » les heures du service divin, & de se vêtir » d'habits ecclésiastiques, de jouer choses dissolues & de mauvais exemple, à peine de prison » & de punition ».

Il résulte de cette loi que les théâtres étoient bien éloignés d'être alors des écoles de morale & d'humanité, puisque le législateur étoit obligé de prononcer des peines sévères contre la licence qui y régnoit. On ne peut donc faire aucune comparaison entre les spectacles des baladins & des farceurs qui ont précédé les véritables *comédiens* en France, & notre théâtre national tel qu'il existe depuis un siècle.

Aussi Louis XIII, par sa déclaration du 4 avril 1641 (en renouvellant les défenses prononcées par ses prédécesseurs contre les *comédiens*, de représenter aucunes actions malhonnêtes, & d'user de paroles lascives, qui puissent blesser l'honnêteté publique, sous peine d'être déclarés infâmes, d'amende & même de bannissement), a-t-il dit, qu'il entendoit que les *comédiens* qui se conformeroient à cette loi, ne seroient point exposés au blâme qui couvroit avant leur profession, & que leur exercice ne pourroit préjudicier à leur réputation dans le commerce public.

Cette loi prouve, d'une manière évidente, que nos rois ont voulu que les *comédiens* fussent distingués des farceurs qui les avoient précédés, & qu'ils ne fussent pas exposés au blâme dont ces farceurs étoient couverts.

Nous avons dit que le gouvernement a pris des précautions pour empêcher que la décence & l'honnêteté ne fussent blessées dans les pièces de théâtre. Le commissaire Delamare rapporte en effet une ordonnance de police rendue en 1609, « qui défend aux *comédiens* de jouer aucunes comédies » ou farces, avant de les avoir communiquées » au procureur du roi ».

On ne suit plus aujourd'hui, il est vrai, cette ordonnance; mais on y a substitué la formalité de l'approbation que le magistrat donne sur celle du censeur de la police. Ainsi, c'est une règle invariable que les *comédiens* ne peuvent jouer aucune pièce, qu'après qu'elle a été approuvée par le censeur de la police & par le magistrat. Cette précaution sage a rendu le théâtre des François le spectacle le plus décent de l'Europe.

Les *comédiens* françois ont le privilège exclusif de jouer des comédies dans la capitale, & d'y représenter des tragédies. Aussi toutes les fois que d'autres *comédiens*, ou même des farceurs, ont voulu s'établir & jouer dans Paris, les tribunaux se sont empressés de maintenir les *comédiens* françois dans leur droit exclusif. C'est ce qui a été jugé par plusieurs sentences de police, & par plusieurs arrêts du parlement.

On se rappelle que les *comédiens* réunis par Louis XIV en 1680, furent autorisés par un arrêt du conseil du premier mars 1688, à acheter le jeu de paume de l'Etoile, pour y faire construire une nouvelle salle de spectacle. Cette salle n'étoit pas encore achevée, qu'on essaya de porter atteinte au privilège exclusif des *comédiens* françois. La demoiselle Villiers fit construire un théâtre à Paris, & y fit représenter des comédies par des enfans, sous le titre de petits *comédiens* françois. Les *comédiens* dénoncèrent au roi cette entreprise; & par un ordre exprès de sa majesté, le théâtre de la demoiselle de Villiers fut fermé sur le champ.

En 1707, on forma une nouvelle entreprise contre le privilège des *comédiens* françois. Les danseurs de corde de la foire Saint-Germain prétendirent avoir le droit de jouer des comédies sur leurs théâtres, & ils en jouèrent en effet. Ils fondoient leur prétention sur les franchises de la foire. Le cardinal d'Estrées, alors abbé de Saint-Germain, les appuya de son crédit; mais les *comédiens* françois s'adressèrent au parlement, & réclamèrent l'exercice de leur privilège exclusif. Par arrêt du parlement, rendu le 22 février 1707, sur les conclusions de M. l'avocat-général Portail, il fut « fait » défenses aux danseurs de corde, & à tous autres, » de représenter, soit dans l'enclos des foires, soit » dans tout autre endroit de Paris, aucune comédie,

» farce,

» farce, dialogue, ou autre divertissement, ayant » rapport à la comédie ».

Des défenses aussi formelles auroient dû sans doute mettre les *comédiens* à l'abri de nouvelles entreprises; cependant les danseurs de corde recommencèrent à jouer des comédies l'année suivante; mais cette entreprise n'eut pas un succès plus heureux que la première; car, par un second arrêt du parlement rendu le 21 mars 1708, il leur fut défendu de récidiver, sous peine d'une amende de cent livres.

Deux arrêts aussi précis en faveur des *comédiens* françois, devoient leur assurer l'exercice paisible de leurs droits : mais soit que les danseurs de corde fussent déterminés par quelque motif particulier, ou qu'ils eussent conçu le dessein de fatiguer les *comédiens* par des contestations sans cesse renaissantes, on les vit encore donner des comédies sur leur théâtre. Les *comédiens* françois portèrent aussi-tôt leurs plaintes au parlement contre une pareille entreprise. Leurs droits ayant été de nouveau discutés & approfondis, il intervint un troisième arrêt le 2 janvier 1709, sur les conclusions de M. l'avocat-général Joly de Fleury, « qui » ordonna l'exécution des deux arrêts précédens, » fit défenses aux danseurs de corde de faire servir leur théâtre à d'autres usages qu'à ceux de » leur profession, déclara l'amende prononcée » contre eux par les précédens arrêts encourue, » les condamna en outre en trois cens livres de » dommages-intérêts; & en cas de nouvelle con» travention, permit de démolir leur théâtre ».

Cette dernière disposition força enfin les danseurs de corde à respecter les arrêts du parlement, & à renoncer au projet qu'ils avoient formé de donner des comédies sur leur théâtre. Depuis ces arrêts, toutes les fois que les danseurs de corde ont voulu entreprendre sur le spectacle des françois, & même sur les autres théâtres, leurs entreprises ont été sévérement réprimées par les tribunaux.

Cependant les *comédiens* françois ayant prétendu que les danseurs de corde ne pouvoient avoir un gilles sur leur théâtre, il s'éleva entre eux un nouveau procès qui fut jugé par un arrêt rendu le 23 janvier 1710, sur les conclusions de M. l'avocat-général Joly de Fleury, & par cet arrêt, les danseurs de corde furent autorisés à avoir sur leur théâtre un gilles; mais il leur fut défendu de faire aucun dialogue ni monologue.

Deux suisses de M. le duc d'Orléans suivirent l'exemple des danseurs de corde. Ils prétendirent qu'étant propriétaires de deux loges dans la foire de Saint-Germain, ils avoient droit de faire jouer des monologues dans les loges qui leur appartenoient: les *comédiens* s'opposèrent à cette entreprise. Les suisses les assignèrent à la prévôté de l'hôtel, où il intervint une sentence qui proscrivit leur prétention. Les suisses interjettèrent appel de cette sentence au grand-conseil; mais leur prétention fut également rejettée par arrêt du 14 mars 1709.

Si les *comédiens* s'étoient bornés à réclamer leur privilège, ils auroient eu un succès complet; mais plusieurs d'entre eux s'étoient fait justice eux-mêmes, en détruisant pendant la nuit les loges des suisses. Cette violence donna lieu à une procédure criminelle, dont l'événement ne fut pas favorable aux *comédiens*; car, par arrêt du grand conseil, ils furent condamnés à six mille livres de dommages & intérêts envers les suisses; & Dancourt, Poisson & Dufay, qui avoient été présens à la destruction nocturne du théâtre des suisses, furent condamnés à une amende de trois cens livres chacun.

Les *comédiens* se pourvurent en cassation contre cet arrêt. Il fut en effet cassé, & les suisses furent condamnés à restituer aux *comédiens* les six mille livres de dommages & intérêts qu'ils avoient obtenues contre eux.

L'établissement de l'opéra-comique donna lieu à de nouvelles entreprises contre le privilège exclusif des *comédiens* françois. Les propriétaires de ce spectacle, au lieu de se borner à faire chanter des vaudevilles, firent déclamer des dialogues en prose & en vers. En 1744 ils firent sur-tout éclater leur projet dans l'opéra-comique d'Acajou. Cette pièce contenoit une longue scène de déclamation, dans laquelle on parodioit le jeu des plus célèbres acteurs du théâtre françois. Les *comédiens* portèrent leurs plaintes au roi contre cette entreprise; & par un ordre exprès de sa majesté, il fut défendu aux acteurs de l'opéra-comique de jouer aucune scène qui ne fût chantée.

Les entrepreneurs de l'opéra-comique prirent alors le parti de mettre en vaudevilles la scène qui avoit donné lieu à la réclamation des *comédiens* françois; & si ces derniers réussirent à faire confirmer leur privilège, ils n'en furent pas moins exposés à la critique & aux sarcasmes qui furent chantés par les auteurs de l'opéra-comique, au lieu d'être déclamés.

On a fait depuis de nouvelles tentatives pour entreprendre sur le privilège des *comédiens* françois; mais toutes ont été proscrites, & leur droit exclusif a été confirmé lorsqu'ils l'ont réclamé dans les tribunaux. On doit donc regarder comme un principe certain, que les *comédiens* françois ont seuls le droit de représenter des comédies & des tragédies françoises dans la capitale. Ce privilège est fondé sur les ordres précis du roi, & sur les lettres-patentes qui ont été enregistrées par le parlement. Ainsi il n'est pas douteux que si un entrepreneur de spectacle vouloit élever un théâtre dans Paris, les *comédiens* françois seroient fondés à s'y opposer, & les tribunaux ne feroient aucune difficulté de confirmer leur privilège.

C'est aussi une maxime certaine qu'aucune troupe de *comédiens* ne peut s'établir dans les villes du royaume, qu'après avoir obtenu la permission du lieutenant-général de police de chaque ville.

Cette règle est fondée sur la disposition précise de l'article 20 de l'édit de 1706, qui attribue exclusivement aux lieutenans-généraux de police, la jurisdiction sur les spectacles. Elle a été confirmée par un arrêt du conseil du 29 août 1708, rendu en faveur du lieutenant-général de police de la ville de Grenoble; & cet arrêt veut que ceux qui contreviendront à l'article 20 de l'édit de 1706, soient condamnés à une amende de cinq cens livres.

Par une ordonnance du 16 novembre 1720, le roi a fait défenses à toute personne, même aux officiers de sa maison, gardes, gendarmes, chevaux-légers, mousquetaires, & autres, d'entrer à l'opéra & à la comédie sans payer, d'interrompre les acteurs, & de s'arrêter dans les coulisses du théâtre.

La même ordonnance défend à tout domestique portant livrée, sans aucune exception, d'entrer à la comédie & à l'opéra, même en payant, & de commettre aucun désordre à l'entrée des salles de spectacles, & même dans les environs, sous peine de prison.

Il est défendu aux *comédiens* ambulans de s'établir dans les places où il y a garnison, sans prévenir le commandant de la place, afin qu'il puisse prendre les précautions nécessaires pour empêcher les désordres auxquels de jeunes militaires ne se livrent que trop souvent.

Nous avons dit ci-devant que si notre jurisprudence traitoit des *comédiens* d'une manière très-rigoureuse, la plupart des peines qu'elle prononce n'ont eu pour objet que de flétrir de misérables histrions & de vils farceurs, qui n'ont rien de commun avec les véritables *comédiens* qui composent aujourd'hui nos spectacles. Cependant on regarde comme une règle certaine, que les *comédiens* dérogent; mais les *comédiens* françois ordinaires du roi sont exceptés de cette règle. Ils conservent les privilèges de la noblesse, en exerçant leur profession sur le théâtre françois. Cette exception leur a été accordée par la déclaration de Louis XIII, du 16 avril 1641, & elle leur a été confirmée par un arrêt du conseil du 10 septembre 1668, rendu en faveur de Floridor, *comédien* du roi, qui étoit gentilhomme. Par cet arrêt, il fut accordé à ce *comédien* un an pour rapporter ses titres de noblesse, & il fut fait défenses au traitant de l'inquiéter pendant ce temps.

Les acteurs & actrices de l'opéra ne dérogent point, parce que ce spectacle est établi sous le titre d'*académie royale de musique*.

Les *comédiens* françois & les *comédiens* italiens sont soumis, pour leur administration & leur discipline intérieure, à une commission du conseil, qui est composée de MM. les premiers gentilshommes de la chambre du roi. Sa majesté leur a donné, par l'arrêt de son conseil de 1757, le droit de donner des réglemens de discipline aux *comédiens*; & c'est en vertu de cet arrêt qui a été revêtu de lettres-patentes enregistrées au parlement, que MM. les premiers gentilshommes de la chambre ont fait les réglemens dont nous allons rendre compte suivant l'ordre que nous nous sommes prescrit.

Réglemens intérieurs des comédiens françois concernant les auteurs. Cette partie de l'article que nous traitons est d'autant plus importante, qu'il s'est élevé depuis quelques années plusieurs contestations qui ont fixé l'attention du public, & piqué sa curiosité.

Par le réglement de 1697, la lecture de toute pièce nouvelle devoit être faite dans une assemblée générale des *comédiens*, en présence de l'auteur. La lecture étant finie, l'auteur étoit obligé de se retirer de la salle d'assemblée pendant la délibération. Alors les *comédiens* donnoient leurs suffrages pour l'acceptation ou le refus de la pièce. La pluralité faisoit la loi; & pour éviter les préventions & les cabales, chaque acteur & chaque actrice donnoit sa voix, en mettant dans une espèce d'urne un billet blanc ou un billet noir. Le premier étoit la marque de l'acceptation, & le second le signe du refus de la pièce.

Lorsqu'une pièce étoit acceptée, aucun auteur n'étoit admis à proposer des difficultés pour en empêcher la représentation : l'auteur avoit le droit de distribuer les rôles de sa pièce aux acteurs & aux actrices qu'il vouloit, c'est-à-dire suivant l'emploi & le caractère de chaque acteur. Les acteurs choisis par l'auteur étoient obligés de jouer les rôles qu'il leur avoit distribués.

Si la lecture de la pièce étoit faite en l'absence de l'auteur, l'acteur qui l'avoit lue à l'assemblée devoit nommer l'auteur avant que la piece fût acceptée.

Les auteurs externes avoient la préférence sur les auteurs *comédiens* pour la représentation de leurs pièces. Les pièces nouvelles de ces derniers ne pouvoient être jouées que pendant l'été, & celles des premiers devoient être représentées pendant l'hiver, c'est-à-dire depuis la toussaint jusqu'à pâques.

Les pièces nouvelles devoient être représentées alternativement de jour en jour avec d'anciennes, pour éviter l'uniformité du spectacle, & le rendre plus intéressant par la variété.

La durée des représentations des pièces nouvelles dépendoit du produit de la recette comme elle en dépend encore aujourd'hui. Lorsqu'elles étoient jouées depuis la toussaint jusqu'à pâques, on continuoit de les donner jusqu'à ce qu'on eût fait deux recettes de suite de cinq cens cinquante livres, & au-dessous. Dans ce cas on quittoit la pièce sans retour pour l'auteur.

Quant aux pièces jouées depuis pâques jusqu'à la toussaint, il falloit, pour les abandonner, deux recettes de suite, de trois cens cinquante livres, & au-dessous.

Lorsqu'une pièce nouvelle commencée à la fin de l'été, continuoit d'être jouée dans l'hiver, c'est-à-dire, après la toussaint, elle étoit alors regardée comme une pièce d'hiver, & par conséquent sujette aux règles des pièces d'hiver. On suivoit le même usage pour les pièces commencées en hiver, & dont les représentations se prolongeoient dans l'été, c'est-à-dire, après pâques.

L'auteur d'une grande pièce sérieuse avoit le droit de demander telle petite comédie qu'il jugeoit à propos; les *comédiens* étoient obligés de déférer à son choix, pourvu que la pièce ne fût qu'en un acte.

On ne comptoit (comme cela se pratique encore aujourd'hui) le produit de la recette qui devoit décider la cessation des représentations des pièces nouvelles, ou leur continuation, qu'après avoir fait déduction des frais journaliers & extraordinaires du spectacle.

Le produit de la recette des pièces nouvelles étoit divisé en dix-huit parts. L'auteur en avoit deux pour les pièces de cinq actes, tant sérieuses que comiques, & les seize autres parts appartenoient aux *comédiens*. Quant aux pièces en trois ou en un acte, les auteurs n'avoient qu'une part, c'est-à-dire, un dix-huitième.

Les auteurs n'ont part que dans le produit net de la recette; tous les frais du spectacle, tant ordinaires qu'extraordinaires, doivent être prélevés.

L'auteur d'une petite pièce avoit le droit de demander deux pièces nouvelles, afin d'en choisir une pour la faire jouer avec sa pièce.

Les petites comédies ne pouvoient être reçues pendant l'hiver.

Pour éviter toutes les contestations qui pouvoient s'élever entre les auteurs & les *comédiens*, les derniers étoient obligés de communiquer à ceux qui donnoient des pièces nouvelles, les règles que nous venons de rappeller avant la lecture de leurs pièces.

Ce réglement a été suivi depuis 1697 jusqu'au 23 décembre 1757, que les premiers gentilshommes de la chambre du roi en ont fait un nouveau en vertu du pouvoir qui leur en avoit été donné par sa majesté dans l'arrêt du conseil du 18 juin précédent.

Ce réglement contient les dispositions qui suivent.

L'auteur d'une pièce nouvelle est obligé de donner sa pièce au second semainier. Ce *comédien* doit annoncer à la première assemblée du lundi suivant, qu'il lui a été remis une pièce nouvelle. Lorsque le répertoire a été réglé, les *comédiens* doivent convenir, à la pluralité des voix, du jour (autre cependant qu'un lundi) où ils en entendront la lecture; & le second semainier doit prévenir l'auteur, ou la personne qui a présenté la pièce, du jour choisi par l'assemblée.

Chaque acteur & chaque actrice qui est présent à la lecture d'une pièce nouvelle, a un jetton de la valeur de trois livres, qui lui est donné par le caissier.

L'auteur seul, ou la personne qui a remis la pièce, a le droit d'être présent à l'assemblée, & il est défendu aux *comédiens* d'y laisser entrer qui que ce soit, sous peine de trois cens livres d'amende, à moins qu'il n'ait une permission expresse, & par écrit, de MM. les gentilshommes de la chambre, ou d'un des intendans des menus.

Après la lecture de la pièce, l'auteur a le droit de répondre aux objections qui lui sont faites par les *comédiens*; mais il doit se retirer pendant la délibération.

Le premier semainier étoit tenu de fournir à chaque acteur & à chaque actrice trois fèves; l'une blanche, pour l'acceptation simple des pièces; une marbrée, pour l'acceptation avec des changemens; & une noire, pour le refus absolu.

Cette forme des suffrages n'a plus lieu aujourd'hui, comme on le verra dans la suite.

Le second semainier est chargé de mander à l'auteur le vœu de l'assemblée. S'il s'agit de faire des changemens, il doit communiquer à l'auteur les observations qui ont été faites dans l'assemblée. Si l'auteur se soumet à faire des corrections, il peut demander une seconde lecture, qui doit lui être accordée dans la même forme que la première.

Les acteurs & les actrices sont obligés de garder un secret inviolable sur tout ce qui s'est passé dans les assemblées relatives aux pièces nouvelles, sous peine d'être privés de leur voix délibérative, & de leur droit de présence.

Lorsqu'une pièce nouvelle est reçue, l'auteur doit obtenir l'approbation de la police. Cette formalité remplie, il convient avec les *comédiens* du temps où sa pièce sera représentée, & l'époque doit être inscrite sur le registre des délibérations.

Aucune pièce nouvelle ne peut être jouée qu'après avoir été présentée par l'auteur au premier gentilhomme ordinaire de la chambre du roi en exercice.

L'auteur a la faculté de distribuer les rôles de sa pièce aux acteurs qu'il juge à propos de choisir, & aucun acteur ne peut refuser de jouer, sous peine de cinquante livres d'amende, & de plus grande peine suivant les circonstances; & en cas de contestation à cet égard, l'auteur & les *comédiens* doivent se retirer pardevers le premier gentilhomme de la chambre en exercice. La distribution des rôles des pièces anonymes qui ont été envoyées aux *comédiens*, appartient à MM. les gentilshommes de la chambre.

Les *comédiens* sont obligés de jouer les pièces reçues dans le temps convenu entre eux & les auteurs, sous peine d'une amende de trois cens livres. Si une pièce n'étoit pas représentée par la faute personnelle d'un acteur, ce *comédien* supporteroit seul l'amende; & il est enjoint aux semainiers de dénoncer à MM. les gentilshommes de la chambre les acteurs qui contreviennent à cette règle, sous la même peine.

La part des auteurs est d'un neuvième dans le produit net de la recette pour les pièces en cinq actes, tant tragiques que comiques; d'un douzième pour les pièces en trois actes; & d'un dix-huitième pour les pièces en un acte.

Pendant le temps que les représentations des pièces nouvelles se font au profit des auteurs, ils ont le droit de donner des billets d'entrée au spectacle; savoir, pour une pièce en cinq actes, six billets d'amphithéâtre, quatre pour une pièce en trois actes, & deux pour une pièce en un acte. Si les auteurs demandent un plus grand nombre de billets, ils sont obligés d'en tenir compte sur leur part. Il est défendu aux semainiers de leur délivrer plus de vingt billets de parterre.

Les auteurs ont la faculté d'interrompre les représentations de leurs pièces, pour se ménager une reprise dans un autre temps dont ils peuvent convenir avec les *comédiens*.

Lorsque les auteurs ne retirent point leurs pièces dans la nouveauté, les *comédiens* doivent en continuer les représentations, & les auteurs conservent leurs droits de part jusqu'à ce que la recette ait été deux fois de suite, ou trois fois en différens temps, au-dessous de douze cens livres pendant l'hiver, & de huit cens livres pendant l'été: alors la pièce appartient aux *comédiens*.

Quand une pièce interrompue dans sa nouveauté a été reprise, l'auteur n'a plus le droit de la retirer, & les *comédiens* doivent la jouer jusqu'à ce que la recette ait été une fois seulement au-dessous de douze cens livres l'hiver, & de huit cens livres l'été: alors l'auteur n'a plus aucun droit à prétendre.

Les auteurs, après la sixième représentation de leurs pièces, peuvent choisir les pièces qu'ils jugent à propos pour être jouées comme petites pièces, pourvu que ce soit dans le nombre des pièces sues. Ils ont le droit de les demander aux semainiers, qui doivent les mettre sur le répertoire de la semaine. S'il s'élève à cet égard quelques contestations, elles doivent être portées devant MM. les gentilshommes de la chambre du roi.

L'auteur de deux pièces en cinq actes, celui de trois pièces en trois actes, & celui de quatre pièces en un acte, ont leur entrée franche à la comédie pendant leur vie.

L'auteur d'une pièce en cinq actes jouit du droit d'entrée pendant trois ans; l'auteur d'une pièce en trois actes pendant deux ans, & celui d'une pièce en un acte pendant un an seulement.

Les auteurs jouissent de leurs entrées aussi-tôt que leurs pièces ont été reçues par les *comédiens*, & ils ont le droit de se placer dans toute la salle, excepté à l'orchestre, aux secondes loges & au parterre. Il est défendu aux *comédiens* d'apporter aucun obstacle à l'exercice de ce privilège, à peine de vingt livres d'amende. Cependant un auteur peut être privé de son droit d'entrée lorsqu'il est convaincu d'avoir troublé le spectacle par des cabales ou des critiques injurieuses, dont la preuve a été produite devant les gentilshommes de la chambre du roi.

Telles sont les règles établies par le réglement de 1757: comme elles ont été modifiées & étendues dans un dernier réglement fait par les gentilshommes de la chambre du roi, le premier juillet 1766, nous allons rapporter ces changemens & ces modifications.

Avant d'être reçu à faire lire une pièce à l'assemblée, il faut qu'elle ait été remise à un *comédien*, & qu'il certifie qu'il la connoît, & qu'elle peut être entendue. On met les pièces nouvelles sur le bureau de l'assemblée, & on nomme un examinateur. Le comité doit prendre le titre de la pièce, & le nom de l'examinateur, afin d'éviter qu'aucun ouvrage ne s'égare. Si l'examinateur trouve que la pièce ne doit pas être admise à la lecture générale, il est obligé d'en donner les raisons par écrit, d'une manière très-honnête, & le premier semainier les remet à l'auteur en lui rendant sa pièce. Si au contraire l'examinateur trouve la pièce en état d'être lue, elle doit être inscrite à son rang.

Pour prévenir les cabales des acteurs & des actrices, & pour empêcher l'effet des protections pour la distribution des rôles, l'auteur doit remettre au comité la distribution cachetée. Si la pièce est reçue, on fait aussi-tôt la lecture de la distribution des rôles. Si la pièce n'est reçue qu'à correction, la distribution est renfermée par le semainier dans une armoire, & le semainier est tenu d'en répondre, & de la représenter lors de la seconde lecture. La distribution doit être rendue à l'auteur sans l'ouvrir, lorsque sa pièce est refusée.

La pièce étant lue, chaque acteur ou chaque actrice qui aura acquis voix délibérative, soit par ses services, soit par sa capacité, doit mettre par écrit ses motifs d'acceptation, de correction ou de refus, & remettre son avis au premier semainier pour en faire la lecture à l'auteur; il est défendu aux acteurs & aux actrices de se servir d'aucun terme choquant pour l'auteur, & il leur est ordonné d'exposer clairement leurs raisons en termes honnêtes.

Lorsque la pièce est reçue à correction, le comité remet à l'auteur, avant que le semainier jette au feu les papiers, un extrait des réflexions qu'on a faites sur son ouvrage.

Le réglement de 1766 contient les mêmes dispositions que celui de 1757, sur la distribution des rôles, & sur le droit de part qui appartient à l'auteur. Quant au partage des deux semestres, les gentilshommes de la chambre ont fixé le commencement de l'hiver au 15 novembre, & celui de l'été au 15 mai.

Toute pièce qui n'a pas en hiver douze représentations au-dessus de douze cens livres, & en été dix représentations au-dessus de huit cens livres, ne donne pas à l'auteur le droit de demander une reprise. Cependant, si dans le cours de ces représentations il n'y en a qu'une seule au-dessous de douze cens livres en hiver, & de huit cens livres en été, l'auteur peut retirer sa pièce, & demander une reprise; mais toutes les fois qu'il y a deux représentations au-dessous des sommes fixées, l'auteur est exclu du droit de demander une reprise.

Lorsqu'une pièce est interrompue par la maladie d'un acteur, ou par tout autre événement qui ne dépend pas de l'auteur, tous ses droits lui sont conservés.

Le réglement de 1766 contient encore les mêmes dispositions que celui de 1757, sur le droit d'entrée des auteurs.

L'exécution de ces règles est soumise à une commission du conseil, lorsqu'il s'élève quelque contestation entre les auteurs & les *comédiens*. Comme les réglemens qui les renferment sont émanés des premiers gentilshommes de la chambre du roi, qui sont en cette partie commissaires délégués par l'arrêt de 1757 enregistré au parlement, on regarde que les tribunaux ordinaires ne peuvent connoître des contestations qui naissent entre les auteurs & les *comédiens*.

C'est ce qui a été jugé par plusieurs arrêts du conseil, qui ont évoqué les demandes formées par les auteurs dans les tribunaux ordinaires.

Nous en avons un exemple récent dans l'affaire de M. Mercier. Cet auteur s'étoit plaint au parlement de la conduite que les *comédiens* avoient tenue envers lui; il avoit formé opposition à l'enregistrement des lettres-patentes que le roi a accordées aux *comédiens* françois, & il avoit porté à la grand'chambre la contestation; mais sa majesté, par un arrêt rendu en 1775, a évoqué l'affaire à son conseil, & a défendu à tout autre juge d'en connoître. Comme cette contestation est restée indécise, nous ne pouvons pas en rendre compte.

M. Mercier n'est pas le seul auteur qui ait attaqué les réglemens des *comédiens* françois. M. de la Saussaie les a également poursuivis en justice; mais cette contestation a eu le sort de celle de M. Mercier. Elle a été évoquée au conseil. M. Palissot a aussi fait paroître un mémoire à consulter contre les *comédiens* françois; mais nous ignorons s'il a formé une demande contre eux dans les tribunaux.

Au reste, nous ne parlons de ces contestations que pour faire connoître la jurisprudence du conseil sur la compétence des juges qui doivent connoître de l'exécution des réglemens faits par les premiers gentilshommes de la chambre du roi. Or, d'après l'arrêt rendu dans l'affaire de M. Mercier, on doit regarder que le conseil s'envisage comme seul compétent pour prononcer sur les contestations qui s'élèvent entre les auteurs & les *comédiens*. Ainsi un auteur qui croit avoir le droit de se plaindre des *comédiens*, doit s'adresser au conseil pour éviter de faire des procédures inutiles dans les tribunaux ordinaires.

Discipline intérieure des comédiens françois. Cette dernière partie de l'article Comédien n'est pas la moins importante, puisqu'elle tend à faire connoître les règles auxquelles les *comédiens* sont soumis envers le public, & les précautions que leurs fournisseurs ou ouvriers doivent prendre pour la sûreté du paiement de leurs mémoires. Nous ne rappellerons point les dispositions des anciens réglemens. Celui que les premiers gentilshommes de la chambre du roi ont fait en 1766, renferme les anciennes règles, & ils y en ont ajouté de nouvelles pour remédier aux abus qui s'étoient glissés dans l'administration de la comédie françoise; ainsi ce réglement, sous ce point de vue, peut être regardé comme un code complet sur la discipline des *comédiens* françois.

Pour rendre ces règles avec précision, nous les diviserons en plusieurs classes. Nous rapporterons, 1°. celles qui sont relatives aux assemblées; 2°. aux délibérations; 3°. au répertoire; 4°. au comité; 5°. aux semainiers, & 6°. aux débuts.

Assemblées des comédiens françois. Tous les acteurs & toutes les actrices de la comédie françoise doivent se trouver à l'assemblée générale qui se tient tous les lundis de chaque semaine, à onze heures du matin, à l'hôtel de la comédie. Aucune personne étrangère ne peut assister à ces assemblées, sous quelque prétexte que ce soit.

Chaque acteur & chaque actrice a un droit de six livres pour sa présence à ces assemblées. Les acteurs, reçus à la pension, jouissent du même droit que les acteurs reçus à la part. Ceux des acteurs ou des actrices qui ne se trouvent pas à l'assemblée, ou qui arrivent après onze heures, perdent leur droit de présence: & les six livres qui leur auroient appartenu, sont déposées par le caissier dans la caisse des amendes.

Les membres du comité ont la préséance, ainsi que les deux semainiers; les autres acteurs & actrices se placent ensuite suivant leur rang d'ancienneté.

On doit commencer par le répertoire, & l'on ne peut mettre aucune autre affaire sur le bureau avant qu'il soit fini. Le comité doit ensuite proposer les objets de délibération: & l'assemblée ne peut se séparer que lorsque le comité a déclaré qu'il n'y a plus d'affaires à traiter. Les acteurs ou les actrices qui sortent de l'assemblée auparavant, perdent leur jeton: & le premier semainier est autorisé à le leur retenir, à moins qu'il ne leur ait été permis de se retirer. L'assemblée doit finir au plus tard à une heure & demie, s'il n'y a point d'affaire importante & très-pressée qu'on doive traiter avant de se séparer.

Délibérations. Elles se règlent à la pluralité, soit de vive voix ou par écrit. Dans les affaires qui exigent un avis motivé, chaque acteur & chaque actrice doit dire son avis suivant son rang d'ancienneté. Le premier semainier a le droit de recueillir les suffrages, & le comité motive la décision conformément à la pluralité des voix.

Toutes les décisions, soit verbales ou par écrit, doivent être inscrites à l'instant sur le registre des délibérations, & signées par le comité, par les semainiers, & par tous les acteurs & toutes les actrices présens à l'assemblée, quand même plusieurs d'entre eux n'auroient pas été de l'avis qui a formé la délibération à la pluralité des suffrages, parce que, suivant le réglement, la pluralité des voix doit alors former la réunion des sentimens.

Lorsqu'un acteur ou une actrice interrompt l'assemblée dans le temps qu'elle délibère sur une affaire, pour en proposer une autre, ou sous quelque prétexte que ce soit, le réglement veut que l'acteur ou l'actrice soit condamné à une amende de six livres. La même peine est prononcée contre ceux qui se servent de paroles piquantes & peu mesurées : &, dans l'un ou l'autre cas, les contrevenans doivent être privés de leur droit de présence, & leurs noms rayés de dessus la feuille.

Le comité est chargé de prononcer cette amende sous peine de la payer lui-même, & de rendre compte aux intendans des menus des contraventions qui pourroient être commises à cet égard.

Le réglement, pour rendre les acteurs & les actrices plus exacts aux assemblées, leur a accordé un jeton de la valeur de trois livres à chacun.

Tout acteur & toute actrice qui ne sait pas son rôle, doit être condamné à une amende de douze livres pour la première fois; &, en cas de récidive, à garder les arrêts jusqu'à nouvel ordre. Ceux qui manquent à leurs exercices, ou qui ne sont pas prêts à l'heure indiquée pour commencer, doivent être condamnés à trois livres d'amende. La même peine est prononcée contre ceux qui, ayant joué dans la grande pièce, se font attendre pour la petite.

Les acteurs & les actrices sont obligés de se trouver exactement aux répétitions dont les jours & les heures sont marqués par le premier semainier, sous peine de trois livres d'amende, s'ils manquent la répétition. Le second semainier est chargé de ce détail; &, s'il fait grace à quelqu'un, le réglement veut qu'il supporte lui-même la peine.

Répertoire. L'objet du répertoire est un des plus importans de la discipline des *comédiens*, puisqu'il a pour but de varier les représentations, & de mettre les acteurs & les actrices en état de jouer leurs rôles d'une manière satisfaisante pour le public.

Le *comité* est chargé de faire une distribution exacte des différens emplois, & de dresser à cet effet un état général de toutes les pièces, soit sues, soit à remettre. Cet état doit contenir les noms des acteurs & des actrices qui sont destinés pour jouer en premier, en double & en troisième les rôles de chacune de ces pièces.

Avant que le répertoire commence, si quelques acteurs ou actrices ont besoin d'un jour dans la semaine, ils sont obligés d'en prévenir le premier semainier, & de lui communiquer les raisons qu'ils ont pour se dispenser de jouer. Le semainier inscrit leurs noms sur une feuille volante, & le comité remet cette feuille tous les mois aux premiers gentilshommes de la chambre.

Lorsque la société a décidé qu'une pièce seroit jouée tel jour, un acteur ou une actrice ne peut refuser le rôle qui lui est distribué pour le jour fixé par la société.

Les acteurs en premier doivent avertir, après le répertoire, leurs doubles, des rôles qu'ils joueront dans la semaine. Si le rôle est trop long, le comité peut dispenser le double de jouer; mais lorsque le comité décide que le double doit jouer, il ne peut s'en dispenser sous aucun prétexte.

Si les premiers ne peuvent pas jouer à cause d'affaires ou d'incommodités notoires, ils sont obligés d'avertir par écrit les doubles la veille de bonne heure, & d'en prévenir le premier semainier, afin que le service de la comédie ne manque pas. Si le double est malade, le premier est tenu de jouer à sa place.

Tout acteur ou actrice qui tombe subitement malade, est obligé de faire avertir le matin le premier semainier, afin qu'il puisse distribuer son rôle à un autre, ou changer de pièce & faire faire de nouvelles affiches. Dans ce cas, on doit instruire M. le lieutenant-général de police du changement.

Pour s'assurer du véritable état des acteurs ou des actrices, & que leurs maladies ne sont pas feintes, les semainiers doivent se transporter chez eux pour être instruits de la vérité.

Le réglement de 1766 ordonne aux *comédiens* de représenter, tous les mois, une tragédie ou une comédie en cinq actes, nouvelle ou remise, & une comédie en trois actes ou en un acte, nouvelle ou remise : & le comité est chargé de veiller à l'exécution de cette règle.

Le répertoire se fait pour quinze jours : & lorsqu'il est arrêté, chaque acteur ou actrice ne peut se dispenser de jouer les rôles qui lui ont été distribués, à moins qu'il n'ait quelque empêchement légitime & approuvé par le comité. Dans le cas d'infraction de cette règle, les contrevenans doivent être condamnés à une amende de cent livres : & le comité est obligé de dénoncer aux intendans des menus les acteurs qui refusent de jouer.

Les pièces, mises sur le répertoire, doivent être jouées, quand même les acteurs en premier ne pourroient pas jouer. Les doubles sont alors obligés de les remplacer : &, si ces derniers ne peuvent jouer ces rôles, c'est au comité à décider ce qui est le plus avantageux à la société.

Les *comédiens* ne doivent point se dispenser de jouer à Paris les jours qu'ils sont obligés de représenter à la cour. Le comité est chargé de veiller, en faisant le répertoire, à ce que le service de la cour ne prive pas la capitale du spectacle; il doit choisir, pour ces jours-là, les acteurs & les actrices qui ne sont point obligés d'aller à la cour, & employer les doubles. Dans le cas où un acteur ou une actrice refuseroit de jouer, le réglement veut qu'il soit condamné à une amende de trois cens livres.

Les acteurs ou les actrices qui négligent de jouer des rôles médiocres, doivent être privés du droit d'en jouer de bons.

Tout acteur & toute actrice qui, par humeur ou par mauvaise volonté, fait manquer une représentation, doit être condamné à une amende de trois cens livres.

Comité. Il a été établi par le réglement de 1766. Les fonctions des membres qui le composent, consistent à prendre connoissance de toutes les affaires qui concernent la comédie, & à donner leurs avis aux intendans des menus, qui en rendent compte aux premiers gentilshommes de la chambre.

Le comité est composé de six acteurs & du premier semainier. Pendant le temps de son exercice, le premier-semainier est obligé de se trouver aux assemblées du comité : & il a voix dans les délibérations.

Lorsque le semainier sort d'exercice, il doit instruire celui qui lui succède, des différentes affaires qu'il n'a pu terminer. Il est tenu à cet effet de lui remettre son registre. Si les affaires étoient de nature à ne pouvoir être éclaircies que par le semainier qui sort d'exercice, le comité peut le mander pour en rendre compte.

Les membres du comité font leurs fonctions pendant une année entière. Le réglement veut que les acteurs & les actrices se soumettent aux décisions du comité, comme étant revêtu des pouvoirs des premiers gentilshommes de la chambre. Les acteurs qui composent le comité, sont dispensés de la commission de semainier. Ils s'assemblent le jour qui est indiqué dans l'assemblée générale du lundi : & les intendans des menus doivent être prévenus du jour pris pour l'assemblée du comité. Tous les membres du comité sont tenus de se trouver aux assemblées, à moins qu'ils n'aient des causes légitimes de s'en dispenser, dont ils doivent rendre compte aux intendans des menus.

Les délibérations & décisions du comité qui intéressent l'administration générale, le service de la cour & celui du public, ne peuvent être exécutées qu'après qu'il en a été rendu compte aux intendans des menus, & qu'elles ont été approuvées par les premiers gentilshommes de la chambre.

Quant aux délibérations & décisions qui concernent les états de dépense & les mémoires arrêtés par le comité, il suffit qu'elles soient communiquées à l'assemblée générale de la société, qu'elles en soient approuvées, & qu'elles soient signées du comité & du tiers du reste de la société, pour être exécutées comme si elles étoient signées par la société entière.

Le comité étant chargé de l'administration générale de la société, il prend connoissance de tous les engagemens, contrats, obligations, remboursemens, acquits de mémoires, dépenses journalières & extraordinaires, & des emprunts; mais, avant de prendre aucun parti sur ces différens objets, le comité doit instruire le conseil de la comédie pour avoir son avis.

Le réglement veut que les comptes soient rendus en présence du conseil de la comédie, afin qu'étant instruit des dettes passives de la société, il puisse décider plus sûrement les contestations qui peuvent s'élever. Il est également ordonné par le réglement au comité de prendre l'avis du conseil avant d'entreprendre & de suivre aucune affaire, tant en demandant qu'en défendant, sous le nom de la société. La délibération du conseil sert de pouvoir aux procureurs.

Le comité a l'inspection sur les ballets, l'orchestre, le magasin, les provisions nécessaires de bois & de charbon, & les fournitures d'ustensiles de l'intérieur de l'hôtel; il peut faire des réglemens pour tous les gagistes, & les remettre aux semainiers pour les faire exécuter. Il est dépositaire des archives, & il a le droit de convoquer les assemblées extraordinaires. La vérification de la caisse lui appartient, ainsi que des registres de recette & de dépense, & il nomme un acteur pour les parapher.

Le comité est chargé en outre de juger les contestations qui s'élèvent entre les directeurs & les acteurs de province, sur le rapport qui lui en est fait par un de ses membres. Les jugemens rendus par le comité doivent être inscrits sur un registre particulier dont le membre le plus ancien est dépositaire : & ces jugemens ne peuvent être exécutés qu'après avoir été approuvés par les gentilshommes de la chambre.

Le comité est obligé de tenir un registre des ordres qu'il reçoit des intendans des menus, des lettres qui lui sont adressées, des réponses qu'il fait, & de toutes les délibérations qu'il prend. Il est chargé de notifier sur le champ les ordres qui lui sont adressés, aux acteurs ou aux actrices qu'ils concernent, & ces derniers sont obligés de s'y soumettre sous peine de désobéissance.

Le comité, dans le cas de decès ou de retraite d'un acteur ou d'une actrice, a le droit de distribuer le rôle dont il étoit chargé, à un autre acteur ou actrice.

Aucun acteur ni aucune actrice ne peut changer un rôle qui est de son emploi, sans en avoir prévenu le comité & sans avoir motivé ce changement. Le comité est obligé de rédiger par écrit les raisons de l'acteur, & de les remettre aux intendans des menus pour les communiquer aux premiers gentilshommes de la chambre.

Les difficultés qui naissent entre les *comédiens*, sont soumises au jugement du comité. Il est autorisé à remedier aux abus, & même à les prévenir. Il a le droit de faire exécuter les réglemens & de veiller à ce qu'il ne se fasse rien contre la décence. Lorsque la conduite de quelques acteurs ou de quelques actrices porte atteinte à l'honnêteté, le comité est obligé d'en donner avis aux premiers gentilshommes de la chambre. Dans tous les événemens imprévus, le comité a le droit de décider provisoirement ce qu'il juge de plus convenable : & la société est obligée de s'y conformer jusqu'à la décision des supérieurs.

Le comité doit tenir un registre des pièces nouvelles que les auteurs présentent à la lecture, par jour & date, & il est obligé de les communiquer aux auteurs. La demeure des auteurs doit être inscrite sur ce registre, afin qu'on puisse les prévenir huit jours avant celui qui est pris pour entendre la lecture de leurs pièces.

La remise des pièces dépend du comité : & il doit veiller à l'exécution des réglemens à cet égard.

Les six membres du comité ont des fonctions particulières. Le réglement attribue au premier la connoissance de tout ce qui regarde la caisse ; au second, celle du ballet, de l'orchestre, des emplois comptables & des dépenses qui y sont attachées ; au troisième, celle des décorations, du magasin, des machinistes, des tailleurs & autres gagistes ; au quatrième, celle des contestations de province, des archives, de la poursuite des affaires judiciaires, & des mémoires à faire arrêter & régler par le comité ; au cinquième, celle des auteurs, du rang des pièces, de la recherche de celles qui peuvent être remises au théâtre, des lettres adressées à la société, & de leurs réponses ; enfin au sixième, celle de tous les ouvriers, des réparations, des fournitures, des provisions & des garçons de théâtre.

Le comité est spécialement chargé de veiller à l'exécution des réglemens, & d'instruire les intendans des menus des contraventions, sous peine d'être responsable lui-même des infractions qu'il n'auroit pas dénoncées.

Semainiers. Il y avoit autrefois trois semainiers à la comédie françoise ; il n'y en a plus que deux depuis le réglement de 1766. Comme chaque semainier a ses fonctions particulières, nous rapporterons d'abord les obligations qui sont imposées au premier semainier.

Le premier semainier (comme on l'a observé dans l'article précédent), est obligé de se trouver au comité : & il y a voix délibérative. Il est chargé de la garde du registre des délibérations pendant sa semaine. Il a la clef de l'armoire de la chambre des assemblées, & il est responsable des papiers qu'elle renferme, des ordres & du dépôt du greffe.

Lorsque le comité trouve à propos de demander des assemblées ordinaires ou extraordinaires, c'est au premier semainier à les convoquer.

Il doit constater l'état des acteurs présens aux assemblées, & marquer sur une feuille les noms des absens ou de ceux qui arrivent après l'heure fixée. Le comité date la feuille, & le caissier remet au premier semainier les jetons pour en faire la distribution.

Le premier semainier est chargé de proposer les pièces qui doivent former le répertoire pendant quinze jours, & il doit avertir les acteurs & les actrices qui doivent y jouer. Il est encore chargé de veiller à l'exécution du répertoire, de prendre les ordres des premiers gentilshommes de la chambre, & de leur dénoncer les abus qui ont été commis pendant sa semaine, & de faire le rapport des ordres au comité.

Le second semainier est chargé de la distribution des billets & des contre-marques ; de faire annoncer les pièces ; de donner les affiches ; de faire commencer le spectacle à cinq heures & un quart en été. Il doit marquer les acteurs qui ne sont pas prêts à l'heure, & en remettre la liste au premier semainier. C'est lui enfin qui est chargé de veiller à l'exactitude du spectacle ; à cet effet, il doit assister à toutes les répétitions, & il peut mettre à l'amende les acteurs & les actrices qui ne sont pas exactes à s'y trouver, ou qui n'arrivent pas à l'heure fixée. Il doit également tenir une liste de ces abus, & la remettre au premier semainier qui est chargé de la communiquer aux intendans des menus.

Débuts. Toute personne qui se présente pour débuter, ne peut être employée qu'à jouer des rôles de caractère : &, avant de débuter, elle doit avoir été entendue par le comité. Les *comédiens* de province qu'on fait venir sur leur réputation, sont seuls affranchis de cette règle.

On ne peut être reçu à débuter qu'en vertu d'une permission des premiers gentilshommes de la chambre : & cette permission doit être montrée à l'assemblée. Le débutant peut demander trois pièces, pourvu qu'elles soient sur le courant du répertoire : & le premier semainier est tenu de les employer sur le premier répertoire.

Les acteurs & les actrices qui ont des rôles dans les pièces choisies par les débutans, ne peuvent se dispenser de jouer, sous peine d'une amende de cent livres. Les acteurs de chaque pièce où un débutant doit jouer, sont obligés de faire une répétition générale sur le théâtre ; ceux qui y manquent, doivent être condamnés à une amende de dix livres.

Outre la représentation de trois pièces dans lesquelles les débutans doivent jouer, les gentilshommes de la chambre désignent trois autres pièces dans lesquelles les débutans sont tenus de jouer le rôle qui leur est donné suivant le genre auquel ils se destinent : il doit être fait deux répétitions de chacune de ces pièces en présence des intendans des menus. Les acteurs & les actrices qui jouent dans ces pièces, doivent se trouver aux répétitions, sous peine de cent livres d'amende.

Tout acteur ou actrice qui n'a point joué sur les théâtres de province, ne peut obtenir un ordre de début, qu'après avoir joué devant le comité.

Les acteurs & les actrices qui ont débuté avec succès, sont reçus à l'essai pendant un an, & ils ont dix-huit cens livres d'appointement. Si leurs dispositions ne sont point démenties pendant ce temps, on les admet alors dans la société, & on leur donne deux mille livres d'appointement. Ils ont en outre les droits de présence, de jetons : & leur pension commence à courir du jour de leur début. A la fin de la seconde année, si les acteurs & les actrices sont trouvés en état d'être reçus, on les admet ou on les congédie comme inutiles à la société; mais, avant d'admettre ou de renvoyer un acteur ou une actrice, chaque membre de la société doit adresser son avis motivé & cacheté aux intendans des menus, pour être communiqué aux premiers gentilshommes de la chambre.

Le réglement de 1766, renfermant toutes les dispositions des précédens réglemens, les premiers gentilshommes de la chambre ont ordonné que chaque acteur & chaque actrice en auroit une copie, & que la lecture en seroit faite dans une assemblée générale qui seroit tenue, tous les six mois, en présence des intendans.

Nous bornerons à ces détails ce qu'il est essentiel de connoître sur l'état, les droits & les obligations des *comédiens* françois. Quoique les *comédiens* italiens aient beaucoup de rapport avec les premiers, leur établissement a cependant des règles qui lui sont particulières. Ainsi, pour rendre cet article complet, nous allons rappeller tout ce qui est relatif aux *comédiens* italiens.

Comédiens italiens. Ce fut en 1577, sous le règne de Henri III, qu'on vit en France pour la première fois, des *comédiens* italiens qu'on appelloit *li gelosi*. Ils jouèrent pendant la durée des états de Blois, & ils continuèrent ensuite leurs représentations sur le théâtre du petit Bourbon. Ce spectacle eut le plus grand succès; mais peu de temps après son établissement, il fut interrompu par des défenses du parlement : ces défenses subsistèrent pendant trois mois, & ce spectacle recommença par ordre exprès du roi. Les troubles qui agitèrent la France à cette époque, étant peu favorables aux spectacles, les *comédiens* italiens furent obligés de retourner dans leur patrie.

En 1584, de nouveaux *comédiens* italiens s'établirent dans Paris. Leurs succès passagers en déterminèrent d'autres à ouvrir un second spectacle en 1588; mais les uns & les autres ne restèrent que peu de temps en France, & ils n'y firent rien de remarquable. Henri IV amena avec lui du Piémont de nouveaux *comédiens* italiens : ils jouèrent pendant deux ans, & s'en retournèrent ensuite en Italie.

Louis XIII appella à sa cour des *comédiens* italiens, mais ils y restèrent à peine une année entière.

En 1645, le cardinal Mazarin fit venir de nouveaux *comédiens* d'Italie. N'ayant eu aucun succès, ils quittèrent la France peu de temps après. Ils furent remplacés par d'autres qui furent supprimés.

Toutes ces variations ne firent point abandonner aux Italiens le projet d'avoir un spectacle en France. Ils sollicitèrent la cour de leur en accorder la permission. Ils l'obtinrent, & s'établirent dans l'hôtel de Bourgogne où ils furent autorisés à jouer alternativement avec les *comédiens* françois, ainsi que sur le théâtre du petit Bourbon qui étoit occupé par les *comédiens* de Molière, & sur celui du Palais-royal.

Les *comédiens* italiens ont continué leurs représentations sur ces différens théâtres jusqu'au moment où les deux spectacles des *comédiens* françois ont été réunis en un seul, c'est-à-dire, jusqu'en 1680. A cette époque, les *comédiens* italiens se trouvèrent seuls possesseurs de l'hôtel de Bourgogne : & ils y continuèrent leurs représentations jusqu'en 1697, que M. d'Argenson, alors lieutenant-général de police, se transporta, en vertu d'un ordre du roi, à cette salle de spectacle, & y apposa le scellé sur les portes de la rue Mauconseil & de la rue Françoise, & sur les loges des acteurs & des actrices auxquels il fit défenses de continuer leurs représentations. Ces défenses ont subsisté pendant dix-neuf ans.

Riccobini, dont la réputation s'étoit répandue en France, fut appellé en 1716. Les *comédiens* qui s'établirent avec lui à Paris, prirent le nom de *comédiens de S. A. R. M. le duc d'Orléans, régent*. Après la mort de ce prince, arrivée le 2 décembre 1723, ils prirent le titre de *comédiens italiens ordinaires du roi*, qu'ils ont conservé, ainsi que l'hôtel de Bourgogne, où ils sont encore aujourd'hui leurs représentations.

Comme, depuis le nouvel établissement fait en en 1716, les *comédiens* italiens ne faisoient qu'une recette médiocre, ils se déterminèrent à quitter leur théâtre en 1721, & à en ouvrir un à la foire. Ils y jouèrent pendant trois ans. Ce projet n'ayant pas eu le succès qu'ils avoient espéré, ils l'abandonnèrent.

Ils formèrent dans la suite un projet plus utile, celui de réunir l'opéra-comique à leur spectacle. Ils sollicitèrent cette grace, & elle leur fut accordée au mois de janvier 1762.

Comme la comédie italienne, depuis cette réunion, a pris une nouvelle existence, & qu'elle doit ses succès à l'opéra-comique, il convient de donner une idée de l'établissement de ce dernier spectacle en France.

Il est assez difficile de fixer, d'une manière précise & certaine, l'origine de l'opéra-comique. L'opinion la plus commune est que ce fut en 1678, que ce nouveau genre s'introduisit. Les sieurs Alart & Maurice firent exécuter, à cette époque, un divertissement en trois intermèdes, qui avoit pour titre *les Farces de l'amour & de la magie*.

Cependant il paroît plus naturel de fixer l'origine de ce spectacle à l'année 1640, où il parut une comédie de chansons qui fut suivie, en 1661, d'une pastorale intitulée *l'Inconstant vaincu*, &, en 1662, d'une nouvelle comédie de chansons.

Ce qu'il y a de certain, c'est qu'en 1715, les *comédiens* ayant fait un traité avec l'académie royale de musique, ils donnèrent à leur spectacle le titre d'*opéra-comique*. Ce spectacle eut un si grand succès, que les autres théâtres en sollicitèrent & obtinrent la suppression en 1718.

Six ans après, il reparut & fut ouvert pendant

vingt-un ans. A cette époque, il éprouva une nouvelle suppression.

Le sieur Monet proposa, en 1752, de le rétablir. Il sollicita un privilège, & cette grace lui fut accordée. L'opéra-comique reparut de nouveau, & il eut le plus grand succès. Les sieurs Favart, Corby & Mouette succédèrent au sieur Monet, & donnèrent à ce spectacle un degré de perfection qui le rendoit un des plus agréables de la capitale. Les Italiens ne virent alors d'autre ressource pour soutenir leur spectacle, que de solliciter la réunion de l'opéra-comique à leur théâtre. Cette grace leur fut accordée, comme nous l'avons dit ci-devant, au mois de janvier 1762.

Depuis cette époque, la comédie italienne & l'opéra-comique ne font plus qu'un seul & même spectacle qui continue ses représentations dans l'hôtel de Bourgogne.

Telle est l'histoire abrégée du théâtre italien en France, depuis son premier établissement jusqu'à ce moment. Comme la police intérieure des *comédiens* italiens est presque conforme à celle des *comédiens* françois, nous nous bornerons à marquer les règles différentes & les usages reçus parmi les *comédiens* italiens, qui forment l'administration particulière de ce théâtre.

Trois ans après l'établissement de Riccoboni en France, c'est-à-dire, en 1719, les *comédiens* italiens firent entre eux, le 27 octobre de la même année, un acte de société dans lequel ils déclarèrent « que » les dépenses de leur établissement montoient à plus » de cent mille livres; que cette somme ayant été » empruntée & payée sur le produit des représen» tations, pour éviter toute contestation entre les » nouveaux acteurs & les anciens, il convenoit » d'établir une règle invariable à l'instar des *comé» diens* françois; à cet effet, ils arrêtèrent que les » dépenses de leur établissement demeureroient ré» duites à la somme de quatre-vingt-seize mille » livres.

» Comme les acteurs & les actrices étoient au » nombre de douze, il fut arrêté que chacun seroit » regardé comme ayant fait une avance de la somme » de 8000 liv. dont il seroit remboursé ou ses héritiers, » deux mois après sa retraite ou son décès, sans » aucun intérêt; qu'après ce temps, il seroit libre » au *comédien* ou à ses héritiers de laisser les huit » mille livres dont l'intérêt leur seroit payé au de» nier vingt, ou de demander le paiement du ca» pital, auquel tous les acteurs & toutes les actrices » seroient obligés solidairement; il fut en outre con» venu que l'acteur qui remplaceroit celui qui se se» roit retiré ou qui seroit mort, seroit tenu de payer » la somme de huit mille livres, qui lui seroit éga» lement remboursée ou à ses héritiers dans le cas » de retraite ou de décès; & que, si l'acteur nou» veau ne pouvoit pas faire ces fonds, il seroit obligé » d'en payer l'intérêt à la société au denier vingt » sur la moitié de sa part qui lui seroit retenue, & » qu'il acquitteroit le principal avec l'autre moitié » de sa part.

» Enfin il fut arrêté qu'en cas d'augmentation d'ac» teurs ou d'actrices, ils seroient également obligés » de faire un fonds de huit mille livres, s'ils étoient » reçus à part entière; & à proportion, s'ils étoient » reçus à demi-part ou à une moindre part ».

Pour assurer l'exécution de cet acte de société, les *comédiens* italiens le firent homologuer par arrêt du parlement du 13 décembre 1719. Ils n'ont fait aucun changement à ce traité jusqu'en 1741, qu'ils en ont fait un nouveau le 7 avril.

En 1742, il s'éleva une contestation entre les créanciers d'un acteur de la comédie italienne, & leur débiteur. Ces créanciers refusoient de se soumettre à l'exécution des actes de 1741 & de 1742. La société entière des *comédiens* intervint, & réclama l'autorité des arrêts qui avoient homologué ses délibérations. Sa réclamation fut accueillie par plusieurs arrêts du parlement, des 9 août, 6 septembre, 7 du même mois, & 17 octobre 1742: &, par ces arrêts, il fut ordonné que les actes de 1741 & de 1742 seroient exécutés selon leur forme & teneur.

Ainsi, d'après ces arrêts, c'est un principe consacré par la jurisprudence, que tous les créanciers, tant des acteurs particuliers de la comédie italienne que de la société entière, doivent se conformer, pour obtenir leur paiement, à la forme prescrite par les contrats de société que les *comédiens* ont faits entre eux, & qui ont été homologués par le parlement.

Les *comédiens* italiens ont fait un dernier acte de société le 29 avril 1754, par lequel ils ont arrêté, 1°. que le fonds de chaque acteur & de chaque actrice seroit à l'avenir de la somme de 15000 liv.; 2°. que le caissier seroit autorisé à retenir cette somme sur la part des acteurs; 3°. qu'il seroit tenu de payer cette somme aux acteurs qui se retireroient, ou à leurs héritiers en cas de décès; 4°. que l'acteur qui seroit reçu à demi-part, paieroit la moitié de cette somme, & à proportion; 5°. que l'acteur qui n'auroit pas cette somme, seroit tenu de l'emprunter sous le cautionnement de la société, & de la remettre dans la caisse; 6°. enfin que, pour payer les intérêts & le capital de cette somme, la forme prescrite par les précédens traités de société seroit exécutée.

Cet acte a été également homologué par arrêt du parlement du 19 février 1756.

Tels sont les différens traités qui fixent les droits des *comédiens* entre eux, & ceux de leurs créanciers.

Il nous reste maintenant à parler de l'administration & de la police intérieure de ce théâtre: elle est soumise, comme celle du théâtre françois, à l'autorité d'une commission du conseil, qui est composée des premiers gentilshommes de la chambre du roi.

Les réglemens intérieurs des *comédiens* italiens contiennent les mêmes dispositions que ceux des françois, quant à la police du spectacle. Le comité, les semainiers, le répertoire & les débuts sont soumis aux mêmes règles; mais les droits des auteurs sont différens ; ils ont été récemment fixés par un dernier réglement que les premiers gentilshommes de la chambre du roi ont donné à ce spectacle au mois d'avril 1774. Nous allons rapporter le précis des dispositions que ce réglement renferme concernant les pièces nouvelles & les auteurs.

Lecture & réception des pièces nouvelles. Avant de lire une pièce nouvelle à l'assemblée, il faut qu'elle ait été communiquée au comité qui choisit un de ses membres pour l'examiner. Sur le rapport de cet examinateur, le comité décide si la pièce mérite d'être lue. Si la pièce est approuvée par le comité, on la lit à l'assemblée générale.

Le comité est obligé de tenir un registre exact de la lecture des pièces nouvelles, & l'examinateur est obligé d'avertir l'auteur, du jour que sa pièce sera lue.

L'auteur seul ou celui qui a présenté la pièce, a le droit d'être présent à l'assemblée.

On se servoit, avant le dernier réglement, de fèves blanches, marbrées & noires pour recevoir la pièce, pour l'admettre à correction ou pour la rejetter; mais actuellement les Italiens suivent la même forme dans leurs suffrages que les François.

Les auteurs sont obligés de se retirer pendant la délibération de l'assemblée. Si la pièce est reçue à correction, & que l'auteur consente d'y faire les changemens, il peut demander une seconde lecture.

La pièce reçue, quant aux paroles, n'est censée pleinement reçue, que lorsque la musique en a été entendue & approuvée par les *comédiens*, & ce n'est que de ce moment que l'auteur a le droit de demander qu'elle soit jouée à son tour.

Pour entendre la musique d'une pièce nouvelle, les *comédiens* doivent s'assembler & se rendre sur le théâtre. Les musiciens de l'orchestre doivent être mandés. Chaque acteur chargé d'un rôle doit le savoir & le chanter. L'auteur des paroles & celui de la musique ont seuls le droit d'être présens à cette répétition.

Après la répétition, les *comédiens* entrent dans la salle d'assemblée, & donnent leurs suffrages pour l'acceptation ou le refus de la musique. S'ils approuvent la musique, on inscrit alors la pièce sur un registre particulier qui ne contient que les pièces dont les paroles & la musique sont également reçues. C'est ce registre que l'on consulte pour jouer les pièces nouvelles suivant leur rang.

Les auteurs sont maîtres de la distribution des rôles de leurs pièces. Les Italiens suivent à cet égard l'usage reçu au théâtre des François.

Les acteurs & les actrices ne peuvent refuser les rôles qui leur sont distribués.

Il est défendu aux *comédiens* de refuser de jouer une pièce reçue & d'en retarder la représentation, sinon pour des causes graves dont les premiers gentilshommes de la chambre du roi se sont réservé la connoissance.

Droits des auteurs dans le produit des représentations de leurs pièces. Les auteurs d'une pièce en trois actes & plus ont un neuvième; ceux d'une pièce en deux actes, un douzième, & ceux d'une pièce en un acte, un dix-huitième.

La moitié de chacune de ces parts appartient à l'auteur des paroles, & l'autre à l'auteur de la musique.

Le produit des loges louées à l'année n'entre point dans la recette sur laquelle on prend la part des auteurs : il n'y a que la recette qui se fait à la porte. Le produit des loges louées par représentation entre dans la recette journalière, & il est soumis au droit des auteurs.

Avant de régler la part des auteurs, on prélève sur la recette la taxe pour les pauvres, & la somme de 350 livres pour les frais journaliers.

Les auteurs n'ont point de part, lorsque la recette est au-dessous de six cens livres l'été, & de mille livres l'hiver.

Les Italiens comptent l'été depuis le 15 mai jusqu'au 25 novembre, & l'hiver depuis le 25 novembre jusqu'au 15 mai.

Les auteurs ont part dans toutes les représentations qui excèdent les sommes fixées ci-dessus. Ces représentations s'appellent *représentations utiles*, & les autres, *représentations nulles*.

Lorsqu'une pièce a été jouée trois fois, il n'est plus libre à l'auteur de la retirer. Les *comédiens* en acquièrent à cette époque la propriété usuelle : & ils peuvent l'employer sur leur répertoire comme ils jugent à propos.

Les *comédiens* n'ont pas cependant le droit d'interrompre les représentations d'une pièce dans sa nouveauté, sans le consentement des auteurs; mais ils peuvent la retirer, lorsqu'elle ne produit pas la recette qu'ils ont droit d'en espérer relativement à la saison où ils la donnent.

Il est également défendu aux *comédiens* de doubler les rôles d'une pièce dans sa nouveauté sans le consentement des auteurs.

Lors des reprises, si quelques acteurs ont des raisons pour se dispenser de jouer, le comité doit veiller à ce que l'on n'emploie point plusieurs doubles à-la-fois, & sur-tout à ce que les premiers rôles ne soient pas doublés, sans une extrême nécessité, les grands jours de spectacle.

Les auteurs conservent, pendant toute leur vie, leurs droits de part dans les représentations utiles de leurs pièces, quoique les représentations en soient interrompues; mais ils n'ont rien à prétendre sur toutes les représentations nulles.

Le droit des auteurs demeure supprimé à leur mort, quand leurs pièces n'auroient point éprouvé de représentations nulles; cependant on excepte de cette règle les pièces qui n'ont pas eu cinquante représentations utiles pendant la vie des auteurs; dans ce cas, leurs héritiers sont substitués à leurs droits jusqu'à ce que les pièces aient eu cinquante représentations utiles. Après ce nombre, leurs droits sont anéantis.

Les dispositions dont nous venons de rendre

compte, ne sont exécutées que pour les pièces qui ont été données depuis le dernier réglement; quant à celles qui ont une date antérieure, la propriété entière en appartient aux *comédiens*, si elles ont éprouvé le nombre de représentations nulles, qui a été suivi jusqu'au changement fait par le nouveau réglement.

Les auteurs ont le droit de donner des billets les jours de représentation de leurs pièces; savoir, pour deux personnes à l'amphithéâtre, & le même nombre aux troisièmes loges, soit qu'ils aient donné une grande ou une petite pièce. Les auteurs ont en outre le droit de donner vingt billets de parterre pendant les trois premières représentations; s'ils en prennent davantage, ils sont obligés d'en tenir compte.

Droit d'entrée des auteurs. Les auteurs d'une pièce en trois actes ont leurs entrées pendant trois ans; ceux d'une pièce en deux actes ou en un ont leurs entrées pendant un an seulement.

Le droit d'entrée n'est acquis aux auteurs que du jour où la musique a été reçue avec les paroles.

Les auteurs jouissent de leur droit d'entrée dans toute la salle, excepté dans les premières loges qui ne sont pas sur l'amphithéâtre, les secondes loges, les troisièmes & dans le parterre; mais ils ne peuvent faire garder leurs places.

Il est défendu aux *comédiens* de mettre aucun obstacle à l'exercice des droits d'entrée, accordés aux auteurs, excepté dans le cas où il seroit prouvé qu'ils auroient troublé le spectacle par des cabales ou des critiques injurieuses: & les premiers gentilshommes de la chambre du roi ont ordonné que la preuve des faits imputés aux auteurs leur seroit produite avant de les priver de leurs entrées.

Toutes les autres dispositions du dernier réglement des *comédiens* italiens, étant conformes à celles des réglemens des François, que nous avons rapportés ci-devant, il est inutile de les répéter ici. (*Cet article est de M.* DES ESSARTS, *avocat.*)

COMICES, f. m. pl. (*Jurisprudence romaine.*) c'est le nom des assemblées dans lesquelles le peuple romain élisoit ses magistrats & traitoit toutes les affaires importantes de la république.

Elles se tenoient à Rome, ou dans le champ de Mars, ou dans le marché, ou au capitole. Elles étoient convoquées & présidées par un des consuls ou autres magistrats de la république, quelques-unes même par le souverain pontife. Tous les citoyens, habitans de Rome ou de la campagne, y étoient admis. Elles ne se tenoient ni les jours de fêtes, ni les jours de foires, ni les jours malheureux; ensorte qu'on ne comptoit dans l'année que cent quatre-vingt-quatre jours de *comices*. L'assemblée étoit remise, lorsqu'il tonnoit ou faisoit mauvais temps, ou lorsque les augures ne pouvoient commencer ou continuer leurs cérémonies religieuses.

On distinguoit trois sortes de *comices*; les *comices* par curies, les *comices* par centuries & les *comices* par tribus. Cette distinction tire son origine de la distribution du peuple romain qui étoit divisé, ou en curies, ou en centuries, ou en tribus.

Les *comices par curies* sont de la plus haute antiquité: on en fait remonter l'origine jusques sous Romulus, qui divisa les citoyens de Rome en trente curies. On délibéroit, dans ces *comices*, des loix & des affaires capitales des citoyens; on y procédoit à l'élection des magistrats. Au reste, ce furent les seules assemblées du peuple jusqu'au règne de Servius qui, pour faire passer l'autorité du gouvernement dans les mains des plus riches citoyens, les divisa en cent quatre-vingt-treize centuries formant six classes différentes, & ordonna que, par la suite, le peuple donneroit son suffrage par centuries.

De-là vinrent les *comices* par centuries, dans lesquelles on élisoit les magistrats, on délibéroit des loix, des traités de paix, de la guerre, du jugement d'un citoyen accusé de haute trahison. Ces *comices* étoient toujours présidés par le premier magistrat de la république, dictateur, consul ou inter-roi; on les annonçoit au peuple par le ministère des crieurs, ou par des affiches ou publications faites pendant trois jours de marchés consécutifs. Dans les *comices* par centuries, les affaires étoient ordinairement décidées par l'avis des patriciens & des chevaliers qui composoient seuls la première classe dans laquelle Servius avoit renfermé tous les citoyens les plus riches sous quatre-vingt-dix-huit centuries; ensorte que, lorsque cette classe étoit d'un avis unanime, il étoit inutile de demander le suffrage des autres classes.

Cette forme d'assembler le peuple romain par curies ou par centuries se conserva jusqu'en l'an 263 de Rome, que les tribuns du peuple obtinrent que l'affaire de Coriolan seroit jugée par le peuple assemblé par tribus: & c'est à cette époque que commencent les *comices* par tribus.

Dans ces *comices* ou assemblées, le peuple y donnoit ses suffrages, suivant l'ordre des trente-cinq tribus dans lesquelles il étoit réparti. Dans les *comices* par centuries, tout dépendoit, comme nous venons de le dire, de la première classe; dans ceux par tribus, le bas peuple, plus nombreux que les riches, avoit plus de pouvoir qu'eux par la multitude de ses suffrages. On y promulguoit des loix connues sous le nom de *plébiscites*, qui obligeoient également tous les ordres de l'état. Ces assemblées pouvoient se tenir sans le consentement du sénat: les augures ne pouvoient ni les empêcher ni les retarder; ensorte, comme le remarque très-bien l'auteur de l'*Esprit des Loix*, il y avoit des cas où le sénat & les patriciens n'avoient aucune part à la législation, & étoient soumis à la puissance législative d'un autre corps.

Les *comices*, soit par curies, soit par centuries ou tribus, prenoient encore des noms différens suivant les magistratures auxquelles il falloit pourvoir dans les assemblées du peuple romain. De-là les *comices* consulaires où s'élisoient les consuls, les *comices* prétoriens, tribunitiens, des censeurs, des édiles, *&c.* dans lesquels on procédoit à l'élection des préteurs, des tribuns, des censeurs, des édiles, *&c.*

Justinien, au commencement du *tit.* 10, *lib. II.*

inst. parle des *comices* appellés *comitia calata*, dans lesquels étoient reçus les testamens faits suivant les formalités du droit. Dans ces *comices*, le peuple étoit distribué par curies ou par centuries. Ils avoient lieu pour l'élection des prêtres *flamines*, de celui qu'on appelloit *rex sacrificulus*. On y faisoit les actes d'*adrogations*, c'est-à-dire, d'adoptions de ceux qui étoient hors de la puissance paternelle; on y passoit les testamens appellés de ce nom, *testamenta calata*; on y agitoit ce qui concernoit ou l'accomplissement des legs destinés aux choses sacrées, ou la consécration des édifices.

COMITÉ, s. m. (*Droit public.*) c'est le nom qu'on donne à un certain nombre de membres d'un corps, nommés ou commis pour examiner certains objets, projetter quelques loix, discuter un projet & en faire rapport à l'assemblée qui les a choisis.

Tout corps un peu nombreux doit établir des *comités* pour donner lieu d'approfondir une question, pour en accélérer la conclusion, pour éviter les contestations infructueuses. Il doit régner plus de tranquillité dans un *comité* choisi que dans un corps nombreux où les passions de la multitude peuvent influer sur les délibérations. Un second avantage des *comités*, c'est que si la délibération exige le secret, il y peut être plus facilement gardé.

Les *comités* sont sur-tout nécessaires dans les républiques & dans les monarchies qui, par le balancement des pouvoirs, participent au gouvernement républicain. La Suède a ses *comités* : la Pologne a les siens. Le parlement d'Angleterre crée souvent des *comités* pour l'examen d'un bill, d'une requête, d'un procès. Quelquefois toute la chambre des communes se tourne en *comité*, afin de donner occasion à chacun de ses membres de parler, de répliquer, de répondre à plusieurs fois, de refuser sans obstacle les opposans; au lieu que, quand la chambre n'est plus en *comité*, l'on opine réguliérement, & il n'est permis à chaque membre de parler qu'une seule fois.

Dans les monarchies absolues, on n'établit pas de *comités* particuliers : les bureaux des secrétaires ou ministres d'état, composés d'un certain nombre de commis, en tiennent lieu. En France, on peut regarder comme des *comités* les différentes commissions dans lesquelles sont partagés les conseillers d'état. Les affaires y sont distribuées à des maîtres des requêtes, qui les examinent, qui les rapportent ensuite à un certain nombre de commissaires : & ce n'est qu'après leur discussion, qu'elles sont présentées au conseil assemblé pour y recevoir leur décision.

Les parlemens nomment aussi quelquefois des commissaires qui forment alors un *comité* pour l'examen d'une affaire publique ou particulière, ou pour celles qui regardent la compagnie.

Les académies, les sociétés littéraires & économiques établissent aussi des *comités* pour faciliter l'examen & le travail de certaines matières, éviter les longueurs & délais, & mieux approfondir les questions.

Tout *comité* doit s'en tenir à ce qui lui est prescrit, aux commissions & pouvoirs qui lui sont confiés. Il est également obligé d'apporter, dans la discussion des matières, l'application, l'intelligence & l'impartialité nécessaires. En un mot, ses conclusions doivent être justes, & ses rapports exacts & fidèles.

COMMAND, s. m. (*terme de Pratique.*) il est en usage dans la Flandre, l'Artois, le Cambrésis & la Picardie. On s'en sert pour signifier celui pour lequel on achète un héritage sans en déclarer le nom dans le contrat, où on se contente de dire qu'*on achète pour soi ou pour son command*.

Cette clause est en usage dans les ventes judiciaires ou volontaires, & nous en avons expliqué les effets sous le mot ACQUÉREUR.

Nous ajouterons seulement que, par arrêt de réglement, rendu par le parlement de Flandre le 16 septembre 1672, il a été décidé que l'adjudicataire d'un bien, tant pour lui que pour son *command*, peut être poursuivi, en son propre & privé nom, pour le prix de son acquisition, si, dans la quinzaine, il n'a pas déclaré la personne de son *command*, & qu'il peut l'être également après sa déclaration, lorsque l'insolvabilité de son *command* est constatée. Il faut même observer que, si la coutume du lieu déroge au bénéfice de discussion, accordé par les loix romaines à tous ceux qui contractent ou répondent pour d'autres, l'acheteur peut être poursuivi pour le paiement du prix, même après avoir nommé un *command* solvable.

Il nous reste encore à remarquer que la déclaration de *command*, ainsi que nous l'avons dit au mot ACQUÉREUR, ne donne pas ouverture à de nouveaux droits seigneuriaux, dans le cas seulement où elle est entiérement gratuite. Mais si l'acheteur reçoit quelque chose de son *command*, le seigneur peut prétendre un double droit, comme s'il y avoit deux ventes. C'est ce que décide la coutume d'Artois, *art. 193*, dont la disposition, fondée sur les vrais principes, doit être étendue aux autres coutumes qui sont muettes sur cet objet.

Cependant il ne faut appliquer cette décision que dans les coutumes de Flandre, d'Artois & de Picardie, où une simple vente donne lieu aux droits seigneuriaux, sans être réalisée, c'est-à-dire, sans que l'acquéreur se soit fait investir, ou ait possédé pendant une année. C'est pourquoi, dans la coutume de Hainaut, & toutes celles où les droits seigneuriaux ne sont dus que par la déshéritance, la déclaration de *command*, même non gratuite, n'opère aucun droit nouveau, lorsque l'acquéreur n'a pas pris adhéritance. Les droits de lods & ventes se perçoivent, dans ce cas, à raison du prix porté dans le premier achat, & de ce qui a été donné par le *command* à l'acheteur au-dessus de ce premier prix.

COMMAND *grand*, *haut* ou *petit*. Ce terme a une signification différente dans le comté de Namur. On appelle *commands*, les injonctions ou commandemens que les secrétaires & sergens font de l'ordonnance de justice & par son mandement, pour faire délivrer la possession. Il en est parlé au style de Liège, en la coutume de Namur, *art. 16*, & dans les coutumes des fiefs de ce comté. (*A*)

COMMANDANT, s. m. (*Code militaire.*) c'est un nom général par lequel on désigne un officier militaire qui commande en chef. Nous renvoyons au *Dictionnaire de l'Art militaire* le détail des fonctions & des devoirs des *commandans*.

Nous nous contenterons de remarquer, pour ce qui nous concerne, que les *commandans* pour le roi, dans les villes & dans les provinces, sont tenus de prêter main-forte pour l'exécution des décrets de la justice, toutes les fois qu'ils en sont requis; qu'ils doivent soutenir les employés des fermes dans leurs fonctions, & leur donner un officier-major de la place pour les accompagner, lorsqu'ils veulent faire des visites dans les casernes ou logemens des soldats; qu'ils ne peuvent entreprendre sur les droits de la justice ordinaire, ni s'entremettre dans les affaires contentieuses; qu'ils doivent renvoyer les habitans pardevant les juges ordinaires, à l'exception des cas de trahison ou autres, qui peuvent concerner la sûreté du pays.

COMMANDE, s. f. (*terme usité dans plusieurs Coutumes.*) il a différentes acceptions, suivant les diverses provinces.

La coutume de Bayonne, *tit. 3*, *art. 1*, l'emploie dans la signification de *dépôt*.

Dans celle de Château-Mellian en Berri, il signifie la taille due aux seigneurs par les hommes de condition servile. Dans l'ancienne coutume de Mehun-sur-Yèvre, la *commande* étoit un droit de deux deniers parisis, que le seigneur prenoit, chacun an, sur les veuves de condition servile durant leur viduité, pour reconnoissance & conservation de son droit de servitude.

Ce même terme est employé par la coutume locale de Châteauneuf-sur-Cher pour marquer un droit de quatre deniers, qui se levoit, chaque année, sur les serfs affranchis par leur seigneur, & sur les femmes serves, mariées à autres qu'à ceux de la condition & servitude du seigneur.

Dans le Bugey, ainsi que nous l'apprenons des *Commentaires* de Revel sur les statuts de cette province, on appelle *commande de bestiaux*, un contrat par lequel on donne à un laboureur ou à un pasteur une certaine quantité de bétail, tels que bœufs, vaches, moutons, *&c.* à la charge que le preneur les nourrira & en jouira en bon père de famille, & qu'au bout d'un certain temps, il les représentera, afin que le bailleur prélève dessus l'estimation, & que le surplus, ou le croît se partage entre lui & le preneur.

Quelques-uns considèrent ce contrat comme une vente; d'autres, comme une société; d'autres enfin, comme un louage. Mais on ne peut douter que *commande*, prise en ce sens, est la même chose que cette espèce de contrat qu'on connoît ailleurs sous le nom de *cheptel. Voyez* CHEPTEL.

COMMANDEMENT, s. m. (*Droit naturel & public. Terme de Pratique.*) ce mot a, parmi nous, plusieurs acceptions: 1°. Il signifie l'autorité, le pouvoir, le droit de commander; 2°. il s'entend des ordres donnés par celui qui commande; 3°. on l'emploie pour une injonction faite à quelqu'un de la part du roi ou de la justice. Dans la première acception, le mot *commandement* appartient au droit naturel; dans la seconde, il fait partie du droit public; dans la troisième, c'est un terme de procédure.

Le COMMANDEMENT, pris dans le sens de *droit de commander*, est la faculté de diriger selon sa volonté & avec autorité & pouvoir, même de contraindre les actions de ceux qui nous sont soumis. Ce droit suppose dans les inférieurs l'obligation d'obéir, parce qu'il ne peut y avoir de droit sans une obligation d'où il dérive; mais quel peut être le fondement du droit de commander?

Hobbes prétend le trouver dans la seule supériorité des forces, qui met les autres dans l'impossibilité de résister à celui qui a sur eux un tel avantage. Puffendorf le place dans l'excellence de la nature, qui rend non-seulement un être indépendant de tous ceux qui sont d'une nature inférieure à la sienne, mais qui fait encore que ces derniers peuvent être regardés comme faits pour le premier. Barbeirac veut que le seul fondement de l'obligation d'obéir vienne de la dépendance naturelle où nous sommes de Dieu, en tant qu'il nous a donné l'être, & qu'il peut en conséquence exiger de nous que nous fassions de nos facultés l'usage auquel il les a manifestement destinées.

Ces motifs me paroissent insuffisans. La supériorité des forces peut bien, dans l'ordre physique, contraindre à l'obéissance celui qui reconnoît que tous ses efforts de résistance seroient inutiles, & qu'ils ne feroient que lui attirer un sort plus fâcheux. Mais il n'en est pas moins vrai que, dans l'ordre moral, cette supériorité de forces, loin d'être un fondement du droit de commander, engage les autres êtres à lui résister, & même à la détruire.

L'excellence de la nature de celui qui prétend commander, ne suffit pas pour lui faire accorder un droit de souveraineté. Il en résultera seulement qu'il est d'un nature supérieure aux autres êtres: ce qui ne suffit pas pour les contraindre à soumettre leurs volontés à la sienne.

La qualité de créateur me paroît également insuffisante pour établir le droit de commander & l'obligation d'obéir. Car cette qualité, considérée en elle-même, se réduit à la puissance suprême que le créateur peut exercer sur sa créature: & il est certain que le droit de commander n'en est point une conséquence immédiate & nécessaire. Le pouvoir irrésistible du créateur peut bien contraindre la créature; mais cette contrainte ne peut former une obligation de raison ni un lien moral.

Le droit de commander, supposant toujours, ainsi

que nous l'avons remarqué, l'obligation d'obéir, il eſt abſolument néceſſaire que cette obligation prenne ſon origine dans le concours de la volonté de l'inférieur, dans un conſentement, une approbation, un acquieſcement tacite de ſa part, qui produit la ſoumiſſion volontaire, & qu'il ne ſauroit donner à un être qui ne feroit uſage de ſon pouvoir ſuprême que pour l'opprimer & le rendre malheureux.

Il faut donc chercher une autre ſource du droit de commander, ſoit qu'on le regarde dans la perſonne du créateur vis-à-vis de la créature, ſoit dans celles des ſouverains à l'égard des ſujets. Or ce droit ne peut dériver que d'une puiſſance ſupérieure, accompagnée de ſageſſe & de bonté.

Nous diſons d'abord une puiſſance ſupérieure, parce que l'égalité de puiſſance exclut tout empire, toute ſubordination naturelle & néceſſaire, & que d'ailleurs la ſouveraineté & le *commandement* deviendroient inutiles & de nul effet, s'ils n'étoient ſoutenus d'une puiſſance ſuffiſante. Car que feroit-ce qu'un ſouverain qui n'auroit pas en main des moyens efficaces pour contraindre & pour ſe faire obéir?

Mais il faut joindre à cette ſupériorité de puiſſance la ſageſſe & la bienfaiſance; l'une pour connoître & choiſir les moyens les plus propres à rendre heureux ceux qui lui ſont ſoumis; la ſeconde pour engager & porter le ſupérieur à employer toujours ces moyens pour procurer le bonheur des inférieurs.

Cette vérité eſt ſi ſenſible, que le divin auteur de la *Morale chrétienne* ne manque pas d'exalter la bonté de Dieu, quand il veut engager les hommes à une obéiſſance volontaire, produite par un aſſentiment libre de leur part, & quand il nous apprend qu'une ſoumiſſion, enfantée par la ſeule crainte ou par la néceſſité, n'eſt pas agréable à l'Etre ſuprême, ni digne d'un être raiſonnable.

Mais, ſans nous arrêter davantage à examiner la manière dont on doit déterminer le droit de commander qui appartient au créateur ſur la créature, il nous ſera aiſé de démontrer que ce même droit parmi les hommes eſt fondé non-ſeulement ſur la ſupériorité de puiſſance, mais plus encore ſur la ſageſſe & la bonté.

Il eſt certain qu'avant l'établiſſement des ſociétés politiques, tous les hommes étoient égaux entre eux; que cette égalité excluoit toute ſubordination, tout empire, toute dépendance néceſſaire des uns ſur les autres, comme l'égalité de deux poids fait qu'ils demeurent en équilibre. Mais cet état n'a pu ſubſiſter long-temps à cauſe des inconvéniens ſans nombre qui en réſultoient.

La nature n'ayant mis entre les hommes aucune relation de ſupérieur & d'inférieur, le plus foible étoit toujours expoſé aux violences du plus fort, & perſonne n'avoit intérêt de le défendre: d'ailleurs, à meſure que les hommes ſe ſont multipliés, la difficulté de pourvoir à leurs beſoins s'eſt accrue: les fruits de la terre, le produit des beſtiaux, de la pêche & de la chaſſe n'ont plus ſuffi pour ſatisfaire leur appétit, & il a fallu recourir à de nouveaux moyens de ſubſiſter. La terre à la vérité promettoit des moiſſons; mais cette culture demandoit des ſoins & des avances, qu'il étoit encore néceſſaire de mettre à l'abri des ravages des bêtes féroces, & des déprédations de l'homme.

Dans le premier état d'indépendance, l'homme foible ou timide ſe trouvoit ſouvent expoſé à devenir la proie ou de ſes ſemblables ou des bêtes féroces, de la même manière que les ſauvages de l'Amérique ou les Tartares de la haute Aſie ſe voient enlever leur chaſſe ou leur butin par des ſauvages plus forts ou plus courageux. Qu'en eſt-il réſulté? L'homme plus fort ou plus adroit a ſu défendre ſes voiſins plus foibles que lui. Ces derniers, pleins de reconnoiſſance des ſervices qu'il leur rendoit, lui ont accordé le droit de les commander, afin d'en être protégés dans la ſuite; de manière que l'un eſt devenu le ſupérieur des foibles pour leur propre utilité, & que ceux-ci ſe ſont ſoumis, parce qu'ils retiroient un avantage conſidérable de leur obéiſſance.

Telle a été en effet l'origine des ſociétés politiques & du droit de commander. Ouvrons les faſtes de l'Hiſtoire ſainte & profane, nous verrons dériver la puiſſance ſouveraine de la force, de la ſageſſe & de la bonté. Dans les plaines fertiles de l'Aſie, Nemrod bâtit la première ville dans laquelle il met les hommes à l'abri de la dent meurtrière des bêtes ſauvages. Cérès & Triptolème, après avoir régné ſur la terre, ſont mis au rang des dieux, parce qu'ils enrichiſſent le genre humain & lui apprennent à ſe nourrir d'une nourriture plus ſaine & plus abondante. Les Mèdes donnent à Dejoces le pouvoir de leur commander, parce que, pendant long-temps, il avoit employé ſes ſoins pour terminer leurs différends & leurs conteſtations.

Nous trouverons encore une nouvelle preuve de l'origine que nous donnons au droit de commander, dans l'autorité paternelle qui a précédé l'établiſſement des ſociétés. Cette autorité eſt fondée ſur la ſupériorité, la ſageſſe & la bonté. Un père, avant même de pouvoir commander à ſes enfans, emploie ſes ſoins & ſa vigilance pour les mettre à l'abri des injures de l'air, pour les défendre des attaques étrangères, pour leur fournir les alimens néceſſaires. Par ſa force, il écarte tout ce qui pourroit leur nuire: ſa ſageſſe lui fait connoître leurs véritables intérêts, leurs facultés, leur conſtitution, & l'éclaire ſur les moyens qu'il doit employer pour procurer leur éducation; enfin ſa bonté le porte néceſſairement à les rendre heureux, & à diriger conſtamment à cette fin ſes opérations.

C'eſt par cet aſſemblage de qualités heureuſes, qu'un père acquiert le droit de commander à ſes enfans; auſſi, avant l'âge de raiſon, leurs mains reconnoiſſantes embraſſent celui qui leur procure tant de biens: &, dès que ſa lumière ſe fait ſentir dans leur ame, tout ſe réunit pour les porter à l'obéiſſance & à la ſoumiſſion.

Il eſt donc vrai de dire, & l'expérience nous le

prouve, que des créatures libres & raisonnables ne peuvent être liées & assujetties à l'empire d'un autre, si la sagesse, la douceur & la bonté ne font approuver par la raison l'autorité & le pouvoir que la crainte fait accorder, pendant quelque temps, à la puissance.

Les hommes se sont réunis en société pour jouir des avantages que l'état de nature leur refusoit; ils ont choisi des guides & des défenseurs qu'ils ont revêtus de la force publique, parce qu'ils ont espéré que leur sagesse leur feroit chercher les moyens de procurer le bien public, & que la bonté les engageroit à s'en servir pour rendre les peuples heureux.

Cependant, comme il arrive aisément que les hommes, soit légéreté ou défaut d'attention, soit passion ou malice, ne sont pas également frappés de la sagesse du législateur & de l'excellence de ses loix, il est nécessaire qu'il y ait un autre motif efficace, tel que l'appréhension du châtiment, pour mieux fléchir la volonté.

C'est aussi par cette raison que le droit de commander est toujours accompagné de pouvoir & de force pour soutenir son autorité. Ne séparons donc pas ces différentes qualités qui seules, par leur concours, fondent le droit du souverain.

La puissance, destituée de bonté & de sagesse, ne peut seule donner le droit de commander : la bonté, dénuée de puissance & de sagesse, est insuffisante aussi pour cet effet. Un bienfait nous engage à la reconnoissance, mais il ne nous fait pas une loi de nous soumettre à notre bienfaiteur. Mais si nous joignons ensemble une puissance supérieure de qui l'on dépende dans le fait, une sagesse qui dirige ce pouvoir, & une bonté qui l'anime, rien n'empêche que nous n'établissions, d'un côté, le droit de commander, &, de l'autre, l'obéissance & la subordination. La raison alors nous apprend qu'un tel supérieur a le droit de commander, & que nous devons nous soumettre à ses ordres.

Tel est effectivement le droit de commander qui appartient à Dieu sur ses créatures; celui des pères sur leurs enfans; celui des rois ou de toute autre puissance publique sur les sujets. *Voyez* POUVOIR, PUISSANCE, SOUVERAINETÉ.

COMMANDEMENT *pris dans le sens des ordres donnés par le souverain.* Dans cette acception, le mot *commandement* n'est autre chose que les ordres même donnés par celui qui est revêtu de la puissance publique. Il y en a autant d'espèces que le souverain a d'ordres différens à donner pour le maintien & la conservation de l'ordre politique.

Le but de tout gouvernement étant de mettre chaque citoyen à l'abri des vexations de ses concitoyens, & de le défendre des invasions d'un ennemi, le souverain doit établir des loix & des magistrats pour les faire exécuter, & entretenir des armées pour défendre ses sujets des attaques étrangères. Ceux à qui il confie une portion de son autorité pour la défense intérieure ou extérieure de l'état, ont également le droit de donner des ordres au nom du souverain, & les sujets doivent également obéir aux *commandemens* qu'ils leur font.

COMMANDEMENT, *pris dans le sens d'injonction de la part du roi ou de la justice*, est un acte extrajudiciaire, fait par un huissier ou sergent, en vertu d'un jugement ou d'un titre en forme exécutoire, par lequel cet officier somme & interpelle quelqu'un, au nom du roi & de la justice, de faire, donner ou payer quelque chose.

Le *commandement* diffère d'une simple sommation, en ce que celle-ci peut être faite sans titre exécutoire, & même sans titre; au lieu que le *commandement* ne peut être fait qu'en vertu d'un titre paré dont l'huissier doit être porteur. Il faut néanmoins en excepter les *commandemens* faits à un locataire par le propriétaire d'une maison louée verbalement ou par écrit, que la coutume de Paris dont la disposition est généralement suivie, permet de faire sans autre titre.

Quoiqu'un *commandement* se fasse à la requête d'une partie, il est toujours dit que c'est *de par le roi & justice*, parce qu'il n'y a que le roi & la justice au nom desquels on puisse user de contrainte.

Toute exécution que l'on veut faire sur la personne ou sur les biens d'un débiteur, doit être précédée d'un *commandement* de payer, à peine de nullité. Il est d'usage, dans la plupart des tribunaux, qu'il y ait du moins un jour d'intervalle entre le *commandement* & la saisie ou l'emprisonnement. En Lorraine & dans quelques autres jurisdictions, il suffit que le *commandement* se fasse au moment même où l'huissier va procéder à l'exécution. En Artois, on doit laisser écouler sept jours entre le *commandement* & la saisie-réelle.

L'huissier, chargé de faire un *commandement*, doit être porteur des pièces en vertu desquelles il le fait, parce que ce sont ces pièces qui l'autorisent, & qu'il doit en justifier au débiteur. Il est également tenu de donner au débiteur copie du *commandement* qu'il lui fait, & du titre en vertu duquel il est fait; de recevoir sa réponse & de l'insérer dans son exploit, lorsqu'on juge à propos de lui en faire une.

La cause du *commandement* doit aussi y être exprimée, & la chose qu'on demande, soit en espèce, soit en argent, doit être liquide, parce que la justice n'autorise pas les démarches qui n'ont pas un objet précis. L'article 6 du réglement du parlement de Dijon veut qu'un *commandement* contienne les sommes certaines, les quantités des choses dues, la date des contrats, jugemens ou autres actes exécutoires, sans laisser les sommes ou espèces en blanc, à peine de nullité du *commandement.* Mais comme la peine de la plus pétition n'a pas lieu en France, si l'on avoit demandé par le *commandement* au-delà de ce qui est dû, cet acte ne seroit nul que dans le cas où la somme demandée se trouveroit par l'événement inférieure à celle pour laquelle il est permis de saisir réellement des immeubles.

L'ordonnance

L'ordonnance de 1667 n'oblige pas le créancier qui fait faire un *commandement*, d'élire un domicile dans le lieu de la demeure du débiteur; cependant il est assez d'usage que l'huissier y fasse une élection de domicile, ou dans une ville ou village voisin, si le débiteur demeure dans un endroit isolé. Cette formalité donne à ce dernier la facilité de se libérer à l'instant, & d'éviter les poursuites rigoureuses en faisant au demandeur des offres valables dans le domicile élu par l'huissier, sauf à les réitérer à son véritable domicile.

Le *commandement* porte l'alternative de payer au demandeur ou à l'huissier porteur des pièces. Si le débiteur satisfait sur le champ au *commandement*, l'huissier doit donner par le même acte quittance des sommes qu'il reçoit : cette quittance libère entiérement le débiteur; ensorte que, quand bien même l'huissier dissiperoit les deniers, le créancier n'a d'action que contre lui, & n'en peut exercer aucune contre le débiteur. La raison en est qu'au moment du *commandement*, l'huissier agit en vertu d'une procuration tacite du demandeur, qui émane des pièces dont il est porteur, & en vertu desquelles il agit. Mais, après le *commandement*, cette procuration cesse, & il est dans la classe de toute autre personne qui feroit pour autrui une recette sans en être chargé.

Le *commandement* doit être fait au domicile du débiteur, ou à sa personne. Mais lorsque par l'obligation, ce dernier a élu un domicile dans un endroit particulier, le *commandement* pourra-t-il y être fait, soit qu'il continue d'y demeurer, soit qu'il ait son domicile ailleurs? Quelques praticiens aiment mieux, pour éviter toute difficulté, faire faire le *commandement* au domicile actuel du débiteur. Mais il est toujours nécessaire d'observer cette formalité lorsque le débiteur est décédé, & que le *commandement* se fait à ses héritiers, parce que l'élection de domicile est une obligation personnelle dont les héritiers ne peuvent être tenus.

En Normandie, quand le débiteur ou ses héritiers demeurent hors de la province, le créancier qui fait faire un *commandement*, pour procéder à la saisie réelle d'un héritage, peut se contenter d'une sommation faite à l'issue de la messe paroissiale du lieu où est situé l'héritage. Si l'on agit contre les héritiers, l'article 587 de la coutume exige que l'huissier se transporte à la maison du défunt, qu'il s'y informe, ainsi que dans le voisinage, & à l'issue de la messe paroissiale un jour de dimanche, s'il y a quelqu'un qui veuille se dire & porter héritier : si personne ne se présente, qu'il assigne les héritiers en général, au lendemain du quarantième jour, par exploit fait en parlant aux personnes de la maison du défunt, ou aux voisins, & réitéré à l'issue de la messe paroissiale; si personne ne comparoit dans le délai fixé, l'huissier réitère la sommation à tous les héritiers en général à trois semaines, après lesquelles il peut procéder à la saisie réelle.

Dans l'usage commun, un simple *commandement*, non suivi d'assignation, interrompt la prescription pendant trente ans, parce que ce n'est qu'un acte extrajudiciaire qui ne tombe point en péremption; mais au parlement de Bordeaux, le *commandement* est sujet à la péremption, de même que les autres procédures; c'est pourquoi on le renouvelle tous les trois ans, & il n'interrompt point la prescription trentenaire. Lapeyrère, *lett. P, n. 87.*

C'est aussi une jurisprudence particulière à ce parlement, qu'un simple *commandement* fait courir les intérêts, au lieu qu'ailleurs il faut une demande judiciaire. *Voyez* Bretonnier, *en son Recueil de questions*, au mot INTÉRÊT.

Itératif commandement, est celui qui a été précédé d'un premier *commandement*; c'est ordinairement celui qui précède immédiatement la saisie-exécution, saisie-réelle, ou emprisonnement : on fait néanmoins quelquefois plusieurs itératifs *commandemens*, mais deux *commandemens* suffisent pour en venir aux contraintes; savoir, le premier qui doit précéder de vingt-quatre heures, & l'itératif *commandement* qui se fait lors des contraintes.

Commandement recordé, est celui pour lequel l'huissier ou sergent est assisté de deux records ou témoins qui signent avec lui le *commandement*. Cette formalité qui s'observoit autrefois dans tous les exploits, a été abrogée par l'ordonnance de 1667; mais elle a été conservée pour certains exploits, du nombre desquels sont les *commandemens* qui précèdent une saisie-réelle ou féodale, les criées ou appositions d'affiches. On trouve néanmoins un arrêt rendu par le parlement de Paris, le 22 août 1713, par lequel on a déclaré valable la saisie réelle de la terre de Bretheville, quoique le *commandement* qui l'avoit précédé, n'eût point été recordé de témoins.

Les ordonnances ne fixent pas l'âge que doivent avoir les témoins, dont l'huissier se sert pour recorder un *commandement*. Un arrêt de réglement rendu le premier juillet 1675, par le parlement de Rouen, dont la publication a été ordonnée par un second arrêt du 28 juin 1676, a défendu aux huissiers de se servir de témoins au-dessous de l'âge de vingt ans.

Il en seroit de même dans le ressort du parlement de Paris. Ce n'est pas cependant qu'il y ait de réglement à cet égard, mais celui du 2 juillet 1708 ayant défendu aux notaires de se servir, dans leurs actes, de témoins au-dessous de l'âge de vingt ans, à peine de faux & de nullité, il est à présumer qu'il en doit être de même pour les actes faits par les huissiers; la raison étant la même dans les deux espèces. *Ubi eadem ratio, idem jus statuendum est.*

On se sert encore parmi nous du terme de *commandement*, pour signifier des arrêts du conseil du roi, qui sont signés en *commandement* par un secrétaire d'état.

Il y a aussi d'autres dépêches que les secrétaires d'état signent en *commandement*, telles que les lettres-patentes portant réglement général ; les lettres de cachet, les brevets & dons du roi, & les provisions ; les princes ont des *secrétaires des commandemens*, dont les fonctions sont de contresigner & de sceller leurs ordonnances, mandemens, commissions, provisions d'offices & de bénéfices.

COMMANDERIE, s. f. (*Droit ecclés.*) est une espèce de bénéfice destiné pour récompenser les services des membres d'un ordre religieux hospitalier ou militaire. On appelle *commandeur* celui qui est pourvu d'une *commanderie*. Dans l'origine, les *commanderies* n'étoient qu'une simple administration des revenus d'un bénéfice que l'on donnoit en *commende* ou dépôt.

Présentement il y en a de deux sortes ; les unes qu'on appelle *régulières* ; d'autres qu'on appelle *séculières*. Les *commanderies* régulières sont celles qui sont établies dans certains ordres religieux, pour être conférées à des religieux du même ordre. Il y en a dans l'ordre régulier & hospitalier du S. Esprit de Montpellier ; ces *commanderies* sont de vrais titres de bénéfices perpétuels, & non révocables par le grand-maître, ni par les autres supérieurs majeurs ; elles ne peuvent être conférées en *commende*, c'est-à-dire à de vrais séculiers, pas même à des cardinaux, mais doivent être remplies par les religieux profès du même ordre. *Arrêt du grand-conseil, du 14 mai 1720*. Ces bénéfices exigent une administration personnelle, une résidence actuelle & un vœu particulier dans la personne du pourvu, qu'on appelle le *vœu d'hospitalité*, & qui est le quatrième que les religieux de cet ordre sont obligés de professer. Ceux qui sont pourvus de ces *commanderies* sont obligés de faire les fonctions curiales dans leurs hôpitaux, & d'administrer le spirituel comme le temporel : ils ne gagnent point tous les fruits comme les autres commandeurs & commendataires, mais ne prennent que *victum & vestitum*, & appliquent le surplus au soulagement des pauvres.

Il y avoit aussi des *commanderies* régulières dans l'ordre de S. Antoine de Viennois, électives, confirmatives ; mais cet ordre ne subsiste plus. *Voyez* ANTONINS.

Les *commanderies* séculières sont celles qui sont établies en faveur de certains ordres militaires, dont quelques-uns sont en même temps réguliers & hospitaliers, tels que celui de S. Lazare, celui de Malte, & autres ; ces *commanderies* ne sont point de vrais bénéfices ; elles donnent seulement au pourvu le droit de jouir des revenus qui en dépendent. On ne peut les conférer qu'aux chevaliers profès du même ordre.

Il y a des *commanderies* de rigueur, que les plus anciens chevaliers obtiennent à leur rang ; & d'autres de grace, que le grand-maître confère. Dans l'ordre de Malte il y a plusieurs sortes de *commanderies* ; il y en a d'affectées à des religieux du même ordre, d'autres aux chapelains, d'autres aux chevaliers ; d'autres aux frères servans.

Dans les ordres du S. Esprit & de S. Louis, les grands officiers appellés *commandeurs* ne le sont que de nom, n'y ayant aucune *commanderie* attachée à leur dignité, mais seulement des pensions. *Voyez* MALTHE, ORDRE DU S. ESPRIT, DE S. LOUIS, *&c.*

COMMANDITE, s. f. (*Droit civil.*) on appelle *commandite*, ou *société en commandite*, celle qu'un marchand contracte avec un ou plusieurs particuliers pour un commerce, qui sera fait au nom seul du marchand, & auquel les autres contractans contribuent seulement d'une certaine somme d'argent qu'ils apportent, pour servir à composer le fonds de la société, sous la convention qu'ils auront une certaine part au profit, s'il y en a, & qu'ils porteront dans le cas contraire la même part des pertes, dont ils ne peuvent être tenus néanmoins, que jusqu'à concurrence du fonds qu'ils ont apporté dans la société.

Cette espèce de société diffère des sociétés ordinaires, en ce que dans celles-ci tous les associés sont solidairement obligés à tous les engagemens de la société, soit qu'on les y ait spécialement dénommés, soit qu'on n'en ait fait aucune mention : au lieu que dans la société en *commandite*, si la société vient à perdre une somme plus considérable que les fonds que chacun y a mis, chaque associé n'est pas obligé au-delà de ces mêmes fonds.

La société en *commandite* a quelques rapports avec la société-anonyme, dont nous avons parlé. *Voyez* ANONYME. Dans l'une & dans l'autre il n'y a que l'un des associés qui contracte, & qui s'oblige envers les créanciers de la société ; les autres qui sont inconnus ne sont obligés que vis-à-vis leur principal associé. Ces deux sociétés diffèrent entre elles, en ce que l'associé anonyme est tenu indéfiniment pour la part qu'il a dans la société, d'acquitter son associé des dettes qu'il a contractées pour la société, au lieu que l'associé en *commandite* n'est tenu que jusqu'à concurrence de la somme qu'il a mise en société.

La société *commandite* est autorisée par l'article 4 de l'ordonnance de 1673, & ce que nous venons d'en dire y est conforme. *Voyez* SOCIÉTÉ.

COMMENCEMENT *de preuve*, (*Jurispr.*) cette expression désigne des indices qui font présumer la vérité d'un fait ou d'une promesse, dont la certitude n'est pas suffisamment établie. Ces indices peuvent venir, ou par des écrits, ou par une existence physique, ou par des faits préliminaires qui ont une relation à l'objet principal qu'il s'agit de vérifier.

Les indices par écrits qui peuvent servir d'un *commencement de preuve*, & faire admettre celle par témoins, sont des lettres missives, des journaux de fournitures & de livraisons, des déclarations faites dans le cours d'une procédure, des énonciations faites dans des actes passés par des personnes tierces, des actes reçus par un notaire incompétent ou interdit, ou enfin des actes dans lesquels on n'a pas observé toutes les formalités requises par les loix.

Les indices physiques ou naturels sont un *commencement de preuve* sur-tout en matière criminelle. De ce genre sont les meurtrissures qu'on apperçoit sur un cadavre : elles donnent lieu de soupçonner que la personne est décédée de mort violente. On peut aussi soupçonner comme l'auteur d'un meurtre, celui qu'on trouve saisi de l'arme offensive, avec laquelle le défunt a été frappé.

Les indices que fournissent des faits préliminaires, qui ont une relation médiate ou immédiate avec le fait principal qu'on veut éclaircir, sont les menaces de battre, ou d'outrager, une querelle violente, une haine invétérée, *&c.* Ainsi, lorsqu'il s'agit, par exemple, de découvrir l'auteur d'un meurtre, l'existence d'un de ces faits préliminaires peut autoriser à des recherches ultérieures, parce qu'elle donne un *commencement de preuve*. Mais dans ces circonstances les magistrats doivent se conduire avec beaucoup de sagesse & de discrétion, car ce *commencement de preuve* les induit souvent en erreur, & leur cause de cuisans remords. *Voyez* ADMINICULE.

COMMENDATRICES, (*Lettres.*) *litteræ commendatitiæ.* C'est ainsi que, dans la pratique de cour d'église, on appelle les lettres de recommandation, qu'un supérieur ecclésiastique donne à un clerc, qui passe d'un diocèse dans un autre, & qu'il adresse aux évêques voisins, ou autres supérieurs ecclésiastiques. Les réguliers ne peuvent donner de *lettres commendatrices* ni testimoniales, à des séculiers, ni même à des réguliers qui ne sont pas de leur ordre. (*A*)

COMMENDE, s. f. COMMENDATAIRE, s. m. (*Jurispr. canon.*) l'origine de ce mot vient de *commendare*, qui signifie *donner en garde*, *donner en dépôt*. Les changemens survenus dans l'église quant à la manière de disposer des bénéfices, ont fait varier la signification du mot *commende*, quoiqu'on l'ait toujours conservé. Il est donc nécessaire, pour l'intelligence de cet article important, de remonter à l'origine des choses & de suivre la *commende* dans ses variations. C'est le moyen de faire sentir la différence qu'il y a entre la *commende* actuelle & les anciennes *commendes*. Nous verrons ensuite quels sont ceux qui peuvent conférer en *commende*; quels bénéfices peuvent être ainsi conférés : combien il y a de sortes de *commendes*; quels sont aujourd'hui les droits & les prérogatives des *commendataires*; enfin quelles sont les provinces du royaume où la *commende* n'est point admise. Nous espérons renfermer dans cette division tout ce que cette matière offre d'intéressant.

Origine & état actuel de la commende. Nous conviendrons, avec la foule des auteurs qui ont traité des matières bénéficiales, que la *commende* est très-ancienne dans l'église. Mais nous croyons que ce n'est pas la *commende* telle qu'elle existe aujourd'hui. Les conciles d'Afrique & les lettres de S. Grégoire-le-Grand prouvent qu'autrefois, lorsqu'un évêché étoit vacant, on chargeoit un évêque voisin, sous le nom de *visiteur*, de l'administration temporelle & spirituelle de l'église veuve, jusqu'à l'élection du nouvel évêque. Cet usage étoit sage : il tendoit à la conservation de la discipline ; il prévenoit & empêchoit les troubles qui survenoient quelquefois dans les élections ; il tournoit tout entier à l'utilité de l'église vacante, & nullement au profit du visiteur qui ne faisoit point les fruits siens, mais qui les conservoit pour le futur évêque.

Cet usage a eu lieu en France, comme on peut le voir par les lettres d'Hincmar, archevêque de Reims. C'étoit alors une *commende* dans toute la force du terme, c'est-à-dire, un véritable dépôt, une commission à l'effet de garder & de conserver, qui ne devoit durer qu'un certain temps. Elle n'étoit en usage que pour les cathédrales : ce qui sembleroit prouver que les chapitres n'ont pas toujours eu l'administration des diocèses, *sede vacante*.

On admettoit alors une seconde espèce de *commende*.

Un évêque dont la ville épiscopale avoit été dévastée ou ruinée par les guerres, étoit quelquefois appellé au gouvernement d'un diocèse voisin sans cesser d'être le pasteur de sa première église. La ville de Fondi en Italie ayant été presque entièrement ruinée, les habitans de Terracine, après la mort de leur évêque, élurent celui de Fondi. Le pape S. Grégoire approuva cette élection. *Sic te Terracinensis ecclesiæ cardinalem constituimus esse sacerdotem, ut & Fondensis ecclesiæ pontifex esse non desinas.* Il n'y a rien dans cette seconde espèce de *commende*, qui soit contraire aux loix de l'église. Les circonstances permettoient qu'un seul évêque gouvernât deux diocèses à-la-fois. Il possédoit l'un en titre & l'autre comme une commission. Cette espèce de réunion ne devoit durer que jusqu'à ce que la population d'un des deux diocèses étant rétablie, exigeât un pasteur particulier.

Une troisième espèce de *commende*, aussi favorable que les deux précédentes, avoit encore été introduite dans ces siècles. On confioit l'administration des monastères à des évêques chassés de leurs sièges par les barbares & les infidèles. C'étoit tout-à-la-fois leur procurer des occupations relatives à leur caractère, & une subsistance honnête qui n'étoit onéreuse à personne. L'évêque de Taur en Sicile ayant été contraint d'abandonner son siège, S. Grégoire le chargea, conjointement avec l'évêque de Messine, du gouvernement du monastère de cette ville.

On ne connoissoit point, dans ces temps, les exemptions qui se sont si fort multipliées par la suite. Les abbayes & autres monastères étoient soumis immédiatement à l'autorité des évêques diocésains qui pouvoient y exercer toute espèce de jurisdiction. Quelquefois ils se faisoient suppléer ou remplacer par des clercs séculiers. Ces ecclésiastiques étoient comme des surveillans préposés par le supérieur légitime pour entretenir la discipline dans les monastères, & lui rendre compte, tant du spirituel que du temporel. Rien encore que de très-sage dans cette espèce de *commende*.

Mais bientôt les choses changèrent; les richesses des monastères excitèrent la cupidité, non-seulement des clercs séculiers, mais même des laïques. On vit les seigneurs s'emparer des abbayes, & les souverains les conférer à leurs généraux & à leurs officiers en récompense de leurs services. Ces bénéfices ainsi donnés, soit pour un temps, soit à vie, devinrent héréditaires dans quelques familles. Lorsque Hugues Capet monta sur le trône des François, il possédoit par droit de succession l'abbaye de S. Germain-des-Prés. On porta l'abus jusqu'à donner des évêchés à des laïques, quoiqu'il y eût des évêques titulaires; on appelloit les uns *comtes évêques* ou *évêques laïques*, & les autres, *évêques légitimes*. Les circonstances où l'on se trouvoit, forcèrent les conciles, non pas à permettre, mais à tolérer quelquefois ces *commendes* abusives sous tous les points de vue possibles : & elles ne furent entièrement abolies qu'au commencement de la troisième race de nos rois.

Si les souverains s'étoient arrogé le droit de donner à des laïques des évêchés & des abbayes, il ne doit pas paroître étonnant qu'ils disposassent des monastères en faveur des clercs séculiers. On voit, sous Charlemagne, le fameux Alcuin posséder cinq abbayes à-la-fois; savoir, celles de S. Martin de Tours, de Cormery dans le même diocèse, de S. Loup de Troyes, de Ferrières dans le diocèse de Sens, & de S. Josse dans l'évêché d'Amiens. Le père Thomassin observe que Cormery & S. Josse n'étoient que des Celles ou des obédiences, le premier de S. Martin, & le second de Ferrières : ce qui réduit à trois les abbayes dont Alcuin étoit pourvu. Le même auteur observe « qu'alors les » abbayes, & en général tous les monastères, pos» sédoient encore leurs biens dans une parfaite com» munauté, sans qu'il y eût aucune séparation entre » l'abbé & les religieux; ainsi un abbé qui avoit » plusieurs abbayes, n'avoit pour lui que la peine » & l'embarras de fournir aux besoins de plusieurs » communautés, sans pouvoir s'approprier rien à » lui-même. La pluralité des bénéfices, en ce sens- » là, n'étoit qu'une étendue plus grande de charité, » & une matière plus riche d'exercer les vertus re» ligieuses ». Si tous les abbés *commendataires* avoient observé ces règles, la *commende* n'eût jamais été défavorable, & l'église ne se seroit point empressée à la faire proscrire.

Souvent des clercs séculiers, pourvus d'abbayes en *commendes* les conservoient après être promus à l'épiscopat. Les uns le faisoient par des motifs très-pieux, soit pour entretenir la régularité dans les monastères, soit pour veiller au temporel & aux réparations. On n'a jamais reproché au célèbre Hincmar de ne s'être point démis, lorsqu'il fut élevé à l'archevêché de Reims, de l'abbaye que Charles-le-Chauve lui avoit déjà donnée. Il n'en fut pas de même de Rodolphe, archevêque de Bourges, que le concile de Savonières força de remettre en règle l'abbaye de Fleury. De-là on peut juger que, si la possession des abbayes par des clercs séculiers étoit quelquefois avantageuse, elle n'entraînoit que trop souvent des abus dont les religieux se plaignoient avec raison.

Non-seulement les évêchés & les abbayes étoient donnés en *commende* à des clercs séculiers, on les voyoit souvent encore en possession des prieurés ou prévôtés inférieures & des places monachales. Il paroît que les collateurs ordinaires en disposoient de cette manière. C'est ce qu'on peut juger par le quinzième canon du concile de Saumur, tenu en 1276, qui défend aux abbés de donner à l'avenir en *commende* les prieurés qui auroient des revenus suffisans pour entretenir au moins deux religieux.

Mais si les séculiers faisoient tant d'efforts pour s'emparer des bénéfices réguliers, les religieux, de leur côté, ne s'oublièrent point, & se firent conférer des bénéfices séculiers qui, par la suite, leur demeurèrent totalement affectés. Dans le onzième & douzième siècles, les évêques donnèrent des prébendes dans les églises cathédrales & collégiales à des communautés religieuses, & des cures à des chanoines réguliers: par ces donations, les prébendes & les cures dont les titres n'étoient pas éteints, devenoient des bénéfices réguliers, de séculiers qu'ils étoient auparavant.

Comme, avant le milieu du treizième siècle, il y avoit très-peu de bénéfices réguliers qui pussent être donnés en *commende* à des séculiers, parce qu'il n'y avoit que des abbayes & très-peu de prieurés conventuels qui formassent de véritables titres, les séculiers ne se faisoient point de scrupule d'accumuler sur leurs têtes plusieurs prébendes, & même plusieurs cures. Le troisième concile de Latran défendit cette pluralité de bénéfices. Les autres conciles qui furent tenus depuis, renouvellèrent ces défenses. Pour les éluder, les ecclésiastiques ambitieux eurent recours à un expédient qui leur réussit; ce fut, quand ils étoient déjà pourvus d'une prébende ou d'une cure, d'en obtenir une seconde, & quelquefois une troisième en *commende* : ce qui en introduisit une nouvelle espèce qui consistoit à ne posséder qu'un bénéfice en titre, & plusieurs autres, sans que le titre fût censé faire impression sur leur tête. C'étoit une espèce de dispense pour posséder des bénéfices incompatibles.

Cette nouvelle *commende* s'introduisit en Angleterre comme en France. Un réglement du cardinal Othobon, légat du S. siège, la défendit en Angleterre. Le concile de Saumur de 1253 la proscrivit en France, sur-tout pour les églises paroissiales. Le concile général de Lyon, tenu en 1274, défendit également les *commendes* pour les cures, à moins que l'utilité évidente de l'église ne l'exigeât. Il ordonna même que, dans ce cas, le *commendataire* eût l'âge requis pour la prêtrise, ou fût actuellement prêtre, & que la *commende* ne pût durer que six mois. Le concile de Redingue, tenu ſept ans après en Angleterre, renouvella ce réglement. Il a depuis été aſſez fidellement obſervé.

Quant aux *commendes* des abbayes & des prieurés, on eut beaucoup plus de peine à les détruire. Les anciens monaſtères ſollicitèrent le privilège de ne pouvoir être gouvernés que par des abbés réguliers. Le pape Nicolas premier en accorda un ſemblable à l'abbaye de Corbie. Ceux qui étoient de nouvelle fondation, faiſoient inſérer dans leur titre d'érection la clauſe que les religieux éliroient leurs abbés, & que la *commende* n'y ſeroit jamais introduite : la célèbre abbaye de Cluny en fournit un exemple en 948. D'un autre côté, preſque tous les conciles défendirent la *commende*. Mais elle ne ceſſa entiérement que lorſque les ſouverains eurent réuni leur autorité à celle des évêques & du pape. On rendit alors aux religieux la liberté d'élire leurs abbés. En Allemagne, la ſuppreſſion des *commendes* fut réſolue, ſous le règne d'Othon premier, dans l'aſſemblée des évêques & des comtes, tenue à Francfort avant l'an 950. A la fin de ce même ſiècle & au commencement du ſuivant, les rois Hugues Capet & Robert, ſon fils, accordèrent la même faveur aux abbayes de France.

Ce que nous venons de dire, ſuffit ſans doute pour ſe former une idée des anciennes *commendes*. On voit qu'il y en avoit de conformes aux loix de l'égliſe, & d'autres qui y étoient abſolument contraires. Tantôt ce n'étoit qu'une ſimple commiſſion donnée à temps à des évêques ou à d'autres eccléſiaſtiques par les ſupérieurs légitimes pour régir & adminiſtrer des diocèſes ou des monaſtères dont ils n'étoient point les vrais titulaires ; tantôt c'étoit des donations faites par des ſouverains à des clercs ſéculiers & même à des laïques, des évêchés ou des abbayes ; tantôt c'étoit des eſpèces de diſpenſes en vertu deſquelles des ſéculiers poſſédoient pluſieurs bénéfices incompatibles, quoiqu'ils ne fuſſent cenſés titulaires que d'un ſeul. Toutes ces eſpèces de *commendes* ont diſparu parmi nous & ont fait place à celle qui exiſte actuellement.

On entend aujourd'hui par *commende* les proviſions ou la collation d'un bénéfice avec la diſpenſe de la règle, *ſecularia ſecularibus, regularia regularibus*. De cette définition il s'enſuit qu'il y a deux eſpèces de *commende* ; l'une par laquelle un ſéculier eſt rendu capable de poſſéder un bénéfice régulier ; l'autre par laquelle un régulier eſt rendu capable de poſſéder un bénéfice ſéculier.

A peine la règle, *ſecularia ſecularibus, regularia regularibus*, qui auroit dû exiſter depuis la diviſion du clergé en ſéculier & en régulier, eut-elle été portée, qu'on vit les papes l'enfreindre ouvertement. C'étoit une ſuite du pouvoir qu'ils s'étoient arrogé de diſpenſer à leur volonté de toutes les loix de l'égliſe ; c'étoit une ſuite de l'opinion erronée, qu'ils étoient ſouverains légiſlateurs en toute matière.

Clément V fut un de ceux qui mit le plus en uſage les nouvelles *commendes*. Cependant, après une ſérieuſe maladie, il révoqua celles qu'il avoit accordées. *Omnes & ſingulas permiſſiones hujuſmodi per nos, ut præmittitur, factas, quibuſcumque, cujuſcumque ordinis, dignitatis aut ſtatûs, ſed etiam S. E. R. cardinalibus ; quocumque modo vel tempore factæ noſcantur, autoritate apoſtolicâ, & nunc & certâ ſcientiâ ; revocamus, caſſamus, & annulamus & decernimus de cætero non habere aliquam roboris firmitatem.*

Cette bulle ne déracina point le mal. Le célèbre Durand, évêque de Mende, s'éleva avec force, mais en vain, contre l'uſage des *commendes*. Jean XXII, ſucceſſeur de Clément V, en accorda avec la plus grande facilité. Benoît XII, qui leur ſuccéda, fut obligé, la première année de ſon pontificat, de les révoquer toutes, à l'exception de celles des cardinaux. Ceux qui occupèrent après lui la chaire de S. Pierre, les rétablirent ; elles ſe multiplièrent tellement, que le pape Innocent VI ſe trouva dans la néceſſité de les révoquer de nouveau. Mais ce ne fut qu'un léger palliatif ; & après ſa mort, les choſes reprirent leur ancien cours. Le déſordre alla toujours en augmentant juſqu'en 1416, que ſe tint le concile de Conſtance. Parmi les projets de réforme de ce concile, il y en a un ſur les *commendes* conçu en ces termes : *In poſterum monaſteria aut magni prioratus conventuales, habere conſueti ultra decem religioſos in conventu, & officia clauſtralia : nulli prælato, etiam cardinali, dentur in commendam.*

Le parlement de Paris, dans ſes célèbres remontrances adreſſées à Louis XI en 1461, au ſujet de la révocation de la pragmatique, ſe plaignit amérement de l'uſage abuſif des *commendes*. Dans le temps de ces remontrances, Pie II, qui occupoit le ſaint ſiège, les avoit remiſes en vigueur, quoiqu'elles euſſent été abrogées par Calixte III, ſon prédéceſſeur immédiat ; & l'on compta plus de cinq cens monaſtères mis en *commende* depuis 1458, juſqu'en 1468.

Les ſucceſſeurs de Pie II crurent que le privilège de donner les bénéfices en *commende* étoit trop précieux pour y renoncer. Ils parurent ſeulement vouloir y apporter quelques modifications. Alexandre VI défendit d'accorder en *commende* à des réguliers les dignités des égliſes cathédrales, & à des ſéculiers celles des monaſtères. Les canoniſtes prétendent que cette défenſe eſt l'origine de la maxime que les offices clauſtraux ne peuvent être poſſédés en *commende* par des ſéculiers. Léon X publia en 1514, dans la neuvième ceſſion du cinquième concile de Latran, une conſtitution, qui défend de donner à l'avenir en *commende* les monaſtères qui n'étoient pas dans l'uſage d'y être donnés ; mais il ajouta cette clauſe, qui rend le décret preſque inutile : *niſi pro conſervatione auctoritatis apoſtolicæ ſedis, & ad occurrendum malitiis eam impugnantium, pro temporum qualitate, aliter nobis, de fratrum noſtrorum concilio viſum fuerit expedire.* Quant aux monaſtères qui étoient déjà en *commende*, Léon X déclare que, lorſque ces *commendes* ceſſeroient par démission ou décès des commendataires, elles ne pourroient être accordées qu'à des cardinaux, ou autres personnes qualifiées & de mérite, clause qui, selon l'observation d'un auteur moderne, *gâte tout.*

Le concile de Trente ordonna, ou du moins desira qu'on ne donnât plus à l'avenir les monastères en *commende*; & qu'à l'égard de ceux qui étoient possédés de cette manière, ils fussent conférés à des réguliers du même ordre, à mesure qu'ils vaqueroient. Ce décret du concile a été sans effet. La cour de Rome décida peu après que les bénéfices qui avoient coutume d'être donnés en *commende*, pourroient continuer à y être conférés; or, il n'y avoit presque point d'abbayes ou de prieurés qui ne fussent dans ce cas; ce qui rend totalement illusoire le décret du concile de Trente.

Tandis que les papes révoquoient & remettoient en vigueur les *commendes*, selon qu'ils étoient plus ou moins attachés aux règles de la saine discipline, on y apportoit en France l'opposition la plus constante. On y adopta le décret du concile de Bâle, qui ordonnoit l'exécution de la règle *secularia secularibus, regularia regularibus;* & il fit partie de la pragmatique sanction. Cette règle fut également insérée dans le concordat. L'article premier de l'édit du 16 avril 1571, donné par Charles IX, porte : « Notre intention a toujours été, comme » elle est & sera, de nommer aux archevêchés & » évêchés, abbayes & autres bénéfices de notre » royaume, & qui sont de notre nomination, per» sonnages capables & qualifiés suivant les saints » décrets, conciles & concordats ».

« Déclarons, dit Henri III dans l'article premier » de l'ordonnance de Blois, du mois de mai 1579, » qu'avenant vacation des archevêchés, évêchés, » abbayes, prieurés, & autres bénéfices étant à » notre nomination, nous n'entendons nommer » sinon personnes d'âge, prudhomie, suffisance, » & autres qualités requises par les saints décrets, » constitutions canoniques, & concordats ». Cet article est confirmé par le premier de l'édit du mois de décembre 1606.

Les conciles provinciaux tenus en France depuis celui de Trente, firent tous leurs efforts, sinon pour abolir la *commende* qui devenoit de plus en plus en usage, du moins pour la restreindre ou pour en retrancher les abus les plus nuisibles. Celui de Rouen en 1581, & celui de Rheims en 1589, arrêtèrent de solliciter le roi & le pape de rétablir les anciennes élections, & de ne plus donner les abbayes & les prieurés en *commende*; & en attendant qu'ils pussent obtenir l'effet de leurs prières, ils dressèrent des réglemens provisoires concernant les commendataires.

Il est sans doute étonnant qu'au milieu de tant de contradictions & de réclamations, la *commende* ait poussé parmi nous de si profondes racines. Cependant si on examine les raisons qui nous ont fait écarter des anciennes règles, la surprise cessera; & bien loin de blâmer les *commendes* telles qu'elles existent actuellement, on les regardera d'un œil favorable.

Beaucoup d'abbayes & de prieurés se trouvoient dans le délabrement le plus affreux. Les bâtimens étoient en ruine; les biens & les droits temporels aliénés ou dissipés. Ce désordre provenoit, ou de la mauvaise administration des abbés & prieurs réguliers, ou des malheurs des temps. On s'occupa de rétablir les choses dans leur ancien état. Mais on considéra que des hommes entiérement séparés du monde, tels que sont ou doivent être les moines, des hommes absolument consacrés à la prière & à la pénitence, étoient peu propres à recouvrer des droits aliénés, à poursuivre des procès, à faire réparer ou reconstruire des bâtimens, *&c.* On crut que ce seroit une occasion pour eux d'abandonner en grande partie les exercices de la vie religieuse, & d'en perdre entiérement l'esprit. Ces motifs puissans déterminèrent à donner en *commende* les monastères à des clercs séculiers, qui auroient plus de facilités & de moyens pour en faire réparer les bâtimens, & y faire rentrer les biens aliénés ou usurpés.

A ce premier motif s'en joignit un second plus décisif encore, & que la justice même sembloit présenter. Les monastères étoient devenus prodigieusement riches par les libéralités des fidèles, & par le travail des religieux. Ces grands biens étoient en quelque sorte nécessaires, parce que telle communauté qui n'est composée aujourd'hui que de quinze ou vingt moines, l'étoit alors de trois ou quatre cens. Les biens n'ont fait qu'augmenter, & le nombre des moines n'a fait que diminuer. Dans l'état où sont les choses depuis longtemps, en partageant les revenus des abbayes par tête entre les religieux, chacun d'eux se trouveroit plus riche que ne le sont beaucoup de familles : c'est sans doute un désordre que des gens qui font vœu de pauvreté possèdent de si grandes richesses. La *commende* remédie en partie à cet inconvénient qui est la source d'une infinité d'autres, & particuliérement du relâchement de la discipline régulière.

D'ailleurs, parmi les biens immenses possédés par les communautés régulières, il y en a beaucoup qui ont appartenu au clergé séculier, & qui n'ont passé entre les mains des religieux qu'en vertu de donations contraires aux bonnes règles; telles sont, par exemple, les dixmes des paroisses. La *commende* opère une espèce de restitution, en faisant rentrer le clergé séculier dans la jouissance d'une partie de son ancien patrimoine.

Depuis que les monastères sont devenus si riches, le nombre des religieux est beaucoup diminué, & celui des clercs séculiers beaucoup augmenté. De-là il est arrivé que le clergé régulier s'est trouvé trop riche, & le clergé séculier trop pauvre. Pour remettre l'équilibre il eût fallu procéder à un nouveau partage des biens de l'église. Les religieux auroient opposé à ce partage des obstacles insurmontables. C'est pour y suppléer que les deux puissances ont enfin concouru à autoriser les *commendes*, & par ce moyen à verser dans les mains des séculiers une portion du superflu des réguliers.

Nous emprunterons ici les sages réflexions de M. de Fleury, dans ses *Instituts au droit ecclésiastique, part. 2, chap. 26.* « Les abbés réguliers, » hors quelque peu qui vivent dans une observance très-étroite, n'usent guère mieux du revenu des monastères, que plusieurs commendataires, & ils sont plus libres d'en mal user. » Les religieux non réformés ne sont pas d'une » grande édification à l'église; & quand même » ils embrasseroient toujours les réformes les plus » exactes, il n'y auroit pas lieu d'espérer que l'on » en trouvât un si grand nombre que du temps de » la fondation de Cluny & de Cîteaux, lorsqu'il » n'y avoit ni religieux mendians, ni jésuites, ni » autres clercs réguliers, ni tant de saintes congrégations qui, depuis quatre cens ans, ont servi » & servent encore utilement l'église. Il ne faut » donc point douter que l'église ne puisse appliquer ses revenus, selon l'état de chaque temps: » qu'elle n'ait eu raison d'unir des bénéfices réguliers, à des collèges, à des séminaires, & à » d'autres communautés, & qu'elle n'ait droit de » donner des monastères en *commende* aux évêques » dont les églises n'ont point assez de revenu, & » aux prêtres qui servent utilement l'église sous » la direction des évêques. Si quelques-uns abusent » des *commendes*, pour prendre les revenus de » l'église sans la servir, ou en accumuler plusieurs » sans besoin, ils en rendront compte au terrible » jugement de Dieu ».

A ces motifs qui s'appliquent à la *commende* de tous les bénéfices réguliers en général, il en est qui s'appliquent plus particuliérement aux prieurés conventuels *habitu*, & aux prieurés sociaux, c'est-à-dire aux bénéfices simples.

Tout le monde sait que, dans leur origine, ces bénéfices n'étoient que de simples administrations ou des commissions révocables à la volonté du supérieur. Ce n'est que par une suite d'abus qu'ils sont devenus des titres de bénéfices: ils ont été & sont encore une tentation pour les religieux, un écueil contre lequel ils vont se briser, une occasion de naufrage pour les vœux de pauvreté & d'obéissance. C'est pourquoi, dans les nouvelles réformes, on leur a interdit l'administration & la jouissance de revenus de leurs bénéfices, de sorte qu'ils ne possèdent qu'un vain titre. L'intérêt des monastères, celui des religieux, le bien de la discipline exigeoient donc que tous les bénéfices simples réguliers fussent supprimés ou sécularisés. La *commende* produit presque le même effet que la sécularisation: elle répare en partie, & par une voie indirecte, les inconvéniens qui naissent de l'existence de ces bénéfices, & de leur possession par les réguliers.

Tels sont les motifs principaux qui ont contribué à rendre la *commende* favorable parmi nous, malgré la longue résistance qu'on y a opposée. La nécessité de réparer les bâtimens des monastères ruinés, & le recouvrement de leurs biens aliénés ou usurpés, l'a fait introduire; elle a subsisté, parce que les revenus des monastères excédant de beaucoup les besoins des religieux, devenus infiniment moins nombreux qu'autrefois, on a cru juste de ne pas leur en laisser la libre & entière jouissance, & de prévenir par-là les abus qui dérivent nécessairement d'une excessive opulence. La *commende* est un moyen indirect de faire rentrer le clergé séculier dans la possession d'une partie de son ancien patrimoine; elle rétablit l'équilibre entre les biens des séculiers & des réguliers, n'étant pas juste que ceux qui supportent le poids de la chaleur & du jour, aient moins de revenus que ceux qui passent leur vie dans la paix & dans la tranquillité des cloîtres. On a cru qu'une partie des bénéfices, & sur-tout des bénéfices simples réguliers, dont la jouissance & la possession étoient nuisibles à la règle & à la discipline monastique, ne pouvoient être mieux employés qu'à l'entretien & à la subsistance des ecclésiastiques séculiers qui rendoient de grands services à l'église, & aux besoins desquels ils seroit difficile de pourvoir d'une autre manière.

Tous ces motifs ont ramené les esprits les plus aigris, sur-tout lorsque les plus grands abus de la *commende* ont été retranchés. On n'a plus permis en France que les églises métropolitaines & cathédrales fussent données en *commende*; on a établi des prieurs claustraux & autres supérieurs réguliers, dans les monastères, de sorte qu'on ne peut plus dire que la *commende* laisse les religieux sans pasteurs. Nos rois ont pourvu à l'entretien & aux réparations des bâtimens. Quoique la *commende* prive les communautés d'une partie de leurs revenus, elle ne peut plus, comme autrefois, anéantir la conventualité. La déclaration du 6 mai 1680 y a pourvu. « Ordonnons, y est-il dit, que la » conventualité ne pourra être prescrite par aucun » laps de temps, quel qu'il puisse être, lorsque » les conditions requises & nécessaires pour ladite » conventualité se rencontreront dans lesdits prieurés ou abbayes, & particuliérement lorsqu'il y » aura lieux réguliers subsistans, pour y recevoir » des religieux jusqu'au nombre de dix ou douze » au moins, suivant les conciles, arrêts & réglemens, & que les revenus desdits bénéfices seront » suffisans pour les y entretenir ».

La *commende* est donc aujourd'hui considérée parmi nous comme très-favorable; on n'y voit plus les inconvéniens que nos ancêtres y appercevoient. La dispense de la règle *secularia secularibus, regularia regularibus*, du moins quant à la seconde partie, est accueillie dans tous nos tribunaux. Voyons actuellement quels sont les collateurs qui peuvent conférer en *commende*.

Collateurs qui peuvent conférer en commende. Toute collation en *commende* renferme nécessairement une dérogation à la règle *secularia secularibus*, *regularia regularibus.* Cette règle a été établie par les conciles, & reçue par toute l'église : or, il n'y a que le pape qui, en vertu de l'usage & de la possession, puisse dispenser des loix générales ; il n'y a donc que lui qui puisse conférer en *commende*, & il n'y a effectivement que lui qui jouisse de cette prérogative.

Il est nécessaire d'observer ici, que nous n'admettons point dans le pape, le pouvoir indéfini de dispenser à sa volonté de toutes les loix ecclésiastiques, & sur-tout de celles qui ont été reçues en France, & revêtues de l'autorité de nos rois. Ce principe seroit directement opposé à nos libertés. Quand nous disons donc que le pape peut seul déroger à la règle *secularia secularibus, &c.* nous supposons, ce qui existe réellement, c'est-à-dire, que cette dérogation est autorisée par le consentement du prince & de la nation.

Mais si le pape seul a la faculté de donner des bénéfices en *commende*, l'exercice n'en est pas tellement lié à sa personne, qu'il ne puisse le communiquer à ses légats, aux cardinaux & même aux collateurs ordinaires, & c'est ce qui arrive tous les jours. Le rescrit par lequel il accorde cette faveur, s'appelle *indult.* Comme c'est une pure grace, le pape y insère telles conditions qu'il juge à propos. Les indults des cardinaux sont ordinairement plus étendus que ceux des évêques & des abbés : ils leur donnent le pouvoir de conférer non seulement en continuation de *commende*, mais aussi de règle en *commende*, les bénéfices réguliers de leur dépendance, même les prieurés conventuels. L'indult des autres prélats ne renferme souvent que la simple faculté de conférer en continuation de *commende* les prieurés simples. La clause *licitè & liberè* y est ordinairement insérée ; elle produit l'effet d'affranchir le prélat porteur d'indult, de la prévention de cour de Rome.

Les conditions que le pape prescrit ordinairement dans ces sortes d'indults, sont 1°. que le collateur sera tenu, à peine de nullité, d'exprimer dans les provisions qu'il accordera, la clause *cedente vel decedente*, dont nous expliquerons bientôt la force & les effets : 2°. qu'il chargera expressément le pourvu, de réparer les bâtimens ruinés : 3°. qu'il lui imposera l'obligation d'obtenir dans les huit mois une nouvelle *commende* de Rome.

Toutes ces conditions sont-elles essentielles, de manière que l'omission d'une seule produise la nullité radicale d'une provision donnée en *commende* par un porteur d'indult ?

Quant à la première condition, celle du décret de retour en règle, elle est indispensable, & son défaut rendroit la provision nulle. Ainsi jugé par deux arrêts du grand-conseil, des 28 mars 1726 & 23 août 1749. Il ne suffit pas de déclarer que l'on confère *vigore indulti*, il faut nécessairement exprimer en propres termes la clause *& cum decreto revertendi in titulum.*

Si la seconde clause ou condition étoit de rigueur, il s'ensuivroit que l'on ne pourroit donner en *commende* que les bénéfices dont les bâtimens seroient tombés en ruine, & dont les biens seroient aliénés. Comme il y en a peu dans ce cas, il n'y auroit presque plus de *commende.* La réparation des bâtimens & le recouvrement des biens aliénés, n'est donc plus la véritable cause, le véritable motif de la *commende.* L'avantage & l'utilité du clergé séculier, sont les seules raisons qui la rendent favorable, & qui en font perpétuer l'usage. Mais s'il n'est pas nécessaire que les bâtimens d'un bénéfice soient tombés en ruine, pour qu'il soit donné en *commende*, la clause qui charge le *commendataire*, *beneficia restaurandi*, *bona alienata recuperandi*, ne doit plus être de rigueur. C'est ce qui a été jugé solemnellement par le grand-conseil, le 20 mai 1744, & l'on regarde dans ce tribunal comme un principe incontestable, qu'il n'est pas nécessaire qu'il y ait des bâtimens à réparer ou à rétablir, pour qu'un bénéfice puisse être mis en *commende.*

Cependant il est d'usage que les porteurs d'indults insèrent dans les provisions qu'ils donnent, la clause *ædificia restaurandi*, & que le pourvu, après avoir fait dresser un procès-verbal des réparations à faire, fournisse une caution. Mais ces formalités ne lui ôtent point son recours contre les héritiers ou sur la cote-morte de son prédécesseur.

Cependant il faut distinguer deux espèces de réparations ; les unes qui proviennent de la ruine totale des bâtimens & qui sont une véritable reconstruction, les autres qui ne sont que des réparations d'entretien & usufruitières. La clause *ædificia restaurandi* porte évidemment sur les premières & non pas sur les secondes, qui de droit sont à la charge du dernier possesseur & de celui qui lui succède, s'il ne se met point en règle vis-à-vis des héritiers ou de la cote-morte.

De cette distinction, il paroît résulter que la clause que l'on examine, ne pourroit être d'absolue nécessité que lorsque la ruine totale des bâtimens seroit la cause déterminante des provisions en *commende.* Cette cause n'ayant presque jamais lieu, ne seroit-ce pas une conséquence nécessaire, que la condition *ædificia restaurandi* n'est point essentielle ? Si le pape l'omettoit dans ses provisions, il est difficile de se persuader que cette omission opérât une nullité radicale. Pourquoi l'opéreroit-elle dans des provisions accordées par un porteur d'indult ?

On dira peut-être que le porteur d'indult est obligé de suivre servilement toutes les conditions qui lui sont imposées. On répondra que l'observation, à peine de nullité, des conditions imposées par l'indult, dépend beaucoup de leur nature, lorsqu'elles lorsqu'elles sont essentielles, soit au pape qui l'accorde, soit au bénéfice conféré, leur inexécution doit produire une nullité. Ainsi, si le porteur d'indult n'en faisoit point mention dans ses provisions, s'il n'y inséroit point le décret de retour en règle, ce seroit une nullité, parce qu'il ne peut conférer que comme représentant du pape, & en *commende* décrétée. Mais il n'en est pas de même de la cause qui le détermine à conférer: lorsqu'elle n'existe point, pourquoi en feroit-il mention? N'est-ce pas au moins une inutilité? N'est-il pas même ridicule d'être obligé, à peine de nullité, de charger un pourvu de rétablir & réédifier des bâtimens qu'on sait parfaitement n'être pas en ruine? La condition *ædificia restaurandi* pourroit donc être, sans beaucoup d'inconvéniens, considérée comme une clause de style.

La troisième condition, est d'imposer au pourvu en *commende*, par un porteur d'indult, l'obligation de prendre à Rome une nouvelle *commende* dans huit mois. On convient assez ordinairement, que le délai de huit mois ne doit courir que du jour de la paisible possession du bénéfice; il n'est point fatal, il n'est que comminatoire. Le grand-conseil l'a ainsi jugé par différens arrêts qu'on lit au journal du palais. Nous ne voyons pas même la nécessité d'exécuter cette condition. Il est évident qu'elle n'a pour but que l'intérêt & l'avantage des officiers de cour de Rome. C'est un réglement purement bursal, qui ne tend qu'à grever les sujets du roi, & à faire sortir de l'argent du royaume. Si le pourvu par le porteur d'indult, n'est point tenu, à peine de nullité, de remplir cette condition, pourquoi le collateur ne pourroit-il pas l'omettre sans que ces provisions fussent pour cela radicalement nulles?

Au surplus, il est de la prudence des porteurs d'indults, & de l'intérêt de leurs collataires, que leurs provisions *in vim indulti* soient exactement conformes au rescrit qui leur donne le pouvoir qu'ils exercent. C'est le seul moyen d'éviter une foule de difficultés & de contestations. *Voyez* INDULT, OBREPTION, PRÉVENTION.

On demande si un collateur ordinaire, ayant le pouvoir, en vertu d'un indult du pape, de conférer les bénéfices de *commende* en *commende*, peut, dans les mois affectés aux gradués, conférer à un séculier gradué & duement insinué, un bénéfice régulier qui étoit en *commende*. La question s'est présentée à Paris au tribunal intermédiaire ou commission de 1771: elle y fut jugée en faveur du gradué séculier, pourvu par un abbé porteur d'un indult.

Ce jugement fut cassé par un arrêt du conseil, & l'affaire évoquée au parlement de Nanci, qui débouta le gradué. Celui-ci a fait de vains efforts contre l'arrêt du parlement de Nanci. On peut dire que l'indult en vertu duquel les ordinaires nomment en *commende*, ne porte que sur les bénéfices dont ils ont la libre disposition, & non pas sur ceux dont ils sont collateurs forcés.

On peut ajouter que l'indult permet seulement de déroger à la règle *regularia regularibus*, & non pas au concordat qui ordonne expressément que, relativement aux gradués, les collateurs conféreront *secundùm condecentiam status*. Dans ce cas, les réguliers n'ont pas droit aux bénéfices réguliers, seulement à titre de réguliers, mais encore à titre de gradués; la provision donnée à un séculier gradué dérogeroit donc à deux loix à la fois, & à la règle *regularia regularibus* & au concordat; double dérogation dont il n'est pas ordinairement fait mention dans l'indult, & qui ne seroit pas au pouvoir du pape lui-même, du moins sans le consentement exprès du roi, qui est une des parties contractantes dans le concordat.

Quels bénéfices peuvent être conférés en commende? La règle *secularia secularibus*, *regularia regularibus* renferme deux parties: par la première, elle ordonne que les bénéfices séculiers soient conférés à des séculiers; & par la seconde, que les réguliers soient conférés à des réguliers. La *commende* qui n'est qu'une dispense de cette règle, peut-elle également avoir lieu pour ses deux parties? Le pape peut-il rendre un régulier capable de posséder un bénéfice séculier, comme il rend un séculier capable de posséder un bénéfice régulier? En deux mots, les bénéfices séculiers peuvent-ils être conférés en *commende* à des réguliers?

Pour peu que l'on fasse attention aux motifs qui ont fait introduire & conserver parmi nous l'usage de la *commende*, il sera facile de se convaincre que les bénéfices séculiers ne peuvent être donnés en *commende* à des réguliers. Il n'y en a aucun qui puisse s'appliquer à cette espèce de *commende*. Un religieux est reconnu ne pouvoir & ne devoir s'occuper des soins qui seroient nécessaires pour la reconstruction des bâtimens tombés en ruine, & le recouvrement des biens aliénés ou usurpés. Ce ne seroit point faire rentrer le clergé régulier dans une portion de son ancien patrimoine, puisque jamais le clergé séculier ne s'est emparé des biens des réguliers. Les religieux sont assez riches pour n'avoir point besoin qu'on pourvoie à leur subsistance. Aucun des motifs qui ont autorisé la *commende* des bénéfices réguliers, ne peut donc militer en faveur de la *commende* des bénéfices séculiers.

Il y a même des raisons de la plus grande force, pour faire proscrire cette dernière espèce de *commende*. Elle est contraire aux vœux auxquels les religieux sont soumis; elle seroit infiniment nuisible à la discipline & à la régularité des monastères. La possession des bénéfices simples par les particuliers, est peut-être le plus grand abus qui se soit introduit dans les différens ordres monastiques; les derniers réformateurs en ont été si convaincus, qu'ils ont cherché à les unir autant qu'il a été en leur pouvoir, aux monastères même, en ne laissant qu'un vain titre aux religieux qui en étoient pourvus, & en les dépouillant de l'administration & de la jouissance des revenus. Or, si la possession des bénéfices simples, même réguliers, est un abus en la personne des religieux, que seroit-ce donc de les rendre habiles à en posséder de séculiers? Ce seroit les inviter à violer leur vœu de pauvreté, & à se soustraire à l'obéissance de leurs légitimes supérieurs; ce seroit les revêtir d'un bien qui ne leur est pas nécessaire, puisque du moment qu'ils ont fait profession, leur monastère est chargé de fournir à leur subsistance; ce seroit affecter une double portion de revenus ecclésiastiques, à des hommes qui peuvent s'en passer, & cela au détriment des clercs séculiers, dont les services & les travaux restent souvent sans salaires & sans récompenses; ce seroit, en un mot, déroger à la loi, sans nécessité, sans utilité & contre le bien général de l'église, qui exige que ceux qui la servent jouissent des revenus qui leur sont affectés.

On regarderoit donc en France comme abusive toute *commende* d'un bénéfice séculier, accordée à un régulier. C'est ce qui fut jugé solemnellement au parlement de Dijon, le 20 décembre 1757, contre frère Philibert Jornot, religieux profès & conventuel de l'ordre de Malte, qui s'étoit fait pourvoir en *commende*, de la chantrerie & d'une prébende de la cathédrale de Châlons-sur-Saône.

Si les bénéfices séculiers ne peuvent être donnés en *commende* à des réguliers, tous les bénéfices réguliers indistinctement, ne peuvent être mis en *commende* en faveur des séculiers. La jurisdiction & les fonctions qui sont attachées à quelques-uns, n'ont pas permis de les confier à d'autres qu'à des religieux. Tels sont les prieurés & les offices claustraux. Févret, *Traité de l'Abus*, *liv. III*, *chap. 1*, *n°. 6*, *tom. I*, *pag. 207*, *col. 1*, rapporte un arrêt du parlement de Paris, qui a déclaré abusives les provisions en *commende* d'un pareil bénéfice. M. Louet, qui en a fait mention sur la règle *de infirm. resig.* n°. 307, nous en donne les motifs, *in senatu Parisiensi, à tali dispensatione & provisione à seculari facta in commendam, solet tanquam ab abusu appellari, cùm horum officiorum claustralium officium, verumque exercitium & ministerium, in ipso monasterio, inter monachos consistat, nec extra monasterium imaginari possit, cùm talia officia præeminentiam habeant in choro monasterii, potestatem in monachis, disciplinæ monasticæ & regulæ directionem, residentiam continuam in monasterio: quæ omnia seculari commendæ repugnant ex diametro.* M. Louet assure que le grand-conseil n'adopte point ces principes, ou du moins qu'il s'en écarte quelquefois en faveur des indultaires. Vaillant a prétendu qu'il se trompoit: *non citat*, dit-il, *arrestum & re verâ in hoc fallitur, quia nunquam in magno concilio, licuit obtinere officia claustralia in commendam.* M. Piales atteste avoir entendu M. de Tourni, avocat-général, rendre un semblable témoignage à la jurisprudence du grand-conseil. Ainsi il paroît que tous les tribunaux du royaume s'accordent à ne pas permettre la *commende* des offices claustraux.

Ce principe reçoit, selon Duperrai, une exception qui a lieu lorsqu'il n'y a point de réguliers qui puissent être pourvus de ces offices. Alors il est nécessaire de les conférer en *commende* à des séculiers, pour ne pas laisser les bénéfices vacans. Cet auteur rapporte à l'appui de son opinion qui paroît fondée, un arrêt du grand-conseil du 31 mars 1705, qui maintint le sieur Raymond Chaix dans la possession de la sacristie du prieuré de Connexe, diocèse de Grenoble, dont il avoit été d'abord pourvu par l'ordinaire, *in defectum regularium*, & de laquelle il obtint ensuite & dans les six mois une *commende* en cour de Rome, *jura juribus addendo.*

Il n'y a donc que les offices claustraux qui ne peuvent point être donnés en *commende* à des séculiers. Cependant parmi les abbayes, il en est d'exceptées, même suivant nos ordonnances. Celle de Blois, *article 3*, porte « pour rétablir, conserver & entretenir l'état régulier & discipline » monastique, voulons qu'avenant vacation des » abbayes & monastères qui sont chefs-d'ordre, » comme Cluny, Cîteaux, Prémontré, Gramont, » le Val-des-écoliers, S. Antoine de Viennois, » la Trinité dite des Mathurins, le Val-des-choux » & ceux desquels le privilège d'élection a été » conservé, & semblablement les abbayes & mo» nastères de S. Edme de Pontigny, la Ferté, » Clervaux & Morimont, appellées *les quatre pre*» *mières filles de Cîteaux*, y soit pourvu par élec» tion de religieux profès desdits monastères, » suivant la forme des saints décrets, *&c.* »

Des abbayes chefs-d'ordre mentionnées dans l'article de l'ordonnance, celles de S. Antoine de Viennois & de Gramont n'existent plus, ces deux ordres ayant été supprimés; & celle de Cluny est depuis long-temps en *commende*. *Voyez* CONCORDAT, ELECTION.

Les cures régulières peuvent être mises en *commende*; on a même vu un bénéfice de cette qualité ainsi conféré par le pape, sur la présentation de deux patrons, l'un laïque & l'autre ecclésiastique. Ces sortes de *commendes* sont très-favorables. La plupart des cures régulières ont été usurpées sur le clergé séculier, ou du moins ont été données avec les dixmes, aux monastères, par des seigneurs qui n'avoient pas droit d'en disposer.

Les réguliers peuvent être promus à l'épiscopat. La dignité & le caractère dont ils se trouvent alors revêtus, les sécularisent à l'effet de pouvoir posséder des bénéfices séculiers en titre, & des réguliers en *commende*. C'est la décision de l'arrêt intervenu en 1698, pour l'évêque du Bellay, qui fut maintenu dans la possession d'un bénéfice régulier, dépendant de l'ordre dont il étoit membre avant sa promotion à l'épiscopat, & qu'il avoit impétré en *commende*. Le pape lui en avoit refusé des provisions; mais l'arrêt déclara ce refus abusif. Un régulier promu à l'épiscopat, & qui continue de posséder un bénéfice qu'il avoit en règle, & cela par une dispense du pape, qui lui permet de continuer à le posséder *ut prius*, est censé le posséder en *commende*. A son décès, le bénéfice vaque en *commende*: ainsi jugé par arrêt du grand-conseil du 15 février 1745, sur les conclusions de M. l'avocat-général de Tourni.

Nous avons jusqu'ici considéré la *commende* comme une dispense de la règle *secularia secularibus*, *regularia regularibus*. Quelquefois on l'envisage sous un autre point de vue. On donne ce nom à la permission accordée par le pape, de posséder un second bénéfice incompatible avec un premier dont on est déjà pourvu. Cette espèce de *commende* est très-connue en Italie. Elle est formellement prohibée en France: l'article 11 de l'ordonnance de Blois porte: « nul ne pourra dorénavant, tenir » deux archevêchés, évêchés ou cures, quelques » dispenses qu'on pourroit ci-après obtenir, nonobs- » tant lesquelles, suivant les saints décrets, seront » les bénéfices de ceux qui les obtiendront, dé- » clarés vacans & impétrables, *&c.* ». *Voyez* INCOMPATIBILITÉ DES BÉNÉFICES.

Différentes espèces de commendes. Tout ce que nous avons dit jusqu'à présent sur la *commende* actuelle, fait voir qu'elle n'est plus un simple dépôt confié pour un temps & uniquement pour le bien du bénéfice: elle est perpétuelle, forme un véritable titre, & n'a plus pour objet l'avantage du bénéfice, mais l'intérêt du *commendataire*. Elle fait tellement impression sur sa tête, que le bénéfice ne peut vaquer que par mort, démission, résignation ou par quelqu'une des autres causes qui rendent les bénéfices vacans. Cependant la *commende* n'altère jamais la nature du bénéfice; au contraire, elle lui conserve sa régularité, parce que la qualité de la possession est une réclamation perpétuelle contre la prescription. De quelque espèce que soit la *commende*, cela est donc indifférent pour le bénéfice; mais il n'en est pas de même pour le pape, & pour le séculier qui est pourvu en *commende*: c'est ce que l'on appercevra facilement, en examinant les différentes espèces de *commendes* qui sont connues parmi nous.

On les distingue d'abord en solites & insolites. La *commende* est solite, lorsque le bénéfice a coutume d'être en *commende*, *commendari solitum*. Mais que faut-il pour que l'on puisse dire qu'un bénéfice a coutume d'être mis en *commende?* Les meilleurs auteurs pensent qu'il faut trois collations consécutives sans apposition du décret de retour en règle, accompagnées d'une possession quarantenaire; de sorte que si une de ces conditions manque, la *commende* n'est plus réputée solite. Deux collations libres & une possession quarantenaire, ou trois collations libres sans possession quarantenaire, ne peuvent jamais produire qu'une *commende* insolite: ainsi jugé par deux arrêts du parlement de Toulouse, de l'année 1752.

Cette distinction est essentielle, parce que la *commende* solite & insolite ont des effets bien différens. La *commende* solite affecte, pour ainsi dire, tellement le bénéfice aux séculiers, que le pape devient collateur forcé, & qu'il ne peut refuser la dispense dont le clerc séculier a besoin pour posséder un bénéfice régulier. Au contraire, la *commende* insolite conserve au pape sa qualité de collateur libre, & la dispense de la régularité est une grace qu'il est le maître de ne pas accorder.

On distingue encore les *commendes* en libres & en décrétées: les *commendes* décrétées sont celles où l'on appose le décret de retour en règle, c'est-à-dire, qu'après le décès ou la démission du *commendataire*, le bénéfice retournera en règle: *quod ipso* (*oratore*) *cedente vel decedente aut alias dictum prioratum, demittente vel amittente, ille amplius non commendetur sed in pristinam tituli naturam reverti, ac de illo personæ regulari idoneæ provideri debeat, ac si eidem oratori, minimè commendatus fuisset.... Si commendari contigerit absque speciali mentione & derogatione dicti decreti, commenda ipsa nulla sit eo ipso.* Les *commendes* libres sont celles dans lesquelles ce décret ne se trouve point inséré.

D'après ces définitions, qui sont importantes à saisir, il est facile de se former une idée des différentes espèces de *commendes.* La solite est toujours libre; l'insolite & la décrétée ne diffèrent presque que de nom. La première lie le pape & le rend collateur forcé; les deux autres le laissent absolument libre, & par conséquent en droit de refuser la continuation de la *commende.* De-là suit la nécessité de lui exposer comment étoit possédé le bénéfice pour lequel on lui demande la dispense de la régularité. Cette expression est indispensable, parce que autrement il ignoreroit en quelle qualité il agit. De-là il suit encore que si on lui expose faux, par exemple, si on lui dit que la dernière *commende* étoit solite & non décrétée, tandis qu'elle étoit insolite & décrétée, la collation est radicalement nulle. Ce faux énoncé induit le pape en erreur, lui fait penser qu'il ne peut refuser les provisions demandées, & permet toujours de supposer qu'il ne les auroit pas accordées, s'il eût connu le véritable état du bénéfice. Toute réticence ou tout faux exposé produit l'obreption ou la subreption, & dès-lors vicie radicalement la provision.

Ces principes sont incontestables, quant à l'omission de l'expression du décret irritant *cedente vel decedente.* Tous les auteurs conviennent que la nullité qu'elle produit est absolue, & ne peut se couvrir, même par la possession triennale; tous les tribunaux françois le jugent ainsi. Mais la nullité est-elle aussi radicale, lorsque l'obreption ou la subreption provient d'une fausse énonciation relative à la *commende* libre, & si de cette énonciation il résulte que la *commende* est solite, quoique dans la vérité elle soit insolite? C'est-à-dire, les provisions sont-elles radicalement nulles, pour avoir exposé que la *commende* étoit solite, lorsque véritablement elle étoit insolite ? Il paroît que cette hypothèse doit entiérement être assimilée à celle de l'omission de l'expression du décret irritant *cedente vel decedente*; c'est précisément la même raison de décider. Dans l'un & l'autre cas, le pape est induit en erreur, on lui expose qu'il est collateur forcé, & par conséquent la subreption est la même. C'est ainsi que raisonnoit M. de Tourni, avocat-général au grand-conseil, dans la cause jugée le 9 août 1754, pour le prieuré de Rompon. Mais les circonstances particulières qui s'y rencontroient, ne permettent pas de croire que la question ait été jugée. Elle fut vivement agitée, on insista beaucoup sur ce qui constituoit une *commende* solite ou insolite. Le sieur Didier du Barry soutenoit que celle du prieuré qu'il avoit obtenu étoit solite, parce que ce bénéfice avoit été possédé pendant plus de 130 ans en *commende*, & qu'il n'étoit retourné en règle qu'une seule fois, ce qui ne suffisoit pas pour détruire l'impression que les anciennes *commendes* avoient faite. Il s'appuyoit d'ailleurs du décret *de pacificis possessoribus*, & disoit que l'énonciation *commendari solitum* n'étoit point assez fausse, pour que son titre ne fût pas au moins coloré. M. l'avocat-général n'adopta aucun de ces principes, & conclut à maintenir le dévolutaire. Mais l'arrêt, sans maintenir le sieur du Barry, déclara le dévolutaire non recevable. Ce dernier avoit contre lui, outre l'odieux toujours attaché au dévolut, un abus de confiance révoltant, dont il étoit non seulement accusé, mais même violemment suspecté.

Quoi qu'il en soit, M. Piales prétend que le motif de la fin de non-recevoir fut tiré du décret *de pacificis possessoribus*, ce qui sembleroit supposer que le faux énoncé *commendari solitum* n'opère point une nullité radicale, puisqu'elle peut se couvrir par la possession triennale. Ce jurisconsulte éclairé, soutient que le faux énoncé de la *commende* solite, n'emporte point par lui-même la nullité absolue de la provision, parce qu'il n'y a aucune loi qui la prononce, comme dans le cas du décret de retour en règle; en conséquence, il la met dans la classe des nullités relatives ou imparfaites, qui n'empêchent point un titre d'être coloré.

De cette discussion il résulte 1°. que le faux exposé *commendari solitum* rend certainement une provision nulle, si le pourvu n'a pas encore acquis la possession triennale; 2°. que la question de savoir si cette nullité est radicale ou ne l'est pas, n'a point encore été décidée *in terminis*, puisque l'arrêt de 1754 n'a pas prononcé la pleine maintenue du sieur du Barry, & que l'on soutenoit que la *commende* dont il s'agissoit étoit véritablement solite, parce que le bénéfice contentieux avoit été possédé en *commende* pendant plus de cent trente ans.

Ce qui prouve la justesse de cette dernière observation, c'est le réglement que le grand-conseil se proposoit alors de faire. M. Piales nous apprend qu'il avoit intention, ou d'abroger la distinction de *commende* solite & insolite, & d'attribuer à toute *commende* libre, les mêmes effets que produit ordinairement la solite; ou en laissant subsister la distinction, de déclarer solite la *commende* dans tous les cas semblables à celui où se trouvoit le sieur du Barry. Ce projet de réglement qui n'a point eu lieu, fait assez voir que les principes sur la nature de la *commende* solite ne sont pas encore bien fixés, & qu'il est incertain si le retour en règle pour une seule fois lui fait perdre cette qualité.

Quoi qu'il en soit, on ne pourroit qu'applaudir à un réglement qui attribueroit à toute *commende* libre le même effet qu'à la *commende* solite; ce seroit prévenir une foule de contestations & entrer dans les vues qui depuis près d'un siècle ont rendu la *commende* si favorable. Ajoutons qu'il seroit également à desirer que le clergé de France obtînt du pape un indult général, avec la clause *licitè & liberè*, qui autoriseroit tous les collateurs ordinaires à conférer en *commende* les bénéfices réguliers, à l'exception des prieurés conventuels *actu* & des offices claustraux desservis dans les maisons conventuelles. Les bornes de cet ouvrage ne nous permettent pas de développer ici tous les avantages d'un pareil indult. Il opéreroit insensiblement la sécularisation de fait d'un grand nombre de bénéfices, qui, dans l'état actuel des choses, sont au moins inutiles au clergé régulier. Il éteindroit peu-à-peu les distinctions de *commendes* solites, insolites, libres, décrétées, qui sont nouvelles, qui ont été introduites par la cour de Rome, plus pour son propre intérêt que pour l'avantage des réguliers, & qui ont été & seront, tant qu'elles subsisteront, l'origine & la source d'une multitude de procès.

Voyons actuellement en peu de mots ce qui peut faire retomber en règle un bénéfice mis en *commende*. 1°. La clause *cedente vel decedente*, dont l'effet principal est d'empêcher que le bénéfice ne soit nécessairement conféré à tout séculier qui le demandera en *commende*.

2°. La résignation qu'en fait un *commendataire* en faveur d'un religieux. Il est hors de doute que tout *commendataire* peut ainsi résigner son bénéfice, quelle que soit l'espèce de sa *commende*. Personne n'ignore combien certaines congrégations religieuses ont cherché à profiter de cette faculté. C'est particuliérement pour arrêter les abus qui en étoient la suite, que fut donné l'édit du mois de novembre 1719.

3°. Par la collation de l'ordinaire qui n'a point d'indult pour conférer en *commende*; s'il veut user de son droit, il est obligé de conférer en règle.

Qualités, droits & prérogatives des commendataires. A quel âge peut-on être pourvu d'un bénéfice en *commende*? Le concordat au titre de *regiâ ad prelat. nomin.* exige seulement des abbés & prieurs conventuels, qu'ils aient atteint leur vingt-troisième année. Quant aux autres bénéfices réguliers, c'est-à-dire aux prieurés simples, le grand-conseil permet de les posséder en *commende* à sept ans, ainsi que les bénéfices simples séculiers. Mais le parlement juge que tout *commendataire* doit avoir au moins quatorze ans accomplis. Cette jurisprudence est fondée sur ce que le pourvu en *commende* tient & occupe la place d'un religieux, & que nul religieux ne peut posséder un bénéfice de son ordre qu'après sa profession qui se faisoit autrefois à quatorze ans. Si cette raison est valable, le parlement doit exiger vingt-un ans, depuis qu'on ne peut plus prononcer de vœux qu'à cet âge.

L'article 9 de l'ordonnance de Blois, porte: « les abbés & prieurs conventuels, ayant atteint » l'âge requis par les conciles, seront tenus de se » faire promouvoir à l'ordre de prêtrise, dans un an » après leur provision, sinon qu'ils eussent obtenu » dispense légitime, & néanmoins, où dans deux » ans ensuivans, ils ne se feroient promouvoir » audit ordre, seront les bénéfices par eux tenus » déclarés vacans & impétrables ». L'ordonnance conforme aux saints canons, veut donc que tout abbé ou prieur conventuel prenne l'ordre de prêtrise, s'il a atteint l'âge requis, dans l'année après sa provision. Elle suppose en même temps, que l'on peut obtenir une dispense légitime de cette règle. Elle ne distingue point, entre les pourvus en titre & les pourvus en *commende*, d'où l'on a conclu qu'elle obligeoit également les uns & les autres. La peine imposée à ceux qui n'exécuteront point la loi, ne s'encourt point *ipso facto*. Il faut un jugement qui déclare le bénéfice vacant par la non promotion; c'est une conséquence nécessaire de ces expressions de l'ordonnance, *seront lesdits bénéfices déclarés vacans & impétrables*.

On obtient facilement des dispenses pour n'être point promu aux ordres pendant un certain nombre d'années. Ces dispenses sont reçues parmi nous, & le pape peut même les continuer pendant tout le temps qu'il juge à propos. Le sieur Dufour avoit été en 1668 pourvu en *commende* du prieuré conventuel de S. Leu d'Esserans. Il avoit obtenu une dispense d'âge, aux conditions ordinaires de se faire promouvoir à l'ordre de prêtrise, lorsqu'il auroit atteint l'âge requis. Il demanda ensuite une dispense *de non promovendo*: elle lui fut continuée pendant quatorze ans. En 1682, le sieur Jamin impétra le prieuré de S. Leu comme vacant; ce dévolutaire interjetta appel comme d'abus des dispenses *de non promovendo*, obtenues par le sieur Dufour. Par arrêt du 12 août 1683, la cour dit qu'*il n'y avoit abus*.

Non seulement le défaut de non promotion aux ordres ne fait point vaquer le bénéfice tenu en *commende*, *ipso jure*, & sans aucune monition précédente, mais encore on peut dire que cette peine n'est que comminatoire à l'égard des *commendataires*. Brodeau assure que c'est une jurisprudence constante, & qu'il a été ainsi jugé par arrêt du parlement du 17 juin 1638 pour le prieuré conventuel de la Souterraine, lui plaidant. Le grand-conseil suit les mêmes principes; son arrêt du 27 mars 1623 a maintenu le sieur Gallode dans la possession de l'abbaye de Notre-Dame d'Ardenne, impétrée sur lui *ob defectum promotionis*, à la charge de se faire promouvoir dans neuf mois.

Au surplus on exige des *commendataires* les mêmes qualités de l'esprit & du cœur que de tous les autres bénéficiers. Ils sont assujettis aux mêmes loix: & tout ce qui fait vaquer un bénéfice en titre, fait aussi vaquer un bénéfice en *commende*.

Les abbés & prieurs *commendataires* sont considérés dans l'église comme constitués en dignité. C'est en cette qualité que les abbés peuvent être juges délégués & sont appellés aux conciles. Ils sont, en France, en possession de porter le rochet & le camail. Plusieurs arrêts les ont maintenus, ainsi que les prieurs, dans la possession de tous les droits honorifiques dans leurs églises: ils ont droit d'occuper la première place dans le chœur, dans une chaire parée d'un tapis & carreau, d'y porter le rochet & le camail; de faire l'office les jours de fêtes solemnelles; de recevoir l'eau bénite, l'encens & le pain béni immédiatement après l'officiant, *&c.* Arrêts du parlement de Paris du premier septembre 1671, pour l'abbé de S. Mesmin; de Dijon, en 1667, pour le prieur de Nantua; de Rouen, du 6 mai 1701, pour l'abbé de S. Martin de Trouard.

Selon Dubois, dans ses *Maximes canoniques*, les abbés ont la préséance sur tous les prélats inférieurs: cette décision, conforme à la réponse de Grégoire XIII, au concile de Rouen, n'a point été généralement adoptée. La question a été agitée dans plusieurs assemblées générales du clergé de France. Elle fut décidée par provision en 1595 en faveur du doyen de l'église de Paris contre l'abbé de S. Martin d'Auxerre. Elle se renouvella, en 1614 entre les abbés & les doyens des églises cathédrales; la chambre ecclésiastique ne voulut point prononcer. La même question s'étant présentée au parlement de Paris le 20 décembre 1639, entre l'abbé *commendataire* de S. Denis de Reims & le prévôt de la cathédrale, M. l'avocat-général Talon conclut en faveur de l'abbé, & la cause fut appointée.

Les droits des abbés & des prieurs sur les monastères dont ils sont *commendataires*, regardent ou le spirituel, ou le temporel.

Le concile de Trente, *sess. 25*, *chap. 20 & 21*, n'approuve point que le gouvernement des monastères soit confié aux *commendataires*. Il veut que les chapitres généraux & les visiteurs y établissent des prieurs claustraux pour les gouverner. Cette discipline n'a point été suivie en Italie, & elle a été assez long-temps à s'établir en France. Aujourd'hui les *commendataires* n'exercent aucune jurisdiction sur les religieux, à moins qu'ils n'aient un indult à cet effet. Dans ce cas, ils gouvernent comme faisoient les abbés ou prieurs réguliers. Cet indult porte quelquefois, non-seulement sur un monastère particulier, mais même sur une congrégation entière; l'abbaye de Cluny, entre autres, en fournit plusieurs exemples.

Quelques auteurs ont prétendu que les cardinaux devoient être exceptés de la règle générale, & qu'ils ont de droit le gouvernement & la correction des moines, dont ils sont abbés *commendataires.* Ils citent à l'appui de cette opinion trois anciens arrêts rapportés par Brillon, dont le dernier est du 15 octobre 1588; mais cette jurisprudence a changé. Suivant la discipline présente de l'église de France, les cardinaux n'ont point, en cette qualité, de jurisdiction sur les religieux de leur abbaye; le grand-conseil l'a ainsi jugé le 30 mars 1694, pour l'abbaye d'Anchin. Pour jouir de ce droit, il seroit nécessaire qu'ils obtinssent des bulles & des indults des papes, confirmés par lettres-patentes.

La collation des bénéfices ayant beaucoup de rapport au spirituel, quoiqu'on la mette dans la classe des fruits, c'est ici le lieu d'examiner si elle appartient aux abbés & prieurs *commendataires.* Ce droit leur a été conservé comme un droit honorifique attaché au titre de leur bénéfice, & qu'ils exercent à cause de leur dignité. Dans l'origine, il appartenoit solidairement aux abbayes & monastères, & s'exerçoit conjointement par les abbés & les religieux. Cette solidarité a cessé dans le fait par l'introduction des *commendes*, & par le partage des menses, quoiqu'elle existe toujours dans le droit.

Dans l'état actuel des choses, il y a des abbés qui nomment seuls aux bénéfices dépendans de leurs abbayes; il y en a d'autres qui ne confèrent que ceux qui sont attachés aux fiefs tombés dans leur lot, par l'effet du partage de la mense abbatiale; quelquefois ils nomment alternativement avec les religieux; la possession & les transactions revêtues des formalités légales sont d'un grand poids dans cette matière. La déclaration du 30 août 1735 a réglé la manière dont il devoit être pourvu aux bénéfices dépendans des abbayes pendant qu'elles sont vacantes.

On demande si les places monachales doivent être à la disposition des abbés *commendataires.* Suivant la pratique la plus ordinaire dans l'église de France, c'est à eux qu'elle appartient dans les monastères qui ne sont point en congrégation, & dans ceux auxquels ils n'ont point cédé ce droit dans le temps des nouvelles réformes. Dans ceux où ils l'exercent, les religieux sont tenus de recevoir au noviciat les novices qu'ils leur présentent, & ne peuvent les exclure de la profession qu'en prouvant qu'ils n'ont point les qualités requises par les saints décrets, ou par leur règle.

Les abbés *commendataires* succèdent-ils à la cotemorte & au pécule des religieux décédés? *Voyez* PÉCULE.

Quant à la possession & jouissance du temporel des abbayes & prieurés conventuels *actu* mis en *commende*, nous renvoyons, pour ne pas faire de double emploi, aux articles MENSE, PARTAGE, RÉPARATIONS, TIERS-LOT.

La commende a-t-elle lieu dans toutes les provinces soumises à la domination françoise? Les provinces d'Artois, de Flandre, & les Pays-Bas en général, prétendent depuis long-temps que la *commende* ne doit point être admise pour les bénéfices réguliers dépendans des abbayes qui y sont situées. Elles invoquent des privilèges accordés par les princes de la maison d'Autriche, & confirmés par les capitulations dressées lorsqu'elles ont repassé sous la domination françoise; ces mêmes privilèges ont déjà été inutilement invoqués par l'Artois, contre la régale, les brevets de joyeux avénement, & l'expectative des gradués. Ces droits, dont les uns sont inhérens à la couronne, & les autres établis par les loix générales du royaume, doivent s'exercer dans l'Artois comme dans le reste de la France. Ainsi jugé par plusieurs arrêts du conseil du roi & du parlement de Paris. La *commende* doit-elle éprouver un sort différent? Cette question s'est élevée en 1751, entre le prince de Modène, abbé *commendataire* de l'abbaye d'Anchin, & les religieux de cette abbaye, soutenus par les états d'Artois. Le prieuré d'Aymeries en fut l'occasion. L'abbé de Modène qui avoit un indult qui lui donnoit la faculté de conférer de règle en *commende*, y nomma le sieur Billard, évêque d'Olympe.

Les états d'Artois formerent d'abord opposition à l'obtention des lettres-patentes dont l'abbé de Modène voulut faire revêtir son indult. Un arrêt du conseil d'état du 21 mai 1750, les débouta de leur opposition, & ordonna que sur le bref d'indult, toutes lettres-patentes nécessaires seroient expédiées. La contestation fut portée sur le fond au parlement de Flandre par les religieux d'Anchin, & au grand-conseil par le sieur Billard.

L'abbé de Modène & son pourvu décédèrent. Le cardinal d'Yorck succéda à l'abbé de Modène dans l'abbaye d'Anchin; il obtint un indult semblable à celui de son prédécesseur; & ayant rempli toutes les formalités ordinaires, il conféra en *commende* le prieuré d'Aymeries au sieur Paris. Il paroît que depuis il en conféra de même un autre au sieur de Langeac.

Après une foule de procédures qu'il seroit inutile de rapporter ici, l'affaire fut évoquée au conseil d'état privé. Il parut alors des requêtes & des mémoires imprimés pour toutes les parties. On y voit que les religieux d'Anchin avoient interjetté appel comme d'abus des provisions en *commende* accordées par le cardinal d'Yorck au sieur Paris. Ils se fondoient sur deux moyens; le premier, que le prieuré d'Aymeries n'étoit point un véritable titre de bénéfice, mais une pure obédience & administration: le second, que lorsqu'il ne s'agit point d'un bénéfice qui soit à la nomination du roi, jamais la *commende* n'a été admise dans les provinces de Flandre, d'Hainaut & d'Artois.

Le procès, après avoir duré vingt ans, fut enfin porté à la grand'chambre du parlement de Paris,

& il y a été jugé en faveur de M. le cardinal d'Yorck, le ..... 1775, au rapport de M. l'abbé Sahuguet d'Espagnac. Nous avons sous les yeux un mémoire imprimé à cette occasion, dans lequel Me Treilhard traite la question avec cette clarté & cette solidité qui se trouvent toujours dans les écrits & dans les plaidoyers de ce jurisconsulte si justement estimé. Il y établit deux propositions principales. La première, que l'Artois en particulier, & les Pays-Bas en général, n'ont aucun droit, aucun privilège qui les affranchisse de la *commende*: la seconde, que la *commende* a toujours été en usage dans l'Artois & dans les Pays-Bas. Il paroît que M. le cardinal d'Yorck avoit pris sur lui seul la défense de ses pourvus. Il avoit pour adversaires les religieux d'Anchin, & les états d'Artois, de Lille & de Cambray, qui étoient intervenus aux procès.

Il est donc jugé pour l'Artois, le Cambresis & le pays de Lille, que les bénéfices réguliers dépendans des abbayes qui y sont situées, peuvent être mis en *commende*. Le reste de la Flandre n'étant point partie dans la cause, on ne peut pas dire que la chose soit jugée pour elle. Mais les moyens qu'elle peut opposer étant précisément les mêmes que ceux employés par l'Artois, l'arrêt de 1775 qui les a proscrits, doit faire penser qu'elle ne réussiroit pas, si elle entreprenoit de soutenir une contestation semblable. On ajoutera que les immenses richesses dont jouissent les abbayes de Flandre, seroient une raison puissante pour y introduire la *commende*, quand elle ne l'y seroit pas déjà.

On a inséré dans le tome 12 du *Répertoire de jurisprudence, au mot* COMMENDE, une note d'un jurisconsulte du parlement de Flandre, par laquelle on établit en maxime que la *commende* n'est point admise dans les provinces de Hainaut, de la Flandre, de l'Artois & du Cambresis. On y rassemble toutes les autorités dont les religieux d'Anchin firent inutilement usage dans le procès contre le cardinal d'Yorck. Après avoir dit que le roi, pour des raisons dont il ne rend compte à personne, nomme quelquefois un cardinal ou un prince du sang aux abbayes des Pays-Bas, en faisant insérer dans le brevet de nomination, & dans les bulles de *commende*, la clause, *pour cette fois seulement, & sans tirer à conséquence; & à la charge qu'après cette commende finie, l'abbaye retournera en règle*, on ajoute « pour les autres bénéfices & prieurés forains dépendans de ces abbayes, ils ne peuvent » sans abus être conférés en *commende*; un acte » de notoriété donné par les avocat & procureur- » généraux du parlement de Flandre, le 23 » octobre 1744, l'atteste........ C'est d'après ces » principes que le parlement de Paris, par arrêt » du 24 mars 1746, a jugé qu'il y avoit abus » dans les provisions obtenues en cour de Rome » par l'abbé Bestimieux, pour tenir en *commende* » les prieurés de Chanterade & de Machemont, » situés dans les diocèses de Laon & de Noyon, » & dépendans de l'abbaye de Saint-Martin de » Tournai ». L'arrêt cité par l'auteur de la note, n'a point jugé la question de savoir si la *commende* peut avoir lieu dans la Flandre, ou pour les bénéfices dépendans des abbayes de Flandre; il a seulement jugé que les prieurés de Chanterade & de Machemont n'étoient point de véritables prieurés, c'est-à-dire de véritables titres de bénéfices. On s'en convaincra par le dispositif de l'arrêt, tel qu'il est rapporté dans une requête présentée au conseil d'état privé par les religieux d'Anchin, dans le procès contre le cardinal d'Yorck; « en » tant que touche les appellations comme d'abus » interjettées par les abbé, prieur & religieux de » l'abbaye de Saint-Martin de Tournai, des provisions & signatures de cour de Rome, obtenues par ledit Bestimieux, *des prétendus prieurés* » de Saint-Simon & de Saint-Jude de Chanterade, & » de Saint-Amand-lès-Machemont, *comme bénéfices* » *réguliers en titre, avec dispense de les posséder en* » *commende*, il a été dit *qu'il y avoit abus*; en conséquence...... il a été fait main-levée définitive auxdits abbé & religieux de toutes saisies » faites ou à faire par ledit Bestimieux, sur les » fruits & revenus de chacune *desdites fermes de* » *Chanterade & de Saint-Amand-lès-Machemont*, » *dépendantes de la même abbaye*, avec défenses de » les y troubler ». L'arrêt de 1746 n'a donc point décidé que la *commende* ne pouvoit être admise en Flandre, mais seulement qu'il y avoit abus dans les provisions du sieur de Bestimieux, parce que les bénéfices qu'il avoit obtenus en *commende* n'étoient point de véritables prieurés en titre, mais de *simples fermes* dépendantes de l'abbaye de Saint-Martin de Tournai; ce qui est conforme à tous les principes de la matière.

Nous n'aurions point relevé cette erreur, si la note que nous examinons n'avoit été imprimée postérieurement à l'arrêt de 1775, qui a jugé la question *in terminis* pour l'Artois, le Cambresis & le pays de Lille. Si l'auteur avoit eu connoissance de cet arrêt, il n'auroit sûrement point avancé, comme une maxime incontestable, que *la commende n'est point admise dans les provinces de Hainaut, de la Flandre, de l'Artois & du Cambresis.*

Nous ne pouvons mieux résumer tout ce que nous avons dit dans cet article, qu'en rapportant les principes sur la *commende*, établis par Dumoulin dans son *Commentaire sur la règle de public. resign.* depuis le n°. 301 jusqu'au n°. 310.

Concludo quod omnia jura loquentia de beneficiis titulatis vel collatis, habent locum in hujusmodi commendatis...... amplio secundo ut beneficium commendatum possit permutari cum titulato & cum alio commendato..... & sicut titularii possunt fructus in usus suos convertere vel abuti, ita hi commendatarii..... male dicit Gomes quod commendæ factæ per papam non possit renunciari nisi in curiam, quia hoc non est verum ratione tituli, cum sit verus titulus; nec potest susti-

neri, nisi ratione implicitæ reservationis de qua transeat in terris papæ, sed in hoc regno ubi reservationes abolitæ sunt, remanet verus titulus dispensatorius, nec potest papa sibi reservare futuram reservationem vel vacationem, & si fecerit possit tamquam ab abusu ad suprema regia tribunalia appellari. Le même auteur, au *n°.* 440, dit que quand un bénefice régulier auroit été possédé pendant cinq cens ans en *commende* par des séculiers, *non mutaret naturam; quia commenda nihil aliud est quam custodia vel depositum, statum antiquum non interrumpens, sed conservans.* (*Article de M. l'abbé* BERTOLIO.)

FIN DU TOME SECOND.

De l'Imprimerie de STOUPE, rue de la Harpe, 1783.